INVESTIMENTOS

B667i Bodie, Zvi.
Investimentos / Zvi Bodie, Alex Kane, Alan J. Marcus ; tradução: Beth Honorato ; revisão técnica: Samy Dana. – 10. ed. – Porto Alegre : AMGH, 2015.
xxvi, 926 p. : il. ; 21x27,7 cm.

ISBN 978-85-8055-419-9

1. Finanças. 2. Investimentos. I. Kane, Alex.. II. Marcus, Alan J. III. Título.

CDU 336.581

Catalogação na publicação: Poliana Sanchez de Araujo – CRB 10/2094

Bodie | Kane | Marcus

Boston University   University of California, San Diego   Boston College

INVESTIMENTOS
10ª Edição

Tradução
Beth Honorato

Revisão técnica
Samy Dana
Ph.D em Business Administration e Doutor em Administração de Empresas
Professor da FGV-SP

Reimpressão 2016

AMGH Editora Ltda.
2015

Obra originalmente publicada sob o título
Investments, 10th Edition.
ISBN 0077861671 / 9780077861674

Original edition copyright (c)2014, The McGraw-Hill Global Education Holdings, LLC, New York, New York 10121. All rights reserved.

Gerente editorial: *Arysinha Jacques Affonso*

Colaboraram nesta edição:
Editora: *Viviane R. Nepomuceno*
Capa: *Mauricio Pamplona* (arte sobre capa original)
Foto de capa: *Aleksandar Velasevic/Getty Images*
Editoração: *Know-how Editorial*

Reservados todos os direitos de publicação, em língua portuguesa, à
AMGH Editora Ltda., uma parceria entre GRUPO A EDUCAÇÃO S. A. e McGRAW-HILL EDUCATION.
Av. Jerônimo de Ornelas, 670
90040 340 – Porto Alegre – RS
Fone: (51) 3027 7000 Fax: (51) 3027 7070

É proibida a duplicação ou reprodução deste volume, no todo ou em parte, sob quaisquer formas ou por quaisquer meios (eletrônico, mecânico, gravação, fotocópia, distribuição na Web e outros), sem permissão expressa da Editora.

Unidade São Paulo
Av. Embaixador Macedo Soares, 10.735 – Pavilhão 5 – Cond. Espace Center
Vila Anastácio – 05095-035 – São Paulo – SP
Fone: (11) 3665-1100 Fax: (11) 3667-1333

SAC 0800 703-3444 – www.grupoa.com.br

IMPRESSO NO BRASIL
PRINTED IN BRAZIL

Autores

ZVI BODIE
Boston University

É professor da cátedra de administração Norman e Adele Barron da Boston University. PhD pelo Massachusetts Institute of Technology (MIT) e integrou o corpo docente do Departamento de Finanças da Harvard Business School e da Escola de Administração Sloan do MIT.
Autor de vários artigos sobre fundos de pensão e estratégias de investimento nos principais periódicos dessa área. Em conjunto com a Fundação de Pesquisa do Instituto CFA, recentemente produziu uma série de *webcasts* e uma monografia intitulada "The Future of Life Cycle Saving and Investing".

ALEX KANE
University of California, San Diego

É professor de finanças e economia na Escola de Relações Internacionais e Estudos do Pacífico da Universidade da Califórnia, San Diego. Professor convidado na Faculdade de Economia da Universidade de Tóquio, na Harvard Business School e na Escola de Governo John Kennedy em Harvard e pesquisador associado do Escritório Nacional de Pesquisa Econômica. Autor de vários artigos publicados em periódicos de finanças e administração, as pesquisas de Kane concentram-se principalmente em finanças corporativas, gestão de carteiras e mercados de capitais e, mais recentemente, em mensuração da volatilidade de mercado e precificação de opções.

ALAN J. MARCUS
Boston College

É professor da cátedra de finanças Mario J. Gabelli na Escola de Administração Carroll da Boston College, obteve seu PhD em economia no MIT. Professor convidado no Laboratório de Administração de Empresas Athens e na Escola de Administração Sloan do MIT e foi pesquisador do Escritório Nacional de Pesquisa Econômica. Autor de vários trabalhos publicados na área de mercado de capitais e gestão de carteiras. Seu trabalho de consultoria abrange desde desenvolvimento de novos produtos à apresentação de depoimentos especializados em processos de tarifa de serviços de utilidade pública. Passou dois anos na Corporação Federal de Hipotecas Residenciais (Freddie Mac), onde ajudou a desenvolver modelos de determinação de preços hipotecários e de risco de crédito. Atualmente, integra o Conselho Consultivo da Fundação de Pesquisa do Instituto CFA.

Prefácio

Acabamos de coroar três décadas de mudanças rápidas e profundas no setor de investimentos e também uma crise financeira de magnitude histórica. A ampla expansão dos mercados financeiros ao longo desse período deveu-se em parte às inovações na securitização e na melhoria de crédito que deram origem a novas estratégias de negociação. Essas estratégias, por sua vez, foram viabilizadas por avanços na comunicação e na tecnologia da informação, bem como por avanços na teoria de investimentos.

Contudo, nas fissuras desses avanços, havia também uma crise financeira enraizada. Muitas das inovações ocorridas na concepção de títulos possibilitaram uma alta alavancagem e uma noção exagerada a respeito da eficácia das estratégias de transferência de risco. Isso gerou uma complacência para com o risco, associada com a flexibilização da regulamentação e uma menor transparência que, então, mascararam a condição precária de vários participantes importantes nesse sistema. Por necessidade, nosso livro tem evoluído de acordo com os mercados financeiros e sua influência sobre os acontecimentos mundiais.

O objetivo da décima edição de *Investimentos* é ser um livro-texto para cursos de análise de investimentos. Nosso princípio básico é apresentar o conteúdo em uma estrutura organizada em torno de um núcleo de fundamentos coerentes. Tentamos eliminar detalhes matemáticos e técnicos desnecessários e preocupamo-nos em oferecer percepções que possam orientar estudantes e profissionais a lidar com novas ideias e novos desafios em sua vida profissional.

Este livro apresentará os principais assuntos em questão atualmente para todos os investidores. Ele pode capacitar você a realizar uma sofisticada avaliação sobre questões e debates atuais e decisivos cobertos pelos meios de comunicação de massa, bem como por periódicos financeiros mais especializados. Se você pretende se tornar um profissional de investimentos ou simplesmente um investidor individual esclarecido, verá que esse conhecimento é essencial, particularmente no ambiente de rápidas transformações do mundo moderno.

Nosso principal objetivo é apresentar conteúdos que tenham valor prático. Contudo, como nós três somos pesquisadores ativos em economia financeira, acreditamos que praticamente todo o conteúdo deste livro tem grande interesse intelectual. Felizmente, acreditamos que na área de investimentos não há nenhuma contradição entre a busca pela verdade e a busca por dinheiro. Muito pelo contrário. O modelo de precificação de ativos financeiros, o modelo de precificação por arbitragem, a hipótese de mercado eficiente, o modelo de precificação de opções e outros pontos centrais da pesquisa financeira moderna são temas intelectualmente gratificantes de pesquisa científica e, ao mesmo tempo, têm uma imensa importância prática para o investidor sofisticado.

A fim de unir teoria e prática, também tentamos tornar nossa abordagem mais condizente com a do Instituto CFA. Além de fomentar a pesquisa em finanças, o Instituto oferece um programa de instrução e certificação para candidatos que pretendem obter o título de analista financeiro juramentado ou certificado (*chartered financial analyst* – CFA). O currículo CFA resulta do consenso de um comitê de renomados acadêmicos e profissionais sobre a essência do conhecimento de que o profissional de investimentos necessita.

Vários recursos e características deste texto o tornam relevante e coerente com o currículo CFA. As questões referentes a exames CFA passados são apresentadas no final de cada capítulo. Além disso, para os estudantes que pretendem fazer esse exame, essas mesmas questões e o exame do qual elas foram extraídas são indicados no final deste livro. O Capítulo 3 contém trechos do "Código de Ética e Normas de Conduta Profissional" do Instituto CFA. O Capítulo 28, sobre os investidores e o processo de investimento, apresenta a estrutura do Instituto CFA para relacionar sistematicamente os objetivos e restrições do investidor com a política de investimento final. Entre os problemas apresentados no final do capítulo, há também questões da Kaplan Schweser, líder em preparação para exames.

Nesta edição, damos continuidade à nossa coleção de planilhas Excel, que, mais do que nunca, possibilitam uma análise mais aprofundada dos conceitos. Essas planilhas, disponíveis no *site* deste livro (**www.grupoa.com.br**), em "Conteúdo *online*", dão uma ideia das sofisticadas ferramentas analíticas que os investidores profissionais têm à disposição.

FILOSOFIA SUBJACENTE

Nesta décima edição, abordamos várias mudanças no ambiente de investimento, como acontecimentos sem precedentes em torno da última crise financeira.

Ao mesmo tempo, vários *princípios* básicos continuam sendo importantes. Acreditamos que a atenção a esses poucos princípios fundamentais pode simplificar o estudo de um conteúdo que, de outra forma, seria difícil e que esses princípios devem organizar e motivar todos os estudos. Eles são essenciais para compreendermos os títulos negociados nos mercados financeiros, bem como os novos títulos que serão introduzidos no futuro e seus efeitos sobre os mercados globais. Por esse motivo, este livro é temático, o que significa que nunca oferecemos regras práticas sem fazer referência aos princípios centrais da abordagem moderna de finanças.

O tema em comum que unifica este livro está relacionado à ideia de *quase eficiência dos mercados de títulos*, isto é, normalmente os títulos são precificados de maneira apropriada, com base em seus atributos de risco e retorno. Raramente se encontra algo de graça em mercados tão competitivos quanto o mercado financeiro. No entanto, essa observação básica é extraordinariamente importante no que se refere às suas implicações para a concepção de estratégias de investimento; por esse motivo, nossas discussões sobre estratégia sempre são orientadas pelas implicações da hipótese de mercado eficiente. Embora o grau de eficiência do mercado seja, e sempre será, uma questão a ser debatida (na verdade, dedicamos um capítulo inteiro à crítica comportamental sobre a hipótese de mercado eficiente), esperamos que nossas discussões ao longo deste livro passem uma boa dose de críticas saudáveis referentes, em grande parte, ao pensamento convencional.

Temas distintivos

Este livro está estruturado em torno de vários temas importantes:

1. **O tema central** é a quase eficiência informacional dos mercados de títulos bem desenvolvidos, como os dos Estados Unidos, e a consciência geral de que os mercados competitivos não oferecem "pechinchas" aos participantes.

    Um dos temas secundários é o *trade-off* risco-retorno. Esse conceito também implica o fato de nada ser de graça, na medida em que se acredita que, para obter retornos esperados mais altos nos mercados de títulos competitivos, é necessário pagar um preço por isso: a necessidade de arcar com um risco de investimento maior. Entretanto, essa ideia deixa várias perguntas sem resposta. Como devemos avaliar o risco de um ativo? Qual deve ser o *trade-off* quantitativo entre risco (apropriadamente avaliado) e retorno esperado? A abordagem que apresentamos dessas questões é conhecida como *teoria moderna de carteiras*, que é outro princípio norteador deste livro. Como a teoria moderna de carteiras concentra-se nas técnicas e implicações da diversificação eficiente, dedicamos grande atenção ao efeito da diversificação sobre o risco de carteira, bem como às implicações da *diversificação eficiente* para a mensuração apropriada do risco e da relação entre risco e retorno.

2. **Este livro enfatiza** mais a alocação de ativos do que a maioria dos livros concorrentes. Privilegiamos essa ênfase por dois motivos importantes. Primeiro, ela corresponde ao procedimento que a maioria das pessoas de fato segue. Normalmente, você começa com todo o seu dinheiro em uma conta bancária e somente depois pensa no quanto investirá em algo mais arriscado que ofereça um retorno mais alto. O passo lógico nesse momento é considerar classes de ativos de risco, como ações, obrigações ou imóveis. Essa é uma decisão sobre alocação de ativos. Segundo, na maior parte dos casos, a escolha de alocação de ativos é bem mais importante para a determinação do desempenho geral do investimento do que o conjunto de decisões referentes à escolha de títulos. A alocação de ativos é o principal determinante do perfil de risco-retorno da carteira de investimentos e, portanto, merece atenção especial no estudo de uma política de investimentos.

3. **Este livro oferece** uma apresentação mais ampla e aprofundada sobre futuros, opções e outros mercados de títulos derivativos do que a maioria dos livros de investimento. Esses mercados tornaram-se cruciais e essenciais ao universo financeiro. Sua única opção é familiarizar-se com esses mercados – seja você um profissional financeiro ou simplesmente um investidor individual esclarecido.

NOVO NESTA EDIÇÃO

Apresentamos, a seguir, um roteiro sobre as mudanças realizadas nesta décima edição. Não se trata de um roteiro exaustivo. O objetivo é oferecer uma visão geral sobre as inúmeras complementações e mudanças realizadas em relação à edição anterior deste livro.

Capítulo 1 – Ambiente de investimento

Apresentamos informações atualizadas sobre as consequências da crise financeira, bem como sobre a Lei Dodd-Frank.

Capítulo 2 – Classes de ativos e instrumentos financeiros

Dedicamos maior atenção aos mercados monetários, apresentando as controvérsias recentes a respeito da regulamentação dos fundos mútuos do mercado monetário e dos escândalos da Libor.

Capítulo 3 – Como os títulos são negociados

Reescrevemos amplamente este capítulo e incluímos novas seções que detalham a ascensão dos mercados eletrônicos, a negociação algorítmica e de alta velocidade e mudanças na estrutura do mercado.

Capítulo 5 – Risco, retorno e dados históricos

Atualizamos o capítulo com atenção especial às evidências sobre o risco de cauda e retornos acionários extremos.

Capítulo 9 – Modelo de precificação de ativos financeiros

Aprimoramos as explicações sobre o CAPM simples, atualizamos e integramos seções sobre as ampliações do CAPM e associamos as demandas de *hedging* extramercado e os prêmios de risco dos fatores.

Capítulo 10 – Teoria de precificação por arbitragem e modelos multifatoriais de risco e retorno

Apresentamos novos conteúdos sobre a viabilidade prática da criação de carteiras bem diversificadas e as implicações para a precificação de ativos.

Capítulo 11 – Hipótese de mercado eficiente

Acrescentamos um novo conteúdo que documenta o comportamento das anomalias de mercado ao longo do tempo, indicando como as ineficiências de mercado parecem ser corrigidas.

Capítulo 13 – Evidências empíricas sobre os retornos dos títulos

Dedicamos maior atenção aos testes de modelos multifatoriais de risco e retorno e a seus efeitos sobre a importância das demandas de *hedging* extramercado.

Capítulo 14 – Preço e rendimento das obrigações

Incluímos novos conteúdos sobre *swaps* de inadimplência de crédito governamental.

Capítulo 18 – Modelos de avaliação patrimonial

Apresentamos uma nova seção sobre os problemas práticos associados à utilização de modelos de fluxo de caixa descontado na avaliação de títulos e à resposta dos investidores em valor a esses problemas.

Capítulo 19 – Análise de demonstrações financeiras

Acrescentamos uma nova introdução à discussão sobre análise de índice, oferecendo uma estrutura e argumentação mais amplas à utilização de índices financeiros como ferramenta para avaliar o desempenho das empresas.

Capítulo 21 – Avaliação de opções

Adicionamos várias seções novas sobre métodos de avaliação neutros ao risco e sua implementação no modelo de determinação de preço de opções binomial, bem como sobre as implicações do modelo de determinação de preço de opções no risco de cauda e na instabilidade financeira.

Capítulo 24 – Avaliação de desempenho de carteiras

Inserimos novas seções sobre a vulnerabilidade das medidas de desempenho padrão à manipulação, às medidas isentas de manipulação e ao retorno ajustado ao risco da Morningstar.

ORGANIZAÇÃO E CONTEÚDO

Este livro está dividido em sete partes relativamente independentes que podem ser estudadas em uma variedade de sequências.

A **Parte 1** é uma introdução com conteúdos institucionais fundamentais direcionados ao ambiente financeiro. Examinamos os principais participantes dos mercados financeiros, oferecemos uma visão geral sobre os tipos de título negociados nesses mercados e explicamos como e onde os títulos são negociados. Além disso, analisamos detalhadamente os fundos mútuos e outras modalidades de investimento, que estão se tornando instrumentos de investimento cada vez mais importantes para os investidores individuais. Talvez mais importante seja nossa análise sobre como os mercados financeiros podem influenciar todos os aspectos da economia global, tal como ocorreu em 2008.

O conteúdo apresentado nessa parte provavelmente possibilita que os professores atribuam projetos semestrais logo no início do curso. Esses projetos podem exigir que o aluno analise detalhadamente um grupo específico de títulos. Como muitos professores gostam de envolver os alunos em algum tipo de jogo de investimento, o conteúdo desses capítulos facilita esse processo.

As **Partes 2 e 3** contêm a essência da teoria moderna de carteiras. O Capítulo 5 apresenta uma análise abrangente sobre risco e retorno, defendendo a ideia geral de que os retornos históricos sobre amplas classes de ativos são coerentes com o *trade-off* (risco-retorno) e examinando a distribuição dos retornos das ações. No Capítulo 6, procuramos analisar mais atentamente como as preferências de risco dos investidores devem ser descritas e como eles abordam a alocação de ativos. Nos dois capítulos subsequentes, examinamos a otimização de carteiras (Capítulo 7) e sua implementação por meio de modelos de índice (Capítulo 8).

Depois de abordarmos a teoria moderna de carteiras na Parte 2, investigamos, na Parte 3, as implicações dessa teoria para a estrutura de equilíbrio das taxas de retorno esperadas sobre os ativos de risco. O Capítulo 9 aborda o modelo de precificação de ativos financeiros e o 10 cobre as descrições multifatoriais de risco e a teoria de precificação por arbitragem. O Capítulo 11 examina a hipótese de mercado eficiente, apresentando seu fundamento lógico e, igualmente, evidências que respaldam e contestam essa hipótese. O Capítulo 12 concentra-se na crítica comportamental da racionalidade de mercado. Finalmente, concluímos essa parte com o Capítulo 13, a respeito de evidências empíricas sobre a precificação de títulos. Esse capítulo apresenta evidências quanto à relação entre risco e retorno e aos efeitos da liquidez sobre a precificação de ativos.

A **Parte 4** é a primeira entre as quatro partes sobre avaliação de títulos. Ela aborda os títulos de renda fixa – determinação de preço das obrigações (Capítulo 14), as relações da estrutura de prazo (Capítulo 15) e a gestão do risco da taxa de juros (Capítulo 16). As **Partes 5** e **6** abordam os títulos de participação acionária e os títulos derivativos. No caso de um curso que enfatiza a análise de títulos e exclui a teoria moderna de carteiras, é possível prosseguir diretamente da Parte 1 para a 4 sem que se perca a continuidade.

Por fim, a **Parte 7** examina vários temas importantes para os gestores de carteira, como avaliação de desempenho, diversificação internacional, gestão ativa e questões práticas do processo de gestão de carteiras. Essa parte contém também um capítulo sobre fundos de *hedge*.

Breve roteiro

Este livro contém vários recursos concebidos para que os alunos compreendam, absorvam e apliquem mais facilmente os conceitos e técnicas apresentados.

QUADROS DE ABERTURA DE CAPÍTULO

DESCREVEM o conteúdo a ser apresentado no capítulo e oferecem ao aluno um roteiro sobre o que ele aprenderá.

REVISÕES DE CONCEITO

TRATA-SE DE UM RECURSO ÍMPAR deste livro! Os problemas e questões de autoavaliação que se encontram no corpo do texto possibilitam que o aluno determine se compreendeu o conteúdo precedente. As soluções detalhadas são fornecidas no final de cada capítulo.

EXEMPLOS NUMERADOS

Ao longo dos capítulos são apresentados vários exemplos **NUMERADOS E INTITULADOS**. Utilizando as soluções dadas a esses exemplos como modelo, o aluno pode aprender gradativamente a resolver problemas específicos e ter uma percepção sobre os princípios gerais, observando como eles se aplicam à resposta de perguntas concretas.

DESTAQUE DA REALIDADE

OS INVESTIDORES DESENCANTAM-SE COM OS SELECIONADORES DE AÇÕES PROFISSIONAIS

Os investidores estão fugindo dos fundos mútuos gerenciados por selecionadores de ações profissionais e transferindo grandes quantias para fundos de baixo custo que refletem o mercado mais amplo.

Ao longo de novembro de 2012, os investidores tiraram US$ 119,3 bilhões dos assim chamados fundos de ações americanas gerenciados ativamente de acordo com os últimos dados da empresa de pesquisa Morningstar Inc. Ao mesmo tempo, eles injetaram US$ 30,4 bilhões em fundos de ações americanas negociados em bolsa (*exchange-traded funds* – ETFs).

Essa mudança é um reflexo do fato de muitos gestores monetários de fundos de ações, que cobram taxas, mas também utilizam a isca de perspectivas de retornos mais altos, terem tido um desempenho abaixo dos índices de ações de referência. Por esse motivo, mais investidores estão escolhendo simplesmente investir em fundos que acompanham os índices, os quais têm taxas mais baixas e são percebidos como de menor risco.

A missão dos selecionadores de ações em um fundo mútuo gerenciado é superar o desempenho do mercado geral por meio da negociação ativa de ações ou obrigações individuais. Nesse caso, os gestores do fundo recebem taxas mais altas por seu trabalho. Em um ETF (ou fundo mútuo indexado), os gestores contrabalançam a composição de participações do fundo para que ele reflita precisamente o desempenho de seu índice subjacente, cobrando taxas mais baixas.

A Morningstar afirma que, quando os investidores têm de investir em fundos de ações, eles precisam escolher fundos de índice e ETFs de baixo custo. Alguns ETFs de índice custam menos de 0,1% dos ativos por ano, enquanto vários fundos de ações ativamente gerenciados cobram 1% ou mais ao ano.

Embora nos últimos tempos essa tendência tenha pressionado crescentemente os selecionadores de ações, ela está mudando a sorte de alguns dos maiores participantes do setor de fundos mútuos, avaliado em US$ 14 trilhões.

A Fidelity Investments and American Funds, uma das maiores na categoria, testemunhou resgates ou pouco interesse dos investidores em comparação com os concorrentes, de acordo com uma análise de fluxos de fundos mútuos realizada para o *The Wall Street Journal* pela empresa de pesquisa Strategic Insight, uma unidade da Asset International, de Nova York.

No outro extremo do espectro, a Vanguard, a maior fornecedora de fundos mútuos indexados do mundo, no último ano atraiu o valor líquido de US$ 141 bilhões ao longo de dezembro, de acordo com a empresa.

Muitos investidores afirmam que estão procurando uma forma de investir a preço reduzido e com menos risco.

Fonte: Adaptado de Kirsten Grind, *The Wall Street Journal*, 3 de janeiro de 2013. Reimpresso com permissão. Copyright© 2013 Dow Jones & Company, Inc. Todos os direitos reservados mundialmente.

QUADROS DESTAQUE DA REALIDADE

BREVES ARTIGOS de publicações de negócio, como o *The Wall Street Journal*, são incluídos nos inúmeros quadros distribuídos ao longo deste livro. Esses artigos foram escolhidos com base em sua relevância real e na clareza de suas ideias.

APLICAÇÕES EXCEL

A DÉCIMA EDIÇÃO contém aplicações em planilhas Excel, bem como questões a serem resolvidas com base nessas planilhas. Um exemplo de planilha é apresentado no texto e uma versão interativa (em inglês) é disponibilizada no *site* deste livro, em www.grupoa.com.br.

APLICAÇÕES EXCEL: Modelo de dois títulos

A planilha a seguir pode ser utilizada para medir o retorno e o risco de uma carteira de dois ativos de risco. Esse modelo calcula o retorno e o risco dos diferentes pesos de cada título e a carteira de risco ótima e variância mínima. Os gráficos são gerados automaticamente de acordo com os vários dados inseridos no modelo. Esse modelo possibilita que você especifique a taxa de retorno pretendida e solucione as combinações ótimas utilizando o ativo isento de risco e a carteira de risco ótima. Essa planilha é construída com os dados de retorno de dois títulos da Tabela 7.1. Ela está disponível em www.grupoa.com.br.

QUESTÃO EXCEL
1. Suponhamos que sua taxa de retorno esperada é 11%.
   a. Qual a carteira com a menor volatilidade que oferece esse retorno esperado?
   b. Qual o desvio-padrão dessa carteira?
   c. Qual a composição dessa carteira?

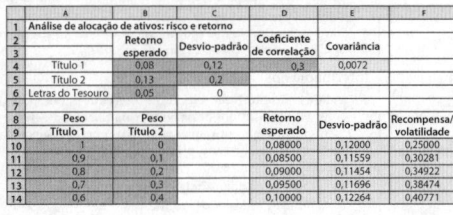

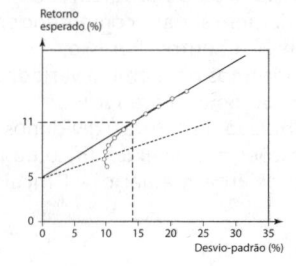

PLANILHAS EXCEL

ALGUMAS PLANILHAS DE EXEMPLO indicadas por um ícone foram selecionadas e distribuídas ao longo do texto. Elas também são disponibilizadas (em inglês) no *site* deste livro, em www.grupoa.com.br.

PLANILHA 5.2 Série temporal do HPR do S&P 500

Recursos didáticos no final dos capítulos

RESUMO

NO FINAL de cada capítulo, encontra-se um resumo que delineia os conceitos mais importantes que foram apresentados. Uma lista de *sites* (em inglês) relacionados para cada capítulo também pode ser encontrada no *site* deste livro, em **www.grupoa.com.br**. Com esses *sites*, o aluno tem facilidade para pesquisar mais detalhadamente alguns temas e acessar informações e dados financeiros.

RESUMO

1. Do mesmo modo que todos os fundos mútuos, os fundos de *hedge* agrupam os ativos de vários clientes e os gerenciam em nome desses clientes. Entretanto, os fundos de *hedge* são diferentes dos fundos mútuos com relação à divulgação de informações, base de investidores, flexibilidade e previsibilidade da orientação, regulamentação e estrutura de taxas dos investimentos.
2. Os fundos direcionais assumem uma posição em relação ao desempenho de setores do mercado em geral. Os não direcionais estabelecem posições neutras perante o mercado com relação a erros de apreçamento relativos. Contudo, até mesmo essas posições cobertas apresentam riscos idiossincráticos.
3. A arbitragem estatística é a utilização de sistemas quantitativos para revelar vários desalinhamentos percebidos na determinação de preços relativos e garantir lucros sobre a média de todas essas pequenas apostas. Esse tipo de arbitragem com frequência utiliza métodos de *data mining* para revelar padrões anteriores que formam a base para as posições de investimento estabelecidas.
4. Alfa portátil é uma estratégia em que investimos em posições com alfa positivo, depois nos "hedgeamos" contra o risco sistemático desse investimento e finalmente estabelecemos uma exposição desejada em relação ao mercado por meio de índices passivos ou contratos de futuros.
5. A avaliação de desempenho dos fundos de *hedge* é dificultada pelo viés de sobrevivência, pela possível instabilidade de atributos de risco, pela existência de prêmios de liquidez e por valorizações de mercado duvidosas de ativos negociados infrequentemente. A avaliação de desempenho é particularmente difícil quando os fundos de *hedge* assumem posições em opções. Os eventos de cauda também dificultam o verdadeiro desempenho das posições em opções que não apresentam um histórico muito extenso de retornos.
6. Normalmente os fundos de *hedge* cobram uma taxa de gestão e uma taxa de incentivo dos investidores iguais a uma porcentagem do lucro que ultrapassa um valor estipulado. A taxa de incentivo é semelhante a uma opção de compra sobre a carteira. Os fundos de *hedge* pagam uma taxa de incentivo a cada fundo subjacente que supera sua taxa de retorno mínimo, mesmo que o desempenho geral da carteira seja insatisfatório.

CONJUNTO DE PROBLEMAS

ACREDITAMOS VERDADEIRAMENTE que a prática de resolução de problemas é fundamental para compreendermos os investimentos. Por isso, fornecemos uma ampla variedade de problemas. Para facilitar atribuição de tarefas, dividimos as questões por nível de dificuldade – Básicos, Intermediários e Difíceis.

CONJUNTO DE PROBLEMAS

1. Afirmamos que as opções podem ser utilizadas para aumentar ou diminuir o risco da carteira geral. Cite alguns exemplos de estratégias de opção para aumentar e para diminuir o risco. Explique cada uma delas.
2. Quais são os *trade-offs* enfrentados por um investidor que está pensando em comprar uma opção de venda em uma carteira existente?

Básicos

3. Quais são os *trade-offs* enfrentados por um investidor que está pensando em lançar uma opção de compra em uma carteira existente?
4. Em sua opinião, por que as opções negociadas mais ativamente tendem a ser as opções próximas do preço?

Intermediários

5. Volte à Figura 20.1, que relaciona os preços de várias opções da IBM. Utilize os dados dessa figura para calcular o *payoff* e os lucros do investimento em cada uma das opções a seguir, com vencimento em fevereiro, presumindo que o preço da ação na data de vencimento é US$ 195.
   a. Opção de compra, X = US$ 190.
   b. Opção de venda, X = US$ 190.
   c. Opção de compra, X = US$ 195.
   d. Opção de venda, X = US$ 195.
   e. Opção de compra, X = US$ 200.
   f. Opção de venda, X = US$ 200.
6. Suponhamos que você avalie que as ações da FedEx valorizarão consideravelmente dentro de seis meses. Digamos que o preço atual da ação, S_0, seja US$ 100 e que a opção de compra que vencerá em seis meses tenha um preço de exercício, X, de US$ 100 e esteja sendo vendida por um preço, C, de US$ 10. Com US$ 10 mil para investir, você está pensando em três alternativas.
   a. Investir o total de US$ 10 mil na empresa, comprando 100 ações.
   b. Investir o total de US$ 10 mil em 1.000 opções (10 contratos).
   c. Comprar 100 opções (um contrato) por US$ 1.000 e investir os US$ 9 mil restantes em um fundo de mercado monetário que esteja pagando 4% de juros semestralmente (8% ao ano).
   Considerando os quatro preços da ação dentro de seis meses, qual será sua taxa de retorno em cada alternativa? Resuma seus resultados na tabela e no gráfico a seguir.

QUESTÕES PREPARATÓRIAS PARA EXAMES

Como complementação aos exercícios preparatórios, em determinados capítulos são disponibilizadas QUESTÕES PRÁTICAS para os exames CFA®, fornecidas pela Kaplan Schweser, uma das principais instituições globais de formação em CFA®. Procure o logotipo Kaplan Schweser. Obtenha mais informações em www.schweser.com.

Básicos

3. Se um título estiver subvalorizado (isto é, valor intrínseco > preço), qual será a relação entre a respectiva taxa de capitalização de mercado e a respectiva taxa de retorno esperada?
4. A Deployment Specialists atualmente paga dividendos (anuais) de US$ 1,00 e espera crescer 20% durante dois anos e posteriormente 4%. Se o retorno exigido da Deployment Specialists for 8,5%, qual o valor intrínseco de suas ações?
5. A Jand, Inc., atualmente paga dividendos de US$ 1,22 e espera crescer 5% indefinidamente. Se o valor atual das ações da Jand, com base no modelo de desconto de dividendos de crescimento constante, for US$ 32,03, qual será a taxa de retorno exigida?
6. Uma empresa atualmente paga dividendos de US$ 1,00 e espera crescer 5% indefinidamente. Se o valor atual das ações da empresa for US$ 35,00, qual será o retorno exigido, aplicável ao investimento de acordo com o modelo de desconto de dividendos de crescimento constante (DDM)?
7. A Tri-coat Paints tem um valor de mercado atual de US$ 41 por ação e lucro de US$ 3,64. Qual será o valor presente de suas oportunidades de crescimento (PVGO) se o retorno exigido for 9%?

QUESTÕES CFA

OFERECEMOS VÁRIAS questões de exames CFA anteriores em capítulos apropriados. Elas abordam problemas que os profissionais dessa área consideram relevantes para o "mundo real". Para facilitar sua consulta no momento em que estiver estudando para um exame, incluímos no final deste livro um apêndice com a referência de cada questão CFA e o respectivo nível do exame.

Difíceis

14. Suponhamos que você tenha um negócio próprio, que hoje constitui metade de seu patrimônio líquido. Com base no que você aprendeu neste capítulo, como você estruturaria sua carteira de ativos financeiros?

1. Identifique e discorra brevemente sobre as três críticas a respeito da forma como o beta é utilizado no modelo de precificação de ativos financeiros.
2. Richard Roll, em um artigo em que utilizou o modelo de precificação de ativos financeiros (CAPM) para avaliar o desempenho de carteiras, indicou que talvez não seja possível avaliar a capacidade da função de gestão de carteiras se houver um erro na referência utilizada.
   a. Avalie o desempenho de uma carteira e descreva o procedimento geral, enfatizando a referência utilizada.
   b. Explique o que Roll queria dizer com erro de referência e identifique o problema específico nessa referência.
   c. Desenhe um gráfico que mostre como uma carteira que foi considerada superior em relação a uma linha do mercado

PROBLEMAS EXCEL

DETERMINADOS CAPÍTULOS CONTÊM alguns problemas indicados por um ícone, especificamente associados aos modelos Excel (em inglês) disponibilizados no *site* deste livro, em **www.grupoa.com.br**.

d. Recalcule o valor da taxa de incentivo da parte (*b*) supondo agora que um aumento na alavancagem do fundo eleva a volatilidade para 60%.

 12. Visite o *site* **www.grupoa.com.br**, em "Conteúdo *online*", escolha o *link* para o Capítulo 26 e procure uma planilha que contém os valores mensais do índice S&P 500. Suponhamos que em cada mês você tenha lançado uma opção de venda fora do preço sobre uma unidade do índice com um preço de exercício 5% inferior ao valor atual do índice.
   a. Qual teria sido o valor médio de seus pagamentos mensais brutos sobre as opções de venda ao longo do período de dez anos de outubro de 1977 a setembro de 1987? E o desvio-padrão?
   b. Amplie agora sua amostra em um mês para incluir outubro de 1987 e recalcule o pagamento médio e o desvio-padrão da estratégia de lançamento de opções de venda. O que você conclui sobre o risco de cauda no lançamento de opções de venda a descoberto?

 13. Suponhamos que um fundo de *hedge* adote a estratégia a seguir. Todo mês ele mantém US$ 100 milhões em um fundo do índice S&P 500 e lança opções de venda fora do preço sobre esses US$ 100 milhões, com preço de exercício 5% inferior ao valor atual do índice. Digamos que o prêmio que ele recebe pelo lançamento de cada opção de venda seja US$ 0,25 milhão, aproximadamente de acordo com o valor real das opções de venda.

QUADROS DE EXERCÍCIOS DE INVESTIMENTO NA *WEB*

ESSES EXERCÍCIOS PROPÕEM ao aluno atividades simples para aprimorar sua experiência na internet. Instruções e questões fáceis de acompanhar são apresentadas ao aluno para que ele possa utilizar o que aprendeu em aula e aplicar esse aprendizado no atual universo de conteúdos disponibilizados na internet.

EXERCÍCIOS DE INVESTIMENTO NA *WEB*

Entre no *site* www.morningstar.com. Na seção Morningstar Tools, clique no *link* para Mutual Fund Screener (Filtro de Fundos Mútuos). Defina os critérios que deseja e em seguida clique na guia Show Results (Mostrar Resultados). Se você não obtiver nenhum fundo que atenda a todos os seus critérios, escolha o critério menos importante para você e flexibilize essa restrição. Continue o processo até o momento em que tiver vários fundos para comparar.

1. Examine todas as vistas disponíveis no menu da caixa suspensa (Snapshot, Performance, Portfolio e Nuts and Bolts – Instantâneo, Desempenho, Carteira e Detalhes Práticos) para responder as perguntas a seguir:
   a. Que fundo oferece o melhor índice de despesas?
   b. Quais fundos têm a menor classificação de risco da Morningstar?
   c. Que fundo oferece o melhor retorno em três anos? Qual apresenta o melhor retorno em dez anos?
   d. Que fundo apresenta a menor taxa de rotatividade? Qual oferece a maior?
   e. Em que fundo o tempo de administração do gestor é mais longo? Em qual esse tempo é menor?
   f. Você precisa eliminar algum dos fundos de sua análise pelo fato de o investimento mínimo inicial ser superior ao que você é capaz de fazer?
2. Com base no que você conhece a respeito dos fundos, qual deles você acha que seria o melhor investimento?
3. Escolha no máximo cinco fundos pelos quais você mais se interesse. Clique no botão *Score These Results* (Classificar Esses Resultados). Personalize os critérios listados indicando a importância que eles têm para você. Examine os resultados da classificação. O fundo com a classificação mais alta corresponde à escolha que você fez no item 2?

Suplementos

PARA OS PROFESSORES

No *site* deste livro, os professores têm acesso a suportes pedagógicos (em inglês), como arquivos eletrônicos dos conteúdos de apoio. Visite **www.grupoa.com.br**, busque pela página do livro, clique em "Material para o professor" e cadastre-se.

- **Manual do professor** — Preparado por Anna Kovalenko, da Virginia Tech University, foi revisto e ampliado para esta edição. Todos os capítulos contêm uma visão geral, objetivos de aprendizagem e apresentação do conteúdo.
- **Banco de testes** — Preparado por John Farlin, da Ohio Dominican University, foi revisto para melhorar a qualidade das questões. Toda questão é classificada por nível de dificuldade, o que oferece maior flexibilidade para a elaboração de uma prova e fundamentação lógica para a solução.
- **Apresentações em PowerPoint®** — Também preparados por Anna Kovalenko, contêm figuras e tabelas do livro, questões-chave e resumos agrupados em um acervo visualmente estimulante que você pode personalizar para as suas aulas (em inglês).
- **Manual de soluções** — Atualizado por Marc-Anthony Isaacs, oferece soluções detalhadas para o conjunto de problemas de final de capítulo.

PARA O ALUNO

Os alunos têm acesso a conteúdos de estudo criados especificamente para este livro, todos em inglês. As planilhas Excel, indicadas por um ícone, são disponibilizadas no *site* deste livro. Há também *links* para conteúdos de apoio adicionais. Visite o *site* do Grupo A, busque pela página do livro, clique em "Conteúdo *online*" e cadastre-se.

- **Modelos Excel** — são disponibilizados para determinadas planilhas apresentadas no texto e nos quadros "Aplicações Excel". Alguns problemas de final de capítulo também foram criados para utilização no Excel. Os modelos disponibilizados permitem que os alunos solucionem o problema e ganhem experiência na utilização de planilhas.
- *Sites* **relacionados** — Oferecemos uma lista de *sites* para cada capítulo. Todo resumo de capítulo contém uma referência aos *sites* relacionados.

DECLARAÇÃO DA AACSB

A McGraw-Hill Companies tem orgulho de ser membro da AACSB International. Compreendendo a importância e o valor da certificação da AACSB, este livro reconhece as diretrizes curriculares detalhadas nos padrões da AACSB para certificação em administração ao relacionar determinadas questões no texto e/ou no banco de testes com as seis diretrizes de conhecimento geral e habilitação presentes nesses padrões.

As declarações contidas em *Investimentos*, 10ª ed., funcionam apenas como um guia para os usuários deste livro. A AACSB deixa a adequação do escopo e da avaliação de conteúdo a cargo de cada instituição e do corpo docente, de acordo com sua missão. Embora este livro e os recursos pedagógicos não façam nenhuma alegação sobre uma qualificação ou avaliação específica da AACSB, denominamos determinadas questões de acordo com as seis áreas de conhecimento geral e habilitação.

Agradecimentos

Ao longo da elaboração deste livro, recebemos *feedback* e sugestões fundamentais de professores experientes para melhorarmos o texto. Eles merecem agradecimentos especiais em virtude de suas valiosas percepções e contribuições. Os professores relacionados a seguir desempenharam um papel vital no desenvolvimento desta e das edições anteriores deste livro:

J. Amanda Adkisson
Texas A&M University
Sandro Andrade
University of Miami at Coral Gables
Tor-Erik Bakke
University of Wisconsin
Richard J. Bauer Jr.
St. Mary's University
Scott Besley
University of Florida
John Binder
University of Illinois at Chicago
Paul Bolster
Northwestern University
Phillip Braun
University of Chicago
Leo Chan
Delaware State University
Charles Chang
Cornell University
Kee Chaung
SUNY Buffalo
Ludwig Chincarini
Pomona College
Stephen Ciccone
University of New Hampshire
James Cotter
Wake Forest University
L. Michael Couvillion
Plymouth State University
Anna Craig
Emory University
Elton Daal
University of New Orleans
David C. Distad
University of California at Berkeley
Craig Dunbar
University of Western Ontario
David Durr
Murray State University
Bjorn Eaker
Duke University
John Earl
University of Richmond
Michael C. Ehrhardt
University of Tennessee at Knoxville
Venkat Eleswarapu
Southern Methodist University
David Ellis
Babson College
Andrew Ellul
Indiana University
John Fay
Santa Clara University
Greg Filbeck
University of Toledo
James Forjan
York College of Pennsylvania
David Gallagher
University of Technology, Sydney
Jeremy Goh
Washington University
Richard Grayson
Loyola College
John M. Griffin
Arizona State University
Weiyu Guo
University of Nebraska at Omaha
Mahmoud Haddad
Wayne State University
Greg Hallman
University of Texas at Austin
Robert G. Hansen
Dartmouth College
Joel Hasbrouck
New York University
Andrea Heuson
University of Miami
Eric Higgins
Drexel University
Shalom J. Hochman
University of Houston
Stephen Huffman
University of Wisconsin at Oshkosh
Eric Hughson
University of Colorado
Delroy Hunter
University of South Florida
A. James Ifflander
A. James Ifflander and Associates
Robert Jennings
Indiana University
George Jiang
University of Arizona
Richard D. Johnson
Colorado State University
Susan D. Jordan
University of Kentucky
G. Andrew Karolyi
Ohio State University
Ajay Khorana
Georgia Institute of Technology
Anna Kovalenko
Virginia Tech University
Josef Lakonishok
University of Illinois at Champaign/Urbana
Malek Lashgari
University of Hartford
Dennis Lasser
Binghamton SUNY
Hongbok Lee
Western Illinois University
Bruce Lehmann
University of California at San Diego
Jack Li
Northeastern University
Larry Lockwood
Texas Christian University

Christopher K. Ma
Texas Tech University

Anil K. Makhija
University of Pittsburgh

Davinder Malhotra
Philadelphia University

Steven Mann
University of South Carolina

Deryl W. Martin
Tennessee Technical University

Jean Masson
University of Ottawa

Ronald May
St. John's University

William McDonald
University of Notre Dame

Rick Meyer
University of South Florida

Bruce Mizrach
Rutgers University at New Brunswick

Mbodja Mougoue
Wayne State University

Kyung-Chun (Andrew) Mun
Truman State University

Carol Osler
Brandeis University

Gurupdesh Pandner
DePaul University

Don B. Panton
University of Texas at Arlington

Dimitris Papanikolaou
Northwestern University

Dilip Patro
Rutgers University

Robert Pavlik
Southwest Texas State

Marianne Plunkert
University of Colorado at Denver

Jeffrey Pontiff
Boston College

Andrew Prevost
Ohio University

Herbert Quigley
University of the District of Columbia

Murli Rajan
University of Scranton

Speima Rao
University of Southwestern Louisiana

Rathin Rathinasamy
Ball State University

William Reese
Tulane University

Craig Rennie
University of Arkansas

Maurico Rodriquez
Texas Christian University

Leonard Rosenthal
Bentley College

Anthony Sanders
Ohio State University

Gary Sanger
Louisiana State University

Don Seeley
University of Arizona

John Settle
Portland State University

Edward C. Sims
Western Illinois University

Robert Skena
Carnegie Mellon University

Steve L. Slezak
University of North Carolina at Chapel Hill

Keith V. Smith
Purdue University

Patricia B. Smith
University of New Hampshire

Ahmad Sohrabian
California State Polytechnic University–Pomova

Eileen St. Pierre
University of Northern Colorado

Laura T. Starks
University of Texas

Mick Swartz
University of Southern California

Manuel Tarrazo
University of San Francisco

Steve Thorley
Brigham Young University

Ashish Tiwari
University of Iowa

Jack Treynor
Treynor Capital Management

Charles A. Trzincka
SUNY Buffalo

Yiuman Tse
Binghamton SUNY

Joe Ueng
University of St. Thomas

Gopala Vasuderan
Suffolk University

Joseph Vu
DePaul University

Qinghai Wang
Georgia Institute of Technology

Richard Warr
North Carolina State University

Simon Wheatley
University of Chicago

Marilyn K. Wiley
Florida Atlantic University

James Williams
California State University at Northridge

Michael Williams
University of Denver

Tony R. Wingler
University of North Carolina at Greensboro

Guojun Wu
University of Michigan

Hsiu-Kwang Wu
University of Alabama

Geungu Yu
Jackson State University

Thomas J. Zwirlein
University of Colorado at Colorado Springs

Edward Zychowicz
Hofstra University

Somos gratos ao Instituto CFA por nos permitir incluir várias questões de seus exames no corpo deste livro.

Merece também grande reconhecimento a equipe de desenvolvimento e produção da McGraw-Hill/Irwin: agradecimentos especiais a Noelle Bathurst, editora de desenvolvimento; Chuck Synovec, gerente executivo da marca; Bruce Gin, gerente de projeto de conteúdo; Melissa Caughlin, gerente de marketing sênior; Jennifer Jelinski, especialista de marketing; Michael McCormick, comprador sênior; e Debra Kubiak, *designer*.

Por fim, agradecemos a Judy, Hava e Sheryl, que contribuíram com seu apoio e compreensão para este livro.

Zvi Bodie
Alex Kane
Alan J. Marcus

Sumário resumido

Parte 1
Introdução

1 Ambiente de investimento 1
2 Classes de ativos e instrumentos financeiros . 25
3 Como os títulos são negociados 51
4 Fundos mútuos e outras empresas de investimento 81

Parte 2
Teoria e prática de carteira

5 Risco, retorno e dados históricos 103
6 Alocação de capital a ativos de risco 147
7 Carteira de risco ótima 179
8 Modelos de índice 225

Parte 3
Equilíbrio no mercado de capitais

9 Modelo de precificação de ativos financeiros 255
10 Teoria de precificação por arbitragem e modelos multifatoriais de risco e retorno ... 285
11 Hipótese de mercado eficiente 305
12 Finanças comportamentais e análise técnica. 341
13 Evidências empíricas sobre os retornos dos títulos 363

Parte 4
Títulos de renda fixa

14 Preço e rendimento das obrigações 391
15 Estrutura a termo das taxas de juros 431
16 Gestão de carteiras de obrigações 453

Parte 5
Análise de títulos

17 Análise macroeconômica e setorial 489
18 Modelos de avaliação patrimonial 519
19 Análise de demonstrações financeiras 557

Parte 6
Opções, futuros e outros derivativos

20 Mercados de opções: introdução 593
21 Avaliação de opções 631
22 Mercados de futuros 675
23 Futuros, *swaps* e gestão de riscos 701

Parte 7
Gestão de carteira aplicada

24 Avaliação de desempenho de carteiras 731
25 Diversificação internacional 773
26 Fundos de *hedge* 809
27 A teoria da gestão ativa de carteiras 831
28 Política de investimento e estrutura do Instituto CFA 855

Referências das questões CFA 889

Glossário 891

Índice onomástico 905

Índice 909

Sumário

Parte 1
Introdução

1 Ambiente de investimento 1
1.1 Ativos reais *versus* ativos financeiros........................ 2
1.2 Ativos financeiros 2
1.3 Mercados financeiros e a economia 4
    A função informativa dos mercados financeiros.... 4
    Momento de consumo.. 5
    Alocação de risco.. 5
    Separação entre propriedade e controle.............. 5
    Governança e ética corporativa 7
1.4 Processo de investimento 8
1.5 Os mercados são competitivos 9
    Trade-off risco-retorno.. 9
    Mercados eficientes 10
1.6 Participantes 10
    Intermediários financeiros................................... 11
    Bancos de investimento....................................... 13
    Capital de risco e private equity 14
1.7 A crise financeira de 2008 14
    Antecedentes da crise.. 14
    Mudanças no financiamento habitacional 16
    Derivativos hipotecários...................................... 18
    Swaps de risco de incumprimento 19
    Ascensão do risco sistêmico 19
    O inevitável acontece... 20
    Lei Dodd-Frank de reforma 21
1.8 Delineamento da estrutura deste livro 22

2 Classes de ativos e instrumentos financeiros. 25
2.1 Mercado monetário 25
    Letras do Tesouro 25
    Certificado de depósito 27
    Commercial paper 27
    Aceites bancários 27
    Eurodólar 28
    Acordos de recompra e reversão 28
    Fundos federais... 28
    Opções de compra de corretores 29
    Mercado Libor... 29
    Rendimentos em instrumentos do mercado
        monetário.. 29
2.2 Mercado de obrigações 30
    Notas e obrigações do Tesouro........................... 30

    Obrigações do Tesouro protegidas contra a inflação ... 32
    Dívida de agência federal.................................... 32
    Obrigações internacionais 32
    Obrigações municipais.. 33
    Obrigações corporativas 35
    Hipotecas e títulos garantidos por hipotecas 35
2.3 Títulos de participação acionária............................... 37
    Ações ordinárias como participação acionária...... 37
    Características das ações ordinárias................... 38
    Listagens do mercado acionário 38
    Ações preferenciais 39
    Recibos de depósito... 39
2.4 Índices do mercado de ações e de obrigações 40
    Índices do mercado acionário 40
    Índices Dow Jones... 40
    Índices Standard & Poor's 42
    Outros índices de valor de mercado dos
        Estados Unidos... 43
    Índices igualmente ponderados 44
    Índices de bolsas de valores internacionais
        e estrangeiras... 44
    Indicadores do mercado de obrigações............... 44
2.5 Mercados de derivativos... 44
    Opções... 46
    Contratos de futuros 47

3 Como os títulos são negociados................... 51
3.1 Como as empresas emitem títulos............................. 51
    Empresas de capital fechado 52
    Empresas de capital aberto 52
    Registro de prateleira 53
    Oferta pública inicial 53
3.2 Como os títulos são negociados 55
    Tipos de mercado.. 55
    Tipos de ordem.. 56
    Mecanismos de negociação 57
3.3 Ascensão da negociação eletrônica 59
3.4 Mercados dos Estados Unidos 61
    Nasdaq... 62
    Bolsa de Valores de Nova York............................ 62
    Redes de comunicação eletrônica 62
3.5 Novas estratégias de negociação................................ 63
    Negociação algorítmica....................................... 63
    Negociação de alta frequência 63
    Dark pools 64
    Negociação de obrigações................................... 65

3.6	Globalização dos mercados acionários	66	
3.7	Custos de negociação	67	
3.8	Comprando na margem	67	
3.9	Vendas a descoberto	70	
3.10	Regulamentação dos mercados de títulos	73	
	Autorregulamentação	74	
	Lei Sarbanes-Oxley	75	
	Negociação com informações privilegiadas	76	

4 Fundos mútuos e outras empresas de investimento 81

- 4.1 Empresas de investimento 81
- 4.2 Tipos de empresa de investimento 82
  - Fundos de investimentos em cotas 82
  - Empresas de investimento gerenciadas 83
  - Outras organizações de investimento 84
- 4.3 Fundos mútuos 85
  - Políticas de investimento 85
  - Como os fundos são vendidos 87
- 4.4 Custos de investimento em fundos mútuos 88
  - Estrutura de taxas 88
  - Taxas e retornos dos fundos mútuos 89
- 4.5 Tributação sobre os rendimentos dos fundos mútuos 91
- 4.6 Fundos negociados em bolsa 91
- 4.7 Desempenho do investimento em fundo mútuo: introdução 94
- 4.8 Informações sobre fundos mútuos 97

Parte 2
Teoria e prática de carteira

5 Risco, retorno e dados históricos 103

- 5.1 Determinantes do nível de taxas de juros 103
  - Taxas de juros reais e nominais 104
  - Taxa de juros real de equilíbrio 105
  - Taxa de juros nominal de equilíbrio 106
  - Impostos e taxa de juros real 107
- 5.2 Comparando as taxas de retorno de diferentes períodos de manutenção 107
  - Taxas percentuais anuais 108
  - Composição contínua 109
- 5.3 Letras e inflação, 1926-2012 110
- 5.4 Risco e prêmios de risco 112
  - Retornos do período de manutenção 112
  - Retorno esperado e desvio-padrão 112
  - Retornos em excesso e prêmios de risco 114
- 5.5 Análise de série temporal de taxas de retorno passadas 114
  - Série temporal versus análise de cenário 114
  - Retornos esperados e média aritmética 115
  - Média geométrica (ponderada no tempo) dos retornos 115
  - Variância e desvio-padrão 117
  - Estimativas de média e desvio-padrão com base em observações de frequência mais alta 118
  - Índice de recompensa/volatilidade (Sharpe) 118
- 5.6 Distribuição normal 119
- 5.7 Desvios da normalidade e medidas de risco 121
  - Valor em risco 123
  - Déficit esperado 123
  - Desvio-padrão parcial inferior e índice de Sortino 124
  - Frequência relativa de grandes retornos 3 sigma negativos 124
- 5.8 Retornos históricos e carteiras de risco 124
  - Retornos de carteira 130
  - Visão global dos dados históricos 132
- 5.9 Investimentos de longo prazo 134
  - Retornos normais e lognormais 135
  - Simulação de taxas de retorno de longo prazo futuras 137
  - Revisão sobre a taxa isenta de risco 141
  - Para onde a pesquisa sobre taxas de retorno está caminhando? 142
  - Previsões de longo prazo 142

6 Alocação de capital a ativos de risco 147

- 6.1 Risco e aversão ao risco 147
  - Risco, especulação e aposta 147
  - Aversão ao risco e valores de utilidade 148
  - Estimando a aversão ao risco 152
- 6.2 Alocação de capital a carteiras de risco e isentas de risco 153
- 6.3 Ativo isento de risco 155
- 6.4 Carteiras com um ativo de risco e um ativo isento de risco 156
- 6.5 Tolerância ao risco e alocação de ativos 159
  - Retornos não normais 163
- 6.6 Estratégias passivas: linha do mercado de capitais 164
- Apêndice A: Aversão ao risco, utilidade esperada e paradoxo de São Petersburgo 172
- Apêndice B: Função de utilidade e equilíbrio de preço de contratos de seguro 175
- Apêndice C: Critério de Kelly 176

7 Carteira de risco ótima 179

- 7.1 Diversificação e risco de carteira 179
- 7.2 Carteiras com dois ativos de risco 181
- 7.3 Alocação de ativos com ações, obrigações e letras 188
  - Alocação de ativos com duas classes de ativos de risco 188
- 7.4 Modelo de otimização de carteira de Markowitz 193
  - Escolha de títulos 193
  - Alocação de capital e propriedade teorema da separação 197

	O poder da diversificação 199
	Alocação de ativos e escolha de títulos 201
	Carteiras ótimas e retornos não normais 202
7.5	Agrupamento de riscos, compartilhamento de risco e risco de investimentos de longo prazo ... 202
	Agrupamento de riscos e princípio do seguro 202
	Compartilhamento de risco 204
	Investimento de longo prazo 205
	Apêndice A: Modelo de planilha para uma diversificação eficiente 212
	Matriz de covariância 213
	Retornos esperados 213
	Matriz de covariância fronteiriça 213
	Utilizando o Solver do Excel 215
	Encontrando a carteira de variância mínima 215
	Fronteira eficiente de ativos de risco 215
	Identificando a carteira de risco ótima na fronteira eficiente 216
	A CAL ótima 216
	Carteira de risco ótima e restrição de vendas a descoberto 217
	Apêndice B: Revisão das estatísticas da carteira ... 217
	Retornos esperados 217
	Variância e desvio-padrão 218
	Covariância 220
	Coeficiente de correlação 221
	Variância da carteira 222
8	Modelos de índice 225
8.1	Um mercado de títulos de fator único 225
	Lista de dados do modelo de Markowitz 225
	Normalidade dos retornos e risco sistemático 226
8.2	Modelo de índice único 228
	Equação de regressão do modelo de índice único ... 228
	Relação entre retorno esperado-beta 228
	Risco e covariância no modelo de índice único 229
	Conjunto de estimativas necessário ao modelo de índice único 229
	Modelo de índice e diversificação 231
8.3	Estimando o modelo de índice único 232
	Linha característica do título da Hewlett-Packard 233
	Poder explicativo da SCL da HP 233
	Análise de variância 234
	Estimativa de alfa 234
	Estimativa de beta 236
	Risco específico à empresa 236
	Matriz de correlação e covariância 236
8.4	Construção de carteiras e modelo de índice único ... 239
	Alfa e análise de títulos 239
	Carteira de índice como ativo de investimento 240
	Lista de dados do modelo de índice único 240

	Carteira de risco ótima e modelo de índice único .. 240
	Índice de informação 242
	Resumo do procedimento de otimização 243
	Um exemplo 243
8.5	Aspectos práticos da gestão de carteiras com o modelo de índice 245
	O modelo de índice é inferior ao modelo de covariância completa? 245
	Versão do modelo de índice do setor 246
	Previsão de betas 248
	Modelos de índice e carteiras de acompanhamento ... 249

Parte 3
Equilíbrio no mercado de capitais

9	Modelo de precificação de ativos financeiros 255
9.1	Modelo de precificação de ativos financeiros 255
	Por que todos investidores manteriam a carteira de mercado? 256
	A estratégia passiva é eficiente 257
	O prêmio de risco da carteira de mercado 257
	Retornos esperados sobre títulos individuais 258
	Linha do mercado de títulos 261
	O CAPM e o mercado de índice único 263
9.2	Suposições e ampliações do CAPM 266
	Suposições do CAPM 266
	Desafios e ampliações para o CAPM 268
	O modelo de beta zero 269
	Renda de trabalho e ativos não negociados 269
	Modelo de vários períodos e carteiras protegidas .. 270
	CAPM baseado no consumo 272
	Liquidez e o CAPM 273
9.3	O CAPM e o mundo acadêmico 276
9.4	O CAPM e o setor de investimentos 278
10	Teoria de precificação por arbitragem e modelos multifatoriais de risco e retorno ... 285
10.1	Modelos multifatoriais: visão geral 285
	Modelos de fator de retorno de título 286
10.2	Teoria de precificação por arbitragem 288
	Arbitragem, arbitragem de risco e equilíbrio 288
	Carteiras bem diversificadas 289
	Diversificação e risco residual na prática 290
	Executando arbitragem 292
	Equação de não arbitragem da APT 292
10.3	A APT, o CAPM e o modelo de índice 294
	A APT e o CAPM 294
	APT e a carteira de otimização em um mercado de índice único 295
10.4	APT multifatorial 296

10.5 O modelo de três fatores de Fama-French (FF)..... 299

11 Hipótese de mercado eficiente..................... 305
11.1 Passeios aleatórios e a hipótese de mercado eficiente.. 305
Concorrência como fonte de eficiência.................... 307
Versões da hipótese de mercado eficiente................. 309
11.2 Implicações da EMH 310
Análise técnica.. 310
Análise fundamentalista 311
Gestão de carteira ativa versus passiva 312
O papel da gestão de carteiras em um mercado eficiente.. 313
Alocação de recursos 314
11.3 Estudos de eventos 314
11.4 Os mercados são eficientes? 317
As questões.. 317
Testes de forma fraca: padrões nos retornos das ações 319
Previsores de retorno do mercado em geral 321
Testes semifortes: anomalias de mercado 322
Testes de forma forte: informações privilegiadas.... 325
Interpretando as anomalias................................... 326
Bolhas e eficiência do mercado............................... 329
11.5 Desempenho dos fundos mútuos e dos analistas... 330
Analistas do mercado acionário............................. 330
Gestores de fundos mútuos 331
Afinal, os mercados são eficientes? 335

12 Finanças comportamentais e análise técnica. 341
12.1 Crítica comportamental... 342
Processamento de informações................................ 342
Vieses comportamentais... 344
Afeição... 345
Limites à arbitragem 346
Limites à arbitragem e a lei de preço único............ 348
Bolhas e economia comportamental....................... 350
Avaliando a crítica comportamental 351
12.2 Análise técnica e finanças comportamentais 352
Tendências e correções... 353
Indicadores de entusiasmo..................................... 356
Atenção 357

13 Evidências empíricas sobre os retornos dos títulos.. 363
13.1 O modelo de índice e a APT de fator único 364
Relação entre retorno esperado-beta....................... 364
Testes do CAPM 365
Índice de mercado.. 366
Erro de mensuração no beta................................... 367

13.2 Testes do CAPM e da APT multifatorial................ 369
Renda de trabalho... 369
Empresa de capital fechado (não negociada) 371
Versões iniciais do CAPM e da APT multifatorial. 372
Um modelo de fator macro 372
13.3 Modelos de fator do tipo Fama-French 374
Tamanho e B/M como fatores de risco 376
Explicações comportamentais................................. 378
Momentum: um quarto fator................................. 379
13.4 Liquidez e precificação de ativos 380
13.5 Precificação de ativos com base no consumo e enigma do prêmio das ações............................ 382
Crescimento do consumo e taxas de retorno do mercado 382
Retornos esperados versus realizados 384
Viés de sobrevivência... 386
Ampliações do CAPM podem resolver o enigma do prêmio das ações 387
Liquidez e enigma do prêmio das ações.................. 387
Explicações comportamentais sobre o enigma do prêmio das ações 388

Parte 4
Títulos de renda fixa

14 Preço e rendimento das obrigações.............. 391
14.1 Características das obrigações................................ 391
Obrigações e notas do Tesouro 392
Obrigações corporativas... 393
Ações preferenciais 395
Outros emissores domésticos................................... 396
Obrigações internacionais 396
Inovação no mercado de obrigações........................ 396
14.2 Determinação de preço das obrigações.................. 398
Determinação de preço das obrigações entre datas de cupom 401
14.3 Rendimento das obrigações 403
Rendimento até o vencimento 404
Rendimento até o resgate....................................... 405
Retorno composto realizado versus rendimento até o vencimento.. 406
14.4 Preço das obrigações ao longo do tempo 408
Rendimento até o vencimento versus retorno do período de manutenção do investimento 410
Obrigações de cupom zero e strips do Tesouro 411
Retornos pós-impostos 412
14.5 Risco de inadimplência e determinação de preço das obrigações... 413
Obrigações de alto risco 415
Determinantes de segurança das obrigações........... 415

Escritura de emissão da obrigação 417
Rendimento até o vencimento e risco de inadimplência 419
Swaps de risco de incumprimento 421
Risco de crédito e obrigações de dívida garantidas .. 423

15 Estrutura a termo das taxas de juros 431
15.1 Curva de rendimento 431
Precificação de obrigações 432
15.2 Curva de rendimento e taxas de juros futuras 434
Curva de rendimento em condições de certeza 434
Retornos do período de manutenção 436
Taxas forward 436
15.3 Incerteza sobre a taxa de juros e taxas *forward* 438
15.4 Teorias sobre a estrutura a termo 440
Hipótese das expectativas 440
Preferência por liquidez 440
15.5 Interpretando a estrutura a termo 443
15.6 Taxas *forward* como contratos *forward* 447

16 Gestão de carteiras de obrigações 453
16.1 Risco da taxa de juros 453
Suscetibilidade à taxa de juros 454
Duração 456
O que determina a duração? 459
16.2 Convexidade 462
Por que os investidores gostam de convexidade? 465
Duração e convexidade das obrigações resgatáveis 465
Duração e convexidade dos títulos garantidos por hipotecas 467
16.3 Gestão passiva de obrigações 470
Fundos de índice de obrigações 470
Imunização 471
Equiparação de fluxo de caixa e dedicação 477
Outros problemas com a imunização convencional .. 478
16.4 Gestão ativa de obrigações 478
Fontes de possíveis lucros 478
Análise-horizonte 480

Parte 5
Análise de títulos

17 Análise macroeconômica e setorial 489
17.1 Economia global 489
17.2 Macroeconomia interna 492
17.3 Choques de demanda e oferta 493
17.4 Políticas do governo federal 494
Política fiscal 494
Política monetária 495
Políticas de oferta 496
17.5 Ciclos econômicos 497
O ciclo econômico 497

Indicadores econômicos 498
Outros indicadores 501
17.6 Análise setorial 502
Definindo um setor 502
Sensibilidade ao ciclo econômico 505
Rotatividade setorial 507
Ciclo de vida dos setores 508
Estrutura e desempenho setorial 511

18 Modelos de avaliação patrimonial 519
18.1 Avaliação por comparáveis 519
Limitações do valor contábil 520
18.2 Valor intrínseco *versus* preço de mercado 521
18.3 Modelos de desconto de dividendos 523
DDM de crescimento constante 524
Convergência do preço para o valor intrínseco 527
Preço das ações e oportunidades de investimento 527
Ciclos de vida e modelos de crescimento de vários estágios 531
Modelos de crescimento de vários estágios 534
18.4 Índice de preço/lucro 535
Índice de preço/lucro e oportunidades de crescimento 535
Índice de P/E e risco das ações 539
Armadilhas na análise de P/E 539
Associando a análise de P/E e o DDM 542
Outros índices de avaliação comparativa 543
18.5 Abordagens de avaliação de fluxo de caixa livre 544
Comparação dos modelos de avaliação 546
O problema dos modelos de DCF 547
18.6 Mercado de ações agregado 548

19 Análise de demonstrações financeiras 557
19.1 As principais demonstrações financeiras 557
Demonstração de resultados 557
Balanço patrimonial 558
Demonstração de fluxos de caixa 559
19.2 Medindo o desempenho da empresa 561
19.3 Medidas de lucratividade 562
Retorno sobre os ativos (ROA) 562
Retorno sobre o capital (ROC) 562
Retorno sobre o patrimônio (ROE) 563
Alavancagem financeira e ROE 563
Valor econômico adicionado 565
19.4 Análise de índice 566
Decomposição do ROE 566
Índice de rotatividade e outros índices de utilização de ativos 569
Índices de liquidez 570

Índices de preço de mercado: crescimento versus valor 571
Escolhendo um padrão de referência 573
19.5 Um exemplo de análise de demonstração financeira 575
19.6 Problemas de comparabilidade 576
Avaliação de estoque 577
Depreciação 577
Inflação e despesa de juros 578
Contabilidade de valor justo 579
Qualidade dos lucros e práticas contábeis 580
Convenções contábeis internacionais 581
19.7 Investimento em valor: a técnica de Graham 583

Parte 6
Opções, futuros e outros derivativos

20 Mercados de opções: introdução 593
20.1 O contrato de opção 593
Negociação de opções 595
Opções americanas e europeias 596
Ajustes nos termos do contrato de opção 597
A Options Clearing Corporation 597
Outras opções listadas 598
20.2 Valor das opções no vencimento 599
Opções de compra 599
Opções de venda 600
Opções versus investimento em ações 601
20.3 Estratégias de opção 603
Opção de venda protetora 603
Opção de compra coberta 605
Straddle 608
Spreads 609
Collars 609
20.4 Relação de paridade entre opção de venda e opção de compra 611
20.5 Títulos semelhantes a opções 614
Obrigações resgatáveis 614
Títulos conversíveis 615
Warrants 617
Empréstimos com garantia 618
Ações alavancadas e dívida de risco 618
20.6 Engenharia financeira 620
20.7 Opções exóticas 621
Opções asiáticas 621
Opções com barreira 621
Opções lookback 622
Opções com conversão em moeda 622
Opções digitais 622

21 Avaliação de opções 631
21.1 Avaliação de opções: introdução 631
Valores intrínsecos e temporais 631
Determinantes do valor das opções 632
21.2 Restrições aos valores das opções 634
Restrições ao valor de uma opção de compra 634
Exercício antecipado e dividendos 635
Exercício antecipado de opções de venda americanas 636
21.3 Precificação de opções binomial 637
Precificação de opções de dois estados 637
Generalização da abordagem de dois estados 640
Tornando o modelo de avaliação prático 641
21.4 Avaliação de opções de Black-Scholes 645
A fórmula de Black-Scholes 645
Avaliação de dividendos e opções de compra 651
Avaliação de opções de venda 652
Avaliação de dividendos e opções de venda 653
21.5 Utilizando a fórmula de Black-Scholes 653
O índice de hedge e a fórmula de Black-Scholes ... 653
Seguro de carteira 655
Precificação de opções e crise de 2008–2009 659
Precificação de opções e teoria moderna de carteiras 660
Apostas de hedging sobre opções com erro de apreçamento 661
21.6 Evidências empíricas sobre a precificação de opções 665

22 Mercados de futuros 675
22.1 Contrato de futuros 675
Princípios básicos dos contratos de futuros 676
Contratos existentes 679
22.2 Dinâmica de negociação 680
Câmara de compensação e contratos não exercidos 680
Conta de margem e marcação a mercado 682
Entrega em dinheiro versus entrega do ativo real 684
Regulamentações 685
Tributação 685
22.3 Estratégias em mercados de futuros 685
Hedging e especulação 685
Risco de base e hedging 688
22.4 Preços de futuros 688
Teorema de paridade entre preço spot e de futuros 688
Spreads 692
Precificação forward versus precificação de futuros 694
22.5 Preços de futuros *versus* preços *spot* esperados 694
Hipótese das expectativas 694

Teoria de mercado invertido 695
Contango 695
Teoria moderna de carteiras 696

23 Futuros, *swaps* e gestão de riscos 701
23.1 Futuros de câmbio exterior 701
Mercados 701
Paridade da taxa de juros 703
Cotações diretas versus indiretas 705
Utilizando futuros para gerenciar o risco da taxa de câmbio 705
23.2 Futuros sobre índices de ações 708
Contratos 708
Criando posições sintéticas em ações: uma ferramenta de alocação de ativos 709
Arbitragem de índice 710
Utilizando futuros sobre índices como proteção contra o risco de mercado 711
23.3 Futuros de taxa de juros 713
Proteção contra o risco da taxa de juros 713
23.4 Swaps 715
Swaps e reestruturação de balanço patrimonial ... 716
Distribuidores de swaps 717
Outros contratos de taxa de juros 718
Precificação de swap 719
Risco de crédito no mercado de swaps 720
Swaps de risco de incumprimento 721
23.5 Precificação de futuros de commodity 721
Precificação com custos de armazenamento 721
Análise de fluxo de caixa descontado para futuros de commodity 724

Parte 7
Gestão de carteira aplicada

24 Avaliação de desempenho de carteiras 731
24.1 A teoria convencional de avaliação de desempenho 731
Taxas médias de retorno 731
Retornos ponderados no tempo versus retornos ponderados pelo dólar 732
Retorno ponderado pelo dólar e desempenho do investimento 733
Ajustando os retornos ao risco 733
A medida de desempenho M^2 736
O índice de Sharpe é o critério das carteiras gerais 737
Medidas de desempenho apropriadas em dois cenários 738
A função do alfa nas medidas de desempenho 740

Mensuração de desempenho real: um exemplo 740
Manipulação de desempenho e classificação ajustada ao risco da Morningstar 742
Retornos realizados versus retornos esperados 745
24.2 Mensuração de desempenho de fundos de *hedge* ... 746
24.3 Mensuração de desempenho com composição de carteira variável 749
24.4 *Market timing* 750
O valor promissor do market timing 751
Avaliando o market timing como uma opção de compra 753
A importância da previsão imperfeita 754
24.5 Análise de estilo 755
Análise de estilo e referências multifatoriais 757
Análise de estilo no Excel 758
24.6 Procedimentos de atribuição de desempenho 759
Decisões sobre alocação de ativos 761
Decisões sobre escolha de setor e de títulos 762
Somando as contribuições dos componentes 763

25 Diversificação internacional 773
25.1 Mercados globais de ações 773
Países desenvolvidos 774
Mercados emergentes 775
Capitalização de mercado e PIB 776
Viés doméstico 776
25.2 Fatores de risco em investimentos internacionais. 777
Risco da taxa de câmbio 777
Risco político 781
25.3 Investimento internacional: risco, retorno e benefícios da diversificação 784
Risco e retorno: estatísticas resumidas 784
Os investimentos em mercados emergentes são mais arriscados? 788
Os retornos médios são mais elevados em mercados emergentes? 789
O risco da taxa de câmbio é importante para as carteiras internacionais? 791
Benefícios da diversificação internacional 792
Representação equivocada dos benefícios da diversificação 794
Benefícios realistas da diversificação internacional ... 795
Os benefícios da diversificação internacional são preservados em mercados baixistas? 797
25.4 Avaliando o potencial de diversificação internacional 798
25.5 Investimento internacional e atribuição de desempenho 802
Construindo uma carteira de referência de ativos estrangeiros 802
Atribuição de desempenho 804

26 Fundos de *hedge* 809
26.1 Fundos de *hedge* versus fundos mútuos 809
26.2 Estratégias dos fundos de *hedge* 810
  Estratégias direcionais e não direcionais 811
  Arbitragem estatística 812
26.3 Alfa portátil 813
  Exemplo de aposta pura 814
26.4 Análise de estilo de fundos de *hedge* 816
26.5 Mensuração de desempenho de fundos de *hedge*... 817
  Liquidez e desempenho dos fundos de hedge 818
  Desempenho dos fundos de hedge e viés de sobrevivência 821
  Desempenho dos fundos de hedge e cargas fatoriais 821
  Eventos de cauda e desempenho dos fundos de hedge 823
26.6 Estrutura de taxas nos fundos de *hedge* 825

27 A teoria da gestão ativa de carteiras 831
27.1 Carteiras ótimas e valores de alfa 831
  Previsões de valores de alfa e pesos de carteira extremos 832
  Restrição ao risco de referência 835
27.2 Modelo de Treynor-Black e precisão da previsão 837
  Ajustando as previsões em prol da precisão do alfa 837
  Distribuição de valores de alfa 838
  Estrutura organizacional e desempenho 840
27.3 O modelo de Black-Litterman 841
  Decisão sobre alocação de ativos de Black-Litterman 841
  Etapa 1: Matriz de covariância de dados históricos 841
  Etapa 2: Determinação de uma previsão de referência 842
  Etapa 3: Integrando as visões pessoais do gestor ... 843
  Etapa 4: Expectativas revistas (posteriores) 843
  Etapa 5: Otimização da carteira 845
27.4 Treynor-Black *versus* Black-Litterman: complementos, não substitutos 846
  O modelo de BL como glacê no bolo de TB 846
  Por que não substituir todo o bolo de TB pelo glacê de BL? 847
27.5 A importância da gestão ativa 848
  Um modelo de estimativa de taxas possíveis 848
  Resultados da distribuição de índices de informação reais 849
  Resultados da distribuição de previsões reais 849
  Resultados com registros de previsão razoáveis 850

27.6 Observações finais sobre a gestão ativa 850
Apêndice A: Previsões e realizações de alfa 852
Apêndice B: O modelo geral de Black-Litterman 852

28 Política de investimento e estrutura do Instituto CFA 855
28.1 O processo de gestão de investimentos 855
  Objetivos 856
  Investidores individuais 856
  Fideicomisso pessoal 856
  Fundos mútuos 858
  Fundos de pensão 858
  Fundos de dotação 859
  Empresas de seguro de vida 859
  Empresas que não são de seguro de vida 859
  Bancos 860
28.2 Restrições 860
  Liquidez 860
  Horizonte de investimento 861
  Regulamentações 861
  Fatores tributários 861
  Necessidades exclusivas 861
28.3 Declarações de política 862
  Exemplo de declaração de política de investidores individuais 862
28.4 Alocação de ativos 869
  Impostos e alocação de ativos 869
28.5 Gestão de carteiras de investidores individuais 870
  Capital humano e seguro 871
  Investimento em casa própria 871
  Poupança para aposentadoria e a suposição de risco 871
  Modelos de planejamento de aposentadoria 872
  Gerenciar sua própria carteira ou depender de outros? 872
  Procurando abrigo tributário 874
28.6 Fundos de pensão 877
  Planos de contribuição definida 877
  Planos de benefícios definidos 877
  Estratégias de investimento em pensão 878
28.7 Investimentos de longo prazo 879
  Investimento direcionado e estrutura a termo das obrigações 880
  Fazendo opções de investimento simples 880
  Risco de inflação e investidores de longo prazo 880

Referências das questões CFA 889

Glossário 891

Índice onomástico 905

Índice 909

Ambiente de investimento

INVESTIMENTO é o comprometimento de dinheiro ou de outros recursos no *presente* com a expectativa de colher benefícios *futuros*. Por exemplo, uma pessoa pode adquirir uma cota de ações prevendo que os futuros resultados monetários dessas ações justificarão tanto o tempo durante o qual seu dinheiro ficou retido quanto o risco do investimento. O tempo que você levará para estudar este livro (sem mencionar o custo) também é um investimento. Você está abrindo mão do lazer ou de rendimentos que poderia obter no trabalho com a expectativa de que sua carreira futura seja suficientemente aperfeiçoada para justificar esse comprometimento de tempo e esforço. Embora esses dois investimentos sejam diferentes em muitos aspectos, ambos têm uma característica central compartilhada por todos os investimentos: você sacrifica algo de valor agora com a expectativa de colher benefícios mais adiante.

Este livro pode ajudá-lo a se tornar um profissional de investimentos bem informado. Enfatizaremos os investimentos em títulos, como ações, obrigações ou opções e contratos de futuros. Porém, muito do que abordaremos será útil na análise de qualquer tipo de investimento. Este livro fornecerá o histórico da organização de vários tipos de mercado de títulos, examinará a valorização e os princípios da gestão de riscos que são tão úteis em determinados mercados, como os de obrigações e ações, e apresentará os princípios da construção de carteiras.

Em linhas gerais, este capítulo abordará três temas que lhe darão uma visão útil para examinar o conteúdo que virá mais adiante.

Primeiro, antes de entrarmos no assunto de "investimentos", consideraremos o papel dos ativos financeiros na economia. Discutiremos a relação entre os títulos e os ativos "reais" que de fato produzem bens e serviços para os consumidores e consideraremos por que os ativos financeiros são tão importantes para o funcionamento de uma economia desenvolvida.

Após esse histórico, examinaremos primeiramente as decisões que os investidores enfrentam quando montam uma carteira de ativos. Essas decisões de investimento são tomadas em um ambiente em que em geral é possível obter retornos mais altos apenas ao preço de um risco maior e em que é raro encontrar ativos tão mal precificados a ponto de serem pechinchas óbvias. Esses temas – o *trade-off* risco-retorno e a precificação eficiente de ativos financeiros – são centrais para o processo de investimento. Portanto, vale a pena discutir brevemente suas implicações ao iniciarmos este livro. Essas implicações serão abordadas mais detalhadamente em capítulos posteriores.

Oferecemos uma visão geral sobre a organização dos mercados de títulos e os vários participantes envolvidos nesses mercados. Tudo isso deve lhe dar uma ideia de quem são os principais participantes, assim como do ambiente em que eles atuam. Para concluir, examinaremos a crise financeira que se iniciou em 2007 e chegou ao seu ponto máximo em 2008. Essa crise evidenciou acentuadamente as relações entre o sistema financeiro e a "verdadeira" face da economia. Analisamos as origens dessa crise e as lições que podem ser extraídas sobre risco sistêmico. Fechamos este capítulo com uma visão geral do restante deste livro.

1.1 Ativos reais *versus* ativos financeiros

A riqueza material de uma sociedade é determinada, em última análise, pela capacidade produtiva de sua economia; isto é, os bens e serviços que seus membros podem gerar. Essa capacidade depende dos **ativos reais** da economia: os terrenos, os prédios, os equipamentos e os conhecimentos que podem ser utilizados para produzir bens e serviços.

Em contraposição aos ativos reais encontram-se os **ativos financeiros** – por exemplo, ações e obrigações. Esses títulos nada mais são que folhas de papel ou, o que é mais comum, dados de computador que não contribuem diretamente para a capacidade produtiva da economia. Na verdade, esses ativos são os meios pelos quais os indivíduos de economias bem desenvolvidas reivindicam seus direitos sobre ativos reais. Ativos financeiros são reivindicações pela renda gerada pelos ativos reais (ou exigibilidades sobre renda do governo). Se não pudermos ser donos de uma fábrica de automóveis (um ativo real), podemos comprar ações da Honda ou da Toyota (ativos financeiros) e, dessa forma, compartilhar da renda derivada da produção de automóveis.

Enquanto os ativos reais geram renda líquida para a economia, os ativos financeiros simplesmente definem a alocação de renda ou riqueza entre os investidores. As pessoas podem escolher entre consumir sua riqueza hoje ou investir para o futuro. Se optarem por investir, poderão aplicar sua riqueza em ativos financeiros comprando diversos títulos. Quando os investidores compram esses títulos das empresas, elas usam o dinheiro arrecadado para pagar pelos ativos reais, como fábricas, equipamentos, tecnologia ou estoques. Portanto, o retorno dos investidores sobre os títulos provém essencialmente da renda gerada pelos ativos reais que foram financiados pela emissão desses títulos.

A distinção entre ativos reais e financeiros é aparente quando comparamos os balanços financeiros das famílias nos Estados Unidos, mostrados na Tabela 1.1, com a composição da riqueza nacional nos Estados Unidos, mostrada na Tabela 1.2. A riqueza das famílias abrange ativos financeiros como contas bancárias, ações corporativas ou obrigações. No entanto, esses títulos, que são ativos financeiros das famílias, são *passivos* dos emissores de títulos. Por exemplo, uma obrigação que você considera um ativo porque lhe oferece uma reivindicação sobre a renda de juros e a restituição do principal da Toyota é um passivo da Toyota, que é obrigada a lhe fazer essa restituição. Seu ativo é um passivo da Toyota. Desse modo, quando agregamos todos os balanços, essas reivindicações se anulam, ficando apenas os ativos reais como riqueza líquida da economia. A riqueza nacional consiste em estruturas, equipamento, estoques de bens e terrenos.[1]

Enfatizaremos quase exclusivamente os ativos financeiros. Contudo, você não deve se esquecer de que o sucesso ou fracasso dos ativos financeiros que escolhemos comprar depende, em última análise, do desempenho dos ativos reais subjacentes.

> **REVISÃO DE CONCEITOS 1.1**
>
> Os ativos a seguir são reais ou financeiros?
> *a.* Patentes
> *b.* Dívidas
> *c.* Fidelidade do cliente
> *d.* Ensino superior
> *e.* Uma nota de US$ 5

1.2 Ativos financeiros

Normalmente distinguimos três tipos gerais de ativos financeiros: títulos de renda fixa ou de dívida, ações e derivativos. Os **títulos de renda fixa** ou **de dívida** prometem um fluxo fixo de renda ou um fluxo de renda determinado de acordo com uma fórmula específica. Por exemplo, normalmente uma obrigação corporativa prometeria ao obrigacionista o recebimento de uma quantia fixa de juros ao ano. As chamadas obrigações com taxa flutuante prometem pagamentos que dependem de taxas

---

[1] Você deve estar se perguntando por que os ativos reais das famílias apresentados na Tabela 1.1 somam US$ 23.774 bilhões, ao passo que os ativos reais na economia doméstica (Tabela 1.2) são muito mais altos, US$ 48.616 bilhões. Um dos principais motivos é que os ativos reais das empresas – por exemplo, propriedades, fábricas e equipamentos – estão incluídos como ativos *financeiros* do setor familiar, particularmente por meio do valor do patrimônio corporativo e outros investimentos no mercado de ações. Além disso, a Tabela 1.2 inclui ativos de negócios não corporativos. Por fim, existem algumas diferenças nos métodos de avaliação. Por exemplo, os investimentos em patrimônio e em ações na Tabela 1.1 são medidos pelo valor de mercado, enquanto a fábrica e o equipamento na Tabela 1.2 são avaliados pelo custo de reposição.

TABELA 1.1 Balanço financeiro das famílias nos Estados Unidos, 2011

Ativos	Bilhões de US$	% Total	Passivos e Patrimônio Líquido	Bilhões de US$	% Total
Ativos reais			**Passivos**		
Imóveis	18.608	24,4	Hipotecas	9.907	13,0
Bens duráveis	4.821	6,3	Crédito ao consumidor	2.495	3,3
Outros	345	0,5	Empréstimos bancários e outros	195	0,3
Total de ativos reais	23.774	31,2	Título de crédito	268	0,4
			Outros	568	0,7
			Total de passivos	13.433	17,6
Ativos financeiros					
Depósitos	8.688	11,4			
Reservas de seguro de vida	1.203	1,6			
Reservas de pensão	13.950	18,3			
Patrimônio corporativo	9.288	12,2			
Participação em negócios não corporativos	7.443	9,8			
Ações de fundos de investimento	5.191	6,8			
Títulos de dívida	5.120	6,7			
Outros	1.641	2,2			
Total de ativos financeiros	52.524	68,8	Patrimônio líquido	62.866	82,4
Total	76.298	100		76.298	100

Nota: A soma nas colunas pode ser diferente do total em virtude de erros de arredondamento.
Fonte: Flow of Funds Accounts of the United States, Conselho de Governadores do Federal Reserve System, junho de 2012.

TABELA 1.2 Patrimônio líquido doméstico

Ativos	Bilhões de US$
Imóveis comerciais	12.781
Imóveis residenciais	23.460
Equipamento e *software*	5.261
Estoques	2.293
Bens de consumo duráveis	4.821
Total	48.616

Nota: A soma nas colunas pode ser diferente do total em virtude de erros de arredondamento.
Fonte: Flow of Funds Accounts of the United States, Conselho de Governadores do Federal Reserve System, junho de 2012.

atuais de juros. Por exemplo, uma obrigação pode pagar uma taxa de juros fixada em dois pontos percentuais acima da taxa paga pelas letras do Tesouro dos Estados Unidos. A não ser que o tomador de empréstimo seja declarado falido, os pagamentos desses títulos são fixos ou determinados por uma fórmula. Por esse motivo, o desempenho do investimento dos títulos de dívida normalmente é o que menos está associado à condição financeira do emissor.

No entanto, os títulos de dívida são oferecidos em uma enorme variedade de vencimentos e provisões de pagamento. Em um extremo, o *mercado monetário* refere-se aos títulos de renda fixa que são de curto prazo, altamente negociáveis e, em geral, de risco muito baixo. Exemplos de títulos de mercados monetários são as letras do Tesouro dos Estados Unidos ou os certificados de depósitos bancários (CDBs). Em contraposição, o *mercado de capitais* de renda fixa abrange títulos de longo prazo, como as obrigações do Tesouro, e obrigações emitidas por agências federais, governos estaduais, municípios e corporações. Essas obrigações variam entre muito seguras em termos de risco de inadimplência (p. ex.: títulos do Tesouro) a relativamente arriscadas (p. ex.: obrigações de alta rentabilidade ou de alto risco). Elas também são criadas com provisões extremamente diversas com relação a pagamentos oferecidos ao investidor e à proteção contra a falência do emissor. Daremos uma primeira olhada nesses títulos no Capítulo 2 e realizaremos uma análise mais detalhada do mercado de renda fixa na Parte Quatro.

Diferentemente dos títulos de dívida, em uma empresa as ações ordinárias, ou **participação acionária**, representam uma participação na propriedade da corporação. Não se promete nenhum tipo de pagamento aos acionistas. Eles recebem qualquer dividendo que a empresa possa pagar e têm participação proporcional aos ativos reais da empresa. Se a empresa tiver sucesso, o valor do patrimônio aumentará; se não, diminuirá. Desse modo, o desempenho dos investimentos em ações está diretamente associado ao sucesso da empresa e a seus ativos reais. Por esse motivo, os investimentos em ações tendem a ser mais arriscados do que os investimentos em títulos de dívida. O mercado de ações e a avaliação patrimonial são temas da Parte Cinco.

Por último, os **títulos derivativos**, como opções e contratos de futuros, oferecem retornos que são determinados pelo preço de *outros* ativos, como o preço de obrigações ou de ações. Por exemplo, uma opção de compra para uma ação da Intel pode se revelar sem valor se o preço da ação da Intel permanecer abaixo de um limite ou de um preço de "exercício" de, digamos, US$ 20 por ação, mas pode se tornar muito valiosa se o preço da ação subir e ultrapassar esse nível.[2] Os títulos derivativos são assim denominados porque seu valor deriva do preço de outros ativos. Por exemplo, o valor da opção de compra dependerá do preço da ação da Intel. Outros títulos derivativos importantes são os contratos de futuros e de *swap*, que serão abordados na Parte Seis.

Os derivativos tornaram-se essenciais no ambiente de investimentos. Uma das funções dos derivativos, talvez a principal, é oferecer proteção contra riscos ou os transferir para outras partes. Isso é feito com sucesso todos os dias, e o uso desses títulos para gerenciar riscos é tão comum que o mercado de ativos derivativos avaliado em vários trilhões de dólares normalmente é considerado algo natural. Entretanto, os derivativos também podem ser usados para assumir posições altamente especulativas. De vez em quando, uma dessas posições explode, resultando na perda, muito difundida na mídia, de centenas de milhões de dólares. Embora essas perdas atraiam uma atenção considerável, na verdade elas são uma exceção ao uso mais comum desses títulos como ferramentas de gestão de riscos. Os derivativos continuarão a ter um papel importante na construção de carteiras e no sistema financeiro. Retornaremos a esse tema mais adiante neste livro.

Normalmente, tanto os investidores quanto as corporações também encontram outros mercados financeiros. As empresas envolvidas com comércio internacional em geral transferem dinheiro de um lado para outro de dólar para outras moedas e vice-versa. Bem mais de um trilhão de dólares em moeda é negociado ao dia no mercado de câmbio internacional, principalmente por meio de uma rede que reúne os maiores bancos internacionais.

Os investidores podem também investir diretamente em alguns ativos reais. Por exemplo, dezenas de *commodities* são negociadas em bolsas, como a Bolsa Mercantil de Nova York ou Câmara de Comércio de Chicago. Você pode comprar ou vender milho, trigo, gás natural, ouro, prata etc.

O mercado de *commodities* e o mercado de derivativos possibilitam que as empresas ajustem sua exposição a vários riscos de negócio. Por exemplo, uma empresa de construção pode fixar o preço do cobre por meio da compra de contratos de futuros de cobre e, desse modo, eliminar o risco de uma alta repentina no preço de suas matérias-primas. Sempre que existe incerteza, os investidores podem ter interesse em negociar, tanto para especular quanto para eliminar seus riscos, e pode surgir um mercado para atender a essa demanda.

1.3 Mercados financeiros e a economia

Afirmamos antes que os ativos reais determinam a riqueza de uma economia, enquanto os ativos financeiros representam apenas reivindicações sobre ativos reais. No entanto, os ativos financeiros e os mercados nos quais eles são negociados desempenham várias funções essenciais nas economias desenvolvidas. Os ativos financeiros nos permitem tirar o máximo proveito dos ativos reais da economia.

A função informativa dos mercados financeiros

O preço das ações é um reflexo da avaliação coletiva dos investidores sobre o desempenho atual de uma empresa e suas perspectivas futuras. Quando o mercado está mais otimista com relação a uma

---

[2] Opção de compra é o direito de comprar uma ação por um determinado preço de exercício na data de vencimento da opção ou antes dessa data. Se o preço de mercado da ação da Intel permanecer abaixo de US$ 20, o direito de comprar por US$ 20 não terá valor algum. No entanto, se o preço da ação subir para mais de US$ 20 antes de a opção vencer, a opção pode ser exercida para que se obtenha a ação por apenas US$ 20.

empresa, o preço de suas ações aumenta. Nesse preço mais alto, fica mais fácil a empresa levantar capital e, portanto, estimular o investimento. Desse modo, os preços das ações desempenham um papel importante na alocação de capital nas economias de mercado, direcionando o capital para as empresas e aplicações que apresentam o maior potencial percebido.

Os mercados de capitais normalmente canalizam recursos para o uso mais eficiente? Às vezes, eles parecem falhar desastrosamente. Empresas ou setores inteiros podem estar "em alta" durante um período (pense na bolha ponto-com que chegou ao ápice em 2000), atrair grande fluxo de capital de investidores e depois de apenas alguns anos fracassar. Esse processo parece extremamente destrutivo.

Contudo, precisamos ter cuidado com nosso padrão de eficiência. Ninguém sabe com certeza quais empreendimentos de risco terão sucesso e quais fracassarão. Portanto, não é sensato supor que os mercados nunca cometerão enganos. O mercado de ações estimula a alocação de capital a essas empresas que *no momento* parecem ter as melhores perspectivas. Muitos profissionais inteligentes, bem treinados e bem pagos analisam as probabilidades das empresas que operam no mercado acionário. O preço das ações é um reflexo da avaliação coletiva desses profissionais.

Talvez você seja cético quanto a alocar recursos por meio de mercados. Se for, pare por um instante para refletir sobre as alternativas. Um planejador central cometeria menos enganos? Você preferiria que o Congresso tomasse essas decisões? Parafraseando um comentário de Winston Churchill sobre democracia, os mercados podem ser a pior alternativa para alocar capital, exceto por todas as outras que já foram experimentadas.

Momento de consumo

Em uma economia qualquer, algumas pessoas estão ganhando mais do que desejam gastar no momento. Outras, como os aposentados, estão gastando mais do que ganham no momento. Como você pode mudar seu poder aquisitivo entre períodos de alto ganho e períodos de baixo ganho ao longo da vida? Uma das alternativas é "guardar" sua riqueza em ativos financeiros. Nos períodos de alto ganho, você pode investir suas economias em ativos financeiros como ações e obrigações. Em períodos de baixo ganho, você pode vender esses ativos para ter recursos para as suas necessidades de consumo. Desse modo, você pode "mudar" seu padrão de consumo ao longo da vida, alocando-o para períodos mais satisfatórios. Portanto, os mercados financeiros permitem que os indivíduos separem as decisões sobre consumo atual das restrições que, de outra forma, seriam impostas pelos ganhos atuais.

Alocação de risco

Praticamente todos os ativos reais apresentam algum grau de risco. Quando a Ford constrói uma fábrica de automóveis, por exemplo, não há como saber com certeza que fluxo de caixa essa fábrica produzirá. Os mercados financeiros e os diferentes instrumentos financeiros negociados nesses mercados possibilitam que os investidores com maior preferência por risco arquem com esse risco, enquanto outros menos tolerantes podem ficar mais nos bastidores. Por exemplo, se a Ford levantasse os recursos financeiros necessários para construir sua fábrica de automóveis vendendo ações e obrigações ao público, os investidores mais otimistas ou mais tolerantes ao risco poderiam comprar uma porcentagem de suas ações, enquanto os mais conservadores poderiam comprar uma porcentagem de suas obrigações. Como as obrigações prometem pagar um valor fixo, os acionistas assumem a maior parte dos riscos do negócio, mas possivelmente colhem recompensas mais altas. Portanto, os mercados de capitais permitem que o risco inerente a todos os investimentos seja assumido pelos investidores mais dispostos a tolerá-lo.

Essa alocação de risco também beneficia as empresas que precisam levantar capital para financiar seus investimentos. Quando os investidores são capazes de escolher os títulos com as características de risco-retorno mais adequadas às suas preferências, todo título pode ser vendido pelo melhor preço possível. Isso facilita o processo de formação do estoque de ativos reais da economia.

Separação entre propriedade e controle

Em muitas empresas, o próprio proprietário é quem administra a empresa. Essa organização simples é perfeita para pequenos negócios e, na verdade, era o tipo mais comum de organização empresarial antes da Revolução Industrial. Hoje, porém, com os mercados globais e a produção em grande escala, o tamanho e as necessidades de capital das empresas aumentaram vertiginosamente. Por exemplo, em 2012 a General Electric divulgou em seu balanço em torno de US$ 70 bilhões em propriedades, fábricas e equipamentos, e o total de ativos foi superior a US$ 685 bilhões. Corporações desse porte simplesmente não conseguem se manter como uma empresa administrada pelo proprietário. Na verdade, a GE tem mais de 500 mil acionistas com uma participação na propriedade da empresa proporcional as ações que eles possuem.

Um grupo tão grande de indivíduos obviamente não consegue participar de maneira ativa da administração diária de uma empresa. Em vez disso, elege-se uma diretoria que, por sua vez, contrata e supervisiona a administração da empresa. Essa estrutura significa que os proprietários e os administradores da empresa são grupos distintos. Essa situação oferece à empresa uma estabilidade que a empresa administrada pelo proprietário não tem. Por exemplo, se alguns acionistas decidem que não desejam mais manter ações da empresa, eles podem vendê-las a outros investidores, sem provocar nenhum impacto em sua administração. Desse modo, os ativos financeiros e a capacidade de comprar e vender esses ativos nos mercados financeiros permitem que a propriedade e a administração sejam separadas tranquilamente.

Como os diversos proprietários da empresa, que variam desde os grandes fundos de pensão que possuem centenas de milhares de ações a pequenos investidores que possuem apenas uma ação, conseguem chegar a um acordo sobre os objetivos da empresa? Mais uma vez, o mercado financeiro oferece alguma orientação. Todos podem chegar ao consenso de que a administração da empresa deve seguir estratégias que realcem o valor de suas ações. Essas políticas tornarão todos os acionistas mais ricos e permitirão que todos sigam suas metas pessoais, sejam quais forem.

Os administradores de fato tentam maximizar o valor da empresa? É fácil perceber como eles podem se sentir tentados a se envolver em atividades que não defendem o que é melhor para os acionistas. Por exemplo, eles podem se envolver com a construção de um império ou evitar projetos arriscados para proteger o próprio cargo ou utilizar determinados luxos em demasia, como aviões da empresa, por julgar que o custo desses privilégios é pago principalmente pelos acionistas. Esses possíveis conflitos de interesse são chamados de **problemas de agência**, porque os administradores, que são contratados como agentes dos acionistas, podem defender interesses próprios em vez de os interesses dos acionistas.

Vários mecanismos foram criados para diminuir possíveis problemas de agência. Primeiro, os planos de remuneração vinculam a renda dos administradores ao sucesso da empresa. Uma boa parte da remuneração total dos altos executivos normalmente consiste em opções de ações, o que significa que eles só serão bem-sucedidos se o preço das ações aumentar, beneficiando os acionistas. (É óbvio que constatamos recentemente que o uso exagerado de opções também pode criar um problema de agência. As opções podem incentivar os administradores a manipular informações para sustentar temporariamente o preço das ações e ter oportunidade de ganhar antes que o preço volte ao nível que reflete as perspectivas reais da empresa. Falaremos mais sobre isso em breve.) Segundo, embora os conselhos de administração tenham sido retratados algumas vezes como defensores da alta administração, eles podem forçar – e nos últimos anos eles têm agido cada vez mais dessa forma – a demissão das equipes administrativas que estão tendo um desempenho abaixo do esperado. O mandato médio do diretores executivos diminuiu de 8,1 anos em 2006 para 6,6 anos em 2011 e a porcentagem de diretores executivos que também atuam como presidente do conselho de administração caiu de 48% em 2002 para menos de 12% em 2009.[3] Terceiro, pessoas externas, como os analistas financeiros, e grandes investidores institucionais, como os fundos de pensão, monitoram de perto a empresa e tornam a vida dos indivíduos com fraco desempenho no mínimo desconfortável. Atualmente, esses grandes investidores mantêm em torno de metade das ações em empresas listadas publicamente nos Estados Unidos.

Por fim, os indivíduos com baixo desempenho correm o risco de tomada de controle. Se o conselho de administração for indulgente na monitoração da administração, em princípio os acionistas descontentes podem eleger um conselho diferente. Eles podem fazê-lo lançando uma *disputa*

---

[3] "Corporate Bosses Are Much Less Powerful than They Used To Be", *The Economist*, 21 de janeiro de 2012.

> **EXEMPLO 1.1 || Disputa por procuração entre Carl Icahn e Yahoo!**
>
> Em fevereiro de 2008, a Microsoft propôs-se a comprar o Yahoo! pagando aos atuais acionistas US$ 31 por ação, um valor consideravelmente acima do preço de fechamento de US$ 19,18 no dia anterior à oferta. A administração do Yahoo! recusou essa oferta e outra oferta ainda melhor de US$ 33 por ação; o diretor executivo do Yahoo! Jerry Yang, esperava conseguir US$ 37 por ação, um preço que o Yahoo! não havia atingido no período de dois anos. Carl Icahn, um investidor bilionário, ficou indignado, defendendo que a administração estava protegendo sua posição à custa do valor para os acionistas. Icahn informou o Yahoo! de que havia pedido para "conduzir uma disputa por procuração com o objetivo de eliminar o conselho atual e criar um novo conselho que tentaria negociar uma fusão frutífera com a Microsoft". Para isso, ele havia comprado em torno de 59 milhões em ações do Yahoo! e formado uma chapa com dez pessoas para concorrer com o conselho atual. A despeito desse desafio, a administração do Yahoo! manteve-se firme em sua recusa à oferta da Microsoft e, com o apoio do conselho, Yang procurou agir defensivamente em relação à Microsoft e a Icahn. Em julho, Icahn concordou em pôr fim à disputa por procuração em troca de três assentos no conselho para seus aliados. Contudo, a administração atual do Yahoo! continuou predominante no conselho de 11 pessoas. O preço das ações do Yahoo!, que havia subido para US$ 29 por ação durante as negociações com a Microsoft, caiu para aproximadamente US$ 21 por ação. Tendo em vista a dificuldade que esse famoso bilionário enfrentou para derrotar uma administração tão determinada, não é de surpreender que as disputas por procuração sejam raras. Além disso, entre quatro disputas, três malogram.

por procuração (*proxy contest*), por meio da qual procuram obter procurações suficientes (isto é, o direito de votar pelas ações de outros acionistas) para tomar o controle da empresa e eleger outro conselho. Entretanto, essa ameaça normalmente é mínima. Os acionistas que tentam lutar dessa forma precisam usar recursos financeiros próprios, ao passo que a administração pode se defender usando os cofres corporativos. A maioria das disputas por procuração malogra. A verdadeira ameaça de tomada de controle provém de outras empresas. Se uma empresa notar que o desempenho de outra está ruim, pode adquiri-la e substituir a respectiva equipe de administração. O preço das ações em geral sobe para refletir as perspectivas de melhor desempenho, e isso acaba incentivando as empresas a utilizar esse tipo de atividade de tomada de controle.

Governança e ética corporativa

Dissemos que os mercados de títulos podem desempenhar um papel importante no sentido de facilitar a aplicação de recursos de capital da forma mais produtiva possível. Entretanto, os sinais do mercado ajudarão a alocar de maneira eficiente o capital somente se os investidores agirem com base em informações exatas. Afirmamos que os mercados precisam ser *transparentes* para que os investidores tomem decisões fundamentadas. Se as empresas conseguirem iludir o público a respeito de suas expectativas, muita coisa pode dar errado.

Apesar dos vários mecanismos existentes para alinhar os incentivos dos acionistas e administradores, os três anos entre 2000 e 2002 foram preenchidos por uma série aparentemente interminável de escândalos que, juntos, sinalizavam uma crise na governança e na ética corporativa. Por exemplo, a empresa de telecomunicações WorldCom superestimou seus lucros em pelo menos US$ 3,8 bilhões ao classificar inapropriadamente suas despesas como investimento. Quando a situação real veio à tona, isso resultou na maior falência da história dos Estados Unidos, ao menos até o momento em que o Lehman Brothers quebrou esse recorde em 2008. A maior falência subsequente nos Estados Unidos foi a da Enron, que utilizou suas "entidades com finalidades especiais" hoje notórias para tirar a dívida de seus livros contábeis e, de modo semelhante, apresentar um quadro enganoso de sua situação financeira. Infelizmente, essas empresas tinham companhia de sobra. Outras, como a Rite Aid, HealthSouth, Global Crossing e Qwest Communications, também manipularam e divulgaram falsamente suas contas em valores da ordem de bilhões de dólares. E esses escândalos não se restringiram aos Estados Unidos. A Parmalat, empresa de laticínios de origem italiana, dizia ter uma conta bancária de US$ 4,8 bilhões que acabou se revelando inexistente. Esses episódios levam a crer que os problemas de agência e de incentivo estão longe de estar resolvidos.

Outros escândalos desse período incluíam sistematicamente relatórios de pesquisa enganosos e extremamente otimistas publicados por analistas do mercado de ações. (A análise favorável desses analistas era negociada em troca da promessa de futuros negócios bancários de investimento e normalmente eles eram recompensados não por sua precisão, mas por seu papel em obter esses negócios para as respectivas empresas.) Além disso, as ofertas públicas iniciais (*initial public offerings* – IPOs) eram alocadas a executivos corporativos em troca de favores pessoais ou da promessa de redirecionar negócios futuros ao executivo da IPO.

E quanto aos auditores que deveriam vigiar as empresas? Nesse caso também os incentivos eram distorcidos. Mudanças recentes na prática de negócios tornaram o braço consultivo dessas empresas mais lucrativo do que a função de auditoria. Por exemplo, Arthur Andersen, empresa de auditoria da Enron (hoje extinta), ganhou mais dinheiro oferecendo consultoria à Enron do que auditoria; em vista do incentivo da Arthur Andersen para proteger seus lucros de consultoria, não devemos nos surpreender com o fato de essa e de outras auditorias terem sido excessivamente indulgentes em seu trabalho de auditoria.

Em 2002, em resposta à inundação de escândalos, o Congresso aprovou a Lei Sarbanes-Oxley para enrijecer as regras de governança corporativa. Por exemplo, essa lei exige que as sociedades anônimas tenham diretores independentes, isto é, mais diretores que não sejam administradores (ou afiliados a administradores). Além disso, ela exige que o diretor financeiro ateste pessoalmente as demonstrações contábeis da empresa, cria um novo conselho de supervisão para inspecionar a auditoria das empresas públicas e proíbe os auditores de oferecer vários outros serviços aos clientes.

1.4 Processo de investimento

A *carteira* de um investidor nada mais é que um conjunto de ativos de investimento. Assim que a carteira é criada, ela é atualizada ou "rebalanceada" por meio da venda dos títulos existentes e da utilização dos rendimentos na compra de novos títulos, do investimento em fundos adicionais para aumentar o tamanho geral da carteira ou da venda de títulos para diminuir seu tamanho.

Os ativos de investimento podem ser categorizados em classes amplas de ativos, como ações, obrigações, imóveis, *commodities* etc. Os investidores tomam dois tipos de decisão ao construir suas carteiras. Na **alocação de ativos**, a decisão refere-se à escolha entre amplas classes de ativos, enquanto na **escolha de títulos** a decisão diz respeito aos títulos que devem ser mantidos *dentro* de uma classe de ativos.

A alocação de ativos abrange a decisão sobre a porcentagem da carteira alocada a ativos seguros, como títulos de conta bancária ou do mercado monetário, em contraposição a ativos de risco. Infelizmente, muitos observadores, mesmo aqueles que oferecem conselhos financeiros, parecem equiparar incorretamente economia (poupança) com investimento seguro.[4] "Economia" significa que você não gasta toda a sua renda atual e, portanto, pode acrescentá-la à sua carteira. Você pode optar por investir suas economias em ativos seguros, ativos de risco ou em ambos.

A construção "descendente" de uma carteira começa com a alocação de ativos. Por exemplo, uma pessoa que atualmente mantém todo o seu dinheiro em uma conta bancária primeiro decidiria que proporção da carteira global deveria ser composta por ações, obrigações etc. Dessa forma, definem-se os aspectos amplos da carteira. Por exemplo, enquanto o retorno médio anual sobre as ações ordinárias das grandes empresas têm girado em torno de 11% ao ano desde 1926, o retorno médio sobre as letras do Tesouro americano tem sido inferior a 4%. Entretanto, as ações são bem mais arriscadas, oferecendo retornos anuais (de acordo com o Índice Standard & Poor's 500) entre baixas de –46% e altas de 55%. Em contraposição, os retornos das letras do Tesouro são efetivamente isentos de risco: sabemos que taxa de juros obteremos ao comprá-las. Portanto, a decisão de alocar investimentos no mercado de ações ou no mercado monetário no qual as letras do Tesouro são negociadas terá grandes desdobramentos tanto para o risco quanto para o retorno de sua carteira. O investidor que utiliza a abordagem descendente primeiro toma essa e outras decisões fundamentais sobre alocação de ativos antes de decidir quais títulos específicos deve manter em cada classe de ativos.

---

[4] Por exemplo, veja um breve trecho do *site* da Comissão de Valores Mobiliários. "Suas 'economias' normalmente são colocadas nos lugares ou produtos mais seguros [...]. Quando você 'investe', você tem uma probabilidade bem maior de perder seu dinheiro do que quando você 'economiza'." Essa afirmação não é correta: sua carteira de investimentos pode ser investida em ativos seguros ou de risco e suas economias em qualquer período são simplesmente a diferença entre renda e consumo.

A **análise de títulos** consiste na avaliação dos títulos específicos que podem ser incluídos na carteira. Por exemplo, um investidor poderia se perguntar se o preço mais atraente é o da Merck ou da Pfizer. A atratividade de investimento tanto das obrigações quanto das ações deve ser avaliada, mas a avaliação das ações é bem mais difícil porque seu desempenho normalmente é muito mais suscetível à situação da empresa emissora.

A estratégia "ascendente", por sua vez, contrapõe-se à gestão descendente de carteiras. Nesse processo, a carteira é construída primeiramente com os títulos que parecem ter o preço mais atraente, sem muita preocupação com a alocação de ativos resultante. Essa técnica pode gerar apostas involuntárias em um ou outro setor da economia. Por exemplo, pode ser que a carteira acabe tendo uma representação muito acentuada de empresas de um determinado setor, de uma região de um país, ou então fique exposta a uma fonte específica de incerteza. Entretanto, na estratégia ascendente, a carteira é composta primordialmente de ativos que parecem oferecer as oportunidades de investimento mais atraentes.

1.5 Os mercados são competitivos

Os mercados financeiros são extremamente competitivos. Milhares de analistas bem preparados invariavelmente esquadrinham os mercados de títulos à procura das melhores oportunidades de compra. Isso significa que devemos esperar encontrar, quando muito, pouquíssimas "pechinchas", isto é, títulos com o preço tão baixo que representam barganhas óbvias. Há várias implicações nessa proposição de que "nada é de graça". Vejamos duas delas.

Trade-off risco-retorno

Os investidores investem com a expectativa de obter retornos futuros, mas esses retornos raramente podem ser previstos com precisão. Quase sempre haverá algum risco associado aos investimentos. Os retornos reais ou realizados quase sempre serão diferentes do retorno previsto no início do período de investimento. Por exemplo, em 1931 (o pior ano civil para o mercado desde 1926), o índice S&P 500 teve uma queda de 46%. Em 1933 (o melhor ano), o índice teve uma alta de 55%. Podemos ter certeza de que os investidores não previram esse desempenho tão extremo no início desses dois anos.

Naturalmente, se todos os outros fatores pudessem ser mantidos inalterados, os investidores prefeririam investimentos com o retorno esperado mais alto.[5] No entanto, a regra de que nada é de graça estabelece que todos os outros fatores não podem ser mantidos iguais. Se quisermos retornos esperados mais altos, teremos de pagar um preço no sentido de aceitar um risco de investimento mais alto. Se for possível obter um retorno esperado mais alto sem a necessidade de arcar com um risco extra, haverá uma corrida para comprar ativos de alto retorno e, consequentemente, os preços serão empurrados para cima. As pessoas que estiverem pensando em investir no ativo que agora está com o preço mais alto considerarão esse investimento menos atraente: se você comprar por um preço mais alto, sua taxa de retorno esperada (isto é, o lucro por unidade de dólar investido) será mais baixa. O ativo será considerado atraente e seu preço continuará a subir até que o retorno esperado não seja mais proporcional ao risco. A essa altura, os investidores podem prever um retorno "razoável" em relação ao risco do ativo, mas nada mais que isso. De modo semelhante, se os retornos não oferecessem risco, haveria uma corrida para a venda de ativos de alto risco. Os preços cairiam (e a taxa de retorno esperada futura aumentaria) até que no devido tempo os ativos ficassem suficientemente atraentes para serem incluídos na carteira do investidor. Concluímos então que deve haver um trade-off **risco-retorno** nos mercados de títulos, em que os ativos de maior risco são precificados para oferecer retornos esperados mais altos do que os ativos de menor risco.

É claro que essa discussão deixa várias perguntas importantes sem resposta. Como devemos avaliar o risco de um ativo? Qual deve ser o *trade-off* quantitativo entre risco (apropriadamente avaliado) e retorno esperado? Poderíamos acreditar que o risco talvez esteja associado à volatilidade dos

---

[5] O retorno "esperado" não é o retorno que os investidores acreditam que necessariamente obterão, nem mesmo o retorno mais provável. Na verdade, é o resultado da média de todos os resultados possíveis, reconhecendo que alguns resultados são mais prováveis do que outros. É o índice médio de retorno entre cenários econômicos possíveis.

retornos de um ativo, mas essa suposição demonstra-se apenas parcialmente correta. Quando misturamos ativos em uma carteira diversificada, precisamos levar em conta a interação entre os ativos e o efeito da diversificação sobre o risco da carteira como um todo. *Diversificação* significa que vários ativos são mantidos em uma carteira para que a exposição a qualquer ativo específico seja pequena. O efeito da diversificação sobre o risco da carteira, as implicações para a avaliação apropriada do risco e a relação entre risco-retorno são os temas da Parte Dois. Esses assuntos são objeto do que hoje se conhece como *teoria moderna de carteiras*. O desenvolvimento dessa teoria rendeu o Prêmio Nobel para seus dois pioneiros, Harry Markowitz e William Sharpe.

Mercados eficientes

Outra implicação da proposição de que nada é de graça é que raramente devemos esperar encontrar pechinchas no mercado de títulos. Todo o Capítulo 11 será dedicado à análise dessa teoria e das evidências relativas à hipótese de que os mercados financeiros processam de maneira rápida e eficiente todas as informações disponíveis sobre os títulos, isto é, de que o preço dos títulos normalmente reflete todas as informações das quais os investidores dispõem acerca do valor do título. De acordo com essa hipótese, à medida que novas informações a respeito de um título são disponibilizadas, o preço do título ajusta-se rapidamente para que, a qualquer momento, torne-se igual à estimativa consensual do mercado sobre seu valor. Se assim fosse, não haveria títulos nem abaixo do preço nem acima do preço.

Uma implicação interessante dessa "hipótese de mercado eficiente" refere-se à escolha entre estratégias de gestão de investimentos ativas e passivas. A **gestão passiva** requer que se mantenham carteiras extremamente diversificadas sem despender esforço ou outros recursos para tentar melhorar o desempenho do investimento por meio da análise de títulos. A **gestão ativa** é a tentativa de melhorar o desempenho identificando títulos com erro de apreçamento ou prevendo oportunidades de desempenho de classes amplas de ativos – por exemplo, aumentando o investimento quando uma determinada ação está em alta no mercado. Se os mercados forem eficientes e os preços refletirem todas as informações relevantes, o melhor talvez seja adotar estratégias passivas em vez de despender recursos em uma tentativa inútil de ser mais esperto que seus concorrentes nos mercados financeiros.

Se a hipótese de mercado eficiente fosse levada ao extremo, não haveria sentido em fazer uma análise ativa de títulos; apenas os tolos investiriam recursos para analisá-los ativamente. Entretanto, se não houvesse uma análise constante, com o tempo os preços se distanciariam dos valores "corretos", criando novos incentivos para que os especialistas se envolvessem. Mesmo em ambientes tão competitivos quanto os mercados financeiros, podemos observar apenas uma *quase*-eficiência e pode haver oportunidades de lucro para investidores particularmente criteriosos e criativos. No Capítulo 12, examinamos essas contestações à hipótese de mercado eficiente e isso motiva nossa discussão sobre a gestão ativa de carteiras na Parte Sete. Mais importante do que isso, nossas discussões sobre análise de títulos e construção de carteiras geralmente devem levar em conta a probabilidade dos mercados com quase-eficiência.

1.6 Participantes

Olhando de relance, parece haver três participantes principais nos mercados financeiros:

1. Empresas que são demandantes líquidas de capital. Elas levantam capital no presente para pagar por investimentos em instalações e equipamentos. A renda gerada por esses ativos reais oferece retornos aos investidores que adquirem os títulos emitidos por essas empresas.
2. As famílias normalmente são fornecedoras líquidas de capital. Elas compram títulos emitidos por empresas que precisam levantar fundos.
3. Os governos podem ser tomadores ou concessores de empréstimo, dependendo da relação entre a receita fiscal e as despesas governamentais. Desde a Segunda Guerra Mundial, geralmente o governo americano tem apresentado déficits orçamentários, o que significa que sua arrecadação fiscal tem sido inferior aos seus gastos. Por esse motivo, o governo tem sido

obrigado a tomar empréstimos para cobrir seu déficit orçamentário. A emissão de letras, notas e obrigações do Tesouro é a principal forma empregada pelo governo para tomar empréstimo do público. Em contraposição, no final da década de 1990, o governo experimentou um superávit orçamentário e conseguiu pagar parte de sua dívida pendente.

As sociedades anônimas e os governos não vendem todos nem mesmo a maior parte de seus títulos diretamente aos indivíduos. Por exemplo, em torno de 50% de todas as ações são mantidas por grandes instituições financeiras, como fundos de pensão, fundos mútuos, seguradoras e bancos. Essas instituições encontram-se entre o emissor de títulos (a empresa) e o detentor final do título (o investidor individual). Por esse motivo, elas são chamadas de *intermediários financeiros*. De modo semelhante, as sociedades anônimas não negociam seus títulos diretamente com o público. Em vez disso, elas contratam agentes, denominados bancos de investimento, para representá-las junto ao público investidor. Vejamos o papel desses intermediários.

Intermediários financeiros

As famílias desejam ter acesso a investimentos vantajosos para construir sua poupança, mas o pequeno porte (financeiro) da maioria das famílias dificulta o investimento direto. Um pequeno investidor que tenha interesse em emprestar dinheiro para empresas que necessitam de investimentos financeiros não anuncia no jornal local para encontrar um tomador de empréstimo disposto e desejável. Além disso, um concessor de empréstimo individual não conseguiria oferecer diversificação aos tomadores de empréstimo a fim de diminuir o risco. Concluindo, um emprestador individual não está aparelhado para avaliar e monitorar o risco de crédito dos tomadores.

Por esses motivos, os **intermediários financeiros** surgiram para fazer a ponte entre os fornecedores de capital (investidores) e os demandantes de capital (principalmente as sociedades anônimas e o governo federal). Esses intermediários financeiros incluem bancos, empresas de investimento, seguradoras e cooperativas de crédito. Eles emitem títulos próprios para levantar fundos e comprar títulos de outras empresas de grande porte.

Por exemplo, um banco levanta fundos tomando emprestado (aceitando depósitos) e emprestando esse dinheiro a outros tomadores. A diferença (*spread*) entre as taxas de juros pagas aos depositantes e as taxas cobradas dos tomadores é a fonte de lucro do banco. Dessa maneira, os concessores e tomadores não precisam ter contato direto entre si. Em vez disso, ambos procuram um banco, que então atua como intermediário. O problema da união entre concessores e tomadores é resolvido quando cada um procura independentemente um mesmo intermediário.

Os intermediários financeiros distinguem-se de outras empresas porque seus ativos e passivos são predominantemente financeiros. A Tabela 1.3 apresenta o balanço patrimonial agregado dos bancos comerciais, um dos maiores setores de intermediários financeiros. Observe que esse balanço inclui apenas valores muito pequenos de ativos reais. Compare a Tabela 1.3 com o balanço patrimonial agregado do setor corporativo não financeiro na Tabela 1.4, na qual os ativos reais compõem aproximadamente metade de todos os ativos. Essa diferença se evidencia porque os intermediários simplesmente transferem fundos de um setor para outro. Na verdade, a principal função social desses intermediários é canalizar as poupanças familiares para o setor empresarial.

Outros exemplos de intermediários financeiros são as empresas de investimento, seguradoras e cooperativas de crédito. Todas essas empresas oferecem vantagens semelhantes enquanto intermediárias. Primeiro, agrupando os recursos de vários pequenos investidores, elas conseguem emprestar um valor considerável aos grandes tomadores de empréstimo. Segundo, emprestando a vários tomadores, elas obtêm uma diversificação significativa e por isso podem conceder empréstimos que individualmente poderiam ser muito arriscados. Terceiro, os intermediários ganham experiência por meio do volume de negócios que realizam e podem usar economias de escala e escopo para avaliar e monitorar os riscos.

As **empresas de investimento**, que agrupam e administram o dinheiro de inúmeros investidores, também surgem de economias de escala. Nesse caso, o problema é que as carteiras familiares não costumam ser suficientemente grandes para serem distribuídas entre uma variedade significativa de títulos. É muito caro comprar uma ou duas ações de várias empresas diferentes em termos de taxa de corretagem e custos de pesquisa. A vantagem dos fundos mútuos é a negociação

TABELA 1.3 Balanço patrimonial de bancos comerciais e instituições de poupança assegurados pela FDIC

Ativos	Bilhões de US$	% Total	Passivos e Patrimônio Líquido	Bilhões de US$	% Total
Ativos reais			**Passivos**		
Equipamentos e propriedades	121,3	0,9	Depósitos	10.260,3	73,7
Outros imóveis	44,8	0,3	Dívida e outros fundos emprestados	743,5	5,3
Total de ativos reais	166,1	1,2	Fundos federais e acordos de recompra	478,8	3,4
			Outros	855,8	6,1
			Total de passivos	12.338,4	88,6
Ativos financeiros					
Dinheiro	1.335,9	9,6			
Títulos de investimento	2.930,6	21,0			
Empréstimos e *leasings*	7.227,7	51,9			
Outros ativos financeiros	1.161,5	8,3			
Total de ativos financeiros	12.655,7	90,9			
Outros ativos					
Ativos intangíveis	371,4	2,7			
Outros	732,8	5,3			
Total de outros ativos	1.104,2	7,9	Patrimônio líquido	1.587,6	11,4
Total	13.926,0	100		13.926,0	100

Nota: A soma nas colunas pode ser diferente do total em virtude de erros de arredondamento.
Fonte: Corporação Federal de Seguro de Depósito, www.fdic.gov, julho de 2012.

TABELA 1.4 Balanço patrimonial de empresas não financeiras dos Estados Unidos

Ativos	Bilhões de US$	% Total	Passivos e Patrimônio Líquido	Bilhões de US$	% Total
Ativos reais			**Passivos**		
Equipamentos e *software*	4.259	13,9	Obrigações e hipotecas	5.935	19,4
Imóveis	9.051	29,5	Empréstimos bancários	612	2,0
Estoques	2.010	6,6	Outros empréstimos	1.105	3,6
Total de ativos reais	15.320	50,0	Dívida comercial	1.969	6,4
			Outros	4.267	13,9
Ativos financeiros			Total de passivos	13.887	45,3
Depósitos e dinheiro	967	3,2			
Títulos negociáveis	769	2,5			
Crédito comercial e ao consumidor	2.555	8,3			
Investimento direto no exterior	4.055	13,2			
Outros	6.983	22,8			
Total de ativos financeiros	15.329	50,0	Patrimônio líquido	16.762	54,7
Total	30.649	100		30.649	100

Nota: A soma nas colunas pode ser diferente do total em virtude de erros de arredondamento.
Fonte: Flow of Funds Accounts of the United States, Conselho de Governadores do Federal Reserve System, junho de 2012.

em grande escala e a gestão de carteiras, embora os investidores participantes recebam uma cota rateada do total de fundos de acordo com o tamanho de seu investimento. Esse sistema oferece vantagens aos pequenos investidores pelas quais eles estão dispostos a pagar por meio de uma taxa administrativa para a operadora do fundo mútuo.

As empresas de investimento também podem criar carteiras especificamente para grandes investidores com metas particulares. Em contraposição, os fundos mútuos são vendidos no mercado de varejo e sua filosofia de investimento é diferenciada principalmente por estratégias que tendem a atrair um grande de número de clientes.

Assim como os fundos mútuos, os *fundos de hedge* (fundos de retorno absoluto) também agrupam e investem o dinheiro de vários clientes. Contudo, eles são abertos apenas para investidores institucionais, como fundos de pensão, fundos de dotação ou pessoas ricas. Eles são mais propensos a adotar estratégias complexas e de maior risco. Normalmente, eles retêm uma porcentagem dos lucros da negociação como parte de sua remuneração, ao passo que os fundos mútuos cobram uma porcentagem fixa sobre os ativos que estão sob sua administração.

DESTAQUE DA REALIDADE

SEPARAÇÃO DOS BANCOS COMERCIAIS E DOS BANCOS DE INVESTIMENTO

Até 1999, a Lei Glass-Steagall proibia os bancos de aceitar depósitos e subscrever títulos. Em outras palavras, ela forçava a separação do setor de investimento e do setor de bancos comerciais. Porém, quando a Glass-Steagall foi revogada, muitos bancos comerciais de grande porte começaram a se transformar em "bancos universais" capazes de oferecer uma completa variedade de serviços bancários comerciais e de investimento. Em alguns casos, os bancos comerciais criavam suas próprias divisões bancárias, mas normalmente eles se ampliavam por meio de fusões. Por exemplo, o Chase Manhattan adquiriu o J. P. Morgan para formar o JPMorgan Chase. De modo semelhante, o Citigroup adquiriu o Salomon Smith Barney para oferecer administração de patrimônio, corretagem, serviços bancários de investimento e serviços de gestão de ativos. A maior parte da Europa nunca havia forçado a separação entre serviços bancários comerciais e de investimento. Por isso, os grandes bancos europeus, como Credit Suisse, Deutsche Bank, HSBC e UBS, sempre haviam sido bancos universais. Entretanto, até 2008, o setor bancário de investimentos autônomos nos Estados Unidos manteve-se amplo e aparentemente vigoroso, com nomes célebres como Goldman Sachs, Morgan Stanley, Merrill Lynch e Lehman Brothers.

Mas a estrutura desse setor sofreu um abalo em 2008, quando vários bancos de investimento foram acossados por enormes perdas em suas posses de títulos garantidos por hipotecas. Em março, à beira da insolvência, o Bear Stearns passou por fusão e transformou-se no JPMorgan Chase. Em 14 de setembro de 2008, o Merrill Lynch, que também estava sofrendo acentuadas perdas relacionadas às hipotecas, negociou um contrato para ser adquirido pelo Bank of America. No dia seguinte, o Lehman Brothers abriu a maior falência da história dos Estados Unidos, por não conseguir encontrar um adquirente capaz e disposto a resgatá-lo de suas perdas substanciais. Na semana seguinte, os dois únicos grandes bancos de investimento remanescentes, o Goldman Sachs e Morgan Stanley, decidiram se converter em *holdings* bancárias tradicionais. Ao fazê-lo, eles se submeteram à supervisão de reguladores bancários nacionais como o Federal Reserve e às regras de adequação de capital bem mais rígidas que regulamentam os bancos comerciais. Essas empresas concluíram que a maior estabilidade que teriam enquanto bancos comerciais, particularmente a capacidade de financiar suas próprias operações por meio de depósitos bancários e ter acesso a empréstimos de emergência do Federal Reserve, justificava essa conversão. Essas fusões e conversões marcaram o verdadeiro fim do setor autônomo de bancos de investimento – mas não dos serviços de *investment banking*. Agora esses serviços serão oferecidos pelos grandes bancos universais.

Hoje, o debate sobre a separação entre bancos comerciais e de investimento que parecia ter terminado com a revogação da Glass-Steagall foi reavivado. A Lei Dodd-Frank de Reforma de Wall Street e de Proteção ao Consumidor impõe novas restrições às atividades bancárias. Por exemplo, a Regra Volcker, que leva o nome de Paul Volcker, ex-presidente do Federal Reserve, proíbe "negociações por conta própria", isto é, proíbe os bancos de negociarem títulos por conta própria, e restringe seus investimentos em fundos de *hedge* ou em fundos de *private equity*. O objetivo dessa regra é diminuir o risco que os bancos assumem. Embora a Regra Volcker seja bem menos restritiva do que a Glass-Steagall havia sido, ambas são motivadas pela convicção de que os bancos que contam com garantias federais devem estar sujeitos a restrições com relação aos tipos de atividade nas quais eles se envolvem. A negociação por conta própria é uma atividade central para os bancos de investimento. Por isso, restringir os bancos comerciais de realizarem essa atividade traria de volta a separação entre seus modelos de negócio.

As economias de escala também explicam a proliferação dos serviços analíticos disponíveis aos investidores. Boletins informativos, bancos de dados e serviços de pesquisa de empresas de corretagem estão todos envolvidos com pesquisas que podem ser vendidas a uma grande base de clientes. Esse esquema surge naturalmente. É evidente que os investidores desejam informações. Contudo, para administrar carteiras pequenas, eles não acham econômico coletar tudo isso pessoalmente. Disso surge uma oportunidade de lucro: uma empresa pode realizar esse serviço para vários clientes e cobrar por isso.

Bancos de investimento

Assim como as economias de escala e a especialização criam oportunidades de lucro para os intermediários financeiros, essas economias criam nichos para empresas que realizam serviços especializados para outras empresas. Elas levantam grande parte de seu capital com a venda de títulos – por exemplo, ações e obrigações – ao público. Contudo, como essas empresas não realizam essa atividade com frequência, os **bancos de investimento** que se especializam nessas atividades podem oferecer serviços por um custo inferior ao requerido para manter uma divisão interna de emissão de títulos. Nessa função, eles são chamados de *subscritores*.

Os bancos de investimento prestam consultoria à empresa emissora sobre os preços que ela pode cobrar pelos títulos emitidos, as taxas de juros apropriadas etc. No fundo, o banco de investimento administra a comercialização dos títulos no **mercado primário**, no qual novas emissões de títulos são oferecidas ao público. Posteriormente, os investidores podem negociar entre si os títulos já emitidos no assim chamado **mercado secundário**.

Ao longo da maior parte do século passado, os bancos de investimento e os bancos comerciais dos Estados Unidos mantiveram-se separados por lei. Embora essas regulamentações tenham sido efetivamente eliminadas em 1999, até 2008 o setor conhecido como Wall Street ainda abrangia grandes bancos de investimento como o Goldman Sachs, Merrill Lynch ou Lehman Brothers. Porém, o modelo autônomo teve um fim abrupto em setembro de 2008, quando todos os grandes bancos de investimento remanescentes nos Estados Unidos foram incorporados em bancos comerciais, declararam falência ou se reorganizaram como bancos comerciais. O quadro "Destaque da Realidade" apresenta uma breve introdução a esses acontecimentos.

Capital de risco e private equity

Embora as grandes empresas possam levantar fundos diretamente nos mercados de ações e obrigações com a ajuda dos bancos de investimento, as empresas menores e mais jovens que ainda não emitiram títulos ao público não têm essa opção. As empresas *start-up* na verdade dependem de empréstimos bancários e de investidores que estejam dispostos a investir nelas em troca de uma participação no capital da empresa. O investimento de capital nessas empresas jovens é chamado de **capital de risco (CR)**. As fontes de capital de risco abrangem fundos exclusivos de capital risco, indivíduos ricos conhecidos como *investidores-anjo* e instituições como os fundos de pensão.

Os fundos de capital de risco são em sua maioria estabelecidos como *limited partnerships* ou sociedades comanditárias. Uma administradora se institui com dinheiro próprio e levanta capital adicional junto a sócios limitados como os fundos de pensão. Esse capital pode então ser investido em uma série de empresas *start-up*. Normalmente, a administradora participa do conselho da *start-up*, ajuda a recrutar diretores seniores e oferece consultoria empresarial. Ela cobra uma taxa do fundo de capital de risco para supervisionar os investimentos. Após um período – digamos, de dez anos –, o fundo é liquidado e os retornos são distribuídos entre os investidores.

Os investidores de capital de risco normalmente têm papel ativo na administração de uma *start-up*. Outros investidores ativos podem se encarregar de um tipo de administração prática semelhante, mas na verdade eles dirigem sua atenção para empresas que estão enfrentando dificuldades ou que talvez possam ser adquiridas, "melhoradas" e vendidas com lucro. Conjuntamente, esses investimentos em empresas que não negociam em bolsas de valores são conhecidos como investimentos em **private equity.**

1.7 A crise financeira de 2008

Este capítulo esboçou os contornos gerais do sistema financeiro, bem como alguns vínculos entre a face financeira da economia e a face "real", na qual se produzem bens e serviços. A crise financeira de 2008 mostrou de uma maneira árdua os elos íntimos entre esses dois setores. Apresentamos nesta seção um resumo conciso sobre essa crise, com o objetivo de extrair algumas lições a respeito do papel do sistema financeiro e igualmente das causas e consequências do que se tornou conhecido como *risco sistêmico*. Algumas dessas questões são complexas. Nós as examinamos brevemente aqui, mas voltaremos a abordá-las mais a fundo em um momento posterior, assim que tivermos um contexto de análise mais amplo.

Antecedentes da crise

No início de 2007, a maioria dos observadores imaginava inconcebível que em dois anos o sistema financeiro mundial enfrentaria sua pior crise desde a Grande Depressão. Na época, a economia parecia estar indo de vento em popa. A última ameaça macroeconômica significativa havia sido a explosão da bolha de alta tecnologia do período de 2000–2002. Porém, o Federal Reserve reagiu a uma recessão emergente diminuindo agressivamente as taxas de juros. A Figura 1.1

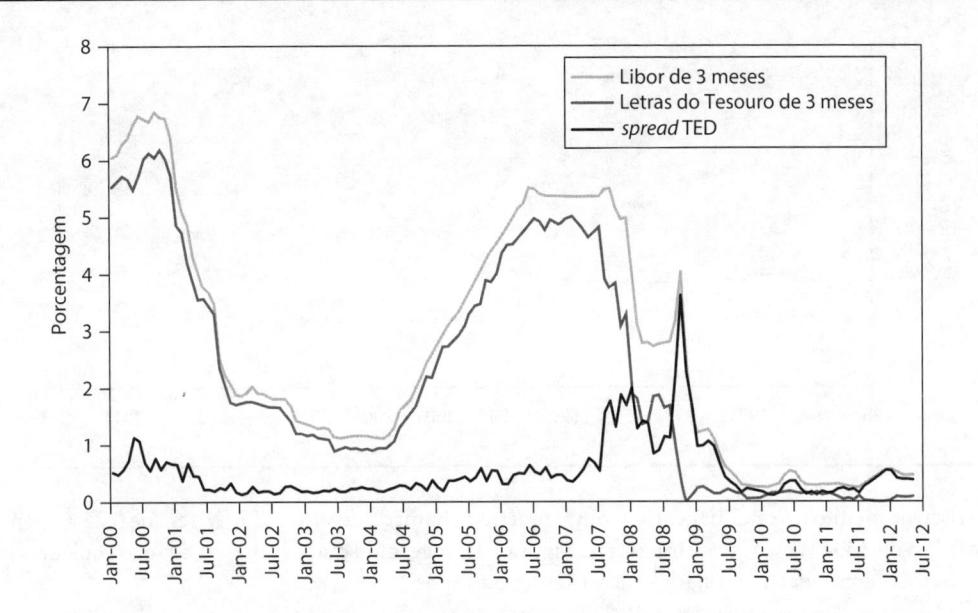

FIGURA 1.1
Libor de curto prazo e taxas das letras do Tesouro e spread TED

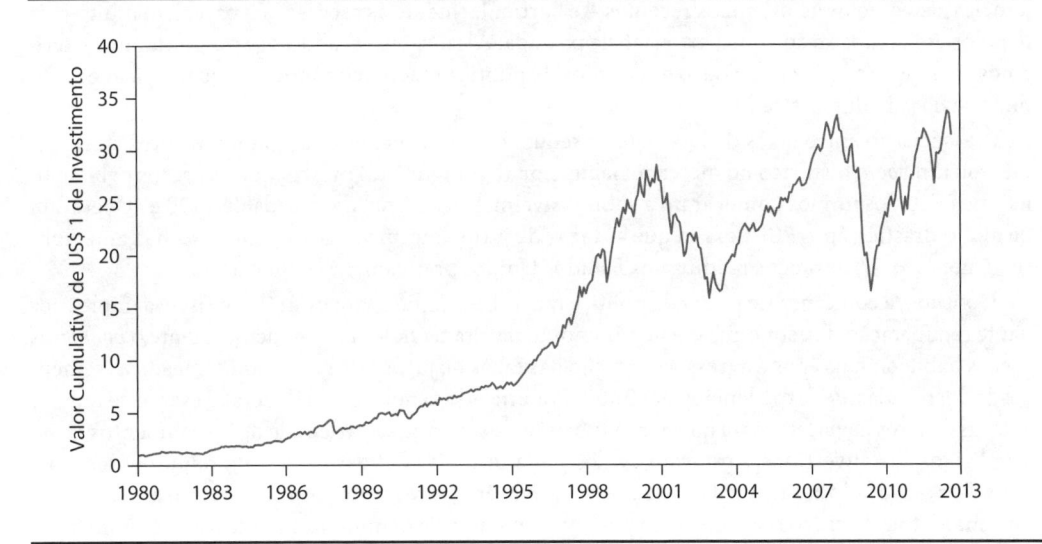

FIGURA 1.2
Retornos cumulativos no Índice S&P 500

mostra que as taxas das letras do Tesouro caíram de forma drástica entre 2001 e 2004, e a Libor, que é a taxa de juros aplicada nos empréstimos entre os maiores bancos de centro financeiro, caiu simultaneamente.[6] Essas ações pareciam ter tido êxito, e a recessão foi efêmera e branda.

Em meados da década, a economia uma vez mais parecia saudável. Embora o mercado de ações tenha apresentado uma queda considerável entre 2001 e 2002, a Figura 1.2 mostra que ele tomou a direção inversa de uma maneira igualmente drástica no início de 2003, recuperando em poucos anos todas as suas perdas posteriores ao colapso tecnológico. De igual importância, o setor bancário parecia saudável. O *spread* entre a Libor (taxa pela qual os bancos tomam empréstimo entre si) e a taxa das letras do Tesouro (pela qual o governo dos Estados Unidos toma empréstimo), uma medida comum

---

[6] Libor refere-se a "London Interbank Offered Rate" (taxa média de juros interbancários de Londres), uma taxa cobrada em empréstimos denominados em dólar em um mercado de empréstimo interbancário fora dos Estados Unidos (concentrado predominantemente em Londres). Normalmente, essa taxa é cotada para empréstimos de três meses. A Libor está estreitamente relacionada à taxa de fundos federais nos Estados Unidos. A taxa de fundos federais é a taxa cobrada sobre empréstimos entre bancos americanos, normalmente pelo prazo de uma noite (*overnight*).

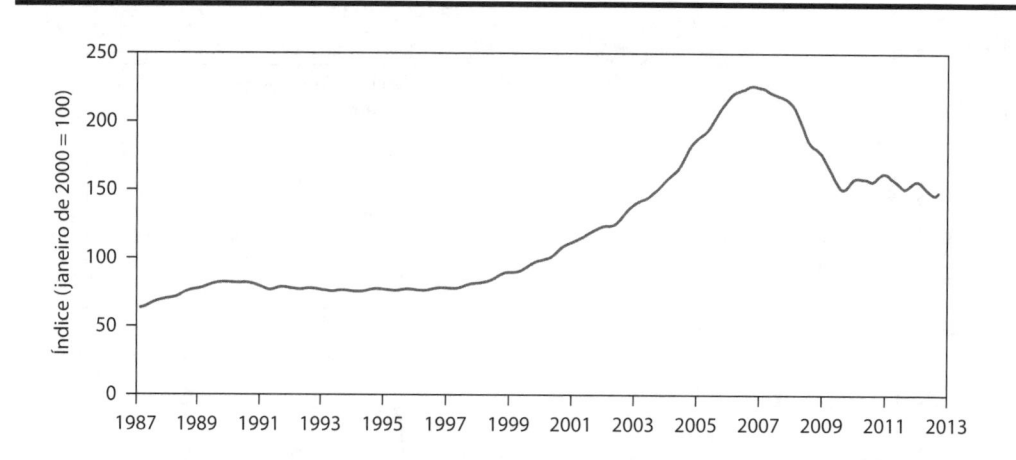

FIGURA 1.3
Índice de Case-Shiller de preços habitacionais nos Estados Unidos

de risco de crédito no setor bancário (com frequência chamada de *spread TED*[7]), era de 0,25% apenas no início de 2007 (veja a curva inferior na Figura 1.1), sugerindo que os temores de inadimplência ou de risco de "contraparte" no setor bancário eram mínimos.

Aliás, o sucesso aparente da política monetária nessa recessão, bem como nos últimos 30 anos, de uma maneira mais geral, havia gerado um novo termo, a "Grande Moderação", para descrever o fato de que os ciclos econômicos recentes – e particularmente as recessões – pareciam muito moderados em comparação com a experiência passada. Alguns observadores se perguntaram se teríamos entrado em uma era de ouro em termos de política macroeconômica na qual o ciclo econômico havia sido domesticado.

A associação entre taxas de juros muito reduzidas e uma economia aparentemente estável fomentou um *boom* histórico no mercado habitacional. A Figura 1.3 mostra que os preços habitacionais nos Estados unidos começaram a subir visivelmente no final da década de 1990 e aceleraram de modo drástico após 2001 assim que as taxas de juros caíram verticalmente. Nos dez anos subsequentes a 1997, os preços médios nos Estados Unidos praticamente triplicaram.

Contudo, a confiança no poder da política macroeconômica para diminuir o risco, a impressionante recuperação da economia desde a implosão da alta tecnologia e particularmente o *boom* nos preços habitacionais após a agressiva redução das taxas de juros talvez tenham semeado as sementes da derrocada que se evidenciou em 2008. Por um lado, a política do Federal Reserve de reduzir as taxas de juros havia feito com que os rendimentos de uma ampla variedade de investimentos ficassem baixos e os investidores estavam ávidos por alternativas que oferecessem rendimentos mais altos. Por outro lado, a baixa volatilidade e a complacência crescente para com o risco estimularam uma maior tolerância ao risco na busca por investimentos de maior rendimento. Em nenhum lugar isso era mais evidente do que no mercado crescente das hipotecas securitizadas. Os mercados financeiros habitacional e hipotecário dos Estados Unidos estavam no centro de uma tempestade iminente.

Mudanças no financiamento habitacional

Antes de 1970, a maioria dos empréstimos hipotecários costumava vir de um concessor local, como um banco de poupança regional ou uma cooperativa de crédito. A pessoa tomava um empréstimo para comprar uma casa e o pagava durante um longo período, normalmente de 30 anos. Uma instituição de poupança típica costumava ter como ativo principal uma carteira composta por esses empréstimos habitacionais de longo prazo e as contas de seus depositantes eram seu passivo principal. Esse cenário começou a mudar quando a Associação Hipotecária Federal (Fannie Mae ou Federal National Mortgage Association – FNMA) e a Corporação Federal de Hipotecas Residenciais (Freddie Mac ou Federal Home Loan Mortgage Corporation – FHLMC) passaram a comprar grande quantidade de empréstimos habitacionais dos originadores e a agrupá-los

---

[7] TED refere-se ao *spread* entre eurodólar e Tesouro. Nesse *spread*, a taxa de eurodólar na verdade é a Libor.

em *pools* que podiam ser negociados como qualquer outro ativo financeiro. Esses *pools*, que eram essencialmente reivindicações sobre as hipotecas subjacentes, logo foram apelidados de "títulos garantidos por hipotecas", e esse processo foi então chamado de **securitização**. A Fannie e a Freddie transformaram-se rapidamente em gigantes do mercado hipotecário, comprando ao todo mais da metade de todas as hipotecas procedentes do setor privado.

A Figura 1.4 mostra como os fluxos de caixa passavam do tomador original para o investidor final em um título garantido por hipoteca. O originador do empréstimo – por exemplo, uma instituição de poupança e empréstimo – fazia um empréstimo de US$ 100 mil para a compra de uma casa. O proprietário teria de pagar o principal e os juros (P&J) sobre o empréstimo ao longo de mais de 30 anos. Contudo, o originador vendia a hipoteca para a Freddie Mac ou Fannie Mae e recuperava o custo do empréstimo. O originador podia continuar pagando o serviço do empréstimo (receber pagamentos mensais do proprietário) por uma pequena taxa de serviço, mas os pagamentos líquidos do empréstimo após a dedução dessa taxa eram repassados para a agência. A Freddie ou Fannie, por sua vez, agrupavam esses empréstimos em títulos garantidos por hipotecas e os vendiam aos investidores – por exemplo, fundos de pensão ou fundos mútuos. A agência (Fannie ou Freddie) normalmente garantia o risco de crédito ou inadimplência dos empréstimos incluídos em cada *pool*, pelo qual retinha uma taxa de garantia antes de repassar o restante do fluxo de caixa para o investidor final. Como os fluxos de caixa das hipotecas eram passados do proprietário para o emprestador, para a Fannie ou Freddie e finalmente para o investidor, os títulos garantidos por hipotecas eram também chamados de títulos com lastro em hipoteca *(pass through)*.

Até a última década, a vasta maioria das hipotecas que haviam sido securitizadas em *pass-throughs* foi mantida ou garantida pela Freddie Mac ou Fannie Mae. Eram hipotecas *conformes* que apresentavam baixo risco, o que significava que os empréstimos que a agência poderia securitizar não deveriam ser muito altos e os proprietários tinham de obedecer aos critérios de subscrição que comprovavam sua capacidade de saldar o empréstimo. Por exemplo, a relação entre a quantia do empréstimo e o valor da casa não poderia ser superior a 80%. Contudo, a securitização deu origem a um novo nicho de mercado para os concessores de empréstimos hipotecários: o modelo de negócio "originar para distribuir" (*versus* originar para manter).

Embora os empréstimos conformes fossem agrupados quase que totalmente pela Freddie Mac e Fannie Mae, assim que o modelo de securitização consolidou-se, ele abriu oportunidade para um novo produto: a securitização por parte de empresas privadas de empréstimos *"subprime" não conformes* com maior risco de inadimplência. Uma importante diferença entre os *pass-throughs* de instituições governamentais e os assim chamados *pass-throughs* de marca privada era que o investidor do *pool* privado arcava com o risco de inadimplência dos proprietários. Portanto, os corretores hipotecários originadores tinham pouco incentivo para realizar uma investigação prévia sobre os empréstimos *porque os empréstimos podiam ser vendidos a um investidor*. É óbvio que esses investidores não tinham contato direto com os tomadores e não podiam realizar uma subscrição detalhada com relação à qualidade do empréstimo. Em vez disso, eles se fiavam nas pontuações de crédito dos tomadores, que substituíram gradualmente a subscrição convencional.

Logo surgiu uma forte tendência à concessão de empréstimos com pouca documentação e depois sem nenhuma documentação, o que implicava uma confirmação deficiente da capacidade do tomador de arcar com um empréstimo. Outras normas de concessão de empréstimos *subprime* também degeneraram rapidamente. Por exemplo, a alavancagem permitida para empréstimos hipotecários (com base na razão entre o valor do empréstimo e o valor da garantia) aumentou

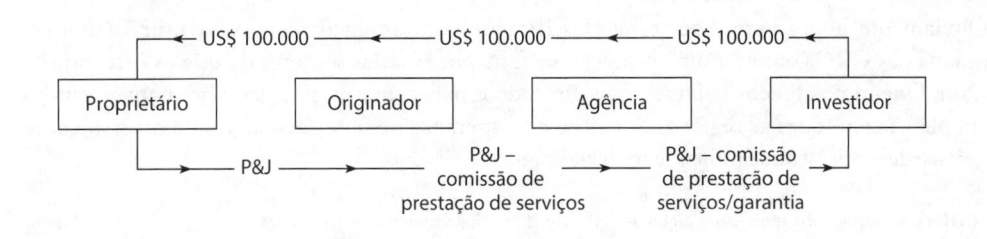

FIGURA 1.4 Fluxos de caixa de um título com lastro em hipoteca (*pass-through*)

significativamente. Por volta de 2006, a maioria dos tomadores de empréstimo *subprime* adquiria sua casa tomando emprestado o valor de compra *integral*! Quando os preços habitacionais começaram a despencar, esses empréstimos de alta alavancagem "submergiram" rapidamente – isto é, as casas passaram a valer menos do que o saldo do empréstimo – e os proprietários decidiram desistir dos empréstimos.

As hipotecas com taxa ajustável (*adjustable rate mortgages* – ARMs) também ganharam popularidade. Esses empréstimos ofereciam aos tomadores taxas de juros iniciais baixas ou promocionais (*teaser*), mas com o tempo elas eram redefinidas de acordo com os rendimentos de juros atuais do mercado – por exemplo, taxa de letras do Tesouro mais 3%. Embora muitos desses tomadores tivessem "alcançado o limite máximo" de sua capacidade de empréstimo pela taxa *teaser*, assim que a taxa de empréstimo era redefinida, os pagamentos mensais disparavam, particularmente se as taxas de juros do mercado tivessem aumentado.

Apesar desses riscos óbvios, a elevação constante dos preços habitacionais ao longo da última década parece ter iludido e levado vários investidores à complacência, com uma convicção predominante de que aumentar continuamente os preços habitacionais salvaria os empréstimos ruins. Porém, a partir de 2004, a capacidade de refinanciamento para salvar um empréstimo diminuiu. Primeiro, as taxas de juros mais altas faziam com que os proprietários que haviam assumido hipotecas com taxas ajustáveis se sentissem pressionados a pagar. Segundo, tal como a Figura 1.3 mostra, os preços habitacionais atingiram um pico em 2006. Desse modo, a capacidade dos proprietários para refinanciar um empréstimo utilizando o capital acumulado na casa diminuiu. As taxas de inadimplência do crédito habitacional começaram a aumentar repentinamente em 2007, assim como as perdas nos títulos garantidos por hipotecas. A crise estava prestes a engatar a marcha alta.

Derivativos hipotecários

Poderíamos perguntar: quem estava disposto a comprar todas essas arriscadas hipotecas *subprime*? A securitização, a reestruturação e a melhoria de crédito respondem grande parte dessa pergunta. Novas ferramentas de transferência possibilitaram que os bancos de investimento transformassem com muito custo os empréstimos de alto risco em títulos de classificação AAA. As obrigações de dívida garantidas (*collateralized debt obligations* – CDOs) foram algumas das mais importantes e com o tempo mais prejudiciais dessas inovações.

As CDOs foram criadas para concentrar o risco de crédito (isto é, de inadimplência) de um conjunto de empréstimos em uma determinada classe de investidores, deixando os demais investidores do *pool* relativamente protegidos contra esse risco. A ideia era priorizar as reivindicações de liquidação de empréstimo dividindo o *pool* em porções seniores *versus* juniores denominadas *tranches* (fatias). As fatias seniores tinham prioridade na reivindicação de liquidação no *pool* como um todo. As fatias juniores seriam pagas somente depois que as seniores tivessem recebido seu quinhão.[8] Por exemplo, se um *pool* fosse dividido em duas fatias, com 70% do *pool* alocado à fatia sênior e 30% alocado à júnior, os investidores seniores seriam reembolsados integralmente desde que 70% ou mais dos empréstimos no *pool* fossem honrados, isto é, desde que a taxa de inadimplência no *pool* permanecesse abaixo de 30%. Mesmo nos *pools* compostos de empréstimos *subprime* arriscados, as taxas de inadimplência acima de 30% pareciam muito improváveis e, portanto, as fatias seniores normalmente recebiam a classificação mais alta (isto é, AAA) das principais agências de classificação de crédito, a Moody's, Standard & Poor's e Fitch. Portanto, grande quantidade de títulos classificados como AAA era obtida com esforço dos *pools* de hipotecas de baixa classificação. (Examinaremos as CDOs mais detalhadamente no Capítulo 14.)

Obviamente, hoje sabemos que essas classificações estavam incorretas. A estrutura sênior-subordinada das CDOs oferecia uma proteção bem menor às fatias seniores do que os investidores previam. Quando os preços habitacionais em todo o país começaram a cair simultaneamente, a inadimplência em todas as regiões aumentou e a esperança de obter benefícios da diversificação geográfica de empréstimos nunca se materializou.

---

[8] As CDOs e os títulos correspondentes algumas vezes são chamados de *produtos estruturados*. "Estruturados" significa que os fluxos de caixa originais são divididos e novamente rateados entre fatias de acordo com alguma regra estipulada.

Por que as agências de classificação subestimaram tanto o risco de crédito nesses títulos *subprime*? Primeiro, as probabilidades de inadimplência haviam sido estimadas com base em dados históricos de um período não representativo, caracterizado por um *boom* habitacional e uma economia excepcionalmente próspera. Além disso, os analistas de classificação haviam extrapolado a experiência histórica de inadimplência para um novo tipo de *pool* de tomadores de empréstimo – um *pool* sem pagamentos de entrada, de empréstimos de pagamentos explosivos e de empréstimos com pouca ou nenhuma documentação (com frequência chamados de *empréstimos de mentirosos*). A experiência de inadimplência do passado era em grande medida irrelevante, em vista dessas profundas mudanças no mercado. Além disso, havia um otimismo exagerado com relação à capacidade de minimização de risco da diversificação inter-regional.

Finalmente, havia problemas de agência. As agências de classificação eram pagas para oferecer classificações com base nos emissores dos títulos – e não nos adquirentes. Elas eram pressionadas pelos emissores, que podiam sair à procura do tratamento mais favorável, a oferecer classificações generosas.

> **REVISÃO DE CONCEITOS 1.2**
>
> Quando a Freddie Mac e Fannie Mae formavam *pools* de títulos garantidos por hipotecas conformes, elas garantiam os empréstimos de hipotecas subjacentes contra inadimplência dos proprietários. Em contraposição, não havia nenhuma garantia para as hipotecas agrupadas em títulos garantidos por hipotecas *subprime*, caso em que os investidores tinham de arcar com o risco de crédito. Esses dois esquemas eram necessariamente a melhor forma de gerenciar e alocar o risco de inadimplência?

Swaps de risco de incumprimento

O mercado de *swaps de risco de incumprimento* também cresceu explosivamente nesse período, paralelamente ao mercado de CDOs. Basicamente, um *swap* de risco de incumprimento (*credit default swap* – CDS) é um contrato de seguro contra a inadimplência de um ou mais tomadores de empréstimo. (Falaremos mais detalhadamente sobre isso no Capítulo 14.) O adquirente do *swap* paga um prêmio anual (tal como um prêmio de seguro) em troca da proteção contra risco de crédito. Os *swaps* de risco de incumprimento tornaram-se um método alternativo para melhorar o crédito, aparentemente permitindo que os investidores comprem empréstimos *subprime* e garantam sua segurança. Porém, na prática, alguns emissores de *swaps* aumentaram sua exposição ao risco de crédito para um grau insuportável, sem capital suficiente para endossar essas obrigações. Por exemplo, a grande seguradora AIG vendeu sozinha mais de US$ 400 bilhões em contratos de CDS de hipotecas *subprime*.

Ascensão do risco sistêmico

Por volta de 2007, o sistema financeiro demonstrou várias características preocupantes. Muitos bancos de grande porte e instituições financeiras relacionadas haviam adotado um esquema aparentemente lucrativo: tomar empréstimos de curto prazo por taxas de juros baixas para financiar a posse de títulos de longo prazo, de rendimento mais alto e ilíquidos[9] e tratar a taxa de juros diferencial entre seus ativos e passivos como lucro econômico. Porém, esse modelo de negócio era incerto: ao se apoiar primordialmente em empréstimos de curto prazo em seu financiamento, essas empresas precisavam refinanciar constantemente suas posições (isto é, tomar emprestados fundos adicionais à medida que os empréstimos venciam) ou então enfrentar a necessidade de vender rapidamente suas carteiras de ativos com menor liquidez, o que seria difícil em tempos de pressão financeira. Além disso, essas instituições eram altamente alavancadas e tinham pouco capital de proteção contra perdas. Particularmente os grandes bancos de investimento de Wall Street tinham uma alavancagem acentuadamente maior, e isso contribuía para uma vulnerabilidade subestimada a exigências de restituição – em especial se o valor de suas carteiras de ativos se tornasse objeto de questionamento. Mesmo as pequenas perdas nas carteiras podiam tornar seu patrimônio líquido negativo, ponto em que ninguém estaria disposto a renovar empréstimos circulantes ou conceder novos empréstimos.

---

[9] *Liquidez* refere-se à rapidez e facilidade com que os investidores conseguem obter o valor pecuniário de um investimento. Os ativos ilíquidos – por exemplo, imóveis – podem ser difíceis de vender rapidamente e uma venda rápida pode exigir um desconto considerável no preço pelo qual o ativo poderia ser vendido em uma situação em que não se tenha pressa.

Outra fonte de fragilidade era a ampla confiança dos investidores na "melhoria de crédito" por meio de produtos como as CDOs. Muitos dos ativos subjacentes a esses *pools* eram ilíquidos, de difícil valorização e extremamente dependentes de previsões sobre o desempenho futuro de outros empréstimos. Em um período de retração muito difundido, em que houvesse depreciação nas classificações, esses ativos se revelariam difíceis de vender.

A substituição constante das negociações formais em bolsa de valores por mercados de "balcão" informais criou outros problemas. Nas transações realizadas em bolsa de valores, como nos mercados de futuros e opções, os participantes devem oferecer uma garantia denominada *margem* para comprovar sua capacidade de honrar suas obrigações. Os preços são calculados todos os dias e os lucros ou prejuízos são acrescentados continuamente ou subtraídos da conta de margem de cada negociador. Se uma conta de margem atinge o mínimo após uma série de perdas, o investidor pode ser obrigado a oferecer uma garantia maior ou liquidar a dívida antes de uma possível insolvência. As posições e, portanto, a exposição a perdas, são transparentes para os outros negociadores. Em contraposição, os mercados de balcão em que se negociam contratos de CDS na verdade são contratos privados entre duas partes em que há menor transparência pública das posições e menor oportunidade de reconhecer lucros ou prejuízos cumulativos ao longo do tempo ou a exposição de crédito resultante de cada parceiro de negócio.

Esse novo modelo financeiro estava até a borda de **risco sistêmico**, isto é, um possível colapso do sistema financeiro quando os problemas de um mercado transbordam e abalam outros. Quando os concessores de empréstimo – por exemplo, os bancos – têm pouco capital e temem perdas maiores, eles podem optar racionalmente por guardar seu capital em vez de emprestá-lo a clientes como as pequenas empresas, agravando, desse modo, os problemas de financiamento para seus tomadores habituais.

O inevitável acontece

No outono de 2007, os preços habitacionais estavam em declínio (Figura 1.3), a inadimplência hipotecária aumentou e o mercado de ações iniciou uma queda livre (Figura 1.2). Muitos bancos de investimento, que tinham grandes investimentos em hipoteca, também começaram a bambolear.

A crise chegou ao auge em setembro de 2008. No dia 7 de setembro, as gigantes hipotecárias federais Fannie Mae e Freddie Mac, que haviam adquirido grandes posições em títulos garantidos por hipotecas, sofreram intervenção. (Falaremos mais sobre as dificuldades dessas agências no Capítulo 2.) O colapso desses dois sustentáculos dos setores financeiros habitacional e hipotecário dos Estados Unidos deixou os mercados financeiros em pânico. Na segunda semana de setembro, não havia dúvida de que o Lehman Brothers e Merrill Lynch estavam à beira da falência. Em 14 de setembro, o Merrill Lynch foi vendido para o Bank of America, novamente com o benefício da intermediação e proteção do governo contra perdas. No dia seguinte, o Lehman Brothers, ao qual foi negado tratamento equivalente, pediu proteção contra falência. Dois dias depois, aos 17 de setembro, o governo emprestou relutantemente US$ 85 bilhões ao AIG, ponderando que sua falência seria altamente desestabilizadora para o setor bancário, que mantinha uma quantia gigantesca de suas garantias de crédito (isto é, contratos de CDS). No dia seguinte, o Tesouro revelou sua primeira proposta de desembolsar US$ 700 bilhões para comprar títulos "tóxicos" garantidos por hipotecas.

Um efeito colateral particularmente devastador da falência do Lehman se fez notar sobre o "mercado monetário" de empréstimo de curto prazo. O Lehman havia tomado emprestada uma quantia considerável de fundos com a emissão de dívidas de curtíssimo prazo denominadas *commercial papers*. Entre os principais clientes no mercado de *commercial paper* estavam os fundos mútuos do mercado monetário, que investem em dívidas de curto prazo de alta qualidade de tomadores comerciais. Quando o Lehman vacilou, o Reserve Primary Money Market Fund, que estava mantendo grande quantidade de *commercial papers* (de classificação AAA!) do Lehman, sofreu perdas de investimento que empurraram o valor de seus ativos para menos de US$ 1 por ação.[10]

---

[10] Os fundos do mercado monetário normalmente arcam com um pequeno risco de investimento e podem manter um valor de ativo de US$ 1 por ação. Os investidores os consideram quase um substituto das contas correntes. Até esse episódio, nenhum outro fundo de varejo havia "quebrado o dólar" (*break the buck*).

Espalhou-se o temor de que os grandes investimentos em *commercial papers* desses fundos sofreriam perdas, levando os clientes de fundos do mercado monetário de todo o país a correr para sacá-los. Os fundos, por sua vez, abandonaram rapidamente os *commercial papers* para adquirir letras mais líquidas e seguras do Tesouro, basicamente fechando as portas dos mercados de financiamento de curto prazo.

O congelamento dos mercados de crédito era o fim de qualquer possibilidade diminuta de que a crise financeira poderia ficar restrita a Wall Street. As empresas maiores que haviam se apoiado no mercado de *commercial paper* agora não conseguiam levantar fundos de curto prazo. De modo semelhante, os bancos estavam tendo dificuldade para levantar fundos. (Reveja a Figura 1.1, na qual verá que o *spread* TED, uma medida do temor de insolvência bancária, disparou em 2008.) Com a indisposição ou incapacidade dos bancos para conceder crédito a seus clientes, milhares de pequenas empresas que dependiam de linhas de crédito bancárias também ficaram impossibilitadas de financiar suas atividades de negócio normais. As empresas exauridas de capital foram forçadas a diminuir suas atividades abruptamente. O índice de desemprego aumentou rapidamente e a economia encontrava-se em sua pior recessão após várias décadas. A confusão nos mercados financeiros havia transbordado para a economia real, e a Main Street (cidadãos comuns) juntou-se a Wall Street em uma contenda de prolongada penúria.

Lei Dodd-Frank de reforma

A crise engendrou várias necessidades de reforma de Wall Street, que, com o tempo, resultaram na aprovação em 2010 da Lei Dodd-Frank de Reforma de Wall Street e de Proteção ao Consumidor, que propôs diversos mecanismos para diminuir o risco sistêmico.

Essa lei prevê regras mais rígidas para capital bancário, liquidez e práticas de gestão de riscos, especialmente quando os bancos crescem e a probabilidade de falência torna-se mais ameaçadora para outras instituições. Com mais capital para respaldar os bancos, a possibilidade de uma insolvência desencadear outra poderia ser contida. Além disso, quando os bancos têm mais capital, eles têm menos incentivo para aumentar o risco, visto que nesse caso os possíveis prejuízos serão arcados por eles e não pela Corporação Federal de Seguro de Depósito (Federal Deposit Insurance Corporation – FDIC).

A Lei Dodd-Frank também exige maior transparência, particularmente nos mercados de derivativos. Por exemplo, uma das propostas é padronizar os contratos de CDS para que sejam negociados em bolsas centralizadas em que os preços podem ser determinados em um mercado profundo e os lucros ou prejuízos podem ser ajustados diariamente. As exigências de margem, impostas também diariamente, poderiam evitar que os participantes do mercado de CDS adquiram posições maiores do que aquelas com as quais eles podem arcar e a negociação em bolsa facilitaria a análise de exposição das empresas a prejuízos nesses mercados.

Além disso, essa lei tenta restringir as atividades arriscadas com as quais os bancos podem se envolver. A assim chamada Regra Volcker, em homenagem a Paul Volcker, ex-presidente do Federal Reserve, restringe a possibilidade de um banco negociar por conta própria e restringe os investimentos totais em fundos de *hedge* ou fundos de *private equity*.

Além disso, essa lei enfoca as deficiências do sistema de regulamentação que ficaram evidentes em 2008. Os Estados Unidos têm vários reguladores financeiros com responsabilidades sobrepostas e algumas instituições foram acusadas de "compararem agências reguladoras", com o objetivo de serem supervisionadas pela agência mais leniente. A Lei Dodd-Frank procura unificar e evidenciar linhas de autoridade reguladora e de responsabilidade em uma única ou em um número menor de agências governamentais.

Essa lei aborda também questões de incentivo. Entre essas questões encontram-se propostas para fazer com que a remuneração dos funcionários reflita o desempenho em um prazo mais longo. A lei exige que as empresas públicas estabeleçam "provisões de recuperação" para tomar de volta a remuneração executiva se ela tiver sido fundamentada em demonstrações financeiras imprecisas. O objetivo é desestimular o risco excessivo assumido por instituições financeiras em que é possível fazer grandes apostas com a postura de que um resultado positivo gerará uma grande bonificação e um resultado ruim será arcado pela empresa ou, pior, pelo contribuinte.

Os incentivos das agências de classificação de obrigações também são uma questão delicada. Poucos estão contentes com um sistema em que as agências de classificação são pagas pelas empresas que elas classificam. Essa lei cria um Escritório de Classificação de Crédito dentro da Comissão de Valores Mobiliários (Securities and Exchange Commission – SEC) para supervisionar as agências de classificação de crédito.

Ainda é muito cedo para saber qual dessas reformas ou se alguma delas "pegará". A implementação da Lei Dodd-Frank ainda está sujeita a muitas interpretações por parte dos reguladores e continua sendo criticada por alguns membros do Congresso. Contudo, a crise certamente evidenciou o papel essencial do sistema financeiro para o funcionamento da economia real.

1.8 Delineamento da estrutura deste livro

Este livro tem sete partes relativamente independentes que podem ser estudadas em uma variedade de sequências. A Parte Um é uma introdução aos mercados e aos instrumentos financeiros e à negociação de títulos. Além disso, essa parte descreve o setor de fundos mútuos.

A Parte Dois e a Parte Três contêm a essência do que ficou conhecido como "teoria moderna de carteiras". Na Parte Dois, começamos com uma discussão geral sobre risco e retorno e ensinamentos da história do mercado de capitais. Em seguida, procuramos analisar mais atentamente formas de descrever as preferências de risco e o progresso dos investidores na alocação de ativos, diversificação eficiente e otimização de carteira.

Na Parte Três, investigamos as implicações da teoria moderna de carteiras para a relação de equilíbrio entre risco e retorno. Introduzimos o modelo de precificação de ativos financeiros e sua implementação por meio de modelos de índice, bem como modelos de risco e retorno mais avançados. Essa parte aborda a hipótese de mercado eficiente, bem como as críticas comportamentais das teorias baseadas na racionalidade do investidor, e termina com um capítulo sobre evidências empíricas concernentes aos retornos dos títulos.

As Partes Quatro a Seis cobrem a análise e avaliação de títulos. A Parte Quatro é dedicada aos mercados de dívida e a Parte Cinco aos mercados de ações. A Parte Seis aborda os ativos derivativos, como opções e contratos de futuros.

A Parte Sete é uma introdução à gestão ativa de investimentos. Ela mostra como os diferentes objetivos e restrições dos investidores podem gerar uma variedade de políticas de investimento. Essa parte discute o papel da gestão ativa em mercados quase eficientes e considera como se deve avaliar o desempenho dos gestores que adotam estratégias ativas. Além disso, ela mostra que os princípios de construção de carteiras podem ser estendidos para o ambiente internacional e examina o setor de fundos de *hedge*.

RESUMO

1. Os ativos reais criam riqueza. Os ativos financeiros equivalem ao direito a partes dessa riqueza ou a toda essa riqueza. Eles determinam como a propriedade dos ativos reais é distribuída entre os investidores.

2. Os ativos financeiros podem ser categorizados em renda fixa (dívida), ações ou instrumentos derivativos. As técnicas descendentes de construção de carteira partem da decisão relativa à alocação de ativos – alocação de fundos entre classes amplas de ativos – e então prosseguem para decisões relativas à escolha de títulos mais específicos.

3. A concorrência nos mercados financeiros é responsável pelo *trade-off* risco-retorno, em que os títulos que oferecem taxas de retorno mais altas também apresentam riscos mais altos aos investidores. Entretanto, a existência de risco significa que os retornos reais podem ser consideravelmente diferentes dos retornos esperados no início do período de investimento. A concorrência entre analistas de títulos também dá lugar a mercados financeiros quase eficientes em termos de informação, o que significa que os preços refletem todas as informações disponíveis com relação ao valor do título. As estratégias passivas de investimento podem fazer sentido em mercados quase eficientes.

4. Os intermediários financeiros criam *pools* para fundos de investidores e os investem. Existe demanda para seus serviços porque os pequenos investidores não conseguem coletar informações, diversificar e monitorar suas carteiras de forma eficiente. Em contraposição, o intermediário investe os fundos levantados, utiliza os rendimentos para ressarcir os pequenos investidores e obtém lucro da diferença (*spread*).

5. Os serviços bancários de investimento dão eficiência ao levantamento de fundos corporativos. Os bancos de investimento ganham experiência na precificação e negociação de novas emissões para investidores. Por volta do final de 2008, todos os grandes bancos de investimento autônomos dos Estados Unidos foram incorporados em bancos comerciais ou foram reestruturados em *holdings* bancárias. Na Europa, onde serviços bancários universais nunca haviam sido proibidos, os grandes bancos

durante muito tempo mantiveram divisões de serviços bancários comerciais e de investimento.

6. A crise financeira de 2008 mostrou a importância do risco sistêmico, que pode ser restringido pela transparência que permite que negociadores e investidores avaliem o risco de contraparte, por exigências de capital para evitar que os participantes da negociação sejam prejudicados por possíveis perdas, pelo ajuste frequente de lucros ou prejuízos para evitar que os prejuízos se acumulem além da capacidade da instituição de arcar com eles, por incentivos para desestimular uma exposição excessiva ao risco e pela análise precisa e imparcial por parte dos encarregados da avaliação de risco dos títulos.

Sites relacionados a este capítulo estão disponíveis em **www.grupoa.com.br**

PALAVRAS-CHAVE

alocação de ativos
análise de títulos
ativos financeiros
ativos reais
bancos de investimento
capital de risco
empresas de investimento
escolha de títulos

gestão ativa
gestão passiva
intermediários financeiros
investimento
mercado primário
mercado secundário
participação acionária
private equity

problema de agência
risco sistêmico
securitização
títulos de renda fixa (dívida)
títulos derivativos
trade-off risco-retorno

CONJUNTO DE PROBLEMAS

Básicos

1. A engenharia financeira foi depreciada e considerada nada mais que um trabalho burocrático. Os críticos defendem que os recursos utilizados para *reorganizar* a riqueza (isto, agrupar e desagrupar ativos financeiros) podem ser mais bem gastos na *criação* de riqueza (isto é, na criação de ativos reais). Avalie essa crítica. Algum benefício é realizado com a criação de um conjunto de títulos derivativos de vários títulos primários?
2. Por que você seria levado a supor que a securitização ocorre somente em mercados de capitais altamente desenvolvidos?
3. Qual a relação entre securitização e o papel dos intermediários financeiros na economia? O que acontece com os intermediários financeiros quando a securitização progride?
4. Embora tenhamos afirmado que os ativos reais constituem a verdadeira capacidade produtiva de uma economia, é difícil conceber uma economia moderna sem mercados financeiros e tipos de título bem desenvolvidos. Até que ponto a capacidade produtiva da economia americana seria afetada se não houvesse nenhum mercado para negociar ativos financeiros?
5. As empresas levantam capital junto aos investidores emitindo ações nos mercados primários. Isso significa que os gestores financeiros corporativos podem ignorar a negociação de ações previamente emitidas no mercado secundário?

Intermediários

6. Suponhamos que os preços de habitação dobrem no mundo inteiro.
   a. A sociedade ficaria mais rica com essa mudança?
   b. Os proprietários ficariam mais ricos?
   c. Você pode conciliar suas respostas a (*a*) e (*b*)? Alguém ficaria em pior situação em decorrência dessa mudança?
7. A Lanni Products é uma *start-up* desenvolvimento de *softwares*. Atualmente ela possui equipamentos de computador no valor de US$ 30 mil e tem US$ 20 mil em dinheiro, que é uma contribuição de seus proprietários. Em cada uma das transações a seguir, identifique os ativos reais e/ou financeiros que trocam de mãos. Algum ativo financeiro é criado ou eliminado na transação?
   a. A Lanni toma um empréstimo bancário. Ela recebe US$ 50 mil em dinheiro e assina uma nota prometendo saldar o empréstimo em três anos.
   b. A Lanni usa o dinheiro do banco e mais US$ 20 mil de seus próprios fundos para financiar o desenvolvimento de um novo *software* de planejamento financeiro.
   c. A Lanni vende o *software* à Microsoft, que o comercializará no mercado utilizando o nome Microsoft. A Lanni aceita como pagamento 1.500 ações da Microsoft.
   d. Lanni vende as ações por US$ 80 cada e usa a receita para liquidar o empréstimo bancário.
8. Reconsidere a empresa Lanni Products, apresentada no problema anterior.
   a. Elabore o balanço patrimonial da empresa pós-obtenção do empréstimo bancário. Qual a relação entre ativos reais e ativos totais?
   b. Elabore o balanço patrimonial pós-desembolso de US$ 70 mil para o desenvolvimento do *software*. Qual a relação entre ativos reais e ativos totais?
   c. Elabore o balanço patrimonial pós-aceitação do pagamento em ações da Microsoft. Qual a relação entre ativos reais e ativos totais?
9. Examine o balanço patrimonial dos bancos comerciais na Tabela 1.3. Qual a relação entre ativos reais e ativos totais? Qual é a relação para empresas não financeiras (Tabela 1.4)? Por que se deve prever essa diferença?
10. Considere a Figura 1.5, que descreve uma emissão dos certificados de ouro americanos.
    a. Essa emissão é uma transação de mercado primário ou secundário?
    b. Os certificados são ativos primitivos ou derivativos?
    c. Que nicho de mercado é atendido com essa oferta?
11. Discuta as vantagens e desvantagens das seguintes formas de remuneração executiva no sentido de diminuir os problemas de agência, isto é, possíveis conflitos de interesse entre diretores e acionistas.
    a. Um salário fixo.
    b. Ações da empresa, que devem ser mantidas durante cinco anos.
    c. Um salário vinculado aos lucros da empresa.
12. Observamos que a supervisão por parte de grandes investidores ou credores institucionais é um mecanismo para diminuir os problemas de agência. Por que os investidores individuais na empresa não têm o mesmo incentivo para ficar de olho na administração?

FIGURA 1.5 Título garantido por ouro

13. Dê ume exemplo de três intermediários financeiros e explique como eles atuam como ponte entre pequenos investidores e grandes mercados de capitais ou sociedades anônimas.
14. Desde 1926, a taxa média de retorno sobre os investimentos em ações de alta capitalização ultrapassou em 7% a taxa de retorno sobre investimentos em letras do Tesouro. Em vista disso, por que as pessoas investem em letras do Tesouro?
15. Quais são algumas das vantagens e desvantagens dos estilos de investimento descendentes e ascendentes?
16. Você vê um anúncio de um livro que afirma que lhe ensina a ganhar US$ 1 milhão sem risco e sem entrada. Você compraria esse livro?
17. Por que os ativos financeiros se revelam como um componentes da riqueza das famílias, e não da riqueza nacional? Por que os ativos financeiros continuam sendo importantes para o bem-estar material de uma economia?
18. As empresas de Wall Street costumavam remunerar seus corretores com uma porcentagem dos lucros de negociação que eles geravam. Em que sentido essa prática afetou a disposição dos corretores para assumir riscos? Que problema de agência essa prática gerava?
19. Que reformas no sistema financeiro poderiam diminuir sua exposição ao risco sistêmico?

EXERCÍCIOS DE INVESTIMENTO NA *WEB*

1. Entre no finance.yahoo.com e insira o símbolo de cotação (*ticker*) "RRD" na caixa *Get Quotes* (Obter Cotações) para obter informações sobre a R. R. Donnelley & Sons.
    a. Clique em *Profile* (Perfil). Qual é a principal linha de negócios da Donnelly?
    b. Vá agora para *Key Statistics* (Principais Estatísticas). Quantas ações da empresa estão em circulação? Qual é o valor de mercado total da empresa? Qual foi o seu lucro no ano fiscal mais recente?
    c. Examine a seção *Major Holders* (Principais Detentores) das ações da empresa. Que porcentagem do total de ações o pessoal interno possui?
    d. Vá agora para Analyst Opinion (Opinião de Analistas). Qual é o preço-alvo médio (isto é, o preço previsto para as ações da Donnelly) dos analistas que cobrem essa empresa? O quanto ele é comparável ao preço pelo qual a ações são negociadas atualmente?
    e. Examine a seção *Balance Sheet* (Balanço Patrimonial) da empresa. Qual foi seu total de ativos no final do ano fiscal mais recente?
2. a. Visite o *site* Comissão de Valores Mobiliários (SEC), www.sec.gov. Qual é a missão da SEC? Quais informações e conselhos a SEC oferece aos investidores iniciantes?
    b. Agora visite o *site* da Associação Nacional de Intermediários de Valores (Nasd), www.finra.org. Qual é sua missão? Que informações e conselhos ela oferece aos iniciantes?
    c. Agora visite o *site* da Organização Nacional de Comissão de Valores Mobiliários (Iosco), www.iosco.org. Qual é sua missão? Que informações e conselhos ela oferece aos iniciantes?

SOLUÇÕES PARA AS REVISÕES DE CONCEITOS

1. a. Reais
   b. Financeiros
   c. Reais
   d. Reais
   e. Financeiros
2. A questão central é o incentivo para monitorar a qualidade dos empréstimos no momento em que eles são criados e ao longo do tempo. A Freddie e Fannie sem dúvida tinham incentivos para monitorar a qualidade dos empréstimos conformes que elas garantiam e suas relações constantes com os originadores de hipoteca davam a elas oportunidade para avaliar os históricos ao longo de períodos extensos. No mercado de hipotecas *subprime*, os investidores finais em títulos (ou em CDOs garantidas por esses títulos), que estavam arcando com o risco de crédito, não deveriam ter se disposto a investir em empréstimos com uma probabilidade desproporcional de inadimplência. Se eles tivessem percebido apropriadamente sua exposição ao risco de inadimplência, os preços (correspondentemente baixos) que eles estariam dispostos a pagar por esses títulos teriam imposto disciplina aos originadores e às empresas de administração hipotecária. O fato de eles estarem dispostos a manter essas grandes posições em títulos arriscados indica que eles não avaliaram a magnitude dessa exposição. Talvez eles tenham sido iludidos por projeções exageradamente otimistas dos preços habitacionais ou por avaliações tendenciosas das agências de divulgação de crédito. Ainda que em princípio esses dois esquemas para riscos de inadimplência pudessem ter imposto disciplina aos originadores de hipoteca, na prática as vantagens informativas da Freddie e Fannie provavelmente os tornaram os melhores "recipientes" do risco de inadimplência. A lição é que a informação e a transparência são algumas das condições prévias para o bom funcionamento dos mercados.

Classes de ativos e instrumentos financeiros

VOCÊ APRENDEU no Capítulo 1 que o processo de construção de uma carteira de investimentos normalmente se inicia com a decisão sobre o montante a ser alocado a classes amplas de ativos, como títulos seguros do mercado monetário ou contas bancárias, obrigações de prazo mais longo, ações ou mesmo classes de ativos como imóveis ou metais preciosos. Esse processo é chamado de *alocação de ativos*. Dentro de cada classe, o investidor escolhe ativos específicos em um menu mais detalhado. Isso é chamado de *escolha de títulos*.

Cada classe ampla de ativos contém vários tipos específicos de título e as variações podem ser imensas. Nosso objetivo neste capítulo é apresentar a você as características fundamentais dessas classes amplas de ativos. Para isso, organizamos um *tour* pelos instrumentos financeiros de acordo com a classe de ativos.

Os mercados financeiros normalmente são segmentados em **mercados monetários** e **mercados de capitais**. Os instrumentos dos mercados monetários incluem títulos de dívida de curto prazo, negociáveis, líquidos e de baixo risco. Algumas vezes, esses instrumentos são chamados de *equivalentes de caixa* ou resumidamente de caixa. Em contraposição, os mercados de capitais incluem títulos de mais longo prazo e mais arriscados. Os títulos do mercado de capitais são mais diversificados do que os do mercado monetário. Por esse motivo, subdividimos o mercado de capitais em três segmentos: mercados de dívida de mais longo prazo, mercados de ações e mercados de derivativos para opções e futuros.

Descrevemos primeiramente os instrumentos do mercado monetário. Em seguida, abordamos os títulos de dívida e de ações. Explicamos a estrutura dos vários índices do mercado de ações neste capítulo porque as carteiras de referência do mercado desempenham um papel importante na construção e na avaliação de carteiras. Por último, examinamos os mercados de títulos derivativos de contratos de opções e futuros.

2.1 Mercado monetário

O mercado monetário é um subsetor do mercado de renda fixa que compreende títulos de dívida de curtíssimo prazo normalmente de alta liquidez. A Tabela 2.1 relaciona o volume de 2012 de alguns dos principais instrumentos nesse mercado. Vários desses títulos são negociados por um valor muito alto e, por isso, estão fora do alcance de investidores individuais. Entretanto, os fundos mútuos do mercado monetário são bastante acessíveis aos pequenos investidores. Esses fundos mútuos agrupam os recursos de vários investidores e adquirem em seu nome grande variedade de títulos do mercado monetário.

Letras do Tesouro

As *letras do Tesouro* dos Estados Unidos (chamadas de *T-bills* ou resumidamente de *bills*) são os instrumentos mais negociáveis do mercado monetário e a forma mais simples de empréstimo. O governo levanta dinheiro vendendo essas letras ao público. Os investidores compram as letras com um desconto sobre o valor nominal no vencimento. No vencimento, o detentor recebe do governo um pagamento equivalente ao valor nominal da letra. A diferença entre o preço de compra e o valor no vencimento constitui o lucro do investidor.

TABELA 2.1 Principais componentes do mercado monetário

	Bilhões de US$
Acordos de recompra	1.141
Depósitos a prazo de baixa denominação e depósitos de poupança*	7.202
Depósitos a prazo de alta denominação*	1.603
Letras do Tesouro	1.478
Commercial paper	1.445
Fundos mútuos do mercado monetário	2.645

*As denominações pequenas são inferiores a US$ 100 mil.

Fontes: *Economic Report of the President*, Imprensa Oficial do Governo dos Estados Unidos, 2012; *Flow and Funds Accounts of the United States*, Conselho de Governadores do Federal Reserve System, setembro de 2012.

As letras do Tesouro são emitidas com vencimentos iniciais de 4, 13, 26 ou 52 semanas. As pessoas podem comprá-las diretamente do Tesouro, em leilão, ou no mercado secundário por meio de um distribuidor de títulos do governo. Essas letras têm alta liquidez, isto é, elas podem ser facilmente convertidas em dinheiro e vendidas a um baixo custo de negociação e pequeno risco de preço. Diferentemente da maioria dos outros instrumentos do mercado monetário, que são vendidos por um valor mínimo de US$ 100 mil, as letras do Tesouro são vendidas por um valor mínimo de apenas US$ 100, embora o valor de US$ 10 mil seja bem mais comum. O rendimento sobre essas letras é isento de todos os impostos estaduais e locais, outra característica que as distingue de outros instrumentos do mercado monetário.

A Figura 2.1 apresenta uma listagem parcial das letras do Tesouro. Em vez de fornecer o preço de cada letra, as publicações financeiras divulgam os rendimentos com base nesse preço. Você verá rendimentos correspondentes aos preços de compra e aos preços de venda. O **preço de venda** é aquele que você teria de pagar para comprar uma letra do Tesouro de um distribuidor de títulos. O **preço de compra** é um preço ligeiramente inferior que você receberia se quisesse vender uma letra a um distribuidor. A **diferença entre preço de compra e preço de venda (*spread*)** é a fonte de lucro do distribuidor. Observe na Figura 2.1 que o *rendimento* de compra é superior ao rendimento de venda. Isso ocorre porque os preços e os rendimentos estão inversamente relacionados.

Os dois primeiros rendimentos na Figura 2.1 são divulgados por meio do *método de desconto bancário*. Isso significa que o desconto da letra sobre seu valor no vencimento, ou valor nominal, é "anualizado" com base em um ano de 360 dias e em seguida divulgado como porcentagem do valor nominal. Por exemplo, para a letra em destaque, com vencimento em 20 de dezembro de 2012, contam-se 156 dias até o vencimento e o rendimento na coluna denominada "Oferta de Venda" é de 0,125%. Isso significa que um distribuidor estava disposto a vender a letra com um desconto sobre o valor nominal de 0,125% × (156/360) = 0,542%. Portanto, uma letra com valor nominal de US$ 10 mil poderia ser comprada por US$ 10.000 × (1 − 0,000542) = US$ 9.994,58. De modo semelhante, com base no rendimento de oferta de compra de 0,130%, um distribuidor estaria disposto a comprar a letra por US$ 10.000 × (1 − 0,00130 × 156/360) = US$ 9.994,367.

O método de desconto bancário para o cálculo de rendimentos tem longa tradição, mas é falho ao menos por dois motivos. Primeiro, ele supõe que o ano tem apenas 360 dias. Segundo, ele calcula o rendimento como uma porcentagem do valor nominal, e não como o preço que o investidor pagou para adquirir a letra.[1] Um investidor que comprar a letra pelo preço de venda e a mantiver até o vencimento verá seu investimento crescer ao longo de 156 dias por um múltiplo de US$ 10.000/US$ 9.994,58 = 1,000542 e um ganho de 0,542%. A anualização desse ganho utilizando 365 dias apresentaria um rendimento de 0,542% × 365/156 = 0,127%, que é o valor divulgado na última coluna, denominada "Rendimento sobre Venda". Esse último valor é chamado de *rendimento equivalente ao da obrigação do Tesouro*.

---

[1] Ambos os "erros" foram impostos pela simplicidade de cálculo em uma época anterior aos computadores. É mais fácil calcular descontos percentuais utilizando um número redondo, como o valor nominal, do que um preço de compra. Também é mais fácil anualizar utilizando um ano de 360 dias, visto que o número 360 é um múltiplo par de vários números.

Letras do Tesouro					
Vencimento	Dias até o vencimento	Oferta de compra	Oferta de venda	Variação	Rendimento sobre venda
6 set. 2012	51	0,080	0,075	0,000	0,076
4 out. 2012	79	0,085	0,080	0,000	0,081
1º nov. 2012	107	0,110	0,100	0,005	0,101
29 nov. 2012	135	0,110	0,105	0,000	0,106
20 dez. 2012	156	0,130	0,125	0,005	0,127
4 abr. 2013	261	0,160	0,150	0,005	0,152

FIGURA 2.1
Listagem de letras do Tesouro

Fonte: Compilada de dados obtidos no *The Wall Street Journal Online*, 17 de julho de 2012.

Certificado de depósito

Certificado de depósito (CD) é um depósito bancário a prazo. Os depósitos a prazo não são imediatamente mobilizáveis. O banco paga juros e o principal para o depositante somente no final do período estabelecido no CD. Entretanto, os CDs emitidos em valores superiores a US$ 100 mil normalmente são negociáveis; isto é, eles podem ser vendidos a outro investidor se o detentor precisar sacar o certificado antes da data de vencimento. Os CDs de curto prazo são facilmente negociáveis, embora o mercado seja significativamente escasso para vencimentos de três meses ou mais. Como os CDs são considerados depósitos bancários pela Corporação Federal de Seguro de Depósito (Federal Deposit Insurance Corporation – FDIC), eles são segurados até o valor máximo de US$ 250 mil na eventualidade de insolvência bancária.

Commercial paper

As empresas grandes e de renome com frequência emitem suas próprias notas de dívida de curto prazo sem garantia, em vez de pedirem empréstimos diretamente aos bancos. Essas notas são chamadas de ***commercial paper* (CPs)**. Com muita frequência, o CP é garantido por uma linha de crédito bancária, que oferece ao tomador acesso a um valor em dinheiro que pode ser usado se for necessário liquidar o título no vencimento.

Os vencimentos dos CPs podem chegar a 270 dias; os vencimentos mais longos exigem registro na Comissão de Valores Mobiliários e, portanto, quase nunca são emitidos. O CP mais comum é emitido com vencimentos inferiores a um ou dois meses, normalmente com valores nominais de múltiplos de US$ 100 mil. Portanto, os pequenos investidores podem investir em *commercial paper* apenas indiretamente, por meio de fundos mútuos do mercado monetário.

O CP é considerado um ativo relativamente seguro, visto que, presumivelmente, a situação de uma empresa pode ser monitorada e prevista por um período de no mínimo um mês.

Embora a maioria dos CPs seja emitida por empresas não financeiras, nos últimos anos houve um aumento acentuado no assim chamado *commercial paper garantido por ativos*, emitidos por empresas financeiras como os bancos. Em geral esse CP de curto prazo era usado para levantar fundos para a instituição investir em outros ativos, mais notadamente em hipotecas *subprime*. Esses ativos, por sua vez, eram usados como garantia para o CP – por isso o nome "garantido por ativos". Essa prática gerou várias dificuldades no verão de 2007, quando começou a haver inadimplência nessas hipotecas *subprime*. Os bancos não conseguiam emitir novos CPs para refinanciar suas posições quando o título antigo vencia.

Aceites bancários

Um **aceite bancário** inicia-se com uma ordem de um cliente a um banco para que seja paga uma quantia em uma data futura, normalmente de seis meses. Nesse estágio, o aceite seria como um cheque pré-datado. Quando o banco endossa a ordem de pagamento como "aceitável", ele assume a responsabilidade pelo pagamento final ao detentor do aceite. Nesse momento, o aceite pode ser negociado em mercados secundários de uma maneira muito semelhante a qualquer outro direito sobre o banco. Os aceites bancários são considerados ativos extremamente seguros, visto que eles permitem que os investidores substituam sua posição de crédito pela do banco. Eles são amplamente usados no comércio exterior, em que o parceiro comercial não conhece a capacidade creditícia de um negociante. Os aceites são vendidos com desconto sobre o valor nominal da ordem de pagamento, assim como as letras do Tesouro são vendidas com desconto sobre o valor de face.

Eurodólar

Os depósitos em **eurodólar** são denominados em dólar em bancos estrangeiros ou em filiais estrangeiras de bancos americanos. Com localização fora dos Estados Unidos, esses bancos escapam da regulamentação do Conselho do Federal Reserve. Apesar do nome "euro", essas contas não precisam estar em bancos europeus, embora a prática de aceitação de depósitos denominados em dólar fora dos Estados Unidos tenha começado na Europa.

Os depósitos em eurodólar são em sua maioria de alto valor e costumam ser depósitos a prazo com vencimento em menos de seis meses. O certificado de depósito em eurodólar é uma variação do depósito a prazo em eurodólar, que é semelhante a um CD de um banco doméstico, com a diferença de que ele constitui um passivo de uma filial bancária não americana, normalmente uma filial em Londres. A vantagem dos CDs em eurodólar em relação aos depósitos a prazo em eurodólar é que o detentor pode vender o ativo para obter o valor em dinheiro antes do vencimento. Entretanto, eles são considerados menos líquidos e mais arriscados do que os CDs domésticos e, portanto, oferecem rendimentos mais altos. As empresas também emitem obrigações em eurodólar fora dos Estados Unidos, embora elas não sejam um investimento do mercado monetário em virtude de seu longo prazo de vencimento.

Acordos de recompra e reversão

Os distribuidores de títulos do governo utilizam **acordos de recompra**, também denominados *repos* ou RPs, como forma de empréstimo de curto prazo, normalmente *overnight*. O distribuidor vende títulos a um investidor pelo prazo de uma noite (*overnight*), concordando em comprá-los de volta no dia seguinte por um preço ligeiramente mais alto. O aumento no preço representa o juro *overnight*. Desse modo, o distribuidor toma um empréstimo de um dia do investidor e os títulos servem de garantia para o empréstimo.

Um *acordo de recompra a prazo* é, em essência, uma transação idêntica, com a exceção de que o prazo do empréstimo implícito pode ser de 30 dias ou mais. Esses acordos são considerados bastante seguros em termos de risco de crédito porque os empréstimos são garantidos pelos títulos. Um *acordo de recompra reversa* é uma imagem invertida de um acordo de recompra. Nesse caso, o distribuidor encontra um investidor que detém títulos do governo e os compra com a condição de revendê-los em uma data futura por um preço mais alto especificado.

Fundos federais

Do mesmo modo que a maioria de nós mantêm depósitos nos bancos, os bancos mantêm depósitos próprios no Federal Reserve Bank. Todo membro do Federal Reserve System, ou "Fed", deve manter um saldo mínimo em uma conta de reserva no Fed. O saldo exigido depende do total de depósitos dos clientes do banco. Os fundos na conta de reserva do banco são chamados de **fundos federais** ou *fundos do Fed*. Algumas vezes, alguns bancos têm mais fundos do que o montante exigido pelo Fed. Outros bancos, principalmente os grandes bancos de Nova York e de outros centros financeiros, tendem a ter deficiência de fundos federais. No mercado de fundos federais, os bancos com excesso de fundos emprestam àqueles com deficiência de fundos. Esses empréstimos, que normalmente são transações *overnight*, são providenciados por uma taxa de juros denominada *taxa dos fundos federais*.

Embora o mercado de fundos federais tenha surgido primordialmente para possibilitar que os bancos transfiram saldos para atender a exigências de reserva, hoje esse mercado evoluiu a ponto de vários grandes bancos usarem os fundos federais de maneira direta como um componente de todas as suas fontes de financiamento. Por isso, a taxa dos fundos federais é simplesmente a taxa de juros sobre empréstimos de curtíssimo prazo entre instituições financeiras. Ainda que a maioria dos investidores não possa participar desse mercado, a taxa dos fundos federais atrai grande interesse como um dos principais barômetros da política monetária.

Opções de compra de corretores

As pessoas que compram ações na margem tomam emprestada parte dos fundos para pagar pelas ações de seu corretor. O corretor, por sua vez, pode tomar emprestados os fundos de um banco, concordando em pagar o banco imediatamente (sobreaviso), se o banco assim solicitar. A taxa paga sobre esses empréstimos em geral é 1 ponto percentual mais alta do que a taxa sobre as letras de curto prazo do Tesouro.

Mercado Libor

A **London Interbank Offered Rate (Libor)** é a taxa pela qual os grandes bancos em Londres estão dispostos a emprestar dinheiro entre si. Essa taxa, que é cotada em empréstimos denominados em dólar, tornou-se a principal taxa de juros de curto prazo cotada no mercado monetário europeu e serve de taxa de referência para uma série de transações. Por exemplo, uma empresa de grande porte pode tomar empréstimos por uma taxa equivalente à Libor, acrescida de 2%.

As taxas de juros Libor podem estar vinculadas a outras moedas além do dólar americano. Por exemplo, as taxas Libor são amplamente cotadas para transações denominadas em libra esterlina, iene, euro etc. Existe também uma taxa semelhante, denominada Euribor (European Interbank Offered Rate) pela qual os bancos na zona do euro estão dispostos a emprestar euros entre si.

A Libor é uma taxa de referência fundamental no mercado monetário e vários trilhões de dólares de empréstimos e ativos derivativos estão associados a ela. Por isso, o escândalo de 2012 envolvendo a fixação da Libor abalou profundamente esses mercados. O quadro a seguir aborda esses eventos.

Rendimentos em instrumentos do mercado monetário

Embora a maioria dos títulos do mercado monetário seja de baixo risco, eles não são completamente isentos de risco. Os títulos do mercado monetário prometem rendimentos mais altos do que os rendimentos oferecidos pelas letras do Tesouro livres de inadimplência por causa, ao menos em parte, de seu maior risco relativo. Além disso, vários investidores exigem maior liquidez e, por isso, aceitarão rendimentos mais baixos sobre os títulos – por exemplo, as letras do Tesouro – que podem ser vendidos mais rapidamente e mais barato em dinheiro. A Figura 2.2 mostra que os CDs bancários, por exemplo, pagaram sistematicamente um prêmio de risco sobre as letras do Tesouro. Além disso, esse prêmio aumentou com crises econômicas como os choques de preços de energia associados com distúrbios da Organização dos Países Exportadores de Petróleo (Organization of Petroleum Exporting Countries – Opec), a falência do Penn Square Bank, a quebra da bolsa em 1987, o colapso da Long Term Capital Management em 1998 e a crise financeira resultante do desmoronamento do mercado de hipotecas *subprime* principiado em 2007. Se você examinar novamente a Figura 1.1, no Capítulo 1, verá que o *spread* TED, diferença entre a Libor e a taxa das letras do Tesouro, também atingiu o pico durante períodos de tensão financeira.

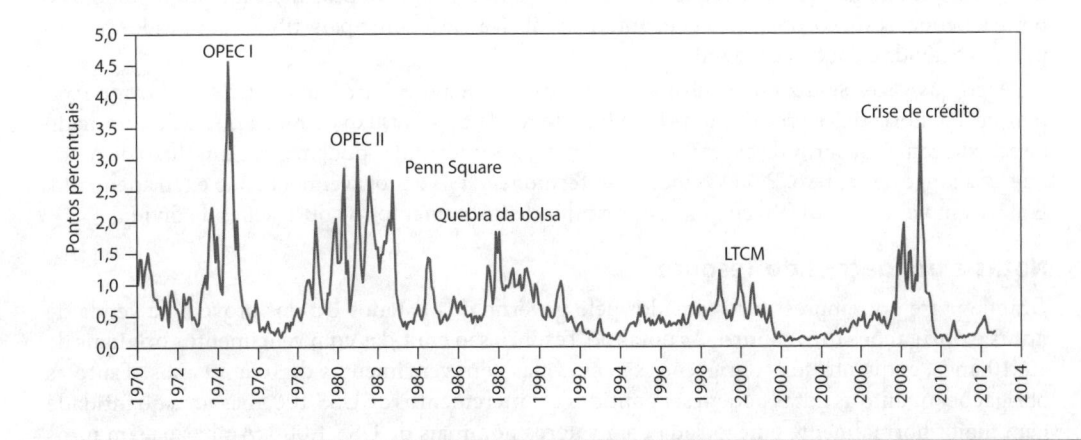

FIGURA 2.2 *Spread* entre taxas de CD de três meses e letras do Tesouro

DESTAQUE DA REALIDADE

ESCÂNDALOS DA LIBOR

A princípio, a Libor foi criada como um levantamento de taxas de empréstimo interbancário, mas logo se tornou um determinante fundamental de taxas de juros de curto prazo com relevância de amplo alcance. Em torno de US$ 350 trilhões de contratos de derivativos têm *payoffs* associados à Libor e talvez US$ 400 trilhões de empréstimos e obrigações com taxas de juros flutuantes vinculadas à Libor estejam em circulação atualmente. A Libor é cotada para empréstimos em várias moedas – por exemplo, dólar, iene e libra esterlina – e para vencimentos que variam de um dia a um ano, embora o de três meses seja o mais comum.

Entretanto, a Libor não é a taxa utilizada nas transações reais; na verdade, ela é apenas um levantamento de taxas de "empréstimo" estimadas, e isso a tornou vulnerável à adulteração. Vários grandes bancos são solicitados a divulgar a taxa pela qual eles acreditam que podem tomar emprestado no mercado interbancário. Os valores extremos são eliminados da amostra de respostas e a Libor é calculada como média das estimativas intermediárias.

Com o passar do tempo, vários problemas vieram à tona. Primeiro, parecia que os bancos subestimavam as taxas pelas quais eles alegavam poder tomar empréstimos a fim de passar a impressão de que eram mais fortes financeiramente. Outros levantamentos que solicitavam estimativas das taxas pelas quais outros bancos podiam tomar empréstimos apresentavam valores mais altos. Além disso, a Libor não parecia refletir as condições atuais do mercado. A maioria das submissões da Libor não mudava de um dia para outro mesmo quando outras taxas de juros flutuavam e seus *spreads* apresentavam uma correlação surpreendentemente baixa com outras medidas de risco de crédito, como os *spreads* de *swaps* de risco de incumprimento. Pior do que isso, assim que o mercado começou a ser minuciosamente investigado, veio à tona que havia um conluio entre os bancos participantes para manipular as submissões da Libor e melhorar seus lucros sobre negociações de derivativos. Os negociadores utilizavam *e-mails* e mensagens instantâneas para dizer uns aos outros que queriam ver submissões mais altas ou mais baixas. Os membros desse cartel informal basicamente definiam um "banco de favores" para ajudar uns aos outros a elevar ou abaixar a média do levantamento dependendo de suas posições de negociação.

Até o momento, foram pagos em torno de US$ 2,5 bilhões em multa: O Banco Real da Escócia pagou US$ 612 milhões, o Barclays, US$ 450 milhões, e o UBS, US$ 1,5 milhão. Outros bancos continuam sendo investigados. Mas as multas do governo podem ser apenas a ponta do *iceberg*. Processos judiciais privados com certeza surgirão, visto que qualquer pessoa que negocie com esses bancos um derivativo atrelado à Libor ou qualquer pessoa que tenha participado de um empréstimo com uma taxa de juros atrelada à Libor pode alegar ter sido prejudicada.

Várias reformas foram propostas. A Associação de Bancos Britânicos, que até recentemente realizava o levantamento da Libor, transferiu a responsabilidade pela Libor aos reguladores britânicos. Outras propostas são aumentar o número de submissões para dificultar o conluio e eliminar a Libor em moedas menos ativas e em vencimentos em que o conluio é mais fácil. Propostas mais significativas substituiriam a taxa do levantamento por uma taxa baseada em transações reais e confirmáveis – isto é, empréstimos reais entre os bancos.

Os fundos do mercado monetário são fundos mútuos que investem em instrumentos do mercado monetário e que se tornaram fontes importantes de financiamento para esse setor. O quadro subsequente discute os efeitos adversos da crise de crédito de 2008 sobre esses fundos.

2.2 Mercado de obrigações

O mercado de obrigações é composto de instrumentos de empréstimo ou dívida de prazo mais longo do que aqueles que são negociados no mercado monetário. Esse mercado abrange notas e obrigações do Tesouro, obrigações corporativas, obrigações municipais, títulos garantidos por hipotecas e dívida de agência federal.

Algumas vezes se diz que esses instrumentos englobam o *mercado de capitais de renda fixa*, porque a maioria deles promete um fluxo fixo de renda ou um fluxo de renda que é determinado de acordo com uma fórmula específica. Na prática, essas fórmulas podem gerar um fluxo de renda que está longe de ser fixo. Por esse motivo, o termo *renda fixa* provavelmente não é tão adequado. É mais simples e mais direto chamar esses títulos de instrumentos ou obrigações de dívida.

Notas e obrigações do Tesouro

Grande parte dos empréstimos tomados pelo governo dos Estados Unidos provém da venda de **notas e obrigações do Tesouro**. As notas do Tesouro são emitidas com vencimentos originais de até 10 anos, enquanto suas obrigações são emitidas com vencimentos de 10 a 30 anos. Tanto as obrigações quanto as notas podem ser emitidas em incrementos de US$ 100, mas uma quantidade bem maior normalmente é negociada com valores nominais de US$ 1.000. Ambas pagam juros

DESTAQUE DA REALIDADE

FUNDOS DO MERCADO MONETÁRIO E A CRISE DE CRÉDITO DE 2008

Os fundos do mercado monetário são fundos mútuos que investem nos instrumentos de dívida de curto prazo existentes nesse mercado. Em 2013, esses fundos tinham um total de investimentos de US$ 2,6 trilhões. Eles são obrigados a manter apenas dívida de curto prazo da mais alta qualidade: o vencimento médio de seus títulos deve ser inferior a três meses. Seus maiores investimentos tendem a ser em *commercial paper*, mas eles também mantêm uma porcentagem considerável de certificados de depósito, acordos de recompra e títulos do Tesouro em suas carteiras. Em virtude desse perfil de investimento extremamente conservador, em geral os fundos do mercado monetário enfrentam um risco de preço bastante baixo. Os investidores, por sua vez, normalmente adquirem privilégios de emissão de cheques com seus fundos e com frequência os utilizam como um substituto próximo a uma conta bancária. Isso é viável porque esses fundos quase sempre mantêm o valor das ações em US$ 1 e todo o lucro do investimento é passado para seus investidores como taxa de juros.

Até 2008, apenas um fundo havia, como se costuma dizer, "quebrado o dólar" (*break the buck*), isto é, havia sofrido perdas grandes o suficiente para forçar o valor por ação a cair para um valor abaixo de US$ 1. Porém, quando o Lehman Brothers entrou com pedido de proteção contra falência em 15 de setembro de 2008, vários fundos que haviam investido pesadamente em seus *commercial papers* sofreram grandes prejuízos. No dia seguinte, o Reserve Primary Fund, o mais antigo fundo do mercado monetário, "quebrou o dólar" quando seu valor por ação caiu para apenas US$ 0,97.

A constatação de que os fundos do mercado monetário estavam em risco na crise de crédito gerou uma onda de resgates entre os investidores semelhante a uma corrida a um banco. Apenas três dias após a falência do Lehman, o Putnam Prime Money Market Fund anunciou que estava fechando as portas em virtude da grande quantidade de resgates. Temendo outros escoamentos, o Tesouro dos Estados Unidos anunciou que disponibilizaria seguros federais para os fundos do mercado monetário dispostos a pagar uma taxa de seguro. Esse programa seria portanto semelhante ao seguro bancário da FDIC. Com o seguro federal em vigor, os escoamentos foram mitigados.

Entretanto, a confusão nos fundos do mercado monetário de Wall Street já havia transbordado para "Main Street" (cidadãos comuns). Temendo o resgate entre os investidores, os fundos do mercado monetário ficaram com receio de se comprometer com fundos até mesmo por curtos períodos e a demanda por *commercial paper* efetivamente secou. Empresas de todos os setores da economia haviam se tornado dependentes desses mercados como principal fonte de financiamento de curto prazo para bancar despesas diversas, de salários a estoques. Outro desmoronamento no mercado monetário teria provocado um efeito paralisante imediato na economia em geral. Para acabar com o pânico e estabilizar os mercados monetários, o governo federal decidiu garantir investimentos nos fundos do mercado monetário. Essa garantia na verdade acalmou os investidores e acabou com a onda de resgates, mas isso fez com que o governo ficasse atrelado a um possível passivo de US$ 3 trilhões – os ativos mantidos nos fundos do mercado monetário na época.

Para evitar outra crise desse tipo, posteriormente a SEC propôs que os fundos do mercado monetário fossem proibidos de "arredondar" o valor por ação para US$ 1 e forçados a reconhecer mudanças diárias no valor. De outro modo, os fundos que desejassem manter o valor da ação em US$ 1 seriam obrigados a manter reservas contra possíveis prejuízos de investimento. Contudo, o setor de fundos mútuos tentou combater veementemente essas reformas, defendendo que seus clientes exigiam preços de ação estáveis e que as exigências de capital propostas seriam tão suntuosas que o setor deixaria de ser viável. Diante dessa oposição, em 2012 os comissários da SEC votaram contra essas reformas, mas elas ganharam vida nova quando o Conselho de Supervisão de Estabilidade Financeira se predispôs a apoiá-las. Ainda é muito cedo para prever a resolução final desse debate.

---

semestrais denominados *pagamentos de cupom*, assim chamados porque, antes do advento dos computadores, os investidores costumavam literalmente prender um cupom à obrigação e apresentá-los para receber o pagamento dos juros.

A Figura 2.3 é uma listagem de emissões do Tesouro. Observe que a nota realçada vence em novembro de 2015. Seu preço de compra é 113,5078. (Essa é a versão decimal de $113^{65/128}$. O *tick* mínimo, ou incremento de preço na lista do *Wall Street Journal*, geralmente é 1/128 de um ponto.) Embora normalmente as obrigações sejam negociadas pelo valor nominal de US$ 1.000, os preços são cotados como porcentagem do valor nominal. Portanto, o preço de compra deve ser interpretado como 133,5078% do valor nominal ou US$ 1.135,078 para a obrigação com valor nominal de US$ 1.000. De modo semelhante, o preço de venda pelo qual a obrigação poderia ser vendida a um distribuidor é 113,5391% do valor nominal ou US$ 1.135,391. A variação de –0,0859 significa que o preço de fechamento desse dia caiu 0,0859% do valor nominal (equivalentemente, 11/128 de um ponto) em relação ao fechamento do dia anterior. Concluindo, o rendimento até o vencimento com base no preço de venda é 0,398%.

Para calcular o **rendimento até o vencimento** divulgado nas páginas das publicações financeiras, determina-se o rendimento semestral, que é então dobrado em vez de composto para dois semestres. A utilização da técnica de juros simples para anualizar significa que o rendimento é cotado com base na taxa percentual anual (*annual percentage rate* – APR), e não no rendimento anual efetivo. O método de APR nesse contexto também é chamado de *rendimento equivalente ao das obrigações*. Na Parte Quatro, analisamos mais detalhadamente o rendimento até o vencimento.

FIGURA 2.3
Listagem de obrigações e notas do Tesouro

Listagem de obrigações e notas do Tesouro					
Vencimento	Cupom	Oferta de compra	Oferta de venda	Variação	Rendimento sobre venda
15 nov. 2013	4.250	105,3281	105,3438	-0,0078	0,212
15 nov. 2015	4,500	113,5078	113,5391	-0,0859	0,398
15 fev. 2018	3.500	115,0703	115.1172	-0,1406	0,729
15 fev. 2020	8,500	154,3906	154,4375	-0,2734	1,107
15 ago. 2025	6,875	158,6797	158,7578	-0,6641	1,809
15 maio 2030	6,250	161,1094	161,1875	-0,8906	2,113
15 fev. 2036	4,500	138,0469	138,1250	-0,9375	2,378
15 maio 2042	3,000	108,2969	108,3594	-0,9297	2,596

Fonte: Compilada de dados obtidos no *The Wall Street Journal Online*, 17 de julho de 2012.

> **REVISÃO DE CONCEITOS 2.1**
>
> Qual é o preço de compra, o preço de venda e o rendimento até o vencimento da obrigação do Tesouro de 4,5%, de fevereiro de 2036, mostrada na Figura 2.3? Qual foi o preço de venda no dia anterior?

Obrigações do Tesouro protegidas contra a inflação

O melhor lugar para começar a construir uma carteira de investimentos é na extremidade menos arriscada do espectro. No mundo inteiro, governos de vários países, incluindo o dos Estados Unidos, emitiram obrigações que estão vinculadas a um índice de custo de vida com o objetivo de oferecer a seus cidadãos uma proteção eficaz contra o risco de inflação.

Nos Estados Unidos, as obrigações do Tesouro protegidas contra a inflação são chamadas de *TIPS* (*Treasury inflation protected securities* – títulos do Tesouro protegidos contra a inflação). Nessas obrigações, o principal é ajustado proporcionalmente ao aumento no índice de preço ao consumidor. Desse modo, elas oferecem um fluxo constante de renda em dólares reais (ajustados à inflação). Os rendimentos sobre esses títulos não devem ser interpretados como taxas de juros reais ou ajustadas à inflação. Falaremos mais detalhadamente sobre os TIPS no Capítulo 14.

Dívida de agência federal

Algumas agências emitem títulos próprios para financiar suas atividades. Normalmente, essas agências são formadas para canalizar o crédito para um setor específico da economia que o Congresso acredita que não esteja recebendo crédito adequado por meio das fontes privadas habituais.

As principais agências de hipoteca são o Banco Federal de Hipotecas Residenciais (Federal Home Loan Bank – FHLB), a Associação Hipotecária Federal (Fannie Mae ou Federal National Mortgage Association – FNMA), a Associação Nacional Hipotecária do Governo (Ginnie Mae ou Government National Mortgage Association – GNMA) e a Corporação Federal de Hipotecas Residenciais (Freddie Mac ou Federal Home Loan Mortgage Corporation – FHLMC). O FHLB contrai empréstimos emitindo títulos e empresta esse dinheiro a instituições de poupança e empréstimo, que, por sua vez, o destinam a empréstimos hipotecários individuais.

Embora as dívidas das agências federais nunca tenham sido garantidas explicitamente pelo governo federal, há muito tempo se presume que o governo ajudaria uma agência à beira de inadimplência. Essa confiança foi confirmada quando a Fannie Mae e Freddie de fato enfrentaram graves adversidades financeiras em setembro de 2008. Quando ambas estavam à beira de insolvência, o governo interferiu e as colocou sob intervenção, determinando que a Agência Federal de Financiamento Hipotecário passaria a administrá-las, mas de fato concordou em honrar as obrigações.

Obrigações internacionais

Muitas empresas tomam empréstimos no exterior e vários investidores compram obrigações de emissores estrangeiros. Além dos mercados de capitais nacionais, existe um próspero mercado de capitais internacional, centrado principalmente em Londres.

Euro-obrigação é uma obrigação com denominação em uma moeda diferente daquela do país em que é emitida. Por exemplo, uma obrigação denominada em dólar e vendida na Grã-Bretanha seria chamada de *obrigação em eurodólar*. De modo semelhante, os investidores podem chamar as obrigações denominadas em iene e vendidas fora do Japão de obrigações em euroiene. Como a moeda europeia é chamada de *euro*, o termo *euro-obrigação* pode ser confuso. É melhor chamar essas obrigações simplesmente de obrigações internacionais.

Ao contrário das obrigações que são emitidas em moeda estrangeira, muitas empresas emitem obrigações em outros países, porém na moeda do investidor. Por exemplo, uma obrigação ianque é uma obrigação denominada em dólar vendida nos Estados Unidos por um emissor não americano. De maneira semelhante, as obrigações samurai são obrigações denominadas em iene vendidas no Japão por emissores não japoneses.

Obrigações municipais

As **obrigações municipais** (*munis*) são emitidas por governos estaduais e municipais. Elas são semelhantes às obrigações corporativas e do Tesouro, mas a renda de juros é isenta de imposto de renda federal. Normalmente, a renda de juros também é isenta de tributação estadual e municipal no estado emissor. Entretanto, é necessário pagar impostos sobre ganhos de capital nas obrigações municipais quando elas vencem ou são vendidas por um preço de compra superior ao do investidor.

As *obrigações de dívida geral* são garantidas por "prestígio e solvência" (isto é, poder tributário) do emissor, ao passo que as *obrigações de receita* são emitidas para financiar determinados projetos e são garantidas pelas receitas desse projeto ou pela agência municipal específica que executa o projeto. Os emissores usuais de obrigações de receita são aeroportos, hospitais e administradoras de pedágio ou portos. Obviamente, essas obrigações são mais arriscadas em termos de inadimplência do que as obrigações de dívida geral. A Figura 2.4 mostra um gráfico com quantias em circulação de ambos os tipos de título municipal.

A *obrigação para desenvolvimento industrial* é uma obrigação de receita emitida para financiar empreendimentos comerciais, como a construção de uma fábrica que pode ser operada por uma empresa privada. Em vigor, esse dispositivo oferece à empresa acesso à capacidade do município de tomar empréstimos por taxas isentas de imposto, e o governo federal restringe o valor de emissão desse tipo de obrigação.[2]

Assim como as obrigações do Tesouro, o vencimento das obrigações municipais varia amplamente. Boa parte da dívida emitida é em *notas de antecipação de impostos* de curto prazo que levantam fundos para pagar despesas antes da arrecadação real de impostos. Outras dívidas municipais podem ser de longo prazo e usadas para financiar grandes investimentos de capital. Os vencimentos giram em torno de 30 anos.

A principal característica das obrigações municipais é a isenção de impostos. Como os investidores não pagam impostos federais nem estaduais, eles se predispõem a aceitar rendimentos mais baixos nesses títulos.

Um investidor que esteja escolhendo entre obrigações tributáveis e isentas de impostos precisa comparar os retornos após os impostos de ambas. Uma comparação exata exige o cálculo das taxas de retorno após a tributação com o reconhecimento explícito dos impostos sobre a renda e os ganhos de capital realizados. Na prática, existe uma regra empírica mais simples. Se t denotar a taxa marginal de imposto federal mais municipal do investidor e r denotar a taxa de retorno total antes dos impostos disponível sobre obrigações tributáveis, então $r(1-t)$ será a taxa após os impostos disponível sobre esses títulos.[3] Se esse valor ultrapassar a taxa sobre obrigações municipais, r_m, será melhor o investidor manter obrigações tributáveis. Do contrário, as obrigações municipais isentas oferecerão retornos maiores após os impostos. Uma alternativa para comparar obrigações é determinar a taxa de juros sobre obrigações tributáveis que seria necessária para oferecer um retorno após os impostos igual ao das municipais. Par obter esse valor, estabelecemos rendimentos

---

[2] Entretanto, uma advertência. Embora os juros sobre obrigações para desenvolvimento industrial normalmente sejam isentos de impostos federais, eles podem estar sujeitos a um imposto mínimo alternativo se as essas obrigações forem usadas para financiar projetos de empresas com fins lucrativos.

[3] Uma aproximação da alíquota de imposto federal mais municipal é simplesmente a soma das duas taxas. Por exemplo, se sua alíquota de imposto federal for de 28% e sua taxa estadual for de 5%, sua alíquota de imposto somada seria de aproximadamente 33%. Uma abordagem mais precisa reconheceria que os impostos estaduais são dedutíveis em nível federal. Devemos impostos federais apenas sobre a renda líquida de impostos estaduais. Portanto, para cada dólar de renda, nossos rendimentos após os impostos seriam de $(1 - t_{federal}) \times (1 - t_{estadual})$. Em nosso exemplo, nossos rendimentos após os impostos para cada dólar ganho seriam de $(1 - 0,28) \times (1 - 0,05) = 0,684$, o que significa uma alíquota de imposto combinada de $1 - 0,684 = 0,316$ ou 31,6%.

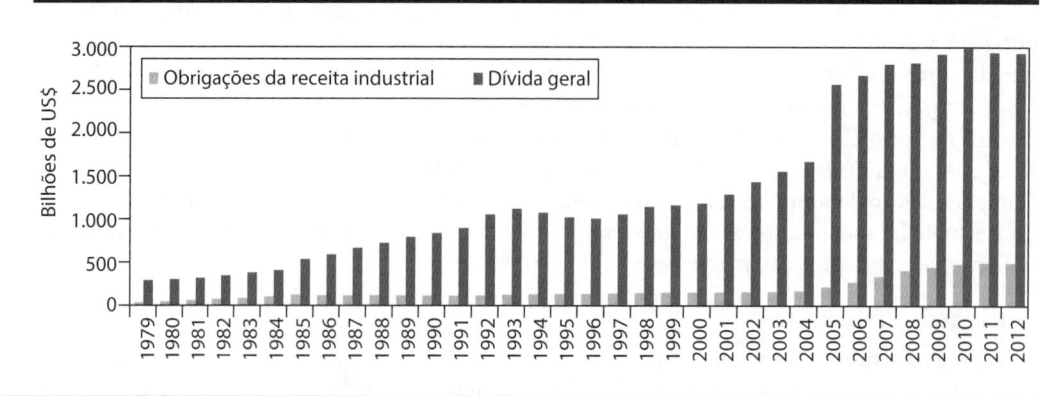

FIGURA 2.4 Dívida em circulação isenta de impostos

Fonte: Flow of Funds Accounts of the United States, Conselho de Governadores do Federal Reserve System, junho de 2012.

após os impostos iguais e encontramos o **rendimento tributável equivalente** da obrigação isenta de impostos. Essa é a taxa que uma obrigação tributável precisa oferecer para corresponder ao rendimento após os impostos sobre a obrigação municipal isenta de impostos.

$$r(1-t) = r_m \tag{2.1}$$

ou

$$r = r_m / (1-t) \tag{2.2}$$

Portanto, o rendimento tributável equivalente é simplesmente a taxa isenta de impostos dividida por $1 - t$. A Tabela 2.2 apresenta rendimentos tributáveis equivalentes para vários rendimentos e alíquotas de impostos municipais.

Essa tabela aparece com frequência em publicações sobre negociação de fundos mútuos de obrigações isentos de impostos porque ela demonstra aos investidores que estão na faixa de alíquota mais alta que as obrigações municipais oferecem rendimentos tributáveis equivalentes muito atraentes. Toda entrada é calculada com a Equação 2.2. Se o rendimento tributável equivalente ultrapassar os rendimentos reais oferecidos sobre obrigações tributáveis, após o pagamento dos impostos o investidor se sairá melhor mantendo obrigações municipais após os impostos. A taxa de juros tributável equivalente aumenta de acordo com a faixa de imposto em que o investidor se encontra; quanto mais alta a faixa, mais importante o atributo de isenção de impostos das obrigações municipais. Portanto, os indivíduos com alíquota alta tendem a manter obrigações municipais.

Além disso, podemos utilizar a Equação 2.1 ou 2.2 para identificar a faixa de alíquota em que os investidores ficam em uma posição neutra em relação a obrigações tributáveis e isentas. A alíquota de corte é obtida com a Equação 2.1 para a faixa de imposto em que os rendimentos após impostos são iguais. Desse modo, encontramos

$$t = 1 - \frac{r_m}{r} \tag{2.3}$$

Portanto, a relação de rendimento r_m/r é um determinante fundamental da atratividade das obrigações municipais. Quanto maior a relação de rendimento, menor será a alíquota de corte e mais os indivíduos preferirão manter dívidas municipais. A Figura 2.5 representa graficamente a relação entre rendimentos de dívidas municipais de 20 anos e dívidas corporativas Baa. O risco de inadimplência

TABELA 2.2 Rendimentos tributáveis equivalentes para vários rendimentos isentos de impostos

	Rendimentos isentos de impostos (%)				
Alíquota de imposto marginal (%)	1	2	3	4	5
20	1,25	2,50	3,75	5,00	6,25
30	1,43	2,86	4,29	5,71	7,14
40	1,67	3,33	5,00	6,67	8,33
50	2,00	4,00	6,00	8,00	10,00

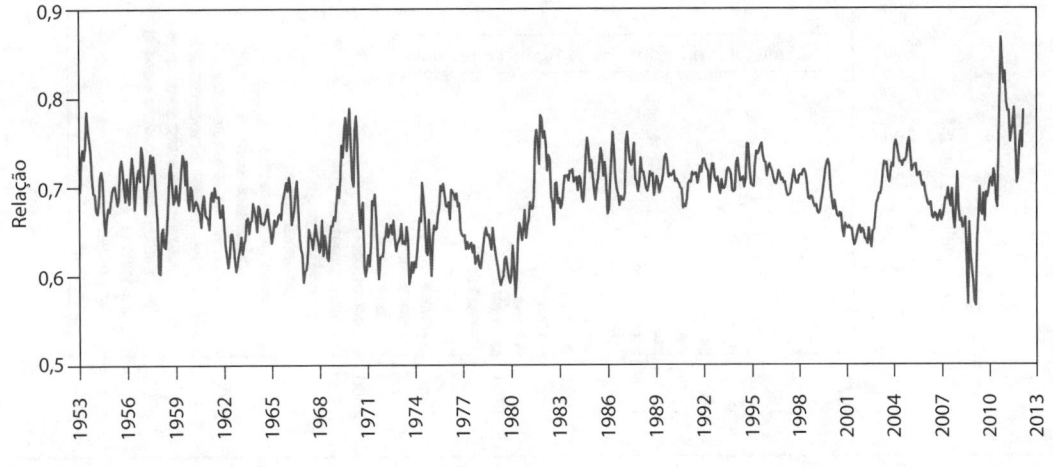

FIGURA 2.5 Relação de rendimentos de dívidas municipais e dívidas corporativas Baa

Fonte: Cálculos dos autores utilizando dados de www.federalreserve.gov/releases/h15/data.htm.

dessas obrigações corporativas e municipais pode ser comparável, mas certamente flutuará com o tempo. Por exemplo, a acentuada elevação dessa relação em 2011 provavelmente reflete a maior preocupação da época com as condições financeiras precárias dos estados e municípios.

Obrigações corporativas

As obrigações corporativas são o meio pelo as empresas privadas tomam dinheiro emprestado do público. Essas obrigações estão estruturadas de forma muito semelhante às emissões do Tesouro – normalmente elas pagam cupons semestrais ao longo de sua existência e devolvem o valor nominal ao obrigacionista no vencimento. A diferença mais marcante em relação às obrigações do Tesouro refere-se ao grau de risco.

O risco de inadimplência é um fator real a ser considerado na compra de obrigações corporativas. Abordamos detalhadamente essa questão no Capítulo 14. Por enquanto, distinguimos apenas as *obrigações asseguradas*, que têm uma garantia específica para o caso de falência de uma empresa, as obrigações não asseguradas, chamadas de *debêntures*, que também não têm nenhuma garantia, e as *debêntures subordinadas*, que têm menos direito de prioridade sobre os ativos da empresa no caso de falência.

> **REVISÃO DE CONCEITOS 2.2**
>
> Suponhamos que sua alíquota de imposto fosse 30%. Você preferiria obter um retorno tributável de 6% ou um rendimento isento de 4%? Qual seria o rendimento tributável equivalente do rendimento tributável isento de 4%?

Algumas vezes as obrigações corporativas vêm com opções anexadas. As *obrigações resgatáveis* oferecem às empresas a opção de readquirir a obrigação do portador por um preço de resgate estipulado. As *obrigações conversíveis* oferecem ao obrigacionista a opção de converter cada obrigação em um número estipulado de ações. Essas opções são analisadas mais detalhadamente no Capítulo 14.

Hipotecas e títulos garantidos por hipotecas

Em vista do aumento repentino na quantidade de títulos garantidos por hipotecas, praticamente qualquer pessoa pode investir em uma carteira de empréstimos hipotecários, e esses títulos tornaram-se um

> **EXEMPLO 2.1 || Rendimentos tributáveis *versus* isentos de impostos**
>
> A Figura 2.5 mostra que nos últimos anos a relação entre rendimentos isentos e tributáveis flutuou em torno de 0,70. O que isso diz sobre a alíquota de corte acima da qual as obrigações isentas oferecem maiores rendimentos após os impostos? A Equação 2.3 mostra que um investidor cuja alíquota somada (federal mais local) excede 1 – 0,70 = 0,30 ou 30% deduzirá maior rendimento após os impostos das obrigações municipais. Observe, entretanto, que é difícil controlar precisamente as diferenças de risco dessas obrigações. Portanto, a alíquota de corte deve ser considerada aproximada.

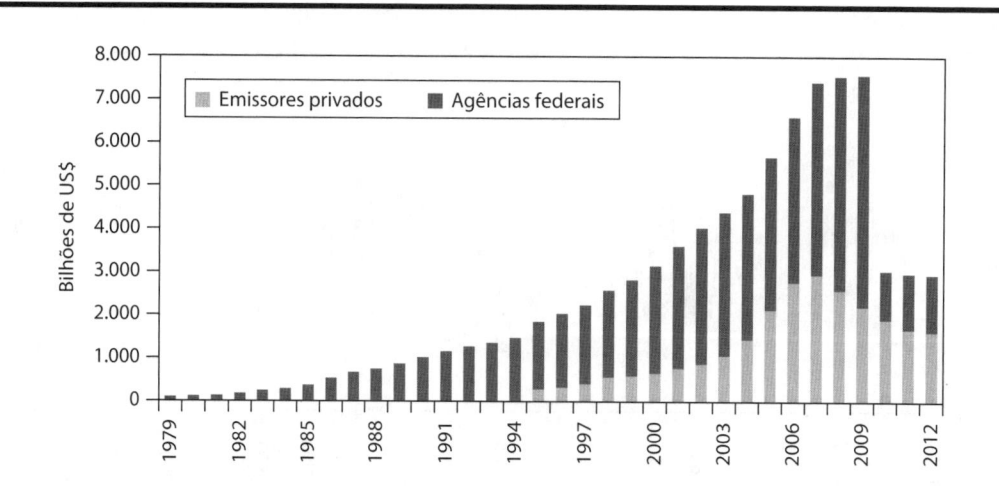

FIGURA 2.6
Títulos garantidos por hipotecas em circulação

Fonte: Flow of Funds Accounts of the United States, Conselho de Governadores do Federal Reserve System, junho de 2012.

componente importante do mercado de renda fixa. Tal como descrito no Capítulo 1, um *título garantido por hipoteca* é um direito de propriedade em um *pool* de hipotecas ou uma obrigação assegurada por esse *pool*. Além disso, a maioria dos títulos com lastro em hipoteca englobava *hipotecas conformes*, o que significa que os empréstimos tinham de obedecer a determinados parâmetros de subscrição (normas para a capacidade creditícia do tomador) para que pudessem ser comprados pela Fannie Mae ou Freddie Mac. Entretanto, nos anos que precederam a crise financeira, uma grande quantidade de *hipotecas subprime*, isto é, empréstimos mais arriscados criados para tomadores financeiramente mais fracos, era agrupada e vendida por emissores de "marca privada". A Figura 2.6 mostra o crescimento explosivo de títulos garantidos por hipotecas tanto de agências quanto de marca privada, pelo menos até a crise.

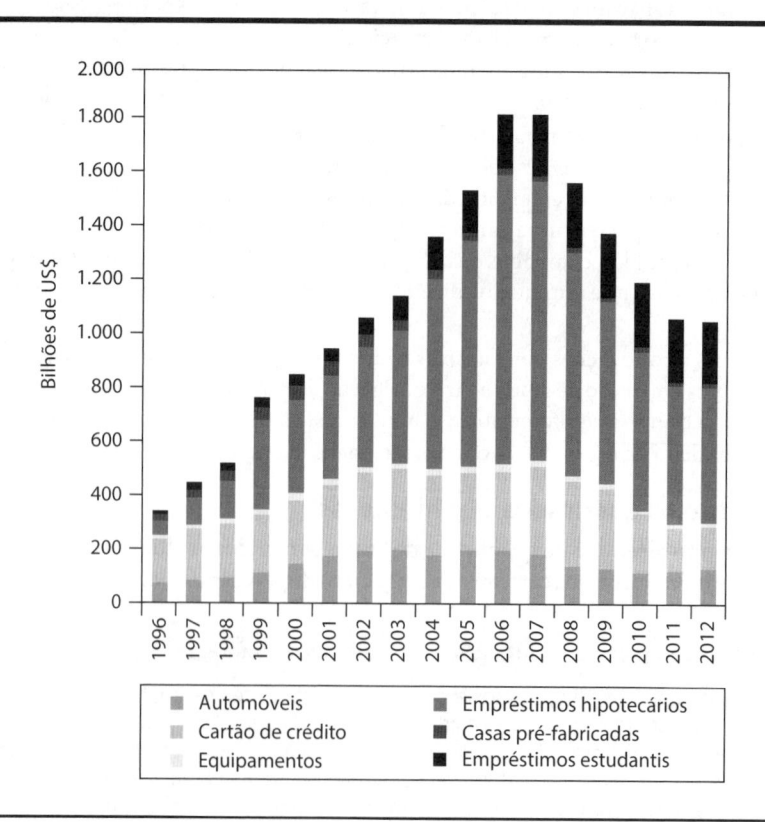

FIGURA 2.7
Títulos garantidos por ativos em circulação

Fonte: Associação do Setor de Títulos e Mercados Financeiros, www.sifma.org.

Em uma iniciativa para tornar a moradia mais acessível a famílias de baixa renda, a Fannie e Freddie foram estimuladas a comprar títulos de hipoteca *subprime*. Como vimos no Capítulo 1, esses empréstimos revelaram-se desastrosos, com um prejuízo de trilhões de dólares distribuídos entre bancos, fundos de *hedge* e outros investidores, bem como a Freddie e Fannie, que perderam bilhões de dólares nas hipotecas *subprime* que haviam comprado. Você pode ver na Figura 2.6 que, a partir de 2007, o mercado de *pass-through* hipotecário de marca privada começou a encolher rapidamente. Os *pass-throughs das* agências encolheram ainda mais abruptamente após um acordo para que a Freddie e Fannie diminuíssem o ritmo de compra de hipotecas para novos *pass-throughs*. Ao mesmo tempo, os *pass-throughs* diminuíram quando os empréstimos saudáveis foram liquidados e os empréstimos com parcelas em atraso foram removidos dos *pools* em circulação.

Apesar desses problemas, poucos acreditam que a securitização em si cessará, embora seja certo que as práticas nesse mercado serão bem mais conservadoras do que em anos anteriores, particularmente com respeito às normas de crédito que devem ser respeitadas pelo tomador de empréstimo final. Aliás, a securitização tem se tornado um componente básico cada vez mais comum de vários mercados de crédito. Por exemplo, hoje é comum os empréstimos de automóveis, estudantis, hipotecários e de cartão de crédito e mesmo as dívidas de empresas privadas serem agrupados em títulos *pass-through* que podem ser negociados no mercado de capitais. A Figura 2.7 documenta o rápido crescimento dos títulos garantidos por ativos não hipotecários. Esse mercado ampliou-se cinco vezes mais na década finalizada em 2007. Após a crise financeira, ele encolheu de maneira considerável porque os riscos percebidos nos empréstimos de cartão de crédito e hipotecários dispararam, mas o mercado garantido por ativos ainda é substancial.

2.3 Títulos de participação acionária

Ações ordinárias como participação acionária

As *ações ordinárias*, também conhecidas como *títulos de participação acionária* ou **ações**, representam a participação no capital de uma sociedade anônima. Cada ação dá aos detentores o direito de um voto em qualquer assunto de governança corporativa colocado em votação na assembleia anual da empresa e a uma cota nos benefícios financeiros de participação acionária.[4]

Uma sociedade anônima é controlada por um conselho de administração eleito pelos acionistas. Esse conselho, que se reúne apenas algumas vezes ao ano, escolhe os diretores que administrarão a empresa diariamente. Esses diretores têm autoridade para tomar a maioria das decisões empresariais sem a aprovação do conselho. A função do conselho é supervisionar a administração e assegurar que ela aja em prol dos interesses dos acionistas.

Os membros do conselho são eleitos na assembleia anual. Os acionistas que não participam da assembleia anual podem votar por *procuração*, autorizando um terceiro a votar em seu nome. Em geral a administração solicita a procuração dos acionistas e habitualmente obtém a vasta maioria desses votos por procuração. Desse modo, normalmente a administração tem muita liberdade para gerenciar a empresa da forma como acha mais adequado, sem a supervisão diária dos acionistas que de fato são proprietários da empresa.

Ressaltamos no Capítulo 1 que essa separação entre propriedade e controle pode dar origem a "problemas de agência", em que os diretores procuram metas que se desviam do que é melhor para os acionistas. Contudo, vários mecanismos foram criados para diminuir esses problemas de agência. Entre eles estão os esquemas de remuneração que vinculam o sucesso do diretor ao sucesso da empresa; a supervisão pelo conselho de administração e também por pessoas externas, como analistas de títulos, credores ou grandes investidores institucionais; a ameaça de disputa por procuração, em que os acionistas descontentes tentam substituir a equipe de administração atual; ou a ameaça de tomada de controle de outra empresa.

As ações ordinárias da maioria das grandes empresas podem ser compradas ou vendidas livremente em um ou mais dos mercados de ações. A empresa cujas ações são negociadas publicamente

---

[4] Algumas vezes, uma empresa emite duas classes de ações ordinárias, uma com direito a voto e outra sem esse direito. Em virtude dessa restrição de direito, as ações sem direito a voto são vendidas por preço inferior, refletindo a importância do controle.

é chamada de empresa de capital aberto. Na maior parte das empresas de capital fechado, os proprietários também podem assumir uma função ativa na administração. Portanto, as tomadas de controle não constituem um problema.

Características das ações ordinárias

As duas características mais importantes das ações ordinárias enquanto investimento são o **direito residual** e a **responsabilidade limitada**.

Direito residual significa que, entre todos os demais, os acionistas são os últimos a ter direito aos ativos e à renda da empresa. Em uma liquidação dos ativos da empresa, os acionistas têm direito ao que sobrar após o pagamento de todos os outros reclamantes, como autoridades fiscais, funcionários, fornecedores, obrigacionistas e outros credores. Em uma empresa em funcionamento, os acionistas têm direito à parte do lucro operacional restante, após o pagamento de juros e imposto de renda. A administração pode pagar esse residual como dividendos em dinheiro aos acionistas ou reinvestir na empresa para aumentar o valor das ações.

Responsabilidade limitada significa que o máximo que os acionistas podem perder no caso de falência da empresa é seu investimento original. Diferentemente dos proprietários de empresas não constituídas em sociedade, cujos credores podem reivindicar direitos aos ativos pessoais do proprietário (casas, carros e móveis), na pior das hipóteses os acionistas corporativos ficam com ações sem valor. Eles não são pessoalmente responsáveis pelas dívidas da empresa.

> **REVISÃO DE CONCEITOS 2.3**
>
> a. Se você comprar 100 ações da IBM, a que você tem direito?
>
> b. Qual o valor máximo de dinheiro que você pode ganhar durante o ano seguinte?
>
> c. Se você pagar US$ 180 por ação, qual o valor máximo de dinheiro que você pode perder ao longo do ano?

Listagens do mercado acionário

A Figura 2.8 apresenta dados de negociação importantes para uma pequena amostra de ações negociadas na Bolsa de Valores de Nova York (New York Stock Exchange – NYSE). A NYSE é um dos vários mercados nos quais os investidores podem comprar ou vender ações. Examinaremos detalhadamente esses mercados no Capítulo 3.

Para interpretar a Figura 2.8, considere a listagem da General Electric. Essa tabela apresenta o símbolo de cotação ou *ticker* (GE), o preço de fechamento da ação (US$ 19,72) e a respectiva variação (+ US$ 0,13) em relação ao dia anterior. Em torno de 45,3 milhões de ações da GE foram negociadas nesse dia. Essa tabela também apresenta o preço mais alto e mais baixo pelos quais as ações da GE foram negociadas nas últimas 52 semanas. O valor de 0,68 na coluna de dividendos significa que

NOME	SÍMBOLO	FECHAMENTO	VARIAÇÃO	VOLUME	MAIS ALTO 52 SEMANAS	MAIS BAIXO 52 SEMANAS	DIVIDENDOS	RENDIMENTO	P/E	VAR. % YTD
Game Stop Cl A	GME	16,74	0,17	1.584.470	26,66	16,36	0,60	3,58	6,80	−30,63
Gannett	GCI	14,65	−0,04	4.277.615	16,26	8,28	0,80	5,46	8,07	9,57
Gap	GPS	28,47	0,50	5.952.210	29,23	15,08	0,50	1,76	16,88	53,48
Gardner Denver	GDI	48,30	0,08	797.258	92,93	45,54	0,20	0,41	9,01	−37,32
Gartner	IT	45,71	−0,14	580.056	46,69	31,98	−	−	30,98	31,46
GasLog	GLOG	10,24	0,08	126.666	13,34	8,76	−	−	−	−17,49
GATX	GMT	38,76	0,27	226.825	45,50	28,90	1,20	3,10	15,19	−11,22
Gaylord Entertainment	GET	37,78	0,44	273.954	40,37	17,39	−	−	105,03	56,50
Gazit-Globe	GZT	9,30	−0,11	2.152	11,07	8,41	0,43	4,61	−	−1,59
GenCorp	GY	6,69	−0,01	321.785	7,27	3,74	−	−	93,96	25,75
Genco Shipping&Trading	GNK	2,79	0,04	355.441	10,14	2,72	−	−	...dd	−58,73
Generac Holdings	GNRC	22,21	−0,14	169.519	30,61	15,41	−	−	4,36	−20,76
General Cable	BGC	26,80	0,47	322.159	45,20	20,21	−	−	19,43	7,16
General Dynamics	GD	64,69	0,65	1.359.120	74,54	53,95	2,04	3,15	9,31	−2,59
General Electric	GE	19,72	0,13	45.307.178	21,00	14,02	0,68	3,45	16,01	10,11

FIGURA 2.8 Listagem de ações negociadas na Bolsa de Valores de Nova York

Fonte: Compilada de dados do *The Wall Street Journal Online*, 18 de julho de 2012.

o pagamento de dividendos do último trimestre foi de US$ 0,17 por ação, o que é coerente com os pagamentos de dividendos anuais de US$ 0,17 × 4 = US$ 0,68. Isso corresponde a um rendimento de dividendos (isto é, dividendos anuais por dólar pago por ação) de 0,68/19,72 = 0,0345 ou 3,45%.

O rendimento de dividendos é apenas parte do retorno sobre o investimento em ações. São ignorados prováveis **ganhos de capital** (isto é, aumentos de preço) ou perdas. Em empresas com baixo volume de dividendos, presumivelmente as ações oferecem ganhos de capital. Do contrário, os investidores não estariam dispostos a mantê-las em sua carteira. Se você examinar a Figura 2.8, verá que os rendimentos de dividendos variam amplamente entre as empresas.

O índice de P/E (*price/earnings*), ou **relação entre preço e lucro**, é a razão entre o preço atual das ações e os lucros do ano anterior. Esse índice informa quanto os compradores de ações devem pagar por dólar de lucro que a empresa gera para cada ação. No caso da GE, o índice de P/E é 16,01. Além disso, o índice de P/E varia muito entre as empresas. Nos casos em que o rendimento de dividendos e o índice de P/E não são divulgados na Figura 2.8, as empresas não têm dividendos ou têm lucro zero ou negativo. Examinaremos mais a fundo os índice de P/E no Capítulo 18. Concluindo, observamos que o preço das ações da GE aumentaram 10,11% desde o início do ano.

Ações preferenciais

As **ações preferenciais** têm características semelhantes às das ações ordinárias e dos títulos de dívida. Assim como uma obrigação, elas prometem pagar ao portador uma quantia fixa de renda ao ano. Nesse sentido, as ações preferenciais são similares a uma obrigação com vencimento ilimitado, isto é, uma perpetuidade, e também a uma obrigação que não oferece ao portador poder de voto com relação à administração da empresa. Entretanto, as ações preferenciais são um investimento de capital. A empresa tem liberdade para efetuar ou não pagamentos de dividendos aos acionistas preferenciais; ela não tem obrigação contratual de pagar esses dividendos. Na verdade, os dividendos preferenciais normalmente são *cumulativos*, isto é, os dividendos não pagos acumulam-se e devem ser pagos na íntegra antes que qualquer dividendo seja pago aos portadores de ações ordinárias. Em contraposição, a empresa tem a obrigação contratual de efetuar pagamentos de juros sobre a dívida. O não pagamento desses juros instaura processo de falência corporativa.

As ações preferenciais também diferem das obrigações com relação à abordagem tributária da empresa. Como os pagamentos das ações preferenciais são tratados como dividendos, e não como juros, eles não são despesas dedutíveis de impostos para a empresa. Essa desvantagem é até certo ponto contrabalançada pelo fato de as empresas poderem excluir 70% dos dividendos recebidos de empresas domésticas no cálculo de sua renda tributável. Portanto, as ações preferenciais são investimentos de renda fixa desejáveis para algumas empresas.

Embora as ações preferenciais fiquem atrás das obrigações com relação à prioridade de direito aos ativos da empresa em caso de falência corporativa, com frequência elas são vendidas com rendimentos inferiores aos das obrigações corporativas. Presumivelmente, isso reflete a importância da exclusão dos dividendos, porque o maior risco das ações preferenciais tenderia a gerar rendimentos mais altos do que os oferecidos pelas obrigações. Os investidores individuais, que não podem utilizar a exclusão fiscal de 70%, em geral consideram os rendimentos das ações preferenciais não atraentes quando comparados com os de outros ativos disponíveis.

As empresas emitem ações preferenciais em variações semelhantes às das obrigações corporativas. As ações preferenciais podem ser resgatadas pela empresa emissora, caso em que elas são chamadas de *resgatáveis*. Elas podem também ser convertidas em ações ordinárias por uma taxa de conversão especificada. Uma inovação relativamente recente são as ações preferenciais de taxa ajustável, as quais, do mesmo modo que as obrigações de taxa ajustável, vinculam a taxa de dividendos às taxas atuais de juros do mercado.

Recibos de depósito

Os recibos de depósito americanos (*American depository receipts* – ADRs) são certificados negociados nos mercados dos Estados Unidos que representam a propriedade de ações de uma empresa estrangeira. Cada ADR pode corresponder à posse de uma porcentagem de uma ação estrangeira, a uma ação ou a várias ações da empresa estrangeira. Esses recibos foram criados para tornar o cumprimento de exigências de registro de títulos dos Estados Unidos mais fácil para as empresas estrangeiras. Eles são a forma mais comum para os investidores americanos investirem e negociarem ações de empresas estrangeiras.

2.4 Índices do mercado de ações e de obrigações

Índices do mercado acionário

O desempenho diário do índice industrial Dow Jones (*Dow Jones industrial average* – DJIA) é um dos principais destaques do noticiário noturno. Embora esse índice seja a medida de desempenho mais conhecida do mercado acionário, é apenas um dos vários indicadores existentes. Outros índices com base mais ampla são calculados e publicados diariamente. Além disso, existem inúmeros índices de desempenho do mercado de obrigações.

O papel cada vez maior do comércio e dos investimentos internacionais transformou os índices dos mercados financeiros estrangeiros parte do noticiário geral. Por isso, os índices de bolsas de valores do exterior, como o índice Nikkei de Tóquio ou o índice Financial Times de Londres tornaram-se nomes muito conhecidos.

Índices Dow Jones

O índice industrial Dow Jones (DJIA) de 30 grandes empresas "*blue chip*" (que possuem títulos ou ações de primeira linha) é calculado desde 1896. É provável que sua longa história explique sua proeminência junto ao público. (Esse índice cobria apenas 20 ações até 1928.)

Originalmente, o DJIA era calculado como o preço médio das ações incluídas no índice. Desse modo, se houvesse 30 ações no índice, os preços correspondentes dessas 30 ações seriam somados e o total seria dividido por 30. A mudança percentual no DJIA seria então a variação percentual no preço médio das 30 ações.

Esse procedimento significa que a variação percentual no DJIA mede o retorno (excluindo quaisquer dividendos) sobre uma carteira que investe uma ação em cada uma das 30 ações no índice. O valor dessa carteira (com uma ação de cada empresa no índice) é a soma dos 30 preços. Como a variação percentual na *média* dos 30 preços é igual à variação percentual na *soma* dos 30 preços, o índice e a carteira têm a mesma variação percentual todos os dias.

Como o índice Dow Jones corresponde a uma carteira que mantém uma ação de cada empresa, o investimento em cada empresa nessa carteira é proporcional ao preço de sua ação. Por isso, o índice Dow Jones é chamado de **média ponderada pelo preço**.

> **EXEMPLO 2.2 || Média ponderada pelo preço**
>
> Considere os dados da Tabela 2.3 de uma versão hipotética de duas empresas do índice Dow Jones. Comparemos as variações no valor da carteira que contém uma ação de cada empresa e o índice ponderado pelo preço. Inicialmente, o preço da ABC é US$ 25 por ação e depois sobe para US$ 30. Inicialmente, o preço da XYZ é US$ 100, mas cai para US$ 90.
>
> Carteira: Valor inicial = US$ 25 + US$ 100 = US$ 125
> Valor final = US$ 30 + US$ 90 = US$ 120
> Variação percentual no valor da carteira = –5/125 = –0,04 = –4%
> Índice: Valor inicial do índice = (25 + 100)/2 = 62,5
> Valor final do índice = (30 + 90)/2 = 60
> Variação percentual no índice = –2,5/62,5 = –0,04 = –4%
>
> A carteira e o índice têm uma queda de valor idêntica de 4%.
>
> Observe que as médias ponderadas pelo preço atribuem às ações de preço mais alto um peso maior na determinação de desempenho desse índice. Por exemplo, embora o preço da ABC tenha aumentado 20% e o da XYZ tenha caído apenas 10%, o valor do índice caiu. Isso se explica porque o aumento de 20% na ABC representou um ganho no preço do dólar (US$ 5 por ação) inferior ao da queda de 10% na XYZ (US$ 10 por ação). A "carteira Dow" investiu quatro vezes mais na XYZ do que na ABC porque o preço da XYZ é quatro vezes maior do que o da ABC. Portanto, a XYZ domina a média. Concluímos que uma ação de preço alto pode dominar a média ponderada pelo preço.

TABELA 2.3 Dados para compor índices de preço de ações

Ação	Preço inicial (US$)	Preço final (US$)	Ações (milhões)	Valor inicial das ações em circulação (milhões de US$)	Valor final das ações em circulação (milhões de US$)
ABC	25	30	20	500	600
XYZ	100	90	1	100	90
Total				600	690

Você pode estar se perguntando por que (no início 2013) o DJIA encontrava-se em um nível de aproximadamente 14 mil se ele deveria ser o preço médio das 30 ações no índice. O DJIA não equivale mais ao preço médio das 30 ações porque o procedimento para encontrar a média é ajustado sempre que uma empresa divide ou paga dividendos de ações superiores a 10% ou quando uma empresa no grupo de 30 empresas industriais é substituída por outra. Nessas duas circunstâncias, o divisor utilizado para calcular o "preço médio" é ajustado para que o índice não seja afetado por isso.

Da mesma forma que o divisor é atualizado na divisão das ações, se uma empresa for eliminada da média e outra com um preço diferente for acrescentada, o divisor terá de ser atualizado para que a média não seja alterada pela substituição. Em 2013, o divisor para o índice industrial Dow Jones havia caído para um valor de aproximadamente 0,1302.

EXEMPLO 2.3 || Divisões e médias ponderadas pelo preço

Suponhamos que a empresa XYZ fosse dividir suas ações na razão de dois para um de modo que o preço caísse para US$ 50. Não seria desejável que a média caísse, já que isso indicaria incorretamente uma queda no nível geral de preços do mercado. Após uma divisão, o divisor deve ser reduzido para um valor que não afete a média. A Tabela 2.4 mostra essa questão. O preço inicial das ações da XYZ, que era US$ 100 na Tabela 2.3, cairá para US$ 50 se as ações forem divididas no início do período. Observe que o número de ações em circulação dobra, sem afetar o valor de mercado do total de ações.

Encontramos o novo divisor da seguinte forma. O valor do índice antes da divisão das ações era 125/2 = 62,5. Devemos encontrar um novo divisor, d, que mantenha o índice inalterado depois que as ações da XYZ forem divididas e seu preço cair para US$ 50. Portanto, encontramos d na seguinte equação:

$$\frac{\text{Preço da ABC + Preço da XYZ}}{d} = \frac{25 + 50}{d} = 62,5$$

Isso significa que o divisor deve ter uma queda de seu valor original de 2,0 para o novo valor de 1,20.

Como a divisão altera o preço das ações da XYZ, ela também muda os pesos relativos das duas ações na média ponderada pelo preço. Desse modo, o retorno do índice é afetado pela divisão.

No final do período, as ações da ABC serão vendidas por US$ 30 cada e da XYZ por US$ 45, o que representa o mesmo retorno negativo de 10% que foi presumido na Tabela 2.3. O novo valor da média ponderada pelo preço é (30 + 45)/1,20 = 62,5, o mesmo valor do início do ano; por isso, a taxa de retorno é zero, e não o retorno de −4% que calculamos sem a divisão.

A divisão diminui o peso relativo da XYZ porque seu preço á mais baixo; como as ações da XYZ apresentam o pior desempenho, o desempenho da média é superior. Esse exemplo mostra que o esquema de ponderação implícito da média ponderada pelo preço é um tanto arbitrário, pois é determinado pelos preços e não pelos valores de mercado (preço por ação vezes número de ações) das ações da média em circulação.

TABELA 2.4 Dados para compor índices de preço de ações após uma divisão

Empresa	Preço inicial	Preço final	Ações (milhões)	Valor inicial das ações em circulação (milhões de US$)	Valor final das ações em circulação (milhões de US$)
ABC	25	30	20	500	600
XYZ	50	45	2	100	90
Total				600	690

> **REVISÃO DE CONCEITOS 2.4**
>
> Suponhamos que o preço final da XYZ na Tabela 2.3 aumente para US$ 110 e o da ABC caia para US$ 20. Encontre a variação percentual na média ponderada pelo preço nas ações dessas duas empresas. Compare o resultado com o retorno percentual de uma carteira que contém uma ação de cada empresa.

Como as médias Dow Jones baseiam-se em um pequeno número de empresas, deve-se tomar cuidado para assegurar que elas sejam representativas do mercado em geral. Por esse motivo, a composição da média é alterada de vez em quando para refletir mudanças na economia. A Tabela 2.5 apresenta a composição dos índices industriais Dow Jones em 1928, bem como sua composição em meados de 2013. Além disso, essa tabela mostra evidências de mudança na economia dos Estados Unidos nos últimos 85 anos. Muitas das "melhores empresas *blue chip*" em 1928 não existem mais, e os setores que formavam a espinha dorsal da economia em 1928 abriram caminho para alguns que não podiam ser imaginados na época.

Índices Standard & Poor's

O índice composto Standard & Poor's 500 (S&P 500) representa um avanço em relação aos índices Dow Jones por dois motivos. Primeiro, é um índice que tem uma base mais ampla de 500 empresas. Segundo, é um **índice ponderado pelo valor de mercado**. No caso das empresas XYZ e ABC no Exemplo 2.2, o S&P 500 atribuiria à ABC um peso cinco vezes superior ao da XYZ porque o valor de mercado de suas ações em circulação é cinco vezes maior, US$ 500 milhões *versus* US$ 100 milhões.

O S&P 500 é obtido por meio do cálculo do valor total de mercado das 500 empresas do índice e do valor total de mercado dessas empresas no dia anterior à negociação. O aumento percentual

TABELA 2.5 Empresas incluídas no índice industrial Dow Jones: 1928 e 2013

Empresas industriais Dow em 1928	Empresas Dow atuais	Símbolo de cotação	Setor	Ano acrescentado ao índice
Wright Aeronautical	3M	MMM	Setores diversificados	1976
Allied Chemical	Alcoa	AA	Alumínio	1959
North American	American Express	AXP	Finanças de consumo	1982
Victor Talking Machine	AT&T	T	Telecomunicações	1999
International Nickel	Bank of America	BAC	Serviços bancários	2008
International Harvester	Boeing	BA	Aeroespacial e defesa	1987
Westinghouse	Caterpillar	CAT	Construção	1991
Texas Gulf Sulphur	Chevron	CVX	Petróleo e gás	2008
General Electric	Cisco Systems	CSCO	Equipamentos de computador	2009
American Tobacco	Coca-Cola	KO	Bebidas	1987
Texas Corp	DuPont	DD	Produtos químicos	1935
Standard Oil (NJ)	ExxonMobil	XOM	Petróleo e gás	1928
Sears Roebuck	General Electric	GE	Setores diversificados	1907
General Motors	Hewlett-Packard	HPQ	Computadores	1997
Chrysler	Home Depot	HD	Lojas de materiais de construção e decoração	1999
Atlantic Refining	Intel	INTC	Semicondutores	1999
Paramount Publix	IBM	IBM	Serviços de computação	1979
Bethlehem Steel	Johnson & Johnson	JNJ	Produtos farmacêuticos	1997
General Railway Signal	JPMorgan Chase	JPM	Serviços bancários	1991
Mack Trucks	McDonald's	MCD	Restaurantes	1985
Union Carbide	Merck	MRK	Produtos farmacêuticos	1979
American Smelting	Microsoft	MSFT	*Software*	1999
American Can	Pfizer	PFE	Produtos farmacêuticos	2004
Postum Inc.	Procter & Gamble	PG	Produtos domésticos	1932
Nash Motors	Travelers	TRV	Seguros	2009
American Sugar	UnitedHealth Group	UNH	Seguro de saúde	2012
Goodrich	United Technologies	UTX	Aeroespacial	1939
Radio Corp	Verizon	VZ	Telecomunicações	2004
Woolworth	Walmart	WMT	Varejo	1997
U.S. Steel	Walt Disney	DIS	Teledifusão e entretenimento	1991

> **EXEMPLO 2.4 || Índices ponderados pelo valor**
>
> Para mostrar como os índices ponderados pelo valor são calculados, examine novamente a Tabela 2.3. O valor final das ações em circulação em nosso universo de duas empresas é US$ 690 milhões. O valor inicial era US$ 600 milhões. Portanto, se o nível inicial de um índice ponderado pelo valor de mercado das empresas ABC e XYZ fosse igualado a um valor inicial escolhido arbitrariamente – por exemplo, 100 –, o valor do índice no fim do ano seria 100 × (690/600) = 115. O aumento no índice refletiria o retorno de 15% obtido em uma carteira composta de ações dessas duas empresas mantidas proporcionalmente aos valores de mercado das ações em circulação.
>
> Diferentemente do índice ponderado pelo preço, o índice ponderado pelo valor atribui um peso maior à ABC. Enquanto o índice ponderado pelo preço caiu, por ser dominado pelo preço mais alto da XYZ, o índice ponderado pelo valor subiu porque atribuiu um peso maior à ABC, empresa com o valor total de mercado mais alto.
>
> Observe também, nas Tabelas 2.3 e 2.4, que os índices ponderados pelo valor não são afetados pela divisão de ações. O valor total de mercado de ações em circulação da XYZ aumenta de US$ 100 milhões para US$ 90 milhões independentemente da divisão de ações, tornando essa divisão irrelevante para o desempenho do índice.

no valor total de mercado de um dia para outro representa o aumento no índice. A taxa de retorno do índice equivale à taxa de retorno que um investidor com uma carteira contendo todas as 500 empresas do índice obteria proporcionalmente ao seu valor de mercado. A exceção é que o índice não reflete os dividendos em dinheiro pagos por essas empresas.

> **REVISÃO DE CONCEITOS 2.5**
>
> Reconsidere as empresas XYZ e ABC da "Revisão de Conceitos 2.4". Calcule a variação percentual no índice ponderado pelo valor de mercado. Compare o resultado com a taxa de retorno de uma carteira que contém US$ 500 em ações da ABC para cada US$ 100 em ações da XYZ (isto é, uma carteira indexada).

Na verdade, hoje a maioria dos índices utiliza uma versão modificada de pesos de valor de mercado. Em vez de considerar o valor total de mercado, eles utilizam o valor de mercado de *flutuação livre*, isto é, o valor das ações que são negociadas livremente entre os investidores. Por exemplo, esse procedimento não leva em conta as ações mantidas por famílias fundadoras ou governos, que, em vigor, não estão à venda para os investidores. A diferença é mais importante no Japão e na Europa, onde uma porcentagem maior de ações é mantida nessas carteiras não negociáveis.

Uma característica atraente tanto do índice ponderado pelo valor de mercado quanto pelo índice ponderado pelo preço é que eles refletem os retornos de estratégias objetivas de carteira. Se fôssemos comprar ações de cada empresa do índice, proporcionalmente ao valor de mercado das ações em circulação, o índice ponderado pelo valor localizaria perfeitamente ganhos de capital na carteira subjacente. De modo semelhante, o índice ponderado pelo preço localizaria retornos em uma carteira com a mesma quantidade de ações de cada empresa.

Hoje, os investidores conseguem comprar facilmente índices de mercado para suas carteiras. Uma alternativa é comprar ações em fundos mútuos que contêm ações proporcionais à sua representação no S&P 500 ou em outro índice. Esses **fundos de índice** geram um retorno equivalente ao do índice e, portanto, oferecem uma estratégia passiva de investimento de baixo custo para aqueles que investem em ações. Outra opção é comprar um *fundo negociado em bolsa* (*exchange-traded fund* – ETF), que é uma carteira de ações que podem ser compradas ou vendidas como unidade, do mesmo modo que uma única ação seria. Os ETFs englobam desde carteiras que acompanham índices de mercado globais extremamente abrangentes até índices industriais limitados. Examinaremos detalhadamente os fundos mútuos e os ETFs no Capítulo 4.

O Standard & Poor's também publica um índice industrial de 400 empresas, um índice de transporte de 20 empresas, um índice de serviços de utilidade pública de 40 empresas e um índice financeiro de 40 empresas.

Outros índices de valor de mercado dos Estados Unidos

A Bolsa de Valores de Nova York publica um índice composto, ponderado pelo valor de mercado de todas as empresas listadas nessa bolsa, além de subíndices para ações de empresas industriais, de serviços de utilidade pública, de transporte e financeiras. Esses índices têm uma base ainda mais ampla do que o S&P 500. A Associação Nacional de Intermediários de Valores (National Association of Securities Dealers – Nasd) publica um índice que abrange mais de 3 mil empresas negociadas no mercado Nasdaq.

O maior índice de ações dos Estados Unidos calculado até o momento é o índice de valor de mercado Wilshire 5.000, que inclui basicamente todas as empresas negociadas ativamente no país. Apesar do nome, esse índice na verdade inclui mais de 5 mil empresas. O desempenho de vários desses índices aparece diariamente no *The Wall Street Journal*.

Índices igualmente ponderados

O desempenho do mercado algumas vezes é medido por uma média igualmente ponderada de retornos de cada empresa compreendida por um índice. Essa técnica de nivelamento pela média, por atribuir um peso igual a cada retorno, corresponde a uma estratégia de carteira que atribui valores em dólar iguais a cada empresa. Ela é diferente da técnica de ponderação pelo preço (que exige quantidades iguais de ações de cada empresa) e da técnica de ponderação pelo valor de mercado (que exige investimentos proporcionais ao valor das ações em circulação).

Ao contrário dos índices ponderados pelo preço ou pelo valor de mercado, os índices igualmente ponderados não correspondem a estratégias de carteira de comprar e manter. Suponhamos que você comece com investimentos em dólar iguais nas duas empresas da Tabela 2.3, ABC e XYZ. Como a ABC experimenta um aumento de valor de 20% ao longo do ano, enquanto a XYZ apresenta uma queda de 10%, sua carteira não está mais ponderada equitativamente, pois agora há um investimento maior na ABC. Para a carteira voltar a ter pesos iguais, você precisaria reequilibrá-la: vender algumas ações da ABC e/ou comprar mais ações da XYZ. Esse reequilíbrio seria necessário para alinhar o retorno de sua carteira com o retorno do índice igualmente ponderado.

Índices de bolsas de valores internacionais e estrangeiras

O desenvolvimento em mercados financeiros mundiais compreende a composição de índices para esses mercados. Entre eles estão o Nikkei (Japão), FTSE (Reino Unido – pronuncia-se "*footsie*"), DAX (Alemanha), Hang Seng (Hong Kong) e TSX (Canadá).

Um dos líderes da composição de índices internacionais é o Morgan Stanley Capital International (MSCI), que calcula mais de 50 índices de país e vários índices regionais. A Tabela 2.6 apresenta vários dos índices calculados pelo MSCI.

Indicadores do mercado de obrigações

Assim como os índices do mercado de ações oferecem orientações sobre o desempenho do mercado de ações em geral, vários indicadores do mercado de obrigações medem o desempenho de diversas categorias de obrigações. Os três grupos de índices mais conhecidos são os do Merrill Lynch, Barclays (antes Lehman Brothers) e Salomon Smith Barney (hoje parte do Citigroup). A Figura 2.9 relaciona os componentes do mercado de obrigações em 2012.

O principal problema desses índices é que as taxas reais de retorno sobre várias obrigações são difíceis de calcular porque a falta de frequência na negociação das obrigações dificulta a obtenção de preços confiáveis e atualizados. Na prática, alguns preços devem ser estimados com base em modelos de avaliação de obrigações. Os assim chamados preços "matriciais" podem ser diferentes dos valores de mercado.

2.5 Mercados de derivativos

Um dos avanços mais significativos nos mercados financeiros nos últimos anos foi o crescimento dos mercados de futuros, de opções e de derivativos relacionados. Esses mercados oferecem retornos que dependem do valor de outros ativos – por exemplo, preços de *commodities*, preços de obrigações e ações ou valores de índices de mercado. Por esse motivo, algumas vezes esses instrumentos são chamados de **ativos derivativos**. Seu valor é deduzido do valor de outros ativos.

TABELA 2.6 Exemplo de índices de ações do MSCI

Índices regionais		Países	
Mercados desenvolvidos	Mercados emergentes	Mercados desenvolvidos	Mercados emergentes
EAFE (Europa, Australásia e Extremo Oriente)	Mercados emergentes (MEs)	Austrália	Brasil
EASEA (EAFE, excluindo Japão)	ME Ásia	Áustria	Chile
Europa	ME Extremo Oriente	Bélgica	China
União Monetária Europeia (UME)	ME América Latina	Canadá	Colômbia
Extremo Oriente	ME Europa Oriental	Dinamarca	República Tcheca
Kokusai (mundo, excluindo Japão)	ME Europa	Finlândia	Egito
Países nórdicos	ME Europa e Oriente Médio	França	Hungria
América do Norte		Alemanha	Índia
Pacífico		Grécia	Indonésia
Mundo		Hong Kong	Coreia
Países do G7		Irlanda	Malásia
Mundo (excluindo Estados Unidos)		Israel	México
		Itália	Marrocos
		Japão	Peru
		Holanda	Polônia
		Nova Zelândia	Rússia
		Noruega	África do Sul
		Portugal	Taiwan
		Cingapura	Tailândia
		Espanha	Turquia
		Suécia	
		Suíça	
		Reino Unido	
		Estados Unidos	

Fonte: MSCI, www.msci.com. Dados utilizados com permissão.

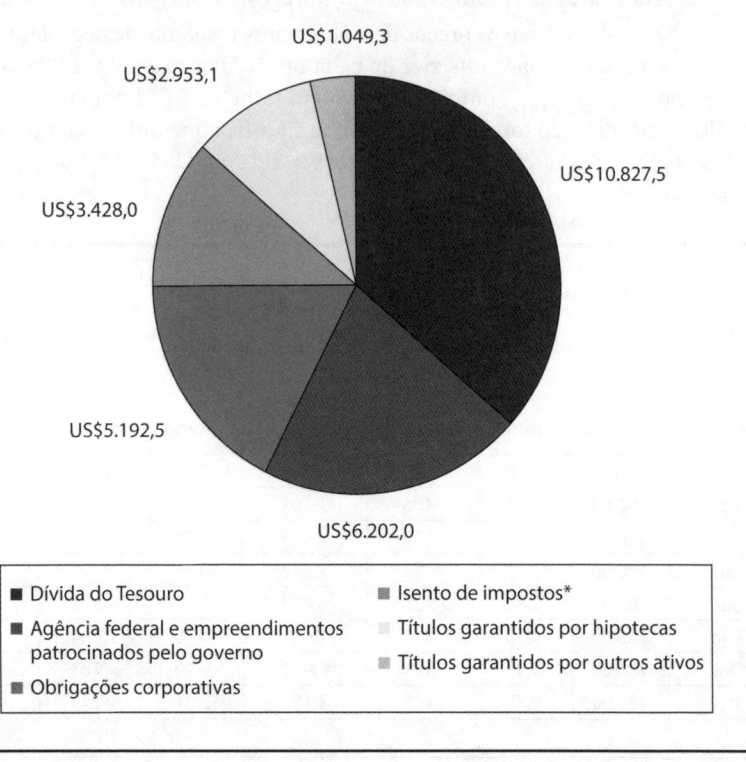

Valores do gráfico de pizza:
- US$10.827,5
- US$6.202,0
- US$5.192,5
- US$3.428,0
- US$2.953,1
- US$1.049,3

Legenda:
- Dívida do Tesouro
- Agência federal e empreendimentos patrocinados pelo governo
- Obrigações corporativas
- Isento de impostos*
- Títulos garantidos por hipotecas
- Títulos garantidos por outros ativos

FIGURA 2.9 O mercado de renda fixa dos Estados Unidos (valores em bilhões de US$)

Fonte: Flow of Funds Accounts of the United States: Flows and Outstandings, Conselho de Governadores do Federal Reserve System, junho de 2012.

Opções

A **opção de compra** concede ao detentor o direito de comprar um ativo por um preço especificado, denominado **preço de exercício** ou *strike*, na data de vencimento especificada ou antes dessa data. Uma opção de compra da IBM para julho, com preço de exercício de US$ 180, por exemplo, habilita o portador a comprar ações da IBM pelo preço de US$ 180 em qualquer momento antes e inclusive na data de vencimento em julho. Cada contrato de opção destina-se à compra de 100 ações, mas as cotações são feitas por ação. O portador da opção de compra não é obrigado a exercer a opção; só fará sentido exercê-la se o valor de mercado do ativo que pode ser comprado ultrapassar o preço de exercício.

Quando o preço de mercado supera o preço de exercício, o portador da opção pode comprar o ativo pelo preço de exercício e obter um lucro igual à diferença entre o preço da ação e o preço de exercício. Do contrário, a opção não será exercida. Se ela não for exercida antes da data de vencimento, vencerá e não terá mais valor. Portanto, as opções de compra oferecem lucros mais altos quando os preços das ações aumentam e, desse modo, representam veículos de investimento para mercados em alta.

Em contraposição, uma **opção de venda** concede ao portador o direito de vender um ativo por um preço de exercício específico na data de vencimento determinada ou antes dessa data. Uma opção de venda da IBM para julho, com preço de exercício de US$ 180, habilita o portador a vender ações da IBM ao lançador da opção de venda, pelo preço de US$ 180, em qualquer momento antes da data de vencimento em julho, mesmo se o preço de mercado da IBM for inferior a US$ 180. Embora os lucros das opções de compra aumentem quando o valor do ativo aumenta, os lucros das opções de venda aumentam quando o valor dos ativos cai. A opção de venda será exercida somente se o portador conseguir passar adiante um ativo com valor inferior ao preço de exercício pelo preço de exercício.

A Figura 2.10 apresenta uma amostra de cotações de opções da IBM, extraída da edição *online* do *The Wall Street Journal*. O preço das ações da IBM nessa data era US$ 183,65. As duas primeiras colunas mostram o mês de vencimento e o preço de exercício (ou *strike*) de cada opção. Incluímos listagens para opções de venda e de compra com preços de exercício que variam de US$ 180 a US$ 185 por ação, com datas de vencimento em julho, agosto e outubro de 2012 e janeiro de 2013.

As colunas seguintes fornecem os preços de fechamento, o volume de negociação e os contratos em aberto ou em circulação (*open interest*) de cada opção. Por exemplo, 1.998 contratos foram negociados na opção de compra com vencimento em julho de 2012 pelo preço de exercício de US$ 180. A última negociação foi a US$ 5,50, o que significa que uma opção para comprar uma ação da IBM pelo preço de exercício de US$ 180 foi vendida por US$ 5,50. Portanto, cada *contrato* de opção (com 100 ações) custa US$ 550.

FIGURA 2.10 Opções de ações da IBM

Preços no fechamento de 7 de julho de 2012

IBM (IBM)					Preço da ação subjacente: 183,65		
			Compra			Venda	
Vencimento	Exercício	Último	Volume	Contratos em aberto	Último	Volume	Contratos em aberto
Jul.	180,00	5,50	620	1.998	2,11	3.080	8.123
Ago.	180,00	6,85	406	2.105	3,70	847	3.621
Out.	180,00	9,70	184	424	6,85	245	4.984
Jan.	180,00	12,58	52	2.372	10,25	76	3.196
Jul.	185,00	2,80	2.231	3.897	4,20	2.725	7.370
Ago.	185,00	4,10	656	2656	6,26	634	3.367
Out.	185,00	6,99	843	969	9,10	783	2.692
Jan.	185,00	9,75	135	3.156	12,01	243	10.731

Fonte: Compilada de dados do *The Wall Street Journal Online*, 17 de julho de 2012.

Observe que os preços das opções de compra diminuem à medida que o preço de exercício aumenta. Por exemplo, a opção de compra com vencimento em julho e preço de exercício de US$ 185 custa apenas US$ 2,80. Isso faz sentido, visto que o direito de comprar uma ação por um preço de exercício mais alto é menos vantajoso. Em contraposição, os preços de opção de venda aumentam com o preço de exercício. O direito de vender uma ação da IBM em julho, pelo preço de US$ 180, custa US$ 2,11, enquanto o direito de vender por US$ 185 custa US$ 4,20.

> **REVISÃO DE CONCEITOS 2.6**
>
> Qual seria o lucro ou ganho por ação para um investidor que tivesse comprado a opção de compra da IBM com vencimento em julho de 2012 por um preço de exercício de US$ 180, se o preço da ação na data de vencimento fosse US$ 187? E no caso de um comprador da opção de venda com o mesmo preço de exercício e vencimento?

Os preços das opções também aumentam com o prazo até o vencimento. Obviamente, seria preferível ter o direito de comprar uma opção da IBM por US$ 180 em qualquer momento até outubro de 2011 a ter o direito de comprá-la em qualquer momento até julho. Como seria de esperar, isso se evidencia em um preço mais alto para as opções com vencimentos em outubro. Por exemplo, a opção de compra com preço de exercício de US$ 180 e vencimento em outubro é vendida por US$ 9,70, em comparação à opção de compra de apenas US$ 5,50 de julho.

Contratos de futuros

Um **contrato de futuros** requer a entrega de um ativo (ou, em alguns casos, de seu valor em dinheiro) em uma data específica de entrega ou vencimento, por um preço previamente combinado, denominado preço de futuros, a ser pago no vencimento do contrato. A *posição comprada* ou *longa* (*long*) é mantida pelo investidor que se compromete a comprar o ativo na data de entrega. O investidor que mantém a *posição vendida* ou *curta* (*short*) compromete-se em entregar o ativo no vencimento do contrato.

A Figura 2.11 mostra a listagem de contratos de futuros de milho na Câmara de Comércio de Chicago para 17 de julho de 2012. Cada contrato exige a entrega de 127 toneladas (5.000 *bushels*) de milho. Cada linha detalha os preços dos contratos que vencem em datas variadas. A primeira linha refere-se ao prazo mais curto (*front contracts*), com vencimento em setembro de 2012. O preço mais recente foi US$ 7,95 por *bushel*. (Os números após os apóstrofos indicam um oitavo de centavo.) Esse preço teve um acréscimo de US$ 1,55 em relação ao preço de fechamento do dia anterior. As colunas seguintes mostram o preço de abertura do contrato naquele dia e também o preço alto e baixo durante o dia de negociação. O volume é o número de contratos negociados naquele dia; a última coluna indica o número de contratos em aberto (*open interest*).

O investidor com posição comprada lucra com o aumento de preço. Suponhamos que, no vencimento, o milho fosse vendido por US$ 7,97 por *bushel*. O investidor com posição comprada que entrou no contrato pelo preço de futuros de US$ 7,95 em 17 de julho pagaria o preço previamente combinado de US$ 7,95 por *bushel* de milho, que, no vencimento do contrato, valeria US$ 7,97.

Como cada contrato exige a entrega de 127 toneladas (5.000 *bushels*), o lucro da posição comprada seria igual a 5.000 × (US$ 7,97 − US$ 7,95) = US$ 1.000. Em contraposição, a posição vendida deve entregar 127 toneladas (5.000 *bushels*) pelo preço de futuros combinado previamente. A perda da posição vendida é igual ao ganho da posição comprada.

O direito de comprar um ativo por um preço previamente combinado *versus* a obrigação de comprá-lo é o que distingue uma opção de compra da posição comprada em um contrato de futuros. Um contrato de futuros *obriga* a posição comprada a comprar o ativo pelo preço de futuros; já a opção de compra *transfere o direito* de compra do ativo pelo preço de exercício. A compra será efetuada somente se houver lucro.

Obviamente, a posição do portador de uma opção de compra será mais vantajosa do que a do portador de uma posição comprada em um contrato de futuros quando o preço de futuros for igual ao preço de exercício da opção. Evidentemente, essa vantagem tem um preço. As opções de compra devem ser compradas; os contratos de futuros são estabelecidos sem custo. O preço de compra de uma opção é chamado de *prêmio*. Ele representa a compensação que o comprador da opção de compra deve pagar pela possibilidade de exercer a opção somente quando for lucrativo fazê-lo. De modo semelhante, a diferença entre uma opção de venda e uma posição vendida em um contrato de futuros é o direito, e não a obrigação, de vender um ativo por um preço previamente combinado.

FIGURA 2.11
Preços de futuros de milho na Câmara de Comércio de Chicago, 17 de julho de 2012

Mês	Último	Variação	Aberto	Alto	Baixo	Volume	Contratos em aberto
Set. 2012	795'0	15'4	780'0	797'0	763'4	83.008	369.243
Dez. 2012	783'4	12'2	772'4	785'6	755'6	179.014	499.807
Mar. 2013	783'2	11'4	772'4	784'4	757'2	24.738	135.778
Maio 2013	779'6	11'2	769'2	780'4	755'0	8.119	21.882
Jul. 2013	773'4	10'6	763'2	774'0	749'0	12.310	57.618
Set. 2013	669'4	–1'6	670'0	673'0	660'0	1.833	9.120
Dez. 2013	634'0	–1'0	633'0	637'0	625'0	4.510	54.205

Fonte: The Wall Street Journal Online, 17 de julho de 2012.

RESUMO

1. Os títulos do mercado monetário são obrigações de dívida de curtíssimo prazo. Normalmente eles têm alta liquidez e um risco de crédito relativamente baixo. Os vencimentos de curto prazo e o baixo risco de crédito asseguram perdas e ganhos mínimos de capital. Com frequência esses títulos não negociados em valores nominais altos, mas podem ser comprados indiretamente por meio de fundos do mercado monetário.

2. Grande parte dos empréstimos tomados pelo governo dos Estados Unidos provém de obrigações e notas do Tesouro. São obrigações pagas por meio de cupons que geralmente são emitidas com valor nominal ou um valor semelhante. As obrigações do Tesouro têm uma estrutura semelhante à das obrigações corporativas com pagamento de cupom.

3. As obrigações municipais distinguem-se em grande parte pelo fato de serem isentas de impostos. Os pagamentos de juros (mas não de ganhos de capital) sobre esses títulos são isentos de imposto de renda federal. O rendimento tributável equivalente oferecido por uma obrigação municipal é igual a $r_m/(1-t)$, onde r_m é o rendimento da obrigação municipal e t é a faixa de alíquota.

4. Os títulos hipotecários *pass-through* são *pools* de hipotecas vendidas em pacote. Os detentores de *pass-through* recebem os pagamentos do principal e de juros efetuados pelo tomador. A empresa que originalmente emitiu a hipoteca age apenas como prestadora de serviços, "passando adiante" os pagamentos aos compradores da hipoteca. Uma agência federal deve garantir os pagamentos de juros e do principal de hipotecas acumuladas em títulos *pass-through*, mas essa garantia não existe em *pass-throughs* de marca privada.

5. Uma ação ordinária representa uma ação de participação em uma sociedade anônima. Cada ação dá aos detentores o direito de um voto em qualquer assunto de governança corporativa e de uma cota rateada dos dividendos pagos aos acionistas. Os proprietários de ações ou do capital são os requerentes residuais sobre os lucros obtidos pela empresa.

6. Normalmente, as ações preferenciais pagam um fluxo fixo de dividendos ao longo da existência da empresa; elas são uma perpetuidade. Entretanto, o não pagamento pela empresa dos dividendos devidos sobre as ações preferenciais não instaura um processo de falência corporativa. Na verdade, os dividendos não pagos simplesmente se acumulam. Uma inovação relativamente recente em ações preferenciais são as emissões conversíveis e de taxa ajustável.

7. Muitos índices do mercado de ações medem o desempenho do mercado geral. Os índices Dow Jones, que são os indicadores mais antigos e mais conhecidos, são ponderados pelo preço. Hoje, vários índices abrangentes, ponderados pelo valor de mercado, são calculados diariamente, como o índice de ações Standard & Poor's 500, os índices da NYSE, o Nasdaq, o Wilshire 5.000 e índices de vários mercados acionários não americanos.

8. Opção de compra é o direito de comprar um ativo por um determinado preço de exercício na data de vencimento ou antes dessa data. Opção de venda é o direito de vender um ativo por um preço de exercício. O valor das opções de compra aumenta e o das opções de venda diminui à medida que o preço do ativo subjacente aumenta.

9. Contrato de futuros é a obrigação de comprar ou vender um ativo por um determinado preço de futuros em uma data de vencimento específica. A posição comprada (longa), que se compromete a comprar, ganha se o valor do ativo aumentar, enquanto a posição vendida (curta), que se compromete a entregar o ativo, perde.

Sites relacionados a este capítulo estão disponíveis em **www.grupoa.com.br**

PALAVRAS-CHAVE

aceite bancário
ações
ações preferenciais
acordos de recompra
ativos derivativos
certificado de depósito
commercial paper
contratos de futuros
direito residual
eurodólar
fundos de índice

fundos federais
ganhos de capital
índice de mercado ponderado pelo valor
índice de preço/lucro
London Interbank Offered Rate (Libor)
média ponderada pelo preço
mercado monetário
mercados de capitais
notas do Tesouro
obrigações do Tesouro
obrigações municipais

opção de compra
opção de venda
preço de compra
preço de exercício (*strike*)
preço de venda
rendimento até o vencimento
rendimento tributável equivalente
responsabilidade limitada
spread entre preço de compra e venda

EQUAÇÕES BÁSICAS

Rendimento tributável equivalente: $\frac{r_{muni}}{1 - \text{alíquota de imposto}}$, onde r_{muni} é a taxa sobre dívidas municipais isentas de impostos.

Alíquota de corte (quando há indiferença em relação a obrigações tributáveis e isentas de impostos): $1 - \frac{r_{muni}}{r_{tributável}}$

CONJUNTO DE PROBLEMAS

Básicos

1. Em que sentido uma ação preferencial é semelhante a uma dívida de longo prazo? Em que sentido ela é semelhante a uma ação ordinária?
2. Por que os títulos do mercado monetário algumas vezes são chamados de "equivalentes de caixa"?
3. Qual das opções a seguir descreve *corretamente* um acordo de recompra?
   a. A venda de um título com o compromisso de readquiri-lo em uma data futura específica e por um preço estipulado.
   b. Venda de um título com o compromisso de readquiri-lo em uma data futura não especificada e por um preço estipulado.
   c. Compra de um título com o compromisso de comprar mais desse mesmo título em uma data futura especificada.
4. Em sua opinião, o que ocorreria com o *spread* entre os rendimentos de *commercial paper* e letras do Tesouro se a economia entrasse em uma recessão profunda?
5. Quais são as principais diferenças entre ações ordinárias, ações preferenciais e obrigações corporativas?
6. Por que os investidores com alíquota de imposto alta são mais inclinados a investir em obrigações municipais do que os investidores com alíquota baixa?

Intermediários

7. Volte à Figura 2.3 e procure a obrigação do Tesouro com vencimento em maio de 2030.
   a. Quanto você teria de pagar para comprar uma dessas obrigações?
   b. Qual é a taxa de cupom?
   c. Qual é o rendimento até o vencimento dessa obrigação?
8. Suponhamos que os investidores possam obter um retorno de 2% por seis meses em uma nota do Tesouro com seis meses remanescentes para vencer. Em sua opinião, a que preço seria vendida uma letra do Tesouro com vencimento em seis meses?
9. Encontre o retorno após os impostos para uma corporação que compra uma ação preferencial por US$ 40, a vende no final do ano por US$ 40 e recebe dividendos de fim de ano de US$ 4. A alíquota de imposto da empresa é 30%.
10. Volte à Figura 2.8 e examine a listagem da General Dynamics.
    a. Quantas ações você poderia comprar por US$ 5 mil?
    b. Qual seria seu rendimento anual de dividendos com essas ações?
    c. Qual deve ser o lucro por ação da General Dynamics?
    d. Qual foi o preço de fechamento da empresa no dia anterior à listagem?
11. Considere as três ações na tabela a seguir. P_t representa o preço no tempo t e Q_t representa ações em circulação no tempo t. A empresa C faz uma divisão das ações na proporção de dois para um no último período.

	P_0	Q_0	P_1	Q_1	P_2	Q_2
A	90	100	95	100	95	100
B	50	200	45	200	45	200
C	100	200	110	200	55	400

    a. Calcule a taxa de retorno em um índice ponderado pelo preço das três empresas para o primeiro período ($t = 0$ a $t = 1$).
    b. O que deve ocorrer com o divisor do índice ponderado pelo preço no ano 2?
    c. Calcule a taxa de retorno do índice ponderado pelo preço para o segundo período ($t = 1$ a $t = 2$).
12. Utilizando os dados do problema anterior, calcule as taxas de retorno do primeiro período nos seguintes índices das três empresas:
    a. Índice ponderado pelo valor de mercado.
    b. Índice igualmente ponderado.
13. A alíquota de imposto de um investidor é 30%. Se uma obrigação corporativa oferecesse 9% de rendimento, o que uma obrigação municipal deveria oferecer a esse investidor para que ele preferisse a municipal à corporativa?
14. Encontre o rendimento tributável equivalente de uma obrigação municipal que atualmente oferece rendimento de 4% para alíquotas de imposto zero, 10%, 20 e 30%.
15. Que problemas um fundo mútuo enfrentaria se tentasse criar um fundo de índice vinculado a um índice igualmente ponderado de um amplo mercado de ações?
16. Qual desses títulos provavelmente será vendido por um preço mais alto?
    a. Uma obrigação do Tesouro de dez anos com uma taxa de cupom de 9% ou uma obrigação do Tesouro de dez anos com uma taxa de cupom de 10%.
    b. Uma opção de compra com vencimento em três meses e preço de exercício de US$ 40 ou uma opção de compra de três meses da mesma ação com preço de exercício de US$ 35.
    c. Uma opção de venda de uma ação que está sendo vendida por US$ 50 ou uma opção de venda de outra ação que está sendo vendida por US$ 60 (todas as outras características relevantes das ações e opções são admitidas como idênticas).
17. Examine as listagens de futuros de milho na Figura 2.11.
    a. Suponhamos que você comprasse um contrato para entrega em março. Se esse contrato fechasse em março por 787,25, qual seria seu lucro?
    b. Quantos contratos com vencimento em março estão em aberto?
18. Volte à Figura 2.10 e examine as opções da IBM. Suponhamos que você comprasse uma opção de compra com vencimento em janeiro de 2013 e preço de exercício de US$ 180.
    a. Suponhamos que o preço da ação em janeiro fosse US$ 193. Você exerceria sua opção de compra? Qual seria o lucro de sua posição?
    b. E se você tivesse comprado a opção de compra de janeiro pelo preço de exercício de US$ 185?
    c. E se você tivesse comprado uma opção de venda de janeiro pelo preço de exercício de US$ 185?
19. Por que as opções de compra com preços de exercício mais altos do que o preço da ação subjacente são vendidas por preços positivos?

20. Tanto uma opção de compra quanto uma de venda estão sendo negociadas atualmente na empresa XYZ; ambas têm um preço de exercício de US$ 50 e vencimento em seis meses. Qual será o lucro para um investidor que comprar a opção de compra por US$ 4 nas seguintes situações de preço de ação com vencimento em seis meses? Qual será o lucro em cada situação para um investidor que comprar a opção de venda por US$ 6?

  a. US$ 40
  b. US$ 45
  c. US$ 50
  d. US$ 55
  e. US$ 60

Difíceis

21. Explique a diferença entre uma opção de venda e uma posição vendida em um contrato de futuros.
22. Explique a diferença entre uma opção de compra e uma posição comprada em um contrato de futuros.

CFA® PROBLEMS

1. As ações preferenciais de uma empresa oferecem um rendimento inferior ao de suas obrigações porque
   a. As ações preferenciais geralmente recebem uma classificação mais alta das agências.
   b. Os detentores de ações preferenciais têm direito de propriedade sobre os lucros da empresa.
   c. Os detentores de ações preferenciais têm direito de propriedade sobre os ativos da empresa em caso de liquidação.
   d. As corporações que possuem ações não precisam pagar imposto de renda a maior parte do rendimento de dividendos que elas recebem.

2. Uma obrigação municipal tem uma taxa de cupom de 6¾% e é negociada pelo valor nominal. Qual seria o rendimento tributável equivalente dessa obrigação para um contribuinte com uma alíquota de imposto federal mais estadual de 34%?

3. Qual a transação *mais arriscada* nos mercados de opções de índice de ações se houver previsão de que o mercado de ações aumentará significativamente após a conclusão da transação?
   a. Lançar uma opção de compra.
   b. Lançar uma opção de venda.
   c. Comprar uma opção de compra.
   d. Comprar uma opção de venda.

4. No momento uma obrigação municipal de curto prazo oferece um rendimento de 4%, enquanto obrigações tributáveis comparáveis pagam 5%. Qual das duas lhe ofereceria o rendimento mais alto após os impostos se sua alíquota fosse:
   a. Zero
   b. 10%
   c. 20%
   d. 30%

5. A taxa de cupom de uma obrigação isenta de impostos é 5,6% e a taxa da obrigação tributável é 8%. Ambas as obrigações são vendidas pelo valor nominal. Em que alíquota de imposto (alíquota de imposto marginal) um investidor ficaria indiferente em relação às duas obrigações?

EXERCÍCIOS DE INVESTIMENTO NA *WEB*

O Barclays mantém um *site* em www.barcap.com/inflation/index.shtml com informações sobre a inflação ao redor do mundo e ferramentas para ajudar os emissores e investidores a compreender os ativos vinculados à inflação. Após 1945, inúmeros países emitiram obrigações vinculadas à inflação, como Israel, Argentina, Brasil e Islândia. Entretanto, geralmente se considera que o mercado moderno surgiu em 1981, quando as primeiras obrigações do Tesouro indexadas (*index-linked gilts*) foram emitidas no Reino Unido. Outros mercados grandes adotaram cálculos um pouco diferentes dos utilizados no Reino Unido, principalmente copiando o modelo mais direto empregado pela primeira vez pelo Canadá em 1991. Em ordem cronológica, esses mercados são Reino Unido (1981), Austrália (1985), Canadá (1991), Suécia (1994), Estados Unidos (1997), França (1998), Itália (2003) e Japão (2004).

SOLUÇÕES PARA AS REVISÕES DE CONCEITOS

1. O preço de compra da obrigação é 138,0469% do valor nominal ou US$ 1.380,469 e o preço de venda é 138,125% do valor nominal ou US$ 1.381,25. O preço de venda corresponde a um rendimento de 2,378%. Ele teve uma queda de 0,9375 em relação ao nível do dia anterior. Por esse motivo, ele deve ter sido de 139,0625 ou US$ 1.390,625.

2. Um retorno tributável de 6% é equivalente a um retorno após os impostos de 6(1 − 0,30) = 4,2%. Portanto, sua posição seria melhor na obrigação tributável. O rendimento tributável equivalente da obrigação isenta de impostos é 4/(1 − 0,30) = 5,71%. Desse modo, uma obrigação tributável teria de pagar um rendimento de 5,71% para oferecer o mesmo retorno após os impostos de uma obrigação isenta de impostos com rendimento de 4%.

3. a. Você tem direito a uma cota rateada dos pagamentos de dividendos da IBM e a votar em qualquer assembleia de acionistas da IBM.
   b. Sua possibilidade de ganho é ilimitada porque o preço das ações da IBM não tem limite máximo.
   c. Você desembolsou US$ 180 × 100 = US$ 18.000. Em virtude da responsabilidade limitada, isso é o máximo que você pode perder.

4. O índice ponderado pelo preço aumenta de 62,5 [isto é, (100 + 25)/2] para 65 [isto é, 110 + 20)/2], um ganho de 4%. O investimento em uma ação de cada empresa exige um desembolso de US$ 125, que aumentaria para US$ 130, por um retorno de 4% (isto é, 5/125), que é igual ao retorno do índice ponderado pelo preço.

5. O retorno do índice ponderado pelo valor de mercado é obtido com o cálculo do aumento de valor da carteira de ações. A carteira das duas empresas começa com um valor inicial de US$ 100 milhões + US$ 500 milhões = US$ 600 milhões e cai para um valor de US$ 110 milhões + US$ 400 milhões = US$ 510 milhões, uma perda de 90/600 = 0,15 ou 15%. O retorno da carteira indexada é uma média ponderada de retornos de cada empresa, com pesos de 1/6 na XYZ e 5/6 na ABC (pesos proporcionais a investimentos relativos). Como o retorno na XYZ é de 10%, enquanto na ABC é de −20%, o retorno da carteira indexada é 1/6 × 10% + 5/6 × (−20%) = −15%, igual ao retorno do índice ponderado pelo valor de mercado.

6. O retorno da opção de compra é US$ 7 por ação no vencimento. O custo da opção é US$ 5,50 por ação. O lucro é, portanto, US$ 1,50. A opção de venda vencerá sem valor. Desse modo, o prejuízo do investidor equivale ao custo da opção de venda, ou US$ 2,11.

Como os títulos são negociados

ESTE CAPÍTULO oferece uma introdução abrangente sobre os vários espaços e procedimentos disponíveis para a negociação de títulos nos Estados Unidos e em mercados internacionais. Veremos que os mecanismos de negociação variam desde a negociação direta entre os participantes do mercado ao cruzamento de ordens de negociação totalmente automatizado por computador.

A primeira vez em que um título é negociado é no momento em que é emitido ao público. Portanto, começaremos por uma análise sobre como os títulos são comercializados pela primeira vez ao público pelos bancos de investimento, que ajudam a dar origem aos títulos. Em seguida, faremos uma ampla análise sobre como os títulos já emitidos podem ser negociados entre os investidores, enfatizando as diferenças entre os mercados de distribuidores, os mercados eletrônicos e os mercados de especialistas. Com essas informações de base, examinamos esferas de negociação específicas, como a Bolsa de Valores de Nova York, Nasdaq e diversos outros mercados eletrônicos. Comparamos os mecanismos de execução das negociações e a constante busca pela integração das negociações.

Em seguida, examinamos os fundamentos de algumas transações específicas, como a compra na margem e as ações de venda a descoberto. Fechamos este capítulo com a análise de alguns aspectos importantes das regulamentações que regem a negociação de títulos, como as leis sobre negociação com informações privilegiadas e o papel dos mercados de títulos enquanto organizações autorreguladoras.

3.1 Como as empresas emitem títulos

Normalmente, as empresas precisam levantar novo capital para ajudar a pagar seus vários projetos de investimento. Em linhas gerais, elas levantam fundos tomando um empréstimo em dinheiro ou vendendo ações na empresa. Os bancos de investimento geralmente são contratados para gerenciar a venda desses títulos no que é chamado de **mercado primário** para títulos recém-emitidos. Entretanto, assim que esses títulos são emitidos, os investidores podem querer negociá-los entre si. Por exemplo, você pode resolver levantar dinheiro vendendo algumas de suas ações na Apple a outro investidor. Essa transação não teria nenhum impacto sobre o número total de ações da Apple em circulação. As negociações de títulos existentes ocorrem no **mercado secundário.**

As ações de empresas *listadas publicamente* são negociadas de forma contínua em mercados de renome, como a Bolsa de Valores de Nova York ou o Mercado de Ações Nasdaq. Neles, qualquer investidor pode optar por comprar ações para a sua carteira. Essas empresas são também chamadas de *empresas negociadas publicamente* ou *empresas de capital aberto*. Contudo, outras são *corporações privadas,* caso em que as ações pertencem a um pequeno número de diretores e investidores. Embora a participação no capital da empresa ainda seja determinada proporcionalmente à participação acionária, essas ações não são negociadas publicamente em bolsas de valores públicas. Algumas empresas privadas são relativamente jovens e ainda não decidiram disponibilizar suas ações ao público em geral, outras talvez sejam empresas mais consolidadas que pertencem principalmente ao fundador ou à família e outras podem simplesmente ter preferido se manter como organização privada.

Empresas de capital fechado

As empresas de capital fechado pertencem a um pequeno número de acionistas. Sua obrigação de divulgar demonstrações financeiras e outras informações ao público é menor. Isso poupa dinheiro e exime a empresa da divulgação de informações que possam ser úteis aos concorrentes. Além disso, algumas empresas acreditam que a eliminação das exigências de divulgação de lucros trimestrais lhes oferece maior flexibilidade para perseguir metas de longo prazo, livres da pressão dos acionistas.

No entanto, no presente, as empresas de capital fechado podem ter no máximo 499 acionistas. Isso restringe sua capacidade de levantar valores elevados de capital junto a uma ampla base de investidores. Por isso, entre as maiores empresas nos Estados Unidos, praticamente todas são de capital aberto.

Quando as empresas de capital fechado desejam levantar fundos, elas vendem ações diretamente a um pequeno número de investidores institucionais ou ricos em uma **colocação privada.** A Regra 144A da Comissão de Valores Mobiliários (Securities and Exchange Commission – SEC) lhes permite realizar essas colocações sem precisar preparar as extensas e onerosas declarações de registro exigidas de uma empresa de capital aberto. Embora isso seja atraente, as ações das empresas de capital fechado não são negociadas em mercados secundários como as bolsas de valores e isso diminui de modo significativo sua liquidez e presumivelmente diminui os preços que os investidores pagarão por elas. *Liquidez* tem vários significados específicos. Contudo, em linhas gerais, ela se refere à capacidade de negociar um ativo por um preço justo de uma hora para outra. Os investidores exigem concessões de preço para comprar títulos ilíquidos.

Como as empresas estão cada vez mais impacientes com as exigências de informação para abrir o capital, as agências regulatórias federais estão sendo pressionadas para flexibilizar as restrições impostas pela propriedade privada e atualmente estão reconsiderando algumas das restrições sobre as empresas de capital fechado. Talvez elas aumentem para mais de 499 o número máximo de acionistas que uma empresa privada pode ter antes de serem obrigadas a divulgar informações financeiras e talvez facilitem a publicação de ofertas de ações.

As negociações nas empresas de capital fechado também evoluíram nos últimos anos. Para contornar a restrição de 499 investidores, os intermediários formaram parcerias para comprar ações nas empresas de capital fechado. Considera-se que existe apenas um investidor nessa parceria, embora vários indivíduos talvez façam parte dela.

Há pouco tempo, algumas empresas criaram redes de computadores para possibilitar que os detentores de ações de empresas privadas negociem entre si. Contudo, diferentemente dos mercados acionários públicos regulamentados pela SEC, essas redes requerem a divulgação de poucas informações financeiras e oferecem correspondentemente pouca supervisão das operações do mercado. Por exemplo, na corrida para a sua oferta pública inicial (*initial public offering* – IPO) em 2012, o Facebook obteve altas avaliações nesses mercados, mas os céticos temiam que os investidores nesses mercados não pudessem obter uma visão clara da empresa, do interesse entre outros investidores na empresa ou do processo pelo qual as negociações das ações do Facebook eram realizadas.

Empresas de capital aberto

Quando uma empresa de capital fechado conclui que deseja levantar capital junto a uma ampla variedade de investidores, ela pode decidir *abrir seu capital.* Isso significa que ela venderá seus títulos ao público em geral e permitirá que esses investidores negociem livremente essas ações em mercados de títulos estabelecidos. A primeira emissão de ações ao público em geral é chamada de **oferta pública inicial** ou **IPO.** Posteriormente, a empresa pode voltar ao público e emitir novas ações. A *oferta secundária de capital* (*seasoned equity offering* – SEO) é a venda de ações adicionais nas empresas que já são negociadas publicamente. Por exemplo, uma venda de novas ações da Apple seria considerada uma oferta secundária (SEO).

As ofertas públicas de ações e obrigações normalmente são negociadas por bancos de investimento que, nessa função, são chamados de **subscritores.** Em geral, mais de um banco de investimento negocia os títulos. Uma empresa principal forma um consórcio de subscrição com outros bancos de investimento para dividir a responsabilidade pela emissão de ações.

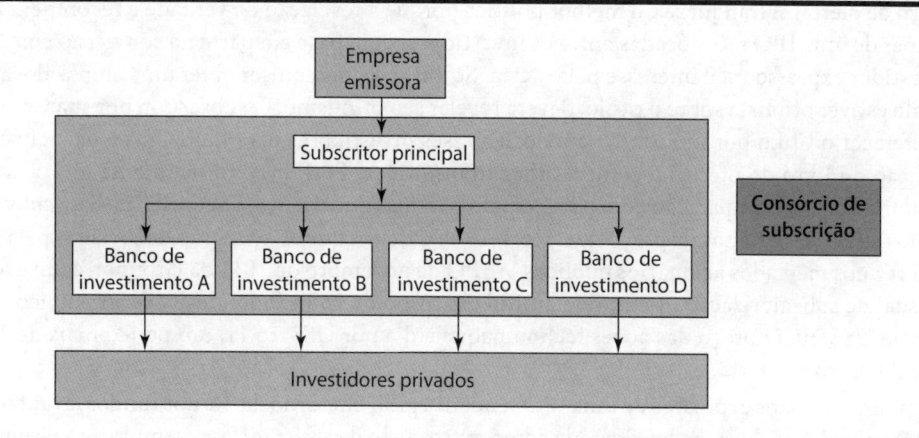

FIGURA 3.1 Relação entre uma empresa emissora de títulos, os subscritores e o público

Os bancos de investimento aconselham a empresa com relação às condições nas quais ela deve tentar vender os títulos. Uma declaração de registro preliminar deve ser submetida à SEC, descrevendo a emissão e as perspectivas da empresa. Em sua forma final, e quando já aprovada pela SEC, essa declaração é chamada de **prospecto**. Nesse momento, o preço pelo qual os títulos serão oferecidos ao público é anunciado.

Em um acordo de subscrição usual, os bancos de investimento compram os títulos da empresa emissora e em seguida os revendem ao público. A empresa emissora vende os títulos ao consórcio de subscrição pelo preço de oferta pública, descontando uma margem de lucro que serve de remuneração para os subscritores. Esse procedimento é chamado de *compromisso firme*. Além da margem, o banco de investimento pode receber ações ordinárias ou outros títulos da empresa. A Figura 3.1 descreve a relação entre a empresa emissora, o subscritor principal, o consórcio de subscrição e o público.

Registro de prateleira

Uma inovação importante na emissão de títulos foi introduzida em 1982 quando a SEC aprovou a Regra 415, em que permite que as empresas registrem títulos e os vendam gradativamente ao público por um período de dois anos após o registro inicial. Como os títulos já estão registrados, eles podem ser vendidos de uma hora para outra, com pouca papelada adicional. Além disso, eles podem ser vendidos em pequenas quantidades sem custos de lançamento substanciais. Os títulos estão "na prateleira", prontos para serem emitidos, o que seu origem ao termo *registro de prateleira*.

> **REVISÃO DE CONCEITOS 3.1**
>
> Por que faz sentido o registro de prateleira ser limitado no tempo?

Oferta pública inicial

Os bancos de investimento gerenciam a emissão de novos títulos ao público. Assim que a SEC delibera sobre a declaração de registro e o prospecto é distribuído entre os investidores interessados, os bancos de investimento organizam *feiras itinerantes* (*road shows*) nas quais eles viajam pelo país para divulgar a oferta iminente. Essas feiras cumprem duas finalidades. Primeiro, elas geram interesse entre os possíveis investidores e fornecem informações sobre a oferta. Segundo, elas fornecem informações à empresa emissora e aos respectivos subscritores sobre o preço pelo qual eles poderão negociar os títulos. Os grandes investidores informam os subscritores sobre seu interesse em comprar ações da IPO; essas indicações de interesse são chamadas de *livro de ofertas* e o processo de agrupamento de possíveis investidores é chamado de *formação do livro de ofertas* (*bookbuilding*). Esse livro oferece informações valiosas à empresa emissora porque os investidores institucionais com frequência têm percepções proveitosas sobre a demanda de mercado para o título da empresa e também sobre as perspectivas da empresa e de seus concorrentes. É comum os bancos de investimento reverem suas estimativas iniciais do preço de oferta de um título e o número de ações oferecidas com base no *feedback* da comunidade de investimento.

Por que os investidores revelam honestamente seu interesse por uma oferta ao banco de investimento? Não seria melhor se eles expressassem pouco interesse, com a expectativa de que isso baixasse o preço de oferta? A franqueza é a melhor política porque a revelação da verdade é recompensada. As ações de uma IPO são alocadas entre os investidores com base em parte na convicção com que o investidor expressou seu interesse pela oferta. Se uma empresa quiser obter uma ampla alocação quando estiver otimista sobre o título, deverá revelar seu otimismo. O subscritor, por sua vez, precisa oferecer o título por um preço vantajoso a esses investidores para induzi-los a participar da formação do livro de ofertas e compartilhar informações. Portanto, normalmente as IPOs são subvalorizadas em comparação com o preço pelo qual elas poderiam ser negociadas. Essa subvalorização reflete-se nas altas de preço que ocorrem na data em que as ações são negociadas pela primeira vez nos mercados acionários públicos. A IPO de novembro de 2011 da Groupon é um exemplo usual de subvalorização. A empresa emitiu em torno de 35 milhões de ações ao público pelo preço de US$ 20. O preço das ações fechou naquele dia por US$ 26,11, um pouco mais de 30% acima do preço de oferta.

Embora os custos explícitos de uma IPO tendam a girar em torno de 7% dos fundos levantados, essa subvalorização deve ser considerada como outro custo da emissão. Por exemplo, se a Groupon tivesse vendido suas ações pelo valor de US$ 26,11, valor pelo qual os investidores obviamente estavam dispostos a comprá-las, sua IPO teria levantado 30% mais dinheiro do que de fato levantou. Nesse caso, o dinheiro que a empresa "deixou de ganhar" ultrapassou em muito o custo explícito da emissão de ações. Contudo, a subvalorização parece ser um fenômeno universal. A Figura 3.2 apresenta os retornos médios de primeiro dia em IPOs de empresas de várias partes do mundo. Os resultados indicam consistentemente que as IPOs são oferecidas aos investidores por preços atraentes.

A determinação de preço das IPOs não é insignificante e nem todas se revelam subvalorizadas. Algumas se saem muito mal após a emissão. A IPO do Facebook em 2012 foi uma notável decepção. Uma semana após sua IPO, o preço das ações do Facebook estava 15% abaixo do preço de oferta de US$ 38 e cinco meses depois suas ações estavam sendo vendidas pela metade do preço de oferta.

Curiosamente, apesar do expressivo desempenho inicial do investimento, as IPOs têm sido investimentos insatisfatórios a longo prazo. Ritter calcula os retornos de um investidor hipotético que comprou quantidades iguais de cada IPO dos Estados Unidos entre 1980 e 2009 no fechamento da negociação no primeiro dia em que a ação foi listada e manteve cada posição por três anos.

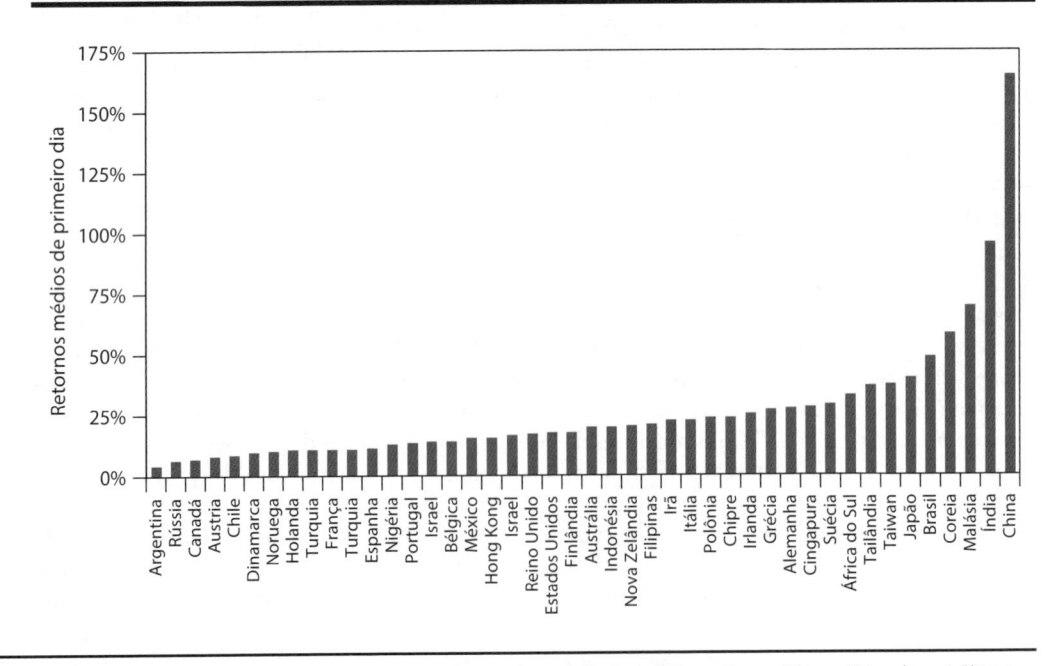

FIGURA 3.2
Retornos médios de primeiro dia de IPOs ao redor do mundo

Fonte: Dados fornecidos pelo professor J. Ritter da Universidade da Flórida, 2008. Essa é uma versão atualizada das informações contidas em T. Loughran, J. Ritter e K. Rydqvist, "Initial Public Offerings", *Pacific-Basin Finance Journal*, 2, 1994, pp. 165–199. Copyright 1994 com permissão da Elsevier Science.

Essa carteira teria tido um desempenho inferior de 19,8% em média durante períodos de manutenção de três anos em relação ao mercado acionário americano como um todo e um desempenho 7,3% inferior ao de carteiras de "estilo correspondente" de empresas com porte e uma relação de valor contábil e valor de mercado comparáveis.[1] Outras IPOs não conseguem nem mesmo ser vendidas totalmente ao mercado. Os subscritores que ficam com títulos inegociáveis são forçados a vendê-los com prejuízo no mercado secundário. Por isso, os bancos de investimento arcam com o risco de preço de uma emissão subscrita.

3.2 Como os títulos são negociados

Os mercados financeiros se desenvolvem para atender às necessidades de determinados negociadores. Imagine o que aconteceria se não existissem mercados organizados. Qualquer família que desejasse investir em um determinado tipo de ativo financeiro teria de encontrar outras pessoas que desejassem vendê-lo. Em pouco tempo, os espaços em que os negociadores interessados pudessem se encontrar se tornariam populares. Com o tempo, desses locais de encontro surgiriam mercados financeiros. Por isso, um *pub* na Londres antiga denominado Lloyd's criou o setor de seguros marítimos. A calçada de Wall Street em Manhattan tornou-se sinônimo de mundo financeiro.

Tipos de mercado

Podemos distinguir quatro tipos de mercado: mercados de procura direta, mercados de corretagem, mercados de distribuidores e mercados de leilão.

Mercados de procura direta O *mercado de procura direta* é o menos organizado. Os compradores e vendedores precisam buscar uns aos outros diretamente. Um exemplo de transação nesse mercado é a venda de uma geladeira usada em que o vendedor anuncia em um jornal local ou no Craigslist para encontrar compradores. Esses mercados são caracterizados por uma participação esporádica e mercadorias de baixo preço e atípicas. Não valeria a pena para a maioria das pessoas e empresas especializar-se nesses mercados.

Mercados de corretagem O nível seguinte de organização é o *mercado de corretagem*. Em mercados em que a negociação de um bem é ativa, os corretores acham vantajoso oferecer serviços de procura a compradores e vendedores. Um bom exemplo é o mercado imobiliário, no qual, em virtude das economias de escala na procura de casas disponíveis e de possíveis compradores, vale a pena os participantes contratarem corretores para realizar essas pesquisas. Os corretores de determinados mercados desenvolvem conhecimentos especializados sobre avaliação de ativos negociados nesse mercado.

Observe que o *mercado primário*, no qual novas emissões de títulos são oferecidas ao público, é um exemplo de mercados de corretagem. Nesse mercado, os bancos de investimento que negociam os títulos de uma empresa atuam como corretores. Eles procuram investidores para que comprem títulos diretamente da empresa emissora.

Mercados de distribuidores Quando a atividade de negociação em um tipo específico de ativo aumenta, surgem **mercados de distribuidores**. Os distribuidores especializam-se em diversos ativos, compram esses ativos para contas pessoais e posteriormente os vendem para extrair lucro de seu estoque. A diferença (*spread*) entre os preços de compra (ou "oferta de compra") e os de venda (ou "oferta de venda") é uma fonte de lucro. Os mercados de distribuidores poupam os custos de procura para os negociadores porque os participantes do mercado podem facilmente pesquisar os preços pelos quais eles podem comprar ou vender para os distribuidores. É necessário haver um movimento razoável no mercado para que a negociação seja uma fonte de renda atraente. As obrigações são em sua maioria negociadas nos mercados de balcão.

---

[1] O *site* do professor Jay Ritter contém grande quantidade de informações e dados sobre IPOs: http://bear.warrington.ufl.edu/ritter/ipodata.htm.

Mercados de leilão O mercado mais integrado é o **mercado de leilão,** caso em que todos os negociadores convergem para um único lugar (tanto física quanto "eletronicamente") para comprar ou vender um ativo. A NYSE é um exemplo de mercado de leilão. Uma das vantagens desse mercado sobre os de distribuidores é que não é necessário procurar distribuidores para encontrar o melhor preço para um bem. Quando todos os participantes convergem para um mesmo ponto, eles podem alcançar preços mutuamente satisfatórios e economizar a margem (*spread*) entre os preços de compra e venda.

Observe que tanto os mercados distribuidores de balcão quanto as bolsas de valores são mercados secundários. Eles são organizados para que os investidores negociem títulos existentes entre si.

> **REVISÃO DE CONCEITOS 3.2**
>
> Muitos ativos são negociados em mais de um tipo de mercado. Em que tipo de mercado os ativos a seguir são comercializados?
> a. Carros usados
> b. Quadros
> c. Moedas raras

Tipos de ordem

Antes de comparar práticas alternativas de negociação e mercados de títulos concorrentes, é favorável começar apresentando uma visão geral dos tipos de negociação que um investidor poderia desejar que fossem realizadas nesses mercados. Em linhas gerais, existem dois tipos de ordem: ordens de mercado e ordens condicionadas a preço.

Ordens de mercado As ordens de mercado são ordens de compra ou venda que devem ser executadas imediatamente pelo preço de mercado atual. Por exemplo, nosso investidor pode telefonar para seu corretor e perguntar qual é o preço de mercado da FedEx. O corretor provavelmente informaria que o melhor **preço de compra** é US$ 90 e o melhor **preço de venda** é US$ 90,05, o que significa que o investidor precisaria pagar US$ 90,05 para comprar uma ação e poderia receber US$ 90 por ação se quisesse vender algumas de suas ações da FedEx. O *spread* **entre preço de compra e venda** nesse caso é US$ 0,05. Portanto, uma ordem para comprar 100 ações "pelo preço de mercado" resultaria em uma compra pelo valor de US$ 90,05 e uma ordem para vender "pelo preço de mercado" seria executada a US$ 90.

Essa situação simples está sujeita a apresentar algumas possíveis complicações. Primeiro, as cotações de preço divulgadas na verdade representam compromissos de negociar um número máximo especificado de ações. Se a ordem de mercado ultrapassar esse número de ações, ela pode ser executada por vários preços. Por exemplo, se o preço de venda for bom para ordens de no máximo 1.000 ações e o investidor desejar comprar 1.500 ações, talvez ele precise pagar um preço mais alto pelas 500 ações adicionais. A Figura 3.3 mostra a *profundidade* média dos mercados acionários (isto é, o número total de ações oferecidas para negociação pelo melhor preço de compra e de venda). Observe que a profundidade é consideravelmente superior para as grandes empresas no S&P 500 do que para empresas menores que compõem o índice Russell 2.000. A profundidade é considerada outro componente de liquidez. Segundo, outro negociador pode superar nosso investidor

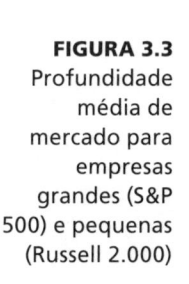

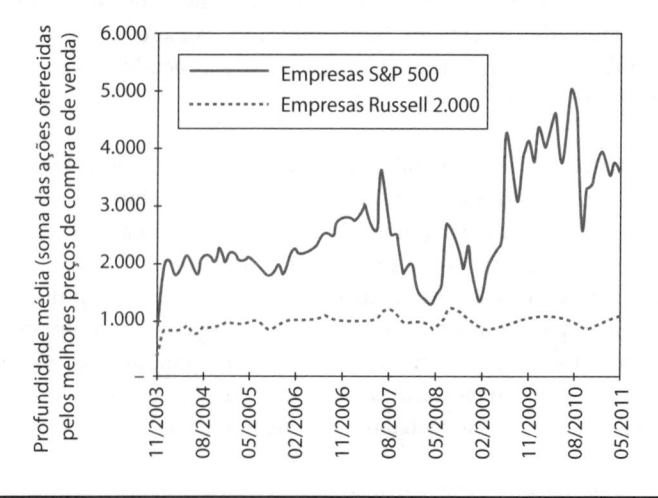

FIGURA 3.3 Profundidade média de mercado para empresas grandes (S&P 500) e pequenas (Russell 2.000)

Fonte: James J. Angel, Lawrence E. Harris e Chester Spatt, "Equity Trading in the 21st Century", *Quarterly Journal of Finance*, 1, 2011, pp. 1–53; Knight Capital Group.

FDX FedEx Corporation

NYSE Arca. [FDX] Go>>

Oferta de compra				Oferta de venda			
ID	Preço	Tamanho	Horário	ID	Preço	Tamanho	Horário
ARCA	90,04	100	14:05:22	ARCA	90,05	400	14:05:21
ARCA	90,03	302	14:05:25	ARCA	90,06	104	14:05:21
ARCA	90,02	204	14:05:25	ARCA	90,07	303	14:05:21
ARCA	90,01	1.604	14:05:17	ARCA	90,08	303	14:05:18
ARCA	90,00	302	14:05:18	ARCA	90,09	303	14:05:18
ARCA	89,99	403	14:05:21	ARCA	90,10	404	14:04:55
ARCA	89,98	1.003	14:05:14	ARCA	90,11	404	14:04:00
ARCA	89,97	1.103	14:05:20	ARCA	90,12	802	14:05:23

FIGURA 3.4
Livro de ordens-limite para a FedEx no mercado NYSE Arca

Fonte: New York Stock Exchange Euronext, www.nyse.com, 22 de junho de 2012.

com relação à cotação, o que significa que sua ordem poderia ser executada por um preço pior. Por fim, a melhor cotação de preço pode mudar antes de a ordem do nosso investidor chegar, novamente fazendo com que ela seja executada por um preço diferente do preço no momento da ordem.

Ordens condicionadas a preço Os investidores também podem colocar ordens que especificam os preços pelos quais eles estão dispostos a comprar ou vender um título. Uma ordem-limite de compra pode instruir o corretor a comprar um determinado número de ações se e quando as ações da FedEx puderem ser obtidas *por um preço estipulado ou abaixo desse preço*. Em contraposição, uma ordem-limite de venda instrui o corretor a vender se e quando o preço das ações subir para um limite *acima* do especificado. O conjunto de **ordens-limite** que estão aguardando execução é chamado de *livro de ordens-limite*.

A Figura 3.4 apresenta parte do livro de ordens-limite para ações da FedEx na bolsa NYSE Arca (uma entre várias outras bolsas eletrônicas; falaremos mais sobre isso em breve). Observe que as melhores ordens estão na parte superior da lista: as ofertas de compra pelo preço mais alto e de venda pelo preço mais baixo. As ordens de compra e venda na parte superior da lista – US$ 90,04 e US$ 90,05 – são chamadas de *cotações internas*. São as ordens de compra mais altas e as ordens de venda mais baixas. Para a FedEx, o *spread* interno foi de 1 centavo apenas. Entretanto, observe que o tamanho das ordens nas cotações internas pode ser razoavelmente pequeno. Por isso, os investidores interessados em negociações maiores defrontam-se com um *spread efetivo* superior ao nominal porque eles não conseguem realizar negociações completas pelas cotações de preço internas.

As **ordens de compra ou venda para limitar perdas (*stop*)** são semelhantes às ordens-limite no sentido de que a negociação só deve ser executada se as ações atingirem um limite de preço. Nas *ordens (stop) de venda para limitar perdas*, a ação deve ser *vendida* se o preço cair para um valor *abaixo* do nível estipulado. Como o próprio nome diz, a ordem permite que a ação seja vendida para impedir o acúmulo de perdas maiores. De modo semelhante, as *ordens (stop) de compra para limitar perdas* especificam que a ação deve ser comprada quando seu preço subir acima de um limite. Com frequência essas negociações acompanham as *vendas a descoberto* (venda de títulos que você não possui e que foram tomados emprestados de seu corretor) e são utilizadas para restringir possíveis perdas da posição a descoberto. As vendas a descoberto são discutidas mais detalhadamente ainda neste capítulo. A Figura 3.5 organiza esses tipos de negociação em uma matriz adequada.

Mecanismos de negociação

Um investidor que deseja comprar ou vender ações fará uma ordem para uma empresa de corretagem. Os corretores cobram uma comissão para organizar a negociação em nome do cliente e contam com vários espaços para realizá-la, isto é, encontrar um comprador ou vendedor e providenciar a negociação das ações.

FIGURA 3.5 Ordens condicionadas a preço

		Condição	
		Preço cai abaixo do limite	Preço sobe acima do limite
Ação Comprar		Ordem-limite de compra	Ordem (*stop*) de compra para limitar perdas
Vender		Ordem (*stop*) de venda para limitar perdas	Ordem-limite de venda

Em linhas gerais, três sistemas de negociação são empregados nos Estados Unidos: mercados distribuidores de balcão, redes de comunicação eletrônica e mercados de especialistas. Os mercados mais conhecidos, como Nasdaq ou NYSE, na verdade utilizam uma variedade de procedimentos de negociação. Portanto, antes de investigar a fundo esses mercados, é favorável compreender o funcionamento básico de cada tipo de sistema de negociação.

> **REVISÃO DE CONCEITOS 3.3**
>
> Que tipo de ordem de negociação você passaria a seu corretor em cada uma das seguintes circunstâncias?
> a. Você deseja comprar ações da FedEx para diversificar sua carteira. Você acredita que o preço da ação está próximo do valor "justo" e deseja que o negócio seja feito de forma rápida e barata.
> b. Você deseja comprar ações da FedEx, mas acredita que o preço atual da ação está muito alto, tendo em vista as perspectivas da empresa. Se as ações pudessem ser obtidas por um preço 5% inferior ao valor atual, você estaria disposto a comprar ações para sua carteira.
> c. Você pretende comprar um imóvel em um condomínio em algum momento do próximo mês e venderá suas ações da FedEx para obter capital para o pagamento de entrada. Embora você acredite que o preço das ações da FedEx subirá nas próximas semanas, se você estiver enganado e o preço baixar repentinamente, não poderá realizar a compra. Por isso, você quer manter as ações pelo máximo de tempo possível e, ainda assim, proteger-se contra o risco de uma grande perda.

Mercados de distribuidores Em torno de 35 mil títulos são negociados no **mercado de balcão ou OTC** (*over-the-counter*). Milhares de corretores registram-se na SEC como distribuidores de títulos. Os distribuidores cotam os preços pelos quais estão dispostos a comprar ou vender títulos. Um corretor então realiza uma negociação entrando em contato com um distribuidor cuja cotação seja atraente.

Antes de 1971, todas as cotações OTC eram registradas manualmente e publicadas diariamente nas assim chamadas planilhas rosa. Em 1971, a Associação Nacional de Intermediários de Valores (National Association of Securities Dealers – Nasd) introduziu o Sistema Eletrônico de Cotação ou Nasdaq para conectar corretores e distribuidores em uma rede de computadores em que as cotações de preço podiam ser exibidas e revistas. Os distribuidores podiam utilizar essa rede para exibir o preço de compra pelo qual estavam dispostos a comprar um título e o preço de venda pelo qual estavam dispostos a vender. A diferença entre esses preços, *spread* entre preço de compra e de venda, era a fonte de lucro do distribuidor. Os corretores que representavam os clientes podiam examinar as cotações pela rede, entrar em contato com o distribuidor com a melhor cotação e realizar uma negociação.

Da forma como estava originalmente organizada, a Nasdaq era mais um sistema de cotação de preços do que um sistema de negociações. Embora os corretores pudessem pesquisar preços de compra e venda na rede de distribuidores, em busca da melhor oportunidade, as negociações reais exigiam o contato direto (com frequência pelo telefone) entre o corretor do investidor e o distribuidor do título. Entretanto, como veremos, hoje a Nasdaq é muito mais que um puro sistema de cotação de preços. Ainda que os distribuidores continuem divulgando preços de compra e venda nessa rede, o que hoje é chamado de **Mercado de Ações Nasdaq** permite a realização de negociações eletrônicas e a grande maioria das negociações é realizada eletronicamente.

Redes de comunicação eletrônica (ECNs) As **redes de comunicação eletrônica** permitem que os participantes divulguem ordens de mercado e de limite nas redes de computadores. O livro de ordens-limite é disponibilizado para todos os participantes. Um exemplo de livro de ordens da NYSE Arca, uma das principais ECNs, é apresentado na Figura 3.4. Nas ordens que podem ser "cruzadas", isto é, compatibilizadas ou combinadas com outra ordem, a negociação é feita automaticamente, sem a intervenção de um corretor. Por exemplo, uma ordem para comprar uma ação pelo preço de US$ 50 ou inferior será executada imediatamente se houver um preço de venda em aberto de US$ 50. Portanto, as ECNs são verdadeiros sistemas de negociação, e não meramente sistemas de cotação de preços.

As ECNs oferecem vários atrativos. O cruzamento direto de negociações sem a utilização de um sistema entre corretor e distribuidor elimina o *spread* entre preço de compra e de venda que, de outra forma, seria incorrido. Em vez disso, as negociações são cruzadas automaticamente por um custo modesto, em geral por um valor inferior a um centavo de dólar. As ECNs são também atraentes em virtude da velocidade com que uma negociação pode ser realizada. E, finalmente, esses sistemas oferecem aos investidores um nível de anonimato considerável em suas negociações.

Mercados de especialistas Os sistemas de especialistas foram em grande medida substituídos pelas redes de comunicação eletrônica. Porém, há uma década, eles ainda eram uma forma predominante de organização de mercado para a negociação de ações. Nesses sistemas, bolsas como a NYSE atribuem a um **especialista** a responsabilidade de negociar cada título. Os corretores que desejam comprar ou vender ações para seus clientes encaminham a transação para o posto do especialista no pregão da bolsa. Embora cada título seja atribuído a um único especialista, cada empresa de especialistas forma um mercado com vários títulos. O especialista mantém o livro de ordens-limite de todas as ordens-limite não executadas pendentes. Quando as ordens podem ser executadas pelo preço de mercado, o especializa executa ou "cruza" a negociação. O preço de compra pendente mais alto e o preço de venda pendente mais baixo "ganham" a negociação.

Os especialistas são também obrigados a manter um mercado "justo e organizado" quando o livro de ordens-limite de compra e venda é extremamente pequeno e, por isso, o *spread* entre o maior preço de compra e o menor preço de venda torna-se muito grande. Nesse caso, a empresa de especialistas deveria se oferecer para comprar e vender de seu próprio estoque por um *spread* entre preço de compra e venda menor. Nessa função, o especialista atua como distribuidor e oferece liquidez para outros negociadores. Nesse contexto, os provedores de liquidez são aqueles que permanecem dispostos a comprar ou vender títulos de ou a outros negociadores.

3.3 Ascensão da negociação eletrônica

Quando criadas, a Nasdaq era principalmente um mercado de balcão e a NYSE, um mercado de especialistas. Hoje, porém, ambas são primordialmente mercados eletrônicos. Essas mudanças foram impulsionadas pela interação de novas tecnologias e novas regulamentações. As novas regulamentações permitiram que os corretores disputassem oportunidades de negócio, eliminaram o domínio que antes os distribuidores tinham sobre as informações a respeito dos melhores preços de compra e venda disponíveis, forçaram a integração dos mercados e possibilitaram que os títulos fossem negociados em incrementos de preço ainda menores (denominados *tamanhos de tick*). A tecnologia possibilitou que os negociadores comparassem rapidamente os preços entre os mercados e direcionassem seus negócios aos mercados com os melhores preços. A concorrência resultante fez o custo de negociação cair para uma pequena porcentagem de seu valor há apenas algumas décadas.

Em 1975, as comissões fixas na NYSE foram eliminadas, e isso permitiu que os corretores disputassem negócios por meio da diminuição de suas taxas. Além disso, nesse mesmo ano, o Congresso reformou a Lei de Valores Mobiliários para criar o Sistema Nacional de Mercado com o objetivo de centralizar pelo menos em parte as negociações entre as bolsas e aumentar a concorrência entre diferentes criadores de mercado. A ideia era implementar a divulgação centralizada de transações e também um sistema de cotação de preços centralizado para oferecer aos negociadores uma visão mais ampla das oportunidades de negócio nos vários mercados.

As consequências do escândalo de 1994 na Nasdaq foram um ímpeto importante para a maior evolução e integração dos mercados. Constatou-se que os distribuidores da Nasdaq estavam conspirando para manter amplos *spreads* entre os preços de compra e venda. Por exemplo, se uma ação estivesse listada a um preço de compra de US$ 30 e um preço de venda de US$ 30½, um cliente varejista que desejasse comprar ações de um distribuidor pagaria US$ 30½, enquanto um cliente que desejasse vender as ações receberia apenas US$ 30. O distribuidor embolsaria um *spread* de ½ ponto como lucro. Outros negociadores talvez estivessem dispostos a participar com melhores preços (p. ex.: talvez estivessem dispostos a comprar ações por US$ 30⅛ ou vendê-las por US$ 30⅜), mas essas cotações mais atraentes não eram disponibilizadas ao público, possibilitando que os distribuidores obtivessem artificialmente amplos *spreads* à custa do público. Quando essas práticas vieram à tona, um processo judicial antitruste foi aberto contra a Nasdaq.

Em resposta ao escândalo, a SEC instituiu novas regras de processamento de ordens. As cotações publicadas pelos distribuidores agora tinham de refletir as ordens-limite dos clientes, permitindo que eles de fato concorressem com os distribuidores para capturar negócios. Como parte do acordo antitruste, a Nasdaq concordou em divulgar as cotações das ECNs ao público, possibilitando que as bolsas eletrônicas também disputassem oportunidades de negócio. Logo após esse acordo, a SEC adotou o Regulamento ATS (Alternative Trading Systems – Sistemas de Negociação Alternativos), concedendo às ECNs o direito de se registrar como bolsa de valores. Como era de esperar, elas conquistaram uma participação de mercado ainda maior e, na esteira dessa nova concorrência, os *spreads* entre preço de compra e de venda diminuiu.

Uma diminuição bem maior dos custos de negociação ocorreu em 1997, quando a SEC permitiu que o *tick* mínimo caísse de 1/8 de dólar para 1/16. Não demorou muito para que, em 2001, a "decimalização" possibilitasse que o *tick* caísse para 1 centavo. Os *spreads* entre compra e venda caíram novamente de forma drástica. A Figura 3.6 apresenta estimativas do "*spread* efetivo" (o custo de uma transação) durante três períodos distintos definidos pelo *tick* mínimo. Observe como o *spread* efetivo cai drasticamente com o *tick* mínimo.

A tecnologia também estava mudando as práticas de negociação. A primeira ECN, Instinet, foi criada em 1969. Por volta da década de 1990, as bolsas mundiais passaram a adotar rapidamente sistemas de negociação totalmente eletrônicos. A Europa foi pioneira nessa evolução, mas com o tempo as bolsas americanas seguiram o exemplo. Em uma operação de *spin-off* em 2000, a Nasd transformou o Mercado de Ações Nasdaq em uma entidade independente, que prontamente se tornou um sistema centralizado de compatibilização de ordens-limite – na verdade, uma grande ECN. A NYSE adquiriu a bolsa eletrônica Archipelago Exchange em 2006 e passou a chamá-la de NYSE Arca.

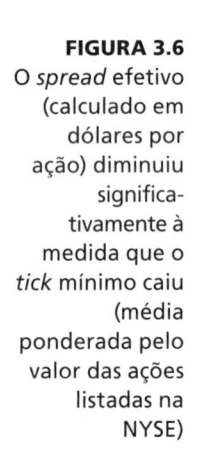

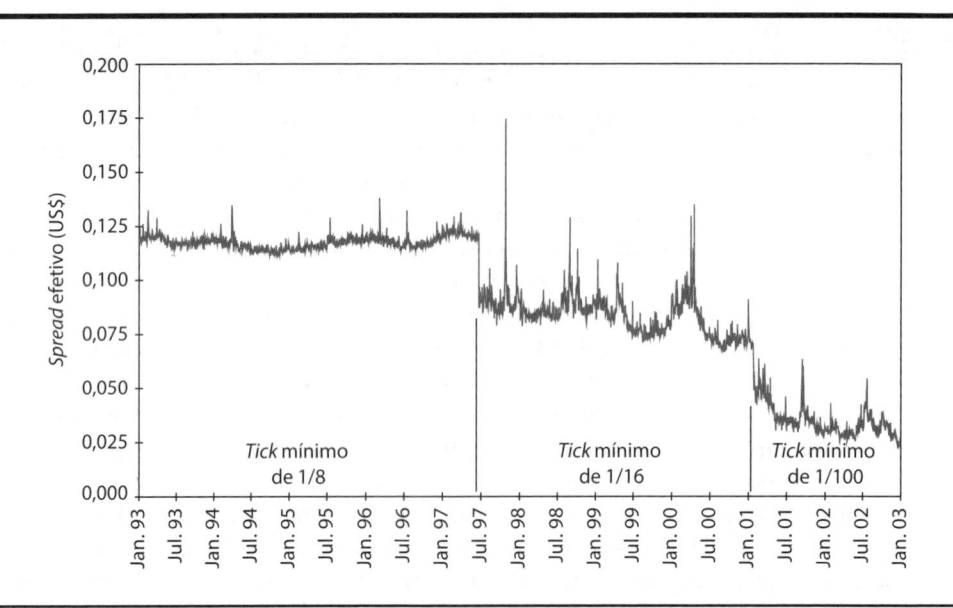

FIGURA 3.6
O *spread* efetivo (calculado em dólares por ação) diminuiu significativamente à medida que o *tick* mínimo caiu (média ponderada pelo valor das ações listadas na NYSE)

Fonte: Tarun Chordia, Richard Roll e Avanidhar Subrahmanyam, "Liquidity and Market Efficiency", *Journal of Financial Economics,* 87, 2008, pp. 249–268. Copyright© Fevereiro de 2008. Dados reproduzidos com permissão da Elsevier.

Em 2005, a SEC adotou o Regulamento NMS (National Market System – Sistema Nacional de Mercado), que foi totalmente implementado em 2007. O objetivo era conectar as bolsas eletronicamente, criando, em vigor, um mercado eletrônico integrado. Esse regulamento exigia que as bolsas honrassem as cotações de outras bolsas quando elas pudessem ser executadas automaticamente. A bolsa que não conseguisse processar eletronicamente uma cotação seria chamada de "mercado lento" dentro do Regulamento NMS e poderia ser ignorada por outros participantes do mercado. A NYSE, que ainda se dedicava ao sistema de especialistas, era a que mais corria o risco de ser ignorada. Em resposta a essa pressão, ela passou a adotar agressivamente a realização automatizada de negociações. As redes de negociação eletrônica e a integração dos mercados logo após o Regulamento NMS facilitaram em muito a concorrência das bolsas ao redor mundo. A NYSE perdeu seu monopólio efetivo na negociação de ações que ela mesma listava e, por volta do final da década, sua participação na negociação dessas ações caiu de 75 para 25%.

Embora ainda existam especialistas, hoje a negociação é predominantemente eletrônica, pelo menos no caso das ações. As obrigações continuam sendo negociadas nos mercados de distribuidores tradicionais. Nos Estados Unidos, a participação da negociação eletrônica de ações aumentou de 16% em 2000 para mais de 80% no final da década. No restante do mundo, a predominância da negociação eletrônica é ainda maior.

3.4 Mercados dos Estados Unidos

A NYSE e o Mercado de Ações Nasdaq continuam sendo os maiores mercados acionários dos Estados Unidos. Contudo, as redes de comunicação eletrônica aumentaram gradualmente sua participação de mercado. A Figura 3.7 mostra o volume comparativo de negociações de ações listadas pela NYSE e Nasdaq e nas principais ECNs, como BATS, NYSE Arca e Direct Edge. A categoria "Outras", cuja participação subiu para mais de 30% recentemente, inclui as assim chamadas *dark pools*, que serão abordadas em breve.

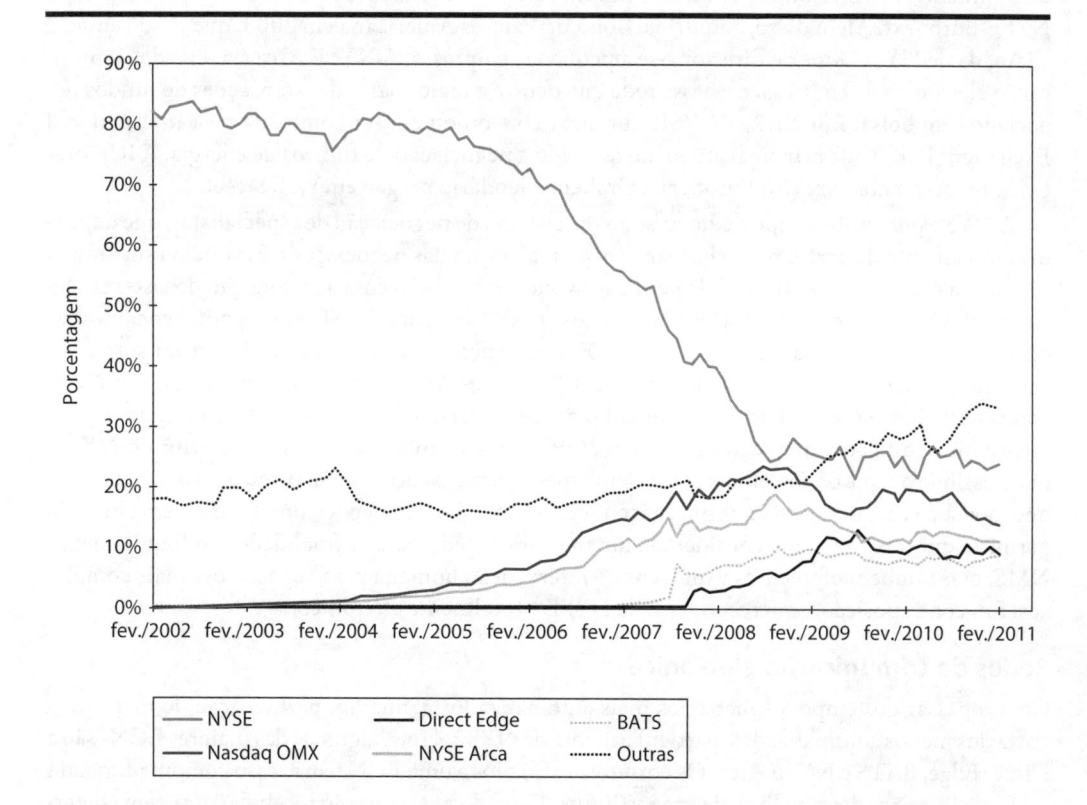

FIGURA 3.7 Participação de mercado da negociação de ações listadas na NYSE

Fonte: James J. Angel, Lawrence E. Harris e Chester Spatt, "Equity Trading in the 21st Century", *Quarterly Journal of Finance*, 1, 2011, pp. 1–53.

Nasdaq

O Mercado de Ações Nasdaq lista em torno de 3 mil empresas. Há pouco tempo esse mercado introduziu plataformas de negociação ainda mais sofisticadas, que hoje processam a grande maioria de suas negociações. A versão atual, chamada de Nasdaq Market Center, funde os mercados eletrônicos anteriores da Nasdaq em um sistema integrado. Em 2008, a Nasdaq fundiu-se com a OMX, empresa suecofinlandesa que controla sete bolsas de valores nórdicas e bálticas, para formar o Nasdaq OMX Group. Além do Mercado de Ações Nasdaq, esse grupo mantém vários mercados acionários na Europa e uma bolsa de opções e futuros nos Estados Unidos.

A Nasdaq tem três níveis de subscritores. Os subscritores no nível mais alto, o 3, são registrados como criadores de mercado. São empresas que formam um mercado de títulos, mantêm um estoque e divulgam os preços de compra e venda pelos quais estão dispostas a comprar ou vender ações. Os subscritores do nível 3 podem inserir e alterar continuamente as cotações de compra e venda e seu processo de execução de negociações é o mais rápido. Eles obtêm lucro do *spread* entre os preços de venda e compra.

Os subscritores do nível 2 recebem todas as cotações de compra e venda, mas não podem inserir suas próprias cotações. Eles podem ver quais criadores de mercado estão oferecendo os melhores preços. Esses subscritores tendem a ser empresas de corretagem que realizam negociações para clientes, mas não negociam ativamente ações por conta própria.

Os subscritores do nível 1 recebem apenas cotações internas (isto é, os melhores preços de compra e venda), mas não veem quantas ações estão sendo oferecidas. Esses subscritores tendem a ser investidores que não compram nem vendem ativamente, mas desejam informações sobre os preços atuais.

Bolsa de Valores de Nova York

A NYSE é a maior **bolsa de valores** dos Estados Unidos de acordo com o valor das ações listadas na bolsa. O volume de negociações diárias na NYSE é de aproximadamente um bilhão de ações. Em 2006, ela se fundiu com a Archipelago Exchange para formar uma empresa de capital aberto denominada NYSE Group e, em 2007, fundiu-se com a bolsa europeia Euronext para formar a NYSE Euronext. Além disso, adquiriu a Bolsa de Valores Americana em 2008, que desde então é chamada de NYSE Amex e direciona-se a pequenas empresas. A NYSE Arca é a rede de comunicação eletrônica da empresa, e é nessa rede que ocorre a maior parte das transações de fundos negociados em bolsa. Em 2012, a NYSE Euronext concordou em ser comprada pela International Exchange (ICE), cuja principal atividade tem sido a negociação de futuros de energia. A ICE pretende manter o nome NYSE Euronext e também o lendário pregão em Wall Street.

A NYSE por muito tempo dedicou-se ao seu sistema de negociação de especialistas, que dependia amplamente da participação humana para a realização das negociações. Ela iniciou sua transição para a negociação eletrônica de pequenos volumes em 1976 com a introdução do sistema Designated Order Turnaround (DOT) e mais tarde do SuperDOT, que podia encaminhar diretamente as ordens ao especialista. Em 2000, ela lançou o Direct+, que podia cruzar automaticamente pequenas negociações (no máximo 1.099 ações) sem intervenção humana, e, em 2004, começou a eliminar as restrições de tamanho nas negociações feitas no Direct+. Essa mudança de ênfase foi significativamente acelerada em 2006 com a introdução do Mercado Híbrido NYSE, que possibilitou que os corretores enviassem ordens para execução imediata ou para o especialista, que, por sua vez, podia procurar um preço melhor junto a outro negociador. Esse sistema híbrido permitiu que a NYSE fosse considerada um mercado rápido para as finalidades do Regulamento NMS, mas também oferecia as vantagens de intervenção humana para negociações mais complexas. Em contraposição, o mercado Arca da NYSE é totalmente eletrônico.

Redes de comunicação eletrônica

Com o passar do tempo, os mercados mais automatizados ganharam participação de mercado à custa dos menos automatizados, particularmente da NYSE. Hoje, algumas das maiores ECNs são a Direct Edge, BATS e NYSE Arca. Os corretores afiliados a uma ECN têm acesso computadorizado e podem inserir ordens no livro de ordens-limite. Quando as ordens são recebidas, o sistema determina se existe uma ordem compatível. Em caso positivo, a transação é cruzada imediatamente.

Originalmente, as ECNs eram abertas apenas a outros negociadores que utilizassem o mesmo sistema. Porém, após a implementação do Regulamento NMS, as ECNs começaram a listar ordens-limite em suas redes. Os negociadores podiam utilizar sistemas de computador para examinar os livros de ordens-limite de várias ECNs e encaminhar ordens instantaneamente ao mercado com os melhores preços. Essas interligações entre os mercados incentivaram uma das estratégias mais populares dos assim chamados negociadores de alta frequência, que procuram obter lucro de discrepâncias ainda menores e transitórias nos preços entre os mercados. Nesse caso, a rapidez é obviamente indispensável, e as ECNs concorrem com relação à rapidez que podem oferecer. **Latência** refere-se ao tempo necessário para aceitar, processar e entregar uma ordem de negociação. A BATS, por exemplo, anunciou tempos de latência de aproximadamente 200 microssegundos, isto é, 0,0002 segundo.

3.5 Novas estratégias de negociação

A união entre os mecanismos de negociação eletrônica e a tecnologia de computadores provocou impactos de longo alcance nas estratégias e ferramentas de negociação. A *negociação algorítmica* delega as decisões de negociação a programas de computador. A *negociação de alta frequência* é uma classe especial de negociação algorítmica em que os programas de computador iniciam ordens em mínimas frações de segundo, muito mais rapidamente do que qualquer humano poderia processar as informações que estão norteando a transação. Grande parte da liquidez de mercado que antes era oferecida pelos corretores que criavam mercados para um título tem sido evidenciada por esses negociadores de alta frequência. Porém, quando os negociadores de alta frequência abandonam o mercado, tal como na assim chamada quebra-relâmpago de 2010, essa liquidez pode, do mesmo modo, evaporar num instante. *Dark pools* são espaços de negociação que preservam o anonimato, mas afetam a liquidez de mercado. Examinaremos essas questões emergentes ainda nesta seção.

Negociação algorítmica

Negociação algorítmica refere-se à utilização de programas de computador para tomar decisões de negociação. Acredita-se que bem mais de 50% das negociações de ações nos Estados Unidos sejam iniciadas por algoritmos de computador. Várias dessas transações exploram discrepâncias extremamente pequenas nos preços dos títulos e envolvem inúmeras e rápidas comparações de preço entre os mercados que são muito adequadas à análise computacional. Essas estratégias não teriam sido possíveis antes da decimalização do *tick* mínimo.

Algumas negociações algorítmicas tentam explorar tendências de curtíssimo prazo (tão curtas quanto alguns segundos) à medida que novas informações sobre uma empresa repercutem no preço de suas ações. Outras utilizam versões de *negociação de pares* (*pairs trading*) em que as relações normais de preço entre pares (ou grupos maiores) de ações parecem temporariamente rompidas e oferecem pequenas oportunidades de ganho à proporção que elas voltam a se alinhar. Algumas outras tentam explorar discrepâncias entre os preços das ações e os preços de contratos de futuros sobre índices de ações.

Algumas negociações algorítmicas envolvem atividades semelhantes à formação de mercado tradicional. Os negociadores procuram obter lucro do spread entre preço de compra e venda comprando uma ação ao preço de compra e vendendo-a rapidamente ao preço de venda antes que o preço possa mudar. Embora esse processo se assemelhe ao de um criador de mercado que oferece liquidez a outros negociadores, esses negociadores algorítmicos não são criadores de mercado registrados e, portanto, têm a obrigação afirmativa de manter as cotações de compra e venda. Se eles abandonarem o mercado durante um período turbulento, o impacto sobre a liquidez de mercado pode ser devastador. Isso parece ter sido um problema durante a quebra-relâmpago de 6 de maio de 2010, quando o mercado acionário confrontou uma volatilidade extrema e o índice Dow Jones caiu 1.000 pontos antes de recuperar em torno de 600 pontos nas negociações intradiárias (*intraday*). O quadro mais adiante aborda esse episódio inesperado e perturbador.

Negociação de alta frequência

É muito fácil ver que várias estratégias de negociação algorítmicas exigem que a transação seja iniciada e realizada de uma maneira muito rápida. A **negociação de alta frequência** é um subconjunto de negociação algorítmica em que se utilizam programas de computador para tomar decisões extremamente rápidas. Os negociadores de alta frequência disputam oportunidades de negócio que oferecem lucros muito baixos. Contudo, se essas oportunidades forem suficientemente numerosas, eles podem acumular muito dinheiro.

Ressaltamos que uma estratégia de alta frequência envolve um tipo de formação de mercado em que se tenta obter lucro do *spread* entre preço de compra e venda. Outra estratégia recorre a uma arbitragem entre mercados, em que até mesmo uma minúscula discrepância de preço entre os mercados possibilita que a empresa compre um título por um preço e simultaneamente o venda por um preço um pouco acima. A vantagem competitiva nessas estratégias pertence às empresas que são mais ágeis para identificar e realizar essas oportunidades de lucro. Existe uma imensa vantagem em ser o primeiro a "alcançar" um preço de compra ou venda.

Os tempos de realização das negociações para os negociadores de alta frequência agora são medidos em milissegundos, até em microssegundos. Isso induziu as empresas de negociação a situar seus centros de negociação próximos dos sistemas de computador das bolsas eletrônicas (*colocation*). Quando os períodos de execução ou latência são inferiores a um milissegundo, o tempo extra para uma ordem de negociação transitar entre um local remoto e uma bolsa em Nova York pode ser suficiente para quase impossibilitar o fechamento de um negócio.

Para compreender por que a *colocation* ou compartilhamento de localização tornou-se uma questão fundamental, considere este cálculo. Até mesmo a luz consegue viajar apenas 300 quilômetros por milissegundo. Portanto, uma ordem proveniente de Chicago, transmitida à velocidade da luz, levaria quase cinco segundos para chegar a nova York. Mas as ECNs alegam períodos de latência inferiores a um milissegundo. Por isso, essa ordem provavelmente não conseguiria concorrer com outra lançada de uma *colocation*.

Em determinados aspectos, o compartilhamento de localização é uma nova versão de um fenômeno antigo. Pense no motivo pelo qual, mesmo após o advento do telefone, tantas empresas de corretagem situaram originalmente sua matriz em Nova York: elas estavam "compartilhando a localização" com a NYSE para que seus corretores pudessem levar oportunidades de negócio para a bolsa de maneira rápida e eficiente. Hoje, as transações são transmitidas eletronicamente, mas a disputa entre os negociadores por uma rápida execução significa que a necessidade de permanecer próximo do mercado (agora corporificado nos servidores de computador) persiste.

Dark pools

Muitos negociadores importantes procuram o anonimato. Eles temem que, se outros negociadores os virem executando um programa de compra ou venda, suas intenções se tornarão públicas e os preços se voltarão contra eles. As transações muito grandes (chamadas de **transações em bloco** e em geral definidas como uma negociação de mais de 10 mil ações) são normalmente levadas para "*block houses*", empresas de corretagem especializadas na compatibilização ou combinação de compradores e vendedores. Parte do conhecimento dos corretores de transações em bloco refere-se à identificação de negociadores que podem estar interessados em uma grande compra ou venda se for feita uma oferta. Esses corretores organizam discretamente grandes transações, longe dos olhos públicos, e por isso evitam que os preços voltem-se contra seus clientes.

Hoje, a transação em bloco foi substituída em grande medida pelas ***dark pools***, sistemas de negociação em que os participantes podem comprar ou vender grandes blocos de títulos sem mostrar as cartas. Nas *dark pools*, além de os compradores e vendedores não serem revelados ao público, as negociações podem não ser divulgadas ou, se forem, talvez sejam agregadas a outras para encobrir informações sobre determinados participantes.

As *dark pools* são até certo ponto controversas porque contribuem para a fragmentação dos mercados. Quando várias ordens são removidas do livro de ordens-limite consolidado, sobram menos ordens para absorver as flutuações na demanda e o preço público pode deixar de ser "justo" no sentido de que reflete todas as possíveis informações disponíveis a respeito da demanda pelo título.

Outra abordagem para lidar com grandes transações é dividi-las em várias pequenas, possibilitando que todas sejam executadas em mercados eletrônicos, a fim de ocultar que o número total de ações finalmente compradas ou vendidas é grande. Essa tendência provocou o rápido declínio do tamanho médio das transações, que hoje é inferior a 300 ações.

DESTAQUE DA REALIDADE

QUEBRA-RELÂMPAGO DE MAIO DE 2010

No dia 6 de maio de 2010, às 14h42, no horário de Nova York, o índice industrial Dow Jones já havia caído em torno de 300 pontos naquele dia. O mercado estava se mostrando preocupado com a crise da dívida europeia e os nervos estavam à flor da pele. Em seguida, nos cinco minutos subsequentes, o índice Dow perdeu *mais* 600 pontos. E apenas 20 minutos depois disso, recuperou grande parte desses 600 pontos. Além da volatilidade descomunal do mercado como um todo em um único dia, as negociações de ações individuais e os fundos negociados em bolsa sofreram abalos ainda maiores. O iShares Russell 1.000 Value Fund caiu temporariamente de US$ 59 por ação para 8 centavos. As ações da grande empresa de consultoria Accenture, que haviam acabado de ser vendidas por US$ 38, foram vendidas por 1 centavo apenas um ou dois minutos depois. No outro extremo, o preço das ações da Apple e Hewlett-Packard aumentaram momentaneamente para mais de US$ 100 mil. Esses mercados estavam nitidamente arruinados.

As causas dessa quebra-relâmpago ainda estão sendo debatidas. Um relatório da SEC publicado após a negociação aponta para uma venda de US$ 4 bilhões em contratos de futuros sobre índices de mercado por um fundo mútuo. Quando os preços de mercado começaram a cair rápida e repentinamente, vários programas de negociação algorítmica afastaram-se dos mercados e aqueles que permaneceram tornaram-se vendedores líquidos, fazendo com que o preço das ações baixasse ainda mais. À medida que esses negociadores algorítmicos suspendiam suas operações, a liquidez nesses mercados evaporava: os compradores de várias ações simplesmente desapareciam.

Por fim, a negociação foi interrompida por um curto período. Quando retomada, os compradores decidiram tirar proveito de vários preços de ações rebaixados, e o mercado recuperou-se quase que com a mesma rapidez que havia caído. Em vista do distúrbio ocorrido em um único dia e dos preços nitidamente distorcidos pelos quais algumas transações haviam sido executadas, a NYSE e a Nasdaq resolveram cancelar todas as transações que haviam sido executadas mais de 60% acima de um "preço de referência" próximo do preço de abertura do dia. Quase 70% das transações canceladas referiam-se a fundos negociados em bolsa.

Desde então a SEC aprovou a experimentação de novos *circuit breakers* (suspensões no pregão) para interromper a negociação durante cinco minutos de grandes volumes de ações que sobem ou descem mais de 10% em um período de cinco minutos. A ideia é impedir que os algoritmos de negociação mudem rapidamente o preço das ações antes que os negociadores humanos tenham oportunidade de determinar se esses preços estão mudando em consequência de informações fundamentais.

A quebra-relâmpago evidenciou a fragilidade dos mercados em face de uma imensa variação no volume de negociações criada pelos negociadores algorítmicos. A possibilidade de esses negociadores de alta frequência afastarem-se dos mercados em períodos de distúrbio continua sendo uma preocupação, e vários observadores não estão convencidos de que estamos protegidos contra quebras-relâmpago futuras.

Negociação de obrigações

Em 2006, a NYSE obteve aprovação regulamentar para ampliar seu sistema de negociação de obrigações e incluir as emissões de dívida de qualquer empresa listada na NYSE. No passado, toda obrigação precisava ser registrada antes de ser listada; essa exigência era muito onerosa para justificar a listagem da maioria das obrigações. Com essas novas listagens, a NYSE ampliou sua plataforma de negociação eletrônica de obrigações, hoje chamada de NYSE Bonds, que é o maior mercado centralizado de obrigações de qualquer bolsa de valores dos Estados Unidos.

No entanto, a vasta maioria das negociações de obrigações ocorre no mercado OTC entre distribuidores de obrigações, mesmo para aquelas que na verdade estão listadas na NYSE. Esse mercado é uma rede de distribuidores de obrigações, como Merrill Lynch (hoje Bank of America), Salomon Smith Barney (uma divisão do Citigroup) e Goldman Sachs, interligada por um sistema de cotação por computador. Entretanto, como os distribuidores mantêm um amplo estoque de uma extensa variedade de obrigações que foram emitidas ao público, eles não podem necessariamente se oferecer para vender obrigações de seu estoque a clientes nem mesmo comprar para seu estoque. Em vez disso, eles podem tentar localizar um investidor que deseja assumir o lado oposto de uma transação. Contudo, na prática, o mercado de obrigações corporativas com frequência é muito "rarefeito", visto que pode haver poucos investidores interessados em negociar uma determinada obrigação em qualquer momento específico. Por esse motivo, o mercado de obrigações está sujeito a um tipo de risco de liquidez, pois pode ser difícil vendê-las se houver necessidade.

3.6 Globalização dos mercados acionários

A Figura 3.8 mostra que a NYSE Euronext é de longe o maior mercado de ações, com base no valor total de mercado das empresas listadas. Hoje, todos os mercados de ações importantes são efetivamente eletrônicos.

Os mercados de títulos têm enfrentado pressão crescente nos últimos anos para realizar alianças ou fusões internacionais. Grande parte dessa pressão deve-se ao impacto da negociação eletrônica. Os negociadores veem os mercados acionários cada vez mais como redes que os interligam com outros negociadores e existem cada vez menos restrições quanto aos títulos ao redor do mundo que eles podem negociar. Nesse contexto, a importância de as bolsas oferecerem o mecanismo mais barato e mais eficiente para as transações serem executadas e liquidadas tornou-se maior. Isso justifica alianças globais que possam facilitar os aspectos práticos das negociações transnacionais e se beneficiar de economias de escala. As bolsas sentem que, mais dia menos, precisarão oferecer mercados globais 24 horas e plataformas que possibilitem a negociação de diferentes tipos de título – por exemplo, ações e derivativos. Por fim, as empresas querem contar com a possibilidade de ultrapassar as fronteiras nacionais quando desejarem levantar capital.

Essas pressões deram origem a uma ampla tendência em direção à consolidação de mercado. Na última década, a maioria das fusões foi "local", isto é, envolveu bolsas que operam no mesmo continente. Nos Estados Unidos, a NYSE fundiu-se com a ECN Archipelago em 2006 e, em 2008, adquiriu a Bolsa de Valores Americana. A Nasdaq adquiriu a Instinet (que operava outra ECN importante, a INET) em 2005 e a Bolsa de Valores de Boston em 2007. No mercado de derivativos, a Bolsa Mercantil de Chicago adquiriu a Câmara de Comércio de Chicago em 2007 e a Bolsa Mercantil de Nova York em 2008, levando praticamente todas as negociações de futuros nos Estados Unidos para uma única bolsa. Na Europa, a Euronext foi formada pela fusão das bolsas de Paris, Bruxelas, Lisboa e Amsterdã e logo depois comprou a LIFFE, bolsa de derivativos situada em Londres. A LSE fundiu-se em 2007 com a Borsa Italiana, que opera a bolsa de Milão.

Houve também uma onda de consolidação intercontinental. O NYSE Group e a Euronext fundiram-se em 2007. A Deutsche Börse, da Alemanha, e a NYSE Euronext chegaram a um acordo de fusão no final de 2011. A empresa resultante dessa fusão teria capacidade para aceitar negociações em praticamente qualquer tipo de investimento. Entretanto, no início de 2012, a fusão proposta enfrentou problemas quando as agências regulatórias antitruste da União Europeia recomendaram que essa

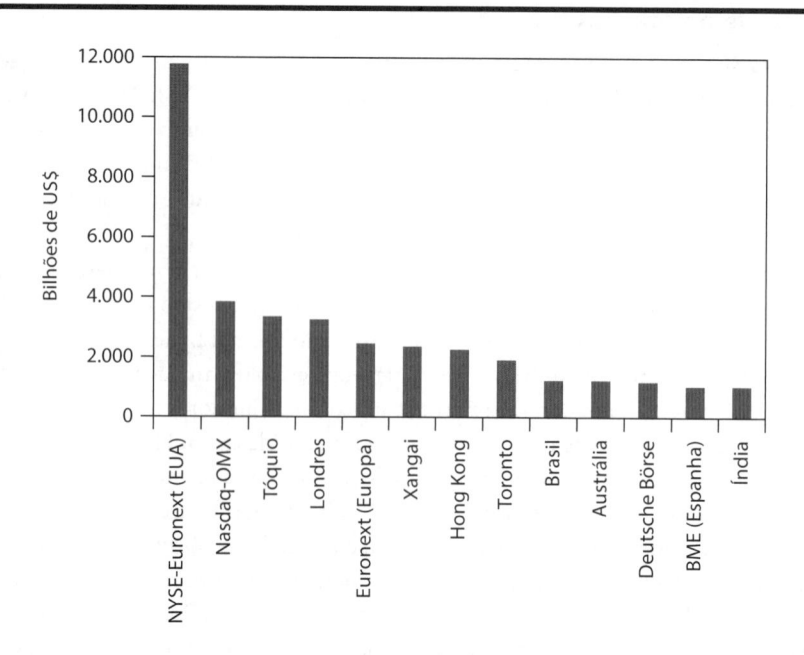

FIGURA 3.8
Os maiores mercados acionários do mundo em termos de capitalização de mercado doméstica em 2012

Fonte: Federação Mundial de Bolsas de Valores, 2012.

associação fosse bloqueada. Contudo, essa tentativa de fusão indica o ímpeto das pressões do mercado e, portanto, outras associações continuam se desenvolvendo. A NYSE e a Bolsa de Valores de Tóquio anunciaram a intenção de interligar suas redes para oferecer aos clientes de cada uma acesso a ambos os mercados. Em 2007, o Mercado de Ações Nasdaq fundiu-se com a OMX, que opera sete bolsas nórdicas e bálticas, para formar o Nasdaq OMX Group. Em 2008, a Euronext assumiu o controle da International Securities Exchange (ISE), para formar uma importante bolsa de opções.

3.7 Custos de negociação

Parte do custo de negociação de um título é óbvia e explícita. Você deve pagar uma comissão ao corretor. As pessoas podem escolher entre dois tipos de corretor: de serviço completo ou de desconto. Os corretores de serviço completo que oferecem uma variedade de serviços com frequência são chamados de executivos de conta ou consultores financeiros.

Além de realizar serviços básicos de execução de ordens, guardar valores, estender empréstimos de margem e viabilizar vendas a descoberto, os corretores costumam fornecer informações e conselhos sobre alternativas de investimento.

Os corretores de serviço completo normalmente dependem de uma equipe de pesquisa que prepara análises e previsões sobre a economia geral e as condições dos setores e das empresas e com frequência oferece recomendações sobre compra ou venda. Alguns clientes dão seu voto de confiança máximo e permitem que um corretor de serviço completo tome decisões de compra e venda em seu nome estabelecendo uma *conta discricionária*. Nessa conta, o corretor pode comprar e vender títulos previamente especificados sempre que julgar adequado. (Contudo, o corretor não pode sacar nenhum fundo.) Essa ação exige um grau incomum de confiança da parte do cliente, visto que um corretor inescrupuloso pode "revirar" uma conta, isto é, negociar títulos excessivamente com o único propósito de gerar comissões.

Os corretores de desconto, por sua vez, oferecem serviços "sem supérfluos". Eles compram e vendem títulos, guardam-nos, oferecem empréstimos de margem e facilitam vendas a descoberto – e isso é tudo. A única informação que eles fornecem sobre os títulos que negociam refere-se a cotações de preço. Os serviços de corretagem de desconto obtiveram uma popularidade crescente nos últimos anos. Muitos bancos, instituições de poupança e empresas de administração de fundos mútuos agora oferecem esses serviços ao público investidor como parte de uma tendência geral no sentido de criar "supermercados financeiros" completos. As comissões das negociações de ações caíram gradualmente ao longo da última década, e empresas de corretagem de desconto como Schwab, E*Trade ou TD Ameritrade hoje oferecem comissões abaixo de US$ 10.

Além da parte explícita dos custos de negociação – a comissão do corretor –, existe uma parte implícita – o *spread* entre preço de compra e venda do distribuidor. Algumas vezes o corretor é o distribuidor do título que está sendo negociado e, desse modo, não cobra nenhuma comissão, mas recebe inteiramente sua parte em forma de *spread* entre preço de compra e venda. Outro custo implícito que alguns observadores poderiam distinguir é a concessão de preço que um investidor pode ser forçado a fazer para negociar em quantidades superiores àquelas associadas com os preços de compra ou venda divulgados.

3.8 Comprando na margem

Quando compram títulos, os investidores têm fácil acesso a uma fonte de financiamento de dívida chamada de *empréstimos de curtíssimo prazo do corretor* (*call loans*). O ato de obter vantagem desses empréstimos é chamado de *comprar na margem*.

Comprar ações na margem significa tomar emprestada parte do preço da compra das ações de um corretor. A **margem** na conta é a parcela do preço de compra com a qual o investidor contribui; o restante é tomado emprestado do corretor. Os corretores, por sua vez, tomam empréstimos nos bancos pela taxa de juros sobre dinheiro resgatável para financiar essas compras; depois, eles cobram essa taxa dos clientes (definida no Capítulo 2), mais uma taxa de administração do financiamento. Todos os títulos comprados na margem devem ser mantidos na empresa de corretagem, pois os títulos são a garantia do empréstimo.

EXEMPLO 3.1 || Margem

A margem percentual é definida como a relação entre o patrimônio líquido ou o "capital próprio" da conta e o valor de mercado dos títulos. Para demonstrar, suponhamos que um investidor pague inicialmente US$ 6 mil na compra de US$ 10 mil em ações (100 ações por US$ 100 cada), tomando emprestado de um corretor o valor restante de US$ 4 mil. O balanço inicial é semelhante ao seguinte:

Ativos (US$)		Passivos e Capital Próprio (US$)	
Valor das ações	10.000	Empréstimo tomado do corretor	4.000
		Patrimônio líquido	6.000

A margem percentual inicial é

$$\text{Margem} = \frac{\text{Patrimônio}}{\text{Valor da ação}} = \frac{\text{US\$ 6.000}}{\text{US\$ 10.000}} = 0{,}60 \text{ ou } 60\%$$

Se o preço cair até US$ 70 por ação, o balanço da conta será:

Ativos (US$)		Passivos e Capital Próprio (US$)	
Valor das ações	7.000	Empréstimo tomado do corretor	4.000
		Patrimônio líquido	3.000

Os ativos em conta caem com a queda total no valor das ações, assim como o patrimônio. A margem percentual passa a ser:

$$\text{Margem} = \frac{\text{Patrimônio}}{\text{Valor da ação}} = \frac{\text{US\$ 3.000}}{\text{US\$ 7.000}} = 0{,}43 \text{ ou } 43\%$$

O Conselho de Governadores do Federal Reserve System restringe até que ponto as compras de ações podem ser financiadas utilizando empréstimos de margem. A exigência atual de margem inicial é 50%, o que significa que pelo menos 50% do preço de compra deve ser pago em dinheiro e o restante tomado emprestado.

Se o valor das ações no Exemplo 3.1 caísse abaixo de US$ 4 mil, o patrimônio líquido do proprietário se tornaria negativo, o que significa que o valor das ações não é mais uma garantia suficiente para cobrir o empréstimo tomado do corretor. Para se resguardar dessa possibilidade, o corretor estabelece uma *margem de manutenção*. Se a margem percentual cair abaixo do nível de manutenção, o corretor emitirá uma *chamada de cobertura de margem*, que exige que o investidor acrescente mais dinheiro ou títulos na conta de margem. Se o investidor não tomar providências, o corretor pode vender os títulos da conta para liquidar uma quantia suficiente do empréstimo e restaurar a margem percentual para um nível aceitável.

EXEMPLO 3.2 || Margem de manutenção

Suponhamos que a margem de manutenção seja 30%. Até que ponto o preço das ações poderia cair para que o investidor obtivesse uma chamada de cobertura de margem?

Seja P o preço da ação. Portanto, o valor das 100 ações do investidor é $100P$ e o patrimônio em conta é $100P - \text{US\$ 4.000}$. A margem percentual é $(100P - \text{US\$ 4.000})/100P$. O preço em que a margem percentual é igual à margem de manutenção de 0,3 é encontrado por meio desta equação:

$$\frac{100P - 4.000}{100P} = 0{,}3$$

Isso significa que $P = \text{US\$ 57{,}14}$. Se o preço das ações caísse para um valor inferior a US$ 57,14 por ação, o investidor obteria uma chamada de cobertura de margem.

APLICAÇÕES EXCEL: Comprando na margem

Em **www.grupoa.com.br** está disponível o modelo de planilha Excel a seguir, o qual facilita a análise sobre os impactos de diferentes níveis de margem e a volatilidade dos preços das ações. Ele permite também que você compare o retorno sobre o investimento de uma negociação na margem com o de uma negociação que não utiliza nenhum fundo de empréstimo.

Questões Excel

1. Suponhamos que você compre 100 ações com preço de venda inicial de US$ 50, tomando 25% de empréstimo de seu corretor; ou seja, a margem inicial em sua compra é 25%. Você paga 8% de juros sobre os empréstimos de margem.

   a. Quanto você investe de seu próprio dinheiro? Quando você toma emprestado de seu corretor?

   b. Qual será sua taxa de retorno para os preços de ação a seguir no final de um período de manutenção de um ano? (1) US$ 40, (2) US$ 50, (3) US$ 60.

2. Responda novamente a primeira questão supondo uma margem inicial de 50%. Até que ponto a margem afeta o risco e o retorno de sua posição?

	A	B	C	D	E	F	G	H
1								
2			Ação ou Fórmula	Preço Final	Retorno sobre o		Preço Final	Retorno
3			para a Coluna B	da Ação	Investimento		da Ação	sem Margem
4	Investimento inicial em ações	US$ 10.000,00	Inserir dados		-41,60%			-18,80%
5	Valor tomado emprestado	US$ 10.000,00	(B4/B10) – B4	US$ 20,00	-121,60%		US$ 20,00	-58,80%
6	Preço inicial da ação	US$ 50,00	Inserir dados	25,00	-101,60%		25,00	-48,80%
7	Ações compradas	400	(B4/B10)/B6	30,00	-81,60%		30,00	-38,80%
8	Preço final da ação	US$ 40,00	Inserir dados	35,00	-61,60%		35,00	-28,80%
9	Dividendos em dinheiro durante o período de manutenção	US$ 0,60	Inserir dados	40,00	-41,60%		40,00	-18,80%
10	Porcentagem de margem inicial	50,00%	Inserir dados	45,00	-21,60%		45,00	-8,80%
11	Porcentagem de margem de manutenção	30,00%	Inserir dados	50,00	-1,60%		50,00	1,20%
12				55,00	18,40%		55,00	11,20%
13	Taxa sobre empréstimo de margem	8,00%	Inserir dados	60,00	38,40%		60,00	21,20%
14	Período de manutenção em meses	6	Inserir dados	65,00	58,40%		65,00	31,20%
15				70,00	78,40%		70,00	41,20%
16	Retorno sobre o investimento			75,00	98,40%		75,00	51,20%
17	Ganho de capital sobre as ações	-US$ 4.000,00	B7*(B8–B6)	80,00	118,40%		80,00	61,20%
18	Dividendos	US$ 240,00	B7*B9					
19	Juros sobre empréstimo de margem	US$ 400,00	B7*(B14/12)*B13					
20	Lucro líquido	-US$ 4.160,00	B17+B18–B19				Legenda:	
21	Investimento inicial	-US$ 10.000,00	B4				Inserir dados	
22	Retorno sobre o investimento	-41,60%	B20/B21				Valor calculado	

Por que os investidores compram títulos na margem? Eles fazem isso quando desejam investir uma quantia maior do que seu capital próprio permite. Assim, eles podem ampliar seu potencial de ganho, mas eles também se expõem a um risco de perda maior.

Para ver como isso acontece, suponhamos que um investidor esteja otimista em relação às ações da FinCorp, que estão sendo negociadas por US$ 100 por ação. Um investidor com US$ 10 mil para investir espera que o preço da FinCorp suba 30% durante o ano seguinte. Ignorando quaisquer dividendos, a taxa de retorno esperada seria 30% se o investidor investisse US$ 10 mil para comprar 100 ações.

> **REVISÃO DE CONCEITOS 3.4**
>
> Suponhamos que a margem de manutenção no Exemplo 3.2 seja 40%. A que nível o preço das ações poderia cair até que o investidor obtivesse uma chamada de cobertura de margem?

TABELA 3.1 Exemplo de compra de ações na margem

Mudança no preço das ações	Valor das ações no fim do ano (US$)	Reembolso do principal e juros (US$)*	Taxa de retorno do investidor (%)
30% de aumento	26.000	10.900	51
Nenhuma mudança	20.000	10.900	–9
30% de queda	14.000	10.900	–69

* Supondo que o investidor compre US$ 20 mil em ações tomando emprestado um valor de US$ 10 mil por uma taxa de juros de 9% ao ano.

> **REVISÃO DE CONCEITOS 3.5**
>
> Suponhamos que nesse exemplo de margem, o investidor tome emprestado somente o valor de US$ 5 mil pela mesma taxa de juros de 9% ao ano. Qual será a taxa de retorno se o preço da FinCorp subir 30%? Se o preço cair 30%? Se permanecer inalterado?

Porém, suponhamos agora que o investidor tome emprestado do corretor o valor adicional de US$ 10 mil e também invista na FinCorp. O investimento total na FinCorp seria US$ 20 mil (para 200 ações). Supondo uma taxa de juros sobre o empréstimo de margem de 9% ao ano, qual será a taxa de retorno do investidor agora (novamente ignorando quaisquer dividendos) se as ações da FinCorp subirem 30% por volta do final do ano?

As 200 ações valerão US$ 26 mil. Pagando US$ 10.900 de principal e juros sobre o empréstimo de margem, restará o valor de US$ 15.100 (isto é, US$ 26.000 − US$ 10.900). A taxa de retorno nesse caso será:

$$\frac{US\$\ 15.100 - US\$\ 10.000}{US\$\ 10.000} = 51\%$$

O investidor transformou vantajosamente o aumento de 30% em uma taxa de retorno de 51% sobre o investimento de US$ 10 mil.

Entretanto, nesse processo, o risco de perda também aumenta. Suponhamos que, em vez de subir 30%, o preço das ações da FinCorp caísse 30%, para US$ 70 por ação. Nesse caso, as 200 ações valeriam US$ 14 mil e o investidor ficaria com US$ 3.100 depois que pagasse US$ 10.900 de principal e juros sobre o empréstimo. O resultado seria um desastroso retorno de:

$$\frac{US\$\ 3.100 - US\$\ 10.000}{US\$\ 10.000} = -69\%$$

A Tabela 3.1 sintetiza os resultados possíveis dessas transações hipotéticas. Se não houvesse nenhuma mudança no preço das ações da FinCorp, o investidor perderia 9%, o custo do empréstimo.

3.9 Vendas a descoberto

Normalmente, um investidor primeiro costuma comprar ações e depois vendê-las. Na venda a descoberto, a ordem é inversa. Primeiro você vende e depois compra as ações. Em ambos os casos, você começa e termina sem nenhuma ação.

A **venda a descoberto** possibilita que os investidores lucrem com a queda no preço de um título. O investidor toma uma ação emprestada de um corretor e a vende. Posteriormente, o vendedor a descoberto deve comprar uma ação da mesma empresa a fim de repor a ação que tomou emprestada. Isso é chamado de *cobertura da posição vendida*. A Tabela 3.2 compara compras de ações com vendas a descoberto.[2]

O vendedor a descoberto prevê que o preço das ações cairá, de modo que as ações poderão ser compradas mais tarde por um preço inferior ao que foram vendidas inicialmente; nesse caso, ele lucrará. Os vendedores a descoberto devem não apenas repor as ações, mas também pagar ao emprestador do título quaisquer dividendos pagos durante a venda a descoberto.

Na prática, as ações emprestadas para uma venda a descoberto normalmente são fornecidas pela empresa de corretagem do vendedor a descoberto, que mantém uma grande variedade de títulos de seus outros investidores (isto é, o corretor registra as ações em seu nome, em nome do cliente). O proprietário das ações não precisa saber que as ações foram emprestadas para o vendedor a descoberto. Se ele quiser vendê-las, a empresa de corretagem simplesmente tomará ações emprestadas de outro investidor. Portanto, a venda a descoberto pode ter um prazo indefinido. Contudo, se a empresa de corretagem não conseguir localizar novas ações para repor as vendidas,

---

[2] *Naked short-selling* é uma variação da venda a descoberto convencional em que um negociador vende ações que ainda não foram tomadas emprestadas, supondo que elas poderão ser adquiridas em tempo para cumprir qualquer prazo de entrega. Embora esse tipo de venda a descoberto seja proibido, o cumprimento dessa lei tem sido irregular, visto que várias empresas a utilizam com base na "convicção razoável" de que conseguirão adquirir as ações no momento em que sua entrega for exigida. Atualmente a SEC está exigindo que os vendedores a descoberto façam acordos firmes de entrega antes de se envolverem com a venda.

APLICAÇÕES EXCEL: Venda a descoberto

Em **www.grupoa.com.br** está disponível este modelo de planilha, criado com base no exemplo da empresa "bomba ponto-com". Ele permite que você analise os efeitos dos retornos, das coberturas de margem e de diferentes níveis de margem inicial e de manutenção. Além disso, ele inclui uma análise de suscetibilidade referente ao preço inicial das ações e ao retorno sobre o investimento.

QUESTÕES EXCEL

1. Suponhamos que você venda 100 ações a descoberto com preço de venda inicial de US$ 100. A exigência de margem inicial é 50% do valor das ações vendidas. Você não recebe juros dos fundos colocados em sua conta de margem.

   a. Que valor você precisa acrescentar à sua conta de margem?
   b. Qual será sua taxa de retorno para os preços de ação a seguir no final de um período de manutenção de um ano? Suponha que as ações não paguem dividendos. (1) US$ 90, (2) US$ 100, (3) US$ 110.

2. Responda novamente a primeira questão (b), mas agora admitindo que a empresa paga dividendos de US$ 2 por ação ao ano.

   Qual a relação entre a taxa de retorno total das ações e o retorno de sua posição a descoberto?

	A	B	C	D	E
1					
2			Ação ou Fórmula	Preço Final	Retorno sobre o
3			para a Coluna B	da Ação	Investimento
4	Investimento inicial	US$ 50.000,00	Inserir dados		60,00%
5	Preço inicial da ação	US$ 100,00	Inserir dados	US$ 170,00	–140,00%
6	Número de ações vendidas a descoberto	1.000	(B4/B9)/B5	160,00	–120,00%
7	Preço final da ação	US$ 70,00	Inserir dados	150,00	–100,00%
8	Dividendos em dinheiro por ação	US$ 0,00	Inserir dados	140,00	–80,00%
9	Porcentagem de margem inicial	50,00%	Inserir dados	130,00	–60,00%
10	Porcentagem de margem de manutenção	30,00%	Inserir dados	120,00	–40,00%
11				110,00	–20,00%
12	Retorno sobre a venda a descoberto			100,00	0,00%
13	Ganho de capital sobre as ações	US$ 30.000,00	B6*(B5–B7)	90,00	20,00%
14	Dividendos pagos	US$ 0,00	B8*B6	80,00	40,00%
15	Lucro líquido	US$ 30.000,00	B13–B14	70,00	60,00%
16	Investimento inicial	US$ 50.000,00	B4	60,00	80,00%
17	Retorno sobre o investimento	60,00%	B15/B16	50,00	100,00%
18				40,00	120,00%
19	Posições de margem			30,00	140,00%
20	Margem baseada no preço inicial	114,29%	(B4+(B5*B6)–B14–(B6*B7))/(B6*B7)	20,00	160,00%
21				10,00	180,00%
22	Preço da chamada de cobertura de margem	US$ 115,38	(B4+(B5*B6)–B14)/(B6*(1+B10))		
23				Legenda:	
24				Inserir dados	
25				Valor calculado	

TABELA 3.2 Fluxos de caixa da compra *versus* venda a descoberto de ações de uma empresa

Compra de ações		
Tempo	Ação	Fluxo de Caixa*
0	Compra ação	– Preço inicial
1	Recebe dividendos, vende ação	Preço final + Dividendos

Lucro = (Preço inicial + Dividendos) – Preço inicial

Venda de Ações a Descoberto		
Tempo	Ação	Fluxo de Caixa*
0	Toma ação emprestada; vende-a	+ Preço inicial
1	Reembolsa dividendos e compra ação para repor a ação tomada emprestada originalmente	– (Preço final + Dividendos)

Lucro = Preço inicial – (Preço final + Dividendos)

*Um fluxo de caixa negativo significa uma *saída* de caixa.

o vendedor a descoberto terá de repor o empréstimo imediatamente comprando ações no mercado e devolvendo-as à empresa de corretagem para liquidar o empréstimo.

Finalmente, as regras das bolsas exigem que os lucros provenientes de uma venda a descoberto sejam mantidos em uma conta do corretor. O vendedor a descoberto não pode investir esses fundos para gerar renda, embora os investidores grandes e institucionais normalmente recebam alguma receita dos lucros de uma venda a descoberto mantida com o corretor. Além disso, os vendedores a descoberto são obrigados a fornecer uma margem (dinheiro ou garantia) ao corretor para cobrir perdas se o preço das ações subir durante a venda a descoberto.

EXEMPLO 3.3 || Vendas a descoberto

Para mostrar o mecanismo da venda a descoberto, suponhamos que você esteja prevendo uma baixa (esteja pessimista) nas ações de uma empresa de internet "bomba ponto-com" e que o respectivo preço de mercado seja US$ 100 por ação. Você pede a seu corretor para vender 1.000 ações a descoberto. O corretor toma emprestadas essas 1.000 ações de outro cliente ou de outro corretor.

A receita em dinheiro de US$ 100 mil proveniente da venda a descoberto é creditada em sua conta. Suponhamos que o corretor tenha uma exigência de margem de 50% sobre as vendas a descoberto. Isso significa que você deve ter mais dinheiro ou outros títulos em sua conta no valor de pelo menos US$ 50 mil para servir de margem na compra a descoberto. Digamos que você tenha US$ 50 mil em letras do Tesouro. Portanto, sua conta com o corretor após a venda a descoberto será:

Ativos (US$)		Passivos e capital próprio (US$)	
Dinheiro	100.000	Posição a descoberto nas ações da empresa (1.000 ações devidas)	100.000
Letras do Tesouro	50.000	Patrimônio líquido	50.000

Sua margem percentual inicial é a relação entre o patrimônio em conta, US$ 50 mil, e o valor atual das ações que foram tomadas emprestadas e devem ser devolvidas em algum momento, US$ 100 mil:

Margem percentual = Patrimônio/Valor das ações devidas = US$ 50.000/US$100.000 = 0,50

Suponhamos que você esteja certo e as ações dessa empresa caiam para US$ 70 por ação. Agora você poderá fechar sua posição com lucro. Para cobrir a venda a descoberto, você compra 1.000 ações para repor as que foram tomadas emprestadas. Como agora as ações são vendidas por US$ 70, a compra custa apenas US$ 70 mil.[3] E como sua conta recebeu um crédito de US$ 100 mil quando as ações foram tomadas emprestadas e vendidas, seu lucro é US$ 30 mil: o lucro é equivalente à queda no preço das ações vezes a quantidade de ações vendidas a descoberto.

Assim como os investidores que compram ações na margem, o vendedor a descoberto deve se preocupar com as coberturas de margem. Se o preço das ações subir, a margem na conta cairá; se a margem cair para o nível de manutenção, o vendedor a descoberto receberá uma chamada de cobertura de margem.

Você pode ver agora por que as ordens *stop* de compra com frequência acompanham as vendas a descoberto. Imagine que você faça uma venda a descoberto da empresa "bomba ponto-com" quando elas estão sendo vendidas pelo preço unitário de US$ 100. Se o preço cair, você lucrará com a venda a descoberto. Entretanto, se o preço subir para US$ 130, por exemplo, você perderá US$ 30 por ação. Contudo, suponhamos que, quando você inicia a venda a descoberto, também insira uma ordem *stop* de compra a US$ 120. Essa ordem será executada se o preço das ações ultrapassar US$ 120, restringindo suas perdas a US$ 20 por ação. (Se o preço das

REVISÃO DE CONCEITOS 3.6

a. Elabore o balanço patrimonial supondo que a ação da empresa "bomba ponto-com" no Exemplo 3.4 subiu para US$ 110.

b. Se a margem de manutenção da posição a descoberto no exemplo da empresa "bomba ponto-com" fosse 40%, até que ponto o preço das ações poderia subir para que o investidor obtivesse uma chamada de cobertura de margem?

---

[3] Observe que, quando você compra na margem, você toma emprestado um determinado valor em dinheiro de seu corretor. Portanto, a quantia do empréstimo independe do preço da ação. Em contraposição, quando você vende a descoberto, toma emprestado um determinado número de *ações*, que devem ser devolvidas. Desse modo, quando o preço das ações muda, o valor do empréstimo também muda.

> **EXEMPLO 3.4 || Coberturas de margem em posições a descoberto**
>
> Suponhamos que o corretor tenha uma margem de manutenção de 30% sobre vendas a descoberto. Isso significa que o patrimônio em sua conta deve corresponder a pelo menos 30% do valor de sua posição a descoberto. Quanto o preço da ação da empresa "bomba ponto-com" pode subir para que você receba sua chamada de cobertura de margem?
>
> Seja P o preço das ações da empresa. Desse modo, o valor das ações que você deve reembolsar é 1.000P e o patrimônio em sua conta é US$ 150.000 − 1.000P. A relação de sua margem de posição a descoberto é patrimônio/valor das ações = (150.000 − 1.000P)/1.000P. Portanto, o valor crucial de P é:
>
> $$\frac{\text{Patrimônio}}{\text{Valor das ações devidas}} = \frac{150.000 - 1.000P}{1.000P} = 0{,}3$$
>
> Isso significa que P = US$ 115,38 por ação. Se as ações da empresa *subissem* para um valor acima de US$ 115,38 por ação, você obteria uma chamada de cobertura de margem e teria de acrescentar mais dinheiro ou cobrir sua posição a descoberto comprando ações para repor aquelas que você tomou emprestadas.

ações cair, a ordem *stop* de compra nunca será executada.) Portanto, a ordem *stop* de compra oferece proteção para o vendedor a descoberto se o preço das ações subir.

A venda a descoberto de tempos em tempos é alvo de críticas, particularmente em períodos de pressão financeira em que os preços das ações caem. Os últimos anos não foram exceção a essa regra. Por exemplo, depois da crise financeira de 2008, a SEC votou para restringir a venda a descoberto de ações que caem no mínimo 10% em um determinado dia. Agora essas ações podem ser vendidas a descoberto no dia presente e no posterior somente por um preço superior ao preço de compra mais alto entre os mercados acionários nacionais. O quadro a seguir examina mais detalhadamente a controvérsia em torno das vendas a descoberto.

3.10 Regulamentação dos mercados de títulos

As negociações nos mercados de títulos dos Estados Unidos são regulamentadas por uma série de leis. As principais leis de regulamentação incluem a Lei de Títulos de 1933 e a Lei de Valores Mobiliários de 1934. A lei de 1933 exige a plena divulgação de informações importantes relacionadas à emissão de novos títulos. É a lei que exige o registro de novos títulos e a publicação de um prospecto que detalhe as perspectivas financeiras de uma empresa. A aprovação da SEC de um prospecto ou relatório financeiro não representa uma garantia de que o título em questão é um bom investimento. A SEC preocupa-se apenas com a necessidade de se revelarem fatos relevantes; os investidores devem fazer sua própria avaliação do valor do título.

A lei de 1934 estabeleceu que a SEC administraria as disposições da lei de 1933 e também ampliou o princípio de divulgação da lei de 1933 exigindo a divulgação periódica de informações financeiras importantes por parte das empresas com títulos já emitidos em bolsas secundárias.

Além disso, a lei de 1934 autoriza a SEC a registrar e regulamentar bolsas de valores, negociações OTC, corretores e distribuidores. Embora a SEC seja a agência administrativa responsável pela ampla supervisão dos mercados de títulos, ela divide essa responsabilidade com outras agências regulatórias. A Comissão de Negociação de Futuros de Commodity (Commodity Futures Trading Commission – CFTC) regulamenta as negociações em mercados de futuros, enquanto o Federal Reserve tem ampla responsabilidade pela saúde do sistema financeiro dos Estados Unidos. Nessa função, o Fed define exigências de margem sobre as ações e opções de ações e regulamenta o empréstimo bancário para os participantes dos mercados de títulos.

A Lei de Proteção do Investidor em Títulos de 1970 criou a Corporação de Proteção do Investidor em Títulos (Securities Investor Protection Corporation – SIPC) para proteger os investidores contra perdas se as respectivas empresas de corretagem entrarem em colapso. Do mesmo modo que a Corporação Federal de Seguro de Depósito oferece aos depositantes proteção contra falência bancária, a SIPC garante que os investidores recebam títulos mantidos em suas contas por uma empresa de corretagem falida até o limite de US$ 500 mil por cliente. A SIPC é financiada pela cobrança de um "prêmio de seguro" das respectivas empresas de corretagem participantes ou associadas.

DESTAQUE DA REALIDADE

VENDA A DESCOBERTO É ALVO DE ATAQUES – NOVAMENTE

A venda a descoberto há muito tempo tem sido vista com suspeita, se não com sincera hostilidade. A Inglaterra baniu as vendas a descoberto durante boa parte do século XVIII. Napoleão chamou os vendedores a descoberto de inimigos do Estado. Nos Estados Unidos, a venda a descoberto foi amplamente vista como um dos fatores que contribuíram para a quebra da bolsa de 1929 e, em 2008, os vendedores a descoberto foram culpados pelo colapso dos bancos de investimento Bear Stearns e Lehman Brothers. Quando o preço das ações de outras empresas financeiras caiu rápida e repentinamente em setembro de 2008, a SEC instituiu uma proibição temporária à venda a descoberto por parte de aproximadamente 1.000 dessas empresas. De modo semelhante, a Autoridade de Serviços Financeiros, reguladora financeira no Reino Unido, proibiu a venda a descoberto por parte de cerca de 30 empresas financeiras, e a Austrália a proibiu totalmente.

O motivo dessas proibições é que as vendas a descoberto pressionam os preços das ações para baixo de uma forma que em alguns casos pode ser injustificável: os investidores que primeiro adquirem uma venda a descoberto espalham rumores negativos sobre a empresa para baixar seu preço. Entretanto, com maior frequência a venda a descoberto é uma aposta inocente de que o preço de uma ação é muito alto e está fadado a cair. Não obstante, durante as tensões do mercado no final de 2008, o sentimento predominante era de que, se as posições a descoberto fossem legítimas, os reguladores certamente fariam o que pudessem para sustentar as instituições afetadas.

A hostilidade contra a venda a descoberto pode muito bem surgir de uma confusão entre uma notícia ruim e o portador dessa notícia. A venda a descoberto permite que os investidores cujas análises indiquem que uma empresa está com um preço muito alto ajam com base nessa convicção – e lucrem se estiverem corretos. Em vez de *provocarem* a queda de preço das ações, as vendas a descoberto podem estar meramente *prenunciando* um declínio nesse preço. As vendas simplesmente forçam o mercado a refletir as perspectivas de depreciação de empresas com problemas mais cedo do que ocorreria de outra forma. Em outras palavras, a venda a descoberto faz parte do processo pelo qual toda a gama de informações e opiniões – pessimistas e também otimistas – é aplicada ao preço das ações.

Por exemplo, os vendedores a descoberto adquiriram posições grandes (negativas) em empresas como WorldCom, Enron e Tyco antes mesmo de essas empresas serem expostas por agências regulatórias. Na verdade, pode-se defender que essas posições a descoberto emergentes ajudaram as agências regulatórias a identificar os escândalos previamente não detectados. E no final das contas o Lehman e Bear Stearns foram demolidos por suas perdas reais em investimentos relacionados a hipotecas – e não por rumores infundados.

Pesquisas acadêmicas respaldam a suposição de que as vendas a descoberto contribuem para uma "revelação de preço" eficiente. Por exemplo, quanto maior a demanda pela venda a descoberto de uma ação, menores tenderão a ser seus retornos futuros; além disso, as empresas que se investem contra os vendedores a descoberto com ameaças de processo judicial ou publicidade negativa tendem a ter retornos futuros particularmente ruins.[1] No final das contas, as proibições à venda a descoberto talvez sejam nada mais que um impulso compreensível, embora equivocado, de "disparar contra o mensageiro".

[1] Consulte, por exemplo, C. Jones e O. A. Lamont, "Short Sale Constraints and Stock Returns", *Journal of Financial Economics*, novembro de 2002, pp. 207–39, ou O. A. Lamont, "Go Down Fighting: Short Sellers vs. Firms", *Yale ICF Working Paper No. 04–20*, julho de 2004.

Além de ser controlada por regulamentos federais, a negociação de títulos está sujeita a leis estaduais, geralmente conhecidas como *leis blue sky* (leis do céu azul) porque seu objetivo é oferecer aos investidores uma visão mais clara das perspectivas de investimento. Uma variedade de leis estaduais foi de certa forma unificada quando vários estados adotaram partes da Lei Uniforme de Títulos, decretada em 1956.

A crise financeira de 2008 também deu provocou mudanças regulamentares, algumas das quais detalhadas no Capítulo 1. O Conselho de Supervisão de Estabilidade Financeira (Financial Stability Oversight Council – FSOC) foi estabelecido pela Lei Dodd-Frank de Reforma de Wall Street e de Proteção ao Consumidor para monitorar a estabilidade do sistema financeiro dos Estados Unidos. Embora os riscos decorrentes da possível falência de bancos grandes e interconectados sejam a preocupação predominante do FSOC, como os membros votantes desse conselho ocupam a presidência das principais agências regulatórias dos Estados Unidos, o FSOC cumpre a função mais ampla de conectar e coordenar os principais reguladores financeiros.

Autorregulamentação

Além da regulamentação governamental, existe uma autorregulamentação considerável no mercado de títulos. O supervisor mais importante nesse sentido é a Autoridade Regulatória do Setor Financeiro (Financial Industry Regulatory Authority – Finra), que é a maior agência regulatória dos Estados Unidos. A Finra foi criada em 2007 por meio da consolidação da Nasd com a divisão

DESTAQUE DA REALIDADE

TRECHOS DAS NORMAS DE CONDUTA PROFISSIONAL DO INSTITUTO CFA

I. Profissionalismo
- Conhecimento da lei. Os membros devem compreender e cumprir todas as leis, regras e regulamentos aplicáveis, incluindo o Código de Ética e Normas de Conduta Profissional.
- Independência e objetividade. Os membros devem cultivar independência e objetividade em suas atividades profissionais.
- Deturpação. Os membros não devem deturpar conscientemente análises de investimentos, recomendações ou outras atividades profissionais.

II. Integridade dos Mercados de Capitais
- Informações não públicas. Os membros não devem se aproveitar de informações com conteúdo não divulgado ao público.
- Manipulação do mercado. Os membros não devem tentar distorcer preços ou volumes de negociações com a intenção de enganar os participantes do mercado.

III. Deveres para com os Clientes
- Lealdade, prudência e cuidado. Os membros devem pôr os interesses de seus clientes acima dos seus e agir com um cuidado razoável em nome dos clientes.
- Negociação justa. Os membros devem negociar de forma justa e objetiva com os clientes quando fizerem recomendações de investimento ou tomarem iniciativas.
- Adequação. Os membros devem realizar uma investigação razoável sobre a situação financeira, a experiência com investimentos e os objetivos de investimento dos clientes antes de fazerem recomendações de investimento apropriadas.
- Apresentação de desempenho. Os membros devem tentar garantir que o desempenho do investimento seja apresentado de maneira imparcial, precisa e completa.
- Confidencialidade. Os membros devem manter a confidencialidade das informações sobre os clientes, a menos que o cliente permita que elas sejam divulgadas.

IV. Deveres para com os Empregadores
- Lealdade. Os membros devem agir em benefício de seu empregador.
- Remuneração. Os membros não devem aceitar remuneração de fontes que possam criar conflito de interesses em relação aos do empregador sem o consentimento por escrito de todas as partes envolvidas.
- Supervisores. Os membros devem tomar iniciativas razoáveis para detectar e evitar a violação de leis e regulamentos aplicáveis por parte de qualquer pessoa sob sua supervisão.

V. Análise e Recomendações sobre Investimentos
- Diligência. Os membros devem exercer diligência e ter uma base razoável para realizar análises de investimentos, fazer recomendações ou tomar iniciativas.
- Comunicação. Os membros devem distinguir o que é fato e o que é opinião na apresentação de uma análise e revelar os princípios gerais dos processos de investimento utilizados na análise.

VI. Conflitos de Interesse
- Divulgação de conflitos. Os membros devem revelar todas as questões que provavelmente venham a prejudicar sua objetividade ou interferir em seus outros deveres.
- Prioridade das transações. As transações dos clientes e empregadores devem ter prioridade sobre as transações que beneficiem um determinado membro.

VII. Responsabilidades enquanto Membro do Instituto CFA
- Conduta. Os membros não devem se envolver em condutas que comprometam a reputação ou integridade do Instituto CFA ou o nome do CFA.

Fonte: Trechos de "Code of Ethics and Standards of Professional Conduct", reproduzidos com permissão, do *Standards of Practice Handbook*, 10ª ed. 2010, Instituto CFA. Copyright© 2010. www.cfainstitute.org/centre/codes/ethics.

---

autorreguladora da Bolsa de Valores de Nova York. Ela descreve sua missão geral como fomentar a proteção do investidor e a integridade do mercado, inspeciona as empresas de títulos, redige e impõe leis sobre práticas de negociação e administra um fórum de resolução de disputas para investidores e empresas registradas.

Existe autorregulamentação também na comunidade de profissionais de investimento. Por exemplo, o Instituto CFA desenvolveu normas de conduta profissional para regulamentar o comportamento dos membros com a designação de analista financeiro juramentado ou certificado, normalmente chamado de CFA (*chartered financial analysts*). O quadro a seguir apresenta um breve esboço desses princípios.

Lei Sarbanes-Oxley

Os escândalos de 2000–2002 giraram em torno principalmente de três práticas gerais: alocação de ações em ofertas públicas iniciais, pesquisas e recomendações desonestas de títulos divulgadas ao público e, provavelmente mais importante, demonstrações financeiras e práticas contábeis enganosas. A Lei Sarbanes-Oxley foi aprovada pelo Congresso em 2002 para combater esses problemas. Veja algumas das principais reformas:

- Foi criado o Conselho de Supervisão Contábil de Empresas de Capital Aberto para supervisionar a auditoria de empresas de capital aberto.

- Foram instituídas normas que exigem que especialistas financeiros independentes participem dos comitês de auditoria do conselho de administração de uma empresa.

- Os diretores executivos e financeiros passaram a ser obrigados a certificar pessoalmente que os relatórios financeiros da empresa "representam imparcialmente, em todos os aspectos importantes, as operações e a condição financeira da empresa" e estão sujeitos a penalidades pessoais se esses relatórios se revelarem enganosos. Seguir ao pé da letra as regras dos princípios contábeis geralmente aceitos ainda pode ser necessário, mas não é mais suficiente como prática contábil.

- Os auditores não podem mais oferecer vários outros serviços a seus clientes. O objetivo é impedir que possíveis lucros nos trabalhos de consultoria influenciem a qualidade da auditoria.

- O conselho de administração deve ser formado por diretores independentes e realizar reuniões regulares entre os diretores nas quais a administração da empresa não participa (e, portanto, não pode impedir ou influenciar a discussão).

Recentemente tem havido uma resistência razoável à Sarbanes-Oxley. Muitos observadores acreditam que os custos de conformidade com a lei são muito altos, particularmente para pequenas empresas, e que a supervisão regulamentar opressiva está oferecendo às localidades estrangeiras uma vantagem indevida sobre os Estados Unidos quando as empresas decidem onde devem listar seus títulos. Além disso, a eficácia da regulamentação específica de um país está sendo testada em face da crescente globalização e da facilidade com a qual os fundos podem ultrapassar fronteiras nacionais.

Negociação com informações privilegiadas

As regulamentações também proíbem a negociação com informações privilegiadas. É ilegal para toda e qualquer pessoa negociar títulos com base em **informações privilegiadas** com a finalidade de obter vantagem, isto é, utilizar informações confidenciais mantidas por altos executivos, diretores ou acionistas principais que ainda não foram divulgadas ao público. Porém, a definição de *insider* (alguém que tenha conhecimentos especiais ou acesso a informações confidenciais sobre uma determinada empresa porque faz parte dela) pode ser ambígua. Embora seja óbvio que o diretor financeiro de uma empresa é um *insider*, é menos óbvio se o maior fornecedor dessa empresa pode ser considerado um *insider*. Contudo, um fornecedor pode tirar conclusões sobre as perspectivas de curto prazo da empresa com base em mudanças significativas em seus pedidos. Isso oferece ao fornecedor uma forma exclusiva de informação confidencial, ainda que o fornecedor não seja tecnicamente um *insider*. Essas ambiguidades acossam os analistas de títulos, cuja função é descobrir o máximo possível de informações a respeito das perspectivas previstas da empresa. A distinção entre informações particulares legais e informações privilegiadas ilegais pode ser confusa.

A SEC exige que os altos executivos, diretores e acionistas principais relatem todas as transações de ações da empresa. Um compêndio de transações com informações privilegiadas é publicado no *Official Summary of Securities Transactions and Holdings* da SEC. A ideia é informar o público acerca de qualquer voto de confiança ou não confiança implícito feito por pessoas com informações privilegiadas.

As pessoas com acesso a informações privilegiadas *de fato* exploram seu conhecimento. Três formas de evidência respaldam essa conclusão. Primeiro, tem havido condenações amplamente divulgadas de dirigentes envolvidos em esquemas de negociação com informações privilegiadas.

Segundo, existem evidências consideráveis de que houve "vazamento" de informações úteis para alguns negociadores antes de elas serem anunciadas ao público. Por exemplo, o preço das ações de empresas que anunciam aumentos de dividendos (o que o mercado interpreta como uma boa notícia sobre as perspectivas da empresa) normalmente aumenta de valor poucos dias *antes* da divulgação pública de aumento. É óbvio que alguns investidores estão utilizando essas informações positivas antes de elas serem divulgadas ao público. Entretanto, o preço das ações ainda assim sobe de forma significativa no dia da divulgação pública de uma boa notícia, indicando que as pessoas com acesso a informações privilegiadas ou seus parceiros não aumentaram totalmente o preço de oferta de compra das ações para um nível condizente com a notícia.

Uma terceira forma de evidência sobre negociações com informações privilegiadas está relacionada com retornos obtidos em transações realizadas por pessoas com acesso a essas informações. Determinados pesquisadores examinaram o resumo da SEC de negociações com informações privilegiadas para avaliar o desempenho das pessoas com acesso a essas informações. Em um dos estudos mais conhecidos, Jaffe[4] examinou o retorno anormal das ações ao longo dos meses subsequentes à compra ou venda de ações por parte dessas pessoas. Nos meses em que o número de compradores com informações privilegiadas de uma ação ultrapassou em três ou mais o número de vendedores com informações privilegiadas dessa ação, a ação teve um retorno anormal de cerca de 5% nos oito meses seguintes. Além disso, quando ocorreu o contrário, isto é, os vendedores excederam os compradores, as ações tenderam a ter um desempenho insatisfatório.

[4] Jeffrey E. Jaffee, "Special Information and Insider Trading", *Journal of Business*, 47, julho de 1974.

RESUMO

1. As empresas emitem títulos com o objetivo de levantar o capital necessário para financiar seus investimentos. Os bancos de investimento negociam esses títulos com o público no mercado primário. Geralmente, os bancos de investimento atuam como subscritores que compram títulos de uma empresa e os revendem ao público com uma margem de lucro. Para que os títulos possam ser vendidos, a empresa deve publicar um prospecto aprovado pela SEC que fornece informações sobre as perspectivas da empresa.

2. Os títulos já emitidos são negociados no mercado secundário – isto é, em bolsas de valores organizadas – e no mercado de balcão e ocasionalmente por via direta, no caso de negociações muito grandes. Somente aqueles que têm licença podem negociar em bolsa. As empresas que têm licença para negociar em bolsa vendem seus serviços a pessoas físicas, cobrando comissões para realizar negociações em nome dessas pessoas.

3. As negociações podem ocorrer no mercado de distribuidores, por meio de redes de comunicação eletrônica, ou em mercados de especialistas. No mercado de distribuidores, os operadores de títulos divulgam os preços de oferta de compra e de venda pelos quais estão dispostos a negociar. Os corretores que atuam em nome de pessoas físicas fecham negociações pelo melhor preço disponível. Nos mercados eletrônicos, o livro existente de ordens-limite oferece as condições segundo as quais as negociações podem ser realizadas. As ofertas mutuamente acordadas para comprar ou vender títulos são automaticamente cruzadas pelo sistema de computador que opera no mercado. No mercado de especialistas, o especialista mantém um mercado organizado com continuidade de preço. Embora os especialistas mantenham um livro de ordens-limite, eles também vendem ações de seu próprio estoque ou compram ações para esse estoque.

4. A Nasdaq antes era um mercado de distribuidores em que uma rede de operadores negociava diretamente a venda de títulos. A NYSE antes era um mercado de especialistas. Entretanto, nos últimos anos, ambas aumentaram significativamente seu envolvimento com negociações eletrônicas e automatizadas. Atualmente, a atividade de negociação é predominantemente eletrônica.

5. Comprar na margem significa tomar dinheiro emprestado de um corretor a fim de comprar uma quantidade maior de títulos do que poderia ser comprada apenas com dinheiro próprio. Na compra de títulos na margem, o investidor aumenta tanto o potencial de ganho quanto o risco de perda. Se o patrimônio em uma conta de margem ficar abaixo do nível de manutenção exigido, o investidor obterá uma chamada de cobertura de margem do corretor.

6. A venda a descoberto é uma prática em que o negociador vende títulos que ele não possui. O vendedor a descoberto toma emprestados os títulos vendidos por meio de um corretor e pode ter a obrigação de cobrir a posição a descoberto em qualquer momento em que isso for solicitado. A receita em dinheiro de uma venda a descoberto é mantida como caução pelo corretor, que normalmente exige que o depósito adicional em dinheiro do vendedor a descoberto ou seus títulos sirvam de margem (garantia) para a venda a descoberto.

7. A negociação de títulos é regulamentada pela Comissão de Valores Mobiliários, por outras agências governamentais e pela autorregulamentação das bolsas de valores. Muitas regulamentações importantes estão relacionadas com a divulgação total de informações sobre os títulos em questão. As regras de negociação com informações privilegiadas também proíbem os negociadores de tentar obter vantagem com esse tipo de informação.

Sites relacionados a este capítulo estão disponíveis em **www.grupoa.com.br**

PALAVRAS-CHAVE

bolsas de valores
colocação privada
dark pools
especialista
informações privilegiadas
latência
margem
mercado acionário Nasdaq
mercado de balcão (OTC)
mercado de distribuidores
mercado de leilão
mercado primário
mercado secundário
negociação algorítmica
negociação de alta frequência
oferta pública inicial (IPO)
ordem-limite
ordens de compra ou venda para limitar perdas (*stop*)
preço de compra
preço de venda
prospecto
rede de comunicação eletrônica (ECN)
spread entre preço de compra e venda
subscritores
transações em bloco
venda a descoberto

CONJUNTO DE PROBLEMAS

Básicos

1. Quais são as diferenças entre ordem de venda para limitar perdas, ordem-limite de venda e ordem de mercado?
2. Por que o tamanho médio das negociações diminuiu nos últimos anos?
3. De que forma as negociações na margem ampliam o potencial de ganho e o risco de perda de uma carteira de investimentos?
4. Uma ordem de mercado tem:
   a. Incerteza de preço, mas não incerteza de execução.
   b. Tanto incerteza de preço quanto incerteza de execução.
   c. Incerteza de execução, mas não incerteza de preço.
5. Em um país em desenvolvimento, em que lugar um título sem liquidez é *mais propenso* a ser negociado?
   a. Mercados de corretores.
   b. Redes de cruzamento eletrônico.
   c. Mercados de ordens-limite eletrônicas.

Intermediários

6. Dée Trader abre uma conta de corretagem e compra 300 ações da Internet Dreams por US$ 40 por ação. Ela toma um empréstimo de US$ 4 mil de seu corretor para ajudar a pagar pela compra. A taxa de juros sobre o empréstimo é 8%.
   a. Qual é a margem na conta de Dée na primeira vez em que comprou as ações?
   b. Se o preço das ações cair para US$ 30 por ação por volta do fim do ano, qual será a margem remanescente na conta de Dée? Se a margem de manutenção exigida for 30%, ela receberá uma chamada de cobertura de margem?
   c. Qual a taxa de retorno sobre o investimento de Dée?
7. A Old Economy Traders abriu uma conta de venda a descoberto de 1.000 ações da Internet Dreams, mencionada no problema anterior. A exigência de margem inicial foi 50%. (A conta de margem não paga juros.) Um ano depois, o preço da Internet Dreams aumentou de US$ 40 para US$ 50 e a empresa pagou dividendos de US$ 2 por ação.
   a. Qual a margem remanescente na conta?
   b. Se a margem de manutenção exigida for 30%, a Old Economy receberá uma chamada de cobertura de margem?
   c. Qual a taxa de retorno sobre o investimento?
8. Considere o livro de ordens-limite a seguir para uma determinada ação. A última negociação ocorreu ao preço de US$ 50.

Ordens-limite de compra		Ordens-limite de venda	
Preço (US$)	Ações	Preço (US$)	Ações
49,75	500	50,25	100
49,50	800	51,50	100
49,25	500	54,75	300
49,00	200	58,25	100
48,50	600		

   a. Se houver uma ordem de compra de mercado de 100 ações, a que preço ela será executada?
   b. A que preço será executada a próxima ordem de compra do mercado?
   c. Se você fosse operador de títulos, pensaria em aumentar ou diminuir seu estoque dessas ações?
9. Você está otimista em relação às ações da Telecom. O preço atual de mercado é US$ 50 por ação e você tem capital próprio no valor de US$ 5 mil para investir. Você toma um empréstimo adicional de US$ 5 mil de um corretor, por uma taxa de juros de 8% ao ano, e investe US$ 10 mil nas ações.
   a. Qual será sua taxa de retorno se o preço das ações da Telecom subirem 10% durante o ano seguinte? As ações não pagam dividendos atualmente.
   b. Até que ponto o preço das ações da Telecom pode cair para você obter uma chamada de cobertura de margem, considerando uma margem de manutenção de 30%? Suponha que a queda de preço ocorra imediatamente.
10. Você está pessimista com relação à Telecom e decide vender 100 ações a descoberto pelo preço atual de mercado de US$ 50 por ação.
    a. Quanto em dinheiro ou títulos você deve colocar em sua conta de corretagem se a exigência de margem inicial do corretor for 50% do valor da posição a descoberto?
    b. Até que ponto o preço das ações pode subir para você obter uma chamada de cobertura de margem, considerando uma margem de manutenção de 30% do valor da posição a descoberto?
11. Suponhamos que as ações da Intel estejam sendo vendidas atualmente por US$ 20 por ação. Você compra 1.000 ações usando um capital próprio de US$ 15 mil e toma um empréstimo do restante do preço de compra de seu corretor. A taxa sobre o empréstimo de margem é 8%.
    a. Qual será a porcentagem de aumento no patrimônio líquido de sua conta de corretagem se o preço da Intel mudar *imediatamente* para (i) US$ 22; (ii) US$ 20; (iii) US$ 18? Qual a relação entre seu retorno percentual e a variação percentual no preço da Intel?
    b. Se a margem de manutenção for 25%, até que ponto o preço das ações da Intel pode cair para que você obtenha uma chamada de cobertura de margem?
    c. O que mudaria em sua resposta em (*b*) se você tivesse financiado a compra inicial com apenas US$ 10 mil de capital próprio?
    d. Qual será a taxa de retorno em sua posição de margem (admitindo novamente que você investe US$ 15 mil de capital próprio) se *após um ano* as ações da Intel estiverem sendo vendidas por (i) US$ 22, (ii) US$ 20, (iii) US$ 18? Qual a relação entre seu retorno percentual e a variação percentual no preço da Intel? Suponha que a Intel não paga dividendos.
    e. Continue presumindo que um ano já se passou. Até que ponto o preço das ações da Intel pode cair para você obter uma chamada de cobertura de margem?
12. Suponhamos que você venda a descoberto 1.000 ações da Intel, que atualmente estão sendo vendidas por US$ 20 por ação, e passe ao seu corretor US$ 15 mil para criar sua conta de margem.
    a. Se você não ganhar nenhum juro sobre os fundos em sua conta de margem, qual será sua taxa de retorno após um ano supondo que as ações da Intel estejam sendo vendidas por (i) US$ 22, (ii) US$ 20, (iii) US$ 18? Suponha que a Intel não paga dividendos.
    b. Se a margem de manutenção fosse 25%, até que ponto o preço das ações da Intel poderia subir para você obter uma chamada de cobertura de margem?
    c. Refaça as partes (*a*) e (*b*), supondo agora que no final do ano a Intel pagou dividendos de US$ 1 por ação. Os preços na parte (*a*) devem ser interpretados como ex-dividendos, isto é, preços depois que os dividendos foram pagos.
13. Veja a seguir algumas informações de preço do Marriott:

	Oferta de compra	Oferta de venda
Marriott	39,95	40,05

Você colocou uma ordem *stop* de perda para vender a US$ 40. O que isso quer dizer para seu corretor? Em vista dos preços de mercado, sua ordem será executada?

14. Veja algumas informações de preço das ações da FinCorp: Suponha primeiramente que a FinCorp negocia em um mercado de distribuidores.

Oferta de compra	Oferta de venda
55,25	55,50

   a. Suponhamos que você tenha submetido uma ordem para que o corretor compre pelo preço de mercado. A que preço sua negociação será executada?
   b. Suponhamos que você tenha submetido uma ordem para vender ao preço de mercado. A que preço sua negociação será executada?
   c. Suponhamos que você tenha submetido uma ordem-limite para vender a US$ 55,62. O que ocorrerá?
   d. Suponhamos que você tenha submetido uma ordem-limite para comprar a US$ 55,37. O que ocorrerá?

15. Você tomou um empréstimo de margem de US$ 20 mil para comprar ações da Disney, que agora estão sendo vendidas a US$ 40 por ação. Sua conta começa com a exigência de margem inicial de 50%. A margem de manutenção é 35%. Dois dias depois, o preço das ações cai para US$ 35 por ação.
   a. Você receberá uma chamada de cobertura de margem?
   b. Até que ponto o preço das ações pode cair para você receber uma chamada de cobertura de margem?

16. No dia 1º de janeiro, você vendeu a descoberto um lote redondo de ações (isto, 100 ações) da Four Sisters, ao preço unitário de US$ 21. No dia 1o de março, foram pagos dividendos de US$ 2 por ação. No dia 1o de abril, você cobriu a venda a descoberto comprando ações pelo preço unitário de US$ 15. Você pagou de comissão 50 centavos de dólar por ação para cada transação. Qual o valor de sua conta no dia 1º de abril?

1. A FBN Inc. acabou de vender 100 mil ações em uma oferta pública inicial. A taxa explícita do subscritor foi US$ 70 mil. O preço de oferta das ações foi US$ 50, mas imediatamente após a emissão o preço saltou para US$ 53.
   a. Qual seria seu melhor palpite com relação ao custo total de emissão das ações para a FBN?
   b. O custo global de subscrição é uma fonte de lucro para os subscritores?

2. Se você colocar uma ordem *stop* de perda para vender 100 ações por US$ 55 e o preço atual for US$ 62, quanto receberá por ação se o preço cair para US$ 50?
   a. US$ 50.
   b. US$ 55.
   c. US$ 54,87.
   d. Não é possível responder com base nas informações fornecidas.

3. Os especialistas da Bolsa de Valores de Nova York Stock costumam fazer tudo o que está descrito a seguir, *exceto*:
   a. Atuar como operadores por conta própria.
   b. Executar ordens-limite.
   c. Ajudar a oferecer liquidez ao mercado.
   d. Atuar como operadores de lotes fracionados.

EXERCÍCIOS DE INVESTIMENTO NA *WEB*

Vários fatores deverão ser considerados quando você estiver escolhendo uma ou mais empresas de corretagem para realizar suas negociações. Além disso, existe uma ampla variedade de serviços que alegam recomendar objetivamente empresas de corretagem. Entretanto, muitos são patrocinados pelas próprias empresas de corretagem.

Entre no *site* www.consumersearch.com/online.brokers/reviews e leia as informações fornecidas em "Our Sources" (Nossas Fontes). Em seguida, clique no *link* para as classificações da *Barron's*. Ali você poderá ler o levantamento anual de corretores da *Barron's* e baixar o relatório "How the Brokers Stack Up", que contém uma lista de taxas. Suponhamos que você tenha US$ 3 mil para investir e deseja colocar esse valor em uma conta que não seja de aposentadoria individual.

1. Todas as empresas de corretagem são adequadas para a abertura de uma conta de caixa? Elas são adequadas para uma conta de margem?
2. Escolha duas das empresas listadas. Suponha que você comprará 200 ações da LLY utilizando uma ordem de mercado. Se a ordem for executada por US$ 42 por ação, qual será a comissão para as duas empresas se você colocar uma ordem *online*?
3. Há alguma taxa de manutenção associada com a conta em ambas as empresas?
4. Agora, suponha que você tem uma conta de margem com saldo de US$ 3 mil. Calcule a taxa de juros que você pagaria se tomasse um empréstimo para comprar ações.

SOLUÇÕES PARA AS REVISÕES DE CONCEITOS

1. O registro de prateleira com tempo limitado foi introduzido em virtude da relação favorável entre economia de custos de emissão *versus* divulgação. A permissão para um registro de prateleira ilimitado infringiria as leis "*blue sky*" que asseguram a divulgação apropriada quando as circunstâncias financeiras de uma empresa mudam com o passar do tempo.

2. a. Os carros usados são negociados em mercados de distribuidores (lojas de carros usados ou revendedoras de automóveis) de procura direta quando as pessoas anunciam em jornais locais ou em classificados da internet.
   b. As obras de arte (pinturas) são negociadas em mercados de corretores quando os clientes contratam esse profissional para comprar ou vender obras de arte em seu nome, em mercados de distribuidores em galerias de arte e em mercados de leilão.
   c. As moedas raras são negociadas em mercados de distribuidores – por exemplo, em lojas ou feiras de moedas –, mas elas são negociadas também em leilões e em mercado de procura direta quando as pessoas anunciam que desejam comprar ou vender moedas.

3. a. Você deve submeter uma ordem de mercado ao seu corretor. Ela será executada imediatamente, além de ser o tipo mais barato de ordem em termos de taxas de corretagem.
   b. Você deve submeter uma ordem-limite de compra ao seu corretor, que será executada somente se as ações puderem ser obtidas por um preço em torno de 5% abaixo do preço atual.
   c. Você deve submeter uma ordem *stop* de perda ao seu corretor, que só será executada se o preço começar a cair. O preço limite ou *stop* deve ser próximo do preço atual para evitar a possibilidade de grandes perdas.

4. Resolvendo

$$\frac{100P - US\$4.000}{100P} = 0,4$$

obtém-se P = US$ 66,67 por ação.

5. O investidor comprará 150 ações, com as seguintes taxas de retorno:

Mudança de preço no final do ano (%)	Valor das ações no final do ano (US$)	Reembolso do principal e de juros (US$)	Taxa de retorno do investidor (%)
30	19.500	5.450	40,5
Nenhuma mudança	15.000	5.450	-4,5
-30	10.500	5.450	-49,5

6. *a.* Quando as ações da empresa "bomba ponto-com" subirem para US$ 110, seu balanço será:

Ativos		Passivos e capital próprio (US$)	
Dinheiro (US$)	100.000	Posição a descoberto na empresa	110.000
Letras do Tesouro	50.000	Patrimônio líquido	40.000

b. Resolvendo

$$\frac{US\$\,150.000 - 1.000P}{1.000P} = 0,4$$

obtém-se P = US$ 107,14 por ação.

Fundos mútuos e outras empresas de investimento

O CAPÍTULO ANTERIOR ofereceu uma introdução aos mecanismos de negociação de títulos e à estrutura dos mercados nos quais eles são negociados. Entretanto, os investidores estão cada vez mais optando por não negociar títulos por conta própria. Em vez disso, eles encaminham seus fundos a empresas de investimento que compram títulos em seu nome. O mais importante desses intermediários financeiros são as empresas de investimento abertas, mais conhecidas como fundos mútuos, aos quais dedicamos a maior parte deste capítulo. Além disso, abordamos brevemente outros tipos de empresa de investimento, como os fundos de investimentos em cotas, os fundos de *hedge* e os fundos fechados. Começamos este capítulo com uma descrição e comparação dos diversos tipos de empresa de investimento disponíveis aos investidores. Examinamos as funções, os estilos e políticas de investimento e os custos de investimento desses fundos. Em seguida, analisamos brevemente o desempenho desses fundos. Consideramos o impacto das despesas e da rotatividade sobre o desempenho líquido e analisamos até que ponto o desempenho é regular de um período para outro. Em outras palavras, os fundos mútuos que apresentaram o melhor desempenho no passado terão o melhor desempenho no *futuro*? Por último, examinamos as fontes de informação sobre fundos mútuos e consideramos detalhadamente as informações fornecidas no guia mais abrangente sobre esse tema, o *Mutual Fund Sourcebook*, da Morningstar.

4.1 Empresas de investimento

Empresas de investimento são intermediários financeiros que reúnem fundos de investidores individuais e os investem em uma série provavelmente abrangente de títulos ou de outros ativos. O agrupamento desses ativos é o principal objetivo dessas empresas. Todo investidor tem direito sobre a carteira criada pela empresa de investimento proporcionalmente ao valor investido. Portanto, essas empresas oferecem um mecanismo para que os pequenos investidores "se associem" para obter os benefícios de um investimento em larga escala.

As empresas de investimento realizam várias funções importantes para os respectivos investidores:

1. *Registro de informações e administração.* As empresas de investimento divulgam relatórios periódicos sobre o *status* dos investimentos, acompanhando as distribuições de ganhos de capital, dividendos, investimentos e resgates, e podem reinvestir os rendimentos de dividendos e juros para os acionistas.
2. *Diversificação e divisibilidade.* Ao agrupar o dinheiro dos investidores, as empresas de investimento possibilitam que eles tenham ações fracionárias de vários títulos. Eles podem agir como grandes investidores mesmo que qualquer acionista específico não possa.
3. *Gestão profissional.* As empresas de investimento podem bancar equipes em tempo integral de analistas e gestores de títulos que buscam conseguir resultados de investimento superiores para seus investidores.
4. *Custos de transação mais baixos.* Como as empresas de investimento negociam grandes blocos de títulos, elas podem obter economias significativas nas taxas e comissões de corretagem.

Embora todas as empresas de investimento agrupem os ativos de investidores individuais, elas também dividem os direitos sobre esses ativos entre os investidores. Os investidores compram ações nas empresas de

> **EXEMPLO 4.1 || Valor líquido do ativo**
>
> Tome como exemplo um fundo mútuo que gerencia uma carteira de títulos no valor de US$ 120 milhões. Suponhamos que o fundo deva US$ 4 milhões aos seus consultores de investimentos e mais US$ 1 milhão em aluguel, salários e despesas diversas. O fundo tem 5 milhões de ações.
>
> $$\text{Valor líquido do ativo} = \frac{\text{US\$ 120 milhões} - \text{US\$ 5 milhões}}{\text{5 milhões de ações}} = \text{US\$ 23 por ação}$$

investimento e sua participação é proporcional ao número de ações compradas. O valor de cada ação é denominado **valor líquido do ativo** ou **NAV** (*net asset value*). O NAV é igual aos ativos menos os passivos expressos por ação:

$$\text{Valor líquido do ativo} = \frac{\text{Valor de mercado dos ativos menos passivos}}{\text{Ações em circulação}}$$

4.2 Tipos de empresa de investimento

> **REVISÃO DE CONCEITOS 4.1**
>
> Considere estes dados do balanço patrimonial de março de 2012 do fundo mútuo Growth & Income, do Vanguard Group. Qual foi o valor líquido do ativo da carteira?
> Ativos: US$ 2.877,06 milhões
> Passivos: US$ 14,73 milhões
> Ações: 95,50 milhões

Nos Estados Unidos, as empresas de investimento são classificadas pela Lei de Empresas de Investimento de 1940 como fundos de investimentos em cotas ou empresas de investimento gerenciadas. As carteiras dos fundos de investimentos em cotas são basicamente fixas e, portanto, são chamadas de "não gerenciadas". Em contraposição, as empresas gerenciadas recebem essa denominação porque os títulos de suas carteiras são comprados e vendidos continuamente: as carteiras são gerenciadas. As empresas gerenciadas são também classificadas como fechadas ou abertas. As empresas abertas referem-se ao que normalmente chamamos de fundos mútuos.

Fundos de investimentos em cotas

Os **fundos de investimentos em cotas** são *pools* de dinheiro investidos em uma carteira que é fixa ao longo da existência do fundo. Para formar um fundo de investimentos em cotas, um patrocinador, em geral uma empresa de corretagem, compra uma carteira de títulos que são depositados em um fundo fiduciário. Depois, ela vende ao público ações ou "unidades" do fundo fiduciário denominadas *certificados de fundos fiduciários resgatáveis*. A renda total e todos os pagamentos de principal da carteira são pagos pelos fideicomissários (um banco ou uma instituição fiduciária) aos acionistas.

Há pouca gestão ativa em um fundo de investimentos em cotas porque, assim que se cria uma carteira, sua composição é fixa; por isso, esses fundos fiduciários são chamados de *não negociados*. Esses fundos tendem a investir em tipos de ativo relativamente uniformes; por exemplo, um fundo fiduciário pode investir em obrigações municipais e outro em obrigações corporativas. A uniformidade da carteira é compatível com a falta de gestão ativa. Os fundos fiduciários oferecem aos investidores um veículo para a compra de um *pool* de um tipo de ativo específico, que pode ser incluído em uma carteira geral de acordo com o que for desejado.

Os patrocinadores dos fundos de investimentos em cotas obtêm lucro da venda de ações do fundo por um prêmio em relação ao custo de aquisição dos ativos subjacentes. Por exemplo, um fundo que tenha comprado US$ 5 milhões em ativos pode vender 5 mil ações ao público pelo preço de US$ 1.030 por ação, o que (supondo que o fundo não tenha nenhum passivo) representa um prêmio de 3% sobre o NAV dos títulos mantidos pelo fundo. O prêmio de 3% é a taxa do fideicomissário para a criação do fundo.

Os investidores que desejam liquidar suas ações em um fundo de investimentos em cotas podem vendê-las de volta ao fideicomissário pelo NAV. Os fideicomissários podem vender títulos suficientes da carteira de ativos para obter o dinheiro necessário para pagar o investidor ou então podem vender as ações a um novo investidor (novamente por um pequeno prêmio sobre o NAV). Nos últimos anos, os fundos de investimentos em cotas apresentaram uma perda gradativa de participação de mercado. Os ativos desse fundo caíram de US$ 105 bilhões em 1990 para apenas US$ 60 bilhões em 2012.

Empresas de investimento gerenciadas

Existem dois tipos de empresa gerenciada: empresa fechada e empresa aberta. Em ambas, o conselho de administração do fundo, que é eleito pelos acionistas, contrata uma empresa de gestão para administrar a carteira por uma taxa anual que normalmente varia de 0,2 a 1,5% dos ativos. Em muitos casos, a empresa de gestão é a que organizou o fundo. Por exemplo, a Fidelity Management and Research Corporation patrocina muitos fundos mútuos da Fidelity e é responsável pela gestão das carteiras. Ela cobra uma taxa de administração sobre cada fundo da Fidelity. Em outros casos, um fundo mútuo contrata um gestor de carteira externo. Por exemplo, a Vanguard contratou a Wellington Management como consultora de investimentos para o Wellington Fund. A maioria das empresas de gestão firma contratos para gerenciar vários fundos.

Os **fundos abertos** mantêm-se preparados para resgatar ou emitir ações pelo NAV (embora tanto as compras como os resgates possam cobrar taxas sobre as vendas). Quando os investidores de um fundo aberto desejam converter as ações em dinheiro, eles as vendem de volta ao fundo pelo NAV. Em contraposição, os **fundos fechados** não resgatam nem emitem ações. Nesse caso, os investidores que desejam convertê-las em dinheiro devem vendê-las a outros investidores. As ações dos fundos fechados são negociadas em bolsas organizadas e podem ser compradas por meio de corretores do mesmo modo que outras ações ordinárias. Portanto, o preço dessas ações pode ser diferente do NAV. No início de 2013, cerca de US$ 265 bilhões em ativos foram mantidos em fundos fechados.

A Figura 4.1 é uma listagem de fundos fechados. A primeira coluna apresenta o nome e o *ticker* (símbolo de cotação) do fundo. As duas colunas seguintes mostram o NAV e o preço de fechamento das ações mais recentes. O prêmio ou desconto na coluna subsequente é a diferença percentual entre o preço e o NAV: (Preço – NAV)/NAV. Observe que existem mais fundos vendidos com desconto no NAV (indicado por diferenças negativas) do que com prêmio. Por fim, o retorno de 52 semanas baseado na variação percentual no preço das ações mais o rendimento de dividendos é apresentado na última coluna.

A divergência comum de preço do NAV, com frequência de margens amplas, é um enigma que ainda precisa ser totalmente esclarecido. Para entender o motivo desse enigma, tome como exemplo um fundo fechado que esteja sendo vendido por um desconto no NAV. Se o fundo fosse vender todos os ativos de uma carteira, obteria um rendimento igual ao NAV. A diferença entre o preço de mercado do fundo e seu NAV representaria o aumento por ação nos bens dos investidores do fundo. Além disso, os prêmios ou descontos dos fundos tendem a dissipar com o passar do tempo. Por isso, os fundos vendidos por um desconto recebem um incremento em sua taxa de retorno à

FUNDO	NAV	PREÇO DE MERCADO	% PREM./ DESC.	% RETORNO DE MERCADO DE 52 SEMANAS
Gabelli Div & Inc Tr (**GDV**)	17,44	15,99	–8,31	1,59
Gabelli Equity Trust (**GAB**)	5,22	5.31	1,72	–1,89
General Amer Investors (**GAM**)	31,73	27,17	–14,37	–2,49
Guggenheim Enh Eq Strat (**GGE**)	19,13	17,47	–8,68	5,34
J Hancock Tx-Adv Div Inc (**HTD**)	20,15	18,69	–7,25	19,89
Liberty All-Star Equity (**USA**)	5,04	4,54	–9,92	–6,59
Liberty All-Star Growth (**ASG**)	4,20	3,90	–7,14	–8,96
Nuveen Tx-Adv TR Strat (**JTA**)	11,01	10,21	–7,27	0,73

FIGURA 4.1
Fundos mútuos fechados

Fonte: Compilada de dados obtidos no *The Wall Street Journal Online*, 24 de julho de 2012.

medida que o desconto diminui. Pontiff avalia que um fundo vendido com 20% de desconto teria um retorno esperado de 12 meses mais de 6% superior ao dos fundos vendidos pelo NAV.[1]

Curiosamente, embora muitos fundos fechados sejam vendidos com um desconto no NAV, os preços desses fundos quando originalmente emitidos com frequência são superiores ao NAV. Esse enigma é ainda maior, visto que é difícil explicar por que os investidores comprariam esses fundos recém-emitidos por um prêmio sobre o NAV quando o preço das ações tende a ter um desconto logo após a emissão.

Ao contrário dos fundos fechados, o preço dos abertos não pode ser inferior ao NAV, porque esses fundos estão sempre preparados para o resgate de ações pelo NAV. Entretanto, o preço de oferta será superior ao NAV se o fundo tiver uma **comissão inicial**. Em vigor, trata-se de uma comissão de venda. Os fundos com comissão inicial são vendidos por corretores de títulos e diretamente por grupos de fundos mútuos.

Diferentemente dos fundos fechados, os fundos mútuos abertos não são negociados em bolsas organizadas. Na verdade, os investidores simplesmente compram ações de uma empresa de investimento e as liquidam por meio dessa empresa pelo NAV. Desse modo, o número de ações em circulação desses fundos muda diariamente.

Outras organizações de investimento

Alguns intermediários não são formalmente organizados ou regulamentados como empresa de investimento, mas cumprem funções semelhantes. Entre os mais importantes estão os fundos mistos, os fundos de investimento imobiliário e os fundos de *hedge* (fundos de retorno absoluto).

Fundos mistos Os fundos mistos são parcerias entre os investidores que os agrupam. A empresa de gestão que organiza a parceria – por exemplo, um banco ou uma seguradora –, gerencia os fundos em troca de uma taxa. Os parceiros usuais desse fundo podem ser contas fiduciárias ou de aposentadoria que têm carteiras bem maiores do que as da maioria dos investidores individuais, mas ainda assim são muito pequenas para justificar uma gestão separada.

Os fundos mistos são semelhantes aos fundos mútuos fechados. Contudo, em vez de ações, o fundo oferece *unidades*, que são compradas e vendidas pelo NAV. Um banco ou uma seguradora pode oferecer um conjunto de fundos mistos diferentes – por exemplo, um fundo do mercado acionário, um fundo de obrigações e um fundo de ações ordinárias.

Fundos de investimento imobiliário (FIIs) Um FII é semelhante a um fundo fechado. Os FIIs investem em imóveis ou empréstimos garantidos por imóveis. Além de emitirem ações, eles levantam capital tomando empréstimos de bancos e emitindo obrigações ou hipotecas. A maioria tem alta alavancagem, com um índice de dívida usual de 70%.

Existem dois tipos principais de FII. Os *fundos de investimento imobiliário de capital* investem diretamente em imóveis, ao passo que os *fundos de investimento imobiliário de hipoteca* investem principalmente em empréstimos hipotecários e de construção. Geralmente, os FIIs são criados por bancos, seguradoras ou empresas hipotecárias, que funcionam como gestores de investimentos em troca de uma taxa.

Fundos de *hedge* Assim como os fundos mútuos, os **fundos de *hedge*** são veículos que permitem que os investidores particulares agrupem ativos a serem investidos por um gestor de fundo. Entretanto, ao contrário dos fundos mútuos, os fundos de *hedge* normalmente são estruturados como sociedades privadas e, portanto, não estão sujeitos a várias regulamentações da Comissão de Valores Mobiliários (Security and Exchange Commission – SEC). Geralmente eles são abertos apenas para investidores ricos ou institucionais. Muitos exigem que os investidores concordem com "carências" iniciais, isto é, períodos de vários anos durante os quais os investimentos não podem ser retirados. As carências permitem que os fundos de *hedge* invistam em ativos ilíquidos sem se preocupar em atender a solicitações de resgate dos fundos. Além disso, como a regulamentação

---

[1] Jeffrey Pontiff, "Costly Arbitrage: Evidence from Closed-End Funds", *Quarterly Journal of Economics*, 111, novembro de 1996, pp. 1.135–1.151.

dos fundos de *hedge* é branda, seus gestores podem adotar outras estratégias de investimento – por exemplo, o uso frequente de derivativos, vendas a descoberto e alavancagem; essas estratégias normalmente não são abertas aos gestores de fundos mútuos.

Os fundos de *hedge* são intencionalmente autorizados a investir em uma ampla variedade de investimentos, e vários fundos concentram-se em derivativos, *distressed*, especulação monetária, obrigações conversíveis, mercados emergentes, *merger arbitrage* etc. Outros fundos podem mudar de uma classe de ativos para outra à medida que as oportunidades de investimento percebidas mudam.

Os fundos de *hedge* tiveram grande crescimento nos últimos anos. Os ativos sob gestão aumentaram enormemente de US$ 50 bilhões em 1990 para em torno de US$ 2 trilhões em 2012. Dedicamos todo o Capítulo 26 a esses fundos.

4.3 Fundos mútuos

Fundo mútuo é o nome comum de empresa de investimento aberta, que hoje é o tipo predominante nos Estados Unidos, respondendo por cerca de 90% dos ativos de empresas de investimento. Os ativos sob gestão no setor americano de fundos mútuos equivaliam a quase US$ 13,5 trilhões no início de 2013. Mais US$ 13,5 trilhões, aproximadamente, foram investidos em fundos mútuos não americanos.

Políticas de investimento

Cada fundo mútuo tem uma política de investimento específica, que é descrita no prospecto do fundo. Por exemplo, os fundos mútuos do mercado monetário mantêm os instrumentos de curto prazo e baixo risco do mercado monetário (consulte o Capítulo 2 para uma recapitulação desses títulos), enquanto os fundos de obrigações mantêm títulos de renda fixa. Alguns têm normas ainda mais estreitas. Por exemplo, alguns fundos de obrigações manterão principalmente obrigações do Tesouro, outros manterão primordialmente títulos garantidos por hipotecas.

As empresas de gestão administram uma família ou um "complexo" de fundos mútuos. Elas organizam um conjunto completo de fundos e depois cobram uma taxa de administração para operá-los. Como essas empresas gerenciam um conjunto de fundos sob uma única estrutura, os investidores têm maior facilidade para alocar ativos entre setores do mercado e mudar os ativos entre os fundos, sem deixar de se beneficiar de um registro de informações centralizado. Algumas das empresas de gestão mais conhecidas são a Fidelity, Vanguard, Barclays e T. Rowe Price. Todas oferecem um conjunto de fundos mútuos abertos com políticas de investimento distintas. Em 2013, havia aproximadamente 8 mil fundos mútuos nos Estados Unidos, que eram oferecidos por 700 complexos de fundos.

Os fundos normalmente são classificados por política de investimento em um dos seguintes grupos.

Fundos do mercado monetário Esses fundos investem em títulos do mercado monetário, como *commercial papers*, acordos de recompra ou certificados de depósito. O vencimento médio desses ativos tende a ser de um pouco mais de um mês. Normalmente, eles oferecem recursos como emissão de cheques, e o NAV é fixado em US$ 1 por ação,[2] para que não haja nenhuma incidência tributária, como ganhos ou perdas de capital associados com o resgate de ações.

Fundos de ações Os fundos de ações investem principalmente em ações, embora possam, a critério do gestor de carteira, manter também títulos de renda fixa ou de outros tipos. Os fundos de ações normalmente terão em torno de 4 e 5% do total de ativos em títulos do mercado monetário para oferecer a liquidez necessária para atender a possíveis resgates de ações.

Os fundos de ações geralmente são classificados com base em sua ênfase sobre a valorização de capital *versus* renda atual. Os *fundos de renda* tendem a manter ações de empresas com rendimentos de dividendos consistentemente altos. Os *fundos de crescimento* são propensos a renunciar à renda

---

[2] O quadro "Fundos do Mercado Monetário e a Crise Financeira de 2008", no Capítulo 2, ressaltou que os fundos do mercado monetário conseguem manter o NAV em US$ 1 porque eles investem em dívidas de curto prazo da mais alta qualidade e que apresentam um risco mínimo de preço. Em raras circunstâncias, os fundos experimentam perdas suficientes para impulsionar o NAV para um valor abaixo de US$ 1. Em setembro de 2008, o Reserve Primary Fund, o fundo de mercado mais antigo dos Estados Unidos, "quebrou o dólar" quando sofreu perdas em seus investimentos em *commercial paper* no Lehman Brothers e seu valor caiu para US$ 0,97.

atual, concentrando-se, em vez disso, em perspectivas de ganhos de capital. Embora a classificação desses fundos seja expressa em termos de renda *versus* ganhos de capital, vale a pena notar que, na prática, a distinção mais relevante diz respeito ao nível de risco que esses fundos assumem. As ações de crescimento – e, portanto, os fundos de crescimento – em geral são mais arriscadas e respondem mais acentuadamente do que os fundos de renda a mudanças nas condições econômicas.

Fundos de setores especializados Alguns fundos de ações, chamados de *fundos de setor*, concentram-se em determinado setor. Por exemplo, a Fidelity vende dezenas de "fundos exclusivos". Cada um investe em um setor específico, como biotecnologia, serviços de utilidade pública, energia ou telecomunicações. Outros fundos especializam-se em títulos de determinados países.

Fundos de obrigações Como o nome sugere, esses fundos especializam-se no setor de renda fixa. Entretanto, nesse setor, existe um espaço considerável para maior especialização. Por exemplo, vários fundos podem se concentrar em obrigações corporativas, obrigações do Tesouro, títulos garantidos por hipotecas ou obrigações municipais (isentas de impostos). Aliás, alguns fundos de obrigações municipais investem apenas em obrigações de um determinado estado (ou mesmo cidade!) a fim de atender ao desejo de investimento de habitantes desse estado que querem evitar impostos locais e igualmente federais sobre a renda de juros. Muitos fundos também se especializam segundo o vencimento dos títulos, que pode ser de curto, médio e longo prazo, ou de acordo com o risco de crédito do emissor, que pode envolver obrigações muito seguras, de alto rendimento ou de alto risco.

Fundos internacionais Muitos fundos concentram-se no âmbito internacional. Os *fundos globais* investem em títulos do mundo inteiro, inclusive dos Estados Unidos. Em contraposição, os *fundos internacionais* investem em títulos de empresas fora dos Estados Unidos. Os *fundos regionais* concentram-se em uma região específica do mundo e os *fundos de mercados emergentes* investem em empresas de países em desenvolvimento.

Fundos balanceados Alguns fundos são estruturados para serem candidatos à carteira de investimentos completa de um indivíduo. Esses fundos balanceados mantêm ações e títulos de renda fixa em proporções relativamente estáveis. Os *fundos de ciclo de vida* são fundos balanceados em que a combinação de ativos pode variar de agressiva (dirigida principalmente para investidores mais jovens) a conservadora (dirigida para investidores mais velhos). Os fundos de ciclo de vida de alocação estática mantêm uma combinação estável de ações e obrigações, enquanto os *fundos de vencimento determinado* se tornam cada vez mais conservadores à medida que o investidor envelhece.

Muitos fundos balanceados são na verdade **fundos de fundos**. São fundos mútuos que investem principalmente em ações de outros fundos mútuos. Os fundos de fundos balanceados investem em fundos de ações e obrigações em proporções adequadas às suas metas de investimento.

Fundos de alocação de ativos e flexíveis Esses fundos são semelhantes aos fundos balanceados porque mantêm ações e obrigações. Contudo, os fundos de alocação de ativos podem variar sensivelmente as proporções alocadas a cada mercado de acordo com a previsão do gestor de carteira sobre o desempenho relativo de cada setor. Por isso, esses fundos estão associados ao *market timing* e não são projetados para ser um veículo de investimento de baixo risco.

Fundos de índice Um fundo de índice tenta ter um desempenho compatível com o índice de mercado geral. Esse fundo compra ações em títulos incluídos em um índice particular proporcionalmente à representação do título nesse índice. Por exemplo, o Vanguard 500 Index Fund é um fundo mútuo que reproduz a composição do índice de preço de ações Standard & Poor's 500. Como o S&P 500 é um índice ponderado pelo valor, o fundo compra ações em cada empresa do S&P 500 proporcionalmente ao valor de mercado do capital em circulação dessa empresa. O investimento em um fundo de índice é uma alternativa de baixo custo para os pequenos investidores adotarem uma estratégia passiva de investimento – isto é, investir sem realizar uma análise de títulos. Cerca de 15% dos ativos investidos em fundos de ações em 2012 eram indexados. Obviamente, os fundos de índice podem estar vinculados também a índices que não sejam de ações. Por exemplo, a Vanguard oferece um fundo de índice de obrigações e um fundo de índice imobiliário.

TABELA 4.1 Fundos mútuos dos Estados Unidos por classificação de investimento

	Ativos (em bilhões de US$)	Porcentagem do total de ativos	Número de fundos
Fundos de ações			
Foco na valorização do capital	2.356	20,3	2.686
Mundiais/internacionais	1.359	11,7	1.285
Retorno total	1.490	12,8	610
Total de fundos de ações	5.205	44,8	4.581
Fundos de obrigações			
Corporativas	452	3,9	252
Alto rendimento	212	1,8	179
Mundo	259	2,2	205
Governamentais	261	2,2	246
Renda estratégica	1.204	10,4	484
Municipais de um único estado	159	1,4	347
Municipais nacionais	338	2,9	216
Total de fundos de obrigações	2.885	24,8	1.929
Fundos híbridos (obrigações/ações)	839	7,2	495
Fundos do mercado monetário			
Tributáveis	2.400	20,7	431
Isento de impostos	292	2,5	201
Total de fundos do mercado monetário	2.692	23,2	632
Total	11.621	100,0	7.637

Nota: A soma das colunas está sujeita a erros de arredondamento.
Fonte: Instituto de Empresas de Investimento, *2012 Mutual Fund Fact Book.*

A Tabela 4.1 decompõe o número de fundos mútuos por orientação de investimento. Algumas vezes o nome do fundo descreve a política de investimento. Por exemplo, o GNMA da Vanguard investe em títulos garantidos por hipotecas, o Municipal Intermediate Fund investe em obrigações municipais de médio prazo e o High-Yield Corporate Bond Fund investe em grande parte em obrigações de grau especulativo ou de alto risco que oferecem alto rendimento. No entanto, os nomes dos fundos de ações com frequência indicam pouco ou nada de suas políticas de investimento. Exemplos são os fundos Windsor e Wellington da Vanguard.

Como os fundos são vendidos

Os fundos mútuos em geral são negociados ao público diretamente pelo subscritor do fundo ou indiretamente pelos corretores que atuam em nome do subscritor. Os fundos negociados diretamente são vendidos pelo correio, por meio de vários escritórios do fundo, pelo telefone e, cada vez mais, pela internet. Os investidores entram em contato diretamente com o fundo para comprar ações.

Hoje, em torno de 50% das vendas de fundo são divulgadas por uma equipe de vendas. Os corretores ou consultores financeiros recebem uma comissão para vender ações aos investidores. (No final, a comissão é paga pelo investidor. Falaremos mais sobre isso em breve.)

Os investidores que recorrem ao conselho de seu corretor para escolher fundos mútuos devem estar cientes de que os corretores podem ter conflitos de interesse com relação a essa escolha. Isso provém de uma prática denominada *compartilhamento de receita*, na qual as empresas de fundos pagam um valor à empresa de corretagem por tratamento preferencial em suas recomendações de investimento.

Muitos fundos são vendidos por meio de "supermercados financeiros", que podem vender ações em fundos de vários complexos. Em vez de cobrar uma comissão de venda dos clientes, o supermercado divide as taxas de administração com a empresa de fundos mútuos. Outra vantagem é o registro de informações unificado para todos os fundos comprados do supermercado, mesmo se os fundos forem oferecidos por complexos diferentes. Entretanto, muitos sustentam que esses supermercados acabam aumentando os índices de despesas porque os fundos mútuos repassam os custos de participação nesses programas em forma de taxas de administração mais alta.

4.4 Custos de investimento em fundos mútuos

Estrutura de taxas

Ao escolher um fundo mútuo, um investidor individual deve considerar não apenas a política de investimento e o desempenho anterior declarados pelo fundo, mas também suas taxas de administração e outras despesas. Dados comparativos sobre praticamente qualquer aspecto importante dos fundos mútuos estão disponíveis no *Mutual Fund Sourcebook* da Morningstar, que pode ser encontrado em várias bibliotecas acadêmicas e públicas, pelo menos nos Estados Unidos. Você deve estar atento a quatro classes gerais de taxa.

Despesas operacionais As despesas operacionais são os custos incorridos pelo fundo mútuo para operar a carteira, como despesas administrativas e taxas de consultoria pagas ao gestor de investimento. Essas despesas, normalmente expressas como porcentagem do total de ativos sob gestão, podem variar de 0,2 a 2%. Os acionistas não recebem uma fatura explícita dessas despesas operacionais; entretanto, essas despesas são deduzidas periodicamente dos ativos do fundo. No caso dos acionistas, essas despesas são pagas por meio da redução do valor da carteira.

A média simples do índice de despesas dos fundos de ações nos Estados Unidos foi de 1,43% em 2011. Porém, os fundos maiores tendem a ter índices de despesas inferiores. Por isso, o índice médio de despesas médio ponderado por ativos sob gestão é consideravelmente menor – 0,79%. Não surpreendentemente, o índice médio de despesas de fundos gerenciados ativamente é consideravelmente superior ao dos fundos indexados – 0,93% *versus* 0,14% (ponderado por ativos sob gestão).

Além das despesas operacionais, muitos fundos cobram taxas para cobrir os custos de marketing e distribuição. Essas taxas são utilizadas principalmente para pagar os corretores ou consultores financeiros que vendem fundos ao público. Os investidores podem evitar essas despesas comprando ações diretamente do patrocinador do fundo, mas muitos investidores estão dispostos a pagar essas taxas de distribuição em troca da consultoria que podem receber do corretor.

Taxa inicial Taxa inicial é uma comissão ou taxa de vendas paga na compra de ações. Essas taxas, utilizadas principalmente para pagar os corretores que vendem os fundos, podem ser superiores a 8,5%, mas na prática raramente elas ultrapassam 6%. Os *fundos com baixos encargos* têm taxas que variam até 3% dos fundos investidos. *Os fundos sem encargos* não têm taxas de venda iniciais. Na verdade, os encargos diminuem a quantia investida. Por exemplo, cada US$ 1.000 pagos por um fundo com taxa de 6% gera uma comissão de venda de US$ 60 e resulta em um investimento de somente US$ 940. Você precisa de retornos cumulativos de 6,4% de seu investimento líquido (60/940 = 0,064) apenas para não ter lucro nem prejuízo.

Taxa de resgate Taxa de resgate é uma taxa de "saída" paga quando você vende suas ações. Normalmente, os fundos que impõe taxas de resgate iniciam com taxas de 5 ou 6% e as reduzem em um ponto percentual a cada ano em que os fundos são mantidos investidos. Portanto, uma taxa de saída iniciada em 6% cairia para 4% no início de seu terceiro ano. Essas comissões são conhecidas mais formalmente como "comissões por resgate diferido".

Taxas 12b-1 A SEC permite que os gestores dos assim chamados fundos 12b-1 utilizem ativos do fundo para cobrir custos de distribuição como propaganda, folhetos promocionais – por exemplo, relatórios anuais e prospectos – e, mais importante, comissões pagas aos corretores que vendem o fundo aos investidores. As **taxas 12b-1** levam o nome da norma da SEC que permite a utilização desses planos. Os fundos podem utilizar taxas 12b-1 anuais em vez de ou complementarmente às taxas iniciais para gerar as taxas com as quais pagam os corretores. Assim como nas despesas operacionais, os investidores não recebem uma fatura explícita das taxas 12b-1. Na verdade, as taxas são deduzidas dos ativos do fundo. Portanto, é necessário acrescentar as taxas 12b-1 (se houver) às despesas operacionais para obter o verdadeiro índice de despesas anual do fundo. A SEC exige que todos os fundos incluam no prospecto uma tabela de despesas consolidadas que resuma todas as taxas relevantes. As taxas 12b-1 estão limitadas a 1% do NAV médio do fundo por ano.[3]

---

[3] A taxa 12b-1 máxima para a venda do fundo é 0,75%. Entretanto, uma taxa adicional de serviço de 0,25% também é possível para serviços pessoais e/ou para a manutenção de contas de acionistas.

> **EXEMPLO 4.2** || Taxas de várias classes
>
> Aqui são apresentadas as taxas de diferentes classes do Dreyfus High Yield Fund em 2012. Observe o *trade-off* entre as taxas iniciais e as taxas 12b-1 na opção entre ações Classe A e Classe C. As ações Classe I são vendidas somente a investidores institucionais e têm taxas mais baixas.
>
> | | Classe A | Classe C | Classe I |
> |---|---|---|---|
> | Taxa inicial | 0–4,5[a] | 0 | 0 |
> | Taxa de resgate | 0 | 0–1[b] | 0[b] |
> | Taxas 12b-1[c] | 0,25 | 1,0 | 0 |
> | Índice de despesas | 0,70 | 0,70 | 0,70 |
>
> [a] Dependendo da magnitude do investimento.
> [b] Dependendo dos rendimentos até o momento em que os títulos são vendidos.
> [c] Incluindo uma taxa de serviço.

Muitos fundos oferecem "classes" que representam a participação em uma mesma carteira de títulos, mas com combinações de taxas diferentes. Por exemplo, as ações Classe A devem ter taxas iniciais e as ações Classe B contam com taxas 12b-1.

Cada investidor deve escolher a melhor combinação de taxas. Obviamente, os fundos puros (sem taxas) distribuídos diretamente pelo grupo de fundos mútuos são a alternativa mais barata e com frequência serão os que mais farão sentido para os investidores esclarecidos. Porém, como mencionamos anteriormente, muitos investidores estão dispostos a pagar por consultoria financeira, e as comissões pagas aos consultores que vendem esses fundos são a forma de pagamento mais comum. Entretanto, os investidores podem optar por contratar um gestor financeiro que cobre apenas taxas diretas pelos serviços, em vez de comissões. Esses consultores podem ajudar os investidores a escolher carteiras de fundos com taxas baixas ou sem taxas (e também oferecer outros conselhos financeiros). Nos últimos anos, os planejadores financeiros independentes têm se tornando canais de distribuição cada vez mais importantes para os fundos.

Se você comprar um fundo por meio de um corretor, a escolha entre pagar comissão inicial e pagar taxas 12b-1 dependerá primordialmente do horizonte de tempo esperado. As comissões iniciais são pagas apenas uma vez a cada compra, enquanto as taxas 12b-1 são pagas anualmente. Desse modo, se você pretende manter seu fundo por um longo período, a comissão inicial única pode ser preferível a taxas 12b-1 recorrentes.

Taxas e retornos dos fundos mútuos

A taxa de retorno de um investimento em um fundo mútuo é avaliada como o aumento ou diminuição do NAV mais distribuições de renda – por exemplo, dividendos ou distribuições de ganhos de capital expressos como porcentagem do NAV no início do período de investimento. Se designarmos o NAV no início e no final do período como NAV_0 e NAV_1, respectivamente, teremos

$$\text{Taxa de retorno} = \frac{NAV_1 - NAV_0 + \text{Distribuições de renda e ganhos de capital}}{NAV_0}$$

Por exemplo, se um fundo tiver um NAV inicial de US$ 20 no início do mês, fizer distribuições de renda de US$ 0,15 e distribuições de ganhos de capital de US$ 0,05 e finalizar o mês com um NAV de US$ 20,10, a taxa de retorno mensal será calculada como

$$\text{Taxa de retorno} = \frac{\text{US\$ } 20{,}10 - \text{US\$ } 20{,}00 + \text{US\$ } 0{,}15 + \text{US\$ } 0{,}05}{\text{US\$ } 20{,}00} = 0{,}015 \text{ ou } 1{,}5\%$$

Observe que esse cálculo da taxa de retorno ignora qualquer comissão, como as taxas iniciais pagos para comprar o fundo.

Entretanto, a taxa de retorno é afetada pelas despesas e pelas taxas 12b-1 do fundo. Isso porque essas taxas são deduzidas periodicamente da carteira, o que diminui o NAV. Desse modo, a taxa de retorno do fundo é igual ao retorno bruto sobre a carteira subjacente menos o índice total de despesas.

> **EXEMPLO 4.3** || Taxas e retornos líquidos
>
> Para ver como as despesas podem afetar a taxa de retorno, considere um fundo com US$ 100 milhões em ativos no início do ano e com 10 milhões de ações em circulação. O fundo investe em uma carteira de ações que não oferece renda, mas tem um aumento de valor de 10%. O índice de despesas, incluindo taxas 12b-1, é 1%. Qual a taxa de retorno de um investimento no fundo?
>
> O NAV inicial é igual a US$ 100 milhões/10 milhões de ações = US$ 10 por ação. Na ausência de despesas, os ativos do fundo aumentariam para US$ 110 milhões e o NAV subiria para US$ 11 por ação, com uma taxa de retorno de 10%. Entretanto, o índice de despesas do fundo é 1%. Portanto, será descontado US$ 1 milhão do fundo para pagar essas taxas, deixando a carteira com um valor de US$ 109 milhões apenas e NAV de US$ 10,90. A taxa de retorno do fundo é de 9% apenas, que é igual ao retorno bruto na carteira subjacente menos o índice total de despesas.

> **REVISÃO DE CONCEITOS 4.2**
>
> Um determinado fundo vende ações Classe A com uma taxa inicial de 4% e ações Classe B com uma taxa 12b-1 anual de 0,5%, bem como uma taxa de resgate que se inicia em 5% e cai 1% em cada ano completo em que o investidor mantiver a carteira (até o quinto ano). Suponhamos que a taxa de retorno da carteira do fundo após as despesas operacionais seja de 10% ao ano. Qual será o valor de um investimento de US$ 10 mil em ações Classe A e Classe B se as ações forem vendidas após (a) um ano, (b) quatro anos, (c) dez anos? Que estrutura de taxas oferece maiores receitas líquidas no final de cada horizonte de investimento?

As taxas podem afetar enormemente o desempenho. A Tabela 4.2 considera um investidor que começa com US$ 10 mil e pode escolher entre três fundos que obtêm uma taxa de retorno anual de 12% sobre o investimento antes das taxas, mas têm diferentes estruturas de taxas. A tabela mostra a quantia cumulativa em cada fundo após vários horizontes de tempo. O Fundo A tem um total de despesas operacionais de 0,5%, nenhuma comissão e nenhuma taxa 12b-1, e poderia representar uma empresa de baixo custo como a Vanguard. O Fundo B não tem comissão inicial, mas tem despesas de administração de 1% e uma taxa 12b-1 de 0,5%. Esse nível de despesa é razoavelmente comum nos fundos de ações gerenciados ativamente. Por fim, o Fundo C tem 1% de despesas de administração, não tem nenhuma taxa 12b-1, mas cobra uma taxa inicial de 8% nas compras.

Observe a vantagem de retorno substancial do Fundo A, cujo custo é baixo. Além disso, esse diferencial é maior para horizontes de investimento mais longos.

Embora as despesas possam ter grande impacto sobre o desempenho líquido do investimento, algumas vezes é difícil para o investidor em um fundo mútuo avaliar precisamente as despesas reais. Isso ocorre em virtude da prática usual de pagar algumas despesas em ***soft dollar*** (**pagamento através de comissão**). Um gestor de carteira ganha créditos em *soft dollar* de uma empresa de corretagem ao encaminhar transações do fundo para essa empresa. Com base nesses créditos, o corretor pagará parte das despesas do fundo mútuo, como bancos de dados, *hardware* ou sistemas de cotação de ações. Esse acordo de comissões significa que o corretor de valores efetivamente devolve parte da comissão de negociação ao fundo. As compras realizadas com esse tipo de co-

TABELA 4.2 Impacto dos custos sobre o desempenho do investimento

	Rendimentos cumulativos (todos os dividendos reinvestidos) (US$)		
	Fundo A	Fundo B	Fundo C
Investimento inicial *	10.000	10.000	9.200
5 anos	17.234	16.474	15.502
10 anos	29.699	27.141	26.123
15 anos	51.183	44.713	44.018
20 anos	88.206	73.662	74.173

*Após a taxa inicial, se houver.
Notas:
1. O Fundo A não tem comissão e tem um índice de despesas de 0,5%.
2. O Fundo B não tem comissão e tem um índice total de despesas de 1,5%.
3. O Fundo C tem comissão de 8% sobre as compras e índice de despesas de 1%.
4. O retorno bruto de todos os fundos é 12% ao ano antes das despesas.

missão não são incluídas nas despesas do fundo. Por isso, os fundos com amplos acordos de *soft dollar* podem divulgar falsamente ao público um baixo índice de despesas. Contudo, o fundo terá de pagar aos corretores altas comissões para obter seus "abatimentos" de *soft dollar*. O impacto das comissões de negociação mais altas evidencia-se no desempenho líquido do investimento, e não no índice de despesas divulgado.

4.5 Tributação sobre os rendimentos dos fundos mútuos

Os retornos de investimento dos fundos mútuos recebem o *"status pass-through"* no código tributário dos Estados Unidos, o que significa que os impostos são pagos apenas pelo investidor do fundo mútuo, não pelo fundo em si. Considera-se que a renda é repassada para o investidor desde que o fundo atenda a várias exigências. A mais notável é de que o fundo seja suficientemente diversificado e de que praticamente toda a renda seja distribuída para os acionistas. Os ganhos de capital de curto prazo, os ganhos de capital de longo prazo e os dividendos de um fundo são repassados aos investidores como se eles tivessem obtido o rendimento diretamente.

O repasse do rendimento de um investimento é uma grande desvantagem para os investidores individuais. Quando você mesmo gerencia sua carteira, você decide quando deve realizar ganhos e perdas de capital em determinado título; desse modo, você pode programar essas realizações para gerenciar de maneira eficiente suas obrigações tributárias. Entretanto, quando você investe por meio de um fundo mútuo, o momento da venda dos títulos de uma carteira está fora de sua alçada, e isso restringe a possibilidade de você gerenciar seus impostos.[4]

Um fundo com alta taxa de rotatividade de carteira pode ser particularmente "ineficiente em termos tributários". **Rotatividade** é a relação entre as atividades de negociação de uma carteira e os ativos dessa carteira. Ela mede a porcentagem da carteira que é "reposta" a cada ano. Por exemplo, uma carteira de US$ 100 milhões, com US$ 50 milhões em vendas de alguns títulos e compra de outros teria uma taxa de rotatividade de 50%. Uma alta rotatividade significa que estão sendo realizados ganhos ou perdas de capital constantes e, portanto, o investidor não pode programar as realizações para gerenciar suas obrigações tributárias gerais.

> **REVISÃO DE CONCEITOS 4.3**
>
> A carteira de um investidor atualmente vale US$ 1 milhão. Durante o ano, o investidor vende 1.000 ações da FedEx ao preço de US$ 80 por ação e 4 mil ações da Cisco Systems ao preço de US$ 20 por ação. As receitas líquidas são utilizadas para comprar 800 ações da IBM por US$ 200 por ação.
> a. Qual a taxa de rotatividade da carteira?
> b. Se as ações da FedEx fossem compradas originalmente por US$ 70 cada e as da Cisco fossem compradas por US$ 17,50, e a alíquota de imposto do investidor sobre a renda de ganhos de capital fosse de 20%, quanto mais o investidor ficaria devendo nos impostos desse ano em consequência dessas transações?

As taxas de rotatividade dos fundos de ações na última década foram de aproximadamente 60% quando ponderadas com base nos ativos sob gestão. Em contraposição, um fundo com baixa rotatividade – por exemplo, um fundo de índice – pode ter uma rotatividade tão baixa quanto 2%, o que é eficiente em termos tributários e econômico com relação aos custos de negociação.

4.6 Fundos negociados em bolsa

Os **fundos negociados em bolsa** (*exchange-traded funds* – ETFs) são uma ramificação dos fundos mútuos criados em 1993 que permitem que os investidores negociem carteiras de índice do mesmo modo que negociam ações. O primeiro ETF foi o "Spider" (Aranha), um apelido para SPDR ou Standard & Poor's Depository Receipt (recibo de depósito da S&P), que é um fundo de investimentos em cotas que mantém uma carteira comparável à do índice S&P 500. Ao contrário dos fundos mútuos, que podem ser comprados ou vendidos apenas no final do dia, quando o NAV é calculado, os investidores podem negociar Spiders ao longo do dia, da mesma forma que qualquer outra ação.

---

[4] Um problema significativo do qual o investidor precisa estar ciente está relacionado ao fato de os ganhos de capital e os dividendos sobre os fundos mútuos normalmente serem pagos aos acionistas uma ou duas vezes ao ano. Isso significa que um investidor que acabou de adquirir ações de um fundo mútuo pode receber uma distribuição de ganho de capital (e pagar imposto sobre essa distribuição) em transações que ocorreram muito antes de ele ter comprado ações do fundo. Essa questão é particularmente importante no final do ano, época em que geralmente essas distribuições são realizadas.

TABELA 4.3 Patrocinadores e produtos ETF

A. Patrocinadores de ETF	
Patrocinador	Nome do produto
BlackRock Global Investors	iShares
Merrill Lynch	HOLDRS (Holding Company Depository Receipts: "Holders")
StateStreet/Merrill Lynch	Select Sector SPDRs (S&P Depository Receipts: "Spiders")
Vanguard	Vanguard ETF

B. Exemplo de produtos ETF		
Nome	*Ticker*	Índice acompanhado
Índices americanos gerais		
Spiders	SPY	S&P 500
Diamonds	DIA	Índice Dow Jones
Cubes	QQQ	Nasdaq 100
iShares Russell 2.000	IWM	Russell 2.000
Total Stock Market (Vanguard)	VTI	Wilshire 5.000
Índices setoriais		
Energy Select Spider	XLE	Empresas de energia S&P 500
iShares Energy Sector	IYE	Empresas de energia Dow Jones
Financial Sector Spider	XLF	Empresas financeiras S&P 500
iShares Financial Sector	IYF	Empresas financeiras Dow Jones
Índices internacionais		
WEBS United Kingdom	EWU	Índice MCSI Reino Unido
WEBS France	EWQ	Índice MCSI França
WEBS Japan	EWJ	Índice MCSI Japão

Os Spiders deram origem a vários produtos semelhantes, como os "Diamonds" (Diamantes) – baseados no índice industrial Dow Jones, *ticker* DIA –, Cubes, baseados no índice Nasdaq 100, *ticker* QQQ, e WEBS (de World Equity Benchmark Shares, que são ações em carteiras de índices de bolsas de valores estrangeiras). No início de 2011, foi investido um valor de cerca de US$ 1 trilhão em mais de 1.100 ETFs americanos. O Painel A da Tabela 4.3 apresenta alguns dos principais patrocinadores de ETFs e o Painel B é uma pequena amostra dos tipos de fundo oferecidos.

A Figura 4.2 mostra o rápido crescimento do mercado de ETFs desde 1998. Até 2008, a maioria dos ETFs tinha de acompanhar índices específicos, e aqueles que acompanham índices gerais ainda dominam o setor. Contudo, existem dezenas de ETFs de setor. Tal como a Figura 4.2 evidencia, os ETFs de *commodities*, obrigações e internacionais tiveram um crescimento particularmente significativo nos últimos anos. Embora tenha sido investido um valor de apenas US$ 1 bilhão em ETFs de *commodities* em 2004, em 2011 esse valor saltou para US$ 109 bilhões. Os ETFs de ouro e prata dominam o setor, respondendo por cerca de três quartos dos fundos de *commodities*. Aliás, os ETFs tornaram-se a principal alternativa para os investidores fazerem especulações em metais preciosos. A Figura 4.3 mostra que em 2011 os ETFs capturaram uma parcela significativa dos ativos sob gestão no mundo das empresas de investimento.

A Barclays Global Investors durante muito tempo liderou o mercado de ETFs utilizando o nome de produto iShares. Desde a fusão da Barclays com a Blackrock em 2009, o iShares passou a ser negociado pelo nome de Blackrock. A empresa patrocina ETFs para inúmeros fundos de índice de ações, entre os quais se incluem vários índices gerais de ações dos Estados Unidos, fundos gerais internacionais e de países específicos e fundos de setor globais. Além disso, a Blackrock oferece diversos ETFs de obrigações e alguns fundos de *commodities*, como os fundos de ouro e prata. Para obter mais informações sobre esses fundos, visite www.iShares.com.

Recentemente, foi criada uma variedade de novos produtos ETF. Entre eles existem ETFs alavancados, com retornos diários que são o *múltiplo* visado dos retornos de um índice, e ETFs inversos, que se movem em direção oposta à de um índice. Além disso, hoje existe um pequeno número de ETFs gerenciados ativamente que, assim como os fundos mútuos gerenciados ativamente, tentam superar o desempenho dos índices de mercado. Mas eles respondem por apenas 3% dos ativos sob gestão no setor de ETFs.

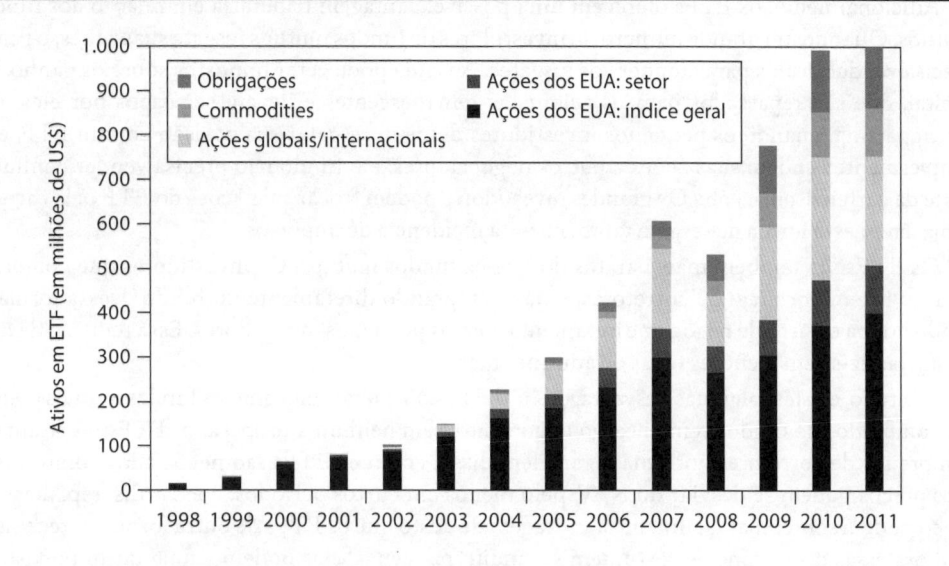

FIGURA 4.2 Crescimento de ETFs americanos ao longo do tempo

Fonte: Instituto de Empresas de Investimento, *2012 Investment Company Fact Book.*

Outras variações ainda mais incomuns são os assim chamados ETFs sintéticos, como as notas negociadas em bolsa (*exchange-traded notes* – ETNs) ou os veículos negociados em bolsa (*exchange traded vehicles* – ETVs), que são nominalmente títulos de dívida, mas apresentam retornos associados ao desempenho de um índice. Com frequência esse índice mede o desempenho de uma classe de ativos ilíquida e negociada esparsamente. Desse modo, o ETF oferece ao investidor a oportunidade de acrescentar essa classe de ativos à sua carteira. Contudo, em vez de investir diretamente nesses ativos, o ETF consegue essa exposição ajustando um "*swap* de retorno total" com um banco de investimento, no qual o banco concorda em pagar ao ETF o retorno sobre o índice por uma taxa relativamente fixa. Essa prática tornou-se controversa, visto que o ETF fica exposto a um risco que, em períodos de pressão financeira, impede que o banco de investimento cumpra sua obrigação, deixando os investidores sem os retornos que foram prometidos.

Os ETFs oferecem várias vantagens em relação aos fundos mútuos convencionais. Primeiro, como já ressaltamos, o NAV do fundo mútuo é cotado – e, portanto, os investidores podem comprar ou vender suas ações no fundo – uma única vez ao dia. Em contraposição, os ETFs são negociados constantemente. Além disso, assim como outras ações, mas diferentemente dos fundos mútuos, os ETFs podem ser vendidos a descoberto ou comprados na margem.

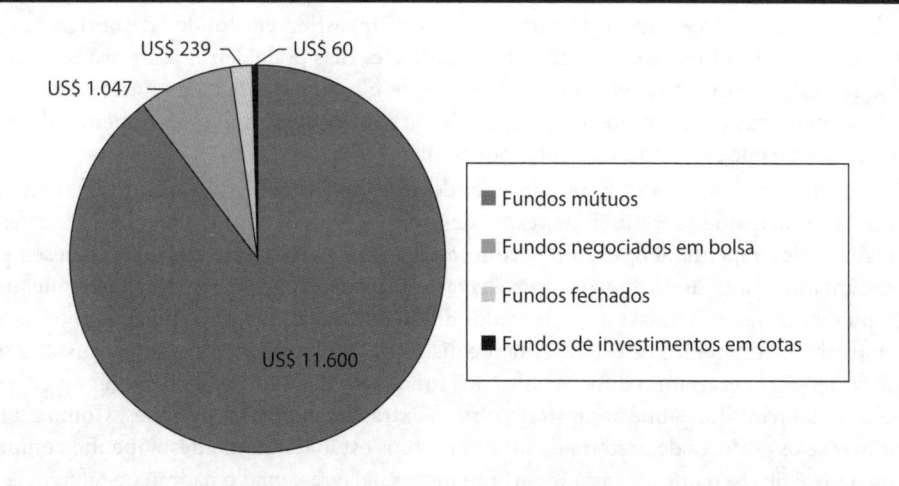

FIGURA 4.3 Ativos de empresas de investimento sob gestão, 2011 (em bilhões de US$)

Fonte: Instituto de Empresas de Investimento, *2012 Investment Company Fact Book.*

Adicionalmente, os ETFs oferecem uma possível vantagem tributária em relação aos fundos mútuos. Quando um grande número de investidores de fundos mútuos resgata suas ações, o fundo precisa vender títulos para atender aos resgates. A venda pode gerar impostos sobre os ganhos de capital, que são repassados para os acionistas remanescentes e devem ser pagos por eles. Em contrapartida, quando os pequenos investidores desejam resgatar sua posição em um ETF, eles simplesmente vendem suas ações a outros negociadores, e o fundo não precisa vender nenhuma parte da carteira subjacente. Os grandes investidores podem trocar suas ações do ETF pela carteira subjacente; essa forma de resgate também evita incidência de impostos.

Os ETFs são também mais baratos do que os fundos mútuos. Os investidores que compram ETFs o fazem por meio de corretores, e não comprando diretamente do fundo. Dessa forma, o fundo poupa o custo de negociar diretamente com os pequenos investidores. Essa redução de despesas traduz-se em menores taxas de administração.

Contudo, existem algumas desvantagens nos ETFs. Primeiro, enquanto os fundos mútuos podem ser comprados de fundos sem encargo e, portanto, sem nenhuma despesa, os ETFs precisam ser comprados de corretores por uma taxa. Além disso, como os ETFs são negociados como título, seus preços podem se desviar do NAV, pelo menos em curtos períodos, e essas discrepâncias de preço podem sobrepujar facilmente a vantagem de custo que os ETFs de outra forma ofereceriam. Embora essas discrepâncias costumem ser muito pequenas, elas podem aumentar imprevisivelmente quando os mercados estão sob pressão. O Capítulo 3 analisou brevemente a quebra-relâmpago de 6 de maio de 2010, quando o índice industrial Dow Jones sofreu uma queda de 583 pontos em *sete minutos*, ficando aproximadamente 1.000 pontos abaixo naquele dia. Surpreendentemente, o índice recuperou mais de 600 pontos nos 10 minutos seguintes. No rastro dessa inacreditável volatilidade, as bolsas de valores cancelaram várias negociações que haviam sido feitas por preços que depois foram considerados distorcidos. Em torno de um quinto de todos os ETFs mudou de mãos naquele dia por preços 50% inferiores ao respectivo preço de fechamento, e os ETFs responderam por dois terços de todas as negociações canceladas.

Ao menos dois problemas se evidenciaram nesse episódio. Primeiro, quando os mercados não estão funcionando apropriadamente, pode ser difícil avaliar o NAV da carteira de ETF, em particular quando os ETFs acompanham ativos com menor liquidez. E, para reforçar esse problema, alguns ETFs podem ser amparados apenas por um número muito pequeno de distribuidores. Se eles abandonarem o mercado durante um período de distúrbio, os preços poderão oscilar desenfreadamente.

4.7 Desempenho do investimento em fundo mútuo: introdução

Ressaltamos anteriormente que um dos benefícios dos fundos mútuos para o investidor individual é a possibilidade de delegar a gestão da carteira a profissionais de investimento. O investidor mantém o controle sobre as características gerais da carteira total ao decidir sobre a alocação de ativos: cada indivíduo escolhe a porcentagem da carteira que será investida em fundos de obrigações *versus* fundos de ações *versus* fundos do mercado monetário etc., mas pode deixar as decisões referentes à escolha de títulos específicos dentro de cada classe de investimento a cargo dos gestores de cada fundo. Os acionistas esperam que os gestores de carteira consigam um desempenho de investimento melhor do que eles poderiam obter por conta própria.

Qual é o histórico de investimento do setor de fundos mútuos? Essa pergunta aparentemente objetiva na verdade pode ser difícil de responder porque precisamos de um padrão de referência para avaliar o desempenho. Por exemplo, com certeza não desejaríamos comparar o desempenho de investimento de um fundo de ações com a taxa de retorno disponível no mercado monetário. As vastas diferenças de risco desses dois mercados ditam que o desempenho ano após ano e também o desempenho médio serão consideravelmente distintos. Nossa expectativa seria constatar que os fundos de ações superariam o desempenho dos fundos do mercado monetário (em média) para compensar os investidores que assumiram o risco extra nos mercados de ações. Como podemos determinar se os gestores de carteira de fundos mútuos estão tendo um desempenho comparável *em vista* o nível de risco que eles assumem? Em outras palavras, qual o padrão de referência apropriado com base no qual o desempenho de investimento deve ser avaliado?

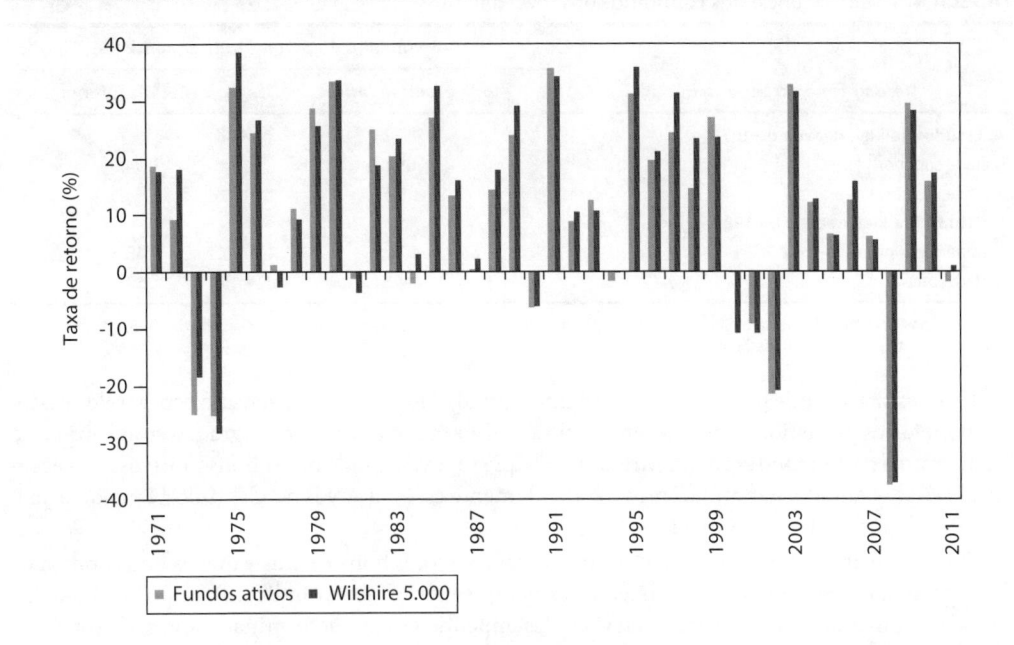

FIGURA 4.4
Taxas de retorno de fundos de ações gerenciados ativamente *versus* índice Wilshire 5.000, 1971–2011

Fonte: Para examinar os retornos do Wilshire, consulte www.wilshire.com. Utilizada com permissão da Wilshire Associates. Para examinar os retornos dos fundos ativos, consulte http://www.fiscalisadvisory.com/assets/pdfs/spiva_report_year_end_2011.pdf.

Avaliar o risco de carteira de maneira apropriada e utilizar essa avaliação para escolher um padrão de referência adequado é uma tarefa extremamente difícil. Dedicamos as Partes Dois e Três deste livro às questões que giram em torno da avaliação adequada do risco de carteira e do equilíbrio entre risco e retorno. Portanto, neste capítulo, vamos nos satisfazer com uma análise introdutória sobre a questão de desempenho dos fundos utilizando apenas padrões de referência bastante simples e vamos ignorar os problemas mais sutis das diferenças de risco entre os fundos. Entretanto, voltaremos a esse assunto no Capítulo 11, no qual analisaremos mais a fundo o desempenho dos fundos mútuos depois que eles se ajustam às diferenças de exposição das carteiras a diversas fontes de risco.

Aqui, utilizaremos como padrão de referência para o desempenho dos gestores de fundos de ações a taxa de retorno do índice Wilshire 5.000. Lembre-se de que mencionamos no Capítulo 2 que esse índice é ponderado pelo valor de todas as ações americanas negociadas ativamente. O desempenho do Wilshire 5.000 é uma referência útil para avaliar os gestores profissionais porque ele corresponde a uma estratégia de investimento passiva simples: comprar todas as ações no índice proporcionalmente ao valor de mercado das ações em circulação. Além disso, essa é uma estratégia viável até para pequenos investidores, porque o Vanguard Group oferece um fundo de índice (o Total Stock Market Portfolio) cujo objetivo é reproduzir o desempenho do índice Wilshire 5.000. Utilizando o Wilshire 5.000 como referência, podemos apresentar o problema de avaliação de desempenho dos gestores de carteira de fundos mútuos da seguinte forma: em que medida o desempenho usual dos fundos mútuos de ações gerenciados ativamente se compara ao desempenho de uma carteira gerenciada passivamente que apenas reproduz a composição de um índice geral do mercado de ações?

Comparações ocasionais do desempenho do Wilshire 5.000 com o desempenho de fundos mútuos gerenciados profissionalmente evidenciam resultados desalentadores para a maioria dos gestores de fundo. A Figura 4.4 mostra que o retorno médio sobre fundos de ações diversificadas foi inferior ao retorno do índice Wilshire 5.000 em 25 dos 41 anos analisados, isto é, de 1971 a 2011. O retorno médio do índice foi 11,75%, 1% superior ao retorno de um fundo mútuo comum.[5]

---

[5] Obviamente, os fundos reais incorrem em custos de negociação, mas os índices não. Portanto, uma comparação justa entre o retorno dos fundos gerenciados ativamente e o retorno de um índice passivo primeiro diminuiria o retorno no Wilshire 5.000 de acordo com uma estimativa desses custos. O Total Stock Market Index Portfolio da Vanguard, que acompanha o Wilshire 5.000, cobra um índice de despesas de 0,10% e, pelo fato de envolver pequenas negociações, seus custos de negociação são baixos. Por isso, seria sensato diminuir os retornos do índice em aproximadamente 0,15%. Essa diminuição não eliminaria a diferença no desempenho médio.

TABELA 4.4 Consistência dos resultados dos investimentos

Desempenho do período inicial	Desempenho do período subsequente (%)	
	Metade superior	Metade inferior
A. Estudo Malkiel, década de 1970		
Metade superior	65,1	34,9
Metade inferior	35,5	64,5
B. Estudo Malkiel, década de 1980		
Metade superior	51,7	48,3
Metade inferior	47,5	52,5

Fonte: Burton G. Malkiel, "Returns from Investing in Equity Mutual Funds 1971–1991", *Journal of Finance,* 50, junho de 1995, pp. 549–72. Informações utilizadas com permissão da John Wiley & Sons por intermédio do Centro de Autorização de Direitos Autorais.

Esse resultado pode parecer surpreendente. Afinal, não pareceria insensato esperar dos gestores monetários profissionais um desempenho superior em relação a uma regra tão simples quanto "manter uma carteira indexada". Entretanto, ao que se revela, pode haver bons motivos para esperarmos esse resultado. Examinaremos detalhadamente esses motivos no Capítulo 11, no qual analisamos a hipótese de mercado eficiente.

É evidente que se pode argumentar que existem gestores bons e ruins e que os bons podem de fato apresentar um desempenho sistematicamente superior ao do índice. Para pôr essa ideia à prova, examinamos se os gestores com bom desempenho em um determinado ano são propensos a tê-lo no ano seguinte. O desempenho superior em qualquer ano deve-se à sorte e, portanto, é aleatório, ou se deve à competência dos gestores e, portanto, é constante de ano para ano?

Para responder essa pergunta, podemos examinar o desempenho de uma grande amostra de carteiras de fundos mútuos de ações, dividir os fundos em dois grupos, com base no retorno total de investimento, e perguntar: "Os fundos com retornos de investimento na metade superior da amostra em um período continuam tendo um bom desempenho no período subsequente?".

A Tabela 4.4 apresenta uma análise desse tipo, extraída de um estudo de Malkiel,[6] e mostra a porcentagem de "vencedores" (isto é, os que estão na metade superior de desempenho) em cada ano que se revelam vencedores ou perdedores no ano subsequente. Se o desempenho fosse puramente aleatório de um período para outro, haveria indicações de 50% em todas as células da tabela, visto que os que estão na metade superior ou na metade inferior seriam igualmente propensos a ter um desempenho tanto na metade superior quanto inferior da amostra no período subsequente. Entretanto, se o desempenho fosse totalmente devido à competência, e não houvesse nenhum fator aleatório, esperaríamos ver indicações de 100% nas diagonais e de 0% nas diagonais opostas: aqueles com desempenho na metade superior permaneceriam na metade superior, enquanto aqueles com desempenho na metade inferior permaneceriam da mesma forma na metade inferior. Na verdade, a tabela mostra que 65,1% daqueles com desempenho inicial na metade superior enquadram-se na metade superior da amostra no período subsequente, enquanto 64,5% daqueles com desempenho inicial na metade inferior enquadram-se na metade inferior no período subsequente. Essa evidência é coerente com a ideia de que pelo menos parte do desempenho de um fundo depende de competência, e não da sorte, de modo que o desempenho relativo tende a se manter de um período para outro.[7]

Entretanto, essa relação não parece estável entre diferentes períodos da amostra. Embora o desempenho do ano inicial preveja um desempenho no ano subsequente na década de 1970 (Painel A), o padrão de persistência no desempenho praticamente desaparece na década de 1980 (Painel B). Em resumo, a evidência de que o desempenho é consistente de um período para o seguinte é sugestiva, mas inconclusiva.

Outros estudos indicam que existe pouca persistência de desempenho entre os gestores profissionais e que, quando muito, o mau desempenho tem maior probabilidade de persistir do que o

---

[6] Burton G. Malkiel, "Returns from Investing in Equity Mutual Funds 1971–1991", *Journal of Finance*, 50, junho de 1995, pp. 549–572.

[7] Pode ser também que a consistência do desempenho deva-se à variação na estrutura de taxas entre os fundos. Voltaremos a falar sobre essa possibilidade no Capítulo 11.

bom desempenho.[8] Isso faz algum sentido: é fácil identificar as características de um fundo que provocarão um mau desempenho de investimento de maneira consistente, em particular altos índices de despesas e altas taxas de rotatividade associados com custos de negociação. É bem mais difícil identificar os segredos de uma boa escolha de ações. (Se isso fosse fácil, todos estaríamos ricos!) Portanto, a consistência que de fato observamos no desempenho dos fundos provavelmente se deve, em grande parte, àqueles com mau desempenho. Isso indica que a verdadeira importância dos dados de desempenho do passado é ajudar a evitar os fundos realmente ruins, mesmo que a identificação daqueles com melhor desempenho no futuro continue sendo uma tarefa intimidante.

> **REVISÃO DE CONCEITOS 4.4**
>
> Suponhamos que você observe o desempenho de investimento de 400 gestores de carteira e os classifique pelo retorno durante o ano. Vinte por cento de todos os gestores são realmente competentes e, portanto, sempre se enquadram na metade superior, mas os outros se enquadram na metade superior puramente por sorte. Que porcentagem desses gestores da metade superior você supõe que permanecerão nessa posição de desempenho no ano seguinte?

4.8 Informações sobre fundos mútuos

O primeiro lugar para encontrar informações sobre um fundo mútuo é no respectivo prospecto. A SEC exige que o prospecto descreva os objetivos e as políticas de investimento do fundo em uma "Declaração de Objetivos de Investimento" concisa, além de análises mais amplas sobre políticas e riscos de investimento. O consultor de investimentos do fundo e seu gestor de carteira são igualmente indicados. O prospecto também apresenta em uma tabela de taxas os custos associados com a compra de ações no fundo. As comissões de venda, como taxas iniciais e finais, e as despesas operacionais anuais, como taxas de administração e 12b-1, são detalhadas na tabela de taxas.

Os fundos fornecem informações sobre eles mesmos em duas outras fontes. A Declaração de Informações Adicionais (Statement of Additional Information – SAI), também conhecida como Parte B do prospecto, contém uma lista dos títulos da carteira no final do ano fiscal, demonstrações financeiras auditadas, uma lista dos diretores e executivos do fundo e seus investimentos pessoais no fundo, e dados sobre as comissões de corretagem pagas pelo fundo. Contudo, ao contrário do prospecto do fundo, os investidores não recebem a SAI se não a solicitarem. Uma das piadas do setor é de que o acrônimo SAI significa *something always ignored* (algo sempre ignorado). O relatório anual do fundo também inclui a composição da carteira e demonstrações financeiras, bem como uma análise dos fatores que influenciaram o desempenho do fundo no último período de divulgação.

Com milhares de fundos mútuos para escolher, pode ser difícil encontrar e selecionar aquele mais apropriado para uma necessidade específica. Hoje, várias publicações oferecem "enciclopédias" de informações sobre fundos mútuos para ajudar no processo de pesquisa. Uma fonte proeminente é o *Mutual Fund Sourcebook*, da Morningstar. O *site* da Morningstar, www.morningstar.com, é outra excelente fonte de informações, tal como o *site* Yahoo!, finance.yahoo.com/funds. O Instituto de Empresas de Investimento (www.ici.org) – associação nacional de fundos mútuos, fundos fechados e fundos de investimentos em cotas – publica anualmente o *Directory of Mutual Funds*, que contém informações sobre taxas e números de telefone para contato com os fundos. Para mostrar a variedade de informações disponíveis sobre os fundos, utilizamos como exemplo um relatório da Morningstar, reproduzido na Figura 4.5.

A tabela à esquerda, denominada "Performance", mostra primeiramente os retornos trimestrais do fundo nos últimos cinco anos e, logo abaixo, os retornos de períodos mais longos. Você pode comparar os retornos sobre o índice padrão (o S&P 500) e o índice de categoria (o Russell 1.000) nas linhas denominadas "+/– Index", bem como na classificação de percentil dentro do grupo ou categoria de comparação. Prosseguindo na coluna esquerda, vemos dados sobre taxas e

---

[8] Consulte, por exemplo, Mark M. Carhart, "On Persistence in Mutual Fund Performance", *Journal of Finance*, 52, 1997, pp. 57–82. O estudo de Carhart também aborda o viés de sobrevivência, tendência de os fundos com melhor desempenho manterem-se no mercado e, por conseguinte, na amostra. Voltaremos a falar sobre esse estudo no Capítulo 11.

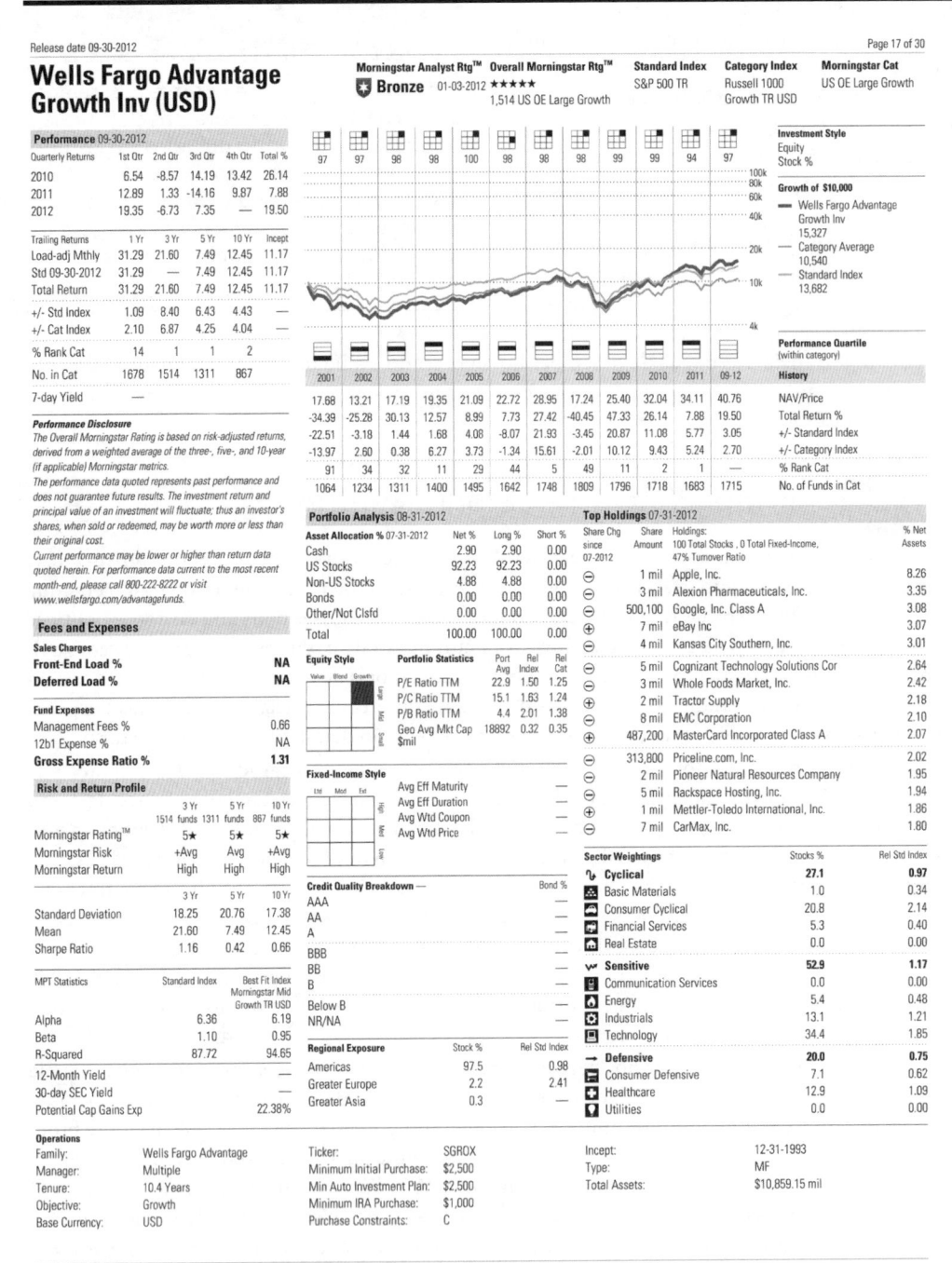

FIGURA 4.5 Relatório da Morningstar

Fonte: Morningstar Mutual Funds© 2012 Morningstar, Inc. Todos os direitos reservados. Dados utilizados com permissão.

despesas, bem como várias medidas sobre as características de risco e retorno do fundo. (Abordaremos todas essas medidas na Parte Dois deste livro.) O fundo ofereceu bons retornos em comparação com o risco, e isso lhe concedeu a cobiçada classificação de cinco estrelas da Morningstar. Obviamente, estamos todos acostumados com a ressalva de que "o desempenho passado não é garantia de lucros futuros" e isso também se aplica às classificações por estrela da Morningstar. De acordo com essa ressalva, os resultados passados têm pouco poder preditivo sobre o desempenho futuro, como vimos na Tabela 4.4.

Mais dados são fornecidos sobre o desempenho do fundo no gráfico próximo ao topo da figura. A linha do gráfico compara o crescimento dos US$ 10 mil investidos no fundo e nos dois índices ao longo dos últimos dez anos. Abaixo do gráfico são apresentados quadrados anuais que descrevem o desempenho relativo do fundo para cada ano. A área sombreada mostra o quartil no qual o desempenho do fundo se enquadra em relação a outros fundos com o mesmo objetivo. Se a faixa estiver na parte superior do quadrado, isso significa que a empresa ficou entre as 25% melhores em desempenho naquele período e assim por diante. A tabela abaixo dos gráficos de barras apresenta dados históricos sobre o desempenho de ano a ano do fundo.

Abaixo dessa tabela, a tabela "Portfolio Analysis" mostra a alocação de ativos do fundo e os conhecidos quadrados "Equity Style" da Morningstar. Nesse quadrado, a Morningstar avalia o estilo com base em duas dimensões: uma delas é o porte das empresas mantidas na carteira, medido de acordo com o valor de mercado das ações em circulação; a outra dimensão é uma medida de valor/crescimento. A Morningstar define *ações de valor* como aquelas que têm índices baixos de preço de mercado por ação em relação a várias medidas de valor. As ações são colocadas em um *continuum* de crescimento-valor com base na relação entre preço das ações e lucratividade, valor contábil, vendas, fluxo de caixa e dividendos. As ações de valor são aquelas que têm um preço baixo em relação a essas medidas de valor. Em contraposição, as *ações de crescimento* têm índices altos, indicando que, para justificar os preços pelos quais as ações são vendidas, os investidores dessas empresas precisam acreditar que a empresa terá um rápido crescimento. O quadrado sombreado mostra que o fundo tende a manter empresas maiores (linha superior) e ações de crescimento (coluna da direita).

Finalmente, as tabelas na coluna da direita oferecem informações sobre a composição atual da carteira. Você pode encontrar as 15 principais ações do fundo em "Top Holdings" e, em seguida, a atribuição de pesos da carteira entre vários setores da economia.

RESUMO

1. Os fundos de investimentos em cotas, as empresas de administração fechadas e as empresas de administração abertas são classificados e regulamentados como empresas de investimento. Essencialmente, os fundos de investimentos em cotas não são gerenciados, no sentido de que, uma vez criada, a carteira é fixa. Em contraposição, as empresas de investimento gerenciadas podem mudar a composição da carteira de acordo com o que o gestor de carteira considera adequado. Os fundos fechados são negociados como os demais títulos. Eles não resgatam ações para os seus investidores. Os fundos abertos resgatarão ações pelo valor líquido do ativo a pedido do investidor.

2. O valor líquido do ativo é igual ao valor de mercado dos ativos mantidos por um fundo, menos os passivos do fundo divididos pelas ações em circulação.

3. Os fundos mútuos isentam o investidor de vários encargos administrativos associados com a posse de títulos individuais e oferecem serviços profissionais de gestão de carteira. Além disso, eles oferecem vantagens que só são oferecidas para grandes investidores, como custos de negociação inferiores. Entretanto, os fundos cobram taxas de administração e têm outras despesas, e isso diminui a taxa de retorno do investidor. Os fundos também tiram parte do controle da pessoa sobre o momento da realização de ganhos de capital.

4. Com frequência os fundos mútuos são categorizados de acordo com sua política de investimento. Os principais grupos de política incluem fundos do mercado monetário; fundos de ações, que são ainda mais agrupados de acordo com sua ênfase sobre renda *versus* crescimento; fundos de renda fixa; fundos balanceados e de renda; fundos de alocação de ativos; fundos de índice; e fundos de setores especializados.

5. Os custos do investimento em fundos mútuos incluem taxas iniciais, que são comissões de venda; taxas finais, que são taxas de resgate ou, mais formalmente, comissões por resgate diferido; despesas operacionais do fundo; e taxas 12b-1, que são taxas recorrentes utilizadas para cobrir as despesas de marketing do fundo junto ao público.

6. A renda obtida nas carteiras de fundos mútuos não é tributada sobre o fundo. Na verdade, desde que o fundo atenda a determinadas exigências para manter o caráter de transferência (*pass-through*), a renda é tratada como um rendimento dos investidores do fundo.

7. A taxa média de retorno de um fundo mútuo de ações comum nas últimas quatro décadas foi inferior à de um fundo de índice passivo que mantém uma carteira para reproduzir um índice de base ampla como o S&P 500 ou Wilshire 5.000. Alguns dos motivos desse histórico desalentador são os custos incorridos pelos fundos gerenciados ativamente, como as despesas de pesquisa para orientar as atividades de escolha de ações e os custos de negociação devidos a uma rotatividade maior da carteira. O histórico de consistência do desempenho dos fundos é misto. Em alguns períodos da amostra, os fundos com melhor desempenho continuam tendo um bom desempenho nos períodos subsequentes; em outros períodos da amostra, isso não ocorre.

PALAVRAS-CHAVE

comissão inicial
empresa de investimento
fundo aberto
fundo de fundos
fundo de investimentos em cotas
fundo fechado
fundos de *hedge*
fundos negociados em bolsa
rotatividade
soft dollars (pagamento por meio de comissão)
taxas 12b-1
valor líquido do ativo (NAV)

CONJUNTO DE PROBLEMAS

Básicos

1. Você esperaria que um fundo mútuo aberto de renda fixa comum tivesse despesas operacionais superiores ou inferiores às de um fundo de investimentos em cotas de renda fixa? Por quê?
2. Indique algumas vantagens comparativas de investir seus ativos nos seguintes itens:
   a. Fundos de investimentos em cotas.
   b. Fundos mútuos abertos.
   c. Ações e obrigações individuais que você mesmo escolhe.
3. Os fundos mútuos abertos de ações consideram essencial manter uma porcentagem significativa do total de investimentos, normalmente em torno de 5% da carteira, em ativos do mercado monetário que tenham alta liquidez. Os fundos fechados não têm de manter essa posição em títulos "equivalentes de caixa". Que diferença entre os fundos abertos e fechados justificaria suas políticas divergentes?
4. Os fundos balanceados, os fundos de ciclo de vida e os fundos de alocação de ativos investem tanto em mercados de ações quanto em mercados de obrigações. Quais são as diferenças entre esses dois tipos de fundo?
5. Por que os fundos fechados são vendidos por preços diferentes do valor líquido e os fundos abertos não o são?
6. Quais as vantagens e desvantagens dos fundos negociados em bolsa em comparação com os fundos mútuos?

Intermediários

7. Um fundo aberto tem um valor líquido de ativo de US$ 10,70 por ação. Ele é vendido com uma taxa inicial de 6%. Qual o preço de oferta?
8. Se o preço de oferta de um fundo aberto for US$ 12,30 por ação e o fundo for vendido com uma taxa inicial de 5%, qual será o valor líquido do ativo?
9. A composição da carteira Fingroup Fund é a seguinte:

Empresa	Ações	Preço (US$)
A	200.000	35
B	300.000	40
C	400.000	20
D	600.000	25

O fundo não tomou nenhum recurso emprestado, mas a taxa de administração acumulada com o gestor de carteira atualmente totaliza US$ 30 mil. Existem 4 milhões de ações em circulação. Qual o valor líquido do ativo desse fundo?

10. Reconsidere o Fingroup Fund do problema anterior. Se durante o ano o gestor de carteira vender todas as ações da empresa D e substituí-las por 200 mil ações da empresa E por US$ 50 por ação e 200 mil ações da empresa F por US$ 25 por ação, qual será a taxa de rotatividade da carteira?
11. Uma empresa de fundos fechados tem uma carteira que vale atualmente US$ 200 milhões. Ela tem passivos no valor de US$ 3 milhões e 5 milhões de ações em circulação.
    a. Qual o NAV do fundo?
    b. Se o fundo vender ações pelo preço unitário de US$ 36, qual será o prêmio ou desconto como porcentagem do NAV?
12. Um fundo corporativo iniciou o ano com um valor líquido de ativo de US$ 12,50. No final do ano, seu NAV foi igual a US$ 12,10. No final do ano, o fundo pagou distribuições de renda e ganhos de capital de US$ 1,50. Qual foi a taxa de retorno para o investidor desse fundo?
13. Um fundo fechado iniciou o ano com um valor líquido de ativo de US$ 12. Ao final do ano, o NAV foi de US$ 12,10. No início do ano, o fundo foi vendido por um preço prêmio de 2% em relação ao NAV. No final do ano, foi vendido por um desconto de 7% em relação ao NAV. O fundo pagou distribuições de renda e ganhos de capital de US$ 1,50 no final do ano.
    a. Qual foi a taxa de retorno para um investidor do fundo durante o ano?
    b. Qual teria sido a taxa de retorno para um investidor que tivesse mantido os mesmos títulos mantidos pelo gestor do fundo durante o ano?
14. a. O Impressive Fund teve um excelente desempenho de investimento no ano anterior e seus retornos de carteira o colocaram entre os primeiros 10% dos fundos com a mesma política de investimento. Você espera que ele esteja entre os fundos de melhor desempenho no ano seguinte? Por que ou por que não?
    b. Suponhamos que, em vez disso, esse fundo estivesse entre os fundos de pior desempenho no respectivo grupo de comparação. Sua propensão a acreditar que o desempenho relativo desse fundo seria mantido no ano seguinte seria maior ou menor? Por quê?
15. Considere um fundo mútuo com US$ 200 milhões em ativos no início do ano e com 10 milhões de ações em circulação. O fundo investe em uma carteira de ações que oferece um rendimento de dividendos de US$ 2 milhões no final do ano. O preço das ações incluídas na carteira do fundo aumenta 8%, mas nenhum título é vendido e não há distribuição de ganhos de capital. O fundo cobra uma taxa 12b-1 de 1%, que é deduzida dos ativos da carteira no final do ano. Qual o valor líquido do ativo no início e no final do ano? Qual a taxa de retorno de um investimento no fundo?
16. O valor médio diário dos ativos do New Fund foi de US$ 2,2 bilhões no ano anterior. O fundo vendeu US$ 400 milhões e comprou US$ 500 milhões em ações durante o ano. Qual foi a taxa de rotatividade?
17. Se o índice de despesas do New Fund tivesse sido de 1,1% (consulte o problema anterior) e a taxa de administração de 0,7%, qual teria sido o total de taxas pago aos gestores de investimento do fundo durante o ano? Quais teriam sido as outras despesas administrativas?
18. Você comprou 1.000 ações do New Fund pelo preço unitário de US$ 20 no início do ano. Você pagou uma taxa inicial de 4%. Os títulos nos quais o fundo investe tiveram um aumento de valor de 12% durante o ano. O índice de despesas do fundo é 1,2%. Qual seria a taxa de retorno do fundo se você vendesse suas ações no final do ano?

19. O Fundo X cobra uma taxa 12b-1 de 1% e mantém um índice de despesas de 0,75%. O Fundo Y cobra uma taxa inicial de 2%, mas não tem nenhuma taxa 12b-1, e seu índice de despesas é 0,25%. Admita que a taxa de retorno das carteiras em ambos os fundos (antes de quaisquer taxas) é de 6% ao ano. Quanto o investimento em cada fundo aumentará após:
    a. Um ano.
    b. Três anos.
    c. Dez anos.
20. O Fundo Z tem uma carteira de US$ 450 milhões e passivos de US$ 10 milhões.
    a. Se houver 44 milhões de ações em circulação, qual será o valor líquido do ativo?
    b. Se um grande investidor resgatar 1 milhão de ações, o que ocorrerá com o valor da carteira, as ações em circulação e o NAV?
21. Um determinado fundo vende ações Classe A com uma taxa inicial de 6% e ações Classe B com uma taxa 12b-1 anual de 0,5%, bem como uma taxa de resgate que se inicia em 5% e cai 1% em cada ano completo em que o investidor mantiver a carteira (até o quinto ano). Suponhamos que a taxa de retorno da carteira do fundo após as despesas operacionais seja de 10% ao ano. Se você pretendesse vender o fundo após quatro anos, qual seria a melhor opção, as ações Classe A ou Classe B? E se pretendesse vendê-lo após 15 anos?
22. Você está pensando em investir em um fundo mútuo com comissão inicial de 4% e índice de despesas de 0,5%. Em vez disso, você poderia investir em um certificado de depósito (CD) bancário que está pagando 6% de juros.
    a. Se seu plano fosse investir durante dois anos, qual deveria ser a taxa de retorno anual da carteira do fundo para que você ficasse em melhor situação no fundo do que no CD? Leve em conta a acumulação anual dos retornos.
    b. Em que sentido sua resposta mudaria, se seu plano fosse investir durante seis anos? Por que sua resposta mudaria?
    c. Agora suponha que, em vez de uma taxa inicial, o fundo cobrasse uma taxa 12b-1 de 0,75% ao ano. Que taxa de retorno anual a carteira do fundo deveria oferecer para que você ficasse em melhor situação no fundo do que no CD? Sua resposta, nesse caso, dependeria do horizonte de tempo?
23. Suponhamos que os custos de transação, como comissões e *spreads* de preço de compra e venda, correspondam a 0,4% do valor da negociação toda vez em que um gestor de fundos negocia determinadas ações. Se a rotatividade da carteira for de 50%, em quanto os custos de negociação reduzirão o retorno total da carteira?
24. Você espera que uma carteira de obrigações municipais isentas de impostos ofereça uma taxa de retorno de 4%. A taxa de administração do fundo é 0,6%. Que parcela da renda da carteira corresponderia à taxa? Se a taxa de administração de um fundo de ações também fosse 0,6%, e você esperasse um retorno de 12%, que parcela da renda da carteira corresponderia à taxa? Por que a taxa de administração seria um fator mais importante em sua decisão sobre investir em fundos de obrigações, em comparação com os fundos de ações? Sua conclusão pode explicar por que os fundos de investimentos em cotas não gerenciados tendem a se concentrar no mercado de renda fixa?

Difícil

25. Suponhamos que você observe o desempenho de investimento de 350 gestores de carteira durante cinco anos e os classifique de acordo com os retornos ao longo de cada ano. Após cinco anos, você constata que 11 fundos oferecem retornos que os posicionam na metade superior da amostragem em todos os anos. Essa consistência de desempenho o leva a concluir que esses são os fundos em que provavelmente os gestores são de fato qualificados e você então decide investir nesses fundos. Sua conclusão tem fundamento?

EXERCÍCIOS DE INVESTIMENTO NA *WEB*

Entre no *site* www.morningstar.com. Na seção Morningstar Tools, clique no *link* para Mutual Fund Screener (Filtro de Fundos Mútuos). Defina os critérios que deseja e em seguida clique na guia Show Results (Mostrar Resultados). Se você não obtiver nenhum fundo que atenda a todos os seus critérios, escolha o critério menos importante para você e flexibilize essa restrição. Continue o processo até o momento em que tiver vários fundos para comparar.

1. Examine todas as vistas disponíveis no menu da caixa suspensa (Snapshot, Performance, Portfolio e Nuts and Bolts – Instantâneo, Desempenho, Carteira e Detalhes Práticos) para responder as perguntas a seguir:
    a. Que fundo oferece o melhor índice de despesas?
    b. Quais fundos têm a menor classificação de risco da Morningstar?
    c. Que fundo oferece o melhor retorno em três anos? Qual apresenta o melhor retorno em dez anos?
    d. Que fundo apresenta a menor taxa de rotatividade? Qual oferece a maior?
    e. Em que fundo o tempo de administração do gestor é mais longo? Em qual esse tempo é menor?
    f. Você precisa eliminar algum dos fundos de sua análise pelo fato de o investimento mínimo inicial ser superior ao que você é capaz de fazer?
2. Com base no que você conhece a respeito dos fundos, qual deles você acha que seria o melhor investimento?
3. Escolha no máximo cinco fundos pelos quais você mais se interesse. Clique no botão *Score These Results* (Classificar Esses Resultados). Personalize os critérios listados indicando a importância que eles têm para você. Examine os resultados da classificação. O fundo com a classificação mais alta corresponde à escolha que você fez no item 2?

SOLUÇÕES PARA AS REVISÕES DE CONCEITOS

1. $\text{NAV} = \dfrac{\text{US\$ } 2.887,06 - \text{US\$ } 14,73}{95,50} = \text{US\$ } 29,97$

2. O investimento líquido nas ações Classe A após a comissão de 4% é de US$ 9.600. Se o fundo obtiver um retorno de 10%, o investimento aumentará após n anos para US$ $9.600 \times (1{,}10)^n$.

As ações Classe B não têm taxa inicial. Entretanto, o retorno líquido para o investidor, depois de descontada a taxa 12b-1, será somente de 9,5%. Além disso, a taxa de resgate diminui a receita das vendas de acordo com uma porcentagem igual a (5 – anos até a venda) até o quinto ano, quando a taxa de resgate expira.

	Ações Classe A	Ações Classe B
Horizonte	US$ 9.600 × $(1,10)^n$	US$ 10.000 × $(1,095)^n$ × (1 − porcentagem de taxa de saída)
1 ano	US$ 10.560	US$ 10.000 × (1,095) × (1 − 0,04) = US$ 10.512
4 anos	US$ 14.055	US$ 10.000 × $(1,095)^4$ × (1 − 0,01) = US$ 14.233
10 anos	US$ 24.900	US$ 10.000 × $(1,095)^{10}$ = US$ 24.782

Para um horizonte muito curto – por exemplo, um ano –, as ações Classe A são a melhor opção. As taxas inicial e de resgate são iguais, mas as ações Classe A não precisam pagar a taxa 12b-1. Para horizontes médios – por exemplo, quatro anos –, as ações Classe B se destacam porque a taxa inicial das ações Classe A é mais alta do que a taxa 12b-1 e a taxa de saída, que agora é menor. Para horizontes extensos, como de dez anos ou mais, as ações Classe A novamente se destacam. Nesse caso, a taxa inicial única é menos onerosa do que a taxa 12b-1 contínua.

3. *a.* Rotatividade = US$ 160 mil em negociações por US$ 1 milhão do valor da carteira = 16%.

   b. Os ganhos de capital realizados são US$ 10 × 1.000 = US$ 10.000 na FedEx e US$ 2,50 × 4.000 = US$ 10.000 na Cisco. Portanto, o imposto devido sobre os ganhos de capital é 0,20 × US$ 20.000 = US$ 4.000.

4. Vinte por cento dos gestores são qualificados, o que representa 0,2 × 400 = 80 dos gestores que aparecem na metade superior. Ainda restam 120 espaços vazios na metade superior, e existem mais 320 gestores. Portanto, a probabilidade de um gestor não qualificado "ter sorte" de entrar na metade superior em qualquer ano é de 120/320 ou 0,375. Desse modo, dos 120 gestores com sorte no primeiro ano, poderíamos supor que 0,375 × 120 = 45 continuarão com desempenho na metade superior no ano seguinte. Logo, devemos supor que 80 + 45 = 125 ou 62,5% daqueles que tiveram melhor desempenho inicial permanecerão na metade superior de desempenho.

5

Risco, retorno e dados históricos

TANTO OBSERVAÇÕES CASUAIS E pesquisas formais indicam que o risco de investimento é tão importante para os investidores quanto o retorno esperado. Embora tenhamos teorias a respeito da relação entre risco e retorno esperado que poderiam prevalecer nos mercados de capitais racionais, não existe nenhuma teoria sobre os níveis de risco que provavelmente encontraremos no mercado. Na melhor das hipóteses, podemos estimar com base em experiências históricas o nível de risco que os investidores tendem a enfrentar.

Essa situação deve ser esperada porque os preços dos ativos de investimento flutuam em resposta a notícias a respeito do destino das corporações e também sobre acontecimentos macroeconômicos. Não existe nenhuma teoria acerca da frequência e importância desses eventos; por isso, não podemos determinar um nível "natural" de risco.

O fato de os retornos esperados e os riscos não serem diretamente observáveis dificulta ainda mais a situação. Observamos apenas taxas de retorno *realizadas*. Portanto, para fazer previsões sobre retornos esperados e riscos futuros, devemos aprender a "prever" seus valores passados, isto é, os retornos esperados e os riscos que os investidores de fato previram, com base em dados históricos. (Diz um antigo ditado que prever o futuro é bem mais difícil do que prever o passado.) Além disso, quando aprendemos com dados históricos, enfrentamos um problema que se tornou conhecido como "cisne negro".[1] Não importa a magnitude dos dados históricos, nunca existe uma garantia de que eles evidenciem o pior (e o melhor) que a natureza pode nos reservar no futuro. Esse problema é particularmente intimidante quando consideramos o risco dos investimentos de longo prazo. Neste capítulo, apresentamos as ferramentas essenciais para estimar retornos esperados e riscos com base em dados históricos e considerar as implicações dos investimentos futuros.

Começamos com as taxas de juros e os investimentos em ativos seguros e examinamos a histórias dos investimentos isentos de risco nos Estados Unidos nos últimos 86 anos. Passando para os ativos de risco, começamos com a análise de cenário de investimentos de risco e os dados necessários para realizá-la. Com isso em mente, desenvolvemos as ferramentas estatísticas necessárias para extrair conclusões de séries temporais históricas de retornos de carteira. Apresentamos uma visão global da história dos retornos das ações e obrigações no mundo inteiro. Encerramos com as implicações dos dados históricos para as medidas de investimento e risco futuros comumente utilizadas no setor.

5.1 Determinantes do nível de taxas de juros

As taxas de juros e as previsões de seus valores futuros são alguns dos dados mais importantes para uma decisão de investimento. Por exemplo, suponhamos que você tenha US$ 10 mil em uma conta de poupança.

---

[1] Cisne negro é uma metáfora para eventos altamente improváveis, mas extremamente impactantes. Antes da descoberta da Austrália, os europeus, que haviam visto apenas cisnes brancos, acreditavam que o cisne negro estava fora do âmbito das possibilidades razoáveis ou, no jargão estatístico, era um *outlier* extremo (atípico) em relação à sua "amostra" de observações.

O banco lhe paga uma taxa de juros variável vinculada a uma taxa de referência de curto prazo como a taxa das letras do Tesouro de 30 dias. Você tem a opção de transferir parte ou todo o seu dinheiro para um certificado de depósito de mais longo prazo que oferece uma taxa fixa durante o prazo do depósito.

Sua decisão depende fundamentalmente de sua perspectiva de taxas de juros. Se você achar que as taxas cairão, desejará se fixar às taxas mais altas atuais investindo em um CD de prazo relativamente longo. Se você esperar que as taxas subirão, desejará postergar a consignação de qualquer fundo a CDs de longo prazo.

A previsão de taxas de juros é uma das áreas notoriamente mais difíceis da macroeconomia aplicada. Contudo, compreendemos bem os elementos fundamentais que determinam o nível das taxas de juros:

1. A oferta de fundos dos poupadores, especialmente as famílias.
2. A demanda das empresas por fundos para serem usados no financiamento de investimentos físicos em fábrica, equipamentos e estoque (ativos reais ou formação de capital).
3. A demanda líquida do governo por fundos, de acordo com alterações decorrentes das medidas tomadas pelo Banco Central.

Antes de entrar em detalhes sobre essas forças e as taxas de juros resultantes, precisamos fazer a diferenciação entre taxas de juros reais e nominais.

Taxas de juros reais e nominais

Uma taxa de juros é uma taxa de retorno prometida, denominada em alguma unidade de conta (dólar, iene, euro ou mesmo unidades de poder aquisitivo) durante algum período (um mês, um ano, vinte anos ou mais). Por isso, quando dizemos que a taxa de juros é 5%, devemos especificar tanto a unidade de conta quanto o período.

Supondo que não exista nenhum risco de inadimplência, podemos nos referir à a taxa de juros prometida como uma taxa isenta de risco para uma unidade de conta e período específicos. Entretanto, se uma taxa de juros for isenta de risco para uma unidade de conta e período, ela não o será para outras unidades e períodos. Por exemplo, as taxas de juros que são absolutamente seguros em dólar serão arriscadas quando avaliadas em termos de poder aquisitivo em virtude da incerteza da inflação.

Para ilustrar, considere uma taxa de juros (nominal) isenta de risco de um ano. Suponhamos que há exatamente um ano você tenha depositado US$ 1.000 em um depósito a prazo de um ano que garantia uma taxa de juros de 10%. Você obteria US$ 1.100 em dinheiro. Qual seria o retorno real de seu investimento? Isso depende do que o dinheiro pode comprar no presente em comparação com o que você *podia* comprar há um ano. O índice de preço ao consumidor (IPC) mede o poder aquisitivo com base na média de preços de produtos e serviços na cesta de consumo de uma família urbana comum de quatro membros.

Suponhamos que a taxa de inflação (a mudança percentual no IPC, denotada por i) do último ano correspondeu a $i = 6\%$. Isso nos diz que o poder de compra do dinheiro diminui 6% ao ano. O valor de cada dólar deprecia 6% ao ano com relação aos produtos que ele pode comprar. Portanto, parte de seus rendimentos de juros é neutralizada pela redução no poder aquisitivo dos dólares que você recebe no final do ano. Com uma taxa de juros de 10%, depois que você deduz os 6% de redução no poder aquisitivo do dinheiro, você fica com um aumento líquido de 4% em seu poder aquisitivo. Por isso, precisamos fazer a diferenciação entre **taxa de juros nominal** – a taxa de crescimento de seu dinheiro – e **taxa de juros real** – a taxa de crescimento de seu poder aquisitivo. Se chamarmos rn de taxa nominal, rr de taxa real e i de taxa de inflação, concluímos

$$rr \approx rn - i \tag{5.1}$$

Em palavras, a taxa de juros real é a taxa nominal reduzida pela perda de poder aquisitivo resultante da inflação.

Na verdade, a relação exata entre taxa real e nominal é dada por

$$1 + rr = \frac{1 + rn}{1 + i} \tag{5.2}$$

> **EXEMPLO 5.1** || Aproximando a taxa real
>
> Se a taxa de juros nominal sobre um CD de um ano for 8% e você esperar uma inflação de 5% no ano seguinte, por meio da fórmula de aproximação você esperará que a taxa de juros real seja $rr = 8\% - 5\% = 3\%$. Utilizando a fórmula exata, a taxa real é $rr = \dfrac{0,08 - 0,05}{1 + 0,05} = 0,286$ ou 2,86%. Portanto, a regra de aproximação superestima a taxa real esperada em 0,14% (14 pontos-base). A regra de aproximação é mais exata para taxas de inflação menores e é perfeitamente exata para taxas compostas continuamente. Examinamos isso mais detalhadamente na seção seguinte.

Isso porque o fator de crescimento de seu poder aquisitivo, $1 + rr$, é igual ao fator de crescimento de seu dinheiro, $1 + rn$, dividido pelo fator de crescimento dos preços, $1 + i$. A relação exata pode ser reordenada como

$$rr = \frac{rn - 1}{1 + i} \tag{5.3}$$

o que mostra que a regra de aproximação (Equação 5.1) superestima a taxa real pelo fator de $1 + i$.

Observe que os certificados de depósito convencionais oferecem uma taxa de juros *nominal* garantida. Por isso, você só poderá inferir a taxa real esperada sobre esses investimentos se levar em conta sua expectativa de taxa de inflação.

Sempre é possível calcular a taxa real *a posteriori*. A taxa de inflação é publicada pelo Departamento de Estatísticas do Trabalho (Bureau of Labor Statistics – BLS). Entretanto, a taxa real futura é desconhecida e você deve se fiar em expectativas. Em outras palavras, pelo fato de a inflação futura ser arriscada, a taxa de retorno real é arriscada mesmo quando a taxa nominal é isenta de risco.[2]

Taxa de juros real de equilíbrio

Três fatores básicos – oferta, demanda e ações governamentais – determinam a taxa de juros *real*. A taxa de juros nominal é a taxa real mais a taxa de inflação esperada. E, portanto, o quarto fator que afeta a taxa de juros nominal é a inflação esperada.

Apesar de existirem muitas taxas de juros diferentes na economia como um todo (tanto quanto existem vários tipos de dívida), essas taxas tendem a se movimentar em conjunto. Por isso, muitas vezes os economistas falam como se houvesse uma única taxa representativa. Podemos utilizar essa abstração para termos alguma percepção sobre a da taxa de juros real, se considerarmos as curvas de oferta e demanda de fundos.

A Figura 5.1 mostra uma curva de demanda com inclinação descendente e uma curva de oferta com inclinação ascendente. No eixo horizontal, medimos a quantidade de fundos e, no eixo vertical, a taxa de juros real.

A curva de oferta inclina-se para cima, da esquerda para a direita, porque quanto maior a taxa de juros real, maior a oferta de poupança doméstica. Supõe-se que, com taxas de juros reais mais altas, as famílias decidirão adiar um pouco do consumo atual e economizar ou investir uma maior parte de sua renda disponível para uso futuro.[3]

A curva de demanda inclina-se para baixo, da esquerda para a direita, porque quanto menor a taxa de juros real, mais as empresas desejarão investir em capital físico. Supondo que as empresas classifiquem os projetos com base no retorno esperado real sobre o capital investido, elas assumirão mais projetos quanto menor for a taxa de juros real sobre o fundo necessário para financiá-los.

O equilíbrio encontra-se no ponto de interseção das curvas de oferta e demanda, o ponto E na Figura 5.1.

O governo e o Banco Central (nos Estados Unidos, o Federal Reserve) podem deslocar essas curvas de oferta e demanda para a direita ou para a esquerda por meio de políticas fiscais e

---

[2] Você pode encontrar a taxa *real* correspondente a um vencimento desejável de obrigações indexadas pela inflação e emitidas pelo Tesouro americano, denominadas TIPS. (Consulte o Capítulo 14 para uma discussão mais abrangente.) A diferença entre os rendimentos sobre os TIPS e rendimentos sobre obrigações nominais comparáveis do Tesouro apresenta uma estimativa da expectativa do mercado quanto à inflação futura.

[3] Os especialistas discordam consideravelmente sobre até que ponto a poupança doméstica aumenta em resposta a um aumento na taxa de juros.

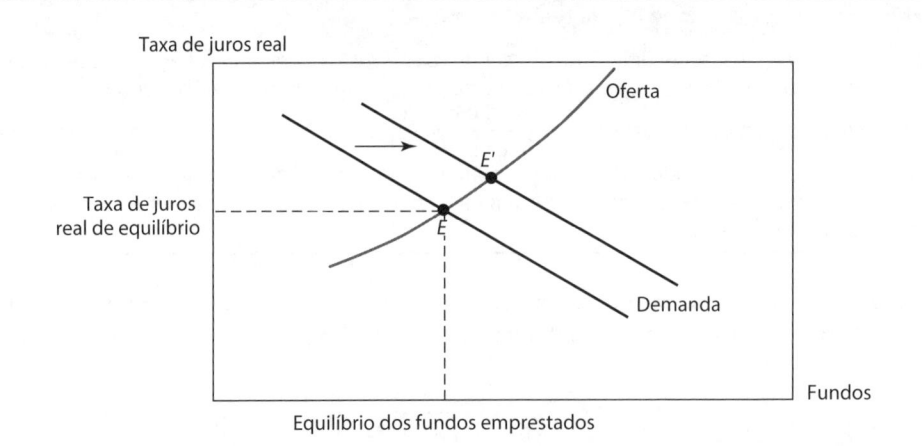

FIGURA 5.1 Determinação da taxa de juros real de equilíbrio

monetárias. Por exemplo, pense no aumento do déficit orçamentário do governo. Isso aumenta a demanda de empréstimo por parte do governo e desloca a curva da demanda para a direita, fazendo com que a taxa de juros real suba para o ponto E'. Ou seja, uma previsão que indica um nível de empréstimo por parte do governo mais alto do que anteriormente esperado aumenta as expectativas com relação a taxas de juros futuras. O Fed ou Banco Central pode compensar esse aumento por meio de uma política monetária expansionista, o que deslocará a curva de oferta para a direita.

Desse modo, embora os determinantes fundamentais da taxa de juros real sejam a propensão dos domicílios a economizar e a lucratividade esperada dos investimentos em capital físico, a taxa real pode ser afetada também por políticas fiscais e monetárias do governo.

Taxa de juros nominal de equilíbrio

Vimos que a taxa de retorno nominal sobre um ativo é aproximadamente igual à taxa real mais a inflação. Como o investidor deve se preocupar com os retornos reais – o aumento do poder aquisitivo –, esperamos taxas de juros nominais mais altas quando a inflação é mais alta. Essa taxa nominal mais alta é necessária para manter o retorno real esperado oferecido por um investimento.

Irving Fisher (1930) defendeu que a taxa nominal deve aumentar páreo a páreo com a inflação esperada, $E(i)$. A assim chamada equação de Fisher é

$$rn = rr + E(i) \tag{5.4}$$

Essa equação implica que, quando as taxas reais são razoavelmente estáveis, mudanças nas taxas nominais devem prever mudanças nas taxas de inflação. Essa afirmação foi debatida e investigada empiricamente e os resultados são variados. Embora os dados não respaldem firmemente a equação de Fisher, as taxas de juros nominais parecem prever a inflação do mesmo modo que outros métodos em parte porque não conseguimos prever adequadamente a inflação com qualquer método que seja. É difícil determinar a validade empírica da hipótese de Fisher porque as taxas reais também mudam imprevisivelmente ao longo do tempo. As taxas de juros nominais podem ser vistas como a soma da taxa real requerida sobre ativos nominalmente isentos de risco com uma previsão de inflação "imprecisa".

No Capítulo 15, examinamos a relação entre taxas de juros de curto e longo prazo. As taxas de mais longo prazo incorporam previsões de inflação de longo prazo. Apenas por esse motivo, as taxas de juros sobre obrigações com diferentes vencimentos podem divergir. Além disso, veremos que os preços das obrigações de prazo mais longo são mais voláteis do que os das obrigações de curto prazo. Isso implica que os retornos esperados sobre obrigações de prazo mais longo podem incluir um prêmio de risco e que, por isso, a taxa real esperada das obrigações com vencimento diverso também pode variar.

> **REVISÃO DE CONCEITOS 5.1**
>
> a. Suponhamos que a taxa de juros real seja 3% ao ano e a taxa de inflação esperada seja 8%. De acordo com a hipótese de Fisher, qual será a taxa de juros nominal?
>
> b. Suponhamos que a taxa de inflação aumente para 10%, mas a taxa real fique inalterada. O que acontecerá com a taxa de juros nominal?

Impostos e taxa de juros real

Os passivos tributários baseiam-se na renda *nominal* e na alíquota de imposto determinada pela faixa do investidor. O Congresso reconheceu o *"bracket creep"* ou arraste fiscal (quando a renda nominal aumenta em virtude da inflação e eleva a alíquota de imposto dos contribuintes) e decretou alíquotas indexadas na Lei de Reforma Fiscal de 1986.

Entretanto, as alíquotas indexadas não oferecem alívio em relação ao efeito da inflação sobre a tributação de poupança. Dadas uma alíquota de imposto (t) e uma taxa de juros nominal, rn, a taxa de juros após os impostos é $rn(1-t)$. A taxa real após os impostos é aproximadamente a taxa nominal após os impostos menos a taxa de inflação:

$$rn(1-t) - i = (rr+i)(1-t) - i = rr(1-t) - it \tag{5.5}$$

Portanto, a taxa real após os impostos diminui à medida que a inflação aumenta. Os investidores sofrem um ônus inflacionário que é igual à alíquota de imposto vezes a taxa de inflação. Por exemplo, se sua alíquota for 30% e seus investimentos renderem 12%, com uma inflação de 8%, sua taxa real antes dos impostos será aproximadamente de 4% e, em um sistema tributário protegido contra a inflação, você *provavelmente* obterá um retorno líquido após os impostos de 4%(1 − 0,3) = 2,8%. Entretanto, o código tributário não reconhece que os primeiros 8% de seu retorno é apenas uma correção para a inflação – e não uma renda real – e, por isso, seu retorno após os impostos sofre uma redução de 8% × 0,3 = 2,4%. Desse modo, sua taxa de juros real após os impostos, de 0,4%, é praticamente exterminada.

5.2 Comparando as taxas de retorno de diferentes períodos de manutenção

Tome como exemplo um investidor que esteja buscando um investimento seguro – digamos, em títulos do Tesouro americano.[4] Observamos títulos do Tesouro de cupom zero e vários vencimentos diferentes. As obrigações de cupom zero, discutidas mais detalhadamente no Capítulo 14, são vendidas com desconto em relação ao valor nominal e todo o retorno seu provém da diferença entre o preço de compra e o reembolso final do valor nominal.[5] Dado o preço, $P(T)$, de uma obrigação do Tesouro com valor nominal de US$ 100 e vencimento de T anos, calculamos o retorno total isento de risco disponível para um horizonte de T anos como o aumento percentual no valor do investimento.

$$r_f(T) = \frac{100}{P(T)} - 1 \tag{5.6}$$

Para $T = 1$, a Equação 5.6 oferece uma taxa isenta de risco para um horizonte de investimento de um ano.

Não surpreendentemente, os horizontes mais longos no Exemplo 5.2 oferecem retornos totais mais altos. Como devemos comparar os retornos sobre os investimentos com horizontes diferentes? Isso exige que expressemos cada retorno *total* como uma *taxa* de retorno para um período comum. Normalmente, expressamos todos os retornos de investimento como uma **taxa efetiva anual** (*effective annual rate* – *EAR*), definida como o aumento percentual nos fundos investidos ao longo do horizonte de um ano.

Para um investimento de um ano, a EAR é igual ao retorno total, $r_f(1)$ e o retorno bruto, $(1 + EAR)$, é o valor terminal de um investimento de US$ 1. Para um investimento com menos

---

[4] Os rendimentos sobre letras do Tesouro e obrigações de vários vencimentos são amplamente divulgados na internet – por exemplo, no Yahoo! Finance e MSN Money – ou podem ser obtidos diretamente no Federal Reserve.

[5] O Tesouro dos Estados Unidos emite letras do Tesouro, que são títulos de desconto puro (ou cupom zero) com vencimentos de até um ano. Entretanto, as instituições financeiras criaram obrigações do Tesouro de cupom zero denominadas *strips* do Tesouro, com vencimentos de até 30 anos, comprando obrigações do Tesouro com pagamento de cupom, "eliminando" os pagamentos de cupom e vendendo separadamente direitos aos pagamentos de cupom e ao pagamento final do valor de face. Consulte o Capítulo 14 para obter mais detalhes.

EXEMPLO 5.2 || Taxas de retorno anualizadas

Suponhamos que os preços dos títulos de cupom zero do Tesouro com valor nominal de US$ 100 e vários vencimentos sejam como a seguir. Encontramos o retorno total de cada título utilizando a Equação 5.6:

Horizonte, T	Preço, P(T) (US$)	[100/P(T)] − 1	Taxa de retorno isenta de risco para um horizonte específico
Semestre	97,36	100/97,36 − 1 = 0,0271	$r_f(0,5) = 2,71\%$
1 ano	95,52	100/95,52 − 1 = 0,0469	$r_f(1) = 4,69\%$
25 anos	23,30	100/23,30 − 1 = 3,2918	$r_f(25) = 329,18\%$

de um ano de duração, compomos o retorno por período para um ano inteiro. Para a letra de seis meses do Exemplo 5.2, compomos os retornos semestrais de 2,71% em dois períodos semianuais para obter um valor terminal de + EAR = $(1{,}0271)^2$ = 1,0549, o que implica que EAR = 5,49%.

Para investimentos com mais de um ano de duração, a convenção é expressar a EAR como a taxa anual composta que resulte no mesmo valor que o investimento real. Por exemplo, o investimento na obrigação de 25 anos do Exemplo 5.2 aumenta de acordo com seu vencimento segundo um fator de 4,2918 (isto é, 1 + 3,2918). Portanto, sua EAR é identificada resolvendo

$$(1 + \text{EAR})^{25} = 4{,}2918$$
$$1 + \text{EAR} = 4{,}2918^{1/25} = 1{,}0600$$

Geralmente, podemos relacionar a EAR ao retorno total, $r_f(T)$, ao longo de um período de manutenção de duração T utilizando a seguinte equação:

$$1 + \text{EAR} = [1 + r_f(T)]^{1/T} \tag{5.7}$$

Mostramos com um exemplo.

Taxas percentuais anuais

As taxas anualizadas sobre investimentos de curto prazo (por convenção, $T < 1$ ano) com frequência são calculadas com base em juros simples, e não compostos. Elas são chamadas de **taxas percentuais anuais** ou **APRs** (*annual percentage rates*). Por exemplo, a APR correspondente a uma taxa mensal, como a que é cobrada de um cartão de crédito, é calculada como 12 vezes a taxa mensal. Em linhas mais gerais, se houver n períodos compostos em um ano e a taxa por período é $r_f(T)$, a APR = $n \times r_f(T)$. Em contraposição, você pode encontrar a taxa por período com base na APR como $r_f(T) = T \times \text{APR}$.

Utilizando esse procedimento, a APR da obrigação de seis meses do Exemplo 5.2, com uma taxa de seis meses de 2,71%, é $2 \times 2{,}71 = 5{,}42\%$. Para generalizar, observe que, para investimentos de curto prazo com duração T, existem $n = 1/T$ períodos compostos em um ano. Portanto, a relação entre o período composto, a EAR, e a APR é

$$1 + \text{EAR} = [1 + r_f(T)]^n = [1 + r_f(T)]^{1/T} = [1 + T \times \text{APR}]^{1/T} \tag{5.8}$$

De maneira equivalente,

$$\text{APR} = \frac{(1 + \text{EAR})^T - 1}{T}$$

EXEMPLO 5.3 || Taxa efetiva anual *versus* retorno total

Para as letras de seis meses do Tesouro, no Exemplo 5.2, $T = ½$ e $1/T = 2$. Portanto,
$$1 + \text{EAR} = (1{,}0271)^2 = 1{,}0549 \text{ e EAR} = 5{,}49\%$$
Para as letras de 25 anos do Tesouro, no Exemplo 5.2, $T = 25$. Portanto,
$$1 + \text{EAR} = 4{,}2918^{1/25} = 1{,}060 \text{ e EAR} = 6{,}0\%$$

EXEMPLO 5.4 || EAR *versus* APR

Na Tabela 5.1, utilizamos a Equação 5.8 para encontrar a APR correspondente a uma EAR de 5,8% com vários períodos compostos. Em contraposição, encontramos valores de EAR deduzidos com base em uma APR de 5,8%.

Composição contínua

De acordo com a Tabela 5.1 (e a Equação 5.8), fica evidente que a diferença entre a APR e EAR aumenta com a frequência da composição. Isso dá margem à pergunta: até que ponto essas duas taxas divergem à medida que a frequência da composição aumenta? Em outras palavras, qual é o limite de $[1 + T \times APR]^{1/T}$ quando T se torna cada vez menor? À medida que T aproxima-se de zero, efetivamente nos aproximamos da *composição contínua (CC)*, e a relação de EAR com a taxa percentual anual, indicada por r_{cc} para o caso composto continuamente, é dada pela função exponencial

$$1 + EAR = \exp(r_{cc}) = e^{r_{cc}} \qquad (5.9)$$

onde e é aproximadamente 2,71828.

Para encontrar r_{cc} com base na taxa efetiva anual, resolvemos a Equação 5.9 para r_{cc} da seguinte maneira:

$$\ln(1 + EAR) = r_{cc}$$

onde $\ln(\cdot)$ é a função logarítmica natural, o inverso de $\exp(\cdot)$. As funções exponencial e logarítmica estão disponíveis no Excel e são chamadas de EXP(•) e LN(•), respectivamente.

Embora a princípio a composição contínua possa parecer um incômodo matemático, a utilização dessas taxas na verdade pode simplificar os cálculos de retorno esperado e risco. Por exemplo, dada uma taxa composta continuamente, o retorno total de qualquer período T, $r_{cc}(T)$, é simplesmente $\exp(T \times r_{cc})$.[6] Em outras palavras, o retorno total aumenta de uma maneira diretamente proporcional ao período, T. Isso é bem mais simples do que trabalhar com os expoentes que surgem com a utilização da composição de períodos discretos. Para obter outro exemplo, examine novamente a Equação 5.1. Nessa equação, a relação entre a taxa real rr, a taxa nominal rn e a taxa de inflação i, $rr \approx rn - i$, foi apenas aproximada, tal como demonstra a Equação 5.3. Entretanto, se

REVISÃO DE CONCEITOS 5.2

Um banco oferece duas programações de juros alternativas para uma conta de poupança de US$ 100 mil fixadas para três anos: (a) uma taxa mensal de 1%; (b) uma taxa composta anualmente e continuamente (r_{cc}) de 12%. Qual alternativa você deve escolher?

TABELA 5.1 Taxas percentuais anuais (APRs) e taxas efetivas anuais (EARs).
No primeiro conjunto de colunas, mantemos a taxa anual equivalente (*equivalent annual rate* – EAR) fixa em 5,8% e encontramos a APR de cada período de manutenção. No segundo conjunto de colunas, mantemos a APR fixa em 5,8% e resolvemos a EAR.

		EAR = [1 + $r_f(T)$]$^{1/T}$ – 1 = 0,058		APR = $r_f(T)$*(1/T) = 0,058	
Período Composto	T	$r_f(T)$	APR = [(1 + EAR)^T – 1]/T	$r_f(T)$	EAR = (1 + APR*T)^(1/T) – 1
1 ano	1,0000	0,0580	0,05800	0,0580	0,05800
6 meses	0,5000	0,0286	0,05718	0,0290	0,05884
1 trimestre	0,2500	0,0142	0,05678	0,0145	0,05927
1 mês	0,0833	0,0047	0,05651	0,0048	0,05957
1 semana	0,0192	0,0011	0,05641	0,0011	0,05968
1 dia	0,0027	0,0002	0,05638	0,0002	0,05971
Contínuo		r_{cc} = ln(1 + EAR) = 0,05638		EAR = exp(r_{cc}) – 1 = 0,05971	

---

[6] Isso deriva da Equação 5.9. Se $1 + EAR = e^{r_{cc}}$, então $(1 + EAR)^T = e^{r_{cc}T}$.

> **EXEMPLO 5.5 || Taxas compostas continuamente**
>
> A taxa percentual anual composta continuamente, r_{cc}, que oferece uma EAR de 5,8% é 5,638% (consulte a Tabela 5.1). Trata-se praticamente da mesma APR da composição diária. Contudo, para uma composição menos frequente – por exemplo, semestral –, a APR necessária para oferecer a mesma EAR é notavelmente mais alta, 5,718%. Com uma composição menos frequente, é necessária uma APR mais alta para oferecer um retorno efetivo equivalente.

expressarmos todas as taxas como compostas continuamente, a Equação 5.1 será exata,[7] isto é, $rr_{cc} = rn_{cc} - i_{cc}$.

5.3 Letras e inflação, 1926-2012

Uma série temporal financeira com frequência se inicia em julho de 1926, a data inicial de uma base de dados precisa de retornos amplamente utilizada, do Centro de Pesquisa de Preços de Títulos da Universidade de Chicago.

A Tabela 5.2 resume o histórico de taxas de juros de curto prazo nos Estados Unidos, a taxa de inflação e a taxa real resultante. Você pode encontrar o histórico pós-1926 das taxas mensais dessas séries no *site* **www.grupoa.com.br** (*link* correspondente ao conteúdo deste livro – Capítulo 5 para alunos). A taxa real é calculada com base na taxa mensal das letras do Tesouro e na mudança percentual do IPC.

O primeiro conjunto de colunas relaciona as taxas médias anualizadas para as várias séries. A taxa de juros média da metade mais recente de nosso histórico (1969–2012), 5,35%, foi notadamente mais alta do que na primeira metade, 1,79%. O motivo é a inflação, o principal determinante das taxas das letras do Tesouro, que também tiveram um valor médio notadamente mais alto na última metade da amostra, 4,36%, do que no período inicial, 1,74%. No entanto, as taxas de juros nominais ao longo do período recente continuaram suficientemente altas para gerar uma taxa real média mais alta, 0,95%, em comparação com os insignificantes 10 pontos-base (0,10%) da primeira metade.

Um ensinamento importante desse histórico é que mesmo uma taxa de inflação moderada pode eliminar a maior parte dos ganhos nominais oferecidos por esses investimentos de baixo risco. Em ambas as metades da amostra, o retorno real foi um quinto mais baixo do que o retorno nominal.

Podemos demonstrar o ganho cumulativo de um investimento específico ao longo de um período dado utilizando um *índice de riqueza*. Supondo um investimento de US$ 1 no início de um período, compomos o valor do investimento, ano a ano, com 1 mais a taxa de retorno anual bruta. O índice de riqueza no final do último ano mostra o aumento total na riqueza por dólar investido ao longo do período de investimento completo. A Figura 5.2 mostra que US$ 1 investido em letras do Tesouro no início de 1970 teria aumentado para US$ 9,20 até setembro de 2012, um ganho aparentemente impressionante para um investimento de baixo risco. Entretanto, o índice de riqueza em dólares reais (ajustados à inflação) mostra um magro valor final de apenas US$ 1,20. De modo semelhante, o investimento de US$1 em letras do Tesouro para o período completo de 1926–2012 (tal como o gráfico interno demonstra) alcança US$ 20,25, mas com um valor real de apenas US$ 1,55.

O painel de desvio-padrão na Tabela 5.2 mostra um desvio-padrão de inflação inferior na última metade, 2,82%, ao do período inicial, 4,66%. Isso contribuiu para um desvio-padrão inferior ao da taxa real na última metade da amostra, 2,44%, em comparação com a metade inicial, 4,98%. Observe que o desvio-padrão da taxa nominal na verdade foi superior ao período recente (3,02%) do que no período inicial (1,56%), o que indica que a menor variação nos retornos reais realizados deve ser atribuída às taxas das letras do Tesouro que acompanharam mais de perto a inflação nesse período. Aliás, a Figura 5.3 demonstra uma moderação na taxa de inflação e também um ajuste consideravelmente maior entre a taxa de inflação e a taxa nominal.

---

[7]
$$1 + r(\text{real}) = \frac{1 + r(\text{nominal})}{1 + (\text{inflação})}$$
$$\Rightarrow \ln[1 + r(\text{real})] = \ln\left[\frac{1 + r(\text{nominal})}{1 + (\text{inflação})}\right] = \ln[1 + r(\text{nominal})] - \ln(1 + \text{inflação})$$
$$\Rightarrow r_{cc}(\text{real}) = r_{cc}(\text{nominal}) - i_{cc}$$

TABELA 5.2 Estatísticas de taxas das letras do Tesouro, taxas de inflação e taxas reais, 1926-2012

	Taxas médias anualizadas			Desvios-padrão anualizados*		
	Letras do Tesouro	Inflação	Letra do Tesouro Real	Letras do Tesouro	Inflação	Letra do Tesouro Real
Todos os meses	3,55	3,04	0,52	2,95	4,06	3,95
Primeira metade	1,79	1,74	0,10	1,56	4,66	4,98
Última metade	5,35	4,36	0,95	3,02	2,82	2,44

* Os desvios-padrão anualizados incluem o efeito das correlações seriais para as defasagens de 1 a 11 meses.

Fontes: Taxas de retorno anuais sobre a rolagem de um mês das letras do Tesouro: Kenneth French e Morningstar, Inc.; *taxas de inflação anuais:* Departamento de Estatísticas do Trabalho.

Tal como já enfatizamos, presumivelmente os investidores se concentram nos retornos reais que eles podem obter sobre seus investimentos. Para eles obterem uma taxa real aceitável, eles devem obter uma taxa nominal mais alta quando se prevê que a inflação será mais alta. Desse modo, a taxa nominal das letras do Tesouro observadas no início do período devem refletir expectativas de inflação ao longo desse período. Quando a taxa real esperada é estável e a inflação efetiva corresponde às expectativas iniciais, a correlação entre a taxa de inflação e a taxa nominal das letras do Tesouro será quase perfeita (1,0), ao passo que a correlação entre a inflação e a taxa real obtida será próxima de zero. No outro extremo, se os investidores tivessem ignorado ou feito uma previsão extremamente inadequada da inflação, sua correlação com as taxas nominais das letras do Tesouro seria zero e a correlação entre a taxa de inflação e a taxa real seria perfeitamente negativa (-1,0), visto que nesse caso a taxa real diminuiria páreo a páreo com qualquer aumento na inflação.

A tabela a seguir compara as correlações da inflação com as taxas nominal e real das letras do Tesouro nos subperíodos inicial e recente. Os resultados indicam uma maior precisão na previsão da inflação. A correlação da inflação com as letras nominais do Tesouro aumentou de praticamente zero para 0,48, enquanto a correlação com as letras reais do Tesouro aumentou de -0,98 para -0,67.[8]

	1926-1968	1969-2012
Correlação com a taxa nominal das letras do Tesouro	-0,03	0,48
Correlação com a taxa real das letras do Tesouro	-0,98	-0,67

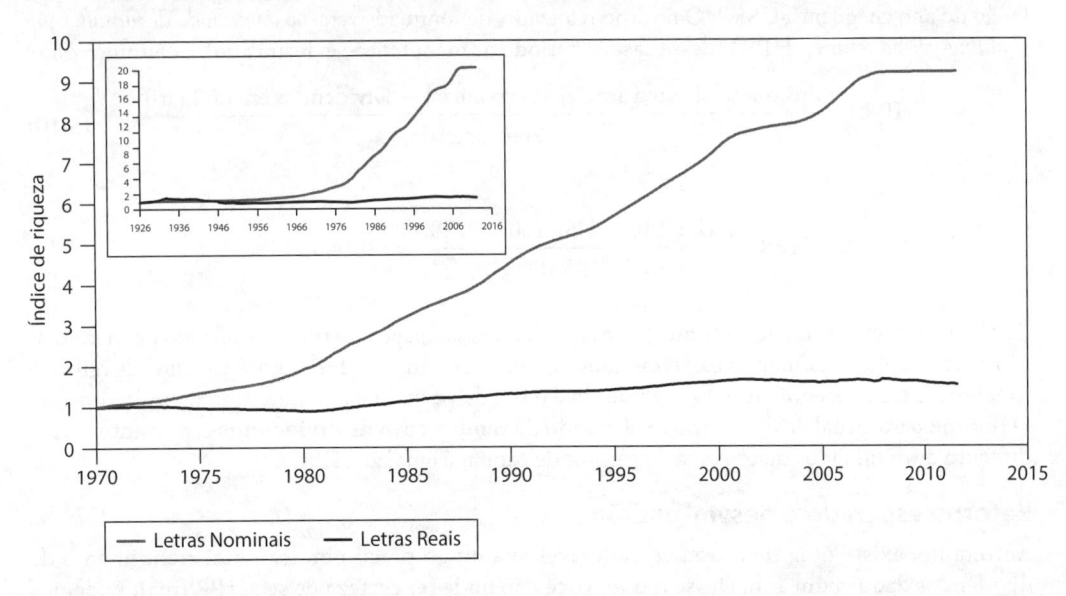

FIGURA 5.2
Índices de riqueza nominal e real de investimentos em letras do Tesouro, 1970-2012 (o gráfico interno corresponde a 1926-2016)

---

[8] Um exame da Figura 5.3 indica que a correlação em anos recentes diminuiu em virtude da ativa intervenção do Federal Reserve após a crise financeira.

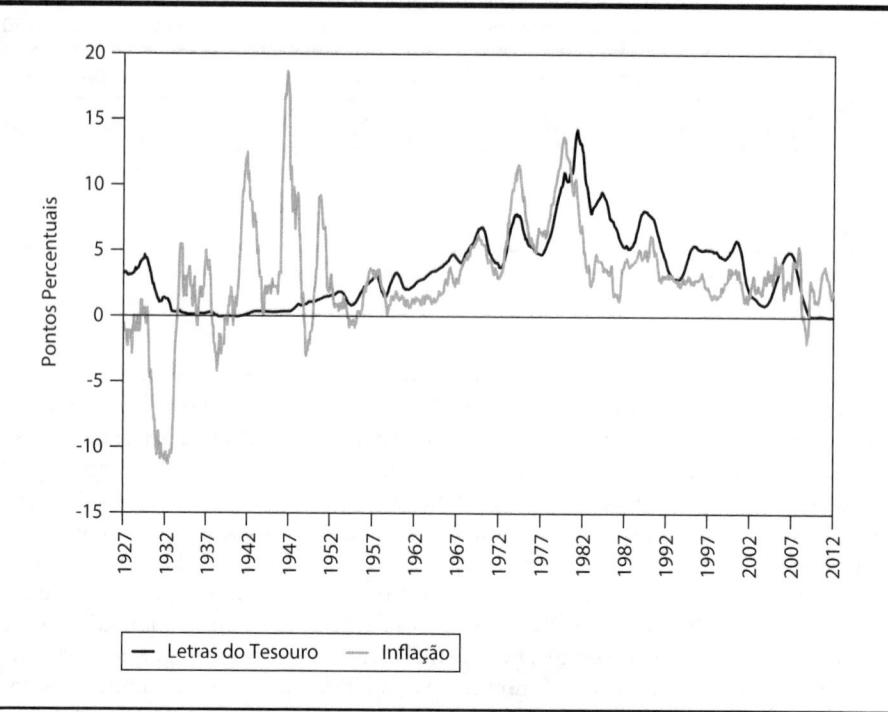

FIGURA 5.3 Taxas de juros e de inflação, 1926–2012

5.4 Risco e prêmios de risco

Retornos do período de manutenção

Você está pensando em investir em um fundo de índice de ações. Atualmente, o fundo está vendendo suas ações por US$ 100 cada. Com um horizonte de investimento de um ano, a taxa de retorno realizada sobre seu investimento dependerá do (*a*) preço por ação no final do ano e dos (*b*) dividendos em dinheiro que você obterá ao longo do ano.

Suponhamos que o preço por ação no final do ano seja US$ 110 e os dividendos em dinheiro ao longo do ano cheguem a US$ 4. O retorno realizado, denominado *retorno do período de manutenção* (*holding-period return* – HPR) (nesse caso, o período de manutenção é de um ano), é definido como

$$\text{HPR} = \frac{\text{Preço final de uma ação} - \text{Preço inicial} + \text{Dividendos em dinheiro}}{\text{Preço inicial}} \qquad (5.10)$$

Aqui, temos

$$\text{HPR} = \frac{\text{US\$ 110} - \text{US\$ 100} + \text{US\$ 4}}{\text{US\$ 100}} = 0{,}14 \text{ ou } 14\%$$

Essa definição de HPR presume que os dividendos são pagos no final do período de manutenção do investimento. Quando os dividendos são recebidos antes, o HPR ignora a renda de reinvestimentos entre o recebimento do pagamento e o fim do período de manutenção do investimento. O retorno percentual de dividendos é chamado de **rendimento de dividendos** e, portanto, o rendimento de dividendos mais a taxa de ganhos de capital é igual ao HPR.

Retorno esperado e desvio-padrão

Entretanto, existe uma incerteza considerável quanto ao preço por ação mais rendimento de dividendos daqui a um ano. Desse modo, você não pode ter certeza de seu HPR final. Podemos quantificar nossas convicções sobre a situação do mercado e o fundo de índice de ações com relação a quatro cenários possíveis, com as probabilidades apresentadas nas colunas de A a E da Planilha 5.1.

Como podemos avaliar essa distribuição de probabilidades? Para começar, caracterizamos as distribuições de probabilidades das taxas de retorno de acordo com seu retorno esperado ou médio, $E(r)$, e desvio-padrão, σ. A taxa de retorno esperada é uma média ponderada pela probabilidade das taxas de retorno em cada cenário. Denominando $p(s)$ a probabilidade de cada cenário e $r(s)$ o HPR em cada cenário, em que os cenários são intitulados ou "indexados" por s, expressamos o retorno esperado como

$$E(r) = \sum_s p(s)r(s) \tag{5.11}$$

Aplicando essa fórmula aos dados da Planilha 5.1, a taxa de retorno esperada sobre o fundo de índice é

$$E(r) = (0{,}25 \times 0{,}31) + (0{,}45 \times 0{,}14) + [0{,}25 \times (-0{,}0675)] + [0{,}05 \times (-0{,}52)] = 0{,}0976$$

A Planilha 5.1 mostra que essa soma pode ser estimada facilmente no Excel, utilizando a função SOMARPRODUTO, que primeiro calcula os produtos de uma série de pares de números e depois soma os produtos. Aqui, o par de números corresponde à probabilidade de cada cenário e à taxa de retorno.

O desvio-padrão da taxa de retorno (σ) é uma medida de risco. Ele é definido como a raiz quadrada da variância, que, por sua vez, é o valor esperado dos desvios ao quadrado em relação ao retorno esperado. Quanto maior a volatilidade dos resultados, mais alto será o valor médio desses desvios ao quadrado. Portanto, a variância e o desvio-padrão oferecem uma medida da incerteza dos resultados. Simbolicamente,

$$\sigma^2 = \sum_s p(s)[r(s) - E(r)]^2 \tag{5.12}$$

Portanto, em nosso exemplo

$$\sigma^2 = 0{,}25(0{,}31 - 0{,}0976)^2 + 0{,}45(0{,}14 - 0{,}0976)^2 + 0{,}25(-0{,}0675 - 0{,}0976)^2$$
$$+ 0{,}05(-0{,}52 - 0{,}0976)^2 = 0{,}0380$$

	A	B	C	D	E	F	G	H	I
1									
2	Preço de Compra =		US$ 100			Taxa das letras do Tesouro = 0,04			
3									
4									
5	Situação do mercado	Probabilidade	Preço de fim de ano	Dividendos em dinheiro	HPR	Desvios em relação à média	Desvios ao quadrado em relação à média	Retornos em excesso	Desvios ao quadrado em relação à média
6									
7									
8	Excelente	0,25	126,50	4,50	0,3100	0,2124	0,0451	0,2700	0,0451
9	Boa	0,45	110,00	4,00	0,1400	0,0424	0,0018	0,1000	0,0018
10	Ruim	0,25	89,75	3,50	−0,0675	−0,1651	0,0273	−0,1075	0,0273
11	Quebra	0,05	46,00	2,00	−0,5200	−0,6176	0,3815	−0,5600	0,3815
12	Valor esperado (médio)	SOMARPRODUTO(B8:B11, E8:E11) =			0,0976				
13	Variância do HPR				SOMARPRODUTO(B8: B11, G8:G11)		0,0380		
14	Desvio-padrão do HPR				SQRT(G13) =		0,1949		
15	Prêmio de risco				SOMARPRODUTO(B8:B11, H8:H11) =		0,0576		
16	Desvio-padrão do retorno em excesso				SQRT(SOMARPRODUTO(B8:B11, I8:I11) =		0,1949		

PLANILHA 5.1
Análise de cenário do retorno do período de manutenção do fundo de índice de ações

Esse valor é calculado na célula G13 da Planilha 5.1 utilizando a função SOMARPRODUTO. O desvio-padrão é calculado na célula G14 como

$$\sigma = \sqrt{0{,}0380} = 0{,}1949 = 19{,}49\%$$

Obviamente, o que poderia incomodar os possíveis investidores no fundo de índice é o risco de perda decorrente de uma quebra ou um mercado ruim, e não o potencial de ganho de um mercado bom ou excelente. O desvio-padrão da taxa de retorno não diferencia surpresas boas ou ruins; ele trata ambas como desvios em relação à média. Visto que a distribuição de probabilidades é mais ou menos simétrica em relação à média, σ é uma medida razoável de risco. No caso especial de podermos presumir que a distribuição de probabilidades é normal – representada pela conhecida curva em forma de sino –, $E(r)$ e σ caracterizarão completamente a distribuição.

Retornos em excesso e prêmios de risco

Quanto você deve – se é que deve – investir em nosso fundo de índice? Primeiro você deve perguntar que previsão de recompensa é oferecida para o risco associado com o investimento em ações.

Medimos a recompensa como a diferença entre o HPR *esperado* sobre o fundo de índice de ações e a **taxa isenta de risco**, isto é, a taxa que você pode obter se deixar seu dinheiro em ativos isentos de risco como as letras do Tesouro, em fundos do mercado monetário ou no banco. Chamamos essa diferença de **prêmio de risco** sobre ações ordinárias. Se a taxa isenta de risco no exemplo for 4% ao ano e o retorno esperado do fundo de índice for 9,76%, o prêmio de risco sobre as ações será 5,76% ao ano. A diferença em qualquer período específico entre a taxa de retorno *real* sobre um ativo de risco e a taxa isenta de risco real é chamada de **retorno em excesso**. Portanto, o prêmio de risco é o valor esperado do retorno em excesso e o desvio-padrão do retorno em excesso é uma medida de seu risco. (Consulte a Planilha 5.1 para examinar esses cálculos.)

O grau de disposição dos investidores para alocar fundos a ações depende da **aversão ao risco**. Os investidores são avessos ao risco no sentido de que, se o prêmio de risco fosse zero, eles não investiriam nenhum valor em ações. Em teoria, sempre deve haver um prêmio de risco positivo sobre as ações para induzir os investidores avessos ao risco a assimilar a oferta existente de ações, em vez de investir todo o seu dinheiro em ativos isentos de risco.

Embora a análise de cenário mostre os conceitos subjacentes à quantificação de risco e retorno, ainda assim você pode estar se perguntando como é possível obter uma estimativa mais realista de $E(r)$ e σ para ações ordinárias e outros tipos de título. Aqui, a história pode nos oferecer um vislumbre. A análise de dados históricos de retornos de carteira utiliza uma variedade de conceitos e ferramentas estatísticas e, por isso, primeiro realizamos uma discussão introdutória.

REVISÃO DE CONCEITOS 5.3

Você investe US$ 27 mil em uma obrigação corporativa que está sendo vendida por US$ 900 por US$ 1.000 de valor nominal. Ao longo do ano seguinte, a obrigação pagará juros de US$ 75 por US$ 1.000 de valor nominal. O preço da obrigação no final do ano dependerá do nível das taxas de juros que estiver prevalecendo na época. Você desenvolve a seguinte análise de cenário:

Taxas de juros	Probabilidade	Preço da obrigação no fim de ano (US$)
Alta	0,2	850
Inalterada	0,5	915
Baixa	0,3	985

Seu investimento alternativo é uma letra do Tesouro que oferece uma taxa de retorno garantida de 5%. Calcule o HPR de cada cenário, a taxa de retorno esperada e o prêmio de risco de seu investimento. Qual o valor esperado em dólar de seu investimento no final do ano?

5.5 Análise de série temporal de taxas de retorno passadas

Série temporal *versus* análise de cenário

Em uma análise de cenário prospectiva, determinamos um conjunto de cenários relevantes e taxas de investimento correspondentes, atribuímos probabilidades e tiramos conclusões por meio do cálculo do prêmio de risco (recompensa) e do desvio-padrão (risco) do investimento proposto. Em contraposição, os históricos de retorno sobre ativos são apresentados em forma de séries

> **EXEMPLO 5.6** || Média aritmética e retorno esperado
>
> Para ilustrar, a Planilha 5.2 apresenta uma série temporal (bastante curta) dos retornos de período de manutenção anuais do índice S&P 500 ao longo do período de 2001–2005. Tratamos cada HPR das $n = 5$ observações na série temporal como um resultado anual igualmente provável durante os anos da amostra e lhe atribuímos uma probabilidade idêntica de 1/5 ou 0,2. Portanto, a Coluna B da Planilha 5.2 utiliza 0,2 como probabilidade e a Coluna C mostra os HPRs anuais. A aplicação da Equação 5.13 (por meio da função SOMARPRODUTO do Excel) à série temporal da Planilha 5.2 demonstra que somar os produtos das probabilidades vezes os HPRs equivale a calcular a média aritmética dos HPRs (compare as células C10 e C11).

temporais de retornos realizados que não oferecem explicitamente aos investidores avaliações originais das probabilidades desses retornos; observamos apenas datas e os HPRs correspondentes. Precisamos inferir desses dados limitados as distribuições de probabilidades das quais esses retornos provavelmente foram extraídos ou, pelo menos, o retorno esperado e o desvio-padrão.

Retornos esperados e média aritmética

Quando utilizamos dados históricos, tratamos cada observação como um "cenário" igualmente provável. Portanto, se houver n observações, substituímos as probabilidades idênticas de $1/n$ por cada $p(s)$ na Equação 5.11. Desse modo, o retorno esperado, $E(r)$, é estimado pela média aritmética das taxas de retorno da amostra:

$$E(r) = \sum_{s=1}^{n} p(s)r(s) = \frac{1}{n}\sum_{s=1}^{n} r(s) \quad (5.13)$$
$$= \text{Média aritmética das taxas de retorno}$$

O Exemplo 5.6 mostra a lógica por trás da ampla utilização da média aritmética em investimentos. Se a série temporal de retornos históricos representar razoavelmente a verdadeira distribuição de probabilidades subjacente, a média aritmética dos retornos de um período histórico oferecerá uma previsão do HPR futuro esperado do investimento.

Média geométrica (ponderada no tempo) dos retornos

A média aritmética oferece uma estimativa imparcial do retorno futuro *esperado*. Contudo, o que a série temporal nos diz sobre o desempenho *real* de uma carteira ao longo de um período de amostra *passado*? Vamos dar continuidade ao Exemplo 5.6 utilizando seu curtíssimo período de amostra apenas para ilustrar. Apresentaremos os resultados para períodos significativos ainda neste capítulo.

A Coluna F da Planilha 5.2 mostra o índice de riqueza de um investimento de US$ 1 em um fundo do índice S&P 500 no início de 2001. O valor do índice de riqueza no final de 2005, US$ 1,0275, é o valor terminal do investimento de US$ 1, o que implica retorno de período de manutenção (HPR) de *cinco anos* de 2,75%.

Uma medida de desempenho intuitiva ao longo do período da amostra é o HPR anual (fixo), que, composto sobre o período, equivale ao valor terminal obtido da sequência de retornos reais na série temporal. Chamemos essa taxa de g, de modo que

$$\begin{aligned}
\text{Valor terminal} &= (1+r_1)\times(1+r_2)\times\cdots\times(1+r_5) = 1{,}0275 \\
(1+g)^n &= \text{Valor terminal} = 1{,}0275 \quad \text{(célula F9 na Planilha 5.2)} \\
g &= \text{Valor terminal}^{1/n} - 1 = 1{,}075^{1/5} - 1 = 0{,}0054 = 0{,}54\% \quad \text{(célula E14)}
\end{aligned} \quad (5.14)$$

onde $1 + g$ é a média geométrica dos retornos brutos $(1 + r)$ da série temporal (que pode ser calculada com a função MÉDIA.GEOMÉTRICA do Excel) e g é o HPR anual que reproduziria o valor final de nosso investimento.

Os profissionais chamam g de retorno médio *ponderado no tempo* (em contraposição a ponderado pelo dólar), a fim de enfatizar que cada retorno passado recebe um peso igual no processo de cálculo da média. Essa distinção é importante porque os gestores de investimento com frequên-

eXcel
PLANILHA 5.2
Série temporal do HPR do S&P 500

	A	B	C	D	E	F
1						
2						
3	Período	Probabilidade implícita presumida = 1/5	HPR (decimal)	Desvio ao quadrado	HPR Bruto = 1 + HPR	Índice de riqueza*
4						
5	2001	0,2	−0,1189	0,0196	0,8811	0,8811
6	2002	0,2	−0,2210	0,0586	0,7790	0,6864
7	2003	0,2	0,2869	0,0707	1,2869	0,8833
8	2004	0,2	0,1088	0,0077	1,1088	0,9794
9	2005	0,2	0,0491	0,0008	1,0491	1,0275
10	Média aritmética	MÉDIA(C5:C9) =		0,0210		
11	HPR Esperado	SOMARPRODUTO(B5:B9, C5:C9)=		0,0210		
12		Desvio-padrão	SOMARPRODUTO(B5:B9, D5:D9)^0,5 =	0,1774		
13			DESVPAD(C5:C9) =	0,1983		Verificação: 1,0054^5= 1,0275
14			Média geométrica dos retornos	MÉDIA.GEOMÉTRICA(E5:E9) −1 =0,0054		
15	* O valor de US$ 1 investido no início do período da amostra (1º/1/2001).					

cia experimentam mudanças significativas nos fundos sob gestão quando os investidores compram ou resgatam ações. As taxas de retorno obtidas em períodos em que o fundo é grande geram lucros mais altos do que as taxas obtidas quando o fundo é pequeno. Analisamos essa distinção no capítulo sobre avaliação de desempenho.

Quanto maiores as oscilações nas taxas de retorno, maior a discrepância entre as médias aritmética e geométrica, isto é, entre a taxa composta obtida ao longo do período da amostra e a média dos retornos anuais. Se os retornos vierem de uma distribuição normal, a diferença esperada será exatamente metade da variância da distribuição, isto é,

$$E[\text{Média geométrica}] = E[\text{Média aritmética}] \tfrac{1}{2}\sigma^2 \qquad (5.15)$$

> **REVISÃO DE CONCEITOS 5.4**
>
> Você investe US$ 1 milhão no início de 2018 em um fundo do índice de ações S&P 500. Em vista da taxa de retorno de 2018, −40%, qual taxa de retorno será necessária em 2019 para que sua carteira volte ao seu valor original?

EXEMPLO 5.7 || Média geométrica *versus* aritmética

A média geométrica no Exemplo 5.6 (0,54%) é consideravelmente inferior à media aritmética (2,10%). Essa discrepância algumas vezes é fonte de confusão. Ela surge do efeito assimétrico das taxas de retorno positivas e negativas no valor terminal da carteira.

Observe os retornos nos anos 2002 (−0,2210) e 2003 (0,2869). A média aritmética dos retornos de dois anos é (−0,2210 + 0,2869)/2 = 0,03295 (3,295%). Contudo, se você tivesse investido US$ 100 no início de 2002, teria apenas US$ 77,90 no final do ano. Para não ganhar nem perder, você precisaria obter US$ 21,10 em 2003, o que equivaleria a um enorme retorno de 27,09% (21,10/77,90). Por que essa taxa tão alta é necessária para não ter lucro nem prejuízo, em contraposição aos 22,10% que você perdeu em 2002? Em 2003, o valor de seu investimento era bem inferior a US$ 100; essa base mais baixa significa que é necessário um ganho percentual maior apenas para não ganhar nem perder. Até mesmo uma taxa tão alta quanto 28,69%, realizada em 2003, renderia um valor de carteira em 3003 de US$ 77,90 × 1,2869 = US$ 100,25, apenas um pouco acima de US$ 100. Isso indica uma taxa de dois anos composta anualmente (a média geométrica) de apenas 0,12%, significativamente inferior à média aritmética de 3,295%.

(Atenção: Para utilizar a Equação 5.15, você deve expressar os retornos como decimais, e não em porcentagem.) Quando os retornos forem aproximadamente normais, a Equação 5.15 será uma boa aproximação.[9]

Variância e desvio-padrão

Quando pensamos em risco, estamos interessados na probabilidade dos desvios em relação ao retorno *esperado*. Na prática, em geral não podemos observar diretamente as expectativas. Por isso, estimamos a variância calculando a média dos desvios ao quadrado em relação à nossa *estimativa* de retorno esperado, a média aritmética, $\bar{r}$. Adaptando a Equação 5.12 aos dados históricos, novamente utilizamos probabilidades iguais para cada observação e a média da amostra em lugar do $E(r)$ inobservável.

Variância = Valor esperado dos desvios ao quadrado

$$\sigma^2 = \sum p(s)[r(s) - E(r)]^2$$

Utilizando dados históricos com n observações, poderíamos *estimar* a variância como

$$\hat{\sigma}^2 = \frac{1}{n}\sum_{s=1}^{n}[r(s) - \bar{r}]^2 \quad (5.16)$$

onde $\hat{\sigma}$ substitui σ para indicar que é uma estimativa.

Entretanto, a estimativa de variância na Equação 5.16 é enviesada para baixo. O motivo é que utilizamos desvios em relação à média aritmética da amostra, $\bar{r}$, em vez de o verdadeiro valor desconhecido esperado, $E(r)$, e dessa forma introduzimos um erro de estimativa. Seu efeito sobre a variância estimada algumas vezes é chamado de viés de *grau de liberdade*. Podemos eliminar esse viés multiplicando a média aritmética dos desvios ao quadrado pelo fator $n/(n-1)$. Desse modo, a variância e o desvio-padrão tornam-se

$$\hat{\sigma}^2 = \left(\frac{n}{n-1}\right) \times \frac{1}{n}\sum_{s=1}^{n}[r(s)-\bar{r}]^2 = \frac{1}{n-1}\sum_{s=1}^{n}[r(s)-\bar{r}]^2$$

$$\hat{\sigma} = \sqrt{\frac{1}{n-1}\sum_{s=1}^{n}[r(s)-\bar{r}]^2} \quad (5.17)$$

A célula D13 mostra estimativa imparcial do desvio-padrão, 0,1983, que é superior ao valor 0,1774 obtido na célula D12. Para amostras grandes, $n/(n-1)$ é próximo de 1 e o ajuste aos graus de liberdade torna-se trivialmente pequeno.

EXEMPLO 5.8 || Variância e desvio-padrão

Examine novamente a Planilha 5.2. A Coluna D mostra os desvios ao quadrado em relação à média aritmética e a célula D12 apresenta o desvio-padrão como 0,1774, que é a raiz quadrada da soma dos produtos das probabilidades (iguais) vezes os desvios ao quadrado.

---

[9] Somos instruídos a medir o desempenho histórico durante determinado período da amostra pela média *geométrica*, mas a estimar o desempenho futuro dessa mesma amostra como média *aritmética*. Uma pergunta se evidencia naturalmente: Essa não seria a melhor forma de estimar o retorno esperado, já que, se a mesma amostra se repetisse no futuro, o desempenho seria medido pela média *geométrica*? Surpreendentemente, a resposta é não. Os resultados futuros sempre conterão surpresas positivas e negativas em comparação com as expectativas anteriores. Quando composta, uma série de surpresas tem um impacto maior sobre a riqueza final do que uma série de surpresas negativas de mesmo tamanho. Em virtude dessa assimetria, a média geométrica da amostra na verdade é uma estimativa distorcida para baixo do retorno médio futuro extraída da mesma distribuição. Como esse viés evidencia-se como metade da variância, a utilização da média aritmética corrige esse viés.

Estimativas de média e desvio-padrão com base em observações de frequência mais alta

Observações mais frequentes geram estimativas mais precisas? A resposta a essa pergunta é surpreendente: a frequência das observações não exerce nenhuma influência sobre a precisão das estimativas de média. É a *duração* da série temporal da amostra (em contraposição ao *número* de observações) que melhora a precisão.

O retorno total de 10 anos dividido por 10 é tão preciso quanto uma estimativa do retorno anual esperado como 12 vezes a média de 120 retornos mensais. O retorno mensal médio deve ser coerente com o retorno médio de 10 anos, de modo que as observações complementares dentro do ano não oferecem nenhuma outra informação sobre o retorno médio. Entretanto, uma amostra mais longa – por exemplo, um retorno de 100 anos – oferecerá uma estimativa mais precisa do retorno médio do que um retorno de 10 anos, *desde que* a distribuição de probabilidades dos retornos permaneça inalterada ao longo de 100 anos. Isso dá margem a uma regra: utilize a amostra mais longa que você acredita que provenha da mesma distribuição de retorno. Infelizmente, na prática, dados antigos podem ser menos informativos. Os dados de retorno do século XIX são relevantes para estimar retornos esperados no século XXI? É bem possível que não, o que significa que enfrentamos sérias limitações quanto à precisão de nossas estimativas de retorno médio.

Diferentemente da média, a precisão das estimativas de desvio-padrão e de momentos superiores (todas calculadas por meio de *desvios em relação à média*) pode ser maior se aumentarmos o número de observações. Desse modo, podemos melhorar a precisão das estimativas de desvio-padrão e momentos superiores da distribuição utilizando observações mais frequentes.

As estimativas de desvio-padrão começam com a variância. Quando os retornos mensais não têm correlação entre si de um mês para outro, as variâncias mensais simplesmente se somam. Portanto, quando variância é a mesma todos os meses, nós a anualizamos:[10] $\sigma_A^2 = 12\sigma_M^2$. Em geral, uma variância de T meses é T vezes a variância de 1 mês. Consequentemente, o desvio-padrão aumenta de acordo com $\sqrt{T}$, isto é, $\sigma_A = \sqrt{12}\sigma_M$. embora a média e a variância aumentem de uma maneira diretamente proporcional ao tempo, o desvio-padrão aumenta segundo a raiz quadrada do tempo.

Índice de recompensa/volatilidade (Sharpe)

Por fim, vale a pena observar que os investidores presumivelmente estão interessados no retorno *em excesso* esperado que eles podem obter substituindo as letras do Tesouro por uma carteira de risco, bem como no risco que com isso eles assumiriam. Embora a taxa das letras do Tesouro não seja constante durante todo o período, ainda assim sabemos com certeza qual taxa nominal obteremos se comprarmos uma letra e a mantivermos até o vencimento. Normalmente, os outros investimentos exigem a aceitação de certo risco em troca da perspectiva de obtenção de uma taxa mais alta do que a das letras do Tesouro. Os investidores determinam o preço dos ativos de risco de modo que o prêmio de risco seja proporcional ao risco desse retorno *em excesso* esperado e, portanto, é melhor medir o risco pelo desvio-padrão dos retornos em excesso, e não dos retornos totais.

A importância do *trade-off* entre recompensa (o prêmio de risco) e o risco (medido pelo desvio-padrão) indica que medimos a atratividade de uma carteira com base no índice de prêmio de risco e desvio-padrão dos retornos em excesso.

$$\text{Índice de Sharpe} = \frac{\text{Prêmio de risco}}{\text{desvio-padrão do retorno em excesso}} \quad (5.18)$$

Essa medida de recompensa/volatilidade (proposta primeiramente por William Sharpe e por isso chamada de *índice de Sharpe*) é amplamente utilizada para avaliar o desempenho dos gestores de investimento.

---

[10] Quando os retornos não estão correlacionados, não precisamos nos preocupar com as covariâncias entre eles. Por isso, a variância da soma de 12 retornos mensais (isto é, a variância do retorno anual) é a soma de 12 variâncias mensais. Se os retornos estiverem correlacionados entre os meses, a anualização torna-se mais complexa e exige um ajuste na estrutura da correlação serial.

EXEMPLO 5.9 || Índice de Sharpe

Examine novamente a Planilha 5.1. A análise de cenário do investimento proposto no fundo de índice de ações deu origem a um prêmio de risco de 5,76% e um desvio-padrão de retornos em excesso de 19,49%. Isso indica um índice de Sharpe de 0,30, um valor que está de acordo com o desempenho histórico dos fundos de índice de ações. Veremos que, embora o índice de Sharpe seja uma medida adequada do *trade-off* risco-retorno para carteiras diversificadas (tema deste capítulo), ele é inadequado quando aplicado a ativos individuais – por exemplo, ações de uma empresa.

Observe que o índice de Sharpe divide o prêmio de risco (que aumenta em proporção direta ao tempo) pelo desvio-padrão (que aumenta em proporção direta à raiz quadrada da unidade de tempo). Portanto, o índice de Sharpe será mais alto quando anualizado de retornos com frequência mais alta. Por exemplo, para anualizar o índice de Sharpe (*Sharpe ratio* – SR) de taxas mensais, multiplicamos o numerador por 12 e o denominador por $\sqrt{12}$. Desse modo, o índice de Sharpe anualizado é $SR_A = SR_M \sqrt{12}$. Em geral, o índice de Sharpe de um investimento de longo prazo no decorrer de T anos aumentará de acordo com um fator $\sqrt{T}$ quando as taxas anuais forem substituídas por taxas do período T.

> **REVISÃO DE CONCEITOS 5.5**
>
> Utilizando os retornos anuais correspondentes aos anos 2003–2005 na Planilha 5.2,
> a. Calcule a média aritmética dos retornos.
> b. Calcule a média geométrica dos retornos.
> c. Calcule o desvio-padrão dos retornos.
> d. Calcule o índice de Sharpe presumindo uma taxa isenta de risco de 6% ao ano.

5.6 Distribuição normal

A **distribuição normal** em forma de sino naturalmente aparece em várias aplicações. Por exemplo, a altura e o peso dos recém-nascidos são descritos adequadamente pela distribuição normal. Na verdade, muitas variáveis que são o resultado final de várias influências aleatórias exibirão uma distribuição normal – por exemplo, o erro de uma máquina para encher contêineres com exatamente 1 galão de líquido. De acordo com a mesma lógica, se as expectativas de retorno implícitas nos preços dos ativos forem racionais, as taxas de retorno reais deverão ser distribuídas normalmente em torno dessas expectativas.

Para ver por que a curva normal é "normal", pense em uma banca de jornal que oferece um lucro de US$ 100 em um dia bom e não tem lucro nem prejuízo em um dia ruim, com probabilidades iguais de 0,5. Portanto, o lucro médio diário seria US$ 50. Podemos criar uma árvore que compila todos os resultados possíveis no final de cada período. Veja uma **árvore de eventos** que mostra os resultados após dois dias:

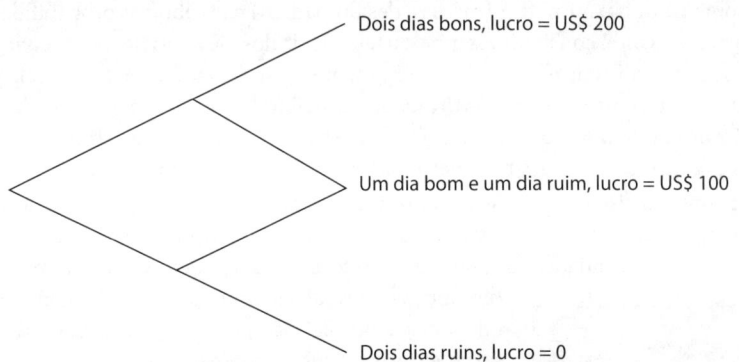

- Dois dias bons, lucro = US$ 200
- Um dia bom e um dia ruim, lucro = US$ 100
- Dois dias ruins, lucro = 0

Observe que dois dias podem produzir três resultados diferentes e, em geral, n dias podem produzir $n + 1$ resultados possíveis. O resultado de dois dias mais provável é "um dia bom e um dia ruim", o que pode ocorrer em dois dias (primeiro um dia bom ou primeiro um dia ruim). A probabilidade desse resultado é 0,5. Menos prováveis são os dois resultados extremos (dias bons ou dias ruins) com probabilidade de 0,25 cada.

Qual a distribuição de lucros no final de 200 dias? Existem 201 resultados possíveis e, novamente, os resultados intermediários são os mais prováveis porque existem mais sequências que os geram.

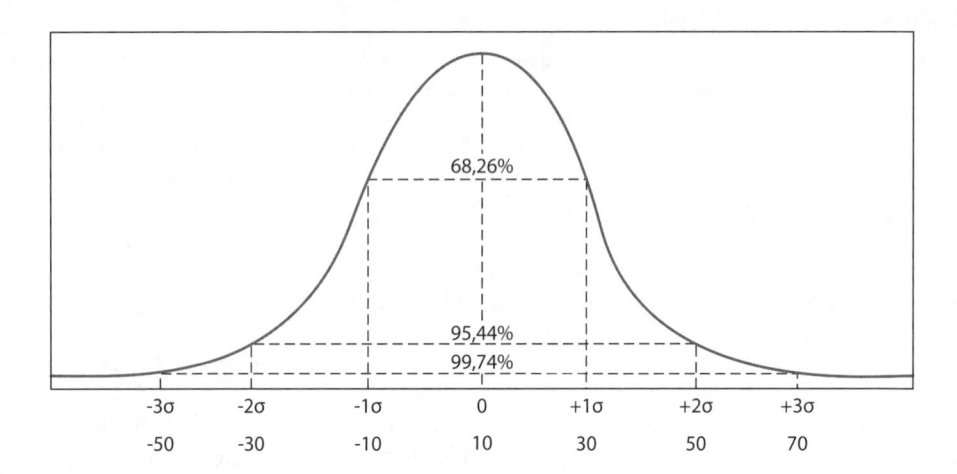

FIGURA 5.4
Distribuição normal com média de 10% e desvio-padrão de 20%

[Gráfico da distribuição normal mostrando: 68,26% entre -1σ e +1σ; 95,44% entre -2σ e +2σ; 99,74% entre -3σ e +3σ. Eixo com valores -3σ, -2σ, -1σ, 0, +1σ, +2σ, +3σ correspondendo a -50, -30, -10, 10, 30, 50, 70]

Embora apenas uma sequência possa resultar em 200 dias ruins consecutivos, um número enorme de sequências pode resultar em 100 dias bons e 100 dias ruins. A distribuição de probabilidades com o tempo assumirá a familiar forma de sino.[11]

A Figura 5.4 mostra um gráfico da curva normal com média de 10% e desvio-padrão de 20% Um desvio-padrão menor significa que os resultados possíveis agrupam-se mais estreitamente em torno da média, enquanto um desvio-padrão mais alto implica distribuições mais difusas. A probabilidade de obtenção de qualquer resultado específico quando se faz uma amostragem pela distribuição normal é totalmente determinada pelo número de desvios-padrão que separam esse resultado da média. Em outras palavras, a distribuição normal é completamente caracterizada por dois parâmetros, a média e o desvio-padrão.

A gestão de investimentos é bem mais manejável quando as taxas de retorno podem ser aproximadas adequadamente pela distribuição normal. Primeiro, a distribuição normal é simétrica, isto é, a probabilidade de qualquer desvio positivo acima da média é igual à probabilidade de um desvio negativo da mesma magnitude. Sem simetria, avaliar o risco como o desvio-padrão dos retornos é inadequado. Segundo, a distribuição normal pertence a uma família especial de distribuições caracterizadas como "estáveis", em virtude da seguinte propriedade: quando os ativos com retornos distribuídos normalmente são misturados para construir uma carteira, o retorno da carteira também é distribuído normalmente. Terceiro, a análise de cenário é simplificada em grande medida quando é necessário medir somente dois parâmetros (média e desvio-padrão) para obter as probabilidades de cenários futuros. Quarto, quando construímos uma carteira de títulos, devemos levar em conta a dependência estatística dos retornos entre os títulos. Geralmente, essa dependência é uma relação complexa e multifacetada. Entretanto, quando os títulos são distribuídos normalmente, as relações estatísticas entre os retornos podem ser resumidas com um coeficiente de correlação simples e direto. Portanto, precisamos examinar apenas um parâmetro para resumir a dependência de dois títulos quaisquer.

Até que ponto as distribuições de retornos reais devem se enquadrar na curva normal para justificar sua utilização na gestão de investimentos? Obviamente, a curva normal não consegue ser uma descrição perfeita da realidade. Por exemplo, os retornos reais podem ser inferiores a –100%, o que a distribuição normal não impossibilitaria. Porém, isso não significa que a curva normal não possa ser útil. Uma questão semelhante surge em vários outros contextos. Por exemplo, o peso de nascimento normalmente é avaliado em comparação com uma curva normal de pesos de recém-nascidos, embora nenhum bebê nasça com peso negativo. A distribuição normal ainda assim é útil nesse

> **REVISÃO DE CONCEITOS 5.6**
>
> Qual a probabilidade de o retorno sobre o índice no Exemplo 5.10 ficar abaixo de –15%?

---

[11] As descrições iniciais da distribuição normal no século XVIII foram baseadas nos resultados de uma "árvore binomial" semelhante à da banca de jornal. Essa representação é utilizada na prática para precificar vários contratos de opções, como veremos no Capítulo 21. Para uma demonstração sobre como a distribuição binomial aproxima-se rapidamente da normal, visite o *site* www.jcu.edu/math/isep/Quincunx/Quincunx.html.

EXEMPLO 5.10 || Função de distribuição normal no Excel

Suponhamos que a taxa de retorno mensal do S&P 500 seja distribuída de uma maneira aproximadamente normal com uma média de 1% e desvio-padrão de 6%. Qual a probabilidade de o retorno sobre o índice em qualquer mês ser negativo? Podemos utilizar funções integradas do Excel para responder rapidamente essa pergunta. A probabilidade de observarmos um resultado inferior a algum corte de acordo com a função de distribuição normal é dada como DIST.NORMAL(corte, média, desvio-padrão, VERDADEIRO). Nesse caso, queremos conhecer a probabilidade de um resultado abaixo de zero, quando a média é 1% e o desvio-padrão é 6%. Portanto, calculamos DIST.NORMAL(0, 1, 6, VERDADEIRO) = 0,4338. Além disso, poderíamos utilizar a função normal *padrão* do Excel, DIST.NORM, que emprega uma média de 0 e um desvio-padrão de 1, e solicitar a probabilidade de um resultado de desvio-padrão 1/6 abaixo da média: DIST.NORM(–1/6) = 0,4338.

---

caso porque o desvio-padrão do peso é pequeno em relação à sua média e a probabilidade de um peso negativo seria trivial o bastante para não importar.[12] Com um espírito semelhante, precisamos identificar critérios para determinar a adequação da suposição de normalidade para as taxas de retorno.

5.7 Desvios da normalidade e medidas de risco

Tal como mencionamos (mas repetir nunca é demais!), a normalidade dos retornos em excesso simplifica enormemente a escolha de carteira. A normalidade nos garante que o desvio-padrão é uma medida completa de risco e, portanto, o índice de Sharpe é uma medida completa de desempenho de carteira. Infelizmente, os desvios dos retornos dos ativos em relação à normalidade são bastante significativos e difíceis de ignorar.

Os desvios da normalidade podem ser identificados por meio do cálculo dos momentos superiores das distribuições de retorno. O *enésimo* momento central de uma distribuição de retornos em excesso, R, é estimado como o valor médio de $(R - \overline{R})^n$. O primeiro momento ($n = 1$) é necessariamente zero (o desvio médio em relação à média da amostra deve ser zero). O segundo momento ($n = 2$) é a estimativa da variância dos retornos, $\hat{\sigma}^2$.[13]

Uma medida denominada **assimetria** utiliza o índice de desvios médios *ao cubo* em relação à média, chamado de terceiro momento, e o desvio-padrão ao cubo para medir a assimetria ou "desigualdade" de uma distribuição.

$$\text{Assimetria} = \text{Média}\left[\frac{(R - \overline{R})^3}{\hat{\sigma}^3}\right] \tag{5.19}$$

Os desvios ao cubo mantêm seu sinal (o cubo de um número negativo é negativo). Quando uma distribuição está "assimétrica para a direita", como na curva preta da Figura 5.5A, os valores positivos extremos, quando ao cubo, predominam o terceiro momento, gerando uma assimetria positiva. Quando uma distribuição está "assimétrica para a esquerda", os valores negativos extremos ao cubo predominam e a assimetria é negativa.

Quando a distribuição é positivamente assimétrica (inclinada para a direita), o desvio-padrão superestima o risco porque as surpresas extremamente positivas (o que não preocupa os investidores) aumentam a estimativa de volatilidade. Em contraposição, e mais importante, quando a distribuição é negativamente assimétrica, o desvio-padrão subestima o risco.

Outro desvio possivelmente importante em relação à normalidade, a curtose, diz respeito à probabilidade de valores extremos em ambos os lados da média, à custa da probabilidade menor de

---

[12] Na verdade, o desvio-padrão é 511 gramas, enquanto a média é 3.958 gramas. Portanto, um peso negativo estaria 7,74 desvios abaixo da média e, de acordo com a distribuição normal teria uma probabilidade de apenas $4,97 \times 10^{-15}$. A questão do peso de nascimento negativo obviamente não tem relevância *prática*.

[13] Para distribuições que são simétricas em relação à média, como é o caso da distribuição normal, todos os momentos ímpares ($n = 1, 3, 5, \ldots$) têm expectativa zero. Para a distribuição normal, as expectativas de todos os momentos pares superiores ($n = 4, 6, \ldots$) são funções *somente* do desvio-padrão, σ. Por exemplo, o quarto momento esperado ($n = 4$) é $3\sigma^4$ e, para $n = 6$, é $15\sigma^6$. Portanto, para retornos distribuídos normalmente, o desvio-padrão, σ, oferece uma medida de risco completa e o desempenho da carteira pode ser medido pelo índice de Sharpe, $\overline{R}/\sigma$. Entretanto, para outras distribuições, a assimetria pode ser medida por momentos ímpares não zero superiores. Os momentos pares superiores (acima daqueles que são coerentes com a distribuição normal), associados com grandes momentos ímpares negativos, indicam probabilidades maiores de resultados negativos extremos.

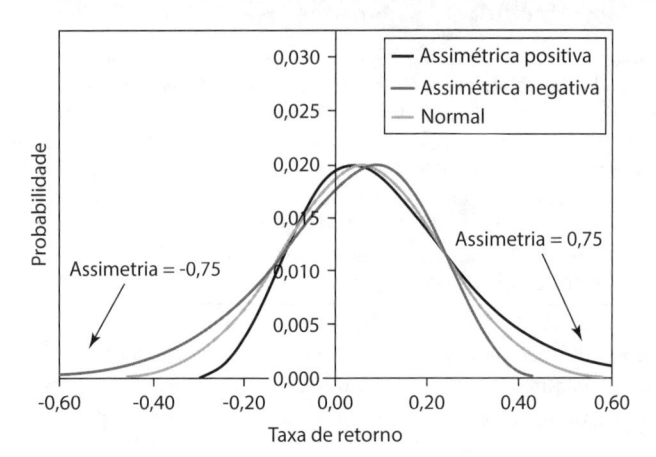

FIGURA 5.5A
Distribuições normais e assimétricas (média = 6%, desvio-padrão = 17%)

desvios moderados. Em termos gráficos, quando as caudas de uma distribuição são "grossas", existe uma massa de probabilidade nas caudas da distribuição maior do que a prevista pela distribuição normal, à custa de "ombros delgados", isto é, menor massa de probabilidade próximo ao centro da distribuição. A Figura 5.5B sobrepõe uma distribuição de "cauda grossa" a uma distribuição normal com a mesma média e o mesmo desvio-padrão. Embora a simetria seja preservada, o desvio-padrão subestimará a probabilidade de eventos extremos: grandes perdas e igualmente grandes ganhos.

A **curtose** mede o grau de caudas grossas. Utilizamos desvios em relação à média elevados à *quarta* potência, padronizando pela quarta potência do desvio-padrão,

$$\text{Curtose} = \text{Média}\left[\frac{(R - \bar{R})^4}{\hat{\sigma}^4}\right] - 3 \qquad (5.20)$$

REVISÃO DE CONCEITOS 5.7

Estime a assimetria e curtose das cinco taxas na Planilha 5.2.

Subtraímos 3 na Equação 5.20 pelo fato de o índice de uma distribuição normal ser 3. Portanto, a curtose de uma distribuição normal é definida como zero e qualquer curtose acima de zero é um sinal de caudas mais grossas. A curtose da distribuição na Figura 5.5B, que têm caudas visivelmente grossas, é 0,35.

Além de uma mudança de observação entre os ombros e as caudas, a curtose pode ser afetada por uma mudança dos ombros em direção ao centro da distribuição (que diminui a curtose) ou vice-versa. Esse elemento da curtose é chamado de *achatamento*, visto que ele afeta a altura do pico da distribuição em seu centro. Isso não é mostrado na Figura 5.5B, mas com frequência encontramos esse achatamento em histogramas de distribuições reais.

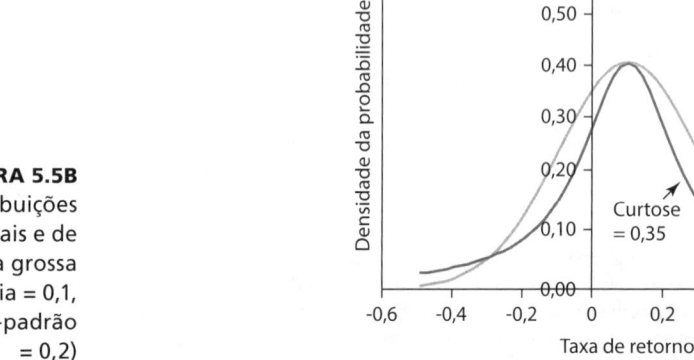

FIGURA 5.5B
Distribuições normais e de cauda grossa (média = 0,1, desvio-padrão = 0,2)

Observe que tanto a assimetria quanto a curtose são números puros. Elas não mudam quando anualizadas com base em observações de frequência mais alta.

Uma frequência mais alta de retornos extremamente negativos pode resultar de uma assimetria e/ou curtose negativa (caudas grossas). Por esse motivo, seria favorável ter uma medida de risco que indique a vulnerabilidade a retornos extremamente negativos. Analisamos quatro medidas desse tipo que são mais utilizadas na prática: valor em risco, déficit esperado, desvio-padrão parcial inferior e frequência de retornos extremos (3 sigma).

Valor em risco

O **valor em risco** (indicado por **VaR** para distingui-lo de *Var*, abreviatura de variância) é a perda correspondente a um percentil bastante baixo da distribuição de retornos completa – por exemplo, o quinto ou primeiro percentil de retorno. O VaR na verdade é expresso na regulamentação de bancos e é intimamente observado por gestores de risco. Trata-se de outro nome para o *quantil* de uma distribuição. O quantil de uma distribuição, q, é o valor abaixo do qual se encontra $q\%$ dos valores possíveis. Desse modo, a mediana é $q = 50°$ quantil. Normalmente, os profissionais estimam o VaR de 5%, o que significa que 95% dos retornos superarão o VaR e 5% serão piores. Portanto, o VaR de 5% pode ser visto como a melhor taxa de retorno entre 5% dos *piores* cenários futuros.

Quando os retornos de uma carteira são distribuídos normalmente, o VaR é determinado pela média e pelo desvio-padrão (*standard deviation* – SD) da distribuição. Lembrando que –1,65 é o quinto percentil da distribuição normal padrão (com média = 0 e SD = 1), o VaR de uma distribuição normal é

$$\text{VaR}(0{,}05, \text{normal}) = \text{Média} = 1{,}65 \, \text{SD}$$

Para obter uma estimativa amostral para o VaR, classificamos as observações de cima para baixo. O VaR é o retorno do quinto percentil da distribuição da amostra. Quase sempre, 5% do número de observações não será um inteiro e, por isso, precisamos interpolar. Suponhamos que uma amostra compreenda 84 retornos anuais. Desse modo, 5% do número de observações é igual a 4,2. Precisamos interpolar entre a quarta e a quinta observação, de baixo para cima. Suponhamos que os cinco retornos inferiores sejam

$$-25{,}03\% \ -25{,}69\% \ -33{,}49\% \ -41{,}03\% \ -45{,}64\%$$

Portanto, o VaR está entre –25,03 e –25,69% e seria calculado como

$$\text{VaR} = -25{,}69 + 0{,}2(25{,}69 - 25{,}03) = -25{,}56\%$$

Déficit esperado

Quando avaliamos o risco de cauda examinando 5% dos piores cenários, o VaR é a medida de risco mais otimista porque ele considera o retorno mais alto (e a menor perda) de todos os casos. Uma visão mais realista de exposição negativa enfatizaria, em vez disso, a perda *esperada*, visto que nos encontramos em um dos piores cenários. Esse valor, infelizmente, tem dois nomes: **déficit esperado** (*expected shortfall* – ES) ou **expectativa de cauda condicional** (*conditional tail expectation* – CTE); esse último evidencia que essa expectativa está condicionada a estar na cauda esquerda da distribuição. ES é a terminologia mais utilizada.

Estendendo o exemplo de VaR anterior, presumimos probabilidades iguais para todos os valores. Desse modo, precisamos calcular a média de 5% das observações inferiores. Somamos os 4 retornos inferiores com 0,2 do quinto (de baixo para cima) e dividimos por 4,2 para encontrar ES = –35,94%, um valor significativamente inferior ao VaR de –25,56%.[14]

---

[14] Uma fórmula para o ES, no caso de retornos distribuídos normalmente, é apresentada em Jonathan Treussard, "The Non-monotonicity of Value-at-Risk and the Validity of Risk Measures over Different Horizons", *IFCAI Journal of Financial Risk Management*, março de 2007. A fórmula de é

$$\text{ES} = \frac{1}{0{,}05}\exp(\mu)N[-\sigma - F(0{,}95)] - 1$$

onde μ é a média dos retornos compostos continuamente, σ é o desvio-padrão, $N(\cdot)$ é a distribuição normal padrão cumulativa e F seu inverso. Na amostra acima, μ e σ são estimados como 5,47 e 19,54%. Supondo normalidade, teríamos ES = –30,57%, o que indica que essa distribuição tem uma cauda esquerda maior do que a normal. Entretanto, é necessário ressaltar que as estimativas de VaR e ES com base em amostras históricas, embora imparciais, estão sujeitas a grandes erros de estimativa porque eles são calculados com base em um pequeno número de retornos extremos.

Desvio-padrão parcial inferior e índice de Sortino

A utilização do desvio-padrão como medida de risco quando a distribuição de retorno não é normal apresenta dois problemas: (1) a assimetria da distribuição indica que devemos examinar os resultados negativos separadamente; e, (2) como uma alternativa a uma carteira de risco é um investimento isento de risco, devemos examinar os desvios dos retornos em relação à taxa isenta de risco, e não em relação à média da amostra, isto é, os retornos *em excesso* negativos.

Uma medida de risco que aborda essas questões é o **desvio-padrão parcial inferior** (*lower partial standard deviation* – LPSD) dos retornos em excesso, que é calculado como o desvio-padrão usual, mas utilizando apenas os retornos "ruins". Mais especificamente, ele utiliza apenas os desvios negativos em relação à taxa isenta de risco (e não os desvios negativos em relação à média da amostra), eleva esses desvios ao quadrado para obter um análogo à variância e depois tira a raiz quadrada para obter um "desvio-padrão da cauda esquerda". O LPSD é, portanto, a raiz quadrada do desvio médio ao quadrado, que está *condicionada* a um retorno em excesso negativo. Observe que essa medida ignora a frequência dos retornos em excesso negativos, isto é, as carteiras com a mesma média de retornos negativos ao quadrado gerarão o mesmo LPSD independentemente da frequência relativa dos retornos em excesso negativos.

Os profissionais que substituem o desvio-padrão pelo LPSD normalmente substituem também o índice de Sharpe (o índice de retorno em excesso e desvio-padrão) pelo índice de retornos em excesso médios e LPSD. Essa variante do índice de Sharpe é chamada de **índice de Sortino**.

Frequência relativa de grandes retornos 3 sigma negativos

Aqui nos concentramos na frequência relativa de grandes retornos negativos em comparação com as frequências de uma distribuição normal com a mesma média e o mesmo desvio-padrão. Os retornos extremos com frequência são chamados de *saltos*, visto que o preço das ações sofre um grande movimento repentino. Comparamos a fração de observações que têm retornos com três ou mais desvios-padrão abaixo da média com a frequência relativa dos retornos negativos 3 sigma na distribuição normal correspondente.

Essa medida pode ser muito informativa com relação ao risco de perda, mas na prática ela é mais útil para amostras grandes e de alta frequência. Observe na Figura 5.4 que a frequência relativa de saltos 3 sigma negativos em uma distribuição normal padrão é apenas 0,13%, isto é, 1,3 observação por 1.000. Portanto, em uma amostra pequena, é difícil obter um resultado representativo, um que reflita as verdadeiras expectativas estatísticas de eventos extremos.

Na análise do histórico de alguns veículos de investimento populares na seção subsequente, mostraremos por que os profissionais precisam dessa pletora de estatísticas e medidas de desempenho para analisar investimentos de risco. O quadro acima discute a popularidade crescente dessas medidas e particularmente o novo foco sobre caudas grossas e eventos extremos.

5.8 Retornos históricos e carteiras de risco

Agora podemos aplicar as ferramentas analíticas analisadas nas seções anteriores a seis carteiras de risco interessantes.

Nossa carteira de base é a carteira de ações dos Estados Unidos mais ampla possível, que inclui todas as ações listadas na NYSE, Amex e Nasdaq. Devemos chamá-la de "EUA Completa" A lógica indica que uma carteira não gerenciada (passiva) deve investir mais em empresas maiores e, por isso, a referência natural é a carteira ponderada pelo valor. A capitalização de empresa, ou *capitalização de mercado*, é extremamente assimétrica para a direita, com muitas pequenas empresas e poucas gigantescas. Como a carteira EUA Completa é ponderada pelo valor, ela é composta predominantemente pelo setor corporativo de grandes empresas.

Os dados incluem retornos em excesso mensais de todas as ações americanas de julho de 1926 a setembro de 2012, um período de amostra que abrange mais de 86 anos. Dividimos esse período em três subperíodos, diferentes em termos de duração e circunstâncias econômicas. Desejamos ver como o desempenho da carteira varia ao longo dos subperíodos.

DESTAQUE DA REALIDADE

ALGUNS FUNDOS PARAM DE AVALIAR NA CURVA

Em 2008, uma carteira de investimentos usual com 60% de ações e 40% de obrigações perdeu aproximadamente um quinto de seu valor. As ferramentas padrão de construção de carteiras presumem que isso ocorra apenas uma vez a cada 111 anos. Embora os matemáticos e vários investidores há muito tempo saibam que o comportamento do mercado não é um quadro agradável, a construção de uma carteira padrão presume que os retornos situam-se em uma distribuição com curva em forma de sino ordenada. Com essa abordagem, um declínio do tipo que ocorreu em 2008 se situaria próximo da cauda esquerda delgada, uma indicação de sua raridade.

A história recente parece indicar que esses colapsos não são tão raros. Há pouco mais de duas décadas, os investidores foram bofeteados pela quebra da bolsa de 1987, a implosão do fundo de *hedge* Long-Term Capital Management, a explosão da bolha de ações de empresas de tecnologia e outras crises.

Muitas das novas ferramentas de Wall Street presumem que os retornos de mercado enquadram-se em uma distribuição de "cauda grossa", na qual, digamos, quase 40% do declínio do mercado acionário de 2008 seria mais comum do que previamente se imaginava. Essas novas suposições apresentam um panorama de risco bastante diferente. Considere a carteira com 60% de ações e 40% de obrigações que teve uma queda de aproximadamente 20%. Na distribuição de cauda grossa, isso ocorreria apenas uma vez a cada 40 anos, e não uma vez a cada 111 anos, como se presume em uma distribuição com curva em forma de sino. (O último ano tão ruim quanto 2008 foi 1931.)

Uma possível armadilha: os supercomputadores estão enfrentando uma menor provisão de observações históricas para construir modelos centrados em eventos raros. "Os dados são intrinsecamente esparsos", afirma Lisa Goldberg, diretora executiva de iniciativas analíticas na MSCI Barra.

Muitas ferramentas novas também limitam o papel das medidas de risco convencionais. O desvio-padrão, proposto como medida de risco na década de 1950 por Harry Markowitz, economista ganhador do Nobel, pode ser utilizado para avaliar quanto os retornos de um investimento variam ao longo do tempo. Entretanto, ele é igualmente afetado por mudanças positivas e negativas, uma vez que vários investidores temem mais as perdas do que valorizam os ganhos. Além disso, ele não mede totalmente o risco em um mundo de cauda grossa.

Uma medida mais nova, que ganhou proeminência nas últimas décadas, ignora o potencial de ganho e examina o risco de perda. Essa medida, chamada de "valor em risco", pode lhe dizer que você tem 5% de chance de perder 3% ou mais em um único dia, mas ela não se concentra nos piores cenários de perda.

Para enfatizar o risco extremo, muitas empresas começaram a utilizar uma medida chamada "déficit esperado" ou "valor em risco condicional", que é a perda esperada na carteira quando o valor em risco é violado. O valor em risco condicional ajuda a estimar as magnitudes de perda esperada nos dias muito ruins. Empresas como J. P. Morgan e MSCI Barra estão empregando essa medida.

Fonte: Eleanor Laise, *The Wall Street Journal*, 8 de setembro de 2009, p. C1. Copyright© 2009 Dow Jones & Company, Inc. Todos os direitos reservados mundialmente.

O subperíodo inicial abrange o segundo quarto do século XX, de julho de 1926 a dezembro de 1949, e seus 282 meses incluem a Grande Depressão, a Segunda Guerra Mundial e um período imediatamente posterior.

O segundo subperíodo corresponde à segunda metade do século XX (janeiro de 1950 a dezembro de 1999) e seus 600 meses abrangem um período relativamente estável, embora com três guerras (Guerra da Coreia, do Vietnã e do Golfo) e oito recessões relativamente moderadas e respectivas recuperações. Ele termina com a bolha de tecnologia no final da década de 1990.

O terceiro subperíodo abrange os primeiros 153 meses do século XXI, um período difícil. Ele inclui duas recessões profundas e distintas: uma após a explosão da bolha de tecnologia em 2001 e outra após a explosão da bolha de preços da habitação no início de 2007; esses dois episódios reduziram drasticamente os valores das ações – em aproximadamente 40%. A prolongada Guerra do Iraque e o conflito afegão pressionaram ainda mais a economia americana nesses anos.

Apresentamos também quatro carteiras para compararmos com a carteira de referência EUA Completa. Esses grupos de comparação são motivados por evidências empíricas de que duas variáveis (além do risco) estão associadas com os retornos das ações: o porte da empresa (medido pela capitalização de mercado) e o índice de valor contábil da empresa/valor de mercado do patrimônio.

Os retornos médios realizados geralmente têm sido mais altos para as ações de empresas de pequena em vez de alta capitalização, quando todos os outros fatores permanecem iguais. Nesse contexto, "outros fatores" significa o risco da melhor forma que conseguimos medi-lo. Por isso, duas das quatro carteiras incluem ações de empresas da metade superior da distribuição de capitalização de mercado, enquanto as duas outras incluem empresas da metade inferior.

TABELA 5.3 Número de empresas, capitalização média e índices de B/M médios das carteiras

	EUA Completa[a]	Grande/Valor	Grande/Crescimento	Pequeno/Valor	Pequeno/Crescimento
Julho de 1926					
Número de empresas	427	37	85	90	43
Capitalização média (US$ mil)	57	39	108	5	8
Índice de B/M médio[b]	1,02	2,36	0,45	3,6	0,81
Janeiro de 1950					
Número de empresas	899	73	196	197	75
Capitalização média (US$ mil)	69	77	186	7	11
Índice de B/M médio[b]	1,18	2,60	0,50	2,95	0,67
Janeiro de 2000					
Número de empresas	5.495	150	576	1.709	1.158
Capitalização média (US$ mil)	2.545	3.542	18.246	106	299
Índice de B/M médio[b]	0,52	1,38	0,14	1,70	0,22
Setembro de 2012					
Número de empresas	3.383	153	408	1.065	672
Capitalização média (US$ mil)	4.470	13.325	18.070	297	582
Índice de B/M médio[b]	0,68	1,32	0,25	1,33	0,26

Notas: [a] Ponderado pelo valor e, portanto, dominado por ações de alta capitalização.
[b] Os índices de B/M são amostrados em meados do ano.
Fonte: Site do professor Kenneth French, http://mba.tuck.dartmouth.edu/pages/faculty/ken.french/data_library.html.

O valor contábil de uma empresa, divulgado em seu balanço patrimonial, reflete o custo histórico de seus investimentos *passados* em ativos, com frequência denominados *ativos existentes* e, portanto, é uma medida de valor retroativa. O valor contábil do patrimônio é igual ao valor total da empresa menos o valor nominal da dívida em circulação. Em contraposição, o valor de *mercado* do patrimônio reflete o valor presente dos fluxos de caixa *futuros* das linhas de negócio existentes, o crescimento esperados desses negócios e os fluxos de caixa de projetos ainda por começar, com frequência denominados *oportunidades de crescimento*. Uma boa parte da diferença entre valor contábil e valor de mercado do patrimônio dependerá das proporções relativas de ativos existentes *versus* oportunidades de crescimento. Um baixo quociente de valor contábil/valor de mercado (*book-to-market value* – B/M) é comum para empresas cujo valor de mercado provém predominantemente de perspectivas de crescimento. Um alto quociente de B/M é comum para empresas de "valor", cujo valor de mercado provém predominantemente dos ativos existentes. Os retornos médios realizados, quando todos os outros fatores permanecem iguais, têm sido normalmente mais altos para empresas de valor do que para empresas de crescimento.

Eugene Fama e Kenneth French documentaram amplamente o tamanho da empresa e a regularidade do B/M e esses padrões desde então têm sido corroborados nas bolsas de valores ao redor do mundo.[15] O banco de dados de Fama-French inclui retornos sobre carteiras de ações de empresas americanas classificadas por tamanho (Grande; Pequeno) e pelos índices de B/M (Alto; Médio; Baixo) e compara essas seis carteiras em meados do ano.[16]

Eliminamos as carteiras com B/M médio, identificamos as empresas com B/M alto como "empresas de valor" e as empresas com B/M baixo como "empresas de crescimento" e então obtemos quatro carteiras de comparação: Grande/Valor; Grande/Crescimento; Pequeno/Valor; Pequeno/Crescimento. Embora seja comum utilizar a ponderação pelo valor, utilizaremos versões igualmente ponderadas dessas carteiras a fim de enfatizar mais as pequenas empresas e, desse modo, acentuar o contraste com a carteira de referência EUA Completa de alta capitalização.

A Tabela 5.3 mostra o número de empresas, o tamanho médio das empresas e o índice médio de B/M para cada carteira no início e no fim de cada subperíodo. O número de ações nas carteiras

---

[15] Essa publicação iniciou-se de fato com a publicação de 1992: "The Cross Section of Expected Stock Returns", *Journal of Finance*, 47, pp. 427–465.

[16] Esse banco de dados está disponível em: http://mba.tuck.dartmouth.edu/pages/faculty/ken.french/data_library.html.

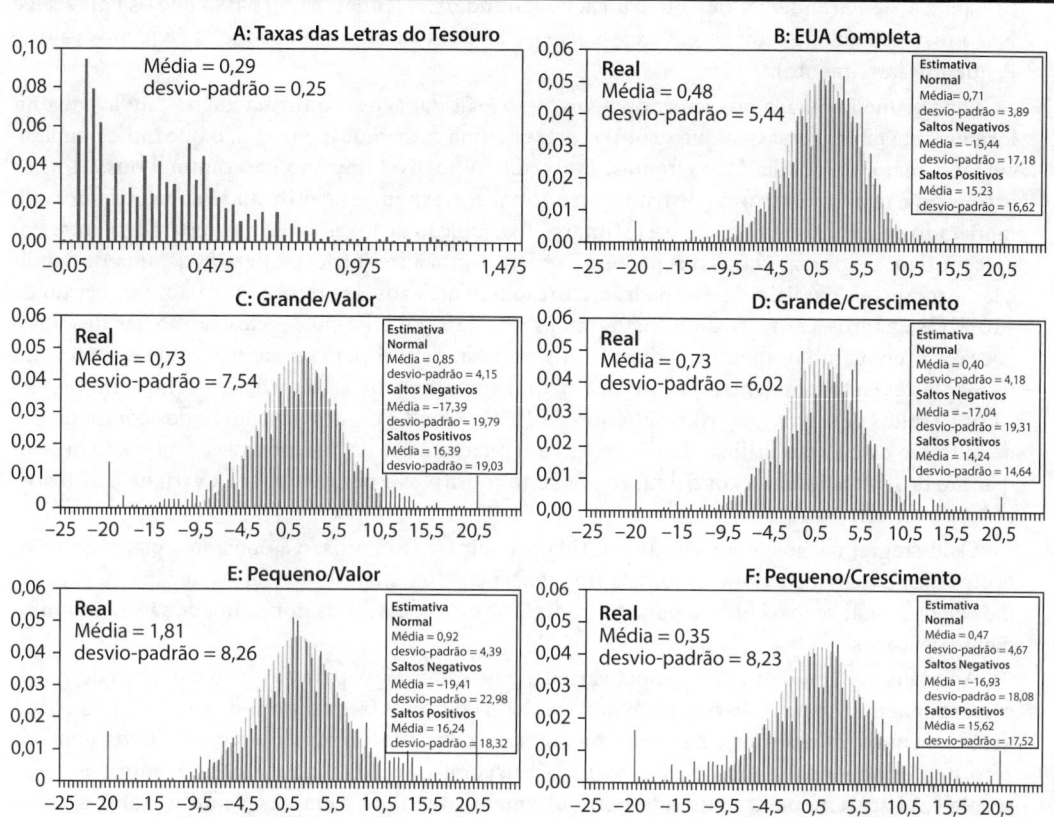

FIGURA 5.6 Distribuição de frequência de taxas de retorno anuais, 1926–2012

Fonte: Elaborada com os dados da Tabela 5.3.

aumenta constantemente, exceto durante o século XXI, quando inúmeras pequenas empresas foram aniquiladas por tempos desfavoráveis. A saída de tantas empresas pequenas da amostra geralmente elevou a capitalização média das empresas remanescentes, ainda que elas tenham perdido valor de mercado. A capitalização de mercado média de todas as empresas aumentou de US$ 57 milhões para US$ 4,47 bilhões, uma taxa de crescimento anual de 5,2% em 86 anos, mais lenta do que o crescimento médio do PIB nominal (6,7%), mas 2 pontos percentuais superior à inflação média (3,2%).

A Figura 5.6 apresenta seis histogramas de 1.035 retornos mensais totais sobre as letras do Tesouro e retornos e em excesso das cinco carteiras de risco.[17] Tenha em mente que mesmo as pequenas diferenças nos retornos médios mensais exercerão grande impacto na riqueza final quando compostas ao longo dos períodos. O histograma no Painel A mostra taxas das letras do Tesouro no intervalo de −0,05 a 1,5%,[18] enquanto o Painel B mostra retornos em excesso mensais sobre a carteira de ações EUA Completa no intervalo de −20 e +20%; anualizado, ele equivale a um intervalo de −93 a 891%! O eixo vertical mostra a fração de retornos em cada categoria. (As colunas escuras nos histogramas baseiam-se na amostra histórica, enquanto as claras descrevem uma distribuição normal.) As categorias têm uma amplitude de 2,5 pontos-base (0,025%) para retornos das letras do Tesouro e de 50 pontos-base para a carteira EUA Completa. As categorias na extrema direita e na extrema esquerda de cada histograma na verdade são a soma das frequências de todos os retornos além do intervalo relatado (inferior a −20% ou superior a 20%). Os Painéis C e D mostram histogramas de retornos em excesso sobre as duas carteiras "Grande" ou de alta capitalização

---

[17] Esses são os retornos em excesso das taxas compostas continuamente, que são os mais apropriados para a suposição de que são distribuídos normalmente. Examinamos essa questão na seção seguinte.

[18] As letras do Tesouro foram criadas na década de 1940. Para datas anteriores, o *commercial paper* é utilizado como a aproximação mais estreita para as taxas de curto prazo isentas de risco. Em apenas alguns casos elas foram emitidas um pouco acima do valor nominal e, portanto, ofereceram taxas levemente negativas.

(um para ações Grande/Valor e um para ações Grande/Crescimento), ao passo que os Painéis E e F são histogramas de retorno em excesso sobre as duas carteiras "Pequeno" (Pequeno/Valor e Pequeno/Crescimento).

Uma primeira olhada nos retornos em excesso reais das ações confirma que as caudas são uniformemente mais grossas do que se observaria em uma distribuição normal, o que indica uma incidência maior de resultados extremos. Em vista do possível impacto descomunal dos retornos extremos, é usual ajustar uma distribuição normal correspondente utilizando apenas o intervalo moderado de retornos em excesso e estimar a distribuição de taxas extremas separadamente. Por esse motivo, as colunas claras nos painéis B a F mostram a frequência esperada de uma distribuição normal com média e desvio-padrão correspondentes aos dos retornos reais no intervalo de +10%. Os quadros à esquerda dos histogramas mostram a média e o desvio-padrão das distribuições reais, enquanto os quadros à direita mostram estatísticas para os subgrupos de retornos: intermediários (retornos dentro de +10% da média), saltos negativos (retornos extremos inferiores a −10%) e saltos positivos (retornos superiores a 10%). A média e o desvio-padrão dos componentes de salto são calculados utilizando diferenças em relação à média da amostra completa. O desvio-padrão dos saltos indica a contribuição dos saltos positivos e negativos para a variância da distribuição completa.

Os histogramas nos oferecem uma nítida primeira visão do risco associado à posse de ações ordinárias. Esse risco é dominado pela frequência e pelo tamanho dos saltos negativos. Precisamos de uma análise mais formal para determinar se esses desvios da normalidade são economicamente decisivos.

A Tabela 5.4 apresenta uma ampla variedade de estatísticas para as cinco carteiras de ações, correspondentes ao período completo de anos, bem como aos três subperíodos. Com 1.035 observações mensais, os retornos em excesso médios são todos estatisticamente significativos acima de zero, conferindo um prêmio de risco positivo. Em comparação com as médias dos subperíodos, o século XXI até o momento tem sido particularmente difícil para empresas muito grandes, como

TABELA 5.4 Estatísticas anualizadas com base no histórico de retornos em excesso mensais de ações ordinárias, julho de 1926–setembro de 2012

Estatística	EUA Completa[a]	Grande/Valor[b]	Grande/Crescimento[c]	Pequeno/Valor[d]	Pequeno/Crescimento[e]
Todos os 1.035 Meses: Julho de 1926–Setembro de 2012					
Retorno em excesso médio	7,52	12,34	10,98	26,28	8,38
Desvio-padrão	20,46	29,25	20,79	41,41	32,80
Verificações de normalidade					
Desvio-padrão parcial inferior (LPSD)	21,67	26,78	20,88	31,57	30,36
Assimetria[f]	−0,54	0,34	−0,58	1,19	0,17
Curtose[f]	6,58	11,40	5,25	13,31	6,19
VaR 5% real[f]	−8,01	−10,08	−7,92	−8,30	−11,64
normal[f]	−8,13	−11,01	−8,76	−11,12	−12,35
ES (CTE) 5% real[f]	−12,40	−16,35	−13,05	−14,85	−17,39
normal[f]	−10,17	−13,74	−11,01	−14,08	−15,27
3 sigma negativo (obs/1.000), real	7,7	4,8	9,7	2,9	3,9
normal	0,9	0,9	0,8	0,6	1,0
Desvio-padrão de 1 mês condicionado a uma perda de 10%, real	17,18	19,79	19,31	22,98	18,08
normal	12,82	14,95	13,47	16,85	15,16
Desempenho					
Índice de Sharpe (anualizado)	0,37	0,42	0,53	0,63	0,26
Índice de Sortino (anualizado)	0,35	0,46	0,53	0,83	0,28
Século XXI (até o momento): Janeiro de 2000–Setembro de 2012 (153 meses)					
Retorno em excesso médio	1,82	8,80	14,51	17,89	4,83
Desvio-padrão	20,08	24,08	20,93	28,93	29,49
Verificações de normalidade					
Desvio-padrão parcial inferior (LPSD)	23,02	26,02	19,46	27,40	28,05
Assimetria	−0,74	−0,59	−0,34	−0,32	0,10
Curtose	1,21	2,60	1,43	1,62	1,72

VaR 5%, real	−8,86	−10,68	−8,11	−9,44	−13,77
normal	−7,85	−8,97	−8,45	−8,77	−13,40
ES 5%, real	−11,09	−14,02	−11,74	−12,36	−17,46
normal	−9,73	−11,22	−10,69	−11,14	−16,47
Desempenho					
Índice de Sharpe (anualizado)	0,09	0,37	0,69	0,62	0,16
Índice de Sortino (anualizado)	0,08	0,34	0,75	0,65	0,17
Século XX, Segunda Metade: Janeiro de 1950–Setembro de 1999 (600 meses)					
Retorno em excesso médio	8,44	11,50	9,83	17,05	7,20
Desvio-padrão	14,99	17,21	16,51	21,41	25,60
Verificações de normalidade					
Desvio-padrão parcial inferior (LPSD)	15,87	16,39	16,69	20,14	26,40
Assimetria	−0,81	−0,15	−0,70	−0,22	−0,77
Curtose	3,50	2,28	3,76	5,09	4,23
VaR 5%, real	−6,02	−6,67	−6,94	−6,86	−9,51
normal	−6,08	−6,48	−7,13	−7,33	−9,85
ES 5%, real	−9,06	−8,98	−10,07	−10,36	−14,30
normal	−7,70	−8,24	−9,01	−9,37	−12,25
Desempenho					
Índice de Sharpe (anualizado)	0,56	0,67	0,60	0,80	0,28
Índice de Sortino (anualizado)	0,53	0,70	0,59	0,85	0,27
Século XX, Segundo Quarto: Julho de 1926–Setembro de 1949 (282 meses)					
Retorno em excesso médio	8,64	16,02	11,49	50,48	12,81
Desvio-padrão	28,72	46,59	27,61	63,74	45,08
Verificações de normalidade					
Desvio-padrão parcial inferior (LPSD)	29,92	40,28	28,43	44,04	37,54
Assimetria	−0,30	0,40	−0,50	0,96	0,61
Curtose	4,60	4,88	4,41	6,25	5,36
VaR 5%, real	−12,55	−17,54	−11,68	−16,73	−15,70
normal	−11,39	−17,46	−11,60	−16,34	−15,88
ES 5%, real	−17,36	−24,16	−18,22	−22,61	−21,22
normal	−14,14	−21,41	−14,43	−20,59	−19,52
Desempenho					
Índice de Sharpe (anualizado)	0,30	0,34	0,42	0,79	0,28
Índice de Sortino (anualizado)	0,29	0,40	0,40	1,15	0,34

Notas: [a] Ações negociadas na NYSE, Amex e Nasdaq, valor ponderado.
[b] Média na metade superior por capitalização no mercado de capitais e no 1/3 superior por valor contábil/valor de mercado (B/M), igualmente ponderada.
[c] Média na metade superior por capitalização no mercado de capitais e no 1/3 inferior por B/M, igualmente ponderada.
[d] Média na metade inferior por capitalização no mercado de capitais e no 1/3 superior por B/M, igualmente ponderada.
[e] Média na metade inferior por capitalização no mercado de capitais e no 1/3 inferior por B/M, igualmente ponderada.
[f] Cálculo baseado em taxas mensais compostas continuamente.
Fonte: Cálculos dos autores utilizando dados do *site* do professor Kenneth French, http://mba.tuck.dartmouth.edu/pages/faculty/ken.french/data_library.html.

vimos na carteira EUA Completa ponderada pelo valor. Não surpreendentemente, a segunda metade do século XX, o subperíodos mais estável do ponto de vista político e econômico, ofereceu os retornos médios mais altos, em particular para as carteiras igualmente ponderadas. A Tabela 5.4A, que apresenta um subconjunto da Tabela 5.4, mostra esses retornos médios.

Como poderíamos prever, o segundo quarto do século XX, dominado pela Grande Depressão e pelo famoso distúrbio nos valores das ações, exibe os desvios-padrão mais altos (Tabela 5.4B).

Todas as carteiras obtiveram seu índice de Sharpe mais alto na segunda metade do século XX (Tabela 5.4C). O século XXI assistiu ao mais baixo desempenho na carteira EUA Completa ponderada por alta capitalização e a um desempenho mediano nas carteiras igualmente ponderadas. O mais surpreendente é o fato de os retornos médios não terem sido particularmente baixos no segundo quarto do século XX, não obstante os profundos contratempos do período da Depressão. Entretanto, em vista da considerável imprecisão dessas estimativas (erros padrão em torno de 0,20 ou 20%), não podemos ter certeza de que todos os índices de Sharpe são diferentes tanto entre os subperíodos quanto entre as carteiras.

TABELA 5.4A Retornos em excesso médios ao longo do tempo

	EUA Completa	Grande/Valor	Grande/Crescimento	Pequeno/Valor	Pequeno/Crescimento	Média das quatro carteiras de comparação
Todos os anos	7,52	12,34	10,98	26,28	8,38	14,49
Século XXI	1,82	8,80	14,51	17,89	4,83	11,51
Segunda metade do século XX	8,64	16,02	11,49	50,48	12,81	22,70
Segundo quarto do século XX	8,44	11,50	9,83	17,05	7,20	11,40

TABELA 5.4B Desvios-padrão ao longo do tempo

	EUA Completa	Grande/Valor	Grande/Crescimento	Pequeno/Valor	Pequeno/Crescimento	Média das quatro carteiras de comparação
Todos os anos	20,46	29,25	20,79	41,41	32,80	31,06
Século XXI	20,08	24,08	20,93	28,93	29,49	25,86
Segunda metade do século XX	14,99	17,21	16,51	21,41	25,60	20,18
Segundo quarto do século XX	28,72	46,59	27,61	63,74	45,08	45,76

TABELA 5.4C Índices de Sharpe ao longo do tempo

	EUA Completa	Grande/Valor	Grande/Crescimento	Pequeno/Valor	Pequeno/Crescimento	Média das quatro carteiras de comparação
Todos os anos	0,37	0,42	0,53	0,63	0,26	0,46
Século XXI	0,09	0,37	0,69	0,62	0,16	0,46
Segunda metade do século XX	0,56	0,67	0,60	0,80	0,28	0,59
Segundo quarto do século XX	0,30	0,34	0,42	0,79	0,28	0,46

Retornos de carteira

O principal objetivo é comparar as cinco carteiras de ações. Partimos da premissa de que a carteira EUA Completa ponderada pelo valor é uma alternativa natural para investidores passivos. Escolhemos as outras quatro carteiras porque evidências empíricas indicam que o tamanho (grande *versus* pequeno) e os índices de B (valor *versus* crescimento) são determinantes de desempenho importantes.

Os retornos médios na Tabela 5.4A mostram que a carteira Pequeno/Valor na verdade não oferece um retorno médio superior em todos os períodos e as diferenças em relação às médias das outras carteiras são todas significativas estatisticamente.[19] Além disso, a média dos retornos nas carteiras de comparação igualmente ponderadas (a coluna da extrema direita na Tabela 5.4A) foi significativamente superior à da carteira EUA Completa. Contudo, antes de considerar esses desempenhos superiores ou inferiores, é necessário mostrar que as diferenças em seus retornos médios não podem ser explicadas pelas diferenças de risco. Aqui, devemos questionar a utilização do desvio-padrão como medida de risco para qualquer ativo específico ou carteira. O desvio-padrão mede a volatilidade geral e, portanto, é uma medida de risco legítima somente para carteiras consideradas apropriadas para toda a riqueza em risco de um investidor, isto é, para a ampla alocação de capital. Os ativos ou carteiras considerados *adicionais* ao restante da carteira de riqueza total de um investidor devem ser avaliados com base no risco *incremental*. Essa distinção requer medidas de risco diferentes do desvio-padrão. Retornaremos a essa questão e a detalharemos em capítulos posteriores.

A Tabela 5.4B mostra o maior desvio-padrão associado a esses amplos investimentos em ações. O desvio-padrão anual gira de 15 a 63%. Mesmo a utilização do menor desvio-padrão indica que uma perda de 15% no valor da carteira em um ano não seria tão incomum. Aparentemente, o tamanho está correlacionado com a volatilidade, tal como indicado pelo desvio-padrão mais alto das duas carteiras de baixa capitalização e a menor volatilidade da carteira EUA Completa de alta capitalização. Embora pareça que as carteiras de valor geralmente são mais voláteis do que as carteiras de crescimento, a diferença não é suficiente para nos dar certeza dessa afirmação.

---

[19] A estatística *t* da diferença no retorno médio é: Diferença média/desvio-padrão(Diferença).

Independentemente de como resolvemos a questão do desempenho dessas carteiras, primeiro devemos determinar se o desvio-padrão é uma medida de risco adequada, em vista dos desvios da normalidade. A Tabela 5.4 mostra que em parte do tempo existe uma assimetria negativa em algumas carteiras e que durante *todo* o tempo existe uma curtose positiva em *todas* as carteiras. Isso indica que devemos avaliar com cuidado o efeito desses desvios sobre o valor em risco (VaR), o déficit esperado (ES) e as frequências 3 sigma negativas. Concluindo, visto que a Figura 5.6 separa as distribuições dos retornos em excesso mensais entre os que estão no intervalo de +10% e os que estão fora desse intervalo, podemos quantificar as implicações dos retornos extremos.

Começamos com a diferença entre o VaR da distribuição real dos retornos e da distribuição normal equivalente (com a mesma média e variância). Recorde-se de que o VaR de 5% é a perda correspondente ao quinto percentil da distribuição de taxa de retorno. Trata-se de uma medida de risco de resultados extremos, com frequência denominada *risco de cauda* pelo fato de se concentrar nos resultados da cauda da extrema esquerda da distribuição. Comparamos o risco de cauda com o previsto pela distribuição normal por meio da comparação do VaR real com o VaR da distribuição normal equivalente. O VaR em excesso é o VaR da distribuição histórica *versus* o VaR da distribuição normal correspondente, em que os números negativos indicam perdas maiores.

A Tabela 5.4D mostra que, para o período total, o VaR não indica nenhum risco de cauda maior do que é usual na distribuição normal equivalente. O pior VaR em excesso comparado com o normal (–1,71% para a carteira Grande/Valor no século XXI) corresponde a menos de um terço do desvio-padrão mensal dessa carteira, 6,01%. Portanto, os dados de VaR indicam que a distribuição normal é uma aproximação satisfatória da distribuição de retorno real.

Entretanto, outras medidas indicam que o risco de cauda pode ser um pouco maior do que na distribuição normal. Os dados de déficit esperado (ES) na Tabela 5.4 são mais negativos para os retornos em excesso reais do que para os da distribuição normal equivalente (o que é coerente com as caudas grossas indicadas pela curtose positiva). Para avaliar o significado econômico das diferenças em relação à distribuição normal, nós as apresentamos na Tabela 5.4E como fração dos desvios-padrão mensais das várias carteiras. Os sinais negativos nos indicam que, embora 5% das observações reais mais negativas sempre sejam piores do que da distribuição normal equivalente, as diferenças não são consideráveis: as magnitudes nunca são superiores a 0,77 do desvio-padrão da carteira. Medido ao longo do período completo, o déficit em excesso não ultrapassou 0,41 do desvio-padrão mensal. Novamente, não vemos evidências que minem seriamente a adequação da suposição de normalidade.

A Tabela 5.4F mostra o número real de retornos mensais negativos ou "saltos" de magnitude superiores a três desvios-padrão, em comparação com o número correspondente das distribuições normais equivalentes. Os números reais variam entre 2,9 a 9,7 por 1.000 meses, comparados com apenas 0,6 a 1,0 da distribuição normal equivalente. O que devemos fazer com isso? Os retornos 3 sigma negativos são de fato surpresas muito ruins. Para ajudar a interpretar essas diferenças, calculamos a extensão de tempo esperada (número de anos) entra "saltos extras", isto é, saltos além do número esperado com base na distribuição normal. Calculamos também o retorno total esperado durante esse período, igualmente em unidades de desvio-padrão da distribuição real.

A Tabela 5.4F mostra os resultados desses cálculos. Vemos que um salto em excesso é observado a cada 9 a 36 anos e que durante esses períodos as carteiras devem gerar retornos em excesso de 16 a 104 desvios-padrão, em comparação com a perda de 3 ou mais desvios-padrão em virtude desses saltos. Desse modo, o risco de salto não parece grande o suficiente para afetar o risco e o retorno dos retornos de ações de longo prazo.

TABELA 5.4D VaR (excesso em relação à distribuição normal) expresso como fração do desvio-padrão mensal

	EUA Completa	Grande/Valor	Grande/Crescimento	Pequeno/Valor	Pequeno/Crescimento	Média das quatro carteiras de comparação
Todos os anos	0,12	0,93	0,85	2,81	0,72	1,33
Século XXI	–1,02	–1,71	0,34	–0,67	–0,37	–0,60
Segundo quarto do século XX	0,06	–0,19	0,19	0,47	0,34	0,20
Segunda metade do século XX	–1,16	–0,09	–0,08	–0,39	0,18	–0,09

TABELA 5.4E VaR (excesso em relação à distribuição normal) expresso como fração do desvio-padrão mensal

	EUA completa	Grande/ valor	Grande/ crescimento	Pequeno/ valor	Pequeno/ crescimento	Média das quatro carteiras de comparação
Todos os anos	–0,41	–0,33	–0,34	–0,08	–0,25	–0,25
Século XXI	–0,28	–0,47	–0,17	–0,19	–0,11	–0,24
Segundo quarto do século XX	–0,18	–0,06	–0,13	–0,07	–0,18	–0,11
Segunda metade do século XX	–0,77	–0,59	–0,77	–0,37	–0,26	–0,50

TABELA 5.4F Incidência de retornos 3 sigma negativos

	EUA completa	Grande/valor	Grande/crescimento	Pequeno/valor	Pequeno/ crescimento
Número de saltos negativos	7,7	4,8	9,7	2,9	3,9
Saltos esperados da distribuição normal equivalente	0,9	0,9	0,8	0,6	1,0
Diferença = saltos em excesso	6,8	4,0	8,9	2,3	22,8
Média de anos entre saltos em excesso	12,24	21,06	9,42	36,23	29,37
Retornos em excesso esperados entre saltos extras (em unidades de desvio-padrão)	16,90	32,91	17,16	104,23	28,98

TABELA 5.4G Desvio-padrão condicionado a um retorno em excesso inferior a –10%

	EUA Completa	Grande/Valor	Grande/Crescimento	Pequeno/Valor	Pequeno/Crescimento
Em relação a um histórico de 1.035 meses	17,18	19,79	19,31	22,98	18,08
Em relação à distribuição normal equivalente	12,82	14,95	13,47	16,85	15,16
Diferença (%)	33,99	32,35	43,35	36,39	19,23

Por fim, interpretamos o *tamanho* dos saltos fora do intervalo de ±10% que parece tão fatídico na Figura 5.6. Para quantificar o risco, perguntamos: "Quando observamos todos os retornos em excesso abaixo de –10% em nosso histórico de 1.035 meses, qual é o desvio-padrão de todos esses retornos (extremamente ruins)?". E uma pergunta subsequente: "Qual seria o desvio-padrão da cauda de um retorno normal com a mesma média e desvio-padrão geral de nossa amostra, condicionado a uma queda do retorno abaixo de –10%?" A Tabela 5.4G responde essas duas perguntas. É evidente que o histórico real indica um desvio-padrão superior ao que a distribuição normal indicaria, o que coerente com a Figura 5.6. A diferença pode ser tão ampla quanto 43% do desvio-padrão da normal equivalente no intervalo de negativos extremos. De todas as estatísticas que examinamos até o momento, essa é a mais desfavorável para uma aproximação direta das distribuições reais pela normal.

Podemos concluir de tudo isso que uma distribuição normal simples geralmente não é uma aproximação ruim, não obstante o fato de, em algumas circunstâncias, ela possa subestimar o risco de investimento. Entretanto, compensamos essa armadilha estimando com mais cuidado o desvio-padrão dos retornos extremos. No entanto, devemos ter cautela quanto à aplicação de teorias e inferência que exigem normalidade de retornos. Em geral, é provável que confirmemos que os desvio-padrão presumidos para os ativos ou carteiras representam adequadamente o risco de cauda.

Nos capítulos subsequentes, retornaremos a essas carteiras e perguntaremos se a carteira EUA Completa é a mais eficiente em termos de *trade-off* risco-retorno. Além disso, consideraremos a possibilidade de realizar ajustes em vista do desempenho das carteiras de tamanho-B/M e também de outras peculiaridades determinadas empiricamente. É confortante que a suposição de distribuições aproximadamente normais dos retornos dos ativos, o que torna essa investigação manejável, também seja razoavelmente precisa.

Visão global dos dados históricos

À medida que os mercados financeiros ao redor do mundo crescem e tornam-se mais transparentes, os investidores americanos procuram melhorar a diversificação investindo internacionalmente. Os investidores estrangeiros que normalmente utilizavam os mercados financeiros americanos como porto seguro para complementar os investimentos domésticos também procuram diversificação

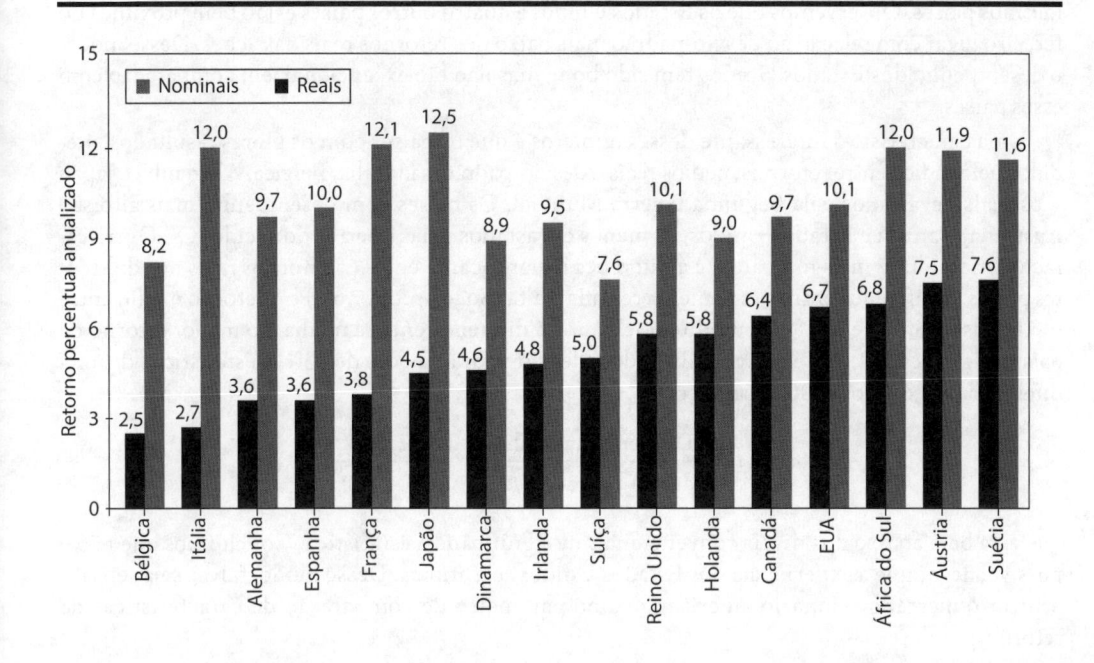

FIGURA 5.7
Retornos nominais e reais de ações ao redor do mundo, 1900–2000

Fonte: Elroy Dimson, Paul Marsh e Mike Staunton, *Triumph of the Optimists: 101 Years of Global Investment Returns* (Princeton: Princeton University Press, 2002), p. 50. Informações reimpressas com permissão da Princeton University Press.

internacional para diminuir o risco. A questão que surge é se a experiência histórica americana é comparável à dos mercados acionários ao redor do mundo.

A Figura 5.7 mostra um histórico de um século (1900–2000) dos retornos médios nominais e reais nos mercados acionários de 16 países desenvolvidos. Observamos que os Estados Unidos estão em quarto lugar em termos de retornos médios reais, atrás da Suécia, Austrália e África do Sul. A Figura 5.8 mostra os desvios-padrão dos retornos reais de ações e obrigações para esses

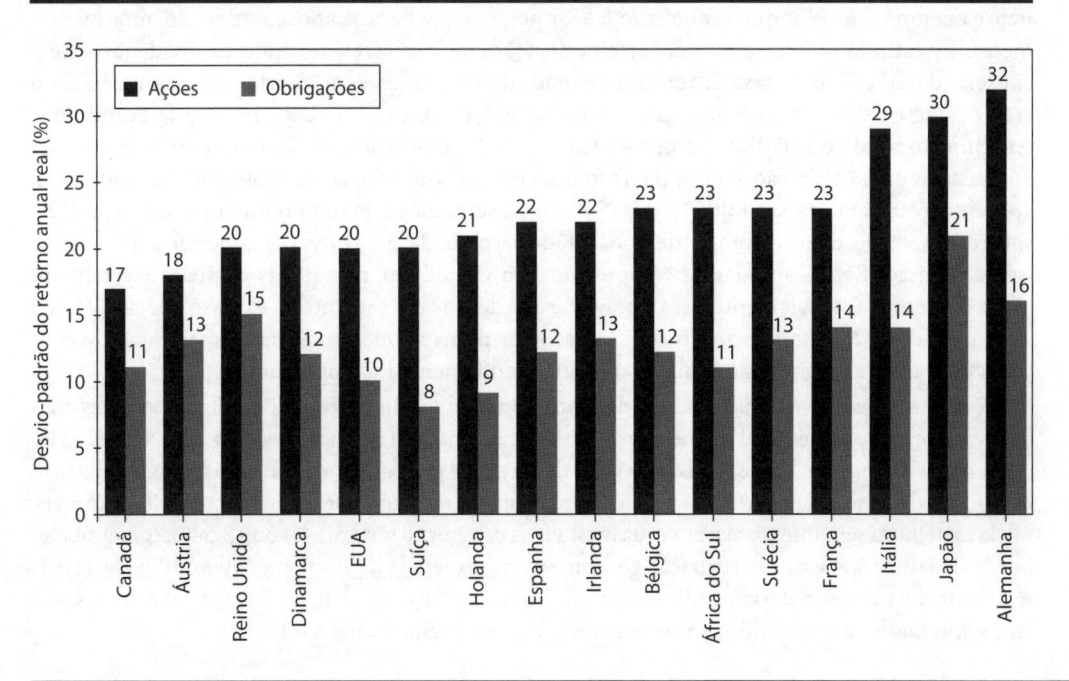

FIGURA 5.8
Desvios-padrão de retornos reais de ações e obrigações ao redor do mundo, 1900–2000

Fonte: Elroy Dimson, Paul Marsh e Mike Staunton, *Triumph of the Optimists: 101 Years of Global Investment Returns* (Princeton: Princeton University Press, 2002), p. 61. Informações reimpressas com permissão da Princeton University Press.

mesmos países. Observemos que os Estados Unidos e quatro outros países estão bem próximos do terceiro lugar com relação ao desvio-padrão mais baixo dos retornos reais das ações. Desse modo, o desempenho dos Estados Unidos tem sido bom, mas não tão excepcional, em comparação com esses países.

Uma característica interessante desses números é que os países com os piores resultados, medidos pelo índice entre retornos médios reais e desvio-padrão, são Itália, Bélgica, Alemanha e Japão – os mais devastados pela Segunda Guerra Mundial. Os países com desempenho mais alto são Austrália, Canadá e Estados Unidos, os menos devastados pelas guerras do século XX. Outra característica, talvez mais marcante, é a diferença insignificante entre os retornos reais nos diferentes países. A diferença entre a taxa média real mais alta (Suécia, com 7,6%) e o retorno médio entre os 16 países (5,1%) é 2,5%. De modo semelhante, a diferença entre a média e o menor retorno de país (Bélgica, com 2,5%) é 2,6%. Utilizando o desvio-padrão médio de 23%, a estatística t de uma diferença de 2,6% com 100 observações é

$$\text{Estatística } t = \frac{\text{Diferença na média}}{\text{desvio-padrão} / \sqrt{n}} = \frac{2,6}{23 / \sqrt{100}} = 1,3$$

que está bem abaixo dos níveis convencionais de significância estatística. Concluímos que não é possível negar que a experiência dos Estados Unidos seja atípica. Desse modo, talvez seja sensato utilizar o mercado acionário americano como parâmetro de comparação de características de retorno.

Atualmente, profissionais e acadêmicos estão discutindo sobre se o prêmio de risco médio histórico de 7,52% (Tabela 5.4) das ações de alta capitalização americanas em relação às letras do Tesouro é uma previsão razoável para o longo prazo. Esse debate gira em torno de duas questões. Primeiro, os fatores econômicos que prevaleceram durante esse período histórico (1926–2012) representam adequadamente aqueles que podem prevalecer no horizonte de previsão? Segundo, a média aritmética do histórico disponível é um bom parâmetro para previsões de longo prazo?

5.9 Investimentos de longo prazo*

Pense em um investidor que economiza US$ 1 no presente para se aposentar em 25 anos ou 300 meses. Investindo o dólar em uma carteira de ações de risco (reinvestindo os dividendos até a aposentadoria) com uma taxa de retorno esperada de 1% ao mês, esse "fundo" de aposentaria deve crescer quase 20 vezes, para um valor terminal de $(1 + 0,01)^{300} = $ US$ 19,79 (oferecendo um crescimento total de 1,879%). Compare esse resultado impressionante com um investimento de 25 anos em uma obrigação segura do Tesouro, com retorno mensal de 0,5%, que aumenta até a aposentadoria para apenas $1,005^{300} = $ US$ 4,46. Observamos que um prêmio de risco mensal de somente 0,5% produz um fundo de aposentadoria mais de quatro vezes superior à alternativa isenta de risco. Esse é o poder da composição. Em vista disso, por que as pessoas investem em letras do Tesouro? Obviamente, essa é uma questão de trocar o retorno em excesso por risco. Qual a natureza desse *trade-off* risco-retorno? O risco de um investimento que aumenta de acordo com taxas flutuantes a longo prazo é importante, mas amplamente incompreendido.

Podemos desenvolver a distribuição de probabilidades do valor terminal do fundo de ações com base em uma árvore binomial do mesmo modo que fizemos para a banca de jornal, com a exceção de que, em vez de *somar* os lucros mensais, o valor da carteira é *composto* mensalmente segundo uma taxa extraída de determinada distribuição. Por exemplo, suponhamos que aproximemos a distribuição mensal da carteira da seguinte maneira: a cada mês, a taxa de retorno seria 5,54% ou –3,54%, com probabilidades iguais de 0,5. Essa configuração gera um retorno esperado de 1% ao mês. A volatilidade da carteira é medida como o desvio-padrão mensal: $\sqrt{0,5 \times (5,54 - 1)^2 + 0,5 \times (-3,54 - 1)^2} = 4,54\%$. Após dois meses, a árvore de eventos terá uma aparência semelhante a esta:

---

* O conteúdo desta seção e da subseção posterior aborda discussões importantes e permanentes sobre risco e retorno, mas de uma maneira mais complexa. Nos cursos mais curtos ele pode ser ignorado sem prejudicar a compreensão dos capítulos posteriores.

Valor da carteira = US$ 1 × 1,0554 × 1,0554 = US$ 1,1139

Valor da carteira = US$ 1 × 1,0554 × 0,9646 = US$ 1,0180

Valor da carteira = US$ 1 × 0,9646 × 0,9646 = US$ 0,9305

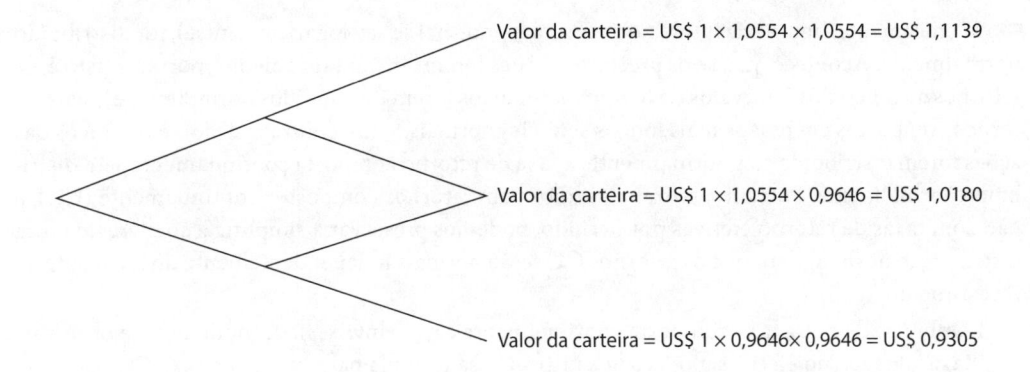

O "cultivo" da árvore durante 300 meses gerará 301 resultados diferentes possíveis. A probabilidade de cada resultado pode ser obtido com a função DIST.BINOM DO Excel. Com base nos 301 resultados possíveis e nas probabilidades correspondentes, calculamos a média (US$ 19,79) e o desvio-padrão (US$ 18,09) do valor terminal. Podemos utilizar esse desvio-padrão como medida de risco a ser ponderada em relação ao prêmio de risco de 19,79 − 4,29 = 15,5 (1.550%)? Relembrando o efeito da assimetria sobre a validade do desvio-padrão como medida de risco, devemos primeiro examinar o formato da distribuição de probabilidades no final da árvore.

A Figura 5.9 representa graficamente a probabilidade dos resultados possíveis em relação ao valor terminal. A assimetria da distribuição é surpreendente. A assimetria altamente positiva indica que o desvio-padrão do valor terminal não será útil nesse caso. Aliás, a distribuição binomial, quando os retornos do período aumentam, converge para uma **distribuição lognormal**, em vez de normal. A distribuição lognormal descreve a distribuição de uma variável cujo *logaritmo* é distribuído normalmente.

Retornos normais e lognormais

Tal como mencionamos antes, uma das propriedades fundamentais de uma distribuição normal é sua estabilidade, no sentido de que a soma dos retornos distribuídos normalmente resulta em um retorno também distribuído normalmente. Entretanto, essa propriedade não se estende para a *multiplicação* dos retornos distribuídos normalmente; mas é isso o que precisamos fazer para encontrar os retornos em horizontes mais longos. Por exemplo, mesmo se dois retornos, r_1 e r_2, forem normais, o retorno de dois períodos aumentará para $(1 + r_1)(1 + r_2) - 1$, que *não* é distribuído normalmente. Talvez a distribuição normal não se qualifique como a distribuição simplificada que pretendíamos que ela fosse. Mas a distribuição lognormal se qualifica! Do que se trata essa distribuição?

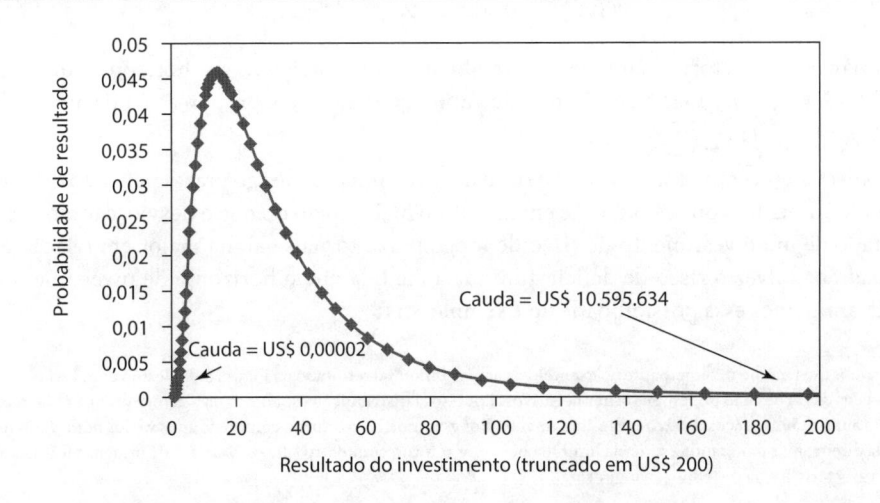

FIGURA 5.9
Probabilidade de resultados de investimento após 25 anos com uma distribuição lognormal (aproximada de uma árvore binomial)

Tecnicamente, uma variável aleatória X será lognormal se seu logaritmo, $\ln(X)$, for distribuído normalmente. Acontece que, se os preços das ações forem "instantaneamente" normais (isto é, os retornos ao longo dos intervalos de tempo mais curtos forem distribuídos normalmente), seus retornos compostos em prazos mais longos serão lognormais.[20] Em contraposição, se os preços das ações forem distribuídos lognormalmente, a taxa de retorno composta continuamente será distribuída normalmente. Portanto, se trabalharmos com retornos compostos continuamente (CC), e não com taxas de retorno efetivas por período, podemos preservar a simplificação oferecida pela distribuição normal, visto que os retornos CC serão normais independentemente do horizonte de investimento.

Lembre-se de que a taxa composta continuamente é $r_{CC} = \ln(1 + r)$, de modo que, se observarmos taxas de retorno efetivas, poderemos utilizar essa fórmula para calcular a taxa CC. Com r_{CC} distribuída normalmente, podemos realizar todas as nossas análises e cálculos utilizando taxas CC distribuídas normalmente. Se necessário, sempre poderemos recuperar a taxa efetiva, r, da taxa CC de: $r = e^{r_{CC}} - 1$.

Vejamos quais são as regras quando o preço de uma ação é distribuído lognormalmente. Suponhamos que o log do preço da ação seja distribuído normalmente com uma taxa de crescimento anual g e um desvio-padrão σ. Quando uma taxa normal é composta por choques aleatórios de um instante para outro, as flutuações não produzem efeitos simétricos sobre o preço. Um incremento (*uptick*) positivo eleva a base, de modo que o *tick* seguinte deve ser superior ao anterior. O inverso é verdadeiro em relação ao a um decremento (*downtick*); a base é menor e o *tick* seguinte deve ser menor. Consequentemente, uma sequência de choques positivos terá um efeito ascendente maior do que uma sequência de choques negativos. Desse modo, o deslocamento ascendente é criado somente pela volatilidade, mesmo que g for zero. Qual a magnitude desse deslocamento extra? Depende da amplitude dos *ticks*; na verdade, corresponde à metade de sua variância. Portanto, m, a taxa de retorno composta continuamente esperada, é superior a g. A regra da taxa anual CC esperada torna-se:

$$E(r_{CC}) = m = g + \tfrac{1}{2}\sigma^2 \qquad (5.21)$$

Com uma taxa CC distribuída normalmente, esperamos que parte da riqueza inicial de US\$ W_0 aumentará ao longo de um ano para $W_0 e^{g+\frac{1}{2}\sigma^2} = W e^m$ e, por isso, a taxa de retorno efetiva esperada é

$$E(r) = e^{g+\frac{1}{2}\sigma^2} - 1 = e^m - 1 \qquad (5.22)$$

Se uma taxa anual CC aplicar-se a um investimento de qualquer período T, tanto superior ou inferior a um ano, o investimento aumentará segundo a proporção $R(T) = e^{r_{CC}T} - 1$. O retorno cumulativo esperado, $r_{CC}T$, é proporcional a T, isto é, $E(r_{CC}T) = mT = gT + \frac{1}{2}\sigma^2 T$, e a riqueza final esperada é

$$E(W_T) = W_0 e^{mT} = W_0 e^{(g+\frac{1}{2}\sigma^2)T} \qquad (5.23)$$

A variância do retorno cumulativo também é proporcional ao horizonte de tempo: $\mathrm{Var}(r_{CC}T) = T\mathrm{Var}(r_{CC})$,[21] mas o desvio-padrão aumenta somente em proporção à raiz quadrada do tempo: $\sigma(r_{CC}T) = \sqrt{T\mathrm{Var}(r_{CC})} = \sigma\sqrt{T}$.

Isso *parece* oferecer uma atenuação do risco de investimento a longo prazo: pelo fato de o retorno esperado aumentar com o horizonte em um ritmo mais rápido do que o desvio-padrão, o retorno esperado de um investimento de risco de longo prazo torna-se ainda maior em relação a seu desvio-padrão. Talvez o risco de déficit diminua à medida que o horizonte de investimento aumenta. Examinamos essa possibilidade no Exemplo 5.11.

---

[20] Observamos um fenômeno semelhante no exemplo de árvore binomial retratado na Figura 5.9. Mesmo com vários retornos ruins, os preços das ações não podem se tornar negativos. Por isso, a distribuição está limitada a zero. Porém, vários retornos bons podem aumentar os preços das ações ilimitadamente. Por esse motivo, o retorno composto após vários períodos tem uma longa cauda direita, mas uma cauda esquerda limitada pelo pior retorno cumulativo de –100%. Isso dá origem à forma assimétrica que é característica da distribuição lognormal.

[21] A variância da taxa efetiva anual quando os retornos são distribuídos lognormalmente é: $\mathrm{Var}(r) = e^{2m}(e^{\sigma^2} - 1)$.

EXEMPLO 5.11 || Risco de déficit a curto prazo e a longo prazo

Uma taxa de retorno efetiva mensal esperada de 1% é equivalente a uma taxa CC de ln(1,01) = 0,00995 (0,995% por mês). Presume-se que a taxa isenta de risco seja 0,5% pro mês, equivalente a uma taxa CC de ln(1,005) + 0,4988%. O desvio-padrão efetivo de 4,54% indica (consulte a nota de rodapé [21]) um desvio-padrão mensal da taxa CC de 4,4928%. Desse modo, o prêmio de risco CC mensal é 0,995 – 0,4988 + 0,4963%, com um desvio-padrão de 4,4928% e um índice de Sharpe de 0,4963/4,4928 + 0,11. Em outras palavras, os retornos precisariam estar 0,11 desvio-padrão abaixo da média para que a carteira de ações tivesse um desempenho inferior ao das letras do Tesouro. Utilizando a distribuição normal, vemos que a probabilidade de um déficit de taxa de retorno em relação à taxa isenta de risco é de 45,6%. (Você pode confirmar isso inserindo –0,11 na função DIST.NORM no Excel.[22]) Essa é a probabilidade de "arrependimento" do investidor *a posteriori*, de que estaria em melhor situação se tivesse investido em letras do Tesouro do que na carteira de ações.

Entretanto, para um horizonte de 300 meses, o valor esperado do retorno em excesso cumulativo é 0,4963% × 300 + 148,9% e o desvio-padrão é $4,4928\sqrt{300} = 77,82$, o que indica um índice de Sharpe colossal de 1,91. Insira –1,91 na função DIST.NORM do Excel. Você verá que a probabilidade de déficit no horizonte de 300 meses é apenas 0,029.

Atenção: a *probabilidade* de déficit é uma medida incompleta de risco de investimento. Essa probabilidade não leva em conta o *tamanho* das possíveis perdas, as quais, para alguns resultados possíveis (ainda que improváveis) correspondem à completa ruína. Os piores cenários para um investimento de 25 anos são *bem* piores do que para um investimento de 1 mês. Demonstramos graficamente a escalada do risco a longo prazo nas Figuras 5.10 e 5.11.

Uma alternativa melhor para quantificar o risco de um investimento de longo prazo seria o preço de mercado para assegurá-lo contra um déficit. Um prêmio de seguro deve levar em conta a probabilidade de possíveis perdas e a magnitude dessas perdas. Mostramos em capítulos posteriores como um preço de mercado justo de seguro de carteira pode ser estimado com base em modelos de precificação de opções.

Não obstante a pequena probabilidade de uma apólice de seguro de carteira compensar totalmente (apenas 2,9% para uma apólice 25 anos), a magnitude e o momento[23] de possíveis perdas tornariam esse seguro de longo prazo surpreendentemente caro. Por exemplo, os modelos convencionais de precificação de opções indicam que o valor de um seguro contra risco de déficit em um horizonte de dez anos seria aproximadamente 20% do valor inicial da carteira. E ao contrário de qualquer intuição de que um horizonte mais longo diminui o risco de déficit, o valor do seguro de carteira aumenta de maneira considerável com o vencimento do contrato. Por exemplo, uma apólice de 25 anos seria em torno de 50% mais cara ou cerca de 30% do valor inicial da carteira.

Simulação de taxas de retorno de longo prazo futuras

As distribuições de frequência na Figura 5.6 oferecem apenas descrições aproximadas da natureza das distribuições de retorno e são ainda mais difíceis de interpretar no caso de investimentos de longo prazo. Uma alternativa para você se informar a respeito da distribuição de futuros retornos de longo prazo com base em dados históricos é simular esses retornos com base nesse histórico. O método para isso é chamado de *bootstrap*.

Bootstrap é um procedimento que evita qualquer suposição sobre a distribuição de retorno, exceto que todas as taxas de retorno no histórico de amostra são igualmente prováveis. Por exemplo, poderíamos simular 25 anos de possíveis retornos futuros fazendo uma amostragem (com substituição) de 25 retornos anuais escolhidos aleatoriamente de nosso histórico. Compomos esses 25 retornos para obter um possível retorno do período de manutenção de 25 anos. Esse procedimento é repetido milhares de vezes para gerar uma distribuição de probabilidades de retornos totais de longo prazo ancorada na distribuição de frequência histórica.

---

[22] Em algumas versões do Excel, a função é NORM.S.DIST(z, VERDADEIRO).

[23] Com "momento" queremos dizer que um declínio nos preços das ações está associado com uma situação econômica ruim, quando a renda extra seria mais importante para um investidor. O fato de a apólice de seguro ser compensadora nesses cenários contribui para seu valor de mercado.

FIGURA 5.10
HPRs de 25 anos compostos anualmente com base no método bootstrap e em uma distribuição normal (50 mil observações)

A: Ações de alta capitalização

	Real*	Normal
Média HPR de 1 ano	12,13	12,15
Média HPR de 25 anos	10,24	10,29
Desvio-padrão	4,27	4,32
HPR de 25 anos mín.	−11,53	−6,67
Pior perda final (%)	95	82
Máx.	28,88	29,32
Probabilidade (perda)	0,0095	0,0064
Probabilidade (déficit)	0,1044	0,0603
Assimetria	−0,0854	0,1135
Curtose	−0,0040	−0,0121

*Método bootstrap.

B: Ações de baixa capitalização

	Real*	Normal
Média HPR de 1 ano	17,97	17,95
Média HPR de 25 anos	12,28	12,21
Desvio-padrão	7,28	7,41
HPR de 25 anos mín.	−17	−14,9
Pior perda final (%)	99	98
Máx.	47,03	48,34
Probabilidade (perda)	0,0415	0,0428
Probabilidade (déficit)	0,1178	0,1232
Assimetria	0,1362	0,2000
Curtose	0,0678	0,0598

*Método bootstrap.

A decisão primordial quando utilizamos um exercício de *bootstrap* diz respeito a até que ponto devemos adentrar o passado para obter observações de sequências de retorno "futuro". Utilizaremos nossa amostra histórica completa para que assim fiquemos mais propensos a incluir eventos de valor extremo de baixa probabilidade.

A esta altura, é favorável relembrar a metáfora do cisne negro de Nassim Taleb.[24] Taleb utiliza o cisne negro, antes desconhecido entre os europeus, como exemplo de eventos que podem ocorrer sem nenhum precedente histórico. O cisne negro é um símbolo de risco de cauda – resultados altamente improváveis, mas extremos e importantes que são quase impossíveis de prever com base na experiência. A dedução com relação ao *bootstrap* é que limitar os possíveis retornos futuros ao intervalo dos retornos passados, ou os retornos extremos à sua frequência histórica, pode facilmente nos levar a subestimar a exposição real ao risco de cauda. Observe que, ao fazer uma simulação com base em uma distribuição normal, de fato permitimos resultados ruins desmedidos, embora sem possibilitar caudas grossas possamos subestimar consideravelmente suas probabilidades. Entretanto, a utilização de *qualquer* distribuição de probabilidades específica predetermina a forma de eventos futuros com base em medidas do passado.

O dilema sobre como descrever a incerteza resume-se amplamente a como os investidores devem reagir à possibilidade de desastres de baixa probabilidade. Aqueles que defendem que um investimento é menos arriscado a longo prazo subestima implicitamente os eventos extremos. O alto preço do seguro de carteira oferece uma prova positiva de que a maioria dos investidores certamente não os ignora. No que tange ao presente exercício, mostramos que até mesmo uma simulação baseada em um histórico americano geralmente afável produzirá casos de ruína para o investidor.

Um objetivo importante deste exercício é avaliar o possível efeito dos desvios da normalidade sobre a distribuição de probabilidades de um investimento de longo prazo em ações americanas.

---
[24] *The Black Swan: The Impact of the Highly Improbable.* Nova York: Random House, 2010.

Para essa finalidade, utilizamos o método *bootstrap* para 50 mil "históricos" simulados de 25 anos de ações de alta e baixa capitalização e produzimos para cada histórico o retorno anual médio. Contrastamos essas amostras com amostras semelhantes extraídas de distribuições normais que (em virtude da composição) produzem os retornos totais de longo prazo distribuídos lognormalmente. Os resultados são mostrados na Figura 5.10. O Painel A mostra a distribuição de frequência de ações americanas de alta capitalização por meio de uma amostragem de retornos reais e da distribuição normal. O Painel B mostra as mesmas distribuições de frequência para ações americanas de baixa capitalização. Os quadros dentro da Figura 5.10 mostram as estatísticas das distribuições.

Primeiro revemos os resultados das ações de alta capitalização no Painel A. Observamos que a diferença nas distribuições de frequência entre o histórico simulado e a curva normal é pequena, mas distinta. Não obstante as diferenças extremamente pequenas entre as médias dos retornos anuais de 1 ano e 25 anos, bem como entre os desvios-padrão, as pequenas diferenças na assimetria e curtose se somam para produzir diferenças significativas nas probabilidades de déficit e perda, assim como no potencial de perda final. No caso das ações de baixa capitalização, mostradas no Painel B, as diferenças menores na assimetria e curtose geraram número quase idênticos para a probabilidade e magnitude das perdas.

Devemos considerar também o risco dos investimentos de longo prazo. A probabilidade de ruína é minúscula e, na verdade, como a tabela a seguir indica, a probabilidade de *qualquer* perda é inferior a 1% para ações de alta capitalização e de 5% para as de baixa capitalização. Isso está de acordo com nossos cálculos no Exemplo 5.11, que mostram que as probabilidades de déficit diminuem à medida que o horizonte de investimento se estende. Contudo, examine a linha superior da tabela, que mostra

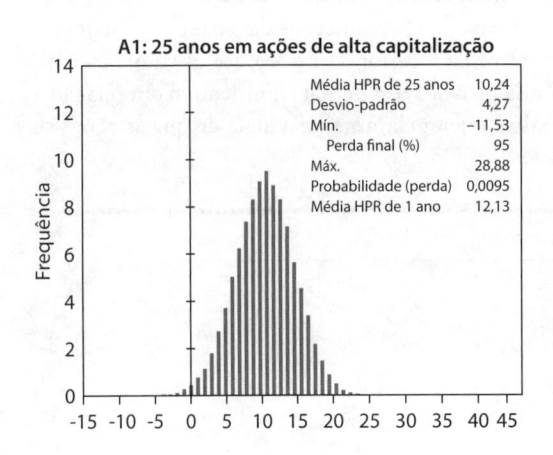

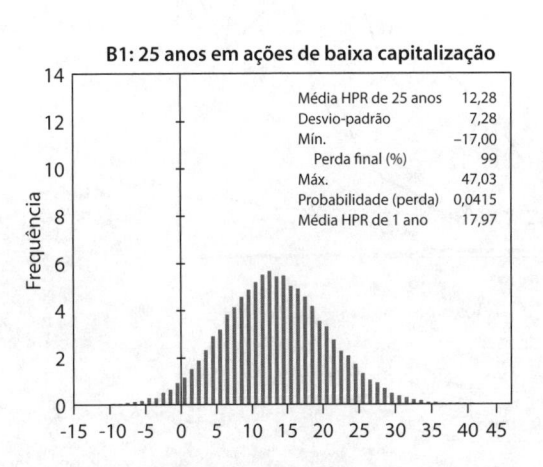

FIGURA 5.11 HPRs de 25 anos compostos anualmente com base no método *bootstrap* (50 mil observações)

	Real		Distribuição normal	
Estatística	Ações de alta capitalização	Ações de baixa capitalização	Ações de alta capitalização	Ações de baixa capitalização
Perda final máxima (%)	95	99	82	98
Probabilidade de perda	0,0095	0,0415	0,0064	0,0428
Probabilidade de déficit	0,1044	0,1178	0,0603	0,1232

o provável *tamanho* de sua perda nos cenários piores (supostamente improváveis). O risco depende da probabilidade e do tamanho de uma possível perda e, aqui, o pior cenário é de fato muito ruim.

E quanto ao risco dos investidores com outros horizontes de longo prazo? A Figura 5.11 compara investimentos de 25 anos e 10 anos em ações de alta e baixa capitalização. Para uma comparação apropriada, devemos complementar o investimento de 10 anos com um investimento de 15 anos em letras do Tesouro. Para realizar essa comparação, utilizamos o método *bootstrap* em amostra de 15 anos do histórico de taxas de letras do Tesouro e aumentamos cada amostra com 10 taxas anuais extraídas do histórico de investimento de risco. Os Painéis A1 e A2 da Figura 5.11 mostram a comparação para ações de alta capitalização. As distribuições de frequência revelam uma diferença considerável nos riscos da carteira final. Essa diferença é claramente evidenciada nas estatísticas de desempenho da carteira. O mesmo quadro se revela nos Painéis B1 e B2 para ações de baixa capitalização. Observe que mesmo o investimento de 10 anos em ações de baixa capitalização poderia gerar uma perda final de 94%.

A Figura 5.12 mostra a trajetória dos índices de riqueza de alguns resultados possíveis de um investimento de 25 anos em ações de alta capitalização, em comparação com o índice de riqueza do resultado médio de uma carteira de letras do Tesouro. Os resultados da carteira de ações na Figura 5.12 variam do pior, passando pelo valor terminal inferior de 1 e 5%, até os valores terminais médio e mediano. O valor inferior de 5% ainda provoca um déficit significativo em relação à carteira de letras do Tesouro. Em suma, essa análise rejeita claramente a ideia de que as ações se tornam menos arriscada a longo prazo.

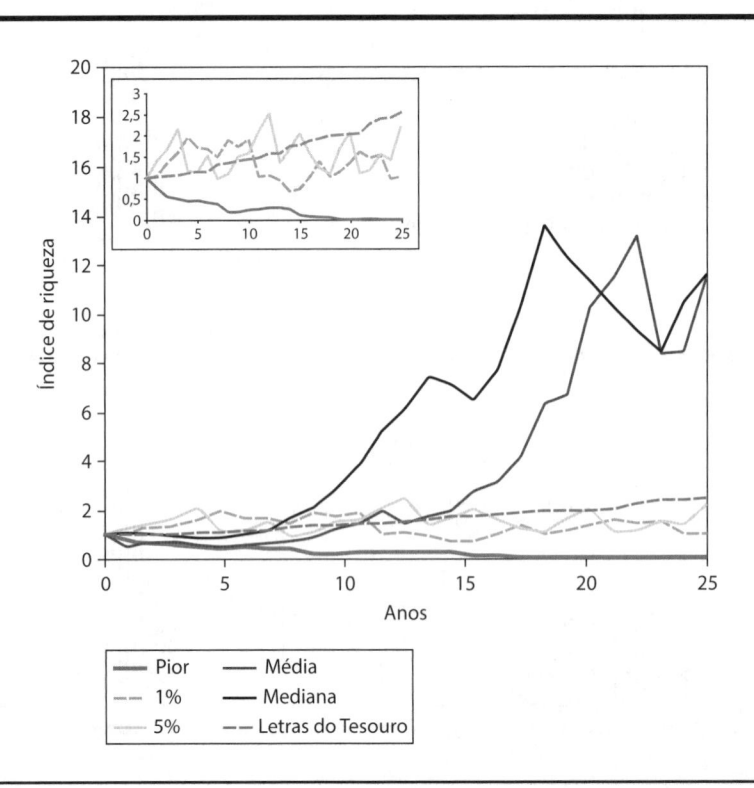

FIGURA 5.12
Índices de riqueza de determinados resultados de carteiras de ações de alta capitalização e da carteira média de letras do Tesouro. Gráfico interno: ênfase sobre os resultados piores, de 1 e 5% *versus* letras

DESTAQUE DA REALIDADE

TEMPO *VERSUS* RISCO

MUITOS INVESTIDORES PRINCIPIANTES veem o mercado acionário com certa desconfiança. Eles consideram o investimento em ações como um arriscado jogo de roleta-russa: quanto mais tempo se mantêm nele, maior a probabilidade de sofrerem mais perdas. Na verdade, a história mostra que a recíproca é verdadeira. A maneira mais fácil de diminuir o risco do investimento em ações – e melhorar o ganho – é aumentar o tempo durante o qual você mantém sua carteira.

Confirme você mesmo. A demonstração a seguir utiliza dados históricos de 1950 a 2005 para comparar os retornos de investimento em diferentes prazos para ações de baixa capitalização, ações de alta capitalização, obrigações de longo prazo e letras do Tesouro.

Tempo *versus* Risco
Intervalo de retornos anualizados ao longo de períodos de um ano,

□ Melhor
● Médio
■ Pior

Períodos de 1 ano
ampliar
□ ajuste à inflação

Fonte: CRSP, Federal Reserve.

O gráfico primeiro mostra os resultados de investimentos mantidos em períodos de um ano. Não há dúvida sobre o seguinte: em intervalos tão curtos quanto esse, as ações de baixa capitalização são definitivamente a aposta mais arriscada.

Mas o que dizer de investimentos de mais de um ano? Se você mover o botão deslizante na parte inferior direita do gráfico, poderá ver o intervalo de retorno para períodos mais longos. Até mesmo um investimento de dois anos, em vez de um, diminui significativamente o risco. À medida que o tempo aumenta, a volatilidade das ações diminui acentuadamente – tanto que você pode precisar clicar no botão de *zoom* (ampliar) para ter uma visão mais próxima. Em períodos de dez anos, as obrigações do governo parecem mais seguras do que as ações de alta capitalização em termos de perda. Entretanto, clique na opção "ajuste de inflação" para ver que essa "segurança" pode ser ilusória. A inflação tem a excepcional habilidade de corroer o valor dos títulos que não crescem suficientemente rápido.

Agora, mova o botão deslizante totalmente para a direita para ver os resultados do investimento em intervalos de 20 anos. Com o ajuste de inflação, o melhor ganho em 20 anos que uma carteira de obrigações de longo prazo do Tesouro pode acumular é bem inferior ao obtido por ações de baixa e alta capitalização. E, ao contrário da crença popular, ao longo de seu pior período de 20 anos, as obrigações de longo prazo na verdade *perderam* dinheiro quando ajustadas à inflação. Entretanto, os investidores em ações de baixa capitalização ainda assim tiveram ganhos no decorrer de um período de 20 anos, mesmo quando as ações se encontravam em seu pior momento.

Fonte: Dados resumidos de "Time vs. Risk", SmartMoney.com, 31 de julho de 2010© 2013 Dow Jones & Company, Inc. Informações utilizadas com permissão por intermédio do icopyright.

Contudo, muitos profissionais prendem-se à visão de que o risco de investimento é menos pertinente para os investidores de longo prazo. Uma demonstração usual no quadro a seguir baseia-se no fato de o desvio-padrão (ou intervalor de resultados prováveis) de retornos *anualizados* ser inferior em horizontes mais longos. Mas essa demonstração omite o intervalo de retornos *totais*.

Revisão sobre a taxa isenta de risco

No início deste capítulo, apresentamos uma visão simples da taxa real e nominal isenta de risco em que não fomos muito explícitos sobre o horizonte de investimento. Contudo, em geral o vencimento da taxa isenta de risco deve corresponder ao horizonte de investimento. Os investidores com vencimentos longos considerarão a taxa sobre obrigações de longo prazo seguras como sua taxa isenta de risco de referência. Normalmente, as taxas de juros variam com o vencimento e, certamente, é mais difícil prever a inflação em horizontes mais longos. Portanto, o riso de inflação torna-se mais potente com o vencimento.

É importante perceber que o prêmio de risco sobre ativos de risco é uma quantidade *real*. A taxa de retorno esperada sobre um ativo de risco é igual à taxa isenta de risco mais um prêmio de risco. Esse prêmio de risco é incremental à taxa isenta de risco e tende a gerar o mesmo acréscimo *incremental* independentemente de expressarmos a taxa isenta de risco em termos reais ou nominais.

Um investidor considera a taxa *real* para cada vencimento como referência para investimentos com esse vencimento e, portanto, uma taxa real de risco deve se evidenciar como uma taxa real isenta de risco mais um prêmio de risco. Mesmo as taxas nominais isentas de inadimplência sobre obrigações de longo prazo do Tesouro podem incorporar um prêmio de risco em virtude da incerteza quanto à inflação e as taxas de juros futuras.

Consideremos então os TIPS, obrigações do Tesouro que prometem aos investidores uma taxa real indexada pela inflação para um vencimento desejado. Agora podemos pensar na taxa real esperada sobre um investimento de risco de determinado vencimento como a taxa sobre uma obrigação TIPS com o mesmo vencimento mais um prêmio de risco.

A existência tanto de títulos nominais do Tesouro quanto de TIPS também têm valor informativo. A diferença nas taxas esperadas dessas obrigações é chamada de taxa de inflação *a termo*, que inclui a taxa *esperada* e o prêmio de risco apropriado.

Então por que os retornos em excesso normalmente são expressos em relação às taxas das letras do Tesouro de um mês? Isso ocorre pelo fato de a maior parte das discussões referir-se a investimentos de curto prazo. Entretanto, para considerar seriamente um investimento de longo prazo, devemos levar em conta a taxa real isenta de risco relevante.

Para onde a pesquisa sobre taxas de retorno está caminhando?

A fim de conhecermos melhor a distribuição de retornos, particularmente sobre o comportamento de eventos extremos relativamente raros, precisamos de uma quantidade bem maior de dados. A rapidez com que acumulamos até mesmo taxas de retorno diárias não nos permitirá chegar lá; no momento em que tivermos uma amostra suficientemente grande, é provável que as distribuições já tenham mudado. Mas é possível que uma ajuda esteja a caminho.

A frequência mais alta que podemos obter para as taxas de retorno provém de dados de negociação por negociação. Os métodos estatísticos desenvolvidos recentemente por astrofísicos podem coletar dessas observações os componentes essenciais das distribuições de retorno. O processo de retorno pode ser descrito proveitosamente como a soma de um retorno normal instantâneo que se transforma em um retorno composto lognormal com saltos que geram desvios da normalidade. O processo de saltos propriamente dito pode ser decomposto em uma agregação de saltos pequenos mais saltos grandes que dominam as caudas das distribuições.[25]

Esperamos que depois de muito tempo os profissionais possam comprar os resultados dessas pesquisas e obter parâmetros de risco precisos de um grande conjunto de investimentos. Isso aumentará a relevância das constatações e das práticas de investimento descritas em capítulos posteriores.

Previsões de longo prazo

Utilizamos as médias aritméticas para prever taxas de retorno futuras porque elas são estimativas imparciais das taxas esperadas durante períodos de manutenção equivalentes. Contudo, a média aritmética de retornos de curto prazo pode ser enganosa quando utilizada para prever retornos cumulativos de longo prazo. Isso ocorre porque os erros de amostragem na estimativa de retorno esperado terá um impacto assimétrico quando compostos em longos períodos. Uma variação de amostragem positiva acumulará erros ainda maiores do que uma variação negativa.

Jacquier, Kane e Marcus mostram que uma previsão imparcial do retorno total em horizontes longos exige uma composição pela média ponderada das médias aritméticas e geométricas históricas.[26] O peso apropriado aplicado à média geométrica é igual ao índice entre a extensão do horizonte de previsão e a extensão do período de estimativa. Por exemplo, se quisermos prever o retorno cumulativo de um horizonte de 25 anos com base em um histórico de 80 anos, uma estimativa imparcial seria compor por meio de uma taxa de

$$\text{Média geométrica} \times \frac{25}{80} + \text{Média aritmética} \times \frac{(80-25)}{80}$$

Essa correção tiraria em torno 0,6% do prêmio de risco da média aritmética histórica sobre as ações de alta capitalização e em torno de 2% do prêmio da média aritmética sobre ações de baixa capitalização. Uma previsão para os próximos 80 anos exigiria uma composição apenas pela média geométrica e, para horizontes mais longos, de acordo com um número ainda menor. Os horizontes de previsão relevantes para os investidores atuais dependeriam de sua expectativa de vida.

---

[25] Para um introdução a essa abordagem, consulte Yacine Aït-Sahalia e Jean Jacod, "Analyzing the Spectrum of Asset Returns: Jump and Volatility Components in High Frequency Data", Journal of Economic Literature, 50, 2012, pp. 1.007–1.050.

[26] Eric Jacquier, Alex Kane e Alan J. Marcus, "Geometric or Arithmetic Means: A Reconsideration", Financial Analysts Journal, novembro/dezembro de 2003.

RESUMO

1. O nível de equilíbrio das taxas de juros da economia depende da disposição das famílias para economizar, tal como indica a curva de oferta de fundos, e da lucratividade esperada do investimento empresarial em fábricas, equipamentos e estoques, indicada na curva de demanda de fundos. Ele depende também da política fiscal e monetária do governo.
2. A taxa de juros nominal é a taxa real de equilíbrio mais a taxa de inflação esperada. Em geral, podemos observar diretamente somente as taxas de juros nominais; com base nelas, devemos deduzir as taxas reais esperadas, utilizando as previsões de inflação.
3. A taxa de retorno esperada de equilíbrio sobre qualquer título é a soma da taxa de juros real de equilíbrio, da taxa de inflação esperada e do prêmio de risco específico ao título.
4. Os investidores enfrentam um *trade-off* entre risco e retorno esperado. Dados históricos confirmam nossa intuição de que os ativos com baixo grau de risco oferecem, em média, retornos mais baixos do que aqueles com um risco mais alto.
5. Os ativos com taxas de juros nominais garantidas são arriscados em termos reais porque a taxa de inflação futura é incerta.
6. As taxas de retorno históricas do século XX, nos mercados de capital desenvolvidos, indicam que o histórico dos retornos das ações nos Estados Unidos não é atípico em comparação com o de outros países.
7. Os investimentos em carteiras de risco *não* se tornam seguros a longo prazo. Ao contrário, quanto maior o tempo de manutenção de um investimento de risco, maior o risco. O fundamento do argumento de que as ações são seguras a longo prazo é o fato de a probabilidade de déficit tornar-se menor. Entretanto, a probabilidade de déficit é uma medida inadequada de segurança de um investimento. Ela ignora a magnitude de possíveis perdas.
8. Os retornos históricos sobre as ações exibem desvios negativos grandes e mais frequentes em relação à média do que se poderia prever em uma distribuição normal. O desvio-padrão parcial inferior (LPSD), a assimetria e a curtose da distribuição real quantificam o desvio da normalidade. O LPSD, e não o desvio-padrão, algumas vezes é utilizado pelos profissionais como medida de risco.
9. O valor em risco (VaR) e o déficit esperado ou, equivalentemente, a expectativa de cauda condicional, são medidas de risco de cauda amplamente utilizadas. O VaR mede a perda excedente com uma probabilidade específica – por exemplo, 5%. Ele não acrescenta novas informações quando os retornos são normalmente distribuídos. Quando os desvios negativos em relação à média são maiores e mais frequentes do que a distribuição normal, o VaR de 5% estará mais de 1,65 desvio-padrão abaixo do retorno médio. O déficit esperado (ES) mede a taxa de retorno esperada condicionada à queda da carteira abaixo de determinado valor. Portanto, um ES de 1% seria o retorno esperado de todos os resultados possíveis no espaço de 1% final da distribuição.

Sites relacionados a este capítulo estão disponíveis em **www.grupoa.com.br**

PALAVRAS-CHAVE

árvore de eventos
assimetria
aversão ao risco
curtose
déficit esperado (ES)
desvio-padrão parcial inferior (LPSD)
distribuição lognormal

distribuição normal
expectativa de cauda condicional (CTE)
índice de Sortino
prêmio de risco
rendimento de dividendos
retorno em excesso
taxa de juros nominal

taxa de juros real
taxa efetiva anual (EAR)
taxa isenta de risco
taxa percentual anual (APR)
valor em risco (VaR)

EQUAÇÕES BÁSICAS

Média aritmética de n retornos: $(r_1 + r_2 + \ldots + r_n)/n$

Média geométrica de n retornos: $[(1 + r_1)(1 + r_2)\ldots(1 + r_n)]^{1/n} - 1$

Taxa de retorno composta continuamente, r_{cc}: $\ln(1 + \text{Taxa efetiva anual})$

Retorno esperado: $\Sigma \, [\text{prob(Cenário)} \times \text{Retorno no cenário}]$

Variância: $\Sigma \, [\text{prob(Cenário)} \times (\text{Desvio da média no cenário})^2]$

desvio-padrão: $\sqrt{\text{Variância}}$

Índice de Sharpe: $\dfrac{\text{Prêmio de risco da carteira}}{\text{desvio-padrão do retorno em excesso}} = \dfrac{E(rP) - r_f}{\sigma_P}$

Taxa real de retorno: $\dfrac{1 + \text{Retorno nominal}}{1 + \text{Taxa de inflação}} - 1$

Taxa de retorno real (composta continuamente): $r_{nominal} - \text{Taxa de inflação}$

CONJUNTO DE PROBLEMAS

Básicos

1. A equação de Fisher nos diz que a taxa de juros real é aproximadamente igual à taxa nominal menos a taxa de inflação. Suponhamos que a taxa de inflação aumente de 3 para 5%. A equação de Fisher indica que esse aumento provocará uma queda na taxa de juros real? Explique.

2. Você acabou de se deparar com um novo conjunto de dados que lhe possibilita calcular as taxas de retorno históricas sobre as ações americanas desde 1880. Quais são as vantagens e desvantagens de utilizar esses dados para ajudar a estimar a taxa de retorno esperada sobre as ações americanas no próximo ano?

3. Você está pensando em duas alternativas de investimento de dois anos: você pode investir em um ativo de risco com prêmio de risco positivo e retornos em cada um dos dois anos que serão distribuídos de forma idêntica e não correlacionada ou você pode investir no ativo de risco por um ano e depois investir os rendimentos em um ativo isento de risco. Quais das afirmativas a seguir sobre a primeira alternativa de investimento (comparada com a segunda) são verdadeiras?

    a. O prêmio de risco de dois anos é igual ao da segunda alternativa.
    b. O desvio-padrão do retorno de dois anos é o mesmo.
    c. O desvio-padrão anualizado é menor.

d. O índice de Sharpe é mais alto.
e. Ela é relativamente mais atraente para os investidores com menor grau de aversão ao risco.

Intermediários

4. Você tem US$ 5 mil para investir ao longo do próximo ano e está pensando em três alternativas:
   a. Um fundo do mercado monetário com vencimento médio de 30 dias que oferece um rendimento atual de 6% ao ano.
   b. Uma poupança bancária de um ano que oferece uma taxa de juros de 7,5%.
   c. Uma obrigação de 20 anos do Tesouro dos Estados Unidos com rendimento até o vencimento de 9% ao ano.

   Que papel sua previsão sobre as taxas de juros futuras exerce em sua decisão?

5. Utilize a Figura 5.1 para analisar o efeito dos seguintes fatores sobre o nível das taxas de juros reais:
   a. As empresas estão pessimistas quanto à demanda futura de seus produtos e decidem diminuir o dispêndio de capital.
   b. As famílias são induzidas a economizar mais em virtude da maior incerteza quanto a seus benefícios futuros de previdência social.
   c. O Conselho do Federal Reserve realiza compras no mercado aberto de títulos do Tesouro americano a fim de aumentar a oferta de dinheiro.

6. Você está pensando em escolher entre investir US$ 50 mil em um CD bancário de um ano convencional, que oferece uma taxa de juros de 5%, e um CD de um ano "mais inflação", que oferece 1,5% ao ano mais a taxa de inflação.
   a. Qual investimento é mais seguro?
   b. Qual oferece o maior retorno esperado?
   c. Se você esperar uma taxa de juros de 3% para o ano seguinte, qual será o melhor investimento? Por quê?
   d. Se observarmos uma taxa de juros nominal isenta de risco de 5% ao ano e uma taxa real isenta de risco de 1,5% sobre obrigações indexadas pela inflação, podemos deduzir que a taxa de inflação esperada do mercado será 3,5% ao ano?

7. Suponhamos que suas expectativas com relação ao preço das ações sejam as seguintes:

Situação do Mercado	Probabilidade	Preço final (US$)	HPR (incluindo dividendos) (%)
Boom	0,35	140	44,5
Crescimento normal	0,30	110	14,0
Recessão	0,35	80	−16,5

Utilize as Equações 5.11 e 5.12 para calcular a média e o desvio-padrão do HPR sobre ações.

8. Deduza a distribuição de probabilidades do HPR de um ano de uma obrigação de 30 anos do Tesouro americano com cupom de 8% se ela estiver sendo vendida atualmente pelo valor nominal e a distribuição de probabilidades de seu rendimento até o vencimento daqui a um ano for a seguinte:

Situação da economia	Probabilidade	Rendimento até o vencimento (%)
Boom	0,20	11,0
Crescimento normal	0,50	8,0
Recessão	0,30	7,0

Para simplificar, suponha que o cupom de 8% é pago integralmente no final do ano e não a cada semestre.

9. Qual o desvio-padrão de uma variável aleatória q com a seguinte distribuição de probabilidades:

Valor de q	Probabilidade
0	0,25
1	0,25
2	0,50

10. O retorno anual composto continuamente de uma ação é distribuído normalmente com uma média de 20% e desvio-padrão de 30%. Com 95,44% de certeza, devemos esperar que seu retorno real em qualquer ano específico esteja entre quais pares de valores? *Dica:* Examine novamente a Figura 5.4.
    a. −40,0 e 80,0%
    b. −30,0 e 80,0%
    c. −20,6 e 60,6%
    d. −10,4 e 50,4%

11. Utilizando como base os prêmios de risco históricos do período de 7/1926−9/2012, qual seria sua estimativa do HPR anual esperado de uma carteira Grande/Valor se a taxa de juros isenta de risco fosse 3%?

12. Visite o *site* da biblioteca de dados do professor Kenneth French, em http://mba.tuck.dartmouth.edu/pages/faculty/ken.french/data_library.html, baixe os retornos mensais de "seis carteiras formadas com base no tamanho e no índice de valor contábil/valor de mercado (2 × 3)". Escolha a série ponderada pelo valor correspondente ao período de 1/1928−12/2012 (1.020 meses). Divida a amostra ao meio e calcule a média, o desvio-padrão, a assimetria e a curtose de cada uma das seis carteiras para as duas metades. As estatísticas das seis metades indicam que os retornos provêm da mesma distribuição ao longo do período completo?

13. Durante um período de inflação grave, uma obrigação oferecia um HPR nominal de 80% ao ano. A taxa de inflação era de 70% ao ano.
    a. Qual foi o HPR real sobre a obrigação ao longo do ano?
    b. Compare esse HPR real com a aproximação $rr \approx rn - i$.

14. Suponhamos que a taxa de inflação esperada para um futuro próximo seja 3%. Utilizando os dados históricos oferecidos neste capítulo, quais seriam suas previsões para:
    a. A taxa das letras do Tesouro?
    b. A taxa de retorno esperada sobre a carteira Grande/Valor?
    c. O prêmio de risco no mercado acionário?

15. A economia vem se recuperando rapidamente de uma profunda recessão e as empresas preveem a necessidade de grandes montantes de investimento de capital. Por que esse acontecimento afeta as taxas de juros reais?

Difíceis

16. Você está diante de uma distribuição de probabilidades do HPR sobre o fundo do mercado de ações apresentado na Planilha 5.1 deste capítulo. Suponhamos que o preço de uma opção de venda de uma ação do fundo de índice, com preço de exercício de US$ 110 e vencimento de um ano, seja US$ 12.
    a. Qual a distribuição de probabilidades do HPR sobre a opção de venda?
    b. Qual a distribuição de probabilidades do HPR sobre uma carteira que contém uma ação do fundo de índice e uma opção de venda?

c. Em que sentido a compra dessa opção de venda constitui uma compra de seguro nesse caso?
17. Tome como certas as condições descritas no problema anterior e suponha que a taxa de juros isenta de risco seja 6% ao ano. Você está pensando em investir US$ 107,55 em um CD de um ano e, simultaneamente, comprar uma opção de compra sobre o fundo de índice do mercado de ações com preço de exercício de US$ 110 e prazo de vencimento de um ano. Qual a distribuição de probabilidades de seu retorno em dólar no final do ano?
18. Considere estes dados de investimento de longo prazo:
    - O preço de uma obrigação indexada pela inflação de dez anos, cupom zero e US$ 100 de valor nominal é US$ 84,49.
    - Espera-se que um imóvel renderá 2% por trimestre (nominal) com desvio-padrão da taxa trimestral (efetiva) de 10%.
    a. Calcule a taxa anual sobre a obrigação real.
    b. Calcule o prêmio de risco anual CC sobre o investimento imobiliário.
    c. Utilize a fórmula apropriada e o Excel Solver ou Goal Seek para encontrar o desvio-padrão do retorno em excesso anual CC sobre o investimento imobiliário.
    d. Qual a probabilidade de perda ou déficit após dez anos?

FA® PROBLEMS

1. Com US$ 100 mil para investir, qual o prêmio de risco esperado em dólares de um investimento em ações *versus* em letras do Tesouro (americano) isentas de risco com base na tabela a seguir?

Ação	Probabilidade	Retorno esperado (US$)
Investir em ações	0,6	50.000
	0,4	–30.000
Investir em letras do Tesouro isentas de risco	1,0	5.000

2. Com base nos cenários a seguir, qual o retorno esperado de uma carteira com o perfil de retorno abaixo?

	Situação do mercado		
	Baixista	Normal	Altista
Probabilidade	0,2	0,3	0,5
Taxa de retorno (%)	–25	10	24

Utilize a análise de cenário das ações X e Y para responder as Questões CFA de 3 a 6 (arredonde para a porcentagem mais próxima).

	Mercado baixista	Mercado normal	Mercado altista
Probabilidade	0,2	0,5	0,3
Ação X (%)	–20	18	50
Ação Y (%)	–15	20	10

3. Quais as taxas de retorno esperadas para as ações X e Y?
4. Quais os desvios-padrão dos retornos sobre as ações X e Y?
5. Suponha que, de sua carteira de US$ 10 mil, você invista US$ 9 mil na ação X e US$ 1.000 na ação Y. Qual será o retorno esperado de sua carteira?
6. As probabilidades referentes às três situações econômicas e as probabilidades referentes aos retornos sobre uma determinada ação em cada situação são mostradas na tabela a seguir.

Situação da economia	Probabilidade da situação econômica	Desempenho das ações	Probabilidade de desempenho das ações na situação econômica em questão
Boa	0,3	Bom	0,6
		Neutro	0,3
		Ruim	0,1
Neutra	0,5	Bom	0,4
		Neutro	0,3
		Ruim	0,3
Ruim	0,2	Bom	0,2
		Neutro	0,3
		Ruim	0,5

Qual a probabilidade de a economia ser neutra *e* de a ação ter um desempenho ruim?

7. Um analista avalia que uma ação apresenta as seguintes probabilidades de retorno, dependendo da situação da economia:

Situação da economia	Probabilidade	Retorno
Boa	0,1	15%
Normal	0,6	13
Ruim	0,3	7

Qual o retorno esperado da ação?

EXERCÍCIOS DE INVESTIMENTO NA *WEB*

O Federal Reserve Bank de St. Louis tem informações sobre taxas de juros e condições econômicas. Uma publicação chamada *Monetary Trends* contém gráficos e tabelas com informações sobre as condições atuais dos mercados de capitais. Visite o *site* www.stls.frb.org e clique em *Economic Research* (Pesquisa Econômica) no menu que se encontra na parte superior da página. Encontre a edição mais recente da *Monetary Trends* na seção *Recent Data Publications* e responda as perguntas a seguir.

1. Qual a previsão consensual de inflação dos profissionais para os próximos dois anos? (Utilize a linha *Federal Reserve Bank of Philadelphia* no gráfico para responder essa pergunta.)
2. O que os consumidores acreditam que ocorrerá com a inflação nos próximos dois anos? (Utilize a linha *University of Michigan* no gráfico para responder essa pergunta.)
3. As taxas de juros reais aumentaram, diminuíram ou permaneceram as mesma nos últimos dois anos?
4. O que ocorreu com as taxas de juros nominais de curto prazo nos últimos dois anos? E quanto às taxas de juros nominais de longo prazo?
5. Até que ponto as taxas recentes de inflação e de juros de longo prazo dos Estados Unidos se comparam com as dos outros países listados?
6. Quais são os níveis mais recentes de rendimentos de três meses e dez anos sobre os títulos do Tesouro?

SOLUÇÕES PARA AS REVISÕES DE CONCEITOS

1. a. $1 + rn = (1 + rr)(1 + i) = (1{,}03)(1{,}08) = 1{,}1124$
        $rn = 11{,}24\%$
    b. $1 + rn = (1{,}03)(1{,}10) = 1{,}133$
        $rn = 13{,}3\%$

2. a. $EAR = (1 + 0{,}01)^{12} - 1 = 0{,}1268 = 12{,}68\%$
    b. $EAR = e^{0{,}12} - 1 = 0{,}1275 = 12{,}75\%$

    Escolha a taxa composta continuamente para essa EAR mais alta.

3. O número de obrigações compradas é $27.000/900 = 30$

Taxa de juros	Probabilidade	Preço da obrigação no fim de ano (US$)	HPR	Valor das ações no fim do ano
Alta	0,2	850	$(75 + 850)/900 - 1 = 0{,}0278$	$(75 + 850)30$ = US$ 27.750
Inalterada	0,5	915	0,1000	US$ 29.700
Baixa	0,3	985	0,1778	US$ 31.800
Taxa de retorno esperada			0,1089	
Valor em dólares esperado para o final do ano				US$ 29.940
Prêmio de risco			0,0589	

4. $(1 + \text{Taxa requerida})(1 - 0{,}40) = 1$
    Taxa requerida = 0,667 ou 66,7%

5. a. Retorno aritmético = $(1/3)(0{,}2869) + (1/3)(0{,}1088) + (1/3)(0{,}0491) = 0{,}1483 = 14{,}83\%$
    b. Média geométrica =
        $\sqrt[3]{1{,}2869 \times 1{,}1088 \times 1{,}0491} - 1 = 0{,}1439 = 14{,}39\%$
    c. desvio-padrão = 12,37%
    d. Índice de Sharpe = $(14{,}83 - 6{,}0)/12{,}37 = 0{,}71$

6. A probabilidade de um mês ruim mais extremo, com retorno abaixo de −15%, é bem menor: DIST.NORM(−15,1,6,VERDADEIRO) = 0,00383. De outra forma, podemos notar que −15% está 16/6 desvios-padrão abaixo do retorno médio e utilizar a função normal padrão para calcular DIST.NORM(−16/6) = 0,00383.

7. Se as probabilidades na Planilha 5.2 representassem a distribuição de retorno real, utilizaríamos as Equações 5.19 e 5.20 para obter: Assimetria = 0,0931; Curtose = −1,2081. Entretanto, nesse caso, os dados da tabela representam uma amostra histórica (curta) e a correção do viés de graus de liberdade é necessária (de uma maneira semelhante aos nossos cálculos de desvio-padrão). Você pode utilizar as funções do Excel para obter: ASSIMETRIA(C5:C9) = 0,1387; CURTOSE(C5:C9) = −0,2832.

6

Alocação de capital a ativos de risco

O PROCESSO DE CONSTRUÇÃO de uma carteira geral exige que você: (1) escolha a composição da carteira de risco e (2) decida sobre como investir nessa carteira, dirigindo o orçamento de investimento restante a um investimento isento de risco. O segundo passo é chamado de *alocação de capital a ativos de risco*.

Obviamente, para tomar uma decisão sobre alocação de capital você precisa conhecer a carteira de risco e avaliar suas propriedades. A construção dessa carteira de risco pode ser delegada a um especialista? Sim e não. A resposta deve ser sim para que se tenha um setor de gestão de investimentos viável. A resposta negativa implica que todo investidor precisaria aprender e implementar a gestão de carteiras por si só.

Para compreender a existência de um setor de gestão de carteiras tendo em vista as preferências pessoais do investidor, precisamos de uma visão sobre a natureza da aversão ao risco. Caracterizamos uma função de utilidade pessoal que oferece uma classificação de atratividade das carteiras gerais candidatas com base no retorno e risco esperados. Escolhendo a carteira com a classificação mais alta, os investidores maximizam sua satisfação com os investimentos; isto é, eles obtêm uma ótima alocação de capital a ativos de risco.

O modelo de utilidade também revela a função de objetivo apropriada para a construção de uma carteira de *risco* ótima e, portanto, explica como um setor pode atender aos investidores com preferências extremamente diversas sem a necessidade de conhecer cada um deles pessoalmente.

6.1 Risco e aversão ao risco

No Capítulo 5 apresentamos os conceitos de retorno do período de manutenção (*holding-period return* – HPR) e da taxa de retorno em excesso em relação à taxa isenta de risco. Examinamos também a estimativa de **prêmio de risco** (o retorno em excesso *esperado*) e o desvio-padrão do retorno em excesso, que utilizamos como a medida de risco da carteira. Demonstramos esses conceitos com uma análise de cenário de uma carteira de risco específica (Planilha 5.1). Para enfatizar que o risco assumido normalmente deve ser acompanhado de uma recompensa em forma de prêmio de risco, primeiro fazemos a diferenciação entre especulação e aposta.

Risco, especulação e aposta

Uma definição de *especulação* poderia ser "pressuposição de um risco de investimento considerável para a obtenção de um ganho proporcional". Contudo, essa definição não tem valor sem especificar o que se quer dizer com "risco considerável" e "ganho proporcional".

Com "risco considerável" queremos dizer que o risco é suficiente para afetar a decisão. Um indivíduo poderia recusar um investimento que tem um prêmio de risco positivo porque o potencial de ganho é insuficiente para compensar o risco envolvido. Com "ganho proporcional" nos referimos a um prêmio de risco positivo, isto é, um lucro superior ao da alternativa isenta de risco.

Jogar seria "apostar em um resultado incerto". O que diferencia aposta e especulação é a falta de "ganho proporcional". Economicamente falando, aposta é a pressuposição de risco pelo prazer do risco em si, enquanto a especulação é empreendida *não obstante* o risco envolvido porque se percebe um *trade-off* risco-retorno favorável. A transformação de uma aposta em um empreendimento especulativo exige um prêmio de risco adequado para compensar os investidores avessos ao risco pelo risco com o qual eles arcam. Por isso, *a aversão ao risco e a especulação são compatíveis*. Observe que um investimento de risco, com prêmio de risco zero, algumas vezes chamado de **jogo justo,** equivale a uma aposta. Um investidor avesso ao risco o rejeitará.

Em alguns casos a aposta *parece* especulação. Suponhamos que dois investidores discordassem significativamente quanto à taxa de câmbio do dólar americano em relação à libra esterlina. Ele poderia optar por apostar no resultado: Paul pagará US$ 100 a Mary se o valor de £ 1 for superior a US$ 1,60 um ano depois, ao passo que Mary pagará Paul se a libra ficar abaixo de US$ 1,60. Há apenas dois resultados relevantes: (1) a libra ficará acima de US$ 1,60 ou (2) ou ficará abaixo de US$ 1,60. Se Paul e Mary concordarem com as probabilidades desses dois resultados possíveis, e se nenhuma das partes prever uma perda, isso quer dizer que eles atribuem $p = 0,5$ a cada resultado. Nesse caso, o lucro esperado para ambos é zero e cada um constitui um lado de uma possível aposta.

Entretanto, o que é mais provável é que Paul e Mary atribuam probabilidades diferentes ao resultado. Mary determina que $p > 0,5$, ao passo que na avaliação de Paul $p < 0,5$. Eles percebem, subjetivamente, duas probabilidades. Os economistas chamam esse caso de crenças diferentes de "expectativas heterogêneas". Nesses casos, os investidores de cada lado de uma posição financeira acreditam que estejam especulando, e não apostando.

Tanto Paul quanto Mary poderiam se perguntar: "Por que ele está disposto a investir em uma probabilidade de risco que acredito que oferece um lucro esperado negativo?". A alternativa ideal para resolver crenças heterogêneas é Paul e Mary "fundirem suas informações", isto é, ambos confirmarem se de fato têm todas as informações relevantes e as estão processando adequadamente. Obviamente, a aquisição de informações e a ampla comunicação necessária para eliminar a heterogeneidade nas expectativas são caras e, portanto, até certo ponto, as expectativas heterogêneas não podem ser consideradas irracionais. Entretanto, se Paul e Mary fizerem essa transação com frequência, eles reconhecerão o problema de informação de uma de duas formas: eles constatarão que estão criando apostas quando cada um ganhar metade delas ou o perdedor constante admitirá que apostou com base em previsões inferiores.

> **REVISÃO DE CONCEITOS 6.1**
>
> Suponhamos que letras do Tesouro denominadas em dólar nos Estados Unidos e letras denominadas em libra no Reino Unido ofereçam rendimentos iguais até o vencimento. Ambas são ativos de curto prazo e isentas de risco de inadimplência. Nenhuma oferece prêmio de risco ao investidor. Contudo, um investidor americano que mantém letras do Reino Unido está sujeito a um risco de taxa de câmbio porque as libras ganhas sobre as letras do Reino Unido com o tempo serão trocadas por dólares pela taxa de câmbio futura. O investidor americano estaria especulando ou apostando?

Aversão ao risco e valores de utilidade

O histórico das taxas de retorno sobre várias classes de ativos, bem como estudos empíricos elaborados, não deixa nenhuma dúvida de que os ativos de risco merecem um prêmio de risco no mercado. Isso significa que os investidores são em sua maioria avessos ao risco.

Os investidores **avessos ao risco** recusam as carteiras de investimentos que representam um jogo justo ou algo pior. Esses investidores consideram apenas as probabilidades isentas de risco ou especulativas com prêmios de risco positivos. *Grosso modo*, um investidor avesso ao risco "penaliza" a taxa de retorno esperada de uma carteira de risco em determinada porcentagem (ou penaliza o lucro esperado de acordo com um valor monetário) para levar em conta o risco envolvido. Quanto maior o risco, maior a penalidade. Acreditamos que a maioria dos investidores aceitaria esse ponto de vista com base em uma simples introspecção, mas analisamos essa questão mais detalhadamente nos Apêndices A a C deste capítulo.

Para mostrar as questões que confrontamos quando escolhemos entre carteiras com graus variados de risco, suponhamos que a taxa de isenta de risco é 5% e que um investidor considera três alternativas de carteira de risco, tal como mostrado na Tabela 6.1. Os prêmios de risco e os graus de risco (desvio-padrão, SD) representam as propriedade das obrigações de baixo risco (L), das

TABELA 6.1 Carteiras de risco disponíveis (taxa isenta de risco = 5%)

Carteira	Prêmio de risco (%)	Retorno esperado (%)	Risco (SD) (%)
L (baixo risco)	2	7	5
M (médio risco)	4	9	10
H (alto risco)	8	13	20

obrigações de alto risco (M) e das ações de alta capitalização (H). Correspondentemente, essas carteiras oferecem prêmios de risco cada vez mais altos para compensar o risco maior. Como os investidores escolhem entre elas?

Intuitivamente, uma carteira é mais atraente quando seu retorno esperado é superior e seu risco é menor. Porém, quando o risco aumenta com o retorno, a carteira mais atraente não é óbvia. Como os investidores podem quantificar até que ponto eles estão dispostos a contrabalançar retorno e risco?

Admitiremos que cada investidor pode atribuir uma classificação de prosperidade, ou **utilidade**, a carteiras concorrentes com base no retorno e risco esperados dessas carteiras. Valores de utilidade mais altos são atribuídos a carteiras com perfil de risco-retorno mais atraente. As carteiras recebem classificação de utilidade mais alta para retornos esperados mais altos e classificações mais baixas para volatilidade mais alta. Vários sistemas de "classificação" específicos são legítimos. Uma função razoável que tem sido empregada tanto pelos teóricos financeiros quanto pelo Instituto CFA atribui a seguinte classificação de utilidade a uma carteira com retorno esperado $E(r)$ e variância de retornos σ^2:

$$U = E(r) - \tfrac{1}{2}A\sigma^2 \qquad (6.1)$$

onde U é o valor de utilidade e A um índice da aversão ao risco do investidor. O fator de ½ é apenas uma convenção de escala. Para utilizar a Equação 6.1, as taxas de retorno devem ser expressas em decimal, e não em porcentagem. Observe que aqui a carteira em questão é o investimento de toda a riqueza. Por isso, supondo normalidade, o desvio-padrão é uma medida de risco apropriada.

A Equação 6.1 é coerente com a ideia de que a utilidade aumenta com retornos esperados mais altos e diminui com um risco alto. Observe que as carteiras isentas de risco recebem uma classificação de utilidade igual à sua taxa de retorno (conhecida) porque elas não recebem nenhuma penalidade pelo risco. O grau com que a variância das carteiras de risco diminui a utilidade depende de A, o nível de aversão ao risco do investidor. Os investidores mais avessos ao risco (com valores de A mais altos) penalizam os investimentos mais severamente. Aqueles que escolhem entre carteira de investimentos concorrentes optarão por aquela que oferece o nível de utilidade mais alto. O quadro na página 152 discute algumas técnicas que os consultores financeiros empregam para avaliar a aversão ao risco de seus clientes.

Podemos interpretar a classificação de utilidade das carteiras de *risco* como uma **taxa** (de retorno) **equivalente de certeza**. A taxa equivalente de certeza é a taxa que um investimento isento de risco precisaria oferecer para fornecer a mesma classificação de utilidade que a carteira de risco. Em outras palavras, é a taxa que, se obtida com certeza, ofereceria uma classificação de utilidade

> **EXEMPLO 6.1 || Avaliando investimento por meio de classificações de utilidade**
>
> Considere três investidores com diferentes graus de aversão ao risco: $A_1 = 2$, $A_2 = 3{,}5$, and $A_3 = 5$. Todos eles estão avaliando as três carteiras da Tabela 6.1. Como se considera que a taxa isenta de risco é 5%, a Equação 6.1 implica que todos os três investidores atribuiriam uma classificação de utilidade de 0,05 a uma alternativa isenta de risco. A Tabela 6.2 apresenta as classificações de utilidade que seriam atribuídas por cada investidor a cada carteira. A carteira com a classificação de utilidade mais alta para cada investidor aparece em negrito. Observe que a carteira de alto risco, *H*, seria escolhida pelo investidor com o grau de aversão ao risco mais baixo, $A_1 = 2$, enquanto a carteira de baixo risco, *L*, seria recusada mesmo pelo investidor mais avesso ao risco entre os nossos três investidores. Todas as três carteiras superam a alternativa isenta de risco para os investidores com os níveis de aversão ao risco apresentados na tabela.

TABELA 6.2 Classificações e utilidade de carteiras alternativas para investidores com graus variados de aversão ao risco

Aversão ao risco do investidor (A)	Classificação de utilidade da carteira L [E(r) = 0,07; σ = 0,05]	Classificação de utilidade da carteira M [E(r) = 0,09; σ = 0,10]	Classificação de utilidade da carteira H [E(r) = 0,13; σ = 0,20]
2,0	$0,07 - \frac{1}{2} \times 2 \times 0,05^2 = 0,0675$	$0,09 - \frac{1}{2} \times 2 \times 0,1^2 = 0,0800$	**$0,13 - \frac{1}{2} \times 2 \times 0,2^2 = 0,09$**
3,5	$0,07 - \frac{1}{2} \times 3,5 \times 0,05^2 = 0,0656$	**$0,09 - \frac{1}{2} \times 3,5 \times 0,1^2 = 0,0725$**	$0,13 - \frac{1}{2} \times 3,5 \times 0,2^2 = 0,06$
5,0	$0,07 - \frac{1}{2} \times 5 \times 0,05^2 = 0,0638$	**$0,09 - \frac{1}{2} \times 5 \times 0,1^2 = 0,0650$**	$0,13 - \frac{1}{2} \times 5 \times 0,2^2 = 0,03$

equivalente à da carteira em questão. A taxa de retorno equivalente de certeza é uma forma natural de comparar os valores de utilidade de carteiras concorrentes.

Uma carteira pode ser desejável somente se seu retorno equivalente de certeza for superior ao da alternativa isenta de risco. Um investidor suficientemente avesso ao risco pode atribuir a qualquer carteira de risco, mesmo àquela com um prêmio de risco positivo, uma taxa de retorno equivalente de certeza inferior à taxa isenta de risco, o que levaria o investidor a recusar a carteira de risco. Ao mesmo tempo, um investidor menos avesso ao risco pode atribuir à mesma carteira uma taxa equivalente de certeza superior à taxa isenta de risco e, portanto, preferir essa carteira à alternativa isenta de risco. Para começo de conversa, se o prêmio de risco for zero ou negativo, qualquer ajuste decrescente da utilidade só fará a carteira parecer pior. Sua taxa equivalente de certeza será inferior ao da alternativa isenta de risco para todos os investidores avessos ao risco.

Em contraposição aos investidores avessos ao risco, os **investidores neutros ao risco** (com $A = 0$) avaliam as probabilidades de risco somente com base em suas taxas de retorno esperadas. O nível de risco é irrelevante ao investidor neutro ao risco, o que significa que não existe nenhuma penalidade para o risco. Para esse investidor, a taxa equivalente de certeza de uma carteira é simplesmente sua taxa de retorno esperada.

Um **apaixonado por risco** (para o qual $A < 0$) tem satisfação por se envolver em apostas e jogos justos; esse investidor ajusta o retorno esperado *para cima* para levar em conta o "prazer" de defrontar a perspectiva de risco. Os apaixonados por risco sempre aceitam um jogo justo porque o ajuste de utilidade ascendente em relação ao risco oferece ao jogo justo uma equivalente de certeza que é superior à da alternativa de investimento isento de risco.

Podemos retratar o *trade-off* entre risco-retorno do indivíduo mapeando as características das carteiras que seriam igualmente atraentes em um gráficos com eixos de valor esperado e desvio-padrão dos retornos da carteira. A Figura 6.1 representa as características da carteira P.

A carteira P, que tem um retorno esperado $E(r_P)$ e desvio-padrão σ_P, é preferida pelos investidores avessos ao risco a qualquer outra carteira no quadrante IV porque seu retorno esperado é

> **REVISÃO DE CONCEITOS 6.2**
>
> Uma carteira tem uma taxa de retorno esperada de 20% e um desvio-padrão de 30%. As letras do Tesouro oferecem uma taxa de retorno segura de 7%. Um investidor com um parâmetro de aversão ao risco de $A = 4$ prefere investir em letras do Tesouro ou na carteira de risco? E se $A = 2$?

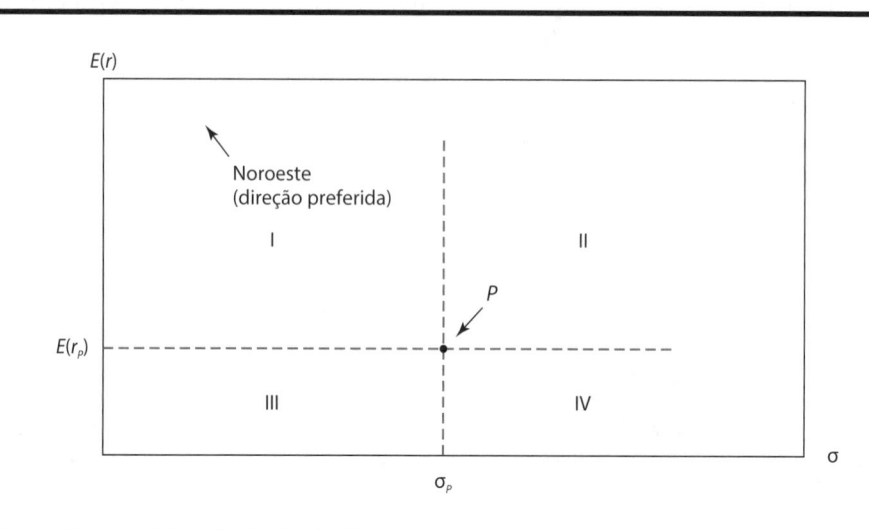

FIGURA 6.1 *Trade-off* entre risco-retorno de uma possível carteira de investimentos, P

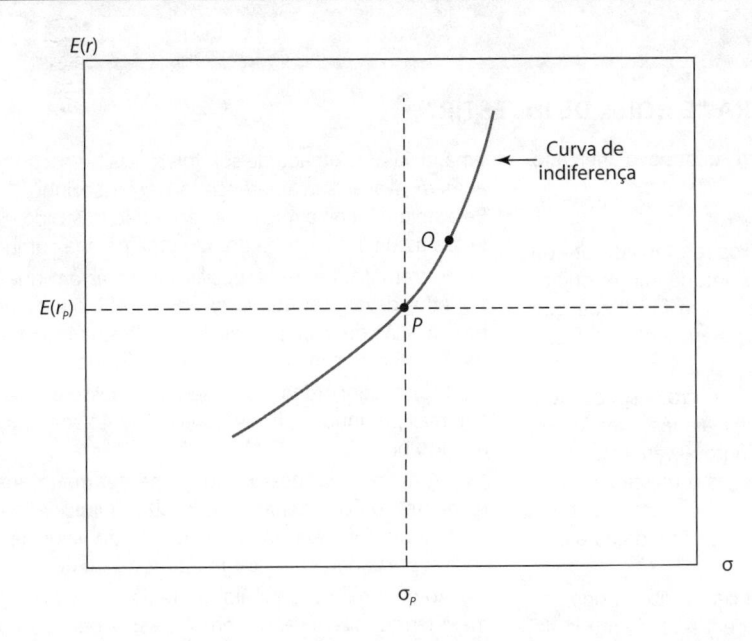

FIGURA 6.2 Curva de indiferença

igual ou superior ao de qualquer carteira nesse quadrante e seu desvio-padrão é igual ou inferior ao de qualquer carteira nesse quadrante. Em contraposição, qualquer carteira no quadrante I prevalece sobre a carteira P porque seu retorno esperado é igual ou superior ao de P e seu desvio-padrão é igual ou menor ao de P.

Esse é o critério de média-desvio-padrão ou, equivalentemente, **critério de média-variância (M-V)**. Isso pode ser expresso da seguinte maneira: a carteira A prevalecerá sobre B se

$$E(r_A) \geq E(r_B)$$

e

$$\sigma_A \leq \sigma_B$$

e pelo menos uma desigualdade é precisa (para eliminar a indiferença).

No plano retorno esperado–desvio-padrão na Figura 6.1, a direção preferida é a noroeste porque nessa direção simultaneamente aumentamos o retorno esperado *e* diminuímos a variância da taxa de retorno. Qualquer carteira a noroeste de P é superior a ela.

O que se pode dizer das carteiras nos quadrantes II e III? Essa preferência, em comparação com P, depende da natureza exata da aversão ao risco do investidor. Suponhamos que um investidor identifique todas as carteiras tão atraentes quanto P. A partir de P, um aumento no desvio-padrão diminui a utilidade; ela deve ser compensada com um aumento no retorno esperado. Desse modo, o ponto Q na Figura 6.2 é tão desejável para esse investidor quanto P. Os investidores ficarão igualmente atraídos por carteiras com alto risco e alto retorno esperado em comparação com outras carteiras com risco menor, mas retorno esperado

> **REVISÃO DE CONCEITOS 6.3**
>
> a. Em que sentido a curva de indiferença de um investidor menos avesso ao risco se compara à curva de indiferença da Figura 6.2?
>
> b. Trace as duas curvas de indiferença que passam pelo ponto P.

TABELA 6.3 Valores de utilidade de carteiras possíveis para um investidor com aversão ao risco, $A = 4$

Retorno esperado, $E(r)$	Desvio-padrão, σ	Utilidade = $E(r) - \frac{1}{2}A\sigma^2$
0,10	0,200	$0,10 - 0,5 \times 4 \times 0,04 = 0,02$
0,15	0,255	$0,15 - 0,5 \times 4 \times 0,065 = 0,02$
0,20	0,300	$0,20 - 0,5 \times 4 \times 0,09 = 0,02$
0,25	0,339	$0,25 - 0,5 \times 4 \times 0,115 = 0,02$

DESTAQUE DA REALIDADE

UMA PALAVRA GROSSEIRA PARA "É HORA DE INVESTIR"

Que palavra grosseira pode vir à mente quando o mercado acionário mergulha feio?

Não, não é aquela. R-I-S-C-O.

Risco é a possibilidade de obter baixos retornos ou até de perder dinheiro, provavelmente o impedindo de atingir objetivos importantes, como enviar os filhos para a faculdade que eles escolherem ou ter o estilo de vida na aposentadoria que você almejou.

Mas muitos consultores financeiros e outros especialistas afirmam que, quando os tempos são bons, alguns investidores não levam a ideia de risco tão a sério quanto deveriam e se expõem demais às ações. Portanto, antes de o mercado cair e permanecer em baixa, procure identificar qual é seu nível tolerância ao risco e confirmar se sua carteira é adequada para corresponder a ele.

Contudo, a avaliação de sua tolerância ao risco pode ser complicada. Você deve considerar não apenas a magnitude de risco que você *tem condições* de assumir, mas também a magnitude de risco que você *consegue suportar*.

Determinar o risco que você consegue suportar – sua tolerância imprevisível ao risco – é mais difícil. Não é fácil quantificar.

Com esse intuito, inúmeros consultores financeiros, empresas de corretagem e fundos mútuos criaram testes de risco para ajudar as pessoas a determinar se elas são investidores conservadores, moderados ou agressivos. Algumas das empresas que oferecem esse tipo de teste são a Merrill Lynch, T. Rowe Price Associates Inc., de Baltimore, Scudder Kemper Investments Inc., Zurich Group Inc., de Nova York, e Vanguard Group, de Malvern, Pensilvânia.

Normalmente, os questionários de risco incluem de sete a dez perguntas sobre a experiência de investimento da pessoa, além de sua segurança financeira e tendência a fazer escolhas de risco ou conservadoras.

O benefício desses questionários é que eles são um recurso objetivo que as pessoas podem utilizar para ter pelo menos uma ideia aproximada de sua tolerância ao risco. "É impossível alguém avaliar sua tolerância ao risco sozinho", afirma o sr. Bernstein. "Eu diria que na verdade não gosto de risco, embora possa assumir mais risco do que uma pessoa comum."

Entretanto, muitos especialistas advertem que esses questionários devem ser utilizados apenas como um primeiro passo na avaliação de tolerância ao risco. "Eles não são precisos", afirma Ron Meier, contador público certificado.

Muitos concordam que o segundo passo é fazer a si mesmo algumas perguntas difíceis, como: Quanto você suporta perder a longo prazo?

"A maioria das pessoas tolera perder muito, mas temporariamente", diz o sr. Schatsky, consultor financeiro de Nova York. O teste decisivo, afirma ele, é quanto do valor de sua carteira você suporta perder ao longo de meses ou anos.

Ao que se revela, a maior parte das pessoas enquadra-se no meio-termo, dizem vários consultores. "Apenas em torno de 10 a 15% dos meus clientes são agressivos", afirma o sr. Roge.

QUAL É SUA TOLERÂNCIA AO RISCO?

Faça um círculo na letra correspondente à sua resposta.

1. Apenas 60 dias depois de ter aplicado seu dinheiro em um investimento, o preço cai 20%. Supondo que nenhum fator de influência tenha mudado, o que você faria?
   a. Venderia para evitar maiores aborrecimentos e tentaria outra coisa.
   b. Não faria nada e esperaria o investimento recuperar-se.
   c. Compraria mais. Trata-se de um investimento que um dia já foi bom – agora é também um investimento barato.
2. Agora considere a pergunta anterior de outra forma. Seu investimento caiu 20%, mas faz parte de uma carteira que está sendo utilizada para atingir metas financeiras com três horizontes de tempo diferentes.
2A. O que você faria se sua meta tivesse de ser cumprida daqui a cinco anos?

---

mais baixo. Essas carteiras igualmente preferidas ficarão no plano média–desvio-padrão, em uma curva chamada **curva de indiferença**, que conecta todos os pontos de carteira ao mesmo valor de utilidade (Figura 6.2).

Para determinar alguns dos pontos que aparecem na curva de indiferença, examine os valores de utilidade das várias carteiras possíveis para um investidor com $A = 4$, apresentado na Tabela 6.3. Observe que toda carteira oferece uma utilidade idêntica porque as carteiras com retorno esperado mais alto também têm risco mais alto (desvio-padrão).

Estimando a aversão ao risco

Como podemos estimar o nível de aversão ao risco de cada investidor? Inúmeros métodos podem ser utilizados. O questionário no quadro "Destaque da Realidade" é um dos mais simples e, aliás, pode diferenciar apenas os níveis alto (conservador), médio (moderado) ou baixo (agressivo) do coeficiente de aversão ao risco. Os questionários mais complexos, que possibilitam que os respondentes indiquem níveis específicos de coeficiente de aversão ao risco, solicitam aos supostos investidores para que escolham entre vários conjuntos de loterias hipotéticas.

DESTAQUE DA REALIDADE

a. Venderia.
b. Não faria nada.
c. Compraria mais.

2B. O que você faria se sua meta tivesse de ser cumprida daqui a 15 anos?
  a. Venderia.
  b. Não faria nada.
  c. Compraria mais.

2C. O que você faria se sua meta tivesse de ser cumprida daqui a 30 anos?
  a. Venderia.
  b. Não faria nada.
  c. Compraria mais.

3. O preço de seu investimento de aposentadoria aumenta 25% um mês depois que você o adquiriu. Novamente, os fatores de influência não se alteraram. Depois dessa sensação de triunfo, o que você faria?
  a. Venderia e asseguraria seus ganhos.
  b. Manter-me-ia firme e esperaria um ganho maior.
  c. Compraria mais; o preço poderia aumentar ainda mais.

4. Você está fazendo um investimento para sua aposentadoria, que ocorrerá em 15 anos. O que você faria?
  a. Investiria em um fundo do mercado monetário ou em um contrato garantido, abrindo mão da possibilidade de obter ganhos mais altos, mas praticamente garantindo a segurança do seu principal.
  b. Investiria em uma composição meio a meio de fundos de obrigações e fundos de ações, com a esperança de que haja algum crescimento, obtendo também alguma proteção em forma de renda constante.
  c. Investiria em fundos mútuos de crescimento agressivo cujo valor provavelmente flutuará de forma significativa durante o ano, mas com a possibilidade de obter ganhos extraordinários ao longo de cinco ou dez anos.

5. Você acabou de tirar a sorte grande! Mas em quê? Isso é com você.
  a. US$ 2 mil em dinheiro.
  b. 50% de chance de ganhar US$ 5 mil.
  c. 20% de chance de ganhar US$ 15 mil.

6. Uma boa oportunidade de investimento acabou de surgir. Mas você precisa contrair um empréstimo para isso. Você contrairia esse empréstimo?
  a. Sem dúvida que não.
  b. Talvez.
  c. Sim.

7. Sua empresa está vendendo ações aos funcionários. Em três anos, a administração pretende abrir o capital da empresa. Até lá, você não poderá vender suas ações e não receberá dividendos. Mas seu investimento pode se multiplicar em até dez vezes quando a empresa abrir seu capital. Quanto dinheiro você investiria?
  a. Nenhum.
  b. Dois meses de salário.
  c. Quatro meses de salário.

MEDINDO SUA TOLERÂNCIA AO RISCO

Para calcular sua pontuação nesse teste, some o número de respostas que você deu em cada categoria de *a* a *c* e depois, tal como mostrado, multiplique-o para encontrar sua pontuação:

(a) Respostas_____ × 1 = _____ pontos
(b) Respostas_____ × 2 = _____ pontos
(c) Respostas_____ × 3 = _____ pontos

SUA PONTUAÇÃO _____ pontos

Se você fez... é provável que seja:
9–14 pontos   Um investidor conservador
5–21 pontos   Um investidor moderado
22–27 pontos   Um investidor agressivo

Fonte: Dados reimpressos com permissão do *The Wall Street Journal*, Copyright© 1998 Dow Jones & Company, Inc. Todos os direitos reservados mundialmente.

O acesso às contas de investimento dos investidores ativos ofereceria observações sobre como a composição da carteira muda com o passar do tempo. O acoplamento dessas informações com estimativas de combinações de risco-retorno dessas posições em princípios nos permitiria calcular os coeficientes implícitos de aversão ao risco dos investidores.

Finalmente, os pesquisadores acompanham o comportamento dos grupos de indivíduos para obter os graus médios de aversão ao risco. Esses estudos variam desde compra observada de apólices de seguro e garantia de bens duráveis à oferta de mão de obra e comportamento de consumo agregado.

6.2 Alocação de capital a carteiras de risco e isentas de risco

A história nos mostra que as obrigações de longo prazo apresentaram maior risco do que os investimentos em letras do Tesouro e que os investimentos em ações foram ainda mais arriscados. Entretanto, os investimentos mais arriscados ofereceram retornos médios mais altos. Obviamente, os investidores não fazem escolhas do tipo tudo ou nada nessas classes de ativos. Eles podem e de fato constroem suas carteiras utilizando títulos de todas as classes de ativos. Parte da carteira pode ser letras do Tesouro isentas de risco e parte pode ser algumas ações de alto risco.

A forma mais direta e objetiva de controlar o risco da carteira é por meio da fração da carteira investida em letras do Tesouro e em outro título seguro do mercado monetário *versus* ativos de risco. A decisão sobre alocação de capital requer que o investidor escolha entre classes amplas de investimentos, e não entre os títulos específicos de uma classe de ativos. A maioria dos profissionais de investimento considera a alocação de ativos a parte mais importante da construção de carteira. Tome como exemplo esta afirmação de John Bogle, proferida quando ele era *chairman* do Vanguard Group of Investment Companies:

> A decisão de investimento mais importante é a alocação de ativos: Quanto você deve ter em ações? Quanto você deve ter em obrigações? Quanto você deve ter em reservas de caixa? [...] Essa decisão respondeu por 94% das diferenças nos retornos totais obtidos por fundos de pensão gerenciados por instituições. [...] Não há motivo para acreditar que essa mesma relação não se aplique também aos investidores individuais.[1]

Portanto, começamos nossa discussão sobre o *trade-off* entre risco e retorno disponível para os investidores examinando a escolha de alocação de ativos mais básica: a escolha da porcentagem da carteira que deve ser investida em títulos isentos de risco do mercado monetário *versus* outros ativos de risco.

Denotamos a carteira de ativos de risco do investidor como P e a de ativos isentos de risco como F. Admitimos a título de ilustração que o componente de risco da carteira geral do investidor compreende dois fundos mútuos, um investido em ações e o outro investido em obrigações de longo prazo. Por enquanto, admitimos a composição da carteira de risco como certa e nos preocupamos apenas com alocação entre ela e títulos isentos de risco. No capítulo seguinte, passamos a abordar a alocação de ativos e a escolha de títulos entre ativos de risco.

Quando mudamos da carteira de risco para o ativo isento de risco, não mudamos as proporções relativas dos vários ativos de risco dentro da carteira de risco. Em vez disso, diminuímos o peso relativo da carteira de risco como um todo em favor dos ativos isentos de risco.

Por exemplo, presuma que o valor de mercado total de uma carteira inicial é US$ 300 mil, dos quais US$ 90 mil são investidos no mercado monetário Ready Asset, um ativo isento de risco para finalidades práticas. O valor restante de US$ 210 mil é investido em títulos de risco – US$ 113.400 em ações (E) e US$ 96.600 em obrigações de longo prazo (B). Os investimentos em ações e obrigações formam "a" carteira de risco, 54% em E and 46% em B:

$$E: \quad w_E = \frac{113.400}{210.000} = 0{,}54$$

$$B: \quad w_B = \frac{96.600}{210.000} = 0{,}46$$

O peso da carteira de risco, P, na **carteira completa**, incluindo os investimentos isentos e de risco, é denotado por y:

$$y = \frac{210.000}{300.000} = 0{,}7 \text{ (ativos de risco)}$$

$$1 - y = \frac{90.000}{300.000} = 0{,}3 \text{ (ativos isentos de risco)}$$

Os pesos de cada classe de ativos na carteira completa são os seguintes:

$$E: \quad \frac{\text{US\$ } 113.400}{\text{US\$ } 300.000} = 0{,}378$$

$$B: \quad \frac{\text{US\$ } 96.600}{\text{US\$ } 300.000} = 0{,}322$$

$$\text{Carteira de risco} = E + B = 0{,}700$$

---

[1] John C. Bogle, *Bogle on Mutual Funds* (Burr Ridge, IL: Irwin Professional Publishing, 1994), p. 235.

EXEMPLO 6.2 || Carteira de risco

Suponhamos que o proprietário dessa carteira deseje diminuir o risco reduzindo a alocação à carteira de risco de $y = 0,7$ para $y = 0,56$. A carteira de risco teria então um total de apenas $0,56 \times US\$ 300.000 = US\$ 168.000$, exigindo a venda de US$ 42 mil dos US$ 210 mil em ativos de riscos, e os rendimentos seriam utilizados para comprar mais ações no Ready Asset (o fundo do mercado monetário). O total de investimento em ativos isentos de risco aumentará para $US\$ 300.000 \times (1 - 0,56) = US\$ 132.000$, o investimento original mais a nova contribuição para o fundo do mercado monetário:

$$US\$ 90.000 + US\$ 42.000 = US\$ 132.000$$

Entretanto, a principal questão é que as proporções de cada ativo na carteira de risco ficam inalteradas. Como os pesos de E e B na carteira de risco são 0,54 e 0,46, respectivamente, vendemos $0,54 \times US\$42.000 \times US\$ 22.680$ de E e $0,46 \times US\$ 42.000 = US\$ 19.320$ de B. Após a venda, as proporções de cada ativo da carteira de risco na verdade ficam inalteradas:

$$E: \quad w_E = \frac{113.400 - 22.680}{210.000 - 42.000} = 0,54$$

$$B: \quad w_B = \frac{96.600 - 19.320}{210.000 - 42.000} = 0,46$$

A carteira de risco compõe 70% da carteira completa.

Em vez de pensar em nossos investimentos de risco como E e B, separadamente, podemos vê-los como se fossem um único fundo que compreende ações e obrigações em proporções fixas. Nesse sentido, podemos tratar o fundo de risco como um único ativo de risco, que seria um grupo específico de títulos. Quando entramos e saímos dos ativos seguros, simplesmente alteramos nossos investimentos nesse grupo de títulos de uma maneira proporcional.

Com essa simplificação, concentramo-nos no desejo de diminuir o risco mudando o *mix* de ativos de risco/isentos de risco, isto é, diminuindo o risco por meio da redução da proporção y. Desde que não alteremos os pesos de cada título dentro da carteira de risco, a distribuição de probabilidades da taxa de retorno da carteira de risco não é alterada pela realocação de ativos. O que mudará é a distribuição de probabilidades da taxa de retorno da carteira completa, que compreende o ativo de risco e o ativo isento de risco.

> **REVISÃO DE CONCEITOS 6.4**
>
> Qual será o valor em dólar de seu investimento em ações (E) e a respectiva proporção em sua carteira geral, se você decidir manter 50% de sua verba de investimento no Ready Asset?

6.3 Ativo isento de risco

Em virtude de seu poder para tributar e controlar a oferta de moeda, somente o governo pode emitir obrigações isentas de risco de inadimplência. Por si só, mesmo a garantia de não inadimplência não é suficiente para eliminar o risco das obrigações em termos reais. O único ativo isento de risco em termos reais seria uma obrigação perfeitamente indexada por preço. Além disso, uma obrigação perfeitamente indexada e isenta de risco só oferece uma taxa real garantida para um investidor se seu vencimento for idêntico ao período de manutenção do investimento desejado. Mesmo as obrigações indexadas estão sujeitas ao risco da taxa de juros, porque as taxas reais de juros mudam imprevisivelmente ao longo do tempo. Quando as taxas reais futuras são incertas, o preço futuro das obrigações indexadas também é.

No entanto, é comum considerar as letras do Tesouro como "o" **ativo isento de risco**. Sua natureza de curto prazo torna seus valores insensíveis a flutuações na taxa de juros. Aliás, um investidor pode garantir um retorno nominal de curto prazo comprando uma letra e a mantendo até o vencimento. Além disso, a incerteza quanto à inflação ao longo de algumas semanas ou mesmo meses é insignificante em comparação com a incerteza quanto aos retornos do mercado acionário.

Na prática, a maioria dos investidores utiliza uma ampla variedade de instrumentos do mercado monetário como ativo isento de risco. Todos os instrumentos do mercado monetário são pra-

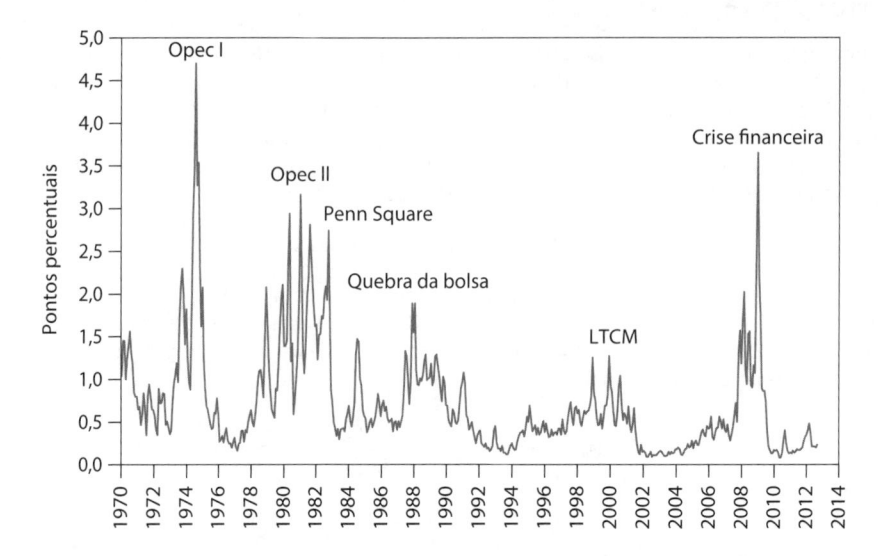

FIGURA 6.3
Spread entre taxas de CD de três meses e letras do Tesouro

ticamente isentos de risco de taxa de juros em virtude de seu vencimento de curto prazo e porque eles são razoavelmente seguro em termos de inadimplência ou risco de crédito.

A maioria dos fundos do mercado monetário mantém, na maior parte das vezes, três tipos de título – letras do Tesouro, certificados de depósito bancário (CDs) e *commercial papers* (CPs) –, diferindo levemente com relação ao risco de inadimplência. Os rendimentos até o vencimento sobre os CDs e CPs com vencimento idêntico, por exemplo, são sempre um pouco superiores aos das letras do Tesouro. O histórico recente do *spread* desse rendimento para CDs de 90 dias é mostrado na Figura 6.3.

Com o passar do tempo, os fundos do mercado monetário mudaram a proporção relativa desses títulos na carteira. Porém, de modo geral, as letras do Tesouro compreendem apenas 15% de suas carteiras.[2] No entanto, risco desses investimentos *blue chip* de curto prazo, como CDs e CPs, é ínfimo em comparação com o da maioria dos outros ativos, como obrigações corporativas de longo prazo, ações ordinárias ou imóveis. Por esse motivo, consideramos os fundos do mercado monetário o ativo isento de risco de mais fácil acesso para a maioria dos investidores.

6.4 Carteiras com um ativo de risco e um ativo isento de risco

Nesta seção, examinamos as combinações possíveis de risco-retorno disponíveis para os investidores quando a escolha da carteira de risco já foi feita. Essa é a parte "técnica" da alocação de capital. Na seção seguinte, abordamos a parte "pessoal" do problema – a opção individual da melhor combinação de risco retorno no conjunto de combinações possíveis.

Suponhamos que o investidor já tenha escolhido a composição da carteira de risco, P. Agora sua preocupação é a alocação de capital, isto é, a proporção do orçamento de investimento, y, a ser alocada à P. A proporção remanescente, $1-y$, deverá ser investida em um ativo isento de risco, F.

Denote a taxa de retorno de risco de P como r_P, sua taxa de retorno esperada como $E(r_P)$ e seu desvio-padrão como σ_P. A taxa de retorno sobre o ativo isento de risco é denotada como r_f. No exemplo numérico, presumimos que $E(r_P) = 15\%$, $\sigma_P = 22\%$ e a taxa isenta de risco é $r_f = 7\%$. Portanto, o prêmio de risco no ativo de risco é $E(r_P) - r_f = 8\%$.

Com uma proporção, y, na carteira de risco, e $1-y$ no ativo isento de risco, a taxa de retorno sobre a carteira *completa*, chamada de C, é r_C, onde

$$r_C = yr_P + (1-y)r_f \tag{6.2}$$

---
[2] Consulte http://www.icifactbook.org/, Seção 4 das Tabelas de Dados (*Data Tables*).

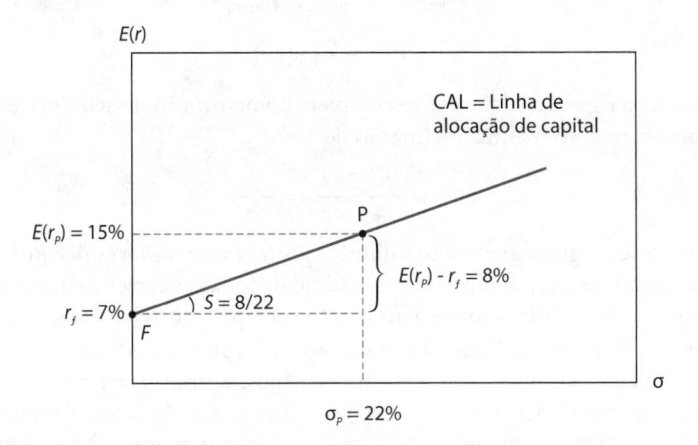

FIGURA 6.4 Conjunto de oportunidades de investimento com um ativo de risco e um ativo isento de risco no plano retorno esperado-desvio-padrão

Considerando a expectativa de taxa de retorno dessa carteira,

$$E(r_C) = yE(r_P) + (1-y)r_f$$
$$= r_f + y[E(r_P) - r_f] = 7 + y(15 - 7) \quad (6.3)$$

Esse resultado é facilmente interpretado. A taxa de retorno básica de qualquer carteira é a taxa isenta de risco. Além disso, a carteira *deve* obter uma proporção, y, do prêmio de risco da carteira de risco, $E(r_P) - r_f$. Os investidores são considerados avessos ao risco e não propensos a assumir uma posição de risco sem um prêmio de risco positivo.

Com uma proporção y em um ativo de risco, o desvio-padrão da carteira completa é o desvio-padrão do ativo de risco multiplicado pelo peso, y, do ativo de risco dessa carteira.[3] Como o desvio-padrão da carteira de risco é $\sigma_P = 22\%$,

$$\sigma_C = y\sigma_P = 22y \quad (6.4)$$

o que faz sentido porque o desvio-padrão da carteira é proporcional ao desvio-padrão do ativo de risco e a proporção investida nele. Em resumo, o retorno esperado da carteira completa is $E(r_C) = r_f + y[E(r_P) - r_f] = 7 + 8y$ e o desvio-padrão is $\sigma_C = 22y$.

O passo seguinte é representar as características da carteira (com várias opções para y) no plano retorno esperado–desvio-padrão na Figura 6.4. O ativo isento de risco, F, aparece no eixo vertical porque o desvio-padrão é zero. A carteira de risco, P, é representada com um desvio-padrão de 22% e um retorno esperado de 15%. Se um investidor optar por investir somente no ativo de risco, $y = 1,0$ e a carteira completa será P. Se a posição escolhida for $y = 0$, $1 - y = 1,0$ e a carteira completa será a carteira isenta de risco F.

E quanto às carteiras intermediárias mais interessantes nas quais y gira entre 0 e 1? Essas carteiras ficarão na linha reta em que os pontos F e P se conectam. A inclinação dessa linha é $[E(r_P) - r_f]/\sigma_P$ (elevação/distância), nesse caso 8/22.

A conclusão é óbvia. Aumentar da fração da carteira geral investida no ativo de risco aumenta o retorno esperado em 8%, de acordo com a Equação 6.3. Aumenta também o desvio-padrão da carteira em 22%, de acordo com a Equação 6.4. Portanto, o retorno extra por risco extra é 8/22 = 0,36.

Para deduzir a equação exata da linha reta entre F e P, reorganizamos a Equação 6.4 para identificar que $y = \sigma_C/\sigma_P$, e substituímos y na Equação 6.3 para descrever o *trade-off* de retorno esperado–desvio-padrão:

---

[3] Essa é uma aplicação de uma regra básica da estatística: se você multiplicar uma variável aleatória por uma constante, o desvio-padrão é multiplicado por essa mesma constante. Em nossa aplicação, a variável aleatória é a taxa de retorno sobre o ativo de risco e a constante é a fração desse ativo na carteira completa. Detalharemos mais as regras de risco e retorno de carteira no capítulo subsequente.

$$E(r_C) = r_f + y[E(r_P) - r_f]$$
$$= r_f + \frac{\sigma_C}{\sigma_P}[E(r_P) - r_f] = 7 + \frac{8}{22}\sigma_C \qquad (6.5)$$

Portanto, o retorno esperado da carteira completa como função de seu desvio-padrão é uma linha reta, com um intercepto r_f e uma inclinação de

$$S = \frac{E(r_P) - r_f}{\sigma_P} = \frac{8}{22} \qquad (6.6)$$

A Figura 6.4 representa graficamente o conjunto *oportunidades de investimento*, que é o conjunto de pares viáveis de retorno esperado e desvio-padrão de todas as carteiras que resultam de diferentes valores de y. O gráfico corresponde a uma linha reta que se origina em r_f e vai até o ponto P.

Essa linha reta é chamada de **linha de alocação de capital** (*capital allocation line* – CAL) (CAL). Ela retrata todas as combinações de risco–retorno disponíveis para os investidores. A inclinação da CAL, chamada de S, é o aumento no retorno esperado da carteira completa por unidade de desvio-padrão adicional – em outras palavras, o retorno incremental por risco incremental. Por esse motivo, a inclinação é chamada de **índice de recompensa/volatilidade**. Ela é chamada também de índice de Sharpe (consulte o Capítulo 5).

Uma carteira dividida igualmente entre ativo de risco e ativo isento de risco, isto é, em que $y = 0,5$, terá uma taxa de retorno esperada de $E(r_C) = 7 + 0,5 \times 8 = 11\%$, o que significa um prêmio de risco de 4% e um desvio-padrão de $\sigma_C = 0,5 \times 22 = 11\%$. Ela ficará na linha FP, entre F e P. O índice recompensa/volatilidade é $S = 4/11 = 0,36$, precisamente o mesmo da carteira P.

E quanto aos pontos na CAL à direita da carteira P? Se os investidores puderem tomar emprestado à taxa (isenta de risco) de $r_f = 7\%$, eles poderão construir carteiras que podem ser posicionadas na CAL, a direita de P.

É óbvio que os investidores não governamentais não conseguem contrair um empréstimo por uma taxa isenta de risco. O risco de inadimplência de um tomador de empréstimo induz os concessores a exigir taxas de juros mais altas sobre os empréstimos. Portanto, o custo do empréstimo do investidor não governamental será superior à taxa de concessão de empréstimo de $r_f = 7\%$. Suponhamos que a taxa de contratação de empréstimo seja $r_f^B = 9\%$. Desse modo, no lado da contratação de empréstimo, o índice de recompensa/volatilidade, a inclinação da CAL, será $[E(r_P) - r_f^B]/\sigma_P = 6/22 = 0,27$. Portanto, a CAL terá uma inclinação no ponto P, como mostra a Figura 6.5. À esquerda de P o investidor está concedendo um empréstimo por 7%, e a inclinação da CAL é 0,36. À direita de P, onde $y > 1$, o investidor está tomando um empréstimo por 9% para financiar investimentos extras no ativo de risco, e a inclinação é 0,27.

> **REVISÃO DE CONCEITOS 6.5**
>
> O índice de recompensa/volatilidade (Sharpe), $S = [E(r_C) - r_f]/\sigma_C$, de qualquer combinação de ativo de risco e ativo isento de risco pode ser diferente do índice do ativo de risco tomado separadamente, $[E(r_P) - r_f]/\sigma_P$, que, nesse caso, é 0,36?

EXEMPLO 6.3 || Alavancagem

Suponhamos que o orçamento de investimento seja US$ 300 mil e nosso investidor tome emprestado mais US$ 120 mil, investindo o total dos fundos disponíveis em ativos de risco. Essa é uma posição *alavancada* no ativo de risco, financiada em parte pelo empréstimo. Nesse caso

$$y = \frac{420.000}{300.000} = 1,4$$

e $1 - y = 1 - 1,4 = -0,4$, o que reflete uma posição vendida (ou de empréstimo) no ativo isento de risco. Em vez de conceder um empréstimo por uma taxa de juros de 7%, o investidor toma um empréstimo a 7%. A distribuição da taxa de retorno da carteira ainda exibe o mesmo índice de recompensa/volatilidade:

$$E(r_C) = 7\% + (1,4 \times 8\%) = 18,2\%$$
$$\sigma_C = 1,4 \times 22\% = 30,8\%$$
$$S = \frac{E(r_C) - r_f}{\sigma_C} = \frac{18,2 - 7}{30,8} = 0,36$$

Como seria de esperar, a carteira alavancada tem um desvio-padrão mais alto do que uma posição não alavancada no ativo de risco.

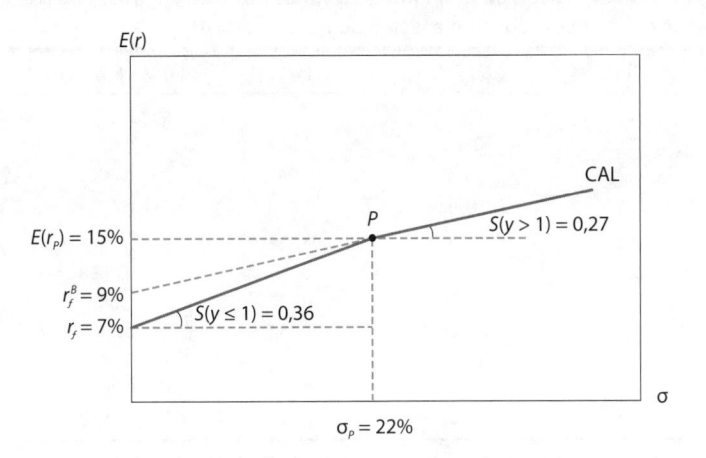

FIGURA 6.5
Conjunto de oportunidades com taxas diferentes para contratação e concessão de empréstimo

Na prática, tomar emprestado para investir na carteira de risco será fácil e direto se você tiver uma conta de margem com um corretor. Você só precisará dizer ao corretor que deseja comprar "na margem". As compras na margem não podem ser superiores a 50% do valor da compra. Portanto, se seu patrimônio líquido na conta for US$ 300 mil, o corretor poderá lhe emprestar até US$ 300 mil para comprar ações adicionais.[4] Desse modo, você teria em sua conta US$ 600 mil em ativos e US$ 300 mil em passivos, resultando em $y = 2{,}0$.

> **REVISÃO DE CONCEITOS 6.6**
>
> Suponhamos que haja uma alta na taxa de retorno esperada sobre o ativo de risco, de 15 para 17%. Se todos os parâmetros permanecerem iguais, qual será a inclinação da CAL para $y \leq 1$ e $y > 1$?

6.5 Tolerância ao risco e alocação de ativos

Mostramos de que forma você cria a CAL, que é a representação gráfica de todas as combinações viáveis de risco-retorno disponíveis para alocação de capital. Agora, diante da CAL, o investidor precisará escolher a carteira ótima, C, no conjunto de alternativas viáveis. Essa escolha envolve um *trade-off* entre risco e retorno. Diferenças individuais na aversão ao risco geraram diferentes opções de alocação de capital mesmo diante de um conjunto idêntico de oportunidades (isto é, uma taxa isenta de risco e um índice de recompensa/volatilidade). Particularmente os investidores mais avessos ao risco optarão por manter menos do ativo de risco e mais do ativo isento de risco.

O retorno esperado da carteira completa é dado pela Equação 6.3: $E(r_C) = r_f + y[E(r_P) - r_f]$. Sua variância é, com base na Equação 6.4, $\sigma_C^2 = y^2 \sigma_P^2$. Os investidores escolhem a alocação ao ativo de risco, y, que maximiza sua função de utilidade tal como expresso pela Equação 6.1: $U = E(r) - \frac{1}{2} A\sigma^2$. À medida que a alocação ao ativo de risco aumenta (y mais alto), o retorno esperado aumenta, bem como a volatilidade, de modo que a utilidade pode aumentar ou diminuir. A Tabela 6.4 mostra os níveis de utilidade correspondentes aos diferentes valores de y. A princípio, a utilidade aumenta à medida que y aumenta, mas em algum momento ela diminui.

A Figura 6.6 é uma representação da função de utilidade da Tabela 6.4. O gráfico mostra que a utilidade mais alta encontra-se em $y = 0{,}41$. Quando y é inferior a 0,41, os investidores estão propensos a assumir maior risco para aumentar o retorno esperado. Contudo, em níveis mais altos de y, o risco é maior, e alocações adicionais ao ativo de risco são desejáveis – além desse ponto, outras elevações no risco prevalecem sobre o aumento do retorno esperado e diminuem a utilidade.

---

[4] As compras na margem exigem que o investidor mantenha os títulos em uma conta de margem com o corretor. Se o valor dos títulos cair abaixo de uma "margem de manutenção", é emitida uma "chamada de cobertura de margem", que exige um depósito para que o patrimônio líquido da conta volte ao seu nível apropriado. Se a chamada de cobertura de margem não for atendida, as regulamentações determinam que parte ou todos os títulos sejam vendidos pelo corretor e os rendimentos sejam utilizados para restabelecer a margem exigida. Consulte o Capítulo 3, Seção 3.6, para uma discussão mais abrangente.

TABELA 6.4 Níveis de utilidade para várias posições em ativos de risco (y) para um investidor com aversão ao risco de A = 4

(1) y	(2) $E(r_C)$	(3) σ_C	(4) $U = E(r) - \tfrac{1}{2}A\sigma^2$
0	0,070	0	0,0700
0,1	0,078	0,022	0,0770
0,2	0,086	0,044	0,0821
0,3	0,094	0,066	0,0853
0,4	0,102	0,088	0,0865
0,5	0,110	0,110	0,0858
0,6	0,118	0,132	0,0832
0,7	0,126	0,154	0,0786
0,8	0,134	0,176	0,0720
0,9	0,142	0,198	0,0636
1,0	0,150	0,220	0,0532

Para solucionar o problema de maximização da utilidade de uma maneira mais genérica, expressamos o problema da seguinte maneira:

$$\underset{y}{\text{Max}}\ U = E(r_C) - \tfrac{1}{2}A\sigma_C^2 = r_f + y[E(r_P) - r_f] - \tfrac{1}{2}Ay^2\sigma_P^2$$

Os alunos de cálculo reconhecerão que o problema de maximização é resolvido por meio da definição dessa expressão como zero. Procedendo dessa forma e resolvendo y, obtemos a posição ótima para os investidores avessos ao risco no ativo de risco, y^*, da seguinte forma:[5]

$$y^* = \frac{E(r_P) - r_f}{A\sigma_P^2} \qquad (6.7)$$

Essa solução mostra que a posição ótima no ativo de risco é inversamente proporcional ao nível de aversão ao risco e ao nível de risco (com base na variância) e diretamente proporcional ao prêmio de risco oferecido pelo ativo de risco.

Uma maneira de representar graficamente esse problema de decisão é por meio da análise da curva de indiferença. Para mostrar de que forma a curva de indiferença é criada, considere um investidor com aversão ao risco de A = 4 que atualmente mantém toda a sua riqueza em uma carteira isenta de risco com rendimento de r_f = 5%. Como a variância dessa carteira é zero, a Equação 6.1 nos diz que seu valor de utilidade é U = 0,05. Agora encontramos o retorno esperado que o investidor exigiria para manter o mesmo nível de utilidade com uma carteira de risco de σ = 1%, por exemplo. Utilizamos a Equação 6.1 para verificar quanto E(r) deve aumentar para compensar o valor mais alto de σ:

EXEMPLO 6.4 || Alocação de capital

Utilizando nosso exemplo numérico [r_f = 7%, $E(r_P)$ = 15% e σ_P = 22%], e expressando todos os retornos em decimal, a solução ótima para um investidor com um coeficiente de aversão ao risco de A = 4 é

$$y^* = 0,15 - 0,07/4 \times 0,22^2 = 0,41$$

Em outras palavras, esse investidor específico investirá 41% do orçamento de investimento no ativo de risco e 59% no ativo isento de risco. Como vimos na Figura 6.6, esse é o valor de y no qual a utilidade é maximizada.

Com um investimento de 41% na carteira de risco, o retorno esperado e o desvio-padrão da carteira completa são

$$E(r_C) = 7 + [0,41 \times (15 - 7)] = 10,28\%$$
$$\sigma_C = 0,41 \times 22 = 9,02\%$$

O prêmio de risco da carteira completa é $E(r_C) - r_f$ =3,28%, que é obtido assumindo uma carteira com desvio-padrão de 9,02%. Observe que 3,28/9,02 = 0,36, que é o índice de recompensa/volatilidade (Sharpe) de qualquer carteira completa com base nos parâmetros deste exemplo.

---

[5] A derivada referente a y é igual a $E(r_P) - r_f - yA\sigma_P^2$. Igualando essa expressão a zero e calculando y, obtemos a Equação 6.7.

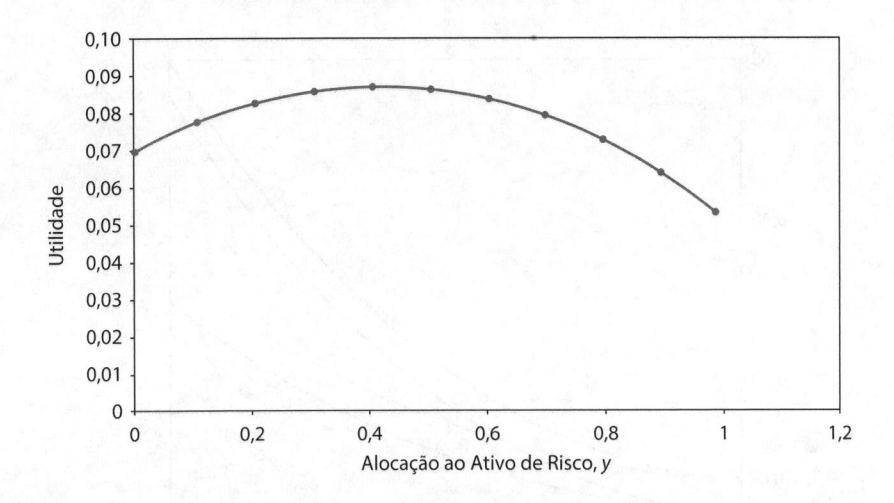

FIGURA 6.6 Utilidade como função da alocação ao ativo de risco, y

$$U = E(r) - \tfrac{1}{2} \times A \times \sigma^2$$

$$0,05 = E(r) - \tfrac{1}{2} \times 4 \times 0,01^2$$

Isso significa que o retorno esperado necessário aumenta para

$$E(r) \text{ exigido} = 0,05 + \tfrac{1}{2} \times A \times \sigma^2$$
$$= 0,05 + \tfrac{1}{2} \times 4 \times 0,01^2 = 0,0502 \quad (6.8)$$

Podemos repetir esse cálculo para outros níveis de σ e encontrar todas as vezes o valor de $E(r)$ necessário para manter $U = 0,05$. Esse processo fornecerá todas as combinações de retorno esperado e volatilidade com um nível de utilidade de 0,05; a representação gráfica dessas combinações nos oferece a curva de indiferença.

Podemos gerar prontamente a curva de indiferença de um investidor utilizando uma planilha. A Tabela 6.5 contém combinações de risco-retorno com valores de utilidade 0,05 e 0,09 para dois investidores, um com $A = 2$ e o outro com $A = 4$. A representação gráfica dessa curva de indiferença é mostrada na Figura 6.7. Observe que os interceptos das curvas de indiferença estão em 0,05 e 0,09, exatamente o nível de utilidade correspondente ao das duas curvas.

Qualquer investidor preferiria uma carteira na curva de indiferença mais alta com uma equivalente de certeza mais alta (utilidade). As carteiras nas curvas de indiferença mais altas oferecem

TABELA 6.5 Cálculos de curva de indiferença por meio de uma planilha (os itens nas colunas 2–4 são retornos esperados exigidos para oferecer o valor de utilidade apresentado)

σ	A = 2		A = 4	
	U = 0,05	U = 0,09	U = 0,05	U = 0,09
0	0,0500	0,0900	0,050	0,090
0,05	0,0525	0,0925	0,055	0,095
0,10	0,0600	0,1000	0,070	0,110
0,15	0,0725	0,1125	0,095	0,135
0,20	0,0900	0,1300	0,130	0,170
0,25	0,1125	0,1525	0,175	0,215
0,30	0,1400	0,1800	0,230	0,270
0,35	0,1725	0,2125	0,295	0,335
0,40	0,2100	0,2500	0,370	0,410
0,45	0,2525	0,2925	0,455	0,495
0,50	0,3000	0,3400	0,550	0,590

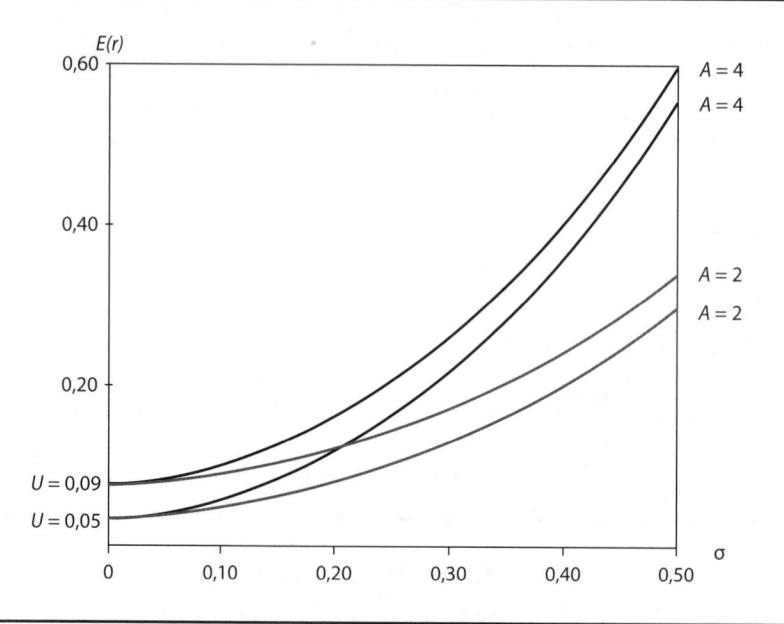

FIGURA 6.7
Curva de indiferença para $U = 0,05$ e $U = 0,09$ com $A = 2$ e $A = 4$

um retorno esperado mais alto para qualquer nível de risco. Por exemplo, as duas curvas de indiferença de $A = 2$ têm o mesmo formato. Contudo, para qualquer nível de volatilidade, uma carteira na curva com utilidade de 0,09 oferece um retorno esperado 4% superior ao da carteira correspondente na curva inferior, para a qual $U = 0,05$.

A Figura 6.7 demonstra que os investidores mais avessos ao risco têm curvas de indiferença mais acentuadas do que os menos avessos ao risco. As curvas mais acentuadas significam que os investidores exigem um aumento bem maior no retorno esperado para compensar o maior risco da carteira.

Desse modo, o investidor tenta encontrar a carteira completa na curva de indiferença *mais alta possível*. Quando traçamos as curvas de indiferença no conjunto de oportunidades de investimento que a linha de alocação de capital representa na Figura 6.8, podemos identificar a curva de indiferença mais alta possível que continua tocando a CAL. Essa curva de indiferença é tangente à CAL, e o ponto tangencial corresponde ao desvio-padrão e ao retorno esperado da carteira completa ótima.

Para ilustrar, a Tabela 6.6 apresenta o cálculo correspondente a quatro curvas de indiferença (com níveis de utilidade de 0,07, 0,078, 0,08653 e 0,094), para um investidor com $A = 4$. As colunas (2)–(5) utilizam a Equação 6.8 para calcular o retorno esperado que deve estar correlacionado

TABELA 6.6 Retornos esperados nas quatro curvas de indiferença e a CAL. A aversão ao risco do investidor é $A = 4$

σ	$U = 0,07$	$U = 0,078$	$U = 0,08653$	$U = 0,094$	CAL
0	0,0700	0,0780	0,0865	0,0940	0,0700
0,02	0,0708	0,0788	0,0873	0,0948	0,0773
0,04	0,0732	0,0812	0,0897	0,0972	0,0845
0,06	0,0772	0.0852	0,0937	0,1012	0,0918
0,08	0,0828	0,0908	0,0993	0,1068	0,0991
0,0902	0,0863	0,0943	0,1028	0,1103	0,1028
0,10	0,0900	0,0980	0,1065	0,1140	0,1064
0,12	0,0988	0,1068	0,1153	0,1228	0,1136
0,14	0,1092	0,1172	0,1257	0,1332	0,1209
0,18	0,1348	0,1428	0,1513	0,1588	0,1355
0,22	0,1668	0,1748	0,1833	0,1908	0,1500
0,26	0,2052	0,2132	0,2217	0,2292	0,1645
0,30	0,2500	0,2580	0,2665	0,2740	0,1791

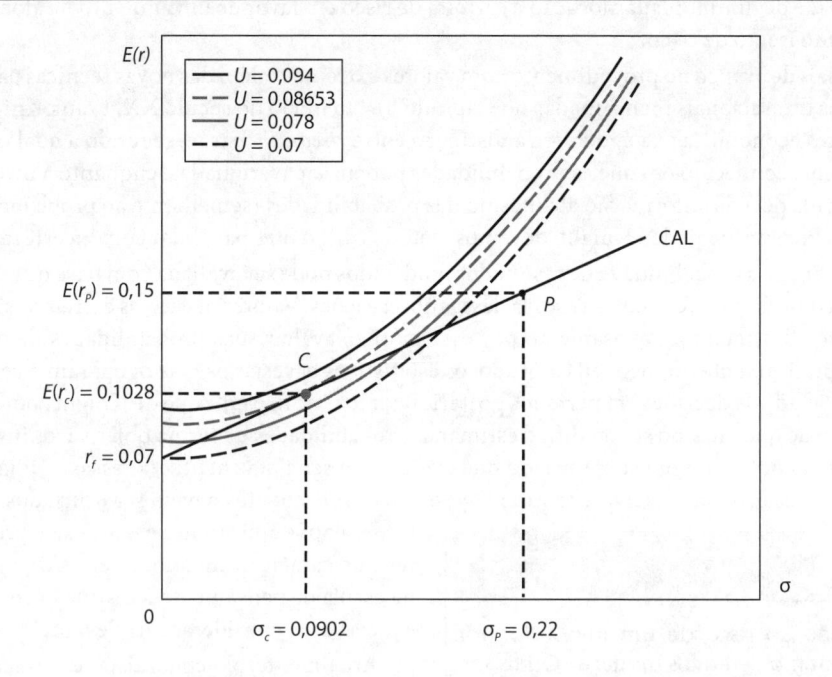

FIGURA 6.8
Identificando a carteira completa ótima por meio de curvas de indiferença

com o desvio-padrão na coluna (1) para oferecer o valor de utilidade correspondente a cada curva. A coluna (6) utiliza a Equação 6.5 para calcular $E(r_C)$ na CAL para o desvio-padrão σ_C na coluna (1):

$$E(r_C) = r_f + [E(r_P) - r_f]\frac{\sigma_C}{\sigma_P} = 7 + [15 - 7]\frac{\sigma_C}{22}$$

A Figura 6.8 representa graficamente as quatro curvas de indiferença e a CAL. Esse gráfico revela que a curva de indiferença com $U = 0{,}08653$ é tangente à CAL; o ponto tangencial corresponde à carteira completa que maximiza a utilidade. O ponto tangencial encontra-se em $\sigma_C = 9{,}02\%$ e $E(r_C) = 10{,}28\%$, os parâmetros de risco–retorno da carteira completa ótima com $y^* = 0{,}41$. Esses valores correspondem à solução algébrica obtida com a Equação 6.7.

Concluímos que a escolha de y^*, a fração do total de fundos de investimento a ser alocada à carteira de risco, é determinada pela aversão ao risco (a inclinação das curvas de indiferença) e pelo índice de Sharpe (a inclinação do conjunto de oportunidades).

Em resumo, a alocação de capital determina a carteira completa, que constitui a riqueza total do investidor. A carteira P representa toda a riqueza em risco. Por isso, quando os retornos são normalmente distribuídos, o desvio-padrão é uma medida de risco apropriada. Em capítulos posteriores falaremos sobre a ampliação de P com "bons" complementos, isto é, ativos que melhoram o *trade-off* de risco-retorno viável. O risco desses possíveis complementos precisará ser medido por seu efeito *incremental* sobre o desvio-padrão de P.

Retornos não normais

Na análise precedente presumimos a normalidade dos retornos considerando o desvio-padrão como a medida de risco apropriada. Contudo, tal como analisamos no Capítulo 5, a probabilidade de os desvios da normalidade gerarem perdas extremas pode ser bem maior em comparação ao que seria plausível em uma distribuição normal. Essas exposições, que normalmente são medidas pelo valor em risco (VaR) ou déficit esperado (*expected shortfall* – ES), também seriam importantes para os investidores.

Portanto, uma ampliação fundamental de nossa análise seria apresentar previsões de VaR e ES aos investidores. Considerando como referência a alocação de capital da análise baseada em uma distribuição normal, os investidores com distribuições de cauda grossa podem considerar a possibilidade de diminuir sua alocação à carteira de risco em favor de um aumento na alocação ao instrumento isento de risco.

Há sinais de avanço no procedimento com valores extremos (além das novas técnicas para lidar com dados transacionais mencionadas no Capítulo 5). No início do século XX, Frank Knight, um dos maiores economistas da época, fez a distinção entre *risco* e *incerteza*, segundo a qual o risco é um problema conhecido em que as probabilidades podem ser averiguadas, enquanto a incerteza é caracterizada pela desinformação até mesmo das probabilidades (semelhante ao problema do cisne negro). Por isso, defendeu Knight, devemos métodos diferentes para lidar com incerteza e risco.

Em finanças, a probabilidade de resultados moderados pode ser avaliada com base na experiência, em virtude da alta frequência relativa dessas observações. Valores negativos extremos são felizmente raros. Entretanto, precisamente por esse motivo, avaliar suas probabilidades de maneira precisa é praticamente impossível. Contudo, os estatísticos bayesianos, que ocuparam o centro do palco da tomada de decisões em períodos posteriores, recusaram o enfoque de Knight com base no argumento de que, mesmo sendo difícil estimar as probabilidades de forma objetiva, os investidores têm uma noção, embora subjetiva, do que elas podem ser e devem utilizar essas opiniões para tomar decisões econômicas. Na estrutura bayesiana, os precedentes devem ser utilizados mesmo se eles não se aplicarem a eventos sem precedentes que caracterizam a incerteza. Assim sendo, na escola de pensamento a distinção entre risco e incerteza é considerada irrelevante.

Atualmente, os economistas estão aceitando o ponto de vista de Knight. Funções de utilidade avançada tentam distinguir risco e incerteza e atribuir a esses resultados incertos uma função mais ampla na escolha de carteiras. Essas abordagens ainda precisam ganhar espaço na prática do dia a dia. No entanto, assim que desenvolvidas, medidas práticas com certeza surgirão.

> **REVISÃO DE CONCEITOS 6.1**
>
> a. Se o coeficiente de aversão ao risco de um investidor for $A = 3$, de que forma o *mix* ótimo de ativos mudará? Quais são os novos valores de $E(r_c)$ e σ_c?
>
> b. Suponhamos que a taxa de contratação de empréstimo, $r_f^B = 7\%$ seja superior à taxa de concessão de empréstimo, $r_f = 7\%$. Mostre graficamente como a carteira ótima de alguns investidores será afetada pela taxa de contratação de empréstimo. Quais investidores *não* serão afetados pela taxa de contratação de empréstimo?

6.6 Estratégias passivas: linha do mercado de capitais

A CAL é deduzida da carteira isenta de risco e "da" carteira de risco, P. A determinação dos ativos a serem incluídos em P pode decorrer de uma estratégia passiva ou ativa. A **estratégia passiva** descreve uma decisão sobre carteira que evita qualquer análise de títulos direta ou indireta.[6] À primeira vista, a estratégia passiva pode parecer ingênua. Entretanto, conforme se evidenciará, forças da oferta e da demanda nos grandes mercados de capitais podem transformar essa estratégia em uma escolha sensata para vários investidores.

No Capítulo 5, apresentamos uma compilação do histórico de taxas de retorno sobre diferentes carteiras. Os dados estão disponíveis no *site* do professor Kenneth French, em http://mba.tuck.dartmouth.edu/pages/faculty/ken.french/data_library.html. Podemos utilizar esses dados para examinar várias estratégias passivas.

Um candidato natural a ativo de risco mantido passivamente seria uma carteira bem diversificada de ações ordinárias, como a "EUA Completa" descrita no Capítulo 5. Como a estratégia passiva exige que dediquemos recursos à aquisição de informações sobre qualquer ação específica ou grupo de ações, devemos seguir uma estratégia de diversificação "neutra". Uma alternativa é escolher uma carteira de ações diversificada que espelhe o valor do setor corporativo da economia americana. Isso resulta em uma carteira em que, por exemplo, a proporção investida em ações da Microsoft será o índice entre o valor de mercado total e o valor de mercado de todas as ações listadas.

O índice ponderado pelo valor mais popular é o índice composto da Standard & Poor's das 500 grandes corporações americanas (o S&P 500). A Tabela 6.7 resume o desempenho da carteira S&P

---

[6] Com "análise direta de títulos" nos referimos à delegação dessa responsabilidade a um intermediário – por exemplo, um gestor financeiro profissional.

500 durante o período de 87 anos, de 1926 a 2012, bem como para quatro subperíodos. A Tabela 6.7 mostra o retorno médio da carteira, o retorno de letras do Tesouro de um mês roladas durante o mesmo período e o retorno em excesso médio resultante e seu desvio-padrão. O índice de Sharpe do período completo (1926–2012) foi 0,40. Em outras palavras, os investidores do mercado acionário desfrutaram de um retorno em excesso médio de 0,40% em relação à taxa de letras do Tesouro para cada 1% de desvio-padrão. O grande desvio-padrão do retorno em excesso (20,48%) é um dos motivos pelos quais observamos um intervalo amplo de retornos em excesso médios ao longo dos subperíodos (variando de 0,21 a 0,74). Utilizando a distribuição estatística da diferença entre os índices de Sharpe das duas carteiras, podemos estimar a probabilidade de observarmos um desvio do índice de Sharpe de um subperíodo específico em relação ao do período total, assumindo que esse último é o valor verdadeiro. A última coluna da Tabela 6.7 mostra que a probabilidade de encontrarmos esses índices de Sharpe amplamente diferentes nos subperíodos na realidade é bem grande.

Chamamos a linha de alocação de capital oferecida por letras do Tesouro de um mês e um índice amplo de ações ordinárias de **linha do mercado de capitais** (*capital market line* – CML). Uma estratégia passiva gera um conjunto de oportunidades de investimento representado pela CML.

Até que ponto é sensato um investidor perseguir uma estratégia passiva? Não podemos responder essa pergunta sem compararmos a estratégia com os custos e benefícios advindos de uma estratégia de carteira ativa. Entretanto, algumas ideias são relevantes a esta altura.

Primeiro a estratégia ativa alternativa não é gratuita. Independentemente de você optar por investir tempo e arcar com o custo de adquirir as informações necessárias para gerar uma carteira de ativos de risco ótima ou de delegar essa tarefa a um profissional que cobrará uma taxa, a constituição de uma carteira ativa é mais cara do que a de uma passiva. A carteira passiva requer um custo insignificante para a compra de letras do Tesouro e taxas de administração para um fundo negociado em bolsa e uma empresa de fundos mútuos que opera um fundo de índice de mercado. O Vanguard, por exemplo, opera o Índice 500, que se assemelha ao fundo de índice S&P 500. Ele compra ações das empresas integrantes do S&P 500 em proporção aos valores de mercado das ações em circulação de cada empresa e, portanto, essencialmente reproduz o índice S&P. Desse modo, ele duplica o desempenho desse índice de mercado. Ele tem um dos níveis de despesas operacionais mais baixos (como porcentagem de ativos) de todos os fundos mútuos de ações precisamente porque exige pouco esforço administrativo.

Um segundo motivo para adotar uma estratégia passiva é o benefício sem custo. Se houver muitos investidores ativos e bem-informados, que aumentam rapidamente o preço dos ativos subvalorizados e forçam a queda de preço dos ativos supervalorizados (por meio da venda), devemos concluir que invariavelmente os ativos serão em sua maioria razoavelmente precificados. Portanto, a carteira bem diversificada de ações ordinárias será uma compra razoavelmente justa e a estratégia passiva talvez não seja inferior à do investidor ativo médio. (Desenvolveremos mais detalhadamente esse argumento e ofereceremos uma análise mais abrangente do sucesso relativo das estratégias passivas em capítulos posteriores.) O quadro "Destaque da Realidade" ressalta que os fundos de índice passivos na verdade tiveram um desempenho superior ao da maioria dos fundos gerenciados

TABELA 6.7 Retorno médio anual sobre ações de alta capitalização e letras do Tesouro de um mês; desvio-padrão e índice de Sharpe de ações de alta capitalização ao longo do tempo

	Retornos anuais médios			Carteira S&P 500		
Período	Carteira S&P 500	Letras do Tesouro de 1 mês	Prêmio de risco	Desvio-padrão	Índice de Sharpe (recompensa/ volatilidade)	Probabilidade*
1926–2012	11,67	3,58	8,10	20,48	0,40	–
1989–2012	11,10	3,52	7,59	18,22	0,42	0,94
1968–1988	10,91	7,48	3,44	16,71	0,21	0,50
1947–1967	15,35	2,28	13,08	17,66	0,74	0,24
1926–1946	9,40	1,04	8,36	27,95	0,30	0,71

* Probabilidade de a estimativa do índice de Sharpe do período de 1926–2012 ser equivalente ao valor verdadeiro e de que observemos o valor registrado ou um índice de Sharpe ainda mais diferente no subperíodo.

DESTAQUE DA REALIDADE

OS INVESTIDORES DESENCANTAM-SE COM OS SELECIONADORES DE AÇÕES PROFISSIONAIS

Os investidores estão fugindo dos fundos mútuos gerenciados por selecionadores de ações profissionais e transferindo grandes quantias para fundos de baixo custo que refletem o mercado mais amplo.

Ao longo de novembro de 2012, os investidores tiraram US$ 119,3 bilhões dos assim chamados fundos de ações americanas gerenciados ativamente de acordo com os últimos dados da empresa de pesquisa Morningstar Inc. Ao mesmo tempo, eles injetaram US$ 30,4 bilhões em fundos de ações americanas negociados em bolsa (*exchange-traded funds* – ETFs).

Essa mudança é um reflexo do fato de muitos gestores monetários de fundos de ações, que cobram taxas, mas também utilizam a isca de perspectivas de retornos mais altos, terem tido um desempenho abaixo dos índices de ações de referência. Por esse motivo, mais investidores estão escolhendo simplesmente investir em fundos que acompanham os índices, os quais têm taxas mais baixas e são percebidos como de menor risco.

A missão dos selecionadores de ações em um fundo mútuo gerenciado é superar o desempenho do mercado geral por meio da negociação ativa de ações ou obrigações individuais. Nesse caso, os gestores do fundo recebem taxas mais altas por seu trabalho. Em um ETF (ou fundo mútuo indexado), os gestores contrabalançam a composição de participações do fundo para que ele reflita precisamente o desempenho de seu índice subjacente, cobrando taxas mais baixas.

A Morningstar afirma que, quando os investidores têm de investir em fundos de ações, eles precisam escolher fundos de índice e ETFs de baixo custo. Alguns ETFs de índice custam menos de 0,1% dos ativos por ano, enquanto vários fundos de ações ativamente gerenciados cobram 1% ou mais ao ano.

Embora nos últimos tempos essa tendência tenha pressionado crescentemente os selecionadores de ações, ela está mudando a sorte de alguns dos maiores participantes do setor de fundos mútuos, avaliado em US$ 14 trilhões.

A Fidelity Investments and American Funds, uma das maiores na categoria, testemunhou resgates ou pouco interesse dos investidores em comparação com os concorrentes, de acordo com uma análise de fluxos de fundos mútuos realizada para o *The Wall Street Journal* pela empresa de pesquisa Strategic Insight, uma unidade da Asset International, de Nova York.

No outro extremo do espectro, a Vanguard, a maior fornecedora de fundos mútuos indexados do mundo, no último ano atraiu o valor líquido de US$ 141 bilhões ao longo de dezembro, de acordo com a empresa.

Muitos investidores afirmam que estão procurando uma forma de investir a preço reduzido e com menos risco.

Fonte: Adaptado de Kirsten Grind, *The Wall Street Journal*, 3 de janeiro de 2013. Reimpresso com permissão. Copyright© 2013 Dow Jones & Company, Inc. Todos os direitos reservados mundialmente.

---

ativamente nas últimas décadas e que os investidores estão respondendo aos custos mais baixos e ao melhor desempenho dos fundos de índice dirigindo seus investimentos para esses produtos.

Resumindo, uma estratégia passiva envolve investimentos em duas carteiras passivas: letras do Tesouro praticamente isentas de risco (ou, alternativamente, um fundo do mercado monetário) e um fundo de ações ordinárias que se assemelha a um amplo índice de mercado. A linha de alocação de capital que representa essa estratégia é chamada de linha do mercado de capitais. Historicamente, com base em dados de 1926 a 2012, a carteira de risco passiva ofereceu um prêmio de risco médio de 8,1% e um desvio-padrão de 20,48%, gerando um índice de recompensa/volatilidade de 0,40.

Os investidores passivos alocam seu orçamento de investimento entre os instrumentos de acordo com seu grau de aversão ao risco. Podemos utilizar nossa análise para deduzir um parâmetro de aversão ao risco de um investidor típico. Com base na Tabela 1.1, no Capítulo 1, estimamos que aproximadamente 65,6% do patrimônio líquido é investido em um amplo conjunto de ativos de risco.[7] Presumimos que essa carteira tem as mesmas características de recompensa–risco que a S&P 500 tem exibido desde 1926, tal como comprova a Tabela 6.7. Substituindo esses valores na Equação 6.7, obtemos

$$y^* = \frac{E(r_M) - r_f}{A\sigma_M^2} = \frac{0,081}{A \times 0,2048^2} = 0,656$$

o que implica um coeficiente de aversão ao risco de

$$A = \frac{0,81}{0,656 \times 0,2048^2} = 2,94$$

---

[7] Na carteira de risco incluímos ativos reais, 50% de reservas de pensão, ações corporativas e não corporativas e 50% de ações de fundo mútuo. Essa carteira tem ao todo US$ 50,05 trilhões, o equivalente a 65,6% do patrimônio líquido das famílias. (Consulte a Tabela 1.1.)

Obviamente, esse cálculo é extremamente especulativo. Presumimos que o investidor médio mantém a visão ingênua de que as taxas de retorno médias históricas e os desvios-padrão são as melhores estimativas de taxas de retorno e risco esperados para o futuro. Se o investidor médio tirasse proveito de informações atuais, além de recorrer a dados históricos simples, nossa estimativa de A = 2,94 seria uma inferência injustificada. No entanto, uma ampla variedade de estudos, que levam em conta toda a gama de ativos disponíveis, posiciona o grau de aversão ao risco de um investidor representativo no intervalo de 2,0 a 4,0.[8]

> **REVISÃO DE CONCEITOS 6.8**
>
> Suponhamos que as expectativas quanto ao índice S&P 500 e à taxa de letras do Tesouro sejam as mesmas de 2012, mas você constate que atualmente uma proporção maior é investida em letras do Tesouro do que em 2012. O que você pode concluir sobre a mudança na tolerância ao risco desde 2012?

---

[8] Consulte, por exemplo, I. Friend e M. Blume, "The Demand for Risky Assets", *American Economic Review*, 64, 1974; ou S. J. Grossman e R. J. Shiller, "The Determinants of the Variability of Stock Market Prices", *American Economic Review*, 71, 1981.

RESUMO

1. Especulação é realização de um investimento de risco em virtude de seu prêmio de risco. O prêmio de risco deve ser grande o suficiente para compensar um investidor avesso ao risco em decorrência do risco do investimento.

2. Jogo justo é uma perspectiva de risco que tem um prêmio de risco zero. Ele não será aceito por um investidor avesso ao risco.

3. As preferências dos investidores com relação ao retorno esperado e à volatilidade de uma carteira podem ser expressas por uma função de utilidade superior para retornos mais altos e inferior para variâncias mais altas de carteira. Os investidores mais avessos ao risco aplicarão penalidades mais altas em virtude do risco. Podemos descrever graficamente essas preferências por meio de curvas de indiferença.

4. A atratividade de uma carteira de risco para um investidor avesso ao risco pode ser resumida pelo valor equivalente de certeza da carteira. A taxa equivalente de certeza do retorno é um valor que, se recebido com certeza, geraria a mesma utilidade de que a carteira de risco.

5. A transferência de fundos de uma carteira de risco para um ativo isento de risco é a alternativa mais simples para diminuir o risco. Outros métodos envolvem a diversificação da carteira de risco e *hedging*. Analisamos esses métodos em capítulos posteriores.

6. As letras do Tesouro oferecem um ativo completamente isento de risco apenas em termos nominais. No entanto, o desvio-padrão de taxas reais sobre letras do Tesouro de curto prazo é pequeno em comparação com o de outros ativos, como obrigações e ações ordinárias de longo prazo. Por isso, para o objetivo de nossa análise, consideramos as letras do Tesouro isentas de risco. Os fundos do mercado monetário mantêm, além de letras do Tesouro, obrigações de curto prazo, como CPs e CDs. Isso envolve algum risco de inadimplência, mas, também nesse caso, o risco é pequeno em relação ao da maioria dos outros ativos de risco. Por conveniência, com frequência nos referimos aos fundos do mercado monetário como ativos isentos de risco.

7. A carteira de risco de um investidor (o ativo de risco) pode ser caracterizada por seu índice de recompensa/volatilidade, $S = [E(r_P) - r_f]/\sigma_P$. Além disso, esse índice é a inclinação da CAL, a linha que, quando representada em gráfico, parte do ativo isento de risco e chega até o ativo de risco. Todas as combinações de ativo de risco e ativo isento de risco encontram-se nessa linha. Se todos os demais fatores permanecerem iguais, os investidores tenderão a preferir uma CAL de inclinação mais acentuada porque isso significa retornos esperados mais altos para qualquer nível de risco. Se a taxa de contratação de empréstimo for superior à taxa de concessão de empréstimo, a CAL terá uma inclinação no ponto do ativo de risco.

8. O grau de aversão ao risco do investidor é caracterizado pela inclinação de sua curva de indiferença. A curva de indiferença mostra, em qualquer nível de retorno e risco esperado, o prêmio de risco necessário para assumir um ponto percentual a mais de desvio-padrão. Os investidores mais avessos ao risco têm curvas de indiferença mais acentuadas; isto é, eles exigem um prêmio de risco bem mais alto para assumir um risco maior.

9. A posição ótima, y^*, no ativo de risco, é proporcional ao prêmio de risco inversamente proporcional à variância e ao grau de aversão ao risco.

$$y^* = \frac{E(r_P) - r_f}{A\sigma_P^2}$$

Graficamente, essa carteira representa o ponto em que a curva de indiferença é tangente à CAL.

10. A estratégia de investimento passiva desconsidera a análise de segurança, preocupando-se em vez disso com o ativo isento de risco e uma carteira ampla de ativos de risco, como a carteira de ações S&P 500. Se em 2012 os investidores tivessem utilizado o retorno médio e desvio-padrão históricos da carteira S&P 500 como substituto para seu retorno esperado e desvio-padrão, os valores dos ativos em circulação indicariam um grau de aversão ao risco de A = 2,94 para o investidor médio. Isso está de acordo com outros estudos, que estimam uma aversão ao risco característica de 2,0 a 4,0.

Sites relacionados a este capítulo estão disponíveis em **www.grupoa.com.br**

PALAVRAS-CHAVE

apaixonado por risco
ativo isento de risco
avesso ao risco
carteira completa
critério de média-variância (M-V)

curva de indiferença
estratégia passiva
índice de recompensa/volatilidade
jogo justo
linha de alocação de capital

linha do mercado de capitais
neutro ao risco
prêmio de risco
taxa equivalente de certeza
utilidade

EQUAÇÕES BÁSICAS

Classificação de utilidade: $U = E(r) - \frac{1}{2}A\sigma^2$

Alocação de capital a uma carteira de risco: $y^* = \dfrac{E(r_P) - r_f}{A\sigma_P^2}$

CONJUNTO DE PROBLEMAS

Básicos

1. Qual das seguintes opções completa melhor a frase a seguir? Explique. Um investidor com um grau de aversão ao risco mais alto, em comparação com um com grau mais baixo, preferirá carteiras de investimentos
   a. com prêmio de risco mais alto.
   b. mais arriscadas (com desvio-padrão mais alto).
   c. com índices de Sharpe mais baixos.
   d. com índices de Sharpe mais altos.
   e. Nenhuma das alternativas acima.

2. Quais das seguintes afirmações são verdadeiras? Explique.
   a. Uma alocação menor à carteira de risco diminui o índice de Sharpe (recompensa/volatilidade).
   b. Quanto mais alta a taxa de contratação de empréstimo, mais baixo o índice de Sharpe das carteiras alavancadas.
   c. Com uma taxa isenta de risco fixa, a duplicação do retorno esperado e do desvio-padrão da carteira de risco dobrará o índice de Sharpe.
   d. Se o prêmio de risco da carteira de risco for mantido constante, uma taxa isenta de risco mais alta aumentará o índice de Sharpe dos investimentos com uma alocação positiva do ativo de risco.

3. O que você acha que poderia ocorrer com o retorno esperado sobre as ações se os investidores percebessem um aumento na volatilidade do mercado de ações? Relacione sua resposta à Equação 6.7.

Intermediários

4. Considere uma carteira de risco. O fluxo de caixa do final de ano deduzido da carteira será US$ 70 mil ou US$ 200 mil, com probabilidades iguais de 0,5. O investimento alternativo sem risco em letras do Tesouro paga 6% ao ano.
   a. Se você exigisse um prêmio de risco de 8%, quanto estaria disposto a pagar pela carteira?
   b. Suponhamos que a carteira possa ser comprada pelo valor encontrado em (a). Qual será a taxa de retorno esperada sobre a carteira?
   c. Suponhamos agora que você exigisse um prêmio de risco de 12%. Que preço você estaria disposto a pagar nessa situação?
   d. Comparando suas respostas às alternativas (a) e (c), o que você conclui sobre a relação entre o prêmio de risco exigido sobre uma carteira e o preço pelo qual carteira será vendida?

5. Considere uma carteira que oferece uma taxa de retorno esperada de 12% e um desvio-padrão de 18%. As letras do Tesouro oferecem uma taxa de retorno isenta de risco de 7%. Qual o nível máximo de aversão ao risco em relação ao qual a carteira de risco ainda assim é preferível às letras?

6. Trace a curva de indiferença no plano retorno esperado–desvio-padrão correspondente ao nível de utilidade de 0,05 para um investidor com coeficiente de aversão ao risco de 3. (Dica: Escolha vários desvios-padrão possíveis, entre 0 e 0,25, e encontre as taxas de retorno esperadas de nível utilidade de 0,05. Em seguida, represente graficamente os pontos de retorno esperado–desvio-padrão deduzidos.)

7. Trace a curva de indiferença correspondente ao nível de utilidade de 0,05 para um investidor com coeficiente de aversão ao risco de $A = 4$. Comparando sua resposta ao Problema 6, o que você conclui?

8. Trace a curva de indiferença de um investidor neutro ao risco com um nível de utilidade de 0,05.

9. O que deve ser verdadeiro quanto à indicação do coeficiente de aversão ao risco, A, de um investidor apaixonado por risco? Trace a curva de indiferença para um nível de utilidade de 0,05 para um apaixonado por risco.

Para os problemas de 10 a 12: Considere os dados históricos que mostram que a taxa de retorno anual média sobre a carteira S&P 500 nos últimos 85 anos aumentou em torno de 8% mais do que o retorno das letras do Tesouro e que o desvio-padrão da S&P 500 de 20% ao ano. Suponha que esses valores são representativos das expectativas dos investidores quanto ao desempenho futuro e que a taxa atual das letras do Tesouro é 5%.

10. Calcule o retorno esperado e a variância das carteiras investidas em letras do Tesouro e no índice S&P 500 com os seguintes pesos:

P_{letras}	P_{indice}
0	1,0
0,2	0,8
0,4	0,6
0,6	0,4
0,8	0,2
1,0	0

11. Calcule os níveis de utilidade de cada carteira do Problema 10, para um investidor com $A = 2$. O que você conclui?

12. Repita o Problema 11, para um investidor com $A = 3$. O que você conclui?

Utilize os dados para os problemas de 13 a 19: Você gerencia uma carteira de risco com taxa de retorno esperada de 18% e desvio-padrão de 28%. A taxa das letras do Tesouro é 8%.

13. Seu cliente resolve investir 70% de uma carteira em seu fundo e 30% em um fundo de letras do Tesouro do mercado monetário. Qual o valor esperado e o desvio-padrão da taxa de retorno sobre sua carteira?

14. Suponha que sua carteira de risco inclua as seguintes porcentagens de investimento:

Ação A	25%
Ação B	32%
Ação C	43%

    Quais são as porcentagens de investimento da carteira geral de seu cliente, incluindo a posição em letras do Tesouro?

15. Qual o índice de recompensa/volatilidade (S) de sua carteira de risco e da carteira geral de seu cliente?

16. Trace a CAL de sua carteira em um diagrama de retorno esperado/desvio-padrão. Qual a inclinação da CAL? Mostre a posição de seu cliente na CAL de seu fundo.

17. Suponhamos que seu cliente decida investir em sua carteira uma porcentagem (y) do total do orçamento de investimento para que assim sua carteira geral tenha uma taxa de retorno esperada de 16%.
    a. Qual a porcentagem de y?
    b. Quais são as porcentagens de investimento de seu cliente nas três ações e no fundo de letras do Tesouro?
    c. Qual o desvio-padrão da taxa de retorno da carteira de seu cliente?
18. Suponhamos que seu cliente prefira investir em sua carteira uma porcentagem y que maximize o retorno esperado sobre a carteira completa desde que o desvio-padrão dessa carteira não seja superior a 18%.
    a. Qual a porcentagem de investimento, y?
    b. A taxa de retorno esperada sobre a carteira completa?
19. O grau de aversão ao risco de seu cliente é $A = 3,5$.
    a. Que proporção, y, do investimento total deve ser investida em seu fundo?
    b. Qual o valor esperado e o desvio-padrão da taxa de retorno da carteira otimizada de seu cliente?
20. Examine os dados da Tabela 6.7 sobre o prêmio de risco médio da carteira S&P 500 em relação às letras do Tesouro e o desvio-padrão desse prêmio de risco. Suponhamos que a S&P 500 seja sua carteira de risco.
    a. Se seu coeficiente de aversão ao risco for $A = 4$ e você acreditar que o período completo de 1926–2012 é representativo do desempenho esperado futuro, que fração de sua carteira deverá ser alocada a letras do Tesouro e que fração a ações?
    b. E se você acreditar que o período 1968–1988 é representativo?
    c. O que você pode conclui da comparação de suas respostas a (a) e (b)?
21. Considere as seguintes informações sobre uma carteira de risco que você gerencia e um ativo isento de risco: $E(r_P) = 11\%$, $\sigma_P = 15\%$, $r_f = 5\%$.
    a. Seu cliente deseja investir uma proporção de seu orçamento de investimento total em seu fundo de risco para oferecer uma taxa de retorno esperada sobre sua carteira geral ou completa de 8%. Que proporção ele deve investir na carteira de risco, P, e que proporção no ativo isento de risco?
    b. Qual será o desvio-padrão da taxa de retorno sobre a carteira desse investidor?
    c. Outro cliente deseja o retorno mais alto possível com a condição de que você limite seu desvio-padrão a não mais de 12%. Qual cliente é mais avesso ao risco?
22. A Investment Management Inc. (IMI) utiliza a linha do mercado de capitais para fazer recomendações sobre alocação de ativos. A IMI extrai as seguintes previsões:
    - Retorno esperado sobre a carteira de mercado: 12%.
    - desvio-padrão da carteira de mercado: 20%.
    - Taxa isenta de risco: 5%.

    Samuel Johnson procura o conselho da IMI para alocar ativos a uma carteira. Johnson informa a IMI que ele deseja que o desvio-padrão seja igual à metade do desvio-padrão da carteira de mercado. Utilizando a linha do mercado de capitais, qual retorno esperado a IMI pode oferecer com base na restrição de risco de Johnson?

Para os problemas de 23 a 26: Digamos que a taxa de contratação de empréstimo de seu cliente é 9%. Vamos admitir que o índice S&P 500 tem um retorno esperado de 13% e desvio-padrão de 25%, que $r_f = 5\%$ e que seu fundo tem os parâmetros apresentados no Problema 21.

23. Trace a CML de seu cliente, levando em conta a taxa de contratação de empréstimo mais alta. Sobreponha dois conjuntos de curvas de indiferença, um para um cliente que optará por conceder empréstimo e um para um cliente que investirá no fundo de índice e em um fundo do mercado monetário.
24. Qual o intervalo de aversão ao risco no qual o cliente não contrairá nem concederá empréstimo, isto é, no qual $y = 1$?
25. Solucione os Problemas 23 e 24 para um cliente que utiliza o seu fundo, em vez de um fundo de índice.
26. Qual a taxa percentual mais alta que um cliente que está concedendo empréstimo atualmente ($y < 1$) estará disposto a pagar para investir em seu fundo? E um cliente que está tomando empréstimo ($y > 1$)?

Difíceis
Para os problemas difíceis 27, 28 e 29: Você avalia que uma carteira passiva, isto é, uma carteira investida em ativos de risco para reproduzir o índice de ações S&P 500, oferece uma taxa de retorno esperada de 13% com um desvio-padrão de 25%. Você gerencia uma carteira de risco com taxa de retorno esperada de 18% e desvio-padrão de 28%. A taxa isenta de risco é de 8%.

27. Trace a CML e a CAL de seu fundo em um diagrama de retorno esperado/desvio-padrão.
    a. Qual a inclinação da CML?
    b. Descreva em um breve parágrafo a vantagem de seu fundo sobre o fundo passivo.
28. Seu cliente pondera se deve transferir para a carteira passiva os 70% investidos em seu fundo.
    a. Explique ao seu cliente a desvantagem dessa mudança.
    b. Demonstre ao seu cliente que a taxa máxima que você poderia cobrar (como porcentagem do investimento em seu fundo deduzida no final do ano) ainda assim o deixaria pelo menos tão bem investido em seu fundo quanto no fundo passivo. (Dica: A taxa diminuirá a inclinação da CAL ao diminuir a taxa de retorno líquido esperada.)
29. Considere novamente o cliente do Problema 19, com $A = 3,5$.
    a. Se ele optasse por investir na carteira passiva, que proporção, y, ele escolheria?
    b. A taxa (porcentagem do investimento em seu fundo, deduzida no final do ano) que você cobrou para que não houvesse diferença para o cliente entre seu fundo e a estratégia passiva foi afetada pela decisão sobre alocação de capital (isto é, a escolha de y do cliente)?

Utilize os dados a seguir para responder as questões CFA 1–3:

Dados da fórmula de utilidade

Investimento	Retorno esperado, $E(r)$	Desvio-padrão, σ
1	0,12	0,30
2	0,15	0,50
3	0,21	0,16
4	0,24	0,21

$U = E(r) - \frac{1}{2}A\sigma^2$, onde $A = 4$

1. Com base na fórmula de utilidade acima, que investimento você escolheria se seu grau de aversão ao risco fosse $A = 4$?
2. Com base na fórmula de utilidade acima, que investimento você escolheria se fosse neutro ao risco?

3. A variável (A) na fórmula de utilidade representa:
   a. Exigência de retorno do investidor.
   b. Aversão ao risco do investidor.
   c. Taxa equivalente de certeza da carteira.
   d. Preferência por uma unidade de retorno por quatro unidades de risco.

Utilize os dados a seguir para responder as questões CFA 4 e 5:

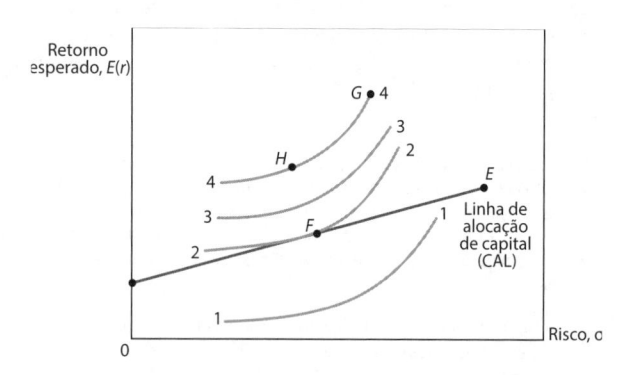

4. Que curva de indiferença representa o nível de utilidade mais alto que pode ser obtido pelo investidor?
5. Que ponto designa a carteira ótima de títulos de risco?

6. Com US$ 100 mil para investir, qual o prêmio de risco esperado em dólares de um investimento em ações *versus* em letras do Tesouro (americano) isentas de risco com base na tabela a seguir?

Ação	Probabilidade	Retorno esperado (US$)
Investir em ações	0,6	50.000
	0,4	−30.000
Investir em letras do Tesouro isentas de risco	1,0	5.000

7. A mudança de uma linha de alocação de capital reta para uma inclinada é uma consequência de qual dos itens abaixo?
   a. Elevação do índice de recompensa/volatilidade.
   b. Taxa de contratação superior à taxa de concessão de empréstimo.
   c. Menor tolerância ao risco do investidor.
   d. Maior proporção de ativos de risco na carteira.
8. Você gerencia um fundo de ações que tem prêmio de risco esperado de 10% e desvio-padrão esperado de 14%. A taxa sobre as letras do Tesouro é 6%. Seu cliente resolve investir US$ 60 mil de sua carteira em seu fundo de ações e US$ 40 mil em um fundo de letras do Tesouro do mercado monetário. Qual o retorno esperado e o desvio-padrão do retorno na carteira de seu cliente?
9. Qual o índice de recompensa/volatilidade do *fundo de ações* na questão CFA anterior?

EXERCÍCIOS DE INVESTIMENTO NA *WEB*

Existe diferença entre a *disposição* de um investidor para assumir risco e sua *capacidade* para assumi-lo. Faça os testes oferecidos nos *sites* a seguir e compare os resultados. Se eles forem significativamente diferentes, qual você utilizaria para determinar uma estratégia de investimento?

http://mutualfunds.about.com/library/personalitytests/bl-risktolerance.htm

http://mutualfunds.about.com/library/personalitytests/blrisk-capacity.htm

SOLUÇÕES PARA AS REVISÕES DE CONCEITOS

1. O investidor está assumindo um risco de taxa de câmbio ao investir em um ativo denominado em libras esterlinas. Se a taxa de câmbio mudar a favor do investidor, ele se beneficiará e obterá mais das letras do Reino Unido do que das letras dos Estados Unidos. Por exemplo, se as taxas de juros do Reino Unido e dos Estados Unidos forem 5% e a taxa de câmbio atual for US$ 2 por libra, um investimento de US$ 2 hoje pode comprar 1 libra, que pode ser investida na Inglaterra por uma taxa determinada de 5%, para obtenção de 1,05 libra no final do ano. Se a taxa de câmbio no final do ano for US$ 2,10 por libra, o valor de 1,05 libra pode trocado por 1,05 × US$ 2,10 = US$ 2,205 para uma taxa de retorno em dólar de 1 + r = US$ 2,205/US$ 2 = 1,1025 ou r = 10,25%, superior ao disponível para as letras dos Estados Unidos. Portanto, se o investidor esperar movimentos favoráveis na taxa de câmbio, as letras do Reino Unido serão um investimento especulativo. Do contrário, será uma aposta.
2. Para o investidor com A = 4, a utilidade da carteira de risco é

$$U = 0{,}02 - (½ \times 4 \times 0{,}3^2) = 0{,}02$$

enquanto a utilidade das letras é

$$U = 0{,}07 - (½ \times 4 \times 0) = 0{,}07$$

O investidor preferirá as letras à carteira de risco. (Obviamente, uma combinação entre letras e carteira poderia ser ainda melhor, mas não existe essa opção aqui.)

Mesmo para um investidor com A = 2, a utilidade da carteira de risco é

$$U = 0{,}20 - (½ \times 2 \times 3^2) = 0{,}11$$

enquanto a utilidade das letras é novamente 0,07. O investidor menos avesso ao risco prefere a carteira de risco.

3. O investidor menos avesso ao risco tem uma curva de indiferença mais baixa. Um aumento no risco exige uma menor elevação no retorno esperado para restaurar a utilidade ao nível original.

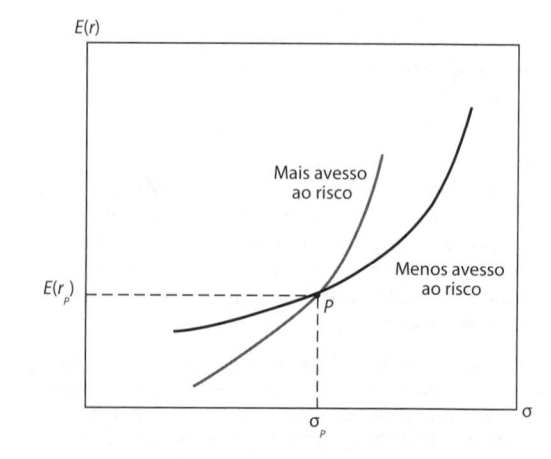

4. Manter 50% do capital investido no Ready Assets significa que a proporção de seu investimento na carteira de risco diminui de 70 para 50%.

Sua carteira de risco é construída para investir 54% em E e 46% em B. Portanto, a proporção de E em sua carteira geral é $0,5 \times 54\% = 27\%$ e o valor em dólar de sua posição em E é US$ $300.000 \times 0,27 = $ US$ 81.000.

5. No plano retorno esperado–desvio-padrão, todas as carteiras construídas dos mesmos fundos de risco e isento de risco (com várias proporções) encontram-se em uma linha que parte da taxa isenta de risco e chega ao fundo de risco. A inclinação da linha de alocação de capital (CAL) é igual em todos os lugares; por isso, o índice de recompensa/volatilidade é o mesmo para todas essas carteiras. Formalmente, se você investir uma proporção, y, em um fundo de risco com retorno esperado $E(r_P)$ e desvio-padrão σ_P e o restante, $1 - y$, em um ativo isento de risco com uma taxa garantida r_f, o retorno esperado e o desvio-padrão da carteira serão

$$E(r_C) = r_f + y[E(r_P) - r_f]$$
$$\sigma_C = y\sigma_P$$

e, portanto, o índice de recompensa/volatilidade dessa carteira é

$$S_C = \frac{E(r_C) - r_f}{\sigma_C} = \frac{y[E(r_P) - r_f]}{y\sigma_P} = \frac{E(r_P) - r_f}{\sigma_P}$$

que é independente da proporção y.

6. As taxas de concessão e contratação de empréstimo ficam inalteradas em $r_f = 7\%$, $r^B_f = 9\%$. O desvio-padrão da carteira de risco ainda é 22%, mas a taxa de retorno esperada muda de 15 para 17%.

A inclinação da CAL de duas partes é

$$\frac{E(r_P) - r_f}{\sigma_P}$$ para o intervalo de concessão de empréstimo

$$\frac{E(r_P) - r^B_f}{\sigma_P}$$ para o intervalo de contratação de empréstimo

Portanto, em ambos os casos, a inclinação aumenta: de 8/22 para 10/22 para o intervalo de concessão e de 6/22 para 8/22 o intervalo de contratação.

7. a. Os parâmetros são $r_f = 0,07$, $E(r_P) = 0,15$, $\sigma_P = 0,22$. Um investidor com um grau de aversão ao risco A escolherá uma proporção y na carteira de risco de

$$y = \frac{E(r_P) - r_f}{A\sigma_P^2}$$

Com os parâmetros presumidos e $A = 3$, identificamos que

$$y = \frac{0,15 - 0,07}{3 \times 0,0484} = 0,55$$

Quando o grau de aversão ao risco diminui do valor original de 4 para o novo valor de 3, o investimento na carteira de risco aumenta de 41 para 55%. Correspondentemente, tanto o retorno esperado quanto o desvio-padrão da carteira ótima aumentam:

$$E(r_C) = 0,07 + (0,55 \times 0,08) = 0,114 \text{ (antes: 0,1028)}$$
$$\sigma_C = 0,55 \times 0,22 = 0,121 \text{ (antes: 0,0902)}$$

b. Todos os investidores cujo grau de aversão ao risco é tal que eles manteriam a carteira de risco em uma proporção igual a 100% ou inferior ($y \leq 1,00$) estão concedendo e não tomando empréstimos e, portanto, não são afetados pela taxa de contratação. O menos avesso desses investidores mantém 100% na carteira de risco ($y = 1$). Podemos solucionar o grau de aversão ao risco desses investidores "isolados" com base nos parâmetros das oportunidades de investimento:

$$y = 1 = \frac{E(r_P) - r_f}{A\sigma_P^2} = \frac{0,08}{0,0484A}$$

o que significa

$$A = \frac{0,08}{0,0484} = 1,65$$

Um investidor mais tolerante ao risco (isto é, $A < 1,65$) tomaria emprestado se a taxa de empréstimo fosse 7%. Para os tomadores de empréstimo,

$$y = \frac{E(r_P) - r^B_f}{A\sigma_P^2}$$

Suponhamos, por exemplo, que um investidor tenha um A de 1,1. Quando $r_f = r^B_f = 7\%$, esse investidor opta por investir na carteira de risco:

$$y = \frac{0,08}{1,1 \times 0,0484} = 1,50$$

o que significa que o investidor tomará emprestado um valor equivalente a 50% de seu capital de investimento. Se a taxa de contratação de empréstimo aumentar, nesse caso $r^B_f = 9\%$, o investidor investirá menos no ativo de risco. Nesse caso:

$$y = \frac{0,06}{1,1 \times 0,0484} = 1,13$$

e "somente" 13% de seu capital de investimento será tomado mprestado. Graficamente, a linha de r_f à carteira de risco mostra a CAL para os concessores de empréstimos. A parte tracejada seria relevante se a taxa de contratação fosse igual à taxa de concessão de empréstimo. Quando a taxa de contratação de empréstimo é superior à taxa de concessão de empréstimo, a CAL tem uma inclinação no ponto correspondente ao ativo de risco.

A figura a seguir mostra a curva de indiferença de dois investidores. A curva mais acentuada retrata o investidor mais avesso ao risco, que escolhe a carteira C_0 e envolve concessão de empréstimo. A opção desse investidor não é afetada pela taxa de contratação de empréstimo. O investidor mais tolerante ao risco é retratado pela curva de indiferença com inclinação menos acentuada. Se a taxa de concessão fosse igual à taxa de contratação de empréstimo, esse investidor escolheria C_1 na parte tracejada da CAL. Quando a taxa de contratação sobe, esse investidor escolhe a carteira C_2 (no intervalo de contratação de empréstimo da CAL inclinada), que envolve um empréstimo menor do que o anterior. Esse investidor é prejudicado pelo aumento na taxa de contratação de empréstimo.

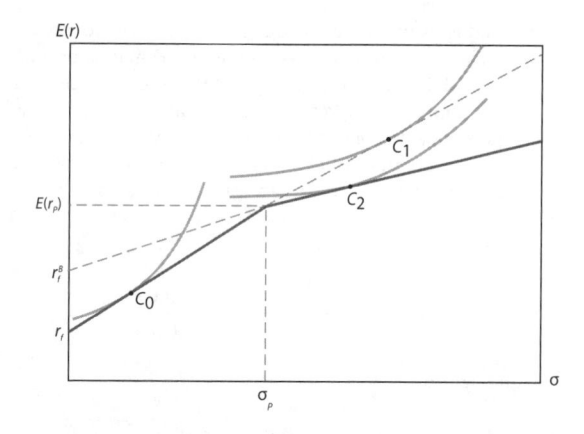

8. Se todos os parâmetros de investimento permanecerem inalterados, o único motivo para um investidor diminuir a proporção de investimento no ativo de risco será um aumento no grau de aversão ao risco. Se você achar que isso é improvável, deverá rever seu nível de convicção em suas suposições. Talvez o S&P 500 não seja um bom substituto para a carteira de risco ótima. Talvez os investidores esperem uma taxa real mais alta sobre as letras do Tesouro.

APÊNDICE A — Aversão ao risco, utilidade esperada e paradoxo de São Petersburgo

Fazemos uma digressão neste apêndice para examinar o raciocínio por trás de nossa argumentação de que os investidores são avessos ao risco. O reconhecimento da aversão ao risco como componente central das decisões sobre investimento remonta no mínimo a 1738. Daniel Bernoulli, um dos membros de uma famosa família suíça de matemáticos proeminentes, viveu de 1725 a 1733 em São Petersburgo, onde analisou o seguinte jogo de cara ou coroa. Para participar do jogo, é necessário pagar uma taxa de inscrição. A partir daí, a moeda é jogada até que apareça a primeira *cara*. O número de coroas, representado por *n*, que aparece até surgir a primeira cara, é utilizado para calcular o *payoff*, US$ *R*, do participante, como

$$R(n) = 2^n$$

A probabilidade de não dar coroa antes da primeira cara ($n = 0$) é $1/2$ e o *payoff* correspondente é $2^0 = $ US$ 1. A probabilidade de dar uma coroa e em seguida caras ($n = 1$) é $1/2 \times 1/2$, com *payoff* de $2^1 = $ US$ 2, a probabilidade de duas coroas e em seguida caras ($n = 2$) é $1/2 \times 1/2 \times 1/2$ etc.

A tabela a seguir mostra as probabilidades e os *payoffs* dos vários resultados:

Coroas	Probabilidade	Payoff = US$ R(n)	Probabilidade × payoff
0	1/2	1	1/2
1	1/4	2	1/2
2	1/8	4	1/2
3	1/16	8	1/2
...	...	...	...
n	$(1/2)^{n+1}$	2^n	1/2

Portanto, o *payoff* esperado é

$$E(R) = \sum_{n=0}^{\infty} \Pr(n)R(n) = \tfrac{1}{2} + \tfrac{1}{2} + \ldots = \infty$$

A avaliação desse jogo é chamada de "paradoxo de São Petersburgo". Embora o *payoff* esperado seja infinito, obviamente os participantes estarão dispostos a comprar entrada para participar do jogo somente por uma taxa limitada e possivelmente muito modesta.

Bernoulli resolveu esse paradoxo, ressaltando que os investidores não atribuem o mesmo valor por dólar a todos os *payoffs*. Mais especificamente, quanto maior sua riqueza, menor sua "valorização" de cada dólar extra. Podemos tornar essa percepção matematicamente precisa atribuindo um valor de prosperidade ou utilidade a qualquer nível de riqueza do investidor. Nossa função de

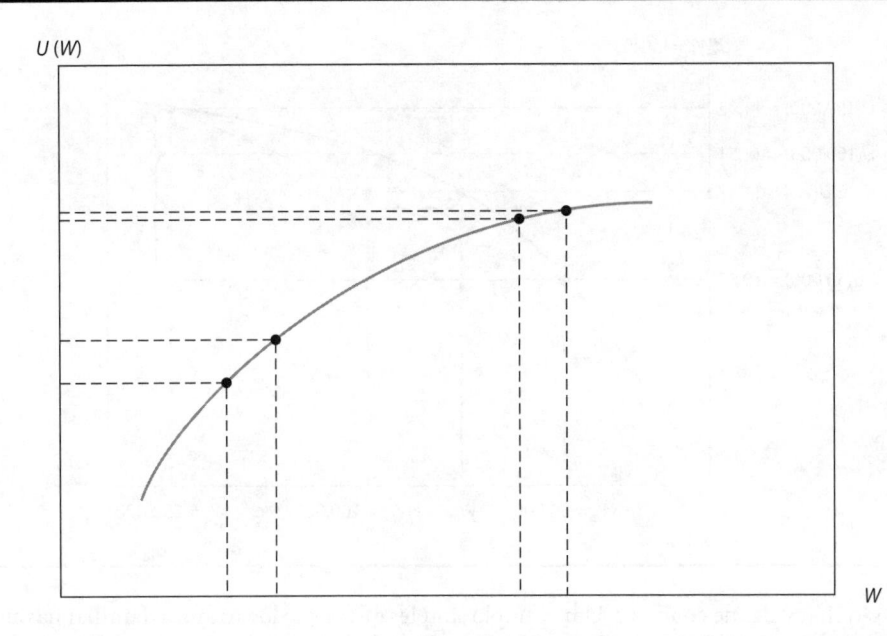

FIGURA 6A.1 A utilidade da riqueza com uma função de utilidade logarítmica

utilidade deve aumentar à medida que a riqueza for maior, mas cada dólar extra de riqueza deve aumentar a utilidade segundo valores progressivamente menores.[9] (Os economistas modernos diriam que os investidores exibem "utilidade marginal decrescente" em relação a um dólar de *payoff* adicional.) Uma função particular que atribui um valor subjetivo ao investidor em relação a um *payoff* de US$ R, que tem um valor menor por dólar à medida que o *payoff* aumenta, é a função $\ln(R)$, na qual ln é a função logarítmica natural. Se essa função medir os valores de utilidade da riqueza, o valor de utilidade subjetivo do jogo será na verdade finito, igual a 0,693.[10] O nível de riqueza garantido, necessário para gerar esse valor de utilidade é US$ 2,00, porque $\ln(2,00) = 0,693$. Portanto, o valor equivalente de certeza do *payoff* de risco é US$ 2,00, que é o valor máximo que esse investidor pagará para participar do jogo.

Von Neumann e Morgenstern adaptaram essa abordagem de teoria de investimento em um sistema axiomático completo em 1946. Evitando detalhes técnicos desnecessários, restringimo-nos aqui a uma exposição intuitiva da argumentação sobre aversão ao risco.

Imagine dois indivíduos que são gêmeos idênticos, exceto pelo fato de um ter menos sorte do que o outro. Peter tem apenas US$ 1.000 em seu nome, enquanto Paul tem um patrimônio líquido de US$ 200 mil. Quantas horas de trabalho cada um dos gêmeos estaria disposto a oferecer por um dólar extra? É provável que Peter (o gêmeo mais pobre) tenha maior necessidade do dinheiro extra do que Paul. Portanto, Peter oferecerá mais horas. Em outras palavras, Peter obtém uma prosperidade pessoal maior ou atribui um valor de "utilidade" mais alto ao seu 1.001º dólar do que Paul ao 200.001º. A Figura 6A.1 representa graficamente a relação entre riqueza e valor de utilidade da riqueza que é coerente com essa ideia de utilidade marginal decrescente.

Os indivíduos têm diferentes taxas de diminuição da utilidade marginal da riqueza. O que é constante é o *princípio* de que o incremento por dólar da utilidade diminui com a riqueza. As funções que exibem a propriedade de diminuir o valor por unidade à medida que o número de unidades

---

[9] Essa utilidade é semelhante em espírito àquela que atribui um nível de satisfação às carteiras que têm determinados atributos de risco e retorno. Entretanto, aqui, a função de utilidade não se refere à satisfação do investidor com outras opções de carteira, mas apenas à prosperidade subjetiva que ele extrai de diferentes níveis de riqueza.

[10] Se substituirmos o *payoff* em dólar, R, pelo valor de "utilidade", $\ln(R)$, para obtermos o valor de utilidade esperado do jogo (em vez de o valor em dólar esperado), teremos – chamando $V(R)$ de utilidade esperada:

$$V(R) = \sum_{n=0}^{\infty} \Pr(n)\ln[R(n)] = \sum_{n=0}^{\infty} (1/2)^{n+1} \ln(2^n) = 0,693$$

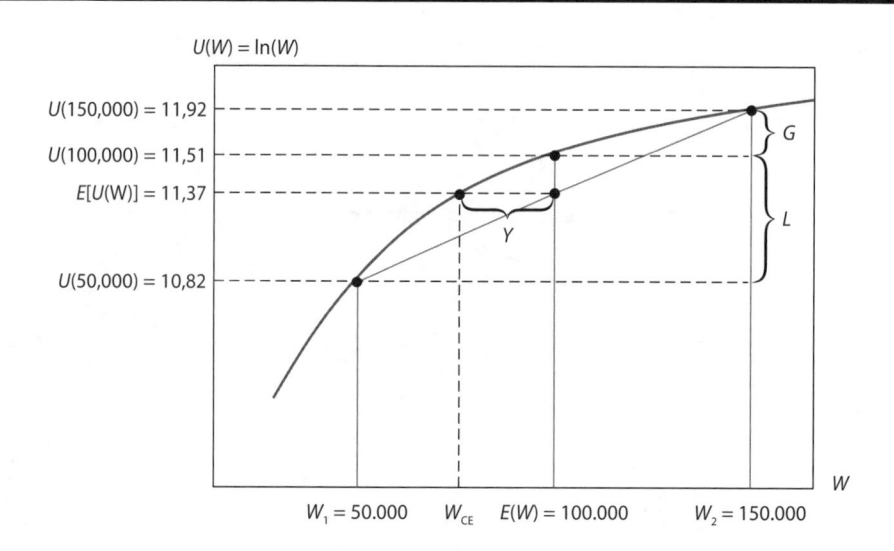

FIGURA 6A.2
Jogo justo utilidade esperada

Gráfico: U(W) = ln(W), com pontos U(150.000) = 11,92; U(100.000) = 11,51; E[U(W)] = 11,37; U(50.000) = 10,82; eixo horizontal com W₁ = 50.000, W_CE, E(W) = 100.000, W₂ = 150.000; distâncias G, L e Y indicadas.

aumenta são chamadas de côncavas. Um exemplo simples é a função logarítmica, familiar nas aulas de matemática do segundo grau. Obviamente, uma função logarítmica não será adequada para todos os investidores, mas ela é coerente com a aversão ao risco que presumimos para todos os investidores.

Considere agora esta probabilidade simples:

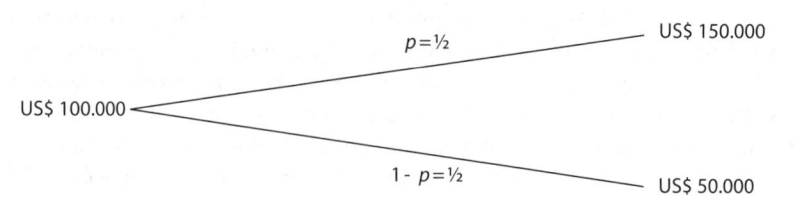

Diagrama de árvore: US$ 100.000 → com p = ½ → US$ 150.000; e com 1 − p = ½ → US$ 50.000.

Esse é um jogo justo porque o lucro esperado é zero. Entretanto, suponhamos que a curva na Figura 6A.1 represente o valor de utilidade da riqueza do investidor, admitindo uma função de utilidade logarítmica. A Figura 6A.2 mostra essa curva com valores numéricos marcados.

Ela mostra que a perda na utilidade decorrente da perda de US$ 50 mil é superior ao ganho decorrente do ganho de US$ 50 mil. Pense primeiro no ganho. Com uma probabilidade $p = 0{,}5$, a riqueza sobe de US$ 100 mil para US$ 150 mil. Utilizando a função de utilidade logarítmica, a utilidade passa de $\ln(100.000) = 11{,}51$ para $\ln(150.000) = 11{,}92$, a distância G no gráfico. Esse ganho é $G = 11{,}92 - 11{,}51 = 0{,}41$. Em termos de utilidade esperada, portanto, o ganho é $pG = 0{,}5 \times 0{,}41 = 0{,}21$.

Considere agora a possibilidade de se deparar com a probabilidade de perda. Nesse caso, a riqueza passa de US$ 100 mil para US$ 50 mil. A perda na utilidade, a distância L no gráfico, é $L = \ln(100.000) - \ln(50.000) = 11{,}51 - 10{,}82 = 0{,}69$. Portanto, a perda em termos de utilidade esperada é $(1-p)L = 0{,}5 \times 0{,}69 = 0{,}35$, que supera o ganho na utilidade esperada da possibilidade de ganhar o jogo.

Calculamos a utilidade esperada com base na probabilidade de risco:

$$E[U(W)] = pU(W_1) + (1-p)U(W_2)$$
$$= \tfrac{1}{2}\ln(50.000) + \tfrac{1}{2}\ln(150.000) = 11{,}37$$

Se a probabilidade for rejeitada, o valor de utilidade de (certeza de) US$ 100 mil é $\ln(100.000) = 11{,}51$, superior ao do jogo justo (11,37). Portanto, um investidor avesso ao risco rejeitará o jogo justo.

Utilizando a função de utilidade de um investidor específico (como a função de utilidade logarítmica), podemos calcular o valor equivalente de certeza da probabilidade de risco de determinado investidor. Esse é o valor que, se recebido com certeza, o investidor consideraria tão atraente quanto a probabilidade de risco.

Se a utilidade logarítmica descrever as preferências de um investidor com respeito a resultados de riqueza, a Figura 6A.2 pode nos dizer também qual é o valor em dólar dessa probabilidade para esse investidor. Perguntamos, que nível garantido de riqueza tem um valor de utilidade de 11,37 (que é igual à utilidade esperada da probabilidade)? Uma linha horizontal traçada no nível 11,37 cruza a curva de utilidade no nível de riqueza W_{CE}. Isso indica que

> **REVISÃO DE CONCEITOS 6A.1**
>
> Suponhamos que a função de utilidade seja $U(W) = \sqrt{W}$.
> a. Qual o nível de utilidade nos níveis de riqueza de US$ 50 mil e US$ 150 mil?
> b. Qual a utilidade esperada se p continuar igual a 0,5?
> c. Qual a equivalente de certeza da probabilidade de risco?
> d. A função de utilidade também exibe aversão ao risco?
> e. Em comparação com a função de utilidade logarítmica, a função de utilidade exibe maior ou menor aversão ao risco?

$$\ln(W_{CE}) = 11{,}37$$

o que significa que

$$W_{CE} = e^{11,37} = US\$\ 86.681{,}87$$

Portanto, W_{CE} a equivalente de certeza da probabilidade. A distância Y na Figura 6A.2 é a penalidade, ou ajuste decrescente, ao lucro esperado e atribuível ao risco da probabilidade.

$$Y = E(W) - W_{CE} = US\$\ 100.000 - US\$\ 86.681{,}87 = US\$\ 13.318{,}13$$

Para esse investidor, com certeza os US$ 86.681,87 são equivalentes em valor de utilidade aos US$ 100 mil em risco. Portanto, para ele, provavelmente não há diferença entre os dois.

PROBLEMAS: APÊNDICE A

1. Suponhamos que sua riqueza seja US$ 250 mil. Você compra uma casa de US$ 200 mil e investe o restante em um ativo isento de risco que paga uma taxa de juros anual de 6%. Existe uma probabilidade de 0,001 de que sua casa seja destruída por incêndio e seu valor se reduza a zero. Com base na utilidade logarítmica de sua riqueza no final do ano, quanto você estaria disposto a pagar por seguro (no início do ano)? (Admita que, se sua casa não incendiar, seu valor no final do ano ainda será US$ 200 mil.)

2. Se o custo de assegurar sua casa for US$ 1 por US$ 1.000 de valor, qual será a equivalente de certeza de sua riqueza no final do ano se você assegurar sua casa em:
   a. Metade de seu valor.
   b. Seu valor total.
   c. 1,5 vez seu valor.

APÊNDICE B — Função de utilidade e equilíbrio de preço de contratos de seguro

A função de utilidade de um investidor individual nos possibilita medir o valor subjetivo que ele atribuiria a um dólar em vários níveis de riqueza. Essencialmente, um dólar em tempos ruins (quando o nível de riqueza é baixo) é mais valioso do que um dólar em tempos bons (quando o nível de riqueza é alto).

Suponhamos que todos os investidores mantenham a carteira de risco S&P 500. Desse modo, se o valor da carteira cair em uma economia abaixo da expectativa, todos os investidores, embora em graus diferentes, experimentarão um cenário de "baixo nível de riqueza". Portanto, o valor de equilíbrio de um dólar na economia de baixo nível de riqueza seria mais alto do que o valor de um dólar quando a carteira tiver um desempenho acima da expectativa. Essa observação ajuda a explicar o custo aparentemente alto do seguro de carteira que encontramos quando analisamos os investimentos de longo prazo no capítulo anterior. Além disso, ela ajuda a explicar por que o investimento em uma carteira de ações (e, portanto, em ações individuais) tem um prêmio de risco que parece tão alto e resulta em uma probabilidade de déficit tão baixa. Não obstante a pequena probabilidade de risco de déficit, as ações não prevalecem sobre uma obrigação de baixo retorno isenta de risco porque, se houver déficit em um investimento, ele coincidirá com situações em que o valor dos retornos em dólar será alto.

O comportamento revelado pelos investidores demonstra aversão ao risco? Observando os preços e as taxas de retorno passadas nos mercados financeiros, podemos responder enfaticamente que sim. Com uma regularidade notável, as obrigações de maior risco são vendidas por preços mais baixos do que as mais seguras que têm características semelhantes em outros aspectos. As ações de maior risco também ofereceram taxas médias de retorno mais altas em longos períodos do que ativos de menor risco como as letras do Tesouro. Por exemplo, no período de 1926 a 2012, a taxa média de retorno da carteira S&P 500 superou o retorno das letras do Tesouro em 8% ao ano.

Com base nos dados financeiros, fica muito claro que o investidor médio ou representativo exibe grande aversão ao risco. Para os leitores que reconhecem que os ativos financeiros são precificados para compensar o risco por meio de um prêmio de risco e que ao mesmo tempo sentem certo impulso por apostar, temos um conselho construtivo: direcione seu impulso por apostar a investimentos no mercado financeiro. Como Von Neumann disse certa vez, "O mercado acionário é um cassino com probabilidades a seu favor". Um investimento levemente arriscado pode lhe oferecer todo o estímulo que você deseja por meio da possibilidade de apostar em um retorno esperado positivo!

APÊNDICE C Critério de Kelly

Para darmos um passo além da aposta do paradoxo de São Petersburgo, considere uma sequência de perspectivas de investimento idênticas de um período, cada uma com dois *payoffs* possíveis (e taxa de retorno expressa em decimal): um retorno em excesso positivo, b, com probabilidade p, e um retorno em excesso negativo, $-a$ ($a > 0$), com probabilidade $q = 1 - p$. J. L. Kelly[11] considerou uma forma básica de problema de alocação de capital e determinou o investimento ótimo nessa sequência de apostas para um investidor com uma função de utilidade logarítmica (descrita no Apêndice A).

O investimento de uma fração y na perspectiva de risco e o restante em ativos isentos de risco oferece uma taxa de retorno total de $1 + r + by$, com probabilidade p, ou $1 + r - ay$, com probabilidade q. Como Kelly utiliza uma função de utilidade logarítmica, a utilidade esperada da perspectiva de risco, por dólar de riqueza inicial, é:

$$E[U(y)] = p \ln(1 + r + yb) + q \ln(1 + r - ay) \qquad (6.C.1)$$

O investimento que maximiza a utilidade esperada ficou conhecido como critério de Kelly (ou fórmula de Kelly). Esse critério estabelece que a fração da riqueza total investida na perspectiva de risco independe da riqueza e é dada por:

$$y = (1 + r)\left(\frac{p}{a} - \frac{q}{b}\right) \qquad (6.C.2)$$

Essa será a alocação de ativos do investidor em cada período.

A fórmula de Kelly prevê um investimento maior na perspectiva de risco quando p e b são grandes e menor quando q e a são grandes. A aversão ao risco se evidencia porque, quando os ganhos e as perdas são iguais, isto é, quando $a = b$, $y = (1 + r)(p - q)/a$, quanto maior o *spread* entre ganho/perda (correspondente a valores maiores de a e b), menor a fração investida. Uma taxa de juros mais alta também aumenta a disposição ao risco (um efeito de renda).

A regra de Kelly baseia-se na função de utilidade logarítmica. É possível mostrar que os investidores que têm essa função de utilidade, em cada período, tentam maximizar a média geométrica

---

[11] J. L. Kelly Jr., "A New Interpretation of Information Rate", *Bell System Technical Journal*, 35, 1956, pp. 917–956.

do retorno da carteira. Portanto, a fórmula de Kelly também é uma regra para maximizar a média geométrica e tem várias propriedades interessantes: (1) Ela nunca corre o risco de ruína, porque a fração da riqueza alocada ao ativo de risco na Equação 6C.2 nunca ultrapassa $1/a$. (2) A probabilidade de que se superará o desempenho de qualquer outra estratégia sobe para 1 quando o horizonte de investimento é infinito. (3) Ela é míope, o que significa que a estratégia ótima é a mesma independentemente do horizonte de investimento. (4) Se você tiver uma meta de riqueza específica (p. ex.: US$ 1 milhão), essa estratégia tem o menor tempo esperado em relação a essa meta. Muitas publicações dedicaram-se ao estudo do critério de Kelly.[12]

SOLUÇÕES PARA AS REVISÕES DE CONCEITOS

A.1. a. $U(W) \ \sqrt{W}$
$U(50.000) = \sqrt{50.000} = 223,61$
$U(150.000) = 387,30$

b. $E(U) = (0,5 \times 223,61) + (0,5 \times 387,30) = 305,45$

c. Devemos encontrar W_{CE}, que tem um nível de utilidade de 305,45. Portanto,

$$\sqrt{W_{CE}} = 305,45$$
$$W_{CE} = 305,45^2 = US\$ \ 93.301$$

d. Sim. A equivalente de certeza do empreendimento de risco é inferior ao resultado de US$ 100 mil.

e. A equivalente de certeza do empreendimento de risco para esse investidor é superior à do investidor de utilidade logarítmica considerado no texto. Portanto, essa função de utilidade exibe menor aversão ao risco.

---

[12] Consulte, por exemplo, L. C. MacLean, E. O. Thorp e W. T. Ziemba (eds.), *The Kelly Capital Growth Criterion: Theory and Practice* (World Scientific Handbook in Financial Economic Series), Cingapura: World Scientific Publishing Co., 2010.

7 Carteira de risco ótima

A DECISÃO DE INVESTIMENTO pode ser considerada um processo descendente: (i) *alocação de capital* entre a carteira de risco e ativos isentos de risco, (ii) *alocação de ativos* na carteira de risco entre classes amplas de ativos (p. ex.: ações americanas, ações internacionais e obrigações de longo prazo) e (iii) *escolha de títulos* individuais dentro de uma classe de ativos.

Como vimos no Capítulo 6, a alocação de capital determina a exposição do investidor ao risco. A alocação ótima de capital é determinada pela aversão ao risco e pelo *trade-off* riscorretorno da carteira de risco ótima. Em princípio, a alocação de ativos e a escolha de títulos são tecnicamente idênticas; o objetivo de ambas é identificar a carteira de risco ótima, isto é, a combinação de ativos de risco que oferece o melhor *trade-off* entre risco e retorno. Entretanto, na prática, a alocação de ativos e a escolha de títulos normalmente são dois passos distintos nos quais os contornos amplos da carteira são estabelecidos (alocação de ativos) e os detalhes sobre títulos específicos são preenchidos posteriormente (escolha de títulos). Depois que mostrarmos como a carteira de risco ótima pode ser construída, consideraremos os custos e benefícios da adoção dessa abordagem de dois passos.

Primeiro instigamos a discussão ilustrando o potencial de ganho da diversificação simples em vários ativos. Em seguida, examinamos o processo de diversificação *eficiente* desde o princípio, começando com um *menu* de investimentos com apenas dois ativos de risco, acrescentando o ativo isento de risco e, finalmente, incorporando todo o universo de títulos de risco disponíveis. Aprendemos que a diversificação pode diminuir o risco sem afetar os retornos esperados. Com isso, reexaminamos a hierarquia de alocação de capital, alocação de ativos e escolha de títulos. Por fim, apresentamos percepções sobre o poder da diversificação traçando uma analogia entre ela os trabalhos realizados no setor de seguros.

As carteiras que analisamos neste e nos capítulos posteriores têm horizonte de curto prazo – ainda que o horizonte de investimento geral seja longo, a composição da carteira pode ser rebalanceada ou atualizada quase continuamente. Para esses curtos horizontes, a suposição de normalidade é suficientemente precisa para descrever os retornos do período de manutenção e, portanto, nos preocuparemos apenas com as médias e variâncias da carteira.

No Apêndice A, demonstramos como a construção da carteira de risco ótima pode ser facilmente realizada no Excel. O Apêndice B apresenta uma revisão das estatísticas de carteira com ênfase sobre a intuição por trás das medidas de covariância e correlação. Mesmo que você tenha feito um bom curso sobre métodos quantitativos, vale a pena dar uma passada de olhos.

7.1 Diversificação e risco de carteira

Suponhamos que sua carteira seja composta de ações de uma única empresa – por exemplo, da Dell Inc. Quais seriam as fontes de risco para essa "carteira"? Podemos pensar em duas grandes fontes de incerteza. Primeiramente, existe o risco relacionado com as condições econômicas gerais, como ciclos econômicos, inflação, taxas de juros, taxas de câmbio. Nenhum desses fatores macroeconômicos pode ser previsto com certeza e todos afetam a taxa de retorno das ações da Dell. Além desses fatores macroeconômicos, existem influências específicas da empresa, como o sucesso da Dell em pesquisa e desenvolvimento e mudanças de pessoal. Esses fatores afetam a Dell sem afetar perceptivelmente outras empresas na economia.

Pense agora em uma estratégia de **diversificação** ingênua, na qual você inclui outros títulos em sua carteira. Por exemplo, você investe metade de seus fundos na ExxonMobil e metade na Dell. O que pode ocorrer com a carteira de risco? Desde que as influências específicas à empresa sobre as duas ações sejam diferentes, a diversificação pode diminuir o risco de carteira. Por exemplo, quando o preço do petróleo cai e prejudica a ExxonMobil, o preço dos computadores pode aumentar e contribuir para a Dell. Os dois efeitos são contrabalançados, e isso estabiliza o retorno da carteira.

Mas por que restringir a diversificação a apenas duas ações? Se diversificarmos por meio de vários outros títulos, continuaremos a ampliar nossa exposição a fatores específicos da empresa e a volatilidade da carteira provavelmente continuará caindo. Entretanto, no final, mesmo com inúmeras ações, não poderemos evitar totalmente o risco, porque quase todos os títulos são afetados por fatores macroeconômicos comuns. Por exemplo, se todas as ações forem afetadas pelo ciclo econômico, não conseguiremos evitar a exposição ao risco de ciclo econômico independentemente de quantas ações mantivermos.

Quando todos os riscos são específicos à empresa, tal como na Figura 7.1, a diversificação diminui o risco para níveis arbitrariamente baixos. O motivo é que, quando todas as fontes de risco são independentes, a exposição a qualquer fonte específica de risco diminui para um nível insignificante. A redução do risco para níveis extremamente baixos no caso de fontes de risco independentes algumas vezes é chamada de **princípio do seguro**, em virtude da ideia de que uma seguradora depende da diminuição de risco por meio da diversificação, quando emite várias apólices contra várias fontes de risco independentes, cada uma delas sendo uma pequena parte da carteira geral da empresa. (Consulte a Seção 7.5 para uma discussão sobre o princípio do seguro.)

Contudo, quando fontes de risco comuns afetam todas as empresas, mesmo uma ampla diversificação não consegue eliminar o risco. Na Figura 7,1, painel B, o desvio-padrão da carteira diminui à medida que o número de títulos aumenta, mas ele não pode ser reduzido a zero. O risco remanescente após uma ampla diversificação é chamado de **risco de mercado**, que é atribuível a fontes de risco do mercado geral. Esse risco também é chamado de **risco sistemático** ou **risco não diversificável**. Em contraposição, o risco que *pode* ser eliminado pela diversificação é chamado de **risco exclusivo**, **risco específico à empresa**, **risco não sistemático** ou **risco diversificável**.

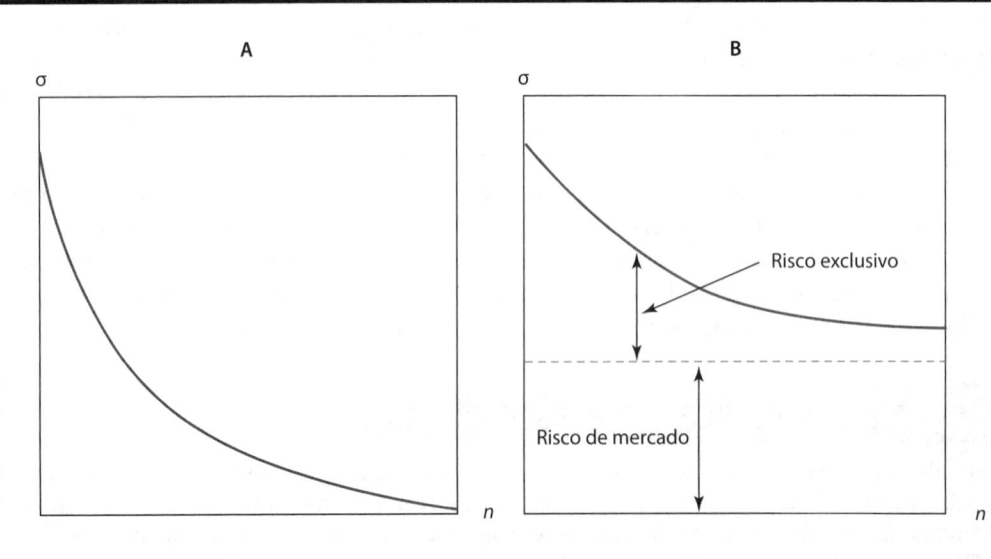

FIGURA 7.1
Risco de carteira em função do número de ações na carteira
Painel A: todos os riscos são específicos à empresa. **Painel B:** alguns riscos são sistemáticos ou do mercado geral.

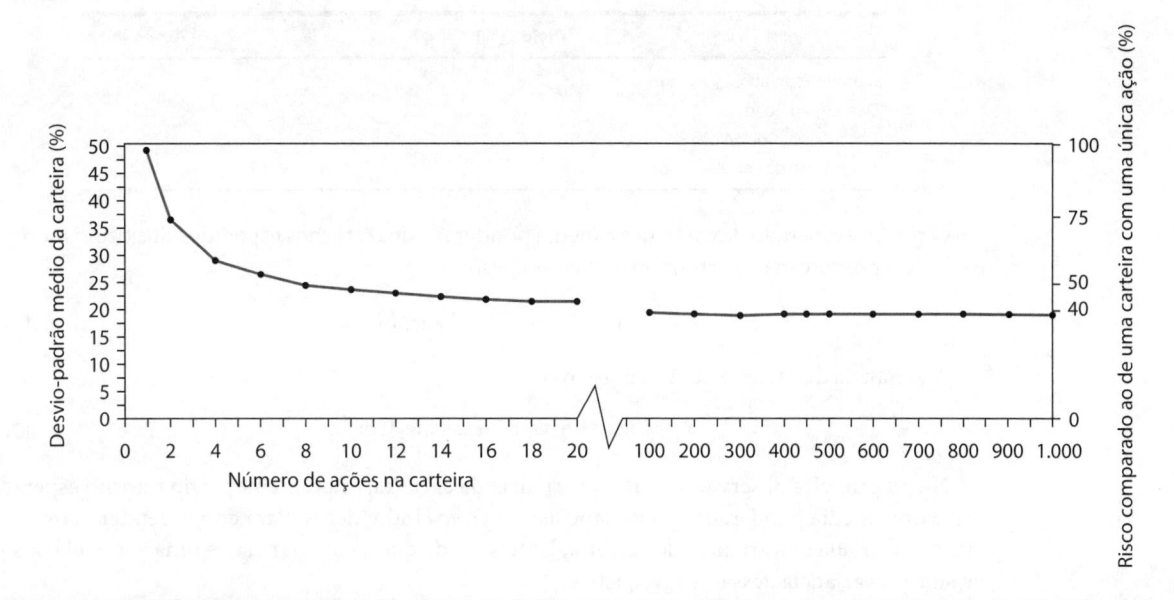

FIGURA 7.2 Diversificação de carteira
O desvio-padrão médio dos retornos das carteiras compostas apenas de uma ação foi 49,2%. O risco de carteira médio caiu rapidamente quando o número de ações incluídas na carteira aumentou. No limite, o risco de carteira pôde ser reduzido a somente 19,2%.

Fonte: De Meir Statman, "How Many Stocks Make Diversified Portfolio?", *Journal of Financial and Quantitative Analysis*, 22, setembro de 1987. Dados reimpressos com permissão.

Essa análise é confirmada por estudos empíricos. A Figura 7.2 mostra o efeito da diversificação de carteira, utilizando dados sobre as ações da NYSE.[1] Ela apresenta o desvio-padrão médio de carteiras igualmente ponderadas que foram construídas por meio da escolha aleatória de ações em função do número de ações na carteira. Em média, o risco da carteira de fato cai com a diversificação, mas o poder da diversificação para reduzir o risco é limitado por fontes de risco sistemáticas ou comuns.

7.2 Carteiras com dois ativos de risco

Na últimos seção, consideramos a diversificação ingênua utilizando carteiras igualmente ponderadas de vários títulos. Agora é o momento de analisarmos a diversificação *eficiente*, na qual construímos carteiras para oferece o menor risco possível para qualquer nível de retorno esperado.

As carteiras com dois ativos de risco são relativamente fáceis de analisar e elas mostram os princípios e fatores que se aplicam às carteiras com vários ativos. Faz sentido pensar em uma carteira com dois ativos como uma decisão de alocação de ativos e, por isso, consideramos dois fundos mútuos, uma carteira de obrigações especializada em títulos de dívida de longo prazo, representada por D, e um fundo de ações especializado em títulos de participação acionária, E. A Tabela 7.1 relaciona os parâmetros que descrevem a distribuição de taxas de retorno desses fundos.

Uma proporção indicada por w_D é investida no fundo de obrigações e o restante, $1 - w_D$, indicado por w_E, é investido no fundo de ações. A taxa de retorno dessa carteira, r_p, será[2]

$$r_p = w_D r_D + w_E r_E \tag{7.1}$$

onde r_D é a taxa de retorno do fundo de dívida e r_E é a taxa de retorno do fundo de ações.

---

[1] Meir Statman, "How Many Stocks Make a Diversified Portfolio?". *Journal of Financial and Quantitative Analysis*, 22, setembro de 1987.

[2] Consulte o Apêndice B deste capítulo para uma revisão das estatísticas de carteira.

TABELA 7.1 Estatísticas descritivas de dois fundos mútuos

	Dívida (%)	Ações (%)
Retorno Esperado, $E(r)$	8	13
Desvio-padrão, σ	12	20
Covariância, $\text{Cov}(r_D, r_E)$	72	
Coeficiente de correlação, ρ_{DE}	0,30	

O retorno esperado da carteira é a média ponderada dos retornos esperados dos títulos componentes e a proporção da carteira é dada como peso:

$$E(r_p) = w_D E(r_D) + w_E E(r_E) \tag{7.2}$$

A variância da carteira com dois ativos é

$$\sigma_p^2 = w_D^2 \sigma_D^2 + w_E^2 \sigma_E^2 + 2 w_D w_E \text{Cov}(r_D, r_E) \tag{7.3}$$

Nossa primeira observação é que a variância da carteira, diferentemente do retorno esperado, *não* é uma média ponderada das variâncias dos ativos individuais. Para compreender mais claramente a fórmula de variância de carteira, lembre-se de que a covariância de uma variável consigo mesma é a variância dessa variável; isto é,

$$\begin{aligned} \text{Cov}(r_D, r_D) &= \sum_{\text{cenários}} \text{Pr}(\text{cenário}) [r_D - E(r_D)] [r_D - E(r_D)] \\ &= \sum_{\text{cenários}} \text{Pr}(\text{cenário}) [r_D - E(r_D)]^2 \\ &= \sigma_D^2 \end{aligned} \tag{7.4}$$

Portanto, outra forma de expressar a variância da carteira é

$$\sigma_p^2 = w_D w_D \text{Cov}(r_D, r_D) + w_E w_E \text{Cov}(r_E, r_E) + 2 w_D w_E \text{Cov}(r_D, r_E) \tag{7.5}$$

Expressa em palavras, a variância da carteira é a soma ponderada de covariâncias e cada peso é o produto das proporções na carteira do par de ativos no termo da covariância.

A Tabela 7.2 mostra como a variância da carteira pode ser calculada em uma planilha. O painel A da tabela mostra a matriz de covariância *fronteiriça* dos retornos de dois fundos mútuos. A matriz fronteiriça é a matriz de covariância com o peso da carteira correspondente a cada fundo inserido na borda, isto é, na primeira linha e coluna. Para encontrar a variância da carteira, multiplique cada elemento na matriz de covariância pelo par de pesos da carteira na linha e coluna limítrofes. Some os termos resultantes para obter a fórmula de variância da carteira dada na Equação 7.5.

Realizamos esses cálculos no painel B, que é a matriz de covariância *fronteiriça multiplicada*: cada covariância foi multiplicada pelos pesos na linha e coluna limítrofes. A linha inferior do painel B

TABELA 7.2 Cálculo da variância da carteira com base na matriz de covariância

A. Matriz de covariância fronteiriça			
Pesos da carteira		w_D	w_E
w_D		$\text{Cov}(r_D, r_D)$	$\text{Cov}(r_D, r_E)$
w_E		$\text{Cov}(r_E, r_D)$	$\text{Cov}(r_E, r_E)$
B. Matriz de covariância fronteiriça multiplicada			
Pesos da carteira		w_D	w_E
w_D		$w_D w_D \text{Cov}(r_D, r_D)$	$w_D w_E \text{Cov}(r_D, r_E)$
w_E		$w_E w_D \text{Cov}(r_E, r_D)$	$w_E w_E \text{Cov}(r_E, r_E)$
$w_D + w_E = 1$		$w_D w_D \text{Cov}(r_D, r_D) + w_E w_D \text{Cov}(r_E, r_D)$	$w_D w_E \text{Cov}(r_D, r_E) + w_E w_E \text{Cov}(r_E, r_E)$
Variância da carteira		$w_D w_D \text{Cov}(r_D, r_D) + w_E w_D \text{Cov}(r_E, r_D) + w_D w_E \text{Cov}(r_D, r_E) + w_E w_E \text{Cov}(r_E, r_E)$	

confirma que a soma de todos os termos na matriz (que obtemos somando o total das colunas) na verdade é a variância da carteira na Equação 7.5.

Esse procedimento funciona porque a matriz de covariância é simétrica em torno da diagonal, isto é, $\text{Cov}(r_D, r_E) = \text{Cov}(r_E, r_D)$. Portanto, todo termo de covariância aparece duas vezes.

Essa técnica de cálculo da variância pela matriz de covariância fronteiriça multiplicada é geral; ela se aplica a qualquer número de ativos e é facilmente implementada em uma planilha. O quadro "Revisão de Conceitos 7.1" pede para que você tente aplicar essa regra a uma carteira de três ativos. Utilize esse problema para confirmar se esse conceito ficou bem claro.

A Equação 7.3 revela que variância diminui se o termo de covariância for negativo. É importante reconhecer que, mesmo que o termo de covariância for positivo, o desvio-padrão da carteira *ainda* será inferior à média ponderada dos desvios-padrão dos títulos individuais, a menos que a correlação entre os dois títulos seja perfeitamente positiva.

> **REVISÃO DE CONCEITOS 7.1**
>
> a. Primeiro confirme se nossa regra simples para calcular a variância de uma carteira de dois ativos com base na matriz de covariância fronteiriça é coerente com a Equação 7.3.
> b. Considere agora a carteira de três fundos, *X, Y, Z*, com pesos w_X, w_Y e w_Z. Mostre que a variância da carteira é
>
> $w_X^2\sigma_X^2 + w_Y^2\sigma_Y^2 + w_Z^2\sigma_Z^2 + 2w_Xw_Y\text{Cov}(r_X,r_Y)$
> $+ 2w_Xw_Z\text{Cov}(r_X,r_Z) + 2w_Yw_Z\text{Cov}(r_Y,r_Z)$

Para entender isso, observe que a covariância pode ser calcular com base no coeficiente de correlação, ρ_{DE}, como

$$\text{Cov}(r_D, r_E) = \rho_{DE}\,\sigma_D\sigma_E \tag{7.6}$$

Portanto,

$$\sigma_p^2 = w_D^2\sigma_D^2 + w_E^2\sigma_E^2 + 2w_Dw_E\sigma_D\sigma_E\rho_{DE} \tag{7.7}$$

Se todos os demais fatores permanecerem iguais, a variância da carteira será superior quando ρ_{DE} for mais alto. No caso de correlação positiva perfeita, $\rho_{DE} = 1$, o lado direito da Equação 7.7 é um quadrado perfeito e pode ser simplificado como

$$\sigma_p^2 = (w_D\sigma_D + w_E\sigma_E)^2 \tag{7.8}$$

ou

$$\sigma_p = w_D\sigma_D + w_E\sigma_E \tag{7.9}$$

Portanto, o desvio-padrão da carteira com correlação positiva perfeita é apenas a média ponderada dos desvios-padrão dos componentes. Em todos os outros casos, o coeficiente de correlação é inferior a 1, o que torna o desvio-padrão da carteira *inferior* à media ponderada dos desvios-padrão componentes.

Um ativo protegido tem correlação *negativa* com outros ativos na carteira. A Equação 7.7 mostra que esses ativos será particularmente eficazes para diminuir o risco total. Além disso, a Equação 7.2 mostra que o retorno esperado não é afetados pela correlação entre os retornos. Portanto, se todos os demais fatores permanecerem iguais, sempre preferiremos acrescentar à nossa carteira ativos com pouca correlação ou, melhor ainda, com correlação negativa com a posição existente.

Pelo fato de o retorno esperado da carteira ser a média ponderada dos retornos esperados de seus componentes e de seu desvio-padrão ser inferior à média ponderada dos desvios-padrão dos componentes, *as carteiras de ativos não perfeitamente correlacionados sempre obterão algum grau de benefício com a diversificação*. Quanto menor a correlação entre os ativos, maior o ganho em eficiência.

Qual seria o desvio-padrão mínimo aceitável para a carteira? O valor menor possível dos coeficientes de correlação é –1, representando uma correlação negativa perfeita. Nesse caso, a Equação 7.7 é simplificada para

$$\sigma_p^2 = (w_D\sigma_D - w_E\sigma_E)^2 \tag{7.10}$$

e o desvio-padrão da carteira é

> **EXEMPLO 7.1** || Risco e retorno de carteira
>
> Apliquemos essa análise aos dados dos fundos de obrigações e ações da Tabela 7.1. Por meio desses dados, as fórmulas de retorno esperado, variância e desvio-padrão da carteira como função dos pesos da carteira são
>
> $$E(r_p) = 8w_D + 13w_E$$
> $$\sigma_p^2 = 12^2 w_D^2 + 20^2 w_E^2 + 2 \times 12 \times 20 \times 0{,}3 \times w_D w_E$$
> $$= 144 w_D^2 + 400 w_E^2 + 144 w_D w_E$$
> $$\sigma_p = \sqrt{\sigma_p^2}$$

$$\sigma_p = \text{Valor absoluto}\,(w_D \sigma_D - w_E \sigma_E) \tag{7.11}$$

Quando $\rho = -1$, é possível obter uma posição perfeitamente coberta escolhendo as proporções da carteira para resolver

$$w_D \sigma_D - w_E \sigma_E = 0$$

A solução para essa equação é

$$w_D = \frac{\sigma_E}{\sigma_D + \sigma_E}$$
$$w_E = \frac{\sigma_D}{\sigma_D + \sigma_E} = 1 - w_D \tag{7.12}$$

Esses pesos forçam o desvio-padrão da carteira para zero.

Podemos experimentar diferentes proporções de carteira para observar o efeito sobre o retorno esperado e a variância da carteira. Suponhamos que mudemos a proporção investida em obrigações. O efeito sobre o retorno esperado é tabulado na Tabela 7.3 e representado graficamente na Figura 7.3. Quando a proporção investida em dívida varia de 0 a 1 (de modo que a proporção em ações varia de 1 a 0), o retorno esperado da carteira diminui de 13% (o retorno esperado do fundo de ações) para 8% (o retorno esperado das obrigações).

O que ocorre com $w_D > 1$ e $w_E < 0$? Nesse caso, a estratégia de carteira seria vender o fundo de ações a descoberto e investir os rendimentos da venda a descoberto no fundo de dívida. Isso diminuirá o retorno esperado da carteira. Por exemplo, quando $w_D = 2$ e $w_E = -1$, o retorno esperado da carteira cai para $2 \times 8 + (-1) \times 13 = 3\%$. A essa altura, o valor do fundo de obrigações na carteira é

TABELA 7.3 Retorno esperado e desvio-padrão com vários coeficientes de correlação

			Desvio-padrão da carteira para uma determinada correlação			
w_D	w_E	$E(r_p)$	$\rho = -1$	$\rho = 0$	$\rho = 0{,}30$	$\rho = 1$
0,00	1,00	13,00	20,00	20,00	20,00	20,00
0,10	0,90	12,50	16,80	18,04	18,40	19,20
0,20	0,80	12,00	13,60	16,18	16,88	18,40
0,30	0,70	11,50	10,40	14,46	15,47	17,60
0,40	0,60	11,00	7,20	12,92	14,20	16,80
0,50	0,50	10,50	4,00	11,66	13,11	16,00
0,60	0,40	10,00	0,80	10,76	12,26	15,20
0,70	0,30	9,50	2,40	10,32	11,70	14,40
0,80	0,20	9,00	5,60	10,40	11,45	13,60
0,90	0,10	8,50	8,80	10,98	11,56	12,80
1,00	0,00	8,00	12,00	12,00	12,00	12,00
			Carteira de variância mínima			
		w_D	0,6250	0,7353	0,8200	–
		w_E	0,3750	0,2647	0,1800	–
		$E(r_p)$	9,8750	9,3235	8,9000	–
		σ_p	0,0000	10,2899	11,4473	–

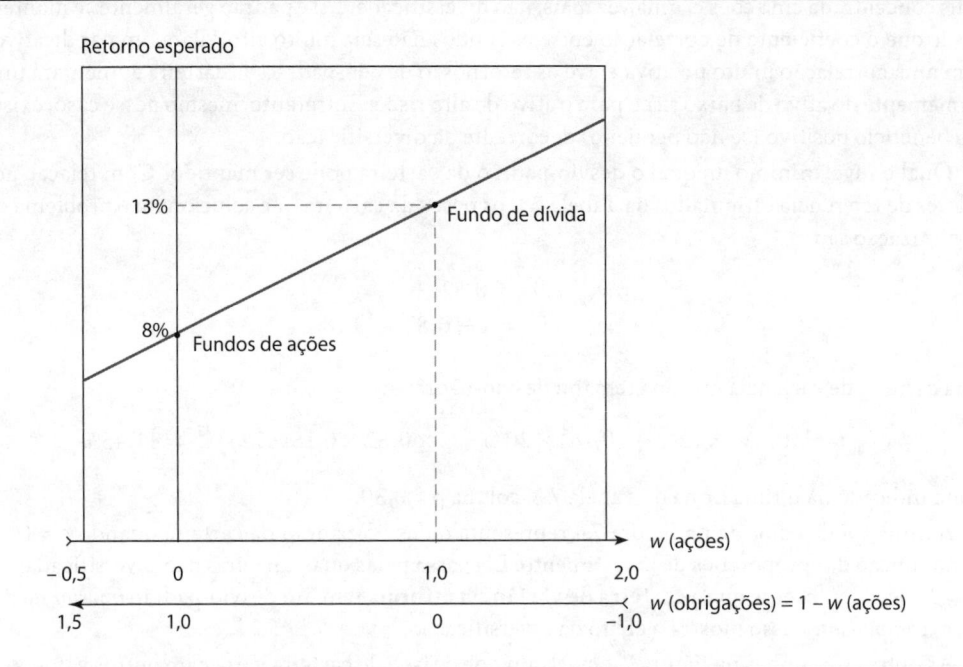

FIGURA 7.3 Retorno esperado da carteira como função da proporção de investimento

duas vezes o patrimônio líquido da conta. Essa posição extrema é financiada em parte pela venda a descoberto de ações iguais em valor ao patrimônio líquido da carteira.

O inverso ocorre quando $w_D < 0$ e $w_E > 1$. Essa estratégia exige a venda a descoberto do fundo de obrigações e a utilização dos rendimentos para financiar compras adicionais do fundo de ações.

Obviamente, a variação das proporções de investimento também tem um efeito sobre o desvio-padrão da carteira. A Tabela 7.3 apresenta os desvios-padrão dos diferentes pesos de carteira calculados na Equação 7.7 utilizando um valor presumido de coeficiente de correlação, 0,30, bem como outros valores de ρ. A Figura 7.4 mostra a relação o desvio-padrão e os pesos da carteira. Observe a curva sólida de $\rho_{DE} = 0,30$. O gráfico mostra que, à medida que o peso da carteira no fundo de ações aumenta de 0 para 1, o desvio-padrão da carteira primeiro diminui com a diversificação inicial de obrigações para ações, mas depois aumenta novamente quando a carteira torna-se

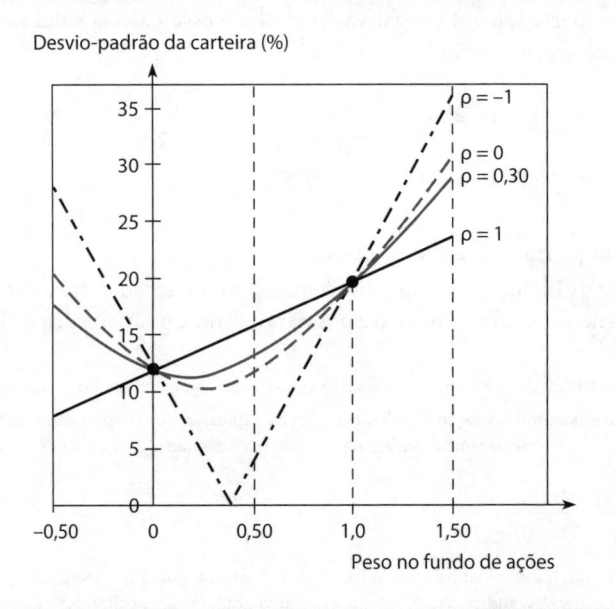

FIGURA 7.4 Desvio-padrão da carteira como função da proporção de investimento

mais concentrada em ações e, uma vez mais, não diversificada. Esse padrão geralmente se mantém desde que o coeficiente de correlação entre os fundos não seja muito alto.[3] Para um par de ativos com uma correlação muito positiva entre os retornos, o desvio-padrão da carteira aumentará uniformemente do ativo de baixo risco para o ativo de alto risco. Entretanto, mesmo nesse caso, existe um benefício positivo (se não pequeno) decorrente da diversificação.

Qual o nível mínimo no qual o desvio-padrão da carteira pode ser mantido? Com relação aos valores de referência estipulados na Tabela 7.1, os pesos da carteira que solucionam o problema de minimização são[4]

$$w_{Mín.}(D) = 0,82$$
$$w_{Mín.}(E) = 1 - 0,82 = 0,18$$

Essa carteira de variância mínima tem um desvio-padrão de

$$\sigma_{Mín.} = [(0,82^2 \times 12^2) + (0,18^2 \times 20^2) + 2 \times 0,82 \times 0,18 \times 72)]^{1/2} = 11,45\%$$

como indicado na última linha da Tabela 7.3, coluna $\rho = 0,30$.

A linha sólida colorida na Figura 7.4 representa o desvio-padrão da carteira quando $\rho = 0,30$ como função das proporções de investimento. Ela passa pelas duas carteiras não diversificadas de $w_D = 1$ e $w_E = 1$. Observe que a **carteira de variância mínima** tem um desvio-padrão *inferior ao dos ativos componentes*. Isso mostra o efeito da diversificação.

As outras três linhas na Figura 7.4 mostram que o risco de carteira varia para outros valores de coeficiente de correlação, mantendo a variância de cada ativo constante. Essas linhas representam graficamente os valores nas outras três colunas da Tabela 7.3.

A linha contínua em preto que conecta as carteiras não diversificadas de todas as obrigações ou de todas as ações, $w_D = 1$ ou $w_E = 1$, mostra o desvio-padrão da carteira com uma correlação positiva perfeita, $\rho = 1$. Nesse caso, não se tem nenhuma vantagem com a diversificação e o desvio-padrão da carteira constitui apenas a média ponderada dos desvios-padrão dos componentes.

A curva tracejada colorida retrata o risco de carteira para o caso de ativos não correlacionados, $\rho = 0$. Com a menor correlação entre os dois ativos, a diversificação será mais eficaz e o risco menor (pelo menos quando os dois ativos forem mantidos em valores positivos). O desvio-padrão mínimo da carteira quando $\rho = 0$ é 10,29% (consulte a Tabela 7.3), *novamente inferior ao desvio-padrão de ambos os ativos*.

Por fim, a linha triangular tracejada mostra o potencial de *hedge* perfeito quando a correlação entre os dois ativos é perfeitamente negativa ($\rho = -1$). Nesse caso, a solução para a carteira de variância mínima é, de acordo com a Equação 7.12,

$$w_{Mín.}(D; \rho = -1) = \frac{\sigma_E}{\sigma_D + \sigma_E} = \frac{20}{12 + 20} = 0,625$$
$$w_{Mín.}(E; \rho = -1) = 1 - 0,625 = 0,375$$

e a variância (e desvio-padrão) da carteira é zero.

Podemos associar as Figuras 7.3 e 7.4 para demonstrar a relação entre a carteira de risco (desvio-padrão) e o retorno esperado – com base nos parâmetros dos ativos disponíveis.

---

[3] Desde que $\rho < \sigma_D/\sigma_E$, a volatilidade a princípio cairá quando começarmos apenas com obrigações e mudarmos para ações.

[4] Essa solução utiliza técnicas de minimização de cálculo. Escreva a expressão da variância da carteira com base na Equação 7.3, substitua w_E por $1 - w_D$, diferencie o resultado referente a w_D, defina a derivada igual a zero e calcule w_D para obter

$$w_{Mín.}(D) = \frac{\sigma_E^2 - \text{Cov}(r_D, r_E)}{\sigma_D^2 + \sigma_E^2 - 2\text{Cov}(r_D, r_E)}$$

Opcionalmente, com um programa de planilha como o Excel, você pode obter uma solução precisa utilizando o Solver para minimizar a variância. Consulte o Apêndice A para obter um exemplo de planilha de otimização de carteira.

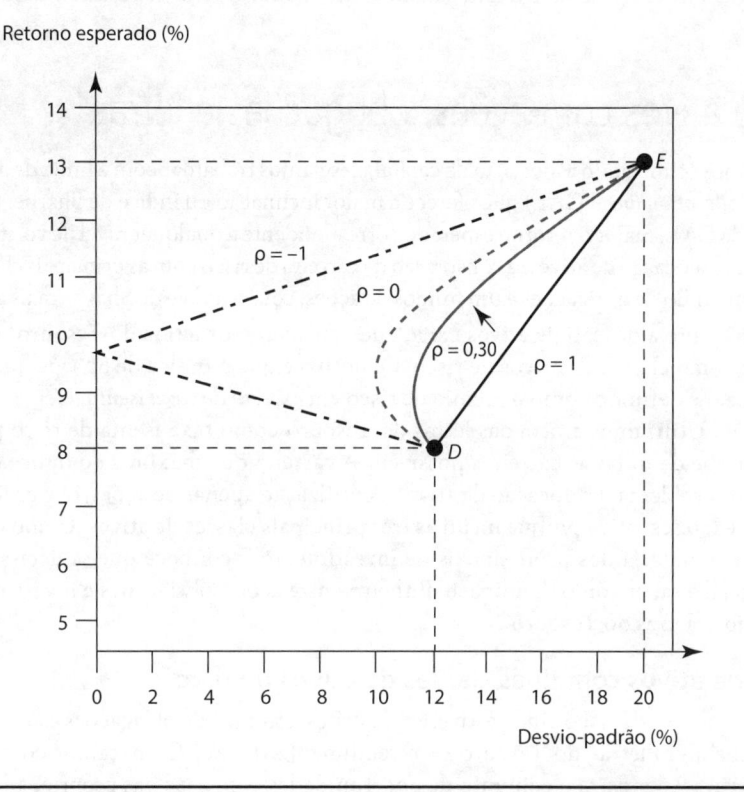

FIGURA 7.5
Retorno esperado da carteira como função do desvio-padrão

Isso é feito na Figura 7.5. Para qualquer par de proporções de investimento, w_D, w_E, utilizamos como base o retorno esperado da Figura 7.3 e o desvio-padrão da Figura 7.4. Os pares resultantes de retorno esperado e desvio-padrão são tabulados na Tabela 7.3 e representados graficamente na Figura 7.5.

A curva sólida colorida na Figura 7.5 mostra o **conjunto de oportunidades da carteira** para $\rho = 0{,}30$. Nós a chamamos de conjunto de oportunidades da carteira porque ela mostra todas as combinações de retorno esperado e desvio-padrão da carteira que podem ser criadas com os dois ativos disponíveis. As outras linhas mostra o conjunto de oportunidades da carteira para outros valores de coeficiente de correlação. A linha sólida escura que conecta os dois fundos mostra que a diversificação não oferece nenhum benefício quando a correlação entre os dois é perfeitamente positiva ($\rho = 1$). O conjunto de oportunidades é "empurrado" para a direção noroeste. A linha tracejada colorida demonstra que a diversificação oferecer maior benefício quando o coeficiente de correlação é inferior a 0,30.

Por fim, para $\rho = -1$, o conjunto de oportunidades da carteira é linear, mas agora ele oferece uma oportunidade de *hedge* perfeito e a vantagem máxima decorrente da diversificação.

Resumindo, embora o retorno esperado de qualquer carteira seja simplesmente a média ponderada dos retornos esperados dos ativos, isso não se aplica ao desvio-padrão. A possibilidade de obter vantagem com a diversificação surge quando a correlação não é perfeitamente positiva. Quanto menor a correlação, maior o potencial de benefício da diversificação. No caso extremo de correlação perfeitamente negativa, temos uma oportunidade de *hedge* perfeito e podemos criar uma carteira de variância zero.

Suponhamos agora que um investidor queira escolher a carteira ótima nesse conjunto de oportunidades. A melhor carteira dependerá da aversão ao risco. As carteiras a noroeste na Figura 7.5 oferecem taxas de retorno mais altas, mas impõem um risco maior. O melhor *trade-off* entre essas escolhas é uma questão de preferência pessoal. Os investidores com maior

> **REVISÃO DE CONCEITOS 7.2**
>
> Calcule e trace o conjunto de oportunidades da carteira para os fundos de dívida e ações considerando um coeficiente de correlação entre eles de $\rho = 0{,}25$.

aversão ao risco preferirão as carteiras a sudoeste, com retorno esperado menor, mas menor risco.[5]

7.3 Alocação de ativos com ações, obrigações e letras

Quanto estamos otimizando a alocação de capital, desejamos trabalhar com a linha de alocação de capital (*capital allocation line* – CAL) que oferece a maior inclinação ou índice de Sharpe. Quanto maior a inclinação da CAL, maior o retorno esperado correspondente a qualquer nível de volatilidade. Agora passamos para a alocação de ativos: a construção da carteira de risco com as principais classes de ativos, neste caso um fundo de obrigações e um fundos de ações, com o índice de Sharpe mais alto possível.

A decisão sobre alocação de ativos exige que consideremos letras do Tesouro ou outro ativo seguro, bem como classes de ativos de risco. O motivo é que o índice de Sharpe que procuramos para maximizar é definido como o prêmio de risco em *excesso da taxa isenta de risco*, dividido pelo desvio-padrão. Utilizamos a taxa das letras do Tesouro como taxa isenta de risco para avaliar o índice de Sharpe de todas as carteiras possíveis. A carteira que maximiza o índice de Sharpe é a solução para o problema de alocação de ativos. A utilização apenas de ações, obrigações e letras na verdade não é tão restritiva porque inclui as três principais classes de ativos. Como o quadro a seguir enfatiza, a maioria dos profissionais de investimento reconhece que "a decisão verdadeiramente essencial é saber como dividir seu dinheiro entre ações, obrigações e investimentos superseguros como as letras do Tesouro".

Alocação de ativos com duas classes de ativos de risco

E se nossos ativos de risco ainda estiverem restritos a fundos de obrigações e ações e pudermos investir também em letras do Tesouro com rendimento de 5%? Começamos com uma solução gráfica. A Figura 7.6 mostra o conjunto de oportunidades com base nas propriedades dos fundos de obrigações e ações, utilizando os dados da Tabela 7.1 e presumindo que $\rho = 0{,}3$.

Duas linhas de alocação de capital (CALs) possíveis são traçadas da taxa isenta de risco (r_f = 5%) até duas carteiras viáveis. A primeira CAL possível passa pela carteira de variância mínima A, que tem 82% em obrigações e 18% em ações (Tabela 7.3, painel inferior, última coluna). O retorno esperado da carteira A é 8,90% e seu desvio-padrão é 11,45%. Com uma taxa de 5% para as letras do Tesouro, seu **índice de Sharpe**, que é a inclinação da CAL, é

$$S_A = \frac{E(r_A) - r_f}{\sigma_A} = \frac{8{,}9 - 5}{11{,}45} = 0{,}34$$

Considere agora a CAL que utiliza a carteira B e não a A. A carteira B tem 70% em obrigações e 30% em ações. Seu retorno esperado é 9,5% (com prêmio de risco de 4,5%) e seu desvio-padrão é 11,70%. Portanto, o índice de Sharpe na CAL sustentada pela carteira B é

$$S_B = \frac{9{,}5 - 5}{11{,}7} = 0{,}38$$

---

[5] Em vista do nível de aversão ao risco, pode-se determinar a carteira que oferece o nível de utilidade mais alto. Lembre-se de que no Capítulo 6 dissemos que é possível descrever a utilidade oferecida por uma carteira como função de seu retorno esperado, $E(r_p)$, e de sua variância, σ_p^2, de acordo com a relação $U = E(r_p) - 0{,}5A\sigma^2 p$. A média e a variância da carteira são determinadas pelos pesos da carteira nos dois fundos, w_E e w_D, de acordo com as Equações 7.2 e 7.3. Utilizando essas equações e alguns cálculos, encontramos as proporções ótimas de investimento nos dois fundos. Atenção: Para utilizar a equação a seguir (ou qualquer equação envolvendo o parâmetro de aversão ao risco, A), você precisa expressar os retornos em decimal.

$$w_D = \frac{E(r_D) - E(r_E) + A(\sigma_E^2 - \sigma_D \sigma_E \rho_{DE})}{A(\sigma_D^2 + \sigma_E^2 - 2\sigma_D \sigma_E \rho_{DE})}$$
$$w_E = 1 - w_D$$

Aqui, também, o Solver do Excel ou um *software* semelhante pode ser utilizado para maximizar a utilidade sujeita às restrições das Equações 7.2 e 7.3, mais a restrição da carteira, $w_D + w_E = 1$ (isto é, a soma dos pesos da carteira dever ser 1).

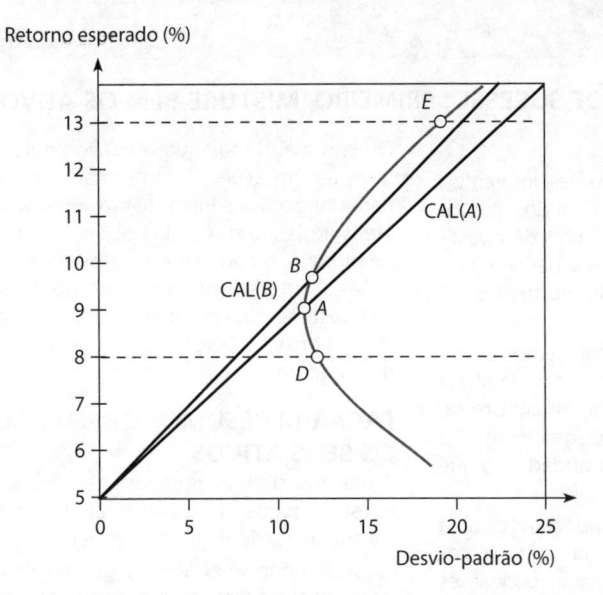

FIGURA 7.6 Conjunto de oportunidades dos fundos de dívida e ações e duas CALs possíveis

que é superior ao índice de Sharpe da CAL que utiliza a carteira de variância mínima e letras do Tesouro. Por isso, a carteira B predomina sobre A.

Mas por que pararmos na carteira B? Podemos continuar aumentando gradativamente a CAL até o momento em que ela atingir o ponto de tangência máximo com o conjunto de oportunidades de investimento. Isso deve gerar a CAL com maior índice de Sharpe possível. Portanto, a carteira tangencial, chamada de P na Figura 7.7, é a carteira de risco ótima a ser associada com as letras do Tesouro. Podemos identificar o retorno esperado e o desvio-padrão da carteira P no gráfico da Figura 7.7: $E(r_P) = 11\%$ e $\sigma_P = 14,2\%$.

Na prática, quando tentamos construir uma carteira de risco ótima com mais de dois ativos de risco, precisamos utilizar uma planilha (que apresentamos no Apêndice A) ou outro programa de computador. Entretanto, para começar, demonstraremos a solução do problema de construção de carteira com dois ativos de risco e um ativo isento de risco. Nesse caso mais simples, podemos encontrar uma fórmula explícita para o peso de cada ativo na carteira ótima. Com isso, fica mais fácil ilustrar questões mais genéricas.

O objetivo é encontrar os pesos w_D e w_E resultantes na maior inclinação da CAL. Portanto, a *função-objetivo* é o índice de Sharpe:

$$S_P = \frac{E(r_p) - rf}{\sigma_p}$$

Para a carteira com dois ativos de risco, o retorno esperado e o desvio-padrão da carteira p são

$$E(r_p) = w_D E(r_D) + w_E E(r_E)$$
$$= 8w_D + 13w_E$$
$$\sigma_p = [w_D^2 \sigma_D^2 + w_E^2 \sigma_E^2 + 2w_D w_E \, \text{Cov}(r_D, r_E)]^{1/2}$$
$$= [144w_D^2 + 400w_E^2 + (2 \times 72 w_D w_E)]^{1/2}$$

Quando maximizamos a função-objetivo, S_p, temos de satisfazer a restrição de que a soma dos pesos da carteira seja 1,0, isto é, $w_D + w_E = 1$. Portanto, solucionamos um problema de otimização formalmente expresso como

$$\underset{wi}{\text{Máx.}} \; S_P = \frac{E(r_P) - r_f}{\sigma_P}$$

DESTAQUE DA REALIDADE

RECEITA PARA UM INVESTIMENTO DE SUCESSO: PRIMEIRO, MISTURE BEM OS ATIVOS

Primeiro, o mais importante.

Se você deseja resultados de investimento deslumbrantes, não comece o dia em busca de ações em alta e fundos mútuos fora de série. Em vez disso, afirmam os consultores de investimentos, a decisão verdadeiramente essencial é saber como dividir seu dinheiro entre ações, obrigações e investimentos superseguros como as letras do Tesouro.

No jargão de Wall Street, esse *mix* de investimentos é chamado de alocação de ativos. "A escolha da alocação de ativos é a primeira e mais importante decisão", afirma William Droms, professor de finanças da Universidade de Georgetown. "O quanto você possui [no mercado de ações] na verdade é o que determina seus resultados."

"Não é possível obter retornos [no mercado acionário] de uma carteira de obrigações, independentemente do quanto sua escolha de títulos for boa ou da competência do gestor de obrigações que você utilizar", afirma William John Mikus, diretor geral da Financial Design, uma consultor de investimentos de Los Angeles.

Para provar, Mikus cita estudos como a análise de 1991 realizada por Gary Brinson, Brian Singer e Gilbert Beebower. Esse estudo, que examinou os resultados de dez anos de 82 grandes planos de pensão, constatou que a política de alocação de ativos de um plano explica 91,5% do retorno obtido.

CRIANDO UMA CARTEIRA

Como seu *mix* de ativos é tão importante, algumas empresas de fundo mútuo atualmente oferecem serviços gratuitos para ajudar os investidores a criar sua carteira.

Gerald Perritt, editor do *Mutual Fund Letter*, boletim de Chicago, afirma que é necessário variar o *mix* de ativos de acordo com o tempo durante o qual se pretende investir.

Quanto mais longínquo o horizonte de investimento, mais se deve ter em ações. Quanto mais curto, mais se deve tender para obrigações e instrumentos do mercado monetário, como letras do Tesouro. As obrigações e os instrumentos do mercado monetário podem gerar retornos mais baixos do que os das ações. Contudo, para quem precisa de dinheiro a curto prazo, os investimentos conservadores fazem mais sentido em virtude da menor probabilidade de sofrer uma perda de curto prazo devastadora.

FAÇA UM RESUMO SOBRE TODOS OS SEUS ATIVOS

"Uma das coisas mais importantes que as pessoas podem fazer é resumir todos os seus ativos em uma folha de papel e visualizar sua alocação de ativos", sustenta Pond.

Assim que se estabelece um *mix* de ações e obrigações, é necessário procurar manter as porcentagens pretendidas, continua Pond. Para isso, ele aconselha que o investidor deve visualizar sua alocação de ativos a cada seis meses. Em virtude de uma queda repentina no mercado acionário, ele poderia ver constatar que agora as ações são uma parte bem menor de sua carteira do que ele imaginava. Em casos como esse, é necessário investir mais em ações e menos em obrigações.

Ao divisar uma carteira, alguns consultor de investimentos pensam na possibilidade de investir em ouro e imóveis, além de no usual trio de ações, obrigações e instrumentos do mercado monetário. Ouro e imóveis oferecem "maior proteção contra a hiperinflação", afirma Droms.

Fonte: Jonathan Clements, "Recipe for Successful Investing: First, Mix Assets Well", *The Wall Street Journal*, 6 de outubro de 1993. Dados reimpressos com permissão *The Wall Street Journal*© 1993 Dow Jones & Company, Inc. Todos os direitos reservados mundialmente.

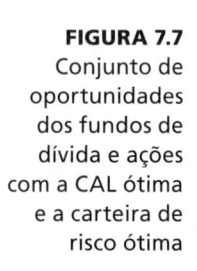

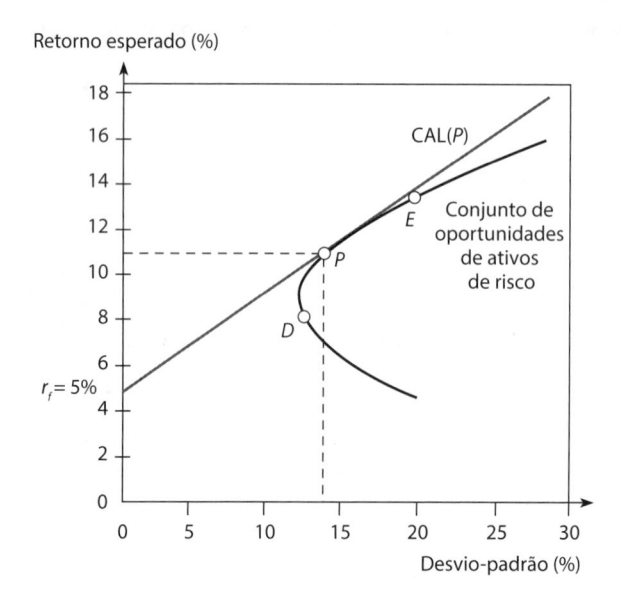

FIGURA 7.7 Conjunto de oportunidades dos fundos de dívida e ações com a CAL ótima e a carteira de risco ótima

> **EXEMPLO 7.2** || Carteira de risco ótima
>
> Utilizando nossos dados, a solução da carteira de risco ótima é
>
> $$w_D = \frac{(8-5)400 - (13-5)72}{(8-5)400 + (13-5)144 - (8-5+13-5)72} = 0,40$$
> $$w_E = 1 - 0,40 = 0,60$$
>
> O retorno esperado e o desvio-padrão dessa carteira de risco ótima são
>
> $$E(r_P) = (0,4 \times 8) + (0,6 \times 13) = 11\%$$
> $$\sigma_P = [(0,4^2 \times 144) + (0,6^2 \times 400) + (2 \times 0,4 \times 0,6 \times 72)]^{1/2} = 14,2\%$$
>
> Essa alocação de ativos gera uma carteira de risco ótima cuja CAL tem uma inclinação de
>
> $$S_P = \frac{11-5}{14,2} = 0,42$$
>
> que é o índice de Sharpe da carteira P. Observe que essa inclinação ultrapassa a de qualquer outra carteira viável que consideramos, tal como deve ser quando se trata da inclinação da CAL mais viável.

sujeito à restrição de $\Sigma w_i = 1$. Esse é um problema de maximização que pode ser solucionado com ferramentas de cálculo convencionais.

No caso dos dois ativos de risco, a solução dos pesos da **carteira de risco ótima**, *P*, é dada pela Equação 7.13. Observe que a solução emprega retornos *em excesso* (designados por *R*), em vez de retornos totais (designados por *r*).[6]

$$w_D = \frac{E(R_D)\sigma_E^2 - E(R_E)\text{Cov}(R_D,R_E)}{E(R_D)\sigma_E^2 + E(R_E)\sigma_D^2 - [E(R_D) + E(R_E)]\text{Cov}(R_D,R_E)} \quad (7.13)$$
$$w_E = 1 - w_D$$

No Capítulo 6, identificamos a carteira *ótima completa* com base em uma carteira de *risco* ótima e na CAL gerada por uma combinação dessa carteira com letras do Tesouro. Agora que já construímos a carteira de risco ótima, *P*, podemos utilizar o grau de aversão ao risco de um investidor específico, *A*, para calcular a proporção ótima da carteira completa que deve ser investida em um componente de risco.

Assim que atingimos esse ponto, a generalização quanto a vários ativos de risco é direta. Antes de prosseguirmos, vamos resumir brevemente os passos seguidos para chegar à carteira completa.

1. Especificação das características de retorno de todos os títulos (retornos esperados, variâncias e covariâncias).

> **EXEMPLO 7.3** || A carteira de risco ótima completa
>
> Agora que a decisão sobre alocação de ativos já foi tomada, podemos encontrar a alocação ótima de capital de cada investidor. Um investidor com um coeficiente de aversão ao risco de $A = 4$ assumiria uma posição P de[7]
>
> $$y = \frac{E(r_P) - r_f}{A\sigma_P^2} = \frac{0,11 - 0,5}{4 \times 0,142^2} = 0,7439 \quad (7.14)$$
>
> Portanto, o the investidor investirá 74,39% de sua riqueza na carteira P e 25,61% em letras do Tesouro. Como a carteira P é constituída de 40% de obrigações, a fração de riqueza em obrigações será $yw_D = 0,4 \times 0,7439 = 0,2976$ ou 29,76%. De modo semelhante, o investimento em ações será $yw_E = 0,6 \times 0,7439 = 0,4463$ ou 44,63%. A solução gráfica desse problema de alocação de ativos é apresentada nas Figuras 7.8 e 7.9.

---

[6] O procedimento da solução para os dois ativos de risco é a seguinte. Substitua $E(r_p)$ da Equação 7.2 e σ_P da Equação 7.7. Substitua w_E por $1 - w_D$. Diferencie a expressão resultante para S_p com referência a w_D, defina a derivada igual a zero e calcule w_D.

[7] Observe que expressamos os retornos como decimal na Equação 7.14. Isso é necessário quando utilizamos o parâmetro de aversão ao risco, *A*, para determinar a alocação de capital.

2. Estabelecimento da carteira de risco (alocação de ativos):
   a. Cálculo da carteira de risco ótima, P (Equação 7.13).
   b. Cálculo das propriedades da carteira P utilizando os pesos determinados no passo (a) e nas Equações 7.2 e 7.3.
3. Alocação de fundos entre a carteira de risco e o ativo isento de risco (alocação de capital):
   a. Cálculo da fração da carteira completa alocada à carteira P (a carteira de risco) e a letras do Tesouro (ativo isento de risco) (Equação 7.14).
   b. Cálculo da porção da carteira completa investida em cada ativo e em letras do Tesouro.

Lembre-se de que nossos dois ativos de risco, os fundos mútuos de obrigações e ações, já são carteiras diversificadas. A diversificação *dentro* de cada uma dessas carteiras deve ser creditada à grande redução de risco em comparação com o risco dos títulos individuais não diversificados. Por exemplo, o desvio-padrão da taxa de retorno sobre uma ação média é 50% (consulte a Figura 7.2). Em contraposição, o desvio-padrão do fundo de índice de ações é apenas 20%, quase igual ao desvio-padrão histórico da carteira S&P 500. Essa é uma prova da importância da diversificação dentro da classe de ativos. A otimização da alocação de ativos entre obrigações e ações contribuiu incrementalmente para a melhoria do índice de Sharpe da carteira completa. A CAL que utiliza a combinação ótima de ações e obrigações (consulte a Figura 7.8) mostra que é possível obter um retorno esperado de 13% (correspondente ao carteira de ações) com um desvio-padrão de 18%, que é inferior ao desvio-padrão de 20% da carteira de ações.

REVISÃO DE CONCEITOS 7.3

O universo de títulos disponíveis incluem dois fundos de ações de risco, A e B, e letras do Tesouro. Os dados desse universo são os seguintes:

	Retorno esperado (%)	Desvio-padrão (%)
A	10	20
B	30	60
Letras do Tesouro	5	0

O coeficiente de correlação entre os fundos A e B é $-0{,}2$.
a. Desenhe o conjunto de oportunidades dos fundos A e B.
b. Encontre a carteira de risco ótima, P, e seu retorno esperado e desvio-padrão.
c. Encontre a inclinação da CAL suportada pelas letras do Tesouro e pela carteira P.
d. Quanto um investidor com $A = 5$ investiria nos fundos A e B em letras do Tesouro?

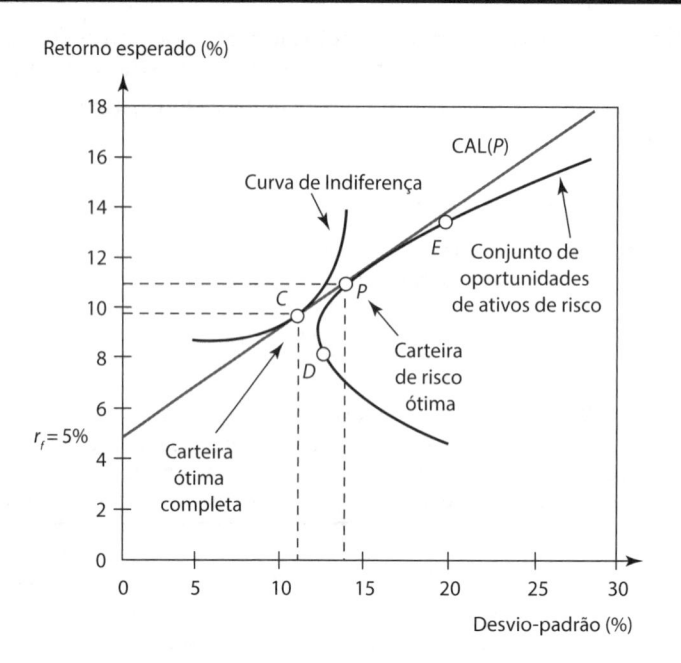

FIGURA 7.8 Determinação da carteira ótima completa

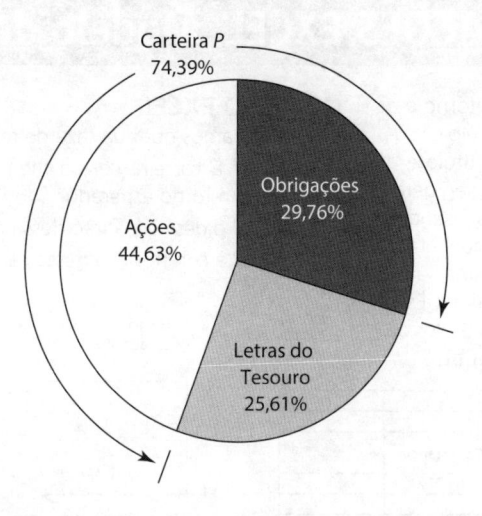

FIGURA 7.9
As proporções da carteira ótima completa (%)

7.4 Modelo de otimização de carteira de Markowitz

Escolha de títulos

Podemos generalizar o problema de construção de carteira ao caso de vários títulos de risco e um ativo isento de risco. Tal como no exemplo de dois ativos de risco, por problema tem três partes. Primeiro, identificamos as combinações de risco–retorno disponíveis com os ativos de risco. Em seguida, identificamos a carteira de ativos de risco ótima encontrando os pesos da carteira que geram a CAL mais inclinada. Por fim, escolhemos a carteira completa apropriada maximizando o ativo isento de risco com a carteira de risco ótima. Antes de descrever o processo detalhadamente, primeiro apresentaremos uma visão geral.

O primeiro passo é determina as oportunidades de risco–retorno disponíveis ao investidor. Elas são resumidas pela **fronteira de variância mínima** dos ativos de risco. Essa fronteira é o gráfico da variância de carteira mais baixa possível que pode ser alcançada para um determinado retorno esperado da carteira. Com base nos dados fornecidos de retorno esperado, variância e covariância, podemos calcular a carteira de variância mínima para qualquer retorno esperado pretendido. A representação gráfica desses pares de retorno esperado–desvio-padrão é mostrada na Figura 7.10.

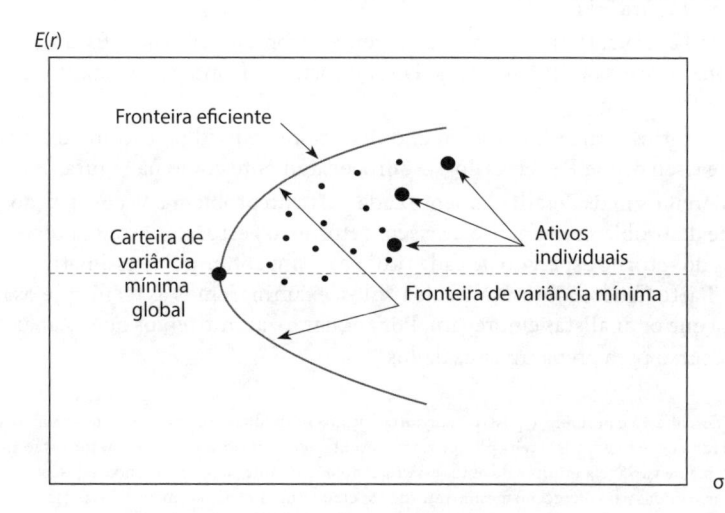

FIGURA 7.10
Fronteira de variância mínima de ativos de risco

APLICAÇÕES EXCEL: Modelo de dois títulos

A planilha a seguir pode ser utilizada para medir o retorno e o risco de uma carteira de dois ativos de risco. Esse modelo calcula o retorno e o risco dos diferentes pesos de cada título e a carteira de risco ótima e variância mínima. Os gráficos são gerados automaticamente de acordo com os vários dados inseridos no modelo. Esse modelo possibilita que você especifique a taxa de retorno pretendida e solucione as combinações ótimas utilizando o ativo isento de risco e a carteira de risco ótima. Essa planilha é construída com os dados de retorno de dois títulos da Tabela 7.1. Ela está disponível em **www.grupoa.com.br**.

QUESTÃO EXCEL
1. Suponhamos que sua taxa de retorno esperada é 11%.
   a. Qual a carteira com a menor volatilidade que oferece esse retorno esperado?
   b. Qual o desvio-padrão dessa carteira?
   c. Qual a composição dessa carteira?

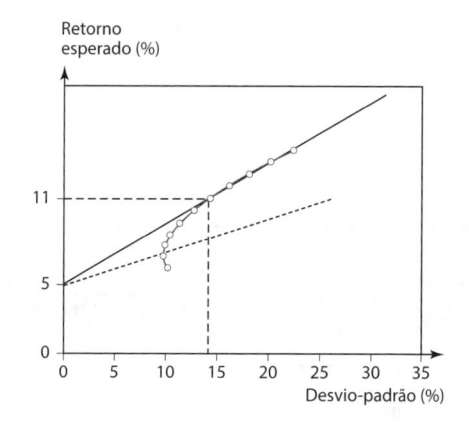

	A	B	C	D	E	F
1	Análise de alocação de ativos: risco e retorno					
2		Retorno esperado	Desvio-padrão	Coeficiente de correlação	Covariância	
3						
4	Título 1	0,08	0,12	0,3	0,0072	
5	Título 2	0,13	0,2			
6	Letras do Tesouro	0,05	0			
7						
8	Peso Título 1	Peso Título 2		Retorno esperado	Desvio-padrão	Recompensa/ volatilidade
9						
10	1	0		0,08000	0,12000	0,25000
11	0,9	0,1		0,08500	0,11559	0,30281
12	0,8	0,2		0,09000	0,11454	0,34922
13	0,7	0,3		0,09500	0,11696	0,38474
14	0,6	0,4		0,10000	0,12264	0,40771

Observe que todos os ativos individuais ficam à direita da fronteira, pelo menos quando permitimos vendas a descoberto na construção de carteiras de risco.[8] Isso nos indica que as carteiras de risco que contêm apenas um ativo são ineficientes. A diversificação de investimentos possibilita carteiras com retornos esperados mais altos e desvios-padrão mais baixos.

Todas as carteiras que ficam na fronteira de variância mínima em relação à carteira de variância mínima global e acima oferecem as melhores combinações de risco–retorno e, portanto, são candidatas à carteira ótima. Desse modo, a parte da fronteira que fica acima da carteira de variância mínima global é chamada de **fronteira eficiente de ativos de risco**. Para qualquer carteira na parte inferior da fronteira de variância mínima, existe uma carteira com o mesmo desvio-padrão e um retorno esperado mais alto posicionada imediatamente acima dela. Portanto, a parte inferior da fronteira de variância mínima é ineficiente.

O segundo passo do plano de otimização compreende o ativo isento de risco. Como antes, procuramos a linha de alocação de capital com o maior índice de Sharpe (a inclinação mais acentuada), tal como na Figura 7.11.

A CAL suportada pela carteira ótima, P, é tangente à fronteira eficiente. Essa CAL predomina sobre todas as linhas viáveis (as linhas tracejadas que cortam a fronteira). Portanto, a carteira P é a carteira de risco ótima.

Finalmente, na última parte do problema, o investidor individual escolhe o *mix* apropriado entre a carteira de risco ótima P e letras do Tesouro, exatamente como na Figura 7.8.

Agora, consideremos mais detalhadamente cada parte do problema de construção de carteira. Na primeira parte do problema, a análise de risco–retorno, o gestor de carteira precisa de uma série de estimativas do retorno esperado de cada título e de um conjunto de estimativas da matriz de covariância. (Na Parte Cinco, sobre análise de títulos, examinaremos as técnicas e os métodos de análise financeira que os analistas empregam. Por enquanto, admitiremos que os analistas já dedicaram tempo e recurso para preparar esses dados.)

---

[8] Quando a venda a descoberto é proibida, é possível encontrar títulos individuais na fronteira. Por exemplo, o título com o retorno esperado mais alto deve estar na fronteira porque ele representa a *única* forma de obter um retorno tão alto. Por isso, ele deve ser também a forma de variância mínima de obter esse retorno. Entretanto, quando a venda a descoberto é possível, as carteiras podem ser construídas para oferecer o mesmo retorno esperado e uma variância menor. Essas carteiras normalmente terão posições a descoberto em títulos de baixo retorno esperado.

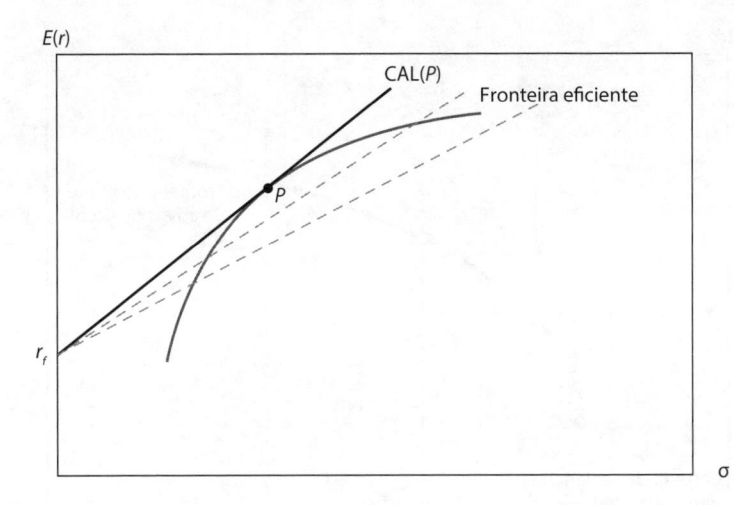

FIGURA 7.11 Fronteira eficiente de ativos de risco com a CAL ótima

O gestor de carteira agora está munido de n estimativas de $E(r_i)$ e de $n \times n$ estimativas da matriz de covariância na qual os n elementos diagonais são estimativas das variâncias, σ_i^2, e $n^2 = n = n(n-1)$ dos elementos fora da diagonal são as estimativas das covariâncias entre cada par de retornos do ativo. (Você pode confirmar isso na Tabela 7.2, para o caso de $n = 2$.) Como sabemos que cada covariância aparece duas vezes na tabela, na verdade temos $n(n-1)/2$ estimativas diferentes de covariância. Se a unidade de gestão de carteiras cobrir 50 títulos, nossos analistas precisarão fornecer 50 estimativas de retorno esperado, 50 estimativas de variância e $50 \times 49/2 = 1.225$ estimativas diferentes de covariância. Uma tarefa intimidante! (Mostramos posteriormente que o número de estimativas necessárias pode ser diminuído consideravelmente.)

Assim que essas estimativas são compiladas, o retorno esperado e a variância de qualquer carteira de risco com pesos em cada título, w_i, podem ser calculados com base na matriz de covariância fronteiriça ou, equivalentemente, nas seguintes ampliações das Equações 7.2 e 7.3:

$$E(r_p) = \sum_{i=1}^{n} w_i E(r_i) \quad (7.15)$$

$$\sigma_P^2 = \sum_{i=1}^{n} \sum_{j=1}^{n} w_i w_j \text{Cov}(r_i, r_j) \quad (7.16)$$

Um exemplo mais amplo sobre como fazer isso por meio de uma planilha é apresentado no Apêndice A deste capítulo.

Mencionamos anteriormente que a ideia de diversificação é antiga. A frase "não coloque todos os ovos em uma única cesta" existe muito antes da teoria financeira moderna. Entretanto, foi somente em 1952 que Harry Markowitz publicou um modelo formal de escolha de carteira que incorporava princípios de diversificação, o que lhe abriu caminho para o Prêmio Nobel em Economia, em 1990.[9] Seu modelo é precisamente o primeiro passo da gestão de carteiras: a identificação do conjunto eficiente de oportunidades ou a *fronteira eficiente de ativos de risco*.

A principal ideia por trás do conjunto eficiente de carteiras de risco é que, para qualquer nível de risco, estamos interessados apenas na carteira com o retorno esperado mais alto. Alternativamente, a fronteira é o conjunto de carteiras que minimiza a variância de qualquer retorno esperado pretendido.

Aliás, os dois métodos para calcular o conjunto eficiente de carteiras de risco são equivalentes. Para comprovar, considere duas representações gráficas desses procedimentos. A Figura 7.12 mostra a fronteira de variância mínima.

Os pontos marcados pelos quadrados resultam de um programa de minimização de variância. Primeiro traçamos as restrições, isto é, as linhas horizontais no nível dos retornos esperados exigidos.

[9] Harry Markowitz, "Portfolio Selection", *Journal of Finance*, março de 1952.

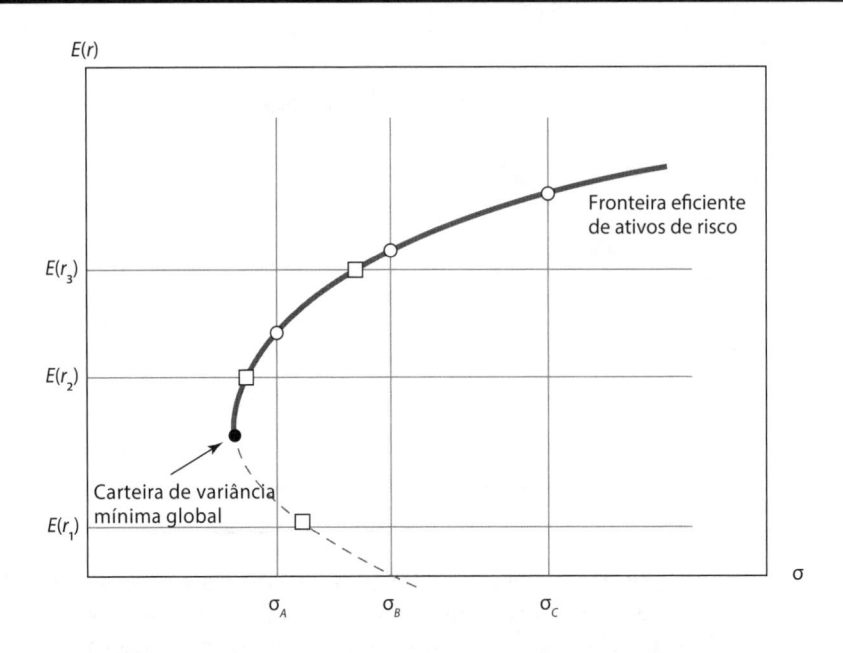

FIGURA 7.12 O conjunto eficiente de carteiras

Em seguida, procuramos a carteira com o menor desvio-padrão em cada linha horizontal – procuramos a carteira que fica o máximo possível à esquerda (menor desvio-padrão) nessa linha. Quando repetimos esse procedimento em vários níveis de retorno esperado exigido, o formato da fronteira de variância mínima se evidencia. Descartamos então a metade inferior (tracejada) da fronteira porque ela é ineficiente.

Na abordagem alternativa, traçamos uma linha vertical que representa a restrição ao desvio-padrão. Em seguida, consideramos todas as carteiras que se encaixam nessa linha (têm o mesmo desvio-padrão) e escolhemos o retorno esperado mais alto, isto é, a carteira fica na posição mais alta nessa linha vertical. A aplicação desse procedimento em várias linhas verticais (níveis de desvio-padrão) nos oferece os pontos marcados pelos círculos que são traçados na parte superior da fronteira de variância mínima, a fronteira eficiente.

Quando concluímos esse passo, temos uma lista de carteiras eficientes, porque a solução para o programa de otimização inclui as proporções da carteira, w_i, o retorno esperado, $E(r_p)$, e o desvio-padrão, σ_p.

Reafirmemos o que o gestor de carteira fez até aqui. As estimativas geradas pelos analistas de títulos foram transformadas em um conjunto de taxas de retorno esperadas e uma matriz de covariância. Devemos chamar esse grupo de estimativas de **lista de entrada**. Essa lista é então inserida no programa de otimização.

Antes de passarmos para a segunda etapa de escolha da carteira de risco ótima no conjunto de fronteira, consideremos uma questão prática. Alguns clientes podem estar sujeitos a outras restrições. Por exemplo, várias instituições são proibidas de assumir posições a descoberto em qualquer ativo que seja. Para esses clientes, o gestor de carteira acrescentará restrições ao programa de otimização que eliminem posições negativas (a descoberto) da busca de carteiras eficientes. Nesse caso especial, é possível que determinados ativos específicos sejam por si sós carteiras de risco eficientes. Por exemplo, o ativo com o retorno esperado mais alto será uma carteira na fronteira porque, sem oportunidade de venda a descoberto, a única forma de um investidor obter essa taxa de retorno é manter o ativo como uma carteira de risco completa.

As restrições à venda a descoberto não são de maneira alguma as únicas restrições desse tipo. Por exemplo, alguns clientes podem querer garantir um nível mínimo de rendimento de dividendos para a carteira ótima. Nesse caso, a lista de entrada será ampliada para incluir um conjunto de rendimentos de dividendos esperados $d_1, \ldots, d_n$ e o programa de otimização incluirá outra restrição para garantir que o rendimento de dividendos esperado da carteira seja igual ou superior ao nível desejado, d.

APLICAÇÕES EXCEL: Carteira de risco ótima

Um modelo de planilha que apresenta carteiras de risco ótimas é oferecido na página de Conteúdo *Online* deste livro, em **www.grupoa.com.br**. Ele é semelhante ao modelo desenvolvido nesta seção e pode ser utilizado para encontrar combinações ótimas de títulos para os níveis pretendidos de retorno esperado de carteiras com ou sem restrições. Os gráficos da fronteira eficiente são gerados para cada conjunto de dados. O exemplo disponível em nosso *site* aplica-se ao modelo de carteiras construídas de índices de ações (denominados títulos WEBS) de vários países.

QUESTÕES EXCEL
1. Encontre a carteira de risco ótima formada das oito carteiras de índice de país utilizando os dados fornecidos neste quadro. Qual a média e variância da taxa de retorno dessa carteira?
2. A carteira de risco ótima envolve uma posição a descoberto em qualquer dos índices? Se sim, responda novamente a primeira questão, mas agora imponha uma restrição que impeça posições a descoberto. Explique por que essa carteira com restrição oferece um *trade-off* entre risco-retorno menos atraente do que a carteira sem restrição na primeira questão.

	A	B	C	D	E	F
1	Fronteira eficiente para world equity benchmark securities (WEBS)					
2						
3		Retorno	Desvio-			
4	WEBS	médio	padrão	País		
5	EWD	15,5393	26,4868	Suécia		
6	EWH	6,3852	41,1475	Hong Kong		
7	EWI	26,5999	26,0514	Itália		
8	EWJ	1,4133	26,0709	Japão		
9	EWL	18,0745	21,6916	Suíça		
10	EWP	18,6347	25,0779	Espanha		
11	EWW	16,2243	38,7686	México		
12	S&P 500	17,2306	17,1944			

Os gestores de carteira podem personalizar o conjunto eficiente para atender a qualquer desejo do cliente. Obviamente, toda restrição tem seu preço no sentido de que a fronteira eficiente construída com restrições adicionais oferecerá um índice de Sharpe inferior ao de uma fronteira com menos restrições. O cliente deve ser informado sobre esse custo e considerar com cuidado as restrições que não são exigidas por lei.

Outro tipo de restrição tem por objetivo eliminar investimentos em setores e países considerados eticamente ou politicamente indesejáveis. Isso é chamado de *investimento socialmente responsável*, e seu custo é um índice de Sharpe menor na carteira ótima resultante dessa restrição. Esse custo pode ser considerado justificadamente uma contribuição para a causa subjacente.

Alocação de capital e propriedade teorema da separação

Agora que temos a fronteira eficiente, passamos para o segundo passo e introduzimos o ativo isento de risco. A Figura 7.13 mostra a fronteira eficiente mais as CALs que representam várias carteiras do conjunto eficiente. Como antes, ampliamos a CAL escolhendo diferentes carteiras até chegarmos à carteira *P*, que é o ponto tangencial de uma linha de *F* à fronteira eficiente. A carteira *P* maximiza o índice de Sharpe, a inclinação da CAL de *F* às carteiras na fronteira eficiente. A essa altura, o gestor de carteira terá chegado ao final de seu trabalho. Portanto, a carteira *P* é a carteira de risco ótima para os clientes desse gestor.

Existe ainda outra forma de encontrar a melhor carteira de risco, possível por meio da introdução da taxa isenta de risco (letras do Tesouro) logo no início. Nessa abordagem, pedimos ao programa de planilha para maximizar o índice de Sharpe da carteira *P*. Isso merece ser mencionado porque podemos pular totalmente o gráfico da fronteira eficiente e tentar encontrar diretamente a carteira que produz a CAL mais inclinada. O programa maximiza o índice de Sharpe sem nenhuma restrição sobre o retorno esperado ou a variância (utilizando apenas a restrição de viabilidade de que a soma dos pesos da carteira seja 1.0). Um exame da Figura 7.13 mostra que a estratégia da solução é encontrar a carteira que produz a CAL com inclinação mais alta (índice de Sharpe),

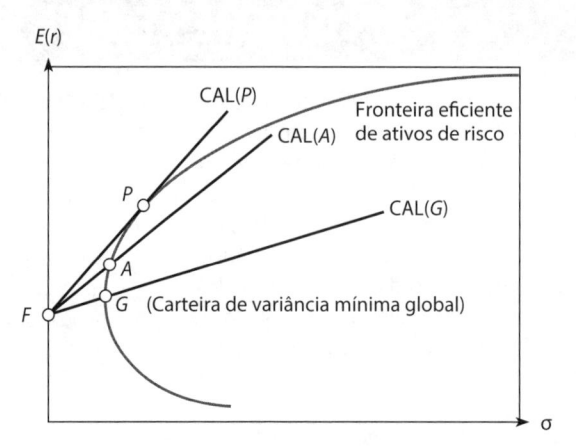

FIGURA 7.13
Linhas de alocação de capital com várias carteiras do conjunto eficiente

independentemente do retorno esperado ou do desvio-padrão. O retorno esperado e o desvio-padrão são facilmente calculados com base nos pesos da carteira ótima aplicados à lista de entrada nas Equações 7.15 e 7.16.

Embora essa última abordagem não produza a fronteira de variância mínima completa, essa deficiência pode ser corrigida por meio da identificação direta de duas carteiras na fronteira. A primeira é a carteira de variância mínima global já familiar, identificada na Figura 7.12 como G. A carteira G é obtida por meio da minimização da variância, sem nenhuma restrição ao retorno esperado; confirme isso na Figura 7.13. O retorno esperado da carteira G é superior à taxa isenta de risco (seu prêmio de risco será positivo).

Outra carteira que terá grande interesse para nós posteriormente é a carteira na parte ineficiente da fronteira de variância mínima, com covariância (ou correlação) zero com a carteira de risco ótima. Nós a chamaremos de carteira Z. Assim que identificamos a carteira P, podemos encontrar a Z no Excel, procurando a carteira que minimiza o desvio-padrão sujeito a ter covariância zero com P. Em capítulos posteriores retornaremos a essa carteira.

Uma propriedade importante das carteiras que se encontram na fronteira é que qualquer carteira formada pela associação de duas carteiras da fronteira de variância mínima também estará nessa fronteira, e o local dependerá dos pesos desse *mix*. Portanto, a carteira P, mais a G ou Z, pode ser utilizada para delinear facilmente a fronteira eficiente completa.

Esse é um bom momento para ponderarmos sobre os resultados e sua implementação. A conclusão mais surpreendente em toda essa análise é que um gestor de carteira oferecerá a mesma carteira de risco, P, a todos os clientes, independentemente do grau de aversão ao risco de cada um.[10] O grau de aversão ao risco do cliente entre em jogo apenas na alocação de capital, a escolha do ponto desejado *ao longo* da CAL. Portanto, a única diferença entre as escolhas dos clientes é que o mais avesso ao risco investirá mais no ativo isento de risco e menos na carteira de risco ótima do que o menos avesso ao risco. Entretanto, ambos utilizam a carteira P como seu instrumento de investimento de risco ótimo.

Esse resultado é chamado de **teorema da separação**; ele nos diz que o problema de escolha de carteira pode ser separado em duas tarefas independentes.[11] A primeira tarefa, determinação da carteira de risco ótima, é puramente técnica. Com base na lista de entrada do gestor, a melhor carteira de risco é a mesma para todos os clientes, independentemente da aversão ao risco. Entretanto, a segunda tarefa, alocação de capital, depende de preferências pessoais. Aqui, o cliente é quem toma a decisão.

O ponto fundamental é que a carteira ótima P que o gestor oferece é a mesma para todos os clientes. Dito de outra forma, os investidores com graus variados de aversão ao risco ficariam

---

[10] Os clientes que impões restrições especiais ao gestor, como rendimento de dividendos, obterão outra carteira ótima. Qualquer restrição acrescentada a um problema de otimização geralmente resulta em uma otimização diferente e inferior em comparação com o programa sem restrição.

[11] A propriedade de separação foi observada pela primeira vez pelo Nobel James Tobin, "Liquidity Preference as Behavior toward Risk", *Review of Economic Statistics*, 25, fevereiro de 1958, pp. 65–86.

satisfeitos com um universo de apenas dois fundos mútuos: um fundo do mercado monetário para investimentos isentos de risco e um fundo mútuo que mantém a carteira de risco ótima, *P*, no ponto tangencial da CAL e da fronteira eficiente. Esse resultado tornar a gestão profissional mais eficiente e, portanto, menos cara. Uma empresa de gestão pode atender a qualquer número de clientes com relativamente poucos custos administrativos incrementais.

Entretanto, na prática, diferentes gestores estimam diferentes listas de entrada, deduzindo diferentes fronteiras eficientes, e oferecem diferentes carteiras "ótimas" a seus clientes. A fonte de disparidade encontra-se na análise de títulos. Vale mencionar aqui que a regra universal lixo entra, lixo sai (*garbage in–garbage out* – GIGO) também se aplica à análise de títulos. Se a qualidade da análise de títulos for ruim, uma carteira passiva – por exemplo, um fundo de índice de mercado – gerará um índice de Sharpe mais alto do que uma carteira ativa que utiliza uma análise de títulos de baixa qualidade para que os pesos da carteira pendam para títulos aparentemente favoráveis (com erro de apreçamento).

Uma lista de entrada específica que geraria estimativas desprezíveis da fronteira eficiente baseia-se no retorno médio recente dos títulos. Se os retornos médios da amostra nos últimos anos forem utilizados para representar o retorno futuro sobre o título, o ruído nessas estimativas tornarão a fronteira eficiente resultantes praticamente inútil para a construção de carteira.

Considere uma ação com desvio-padrão anual de 50%. Mesmo se alguém utilizasse uma média de dez anos para estimar seu retorno esperado (e dez anos é quase história antiga na vida de uma corporação), o desvio-padrão dessa estimativa continuaria sendo $50/\sqrt{10} = 15,8\%$. A probabilidade dessa média representar os retornos esperados do ano seguinte é desprezível.[12] No Capítulo 25, demonstramos que as fronteiras eficientes construídas com dados passados podem ser amplamente otimistas com relação às oportunidades *aparentes* que elas oferecem para melhorar os índices de Sharpe.

Como vimos, as carteiras de risco ótimas para diferentes clientes também podem variar por causa das restrições da carteira, como exigências de rendimento de dividendos, fatores tributários ou outras preferências do cliente. Contudo, essa análise indica que poucas carteiras podem ser suficientes para atender às exigências de uma série de investidores. Essa é a base teórica do setor de fundos mútuos.

A técnica de otimização (computadorizada) é a parte mais fácil da construção de carteiras. A verdadeira arena de concorrência entre os gestores de carteira é no nível de esclarecimento da análise de títulos. Essa análise, bem como sua interpretação apropriada, faz parte da arte de construção de carteiras.[13]

> **REVISÃO DE CONCEITOS 7.4**
>
> Suponhamos que dois gestores de carteira que trabalham para empresas de gestão de investimentos concorrentes contratem um grupo de analistas de títulos para preparar a lista de entrada para o algoritmo de Markowitz. Depois de tudo concluído, constata-se que a fronteira eficiente obtida pelo gestor de carteira A prevalece sobre a do gestor de carteira B. Com prevalecer queremos dizer que a carteira de risco ótima de A fica a noroeste de B. Portanto, se tivessem de optar, os investidores prefeririam a carteira de risco que se encontra na CAL de A.
> a. O que deve ser feito com esse resultado?
> b. Ele deve ser atribuído à melhor análise de títulos dos analistas de A?
> c. Será que o programa de computador de A é superior?
> d. Se você estivesse aconselhando seus clientes (e tivesse oportunidade de dar uma olhada prévia nas fronteiras eficientes dos vários gestores), você lhes diria para transferir periodicamente seu dinheiro para o gestor com a carteira mais a noroeste?

O poder da diversificação

A Seção 7.1 apresentou o conceito de diversificação e os limites dos benefícios da diversificação decorrentes do risco sistemático. Em vista das ferramentas que desenvolvemos, podemos reconsiderar

---

[12] Além disso, não é possível evitar esse problema observando a taxa de retorno das ações com maior frequência. No Capítulo 5, ressaltamos que a precisão da média da amostra como estimativa do retorno esperado depende da duração do período da amostra e não é melhorada com uma amostragem mais frequente dentro de determinado período.

[13] Você pode encontrar uma excelente discussão sobre algumas questões práticas sobre a implementação de uma diversificação eficiente em um relatório oficial preparado pela Wealthcare Capital Management, em www.financeware.com/ruminations/ WP_EfficiencyDeficiency.pdf. Esse relatório é disponibilizado também na página de Conteúdo *Online* deste livro, em **www.grupoa.com.br**.

essa percepção mais rigorosamente e, ao mesmo tempo, aguçar nossa visão sobre o poder da diversificação.

Recapitulando da Equação 7.16, que repetimos aqui, a fórmula geral de variância de uma carteira é

$$\sigma_P^2 = \sum_{i=1}^{n}\sum_{j=1}^{n} w_i w_j \text{Cov}(r_i, r_j) \tag{7.16}$$

Considere agora a estratégia de diversificação ingênua em que uma carteira *igualmente ponderada* é construída, o que significa que $w_i = 1/n$ para cada título. Nesse caso, a Equação 7.16 pode ser reescrita da forma a seguir, na qual isolamos os termos em que $i = j$ em uma soma distinta, ressaltando que $\text{Cov}(r_i, r_i) = \sigma_i^2$:

$$\sigma_p^2 = \frac{1}{n}\sum_{i=1}^{n}\frac{1}{n}\sigma_i^2 + \sum_{\substack{j=1 \\ j \neq i}}^{n}\sum_{i=1}^{n}\frac{1}{n^2}\text{Cov}(r_i, r_j) \tag{7.17}$$

Observe que existem n termos de variância e $n(n-1)$ termos de covariância na Equação 7.17.

Se definirmos a variância média e a covariância média dos títulos como

$$\overline{\sigma}^2 = \frac{1}{n}\sum_{i=1}^{n}\sigma_i^2 \tag{7.18}$$

$$\overline{\text{Cov}} = \frac{1}{n(n-1)}\sum_{\substack{j=1 \\ j \neq i}}^{n}\sum_{j=1}^{n}\text{Cov}(r_i, r_j) \tag{7.19}$$

podemos expressar a variância da carteira como

$$\sigma_p^2 = \frac{1}{n}\overline{\sigma}^2 + \frac{n-1}{n}\overline{\text{Cov}} \tag{7.20}$$

Examine agora o efeito da diversificação. Quando a covariância média entre os retornos do título é zero, como na situação em que todo risco é específico à empresa, a variância da carteira pode ser levada a zero. Observamos isso na Equação 7.20. O segundo termo à direita será zero nesse cenário, ao passo que o primeiro se aproximará de zero à medida que n tornar-se maior. Portanto, quando os retornos do título não estiverem correlacionados, o poder da diversificação de diminuir o risco da carteira será ilimitado.

Entretanto, o caso mais importante é aquele em que os fatores de risco da economia como um todo denotam uma correlação positiva entre os retornos. Nesse caso, à medida que a carteira se torna mais diversificada (n aumenta), sua variância mantém-se positiva. Embora o risco específico à empresa, representado pelo primeiro termo na Equação 7.20, ainda seja diversificado, o segundo termo simplesmente se aproxima de $\overline{\text{Cov}}$ à medida que n se torna maior. [Observe que $(n-1)/n = 1 - 1/n$, que se aproxima de 1 quando n é grande.] Portanto, o risco irredutível de uma carteira diversificada depende da covariância dos retornos dos títulos componentes, que, por sua vez, é uma função da importância dos fatores sistemáticos da economia.

Para examinar mais a fundo a relação fundamental entre risco sistemático e correlação de títulos, para simplificar, suponhamos que todos os títulos tenham um desvio-padrão em comum, σ, e todos os pares de títulos tenham um coeficiente de correlação em comum, ρ. Portanto, a covariância entre todos os pares de títulos é $\rho\sigma^2$, e a Equação 7.20 torna-se

$$\sigma_p^2 = \frac{1}{n}\sigma^2 + \frac{n-1}{n}\rho\sigma^2 \tag{7.21}$$

O efeito da correlação agora é explícito. Quando $\rho = 0$, novamente obtemos o princípio do seguro, no qual a variância da carteira aproxima-se de zero à medida que n torna-se maior. Entretanto, para $\rho > 0$, a variância da carteira mantém-se positiva. Na verdade, para $\rho = 1$, a variância da carteira é igual a σ^2, independentemente de n, o que demonstra que a diversificação não oferece nenhum benefício: no caso de uma correlação perfeita, todo risco é sistemático. Em linhas mais gerais, à medida que n aumenta, a Equação 7.21 mostra que o risco sistemático torna-se $\rho\sigma^2$.

TABELA 7.4 Redução de risco de carteiras igualmente ponderadas em universos correlacionados e não correlacionados

Tamanho do universo n	Pesos da carteira w = 1/n (%)	ρ = 0		ρ = 0,40	
		Desvio-padrão (%)	Redução no σ	Desvio-padrão (%)	Redução no σ
1	100	50,00	14,64	50,00	8,17
2	50	35,36		41,83	
5	20	22,36	1,95	36,06	0,70
6	16,67	20,41		35,36	
10	10	15,81	0,73	33,91	0,20
11	9,09	15,08		33,71	
20	5	11,18	0,27	32,79	0,06
21	4,76	10,91		32,73	
100	1	5,00	0,02	31,86	0,00
101	0,99	4,98		31,86	

A Tabela 7.4 apresenta o desvio-padrão da carteira à medida que incluímos uma quantidade cada vez maior de títulos na carteira, para dois casos, $\rho = 0$ e $\rho = 0,40$. A tabela assume que σ é 50%. Como seria de esperar, o risco da carteira é ainda maior quando $\rho = 0,40$. Talvez mais surpreendente seja que o risco da carteira diminui de uma forma bem menos rápida quando n aumenta em virtude de correlação positiva. A correlação entre os retornos dos títulos restringe o poder da diversificação.

Observe que, para uma carteira de 100 títulos, o desvio-padrão é 5% no caso não correlacionado – ainda assim significativo, em comparação com a possibilidade de desvio-padrão zero. Para $\rho = 0,40$, o desvio-padrão é alto, 31,86%, embora esteja bem próximo de um risco sistemático não diversificável no universo infinito de títulos, $\sqrt{\rho\sigma^2} = \sqrt{0,4 \times 50^2} = 31,62\%$. A essa altura, uma maior diversificação teria pouco valor.

Talvez a constatação mais importante nesse exercício seja: quando mantemos carteiras diversificadas, a contribuição de um título específico para o risco de carteira dependerá da *covariância* do retorno desse título com o de outros títulos, e *não* de sua variância. Como veremos no Capítulo 9, isso implica que os prêmios de risco justos devem depender de covariâncias, e não da variabilidade total dos retornos.

> **REVISÃO DE CONCEITOS 7.5**
>
> Suponhamos que o universo de títulos de risco disponíveis consiste em inúmeras ações, distribuídas identicamente com $E(r)$ = 15%, σ = 60% e um coeficiente de correlação comum de $\rho = 0,5$.
> a. Qual o retorno esperado e o desvio-padrão de uma carteira de risco igualmente ponderada de 25 ações?
> b. Qual o menor número de ações necessário para gerar uma carteira eficiente, com desvio-padrão igual ou inferior a 43%?
> c. Qual o risco sistemático nesse universo de títulos?
> d. Se houver letras do Tesouro com rendimento de 10%, qual será a inclinação da CML? (Em virtude da simetria presumida de todos os títulos no universo de investimentos, o índice de mercado nessa economia será uma carteira igualmente ponderada de todas as ações.)

Alocação de ativos e escolha de títulos

Como vimos, as teorias de escolha de títulos e alocação de ativos são idênticas. Essas duas atividades exigem a construção de uma fronteira eficiente e a escolha de uma carteira específica ao longo dessa fronteira. A determinação da combinação ótima de títulos ocorre da mesma maneira que a análise da combinação ótima de classes de ativos. Então, por que nós (e a comunidade de investimentos) não fazemos distinção entre alocação de ativos e escolha de títulos?

Três fatores estão em jogo. Primeiro, em virtude da maior necessidade e capacidade de economizar (para fatores como educação universitária, lazer, aposentadoria prolongada e necessidades de saúde etc.), a demanda por uma gestão de investimentos esclarecida aumentou enormemente. Segundo, em vista da ampliação do espectro de mercados financeiros, a sofisticação dos investimentos superou a capacidade de vários investidores amadores. Por fim, existem economias de escala consistentes na análise de investimento. O resultado é que o tamanho de uma empresa de investimento competitiva cresceu com o setor, e a eficiência da organização tornou-se uma questão importante.

Uma grande empresa de investimento é propensa a investir no mercado doméstico e em mercados internacionais e em um amplo conjunto de classes de ativos, e isso exige conhecimentos especializados. Por esse motivo, a gestão de carteira de cada classe de ativos precisa ser descentralizada, impossibilitando a otimização simultânea da carteira de risco de toda a organização em apenas um estágio, embora em termos *teóricos* ela possa ser considerada ótima. Em capítulos posteriores, veremos como a otimização de carteiras descentralizadas, bem como da carteira completa da qual elas fazem parte, pode ser criteriosa.

Portanto, a prática é otimizar independentemente a escolha de títulos da carteira de cada classe de ativos. Ao mesmo tempo, a alta administração atualiza continuamente a alocação de ativos da organização, ajustando o orçamento de investimento alocado à carteira de cada classe de ativos.

Carteiras ótimas e retornos não normais

As técnicas de otimização de carteira que utilizamos até aqui pressupõem distribuições normais nas quais o desvio-padrão é considerado uma medida de risco totalmente adequada. Entretanto, a possibilidade de não normalidade dos retornos exige que prestemos atenção a medidas de risco que se concentrem nas piores perdas, como valor em risco (VaR) ou déficit esperado (*expected shortfall* – ES).

No Capítulo 6, propusemos que a alocação de capital à carteira de risco deve ser reconsiderada em face de distribuições de cauda grossa que possam resultar em valores extremos de VaR e ES. Mais especificamente, as previsões de VaR e ES acima do normal devem incentivar alocações de capital moderadas à carteira de risco. Também seria favorável considerar o efeito da diversificação sobre o VaR e ES. Infelizmente, o impacto da diversificação sobre o risco de cauda não pode ser facilmente previsto.

Uma alternativa prática para estimar o VaR e ES na presença de caudas grossas é o *bootstrap* (descrito na Seção 5.9). Começamos com uma amostra de retornos históricos de cada ativo em nossa carteira em perspectiva. Calculamos o retorno da carteira correspondente a um retorno extraído do histórico de cada ativo. Calculamos então quantos desses retornos de carteira aleatórios desejarmos. Cinquenta mil retornos produzidos dessa forma podem oferecer uma boa estimativa de VaR e ES. Os valores previstos de VaR e ES da carteira ótima de média-variância podem então ser comparados com outras carteiras candidatas. Se essas outras carteiras gerarem valores de VaR e ES suficientemente melhores, podemos preferir uma delas à carteira eficiente de média-variância.

7.5 Agrupamento de riscos, compartilhamento de risco e risco de investimentos de longo prazo*

Diversificar significa distribuir nosso orçamento de investimento entre uma variedade de ativos e restringir o risco geral. Algumas vezes se defende que a distribuição de investimentos ao longo do tempo, para que o desempenho médio reflita os retornos em vários períodos de investimento, oferece um benefício análogo, denominado "diversificação temporal". Uma crença comum é de que a diversificação temporal pode tornar um investimento de longo prazo seguro.

Essa ampliação da diversificação de investimentos ao longo do tempo é válida? A questão sobre como o risco aumenta quando o horizonte de um investimento de risco é ampliado é análoga ao agrupamento de riscos, processo pelo qual uma seguradora agrega uma grande carteira (ou *pool*) de riscos não correlacionados. Entretanto, aplicação do agrupamento de riscos ao risco de investimento é amplamente mal interpretada, do mesmo modo que a aplicação do "princípio do seguro" a investimentos de longo prazo. Nesta seção, tentamos esclarecer essas questões e investigar a ampliação apropriada do princípio do seguro ao risco de investimento.

Agrupamento de riscos e princípio do seguro

Agrupamento de riscos consiste na fusão de projetos de risco não correlacionados como forma de diminuir o risco. Aplicado ao setor de seguros, o agrupamento de riscos envolve a venda de várias apólices de seguro não correlacionadas. Essa aplicação do agrupamento de riscos ficou

---

* O conteúdo desta seção é mais complexo. Ele pode ser ignorado sem prejudicar a compreensão dos capítulos posteriores.

conhecida como princípio do seguro. Segundo o pensamento convencional, o agrupamento de riscos diminui o risco e é a força motriz da gestão de riscos no setor de seguros.

Contudo, uma reflexão ainda que breve é capaz de convencê-lo de que o agrupamento de riscos não é a única coisa que conta. Como *acrescentar* apostas que são independentes de suas outras apostas pode diminuir sua exposição total ao risco? Isso pouco diferiria de um apostador em Las Vegas que argumentasse que algumas idas a mais à mesa de roleta podem diminuir seu risco total por diversificar sua "carteira" geral de apostas. Você constataria imediatamente que agora o apostador tem mais dinheiro em risco e que a provável oscilação geral em sua riqueza é nitidamente maior: embora seu ganho médio ou perda *por aposta* torne-se mais previsível à medida que ele volta à mesa, seus rendimentos totais também se tornam menores. Como veremos, o princípio do seguro algumas vezes é igualmente mal aplicado a investimentos de longo prazo por estender de forma incorreta o que se entende por retornos *médios* a previsões sobre retornos *totais*.

Imagine um investidor rico que mantém uma carteira de US$ 1 bilhão, *P*. A fração da carteira investida em um ativo de risco, *A*, é *y*, e a fração de 1 − *y* é investida na taxa isenta de risco. O prêmio de risco do ativo *A* é *R* e seu desvio-padrão é σ. Com base nas Equações 6.3 e 6.4, o prêmio de risco da carteira completa *P* é $R_P = yR$, seu desvio-padrão é $\sigma_P = y\sigma$ e o índice de Sharpe é $S_P = R/\sigma$. Agora esse investidor identifica outro ativo de risco, *B*, com o mesmo prêmio de risco e o mesmo desvio-padrão de *A*. Ele estima que a correlação (e, portanto, a covariância) entre os dois investimentos é zero e, com base nisso, fica interessado na possível redução de risco que a diversificação poderia oferecer.

Em vista dos benefícios que ele prevê da diversificação, ele decide assumir uma posição no ativo *B* igual em tamanho à sua posição no ativo *A*. Ele então transfere outra fração de riqueza, *y*, do ativo isento de risco para o ativo *B*. Com isso, a alocação de sua carteira fica da seguinte maneira: A fração de investimento *y* ainda é mantida no ativo *A*, um investimento adicional de *y* é aplicado em *B* e o ativo isento de risco fica com uma fração de 1 − 2*y*. Observe que essa estratégia é análoga ao agrupamento de riscos puro; nosso investidor assumiu outras apostas de risco (embora não correlacionadas) e sua carteira de risco ficou maior do que antes. Chamaremos a carteira desse investidor de *Z*.

Podemos calcular o prêmio de risco da carteira *Z* com a Equação 7.2, sua variância com a Equação 7.3 e, portanto, o respectivo índice de Sharpe. Lembre-se de que o capital *R* denota o prêmio de risco de cada ativo e que o prêmio de risco do ativo isento de risco é zero. Ao calcular a variância da carteira, levamos em conta o fato de a covariância ser zero. Portanto, para a carteira *Z*:

$$R_Z = yR + yR + (1-2y)0 = 2yR \qquad \text{(dobro de } R_P\text{)}$$
$$\sigma_Z^2 = y^2\sigma^2 + y^2\sigma^2 + 0 = 2y^2\sigma^2 \qquad \text{(dobro da variância de } P\text{)}$$
$$\sigma_Z = \sqrt{\sigma_Z^2} = y\sigma\sqrt{2} \qquad (\sqrt{2} = 1{,}41 \text{ vez o desvio-padrão de } P)$$
$$S_Z = R_Z/\sigma_Z = 2yR/(y\sigma\sqrt{2}) = \sqrt{2}R/\sigma \qquad (\sqrt{2} = 1{,}41 \text{ vez o índice de Sharpe de } P)$$

A boa notícia em relação a esses resultados é que o índice de Sharpe de *Z* é superior ao da carteira *P* segundo o fator de $\sqrt{2}$. Sua taxa de retorno em excesso é o dobro da taxa da carteira *P*, embora seu desvio-padrão seja apenas $\sqrt{2}$ vezes maior. O ponto negativo é que, ao aumentar a escala do investimento de risco, o desvio-padrão da carteira também tem um aumento de $\sqrt{2}$.

Agora podemos imaginar que, em vez de dois ativos não correlacionados, nosso investidor tenha acesso a vários. Repetindo nossa análise, descobrimos que, com *n* ativos, o índice de Sharpe da estratégia *Z* aumenta (em relação ao seu valor original) de um fator de $\sqrt{n}$ para $\sqrt{n} \times R/\sigma$. Contudo, o risco total da estratégia de agrupamento *Z* aumentará de acordo com o mesmo múltiplo, isto é, para $\sigma\sqrt{n}$.

Essa análise mostra tanto as oportunidades quanto as limitações do agrupamento de riscos puro: o agrupamento aumenta a escala do investimento de risco (de *y* para 2*y*) ao acrescentar uma posição adicional em outro ativo não correlacionado. Essa outra aposta de risco que foi acrescentada também aumenta o tamanho do orçamento de risco. Portanto, *por si só*, o agrupamento não diminui o risco, não obstante o fato de se beneficiar da falta de correlação entre as apólices.

O princípio do seguro nos indica que o risco não aumenta proporcionalmente ao número de apólices asseguradas quando elas não estão correlacionadas; por isso, a lucratividade – nessa aplicação, o índice Sharpe – aumenta. Mas esse efeito na verdade não diminui o risco.

Ele pode limitar as possíveis economias de escala de uma grande seguradora com uma carteira sempre crescente como essa. Você pode interpretar cada "ativo" em sua análise como uma apólice de seguro. Cada apólice emitida exige que a seguradora reserve capital adicional para cobrir possíveis perdas. A seguradora investe seu capital para pagar pedidos de indenização. Vender mais apólices significa aumentar a posição total em investimentos de risco e, portanto, o capital que deve ser alocado a essas apólices. À medida que a empresa investe em mais ativos não correlacionados (apólices de seguro), o índice de Sharpe aumenta continuamente (o que é bom). Contudo, como mais fundos são investidos em apólices de risco, o risco geral da carteira aumenta (o que é ruim). À proporção que o número de apólices aumenta, o risco do *pool* certamente aumenta – não obstante a "diversificação" entre as apólices. Com o tempo, esse risco crescente sobrepujará o capital disponível da empresa.

Os analistas de seguro com frequência pensam em termos de probabilidade de perda. Sua interpretação matematicamente correta sobre o princípio do seguro é de que a probabilidade de perda diminui com o agrupamento de riscos. Essa interpretação está relacionada ao fato de o índice de Sharpe (lucratividade) aumentar com o agrupamento de riscos. Porém, equiparar a probabilidade decrescente de perda à redução do risco total é incorreto; essa última é medida pelo desvio-padrão geral, que aumenta com o agrupamento de riscos. (Pense novamente no apostador em Las Vegas. A cada vez em que ele volta à roleta, a probabilidade de perda torna-se maior, mas a magnitude de seus possíveis ganhos ou perdas torna-se maior ainda.) Portanto, o agrupamento de riscos não permite nem que os investidores nem que as seguradoras dispersem o risco. Entretanto, o aumento no risco pode ser superado quando o agrupamento de riscos é ampliado pelo *compartilhamento de risco*, tal como discutido na subseção a seguir.

Compartilhamento de risco

Pense agora em uma variação na carteira Z de agrupamento de riscos. Imagine que nosso investidor tenha identificado várias apólices de seguro atraentes e deseje investir em todas elas. Para simplificar, examinaremos o caso de duas apólices, de modo que o *pool* tenha algumas propriedades da carteira Z. Vimos que, se ele investisse nesse *pool* de duas apólices, seu risco total seria $\sigma_z = y\sigma\sqrt{2}$. Contudo, se esse risco for superior ao que ele está disposto a assumir, o que ele poderia fazer?

Sua solução seria o **compartilhamento de risco**, o ato de vender ações em uma carteira de risco atraente e manter o índice de Sharpe (lucratividade) da posição resultante. Suponhamos que toda vez que um novo ativo de risco é acrescentado à carteira, esse investidor venda uma porção de seu investimento no *pool* para manter o total de fundos em ativos de risco inalterado. Por exemplo, quando o segundo ativo é acrescentado, ele vende metade de sua posição para outros investidores. Embora o orçamento de investimento total alocado aos ativos de risco fique, portanto, inalterado, ele é dividido igualmente entre o ativo A e B, com pesos de $y/2$ cada. Ao adotar essa estratégia, o componente isento de risco de sua carteira completa mantém-se fixo com peso $1 - y$. Chamaremos essa estratégia de V.

Se você comparar a estratégia Z de agrupamento de riscos com a estratégia V de agrupamento de riscos mais compartilhamento de risco, perceberá que ambas envolvem um investimento no *pool* de dois ativos; a única diferença entre elas é que a estratégia de compartilhamento vende metade do *pool* conjunto para manter uma carteira de risco de *tamanho fixo*. Enquanto o peso do *pool* de risco total na estratégia Z é $2y$, na estratégia de compartilhamento de risco o peso é apenas metade desse nível. Portanto, podemos encontrar as propriedades da carteira de compartilhamento de risco substituindo $2y$ por y em cada fórmula ou, equivalentemente, substituindo y por $y/2$ na tabela a seguir.

Agrupamento de riscos	Compartilhamento de risco carteira V
$R_z = 2yR$	$R_v = 2(y/2)R = yR$
$\sigma_z^2 = 2y^2\sigma^2$	$\sigma_v^2 = 2(y/2)^2\sigma^2 = y^2\sigma^2/2$
$\sigma_z = \sqrt{\sigma_z^2} = y\sigma\sqrt{2}$	$\sigma_v = \sqrt{\sigma_v^2} = y\sigma/\sqrt{2}$
$S_z = R_z/\sigma_z = 2yR/(y\sigma\sqrt{2}) = \sqrt{2}R/\sigma$	$S_v = R_v/\sigma_v = \sqrt{2}R/\sigma$

Observamos que a carteira V corresponde ao índice de Sharpe atraente da carteira Z, mas com menor volatilidade. Portanto, o compartilhamento de risco *associado* ao agrupamento de riscos é fundamental para o setor de seguros. A verdadeira diversificação significa distribuir uma carteira de *tamanho fixo* entre vários ativos, não meramente acrescentando apostas de risco a uma carteira de risco cada vez maior.

Para controlar o risco total, nosso investidor teve de vender uma fração do *pool* de ativos. Isso significa que agora uma porção desses ativos deve ser mantida por outra pessoa. Por exemplo, se os ativos forem apólices seguras, outros investidores precisam compartilhar o risco, talvez comprando ações da seguradora. Do contrário, as seguradoras normalmente "resseguram" seu risco vendendo porções das apólices a outros investidores ou seguradoras e, desse modo, compartilham explicitamente o risco.

É possível generalizar o exemplo de nosso investidor para o caso de mais de dois ativos. Suponhamos que o *pool* de risco tenha n ativos. Portanto, a volatilidade da carteira de compartilhamento de risco será $\sigma_v = y\sigma/\sqrt{n}$ e seu índice de Sharpe será $\sqrt{n}R/\sigma$. Obviamente, ambos melhoram quando n aumenta. Pense uma última vez no apostador de roleta. Sua ideia de que diversificação significa que 100 apostas envolve um risco menor do que 1 aposta estava errada. Entretanto, sua intuição estaria correta se ele compartilhasse essas 100 aposta com 100 de seus amigos. A porção de 1/100 das 100 apostas na verdade envolve um risco menor do que 1 aposta. O ajustamento da quantia total em risco à medida que seu dinheiro é distribuído entre mais apostas independentes é a forma pela qual ele poderia diminuir o risco.[14]

Com o compartilhamento de risco, pode-se estabelecer uma seguradora de qualquer porte, construir gradativamente uma grande carteira de apólices e restringir o risco total vendendo ações entre vários investidores. Como o índice de Sharpe aumenta constantemente com o número de apólices emitidas, enquanto o risco para cada acionista diversificado diminui, o tamanho de uma seguradora cada vez mais lucrativa parece ilimitado. Entretanto, na realidade, dois problemas refreiam esse processo. Primeiro, encargos relacionados à administração de empresas muito grandes cedo ou tarde corroem as margens brutas maiores. Mais importante do que isso, a questão "muito grande para fracassar" pode surgir. A possibilidade de erro na avaliação do risco de cada apólice ou de estimativa incorreta das correlações entre perdas nas apólices do *pool* (ou, pior ainda, de uma subavaliação intencional do risco) pode levar uma seguradora à bancarrota. Como vimos no Capítulo 1, muito grande para fracassar significa que esse fracasso pode desencadear falências relacionadas entre os parceiros comerciais da empresa. Isso é semelhante ao que ocorreu na crise financeira de 2008. O júri ainda não se decidiu sobre a falta de escrúpulos nessa questão. Espera-se que regulamentações futuras coloquem limites reais no exagerado otimismo relacionado ao poder da diversificação para restringir o risco, não obstante a atraente atenuação que o compartilhamento de risco promete.

Investimento de longo prazo

Agora nos concentraremos nas implicações do agrupamento de riscos e do compartilhamento de risco para o investimento de longo prazo. Pense na ampliação do horizonte de investimento para outro período (o que acrescenta a incerteza quanto ao retorno de risco desse período) como algo análogo a adicionar outro ativo de risco ou apólice de seguro a um *pool* de ativos.

Par analisar o impacto da ampliação do horizonte de investimento, primeiro precisamos esclarecer qual é a alternativa. Suponhamos que você esteja pensando em investir em uma carteira de risco nos próximos dois anos, que chamaremos de "investimento de longo prazo". De que forma você deve comparar essa decisão com um "investimento de curto prazo"? Devemos comparar essas duas estratégias em relação ao mesmo período, isto é, dois anos. Desse modo, o investimento de curto prazo deve ser interpretado como um investimento na carteira de risco ao longo de um ano e no ativo isento de risco ao longo do segundo ano.

Uma vez que concordemos com essa comparação, e supondo que o retorno de risco no primeiro ano não está correlacionado com o do segundo, torna-se claro que a estratégia de "longo prazo" é análoga à carteira Z. Isso ocorre porque, manter o investimento no segundo ano (em vez de recorrer à taxa isenta de risco) acumula mais riscos, do mesmo modo que a venda de outra apólice de seguro. Em outras palavras, um investimento de longo prazo pode ser considerado análogo ao

---

[14] Sobre o apostador de Las Vegas, com o compartilhamento de risco as apostas tornam-se ainda mais infalíveis de produzir uma taxa de retorno *negativa*, realçando a doença que caracteriza a aposta compulsiva.

agrupamento de riscos. Embora a ampliação de um investimento de risco para um horizonte de longo prazo melhore o índice de Sharpe (assim como o agrupamento de riscos o faz), isso também aumenta o risco. Por isso, a "diversificação temporal" na verdade não é diversificação.

A analogia mais precisa com o compartilhamento de risco para um horizonte de longo prazo é a distribuição do orçamento de investimento de risco entre cada um dos períodos de investimento. Compare as três estratégias a seguir, aplicadas ao orçamento de investimento total ao longo de um horizonte de dois anos:

1. Investir o orçamento total em risco durante um período, em seguida resgatar todos os rendimentos e aplicá-los em um ativo isento de risco no período seguinte. Como você investe no ativo de risco durante apenas um ano, o prêmio de risco ao longo do período de investimento completo é R, o desvio-padrão de dois anos é σ e o índice de Sharpe de dois ano é $S = R/\sigma$.

2. Investir o orçamento complemento no ativo de risco durante os dois períodos. O prêmio de risco de dois anos é $2R$ (supondo taxas compostas continuamente), a variância de dois anos é $2\sigma^2$, o desvio-padrão de dois anos é $\sigma\sqrt{2}$ e o índice de Sharpe de dois anos é $S = R\sqrt{2}/\sigma$. Isso é análogo ao agrupamento de riscos: duas "apostas" na carteira de risco, em vez de uma (como na primeira estratégia).

3. Investir metade do orçamento na posição de risco em cada um dos dois anos e investir o restante dos fundos no ativo isento de risco. O prêmio de risco de dois anos é R, a variância de dois anos é $2 \times (\frac{1}{2}\sigma)^2 = \sigma^2/2$, o desvio-padrão é $\sigma/\sqrt{2}$ e o índice de Sharpe é $S = R\sqrt{2}/\sigma$. Isso é análogo ao compartilhamento de risco: assumir uma posição fracionária no retorno do investimento de cada ano.

A terceira estratégia é menos arriscada do que as duas outras. Seu retorno esperado total é igual ao da primeira, embora seu risco seja menor e, portanto, seu índice de Sharpe seja maior. Seu índice de Sharpe é o mesmo da segunda, mas seu desvio-padrão diminui segundo um fator de 2. Em resumo, seu índice de Sharpe é pelo menos tão bom quanto o das duas outras e, mais importante, seu risco total é menor inferior ao de ambas.

Concluímos que o risco não desvanece a longo prazo. Um investidor que pode investir em uma carteira atraente durante um único período e opta por investir determinado valor nesse período consideraria preferível colocar dinheiro em risco nessa carteira no máximo possível de períodos, *mas diminuiria o orçamento de risco em cada período*. O agrupamento de riscos simples ou, nesse caso, a diversificação temporal, não diminui o risco.

RESUMO

1. O retorno esperado de uma carteira é a média ponderada dos retornos esperados dos ativos que a compõem e as proporções de investimento são dadas como pesos.

2. A variância de uma carteira é a soma ponderada dos elementos da matriz de covariância e o produto das proporções de investimento é dado como peso. Portanto, a variância de cada ativo é ponderada pelo quadrado da proporção de seu investimento. A covariância de cada par de ativos aparece duas vezes na matriz de covariância; por isso, a variância da carteira inclui duas vezes cada covariância ponderada pelo produto das proporções de investimento em cada um dos dois ativos.

3. Mesmo que as covariâncias sejam positivas, o desvio-padrão da carteira será menor do que a média ponderada dos desvios-padrão dos componentes, desde que os ativos não tenham uma correlação positiva perfeita. Desse modo, a diversificação da carteira será fundamental desde que a correlação entre os ativos não seja perfeita.

4. Quanto maior a covariância de um ativo com outros ativos na carteira, mais ela contribui para a variância da carteira. Um ativo que tem uma correlação negativa perfeita com uma carteira pode funcionar como um *hedge* perfeito. O ativo com *hedge* perfeito pode reduzir a variância da carteira a zero.

5. A fronteira eficiente é a representação gráfica de um conjunto de carteiras que maximizam o retorno esperado em cada nível de risco da carteira. Os investidores racionais escolherão a carteira que se encontra na fronteira eficiente.

6. O gestor de carteira identifica a fronteira eficiente determinando primeiramente as estimativas de retorno esperado do ativo e a matriz de covariância. Esses dados são então inseridos em um programa de otimização que gera as proporções de investimento, os retornos esperados e os desvios-padrão das carteiras na fronteira eficiente.

7. Geralmente, os gestores de carteira identificam diferentes carteiras eficientes em virtude das diferenças existentes nos métodos e na qualidade da análise de títulos. Os gestores competem no âmbito da qualidade da análise de títulos relativamente às suas taxas de gestão.

8. Se houver um ativo isento de risco e as listas de entrada forem idênticas, todos os investidores escolherão a mesma carteira na fronteira eficiente dos ativos de risco: a carteira tangente à CAL. Todos os investidores com listas de entrada idênticas manterão uma carteira de risco idêntica. A única diferença refere-se ao montante que cada um aloca a essa carteira ótima e ao ativo isento de risco. O resultado é caracterizado como o princípio de separação da construção de carteira.

9. A diversificação baseia-se na alocação de uma carteira *fixa* entre vários ativos, restringindo a exposição a qualquer fonte de risco. Acrescentar outros ativos de risco a uma carteira e, por conseguinte, aumentar o valor total investido, não diminui o risco do dinheiro, ainda que torne a taxa de retorno mais previsível. Isso ocorre porque essa incerteza é aplicada a uma base de investimento maior. O investimento em horizontes mais longos também não diminui o risco. Aumentar o horizonte de investimento é análogo a investir em mais ativos. Isso aumenta o risco total. Analogamente, o segredo do setor de seguros é o compartilhamento de risco – distribuição do risco entre vários investidores de modo que a exposição de cada a uma determinada fonte de risco seja pequena. O agrupamento de riscos – suposição de uma quantidade cada vez maior de fontes de risco – pode aumentar a previsibilidade da taxa de retorno, mas não a previsibilidade dos retornos totais em dinheiro.

Sites relacionados a este capítulo estão disponíveis em **www.grupoa.com.br**

PALAVRAS-CHAVE

agrupamento de riscos
carteira de risco ótima
carteira de variância mínima
compartilhamento de risco
conjunto de oportunidades da carteira
diversificação
fronteira de variância mínima

fronteira eficiente de ativos de risco
índice de Sharpe
lista de entrada de dados
princípio do seguro
risco de mercado
risco diversificável
risco específico à empresa

risco exclusivo
risco não diversificável
risco não sistemático
risco sistemático
teorema da separação

EQUAÇÕES BÁSICAS

A taxa de retorno esperada sobre a carteira: $E(r_P) = w_D E(r_D) + w_E E(r_E)$

Variância do retorno de uma carteira: $\sigma_P^2 = (w_D \sigma_D)^2 + (w_E \sigma_E)^2 + 2(w_D \sigma_D)(w_E \sigma_E)\rho_{DE}$

Índice de Sharpe de uma carteira: $S_P = \dfrac{E(r_P) - r_f}{\sigma_P}$

Índice de Sharpe que maximiza o peso da carteira com dois ativos de risco (D e E) e um ativo isento de risco:

$$w_D = \dfrac{[E(r_D) - r_f]\sigma_E^2 - [E(r_E) - r_f]\sigma_D \sigma_E \rho_{DE}}{[E(r_D) - r_f]\sigma_E^2 + [E(r_E) - r_f]\sigma_D^2 - [E(r_D) - r_f + E(r_E) - rf]\sigma_D \sigma_E \rho_{DE}}$$

$w_E = 1 - w_D$

Alocação de capital otimizada ao ativo de risco, $y : \dfrac{E(r_P) - r_f}{A\sigma_P^2}$

CONJUNTO DE PROBLEMAS

Básicos

1. Qual dos seguintes fatores reflete o risco de mercado *puro* para uma corporação específica?
   a. Taxas de juros de curto prazo mais altas.
   b. Incêndio no depósito da empresa.
   c. Custos de seguro mais altos.
   d. Morte do diretor executivo.
   e. Custos de mão de obra mais altos.

2. Ao adicionar um imóvel em um programa de alocação de ativos que atualmente inclui apenas ações, obrigações e dinheiro, quais das propriedades dos retornos do imóvel afetam o *risco* de carteira? Explique.
   a. Desvio-padrão.
   b. Retorno esperado.
   c. Correlação com o retorno das outras classes de ativos.

3. Quais das seguintes afirmações são verdadeiras a respeito da carteira de variância mínima de todos os títulos de risco? (Suponha que a venda a descoberto é permitida.) Explique.
   a. Sua variância deve ser inferior à de todos os outros títulos ou carteiras.
   b. Seu retorno esperado pode ser inferior à taxa isenta de risco.
   c. Ela pode ser uma carteira de risco ótima.
   d. Ela deve incluir todos os títulos individuais.

Intermediários

Os dados a seguir aplicam-se aos Problemas 4-10. Um gestor de fundos de pensão está ponderando sobre três fundos mútuos. O primeiro é um fundo de ações, o segundo é um fundo de obrigações de longo prazo governamentais e corporativas e o terceiro é um fundo do mercado monetário de letras do Tesouro que oferece uma taxa de 8%. A distribuição de probabilidades dos fundos de risco é a seguinte:

	Retorno esperado (%)	Desvio-padrão (%)
Fundo de ações (*S*)	20	30
Fundo de obrigações (*B*)	12	15

A correlação entre os retornos dos fundos é 0,10.

4. Quais são as proporções na carteira de variância mínima dos dois fundos de risco e qual o valor esperado e o desvio-padrão de sua taxa retorno?

5. Faça a tabulação e trace o conjunto de oportunidades de investimento dos dois fundos de risco. Utilize as proporções de

investimento de 0 a 100% do fundo de ações, em incrementos de 20%.

6. Trace uma tangente desde a taxa isenta de risco até o conjunto de oportunidades. O que o seu gráfico mostra para o retorno esperado e o desvio-padrão da carteira ótima?

7. Resolva numericamente as proporções de cada ativo e do retorno esperado e do desvio-padrão da carteira de risco ótima.

8. Qual o índice de Sharpe da melhor CAL viável?

9. Você precisa que sua carteira ofereça um retorno esperado de 14% e seja eficiente, isto é, esteja na melhor CAL possível.

   a. Qual o desvio-padrão de sua carteira?
   b. Qual a proporção investida no fundo de letras do Tesouro e em cada um dos dois fundos de risco?

10. Se você fosse utilizar apenas os dois fundos de risco e continuasse exigindo um retorno esperado de 14%, quais seriam as proporções de investimento de sua carteira? Compare o desvio-padrão dessa carteira com o da carteira otimizada no Problema 9. O que você conclui?

11. Uma carteira oferece uma taxa de retorno esperada de 18% e tem desvio-padrão de 22%. O ouro oferece um retorno esperado de 10% e tem desvio-padrão de 30%.

    a. Com base na aparente inferioridade do ouro com respeito ao retorno médio e à volatilidade, alguém investiria em ouro? Se sim, demonstre graficamente por que alguém o faria.
    b. Com base nos dados acima, responda novamente o item (a) com a suposição adicional de que o coeficiente de correlação entre ouro e ações é 1. Desenhe um gráfico que mostre por que alguém investiria ou não investiria em ouro. Esse conjunto de suposições sobre os retornos esperados, os desvios-padrão e a correlação poderia representar um equilíbrio para o mercado de títulos?

12. Suponhamos que há várias ações no mercado de títulos e que as características das ações A e B são as seguintes:

Ação	Retorno esperado (%)	Desvio-padrão (%)
A	10	5
B	15	10
Correlação = –1		

Suponhamos que seja possível tomar empréstimos pela taxa isenta de risco, r_f. Qual deve ser o valor da taxa de juros isenta de risco? (*Dica:* Pense em construir uma carteira isenta de risco com ações A e B.)

13. Suponhamos que os retornos esperados e os desvios-padrão para todos os títulos (incluindo a taxa isenta de risco para contratação e concessão de empréstimos) sejam conhecidos. Nesse caso, todos os investidores terão a mesma carteira de risco ótima. (Verdadeiro ou falso?)

14. O desvio-padrão da carteira sempre é igual à média ponderada dos desvios-padrão dos ativos na carteira. (Verdadeiro ou falso?)

15. Suponhamos que sua probabilidade de dobrar seu investimento em um ano seja 0,7 e sua probabilidade de reduzi-lo à metade em um ano 0,3. Qual o desvio-padrão da taxa de retorno desse investimento?

16. Suponhamos que você tenha US$ 1 milhão e as duas oportunidades a seguir para construir uma carteira:

    a. Um ativo de risco com 12% de retorno ao ano.
    b. Ativo de risco com retorno esperado de 30% ao ano e desvio-padrão de 40%.

    Se você construir uma carteira com desvio-padrão de 30%, qual será a taxa de retorno?

Os dados a seguir são para os Problemas 17 a 19: O coeficiente de correlação entre pares de ações são os seguintes: Corr(A, B) = 0,85; Corr(A, C) = 0,60; Corr(A, D) = 0,45. Todas as ações têm retorno esperado de 8% e desvio-padrão de 20%.

17. Se agora sua carteira completa fosse composta de ações A e você pudesse acrescentar alguma das outras ações à sua carteira, você escolheria (explique sua escolha):

    a. B.
    b. C.
    c. D.
    d. Necessito de mais dados.

18. A resposta ao Problema 17 mudaria para investidores mais avessos ou mais tolerantes ao risco? Explique.

19. Suponhamos que, além de investir em mais uma ação, você possa investir também em letras do Tesouro. Você mudaria suas respostas aos Problemas 17 e 18 se a taxa das letras do Tesouro fosse 8%?

Difíceis

A tabela a seguir de retornos anuais compostos por década aplica-se aos Problemas 20 e 21.

	Anos 1920*(%)	Anos 1930 (%)	Anos 1940 (%)	Anos 1950 (%)	Anos 1960 (%)	Anos 1970 (%)	Anos 1980 (%)	Anos 1990 (%)
Ações de baixa capitalização	–3,72	7,28	20,63	19,01	13,72	8,75	12,46	13,84
Ações de alta capitalização	18,36	–1,25	9,11	19,41	7,84	5,90	17,60	18,20
Longo prazo do governo	3,98	4,60	3,59	0,25	1,14	6,63	11,50	8,60
Médio prazo do governo	3,77	3,91	1,70	1,11	3,41	6,11	12,01	7,74
Letras do Tesouro	3,56	0,30	0,37	1,87	3,89	6,29	9,00	5,02
Inflação	–1,00	–2,04	5,36	2,22	2,52	7,36	5,10	2,93

*Com base no período de 1926–1929.

20. Insira os dados da tabela em uma planilha. Calcule a correlação serial nos retornos de década para cada classe de ativo e para a inflação. Encontre também a correlação entre os retornos das várias classes de ativo. O que os dados indicam?

21. Converta os retornos do ativo por década apresentados na tabela em taxas reais. Repita a análise do Problema 20 para as taxas de retorno reais.

As informações a seguir aplicam-se aos Problemas 22 a 26: Greta, uma investidora já idosa, tem um grau de aversão ao risco de A = 3 quando aplicado ao retorno sobre sua riqueza em um horizonte de três anos. Ela está ponderando sobre duas carteiras, a S&P 500 e um fundo de *hedge*, bem como sobre inúmeras estratégias de três anos. (Todas as taxas são anuais e compostas continuamente.) A estimativa de prêmio de risco da carteira S&P 500 é 5%, com desvio-padrão de 20%. A estimativa de prêmio de risco do fundo de *hedge* é 10%, com desvio-padrão de 35%. O retorno sobre cada uma dessas carteiras em qualquer ano não está correlacionado com seu retorno ou o retorno de qualquer outra carteira em outro ano. A administração do fundo de *hedge* alega que o coeficiente de correlação entre os retornos anuais da S&P 500 e do fundo no mesmo ano é zero, mas Greta acredita que isso está longe de ser preciso.

22. Calcule os prêmios de risco, os desvios-padrão e os índices de Sharpe estimados de três anos das duas carteiras.
23. Supondo que a correlação entre os retornos anuais das duas carteiras seja de fato zero, qual seria a alocação de ativos ótima? Qual deveria ser a alocação de capital de Greta?
24. Se o coeficiente de correlação entre os retornos anuais das carteiras for 0,3, qual será a covariância anual?
25. Com a correlação de 0,3, qual a covariância entre os retornos de três anos?
26. Repita o Problema 15 utilizando uma correlação anual de 0,3. (Se você não conseguir calcular a covariância de três anos no Problema 17, presuma que ela é 0,05.)

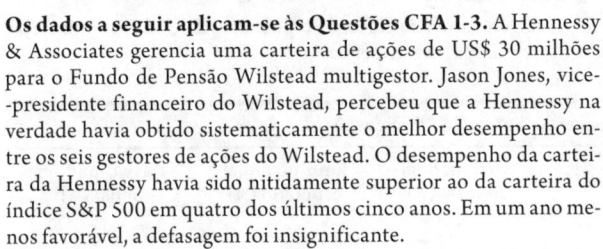

Os dados a seguir aplicam-se às Questões CFA 1-3. A Hennessy & Associates gerencia uma carteira de ações de US$ 30 milhões para o Fundo de Pensão Wilstead multigestor. Jason Jones, vice-presidente financeiro do Wilstead, percebeu que a Hennessy na verdade havia obtido sistematicamente o melhor desempenho entre os seis gestores de ações do Wilstead. O desempenho da carteira da Hennessy havia sido nitidamente superior ao da carteira do índice S&P 500 em quatro dos últimos cinco anos. Em um ano menos favorável, a defasagem foi insignificante.

A Hennessy adota uma abordagem de gestão "de baixo para cima". A empresa tenta evitar em grande medida qualquer tentativa de utilizar a estratégia de "*market timing*". Além disso, ela se concentra na escolha de ações individuais, e não na ponderação sobre setores favorecidos.

Existe uma aparente semelhança de estilo entre os seis gestores de ações do Wilstead. Os cinco outros gestores além da Hennessy gerenciam carteiras que agregam US$ 250 milhões, constituídos por mais de 150 emissões individuais.

Jones está convencido de que a Hennessy tem capacidade para utilizar um conhecimento superior na escolha de ações, mas o alto grau de diversificação na carteira limita a obtenção de resultados favoráveis. Ao longo dos anos, geralmente a carteira manteve de 40 a 50 ações, com cerca de 2 a 3% do total dos fundos investido em cada emissão. O motivo pelo qual a Hennessy parecia ter se dado bem na maioria dos anos foi sua capacidade de identificar em todos os anos 10 ou 12 emissões que registraram ganhos particularmente altos.

Com base nessa visão geral, Jones delineou o seguinte plano para o comitê de pensão do Wilstead:

Vamos pedir à Hennessy para limitar a carteira a não mais de 20 ações. A Hennessy dobrará os investimentos em ações que de fato são favoráveis e eliminará as restantes. Com exceção dessa nova restrição, a Hennessy deve ter liberdade para gerenciar a carteira exatamente como antes.

Todos os membros do comitê de pensão geralmente apoiam as propostas de Jones, porque todos concordavam que a Hennessy parecia demonstrar maior competência na escolha das ações. Contudo, essa proposta desviava-se consideravelmente da prática anterior e vários membros do comitê questionaram. Responda as perguntas a seguir:
1. *a.* O limite de 20 ações tenderá a aumentar ou a diminuir o risco da carteira? Explique.
   b. Existe alguma forma de a Hennessy diminuir o número de emissões de 40 para 20 sem afetar significativamente o risco? Explique.
2. Um dos membros do comitê estava particularmente entusiasmado com a proposta de Jones. Ele afirmou que o desempenho da Hennessy poderia se beneficiar ainda mais se o número de emissões fosse reduzido para 10. Se a redução para 20 pudesse ser considerada vantajosa, explique por que a redução para 10 teria menor probabilidade de ser vantajosa. (Pressuponha que o Wilstead avaliará a carteira da Hennessy independentemente das outras carteiras no fundo.)
3. Outro membro do comitê propôs que, em vez de avaliar cada carteira gerenciada independentemente das outras, talvez fosse melhor considerar os efeitos de uma mudança na carteira da Hennessy sobre o fundo como um todo. Explique em que sentido esse ponto de vista mais amplo poderia afetar a decisão do comitê de restringir os investimentos na carteira da Hennessy a 10 ou 20 emissões.
4. Qual das carteiras a seguir não pode ficar na fronteira eficiente, tal como descrito por Markowitz?

	Carteira	Retorno esperado (%)	Desvio-padrão (%)
a.	W	15	36
b.	X	12	15
c.	Z	5	7
d.	Y	9	21

5. Qual afirmação sobre diversificação de carteira é correta?
   a. Uma diversificação apropriada pode diminuir ou eliminar o risco sistemático.
   b. A diversificação diminui o retorno esperado da carteira porque reduz seu risco total.
   c. À medida que mais títulos são acrescentados a uma carteira, normalmente se prevê que o risco total diminui segundo uma taxa decrescente.
   d. Os benefícios de redução de risco da diversificação só se evidenciam de maneira expressiva quando 30 títulos individuais são incluídos na carteira.
6. A medida de risco de um título mantido em uma carteira diversificada é:
   a. Risco específico.
   b. Desvio-padrão dos retornos.
   c. Risco de reinvestimento.
   d. Covariância.
7. De acordo com Markowitz, a teoria de carteiras está mais preocupada com:
   a. Eliminação do risco sistemático.
   b. O efeito da diversificação sobre o risco da carteira.
   c. A identificação do risco não sistemático.
   d. Gestão ativa de carteira para aumentar o retorno.
8. Suponhamos que um investidor avesso ao risco tenha ações da Miller Corporation e decida acrescentar ações da Mac ou Green Corporation à sua carteira. Todas as três ações oferecem o mesmo retorno esperado e variabilidade total. A covariância do retorno entre a Miller e a Mac é −0,05 e entre a Miller e a Green é +0,05. O risco de carteira deve:
   a. Diminuir mais quando o investidor comprar ações da Mac.
   b. Diminuir mais quando o investidor comprar ações da Green.

c. Aumentar quando forem compradas ações da Mac ou da Green.
d. Diminuir ou aumentar, dependendo de outros fatores.

9. As ações *A*, *B* e *C* têm o mesmo retorno esperado e desvio-padrão. A tabela a seguir mostra as correlações entre os retornos sobre essas ações.

	Ação *A*	Ação *B*	Ação *C*
Ação *A*	+1,0		
Ação *B*	+0,9	+1,0	
Ação *C*	+0,1	−0,4	+1,0

Em vista dessas correlações, a carteira construída com as ações de risco mais baixo é uma carteira:
a. Investida igualmente em ações *A* e *B*.
b. Investida igualmente em ações *A* e *C*.
c. Investida igualmente em ações *B* e *C*.
d. Investida totalmente em ações *C*.

10. As estatísticas das três ações, *A*, *B* e *C*, são mostrada nas tabelas a seguir.

Desvio-padrão dos retornos			
Ação:	A	B	C
Desvio-padrão (%):	40	20	40

Correlação dos retornos			
Ação	A	B	C
A	1,00	0,90	0,50
B		1,00	0,10
C			1,00

Somente com base nas informações fornecidas nessas tabelas, e com a opção entre uma carteira composta de quantidades iguais de ações *A* e *B ou* uma carteira composta de quantidade iguais de ações *B* e *C*, qual carteira você recomendaria? Justifique sua escolha.

11. A carteira atual de George Stephenson, de US$ 2 milhões, tem os seguintes investimentos:

Resumo da carteira atual de Stephenson				
	Valor (US$)	Porcentagem do total (%)	Retorno anual esperado (%)	Desvio-padrão anual (%)
Obrigações de curto prazo	200.000	10	4,6	1,6
Ações domésticas de alta capitalização	600.000	30	12,4	19,5
Ações domésticas de baixa capitalização	1.200.000	60	16,0	29,9
Carteira total	2.000.000	100	13,8	23,1

Stephenson espera receber em breve mais US$ 2 milhões e pretende investir toda essa quantia em um fundo de índice que melhor complemente sua carteira atual. Stephanie Coppa, analista financeira juramentada (CFA), está avaliando os quatro fundos de índice mostrados na tabela a seguir com relação à possibilidade de construir uma carteira que atenderá a dois critérios relativos à carteira atual: (1) manter ou aumentar o retorno esperado e (2) manter ou diminuir a volatilidade.

Todos os fundos estão investidos em uma classe de ativos que não estão amplamente representados na carteira atual.

Características dos fundos de índice			
Fundo de índice	Retorno anual esperado (%)	Desvio-padrão anual esperado (%)	Correlação dos retornos com a carteira atual
Fundo *A*	15	25	+0,80
Fundo *B*	11	22	+0,60
Fundo *C*	16	25	+0,90
Fundo *D*	14	22	+0,65

Indique qual fundo Coppa deve recomendar a Stephenson. Justifique sua escolha descrevendo por que o fundo que você escolheu atende *melhor* aos critérios de Stephenson. Não é necessário efetuar nenhum cálculo.

12. Abigail Grace tem uma carteira totalmente diversificada de US$ 900 mil. Posteriormente, ela herdou ações ordinárias da Empresa ABC no valor de US$ 100 mil. Seu consultor financeiro lhe forneceu as seguintes previsões:

Características de risco e retorno		
	Retornos mensais esperados (%)	Desvio-padrão dos retornos mensais (%)
Carteira original	0,67	2,37
Empresa ABC	1,25	2,95

O coeficiente de correlação dos retornos das ações da ABC com os retornos da carteira original é 0,40.

a. Essa herança muda a carteira geral de Grace e por isso ela está pensando sobre se deve manter as ações da ABC. Suponha que Grace manterá essas ações e calcule:
   i. O retorno esperado de sua nova carteira com ações da ABC.
   ii. A covariância dos retornos das ações da ABC com os retornos da carteira original.
   iii. O desvio-padrão de sua nova carteira com ações da ABC.
b. Se Grace vender as ações da ABC, ela investirá o dinheiro em títulos governamentais isentos de risco que oferecem um rendimento mensal de 0,42%. Suponha que Grace venderá as ações da ABC e as substituirá por títulos do governo e calcule:
   i. O retorno esperado de sua nova carteira com títulos do governo.
   ii. A covariância dos retornos dos títulos do governo com os retornos da carteira original.
   iii. O desvio-padrão da nova carteira com títulos do governo.
c. Determine se o risco sistemático de sua nova carteira, que contém títulos do governo, será mais alto ou mais baixo do que o risco da carteira original.
d. Com base em suas conversas com o marido, Grace está pensando em vender as ações da ABC no valor de US$ 100 mil e adquirir US$ 100 mil em ações ordinárias da Empresa

XYZ. As ações da XYZ têm o mesmo retorno esperado e desvio-padrão das ações da ABC. O marido dela faz o seguinte comentário: "Não fará diferença se você mantiver todas as ações da ABC ou se as substituir por US$ 100 mil em ações da XYZ". Explique se o comentário do marido de Grace está correto ou incorreto. Justifique sua resposta.

e. Em uma conversa recente com seu consultor financeiro, Grace comentou: "Se pelo menos eu não perder dinheiro com a minha carteira, já ficarei satisfeita". Em seguida, ela disse: "Estou mais preocupada em não perder dinheiro do que em obter um alto retorno".

   i. Descreva para Grace *uma* falha da utilização do desvio-padrão dos retornos como medida de risco.
   ii. Identifique outra medida de risco que seja mais apropriada para essas circunstâncias.

13. Dudley Trudy, CFA, reuniu-se recentemente com um de seus clientes. Normalmente, Trudy investe em uma lista predominante de 30 ações de vários setores. Assim que a reunião terminou, o cliente afirmou: "Eu confio em sua capacidade para escolher as ações e acredito que você deva investir meu dinheiro em suas cinco melhores ideias. Por que investir em 30 empresas quando na verdade você tem opiniões mais firmes sobre algumas delas?". Trudy pretende dar uma resposta ao cliente baseando-se na teoria moderna de carteiras.

    a. Compare os conceitos de risco sistemático e risco específico à empresa e dê um exemplo de *cada* tipo de risco.
    b. Faça uma análise crítica da proposta do cliente. Examine até que ponto o risco sistemático e o risco específico à empresa mudam à medida que o número de títulos em uma carteira aumenta.

EXERCÍCIOS DE INVESTIMENTO NA *WEB*

Visite o *site* www.investopedia.com/articles/basics/03/050203.asp para obter mais informações sobre diversificação, os fatores que influenciam as preferências de risco dos investidores e os tipos de investimento que se enquadram em cada categoria de risco. Em seguida, examine www.investopedia.com/articles/pf/05/061505.asp para obter orientações sobre alocação de ativos para vários tipos de carteira, dos mais conservadores aos mais agressivos. O que você conclui sobre suas preferências de risco e o melhor tipo de carteira para você? O que você espera que ocorra com sua atitude em relação ao risco quando você ficar mais velho? Em que sentido a composição de sua carteira mudaria?

SOLUÇÕES PARA AS REVISÕES DE CONCEITOS

1. a. O primeiro termo será $w_D \times w_D \times \sigma_D^2$ porque esse é o elemento no canto superior da matriz (σ_D^2) vezes o termo na coluna limítrofe (w_D) vezes o termo na linha limítrofe (w_D). A aplicação dessa regra a cada termo da matriz de covariância resulta na soma $w_D^2\sigma_D^2 + w_D w_E \text{Cov}(r_E, r_D) + w_E w_D \text{Cov}(r_D, r_E) + w_E^2 \sigma_E^2$, que é a mesma da Equação 7.3, porque $\text{Cov}(r_E, r_D) = \text{Cov}(r_D, r_E)$.

   b. A matriz de covariância fronteiriça é

	w_X	w_Y	w_Z
w_X	σ_X^2	$\text{Cov}(r_X, r_Y)$	$\text{Cov}(r_X, r_Z)$
w_Y	$\text{Cov}(r_Y, r_X)$	σ_Y^2	$\text{Cov}(r_Y, r_Z)$
w_Z	$\text{Cov}(r_Z, r_X)$	$\text{Cov}(r_Z, r_Y)$	σ_Z^2

Há nove termos na matriz de covariância. A variância da carteira é calculada com base nesses nove termos:

$\sigma_P^2 = w_X^2 \sigma_X^2 + w_Y^2 \sigma_Y^2 + w_Z^2 \sigma_Z^2$
$+ w_X w_Y \text{Cov}(r_X, r_Y) + w_Y w_X \text{Cov}(r_Y, r_X)$
$+ w_X w_Z \text{Cov}(r_X, r_Z) + w_Z w_X \text{Cov}(r_Z, r_X)$
$+ w_Y w_Z \text{Cov}(r_Y, r_Z) + w_Z w_Y \text{Cov}(r_Z, r_Y)$
$= w_X^2 \sigma_X^2 + w_X^2 \sigma_Y^2 + w_Z^2 \sigma_Z^2$
$+ 2w_X w_Y \text{Cov}(r_X, r_Y) + 2w_X w_Z \text{Cov}(r_X, r_Z) + 2w_Y w_Z \text{Cov}(r_Y, r_Z)$

2. Os parâmetros do conjunto de oportunidades são $E(r_D) = 8\%$, $E(r_E) = 13\%$, $\sigma_D = 12\%$, $\sigma_E = 20\%$ e $\rho(D,E) = 0{,}25$. Com o desvio-padrão e o coeficiente de correlação, geramos a matriz de covariância:

Fundo	D	E
D	144	60
E	60	400

A carteira de *variância mínima global* é construída de forma que

$$w_D = \frac{\sigma_E^2 - \text{Cov}(r_D, r_E)}{\sigma_D^2 + \sigma_E^2 - 2\,\text{Cov}(r_D, r_E)}$$

$$= \frac{400 - 60}{(144 + 400) - (2 \times 60)} = 0{,}8019$$

$w_E = 1 - w_D = 0{,}1981$

Seu retorno esperado e desvio-padrão são

$E(r_P) = (0{,}8019 \times 8) + (0{,}1981 \times 13) = 8{,}99\%$
$\sigma_P = [w_D^2 \sigma_D^2 + w_E^2 \sigma_E^2 + 2 w_D w_E \text{Cov}(r_D, r_E)]^{1/2}$
$= [(0{,}8019^2 \times 144) + (0{,}1981^2 \times 400) + (2 \times 0{,}8019 \times 0{,}1981 \times 60)]^{1/2}$
$= 11{,}29\%$

Em relação aos outros pontos, simplesmente aumentamos w_D de 0,10 para 0,90 em incrementos de 0,10; correspondentemente, w_E varia de 0,90 para 0,10 em incrementos iguais. Substituímos o retorno esperado e o desvio-padrão para essas proporções de carteira nas fórmulas. Observe que, quando $w_E = 1{,}0$, os parâmetros da carteira são iguais aos do fundo de ações; quando $w_D = 1$, os parâmetros da carteira são iguais ao do fundo de dívida.

Geramos então a seguinte tabela:

w_E	w_D	$E(r)$	σ
0,0	1,0	8,0	12,00
0,1	0,9	8,5	11,46
0,2	0,8	9,0	11,29
0,3	0,7	9,5	11,48
0,4	0,6	10,0	12,03
0,5	0,5	10,5	12,88
0,6	0,4	11,0	13,99
0,7	0,3	11,5	15,30
0,8	0,2	12,0	16,76
0,9	0,1	12,5	18,34
1,0	0,0	13,0	20,00
0,1981	0,8019	8,99	11,29 carteira de variância mínima

Agora você pode desenhar seu gráfico.

3. *a.* Os cálculos do conjunto de oportunidades dos fundos de ações e de obrigações de risco são semelhantes aos da questão anterior e, portanto, não serão mostrados aqui. Entretanto, você deve realizá-los a fim de oferecer uma solução gráfica para a parte *a*. Observe que a covariância entre os fundos é

$$\text{Cov}(r_A, r_B) = \rho(A, B) \times \sigma_A \times \sigma_B$$
$$= -0{,}2 \times 20 \times 60 = -240$$

b. As proporções da carteira de risco ótima são dadas por

$$w_A = \frac{(10-5)\,60^2 - (30-5)(-240)}{(10-5)\,60^2 + (30-5)\,20^2 - 30(-240)} = 0{,}6818$$

$$w_B = 1 - w_A = 0{,}3182$$

O retorno esperado e o desvio-padrão da carteira de risco ótima são

$$E(r_P) = (0{,}6818 \times 10) + (0{,}3182 \times 30) = 16{,}36\%$$
$$\sigma_P = \{(0{,}6818^2 \times 20^2) + (0{,}3182^2 \times 60^2) + [2 \times 0{,}6818 \times 0{,}3182(-240)]\}^{1/2}$$
$$= 21{,}13\%$$

Observe que a carteira *P* não é a carteira de variância mínima global. As proporções dessa última são dadas por

$$w_A = \frac{60^2 - (-240)}{60^2 + 20^2 - 2(-240)} = 0{,}8571$$

$$w_B = 1 - w_A = 0{,}1429$$

Com essas proporções, o desvio-padrão da carteira de variância mínima é

$$\sigma(\text{mín.}) = (0{,}8571^2 \times 20^2) + (0{,}1429^2 \times 60^2) + [2 \times 0{,}8571 \times 0{,}1429 \times (-240)]^{1/2}$$
$$= 17{,}57\%$$

que é inferior ao da carteira de risco ótima.

c. A CAL é a linha desde a taxa isenta de risco à carteira de risco ótima. Essa linha representa todas as carteiras eficientes que combinam letras do Tesouro com a carteira de risco ótima. A inclinação da CAL é

$$S = \frac{E(r_P) - r_f}{\sigma_P} = \frac{16{,}36 - 5}{21{,}13} = 0{,}5376$$

d. Dado um grau de aversão ao risco, *A*, um investidor escolherá uma proporção, *y*, na carteira de risco ótima de (lembre-se de expressar os retornos em decimal ao utilizar *A*):

$$y = \frac{E(r_P) - r_f}{A\sigma_P^2} = \frac{0{,}1636 - 0{,}05}{5 \times 0{,}2113^2} = 0{,}5089$$

Isso significa que a carteira de risco ótima, com os dados em questão, é suficientemente atraente para um investidor com *A* = 5 para investir 50,89% de sua riqueza. Como a ação *A* compõe 68,18% da carteira de risco e a ação *B* compõe 31,82%, as proporções de investimento para esse investidor são

Ação A:	$0{,}5089 \times 68{,}18 =$	34,70%
Ação B:	$0{,}5089 \times 31{,}82 =$	<u>16,19%</u>
Total		50,89%

4. As fronteiras eficientes deduzidas pelos gestores de carteira dependem das previsões das taxas de retorno em vários títulos e estimativas de risco, isto é, matriz de covariância. As previsões em si não controlam os resultados. Portanto, preferir gestores com previsões mais favoráveis (as fronteiras a noroeste) é equivalente a recompensar os portadores de boas notícias e punir os portadores de más notícias. O que devemos fazer é recompensar os portadores de notícias *precisas*. Portanto, se você obtiver um vislumbre das fronteiras (previsões) dos gestores de carteira de maneira regular, você desejará desenvolver o histórico da precisão de suas estimativas e direcionar as pessoas que você orienta ao previsor mais preciso. A longo prazo, as opções de carteira desses gestores superarão o desempenho do setor.

5. Os parâmetros são $E(r) = 15$, $\sigma = 60$ e a correlação entre qualquer par de ações é $\rho = 0{,}5$.

    a. O retorno esperado da carteira é invariável em relação ao tamanho da carteira porque todas as ações têm retornos esperados idênticos. O desvio-padrão de uma carteira with $n = 25$ ações é

    $$\sigma_P = [\sigma^2/n + \rho \times \sigma^2(n-1)/n]^{1/2}$$
    $$= [60^2/25 + 0{,}5 \times 60^2 \times 24/25]^{1/2} = 43{,}27\%$$

    b. Como as ações são idênticas, as carteiras eficientes são igualmente ponderadas. Pra obter um desvio-padrão de 43%, precisamos encontrar *n*:

    $$43^2 = \frac{60^2}{n} + 0{,}5 \times \frac{60^2(n-1)}{n}$$
    $$1.849n = 3.600 + 1.800n - 1.800$$
    $$n = \frac{1.800}{49} = 36{,}73$$

    Portanto, precisamos de 37 ações e teremos uma volatilidade levemente abaixo da pretendida.

    c. Como *n* torna-se muito grande, a variância de uma carteira eficiente (igualmente ponderada) diminui, mantendo apenas a variância proveniente das covariâncias entre as ações, que é

    $$\sigma_P = \sqrt{\rho \times \sigma^2} = \sqrt{0{,}5 \times 60^2} = 42{,}43\%$$

    Observe que, com 25 ações, ficamos a 0,84% do risco sistemático, isto é, o risco não sistemático de uma carteira de 25 ações é apenas 0,84%. Com 37 ações, o desvio-padrão é 43%, do qual o risco não sistemático é 0,57%.

    d. Se a taxa isenta de risco for 10%, o prêmio de risco de qualquer tamanho de carteira será 15 − 10 = 5%. O desvio-padrão de uma carteira bem diversificada é (praticamente) 42,43%; por isso, a inclinação da CAL é

    $$S = 5/42{,}43 = 0{,}1178$$

APÊNDICE A Modelo de planilha para uma diversificação eficiente

Diversos pacotes de *software* podem ser utilizados para gerar a fronteira eficiente. Demonstraremos o método por meio do Microsoft Excel. Esse programa está longe de ser o melhor para essa finalidade e é limitado em relação ao número de ativos que ele pode processar, mas o trabalho com uma ferramenta simples de otimização de carteira no Excel pode mostrar concretamente a natureza dos cálculos utilizados em programas "caixa-preta" mais sofisticados. Você perceberá que, mesmo no Excel, o cálculo da fronteira eficiente é razoavelmente fácil.

Utilizamos o programa de otimização de Markowitz em um problema prático de diversificação internacional. Adotamos a perspectiva de um gestor de carteira que atende a clientes americanos e deseja construir para o ano seguinte uma carteira de risco ótima de ações de alta capitalização dos Estados Unidos e de seis mercados de capitais desenvolvidos (Japão, Alemanha, Reino Unido, França, Canadá e Austrália). Primeiro, descrevemos a lista de entrada de dados: previsões do prêmio de risco e a matriz de covariância. Em seguida, descrevemos o Solver do Excel e, finalmente, mostramos a solução do problema do gestor.

Matriz de covariância

Para apreender os parâmetros de risco recentes, o gestor compila um conjunto de 60 taxas de retorno mensais (anualizadas), bem como as taxas mensais das letras do Tesouro correspondentes ao mesmo período.

Os desvios-padrão dos retornos em excesso são mostrados na Planilha 7A.1 (coluna C). Eles variam de 14,93% (ações de alta capitalização do Reino Unido) a 22,7% (Alemanha). Para dar uma ideia de como esses parâmetros podem mudar com o passar do tempo, os desvios-padrão do período de 1991 a 2000 também são mostrados (coluna B). Além disso, apresentamos o coeficiente de correlação entre as ações de alta capitalização nos seis mercados estrangeiros com as ações de alta capitalização dos Estados Unidos para os mesmos dois períodos. Aqui, observamos que as correlações são mais altas no período mais recente, o que é coerente com o processo de globalização.

A matriz de covariância mostrada na Planilha 7A.2 foi calculada com base no conjunto de 60 retornos dos sete países utilizando a função COVAR da caixa de diálogo *Análise de Dados* no menu Ferramentas do Excel. Em virtude de uma peculiaridade do Excel, a matriz de covariância não é corrigida para o viés de graus de liberdade; por isso, cada um dos elementos da matriz foi multiplicado por 60/59 para eliminar o viés decrescente.

Retornos esperados

Embora a estimativa dos parâmetros de risco (a matriz de covariância) baseada nos retornos em excesso seja uma simples tarefa técnica, a estimativa do prêmio de risco (o retorno em excesso esperado) é uma tarefa intimidante. Tal como analisamos no Capítulo 5, a estimativa de retornos esperados por meio de dados históricos não é confiável. Considere, por exemplo, os retornos em excesso médios negativos de ações de alta capitalização americanas ao longo do período de 2001 a 2005 (célula G6) e, mais genericamente, as grandes diferenças nos retornos médios entre os períodos de 1991–2000 e 2001–2005, tal como demonstrado nas colunas F e G.

Nesse exemplo, apresentamos apenas as previsões do gestor sobre os retornos futuros, como mostrado na coluna H. No Capítulo 8, introduziremos uma estrutura que explicita melhor o processo de previsão.

Matriz de covariância fronteiriça

A matriz de covariância na Planilha 7A.2 é delimitada pelos pesos da carteira, tal como explicado na Seção 7.2 e na Tabela 7.2. Os valores nas células A18–A24, à esquerda da matriz de covariância, serão escolhidos pelo programa de otimização. Por enquanto, inserimos arbitrariamente 1,0 para as ações dos Estados Unidos e zero para as dos demais. As células A16–I16, acima da matriz de covariância, devem ser definidas de maneira idêntica à coluna de pesos à esquerda, para que elas mudem à medida que os pesos da coluna forem alterados pelo Solver do Excel. A célula A25 soma os pesos da coluna e é utilizada para forçar o programa de otimização a definir a soma dos pesos da carteira em 1,0.

As células C25–I25, abaixo da matriz de covariância, são utilizadas para calcular a variância da carteira para qualquer conjunto de pesos que apareçam nas bordas. Cada célula acumula a contribuição da coluna acima dela para a variância da carteira. Para essa tarefa é utilizada a função SOMARPRODUTO. Por exemplo, a linha 33 mostra a fórmula utilizada para deduzir o valor que aparece na célula C25.

Por fim, a pequena coluna A26–A28, abaixo da matriz de covariância fronteiriça, apresenta estatísticas da carteira calculadas por essa matriz. Primeiro aparece o prêmio de risco da carteira na célula A26, com a fórmula mostrada na linha 35, que multiplica a coluna de pesos da carteira pela coluna de

7A.1 Estatísticas de índice de país e previsões de retornos em excesso

	Desvio-padrão		Correlação com os Estados Unidos		Retorno em excesso médio		Previsão
País	1991–2000	2001–2005	1991–2000	2001–2005	1991–2000	2001–2005	2006
EUA	0,1295	0,1495	1	1	0,1108	–0,0148	0,0600
Reino Unido	0,1466	0,1493	0,64	0,83	0,0536	0,0094	0,0530
França	0,1741	0,2008	0,54	0,83	0,0837	0,0247	0,0700
Alemanha	0,1538	0,2270	0,53	0,85	0,0473	0,0209	0,0800
Austrália	0,1808	0,1617	0,52	0,81	0,0468	0,1225	0,0580
Japão	0,2432	0,1878	0,41	0,43	–0,0177	0,0398	0,0450
Canadá	0,1687	0,1727	0,72	0,79	0,0727	0,1009	0,0590

7A.2 Matriz de covariância fronteiriça

Pesos da carteira		1,0000	0,0000	0,0000	0,0000	0,0000	0,0000	0,0000
		EUA	Reino Unido	França	Alemanha	Austrália	Japão	Canadá
1,0000	EUA	0,0224	0,0184	0,0250	0,0288	0,0195	0,0121	0,0205
0,0000	Reino Unido	0,0184	0,0223	0,0275	0,0299	0,0204	0,0124	0,0206
0,0000	França	0,0250	0,0275	0,0403	0,0438	0,0259	0,0177	0,0273
0,0000	Alemanha	0,0288	0,0299	0,0438	0,0515	0,0301	0,0183	0,0305
0,0000	Austrália	0,0195	0,0204	0,0259	0,0301	0,0261	0,0147	0,0234
0,0000	Japão	0,0121	0,0124	0,0177	0,0183	0,0147	0,0353	0,0158
0,0000	Canadá	0,0205	0,0206	0,0273	0,0305	0,0234	0,0158	0,0298
1,0000		0,0224	0,0000	0,0000	0,0000	0,0000	0,0000	0,0000
0,0600	Média							
0,1495	Desvio-padrão							
0,4013	Inclinação							

Célula A18–A24	A18 é definida arbitrariamente como 1, enquanto A19 a A24 são definidas como 0
Fórmula na célula C16	=A18 … Fórmula na célula I16=A24
Fórmula na célula A25	=SOMA(A18-A24)
Fórmula na célula C25	=C16*SOMARPRODUTO($A$18:$A$24,C18:C24)
Fórmula na célula D25-I25	Copiada de C25 (observe os endereços absolutos)
Fórmula na célula A26	SOMARPRODUTO($A$18:$A$24,H6:H12)
Fórmula na célula A27	=SOMA(C25:I25)^0.5
Fórmula na célula A28	=A26/A27

7A.3 Fronteira eficiente

Célula para manter a restrição sobre o prêmio de risco: 0,0400

		Mínima variância					Ótimo				
Média		0,0383	0,0400	0,0450	0,0500	0,0550	0,0564	0,0575	0,0600	0,0700	0,0800
Desvio-padrão	0,1	0,1132	0,1135	0,1168	0,1238	0,1340	0,1374	0,1401	0,1466	0,1771	0,2119
Inclinação		0,3386	0,3525	0,3853	0,4037	0,4104	0,4107	0,4106	0,4092	0,3953	0,3774
EUA		0,6112	0,6195	0,6446	0,6696	0,6947	0,7018	0,7073	0,7198	0,7699	0,8201
Reino Unido		0,8778	0,8083	0,5992	0,3900	0,1809	0,1214	0,0758	–0,0283	–0,4465	–0,8648
França		–0,2140	–0,2029	–0,1693	–0,1357	–0,1021	–0,0926	–0,0852	–0,0685	–0,0014	0,0658
Alemanha		–0,5097	–0,4610	–0,3144	–0,1679	–0,0213	0,0205	0,0524	0,1253	0,4185	0,7117
Austrália		0,0695	0,0748	0,0907	0,1067	0,1226	0,1271	0,1306	0,1385	0,1704	0,2023
Japão		0,2055	0,1987	0,1781	0,1575	0,1369	0,1311	0,1266	0,1164	0,0752	0,0341
Canadá		–0,0402	–0,0374	–0,0288	–0,0203	–0,0118	–0,0093	–0,0075	–0,0032	0,0139	0,0309
CAL*	0,0411	0,0465	0,0466	0,0480	0,0509	0,0550	0,0564	0,0575	0,0602	0,0727	0,0871

*Prêmio de risco sobre a CAL = desvio-padrão 3 Inclinação da carteira de risco ótima

eXcel
PLANILHAS 7A.1, 7A.2, 7A.3
Modelos de planilha para diversificação internacional

previsões (H6–H12) da Planilha 7A.1. Em seguida, aparece o desvio-padrão da carteira, na célula A27. A variância é dada pela soma das células C25–I25 abaixo da matriz de covariância fronteiriça. A célula A27 utiliza a raiz quadrada dessa soma para gerar o desvio-padrão. A última estatística é o índice de Sharpe da carteira, na célula A28, que é a inclinação da linha de alocação de capital (CAL), que atravessa a carteira construída utilizando os pesos da coluna (o valor na célula A28 é igual ao da célula A26 dividido pelo da célula A27). A carteira de risco ótima é a que maximiza o índice de Sharpe.

Utilizando o Solver do Excel

O Solver, do Excel, é uma ferramenta de otimização fácil de usar, mas muito eficaz. Ele tem três partes: (1) uma função-objetivo, (2) variáveis de decisão e (3) restrições. A Figura 7A.1 mostra três telas Solver. Na presente discussão, referimo-nos à tela A.

O painel superior do Solver permite que você escolha a célula de destino para a "função-objetivo", isto é, a variável que você está tentando otimizar. Na tela A, a célula de destino é a A27, o desvio-padrão da carteira. Abaixo da célula de destino, você pode escolher se seu objetivo é maximizar, minimizar ou definir um valor específico para a sua função-objetivo. Nesse caso, escolhemos minimizar o desvio-padrão da carteira.

O painel seguinte contém as variáveis de decisão. São as células que o Solver pode mudar para otimizar a função-objetivo na célula de destino. Nesse caso, preenchemos as células A18–A24, os pesos da carteira que escolhemos para minimizar sua volatilidade.

O painel inferior do Solver pode incluir qualquer número de restrições. Uma restrição que deve sempre aparecer na otimização da carteira é a "restrição de viabilidade", isto é, que a soma dos pesos da carteira deve ser igual a 1,0. Quando abrimos a caixa de diálogo de restrição, especificamos que a célula A25 (a soma dos pesos) deve ser igual a 1,0.

Encontrando a carteira de variância mínima

É favorável começar pela identificação da variância mínima global da carteira (G). Com isso temos o ponto de partida da parte eficiente da fronteira. Assim que preenchemos a célula de destino, as células de variável de decisão e a restrição de viabilidade, como na tela A, podemos escolher "solucionar", quando então o Solver retorna a carteira G. Copiamos as estatísticas e os pesos da carteira para a nossa Planilha 7A.3 de resultados. A coluna C da Planilha 7A.3 mostra que o menor desvio-padrão (SD) que pode be alcançado com nossa lista de entrada de dados é 11,32%. Observe que o desvio-padrão da carteira G é consideravelmente menor até mesmo que o menor desvio-padrão dos índices individuais. Com base no prêmio de risco da carteira G (3,83%), começamos a construir a fronteira eficiente com prêmios de risco cada vez maiores.

Fronteira eficiente de ativos de risco

Determinamos os prêmios de risco (pontos na fronteira eficiente) que desejamos utilizar para criar o gráfico da fronteira eficiente. É sempre bom escolher mais pontos na proximidade da carteira G

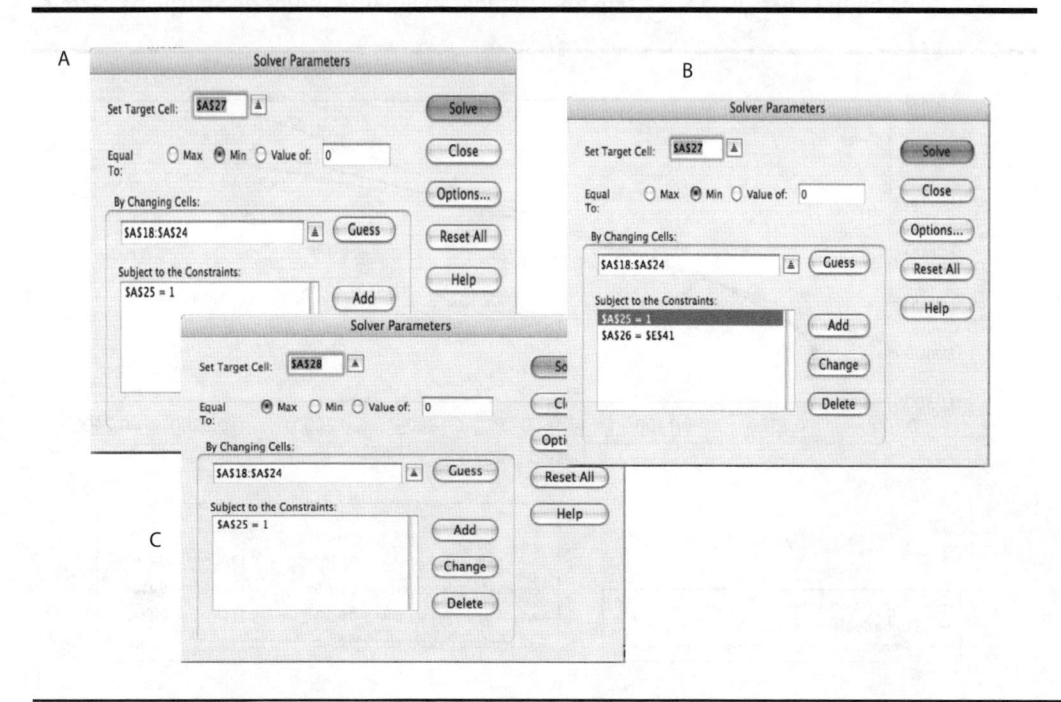

FIGURA 7A.1 Caixa de diálogo do Solver

porque a maior curvatura da fronteira encontra-se nessa região. É suficiente escolher para o ponto mais alto o prêmio de risco mais alto da lista de entrada de dados (nesse caso, 8% para a Alemanha). Você pode produzir a fronteira eficiente completa em minutos se adotar o procedimento a seguir.

1. Insira no Solver a seguinte restrição: o valor da célula A26 (o prêmio de risco da carteira) deve ser igual ao da célula E41. A tela B da Figura 7A.1 mostra o Solver nesse ponto. A célula E41 será utilizada para mudar o prêmio de risco exigido e, desse modo, gerar diferentes pontos ao longo da fronteira.
2. Para cada ponto adicional na fronteira, você deve inserir um prêmio de risco desejado diferente na célula E41 e solicitar para que o Solver solucione novamente.
3. Toda vez em que o Solver lhe oferecer uma solução à solicitação em (2), copie os resultados para a Planilha 7A.3, que tabula o conjunto de pontos ao longo da fronteira eficiente. No passo seguinte, mude a célula E41 e repita o procedimento do segundo passo em diante.

Identificando a carteira de risco ótima na fronteira eficiente

Agora que já temos uma fronteira eficiente, procuraremos a carteira com o índice de Sharpe mais alto. Essa é a carteira na fronteira eficiente que é tangente à CAL. Para encontrá-la só precisamos fazer duas mudanças no Solver. Primeiro, mude a célula de destino da A27 para a A28, o índice de Sharpe da carteira, e solicite que o valor nessa célula seja maximizado. Em seguida, elimine a restrição ao prêmio de risco que talvez tenha ficado na última vez em que você utilizou o Solver. A essa altura, o Solver terá a aparência da tela C na Figura 7A.1.

Agora o Solver gera a constru a carteira de risco ótima. Copie as estatísticas e os pesos da carteira ótima para a Planilha 7A.3. Para obter um gráfico limpo, coloque a coluna da carteira ótima na Planilha 7A.3 de modo que os prêmios de risco de todas as carteiras na planilha aumentem constantemente em relação ao prêmio de risco na carteira G (3,83%), até 8%.

A fronteira eficiente é representada graficamente utilizando os dados nas células C45–I45 (o eixo horizontal ou x é o desvio-padrão da carteira) e C44–I44 (o eixo vertical ou y é o prêmio de risco da carteira). O gráfico resultante é apresentado na Figura 7A.2.

A CAL ótima

Seria esclarecedor sobrepor a CAL que identifica a carteira de risco ótima no gráfico da fronteira eficiente da Figura 7A.2. Essa CAL tem uma inclinação igual ao índice de Sharpe da carteira

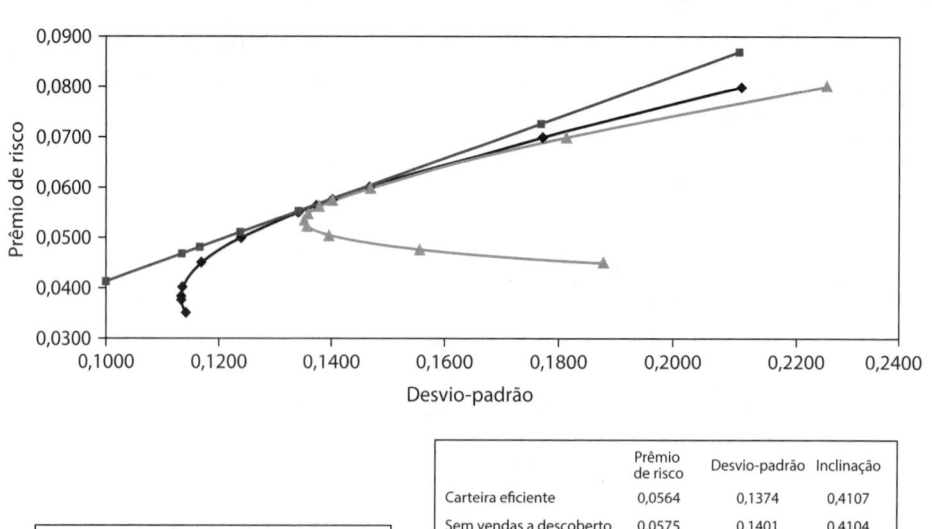

FIGURA 7A.2 Fronteira eficiente e CAL de índices de ações de país

	Prêmio de risco	Desvio-padrão	Inclinação
Carteira eficiente	0,0564	0,1374	0,4107
Sem vendas a descoberto	0,0575	0,1401	0,4104
Carteira de variância mínima	0,0383	0,1132	0,3386
Sem vendas a descoberto	0,0540	0,1350	0,3960

Legenda:
- Fronteira eficiente
- Linha de alocação de capital
- Fronteira eficiente – sem vendas a descoberto

de risco ótima. Portanto, acrescentamos na parte inferior da Planilha 7A.3 uma linha com entradas obtidas pela multiplicação do desvio-padrão da carteira de cada coluna pelo índice de Sharpe da carteira de risco ótima da célula H46. Isso gera o prêmio de risco para cada carteira ao longo da fronteira eficiente da CAL. Agora acrescentamos uma série ao gráfico com os desvios-padrão em B45–I45 como eixo x e as células B54–I54 como eixo y. Você pode ver essa CAL na Figura 7A.2.

Carteira de risco ótima e restrição de vendas a descoberto

Com a lista de entrada de dados utilizada pelo gestor de carteira, a carteira de risco ótima exige posições a descoberto significativas nas ações da França e do Canadá (consulte coluna H na Planilha 7A.3). Em muitos casos, o gestor de carteira é proibido de assumir posições a descoberto. Se for esse o caso, precisamos corrigir o programa para impedir vendas a descoberto.

Para isso, repetimos o exercício, mas com uma mudança. Acrescentamos a seguinte restrição ao Solver: cada elemento na coluna de pesos da carteira, A18–A24, deve ser superior a ou igual a zero. Você deve tentar gerar a fronteira eficiente com a restrição à venda a descoberto em sua própria planilha. O gráfico da fronteira com restrição também é mostrado na Figura 7A.2.

APÊNDICE B Revisão das estatísticas da carteira

Essa revisão baseia-se na análise de cenário de uma carteira com dois ativos. Os ativos são representados por D e E (que devem ser considerados como títulos de dívida e ações), mas os parâmetros de risco e retorno que utilizamos neste apêndice não são necessariamente compatíveis com os da Seção 7.2.

Retornos esperados

Utilizamos "valor esperado" e "média" alternadamente. Para uma análise com n cenários, em que a taxa de retorno no cenário i é $r(i)$, com probabilidade $p(i)$, o retorno esperado é

$$E(r) = \sum_{i=1}^{n} p(i)r(i) \tag{7B.1}$$

Se você aumentasse a taxa de retorno presumida para cada cenário em algum valor Δ, o retorno médio aumentaria em Δ. Se você multiplicar a taxa em cada cenário por um fator w, a nova média será multiplicada por esse fator:

$$\sum_{i=1}^{n} p(i) \times [r(i) + \Delta] = \sum_{i=1}^{n} p(i) \times r(i) + \Delta \sum_{i=1}^{n} p(i) = E(r) + \Delta$$

$$\sum_{i=1}^{n} p(i) \times [wr(i)] = w \sum_{i=1}^{n} 1p(i) \times r(i) = wE(r) \tag{7B.2}$$

Agora vamos construir uma carteira que investe uma fração do orçamento de investimento, $w(D)$, em obrigações e a fração $w(E)$ em ações. A taxa de retorno da carteira em cada cenário e seu retorno esperado são dados por

$$r_P(i) = w_D r_D(i) + w_E w_E(i)$$
$$E(r_P) = \sum p(i)[w_D r_D(i) + w_E r_E(i)] = \sum p(i) w_D r_D(i) + \sum p(i) w_E r_E(i) \tag{7B.3}$$
$$= w_D E(r_D) + w_E E(r_E)$$

EXEMPLO 7B.1 || Taxas de retorno esperadas

A coluna C da Planilha 7B.1 mostra taxas de retorno para a dívida, D. Na coluna D, acrescentamos 3% a cada retorno do cenário e na coluna E multiplicada cada taxa por 0,4. Essa planilha mostra como calculamos o retorno esperado das colunas C, D e E. É evidente que a média aumenta em 3% (de 0,08 para 0,11) na coluna D e é multiplicada por 0,4 (de 0,08 para 0,032) na coluna E.

eXcel

PLANILHA 7B.1
Análise de cenário de obrigações

	A	B	C	D	E	F	G
1							
2			Taxa de retorno do cenário				
3	Cenário	Probabilidade	$r_D(i)$	$r_D(i) + 0,03$	$0,4 \cdot r_D(i)$		
4	1	0,14	–0,10	–0,07	–0,040		
5	2	0,36	0,00	0,03	0,000		
6	3	0,30	0,10	0,13	0,040		
7	4	0,20	0,32	0,35	0,128		
8		Média	0,080	0,110	0,032		
9		Célula CB	=SOMARPRODUTO($B$4:$B$7,C4:C7)				
10							
11							
12							

A taxa de retorno da carteira em cada cenário é a média ponderada das taxas dos componentes. Os pesos são as frações investidas nesses ativos, isto é, os pesos da carteira. O retorno esperado da carteira é a média ponderada das médias do ativo.

Variância e desvio-padrão

A variância e o desvio-padrão da taxa de retorno de um ativo de uma análise de cenário são dados por[15]

$$\sigma^2(r) = \sum_{i=1}^{n} p(i)[r(i) - E(r)]^2$$
$$\sigma(r) = \sqrt{\sigma^2(r)}$$
(7B.4)

Observe que a unidade da variância é porcentagem ao quadrado. Em contraposição, o desvio-padrão, a raiz quadrada da variância, tem a mesma dimensão dos retornos originais e, portanto, é mais fácil de interpretar como uma medida de variabilidade de retorno.

Quando você acrescenta um retorno incremental fixo, Δ, a cada cenário, você aumenta o retorno médio de acordo com esse mesmo incremento. Portanto, o desvio do retorno realizado em cada cenário em relação ao retorno médio não é afetado e tanto a variância quanto o desvio-padrão permanecem inalterados. Em contraposição, quando você multiplica o retorno em cada cenário por um fator w, a variância é multiplicada pelo quadrado do fator (e o desvio-padrão é multiplicado por w):

$$\text{Var}(wr) = \sum_{i=1}^{n} p(i) \times [wr(i) - E(wr)]^2 = w^2 \sum_{i=1}^{n} p(i)[r(i) - E(r)]^2 = w^2 \sigma^2$$
$$\text{SD}(wr) = \sqrt{w^2 \sigma^2} = w\sigma(r)$$
(7B.5)

O Excel não tem uma função direta para calcular a variância e o desvio-padrão para uma análise de cenário. As funções DESVPAD e VAR são designadas para séries temporais. Precisamos calcular diretamente os desvios ao quadrado ponderados pela probabilidade. Entretanto, para não ter de calcular primeiro as colunas de desvios ao quadrado em relação à média, podemos simplificar nosso problema expressando a variância como diferença entre dois termos facilmente calculáveis:

---

[15] A variância (nesse caso, da taxa de retorno do ativo) não é a única opção possível para quantificar a variabilidade. Uma alternativa poderia ser o desvio *absoluto* em relação à média, em vez de o desvio *ao quadrado*. Portanto, o desvio médio absoluto algumas vezes é utilizado como medida de variabilidade. A variância é a medida preferida por diversos motivos. Primeiro, trabalhar com desvios absolutos é matematicamente mais difícil. Segundo, os desvios elevados ao quadrado dão um peso maior aos desvios maiores. Em investimentos, dar um peso maior a desvios maiores (portanto, perdas) é compatível à aversão ao risco. Terceiro, quando os retornos são normalmente distribuídos, a variância é um dos dois parâmetros que caracterizam completamente a distribuição.

	H	I	J	K	L
1					
2			Taxa de retorno do cenário		Retorno da carteira
3	Cenário	Probabilidade	$r_D(i)$	$r_E(i)$	0,4*r_D(i)+0,6*r_E(i)
4	1	0,14	-0,10	-0,35	-0,2500
5	2	0,36	0,00	0,20	0,1200
6	3	0,30	0,10	0,45	0,3100
7	4	0,20	0,32	-0,19	0,0140
8		Média	0,08	0,12	0,1040
9		Célula L4	=0,4*J4+0,6*K4		
10		Célula L8	=SOMARPRODUTO($I$4:$I$7,L4:L7)		
11					
12					

eXcel
PLANILHA 7B.2
Análise de cenário de obrigações e ações

$$\sigma^2(r) = E[r - E(r)]^2 = E\{r^2 + [E(r)]^2 - 2rE(r)\}$$
$$= E(r^2) + [E(r)]^2 - 2E(r)E(r)$$
$$= E(r^2) - [E(r)]^2 = \sum_{i=1}^{n} p(i)r(i)^2 - \left[\sum_{i=1}^{n} p(i)r(i)\right]^2 \quad (7B.6)$$

A variância do retorno de uma *carteira* não é tão simples de calcular quanto a média. A variância da carteira *não* é a média ponderada das variâncias do ativo. O desvio da taxa de retorno da carteira em qualquer cenário, em relação ao retorno médio, é

$$r_P - E(r_P) = w_D r_D(i) + w_E r_E(i) - [w_D E(r_D) + w_E E(r_E)]$$
$$= w_D[r_D(i) - E(r_D)] + w_E[r_E(i) - E(r_E)] \quad (7B.7)$$
$$= w_D d(i) + w_E e(i)$$

onde as variáveis em letra minúscula denotam os desvios em relação à média:

$$d(i) = r_D(i) - E(r_D)$$
$$e(i) = r_E(i) - E(r_E)$$

Expressamos a variância do retorno da carteira em termos desses desvios em relação à média na Equação 7B.7:

$$\sigma_P^2 = \sum_{i=1}^{n} p(i)[r_P - E(r_P)]^2 = \sum_{i=1}^{n} p(i)[w_D d(i) + w_E e(i)]^2$$
$$= \sum_{i=1}^{n} p(i)[w_D^2 d(i)^2 + w_E^2 e(i)^2 + 2w_D w_E d(i)e(i)]$$
$$= w_D^2 \sum_{i=1}^{n} p(i)d(i)^2 + w_E^2 \sum_{i=1}^{n} p(i)e(i)^2 + 2w_D w_E \sum_{i=1}^{n} p(i)d(i)e(i) \quad (7B.8)$$
$$= w_D^2 \sigma_D^2 + w_E^2 \sigma_E^2 + 2w_D w_E \sum_{i=l}^{n} p(i)d(i)e(i)$$

EXEMPLO 7B.2 || Taxa de retorno da carteira

A Planilha 7B.2 apresenta as taxas de retorno das ações e das obrigações. Utilizando os pesos presumidos de 0,4 para dívida e 0,6 para ações, o retorno da carteira em cada cenário aparece na coluna L. A célula L8 mostra o retorno esperado da carteira como 0,1040, obtido por meio da função SOMARPRODUTO, que multiplica cada retorno de cenário (coluna L) pela probabilidade de cenário (coluna I) e soma os resultados.

> **EXEMPLO 7B.3** || Calculando a variância de um ativo de risco no Excel
>
> Você pode calcular a primeira expressão, $E(r^2)$, na Equação 7B.6 utilizando a função SOMARPRODUTO. Por exemplo, na Planilha 7B.3, $E(r^2)$ é calculado primeiro na célula C21 utilizando SOMARPRODUTO para multiplicar a probabilidade do cenário pelo retorno do ativo e novamente pelo retorno do ativo. Portanto, $[E(r)]^2$ é subtraído (observe a subtração de C20^2 na célula C21), para chegar à variância.

A última linha da Equação 7B.8 nos indica que a variância de uma carteira é a soma ponderada de suas variâncias (observe que os pesos são os quadrados dos pesos da carteira), mas um termo adicional que, como veremos em breve, faz toda diferença.

Observe que $d(i) \times e(i)$ é o produto dos desvio dos retornos de cenário dos dois ativos em relação às suas médias. A média ponderada pela probabilidade desse produto é seu valor esperado, que é chamado de *covariância* e representado por $\text{Cov}(r_D, r_E)$. A covariância entre os dois ativos pode ter grande impacto sobre a variância de uma carteira.

Covariância

A covariância entre duas variáveis iguais

$$\text{Cov}(r_D, r_E) = E(d \times e) = E\{[r_D - E(r_D)][r_E - E(r_E)]\} \quad (7B.9)$$
$$= E(r_D r_E) - E(r_D)E(r_E)$$

A covariância é uma maneira inteligente de quantificar a covariação de duas variáveis. Isso é mais fácil de entender com um exemplo numérico.

Imagine uma análise de três cenários de ações e obrigações, tal como apresentado na Planilha 7B.4. No primeiro cenário, as obrigações caem (desvio negativo) enquanto as ações sobem (desvio positivo). No terceiro cenário, as obrigações sobem e as ações caem. Quando as taxas se movem em direções opostas, como nesse caso, o produto dos desvios é negativo; em contraposição, se as taxas se moverem na mesma direção, o sinal do produto será positivo. A magnitude do produto mostra a extensão do movimento oposto ou comum nesse cenário. Portanto, a média ponderada pela probabilidade resume a tendência *média* de as variáveis covariarem entre os cenários. Na última linha da planilha, vemos que a covariância é –80 (célula H6).

Suponhamos que nossa análise de cenário tenha visualizado que as ações geralmente mudam na mesma direção das obrigações. Por motivo de objetividade, mudemos as taxas previstas no primeiro e terceiro cenários, isto é, deixemos que o retorno das ações seja –10% no primeiro cenário e 30% no terceiro. Nesse caso, o valor absoluto de ambos os produtos desses cenários permanece o mesmo, mas os sinais são positivos e, portanto, a covariância é positiva, em +80, um reflexo da tendência do retorno de ambos os ativos variarem em sincronia. Se os níveis dos retornos de cenário mudarem, a intensidade da covariação também mudará, tal como reflete a magnitude do

eXcel
PLANILHA 7B.3
Análise de cenário de obrigações

	A	B	C	D	E	F	G
13							
14			Taxas de retorno do cenário				
15	Cenário	Probabilidade	$r_D(i)$	$r_D(i)$ + 0,03	0,4*$r_D(i)$		
16	1	0,14	–0,10	–0,07	–0,040		
17	2	0,36	0,00	0,03	0,000		
18	3	0,30	0,10	0,13	0,040		
19	4	0,20	0,32	0,35	0,128		
20		Média	0,0800	0,1100	0,0240		
21		Variância	0,0185	0,0185	0,0034		
22		Desvio-padrão	0,1359	0,1359	0,0584		
23	Célula C21 =SOMARPRODUTO($B$16:$B$19,C16:C19)-C20^2						
24	Célula C22 =C21^0,5						

	A	B	C	D	E	F	G	H
1		Taxas de retorno			Desvios em relação à média			Produtos
2	Probabilidade	Obrigações	Ações		Obrigações	Ações		dos desvios
3	0,25	-2	30		-8	20		-160
4	0,50	6	10		0	0		0
5	0,25	14	-10		8	-20		-160
6	Média:	6	10		0	0		-80

eXcel

PLANILHA 7B.4
Análise de três cenários de ações e obrigações

produto dos desvios. A mudança na magnitude da covariância quantifica a mudança tanto na direção quanto na intensidade da covariação.

Se não houver nenhum comovimento, pelo fato de o produto positivo e o produto negativo serem igualmente prováveis, a covariância será zero. Além disso, se um dos ativos for isento de risco, sua covariância com qualquer ativo de risco será zero porque seus desvios em relação à média são igualmente zero.

O cálculo da covariância com o Excel pode ser facilitado por meio da utilização da última linha da Equação 7B.9. O primeiro termo, $E(r_D \times r_E)$, pode ser calculado com apenas um comando, por meio da função SOMARPRODUTO, do Excel. Mais especificamente, na Planilha 7B.4, SOMARPRODUTO(A3:A5, B3:B5, C3:C5) multiplica a probabilidade pelo retorno das obrigações e pelo retorno das obrigações em cada cenário e depois soma esses três produtos.

Observe que, se acrescentássemos Δ a cada taxa não mudaria a covariância porque os desvios em relação à média permaneceriam inalterados. Contudo, se você *multiplicar* qualquer uma das variáveis por um fator fixo, a covariância aumentar de acordo com esse fator. Com a multiplicação de ambas as variáveis, a covariância é multiplica pelos produtos dos fatores porque

$$\text{Cov}(w_D r_D, w_E r_E) = E\{[w_D r_D - w_D E(r_D)][w_E r_E - w_E E(r_E)]\} \quad (7B.10)$$
$$= w_D w_E \text{Cov}(r_D, r_E)$$

A covariância na Equação 7B.10 na verdade é o termo que acrescentamos (duas vezes) na última linha da equação de variância da carteira, na Equação 7B.8. Portanto, constatamos que a variância da carteira é a soma ponderada (não a média) das variâncias de cada ativo, *mais* duas vezes sua covariância ponderada pelos dois pesos da carteira ($w_D \times w_E$).

Como na variância, a dimensão (unidade) da covariância é porcentagem ao quadrado. Porém, não podemos obter uma dimensão mais fácil de ser interpretada extraindo a raiz quadrada porque o produto médio dos desvios pode ser negativo, como na Planilha 7B.4. A solução nesse caso é aumentar a escala da covariância pelos desvios-padrão das duas variáveis, produzindo o *coeficiente de correlação*.

Coeficiente de correlação

A divisão da covariância pelo produto dos desvios-padrão das variáveis gera um número puro denominado *correlação*. Definimos correlação como:

$$\text{Corr}(r_D, r_E) = \frac{\text{Cov}(r_D, r_E)}{\sigma_D \sigma_E} \quad (7B.11)$$

EXEMPLO 7B.4 || Calculando a covariância e correlação

A Planilha 7B.5 mostra a covariância e a correlação entre as ações e as obrigações utilizando a mesma análise de cenário empregada nos outros exemplos deste apêndice. A covariância é calculada por meio da Equação 7B.9. A função SOMARPRODUTO utilizada na célula J22 nos fornece $E(r_D \times r_E)$, do qual subtraímos $E(r_D) \times E(r_E)$ (isto é, subtraímos J20 × K20). Em seguida, calculamos a correlação na célula J23 dividindo a covariância pelo produto dos desvios-padrão do ativo.

O coeficiente de correlação deve estar no intervalo de [−1, 1]. Isso pode ser explicado da forma a seguir: Que duas variáveis devem ter o grau mais alto de comovimento? A lógica indica que seria uma variável de si mesma. Portanto, precisamos confirmar.

$$\text{Cov}(r_D, r_D) = E\{[r_D - E(r_D)] \times [r_D - E(r_D)]\}$$
$$= E[r_D - E(r_D)]^2 = \sigma_D^2$$
$$\text{Corr}(r_D, r_D) = \frac{\text{Cov}(r_D, r_D)}{\sigma_D \sigma_D} = \frac{\sigma_D^2}{\sigma_D^2} = 1$$ (7B.12)

De modo semelhante, o valor mais baixo (negativo) do coeficiente de correlação é −1. (Verifique por si mesmo encontrando a correlação de uma variável com uma variável negativa dela mesma.)

Uma propriedade importante do coeficiente de correlação é que ele não é afetado pela adição e multiplicação. Suponha que comecemos com um retorno sobre a dívida, r_D, o multipliquemos por uma constante, w_D, e adicionamos um valor fixo Δ. A correlação com as ações não é afetada:

$$\text{Corr}(\Delta + w_D r_D, r_E) = \frac{\text{Cov}(\Delta + w_D r_D, r_E)}{\sqrt{\text{Var}(\Delta + w_D r_D)} \times \sigma_E}$$
$$= \frac{w_D \text{Cov}(r_D, r_E)}{\sqrt{w_D^2 \sigma_D^2} \times \sigma_E} = \frac{w_D \text{Cov}(r_D, r_E)}{w_D \sigma_D \times \sigma_E}$$ (7B.13)
$$= \text{Corr}(r_D, r_E)$$

Como o coeficiente de correlação oferece uma melhor percepção da relação entre as taxas de retorno, algumas vezes expressamos a covariância em termos de coeficiente de correlação. Redispondo a Equação 7B.11, podemos expressar a covariância como

$$\text{Cov}(r_D, r_E) = \sigma_D \sigma_E \text{Corr}(r_D, r_E)$$ (7B.14)

Variância da carteira

Vimos na Equação 7B.8, com a ajuda da Equação 7B.10, que a variância de uma carteira com dois ativos é a soma das variâncias individuais multiplicada pelo quadrado dos pesos da carteira, mais duas vezes a covariância entre as taxas, multiplicada pelo produto dos pesos da carteira:

$$\sigma_P^2 = w_D^2 \sigma_D^2 + w_E^2 \sigma_E^2 + 2 w_D w_E \text{Cov}(r_D, r_E)$$
$$= w_D^2 \sigma_D^2 + w_E^2 \sigma_E^2 + 2 w_D w_E \sigma_D \sigma_E \text{Corr}(r_D, r_E)$$ (7B.15)

PLANILHA 7B.5
Análise de cenário de obrigações e ações

	H	I	J	K	L	M
13						
14			Taxas de retorno do cenário			
15	Cenário	Probabilidade	$r_D(i)$	$r_E(i)$		
16	1	0,14	−0,10	−0,35		
17	2	0,36	0,00	0,20		
18	3	0,30	0,10	0,45		
19	4	0,20	0,32	−0,19		
20		Média	0,08	0,12		
21		Desvio-padrão	0,1359	0,2918		
22		Covariância	−0,0034			
23		Correlação	−0,0847			
24	Célula J22	=SOMARPRODUTO(I16:I19,J16:J19,K16:K19)−J20*K20				
25	Célula J23	=J22/(J21*K21)				

EXEMPLO 7B.5 || Calculando a variância da carteira

Calculamos a variância da carteira na Planilha 7B.6. Observe que calculamos o desvio-padrão da carteira de duas maneiras: uma com base nos retornos da carteira do cenário (célula E35) e depois (na célula E36) utilizando a primeira linha da Equação 7B.15. Os dois métodos geram o mesmo resultado. Você deve experimentar o segundo cálculo utilizando o coeficiente de correlação da segunda linha da Equação 7B.15, em vez de a covariância na fórmula de variância da carteira.

Suponhamos que um dos ativos – digamos, E – seja substituído por um instrumento do mercado monetário, isto é, um ativo isento de risco. A variância de E seria então zero, assim como a covariância com D. Nesse caso, como pode ser visto na Equação 7B.15, o desvio-padrão da carteira é apenas $w_D \sigma_D$. Em outras palavras, quando misturamos uma carteira de risco com o ativo isento de risco, o desvio-padrão da carteira é igual ao desvio-padrão do ativo de risco vezes o peso investido nesse ativo. Esse resultado foi utilizado amplamente no Capítulo 6.

	A	B	C	D	E	F	G
25							
26							
27							
28			Taxas de retorno do cenário		Retorno da carteira		
29	Cenário	Probabilidade	$r_D(i)$	$r_E(i)$	$0,4*r_D(i)+0,6r_E(i)$		
30	1	0,14	-0,10	-0,35	-0,25		
31	2	0,36	0,00	0,20	0,12		
32	3	0,30	0,10	0,45	0,31		
33	4	0,20	0,32	-0,19	0,014		
34		Média	0,08	0,12	0,1040		
35		Desvio-padrão	0,1359	0,2918	0,1788		
36		Covariância	-0,0034		Desvio-padrão: 0,1788		
37		Correlação	-0,0847				
38	Célula E35 SOMARPRODUTO(B30:B33,E30:E33,E30:E33)-E34^2)^0,5						
39	Célula E36 =(0.4*C35)^2+(0,6*D35)^2+2*0,4*0,6*C36)^0,5						

PLANILHA 7B.6
Análise de cenário de obrigações e ações

8 Modelos de índice

O PROCEDIMENTO DE MARKOWITZ introduzido no capítulo anterior apresenta duas desvantagens. Primeiro, o modelo requer uma quantidade enorme de estimativas para preencher a matriz de covariância. Segundo, o modelo não oferece nenhuma orientação para a previsão dos prêmios de risco dos títulos, são essenciais para construir a fronteira eficiente dos ativos de risco. Como os retornos passados não são orientações confiáveis sobre os retornos esperados futuros, essa desvantagem pode ser significativa.

Neste capítulo, introduzimos os modelos de índice que simplificam a estimativa da matriz de covariância e melhora enormemente a análise dos prêmios de risco dos títulos. Por nos permitir decompor explicitamente o risco em componentes sistemáticos e específicos à empresa, esses modelos também esclarecem de maneira significativa o poder e os limites da diversificação. Além disso, eles nos possibilitam medir esses componentes de risco para carteiras e títulos específicos.

Iniciamos este capítulo com a descrição de um mercado de títulos de índice único e mostramos que ele pode justificar um modelo de índice único de retornos acionários. Assim que suas propriedades são analisadas, passamos a abordar um amplo exemplo de estimativa do modelo de índice único. Revemos as propriedades estatísticas dessas estimativas e mostramos que elas estão relacionadas com questões práticas enfrentadas pelos gestores de carteira.

Não obstante a simplificação que eles oferecem, os modelos de índice mantêm-se fiéis aos conceitos de fronteira eficiente e otimização de carteira. Empiricamente, os modelos de índice são tão válidos quanto a suposição de normalidade das taxas de retorno dos títulos disponíveis. Desde que os retornos de curto prazo sejam bem aproximados pelas distribuições normais, os modelos de índice podem ser utilizados para escolher carteiras ótimas quase tão precisamente quanto por meio do algoritmo de Markowitz. Em último lugar, examinamos as carteiras de risco ótimas construídas com o modelo de índice. Embora os princípios sejam os mesmos empregados no capítulo anterior, é mais fácil deduzir as propriedades da carteira e interpretá-las nesse contexto. Mostramos como o modelo de índice é utilizado para construir uma carteira de risco ótima por meio de uma pequena amostra de empresas. Essa carteira é comparada com a carteira correspondente construída com base no modelo de Markowitz. Concluímos com uma discussão sobre as várias questões práticas que surgem na implementação do modelo de índice.

8.1 Um mercado de títulos de fator único

Lista de dados do modelo de Markowitz

O sucesso da regra de escolha de uma carteira depende da qualidade da lista de dados, isto é, das estimativas de retorno esperado sobre os títulos e da matriz de covariância. A longo prazo, as carteiras eficientes superarão as carteiras com listas de dados menos confiáveis e, consequentemente, com *trade-offs* inferiores entre risco e retorno.

Suponhamos que seus analistas de títulos possam analisar detalhadamente 50 ações. Isso significa que sua lista de dados incluirá o seguinte:

$n =$ 50 estimativas de retorno esperado
$n =$ 50 estimativas de variância
$(n^2 - n)/2 =$ 1.225 estimativas de covariância
1.325 estimativas totais

Essa tarefa é descomunal, particularmente pelo fato de uma carteira de 50 títulos ser relativamente pequena. Dobrar n para 100 praticamente quadruplicará o número de estimativas para 5.150. Se $n = 3.000$, aproximadamente o número de ações da NYSE, precisaremos de mais de 4,5 *milhões* de estimativas.

Outra dificuldade na aplicação do modelo de Markowitz à otimização de carteira é que os erros na avaliação ou estimativa dos coeficientes de correlação podem gerar resultados desproporcionados. Isso pode ocorrer porque alguns conjuntos de coeficientes de correlação são mutuamente inconsistente, como os exemplos a seguir demonstram:[1]

Ativos	Desvio-padrão (%)	Matriz de correlação		
		A	B	C
A	20	1,00	0,90	0,90
B	20	0,90	1,00	0,00
C	20	0,90	0,00	1,00

Suponhamos que você construa uma carteira com peso –1,00, 1,00 e 1,00 para os ativos A, B e C, respectivamente, e calcule a variância da carteira. Você descobrirá que a variância da carteira parece ser negativa (–200). Isso obviamente não é possível porque as variâncias da carteira não podem ser negativas: concluímos que os dados na matriz de correlação estimada devem estar mutuamente inconsistentes. É claro que os *verdadeiros* coeficientes de correlação são sempre consistentes.[2] Contudo, não conhecemos essas correlações verdadeiras e só podemos estimá-las com alguma imprecisão. Infelizmente, é difícil determinar, com uma passada rápida de olhos, se a matriz de correlação está inconsistente, e isso constitui outro motivo para procurarmos um modelo mais fácil de ser implementado.

A introdução de um modelo que simplifica a forma como descrevemos as fontes de risco dos títulos nos permite utilizar um conjunto menor e consistente de estimativas de parâmetros de risco e prêmios de risco. Essa simplificação ocorre porque surgem covariâncias positivas entre os retornos dos títulos, provenientes de fatores econômicos comuns, que afetam o destino da maioria das empresas. Alguns exemplos de fatores econômicos comuns são ciclos econômicos, taxas de juros e custo dos recursos naturais. Mudanças inesperadas nessas variáveis provocam, simultaneamente, mudanças nas taxas de retorno do mercado acionário em geral. Decompondo a incerteza nessas fontes sistemáticas, em comparação com as fontes específicas à empresa, simplificamos enormemente o problema de estimar a covariância e a correlação.

Normalidade dos retornos e risco sistemático

Sempre podemos decompor a taxa de retorno de qualquer título, i, na soma de seus componentes esperados mais inesperados:

$$r_i = E(r_i) + e_i \qquad (8.1)$$

onde o retorno inesperado, e_i, tem média zero e desvio-padrão de s_i que mede a incerteza quanto ao retorno do título.

---

[1] Somo gratos a Andrew Kaplin e Ravi Jagannathan, da Escola Kellogg de Pós-Graduação em Administração, da Universidade de Northwestern, por esse exemplo.

[2] O termo matemático de uma matriz de correlação que não pode gerar uma variância de carteira negativa é "definida positiva".

Quando os retornos dos títulos podem ser aproximados por distribuições normais que estão correlacionadas entre os títulos, dizemos que eles têm *distribuição normal conjunta*. Essa suposição em si implica que, em qualquer momento, os retornos dos títulos são determinados por uma ou mais variáveis comuns. Quando mais de uma variável determina os retornos normalmente distribuídos dos títulos, diz-se que esses retornos têm *distribuição normal multivariada*. Começamos com o caso mais simples em que apenas uma variável determina os retornos com distribuição normal conjunta, o que resulta em um mercado de títulos de fator único. A ampliação do caso multivariado é direta e discutida em capítulos posteriores.

Suponhamos que o fator comum, m, que motiva inovações nos retornos dos títulos, seja uma variável macroeconômica que afeta todas as empresas. Desse modo, podemos decompor as fontes de incerteza em incerteza quanto à economia como um todo, que é representada por m, e incerteza quanto à empresa em particular, representada por e_i. Nesse caso, corrigimos a Equação 8.1 para abrigar duas fontes de variação no retorno:

$$r_i = E(r_i) + m + e_i \qquad (8.2)$$

O fator macroeconômico, m, mede surpresas macro imprevistas. Como tal, ele tem média zero (ao longo do tempo, as surpresas acabam girando em torno de zero) e desvio-padrão de σ_m. Em contraposição, e_i mede apenas a surpresa específica à empresa. Observe que m não tem nenhum subscrito porque o mesmo fator comum afeta todos os títulos. O mais importante é o fato de m e e_i não terem correlação, isto é, como e_i é específica à empresa, ela independe de choques no fator comum que afetam toda a economia. Portanto, a variância de r_i surge de duas fontes não correlacionadas, sistemática e específica. Portanto,

$$\sigma^2_i = \sigma^2_m + \sigma^2(e_i) \qquad (8.3)$$

O fator comum, m, gera correlação entre os títulos, porque todos eles responderão às mesmas notícias macroeconômicas, enquanto as surpresas específicas à empresa, representadas por e_i, são consideradas não correlacionadas entre as empresas. Como m também não está correlacionado com nenhuma surpresa específica à empresa, a covariância entre dois títulos quaisquer i e j é

$$\text{Cov}(r_i, r_j) = \text{Cov}(m + e_i, m + e_j) = \sigma^2_m \qquad (8.4)$$

Por fim, reconhecemos que alguns títulos serão mais sensíveis do que outros a choques macroeconômicos. Por exemplo, as empresas de automóveis podem reagir mais sensivelmente a mudanças nas condições econômicas gerais do que as empresas farmacêuticas. Podemos representar essa distinção atribuindo a cada empresa um coeficiente de sensibilidade a condições macro. Portanto, se denotarmos o coeficiente de sensibilidade da empresa i pela letra grega beta, β_i, mudaremos a Equação 8.2 para obter o **modelo de fator único**:

$$r_i = E(r_i) + \beta_i m + e_i \qquad (8.5)$$

A Equação 8.5 nos indica que o risco sistemático do título i é determinado por seu coeficiente beta. As empresas "cíclicas" têm maior sensibilidade ao mercado e, portanto, maior risco sistemático. O risco sistemático do título i é $\beta_i^2 \sigma_m^2$ e seu risco total é

$$\sigma^2_i = \beta_i^2 \sigma_m^2 + \sigma^2(e_i) \qquad (8.6)$$

A covariância entre qualquer par de títulos também é determinada por seu beta:

$$\text{Cov}(r_i, r_j) = \text{Cov}(\beta_i m + e_i, \beta_j m + e_j) = \beta_i \beta_j \sigma^2 m \qquad (8.7)$$

Em termos de risco sistemático e exposição ao mercado, essa equação nos indica que as empresas são substitutas próximas. Títulos com beta equivalente oferecem exposição equivalente ao mercado.

Até o momento, utilizamos apenas as implicações estatísticas da normalidade conjunta dos retornos dos títulos. Por si só, a normalidade dos retornos dos títulos garante que os retornos da carteira também sejam normais (em relação à "estabilidade" da distribuição normal discutida no

Capítulo 5) e que existe uma relação linear entre os retornos dos títulos e o fator comum. Isso simplifica enormemente a análise de carteira. Entretanto, a análise estatística não identifica o fator comum, nem especifica como o fator poderia operar no decorrer de um período de investimento mais longo. Contudo, parece plausível (e pode ser empiricamente comprovado) que a variância do fator comum em geral muda de uma maneira relativamente lenta ao longo do tempo, do mesmo modo que a variância dos títulos individuais e a covariância entre eles. Procuramos uma variável que possa representar esse fator comum. Para ser útil, essa variável precisa ser observável. Portanto, estimamos sua volatilidade e também a sensibilidade dos retornos dos títulos individuais à variação em seu valor.

8.2 Modelo de índice único

Uma abordagem razoável para tornar o modelo de fator único operacional é afirmar que a taxa de retorno de um índice amplo de títulos como o S&P 500 é uma representante válida do fator macroeconômico comum. Essa abordagem nos leva a uma equação semelhante ao modelo de fator único, que é chamada de **modelo de índice único** porque utiliza o índice de mercado para representar o fator comum.

Equação de regressão do modelo de índice único

Como as taxas de retorno em índices de mercado como o S&P 500 podem ser observadas, temos uma quantidade considerável de dados para estimar o risco sistemático. Chamaremos o índice de mercado de M, com retorno em excesso de $R_M = r_M - r_f$ e desvio-padrão de σ_M. Como o modelo de índice é linear, podemos estimar a coeficiente de sensibilidade (ou beta) no índice utilizando a regressão linear com uma única variável. Fazemos a regressão do retorno em excesso de um título, $R_i = r_i - r_f$, sobre o retorno em excesso do índice, R_M. Para estimar a regressão, coletamos uma amostra histórica de observações pareadas, $R_i(t)$ e $R_M(t)$, onde t denota a data de cada par de observações (p. ex.: os retornos em excesso da ação e o índice em determinado mês).[3] A **equação de regressão** é

$$R_i(t) = \alpha_i + \beta_i R_M(t) + e_i(t) \tag{8.8}$$

O intercepto dessa equação (denotado pela letra grega alfa ou α) é o retorno em excesso esperado do título *quando o retorno em excesso do mercado é zero*. O coeficiente de inclinação, β_i, é o beta do título. O beta é a sensibilidade do título ao índice: é a magnitude segundo a qual o título tende a aumentar ou diminuir a cada 1% de aumento ou diminuição no retorno do índice; e_i é a surpresa específica à empresa de média zero no retorno do título no tempo t, também chamada de **resíduo**.

Relação entre retorno esperado-beta

Como $E(e_i) = 0$, se tomarmos o valor esperado de $E(R_i)$ na Equação 8.8, obteremos a relação entre retorno esperado-beta do modelo de índice único:

$$E(R_i) = \alpha_i + \beta_i E(R_M) \tag{8.9}$$

O segundo termo na Equação 8.9 nos indica que parte do prêmio de risco do título deve-se ao prêmio de risco do índice. O prêmio de risco do mercado é multiplicado pela sensibilidade relativa, ou beta, do título individual. Nós o chamamos de prêmio de risco *sistemático* porque ele resulta do prêmio de risco que caracteriza o mercado geral, que representa a condição de toda a economia ou sistema econômico.

O restante do prêmio de risco é expresso pelo primeiro termo na equação, α. Alfa é o prêmio *extramercado*. Por exemplo, α pode ser maior se você pensar que um título está abaixo do preço e,

---

[3] Normalmente os profissionais da área utilizam um modelo índice "modificado" que é semelhante à Equação 8.8, mas utiliza retornos totais, em vez de retornos em excesso. Essa prática é mais comum quando se utilizam dados diários. Nesse caso, a taxa de retorno das letras do Tesouro é da ordem de apenas 0,01% por dia. Por isso, os retornos totais e em excesso são praticamente indistinguíveis.

portanto, oferece um retorno esperado atraente. Posteriormente, veremos que, quando os preços dos títulos estão em equilíbrio, essas oportunidades atraentes devem ser eliminadas, caso em que α será impelido para zero. Contudo, por enquanto, admitiremos que cada analista de títulos terá uma estimativa de alfa própria. Se os gestores acreditarem que podem realizar uma análise superior de títulos, terão confiança em sua capacidade para encontrar ações com valores alfa não zero.

Veremos em breve que a decomposição do modelo de índice do prêmio de risco de um título individual em componentes do mercado e extramercado esclarece e simplifica em muito a operação de análise macroeconômica e de títulos em uma empresa de investimento.

> **REVISÃO DE CONCEITOS 8.1**
>
> Os dados a seguir descrevem um mercado financeiro de três ações que satisfaz o modelo de índice único.
>
> | Ação | Capitalização (US) | Beta | Retorno em excesso médio (%) | Desvio-padrão (%) |
> |---|---|---|---|---|
> | A | 3.000 | 1,0 | 10 | 40 |
> | B | 1.940 | 0,2 | 2 | 30 |
> | C | 1.360 | 1,7 | 17 | 50 |
>
> O desvio-padrão da carteira de índice de mercado é 25%.
> a. Qual o retorno em excesso médio da carteira de índice?
> b. Qual a covariância entre as ações A e B?
> c. A covariância entre a ação B e o índice?
> d. Decomponha a variância da ação B nos componentes sistemático e específico à empresa.

Risco e covariância no modelo de índice único

Lembre-se de que um dos problemas do modelo de Markowitz é a imensa quantidade de estimativas de parâmetro necessárias para implementá-lo. Veremos agora que a simplificação do modelo de índice diminui em grande medida a quantidade de parâmetros que precisam ser estimados. A Equação 8.8 revela os componentes sistemático e específico à empresa do risco geral de cada título e a covariância entre qualquer par de títulos. As variâncias e covariâncias são determinadas pelo beta do título e pelas propriedades do índice de mercado:

Risco total = Risco sistemático + Risco específico à empresa

$$\sigma_i^2 = \beta_i^2 \sigma_m^2 + \sigma^2(e_i)$$

Covariância = Produto dos betas × Risco do índice de mercado

$$\text{Cov}(r_i, r_j) = \beta_i \beta_j \sigma_M^2 \qquad (8.10)$$

Correlação = Produto das correlação com o índice de mercado

$$\text{Corr}(r_i, r_j) = \frac{\beta_i \beta_j \sigma_M^2}{\sigma_i \sigma_j} = \frac{\beta_i \sigma_M^2 \beta_j \sigma_M^2}{\sigma_i \sigma_M \sigma_j \sigma_M} = \text{Corr}(r_i, r_M) \times \text{Corr}(r_j, r_M)$$

As Equações 8.9 e 8.10 implicam que o conjunto de estimativas de parâmetro necessárias para o modelo de índice único compreende apenas α, β e σ(e) dos títulos individuais, mas o prêmio de risco e a covariância do índice de mercado.

Conjunto de estimativas necessário ao modelo de índice único

Resumimos os resultados do modelo de índice único na tabela a seguir.

	Símbolo
1. O retorno esperado das ações se o mercado for neutro, isto é, se o retorno em excesso do mercado, $r_M = r_f$, for zero.	α_i
2. O componente de retorno devido a movimentos no mercado em geral; β_i é a sensibilidade do título aos movimentos do mercado	$\beta_i(r_M - r_f)$
3. O componente imprevisto do retorno devido a eventos inesperados que são relevantes apenas a esse título (específicos à empresa)	e_i
4. A variância atribuível à incerteza do fator macroeconômico comum	$\beta_i^2 \sigma_M^2$
5. A variância atribuível à incerteza específica à empresa	$\sigma^2(e_i)$

Esses cálculos mostram que, se tivermos:

- n estimativas dos retornos em excesso esperados extramercado, α_i
- n estimativas dos coeficientes de sensibilidade, β_i
- n estimativas das variâncias específicas à empresa, $\sigma^2(e_i)$
- 1 estimativa do prêmio de risco do mercado, $E(R_M)$
- 1 estimativa da variância do fator macroeconômico (comum), σ_M^2

então essas $(3n + 2)$ estimativas nos permitirão preparar a lista de dados completa para esse universo de títulos de índice único. Portanto, para uma carteira de 50 títulos, precisaremos de 152 estimativas, e não de 1.325; para a Bolsa de Valores de Nova York completa, em torno de 3 mil títulos, precisaremos de 9.002 estimativas, e não em torno de 4,5 milhões!

É fácil ver por que o modelo de índice é uma abstração tão útil. Para grandes universos de títulos, o número de estimativas necessárias para o procedimento de Markowitz que utiliza o modelo de índice é apenas uma pequena fração do que de outra forma seria necessário.

Outra vantagem é menos óbvia, mas igualmente importante. A abstração do modelo de índice é crucial para a atividade de análise de títulos. Se um termo de covariância tivesse de ser calculado diretamente para cada par de títulos, os analistas de títulos não poderiam se especializar por setor. Por exemplo, se um grupo tivesse de se especializar no setor de computadores e outro no setor de automóveis, quem teria uma experiência em comum para estimar a covariância *entre* a IBM e a GM? Nenhum dos dois grupos teria um conhecimento aprofundado sobre outros setores, necessário para fazer uma avaliação informada dos comovimentos entre os setores. Em contraposição, o modelo de índice propõe uma alternativa simples para calcular as covariâncias. As covariâncias entre os títulos devem-se à influência do fator comum único, representado pelo retorno do índice de mercado, e podem ser facilmente estimadas por meio da Equação (de regressão) 8.8.

Entretanto, a simplificação deduzida da suposição do modelo tem seu preço. O "custo" desse modelo encontra-se nas restrições que ele impõe à estrutura de incerteza do retorno do ativo. A classificação de incerteza em uma dicotomia simples – risco macro *versus* micro – simplifica demasiadamente as fontes de incerteza do mundo real e deixa escapar importantes fontes de dependência nos retornos acionários. Por exemplo, essa dicotomia descarta acontecimentos setoriais, eventos que pode afetar várias empresas em um setor sem afetar consideravelmente a economia geral.

Essa última questão é potencialmente importante. Imagine que o modelo de índice único é perfeitamente preciso, com a exceção de que os resíduos de duas ações – digamos, British Petroleum (BP) e Royal Dutch Shell – estão correlacionados. O modelo de índice ignorará essa correlação (assumirá que é zero), enquanto o algoritmo de Markowitz (que leva em conta toda a covariância entre cada par de ações) imediatamente levará em conta a correlação residual ao minimizar a variância da carteira. Se o universo de títulos do qual devemos construir a carteira ótima for pequeno, os dois modelos gerarão carteiras ótimas consideravelmente distintas. A carteira do algoritmo de Markowitz atribuirá um peso menor tanto à BP quanto à Shell (porque a covariância mútua diminui o valor da diversificação), produzindo uma carteira com variância menor. Em contraposição, quando a correlação entre os resíduos for negativa, o modelo de índice ignorará o a possível valor de diversificação desses títulos. A carteira "ótima" resultante atribuirá um peso muito pequeno a esses títulos, gerando uma variância desnecessariamente alta.

Portanto, a carteira ótima, deduzida do modelo de índice único, pode ser significativamente inferior à carteira do modelo de covariância completa (Markowitz) quando as ações com resíduos correlacionados tiverem valores de alfa altos e responderem por uma grande fração da carteira. Se vários pares das ações cobertas exibirem correlação residual, é possível que um modelo *multi-índice*, que inclui fatores adicionais que detectam outras fontes de correlação

---

REVISÃO DE CONCEITOS 8.2

Suponhamos que o modelo de índice dos retornos em excesso das ações A e B seja estimado com os seguintes resultados:

$$R_A = 1,0\% + 0,9R_M + e_A$$
$$R_B = -2,0\% + 1,1R_M + e_B$$
$$\sigma_M = 20\%$$
$$\sigma(e_A) = 30\%$$
$$\sigma(e_B) = 10\%$$

Encontre o desvio-padrão de cada ação e a covariância entre elas.

entre os títulos, seja mais adequado para a análise e construção de carteiras. Demonstraremos o efeito dos resíduos correlacionados no exemplo da planilha deste capítulo e analisaremos os modelos multi-índice em capítulos posteriores.

Modelo de índice e diversificação

O modelo de índice, originalmente proposto por Sharpe,[4] também oferece constatações sobre a diversificação de carteira. Suponha que escolhamos uma carteira igualmente ponderada de n títulos. A taxa de retorno em excesso de cada título é expressa por

$$R_i = \alpha_i + \beta_i R_M + e_i$$

De modo semelhante, podemos expressar o retorno em excesso da carteira de ações como

$$R_P = \alpha_P + \beta_P R_M + e_P \tag{8.11}$$

Agora mostramos que, à medida que o número de ações incluídas nessa carteira aumenta, a parte do risco de carteira atribuível a fatores extramercado torna-se menor. Essa parte do risco é diversificada. Em contraposição, o risco de mercado permanece, independentemente do número de empresas associadas na carteira.

Para compreender esses resultados, observe que a taxa de retorno em excesso nessa carteira igualmente ponderada, para a qual cada peso de carteira é $w_i = 1/n$, é

$$\begin{aligned} R_P &= \sum_{i=1}^{n} w_i R_i = \frac{1}{n}\sum_{i=1}^{n} R_i = \frac{1}{n}\sum_{i=1}^{n}(\alpha_i + \beta_i R_M + e_i) \\ &= \frac{1}{n}\sum_{i=1}^{n}\alpha_i + \left(\frac{1}{n}\sum_{i=1}^{n}\beta_i\right)R_M + \frac{1}{n}\sum_{i=1}^{n}e_i \end{aligned} \tag{8.12}$$

Comparando as Equações 8.11 e 8.12, vemos que a carteira tem uma sensibilidade ao mercado expressa por

$$\beta_P = \frac{1}{n}\sum_{i=1}^{n}\beta_i \tag{8.13}$$

que é a média entre cada β_i. Ela tem um componente de retorno extramercado de

$$\alpha_P = \frac{1}{n}\sum_{i=1}^{n}\alpha_i \tag{8.14}$$

que é a média entre cada alfa, mais a variável de média zero

$$e_P = \frac{1}{n}\sum_{i=1}^{n}e_i \tag{8.15}$$

que é a média dos componentes específicos à empresa. Portanto, a variância da carteira é

$$\sigma_P^2 = \beta_P^2 \sigma_M^2 + \sigma^2(e_P) \tag{8.16}$$

O componente de risco sistemático da variância da carteira, que definimos como o componente que depende de movimentos no mercado como um todo, é $\beta_P^2 \sigma_M^2$ e depende do coeficiente de sensibilidade de cada título. Essa parte do risco depende do beta da carteira e de σ_M^2 e persistirá independentemente do grau de diversificação da carteira. Não importa quantas ações sejam mantidas, sua exposição em comum ao mercado se refletirá no risco sistemático da carteira.[5]

Em contraposição, o componente não sistemático da variância da carteira é $\sigma^2(e_P)$ e é atribuível a componentes específicos à empresa, e_i. Como todo e_is é independente, e todos têm valor esperado de zero, a lei das médias pode ser aplicada para concluir que, quanto mais ações

---

[4] William F. Sharpe, "A Simplified Model of Portfolio Analysis", *Management Science*, janeiro de 1963.

[5] Podemos construir uma carteira com risco sistemático zero misturando os ativos β negativos β positivos. A questão de nossa discussão é que a grande maioria dos títulos tem β positivo, o que significa que as carteiras bem diversificadas com pequenas posições em muitos ativos de fato terá risco sistemático positivo.

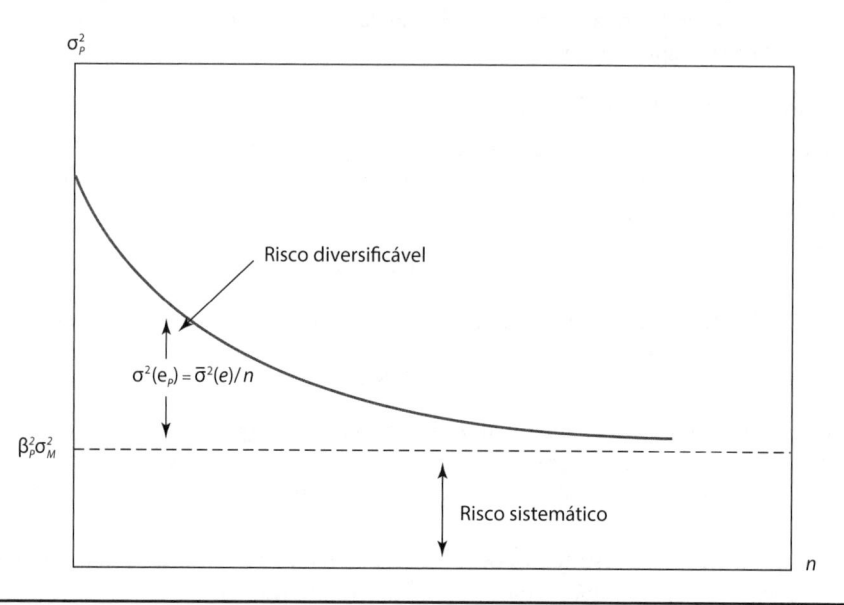

FIGURA 8.1 A variância de uma carteira igualmente ponderada com o coeficiente de risco β_P na economia de fator único

[Figura: gráfico mostrando σ_P^2 no eixo vertical e n no eixo horizontal. A curva decresce assintoticamente até $\beta_P^2 \sigma_M^2$ (Risco sistemático). A diferença entre a curva e a assíntota representa $\sigma^2(e_P) = \bar{\sigma}^2(e)/n$ (Risco diversificável).]

são acrescentadas à carteira, os componentes específicos à empresa tendem a se neutralizar, resultando em um risco extramercado cada vez menor. Por esse motivo, esse risco é chamado de *diversificável*. Para observar essa questão mais rigorosamente, examine a fórmula de variância da "carteira" igualmente ponderada dos componentes específicos à empresa. Como os e_is não estão correlacionados,

$$\sigma^2(e_P) = \sum_{i=1}^{n} \left(\frac{1}{n}\right)^2 \sigma^2(e_i) = \frac{1}{n}\bar{\sigma}^2(e) \qquad (8.17)$$

onde $\bar{\sigma}^2(e)$ é a média das variâncias específicas à empresa. Como essa média é independente de n, quando n torna-se maior, $\sigma^2(e_P)$ torna-se insignificante.

Em resumo, à medida que a diversificação aumenta, a variância total de uma carteira aproxima-se da variância sistemática, definida como variância do fator de mercado multiplicada pelo quadrado do coeficiente de sensibilidade da carteira, β_P^2. Isso é mostrado na Figura 8.1.

A Figura 8.1 mostra que, à medida que mais títulos são associados em uma carteira, a variância da carteira diminui em virtude da diversificação do risco específico à empresa. Entretanto, o poder da diversificação é limitado. Mesmo para um n muito grande, parte do risco se mantém em decorrência da exposição de quase todos os ativos ao fator comum ou de mercado. Desse modo, esse risco sistemático é considerado não diversificável.

Essa análise é confirmada por evidências empíricas. Vimos o efeito da diversificação de carteira sobre seus desvios-padrão na Figura 7.2. Esses resultados empíricos são semelhantes ao gráfico teórico apresentado na Figura 8.1.

> **REVISÃO DE CONCEITOS 8.3**
>
> Reconsidere as duas ações de "Revisão de Conceitos 8.2". Suponha que formemos uma carteira igualmente ponderada de A e B. Qual será o desvio-padrão não sistemático dessa carteira?

8.3 Estimando o modelo de índice único

Munidos dos fundamentos teóricos do modelo de índice único, agora oferecemos um exemplo ampliado que começa com a estimativa da equação de regressão (8.8) e continua até a estimativa da matriz de covariância completa de retornos de título.

Para manter a apresentação manejável, concentramo-nos em apenas seis grandes corporações americanas: Hewlett-Packard e Dell, do setor de tecnologia da informação (TI) do S&P 500, Target e Walmart, do setor de varejo, e British Petroleum e Royal Dutch Shell, do setor de energia.

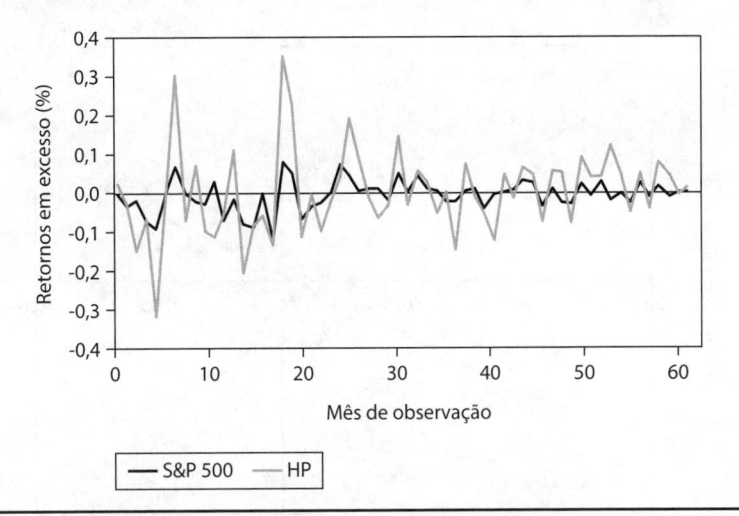

FIGURA 8.2 Retornos em excesso da HP e S&P 500

Trabalhamos com observações mensais das taxas de retorno das seis ações, a carteira S&P 500 e letras do Tesouro de um período de cinco anos (60 observações). Como ponto de partida, calculamos os retornos em excesso dos sete ativos de risco. Começamos com uma análise detalhada da preparação da lista de dados da Hewlett-Packard (HP) e depois exibimos a lista completa. Ainda neste capítulo, mostraremos como essas estimativas podem ser utilizadas para construir a carteira de risco ótima.

Linha característica do título da Hewlett-Packard

A Equação 8.8 de regressão do modelo de índice reexpressa para a Hewlett-Packard (HP) é

$$R_{HP}(t) = \alpha_{HP} + \beta_{HP} R_{S\&P500}(t) + e_{HP}(t)$$

A equação descreve a dependência (linear) do retorno em excesso da HP para com mudanças na condição da economia de acordo com os retornos em excesso da carteira do índice S&P 500. As estimativas de regressão descrevem uma linha reta com intercepto α_{HP} e inclinação β_{HP}, que chamaremos de **linha característica do título** (*security characteristic line* – **SCL**) da HP.

A Figura 8.2 mostra um gráfico de retornos em excesso da HP e a carteira S&P 500 ao longo de um período de 60 meses. O gráfico mostra que os retornos da HP geralmente seguem os do índice, mas com oscilações maiores. Aliás, o desvio-padrão anualizado do retorno em excesso da carteira S&P 500 no período foi de 13,58%, enquanto o da HP foi de 38,17%. As oscilações nos retornos em excesso da HP indicam uma sensibilidade acima do normal ao índice, isto é, um beta superior a 1,0.

A relação entre os retornos da HP e da S&P 500 é evidenciada pelo **diagrama de dispersão** na Figura 8.3, onde a linha de regressão é traçada através do diagrama. A distância vertical de cada ponto da linha de regressão é o valor do resíduo da HP, $e_{HP}(t)$, correspondente ao desse mês específico. As taxas na Figura 8.2 não são anualizadas e o diagrama de dispersão mostra oscilações mensais de ± 30% para HP, mas retornos no intervalo de –11 a 8,5% para a S&P 500. O resultado da análise de regressão obtido por meio do Excel é mostrado na Tabela 8.1.

Poder explicativo da SCL da HP

Considerando primeiro o painel superior da Tabela 8.1, vemos que a correlação da HP com a S&P 500 é bastante alta (0,7238), o que nos indica que a HP acompanha as mudanças nos retornos da S&P 500 de uma razoavelmente próxima. O R quadrado (0,5239) nos indica que a variação nos retornos em excesso da S&P 500 explica em torno de 52% da variação na série da HP. O R quadrado ajustado (que é levemente menor) corrige uma tendência ascendente no R quadrado que surge pelo fato de utilizarmos os valores ajustados de dois parâmetros,[6] a inclinação (beta) e o intercepto (alfa), e não seus valores verdadeiros, porém inobserváveis. Com 60 observações, esse viés é

---

[6] Em geral, o R quadrado ajustado (R^2_A) é deduzido do não ajustado por $R^2_A = 1 - (1 - R^2)\frac{n-1}{n-k-1}$, onde k é o número de variáveis independentes (aqui, $k = 1$). Um grau de liberdade adicional é perdido para a estimativa do intercepto.

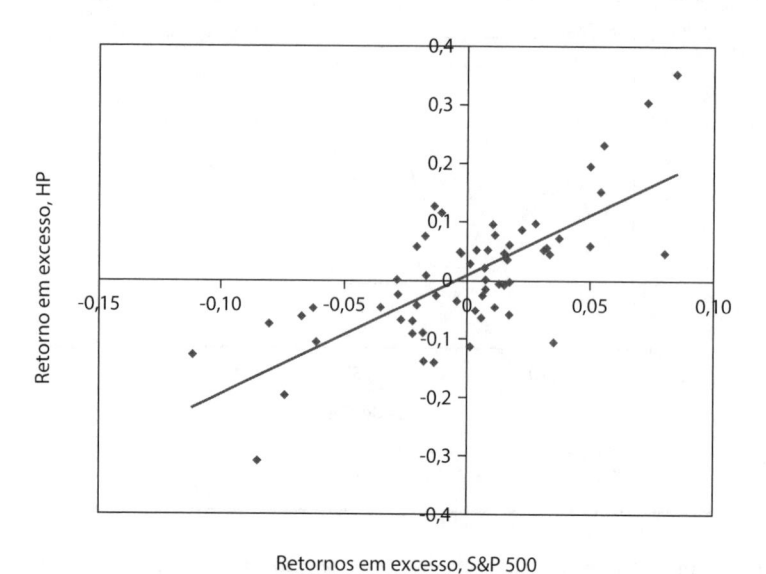

FIGURA 8.3
Diagrama de dispersão da HP e da S&P e linha característica do título (SCL) da HP

pequeno. O desvio-padrão da regressão é o desvio-padrão do resíduo, que analisamos mais detalhadamente logo a seguir. Essa é a medida do lapso na relação média entre a ação e o índice, em virtude do impacto de fatores específicos à empresas, e baseia-se nos dados *dentro da amostra*. Um teste mais rigoroso é observar os retornos de períodos após aquele coberto pela amostra de regressão e testar o poder da variável independente (S&P 500) para prever a variável dependente (o retorno da HP). A correlação entre as previsões de regressão e as realizações dos dados *fora da amostra* é quase sempre consideravelmente inferior à correlação entre os dados *dentro da amostra*.

Análise de variância

O painel seguinte da Tabela 8.1 mostra a análise de variância (ANOVA) da SCL. A soma dos quadrados (*sum of squares* – SS) da regressão (0,3752) é a porção da variância da variável dependente (retorno da HP) que é explicada pela variável independente (o retorno da S&P 500); ela é igual a $\beta^2_{HP}\sigma^2_{S\&P500}$. A coluna MS (*mean squares* ou média dos quadrados) do resíduo (0,0059) mostra a variância da porção *inexplicada* do retorno da HP, isto é, a porção de retorno que independe do índice de mercado. A raiz quadrada desse valor é o erro padrão (*standard error* – SE) da regressão (0,0767), relatado no primeiro painel. Se você decidir dividir a SS total da regressão (0,7162) por 59, obterá a estimativa da variância da variável dependente (HP), 0,012 por mês, equivalente a um desvio-padrão mensal de 11%. Quando anualizado,[7] obtemos o desvio-padrão anualizado de 38,17%, tal como relatado antes. Observe que o *R quadrado* (o índice explicado da variância total) é igual à SS explicada (regressão), dividida pela SS total.[8]

Estimativa de alfa

Passamos para o painel inferior. O intercepto (0,0086 = 0,86% por mês) é a estimativa do alfa da HP para o período da amostra. Embora seja economicamente alto (10,32% em um período anual),

---

[7] Quando os dados mensais são anualizados, o retorno médio e a variância são multiplicados por 12. Entretanto, como a variância é multiplicada por 12, o desvio-padrão é multiplicado por $\sqrt{12}$.

[8]
$$R\text{-}quadrado = \frac{\beta^2_{HP}\sigma^2_{S\&P500}}{\beta^2_{HP}\sigma^2_{S\&P500} + \sigma^2(e_{HP})} = \frac{0,3752}{0,7162} = 0,5239$$

Equivalentemente, o R quadrado é igual a 1 menos a fração da variância que *não* é explicada pelos retornos de mercado, isto é, 1 menos o índice do risco específico à empresa/risco total. Para a HP, ele é

$$1 - \frac{\sigma^2(e_{HP})}{\beta^2_{HP}\sigma^2_{S\&P500} + \sigma^2(e_{HP})} = \frac{0,3410}{0,7162} = 0,5239$$

TABELA 8.1 Resultado do Excel: estatísticas da regressão da SCL da Hewlett-Packard

Estatísticas da regressão				
R múltiplo	0,7238			
R quadrado	0,5239			
R quadrado ajustado	0,5157			
Erro padrão	0,0767			
Observações	60			
ANOVA				
	df	SS	MS	
Regressão	1	0,3752	0,3752	
Residual	58	0,3410	0,0059	
Total	59	0,7162		
	Coeficientes	Erro padrão	Estatística t	Valor p
Intercepto	0,0086	0,0099	0,8719	0,3868
S&P 500	2,0348	0,2547	7,9888	0,0000

ele é estatisticamente insignificante. Isso pode ser visto nas três estatísticas próximas do coeficiente estimado. A primeira é o erro padrão da estimativa (0,0099).[9] Essa é a medida da imprecisão da estimativa. Se o erro padrão for grande, o intervalo do erro de estimativa provável será correspondentemente grande.

A estatística t relatada no painel inferior é a relação entre o parâmetro de regressão e seu erro padrão. Essa estatística é igual ao número de erros padrão segundo o qual nossa estimativa excede zero e, portanto, pode ser utilizada para avaliar a probabilidade de que o valor verdadeiro mas inobservável na realidade é igual a zero, e não à estimativa deduzida dos dados.[10] Percebe-se que, se o valor fosse zero, seria improvável observarmos valores estimados muito distantes (isto é, muitos erros padrão) de zero. Portanto, uma estatística t alta implica uma baixa probabilidade de que o valor verdadeiro seja zero.

No caso do alfa, estamos interessados no valor médio do retorno da HP líquido do impacto dos movimentos do mercado. Suponha que definamos o componente extramercado do retorno da HP como o retorno real menos o retorno atribuível aos movimentos do mercado durante qualquer período. Chame-o de retorno específico à empresa da HP, que abreviamos como R_{fs}.

$$R_{\text{específico à empresa}} = R_{fs} = R_{HP} - \beta_{HP} R_{S\&P500}$$

Se R_{fs} fosse normalmente distribuído com média zero, a relação dessa estimativa com seu erro padrão teria uma distribuição t. Com base em uma tabela da distribuição t (ou utilizando a função INVT do Excel), podemos encontrar a probabilidade de o valor verdadeiro de alfa na realidade ser zero ou ainda mais inferior tendo em vista a estimativa positiva de seu valor e o erro padrão da estimativa. Isso é chamado de *nível de significância* ou, tal como na Tabela 8.1, probabilidade ou *valor p*. O corte convencional para a significância estatística é a probabilidade inferior a 5%, que exige uma estatística t de cerca de 2,0. O resultado da regressão mostra que a estatística t do alfa da HP é 0,8719, o que indica que a estimativa não significativamente diferente de zero. Ou seja, não podemos rejeitar a hipótese de que o verdadeiro valor de alfa é igual a zero com um nível de confiança aceitável. O valor p da estimativa de alfa (0,868) indica que, se o alfa

---

[9] Podemos relacionar o erro padrão (*standard error* – SE) da estimativa de alfa com o erro padrão dos resíduos da seguinte forma:

$$SE(\alpha_{HP}) = \sigma(e_{HP}) \sqrt{\frac{1}{n} + \frac{(\text{AvgS\&P500})^2}{\text{Var}(S\&P500) \times (n-1)}}$$

[10] A estatística t baseia-se na suposição de que os retornos são normalmente distribuídos. Em geral, se padronizarmos a estimativa de uma variável normalmente distribuída por meio do cálculo de sua diferença em relação a um valor hipotético e da divisão do erro padrão da estimativa (para expressar a diferença como um número de erros padrão), a variável resultante terá uma distribuição t. Com muitas observações, a distribuição t em forma de sino aproxima-se da distribuição normal.

verdadeiro fosse zero, a probabilidade de obtenção de uma estimativa tão alta quanto 0,0086 (tendo em vista o grande erro padrão de 0,0099) seria 0,3868, que não é tão improvável. Concluímos que média da amostra de R_{fs} é muito baixa para rejeitar a hipótese de que o valor verdadeiro de alfa é zero.

Contudo, mesmo que o valor de alfa fosse significativo *tanto* economicamente *quanto* estatisticamente *dentro de amostra*, ainda assim não utilizaríamos esse alfa como previsão para um período futuro. Evidência empíricas convincentes mostram que os valores de alfa de cinco anos não persistem com o tempo, isto é, parece não haver nenhuma correlação entre estimativas de um período de amostra para outro. Em outras palavras, embora o alfa estimado com a regressão nos indique o retorno médio do título quando o mercado estava estável nesse período de estimativa, ele *não* prevê qual será o desempenho da empresa em futuros períodos. É por isso que a análise de títulos é tão difícil. O passado não prediz imediatamente o futuro. Discutiremos essa questão detalhadamente no Capítulo 11, sobre eficiência de mercado.

Estimativa de beta

O resultado da regressão na Tabela 8.1 mostra que a estimativa do beta da HP é 2,0348, mais de duas vezes superior à da S&P 500. Essa alta sensibilidade ao mercado é comum para ações de empresas de tecnologia. O erro padrão da estimativa é 0,2547.[11]

O valor do beta e de seu erro padrão produz uma alta estatística t (7,9888) e um valor p de quase zero. Podemos rejeitar seguramente a hipótese de que o verdadeiro beta da HP é zero. Uma estatística t mais interessante pode testar uma hipótese nula de que o beta da HP é superior ao beta médio de 1 do mercado geral. Essa estatística t poderia medir quantos erros padrão separam o beta estimado de um valor hipotético de 1. Aqui, também, a diferença é com certeza suficientemente grande para obter significância estatística:

$$\frac{\text{Valor estimado} - \text{Valor hipotético}}{\text{Erro padrão}} = \frac{2,03 - 1}{0,2547} = 4,00$$

Entretanto, devemos ter em mente que, mesmo nesse caso, a precisão não é a que gostaríamos que fosse. Por exemplo, se quiséssemos construir um intervalo de confiança que inclua o valor verdadeiro mas inobservável de beta com 95% de probabilidade, consideraríamos o valor estimado estando no centro do intervalo e adicionaríamos e subtrairíamos em torno de dois erros padrão. Isso gera um intervalo de 1,43 a 2,53, que é bastante amplo.

Risco específico à empresa

O desvio-padrão mensal do resíduo da HP é 7,67 ou 26,6%, anualmente. É um valor bastante alto, além do risco sistemático já bem alto da HP. E o desvio-padrão do risco sistemático é $\beta \times \sigma(S\&P500) = 2,03 \times 13,58 = 27,57\%$. Observe que o risco específico à empresa da HP é tão grande quanto seu risco sistemático, um resultado comum para ações individuais.

Matriz de correlação e covariância

A Figura 8.4 representa graficamente os retornos em excesso dos pares de títulos de cada um dos três setores, com o índice S&P 500 na mesma escala. Vemos que o setor de TI é o mais variável, seguido pelo setor de varejo e, depois, pelo setor de energia, que apresenta a menor volatilidade.

O primeiro painel na Planilha 8.1 mostra as estimativas dos parâmetros de risco da carteira S&P 500 e os seis títulos analisados. Você pode ver, com base nos altos desvios-padrão residuais (coluna E), o quanto a diversificação é importante. Esses títulos apresentam um enorme risco específico à empresa. As carteiras concentradas nesses (ou em outros) títulos terão uma volatilidade desnecessariamente alta e índices de Sharpe inferiores.

---

[11] $EP(\beta) = \dfrac{\sigma(e_{HP})}{\sigma_{HP}\sqrt{n-1}}$

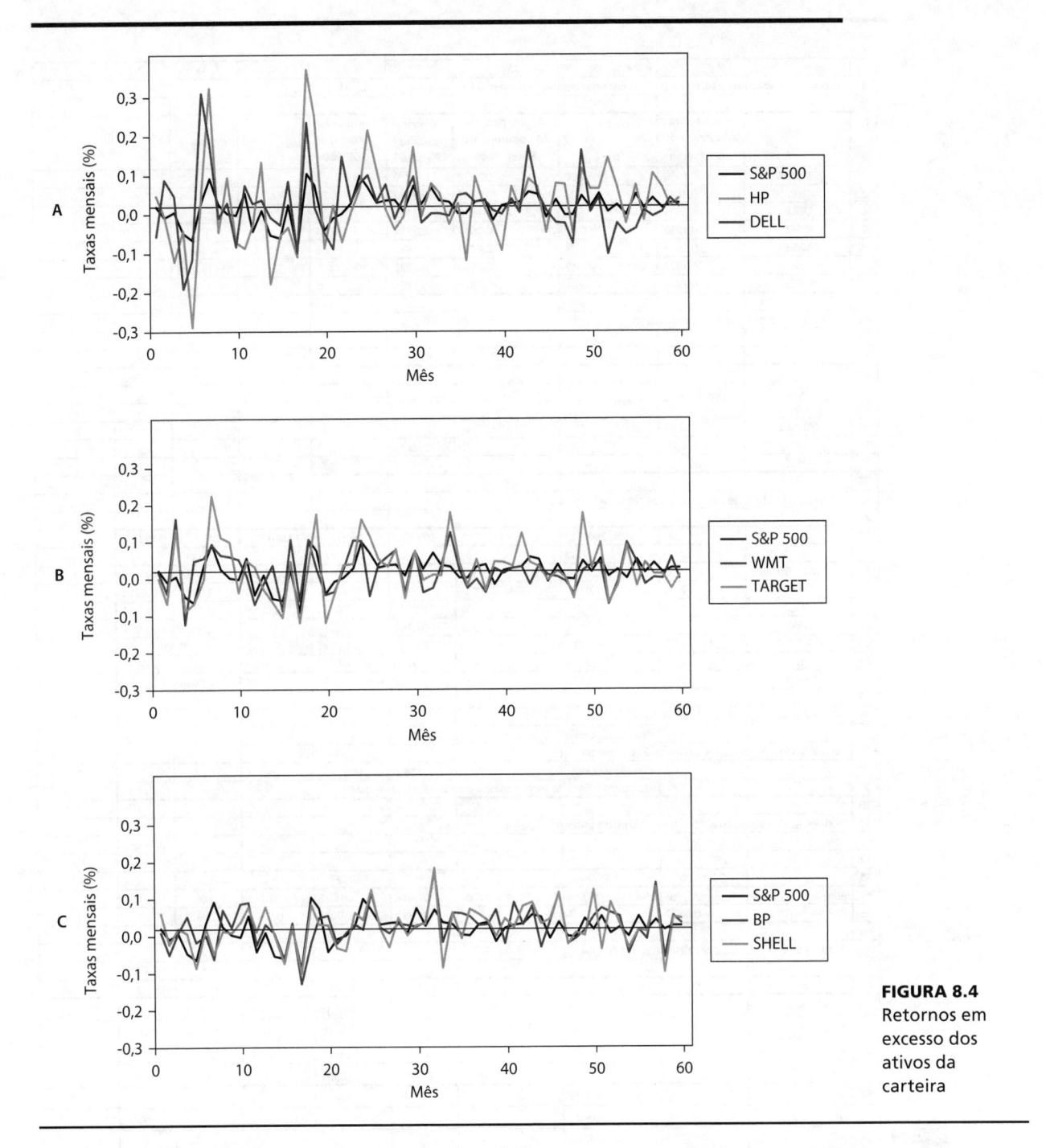

FIGURA 8.4 Retornos em excesso dos ativos da carteira

O segundo painel mostra a matriz de correlação dos resíduos das regressões dos retornos em excesso da S&P 500. As células sombreadas mostram correlações entre as ações do mesmo setor, que chegam a 0,7 para as ações de petróleo (BP e Shell). Isso se contrapõe à suposição do modelo de índice de que não há nenhuma correlação entre os resíduos. É óbvio que essas correlações são, em grande medida, intencionalmente altas porque escolhemos pares de ações de empresas do mesmo setor. As correlações intersetoriais em geral são bem menores e as estimativas empíricas de resíduo de índices setoriais (em vez de ações individuais no mesmo setor) seriam bem mais consistentes com o modelo. Na verdade, poucas ações na amostra de fato parece ter resíduos negativamente correlacionados. É óbvio que a correlação também está sujeita a erro de amostragem estatística, e isso pode ser um acaso feliz.

PLANILHA 8.1 Implementando o modelo de índice

	A	B	C	D	E	F	G	H	I	J
1	Painel 1: Parâmetros de risco do universo de investimentos possíveis (anualizados)									
2										
3		desvio-padrão do Retorno em Excesso	Beta	desvio-padrão do Componente Sistemático	desvio-padrão Residual	Correlação com o S&P 500				
4	S&P 500	0,1358	1,00	0,1358	0	1				
5	HP	0,3817	2,03	0,2762	0,2656	0,72				
6	DELL	0,2901	1,23	0,1672	0,2392	0,58				
7	WMT	0,1935	0,62	0,0841	0,1757	0,43				
8	TARGET	0,2611	1,27	0,1720	0,1981	0,66				
9	BP	0,1822	0,47	0,0634	0,1722	0,35				
10	SHELL	0,1988	0,67	0,0914	0,1780	0,46				
11										
12	Painel 2: Correlação dos Resíduos									
13										
14		HP	DELL	WMT	TARGET	BP				
15	HP	1								
16	DELL	0,08	1							
17	WMT	-0,34	0,17	1						
18	TARGET	-0,10	0,12	0,50	1					
19	BP	-0,20	-0,28	-0,19	-0,13	1				
20	SHELL	-0,06	-0,19	-0,24	-0,22	0,70				
21										
22	Painel 3: Matriz de covariâncias do modelo de índice									
23										
24			S&P 500	HP	DELL	WMT	TARGET	BP	SHELL	
25		Beta	1,00	2,03	1,23	0,62	1,27	0,47	0,67	
26	S&P 500	1,00	0,0184	0,0375	0,0227	0,0114	0,0234	0,0086	0,0124	
27	HP	2,03	0,0375	0,1457	0,0462	0,0232	0,0475	0,0175	0,0253	
28	DELL	1,23	0,0227	0,0462	0,0842	0,0141	0,0288	0,0106	0,0153	
29	WMT	0,62	0,0114	0,0232	0,0141	0,0374	0,0145	0,0053	0,0077	
30	TARGET	1,27	0,0234	0,0475	0,0288	0,0145	0,0682	0,0109	0,0157	
31	BP	0,47	0,0086	0,0175	0,0106	0,0053	0,0109	0,0332	0,0058	
32	SHELL	0,67	0,0124	0,0253	0,0153	0,0077	0,0157	0,0058	0,0395	
33										
34	As células na diagonal (sombreadas) são iguais à variância									
35			fórmula na célula C26	=B4^2						
36	As células fora da diagonal são iguais à covariância									
37			fórmula na célula C27	=C$25*B27*$B$4^2						
38			multiplica o beta da linha e coluna pela variância do índice							
39										
40	Painel 4: Previsão macro e previsão dos valores de alfa									
41										
42										
43		S&P 500	HP	DELL	WMT	TARGET	BP	SHELL		
44	Alfa	0	0,0150	-0,0100	-0,0050	0,0075	0,012	0,0025		
45	Prêmio de risco	0,0600	0,1371	0,0639	0,0322	0,0835	0,0400	0,0429		
46										
47	Painel 5: Cálculo da carteira de risco ótima									
48										
49		S&P 500	Cart. A Ativa	HP	DELL	WMT	TARGET	BP	SHELL	Cart. Geral
50	$\sigma^2(e)$			0,0705	0,0572	0,0309	0,0392	0,0297	0,0317	
51	$\alpha/\sigma^2(e)$		0,5505	0,2126	-0,1748	-0,1619	0,1911	0,4045	0,0789	
52	$w^0(i)$		1,0000	0,3863	-0,3176	-0,2941	0,3472	0,7349	0,1433	
53	$[w^0(i)]^2$			0,1492	0,1009	0,0865	0,1205	0,5400	0,0205	
54	α_A		0,0222							
55	$\sigma^2(e_A)$		0,0404							
56	w_A^0		0,1691							
57	w^*(Carteira de risco)	0,8282	0,1718							
58	Beta	1	1,0922	2,0348	1,2315	0,6199	1,2672	0,4670	0,6736	1,0158
59	Prêmio de risco	0,06	0,0878	0,1371	0,0639	0,0322	0,0835	0,0400	0,0429	0,0648
60	desvio-padrão	0,1358	0,2497							0,1422
61	Índice de Sharpe	0,44	0,35							0,46

O terceiro painel gera covariâncias deduzidas da Equação 8.10 do modelo de índice único. As variâncias do índice S&P 500 e as ações individuais cobertas aparecem na diagonal. As estimativas de variância das ações individuais é igual a $\beta_j^2 \sigma_M^2 + \sigma^2(e_i)$. Os termos fora da diagonal são valores de covariância e são iguais a $\beta_i \beta_j \sigma_M^2$.

8.4 Construção de carteiras e modelo de índice único

Nesta seção, examinamos as implicações do modelo de índice para a construção de carteiras.[12] Veremos que o modelo oferece várias vantagens, não apenas em termos de estimativa de parâmetro, mas também com relação à simplificação analítica e descentralização organizacional que ele possibilita.

Alfa e análise de títulos

Talvez a vantagem mais importante do modelo de índice único seja a estrutura que ele oferece para a análise macroeconômica e de títulos na preparação da lista de dados que é tão fundamental para a eficácia da carteira ótima. O modelo de Markowitz exige estimativas de prêmios de risco para cada título. A estimativa do retorno esperado depende de previsões tanto macroeconômicas quanto específicas à empresa. Porém, se vários analistas realizarem uma análise de títulos para uma grande organização, como uma empresa de fundos mútuos, é provável que um resultado seja inconsistente com as previsões macroeconômicas em parte subjacentes às expectativas de retorno entre os títulos. Além disso, as suposições subjacentes do risco e retorno do índice de mercado com frequência não são explícitas na análise de títulos individuais.

O modelo de índice único cria uma estrutura que separa essas duas diferentes fontes de variação de retorno e torna a garantia de consistência entre os analistas mais fácil. Podemos esboçar a hierarquia da preparação da lista de dados utilizando a estrutura do modelo de índice único.

1. Utiliza-se a análise macroeconômica para estimar o prêmio de risco e o risco do índice de mercado.
2. Utiliza a análise estatística para estimar os coeficientes beta de todos os títulos e sua variância residual, $\sigma^2(e_i)$.
3. O gestor de carteira utiliza as estimativas de prêmio de risco do índice de mercado e o coeficiente beta de um título para estabelecer o retorno esperado quando *não* há nenhuma contribuição da análise de títulos. O retorno esperado determinado pelo mercado depende de informações comuns sobre todos os títulos, e não de informações coletadas da análise de títulos de determinadas empresas. Esse retorno esperado determinado pelo mercado pode ser utilizado como referência.
4. As previsões de retorno esperado específicas aos títulos (particularmente o alfa dos títulos) são deduzidas de vários modelos de avaliação de títulos (como aqueles discutidos na Parte Cinco). Portanto, o valor de alfa condensa o prêmio de risco *incremental* atribuível a informações privadas desenvolvidas com base na análise de títulos.

No contexto da Equação 8.9, o prêmio de risco de um título não sujeito à análise de títulos seria $\beta_i E(R_M)$. Em outras palavras, o prêmio de risco viria apenas da tendência de o título acompanhar o índice de mercado. Qualquer retorno esperado além do prêmio de risco de referência (o alfa do título) seria devido a algum fator extramercado que poderia ser revelado pela análise de títulos.

O resultado da análise de títulos é a lista de valores de alfa. Os métodos estatísticos utilizados para estimar coeficientes beta são amplamente conhecidos e padronizados; por esse motivo, não esperamos que essa parte da lista de dados seja significativamente diferente entre os gestores de carteira. Em contraposição, a análise macro e a análise de títulos estão longe de ser uma ciência exata e, portanto, oferece um espaço para um desempenho distinto. Utilizando o modelo de índice para desemaranhar os prêmios devidos a fatores extramercado, o gestor de carteira pode ter certeza de que os analistas macro que compilam estimativas do prêmio de risco do índice de mercado e os analistas de títulos que compilam valores de alfa estão utilizando estimativas consistentes para o mercado em geral.

No contexto de construção de carteira, o alfa é mais do que apenas um dos componentes do retorno esperado. Ele é uma variável fundamental que nos indica se um título é uma boa compra ou uma compra ruim. Considere uma ação individual para a qual temos uma estimativa de beta baseada em fatores estatísticos e um valor de alfa proveniente de uma análise de títulos. Podemos encontrar

---
[12] A aplicação do modelo de índice à construção de carteiras de risco ótimas foi proposta originalmente em Jack Treynor e Fischer Black, "How to Use Security Analysis to Improve Portfolio Selection", *Journal of Business*, janeiro de 1973.

facilmente vários outros títulos com beta idêntico e, portanto, componentes sistemáticos idênticos aos dos prêmios de risco. Desse modo, o que de fato torna um título atraente ou sem atrativos para um gerente de carteira é o valor de alfa. Na verdade, propusemos que um título com alfa positivo oferece um prêmio acima daquele que ele extrai de sua tendência a acompanhar o índice de mercado. Esse título é uma barganha e, portanto, deve ter preponderância na carteira geral em comparação com a alternativa passiva de utilizar a carteira de índice mercado como instrumento de risco. Em contraposição, um título com alfa negativo está acima do preço e, se todos os demais fatores se mantiverem iguais, seu peso na carteira deve ser reduzido. Em casos mais extremos, o peso de carteira desejado deve até ser negativo, isto é, uma posição a descoberto (se permitida) seria desejável.

Carteira de índice como ativo de investimento

O processo de representar graficamente a fronteira eficiente utilizando o modelo de índice único pode ser realizado de uma maneira bem semelhante ao procedimento que utilizamos no Capítulo 7, no qual empregamos o modelo de Markowitz para encontrar a carteira de risco ótima. Aqui, entretanto, podemos nos beneficiar da simplificação que o modelo de índice oferece para a dedução da lista de dados. Além disso, a otimização de carteiras evidencia outra vantagem do modelo de índice único, isto é, uma representação intuitivamente reveladora da carteira de risco ótima. Contudo, antes de abordarmos a mecânica da otimização nesse cenário, primeiro consideramos a função da carteira de índice na carteira ótima.

Suponhamos que o prospecto de uma empresa de investimento restrinja o universo de investimentos possíveis a apenas ações incluídas na carteira S&P 500. Nesse caso, o índice S&P 500 capta o impacto da economia sobre as ações de alta capitalização que a empresa pode incluir em sua carteira. Suponhamos que os recursos da empresa permitam a cobertura de um subconjunto relativamente pequeno desse assim chamado *universo de investimentos possíveis*. Se essas empresas analisadas forem as únicas permitidas na carteira, é bem provável que o gestor esteja preocupado com essa diversificação restrita.

Uma alternativa simples para evitar uma diversificação inadequada é incluir a carteira S&P 500 como um dos ativos da carteira. Uma análise das Equações 8.8 e 8.9 revela que, se tratarmos a carteira S&P 500 como o índice de mercado, ela terá um beta de 1,0 (sua sensibilidade a si mesma), não terá nenhum risco específico à empresa e terá alfa zero – não há nenhum componente extramercado em seu retorno esperado. A Equação 8.10 mostra que a covariância de qualquer título, i, com o índice é $\beta_i \sigma^2_M$. Para diferenciar a S&P 500 dos n títulos cobertos pela empresa, a chamaremos de $(n + 1)$-ésimo ativo. Podemos pensar na S&P 500 como uma *carteira passiva* que o gestor escolhe na ausência de uma análise de títulos. Ela oferece uma ampla exposição ao mercado e não exige o alto dispêndio da análise de títulos. Entretanto, se o gestor estiver disposto a se envolver nessa pesquisa, ele pode conceber uma *carteira ativa* que pode ser associada com o índice para oferecer um melhor *trade-off* entre risco e retorno.

Lista de dados do modelo de índice único

Se o gestor de carteira pretender compilar uma carteira de uma lista de n empresas pesquisadas ativamente mais uma carteira de índice de mercado passiva, a lista de dados incluirá as seguintes estimativas:

1. Prêmio de risco da carteira S&P 500.
2. Desvio-padrão da carteira S&P 500.
3. n conjuntos de estimativas de (a) coeficiente de beta, (b) variância residual das ações e (c) valores de alfa. (Os valores de alfa, com o prêmio de risco da S&P 500 e o beta de cada título, determinam o retorno esperado de cada título.)

Carteira de risco ótima e modelo de índice único

O modelo de índice único nos permite encontrar diretamente a carteira de risco ótima e compreender a natureza da solução. Primeiro confirmamos que podemos configurar facilmente o processo de otimização para representar a fronteira eficiente nessa estrutura, de acordo com o modelo de Markowitz.

Com as estimativas dos coeficientes beta e alfa, mais o prêmio de risco da carteira de índice, podemos gerar os $n + 1$ retornos esperados utilizando a Equação 8.9. Com as estimativas dos coeficientes beta e das variâncias residuais, bem como com a variância da carteira de índice, podemos construir a matriz de covariância utilizando a Equação 8.10. Com uma coluna de prêmios de risco e a matriz de covariância, podemos conduzir o programa de otimização descrito no Capítulo 7.

Podemos aprofundar a descrição da Seção 8.2 sobre como a diversificação funciona na estrutura de índice único. Mostramos anteriormente que o alfa, o beta e a variância residual de uma carteira igualmente ponderada são as médias simples desses parâmetros entre os títulos componentes. Esse resultado não se restringe a carteiras igualmente ponderadas. Ele se aplica a qualquer carteira, na qual precisamos apenas substituir a "média simples" pela "média ponderada", utilizando os pesos da carteira. Especificamente,

$$\alpha_P = \sum_{i=1}^{n+1} w_i \alpha_i \quad \text{e para o índice}, \alpha_{n+1} = \alpha_M = 0$$

$$\beta_P = \sum_{i=1}^{n+1} w_i \beta_i \quad \text{e para o índice}, \beta_{n+1} = \beta_M = 1 \tag{8.18}$$

$$\sigma^2(e_P) = \sum_{i=1}^{n+1} w_i^2 \sigma^2(e_i) \quad \text{e para o índice}, \sigma^2(e_{n+1}) = \sigma^2(e_M) = 0$$

O objetivo é maximizar o índice de Sharpe da carteira utilizando seus pesos, $w_1, \ldots, w_{n+1}$. Com esse conjunto de pesos, o retorno esperado, desvio-padrão e índice de Sharpe da carteira são

$$E(R_P) = \alpha_P + E(R_M)\beta_P = \sum_{i=1}^{n+1} w_i \alpha_i + E(R_M) \sum_{i=1}^{n+1} w_i \beta_i$$

$$\sigma_P = [\beta_P^2 \sigma_M^2 + \sigma^2(e_P)]^{1/2} = \left[\sigma_M^2 \left(\sum_{i=1}^{n+1} w_i \beta_i\right)^2 + \sum_{i=1}^{n+1} w_i^2 \sigma^2(e_i)\right]^{1/2} \tag{8.19}$$

$$S_P = \frac{E(R_P)}{\sigma_P}$$

A essa altura, tal como no procedimento de Markowitz, poderíamos utilizar a o programa de otimização do Excel para maximizar o índice de Sharpe sujeito à restrição de que a soma dos pesos da carteira seja igual a 1. Entretanto, isso não é necessário porque, quando os retornos acompanham o modelo de índice, a carteira ótima pode ser deduzida explicitamente e a solução da carteira ótima oferece uma percepção sobre a utilização eficaz da análise de títulos na construção de carteiras. É instrutivo esboçar a linha lógica da solução. Não mostraremos cada passo algébrico, mas os principais resultados e a interpretação desse procedimento.

Antes de mergulharmos nos resultados, primeiro vamos explicar o *trade-off* básico que o modelo evidencia. Se estivéssemos interessados apenas na diversificação, simplesmente manteríamos o índice de mercado. A análise de títulos nos oferece a oportunidade de revelar títulos com alfa não zero e assumir uma posição diferencial nesses títulos. O custo da posição diferencial é um afastamento em relação à diversificação eficiente; em outras palavras, a suposição de um risco específico à empresa desnecessário. O modelo nos mostra que a carteira de risco ótima troca a busca pelo alfa por um afastamento em relação à diversificação eficiente.

A carteira de risco ótima se revela uma combinação de duas carteiras componentes: (1) uma *carteira ativa*, representada por A e composta de n títulos analisados (nós a chamamos de carteira *ativa* porque ela provém da análise de títulos), e (2) a carteira de índice de mercado, o $(n + 1)$-ésimo ativo que incluímos para contribuir para a diversificação, que chamamos de *carteira passiva* e representamos por M.

Suponha primeiro que a carteira ativa tenha beta 1. Nesse caso, o peso ótimo na carteira ativa seria proporcional ao índice $\alpha_A/\sigma^2(e_A)$. Esse índice equilibra a contribuição da carteira ativa (seu alfa) com sua contribuição para a variância da carteira (por meio da variância residual). O índice análogo da carteira de índice é $E(R_M)/\sigma_M^2$, e por isso a posição inicial na carteira ativa (isto é, se seu beta fosse 1) é

$$w_A^0 = \frac{\dfrac{\alpha_A}{\sigma_A^2}}{\dfrac{E(R_M)}{\sigma_M^2}} \tag{8.20}$$

Em seguida, corrigimos essa posição para levar em conta o beta real da carteira ativa. Para qualquer nível de σ_A^2, a correlação entre as carteiras ativa e passiva é maior quando o beta da carteira ativa é mais alto. Isso implica um benefício de diversificação menor da carteira passiva e uma posição menor nela. Correspondentemente, a posição na carteira ativa aumenta. A mudança exata da posição na carteira ativa é:[13]

$$w_A^* = \frac{w_A^0}{1 + (1 - \beta_A)w_A^0} \tag{8.21}$$

Observe que, quando $\beta_A = 1$, $w_A^* = w_A^0$.

Índice de informação

As Equações 8.20 e 8.21 revelam a posição ótima na carteira ativa assim que identificamos o alfa, o beta e a variância residual. Com w_A^* na carteira ativa e com um investimento de $1 - w_A^*$ na carteira de índice, podemos calcular o retorno esperado, o desvio-padrão e o índice de Sharpe da carteira de risco ótima. O índice de Sharpe de uma carteira de risco otimamente construída superará o da carteira de índice (a estratégia passiva). A relação exata pode é

$$S_P^2 = S_M^2 + \left[\frac{\alpha_A}{\sigma(e_A)}\right]^2 \tag{8.22}$$

A Equação 8.22 nos mostra que a contribuição da carteira ativa (quando mantida em seu peso ótimo, w_A^*) para o índice de Sharpe da carteira de risco geral é determinada pela relação entre seu alfa e seu desvio-padrão residual. Esse índice fundamental é chamado de **índice de informação**. Ele mede o retorno extra que podemos obter da análise de títulos em comparação com o risco específico à empresa que corremos quando atribuímos aos títulos um peso acima ou abaixo do normal em relação ao índice de mercado passivo. Portanto, a Equação 8.22 implica que, para maximizar o índice de Sharpe, precisamos maximizar o índice de informação da carteira ativa.

Ocorre que o índice de informação da carteira ativa será maximizado se investirmos em cada título proporcionalmente ao seu índice de $\alpha_i/\sigma^2(e_i)$. Aumentando esse índice para que a posição total na carteira ativa contribua para w_A^*, o peso em cada título será

$$w_i^* = w_A^* \frac{\dfrac{\alpha_i}{\sigma^2(e_i)}}{\sum_{i=1}^{n} \dfrac{\alpha_i}{\sigma^2(e_i)}} \tag{8.23}$$

Com esse conjunto de pesos, a contribuição de cada título para o índice de informação da carteira ativa é o quadrado de seu *próprio* índice de informação, isto é,

$$\left[\frac{\alpha_A}{\sigma(e_A)}\right]^2 = \sum_{i=1}^{n}\left[\frac{\alpha_i}{\sigma(e_i)}\right]^2 \tag{8.24}$$

Desse modo, o modelo revela o papel central do índice de informação no sentido de tirar proveito da análise de títulos de uma maneira eficaz. A contribuição positiva de um título para a carteira corresponde à sua contribuição para o prêmio de risco extramercado (seu alfa). Seu impacto negativo é aumentar a variância da carteira por meio de seu risco específico à empresa (variância residual).

---

[13] A definição de correlação implica que $\rho(R_A, R_M) = \dfrac{\text{Cov}(R_A, R_M)}{\sigma_A \sigma_M} = \beta_A \dfrac{\sigma_M}{\sigma_A}$. Portanto, em vista do índice de desvio--padrão, um beta mais alto significa uma correlação mais alta e um benefício menor da diversificação quando $\beta = 1$ na Equação 8.20. Isso exige uma modificação na Equação 8.21.

Diferentemente do alfa, o componente (sistemático) de mercado do prêmio de risco, $\beta_i E(R_M)$, é contrabalançado por um risco (de mercado) não diversificável, $\beta^2_i \sigma^2_M$, e ambos são determinados pelo mesmo beta. Esse *trade-off* não é exclusivo de nenhum título, visto que todo título com o mesmo beta faz a mesma contribuição balanceada tanto para o risco quanto para o retorno. Em outras palavras, o beta de um título não é virtude nem vício. É uma propriedade que afeta simultaneamente o risco *e* o prêmio de risco de um título. Por isso, estamos preocupados apenas com o beta agregado à carteira ativa, e não com o beta de cada título.

Como base na Equação 8.23, observamos que, se o alfa de um título for negativo, o título assumirá uma posição a descoberto na carteira de risco ótima. Se as posições a descoberto forem proibidas, um título com alfa negativo simplesmente pode ser eliminado do programa de otimização e receber um peso de carteira zero. À medida que o número de títulos com valores de alfa não zero (ou o número com alfa positivo, se a posição a descoberto for proibida) aumentar, a carteira ativa em si ficará mais bem diversificada e seu peso na carteira de risco geral aumentará à custa da carteira de índice passiva.

Por fim, observamos que a carteira de índice será eficiente somente se os valores de alfa forem zero. Intuitivamente, isso faz sentido. A menos que a análise de títulos revele que um título tem alfa não zero, incluí-lo na carteira ativa a tornaria menos atraente. Além do risco sistemático do título, que é compensado pelo prêmio de risco do mercado (por meio do beta), o título acrescentaria seu risco específico à empresa à variância da carteira. Entretanto, com alfa zero, esse último não é compensado por uma contribuição para o prêmio de risco extramercado. Portanto, se todos os títulos tiverem alfa zero, o peso ótimo na carteira ativa será zero e o peso na carteira de índice será 1. Entretanto, quando a análise de títulos revela títulos com prêmios de risco extramercado (alfa não zero), a carteira de índice deixa de ser eficiente.

Resumo do procedimento de otimização

Assim que a análise de títulos é concluída, a carteira de risco ótima é formada com as estimativas do modelo de índice sobre os parâmetros de título e índice de mercado por meio dos seguintes passos:

1. Calcule a posição inicial de cada título na carteira ativa como $w_i^0 = \alpha_i / \sigma^2(e_i)$.
2. Aumente essas posições iniciais para forçar os pesos da carteira a totalizar 1 dividindo-os por sua soma, isto é, $w_i = \dfrac{w_i^0}{\sum_{i=1}^{n} w_i^0}$
3. Calcule o alfa da carteira ativa: $\alpha_A = \sum_{i=1}^{n} w_i \alpha_i$.
4. Calcule a variância residual da carteira ativa: $\sigma^2(e_A) = \sum_{i=1}^{n} w_i^2 \sigma^2(e_i)$.
5. Calcule a posição inicial de cada título na carteira ativa como: $w_A^0 = \dfrac{\alpha_A / \sigma^2(e_A)}{E(R_M)/\sigma_M^2}$.
6. Calcule o beta da carteira ativa: $\beta_A = \sum_{i=1}^{n} w_i \beta_i$.
7. Calcule a posição inicial de cada título na carteira ativa: $w_A^* = \dfrac{w_A^0}{1 + (1 - \beta_A)w_A^0}$.
8. Nota: agora a carteira de risco ótima tem pesos: $w_M^* = 1 - w_A^*$; $w_i^* = w_A^* w_i$.
9. Calcule o prêmio de risco da carteira de risco ótima com base no prêmio de risco da carteira de índice e no alfa da carteira ativa: $E(R_P) = (w_M^* + w_A^* \beta_A)E(R_M) + w_A^* \alpha_A$. Observe que o beta da carteira de risco é $w_M^* + w_A^* \beta_A$ porque o beta da carteira de índice é 1.
10. Calcule a variância da carteira de risco ótima com base na variância da carteira de índice e na variância residual da carteira ativa: $\sigma_P^2 = (w_M^* + w_A^* \beta_A)^2 \sigma_M^2 + [w_A^* \sigma(e_A)]^2$.

Um exemplo

Podemos ilustrar a implementação do modelo de índice construindo uma carteira ótima com o índice S&P 500 e as seis ações para as quais analisamos os parâmetros de risco na Seção 8.3.

Esse exemplo envolve apenas seis ações analisadas. Contudo, pelo fato de termos escolhido três *pares* de empresas do mesmo setor, com correlações residuais relativamente altas, submetemos o modelo de índice a um teste rigoroso. Isso porque o modelo ignora a correlação entre os resíduos quando produz estimativas para a matriz de covariância. Portanto, a comparação de resultados do modelo de índice com o modelo de covariância completa (de Markowitz) deve ser instrutiva.

Previsões de prêmio de risco

O quarto painel da Planilha 8.1 contém estimativas de alfa e o prêmio de risco de cada empresa. Esses alfas seriam a produção mais importante de uma empresa de investimento em um procedimento na vida real. As estatísticas desempenham um papel menos significativo nesse caso; nesse âmbito, a análise macro/de títulos é soberana. Nesse exemplo, utilizamos apenas valores ilustrativos para demonstrar o processo de construção de carteira e os possíveis resultados. Você pode se perguntar por que escolhemos valores previstos de alfa tão pequenos. O motivo é que, mesmo quando a análise de títulos revela um erro de apreçamento aparentemente grande, isto é, altos valores de alfa, essas previsões devem ser consideravelmente aparadas para levar em conta o fato de essas previsões estarem sujeitas a erros de estimativa importantes. Analisamos o procedimento fundamental de ajuste das previsões reais no Capítulo 27.

A carteira de risco ótima

O quinto painel da Planilha 8.1 exibe cálculos da carteira de risco ótima. Eles seguem o procedimento resumido da Seção 8.4 (você deve tentar reproduzir esses cálculos em sua própria planilha). Nesse exemplo permitimos vendas a descoberto. Observe que o peso de cada título na carteira ativa (consulte a linha 52) tem o mesmo sinal do valor de alfa. Por permitirmos vendas a descoberto, as posições na carteira ativa são bem grandes (p. ex.: a posição na BP é 0,7349); trata-se de uma carteira agressiva. Consequentemente, o alfa da carteira ativa (2,22%) é superior ao de qualquer previsão individual. Entretanto, essa posição agressiva também gera grande variância residual (0,0404, que corresponde a um desvio-padrão residual de 20%). Portanto, a posição na carteira ativa é reduzida proporcionalmente (consulte a Equação 8.20) e acaba ficando bastante modesta (0,1718; célula C57) e reforçando a ideia de que as considerações sobre diversificação são supremas na carteira de risco ótima.

A carteira de risco ótima tem prêmio de risco de 6,48%, desvio-padrão de 14,22% e índice de Sharpe de 0,46 (células J58–J61). A título de comparação, o índice de Sharpe da carteira de índice é 0,06/0,1358 = 0,44 (célula B61), que é bem próximo do índice da carteira de risco ótima. Essa pequena melhoria decorre das modestas previsões de alfa que foram utilizadas. No Capítulo 11, sobre eficiência de mercado, e no Capítulo 24, sobre avaliação de desempenho, demonstramos que esses resultados são comuns no setor fundos mútuos. Obviamente, poucos gestores de carteira podem e de fato geram carteiras com um desempenho melhor.

Uma questão interessante nesse caso é saber até que ponto o modelo de índice produz resultados inferiores ao do modelo de covariância completa (Markowitz). A Figura 8.5 mostra a fronteira eficiente dos dois modelos os dados de exemplo. Constatamos que na realidade a diferença é pequena. A Tabela 8.2 compara as composições e o desempenho esperado da variância mínima global (*G*) e as carteiras de risco ótimas deduzidas dos dois modelos.

TABELA 8.2 Comparação entre carteiras do modelo de índice único e do modelo de covariância completa

	Carteira de variância mínima global		Carteira ótima	
	Modelo de covariância completa	Modelo de índice	Modelo de covariância completa	Modelo de índice
Média	0,0371	0,0354	0,0677	0,0649
Desvio-padrão	0,1089	0,1052	0,1471	0,1423
Índice de Sharpe	0,3409	0,3370	0,4605	0,4558
Pesos da carteira				
S&P 500	0,88	0,83	0,75	0,83
HP	−0,11	−0,17	0,10	0,07
DELL	−0,01	−0,05	−0,04	−0,06
WMT	0,23	0,14	−0,03	−0,05
TARGET	−0,18	−0,08	0,10	0,06
BP	0,22	0,20	0,25	0,13
SHELL	−0,02	0,12	−0,12	0,03

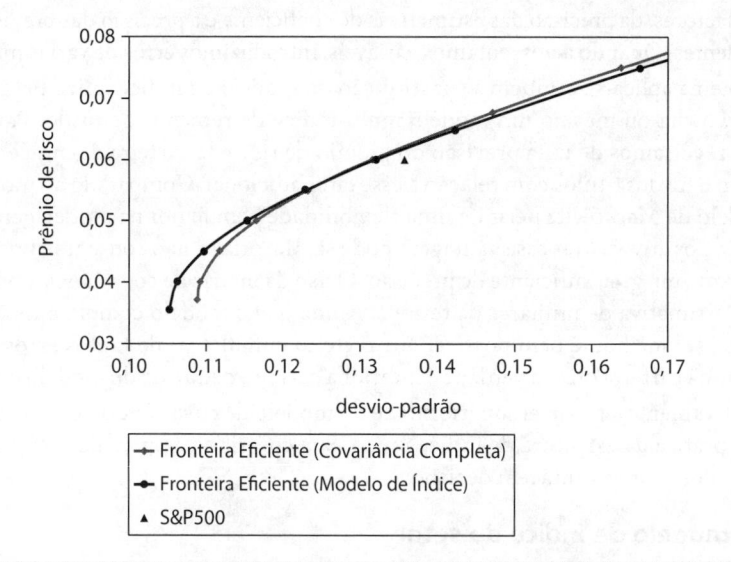

FIGURA 8.5 Fronteiras eficientes com o modelo de índice e matriz de covariância completa

Os desvios-padrão das carteiras eficientes produzidas com o modelo de Markowitz e o modelo de índice são calculados com a matriz de covariância utilizada em cada modelo. Tal como analisado antes, não podemos ter certeza de que as *estimativas* de covariância do modelo de covariância completa são mais precisas do que as do modelos de índice único mais restritivo. Entretanto, supondo que o modelo de covariância completa é mais preciso, temos uma ideia do quando os dois modelos podem estar distanciados.

A Figura 8.5 mostra que, para carteiras conservadoras (mais próximas da carteira de variância mínima G), o modelo de índice subestima a volatilidade e, portanto, superestima o desempenho. O inverso ocorre com carteiras mais arriscadas do que a de índice, que inclui também a região próxima da carteira ótima. A despeito dessas diferenças, o que se evidencia nessa comparação é que os resultados dos dois modelos são na verdade extremamente semelhantes e que o modelo de índice talvez exija uma posição mais conservadora. Esse é o lugar em que desejaríamos estar com um modelo que se apoia em aproximações.

8.5 Aspectos práticos da gestão de carteiras com o modelo de índice

O tom de nossas discussões neste capítulo indica que o modelo de índice pode ser preferido para a prática de gestão de carteira. Mudar do modelo de Markowitz para o modelo de índice é uma decisão importante e, portanto, a primeira pergunta é se de fato o modelo de índice é inferior ao modelo de covariância completa de Markowitz.

O modelo de índice é inferior ao modelo de covariância completa?

Essa pergunta está em parte relacionada com uma pergunta mais geral sobre o valor dos modelos parcimoniosos. A título de analogia, considere a questão de acrescentar outras variáveis explicativas na equação de regressão. Sabemos que acrescentar outras variáveis explicativas em muitos casos aumentará o R quadrado e, em nenhum dos casos, o R quadrado diminuirá. Entretanto, isso não implica necessariamente que a equação de regressão é melhor.[14] Um critério mais adequado é a contribuição para o poder preditivo da regressão A pergunta apropriada é se a inclusão de uma variável que contribui para o poder explicativo dentro da amostra tende a contribuir para a previsão da previsão fora da amostra. Acrescentar variáveis, mesmo aquelas que parecem significativas, algumas vezes pode pôr a precisão da previsão em risco. Em outras palavras, um modelo parcimonioso e parco em

---

[14] Na verdade, o R quadrado ajustado pode diminuir se a variável adicional não oferecer um poder explicativo suficiente para compensar o grau extra de liberdade que ela utiliza.

variáveis independentes com frequência é superior. A previsão do valor da variável dependente depende de dois fatores, da precisão das estimativas de coeficiente e a precisão das previsões das variáveis independentes. Quando acrescentamos variáveis, introduzimos erros de várias maneiras.

Esse problema aplica-se também à substituição do modelo de índice único pelo modelo completo de Markowitz ou mesmo um modelo multi-índice de retornos de título. Para acrescentar outro índice, precisamos de uma previsão do prêmio de risco da carteira de índice adicional e de estimativas do beta dos títulos com relação a esse fator adicional. Comparado ao modelo de índice único, o modelo de Markowitz permite uma flexibilidade bem maior na modelagem da estrutura de covariância dos ativos. Mas essa vantagem pode ser ilusória se não conseguirmos estimar essas covariâncias com um grau suficiente de precisão. O uso da matriz de covariância completa ocasiona o risco de estimativa de milhares de termos. Ainda que o modelo completo de Markowitz *em princípio* possa ser melhor, é bem possível que o efeito cumulativo de tantos erros de estimativa resultem em uma carteira que na verdade é inferior à carteira deduzida do modelo de índice único.

Comparativamente à possível superioridade do modelo de covariância completa, temos a nítida vantagem prática da estrutura de índice único. Sua contribuição para descentralizar a análise macro e de títulos é outra vantagem decisiva.

Versão do modelo de índice do setor

Não surpreendentemente, o modelo de índice atraiu a atenção dos profissionais do setor. Como esse modelo é aproximadamente válido, ele é uma referência conveniente para a análise de títulos.

O gestor de carteira que não conta com informações especiais sobre um título nem com constatações disponíveis ao público em geral considerará o valor alfa do título como zero e, de acordo com a Equação 8.9, estimará um prêmio de risco para o título igual a $\beta_i R_M$. Se reformularmos essa previsão em termos de retornos totais, poderíamos esperar

$$E(r_i) = r_f + \beta_i[E(r_M) - r_f] \qquad (8.25)$$

Um gestor de carteira que tiver uma previsão sobre o índice de mercado, $E(r_M)$, e observar a taxa isenta de risco das letras do Tesouro, r_f, poderá utilizar o modelo para determinar o retorno esperado de referência de qualquer ação. O coeficiente beta, o risco de mercado, σ^2_M, e o risco específico à empresa, $\sigma^2(e)$, podem ser estimados com base nas SCLs históricas, isto é, nas regressões dos retornos em excesso dos títulos sobre os retornos em excesso do índice de mercado.

Há várias fontes de propriedade particular referentes a esses resultados de regressão, algumas vezes chamadas de "livros de betas". Os *sites* referentes a este capítulo na página de Conteúdo *Online* (**www.grupoa.com.br**) também fornecem betas de títulos. A Tabela 8.3 é um exemplo de página comum de um livro de betas. Normalmente, os livros de betas utilizam o S&P 500 para representar a carteira de mercado. Eles costumam utilizar as 60 observações mensais mais recentes para calcular os parâmetros de regressão e utilizam os retornos totais, em vez de os retornos em excesso (desvios em relação às taxas das letras do Tesouro), nas regressões. Nesse sentido, eles estimam uma variante de nosso modelo de índice, que é

$$r = a + br_M + e^* \qquad (8.26)$$

em vez de

$$r - r_f = \alpha + \beta(r_M - r_f) + e \qquad (8.27)$$

Para observar o efeito desse afastamento, podemos reformular a Equação 8.27 como

$$r = r_f + \alpha + \beta r_M - \beta r_f + e = \alpha + r_f(1 - \beta) + \beta r_M + e \qquad (8.28)$$

Comparando as Equações 8.26 e 8.28, você pode ver que, se r_f for constante ao longo do período da amostra, ambas as equações terão a mesma variável independente, r_M, e o mesmo resíduo, e. Portanto, o coeficiente de inclinação será o mesmo nas duas regressões.[15]

---

[15] Na verdade, r_f varia com o tempo e, por isso, não deve ser agrupado casualmente com o termo constante na regressão. Entretanto, as variações em r_f são ínfimas em comparação com as oscilações no retorno de mercado. A volatilidade anual na taxa das letras do Tesouro tem apenas um pequeno impacto no valor estimado de β.

TABELA 8.3 Estatísticas de sensibilidade do mercado: regressões dos retornos em excesso sobre os retornos totais da S&P 500 ao longo de 60 meses, 2004–2008

Símbolo de cotação	Nome do título	BETA	ALFA	R quadrado	Desvio-padrão residual	Beta do erro padrão	Alfa do erro padrão	Beta ajustado
AMZN	Amazon.com	2,25	0,006	0,238	0,1208	0,5254	0,0156	1,84
F	Ford	1,64	−0,012	0,183	0,1041	0,4525	0,0135	1,43
NEM	Newmont Mining Corp.	0,44	0,002	0,023	0,0853	0,3709	0,0110	0,62
INTC	Intel Corporation	1,60	−0,010	0,369	0,0627	0,2728	0,0081	1,40
MSFT	Microsoft Corporation	0,87	0,001	0,172	0,0569	0,2477	0,0074	0,91
DELL	Dell Inc.	1,36	−0,014	0,241	0,0723	0,3143	0,0094	1,24
BA	Boeing Co.	1,42	0,004	0,402	0,0517	0,2250	0,0067	1,28
MCD	McDonald's Corp.	0,92	0,016	0,312	0,0409	0,1777	0,0053	0,95
PFE	Pfizer Inc.	0,65	−0,006	0,131	0,0504	0,2191	0,0065	0,77
DD	DuPont	0,97	−0,002	0,311	0,0434	0,1887	0,0056	0,98
DIS	Walt Disney Co.	0,91	0,005	0,278	0,0440	0,1913	0,0057	0,94
XOM	ExxonMobil Corp.	0,87	0,011	0,216	0,0497	0,2159	0,0064	0,91
IBM	IBM Corp.	0,88	0,004	0,248	0,0459	0,1997	0,0059	0,92
WMT	Walmart	0,06	0,002	0,002	0,0446	0,1941	0,0058	0,38
HNZ	HJ Heinz Co.	0,43	0,009	0,110	0,0368	0,1599	0,0048	0,62
LTD	Limited Brands Inc.	1,30	0,001	0,216	0,0741	0,3223	0,0096	1,20
ED	Consolidated Edison Inc.	0,15	0,004	0,101	0,0347	0,1509	0,0045	0,43
GE	General Electric Co.	0,65	−0,002	0,173	0,0425	0,1850	0,0055	0,77
	MÉDIA	0,97	0,001	0,207	0,0589	0,2563	0,0076	0,98
	Desvio-padrão	0,56	0,008	0,109	0,0239	0,1039	0,0031	0,37

Fonte: Dados compilados do banco de dados CRSP (Universidade de Chicago).

Entretanto, o intercepto, chamado de ALFA pelos livros de betas, tal como na Tabela 8.3, na verdade é uma estimativa de $\alpha + r_f(1 - \beta)$. A aparente justificativa desse procedimento é que, mensalmente, $r_f(1 - \beta)$ é pequeno e tende a ser sobrepujado pela volatilidade dos retornos reais das ações. Contudo, vale observar que, para $\beta \neq 1$, o intercepto da regressão na Equação 8.26 não será igual ao modelo de índice α, tal como ocorre quando os retornos em excesso são utilizados na Equação 8.27.

> **REVISÃO DE CONCEITOS 8.4**
>
> Qual foi o modelo de índice α mensal da Intel durante o período coberto pela regressão da Tabela 8.3 considerando que nesse período a taxa de retorno média mensal sobre as letras do Tesouro foi 0,2%?

Lembre-se sempre de que essas estimativas de alfa são medidas *ex post* (após o fato). Elas não significam que alguém poderia ter previsto esses valores de alfa *ex ante* (antes do fato). Na verdade, o xis da questão na análise de títulos é prever os valores de alfa com antecedência. Uma carteira bem construída que inclui posições compradas em futuras ações com alfa negativo terá um desempenho melhor do que o índice de mercado. A palavra-chave aqui é "bem construída", o que significa que a carteira precisa equilibrar sua concentração em ações com alfa alto com a necessidade de diversificação para diminuir o risco, tal como discutido antes neste capítulo.

Grande parte dos outros resultados da Tabela 8.3 é semelhante ao resultado do Excel (Tabela 8.1) que analisamos ao estimar o modelo de índice da Hewlett-Packard. A estatística de R quadrado é o índice entre variância sistemática e variância total, a fração da volatilidade total atribuível a movimentos do mercado. Para a maioria das empresas, o R quadrado encontra-se bem abaixo de 0,5, indicando que as ações estão bem mais sujeitas ao risco específico à empresa do que ao risco sistemático. Isso evidencia a importância prática da diversificação.

A coluna "*desvio-padrão Anualizado*" representa o desvio-padrão dos resíduos de regressão mensais, também conhecido como erro padrão da regressão. Os erros padrão das estimativas de alfa e beta nos permitem avaliar a precisão das estimativas. Observe que os erros padrão de alfa tendem a ser múltiplos bem maiores do valor estimado de alfa do que no caso das estimativas de beta.

O *desvio-padrão residual* da Intel é 6,27% por mês e sua R^2 é 0,369. Isso nos indica que $\sigma^2_{intel}(e) = 6{,}27^2 = 39{,}31$ e, pelo fato de $R^2 = 1 - \sigma^2(e)/\sigma^2$, podemos encontrar o desvio-padrão total da Intel reorganizando a equação da seguinte maneira:

$$\sigma_{\text{Intel}} = \left[\frac{\sigma_{\text{Intel}}^2(e)}{1-R^2}\right]^{1/2} = \left(\frac{39,31}{0,631}\right)^{1/2} = 7,89\% \text{ por mês}$$

Esse é o desvio-padrão mensal da Intel referente ao período da amostra. Portanto, o desvio-padrão anualizado desse período foi $7,89\sqrt{12} = 27,33\%$.

A última coluna é chamada de "Beta Ajustado". O motivo para ajustar as estimativas de beta é que, em média, os coeficientes de beta das ações parecem tender para 1 com o passar do tempo. Uma explicação para esse fenômeno é intuitiva. Uma empresa normalmente é criada para produzir um produto ou serviço específico e uma empresa nova pode ser mais anticonvencional do que uma mais antiga em vários sentidos, da tecnologia utilizada ao estilo de administração. Entretanto, à medida que uma empresa cresce, com frequência ela diversifica, primeiro ampliando-se para produtos semelhantes e posteriormente para operações mais diversas. Quando a empresa se torna mais convencional, ela começa a se parecer mais com o restante da economia. Por isso, seu coeficiente beta tenderá a mudar em direção a 1.

Outra explicação para esse fenômeno é estatística. Sabemos que o beta médio de todos os títulos é 1. Portanto, antes de estimar o beta de um título, nossa melhor previsão seria de que ele é 1. Quando estimamos esse coeficiente beta ao longo de um período de amostra específico, experimentamos algum erro de amostragem desconhecido do beta estimado. Quanto maior a diferença entre nossa estimativa de beta e 1, maior a probabilidade de termos incorrido em um grande erro de estimativa e de o beta do período de amostra subsequente ser próximo de 1.

A estimativa do coeficiente beta da amostra é o melhor palpite para esse período de amostra. Entretanto, visto que o beta tende a evoluir para 1, uma previsão do coeficiente beta futuro deve ajustar a estimativa da amostra nessa direção.

A Tabela 8.3 ajusta as estimativas de beta de uma maneira simples.[16] Ela utiliza a estimativa de beta da amostra e faz sua média com 1, utilizando os pesos de dois terços e um terço:

$$\text{Beta ajustado} = \tfrac{2}{3} \text{ beta da amostra} + \tfrac{1}{3} (1) \qquad (8.29)$$

Previsão de betas

Os betas ajustados são uma forma simples de reconhecer que os betas estimados com base em dados passados podem não ser as melhores estimativas de beta futuro: Os betas parecem tender para 1 com o passar do tempo. Isso indica que podemos precisar de um modelo de previsão de beta.

Uma abordagem simples seria coletar dados em diferentes períodos e depois estimar uma equação de regressão:

$$\text{Beta atual} = a + b \, (\text{Beta passado}) \qquad (8.30)$$

Com base nas estimativas de a e b, prevemos os betas futuros utilizando a regra

$$\text{Beta previsto} = a + b \, (\text{Beta atual}) \qquad (8.31)$$

Entretanto, não há nenhum motivo para nos restringirmos a essas regras simples de previsão. Por que não investigar igualmente o poder preditivo de outras variáveis financeiras ao estimar o beta? Por exemplo, se acreditarmos que o tamanho e os índices de dívida da empresa são dois determinantes do beta, podemos especificar uma versão ampliada da Equação 8.30 e estimar

$$\text{Beta atual} = a + b_1(\text{Beta passado}) + b_2(\text{Tamanho da empresa}) + b_3(\text{Índice de dívida})$$

Agora utilizamos estimativas de a e b_1 até b_3 para prever betas futuros.

Essa abordagem foi adotada por Rosenberg e Guy,[17] que identificaram as seguintes variáveis para ajudar a prever o beta:

---

[16] Um método mais sofisticado é descrito em Oldrich A. Vasicek, "A Note on Using Cross-Sectional Information in Bayesian Estimation of Security Betas", *Journal of Finance*, 28, 1973, pp. 1.233–1.239.

[17] Barr Rosenberg e J. Guy, "Prediction of Beta from Investment Fundamentals, Parts 1 and 2", *Financial Analysts Journal*, maio/junho de 1976.

EXEMPLO 8.1 || Beta ajustado

Para os 60 meses da Tabela 8.3, o beta da Intel foi estimado em 1,60. Portanto, seu beta ajustado é 2/3 × 1,60 + 1/3 = 1,40, afastando-se um terço em relação a 1.

Na falta de informações especiais sobre a Intel, se nossa previsão do índice de mercado for 10% e as letras do Tesouro pagarem 4%, com base no livro de betas constatamos que a previsão da taxa de retorno das ações da Intel é

$$E(r_{Intel}) = r_f + \text{Beta ajustado} \times [E(r_M) - r_f]$$
$$= 4 + 1,40(10 - 4) = 12,40\%$$

O alfa da regressão do período da amostra é –1,0%. Como o beta da Intel é superior a 1, sabemos que isso significa que a estimativa do modelo de índice α é um pouco superior. Como na Equação 8.28, precisamos subtrair $(1 - \beta)r_f$ do alfa da regressão para obter o modelo de índice α. Em qualquer circunstância, o erro padrão da estimativa de alfa é 0,81%. A estimativa de alfa é bem menos que o dobro de seu erro padrão. Consequentemente, não podemos rejeitar a hipótese de que o alfa verdadeiro é zero.

---

1. Variância dos lucros.
2. Variância do fluxo de caixa.
3. Crescimento do lucro por ação.
4. Capitalização de mercado (tamanho da empresa).
5. Rendimento de dividendos.
6. Índice de dívida/ativo.

Rosenberg e Guy descobriram também que, mesmo depois de controlar as características financeiras de uma empresa, o grupo setorial ajuda a prever o beta. Por exemplo, eles constataram que os valores beta das empresas de mineração de ouro ficam em média 0,827 abaixo em comparação ao que seria previsto com base apenas nas características financeiras. Isso não deveria nos surpreender; o "fator de ajuste" de 2,827 para o setor de ouro reflete o fato de os valores do ouro estarem inversamente relacionados aos retornos do mercado.

> **REVISÃO DE CONCEITOS 8.5**
>
> Compare os cinco primeiros e quatro últimos setores na Tabela 8.4. Que característica parece determinar se o fator de ajuste é positivo ou negativo?

A Tabela 8.4 apresenta as estimativas de beta e os fatores de ajuste para um subconjunto de empresas do estudo de Rosenberg e Guy.

Modelos de índice e carteiras de acompanhamento

Suponhamos que um gestor de carteira acredite ter identificado uma carteira abaixo do preço normal. Sua equipe de análise de títulos estima a equação do modelo de índice dessa carteira (utilizando o índice S&P 500) em forma de retorno em excesso e obtém as seguintes estimativas:

$$R_P = 0,04 + 1,4R_{S\&P500} + e_P \tag{8.32}$$

TABELA 8.4 Betas setoriais e fatores de ajuste

Setor	Beta	Fator de ajuste
Agrícola	0,99	–0,140
Remédios e medicamentos	1,14	–0,099
Telefonia	0,75	–0,288
Fornecimento de energia elétrica	0,60	–0,237
Ouro	0,36	–0,827
Construção	1,27	0,062
Transporte aéreo	1,80	0,348
Transporte rodoviário	1,31	0,098
Bens de consumo duráveis	1,44	0,132

DESTAQUE DA REALIDADE

APOSTA NO ALFA

Para quem acredita em mercados eficientes, a recente explosão da quantidade de fundos negociados em bolsa representa um triunfo. Os ETFs são títulos cotados que acompanham um determinado índice, por uma taxa que normalmente equivale a apenas uma fração de um ponto percentual. Eles permitem que os investidores montem uma carteira de baixo custo que abrange uma variedade de ativos, como ações internacionais, obrigações governamentais e corporativas e *commodities*.

Contudo, da mesma maneira que os ativos dos ETFs e dos fundos mútuos que acompanham índices estão crescendo, outra parte desse setor parece estar florescendo ainda mais rápido. A empresa de atuários Watson Wyatt estima que o "investimento em ativos alternativos" (que incluem desde fundos de *hedge* e *private equity* a imóveis) cresceu em torno de 20% em 2005, atingindo um valor de US$ 1,26 trilhão. Os investidores que escolhem essa direção pagam taxas bem mais altas com a expectativa de obter melhor desempenho. Os fundos de fundos de *hedge*, um dos ativos de mais rápido crescimento, estão entre os que cobram algumas das taxas mais altas.

Por que as pessoas estão pagando o máximo exigido? Em parte porque os investidores aprenderam a distinguir retorno de mercado, apelidado de beta, de desempenho superior dos gestores, conhecido como alfa. "Por que você não compraria beta e alfa separadamente?", pergunta Arno Kitts, da Henderson Global Investors, empresa de gestão de fundos. "Beta é uma *commodity* e alfa tem a ver com habilidade."

Os clientes se convenceram de que nenhuma outra empresa pode oferecer um bom desempenho em todas as classes de ativos. Isso deu origem a um modelo "central e satélite", em que parte da carteira é investida em fundos que acompanham índices e o resto fica a cargo de especialistas. Mas esse procedimento cria seus próprios problemas. As relações com um único gestor equilibrado de carteira são simples. É bem mais difícil pesquisar e monitorar o desempenho dos especialistas. Isso incentivou os intermediários – gestores de gestores (no tradicional setor institucional) e fundos de fundos (na área de fundos de *hedge*), que normalmente são ainda mais caros.

O fato de suas taxas perdurarem talvez indique que os investidores podem identificar com antecedência gestores de fundos com desempenho superior. Entretanto, pesquisas indicam que isso é extremamente difícil. E mesmo quando é possível identificar um talento, grande parte desse desempenho extra pode ser drenada por taxas mais altas. "Uma quantidade desproporcional dos benefícios de alfa vai para o gestor, e não para o cliente", afirma o gestor de ativos Alan Brown, da Schroders.

De qualquer forma, os investidores provavelmente continuarão buscando o alfa, ainda que existam alternativas mais baratas de ETFs e fundos de acompanhamento. Craig Baker, da Watson Wyatt, afirma que, embora retornos superiores ao do mercado não estejam ao alcance de todos, os clientes que os identificarem terão a vantagem "de terem chegado primeiro". Na medida em que essa crença existe, os gestores podem cobrar taxas altas.

Fonte: The Economist, 14 de setembro de 2006. Copyright© The Economist Newspaper Limited, Londres.

Portanto, P tem um valor alfa de 4% e beta de 1,4. O gestor confia na qualidade de sua análise de títulos, mas desconfia do desempenho do mercado em geral no futuro próximo. Se o gestor adquirir a carteira e o mercado como um todo tiver uma queda, ele pode perder dinheiro em seu investimento (que tem um beta positivo alto) mesmo que sua equipe estiver correta sobre que a carteira está relativamente abaixo do preço. Ele deseja uma posição que tire proveito da análise de sua equipe, mas independa do desempenho do mercado em geral.

Para isso, pode ser construída uma **carteira de acompanhamento** (T). A carteira de acompanhamento da carteira P é a carteira concebida para corresponder ao componente sistemático do retorno de P. A ideia é a carteira "acompanhar" o componente do retorno de P sensível ao mercado. Isso significa que a carteira de acompanhamento deve ter o mesmo beta que P na carteira de índice e o menor risco não sistemático possível. Esse procedimento também é chamado de *captura do beta*.

A carteira de acompanhamento de P terá uma posição alavancada no S&P 500 para alcançar o beta de 1,4. Portanto, T compreende as posições de 1,4 no S&P 500 e 2,4 em letras do Tesouro. Como T é construída com base no índice e nas letras, seu alfa é zero.

Considere agora a possibilidade de comprar a carteira P e ao mesmo tempo compensar o risco sistemático assumindo uma posição a descoberto na carteira de acompanhamento. A posição a descoberto (comprada) em T anula a exposição sistemática da posição comprada em P: a posição combinada geral seria, portanto, *neutra ao mercado*. Desse modo, mesmo que o mercado tiver um mau desempenho, a posição combinada não deve ser afetada. Mas o alfa da carteira P permanecerá intacto. A carteira combinada, C, oferece um retorno em excesso por dólar de

$$R_C = R_P + R_T = (0,04 + 1,4 R_{S\&P500} + e_P) - 1,4 R_{S\&P500} = 0,04 + e_P \qquad (8.33)$$

Embora essa carteira ainda seja arriscada (em virtude do risco residual, e_P), o risco sistemático foi eliminado e, se P estiver razoavelmente bem diversificada, o risco não sistemático remanescente será pequeno. Portanto, o objetivo é atingido: o gestor pode tirar proveito do alfa de 4% sem se expor inadvertidamente ao mercado. O processo de separar a busca pelo alfa da escolha de exposição ao mercado é chamado de *transporte do alfa*.

Essa "estratégia *long-short*" caracteriza a atividade de muitos *fundos de hedge*. Os gestores de fundos de *hedge* identificam um título abaixo do preço normal e depois tentam obter uma "aposta pura" sobre o preço inferior percebido. Eles eliminam todo risco externo, concentrando a aposta apenas no "alfa" percebido (consulte o quadro da página 250). Os fundos de acompanhamento são um instrumento utilizado para oferecer proteção contra as exposições às quais eles *não* desejam se expor. Os gestores de fundos de *hedge* utilizam regressões de índice como as analisadas aqui, bem como variações mais sofisticadas, para criar as carteiras de acompanhamento que se encontram no âmago de suas estratégias de *hedging*.

RESUMO

1. O modelo de fator único da economia classifica as fontes de incerteza como fatores sistemáticos (macroeconômicos) ou fatores específicos à empresa. O modelo de índice pressupõe que o fator macro pode ser representado por um índice amplo de retornos acionários.

2. O modelo de índice único diminui sensivelmente os dados necessários no procedimento de escolha de carteira de Markowitz. Além disso, ele ajuda na especialização do trabalho em análise de títulos.

3. De acordo com a especificação do modelo de índice, o risco sistemático de uma carteira ou de um ativo é igual a $\beta^2 \sigma^2_M$ e a covariância entre dois ativos é igual a $\beta_i \beta_j \sigma^2_M$.

4. O modelo de índice é calculado aplicando a análise de regressão às taxas de retorno em excesso. A inclinação da curva de regressão é o beta de um ativo, ao passo que o intercepto é o alfa do ativo durante o período da amostra. Essa linha de regressão é também chamada de *linha característica do título*.

5. As carteiras ativas ótimas construídas com o modelo de índice incluem títulos analisados de acordo com a proporção de seu índice de informação. A carteira de risco completa é uma mistura da carteira ativa e da carteira de índice de mercado. A carteira de índice é utilizada para aumentar a diversificação da carteira de risco geral.

6. Normalmente, os profissionais da área calculam o modelo de índice utilizando taxas de retorno totais e não taxas de retorno em excesso. Isso torna suas estimativas de alfa igual a $\alpha + r_f(1 - \beta)$.

7. Os betas mostram uma tendência a 1 ao longo do tempo. As regras de previsão do beta tentam prever esse desvio. Além disso, outras variáveis financeiras podem ser utilizadas para ajudar a prever o beta.

Sites relacionados a este capítulo estão disponíveis em **www.grupoa.com.br**

PALAVRAS-CHAVE

carteira de acompanhamento
diagrama de dispersão
equação de regressão
índice de informação
linha característica do título
modelo de fator único
modelo de índice único
resíduos

EQUAÇÕES BÁSICAS

Modelo de índice único (em retornos em excesso): $R_i(t) = \alpha \beta_i R_M(t) + e_i(t)$

Risco do título no modelo de índice:

Risco total = Risco sistemático + Risco específico à empresa
$$\sigma^2 \quad = \quad \beta^2 \sigma^2_M \quad + \quad \sigma^2(e)$$

Covariância = $\text{Cov}(r_i, r_j)$ = Produto dos betas × Risco do índice de mercado = $\beta_i \beta_j \sigma^2_M$

Gestão de carteira ativa no modelo de índice

Índice de Sharpe da carteira de risco ótima: $S_P^2 = S_M^2 + \left[\dfrac{\alpha_A}{\sigma(e_A)}\right]^2$

Peso do ativo na carteira ativa: $w_i^* = w_A^* \dfrac{\dfrac{\alpha_i}{\sigma^2(e_i)}}{\displaystyle\sum_{i=1}^{n} \dfrac{\alpha_i}{\sigma^2(e_i)}}$

Índice de informação da carteira ativa: $\left[\dfrac{\alpha_A}{\sigma(e_A)}\right]^2 = \displaystyle\sum_{i=1}^{n}\left[\dfrac{\alpha_i}{\sigma(e_i)}\right]^2$

CONJUNTO DE PROBLEMAS

Básicos

1. Quais são as vantagens do modelo de índice em comparação com o procedimento de Markowitz para obtenção de uma carteira de maneira eficiente diversificada? Quais são suas desvantagens?
2. Qual o *trade-off* quando há um afastamento da indexação pura em favor de uma carteira gerenciada ativamente?
3. Quanto a magnitude do risco específico à empresa afeta a disposição de um investidor a se afastar de uma carteira indexada?
4. Por que chamamos alfa de prêmio de retorno "extramercado"? Porque as ações com alfa alto são investimentos desejáveis para os gestores de carteiras ativas? Mantendo todos os demais fatores fixos, o que ocorreria com o índice de Sharpe de uma carteira à medida que o alfa de seus títulos componentes aumentasse?

Intermediários

5. Uma organização de gestão de carteiras analisa 60 ações e constrói uma carteira eficiente de média-variância utilizando apenas esses 60 títulos.
   a. Quantas estimativas de retorno esperado, variância e covariância são necessárias para otimizar essa carteira?
   b. Se fosse possível supor seguramente que os retornos desse mercado de ações tem uma estreita semelhança com a estrutura do índice único, quantas estimativas seriam necessárias?
6. Veja a seguir estimativas para duas ações.

Ação	Retorno esperado (%)	Beta	Desvio-padrão específico à empresa (%)
A	13	0,8	30
B	18	1,2	40

O índice de mercado tem desvio-padrão de 22% e a taxa isenta de risco é 8%.
   a. Quais os desvios-padrão das ações A e B?
   b. Suponhamos que fôssemos construir uma carteiras com as seguintes proporções:

Ação A:	0,30
Ação B:	0,45
Letras do Tesouro:	0,25

Calcule o retorno esperado, o desvio-padrão, o beta e o desvio-padrão não sistemático da carteira.
7. Considere as duas linhas de regressão a seguir para as ações A e B apresentadas na figura abaixo.

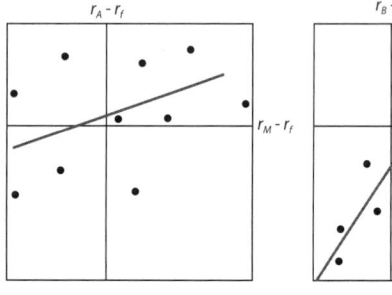

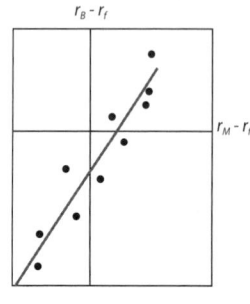

a. Qual ação tem o risco específico à empresa mais alto?
b. Qual ação tem o risco sistemático mais alto (mercado)?
c. Qual ação tem o R^2 mais alto?
d. Qual ação tem o alfa mais alto?
e. Qual ação tem a correlação mais alta com o mercado?

8. Considere estes dois resultados de regressão do modelo de índice (retorno em excesso) para A e B:

$R_A = 1\% + 1,2R_M$
R quadrado = 0,576
Desvio-padrão residual = 10,3%
$R_B = -2\% + 0,8R_M$
R quadrado = 0,436
Desvio-padrão residual = 9,1%

a. Qual ação tem o específico à empresa mais alto?
b. Qual ação tem o risco sistemático mais alto (mercado)?
c. Para qual ação o movimento do mercado explica uma fração maior de variabilidade no retorno?
d. Se r_f fosse constante em 6% e a regressão tive sido feita com retornos totais em vez de retornos em excesso, qual teria sido o intercepto da regressão da ação A?

Os dados a seguir aplicam-se aos Problemas 9-14. Suponhamos que o modelo de índice das ações A e B fosse estimado com os retornos em excesso e apresentasse os seguintes resultados:

$R_A = 3\% + 0,7R_M + e_A$
$R_B = -2\% + 1,2R_M + e_B$
$\sigma_M = 20\%$; R quadrado$_A = 0,20$; R quadrado$_B = 0,12$

9. Qual o desvio-padrão de cada ação?
10. Decomponha a variância de cada ação nos componentes sistemático e específico à empresa.
11. Qual a covariância e o coeficiente de correlação entre as duas ações?
12. Qual a covariância entre cada ação e o índice de mercado?
13. Para a carteira P, com proporções de investimento de 0,60 em A e 0,40 em B, refaça os Problemas 9, 10 e 12.
14. Refaça o Problema 13 para a carteira Q, com proporções de with investimento de 0,50 em P, 0,30 no índice de mercado e 0,20 em letras do Tesouro.
15. Foi estimado recentemente que uma ação tem beta de 1,24:
    a. Qual beta um livro de betas calculará como "beta ajustado" dessa ação?
    b. Suponhamos que você estime a regressão a seguir, que descreve a evolução do beta ao longo do tempo:

    $\beta_t = 0,3 + 0,7\beta_{t-1}$

    Qual seria seu beta previsto para o ano seguinte?
16. Com base no rendimento atual de dividendos e nos ganhos de capital esperados, as taxas de crescimento esperadas das ações A e B são 11 e 14%, respectivamente. O beta de A é 0,8, enquanto o beta de B é 1,5. A taxa das letras do Tesouro atualmente é 6%, enquanto a taxa de retorno esperada do índice S&P 500 é 12%. O desvio-padrão da ação A é 10% ao ano, enquanto o desvio-padrão de B é 11%. Se atualmente você tivesse uma carteira de índice passiva, você optaria por acrescentar qualquer uma dessas ações a seu investimento?
17. Um gestor de carteiras resume os dados das macro e microprevisões na tabela a seguir:

Microprevisões			
Ativo	Retorno esperado (%)	Beta	Desvio-padrão residual (%)
Ação A	20	1,3	58
Ação B	18	1,8	71
Ação C	17	0,7	60
Ação D	12	1,0	55

Macroprevisões		
Ativo	Retorno esperado (%)	Desvio-padrão (%)
Letras do Tesouro	8	0
Carteira de ações passiva	16	23

a. Calcule o retorno em excesso esperado, o valor de alfa e a variância residual dessas ações.
b. Construa a carteira de risco ótima.
c. Qual o índice de Sharpe da carteira ótima e quanto dessa carteira é contribuição da carteira ativa?
d. Qual deve ser a composição exata da carteira completa para um investidor com coeficiente de aversão ao risco de 2,8?

18. Recalcule o Problema 17 para um gestor de carteira que não tem permissão para vender títulos a descoberto.
    a. Qual o custo dessa restrição em termos de índice de Sharpe?
    b. Qual a perda de utilidade para o investidor ($A = 2,8$) tendo em vista sua nova carteira completa?

19. Suponhamos que, com base nos registros passados do analista, você estime que a relação entre o alfa previsto e real é:

    Retorno anormal real = 0,3 × Previsão de alfa

    Utilize os alfas do Problema 17. Quanto o desempenho esperado é afetado pelo reconhecimento da imprecisão das estimativas de alfa?

Difícil

20. Suponhamos que as previsões de alfa na linha 44 da Planilha 8.1 dobrem. Todos os outros dados permanecem iguais. Recalcule a carteira de risco ótima. Entretanto, antes de efetuar qualquer cálculo, utilize "Resumo do Procedimento de Otimização" para realizar um cálculo aproximado do índice de informação e de Sharpe da carteira recém-otimizada. Depois, recalcule todo o exemplo da planilha e confirme seu cálculo aproximado.

1. Quando as taxas de retorno percentuais mensais anualizadas de um índice de mercado de ações foram regredidas em relação aos retornos das ações ABC e XYZ, ao longo de um período de cinco anos concluído em 2013, os seguintes resultados foram obtidos utilizando uma regressão de mínimos quadrados ordinários:

Estatística	ABC	XYZ
Alfa	–3,20%	7,3%
Beta	0,60	0,97
R^2	0,35	0,17
Desvio-padrão residual	13,02%	21,45%

Explique o que os resultados dessa regressão indicam ao analista sobre as relações de risco–retorno de cada ação ao longo do período da amostra. Fale sobre as implicações para as futuras relações de risco–retorno, supondo que as duas ações fossem incluídas em uma carteira de ações ordinárias diversificada, particularmente em vista dos dados adicionais a seguir, obtidos de empresas de corretagem, os quais se baseiam em dois anos de dados semanais, até dezembro de 2013.

Empresa de corretagem	Beta da ABC	Beta da XYZ
A	0,62	1,45
B	0,71	1,25

2. Suponhamos que um coeficiente de correlação entre o Baker Fund e o índice de ações S&P 500 seja 0,70. Que porcentagem do risco total do Baker Fund é específica (isto é, não sistemática)?

3. A correlação entre o Charlottesville International Fund e índice de mercado EAFE é 1,0. O retorno esperado do índice EAFE Index é 11%, o retorno esperado do Charlottesville International Fund é 9% e o retorno isento de risco nos países do EAFE é 3%. Com base nessa análise, qual o beta implícito do Charlottesville International?

4. O conceito de *beta* está mais estreitamente associado com:
    a. Coeficientes de correlação.
    b. Análise de média-variância.
    c. Risco não sistemático.
    d. Risco sistemático.

5. O beta e o desvio-padrão diferem enquanto medidas de risco porque o beta mede:
    a. Apenas o risco não sistemático, enquanto o desvio-padrão mede o risco total.
    b. Apenas o risco sistemático, enquanto o desvio-padrão mede o risco total.
    c. Tanto o risco sistemático quanto o não sistemático, enquanto o desvio-padrão mede o risco não sistemático.
    d. Tanto o risco sistemático quanto o não sistemático, enquanto o desvio-padrão mede o risco sistemático.

EXERCÍCIOS DE INVESTIMENTO NA WEB

Entre em **http://finance.yahoo.com** e clique em *Stocks* (Ações), link presente na guia *Investing* (Investir). Procure o link *Stock Screener* (Filtro de Ações) em *Research Tools* (Ferramentas de Pesquisa). O *Java Yahoo! Finance Screener* permite que você crie seus próprios filtros. Na caixa *Click to Add Criteria* (Clique para Adicionar Critérios), encontre *Trading and Volume* (Negociação e *Volume*) no menu e escolha *Beta*. Na caixa the *Conditions* (Condições), escolha, < = na caixa *Values* (Valores) e insira *1*. Pressione a tecla *Enter* e solicite as 200 principais correspondências na caixa *Return Top_Matches*. Clique no botão *Run Screen* (Filtrar).

Escolha a guia *View Table* (Exibir Tabela) e classifique os resultados pra exibir os betas mais baixos na parte superior da lista clicando no cabeçalho da coluna *Beta*. Quais empresas têm o beta mais baixo? Em quais setores elas operam?

Escolha a guia *View Histogram* (Exibir Histograma) e, quando o histograma aparecer, olha para a parte inferior da tela para ver a caixa *Show Histogram for* (Mostrar histograma para). Utilize o menu exibido quando você clica na seta para baixo para escolher o *beta*. Qual ou quais padrões, se for o caso, você vê nas distribuições de beta para empresas que têm beta inferior a 1?

SOLUÇÕES PARA AS REVISÕES DE CONCEITOS

1. *a.* A capitalização de mercado total é $3.000 + 1.940 + 1.360 = 6.300$. Portanto, o retorno em excesso médio da carteira de índice é

   $$\frac{3.000}{6.000} \times 10 + \frac{1.940}{6.300} \times 2 + \frac{1.360}{6.300} \times 17 = 9,05\% = 0,0905$$

   b. A covariância entre as ações A e B é igual

   $$Cov(R_A, R_B) = \beta_A \beta_B \sigma_M^2 = 1 \times 0,2 \times 0,25^2 = 0,0125$$

   c. A covariância entre a ação B e a carteira de índice é igual a

   $$Cov(R_B, R_M) = \beta_B \sigma_M^2 = 0,2 \times 0,25^2 = 0,0125$$

   d. A variância total de of B é igual a

   $$\sigma_B^2 = Var(\beta_B R_M + e_B) = \beta_B^2 \sigma_M^2 + \sigma^2(e_B)$$

   O risco sistemático é igual a $\beta_B^2 \sigma_M^2 = 0,2^2 \times 0,25^2 = 0,0025$. Portanto, a variância de B específica à empresa é igual a

   $$\sigma^2(e_B) = \sigma_B^2 - \beta_B^2 \sigma_M^2 = 0,30^2 - 0,2^2 \times 0,25^2 = 0,0875$$

2. A variância de cada ação é $\beta^2 \sigma_M^2 + \sigma^2(e)$

   Para a ação A, obtemos

   $$\sigma_A^2 = 0,9^2 (20)^2 + 30^2 = 1.224$$
   $$\sigma_A = 35\%$$

   Para a ação B,

   $$\sigma_B^2 = 1,1^2 (20)^2 + 10^2 = 584$$
   $$\sigma_B = 24\%$$

   A matriz de covariância é

   $$\beta_A \beta_B \sigma_M^2 = 0,9 \times 1,1 \times 20^2 = 396$$

3. $\sigma^2(e_P) = (1/2)^2 [\sigma^2(e_A) + \sigma^2(e_B)]$
   $= 1/4 \, (0,30^2 + 0,10^2)$
   $= 0,0250$

   Portanto, $\sigma(e_P) = 0,158 = 15,8\%$

4. A regressão ALFA está relacionada com o modelo de índice α por

   $$\text{ALFA} = \alpha_{\text{modelo de índice}} + (1 - \beta) r_f$$

   Para a Intel, ALPHA = –1,0%, β = 1,60, e nos foi dito que r_f era 0,2%. Portanto,

   $$\alpha_{\text{modelo de índice}} = -1,0\% - (1 - 1,60) 0,2\% = -0,88\%$$

   O retorno da Intel foi até certo ponto decepcionante. Ele teve um desempenho inferior ao seu retorno de "referência" de 0,88% em média, por mês.

5. Os setores com fatores de ajuste positivos são mais sensíveis à economia. Espera-se que o beta desses setores seja mais alto porque o risco empresarial é mais alto. Em contraposição, os setores com fatores de ajuste negativos encontram-se em áreas empresariais com menor sensibilidade à economia. Portanto, seja qual for o perfil financeiro, o beta é inferior.

9 Modelo de precificação de ativos financeiros

O MODELO DE PRECIFICAÇÃO DE ATIVOS FINANCEIROS, quase sempre chamado de CAPM (*capital asset pricing model*), é uma peça central da economia financeira moderna. O CAPM oferece uma previsão precisa da relação que devemos observar entre o risco de um ativo e seu retorno esperado. Essa relação atende a duas funções fundamentais. Primeiramente, oferece uma taxa de retorno de referência para a avaliação de possíveis investimentos. Por exemplo, se estivermos analisando títulos, podemos desejar saber se o retorno esperado de uma ação que prevemos é superior ou inferior ao seu retorno "justo", tendo em vista seu nível de risco. Em segundo lugar, esse modelo nos ajuda a fazer uma suposição fundamentada sobre o retorno esperado dos ativos que ainda não foram negociados no mercado. Por exemplo, como determinamos o preço de uma oferta pública inicial de ações? Como um projeto novo e importante de investimentos afetará o retorno que os investidores exigem das ações de uma empresa? Embora o CAPM não suporte totalmente testes empíricos, ele é amplamente utilizado em virtude da percepção que oferece e porque sua precisão é considerada adequada para aplicações importantes.

9.1 Modelo de precificação de ativos financeiros

O modelo de precificação de ativos financeiros é um conjunto de previsões relativas a retornos esperados de equilíbrio sobre ativos de risco. Harry Markowitz lançou as bases da gestão moderna de carteiras em 1952. O CAPM foi divulgado 12 anos depois em artigos de William Sharpe,[1] John Lintner[2] e Jan Mossin.[3] O tempo para essa gestação indica que o salto do modelo de escolha de carteiras de Markowitz para o CAPM não foi nem um pouco insignificante.

Apontando diretamente para o âmago do CAPM, suponhamos que todos os investidores otimizassem suas carteiras *à la* Markowitz. Isto é, cada investidor utiliza uma lista de entrada de dados (retornos esperados e matriz de covariância) para traçar uma fronteira eficiente empregando todos os ativos de risco disponíveis e identifica uma carteira de risco eficiente, *P*, traçando a CAL (linha de alocação de capital) tangente à fronteira, como na Figura 9.1, Painel A (que é justamente uma reprodução da Figura 7.11). Consequentemente, cada investidor mantém títulos no universo de investimentos possíveis identificando pesos com base no processo de otimização de Markowitz.

O CAPM pergunta o que aconteceria se todos os investidores compartilhassem um universo idêntico de investimentos possíveis e utilizassem a mesma lista de dados para traçar sua fronteira eficiente. Obviamente, as carteiras eficientes seriam idênticas. Diante da mesma taxa isenta de risco, eles traçariam uma CAL tangente idêntica e todos chegariam naturalmente à mesma carteira de risco, *P*. Desse modo, todos os investidores escolheriam o mesmo conjunto de pesos para cada ativo de risco. Quais devem ser esses pesos?

---

[1] William Sharpe, "Capital Asset Prices: A Theory of Market Equilibrium", *Journal of Finance*, setembro de 1964.

[2] John Lintner, "The Valuation of Risk Assets and the Selection of Risky Investments in Stock Portfolios and Capital Budgets", *Review of Economics and Statistics*, fevereiro de 1965.

[3] Jan Mossin, "Equilibrium in a Capital Asset Market", *Econometrica*, outubro de 1966.

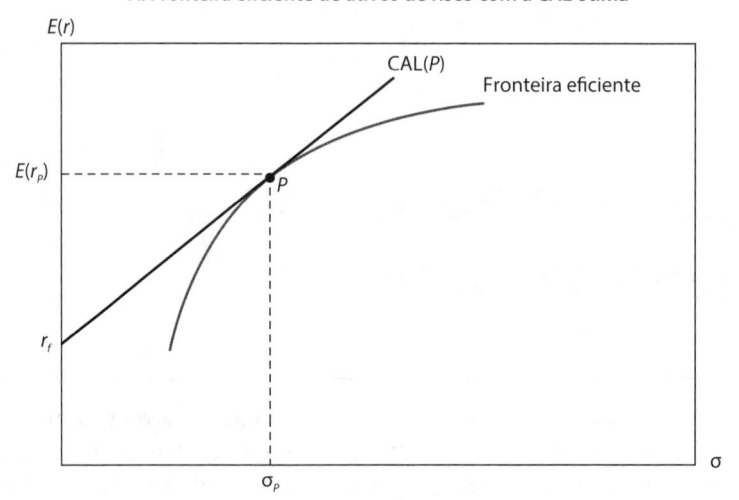

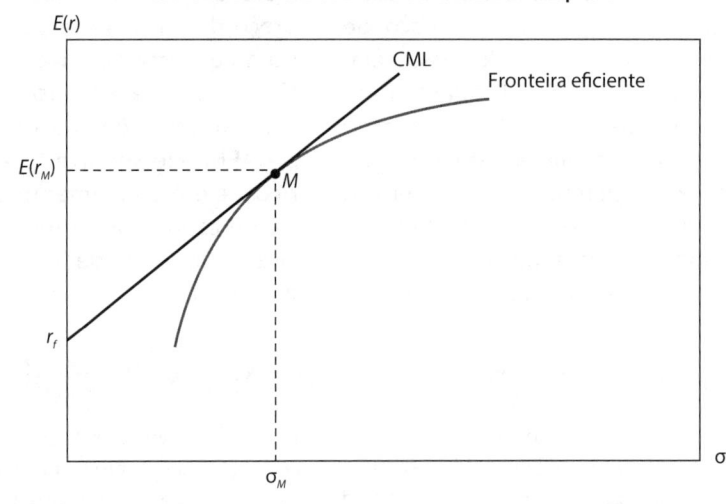

FIGURA 9.1
Linha de alocação de capital e linha do mercado de capitais

A: Fronteira eficiente de ativos de risco com a CAL ótima

B: Fronteira eficiente e linha do mercado de capitais

Uma constatação fundamental do CAPM é a seguinte: como a carteira de mercado é a agregação de todas essas carteiras de risco idênticas, ela também terá os mesmos pesos. Portanto, se todos os investidores escolherem a mesma carteira de risco, ela deve ser a carteira de *mercado*, isto é, a carteira ponderada pelo valor de todos os ativos no universo de investimentos possíveis. Assim sendo, a linha de alocação de capital baseada na carteira de risco ótima de cada investidor na verdade também será a linha do *mercado* de capitais, tal como retratado na Figura 9.1, Painel B. Essa conclusão nos permitirá falar mais a respeito do *trade-off* entre risco e retorno.

Por que todos investidores manteriam a carteira de mercado?

O que é carteira de mercado? Quando somamos ou agregamos as carteiras de todos os investidores individuais, a concessão e contratação de empréstimos se neutralizam (porque cada concessor tem um tomador correspondente) e o valor da carteira de risco agregada será igual à riqueza total da economia. Essa é a **carteira de mercado**, M. A proporção de cada ação na carteira de mercado é igual ao valor de mercado da ação (preço por ação vezes a quantidade de ações em circulação) dividido pelo valor total de mercado de todas as ações.[4] Isso implica que, se o peso das ações da GE,

---
[4] Empregamos o termo "ações" por conveniência; a carteira de mercado inclui apropriadamente todos os ativos da economia.

por exemplo, em cada carteira de risco comum, for 1%, a GE também constituirá 1% da carteira de mercado. Esse mesmo princípio se aplica à proporção de qualquer ação na carteira de risco de cada investidor. Por esse motivo, a carteira de risco ótima de todos os investidores é simplesmente uma parcela da carteira de mercado na Figura 9.1.

Suponhamos agora que a carteira ótima de nossos investidores não inclua as ações de alguma empresa – por exemplo, da Delta Airlines. Quando todos os investidores evitam as ações da Delta, a demanda é zero e o preço das ações dessa empresa sofrerá uma queda livre. À medida que as ações da Delta ficarem cada vez mais baratas, elas parecerão ainda mais atraentes, enquanto outras parecerão relativamente menos atraentes. Por fim, a Delta atinge um preço em que é suficientemente atraente para ser incluída na carteira de risco ótima.

Esse processo de ajuste de preços garante que todas as ações sejam incluídas na carteira ótima. Isso mostra que *todos* os ativos têm de ser incluídos na carteira de mercado. A única questão é o preço pelo qual os investidores estarão dispostos a incluir uma ação em sua carteira de risco ótima.

A estratégia passiva é eficiente

No Capítulo 6, definimos a CML como a CAL que é construída com base em uma conta do mercado monetário (ou letras do Tesouro) e na carteira de mercado. Talvez agora você possa compreender completamente por que a CML é uma CAL interessante. No mundo simples do CAPM, M é a carteira tangencial ótima na fronteira eficiente.

Nesse cenário, a carteira de mercado mantida por todos os investidores baseia-se na lista de entrada de dados comum e, portanto, incorpora todas as informações relevantes sobre o universo de títulos. Isso indica que os investidores podem evitar o problema da análise de títulos e obter uma carteira eficiente mantendo a carteira de mercado. (Obviamente, se todos adotassem essa estratégia, ninguém realizaria uma análise de títulos e esse resultado deixaria de ser válido. Discutiremos essa questão detalhadamente no Capítulo 11, sobre eficiência de mercado.)

Portanto, a estratégia passiva de investimento em uma carteira de índice de mercado é eficiente. Por esse motivo, às vezes chamamos esse resultado de **teorema dos fundos mútuos**. O teorema dos fundos mútuos é outra encarnação do teorema da separação discutido no Capítulo 7. Se todos os investidores escolhessem livremente manter uma carteira de risco comum idêntica à carteira de mercado, eles não objetariam se todas as ações no mercado fossem substituídas por ações de um único fundo mútuo que mantivesse a carteira de mercado.

Na realidade, diferentes gestores de investimento criam carteiras de risco que diferem do índice de mercado. Atribuímos isso, em parte, à utilização de diferentes listas de dados na formação das carteiras de risco ótimas. Entretanto, o significado prático do teorema dos fundos mútuos é que um investidor passivo pode considerar o índice de mercado uma primeira estimativa razoável de uma carteira de risco eficiente.

O quadro logo a seguir contém uma parábola que mostra o argumento a favor da indexação. Se a estratégia passiva for eficiente, as tentativas de superá-la simplesmente gerarão custos de negociação e pesquisa, mas nenhum benefício compensatório, e, em última análise, resultados inferiores.

> **REVISÃO DE CONCEITOS 9.1**
>
> Se apenas alguns investidores realizassem uma análise de títulos e todos os outros mantivessem a carteira de mercado, M, ainda assim a CML seria a CAL eficiente para os investidores que não realizam uma análise de títulos? Por que ou por que não?

O prêmio de risco da carteira de mercado

No Capítulo 6, analisamos como os investidores individuais tomam decisões sobre alocação de capital. Se todos os investidores optarem por investir na carteira de mercado M e no ativo isento de risco, o que podemos deduzir sobre o prêmio de risco de equilíbrio da carteira M?

Lembre-se de que cada investidor escolhe uma proporção y, alocada à carteira ótima M, de modo que

$$y = \frac{E(r_M) - r_f}{A\sigma_M^2} \qquad (9.1)$$

onde $E(r_M) - r_f = E(R_M)$ é o prêmio de risco (retorno em excesso esperado) na carteira de mercado.

DESTAQUE DA REALIDADE

A PARÁBOLA DOS GESTORES MONETÁRIOS

Há alguns anos, em um país chamado Indicia, a revolução provocou a derrubada do regime socialista e a restauração do sistema de propriedade privada. As empresas estatais foram privatizadas e transformadas em corporações, emitindo em seguida ações e obrigações. Esses títulos foram passados para uma agência central, que os vendia a indivíduos, fundos de pensão etc. (todos munidos de dinheiro recém-impresso).

Quase imediatamente, apareceu um grupo de gestores monetários para assessorar esses investidores. Lembrando-se das palavras de um venerado ancião, proferidas antes dessa revolução ("Invista na Indicia Corporativa"), eles convidaram os clientes a lhes dar dinheiro, com o qual eles compraram uma parcela de todos os títulos recém-emitidos. Os investidores consideraram essa ideia razoável, e em pouco tempo todos detinham parte da Indicia Corporativa.

Depois de algum tempo os gestores monetários começaram a se sentir entediados porque eles tinham pouco a fazer. Logo eles adquiriram o hábito de se reunir em um cassino de frente para o mar, onde passavam o tempo jogando roleta, dados e jogos semelhantes e fazendo apostas baixas com o próprio dinheiro.

Depois de algum tempo, o proprietário do cassino sugeriu uma nova ideia. Ele forneceria um esplêndido conjunto de salas que seria chamado de Clube dos Gestores Monetários. Nesse clube, os membros poderia fazer apostas entre si a respeito do destino de várias corporações, setores, níveis de PIB, comércio exterior etc. Para que as apostas se tornassem mais estimulantes, o dono do cassino sugeriu que os gestores utilizassem o dinheiro de seus clientes para isso.

Essa proposta foi aceita imediatamente. Dentro em pouco, os gestores monetários já estavam apostando avidamente entre si. No final de cada semana, alguns constatavam que haviam ganhado dinheiro para seus clientes, enquanto outros constatavam que haviam perdido. Mas as perdas sempre superavam os ganhos porque determinado valor era deduzido de cada aposta para cobrir os custos do elegante ambiente em que ocorriam as apostas.

Em breve um grupo de professores da Universidade de Indicia deu a entender que os investidores não estavam sendo bem atendidos pelas atividades conduzidas no Clube dos Gestores Monetários. "Por que pagar alguém para apostar com seu dinheiro? Por que não manter ter sua própria fatia da Indicia Corporativa?", perguntaram.

Esse argumento pareceu sensato para alguns investidores, e eles levantaram essa dúvida com seus gestores monetários. Alguns se renderam, anunciando que dali em diante ficariam longe do cassino e utilizariam o dinheiro de seus clientes apenas para comprar parcelas proporcionais a todas as ações e obrigações emitidas pelas corporações.

Os convertidos, que se tornaram conhecidos como gestores de fundos de Indicia, a princípio foram marginalizados por aqueles que continuaram a frequentar o Clube dos Gestores Monetários, mas no devido tempo a aceitação relutante deu lugar a uma hostilidade transparente. A onda de reforma puritana que alguns haviam previsto não se materializou e as apostas receberam aprovação legal. Muitos gestores continuaram fazendo sua peregrinação diária pelo cassino. Contudo, eles se controlavam mais, faziam apostas menores e geralmente se comportavam de uma maneira coerente com suas responsabilidades. Até mesmo os membros do Clube de Advogados perceberam que era difícil contestar a pequena quantidade de apostas que ainda continuavam sendo feitas.

E todos viveram felizes desde então, exceto o dono do cassino.

Fonte: William F. Sharpe, "The Parable of the Money Managers", *The Financial Analysts' Journal*, 32, julho/agosto de 1976, p. 4. Copyright 1976, Instituto CFA. Dados reproduzidos e republicados de *Financial Analysts' Journal* com permissão do Instituto CFA. Todos os direitos reservados.

> **REVISÃO DE CONCEITOS 9.2**
>
> Os dados das últimas oito décadas do índice S&P 500 apresenta as seguintes estatísticas: retorno em excesso médio, 7,9%; desvio-padrão, 23,2%.
> a. Na medida em que essas médias são semelhantes às expectativas do investidor relativas ao período, qual deve ter sido o coeficiente médio de aversão ao risco do investidor médio?
> b. Se o coeficiente de aversão ao risco fosse de fato 3,5, que prêmio de risco teria sido coerente com o desvio-padrão histórico do mercado?

Na economia simplificada do CAPM, os investimentos isentos de risco envolvem a contratação e concessão de empréstimos entre os investidores. Qualquer posição de contratação de empréstimo deve ser compensada por uma posição de concessão do credor. Isso significa que o líquido de empréstimos concedidos e tomados entre todos os investidores deve ser zero e, portanto, substituindo $\overline{A}$ pela aversão ao risco do investidor representativo, A, a posição média na carteira de risco será 100% ou $\bar{y} = 1$. Definindo $\bar{y} = 1$ na Equação 9.1 e reajustando, constatamos que o prêmio de risco da carteira de mercado está relacionado com sua variância de acordo com o grau médio de aversão ao risco:

$$E(R_M) = \overline{A}\sigma_M^2 \qquad (9.2)$$

Retornos esperados sobre títulos individuais

O CAPM baseia-se na percepção de que o prêmio de risco apropriado sobre um ativo será determinado por sua contribuição para o risco das carteiras gerais dos investidores. O risco de carteira é o que importa para os investidores, e é esse risco que determina os prêmios de risco que eles exigem.

Lembre-se de que, no CAPM, todos os investidores utilizam a mesma lista de entrada de dados, isto é, as mesmas estimativas de retornos esperados, variâncias e covariâncias. Para calcular a variância da carteira de mercado, utilizamos a matriz de covariância fronteiriça com os pesos da carteira de mercado, como discutido no Capítulo 7. Realçamos a GE nessa representação das n ações da carteira de mercado para que assim possamos avaliar a contribuição da GE para o risco dessa carteira.

Lembre-se de que calculamos a variância da carteira somando todos os elementos da matriz de covariância. Primeiro, multiplicamos cada elemento pelos pesos da carteira na linha e na coluna. Portanto, a contribuição de uma ação para a covariância da carteira pode ser expressa como a soma de todos os termos de covariância na coluna correspondente à ação, onde cada covariância é primeiro multiplicada tanto pelo peso da ação na linha quanto pelo peso na coluna.[5]

Pesos da carteira	w_1	w_2	...	w_{GE}	...	w_n
w_1	$Cov(R_1, R_1)$	$Cov(R_1, R_2)$	...	$Cov(R_1, R_{GE})$	...	$Cov(R_1, R_n)$
w_2	$Cov(R_2, R_1)$	$Cov(R_2, R_2)$	...	$Cov(R_2, R_{GE})$	...	$Cov(R_2, R_n)$
$\vdots$	$\vdots$	$\vdots$		$\vdots$		$\vdots$
w_{GE}	$Cov(R_{GE}, R_1)$	$Cov(R_{GE}, R_2)$	...	$Cov(R_{GE}, R_{GE})$	...	$Cov(R_{GE}, R_n)$
$\vdots$	$\vdots$	$\vdots$		$\vdots$		$\vdots$
w_n	$Cov(R_n, R_1)$	$Cov(R_n, R_2)$	...	$Cov(R_n, R_{GE})$	...	$Cov(R_n, R_n)$

Portanto, a contribuição das ações da GE para a variância da carteira de mercado é

$$w_{GE}[w_1 Cov(R_1, R_{GE}) + w_2 Cov(R_2, R_{GE}) + \ldots + w_{GE} Cov(R_{GE}, R_{GE}) + \ldots + w_n Cov(R_n, R_{GE})] \quad (9.3)$$

Observe que cada termo entre colchetes pode ser levemente reorganizado da seguinte maneira: $w_i Cov(R_i, R_{GE}) = Cov(w_i R_i, R_{GE})$. Além disso, como a covariância é aditiva, a soma dos termos entre colchetes é

$$\sum_{i=1}^{n} w_i Cov(R_i, R_{GE}) = \sum_{i=1}^{n} Cov(w_i R_i, R_{GE}) = Cov\left(\sum_{i=1}^{n} w_i R_i, R_{GE}\right) \quad (9.4)$$

Mas como $\sum_{i=1}^{n} w_i R_i = R_M$, a Equação 9.4 implica que

$$\sum_{i=1}^{n} w_i Cov(R_i, R_{GE}) = Cov(R_M, R_{GE})$$

e, portanto, a contribuição da GE para a variância da carteira de mercado (Equação 9.3) pode ser expressa de uma maneira simples como $w_{GE} Cov(R_M, R_{GE})$.

Isso é compreensível. Por exemplo, se a covariância entre a GE e o restante do mercado for negativa, a GE "contribui negativamente" para o risco de carteira: por oferecer retornos em excesso que se movem inversamente em relação ao restante do mercado, a GE estabiliza o retorno sobre a carteira geral. Se a covariância for positiva, a GE contribui positivamente para o risco da carteira geral porque seus retornos reforçam as oscilações no restante da carteira.[6]

Observamos também que a contribuição da GE para o prêmio de risco da carteira de mercado é $w_{GE} E(R_{GE})$. Portanto, o índice de recompensa/risco dos investimentos na GE pode ser expresso como

$$\frac{\text{Contribuição da GE para o prêmio de risco}}{\text{Contribuição da GE para a variância}} = \frac{w_{GE} E(R_{GE})}{w_{GE} Cov(R_{GE}, R_M)} = \frac{E(R_{GE})}{Cov(R_{GE}, R_M)}$$

---

[5] Uma abordagem alternativa seria avaliar a contribuição da GE para a variância do mercado como a soma dos elementos na linha e na coluna correspondente à GE. Nesse caso, a contribuição da GE seria duas vezes a soma da Equação 9.3. A abordagem que utilizamos no texto distribui convenientemente a contribuição de cada título para o risco de carteira porque a soma das contribuições de cada ação é igual à variância total da carteira, ao passo que a medida alternativa de contribuição seria duas vezes a variância da carteira. Isso resulta de uma espécie de contagem dupla porque a soma tanto das linhas quanto das colunas de cada ação faria com que cada entrada na matriz fosse acrescentada duas vezes.

[6] Uma contribuição positiva para a variância não implica que a diversificação é benéfica. A exclusão da GE da carteira exigiria que seu peso fosse atribuído às ações remanescentes e essa alocação aumentaria ainda mais a variância. A variância é reduzida por meio da inclusão de mais ações e da diminuição do peso de todas (isto é, diversificação), não obstante o fato de cada título com variância positiva contribuir de alguma forma para a variância.

A carteira de mercado é a carteira tangencial (média-variância eficiente). O índice de recompensa/risco do investimento na carteira de mercado é

$$\frac{\text{Prêmio de risco do mercado}}{\text{Variância do mercado}} = \frac{E(R_M)}{\sigma_M^2} \qquad (9.5)$$

O índice na Equação 9.5 com frequência é chamado de **preço de risco do mercado** porque ele quantifica o retorno extra que os investidores exigem para arcar com o risco da carteira. Observe que, para os *componentes* da carteira eficiente, como as ações da GE, medimos o risco como *contribuição* para a variância da carteira (que depende de sua *covariância* com o mercado). Em contraposição, para a carteira eficiente em si, a variância é a medida de risco apropriada.[7]

Um princípio básico de equilíbrio é que todos os investimentos devem oferecer o mesmo índice de recompensa/risco. Se o índice fosse melhor para um investimento do que para outro, os investidores reajustariam suas carteiras, tendendo para a alternativa com o melhor *trade-off* e afastando-se do outro investimento. Essa atividade transmitiria uma pressão sobre os preços dos títulos até o momento em os índices fossem equalizados. Portanto, concluímos que os índices de recompensa/risco da GE e da carteira de mercado devem ser iguais:

$$\frac{E(R_{GE})}{\text{Cov}(R_{GE}, R_M)} = \frac{E(R_M)}{\sigma_M^2} \qquad (9.6)$$

Para determinar o prêmio de risco justo das ações da GE, reorganizamos levemente a Equação 9.6 para obter

$$E(R_{GE}) = \frac{\text{Cov}(R_{GE}, R_M)}{\sigma_M^2} E(R_M) \qquad (9.7)$$

Desse modo, o índice $\text{Cov}(R_{GE}, R_M)/\sigma_M^2$ mede a contribuição das ações da GE para a variância da carteira de mercado como fração da variância total dessa carteira. Esse índice é chamado de **beta** e é indicado por β. Utilizando essa medida, podemos reformular a Equação 9.7 como

$$E(r_{GE}) = r_f + \beta_{GE}[E(r_M) - r_f] \qquad (9.8)$$

Essa **relação entre retorno esperado** (ou **média**)-**beta** é a expressão mais familiar dos adeptos do CAPM.

Se a relação entre retorno esperado-beta é válida para qualquer ativo individual, também deve valer para qualquer combinação de ativos. Suponhamos que a carteira P tenha peso w_k para a ação k, onde k assume os valores $1, \ldots, n$. Expressando a Equação 9.8 do CAPM para cada ação e multiplicando cada equação pelo peso da ação na carteira, obtemos estas equações, uma para cada ação:

$$\begin{aligned}
w_1 E(r_1) &= w_1 r_f + w_1 \beta_1 [E(r_M) - r_f] \\
+ w_2 E(r_2) &= w_2 r_f + w_2 \beta_2 [E(r_M) - r_f] \\
+ \ldots &= \ldots \\
+ w_n E(r_n) &= w_n r_f + w_n \beta_n [E(r_M) - r_f] \\
\hline
E(r_P) &= r_f + \beta_P [E(r_M) - r_f]
\end{aligned}$$

A soma de cada coluna mostra que o CAPM se aplica à carteira geral porque $E(r_P) = \sum_k w_k E(r_k)$ é o retorno esperado e $\beta_P = \sum_k w_k \beta_k$ é o beta da carteira. Consequentemente, esse resultado deve ser verdadeiro para a própria carteira de mercado,

$$E(r_M) = r_f + \beta_M [E(r_M) - r_f]$$

---

[7] Infelizmente, o índice de Sharpe da carteira de mercado

$$\frac{E(r_M) - r_f}{\sigma_M}$$

algumas vezes é chamado de preço de risco do mercado, mas ele não é. A unidade de risco é a variância e o preço de risco relaciona o prêmio de risco com a variância (ou com a covariância para o risco incremental).

Aliás, trata-se de uma tautologia porque $\beta_M = 1$, como podemos comprovar observando que

$$\beta_M = \frac{\text{Cov}(R_M, R_M)}{\sigma_M^2} = \frac{\sigma_M^2}{\sigma_M^2}$$

Além disso, isso estabelece 1 como valor médio ponderado do beta entre todos os ativos. Se o beta do mercado for 1 e a carteira de mercado englobar todos os ativos na economia, o beta médio ponderado de todos os ativos deverá ser 1. Por isso, os betas superiores a 1 são considerados agressivos porque o investimento em ações com beta alto envolvem uma sensibilidade acima da média a oscilações do mercado. Os betas abaixo de 1 podem ser descritos como defensivos.

Atenção: Muitas vezes ouvimos que as empresas bem gerenciadas oferecem altas taxas de retorno. Concordamos com isso quando medimos o retorno da *empresa* sobre investimentos em fábrica e equipamentos. Entretanto, o CAPM prevê retornos sobre os investimentos nos *títulos* da empresa.

Digamos que todos saibam que uma empresa é bem administrada. Desse modo, o preço de suas ações deve subir e, consequentemente, os retornos para os acionistas que compram por um preço alto não serão excessivos. Em outras palavras, o preço dos títulos é um reflexo das informações públicas sobre as perspectivas da empresa; portanto, somente o risco da empresa (medido pelo beta no contexto do CAPM) deve afetar os retornos esperados. Em um mercado de bom funcionamento, os investidores obterão retornos esperados altos apenas se estiverem dispostos a arcar com o risco sistemático.

Os investidores não observam nem determinam diretamente os retornos esperados sobre os títulos. Em vez disso, eles observar o preço dos títulos e elevam ou abaixam esse preço. As taxas de retorno esperadas são determinadas pelos preços que os investidores devem pagar em comparação com os fluxos de caixa que esses investimentos podem obter.

> **REVISÃO DE CONCEITOS 9.3**
>
> Suponhamos que a previsão do prêmio de risco da carteira de mercado seja 8%, com um desvio-padrão de 22%. Qual o prêmio de risco de uma carteira com 25% de investimento na Toyota, com beta de 1,10, e 75% na Ford, com beta de 1,25?

Linha do mercado de títulos

Podemos ver a relação entre retorno esperado–beta como uma equação de recompensa–risco. O beta de um título é a medida apropriada de seu risco porque é proporcional ao risco que o título oferece à carteira de risco ótima.

Os investidores avessos ao risco avaliam o risco da carteira de risco ótima com base em sua variância. Por isso, somos levados a supor que o prêmio de risco de ativos individuais depende da *contribuição* do ativo para o risco da carteira. Como o beta de uma ação mede a contribuição dessa ação para a variância da carteira de mercado, espera-se que o prêmio de risco seja uma função do beta. O CAPM confirma essa ideia, postulando adicionalmente que o prêmio de risco do título é diretamente proporcional tanto ao beta quanto ao prêmio de risco da carteira de mercado; ou seja, o prêmio de risco é igual a $\beta[E(r_M) - r_f]$.

A relação entre média-beta pode ser representada graficamente como a **linha do mercado de títulos** (*secutiry market line* – **SML**) na Figura 9.2. Como o beta do mercado é 1, sua inclinação é o prêmio de risco da carteira de mercado. No ponto do eixo horizontal em que $\beta = 1$, podemos avaliar o retorno esperado sobre a carteira de mercado no eixo vertical.

É favorável comparar a linha do mercado de títulos com a linha do mercado de capitais. A CML representa graficamente os prêmios de risco de carteiras eficientes (isto é, compostas pela carteira de mercado e pelo ativo isento de risco) como função do desvio-padrão da carteira. Isso é adequado porque o desvio-padrão é uma medida válida de risco para carteiras de maneira eficiente diversificadas que são candidatas à carteira completa de um investidor. Em contraposição, a SML representa os prêmios de risco do *ativo individual* como função do risco do ativo. A medida de risco relevante para ativos individuais mantidos como parte de uma carteira bem diversificada não é o desvio-padrão do ativo nem a variância, mas a contribuição do ativo para a variância da carteira, que medimos pelo beta do ativo. A SML é válida para carteiras eficientes e ativos individuais.

Ela oferece uma referência para a avaliação do desempenho do investimento. Em vista do risco de um investimento, com base em seu beta, a SML oferece a taxa de retorno necessária para compensar os investidores pelo risco desse investimento e também pelo valor do dinheiro no tempo.

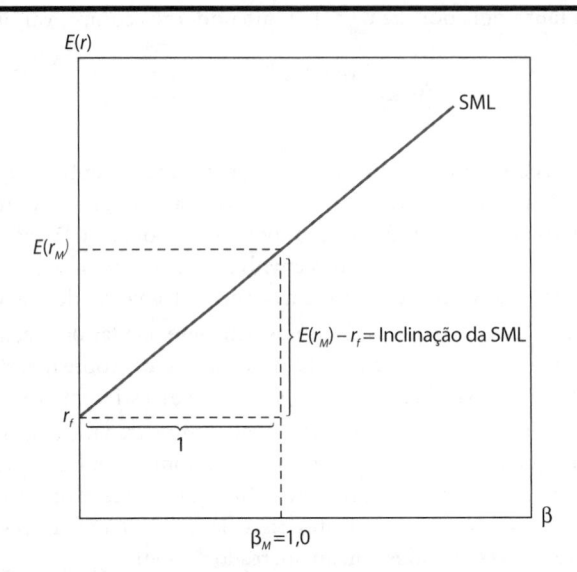

FIGURA 9.2
A linha do mercado de títulos

Como a linha de mercado de títulos é a representação gráfica da relação entre retorno esperado-beta, os ativos com "preço justo" encontram-se exatamente nessa linha; ou seja, seus retornos esperados são proporcionais ao respectivo risco. Todos os títulos devem estar em equilíbrio na SML. Vemos aqui que o CAPM pode ser utilizado no setor de gestão monetária. Suponhamos que a relação da SML seja utilizada como referência para avaliar o retorno esperado justo de um ativo de risco. Desse modo, realiza-se uma análise de títulos para calcular o retorno de fato esperado. Observe que, nesse caso, nos afastamos do mundo simples do CAPM, visto que agora alguns investidores aplicam sua própria análise para gerar uma "lista de dados" que pode ser diferente da lista de seus concorrentes. Se uma ação for considerada uma boa compra ou subvalorizada, ela oferecerá um retorno esperado superior ao retorno justo estipulado pela SML. Portanto, as ações subvalorizadas ficam acima da SML: em vista do beta, os retornos esperados são superiores aos indicados pelo CAPM. As ações com preço acima do normal ficam abaixo da SML.

A diferença entre as taxas de retorno justas e reais esperadas sobre uma ação é chamada de **alfa** da ação, indicada por α. Por exemplo, se a previsão de retorno do mercado for 14%, uma ação tiver um beta de 1,2 e a taxa das letras do Tesouro for 6%, a SML poderia prever um retorno esperado da ação de 6 + 1,2(14 − 6) = 15,6%. Se acreditássemos que, em vez disso, a ação poderia oferecer um retorno de 17%, seu alfa implícito seria 1,4% (consulte a Figura 9.3).

Poder-se-ia dizer que a análise de títulos (que examinamos na Parte Cinco) consiste na revelação de títulos com alfa não zero. Essa análise indica que o ponto de partida da gestão de carteiras pode ser uma carteira de índice de mercado passiva. Desse modo, o gestor de carteira aumentará os pesos dos títulos com alfa positivo e diminuirá os pesos dos títulos com alfa negativo. Mostramos a estratégia para ajustar os pesos da carteira dessa maneira no Capítulo 8.

O CAPM também é útil em decisões sobre orçamento de capital. Para uma empresa que esteja pensando em um novo projeto, o CAPM pode oferecer uma *taxa de retorno exigida*, isto é, a taxa que o projeto precisa oferecer, com base em seu beta, para ser aceitável para os investidores. Os gestores podem utilizar o CAPM para obter essa taxa interna de retorno (*internal rate of return* – IRR) de corte ou "de retorno mínimo" do projeto.

O quadro logo a seguir analisa como o CAPM pode ser utilizado em orçamento de capital. Além disso, ele examina algumas anomalias empíricas relacionadas ao modelo, que abordamos detalhadamente nos Capítulos 11 a 13.

REVISÃO DE CONCEITOS 9.4 E 9.5

As ações da empresa XYZ têm um retorno esperado de 12% e risco de β = 1. As ações da empresa XYZ têm um retorno esperado de 13% e β = 1,5. O retorno esperado do mercado é 11% e r_f = 5%.
a. De acordo com o CAPM, qual seria a melhor compra?
b. Qual o alfa de cada ação? Represente graficamente a SML e cada ponto de risco–retorno da ação no gráfico. Mostre os alfas graficamente.

A taxa isenta de risco é 8% e o retorno esperado sobre a carteira de mercado é 16%. Uma empresa está pensando em um projeto com um beta estimado de 1,3.
a. Qual a taxa de retorno exigida sobre o projeto?
b. Se a IRR esperada do projeto for 19%, ele deve ser aceito?

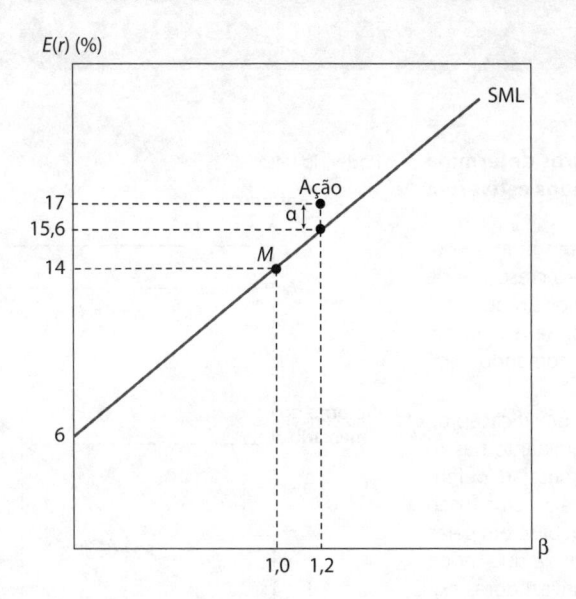

FIGURA 9.3
A SML e uma ação com alfa positivo

EXEMPLO 9.1 || Utilizando o CAPM

O CAPM também é aplicado na fixação das taxas de serviços de utilidade pública regulamentados.[8] Nesse caso, a questão é a taxa de retorno que um serviço de utilidade pública regulamentado pode obter sobre seu investimento em fábricas e equipamentos. Suponhamos que os acionistas investiram US$ 100 milhões na empresa e que o beta da ação é 0,6. Se a taxa das letras do Tesouro for 6% e o prêmio de risco do mercado for 8%, então um lucro razoável para a empresa será avaliado como 6 + 0,6 × 8 = 10,8% de US$ 100 milhões ou US$ 10,8 milhões. A empresa teria permissão para definir preços em um nível em que se espera que esses lucros serão gerados.

O CAPM e o mercado de índice único

As principais deduções do CAPM podem ser resumidas por estas duas afirmações:

1. A carteira de mercado é eficiente.
2. O prêmio de risco de um ativo de risco é proporcional ao seu beta.

Embora essas duas afirmações com frequência sejam consideradas complementares, na verdade elas são substitutas porque uma pode ser deduzida da outra (uma será verdadeira se e somente se a outra também for verdadeira). Havíamos nos concentrado em uma direção, partindo da eficiência da carteira de mercado para a equação de média-beta. Agora partimos da relação entre retorno médio–beta para a eficiência da carteira de mercado utilizando a estrutura de mercado de modelo de índice que analisamos no Capítulo 8.

A dedução do CAPM é ainda mais intuitiva quando partimos de um mercado de índice único. Em vez de começar com os investidores que utilizam o algoritmo de Markowitz para listas de dados idênticas, pressupomos que todos eles enfrentam um mercado em que os retornos em excesso das ações, R_i, são distribuídos normalmente e determinados por único fator sistemático. Considera-se que o efeito do fator macro é detectado pelo retorno sobre uma carteira ampla de índice de ações ponderada pelo valor, M.

O retorno em excesso de qualquer ação é descrito pela Equação 8.11 e novamente expresso aqui.

$$R_i = \alpha_i + \beta_i R_M + e_i \quad (9.9)$$

---

[8] Essa aplicação está se tornando menos comum porque vários estados estão desregulamentando seus serviços de utilidade pública e permitindo um grau bem maior de livre precificação de mercado. No entanto, muitas taxas ainda continuam sendo estabelecidas.

DESTAQUE DA REALIDADE

O OUTRO LADO DA HISTÓRIA

A avaliação de risco dos mercados financeiros determina como as empresas investem. E se os mercados estiverem errados?

Raramente os investidores são elogiados por seu bom senso. Contudo, nas duas últimas décadas, um número crescente de empresas tem baseado suas decisões em um modelo que presume que as pessoas são totalmente racionais. Se elas forem irracionais, isso significa que as empresas estão tomando decisões erradas?

Esse modelo, conhecido como "modelo de precificação de ativos financeiros" ou CAPM, tornou-se predominante nas finanças modernas. Quase todos os gestores que desejam defender um projeto – seja ele uma marca, uma fábrica ou uma fusão corporativa – precisam justificar sua decisão com base em parte no CAPM. O motivo é que esse modelo mostra de que modo uma empresa deve calcular o retorno que seus investidores exigem. Para que os acionistas obtenham algum benefício, os retornos de qualquer projeto devem evidenciar essa "taxa de retorno mínimo".

Embora o CAPM seja complicado, ele pode ser reduzido a cinco ideias simples:

1. Os investidores podem eliminar alguns riscos – como o risco de que os trabalhadores façam greves ou de que o diretor da empresa peça demissão – diversificando entre regiões e setores.
2. Alguns riscos, como o de recessão global, não podem ser eliminados por meio da diversificação. Portanto, mesmo uma cesta com todas as ações em um mercado acionário será arriscada.
3. As pessoas devem ser recompensadas por investir em uma cesta de risco obtendo retornos acima daqueles que elas podem obter com ativos mais seguros, como letras do Tesouro.
4. As recompensas em um investimento específico dependem apenas do grau com que ele afeta o risco da cesta de mercado.
5. Convenientemente, essa contribuição para o risco da cesta de mercado pode ser identificada por uma única medida – chamada de "beta" –, que expressa a relação entre o risco do investimento e o risco do mercado.

Poder do beta

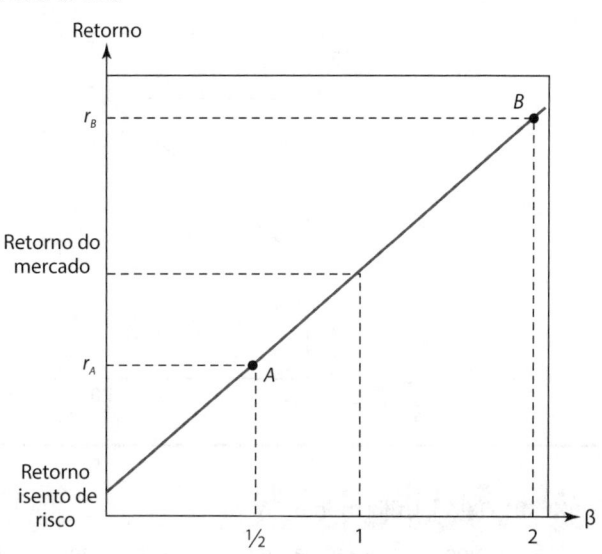

O beta é que torna o CAPM tão eficaz. Embora um investimento possa enfrentar vários riscos, os investidores diversificados devem se preocupar somente com aqueles que estão relacionados com a cesta de mercado. O beta não apenas indica aos gestores de que modo devem avaliar esses riscos, mas também lhes permite traduzi-los diretamente em uma taxa de retorno mínimo. Diante da previsão de que os lucros futuros de um projeto não excederão essa taxa, conclui-se que ele não merece o dinheiro dos acionistas.

O diagrama acima mostra como o CAPM funciona. Os investimentos seguro, como as letras do Tesouro, têm beta zero. Os investimentos mais arriscados obtêm um prêmio acima da taxa isenta de risco, que aumenta com o beta. Aqueles cujo risco corresponde aproximadamente ao risco do mercado têm beta 1, por definição, e devem obter o retorno de mercado.

Portanto, suponha que uma empresa esteja pensando em dois projetos, A e B. O projeto A tem beta de 0,5: quando o mercado tem uma alta ou queda de 10%, seus retornos tendem a aumentar ou diminuir em 5%. Desse modo, seu prêmio

---

O resíduo de média zero específico a cada empresa, e_i, não tem correlação entre as ações e não está correlacionado com o fator de mercado, R_M. Os resíduos representam um risco diversificável, não sistemático ou único. Portanto, o risco total de uma ação é simplesmente a soma da variância do componente sistemático, $\beta_i R_M$, e a variância de e_i. Em resumo, o prêmio de risco (retorno em excesso médio) e a variância são:

$$E(R_i) = \alpha_i + \beta_i E(R_M)$$
$$\sigma_i^2 = \beta_i^2 \sigma_M^2 + \sigma^2(e_i) \tag{9.10}$$

O retorno de uma carteira, Q, construída de N ações (ordenadas segundo $k = 1, ..., N$) com um conjunto de pesos, w_k, deve satisfazer a Equação 9.11, que estabelece que o alfa, beta e resíduo da carteira será a média ponderada dos respectivos parâmetros dos títulos correspondentes.

DESTAQUE DA REALIDADE

de risco é apenas metade daquele do mercado. O prêmio de risco do projeto B é duas vezes o do mercado e, portanto, deve obter um retorno superior para justificar o gasto.

NUNCA INTENCIONALMENTE ABAIXO DO PREÇO

Mas existe um pequeno problema com o CAPM: os economistas financeiros constataram que o beta não tem muita utilidade para explicar as taxas de retorno das ações de uma empresa. Pior, parece que existe outra medida que explica muito bem esses retornos.

Essa medida é o índice de valor contábil da empresa (o valor de seus ativos no momento em que eles entram no patrimonial) e seu valor de mercado. Vários estudos constataram que, em média, as empresas têm um alto índice de valor contábil/valor de mercado no decorrer de longos períodos, mesmo depois de se ajustarem aos riscos associados ao beta.

A descoberta do efeito do valor contábil/valor de mercado desencadeou um acirrado debate entre os economistas financeiros. Todos eles concordam que alguns riscos devem ter recompensas maiores. Mas atualmente eles estão profundamente divididos com relação a como o risco deve ser avaliado. Alguns concordam que, desde que os investidores sejam racionais, o efeito do valor contábil/valor de mercado deve identificar um fator de risco extra. Desse modo, eles concluem que os gestores devem incorporar o efeito do valor contábil/valor de mercado em suas taxas de retorno mínimo. Eles chamaram essa taxa alternativa de retorno mínimo de "novo estimador de retorno esperado" (*new estimator of expected return* – NEER).

Entretanto, outros economistas questionam essa abordagem. Como não existe nenhum risco extra óbvio associado com o índice de valor contábil/valor de mercado, dizem eles, os investidores devem estar equivocados. Em poucas palavras, eles estão subvalorizando as ações com alto índice de valor contábil/valor de mercado e fazendo com que elas obtenham retornos anormalmente altos. Se os gestores dessas empresas tentarem superar essas taxas de retorno mínimo infladas, eles renunciarão a vários investimentos lucrativos. Como atualmente os economistas estão em desacordo, o que um gestor consciencioso deve fazer?

Jeremy Stein, economista da escola de negócios do Instituto de Tecnologia de Massachusetts, oferece uma resposta paradoxal.* Se os investidores forem racionais, o beta não pode ser a única medida de risco e os gestores devem parar de utilizá-lo. Em contraposição, se os investidores forem irracionais, o beta ainda é a medida certa em vários casos. Stein defende que, se o beta identificar o risco fundamental do ativo – isto é, sua contribuição para o risco da cesta de mercado –, com frequência fará sentido os gestores prestarem atenção a ele, mesmo que os investidores de certa forma não estejam.

Com frequência, mas não sempre. No cerne do argumento de Stein encontra-se um distinção essencial – entre (*a*) incrementar o valor de longo prazo de uma empresa e (*b*) tentar elevar o preço de suas ações. Se os investidores forem racionais, esses dois fatores são a mesma coisa: qualquer decisão que eleve o valor de longo prazo também aumentará instantaneamente o preço das ações. Porém, se os investidores estiverem cometendo erros previsíveis, o gestor precisará escolher.

Por exemplo, se ele desejar aumentar o preço das ações hoje – talvez pelo fato de querer vender suas ações ou impedir uma tentativa de tomada de controle acionário –, normalmente ele deve se manter fiel ao NEER, conciliando os erros de percepção dos investidores. Contudo, se ele estiver interessado no valor de longo prazo, em geral deve continuar a utilizar o beta. Evidenciando certo faro para o marketing, Stein chama essa alternativa presciente para o NEER de "risco fundamental do ativo" (*fundamental asset risk* – FAR).

As conclusões de Stein sem dúvida irritarão muitos empresários, que gostam muito de censurar a miopia dos investidores. Eles se ressentiram da forma como o CAPM – e sua pressuposição de infalibilidade do investidor – passou a desempenhar um papel fundamental no processo de decisão da diretoria. Mas agora parece que, se eles estiverem corretos, e seus investidores estiverem errados, esses mesmos gestores com visão de longo alcance provavelmente se tornarão os maiores fãs do CAPM.

*Jeremy Stein, "Rational Capital Budgeting in an Irrational World", *The Journal of Business*, outubro de 1996.

Fonte: "Tales from the FAR Side," *The Economist Group*, Inc.®, 16 de novembro de 1996, p. 8.The Economist Newspaper Limited, Londres.

$$R_Q = \sum_{k=1}^{N} w_k \alpha_k + \sum_{k=1}^{N} w_k \beta_k R_M + \sum_{k=1}^{N} w_k e_k = \alpha_Q + \beta_Q R_M + e_Q \quad (9.11)$$

Os investidores têm duas considerações ao construir uma carteira: primeiro, eles podem diversificar o risco não sistemático. Como os resíduos não estão correlacionados, o risco residual, $\sigma^2(e_Q)$ = $\sum_{k=1}^{N} w_k^2 \sigma^2(e_k)$, torna-se ainda menor à medida que a diversificação diminui os pesos da carteira. Segundo, escolhendo ações com alfa positivo ou assumindo posições a descoberto em ações com alfa negativo, o prêmio de risco de Q pode ser aumentado.[9]

---

[9] A parte sistemática da carteira não tem relevância nessa tentativa porque, se desejado, o beta de Q pode ser aumentado por alavancagem (contrair um empréstimo e investir em M) ou diminuído com a inclusão em Q de uma posição a descoberto em M. Os rendimentos provenientes da posição a descoberto em M podem ser investidos no ativo isento de risco, deixando inalterados o alfa e o risco não sistemático.

Em consequência desses fatores, os investidores perseguirão incessantemente ações com alfa positivo e evitarão (ou comprarão a descoberto) ações com alfa negativo. Consequentemente, os preços das ações com alfa positivo subirão e os preços das ações com alfa negativo cairão. Isso continuará até que todos os valores de alfa cheguem a zero. A essa altura, os investidores ficarão contentes em minimizar o risco eliminando completamente o risco único, isto é, mantendo a carteira de mercado mais ampla possível. Quando todas as ações têm alfa zero, a carteira de mercado é a carteira de risco ótima.[10]

9.2 Suposições e ampliações do CAPM

Agora que compreendemos as percepções básicas do CAPM, podemos identificar mais explicitamente o conjunto de suposições simplificadoras nas quais ele se baseia. Um modelo consiste em (i) um conjunto de suposições, (ii) do desenvolvimento lógico/matemático do modelo por meio do processamento dessas suposições e (iii) um conjunto de previsões. Supondo que o processamento lógico/matemático não tenha erros, podemos testar um modelo de duas formas, *normativa* e *positiva*. Os testes normativos examinam as suposições do modelo, enquanto os testes positivos examinam as previsões.

Se as suposições de um modelo forem válidas e o desenvolvimento não contiver erros, as previsões desse modelo devem ser verdadeiras. Nesse caso, testar as suposições significa testar o modelo. Contudo, poucos modelos, quando muito, passam no teste normativo. Na maioria dos casos, do mesmo modo que com o CAPM, as suposições são admitidamente inválidas – reconhecemos que temos uma realidade simplificada, e portanto até certo ponto estamos nos fiando em suposições "incorretas". O motivo para invocar suposições não realistas é claro; simplesmente não conseguimos solucionar um modelo perfeitamente coerente com toda a complexidade dos mercados reais. Como ressaltamos, a necessidade de utilizar suposições simplificadoras não é peculiar à economia – ela caracteriza toda a ciência.

As suposições são escolhidas primeiro e acima de tudo para que o modelo torne-se solucionável. Mas preferimos suposições para as quais o modelo seja "robusto". Um modelo é considerado robusto com respeito a uma suposição se suas previsões não forem muito sensíveis à violação dessa suposição. Se utilizarmos apenas suposições para as quais o modelo é robusto, as previsões do modelo serão razoavelmente precisas, não obstante suas deficiências. A conclusão de tudo isso é que os testes dos modelos são quase sempre positivos – avaliamos um modelo com base no sucesso de suas previsões empíricas. Esse padrão permite que a estatística seja utilizada em qualquer ciência e exige que tomemos uma posição sobre quais são os níveis aceitáveis de significância e poder.[11] Como o não realismo das suposições impossibilita um teste normativo, o teste positivo na verdade é um teste de robustez do modelo em relação às suas suposições.

Suposições do CAPM

A Tabela 9.1 enumera a lista de suposições subjacentes ao CAPM. Em nossa análise até o momento, citamos explicitamente apenas estas três suposições:

---

[10] Lembre-se de que no Capítulo 8 o peso de uma ação em uma carteira ativa será zero se seu alfa for zero (consulte a Equação 8.20); portanto, se todos os alfas forem zero, a carteira de mercado passiva será a carteira de risco ótima.

[11] Para mostrar o sentido de significância e poder, considere o teste de eficácia de um novo medicamento. A agência que testa o medicamento pode cometer dois possíveis erros. O medicamento pode ser ineficaz (ou até nocivo), mas agência pode concluir que ele é eficaz. Isso é chamado de erro "Tipo I". O *nível de significância* de um teste é a probabilidade de um erro Tipo I. Uma prática comum é ajustar o nível de significância em algum nível baixo – por exemplo, 5%. No caso do teste de um medicamento, por exemplo, o primeiro objetivo é evitar a introdução de tratamentos ineficazes ou nocivos. O segundo erro possível é que o medicamento é de fato eficaz, mas o procedimento de teste conclui que não. Esse equívoco, chamado de erro "Tipo II", poderia nos levar a descartar um tratamento eficaz. O *poder* do teste é a probabilidade de evitar o erro Tipo II (isto é, um menos a probabilidade de cometer esse erro); ou seja, a probabilidade de aceitar o medicamento se ele for de fato eficaz. Desejamos testes que, em um nível de significância específico, tenha o maior poder, para que assim possamos aceitar medicamentos eficazes com alta probabilidade. Principalmente em ciências sociais, os testes disponíveis com frequência têm baixo poder, caso em que eles são suscetíveis ao erro Tipo II e podem rejeitar um modelo correto (um "medicamento eficaz") com alta frequência. "O medicamento é eficaz" é análogo no CAPM a um alfa zero. Quando os dados de teste rejeitam a hipótese de que os alfas observados são zero no nível de significância desejado, o CAPM é reprovado. Entretanto, se o teste tiver baixo poder, a probabilidade de aceitarmos o modelo quando ele não é verdadeiro é muito alta.

1.a. Os investidores são otimizadores racionais da média-variância.

1.c. Os investidores utilizam listas de entrada de dados idênticas, chamadas de **expectativas homogêneas**.

2.a. Todos os ativos são negociados publicamente (as posições a descoberto são permitidas) e os investidores podem contrair e conceder empréstimo por uma taxa isenta de risco comum.

A primeira suposição tem amplo alcance. Sua parte "visível" significa que os investidores não estão preocupados com momentos superiores (inclinação e curtose) que podem "engrossar" a cauda esquerda da distribuição de retorno. Podemos averiguar a validade dessa suposição com base em testes estatísticos sobre a normalidade das distribuições de retorno, tal como fizemos no Capítulo 5.

Menos visível significa que, pressupondo que apenas a média e a variância da riqueza sejam importantes para os investidores, a suposição 1(a) elimina a preocupação com a correlação dos retornos do ativo com a inflação ou os preços de itens de consumo importantes, como habitação e energia. A demanda extra por ativos que podem ser utilizados para proteger esses riscos "extramercado" aumentaria o respectivo preço e diminuiria os prêmios de risco em relação à previsão do CAPM.

Fatores de risco extramercado semelhantes poderiam surgir em um modelo de vários períodos, o que exige o acréscimo da suposição 1(b) para restringir os investidores a um horizonte de período único comum. Considere um possível declínio nas taxas de juros futuras. Os investidores ficariam descontentes com esse acontecimento porque isso diminuiria a renda esperada que seus investimentos poderiam gerar no futuro. Os ativos justos retornos estão negativamente correlacionados com as taxas de juros (por exemplo obrigações de longo prazo) ofereceriam proteção contra esse risco e, portanto, mereceriam preços mais altos e prêmios de risco mais baixos. Em virtude dessas demandas de *hedging*, a correlação com qualquer parâmetro que descreva futuras oportunidades de investimento pode resultar na violação da equação média-beta do CAPM (e, portanto, da eficiência da carteira de mercado). O horizonte do investidor de período único elimina essas possibilidades.

Curiosamente, a suposição 1(c) (os investidores otimizam por meio da mesma lista de dados), parece fatidicamente restritiva, mas na verdade não é tão problemática assim. Com o acréscimo da suposição 2(b) (todas as informações são públicas), os investidores geralmente estarão prestes a um acordo. Além disso, as negociações dos investidores que deduzem diferentes listas de dados se contrabalançaram e os preços refletirão expectativas consensuais. Posteriormente levaremos em conta a probabilidade de alguns investidores despenderem recursos para obter informações confidenciais e explorarem preços que não reflitem as constatações deduzidas dessas informações. Contudo, independentemente do sucesso desses investidores, é razoável afirmar que, na ausência de informações confidenciais, é provável que os investidores presumam que o valor de alfa é zero.

A suposição de que todos os ativos são negociáveis (2a) é essencial para listas de dados idênticas. Ela nos permite ignorar ativos e passivos federais e estaduais. Mais importante, os ativos de capital privado não negociados, como capital humano e empresas de capital fechado, podem criar grandes diferenças na carteira dos investidores. Pense nos proprietários de uma empresa familiar. A prudência impõe que eles evitem ativos que estejam muito correlacionados com seus negócios.

TABELA 9.1 Suposições do CAPM

1.	Comportamento individual
	a. Os investidores são otimizadores racionais da média-variância.
	b. Seu horizonte de planejamento engloba um único período.
	c. Os investidores têm expectativas homogêneas (listas de entrada de dados idênticas).
2.	Estrutura do mercado
	a. Todos os ativos são mantidos publicamente e negociados em bolsas de valores públicas, as vendas a descoberto são permitidas e os investidores tomam ou concedem empréstimos por uma taxa isenta de risco comum.
	b. Todas as informações estão disponíveis ao público.
	c. Não há nenhum imposto.
	d. Não há nenhum custo de transação.

De modo semelhante, os investidores devem evitar retornos acionários positivamente correlacionados com a renda de seu pessoal; por exemplo, os funcionários da Boeing devem evitar investir nessa companhia aérea e em empresas e negócios relacionados. Demandas diferenciais provenientes desse fator podem violar a equação média-beta e solapar a eficiência de média-variância da carteira de índice.

Restrições à contratação de empréstimos (ou taxas significativamente mais altas sobre os fundos tomados emprestados), que violam a suposição 2(a), também podem criar problemas para o CAPM, porque os tomadores e concessores de empréstimo chegarão a carteiras tangenciais e, portanto, a diferentes carteiras de risco ótimas.

Os impostos criam circunstâncias nas quais os investidores podem obter diferentes retornos após os impostos das mesmas ações. Em princípio, essas distorções podem gerar diferentes carteiras de risco ótimas após os impostos, para diferentes investidores; daí a suposição 2(c) (ausência de impostos). Não obstante a ampliação do CAPM que incorpora impostos pessoais sobre dividendos e ganhos de capital,[12] não há nenhuma evidência conclusiva de que os impostos são um fator de peso nos retornos acionários. Uma explicação plausível para essa constatação negativa apoia-se na "clientela" e nos efeitos da oferta. Se os investidores com alta alíquota de imposto evitarem as ações de alto rendimento (que pagam dividendos) e, desse modo, forçarem a queda dos preços, os investidores isentos de impostos verão essas ações como barganha e preencherão a folga na demanda. Entretanto, se as corporações constatarem que esses altos rendimentos de dividendos estão diminuindo os preços das ações, elas simplesmente substituirão os dividendos por recompra de ações, reforçando o efeito da clientela para neutralizar os efeitos tributários.

Por último, os custos de transação inibem as negociações e, portanto, a reação a mudanças nas informações; daí a suposição 2(d) (nenhum custo de transação). Embora na realidade os custos de negociação tenham caído, os diferenciais remanescentes nesses custos ainda desempenharão um papel importante nos retornos acionários.

Desafios e ampliações para o CAPM

Quais suposições são mais inquietantes? Começamos pelo fato de que as posições vendidas não são tão fáceis de assumir quanto as posições compradas por três motivos:

1. A responsabilidade dos investidores que mantêm uma posição vendida em um ativo é potencialmente ilimitada, visto que o preço pode subir sem limites. Por isso, uma grande posição vendida exige garantia e os rendimentos não podem ser investidos em outros ativos de risco.

2. Existe pouca oferta de ações de qualquer empresa que possam ser tomadas emprestadas por pretensos vendedores a descoberto. Com frequência os investidores simplesmente não conseguem encontrar ações que possam tomar de empréstimo para vender a descoberto.

3. Muitas empresas de investimento são proibidas de vender a descoberto. Os Estados Unidos e outros países impõem restrições regulamentares às vendas a descoberto.

Por que as vendas a descoberto são importantes? Observe que a suposição 1(a) começa com "os investidores são otimizadores racionais...". Quando os investidores exibem "exuberância irracional" (otimismo exagerado) em relação a um ativo e, em consequência disso, os preços sobem acima do valor intrínseco, os investidores racionais assumem posições a descoberto e, desse modo, pressionam os preços para baixo. Contudo, com restrições efetivas, as vendas a descoberto podem não conseguir evitar que os preços subam para níveis insustentáveis, os quais são os precursores de uma correção ou mesmo de um colapso. Isso sem dúvida representa uma "bolha".

Três suposições não realistas, 2(a) (todos os ativos são negociados) e 2(d) (não há nenhum custo de transação), associadas à 1(b) (horizonte de período único), geram os principais desafios para esse modelo. Esses desafios motivaram um conjunto de ampliações que ainda hoje estão "em construção" de uma ou de outra forma. Por esse motivo, nenhuma das ampliações suplantou decisivamente o CAPM no setor. É impressionante que, embora não tenha passado em vários testes empíricos, a lógica convincente do CAPM mantenha-se no centro do setor de investimentos.

---

[12] Michael J. Brennan, "Taxes, Market Valuation, and Corporate Finance Policy", *National Tax Journal*, dezembro de 1973.

Entretanto, para ter uma percepção mais adequada do CAPM, é favorável compreender as ampliações desse modelo.

O modelo de beta zero

As carteiras de fronteira eficiente têm inúmeras características interessantes, deduzidas independentemente por Merton e Roll.[13] Duas delas são

1. Qualquer carteira que seja uma combinação de duas carteiras de fronteira é em si uma fronteira eficiente.
2. Toda carteira na fronteira eficiente, exceto a de variância mínima global, tem uma carteira "companheira" na metade inferior (ineficiente) da fronteira com a qual ela não está correlacionada. Pelo fato de não estar correlacionada, a carteira companheira é chamada de **carteira com beta zero** da carteira eficiente. Se escolhermos a carteira de mercado M e sua companheira com beta zero Z, obteremos uma equação semelhante à do CAPM

$$E(r_i) - E(r_Z) = [E(R_M) - E(R_Z)] \frac{Cov(r_i, r_M)}{\sigma_M^2} = \beta_i [E(r_M) - E(r_Z)] \qquad (9.12)$$

A Equação 9.12 assemelha-se à SML do CAPM, com a exceção de que a taxa isenta de risco é substituída pelo retorno esperado na carteira com beta zero da carteira de índice de mercado.

Fischer Black utilizou essas três propriedades para mostrar que a Equação 9.12 é a equação resultante do CAPM quando os investidores enfrentam restrições de contratação de empréstimo.[14] Nesse caso, pelo menos alguns investidores escolherão carteiras na porção de prêmios de risco altos da fronteira eficiente. Em outras palavras, os investidores que de outra forma desejariam contrair empréstimos e alavancar suas carteiras mas constatam que isso é impossível ou caro tenderão mais para as ações com beta alto e se afastarão das ações com beta baixo. Consequentemente, o preço das ações com beta alto sobe e seu prêmio de risco cai. A SML ficará mais plana do que no CAPM simples. Você pode ver na Equação 9.12 que o prêmio de risco da carteira de mercado é menor (porque o retorno esperado na carteira com beta zero é superior ao à taxa isenta de risco) e, portanto, a recompensa pelo risco é menor.

Renda de trabalho e ativos não negociados

Duas classes de ativos importantes que *não* são negociadas são capital humano e empresas de capital fechado. O valor descontado da renda de trabalho futura supera o valor de mercado total dos ativos negociados. O valor de mercado das corporações e empresas de capital fechado é da mesma ordem de magnitude. O capital humano e os empreendimentos de capital fechado são tipos diferentes de ativo e podem ter implicações diferentes para os retornos de equilíbrio dos títulos negociados.

Das duas fontes de afastamento do CAPM, as empresas de capital fechado podem ser as que menos se afastam. Suponhamos que as empresas de capital fechado tenham características de risco semelhantes às dos ativos negociados. Nesse caso, os indivíduos podem compensar parcialmente os problemas de diversificação apresentados por seus ativos empresariais não negociados diminuindo a demanda de sua carteira por títulos de ativos negociados semelhantes. Portanto, a equação de retorno esperado-beta do CAPM talvez não seja muito afetada pela presença de uma renda empresarial.

Na medida em que as características de risco dos empreendimentos privados diferem das características dos ativos negociados, a carteira de ativos negociados que oferecer melhor proteção contra o risco enfrentado por uma empresa de capital fechado típica desfrutará de uma demanda em excesso entre a população de proprietários de empresas de capital fechado. O preço dos ativos nessa carteira terão cotações mais altas em relação às considerações do CAPM e os

---

[13] Robert C. Merton, "An Analytic Derivation of the Efficient Portfolio Frontier", *Journal of Financial and Quantitative Analysis*, 1972. Richard Roll, "A Critique of the Asset Pricing Theory's Tests: Part I: On Past and Potential Testability of the Theory", *Journal of Financial Economics*, 4, 1977.

[14] Fischer Black, "Capital Market Equilibrium with Restricted Borrowing", *Journal of Business*, julho de 1972.

retornos esperados sobre esses títulos serão inferiores em relação ao seu risco sistemático. Em contraposição, os títulos altamente correlacionados com esse risco terão altos prêmios de risco de equilíbrio e aparentemente podem exibir alfas positivos em relação à SML convencional. Na verdade, Heaton e Lucas mostram que adicionar a renda proprietária ao modelo de precificação de ativos financeiros melhora seu desempenho preditivo.[15]

A magnitude da renda de trabalho e sua natureza especial têm maior importância para a validade do CAPM. O efeito possível da renda de trabalho sobre os retornos de equilíbrio pode ser estimado com base em seu influente efeito sobre a escolha de carteira pessoal. Não obstante o fato de um indivíduo poder contrair empréstimo com a garantia da renda de trabalho (por meio de uma hipoteca residencial) e diminuir parte da incerteza quanto à renda de trabalho futura por meio de um seguro de vida, o capital humano é menos "transportável" ao longo do tempo e, em comparação com a empresa de capital fechado, pode ser mais difícil de ser protegido com títulos negociados. Isso pode produzir uma pressão sobre os preços dos títulos e provocar desvios em relação à equação de retorno esperado-beta do CAPM. Portanto, a demanda por ações de empresas intensivas em mão de obra com altas despesas salariais pode ser uma boa proteção para a renda de trabalho incerta, e essas ações podem exigir um retorno esperado inferior ao previsto pelo CAPM.

Mayers[16] deduz a equação de retorno esperado-beta de equilíbrio para uma economia em que os indivíduos têm uma renda de trabalho de magnitude variável em relação ao capital não decorrente de trabalho. A equação da SML resultante é

$$E(R_i) = E(R_M) \frac{\text{Cov}(R_i, R_M) + \frac{P_H}{P_M} \text{Cov}(R_i, R_H)}{\sigma_M^2 + \frac{P_H}{P_M} \text{Cov}(R_M, R_H)} \tag{9.13}$$

onde

P_H = valor do capital humano agregado
P_M = valor de mercado dos ativos negociados (carteira de mercado)
R_H = taxa de retorno em excesso sobre capital humano agregado

A medida de risco sistemático do CAPM, beta, é substituída no modelo ampliado por um beta ajustado que leva em conta também a covariância com a carteira capital humano agregado. Observe que o índice entre capital humano e valor de mercado de todos os ativos negociados, P_H/P_M, pode ser superior a 1 e, por isso, o efeito da covariância de uma título com a renda de trabalho, $\text{Cov}(R_i, R_H)$, em relação à média, $\text{Cov}(R_M, R_H)$, tende a ser economicamente significativo. No caso $\text{Cov}(R_i, R_H)$ positiva, o beta ajustado é superior quando o beta do CAPM é inferior a 1 e vice-versa. Como esperamos que $\text{Cov}(R_i, R_H)$ seja positiva para o título médio, o prêmio de risco nesse modelo será maior, em média, ao previsto pelo CAPM para títulos com beta inferior a 1 e menor para títulos com beta superior a 1. Desse modo, o modelo prevê uma SML menos inclinada do que a do CAPM padrão. Isso pode ajudar a explicar o alfa médio negativo de títulos com beta alto e o alfa positivo de títulos com beta baixo responsáveis pela falha estatística da equação do CAPM. No Capítulo 13, sobre evidências empíricas, apresentamos outros resultados nessa mesma linha de raciocínio.

Modelo de vários períodos e carteiras protegidas

Robert C. Merton revolucionou a economia financeira ao utilizar modelos de tempo contínuo para ampliar os modelos de precificação de ativos.[17] Embora suas contribuições (que lhe proporcionaram o Nobel) para a teoria de precificação de opções e a engenharia financeira (junto com as

---

[15] John Heaton e Deborah Lucas, "Portfolio Choice and Asset Prices: The Importance of Entrepreneurial Risk", *Journal of Finance*, 55, junho de 2000. Esse artigo oferece evidências do efeito do risco empresarial sobre a escolha de carteira e a relação de risco-retorno.

[16] David Mayers, "Nonmarketable Assets and Capital Market Equilibrium under Uncertainty", em M. C. Jensen (ed.), *Studies in the Theory of Capital Markets* (Nova York: Praeger, 1972).

[17] As obras clássicas de Merton estão reunidas em *Continuous-Time Finance* (Oxford, Reino Unido: Basil Blackwell, 1992).

de Fischer Black e Myron Scholes) possam ter tido maior impacto sobre o setor de investimento, sua contribuição exclusiva para a teoria de carteiras foi igualmente importante para o nosso conhecimento sobre a relação risco-retorno.

Em seu modelo básico, Merton flexibiliza as suposições míopes de "período único" com relação aos investidores. Ele prevê indivíduos que otimizam um plano vitalício de consumo/investimento e adaptam continuamente as decisões sobre consumo/investimento à riqueza atual e à idade de aposentadoria programada. Quando a incerteza quanto aos retornos de uma carteira é a única fonte de risco e as oportunidades de investimento continuam inalteradas ao longo do tempo, isto é, não há nenhuma mudança na taxa isenta de risco ou na distribuição de probabilidades do retorno na carteira de mercado ou em títulos individuais, o assim chamado modelo de precificação de ativos financeiros intertemporal (*intertemporal capital asset pricing model* – ICAPM) de Merton prevê uma relação de retorno esperado-beta igual ao da equação de período único.[18]

Contudo, a situação muda quando incluímos outras fontes de risco. Esses riscos extras são de dois tipos genéricos. Um deles se refere a mudanças nos parâmetros que descrevem oportunidades de investimento, como futuras taxas isentas de risco, retornos esperados ou o risco da carteira de mercado. Suponhamos que a taxa de juros real mude ao longo do tempo. Se ela cair em algum período futuro, o nível de riqueza de um indivíduo nesse caso suportará um fluxo menor de consumo real. Os planos de gastos futuros – por exemplo, de gastos de aposentadoria – podem ser comprometidos. Na medida em que os retornos sobre alguns títulos estão correlacionados com mudanças na taxa isenta de risco, uma carteira pode ser formada para oferecer proteção contra esse risco e os investidores podem elevar o preço (e diminuir o retorno esperado) desses ativos protegidos. Os investidores sacrificarão parte do retorno esperado se conseguirem encontrar ativos cujos retornos possam ser superiores quando outros parâmetros (nesse caso, a taxa isenta de risco real) mudarem adversamente.

A outra fonte adicional de risco diz respeito aos preços dos bens de consumo que podem ser comprados com qualquer montante de riqueza. Considere o risco de inflação. Além do nível esperado e da volatilidade da riqueza nominal, os investidores devem se preocupar com o custo de vida – o que essa riqueza pode comprar. Portanto, o risco de inflação é uma fonte de risco extramercado importante e os investidores podem estar dispostos a sacrificar parte do retorno esperado para comprar títulos cujos retornos serão superiores quando o custo de vida mudar desfavoravelmente. Nesse caso, a demanda de *hedging* por meio de títulos que ajudam a oferecer proteção contra o risco de inflação afetaria a escolha de carteira e, portanto, o retorno esperado. Poderíamos alargar ainda mais essa conclusão, defendendo que demandas de *hedging* empiricamente significativas podem surgir para subsetores importantes de gastos de consumo; por exemplo, os investidores podem elevar o preço das ações de empresas de fornecimento de energia que se protegerão contra a incerteza do preço de energia. Esses tipos de efeito podem caracterizar qualquer ativo que protege importantes fontes de risco extramercado.

Em termos mais gerais, suponhamos que possamos identificar K fontes de risco extramercado e encontrar K carteiras com *hedge* correspondente. Desse modo, a equação de retorno esperado-beta do ICAPM de Merton generalizaria a SML para uma versão de vários índices:

$$E(R_i) = \beta_{iM} E(R_M) + \sum_{k=1}^{K} \beta_{ik} E(R_k) \qquad (9.14)$$

onde β_{iM} é o beta de título conhecido da carteira de índice de mercado e β_{ik} é o beta da k-ésima carteira com *hedge*.

Outros modelos multifatoriais que utilizam outros fatores que não decorrem de fontes de risco extramercado foram desenvolvidos e geram SMLs que têm um formato idêntico à do ICAPM. Esses modelos também podem ser considerados ampliações do CAPM no sentido mais amplo. Examinaremos alguns desses modelos no capítulo seguinte.

---

[18] Eugene F. Fama também defendeu essa questão em "Multiperiod Consumption-Investment Decisions", *American Economic Review*, 60, 1970.

CAPM baseado no consumo

A lógica do CAPM, acompanhada das demandas de *hedging* ressaltadas na subseção anterior, indica que talvez seja favorável centrar o modelo diretamente no consumo. Esses modelos foram propostos pela primeira vez por Mark Rubinstein, Robert Lucas e Douglas Breeden.[19]

Em um plano de consumo vitalício, o investidor deve equilibrar em cada período a alocação de sua riqueza atual entre o consumo presente e as economias e os investimentos que arcarão com o consumo futuro. Quando otimizado, o valor de utilidade de um dólar adicional de consumo no presente deve ser igual ao valor de utilidade do consumo futuro esperado que pode ser financiado por esse dólar adicional de riqueza.[20] A riqueza futura aumentará com a renda de trabalho, bem como com os retornos sobre esse dólar quando investidos em uma carteira completa ótima.

Suponhamos que haja ativos de risco disponíveis e você deseja aumentar o crescimento do consumo esperado alocando suas economias a uma carteira de risco. De que forma mediríamos o risco desses ativos? Geralmente, os investidores valorizam mais a renda adicional em tempos econômicos difíceis (quando os recursos são escassos) do que em tempos bons (quando o consumo já é abundante). Portanto, um ativo será considerado mais arriscado em termos de consumo, se tiver covariância positiva com o crescimento do consumo – em outras palavras, se seu *payoff* for superior quando o consumo já estiver alto e inferior quando o consumo estiver relativamente restrito. Desse modo, prêmio de risco de equilíbrio será maior para ativos que exibirem maior covariância com o crescimento do consumo. Com base nessa constatação, podemos expressar o prêmio de risco de um ativo como função de seu "risco de consumo" da seguinte forma:

$$E(R_i) = \beta i_C RP_C \tag{9.15}$$

onde a carteira C pode ser interpretada como uma *carteira de acompanhamento do consumo* (também chamada de *carteira de imitação do consumo*), isto é, aquela com a maior correlação com o crescimento do consumo; β_{iC} é o coeficiente de inclinação na regressão dos retornos em excesso do ativo i, R_i, sobre os da carteira de acompanhamento do consumo; e, finalmente, RP_C é o prêmio de risco associado com a incerteza de consumo, que é medida pelo retorno em excesso esperado sobre a carteira de acompanhamento do consumo:

$$RP_C = E(R_C) = E(r_C) - r_f \tag{9.16}$$

Observe o quanto essa conclusão é semelhante ao CAPM convencional. A carteira de acompanhamento do consumo no CCAPM desempenha o papel da carteira de mercado no CAPM convencional. Isso está de acordo com seu foco sobre as oportunidades de risco das oportunidades de *consumo*, e não sobre o risco e retorno do valor em *dólar* da carteira. O retorno em excesso na carteira de acompanhamento do consumo desempenha o papel do retorno em excesso da carteira de mercado, M. Essas duas abordagens resultam em modelos lineares de fator único que diferem em relação à identidade do fator que elas utilizam.

Diferentemente do CAPM, o beta da carteira de mercado sobre o fator de mercado do CCAPM não é necessariamente 1. É perfeitamente plausível e empiricamente evidente que esse beta é bem maior que 1. Isso indica que, na relação linear entre o prêmio de risco do índice de mercado e o da carteira de consumo,

$$E(R_M) = \alpha_M + \beta_{MC} E(R_C) + \varepsilon_M \tag{9.17}$$

---

[19] Mark Rubinstein, "The Valuation of Uncertain Income Streams and the Pricing of Options", *Bell Journal of Economics and Management Science*, 7, 1976, pp. 407–425; Robert Lucas, "Asset Prices in an Exchange Economy", *Econometrica*, 46, 1978, pp. 1.429–1.445; Douglas Breeden, "An Intertemporal Asset Pricing Model with Stochastic Consumption and Investment Opportunities", *Journal of Financial Economics*, 7, 1979, pp. 265–296.

[20] A riqueza em cada momento é igual ao valor de mercado dos ativos no balanço patrimonial mais o valor presente da renda de trabalho futura. Esses modelos de consumo e decisões de investimento com frequência tornam-se manejáveis quando se pressupõe que os investidores exibem uma aversão ao risco relativa constante (*constant relative risk aversion* – CRRA). A CRRA implica que um indivíduo investe uma proporção de riqueza constante na carteira de risco ótima, independentemente do nível de riqueza. Você deve se lembrar de que nossa prescrição para uma ótima alocação de capital no Capítulo 6 exigia igualmente uma proporção ótima de investimento independentemente do nível de riqueza. A função de utilidade que empregamos lá também exibia uma CRRA.

onde α_M e ε_M levam em conta o desvio empírico em relação ao modelo exato na Equação 9.15 e β_{MC} não é necessariamente igual a 1.

Como o CCAPM é muito semelhante ao CAPM, pode-se perguntar qual é sua utilidade. Aliás, do mesmo modo que o CAPM é empiricamente falho porque nem todos os ativos são negociados, o CCAPM também é. A atratividade desse modelo é que ele incorpora concisa e compactamente o *hedging* de consumo e possíveis mudanças nas oportunidades de investimento, isto é, os parâmetros das distribuições de retorno em uma estrutura de fator único. Entretanto, há um preço a pagar por essa compacidade. As estatísticas de crescimento do consumo são raramente publicadas (mensalmente, na melhor das hipóteses), em comparação com os ativos financeiros, e apresentam erros significativos. No entanto, uma pesquisa empírica recente[21] indica que esse modelo é mais adequado para explicar os retornos realizados do que o CAPM, que é o motivo pelo qual os estudantes de investimentos devem estar familiarizados com ele. Voltaremos a falar sobre essa questão, bem como sobre evidências empíricas sobre o CCAPM, no Capítulo 13.

Liquidez e o CAPM

Não obstante a suposição 2(d) afirmar que os títulos podem ser negociados sem custo, o CAPM tem pouco a dizer sobre a atividade de negociação. No equilíbrio do CAPM, todos os investidores compartilham todas as informações disponíveis e exigem carteiras idênticas de ativos de risco. A estranha implicação disso é que não há motivo para negociar. Se todos os investidores mantiverem carteiras idênticas de ativos de risco, quando novas informações (inesperadas) forem divulgadas, os preços mudarão proporcionalmente, mas cada investidor continuará a manter uma parte da carteira de mercado, o que não exige nenhuma troca de ativos. De que modo conciliamos essa implicação com a observação de que, em um dia comum, o volume de negociações chega a vários bilhões de ações? Uma resposta óbvia são as expectativas heterogêneas, isto é, opiniões não compartilhadas por todo o mercado. Essas opiniões diversificadas dão origem a negociações à medida que os investidores tentam obter lucro reorganizando sua carteira de acordo com essas demandas então heterogêneas. Na realidade, a negociação (e seus custos) terá grande importância para o investidor.

A **liquidez** de um ativo diz respeito à facilidade e à rapidez com que ele pode ser vendido por um justo valor de mercado. Parte da liquidez está relacionada ao custo de envolvimento em uma transação, particularmente o *spread* entre preço de compra e venda. Outra parte tem a ver com o impacto do preço – o movimento adverso no preço com o qual o investidor pode se deparar ao tentar realizar uma negociação maior. Outro fator é a imediatidade – possibilidade de vender rapidamente um ativo sem retroceder a preços de liquidação. Em contraposição, a **iliquidez** pode ser medida em parte pelo desconto sobre o justo valor de mercado que um vendedor deve aceitar se quiser vender o ativo rapidamente. O ativo perfeitamente líquido é aquele que não envolve nenhum desconto de iliquidez.

A liquidez (ou a falta de) há muito tempo é considerada uma característica que afeta o valor dos ativos. Em processos judiciais, os tribunais costumam aplicar descontos bastante significativos nos valores das empresas que não podem ser negociadas publicamente. Contudo, a liquidez nem sempre foi considerada um fator importante nos mercados de títulos, presumivelmente em virtude do custo de negociação por transação relativamente baixo, em comparação com os altos custos de negociação de ativos imobiliários, por exemplo. Um avanço de ruptura ocorreu com o trabalho de Amihud e Mendelson,[22] e hoje a liquidez tem sido cada vez mais vista como um importante determinante de preço e retorno esperado. Aqui, oferecemos apenas um breve resumo sobre esse tema fundamental, e as evidências empíricas são apresentadas no Capítulo 13.

Um componente importante da negociação é o *spread* entre preço de compra e venda. Por exemplo, nos mercados eletrônicos, o livro de ordens-limite contém o "*spread*" interno, isto é, a

---

[21] Ravi Jagannathan e Yong Wang, "Lazy Investors, Discretionary Consumption, and the Cross-Section of Stock Returns", *Journal of Finance*, 62, agosto de 2007, pp. 1.633–1.661.

[22] Yakov Amihud e Haim Mendelson, "Asset Pricing and the Bid-Ask Spread", *Journal of Financial Economics*, 17, 1986. Um resumo sobre o amplo corpo de publicações resultantes sobre liquidez pode ser encontrado em Yakov Amihud, Haim Mendelson e Lasse Heje Pedersen, *Market Liquidity: Asset Pricing Risk and Crises* (Cambridge University Press, Nova York: 2013).

diferença entre o preço mais alto pelo qual algum investidor comprará qualquer ação e o preço mais baixo pelo qual outro investidor está disposto a vender. O *spread* entre preço de compra e venda efetivo também dependerá da magnitude da transação desejada. As compras maiores exigirão que o negociador afunde mais no livro de ordens-limite e aceite preços menos atraentes. Embora os *spreads* internos nos mercados eletrônicos com frequência pareçam extremamente baixos, os *spreads* efetivos podem ser bem maiores porque as ordens-limite são boas apenas para pequenas quantidades de ações.

Atualmente existe maior ênfase sobre o componente do *spread* em virtude da assimetria informacional, que diz respeito à possibilidade de um negociador ter informações confidenciais sobre o valor de um título que não são conhecidas por seu parceiro de negociação. Para ver por que essa assimetria pode afetar o mercado, pense nos problemas enfrentados por alguém que compra um carro usado. O vendedor conhece mais o carro do que o comprador e, portanto, o comprador naturalmente se pergunta se o vendedor não estaria tentando se livrar do carro por ser um "abacaxi". Os compradores preocupados com a possibilidade de pagar a mais no mínimo diminuirão o preço que estão dispostos a pagar por um carro de qualidade incerta. Nos casos extremos de assimetria informacional, a negociação pode ser totalmente interrompida.[23] De modo semelhante, os negociadores que divulgam ofertas de compra ou venda por preços-limite precisam se preocupar com a possibilidade de serem alvejados por negociadores mais bem informados que aceitam seus preços-limite somente quando eles não estão alinhados com o valor intrínseco da empresa.

Em linhas gerais, podemos prever que os investidores negociam títulos por dois motivos. Algumas negociações são impulsionadas por motivos "não informacionais" – por exemplo, vender ativos para levantar fundos para uma grande compra ou simplesmente para rebalancear uma carteira. Esses tipos de negociação, que não são motivados por informações confidenciais que influem no valor do título negociado, são chamados de *noise trades* (negociações de ruído). Os distribuidores de títulos obterão lucro de um *spread* entre preço de compra e venda ao negociar com operadores ou negociadores de ruído (também chamados de *negociadores de liquidez* porque suas negociações podem decorrer da necessidade de liquidez, isto é, dinheiro).

Outras transações são iniciadas por negociadores que acreditam ter se deparado com informações sobre um título com erro de apreçamento. Contudo, se essas informações são vantajosas para um lado, elas devem ser desvantajosas para o outro lado da transação. Dessa maneira, os negociadores de informação impõem um custo tanto para os distribuidores quanto para outros investidores que divulgam ordens-limite. Embora em média os distribuidores obtenham lucro do *spread* entre preço de compra e venda quando negociam com negociadores de liquidez, eles absorvem perdas em relação aos negociadores de informações. De modo semelhante, qualquer negociador que divulga uma ordem-limite corre risco em relação aos negociadores de informação. A resposta é aumentar os preços-limite de venda e diminuir as ordens-limite de compra – em outras palavras, é necessário ampliar o *spread*. Quanto maior a importância relativa dos negociadores de informação, maior o *spread* necessário para compensar as possíveis perdas decorrentes de uma transação com esses negociadores. Portanto, no final, os negociadores de liquidez absorvem a maior parte do custo das negociações de informação porque o *spread* entre preço de compra e venda que eles devem pagar sobre suas transações "inocentes" amplia-se quando a assimetria informacional é mais grave.

O desconto no preço de um título resultante de iliquidez pode ser surpreendentemente grande, bem maior do que o *spread* entre preço de compra e venda. Considere um título com *spread* entre preço de compra e venda de 1%. Suponhamos que ele mudará de mãos uma vez ao ano durante o período de três anos e depois será mantido para sempre por um terceiro comprador. Com relação à última negociação, o investidor pagará pelo título 99,5% ou 0,995 de seu preço justo; o preço é reduzido pela metade do *spread* que será incorrido quando a ação for vendida. O segundo comprador, sabendo que o título será vendido um ano depois por 0,995 de seu valor justo e tendo de absorver metade do *spread* no ato da compra, estará disposto a pagar 0,995 − 0,005/1,05 = 0,9902 (isto é, 99,02% do valo justo), se o *spread* em relação ao valor justo tiver um desconto de 5%. Por fim, o comprador

---

[23] O problema da assimetria informacional nos mercados foi introduzido por George A. Akerlof, ganhador do Nobel em 2001, e desde então se tornou conhecido como *problema dos limões*. Uma boa introdução às contribuições de Akerlof pode ser encontrada em George A. Akerlof, *An Economic Theorist's Book of Tales* (Cambridge, Reino Unido: Cambridge University Press, 1984).

atual, sabendo da perda no ano seguinte, quando a ação será vendida por 0,9902 do valor justo (um desconto de 0,0098), pagará pelo título apenas 0,995 − 0,0098/1,05 = 0,9857. Portanto, o desconto inflou de 0,5 para 1,43%. Em outras palavras, o valor presente de todos os três custos futuros de negociação (*spreads*) é descontado do preço atual.[24] Ampliando esse raciocínio, se o título for eternamente negociado uma vez por ano, seu custo de iliquidez atual será igual ao custo imediato mais o valor presente de uma perpetuidade de 0,5%. Com base em uma taxa de desconto anual de 5%, essa soma equivale a 0,005 + 0,005/0,05 = 0,105 ou 10,5%! Obviamente, a liquidez tem um valor potencialmente alto que não deve ser ignorado no cálculo do valor de equilíbrio dos títulos.

Como os custos de negociação são mais altos, o desconto de iliquidez será maior. Evidentemente, se alguém conseguir comprar uma ação por um preço mais baixo, a taxa de retorno esperada será mais alta. Portanto, devemos esperar títulos menos líquidos com taxas médias de retorno mais altas. Porém, esse prêmio de iliquidez não precisa aumentar de uma maneira diretamente proporcional ao custo de negociação. Se um ativo for menos líquido, ele será evitado por negociadores frequentes e mantidos por negociadores de mais longo prazo que são menos afetados por altos custos de negociação. Por esse motivo, em situação de equilíbrio, os investidores com longos períodos de manutenção em média mantêm mais ativos ilíquidos, enquanto os investidores com horizontes curtos preferem títulos líquidos. Esse "efeito de clientela" atenua o efeito do *spread* entre preço de compra e venda no caso dos títulos ilíquidos. O resultado é que o prêmio de liquidez deve aumentar os custos de negociação (medidos pelo *spread* entre preço de compra e venda) segundo uma taxa decrescente. A Figura 9.4 confirma essa previsão.

Até o momento, mostramos que o nível esperado de liquidez pode afetar os preços e, portanto, as taxas de retorno esperadas. E quanto a mudanças imprevistas na liquidez? Em algumas circunstâncias, a liquidez pode se exaurir inesperadamente. Por exemplo, na crise financeira de 2008, visto que vários investidores tentaram diminuir a alavancagem e converter suas posições em dinheiro, ficou difícil encontrar compradores para alguns ativos. Muitos títulos garantidos por hipotecas deixaram de ser negociados de modo geral. A liquidez havia evaporado. E esse não foi um fenômeno inaudito. A quebra de mercado de 1987, bem como o colapso da Long-Term Capital Management em 1998, também testemunhou grandes declínios de liquidez em amplos segmentos do mercado.

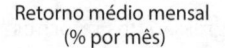

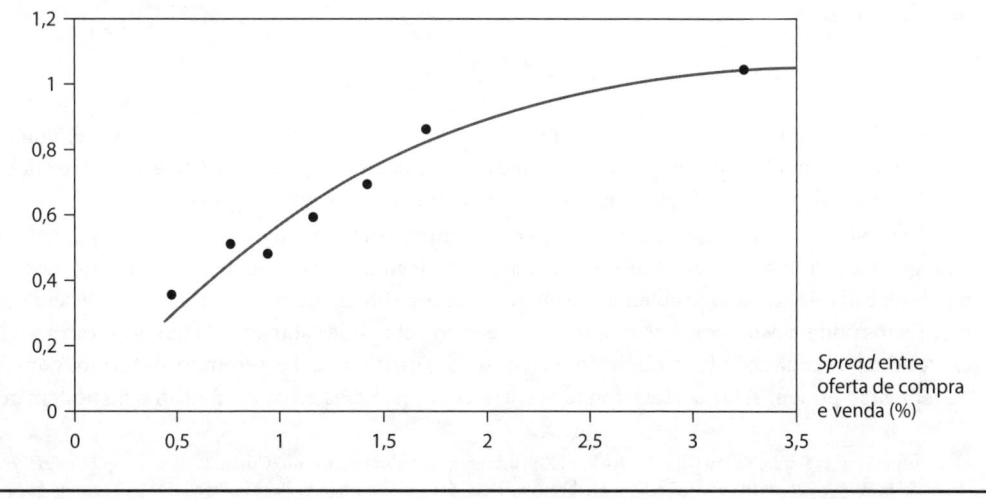

FIGURA 9.4 Relação entre iliquidez e retornos médios

Fonte: Dados extraídos de Yakov Amihud e Haim Mendelson, "Asset Pricing and the Bid–Ask Spread", *Journal of Financial Economics*, 17, 1986, pp. 223–249. Copyright 1986, com permissão da Elsevier.

[24] Veremos outro exemplo dessa capitalização dos custos de negociação no Capítulo 13, no qual uma explicação para os grandes descontos nos fundos fechados é o considerável valor presente de um *fluxo* de despesas por período aparentemente pequenas.

Na verdade, vários estudos investigaram a variação de inúmeras medidas de liquidez em grandes amostras de ações e constataram que, quando a liquidez em uma ação diminui, ela tende a diminuir ao mesmo tempo em outras ações; portanto, a liquidez entre as ações evidencia uma correlação significativa.[25] Em outras palavras, a variação na liquidez tem um componente sistemático importante. Não surpreendentemente, os investidores exigem uma compensação pelo *risco de liquidez*. O retorno esperado extra para o investidor arcar com o risco de liquidez muda a relação entre retorno esperado-beta do CAPM.

Com base nessa constatação, Amihud demonstra que as empresas com maior incerteza quanto à liquidez têm retornos médios mais altos.[26] Estudos posteriores concentram-se na exposição ao risco de liquidez do *mercado geral*, medido pelo "beta de liquidez" Analogamente ao beta de mercado tradicional, o beta de liquidez mede a sensibilidade dos retornos de uma empresa a mudanças na liquidez do mercado (ao passo que o beta tradicional mede a sensibilidade do retorno ao retorno de mercado). As empresas que fornecem melhores retornos quando a liquidez do mercado diminui oferecem alguma proteção contra o risco de liquidez e, portanto, devem receber um preço mais alto e oferecer retornos esperados mais baixos. Na realidade, veremos no Capítulo 13 que as empresas com alto beta de liquidez ofereceram retornos médios mais altos, tal como a teoria prevê.[27] Além disso, o prêmio de liquidez que se evidencia nesses estudos parece ser aproximadamente da mesma ordem do prêmio de risco do mercado, indicando que a liquidez deve ser uma consideração prioritária na reflexão sobre precificação de títulos.

9.3 O CAPM e o mundo acadêmico

A pedra no sapato dos pesquisadores acadêmicos é a suposição 1(a) (todos os ativos são negociados), que leva à conclusão de que a carteira eficiente deve incluir todos os ativos de risco da economia. Na realidade, não podemos nem mesmo observar todos os ativos que são negociados, muito menos considerar aqueles que não são. A carteira de mercado teórica, que é central ao CAPM, é impossível de ser compreendida exatamente na prática.

Como a carteira de mercado teórica do CAPM não pode ser observada, os testes do CAPM devem ser direcionados à relação média-beta tal como no caso de todos os ativos examinados com relação a uma carteira de índice de ações observada, mas ineficiente. Esses testes enfrentam obstáculos surpreendentemente difíceis.

O objetivo é testar a equação SML, $E(R_i) = \beta_i R_M$. Para isso, fazemos a regressão dos retornos em excesso de uma amostra de ações ($i = 1, ..., N$) durante um período específico, t, em relação ao beta de cada ação:

$$R_{i,t} = \lambda_0 + \lambda_1 \beta_i + \lambda_2 \sigma_{ei}^2 + \eta_{i,t} \tag{9.18}$$

O CAPM prevê que (1) $\lambda_0 = 0$, isto, o alfa médio na amostra será zero; (2) $\lambda_1 = R_M$, isto é, a inclinação da SML é igual à do prêmio de risco do índice de mercado; e (3) $\lambda_2 = 0$, isto é, o risco exclusivo, σ_{ei}^2, não obtém um prêmio de risco. η_i é o resíduo de média zero dessa regressão.

Onde, você pode perguntar, obtemos os coeficientes beta e as variâncias residuais para N ações na regressão? Precisamos estimar esse par para cada ação de uma série temporal de retornos acionários. E é aí que reside o problema: estimamos esses parâmetros com grandes erros. Além disso, esses erros podem estar correlacionados: primeiro, o beta pode estar correlacionado com a variância residual de cada ação (e também com erros nessas estimativas) e, segundo, os termos com erro na regressão podem estar correlacionados entre as ações. Esses erros de mensuração podem gerar

---

[25] Consulte, por exemplo, Tarun Chordia, Richard Roll e Avanidhar Subrahmanyam, "Commonality in Liquidity", *Journal of Financial Economics*, 56, 2000, pp. 3–28, ou J. Hasbrouck e D. H. Seppi, "Common Factors in Prices, Order Flows and Liquidity", *Journal of Financial Economics*, 59, 2001, pp. 383–411.

[26] Yakov Amihud, "Illiquidity and Stock Returns: Cross-Section and Time-Series Effects", *Journal of Financial Markets*, 9, 2002, pp. 31–56.

[27] Consulte L. Pástor e R. F. Stambaugh, "Liquidity Risk and Expected Stock Returns", *Journal of Political Economy*, 111, 2003, pp. 642–685, ou V. V. Acharya e L. H. Pedersen, "Asset Pricing with Liquidity Risk", *Journal of Financial Economics*, 77, 2005, pp. 375–410.

um viés descendente na inclinação da SML (λ_1) e um viés ascendente no alfa médio (λ_0). Não podemos nem mesmo prever o sinal do viés em (λ_2).

Um exemplo desse risco foi evidenciado em um trabalho pioneiro de Miller e Scholes,[28] que demonstraram como os problemas econométricos poderiam nos levar a rejeitar o CAPM mesmo que ele fosse perfeitamente válido. Eles consideraram uma lista de dificuldades encontradas ao testar o modelo e como esses problemas poderiam enviesar as conclusões. Para comprovar, eles simularam taxas de retorno que foram *construídas* para satisfazer as previsões do CAPM e as utilizaram para testar o modelo com técnicas estatísticas padrão da época. O resultado desses testes foi a rejeição de um modelo que parece surpreendentemente semelhante ao que encontramos em testes de retornos de dados reais – isso não obstante o fato de os dados terem sido construídos para satisfazer o CAPM. Diante disso, Miller e Scholes demonstraram que a técnica econométrica sozinha não podia ser responsável pela rejeição do modelo em testes reais.

Além disso, ambos os coeficientes, alfa e beta, bem como a variância residual, são propensos a variar com o tempo. Não há nada no CAPM que impeça essa variação temporal, mas técnicas de regressão padrão a impossibilitam e, portanto, podem levar a uma falsa rejeição do modelo. Atualmente existem técnicas bastante conhecidas para considerar parâmetros que variam com o tempo. Na verdade, Robert Engle ganhou o Prêmio Nobel por esse trabalho pioneiro sobre técnicas econométricas para lidar com a volatilidade que varia com o tempo, e boa parte das aplicações dessas novas técnicas tem sido em finanças.[29] Além disso, os betas podem variar com o tempo não puramente de forma aleatória, mas em resposta a condições econômicas variáveis. Um CAPM "condicional" possibilita que o retorno de risco mude com um conjunto de "variáveis condicionantes".[30] Tão importante quanto, Campbell e Vuolteenaho[31] constataram que o beta de um título pode ser decomposto em dois componentes, um que mede a sensibilidade a mudanças da lucratividade corporativa e outro que mede a sensibilidade a mudanças das taxas de desconto do mercado. Em várias circunstâncias, eles são considerados bastante diferentes. Técnicas econométricas aprimoradas, como as propostas nesse breve levantamento, podem ajudar a resolver parte da falha empírica do CAPM simples.

Uma linha de pesquisa que ainda não rendeu frutos é a busca de carteiras que ofereçam proteção contra o risco de preço de itens de consumo específicos, como na Equação 9.14, de Merton. Mas ainda não se chegou a uma conclusão sobre o conteúdo empírico dessa equação com respeito a futuras oportunidades de investimento.

Tal como mencionado no Capítulo 5, Fama e French documentaram o poder explicativo dos índices de tamanho e valor contábil/valor de mercado (*book-to-market* – B/M). Eles interpretam as carteiras formadas para se alinhar com essas características como carteiras com *hedge* no contexto da Equação 9.14. Seguindo a trilha desses autores, outros trabalhos atualmente propõem inúmeros outros fatores de risco extramercado (discutidos no capítulo seguinte). Contudo, na verdade não sabemos quais incertezas nas futuras oportunidades de investimento são protegidas por esses fatores, o que leva muitos a terem dúvida sobre a identificação empírica de carteiras extramercado com *hedge*.

A moral da história é que, no mundo acadêmico, o CAPM de índice único é considerado passado. Entretanto, ainda não sabemos que forma terá uma ampliação bem-sucedida para substituí-lo. Fique atento a futuras edições deste livro.

---

[28] Merton H. Miller e Myron Scholes, "Rates of Return in Relations to Risk: A Reexamination of Some Recent Findings", em Michael C. Jensen (ed.), *Studies in the Theory of Capital Markets*, (Nova York: Praeger, 1972).

[29] O trabalho de Engle foi responsável pela ampla utilização dos assim chamados modelos ARCH. ARCH significa *autoregressive conditional heteroskedasticity* (heterocedasticidade condicional autorregressiva), que é uma forma sofisticada de afirmar que a volatilidade muda com o tempo e que níveis recentes de volatilidade podem ser utilizados para gerar ótimas estimativas de volatilidade futura.

[30] Atualmente existe um amplo corpo de publicações sobre modelos condicionais de equilíbrio do mercado de títulos. Grande parte provém de Ravi Jagannathan e Zhenyu Wang, "The Conditional CAPM and the Cross-Section of Expected Returns", *Journal of Finance*, 51, março de 1996, pp. 3–53.

[31] John Campbell e Tuomo Vuolteenaho, "Bad Beta, Good Beta", *American Economic Review*, 94, dezembro de 2004, pp. 1.249–1.275.

9.4 O CAPM e o setor de investimentos

Embora os acadêmicos venham perseguindo modelos de vários índices em busca de um CAPM que explique melhor os retornos, o setor tem se mantido firme com o CAPM de índice único.

Esse interessante fenômeno pode ser explicado por um "teste do não testável". Presumivelmente, o pressuposto do CAPM de que a carteira de mercado é eficiente não pode ser testado porque a verdadeira carteira de mercado em princípio não pode ser testada. Entretanto, à medida que o tempo passa, fica cada vez mais evidente que superar consistentemente uma carteira de índice (não muito ampla), como a S&P 500, parece estar acima da capacidade da maioria dos investidores.

Evidências indiretas da eficiência da carteira de mercado podem ser encontradas em um estudo de Burton Malkiel,[32] que estima valores de alfa para uma grande amostra de fundos mútuos de ações. Os resultados, apresentados na Figura 9.5, mostram que a distribuição de alfa tem uma forma aproximada de sino, com uma média levemente negativa, mas estatisticamente indistinguível de zero. Em média, não parece que esses fundos mútuos superam o índice de mercado (o S&P 500) de uma forma ajustada ao risco.[33]

Esse resultado é muito significativo. Embora possamos esperar que, em relação a títulos individuais, os valores de alfa realizados girem em torno de zero, podemos esperar que os fundos mútuos gerenciados profissionalmente demonstrem alfas médios positivos. Os fundos com desempenho superior (e realmente esperamos que esse seja um conjunto não vazio) devem inclinar a média da amostra para um valor positivo. O pequeno impacto dos fundos superiores sobre essa distribuição indica a dificuldade de superar a estratégia passiva que o CAPM considera ótima.

Do ponto de vista do setor, uma carteira de índice que pode ser superada por apenas uma pequena fração dos gestores profissionais ao longo de um período de dez anos pode ser considerada eficiente *ex ante* para todos os propósitos práticos, isto é, para ser utilizada como: (1) um instrumento de diversificação para mesclar com uma carteira ativa da análise de títulos (assunto discutido no Capítulo 8); (2) uma referência para avaliação de desempenho e remuneração (assunto discutido no Capítulo 24); (3) um meio para decidir processos judiciais a respeito de compensação justa a vários empreendimentos de risco; e (4) um meio para determinar preços apropriados em setores regulamentados e possibilitar que os acionistas obtenham uma taxa de retorno justa em seus investimentos, mas não mais que isso.

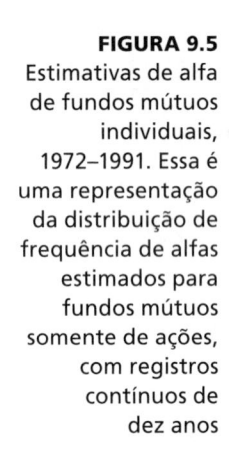

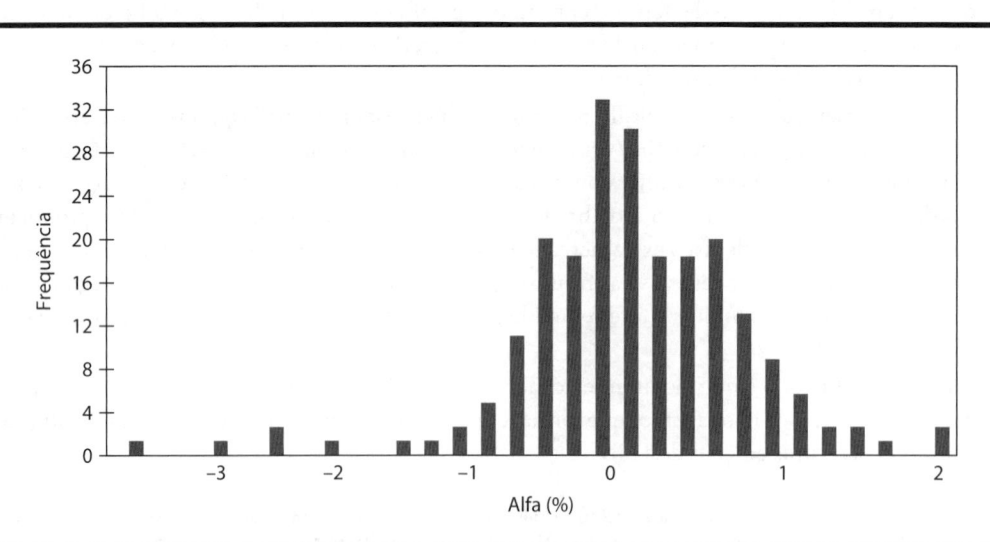

FIGURA 9.5
Estimativas de alfa de fundos mútuos individuais, 1972–1991. Essa é uma representação da distribuição de frequência de alfas estimados para fundos mútuos somente de ações, com registros contínuos de dez anos

Fonte: Burton G. Malkiel, "Returns from Investing in Equity Mutual Funds 1971–1991", *Journal of Finance,* 50, junho de 1995, pp. 549–572. Informações utilizadas com permissão da John Wiley & Sons por intermédio do Centro de Autorização de Direitos Autorais.

---

[32] Burton G. Malkiel, "Returns from Investing in Equity Mutual Funds 1971–1991", *Journal of Finance,* 50, junho de 1995, pp. 549–72.

[33] Observe que esse estudo incluiu todos os fundos mútuos com pelo menos dez anos de dados contínuos. Isso indica que o alfa médio dessa amostra pode seguir uma tendência ascendente porque os fundos que fracassaram após dez anos foram ignorados e omitidos na cauda esquerda da distribuição. Esse *viés de sobrevivência* torna a constatação de que o fundo médio teve um desempenho inferior ao do índice mais reveladora. Analisamos mais detalhadamente o viés de sobrevivência no Capítulo 11.

RESUMO

1. No CAPM, os investidores são considerados planejadores de período único que concordam com uma lista de dados comum resultante da análise de títulos e buscam carteiras ótimas de média-variância.

2. O CAPM pressupõe que os mercados de títulos são ideais no sentido de que:
   a. Eles são grandes e os investidores são tomadores de preço.
   b. Não há nenhum imposto nem custos de transação.
   c. Todos os ativos de risco são negociados publicamente.
   d. Os investidores podem tomar emprestado e emprestar qualquer montante por uma taxa fixa isenta de risco.

3. Com essas suposições, todos os investidores manterão carteiras de risco idênticas. O CAPM pressupõe que, em equilíbrio, a carteira de mercado é a única carteira de média-variância de tangência eficiente. Portanto, uma estratégia passiva é eficiente.

4. A carteira de mercado do CAPM é uma carteira ponderada pelo valor. Cada título é mantido em uma proporção igual ao seu valor de mercado dividido pelo valor de mercado total de todos os títulos.

5. Se a carteira de mercado for eficiente e o investidor médio nem tomar emprestado nem emprestar, o prêmio de risco da carteira de mercado será proporcional à sua variância, σ_M^2, e ao coeficiente médio de aversão ao risco entre os investidores, A:

$$E(r_M) - r_f = \bar{A}\sigma_M^2$$

6. O CAPM pressupõe que o prêmio de risco de qualquer ativo individual ou carteira é o produto do prêmio de risco da carteira no mercado e o coeficiente beta.

$$E(r_i) - r_f = \beta_i[E(r_M) - r_f]$$

onde o coeficiente beta é a covariância do ativo com a carteira de mercado como fração da variância dessa carteira:

$$\beta_i = \frac{\text{Cov}(r_i, r_M)}{\sigma_M^2}$$

7. Quando os investimentos isentos de risco são restritos, mas todas as outras suposições do CAPM se mantêm, a versão simples do CAPM é substituída por sua versão de beta zero. Correspondentemente, a taxa isenta na relação de retorno esperado-beta é substituída pela taxa de retorno esperada da carteira com beta zero:

$$E(r_i) = E(r_Z) + \beta_i[E(r_M) - E(r_Z)]$$

8. A versão simples do CAPM supõe que os investidores têm um horizonte de tempo de período único. Quando se considera que os investidores estão preocupados com o consumo ao longo da vida e os planos de doação testamentária, mas as preferências dos investidores e as distribuições de retorno dos títulos são estáveis, a carteira de mercado permanece eficiente e a versão simples da relação retorno esperado–beta se mantém. Entretanto, se essas distribuições mudarem imprevisivelmente ou se os investidores procurarem se proteger de fontes de risco não relacionadas ao mercado, o CAPM simples dará lugar a uma versão multifatorial em que a exposição do título a essas fontes de risco exigirá prêmios de risco.

9. O modelo de precificação de ativos financeiros baseado no consumo (*consumption-based capital asset pricing model – CCAPM*) é um modelo de fator único em que o retorno em excesso da carteira de mercado é substituído pelo de uma carteira de acompanhamento do consumo. Por ter apelo direto ao consumo, esse modelo incorpora naturalmente fatores de *hedge* de consumo e oportunidades de investimento variáveis dentro de uma estrutura de fator único.

10. A linha do mercado de títulos do CAPM deve ser alterada para levar em conta a renda de trabalho e outros ativos significativos não negociados.

11. Os custos de iliquidez e de risco de iliquidez podem ser incorporados na relação do CAPM. Os investidores exigem uma compensação pelos custos de iliquidez esperados, bem como pelo risco em torno desses custos.

Sites relacionados a este capítulo estão disponíveis em **www.grupoa.com.br**

PALAVRAS-CHAVE

alfa
beta
carteira com beta zero
carteira de mercado

expectativas homogêneas
iliquidez
linha do mercado de títulos (SML)
liquidez

preço de risco do mercado
relação retorno esperado-beta (ou média–beta)
teorema dos fundos mútuos

EQUAÇÕES BÁSICAS

Prêmio de risco do mercado: $E(R_M) = \bar{A}\sigma_M^2$

Beta: $\beta_i = \dfrac{\text{Cov}(R_i, R_M)}{\sigma_M^2}$

Linha do mercado de capitais: $E(r_i) = r_f + \beta_i[E(r_M) - r_f]$

SML de beta zero: $E(r_i) = E(r_z) + \beta_i[E(r_M) - E(r_Z)]$

SML multifatorial (em retornos em excesso): $E(R_i) = \beta_{iM}E(R_M) + \sum_{k=1}^{K} E(R_k)$

CONJUNTO DE PROBLEMAS

Básicos

1. Qual deverá ser o beta de uma carteira com $E(r_p) = 18\%$, se $rf = 6\%$ e $E(r_M) = 14\%$?

2. O preço de mercado de um título é US$ 50. Sua taxa de retorno esperada é 14%. A taxa isenta de risco é 6% e o prêmio de risco do mercado é 8,5%. Qual será o preço de mercado do título se seu coeficiente de correlação com a carteira de mercado dobrar (e todas as outras variáveis permanecerem inalteradas)? Suponhamos que se espera que a ação pague dividendos constantes perpetuamente.

3. As afirmações a seguir são verdadeiras ou falsas? Explique.
   a. As ações com beta zero oferecem uma taxa de retorno esperada de zero.
   b. O CAPM pressupõe que os investidores exigem um retorno mais alto para manter títulos extremamente voláteis.
   c. Você pode construir uma carteira de 0,75 investindo 0,75 do orçamento de investimento em letras do Tesouro e o restante na carteira de mercado.

4. Veja a seguir dados sobre duas empresas. A taxa das letras do Tesouro é 4% e o prêmio de risco do mercado é 6%.

Empresa	Loja de desconto de US$ 1	Tudo por US$ 5
Retorno previsto (%)	12	11
Desvio-padrão dos retornos (%)	8	10
Beta	1,5	1,0

Qual seria o retorno justo para cada empresa, de acordo com o modelo de precificação de ativos financeiros (CAPM)?

5. Indique se as empresas do problema anterior oferecem preços abaixo do normal, acima do normal ou adequados.

6. Qual será a taxa de retorno esperada para uma ação com beta de 1,0, se o retorno esperado no mercado for 15%?
   a. 15%.
   b. Mais de 15%.
   c. Não é possível determinar sem a taxa isenta de risco.

7. As ações da Kaskin, Inc., e da Quinn, Inc., têm beta de 1,2 e 0,6, respectivamente. Qual das seguintes afirmações é *mais* precisa?
   a. A taxa de retorno esperada das ações da Kaskin, Inc., será superior à da Quinn, Inc.
   b. O risco total das ações da Kaskin, Inc., é superior ao da Quinn, Inc.
   c. O risco sistemático das ações da Quinn, Inc., é maior do que o da Kaskin, Inc.

Intermediários

8. Você é consultor em uma grande empresa fabril e está pensando na possibilidade de um projeto com os seguintes fluxos de caixa após os impostos (em milhões de dólares):

Anos a partir do atual	Fluxo de caixa após os impostos
0	−40
1-10	15

O beta do projeto é 1,8. Supondo que $r_f = 8\%$ e $E(r_M) = 16\%$, qual será o valor presente líquido do projeto? Qual a estimativa mais alta possível de beta para o projeto antes de seu valor presente líquido se tornar negativo?

9. Considere a tabela a seguir, que apresenta o retorno esperado de um analista de títulos sobre duas ações, em relação a dois retornos de mercado específicos:

Retorno do mercado (%)	Ação agressiva (%)	Ação defensiva (%)
5	−2	6
25	38	12

a. Qual o beta das duas ações?
b. Qual será a taxa de retorno esperada de cada ação se o retorno do mercado tiver chances iguais de ser 5% ou 25%?
c. Se a taxa das letras do Tesouro for 6% e o retorno do mercado tiver chances iguais de ser 5 ou 25%, trace a SML referente a essa economia.
d. Represente os dois títulos em um gráfico de SML. Qual o alfa de cada um?
e. Que taxa de retorno mínimo deve ser utilizada pela gestão da empresa agressiva para um projeto que tenha as características de risco das ações da empresa defensiva?

Para os Problemas de 10 a 16: Se o CAPM simples for válido, quais das situações a seguir são possíveis? Explique. Considere cada situação independentemente.

10.

Carteira	Retorno esperado	Beta
A	20	1,4
B	25	1,2

11.

Carteira	Retorno esperado	Desvio-padrão
A	30	35
B	40	25

12.

Carteira	Retorno esperado	Desvio-padrão
Isenta de risco	10	0
Mercado	18	24
A	16	12

13.

Carteira	Retorno esperado	Desvio-padrão
Isenta de risco	10	0
Mercado	18	24
A	20	22

14.

Carteira	Retorno esperado	Beta
Isenta de risco	10	0
Mercado	18	1,0
A	16	1,5

15.

Carteira	Retorno esperado	Beta
Isenta de risco	10	0
Mercado	18	1,0
A	16	0,9

16.

Carteira	Retorno esperado	Desvio-padrão
Isenta de risco	10	0
Mercado	18	24
A	16	22

Nos Problemas 17 a 19, suponha que a taxa isenta de risco é 6% e a taxa de retorno esperada no mercado é 16%.

17. Determinada ação é vendida no momento por US$ 50. Ela pagará dividendos de US$ 6 por ação no final do ano. Seu beta é 1,2. A que preço os investidores esperam que a ação seja vendida no final do ano?
18. Estou comprando uma empresa com um fluxo de caixa perpétuo esperado de US$ 1.000, porém estou inseguro quanto ao risco. Se eu achar que o beta da empresa é 0,5, quando na verdade o beta é 1, quanto oferecerei a *mais* pela empresa em relação ao que ela realmente vale?
19. Uma ação tem um retorno esperado de 4%. Qual é seu beta?
20. Dois consultores de investimentos estão comparando desempenho. Um obteve uma taxa de retorno média de 19% e o outro, uma taxa de retorno de 16%. Porém, o beta do primeiro consultor foi 1,5, enquanto o beta do outro foi 1.
    a. Você pode dizer qual dos consultores escolheu melhor as ações individuais (desconsiderando a questão das mudanças no mercado)?
    b. Se a taxa das letras do Tesouro fosse 6% e o retorno de mercado durante o período fosse 14%, qual dos consultores teria escolhido melhor as ações?
    c. E se a taxa das letras do Tesouro fosse 3% e o retorno de mercado fosse 15%?
21. Suponhamos que a taxa de retorno dos títulos de curto prazo do governo (considerados isentos de risco) seja aproximadamente 5%. Suponhamos ainda que a taxa de retorno esperada exigida pelo mercado para uma carteira com beta de 1 seja 12%. De acordo com o modelo de precificação de ativos financeiros:
    a. Qual o retorno esperado sobre a carteira de mercado?
    b. Qual seria a taxa de retorno esperada de uma carteira com $\beta = 0$?
    c. Suponhamos que você esteja pensando em comprar uma ação por US$ 40. A previsão é de que a ação pagará dividendos de US$ 3 no ano seguinte, quando então você espera vendê-la por US$ 41. O risco da ação foi avaliado em $\beta = -0,5$. Essa ação está acima ou abaixo do preço?
22. Suponhamos que a contratação de empréstimo seja restrita e que portanto a versão de beta zero do CAPM seja válida. O retorno esperado da carteira de mercado é 17% e da carteira de beta zero é 8%. Qual o retorno esperado de uma carteira com beta de 0,6?
23. a. Um fundo mútuo com beta de 0,8 tem taxa de retorno esperada de 14%. Se $r_f = 5\%$ e você espera uma taxa de retorno de 15% sobre a carteira de mercado, você deve investir nesse fundo? Qual o alfa do fundo?
    b. Qual carteira passiva composta de uma carteira de índice de mercado e uma conta do mercado monetário teria o mesmo beta do fundo? Mostre que a diferença entre a taxa de retorno esperada nessa carteira passiva e a do fundo é igual ao alfa da parte (*a*).

Difíceis

24. Delineie como você incorporaria os itens a seguir no CCAPM:
    a. Liquidez.
    b. Ativos não negociados. (Você precisa se preocupar com a renda de trabalho?)

1. a. John Wilson é gestor de carteira na Austin & Associates. Para todos os seus clientes, ele gerencia carteiras que se encontram na fronteira eficiente de Markowitz. Wilson pede a Mary Regan, CFA e diretora geral da Austin, para rever a carteira de dois de seus clientes, a Eagle Manufacturing Company e a Rainbow Life Insurance Co. Os retornos esperados das duas carteiras são consideravelmente diferentes. Regan determina que a carteira da Rainbow é praticamente idêntica à carteira de mercado e conclui que ela deve ser superior à carteira da Eagle. Você concorda ou discorda da conclusão de Regan de que a carteira da Rainbow deve ser superior à da Eagle? Justifique sua resposta no contexto da linha do mercado de capitais.
   b. Wilson observa que a carteira da Rainbow tem um retorno esperado mais alto porque seu risco não sistemático é superior ao da carteira da Eagle. Defina o que é risco não sistemático e explique por que você concorda ou discorda da observação de Wilson.
2. Agora Wilson está avaliando o desempenho esperado de duas ações ordinárias, Furhman Labs Inc. e Garten Testing Inc. Ele coletou as seguintes informações:
   - A taxa isenta de risco é 5%.
   - O retorno esperado sobre a carteira de mercado é 11,5%.
   - O beta da ação da Furhman é 1,5.
   - O beta da ação da Garten é 0,8.

   Com base em sua análise, as previsões de retorno de Wilson sobre as duas ações são 13,25% para a Furhman e 11,25% para a Garten. Calcule a taxa de retorno exigida para a ação da Furhman Labs e para a ação da Garten Testing. Indique se cada ação está subvalorizada, tem valor justo ou está supervalorizada.
3. A linha do mercado de títulos retrata:
    a. O retorno esperado de um título como função de seu risco sistemático.
    b. A carteira de mercado como a carteira ótima de títulos de risco.
    c. A relação entre o retorno de um título e o retorno sobre um índice.
    d. A carteira completa como uma combinação entre carteira de mercado e ativo isento de risco.
4. No contexto do modelo de precificação de ativos financeiros (CAPM), presuma:
   - Retorno esperado sobre a carteira de mercado = 15%.
   - Taxa isenta de risco = 8%.
   - Taxa de retorno esperada sobre o título XYZ = 17%.
   - Beta do título XYZ = 1,25.

   Qual das afirmações a seguir é correta?
    a. XYZ está acima do preço.
    b. XYZ tem um preço justo.
    c. O alfa da XYZ é –0,25%.
    d. O alfa da XYZ é 0,25%.

5. Qual o retorno esperado de um título com beta zero?
    a. Taxa de retorno do mercado.
    b. Taxa de retorno zero.
    c. Taxa de retorno negativa.
    d. Taxa de retorno isenta de risco.
6. A teoria de precificação de ativos financeiros afirma que os retornos da carteira são mais adequadamente explicados por:
    a. Fatores econômicos.
    b. Risco específico.
    c. Risco sistemático.
    d. Diversificação.
7. De acordo com o CAPM, a taxa de retorno esperada de uma carteira com beta de 1,0 e alfa 0 é (está):
    a. Entre r_M e r_f.
    b. Taxa isenta de risco, r_f.
    c. $\beta(r_M - r_f)$.
    d. Retorno esperado do mercado, r_M.

A tabela a seguir mostra as medidas de risco e retorno de duas carteiras.

Carteira	Taxa de retorno anual média (%)	Desvio-padrão (%)	Beta
R	11	10	0,5
S&P 500	14	12	1,0

8. Ao plotar a carteira R na tabela anterior em relação à SML, a carteira R fica:
    a. Na SML.
    b. Abaixo da SML.
    c. Acima da SML.
    d. Não há dados suficientes.
9. Ao plotar a carteira R em relação à linha do mercado de capitais, a carteira R fica:
    a. Na CML.
    b. Abaixo da CML.
    c. Acima da CML.
    d. Não há dados suficientes.
10. Explique brevemente se os investidores devem esperar um retorno superior por manter a carteira A versus carteira B sob a teoria de precificação de ativos financeiros (CAPM). Suponha que as duas carteiras são bem diversificadas.

	Carteira A	Carteira B
Risco sistemático (beta)	1,0	1,0
Risco específico para cada título	Alto	Baixo

11. Joan McKay é o gestor de carteiras do departamento de fundos fiduciários de um banco. McKay se encontra com dois clientes, Kevin Murray e Lisa York, para rever seus objetivos de investimento. Ambos os clientes demonstram interesse em mudar seus objetivos. Mas atualmente ambos mantêm carteiras bem diversificadas de ativos de risco.
    a. Murray deseja aumentar o retorno esperado sobre sua carteira. Que medida McKay deve tomar para alcançar o objetivo de Murray? Justifique sua resposta no contexto da CML.
    b. York deseja reduzir a exposição ao risco de sua carteira, mas não quer se envolver em atividades de empréstimo para isso. Que medida McKay deve tomar para alcançar os objetivos de York. Justifique sua resposta no contexto da SML.
12. Karen Kay, gestora de carteiras da Collins Assets Management, está utilizando o modelo de precificação de ativos financeiros para fazer recomendações a seus clientes. Seu departamento de pesquisa gerou as informações mostradas na tabela abaixo:

Retornos, desvios-adrão e betas previstos			
	Retorno previsto (%)	Desvio-padrão (%)	Beta
Ação X	14,0	36	0,8
Ação Y	17,0	25	1,5
Índice de mercado	14,0	15	1,0
Taxa isenta de risco	5,0		

    a. Calcule o retorno esperado e o alfa de cada ação.
    b. Identifique e justifique qual das ações seria mais adequada para um investidor que deseja
        i. acrescentar essa ação a uma carteira de ações bem diversificada.
        ii. manter essa ação como uma carteira de ação única.

EXERCÍCIOS DE INVESTIMENTO NA WEB

A Fidelity fornece dados sobre o risco e retorno de seus fundos em www.fidelity.com. Clique no *link Research* (Pesquisa) e escolha *Mutual Funds* (Fundos Mútuos) no submenu. Na seção *Fund Evaluator* (Avaliador de Fundos), procure todos os fundos abertos sem taxas. Na tela seguinte, clique em *Risk/Volatility Measures* (Medidas de Risco/Volatilidade) e indique que você deseja filtrar os fundos com beta inferior ou igual a 0,50. Clique em *Search Funds* (Procurar Fundos) para ver os resultados. Escolha cinco fundos na lista resultante e clique em *Compare* (Comparar). Classifique os cinco fundos de acordo com o respectivo beta e depois com o respectivo desvio-padrão. As duas listas classificam os fundos na mesma ordem? Qual seria sua explicação para qualquer diferença nas classificações? Repita esse exercício para comparar cinco fundos que têm beta superior ou igual a 1,50. Ao classificar fundos pelo beta *versus* desvio-padrão, por que o grau de concordância pode diferir quando se utilizam fundos com beta alto *versus* baixo?

SOLUÇÕES PARA AS REVISÕES DE CONCEITOS

1. Podemos caracterizar toda a população com dois investidores representativos. Um é o investidor "desinformado", que não faz análise de títulos e mantém a carteira de mercado, enquanto o outro aperfeiçoa ao máximo utilizando o algoritmo de Markowitz com dados da análise de títulos. O investidor desinformado não sabe qual dado o investidor informado utiliza para comprar carteiras. No entanto, o investidor desinformado sabe que, se o outro investidor for informado, as proporções da carteira de mercado serão ótimas. Portanto, afastar-se dessas proporções seria uma aposta desinformada, que, na média, reduziria a eficiência da diversificação sem apresentar nenhum aumento compensador nos retornos esperados.

2. *a.* Substituindo a média histórica e o desvio-padrão na Equação 9.2, teremos um coeficiente de aversão ao risco de

$$\bar{A} = \frac{E(r_M) - r_f}{\sigma_M^2} = \frac{0{,}079}{0{,}232^2} = 1{,}47$$

b. Essa relação também nos diz que, para o desvio-padrão histórico e um coeficiente de aversão ao risco de 3,5, o prêmio de risco seria

$$E(r_M) - r_f = \bar{A}\sigma_M^2 = 3{,}5 \times 0{,}232^2 = 0{,}188 = 18{,}8\%$$

3. Para essas proporções de investimento, w_{Ford}, w_{Toyota}, a carteira β é

$$\beta_P = w_{Ford}\beta_{Ford} + w_{Toyota}\beta_{Toyota}$$
$$= (0{,}75 \times 1{,}25) + (0{,}25 \times 1{,}10) = 1{,}2125$$

Como o prêmio de risco do mercado, $E(r_M) - r_f$, é 8%, o prêmio de risco da carteira será

$$E(r_P) - r_f = \beta_P[E(r_M) - r_f]$$
$$= 1{,}2125 \times 8 = 9{,}7\%$$

4. O alfa de uma ação é seu retorno em excesso esperado em relação ao exigido pelo CAPM.

$$\alpha = E(r) - \{r_f + \beta[E(r_M) - r_f]\}$$
$$\alpha_{XYZ} = 12 - [5 + 1{,}0(11 - 5)] = 1\%$$
$$\alpha_{ABC} = 13 - [5 + 1{,}5(11 - 5)] = -1\%$$

A *ABC* fica abaixo da SML, enquanto a *XYZ* fica acima.

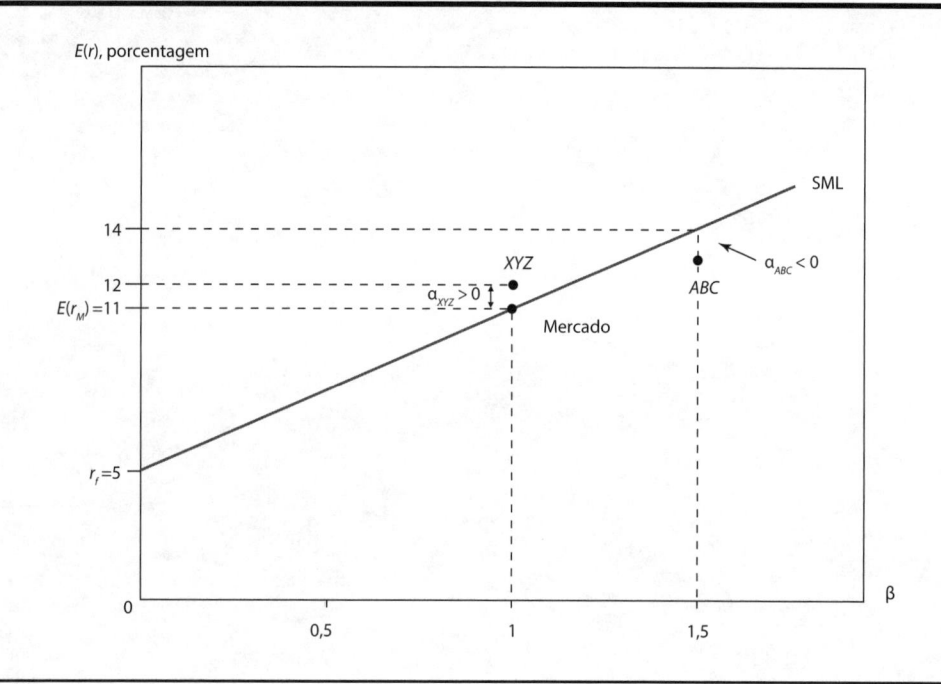

5. O retorno exigido específico ao projeto é determinado pelo beta do projeto acoplado ao prêmio de risco do mercado e à taxa isenta de risco. O CAPM nos diz que uma taxa de retorno esperada aceitável para o projeto é

$$r_f + \beta[E(r_M) - r_f] = 8 + 1{,}3(16 - 8) = 18{,}4\%$$

que se torna a taxa de retorno mínimo do projeto. Se a IRR do projeto for 19%, então ele será desejável. Qualquer projeto com IRR igual ou inferior a 18,4% deve ser rejeitado.

10
Teoria de precificação por arbitragem e modelos multifatoriais de risco e retorno

A EXPLORAÇÃO DE TÍTULOS com erro de apreçamento de uma maneira que é possível obter lucros isentos de risco é chamada de arbitragem, que envolve a compra e venda simultâneas de títulos equivalentes com o objetivo de extrair lucro das discrepâncias em seus preços. Talvez o princípio mais básico da teoria do mercado de capitais é que o os preços de equilíbrio do mercado são racionais no sentido de que eles eliminam oportunidades de arbitragem. Se os preços reais dos títulos permitirem arbitragem, o resultado será uma forte pressão para restabelecer o equilíbrio. Portanto, os mercados de títulos devem satisfazer a uma "condição de não arbitragem". Neste capítulo, mostramos como essas condições de não arbitragem, em conjunto com o modelo de fator introduzido no Capítulo 8, nos permitem generalizar a linha do mercado de títulos do modelo de precificação de ativos financeiros (*capital asset pricing modelo* – CAPM) para compreender melhor a relação entre risco e retorno.

Primeiro mostramos como a decomposição do risco em influências do mercado *versus* específicas à empresa, introduzidas em capítulos anteriores, podem ser estendidas para lidar com a natureza multifacetada do risco sistemático. Os modelos multifatoriais de retorno de título podem ser utilizados para medir e gerencia a exposição a vários fatores da economia em geral, como riscos relacionados aos ciclos econômicos, risco da taxa de juros ou de inflação, risco do preço da energia etc. Esses modelos também nos levam a uma versão multifatorial da linha do mercado de títulos em que os prêmios de risco provêm da exposição a várias fontes, cada uma com um prêmio de risco específico.

Mostramos como os modelos de fator associados com uma condição de não arbitragem levam a uma relação simples entre retorno esperado e risco. Essa abordagem sobre o *trade-off* entre risco e retorno é chamada de teoria de precificação por arbitragem (*arbitrage pricing theory* – APT). Em um mercado de fator único, em que não existe nenhum fator de risco extramercado, a APT resulta em uma equação de retorno médio-beta idêntica à do CAPM. Em um mercado multifatorial, com um ou mais fatores de risco extramercado, a APT gera uma equação média-beta semelhante à ampliação intertemporal do CAPM de Merton (ICAPM). Em seguida analisamos quais fatores são propensos a ser as fontes de risco mais importantes. São esses fatores geradores de uma demanda considerável de *hedging* que nos levaram ao CAPM multifatorial introduzido no Capítulo 9. Portanto, tanto a APT quanto o CAPM podem nos conduzir a versões de vários riscos da linha do mercado de títulos e enriquecer as percepções que podemos obter sobre a relação entre risco e retorno.

10.1 Modelos multifatoriais: visão geral

O modelo de índice introduzido no Capítulo 8 nos ofereceu uma forma de decompor a variabilidade das ações em risco de mercado ou sistemático, devido em grande parte a eventos macroeconômicos, *versus* efeitos específicos à empresa ou idiossincráticos que podem ser diversificados em grandes carteiras. No modelo de índice único, o retorno sobre a carteira de índice amplo de mercado apresentou um resumo do impacto dos fatores macro. No Capítulo 9, introduzimos a possibilidade de os prêmios de risco dos ativos também dependerem de correlações com fatores de risco extramercado, como inflação ou mudanças nos parâmetros que descrevem futuras oportunidades de investimento: taxas de juros, volatilidade, prêmios de risco do mercado e betas. Por exemplo, os retornos sobre um ativo que aumentam quando a inflação aumenta podem ser utilizados para oferecer proteção contra a incerteza sobre a taxa de inflação futura. O prêmio de risco pode cair em virtude da demanda extra dos investidores por esse ativo.

Os prêmios de risco de títulos individuais devem refletir sua sensibilidade a mudanças nos fatores de risco extramercado do mesmo modo que os respectivos betas no índice de mercado determinam os prêmios de risco no CAPM simples. Quando os títulos puderem ser utilizados para oferecer proteção contra esses fatores, as demandas de *hedging* resultantes transformarão a linha do mercado de títulos (*security market line* – SML) multifatorial e, nesse caso, cada fonte de risco que pode receber proteção acrescentará um fator adicional à SML. Os fatores de risco podem ser representados por retornos sobre essas carteiras protegidas (do mesmo modo que a carteira de índice representa o fator de mercado) ou mais diretamente por mudanças nas taxas de juros ou na inflação.

Modelos de fator de retorno de título

Começamos com um modelo de fator único familiar semelhante ao introduzido no Capítulo 8. A incerteza em relação aos retornos de um ativo tem duas fontes: um fator comum ou macroeconômico e eventos específicos à empresa. O fator comum é construído para ter valor esperado zero porque o utilizamos para avaliar *novas* informações referentes à macroeconomia, a qual, por definição, tem valor esperado zero.

Se chamarmos F de desvio do fator comum em relação ao seu valor esperado, β_i a sensibilidade de uma empresa i a esse fator e e_i o distúrbio específico à empresa, o modelo de fator estabelece que o retorno em excesso real da empresa i será igual ao seu valor esperado inicial mais um valor aleatório (valor esperado zero) atribuível a eventos imprevistos na economia em geral, mais outro valor aleatório (valor esperado zero) atribuível a eventos específicos à empresa.

Formalmente, o **modelo de fator único** de retornos em excesso é descrito pela Equação 10.1:

$$R_i = E(R_i) + \beta_i F + e_i \tag{10.1}$$

onde $E(R_i)$ é o retorno em excesso esperado sobre a ação i. Observe que, se o fator macro tiver valor 0 em qualquer período específico (isto é, nenhuma surpresa macro), o retorno em excesso sobre o título será igual ao valor previamente esperado, $E(R_i)$, mais o efeito apenas dos eventos específicos à empresa. Os componentes não sistemáticos dos retornos, e_is, são considerados não correlacionados entre as ações com o fator F.

A decomposição dos retornos do modelo de fator em componentes sistemáticos e específicos à empresa é convincente, mas a restrição do risco sistemático a um único fator não é. Aliás, quando definimos o risco sistemático como fonte dos prêmios de risco no Capítulo 9, ressaltamos que podem surgir riscos extramercado de inúmeras fontes, como incerteza quanto à taxa de juros, inflação etc. O retorno do mercado reflete fatores macro e também a sensibilidade média das empresas a esses fatores.

> **REVISÃO DE CONCEITOS 10.1**
>
> Suponhamos que atualmente você espere que a ação no Exemplo 10.1 obtenha uma taxa de retorno de 10%. Então uma notícia macroeconômica indica que o crescimento do PIB será 5%, e não 4%. De que forma você reverá sua estimativa sobre a taxa de retorno esperada da ação?

> **EXEMPLO 10.1** || Modelos de fator
>
> Para tornar o modelo de fator mais concreto, considere um exemplo. Suponhamos que o fator macro, F, seja considerado uma notícia sobre a situação do ciclo econômico, avaliado com base na mudança percentual imprevista no produto interno bruto (PIB), e que o consenso é de que o PIB aumentará em 4% no presente ano. Suponhamos ainda que o valor β de uma ação seja 1,2. Se o PIB aumentar em apenas 3%, o valor de F será 21%, o que representa um insucesso de 1% no crescimento real *versus* esperado. Em vista do beta da ação, esse insucesso poderia ser traduzido em um retorno sobre as ações 1,2% inferior ao previamente esperado. Essa surpresa macro, associada ao distúrbio específico à empresa, e_i, determina o desvio total do retorno da ação em relação ao valor originalmente esperado.

É evidente que uma representação mais explícita do risco sistemático, que possibilite que diferentes ações exibam diferentes sensibilidades a seus vários componentes, constituiria um aprimoramento útil do modelo de fator único. É fácil observar que os modelos que levam em conta diversos fatores – **modelos multifatoriais** – podem oferecer caracterizações mais adequadas sobre os retornos dos títulos.

Além de sua utilização para a criação de modelos de precificação de títulos de equilíbrio, os modelos multifatoriais são úteis nas aplicações de gestão de riscos. Esses modelos nos oferecem uma alternativa simples para avaliar a exposição do investidor a vários riscos macroeconômicos e construir carteiras que ofereçam proteção contra esses riscos.

Comecemos com um modelo de dois fatores. Suponhamos que as duas fontes macroeconômicas de risco mais importantes sejam incertezas em torno da condição do ciclo econômico – informações sobre o qual avaliaremos novamente de acordo com o crescimento imprevisto no PIB – e mudanças nas taxas de juros. Chamaremos de IR qualquer mudança inesperada nas taxas de juros. O retorno sobre qualquer ação responderá tanto a fontes de risco macro quanto a influências específicas à própria empresa. Podemos indicar o modelo de dois fatores que descreve o retorno em excesso sobre a ação i em determinado período da seguinte maneira:

$$Ri = E(R_i) + \beta_{iPIB}PIB + \beta_{iIR}IR + e_i \qquad (10.2)$$

Os dois fatores macro no lado direito da equação compreendem os fatores sistemáticos da economia. Tal como no modelo de fator único, esses dois fatores macro têm expectativa zero: eles representam mudanças nessas variáveis que ainda não foram previstas. Os coeficientes de cada fator na Equação 10.2 medem a sensibilidade dos retornos acionários a esse fator. Por esse motivo, algumas vezes os coeficientes são chamados de *cargas fatoriais* ou, equivalentemente, **betas fatoriais**. Como a elevação nas taxas de juros é uma notícia ruim para a maioria das empresas, geralmente somos levados a esperar betas de taxa de juros negativos. Como antes, e_i reflete influências específicas à empresa.

Para mostrar as vantagens dos modelos multifatoriais, considere duas empresas, uma companhia hidrelétrica regulamentada em uma área principalmente residencial, e uma companhia aérea. Pelo fato de a demanda residencial de eletricidade não ser muito sensível ao ciclo econômico, a hidrelétrica tem beta de PIB baixo. Contudo, o preço das ações da hidrelétrica pode ter uma sensibilidade relativamente alta às taxas de juros. Como o fluxo de caixa gerado pela hidrelétrica é relativamente estável, seu valor presente comporta-se de uma maneira bem semelhante ao de uma obrigação, variando inversamente com as taxas de juros. Em contraposição, o desempenho da companhia aérea é muito sensível à atividade econômica, mas menos sensível às taxas de juros. Ela terá um beta de PIB alto e um beta de taxa de juros mais baixo. Suponhamos que em um dia específico, uma notícia indique que haverá expansão econômica. O PIB deverá aumentar, mas também as taxas de juros. Essa "notícia macro" nesse dia é boa ou ruim? Para a hidrelétrica, é uma má notícia. Sua principal sensibilidade é em relação às taxas de juros. Contudo, para a companhia aérea, que reage mais ao PIB, essa é uma boa notícia. Obviamente, um modelo de fator único ou de índice único não é capaz de identificar essas respostas diferenciais a fontes variadas de incerteza macroeconômica.

Os betas fatoriais podem oferecer uma estrutura para uma estratégia de proteção. A ideia para um investidor que deseja proteção contra uma fonte de risco é estabelecer uma exposição a um

---

EXEMPLO 10.2 || Avaliação de risco por meio de modelos multifatoriais

Suponhamos que estimemos o modelo de dois fatores na Equação 10.2 para a Northeast Airlines e encontremos o seguinte resultado:

$$R = 0,133 + 1,2(PIB) - 0,3(IR) + e$$

Isso nos indica que, com base nas informações atualmente disponíveis, a taxa de retorno em excesso esperada para a Northeast é 13,3%, mas que, para cada ponto percentual no PIB acima das expectativas atuais, o retorno sobre as ações da Northeast aumenta em 1,2% em média, ao passo que, para cada ponto percentual imprevisto de aumento na taxa de juros, as ações da Northeast diminuem em 0,3% em média.

fator oposto para compensar essa fonte de risco específica. Com frequência os contratos de futuros podem ser utilizados para proteger determinadas exposições a fatores de risco. Examinaremos essa aplicação no Capítulo 22.

Entretanto, da forma como ele é hoje, o modelo multifatorial nada mais é que uma *descrição* dos fatores que afetam os retornos dos títulos. Não há nenhuma "teoria" na equação. A pergunta óbvia ainda não respondida por um modelo de fator semelhante à Equação 10.2 é de onde $E(R)$ provém; em outras palavras, o que determina a taxa de retorno em excesso de um título. É aí que precisamos de um modelo teórico de retornos de título de equilíbrio. Por esse motivo, agora recorremos à teoria de precificação por arbitrage para determinarmos o valor esperado, $E(R)$, nas Equações 10.1 e 10.2.

10.2 Teoria de precificação por arbitragem

Stephen Ross desenvolveu a **teoria de precificação por arbitragem** (*arbitrage pricing theory* – APT) em 1976.[1] Tal como o CAPM, a APT prevê a linha do mercado de títulos (*security market line* – SML) que associa os retornos esperados ao risco, mas o caminho que a conduz à SML é bem diferente. A APT de Ross apoia-se em três principais proposições: (1) os retornos dos títulos podem ser descritos por um modelo de fator; (2) existem títulos suficientes para diversificar o risco idiossincrático; e (3) os mercados de títulos que funcionam bem não permitem a permanência de oportunidades de arbitragem. Começamos com um versão simples do modelo de Ross, que pressupõe que apenas um fator sistemático afeta os retornos dos títulos.

Arbitragem, arbitragem de risco e equilíbrio

Existe oportunidade de **arbitragem** quando um investidor pode obter lucro isento de risco sem realizar um investimento líquido. Um exemplo comum em que é possível surgir oportunidade de arbitragem é quando as ações de uma empresa são vendidas por preços diferentes em duas bolsas diferentes. Por exemplo, suponhamos que as ações da IBM estejam sendo vendidas por US$ 195 na NYSE e por apenas US$ 193 na Nasdaq. Nesse caso, você poderia comprar ações na Nasdaq e as vender simultaneamente na NYSE, obtendo assim um lucro isento de risco de US$ 2 por ação, sem empatar nenhum capital próprio. A **lei de preço único** estabelece que, se dois ativos forem equivalentes em todos os aspectos economicamente relevantes, eles devem ter o mesmo preço de mercado. A lei de preço único é imposta pelos arbitradores: se eles observarem que houve violação dessa lei, eles se envolverão em uma *atividade de arbitragem* – comprarão o ativo onde ele está barato e simultaneamente o venderão onde ele está caro. Nesse processo, eles elevarão o processo onde ele está baixo e o forçarão para baixo onde ele está alto até o momento em que a oportunidade de arbitragem for eliminada.

A ideia de que os preços de mercado mudarão para impedir oportunidades de arbitragem talvez seja o conceito mais fundamental na teoria do mercado de capitais. A violação dessa restrição indicaria a forma mais grosseira de irracionalidade do mercado.

A característica crucial de uma carteira de arbitragem isenta de risco é que qualquer investidor, independentemente de sua aversão ao risco ou riqueza, desejará assumir uma posição infinita nessa carteira. Como essas grandes posições forçarão rapidamente os preços para cima ou para baixo, até o momento em que a oportunidade desaparecer, os preços dos títulos devem satisfazer uma condição de "não arbitragem", isto é, uma condição que elimine a existência de oportunidades de arbitragem.

Existe uma diferença importante entre o argumento de arbitragem e o argumento de predominância de risco-retorno a favor da relação de preços de equilíbrio. O argumento de predominância sustenta que, quando uma relação de preços de equilíbrio é violada, muitos investidores fazem poucas mudanças na carteira, dependendo de seu grau de aversão ao risco. A agregação dessas poucas mudanças na carteira é necessária para criar um grande volume de compra e venda, o que, por sua vez, restaura os preços de equilíbrio. Em contraposição, quando existem oportunidades de

---
[1] Stephen A. Ross, "Return, Risk and Arbitrage", em I. Friend e J. Bicksler (eds.), *Risk and Return in Finance* (Cambridge, MA: Ballinger, 1976).

arbitragem, todo investidor deseja assumir a maior posição possível; por isso, não é preciso muitos investidores para criar as pressões de preço necessárias para restaurar o equilíbrio. Portanto, as implicações para os preços decorrentes dos argumentos de não arbitragem são mais intensas do que as implicações decorrentes de um argumento de predominância de risco-retorno.

O CAPM é um exemplo de predominância e implica que todos os investidores mantêm carteiras eficientes de média-variância. Se um título estiver com preço incorreto, os investidores tenderão a direcionar suas carteiras para os títulos abaixo do preço e a afastá-las daqueles que estão acima do preço. A pressão sobre os preços de equilíbrio provém do fato de vários investidores mudarem suas carteiras, cada um segundo uma quantia relativamente pequena. A suposição de que existe um grande número de investidores que otimizam a média-variância é fundamental. Em contraposição, a implicação de uma condição de não arbitragem é que poucos investidores que identificam uma oportunidade de arbitragem mobilizarão uma grande quantia e restaurarão rapidamente o equilíbrio.

Os profissionais da área costumam empregar os termos *arbitragem* e *arbitradores* de uma maneira mais vaga, comparativamente à nossa definição mais precisa. O termo arbitrador com frequência se refere ao profissional que está procurando títulos com erro de apreçamento em áreas específicas, como ações de empresas-alvo de fusão, e não àquele que procura oportunidades de arbitragem estritas (isentas de risco). Essa atividade às vezes é chamada de **arbitragem de risco** para distingui-la de arbitragem pura.

Apenas para adiantar, na Parte Quatro analisaremos os títulos "derivativos", como futuros e opções, cujos valores de mercado são determinados pelos preços de outros títulos. Por exemplo, o valor de uma opção de compra sobre uma ação é determinado pelo preço dessa ação. No caso desses títulos, a arbitragem é uma possibilidade prática e a condição de não arbitragem resulta em precificação exata. No caso de ações e outros títulos "primitivos" cujos valores não são determinados estritamente por outro conjunto de ativos, as condições de não arbitragem devem ser obtidas recorrendo-se a argumentos de diversificação.

Carteiras bem diversificadas

Considere o risco de uma carteira de ações em um mercado de fator único. Primeiro mostramos que, se uma carteira estiver bem diversificada, seu risco específico à empresa ou não relacionado a um fator, torna-se desprezível. Desse modo, permanece apenas o risco de fator (ou sistemático). O retorno em excesso sobre uma carteira de n ações, com pesos w_i, $\Sigma w_i = 1$, é

$$R_p = E(R_p) + \beta_p F + e_p \qquad (10.3)$$

onde

$$\beta_p = \Sigma w_i \beta_i; \quad E(R_p) = \Sigma w_i E(R_i)$$

são os pesos médios de β_i e os prêmios de risco de n títulos. O componente não sistemático da carteira (que não está correlacionado com F) é $e_p = \Sigma w_i e_i$, que, de modo semelhante, é uma média ponderada do e_i de n títulos.

Podemos dividir a variância dessa carteira em fontes sistemática e não sistemática:

$$\sigma_p^2 = \beta_p^2 \sigma_F^2 + \sigma^2(e_p)$$

onde σ_F^2 é a variância do fator F e $\sigma^2(e_p)$ é o risco não sistemático da carteira, que é dado por

$$\sigma^2(e_p) = \text{Variância}(\Sigma w_i e_i) = \Sigma w_i^2 \sigma^2(e_i)$$

Observe que a dedução da variância não sistemática da carteira depende de os e_is específicos à empresa não estarem correlacionados e, portanto, de a variância da "carteira" de e_is não sistemáticos ser a soma ponderada das variâncias não sistemáticas individuais com o *quadrado* das proporções de investimento como peso.

Em uma carteira igualmente ponderada, $w_i = 1/n$, a variância não sistemática seria

$$\sigma^2(e_p) = \text{Variância}(\Sigma w_i e_i) = \sum \left(\frac{1}{n}\right)^2 \sigma^2(e_i) = \frac{1}{n}\sum \frac{\sigma^2(e_i)}{n} = \frac{1}{n}\overline{\sigma}^2(e_i)$$

> **REVISÃO DE CONCEITOS 10.2**
>
> a. Uma carteira tem um número bastante grande de ações (n é grande). Entretanto, metade da carteira tem ações 1 e o restante está igualmente dividido entre as outras $n - 1$ ações. Essa carteira é bem diversificada?
>
> b. Outra carteira tem as mesmas n ações, onde n é bastante grande. Em vez de uma carteira igualmente ponderada com pesos de $1/n$ em cada ação, os pesos em metade dos títulos são $1,5/n$, enquanto os pesos nas demais ações são $0,5/n$. Essa carteira é bem diversificada?

onde o último termo é o valor médio da variância não sistemática entre os títulos. Textualmente, a variância não sistemática da carteira é igual à variância não sistemática média dividida por n. Portanto, quando n é grande, a variância não sistemática aproxima-se de zero. Esse é o efeito da diversificação.

Essa propriedade é verdadeira para carteiras que não são igualmente ponderadas. *Qualquer* carteira para a qual cada w_i torna-se consistentemente menor à medida que n aumenta (mais precisamente, para a qual cada w_i^2 aproxima-se de zero à medida que n aumenta) satisfará a condição que estabelece que o risco não sistemático da carteira se aproximará de zero. Essa propriedade nos motiva a definir uma **carteira bem diversificada** como aquela em que cada peso, w_i, é tão pequeno que, para finalidades práticas, a variância não sistemática, $\sigma^2(e_P)$, é desprezível.

Como o valor esperado de e_P para qualquer carteira bem diversificada é zero e sua variância também é efetivamente zero, podemos concluir que qualquer valor realizado de e_P será praticamente zero. Reescrevendo a Equação 10.1, concluímos que, no caso de uma carteira bem diversificada, para todas as finalidades práticas

$$R_P = E(R_P) + \beta_P F$$

A linha sólida na Figura 10.1, Painel A, representa o retorno em excesso de uma carteira bem diversificada A com $E(R_A) = 10\%$ e $\beta_A = 1$ para várias realizações do fator sistemático. O retorno esperado da carteira A é 10%; é aí que a linha sólida cruza o eixo vertical. Nesse ponto, o fator sistemático é zero, o que significa que não existe nenhuma surpresa macro. Quando o fator macro é positivo, o retorno da carteira supera o valor esperado; quando ele é negativo, o retorno da carteira fica aquém de sua média. Portanto, o retorno em excesso da carteira é

$$E(R_A) + \beta_A F = 10\% = 1,0 \times F$$

Compare o Painel A da Figura 10.1 com o Painel B, que é um gráfico semelhante ao de uma ação única (S) com $\beta_s = 1$. A ação não diversificada está sujeita ao risco não sistemático, que é visto na dispersão de pontos em torno da linha. O retorno da carteira bem diversificada, em contraposição, é determinado completamente pelo fator sistemático.

Em um mundo de fator único, todos os pares de carteiras bem diversificadas estão perfeitamente correlacionados: seu risco é totalmente determinado pelo mesmo fator sistemático. Considere uma segunda carteira bem diversificada, carteira Q, com $R_Q = E(R_Q) + \beta_Q F$. Podemos calcular os desvios-padrão de P e Q, bem como a covariância e a correlação entre eles:

$$\sigma_P = \beta_P \sigma_F;\ \sigma_Q = \beta_Q \sigma_F$$
$$\text{Cov}(R_P, R_Q) = \text{Cov}(\beta_P F, \beta_Q F) = \beta_P \beta_Q \sigma_F^2$$
$$\rho_{PQ} = \frac{\text{Cov}(R_P, R_Q)}{\sigma_P \sigma_Q} = 1$$

A correlação perfeita significa que, em um gráfico de retorno esperado *versus* desvio-padrão (como na Figura 7.5), qualquer carteira bem diversificada posiciona-se em uma linha reta. Veremos posteriormente que essa linha comum é a linha do mercado de capitais (*capital market line* – CML).

Diversificação e risco residual na prática

Qual o efeito da diversificação sobre o desvio-padrão residual da carteira *na prática*, em que o tamanho da carteira não é ilimitado? Na realidade, podemos encontrar desvios-padrão residuais (anualizados) tão altos quanto 50% para ações de alta capitalização e mesmo de 100% para ações de baixa capitalização. Para mostrar o impacto da diversificação, examinamos duas configurações de carteira. Uma é igualmente ponderada; ela obtém os melhores benefícios da diversificação com

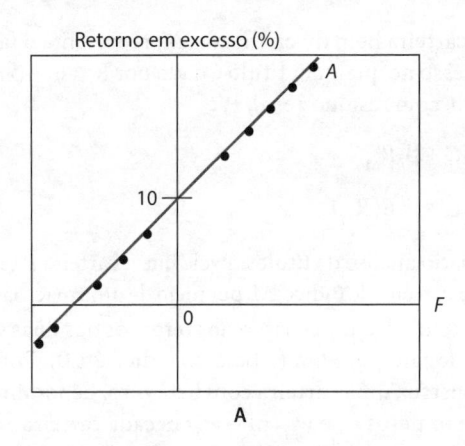

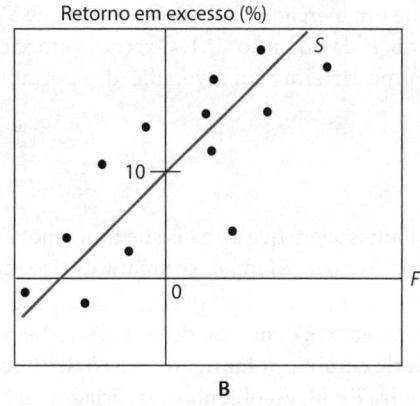

FIGURA 10.1 Retornos em excesso como função do fator sistemático. *Painel A*, carteira bem diversificada. *Painel B*, ação única (S)

ações com o mesmo desvio-padrão. A título de comparação, formamos outra carteira utilizando pesos bem diferentes. Escolhemos ações em grupos de quatro, com pesos relativos em cada grupo de 70, 15, 10 e 5%. O peso mais alto é 14 vezes superior ao mais baixo, o que diminuirá drasticamente os benefícios da diversificação. Entretanto, a diversificação ampliada, na qual acrescentamos à carteira mais e mais grupos de quatro ações com os mesmos pesos relativos, supera esse problema porque o peso de carteira mais alto continua a cair com a diversificação adicional. Em uma carteira igualmente ponderada de 1.000 ações, cada peso é 0,1%; na carteira desigualmente ponderada, com 1.000/4 = 250 grupos de quatro ações, os pesos mais alto e mais baixo, respectivamente, 70%/250 = 0,28 e 5%/250 = 0,02%.

Qual é a carteira grande? Muitos fundos negociados em bolsa (*exchange-traded funds* – ETFs) bastante pulverizados incluem centenas de ações e alguns fundos, como o Wilshire 5.000, mantêm milhares. Essas carteiras são acessíveis ao público porque os índices de despesas anuais das empresas de investimento que oferecem esses fundos são da ordem de apenas 10 pontos-base. Portanto, uma carteira de 1.000 ações não é comum, mas uma carteira com 10 mil ações é.

A Tabela 10.1 mostra o desvio-padrão residual como função do número de ações. As carteiras igualmente ponderadas com 1.000 ações alcançam um desvio-padrão pequeno mas não desprezível de 1,58% quando o risco residual é 50 e de 3,16% quando o risco residual é 100%. Os desvios-padrão de carteiras não balanceadas são quase duas vezes esses valores. No caso de carteiras com 10 mil ações, os desvios-padrão são desprezíveis, o que confirma que a diversificação consegue eliminar o risco até mesmo de carteiras não balanceadas, pelo menos em princípio, se o universo de investimentos for suficientemente grande.

TABELA 10.1 Variância residual com pesos pares e ímpares de carteira

Desvio-padrão residual de cada ação = 50%		Desvio-padrão residual de cada ação = 100%	
N	SD(e_p)	N	N SD(e_p)
Pesos iguais: $w_i = 1/N$			
4	25,00	4	50,00
60	6,45	60	12,91
200	3,54	200	7,07
1.000	1,58	1.000	3,16
10.000	0,50	10.000	1,00
Conjuntos de quatro pesos relativos: $w_1 = 0,65$, $w_2 = 0,2$, $w_3 = 0,1$, $w_4 = 0,05$			
4	36,23	4	72,46
60	9,35	60	18,71
200	5,12	200	10,25
1.000	2,29	1.000	4,58
10.000	0,72	10.000	1,45

Executando arbitragem

Imagine um mercado de fator único em que a carteira bem diversificada, M, representa o fator de mercado, F, da Equação 10.1. O retorno em excesso de qualquer título é dado por $R_i = \alpha_i + \beta_i R_M + e_i$ e o de uma carteira bem diversificada (portanto, com resíduo zero), P, é

$$R_P = \alpha_P + \beta_P R_M \tag{10.4}$$

$$E(R_P) = \alpha_P + \beta_P E(R_M) \tag{10.5}$$

Suponhamos agora que a análise de título mobiliário análise de títulos revele que a carteira P tem alfa positivo.[2] Avaliamos também o prêmio de risco da carteira de índice, M, por meio de uma macroanálise.

Como nem a carteira M nem a P têm risco residual, o único risco dos retornos das duas carteiras é sistemático, deduzido do respectivo beta do fator comum (o beta do índice é 1,0). Portanto, você pode eliminar totalmente o risco de P: construa uma carteira com beta zero, denominada Z, da carteira P e M, escolhendo apropriadamente os pesos w_P e $w_M = 1 - w_P$ em cada carteira:

$$\begin{aligned} \beta_Z &= w_P \beta_P + (1 - w_P) = \beta_M 0 \\ \beta_M &= 1 \\ w_P &= \frac{1}{1 - \beta_P}; \; w_M = 1 - w_P = \frac{-\beta_P}{1 - \beta_P} \end{aligned} \tag{10.6}$$

Portanto, a carteira Z é isenta de risco e seu alfa é

$$\alpha_Z = w_P \alpha_P + (1 - w_P) \alpha_M = w_P \alpha_P \tag{10.7}$$

O prêmio de risco da Z deve ser zero porque seu risco é zero. Se o prêmio de risco não fosse zero, você poderia obter lucro de arbitragem. Veja como:

Como o beta de Z é zero, a Equação 10.5 implica que seu prêmio de risco é justamente seu alfa. Utilizando a Equação 10.7, seu alfa é $w_P \alpha_P$. Portanto,

$$E(R_Z) = w_P \alpha_P = \frac{1}{1 - \beta_P} \alpha_P \tag{10.8}$$

Agora você forma uma carteira de arbitragem de investimento líquido zero: se $\beta_P < 1$ e o prêmio de risco de Z for positivo (o que implica que Z retorna mais do que uma taxa isenta de risco), contraia um empréstimo e invista nos rendimentos de Z. Para cada dólar tomado emprestado e investido em Z, você obtém um retorno líquido (isto é, líquido do pagamento de juros sobre seu empréstimo) de $\frac{1}{1 - \beta_P} \alpha_P$. Trata-se de uma máquina de fazer dinheiro, que você utilizaria o máximo que pudesse.[3] De modo semelhante, se $\beta_P > 1$, a Equação 10.8 nos indica que o prêmio de risco é negativo; portanto, venda Z a descoberto e invista os rendimentos pela taxa isenta de risco. Novamente foi criada uma máquina de fazer dinheiro. Nenhuma das situações consegue persistir porque o grande volume de negociações de arbitradores que estão adotando essas estratégias forçaram os preços até o momento em que a oportunidade de arbitragem desaparecer (isto é, até o momento em que o prêmio de risco da carteira Z for igual a zero).

Equação de não arbitragem da APT

Vimos que a atividade de arbitragem fixará rapidamente o prêmio de risco de qualquer carteira bem diversificada com beta zero em zero.[4] A definição da expressão na Equação 10.8 como zero

---

[2] Se o alfa da carteira for negativo, ainda assim poderemos adotar a estratégia a seguir. Simplesmente mudaríamos para uma posição vendida em P, que teria um alfa positivo com o mesmo valor absoluto de P e um beta que é o negativo de P.

[3] A função na Equação 10.8 torna-se instável em $\beta_P = 1$. Para valores de β_P próximos de 1, ela se torna infinitamente grande com o sinal de α_P. Isso não seria um absurdo do ponto de vista econômico porque, nesse caso, o tamanho de sua posição comprada em P e de sua posição vendida em M será quase idêntico e o lucro de arbitragem que você obtém por *unidade monetária investida* será praticamente infinito.

[4] Como exercício, mostre que, quando $\alpha_P < 0$, você inverte a posição de P em Z e a carteira de arbitragem ainda assim obterá um retorno em excesso isento de risco.

exige que o alfa de *qualquer* carteira bem diversificada também seja zero. Com base na Equação 10.5, isso significa que, para qualquer carteira bem diversificada *P*,

$$E(R_P) = \beta_P E(R_M) \tag{10.9}$$

Em outras palavras, o prêmio de risco (retorno em excesso esperado) sobre a carteira *P* e o produto de seu beta e do prêmio de risco do índice de mercado. Desse modo, a Equação 10.9 estabelece que a SML do CAPM aplica-se a carteiras bem diversificadas simplesmente em virtude da exigência de "não arbitragem" da APT.

Outra demonstração de que a APT gera a mesma SML que o CAPM é naturalmente mais gráfica. Primeiro mostramos por que todas as carteiras bem diversificadas com o mesmo beta devem ter o mesmo retorno esperado. A Figura 10.2 representa os retornos de duas carteiras, *A* e *B*, ambas com beta 1, mas retornos esperados diferentes: $E(r_A) = 10\%$ e $E(r_B) = 8\%$. As carteiras *A* e *B* poderiam coexistir com o padrão de retorno retratado? Óbvio que não: independentemente do fator sistemático que se revelar, a carteira *A* superará o desempenho da *B*, gerando uma oportunidade de arbitragem.

Se você vendesse a descoberto US$ 1 milhão de *B* e comprasse US$ 1 milhão de *A*, uma estratégia de investimento líquido zero, você teria um *payoff* isento de risco de US$ 20 mil, da seguinte forma:

$(0,10 + 1,0 \times F) \times$ US$ 1 milhão	de uma posição comprada em A
$-(0,08 + 1,0 \times F) \times$ US$ 1 milhão	da posição vendida em B
$0,02 \times$ US$ 1 milhão = US$ 20.000	rendimentos líquidos

Seu lucro é isento de risco porque o risco de fator se neutraliza entre as posições comprada e vendida. Além disso, essa estratégia exige um investimento líquido zero. Você deve adotá-la em uma escala infinitamente ampla até que a discrepância entre os retornos das duas carteiras despareça. As carteiras bem diversificadas com beta idêntico devem ter retornos esperados iguais quando o mercado está em equilíbrio; do contrário, haverá oportunidade de arbitragem.

E quanto às carteiras com beta diferente? Seus prêmios de risco devem ser proporcionais ao beta. Para ver por quê, considere a Figura 10.3. Suponhamos que a taxa isenta de risco seja 5% e que a carteira bem diversificada, *C*, com beta 0,5, tenha um retorno esperado de 6%. A carteira *C* fica abaixo da linha entre o ativo isento de risco e a carteira *A*. Portanto, considere um nova carteira, *D*, composta de metade da carteira *A* e metade do ativo isento de risco. O beta da carteira *D* será $(0,5 \times 0 + 0,5 \times 1,0) = 0,5$ e seu retorno esperado será $(0,5 \times 4 + 0,5 \times 10) = 7\%$. Agora a carteira *D* tem um beta idêntico, mas um retorno esperado mais alto do que o da carteira *C*. Com base em nossa análise no parágrafo anterior, sabemos que isso constitui uma oportunidade de arbitragem. Concluímos que, para impedir oportunidades de arbitragem, o retorno esperado sobre todas as carteiras bem diversificadas deve estar na linha reta do ativo isento de risco apresentado na Figura 10.3.

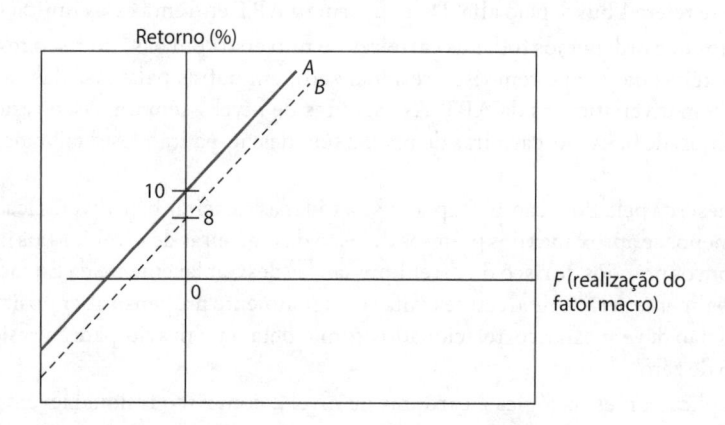

FIGURA 10.2 Retornos como função do fator sistemático: uma oportunidade de arbitragem

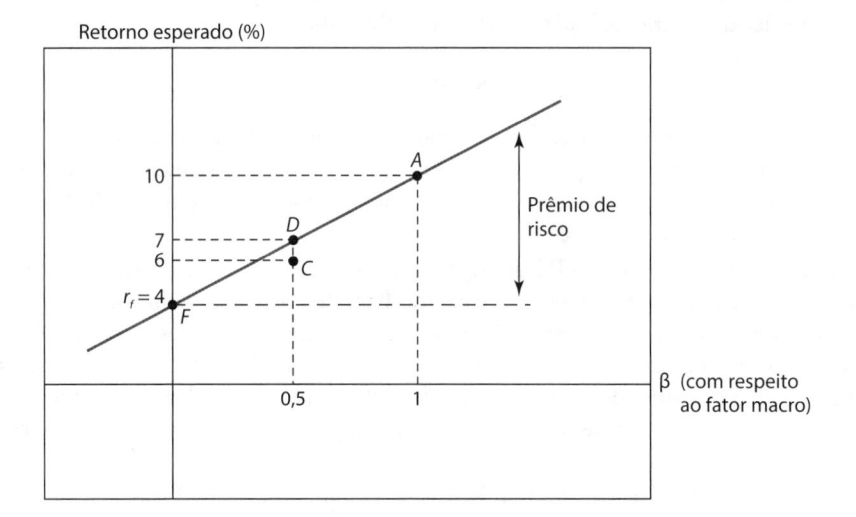

FIGURA 10.3
Uma oportunidade de arbitragem

Observe que na Figura 10.3 os prêmios de risco são de fato proporcionais ao beta da carteira. O prêmio de risco é retratado pela seta vertical, que mede a distância entre a taxa isenta de risco e o retorno esperado sobre a carteira. Tal como no CAPM simples, o prêmio de risco é zero para $\beta = 0$ e eleva-se de uma maneira diretamente proporcional ao β.

10.3 A APT, o CAPM e o modelo de índice

A Equação 10.9 traz à tona três perguntas:

1. A APT também se aplica a carteiras nem um pouco diversificadas?
2. A APT é um modelo de risco e retorno superior ou inferior ao CAPM? Precisamos de ambos?
3. Suponhamos que um analista de títulos identifique uma carteira com alfa positivo e algum risco residual remanescente. Já não temos uma prescrição para esse caso proveniente do procedimento de Treynor-Black (T-B) aplicado ao modelo de índice (Capítulo 8)? Essa estrutura é preferível à APT?

A APT e o CAPM

A APT baseia-se no princípio das carteiras bem diversificadas. Entretanto, vimos na Tabela 10.1, por exemplo, que até mesmo as grandes carteiras podem ter um risco residual não desprezível. Algumas carteiras indexadas podem ter centenas ou milhares de ações, mas as carteiras ativas geralmente não podem, porque existe um limite ao número de ações que podem ser ativamente analisadas no que se refere à busca pelo alfa. De que forma a APT enfrenta essas limitações?

Suponhamos que ordenemos todas as carteiras no universo com base no risco residual. Considere que as carteiras de nível 0 têm risco residual zero; em outras palavras, elas são as carteiras teoricamente bem diversificadas da APT. As carteiras de nível 1 têm um risco residual bastante pequeno, digamos, de 0,5%. As carteiras de nível 2 têm desvio-padrão residual mais alto de, digamos, 1% etc.

Se a SML descrita pela Equação 10.9 aplicar-se a todas as carteiras bem diversificadas de nível 0, ela deverá ao menos se aproximar dos prêmios de risco das carteiras de nível 1. Mais importante do que isso, embora os prêmios de risco do nível 1 possam se desviar levemente da Equação 10.9, esses desvios provavelmente serão imparciais e o alfa será igualmente propenso a ser positivo ou negativo. Os desvios não devem estar correlacionados com o beta ou o desvio-padrão residual e devem girar em torno de zero.

Podemos aplicar a mesma lógica a carteiras de nível 2 com risco residual levemente superior. Visto que todas as carteiras de nível 1 ainda são bem aproximadas pela Equação 10.9, o mesmo deve ocorrer com os prêmios de risco das carteiras de nível 2, embora com uma precisão um pouco menor. Neste caso também, podemos ficar tranquilos com a falta de viés e média dos desvios zero dos prêmios de risco previstos pela Equação 10.9. Contudo, a precisão das previsões de prêmio de risco da Equação 10.9 deteriora sistematicamente com o risco residual crescente. (Alguém poderia perguntar por que não transformamos as carteiras de nível 1 em nível 2 ou mesmo em carteiras de nível 0 aumentando a diversificação. Contudo, tal como ressaltamos, isso talvez não seja possível na prática para ativos com risco residual considerável, quando o tamanho da carteira ativa ou o tamanho do universo de investimentos é limitado.) Se o risco residual for suficientemente alto e os impedimentos para uma diversificação completa forem muito onerosos, não poderemos ter total confiança na APT e nas atividades de arbitragem que a fundamentam.

Não obstante essa deficiência, a APT é valiosa. Primeiro, lembre-se de que o CAPM exige que quase todos os investidores sejam otimizadores da média-variância. Poderíamos supor que eles não são. A APT nos livra dessa suposição. É suficiente que um pequeno número de arbitradores esclarecidos esquadrinhem o mercado à procura de oportunidades de arbitragem. Isso por si só gera uma SML, Equação 10.9, que é uma aproximação adequada e imparcial para todos os ativos, exceto para aqueles com risco residual significativo.

Talvez mais importante seja o fato de a APT estar ancorada por carteiras observáveis, como o índice de mercado. O CAPM não é nem mesmo testável, porque ele se apoia em uma carteira inobservada que inclui tudo. O motivo de a APT não ser totalmente superior ao CAPM é que, em nível de ativos individuais e alto risco residual, a arbitragem pura pode ser insuficiente para impor a Equação 10.9. Portanto, precisamos recorrer ao CAPM enquanto constructo teórico complementar por trás dos prêmios de risco de equilíbrio.

Entretanto, é necessário ressaltar que, quando substituímos a carteira de mercado inobservada do CAPM por uma observada, uma carteira de índice amplo que talvez não seja eficiente, não podemos mais ter certeza de que o CAPM prevê imparcialmente os prêmios de risco de todos os ativos. Portanto, nenhum dos modelos está livre de limitações. Comparar a estratégia de arbitragem da APT com a maximização do índice de Sharpe no contexto de um modelo de índice pode de fato ser uma estrutura de análise mais útil.

APT e a carteira de otimização em um mercado de índice único

A APT é expressa em um mercado de fator único[5] e aplica-se com perfeita precisão a carteiras *bem diversificadas*. Ela mostra de que forma os arbitradores podem gerar lucros infinitos se o prêmio de risco de uma carteira bem diversificada desviar-se da Equação 10.9. As negociações realizadas por esses arbitradores são o que impõe a precisão dessa equação.

Em vigor, a APT mostra de que forma se obtém vantagem do erro de apreçamento de um título quando existem muitas oportunidades de diversificação. Quando você garante e amplia uma oportunidade de arbitragem, pode ter certeza de que ficará riquíssimo, independentemente da composição do restante de sua carteira, mas somente se a carteira de arbitragem for de fato isenta de risco! Contudo, se a posição de arbitragem não for perfeitamente bem diversificada, ampliá-la (contrair um empréstimo em dinheiro ou em ações para vender a descoberto) aumentará o risco da posição de arbitragem de uma forma possivelmente ilimitada. A APT ignora essa complexidade.

Considere agora um investidor que enfrenta o mesmo mercado de fator único e cuja análise de títulos revela um ativo (ou uma carteira) abaixo do preço, isto é, um ativo cujo prêmio de risco implica um alfa positivo. Esse investidor pode seguir os conselhos entremeados nos Capítulos 6-8 para construir uma carteira de risco ótima. O processo de otimização considerará tanto o potencial de lucro de um ativo com erro de apreçamento quanto o risco da carteira geral e da carteira eficiente. Como vimos no Capítulo 8, o procedimento de Treynor-Black (T-B) pode ser resumido da maneira a seguir.[6]

---

[5] A APT é facilmente ampliada para um mercado multifatorial, tal como mostramos mais adiante.

[6] O enfado de algumas expressões relacionadas ao método de T-B não deve intimidar ninguém. Os cálculos são bastante diretos e objetivos, particularmente em uma planilha. A estimativa dos parâmetros de risco também é uma tarefa estatística relativamente objetiva. A dificuldade real é descobrir o alfa dos títulos e o prêmio de risco do fator macro, RP_M.

1. Estime o prêmio de risco e o desvio-padrão da carteira de referência (de índice), RP_M e σ_M.
2. Insira todos os ativos que estão com erro de apreçamento em uma carteira ativa. Chame o alfa da carteira ativa de α_A, seu coeficiente de risco sistemático de β_A e seu risco residual de $\sigma(e_A)$. Sua carteira de risco ótima alocará um peso à carteira ativa, w_A^*:

$$w_A^0 = \frac{\alpha_A/\sigma^2(e_A)}{E(R_M)/\sigma_M^2}; \quad w_A^* = \frac{w_A^0}{1 + w_A^0(1 - \beta_A)}$$

A alocação à carteira passiva é, portanto, $w_M^* = 1 - w_A^*$. Com essa alocação, o aumento no índice de Sharpe da carteira ótima, S_P, em relação ao da carteira passiva, S_M, depende da magnitude do índice de informação da carteira ativa, $IR_A = \alpha_A/\sigma(e_A)$. A carteira otimizada pode alcançar um índice de Sharpe de $SP = \sqrt{S_M^2 + IR_A^2}$.

3. Para maximizar o índice de Sharpe da carteira de risco, você maximiza a IR da carteira ativa. Isso é possível alocando a cada ativo da carteira ativa um peso de carteira proporcional a: $w_{Ai} = \alpha_i/\sigma^2(e_i)$. Com esse procedimento, o quadrado do índice de informação da carteira ativa será a soma dos índices de informação individuais ao quadrado: $IR_A^2 = \sum IR_i^2$.

Observe agora o que ocorre no modelo de T-B, quando o risco residual da carteira ativa é zero. Esta é basicamente a suposição da APT, de que é possível criar uma carteira bem diversificada (com risco residual zero). Quando o risco residual da carteira ativa chega a zero, a posição nessa carteira eleva-se ao infinito. A dedução a seguir é precisamente a mesma dedução da APT: quando as carteiras são bem diversificadas, é possível ampliar irrestritamente uma posição de arbitragem. De modo semelhante, quando o risco residual de um ativo na carteira ativa de T-B for zero, isso desordenará todos os outros ativos dessa carteira e, portanto, o risco residual da carteira ativa será zero e desencadeará a mesma reação extrema na carteira.

Quando os riscos residuais são diferentes de zero, o procedimento de T-B produz a carteira de risco ótima, que é uma conciliação entre a busca pelo alfa e o afastamento de um possível risco diversificável. A APT ignora totalmente o risco residual, supondo que ele foi eliminado por meio da diversificação. Obviamente, não temos nenhuma aplicação da APT nesse contexto. Quando o risco residual pode ser reduzido por meio da diversificação, o modelo de T-B prescreve posições extremamente agressivas (grandes) em títulos com preço incorreto que exercem imensa pressão sobre os prêmios de risco para eliminar valores de alfa diferentes de zero. O modelo de T-B faz o que a APT deveria fazer, mas com maior flexibilidade para conciliar os limites práticos à diversificação. Nesse sentido, Treynor e Black previram o desenvolvimento da APT.

10.4 APT multifatorial

Presumimos até aqui que somente um fator sistemático afeta os retornos acionários. Essa suposição simplificadora na verdade é muito simplista. Percebemos que é fácil pensar em vários fatores determinados pelo ciclo econômico que poderiam afetar os retornos acionários: flutuações nas taxas de juros, taxas de inflação etc. Presumivelmente, a exposição a qualquer um desses fatores afetará o risco das ações e, portanto, seu retorno esperado. Podemos deduzir uma versão multifatorial da APT para conciliar essas várias fontes de risco.

Suponha que generalizemos o modelo de fator único expresso na Equação 10.1 para um modelo de dois fatores:

$$R_i = E(R_i) + \beta_{i1}F_1 + \beta_{i2}F_2 + e_i \tag{10.10}$$

No Exemplo 10.2, o fator 1 era o desvio do crescimento do PIB em relação às expectativas e o fator 2 era a mudança imprevista nas taxas de juros. O valor esperado de cada fator é zero porque cada um mede a *surpresa* na variável sistemática, em vez de o nível da variável. De modo semelhante, o componente do retorno esperado específico à empresa, e_i, também tem um valor esperado de zero. A ampliação desse modelo de dois fatores para qualquer número de fatores é simples e direta.

EXEMPLO 10.3 || Explorando o alfa

A Tabela 10.2 resume um experimento básico que compara as prescrições e previsões da APT e do modelo de T-B na presença de valores realistas de risco residual. Utilizamos valores de alfa relativamente pequenos (1 e 3%), três níveis de risco residual coerentes com os valores na Tabela 10.1 (2, 3 e 4%) e dois níveis de beta (0,5 e 2) para abarcar o provável intervalo de parâmetros razoáveis.

O primeiro conjunto de colunas na Tabela 10.2, intitulado "Carteira Ativa", mostra os valores de referência em cada exemplo. O segundo conjunto de colunas, intitulado "Carteira de Arbitragem de Investimento Zero (Beta Zero)", mostra o peso na carteira ativa e o índice de informação resultante dessa carteira. Esse seria o índice de Sharpe se a posição de arbitragem (a carteira com alfa positivo e beta zero) compusesse a carteira de risco completa (tal como seria prescrito pela APT). O último conjunto de colunas mostra a posição de T-B na carteira ativa que maximiza o índice de Sharpe da carteira de risco geral. A última coluna mostra o incremento ao índice de Sharpe da carteira de T-B em relação à carteira da APT.

TABELA 10.2 Desempenho da APT *versus* modelo de índice quando a diversificação do desvio-padrão é incompleta

Índice de prêmio de risco = 7			Índice de desvio-padrão = 20			Índice de Sharpe = 0,35		
Carteira ativa			Carteira de arbitragem de investimento líquido zero (beta zero)			Procedimento de Treynor-Black		
Alfa (%)	Desvio-padrão residual	Beta	w na ativa	Índice de informação	$w(\beta = 0)$	$w(\beta)$	Índice de Sharpe	Índice de Sharpe incremental
1	4	0,5	2	0,25	3,57	1,28	0,43	0,18
1	4	2	1	0,25	3,57	1,00	0,43	0,18
1	3	0,5	2	0,33	6,35	1,52	0,48	0,15
1	3	2	1	0,33	6,35	1,00	0,48	0,15
1	2	0,5	2	0,50	14,29	1,75	0,61	0,11
1	2	2	1	0,50	14,29	1,00	0,61	0,11
3	4	0,5	2	0,75	10,71	1,69	0,83	0,08
3	4	2	1	0,75	10,71	1,00	0,83	0,08
3	3	0,5	2	1,00	19,05	1,81	1,06	0,06
3	3	2	1	1,00	19,05	1,00	1,06	0,06
3	2	0,5	2	1,50	42,86	1,91	1,54	0,04
3	2	2	1	1,50	42,86	1,00	1,54	0,04

Tenha em mente que, mesmo quando os dois modelos exigem um peso semelhante na carteira ativa (compare w na ativa, para o modelo da APT, e w(beta) para o modelo de T-B), eles mesmo assim prescrevem uma carteira de risco geral diferente. A APT presume investimento zero acima do que é necessário para eliminar o risco de mercado da carteira ativa. Em contraposição, o procedimento de T-B escolhe uma mistura de carteira ativa e de índice para maximizar o índice de Sharpe. Com um investimento idêntico na carteira ativa, a carteira de T-B ainda assim pode incluir outros investimentos na carteira de índice.

Para obter o índice de Sharpe da carteira de risco, precisamos do índice de Sharpe da carteira de índice. Como estimativa, utilizamos o retorno médio e o desvio-padrão do índice amplo de mercado (NYSE + Amex + Nasdaq) ao longo do período de 1926-2012. A linha superior (sobre os títulos de coluna) da Tabela 10.2 mostra um índice de Sharpe anual de 0,35. As linhas da tabela são ordenadas pelo índice de informação da carteira ativa.

A Tabela 10.2 mostra que o procedimento de T-B melhora visivelmente o índice de Sharpe em comparação ao índice de informação da APT (para a qual a IR também é o índice de Sharpe). Entretanto, à medida que o índice de informação da carteira ativa aumenta, a diferença na carteira ativa de T-B e da APT diminui, assim como a diferença entre os respectivos índices de Sharpe. Em outras palavras, quanto mais alto o índice de informação, mais próximos estaremos de uma oportunidade de arbitragem isenta de risco e mais próximas serão as prescrições do modelo da APT e do modelo de T-B.

EXEMPLO 10.4 || SML multifatorial

Suponhamos que as duas carteiras fatoriais, 1 e 2, tenham um retorno esperado de $E(r_1) = 10\%$ e $E(r_2) = 12\%$. Suponhamos ainda que a taxa isenta de risco seja 4%. O prêmio de risco na primeira carteira fatorial é 10% – 4% = 6%, ao passo que o da segunda é 12% – 4% = 8%.

Consideremos agora uma carteira bem diversificada, A, com um beta no primeiro fator de $\beta_{A1} = 0,5$ e um beta no segundo fator de $\beta_{A2} = 0,75$. A APT multifatorial postula que o prêmio de risco geral nessa carteira deve ser igual à soma dos prêmios de risco exigidos como compensação para cada fonte de risco sistemático. O prêmio de risco atribuível ao fator de risco 1 deve ser a exposição da carteira ao fator 1, β_{A1}, vezes o prêmio de risco obtido na carteira do primeiro fator, $E(r1) - r_f$. Portanto, a porção do prêmio de risco da carteira A que representa a compensação por sua exposição ao primeiro fator de risco é $\beta_{A1}[E(r_1) - r_f] = 0,5(10\% - 4\%) = 3\%$, enquanto o prêmio de risco atribuível ao fator de risco 2 é $\beta_{A2}[E(r_2) - r_f] = 0,75(12\% - 4\%) = 6\%$. Desse modo, o prêmio de risco total da carteira deve ser 3% + 6% = =9% e o retorno total deve ser 4% + 9% = 13%.

Agora podemos generalizar a APT simples para uma versão multifatorial mais genérica. Primeiro, contudo, devemos introduzir o conceito de **carteira fatorial**, que é uma carteira bem diversificada construída para ter beta 1 em um dos fatores e beta zero em qualquer outro fator. Podemos pensar na carteira fatorial como uma *carteira de acompanhamento*. Ou seja, os retornos nessa carteira acompanham a evolução de determinadas fontes de risco macroeconômico, mas não estão correlacionados com outras fontes de risco. É possível formar essas carteiras fatoriais porque temos muitos títulos para escolher e um número relativamente pequeno de fatores. As carteiras fatoriais servirão como carteiras de referência para uma linha do mercado de títulos multifatorial. A SML multidimensional prevê que a exposição a cada fator de risco contribui para o prêmio de risco total do título com um valor equivalente ao beta fatorial vezes o prêmio de risco da carteira fatorial que acompanha essa fonte de risco. Mostramos com um exemplo.

Para generalizar o argumento no Exemplo 10.4, observe que as exposições a fatores de risco de qualquer carteira, P, são expressas pelos betas respectivos, β_{P1} e β_{P2}. Uma carteira concorrente, Q, pode ser formada por meio de um investimento nas carteiras com os seguintes pesos: β_{P1} na carteira do primeiro fator, β_{P2} na carteira do segundo fator e $1 - \beta_{P1} - \beta_{P2}$ em letras do Tesouro. Intencionalmente, a carteira Q terá betas iguais aos da carteira P e retorno esperado de

$$E(r_Q) = \beta_{P1}E(r_1) + \beta_{P2}E(r_2) + (1 - \beta_{P1} - \beta_{P2})r_f$$
$$= r_f + \beta_{P1}[E(r_1) - r_f] + \beta_{P2}[E(r_2) - r_f] \tag{10.11}$$

Utilizando os números do Exemplo 10.4:

$$E(r_Q) = 4 + 0,5 \times (10 - 4) + 0,75 \times (12 - 4) = 13\%$$

EXEMPLO 10.5 || Erro de apreçamento e arbitragem

Suponhamos que o retorno esperado carteira A do Exemplo 10.4 fosse 12%, e não 13%. Esse erro de apreçamento poderia criar uma oportunidade de arbitragem. Crie uma carteira com base nas carteiras fatoriais com os mesmos betas da carteira A. Isso requer um peso de 0,5 na carteira do primeiro fator, 0,75 na carteira do segundo fator e –0,25 no ativo isento de risco. Essa carteira tem exatamente os mesmos betas fatoriais da carteira A: ela tem beta 0,5 no primeiro fator, em virtude de seu peso 0,5 na carteira do primeiro fator, e beta 0,75 no segundo fator. (O peso de –0,25 nas letras isentas de risco do Tesouro não afeta a sensibilidade a qualquer um dos fatores.)

Agora invista US$ 1 na carteira Q e venda (a descoberto) US$ 1 na carteira A. Seus investimento líquido é zero, mas seu lucro esperado em dólar é positivo e igual a

$$\text{US\$ } 1 \times E(r_Q) - \text{US\$ } 1 \times E(r_A) = \text{US\$ } 1 \times 0,13 - \text{US\$ } 1 \times 0,12 = \text{US\$ } 0,01$$

Além disso, sua posição líquida é isenta de risco. Sua exposição a cada fator de risco neutralizada porque você tem uma posição comprada de US$ 1 na carteira Q e uma posição vendida de US$ 1 na carteira A, e essas duas carteiras bem diversificadas têm exatamente o mesmo beta fatorial. Portanto, se o retorno esperado da carteira A for diferente do retorno da carteira Q, você poderá obter um lucro positivo isento de risco sobre uma posição de investimento líquido zero. Essa é uma oportunidade de arbitragem.

Como a carteira Q no Exemplo 10.5 tem precisamente as mesmas exposições da carteira A às duas fontes de risco, os respectivos retornos esperados também devem ser iguais. Desse modo, a carteira A deve ter também um retorno esperado de 13%. Se ela não tiver, haverá oportunidade de arbitragem.[7]

Concluímos que qualquer carteira bem diversificada com betas β_{P1} e β_{P2} deve ter o retorno expresso na Equação 10.11 para que se possa impossibilitar as oportunidades de arbitragem. A Equação 10.11 simplesmente generaliza a SML de fator único.

Em conclusão, a ampliação da SML multifatorial da Equação 10.11 para ativos individuais é precisamente igual à da APT de fator único. A Equação 10.11 não poderá ser satisfeita por qualquer carteira bem diversificada se não for satisfeita aproximadamente por títulos individuais. Desse modo, a Equação 10.11 representa a SML multifatorial para uma economia com várias fontes de risco.

Ressaltamos anteriormente que uma das aplicações do CAPM é oferecer taxas de retorno "justas" para serviços de utilidade pública regulamentados. A APT multifatorial pode ser utilizada para a mesma finalidade. O quadro a seguir resume um estudo no qual a APT foi utilizada para encontrar o custo de capital de companhias de energia elétrica regulamentadas. Observe que as estimativas empíricas de prêmio de risco para taxas de juros e inflação nesse quadro são negativas, tal como defendemos que seria cabível em nossa discussão no Exemplo 10.2.

> **REVISÃO DE CONCEITOS 10.3**
>
> Utilizando as carteiras fatoriais do Exemplo 10.4, encontre a taxa de retorno de equilíbrio de uma carteira com $\beta_1 = 0{,}2$ e $\beta_2 = 1{,}4$.

10.5 O modelo de três fatores de Fama-French (FF)

A abordagem atualmente prevalecente para especificar os fatores candidatos a fontes relevantes de risco sistemático utiliza características da empresa que, em termos empíricos, parecem representar uma exposição a riscos sistemáticos. Os fatores escolhidos são variáveis que em evidências passadas parecem prever bem os retornos médios e, portanto, podem estar captando prêmios de risco. Um exemplo de abordagem desse tipo é o modelo de três fatores de Fama e French e suas variantes, que passaram a predominar nas pesquisas empíricas e nas aplicações do setor:[8]

$$R_{it} = \alpha_i + \beta_{iM}R_{Mt} + \beta_{iSMB}\text{SMB}_t + \beta_{iHML}\text{HML}_t + e_{it} \quad (10.12)$$

onde

SMB = *small minus big* (pequeno menos grande), isto é, retorno de uma carteira de ações de baixa capitalização superior ao retorno de uma carteira de ações de alta capitalização.

HML = *high minus low* (alto menos baixo), isto é, retorno de uma carteira de ações com um alto índice de valor contábil/valor de mercado superior ao retorno de uma carteira de ações com baixo índice de valor contábil/valor de mercado.

Observe que nesse modelo o índice de mercado tem uma função e deve captar o risco sistemático proveniente de fatores macroeconômicos.

Essas duas variáveis características de uma empresa são escolhidas em virtude das observações consagradas de que a capitalização corporativa (tamanho da empresa) e o índice de valor contábil/ valor de mercado preveem desvios dos retornos médios das ações em relação a níveis condizentes com o CAPM. Fama e French justificam esse modelo com fundamentos empíricos: Embora SMB e HML não sejam em si candidatos óbvios a fatores de risco relevantes, o argumento é de que essas variáveis podem representar variáveis mais fundamentais ainda desconhecidas. Por exemplo, Fama e French ressaltam que as empresas com alto índice de valor contábil/valor de mercado tendem a enfrentar maiores dificuldades financeiras e que as ações de empresas de pequeno porte são mais suscetíveis a mudanças nas condições econômicas. Desse modo, essas variáveis podem detectar a suscetibilidade a fatores de risco na macroeconomia. Outras evidências sobre o modelo de Fama-French são apresentadas no Capítulo 13.

---

[7] O prêmio de risco da carteira A é 9% (superior ao prêmio de risco histórico da S&P 500), não obstante o fato de o beta, abaixo de 1, *parecer* defensivo. Isso evidencia outra distinção entre o modelo multifatorial e o modelo de único. Embora um beta superior a 1 em um mercado de fator único seja agressivo, não podemos afirmar com antecedência que ele seria agressivo ou defensivo em uma economia multifatorial em que os prêmios de risco dependem da soma das contribuições de vários fatores.

[8] Eugene F. Fama e Kenneth R. French, "Multifactor Explanations of Asset Pricing Anomalies", *Journal of Finance*, 51, 1996, pp. 55-84.

DESTAQUE DA REALIDADE

UTILIZANDO A APT PARA ENCONTRAR O CUSTO DE CAPITAL

Elton, Gruber e Mei* utilizam a APT para deduzir o custo de capital dos serviços de utilidade pública de energia elétrica. Eles presumem que os fatores de risco relevantes são fenômenos imprevistos na estrutura de prazo das taxas de juros, o nível das taxas de juros, o ciclo econômico (medido pelo PIB), as taxas de câmbio e uma medida resumida que eles conceberam para avaliar outros fatores macro.

O primeiro passo é estimar o prêmio de risco associado à exposição a cada fator. Eles fazem isso utilizando uma estratégia de dois passos (que descreveremos pormenorizadamente no Capítulo 13):

1. *Estime as cargas fatoriais (isto é, betas) de uma grande amostra de empresas.* Faça a regressão dos retornos de 100 ações escolhidas aleatoriamente em comparação com os fatores de risco sistemático. Eles utilizam regressão de série temporal para cada ação (p. ex.: 60 meses de dados) e, portanto, estimam 100 regressões, uma para cada ação.
2. *Estime a recompensa obtida por unidade de exposição a cada fator de risco.* Para cada mês, faça a regressão do retorno de cada ação em comparação com os cinco betas estimados. O coeficiente em cada beta é o retorno médio extra obtido quando o beta aumenta, isto é, é uma estimativa do prêmio de risco para esse fator de risco com base nos dados desse mês. Obviamente, essas estimativas estão sujeitas a erro de amostragem. Portanto, tire a média das estimativas de prêmio de risco entre os 12 meses de cada ano. A resposta *média* do retorno ao risco está menos sujeita a erro de amostragem.

Os prêmios de risco estão na coluna do meio da tabela reproduzida a seguir.

Observe que alguns prêmios de risco são negativos. A interpretação desse resultado é que o prêmio de risco deve ser positivo para os fatores de risco aos quais você não deseja se expor, mas *negativo* para os fatores aos quais você *deseja* exposição. Por exemplo, você pode desejar títulos com retornos mais altos quando a inflação aumenta e se dispor a aceitar retornos esperados mais baixos nesses títulos; isso se evidencia como um prêmio de risco negativo.

Fator	Prêmio de risco de fator	Fator beta da Niagara Mohawk
Estrutura de prazo	0,425	1,0615
Taxas de juros	−0,051	−2,4167
Taxas de câmbio	−0,049	1,3235
Ciclo econômico	0,041	0,1292
Inflação	−0,069	−0,5220
Outros fatores macro	0,530	0,3046

Portanto, o retorno esperado sobre qualquer título deve estar relacionado com seu beta fatorial, da seguinte forma:

$$r_t + 0{,}425\,\beta_{est.\,prazo} - 0{,}051\,\beta_{taxa\,de\,juros}$$
$$-0{,}049\,\beta_{taxa\,de\,câmbio} + 0{,}041\,\beta_{ciclo\,econômico} - 0{,}069\,\beta_{inflação} + 0{,}530\,\beta_{outros}$$

Por fim, para obter o custo de capital de determinada empresa, os autores estimam o beta da empresa em relação a cada fonte de risco, multiplicam cada beta fatorial pelo "custo do risco do fator" com base na tabela a seguir, somam todas as fontes de risco para obter o prêmio de risco total e adicionam a taxa isenta de risco.

Por exemplo, as estimativas de beta da Niagara Mohawk aparecem na última coluna da tabela. Portanto, seu custo de capital é

$$\begin{aligned}\text{Custo de capital} &= r_f + 0{,}425 \times 1{,}0615 - 0{,}051(-2{,}4167)\\ &\quad -0{,}049(1{,}3235) + 0{,}041(0{,}1292)\\ &\quad -0{,}069(-0{,}5220) + 0{,}530(0{,}3046)\\ &= r_f + 0{,}72\end{aligned}$$

Em outras palavras, o custo de capital mensal da Niagara Mohawk é 0,72% superior à taxa isenta de risco mensal. Portanto, seu prêmio de risco anualizado é 0,72% × 12 = 8,64%.

*Edwin J. Elton, Martin J. Gruber e Jianping Mei, "Cost of Capital Using Arbitrage Pricing Theory: A Case Study of Nine New York Utilities", *Financial Markets, Institutions, and Instruments*, 3, agosto de 1994, pp. 46-68.

O problema com abordagens empíricas como o modelo de Fama-French, que utiliza representantes para fontes de risco extramercado, é que nenhum dos fatores nos modelos propostos pode ser claramente identificado como proteção contra uma fonte de incerteza significativa. Black[9] ressalta que, quando os pesquisadores examinam e reexaminam os bancos de dados de retornos de título à procura de fatores explicativos (uma atividade com frequência denominada *data-snooping*), em algum momento eles podem descobrir "padrões" passados devidos puramente ao acaso. Black observa que os prêmios de retorno para fatores como tamanho da empresa têm se revelado inconsistentes desde quando foram descobertos. Entretanto, Fama e French demonstraram que o tamanho e o índice de valor contábil/valor de mercado previram retornos médios em vários períodos e em mercados do mundo inteiro, aliviando assim os possíveis efeitos do *data-snooping*.

O fundamento das características específicas à empresa dos fatores de Fama-French traz à tona questão sobre se elas refletem um ICAPM multi-índice baseado em outras exigências de proteção

---

[9] Fischer Black, "Beta and Return", *Journal of Portfolio Management*, 20, 1993, pp. 8-18.

extramercado ou se apenas representam anomalias ainda inexplicadas, nas quais as características da empresa estão correlacionadas com valores de alfa. Essa é uma distinção importante para o debate sobre a interpretação apropriada do modelo, porque a validade dos modelos que seguem o estilo FF pode significar tanto um desvio em relação ao equilíbrio racional (visto que não há nenhum motivo racional para preferir uma ou outra dessas características de empresa por si sós) quanto que as características de empresa identificadas como associadas empiricamente com os retornos médios estão correlacionadas com outros fatores de risco (ainda desconhecidos).

Essa questão, ainda sem solução, é discutida no Capítulo 13.

RESUMO

1. Os modelos multifatoriais procuram melhorar o poder explicativo dos modelos de fator único levando em conta explicitamente os vários componentes sistemáticos do risco dos títulos. Esses modelos utilizam indicadores com o objetivo de detectar uma ampla variedade de fatores de risco macroeconômicos.

2. Uma vez que consideramos vários fatores de risco, concluímos que a linha do mercado de títulos também deve ser multidimensional, com exposição a cada fator de risco que contribui para o prêmio de risco total sobre o título.

3. Uma oportunidade de arbitragem (isenta de risco) surge quando dois ou mais preços de título permitem que os investidores construam uma carteira de investimento líquido zero que renderá um lucro certo. A existência de oportunidades de arbitragem gerará um grande volume de negociações que pressionam o preço dos títulos. Essa pressão continua até o momento em que os preços atingem níveis que impedem a arbitragem.

4. Quando os preços dos títulos são determinados de tal forma que não exista nenhuma oportunidade de arbitragem isenta de risco, dizemos que eles satisfazem a condição de não arbitragem. As relações de preço que satisfazem a condição de não arbitragem são importantes porque esperamos que elas se mantenham nos mercados do mundo real.

5. As carteiras são chamadas de "bem diversificadas" quando incluem muitos títulos e a proporção de investimento em cada um é suficientemente pequena. A proporção de um título em uma carteira bem diversificada é suficientemente pequena para que, para todas as finalidades práticas, uma mudança razoável na taxa de retorno desse título tenha um efeito desprezível sobre a taxa de retorno da carteira.

6. Em um mercado de títulos de fator único, todas as carteiras bem diversificadas devem satisfazer a relação entre retorno esperado-beta do CAPM para satisfazer a condição de não arbitragem. Se todas as carteiras bem diversificadas satisfizerem a relação entre retorno esperado-beta, então todos os títulos também deverão satisfazer essa relação, ao menos aproximadamente.

7. A APT não exige os pressupostos restritivos do CAPM e de sua carteira de mercado (inobservada). O preço desse princípio genérico é que a APT nem sempre garante essa relação para todos os títulos.

8. Uma APT multifatorial generaliza o modelo de fator único para conciliar várias fontes de risco sistemático. A SML multidimensional prevê que a exposição a cada fator de risco contribui para o prêmio de risco total do título com um valor igual ao beta fatorial vezes o prêmio de risco da carteira fatorial que acompanha essa fonte de risco.

9. Uma extensão multifatorial do CAPM de fator único, o ICAPM, é um modelo de *trade-off* entre risco e retorno que prevê a mesma SML multidimensional da APT. O ICAPM propõe que os fatores de risco precificados serão as fontes de risco que geram uma significativa demanda de *hedging* junto a uma fração considerável de investidores.

Sites relacionados a este capítulo estão disponíveis em **www.grupoa.com.br**

PALAVRAS-CHAVE

arbitragem
arbitragem de risco
beta fatorial
cargas fatoriais

carteira bem diversificada
carteira fatorial
lei de preço único
modelo de fator único

modelo multifatorial
teoria de precificação por arbitragem

EQUAÇÕES BÁSICAS

Modelo de fator único: $R_i = E(R_i) + \beta_1 F + e_i$

Modelo multifatorial (aqui, 2 fatores, F_1 e F_2): $R_i = E(R_i) + \beta_1 F_1 + \beta_2 F_2 + e_i$

Modelo de índice único: $R_i = \alpha_i + \beta_i R_M + e_i$

SML multifatorial (aqui, 2 fatores, denominados 1 e 2)

$$E(r_i) = r_f + \beta_1[E(r_1) - r_f] + \beta_2[E(r_2) - r_f]$$
$$= r_f + \beta_1 E(R_1) + \beta_2 E(R_2)$$

onde os prêmios de risco sobre as duas carteiras fatoriais são $E(R_1)$ e $E(R_2)$

CONJUNTO DE PROBLEMAS

1. Suponhamos que dois fatores tenham sido identificados com relação à economia dos Estados Unidos: a taxa de crescimento da produção industrial (*industrial production* – IP) e a taxa de inflação (*inflation rate* – IR). Espera-se que a IP seja de 3% e a IR seja de 5%. Espera-se atualmente que uma ação com beta 1 em IP e 0,4 em IR forneça uma taxa de retorno de 12%. Supondo que a produção industrial na verdade cresça 5% e a taxa de inflação venha a ser de 8%, qual seria sua estimativa revista da taxa de retorno esperada sobre a ação?

Básicos

2. A APT por si só não fornece orientação sobre os fatores que se espera que possam determinar os prêmios de risco. Como os pesquisadores devem escolher quais fatores investigar? Por que, por exemplo, a produção industrial é um fator razoável para testar um prêmio de risco?
3. Para que a APT seja considerada uma teoria útil, o número de fatores sistemáticos na economia deve ser pequeno. Por quê?

Intermediários

4. Suponhamos que haja dois fatores econômicos independentes, $F1$ e $F2$. A taxa isenta de risco é 6% e todas as ações têm componentes específicos à empresa independentes, com desvio-padrão de 45%. As carteiras a seguir são bem diversificadas:

Carteira	Beta de F_1	Beta de F_2	Retorno esperado (%)
A	1,5	2,0	31
B	2,2	–0,2	27

    Qual a relação entre retorno esperado-beta nessa economia?

5. Considere os dados a seguir para uma economia de fator único. Todas as carteiras são bem diversificadas.

Carteira	$E(r)$ (%)	Beta
A	12	1,2
F	6	0,0

    Suponhamos que outra carteira E seja bem diversificada e tenha um beta de 2/3 e taxa de retorno esperada de 8%. Existiria alguma oportunidade de arbitragem? Se a resposta for afirmativa, qual seria a estratégia de arbitragem?

6. Suponhamos que as carteiras A e B sejam bem diversificadas, que $E(r_A) = 12\%$ e $E(r_B) = 9\%$. Se a economia tiver apenas um fator e $\beta_A = 1,2$ e $\beta_B = 0,8$, qual deverá ser a taxa isenta de risco?
7. Suponhamos que os retornos do mercado acionário representem um fator comum e que todas as ações na economia tenham beta 1 no índice de mercado. Todos os retornos específicos à empresa têm desvio-padrão de 30%.

    Suponhamos que um analista estude 20 ações e descubra que metade tem alfa de 12% e a outra metade tem alfa de –2%. Suponhamos que esse analista compra então US$ 1 milhão de uma carteira igualmente ponderada de ações com alfa positivo e venda a descoberto US$ 1 milhão de uma carteira igualmente ponderada de ações com alfa negativo.

    a. Qual o lucro esperado (em dólares) e qual o desvio-padrão do lucro do analista?
    b. Em que sua resposta mudaria se o analista examinasse 50 ações em vez de 20? E 100 ações?

8. Suponhamos que os retornos dos títulos sejam gerados pelo modelo de índice único,

    $$R_i = \alpha_i + \beta_i R_M + e_i$$

    onde R_i é o retorno em excesso do título i e R_M é o retorno em excesso do mercado. A taxa isenta de risco é de 2%. Suponhamos também que haja três títulos, A, B e C, caracterizados pelos seguintes dados:

Título	βi	$E(Ri)$ (%)	$\sigma(ei)$ (%)
A	0,8	10	25
B	1,0	12	10
C	1,2	14	20

    a. Se $\sigma_M = 20\%$, calcule a variância dos retornos dos títulos A, B e C.
    b. Agora suponha que haja um número infinito de ativos com características de retorno idênticas às dos títulos A, B e C, respectivamente. Se alguém formar uma carteira bem diversificada de títulos do tipo A, qual será a média e a variância dos retornos em excesso da carteira? E quanto a carteiras compostas apenas de ações do tipo B ou C?
    c. Existe uma oportunidade de arbitragem nesse mercado? Qual seria? Analise graficamente essa oportunidade.

9. A relação da SML estabelece que o prêmio de risco esperado sobre um título em um modelo de fator único deve ser diretamente proporcional ao beta do título. Suponhamos que isso não seja verdade. Por exemplo, suponhamos que o retorno esperado aumente mais dos proporcionalmente com o beta, tal como na figura a seguir.

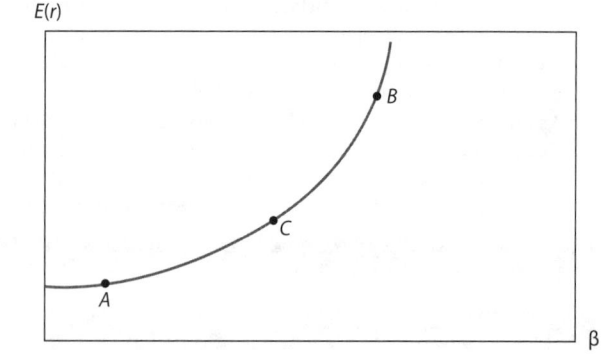

    a. Como você poderia construir a carteira de arbitragem? (*Dica:* Considere combinações das carteiras A e B e compare a carteira resultante com C.)
    b. Alguns pesquisadores examinaram a relação entre os retornos médios das carteiras diversificadas e os respectivos β e β^2. O que eles podem ter descoberto a respeito do efeito de β^2 sobre o retorno da carteira?

10. Considere o seguinte modelo multifatorial (APT) de retorno de título para uma ação específica.

Fator	Beta fatorial	Prêmio de fator de risco (%)
Inflação	1,2	6
Produção industrial	0,5	8
Preço do petróleo	0,3	3

a. Se as letras do Tesouro oferecerem atualmente um rendimento de 6%, qual será a taxa de retorno esperada dessa ação supondo que o mercado considera seu preço razoável?

b. Suponhamos que o mercado espere os valores dos três fatores macro apresentados na primeira coluna abaixo, mas que os valores reais acabem sendo os da segunda coluna. Calcule as expectativas revistas da taxa de retorno da ação assim que as "surpresas" se tornarem conhecidas.

Fator	Taxa de mudança esperada (%)	Taxa de mudança real (%)
Inflação	5	4
Produção industrial	3	6
Preço do petróleo	2	0

11. Suponhamos que o mercado possa ser descrito pelas três fontes seguintes de risco sistemático associado com prêmios de risco.

Fator	Prêmio de risco (%)
Produção industrial (I)	6
Taxa de juros (R)	2
Confiança do consumidor (C)	4

O retorno de uma ação específica é gerado de acordo com a equação a seguir:

$$r = 15\% + 1{,}0I + 0{,}5R + 0{,}75C + e$$

Encontre a taxa de retorno de equilíbrio dessa ação utilizando a APT. A taxa das letras do Tesouro é 6%. Essa ação está acima ou abaixo do preço? Explique.

12. Como estagiária financeira na Pork Products, a função de Jennifer Wainright é propor novas ideias com relação aos custos de capital da empresa. Ela conclui que seria uma boa oportunidade testar o novo conteúdo sobre APT que ela aprendeu durante o último semestre. Ela determina que os três fatores promissores seriam (i) o retorno sobre um índice amplo como o S&P 500; (ii) o nível de taxas de juros, representado pelo rendimento até o vencimento sobre obrigações de dez anos do Tesouro; e (iii) o preço de suínos, que é particularmente importante para a empresa de Jennifer. Seu plano é encontrar o beta da Pork Products em relação a cada um desses fatores utilizando uma regressão múltipla e estimar o prêmio de risco associado com cada fator de exposição. Comente a escolha de fatores de Jennifer. Quais são os mais promissores com relação ao provável impacto sobre o custo de capital da empresa? Você pode sugerir melhorias para as especificações de Jennifer?

Utilize as informações a seguir para responder os Problemas I3-16:

A Orb Trust (Orb) sempre tendeu para o estilo de gestão passiva de carteiras. O único modelo que a alta administração da Orb promoveu no passado é o modelo de precificação de ativos financeiros (CAPM). Agora a administração pediu a um de seus analistas, Kevin McCracken, CFA, para investigar o modelo da teoria de precificação por arbitragem (APT).

McCracken acredita que um modelo de dois fatores da APT é adequado, caso em que os fatores são sensíveis a mudanças no PIB real e a mudanças na inflação. Ele concluiu que o prêmio de risco do fator PIB real é 8%, enquanto o prêmio de risco do fator inflação é 2%. McCracken estima que, para o Fundo de Alto Crescimento da Orb, as sensibilidades a esses dois fatores são 1,25 e 1,5, respectivamente. Utilizando os resultados da APT, ele calcula o retorno esperado do fundo. Para fazer uma comparação, ele utiliza a análise fundamentalista para calcular também o retorno esperado do Fundo de Alto Crescimento da Orb. McCracken constata que as duas estimativas de retorno esperado desse fundo são iguais.

Ele pede a uma colega analista, Sue Kwon, para oferecer uma estimativa do retorno esperado do Fundo de Ações de Alta Capitalização da Orb com base na análise fundamentalista. Kwon, que gerencia o fundo, afirma que o retorno esperado está 8,5% acima da taxa isenta de risco. McCracken aplica então o modelo da APT ao Fundo de Ações de Alta Capitalização. Ele constata que as sensibilidades ao PIB real e à inflação são 0,75 e 1,25, respectivamente.

O chefe de McCracken na Orb, Jay Stiles, pede para que ele componha uma carteira que tenha uma sensibilidade unitária ao PIB real, mas não seja afetada pela inflação. McCracken está seguro sobre as estimativas da APT para o Fundo de Crescimento e o Fundo de Ações de Alta Capitalização. Ele então calcula as sensibilidades para um terceiro fundo, o Fundo de Utilidade da Orb, que são 1,0 e 2,0, respectivamente. McCracken utilizará os resultados da APT para esses três fundos para criar uma carteira com uma exposição unitária ao PIB real e nenhuma exposição à inflação. Ele chama esse fundo de "Fundo PIB". Stiles afirma que esse fundo seria bom para os clientes aposentados que vivem da renda fixa de seus investimentos. McCracken afirma que o fundo pode ser uma boa opção se as iminentes políticas macroeconômicas governamentais sobre oferta forem bem-sucedidas.

13. Com base na APT, se a taxa isenta de risco for 4%, qual deve ser a estimativa de retorno esperado de McCracken para o Fundo de Alto Crescimento da Orb?

14. Com respeito à estimativa do modelo de APT de McCracken para o Fundo de Ações de Alta Capitalização e às informações fornecidas por Kwon, existe alguma oportunidade de arbitragem?

15. O Fundo PIB composto dos outros três fundos teria um peso no Fundo de Utilidade *igual* a (*a*) −2,2, (*b*) −3,2 ou (*c*) 0,3.

16. Com respeito aos comentários de Stiles e McCracken, para os quais o Fundo PIB seria apropriado:

   a. McCracken está correto e Stiles está errado.
   b. Ambos estão corretos.
   c. Stiles está correto e McCracken está errado.

Difíceis

17. Considere um universo de *n* títulos (de alta capitalização) para o qual a variância residual não é superior a $n\sigma_M^2$. Construa o máximo de esquemas de peso diferentes que puder para gerar carteiras bem diversificadas.

18. Deduza uma demonstração mais genérica (em comparação ao exemplo numérico neste capítulo) da linha do mercado de títulos da APT:

   a. Para um mercado de fator único.
   b. Para um mercado multifatorial.

19. As pequenas empresas terão cargas relativamente baixas (beta alto) no fator SMB (pequeno menos grande).

   a. Explique por quê.
   b. Suponha agora uma fusão entre duas pequenas empresas não relacionadas. Cada uma operará como uma unidade independente da empresa fusionada. Você acredita que o comportamento do mercado acionário em relação à empresa fusionada será diferente com respeito à carteira das duas empresas antes independentes? Em que sentido essa fusão afetará a capitalização de mercado? Qual é a previsão do modelo de Fama-French para o prêmio de risco da empresa fusionada? Você vê alguma falha no modelo de FF?

1. Jeffrey Bruner, CFA, utiliza o modelo de precificação de ativos financeiros (CAPM) para ajudá-lo a identificar títulos com preço incorreto. Um consultor sugere a Bruner que ele utilize a teoria de precificação por arbitragem (APT) em lugar do CAPM. Ao comparar o CAPM e a APT, o consultor apresenta os seguintes argumentos:
   a. Tanto o CAPM quanto a APT exigem uma carteira de mercado eficiente de média-variância.
   b. Nem o CAPM nem a APT pressupõem retornos acionários normalmente distribuídos.
   c. O CAPM pressupõe que um fator específico explica os retornos dos títulos, mas a APT não.

   Indique se cada um dos argumentos do consultor está ou não correto. Indique, para cada argumento incorreto, por que ele está incorreto.

2. Suponhamos que tanto X quanto Y sejam carteiras bem diversificadas e que a taxa isenta de risco seja de 8%.

Carteira	Retorno esperado (%)	Beta
X	16	1,00
Y	12	0,25

   Nessa situação, você poderia concluir que as carteiras X e Y:
   a. Estão em equilíbrio.
   b. Oferecem uma oportunidade de arbitragem.
   c. Estão abaixo do preço.
   d. Têm preço justo.

3. Uma carteira de investimento zero e com alfa positivo poderia ser gerada se:
   a. O retorno esperado da carteira fosse igual a zero.
   b. A linha do mercado de capitais fosse tangente ao conjunto de oportunidades.
   c. A lei de preço único não fosse violada.
   d. Existisse uma oportunidade de arbitragem isenta de risco.

4. De acordo com a teoria de arbitragem:
   a. As ações com beta alto sempre estão acima do preço.
   b. As ações com beta baixo sempre estão acima do preço.
   c. As oportunidades de investimento com alfa positivo desaparecerão rapidamente.
   d. Os investidores racionais procurarão arbitragens de acordo com sua tolerância ao risco.

5. A teoria de precificação por arbitragem (APT) geral diferente do modelo de precificação de ativos financeiros (CAPM) de fator único porque a APT:
   a. Enfatiza mais o risco de mercado.
   b. Minimiza a importância da diversificação.
   c. Reconhece vários fatores de risco não sistemáticos.
   d. Reconhece vários fatores de risco sistemáticos.

6. Um investidor assume a maior posição possível quando uma relação de preços de equilíbrio é violada. Isso é um exemplo de:
   a. Argumento de predominância.
   b. Fronteira eficiente de média-variância.
   c. Atividade de arbitragem.
   d. Modelo de precificação de ativos financeiros.

7. O componente da versão geral da teoria de precificação por arbitragem (APT) que oferece a maior vantagem possível em relação ao CAPM *simples* é:
   a. Identificação de mudanças esperadas na produção, inflação e estrutura de prazo das taxas de juros como os principais fatores para explicar a relação entre risco e retorno.
   b. Melhor mensuração da taxa de retorno isenta de risco ao longo de períodos históricos.
   c. Variabilidade dos coeficientes de sensibilidade em relação aos fatores da APT para um ativo específico ao longo do tempo.
   d. Utilização de vários fatores, em vez de um índice de mercado único, para explicar a relação risco–retorno.

8. Diferentemente do modelo de precificação de ativos financeiros, a teoria de precificação por arbitragem:
   a. Exige que os mercados estejam em equilíbrio.
   b. Utiliza prêmios de risco com base em microvariáveis.
   c. Especifica o número e identifica os fatores específicos que determinam os retornos esperados.
   d. Não exige os pressupostos restritivos concernentes à carteira de mercado.

EXERCÍCIOS DE INVESTIMENTO NA *WEB*

Um dos fatores no modelo da APT especificados por Chen, Roll e Ross é a mudança percentual na inflação imprevista. Quem ganha e quem perde quando a inflação muda? Entre em http://hussmanfunds.com/rsi/infsurprises.htm para ver um gráfico do índice de surpresa de inflação (Inflation Surprise Index) e de previsões de inflação dos economistas (Economists' Inflation Forecasts).

SOLUÇÕES PARA AS REVISÕES DE CONCEITOS

1. O beta do PIB é 1,2 e o crescimento do PIB é 1% superior ao anteriormente esperado. Portanto, você aumentará sua previsão sobre o retorno das ações em 1,2 × 1% = 1,2%. A previsão revista é de um retorno de 11,2%.

2. a. Essa carteira não é bem diversificada. O peso no primeiro título não diminui à medida que n aumenta. Independentemente da magnitude de diversificação no restante da carteira, você não eliminará o risco específico à empresa desse título.

   b. Essa carteira é bem diversificada. Mesmo que algumas ações tenham três vezes o peso das outras ações ($1,5/n$ versus $0,5/n$), o peso em todas as ações aproxima-se de zero à medida que n aumenta. O impacto do risco específico à empresa de qualquer ação específica se aproximará de zero à medida que n se aumentar.

3. O retorno de equilíbrio é $E(r) = r_f + \beta_{P1}[E(r_1) - r_f] + \beta_{P2}[E(r_2) - r_f]$. Utilizando os dados do Exemplo 10.4:

   $$E(r) = 4 + 0,2 \times (10 - 4) + 1,4 \times (12 - 4) = 16,4\%$$

11 Hipótese de mercado eficiente

UMA DAS PRIMEIRAS APLICAÇÕES DOS COMPUTADORES na área de economia na década de 1950 foi na análise de séries temporais econômicas. Os teóricos do ciclo econômico acreditavam que traçar a evolução de diversas variáveis econômicas ao longo do tempo esclareceria e preveria o progresso da economia durante ciclos de crescimento e queda. Um candidato natural para essa análise era o comportamento dos preços do mercado acionário ao longo do tempo. Supondo que os preços das ações sejam um reflexo das perspectivas da empresa, padrões recorrentes de picos e vales no desempenho econômico deveriam se evidenciar nesses preços.

Maurice Kendall examinou essa proposição em 1953,[1] constatando que não poderia identificar padrões previsíveis nos preços das ações. Os preços pareciam evoluir aleatoriamente. Eles tinham a mesma probabilidade de subir e descer em qualquer dia, independentemente do desempenho passado. Os dados não ofereciam nenhum meio para prever as mudanças de preço.

A princípio os resultados obtidos por Kendall incomodaram alguns economistas financeiros. Eles pareciam indicar que o mercado de ações é dominado por uma psicologia de mercado irregular ou um "espírito animal ou selvagem" – isto é, que ele não segue nenhuma regra lógica. Em suma, os resultados pareciam confirmar a irracionalidade do mercado. Contudo, após alguma reflexão, os economistas inverteram suas interpretações a respeito do estudo de Kendall.

Logo ficou claro que as mudanças aleatórias nos preços indicavam um mercado de bom funcionamento ou eficiente, e não um mercado irracional. Neste capítulo examinaremos a lógica por trás do que parece ser uma conclusão surpreendente. Mostraremos como a concorrência entre os analistas resulta naturalmente em eficiência de mercado e examinaremos as implicações da hipótese de mercado eficiente para as políticas de investimento. Consideraremos também as evidências empíricas que respaldam e contradizem a ideia de eficiência de mercado.

11.1 Passeios aleatórios e a hipótese de mercado eficiente

Suponhamos que Kendall tivesse descoberto que as mudanças nos preços das ações podem ser previstas. Que mina de ouro isso teria sido. Se os investidores pudessem utilizar as equações de Kendall para prever os preços das ações, eles colheriam lucros infindáveis simplesmente comprando as ações que o modelo computadorizado indicasse que estavam para aumentar de preço e vendendo aquelas cujo preço estivesse para cair.

Um momento de reflexão deve bastar para convencê-lo de que essa situação não poderia persistir por muito tempo. Por exemplo, digamos que o modelo preveja, com grande confiança, que o preço das ações da empresa XYZ, hoje de US$ 100 cada, subirá acentuadamente em três dias para US$ 110. O que todos os investidores com acesso à previsão do modelo fariam no presente dia? Obviamente, eles gerariam uma grande onda de ordens de compra imediatas para tirar proveito desse iminente aumento no preço das ações.

---
[1] Maurice Kendall, "The Analysis of Economic Time Series, Part I: Prices," *Journal of the Royal Statistical Society*, 96, 1953.

Entretanto, ninguém que tivesse ações da XYZ estaria disposto a vendê-las. O resultado final seria um salto *imediato* do preço para US$ 110. A previsão de um aumento futuro no preço provocaria, em vez disso, um aumento de preço imediato. Em outras palavras, o preço das ações refletiria imediatamente as "boas notícias" implícitas na previsão do modelo.

Esse exemplo simples mostra por que a tentativa de Kendall de encontrar padrões recorrentes nas mudanças de preço das ações era propensa a fracassar. A previsão de um desempenho *futuro* favorável provoca, ao contrário, um desempenho *atual* favorável, visto que todos os participantes do mercado tentam entrar em ação antes do salto de preço.

Em um sentido mais amplo poder-se-ia dizer que qualquer informação que possa ser utilizada para prever o desempenho das ações provavelmente já repercutiu nos preços das ações. Assim que surge qualquer informação indicando que uma ação está abaixo do preço e portanto oferece uma oportunidade de lucro, os investidores correm para comprar essa ação e imediatamente elevam sua oferta para um nível justo em que é possível esperar apenas taxas de retorno comuns. Essas "taxas comuns" são simplesmente taxas de retorno proporcionais ao risco das ações.

Porém, se as ofertas elevarem imediatamente os preços para um nível justo, dadas todas as informações disponíveis, é provável que eles aumentem ou diminuam apenas em resposta a novas informações. Por definição, as novas informações são obrigatoriamente imprevisíveis; afinal, se elas fossem previsíveis, a previsão faria parte da informação que se tem no presente. Portanto, os preços das ações que mudam em resposta a novas informações (isto é, antes imprevisíveis) também devem mudar imprevisivelmente.

Essa é a essência do argumento de que os preços das ações devem seguir um **caminho aleatório**, ou seja, que as mudanças nos preços devem ser aleatórias e imprevisíveis.[2] Longe de ser uma prova de irracionalidade do mercado, os preços das ações seriam a consequência necessária da concorrência entre os investidores inteligentes que estão tentando descobrir informações relevantes sobre quais ações devem ser compradas ou vendidas antes que o restante do mercado tenha acesso a essas informações.

Não confunda aleatoriedade nas *mudanças* de preço com irracionalidade no *nível* dos preços. Se os preços forem determinados racionalmente, somente novas informações os farão mudar. Portanto, o passeio aleatório seria a consequência natural dos preços que sempre refletem todas as informações atuais. Aliás, se os movimentos dos preços das ações fossem previsíveis, isso seria uma evidência desfavorável de ineficiência desse mercado, pois a capacidade de prever os preços indicaria que todas as informações disponíveis ainda não repercutiram nos preços das ações. Desse modo, a ideia de que as ações já refletem todas as informações disponíveis é chamada de **hipótese de mercado eficiente** (efficient market hypothesis – EMH).[3]

A Figura 11.1 mostra a reação dos preços das ações a novas informações em um mercado eficiente. O gráfico representa a resposta dos preços das ações de uma amostra de empresas que foram alvo de tentativas de aquisição. Na maioria das aquisições, a empresa adquirente paga um preço consideravelmente superior ao preço de mercado atual. Portanto, a divulgação de uma tentativa de aquisição deveria fazer o preço da ação subir. A figura mostra que os preços das ações aumentam acentuadamente no dia em que a notícia se torna pública. Porém, não há nenhuma outra mudança nos preços *após* a data de divulgação, o que indica que os preços refletem a nova informação, incorporando a provável magnitude do prêmio da aquisição, até o final do dia de negociação.

---

[2] Na verdade, nesse caso, estamos sendo bastante flexíveis em relação à terminologia. A rigor, devemos caracterizar os preços das ações como se eles seguissem um *submartingale*, o que significa que a mudança esperada no preço pode ser positiva, presumivelmente para compensar o valor do dinheiro no tempo e o risco sistemático. Além disso, o retorno esperado podem mudar ao longo do tempo à medida que os fatores de risco mudarem. Um passeio aleatório é mais restritivo porque ele restringe que retornos acionários sucessivos sejam independentes *e* distribuídos de maneira idêntica. No entanto, o termo "passeio aleatório" é comumente empregado no sentido mais flexível de que as mudanças de preço são essencialmente imprevisíveis. Seguiremos essa convenção.

[3] A eficiência de mercado não deve ser confundida com a ideia de carteiras eficientes introduzida no Capítulo 7. Um *mercado* informacionalmente eficiente é um mercado em que as informações se disseminam e repercutem rapidamente nos preços. *Carteira* eficiente é aquela com o mais alto retorno esperado em relação a determinado nível de risco.

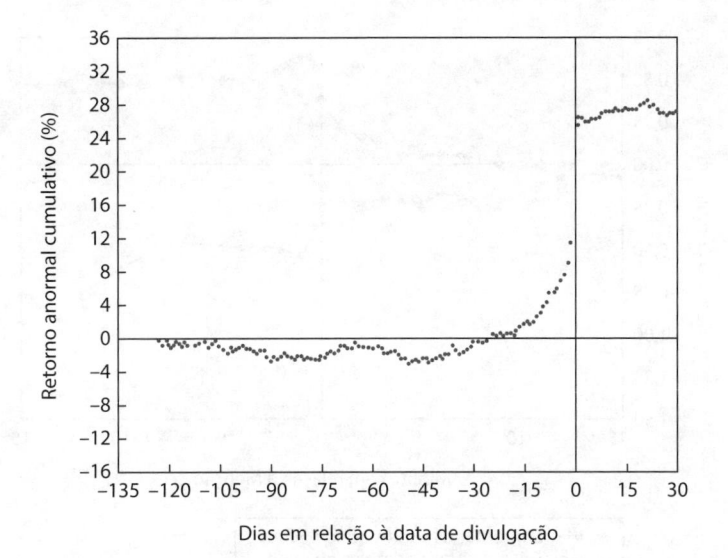

FIGURA 11.1
Retornos cumulativos anormais antes de uma tentativa de aquisição de controle: empresas-alvo

Fonte: Arthur Keown e John Pinkerton, "Merger Announcements and Insider Trading Activity", *Journal of Finance*, 36, setembro de 1981. Informações utilizadas com permissão da John Wiley & Sons por intermédio do Centro de Autorização de Direitos Autorais. Atualizações com permissão de Jinghua Yan.

Evidências ainda mais expressivas da rápida resposta a novas informações podem ser encontradas nos preços intradiários (*intraday*). Por exemplo, Patell e Wolfson mostram que a maior parte da resposta do preço das ações a divulgações de dividendos ou lucros corporativos ocorre 10 minutos após a divulgação.[4] Um exemplo dessa rápida adaptação é oferecido em um estudo de Busse e Green, que acompanham os preços das ações de minuto a minuto de empresas que aparecem nos programas *Morning* ou *Midday Call* do CNBC.[5] O minuto 0 na Figura 11.2 é o momento em que a ação é mencionada no programa do meio-dia. A linha superior é a mudança de preço média das ações que recebem comentários positivos, enquanto a linha inferior indica os retornos sobre as ações que recebem comentários negativos. Observe que a linha superior estabiliza-se 5 minutos após a divulgação, indicando que o mercado já digeriu totalmente as notícias. A linha inferior estabiliza-se em aproximadamente 12 minutos.

Concorrência como fonte de eficiência

Por que devemos supor que os preços das ações repercutirão "todas as informações disponíveis"? Afinal, se você está disposto a despender tempo e dinheiro coletando informações, parece cabível que você poderia descobrir algo que tenha sido negligenciado pelo restante da comunidade de investimentos. Quando o processo para descobrir e analisar informações é caro, espera-se que a análise de investimentos que exige esses gastos resulte em um maior retorno esperado.

Essa questão foi ressaltada por Grossman e Stiglitz.[6] Eles defendem que os investidores terão um incentivo para despender tempo e recursos para analisar e descobrir novas informações apenas se essa atividade for propensa a gerar retornos mais altos para os investimentos. Portanto, em uma situação de equilíbrio de mercado, a coleta eficiente de informações deve render frutos. Além disso, não seria surpresa constatar que o grau de eficiência difere entre vários mercados. Por exemplo, os mercados emergentes que são analisados menos intensamente do que os mercados dos Estados Unidos ou nos quais as exigências de divulgação contábil são menos rigorosas podem ser menos eficientes do que os mercados americanos. As ações de baixa capitalização que recebem uma

---

[4] J. M. Patell e M. A. Wolfson, "The Intraday Speed of Adjustment of Stock Prices to Earnings and Dividend Announcements", *Journal of Financial Economics*, 13, junho de 1984, pp. 223–252.

[5] J. A. Busse e T. C. Green, "Market Efficiency in Real Time", *Journal of Financial Economics*, 65, 2002, pp. 415–437. Você pode encontrar uma versão *intraday* em filme dessa figura em www.bus.emory.edu/cgreen/docs/cnbc/cnbc.html.

[6] Sanford J. Grossman e Joseph E. Stiglitz, "On the Impossibility of Informationally Efficient Markets", *American Economic Review*, 70, junho de 1980.

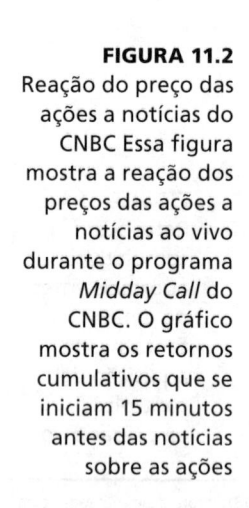

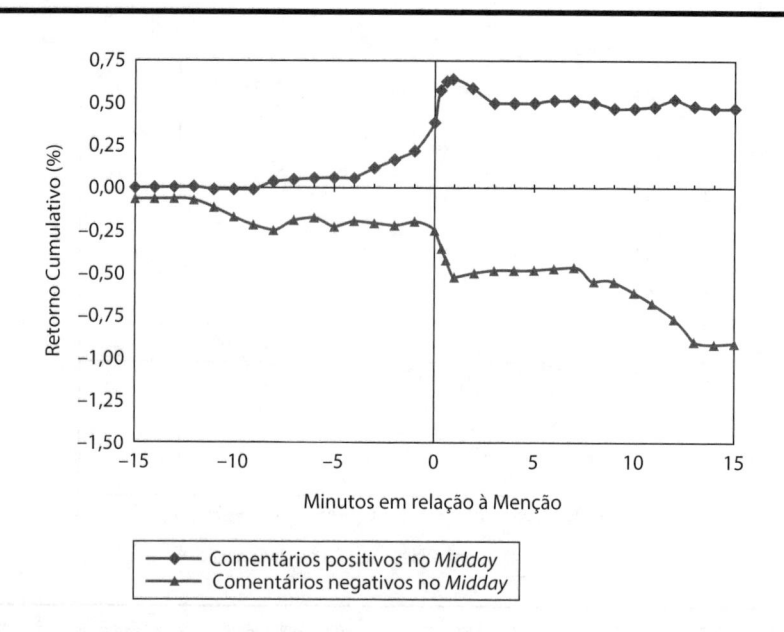

FIGURA 11.2
Reação do preço das ações a notícias do CNBC Essa figura mostra a reação dos preços das ações a notícias ao vivo durante o programa *Midday Call* do CNBC. O gráfico mostra os retornos cumulativos que se iniciam 15 minutos antes das notícias sobre as ações

Fonte: Reimpressa de J. A. Busse e T. C. Green, "Market Efficiency in Real Time", *Journal of Financial Economics*, 65, 2002, p. 422. Copyright 2002, com permissão da Elsevier.

cobertura relativamente pequena por parte dos analistas de Wall Street talvez sejam precificadas com menor eficiência do que as de alta capitalização. Todavia, embora não afirmemos que é absolutamente impossível encontrar novas informações, o que seria um exagero, faz sentido considerar e respeitar a concorrência.

Embora não seja totalmente verdadeiro que "todas" as informações relevantes serão descobertas, é praticamente certeza que existem vários pesquisadores muito próximos de encontrar a maioria das pistas de oportunidade que parecem propensas a melhorar o desempenho de um investimento. A concorrência entre esses vários analistas agressivos, extremamente bem pagos e bem respaldados assegura que, em geral, os preços das ações reflitam as informações disponíveis com relação a seus próprios níveis.

Com frequência se diz que a *commodity* mais valiosa de Wall Street é a informação, e a disputa por informação é intensa. Algumas vezes a busca por vantagem competitiva pode se transformar em uma busca por informações privilegiadas ilegais. Em 2011, Raj Rajaratnam, diretor do fundo de hedge Galleon Group, que uma vez chegou a gerenciar US$ 6,5 bilhões, foi condenado por uso de informações privilegiadas ao solicitar dicas de uma rede de *insiders* e investidores corporativos. O processo de Rajaratnam foi apenas um dos vários processos judiciais contra o uso de informações privilegiadas que passaram pelos tribunais em 2011. Embora as práticas do Galleon fossem graves, muitas vezes pode ser difícil traçar uma linha clara entre as fontes de informação legítimas

EXEMPLO 11.1 || Recompensas para o desempenho incremental

Suponhamos que um fundo de gestão de investimentos esteja gerenciando atualmente uma carteira de US$ 5 bilhões. Digamos que o gestor do fundo conseguisse idealizar um programa de pesquisa para aumentar a taxa de retorno da carteira em um décimo de 1% por ano, um aumento aparentemente modesto. Esse programa aumentaria o retorno em dólares da carteira em US$ 5 bilhões × 0,001 ou US$ 5 milhões. Portanto, o fundo estaria disposto a gastar até US$ 5 milhões por ano em pesquisas para aumentar o retorno das ações apenas um décimo de 1% por ano. Em vista de recompensas tão grandes para aumentos tão pequenos no desempenho dos investimentos, não é de surpreender que os gestores de carteira profissionais estejam dispostos a gastar grandes somas com analistas de setor, apoio de computadores e iniciativas de pesquisa e, portanto, que as mudanças de preço sejam, de modo geral, difíceis de prever.

Com tantos analistas bem respaldados e dispostos a gastar recursos consideráveis em pesquisa, os lucros fáceis são raros no mercado. Além disso, as taxas de retorno incrementais das atividades de pesquisa podem ser tão baixas, que apenas os gestores das carteiras maiores acharão que vale a pena persegui-las.

DESTAQUE DA REALIDADE

CASAMENTEIROS DA ERA DA INFORMAÇÃO

A *commodity* mais valiosa de Wall Street é a informação, e os agentes bem informados podem cobrar um valor considerável para fornecê-la. Um setor conhecido como *provedores de rede de especialistas* surgiu para vender acesso a especialistas com visões exclusivas sobre uma variedade de empresas e setores aos investidores que precisam dessas informações para tomar decisões. Essas empresas foram apelidadas de "casamenteiros da era da informação". Os especialistas podem ser desde médicos que ajudam a prever o lançamento de medicamentos de grande sucesso a meteorologistas que preveem condições climáticas que podem afetar o preço das *commodities* e altos executivos que podem oferecer observações especializadas sobre empresas e setores.

Contudo, alguns desses especialistas propagaram informações privilegiadas consideradas ilegais. Em 2011, Winifred Jiau, consultor da Primary Global Research, foi acusado de vender informações sobre a Nvidia e Marvell Technologies ao fundo de *hedge* SAC Capital Advisors. Vários outros funcionários da Primary Global também foram acusados de uso de informações privilegiadas.

As empresas de especialistas devem fornecer apenas informações públicas, bem como as percepções e visões dos especialistas. Mas a tentação de contratar especialistas com informações privilegiadas e cobrar um valor generoso para oferecer acesso a eles é óbvia. A SEC demonstrou-se preocupada com o limite entre os serviços legítimos e ilegais e, em 2011, após as batidas em busca de evidências dessa atividade ilícita, vários fundos de hedge fecharam as portas.

Em consequência desse maior escrutínio, iniciativas de conformidade por parte dos comparadores e vendedores de informações especializadas surgiram rapidamente. A maior empresa de rede de especialistas é o Gerson Lehrman Group, que congrega 300 mil especialistas. Atualmente o Lehrman mantém registros atualizados e detalhados sobre o que e com quem seus especialistas conversam, bem como sobre os assuntos que são discutidos.[7] Esses registros podem ser passados para as autoridades no caso de uma investigação sobre uso de informações privilegiadas. E os fundos de hedge, por sua vez, simplesmente pararam de trabalhar com empresas de rede de especialistas ou então estabeleceram regras mais claras sobre quando seus funcionários podem conversar com consultores.

Entretanto, mesmo com essas salvaguardas, ainda há lugar para problemas. Por exemplo, um investidor pode entrar em contato com um especialista por meio de uma rede legítima e depois ambos podem estabelecer uma relação de consultoria por conta própria. Essa mediação legal passa a ser precursora da venda ilegal de dicas privilegiadas. Quando existe o desejo de trapacear, normalmente existe um meio para isso.

---

e proibidas. Por exemplo, um amplo setor de empresas de *rede de especialistas* surgiu na última década para conectar os investidores (em troca de uma taxa) com especialistas do setor que podem oferecer perspectivas exclusivas sobre uma empresa. Tal como o quadro logo a seguir analisa, esse tipo de esquema pode transpor facilmente essa linha e tornar-se uso de informações privilegiadas.

Versões da hipótese de mercado eficiente

É comum fazer a distinção entre três versões de EMH: forma fraca, forma semiforte e forma forte da hipótese. Essas versões diferem de acordo com suas ideias com relação ao significado de "todas as informações disponíveis".

A **EMH fraca** declara que os preços das ações já refletem todas as informações que podem ser deduzidas de uma análise dos dados de negociação do mercado, como histórico de preços passados, volume de negociações ou número de ações vendidas a descoberto. Essa versão da hipótese indica que a análise de tendências é inútil. Os dados passados sobre os preços das ações podem ser acessados publicamente e não custam praticamente nada. A forma fraca dessa hipótese defende que, se alguma vez esses dados tivessem transmitido sinais confiáveis sobre desempenho futuro, todos os investidores há muito tempo já teriam aprendido a explorar esses sinais. No final, os sinais perdem seu valor assim que se tornam amplamente conhecidos, porque um sinal de compra, por exemplo, provocaria um aumento imediato nos preços.

A **forma semiforte** dessa hipótese defende que todas as informações publicamente disponíveis com relação às perspectivas de uma empresa já devem estar refletidas no preço das ações. Essas informações incluem, além de preços passados, dados fundamentais sobre a linha de produtos da empresa, qualidade da administração, composição do balanço patrimonial, patentes existentes, previsões de rendimento e práticas contábeis. Repetindo, se qualquer investidor tivesse acesso a essas informações em fontes publicamente disponíveis, supostamente elas estariam refletidas nos preços das ações.

---

[7] "Expert Networks Are the Matchmakers for the Information Age", *The Economist*, 16 de junho de 2011.

Por último, a **forma forte** da hipótese de mercado eficiente defende que os preços das ações refletem todas as informações relevantes à empresa, inclusive as informações disponibilizadas apenas àqueles que atuam dentro da empresa. Essa versão da hipótese é bastante radical. Poucos contestariam a afirmação de que os altos executivos corporativos têm acesso a informações pertinentes bem antes de sua divulgação pública para que possam tirar proveito dessa informação. Aliás, grande parte das atividades da Comissão de Valores Mobiliários (Securities and Exchange Commission – SEC) destina-se a impedir que os indivíduos com informações privilegiadas tirem proveito de sua condição privilegiada. A Regra 10b-5 da Lei de Valores Mobiliários de 1934 restringe as negociações feitas por altos executivos corporativos, diretores e proprietários majoritários, exigindo que eles divulguem suas negociações para a SEC. Esses *insiders* e qualquer pessoa que negocie informações fornecidas por *insiders* são considerados transgressores da lei.

No entanto, nem sempre é fácil definir o que é negociação com informações privilegiadas. Afinal, a atividade dos analistas do mercado acionário é descobrir informações que ainda não são amplamente conhecidas pelos participantes do mercado. Como vimos no Capítulo 3, a distinção entre informações confidenciais e privilegiadas algumas vezes é confusa.

Observe um fator que todas as versões da EMH têm em comum: todas elas postulam que os preços devem refletir as informações *disponíveis*. Não esperamos que os negociadores sejam sobre-humanos nem que os preços de mercado sejam sempre corretos. Invariavelmente desejamos mais informações sobre as perspectivas de uma empresa do que as que estão disponíveis. Às vezes, *a posteriori*, os preços de mercado podem se revelar exorbitantemente altos; outras vezes, absurdamente baixos. A EMH defende apenas que, no momento presente, utilizando as informações prevalecentes, não podemos ter certeza de que *a posteriori* os preços do dia se demonstrarão muito altos ou muito baixos. Entretanto, se os mercados forem racionais, podemos supor que em média estamos corretos.

> **REVISÃO DE CONCEITOS 11.1**
>
> a. Suponhamos que você observe que os altos executivos de uma empresa estão obtendo retornos superiores sobre os investimentos em ações da própria empresa. Isso seria uma violação da forma fraca de eficiência de mercado? Seria uma violação da forma forte de eficiência de mercado?
>
> b. Se a forma fraca da hipótese de mercado eficiente for válida, a forma forte também deve ser válida? Em contraposição, a forma forte de eficiência envolve a forma fraca de eficiência?

11.2 Implicações da EMH

Análise técnica

A **análise técnica** é basicamente a busca de padrões recorrentes e previsíveis nos preços das ações. Embora os técnicos reconheçam a importância das informações referentes às perspectivas econômicas futuras da empresa, eles acreditam que essas informações não são necessárias para que uma estratégia de negociação seja bem-sucedida. Isso ocorre porque, independentemente do motivo fundamental para uma mudança no preço das ações, se esse preço reagir pelo menos lentamente, o analista poderá identificar uma tendência que pode ser explorada durante o período de ajuste. O segredo para uma boa análise técnica é a reação morosa dos preços das ações a fatores fundamentais de oferta e demanda. É óbvio que esse pré-requisito é diametralmente oposto à ideia de mercado eficiente.

Os analistas técnicos às vezes são chamados de *analistas de bolsa de valores* porque eles estudam registros ou tabelas de preços anteriores das ações com a expectativa de encontrar padrões que eles possam explorar para obter lucro. A título de exemplo de análise técnica, considere a abordagem de *força relativa*. O analista compara o desempenho das ações de um período recente com o desempenho do mercado ou de outras ações no mesmo setor. Uma versão simples de força relativa utiliza o índice de preço da ação/indicador de mercado – por exemplo, o índice S&P 500. Se esse índice aumentar com o passar do tempo, diz-se que a ação demonstra força relativa porque o desempenho do preço é melhor do que o do mercado em geral. Presumivelmente, essa força pode continuar durante um período suficientemente longo para oferecer oportunidades de lucro.

Um dos componentes mais conhecidos da análise técnica é o conceito de **níveis de resistência** ou **níveis de suporte**. Esses valores são considerados níveis de preço acima dos quais é difícil os

> **EXEMPLO 11.2 || Níveis de resistência**
>
> Considere as ações XYZ, que são negociadas durante vários meses pelo preço de US$ 72, que em seguida cai para US$ 65. Se o preço dessas ações começar a subir em algum momento, US$ 72 será considerado o nível de resistência (de acordo com essa teoria) porque os investidores que originalmente compraram por US$ 72 ficarão ansiosos por vender as ações tão logo consigam compensar seus investimentos. Portanto, no caso de preços próximos de US$ 72, haveria uma onda de pressão pela venda. Essa atividade transmite um tipo de "memória" para o mercado que possibilita que o histórico dos preços influencie as perspectivas atuais das ações.

preços das ações subirem ou abaixo dos quais é improvável que eles caiam. Além disso, acredita-se que eles sejam determinados pela psicologia do mercado.

A hipótese de mercado eficiente prevê que a análise técnica não tem valor. O histórico passado dos preços e do volume de negociações é disponibilizado publicamente e tem um custo mínimo. Desse modo, qualquer informação proveniente da análise de preços passados que algum dia tenha sido disponibilizada já repercutiu nos preços das ações. Visto que os investidores concorrem entre si para explorar o conhecimento que eles têm em comum sobre o histórico de preço das ações, eles necessariamente elevam o preço das ações para um nível em que a taxa de retorno esperada é exatamente proporcional ao risco. Nesses níveis não é possível esperar retornos anormais.

Para ver como esse processo funciona, pense no que ocorreria se o mercado acreditasse que US$ 72 fosse realmente um nível de resistência para as ações XYZ no Exemplo 11.2. Ninguém estaria disposto a comprar a ação pelo preço de US$ 71,50, porque não haveria praticamente nenhuma margem para um aumento de preço, mas haveria margem para uma queda. Contudo, se alguém a comprasse por US$ 71,50, esse valor se tornaria o nível de resistência. Porém, em seguida, utilizando uma análise semelhante, ninguém a compraria por US$ 71 ou US$ 70, e assim por diante. A ideia de nível de resistência é uma charada lógica. Sua resolução básica ocorre pelo reconhecimento de que, para que a ação algum dia seja vendida por US$ 71,50, os investidores *devem* acreditar que o preço pode aumentar ou diminuir com a mesma facilidade. O fato de os investidores estarem dispostos a comprar (ou até a manter) a ação por US$ 71,50 é uma evidência de que eles acreditam que podem obter uma taxa de retorno justa por esse preço.

Uma questão interessante é se a regra técnica que parece funcionar continuará funcionando no futuro assim que se tornar amplamente reconhecida. Um analista inteligente pode ocasionalmente descobrir uma regra de negociação lucrativa, mas o teste real de mercado eficiente é se a regra em si se refletirá nos preços das ações assim que seu valor for descoberto. Assim que uma regra técnica (ou padrão de preço) útil é descoberta, é provável que ela seja invalidada quando a maioria dos negociadores tentar explorá-la. Nesse sentido, os padrões de preço devem ser *autodestrutivos*.

> **REVISÃO DE CONCEITOS 11.2**
>
> Se no mercado todos acreditam em níveis de resistência, por que essa crença não se torna uma profecia autorrealizável?

Desse modo, a dinâmica do mercado é uma busca contínua por regras de negociação lucrativas, seguida pela destruição das regras que foram utilizadas excessivamente, seguida por uma busca maior por regras ainda não reveladas.

Análise fundamentalista

A **análise fundamentalista** utiliza as perspectivas de ganhos e dividendos da empresa, as expectativas quanto a taxas de juros futuras e a avaliação de risco da empresa para determinar os preços apropriados das ações. Basicamente, ela representa uma tentativa de determinação do valor presente de desconto de todos os pagamentos que um acionista receberá de cada ação da empresa. Se esse valor ultrapassar o preço da ação, o analista fundamentalista recomendará a compra da ação.

Os analistas fundamentalistas normalmente partem de um estudo dos ganhos passados e de uma análise dos balanços patrimoniais da empresa. Eles complementam essa análise com uma análise econômica mais detalhada e em geral incluem uma avaliação da qualidade da administração da empresa, da posição da empresa no setor e das perspectivas do setor como um todo. A esperança é obter uma percepção futura da empresa que ainda não é reconhecida pelo restante do mercado. Os Capítulos 17 a 19 apresentam uma discussão detalhada sobre os tipos de análise subjacentes à análise fundamentalista.

Uma vez mais, a hipótese de mercado eficiente prevê que *a maior parte* da análise fundamentalista também está fadada ao fracasso. Se o analista basear-se em informações sobre ganhos e setor disponíveis publicamente, sua avaliação a respeito das perspectivas da empresa não tenderá a ser significativamente mais precisa do que a dos analistas concorrentes. Existem muitas empresas bem informadas e bem financiadas que estão realizando esse tipo de pesquisa de mercado. Portanto, diante dessa concorrência, será difícil descobrir dados que já não estejam disponíveis para outros analistas. Apenas os analistas com uma percepção especial serão recompensados.

A análise fundamentalista é um processo muito mais complexo do que a mera identificação de empresas bem administradas e com boas perspectivas. A descoberta de boas empresas por si só não ajuda o analista, se o restante do mercado também souber que essas empresas são boas. Se a informação já for pública, o investidor será forçado a pagar um preço alto por essas empresas e não obterá uma taxa de retorno superior.

O truque não é identificar empresas boas, mas descobrir empresas que são *melhores* do que todos os demais estão estimando que elas sejam. Da mesma forma, as empresas mal administradas podem ser um excelente negócio se elas não forem tão ruins quanto os preços das ações levam a crer.

É por isso que a análise fundamentalista é tão difícil. Não basta fazer uma boa análise de uma empresa; você só conseguirá obter lucro se sua análise for melhor do que a de seu concorrente, pois o preço de mercado já refletirá todas as informações comumente reconhecidas.

Gestão de carteira ativa *versus* passiva

A esta altura já deve estar claro que as iniciativas ocasionais para escolher ações provavelmente não surtirão feito. A concorrência entre os investidores garante que qualquer técnica de avaliação de ações facilmente implementada seja utilizada de maneira ampla o suficiente para que as constatações resultantes repercutam nos preços das ações. Somente as análises sérias e as técnicas incomuns tenderão a criar a percepção *diferencial* necessária para gerar lucros de negociação.

Além disso, essas técnicas são economicamente viáveis apenas para os gestores de carteiras grandes. Se você tem apenas US$ 100 mil para investir, mesmo uma melhoria de 1% ao ano no desempenho pode gerar apenas US$ 1.000 por ano, o que dificilmente justifica esforços tão grandes. Entretanto, um gestor de US$ 1 bilhão colherá uma renda extra de US$ 10 milhões por ano com o mesmo incremento de 1%.

Se os pequenos investidores não estiverem em uma posição favorável para conduzir uma gestão ativa de carteiras, quais serão suas opções? O pequeno investidor provavelmente estará em melhor situação se investir em fundos mútuos. Agrupando recursos dessa maneira, os pequenos investidores podem obter ganhos de economia de escala.

Porém, há também decisões mais difíceis. Será que os investidores podem ter certeza de que mesmo os fundos mútuos grandes terão habilidade ou recursos para descobrir ações com preço incorreto? E mais: será que qualquer erro de apreçamento será suficientemente grande para compensar os custos vinculados à gestão ativa de carteiras?

Os proponentes da hipótese de mercado eficiente acreditam que a gestão ativa é em grande medida um desperdício de esforço e que provavelmente não justificará as despesas incorridas. Portanto, eles defendem uma **estratégia de investimento passiva** que não tenta de forma alguma superar o mercado. O objetivo de uma estratégia passiva é apenas estabelecer uma carteira de títulos bem diversificada sem tentar encontrar ações abaixo ou acima do preço. Normalmente, a gestão passiva é caracterizada pela estratégia de comprar e manter. Como a teoria de mercado eficiente indica que os preços das ações estão em níveis justos, em vista de todas as informações disponíveis, não faz sentido comprar e vender títulos com frequência, já que isso gera altos custos de negociação e não aumenta o desempenho esperado.

Uma estratégia comum de gestão passiva é criar um **fundo de índice**, que é concebido para reproduzir o desempenho de um índice amplo de ações. Por exemplo, o Vanguard 500 Index Fund mantém ações diretamente proporcionais ao seu peso no índice de preço de ações Standard & Poor's 500. Portanto, o desempenho do Vanguard 500 Index Fund reproduz o desempenho do

S&P 500. Os investidores desse fundo obtêm uma ampla diversificação com taxas de gestão relativamente baixas. As taxas podem ser mantidas em um nível mínimo porque o Vanguard não precisa pagar analistas para avaliar perspectivas e não incorre nos custos de negociação decorrentes da alta rotatividade da carteira. Aliás, embora o índice de despesas anuais de um fundo de ações gerenciado ativamente gire em torno de 1% dos ativos, o índice de despesas do Vanguard 500 Index Fund é somente 0,17%. O Vanguard 500 Index Fund encontra-se entre os maiores fundos mútuos de ações, com mais de US$ 100 bilhões em ativos em meados de 2012, e cerca de 15% dos ativos em fundos de ações são indexados.

Entretanto, a indexação não precisa se restringir ao S&P 500. Por exemplo, alguns dos fundos oferecidos pelo Vanguard Group acompanham um índice que cobre todo o mercado acionário americano, o CRSP,[8] o índice Barclays de obrigações agregadas ao capital dos Estados Unidos, o índice CRSP de empresas americanas de baixa capitalização e os índices do *Financial Times* do mercado de ações europeu e do mercado de ações da Orla do Pacífico. Vários outros complexos de fundos mútuos oferecem carteiras indexadas, mas o Vanguard predomina no mercado de varejo de produtos indexados.

Os fundos negociados em bolsa (*exchange-traded funds* – ETFs) são uma alternativa semelhante (e normalmente mais barata) aos fundos mútuos indexados. Tal como mencionado no Capítulo 4, são ações em carteiras diversificadas que podem ser compradas ou vendidas exatamente como as ações de uma única empresa. Existem ETFs que correspondem a índices amplos de mercado como o S&P 500 ou o CRSP e a dezenas de índices de ações internacionais e do setor para os investidores que desejam manter um setor diversificado de um mercado sem empreender uma escolha ativa de títulos.

> **REVISÃO DE CONCEITOS 11.3**
>
> O que aconteceria com a eficiência de mercado se todos os investidores tentassem adotar uma estratégia passiva?

O papel da gestão de carteiras em um mercado eficiente

Se o mercado é eficiente, por que não "atirar dardos" nas listagens do *The Wall Street Journal* para escolher ações, em vez de tentar escolher racionalmente uma carteira de ações? Essa é uma conclusão tentadora que se pode extrair da ideia de que os preços dos títulos são estabelecidos justamente, mas ela é exageradamente simples. A gestão racional de carteiras tem uma função, mesmo em mercados perfeitamente eficientes.

Você aprendeu que um princípio básico da escolha de carteira é a diversificação. Mesmo que todas as ações tenham um preço justo, cada uma continua apresentando um risco específico à empresa que pode ser eliminado por meio da diversificação. Portanto, a escolha racional de títulos, mesmo em um mercado eficiente, requer a escolha de uma carteira bem diversificada que ofereça o nível de risco sistemático que o investidor deseja.

A política de investimento racional também requer as considerações sobre impostos se reflitam na escolha de títulos. Os investidores cuja alíquota de imposto é alta geralmente não desejam os mesmos títulos que os investidores com baixa alíquota de imposto consideram favoráveis. Em qualquer nível óbvio, os investidores que pagam uma alta alíquota de imposto acham vantajoso comprar obrigações municipais isentas de impostos, não obstante seus rendimentos relativamente baixos antes dos impostos, ao passo que essas mesmas obrigações não são atraentes para os investidores cuja alíquota é baixa ou isentos de impostos. Em um nível mais sutil, os investidores cuja alíquota é alta podem querer direcionar suas carteiras para ter ganhos de capital em vez de renda de juros, porque os ganhos de capital são menos tributados e a opção de protelar a realização de renda de ganhos de capital será mais valiosa quanto mais alta for a alíquota de imposto do investidor. Por esse motivo, os investidores podem preferir ações que rendam poucos dividendos, mas que ofereçam uma renda esperada maior de ganhos de capital. Os investidores também se sentirão mais atraídos por oportunidades de investimento em que os retornos são sensíveis a benefícios tributários, como os empreendimentos imobiliários.

Um terceiro argumento para a gestão racional de carteiras está relacionado ao perfil de risco específico do investidor. Por exemplo, um executivo da Toyota cujo bônus anual depende dos

---

[8] CRSP refere-se ao Centro de Pesquisa de Preços de Títulos (Center for Research in Security Prices) da Universidade de Chicago.

lucros da Toyota em geral não deve investir quantias adicionais em ações automobilísticas. Visto que sua remuneração já depende do bem-estar da Toyota, esse executivo já está superinvestindo na Toyota e não deve exacerbar a falta de diversificação. Essa lição foi aprendida a duras penas em setembro de 2008 pelos funcionários do Lehman Brothers que haviam investido notoriamente na empresa quando ela faliu. Aproximadamente 30% das ações da empresa pertenciam aos seus 24 mil funcionários e suas perdas nessas ações giraram em torno de US$ 10 bilhões.

Investidores de diferentes faixas etárias também podem exigir políticas de carteira diferentes com relação ao risco assumido. Por exemplo, os investidores mais velhos que estão vivendo essencialmente de suas economias podem evitar obrigações de longo prazo cujos valores de mercado flutuem sensivelmente com possíveis mudanças nas taxas de juros (assunto discutido na Parte Quatro). Como esses investidores estão vivendo de economias acumuladas, eles exigem a preservação do principal. Em contraposição, os investidores mais jovens podem estar mais inclinados a adotar obrigações de longo prazo indexadas pela inflação. O fluxo constante de renda real no decorrer de longos períodos que está vinculado a essas obrigações pode ser mais importante do que a preservação do principal para aqueles com longa expectativa de vida.

Concluindo, existe uma função para a gestão de carteiras mesmo em um mercado eficiente. As posições ótimas dos investidores variarão de acordo com fatores como idade, alíquota de imposto de renda, aversão ao risco e emprego. A função do gestor de carteira em um mercado eficiente é adaptar a carteira a essas necessidades, e não superar o mercado.

Alocação de recursos

Até agora nos concentramos nas implicações da hipótese de mercado eficiente sobre os investimentos. Os desvios de eficiência podem oferecer oportunidades para negociadores mais bem informados à custa dos menos informados.

No entanto, os desvios de eficiência informacional também geram um custo alto que deverá ser arcado por todos os cidadãos, isto é, a alocação ineficiente de recursos. Lembre-se de que, em uma economia capitalista, os investimentos em ativos *reais*, como fábricas, equipamentos e conhecimento, são influenciados, em grande parte, pelos preços dos ativos financeiros. Por exemplo, se o valor da capacidade das telecomunicações refletido nos preços do mercado acionário superar o custo de instalação dessa capacidade, os gestores podem concluir justificavelmente que os investimentos em telecomunicações parecem ter um valor presente líquido positivo. Dessa maneira, os preços do mercado de capitais orientam a alocação de recursos reais.

Se os mercados fossem ineficientes e em geral os títulos fossem apreçados de maneira incorreta, os recursos seriam sistematicamente mal alocados. As empresas com títulos acima do valor conseguiriam obter capital por um custo extremamente baixo e aquelas com títulos abaixo do valor poderiam recusar oportunidades de investimento porque o custo para levantar capital seria muito alto. Portanto, os mercados de capitais ineficientes eliminariam um dos benefícios mais importantes de uma economia de mercado. Para exemplificar o que pode dar errado, considere a bolha das ponto-com no final da década de 1990, que enviou sinais convincentes mas, como se constatou depois, exageradamente otimistas sobre as perspectivas das empresas de internet e de telecomunicações e acabou provocando excesso de investimento nesses setores.

Entretanto, antes de rejeitar os mercados como meio para orientar a alocação de recursos, é necessário ser sensato com relação ao que se pode esperar das previsões de mercado. Mais especificamente, não devemos confundir mercado eficiente, no qual todas as informações disponíveis repercutem nos preços, com mercado com previsão perfeita. Como dissemos antes, "todas as informações disponíveis" ainda estão longe de ser completas e algumas vezes as previsões de mercado racionais estarão incorretas; na verdade, algumas vezes elas se revelarão muito incorretas.

11.3 Estudos de eventos

A ideia de mercados informacionalmente eficientes dá espaço a uma poderosa metodologia de pesquisa. Se os preços dos títulos refletem todas as informações atualmente disponíveis, então as mudanças de preço refletem novas informações. Portanto, parece possível avaliar a importância de um evento de interesse examinando mudanças de preço durante o período em que o evento ocorre.

Estudo de eventos é uma técnica de pesquisa financeira empírica que possibilita que um observador avalie o impacto de um evento sobre o preço das ações de uma empresa. Um analista do mercado acionário pode querer estudar o impacto de mudanças nos dividendos sobre os preços das ações, por exemplo. Esse estudo quantifica a relação entre mudanças nos dividendos e os retornos das ações.

Analisar o impacto de qualquer evento é mais difícil do que a princípio possa parecer. Em qualquer dia, os preços das ações reagem a uma série de notícias econômicas, como previsões atualizadas sobre PIB, taxas de inflação, taxas de juros ou lucratividade corporativa. Isolar a parte de um movimento no preço das ações atribuível a um evento específico não é um exercício trivial.

A abordagem geral começa com uma representação de qual teria sido o retorno das ações se um evento não tivesse ocorrido. O **retorno anormal** devido ao evento é estimado como a diferença entre o retorno real das ações e essa referência. Na prática, são utilizadas várias metodologias para estimar o retorno de referência. Por exemplo, uma abordagem extremamente simples avalia o retorno anormal das ações como seu retorno menos o retorno de índice amplo de mercado. Um aprimoramento óbvio é comparar o retorno de uma ação ao de outras ações compatibilizadas, de acordo com critérios como porte da empresa, beta, desempenho recente ou índice de preço/valor contábil por ação. Outra abordagem estima os retornos normais utilizando um modelo de precificação de ativos como o CAPM ou uma de suas generalizações multifatoriais, como o modelo de três fatores de Fama-French.

Muitos pesquisadores utilizaram um "modelo de mercado" para estimar retornos anormais. Essa abordagem baseia-se nos modelos de índice introduzidos no Capítulo 9. Lembre-se de que um modelo de índice único estabelece que os retornos das ações são determinados por um fator do mercado e um fator específico à empresa. O retorno das ações, r_t, durante determinado período t, seria expresso matematicamente como

$$r_t = a + br_{Mt} + e_t \tag{11.1}$$

onde r_{Mt} é a taxa de retorno do mercado durante o período e e_t é a parte do retorno de um título resultante de eventos específicos à empresa. O parâmetro b mede a sensibilidade ao retorno do mercado e a é a taxa de retorno média que a ação obteria em um período com retorno de mercado zero.[9] Portanto, a Equação 11.1 oferece uma decomposição de r_t em fatores do mercado e específicos à empresa. O retorno específico à empresa ou anormal pode ser interpretado como o retorno inesperado que resulta do evento.

A determinação do retorno anormal em um período específico exige uma estimativa de e_t. Portanto, reescrevemos a Equação 11.1:

$$e_t = r_t - (a - br_{Mt}) \tag{11.2}$$

A Equação 11.2 tem uma interpretação simples. O residual, e_t, isto é, o componente devido presumivelmente ao evento em questão, é o retorno da ação acima do que se poderia prever com base em amplos movimentos do mercado nesse período, considerando a sensibilidade da ação ao mercado.

O modelo de mercado é uma ferramenta altamente flexível porque pode ser generalizado para incluir modelos mais aprimorados de retornos de referência – por exemplo, retornos setoriais e do mercado em geral no lado direito da Equação 11.1 ou retornos de índices construídos para corresponder a características como porte da empresa. Entretanto, deve-se ter cuidado para que os parâmetros de regressão na Equação 11.1 (o intercepto a e a inclinação b) sejam estimados apropriadamente. Mais especificamente, eles devem ser estimados por meio de dados que estejam suficientemente distantes do evento em questão em termos de tempo para que não sejam afetados pelo desempenho anormal das ações do período do evento. Em virtude em parte dessa vulnera-

---

[9] Com base no Capítulo 9, sabemos que o CAPM implica que o intercepto a na Equação 11.1 deve ser igual a $r_f(1 - \beta)$. No entanto, costuma-se estimar empiricamente esse intercepto, em vez de impor o valor CAPM. Uma justificativa para isso é que a linha do mercado de títulos ajustada empiricamente parece mais plana do que o previsto pelo CAPM (consulte o Capítulo 13), o que tornaria o intercepto indicado pelo CAPM muito pequeno.

> **EXEMPLO 11.3 || Retornos anormais**
>
> Suponhamos que um analista tenha estimado que $a = 0,05\%$ e $b = 0,8$. Em um dia em que o mercado tem uma alta de 1%, você preveria, com base na Equação 11.1, que a ação deveria subir de acordo com um valor esperado de $0,05\% + 0,8 \times 1\% = 0,85\%$. Se a ação de fato subir 2%, é provável que o analista conclua que notícias específicas à empresa naquele dia geraram um retorno adicional de $2\% - 0,85\% = 1,15\%$ sobre a ação. Esse é o retorno anormal do dia em questão.

bilidade do modelo de mercado, os retornos de carteiras com características comparáveis tornaram-se referências mais predominantes nos últimos anos.

Medimos o impacto de um evento estimando o retorno anormal de uma ação (ou grupo de ações) no momento em que o mercado toma conhecimento das informações sobre o evento. Por exemplo, em um estudo sobre o impacto de tentativas de fusão sobre o preço das ações das empresas-alvo, a data de divulgação é a data na qual o público é informado de que está para ocorrer uma fusão. Os retornos anormais de cada empresa em torno da data de divulgação são calculados e a significância e magnitude estatística do retorno anormal típico são avaliadas para determinar o impacto de informações recém-divulgadas.

Uma preocupação que complica os estudos de eventos provém do *vazamento* de informações. Um vazamento ocorre quando informações referentes a um evento importante são divulgadas para um pequeno grupo de investidores antes de sua divulgação pública oficial. Nesse caso, o preço das ações pode começar a subir (no caso da divulgação de uma "boa notícia") dias ou semanas antes da data de divulgação oficial. Qualquer retorno anormal na data de divulgação é então um indicador insatisfatório do impacto total dessa divulgação. Um indicador mais adequado seria o **retorno anormal cumulativo** (*cumulative abnormal return* – CAR), que é simplesmente a soma de todos os retornos anormais ao longo do período de interesse. Desse modo, esse retorno detecta o movimento total das ações de uma empresa específica durante um período completo, quando o mercado provavelmente está reagindo a novas informações.

A Figura 11.1 (já apresentada) mostra os resultados de um estudo de eventos razoavelmente típicos. Os autores desse estudo estavam interessados no vazamento de informações antes da divulgação de fusões e construíram uma amostra de 194 empresas que foram alvo de tentativas de aquisição. Na maioria das tomadas de controle, os acionistas das empresas adquiridas vendem suas ações ao adquirente por preços substancialmente acima do valor de mercado. A divulgação de uma tentativa de aquisição é uma boa notícia para os acionistas da empresa-alvo e, portanto, deve fazer o preço da ação subir.

A Figura 11.1 confirma o efeito da divulgação de uma boa notícia. No dia da divulgação, denominado dia 0, o retorno anormal cumulativo médio da amostra de empresas candidatas à aquisição aumenta consideravelmente, indicando um retorno anormal grande e positivo na data de divulgação. Observe que imediatamente *após* a data de divulgação, o CAR deixa de aumentar ou diminui de modo significativo. Isso está em consonância com a hipótese de mercado eficiente. Assim que as novas informações se tornam públicas, o preço das ações saltam quase imediatamente em resposta à boa notícia. Quando os preços voltam a ficar razoavelmente ajustados, refletindo o efeito das novas informações, outros retornos anormais em um dia qualquer ficam igualmente propensos a ser positivos ou negativos. Na verdade, para uma amostra de várias empresas, o retorno anormal médio deve ficar bem próximo de zero e, por isso, o CAR não oscilará nem para cima nem para baixo. Esse é precisamente o padrão mostrado na Figura 11.1.

O padrão dos retornos correspondente aos dias que precedem a data de divulgação apresenta algumas evidências interessantes com relação aos mercados eficientes e ao vazamento de informações. Se as regras da negociação com informações privilegiadas fossem totalmente obedecidas, o preço das ações não deveria mostrar nenhum retorno anormal nos dias anteriores à divulgação pública de uma notícia importante porque não haveria nenhuma informação especial específica à empresa no mercado antes dessa divulgação pública. Em vez disso, deveríamos observar um nítido salto no preço das ações somente no dia da divulgação. Na verdade, a Figura 11.1 mostra que os preços das empresas-alvo de tomada de controle começam a ter uma mudança nitidamente ascendente 30 dias antes da divulgação pública. Parece que as informações vazam para alguns participantes do mercado que então compram as ações antes da divulgação pública. Essa evidência de vazamento parece quase que universalmente no estudos de eventos, indicando pelo menos alguma transgressão às regras de negociação com informações privilegiadas.

Na verdade, a SEC também pode ficar confortada com padrões como os da Figura 11.1. Se as regras de negociação com informações privilegiadas fossem ampla e fragrantemente violadas, esperaríamos ver retornos anormais em um momento anterior ao qual eles aparecem nesses resultados. Por exemplo, no caso de fusões, o CAR ficaria positivo assim que as empresas adquirentes decidissem tomar o controle das empresas-alvo porque os *insiders* começariam a negociar imediatamente. No momento da divulgação pública, eles já teriam elevado o preço das ações das empresas-alvo para níveis representativos da tentativa de fusão e os retornos anormais na data da divulgação pública ficariam próximos de zero. O expressivo aumento do CAR que observamos na data de divulgação indica que boa parte dessas divulgações na verdade é novidade para o mercado e que o preço das ações ainda não reflete completamente o conhecimento sobre as tomadas de controle acionário. Portanto, pode parecer que a fiscalização da SEC tem um efeito considerável sobre a restrição à negociação com informações privilegiadas, embora algumas ainda persistam.

A metodologia de estudo de eventos tornou-se uma ferramenta amplamente aceita para avaliar o impacto econômico de uma variedade de eventos. Por exemplo, a SEC utiliza estudos de eventos regularmente para avaliar ganhos ilícitos obtidos por negociadores que podem ter violado a lei de negociação com informações privilegiadas ou alguma outra lei de negociação de títulos.[10] Além disso, o estudo de eventos é utilizado em casos de fraude, nos quais os tribunais precisam avaliar os prejuízos provocados por uma atividade fraudulenta.

> **REVISÃO DE CONCEITOS 11.4**
>
> Suponhamos que observemos retornos anormais cumulativos (CARs declinantes) após a data de divulgação. Isso viola a hipótese de mercado eficiente?

11.4 Os mercados são eficientes?

As questões

Como era de esperar, a hipótese de mercado eficiente na verdade não gerou entusiasmo na comunidade de gestores de carteira profissionais. Ela sugere que boa parte das atividades dos gestores de carteira – a procura por títulos com preço incorreto – é, na melhor das hipóteses, um esforço inútil e, possivelmente, prejudicial aos clientes, pois custa dinheiro e gera carteiras mal diversificadas. Por esse motivo, a EMH nunca foi amplamente aceita em Wall Street e o debate sobre até que ponto a análise de títulos pode melhorar o desempenho de investimentos continua. Antes de examinar testes empíricos dessa hipótese, queremos observar três fatores que juntos sugerem que esse debate provavelmente nunca será resolvido: a *questão de magnitude*, a *questão do viés de escolha* e a *questão do evento de sorte*.

> **EXEMPLO 11.4 | Utilizando retornos anormais para avaliar danos**
>
> Suponhamos que as ações de uma empresa com valor de mercado de US$ 100 milhões caiam 4% no dia em que notícias sobre um escândalo contábil vêm à tona. O restante do mercado, entretanto, sai-se bem nesse dia. Os índices de mercado subiram acentuadamente e, com base na relação usual entre as ações e o mercado, poder-se-ia esperar um ganho de 2% sobre as ações. Concluiríamos que o impacto do escândalo foi uma queda de 6% no valor, a diferença entre a expectativa de ganho de 2% e a queda real de 4% observada. Poderíamos inferir que os danos favorecidos pelo escândalo foram de US$ 6 milhões porque o valor da empresa (após ajustes em relação aos movimentos do mercado em geral) caiu 6% de US$ 100 milhões quando os investidores ficaram sabendo das notícias e reavaliaram o valor da ações da empresa.

---

[10] Para uma revisão sobre as aplicações dessa técnica pela SEC, consulte Mark Mitchell e Jeffry Netter, "The Role of Financial Economics in Securities Fraud Cases: Applications at the Securities and Exchange Commission", *The Business Lawyer*, 49, fevereiro de 1994, pp. 545–90.

A questão de magnitude Já observamos que um gestor de investimento que esteja supervisionando uma carteira de US$ 5 bilhões e pode melhorar o desempenho apenas 0,1% ao ano aumentará os ganhos de investimento em 0,001 × US$ 5 bilhões = US$ 5 milhões anuais. Esse gerente certamente valeria o que ganha! Contudo, nós, observadores, podemos medir estatisticamente a contribuição desse gestor? Provavelmente não: a contribuição de 0,1% seria sobrepujada pela volatilidade anual do mercado. Lembre-se, o desvio-padrão anual do índice bem diversificado S&P 500 tem sido de cerca de 20% por ano. Diante dessas flutuações, um pequeno aumento no desempenho seria difícil de detectar.

Todos concordarão que os preços das ações estão muito próximos dos valores justos e que apenas os gestores de grandes carteiras podem obter um lucro de negociação suficiente para que a exploração de pequenos erros de apreçamento valham a pena. De acordo com essa visão, a atuação de gestores de investimento inteligentes é a força motriz da evolução constante dos preços de mercado para níveis justos. Em vez de fazer a pergunta qualitativa, "Os mercados são eficientes?", devemos fazer uma pergunta mais quantitativa: "Até que ponto os mercados são eficientes?".

A questão do viés de escolha Suponhamos que você descubra um esquema de investimento que poderia realmente render dinheiro. Você tem duas opções: publicar sua técnica no *The Wall Street Journal* para obter uma fama passageira ou manter sua técnica secreta e utilizá-la para ganhar milhões de dólares. A maioria dos investidores escolheria a última opção, que nos apresenta uma charada. Somente os investidores que percebem que um esquema de investimento não pode gerar retornos anormais estariam dispostos a divulgar suas descobertas ao mundo todo. Por esse motivo, os oponentes da visão de mundo da hipótese de mercado eficiente sempre podem utilizar as evidências que mostram que várias técnicas não oferecem recompensas de investimento como prova de que as técnicas que funcionam simplesmente não estão sendo divulgadas ao público. Trata-se de um problema de *viés de escolha*; os resultados que podemos observar foram previamente escolhidos em favor das tentativas fracassadas. Portanto, não podemos avaliar razoavelmente a verdadeira capacidade dos gestores de carteira para gerar estratégias de mercado bem-sucedidas.

A questão do evento de sorte Parece que quase todos os meses lemos um artigo sobre algum investidor ou uma empresa de investimento que teve um fantástico desempenho no passado recente. Sem dúvida, o histórico superior desses investidores contradiz a hipótese de mercado eficiente.

A conclusão, no entanto, está longe de ser óbvia. Fazendo uma analogia com o jogo de investimento, pense em uma competição para tirar o maior número de caras em 50 tentativas utilizando uma moeda não viciada. O resultado esperado para qualquer pessoa é, obviamente, 50% de caras e 50% de coroas. Porém, se 10 mil pessoas competissem nesse torneio, não seria surpreendente se pelo menos um ou dois participantes conseguissem mais de 75% de caras. Na verdade, a estatística básica nos diz que o número esperado de participantes que obterão 75% ou mais de caras seria dois. Contudo, seria ingênuo coroar essas pessoas como "campeões mundiais de cara". É óbvio que elas são simplesmente os participantes que por acaso tiveram sorte no dia do evento. (Consulte o quadro.)

A analogia com o mercado eficiente é clara. Na hipótese de que qualquer ação tem um preço justo, em vista de todas as informações disponíveis, qualquer aposta em uma ação na verdade é como um jogo de cara ou coroa. Existe uma probabilidade idêntica de ganhar ou perder a aposta. No entanto, se vários investidores que estiverem utilizando diversos esquemas fizerem apostas satisfatórias, em termos estatísticos, *alguns* deles terão sorte e ganharão a grande maioria das apostas. Para cada grande ganhador pode haver muitos grandes perdedores, mas nunca ouvimos falar desses gestores. Porém, os ganhadores aparecem no *The Wall Street Journal* como os gurus mais recentes do mercado de ações; desse modo, eles podem fazer fortuna publicando boletins informativos sobre o mercado.

O que queremos dizer é que, *a posteriori*, haverá pelo menos um esquema de investimento bem-sucedido. Um cético chamará esse resultado de sorte; o investidor bem-sucedido o chamará de habilidade. O teste apropriado seria ver se os investidores de sucesso conseguem repetir seu desempenho em outro período, mas esse método raramente é adotado.

Com essas advertências em mente, abordaremos agora alguns dos testes empíricos da hipótese de mercado eficiente.

DESTAQUE DA REALIDADE

COMO GARANTIR O SUCESSO DE UM BOLETIM INFORMATIVO SOBRE O MERCADO

Suponhamos que você deseja fazer fortuna publicando um boletim informativo sobre o mercado. Você precisa convencer os possíveis assinantes de que você tem um talento pelo qual vale a pena pagar. Porém, e se você não tiver nenhum talento? A solução é simples: crie oito boletins.

No primeiro ano, faça com que quatro boletins prevejam um mercado em alta e quatro um mercado em baixa. No segundo ano, faça com que metade do grupo de boletins originalmente otimistas continue prevendo um mercado em alta e a outra metade um mercado em baixa. Faça o mesmo para o grupo originalmente pessimista. Continue procedendo dessa forma para obter o padrão de previsões na tabela a seguir (A = previsão de um mercado em alta, B = previsão de um mercado em baixa).

Após três anos, não importa o que tenha acontecido com o mercado, um dos boletins terá tido um perfeito desempenho de previsão. Isso ocorre porque, após três anos, existem $2^3 = 8$ resultados para o mercado, e nós cobrimos todas as oito possibilidades com os oito boletins. Agora, simplesmente eliminamos os sete boletins que não foram bem-sucedidos e divulgamos o oitavo com base em seu histórico perfeito. Se quiséssemos criar um boletim com um histórico perfeito ao longo de um período de quatro anos, precisaríamos de $2^4 = 16$ boletins. Um período de cinco anos exigiria 32 informativos, e assim por diante.

A posteriori, o único boletim que sempre acertou chamará atenção por ter apresentado uma previsão excepcional e os investidores ficarão ávidos por pagar um alto valor em troca de seus conselhos. Sua fortuna está feita, e você nem sequer pesquisou o mercado!

ATENÇÃO: Esse esquema é ilegal! Entretanto, o que importa é que, com centenas de boletins sobre o mercado, você encontrará um que topou com uma sucessão aparentemente notável de previsões bem-sucedidas sem nenhum grau real de habilidade. *A posteriori*, o histórico de previsão de *determinada pessoa* pode levar a crer que existe uma excelente habilidade de previsão. Será sobre essa pessoa que leremos no *The Wall Street Journal*; as outras serão esquecidas.

	Previsões do boletim							
Ano	1	2	3	4	5	6	7	8
1	A	A	A	A	B	B	B	B
2	A	A	B	B	A	A	B	B
3	A	B	A	B	A	B	A	B

Testes de forma fraca: padrões nos retornos das ações

Retornos em horizontes de curto prazo Os primeiros testes de mercado eficiente eram de forma fraca. Será que os especuladores encontram tendências nos preços passados que lhes possibilitam obter lucros anormais? Essencialmente, esse é um teste da eficácia da análise técnica.

Uma forma de discernir tendências nos preços das ações é medir a *correlação serial* dos retornos do mercado de ações. A correlação serial refere-se à tendência de os retornos das ações estarem relacionados com os retornos passados. A correlação serial positiva significa que os retornos positivos tendem a seguir retornos positivos (uma propriedade do tipo *momentum*). A correlação serial negativa significa que os retornos positivos tendem a ser seguidos por retornos negativos (uma propriedade de reversão ou de "correção"). Tanto Conrad e Kaul[11] quanto Lo e MacKinlay[12] examinaram retornos semanais

> **REVISÃO DE CONCEITOS 11.5**
>
> O Value Trust, da Legg Mason, gerenciado por Bill Miller, superou o desempenho do S&P 500 em cada um dos anos do período de 15 anos encerrado em 2005. O desempenho de Miller é suficiente para dissuadi-lo da crença em mercados eficientes? Se não, *algum* histórico de desempenho seria suficiente para dissuadi-lo? Considere agora que, nos três anos seguintes, o fundo teve um desempenho consideravelmente inferior ao do S&P 500; no final de 2008, seu desempenho cumulativo em 18 anos foi quase idêntico ao do índice. Isso afetaria sua opinião?

das ações da NYSE e identificaram correlações seriais positivas durante curtos horizontes de tempo. Entretanto, os coeficientes de correlação dos retornos semanais tendem a ser relativamente pequenos, ao menos para ações de alta capitalização para as quais os dados de preço são os mais confiáveis em termos de atualização. Desse modo, embora esses estudos demonstrem fracas

---

[11] Jennifer Conrad e Gautam Kaul, "Time-Variation in Expected Returns", *Journal of Business*, 61, outubro de 1988, pp. 409–25.

[12] Andrew W. Lo e A. Craig MacKinlay, "Stock Market Prices Do Not Follow Random Walks: Evidence from a Simple Specification Test", *Review of Financial Studies*, 1, 1988, pp. 41–66.

tendências de preço em períodos curtos,[13] evidências não indicam claramente a existência de oportunidades de negociação.

Embora os índices amplos de mercado demonstrem apenas uma fraca correlação serial, parece haver um *momentum* mais forte no desempenho entre os setores do mercado que exibem os melhores e os piores retornos recentes. Em uma pesquisa sobre o comportamento dos preços das ações em um horizonte intermediário (utilizando períodos de manutenção do investimento de 3 a 12 meses), Jegadeesh e Titman[14] identificaram um **efeito *momentum*** no qual o desempenho recente ruim ou bom de determinadas ações continua com o passar do tempo. Eles concluem que, embora o desempenho de ações individuais seja extremamente imprevisível, as *carteiras* das ações com melhor desempenho no passado recente parecem ter um desempenho superior ao de outras ações com um nível de confiabilidade suficiente para oferecer oportunidades de lucro. Portanto, parece haver evidências de *momentum* no preço no horizonte de curto a médio prazo tanto no mercado agregado quanto entre segmentos (isto é, entre ações específicas).

Retornos em horizontes de longo prazo Embora estudos sobre retornos nos horizontes de curto a médio prazo tenham detectado um *momentum* nos preços do mercado acionário, testes sobre retornos em horizontes sobre retornos de longo prazo (isto é, retornos ao longo de períodos de vários anos) encontraram indicações de uma pronunciada correlação serial *negativa* de longo prazo no desempenho do mercado agregado.[15] Esse último resultado deu origem à "hipótese de modismos", que afirma que o mercado de ações pode reagir exageradamente a notícias relevantes. Essa reação exagerada gera uma correlação serial positiva (*momentum*) ao longo de horizontes de curto prazo. A correção subsequente dessa reação exagerada provoca um mau desempenho após um bom desempenho e vice-versa. As correções significam que uma série de retornos positivos com o tempo tenderá a ser acompanhada de retornos negativos, resultando em uma correlação serial negativa em horizontes mais longos. Esses episódios de aparente ultrapassagem de limite seguidos de correções fazem com que o mercado acionário pareça flutuar em torno de seu valor justo.

Esses resultados em horizontes de longo prazo são impressionantes, mas ainda não são conclusivos. Uma interpretação alternativa desses resultados defende que eles indicam apenas que o prêmio de risco do mercado varia com o passar do tempo. Por exemplo, quando o prêmio de risco e o retorno exigido no mercado subirem, os preços das ações cairão. Quando o mercado subir (em média) de acordo com essa taxa de retorno mais alta, os dados passarão a impressão de que houve uma recuperação no preço das ações. A aparente ultrapassagem de limite e a correção são na verdade nada mais que uma reação racional dos preços de mercado a mudanças nas taxas de desconto.

Além dos estudos que indicam uma reação exagerada nos retornos do mercado acionário em geral em horizontes de longo prazo, vários outros estudos indicam que, em longos horizontes, o desempenho extremo em determinados títulos também tende a reverter: as ações que tiveram o melhor desempenho no passado recente parecem ter um desempenho inferior ao do restante do mercado nos períodos subsequentes, enquanto as que tiveram o pior desempenho tendem a oferecer um desempenho futuro acima da média. DeBondt e Thaler[16] e Chopra, Lakonishok e Ritter[17] identificaram uma forte tendência de as ações com desempenho ruim em um período

---

[13] Contudo, existem evidências de que os preços dos títulos individuais (em contraposição aos índices amplos de mercado) são mais propensos a reversões do que a continuações em horizontes muito curtos. Consulte, por exemplo, B. Lehmann, "Fads, Martingales and Market Efficiency", *Quarterly Journal of Economics*, 105, fevereiro de 1990, pp. 1–28; e N. Jegadeesh, "Evidence of Predictable Behavior of Security Returns", *Journal of Finance*, 45, setembro de 1990, pp. 881–898. Entretanto, como observa Lehmann, provavelmente a melhor interpretação sobre isso seja aquela que atribui a causa a problemas de liquidez após grandes mudanças nos preços das ações à medida que os criadores de mercado ajustam suas posições nas ações.

[14] Narasimhan Jegadeesh e Sheridan Titman, "Returns to Buying Winners and Selling Losers: Implications for Stock Market Efficiency", *Journal of Finance*, 48, março de 1993, pp. 65–91.

[15] Eugene F. Fama e Kenneth R. French, "Permanent and Temporary Components of Stock Prices", *Journal of Political Economy*, 96, abril de 1988, pp. 24–73; James Poterba e Lawrence Summers, "Mean Reversion in Stock Prices: Evidence and Implications", *Journal of Financial Economics*, 22, outubro de 1988, pp. 27–59.

[16] Werner F. M. DeBondt e Richard Thaler, "Does the Stock Market Overreact?", *Journal of Finance*, 40, 1985, pp. 793–805.

[17] Navin Chopra, Josef Lakonishok e Jay R. Ritter, "Measuring Abnormal Performance: Do Stocks Overreact?", *Journal of Financial Economics*, 31, 1992, pp. 235–268.

experimentarem reversões consideráveis no período subsequente e de as ações com melhor desempenho em um período tenderem a ter um desempenho ruim no período subsequente.

Por exemplo, o estudo de DeBondt e Thaler revelou que, se fôssemos classificar o desempenho das ações em um período de cinco anos e depois as agrupar em carteiras baseadas no desempenho do investimento, a carteira "perdedora" do período de base (definido como as 35 ações com o pior desempenho de investimento) teria um desempenho 25% melhor em média (retorno cumulativo) do que a carteira "vencedora" (as 35 melhores ações) no período de três anos subsequente. Esse **efeito de reversão**, no qual os perdedores recuperam-se e os vencedores retrocedem, indica que o mercado de ações reage exageradamente a notícias relevantes. Assim que essa reação exagerada é reconhecida, o desempenho extremo do investimento é revertido. Esse fenômeno poderia indicar que uma estratégia de investimento *contrária* – investir em perdedores recentes e evitar vencedores recentes – pode ser lucrativa. Além disso, esses retornos parecem suficientemente significativos para serem explorados de forma lucrativa.

Desse modo, parece que pode haver um *momentum* de curto prazo, mas padrões de reversão de longo prazo no comportamento dos preços tanto no mercado em geral quanto em setores do mercado. Uma interpretação desses padrões é que a reação exagerada de curto prazo (que provoca um *momentum* nos preços) pode provocar reversões de longo prazo (quando o mercado reconhece e corrige seus erros passados).

Previsores de retorno do mercado em geral

Vários estudos documentaram a capacidade das variáveis facilmente observáveis de prever os retornos de mercado. Por exemplo, Fama e French[18] mostraram que o retorno no mercado acionário agregado tende a ser mais alto quando o índice de dividendos/preço, o rendimento de dividendos, é alto. Campbell e Shiller[19] descobriram que os ganhos de rendimento podem prever os retornos de mercado. Keim e Stambaugh[20] demonstraram que os dados do mercado de obrigações, como o *spread* entre os rendimentos de obrigações corporativas de alta qualidade e baixa qualidade, também ajudam a prever retornos do mercado em geral.

Mais uma vez a interpretação desses resultados é difícil. Por um lado, eles podem indicar que é possível prever retornos anormais nas ações, violando a hipótese de mercado eficiente. Entretanto, é mais provável que essas variáveis estejam substituindo a variação no prêmio de risco do mercado. Por exemplo, dado um determinado nível de dividendos ou lucro, os preços das ações serão mais baixos e os rendimentos de dividendos e os ganhos de rendimento serão mais altos quando o prêmio de risco (e, portanto, o retorno de mercado esperado) for mais alto. Desse modo, um alto rendimento de dividendos ou ganho de rendimento estará associado com retornos de mercado mais altos. Isso não indica uma violação da eficiência de mercado. A previsibilidade dos retornos de mercado deve-se à previsibilidade no prêmio de risco e não aos retornos anormais ajustados ao risco.

Fama e French[21] mostraram que o *spread* de rendimento entre obrigações de alta e baixa qualidade tem maior poder de previsão para retornos de obrigações de baixa qualidade do que para retornos de obrigações de alta qualidade e maior poder de previsão para retornos de ações do que para retornos de obrigações, o que sugere que a previsibilidade dos retornos de fato é um prêmio de risco e não evidência de ineficiência de mercado. De forma semelhante, o fato de o rendimento de dividendos das ações ajudar a prever os retornos de mercado das obrigações indica que o rendimento captura um prêmio de risco comum a ambos os mercados, e não um erro de apreçamento no mercado de ações.

---

[18] Eugene F. Fama e Kenneth R. French, "Dividend Yields and Expected Stock Returns", *Journal of Financial Economics*, 22, outubro de 1988, pp. 3–25.

[19] John Y. Campbell e Robert Shiller, "Stock Prices, Earnings and Expected Dividends", *Journal of Finance*, 43, julho de 1988, pp. 661–676.

[20] Donald B. Keim e Robert F. Stambaugh, "Predicting Returns in the Stock and Bond Markets", *Journal of Financial Economics*, 17, 1986, pp. 357–390.

[21] Eugene F. Fama e Kenneth R. French, "Business Conditions and Expected Returns on Stocks and Bonds", *Journal of Financial Economics*, 25, novembro de 1989, pp. 3–22.

Testes semifortes: anomalias de mercado

A análise fundamentalista utiliza um conjunto bem mais amplo de informações para criar carteiras do que a análise técnica. Pesquisas sobre a eficácia da análise fundamentalista questionam se as informações disponíveis ao público, além do histórico de negociações de um título, podem ser utilizadas para melhorar o desempenho dos investimentos e, portanto, se elas seriam testes de eficiência de mercado semiforte. Surpreendentemente, várias estatísticas de fácil acesso – por exemplo, o índice de preço/lucro (*price-earnings ratio* – P/E) de uma ação ou sua capitalização de mercado – parecem prever retornos anormais ajustados ao risco. Esses dados, que serão revistos nas páginas a seguir, são difíceis de ser conciliados com a hipótese de mercado eficiente e por esse motivo com frequência são chamados de **anomalias** de mercado eficiente.

Uma das dificuldades na interpretação desses testes é que geralmente é necessário fazer ajustes em relação ao risco da carteira antes de avaliar o sucesso de uma estratégia de investimento. Por exemplo, muitos testes utilizaram o modelo de precificação de ativos financeiros (*capital asset pricing model* – CAPM) para fazer ajustes em relação ao risco. Entretanto, sabemos que, mesmo que o beta seja um indicador relevante de risco das ações, o equilíbrio quantitativo avaliado empiricamente entre risco medido pelo beta e retorno esperado difere das previsões do CAPM. (Analisamos essa evidência no Capítulo 13.) Se utilizarmos o CAPM para ajustar os retornos da carteira em relação ao risco, os ajustes inapropriados podem nos levar à conclusão de que estratégias de carteira diferentes podem gerar retornos superiores, quando na verdade isso indica simplesmente que o procedimento de ajuste ao risco não deu certo.

Dizendo isso de outra forma, os retornos ajustados ao risco são *testes conjuntos* da hipótese de mercado eficiente *e* do procedimento de ajuste ao risco. Se uma estratégia de carteira parece capaz de gerar retornos superiores, devemos então escolher entre rejeitar a EMH ou rejeitar a técnica de ajuste ao risco. Normalmente, a técnica de ajuste ao risco baseia-se em suposições mais questionáveis do que a EMH; se optarmos por rejeitar o procedimento, ficaremos sem nenhuma conclusão sobre a eficiência de mercado.

A descoberta de Basu[22] de que as carteiras com ações com baixo índice de P/E ofereceram retornos mais altos do que as carteiras com alto índice de P/E demonstra esse problema. O **efeito P/E** mantém-se mesmo que os retornos forem ajustados ao beta da carteira. Seria isso uma confirmação de que o mercado apreça sistematicamente mal as ações de acordo com o índice de P/E? Essa seria uma conclusão muito surpreendente e, para nós, inquietante, pois a análise de índices de P/E é um procedimento extremamente simples. Embora seja possível obter retornos superiores por meio de um trabalho árduo e de muita percepção, não parece provável que seguir uma técnica tão básica seja suficiente para gerar retornos anormais.

Outra interpretação desses resultados é que os retornos não estão ajustados apropriadamente ao risco. Se duas empresas tiverem os mesmos lucros esperados, a ação de maior risco será vendida por um preço mais baixo e um índice de P/E mais baixo. Em virtude desse risco maior, a ação com P/E baixo também terá retornos esperados mais altos. Portanto, a não ser que o beta do CAPM se ajuste completamente ao risco, o P/E servirá como indicador adicional útil do risco e será associado a retornos anormais se o CAPM for utilizado para estabelecer uma referência de desempenho.

O efeito da pequena empresa em janeiro O chamado efeito de tamanho ou **efeito da pequena empresa**, documentado pela primeira vez por Banz,[23] é mostrado na Figura 11.3. Essa figura mostra o desempenho histórico de carteiras formadas pela divisão das ações da NYSE em dez carteiras a cada ano de acordo com o tamanho da empresa (isto é, o valor total de ações em circulação). Os retornos anuais médios entre 1926 e 2011 são constantemente mais altos nas carteiras de empresas pequenas. A diferença no retorno anual médio entre a carteira 10 (com as maiores

---

[22] Sanjoy Basu, "The Investment Performance of Common Stocks in Relation to Their Price-Earnings Ratios: A Test of the Efficient Market Hypothesis", *Journal of Finance*, 32, junho de 1977, pp. 663–82; e "The Relationship between Earnings Yield, Market Value, and Return for NYSE Common Stocks: Further Evidence", *Journal of Financial Economics*, 12, junho de 1983.

[23] Rolf Banz, "The Relationship between Return and Market Value of Common Stocks", *Journal of Financial Economics*, 9, março de 1981.

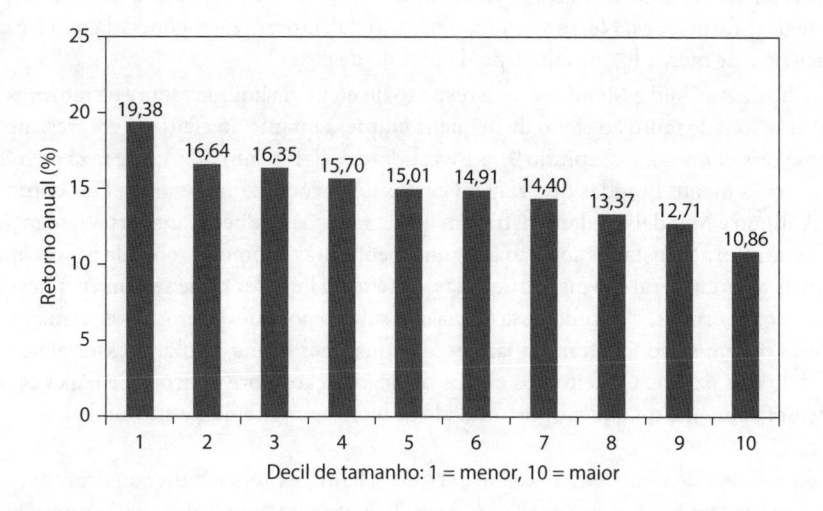

FIGURA 11.3
Retorno anual médio de dez carteiras com base no tamanho, 1926–2011

Fonte: Cálculos dos autores por meio de dados obtidos na biblioteca de dados do professor Kenneth French, http://mba.tuck.dartmouth.edu/pages/faculty/ken.french/data_library.html.edu/pages/faculty/ken.french/data_library.html.

empresas) e a carteira 1 (com as menores empresas) é 8,52%. É evidente que as carteiras das empresas menores tendem a ser mais arriscadas. Contudo, mesmo quando os retornos são ajustados ao risco utilizando o CAPM, ainda assim existe um prêmio consistente para as carteiras de menor tamanho.

Imagine-se obtendo um prêmio desse tamanho sobre uma carteira de um bilhão de dólares. Mesmo assim, é impressionante que a adoção de uma regra tão simples (até simplista) quanto "investir em ações de baixa capitalização" possa habilitar um investidor a obter retornos em excesso. Afinal, qualquer investidor pode avaliar o tamanho de uma empresa sem gastar quase nada para isso. Não se esperam recompensas tão grandes com um esforço tão mínimo.

Estudos posteriores (Keim,[24] Reinganum[25] e Blume e Stambaugh[26]) demonstraram que o efeito da pequena empresa está concentrado em janeiro; na verdade, nas duas primeiras semanas de janeiro. O efeito de tamanho é em grande medida um efeito da "pequena empresa em janeiro".

Os efeitos da empresa negligenciada e liquidez Arbel e Strebel[27] ofereceram outra interpretação sobre o efeito da pequena empresa em janeiro. Como as pequenas empresas tendem a ser ignoradas por grandes negociadores institucionais, existem menos informações sobre essas empresas. Em virtude dessa falta de informação, as pequenas empresas são investimentos de maior risco que exigem retornos mais altos. Afinal, as empresas de "marca" são monitoradas consideravelmente pelos investidores institucionais, o que promete informações de alta qualidade, e presumivelmente os investidores não compram ações "genéricas" sem a perspectiva de retornos mais altos.

Para evidenciar o **efeito da empresa negligenciada**, Arbel[28] dividiu as empresas entre as muito pesquisadas, as moderadamente pesquisadas e os grupos negligenciados, com base no número de instituições que mantêm suas ações. O efeito de janeiro na verdade foi maior nas empresas negligenciadas. Um artigo de Merton[29] mostra que é possível supor que as empresas negligenciadas

---

[24] Donald B. Keim, "Size Related Anomalies and Stock Return Seasonality: Further Empirical Evidence", *Journal of Financial Economics*, 12, junho de 1983.

[25] Marc R. Reinganum, "The Anomalous Stock Market Behavior of Small Firms in January: Empirical Tests for Tax-Loss Effects", *Journal of Financial Economics*, 12, junho de 1983.

[26] Marshall E. Blume e Robert F. Stambaugh, "Biases in Computed Returns: An Application to the Size Effect", *Journal of Financial Economics*, 1983.

[27] Avner Arbel e Paul J. Strebel, "Pay Attention to Neglected Firms", *Journal of Portfolio Management*, inverno de 1983.

[28] Avner Arbel, "Generic Stocks: An Old Product in a New Package", *Journal of Portfolio Management*, verão de 1985.

[29] Robert C. Merton, "A Simple Model of Capital Market Equilibrium with Incomplete Information", *Journal of Finance*, 42, 1987, pp. 483–510.

obtenham retornos de equilíbrio mais altos como compensação pelo risco associado à pequena quantidade de informações. Nesse sentido, o prêmio da empresa negligenciada não é exatamente uma ineficiência de mercado, mas um tipo de prêmio de risco.

O trabalho de Amihud e Mendelson[30] a respeito do efeito da liquidez sobre os retornos das ações pode estar relacionado tanto ao efeito da pequena empresa quanto ao efeito da empresa negligenciada. Tal como ressaltamos no Capítulo 9, os investidores exigirão um prêmio de taxa de retorno para investir em ações menos líquidas que exigem custos de negociação mais altos. De acordo com essa hipótese, Amihud e Mendelson demonstraram que essas ações exibem uma forte tendência de apresentar taxas de retorno ajustadas ao risco irregularmente altas. Como as ações de baixa capitalização e menos analisadas em geral são menos líquidas, o efeito da liquidez pode ser uma explicação parcial de seus retornos anormais. Contudo, essa teoria não explica por que os retornos anormais das pequenas empresas devem se concentrar em janeiro. De qualquer forma, explorar esses efeitos pode ser mais difícil do que parece. O efeito dos custos de negociação sobre as ações de baixa capitalização pode destruir facilmente qualquer oportunidade de lucro aparentemente anormal.

Índices de valor contábil/valor de mercado Fama e French[31] demonstraram que um eficiente previsor dos retornos entre os títulos é o índice de valor contábil do patrimônio da empresa e de valor de mercado do patrimônio. Fama e French classificaram as empresas em dez grupos de acordo com o índice de valor contábil/valor de mercado e examinaram a taxa de retorno média mensal de cada um dos dez grupos. A Figura 11.4 é uma versão atualizada dos resultados obtidos. O decil com o maior índice de valor contábil/valor de mercado teve um retorno anual médio de 16,87%, enquanto o decil com o índice mais baixo teve uma média de apenas 10,92%. A expressiva dependência dos retornos para com o índice de valor contábil/valor de mercado independe do beta, o que sugere que as empresas com alto índice de valor contábil/valor de mercado estão com o preço relativamente baixo ou que o índice de valor contábil/valor de mercado está substituindo um fator de risco que afeta os retornos de equilíbrio esperados.

Na verdade, Fama e French descobriram que, depois de controlar o efeito de tamanho e o **efeito do valor contábil/valor de mercado**, o beta parecia não ter nenhum poder para explicar os retornos médios dos títulos.[32] Essa descoberta é uma contestação importante ao conceito de mercados racionais, já que parece indicar que um fator que deveria afetar os retornos – o risco sistemático – aparentemente não tem importância, enquanto um fator que não deveria interessar – o índice de valor contábil/valor de mercado – parece capaz de prever retornos futuros. Voltaremos à interpretação dessa anomalia.

Oscilação de preço após a divulgação de lucros Um princípio fundamental dos mercados eficientes é que qualquer nova informação deve repercutir muito rapidamente nos preços das ações. Por exemplo, quando se publica uma boa notícia, é provável que o preço das ações suba imediatamente. Portanto, uma anomalia obscura é a reação aparentemente lenta dos preços das ações à divulgação de lucros das empresas, tal como revelado por Ball e Brown.[33] Os resultados alcançados por esses autores posteriormente foram confirmados e ampliados em vários outros artigos.[34]

---

[30] Yakov Amihud e Haim Mendelson, "Asset Pricing and the Bid–Ask Spread", *Journal of Financial Economics*, 17, dezembro de 1986, pp. 223–250; e "Liquidity, Asset Prices, and Financial Policy", *Financial Analysts Journal*, 47, novembro/dezembro de 1991, pp. 56–66.

[31] Eugene F. Fama e Kenneth R. French, "The Cross Section of Expected Stock Returns", *Journal of Finance*, 47, 1992, pp. 427–465.

[32] Entretanto, um estudo de S. P. Kothari, Jay Shanken e Richard G. Sloan, "Another Look at the Cross-Section of Expected Stock Returns", *Journal of Finance*, 50, março de 1995, pp. 185–224, constatou que, quando os betas são estimados por meio de retornos anuais e não de retornos mensais, os títulos com beta alto na realidade têm retornos médios mais altos. Além disso, os autores identificaram um efeito de valor contábil/valor de mercado atenuado em comparação com os resultados de Fama e French e, igualmente, inconsistente entre diferentes amostras de títulos. Eles concluem que o argumento empírico sobre a importância do índice de valor contábil/valor de mercado pode ser um tanto mais fraco do que o estudo de Fama e French sugere.

[33] R. Ball e P. Brown, "An Empirical Evaluation of Accounting Income Numbers", *Journal of Accounting Research*, 9, 1968, pp. 159–178.

[34] Existe um corpo volumoso de publicações sobre esse fenômeno, com frequência chamado de oscilação de preço após a divulgação de lucros. Para examinar artigos mais recentes que procuram saber por que essa oscilação pode ser obervada, consulte V. Bernard e J. Thomas, "Evidence That Stock Prices Do Not Fully Reflect the Implications of Current Earnings for Future Earnings", *Journal of Accounting and Economics*, 13, 1990, pp. 305–340, ou R. H. Battalio e R. Mendenhall, "Earnings Expectation, Investor Trade Size, and Anomalous Returns around Earnings Announcements", *Journal of Financial Economics*, 77, 2005, pp. 289–319.

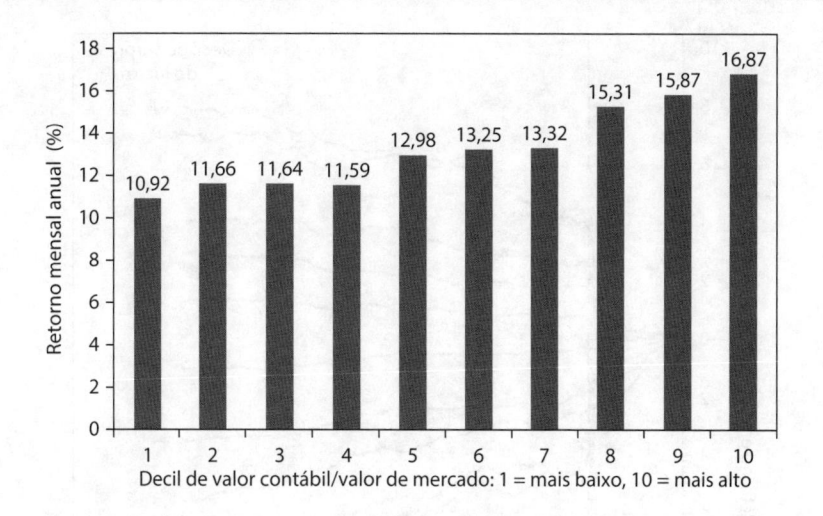

FIGURA 11.4
Retorno anual médio como função do índice de valor contábil/valor de mercado, 1926–2011

Gráfico de barras — Retorno mensal anual (%) por Decil de valor contábil/valor de mercado (1 = mais baixo, 10 = mais alto):
- 1: 10,92
- 2: 11,66
- 3: 11,64
- 4: 11,59
- 5: 12,98
- 6: 13,25
- 7: 13,32
- 8: 15,31
- 9: 15,87
- 10: 16,87

Fonte: Cálculos dos autores por meio de dados obtidos na biblioteca de dados do professor Kenneth French, http://mba.tuck.dartmouth.edu/pages/faculty/ken.french/data_library.html.edu/pages/faculty/ken.french/data_library.html.

O "conteúdo noticioso" da divulgação de lucros pode ser avaliado pela comparação da divulgação dos lucros reais com o valor previamente esperado pelos participantes do mercado. A diferença é a "surpresa de lucro". (As expectativas de lucro no mercado podem ser medidas aproximadamente tomando a média das previsões de lucro publicadas por analistas de Wall Street ou aplicando a análise de tendências em lucros passados.) Rendleman, Jones e Latané[35] oferecem um estudo influente sobre a reação lenta dos preços a divulgações de lucro. Eles avaliam a surpresa de lucro para uma ampla amostra de empresas, classificam a magnitude da surpresa, dividem-nas em dez decis com base no tamanho da surpresa e calculam os retornos anormais de cada decil. A Figura 11.5 representa os retornos anormais cumulativos por decil.

Os resultados são expressivos. A correlação entre a classificação por surpresa de lucro e retornos anormais em decis aparece conforme o previsto. Existe um grande retorno anormal (um grande salto no retorno anormal cumulativo) no dia da divulgação de lucros (tempo 0). O retorno anormal é positivo para empresas de surpresa positiva e negativo para empresas de surpresa negativa.

O resultado mais impressionante e interessante do estudo diz respeito às oscilações nos preços das ações *após* a data de divulgação. Os retornos anormais cumulativos das ações de surpresa positiva continuam a subir – em outras palavras, a exibir *momentum* – mesmo depois que a informação sobre lucro torna-se pública, enquanto as empresas de surpresa negativa continuam a sofrer retornos anormais negativos. O mercado parece ajustar-se à informação sobre lucro apenas gradualmente, e isso resulta em um prolongado período de retornos anormais.

É evidente que alguém poderia obter lucros anormais simplesmente esperando a divulgação de lucros e comprando uma carteira de ações das empresas com surpresa de lucro positiva. Essas são precisamente as tendências que deveriam ser impossíveis em um mercado eficiente.

Testes de forma forte: informações privilegiadas

Não seria surpresa se as pessoas com acesso a informações privilegiadas extraíssem lucros mais altos da negociação de ações de sua empresa. Em outras palavras, não esperamos que os mercados sejam eficientes na forma forte: regulamentamos e limitamos os negócios baseados em informações privilegiadas. A possibilidade de as pessoas com acesso a informações privilegiadas extraírem lucro de ações da própria empresa já foi documentada em estudos como o de Jaffe,[36] Seyhun,[37]

---

[35] Richard J. Rendleman Jr., Charles P. Jones e Henry A. Latané, "Empirical Anomalies Based on Unexpected Earnings and the Importance of Risk Adjustments", *Journal of Financial Economics*, 10, novembro de 1982, pp. 269–287.

[36] Jeffrey F. Jaffe, "Special Information and Insider Trading", *Journal of Business*, 47, julho de 1974.

[37] H. Nejat Seyhun, "Insiders' Profits, Costs of Trading and Market Efficiency", *Journal of Financial Economics*, 16, 1986.

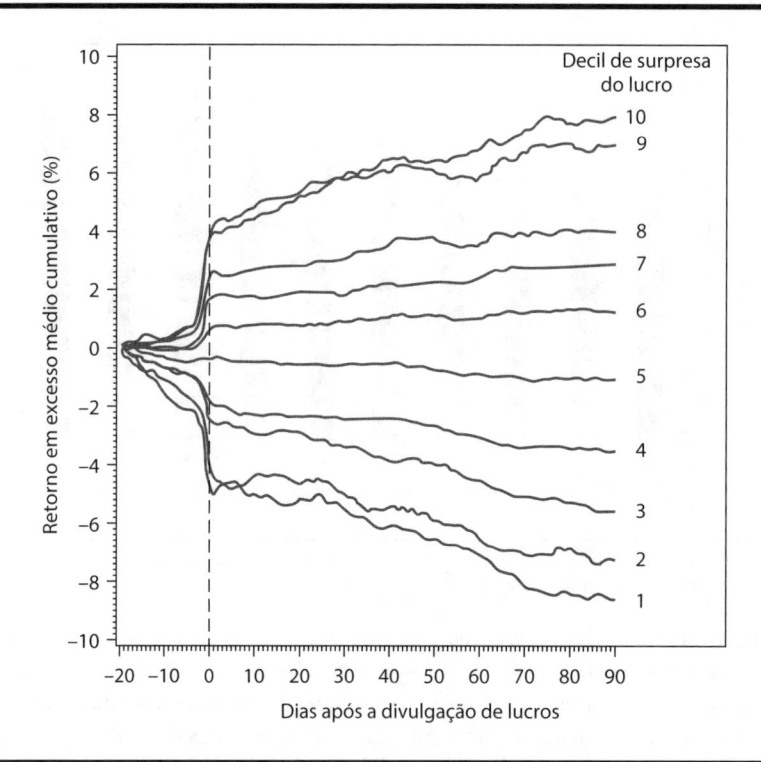

FIGURA 11.5 Retornos anormais cumulativos em resposta à divulgação de lucros

Fonte: Dados reimpressos de R. J. Rendleman Jr., C. P. Jones e H. A. Latané, "Empirical Anomalies Based on Unexpected Earnings and the Importance of Risk Adjustments", *Journal of Financial Economics*, 10, 1982, pp. 269–287. Copyright 1982, com permissão da Elsevier.

Givoly e Palmon,[38] entre outros. O estudo de Jaffe foi um dos primeiros a mostrar a tendência de os preços das ações subirem depois que elas são intensamente compradas por pessoas com informações privilegiadas e baixarem depois que elas são intensamente vendidas por pessoas com informações privilegiadas.

Outros investidores podem se beneficiar se seguirem as negociações feitas por pessoas com informações privilegiadas? A SEC exige que todas as pessoas com informações privilegiadas registrem suas atividades de negociação e publica essas negociações no *Official Summary of Security Transactions and Holdings*. Desde 2002, essas pessoas são obrigadas a divulgar negociações importantes à SEC no prazo de dois dias úteis. Depois que o *Official Summary* é publicado, as negociações tornam-se informações públicas. A essa altura, se os mercados forem eficientes e processarem completa e imediatamente as informações divulgadas no *Official Summary* de negociações, um investidor provavelmente não conseguirá mais lucrar se seguir o padrão dessas negociações. Existem vários *sites* que contêm informações sobre negociação com informações privilegiadas. Consulte os *sites* na página de Conteúdo *Online* (**www.grupoa.com.br**) para obter algumas sugestões.

O estudo de Seyhun, que acompanhou cuidadosamente as datas de divulgação pública do *Official Summary*, constatou que a tentativa de seguir as transações realizadas por pessoas com informações privilegiadas seria em vão. Embora haja alguma tendência de os preços das ações subirem mesmo depois que o *Official Summary* divulga compras realizadas por pessoas bem informadas, os retornos anormais não são significativos o suficiente para superar os custos de transação.

Interpretando as anomalias

Como devemos interpretar as crescentes publicações sobre anomalias? Será que isso significa que os mercados são excessivamente ineficientes e permitem que regras simplistas de negociação ofereçam grandes oportunidades de lucro? Ou existem outras interpretações mais sutis?

---

[38] Dan Givoly e Dan Palmon, "Insider Trading and Exploitation of Inside Information: Some Empirical Evidence", *Journal of Business*, 58, 1985.

Prêmio de risco ou ineficiências? Os efeitos de P/E, pequena empresa, valor mercado/valor contábil, *momentum* e reversão a longo prazo estão atualmente entre os fenômenos mais complexos na área de finanças empíricas. Há várias interpretações para esses efeitos. Primeiramente, observe que alguns desses fenômenos podem estar relacionados. A característica que as empresas pequenas com baixo índice de valor contábil/valor de mercado e os "perdedores" recentes parecem ter em comum é um preço de ação que caiu consideravelmente nos últimos meses ou anos. Aliás, uma empresa pode se tornar pequena ou passar a ter um índice de valor contábil/valor de mercado baixo ao sofrer uma queda acentuada de preço. Portanto, esses grupos podem conter uma proporção relativamente alta de empresas em apuros que passaram por dificuldades recentes.

Fama e French[39] defendem que esses efeitos podem ser explicados como uma manifestação dos prêmios de risco. Utilizando o modelo de três fatores, introduzido no capítulo anterior, eles mostram que as ações com "beta" mais alto (também conhecido como *loading* dos fatores) nos fatores tamanho ou valor de mercado/valor contábil têm retornos médios mais altos; eles interpretam esses retornos como evidência de que existe um prêmio de risco associado ao fator. Esse modelo é mais adequado do que o CAPM de fator único para explicar os retornos dos títulos. Embora o tamanho ou os índices de valor contábil/valor de mercado por si sós não sejam obviamente fatores de risco, talvez eles possam agir como substitutos de determinantes de risco mais fundamentais. Fama e French acreditam que, dessa forma, esses padrões de retorno podem ser compatíveis com um mercado eficiente no qual os retornos esperados são coerentes com o risco. Nesse sentido, vale a pena observar que os retornos das "carteiras de acordo com o estilo de fundo" – por exemplo, o retorno de carteiras construídas com base no índice de valor contábil/valor de mercado (especificamente a carteira de valor contábil/valor de mercado HML de Fama-French) e no tamanho da empresa (o retorno da carteira SMB) – de fato parecem prever os ciclos econômicos em vários países. A Figura 11.6 mostra que os retornos dessas carteiras tendem a ser positivos nos anos anteriores a um rápido crescimento do PIB. Essas opções são analisadas mais detalhadamente no Capítulo 13.

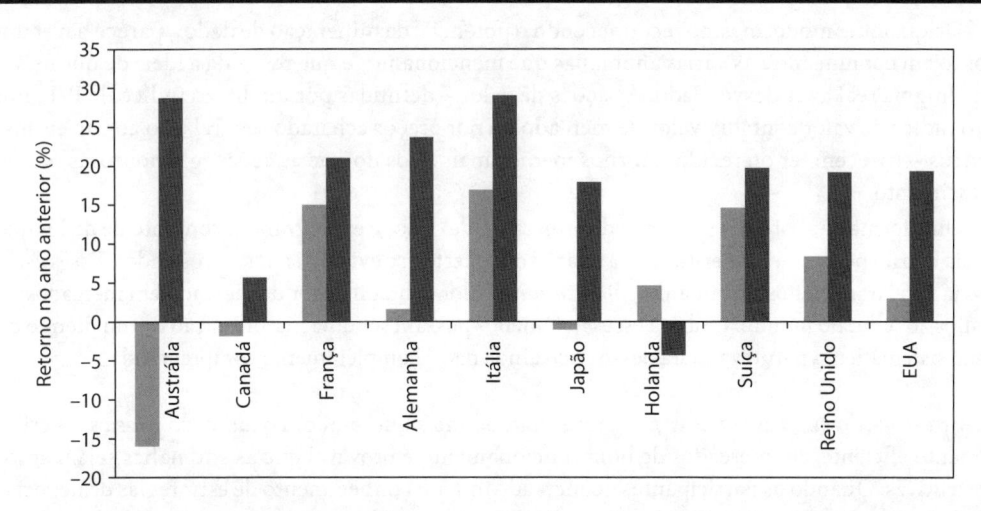

FIGURA 11.6
Retorno da carteira de acordo com o estilo de fundo como previsor do crescimento do PIB. Diferença média no retorno da carteira de estilo em anos anteriores a um bom crescimento do PIB *versus* em anos com um crescimento ruim do PIB. O valor positivo significa que a carteira se sai melhor nos anos anteriores a um bom desempenho macroeconômico

■ HML = carteira *high minus low* ou alto menos baixo, classificada com base no índice de valor contábil/valor de mercado
■ SMB = carteira *small minus big* ou pequeno menos grande, classificada pelo tamanho da empresa

Fonte: Dados reimpressos de J. Liew e M. Vassalou, "Can Book-to-Market, Size, and Momentum Be Risk Factors That Predict Economic Growth?", *Journal of Financial Economics*, 57 (2000), pp. 221–245. Copyright 2000, com permissão da Elsevier.

---

[39] Eugene F. Fama e Kenneth R. French, "Common Risk Factors in the Returns on Stocks and Bonds", *Journal of Financial Economics*, 33, 1993, pp. 3–56.

Uma interpretação oposta é dada por Lakonishok, Shleifer e Vishney,[40] que argumentam que esses fenômenos são uma evidência de mercado ineficiente – mais especificamente, de erros sistemáticos nas previsões dos analistas de mercado. Eles acreditam que os analistas extrapolam muito o desempenho passado em relação ao futuro e, por isso, elevam o preço das empresas que tiveram um bom desempenho recente e abaixam o preço das empresas com um mau desempenho recente. Por fim, quando os participantes do mercado reconhecem seus erros, os preços invertem. Essa explicação é congruente com o efeito de reversão e, até certo ponto, com os efeitos índice de valor contábil/valor de mercado e pequena empresa porque as empresas que apresentam quedas de preço acentuadas tendem a ser pequenas ou a ter alto índice de valor contábil/valor de mercado.

Se Lakonishok, Shleifer e Vishney estiverem corretos, devemos constatar que os analistas enganam-se sistematicamente quando preveem os retornos das empresas recentemente "vencedoras" versus "perdedoras". Um estudo de La Porta[41] condiz com esse padrão. Ele constata que as ações das empresas para as quais os analistas preveem taxas de crescimento de lucro baixas na verdade têm um desempenho melhor do que aquelas cujo crescimento esperado do lucro é alto. Os analistas parecem exageradamente pessimistas com relação a empresas com perspectivas de baixo crescimento e exageradamente otimistas com relação a empresas com perspectivas de alto crescimento. Quando essas duas expectativas muito extremistas são "corrigidas", as empresas com baixo crescimento esperado superam em desempenho as empresas com alto crescimento esperado.

Anomalias ou mineração de dados? Abordamos várias das assim chamadas anomalias citadas nas publicações da área, mas nossa lista poderia ser infindável. Há quem pergunte se essas anomalias são de fato enigmas inexplicados dos mercados financeiros ou se, ao contrário, são um artefato da mineração de dados ou *data mining*. Afinal, se reexaminarmos várias vezes o banco de dados computadorizado dos retornos passados e observarmos os retornos das ações em dimensões suficientes, a probabilidade simples fará com que alguns critérios *pareçam* prever retornos.

Nesse sentido, vale destacar que algumas anomalias não têm demonstrado muita capacidade de resistência depois que são divulgadas em publicações acadêmicas. Por exemplo, depois que o efeito da pequena empresa foi divulgado no início da década de 1980, ele desapareceu imediatamente e assim permaneceu durante grande parte da década.

De qualquer modo, mesmo reconhecendo o potencial da mineração de dados, parece haver um ponto em comum entre as várias anomalias que mencionamos e que respalda a ideia de que existe um enigma real a ser desvendado. As ações de valor – definidas por um baixo índice de P/E, um alto índice de valor contábil/valor de mercado ou por preços achatados em relação aos níveis históricos – parecem ter oferecido retornos médios mais altos do que as ações "glamourosas" ou de crescimento.

Uma forma de abordar o problema de mineração de dados é encontrar um conjunto de dados que ainda não foi pesquisado e verificar se a relação em questão se evidencia nos novos dados. Esses estudos já revelaram efeitos de tamanho, *momentum* e valor contábil/valor de mercado em mercados de títulos ao redor do mundo. Embora esses fenômenos possam ser uma manifestação de um prêmio de risco sistemático, a natureza exata desse risco ainda não é completamente compreendida.

Anomalias ao longo do tempo Ressaltamos antes que, embora o mercado possa ser perfeitamente eficiente, em mercados de bom funcionamento é provável que as anomalias sejam autodestrutivas. Quando os participantes do mercado tomam conhecimento de estratégias de negociação lucrativas, ao tentar explorá-las isso provavelmente conduz os preços para níveis nos quais já não existem mais lucros anormais. Chordia, Subramanyam e Tong[42] procuram essa dinâmica no padrão de várias anomalias discutidas neste capítulo. Eles se concentram nos retornos anormais

---

[40] Josef Lakonishok, Andrei Shleifer e Robert W. Vishny, "Contrarian Investment, Extrapolation, and Risk", *Journal of Finance*, 50, 1995, pp. 541–578.

[41] Raphael La Porta, "Expectations and the Cross Section of Stock Returns", *Journal of Finance*, 51, dezembro de 1996, pp. 1.715–1.742.

[42] T. Chordia, A. Subrahmanyam e Q. Tong, "Trends in the Cross-Section of Expected Stock Returns", 2 de maio de 2012. Disponível em SSRN: http://ssrn.com/abstract=2029057 ou http://dx.doi.org/10.2139/ssrn.2029057.

associados com várias características, como tamanho, índice de valor contábil/valor de mercado, *momentum* e rotatividade (as quais podem estar inversamente relacionadas com o efeito da empresa negligenciada). Eles dividem a amostra em 1993 e mostram que os retornos anormais associados com características do período anterior a 1993 desaparecem em grande medida no período pós-1993 (com notável exceção para o efeito do valor contábil/valor de mercado). De acordo com a interpretação desses autores, o mercado tornou-se mais eficiente quando o conhecimento sobre essas anomalias infiltrou-se na comunidade de investimentos. Curiosamente, eles constatam que a atenuação dos alfas é maior nas ações mais líquidas, nas quais a atividade de negociação tem o menor custo.

McLean e Pontiff[43] oferecem outras percepções sobre esse fenômeno. Para eles, mais de 80 características reconhecidas nas publicações acadêmicas estão associadas a retornos anormais. Em vez de utilizar um ponto de ruptura comum para todas as características, eles acompanham cuidadosamente tanto a data de publicação de cada descoberta e a data em que o artigo foi divulgado pela primeira vez na Rede de Pesquisa em Ciências Sociais. Isso lhes permite dividir a amostra para cada descoberta em datas que correspondem ao momento em que essa descoberta tornou-se pública. Eles concluem que a queda do retorno anormal após a publicação é de 35% (p. ex., um retorno 5% anormal antes da publicação em média cai para 3,25% após a publicação)[44] e mostram que o volume de negociações e a variância nas ações identificadas com anomalias aumentam, do mesmo modo que o interesse por ações "acima do preço". Esses padrões são coerentes com os participantes informados que tentam explorar erros de apreçamento recém-identificados. Além disso, a queda no alfa é mais pronunciada em ações maiores, mais líquidas e que apresentam baixo risco idiossincrático. Essas são precisamente as ações para as quais a atividade de negociação que busca retornos anormais confiáveis é mais viável. Portanto, embora os retornos anormais não desapareçam por completo, esses resultados são coerentes com um mercado que tateia seu caminho rumo a uma maior eficiência ao longo do tempo.

Bolhas e eficiência do mercado

De vez em quando parece (ao menos *a posteriori*) que os preços dos ativos perdem a noção de realidade. Por exemplo, na febre das tulipas na Holanda do século XVII, o preço da tulipa chegou a ser várias vezes superior à renda anual de um trabalhador qualificado. Esse episódio tornou-se símbolo de uma "bolha" especulativa em que os preços parecem divergir de qualquer semelhança com o valor intrínseco. As bolhas parecem surgir quando uma rápida elevação nos preços cria uma ampla expectativa de que eles continuarão a subir. À medida que mais e mais investidores tentam se envolver, eles elevam ainda mais os preços. Inevitavelmente, entretanto, a elevação se estanca e a bolha acaba estourando.

Menos de um século depois da febre das tulipas, a bolha dos Mares do Sul, na Inglaterra, tornou-se quase tão famosa quanto. Nesse episódio, o preço das ações da South Sea Company subiram de £ 128 em janeiro de 1720 para £ 550 em maio, atingindo um pico de £ 1.000 em agosto – imediatamente antes de a bolha explodir e o preço das ações cair para £ 150 em setembro, provocando falências em toda a parte entre aqueles que haviam pedido empréstimo para comprar ações a crédito. Na verdade, a empresa era uma das principais concessoras de empréstimo aos investidores que estavam dispostos a comprar (e, portanto, elevavam o preço) de suas ações. Essa sequência pode parecer familiar para qualquer pessoa que enfrentou a alta e o colapso das ponto--com entre 1995–2002[45] ou, mais recentemente, o distúrbio financeiro de 2008, cujas origens são amplamente atribuídas a um colapso na bolha de preços da habitação.

---

[43] David R. McLean e Jeffrey E. Pontiff, "Does Academic Research Destroy Stock Return Predictability?", 3 de outubro de 2012. AFFI/EUROFIDAI, Paris, December 2012 Finance Meetings Paper. Disponível em SSRND: http://ssrn.com/abstract=2156623 or http://dx.doi.org/10.2139/ssrn.2156623.

[44] Em torno de um terço dessa queda ocorre entre a data final da amostra e a data da publicação, o que, segundo os autores, pode refletir a porção dos retornos aparentemente anormais que na verdade se devem à mineração de dados. A queda restante pode ser atribuída a ações de investidores sofisticados cujas negociações fazem os preços anômalos voltarem ao valor intrínseco.

[45] O *boom* das ponto-com deu origem ao termo *exuberância irracional*. Nesse sentido, tome como exemplo uma empresa que, ao abrir seu capital no *boom* de investimento de 1720, simplesmente se descreveu como "uma empresa para realizar um empreendimento de grande vantagem, mas ninguém sabia o que era".

É difícil defender o ponto de vista de que os preços dos títulos nessas circunstâncias representavam avaliações racionais e não tendenciosas do valor intrínseco. E, na realidade, alguns economistas, mais acentuadamente Hyman Minsky, insinuaram que as bolhas surgem de maneira natural. Durante períodos de estabilidade e preços ascendentes, os investidores extrapolam essa estabilidade para o futuro e ficam mais dispostos a assumir riscos. Os prêmios de risco encolhem, aumentando ainda mais os preços dos ativos, e as expectativas tornam-se bem mais otimistas, em um ciclo autossustentável. Porém, no final, os preços e os riscos assumidos tornam-se exagerados e a bolha explode. Paradoxalmente, o período inicial de estabilidade favorece o comportamento que acaba provocando instabilidade.

Mas tome cuidado com a conclusão precipitada de que os preços dos ativos geralmente podem ser considerados arbitrários e as oportunidades óbvias de negociação são abundantes. Primeiro, na maioria das vezes as bolhas só se tornam óbvias *a posteriori*. No calor do momento, com frequência parece haver um fundamento justificável para a elevação dos preços. Por exemplo, no *boom* das ponto-com, vários observadores contemporâneos explicaram que os ganhos de preço das ações eram justificados pela perspectiva de uma economia nova e mais lucrativa, impulsionada pelos avanços tecnológicos. Até mesmo a irracionalidade da febre ou mania das tulipas talvez tenha sido engrandecida em sua versão mais recente.[46] Além disso, a avaliação de títulos é intrinsecamente difícil. Em vista da considerável imprecisão das estimativas do valor intrínseco, apostar alto em um erro de apreçamento percebido pode significar presunção.

Além do mais, mesmo quando suspeitamos de que os preços estão de fato "incorretos", pode ser difícil tirar vantagem deles. Analisamos mais detalhadamente essas questões no capítulo seguinte. Contudo, por enquanto, podemos simplesmente ressaltar alguns impedimentos a apostas agressivas em um ativo, como custos da venda a descoberto de títulos acima do preço, bem como possíveis problemas para obter títulos para vender a descoberto, e a possibilidade de, mesmo que você esteja correto, o mercado discordar e os preços ainda assim poderem mudar acentuadamente contra você a curto prazo, destruindo sua carteira.

11.5 Desempenho dos fundos mútuos e dos analistas

Documentamos algumas das falhas aparentes na "armadura" dos proponentes do mercado eficiente. Para os investidores, a questão de eficiência de mercado resume-se a se os investidores habilidosos conseguem obter lucros de negociação anormais consistentes. O melhor teste é observar o desempenho dos profissionais do mercado para ver se eles conseguem oferecer um desempenho superior ao de um fundo indexado passivo que compra e mantém ações. Examinaremos duas facetas do desempenho profissional: dos analistas do mercado que recomendam posições de investimento e dos gestores de fundos mútuos que de fato gerenciam carteiras.

Analistas do mercado acionário

Ao longo da história, os analistas do mercado acionário sempre trabalharam para empresas de corretagem, o que apresenta um problema imediato para a interpretação da importância de suas recomendações: eles tendem a ser extremamente otimistas em sua avaliação sobre as perspectivas das empresas.[47] Por exemplo, uma escala de 1 (compra forte) a 5 (venda forte), a recomendação média para 5.628 empresas cobertas em 1996 foi de 2,04 em 1996.[48] Por esse motivo, não é possível obter recomendações positivas (p. ex.: comprar) acriticamente. Na verdade, devemos observar o entusiasmo relativo das recomendações do analista comparativamente às recomendações com relação a outras empresas ou mudanças nas recomendações consensuais.

---

[46] Para ver uma discussão interessante sobre essa possibilidade, consulte Peter Garber, *Famous First Bubbles: The Fundamentals of Early Manias* (Cambridge: MIT Press, 2000), e Anne Goldgar, *Tulipmania: Money, Honor, and Knowledge in the Dutch Golden Age* (Chicago: University of Chicago Press, 2007).

[47] Esse problema pode ser menos grave no futuro; uma reforma recente para diminuir o conflito de interesses no caso de empresas de corretagem que vendem ações e também oferecem consultoria sobre investimentos é separar o atendimento dos analistas de outras atividades da empresa.

[48] B. Barber, R. Lehavy, M. McNichols e B. Trueman, "Can Investors Profit from the Prophets? Security Analyst Recommendations and Stock Returns", *Journal of Finance*, 56, abril de 2001, pp. 531–563.

Womack[49] focaliza as mudanças nas recomendações dos analistas e constata que as mudanças positivas estão associadas com um aumento de cerca de 5% no preço das ações e as mudanças negativas provocam quedas médias de preço de 11%. Pode-se perguntar se essas mudanças de preço refletem o reconhecimento do mercado de que as informações ou percepções dos analistas sobre as empresas são superiores ou, ao contrário, simplesmente decorrem de novas pressões de compra ou venda provocadas pelas próprias recomendações. Womack defende que o impacto do preço parece ser permanente e, portanto, consistente com a hipótese de que os analistas na verdade revelam novas informações. Jegadeesh, Kim, Krische e Lee[50] também constatam que as mudanças nas recomendações consensuais estão associadas com mudanças de preço, mas que o *nível* das recomendações consensuais é um previsor inconsistente do desempenho futuro das ações.

Barber, Lehavy, McNichols e Trueman[51] concentram-se no nível das recomendações consensuais e mostram que as empresas com as recomendações mais favoráveis superam aquelas com recomendações menos favoráveis. Embora esses resultados pareçam impressionantes, os autores ressaltam que as estratégias de carteira baseadas em recomendações consensuais de analistas gerariam uma atividade de negociação extremamente intensa, com custos associados que provavelmente destruiriam os possíveis lucros gerados pela estratégia.

Em suma, as publicações da área levam a crer que os analistas agregam algum valor, mas que ainda assim existe ambiguidade. Os retornos superiores subsequentes às atualizações oferecidas pelos analistas devem-se à divulgação de novas informações ou a mudanças na demanda dos investidores em resposta à mudança de perspectiva? Além disso, esses resultados podem ser explorados pelos investidores que necessariamente arcam com custos de negociação?

Gestores de fundos mútuos

Como já mencionamos no Capítulo 4, as evidências ocasionais não respaldam a afirmação de que carteiras gerenciadas profissionalmente podem superar o mercado de maneira sistemática. A Figura 4.2 do capítulo demonstrou que entre 1972 e 2011 os retornos de uma carteira passiva indexada pelo Wilshire 5 mil normalmente teriam sido melhores do que os do fundo de ações médio. Entretanto, havia algumas evidências (admitidamente inconsistentes) de persistência no desempenho, o que significa que os melhores gestores em um período tendiam a ser os melhores gestores em períodos seguintes. Esse padrão poderia indicar que até certo ponto os melhores gestores conseguem ter melhor desempenho do que seus concorrentes e também seria inconsistente com a ideia de que os preços de mercado já refletem todas as informações relevantes.

As análises citadas no Capítulo 4 basearam-se nos retornos totais; elas não ajustaram apropriadamente os retornos à exposição a fatores de risco sistemático. Nesta seção, reexaminaremos a questão de desempenho dos fundos mútuos prestando maior atenção à referência com base na qual o desempenho deve ser avaliado.

Como ponto de partida, podemos examinar os retornos ajustados ao risco (isto é, o alfa ou retorno em excesso do retorno exigido com base no beta e o índice de mercado em cada período) de uma grande amostra de fundos mútuos. Porém, o índice de mercado talvez não seja uma referência adequada para avaliar os retornos dos fundos mútuos. Como os fundos mútuos tendem a manter uma quantidade considerável de ações de pequenas empresas, enquanto no índice ponderado por capitalização prevalecem empresas de grande porte, de forma geral os fundos mútuos tenderão a superar o índice quando as pequenas empresas tiverem um desempenho melhor do que as grandes e a ter um desempenho inferior quando as pequenas empresas se saírem mal. Desse modo, uma referência mais adequada para o desempenho dos fundos seria um índice que incorporasse separadamente o desempenho da bolsa de valores de empresas menores.

---

[49] K. L. Womack, "Do Brokerage Analysts' Recommendations Have Investment Value?", *Journal of Finance*, 51, março de 1996, pp. 137–167.

[50] N. Jegadeesh, J. Kim, S. D. Krische e C. M. Lee, "Analyzing the Analysts: When Do Recommendations Add Value?", *Journal of Finance*, 59, junho de 2004, pp. 1.083–1.124.

[51] Barber *et al.*, *op. cit.*

Podemos mostrar a importância da referência examinando os retornos das ações de baixa capitalização em diferentes subperíodos.[52] No período de 20 anos, entre 1945 e 1964, por exemplo, um índice de ações de baixa capitalização ficou abaixo do S&P 500 em 4% ao ano (isto é, o alfa do índice de ações de baixa capitalização depois de ajustado ao risco sistemático foi 24%). No período de 20 anos seguinte, entre 1965 e 1984, as ações de baixa capitalização tiveram um desempenho 10% superior ao do índice S&P. Portanto, se fôssemos examinar os retornos dos fundos mútuos no período anterior, eles tenderiam a parecer negativos, não necessariamente porque os gestores dos fundos não soubessem escolher ações, mas simplesmente porque os fundos mútuos de forma geral tenderam a manter mais ações de baixa capitalização do que as que estavam representadas no S&P 500. No período posterior, quando ajustados ao risco os fundos pareceriam melhor do que o S&P 500 porque as ações de baixa capitalização tiveram um desempenho melhor. A "escolha do estilo", isto é, a exposição a ações de baixa capitalização (que é uma decisão relativa à alocação de ativos), seria predominante na avaliação de desempenho, ainda que tenha pouco a ver com a capacidade dos gestores de escolher ações.[53]

Hoje, a referência de desempenho convencional é o modelo de quatro fatores, que emprega os três fatores de Fama-French (o retorno do índice de mercado e os retornos das carteiras com base no tamanho e no índice de valor contábil/valor de mercado) e mais o fator de *momentum* (uma carteira construída com base no retorno das ações no ano anterior). Os alfas construídos por meio de um modelo de índice ampliado utilizando esses quatro fatores controlam uma variedade de escolhas de estilo de fundo mútuo que podem afetar os retornos médios – por exemplo, uma tendência ao crescimento *versus* valor ou a ações de baixa *versus* alta capitalização. A Figura 11.7 mostra a distribuição de frequência de alfas de quatro fatores para fundos de ações domésticas dos Estados Unidos.[54] Os resultados mostram que a distribuição de alfa tem uma forma aproximada de sino e uma média levemente negativa. Em média, não parece que esses fundos superam suas referências ajustadas ao estilo.

De acordo com a Figura 11.7, Fama e French[55] utilizam o modelo de quatro fatores para avaliar o desempenho de fundos mútuos de ações e mostram que, embora eles possam exibir alfas positivos *antes* das taxas, depois que as taxas foram cobradas dos clientes os alfas ficaram negativos. De modo semelhante, Wermers,[56] que utiliza tanto carteiras de acordo com o estilo de fundo quanto as características das ações mantidas pelos fundos mútuos para controlar o desempenho, também identifica alfas brutos positivos, mas alfas líquidos negativos após o controle de taxas e risco.

Carhart[57] reexamina a questão de consistência no desempenho dos fundos mútuos e constata que, após o controle desses fatores, há apenas uma pequena persistência no desempenho relativo dos gestores. Além disso, ao que parece grande parte dessa persistência deve-se a despesas e custos de transação, e não a retornos brutos de investimento.

Entretanto, Bollen e Busse[58] encontram mais evidências de persistência de desempenho, pelo menos em horizontes de curto prazo. Eles classificam o desempenho dos fundos mútuos

---

[52] Esse exemplo e as estatísticas citadas baseiam-se em E. J. Elton, M. J. Gruber, S. Das e M. Hlavka, "Efficiency with Costly Information: A Reinterpretation of Evidence from Managed Portfolios", *Review of Financial Studies*, 6, 1993, pp. 1-22, que é discutido brevemente.

[53] Lembre-se de que a decisão de alocação de ativos geralmente está nas mãos do investidor individual. Os investidores alocam suas carteiras de investimento em fundos que se encontram nas classes de ativos que eles desejam manter e justificadamente só podem esperar que os gestores das carteiras de fundo mútuo escolham vantajosamente as ações que *se encontram* nessas classes de ativos.

[54] Somos gratos ao professor Richard Evans por esses dados.

[55] Eugene F. Fama e Kenneth R. French. "Luck *versus* Skill in the Cross-Section of Mutual Fund Returns", *Journal of Finance*, 65, 2010, pp. 1.915-1.947.

[56] R. R. Wermers, "Mutual Fund Performance: An Empirical Decomposition into Stock-Picking Talent, Style, Transaction Costs, and Expenses", *Journal of Finance*, 55, 2000, pp. 1.655-1.703.

[57] Mark M. Carhart, "On Persistence in Mutual Fund Performance", *Journal of Finance*, 52, 1997, pp. 57-82.

[58] Nicolas P. B. Bollen e Jeffrey A. Busse, "Short-Term Persistence in Mutual Fund Performance", *Review of Financial Studies*, 19, 2004, pp. 569-597.

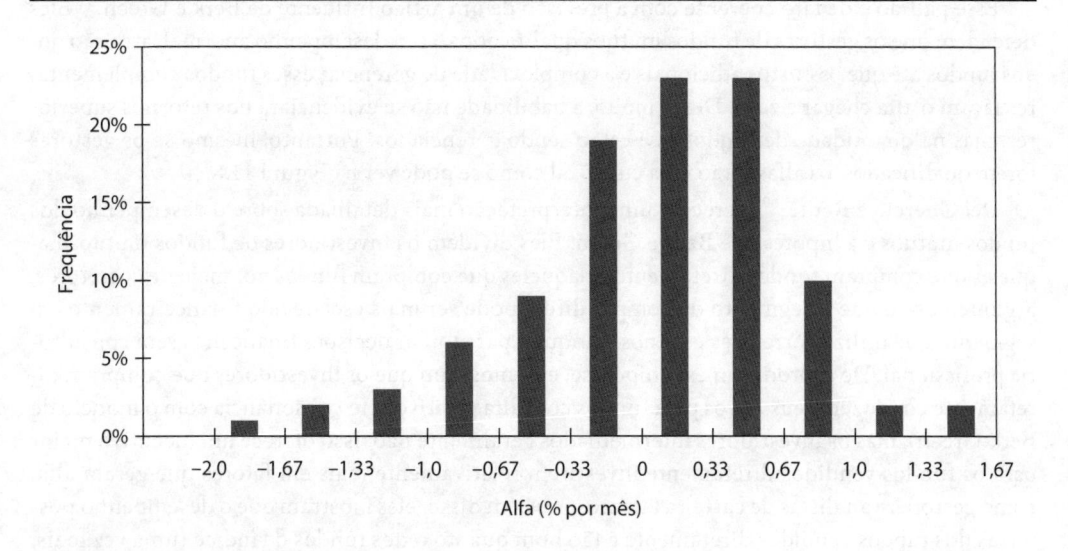

FIGURA 11.7
Alfas de fundos mútuos calculados com o modelo de retorno esperado de quatro fatores, 1993–2007 (2,5% das melhores e das piores observações foram excluídas desta distribuição)

Fonte: Professor Richard Evans, Universidade de Virgínia, Escola de Negócios Darden.

utilizando o modelo de quatro fatores durante um trimestre de base, designam os fundos para um dos dez decis de acordo com o alfa do período de base e em seguida examinam o desempenho no trimestre subsequente. A Figura 11.8 mostra os respectivos resultados. A linha sólida é o alfa médio dos fundos em cada um dos decis do período de base (expresso trimestralmente). A inclinação dessa curva reflete a considerável dispersão do desempenho no período de classificação. A linha tracejada é o desempenho médio dos fundos em cada decil no trimestre seguinte. A pouca profundidade dessa curva indica que a maior parte do diferencial de desempenho original desaparece. No entanto, a linha continua com uma evidente inclinação para baixo. Por isso, parece que pelo menos em um horizonte de curto prazo como um trimestre existe alguma consistência no desempenho. Entretanto, a persistência provavelmente é uma fração muito pequena do diferencial do desempenho original para justificar uma busca intensa por desempenho por parte dos clientes dos fundos mútuos.

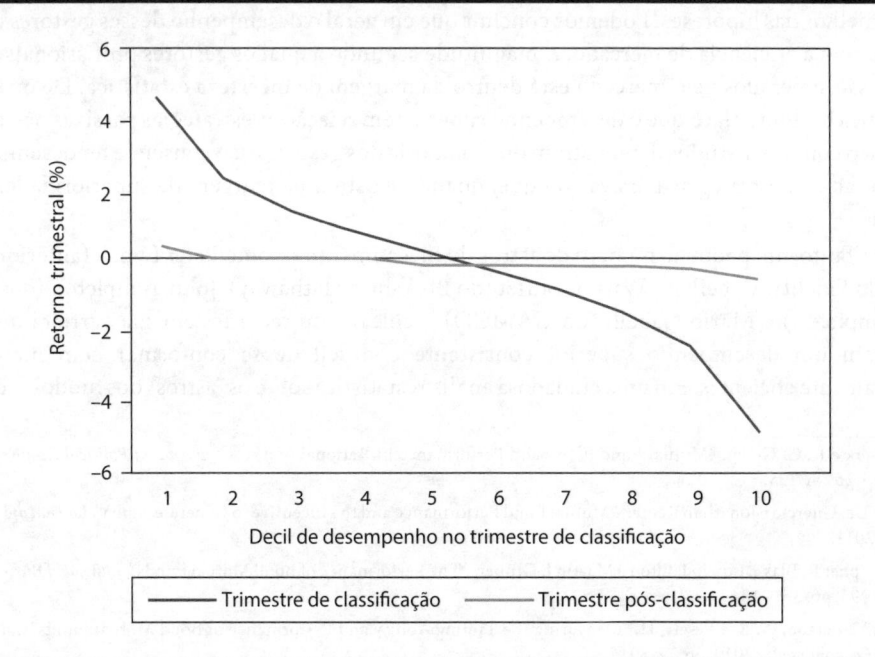

FIGURA 11.8
Desempenho ajustado ao risco no trimestre de classificação e no trimestre seguinte

Esse padrão é de fato coerente com a previsão de um artigo influente de Berk e Green.[59] Eles defendem que os gestores de fundos mútuos qualificados, com desempenho anormal, atrairão novos fundos até que os custos adicionais e a complexidade de gerenciar esses fundos complementares façam o alfa chegar a zero. Desse modo, a habilidade não se evidenciará nos retornos superiores, mas na quantidade de fundos que estão sendo gerenciados. Portanto, mesmo se os gestores forem qualificados, os alfas terão vida curta, tal como se pode ver na Figura 11.8.

Del Guercio e Reuter[60] oferecem uma interpretação mais detalhada sobre o desempenho dos fundos mútuos e a hipótese de Berk e Green. Eles dividem os investidores de fundos mútuos naqueles que compram fundos diretamente e naqueles que compram fundos por meio de corretores, argumentando que o segmento de compra direta pode ser mais esclarecido financeiramente e o segmento que utiliza corretores é menos tranquilo para tomar decisões financeiras sem consultoria profissional. De acordo com essa hipótese, eles mostram que os investidores que compram diretamente conduzem seus ativos para fundos com alfa positivo (em consonância com o modelo de Berk-Green), mas os investidores intermediados geralmente não. Isso oferece um incentivo maior para os fundos vendidos diretamente investirem relativamente mais em fatores que geram alfa, como gestores e analistas de carteira talentosos. Além disso, eles mostram que o desempenho pós-taxas dos fundos vendidos diretamente é tão bom quanto o dos fundos de índice (uma vez mais, coerente com Berk-Green), ao passo que o desempenho dos fundos intermediados por corretores é consideravelmente pior. Portanto, parece que o desempenho inferior médio dos fundos gerenciados ativamente é motivado em grande medida pelos fundos vendidos por corretores e que esse subdesempenho pode ser interpretado como um custo implícito que os investidores menos informados pagam em troca da consultoria que recebem dos corretores.

Diferentemente dos extensos estudos sobre gestores de fundos de ações, foram feitos alguns estudos sobre o desempenho dos gestores de fundos de obrigações. Blake, Elton e Gruber[61] examinaram o desempenho de fundos mútuos de renda fixa. Eles constataram que, em média, os fundos de obrigações têm um desempenho inferior ao dos índices de renda fixa passivos, em um nível aproximadamente igual ao das despesas, e que não há nenhuma evidência de que o desempenho passado pode prever o desempenho futuro. Mais recentemente, Chen, Ferson e Peters[62] constataram que, em média, os fundos mútuos de obrigações superam os índices de obrigações passivos em termos de retornos brutos, mas ficam abaixo quando as taxas cobradas dos investidores são subtraídas, um resultado semelhante àqueles encontrados para os fundos de ações.

Portanto, as evidências sobre desempenho ajustado ao risco dos gestores profissionais são mistas, na melhor das hipóteses. Podemos concluir que em geral o desempenho desses gestores é consistente com a eficiência de mercado. A magnitude segundo a qual os gestores profissionais superam ou são superados pelo mercado está dentro da margem de incerteza estatística. De qualquer forma, fica bastante claro que o desempenho superior em relação às estratégias passivas não é nem um pouco comum. Estudos demonstram que a maioria dos gestores não consegue ter desempenho superior ao das estratégias passivas ou que, quando existe uma margem de superioridade, ela é pequena.

Entretanto, um pequeno número de astros do investimento – como Peter Lynch (anteriormente Fundo Fidelity Magellan), Warren Buffet (do Berkshire Hathaway), John Templeton (dos Fundos Templeton) e Mario Gabelli (do GAMCO) – colecionou recordes em sua carreira que demonstram um desempenho superior consistente e difícil de se conformar com mercados absolutamente eficientes. Em uma cuidadosa análise estatística sobre os "astros" dos fundos mútuos,

---

[59] J. B. Berk e R. C. Green, "Mutual Fund Flows and Performance in Rational Markets", *Journal of Political Economy*, 112, 2004, pp. 1.269–1.295.

[60] Diane Del Guercio e Jonathan Reuter, "Mutual Fund Performance and the Incentive to Generate Alpha", *Journal of Finance*, no prelo, 2013.

[61] Christopher R. Blake, Edwin J. Elton e Martin J. Gruber, "The Performance of Bond Mutual Funds", *Journal of Business*, 66, julho de 1993, pp. 371–404.

[62] Chen, Y., Ferson, W. E. e Peters, H. "Measuring the Timing Ability and Performance of Bond Mutual Funds". *Journal of Financial Economics*, 98, 2010, pp. 72-89.

Kosowski, Timmerman, Wermers e White[63] concluem que a capacidade de uma pequena minoria de gestores de escolher ações é suficiente para cobrir seus custos e que seu desempenho superior tende a persistir com o passar do tempo. Contudo, o ganhador do Prêmio Nobel Paul Sammuelson[64] analisou a galeria da fama dos investimentos e ressaltou que o histórico da vasta maioria dos gestores financeiros profissionais oferece evidências convincentes de que não existem estratégias fáceis para garantir o sucesso nos mercados de títulos.

Afinal, os mercados são eficientes?

Existe uma piada sobre dois economistas que estão caminhando pela rua. Eles veem uma nota de US$ 20 na calçada. Um deles se inclina para pegar a nota, mas o outro diz: "Não se dê ao trabalho; se essa nota fosse verdadeira, alguém já a teria pegado".

A moral da história aqui é evidente. Uma crença exageradamente doutrinária em mercados eficientes pode imobilizar o investidor e fazer parecer que nenhum empreendimento de pesquisa pode ser justificado. Essa visão extrema provavelmente é infundada. Existem anomalias suficientes nas evidências empíricas que comprovam que a busca por títulos abaixo do preço evidentemente continua.

Entretanto, a maior parte das evidências indica que qualquer estratégia de investimento supostamente superior deve ser considerada com certo ceticismo. O mercado é *suficientemente* competitivo para que apenas as informações ou percepções distintivamente superiores gerem lucro; os frutos fáceis já foram colhidos. No final, é provável que a margem de superioridade que um gestor profissional pode acrescentar à sua atividade seja tão pequena que o estatístico não consiga detectá-la facilmente.

Concluímos que os mercados geralmente são muito eficientes, mas as recompensas para aqueles que são especialmente cuidadosos, inteligentes ou criativos talvez na verdade ainda estejam por vir.

RESUMO

1. Pesquisas estatísticas demonstraram que, de uma maneira bastante precisa, os preços das ações parecem seguir um passeio aleatório sem nenhum padrão de previsão perceptível que os investidores possam explorar. Agora esses dados são utilizados como evidência de eficiência de mercado, ou seja, como evidência de que os preços do mercado refletem todas as informações disponíveis no momento. Apenas as novas informações mudarão os preços das ações, e essas informações são igualmente propensas a serem boas ou ruins.

2. Os participantes do mercado distinguem três formas de hipótese de mercado eficiente. A forma fraca postula que todas as informações a serem extraídas de dados de negociação do passado já estão refletidas nos preços das ações. A forma semiforte postula que todas as informações disponíveis publicamente já estão refletidas nos preços. A forma forte, que geralmente é considerada extrema, postula que todas as informações, inclusive as privilegiadas, estão refletidas nos preços.

3. A análise técnica concentra-se nos padrões de preço das ações e em substitutos de pressão de compra ou venda no mercado. A análise fundamentalista focaliza os determinantes do valor subjacente da empresa, como lucratividade atual e perspectivas de crescimento. Como esses dois tipos de análise baseiam-se em informações públicas, nenhuma delas deverá gerar lucros em excesso se os mercados estiverem funcionando de maneira eficiente.

4. Os proponentes da hipótese de mercado eficiente com frequência defendem estratégias passivas de investimento, e não ativas. A política dos investidores passivos é comprar e manter um índice amplo de mercado. Eles não investem recursos nem em pesquisa de mercado nem na compra e venda frequente de ações. As estratégias passivas podem ser adaptadas para atender às necessidades de um investidor individual.

5. Os estudos de eventos são utilizados para avaliar o impacto econômico de eventos de interesse com base nos retornos anormais das ações. Normalmente esses estudos mostram que existe vazamento de informações privilegiadas antes da data de divulgação pública. Por isso, ao menos até certo ponto os *insiders* parecem capazes de explorar seu acesso às informações.

6. Os estudos empíricos sobre a análise técnica geralmente não respaldam a hipótese de que essa análise pode gerar lucros de negociação superiores. Uma exceção notável a essa conclusão é o aparente sucesso das estratégias que se baseiam no *momentum* em horizontes de médio prazo.

---

[63] R. Kosowski, A. Timmerman, R. Wermers e H. White. "Can Mutual Fund 'Stars' Really Pick Stocks? New Evidence from a Bootstrap Analysis", *Journal of Finance*, 61, dezembro de 2006, pp. 2.551–2.595.

[64] Paul Samuelson, "The Judgment of Economic Science on Rational Portfolio Management", *Journal of Portfolio Management*, 16, outono de 1989, pp. 4–12.

7. Várias anomalias referentes à análise fundamentalista já foram descobertas. Elas incluem o efeito P/E, o efeito da pequena empresa em janeiro, o efeito da empresa negligenciada, a oscilação de preço após a divulgação de lucros e o efeito do valor contábil/valor de mercado. Se essas anomalias representam ineficiência de mercado ou prêmios de risco mal compreendidos ainda é um tema para debate.
8. De modo geral, o histórico de desempenho dos fundos gerenciados profissionalmente pouco respalda a alegação de que a maioria dos profissionais consegue superar o mercado consistentemente.

Sites relacionados a este capítulo estão disponíveis em **www.grupoa.com.br**

PALAVRAS-CHAVE

análise fundamentalista	efeito momentum	fundo de índice
análise técnica	efeito P/E	hipótese de mercado eficiente
anomalias	EMH forte	nível de resistência
efeito da empresa negligenciada	EMH fraca	nível de suporte
efeito da pequena empresa	EMH semiforte	passeio aleatório
efeito de reversão	estratégia de investimento passiva	retorno anormal
efeito do valor contábil/valor de mercado	estudo de eventos	retorno anormal cumulativo

EQUAÇÕES BÁSICAS

Retorno anormal = Retorno real – Retorno esperado em vista do retorno sobre um índice de mercado

$= r_t - (a + br_{Mt})$

CONJUNTO DE PROBLEMAS

Básicos

1. Se os mercados forem eficientes, qual deve ser o coeficiente de correlação entre os retornos das ações referentes a dois períodos não sobrepostos?
2. Uma empresa bem-sucedida como a Microsoft há anos gera sistematicamente grandes lucros. Isso viola a EMH?
3. "Se todos os títulos forem precificados justamente, todos devem oferecer taxas de retorno esperadas iguais." Comente.
4. A Steady Growth Industries nunca faltou com o pagamento de dividendos em seus 94 anos de existência. Isso torna essa empresa mais atraente para você como uma possível compra para a sua carteira de ações?
5. Em um coquetel, seu colega de trabalho diz que superou o mercado nos três últimos anos. Suponhamos que você acredite nele. Isso afeta sua convicção em mercados eficientes?
6. "Preços de ação muito variáveis indicam que o mercado não sabe como precificar as ações." Comente.
7. Por que os "efeitos" a seguir são considerados anomalias do mercado eficiente? Existem explicações racionais para qualquer um desses efeitos?
   a. Efeito P/E.
   b. Efeito do valor contábil/valor de mercado.
   c. Efeito *momentum*.
   d. Efeito da pequena empresa.
8. Se os preços são igualmente propensos a aumentar e diminuir, por que em média os investidores obtêm retornos de mercado positivos?

Intermediários

9. Qual das seguintes afirmações mais parece contradizer a proposição de que o mercado de ações é *fracamente* eficiente? Explique.
   a. Em média, mais de 25% dos fundos mútuos superam o mercado.
   b. As pessoas com acesso a informações privilegiadas obtêm lucros de negociação anormais.
   c. Em todos os meses de janeiro, o mercado de ações obtém retornos anormais.
10. Qual das seguintes fontes de ineficiência de mercado seria explorada mais facilmente?
    a. O preço das ações de uma empresa cai de repente porque uma instituição fez uma grande venda dessas ações.
    b. Uma ação está acima do preço porque os negociadores não podem realizar vendas a descoberto.
    c. As ações estão acima do preço porque os investidores estão otimistas com relação a uma maior produtividade na economia.
11. Suponhamos que, depois de realizar uma análise sobre os preços históricos das ações, você chegue às observações a seguir. Qual parece *contradizer* a *forma fraca* da hipótese de mercado eficiente? Explique.
    a. A taxa de retorno média é significativamente superior a zero.
    b. A correlação entre o retorno durante uma determinada semana e o retorno durante a semana seguinte é zero.
    c. Alguém poderia ter obtido retornos superiores ao comprar ações após um aumento de preço de 10% e ao vendê-las após uma queda de 10%.
    d. Alguém poderia ter obtido ganhos de capital acima da média mantendo ações com baixos rendimentos de dividendos.
12. Quais das seguintes afirmações são verdadeiras se a hipótese de mercado eficiente for válida?
    a. Os eventos futuros podem ser previstos com perfeita precisão.
    b. Os preços refletem todas as informações disponíveis.
    c. Os preços dos títulos mudam sem nenhum motivo perceptível.
    d. Os preços não flutuam.
13. Conteste cada um dos comentários a seguir.
    a. Se os preços seguirem um passeio aleatório, isso quer dizer que os mercados de capitais são pouco diferentes de um cassino.
    b. Uma boa parte das perspectivas futuras de uma empresa é previsível. Em vista desse fato, o preço das ações não poderia seguir um passeio aleatório.

c. Se os mercados são eficientes, então você poderia igualmente escolher sua carteira lançando dardos nas listagens de ações do *The Wall Street Journal*.

14. Qual das opções a seguir poderia ser uma forma viável de obter lucros de negociação anormalmente altos se os mercados forem eficientes na forma semiforte?
    a. Comprar ações de empresas com índice de P/E baixo.
    b. Comprar ações de empresas com preço recente acima da média.
    c. Comprar ações de empresas com preço recente abaixo da média.
    d. Comprar ações de empresas sobre as quais você tem conhecimento prévio de que haverá uma melhoria na equipe de administração.

15. Suponhamos que você descubra que os preços das ações antes de um grande aumento de dividendos demonstram, em média, retornos anormais positivos consistentes. Isso viola a EMH?

16. "Se o ciclo econômico for previsível e a ação tiver um beta positivo, os retornos da ação também deverão ser previsíveis." Conteste.

17. Qual dos fenômenos a seguir seria compatível com ou uma violação da hipótese de mercado eficiente? Explique brevemente.
    a. Aproximadamente metade de todos os fundos gerenciados profissionalmente pode superar o S&P 500 em um ano normal.
    b. Os gestores financeiros que superam o mercado (proporcionalmente ao risco) em um ano são propensos a superá-lo no ano seguinte.
    c. Os preços das ações tendem a ser mais previsivelmente voláteis em janeiro do que em outros meses.
    d. Os preços das ações das empresas que divulgam aumento de lucro em janeiro tendem a superar o mercado em fevereiro.
    e. As ações que têm um bom desempenho em uma semana têm mau desempenho na semana seguinte.

18. Uma regressão de modelo de índice aplicada a retornos mensais passados no preço das ações da Ford produz as seguintes estimativas, as quais são consideradas estáveis ao longo do tempo:

    $$r_F = 0{,}10\% + 1{,}1 r_M$$

    Se o índice de mercado aumentar 8% subsequentemente e o preço das ações da Ford aumentar 7%, qual será a mudança anormal no preço de suas ações?

19. O desvio-padrão da taxa de retorno mensal das letras do Tesouro é 1%. O mercado teve uma alta de 1,5% no presente mês. Além disso, a AmbChaser, Inc., cuja ações têm um beta de 2, surpreendentemente acabou de ganhar um processo que lhe concede US$ 1 milhão de imediato.
    a. Se o valor original das ações da AmbChaser fosse US$ 100 milhões, qual seria seu palpite sobre a taxa de retorno de suas ações neste mês?
    b. Qual seria sua resposta a (*a*) se a expectativa do mercado tivesse sido de que a AmbChaser ganharia US$ 2 milhões?

20. Em um recente processo judicial estreitamente disputado, a Apex processou a Bpex por infração de patente. O júri já tem uma decisão. A taxa de retorno da Apex era $r_A = 3{,}1\%$. A taxa de retorno da Bpex era $r_B = 2{,}5\%$. Hoje o mercado reagiu a notícias animadoras sobre a taxa de desempenho, e $r_M = 3\%$. A relação histórica entre os retornos dessas ações e a carteira de mercado foi estimada com base em regressões de modelo de índice como:

    Apex: $r_A = 0{,}2\% + 1{,}4 r_M$
    Bpex: $r_B = -0{,}1\% + 0{,}6 r_M$

Com base nesses dados, qual empresa ganhou o processo em sua opinião?

21. Os investidores supõem que a taxa de retorno do mercado será 10% no próximo ano. A taxa das letras do Tesouro é 4%. O beta das ações da Fortunes Industries é 0,5. O valor de mercado das ações em circulação é US$ 100 milhões.
    a. Qual seria seu melhor palpite atualmente quanto à taxa de retorno esperada das ações da Changing Fortunes? Você acredita que as ações têm preço justo?
    b. Se o retorno do mercado no próximo ano de fato for 10%, qual seria seu melhor palpite quanto à taxa de retorno das ações da Changing Fortunes?
    c. Suponhamos agora que a Changing Fortunes ganhe um processo judicial importante durante o ano. O acordo é de US$ 5 milhões. O retorno das ações da Changing Fortunes durante o ano acaba sendo 10%. Qual seu melhor palpite quanto ao acordo que o mercado anteriormente *esperava* que a Changing Fortunes obtivesse no processo? (Continue supondo que o retorno do mercado no ano em questão é 10%.) A magnitude do acordo é o único evento imprevisto específico à empresa durante o ano.

22. O método de média de custo do dólar significa comprar quantias iguais em dólar de uma ação a cada período – por exemplo, US$ 500 por mês. Essa estratégia baseia-se na ideia de que, quando o preço da ação for baixo, sua compra mensal fixa adquirirá mais ações e, quando o preço for alto, menos ações. Com o passar do tempo, aplicando a média, você acabará comprando mais ações quando o preço for mais barato e menos quando o preço for relativamente alto. Portanto, intencionalmente, você exibirá um bom *market timing*. Avalie essa estratégia.

23. Sabemos que o mercado deve responder positivamente a boas notícias e que os acontecimentos que trazem boas notícias, como o fim de uma recessão, podem ser previstos com pelo menos alguma precisão. Diante disso, por que não conseguimos prever que o mercado se aquecerá à medida que a economia se recuperar?

24. Você sabe que a empresa XYZ é muito mal administrada. Em uma escala de gestão de 1 (pior) a 10 (melhor), você lhe daria 3. A avaliação de consenso do mercado daria apenas 2 para a administração. Você deve comprar ou vender as ações?

25. Suponhamos que durante determinada semana o Fed anuncie uma nova política de crescimento monetário, o Congresso surpreendentemente aprove uma legislação restringindo a importação de automóveis estrangeiros e a Ford lance um novo modelo de carro que a empresa acredita que aumentará consideravelmente seus lucros. O que você faria para avaliar a opinião valorativa do mercado sobre o novo modelo da Ford?

26. A Good News, Inc., acabou de anunciar um aumento em seus lucros anuais, embora o preço de suas ações tenha caído. Existe alguma explicação racional para esse fenômeno?

Difíceis

27. As ações das pequenas empresas que são negociadas raramente tendem a mostrar alfas CAPM positivos. Isso viola a hipótese de mercado eficiente?

28. Examine a figura a seguir,[65] que representa retornos anormais cumulativos tanto antes quanto depois das datas em que pessoas com acesso a informações privilegiadas compram e vendem ações da empresa em que trabalham. Qual seria sua interpretação dessa figura? O que devemos fazer com o padrão de CARs antes e depois da data do acontecimento?

---

[65] Reimpresso de Nejat H. Seyhun, "Insiders, Profits, Costs of Trading e Market Efficiency", *Journal of Financial Economics*, 16, 1986. Copyright 1986, com permissão da Elsevier.

29. Suponhamos que, à medida que a economia atravessa um ciclo econômico, os prêmios de risco também mudam. Por exemplo, em uma recessão, quando as pessoas estão preocupadas com o emprego, a tolerância ao risco pode ser menor e os prêmios de risco mais altos. Em uma economia em expansão, a tolerância ao risco pode ser maior e os prêmios de risco mais baixos.
    a. Um prêmio de risco previsivelmente oscilante como o descrito aqui seria uma violação à hipótese de mercado eficiente?
    b. Como um ciclo de prêmios de risco crescentes e decrescentes poderia criar a impressão de que os preços das ações "reagem exageradamente" primeiro caindo de forma intensa e depois parecendo recuperar?

CFA® PROBLEMS

1. A forma semiforte da hipótese de mercado eficiente postula que os preços das ações:
    a. Refletem totalmente todas as informações históricas de preço.
    b. Refletem totalmente todas as informações disponíveis publicamente.
    c. Refletem totalmente todas as informações relevantes, incluindo as privilegiadas.
    d. Podem ser previstos.
2. Suponhamos que uma empresa anuncie um grande pagamento inesperado de dividendos em dinheiro para seus acionistas. Em um mercado eficiente *sem* vazamento de informações, poderíamos esperar:
    a. Uma mudança de preço anormal no momento da divulgação.
    b. Um aumento de preço anormal antes da divulgação.
    c. Uma queda de preço anormal após a divulgação.
    d. Nenhuma mudança de preço anormal antes ou depois da divulgação.
3. Qual das seguintes sentenças ofereceria evidência *contra* a *forma semiforte* da teoria de mercado eficiente?
    a. Cerca de 50% dos fundos de pensão superam o desempenho do mercado em qualquer ano.
    b. Todos os investidores aprenderam a explorar sinais quanto ao desempenho futuro.
    c. A análise de tendências não é útil para determinar os preços das ações.
    d. Um P/L baixo tende a ter retornos anormais positivos a longo prazo.
4. De acordo com a hipótese de mercado eficiente:
    a. As ações com beta alto sempre estão acima do preço.
    b. As ações com beta baixo sempre estão acima do preço.
    c. Os alfas positivos sobre as ações desaparecerão rapidamente.
    d. As ações com alfa negativo sempre geram baixos retornos para os arbitradores.
5. O "passeio aleatório" ocorre quando:
    a. As mudanças de preço das ações são aleatórias, mas previsíveis.
    b. Os preços reagem lentamente a informações novas e antigas.
    c. As mudanças de preço futuras não estão correlacionadas com mudanças de preço passadas.
    d. As informações históricas são úteis para prever os preços futuros.
6. Duas suposições básicas da análise técnica são que os preços dos títulos ajustam-se:
    a. Gradativamente às novas informações e o estudo sobre o ambiente econômico oferece uma indicação dos futuros movimentos do mercado.
    b. Rapidamente às novas informações e o estudo sobre o ambiente econômico oferece uma indicação dos futuros movimentos do mercado.
    c. Rapidamente às novas informações e os preços do mercado são determinados pela interação entre oferta e demanda.
    d. Gradativamente às novas informações e os preços são determinados pela interação entre oferta e demanda.
7. Quando a análise técnica postula que uma ação tem uma boa "força relativa", isso quer dizer que:
    a. O índice preço da ação/índice de mercado ou setorial apresentou uma tendência ascendente.
    b. O volume recente de negociações de ações superou o volume normal de negociações.
    c. O retorno total das ações superou o retorno total das letras do Tesouro.
    d. As ações tiveram um bom desempenho recentemente, em comparação com seu desempenho passado.
8. Sua cliente de investimentos lhe pede informações sobre os benefícios da gestão ativa de carteiras. Ela está particularmente interessada em saber se é dado supor que os gestores ativos exploram consistentemente as ineficiências nos mercados de capitais para gerar retornos acima da média sem assumir maiores riscos.

    A forma semiforte da hipótese de mercado eficiente postula que toda informação disponível publicamente é refletida rápida e corretamente nos preços dos títulos. Isso quer dizer que os investidores não devem esperar obter lucros acima da média de compras realizadas após a divulgação das informações ao público porque os preços dos títulos já refletem todos os efeitos dessas informações.
    a. Identifique e explique dois exemplos de evidência empírica que tendem a respaldar a dedução da EMH supracitada.
    b. Identifique e explique dois exemplos de evidência empírica que tendem a refutar a dedução da EMH supracitada.
    c. Discorra sobre os motivos pelos quais um investidor poderia optar por não indexar mesmo se os mercados fossem, na verdade, eficientes na forma semiforte.
9. a. Explique brevemente o conceito de hipótese de mercado eficiente (EMH) e cada uma de suas três formas – fraca, semiforte e forte – e discorra brevemente sobre até que ponto as evidências empíricas existentes respaldam cada uma das três formas da EMH.
    b. Discorra brevemente sobre as implicações da hipótese de mercado eficiente para as políticas de investimento no que tange:

i. À análise técnica em forma de tabela.
ii. À análise fundamentalista.
c. Explique brevemente os papéis ou as responsabilidades dos gestores de carteira em um ambiente de mercado eficiente.

10. Crescimento e valor podem ser definidos de diversas formas. "Crescimento" normalmente transmite a ideia de uma carteira que enfatiza ou inclui apenas emissões que se acredita que tenham taxas futuras acima da média de crescimento de lucro por ação. Baixo rendimento atual, altos índices de preço/valor contábil e altos índices de preço/lucro são as características usuais de carteiras desse tipo. "Valor" normalmente transmite a ideia de carteiras que enfatizam ou incluem apenas emissões que atualmente mostram baixos índices de preço/valor contábil, baixos índices de preço/lucro, níveis de rendimento de dividendos acima da média e preços de mercado considerados abaixo dos valores intrínsecos das emissões.

a. Identifique e apresente os motivos pelos quais, no decorrer de períodos longos, o investimento em ações de valor poderia ter um desempenho superior ao do investimento em ações de crescimento.
b. Explique por que o resultado proposto em (a) não deve ser possível em um mercado considerado extremamente eficiente por uma ampla maioria.

EXERCÍCIOS DE INVESTIMENTO NA *WEB*

1. Utilize os dados do finance.yahoo.com para responder as perguntas a seguir.
   a. Colete os dados a seguir para 25 empresas de sua preferência.
      i. Índice de valor contábil/valor de mercado.
      ii. Índice de preço/lucro.
      iii. Capitalização de mercado (tamanho).
      iv. Índice de preço/fluxo de caixa (isto é, capitalização de mercado/fluxo de caixa operacional).
      v. Outro critério de seu interesse.

   Você pode encontrar essas informações escolhendo uma empresa e clicando em *Key Statistics* (Principais Estatísticas). Classifique as empresas separadamente, com base em cada um dos critérios, e divida-as em cinco grupos, com base na classificação obtida em cada critério. Calcule a taxa média de retorno de cada grupo de empresas.

   Você confirma ou rejeita alguma das anomalias citadas neste capítulo? Você consegue identificar alguma nova anomalia? Nota: Para que seu teste seja válido, você deve formar suas carteiras com base nos critérios observados no *início* do período. Por quê?

   b. Utilize o histórico de preços da guia *Historical Prices* (Preços Históricos) para calcular o beta de cada uma das empresas na parte (a). Utilize esse beta, a taxa das letras do Tesouro e o retorno do S&P 500 para calcular o retorno anormal ajustado ao risco de cada grupo de ações. Alguma anomalia descoberta na questão anterior persiste após o controle de risco?

   c. Agora forme os grupos de ações que utilizam dois critérios simultaneamente. Por exemplo, forme uma carteira de ações que sejam o menor quintil do índice de preço/lucro e o maior quintil do índice de valor contábil/valor de mercado. Escolher ações com base em mais de uma característica melhora sua capacidade para criar carteiras com retornos anormais? Repita a análise formando grupos que atendam aos três critérios simultaneamente. Isso gera qualquer melhoria complementar nos retornos anormais?

2. Vários *sites* divulgam informações sobre surpresas de lucro. Grande parte das informações fornecidas é do Zacks.com. Todos os dias as maiores surpresas positivas e negativas são divulgadas. Entre em www.zacks.com/research/earnings/today_eps.php e identifique as maiores surpresas de lucro positivas e as maiores negativas do dia. A tabela relacionará o horário e a data da divulgação. Você percebe alguma diferença entre os horários do dia nos quais as divulgações positivas tendem a ser feitas em relação às divulgações negativas?

   Identifique os *tickers* (símbolos de cotação) das três principais surpresas positivas. Assim que você identificar as surpresas principais, entre no finance.yahoo.com. Insira o *ticker* e obtenha as cotações desses títulos. Examine a tabela de cinco dias de cada uma das empresas. As informações são rapidamente incorporadas no preço? Há alguma evidência de conhecimento anterior ou previsão sobre a divulgação antes da negociação?

   Escolha uma das ações listadas e clique no respectivo símbolo para seguir o *link* de mais informações. Clique no *link* Interactive Chart (Gráfico Interativo) que aparece abaixo do gráfico. Você pode mover o cursor sobre várias partes do gráfico para examinar o que ocorreu com o preço e o volume de negociações das ações em cada dia de negociação. Você percebe algum padrão?

SOLUÇÕES PARA AS REVISÕES DE CONCEITOS

1. a. Um alto executivo pode muito bem ter informações confidenciais sobre a empresa. A possibilidade de ele extrair lucro dessas informações não é novidade. Essa capacidade viola a eficiência de forma fraca: os lucros anormais não provêm de uma análise de preços históricos nem de dados de negociação. Se assim fosse, isso indicaria que existem informações valiosas que poderiam ser extraídas dessa análise. Mas essa habilidade viola, sim, a eficiência de forma forte. Aparentemente, existem algumas informações confidenciais que ainda não estão refletidas nos preços das ações.

   b. Os conjuntos de informações que pertencem à forma fraca, semiforte e forte da EMH podem ser descritos pelo seguinte exemplo:

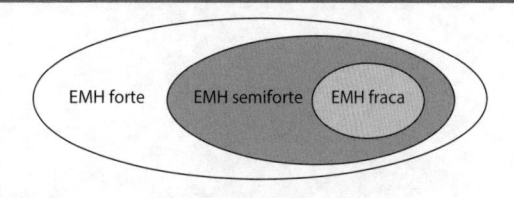

O conjunto de informações de forma fraca inclui apenas o histórico de preços e volumes. O conjunto de forma semiforte inclui o conjunto de forma fraca *mais* todas as outras informações disponíveis publicamente. O conjunto de forma forte, por sua vez, inclui o conjunto semiforte *mais* as informações privilegiadas. É ilegal utilizar essas informações adicionais (informações confidenciais de uma pessoa bem informada). A direção da implicação *válida* é

EMH forte → EMH semiforte → EMH fraca

A implicação de direção oposta *não* é válida. Por exemplo, os preços das ações podem refletir todos os dados históricos de preço (eficiência fraca), mas não podem refletir dados fundamentais pertinentes (ineficiência semiforte).

2. O que defendemos na questão anterior é que o próprio fato de observarmos preços de ação próximos dos níveis de resistência contraria a suposição de que o preço pode ser um nível de resistência. Se for observado que uma ação é vendida *por um determinado preço*, os investidores precisam acreditar que é possível obter uma taxa de retorno justa se a ação for comprada por esse preço. É logicamente impossível uma ação ter um nível de resistência *e* oferecer uma taxa de retorno justa por preços imediatamente abaixo do nível de resistência. Se reconhecermos que os preços são apropriados, devemos rejeitar qualquer pressuposição quanto aos níveis de resistência.

3. Se *todos* adotarem a estratégia passiva, mais cedo ou mais tarde os preços cairão para refletir novas informações. A essa altura, existem oportunidades de lucro para os investidores ativos que descobrem títulos com preço incorreto. Quando eles compram e vendem esses ativos, os preços novamente são levados para os níveis justos.

4. CARs previsivelmente declinantes de fato violam a EMH. Se for possível prever um fenômeno desse tipo, surgirá uma oportunidade de lucro: vender (ou vender a descoberto) as ações afetadas em uma data de acontecimento imediatamente anterior àquela em que está previsto que seus preços cairão.

5. A resposta depende de suas convicções anteriores sobre eficiência de mercado. O desempenho de Miller ao longo de 2005 foi inacreditavelmente pronunciado. Entretanto, como existem tantos fundos, não é tanto de surpreender que *alguns* fundos pareçam consistentemente superiores *a posteriori*. Uma pequena quantidade de gestores pode ter um desempenho anterior excepcional por acaso, mesmo em um mercado eficiente. Um teste mais adequado é oferecido em "estudos continuados". Aqueles que tiverem melhor desempenho em um período são mais propensos a repeti-lo em períodos posteriores? O desempenho de Miller nos três últimos anos não tem continuidade ou não atende ao critério de consistência.

12
Finanças comportamentais e análise técnica

A HIPÓTESE DE MERCADO EFICIENTE faz duas previsões importantes. Primeiro, deduz que os preços dos títulos refletem adequadamente quaisquer informações disponíveis aos investidores. A segunda dedução segue-se imediatamente: os negociadores ativos encontrarão dificuldade para superar estratégias passivas – por exemplo, manter índices de mercado. Isso exigiria uma percepção diferenciada, que, em um mercado altamente competitivo, é muito difícil obter.

Infelizmente, não é fácil descobrir medidas do valor "real" ou intrínseco de um título e, de maneira correspondente, não é fácil testar diretamente se os preços correspondem a esses valores. Portanto, a ênfase da maioria dos testes de mercado eficiente recai sobre o desempenho das estratégias de negociação ativa. Esses testes foram de dois tipos. As publicações sobre anomalias examinaram as estratégias que aparentemente *teriam oferecido* maiores retornos ajustados ao risco (p. ex.: investir em ações com *momentum* ou em valor, em vez de em ações glamourosas). Outros testes examinaram os resultados dos investimentos reais indagando se os gestores profissionais foram capazes de superar o mercado.

Nenhuma classe de testes se demonstrou completamente conclusiva. As publicações sobre anomalias indicam que várias estratégias teriam oferecido retornos superiores. Porém, existem perguntas sobre se algumas dessas anomalias aparentes refletem os prêmios de risco não capturados por modelos simples de risco e retorno ou se são apenas um reflexo da mineração de dados. Além disso, a aparente inabilidade do gestor financeiro comum para transformar essas anomalias em retornos superiores sobre carteiras reais lança outra dúvida sobre sua "realidade".

Uma escola de pensamento relativamente nova, de *finanças comportamentais*, defende que as vastas publicações sobre estratégias de negociação deixaram passar uma questão mais ampla e mais importante ao negligenciar a primeira implicação dos mercados eficientes – a correção dos preços dos títulos. Essa talvez seja a implicação mais importante, visto que as economias de mercado apoiam-se nos preços para alocar recursos de maneira eficiente. A escola comportamental defende que, mesmo se os preços dos títulos estiverem incorretos, ainda assim poderá ser difícil explorá-los e que, portanto, não descobrir regras de negociação ou negociantes sem dúvida bem-sucedidos não pode ser tomado como prova de eficiência de mercado.

Embora as teorias convencionais presumam que os investidores são racionais, a escola de finanças corporativas parte da suposição de que eles não são. Examinaremos algumas das irracionalidades de processamento de informações e comportamentais reveladas por psicólogos em outros contextos e mostraremos como essas tendências, aplicadas aos mercados financeiros, podem resultar em algumas das anomalias discutidas no capítulo anterior. Em seguida, analisaremos as limitações das estratégias concebidas para tirar proveito do erro de apreçamento induzido comportamentalmente. Se os limites dessa atividade de arbitragem forem rigorosos, o erro de apreçamento pode sobreviver mesmo se alguns investidores racionais tentarem explorá-lo. Nós nos voltamos então para a análise técnica e mostramos que os modelos comportamentais de certa forma respaldam as técnicas que evidentemente seriam inúteis nos mercados eficientes. Fechamos este capítulo com um breve levantamento sobre algumas dessas estratégias técnicas.

12.1 Crítica comportamental

A premissa das **finanças comportamentais** é de que a teoria financeira convencional ignora de que forma as pessoas reais tomam decisões e igualmente que as pessoas têm influência.[1] De acordo com a interpretação de um número crescente de economistas, as publicações sobre anomalias são coerentes com várias "irracionalidades" que parecem caracterizar os indivíduos que tomam decisões complexas. Essas irracionalidades enquadram-se em duas amplas categorias: primeiro, os investidores nem sempre processam corretamente as informações e, por isso, tiram conclusões incorretas na distribuição de probabilidades das taxas de retorno futuras; segundo, mesmo com uma distribuição de probabilidades de retornos, com frequência eles tomam decisões incoerentes ou sistematicamente abaixo do ideal.

Obviamente, a existência de investidores irracionais não seria por si só suficiente para tornar os mercados de capitais ineficientes. Se essas irracionalidades tiverem de fato afetado os preços, podemos supor que os arbitradores perspicazes que tentarem tirar proveito de oportunidades de lucro empurrarão os preços de volta para seus valores apropriados. Desse modo, o segundo fundamento da crítica comportamental é que, na prática, as ações desses arbitradores são restritas e, portanto, insuficientes para forçar os preços a corresponder com o valor intrínseco.

Esse fundamento do argumento é importante. Praticamente todos concordam que, se os preços estiverem corretos (isto é, preço = valor intrínseco), não haverá nenhuma oportunidade de lucro fácil. Mas a recíproca não é necessariamente verdadeira. Se os behavioristas estiverem corretos sobre as restrições da atividade de arbitragem, a falta de oportunidades de lucro não significa necessariamente que os mercados são eficientes. Observamos que a maioria dos testes da hipótese de mercado eficiente enfatizou a existência de oportunidades de lucro, muitas vezes com base em como elas se refletem no desempenho dos gestores financeiros. Porém, a incapacidade dos gestores para superar as estratégias de investimento passivas não significa obrigatoriamente que os mercados são de fato eficientes.

Iniciaremos nossa síntese sobre a crítica comportamental com o primeiro fundamento do argumento, examinando uma amostra dos erros de processamento de informações descobertos por psicólogos em outras áreas. Em seguida, examinamos algumas irracionalidades comportamentais que parecem caracterizar os tomadores de decisões. Por último, analisamos os limites da atividade de arbitragem e concluímos com uma avaliação experimental da importância do debate comportamental.

Processamento de informações

Os erros de processamento de informações podem levar os investidores a subestimar a verdadeira probabilidade de possíveis eventos ou taxas de retorno correspondentes. Vários desses vieses foram descobertos. Veja a seguir os quatro mais importantes.

Erros de previsão Uma série de experimentos, realizados por Kahneman e Tversky,[2] indica que as pessoas dão exagerada importância a experiências recentes, em comparação com crenças anteriores, quando fazem previsões (o que algumas vezes é chamado de *viés de memória*) e tendem a fazer previsões muito extremistas, tendo em vista a incerteza inerente nas informações das quais elas dispõem. De Bondt e Thaler[3] defendem que o efeito P/E pode ser explicado por expectativas de lucro muito exageradas. De acordo com essa visão, quando as previsões de lucratividade futura de uma empresa são muito altas, talvez em virtude de um desempenho recente favorável, elas tendem a ser *demasiadamente* altas em relação às perspectivas objetivas da empresa. Isso gera um P/E inicial alto (em virtude do exagerado otimismo embutido no preço das ações) e um desempenho subsequente insatisfatório quando os investidores reconhecem seu erro. Desse modo, as empresas com alto P/E tendem a ser investimentos ruins.

---

[1] A discussão nessa seção baseia-se em grande medida em Nicholas Barberis e Richard Thaler, "A Survey of Behavioral Finance", em G. M. Constantinides, M. Harris e R. Stulz (eds.), *Handbook of the Economics of Finance* (Amsterdã: Elsevier, 2003).

[2] D. Kahneman e A. Tversky, "On the Psychology of Prediction", *Psychology Review*, 80, 1973, pp. 237–251, e "Subjective Probability: A Judgment of Representativeness", *Cognitive Psychology*, 3, 1972), pp. 430–454.

[3] W. F. M. De Bondt e R. H. Thaler, "Do Security Analysts Overreact?", *American Economic Review*, 80, 1990, pp. 52–57.

Excesso de confiança As pessoas tendem a superestimar a precisão de suas crenças ou previsões e também suas capacidades. Em um levantamento bastante conhecido, 90% dos motoristas suecos classificaram-se como motoristas acima da média. Esse excesso de confiança pode ser responsável pela preponderância da gestão de investimentos ativa *versus* passiva – por si só uma anomalia para os adeptos da hipótese de mercado eficiente. Não obstante a crescente popularidade da indexação, apenas cerca de 15% do patrimônio do setor de fundos mútuos é mantido em contas indexadas. A predominância da gestão ativa em face do mau desempenho comum dessas estratégias (tome como exemplo o desempenho geralmente desalentador dos fundos mútuos gerenciados ativamente analisados no Capítulo 4 e também no capítulo anterior) é coerente com a tendência das pessoas de superestimar sua capacidade.

Um exemplo interessante de excesso de confiança nos mercados financeiros é oferecido por Barber e Odean,[4] que comparam a atividade de negociação e os retornos médios em contas de corretagem de homens e mulheres. Eles consideram que os homens (em particular os solteiros) negociam de uma forma bem mais ativa do que as mulheres, o que é congruente com o excesso de confiança em geral mais acentuado entre os homens já bem documentado nas publicações de psicologia. Além disso, eles consideram que a atividade de negociação é altamente preditiva de um desempenho de investimento ruim. Vinte por cento das contas com maior rotatividade de carteira apresentaram retornos médios com sete pontos percentuais a menos que 20% das contas com menor taxa de rotatividade. Tal como eles concluem, "A negociação [e, por conseguinte, o excesso de confiança] é prejudicial à sua saúde".

O excesso de confiança parece ser um fenômeno comum e também se evidencia em vários contextos das finanças corporativas. Por exemplo, os diretores executivos exageradamente confiantes são mais propensos a pagar um valor a mais pelas empresas-alvo quando estão realizando aquisições corporativas.[5] Além da possibilidade de o excesso de confiança prejudicar os investimentos em carteira, pode levar essas empresas a realizar investimentos ruins em ativos reais.

Conservantismo O viés de **conservantismo** ou conservadorismo (*conservatism bias*) significa que os investidores são muito lentos (muito conservadores) para renovar suas crenças em resposta a novas evidências. Isso quer dizer que a princípio eles podem reagir passivamente a notícias sobre uma empresa, de modo que os preços refletirão todas as novas informações apenas gradualmente. Esse viés poderia dar origem a uma inércia nos retornos do mercado acionário.

Negligência e representatividade do tamanho da amostra O conceito de **viés de representatividade** defende que as pessoas normalmente não levam em conta o tamanho da amostra, agindo como se uma pequena amostra representasse tão bem uma população quanto uma grande amostra. Desse modo, elas podem deduzir um padrão muito rapidamente com base em uma pequena amostra e extrapolar as tendências aparentes para o futuro. É fácil ver que esse padrão provavelmente é congruente com a reação exagerada e as anomalias de correção. Uma série efêmera de bons relatórios de lucro ou altos retornos sobre as ações levaria esses investidores a rever suas avaliações acerca do provável desempenho futuro e, portanto, a gerar uma pressão de compra que sobrevaloriza o aumento repentino de preço. Com o tempo, a disparidade entre o preço e o valor intrínseco torna-se evidente e o mercado corrige seu erro inicial. Curiosamente, as ações com o melhor desempenho recente sofrem reversões precisamente em alguns dias após a divulgação de lucros, o que leva a crer que a correção ocorre assim que os investidores constatam que seus pontos de vista iniciais eram muito exagerados.[6]

> **REVISÃO DE CONCEITOS 12.1**
>
> Vimos nos capítulos anteriores que as ações parecem exibir um padrão de *momentum* a curto e médio prazo, bem como reversões a longo prazo. Como esse padrão poderia surgir da inter-relação entre o viés de conservantismo e o de representatividade?

---

[4] Brad Barber e Terrance Odean, "Boys Will Be Boys: Gender, Overconfidence, and Common Stock Investment", *Quarterly Journal of Economics*, 16, 2001, pp. 262–92, e "Trading Is Hazardous to Your Wealth: The Common Stock Investment Performance of Individual Investors", *Journal of Finance*, 55, 2000, pp. 773–806.

[5] U. Malmendier e G. Tate, "Who Makes Acquisitions? CEO Overconfidence and the Market's Reaction", *Journal of Financial Economics*, 89, julho de 2008, pp. 20–43.

[6] N. Chopra, J. Lakonishok e J. Ritter, "Measuring Abnormal Performance: Do Stocks Overreact?", *Journal of Financial Economics*, 31, 1992, pp. 235–268.

Vieses comportamentais

Ainda que o processamento de informações fosse perfeito, muitos estudos concluem que os indivíduos não tenderiam a tomar decisões tão racionais utilizando essas informações. Esses vieses comportamentais afetam consideravelmente o modo como os investidores enquadram seus questionamentos sobre risco *versus* retorno e, portanto, ponderam sobre o equilíbrio entre esses dois fatores.

Enquadramento As decisões parecem ser afetadas pelo modo como as escolhas são **enquadradas**. Por exemplo, um indivíduo pode recusar uma aposta quando ela é apresentada em relação ao risco em torno de possíveis ganhos, mas pode aceitar essa mesma aposta quando ela é descrita em termos do risco em torno de possíveis perdas. Em outras palavras, os indivíduos podem ficar avessos ao risco em termos de ganho, mas propensos a assumir riscos em termos de perda. Contudo, em vários casos, a decisão sobre como enquadrar um empreendimento de risco – como um investimento que envolve ganhos ou que envolve perdas – pode ser arbitrária.

Contabilidade mental **Contabilidade mental** é uma forma específica de enquadramento em que as pessoas separam determinadas decisões. Por exemplo, um investidor pode assumir um alto risco em uma conta de investimentos, mas assumir uma posição bastante conservadora em outra conta destinada à educação do filho. Racionalmente, talvez seja melhor ver ambas as contas como parte da carteira geral do investidor, com o perfil de risco e retorno de cada uma integrado em uma estrutura unificada. No entanto, Statman[7] ressalta que uma distinção fundamental entre a teoria financeira convencional e a comportamental é que, para a abordagem comportamental, os investidores constroem suas carteiras em "camadas de conta mental distintas em uma pirâmide de ativos" e cada camada pode estar vinculada a objetivos específicos e induzir níveis diferentes de aversão ao risco.

Em outro estudo, Statman[8] defende que a contabilidade mental é congruente com a preferência irracional de alguns investidores por ações com altos dividendos em dinheiro (eles se sentem livres para gastar o rendimento de dividendos, mas não "entrariam no capital" vendendo algumas ações de outra empresa com a mesma taxa de retorno total) e com a tendência de manter posições em ações perdedoras por um período muito longo (visto que os "investidores comportamentais" relutam em realizar perdas). Na verdade, os investidores são mais propensos a vender ações com ganho do que ações com perda, precisamente o contrário da estratégia de minimização de impostos.[9]

Os efeitos da contabilidade mental também podem ajudar a explicar o *momentum* nos preços das ações. O *efeito do dinheiro que entra* refere-se à maior disposição dos apostadores em aceitar novas apostas se no momento eles estiverem em vantagem. Eles encaram (isto é, enquadram) a aposta como se ela fosse feita com sua "conta de ganhos", isto é, com o dinheiro do cassino, e não com o seu próprio dinheiro, e por isso são mais propensos a assumir riscos. Analogamente, após um aumento repentino no mercado acionário, os indivíduos podem encarar os investimentos como se eles fossem amplamente financiados por uma "conta de ganhos de capital", ficar mais tolerantes ao risco, descontar fluxos de caixa futuros por uma taxa mais baixa e, portanto, empurrar os preços para cima.

EXEMPLO 12.1 || Enquadramento

Pense em um jogo de cara ou coroa que oferece uma recompensa de US$ 50 se der coroa. Pense agora em uma compensação de US$ 50 em que a aposta impõe a perda de US$ 50 se der cara. Em ambos os casos, você acaba não ganhando nada pela cara e ganhando US$ 50 pela coroa. Porém, a primeira descrição enquadra o jogo de cara ou coroa como apresentando um ganho que envolve risco, enquanto a segunda o enquadra em termos de perdas arriscadas. A diferença no enquadramento pode dar origem a diferentes atitudes em relação à aposta.

---

[7] Meir Statma, "What is Behavioral Finance?", em Frank J. Fabozzi (ed.), *Handbook of Finance* (Hoboken, NJ: John Wiley & Sons, Inc., 2008), vol. II, Capítulo 9, pp. 79–84.

[8] Meir Statman, "Behavioral Finance", *Contemporary Finance Digest 1*, inverno de 1997, pp. 5–22.

[9] H. Shefrin e M. Statman, "The Disposition to Sell Winners Too Early and Ride Losers Too Long: Theory and Evidence", *Journal of Finance*, 40, julho de 1985), pp. 777–790; e T. Odean, "Are Investors Reluctant to Realize Their Losses?", *Journal of Finance*, 53, 1998, pp. 1.775–1.798.

Fuga do arrependimento Os psicólogos descobriram que os indivíduos que tomam decisões que se revelam ruins sentem-se mais arrependidos (se culpam mais) quando essas decisões são mais anticonvencionais. Por exemplo, comprar uma carteira *blue chip* que entra em queda não é tão árduo quanto experimentar a mesma perda com uma empresa *start-up* desconhecida. Qualquer perda nas ações *blue ship* tende a ser atribuída mais à falta de sorte do que a uma decisão ruim e provoca menor arrependimento. De Bondt e Thaler[10] defendem que essa **fuga do arrependimento** é coerente com o efeito de tamanho e o efeito do valor contábil/valor de mercado. As empresas com valor contábil/valor de mercado mais alto tendem a ter preços de ação achatados. Essas empresas são "desfavorecidas" e mais propensas a estar enfrentando dificuldades financeiras. De modo semelhante, as empresas menores e menos conhecidas também são investimentos menos convencionais. Essas empresas exigem maior "coragem" por parte do investidor, o que aumenta a taxa de retorno exigida. A contabilidade mental pode contribuir para esse efeito. Se os investidores se concentrarem nos ganhos ou perdas de ações individuais, e não de carteiras amplas, eles podem se tornar mais avessos ao risco com relação a ações com mau desempenho recente, descontar seus fluxos de caixa por uma taxa mais alta e, desse modo, criar um prêmio de risco de ações de valor.

> **REVISÃO DE CONCEITOS 12.2**
>
> Como o efeito P/E (analisado no capítulo anterior) poderia ser igualmente explicado como consequência da fuga do arrependimento?

Afeição

Os modelos convencionais de escolha de carteira concentram-se no risco e retorno do ativo. Contudo, as finanças comportamentais enfatizam também a *afeição*, que diz respeito a um sentimento "bom" ou "ruim" que os consumidores podem associar a uma possível compra ou os investidores podem associar a uma ação. Por exemplo, as empresas com reputação por terem políticas socialmente responsáveis ou condições de trabalho atraentes ou que fabricam produtos populares podem gerar uma afeição maior de acordo com a percepção do público. Se os investidores favorecerem as ações com boa afeição, isso pode empurrar os preços para cima e diminuir as taxas de retorno médias. Statman, Fisher, and Anginer[11] procuraram evidências de que a afeição influencia a determinação de preço dos títulos. Eles constataram que as ações com alta classificação no levantamento da *Fortune* das empresas mais admiradas (isto é, alvo de grande afeição) tendiam a ter menores retornos médios ajustados ao risco do que as menos admiradas, o que indica que seu preço sofreu uma elevação em relação à sua lucratividade subjacente e, portanto, que seus futuros retornos esperados serão mais baixos.

Teoria da perspectiva A **teoria da perspectiva** altera a descrição analítica dos investidores racionais avessos ao risco encontrada na teoria financeira convencional.[12] A Figura 12.1, Painel A, mostra a descrição convencional de um investidor avesso ao risco. Maior prosperidade oferece maior satisfação ou "utilidade", mas a uma taxa decrescente (a curva nivela-se à medida que o indivíduo se torna mais rico). Isso dá origem à aversão ao risco: um ganho de US$ 1.000 aumenta a utilidade menos do que uma perda de US$ 1.000 a diminui; portanto, os investidores rejeitarão perspectivas arriscadas que não oferecem um prêmio de risco.

A Figura 12.1, Painel B, mostra uma descrição conflitante de preferências caracterizadas pela "aversão à perda". A utilidade não depende do *nível* de riqueza, como no Painel A, mas de *mudanças* na riqueza em relação ao nível atual. Além disso, à esquerda de zero (zero indica que não houve nenhuma mudança em relação à riqueza atual), a curva é convexa, e não côncava. Isso tem várias implicações. Embora várias funções de utilidade convencionais concluam que os investidores podem se tornar menos avessos ao risco à medida que a riqueza aumenta, no Painel B a função sempre se recentraliza sobre a riqueza atual, removendo essas diminuições na aversão ao risco e possivelmente ajudando a

---

[10] W. F. M. De Bondt e R. H. Thaler, "Further Evidence on Investor Overreaction and Stock Market Seasonality", *Journal of Finance*, 42, 1987, pp. 557–581.

[11] Meir Statman, Kenneth L. Fisher e Deniz Angier, "Affect in a Behavioral Asset-Pricing Model", *Financial Analysts Journal*, 64, 2008, pp. 20–29.

[12] A teoria da perspectiva teve origem com um artigo extremamente influente sobre a tomada de decisões diante de incertezas, de D. Kahneman e A. Tversky, "Prospect Theory: An Analysis of Decision under Risk", *Econometrica*, 47, 1979, pp. 263–291.

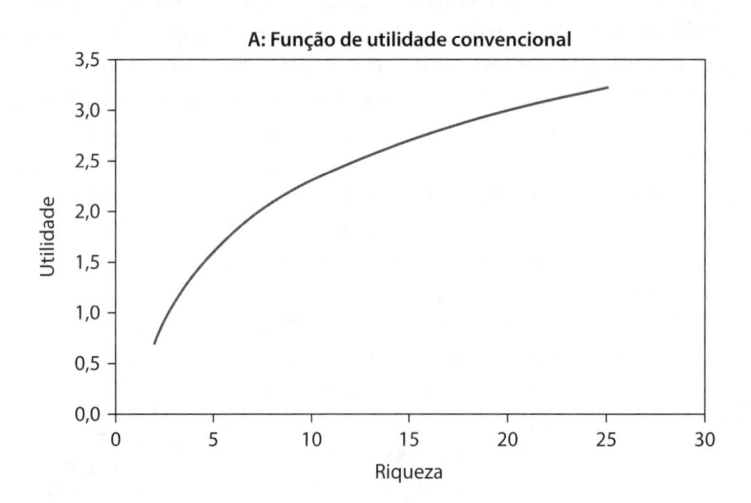

FIGURA 12.1
Teoria da perspectiva. *Painel A*: Uma função de utilidade convencional é definida em termos de riqueza e é côncava, resultando em aversão ao risco. *Painel B*: Em aversão a perdas, a função de utilidade é definida em termos de perdas em relação à riqueza atual. Ela é também convexa à esquerda da origem e provoca um comportamento de busca de risco com relação a perdas

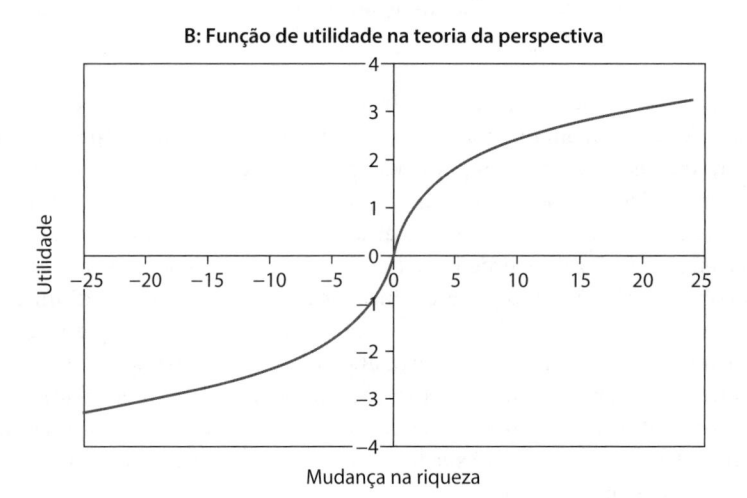

explicar os altos prêmios de risco médios históricos de patrimônio. Além disso, a curvatura convexa à esquerda da origem no Painel B induzirá os investidores a ficarem propensos ao risco e não avessos ao risco no que diz respeito a perdas. Em consonância com a aversão à perda, observou-se que os negociadores de contratos de futuros de obrigações do Tesouro assumem um risco significativamente maior nas sessões vespertinas subsequentes às sessões matutinas em que eles tenham perdido dinheiro.[13]

Esses exemplos são apenas uma pequena amostra dos vários vieses comportamentais revelados nas publicações pertinentes. Muitos têm implicações para o comportamento do investidor. O quadro a seguir oferece alguns bons exemplos.

Limites à arbitragem

Os vieses comportamentais não seriam importantes para a determinação de preço das ações se os arbitradores racionais pudessem explorar totalmente os erros dos investidores comportamentais. As negociações dos investidores que buscam lucro corrigiriam qualquer falta de alinhamento entre os preços. Entretanto, os defensores comportamentais afirmam que, na prática, diversos fatores restringem a capacidade de se tirar proveito do erro de apreçamento.[14]

---

[13] J. D. Coval e T. Shumway, "Do Behavioral Biases Affect Prices?", *Journal of Finance*, 60, fevereiro de 2005, pp. 1–34.

[14] Algumas das referência mais influentes sobre as restrições à arbitragem são J. B. DeLong, A. Schleifer, L. Summers e R. Waldmann, "Noise Trader Risk in Financial Markets", *Journal of Political Economy*, 98, agosto de 1990, pp. 704–738; e A. Schleifer e R. Vishny, "The Limits of Arbitrage", *Journal of Finance*, 52, março de 1997, pp. 35–55.

DESTAQUE DA REALIDADE

POR QUE É TÃO DIFÍCIL AJUSTAR SUA CARTEIRA

Se sua carteira estiver fora de forma, você pode pedir a ajuda de um consultor de investimentos. Mas é provável que você tenha mais sorte com seu terapeuta.

Este é um dilema comum: você sabe que tem uma combinação errada de investimentos, mas não consegue tomar a iniciativa de colocá-los em ordem. Por que é tão difícil mudar? Existem três erros mentais em questão.

SAIR À CAÇA DAS VENCEDORAS

Você está pensando em dar uma acalmada nas obrigações e voltar a investir em ações? É claro que você sabe que as ações são investimentos de longo prazo e também que o melhor momento de comprá-las é quando estão baratas.

Contudo, será bem mais fácil tomar a decisão de comprar ações se recentemente o mercado tiver obtido ganhos. "As pessoas são influenciadas pelo que ocorreu mais recentemente e, por isso, tiram deduções disso", afirma Meir Statman, professor de finanças na Universidade Santa Clara, na Califórnia. "Mas com frequência elas acabam ficando otimistas ou pessimistas exatamente no momento errado."

Tome como exemplo alguns resultados do Índice de Otimismo do Investidor, uma pesquisa de opinião mensal realizada pela UBS e Gallup Organization. Todo mês, essa pesquisa pergunta aos investidores que ganho eles esperam de sua carteira durante os próximos 12 meses. Resultado? Advinha: as repostas oscilam de acordo com o mercado acionário.

Por exemplo, durante a contundente baixa sofrida pelo mercado, os investidores ficaram cada vez mais pessimistas e, por estarem no fosso do mercado, começaram a procurar ganhos medianos de carteira de apenas 5%. Porém, exatamente como esperado, a recuperação do ano passado animou o espírito dos investidores e, por volta de janeiro, eles estavam esperando um retorno de 10%.

AJUSTAR AS CONTAS

O encrespado mercado acionário deste ano não amedrontou apenas os investidores de obrigações. Os investidores de ações também encontraram dificuldade para reajustar suas carteiras.

A culpa é da antiga síndrome "ajustar as contas e cair fora". Quando as ações estão patinando, muitos investidores relutam em vendê-las porque estão longe de recuperar os prejuízos decorrentes da baixa do mercado. Não há dúvida de que os investidores que compraram próximo do valor máximo estão submersos, quer vendam ou não suas ações. No entanto, vender as ações perdedoras mesmo assim é angustiante porque significa admitir que cometemos um erro.

"Se você for racional e sofrer um prejuízo, você vende, assume o prejuízo fiscal e segue adiante", afirma o professor Statman. "Porém, se você for uma pessoa normal, vender com prejuízo dilacera o coração."

REUNIR CORAGEM

Independentemente de você precisar comprar ações ou obrigações, você precisa de confiança para agir. E neste exato momento os investidores não estão confiantes. "Existe esse viés do *status quo*", afirma John Nofsinger, professor de finanças da Universidade Estadual de Washington, em Pullman, Washington. "Estamos com medo de fazer qualquer coisa, porque temos medo de nos arrepender."

Novamente, isso é provocado pela ação recente do mercado. Quando os mercados estão voando alto, as pessoas dizem que os lucros de sua carteira decorrem de sua genialidade. Isso lhes oferece confiança para negociar mais e assumir riscos maiores. Obviamente, reagir de modo exagerado aos resultados imediatos do mercado é uma ótima maneira de perder um "caminhão de dinheiro". Contudo, com sorte, se você estiver ciente dessa armadilha, talvez possa evitá-la.

Ou talvez isso seja muito otimista. "Você pode dizer a alguém que os investidores têm todos esses vieses comportamentais", afirma Terrance Odean, professor de finanças da Universidade da Califórnia, em Berkeley. "Então, o que acontece? Um investidor pensa: 'Ah, isso parece coisa da minha mulher". Não acho que muitos investidores digam: "Ah, isso parece coisa minha".

Fonte: Jonathan Clements, *The Wall Street Journal Online*, 23 de junho de 2004. 2004 Dow Jones & Company, Inc.© Todos os direitos reservados mundialmente.

EXEMPLO 12.2 || Risco fundamental

No primeiro semestre de 2011, o índice Nasdaq oscilou em torno de 2.900. Desse ponto de vista, o valor que esse índice atingiu em 2000, em torno de 5 mil, pareceu nitidamente absurdo. Com certeza os investidores que enfrentaram a "bolha" da internet, no final da década de 1990, devem ter considerado o índice exageradamente acima do valor, o que sugeria uma boa oportunidade de venda. Contudo, dificilmente isso seria uma oportunidade de arbitragem isenta de risco. Considere que o índice Nasdaq também pode ter sido sobrevalorizado em 1999, quando ultrapassou pela primeira vez 3.500 pontos (20% a mais que seu valor em 2012). Em 1999, o investidor que acreditasse (ao que se revela, com grande razão) que o índice Nasdaq de 3.500 estava sobrevalorizado e decidisse vender a descoberto teria sofrido prejuízos enormes porque o índice aumentou mais 1.500 pontos antes de finalmente atingir o pico de 5 mil. Embora esse investidor talvez ficasse consideravelmente satisfeito de no final ter se provado correto sobre a sobrevalorização, se entrasse um ano antes de o mercado ter se "corrigido", é provável que também teria falido.

Risco fundamental Suponhamos que uma ação da IBM esteja abaixo do preço. Comprá-la pode oferecer uma oportunidade de lucro, mas dificilmente ela é isenta de risco, visto que o preço inferior presumido pode piorar. Embora o preço com o tempo possa convergir para o valor intrínseco, isso talvez só ocorra após o final do horizonte de investimento do negociador. Por exemplo, o investidor pode ser um gestor de fundos mútuos que corre o risco de perder clientes (sem falar o emprego!) se o desempenho de curto prazo for ruim ou um negociador que talvez consuma seu capital se o mercado se voltar contra ele, ainda que temporariamente. Segundo um comentário com frequência atribuído ao famoso economista Jonh Maynard Keynes, "os mercados podem permanecer irracionais por mais tempo do que você consegue se manter solvente". Presumivelmente, o **risco fundamental** assumido para aproveitar oportunidades aparentemente lucrativas restringirá a atividade dos negociadores.

Custos de implementação Explorar a majoração de preços pode ser particularmente difícil. Vender um título a descoberto envolve custos; os vendedores a descoberto talvez tenham de restituir um título emprestado de repente, e com isso o horizonte da venda a descoberto fica incerto; outros investidores, como muitos gestores de fundos de pensão ou fundos mútuos, enfrentam restrições rigorosas com relação à venda de títulos a descoberto. Isso pode restringir a capacidade da atividade de arbitragem de forçar os preços a voltar ao seu valor justo.

Risco de modelo Sempre devemos nos preocupar com a possibilidade de uma aparente oportunidade de lucro ser mais aparente do que real. Talvez você esteja utilizando um modelo errado para avaliar o título e o preço na verdade está correto. O erro de apreçamento pode transformar uma posição em uma boa aposta, mas ela continua sendo arriscada, e isso limita o grau segundo o qual ela será procurada.

Limites à arbitragem e a lei de preço único

Embora se possa discutir a respeito das implicações de grande parte das publicações sobre anomalias, com certeza a lei de preço único (que postula que ativos efetivamente idênticos devem ter preços idênticos) deve ser cumprida nos mercados racionais. Contudo, há várias circunstâncias em que parece que essa lei foi violada. Essas circunstâncias são bons estudos de caso sobre os limites à arbitragem.

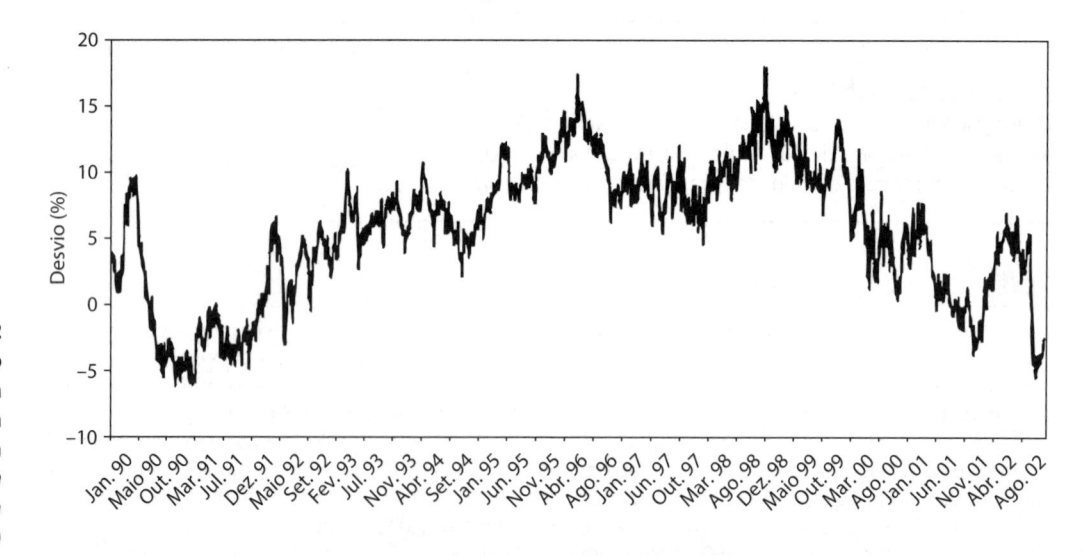

FIGURA 12.2 Determinação de preços da Royal Dutch comparada à da Shell (*desvio em relação à paridade*)

Fonte: O. A. Lamont e R. H. Thaler, "Anomalies: The Law of One Price in Financial Markets", *Journal of Economic Perspectives*, 17, outono de 2003, pp. 191–202. Figura 1, p. 196. Dados utilizados com permissão da Associação Econômica Americana.

Empresas "gêmeas siameses"[15]   Em 1907, a Royal Dutch Petroleum e a Shell Transport fundiram suas atividades em uma única empresa. As duas empresas originais, que continuam negociando separadamente, concordaram em dividir todos os lucros da empresa conjunta, em uma proporção de 60/40. Os acionistas da Royal Dutch recebem 60% do fluxo de caixa e os da Shell recebem 40%. Desse modo, poder-se-ia supor que as ações da Royal Dutch são vendidas exatamente por 60/40 = 1,5 vez o preço da Shell. Mas não é esse o caso. A Figura 12.2 mostra que o valor relativo das duas empresas desvia-se consideravelmente de seu índice de "paridade" durante períodos prolongados.

Esse erro de apreçamento não gera oportunidade de arbitragem? Se as ações da Royal Dutch são vendidas por mais de 1,5 vez o preço da Shell, por que não comprar as ações da Shell, que estão relativamente abaixo do preço, e vender a descoberto as ações da Royal, que estão acima do preço? Essa estratégia parece razoável, mas se você a tivesse adotado em fevereiro de 1993, quando as ações da Royal foram vendidas por um valor 10% acima de seu valor de paridade, tal como a Figura 12.2 mostra você teria perdido muito dinheiro porque o prêmio aumentou para 17% e só reverteu após 1999. Como no Exemplo 12.2, essa oportunidade apresentou um risco fundamental.

Spin-offs parciais   Vários *spin-offs* parciais também violaram a lei de preço único.[16] Para ilustrar, considere o caso da 3Com, que em 1999 decidiu desmembrar sua divisão Palm. Primeiro ela vendeu 5% de sua participação na Palm em uma oferta pública inicial (*initial public offering* – IPO), anunciando que seis meses depois distribuiria os 95% restantes de suas ações da Palm para os acionistas da 3Com em uma operação de *spin-off* parcial. Cada acionista da 3Com receberia uma ação e meia da Palm nesse *spin-off* parcial.

Assim que as ações da Palm começaram a ser negociadas, mas antes do *spin-off* parcial, o preço das ações da 3Com deveria ter sido *pelo menos* 1,5 vez o da Palm. Afinal, cada ação da 3Com dava ao detentor o direito de 1,5 ação da Palm *mais* uma participação acionária em uma empresa lucrativa. Em vez disso, na IPO, as ações da Palm na verdade foram vendidas por um valor superior ao das ações da 3Com. O valor implícito (*stub value*) da 3Com (isto é, o valor de cada ação menos o valor do direito à Palm representado por essa ação) poderia ser calculado como o preço da 3Com menos 1,5 vez o preço da Palm. Entretanto, esse cálculo significa que o valor implícito da 3Com era negativo, isso sem levar em conta o fato de ela ser uma empresa lucrativa e de ter, sozinha, ativos de caixa de US$ 10 por ação.

Novamente, uma estratégia de arbitragem parece óbvia. Por que não comprar as ações da 3Com e vender as da Palm? Nesse caso, o limite à arbitragem foi a impossibilidade de os investidores venderem as ações da Palm a descoberto. Praticamente todas as ações disponíveis da Palm já haviam sido tomadas emprestadas e vendidas a descoberto e os valores implícitos negativos persistiram por mais de dois meses.

Fundos fechados   Ressaltamos no Capítulo 4 que os fundos fechados com frequência são vendidos com descontos ou prêmios consideráveis no valor líquido do ativo (*net asset value* – NAV). Isso é "quase" uma violação da lei de preço único, visto que se poderia esperar que o valor do fundo fosse igual ao valor das ações que ele mantém. Dizemos quase porque, na prática, existem poucas separações entre o fundo fechado e seus ativos subjacentes. Uma são as despesas. Como o fundo arca com despesas que no final são pagas pelos investidores, isso diminui o preço das ações. Entretanto, se os gestores puderem investir ativos do fundo para gerar retornos positivos ajustados ao risco, o preço das ações pode superar o valor líquido do ativo.

Lee, Shleifer e Thaler[17] defendem que os padrões de descontos e prêmios nos fundos fechados são determinados por mudanças no entusiasmo dos investidores. Eles ressaltam que em diversos

---

[15] Essa análise baseia-se em K. A. Froot e E. M. Dabora, "How Are Stock Prices Affected by the Location of Trade?", *Journal of Financial Economics*, 53, 1999, pp. 189–216.

[16] O. A. Lamont e R. H. Thaler, "Can the Market Add and Subtract? Mispricing in Tech Carve-outs", *Journal of Political Economy*, 111, 2003, pp. 227–268.

[17] C. M. Lee, A. Shleifer e R. H. Thaler, "Investor Sentiment and the Closed-End Fund Puzzle", *Journal of Finance*, 46, março de 1991, pp. 75–109.

fundos os descontos mudam em conjunto e estão correlacionados com o retorno das ações de baixa capitalização, o que indica que todos são afetados por uma mudança comum de entusiasmo (atitude mental). Alguém pode pensar na possibilidade de comprar fundos que estão sendo vendidos com desconto no valor líquido do ativo e de vender aqueles que estão sendo negociados por um prêmio, mas os descontos e os prêmios podem aumentar, subjugando essa estratégia ao risco fundamental. Pontiff[18] demonstra que nos fundos fechados os desvios de preço em relação ao valor líquido do ativo tendem a ser maiores do que nos fundos em que a arbitragem é mais difícil – por exemplo, aqueles com maior volatilidade idiossincrática.

Os descontos dos fundos fechados são um bom exemplo de anomalia aparente que também pode ter explicações racionais. Ross demonstra que eles podem ser ajustados aos investidores racionais mesmo se as despesas ou os retornos anormais do fundo forem modestos.[19] Ele mostra que, se o fundo tiver um rendimento de dividendos de δ, um alfa (retorno anormal ajustado ao risco) de α e um índice de despesas de ε, utilizando o modelo de desconto de dividendos de crescimento constante (consulte o Capítulo 18), o prêmio do fundo sobre seu NAV será

$$\frac{\text{Preço} - \text{NAV}}{\text{NAV}} = \frac{\alpha - \varepsilon}{\delta + \varepsilon - \alpha}$$

Se o desempenho do gestor do fundo mais do que compensar as despesas (isto é, se $\alpha > \varepsilon$), o fundo será vendido com um prêmio sobre o NAV; do contrário, será vendido com desconto. Por exemplo, suponhamos que $\alpha = 0,015$, o índice de despesas seja $\varepsilon = 0,0125$ e o rendimento de dividendos seja $\alpha = 0,02$. Portanto, o prêmio será 0,14 ou 14%. Contudo, se o mercado piorar para o gestor e a estimativa de α for revista para um valor abaixo de 0,005, esse prêmio se transformará rapidamente em um desconto de 27%.

Essa análise poderia explicar por que o público está disposto a comprar fundos fechados por um prêmio; se os investidores não esperarem que α superará ε, eles não comprarão ações do fundo. Porém, o fato de a maioria dos prêmios com o tempo se transformar em desconto indica o quanto é difícil para a administração atender a essas expectativas.[20]

Bolhas e economia comportamental

No Exemplo 12.2, ressaltamos que a elevação repentina de preços no mercado acionário no final da década de 1990 e ainda mais espetacularmente a alta de preços no mercado Nasdaq intensivo em tecnologia *a posteriori* parecem ter sido sem dúvida uma bolha. Em um período de seis anos, a partir de 1995, o índice Nasdaq aumentou segundo um fator superior a 6. Alan Greenspan, ex-*chairman* do Fed, descreveu notoriamente o *boom* das ponto-com como um exemplo de "exuberância irracional" e sua avaliação revelou-se correta: em outubro de 2002, o índice caiu para menos de um quarto do valor máximo que havia atingido apenas dois anos e meio antes. Esse episódio parece ser um bom exemplo para os defensores da escola comportamental, demonstrando um mercado movido pelo sentimento do investidor irracional. Além disso, de acordo com padrões comportamentais, quando o *boom* das ponto-com se desenvolveu, ele parecia se autoalimentar. Os investidores ficaram cada vez mais confiantes em seu talento para investir (viés de excesso de confiança) e aparentemente dispostos a extrapolar os padrões de curto prazo para um futuro longínquo (viés de representatividade).

> **REVISÃO DE CONCEITOS 12.3**
>
> O risco fundamental pode ser limitado por um "prazo final" que força a convergência entre o preço e o valor intrínseco. O que você acha que aconteceria com o desconto de um fundo fechado se o fundo anunciasse que pretende liquidar em seis meses, momento em que distribuirá o NAV aos acionistas?

---

[18] Jeffrey Pontiff, "Costly Arbitrage: Evidence from Closed-End Funds", *Quarterly Journal of Economics*, 111, novembro de 1996, pp. 1.135–1.151.

[19] S. A. Ross, "Neoclassical Finance, Alternative Finance and the Closed End Fund Puzzle", *European Financial Management*, 8, 2002, pp. 129–137, http://ssrn.com/abstract5313444.

[20] Poderíamos perguntar por que essa lógica de descontos e prêmios não se aplica a fundos mútuos abertos, já que eles arcam com índices de despesas semelhantes. Como nesses fundos os investidores podem resgatar ações pelo NAV, as ações não podem ser vendidas com desconto no NAV. As despesas dos fundos abertos diminuem os retornos em cada período, em vez de serem capitalizadas no preço e induzirem um desconto.

No espaço de apenas cinco anos, outra bolha, dessa vez nos preços habitacionais, estava a caminho. Tal como na bolha das ponto-com, as expectativas de aumentos de preço continuados alimentaram a demanda especulativa dos compradores. Logo em seguida, obviamente, os preços habitacionais estancaram e então caíram. A explosão dessa bolha deflagrou a pior crise financeira no período de 75 anos.

Entretanto, é bem mais fácil identificar as bolhas como tais depois que elas já se foram. Enquanto elas estão em voga, não é possível ver com nitidez que os preços estão irracionalmente exuberantes e, aliás, na época muitos comentaristas financeiros consideraram o *boom* das ponto-com coerente com as previsões entusiásticas da "nova economia". Um exemplo simples mostra como pode ser difícil restringir o valor justo dos investimentos em ações.[21]

Entretanto, outras evidências parecem identificar o *boom* das ponto-com como ao menos parcialmente irracional. Tome como exemplo os resultados de um estudo que documenta que as empresas que acrescentaram ".com" ao final do nome durante esse período desfrutaram de um significativo aumento no preço das ações.[22] Isso não parece uma avaliação racional.

Avaliando a crítica comportamental

Tal como os investidores, estamos preocupados com a existência de oportunidades de lucro. As explicações comportamentais a respeito das anomalias de mercado eficiente não oferecem orientações sobre como explorar qualquer irracionalidade. Para os investidores, a questão continua sendo se é possível extrair lucro do erro de apreçamento, e as publicações comportamentais são em grande medida reticentes a esse respeito.

Entretanto, tal como enfatizamos anteriormente, uma das implicações importantes da hipótese de mercado eficiente é que os preços dos títulos são uma orientação confiável para a alocação de ativos reais. Se os preços forem distorcidos, os mercados de capitais emitirão sinais (e incentivos) enganosos sobre o lugar em que a economia pode alocar melhor os recursos. Nessa dimensão fundamental, a crítica comportamental da hipótese de mercado eficiente com certeza é importante, independentemente de qualquer implicação para as estratégias de investimento.

Existe considerável debate entre os economistas financeiros com relação à solidez da crítica comportamental. Vários acreditam que a abordagem comportamental é muito desestruturada e em vigor possibilita que praticamente qualquer anomalia seja explicada por alguma combinação de ir-

---

EXEMPLO 12.3 || Uma bolha do mercado acionário?

Em 2000, praticamente no auge do *boom* das ponto-com, os dividendos pagos pelas empresas incluídas no S&P 500 totalizaram US$ 154,6 milhões. Se a taxa de desconto do índice fosse 9,2% e a taxa esperada de crescimento de dividendos fosse 8%, o valor dessas ações, de acordo com o modelo de desconto de dividendos de crescimento constante (consulte o Capítulo 18 para obter mais informações sobre esse modelo), seria:

$$\text{Valor} = \frac{\text{Dividendos}}{\text{Taxa de desconto} - \text{Taxa de crescimento}} = \frac{\text{US\$ } 154{,}6}{0{,}092 - 0{,}08} = \text{US\$ } 12.883 \text{ milhões}$$

Esse valor estava bem próximo do valor total real dessas empresas na época. Mas essa estimativa é altamente sensível aos valores de entrada e mesmo uma pequena reavaliação das perspectivas resultaria em uma grande revisão de preço. Suponhamos que a taxa esperada de crescimento de dividendos caísse para 7,4%. Isso diminuiria o valor do índice para

$$\text{Valor} = \frac{\text{Dividendos}}{\text{Taxa de desconto} - \text{Taxa de crescimento}} = \frac{\text{US\$ } 154{,}6}{0{,}092 - 0{,}74} = \text{US\$ } 8.589 \text{ milhões}$$

que foi aproximadamente o valor para o qual as empresas do S&P 500 haviam caído em outubro de 2002. Com base nesse exemplo, a elevação repentina de preços e a quebra da década de 1990 parecem se conciliar mais facilmente com o comportamento racional.

---

[21] O exemplo a seguir é extraído de R. A. Brealey, S. C. Myers e F. Allen, *Principles of Corporate Finance*, 8ª ed. (Nova York: McGraw-Hill/Irwin, 2006).

[22] P. R. Rau, O. Dimitrov e M. Cooper, "A Rose.com by Any Other Name", *Journal of Finance*, 56, 2001, pp. 2.371–2.388.

racionalidades escolhidas em uma longa lista de vieses comportamentais. Embora seja fácil para um "engenheiro reverso" dar uma explicação comportamental para qualquer anomalia, esses crucias gostariam de ver uma teoria consistente ou unificada que possa explicar uma *série* de anomalias.

Mais fundamentalmente, outros não estão convencidos de que as publicações sobre anomalias de forma geral sejam uma evidência convincente da hipótese de mercado eficiente. Fama[23] observa que as anomalias são inconsistentes com relação ao respaldo que elas oferecem a um tipo de irracionalidade em comparação com outro. Por exemplo, alguns artigos documentam correções de longo prazo (consistentes com a reação exagerada), enquanto outros documentam uma prolongada continuidade dos retornos anormais (coerente com a reação passiva). Além disso, é difícil avaliar a significância estatística de vários desses resultados. Até mesmo erros pequenos na escolha de uma referência para comparar os retornos podem acumular grandes anormalidades aparentes nos retornos de longo prazo.

A crítica comportamental à total racionalidade no processo de decisão do investidor é bem aceita, mas o grau com que a racionalidade limitada afeta a determinação de preço dos ativos continua controverso. Entretanto, independentemente de a irracionalidade do investidor afetar o preço dos ativos, a escola de finanças comportamentais já tem argumentos importantes sobre a gestão de carteiras. Os investidores que têm consciência das possíveis armadilhas no processamento de informações e na tomada de decisões que parecem caracterizar seus pares provavelmente estão mais aptos a evitar esses erros. Paradoxalmente, as constatações das finanças comportamentais podem abrir caminhos para algumas das mesmas conclusões políticas adotadas pelos defensores do mercado eficiente. Por exemplo, uma maneira fácil de evitar alguns dos campos minados comportamentais é adotar estratégias de carteira passivas e amplamente indexadas. Parece que somente alguns raros indivíduos conseguem superar de modo consistente as estratégias passivas; essa conclusão pode ser válida independentemente de os investidores serem comportamentais ou racionais.

12.2 Análise técnica e finanças comportamentais

A análise técnica é basicamente a busca de padrões recorrentes e previsíveis nos preços das ações. Ela se baseia na premissa de que os preços se aproximam do valor intrínseco apenas gradualmente. À medida que os fundamentos mudam, os negociadores astutos podem tirar proveito do ajuste a um novo equilíbrio.

Por exemplo, uma das tendências comportamentais mais bem documentadas é o **efeito disposição**, que se refere à tendência dos investidores de se apegar a investimentos malsucedidos. Os investidores com esse comportamento parecem avessos a realizar perdas. O efeito disposição pode provocar um *momentum* nos preços das ações mesmo se os valores fundamentais seguirem um passeio aleatório.[24] O fato de a demanda dos "investidores com disposição" pelas ações de uma empresa depender do histórico de preços dessas ações significa que os preços aproximam-se dos valores fundamentais apenas com o tempo, o que é coerente com a motivação central da análise técnica.

Os vieses comportamentais também podem ser coerentes com a utilização de dados sobre volume por parte dos analistas técnicos. Um traço comportamental importante assinalado anteriormente é o excesso de confiança, uma tendência sistemática a superestimar as próprias capacidades. À medida que os negociadores se tornam mais confiantes, eles podem negociar mais, induzindo uma associação entre volume de negociações e retornos do mercado.[25] Desse modo, a análise técnica utiliza dados sobre volume e também histórico de preços para direcionar a estratégia de negociação.

Concluindo, os técnicos acreditam que os fundamentos do mercado podem ser perturbados por fatores irracionais ou comportamentais, algumas vezes denominados "variáveis de sentimento". Flutuações de preço mais ou menos aleatórias acompanharão qualquer tendência de preço subjacente,

---

[23] E. F. Fama, "Market Efficiency, Long-Term Returns, and Behavioral Finance", *Journal of Financial Economics*, 49, setembro de 1998, pp. 283–306.

[24] Mark Grinblatt e Bing Han, "Prospect Theory, Mental Accounting, and Momentum", *Journal of Financial Economics*, 78, novembro de 2005, pp. 311–339.

[25] S. Gervais e T. Odean, "Learning to Be Overconfident", *Review of Financial Studies*, 14, 2001, pp. 1–27.

DESTAQUE DA REALIDADE

FALHA TÉCNICA

Os negociadores práticos, que se consideram extremamente imunes a qualquer influência intelectual, em geral são escravos de algum matemático extinto. Isso é o que Keynes certamente diria se tivesse considerado a confiança que alguns investidores depositam no trabalho de Leonardo de Pisa, matemático do século XII e XIII.

Mais conhecido como Fibonacci, Leonardo criou uma sequência formada pela soma de componentes consecutivos de uma série – 1, 1, 2, 3, 5, 8 etc. Os números nessa série com frequência afloram naturalmente e a relação entre os componentes tende a 1,618, um número conhecido como proporção ou número de ouro em arquitetura e *design*.

Se ele se aplica a plantas (e aparece no "Código Da Vinci"), por que não poderia ser aplicado aos mercados financeiros? Alguns negociadores acreditam que os mercados mudam as tendências quando atingem, por exemplo, 61,8% da alta anterior ou se encontram 61,8% acima de sua baixa.

Os adeptos dos números de Fibonacci fazem parte de uma escola conhecida como análise técnica ou análise gráfica, que acredita que o movimento futuro dos preços dos ativos pode ser adivinhado de dados passados. Mas há uma má notícia para os numerologistas. Um novo estudo,* realizado pelo professor Roy Batchelor e Richard Ramyar, da Escola de Negócios Cass, não encontrou nenhuma evidência de que os números de Fibonacci funcionam nos mercados acionários americanos.

É possível que essa pesquisa seja ignorada. A experiência sugere que os analistas técnicos defendem seu território com um zelo quase religioso. Mas seus argumentos com frequência são casuístico: "Se a análise técnica não funciona, como é que fulano de tal é multimilionário?" Esse "viés de sobrevivência" ignora os vários negociadores cujas perdas decorrentes da utilização de gráficos os excluíram do mercado. Além disso, as recomendações dos analistas técnicos podem estar tão envoltas em ressalvas, que eles conseguem validar quase que qualquer resultado.

Se a teoria de mercado eficiente estiver correta, a análise técnica não deve funcionar de forma alguma; o preço de mercado prevalecente deve refletir todas as informações, inclusive movimentos de preço passados. Entretanto, o modismo acadêmico mudou em favor das finanças comportamentais, o que indica que os investidores talvez não sejam completamente racionais e que seus vieses psicológicos podem desviar os preços de seu nível "correto". Além disso, os analistas técnicos utilizam o argumento perfeitamente razoável de que aqueles que analisam os mercados com base em fundamentos (como estatísticas econômicas ou lucros corporativos) nem por isso são mais bem-sucedidos.

Todo esse discurso sobre ondas longas (padrões recorrentes) é nitidamente místico e parece adotar a visão determinista da história de que a ação humana está sujeita a algum padrão predefinido. Os analistas técnicos tornam-se vítima de sua própria falha comportamental, encontrando "confirmação" para os padrões em toda parte, como se estivessem lendo o futuro na borra de café.

Além disso, a análise técnica tende a aumentar a atividade de negociação, criando custos extras. Os fundos de *hedge* talvez consigam prevalecer sobre esses custos; os pequenos investidores não. Tal como os ilusionistas com frequência apregoam, não tente fazer em casa.

* "No Magic in the Dow-Debunking Fibonacci's Code", trabalho acadêmico, Escola de Negócios Cass, setembro de 2006.

Fonte: The Economist, 21 de setembro de 2006. The Economist Newspaper Limited©, Londres.

---

criando oportunidades para a exploração de correções à medida que essas flutuações se dissipam. O quadro logo a seguir analisa a relação entre a análise técnica e as finanças comportamentais.

Tendências e correções

Grande parte da análise técnica procura descobrir tendências nos preços de mercado. Em vigor, trata-se de uma busca por *momentum*. O *momentum* pode ser absoluto, caso em que se procuram tendências de preço ascendentes, ou relativo, caso em que o analista inclina-se a investir em um setor em detrimento de outro (ou mesmo a assumir uma posição comprada-vendida nos dois setores). As estatísticas de força relativa são concebidas para revelar essas possíveis oportunidades.

Momentum e médias móveis Embora o desejo de todos nós seja comprar ações em empresas cujos preços estão pendendo para cima, resta saber como identificar a direção subjacente dos preços, se na verdade essas tendências de fato existirem. Uma ferramenta popular para isso é a média móvel.

A média móvel do preço de uma ação é o preço médio durante determinado intervalo, e esse intervalo é atualizado à medida que o tempo passa. Por exemplo, uma média móvel de 50 dias acompanha o preço médio nos últimos 50 dias. A média é recalculada todos os dias eliminando a observação mais antiga e acrescentando a mais nova. A Figura 12.3 apresenta um gráfico de média móvel da Intel. Observe que a média móvel (a curva colorida) é uma versão "suavizada" da série de dados original (a curva escura irregular).

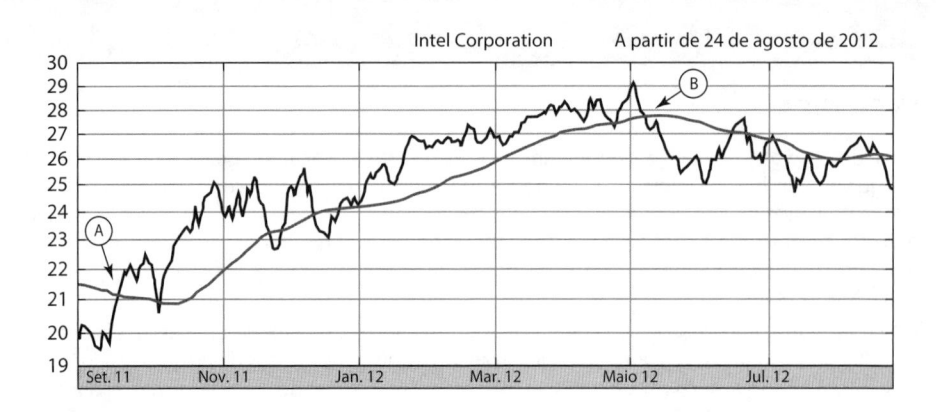

FIGURA 12.3
Preço das ações e média móvel de 50 dias da Intel

Fonte: Yahoo! Finance, 27 de agosto de 2012 (finance.yahoo.com).

Após um período no qual os preços tiverem caído, a média móvel ficará acima do preço atual (porque ela continua incluindo os preços mais antigos e mais altos até que eles saiam do período da amostra). Em contraposição, quando os preços tiverem subido, a média móvel ficará abaixo do preço atual.

O rompimento de preços de baixo para cima da média móvel, como no ponto A da Figura 12.3, é considerado um sinal de mercado em alta, visto que significa uma mudança de uma tendência decrescente (em que os preços estão abaixo da média móvel) para uma tendência crescente (em que os preços ficam acima da média móvel). Inversamente, quando os preços ficam abaixo da média móvel, como no ponto B, os analistas podem concluir que o *momentum* do mercado ficou negativo.

EXEMPLO 12.4 || Médias móveis

Semana	DJIA	Média móvel de 5 semanas	Semana	DJIA	Média móvel de 5 semanas
1	13.290		11	13.590	13.555
2	13.380		12	13.652	13.586
3	13.399		13	13.625	13.598
4	13.379		14	13.657	13.624
5	13.450	13.380	15	13.699	13.645
6	13.513	13.424	16	13.647	13.656
7	13.500	13.448	17	13.610	13.648
8	13.565	13.481	18	13.595	13.642
9	13.524	13.510	19	13.499	13.610
10	13.597	13.540	20	13.466	13.563

A Figura 12.4 apresenta o nível do índice e a média móvel de cinco semanas. Observe que, enquanto o índice em si sobe e desce de uma forma um tanto abrupta, a média móvel é uma série relativamente uniforme, já que o impacto do movimento de preços de cada semana está incluído na média das semanas anteriores. A semana 16 é um ponto em baixa de acordo com a regra de média móvel. A série de preços cruza de um ponto acima da média móvel para um ponto abaixo dela, o que significa o início de uma tendência de queda nos preços das ações.

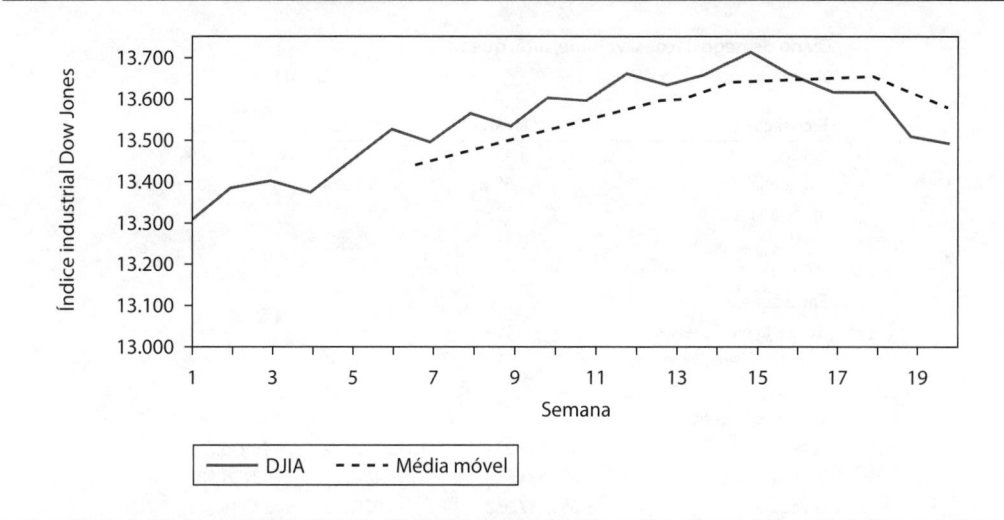

FIGURA 12.4
Médias móveis

Outras técnicas são utilizadas para revelar o *momentum* provável nos preços das ações. As duas mais famosas são a teoria de onda de Elliot e as ondas de Kondratieff. Ambas postulam a existência de tendências de longo prazo nos preços do mercado acionário que podem ser interrompidas por tendências de curto prazo, bem como flutuações diárias de pouca importância. A teoria de onda de Elliot sobrepõe ciclos de onda de longo prazo e curto prazo a fim de descrever o complexo padrão das oscilações de preço reais. Assim que as ondas de mais longo prazo são identificadas, presumivelmente os investidores podem comprar quando a direção de longo prazo do mercado for positiva. Embora haja um ruído considerável na evolução real dos preços das ações, para interpretar apropriadamente os ciclos de onda, é necessário prever, de acordo com a teoria, movimentos mais amplos. Da mesma forma, as ondas de Kondratieff são assim chamadas em homenagem ao economista russo que afirmou que a macroeconomia (e, portanto, a bolsa de valores) se movimenta em ondas amplas que duram entre 48 e 60 anos. No entanto, a afirmação de Kondratieff é difícil de ser analisada empiricamente, pois os ciclos que duram em torno de 50 anos oferecem apenas dois pontos de dados independentes por século, o que está longe de ser suficiente para testar o poder de previsão da teoria.

Força relativa A **força relativa** mede quanto um título superou o desempenho ou teve um desempenho inferior ao do mercado em geral ou ao de seu setor específico. Ela é avaliada calculando a razão entre o preço do título e um índice de preço do setor. Por exemplo, a força relativa da Toyota em relação ao setor automobilístico seria medida pelos movimentos no índice de preço da Toyota dividido pelo nível de um índice do setor automobilístico. Um índice ascendente indica que a Toyota tem tido um desempenho superior ao do restante do setor. Se fosse dado supor que a força relativa persistirá por um período, isso seria um sinal para comprar ações da Toyota.

De forma semelhante, a força de um setor em relação ao mercado em geral pode ser calculada acompanhando a razão entre o índice de preço do setor e o índice de preço do mercado.

Amplitude A **amplitude** do mercado é uma medida do quanto o movimento de um índice do mercado reflete-se amplamente nos movimentos de preço de todas as ações no mercado. A medida mais comum de amplitude é a diferença entre o número de ações que têm alta e baixa de preço. Se houver muito mais avanços do que declínios, o mercado é considerado mais forte porque a recuperação é ampla. Esses números são divulgados diariamente no *The Wall Street Journal* (consulte a Figura 12.5).

Alguns analistas acumulam dados de amplitude todos os dias, como na Tabela 12.1. A amplitude cumulativa para cada dia é obtida somando os avanços líquidos desse dia (ou os declínios) com o total do dia anterior. Desse modo, a direção da série acumulada é utilizada para detectar tendências amplas no mercado. Os analistas podem utilizar uma média móvel da amplitude cumulativa para medir as tendências amplas.

FIGURA 12.5
Diário de mercado

Diário de negociações: volume, alta, queda

Diário de mercado   15h31 EDT 27/08/12

Emissões	NYSE	Nasdaq	Amex
Em alta	1.455	1.176	200
Em queda	1.553	1.274	202
Inalterada	105	112	22
Total	3.113	2.562	424
Emissões em			
Nova alta em 52 semanas	104	56	3
Nova baixa em 52 semanas	17	31	7
Volume de ações			
Total	1.944.911.334	1.112.153.552	48.215.758
Em alta	852.581.038	521.407.205	18.651.981
Em queda	1.058.312.638	579.005.241	27.715.823
Inalterada	34.017.658	11.741.106	1.847.954

Fonte: The Wall Street Journal Online, 27 de agosto de 2012.

Indicadores de entusiasmo

As finanças comportamentais dedicam considerável atenção ao entusiasmo do mercado, que pode ser interpretado como o nível geral de otimismo entre os investidores. Os analistas técnicos conceberam várias medidas de entusiasmo; revemos algumas delas.

Estatística *trin* O volume do mercado às vezes é utilizado para medir a força de uma alta ou queda de mercado. A maior participação do investidor em uma elevação ou retração do mercado é considerada uma medida da importância do movimento. Os técnicos consideram as altas de mercado um prenúncio mais favorável de que os preços continuarão a subir quando associados com um aumento no volume de negociações. Da mesma forma, as reversões de mercado são consideradas mais baixistas quando associadas com um volume mais alto. A **estatística *trin*** é definida como

$$Trin = \frac{\text{Volume em baixa/Número em baixa}}{\text{Volume em alta/Número em alta}}$$

Portanto, o *trin* é o índice entre o volume médio de emissões em baixa e o volume médio de emissões em alta. Os índices acima de 1,0 são considerados baixistas porque as ações em queda teriam, assim, um volume médio mais alto do que o das ações em alta, o que indica uma pressão de venda líquida. O *The Wall Street Journal Online* fornece os dados necessários para calcular o *trin* em sua seção "Markets Diary". Utilizando os dados da Figura 12.5, o *trin* da NYSE nesse dia foi:

$$Trin = \frac{\text{US\$ } 1.058.313/1.553}{\text{US\$ } 852.581/1.455} = 1,16$$

TABELA 12.1 Amplitude

Dia	Altas	Quedas	Altas líquidas	Amplitude cumulativa
1	1.302	1.248	54	54
2	1.417	1.140	277	331
3	1.203	1.272	−69	262
4	1.012	1.622	−610	−348
5	1.133	1.504	−371	−719

Nota: A soma das altas e quedas varia durante o dia porque os preços de algumas ações são se alteram.

Contudo, observe que, para cada comprador, deve haver um vendedor de ações. O volume em alta em um mercado em alta não deveria indicar necessariamente um desequilíbrio maior entre compradores e vencedores. Por exemplo, uma estatística *trin* acima de 1,0, considerada baixista, poderia ser igualmente interpretada como um indício de que há mais atividade de compra nas emissões em baixa.

Índice de confiança   A *Barron's* calcula o índice de confiança utilizando dados do mercado de obrigações. A suposição é de que as atitudes dos negociadores de obrigações revelam as tendências que surgirão no mercado acionário.

O **índice de confiança** é o índice de rendimento médio de dez obrigações corporativas com as melhores classificações, dividido pelo rendimento médio de dez obrigações corporativas de classificação intermediária. O índice estará sempre abaixo de 100% porque as obrigações com classificação mais alta oferecerão rendimentos prometidos mais baixos até o vencimento. Contudo, quando os negociadores de obrigações estão otimistas quanto à economia, eles podem exigir prêmios de inadimplência menores sobre dívidas com classificação mais baixa. Assim, o *spread* de rendimento ficará mais estreito e o índice de confiança se aproximará de 100%. Portanto, índices de confiança mais altos são sinais de mercado em alta.

> **REVISÃO DE CONCEITOS 12.4**
>
> Os rendimentos sobre dívidas de classificação inferior normalmente aumentam quando se espalham temores de recessão na economia. Isso diminui o índice de confiança. Quando esses rendimentos aumentam, deve-se supor que o mercado acionário entrará em baixa ou que ele já caiu?

Razão *put/call*   As opções de compra (*call*) concedem aos investidores o direito de comprar uma ação por um preço de "exercício" fixo e, portanto, são uma alternativa para apostar no aumento de preço das ações. As opções de venda (*put*) concedem aos investidores o direito de vender uma ação por um preço fixo e, portanto, são uma alternativa para apostar na queda de preço das ações.[26] A razão entre as opções de venda em circulação e as opções de compra em circulação é chamada de **razão *put/call***. Normalmente, a razão *put/call* gira em torno de 65%. Já que as opções de venda se saem bem em mercados em queda, enquanto as de compra se saem bem em mercados em alta, os desvios da razão em relação a normas históricas são considerados um sinal do entusiasmo do mercado e, portanto, podem prever seus movimentos.

Curiosamente, entretanto, uma mudança nesse índice pode ser interpretada como altista ou baixista. Para muitos técnicos o aumento no índice é baixista, já que indica um interesse crescente por opções de venda como proteção contra quedas no mercado. Desse modo, um índice crescente é considerado um sinal de grande pessimismo entre os investidores e de queda iminente do mercado. Porém, os investidores contrários acreditam que um bom momento para comprar é aquele em que o restante do mercado está pessimista porque os preços das ações estão indevidamente achatados. Assim sendo, eles considerariam um aumento na razão *put/call* como um sinal de oportunidade de compra.

Atenção

A busca por padrões nos preços da bolsa de valores é quase irresistível, e a capacidade do olho humano para discernir padrões aparentes é notável. Infelizmente, é possível perceber padrões que de fato não existem. Examine a Figura 12.6, que apresenta valores simulados e reais do índice industrial Dow Jones durante 1956, extraídos de um famoso estudo de Harry Roberts.[27] Na Figura 12.6, Painel B, parece que o mercado apresenta um padrão clássico de cabeça e ombros, no qual a elevação do meio (a cabeça) é ladeado por dois ombros. Quando o índice de preço "penetra no ombro direito" – um ponto de gatilho técnico –, acredita-se que ele esteja baixando, e isso significa que está na hora de você vender suas ações. A Figura 12.6, Painel A, também é semelhante a um padrão "típico" da bolsa de valores.

---

[26] As opções de compra e venda foram definidas no Capítulo 2, na Seção 2.5. Elas são analisadas mais detalhadamente no Capítulo 20.

[27] H. Roberts, "Stock Market 'Patterns' and Financial Analysis: Methodological Suggestions", *Journal of Finance*, 14, março de 1959, pp. 11–25.

FIGURA 12.6
Níveis reais e simulados dos preços de 52 semanas do mercado acionário

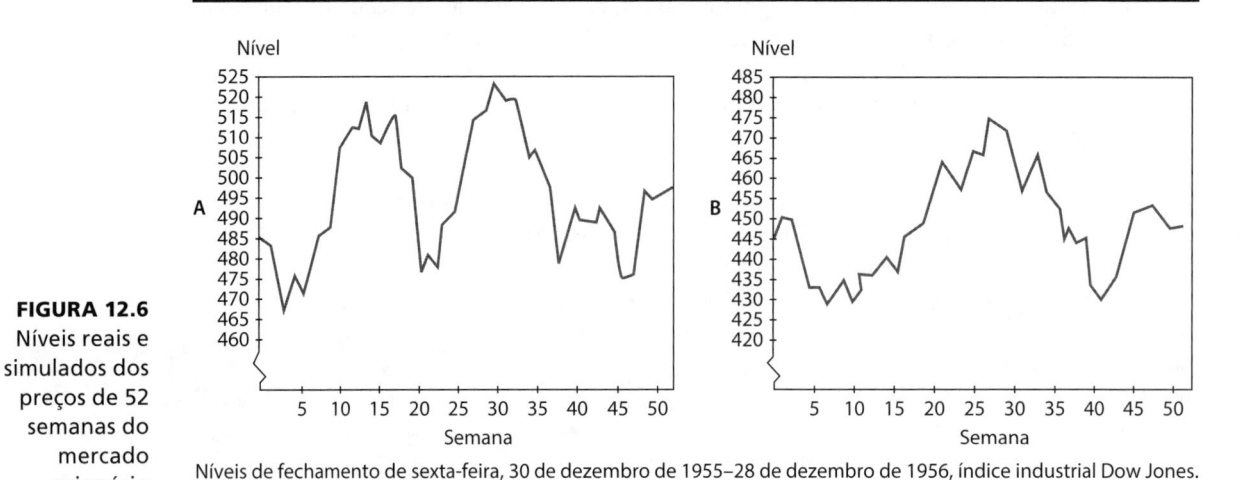

Níveis de fechamento de sexta-feira, 30 de dezembro de 1955–28 de dezembro de 1956, índice industrial Dow Jones.

Fonte: Harry Roberts, "Stock Market 'Patterns' and Financial Analysis: Methodological Suggestions", *Journal of Finance*, 14, março de 1959, pp. 1–10. Informações utilizadas com permissão da John Wiley & Sons por intermédio do Centro de Autorização de Direitos Autorais.

Você pode dizer qual dos dois gráficos é elaborado com valores reais da Dow e qual deles é elaborado com dados simulados? A Figura 12.6, Painel A, baseia-se em dados reais. O gráfico no Painel B foi gerado com os "retornos" criados por um gerador de números aleatórios. *Estruturalmente*, esses retornos não tinham padrão, mas o caminho de preço simulado e representado na figura parece seguir um padrão bem semelhante ao do Painel A.

A Figura 12.7 mostra as *mudanças* de preço semanais subjacentes aos dois painéis da Figura 12.6. Aqui, o aspecto aleatório das duas séries – o preço da ação e também a sequência simulada – é óbvio.

Um dos problemas relacionados à tendência a perceber padrões onde eles não existem é a mineração de dados (*data mining*). *A posteriori*, sempre conseguimos encontrar padrões e regras de negociação que teriam gerado lucros enormes. Se você testar um número suficiente de regras, verá que algumas teriam funcionado no passado. Infelizmente, escolher uma teoria que teria funcionado *a posteriori* não é garantia de sucesso futuro.

Ao avaliar regras de negociação, você sempre deve se perguntar se ela teria parecido lógica *antes* de você ter examinado os dados. Se não, talvez você esteja adotando uma regra arbitrária entre várias regras que por acaso funcionaram no passado recente. Uma dúvida difícil, porém fundamental, é saber se há motivo para acreditar que o que funcionou no passado pode continuar funcionando no futuro.

FIGURA 12.7
Mudanças reais e simuladas nos preços semanais das ações em 52 semanas

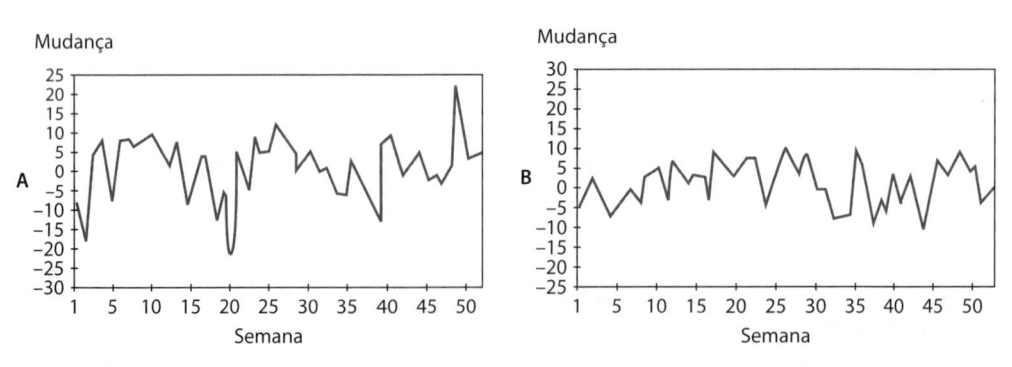

Mudanças de sexta a sexta (fechamento), 6 de janeiro de 1956–30 de dezembro de 1956, índice industrial Dow Jones.

Fonte: Harry Roberts, "Stock Market 'Patterns' and Financial Analysis: Methodological Suggestions", *Journal of Finance*, 14, março de 1959, pp. 1–10. Informações utilizadas com permissão da John Wiley & Sons por intermédio do Centro de Autorização de Direitos Autorais.

RESUMO

1. A escola de finanças comportamentais enfoca as irracionalidades sistemáticas que caracterizam o processo de tomada de decisões dos investidores. Essas "deficiências comportamentais" podem corresponder a diversas anomalias do mercado eficiente.
2. Entre os erros de processamento de informações revelados nas publicações de psicologia estão o viés de memória, o excesso de confiança, o conservantismo e a representatividade. As tendências comportamentais abrangem enquadramento, contabilidade mental, fuga do arrependimento e aversão à perda.
3. Os limites à atividade de arbitragem impedem que os investidores racionais tirem proveito de erros de apreçamento provocados pelos investidores comportamentais. Por exemplo, o risco fundamental significa que, mesmo que um título esteja com o preço incorreto, ainda assim pode ser arriscado tentar tirar proveito do erro de apreçamento. Isso restringe as ações dos arbitradores que assumem posições em títulos com preço incorreto. Outros limites à arbitragem são os custos de implementação, o risco de modelo e custo de vender a descoberto. Falhas ocasionais da lei de preço único indicam que os limites à arbitragem algumas vezes são rigorosos.
4. Os diversos limites à arbitragem significam que, mesmo que os preços não sejam iguais ao valor intrínseco, ainda assim pode ser difícil tirar proveito do erro de apreçamento. Por esse motivo, a incapacidade dos negociadores de superar o mercado talvez não seja uma prova de que os mercados são de fato eficientes, com preços iguais ao valor intrínseco.
5. A análise técnica é basicamente a busca de padrões recorrentes e previsíveis nos preços das ações. Ela se baseia na premissa de que os preços se aproximam do valor intrínseco apenas gradualmente. À medida que os fundamentos mudam, os negociadores astutos podem tirar proveito do ajuste a um novo equilíbrio.
6. A análise técnica também utiliza dados sobre volume e indicadores de entusiasmo. Esses fatores são amplamente coerentes com vários modelos de atividade dos investidores. As médias móveis, a força relativa e a amplitude são utilizadas em várias estratégias baseadas em tendências.
7. Alguns indicadores de entusiasmo são a estatística *trin*, o índice de confiança e a razão *put/call*.

Sites relacionados a este capítulo estão disponíveis em **www.grupoa.com.br**

PALAVRAS-CHAVE

finanças comportamentais
conservantismo
viés de representatividade
enquadramento
contabilidade mental

fuga do arrependimento
teoria da perspectiva
risco fundamental
efeito disposição
força relativa

amplitude
estatística *trin*
índice de confiança
razão *put/call*

CONJUNTO DE PROBLEMAS

Básicos

1. Explique como alguns dos vieses comportamentais discutidos neste capítulo podem contribuir para o sucesso das regras de negociação técnicas.
2. Por que um defensor da hipótese de mercado eficiente acredita que, mesmo que os vários investidores exibirem os vieses comportamentais discutidos neste capítulo, o preço dos títulos ainda assim poderá ser definido de forma eficiente?
3. Que fatores poderiam limitar a capacidade dos investidores racionais de tirar proveito de qualquer "erro de apreçamento" decorrente de atos dos "investidores comportamentais"?
4. Mesmo que os vieses comportamentais não afetem o preço de equilíbrio dos ativos, por que ainda assim é importante que os investidores tenham consciência deles?
5. Alguns defensores das finanças comportamentais concordam com os defensores do mercado eficiente em que a indexação é a estratégia de investimento ótima para a maioria dos investidores. Mas os motivos que levam ambos os lados a essa conclusão diferem consideravelmente. Compare e diferencie a argumentação a favor da indexação de acordo com essas duas escolas de pensamento.
6. Jill Davis diz ao seu corretor que não deseja vender suas ações que estão abaixo do preço que ela pagou. Ela acredita que, se as mantiver pelo menos por mais algum tempo, elas restabelecerão, e então nesse momento ela as venderá. Que característica comportamental Davis está apresentando como princípio para sua tomada de decisão?
   a. Aversão à perda.
   b. Conservantismo.
   c. Representatividade.
7. Depois que Polly Shrum vende uma ação, ela evita acompanhá-la na mídia. Ela teme que subsequentemente a ação aumente de preço. Que característica comportamental Shrum está apresentando como princípio para sua tomada de decisão?
   a. Medo de arrependimento.
   b. Representatividade.
   c. Contabilidade mental.
8. Todas as ações a seguir são coerentes com os sentimentos de arrependimento, *exceto*:
   a. Vender rapidamente as ações perdedoras.
   b. Contratar um corretor de serviço completo.
   c. Manter ações perdedoras por muito tempo.
9. Indique a correspondência de cada exemplo com uma das características comportamentais que se seguem.

Exemplo	Característica
a. Os investidores são lentos para renovar suas crenças diante de novas evidências.	i. Efeito disposição.
b. Os investidores relutam em arcar com perdas decorrentes de decisões não convencionais.	ii. Viés de representatividade.
c. Os investidores demonstram menor tolerância ao risco em suas contas de aposentadoria em comparação às suas contas em ações.	iii. Fuga do arrependimento.
d. Os investidores relutam em vender ações com prejuízo no "papel".	iv. Viés de conservantismo.
e. Os investidores desconsideram o tamanho da amostra quando estão desenvolvendo seus pontos de vista sobre o futuro com base no passado.	v. Contabilidade mental.

10. O que queremos dizer com risco fundamental e por que esse tipo de risco permite que os vieses comportamentais persistam por longos períodos?
11. O que queremos dizer com mineração de dados e por que os analistas técnicos devem ter cuidado para não se envolver com isso?
12. Mesmo que os preços sigam um passeio aleatório, eles podem não ser informacionalmente eficientes. Explique por que isso pode ser verdadeiro e por que é importante para a alocação eficiente de capital em nossa economia.

Intermediários

13. Utilize os dados do *The Wall Street Journal* na Figura 12.5 para verificar o índice *trin* da NYSE. O índice *trin* é altista ou baixista?
14. Calcule a amplitude da NYSE utilizando os dados da Figura 12.5. O sinal é de mercado em alta ou em baixa?
15. Colete os dados sobre o DJIA relativo ao período de alguns meses. Tente identificar as tendências primárias. Você consegue dizer se o mercado atualmente está seguindo uma tendência ascendente ou descendente?
16. Suponhamos que as obrigações de classificação Baa ofereçam atualmente um rendimento de 6%, enquanto as Aa rendem 5%. Suponhamos agora que, em virtude de um aumento na taxa de inflação esperada, os rendimentos em ambas as obrigações aumentem 1%. O que aconteceria com o índice de confiança? Isso seria interpretado como alta ou baixa por um analista técnico? Isso faz sentido para você?
17. A Tabela 12A apresenta os dados de preço da Computers, Inc., e um índice do setor de computadores. A Computers, Inc., apresenta força relativa ao longo desse período?
18. Utilize os dados da Tabela 12A para calcular uma média móvel de cinco dias para a Computers, Inc. Você consegue identificar algum sinal de compra ou venda?
19. Ontem, o índice industrial Dow Jones subiu 54 pontos. Entretanto, o preço de 1.704 ações caiu e o de 1.367 aumentou. Mesmo que o índice de mercado tenha subido nesse dia, por que o analista técnico ainda assim deveria se preocupar?

TABELA 12A Computers, Inc., histórico de preço das ações

Dia de negociação	Computers, Inc.	Índice do setor	Dia de negociação	Computers, Inc.	Índice do setor
1	19,63	50	21	19,63	54,1
2	20	50,1	22	21,5	54
3	20,5	50,5	23	22	53,9
4	22	50,4	24	23,13	53,7
5	21,13	51	25	24	54,8
6	22	50,7	26	25,25	54,5
7	21,88	50,5	27	26,25	54,6
8	22,5	51,1	28	27	54,1
9	23,13	51,5	29	27,5	54,2
10	23,88	51,7	30	28	54,8
11	24,5	51,4	31	28,5	54,2
12	23,25	51,7	32	28	54,8
13	22,13	52,2	33	27,5	54,9
14	22	52	34	29	55,2
15	20,63	53,1	35	29,25	55,7
16	20,25	53,5	36	29,5	56,1
17	19,75	53,9	37	30	56,7
18	18,75	53,6	38	28,5	56,7
19	17,5	52,9	39	27,75	56,5
20	19	53,4	40	28	56,1

TABELA 12B Altas e quedas do mercado

Dia	Altas	Quedas	Dia	Altas	Quedas
1	906	704	6	970	702
2	653	986	7	1.002	609
3	721	789	8	903	722
4	503	968	9	850	748
5	497	1.095	10	766	766

20. A Tabela 12B contém dados sobre altas e quedas do mercado. Calcule a amplitude cumulativa e determine se esse sinal técnico é de mercado em alta ou em baixa.
21. Se o volume de negociações de ações ascendentes no primeiro dia do problema anterior tiver sido de 330 milhões de ações, enquanto o volume de ações descendentes tiver sido de 240 milhões, qual foi a estatística *trin* correspondente a esse dia? O *trin* foi altista ou baixista?
22. Tendo em vista os dados a seguir, o índice de confiança está subindo ou caindo? O que poderia explicar o padrão das mudanças no rendimento?

	Este ano (%)	Ano anterior (%)
Rendimento de obrigações corporativas de alta classificação	8	8,5
Rendimento de obrigações corporativas de classificação média	10,5	10

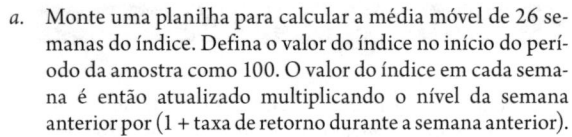

23. Entre em **www.grupoa.com.br** e clique no *link* correspondente ao conteúdo do Capítulo 12, onde encontrará cinco anos de retornos semanais relativos ao S&P 500.
    a. Monte uma planilha para calcular a média móvel de 26 semanas do índice. Defina o valor do índice no início do período da amostra como 100. O valor do índice em cada semana é então atualizado multiplicando o nível da semana anterior por (1 + taxa de retorno durante a semana anterior).
    b. Identifique todas as circunstâncias nas quais o índice cruza sua média móvel de baixo para cima. Após um cruzamento, em quantas das semanas o índice aumenta? Diminui?
    c. Identifique todas as circunstâncias nas quais o índice cruza sua média móvel de cima para baixo. Após um cruzamento, em quantas das semanas o índice aumenta? Diminui?
    d. Até que ponto a regra de média móvel é adequada para identificar oportunidades de compra ou venda?
24. Entre em **www.grupoa.com.br** e clique no *link* correspondente ao conteúdo do Capítulo 12, onde encontrará cinco anos de retornos semanais relativos ao S&P 500 e ao Fidelity Select Banking Fund (*ticker* FSRBX).
    a. Monte uma planilha para calcular a força relativa do setor bancário em comparação com a do mercado em geral. Dica: Tal como no problema anterior, defina o valor inicial do índice do setor e o índice S&P 500 como 100 e utilize a taxa de retorno de cada semana para atualizar o nível de cada índice.
    b. Identifique todas as circunstâncias em que o índice de força relativa aumenta pelo menos 5% em relação ao seu valor cinco semanas antes. Em quantas das semanas imediatamente após um aumento considerável na força relativa o setor bancário superou o S&P 500? Em quantas das semanas o setor bancário ficou abaixo do S&P 500?
    c. Identifique todas as circunstâncias em que o índice de força relativa diminui pelo menos 5% em relação ao seu valor

cinco semanas antes. Em quantas das semanas após uma diminuição considerável na força relativa o setor bancário ficou abaixo do 500? Em quantas das semanas o setor bancário superou o S&P 500?

d. Até que ponto a regra de média móvel é adequada para identificar oportunidades de compra ou venda?

Difícil

25. Uma violação aparente da lei de preço único é a discrepância predominante entre os preços e os valores líquidos de ativo dos fundos mútuos fechados. Você esperaria observar maiores discrepâncias nos fundos diversificados ou nos fundos menos diversificados? Por quê?

---

1. Don Sampson inicia uma reunião com seu consultor financeiro esboçando sua filosofia de investimento da seguinte forma:

Número da afirmação	Afirmação
1	Os investimentos devem oferecer um ótimo potencial de retorno, mas pouquíssimo risco. Prefiro ser conservador e minimizar prejuízos, mesmo se perder oportunidades de crescimento significativas.
2	Todos os investimentos não governamentais devem ser feitos em empresas pioneiras do setor e financeiramente sólidas.
3	As necessidades de rendimentos devem ser atendidas por meio de renda de juros e dividendos em dinheiro. Todos os títulos patrimoniais mantidos devem pagar dividendos em dinheiro.
4	As decisões de investimento devem ser baseadas principalmente em previsões consensuais sobre as condições econômicas gerais e o crescimento específico à empresa.
5	Se um investimento ficar abaixo do preço de compra, esse título deve ser mantido até o momento em que voltar ao seu custo original. Entretanto, prefiro obter lucros rápidos em investimentos bem-sucedidos.
6	Gerenciarei periodicamente a compra de investimentos, inclusive de títulos derivativos. Esses investimentos agressivos decorrem de pesquisas pessoais e talvez não se mostrem coerentes com minha política de investimento. Não fiz um registro do desempenho de investimentos anteriores semelhantes, mas tenho algumas "ações vencedoras importantes".

Escolha a afirmação da tabela anterior que melhor exemplifica cada um dos conceitos de finanças comportamentais a seguir. Justifique sua escolha.

a. Contabilidade mental.
b. Excesso de confiança (ilusão de controle).
c. Dependência de referência (enquadramento).

2. A conta de aposentadoria com imposto diferido de Monty Frost está totalmente investida em títulos de participação acionária. Como a parcela internacional de sua carteira teve um mau desempenho no passado, ele diminuiu sua exposição a títulos de participação acionária internacionais para 2%. O consultor de investimentos de Frost recomendou que ele aumentasse a exposição a títulos internacionais. Frost responde com os seguintes comentários:

a. Em vista do péssimo desempenho anterior, gostaria de vender meus títulos de participação acionária internacionais restantes assim que os preços de mercado subirem e corresponderem ao seu custo original.

b. A maioria das carteiras internacionais diversificadas teve um desempenho decepcionante nos últimos cinco anos. Entretanto, durante esse período, o mercado do país XYZ superou todos os outros mercados, até o nosso. Se eu de fato aumentar minha exposição a títulos internacionais, prefiro me expor totalmente a títulos do país XYZ.

c. Os investimentos internacionais são inerentemente mais arriscados. Por isso, prefiro comprar títulos de participação acionária internacionais em minha conta "especulativa", que é minha melhor chance de ficar rico. Eu não quero esses títulos em minha conta de aposentadoria, que tem de me proteger contra dificuldades financeiras na velhice.

O consultor de Frost conhece bem os conceitos de finanças comportamentais, mas prefere uma abordagem financeira tradicional ou convencional (a teoria moderna de carteiras) de investimentos.

Indique o conceito de finanças comportamentais que Frost exibe mais diretamente em cada um de seus três comentários. Explique como cada um dos comentários de Frost pode ser combatido por meio de um argumento de finanças convencionais.

3. Louise e Christopher Maclin vivem em Londres, Reino Unido, e atualmente alugam um apartamento na área metropolitana. Durante uma conversa inicial do casal Maclin sobre seus planos financeiros, Christopher Maclin faz as seguintes afirmações para seu consultor financeiro, Grant Webb:

a. "Pesquisei muito na internet a respeito das perspectivas do mercado habitacional nos próximos cinco anos e agora acredito que este é o melhor momento para comprar uma casa."

b. "Não quero vender nenhuma obrigação da minha carteira por um preço inferior ao que paguei."

c. "Não venderei nenhuma ação que possuo da empresa em que trabalho porque a conheço bem e acredito que ela tenha excelentes perspectivas futuras."

Para cada afirmação (a)-(c) identifique o conceito de finanças comportamentais exibido de maneira mais transparente. Explique em que sentido cada conceito de finanças comportamentais afeta a decisão de investimento do casal Maclin.

4. Durante uma entrevista com seu consultor de investimentos, uma investidora aposentada fez as seguintes afirmações:

a. "Estou muito satisfeita com os retornos que obtive nas ações da Petrie nos últimos dois anos e tenho certeza de que elas terão um desempenho superior no futuro."

b. "Estou satisfeita com os retornos das ações da Petrie porque utilizo esse dinheiro para finalidades específicas. Por isso, com certeza desejo que meu fundo de aposentadoria continue com ações dessa empresa."

Identifique qual princípio de finanças comportamentais é mais coerente com cada uma das duas afirmações dessa investidora.

5. Claire Pierce fala sobre suas circunstâncias de vida e perspectivas de investimento:

Preciso apoiar financeiramente os meus pais, que vivem no exterior, em Pogo Island. A economia de Pogo Island cresceu rapidamente nos últimos dois anos, apresentando uma inflação mínima, e há um consenso entre as previsões de que essas tendências favoráveis continuarão no futuro próximo. Esse crescimento econômico foi possibilitado pela exportação de um recurso natural usado em uma nova e excelente aplicação tecnológica.

Gostaria de investir 10% da minha carteira em obrigações do governo de Pogo Island. Pretendo comprar obrigações de longo prazo porque meus pais provavelmente viverão por mais dez anos. Os especialistas de modo geral não preveem o ressurgimento da inflação em Pogo Island. Por isso, tenho certeza de que os retornos totais produzidos por essas obrigações cobrirão as despesas necessárias dos meus pais durante vários anos. Provavelmente não haverá nenhum risco de taxa de juros porque as obrigações são denominadas na moeda local. Gostaria de comprar obrigações de Pogo Island, mas não estou disposta a distorcer a alocação de ativos de longo prazo de minha carteira para isso. A combinação geral de ações, obrigações e outros investimentos não deve mudar. Por isso, estou pensando em vender um dos meus fundos de obrigações dos Estados Unidos para levantar capital para comprar ações de Pogo Island. Uma das possibilidades é o High Yield Bond Fund, que teve uma queda de 5% acumulada no ano. Não estou animada com as perspectivas desse fundo; na verdade, acho que seu valor vai cair ainda mais, mas há uma pequena probabilidade de o fundo recuperar rapidamente. Então, em vez disso, decidi vender o Core Bond Fund, que teve uma valorização de 5% este ano. Espero que esse investimento continue oferecendo retornos atraentes, mas existe uma pequena probabilidade de os ganhos deste ano desaparecerem rapidamente.

Assim que essa mudança se concretizar, meus investimentos estarão em ótima forma. A única exceção é o Small Company Fund, que teve um desempenho ruim. Pretendo vender esse investimento assim que o preço equiparar ao custo original.

Identifique três conceitos de finanças comportamentais elucidados nos comentários de Pierce e descreva cada um desses três conceitos. Discorra sobre como um investidor que utilizasse conceitos financeiros convencionais ou tradicionais contestaria cada um desses três conceitos.

EXERCÍCIOS DE INVESTIMENTO NA *WEB*

1. Entre em finance.yahoo.com para encontrar os preços de fechamento mensais ajustados aos dividendos, relativos aos últimos quatro anos, da Abercrombie & Fitch (ANF). Além disso, obtenha o nível de fechamento do índice S&P 500 ao longo desse mesmo período.
    a. Calcule a média móvel de quatro meses tanto das ações quanto do S&P 500 ao longo do tempo. Para cada série, utilize o Excel para fazer um gráfico da média móvel em relação ao nível real do preço das ações ou do índice. Examine as circunstâncias em que a média móvel e a série de preços se cruzam. Quando o preço cruza a média móvel, a ação fica mais ou menos propensa a aumentar? Faz alguma diferença se o preço cruzar a média móvel de cima para baixo ou de baixo para cima? Até que ponto uma regra de investimento baseada em médias móveis seria confiável? Faça sua análise para o preço das ações e o S&P 500.
    b. Calcule e monte um gráfico da força relativa das ações em comparação com a do S&P500 ao longo do período da amostra. Encontre todas as circunstâncias em que a força relativa das ações aumenta mais de 10 pontos percentuais (p. ex.: um aumento no índice de força relativa de 0,93 para 1,03) e todas as circunstâncias em que a força relativa das ações diminui mais de 10 pontos percentuais. O que é mais provável, que as ações superem o S&P nos dois meses seguintes quando a força relativa tiver aumentado ou que tenha um mau desempenho quando a força relativa tiver diminuído? Em outras palavras, a força relativa continua? Qual seria o grau de confiabilidade de uma regra de investimento baseada na força relativa?
2. A função de gráfico do Yahoo! Finance permite que você especifique comparações entre empresas escolhendo a guia *Technical Analysis* (Análise Técnica). Os índices de interesse a descoberto encontram-se na tabela *Key Statistics* (Principais Estatísticas). Prepare os gráficos das médias móveis e obtenha os índices de interesse a descoberto da GE e SWY. Prepare um gráfico anual dos preços médios de 50 e de 200 dias da GE, da SWY e do índice S&P 500.
    a. Quais das empresas recebem um preço acima da média de 50 e 200 dias, se esse for o caso?
    b. Você consideraria os gráficos dessas empresas altistas ou baixistas? Por quê?
    c. Quais são os índices de interesse a descoberto das duas empresas?

SOLUÇÕES PARA AS REVISÕES DE CONCEITOS

1. O conservantismo significa que os investidores a princípio reagirão muito lentamente a novas informações, possibilitando tendências nos preços. A representatividade pode levá-los a extrapolar muito as tendências em relação ao futuro e a ultrapassar o valor intrínseco. Com o tempo, quando o erro de apreçamento for corrigido, observaremos uma reversão.
2. As ações desfavorecidas exibirão preços baixos em relação a diversos substitutos do valor intrínseco, como os lucros. Em virtude da fuga do arrependimento, essas ações precisarão oferecer uma taxa de retorno mais atraente para induzir os investidores a mantê-las. Portanto, é provável que as ações com baixo P/E ofereçam em média taxas de retorno mais altas.
3. Em liquidação, o preço será igual ao NAV. Isso impõe um limite ao risco fundamental. Os investidores precisam apenas manter a posição por alguns meses para obter lucro da eliminação do desconto. Além disso, quando a data de liquidação se aproximar, o desconto deve se dissipar. Isso limita significativamente o risco de o desconto mudar contra o investidor. Na divulgação de uma liquidação iminente, o desconto deve desaparecer imediatamente ou pelo menos diminuir consideravelmente.
4. No momento em que a notícia sobre uma recessão afetar os rendimentos das obrigações, provavelmente afetará também os preços das ações. O mercado deve cair antes que o índice de confiança sinalize que o momento é oportuno para vender.

13

Evidências empíricas sobre os retornos dos títulos

NESTE CAPÍTULO, abordamos o vasto corpo de publicações que testam modelos de risco e retorno. A própria existência desse vasto corpo de publicações indica que existe um sério problema – testar esses modelos não é nada banal. Aliás, uma parte importante de nosso trabalho aqui é compreender os desafios que isso envolve.

Todos os modelos de precificação de ativos financeiros têm duas partes. Primeiro, eles deduzem a carteira ótima de um investidor individual, que está condicionada a uma função de utilidade (que descreve como o investidor contrabalança risco e retorno esperado) e a uma lista de dados que inclui estimativas dos retornos esperados e do risco da carteira. Segundo, eles deduzem as previsões sobre os retornos esperados dos ativos financeiros em equilíbrio, quando os investidores finalizam as negociações necessárias para formar sua carteira ótima pessoal.

Obviamente, o fluxo de novas informações, por si só, mudará as listas de dados e, portanto, as carteiras desejadas. É nesse ponto que a hipótese de mercado eficiente (*efficient market hypothesis* – EMH) entra em ação. Se os preços dos ativos refletirem todas as informações disponíveis, as mudanças de preço resultantes de novas informações terão média zero, isto é, os preços seguirão passeios aleatórios.[1] A reação a novas informações introduzirá um ruído em torno das previsões do modelo, mas, por si só, isso não deve provocar nenhuma dificuldade que não possa ser superada com métodos estatísticos apropriados e grande quantidade de dados. Porém, quando a EMH está distante, mesmo que temporariamente, de margens economicamente significativas, as mudanças nos preços e nos retornos esperados não mudarão de forma aleatória e as previsões do modelo podem ser afetadas. É por isso que um teste do modelo de precificação de ativos necessita de um teste conjunto da EMH.

O modelo de precificação de ativos financeiros (*capital asset pricing model* – CAPM) de fator único tem uma implicação importante que pode ser expressa de duas formas: a carteira de mercado é eficiente em média-variância e (equivalentemente) o prêmio de risco (retorno em excesso esperado) em cada ativo é proporcional ao seu beta, $E(R_i) = \beta_i E(R_M)$. Na prática, a primeira afirmação não é testável porque não observamos a carteira de mercado. Contudo, se um índice amplo for suficientemente bem diversificado, mesmo que não seja eficiente em média-variância, ele pode sustentar a relação de média-beta (a SML) utilizando os argumentos da teoria de precificação por arbitragem (*arbitrage pricing theory* – APT).

O teste de eficiência de média-variância *ex ante* de determinado índice de mercado nunca poderá ser um teste conclusivo do CAPM. Em qualquer amostra, sempre existe uma carteira eficiente *ex post* que nunca será idêntica ao índice. De que forma medimos a "distância em relação à eficiência" e o que constituiria uma rejeição do modelo? Em vista dessas

---

[1] Na verdade, os preços evidenciarão uma elevação porque as taxas de retorno são positivas. Contudo, em horizontes de curto prazo, essa oscilação ascendente é insignificante em comparação com a volatilidade. Por exemplo, em um horizonte diário, a taxa de retorno esperada gira em torno de 5 pontos-base (o que corresponde a uma taxa anual de 12%). O desvio-padrão diário dos preços das ações é de uma ordem de magnitude superior, normalmente acima de 2% para ações individuais.

dificuldades, a equação média-beta tem sido a arena de teste da maioria das pesquisas. Entretanto, esses testes são em sua maioria mais bem interpretados como testes da APT (e não do CAPM) porque sabemos desde o princípio que o índice pode não ser eficiente em média-variância, mas ainda assim bem diversificado.

Começamos com testes da linha do mercado de títulos (*security market line* – SML) de fator único, o palco em que as metodologias básicas foram desenvolvidas, e então prosseguimos para os modelos multifatoriais, enfatizando o modelo de três fatores de Fama-French, determinado empiricamente. Mostramos como essa pesquisa pode ser interpretada como teste do ICAPM multifatorial, de Merton. Finalizamos essa parte do capítulo com uma seção que insere a liquidez nessa estrutura empírica. Dedicamos uma seção ao CAPM de consumo, teoricamente atraente, a fim de apresentar o enigma do prêmio das ações, e terminamos com uma avaliação sobre a direção que as pesquisas sobre precificação de ativos estão tomando.

13.1 O modelo de índice e a APT de fator único

Relação entre retorno esperado-beta

Lembre-se de que, se a relação entre retorno esperado-beta for válida com relação a um índice eficiente *ex ante* observável, M, a taxa de retorno esperada em qualquer título i será

$$E(r_i) = r_f + \beta i[E(r_M) - r_f] \tag{13.1}$$

onde β_i é definido como $\text{Cov}(r_i, r_M)/\sigma_M^2$.

Essa é a dedução mais testada do CAPM. Os testes iniciais, então simples, seguiam três passos básicos: definir os dados de amostra, calcular a linha característica do título (*security characteristic line* – SCL) e calcular a linha do mercado de títulos (SML).

Definindo os dados de amostra Determine um período de amostra de, por exemplo, 60 períodos de manutenção mensais (5 anos). Para cada 60 períodos de manutenção, colete taxas de retorno de 100 ações, um representante da carteira de mercado (p. ex.: S&P 500) e letras do Tesouro de um mês (isentas de risco). Portanto, seus dados consistem em

r_{it} = 6.000 retornos sobre 100 ações no período de amostra de 60 meses; $i = 1, \ldots, 100$, e $t = 1, \ldots, 60$.

r_{Mt} = 60 observações dos retornos sobre o índice S&P 500 no período de amostra (uma em cada mês).

r_{ft} = 60 observações da taxa isenta de risco (uma em cada mês).

Esses dados compreendem uma tabela de $102 \times 60 = 6.120$ taxas de retorno.

Calculando a SCL Considere a Equação 13.1 como a linha característica do título (SCL), como no Capítulo 8. Para cada ação, i, você estima o coeficiente beta como a inclinação de uma equação de **regressão de primeira verificação**. (A terminologia regressão de *primeira verificação* deve-se ao fato de os coeficientes estimados serem utilizados como dados na **regressão de segunda verificação**.)

$$r_{it} - r_{ft} = a_i + b_i(r_{Mt} - r_{ft}) + e_{it}$$

Você utilizará as seguintes estatísticas em uma análise posterior:

$\overline{r_i - r_f}$ = Médias amostrais (em 60 observações) do retorno em excesso de cada uma das 100 ações.

b_i = Estimativas amostrais do coeficiente beta de cada uma das 100 ações.

$\overline{r_M - r_f}$ = Média amostral dos retornos em excesso do índice de mercado.

$\sigma^2(e_i)$ = Estimativas da variância dos resíduos de cada uma das 100 ações.

As médias amostrais do retorno em excesso de cada ação e da carteira de mercado são consideradas estimativas dos retornos em excesso esperados e os valores de b_i são estimativas dos coeficientes beta das 100 ações do período de amostra. $\sigma^2(e_i)$ estima o risco não sistemático de cada uma das 100 ações. É sabido que todas essas estatísticas contêm erros de estimativa.

Calculando a SML Considere agora a Equação 13.1 como a linha do mercado de títulos (SML) com 100 observações das ações na amostra. Você pode estimar γ_0 e γ_1 na seguinte equação de regressão de segunda verificação com as estimativas b_i da primeira verificação como a variável independente:

> **REVISÃO DE CONCEITOS 13.1**
> a. Nessa amostra, temos quantas estimativas de regressão da SCL?
> b. Quantas observações existem em cada uma das regressões?
> c. De acordo com o CAPM, qual deve ser o intercepto em cada uma dessas regressões?

$$\overline{r_i - r_f} = \gamma_0 + \gamma_1 b_i \quad i = 1,\ldots,100 \tag{13.2}$$

Compare as Equações 13.1 e 13.2; você deve concluir que, se o CAPM for válido, então γ_0 e γ_1 devem satisfazer

$$\gamma_0 = 0 \text{ e } \gamma_1 = \overline{r_M - r_f}$$

Entretanto, na verdade você pode ir mais além e defender que a principal propriedade da relação de retorno esperado-beta descrita pela SML é que o retorno em excesso esperado dos títulos é determinado *apenas* pelo risco sistemático (tal como mensurado pelo beta) e deve ser independente do risco não sistemático, tal como mensurado pela variância dos resíduos, $\sigma^2(e_i)$, que também foi estimada com base na regressão de primeira verificação. Essas estimativas podem ser acrescentadas como variável na Equação 13.2 de uma SML ampliada que agora seria semelhante a:

$$\overline{r_i - r_f} = \gamma_0 + \gamma_1 b_i + \gamma_2 \sigma^2(e_i) \tag{13.3}$$

Essa regressão de *segunda verificação* é estimada com as hipóteses

$$\gamma_0 = 0; \gamma_1 = \overline{r_M - r_f}; \gamma_2 = 0$$

A hipótese de que $\gamma_2 = 0$ é coerente com a ideia de que o risco não sistemático não deve ser "precificado", isto é, de que não se obtém nenhum prêmio de risco por assumir o risco não sistemático. Em linhas gerais, de acordo com o CAPM, o prêmio de risco depende apenas do beta. Portanto, *qualquer* variável adicional no lado direito da Equação 13.3, além do beta, deve ter um coeficiente irrisoriamente diferente de zero na regressão de segunda verificação.

Testes do CAPM

Os primeiros testes do CAPM realizados por John Lintner[2] e posteriormente reproduzidos por Merton Miller e Myron Scholes[3] utilizaram dados anuais de 631 ações da NYSE de um período de 10 anos, 1954 a 1963, e produziram as seguintes estimativas (em que os retornos são expressos em decimal, e não em porcentagem):

Coeficiente:	$\gamma_0 = 0{,}127$	$\gamma_1 = 0{,}042$	$\gamma_2 = 0{,}310$
Erro padrão:	0,006	0,006	0,026
Média da amostra:		$\overline{r_M - r_f} = 0{,}165$	

Esses resultados não são coerentes com o CAPM. Primeiro, a SML estimada é "muito plana"; isto é, o coeficiente γ_1 é muito pequeno. A inclinação deve ser igual a $\overline{r_M - r_f} = 0{,}165$ (16,5% ao ano), mas é estimada em apenas 0,042. A diferença, 0,122, é em torno de 20 vezes o erro padrão da estimativa, 0,006, o que significa que a inclinação mensurada da SML é inferior à que deveria ser, por uma margem estatisticamente significativa. Ao mesmo tempo, o intercepto da SML estimada, γ_0, que é hipoteticamente zero, na verdade é igual a 0,127, ou seja, 20 vezes o erro padrão de 0,006.

---

[2] John Lintner, "Security Prices, Risk and Maximal Gains from Diversification", *Journal of Finance*, 20, dezembro de 1965.

[3] Merton H. Miller e Myron Scholes, "Rate of Return in Relation to Risk: A Reexamination of Some Recent Findings", em Michael C. Jensen (ed.), *Studies in the Theory of Capital Markets* (Nova York: Praeger, 1972).

> **REVISÃO DE CONCEITOS 13.2**
>
> a. Qual a implicação de a SML empírica ser "demasiadamente plana"?
> b. As ações com beta alto ou baixo tendem a superar o desempenho das previsões do CAPM?
> c. Qual a implicação da estimativa γ_2?

O procedimento de dois estágios empregado por esses pesquisadores (isto é, calcular primeiro o beta dos títulos utilizando a regressão de série temporal e depois utilizar os betas para testar a relação entre risco e retorno médio da SML) parece simples e direto e a rejeição do CAPM por meio dessa abordagem é decepcionante. Entretanto, o que ocorre é que existem várias dificuldades com essa abordagem. Primeiramente, os retornos das ações são extremamente voláteis, o que diminui a precisão de qualquer teste de retorno médio. Por exemplo, o desvio-padrão médio dos retornos anuais das ações no S&P 500 gira em torno de 40%; o desvio-padrão médio dos retornos anuais das ações incluídas nesses testes provavelmente é ainda mais alto.

Além disso, existem preocupações importantes sobre a validade dos testes. Em primeiro lugar, o índice de mercado utilizado nos testes com certeza não é a "carteira de mercado" do CAPM. Segundo, em vista da volatilidade do ativo, os betas dos títulos das regressões do primeiro estágio são estimados necessariamente com um erro de amostragem considerável e, portanto, não podem ser utilizados de imediato como dados na regressão do segundo estágio. Por último, os investidores não podem contrair empréstimos pela taxa isenta de risco tal como a versão simples do CAPM pressupõe. Investiguemos as implicações de cada um desses problemas.

Índice de mercado

No que veio a ser chamado de *crítica de Roll*, Richard Roll[4] ressaltou que:

1. Existe uma única hipótese testável associada com o CAPM: a carteira de mercado é eficiente em média-variância.

2. Todas as outras deduções do modelo, sendo a mais conhecida a relação linear entre retorno esperado e beta, decorrem da eficiência da carteira de mercado e, portanto, não são testáveis independentemente. Existe uma relação "se e somente se" entre o retorno esperado-beta e a eficiência da carteira de mercado.

3. Em qualquer amostra de observações de retornos individuais, haverá um número infinito de carteiras eficientes em média-variância *ex post* (isto é, após o fato) utilizando os retornos e covariâncias do período da amostra (em contraposição aos retornos *esperados* e covariâncias *ex ante*). O beta dos ativos individuais da amostra, estimado em comparação com cada uma dessas carteiras eficientes *ex post*, será exatamente linear com relação aos retornos médios desses ativos da amostra. Em outras palavras, se os betas forem calculados em comparação com essas carteiras, eles satisfarão a relação da SML com exatidão, independentemente de a verdadeira carteira de mercado ser eficiente em média-variância no sentido *ex ante*.

4. O CAPM não pode ser testado se não conhecermos a composição exata da verdadeira carteira de mercado e não a utilizarmos nos testes. Isso implica que a teoria só será testável se *todos* os ativos individuais estiverem incluídos na amostra.

5. A utilização de um representante (*proxy*) como o S&P 500 para a carteira de mercado está sujeita a duas dificuldades. Primeiro, o representante em si pode ser eficiente na média mesmo quando a verdadeira carteira de mercado não é. Em contraposição, o representante pode se revelar ineficiente, mas é óbvio que isso, por si só, não implica nada a respeito da eficiência da verdadeira carteira de mercado. Além disso, os representantes do mercado mais razoáveis terão uma correlação muito grande entre si e com a verdadeira carteira de mercado sejam ou não eficientes em média-variância. Esse alto grau de correlação fará com que a composição exata da carteira de mercado pareça irrelevante, embora a utilização de diferentes representantes possa levar a conclusões bastante diferentes. Esse problema é chamado de **erro de referência** porque se refere à utilização de uma carteira de referência incorreta (*proxy* ou representante de mercado) nos testes da teoria.

---

[4] Richard Roll, "A Critique of the Asset Pricing Theory's Tests: Part I: On Past and Potential Testability of the Theory", *Journal of Financial Economics*, 4, 1977.

Roll e Ross[5] e Kandel e Stambaugh[6] ampliaram a crítica de Roll. Basicamente, eles defenderam que os testes que rejeitam a relação entre retorno médio e beta apontam para a ineficiência do *proxy* de mercado utilizado nesses testes, em vez de refutarem a relação teórica entre retorno esperado-beta. Eles demonstram que, mesmo que o CAPM esteja correto, as carteiras altamente diversificadas, como as carteiras de valor ou igualmente ponderadas de todas as ações na amostra, podem não gerar uma relação entre retorno médio-beta significativa.

Kandel e Stambaugh consideraram as propriedades do teste de duas verificações do CAPM em um ambiente em que a contratação de empréstimos é restrita, mas a versão de beta zero do CAPM é válida. Nesse caso, você se lembrará de que a relação entre retorno esperado-beta descreve os retornos esperados de uma ação, uma carteira E na fronteira eficiente, e da companheira de beta zero dessa carteira, Z (consulte a Equação 9.12):

$$E(r_i) - E(r_Z) = \beta_i[E(r_E) - E(r_Z)] \tag{13.4}$$

onde β_i denota o beta do título i na carteira eficiente E.

Não podemos construir nem observar a carteira eficiente E (porque não conhecemos o retornos esperado e a covariância de todos os ativos) e, portanto, não podemos calcular diretamente a Equação 13.4. Kandel e Stambaugh indagaram o que ocorreria se adotássemos o procedimento comum de utilizar uma carteira de mercado substituta, M, em lugar de E, e utilizássemos igualmente o procedimento mais eficiente de regressão de mínimos quadrados generalizados para estimar a regressão de segunda verificação da versão de beta zero do CAPM, isto é,

$$r_i - r_Z = \gamma_0 + \gamma_1 \times (\beta_i \text{ estimado})$$

Eles mostraram que os valores estimados de γ_0 e γ_1 serão influenciados por um termo em relação à eficiência do *proxy* de mercado. Se o índice de mercado utilizado na regressão for totalmente eficiente, o teste será bem especificado. Contudo, a regressão de segunda verificação oferecerá um teste inadequado do CAPM se o representante da carteira de mercado não for eficiente. Portanto, ainda não podemos testar o modelo de uma maneira significativa sem um *proxy* de mercado razoavelmente eficiente. Infelizmente, é impossível determinar até que ponto nosso índice de mercado é eficiente. Por isso, não podemos dizer quanto nossos testes são bons.

Em vista da impossibilidade de testar diretamente o CAPM, podemos procurar refúgio no teste da APT, que gera a mesma equação de média-beta (a linha do mercado de títulos).[7] Esse modelo depende somente de que a carteira de índice seja bem diversificada. A escolha de um índice amplo de mercado nos permite testar a SML tal como ela é aplicada ao índice escolhido.

Erro de mensuração no beta

Em estatística, é bem sabido que, se a variável do lado direito de uma equação de regressão for mensurada com erro (em nosso caso, o beta é mensurado com erro e é a variável da direita na regressão de segunda verificação), o coeficiente de inclinação da equação de regressão será distorcido para baixo e o intercepto será distorcido para cima. Isso é coerente com as constatações citadas anteriormente; γ_0 revelou-se superior ao previsto pelo CAPM e γ_1 inferior ao previsto.

Aliás, um teste de simulação bem controlado, realizado por Miller e Scholes,[8] confirma esses argumentos. Nesse teste, um gerador de números aleatórios simulou taxas de retorno com covariâncias semelhantes às observadas. Os retornos médios foram definidos para que correspondessem exatamente com o CAPM. Em seguida, Miller e Scholes utilizaram essas taxas de retorno geradas

---

[5] Richard Roll e Stephen A. Ross, "On the Cross-Sectional Relation between Expected Return and Betas", *Journal of Finance*, 50, 1995, pp. 185-224.

[6] Schmuel Kandel e Robert F. Stambaugh, "Portfolio Inefficiency and the Cross-Section of Expected Returns", *Journal of Finance*, 50, 1995, pp. 185-224; "A Mean-Variance Framework for Tests of Asset Pricing Models", *Review of Financial Studies*, 2, 1989, pp. 125-156; "On Correlations and Inferences about Mean-Variance Efficiency", *Journal of Financial Economics*, 18, 1987, pp. 61-90.

[7] Embora a APT aplique-se estritamente a carteiras bem diversificadas, a discussão no Capítulo 9 mostra que a otimização em um mercado de índice único da forma como Treynor e Black prescrevem gerará grande pressão sobre os títulos únicos para satisfazer igualmente a equação média-beta.

[8] Miller e Scholes, "Rate of Return in Relation to Risk".

aleatoriamente nos testes que descrevemos como se elas tivessem sido observadas em uma amostra de retornos acionários. Os resultados desse teste "simulado" foram praticamente idênticos aos alcançados com dados reais, não obstante o fato de os retornos simulados terem sido *construídos* para obedecer à SML, isto é, os coeficientes γ verdadeiros eram $\gamma_0 = 0$, $\gamma_1 = \overline{r_M - r_f}$ e $\gamma_2 = 0$.[9]

Essa análise *a posteriori* dos testes iniciais nos leva de volta ao princípio. Podemos justificar os resultados decepcionantes dos testes, mas não temos nenhum resultado positivo para respaldar as deduções do CAPM-APT.

A sequência seguinte de testes foi concebida para superar o problema de erro de mensuração responsável pelos desvios nas estimativas da SML. A inovação nesses testes, cujos precursores foram Black, Jensen e Scholes,[10] foi a utilização de carteiras em vez de títulos individuais. A combinação de títulos dentro de carteiras diversifica a maior parte dos retornos específicos à empresa, melhorando dessa forma a precisão das estimativas da taxa de retorno esperada da carteira de títulos. Isso atenua os problemas estatísticos que surgem do erro de mensuração nas estimativas de beta.

O teste do modelo com carteiras diversificadas, em vez de títulos individuais, conclui nosso refúgio à APT. Além disso, a combinação de ações em carteiras diminui o número de observações deixadas para a regressão de segunda verificação. Suponhamos que agrupemos as 100 ações em cinco carteiras de 20 ações cada. Se não houver praticamente nenhuma correlação entre os resíduos das 20 ações em cada carteira, a variância do resíduo da carteira será equivalente a um vinte avos da variância residual da ação média. Portanto, o beta da carteira na regressão de primeira verificação será estimado com uma precisão bem maior. Entretanto, com carteiras de 20 ações cada, ficamos com apenas cinco observações para a regressão de segunda verificação.

Para tirar o máximo proveito desse *trade-off*, precisamos construir carteiras com a maior dispersão possível de coeficientes beta. Se todos os outros fatores permanecerem iguais, uma regressão gerará estimativas mais precisas quanto mais espaçadas forem as observações das variáveis independentes. Desse modo, tentaremos maximizar o intervalo da variável independente da regressão de segunda verificação, os betas da carteira. Em vez de alocar aleatoriamente 20 ações a cada carteira, primeiro as classificamos com base no beta. A carteira 1 é formada com as 20 ações com o beta mais alto e carteira 5 com as 20 ações com o beta mais baixo. Um conjunto de carteiras com pequenos componentes não sistemáticos, e_p, e betas amplamente espaçados renderá testes razoavelmente eficazes da SML.

Fama e MacBeth (F & M)[11] utilizaram essa metodologia para confirmar se a relação observada entre os retornos em excesso médios e o beta é de fato linear e se o risco não sistemático não explica os retornos em excesso médios. Utilizando 20 carteiras construídas de acordo com a metodologia de Black, Jensen e Scholes, F & M ampliaram a estimativa da equação da SML para incluir o quadrado do coeficiente beta (para testar a linearidade da relação entre retornos e betas) e o desvio-padrão estimado do resíduo (para testar o poder explicativo do risco não sistemático). Para uma sequência de vários subperíodos, eles calcularam a seguinte equação para cada subperíodo

$$r_i = \gamma_0 + \gamma_1 \beta_i + \gamma_2 \beta_i^2 + \gamma_3 \sigma(e_i) \qquad (13.5)$$

O termo γ_2 mede a possível não linearidade do retorno e γ_3 mede o poder explicativo do risco não sistemático, $\sigma(e_i)$. De acordo com o CAPM, tanto γ_2 quando γ_3 should devem ter coeficientes zero na regressão de segunda verificação.

F & M calcularam a Equação 13.5 para cada mês do período de janeiro de 1935 a junho de 1968. Os resultados são resumidos na Tabela 13.1, que mostra os coeficientes médios e as estatísticas

---

[9] Em testes estatísticos, há dois erros possíveis: Tipo I e Tipo II. O erro Tipo I significa que você rejeitou uma hipótese nula (p. ex.: uma hipótese de que o beta não afeta os retornos esperados) quando na verdade ela é verdadeira. Algumas vezes isso é chamado de *falso-positivo*, no qual você determina incorretamente que existe uma relação quando na verdade não existe. A probabilidade desse erro é chamada de nível de *significância* da estatística de teste. Os limites de rejeição de uma hipótese nula normalmente são escolhidos para restringir a probabilidade do erro Tipo I a um nível inferior a 5%. O erro Tipo II é um falso-negativo, no qual existe de fato uma relação, mas você não a detecta. O *poder* de um teste é igual a (1 − probabilidade do Tipo II). O experimento de Miller e Scholes mostrou que os testes iniciais do CAPM tinham pouco poder.

[10] Fischer Black, Michael C. Jensen e Myron Scholes, "The Capital Asset Pricing Model: A Reexamination of Some Recent Findings", em Michael C. Jensen (ed.), *Studies in the Theory of Capital Markets* (Nova York: Praeger, 1972).

[11] Eugene Fama e James MacBeth, "Risk, Return, and Equilibrium: Empirical Tests", *Journal of Political Economy*, 81, março de 1973.

TABELA 13.1 Resumo do estudo de Fama e MacBeth (1973) (todas as taxas em pontos-base por mês)

Período	1935/6-1968	1935-1945	1946-1955	1956/6-1968
r_f médio	13	2	9	26
$\gamma_0 - r_f$ médio	8	10	8	5
$t(\gamma_0 - r_f)$ médio	0,20	0,11	0,20	0,10
$r_M - r_f$ médio	130	195	103	95
γ_1 médio	114	118	209	34
$t(\gamma_1)$ médio	1,85	0,94	2,39	0,34
γ_2 médio	−26	−9	−76	0
$t(\gamma_2)$ médio	−0,86	−0,14	−2,16	0
γ_3 médio	516	817	−378	960
$t(\gamma_3)$ médio	1,11	0,94	−0,67	1,11
R quadrado médio	0,31	0,31	0,32	0,29

t do período geral e também de três subperíodos. F & M observaram que os coeficientes no desvio-padrão residual (risco não sistemático), denotados por γ_3, oscilaram consideravelmente de mês para mês que suas estatísticas t eram insignificantes não obstante os valores médios altos. Portanto, os resultados do teste geral foram razoavelmente favoráveis à linha do mercado de títulos do CAPM (ou talvez mais exatamente à APT que F & M de fato testaram). Contudo, o tempo não foi favorável ao CAPM desde então.

Reproduções recentes do teste de F & M mostram que os resultados deterioraram em períodos posteriores (desde 1968). Pior do que isso, mesmo em relação ao período de F & M, 1935-1968, quando a carteira igualmente ponderada de ações da NYSE que eles utilizaram como índice de mercado é substituída por um índice mais apropriado, ponderado pelo valor, os resultados voltam-se contra o modelo. Mais especificamente, a inclinação da SML é sem dúvida muito plana.

> **REVISÃO DE CONCEITOS 13.3**
>
> a. De acordo com o CAPM e os dados da Tabela 13.1, quais são os valores previstos de γ_0, γ_1, γ_2 e γ_3 nas regressões de Fama-MacBeth do período de 1946-1955?
>
> b. O que você concluiria se realizasse os testes de Fama e MacBeth e constatasse que os coeficientes em β^2 e $\sigma(e)$ são positivos?

13.2 Testes do CAPM e da APT multifatorial

Três tipos de fator são prováveis candidatos a ampliar o fator de risco de mercado em uma SML multifatorial: (1) fatores que protegem o consumo contra a incerteza no preço de categorias de consumo importantes; (2) fatores que protegem futuras oportunidades de investimento (p. ex.: taxas de juros ou o prêmio de risco do mercado); e (3) fatores que protegem ativos que faltam no índice de mercado (p. ex.: renda de trabalho ou empresa de capital fechado).

Tal como aprendemos com o ICAPM de Merton (Capítulo 9), essas fontes de risco extramercado exigirão um prêmio de risco se houver uma demanda de *hedging* significativa. Começamos com a terceira fonte porque praticamente não há dúvida de que os ativos presentes na carteira pessoal dos investidores afetam a demanda por ativos de risco negociados. Por isso, um fator que representa esses ativos, isto é, um fator correlacionado com seus retornos, deve afetar os prêmios de risco.

Renda de trabalho

Os principais fatores na categoria de ativos omitidos são renda de trabalho e empresa de capital fechado. Confrontando primeiro a renda de trabalho, Mayers[12] considerou cada indivíduo como dotado de renda de trabalho, mas capaz de negociar apenas títulos e uma carteira de índice. Seu modelo cria uma divisão entre os betas mensurados em relação à carteira de índice negociada e os

---
[12] David Mayers, "Nonmarketable Assets and Capital Market Equilibrium under Uncertainty", em Michael C. Jensen (ed.), *Studies in the Theory of Capital Markets* (Nova York: Praeger, 1972), pp. 223-248.

betas mensurados em relação à carteira de mercado, que inclui renda de trabalho agregada. O resultado desse modelo é uma SML mais nivelada do que a do CAPM simples. A maior parte dessa renda está correlacionada positivamente com o índice de mercado e tem um valor considerável em comparação com o valor de mercado dos títulos no índice de mercado. Sua ausência no índice força a inclinação da SML observada (retorno *versus* beta mensurado em relação ao índice) para baixo do retorno da carteira de índice.[13]

Se o valor da renda de trabalho não estiver correlacionado perfeitamente com a carteira de índice de mercado, a possibilidade de retornos negativos para esse fator representará uma fonte de risco não detectada completamente pelo índice. Contudo, suponhamos que os investidores possam negociar uma carteira correlacionada com o retorno sobre o capital humano agregado. Desse modo, a demanda de *hedging* contra o risco em relação ao valor de seu capital humano pode influenciar significativamente os preços dos títulos e os prêmios de risco. Se assim ocorrer, o risco de capital humano (ou algum representante empírico desse risco) pode funcionar como um fator adicional em uma SML multifatorial. As ações com beta positivo no valor da renda de trabalho exageram a exposição a esse fator; portanto, elas auferirão preços mais baixos ou, equivalentemente, oferecerão um prêmio de risco mais alto do que no CAPM. Assim sendo, quando esse fator é acrescentado, a SML torna-se multidimensional.

Jagannathan e Wang[14] utilizaram a taxa de mudança na renda de trabalho agregada como representante de mudanças no valor do capital humano. Além dos betas de título padrão estimados com o índice de mercado acionário ponderado pelo valor, que denotamos como β^{vw}, eles também mensuraram os betas dos ativos com relação ao crescimento da renda de trabalho, que denotamos como $\beta^{trabalho}$. Por fim, eles consideraram a possibilidade de os ciclos econômicos afetarem os betas dos ativos, uma questão examinada em inúmeros outros estudos.[15] Eles podem ser vistos como betas *condicionais*, visto que seu valor depende da situação da economia. Jagannathan e Wang utilizaram o *spread* entre os rendimentos de obrigações corporativas de baixa e alta qualidade como representante da situação do ciclo econômico e calcularam os betas em relação a essa variável de ciclos econômicos; chamamos esse beta de $\beta^{prêmio}$. Com as estimativas desses três betas para várias carteiras de ações, Jagannathan e Wang estimaram uma regressão de segunda verificação que inclui tamanho da empresa (valor de mercado do patrimônio ou *market value of equity* – ME):

$$E(R_i) = c_0 + c_{tamanho}\log(ME) + c_{vw}\beta^{vw} + c_{prêmio}\beta^{prêmio} + c_{trabalho}\beta^{trabalho} \qquad (13.6)$$

Jagannathan e Wang testaram seu modelo com 100 carteiras concebidas para distribuir os títulos com base em tamanho e beta. As ações são classificadas em dez carteiras de tamanho e as ações em cada decil de tamanho são novamente classificadas com base no beta em dez subcarteiras, resultando em 100 carteiras no total. A Tabela 13.2 mostra um subconjunto das várias versões das estimativas de segunda verificação. As duas primeiras linhas da tabela mostram os coeficientes e as estatísticas *t* de um teste do CAPM de acordo com os testes de Fama e MacBeth introduzidos na seção anterior. O resultado é uma rejeição consistente do modelo, visto que o coeficiente no beta é negativo, embora não significativo.

As duas linhas posteriores mostram que o acréscimo do fator tamanho não ajuda o modelo. O drástico aumento do R quadrado (de 1,35 para 57%) mostra que o tamanho explica muito bem as variações nos retornos médios, ao passo que o beta não. A substituição do tamanho por prêmio de inadimplência e renda de trabalho (Painel B) aumenta de maneira semelhante o poder explicativo (R quadrado e 55%), mas a relação entre retorno esperado-beta do CAPM não é resgatada. O prê-

---

[13] O beta dos ativos de uma carteira de índice tende a estar correlacionado positivamente com o beta do ativo omitido (p. ex., renda de trabalho agregada). Portanto, o coeficiente do beta do ativo na regressão da SML (dos retornos no beta do índice) será forçado para baixo e resultará em uma inclinação inferior a R_M médio. Na Equação 9.13, o beta observado da maioria dos ativos será superior ao beta verdadeiro sempre que $\beta_{iM} > \beta_{iH}\sigma^2_H/\sigma^2_M$.

[14] Ravi Jagannathan e Zhenyu Wang, "The Conditional CAPM and the Cross-Section of Expected Returns", *Journal of Finance*, 51, março de 1996, pp. 3-54.

[15] Por exemplo, Campbell Harvey, "Time-Varying Conditional Covariances in Tests of Asset Pricing Models", *Journal of Financial Economics*, 24, outubro de 1989, pp. 289-317; Wayne Ferson e Campbell Harvey, "The Variation of Economic Risk Premiums", *Journal of Political Economy*, 99, abril de 1991, pp. 385-415; e Wayne Ferson e Robert Korajczyk, "Do Arbitrage Pricing Models Explain the Predictability of Stock Returns?", *Journal of Business*, 68, julho de 1995, pp. 309-349.

TABELA 13.2 Avaliação de várias especificações do CAPM

Coeficiente	c_0	c_{vw}	$c_{prêmio}$	$c_{trabalho}$	$c_{tamanho}$	R^2
A. O CAPM estático sem capital humano						
Estimativa	1,24	–0,10				1,35
Valor t	5,16	–0,28				
Estimativa	2,08	–0,32			–0,11	57,56
Valor t	5,77	–0,94			–2,30	
B. CAPM condicional com capital humano						
Estimativa	1,24	–0,40	0,34	0,22		55,21
Valor t	4,10	–0,88	1,73	2,31		
Estimativa	1,70	–0,40	0,20	0,10	–0,07	64,73
Valor t	4,14	–1,06	2,72	2,09	–1,30	

Esta tabela fornece as estimativas do modelo de regressão transversal

$$E(R_{it}) = c_0 + c_{tamanho}\log(ME) + c_{vw}\beta^{vw} + c_{prêmio}\beta^{prêmio} + c_{trabalho}\beta^{trabalho} \quad (13.6)$$

com um subconjunto ou com todas as variáveis. Aqui, R_{it} é o retorno da carteira i (i = 1, 2, . . . , 100) no mês t (julho de 1963-dezembro de 1990), R_t^{vw} é o retorno sobre o índice de ações ponderado pelo valor, $R_{t-1}^{prêmio}$ é o spread de rendimento entre obrigações corporativas de baixa e alta qualidade e $R_t^{trabalho}$ e a taxa de crescimento per capita da renda de trabalho. O β_i^{vw} é o coeficiente de inclinação na regressão de mínimos quadrados comuns de R_{it} em uma constante e R_t^{vw}. Os outros betas são estimados de maneira semelhante. O tamanho da carteira, log(ME), é calculado como a média igualmente ponderada do algoritmo do valor de mercado (em milhões de dólares) das ações na carteira i. Os modelos de regressão são estimados por meio do procedimento de Fama-MacBeth. Os "valores t corrigidos" levam em conta os erros de amostragem nos betas estimados. Todos os R^2 são relatados como porcentagem.

mio de inadimplência é significativo, enquanto a renda de trabalho é quase significativa. Quando acrescentamos também o tamanho, nas duas últimas colunas, descobrimos que ele não é mais significativo e aumenta apenas levemente o poder explicativo.

Não obstante a nítida rejeição do CAPM, obtemos duas constatações importantes na Tabela 13.2. Em primeiro lugar, as estimativas de primeira verificação convencionais dos betas dos títulos são extremamente inadequadas. Elas sem dúvida não captam totalmente a ciclicidade dos retornos acionários e, portanto, não mensuram com precisão o risco sistemático das ações. Isso na verdade pode ser interpretado como uma boa notícia para o CAPM porque talvez seja possível substituir o beta simples por estimativas melhores do risco sistemático e transferir o poder explicativo de variáveis instrumentais como tamanho e prêmio de inadimplência para a taxa de retorno do índice. Segundo, e mais relevante para o trabalho de Jagannathan e Wang, é a conclusão de que o capital humano será importante em qualquer versão do CAPM que explique melhor o risco sistemático dos títulos.

Empresa de capital fechado (não negociada)

Enquanto Jagannathan e Wang concentram-se na renda de trabalho, Heaton e Lucas[16] avaliam a importância da empresa de capital fechado. Esperamos que os proprietários de empresas de capital fechado diminuam a demanda por títulos negociados que estejam positivamente correlacionados com a renda específica de seu empreendimento. Se esse efeito for suficientemente importante, a demanda agregada por títulos negociados será determinada em parte pela covariância com a renda empresarial não corporativa agregada. O prêmio de risco dos títulos com alta covariância com a renda empresarial não corporativa deve ser proporcionalmente alto.

Em consonância com a teoria, Heaton e Lucas constatam que as famílias com investimentos mais altos em empresa de capital fechado na verdade diminuem a fração da riqueza total investida em ações. A Tabela 13.3 apresenta trechos da análise de regressão de Heaton e Lucas, na qual a alocação da carteira geral em ações é a variável dependente. A proporção da empresa de capital fechado na riqueza total (denominada "empresa relativa") recebe coeficientes negativos e estatisticamente significativos nessas regressões. Observe também o coeficiente negativo e significativo na atitude em relação ao risco com base em um grau de aversão autorrelatado.

---

[16] John Heaton e Debora Lucas, "Portfolio Choice and Asset Prices: The Importance of Entrepreneurial Risk", *Journal of Finance*, 55, n. 3, junho de 2000, pp. 1.163-1.198.

TABELA 13.3 Determinantes dos investimentos em ações

	Proporção de ações nos ativos		
	Ações em relação a ativos líquidos	Ações em relação a ativos financeiros	Ações em relação a ativos totais
Intercepto	0,71	0,53	0,24
	(14,8)	(21,28)	(10,54)
Renda total × 10^{-10}	−1,80	−0,416	−1,72
	(−0,435)	(−0,19)	(−0,85)
Patrimônio líquido × 10^{-10}	2,75	5,04	7,37
	(0,895)	(3,156)	(5,02)
Empresa relativa	−0,14	−0,50	−0,32
	(−4,34)	(−29,31)	(−20,62)
Idade do respondente	−7,94 × 10^{-4}	−6,99 × 10^{-5}	−2,44 × 10^{-3}
	(−1,26)	(−0,21)	(−4,23)
Atitude em relação ao risco	−0,05	−0,02	−0,02
	(−4,74)	(−3,82)	(−4,23)
Hipoteca relativa	0,05	0,43	0,30
	1,31	20,90	16,19
Pensão relativa	0,07	−0,41	−0,31
	(1,10)	(−11,67)	(−9,60)
Imóvel relativo	−0,04	−0,44	−0,31
	(−1,41)	(−27,00)	(−20,37)
R quadrado ajustado	0,03	0,48	0,40

Nota: Estatísticas *t* entre parênteses.
Fonte: John Heaton e Deborah Lucas, "Portfolio Choice and Asset Prices: The Importance of Entrepreneurial Risk", *Journal of Finance*, 55, n.3, junho de 2000, pp. 1.163-1.698. Informações reimpressas com permissão da editora, Blackwell Publishing, Inc.

Por fim, Heaton e Lucas ampliam a equação de Jagannathan e Wang para incluir a taxa de mudança na riqueza de empresas de capital fechado. Eles constatam que essa variável é igualmente significativa e melhora o poder explicativo da regressão. Aqui, também, a taxa de retorno do mercado não ajuda a explicar a taxa de retorno de títulos individuais e, por conseguinte, essa dedução do CAPM ainda precisa ser rejeitada.

Versões iniciais do CAPM e da APT multifatorial

O CAPM e a APT multifatorial são teorias inteligentes e simples sobre como a exposição a fatores de risco sistemático deve influenciar os retornos esperados, mas eles oferecem poucas orientações sobre quais fatores (fontes de risco) podem gerar prêmios de risco. Um teste dessa hipótese exigiria três estágios:

1. Especificação dos fatores de risco.
2. Identificação de carteiras que oferecem proteção contra esses fatores de risco fundamentais.
3. Teste do poder explicativo e dos prêmios de risco das carteiras de proteção.

Um modelo de fator macro

Chen, Roll e Ross[17] identificam diversas variáveis possíveis que poderiam representar os fatores sistemáticos:

IP = Taxa de crescimento na produção industrial (*industrial production* IP).

EI = Mudanças na inflação esperada (*expected inflation* – EI) avaliadas com base em mudanças nas taxas de juros de curto prazo (letras do Tesouro).

UI = Inflação inesperada (*unexpected inflation* – UI) definida como a diferença entre a inflação real e a esperada.

---
[17] Nai-Fu Chen, Richard Roll e Stephen Ross, "Economic Forces and the Stock Market", *Journal of Business*, 59, 1986.

CG = Mudanças inesperadas nos prêmios de risco avaliadas com base na diferença entre os retornos das obrigações corporativas de classificação Baa e das obrigações governamentais de longo prazo.

GB = Mudanças inesperadas no prêmio pelo prazo avaliadas com base na diferença entre os retornos de obrigações governamentais de longo prazo e curto prazo.

Com a identificação desses possíveis fatores econômicos, Chen, Roll e Ross ignoraram o procedimento de identificação das carteiras fatoriais (as carteiras que têm a maior correlação com os fatores). Em vez disso, utilizando os próprios fatores, eles presumiram implicitamente que existem carteiras fatoriais que podem representar os fatores. Eles utilizaram esses fatores em um teste semelhante ao de Fama e MacBeth.

Uma parte fundamental da metodologia é o agrupamento de ações em carteiras. Lembre-se de que nos testes de fator único as carteiras foram construídas para abranger um amplo intervalo de betas para melhorar o poder do teste. Em uma estrutura multifatorial, o critério de agrupamento eficiente é menos óbvio. Chen, Roll e Ross optaram por agrupar as ações da amostra em 20 carteiras com base no tamanho (valor de mercado das ações em circulação), uma variável considerada associada com o retorno médio das ações.

Primeiro eles utilizaram cinco anos de dados mensais para avaliar o beta fatorial de 20 carteiras em 20 regressões de primeira verificação.

$$r = a + \beta_M r_M + \beta_{IP} IP + \beta_{EI} EI + \beta_{UI} UI + \beta_{CG} CG + \beta_{GB} GB + e \quad (13.7a)$$

onde M representa o índice do mercado de ações. Chen, Roll e Ross utilizaram o índice de mercado o índice NYSE ponderado pelo valor (*value-weighted NYSE index* – VWNY) e o índice NYSE igualmente ponderado (*equally weighted NYSE index* – EWNY).

Utilizando os 20 conjuntos de estimativas de beta fatorial de primeira verificação como variáveis independentes, eles estimaram a regressão de segunda verificação (com 20 observações):

$$r = \gamma_0 + \gamma_M \beta_M + \gamma_{IP} \beta_{IP} + \gamma_{EI} \beta_{EI} + \gamma_{UI} \beta_{UI} + \gamma_{CG} \beta_{CG} + \gamma_{GB} \beta_{GB} + e \quad (13.7b)$$

onde o gama torna-se a estimativa do prêmio de risco dos fatores.

Chen, Roll e Ross realizaram essa segunda regressão de segunda verificação para cada mês de seu período de amostra, estimando novamente os betas fatoriais de primeira verificação uma vez a cada 12 meses. Os prêmios de risco calculados (os valores dos parâmetros, γ) revelaram-se a média todas as regressão de segunda verificação.

Observe na Tabela 13.4 que os dois índices de mercado, EWNY e VWNY, não são estatisticamente significativos (as estatísticas t de 1,218 e –0,633 são inferiores a 2). Observe ainda que o fator VWNY tem o sinal "errado" porque parece implicar um prêmio de risco de mercado negativo. Produção industrial (IP), prêmio de risco de obrigações corporativas (CG) e inflação inesperada (UI) são os fatores que parecem ter um poder explicativo significativo.

TABELA 13.4 Variáveis econômicas e precificação (porcentagem por mês × 10), abordagem multivariada

	EWNY	IP	EI	UI	CG	GB	Constante
A	5,021	14,009	–0,128	–0,848	0,130	–5,017	6,409
	(1,218)	(3,774)	(–1,666)	(–2,541)	(2,855)	(–1,576)	(1,848)
	VWNY	**IP**	**EI**	**UI**	**CG**	**GB**	**Constante**
B	–2,403	11,756	–0,123	–0,795	8,274	–5,905	10,713
	(–0,633)	(3,054)	(–1,600)	(–2,376)	(2,972)	(–1,879)	(2,755)

VWNY = retorno do índice NYSE ponderado pelo valor; EWNY = retorno do índice NYSE igualmente ponderado; IP = taxa de crescimento mensal na produção industrial; EI = mudança na inflação esperada; UI = inflação inesperada; CG = mudança inesperada no prêmio de risco (retorno de Baa e inferior – retorno de obrigações governamentais de longo prazo); GB = mudança inesperada na estrutura de prazo (retorno de obrigações governamentais de longo prazo – taxa das letras do Tesouro); observe que as estatísticas t estão entre parênteses.

Fonte: Modificada de Nai-Fu Chen, Richard Roll e Stephen Ross, "Economic Forces and the Stock Market", *Journal of Business*, 59, 1986. Informações reimpressas com permissão da editora, The University of Chicago Press.

13.3 Modelos de fator do tipo Fama-French

Os modelos multifatoriais que ocupam o centro do palco atualmente são os modelos de três fatores introduzidos por Fama e French (FF) e seus parentes próximos.[18] Os fatores sistemáticos no modelo de FF são tamanho da empresa e valor contábil/valor de mercado e também o índice de mercado. Esses fatores adicionais são motivados empiricamente pelas observações documentadas no Capítulo 11 de que os retornos médios históricos das ações de empresas de pequeno porte e das ações de empresas com alto índice de valor contábil do patrimônio/valor de mercado do patrimônio (*book-to-market* – B/M) são mais altos do que o previsto pela linha do mercado de títulos do CAPM.

Entretanto, Fama e French fizeram mais do que documentar a função empírica do tamanho e do B/M para explicar as taxas de retorno. Eles também introduziram um método geral para gerar carteiras fatoriais e aplicaram-no a essas características empresariais. A utilização dessa inovação é favorável para compreender os elementos empíricos fundamentais de um modelo de precificação de ativos multifatorial.

Suponhamos que você constate, tal como Fama e French, que capitalização de mercado (ou "cap. de mercado") parece prever os valores de alfa em uma equação do CAPM. Em média, quanto menor a capitalização de mercado, maior o alfa de uma ação. Essa constatação acrescentaria o tamanho à lista de anomalias que refutam o CAPM.

Entretanto, suponhamos que você acredite que o tamanho varia com a sensibilidade a mudanças nas futuras oportunidades de investimento. Desse modo, o que parece alfa em um CAPM de fator único na verdade é uma fonte de risco extramercado em um CAPM multifatorial. Se isso lhe parece absurdo, veja o que está por trás disso: quando os investidores preveem uma retração no mercado, eles ajustam suas carteiras para minimizar sua exposição a perdas. Suponhamos que as ações de baixa capitalização em geral sejam atingidas mais duramente em mercados em queda, de modo semelhante a um beta mais alto em tempos ruins. Os investidores evitarão essas ações em favor das ações menos sensíveis das empresas maiores. Isso explicaria um prêmio de risco para pequeno porte superior ao beta dos retornos de mercado contemporâneos. Um "alfa" de tamanho pode ser na verdade um prêmio de risco do ICAPM para ativos com maior sensibilidade à deterioração em futuras oportunidades de investimento.

A inovação de FF é um método para quantificar o prêmio de risco de tamanho. Lembre-se de que a distribuição do tamanho é assimétrica: poucas empresas de grande porte e várias de pequeno porte. Como a NYSE é a bolsa em que as ações de mais alta capitalização são negociadas, Fama e French determinam primeiro o tamanho médio das ações da NYSE. Eles utilizam essa média para classificar todas as ações americanas negociadas (NYSE + Amex + Nasdaq) como de alta ou baixa capitalização e criam uma carteira com ações de alta capitalização e outra com ações de baixa capitalização. Por fim, cada uma dessas carteiras é ponderada pelo valor para uma diversificação eficiente.

Tal como na APT, Fama e French constroem uma carteira de fator único de investimento líquido zero assumindo uma posição comprada em ações de baixa capitalização e uma posição vendida em ações de alta capitalização. O retorno dessa carteira, chamado de pequeno menos grande (*small minus big* – SMB), é simplesmente o retorno da carteira de ações de baixa capitalização menos o retorno da carteira de ações de alta capitalização. Se o tamanho for precificado, essa carteira exibirá um prêmio de risco. Como a carteira SMB é praticamente bem diversificada (na ordem de 4 mil ações), ela se associa à carteira de índice de mercado em um modelo de dois fatores da APT em que o tamanho é a fonte de risco extramercado. Na SML de dois fatores, o prêmio de risco de qualquer ativo deve ser determinado por suas cargas (betas) nas duas carteiras fatoriais. Trata-se de uma hipótese testável.

Fama e French utilizam esse método para formar os fatores tamanho e valor contábil/valor de mercado (B/M). Para criar esses fatores de risco extramercado, eles classificam duplamente as

---

[18] Eugene F. Fama e Kenneth R. French, "Common Risk Factors in the Returns on Stocks and Bonds", *Journal of Financial Economics*, 33, 1993, pp. 3-56.

ações por tamanho e B/M. Eles dividem a população de ações americanas em três grupos com base no índice de B/M: 30% inferiores (baixo), 40% intermediárias (médio) e 30% superiores (alto).[19] Seis carteiras são então criadas com base nas interseções entre as classificações de tamanho e B/M: pequeno/baixo (*small/low*); pequeno/médio (*small/medium*); pequeno/alto (*small/high*); grande/baixo (*big/low*); grande/médio (*big/medium*); grande/alto (*big/high*). Todas essas seis carteiras são ponderadas pelo valor.

Os retornos na carteira de tamanho grande e pequeno são:

$$R_S = 1/3(R_{S/L} + R_{S/M} + R_{S/H}); R_B = 1/3(R_{B/L} + R_{B/M} + R_{B/H})$$

De modo semelhante, os retornos nas carteiras alto e baixo (valor e crescimento[20]) são:

$$R_H = 1/2\,(R_{SH} + R_{BH}); R_L = 1/2\,(R_{SL} + R_{BL})$$

Os retornos dos fatores de investimento líquido zero SMB (*small minus big*, isto é, posição comprada em ações de baixa capitalização e vendida em ações de alta capitalização) e HML (*high minus low*, isto é, posição comprada em B/M alto e vendida em B/M baixo) são criados dessas carteiras:

$$R_{SMB} = R_S - R_B; R_{HML} = R_H - R_L$$

Avaliamos a sensibilidade das ações individuais aos fatores calculando os betas fatoriais das regressões de primeira verificação dos retornos em excesso das ações sobre o retorno em excesso do índice de mercado e também sobre R_{SMB} e R_{HML}. Esse grupo de betas fatoriais deve prever o prêmio de risco total. Portanto, o modelo de precificação de ativos de três fatores de Fama-French é[21]

$$E(r_i) - r_f = a_i + b_i[E(r_M) - r_f] + s_i E[\text{SMB}] + h_i E[\text{HML}] \tag{13.8}$$

Os coeficientes b_i, s_i e h_i são os betas (também chamados de cargas nesse contexto) da ação nos três fatores. Se eles forem os únicos fatores de risco, é provável que os retornos em excesso em todos os ativos sejam totalmente explicados pelos prêmios de risco devidos a essas cargas fatoriais. Em outras palavras, se esses fatores explicarem totalmente os retornos dos ativos, o intercepto da equação deverá ser zero.

Goyal[22] estuda os testes de precificação de ativos. Ele aplica a Equação 13.8 aos retornos de 25 carteiras de ações somente americanas classificadas por tamanho e pelo índice de B/M. A Figura 13.1 mostra o retorno real médio de cada carteira no período de 1946-2010 em relação aos retornos previstos pelo CAPM (Painel A) e pelo modelo de três fatores de FF. Nesse teste, o modelo de FF demonstra-se nitidamente melhor do que o CAPM.

Observe no Painel A que os retornos previstos são quase idênticos para todas as carteiras. Aliás, esse é um ponto fraco dos testes de carteiras classificadas em tamanho e B/M, mas não de acordo com o beta. Por esse motivo, todas as carteiras têm beta próximo de 1,0. Se for acrescentada a classificação do beta a uma classificação 5 × 5 de tamanho e de B/M, o número de carteiras aumentará de 25 para 125. Isso é difícil de manejar. Contudo, avanços na econometria e no poder computacional possibilitarão que esses tipos de teste progridam.

---

[19] Fama e French poderiam ter experimentado pontos de equilíbrio ótimos para os três grupos de B/M, mas isso rapidamente daria lugar à mineração de dados.

[20] As ações com B/M alto são chamadas de ativos de *valor* porque, em grande parte, seu valor de mercado é deduzido dos ativos já existentes. As que têm B/M baixo são chamadas de ações de *crescimento* porque seu valor de mercado provém do crescimento esperado nos fluxos de caixa futuros. É necessário presumir um alto crescimento para justificar os preços pelos quais os ativos são negociados. Entretanto, ao mesmo tempo, uma empresa que enfrentar dificuldades verá seu preço de mercado cair e seu índice de B/M subir. Portanto, algumas das assim chamadas empresas de valor na verdade podem ser empresas em apuros. Esse subgrupo de carteira de empresas de valor pode explicar o prêmio de valor do fator B/M.

[21] Subtraímos a taxa isenta de risco do retorno da carteira de mercado, mas não dos retornos SMB e HML porque os fatores SMB e HML são carteiras de *investimento líquido zero*. Por isso, o respectivo retorno total já é um prêmio. Não há nenhum custo de oportunidade em abrir mão do investimento isento de risco em troca dessas carteiras.

[22] Amit Goyal, "Empirical Cross Sectional Asset Pricing: A Survey", *Financial Markets and Portfolio Management*, 26, 2012, pp. 3-38.

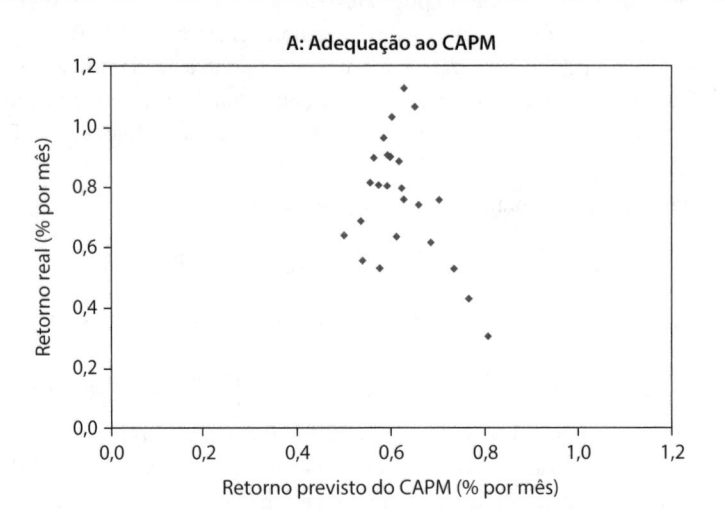

FIGURA 13.1
CAPM *versus* modelo de Fama e French. A figura representa os retornos médios reais previstos pelo CAPM e pelo modelo de FF para 25 carteiras duplamente classificadas por tamanho e índice de valor contábil/valor de mercado

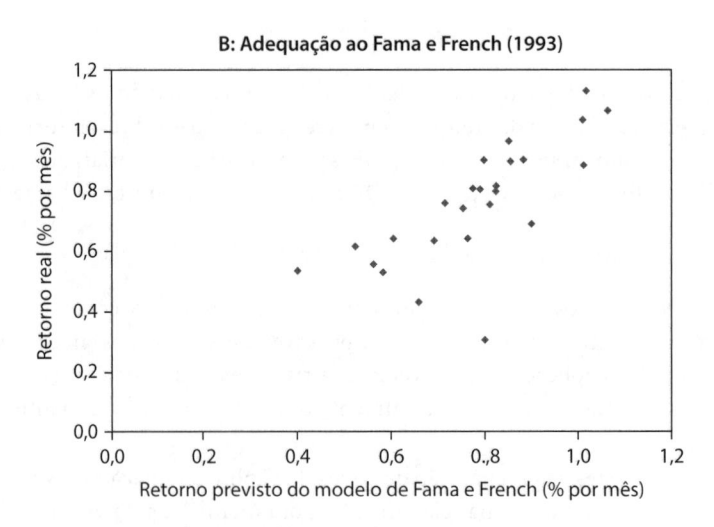

Fonte: Amit Goyal, "Empirical Cross Sectional Asset Pricing: A Survey", *Financial Markets and Portfolio Management*, 26, 2012, pp. 3-38.

Tamanho e B/M como fatores de risco

Liew e Vassalou[23] mostram que os retornos das carteiras de estilo (HML ou SMB) parecem prever o crescimento do PIB e, por isso, podem na realidade captar alguns aspectos do risco do ciclo econômico. Cada barra na Figura 13.2 representa a diferença média no retorno da carteira HML ou SMB em anos anteriores a um bom crescimento do PIB *versus* em anos anteriores a um crescimento insuficiente do PIB. O valor positivo significa que a carteira se sai melhor nos anos anteriores a um bom desempenho macroeconômico. A predominância de valores positivos os levaram a concluir que os retornos das carteiras HML e SMB estão relacionados positivamente com crescimento futuro na macroeconomia e, portanto, podem representar o risco do ciclo econômico. Desse modo, pelo menos parte dos prêmios de tamanho e valor podem refletir recompensas racionais a uma exposição maior ao risco.

Petkova e Zhang[24] também experimentaram associar as carteiras com prêmio de retorno médio sobre o valor (B/M alto) com prêmios de risco. Eles utilizam um CAPM condicional em seu método. No CAPM convencional, tratamos o prêmio de risco do mercado e o beta das empresas

---

[23] J. Liew e M. Vassalou, "Can Book-to-Market, Size and Momentum Be Risk Factors That Predict Economic Growth?", *Journal of Financial Economics*, 57, 2000, pp. 221-245.

[24] Ralitsa Petkova e Lu Zhang, "Is Value Riskier than Growth?", *Journal of Financial Economics*, 78, 2005, pp. 187-202.

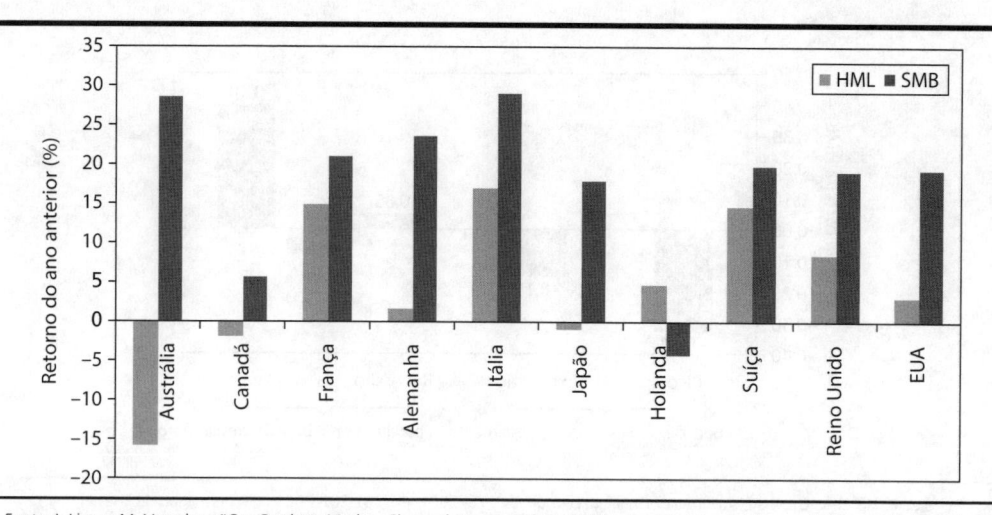

FIGURA 13.2
Diferença de retorno em carteiras fatoriais em ano anterior de crescimento do PIB acima da média *versus* abaixo da média. Os retornos das carteiras SMB e HML tendem a ser superiores em anos que precedem um melhor crescimento do PIB

Fonte: J. Liew e M. Vassalou, "Can Book-to-Market, Size and Momentum Be Risk Factors That Predict Economic Growth?", *Journal of Financial Economics*©, 57, 2000, pp. 221-245. 2000 com permissão da Elsevier.

como parâmetros estáveis. Em contraposição, tal como ressaltamos anteriormente neste capítulo, o CAPM condicional permite que esses termos variem com o tempo e possivelmente covariem. Se o beta de uma ação foi superior quando o prêmio de risco do mercado for alto, essa associação positiva provoca uma "sinergia" no prêmio de risco, que é fruto do respectivo beta e prêmio de risco de mercado incrementais.

O que poderia levar a uma associação entre beta e prêmio de risco de mercado desse tipo? Zhang[25] concentra-se nos investimentos irreversíveis. Ele ressalta que as empresas classificadas como empresas de valor (com alto índice de valor contábil/valor de mercado) terão em média um volume maior de capital tangível. A irreversibilidade do investimento aumenta o risco dessas empresas em relação a retrações econômicas porque, em recessões graves, elas sofrerão com o excesso de capacidade dos ativos já existentes. Em contraposição, as empresas de crescimento conseguem lidar melhor com uma retração adiando os planos de investimento. Quanto maior a exposição das empresas com alto valor contábil/valor de mercado a recessões, mais alto será o beta quando o mercado estiver em baixa. Além disso, algumas evidências indicam que o prêmio de risco do mercado também é mais alto em mercados em baixa, quando os investidores estão sentindo maior pressão econômica e ansiedade. A combinação desses dois fatores pode evidenciar uma correlação positiva entre o beta das empresas com alto B/M e o prêmio de risco do mercado.

Para quantificar essas ideias, Petkova e Zhang tentaram adequar tanto o beta quanto o prêmio de risco do mercado a um conjunto de "variáveis de estado", isto é, variáveis que sintetizam a situação da economia. São elas:

DIV = Rendimento dos dividendos de mercado.
DEFLT = *Spread* de inadimplência em obrigações corporativas – *default spread on corporate bonds* (classificações Baa-Aaa).
TERM = *Spread* de estrutura de prazo (taxas de dez anos–um ano do Tesouro).
TB = Taxa de letras do Tesouro de um mês.

Eles calculam a regressão de primeira verificação, mas primeiro substituem o beta pelas variáveis de estado da seguinte maneira:

$$r_{HML} = - + \beta r_{Mt} + e_i$$
$$= - + [\underbrace{b_0 + b_1 \text{DIV}_t + b_2 \text{DELFT}_t + b_3 \text{TERM}_t + b_4 \text{TB}_t}_{=\beta_t \leftarrow \text{beta que varia com o tempo}}] r_{Mt} + e_i$$

A estratégia é estimar os parâmetros b_0 a b_4 e depois encaixar o beta utilizando os valores das quatro variáveis de estado em cada data. Dessa forma, eles podem calcular o beta de cada período.

---
[25] Lu Zhang, "The Value Premium", *Journal of Finance*, 60, 2005, pp. 67-103.

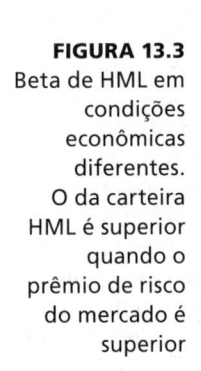

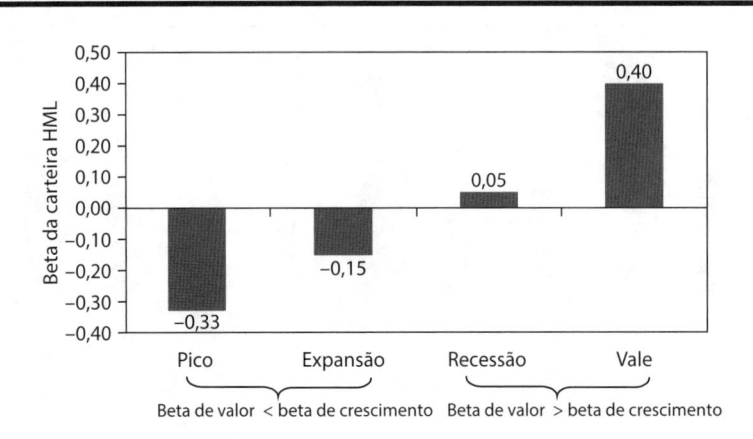

FIGURA 13.3
Beta de HML em condições econômicas diferentes. O da carteira HML é superior quando o prêmio de risco do mercado é superior

	Pico	Expansão	Recessão	Vale
Beta da carteira HML	−0,33	−0,15	0,05	0,40

Beta de valor < beta de crescimento | Beta de valor > beta de crescimento

Fonte: Ralitsa Petkova e Lu Zhang, "Is Value Riskier than Growth?", *Journal of Financial Economics*©, 78, 2005, pp. 187-202. 2005 com permissão da Elsevier.

De modo semelhante, é possível estimar diretamente os determinantes de um prêmio de risco que varia com o tempo utilizando o mesmo conjunto de variáveis de estado:

$$r_{\text{Mkt},t} - r_{ft} = c_0 + c_1 \text{DIV}_t + c_2 \text{DELFT}_t + c_3 \text{TERM}_t + c_4 \text{TB}_t + e_t$$

O valor ajustado com base nessa regressão é a estimativa do prêmio de risco do mercado.

Por fim, Petkova e Zhang examinam a relação entre beta e prêmio de risco do mercado. Eles definem o a situação da economia pelo tamanho do prêmio. Um pico é definido como o período com 10% dos prêmios de risco mais baixos; um vale tem 10% dos prêmios de risco mais altos. Os resultados, apresentados na Figura 13.3, respaldam a ideia de um beta com valor contracíclico: O beta da carteira HML é negativo em situações econômicas favoráveis, o que significa que o beta das ações de valor (alto valor contábil/valor de mercado) é inferior ao das ações de crescimento (baixo B/M), mas o inverso é verdadeiro nas recessões. Embora a covariância entre o beta da HML e o prêmio de risco do mercado não seja suficiente para explicar por si só o prêmio de retorno médio em carteiras de valor, ela indica que pelo menos parte da explicação pode ser um prêmio de risco racional.

Explicações comportamentais

No outro lado do debate, vários autores defendem que o prêmio de valor é uma manifestação de irracionalidade do mercado. A essência do argumento é que os analistas tendem a extrapolar o desempenho recente para um tempo muito distante no futuro e, portanto, a superestimar o valor das empresas com bom desempenho recente. Quando o mercado constata seu erro, os preços dessas empresas caem. Portanto, em média, as "empresas glamourosas", que são caracterizadas por um bom desempenho recente, preço alto e baixo índice de valor contábil/valor de mercado, tendem a ter um desempenho inferior ao das "empresas de valor" porque seu preço reflete um otimismo exagerado em relação ao das empresas com índice de valor contábil/valor de mercado mais baixo.

A Figura 13.4, de um estudo de Chan, Karceski e Lakonishok,[26] defende a tese de reação exagerada. As firmas são classificadas em decis com base no crescimento da renda nos últimos cinco anos. Intencionalmente, as taxas de crescimento aumentam de maneira uniforme do primeiro ao décimo decil. O índice de valor contábil/valor de mercado de cada decil no *final* do período de cinco anos (a linha tracejada) acompanha muito bem o crescimento recente. O B/M cai continuamente com o crescimento ao longo de cinco anos. Isso evidencia que o crescimento *passado* é extrapolado e depois retido no preço. Um crescimento passado alto dá origem a preços mais altos e índices de B/M mais baixos.

---
[26] L. K. C. Chan, J. Karceski e J. Lakonishok, "The Level and Persistence of Growth Rates", *Journal of Finance*, 58, abril de 2003, pp. 643-684.

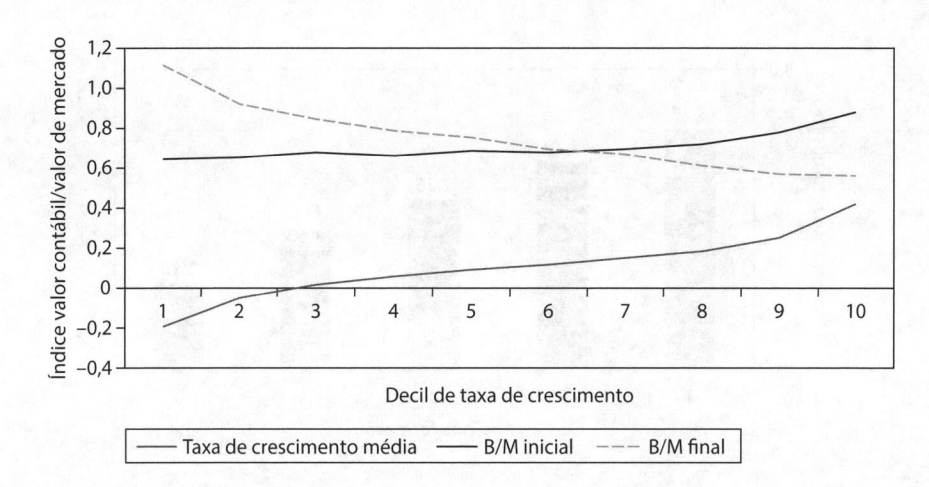

FIGURA 13.4
O índice de valor contábil/valor de mercado reflete o crescimento passado, mas não perspectivas de crescimento futuro. O B/M tende a cair com o crescimento da renda experimentado no final de um período de cinco anos, mas na verdade aumenta com taxas futuras de crescimento da renda

Fonte: L.K.C. Chan, J. Karceski e J. Lakonishok, "The Level and Persistence of Growth Rates", *Journal of Finance*, 58, abril de 2003, pp. 643-684. Informações utilizadas com permissão da John Wiley & Sons por intermédio do Centro de Autorização de Direitos Autorais.

Contudo, o B/M no *início* do período de cinco anos mostra pouco ou mesmo uma associação positiva com o crescimento subsequente (a linha colorida contínua), o que implica que hoje a capitalização de mercado está *inversamente* relacionada com as perspectivas de crescimento. Em outras palavras, as empresas com B/M inferior (empresas glamourosas) não experimentam um crescimento médio de receita futura melhor ou até apresentam um crescimento pior do que o de outras empresas. Isso implica que o mercado ignora a evidência de que o crescimento passado não pode ser extrapolado para um futuro muito longínquo. O valor contábil/valor de mercado pode refletir melhor o crescimento passado do que o crescimento futuro, o que é coerente com o erro de extrapolação.

Evidências mais diretas que confirmam o erro de extrapolação são apresentadas por La Porta, Lakonishok, Shleifer e Vishny,[27] que examinam o desempenho de preço das ações quando os rendimentos reais são divulgados ao público. As empresas são classificadas como ações de crescimento *versus* de valor e o desempenho do preço das ações na divulgação de lucros durante quatro anos após a data de classificação é então examinado. A Figura 13.5 demonstra que as ações de crescimento têm um desempenho inferior ao das ações de valor em torno da data de divulgação. Concluímos que, quando a notícia sobre os rendimentos reais é divulgada ao público, o mercado já está relativamente decepcionado com as ações precificadas como de empresas de crescimento.

Momentum: um quarto fator

Desde o momento em que o influente modelo de três fatores de Fama-French foi introduzido, um quarto fator foi acrescentado aos controles convencionais do comportamento do retorno das ações. Trata-se do fator *momentum*. Tal como vimos pela primeira vez no Capítulo 11, Jegadeesh e Titman revelaram a tendência de um desempenho bom ou ruim das ações persistir durante vários meses, uma espécie de propriedade de *momentum*.[28] Carhart acrescentou esse efeito de *momentum* ao modelo de três fatores como uma ferramenta para avaliar o desempenho de fundos mútuos.[29] O fator é construído da mesma maneira e é representado por WML (*winners minus losers* ou ganhadores menos perdedores). As versões desse fator consideram os ganhadores/perdedores com base em 1 a 12 meses de retornos passados. Carhart constatou que o que parecia ser o alfa de vários fundos mútuos na verdade poderia ser explicado como consequência das cargas ou da sensibilidade do fundo ao *momentum* do mercado. O modelo de Fama-French original ampliado pelo fator *momentum* tornou-se um modelo de quatro fatores comum utilizado para avaliar o desempenho anormal de uma carteira de ações.

---

[27] R. La Porta, J. Lakonishok, A. Shleifer e R.W. Vishny, "Good News for Value Stocks", *Journal of Finance*, 52, 1997, pp. 859-874.

[28] Narasimhan Jegadeesh e Sheridan Titman, "Returns to Buying Winners and Selling Losers: Implications for Stock Market Efficiency", *Journal of Finance*, 48, março de 1993, pp. 65-91.

[29] Mark M. Carhart, "On Persistence in Mutual Fund Performance", *Journal of Finance*, 52, março de 1997, pp. 57-82.

FIGURA 13.5
Retornos de ações de valor menos glamourosas nos dias próximos à divulgação de lucros, 1971-1992. Efeitos da divulgação avaliados para cada um dos quatro anos após a classificação da empresa como de valor *versus* de crescimento

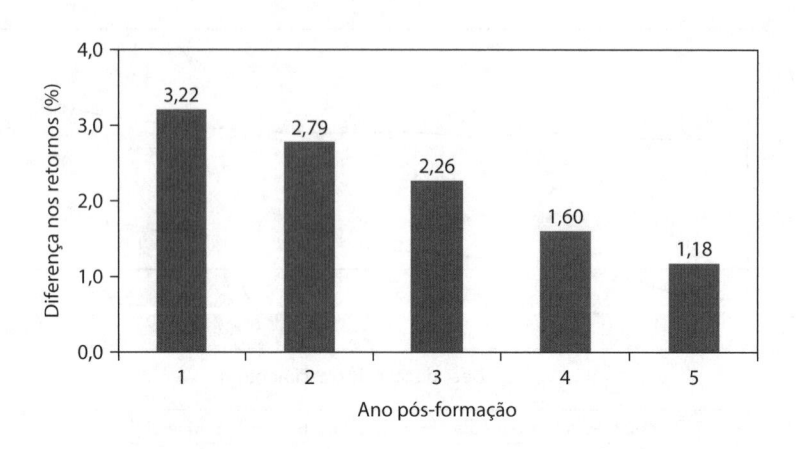

[Gráfico de barras - Diferença nos retornos (%) por Ano pós-formação:
Ano 1: 3,22; Ano 2: 2,79; Ano 3: 2,26; Ano 4: 1,60; Ano 5: 1,18]

Fonte: R. La Porta, J. Lakonishok, A. Shleifer e R.W. Vishny, "Good News for Value Stocks", *Journal of Finance*, 52, 1997, pp. 859-874. Informações utilizadas com permissão da John Wiley & Sons por intermédio do Centro de Autorização de Direitos Autorais.

Obviamente, esse fator adicional apresenta outras charadas de interpretação. Retratar os fatores originais de Fama-French como um reflexo de fontes de risco óbvias já é um desafio e tanto. Defender que o fator *momentum* reflete um *trade-off* entre risco e retorno parece ainda mais difícil.

13.4 Liquidez e precificação de ativos

No Capítulo 9 vimos que uma ampliação importante do CAPM incorpora fatores sobre a liquidez dos ativos. Infelizmente, a mensuração da liquidez está longe de ser trivial. O efeito da liquidez sobre o retorno esperado do ativo é composto dois fatores:

1. Custos de transação dominados pelo *spread* entre preço de compra e venda que os distribuidores definem para compensar as perdas incorridas na negociação com pessoas informadas.

2. *Risco* de liquidez resultante da covariância entre *mudanças* no custo de liquidez do ativo e *mudanças tanto* no custo de liquidez do índice de mercado quanto nas taxas de retorno do índice de mercado.

Nenhum desses fatores é diretamente observável e seu efeito sobre as taxas de retorno de equilíbrio é difícil de ser avaliado.

A liquidez incorpora várias características, como custos de transação, facilidade de venda, necessidade de concessões de preço para realizar uma rápida transação, profundidade de mercado e previsibilidade de preço. Desse modo, é difícil avaliá-la com qualquer estatística que seja. As medidas comuns de liquidez ou, mais precisamente, de iliquidez concentram-se na dimensão de impacto do preço: que concessão de preço um vendedor deve fazer para conseguir realizar uma grande venda de um ativo ou, inversamente, que prêmio um comprador deve oferecer para realizar uma grande compra?

Uma medida de iliquidez é utilizada por Pástor e Stambaugh, que buscam evidências de reversões, particularmente após grandes negociações.[30] A ideia deles é de que, se as oscilações de preço das ações tenderem a se reverter parcialmente no dia seguinte, podemos concluir que parte da mudança de preço original não se deveu a mudanças percebidas no valor intrínseco (essas mudanças de preço não tenderiam a se reverter), mas na verdade foi um sintoma do impacto de preço associado à negociação original. As reversões indicam que parte da mudança de preço original foi uma concessão dos iniciadores da negociação que precisaram oferecer preços de compra mais altos ou aceitar preços de venda mais baixos par concluir as negociações oportunamente. Pástor e Stambaugh utilizam a análise de regressão para mostrar que as reversões de fato tendem a ser

---
[30] L. Pástor e R. F. Stambaugh, "Liquidity Risk and Expected Stock Returns", *Journal of Political Economy*, 111, 2003, pp. 642-685.

maiores quando associadas a um maior volume de negociações – exatamente o padrão que seria esperado quando parte da mudança de preço é um fenômeno de liquidez. Eles realizam uma regressão de primeiro estágio dos retornos sobre retornos defasados e volume de negociações. O coeficiente no último termo mede a tendência de as negociações de grande volume serem acompanhadas de reversões maiores.

Outra medida de iliquidez, proposta por Amihud, também se concentra na associação entre grandes negociações e movimentos de preço.[31] Sua medida é:

$$\text{ILIQUIDEZ} = \text{Média mensal de diário} \left[\frac{\text{Valor absoluto(Retorno das ações)}}{\text{Volume em dólares}} \right]$$

Essa medida de iliquidez baseia-se no impacto de preço por dólar de transação sobre a ação e pode ser utilizada para avaliar o custo de liquidez e o risco de liquidez.

Por fim, Sadka utiliza dados de uma negociação para outra para conceber uma terceira medida de liquidez.[32] Ele principia com a observação de que parte do impacto de preço, um componente importante do custo de iliquidez, deve-se a informações assimétricas. (Retome nossa discussão sobre liquidez no Capítulo 9 para uma revisão sobre assimetria informacional e *spread* entre preço de compra e venda.) Em seguida, ele utiliza a análise de regressão para separar o componente do impacto de preço devido a problemas de informação. A liquidez das empresas pode aumentar ou diminuir à medida que a prevalência das negociações motivadas por informações variar, dando origem ao risco de liquidez.

É possível calcular a média dessas medidas de liquidez das ações para descobrir medidas de iliquidez do mercado em geral. Com base na iliquidez do mercado, podemos calcular o "beta de liquidez" de qualquer ação específica (a sensibilidade dos retornos a mudanças na liquidez do mercado) e avaliar o impacto do risco de liquidez sobre o retorno esperado. Se as ações com alto beta de liquidez tiverem retornos médios mais altos, concluímos que a liquidez é um "fator precificado", o que significa que a exposição a ela oferece um retorno mais alto para compensar o risco.

Pástor e Stambaugh concluem que o risco de liquidez na verdade é um fator precificado e que o prêmio de risco associado a ela é quantitativamente significativo. Eles classificam as carteiras em decis com base no beta de liquidez e depois calculam o alfa das ações em cada decil utilizando dois modelos que *ignoram* a liquidez: o CAPM e o modelo de três fatores de Fama-French. A Figura 13.6 mostra que o alfa calculado em ambos os modelos aumenta consideravelmente entre os decis do beta de liquidez, uma evidência clara de que, quando se controlam outros fatores, o retorno médio aumenta com o risco de liquidez. Como seria de esperar, a relação o risco de liquidez e o alfa é mais regular no modelo de Fama-French porque ele controla uma gama maior de outras influências sobre o retorno médio.

Pástor e Stambaugh testam também o impacto do beta de liquidez sobre o alfa calculado com o modelo de quatro fatores (que controla igualmente o *momentum*) e obtêm resultados semelhantes. Na verdade, eles propõem que o risco de liquidez pode responder por boa parte da aparente lucratividade da estratégia de *momentum*.

Acharya e Pedersen utilizam a medida de Amihud para testar os efeitos do preço associados com o *nível* médio de iliquidez e um prêmio de risco de liquidez.[33] Eles demonstram que os retornos esperados das ações dependem do nível médio de iliquidez. (A Figura 9.4, no Capítulo 9, mostram um resultado similar.) Contudo, Acharya e Pedersen demonstram que os retornos das ações dependem também de vários betas de liquidez: a sensibilidade da iliquidez de uma ação específica à iliquidez do mercado; a sensibilidade dos retornos das ações à iliquidez do mercado; e a sensibilidade da iliquidez das ações ao retorno do mercado. Eles concluem que acrescentar esses efeitos de liquidez ao CAPM convencional nos permite explicar melhor os retornos esperados dos ativos.

---

[31] Yakov Amihud, "Illiquidity and Stock Returns: Cross-Section and Time-Series Effects", *Journal of Financial Markets*, 5, 2002, pp. 31-56.

[32] Ronnie Sadka, "Momentum and Post-earnings Announcement Drift Anomalies: The Role of Liquidity Risk", *Journal of Financial Economics*, 80, 2006, pp. 309-349.

[33] V. V. Acharya e L. H. Pedersen, "Asset Pricing with Liquidity Risk", *Journal of Financial Economics*, 77, 2005, pp. 375-410.

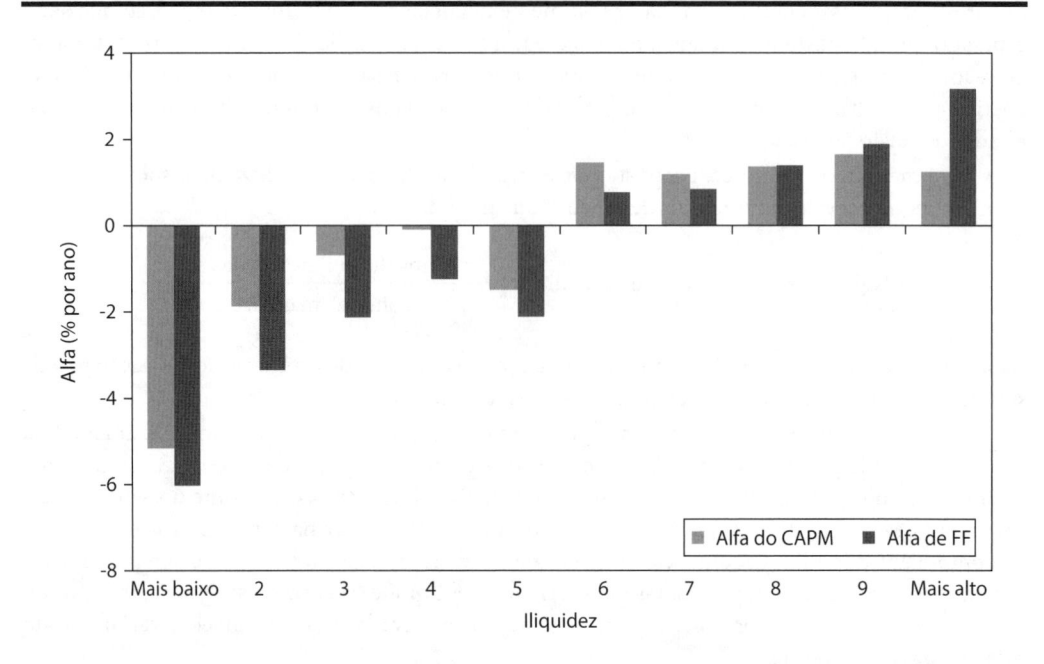

FIGURA 13.6
Alfa de carteiras ponderadas pelo valor, classificadas com base no beta de liquidez

Fonte: L. Pástor e R. F. Stambaugh, "Liquidity Risk and Expected Stock Returns", *Journal of Political Economy*, 111, 2003, pp. 642-685, Tabela 4. Copyright© 2003, The University of Chicago Press.

13.5 Precificação de ativos com base no consumo e enigma do prêmio das ações

Em um artigo clássico, Mehra e Prescott observaram que os retornos em excesso históricos dos ativos de risco nos Estados Unidos são grandes demais para serem coerentes com a teoria econômica e níveis razoáveis de aversão ao risco.[34] Essa observação ficou conhecida como "enigma do prêmio das ações". O debate sobre esse enigma indica que as previsões do prêmio de risco do mercado devem ser inferiores às médias históricas. A questão sobre se os retornos passados oferecem um parâmetro sobre os retornos futuros é significativamente importante para justificar a ampliação do escopo de nossa discussão sobre equilíbrio nos mercados de capitais.

Crescimento do consumo e taxas de retorno do mercado

O ICAPM é deduzido do plano de consumo/investimento ao longo da vida de um consumidor/investidor representativo. O plano de cada indivíduo é definido para maximizar a função de utilidade do consumo ao longo da vida e o consumo/investimento baseia na idade e na riqueza atual, bem como na taxa isenta de risco e no risco e prêmio de risco da carteira de mercado.

O modelo de consumo indica que o que importa para os investidores não é sua riqueza em si, mas seu fluxo de consumo ao longo da vida. Pode haver um lapso entre riqueza e consumo em virtude da variação em fatores como taxa isenta de risco, prêmio de risco da carteira de mercado ou preço dos principais produtos de consumo. Portanto, uma medida do bem-estar do consumidor mais adequada do que a riqueza é o fluxo de consumo com o qual essa riqueza pode arcar.

Em vista dessa estrutura, a generalização do CAPM básico é que, em vez de avaliar o risco do título com base na covariância dos retornos com o retorno do mercado (uma medida que se concentra apenas na riqueza), é melhor utilizarmos a covariância dos retornos com o consumo agregado. Assim sendo, esperamos que o prêmio de risco do índice de mercado esteja relacionado com essa covariância da seguinte maneira:

$$E(r_M) - r_f = A\text{Cov}(r_M, r_C) \qquad (13.10)$$

---

[34] Jarnish Mehra e Edward Prescott, "The Equity Premium: A Puzzle", *Journal of Monetary Economics*, março de 1985.

onde A depende do coeficiente médio da aversão ao risco e r_C é a taxa de retorno de uma carteira de acompanhamento do consumo construída para ter a maior correlação possível com o crescimento no consumo agregado.[35]

A primeira onda de tentativas de avaliação dos modelos de precificação de ativos com base no consumo utilizou dados sobre o consumo diretamente, e não os retornos das carteira de acompanhamento do consumo. De modo geral, esses testes constataram que o CCAPM não é melhor do que o CAPM convencional para explicar os prêmios de risco. O *enigma do prêmio das ações* está relacionado ao fato de, com a utilização de estimativas razoáveis de A, a covariância do crescimento com o retorno do índice de mercado, $Cov(r_M, r_C)$, ser extremamente pequena para justificar os retornos em excesso médios históricos da carteira de índice de mercado, o que é evidenciado no lado esquerdo da Equação 13.10.[36] Portanto, esse enigma em vigor estabelece que esses retornos em excesso médios são muito altos e/ou nossas inferências sobre aversão ao risco são muito baixas.

Pesquisas recentes melhoram em vários sentidos a qualidade dessa estimativa. Primeiro, em vez de utilizar o crescimento do consumo diretamente, utiliza-se uma carteira de acompanhamento do consumo. Os (raros) dados disponíveis sobre consumo agregado são utilizados para construir a carteira de acompanhamento do consumo. Os dados frequentes e precisos sobre o retorno dessas carteiras podem ser utilizados para testar o modelo de precificação de ativos. (Entretanto, qualquer imprecisão na construção das carteiras que imitam o consumo complicará a relação entre retornos dos ativos e risco de consumo.) Por exemplo, um estudo de Jagannathan e Wang concentra-se no consumo de quarto trimestre comparado ano a ano e utiliza uma carteira de acompanhamento do consumo.[37] A Tabela 13.5, extraída do estudo desses autores, mostra que os fatores de Fama-French na realidade estão associados com betas de consumo e também com retornos em excesso. O painel superior contém resultados familiares: se percorrermos cada linha, observare-

TABELA 13.5 Retornos em excesso anuais e betas de consumo

Tamanho	Valor contábil/valor de mercado		
	Baixo	Médio	Alto
Retorno em excesso anual médio* (%)			
Pequeno	6,19	12,24	17,19
Médio	6,93	10,43	13,94
Grande	7,08	8,52	9,5
Beta de consumo*			
Pequeno	3,46	4,26	5,94
Médio	2,88	4,35	5,71
Grande	3,39	2,83	4,41

* Retornos em excesso médios nas 25 carteiras de Fama-French, de 1954 a 2003.

Os betas de consumo foram estimados pela regressão de série temporal

$$R_{i,t} = a_i + \beta_{i,c} g_{ct} + e_{i,t},$$

onde $R_{i,t}$ é o retorno em excesso sobre a taxa isenta de risco e g_{ct} é o crescimento do consumo anual calculado por meio de dados de consumo do quarto trimestre.

Fonte: Ravi Jagannathan e Yong Wang, "Lazy Investors, Discretionary Consumption, and the Cross-Section of Stock Returns", *Journal of Finance*, 62, agosto de 2006, pp. 1.623-1.661.

---

[35] Essa equação é análoga à equação do prêmio de risco no CAPM convencional, isto é, que $E(r_M) - r_f = A\text{Cov}(r_M, r_M) = A\text{Var}(r_M)$. Entretanto, na versão multifatorial do ICAPM, o mercado não é mais eficiente em média-variância, por isso o prêmio de risco do índice de mercado não será proporcional à sua variância. A APT também se aplica a uma relação linear entre prêmio de risco e covariância e fatores relevantes, mas não diz nada a respeito da inclinação da relação porque evita suposições sobre utilidade.

[36] Observe que o CAPM convencional não apresenta esses problemas. No CAPM, $E(r_M) - r_f = A\text{Var}(r_M)$. Um prêmio de risco de 0,085 (8,5%) e desvio-padrão de 0,20 (20% ou variância de 0,04) implica um coeficiente de aversão ao risco de 0,085/0,04 = 2,125, o que é bastante plausível.

[37] Ravi Jagannathan e Yong Wang, "Lazy Investors, Discretionary Consumption, and the Cross-Section of Stock Returns", *Journal of Finance*, 62, agosto de 2006, pp. 1.623-1.661.

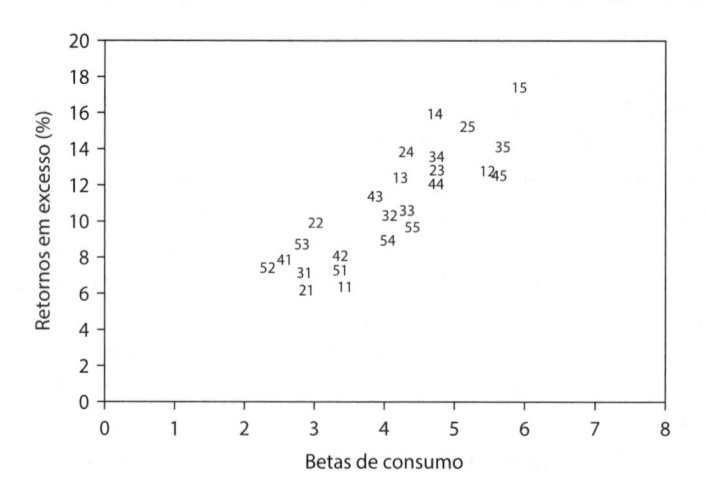

FIGURA 13.7
Cross-section de retornos acionários: 25 carteiras de Fama-French, 1954-2003

Retornos em excesso anuais e betas de consumo. Esta figura representa os retornos em excesso anuais médios de 25 carteiras de Fama-French e o respectivo beta de consumo. Cada número de dois dígitos representa uma carteira. O primeiro dígito refere-se ao quintil de tamanho (1 = menor, 5 = maior) e o segundo refere-se ao quintil do índice de valor contábil/valor de mercado (1 = mais baixo, 5 = mais alto).

mos que os índices de valor contábil/valor de mercado mais altos estão associados com retornos médios mais altos. De modo semelhante, se percorrermos cada coluna, observaremos que tamanhos maiores geralmente indicam retornos médios mais baixos. Os resultados inéditos estão no painel inferior: um índice de valor contábil/valor de mercado alto está associado com um beta de consumo mais alto e um tamanho de empresa maior está associado com um beta de consumo mais baixo. Isso indica que o poder explicativo dos fatores de Fama-French para os retornos médios pode na realidade refletir diferenças no risco de consumo dessas carteiras. A Figura 13.7 mostra que os retornos médios das 25 carteiras de Fama-French estão consistentemente associados com o respectivo beta de consumo. Outros testes divulgados por Jagannathan e Wang mostram que o CCAPM explica melhor os retornos do que o modelo de três fatores de Fama-French, o qual, por sua vez, é superior ao CAPM de fator único.

Além disso, o CCAPM padrão concentra-se em um consumidor/investidor representativo e, portanto, ignora informações sobre investidores heterogêneos com diferentes níveis de riqueza e hábitos de consumo. Para melhorar o poder explicativo do modelo para sobre os retornos, alguns estudos mais recentes consideram várias classes de investidores com diferenças em riqueza e comportamento de consumo. Por exemplo, a covariância entre os retornos do mercado e o consumo é bem maior quando nos concentramos no risco de consumo das famílias que de fato mantêm títulos financeiros[38]. Essa observação atenua o enigma do prêmio de risco das ações.

Retornos esperados *versus* realizados

Fama e French oferecem outra interpretação sobre o enigma do prêmio das ações[39]. Utilizando retornos de índices de ações de 1872 a 1999, eles relatam a taxa isenta de risco média, o retorno médio do mercado de ações (representado pelo índice S&P 500) e o prêmio de risco resultante do período total e dos subperíodos:

Período	Taxa isenta de risco	Retorno do S&P 500	Prêmio das ações
1872-1999	4,87	10,97	6,10
1872-1949	4,05	8,67	4,62
1950-1999	6,15	14,56	8,41

---

[38] C. J. Malloy, T. Moskowitz e A. Vissing-Jørgensen, "Long-Run Stockholder Consumption Risk and Asset Returns", *Journal of Finance*, 64, dezembro de 2009, pp. 2.427-2.480.

[39] Eugene Fama e Kenneth French, "The Equity Premium", *Journal of Finance*, 57, n. 2, 2002.

O grande aumento no retorno em excesso médio das ações após 1949 indica que o enigma do prêmio das ações é amplamente um produto dos tempos modernos.

Fama e French suspeitam de que estimar o prêmio de risco com base nos retornos médios realizados talvez seja o problema. Eles utilizam o modelo de desconto de dividendos de crescimento constante (consulte um livro introdutório de finanças ou o Capítulo Chapter 18) para calcular os retornos esperados e constatam que, para o período de 1872-1949, o modelo de desconto de dividendos (*dividend discount model* – DDM) gera estimativas semelhantes do prêmio de risco *esperado* em comparação com o retorno em excesso médio *realizado*. Contudo, para o período de 1950-1999, o DDM gera um prêmio de risco bem menor, o que leva a crer que o alto retorno em excesso médio talvez tenha superado os retornos que os investidores de fato esperavam obter na época.

No DDM de crescimento constante, a taxa de ganhos de capital esperada sobre as ações será igual à taxa de ganhos de dividendos. Consequentemente, o retorno total esperado sobre as ações da empresa será a soma do rendimento de dividendos (dividendos/preço) com a taxa de crescimento de dividendos esperada, g:

$$E(r) = \frac{D_1}{P_0} + g \qquad (13.11)$$

onde D_1 são os dividendos de fim de ano e P_0 é o preço atual da ação. Fama e French tratam o S&P 500 como representativo de uma empresa média e utilizam a Equação 13.11 para gerar estimativas de $E(r)$.

Para qualquer período de amostra, $t = 1, \ldots, T$, Fama e French estimam o retorno esperado com base na soma do rendimento de dividendos (D_t/P_{t-1}) com a taxa de crescimento de dividendos ($g_t = D_t/D_{t-1} - 1$). Em contraposição, o retorno realizado é o rendimento de dividendos mais a taxa de ganhos de capital ($P_t/P_{t-1} - 1$). Como o rendimento de dividendos é comum a ambas as estimativas, a diferença entre o retorno esperado e realizado é igual à diferença entre as taxas de crescimento e ganhos de capital. Embora o crescimento de dividendos e os ganhos de capital sejam semelhantes no período anterior, os ganhos de capital superam significativamente a taxa de crescimento de dividendos nos tempos modernos. Portanto, Fama e French concluem que o enigma do prêmio das ações pode ser devido em parte a ganhos de capital imprevistos no período posterior.

Eles defendem que as taxas de crescimento de dividendos geram estimativas mais confiáveis sobre os ganhos de capital que os investidores de fato obtêm do que a média dos ganhos de capital realizados. Eles citam três motivos:

1. Os retornos médios realizados em 1950-1999 superaram a taxa de retorno dos investimentos corporativos. Se esses retornos médios fossem representativos das expectativas, seríamos levados a concluir que as empresas estavam voluntariamente envolvidas com investimentos com valor presente líquido negativo.

2. A precisão estatística do DDM é bem maior do que quando se utilizam retornos médios históricos. O erro padrão das estimativas de prêmio de risco baseadas em retornos realizados é consideravelmente superior ao erro padrão com base no modelo de desconto de dividendos (consulte a tabela a seguir).

3. O índice de recompensa/volatilidade (Sharpe) deduzido do DDM é bem mais estável do que o deduzido dos retornos realizados. Se a aversão ao risco permanecer a mesma ao longo do tempo, podemos esperar um índice de Sharpe estável.

A evidência correspondente ao primeiro e ao segundo item é mostrada na tabela a seguir, na qual as estimativas do modelo de desconto de dividendos (DDM) e dos retornos realizados (Realizados) são mostradas lado a lado.

Período	Retorno médio		Erro padrão		Estatística t		Índice de Sharpe	
	DDM	Realizados	DDM	Realizados	DDM	Realizados	DDM	Realizados
1872-1999	4,03	6,10	1,14	1,65	3,52	3,70	0,22	0,34
1872-1949	4,35	4,62	1,76	2,20	2,47	2,10	0,23	0,24
1950-1999	3,54	8,41	1,03	2,45	3,42	3,43	0,21	0,51

O estudo de Fama e French oferece uma explicação simples para o enigma do prêmio das ações, isto é, de que as taxas de retorno observadas na segunda metade do século passado foram inesperadamente altas. Além disso, ele indica que as previsões dos retornos em excesso futuros serão inferiores às médias passadas. (Coincidentemente, esse estudo foi publicado em 1999 e até o momento parece profético em vista dos baixos retornos médios subsequentes gerados desde então.)

Um trabalho de Goetzmann e Ibbotson respalda o argumento de Fama e French[40]. Goetzmann e Ibbotson associam pesquisas que estendem os dados sobre taxas de retorno das ações e obrigações corporativas de longo prazo a 1792. As estatísticas resumidas desses valores entre 1792 e 1925 são as seguintes:

	Média aritmética (%)	Média geométrica (%)	Desvio-padrão (%)
Retorno total da NYSE	7,93	6,99	14,64
Rendimento de obrigações americanas	4,17	4,16	4,17

Essas estatísticas indicam um prêmio de risco bem abaixo da média histórica de 1926-2009 (e muito inferior ao de 1950-1999), que é o período que gera o enigma do prêmio das ações[41]. Portanto, o período ao qual Fama e French se referem quando alegam que as taxas realizadas foram inesperadas na verdade é relativamente curto do ponto de vista histórico.

Viés de sobrevivência

O enigma do prêmio das ações surgiu da média de longo prazo dos retornos das ações americanas. Existem motivos para suspeitar de que essas estimativas de prêmio de risco estão sujeitas ao viés de sobrevivência, visto que os Estados Unidos tem sido defensavelmente o sistema capitalista mais bem-sucedido do mundo, um resultado que provavelmente não teria sido previsto há algumas décadas. Jurion e Goetzmann reuniram dados sobre índices de valorização de capital para o mercado acionário de 39 países, referentes ao período de 1921-1996.[42] A Figura 13.8 mostra que, entre todos os países, as ações dos Estados Unidos apresentaram o retorno real mais alto, 4,3% ao ano, em comparação a uma média de 0,8% para os outros países. Além disso, diferentemente dos Estados Unidos, em muitos outros países o mercado acionário na verdade fechou permanentemente ou ficou suspenso por um período prolongado.

Esses resultados implicam que a utilização dos dados médios dos Estados Unidos pode introduzir uma forma de viés de sobrevivência em nossa estimativa de retornos esperados, porque, diferentemente de vários outros países, os Estados Unidos nunca foram vítima de problemas tão extremos. Estimar prêmios de risco com base na experiência do país mais bem-sucedido e ignorar as evidências dos mercados acionários que não sobreviveram durante o período de amostra completo introduz um viés ascendente nas estimativas de retornos esperados. O alto prêmio acionário realizado nos Estados Unidos pode não ser indicativo dos retornos exigidos.

A título de analogia, pense no efeito do viés de sobrevivência sobre o setor fundos mútuos. Sabemos que algumas empresas regularmente encerram seus fundos mútuos de pior desempenho. Se os estudos sobre desempenho incluírem apenas os fundos mútuos para os quais existem dados disponíveis sobre os retornos referentes ao período de amostra completo, os retornos médios dos fundos que entraram na amostra refletirão o desempenho apenas dos sobreviventes de longo prazo. Quando os fundos que fracassaram são excluídos da amostra, o desempenho médio mensurado dos gestores de fundos mútuos será superior do que se poderia razoavelmente esperar de uma amostra completa de gestores. Pense novamente no quadro "Como Garantir o Sucesso de um Boletim Informativo sobre o Mercado", do Capítulo 11. Se alguém criar vários boletins com uma série de previsões e der continuidade apenas àqueles cujas recomendações se revelarem proveitosas, com base na amostra de sobreviventes *parecerá* que o boletim médio tem capacidade de previsão.

---

[40] William N. Goetzmann e Roger G. Ibbotson, "History and the Equity Risk Premium", *working paper*, Universidade Yale, 18 de outubro de 2005.

[41] A taxa isenta de risco de curto prazo é bem mais difícil de avaliar porque as obrigações de curto prazo nesse período eram muito arriscadas e as taxas médias superavam os rendimentos das obrigações corporativas de longo prazo.

[42] Philippe Jurion e William N. Goetzmann, "Global Stock Markets in the Twentieth Century", *Journal of Finance*, 54, n. 3, junho de 1999.

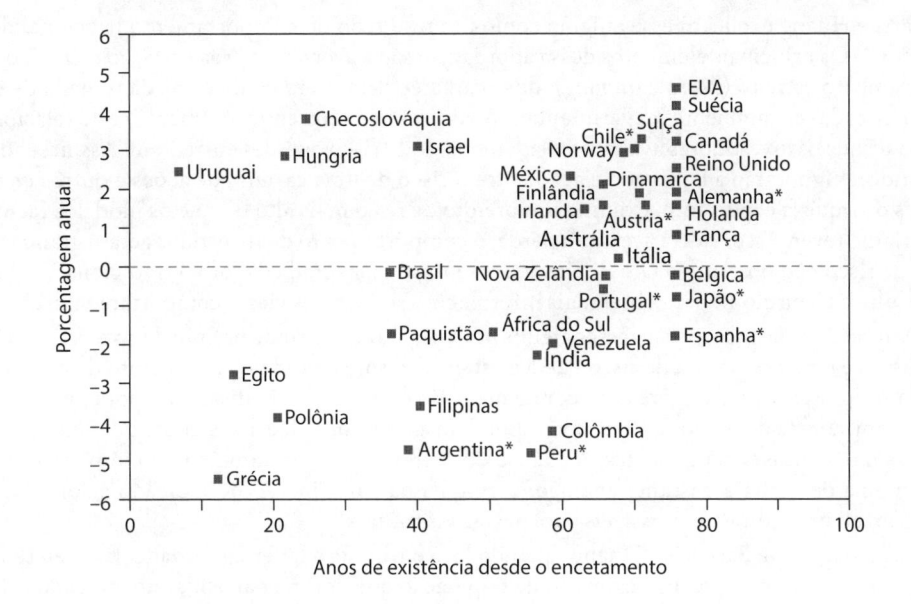

FIGURA 13.8
Retornos reais em mercados acionários globais. Esta figura exibe os retornos reais médios de 39 mercados ao longo do período de 1921 a 1996. Os mercados são classificados pelo número de anos de existência. O gráfico mostra que os mercados com longo histórico normalmente têm retornos mais altos. O asterisco indica que o mercado sofreu uma ruptura de longo prazo

Ampliações do CAPM podem resolver o enigma do prêmio das ações

Constantinides defende que o CAPM padrão pode ser ampliado para levar em conta os retornos em excesso observados se atenuar alguns de seus pressupostos, mais especificamente reconhecendo que os consumidores enfrentam choques de renda não seguráveis e idiossincráticos – por exemplo, perda de emprego.[43] A probabilidade de tais acontecimentos é mais alta em recessões econômicas e essa observação nos ajuda muito a compreender as médias e variâncias dos retornos dos ativos e sua variação ao longo do ciclo econômico.

Além disso, as considerações sobre ciclo de vida são fundamentais e com frequência negligenciadas. As restrições à contratação de empréstimos tornam-se importantes quando analisadas no contexto do ciclo de vida. O "consumidor representativo" imaginário que mantém toda a riqueza do mercado de ações e obrigações não enfrenta restrições à contratação de empréstimos. Entretanto, o consumidor jovem enfrenta restrições significativas à contratação de empréstimos. Constantinides delineia o impacto dessas restrições sobre o prêmio das ações, a demanda de obrigações e a limitada participação de vários consumidores nos mercados de capitais. Por fim ele mostra que acrescentar a formação de hábitos à função de utilidade convencional ajuda a explicar os prêmios de risco mais altos do que aqueles que seriam justificados pela covariância dos retornos das ações com o crescimento do consumo agregado. Ele defende que a integração dos conceitos de formação de hábitos, mercados incompletos, ciclo de vida, restrições à contratação de empréstimos e outros motivos de limitada participação no mercado acionário é uma perspectiva promissora para estudar os preços dos ativos e seus retornos, tanto teórica quanto empiricamente, dentro da classe de modelos de precificação de ativos racionais.

Liquidez e enigma do prêmio das ações

Vimos que o risco de liquidez é provavelmente importante para explicar o *cross-section* dos retornos acionários. O prêmio de iliquidez pode ser da mesma ordem de magnitude que o prêmio de risco do mercado. Portanto, a prática usual de tratar o retorno em excesso médio sobre um índice de mercado como uma estimativa de prêmio de risco em si é quase que certamente muito simplista. Parte do retorno em excesso médio é quase que certamente uma compensação ao risco de *liquidez*, e não apenas à *volatilidade* (sistemática) dos retornos. Se isso for reconhecido, o enigma do prêmio das ações talvez não seja tanto um enigma quanto a princípio parece.

---

[43] George M. Constantinides, "Understanding the Equity Risk Premium Puzzle", em Rajnish Mehra (ed.), *Handbooks in Finance: Handbook of the Equity Risk Premium* (Amsterdã: Elsevier, 2008), pp. 331-359.

Explicações comportamentais sobre o enigma do prêmio das ações

Barberis e Huang explicam esse enigma como um resultado do comportamento irracional do investidor.[44] Os principais elementos dessa abordagem são a aversão à perda e a visão estreita ou enquadramento estreito (*narrow framing*), duas características bem conhecidas da tomada de decisões arriscadas em ambientes experimentais. A visão estreita (ou enquadramento) está relacionada à ideia de que os investidores avaliam isoladamente todo risco que eles enfrentam. Assim sendo, os investidores ignorarão a baixa correlação entre o risco de uma carteira de ações e outros componentes de riqueza e, portanto, exigirão um prêmio de risco mais alto do que os modelos racionais poderiam prever. Associado à aversão à perda, o comportamento do investidor gerará grandes prêmios de risco não obstante o fato de a aversão ao risco mensurada da forma tradicional ser baixa. (Consulte o Capítulo 12 para obter mais informações sobre esses vieses comportamentais.)

Os modelos que incorporam esses efeitos podem gerar um grande prêmio de risco acionário de equilíbrio e uma taxa isenta de risco baixa e estável, mesmo quando o crescimento do consumo é regular e apresenta pouca correlação com o mercado de ações. Além disso, eles podem assim proceder com valores de referência que correspondem a previsões plausíveis de atitudes em relação a apostas monetárias independentes. A análise do prêmio das ações também tem implicações para um enigma de carteira bastante análogo, o enigma da participação no mercado acionário. Eles propõem algumas direções possíveis para pesquisas futuras.

A abordagem de Barberis e Huang, quando leva em conta a heterogeneidade das preferências, consegue explicar por que um segmento da população que deveria participar do mercado acionário ainda o evita. A visão estreita também explica a desconexão entre crescimento do consumo e taxas de retorno do mercado. A avaliação isolada do retorno do mercado acionário ignora o pequeno impacto sobre o consumo por meio de atenuações e outras proteções. A aversão à perda que agrava a falta de utilidade das perdas em relação a um ponto de referência amplia esse efeito. O desenvolvimento de um corpo de publicações empíricas sobre os princípios dessa teoria pode determinar a validade das implicações do enigma do prêmio das ações.

RESUMO

1. Embora a relação entre retorno esperado-beta de fator único não tenha sido confirmada por critérios científicos, sua utilização já é comum na comunidade econômica.
2. Os primeiros testes do CAPM de fator único rejeitaram a SML, constatando que o risco não sistemático estava relacionado com os retornos médios dos títulos.
3. Posteriormente, os testes de controle do erro de mensuração do beta constataram que o risco não sistemático não explica os retornos das carteiras, mas também que a SML estimada é muito nivelada em comparação com a que seria prevista pelo CAPM.
4. A crítica de Roll implica que o teste usual do CAPM é um teste apenas da eficiência de média-variância de um *representante* pré-especificado do mercado e que, portanto, a relação entre retorno esperado-beta não está associada com a validade do modelo.
5. Os testes de eficiência de média-variância de carteiras gerenciadas profissionalmente em comparação com a referência de um índice de mercado pré-especificado conformam-se com a crítica de Roll porque oferecem evidências sobre a eficiência do índice de mercado. Evidências empíricas indicam que o desempenho da maioria das carteiras gerenciadas profissionalmente é superado pelos índices de mercado, o que corrobora a eficiência desses índices e, por conseguinte, o CAPM.
6. Os testes do modelo de índice único que leva em conta o capital humano e variações cíclicas no beta dos ativos são bem mais coerentes com a APT e o CAPM de índice único. Esses testes indicam que as variáveis macroeconômicas extramercado não são necessárias para explicar os retornos esperados. Além disso, anomalias como o efeito de tamanho e de índice de valor contábil/valor de mercado desaparecem assim que essas variáveis são levadas em conta.
7. Os modelos multifatoriais predominantes atualmente são variações do modelo de Fama-French e incorporam fatores como mercado, tamanho, valor, *momentum* e, algumas vezes, liquidez. O debate sobre se os retornos associados com esses fatores extramercado refletem prêmios de risco racionais ou um erro de apreçamento induzido por comportamentos continua.
8. O enigma do prêmio das ações provém da observação de que os retornos das ações superavam a taxa isenta de risco em um nível incoerente com os níveis razoáveis de aversão ao risco – pelo menos quando se considera que as taxas de retorno médias representam as expectativas. Fama e French mostram que o enigma surge principalmente dos retornos em excesso dos últimos 50 anos. Outras estimativas de retorno esperado que utilizam o modelo de crescimento de dividendos em vez de retornos médios indicam que os retornos em excesso das ações eram altos em virtude dos grandes ganhos de capital. Esse estudo indica que os retornos em excesso futuros serão inferiores aos realizados em décadas recentes.
9. As primeiras pesquisas sobre os modelos de precificação de ativos financeiros baseados no consumo foram desalentadoras, mas os trabalhos mais recentes são bem mais encorajadores. Em alguns estudos, os betas de consumo explicam os retornos médios de carteira e também o modelo de três fatores de Fama-French. Esses resultados respaldam a conjectura de Fama e French de que seus fatores representam mais fontes de risco fundamentais.

Sites relacionados a este capítulo estão disponíveis em **www.grupoa.com.br**

---

[44] Nicholas Barberis e Ming Huang, "The Loss Aversion/Narrow Framing Approach to the Equity Premium Puzzle", em Rajnish Mehra (ed.), *Handbooks in Finance: Handbook of the Equity Risk Premium* (Amsterdã: Elsevier, 2008), pp. 199-229.

PALAVRAS-CHAVE
erro de referência   regressão de primeira verificação   regressão de segunda verificação

EQUAÇÕES BÁSICAS

Equação da regressão de primeira verificação: $r_{it} - r_{ft} = a_i + b_i(r_{Mt} - r_{ft}) + e_{it}$

Equação da regressão de segunda verificação: $\overline{r_t - r_f} = \gamma_0 + \gamma_1 b_i$

Modelo de três fatores de Fama-French: $E(r_i) - r_f = a_i + b_i[E(r_M) - r_f] + s_i E[\text{SMB}] + h_i E[\text{HML}]$

CONJUNTO DE PROBLEMAS

Básicos

1. Suponhamos que você constate, tal como as pesquisas indicam, que na regressão transversal do CAPM os coeficientes das cargas fatoriais no modelo de Fama-French são previsores significativos dos fatores de retorno médio (além do beta de consumo). Como você explicaria esse fenômeno?
2. Procure na internet um gráfico recente de volatilidade do mercado. O que esse histórico indica a respeito do histórico de crescimento do consumo?

Intermediários

As taxas de retorno em excesso anuais a seguir foram obtidas de nove ações individuais e de um índice de mercado:

Ano	Índice de mercado	Retornos em excesso das ações (%)								
		A	B	C	D	E	F	G	H	I
1	29,65	33,88	−25,20	36,48	42,89	−39,89	39,67	74,57	40,22	90,19
2	−11,91	−49,87	24,70	−25,11	−54,39	44,92	−54,33	−79,76	−71,58	−26,64
3	14,73	65,14	−25,04	18,91	−39,86	−3,91	−5,69	26,73	14,49	18,14
4	27,68	14,46	−38,64	−23,31	−0,72	−3,21	92,39	−3,82	13,74	0,09
5	5,18	15,67	61,93	63,95	−32,82	44,26	−42,96	101,67	24,24	8,98
6	25,97	−32,17	44,94	−19,56	69,42	90,43	76,72	1,72	77,22	72,38
7	10,64	−31,55	−74,65	50,18	74,52	15,38	21,95	−43,95	−13,40	28,95
8	1,02	−23,79	47,02	−42,28	28,61	−17,64	28,83	98,01	28,12	39,41
9	18,82	−4,59	28,69	−0,54	2,32	42,36	18,93	−2,45	37,65	94,67
10	23,92	−8,03	48,61	23,65	26,26	−3,65	23,31	15,36	80,59	52,51
11	−41,61	78,22	−85,02	−0,79	−68,70	−85,71	−45,64	2,27	−72,47	−80,26
12	−6,64	4,75	42,95	−48,60	26,27	13,24	−34,34	−54,47	−1,50	−24,46

3. Faça as regressões de primeira verificação e tabule as estatísticas resumidas.
4. Especifique as hipóteses para um teste de regressão de segunda verificação da SML.
5. Realize a regressão de segunda verificação da SML fazendo a regressão do retorno em excesso médio de cada carteira em relação ao seu beta.
6. Resuma os resultados de seu teste e compareos com os resultados relatados no corpo do texto.
7. Reúna nove ações em três carteiras, maximizando a dispersão dos betas das três carteiras resultantes. Repita o teste e explique qualquer mudança nos resultados.
8. Explique a crítica de Roll tal como ela se aplica aos testes realizados nos Problemas 3 a 7.
9. Represente a linha do mercado de capitais (CML), as nove ações e as três carteiras em um gráfico dos retornos médios *versus* desvio-padrão. Compare a eficiência de média-variância das três carteiras e o índice de mercado. A comparação respalda o CAPM?

Suponhamos que, além do fator de mercado que foi considerado nos Problemas 3 a 9, um segundo fator seja considerado. Os valores desse fator para os anos 1 a 12 foram os seguintes:

Ano	% Variação no valor do fator	Ano	% Variação no valor do fator
1	−9,84	7	−3,52
2	6,46	8	8,43
3	16,12	9	8,23
4	−16,51	10	7,06
5	17,82	11	−15,74
6	−13,31	12	2,03

10. Faça as regressões de primeira verificação tal como Chen, Roll e Ross e tabule as estatísticas resumidas relevantes. (*Dica:* Utilize uma regressão múltipla tal como em um programa convencional de planilha eletrônica. Estime o beta das 12 ações nos dois fatores.)

11. Especifique a hipótese para um teste de regressão de segunda verificação da SML de dois fatores.
12. Os dados indicam uma economia de dois fatores?
13. Você consegue identificar uma carteira fatorial para o segundo fator?

Difíceis

14. Suponhamos que você tenha um negócio próprio, que hoje constitui metade de seu patrimônio líquido. Com base no que você aprendeu neste capítulo, como você estruturaria sua carteira de ativos financeiros?

CFA® PROBLEMS

1. Identifique e discorra brevemente sobre as três críticas a respeito da forma como o beta é utilizado no modelo de precificação de ativos financeiros.
2. Richard Roll, em um artigo em que utilizou o modelo de precificação de ativos financeiros (CAPM) para avaliar o desempenho de carteiras, indicou que talvez não seja possível avaliar a capacidade da função de gestão de carteiras se houver um erro na referência utilizada.
   a. Avalie o desempenho de uma carteira e descreva o procedimento geral, enfatizando a referência utilizada.
   b. Explique o que Roll queria dizer com erro de referência e identifique o problema específico nessa referência.
   c. Desenhe um gráfico que mostre como uma carteira que foi considerada superior em relação a uma linha do mercado de títulos (SML) "mensurada" pode ser inferior com relação à SML "verdadeira".
   d. Suponhamos que você seja informado de que determinada carteira foi considerada superior quando comparada com o índice industrial Dow Jones, o S&P 500 e o índice composto da NYSE. Explique se esse consenso o faria se sentir tranquilo em relação à verdadeira capacidade do gestor de carteira.
   e. Embora reconheçam o possível problema dos erros de referência apontados por Roll, alguns defendem que isso não significa que o CAPM está incorreto, mas apenas que existe um problema de mensuração na implementação da teoria. Outros sustentam que, em virtude dos erros de referência, a técnica como um todo deve ser invalidada. Assuma uma dessas posturas e defenda-a.
3. Bart Campbell, CFA e gestor de carteira, recentemente se reuniu com uma possível cliente, Jane Black. Depois de analisar o desempenho da SML, utilizando o índice industrial Dow Jones para representar o mercado, Jane alega ter obtido um desempenho superior. Campbell utiliza o modelo de precificação de ativos financeiros como medida de desempenho de investimento e constata que a carteira de Jane fica abaixo da SML. Ele conclui que o aparente desempenho superior obtido por Jane se deve à especificação incorreta do representante de mercado, e não a uma gestão de investimentos de melhor qualidade. Justifique a conclusão de Campbell abordando os prováveis efeitos da especificação incorreta de um representante de mercado sobre o beta e a inclinação da SML.

SOLUÇÕES PARA AS REVISÕES DE CONCEITOS

1. A SCL é estimada para cada ação; portanto, precisamos calcular 100 equações. Nossa amostra compreende 60 taxas de retorno mensais para cada uma das 100 ações e para o índice de mercado. Portanto, cada regressão é estimada com 60 observações. A Equação 13.1 no texto mostra que, quando expressa em forma de retorno em excesso, a SCL deve passar pela origem, isto é, ter intercepto zero.

2. Quando a SML tem intercepto positivo e sua inclinação é inferior ao retorno em excesso médio sobre a carteira de mercado, ela é mais plana do que a prevista pelo CAPM. Portanto, as ações com beta baixo ofereceram retornos em média mais altos do que deveriam se avaliadas com base em seu beta. Em contraposição, as ações com beta alto ofereceram retornos em média mais altos do que deveriam se avaliadas com base em seu beta. O coeficiente positivo em γ_2 implica que as ações com valores mais altos de risco específico à empresa tinham em média retornos mais altos. Obviamente, esse padrão viola as previsões do CAPM.

3. a. De acordo com a Equação 13.5, γ_0 é o retorno médio obtido sobre uma ação com beta zero e risco específico à empresa igual a zero. Segundo o CAPM, essa deve ser a taxa isenta de risco, que, para o período de 1946-1955, foi de 9 pontos-base ou 0,09% ao mês (consulte a Tabela 13.1). De acordo com o CAPM, γ_1 deve ser igual ao prêmio de risco de mercado médio, que, para o período de 1946-1955, foi de 103 pontos-base ou 1,03% ao mês. Por fim, o CAPM prevê que γ_3, o coeficiente do risco específico à empresa, deve ser zero.

   b. Um coeficiente positivo no beta ao quadrado indicaria uma relação não linear entre risco e retorno. Os títulos com beta alto ofereceriam retornos esperados mais do que proporcionais ao risco. Um coeficiente positivo em $\sigma(e)$ indicaria que o risco específico à empresa afeta o retorno esperado, uma contradição direta ao CAPM e à APT.

14

Preço e rendimento das obrigações

NOS CAPÍTULOS ANTERIORES sobre a relação entre risco e retorno, utilizamos um alto nível de abstração para analisarmos os títulos. Assumimos implicitamente que uma análise prévia detalhada de cada título já havia sido realizada e que suas características de risco e retorno haviam sido avaliadas.

Agora nos voltamos para análises específicas de determinados mercados de títulos. Examinamos os princípios de avaliação, os determinantes de risco e retorno e as estratégias de carteira normalmente empregadas dentro e entre os vários mercados.

Analisamos primeiramente os *títulos de dívida*. Um título de dívida representa o direito a um determinado fluxo de renda periódico. Esses títulos com frequência são chamados de *títulos de renda fixa* porque prometem um fluxo de renda fixo ou um fluxo de renda determinado de acordo com uma fórmula específica. A vantagem é que eles são relativamente fáceis de entender porque as respectivas fórmulas de pagamento são especificadas com antecedência. A incerteza quanto aos fluxos de caixa é mínima porque a capacidade creditícia do emissor do título é adequada. Isso torna esses títulos um ponto de partida conveniente para a nossa análise sobre o universo de possíveis veículos de investimento.

Uma obrigação é um título de dívida básico, e este capítulo inicia-se com uma visão geral do universo de mercados de obrigações, como obrigações do Tesouro, corporativas e internacionais. Em seguida nos voltamos para a determinação de preço das obrigações, mostrando como os preços são fixados de acordo com as taxas de juros do mercado e por que eles mudam com essas taxas. Com essas informações básicas, podemos comparar as várias medidas de retorno das obrigações, como rendimento até o vencimento, rendimento até o resgate antecipado, retorno do período de manutenção do investimento ou taxa de retorno composta realizada. Demonstramos como os preços das obrigações evoluem com o tempo, analisamos determinadas regras tributárias que se aplicam aos títulos de dívida e mostramos como os retornos após os impostos são calculados. Em seguida, consideramos o impacto do risco de inadimplência ou de crédito sobre a determinação de preço das obrigações e examinamos os determinantes de risco de crédito e o prêmio de inadimplência que estão embutidos nos rendimentos das obrigações. O risco de crédito é central tanto nas obrigações de dívida garantidas quanto nos *swaps* de risco de incumprimento. Por isso, examinamos também esses instrumentos.

14.1 Características das obrigações

Obrigação é um título emitido relativamente a um acordo de empréstimo. O tomador de empréstimo emite (isto é, vende) uma obrigação para o concessor de empréstimo por uma quantia em dinheiro; a obrigação é uma nota promissória assinada pelo devedor. O acordo obriga o emissor a fazer pagamentos específicos ao obrigacionista em datas específicas. Uma obrigação de cupom típica obriga o emissor a realizar pagamentos semestrais de juros ao obrigacionista ao longo do tempo de existência da obrigação. Eles são assim chamados porque, antes do advento do computador, a maioria das obrigações vinha com cupons que os investidores costumavam destacar e apresentar para reivindicar o pagamento de juros. Na data de vencimento de uma obrigação, o emissor quita a dívida pagando o **valor nominal** da obrigação (equivalentemente, seu **valor de**

face). A **taxa de cupom** da obrigação determina o pagamento de juros: o pagamento anual é igual à taxa de cupom vezes o valor nominal da obrigação. A taxa de cupom, a data de vencimento e o valor nominal da obrigação fazem parte da **escritura de emissão** da obrigação entre o emissor e o obrigacionista.

A título de exemplo, considere uma obrigação com valor nominal de US$ 1.000 e taxa de cupom de 8% que pode ser vendida a um comprador por US$ 1.000. O obrigacionista então tem direito a um pagamento de 8% sobre US$ 1.000 ou US$ 80 por ano ao longo da existência especificada da obrigação, digamos 30 anos. O pagamento de US$ 80 normalmente ocorre em duas parcelas semestrais de US$ 40. Ao final de 30 anos de existência da obrigação, o emissor também paga o valor nominal de US$ 1.000 ao obrigacionista.

Geralmente, as obrigações são emitidas com taxas de cupom suficientemente altas para induzir os investidores a pagar o valor nominal na compra da obrigação. Entretanto, algumas vezes são emitidas **obrigações de cupom zero**, isto é, que não fazem nenhum pagamento de cupom. Nesse caso, os investidores recebem o valor nominal na data de vencimento, mas não recebem nenhum pagamento de juros até então: a obrigação tem uma taxa de cupom zero. Essas obrigações são emitidas por preços consideravelmente abaixo do valor nominal e o retorno do investidor provém apenas da diferença entre o preço da emissão e o pagamento do valor nominal no vencimento. Voltaremos a falar dessas obrigações mais adiante.

Obrigações e notas do Tesouro

A Figura 14.1 mostra parte de uma listagem de emissões do Tesouro. As notas do Tesouro são emitidas com vencimentos originais de 1 a 10 anos, enquanto as obrigações do Tesouro são emitidas com vencimentos entre 10 e 30 anos. Tanto as obrigações quanto as notas podem ser compradas diretamente do Tesouro com valores nominais de apenas US$ 100, mas os de US$ 1.000 são bem mais comuns. Ambas fazem pagamentos de cupom semestrais.

A obrigação realçada na Figura 14.1 vence em 31 de julho de 2018. Sua taxa de cupom é 2,25%. O valor nominal normalmente é US$ 1.000. Portanto, a obrigação paga juros de US$ 22,50 ao ano em dois pagamentos semestrais de US$ 11,25. Os pagamentos são realizados em janeiro e julho de cada ano. Embora as obrigações geralmente sejam vendidas pelo valor nominal de US$ 1.000, os preços de compra e de venda são cotados como porcentagem do valor nominal.[1] Desse modo, o preço de venda corresponde a 108,5391% do valor nominal ou US$ 1.085,391. O incremento de

FIGURA 14.1
Preços e rendimentos das obrigações do Tesouro dos Estados Unidos

COTAÇÕES DO TESOURO DOS ESTADOS UNIDOS					
VENCIMENTO	CUPOM	PREÇO DE COMPRA	PREÇO DE VENDA	VARIAÇÃO	RENDIMENTO EXIGIDO
13 jun. 15	1,125	100,8203	100,8281	0,0078	0,177
15 jan. 15	0,250	100,0391	100,0469	0,0547	0,231
30 jun. 16	1,500	104,1563	104,1875	0,1016	0,421
31 jul. 18	2,250	108,4922	108,5391	0,0938	0,790
15 nov. 18	9,000	150,3750	150,4219	0,1719	0,770
15 fev. 21	7,875	154,2344	154,3281	0,1875	1,172
15 fev. 26	6,000	149,1484	149,2266	0,1484	1,869
15 maio 30	6,250	160,2190	161,0000	0,0781	2,117
15 fev. 36	4,500	138,4063	138,4844	0,1641	2,362
15 maio 42	3,000	108,8047	108,8672	0,1328	2,572

Fonte: The Wall Street Journal Online, 31 de julho de 2012. Dados reimpressos com permissão da Dow Jones & Company, Inc.© 2012 Dow Jones & Company. Todos os direitos reservados mundialmente.

---

[1] Lembre-se de que o preço de compra é o preço pelo qual você pode vender a obrigação a um distribuidor. O preço de venda, que é um pouco mais alto, é o preço pelo qual você pode comprar a obrigação de um distribuidor.

> **EXEMPLO 14.1** || Juros acumulados
>
> Digamos que a taxa de cupom seja de 8%. Desse modo, o cupom anual será US$ 80 e o pagamento de cupom semestral será US$ 40. Como já se passaram 30 dias desde o último pagamento de cupom, os juros acumulados sobre a obrigação são US$ 40 × (30/182) = US$ 6,59. Se o preço cotado da obrigação for US$ 990, o preço de faturamento será US$ 990 + US$ 6,59 = US$ 996,59.

preço mínimo ou *tick* na listagem do *The Wall Street Journal* é 1/128. Portanto, pode-se considerar também que essa obrigação está sendo vendida por 10869_{128}% do valor nominal.[2]

A última coluna, intitulada "Rendimento Exigido", refere-se ao rendimento da obrigação até o vencimento com base no preço de venda. O rendimento até o vencimento é interpretado como uma medida da taxa média de retorno para um investidor que comprou a obrigação pelo preço de venda e a mantém até a data de vencimento. A seguir, teremos muito a dizer sobre o "rendimento até o vencimento".

Juros acumulados e preços de obrigação cotados Os preços de obrigação que você vê cotados nas páginas das publicações financeiras não são realmente os preços que os investidores pagam pela obrigação. Isso se explica pelo fato de o preço cotado não incluir os juros que são acumulados entre as datas de pagamento de cupom.

Se uma obrigação for comprada entre as datas de pagamento de cupom, o comprador deverá pagar juros acumulados ao vendedor, que é uma proporção rateada do cupom semestral que está por vir. Por exemplo, se já tiverem passado 30 dias desde o último pagamento de cupom e houver 182 dias no período de cupom semestral, o vendedor terá direito a um pagamento de juros acumulados de 30/182 do cupom semestral. A venda, ou o preço de *faturamento* da obrigação seria igual ao preço declarado (algumas vezes chamado de *preço sem acréscimo*) mais os juros acumulados.

Em geral, a fórmula da quantia de juros acumulados entre duas datas é

$$\text{Juros acumulados} = \frac{\text{Pagamento de cupom anual}}{2} \times \frac{\text{Dias desde o último pagamento de cupom}}{\text{Dias entre os pagamentos de cupom}}$$

A prática de cotar preços de obrigação sem os juros acumulados explica por que o preço da obrigação que está para vencer é listado como US$ 1.000 e não como US$ 1.000 mais um pagamento de cupom. O comprador de uma obrigação com cupom de 8% um dia antes do respectivo vencimento receberia US$ 1.040 no dia seguinte (valor nominal mais juros semestrais) e, portanto, estaria disposto a pagar o preço total de US$ 1.040 pela obrigação. O preço da obrigação é cotado sem os juros acumulados nas páginas financeiras e, por isso, aparece como US$ 1.000.[3]

Obrigações corporativas

Tal como o governo, as empresas tomam dinheiro emprestado emitindo obrigações. A Figura 14.2 apresenta um exemplo de listagem de algumas obrigações corporativas negociadas ativamente. Embora algumas obrigações sejam negociadas eletronicamente na plataforma NYSE Bonds, a maioria é negociada no mercado de balcão, por uma rede de distribuidores interligados por um sistema de cotação computadorizado. Na prática, o mercado de obrigações pode ser bastante "esparso", no sentido de que há poucos investidores interessados em negociar uma obrigação específica em um momento específico.

---

[2] As obrigações negociadas em bolsas de valores formais estão sujeitas a um *tick* mínimo definido pela bolsa. Por exemplo, o incremento de preço mínimo no contrato de futuros de obrigações de dois anos do Tesouro (negociado na Câmara de Comércio de Chicago) é 1/128, embora as obrigações do Tesouro de prazo mais longo tenham *ticks* maiores. Os investidores privados negociam seu próprio *tick*. Por exemplo, é possível encontrar cotações de preço nas telas da Bloomberg com *ticks* tão baixos quanto 1/256.

[3] Diferentemente das obrigações, as ações não são negociadas por preços sem acréscimo, com ajustes para "dividendos acumulados". Quem quer que possua uma ação "ex-dividendos" receberá todo o pagamento de dividendos, e o preço da ação refletirá o valor dos dividendos futuros. Portanto, o preço normalmente cai para um valor próximo ao dos dividendos na "data ex". Com relação às ações, não há necessidade de fazer a diferenciação entre os preços divulgados e os preços de faturamento.

FIGURA 14.2 Listagem de obrigações corporativas

NOME DO EMISSOR	SÍMBOLO	CUPOM	VENCIMENTO	MOODY'S/S&P/ FITCH	ALTA	BAIXA	ÚLTIMA	VARIAÇÃO	RENDIMENTO %
WACHOVIA CORP GLOBAL MTN	WFC.PO	5,500%	Maio 2013	A2 /A+ /AA–	103,7060	103,4240	103,6590	1,3090	0,5662
GOLDMAN SACHS GROUP INC	GD.AEH	5,750%	Jan. 2022	A3 /A– /A	111,8040	100,3290	109,4040	0,2034	4,5187
ANHEUSER BUSCH INBEV WORLDWIDE	BUD 3876843	2,500%	Jul. 2022	A3 /A /A	104,1200	101,8410	102,1360	0,4110	2,2590
JP MORGAN CHASE & CO	JPM.KPG	4,750%	Maio 2013	A2 /A /A+	103,1790	102,6250	103,1790	0,2720	0,4663
HOUSEHOLD FIN CORP	HBC.IGQ	4,750%	Jul. 2013	Baa1 /A /AA–	105,3220	103,0760	103,3780	0,2280	1,1635
ANHEUSER BUSCH INBEV WORLDWIDE	BUD3876840	1,375%	Jul. 2017	A3 /A /A	101,3000	100,9150	101,0460	–0,0820	1,1569

Fonte: Autoridade Regulatória do Setor Financeiro (FINRA), 1º de agosto de 2012.

A listagem de obrigações da Figura 14.2 inclui o cupom, o vencimento, o preço e o rendimento até o vencimento de cada obrigação. A coluna "Classificação" é a estimativa de segurança da obrigação oferecida pelas três principais agências de classificação de obrigações: Moody's, Standard & Poor's e Fitch. As obrigações com graduações de A são mais seguras do que aquelas com classificação B ou inferior. Como regra geral, as obrigações mais seguras e com classificação mais alta prometem menores rendimentos até o vencimento do que outras obrigações com vencimento semelhante. Voltaremos a esse assunto no final deste capítulo.

Cláusulas de resgate de obrigações corporativas Algumas obrigações corporativas são emitidas com cláusulas de resgate, possibilitando que o emissor recompre a obrigação por um *preço de resgate* específico antes da data de vencimento. Por exemplo, se uma empresa emitir uma obrigação com uma alta taxa de cupom quando as taxas de juros do mercado estiverem em alta, e as taxas de juros posteriormente caírem, essa empresa pode querer quitar a dívida com cupom alto e emitir novas obrigações com uma taxa de cupom mais baixa para reduzir os pagamentos de juros. Isso é chamado de *refinanciamento*. As **obrigações resgatáveis** normalmente têm um período de proteção contra resgate durante o qual as obrigações não podem ser resgatadas. Essas obrigações são chamadas de obrigações com resgate *diferido*.

> **REVISÃO DE CONCEITOS 14.1**
>
> Suponhamos que a Verizon emita duas obrigações com taxas de cupom e datas de vencimento idênticas. Entretanto, uma obrigação é resgatável e a outra não. Qual obrigação será vendida por um preço mais alto?

A opção de resgatar uma obrigação é importante para a empresa, pois permite que ela recompre as obrigações e as refinancie com taxas de juros mais baixas quando as taxas do mercado caem. É evidente que o que é vantagem para empresa representa um encargo para o obrigacionista. Os detentores de obrigações resgatadas devem abrir mão de suas obrigações pelo preço de resgate, renunciando à atraente taxa de cupom sobre seu investimento original. Para compensar os investidores por esse risco, as obrigações resgatáveis antecipadamente são emitidas com rendimentos até o vencimento e cupons mais altos do que os das obrigações não resgatáveis.

Obrigações conversíveis As **obrigações conversíveis** oferecem aos obrigacionistas a opção de trocar cada obrigação por um número específico de ações ordinárias da empresa. O *índice de conversão* é o número de ações pelas quais cada obrigação pode ser trocada. Suponhamos que uma obrigação conversível seja emitida pelo valor nominal de US$ 1.000 e possa ser convertida em 40 ações de uma empresa. O preço atual da ação é US$ 20 cada. Portanto, a opção de converter não é lucrativa nesse momento. Entretanto, se posteriormente o preço da ação subir para US$ 30, cada obrigação poderá ser convertida com lucro em US$ 1.200 em ações. O *valor de conversão de mercado* é o valor atual das ações pelas quais as obrigações podem ser trocadas. Com um preço de ação de US$ 20, por exemplo, o valor de conversão da obrigação é US$ 800. O *prêmio de conversão* é o excedente do valor da obrigação em relação ao seu valor de conversão. Se a obrigação estivesse sendo vendida atualmente por US$ 950, seu prêmio seria US$ 150.

Os obrigacionistas beneficiam-se da valorização de preço das ações da empresa. Obviamente, o seguro tem um preço: as obrigações conversíveis oferecem taxas de cupom mais baixas e rendimentos até o vencimento declarados ou prometidos também mais baixos do que os das obrigações não conversíveis. Entretanto, o retorno real sobre a obrigação conversível pode superar o rendimento até o vencimento declarado se a opção de conversão tornar-se lucrativa.

Analisaremos mais detalhadamente as obrigações conversíveis e resgatáveis no Capítulo 20.

Obrigações com opção de venda Enquanto uma obrigação resgatável oferece ao emissor a opção de estender ou quitar a obrigação na data de resgate, a obrigação *extensível* ou **com opção de venda** oferece essa opção ao obrigacionista. Se a taxa de cupom da obrigação superar os rendimentos atuais do mercado, por exemplo, o obrigacionista optará por estender a duração da obrigação. Se a taxa de cupom da obrigação for muito baixa, o ideal é não estender; em vez disso, o obrigacionista reclama o principal, que pode ser investido pelos rendimentos atuais.

Obrigações com taxa flutuante As **obrigações com taxa flutuante** realizam pagamentos de juros vinculados a alguma medida das taxas de mercado atuais. Por exemplo, a taxa pode ser ajustada anualmente à taxa atual das letras do Tesouro mais 2%. Se a taxa de um ano das letras do Tesouro na data do ajuste fosse 4%, a taxa de cupom da obrigação no próximo ano seria 6%. Esse esquema significa que a obrigação sempre paga um valor aproximado ao das taxas de mercado atuais.

O principal risco da obrigação com taxa flutuante está relacionado com mudanças na força financeira da empresa. O *spread* de rendimento é fixado sobre a vida do título, que pode ser de vários anos. Se a saúde financeira da empresa deteriorar, os investidores exigirão um prêmio de rendimento maior do que o oferecido pelo título. Nesse caso, o preço da obrigação cairá. Embora a taxa de cupom das obrigações com taxa flutuante se ajuste às mudanças no nível geral das taxas de juros do mercado, ela não se ajusta às mudanças na condição financeira da empresa.

Ações preferenciais

Embora a rigor as ações preferenciais sejam consideradas patrimônio, com frequência elas são incluídas no universo de renda fixa. Isso ocorre porque, como as obrigações, as ações preferenciais prometem pagar um fluxo de dividendos específico. Contudo, ao contrário das obrigações, a falta de pagamento dos dividendos prometidos não provoca falência corporativa. Em vez disso, os dividendos devidos simplesmente se acumulam e os acionistas ordinários podem não receber nenhum dividendo até que os acionistas preferenciais tenham sido pagos integralmente. Em caso de falência, a prioridade dos acionistas preferenciais de reivindicar os ativos da empresa é menor em comparação à dos obrigacionistas e maior em relação à dos acionistas ordinários.

As ações preferenciais normalmente pagam dividendos fixos. Portanto, na verdade, essas ações são uma perpetuidade e, por isso, oferecem fluxo de caixa indefinidamente. Em contraposição, as ações preferenciais com taxa flutuante são bem parecidas com as obrigações com taxa flutuante. A taxa de dividendos está vinculada a uma medida das taxas de juros atuais do mercado e é ajustada regularmente.

Ao contrário dos pagamentos de juros sobre obrigações, os dividendos sobre as ações preferenciais não são considerados despesas dedutíveis de imposto da empresa. Isso diminui sua atratividade como fonte de capital para as empresas emissoras. Entretanto, existe uma vantagem fiscal compensadora nas ações preferenciais. Quando uma corporação compra uma ação preferencial de outra corporação, ela paga impostos sobre somente 30% dos dividendos recebidos. Por exemplo, se a alíquota de imposto da empresa for 35% e ela receber US$ 10 mil em pagamentos de dividendos preferenciais, pagará impostos sobre apenas US$ 3 mil dessa renda: o total de impostos devidos sobre a renda será 0,35 × US$ 3.000 = US$ 1.050. Portanto, a alíquota de imposto efetiva da empresa sobre os dividendos preferenciais será apenas 0,30 × 35% = 10,5%. Com essa regra fiscal, não é de surpreender que a maioria das ações preferenciais esteja nas mãos das corporações.

As ações preferenciais raramente oferecem aos detentores privilégios plenos de votação na empresa. Porém, se os dividendos preferenciais forem ignorados, os acionistas preferenciais podem ter algum poder de voto.

Outros emissores domésticos

Evidentemente, existem vários emissores de obrigações além do Tesouro e das corporações privadas. Por exemplo, os governos estaduais e municipais emitem obrigações. A principal característica dessas obrigações é que os pagamentos de juros são isentos de impostos. Examinamos as obrigações municipais, a importância da isenção de impostos e o rendimento tributável equivalente sobre essas obrigações no Capítulo 2.

As agências governamentais, como o Banco Federal de Hipotecas Residenciais (Federal Home Loan Bank – FHLB), as agências de crédito agrícola Farm Credit e as agências de repasse de hipotecas Ginnie Mae, Fannie Mae e Freddie Mac, também emitem um número considerável de obrigações. Essas agências foram igualmente analisadas no Capítulo 2.

Obrigações internacionais

As obrigações internacionais normalmente são divididas em duas categorias: *obrigações estrangeiras* e *euro-obrigações*. As obrigações estrangeiras são emitidas por um tomador de empréstimo de um país diferente daquele em que a obrigação é vendida. A obrigação é emitida na moeda do país em que ela é negociada. Por exemplo, se uma empresa alemã vender uma obrigação emitida em dólar nos Estados Unidos, ela será considerada uma obrigação estrangeira. Essas obrigações recebem nomes pitorescos conforme o país em que são negociadas. Por exemplo, as ações estrangeiras vendidas nos Estados Unidos são chamadas de *obrigações ianques*. Tal como outras obrigações vendidas nos Estados Unidos, elas são registradas na Comissão de Valores Mobiliários (Securities and Exchange Commission – SEC). As obrigações emitidas em iene e vendidas no Japão por emissores não japoneses são chamadas *obrigações samurai*. As obrigações estrangeiras emitidas em libra esterlina e vendidas no Reino Unidos são chamadas de *obrigações buldogue*.

Diferentemente das obrigações estrangeiras, as euro-obrigações são emitidas em uma moeda, normalmente a do emissor, mas vendidas em outros mercados nacionais. Por exemplo, o mercado de eurodólar refere-se às obrigações emitidas em dólar vendidas fora dos Estados Unidos (e não apenas na Europa), apesar de Londres ser o maior mercado de obrigações em eurodólar. Como o mercado de eurodólar está fora da jurisdição dos Estados Unidos, essas obrigações não são regulamentadas por agências federais americanas. De forma semelhante, as obrigações em euroiene são emitidas em iene e vendidas fora do Japão. As obrigações euroesterlinas são euro-obrigações emitidas em libra esterlina e vendidas fora do Reino Unido, e assim por diante.

Inovação no mercado de obrigações

Os emissores sempre criam obrigações inovadoras e com características incomuns. Isso demonstra que a estrutura das obrigações pode ser muito flexível. Veja a seguir exemplos de algumas obrigações recentes. Eles provavelmente lhe darão uma ideia do potencial de variedade na estrutura das obrigações.

Obrigações flutuantes reversas São parecidas com as obrigações com taxa flutuante que descrevemos anteriormente, mas a taxa de cupom sobre essas obrigações *cai* quando o nível geral das taxas de cupom sobe. Os investidores desse tipo de obrigação sofrem em dobro quando as taxas sobem. À medida que a taxa de desconto sobe, não apenas o valor presente de cada unidade monetária do fluxo de caixa da obrigação cai, mas o nível desses fluxos de caixa também cai. (Obviamente, os investidores dessas obrigações beneficiam-se em dobro quando a taxa cai.)

Obrigações garantidas por ativos A Miramax emitiu obrigações com taxas de cupom atreladas ao desempenho financeiro do filme *Pulp Fiction* e ao de outros filmes. A Domino's Pizza emitiu obrigações com pagamentos garantidos por receitas de suas franquias de *pizza*. Esses são exemplos de títulos garantidos por ativos. A renda de um grupo específico de ativos é utilizada para garantir a dívida. Os títulos mais convencionais garantidos por ativos são os títulos garantidos por hipotecas ou por empréstimos de veículo ou de cartão de crédito, tal como analisamos no Capítulo 2.

Obrigações catástrofe A Oriental Land Company, que gerencia a Disneylândia Tóquio, emitiu obrigações em 1999 com um pagamento final que dependia da ocorrência de terremoto próximo ao parque. Mais recentemente, a Federação Internacional de Futebol Associado (Fifa) emitiu obrigações catástrofe com pagamentos que seriam interrompidos se o terrorismo forçasse o cancelamento da Copa do Mundo de 2006. Essas obrigações são uma forma de transferir "o risco de catástrofe" da empresa para os mercados de capitais. Os investidores dessas obrigações recebem compensação em forma de taxas de cupom mais altas pelo fato de assumirem esse risco. Contudo, se houver uma catástrofe, os obrigacionistas abrirão mão de todo ou de parte de seus investimentos. Pode-se definir um "desastre" com base nos prejuízos segurados ou em critérios como velocidade do vento em um furacão ou nível de um terremoto na escala Richter. A emissão de obrigações catástrofe cresceu subitamente em anos recentes porque os emissores procuraram alternativas para distribuir seus riscos em um espectro mais amplo do mercado de capitais.

Obrigações indexadas Esse tipo de obrigação realiza pagamentos que estão atrelados a um índice geral de preços ou ao preço de uma *commodity* específica. Por exemplo, o México emitiu obrigações com pagamentos que dependem do preço do petróleo. Algumas obrigações são indexadas de acordo com o nível geral de preços. O Tesouro dos Estados Unidos começou a emitir obrigações indexadas pela inflação em janeiro de 1997. Elas são chamadas de títulos do Tesouro protegidos contra a inflação (*Treasury inflation protected securities* – TIPS). Ao atrelar o valor nominal da obrigação ao nível geral de preços, os pagamentos de cupom sobre essas obrigações, e também o repagamento final do valor nominal, aumentaram de maneira diretamente proporcional ao índice de preço ao consumidor. Desse modo, a taxa de juros sobre essas obrigações é uma taxa real isenta de risco.

Para mostrar como os TIPS funcionam, considere uma obrigação recém-emitida com vencimento de três anos, valor nominal de US$ 1.000 e taxa de cupom de 4%. Para simplificar, vamos admitir que a obrigação faça pagamentos de cupom anuais. Suponha que a inflação será de 2%, 3 e 1% nos três anos seguintes. A Tabela 14.1 mostra como os fluxos de caixa da obrigação serão calculados. O primeiro pagamento é feito no final do primeiro ano, em $t = 1$. Como a inflação durante o ano foi de 2%, o valor nominal da obrigação aumentou de US$ 1.000 para US$ 1.020. Como a taxa de cupom é de 4%, o pagamento de cupom é 4% desse valor ou US$ 40,80. Observe que o valor nominal aumenta de acordo com a taxa de inflação e, como os pagamentos de cupom equivalem a 4% do valor nominal, eles também aumentam proporcionalmente ao nível geral de preços. Portanto, os fluxos de caixa pagos pela obrigação são fixados em termos *reais*. Quando a obrigação vence, o investidor recebe um pagamento de cupom final de US$ 42,44 mais o repagamento (indexado pelo nível de preços) do principal de US$ 1.061,11.[4]

A taxa de retorno *nominal* da obrigação no primeiro ano é

$$\text{Retorno nominal} = \frac{\text{Juros} + \text{Valorização do preço}}{\text{Preço inicial}} = \frac{40{,}80 + 20}{1.000} = 6{,}08\%$$

A taxa de retorno real é precisamente o rendimento real de 4% sobre a obrigação:

$$\text{Retorno real} = \frac{1 + \text{Retorno nominal}}{1 + \text{Inflação}} - 1 = \frac{1{,}0608}{1{,}02} = 0{,}04 \text{ ou } 4\%$$

De forma semelhante (consulte o Problema 18 no final deste capítulo), podemos demonstrar que a taxa de retorno em cada um dos três anos é 4%, desde que o rendimento real sobre a obrigação permaneça constante. Se os rendimentos reais de fato mudarem, haverá ganhos ou perdas de capital sobre a obrigação. Em meados de 2013, o rendimento real sobre obrigações TIPS de longo prazo foi inferior a 0,5%.

TABELA 14.1 Pagamentos do principal e de juros de um título do Tesouro protegido contra a inflação

Tempo	Inflação ao término do ano (%)	Valor nominal (US$)	Pagamento de cupom (US$)	+	Reembolso do principal (US$)	=	Pagamento total (US$)
0		1.000,00					
1	2	1.020,00	40,80		0		40,80
2	3	1.050,60	42,02		0		42,02
3	1	1.061,11	42,44		1.061,11		1.103,55

---

[4] A propósito, a renda nominal total (isto é, o cupom mais o aumento do principal naquele ano) é tratada como renda tributável em cada ano.

14.2 Determinação de preço das obrigações

Como uma obrigação é um cupom e todos os repagamentos do principal ocorrem meses ou anos depois, o preço que um investidor estaria disposto a pagar para ter direito sobre esses pagamentos depende do valor em dinheiro a ser recebido no futuro em comparação com o valor em dinheiro disponível no presente. Esse cálculo do "valor presente" depende, por sua vez, das taxas de juros do mercado. Como já vimos no Capítulo 5, a taxa nominal de juros isenta de risco é igual à soma de (1) uma taxa real de retorno isenta de risco e (2) um prêmio acima da taxa real para compensar a inflação esperada. Além disso, como a maioria das obrigações não é isenta de risco, a taxa de desconto incluirá um prêmio adicional que reflete características específicas das obrigações, como risco de inadimplência, liquidez, atributos fiscais, risco de resgate antecipado e assim por diante.

Simplificaremos por ora supondo que existe uma taxa de juros apropriada para descontar fluxos de caixa de qualquer vencimento, mas podemos flexibilizar essa suposição facilmente. Na prática, pode haver muitas taxas de desconto distintas para fluxos de caixa que se acumulam em períodos diferentes. Entretanto, por enquanto ignoraremos essa distinção.

Para orçar um título, descontamos seus fluxos de caixa esperados utilizando as taxas de desconto apropriadas. Os fluxos de caixa de uma obrigação englobam os pagamentos de cupom até a data de vencimento mais o pagamento final do valor nominal. Portanto,

Valor da obrigação = Valor presente dos cupons + Valor presente do valor nominal

Se chamarmos a data de vencimento de T e a taxa de juros de r, o valor da obrigação pode ser expresso como

$$\text{Valor da obrigação} = \sum_{t=1}^{T} \frac{\text{Cupom}}{(1+r)^t} + \frac{\text{Valor nominal}}{(1+r)^T} \qquad (14.1)$$

O sinal de somatório na Equação 14.1 nos orienta a adicionar o valor presente de cada pagamento de cupom; cada cupom é descontado com base no tempo que levará para que seja pago. O primeiro termo no lado direito da Equação 14.1 é o valor presente de uma anuidade. O segundo termo é o valor presente de uma única quantia, o pagamento final do valor nominal da obrigação.

Você deve se lembrar, com base em alguma aula introdutória de finanças, de que o valor presente de uma anuidade de US\$ 1 que dura T períodos quando a taxa de juros é igual a r é $\frac{1}{r}\left[1 - \frac{1}{(1+r)^T}\right]$. Chamamos essa expressão de *fator de anuidade do* período T para uma taxa de juros r.[5] De modo semelhante, chamamos $\frac{1}{(1+r)^T}$ de *fator PV*, isto é, o valor presente (*present value* – PV) de um único pagamento de US\$ 1 a ser recebido em T períodos. Portanto, podemos expressar o preço da obrigação como

$$\text{Preço} = \text{Cupom} \times \frac{1}{r}\left[1 - \frac{1}{(1+r)^T}\right] + \text{Valor nominal} \times \frac{1}{(1+r)^T} \qquad (14.2)$$

$$= \text{Cupom} \times \text{Fator de anuidade}\,(r,T) + \text{Valor nominal} \times \text{Fator PV}(r, T)$$

---

[5] Apresentamos aqui uma rápida derivação da fórmula do valor presente de uma anuidade. Uma anuidade que dura T períodos pode ser vista como equivalente a uma perpetuidade cujo primeiro pagamento ocorre no final do período atual *menos* outra perpetuidade cujo primeiro pagamento só ocorre no final do primeiro ($T + 1$) período. A perpetuidade imediata após a dedução da perpetuidade atrasada oferece exatamente T pagamentos. Sabemos que o valor de US\$ 1 por perpetuidade de período é US\$ $1/r$. Portanto, o valor presente da perpetuidade atrasada é US\$ $1/r$ descontados os períodos T adicionais, ou $\frac{1}{r} \times \frac{1}{(1+r)^T}$. O valor presente da anuidade é o valor presente da primeira perpetuidade menos o valor presente da perpetuidade atrasada, ou $\frac{1}{r}\left[1 - \frac{1}{(1+r)^T}\right]$.

EXEMPLO 14.2 || Determinação de preço das obrigações

Analisamos anteriormente uma obrigação com cupom de 8% e 30 anos de vencimento, com valor nominal de US$ 1.000 e pagamentos de cupom semestrais de US$ 40 cada. Suponhamos que a taxa de juros anual seja 8% ou $r = 4\%$ por semestre. Portanto, o valor da obrigação pode ser expresso como:

$$\text{Preço} = \sum_{t=1}^{60} \frac{\text{US\$ } 40}{(1,04)^t} + \frac{\text{US\$ } 1.000}{(1,04)^{60}} \tag{14.3}$$

$$= \text{US\$ } 40 \times \text{Fator de anuidade}(4\%, 60) + \text{US\$ } 1.000 \times \text{Fator PV}(4\%, 60)$$

É fácil confirmar que o valor presente dos 60 pagamentos semestrais de US$ 40 de cada cupom da obrigação equivale a US$ 904,94 e que o pagamento final de US$ 1.000 do valor nominal apresenta um valor presente de US$ 95,06, para um valor total de obrigação de US$ 1.000. Você pode calcular o valor diretamente utilizando a Equação 14.2, qualquer calculadora financeira (consulte o Exemplo 14.3 logo a seguir), um programa de planilha (consulte o quadro "Aplicações Excel") ou um conjunto de tabelas de valor presente.

Nesse exemplo, a taxa de cupom é igual à taxa de juros do mercado e o preço da obrigação é igual ao valor nominal. Se a taxa de juros não fosse igual à taxa de cupom da obrigação, a obrigação não seria vendida pelo valor nominal. Por exemplo, se a taxa de juros subisse para 10% (5% por semestre), o preço da obrigação cairia US$ 189,29 – isto é, para US$ 810,71 –, da seguinte maneira:

= US$ 40 × Fator de anuidade(5%, 60) + US$ 1.000 × Fator PV(5%, 60) (60)
= US$ 757,17 + US$ 53,54 = US$ 810,71

Com uma taxa de juros mais alta, o valor presente dos pagamentos a serem recebidos pelo detentor é menor. Portanto, o preço das obrigações cai à medida que a taxa de juros do mercado aumenta. Isso demonstra uma regra geral fundamental na avaliação de obrigações.[6]

EXEMPLO 14.3 || Determinando o preço de uma obrigação com uma calculadora financeira

Para encontrar o preço da obrigação, quando a taxa de juros anual do mercado é 8%, você inseriria os seguintes dados (em qualquer ordem):

n	60	Como a obrigação vence em 30 anos, ela faz 60 pagamentos semestrais.
i	4	A taxa de juros de mercado *semianual* é 4%.
FV	1.000	A obrigação oferecerá um fluxo de caixa único de US$ 1.000 quando vencer.
PMT	40	O pagamento de cupom semestral é US$ 40.

Na maioria das calculadoras, agora você pressiona a tecla "compute" (calcular), indicada como "COMP" ou "CPT", e insere o valor presente para obter o preço da obrigação, isto é, o valor presente de hoje dos fluxos de caixa da obrigação. Se você fizer isso, deverá encontrar −1.000. O sinal negativo significa que, embora o investidor receba fluxos de caixa da obrigação, o preço pago para *comprá-la* é uma *saída* de caixa ou um fluxo de caixa negativo.

Se você desejar encontrar o valor da obrigação com uma taxa de juros de 10% (a segunda parte do Exemplo 14.2), bastar inserir 5% para a taxa de juros semianual (digite "5" e depois "*i*"). Quando você calcular o valor presente, verá que ele é igual a −810,71.

Os preços das obrigações são cansativos de calcular sem uma planilha ou calculadora financeira, mas são fáceis com ambas. As calculadoras financeiras criadas com as fórmulas de valor presente e valor futuro já programadas podem simplificar consideravelmente os cálculos com os quais acabamos de nos confrontar no Exemplo 14.2. Uma calculadora financeira básica utiliza cinco teclas correspondentes aos dados de problemas de valor do dinheiro no tempo, como a determinação de preço das obrigações:

1. *n* é o número de períodos. No caso de uma obrigação, *n* é igual ao número de períodos até o vencimento da obrigação. Se a obrigação fizer pagamentos semestrais, *n* será o número de períodos semestrais ou, de forma equivalente, o número de pagamentos de cupom semestrais.

---

[6] Veja uma armadilha que se deve evitar: você não deve confundir a taxa de cupom da obrigação, que determina os juros pagos ao obrigacionista, com a taxa de juros do mercado. Assim que uma obrigação é emitida, sua taxa de cupom é fixada. Quando a taxa de juros do mercado aumenta, os investidores descontam qualquer pagamento fixo utilizando uma taxa de desconto mais alta, o que significa que o valor presente e os preços das obrigações diminuem.

Por exemplo, se uma obrigação tivesse 10 anos até o vencimento, você inseriria 20 para *n*, visto que cada período de pagamento refere-se a um semestre.

2. *i* é a taxa de juros por período, expressa como porcentagem (não como decimal). Por exemplo, se a taxa de juros fosse 6%, você digitaria 6, e não 0,06.

3. *PV* é o valor presente (*present value*). Muitas calculadoras exigem que o valor presente seja inserido como número negativo, reconhecendo o fato de que a compra de uma obrigação é uma *saída de caixa*, enquanto o recebimento de pagamentos de cupom e do valor de face são *entradas de caixa*.

4. *FV* é o valor futuro (*future value*) ou valor de face da obrigação. Em geral, o valor futuro é interpretado como um único pagamento futuro de um fluxo de caixa, o qual, para as obrigações, é o valor de face (isto é, nominal).

5. *PMT* é a quantia de qualquer pagamento recorrente. Para obrigações com cupom, o PMT é o pagamento de cupom; para obrigações de cupom zero, o PMT será zero.

Para quaisquer desses quatro dados, a calculadora resolverá o quinto. Podemos demonstrar com a obrigação do Exemplo 14.2.

> **REVISÃO DE CONCEITOS 14.2**
>
> Calcule o preço de uma obrigação de 30 anos e cupom de 8% considerando uma taxa de juros de mercado semestral de 3%. Compare os ganhos de capital referentes a uma taxa de juros menor com as perdas incorridas quando a taxa aumenta para 5%.

A Figura 14.3 mostra o preço de uma obrigação de 30 anos com cupom de 8% para uma série de taxas de juros que inclui a de 8%, caso em que a obrigação é vendida pelo valor nominal, e a de 10%, em que a obrigação é vendida por US$ 810,71. A inclinação negativa mostra a relação inversa entre preços e rendimentos. A forma da curva na Figura 14.3 indica que um aumento na taxa de juros provoca uma queda de preços menor do que o ganho de preço decorrente de uma queda de idêntica magnitude na taxa de juros. Essa propriedade dos preços das obrigações é chamada de *convexidade* por causa da forma convexa da curva de preço da obrigação. Essa curvatura reflete o fato de aumentos progressivos na taxa de juros provocarem reduções progressivamente menores no preço da obrigação.[7] Portanto, a curva de preço fica mais achatada com taxas de juros mais altas. Voltaremos a falar sobre convexidade no Capítulo 16.

As obrigações corporativas normalmente são emitidas pelo valor nominal. Isso significa que os subscritores da emissão da obrigação (as empresas que comercializam as obrigações junto ao

FIGURA 14.3
Relação inversa entre os preços e os rendimentos de uma obrigação. Preço de uma obrigação de cupom de 8% pago semestralmente e com vencimento em 30 anos

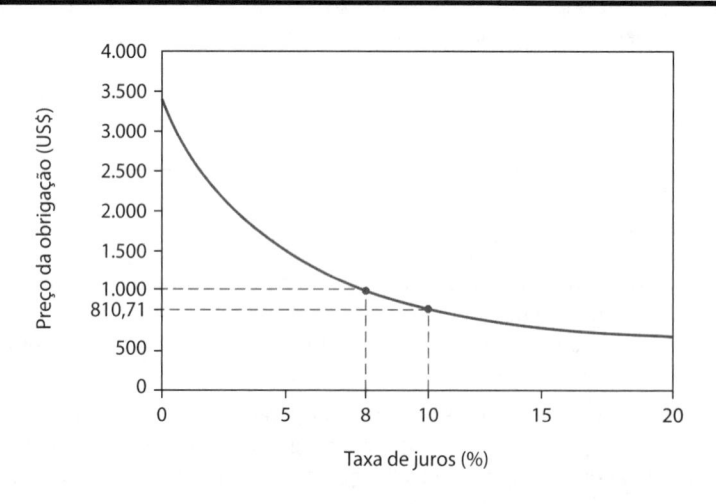

---

[7] O impacto progressivamente menor dos aumentos nas taxas de juros decorre em grande medida do fato de a obrigação valer menos com taxas mais altas. Portanto, um aumento adicional nas taxas operaria com uma base inicial menor, e isso resulta em uma redução de preços menor.

TABELA 14.2 Preços de obrigações com diferentes taxas de juros (obrigações com cupom de 8%, pago semestralmente)

Prazo até o vencimento	2%	4%	6%	8%	10%
1 ano	1.059,11	1.038,83	1.019,13	1.000,00	981,41
10 anos	1.541,37	1.327,03	1.148,77	1.000,00	875,35
20 anos	1.985,04	1.547,11	1.231,15	1.000,00	828,41
30 anos	2.348,65	1.695,22	1.276,76	1.000,00	810,71

público em nome da corporação emissora) devem escolher uma taxa de cupom que se aproxime o máximo possível dos rendimentos do mercado. Em uma primeira emissão, os subscritores tentam vender as obrigações recém-emitidas diretamente aos seus clientes. Se a taxa de cupom for inadequada, os investidores não pagarão o valor nominal das obrigações.

Depois que as obrigações são emitidas, os obrigacionistas podem comprá-las ou vendê-las em mercados secundários. Nesses mercados, o preço da obrigação flutua inversamente à taxa de juros do mercado.

A relação inversa entre preço e rendimento é uma característica fundamental dos títulos de renda fixa. As flutuações na taxa de juros representam a principal fonte de risco no mercado de renda fixa. Por isso, no Capítulo 16, dedicaremos especial atenção à avaliação da suscetibilidade dos preços das obrigações aos rendimentos do mercado. Contudo, por enquanto apenas ressaltamos um fator fundamental que determina essa suscetibilidade – o vencimento da obrigação.

Uma regra geral é que, se todos os outros fatores permanecerem iguais, quanto maior o prazo de vencimento da obrigação, maior será a suscetibilidade do respectivo preço a flutuações na taxa de juros. Por exemplo, considere a Tabela 14.2, que apresenta o preço de uma obrigação com cupom de 8% e diferentes rendimentos de mercado e prazos de vencimento. Para qualquer desvio da taxa de juros de 8% (a taxa pela qual a obrigação é vendida pelo valor nominal), a mudança no preço da obrigação é maior para prazos de vencimento mais extensos.

Isso faz sentido. Se você comprar a obrigação pelo valor nominal com uma taxa de cupom de 8% e em seguida as taxas de mercado subirem, terá prejuízo: você empatou seu dinheiro para ganhar 8% quando outros investimentos oferecem retornos mais altos. Isso se reflete em uma perda de capital sobre a obrigação – uma queda em seu preço de mercado. Quanto mais extenso o período durante o qual seu dinheiro fica empatado, maior a perda e, correspondentemente, maior a queda do preço da obrigação. Na Tabela 14.2, a linha de obrigações com vencimento em um ano mostra pouca suscetibilidade do preço – ou seja, com apenas um ano de lucro em jogo, as mudanças na taxa de juros não são tão ameaçadoras. Porém, para obrigações com vencimento em 30 anos, as mudanças na taxa de juros têm um impacto maior sobre os preços das obrigações. A força do desconto é maior para as obrigações de mais longo prazo.

É por isso que os títulos de curto prazo do Tesouro – por exemplo, as letras – são considerados os mais seguros. Eles são isentos não apenas do risco de inadimplência, mas também e em grande medida do risco de preço atribuível à volatilidade da taxa de juros.

Determinação de preço das obrigações entre datas de cupom

A Equação 14.2, referente ao preço das obrigações, supõe que o pagamento de cupom subsequente ocorre precisamente em um período de pagamento, isto é, em um ano para uma obrigação de pagamento anual ou em seis meses para uma obrigação de pagamento semestral. Contudo, provavelmente você desejará determinar o preço das obrigações em todos os 365 dias do ano, e não apenas em uma ou duas datas do ano em que é feito um pagamento de cupom!

Em princípio, o fato de uma obrigação estar entre datas de cupom não afeta o problema de determinação de preço. O procedimento é sempre o mesmo: calcule o valor presente de cada pagamento remanescente e some. No entanto, se você estiver entre datas de cupom, haverá períodos fracionários remanescentes antes de cada pagamento, e isso complica os cálculos aritméticos.

Felizmente, a maioria dos programas de planilha como o Excel oferece funções para a determinação de preço das obrigações. As planilhas permitem que você inclua a data do dia atual e a data de vencimento da obrigação e, portanto, podem calcular o preço das obrigações em qualquer data. O quadro a seguir mostra como.

APLICAÇÕES EXCEL: Determinação de preço das obrigações

O Excel e a maioria dos programas de planilha oferecem funções predefinidas para o cálculo de preço e rendimento das obrigações. Normalmente, o Excel solicita que você insira tanto a data de compra da obrigação (chamada de *data de liquidação*) quanto a data de vencimento da obrigação. A função de determinação de preço do Excel é

= PREÇO(data de liquidação, data de vencimento, taxa de cupom anual, rendimento até o vencimento, valor de resgate como porcentagem do valor nominal, número de pagamentos anuais de cupom)

Para a obrigação realçada na Figura 14.1, com cupom de 2,25% e vencimento em julho de 2018, inseriríamos os valores da Planilha 14.1. (Observe que nas planilhas, devemos inserir as taxas de juros em decimal, e não em porcentagem.) Opcionalmente, poderíamos apenas inserir a seguinte função no Excel:

= PREÇO(DATA(31,7,2012), DATA(31,7,2018), 0,0225, 0,0079, 100, 2)

A função DATA no Excel, que utilizamos tanto para a data de liquidação quanto para a data de vencimento, usa o formato DATA (dia, mês, ano). A primeira data é 31 de julho de 2012, quando a obrigação pode ser comprada, e a segunda é 31 de julho de 2018, quando vence. A maioria das obrigações paga cupons no 15º ou no último dia útil do mês.

Observe que a taxa de cupom e o rendimento até o vencimento são expressos em decimal e não em porcentagem. Na maioria dos casos, o valor de resgate é 100 (isto é, 100% do valor nominal) e o preço resultante também é expresso como porcentagem do valor nominal. Entretanto, de vez em quando você pode se deparar com obrigações que são pagas com um prêmio ou com desconto no valor nominal. Um exemplo seriam as obrigações resgatáveis das quais falamos brevemente.

O valor da obrigação apresentado pela função de determinação de preço é 108,5392 (célula B12), que é quase igual ao preço divulgado na Tabela 14.1. (O rendimento até o vencimento é divulgado com apenas três casas decimais, e isso gera um pequeno erro de arredondamento.) Essa obrigação acabou de pagar um cupom. Em outras palavras, a data de liquidação é precisamente no início do período de cupom, de modo que nenhum ajuste aos juros acumulados é necessário.

Para mostrar o procedimento para obrigações entre pagamentos de cupom, considere a obrigação com cupom de 6,25% de maio de 2030, que também aparece na Figura 14.1. Utilizando as entradas na coluna D da planilha, verificamos na célula D12 que o preço (sem acréscimo) da obrigação é 161,002, o qual, exceto por um pequeno erro de arredondamento, corresponde ao preço indicado na figura.

E quanto ao preço de faturamento da obrigação? As linhas 13 a 16 fazem os ajustes necessários. A função descrita na célula C13 conta os dias desde o último cupom. Essa contagem de dias baseia-se na data de liquidação, na data de vencimento, no período de cupom (1 = anual; 2 = semestral) e na convenção para a contagem de dias (a opção 1 utiliza dias reais) da obrigação. A função descrita na célula C14 conta o total de dias em cada período de pagamento de cupom. Portanto, as entradas de juros acumulados na coluna 15 são os cupons semestrais multiplicados pela fração de um período de cupom já transcorrido desde o último pagamento. Por último, os preços de faturamento na linha 16 são a soma do preço sem acréscimo mais os juros acumulados.

A título de exemplo final, suponhamos que você deseja descobrir o preço da obrigação no Exemplo 14.2, que é uma obrigação com vencimento em 30 anos e taxa de cupom de 8% (paga semestralmente). A taxa de juros do mercado dada na última parte do exemplo é 10%. Entretanto, não lhe é apresentada nenhuma data específica de pagamento ou vencimento. Ainda assim você pode utilizar a função PREÇO para determinar o valor da obrigação. Basta escolher uma data de liquidação *arbitrária* (1º de janeiro de 2000 é conveniente) e deixar a data de vencimento em 30 anos. Os dados apropriados aparecem na coluna F da planilha, com o preço resultante, 81,0707% do valor nominal, na célula F16.

eXcel PLANILHA 14.1 Determinação de preço de obrigações no Excel

	A	B	C	D	E	F	G
1	Obrigação com cupom de 2,25%,			Obrigação com cupom de 6,25%,		Obrigação com cupom de 8%,	
2	vencimento em 31 de julho de 2018		Fórmula na coluna B	vencimento em maio de 2030		vencimento em 30 anos	
3							
4	Data de liquidação	31/7/2012	=DATA (31,7,2012)	31/7/2012		1º/1/2000	
5	Data de vencimento	31/7/2018	=DATA (31,7,2018)	15/5/2030		1º/1/2030	
6	Taxa de cupom anual	0,0225		0,0625		0,08	
7	Rendimento até o vencimento	0,0079		0,02117		0,1	
8	Valor de resgate (% do valor nominal)	100		100		100	
9	Pagamentos anuais de cupom	2		2		2	
10							
11							
12	Preço sem acréscimo (% do valor nominal)	108,5392	=PREÇO(B4,B5,B6,B7,B8,B9)	161,0020		81,0707	
13	Dias desde o último cupom	0	=CUPDATANT(B4,B5,2,1)	77		0	
14	Dias no período do cupom	184	=CUPDIASINLIQ(B4,B5,2,1)	184		182	
15	Juros acumulados	0	=(B13/B14)*B6*100/2	1,308		0	
16	Preço de faturamento	108,5392	=B12+B15	162,3097		81,0707	

Tal como mencionamos, os preços das obrigações normalmente são cotados sem os juros acumulados. Esses preços, que são divulgados pela imprensa financeira, são chamados de *preços sem acréscimo*. O *preço de faturamento* real que um comprador paga pela obrigação inclui os juros acumulados. Portanto,

Preço de faturamento = Preço sem acréscimo + Juros acumulados

Quando se faz o pagamento de cupom de uma obrigação, o preço sem acréscimo é igual ao preço de faturamento, já que nesse momento os juros acumulados voltam a zero. Entretanto, isso será a exceção e não a regra.

As funções de determinação de preço do Excel oferecem o preço da obrigação sem acréscimo. Para achar o preço de faturamento, precisamos acrescentar os juros acumulados. Felizmente, o Excel também inclui funções que permitem calcular os dias desde a última data de pagamento de cupom e, portanto, os juros acumulados. O quadro a seguir mostra como essas funções são utilizadas. Ele oferece exemplos com obrigações que acabaram de realizar um pagamento de cupom e por isso não têm juros acumulados e com uma obrigação que está entre as datas de pagamento de cupom.

14.3 Rendimento das obrigações

A maioria das obrigações não é vendida pelo valor nominal. Contudo, no final, se não houver inadimplência, elas terão valor nominal no vencimento. Portanto, gostaríamos de uma medida de taxa de retorno que incluísse tanto a renda atual quanto o aumento ou a queda de preço durante o tempo de vida da obrigação. O rendimento até o vencimento é a medida padrão da taxa de retorno total. No entanto, como ela está longe de ser perfeita, examinaremos algumas variações dessa medida.

EXEMPLO 14.4 || Rendimento até o vencimento

Por exemplo, suponhamos que uma obrigação com cupom de 8% e vencimento em 30 anos seja vendida por US$ 1.276,76. Que taxa média de retorno seria obtida por um investidor que comprasse a obrigação por esse preço? Constatamos que a taxa de juros do valor presente dos 60 pagamentos semestrais restantes é igual ao preço da obrigação. Essa é a taxa consistente com o preço observado da obrigação. Portanto, solucionamos *r* na seguinte equação:

$$US\$\ 1.276,76 = \sum_{t=1}^{60} \frac{US\$\ 40}{(1+r)^t} + \frac{US\$\ 1.000}{(1+r)^{60}}$$

ou, de maneira equivalente,

1.276,76 = 40 × Fator de anuidade(*r*, 60) + 1.000 × Fator PV(*r*, 60)

Essas equações têm apenas uma variável desconhecida, a taxa de juros, *r*. Você pode utilizar uma calculadora financeira ou uma planilha para confirmar se essa solução é *r* = 0,03 ou 3% por semestre.[8] Esse é o rendimento até o vencimento da obrigação.

A imprensa financeira divulga os rendimentos anualizados e anualizam o rendimento semestral da obrigação utilizando técnicas de juros simples, e isso resulta em uma taxa percentual anual (*annual percentage rate* – APR). Os rendimentos anualizados por meio de juros simples também são chamados de "rendimentos equivalentes aos das obrigações". Portanto, o rendimento semestral seria duplicado e divulgado no jornal como um rendimento de 6% equivalente ao de uma obrigação. Entretanto, o rendimento anual *efetivo* da obrigação inclui juros compostos. Se uma pessoa ganhar 3% de juros a cada seis meses, após um ano cada unidade monetária investida aumentará com os juros para US$ 1 × (1,03)×² = 1,0609, e a taxa de juros anual efetiva sobre a obrigação será de 6,09%.

---

[8] Em sua calculadora financeira, você inseriria os seguintes dados: *n* = 60 períodos; PV = –1.276,76; FV = 1.000; PMT = 40; em seguida, você calcularia a taxa de juros (COMP *i* ou CPT *i*). Observe que você insere o valor presente, ou PV, da obrigação como *menos* US$ 1.276,76. Isso ocorre porque a maioria das calculadoras trata o preço de compra inicial da obrigação como saída de caixa. A Planilha 14.2 mostra como o rendimento até o vencimento é encontrado no Excel. Mesmo sem uma calculadora financeira ou uma planilha, você ainda assim poderia resolver a equação, mas teria de utilizar um método de tentativa e erro.

Rendimento até o vencimento

Na prática, um investidor que esteja pensando em comprar uma obrigação não recebe uma cotação da taxa de retorno prometida. Em vez disso, ele deve utilizar o preço da obrigação, a data de vencimento e os pagamentos de cupom para determinar o retorno oferecido pela obrigação ao longo de sua existência. O **rendimento até o vencimento** (*yield to maturity* – **YTM**) é definido como a taxa de juros que torna o valor presente dos pagamentos de uma obrigação igual ao seu preço. Com frequência essa taxa é interpretada como uma medida da taxa média de retorno que será obtida sobre uma obrigação se ela for comprada agora e mantida até o vencimento. Para determinarmos o rendimento até o vencimento, calculamos a taxa de juros em função do preço da obrigação, na equação de determinação de preço.

O Excel também oferece uma função para o rendimento até o vencimento que é especialmente útil para datas de cupom intermediárias. Ela é

= LUCRO(data de liquidação, data de vencimento, taxa de cupom anual, preço da obrigação, valor de resgate como porcentagem do valor nominal, número de pagamentos anuais de cupom)

O preço da obrigação utilizado na função deve ser o preço divulgado ou "sem acréscimo", isto é, sem os juros acumulados. Por exemplo, para encontrar o rendimento até o vencimento da obrigação no Exemplo 14.4, devemos utilizar a coluna B da Planilha 14.2. Se os cupons fossem pagos apenas anualmente, mudaríamos a entrada de pagamentos por ano para 1 (consulte a célula D8) e o rendimento cairia levemente para 5,99%.

O rendimento até o vencimento da obrigação é a taxa interna de retorno sobre um investimento na obrigação. O rendimento até o vencimento pode ser interpretado como a taxa de retorno composta durante a existência da obrigação segundo a suposição de que todos os cupons da obrigação podem ser reinvestidos por esse rendimento.[9] Ele é amplamente aceito como um substituto do retorno médio.

O rendimento até o vencimento é diferente do **rendimento atual** de uma obrigação, que é o pagamento anual de cupom dividido pelo preço da obrigação. Por exemplo, para a obrigação de 8% e 30 anos que atualmente está sendo vendida por US$ 1.276,76, o rendimento atual seria US$ 80/US$ 1.276,76 = 0,0627 ou 6,27% por ano. Em contraposição, lembre-se de que o rendimento anual efetivo até o vencimento é 6,09%. Para essa obrigação, que está sendo vendida por um prêmio sobre o valor nominal (US$ 1.276, e não US$ 1.000), a taxa de cupom (8%) ultrapassa o rendimento atual (6,27%), que ultrapassa o rendimento até o vencimento (6,09%). A taxa de cupom ultrapassa o rendimento atual porque ela divide os pagamentos pelo valor nominal (US$ 1.000) e não pelo preço da obrigação (US$ 1.276). Por sua vez, o rendimento atual supera o rendimento até o vencimento porque o rendimento até o vencimento leva em conta a perda de capital embutida sobre a obrigação; a obrigação comprada hoje por US$ 1.276 finalmente cairá para US$ 1.000 no vencimento.

eXcel

PLANILHA 14.2
Encontrando o rendimento até o vencimento no Excel

	A	B	C	D	E
1		Cupons semestrais		Cupons anuais	
2					
3	Data de liquidação	1º/1/2000		1º/1/2000	
4	Data de vencimento	1º/1/2030		1º/1/2030	
5	Taxa de cupom anual	0,08		0,08	
6	Preço da obrigação (sem acréscimo)	127,676		127,676	
7	Valor de resgate (% do valor nominal)	100		100	
8	Pagamentos anuais de cupom	2		1	
9					
10	Rendimento até o vencimento (decimal)	0,0600		0,0599	
11					
12	A fórmula inserida aqui é: =LUCRO(B3,B4,B5,B6,B7,B8)				

---

[9] Se a taxa de reinvestimento não for igual ao rendimento até o vencimento da obrigação, a taxa de retorno composta será diferente do rendimento até o vencimento. Isso é demonstrado mais adiante, nos Exemplos 14.6 e 14.7.

O Exemplo 14.4 evidencia uma regra geral: com relação às **obrigações com prêmio** (obrigações vendidas acima do valor nominal), a taxa de cupom é superior ao rendimento atual, que, por sua vez, é superior ao rendimento até o vencimento. Com relação às **obrigações com desconto** (obrigações vendidas abaixo do valor nominal), essas relações são inversas (consulte "Revisão de Conceitos 14.3").

> **REVISÃO DE CONCEITOS 14.3**
>
> Qual será a relação entre taxa de cupom, rendimento atual e rendimento até o vencimento para obrigações que estão sendo vendidas com desconto sobre o valor nominal? Para exemplificar, utilize a obrigação de cupom de 8% (pagamento semestral) supondo que ela esteja sendo vendida com um rendimento até o vencimento de 10%.

É comum ouvir as pessoas referirem-se imprecisamente ao rendimento de uma obrigação. Nesses casos, quase sempre elas estão falando do rendimento até o vencimento.

Rendimento até o resgate

O rendimento até o vencimento é calculado com base na suposição de que a obrigação será mantida até o vencimento. Entretanto, o que acontecerá se a obrigação for resgatável e puder ser retirada antes da data de vencimento? Como devemos medir a taxa média de retorno de uma obrigação sujeita a uma cláusula de resgate?

A Figura 14.4 mostra o risco de resgate para o obrigacionista. A linha superior é o valor de uma obrigação "não conversível" (isto é, não resgatável) com valor nominal de US$ 1.000, taxa de cupom de 8% e tempo de vencimento de 30 anos como função da taxa de juros do mercado. Se as taxas de juros caírem, o preço da obrigação, que é igual ao valor presente dos pagamentos prometidos, poderá subir consideravelmente.

Considere agora uma obrigação que tem a mesma taxa de cupom e data de vencimento, mas é resgatável a 110% do valor nominal ou US$ 1.100. Quando a taxa de juros cair, o valor presente dos pagamentos *programados* da obrigação subirá, mas a cláusula de resgate permite que o emissor recompre a obrigação pelo preço de resgate. Se o preço de resgate for inferior ao valor presente dos pagamentos programados, o emissor poderá resgatar a obrigação à custa do obrigacionista.

A linha inferior na Figura 14.4 corresponde ao valor da obrigação resgatável. Com altas taxas de juros, o risco de resgate é insignificante porque o valor presente dos pagamentos programados é inferior ao preço de resgate. Portanto, os valores das obrigações não conversíveis e resgatáveis convergem. No entanto, com taxas menores, os valores das obrigações começam a divergir, e a diferença reflete o valor da opção da empresa de reivindicar a obrigação resgatável pelo preço de resgate. Com taxas muito baixas, o valor presente dos pagamentos programados ultrapassa o preço de resgate e, desse modo, a obrigação é resgatada. Seu valor a essa altura é simplesmente o preço de resgate, US$ 1.100.

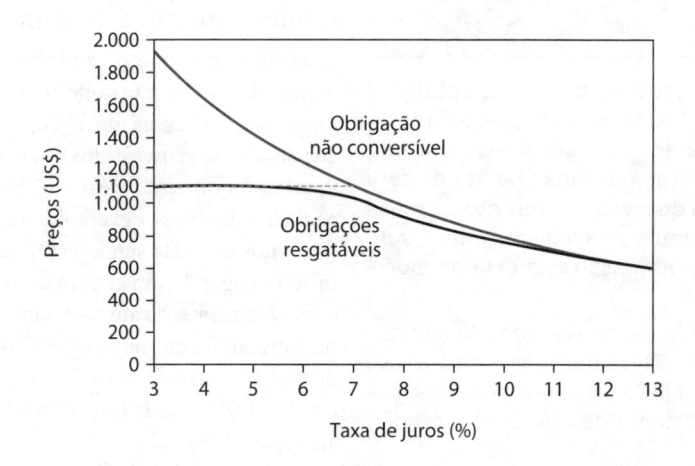

FIGURA 14.4 Preços de obrigações: dívida resgatável e não conversível Cupom = 8%; vencimento = 30 anos; pagamentos semianuais.

> **EXEMPLO 14.5** || Rendimento até o resgate
>
> Suponhamos que a obrigação com cupom de 8% e 30 anos de vencimento seja vendida por US$ 1.150 e possa ser resgatada em 10 anos por um preço de resgate de US$ 1.100. Seu rendimento até o vencimento e seu rendimento até o resgate seriam calculados com os seguintes dados:
>
> | | Rendimento até o resgate | Rendimento até o vencimento |
> | --- | --- | --- |
> | Pagamento de cupom | US$ 40 | US$ 40 |
> | Número de períodos semestrais | 20 períodos | 60 períodos |
> | Pagamento final | US$ 1.100 | US$ 1.000 |
> | Preço | US$ 1.150 | US$ 1.150 |
>
> Portanto, o rendimento até o resgate é 6,64%. [Para confirmar esse resultado em sua calculadora, utilize $n = 20$; PV = (–)1.150; FV = 1.100; PMT = 40; calcule i como 3,32% ou um rendimento equivalente ao das obrigações de 6,64%.] O rendimento até o vencimento é 6,82%. [Para confirmar, insira $n = 60$; PV = (–)1.150; FV = 1.000; PMT = 40; calcule i como 3,41%, ou um rendimento equivalente ao das obrigações de 6,82%.] No Excel, você pode calcular o rendimento até o resgate como =LUCRO(DATA(01,01,2000), DATA(01,01,2010), 0,08, 115, 110, 2). Observe que o valor de resgate é 110, ou seja, 110% do valor nominal.

Esta análise sugere que os analistas do mercado de obrigações podem estar mais interessados no rendimento até o resgate de uma obrigação e não em seu rendimento até o vencimento, particularmente se ela for propensa a ser resgatada. O rendimento até o resgate é calculado da mesma forma que o rendimento até o vencimento, exceto que o prazo até o resgate substitui o prazo até o vencimento e o preço de resgate substitui o preço nominal. Esse cálculo às vezes é chamado de "rendimento até o primeiro resgate", visto que ele supõe que o emissor resgatará a obrigação o mais breve possível.

Observamos que as obrigações mais resgatáveis são emitidas com um período inicial de proteção contra resgate. Além disso, uma forma implícita de proteção contra resgate funciona para obrigações vendidas com grandes descontos nos respectivos preços de resgate. Mesmo que as taxas de juros caiam um pouco, as obrigações com grandes descontos serão vendidas abaixo do preço de resgate e, portanto, não estarão sujeitas a resgate.

Entretanto, as obrigações que podem ser vendidas por um valor próximo ao preço de resgate ficarão especialmente propensas a serem resgatadas se as taxas caírem ainda mais. Se as taxas de juros caírem, uma obrigação com prêmio resgatável provavelmente fornecerá um retorno menor do que poderia ser obtido sobre uma obrigação com desconto cuja possível valorização de preço não é limitada pela probabilidade de resgate. Portanto, os investidores de obrigações com prêmio podem estar mais interessados no rendimento até o resgate da obrigação do que no rendimento até o vencimento porque talvez lhes pareça que a obrigação será retirada na data de resgate.

> **REVISÃO DE CONCEITOS 14.4**
>
> a. Atualmente o rendimento até o vencimento de duas obrigações de dez anos é 7%. Cada obrigação tem um preço de resgate de US$ 1.100. Uma obrigação tem taxa de cupom de 6% e a outra de 8%. Para simplificar, suponha que as obrigações podem ser resgatadas assim que o valor presente de seus pagamentos remanescentes superar o preço de resgate. Qual será o ganho de capital em cada obrigação se a taxa de mercado de repente cair para 6%?
> b. Uma obrigação com cupom de 9%, vencimento em 20 anos e pagamentos de cupom semestrais é resgatável em cinco anos por um preço de resgate de US$ 1.050. Atualmente ela é vendida com rendimento até o vencimento de 8%. Qual o rendimento até o resgate?

Retorno composto realizado *versus* rendimento até o vencimento

Já observamos que o rendimento até o vencimento será igual à taxa de retorno realizada ao longo da existência da obrigação se todos os cupons forem reinvestidos por uma taxa de juros igual ao rendimento até o vencimento da obrigação. Considere, por exemplo, uma obrigação de dois anos que está sendo vendida pelo valor nominal e pagando um cupom de 10% uma vez por ano. O rendimento até o vencimento é 10%. Se o pagamento de cupom de US$ 100 for reinvestido por uma taxa de juros de 10%, o investimento de US$ 1.000 na obrigação aumentará após dois anos para US$ 1.210, tal como mostrado na Figura 14.5, no Painel A. O cupom pago no primeiro

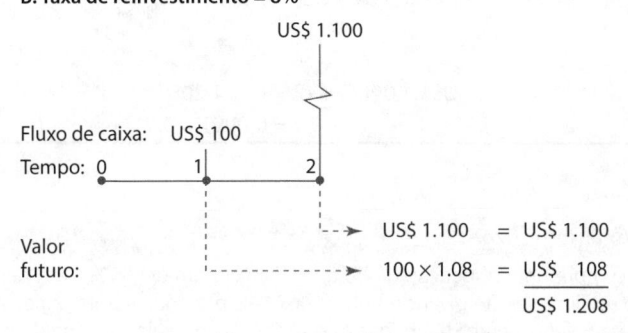

FIGURA 14.5 Crescimento dos fundos investidos

A: Taxa de reinvestimento = 10%

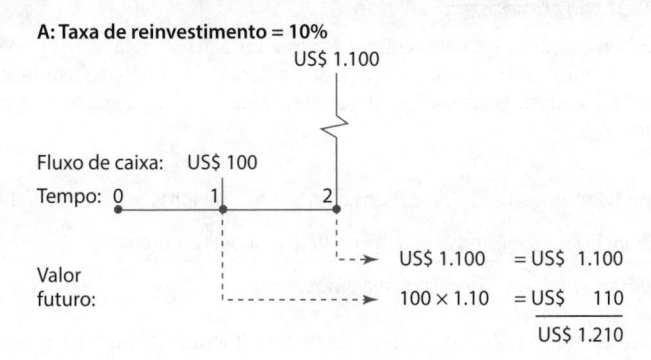

```
                              US$ 1.100
Fluxo de caixa:   US$ 100         |
Tempo:    0         1         2
                                  
Valor                   ---> US$ 1.100   = US$ 1.100
futuro:                 ---> 100 × 1.10  = US$   110
                                           ─────────
                                           US$ 1.210
```

B: Taxa de reinvestimento = 8%

```
                              US$ 1.100
Fluxo de caixa:   US$ 100         |
Tempo:    0         1         2

Valor                   ---> US$ 1.100   = US$ 1.100
futuro:                 ---> 100 × 1.08  = US$   108
                                           ─────────
                                           US$ 1.208
```

ano é reinvestido e aumenta com os juros para o valor de US$ 110 no segundo ano, o qual, junto com o pagamento de cupom do segundo ano e o pagamento do valor nominal no segundo ano, resulta em um valor total de US$ 1.210.

Para sintetizar, o valor inicial do investimento é V_0 = US$ 1.000. O valor final em dois anos é V_2 = US$ 1.210. Portanto, a taxa de retorno composta é calculada da seguinte maneira:

$$V_0(1 + r)^2 = V_2$$
$$\text{US\$ } 1.000(1 + r)^2 = \text{US\$ } 1.210$$
$$r = 0{,}10 = 10\%$$

Com uma taxa de reinvestimento igual ao rendimento até o vencimento de 10%, o **retorno composto realizado** iguala-se ao rendimento até o vencimento.

Mas e se a taxa de reinvestimento não for de 10%? Se o cupom puder se reinvestido por uma taxa superior a 10%, os fundos aumentarão para mais de US$ 1.210 e o retorno composto realizado será superior a 10%. Se a taxa de reinvestimento for inferior a 10%, o mesmo ocorrerá com o retorno composto realizado. Consideremos o exemplo a seguir.

O Exemplo 14.6 realça o problema com o rendimento até vencimento convencional quando as taxas de reinvestimento podem mudar com o passar do tempo. O rendimento até o vencimento convencional não realizará retorno composto. Contudo, em uma economia incerta em relação à taxa de juros futura, as taxas pelas quais os cupons provisórios serão reinvestidos ainda não são conhecidas. Portanto, embora os retornos compostos realizados possam ser calculados *após* o término do período de investimento, eles não podem ser calculados com antecedência sem uma previsão das taxas de reinvestimento futuras. Isso diminui grande parte da atratividade da medida de retorno realizado.

A previsão do rendimento composto realizado durante períodos de manutenção ou de horizontes de investimento é chamada de **análise-horizonte**. A previsão de retorno total depende de suas previsões *tanto* do rendimento até o vencimento da obrigação quando você vendê-la no final de seu horizonte *quanto* da taxa pela qual você conseguirá reinvestir a renda do cupom. Por sua vez, o preço das vendas depende do rendimento até o vencimento na data de horizonte. Entretanto,

> **EXEMPLO 14.6 || Retorno composto realizado**
>
> Se a taxa de juros obtida sobre o primeiro cupom for inferior a 10%, o valor final do investimento será inferior a US$ 1.210 e o retorno composto realizado será inferior a 10%. Para ilustrar, suponhamos que a taxa de juros pela qual o cupom pode ser investido seja apenas 8%. Os cálculos a seguir são mostrados no Painel B da Figura 14.5.
>
> | | |
> |---|---:|
> | Valor futuro do primeiro pagamento de cupom com ganhos de juros = US$ 100 × 1,08 = | US$ 108 |
> | + Pagamento em dinheiro no segundo ano (cupom final mais valor nominal) | US$ 1.100 |
> | = Valor total do investimento com cupons reinvestidos | US$ 1.208 |
>
> O retorno composto realizado é a taxa composta de crescimento dos fundos investidos, supondo que todos os pagamentos de cupom sejam reinvestidos. O investidor comprou a obrigação pelo valor nominal de US$ 1.000 e esse investimento aumentou para US$ 1.208.
>
> $$V_0(1 + r)^2 = V_2$$
> $$US\$\ 1.000(1 + r)^2 = US\$\ 1.208$$
> $$r = 0{,}0991 = 9{,}91\%$$

> **EXEMPLO 14.7 || Análise-horizonte**
>
> Digamos que você compre uma obrigação de 30 anos com cupom de 7,5% (com pagamento anual) por US$ 980 (quando o rendimento até o vencimento é 7,67%) e pretenda mantê-la por 20 anos. Você prevê que o rendimento até o vencimento da obrigação será 8% quando ela for vendida e que a taxa de reinvestimento sobre os cupons será 6%. No final de seu horizonte de investimento, a obrigação ainda terá dez anos remanescentes antes do vencimento. Desse modo, o preço de venda previsto (com um rendimento até o vencimento de 8%) será US$ 966,45. Os 20 pagamentos de cupom aumentarão para US$ 2.758,92 com os juros compostos. (Esse é o valor futuro de uma anuidade de US$ 75 de 20 anos, com taxa de juros de 6%.)
>
> Com base nessas previsões, seu investimento de US$ 980 aumentará em 20 anos para US$ 966,45 + US$ 2.758,92 = US$ 3.725,37. Isso corresponde a um retorno composto anualizado de 6,90%.
>
> $$V_0(1 + r)^{20} = V_{20}$$
> $$US\$\ 980(1 + r)^{20} = US\$\ 3.725{,}37$$
> $$r = 0{,}0690 = 6{,}90\%$$

com um horizonte de investimento mais longo, os cupons reinvestidos serão um componente maior de seus lucros finais.

Os Exemplos 14.6 e 14.7 demonstram que à medida que as taxas de juros mudam, os investidores de obrigações na verdade ficam sujeitos a duas fontes de risco de compensação. Por um lado, quando as taxas aumentam, os preços das obrigações caem, o que diminui o valor da carteira. Por outro, a renda do cupom reinvestido aumentará mais rapidamente com essas taxas mais altas. O **risco da taxa de reinvestimento** compensará o impacto do risco de preço. No Capítulo 16, examinaremos mais detalhadamente esse *trade-off* e descobriremos que, adaptando com cuidado as carteiras de obrigações, os investidores podem equilibrar com precisão esses dois efeitos em relação a qualquer horizonte de investimento.

14.4 Preço das obrigações ao longo do tempo

Como já observamos, uma obrigação será vendida pelo valor nominal quando sua taxa de cupom for igual à taxa de juros do mercado. Nessas circunstâncias, o investidor recebe uma compensação justa pelo valor do dinheiro no tempo, em forma de pagamentos de cupom recorrentes. Não há necessidade de ganhos de capital adicionais para oferecer uma compensação justa.

EXEMPLO 14.8 || Retorno justo do período de manutenção do investimento

Para mostrar os ganhos ou perdas de capital embutidos, suponhamos que uma obrigação tenha sido emitida há vários anos, quando a taxa de juros era de 7%. Portanto, a taxa de cupom anual da obrigação foi definida como 7%. (Suponhamos, por uma questão de simplicidade, que a obrigação pague seu cupom anualmente.) Agora, com três anos de vida restantes, a taxa de juros da obrigação é 8% ao ano. O preço de mercado da obrigação é o valor presente dos cupons anuais restantes mais o pagamento do valor nominal. Esse valor presente é[10]

US$ 70 × Fator de anuidade(8%, 3) + US$ 1.000 × Fator PV(8%, 3) = US$ 974,23

o que é inferior ao valor nominal.

Em outro ano, depois que o cupom seguinte é pago e o vencimento remanescente cai para dois anos, a obrigação seria vendida por

US$ 70 × Fator de anuidade(8%, 2) + US$ 1.000 × Fator PV(8%, 2) = US$ 982,17

oferecendo portanto um ganho de capital ao longo do ano de US$ 7,94. Se um investidor tivesse comprado a obrigação por US$ 974,23, o retorno total durante o ano seria igual ao pagamento de cupom mais o ganho de capital, ou US$ 70 + US$ 7,94 = US$ 77,94. Isso representa uma taxa de retorno de US$ 77,94/US$ 974,23 ou 8%, exatamente a taxa de retorno atual disponível em qualquer outra parte do mercado.

Quando a taxa de cupom for menor do que a taxa de juros do mercado, os pagamentos de cupom sozinhos não fornecerão aos investidores um retorno tão alto quanto eles poderiam obter em outras áreas do mercado. Para receber um retorno justo sobre esse investimento, os investidores também precisam de alguma valorização de preço em suas obrigações. Portanto, as obrigações têm de ser vendidas abaixo do valor nominal para oferecer um ganho de capital "embutido" sobre o investimento.

> **REVISÃO DE CONCEITOS 14.5**
>
> Qual será o preço da obrigação do Exemplo 14.8 em outro ano, quando faltar apenas um ano para o vencimento? Qual será a taxa de retorno para um investidor que comprar a obrigação quando o preço for US$ 982,17 e a vender um ano depois?

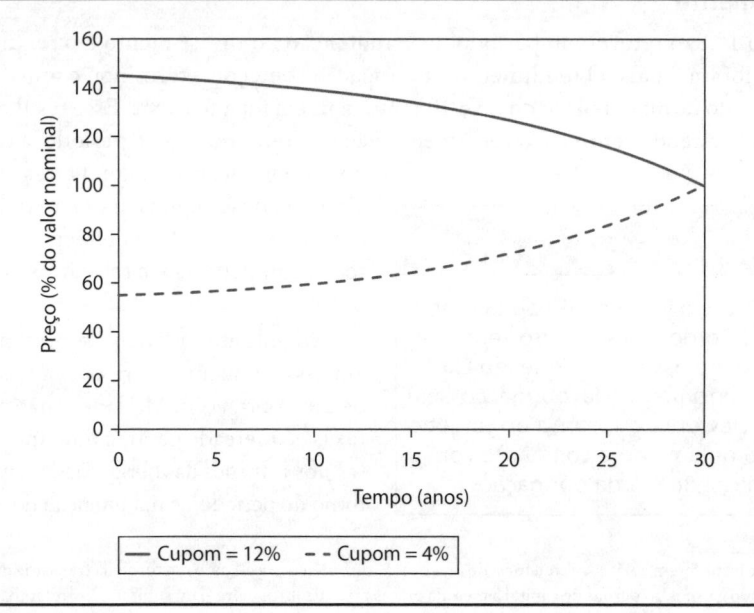

Quando os preços das obrigações são estabelecidos de acordo com a fórmula do valor presente, qualquer desconto no valor nominal oferece um ganho de capital antecipado que aumentará uma taxa de cupom abaixo do mercado apenas o suficiente para oferecer uma taxa de retorno total justa. Em contraposição, se a taxa de cupom superar a taxa de juros do mercado, a renda de juros sozinha será superior à renda

FIGURA 14.6
Trajetória de preços de duas obrigações com vencimento em 30 anos, cada uma vendida por um rendimento até o vencimento de 8%. O preço da obrigação aproxima-se do valor nominal à medida que a data de vencimento se aproxima

---

[10] Utilizando uma calculadora, insira $n = 3$, $i = 8$, PMT = 70, FV = 1.000 e calcule o PV.

disponível em outra parte do mercado. Os investidores aumentarão o preço de compra dessas obrigações para um valor acima do nominal. À medida que as obrigações se aproximarem do vencimento, perderão valor porque haverá menos pagamentos de cupom acima do mercado. As perdas de capital resultantes compensarão os pagamentos de cupom altos e, desse modo, o obrigacionista novamente receberá apenas uma taxa de retorno justa.

O Problema 14 ao final deste capítulo pede para que você resolva um exemplo de obrigação com cupom alto. A Figura 14.6 delineia as trajetórias de preço das obrigações com cupom alto e baixo (líquido de juros acumulados) à medida que o vencimento se aproxima, pelo menos para o caso em que a taxa de juros de mercado é constante. A obrigação com cupom baixo tem ganho de capital, enquanto a obrigação com cupom alto tem perda de capital.[11]

Utilizamos esses exemplos para mostrar que cada obrigação oferece aos investidores a mesma taxa de retorno total. Apesar de os componentes de ganho de capital *versus* renda diferirem, o preço de cada obrigação é estabelecido para oferecer taxas competitivas, como seria de esperar em mercados de capitais que funcionam bem. Todos os retornos de título devem ser comparáveis em termos de ajuste ao risco após os impostos. Se eles não forem, os investidores tentarão vender os títulos de baixo retorno, diminuindo assim os preços até que o retorno total do preço agora mais baixo seja competitivo em relação a outros títulos. Os preços devem continuar se ajustando até que todos os títulos apresentem preços justos, no sentido de oferecerem retornos esperados comparáveis, com ajustes apropriados ao risco e aos impostos.

Observamos uma evidência desse ajuste de preço na Figura 14.1. Compare a obrigação realçada com a que se encontra abaixo dela. A obrigação de julho de 2018 tem taxa de cupom de 2,25%, ao passo que a obrigação de novembro de 2018 tem uma taxa de cupom mais alta, 9%. Contudo, a taxa de cupom mais alta sobre essa obrigação não significa que ela ofereça um retorno maior; na verdade, ela é vendida por um preço mais alto. Os rendimentos até o vencimento das duas obrigações são praticamente idênticos, um pouco abaixo de 0,8%. Isso faz sentido, visto que os investidores devem se preocupar com o retorno total, incluindo tanto a renda do cupom quanto a mudança de preço. No final, os preços das obrigações com vencimento semelhante ajustam-se até o momento em que os rendimentos estiverem bem equalizados.

É claro que os rendimentos entre as obrigações na Figura 14.1 não são todos iguais. Evidentemente, as obrigações com prazo mais longo nessa época ofereciam rendimentos prometidos mais altos, um padrão comum que reflete os riscos relativos das obrigações. Analisaremos a relação entre o rendimento e o prazo até o vencimento no capítulo seguinte.

Rendimento até o vencimento *versus* retorno do período de manutenção do investimento

No Exemplo 14.8, o retorno do período de manutenção do investimento e o rendimento até o vencimento foram iguais. O rendimento da obrigação começou e terminou o ano em 8% e o retorno do período de manutenção do investimento também foi igual a 8%. Esse resultado revela-se usual. Quando o rendimento até o vencimento não se alterar durante o período, a taxa de retorno da obrigação será igual a esse rendimento. Como já observamos, isso não deve surpreender: A obrigação deve oferecer uma taxa de retorno competitiva em relação às oferecidas por outros títulos.

No entanto, quando os rendimentos flutuam, isso também ocorre com a taxa de retorno de uma obrigação. Mudanças não previstas nas taxas do mercado gerarão mudanças não previstas nos retornos das obrigações e, *a posteriori*, o retorno do período de manutenção do investimento

> **REVISÃO DE CONCEITOS 14.6**
>
> Demonstre que, se o rendimento até o vencimento aumentar, o retorno do período de manutenção do investimento será inferior ao rendimento inicial. Por exemplo, suponha que, no Exemplo 14.9, o rendimento até o vencimento da obrigação seja 8,5% no final do primeiro ano. Descubra o retorno do período de manutenção do investimento de um ano e compareo com o rendimento até o vencimento inicial de 8% da obrigação.

---
[11] Se as taxas de juros forem voláteis, a trajetória de preço será "turbulenta", oscilando em torno da trajetória de preço da Figura 14.6 e refletindo ganhos ou perdas de capital à medida que as taxas de juros caírem ou subirem. Entretanto, no final o preço deve alcançar o valor nominal na data de vencimento. Portanto, o preço da obrigação com prêmio cairá com o tempo, enquanto o da obrigação com desconto subirá.

> **EXEMPLO 14.9 || Rendimento até o vencimento versus retorno do período de manutenção do investimento**
>
> Considere uma obrigação de 30 anos que está pagando cupom anual de US$ 80 e sendo vendida pelo valor nominal de US$ 1.000. O rendimento até o vencimento inicial da obrigação é 8%. Se ele permanecer em 8% durante o ano, o preço da obrigação permanecerá no valor nominal. Desse modo, o retorno do período de manutenção do investimento também será 8%. Porém, se o rendimento ficar abaixo de 8%, o preço da obrigação aumentará. Suponhamos que o rendimento caia e o preço aumente para US$ 1.050. Nesse caso, o retorno do período de manutenção do investimento será superior a 8%:
>
> $$\text{Retorno do período de manutenção do investimento} = \frac{\text{US\$ } 80 + (\text{US\$ } 1.050 - \text{US\$ } 1.000)}{\text{US\$ } 1.000} = 0{,}13 \text{ ou } 13\%$$

de uma obrigação pode se revelar melhor ou pior do que o rendimento pelo qual ela foi vendida inicialmente. Um aumento no rendimento até o vencimento da obrigação diminui seu preço, o que diminui o retorno do período de manutenção do investimento. Nesse caso, o retorno do período de manutenção do investimento tende a ser inferior ao rendimento até o vencimento inicial.[12] Em contraposição, um declínio no rendimento até o vencimento gera um retorno de período de manutenção do investimento superior ao rendimento inicial.

Aqui temos uma alternativa para pensar sobre a diferença entre o rendimento até o vencimento e o retorno do período de manutenção do investimento. O rendimento até o vencimento depende apenas do cupom, do preço *atual* e do valor nominal da obrigação no vencimento. Todos esses valores são observáveis hoje. Portanto, o rendimento até o vencimento pode ser facilmente calculado. Ele pode ser interpretado como uma medida da taxa *média* de retorno se o investimento na obrigação for mantido até o respectivo vencimento. Em contraposição, o retorno do período de manutenção do investimento é a taxa de retorno sobre um período específico do investimento e depende do preço de mercado da obrigação no fim desse período de manutenção do investimento. Obviamente, esse preço *não* é conhecido no presente. Como os preços das obrigações durante o período de manutenção do investimento reagirão a mudanças não previstas nas taxas de juros, o retorno do período de manutenção do investimento só pode ser previsto, quando muito.

Obrigações de cupom zero e *strips* do Tesouro

As *obrigações com desconto na emissão original* são menos comuns do que as obrigações com cupom emitidas pelo valor nominal. Essas obrigações são emitidas intencionalmente com taxas de cupom baixas que as levam a ser vendidas com um desconto sobre o valor nominal. O exemplo mais comum desse tipo de obrigação é a obrigação de cupom zero, que não tem nenhum cupom e oferece todo o seu retorno em forma de valorização de preço. Os zeros oferecem um único fluxo de caixa aos detentores, na data de vencimento da obrigação.

As letras do Tesouro dos Estados Unidos são exemplos de instrumentos de cupom zero de curto prazo. Se a letra tiver um valor de face de US$ 10 mil, o Tesouro a emitirá ou venderá por algum valor inferior a US$ 10 mil, concordando em pagar US$ 10 mil no vencimento. Todo o retorno do investidor ocorre em forma de valorização do preço pago.

As obrigações de longo prazo de cupom zero normalmente são criadas de notas e obrigações com cupom. O distribuidor de obrigações que comprar uma obrigação do Tesouro com cupom poderá pedir ao Tesouro para dividir os fluxos de caixa a serem pagos pela obrigação em uma série de títulos independentes, em que cada título representa o direito a um dos pagamentos da obrigação original. Por exemplo, uma obrigação com cupom de 10 anos "perderia" seus 20 cupons semestrais e cada pagamento de cupom seria tratado como uma única obrigação de cupom zero. Portanto, os vencimentos dessas obrigações variariam de seis meses a dez anos. O pagamento final do

---

[12] Precisamos ter certo cuidado aqui. Quando os rendimentos aumentam, a renda de cupom pode ser reinvestida por taxas mais altas, o que compensa o impacto do declínio de preço inicial. Se seu período de manutenção for suficientemente longo, o impacto positivo da taxa de reinvestimento mais alta pode mais do que compensar o declínio de preço inicial. Contudo, os períodos de avaliação de desempenho comuns dos gestores de carteira não são superiores a um ano e ao longos desses horizontes mais curtos o impacto do preço quase sempre prevalecerá sobre o impacto da taxa de reinvestimento. Analisamos mais detalhadamente o *trade-off* entre risco de preço e taxa de reinvestimento no Capítulo 16.

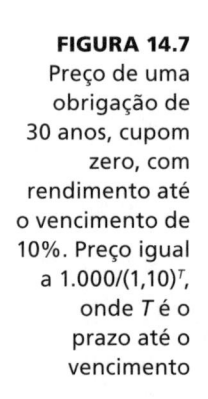

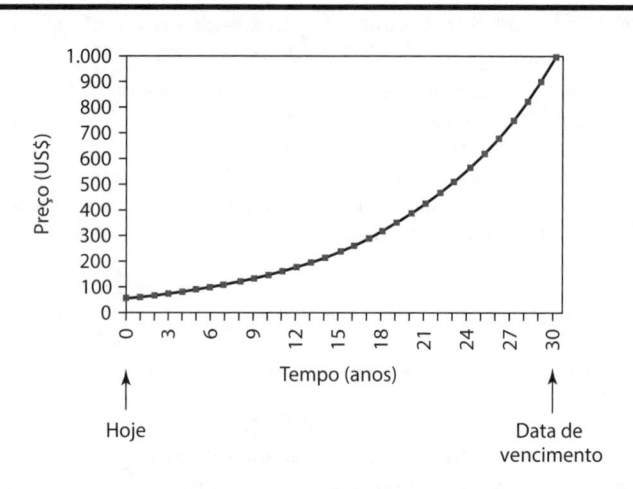

FIGURA 14.7 Preço de uma obrigação de 30 anos, cupom zero, com rendimento até o vencimento de 10%. Preço igual a $1.000/(1,10)^T$, onde T é o prazo até o vencimento

principal seria tratado como outro título de cupom zero independente. Cada um dos pagamentos agora é tratado como um título independente e recebe um número CUSIP (pelo Committee on Uniform Security Identification Procedures – Comitê de Procedimentos Uniformes de Identificação de Segurança) próprio, que é o identificador do título que possibilita a negociação eletrônica pelo sistema Fedwire, uma rede que conecta os bancos do Federal Reserve e suas agências. Os pagamentos ainda são considerados do Tesouro americano. O programa do Tesouro sob o qual o corte do cupom é executado é chamado de STRIPS (Separate Trading of Registered Interest and Principal of Securities – Negociação Separada do Principal e dos Juros de Valores Mobiliários) e os títulos de cupom zero são chamados de *strips* do Tesouro.

O que ocorre com os preços dos zeros com o passar do tempo? Nas datas de vencimento, os zeros devem ser vendidos pelo valor nominal. Entretanto, antes do vencimento, eles devem ser vendidos com desconto no valor nominal por causa do valor do dinheiro no tempo. À medida que o tempo passa, o preço deve se aproximar do valor nominal. Na verdade, se a taxa de juros for constante, o preço de um zero aumentará exatamente de acordo com a taxa de juros.

Para ilustrar, considere um zero com 30 anos antes do vencimento e suponha que a taxa de juros do mercado seja 10% ao ano. O preço da obrigação hoje é US$ $1.000/(1,10)^{30}$ = US$ 57,31. No ano seguinte, com apenas 29 anos até o vencimento, se o rendimento até o vencimento ainda for 10%, o preço será US$ $1.000/(1,10)^{29}$ = US$ 63,04, um aumento de 10% em relação ao valor do ano anterior. Como o valor nominal da obrigação agora é descontado para um ano a menos, seu preço aumentou pelo fator de desconto de um ano.

A Figura 14.7 apresenta a trajetória de preço de uma obrigação de cupom zero de 30 anos para uma taxa de juros anual de mercado de 10%. O preço da obrigação sobe exponencialmente, e não linearmente, até seu vencimento.

Retornos pós-impostos

As autoridades fiscais reconhecem que a valorização "embutida" no preço das obrigações com desconto na emissão original (*original-issue discount* – OID), como as obrigações de cupom zero, representa um pagamento de juros implícito para o obrigacionista. Portanto, o Serviço da Receita Federal (Internal Revenue Service – IRS) calcula uma tabela de valorização de preço para atribuir renda tributável de juros a essa valorização embutida durante o ano fiscal, mesmo que o ativo não seja vendido ou não vença em um ano futuro. Os ganhos ou perdas adicionais que surgirem em virtude de mudanças nas taxas de juros do mercado serão tratados como ganhos ou perdas de capital se a obrigação com OID for vendida durante o ano fiscal.

O procedimento mostrado no Exemplo 14.10 aplica-se também à tributação de outras obrigações com desconto na emissão original, mesmo se elas não forem de cupom zero. Considere como exemplo uma obrigação com vencimento em 30 anos, emitida com taxa de cupom de 4% e rendimento até o vencimento de 8%. Para simplificar, suponhamos que a obrigação pague cupons uma vez por ano.

> **EXEMPLO 14.10 || Obrigações com desconto na emissão original**
>
> Se a taxa de juros original fosse 10%, a obrigação de 30 anos de cupom zero seria emitida pelo preço de US$ 1.000/(1,10)^{30} = US$ 57,31. No ano seguinte, o IRS calcula qual seria o preço da obrigação se seu rendimento ainda fosse 10%. O preço da obrigação hoje é US$ 1.000/(1,10)^{29} = US$ 63,04. Portanto, o IRS atribui uma renda de juros de US$ 63,04 – US$ 57,31 = US$ 5,73. Essa quantia está sujeita a impostos. Observe que a renda de juros *imputada* baseia-se em um "método de rendimento constante" que ignora mudanças nas taxas de juros de mercado.
>
> Se as taxas de juros de fato caírem, digamos para 9,9%, o preço da obrigação será US$ 1.000/(1,099)^{29} = US$ 64,72. Se a obrigação for vendida, a diferença entre US$ 64,72 e US$ 63,04 será tratada como ganho de capital e tributada pela alíquota de imposto de ganhos de capital. Se a obrigação não for vendida, a diferença de preço será um ganho de capital não realizado e não gerará impostos naquele ano. Em todo caso, o investidor deve pagar impostos sobre US$ 5,73 de juros imputados pela alíquota de imposto de renda comum.

Como a taxa de cupom é baixa, a obrigação será emitida por um preço bem abaixo do valor nominal, especificamente por US$ 549,69. Se o rendimento até o vencimento da obrigação ainda for 8%, em um ano, seu preço subirá para US$ 553,66. (Confirme você mesmo.) Isso ofereceria um retorno de período de manutenção do investimento (*holding-period return* – HPR) antes dos impostos de exatamente 8%:

$$HPR = \frac{US\$\ 40 + (US\$\ 553,66 - US\$\ 549,69)}{US\$\ 549,69} = 0,08$$

> **REVISÃO DE CONCEITOS 14.7**
>
> Suponhamos que o rendimento até o vencimento da obrigação com cupom de 4% e vencimento em 30 anos caia para 7% no final do primeiro ano e que o investidor venda a obrigação após o primeiro ano. Se a alíquota de imposto federal mais estadual do investidor sobre a renda de juros for 38% e a taxa de imposto combinada sobre ganhos de capital for 20%, qual será a taxa de retorno após os impostos?

Entretanto, o aumento no preço da obrigação, com base em um rendimento constante, é tratado como renda de juros. Por isso, o investidor é obrigado a pagar impostos sobre a renda de cupom explícita, US$ 40, bem como sobre a renda de juros imputada de US$ 549,6 – US$ 549,69 = US$ 3,97. Se o rendimento da obrigação de fato mudar durante o ano, a diferença entre o preço da obrigação e o "valor do rendimento constante" de US$ 553,66 pode ser tratada como renda de ganhos de capital se a obrigação for vendida.

14.5 Risco de inadimplência e determinação de preço das obrigações

Embora geralmente as obrigações *prometam* um fluxo fixo de renda, esse fluxo não está livre de riscos, a não ser que o investidor consiga ter certeza de que o emissor não ficará inadimplente. Embora as obrigações do governo dos Estados Unidos possam ser consideradas isentas de risco de inadimplência, isso não vale para as obrigações corporativas. Portanto, os pagamentos reais sobre essas obrigações são incertos, pois dependem, até certo ponto, da situação financeira final da empresa.

O risco de inadimplência nas obrigações, normalmente chamado de **risco de crédito**, é medido pela Moody's Investor Services, Standard & Poor's Corporation e Fitch Investor Service, que fornecem informações financeiras sobre as empresas, assim como classificações de qualidade de emissões de obrigações municipais e de grandes corporações. As obrigações governamentais internacionais, que igualmente correm risco de inadimplência, em particular nos mercados emergentes, também são comumente classificadas de acordo com seu risco de inadimplência. Cada empresa de classificação atribui letras de classificação às obrigações corporativas e municipais para indicar sua avaliação sobre a segurança da obrigação. A classificação mais alta é AAA ou Aaa, designação atribuída a apenas 12 empresas. A Moody's altera cada categoria de classificação com um sufixo 1, 2 ou 3 (p. ex.: Aaa1, Aaa2, Aaa3) para oferecer uma gradação mais detalhada das classificações. As outras agências utilizam a variação de + ou –.

Aquelas com classificação BBB ou superior (S&P, Fitch) ou Baa e superior (Moody's) são consideradas **obrigações com baixo risco de crédito**, enquanto as obrigações com nota inferior são classificadas como **obrigações de grau especulativo** ou **obrigações de alto risco**. Não é comum haver inadimplência nas emissões de obrigações de baixa qualidade. Por exemplo, quase metade das obrigações classificadas como CCC pela Standard & Poor's na emissão apresentou inadimplência em dez anos. As obrigações com alta classificação raramente apresentam inadimplência, mas até mesmo elas não são isentas de risco de crédito. Por exemplo, em 2001 a WorldCom vendeu US$ 11,8 bilhões em obrigações com classificação de baixo risco de crédito. Apenas um anos depois, a empresa entrou com pedido de falência e seus obrigacionistas perderam mais de 80% de seu investimento. Alguns investidores institucionais regulamentados, como as seguradoras, nem sempre foram autorizados a investir em obrigações de grau especulativo.

A Figura 14.8 oferece as definições de cada uma das classificações.

FIGURA 14.8 Definições de cada categoria de classificação das obrigações

Classificações das obrigações				
	Altíssima qualidade	Alta qualidade	Especulativas	Muito ruins
Standard & Poor's	AAA AA	A BBB	BB B	CCC D
Moody's	Aaa Aa	A Baa	Ba B	Caa C

Às vezes, tanto a Moody's quanto a Standard & Poor's utilizam ajustes para essas classificações. A S&P utiliza os sinais de adição e subtração: A+ é a classificação mais forte de A e A−, a mais fraca. A Moody's utiliza a designação de 1, 2 ou 3, em que 1 indica a mais forte.

Moody's	S&P	
Aaa	AAA	A dívida classificada como Aaa e AAA tem a classificação mais alta. A capacidade para pagar juros e principal é extremamente alta.
Aa	AA	A dívida classificada como Aa e AA tem sólida capacidade para pagar juros e reembolsar o principal. Junto com a classificação mais alta, esse grupo compõe a classe de obrigações de alta classificação.
A	A	A dívida classificada como A tem sólida capacidade para pagar juros e reembolsar o principal, embora seja até certo ponto suscetível aos efeitos adversos de mudanças nas circunstâncias e condições econômicas do que a dívida em categorias de classificação mais alta.
Baa	BBB	A capacidade da dívida classificada como Baa e BBB é considerada adequada para o pagamento de juros e reembolso do principal. Embora normalmente essa dívida exiba parâmetros de proteção adequados, as condições econômicas adversas ou circunstâncias instáveis são mais propensas a enfraquecer a capacidade de pagamento de juros e reembolso do principal nessa categoria do que em categorias de classificação mais alta. Essas obrigações têm classificação média.
Ba B Caa Ca	BB B CCC CC	As dívidas classificadas nessas categorias são consideradas, no cômputo geral, predominantemente especulativas em relação à capacidade de pagar juros e reembolsar o principal de acordo com os termos da obrigação. BB e Ba indicam o menor grau de especulação e CC e Ca o maior grau de especulação. Embora essa categoria de dívida provavelmente tenha algumas características de qualidade e proteção, essas características são suplantadas por grandes incertezas ou grande risco de exposição a condições adversas. Algumas emissões podem estar inadimplentes.
C	C	Essa classificação é reservada para obrigações de rendimento nas quais nenhum juro está sendo pago.
D	D	A dívida classificada como D está inadimplente e o pagamento de juros e/ou reembolso do principal estão em atraso.

Fonte: Stephen A. Ross e Randolph W. Westerfield, *Corporate Finance*, Copyright 1988 (St. Louis: Times Mirror/Mosby College Publishing, reproduzida com permissão da McGraw-Hill Companies, Inc.). Dados de várias edições do *Standard & Poor's Bond Guide* e do *Moody's Bond Guide*.

Obrigações de alto risco

As obrigações de alto risco, também conhecidas como *obrigações de alto rendimento*, nada mais são que obrigações de grau especulativo (baixa classificação ou sem classificação). Antes de 1977, quase todas as obrigações de alto risco eram "anjos caídos", isto é, obrigações emitidas por empresas que originalmente tinham a classificação de investimento com baixo risco de crédito, mas desde então foram rebaixadas. Contudo, em 1977, as empresas começaram a emitir "obrigações de alto risco ou especulativas originalmente".

O crédito dessa inovação é devido em grande parte a Drexel Burnham Lambert e especialmente a seu negociador Michael Milken. Drexel há muito já usufruía de um nicho de negociação de obrigações de alto risco e havia estabelecido uma rede de investidores em potencial nesse tipo de obrigação. As empresas que não haviam conseguido obter a classificação de baixo risco de crédito estavam contentes em ter Drexel (e outros bancos de investimento) para comercializar suas obrigações diretamente com o público, já que isso abria uma nova fonte de financiamento. As emissões de alto risco eram uma alternativa de financiamento de menor custo do que os empréstimos bancários.

As obrigações de alto rendimento ganharam considerável notoriedade na década de 1980 quando foram utilizadas como veículo de financiamento em compras alavancadas e tentativas hostis de tomada de controle acionário. Entretanto, logo em seguida, o mercado de obrigações de alto risco padeceu. As dificuldades legais enfrentadas por Drexel e Michael Milken, relacionadas aos escândalos de Wall Street no final da década de 1980, decorrentes do uso de informações privilegiadas, macularam o mercado de obrigações de alto risco.

No auge das dificuldades de Drexel, o mercado de obrigações de alto rendimento quase secou. Desde então, o mercado recuperou-se consideravelmente. Contudo, vale observar que a qualidade de crédito média da dívida de alto rendimento recém-emitida atualmente é superior à qualidade média nos anos florescentes da década de 1980. Obviamente, as obrigações de alto risco são mais vulneráveis do que as obrigações com baixo risco de crédito em períodos de dificuldade econômica. Durante a crise financeira de 2008-2009, os preços dessas obrigações caíram de forma sensível e seus rendimentos até o vencimento subiram de maneira igualmente sensível. A diferença entre os rendimentos das obrigações do Tesouro e as obrigações de classificação B aumentou de cerca de 3% no início de 2007 para um assustador 19% no começo de 2009.

Determinantes de segurança das obrigações

As agências de classificação de obrigações baseiam suas classificações de qualidade principalmente em uma análise do nível e da tendência de alguns dos índices financeiros do emissor. Os principais índices utilizados para avaliar a segurança são:

1. *Índices de cobertura* – Índices entre o lucro e os custos fixos da empresa. Por exemplo, o *índice de cobertura de juros* é o índice entre o lucro antes do pagamento de juros e impostos e as obrigações sobre juros. O *índice de cobertura de taxa fixa* abrange pagamentos de *leasing* e pagamentos de fundo de amortização com obrigações de juros para chegar ao índice entre lucro e todas as obrigações fixas em dinheiro (os fundos de amortização são descritos a seguir). Índices de cobertura baixos ou decrescentes indicam possíveis dificuldades de fluxo de caixa.

2. *Índice de alavancagem, índice dívida-patrimônio líquido* – Um índice de alavancagem elevado demais indica excesso de endividamento e, por sua vez, possibilidade de a empresa não ser capaz de ganhar o suficiente para cumprir com suas responsabilidades em relação às obrigações.

3. *Índices de liquidez* – Os dois índices de liquidez mais comuns são o *índice corrente* (ativos circulantes/passivos circulantes) e o *índice de liquidez imediata* (ativos circulantes menos estoques/passivos circulantes). Esses índices medem a capacidade da empresa para pagar contas a vencer com seus ativos mais líquidos.

4. *Índices de lucratividade* – Medidas das taxas de retorno sobre os ativos ou o patrimônio. Os índices de lucratividade são indicadores da saúde financeira geral de uma empresa. O *retorno sobre os ativos* (lucros antes de juros e impostos divididos pelo total de ativos) ou o *retorno sobre o patrimônio* (lucro/patrimônio líquido) são as medidas mais populares nessa categoria.

As empresas com retornos mais altos sobre os ativos devem ter melhores condições de levantar dinheiro nos mercados de títulos porque oferecem perspectivas de melhores retornos sobre os investimentos da empresa.

5. *Índice de fluxo de caixa/dívida* – Esse é o índice de fluxo de caixa total em relação à dívida em circulação.

A Standard & Poor's calcula periodicamente os valores médios de determinados índices para empresas em várias categorias de classificação, os quais são apresentados na Tabela 14.3. Obviamente, os índices devem ser avaliados no contexto dos padrões do setor e os analistas diferem em relação aos pesos que eles atribuem a determinados índices. No entanto, a Tabela 14.3 demonstra a tendência de melhoria dos índices concomitantemente com a classificação da empresa. As taxas de inadimplência variam de forma considerável com a classificação da obrigação. Ao longo da história, apenas cerca de 1% das obrigações industriais que se classificaram originalmente como AA ou melhor na emissão ficaram inadimplentes após 15 anos. O índice é de aproximadamente 7,5% para as obrigações da categoria BBB e 40% para as da classe B. O risco de crédito varia sensivelmente entre as classificações.

Muitos estudos testaram se os índices financeiros podem de fato ser utilizados para prever o risco de inadimplência. Uma das séries de teste mais conhecidas foi conduzida por Edward Altman, que utilizou análise discriminante para prever falências. Com essa técnica, uma empresa recebe uma classificação baseada em suas características financeiras. Se a classificação exceder o valor de corte, considera-se que empresa tem capacidade creditícia. Uma classificação abaixo do valor de corte indica um risco de falência significativo no futuro próximo.

TABELA 14.3 Índices financeiros por categoria de classificação, dívida de longo prazo

	Medianas de 3 anos						
	AAA	AA	A	BBB	BB	B	CCC
Múltiplo de cobertura de juros Ebit	23,8	19,5	8,0	4,7	2,5	1,2	0,4
Múltiplo de cobertura de juros Ebitda	25,5	24,6	10,2	6,5	3,5	1,9	0,9
Fundos de operações/dívida total (%)	203,3	79,9	48,0	35,9	22,4	11,5	5,0
Fluxo de caixa operacional livre/dívida total (%)	127,6	44,5	25,0	17,3	8,3	2,8	(2,1)
Múltiplo de dívida total/Ebitda	0,4	0,9	1,6	2,2	3,5	5,3	7,9
Retorno sobre o capital (%)	27,6	27,0	17,5	13,4	11,3	8,7	3,2
Dívida total/dívida total + patrimônio (%)	12,4	28,3	37,5	42,5	53,7	75,9	113,5

Nota: Ebitda significa lucros antes de juros, impostos, depreciação e amortização (*earnings before interest, taxes, depreciation, and amortization*).

Fonte: Corporate Rating Criteria, Standard & Poor's, 2006.

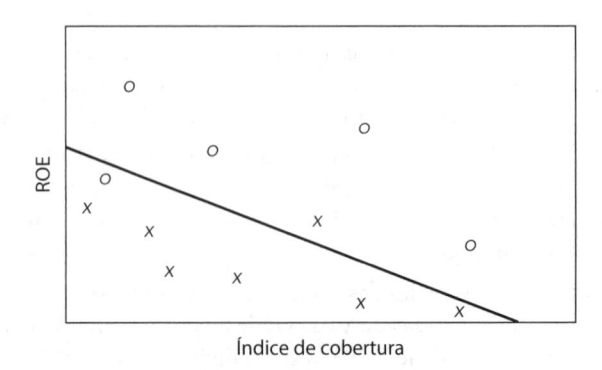

FIGURA 14.9
Análise discriminante

Para explicar essa técnica, suponhamos que tivéssemos de coletar dados sobre o retorno sobre o patrimônio (ROE) e o índice de cobertura de uma amostra de empresas e depois registrar informações sobre qualquer falência corporativa. Na Figura 14.9, representamos graficamente o ROE e os índices de cobertura de cada empresa, utilizando X para empresas que acabaram entrando em falência e O para aquelas se mantiveram solventes. Obviamente, as empresas X e O evidenciam diferentes padrões de dados – as solventes mostram valores mais altos em ambos os índices.

A análise discriminante determina a equação da linha que melhor separa as observações de X e O. Suponhamos que a equação da linha seja $0{,}75 = 0{,}9 \times \text{ROE} + 0{,}4 \times \text{Cobertura}$. Portanto, com base em seus próprios índices financeiros, cada empresa recebe uma "classificação Z" igual a $0{,}9 \times \text{ROE} + 0{,}4 \times \text{Cobertura}$. Se a classificação Z for superior a 0,75, a empresa ficará acima da linha e será considerada uma aposta segura; as classificações Z abaixo de 0,75 indicam dificuldade financeira.

Altman encontrou a seguinte equação para separar mais adequadamente as empresas deficientes e não deficientes:

$$Z = 3{,}1\,\frac{\text{Ebit}}{\text{Ativos totais}} + 1{,}0\,\frac{\text{Vendas}}{\text{Ativos}} + 0{,}42\,\frac{\text{Patrimônio dos acionistas}}{\text{Passivos totais}}$$

$$+\, 0{,}85\,\frac{\text{Lucros retidos}}{\text{Ativos totais}} + 0{,}72\,\frac{\text{Capital de giro}}{\text{Ativos totais}}$$

onde Ebit = lucro antes de juros e impostos.[13] As classificações Z abaixo de 1,23 indicam vulnerabilidade à falência, as classificações entre 1,23 e 2,90 são obscuras e as classificações acima de 2,90 são consideradas seguras.

Escritura de emissão da obrigação

Uma obrigação é emitida com uma *escritura de emissão da obrigação*, que é o contrato firmado entre emissor e obrigacionista. Parte da escritura de emissão da obrigação é um conjunto de restrições que protegem os direitos dos obrigacionistas. Essas restrições incluem cláusulas relacionadas a garantias, fundos de amortização, políticas de dividendos e futuros empréstimos. A empresa emissora concorda com esses *acordos de proteção* a fim de negociar suas obrigações com investidores preocupados com a segurança da emissão da obrigação.

> **REVISÃO DE CONCEITOS 14.8**
>
> Suponhamos que acrescentemos uma nova variável aos passivos circulantes/ativos circulantes da equação de Altman. Você espera que essa variável receba um coeficiente positivo ou negativo?

Fundos de amortização As obrigações exigem o pagamento do valor nominal no final de sua vida. Esse pagamento constitui um enorme compromisso em dinheiro para o emissor. Para ajudar a garantir que esse compromisso não crie dificuldades de fluxo de caixa, a empresa concorda em estabelecer um **fundo de amortização** para distribuir o encargo do pagamento ao longo de vários anos. Esse fundo pode funcionar de uma das duas formas a seguir:

1. Todo ano a empresa pode recomprar uma fração das obrigações em circulação no mercado aberto.

2. A empresa pode recomprar uma fração das obrigações em circulação por um preço de resgate especial associado à cláusula do fundo de amortização. A empresa tem a opção de comprar as

---

[13] O trabalho original de Altman foi publicado em Edward I. Altman, "Financial Ratios, Discriminant Analysis, and the Prediction of Corporate Bankruptcy", *Journal of Finance*, 23, setembro de 1968. Essa equação é de seu estudo atualizado, *Corporate Financial Distress and Bankruptcy*, 2ª ed. (Nova York: Wiley, 1993), p. 29. A análise de Altman é atualizada e ampliada em W. H. Beaver, M. F. McNichols e J-W. Rhie, "Have Financial Statements become Less Informative? Evidence from the Ability of Financial Ratios to Predict Bankruptcy", *Review of Accounting Studies*, 10, 2005, pp. 93–122.

obrigações pelo preço de mercado ou pelo preço do fundo de amortização, o que estiver mais baixo. Para alocar a carga de resgate do fundo de amortização de forma justa entre os obrigacionistas, as obrigações para resgate são escolhidas aleatoriamente com base no número de série.[14]

O resgate do fundo de amortização difere do resgate convencional de uma obrigação de duas maneiras importantes. Primeiro, a empresa pode recomprar apenas uma pequena fração da emissão de obrigações pelo preço de resgate do fundo de amortização. Na melhor das hipóteses, algumas escrituras de emissão possibilitam que as empresas utilizem uma *opção de duplicação*, que permite a recompra do dobro do número exigido de obrigações pelo preço de resgate do fundo de amortização. Segundo, embora o preço das obrigações resgatáveis geralmente seja superior ao valor nominal, o fundo de amortização normalmente é definido de acordo com o valor nominal da obrigação.

Embora os fundos de amortização aparentemente protejam os obrigacionistas, tornando o reembolso do principal mais provável, eles podem prejudicar o investidor. A empresa decidirá recomprar as obrigações com desconto (vendidas abaixo do valor nominal) pelo respectivo preço de mercado, exercendo ao mesmo tempo a opção de recomprar obrigações com prêmio (vendidas acima do valor nominal) pelo valor nominal. Portanto, se as taxas de juros caírem e os preços das obrigações subirem, a empresa se beneficiará da cláusula de fundo de amortização que lhe permite recomprar suas obrigações por preços abaixo do mercado. Nessas circunstâncias, o que é ganho para a empresa representa perda para o obrigacionista.

Uma emissão de obrigação que não exige um fundo de amortização é uma emissão de *obrigação em série* em que a empresa vende as obrigações com datas de vencimento escalonadas. À medida que as obrigações vencem sequencialmente, a carga do reembolso do principal para a empresa é distribuída ao longo do tempo do mesmo modo que ocorre com um fundo de amortização. Uma das vantagens das obrigações em série em relação às emissões de um fundo de amortização é que nenhuma incerteza é introduzida pela possibilidade de determinada obrigação ser resgatada para o fundo de amortização. Entretanto, a desvantagem das obrigações em série é que as obrigações de diferentes datas de vencimento não são intercambiáveis, o que diminui a liquidez da emissão.

Subordinação de dívidas adicionais Um dos fatores que determinam a segurança das obrigações é o total de dívida em circulação do emissor. Se você comprasse uma obrigação hoje, ficaria compreensivelmente ansioso se visse a empresa triplicar sua dívida em circulação no dia seguinte. Essa obrigação seria mais arriscada do que parecia ser quando você a comprou. Para evitar que as empresas prejudiquem os obrigacionistas dessa maneira, as **cláusulas de subordinação** restringem a quantia de seus empréstimos adicionais. Pode-se exigir que as dívidas adicionais sejam subordinadas prioritariamente à dívida existente; isto é, se houver falência, os detentores de dívida *subordinada* ou *júnior* não serão pagos enquanto a dívida sênior anterior não for paga completamente.

Restrições de dividendos Os acordos restringem também os dividendos que as empresas podem pagar. Essas limitações protegem os obrigacionistas porque forçam a empresa a reter ativos em vez de pagá-los aos acionistas. Uma restrição usual não permite o pagamento de dividendos se os dividendos cumulativos pagos desde a abertura da empresa excederem os lucros cumulativos retidos mais os lucros da venda de ações.

Garantia Algumas obrigações são emitidas com uma garantia específica como lastro. **Garantia** é um ativo específico que os obrigacionistas recebem se a empresa ficar inadimplente em relação à obrigação. Se a garantia for uma propriedade, a obrigação é chamada de *obrigação hipotecária*. Se a garantia for em forma de outros títulos mantidos pela empresa, a obrigação é chamada de *obrigação garantida por outros valores mobiliários*. No caso de equipamento, é conhecida como *obrigação com garantia em equipamento*. Essa última forma de garantia é mais utilizada por empresas ferroviárias, nas quais o equipamento é relativamente convencional e pode ser facilmente vendido para outra empresa no caso de inadimplência da primeira.

---

[14] Embora seja menos incomum, a cláusula de fundo de amortização também pode exigir pagamentos periódicos a um fideicomissário, caso em que os pagamentos são investidos para que a soma acumulada possa ser usada para quitar toda a emissão no vencimento.

As obrigações garantidas normalmente são consideradas mais seguras do que as obrigações **debênture** em geral, que não são *asseguradas*, o que significa que elas não oferecem uma garantia específica; o risco de crédito de obrigações não asseguradas depende da capacidade geral da empresa de gerar receita. Se a empresa ficar inadimplente, os detentores de debênture tornam-se credores gerais da empresa. Como são mais seguras, as obrigações com garantia normalmente oferecem rendimentos mais baixos do que as debêntures em geral.

A Figura 14.10 mostra as cláusulas de uma obrigação emitida pela Mobil conforme descrição no *Moody's Industrial Manual*. A obrigação é registrada e listada na NYSE. Ela foi emitida em 1991, mas só se tornou resgatável a partir de 2002. Embora o preço de compra tenha se iniciado em 105,007% do valor nominal, ele cai gradualmente até atingir o valor nominal após 2020. As cláusulas da obrigação são em sua maioria convencionais e coincidem com muitas das cláusulas da escritura de emissão que já mencionamos. Entretanto, nos últimos anos tem havido uma acentuada tendência contrária às cláusulas de resgate.

Rendimento até o vencimento e risco de inadimplência

Como as obrigações corporativas estão sujeitas ao risco de inadimplência, devemos fazer uma diferenciação entre o rendimento até o vencimento prometido e o rendimento esperado. O rendimento prometido ou declarado será realizado apenas se a empresa cumprir as exigências relativas à emissão da obrigação. Portanto, o rendimento declarado é o rendimento *máximo possível* até o vencimento da obrigação. O rendimento até o vencimento esperado deve levar em conta a possibilidade de inadimplência.

&. Mobil Corp. debênture 8s, vencimento 2032:
Classificação – Aa2

AUTORIZ. – US$ 250.000.000.
CIRCUL. – 31 dez. 1993, US$ 250.000.000.
DATA – 30 out. 1991.
JUROS – 12 F&A.
DEPOSITÁRIO – Chemical Bank.
DENOMINAÇÃO – Totalmente registrada em US$ 1.000 e em múltiplos inteiros desse valor. Transferível e permutável sem taxa de serviços.
RESGATÁVEL – No todo ou em parte, a qualquer momento, em 12 de agosto de 2002 ou após, a critério da empresa, com notificação prévia de pelo menos 30 dias, mas não ultrapassando 60 dias, em todo dia 11 de agosto, como segue:

2003.........105,007	2004.........104,756	2005.........104,506
2006.........104,256	2007.........104,005	2008.........103,755
2009.........103,505	2010.........103,254	2011.........103,004
2012.........102,754	2013.........102,503	2014.........102,253
2015.........102,003	2016.........101,752	2017.........101,502
2018.........101,252	2019.........101,001	2020.........100,751
2021.........100,501	2022.........100,250	

e, a partir daí, a 100, mais juros acumulados.
TÍTULO – Sem garantia. Tem a mesma classificação de outros títulos não assegurados e não subordinados da empresa. Nem a empresa nem qualquer outra afiliada incorrerão em qualquer endividamento; desde que a empresa não crie como título nenhum endividamento decorrente de tomada de empréstimo de dinheiro, qualquer hipoteca, fiança, direito de bem de caução ou penhor em qualquer ação ou endividamento serão propriedade direta da empresa, sem efetivamente determinar que o título de dívida seja garantido igualmente e proporcionalmente a esse endividamento, desde que tal endividamento seja assim garantido.
MODIFICAÇÃO DA ESCRITURA DE EMISSÃO – A escritura de emissão pode ser modificada, salvo se indicado ao contrário, com o consentimento de 66 2/3% da dívida circulante.
DIREITO NO CASO DE INADIMPLÊNCIA – O depositário, ou 25% da dívida circulante, pode declarar o principal devido e pagável (30 dias de carência para pagamento de juros).

LISTADA – Na Bolsa de Valores de Nova York.
FINALIDADE – Lucros utilizados para finalidades corporativas gerais.
OFERECIDA – (US$ 250.000.000) a 99,51 mais juros acumulados (lucros da empresa, 99,11) em 5 de agosto de 1992 por meio da Merrill Lynch & Co., Donaldson, Lufkin & Jenerette Sucurities Corp., PaineWebber Inc., Produtential Securities Inc., Smith Barney, Harris Upham & Co. Inc. e associados.

FIGURA 14.10
Obrigação resgatável emitida pela Mobil

Fonte: Mergent's Industrial Manual, Mergent's Investor Services, 1994. Reimpresso com permissão. Todos os direitos reservados.

Por exemplo, no auge da crise financeira de outubro de 2008, quando a Ford Motor Company enfrentava adversidades, suas obrigações com vencimento em 2028 foram classificadas como CCC e vendidas por aproximadamente 33% do valor nominal, gerando um rendimento até o vencimento de cerca de 20%. Os investidores de fato não acreditaram que a taxa de retorno esperada sobre essas obrigações fosse 20%. Eles reconheceram que havia uma possibilidade respeitável de que os obrigacionistas não receberiam todos os pagamentos prometidos na escritura de emissão da obrigação e que o rendimento sobre os fluxos de caixa *esperados* era bem inferior ao rendimento baseado nos fluxos de caixa *prometidos*. Obviamente, tal como se revelou, a Ford resistiu à tempestade e os investidores que compraram suas obrigações obtiveram um ótimo lucro: As obrigações estavam sendo vendidas em meados de 2012 por 110% do valor nominal, mais de três vezes o seu valor em 2008.

O Exemplo 14.11 indica que, quando uma obrigação torna-se mais propensa ao risco de inadimplência, seu preço cai e, portanto, o respectivo rendimento até o vencimento prometido aumenta. De modo semelhante, o prêmio de inadimplência, a diferença entre o rendimento até o vencimento declarado e o rendimento de obrigações do Tesouro comparáveis em outros aspectos, aumentará. Entretanto, o rendimento até o vencimento esperado, que em última análise está vinculado ao risco sistemático da obrigação, será bem menos afetado. Vejamos uma ampliação do Exemplo 14.11.

Para compensar a possibilidade de inadimplência, as obrigações corporativas devem oferecer um **prêmio de inadimplência**. Esse prêmio é a diferença entre o rendimento prometido sobre uma obrigação corporativa e o rendimento de uma obrigação governamental idêntica em outros aspectos e isenta de risco em termos de inadimplência. Se a empresa permanecer solvente e de fato pagar ao investidor todos os fluxos de caixa prometidos, o investidor obterá um rendimento até o vencimento mais alto do que obteria da obrigação governamental. Entretanto, se a empresa abrir falência, a obrigação corporativa tenderá a oferecer um retorno inferior ao da obrigação governamental. A obrigação corporativa pode ter um desempenho melhor ou pior do que o da obrigação isenta de risco do Tesouro. Em outras palavras, ela é mais arriscada.

EXEMPLO 14.11 || Rendimento esperado *versus* prometido

Suponhamos que uma empresa tenha emitido uma obrigação com cupom de 9% há 20 anos. Essa obrigação agora tem mais dez anos até o vencimento, mas a empresa está enfrentando dificuldades financeiras. Os investidores acreditam que a empresa conseguirá cumprir com o restante dos pagamentos de juros, mas que, na data do vencimento, ela será obrigada a entrar com falência e os obrigacionistas receberão apenas 70% do valor nominal. A obrigação está sendo vendida por US$ 750.

O rendimento até o vencimento (*yield to maturity* – YTM) seria então calculado utilizando os seguintes dados:

	YTM Esperado	YTM Declarado
Pagamento de cupom	US$ 45	US$ 45
Número de períodos semestrais	20 períodos	20 períodos
Pagamento final	US$ 700	US$ 1.000
Preço	US$ 750	US$ 750

O rendimento até o vencimento baseado nos pagamentos prometidos é de 13,7%. Entretanto, com base no pagamento esperado de US$ 700 no vencimento, o rendimento seria apenas 11,6%. O rendimento até o vencimento declarado é superior ao rendimento que os investidores realmente esperam obter.

EXEMPLO 14.12 || Risco de inadimplência e prêmio de inadimplência

Suponhamos que a condição da empresa no Exemplo 14.11 piore ainda mais e os investidores agora acreditem que a obrigação pagará apenas 55% do valor de face no vencimento. Agora, os investidores exigem um rendimento até o vencimento esperado de 12% (isto é, 6% semestralmente), o que é 0,4% superior ao do Exemplo 14.11. Mas o preço da obrigação cairá de US$ 750 para US$ 688 [$n = 20$; $i = 6$; FV = 550; PMT = US$ 45]. Por esse preço, o rendimento até o vencimento declarado, com base nos fluxos de caixa prometidos, é 15,2%. Embora o rendimento até o vencimento esperado tenha aumentado 0,4%, a queda de preço fez com que o rendimento até o vencimento prometido aumentasse 1,5%.

O padrão dos prêmios de inadimplência oferecidos para obrigações de risco algumas vezes é chamado de *estrutura de risco das taxas de juros*. Quanto maior o risco de inadimplência, mais alto o prêmio de inadimplência. A Figura 14.11 mostra as diferenças entre os rendimentos até o vencimento de obrigações de diferentes classes de risco. Você pode ver aqui uma clara evidência dos prêmios de risco de crédito sobre rendimentos prometidos. Observe, por exemplo, o inacreditável aumento nas diferenças de crédito durante a crise financeira de 2008–2009.

> **REVISÃO DE CONCEITOS 14.9**
>
> Qual será o rendimento até o vencimento no Exemplo 14.12 se as condições da empresa piorarem ainda mais? Os investidores esperam um pagamento final de apenas US$ 500 e o preço da obrigação caiu para US$ 650.

Swaps de risco de incumprimento

Um *swap* **de risco de incumprimento** (*credit default swap* – CDS) é, em vigor, uma apólice de seguro contra o risco de inadimplência de uma obrigação ou empréstimo. Para exemplificar, o prêmio anual em julho de 2012 sobre um CDS de cinco anos do governo alemão girava em torno de 0,75%, o que significa que o comprador do CDS pagaria ao vendedor um prêmio anual de US$ 0,75 para cada US$ 100 do principal da obrigação. O vendedor recebe esses pagamentos anuais ao longo da duração do contrato, mas deve compensar o comprador por perda no valor da obrigação caso haja inadimplência.[15]

Da forma como foram originalmente visualizados, os *swaps* de risco de incumprimento foram concebidos para permitir que os concessores de empréstimo comprem proteção contra risco de inadimplência. Os compradores naturais desses *swaps* costumavam ser então grandes obrigacionistas ou bancos que desejavam aumentar a capacidade creditícia de seus empréstimos circulantes. Mesmo se o tomador de empréstimo tivesse uma capacidade de crédito instável, a dívida "assegurada" seria tão segura quanto o emissor do CDS. Um investidor com uma obrigação de classificação BB poderia, em princípio, elevar a qualidade efetiva da dívida para AAA comprando um CDS sobre o emissor.

Essa ideia indica como os contratos de CDS devem ser precificados. Se uma obrigação corporativa de categoria BB oferecida com seguro por meio de um CDS for de fato equivalente a uma obrigação AAA, o prêmio sobre o *swap* deverá ser aproximadamente a diferença entre as

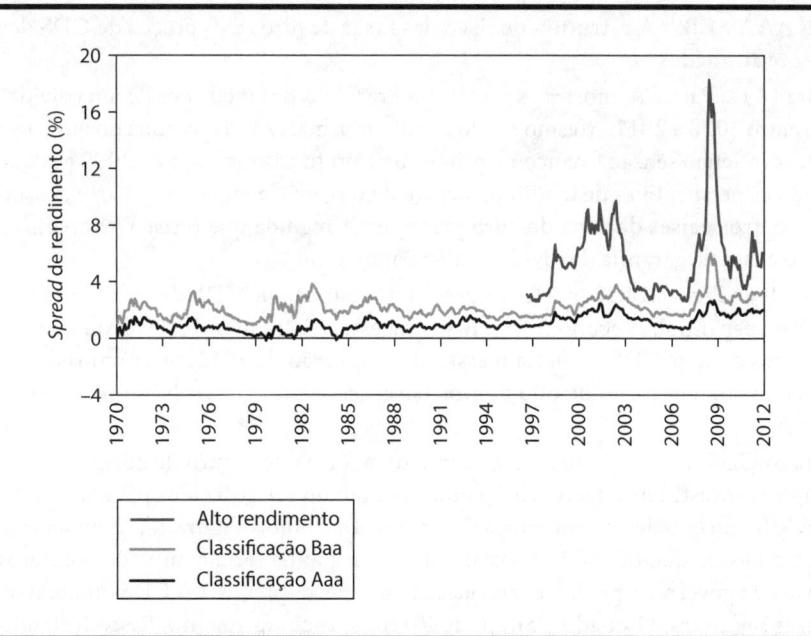

FIGURA 14.11 Diferenças de rendimento entre obrigações corporativas e obrigações de dez anos do Tesouro

Fonte: Federal Reserve Bank de St. Louis.

---

[15] Na verdade, os *swaps* de risco de incumprimento pagam um valor bem inferior ao de uma inadimplência real. A escritura de emissão descreve quais "eventos de crédito" específicos desencadearão um pagamento. Por exemplo, reestruturar (reescrever as cláusulas da dívida circulante de uma empresa como alternativa aos procedimentos formais de falência) pode ser definido como um evento de crédito desencadeador.

FIGURA 14.12
Preços de *swaps* de risco de incumprimento de cinco anos

A: Prêmios sobre contratos de CDS da dívida do Governo Alemão

B: Prêmios sobre contratos de CDS da dívida do Governo Espanhol

Fonte: Bloomberg, 1º de agosto de 2012, http://www.bloomberg.com/quote/CDBR1US:IND/chart.

obrigações AAA e BB.[16] A estrutura de risco das taxas de juros e os preços de CDS devem estar estreitamente alinhados.

A Figura 14.12, Painel A, mostra os prêmios sobre CDSs de cinco anos de uma dívida do governo alemão entre 2008 e 2012. Mesmo sendo a economia mais sólida na zona do euro, os preços de CDS alemães refletem tensão financeira, primeiro na profunda recessão de 2009 e novamente em 2011 quando as perspectivas de inadimplência (e de resgate financeiro por parte dos alemães) da Grécia e de outros países da zona do euro pioraram. À medida que o risco de crédito percebido aumentou, o custo de garantia da dívida também aumentou.

O Painel B da Figura 14.12 mostra os preços de contrato de CDS de cinco anos sobre a dívida do governo espanhol. A economia da Espanha estava bem mais instável do que a da Alemanha e os preços de seus CDSs refletiam esse fato. No verão de 2012, os prêmios de seu CDS de cinco anos giravam em torno de 600 pontos-bases, cerca de oito vezes o preço para garantir a dívida alemã.

Embora os CDSs tenham sido criados como uma forma de seguro de obrigação, só depois de muito tempo os investidores descobriram que eles podiam ser utilizados para fazer especulações sobre a saúde financeira de determinados emissores. Tal como a Figura 14.12 evidencia, no início de 2011, uma pessoa que desejasse apostar contra a Espanha teria comprado contratos de CDS sobre a dívida do governo espanhol e teria lucrado porque os preços dos CDSs aumentaram muito nos 18 meses seguintes. O quadro "*Swaps* de Risco de Incumprimento, Risco Sistêmico e Crise Financeira de 2008–2009" fala sobre o papel desses *swaps* na crise financeira de 2008–2009.

---

[16] Dizemos "aproximadamente" porque existem algumas diferenças entre obrigações com alta classificação e obrigações artificialmente melhoradas com *swaps* de risco de incumprimento. Por exemplo, o prazo do *swap* talvez não coincida com o vencimento da obrigação. O tratamento tributário dos pagamentos de cupom *versus* pagamentos de *swaps* pode diferir, assim como a liquidez das obrigações. Concluindo, alguns CDSs podem exigir pagamentos únicos logo no início, bem como prêmios anuais.

DESTAQUE DA REALIDADE

SWAPS DE RISCO DE INCUMPRIMENTO, RISCO SISTÊMICO E CRISE FINANCEIRA DE 2008–2009

A crise de crédito de 2008–2009, quando a concessão de empréstimos entre bancos e outras instituições financeiras efetivamente entrou em convulsão, foi em grande medida uma crise de transparência. O maior problema foi a difundida falta de confiança na capacidade financeira das partes em uma negociação. Se uma instituição não conseguisse ter a confiança de que a outra se manteria solvente, ela compreensivelmente resistiria a lhe oferecer um empréstimo. Quando uma dúvida a respeito do risco de crédito dos clientes e dos parceiros comerciais atingiu níveis inéditos desde a Grande Depressão, o mercado de empréstimo secou.

Os *swaps* de risco de incumprimento eram citados particularmente para fomentar dúvidas sobre a confiabilidade das partes. Ao que consta, por volta de agosto de 2008 US$ 63 trilhões de *swaps* desse tipo estavam em circulação. (Comparativamente, o produto interno bruto dos Estados Unidos em 2008 era de cerca de US$ 14 trilhões.) Quando o mercado de hipotecas *subprime* entrou em colapso e a economia entrou em profunda recessão, as possíveis dívidas desses contratos incharam, atingindo níveis antes considerados inimagináveis, e a capacidade dos vendedores de CDS de honrar seus compromissos parecia estar em xeque. Por exemplo, a gigante empresa de seguros AIG havia vendido sozinha mais de US$ 400 bilhões de contratos de CDS em hipotecas *subprime* e outros empréstimos e estava a dias da insolvência. Contudo, a insolvência da AIG teria desencadeado a insolvência de outras empresas que haviam confiado em sua promessa de proteção contra inadimplência nos empréstimos. Isso, por sua vez, teria desencadeado outras inadimplências. No final, o governo sentiu-se compelido a resgatar a AIG para evitar uma reação em cadeia de insolvências.

O risco de contraparte e as exigências de divulgação complacentes efetivamente impossibilitavam que se distinguisse a exposição das empresas ao risco de crédito. Um dos problemas era que as posições de CDS não são obrigadas a ser relatadas nos balanços patrimoniais. E a possibilidade de uma inadimplência desencadear uma sequência de outras inadimplências significa que os concessores de empréstimo podem estar expostos à inadimplência de uma instituição com a qual eles nem mesmo negociam diretamente. Esses efeitos indiretos criam um *risco sistêmico*, no qual todo o sistema financeiro pode ficar paralisado. Quando os efeitos em cascata de uma dívida incobrável se ampliam em círculos cada vez mais amplos, pode parecer imprudente emprestar a qualquer pessoa.

Na esteira da crise de crédito, a Lei Dodd-Frank exigiu uma nova regulamentação e novas reformas. Uma das propostas é a criação de uma câmara de compensação para derivativos de crédito como os contratos de CDS. Um sistema desse tipo favoreceria a transparência das posições, permitiria que a câmara de compensação substitua as posições de compensação compradas e vendidas dos negociadores por uma única posição líquida e exigiria o reconhecimento diário de ganhos ou perdas nas posições por meio de uma conta de margem ou de garantia. Se as perdas aumentassem, as posições teriam de ser desemaranhadas antes que crescessem para níveis insustentáveis. Possibilitar que os negociadores avaliem com precisão o risco de contraparte e restringir esse risco por meio de contas de margem e do apoio complementar de uma câmara de compensação ajudaria muito a diminuir o risco sistêmico.

Risco de crédito e obrigações de dívida garantidas

As **obrigações de dívida garantidas** (*collateralized debt obligations* – **CDOs**) surgiram na última década como um importante mecanismo para realocar o risco de crédito nos mercados de renda fixa. Para criar uma CDO, uma instituição financeira, normalmente um banco, primeiro estabelecia uma entidade legalmente distinta para comprar e depois revender uma carteira de obrigações ou outros empréstimos. Um instrumento comum para essa finalidade foi o chamado veículo de investimento estruturado (*structured investment vehicle* – SIV).[17] Um SIV levanta fundos, com frequência emitindo *commercial paper* de curto prazo, e utiliza os rendimentos para comprar obrigações corporativas ou outras formas de dívida, como empréstimos hipotecários ou dívidas de cartão de crédito. Esses empréstimos são primeiro agrupados e depois divididos em uma série de classes conhecidas como *tranches*. (*Tranche* é uma palavra francesa que significa "fatia".)

Cada fatia recebe um nível diferente de senioridade com relação aos respectivos direitos sobre o *pool* de empréstimos subjacente e cada uma pode ser vendida como um título independente. À medida que os empréstimos no *pool* subjacente efetuam o pagamento de juros, os rendimentos são distribuídos para pagar os juros de cada fatia em ordem de antiguidade. Essa estrutura de prioridade implica que cada fatia tem uma exposição diferente ao risco de crédito.

A Figura 14.13 mostra uma configuração usual. A fatia *senior* encontra-se na parte superior. Seus investidores provavelmente respondem por 80% do principal do *pool* total. Mas ela tem prioridade em *todo* o serviço de dívida. Utilizando nossos números, mesmo que 20% do *pool* de dívidas

---

[17] A separação legal do banco e do SIV permite que a propriedade sobre os empréstimos seja conduzida fora do balanço patrimonial do banco e, portanto, evita as exigências de capital que de outra forma o banco enfrentaria.

FIGURA 14.13 Obrigações de dívida garantidas

		Estrutura sênior-subordinada de fatias	Termos comuns
Banco	Veículo de investimento estruturado, SIV	Senior tranche	70-90% do principal nocional, cupom semelhante ao das obrigações Aa-Aaa
		Mezzanine 1	5-15% do principal, classificação de baixo risco de crédito
		Mezzanine 2	5-15% do principal, classificação de grau especulativo de qualidade superior
		Equity/first loss/ residual tranche	< 2%, sem classificação, taxa de cupom com 20% de spread de crédito

fique inadimplente, a fatia sênior pode ser paga integralmente. Assim que a fatia com a prioridade mais alta é paga, a classe inferior seguinte (p. ex.: fatia *mezzanine* 1 na Figura 14.13) recebe os rendimentos do *pool* de empréstimos, até que seus direitos também sejam satisfeitos. Utilizando as fatias juniores dessa maneira para proteger as fatias seniores contra risco de crédito, é possível criar obrigações Aaa até mesmo de uma carteira de obrigações de alto risco.

Obviamente, a proteção das fatias seniores contra o risco de inadimplência implica que o risco fica concentrado nas fatias inferiores. A fatia na parte inferior – chamada alternativamente de *equity, first loss* ou *residual tranche* – recebe a última prioridade sobre os pagamentos do *pool* de empréstimos ou, dito de outra forma, encontra-se na linha de frente no que tange à absorção do risco de inadimplência.

Não surpreendentemente, os investidores em fatias com a maior exposição ao risco de crédito exigem as taxas de cupom mais altas. Portanto, embora as fatias *mezzanine* inferior e *equity* arquem com a maior parte do risco, elas oferecerão os retornos mais altos se a experiência de crédito se evidenciar favorável.

As CDOs garantidas por hipotecas foram um investimento desastroso em 2007–2009. Essas CDOs eram formadas por meio do agrupamento de empréstimos hipotecários *subprime* feitos para indivíduos cuja capacidade de crédito não os habilitava a hipotecas convencionais. Quando os preços habitacionais estancaram em 2007 e as taxas de juros sobre esses empréstimos de taxa normalmente ajustável voltaram aos níveis de mercado, as inadimplências hipotecárias e as execuções de hipoteca habitacional dispararam e os investidores desses títulos perderam bilhões de dólares. Até mesmo aqueles que investiram em fatias de alta classificação experimentaram grandes prejuízos.

Não surpreendentemente, as agências de classificação que haviam certificado essas fatias como investimento de baixo risco foram consideravelmente criticadas. Levantaram-se dúvidas sobre possíveis conflitos de interesse: como as agências de classificação são pagas pelos emissores de obrigações, elas foram acusadas de responder à pressão por flexibilizar seus padrões.

RESUMO

1. Os títulos de renda fixa são diferenciados por sua promessa de pagar um fluxo de renda fixo ou específico aos detentores. A obrigação com cupom normalmente é um título de dívida típico.

2. As notas e obrigações do Tesouro têm vencimentos originais de mais de um ano. Elas são emitidas pelo valor nominal ou algo semelhante e seus preços são cotados sem incluir juros acumulados.

3. As obrigações resgatáveis devem oferecer maiores rendimentos prometidos até o vencimento para compensar os investidores pelo fato de que eles não realizarão todos os ganhos de capital se a taxa de juros cair e as obrigações forem resgatadas pelo preço de resgate estipulado. Com frequência as obrigações são emitidas com um período de proteção contra resgate. Além disso, as obrigações com desconto que são vendidas por um preço significativamente inferior ao preço de resgate oferecem uma proteção implícita contra resgate.

4. As obrigações com opção de venda oferecem ao obrigacionista, e não ao emissor, a opção de liquidar uma obrigação ou estender seu tempo de vida.

5. As obrigações conversíveis podem ser trocadas, a critério do obrigacionista, por um número específico de ações. Os detentores de obrigações conversíveis "pagam" por essa opção ao aceitar uma taxa de cupom mais baixa sobre o título.
6. As obrigações com taxa flutuante pagam uma taxa de cupom com prêmio fixo sobre uma taxa de juros de curto prazo de referência. O risco é pequeno porque a taxa está atrelada às condições atuais do mercado.
7. O rendimento até o vencimento é a única taxa de juros que equipara o valor presente dos fluxos de caixa de um título com seu preço. Os preços e os rendimentos das obrigações estão inversamente relacionados. Para as obrigações com prêmio, a taxa de cupom é superior ao rendimento atual, que é superior ao rendimento até o vencimento. Essas desigualdades são inversas para as obrigações com desconto.
8. Com frequência o rendimento até o vencimento é interpretado como uma estimativa da taxa média de retorno para um investidor que compra uma obrigação e a mantém até o vencimento. No entanto, essa interpretação está sujeita a erro. Medidas relacionadas são o rendimento até o resgate, rendimento composto realizado e vencimento até o vencimento esperado (*versus* prometido).
9. Os preços das obrigações de cupom zero aumentam exponencialmente com o tempo, oferecendo uma taxa de valorização igual à taxa de juros. O IRS trata essa valorização de preço embutida como renda de juros tributáveis imputada ao investidor.
10. Quando as obrigações estão sujeitas a uma provável inadimplência, o rendimento até o vencimento declarado é o rendimento máximo que pode ser realizado pelo obrigacionista. Entretanto, em caso de inadimplência, esse rendimento prometido não será realizado. Para compensar os investidores pelo risco de inadimplência, as obrigações devem oferecer prêmios de inadimplência, isto é, rendimentos prometidos superiores aos oferecidos por títulos do governo isentos de inadimplência. Se a empresa continuar financeiramente saudável, suas obrigações oferecerão retornos maiores do que os das obrigações do governo. Do contrário, os retornos podem ser inferiores.
11. A segurança das obrigações com frequência é medida por meio da análise de índice financeiro. As escrituras de emissão de obrigações são outra salvaguarda para proteger os direitos dos obrigacionistas. As escrituras de emissão comuns especificam exigências para fundos de amortização, garantia de empréstimo, restrições de dividendos e subordinação de dívidas futuras.
12. Os *swaps* de risco de incumprimento oferecem seguro contra a inadimplência de uma obrigação ou empréstimo. O comprador de *swap* paga um prêmio anual ao vendedor de *swap*, mas recebe um pagamento igual ao valor perdido se posteriormente houver inadimplência no empréstimo.
13. As obrigações de dívida garantidas são utilizadas para realocar o risco de crédito de um *pool* de empréstimos. O *pool* é dividido em fatias (*tranches*). Cada *tranche* recebe um nível diferente de senioridade (prioridade) com relação aos respectivos direitos sobre os fluxos de caixa provenientes dos empréstimos subjacentes. As fatias com alta prioridade normalmente são bastante seguras e o risco de crédito fica concentrado nas fatias de nível mais baixo. Cada *tranche* pode ser vendida como um título independente.

Sites relacionados a este capítulo estão disponíveis em **www.grupoa.com.br**

PALAVRAS-CHAVE

análise-horizonte
cláusulas de subordinação
debênture
escritura de emissão da obrigação
fundo de amortização
garantia
obrigação
obrigação com baixo risco de crédito
obrigação com opção de venda
obrigações com desconto

obrigações com prêmio
obrigações com taxa flutuante
obrigações conversíveis
obrigações de cupom zero
obrigações de dívida garantidas (CDOs)
obrigações de grau especulativo ou de alto risco
obrigações resgatáveis
prêmio de inadimplência
rendimento até o vencimento

rendimento atual
retorno composto realizado
risco da taxa de reinvestimento
risco de crédito
swap de risco de incumprimento (CDS)
taxa de cupom
títulos de dívida
valor de face
valor nominal

EQUAÇÕES BÁSICAS

Preço de uma obrigação com cupom:

$$\text{Preço} = \text{Cupom} \times \frac{1}{r}\left[1 - \frac{1}{(1+r)^T}\right] + \text{Valor nominal} \times \frac{1}{(1+r)^T}$$

$$= \text{Cupom} \times \text{Fator de anuidade}(r, T) + \text{Valor nominal} \times \text{Fator PV}(r, T)$$

CONJUNTO DE PROBLEMAS

1. Defina os seguintes tipos de obrigação:
   a. Obrigações catástrofe.
   b. Euro-obrigações.
   c. Obrigações de cupom zero.
   d. Obrigações samurai.
   e. Obrigações de alto risco.
   f. Obrigações conversíveis.
   g. Obrigações em série.
   h. Obrigações com garantia em equipamento.
   i. Obrigações com desconto na emissão original.
   j. Obrigações indexadas.
   k. Obrigações resgatáveis.
   l. Obrigações com opção de venda.

Básicos

2. Duas obrigações têm prazos de vencimento e taxas de cupom idênticos. Uma é resgatável antecipadamente por 105, a outra por 110. Qual deveria ter o maior rendimento até o vencimento? Por quê?
3. O rendimento até o vencimento declarado e o rendimento até o vencimento composto realizado de uma obrigação de cupom zero isenta de inadimplência sempre serão iguais. Por quê?

Intermediários

4. Por que o preço das obrigações cai quando a taxa de juros aumenta? Os concessores de empréstimos não gostam de taxa de juros alta?
5. Uma obrigação com taxa de cupom anual de 4,8% é vendida por US$ 970. Qual o rendimento atual da obrigação?
6. Qual título tem a taxa de juros anual *efetiva* mais alta?
   a. Letras de três meses do Tesouro que estão sendo vendidas por US$ 97.645, com valor nominal de US$ 100 mil.
   b. Uma obrigação de cupom que está sendo vendida pelo valor nominal e pagando um cupom semestral de 10%.
7. As obrigações do Tesouro que estão pagando uma taxa de cupom de 8%, com pagamentos semestrais, atualmente são vendidas pelo valor nominal. Que taxa de cupom elas teriam de pagar para serem vendidas pelo valor nominal se pagassem seus cupons *anualmente*? (*Dica:* Quais é o rendimento anual efetivo da obrigação?)
8. Considere uma obrigação com cupom de 10% e rendimento até o vencimento = 8%. Se o rendimento até o vencimento permanecer constante, em um ano o preço da obrigação será maior, menor ou o mesmo? Por quê?
9. Considere uma obrigação com cupom de 8% que está sendo vendida por US$ 953,10, com três anos até o vencimento e pagamentos de cupom *anuais*. As taxas de juros nesses três anos serão, com certeza, $r_1 = 8\%$, $r_2 = 10\%$ e $r_3 = 12\%$. Calcule o rendimento até o vencimento e o rendimento composto realizado da obrigação.
10. Suponhamos que você tenha um horizonte de investimento de um ano e esteja tentando escolher entre três obrigações. Todas têm o mesmo grau de risco de inadimplência e vencimento em dez anos. A primeira é uma obrigação de cupom zero que paga US$ 1.000 no vencimento. A segunda tem taxa de cupom de 8% e paga um cupom de US$ 80 uma vez ao ano. A terceira tem uma taxa de cupom de 10% e paga um cupom de US$ 100 uma vez ao ano.
    a. Se as três obrigações forem precificadas no momento para render 8% até o vencimento, quais serão seus preços?
    b. Se você acreditar que seus rendimentos até o vencimento serão de 8% no início do ano que vem, quais serão seus preços? Qual o retorno do período de manutenção do investimento antes dos impostos em cada obrigação? Se sua alíquota de imposto for 30% sobre a renda comum e 20% sobre a renda de ganhos de capital, qual será sua taxa de retorno após os impostos em cada uma?
    c. Recalcule suas resposta em (*b*) supondo que você espera que o rendimento até o vencimento de cada obrigação será 7% no início do ano seguinte.
11. Uma obrigação com vencimento em 20 anos e valor nominal de US$ 1.000 faz pagamentos de cupom semestrais por uma taxa de cupom de 8%. Descubra o rendimento até o vencimento equivalente e anual efetivo da obrigação se o preço da obrigação for:
    a. US$ 950.
    b. US$ 1.000.
    c. US$ 1.050.

12. Refaça o problema anterior utilizando os mesmos dados, mas agora suponha que a obrigação faça pagamentos de cupom anualmente. Por que os rendimentos que você calcula são inferiores nesse caso?
13. Complete a tabela a seguir para as obrigações de cupom zero, todas com valor nominal de US$ 1.000.

Preço (US$)	Vencimento (anos)	Rendimento até o vencimento equivalente ao da obrigação (%)
400	20	—
500	20	—
500	10	—
—	10	10
—	10	8
400	—	8

14. Considere uma obrigação que paga semestralmente uma taxa de cupom de 10% ao ano quando a taxa de juros do mercado é de apenas 4% por semestre. A obrigação tem três anos até o vencimento.
    a. Descubra o preço da obrigação hoje e daqui a seis meses, depois que o próximo cupom for pago.
    b. Qual a taxa total de retorno (seis meses) da obrigação?
15. Uma obrigação com taxa de cupom de 7% faz pagamentos de cupom semestrais no dia 15 de janeiro e 15 de julho de cada ano. O *The Wall Street Journal* divulga que o preço de venda da obrigação no dia 30 de janeiro é 100,125. Qual o preço de faturamento da obrigação? O período de cupom é 182 dias.
16. Uma obrigação tem rendimento atual de 9% e rendimento até o vencimento de 10%. A obrigação está sendo vendida abaixo ou acima do valor nominal? Explique.
17. A taxa de cupom da obrigação da questão anterior é superior ou inferior a 9%?
18. Volte à Tabela 14.1 e calcule as taxas de retorno real e nominal da obrigação TIPS no segundo e terceiro anos.
19. Uma obrigação recém-emitida de cupom zero e 20 anos de vencimento tem um rendimento até o vencimento de 8% e valor de face de US$ 1.000. Descubra a renda de juros imputada no primeiro, segundo e terceiro ano de vida da obrigação.
20. Uma obrigação recém-emitida de vencimento em 10 anos e cupom de 4% faz pagamentos de cupom *anuais* e está sendo vendida ao público pelo preço de US$ 800. Qual será a renda tributável da obrigação para o investidor no ano seguinte? A obrigação não será vendida no final do ano. A obrigação é tratada como uma obrigação com desconto na emissão original.
21. Uma obrigação com cupom de 8%, vencimento em 30 anos e pagamentos de cupom semestrais é resgatável em cinco anos por um preço de resgate de US$ 1.100. Atualmente, essa obrigação está sendo vendida com um rendimento até o vencimento de 7% (3,5% por semestre).
    a. Qual o rendimento até o resgate?
    b. Qual será o rendimento até o resgate se o preço de resgate for apenas US$ 1.050?
    c. Qual será o rendimento até o resgate se o preço de resgate for de US$ 1.100, mas a obrigação puder ser resgatada em dois anos e não em cinco?
22. Uma obrigação de dez anos de uma empresa com dificuldades financeiras tem uma taxa de cupom de 14% e é vendida por US$ 900. Atualmente, a empresa está renegociando sua dívida

e, ao que parece, os credores permitirão que ela reduza os pagamentos de cupom sobre a obrigação pela metade da quantia originalmente contratada. A empresa consegue arcar com esses pagamentos reduzidos. Quais são os rendimentos até o vencimento declarado e esperado das obrigações? A obrigação faz seus pagamentos de cupom anualmente.

23. Uma obrigação de dois anos com valor nominal de US$ 1.000 que faz pagamentos anuais de US$ 100 tem um preço de US$ 1.000. Qual o rendimento até o vencimento da obrigação? Qual será o rendimento até o vencimento composto realizado se a taxa de juros de um ano, no ano seguinte, vier a ser de (a) 8%, (b) 10%, (c) 12%?

24. Suponhamos que hoje seja 15 de abril. Uma obrigação com cupom de 10% pago semestralmente em 15 de janeiro e 15 de julho é listada no *The Wall Street Journal*, sendo vendida ao preço de venda de 101,25. Se você comprar essa obrigação de um corretor hoje, que preço pagará por ela?

25. Suponhamos que duas empresas emitam obrigações com as seguintes características. Ambas são emitidas pelo valor nominal.

	Obrigações da ABC	Obrigações da XYZ
Tamanho da emissão (US$)	1,2 bilhão	150 milhões
Vencimento (anos)	10*	20
Cupom (%)	9	10
Garantia	Primeira hipoteca	Debênture geral
Resgatáveis	Não resgatáveis	Em 10 anos
Preço de resgate	Nenhum	110
Fundo de amortização	Nenhum	Início em 5 anos

* A obrigação pode ser estendida a critério do obrigacionista por mais dez anos.

Ignorando a qualidade de crédito, identifique quatro características dessas emissões que possam explicar a taxa de cupom menor da dívida da ABC. Explique.

26. Um investidor acredita que o risco de crédito de uma obrigação pode aumentar temporariamente. Quais das opções a seguir seria o método de maior liquidez para explorar isso?
    a. *Swap* de risco de incumprimento.
    b. Venda de uma *swap* de risco de incumprimento.
    c. Venda a descoberto da obrigação.

27. Qual das opções a seguir descreve *mais precisamente* o comportamento das *swaps* de risco de incumprimento?
    a. Quando o risco de crédito aumenta, os prêmios de *swap* aumentam.
    b. Quando o risco de crédito aumenta, os prêmios de *swap* diminuem.
    c. Quando o risco de crédito aumenta, os prêmios de *swap* aumentam; porém, quando o risco da taxa de juros aumenta, os prêmios de *swap* diminuem.

28. Qual seria o rendimento até o vencimento de uma obrigação resultante de:
    a. Um aumento no índice de cobertura de juros da empresa emissora.
    b. Um aumento no índice de dívida/patrimônio da empresa emissora.
    c. Um aumento no índice de liquidez imediata da empresa emissora.

29. Uma grande corporação emitiu notas de taxa fixa e de taxa flutuante há cinco anos. As condições são apresentadas na tabela a seguir.

	Notas com cupom de 9%	Notas com taxa flutuante
Tamanho da emissão (US$)	250 milhões	280 milhões
Vencimento original (anos)	20	10
Preço atual (% do valor nominal)	93	98
Cupom atual (%)	9	8
Ajustes de cupom	Cupom fixo	Todo ano
Regra de redefinição de cupom	—	Taxa de letras do Tesouro de um ano + 2%
Resgatáveis	10 anos após a emissão	10 anos após a emissão
Preço de resgate	106	102,50
Fundo de amortização	Nenhum	Nenhum
Rendimento até o vencimento (%)	9,9	—
Variação de preço desde a emissão (US$)	85–112	97–102

a. Por que a variação de preço é maior para a obrigação de cupom de 9% do que para a nota de taxa flutuante?
b. Quais fatores poderiam explicar por que a nota de taxa flutuante nem sempre é vendida pelo valor nominal?
c. Por que o preço de resgate da nota de taxa flutuante não tem muita importância para os investidores?
d. A probabilidade de resgate da nota de taxa fixa é alta ou baixa?
e. Se a empresa fosse emitir uma nota de taxa fixa com vencimento em 15 anos, que taxa de cupom ela precisaria oferecer para emitir a obrigação pelo valor nominal?
f. Por que uma entrada para o rendimento até o vencimento da nota de taxa flutuante não é apropriado?

30. A Masters Corp. emite duas obrigações com vencimento em 20 anos. Ambas são resgatáveis por US$ 1.050. A primeira é emitida com um desconto significativo com taxa de cupom de 4% e preço de US$ 580 para um rendimento de 8,4%. A segunda é emitida pelo valor nominal com taxa de cupom de 8¾%.
    a. Qual o rendimento até o vencimento da obrigação de valor nominal? Por que ele é mais alto do que o rendimento da obrigação com desconto?
    b. Se você estivesse esperando uma queda substancial nas taxas nos próximos dois anos, que obrigação manteria?
    c. Em que sentido a obrigação com desconto oferece "proteção de resgate implícita"?

Difíceis

31. Uma obrigação recém-emitida paga seus cupons uma vez por ano. Sua taxa de cupom é 5%, seu vencimento é em 20 anos e seu rendimento até o vencimento é 8%.
    a. Descubra o retorno do período de manutenção para um investimento de um ano se a obrigação estiver sendo vendida com um rendimento até o vencimento de 7% até o final do ano.
    b. Se você vender a obrigação após um ano, que impostos você ficará devendo se a alíquota de imposto sobre a renda de juros for 40% e a taxa de imposto sobre a renda de ganhos de capital for 30%? A obrigação está sujeita a um tratamento tributário de desconto na emissão original.

c. Qual o retorno do período de manutenção do investimento pós-impostos sobre a obrigação?

d. Descubra o rendimento composto realizado *depois dos impostos* para um período de manutenção do investimento de dois anos, supondo que (1) você venda a obrigação após dois anos, (2) o rendimento sobre a obrigação seja 7% no final do segundo ano e (3) o cupom possa ser reinvestido por um ano por uma taxa de juros de 3%.

e. Utilize as alíquotas de imposto em (*b*) para calcular o rendimento composto realizado de dois anos *após os impostos*. Lembre-se de levar em consideração as regras tributárias de desconto na emissão original.

CFA PROBLEMS

1. A Leaf Products pode emitir um título de renda fixa com vencimento em dez anos, o qual pode incluir uma cláusula de fundo de amortização e refinanciamento ou proteção contra resgate.

    a. Descreva a cláusula de fundo de amortização.
    b. Explique o impacto da cláusula de fundo de amortização sobre:
        i. A vida média esperada do título proposto.
        ii. Total do principal e dos pagamentos de juros durante a vida do título proposto.
    c. Do ponto de vista do investidor, explique o fundamento da exigência de uma cláusula de fundo de amortização.

2. As obrigações da Zello Corporation com valor nominal de US$ 1.000 são vendidas por US$ 960, vencem em cinco anos e têm uma taxa de cupom anual de 7% (pago semestralmente).

    a. Calcule:
        i. Rendimento atual.
        ii. Rendimento até o vencimento (porcentagem inteira mais próxima, isto é, 3%, 4%, 5% etc.).
        iii. Rendimento composto realizado para um investidor com período de manutenção do investimento de três anos e taxa de reinvestimento de 6% durante o período. No final de três anos, as obrigações com cupom de 7% e dois anos restantes serão vendidas com rendimento de 7%.
    b. Cite uma deficiência importante para cada uma das medidas de rendimento de renda fixa a seguir:
        i. Rendimento atual.
        ii. Rendimento até o vencimento.
        iii. Rendimento composto realizado.

3. No dia 30 de maio de 2012, Janice Kerr estava pensando na possibilidade de comprar uma das obrigações corporativas AAA recém-emitidas, com vencimento em dez anos, mostradas na tabela a seguir:

Descrição	Cupom	Preço	Resgatáveis	Preço de resgate
Sentinal, vencimento em 30 de maio de 2022	6,00%	100	Não resgatáveis	N/A
Colina, vencimento em 30 de maio de 2022	6,20%	100	Resgatáveis atualmente	102

a. Suponhamos que as taxas de juros do mercado caiam 100 pontos-base (isto é, 1%). Compare o efeito que essa queda produz sobre o preço de cada obrigação.

b. Quando Kerr deveria escolher as obrigações Colina em vez de as obrigações Sentinal – quando se prevê que as taxas subirão ou quando se prevê que elas cairão?

c. Qual seria o efeito, se houver algum, de um aumento na *volatilidade* das taxas de juros sobre os preços de cada obrigação?

4. Uma obrigação conversível tem as seguintes características:

Cupom	5,25%
Vencimento	15 de junho de 2030
Preço de mercado da obrigação	US$ 77,50
Preço de mercado da ação ordinária subjacente	US$ 28,00
Dividendos anuais	US$ 1,20
Índice de conversão	20,83 ações

Calcule o prêmio de conversão dessa obrigação.

5. *a.* Explique o impacto sobre o rendimento oferecido de acrescentar um recurso de resgate a uma emissão de obrigação proposta.

    b. Explique o impacto sobre o tempo de vida esperado da obrigação de acrescentar um recurso de resgate a uma emissão de obrigação proposta.

    c. Descreva uma vantagem e uma desvantagem da inclusão de obrigações resgatáveis em uma carteira.

6. *a.* Um investimento em uma obrigação com cupom oferecerá ao investidor um retorno igual ao rendimento até o vencimento da obrigação no momento da compra se:
    i. O preço da solicitação de resgate da obrigação não for superior ao seu valor nominal.
    ii. Todos os pagamentos do fundo de amortização forem feitos pontual e oportunamente ao longo da existência da emissão.
    iii. A taxa de reinvestimento for a mesma do rendimento até o vencimento da obrigação e a obrigação for mantida até o vencimento.
    iv. Todas as alternativas acima.

    b. Uma obrigação com recurso de resgate:
    i. É atraente porque o recebimento imediato do principal e do prêmio gera um alto retorno.
    ii. É mais propensa a ser resgatada quando as taxas de juros são altas porque a economia de juros será maior.
    iii. Geralmente terá um rendimento até o vencimento mais elevado do que uma obrigação não resgatável semelhante.
    iv. Nenhuma das alternativas acima.

    c. Em *qual* dos casos a seguir a obrigação é vendida com desconto?
    i. A taxa de cupom é superior ao rendimento atual, que é superior ao rendimento até o vencimento.
    ii. A taxa de cupom, o rendimento atual e o rendimento até o vencimento são iguais.
    iii. A taxa de cupom é inferior ao rendimento atual, que é inferior ao rendimento até o vencimento.
    iv. A taxa de cupom é inferior ao rendimento atual, que é superior ao rendimento até o vencimento.

    d. Considere uma obrigação de cinco anos com cupom de 10% que está sendo vendida com um rendimento até vencimento de 8%. Se as taxas de juros permanecerem constantes, em um ano o preço dessa obrigação será:
    i. Mais alto.
    ii. Mais baixo.
    iii. O mesmo.
    iv. Nominal.

EXERCÍCIOS DE INVESTIMENTO NA *WEB*

1. Visite o *site* da Standard & Poor's, em www.standardandpoors.com. Procure *Rating Services (Find a Rating)* – Serviços de Classificação (Encontrar uma Classificação) Encontre a classificação das obrigações de pelo menos dez empresas. Tente escolher uma amostra que inclua um amplo espectro de classificações. Em seguida, entre em um *site* como o money.msn.com ou finance.yahoo.com e obtenha, para cada empresa, o maior número possível dos índices financeiros listados na Tabela 14.3. Quais índices parecem explicar melhor as classificações de crédito?

2. Em www.bondsonline.com reveja os *spreads setoriais* para várias classificações (clique nos *links* dos menus à esquerda para seguir os *links* para Today's Markets, Corporate Bond Spreads). Esses *spreads* estão acima de vencimentos comparáveis do Tesouro dos Estados Unidos. Que fatores tendem a explicar as diferenças de rendimento? Em que sentido esses *spreads* de rendimento diferem durante um *boom* econômico *versus* uma recessão?

SOLUÇÕES PARA AS REVISÕES DE CONCEITOS

1. A obrigação resgatável será vendida pelo preço inferior. Os investidores não ficarão motivados a pagar tanto se souberem que a empresa detém a opção valiosa de recuperar a obrigação pelo preço de resgate se as taxas de juros caírem.

2. Por uma taxa de juros semestral de 3%, a obrigação vale US$ 3 × Fator de anuidade(3%,60) + US$ 1.000 × Fator PV(3%, 60) = US$ 1.276,76, o que gera um ganho de capital de US$ 276,76. Esse valor supera a perda de capital de US$ 189,29 (isto é, US$ 1.000 – US$ 810,71) quando a taxa de juros aumenta para 5%.

3. O rendimento até o vencimento supera o rendimento atual, que supera a taxa de cupom. Tome como exemplo uma obrigação com cupom de 8% e rendimento até o vencimento de 10% ao ano (5% por semestre). Seu preço é US$ 810,71 e, portanto, seu rendimento atual é 80/810,77 = 0,0987 ou 9,87%, que é superior à taxa de cupom, mas inferior ao rendimento até o vencimento.

4. a. A obrigação com taxa de cupom de 6% está sendo vendida atualmente por 30 × Fator de unidade(3,5%, 20) + 1.000 × Fator PV(3,5%, 20) = US$ 928,94. Se a taxa de juros cair imediatamente para 6% (3% por semestre), o preço da obrigação subirá para US$ 1.000, gerando um ganho de capital de US$ 71,06 ou 7,65%. A obrigação com cupom de 8% é vendida por US$ 1.071,06. Se a taxa de juros cair para 6%, o valor presente dos pagamentos programados subirá para US$ 1.148,77. Entretanto, a obrigação será resgatável por US$ 1.100, gerando um ganho de capital de apenas US$ 28,94 ou 2,70%.

   b. O preço atual da obrigação pode ser deduzido do rendimento até o vencimento. Utilizando a calculadora, defina $n = 40$ (períodos semestrais); pagamento = US$ 45 por período; valor futuro = US$ 1.000; taxa de juros = 4% por semestre. Calcule o valor presente como US$ 1.098,96. Agora, podemos calcular o rendimento até o resgate. O prazo de resgate é cinco anos ou dez semestres. O preço pelo qual a obrigação será resgatada é US$ 1.050. Para encontrar o rendimento até o resgate, definimos $n = 10$ (períodos semestrais); pagamento = US$ 45 por período; valor futuro = US$ 1.050; valor presente = US$ 1.098,96. Calcule o rendimento até o resgate como 3,72%.

5. Preço = US$ 70 × Fator de anuidade(8%, 1) + US$ 1.000 × Fator PV(8%, 1) = US$ 990,74

$$\text{Taxa de retorno para o investidor} = \frac{\text{US\$ 70} + (\text{US\$ 990,74} - \text{US\$ 982,17})}{\text{US\$ 982,17}} = 0,080 = 8\%$$

6. Até o final do ano, o vencimento restante será 29 anos. Se o rendimento até o vencimento permanecesse em 8%, a obrigação ainda assim seria vendida pelo valor nominal e o retorno do período de manutenção do investimento seria 8%. Por um rendimento mais alto, o preço e o retorno serão mais baixos. Suponhamos, por exemplo, que o rendimento até o vencimento suba para 8,5%. Com pagamentos anuais de US$ 80 e valor de face de US$ 1.000, o preço da obrigação é US$ 946,70 [$n = 29$; $i = 8,5\%$; PMT = US$ 80; FV = US$ 1.000]. Quando a obrigação foi emitida no início do ano, ela foi vendida inicialmente por US$ 1.000. O retorno do período de manutenção do investimento é

$$\text{HPR} = \frac{80 + (946,70 - 1.000)}{1.000} = 0,0267 = 2,67\%$$

que é inferior ao rendimento até o vencimento inicial de 8%.

7. Pelo rendimento mais baixo, o preço da obrigação será US$ 631,67 [$n = 29$, $i = 7\%$, FV = US$ 1.000, PMT = US$ 40]. Portanto, a renda total após os impostos é:

Cupom	US$ 40 × (1 − 0,38)	= US$ 24,80
Juros imputados	(US$ 553,66 − US$ 549,69) × (1 − 0,38) =	2,46
Ganhos de capital	(US$ 631,67 − US$ 553,66) × (1 − 0,20) =	62,41
Renda total após os impostos		US$ 89,67
Taxa de retorno = 89,67/549,69 = 0,163 = 16,3%.		

8. O coeficiente deve ser negativo. Um alto índice de passivos/ativos é um mau presságio para uma empresa e isso pode diminuir sua classificação de crédito.

9. O pagamento de cupom é US$ 45. Há 20 semestres. Presume-se que o pagamento final é US$ 500. O valor presente dos fluxos de caixa esperados é US$ 650. O rendimento até o vencimento esperado é 6,317% (semianual) ou 12,63% (anualizado), rendimento equivalente ao das obrigações.

# 15

Estrutura a termo das taxas de juros

NO CAPÍTULO 14, para simplificar presumimos que a mesma taxa de juros constante é utilizada para descontar fluxos de caixa de qualquer vencimento. No mundo real, isso raramente ocorre. Vimos, por exemplo, que em 2012 as obrigações e notas de curto prazo do Tesouro ofereciam rendimentos até o vencimento inferiores a 1%, enquanto as obrigações de mais longo prazo ofereciam rendimentos de 2,5%. De qualquer forma, na época em que os preços das obrigações foram cotados, os títulos de mais longo prazo tinham rendimentos mais altos. Isso, na verdade, é um padrão comum, mas devemos ver logo a seguir que a relação entre o prazo até o vencimento e o rendimento até o vencimento pode variar drasticamente de um período para outro. Neste capítulo, investigamos o padrão das taxas de juros para ativos de diferentes prazos. Tentamos identificar os fatores desse padrão e determinar quais informações podem ser deduzidas de uma análise da assim chamada **estrutura a termo das taxas de juros**, uma estrutura para descontar fluxos de caixa de diferentes vencimentos.

Demonstramos como os preços das obrigações do Tesouro podem ser deduzidos dos preços e rendimentos de *strips* de cupom zero do Tesouro. Examinamos também até que ponto a estrutura a termo revela as previsões de consenso do mercado de taxas de juros futuras e como a presença do risco da taxa de juros afeta essas inferências. Por fim, mostramos como os negociadores podem utilizar a estrutura a termo para calcular taxas *forward* que representam as taxas de juros em empréstimos *forward* ou diferidos e considerar a relação entre taxas *forward* e taxas de juros futuras.

15.1 Curva de rendimento

A Figura 14.1 demonstra que obrigações de diferentes vencimentos normalmente são vendidas com diferentes rendimentos até o vencimento. Quando os preços e rendimentos dessas obrigações foram compilados, as obrigações longo prazo estavam sendo vendidas com rendimentos mais altos do que as de curto prazo. Os profissionais costumam sintetizar graficamente a relação entre rendimento e vencimento em uma **curva de rendimento**, que é o rendimento até o vencimento como função do prazo até o vencimento. A curva de rendimento é uma das principais preocupações dos investidores de renda fixa. Ela é fundamental para a avaliação de obrigações e também possibilita que os investidores comparem suas expectativas de taxa de juros futura em relação às do mercado. Essa comparação com frequência é o ponto de partida na formulação de uma estratégia de carteira de renda fixa.

Em 2012, a curva de rendimento estava ascendente. As obrigações de longo prazo estavam oferecendo rendimentos mais altos do que as de curto prazo. Contudo, a relação entre rendimento e vencimento pode variar amplamente. A Figura 15.1 mostra curvas de rendimento de diferentes formatos. O Painel A apresenta uma curva praticamente plana correspondente ao início de 2006. O Painel B é uma curva de inclinação ascendente típica de 2012. O Painel C é uma curva de inclinação descendente ou "invertida" e o Painel D tem a forma de uma corcunda – primeiro sobe e depois desce.

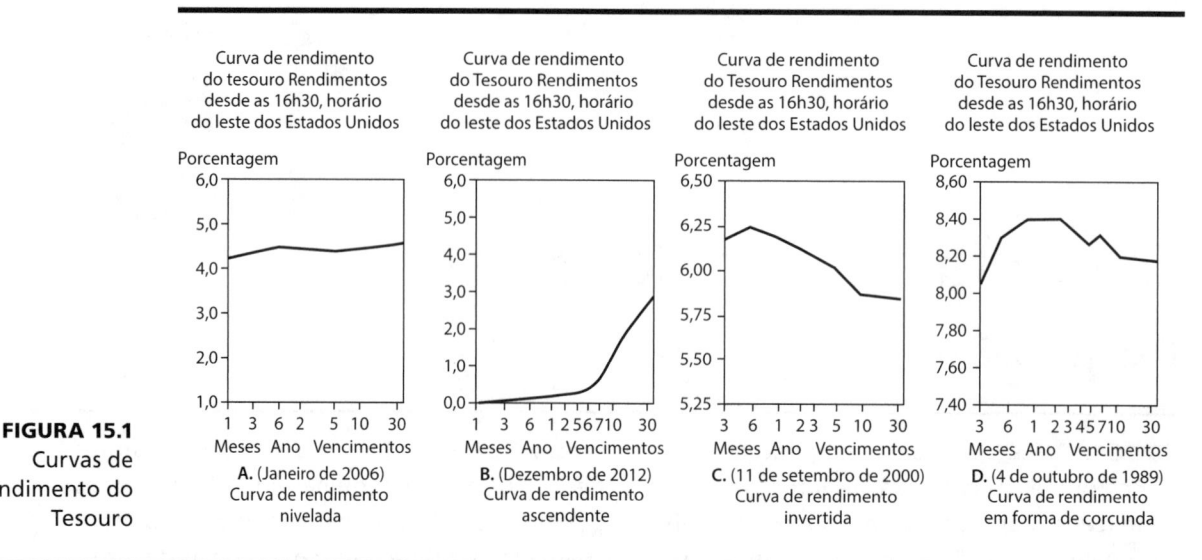

FIGURA 15.1
Curvas de rendimento do Tesouro

A. (Janeiro de 2006) Curva de rendimento nivelada

B. (Dezembro de 2012) Curva de rendimento ascendente

C. (11 de setembro de 2000) Curva de rendimento invertida

D. (4 de outubro de 1989) Curva de rendimento em forma de corcunda

Fonte: Várias edições do *The Wall Street Journal*. Dados reimpressos com permissão *The Wall Street Journal*© 1989, 2000, 2006 e 2012 Dow Jones & Company, Inc. Todos os direitos reservados mundialmente.

Precificação de obrigações

Se os rendimentos das obrigações com diferentes vencimentos não forem todos iguais, como deveremos avaliar as obrigações com cupom e pagamentos em diferentes momentos? Por exemplo, suponhamos que os rendimentos das obrigações de cupom zero do Tesouro com diferentes vencimentos sejam iguais aos apresentados na Tabela 15.1. Essa tabela indica que as obrigações de cupom zero e vencimento em um ano são vendidas com um rendimento até o vencimento de $y_1 = 5\%$, as de cupom zero de dois anos com rendimento de $y_2 = 6\%$ e as de cupom zero de três anos com rendimento de $y_3 = 7\%$. Qual das taxas acima devemos utilizar para descontar os fluxos de caixa da obrigação? A resposta: todas elas. O truque é considerar cada fluxo de caixa da obrigação – pagamento de cupom ou do principal – como ao menos tão sujeito a ser vendido separadamente quanto uma obrigação de cupom zero independente.

Lembre-se do programa STRIPS do Tesouro, introduzido no capítulo anterior (Seção 14.4). Os *strips* do Tesouro são obrigações de cupom zero criadas por meio da venda de cada cupom ou pagamento do principal de uma obrigação integral do Tesouro como um fluxo de caixa separado. Por exemplo, uma obrigação do Tesouro com vencimento em um ano que paga cupons semestrais pode ser dividida em uma obrigação de cupom zero com vencimento em seis meses (vendendo o primeiro cupom como um título independente) e em uma obrigação de cupom zero com vencimento em 12 meses (correspondente ao pagamento do cupom final e do principal). Os *strips* do Tesouro indicam exatamente como se deve avaliar uma obrigação com cupom. Se cada fluxo de caixa puder ser liquidado separadamente (e na prática isso ocorre com frequência), o valor da obrigação integral deverá ser igual ao valor de seus fluxos de caixa comprados separadamente no mercado de STRIPS.

E se isso não ocorresse? Nesse caso seria possível realizar lucros fáceis. Por exemplo, se os bancos de investimento alguma vez percebessem uma obrigação à venda por um valor abaixo do valor pelo qual a soma de suas partes poderia ser vendida, eles a comprariam, separariam em títulos de cupom

TABELA 15.1 Preços e rendimentos até o vencimento de obrigações de cupom zero (valor de face de US$ 1.000)

Vencimento (anos)	Rendimento até o vencimento (%)	Preço
1	5	US$ 952,38 = US$ 1.000/1,05
2	6	US$ 890,00 = US$ 1.000/1,06^2
3	7	US$ 816,30 = US$ 1.000/1,07^3
4	8	US$ 735,03 = US$ 1.000/1,08^4

> **EXEMPLO 15.1** || Avaliando obrigações com cupom
>
> Suponhamos que os rendimentos sobre *strips* do Tesouro sejam os apresentados na Tabela 15.1 e queiramos avaliar uma obrigação com cupom de 10% e vencimento em três anos. Para simplificar, presuma que a obrigação faça pagamentos anuais. Portanto, o primeiro fluxo de caixa, o cupom de US$ 100 pago no final do primeiro ano, é descontado a 5%; o segundo fluxo de caixa, o cupom de US$ 100 pago no final do segundo ano, é descontado a 6%; e o fluxo de caixa final, que compreende o cupom final mais o valor nominal, ou US$ 1.100, é descontado a 7%. Desse modo, o valor da obrigação com cupom será
>
> $$\frac{100}{1,05} + \frac{100}{1,06^2} + \frac{1.100}{1,07^3} = 95.238 + 89.000 + 897.928 = US\$\ 1.082,17$$

zero independentes, venderiam os fluxos de caixa separados e obteriam lucro da diferença de preço. Se a obrigação fosse vendida por um valor *superior* ao da soma dos valores de seus fluxos de caixa individuais, os bancos utilizariam o processo inverso: comprariam os títulos de cupom zero individuais no mercado de STRIPS, *reconstituiriam* (isto é, reagrupariam) os fluxos de caixa em uma obrigação com cupom e venderiam a obrigação integral por um valor superior ao custo de suas partes. Tanto o **stripping de obrigações** quanto **reconstituição de obrigações** oferecem oportunidades de *arbitragem* – a exploração de erros de apreçamento entre dois ou mais títulos para a obtenção de lucro econômico isento de risco. Qualquer violação da lei de preço único, de que grupos de fluxos de caixa idênticos devem ser vendidos por preços idênticos, dá origem a oportunidades de arbitragem.

Agora sabemos como avaliar cada fluxo de caixa separado. Simplesmente observamos qual é a taxa de desconto apropriada no *The Wall Street Journal*. Como cada pagamento de cupom vence em uma data diferente, para descontá-lo utilizamos o rendimento apropriado ao seu vencimento específico – que é o rendimento de um *strip* do Tesouro cujo vencimento é o mesmo desse fluxo de caixa. Podemos mostrar com um exemplo.

Ao calcular o rendimento até o vencimento da obrigação com cupom do Exemplo 15.1 talvez você se surpreenda. Seu rendimento até o vencimento é 6,88%; desse modo, embora seu vencimento corresponda ao da obrigação de cupom zero de três anos na Tabela 15.1, seu rendimento é um pouco inferior.[1] Isso reflete o fato de uma obrigação com cupom de três anos poder ser proveitosamente considerada uma *carteira* com três obrigações de cupom zero, cada uma correspondente a um fluxo de caixa. Portanto, O rendimento da obrigação com cupom é uma fusão dos rendimentos de cada um dos três componentes da "carteira". Penso sobre o que isso significa: se a taxa de cupom da obrigação for diferente, as obrigações com o mesmo vencimento geralmente não terão o mesmo rendimento até o vencimento.

Então o que queremos dizer com "a" curva de rendimento? Na verdade, na prática, os negociadores se referem a várias curvas de rendimento. A **curva de rendimento pura** refere-se à curva de *strips* ou títulos de cupom zero do Tesouro. Em contraposição, a **curva de rendimento de obrigações *on the run*** refere-se à representação gráfica do rendimento como função do vencimento de obrigações emitidas recentemente e vendidas por um valor próximo ao nominal. Como acabamos de ver, pode haver diferenças significativas nessas duas curvas. As curvas de rendimento publicadas na imprensa financeira – por exemplo, na Figura 15.1 – normalmente são curvas *on the run*. Os títulos *on the run* têm a melhor liquidez. É por isso que os negociadores têm grande interesse pela curva de rendimento.

> **REVISÃO DE CONCEITOS 15.1**
>
> Calcule o preço e o rendimento até o vencimento de uma obrigação de três anos e taxa de cupom de 4% que efetua pagamentos de cupom anuais. Seu rendimento corresponde ao de uma obrigação de cupom zero de três anos ou ao da obrigação de cupom de 10% considerada no Exemplo 15.1? Por que o *spread* de rendimento entre a obrigação de 4% e a obrigação de cupom zero é menor do que o *spread* de rendimento entre a obrigação de 10% e a obrigação de cupom zero?

---

[1] Lembre-se de que o rendimento até o vencimento de uma obrigação com cupom é a *única* taxa de juros na qual o valor presente dos fluxos de caixa é igual ao preço de mercado. Para calcular o rendimento até o vencimento da obrigação em sua calculadora ou planilha, defina n = 3; preço = –1.082,17; valor futuro = 1.000; pagamento = 100. Em seguida, calcule a taxa de juros.

15.2 Curva de rendimento e taxas de juros futuras

Já lhe dissemos em que consiste a curva de rendimento, mas até agora não tivemos oportunidade de falar sobre sua origem. Por exemplo, por que algumas vezes ela é inclinada para cima e outras vezes inclinada para baixo? Até que ponto as expectativas de evolução das taxas de juros afetam o formato da curva de rendimento presente?

Essas perguntas não têm respostas simples. Por isso, iniciaremos com uma estrutura reconhecidamente idealizada e em seguida a ampliaremos a discussão para circunstâncias mais realistas. Para começar, considere um mundo em que não existe nenhuma incerteza, especificamente um mundo em que todos os investidores já conheçam o caminho das taxas de juros futuras.

Curva de rendimento em condições de certeza

Se as taxas de juros forem garantidas, o que devemos fazer em relação ao fato de o rendimento da obrigação de cupom zero de dois anos da Tabela 15.1 ser superior ao da obrigação de cupom zero de um ano? Pode ser que exista a expectativa de que uma obrigação ofereça uma taxa de retorno mais alta do que a outra. Isso não seria possível em um mundo de certeza – na ausência de risco, todas as obrigações (na verdade, todos os títulos!) devem oferecer retornos idênticos; do contrário, os investidores elevarão o preço da obrigação de alto retorno até que sua taxa deixe de ser superior à das outras obrigações.

Na realidade, a curva de rendimento ascendente é uma evidência de que as taxas de curto prazo serão mais altas no ano seguinte do que no presente. Para ver por quê, considere duas estratégias de obrigações de dois anos. A primeira estratégia requer a compra de uma obrigação de cupom zero de dois anos que oferece um rendimento até o vencimento de dois anos de $y_2 = 6\%$ e manutenção até o vencimento. A obrigação de cupom zero e valor de face de US$ 1.000 é comprada no presente por US$ $1.000/1,06^2$ = US$ 890 e vence em dois anos por US$ 1.000. O fator de crescimento total de dois anos do investimento é, portanto, US$ 1.000/US$ 890 = $1,06^2$ = 1,1236.

Considere agora outra estratégia de dois anos. Investir o mesmo valor de US$ 890 em uma obrigação de cupom zero de um ano com rendimento até o vencimento de 5%. No vencimento da obrigação, rendimentos são reinvestidos em outra obrigação de um ano. A Figura 15.2 mostra essas duas estratégias. A taxa de juros das obrigações de um ano no ano seguinte é representada por r_2.

Lembre-se de que ambas as estratégias devem oferecer retornos iguais – mas não devem envolver nenhum risco. Portanto, os rendimentos após dois anos de ambas devem ser iguais:

Comprar e manter a obrigação de cupom zero de dois anos = Rolar obrigações de um ano
$$\text{US\$ } 890 \times 1,06^2 = \text{US\$ } 890 \times 1,05 \times (1 + r_2)$$

Encontramos a taxa de juros do ano seguinte solucionando $1 + r_2 = 1,06^2/1,05 = 1,0701$ ou $r_2 = 7,01\%$. Desse modo, embora a obrigação de um ano ofereça um rendimento até o vencimento inferior à de dois anos (5% *versus* 6%), observamos que ela tem uma vantagem que compensa isso: ela permite que você role seus fundos para outra obrigação de curto prazo no ano seguinte quando as taxas serão mais altas. A taxa de juros do ano seguinte será mais alta do que a do presente apenas o suficiente para que a rolagem das obrigações de um ano seja tão atraente quanto o investimento na obrigação de dois anos.

Para diferenciar os rendimentos das obrigações de longo prazo das taxas de curto prazo que estarão disponíveis no futuro, os profissionais utilizam a terminologia a seguir. Eles chamam o rendimento até o vencimento de obrigações de cupom zero de **taxa *spot***, isto é, a taxa que prevalece *hoje* por um período correspondente ao vencimento da obrigação de cupom zero. Em contraposição, a **taxa de curto prazo** de determinado intervalo de tempo (p. ex.: um ano) refere-se à taxa de juros desse intervalo disponível em diferentes momentos. Em nosso exemplo, the taxa de curto prazo no presente é 5% e a taxa de curto prazo no ano seguinte será 7,01%.

Como seria de esperar, a taxa *spot* de dois anos é uma média da taxa de curto prazo do presente e da taxa de curto prazo do ano seguinte. Contudo, em virtude da composição, essa média é geométrica.[2] Observamos isso ao calcular novamente o retorno total de duas estratégias de dois anos concorrentes:

---

[2] Na média aritmética, acrescentamos *n* números e dividimos por *n*. Na média geométrica, multiplicamos *n* números e tiramos a raiz do *enésimo*.

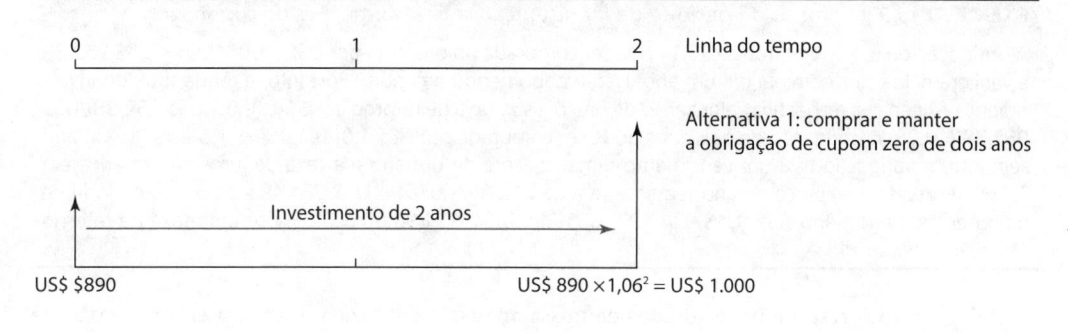

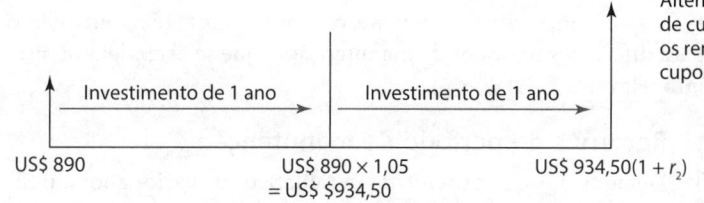

FIGURA 15.2
Dois programas de investimento de dois anos

Linha do tempo: 0 — 1 — 2

Alternativa 1: comprar e manter a obrigação de cupom zero de dois anos
- Investimento de 2 anos
- US$ 890 → US$ 890 × 1,06² = US$ 1.000

Alternativa 2: comprar obrigação de cupom zero de um ano e reinvestir os rendimentos em outra obrigação de cupom de um ano
- Investimento de 1 ano | Investimento de 1 ano
- US$ 890 → US$ 890 × 1,05 = US$ 934,50 → US$ 934,50(1 + r_2)

$$(1 + y_2)^2 = (1 + r_1) \times (1 + r_2)$$
$$1 + y_2 = [(1 + r_1) \times (1 + r_2)]^{1/2} \quad (15.1)$$

A Equação 15.1 começa a nos dizer por que a curva de rendimento pode assumir formas diferentes em momentos diferentes. Quando a taxa de curto prazo do ano seguinte, r_2, é superior à taxa de curto prazo do ano presente, r_1, a média das duas taxas é superior à taxa do presente, de modo que $y_2 > r_1$ e a curva de rendimento é ascendente. Se a taxa de curto prazo do ano seguinte fosse inferior a r_1, a curva de rendimento seria descendente. Portanto, ao menos em parte, a curva de rendimento reflete as avaliações do mercado das taxas de juros futuras. O exemplo a seguir utilizar uma análise semelhante para encontrar a taxa de curto prazo que prevalecerá no terceiro ano.

> **REVISÃO DE CONCEITOS 15.2**
>
> Utilize a Tabela 15.1 para encontrar a taxa de curto prazo que prevalecerá no quarto ano. Confirmamos que o fator de desconto da obrigação de cupom zero de quatro anos é uma média geométrica de 1 + taxas de curto prazo nos próximos quatro anos.

EXEMPLO 15.2 || Encontrando uma taxa de curto prazo futura

Agora comparamos duas estratégias de três anos. Uma é comprar uma obrigação de cupom zero de três anos, com um rendimento até o vencimento de 7%, apresentado na de Tabela 15.1, e mantê-la até o vencimento. Outra é comprar uma obrigação de cupom zero de dois anos que rende 6% e rolar os rendimentos para uma obrigação de um ano no terceiro ano, pela taxa de curto prazo r_3. O fator de crescimento dos fundos investidos de acordo com cada política será:

Comprar e manter a obrigação de cupom de dois anos = Comprar a obrigação de cupom zero de dois anos; rolar os rendimentos para uma obrigação de um ano

$$(1 + y_3)^3 = (1 + y_2)^2 \times (1 + r_3)$$
$$1,07^3 = 1,06^2 \times (1 + r_3)$$

o que significa que $r_3 = 1,07^3/1,06^2 - 1 = 0,09025 = 9,025\%$. Novamente, observamos que o rendimento da obrigação de três anos reflete a média geométrica dos fatores de desconto dos três anos seguintes:

$$1 + y_3 = [(1 + r_1) \times (1 + r_2) \times (1 + r_3)]^{1/3}$$
$$1,07 = [1,05 \times 1,0701 \times 1,09025]^{1/3}$$

Concluímos que o rendimento ou a taxa *spot* da obrigação de longo prazo reflete o caminho das taxas de curto prazo previstas pelo mercado ao longo da vida da obrigação.

> **EXEMPLO 15.3 || Retorno do período de manutenção sobre obrigações de cupom zero**
>
> A obrigação de um ano na Tabela 15.1 pode ser comprada no presente por US$ 1.000/1,05 = US$ 952,38 e vencerá pelo valor nominal em um ano. Não é pago nenhum cupom. Portanto, a renda total do investimento é apenas a respectiva valorização de preço e sua taxa de retorno é (US$ 1.000 – US$ 952,38)/US$ 952,38 = 0,05. A obrigação de dois anos pode ser comprada por US$ 1.000/1,06^2 = US$ 890,00. No ano seguinte, a obrigação terá um vencimento remanescente de um ano e a taxa de juros de um ano será 7,01%. Portanto, seu preço no ano seguinte será US$ 1.000/1,0701 = US$ 934,49 e a taxa do período de manutenção de um ano será (US$ 934,49 – US$ 890,00)/US$ 890,00 = 0,05, por uma taxa de retorno idêntica de 5%.

A Figura 15.3 resume os resultados de nossa análise e enfatiza a diferença entre as taxas de curto prazo e as taxas *spot*. A linha superior apresenta as taxas de curto prazo de cada ano. As linhas inferiores apresentam as taxas *spot* – ou, equivalentemente, os rendimentos até o vencimento de obrigações de cupom zero para diferentes períodos de manutenção – que se estendem do presente até cada data de vencimento relevante.

Retornos do período de manutenção

Defendemos que os retornos cumulativos de vários anos em todas as nossas obrigações concorrentes devem ser iguais. E quanto aos retornos do período de manutenção de intervalos mais curtos como um ano? Você poderia pensar que as obrigações que estão sendo vendidas com rendimentos até o vencimento mais altos oferecerão retornos de um ano mais altos, mas isso não é verdade. Na realidade, assim que você parar de pensar sobre isso, ficará mais claro que isso não pode ser verdadeiro. Em um mundo de certeza, todas as obrigações devem oferecer retornos idênticos; do contrário, os investidores afluirão para os títulos de retorno mais alto, elevando seus preços e diminuindo os respectivos retornos. Podemos demonstrar com as obrigações da Tabela 15.1.

> **REVISÃO DE CONCEITOS 15.3**
>
> Mostre que a taxa de retorno sobre a obrigação de cupom zero de três anos na Tabela 15.1 também será 5%. Dica: No ano seguinte, a obrigação terá um vencimento remanescente de dois anos. Utilize as taxas de curto prazo da Figura 15.3 para calcular a taxa *spot* de dois anos que prevalecerá daqui a um ano.

Taxas *forward*

A equação a seguir generaliza nossa abordagem para deduzir a taxa de curto prazo futura com base na curva de rendimento de obrigações de cupom zero. Ela iguala o retorno total de duas estratégias de investimento de n anos: comprar e manter uma obrigação de cupom zero de n anos *versus* comprar uma obrigação de cupom zero de $(n-1)$ anos e rolar os rendimentos para uma obrigação de um ano.

$$(1+y_n)^n = (1+y_{n-1})^{n-1} \times (1+r_n) \tag{15.2}$$

onde n denota o período em questão e y_n é o rendimento até o vencimento de uma obrigação de cupom zero com vencimento em n períodos. Em vista da curva de rendimento observada, podemos resolver a Equação 15.2 para a taxa de curto prazo no último período:

$$(1+r_n) = \frac{(1+y_n)^n}{(1+y_{n-1})^{n-1}} \tag{15.3}$$

A Equação 15.3 tem uma interpretação simples. O numerador no lado direito é o fator de crescimento total de um investimento em uma obrigação de cupom zero de n anos mantida até o vencimento. De modo semelhante, o denominador é o fator de crescimento de um investimento em uma obrigação de cupom zero de $(n-1)$ anos. Como o primeiro investimento dura um ano a mais do que o último, a diferença nesses fatores de crescimento deve ser a taxa de retorno disponível no ano n quando a obrigação de cupom zero de $(n-1)$ anos for rolada para o investimento de um ano.

Obviamente, quando as taxas de juros futuras são incertas, como de fato são na realidade, não faz sentido deduzir "a" taxa de curto prazo futura. Ninguém sabe no presente qual será a taxa de juros futura. Na melhor das hipóteses, podemos especular sobre o valor esperado e a incerteza

FIGURA 15.3 Taxas de curto prazo *versus* taxas *spot*

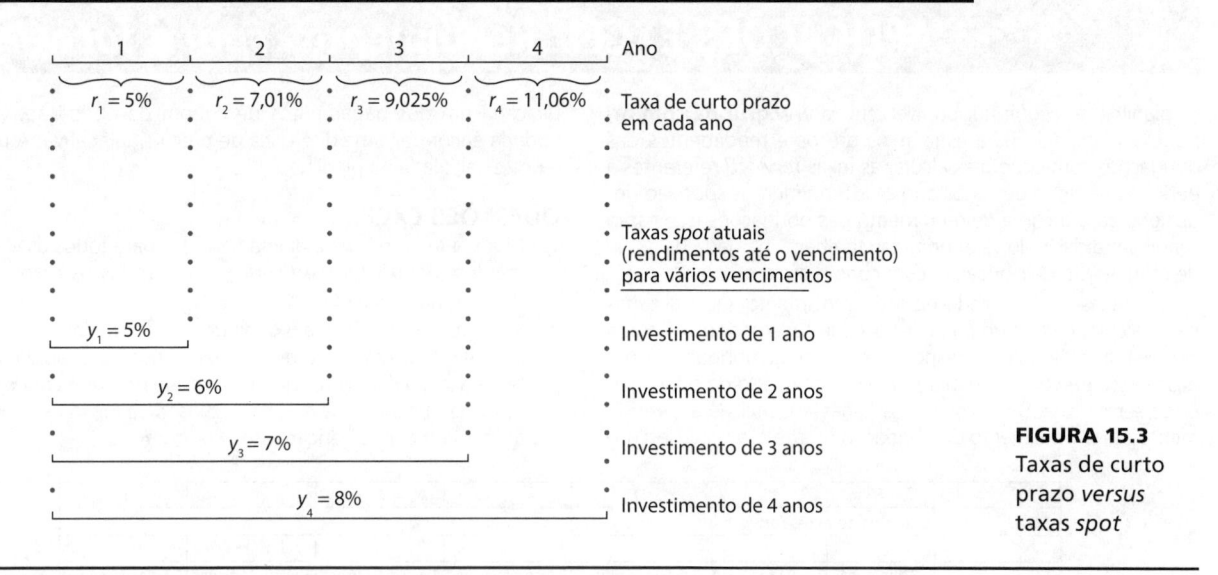

[Diagrama mostrando anos 1-4 com: $r_1 = 5\%$, $r_2 = 7{,}01\%$, $r_3 = 9{,}025\%$, $r_4 = 11{,}06\%$ (Taxa de curto prazo em cada ano); Taxas *spot* atuais (rendimentos até o vencimento) para vários vencimentos: $y_1 = 5\%$ (Investimento de 1 ano), $y_2 = 6\%$ (Investimento de 2 anos), $y_3 = 7\%$ (Investimento de 3 anos), $y_4 = 8\%$ (Investimento de 4 anos).]

correspondente. No entanto, ainda é comum utilizar a Equação 15.3 para investigar as implicações da curva de rendimento de taxas de juros futuras. Reconhecendo que as taxas de juros futuras são incertas, podemos chamar a taxa de juros que deduzimos nessa questão de **taxa de juros forward**, em vez de *taxa de curto prazo futura*, porque ela não precisa ser a taxa de juros que de fato prevalecerá na data futura.

Se chamarmos a taxa *forward* do período n de f_n, definimos f_n por meio da equação

$$(1 + f_n) = \frac{(1 + y_n)^n}{(1 + y_{n-1})^{n-1}} \qquad (15.4)$$

Equivalentemente, podemos reescrever a Equação 15.4 como

$$(1 + y_n)^n = (1 + y_{n-1})^{n-1}(1 + f_n) \qquad (15.5)$$

Nessa formulação, a taxa *forward* é *definida* como a taxa de juros de "equilíbrio" que iguala o retorno sobre uma obrigação de cupom zero de n períodos ao de uma obrigação de cupom zero de $(n-1)$ períodos rolada para uma obrigação de um ano, no ano n. Os retornos totais reais nas duas estratégias de n anos serão iguais se a taxa de juros de curto prazo no ano n for igual a f_n.

Ressaltamos novamente que a taxa de juros que de fato prevalecerá no futuro não precisa ser igual à taxa *forward*, que é calculada com base em dados do presente. Aliás, não é necessariamente verdade que a taxa *forward* é igual ao valor esperado da taxa de juros de curto prazo futura. Abordamos essa questão na seção seguinte. Entretanto, por enquanto, enfatizamos que as taxas *forward* são iguais às taxas de curto prazo futuras no *caso especial* de incerteza quanto à taxa de juros.

> **REVISÃO DE CONCEITOS 15.4**
>
> Você foi apresentado a muitas "taxas" nas últimas páginas. Explique a diferença entre taxa *spot*, taxa de curto prazo e taxa *forward*.

EXEMPLO 15.4 || Taxas *forward*

Suponhamos que um negociador de obrigações utilize os dados apresentados na Tabela 15.1. A taxa *forward* do quarto ano seria calculada como

$$1 + f_4 = \frac{(1 + y_4)^4}{(1 + y_3)^3} = \frac{1{,}08^4}{1{,}07^3} = 1{,}1106$$

Portanto, a taxa *forward* é $f_4 = 0{,}1106$ ou $11{,}06\%$.

APLICAÇÕES EXCEL: Rendimentos *spot* e *forward*

A planilha a seguir (disponível em **www.grupoa.com.br**) pode ser utilizada para estimar os preços e rendimentos das obrigações com cupom e calcular as taxas *forward* referentes a períodos de um e de vários anos. Os rendimentos *spot* são deduzidos para a curva de rendimento das obrigações que estão sendo vendidas pelo valor nominal, também chamada de curva de rendimento da obrigação com cupom atual ou *on the run*.

As taxas *spot* de cada data de vencimento são utilizadas para calcular o valor do fluxo de caixa de cada período. A soma desses fluxos de caixa corresponde ao preço da obrigação. Com base nesse preço, o rendimento até o vencimento da obrigação pode ser calculado. Se você se enganasse e utilizasse o rendimento até o vencimento da obrigação *on the run* para descontar cada um dos pagamentos de cupom da obrigação, você poderia encontrar uma diferença de preço significativa. A diferença é calculada na planilha.

QUESTÕES EXCEL

1. Mude a taxa *spot* na planilha para 8% para todos os vencimentos. A taxa *forward* será 8% em todos os casos. Por que isso não surpreende?
2. As taxas *spot* na coluna B diminuem para vencimentos mais longos e as taxas *forward* diminuem ainda mais rapidamente de acordo com o vencimento. O que ocorrerá com o padrão das taxas *forward* se você inserir as taxas *spot* que aumentam com o vencimento? Por quê?

	A	B	C	D	E	F	G	H
56		Cálculos de taxas *forward*						
57								
58		Taxa *spot*	1 ano *forward*	2 anos *forward*	3 anos *forward*	4 anos *forward*	5 anos *forward*	6 anos *forward*
59	Período							
60	1	8,0000%	7,9792%	7,6770%	7,2723%	6,9709%	6,8849%	6,7441%
61	2	7,9896%	7,3757%	6,9205%	6,6369%	6,6131%	6,4988%	6,5520%
62	3	7,7846%	6,4673%	6,2695%	6,3600%	6,2807%	6,3880%	6,1505%
63	4	7,4537%	6,0720%	6,3065%	6,2186%	6,3682%	6,0872%	6,0442%
64	5	7,1760%	6,5414%	6,2920%	6,4671%	6,0910%	6,0387%	5,8579%
65	6	7,0699%	6,0432%	6,4299%	5,9413%	5,9134%	5,7217%	5,6224%
66	7	6,9227%	6,8181%	5,8904%	5,8701%	5,6414%	5,5384%	5,3969%
67	8	6,9096%	4,9707%	5,3993%	5,2521%	5,2209%	5,1149%	5,1988%

15.3 Incerteza sobre a taxa de juros e taxas *forward*

Vejamos agora a análise mais difícil da estrutura a termo quando as taxas de juros futuras são incertas. Até aqui defendemos que, em um mundo de certeza, diferentes estratégias de investimento com datas finais comuns devem oferecer taxas de retorno iguais. Por exemplo, dois investimentos consecutivos de um ano em obrigações de cupom zero precisariam oferecer o mesmo retorno total de um investimento de igual tamanho em uma obrigação de dois anos. Portanto, em situação de certeza,

$$(1 + r_1)(1 + r_2) = (1 + y_2)^2 \tag{15.6}$$

O que podemos dizer quando se conhece r_2 no presente?

Por exemplo, suponhamos que no presente a taxa é $r_1 = 5\%$ e que a taxa *spot esperada* do ano seguinte é $E(r_2) = 6\%$. Se os investidores se preocupassem apenas com o valor esperado da taxa de juros, o rendimento até o vencimento em uma obrigação de cupom zero de dois anos seria determinado utilizando a taxa de curto prazo esperada na Equação 15.6:

$$(1 + y_2)^2 = (1 + r_1) \times [1 + E(r_2)] = 1,05 \times 1,06$$

O preço de uma obrigação de cupom zero de dois anos seria US$ 1.000/$(1 + y_2)^2$ = US$ 1.000/(1,05 × 1,06) = US$ 898,47.

Mas considere agora um investidor de curto prazo que deseja investir apenas durante um ano. Ele pode comprar uma obrigação de cupom zero de um ano por US$ 1.000/1,05 = US$ 952,38 e garantir um retorno isento de risco de 5% porque sabe que no final do ano a obrigação terá o valor de vencimento de US$ 1.000. Além disso, ele pode comprar a obrigação de cupom zero de dois anos. Sua taxa de retorno *esperada* também é de 5%. No ano seguinte, a obrigação terá um vencimento remanescente de um ano e esperamos que a taxa de juros de um ano seja de 6%, o que implica um preço de US$ 943,40 e um retorno de período de manutenção de 5%.

EXEMPLO 15.5 || Preços de obrigações e taxas forward com risco de taxa de juros

Suponhamos que o horizonte da maioria dos investidores seja de curto prazo e que, portanto, eles se disponham a manter a obrigação de dois anos somente se seu preço cair para US$ 881,83. Por esse preço, o retorno do horizonte de investimento esperado de uma obrigação de dois anos é 7% (porque 943,40/881,83 = 1,07). Desse modo, o prêmio de risco da obrigação de dois anos é 2%; ela oferece uma taxa de retorno esperada de 7% *versus* o retorno isento de risco da obrigação de um ano. Por esse prêmio de risco, os investidores estão dispostos a arcar com o risco de preço associado com a incerteza da taxa de juros.

Entretanto, quando os preços das obrigações refletem um prêmio de risco, a taxa *forward*, f_2, não é mais igual à taxa de curto prazo esperada, $E(r_2)$. Embora tenhamos presumido que $E(r_2) = 6\%$, é fácil confirmar que $f_2 = 8\%$. O rendimento até o vencimento das obrigações de cupom zero de dois anos vendidas por US$ 881,83 é 6,49%.

$$1 + f_2 = \frac{(1 + y_2)^2}{1 + y_1} = \frac{1,0649^2}{1,05} = 1,08$$

Mas a taxa de retorno da obrigação de dois anos é arriscada. Se a taxa de juros do ano seguinte revelar-se acima das expectativas, isto é, superior a 6%, o preço da obrigação será inferior a US$ 943,40; em contraposição, se r_2 revelar-se inferior a 6%, o preço da obrigação será superior a US$ 943,40. Por que esse investidor de curto prazo deveria comprar a obrigação de *risco* de dois anos quando na verdade seu retorno esperado é 5%, nem um pouco melhor do que o da obrigação de um ano isenta de risco? Obviamente, ele não manteria a obrigação de dois anos, a não ser que ela oferecesse uma taxa de retorno mais alta. Isso exigiria que a obrigação de dois anos fosse vendida por um preço abaixo do valor de US$ 898,47 que deduzimos ao ignorar o risco.

O resultado no Exemplo 15.5 – de que a taxa *forward* é superior à taxa de curto prazo esperada – não deve nos surpreender. Definimos a taxa *forward* como a taxa de juros que precisaria prevalecer no segundo ano para tornar os investimentos de longo e curto prazo igualmente atraentes, *ignorando o risco*. Quando levamos o risco em conta, fica claro que os investidores de curto prazo evitarão a obrigação de longo prazo se ela não oferecer um retorno esperado superior ao da obrigação de um ano. Em outras palavras, os investidores exigirão um prêmio de risco para manter a obrigação de prazo mais longo. O investidor avesso ao risco terá disposição para manter a obrigação de longo prazo se o valor esperado da taxa de curto prazo for o valor de equilíbrio, f_2, porque, quanto menor a expectativa quanto a r_2, maior o retorno previsto da obrigação de longo prazo.

Portanto, se os indivíduos forem predominantemente investidores de curto prazo, as obrigações devem ter preços que tornam f_2 superior a $E(r_2)$. A taxa *forward* incorporará um prêmio em comparação com a taxa de juros de curto prazo futura esperada. Esse **prêmio de liquidez** compensa os investidores de curto prazo pela incerteza quanto ao preço pelo qual eles poderão vender suas obrigações de longo prazo no final do ano.[3]

Talvez o surpreendente seja que também podemos imaginar cenários nos quais as obrigações de longo prazo podem ser consideradas pelos investidores como *mais seguras* do que as obrigações de curto prazo. Para ver como, consideramos agora um investidor de "longo prazo", que deseja investir durante um período completo de dois anos. Suponhamos que esse investidor possa comprar uma obrigação de cupom zero de dois anos com valor nominal de US$ 1.000 por US$ 890 e garantir um rendimento até o vencimento de $y_2 = 6\%$. Alternativamente, ele pode rolar dois investimentos de um ano. Nesse caso, em dois anos um investimento de US$ 890 aumentaria para $890 \times 1,05 \times (1 + r_2)$, que hoje é um valor incerto porque ainda não se conhece r_2. A taxa de juros de dois anos de equilíbrio é, uma vez mais, a taxa *forward*, 7,01%, por essa taxa é definida como a taxa que iguala o valor terminal das duas estratégias de investimento.

> **REVISÃO DE CONCEITOS 15.5**
>
> Suponhamos que o prêmio de liquidez exigido para o investidor de curto prazo seja 1%. Qual deve ser $E(r_2)$ se f_2 for 7%?

O valor esperado do *payoff* da estratégia de rolagem é $890 \times 105 \times [1 + E(r_2)]$. Se $E(r_2)$ for igual à taxa *forward*, f_2, o valor esperado do *payoff* da estratégia de rolagem será igual ao *payoff conhecido* da estratégia da obrigação de vencimento em dois anos.

---

[3] *Liquidez* refere-se à capacidade de vender facilmente um ativo por um preço previsível. Como as obrigações de longo prazo têm maior rico de preço, elas são consideradas menos líquidas nesse contexto e, portanto, devem oferecer um prêmio.

Essa suposição é razoável? Novamente, ela só será se o investidor não se importar com a incerteza em torno do valor final da estratégia de rolagem. Entretanto, sempre que esse risco for importante, o investidor de longo prazo não estará disposto a adotar a estratégia de rolagem se o retorno esperado não for superior ao da obrigação de dois anos. Nesse caso, o investidor exigiria que

$$(1{,}05)[1 + E(r_2)] > (1{,}06)^2 = (1{,}05)(1+f_2)$$

o que significa que $E(r_2)$ supera f_2. Para o investidor, o valor esperado da taxa de curto prazo do ano seguinte teria de ser superior à taxa *forward*.

Portanto, se todos os investidores fossem de longo prazo, nenhum deles estaria disposto a manter obrigações de curto prazo se elas não lhes oferecessem uma recompensa por arcar com o risco da taxa de juros. Nessa situação, os preços das obrigações seriam definidos em níveis tais que a rolagem de obrigações de curto prazo geraria um retorno esperado mais alto do que as obrigações mantidas por um longo prazo. Isso faria com que a taxa *forward* fosse inferior à taxa *spot* futura esperada.

Por exemplo, suponhamos que na verdade $E(r_2) = 8\%$. Desse modo, o prêmio de liquidez é negativo: $f_2 - E(r_2) = 7{,}01\% - 8\% = -0{,}99\%$. Isso é exatamente oposto à conclusão que extraímos no primeiro caso do investidor de curto prazo. Obviamente, se as taxas *forward* serão iguais ou não às taxas de curto prazo futuras esperadas dependerá da disposição dos investidores para arcar com o risco da taxa de juros, bem como de sua propensão para manter obrigações que não correspondem ao seu horizonte de investimento.

15.4 Teorias sobre a estrutura a termo

Hipótese das expectativas

A teoria mais simples da estrutura a termo é a **hipótese das expectativas**. Uma versão comum dessa hipótese estabelece que a taxa *forward* é igual à expectativa de consenso do mercado sobre a taxa de juros de curto prazo futura; isto é, $f_2 = E(r_2)$, e os prêmios de liquidez são zero. Se $f_2 = E(r_2)$, podemos associar os rendimentos de obrigações de longo prazo com as expectativas de taxas de juros futuras. Além disso, podemos utilizar as taxas *forward* inferidas da curva de rendimento para deduzir as expectativas do mercado quanto às taxas de curto prazo futuras. Por exemplo, com $(1 + y_2)^2 = (1 + r_1) \times (1 + f_2)$ da Equação 15.5, se a hipótese das expectativas estiver correta, poderemos também estabelecer que $(1 + y_2)^2 = (1 + r_1) \times [1 + E(r_2)]$. Desse modo, o rendimento até o vencimento seria determinado apenas pelas taxas de juros atuais e futuras esperadas de um período. Uma curva de rendimento ascendente seria uma clara evidência de que os investidores preveem elevações nas taxas de juros.

A propósito, nada nos limita a obrigações nominais quando utilizamos a hipótese das expectativas. O quadro "Destaque da Realidade" ressalta que podemos aplicar essa teoria também à estrutura a termo de taxas de juros reais e, desse modo, ter alguma ideia das expectativas do mercado sobre as taxas de inflação futuras.

Preferência por liquidez

Ressaltamos anteriormente que os investidores de curto prazo relutarão em manter obrigações de longo prazo se a taxa *forward* não superar a taxa de juros de curto prazo esperada, $f_2 > E(r_2)$ e que os investidores de longo prazo relutarão em manter obrigações de curto prazo se $E(r_2) > f_2$. Em outras palavras, amos os grupos de investidores exigem um prêmio para manter obrigações com vencimento diferente do seu horizonte de investimento. Os defensores da **teoria da preferência por liquidez** da estrutura a termo acreditam que os investidores de curto prazo são predominantes no mercado e, por isso, a taxa *forward* geralmente será superior à taxa de curto prazo esperada. O excedente de f_2 sobre $E(r_2)$, o *prêmio de liquidez*, é previsto como positivo.

Para mostrar as diferentes implicações dessas teorias com respeito à estrutura a termo das taxas de juros, suponhamos que se prevê que a taxa de juros de curto prazo será indefinidamente

> **REVISÃO DE CONCEITOS 15.6**
>
> Se a hipótese das expectativas for válida, o que podemos concluir sobre os prêmios necessários para induzir os investidores a manter obrigações com vencimentos diferentes de seu horizonte de investimento?

DESTAQUE DA REALIDADE

HIPÓTESE DAS EXPECTATIVAS E TAXAS DE INFLAÇÃO A TERMO

A taxa *forward* deduzida das obrigações convencionais são taxas de juros nominais. Contudo, utilizando obrigações indexadas pelo nível de preços, como os títulos do Tesouro protegidos contra a inflação (*Treasury inflation-protected securities* – TIPS), podemos calcular também as taxas de juros *forward* reais. Lembre-se de que a diferença entre a taxa real e a taxa nominal é aproximadamente a taxa de inflação esperada. Portanto, uma comparação entre as taxas *forward* reais e nominais pode nos dar uma noção da expectativa do mercado quanto às de inflação futuras. O *spread* real *versus* nominal é uma espécie de taxa de inflação a termo.

Como parte de sua política monetária, o Conselho do Federal Reserve diminui periodicamente a taxa pretendida dos fundos federais para tentar estimular a economia. A imagem ao lado, capturada de uma tela da Bloomberg, mostra o *spread* de minuto a minuto entre a taxa de juros *forward* de cinco anos nominal e real no dia em que o Fed anunciou essa mudança de política. O *spread* ampliou-se imediatamente após a divulgação dessa informação, uma indicação de que o mercado esperava que essa política monetária mais expansionista em algum momento provocaria uma elevação na taxa de inflação. O aumento da taxa de inflação implícito no gráfico é razoavelmente brando, de 2,53% to para 2,58% (ou seja, 0,05%), mas o impacto dessa informação é bastante evidente e a velocidade de ajuste a essa notificação foi impressionante.

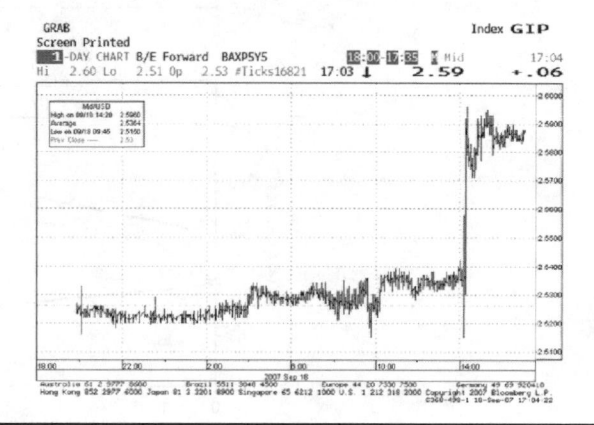

---

constante. Presuma que $r_1 = 5\%$ e $E(r_2) = 5\%$, $E(r_3) = 5\%$ e assim por diante. Na hipótese das expectativas, o rendimento até o vencimento de dois anos poderia ser deduzido do seguinte:

$$(1 + y_2)^2 = (1 + r_1)[1 + E(r_2)]$$
$$= (1,05)(1,05)$$

de modo que y_2 é igual a 5%. De modo semelhante, os rendimentos das obrigações de qualquer vencimento seria igual a 5%.

Em contraposição, na teoria da preferência por liquidez, f_2 seria superior a $E(r_2)$. Para mostrar, suponhamos um prêmio de liquidez de 1%, de modo que $f_2 = 6\%$. Portanto, para as obrigações de dois anos:

$$(1 + y_2)^2 = (1 + r_1)(1 + f_2)$$
$$= 1,05 \times 1,06 = 1,113$$

o que implica que $1 + y_2 = 1,055$. Da mesma forma, se f_3 também for igual a 6%, o rendimento das obrigações de três anos seria determinado por

$$(1 + y_3)^3 = (1 + r_1)(1 + f_2)(1 + f_3)$$
$$= 1,05 \times 1,06 \times 1,06 = 1,17978$$

o que implica que $1 + y_3 = 1,0567$. A representação gráfica da curva de rendimento nessa situação seria como a da Figura 15.4, Painel A. Essa curva de rendimento ascendente normalmente é observada na prática.

Se houver previsão de que as taxas de juros mudarão com o passar do tempo, o prêmio de liquidez poderá ser sobreposto à linha de taxas *spot* esperadas para que se possa determinar a taxa de juros *forward*. Desse modo, o rendimento até o vencimento para cada data será uma média das taxas *forward* de um período único. Várias dessas possibilidades de elevação e queda das taxas de juros se evidenciam na Figura 15.4, Painéis B a D.

REVISÃO DE CONCEITOS 15.7

A hipótese do prêmio de liquidez também estabelece que os *emissores* de obrigações preferem emitir obrigações de longo prazo fixar os custos de empréstimo. Em que sentido essa preferência poderia contribuir para um prêmio de liquidez positivo?

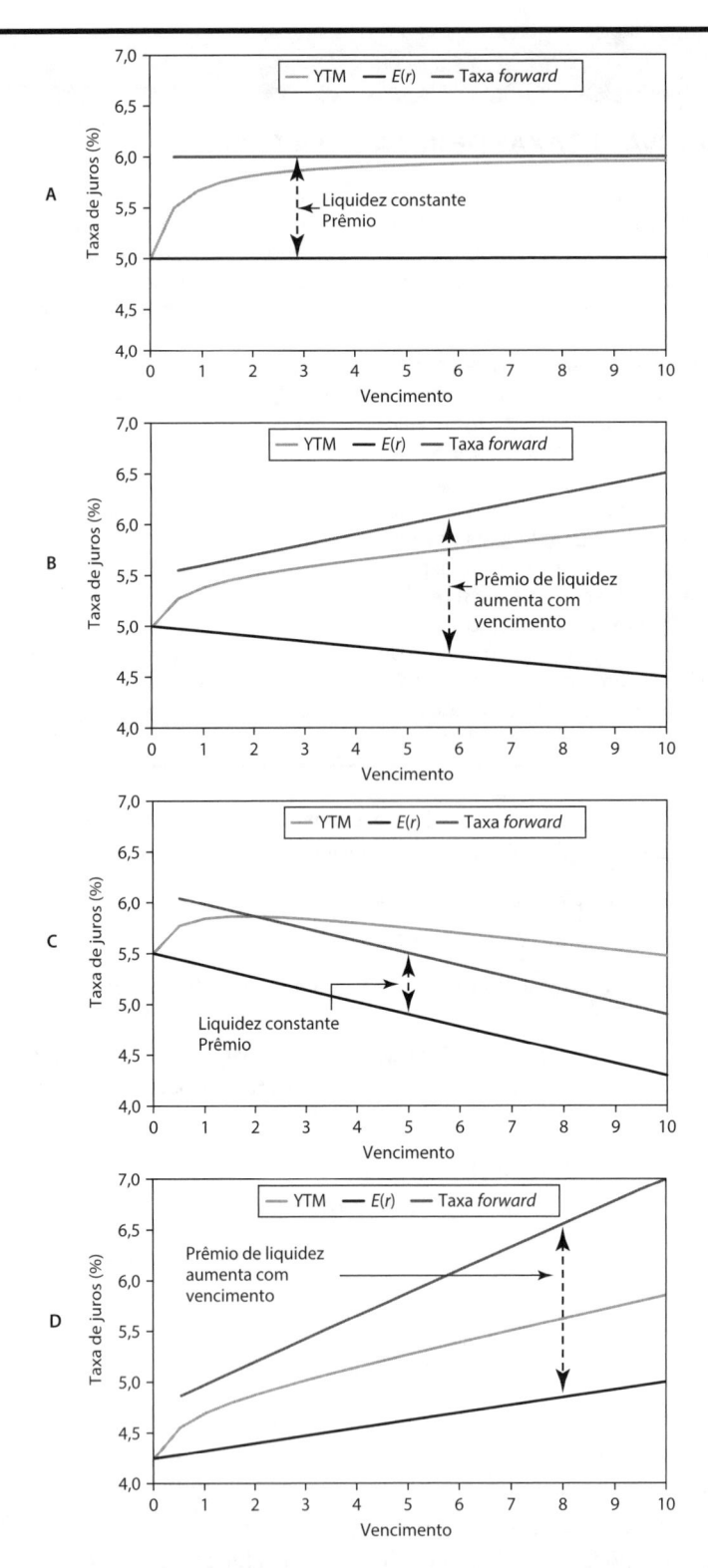

FIGURA 15.4 Curvas de rendimento. *Painel A*, taxa de curto prazo esperada constante. Prêmio de liquidez de 1%. O resultado é uma curva de rendimento ascendente. *Painel B*, taxas de curto prazo esperadas declinantes. Prêmios de liquidez crescentes. O resultado é uma curva de rendimento ascendente, não obstante taxas de juros esperadas decrescentes. *Painel C*, taxas de curto prazo esperadas declinantes. Prêmios de liquidez constantes. O resultado é uma curva de rendimento em forma de corcunda. *Painel D*, taxas de curto prazo esperadas crescentes. Prêmios de liquidez crescentes. O resultado é uma curva de rendimento ascendente

15.5 Interpretando a estrutura a termo

Se a curva de rendimento reflete as expectativas quanto às taxas de curto prazo futuras, então ela é uma ferramenta de grande eficácia para os investidores de renda fixa. Se pudermos utilizar a estrutura a termo para deduzir as expectativas de outros investidores na economia, poderemos utilizar essas expectativas como referência em nossa análise. Por exemplo, se estivermos relativamente mais otimistas do que outros investidores sobre a possibilidade de as taxas de juros caírem, ficaremos mais propensos a ampliar nossas carteiras com obrigações de prazo mais longo. Por isso, nesta seção, faremos um exame cuidadoso sobre as informações que podem ser extraídas de uma análise criteriosa da estrutura a termo. Infelizmente, embora a curva de rendimento reflita as expectativas de taxas de juros futuras, ela também reflete outros fatores, como os prêmios de liquidez. Além disso, as previsões de mudança na taxa de juro podem ter diferentes implicações de investimento dependendo de a mudança em questão ser determinada por mudanças na taxa de inflação esperada ou na taxa real, e isso dificulta ainda mais a interpretação apropriada da estrutura a termo.

Vimos que, em uma situação de certeza, 1 mais o rendimento até o vencimento em uma obrigação de cupom zero é simplesmente a média geométrica de 1 mais as taxas de curto prazo futuras que prevalecerão ao longo da existência da obrigação. Esse é o significado da Equação 15.1, que expressamos de forma genérica aqui:

$$1 + y_n = [(1 + r_1)(1 + r_2)\ldots(1 + r_n)]^{1/n}$$

Quando as taxas futuras são incertas, mudamos a Equação 15.1 substituindo as taxas de curto prazo futuras por taxas *forward*:

$$1 + y_n = [(1 + r_1)(1 + f_2)(1 + f_3)\ldots(1 + f_n)]^{1/n} \quad (15.7)$$

Desse modo, existe uma relação direta entre os rendimentos sobre obrigações de vários vencimentos e as taxas de juros *forward*.

Primeiro, perguntamos quais fatores podem responder pela curva de rendimento ascendente. Matematicamente, se a curva de rendimento for ascendente, f_{n+1} deve superar y_n. Expresso em palavras, a curva de rendimento tem inclinação ascendente em qualquer data de vencimento, n, para a qual a taxa *forward* do período subsequente é superior ao rendimento nesse vencimento. Essa regra tem origem na ideia de que o rendimento até o vencimento é uma média (ainda que uma média geométrica) das taxas *forward*.

Para que a curva de rendimento suba à medida que o vencimento se estende, é necessário que a ampliação para um vencimento mais longo resulte na inclusão de uma "nova" taxa *forward* que é superior à média das taxas anteriormente observadas. Isso é análogo à observação de que, para a nota de exame de um novo aluno aumentar a média da classe, a nota desse aluno deve ser superior à média da classe sem a inclusão de sua nota. Para aumentar o rendimento até o vencimento, uma taxa *forward* acima da média deve ser acrescentada a outras taxas utilizadas no cálculo da média.

Como uma curva de rendimento com inclinação ascendente está sempre associada com uma taxa *forward* superior ao rendi-

> **REVISÃO DE CONCEITOS 15.8**
>
> Examine novamente a Tabela 15.1. Mostre que y_4 será superior a y_3 se e somente se a taxa de juros *forward* para o quarto período for superior a 7%, que é o rendimento até o vencimento da obrigação de três anos, y_3.

EXEMPLO 15.6 || Taxas *forward* e inclinações da curva de rendimento

Se o rendimento até o vencimento de obrigações de cupom zero de três anos for 7%, o rendimento de obrigações de quatro anos satisfarão a seguinte equação:

$$(1 + y_4)^4 = (1,07)^3(1 + f_4)$$

Se $f_4 = 0,07$, y_4 também será igual a 0,07. (Confirme por si mesmo!) Se f_4 for superior a 7%, y_4 será superior a 7% e a curva de rendimento terá inclinação ascendente. Por exemplo, se $f_4 = 0,08$, $(1 + y_4)^4 = (1,07)^3(1,08) = 1,3230$ e $y_4 = 0,0725$.

mento até o vencimento *spot* ou atual, indagamos em seguida o que pode explicar essa taxa *forward* mais alta. Infelizmente, sempre há duas respostas possíveis a essa pergunta. Lembre-se de que a taxa *forward* pode estar relacionada à taxa de curto prazo futura esperada, de acordo com esta equação:

$$f_n = E(r_n) + \text{Prêmio de liquidez} \tag{15.8}$$

onde o prêmio de liquidez pode ser necessário para induzir os investidores a manter obrigações com vencimentos que não correspondem ao seu horizonte de investimento preferido.

A propósito, o prêmio de liquidez precisa ser positivo, embora essa seja a postura normalmente adotada pelos defensores da hipótese do prêmio de liquidez. Mostramos previamente que, se a maioria dos investidores tiver horizonte de longo prazo, em princípio o prêmio de liquidez pode ser negativo.

Seja qual for o caso, a Equação 15.8 mostra que existem dois motivos para a taxa *forward* ser alta. Os investidores esperam taxas de juros ascendentes, o que significa que $E(r_n)$ é alta, ou exigem um grande prêmio para manter obrigações de prazo mais longo. Embora seja tentador deduzir de uma curva de rendimento ascendente que os investidores acreditam que as taxas de juros em algum momento subirão, esse não é uma conclusão válida. Aliás, o Painel A da Figura 15.4 oferece um exemplo contrário a essa linha de raciocínio. Nesse caso, a previsão é de que a taxa de curto prazo se manterá em 5% indefinidamente. Contudo, existe um prêmio de liquidez constante de 1% para que todas as taxas *forward* sejam de 6%. O resultado é que a curva de rendimento eleva-se continuamente. Ela começa no nível de 5% para obrigações de um ano, mas por fim se aproxima de 6% para obrigações de longo prazo, à medida que mais taxas *forward* de 6% são consideradas no cálculo da média dos rendimentos até o vencimento.

Portanto, embora seja verdade que as expectativas de elevação das taxas de juros possam provocar uma inclinação ascendente na curva de rendimento, o inverso não é verdadeiro: uma curva com inclinação ascendente não indica por si só expectativas de taxas de juros futuras mais altas. Os efeitos de possíveis prêmios de liquidez confundem qualquer tentativa simples de deduzir expectativas dessa estrutura a termo. Contudo, a avaliação das expectativas do mercado é essencial porque somente comparando suas expectativas com aquelas refletidas nos preços do mercado você consegue determinar se você está relativamente otimista (altista) ou pessimista (baixista) com relação às taxas de juros.

Um método bastante rudimentar de deduzir as taxas *spot* futuras esperadas é presumir que os prêmios de liquidez são constantes. Uma estimativa desse prêmio pode ser subtraída da taxa *forward* para obter a taxa de juros esperada do mercado. Por exemplo, utilizando novamente o exemplo representado no Painel A da Figura 15.4, com base nos dados históricos um pesquisador avaliaria que o prêmio de liquidez usual nessa economia é 1%. Depois de calcular com base na curva de rendimento que a taxa *forward* é 6%, a expectativa da taxa *spot* futura seria determinada como 5%.

Esse método seria pouco recomendável por dois motivos. Primeiro, é quase impossível obter estimativas precisas de um prêmio de liquidez. O método genérico de fazê-lo seria comparar as taxas *forward* e as taxas de curto prazo futuras finalmente realizadas e calcular a diferença média entre ambas. Entretanto, os desvios entre os dois valores podem ser bem grandes e imprevisíveis por causa de eventos econômicos imprevistos que afetam a taxa de curto prazo realizada. Os dados sofrem muitas interferências e não permitem calcular uma estimativa confiável do prêmio esperado. Segundo, não há motivo para acreditar que o prêmio de liquidez deva ser constante. A Figura 15.5 mostra a variabilidade da taxa de retorno dos preços das obrigações de longo prazo do Tesouro desde 1971. O risco da taxa de juros oscilou significativamente durante esse período. Por isso, devemos esperar que os prêmios de risco das obrigações de diferentes vencimentos flutuem e evidências empíricas indicam que os prêmios de liquidez na verdade flutuam com o passar do tempo.

Contudo, as curvas de rendimento muito pronunciadas são interpretadas por vários profissionais do mercado como um sinal de advertência de elevações iminentes nas taxas. Na verdade, a curva de rendimento é um bom previsor do ciclo econômico de modo geral, porque as taxas de longo prazo tendem a subir antes de uma expansão na atividade econômica.

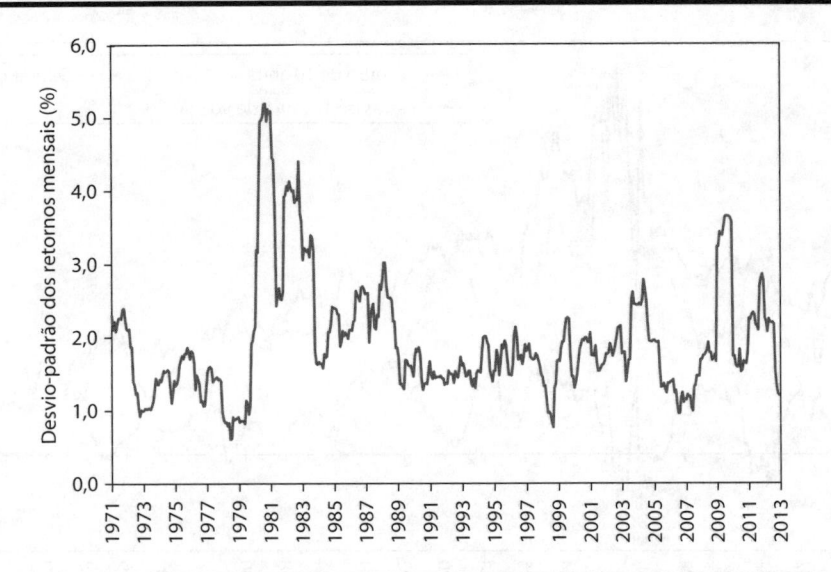

FIGURA 15.5
Volatilidade de preço das obrigações de longo prazo do Tesouro

A inclinação ascendente normalmente observada da curva de rendimento, particularmente para vencimentos de curto prazo, é a base empírica da doutrina do prêmio de liquidez de que as obrigações de longo prazo oferecem prêmio de liquidez positivo. Como a curva de rendimento geralmente tem uma inclinação ascendente em virtude dos prêmios de risco, uma curva de rendimento descendente é considerada uma forte indicação de que os rendimentos são mais propensos a diminuir. Por sua vez, a previsão de declínio nas taxas de juros com frequência é interpretada como um sinal de recessão iminente. As taxas de curto prazo superaram as de longo prazo em todas as sete recessões desde 1970. Por esse motivo, não é de surpreender que a inclinação da curva de rendimento seja um dos componentes fundamentais do índice dos indicadores econômicos antecedentes.

A Figura 15.6 apresenta um histórico de rendimentos de letras do Tesouro de 90 dias e obrigações do Tesouro de 10 anos. Os rendimentos de obrigações de prazo mais longo *geralmente* superam os das letras, o que significa que a curva de rendimento normalmente tem inclinação ascendente. Além disso, as exceções a essa regra parecem de fato preceder episódios de taxas de curto prazo declinantes, o que, se previsto, induziria uma curva de rendimento descendente. Por exemplo, a figura mostra que 1980–1981 foram anos nos quais os rendimentos de 90 dias ultrapassaram os de longo prazo. Esses anos precederam uma queda drástica no nível geral das taxas e um recessão profunda.

Por que as taxas de juros podem cair? Há dois fatores a considerar: a taxa real e o prêmio de inflação. Lembre-se de que a taxa de juros nominal é composta pela taxa real mais um fator para compensar o efeito da inflação:

$$1 + \text{Taxa nominal} = (1 + \text{Taxa real})(1 + \text{Taxa de inflação})$$

ou, aproximadamente,

$$\text{Taxa Nominal} \approx \text{Taxa real} + \text{Taxa de inflação}$$

Portanto, uma mudança esperada nas taxas de juros pode ser devida a mudanças tanto nas taxas reais esperadas quanto nas taxas de inflação esperadas. Normalmente, é importante diferenciar essas duas possibilidades porque os ambientes econômicos associados com elas variam consideravelmente. Taxas reais altas podem indicar um economia em rápida expansão, altos déficits orçamentários governamentais e uma rígida política monetária. Embora uma taxa de inflação alta possa decorrer de uma economia em rápida expansão, a inflação também pode provocar uma rápida expansão na oferta de moeda ou choques de oferta na economia, como interrupções no abastecimento de petróleo. Esses fatores têm implicações bastante distintas para os investimentos. Mesmo que cheguemos à conclusão de que as taxas cairão, com base em uma análise da curva de rendimento, precisaremos analisar os fatores macroeconômicos que podem provocar esse declínio.

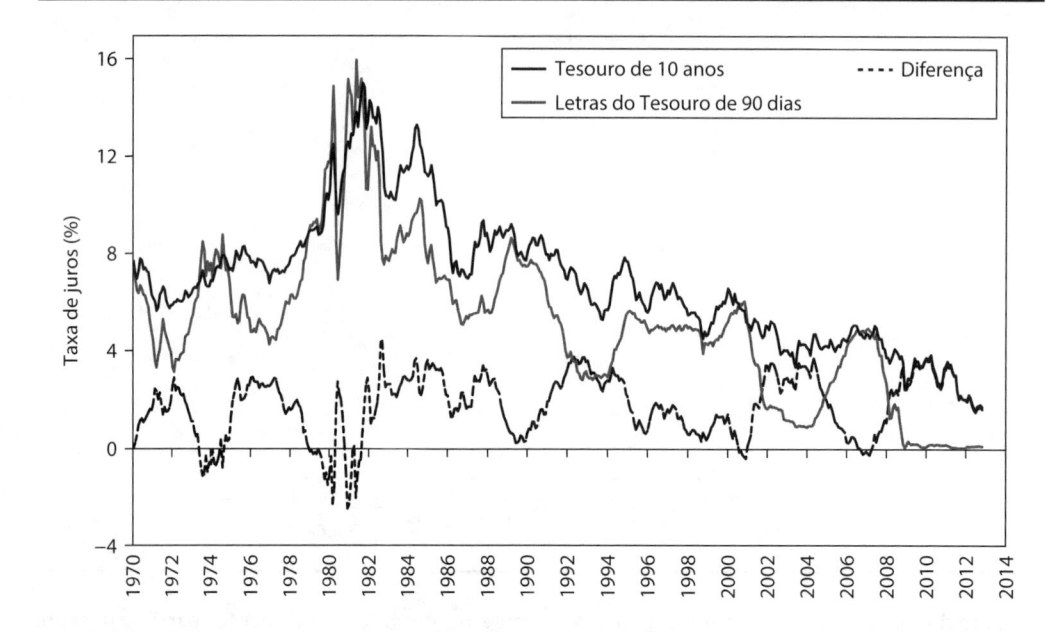

FIGURA 15.6
Diferença de prazo: rendimentos de títulos do Tesouro de 10 anos *versus* 90 dias

---

EXEMPLO 15.7 || Contrato de taxa de juros *forward*

Suponhamos que o preço das obrigações de cupom zero, vencimento em um ano e valor nominal de US$ 1.000 seja US$ 952,38 e o preço das obrigações de cupom zero de dois anos com valor nominal de US$ 1.000 seja US$ 890. Portanto, o rendimento até o vencimento da obrigação de um ano é 5%, enquanto o da obrigação de dois anos é 6%. Desse modo, a taxa *forward* do segundo ano é

$$f_2 = \frac{(1 + y_2)^2}{(1 + y_1)} - 1 = \frac{1,06^2}{1,05} - 1 = 0,0701 \text{ ou } 7,01\%$$

Considere agora a estratégia apresentada na tabela a seguir. Na primeira coluna, apresentamos os dados para esse exemplo e na última coluna generalizamos. Chamamos de $B_0(T)$ o preço de uma obrigação de cupom zero no presente com valor de face de US$ 1.000 e vencimento no tempo T.

	Fluxo de caixa inicial	Em geral
Compra uma obrigação de cupom zero de 1 ano	−952,38	$-B_0(1)$
Vender 1,0701 obrigação de cupom zero de dois anos	+890 × 1,0701 = 952,38	$+B_0(2) \times (1 + f_2)$
	0	0

O fluxo de caixa inicial é zero (no tempo 0). Você paga US$ 952,38 ou, em geral, $B_0(1)$, por uma obrigação de cupom zero com vencimento em um ano e recebe US$ 890 ou, em geral, $B_0(2)$, por cada obrigação de cupom zero com vencimento em dois anos que você vende. Ao vender 1,0701 dessas obrigações, você definir seu fluxo de caixa inicial como zero.[4]

No tempo 1, a obrigação de um ano vence e você recebe US$ 1.000. No tempo 2, vencem as obrigações de cupom zero com vencimento em dois anos que você vendeu e você tem de pagar 1,0701 × US$ 1.000 = US$ 1.070,10. Seu fluxo de caixa é mostrado na Figura 15.7, Painel A. Observe que você criou um empréstimo *forward* "sintético": Em vigor você contrairá um empréstimo de US$ 1.000 daqui a um ano e reembolsará US$ 1.070,10 um ano depois. Portanto, a taxa de empréstimo *forward* é 7,01%, precisamente igual à taxa forward do segundo ano.

---

[4] Obviamente, na realidade não é possível vender uma fração de uma obrigação, mas você pode pensar nisso como parte da transação, da forma a seguir. Se você vendesse uma dessas obrigações, efetivamente estaria contraindo um empréstimo de US$ 890 por um período de dois anos. A venda de 1,0701 dessas obrigações simplesmente significa que você está contraindo um empréstimo de US$ 890 × 1,0701 = US$ 952,38.

15.6 Taxas *forward* como contratos *forward*

Vimos que as taxas *forward* podem ser deduzidas da curva de rendimento por meio da Equação 15.5. Em geral as taxas *forward* não serão iguais à taxa de curto prazo finalmente realizada ou mesmo à expectativa do presente sobre o valor que a taxa de curto prazo terá. Contudo, ainda assim existe uma percepção importante de que a taxa *forward* é a taxa de juros do mercado. Suponhamos que você quisesse se organizar *agora* para conceder um empréstimo em alguma data futura. Você ajustaria hoje a taxa de juros que seria cobrada, mas o empréstimo só principiaria em algum momento futuro. De que forma a taxa de juros nesse "empréstimo *forward*" seria determinada? Talvez não surpreendentemente essa taxa seja a taxa de juros *forward* relativa ao período do empréstimo. Utilizemos um exemplo para ver como isso poderia funcionar.

Em geral, para formar o empréstimo *forward* sintético, você vende $(1 + f_2)$ obrigações de cupom zero de dois anos para cada obrigação de cupom zero de um ano que você comprar. Isso faz com que seu fluxo de caixa inicial seja zero porque os preços das obrigações de cupom zero de um e dois anos diferem segundo o fator $(1 + f_2)$; observe que

$$B_0(1) = \frac{\text{US\$ } 1.000}{(1 + y_1)} \quad \text{enquanto} \quad B_0(2) = \frac{\text{US\$ } 1.000}{(1 + y_2)^2} = \frac{\text{US\$ } 1.000}{(1 + y_1)(1 + f_2)}$$

Portanto, quando você vende $(1 + f_2)$ obrigações de cupom zero de dois anos, você gera caixa suficiente para comprar um obrigação de cupom zero de um ano. Ambas as obrigações de cupom zero vencem pelo valor de face de US$ 1.000. Desse modo, a diferença entre a entrada de caixa no tempo 1 e a saída de caixa no tempo 2 é o mesmo fator, $1 + f_2$, tal como mostrado na Figura 15.7, Painel B. Consequentemente, f_2 é a taxa do empréstimo *forward*.

É óbvio que você pode formar um empréstimo *forward* sintético para períodos além do segundo ano e também para vários períodos. Os Problemas 18 e 19 da seção "Difíceis" no final deste capítulo apresentam algumas dessas variações.

> **REVISÃO DE CONCEITOS 15.9**
>
> Suponhamos que o preço de obrigações de cupom zero de três anos seja US$ 816,30. Qual a taxa *forward* do terceiro ano? De que forma você formaria um empréstimo *forward* sintético de um ano que se inicia em $t = 2$ e vence em $t = 3$?

A: Taxa *forward* = 7,01%

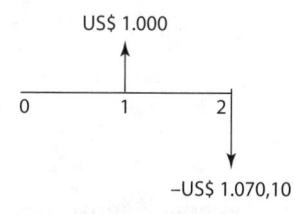

B: Para uma taxa *forward* geral. As taxas de curto prazo são r_1 (que hoje é observável) e r_2 (que não é). A taxa que pode ser fixada para um empréstimo de um período à frente é f_2.

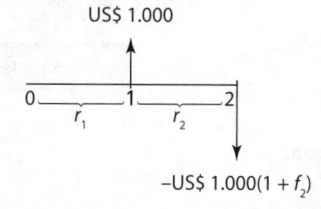

FIGURA 15.7 Criando um empréstimo *forward* sintético

RESUMO

1. A estrutura a termo das taxas de juros refere-se às taxas de juros de vários prazos até o vencimento incorporadas no preço das obrigações de cupom zero isentas de inadimplência.
2. Em um mundo de certeza, todos os investimentos devem oferecer um retorno total igual para qualquer período de investimento. Os retornos de período de manutenção de curto prazo de todas as obrigações seriam iguais em uma economia isenta de risco e iguais à taxa disponível sobre as obrigações de curto prazo. De modo semelhante, os retornos totais da rolagem de obrigações de curto prazo para períodos mais longos seriam iguais ao retorno total disponível das obrigações de longo prazo.
3. A taxa de juros *forward* é a taxa de juros de equilíbrio futura que igualaria o retorno total em uma estratégia de rolagem ao da obrigação de cupom zero de prazo mais longo. Ela é definida pela equação

$$(1 + y_n)^n (1 + f_{n+1}) = (1 + y_{n+1})^{n+1}$$

onde n é um número determinado de período a partir do presente. Essa equação pode ser utilizada para mostrar que os rendimentos até o vencimento e as taxas *forward* estão relacionados pela equação

$$(1 + y_n)^n = (1 + r_1)(1 + f_2)(1 + f_3)\ldots(1 + f_n)$$

4. Uma versão comum da hipótese das expectativas estabelece que as taxas de juros *forward* são previsões imparciais sobre as taxas de juros futuras esperadas. Entretanto, existem bons motivos para acreditar que as taxas *forward* diferem das taxas de curto prazo em virtude de um prêmio de risco conhecido como *prêmio de liquidez*. Um prêmio de risco de liquidez positivo pode fazer com que a curva de rendimento incline-se para cima se não for previsto nenhum aumento nas taxas de curto prazo.
5. A existência de prêmios de liquidez dificulta muito a dedução das taxas de juros futuras esperadas com base na curva de rendimento. Essa dedução ficaria mais fácil se pudéssemos admitir que o prêmio de liquidez permanece razoavelmente estável no decorrer do tempo. Entretanto, fatores empíricos e teóricos suscitam dúvidas sobre a constância desse prêmio.
6. As taxas *forward* são taxas de juros do mercado no sentido fundamental de que é possível assumir compromissos de contratação de empréstimo *forward* (isto é, diferidos) ou acordos de concessão de empréstimo por essas taxas.

Sites relacionados a este capítulo estão disponíveis em **www.grupoa.com.br**

PALAVRAS-CHAVE

curva de rendimento
curva de rendimento de obrigações *on the run*
curva de rendimento pura
estrutura a termo das taxas de juros

hipótese das expectativas
prêmio de liquidez
reconstituição de obrigações
stripping de obrigações
taxa de curto prazo

taxa de juros *forward*
taxa *spot*
teoria da preferência por liquidez

EQUAÇÕES BÁSICAS

Taxa de juros *forward*: $(1 + f_n) = \dfrac{(1 + y_n)^n}{(1 + y_{n-1})^{n-1}}$

Rendimento até o vencimento em vista da sequência de taxas *forward*: $1 + y_n = [(1 + r_1)(1 + f_2)(1 + f_3)\ldots(1 + f_n)]^{1/n}$

Prêmio de liquidez = Taxa *forward* – Taxa de curto prazo esperada

CONJUNTO DE PROBLEMAS

1. Qual é a relação entre as taxas *forward* e a expectativa do mercado sobre as taxas de curto prazo futuras? Explique sua resposta no contexto da hipótese das expectativas e da teoria da preferência por liquidez relativas à estrutura a termo das taxas de juros.

Básicos

2. Segundo a hipótese das expectativas, se a curva de rendimento for ascendente, o mercado deve esperar um aumento nas taxas de juros de curto prazo. Verdadeiro/falso/incerto? Por quê?
3. Segundo a teoria da preferência por liquidez, quando existe a expectativa de que a inflação cairá dentro de alguns anos, as taxas de juros de longo prazo são mais altas do que as taxas de curto prazo. Verdadeiro/falso/incerto? Por quê?
4. Se a teoria da preferência por liquidez for verdadeira, que formato a curva da estrutura a termo deve ter em um período em que se prevê que as taxas de juros serão constantes?
    a. Inclinação ascendente.
    b. Inclinação descendente.
    c. Uniforme.
5. Qual das seguintes afirmações a seguir é **verdadeira** de acordo com a hipótese das expectativas pura? As taxas *forward*:
    a. Representam exclusivamente as taxas de curto prazo futuras esperadas.
    b. São estimativas parciais das expectativas do mercado.
    c. Sempre superestimam as taxas de curto prazo futuras.
6. Supondo que a hipótese das expectativas esteja correta, uma curva rendimento com inclinação ascendente implica que:
    a. As taxas de juros deverão aumentar no futuro.
    b. As obrigações de prazo mais longo são mais arriscadas do que as de curto prazo.
    c. As taxas de juros deverão diminuir no futuro.

Intermediários

7. A seguir se encontra uma lista de preços de obrigações de cupom zero de vários vencimentos. Calcule o rendimento até o vencimento de cada obrigação e a sequência implícita de taxas *forward*:

Vencimento (anos)	Preço da obrigação
1	US$ 943,40
2	898,47
3	847,62
4	792,16

8. Supondo que a hipótese das expectativas seja válida, calcule a tendência de preço esperada da obrigação de quatro anos mencionada no problema anterior com o passar do tempo. Qual a taxa de retorno dessa obrigação em cada ano? Mostre que o retorno esperado é igual à taxa *forward* de cada ano.

9. Considere as seguintes obrigações de cupom zero e valor nominal de US$ 1.000:

Obrigação	Anos até o vencimento	YTM (%)
A	1	5
B	2	6
C	3	6,5
D	4	7

De acordo com a hipótese das expectativas, qual a expectativa quanto à taxa de juros de um ano daqui a três anos?

10. A estrutura a termo das obrigações de cupom zero atualmente é:

Vencimento (anos)	YTM (%)
1	4
2	5
3	6

No ano seguinte, *você* espera que ela seja:

Vencimento (anos)	YTM (%)
1	5
2	6
3	7

a. Que taxa de retorno *você* espera no próximo ano para uma obrigação de cupom zero de três anos?
b. Com base na hipótese das expectativas, que rendimento até o vencimento o *mercado* espera observar sobre obrigações de cupom zero de um e dois anos no final do ano? A expectativa de retorno do mercado sobre a obrigação de três anos é superior ou inferior à sua?

11. O rendimento até o vencimento atual das obrigações de cupom zero de um ano e dois anos é, respectivamente, 7 e 8%. O Tesouro pretende emitir uma obrigação com *cupom* e vencimento em dois anos, com pagamento uma vez ao ano, pela taxa de cupom de 9%. O valor de face da obrigação é US$ 100.
a. A que preço a obrigação será vendida?
b. Qual será o rendimento até o vencimento da obrigação?
c. Se a hipótese das expectativas estiver correta, qual será a expectativa do mercado quanto ao preço de venda dessa obrigação no próximo ano?
d. Recalcule sua resposta a (c) supondo que você acredita na teoria da preferência por liquidez e que o prêmio de liquidez é 1%.

12. A seguir se encontra uma lista de preços de obrigações de cupom zero de vários vencimentos.

Vencimento (anos)	Preço de obrigação de valor nominal de US$ 1.000 (cupom zero)
1	US$ 943,40
2	873,52
3	816,37

a. Uma obrigação com cupom de 8,5% e valor nominal de US$ 1.000 paga cupom anual e vencerá em três anos. Qual deve ser o rendimento até o vencimento da obrigação?
b. Se no final do primeiro ano a curva de rendimento se nivelar em 8%, qual será o retorno do período de manutenção de um ano da obrigação com cupom?

13. Os preços das obrigações de cupom zero revelam o seguinte padrão de taxa *forward*:

Ano	Taxa *forward* (%)
1	5
2	7
3	8

Além da obrigação de cupom zero, os investidores também podem comprar uma obrigação de três anos com valor nominal de US$ 1.000 que faz pagamentos anuais de US$ 60.
a. Qual o preço da obrigação com cupom?
b. Qual o rendimento até o vencimento da obrigação com cupom?
c. Com base na hipótese das expectativas, qual o rendimento composto realizado esperado da obrigação com cupom?
d. Supondo que sua previsão é de que a curva de rendimento no primeiro ano ficará nivelada em 7%, qual sua previsão da taxa de retorno esperada da obrigação com cupom para o período de manutenção de um ano?

14. Você observa a seguinte estrutura a termo:

	YTM anual efetivo (%)
Obrigação de cupom zero de 1 ano	6,1
Obrigação de cupom zero de 2 anos	6,2
Obrigação de cupom zero de 3 anos	6,3
Obrigação de cupom zero de 4 anos	6,4

a. Supondo que você acredite que a estrutura a termo do ano seguinte será a mesma do presente, você diria que as obrigações de cupom zero de um e quatro anos oferecerão um retorno esperado de um ano superior?
b. E se você acreditar na hipótese das expectativas?

15. O rendimento até o vencimento (YTM) das obrigações de cupom zero de um ano e dois anos é, respectivamente, 5 e 6%. O rendimento até o vencimento de obrigações com cupom e vencimento em dois anos e taxas de cupom de 12% (pagamento anual) é 5,8%. Que oportunidade de arbitragem está disponível para um banco de investimento? Qual seria o lucro dessa atividade?

16. Suponhamos que obrigações de cupom zero de um ano e valor de face de US$ 100 estejam à venda por US$ 94,34 e obrigações de cupom zero de dois anos estejam à venda por US$ 84,99. Você está pensando em comprar uma obrigação com vencimento em dois anos e pagamento de cupom *anual*. O valor de face da obrigação é US$ 100 e a taxa de cupom é 12% ao ano.
a. Qual o rendimento até o vencimento da obrigação de cupom zero de dois anos? Da obrigação com cupom de dois anos?
b. Qual a taxa *forward* do segundo ano?
c. Se a hipótese das expectativas for aceita, qual (1) o preço esperado da obrigação com cupom no final do primeiro ano e (2) o retorno do horizonte de investimento esperado da obrigação com cupom ao longo do primeiro ano?
d. A taxa de retorno será superior ou inferior se você aceitar a teoria da preferência por liquidez?

Difíceis

17. A curva de rendimento atual das obrigações de cupom zero isentas de inadimplência é a seguinte:

Vencimento (anos)	YTM (%)
1	10
2	11
3	12

   a. Quais as taxas *forward* implícitas de um ano?
   b. Suponhamos que a hipótese das expectativas da estrutura a termo esteja correta. Se as expectativas do mercado forem precisas, qual será a curva de rendimento pura (ou seja, os rendimentos até o vencimento sobre obrigações de um e dois anos de cupom zero) no ano seguinte?
   c. Se você comprar uma obrigação de cupom zero de dois anos agora, qual será a taxa de retorno esperada total ao longo do ano seguinte? E se você comprar uma obrigação de cupom zero de três anos? (*Dica*: Calcule os preços atuais e os preços futuros esperados.) Ignore os impostos.
   d. Qual deve ser o preço atual de uma obrigação com vencimento em três anos e taxa de cupom de 12% com pagamento anual. Se você a comprasse por esse preço, qual seria sua taxa de retorno esperada total ao longo do ano seguinte (cupom mais mudança de preço)? Ignore os impostos.

18. Suponhamos que os preços das obrigações de cupom zero com vários vencimentos sejam os apresentados na tabela a seguir. O valor de face de cada obrigação é US$ 1.000.

Vencimento (anos)	Preço (US$)
1	925,93
2	853,39
3	782,92
4	715,00
5	650,00

   a. Calcule a taxa de juros *forward* para cada ano.
   b. Como você poderia formar um empréstimo *forward* de um ano a partir do terceiro ano? Confirme se a taxa desse empréstimo é igual à taxa *forward*.
   c. Repita (*b*) para um empréstimo *forward* de um ano a partir do quarto ano.

19. Continue a utilizar os dados do problema precedente. Suponhamos que você queira formar um empréstimo *forward* com vencimento em *dois anos* com princípio em três anos.
   a. Suponhamos que você compre *hoje* uma obrigação de cupom zero de três anos. Quantas obrigações de cupom zero de cinco anos você teria de vender para tornar seu fluxo de caixa inicial igual a zero?
   b. Quais são os fluxos de caixa nessa estratégia em cada ano?
   c. Qual a taxa de juros efetiva de dois anos do empréstimo *forward* efetivo três anos adiante?
   d. Confirme se a taxa de juros de dois anos é igual $(1 + f_4) \times (1 + f_5) - 1$. Desse modo, você pode interpretar a taxa de empréstimo de dois anos como uma taxa *forward* de dois anos para os últimos dois anos. Alternativamente, mostre que a taxa *forward* efetiva de dois anos é igual a

$$\frac{(1 + y_5)^5}{(1 + y_3)^3} - 1$$

1. Explique brevemente por que as obrigações com vencimentos diferentes têm rendimentos diferentes com base na hipótese das expectativas e na teoria da preferência por liquidez. Descreva brevemente as implicações de cada hipótese quando a curva de rendimento é (1) ascendente e (2) descendente.

2. Qual das afirmações a seguir sobre a estrutura a termo das taxas de juros é verdadeira?
   a. A hipótese das expectativas indica uma curva de rendimento achatada quando as taxas de curto prazo futuras previstas superam as taxas de curto prazo atuais.
   b. A hipótese das expectativas sustenta que a taxa de longo prazo é igual à taxa de curto prazo prevista.
   c. A teoria do prêmio de liquidez indica que, se todos os outros elementos permanecerem iguais, os vencimentos mais longos terão rendimentos mais baixos.
   d. A teoria da preferência por liquidez sustenta que os concessores de empréstimos preferem comprar títulos na extremidade inferior da curva de rendimento.

3. A tabela a seguir mostra rendimentos até o vencimento de títulos de cupom zero do Tesouro.

Prazo até o vencimento (anos)	Rendimento até o vencimento (%)
1	3,50
2	4,50
3	5,00
4	5,50
5	6,00
10	6,60

   a. Calcule a taxa de juros *forward* de um ano para o terceiro ano.
   b. Descreva as condições sob as quais a taxa *forward* calculada seria uma estimativa imparcial da taxa de juros *spot* de um ano para esse ano.
   c. Suponha que há alguns meses a taxa de juros *forward* de um ano para o ano em questão tenha sido significativamente superior à do presente. Que fatores explicam o declínio na taxa *forward*?

4. A taxa *spot* de letras de seis meses do Tesouro é 4% e a taxa *spot* de letras do Tesouro de um ano é 5%. Qual a taxa *forward* implícita para daqui a seis meses?

5. As tabelas a seguir mostram, respectivamente, as características de duas obrigações de pagamento anual de um mesmo emissor com a mesma prioridade em caso de inadimplência e as taxas de juros *spot*. O preço de ambas não é coerente com as taxas *spot*. Utilizando as informações dessas tabelas, recomende a compra da obrigação *A* ou *B*.

Características das obrigações		
	Obrigação A	Obrigação B
Cupons	Anuais	Anuais
Vencimento	3 anos	3 anos
Taxa de cupom	10%	6%
Rendimento até o vencimento	10,65%	10,75%
Preço	98,40	88,34

Taxa de juros *spot*	
Prazo (anos)	Taxas *spot* (cupom zero) (%)
1	5
2	8
3	11

6. Sandra Kapple, gestora de carteira de renda fixa, trabalha com grandes clientes institucionais. Ela se reuniu com Maria VanHusen, consultora do Star Hospital Pension Plan, para falar sobre a gestão da carteira de obrigações do Tesouro de aproximadamente US$ 100 milhões desse fundo. A curva de rendimento atual do Tesouro dos Estados Unidos é dada na tabela a seguir. VanHusen afirma, "Em vista da grande diferença entre os rendimentos de dois e dez anos, essa carteira deve experimentar um retorno mais alto em um horizonte de dez anos se comprar títulos de dez anos do Tesouro, em vez de títulos de dois anos do Tesouro, e reinvestir os rendimentos em obrigações de dois anos do Tesouro em cada data de vencimento".

Vencimento (anos)	Rendimento (%)	Vencimento (anos)	Rendimento (%)
1	2,00	6	4,15
2	2,90	7	4,30
3	3,50	8	4,45
4	3,80	9	4,60
5	4,00	10	4,70

a. Indique se a conclusão de VanHusen está correta, com base na hipótese das expectativas pura.
b. VanHusen conversa com Kapple a respeito de teorias alternativas da estrutura a termo das taxas de juros e lhe fornece as seguintes informações sobre o mercado de títulos do Tesouro dos Estados Unidos:

Vencimento (anos)	2	3	4	5	6	7	8	9	10
Prêmio de liquidez (%)	0,55	0,55	0,65	0,75	0,90	1,10	1,20	1,50	1,60

Utilize essas informações adicionais e a teoria da preferência por liquidez para determinar o que a inclinação da curva de rendimento indica sobre a direção das taxas de juros de curto prazo futuras esperadas.

7. Um gestor de carteira da Superior Trust Company está estruturando uma carteira de renda fixa para atender aos objetivos de um cliente. Ele compara títulos com cupom do Tesouro dos Estados Unidos com *strips* de cupom zero do Tesouro e observa uma vantagem de rendimento significativa nas obrigações *strips*:

Prazo (anos)	Títulos do Tesouro dos EUA com cupom (%)	*Strips* de cupom zero do Tesouro dos EUA (%)
3	5,50	5,80
7	6,75	7,25
10	7,25	7,60
30	7,75	8,20

Explique brevemente por que *strips* do Tesouro dos Estados Unidos poderiam render mais do que títulos com cupom do Tesouro com o mesmo vencimento final.

8. O formato da curva de rendimento do Tesouro dos Estados Unidos parece refletir duas reduções do Federal Reserve na taxa dos fundos federais. A taxa de juros de curto prazo atual é 5%. A primeira redução de aproximadamente 50 pontos-base (pb) deve ocorrer em seis meses e a segunda redução, de aproximadamente 50 pb, deve ocorrer em um ano. Os prêmios a termo atuais do Tesouro dos Estados Unidos são 10 pb por ano para cada um dos próximos três anos (com base na referência de três anos).

Entretanto, o mercado também acredita que as reduções do Federal Reserve serão revertidas em um aumento único de 100 pb na taxa dos fundos federais daqui a dois anos e meio. Você espera que os prêmios de liquidez continuem sendo 10 pb ao ano nos próximos três anos (com base na referência de três anos).

Descreva ou trace o formato da curva de rendimento do Tesouro com base na referência de três anos. Que teoria sobre a estrutura a termo respalda o formato da curva de rendimento do Tesouro dos Estados Unidos que você descreveu?

9. Os títulos do Tesouro representam um investimento significativo em várias carteiras de pensão. Você decide analisar a curva de rendimento das notas do Tesouro dos Estados Unidos.
a. Utilizando os dados da tabela a seguir, calcule as taxas de cinco anos *spot* e *forward* supondo uma composição anual. Mostre seus cálculos.

Dados da curva de rendimento de notas do Tesouro dos EUA			
Anos até o vencimento	Rendimento até o vencimento com cupom/ valor nominal	Taxas *spot* calculadas	Taxas *forward* calculadas
1	5,00	5,00	5,00
2	5,20	5,21	5,42
3	6,00	6,05	7,75
4	7,00	7,16	10,56
5	7,00	?	?

b. Defina e descreva cada um dos três conceitos a seguir:
  i. Taxa de curto prazo
  ii. Taxa *spot*
  iii. Taxa *forward*
Explique em que sentido esses conceitos estão relacionados.
c. Você está pensando em comprar uma nota de cupom zero do Tesouro com vencimento em quatro anos. Com base na análise da curva de rendimento acima, calcule o rendimento até o vencimento esperado e o preço do título. Mostre seus cálculos.

10. As taxas de juros *spot* dos títulos do Tesouro dos Estados Unidos são mostradas na tabela a seguir. Admita que todos os títulos pagam juros anualmente.

Taxas de juros *spot*	
Prazo até o vencimento (anos)	Taxa de juros a vista (%)
1	13
2	12
3	11
4	10
5	9

a. Calcule a taxa *forward* implícita de dois anos para um empréstimo *forward* em três anos.
b. Calcule o preço de um título do Tesouro de cinco anos, pagamento anual e taxa de cupom de 9% utilizando as informações da tabela.

EXERCÍCIOS DE INVESTIMENTO NA *WEB*

Entre em www.smartmoney.com. Acesse a *Living Yield Curve* (procure a guia *Economy and Bonds*), que é uma representação móvel da curva de rendimento. A curva de rendimento normalmente é ascendente ou descendente? Como está a curva de rendimento de hoje? Até que ponto a inclinação da curva varia? O que varia mais, as taxas de curto prazo ou de longo prazo? Você pode explicar por que isso ocorre?

SOLUÇÕES PARA AS REVISÕES DE CONCEITOS

1. O preço da obrigação de três anos que paga cupom de US$ 40 é

$$\frac{40}{1,05} + \frac{40}{1,06^2} + \frac{1.040}{1,07^3} = 38,095 + 35,600 + 848,950 = US\$\ 922,65$$

Por esse preço, o rendimento até o vencimento é 6,945% [$n = 3$; PV = (−)922,65; FV = 1.000; PMT = 40]. O rendimento até o vencimento dessa obrigação está mais próximo do rendimento da obrigação de cupom zero de três anos do que o rendimento até o vencimento da obrigação com cupom de 10% do Exemplo 15.1. Isso faz sentido: A taxa de cupom da obrigação é inferior à da obrigação no Exemplo 15.1. Uma fração maior de seu valor está atrelada ao pagamento final no terceiro ano e, por isso, não é de surpreender que seu rendimento esteja mais próximo ao do título puro de cupom zero de três anos.

2. Comparamos duas estratégias de investimento de um modo semelhante ao do Exemplo 15.2:

   Comprar e manter a obrigação de cupom zero de quatro anos = Comprar a obrigação de cupom zero de três anos; rolar os rendimentos para uma obrigação de um ano

   $$(1 + y_4)^4 = (1 + y_3)^3 \times (1 + r_4)$$
   $$1,08^4 = 1,07^3 \times (1 + r_4)$$

   o que implica que $r_4 = 1,08^4/1,07^3 − 1 = 0,11056 = 11,056\%$. Agora confirmamos que o rendimento da obrigação de cupom zero de quatro é uma média geométrica dos fatores de desconto dos três anos seguintes:

   $$1 + y_4 = [(1 + r_1) \times (1 + r_2) \times (1 + r_3) \times (1 + r_4)]^{1/4}$$
   $$1,08 = [1,05 \times 1,071 \times 1,09025 \times 1,11056]^{1/4}$$

3. A obrigação de três anos pode ser comprada por US$ 1.000/1,07³ = US$ 816,30. No ano seguinte, a obrigação terá um vencimento remanescente de dois anos. A taxa de curto prazo no segundo ano será 7,01% e a taxa de curto prazo no terceiro ano será 9,025%. Portanto, o rendimento até o vencimento da obrigação no próximo ano estará relacionado com essas taxas de curto prazo de acordo com

   $$(1 + y_2)^2 = 1,0701 \times 1,09025 = 1,1667$$

   e seu preço no próximo ano será US$ 1.000/(1 + y_2)² = US$ 1.000/1,1667 = US$ 857,12. Portanto, a taxa de retorno do período de manutenção de um ano é (US$ 857,12 − US$ 816,30)/US$ 816,30 = 0,05 ou 5%.

4. A taxa *spot* de n períodos é o rendimento até o vencimento de uma obrigação de cupom zero com vencimento de n períodos. A taxa de *curto prazo* do período n é a taxa de juros de um *único período* que prevalecerá no período n. Por fim, a taxa *forward* do período n é a taxa de curto prazo que satisfaria a "condição de equilíbrio" de igualar os retornos totais nas duas estratégias de investimento de n períodos. A primeira estratégia é um investimento em uma obrigação de cupom zero de n períodos; a segunda é um investimento em uma obrigação de cupom zero em $n − 1$ períodos "rolado" para um investimento em uma obrigação de cupom zero de um único período. As taxas *spot* e as taxas *forward* são observáveis no presente. Contudo, como as taxas de juros evoluem com a incerteza, as taxas de curto prazo futuras não são. *No caso especial* em que não há nenhuma incerteza quanto às taxas de juros futuras, a taxa *forward* calculada com base na curva de rendimento será igual à taxa de curto prazo que prevalecerá nesse período.

5. 7% − 1% = 6%.

6. O prêmio de risco será zero.

7. Se os emissores preferirem emitir obrigações de longo prazo, eles terão disposição para aceitar custos de juros esperados mais altos sobre obrigações de longo prazo do que sobre obrigações de curto prazo. Essa disposição associa-se à exigência dos investidores de taxas mais altas em obrigações de longo prazo para reforçar a tendência em relação a um prêmio de liquidez positivo.

8. Em geral, com base na Equação 15.5, $(1 + y_n)^n = (1 + y_{n−1})^{n−1} \times (1 + f_n)$. Nesse caso, $(1 + y_4)^4 = (1,07)^3 \times (1 + f_4)$. Se $f_4 = 0,07$, $(1 + y_4)^4 = (1,07)^4$ e $y_4 = 0,07$. Se f_4 for superior a 0,07, y_4 também será superior. Em contraposição, se f_4 for inferior a 0,07, y_4 também será.

9. O rendimento até o vencimento de três anos é $\left(\frac{1.000}{816,30}\right)^{1/3} − 1 = 0,07 = 7,0\%$

   Portanto, a taxa *forward* do terceiro ano é

   $$f_3 = \frac{(1 + y_3)^3}{(1 + y_2)^2} − 1 = \frac{1,07^3}{1,06^2} − 1 = 0,0903 = 9,03\%$$

   (Alternativamente, observe que o índice de preço da obrigação de cupom zero de três anos é 1 + f_3 = 1,0903.) Para formar o empréstimo sintético, compre uma obrigação de cupom zero com vencimento em dois anos e venda 1,0903 obrigação de cupom zero com vencimento em três anos. Seu fluxo de caixa inicial é zero, no tempo 2 é + US$ 1.000 e no tempo 3 é −US$ 1.090,30, o que corresponde aos fluxos de caixa em um empréstimo *forward* de um ano que se inicia no tempo 2 com taxa de juros de 9,03%.

16
Gestão de carteiras de obrigações

NESTE CAPÍTULO abordaremos diversas estratégias que os gestores de carteira de obrigações podem adotar, fazendo a distinção entre estratégias passivas e ativas. A *estratégia de investimento passiva* considera justa a fixação de preços de mercado dos títulos. Em vez de tentar superar o mercado explorando informações ou ideias de ponta, os gestores passivos tentam manter um equilíbrio apropriado entre risco e retorno, tendo em vista as oportunidades do mercado. Um caso especial de gestão passiva é a estratégia de imunização que procura isolar a carteira do risco da taxa de juros. Em contraposição, a *estratégia de investimento ativa* tenta obter retornos superiores aos que são proporcionais ao risco assumido. No contexto de gestão de obrigações, esse estilo de gestão pode assumir duas formas. Os gestores ativos utilizam previsões de taxa de juros para prever mudanças em todo o mercado de obrigações ou utilizam algum tipo de análise intramercado para identificar setores específicos do mercado ou obrigações específicas que estão relativamente mal precificadas.

Como o risco da taxa de juros é crucial para a formulação de estratégias tanto ativas quanto passivas, começaremos nossa discussão com uma análise da suscetibilidade dos preços das obrigações a flutuações nas taxas de juros. Essa suscetibilidade é medida pela duração da obrigação. Por isso, dedicaremos grande atenção ao que determina a duração de uma obrigação. Discutiremos várias estratégias passivas de investimento e mostraremos como as técnicas de equivalência de duração podem ser utilizadas para imunizar o retorno do período de manutenção do investimento de uma carteira contra o risco da taxa de juros. Depois de examinar um amplo espectro de aplicações da medida de duração, analisaremos os aprimoramentos no método de medição da suscetibilidade à taxa de juros, enfatizando o conceito de convexidade das obrigações. Como a duração é importante também para a formulação de estratégias ativas de investimento, concluímos este capítulo com uma discussão sobre as estratégias ativas de renda fixa. Elas abrangem políticas que se baseiam na previsão das taxas de juros e na análise intramercado que procura identificar setores ou títulos relativamente atraentes dentro no mercado de renda fixa.

16.1 Risco da taxa de juros

Já vimos que os preços e os rendimentos das obrigações estão inversamente relacionados e sabemos que as taxas de juros podem flutuar consideravelmente. Quando as taxas de juros aumentam ou diminuem, os obrigacionistas experimentam perdas ou ganhos de capital. Esses ganhos ou perdas tornam os investimentos de renda fixa arriscados, mesmo que os pagamentos de cupom e do principal sejam garantidos, como no caso das obrigações do Tesouro.

Por que os preços das obrigações reagem a flutuações na taxa de juros? Lembre-se de que, em um mercado competitivo, todos os títulos devem oferecer aos investidores taxas justas de retorno esperado. Se uma obrigação for emitida com cupom de 8% quando houver rendimentos competitivos de 8%, ela será vendida pelo valor nominal. Contudo, se a taxa de mercado aumentar para 9%, quem comprará uma obrigação com cupom de 8% pelo valor nominal? O preço da obrigação deve cair até seu retorno esperado chegar ao nível competitivo de 9%.

Em contraposição, se a taxa de mercado cair para 7%, o cupom de 8% sobre a obrigação será atraente em comparação com os rendimentos de investimentos alternativos. Em resposta, os investidores que anseiam por esse retorno reagirão elevando o preço de compra até que a taxa de retorno total para alguém que compra por esse preço mais alto se equipare à taxa de mercado.

Suscetibilidade à taxa de juros

Evidentemente, a suscetibilidade dos preços das obrigações a mudanças na taxa de juros é uma grande preocupação para os investidores. Para ter uma ideia dos fatores que determinam o risco da taxa de juros, consulte a Figura 16.1, que apresenta as mudanças percentuais nos preços correspondentes às mudanças no rendimento até o vencimento de quatro obrigações que diferem de acordo com a taxa de cupom, o rendimento até o vencimento inicial e o prazo até o vencimento. Todas as quatro obrigações mostram que os preços das obrigações caem quando os rendimentos sobem e que a curva de preço é convexa, o que significa que as diminuições nos rendimentos têm maior impacto sobre o preço do que os aumentos de magnitude equivalente. Resumimos essas observações nas duas proposições a seguir:

1. *Os preços e rendimentos das obrigações estão inversamente relacionados: à medida que os rendimentos aumentam, os preços das obrigações caem; quando os rendimentos caem, os preços aumentam.*

2. *Um aumento no rendimento até o vencimento de uma obrigação provoca uma mudança menor nos preços do que a diminuição em um rendimento de magnitude equivalente.*

Compare agora a suscetibilidade à taxa de juros das obrigações A e B, que são idênticas, com exceção do vencimento. A Figura 16.1 mostra que a obrigação B, com vencimento mais longo do que o da obrigação A, exibe maior suscetibilidade a mudanças na taxa de juros. Isso evidencia outra propriedade geral:

3. *Os preços das obrigações de longo prazo tendem a ser mais suscetíveis a mudanças na taxa de juros do que os preços das obrigações de curto prazo.*

Isso não é uma surpresa. Se as taxas aumentarem, por exemplo, a obrigação terá um valor menor porque os respectivos fluxos de caixa são descontados por uma taxa agora maior. O impacto da taxa de desconto mais elevada será maior à medida que a taxa for aplicada aos fluxos de caixa mais distantes.

Observe que, embora a obrigação B tenha seis vezes o vencimento da obrigação A, sua suscetibilidade à taxa de juros é seis vezes menor. Apesar de parecer que a suscetibilidade à taxa de juros aumenta com o vencimento, essa proporção diminui à medida que o vencimento da obrigação aumenta. Portanto, nossa quarta propriedade é:

4. *A suscetibilidade dos preços das obrigações a mudanças nos rendimentos aumenta a uma taxa decrescente à medida que o vencimento aumenta. Em outras palavras, o risco da taxa de juros não é de forma alguma proporcional ao vencimento da obrigação.*

As obrigações B e C, que são parecidas em tudo menos na taxa de cupom, evidenciam outra questão. A obrigação de cupom menor exibe maior suscetibilidade a mudanças nas taxas de juros. Isso se revela uma propriedade geral dos preços das obrigações:

5. *O risco da taxa de juros está inversamente relacionado à taxa de cupom da obrigação. Os preços das obrigações de cupom baixo são menos suscetíveis a mudanças nas taxas de juros do que os preços das obrigações de cupom elevado.*

Por fim, as obrigações C e D são idênticas exceto pelo rendimento até o vencimento pelo qual as obrigações são vendidas atualmente. Entretanto, a obrigação C, cujo rendimento até o vencimento é maior, é menos suscetível a mudanças nos rendimentos. Isso evidencia nossa última propriedade:

6. *A suscetibilidade do preço de uma obrigação a uma mudança em seus rendimento está inversamente relacionada ao rendimento até o vencimento pelo qual a obrigação está sendo vendida atualmente.*

As cinco primeiras propriedades gerais foram descritas por Malkiel[1] e algumas vezes são conhecidas como relações de Malkiel na determinação de preço das obrigações. A última propriedade foi demonstrada por Homer e Liebowitz.[2]

O vencimento é um determinante importante do risco da taxa de juros. Contudo, o vencimento por si só não é suficiente para medir a suscetibilidade à taxa de juros. Por exemplo, as obrigações

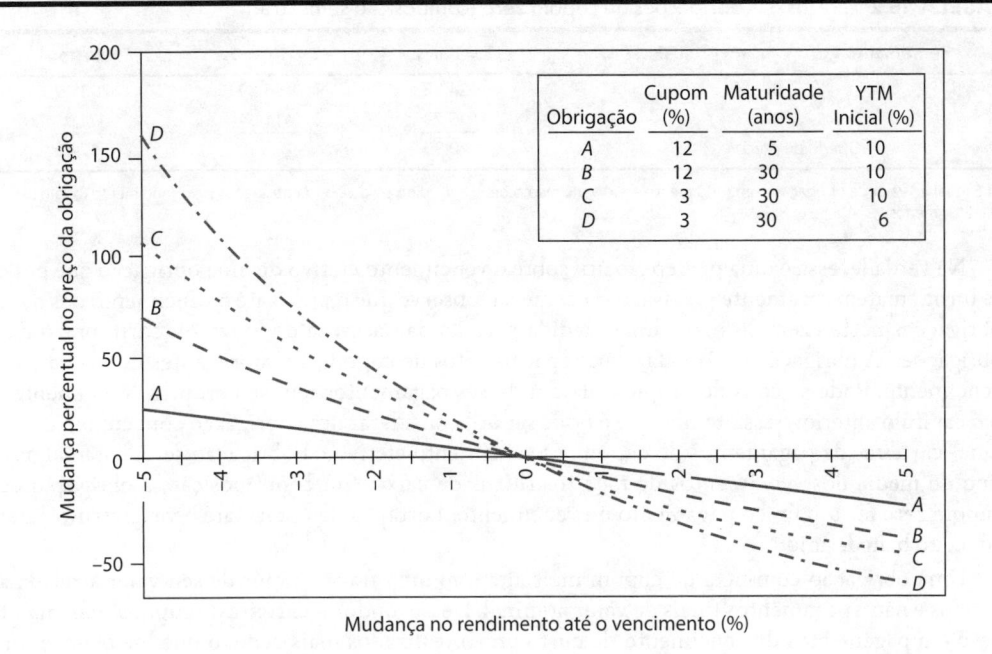

FIGURA 16.1 Mudança no preço da obrigação como função da mudança no rendimento até o vencimento

Obrigação	Cupom (%)	Maturidade (anos)	YTM Inicial (%)
A	12	5	10
B	12	30	10
C	3	30	10
D	3	30	6

B e *C* na Figura 16.1 têm o mesmo vencimento, mas o preço da obrigação de cupom mais alto é menos suscetível a mudanças na taxa de juros. É evidente que não basta saber apenas qual é o vencimento de uma obrigação para quantificar o respectivo risco das taxa de juros.

Para ver por que determinadas características das obrigações, como a taxa de cupom ou o rendimento até o vencimento, afetam a suscetibilidade à taxa de juros, comecemos com um exemplo numérico simples. A Tabela 16.1 apresenta preços para obrigações com cupom semestral de 8% e diferentes rendimentos até o vencimento, *T*. [As taxas de juros são expressas como taxa percentual anual (*annual percentage rate* – APR), o que significa que o verdadeiro rendimento de seis meses é duplicado para obter o rendimento anual declarado.] A obrigação de prazo mais curto tem uma queda de menos de 1% quando a taxa de juros aumenta de 8 para 9%. A obrigação de 10 anos tem uma queda de 6,5% e a de 20 anos, de mais de 9%.

Observemos agora um cálculo parecido utilizando uma obrigação de cupom zero e não uma de cupom de 8%. Os resultados são mostrados na Tabela 16.2. Para vencimentos de mais de um ano, o preço da obrigação de cupom zero tem uma queda proporcionalmente maior do que o preço da obrigação de cupom de 8%. Como sabemos que as obrigações de longo prazo são mais suscetíveis do que as de curto prazo a flutuações na taxa de juros, essa observação indica que, de certa forma, um obrigação de cupom zero deve representar uma obrigação de mais longo prazo do que uma obrigação de cupom com idêntico prazo até o vencimento.

TABELA 16.1 Preços de obrigações com cupom de 8% (cupons pagos semestralmente)

Rendimento até o vencimento (APR) (%)	T = 1 ano	T = 10 anos	T = 20 anos
8	1.000,00	1.000,00	1.000,00
9	990,64	934,96	907,99
Queda de preço (%)*	0,94	6,50	9,20

* É igual ao valor da obrigação com rendimento até o vencimento de 9% dividido pelo valor da obrigação pelo rendimento (original) de 8%, menos 1.

---

[1] Burton G. Malkiel, "Expectations, Bond Prices, and the Term Structure of Interest Rates", *Quarterly Journal of Economics*, 76, maio de 1962, pp. 197–218.

[2] Sidney Homer e Martin L. Liebowitz, *Inside the Yield Book: New Tools for Bond Market Strategy* (Englewood Cliffs, NJ: Prentice Hall, 1972).

TABELA 16.2 Preços das obrigações de cupom zero (composição semestral)

Rendimento até o vencimento (APR) (%)	T = 1 ano	T = 10 anos	T = 20 anos
8	924,56	456,39	208,29
9	915,73	414,64	171,93
Queda de preço (%)*	0,96	9,15	17,46

* É igual ao valor da obrigação com rendimento até o vencimento de 9% dividido pelo valor da obrigação pelo rendimento (original) de 8%, menos 1.

Na verdade, essa é uma percepção útil sobre o vencimento efetivo de uma obrigação que pode se tornar matematicamente precisa. Para começar, observe que o prazo até o vencimento das duas obrigações neste exemplo não é uma medida perfeita da natureza de longo ou curto prazo das obrigações. A obrigação de 20% faz vários pagamentos de cupom, a maioria antes de sua data de vencimento. Pode-se considerar que cada um desses pagamentos tem seu próprio "vencimento". No capítulo anterior, ressaltamos que é pode ser útil considerar uma obrigação com cupom como uma "carteira" de pagamentos de cupom. O vencimento efetivo da obrigação seria então algum tipo de média dos vencimentos de *todos* os fluxos de caixa. Em contraposição, a obrigação de cupom zero faz um único pagamento no vencimento. Portanto, seu prazo até o vencimento é um conceito bem definido.

Uma obrigação com taxa de cupom mais alta tem uma fração maior de seu valor atrelada a cupons e não a pagamentos finais de valor nominal. Desse modo, a "carteira de cupons" tem maior peso em pagamentos de vencimento de curto prazo realizados mais cedo, o que lhe oferece um "vencimento efetivo" inferior. Esse fato explica a quinta regra de Malkiel, de que a suscetibilidade de preço diminui com a taxa de cupom.

Uma lógica semelhante explica nossa sexta regra, de que a suscetibilidade de preço diminui com o rendimento até o vencimento. Um rendimento maior reduz o valor presente de todos os pagamentos da obrigação, mas essa diminuição é ainda maior para pagamentos mais distantes. Portanto, com um rendimento maior, uma fração maior do valor da obrigação deve-se a seus pagamentos anteriores, que têm um vencimento efetivo inferior e menor sensibilidade à taxa de juros. Desse modo, a suscetibilidade geral do preço da obrigação a mudanças nos rendimentos é menor.

Duração

Para lidar com a ambiguidade do "vencimento" de uma obrigação que faz muitos pagamentos, precisamos de uma medida do vencimento médio dos fluxos de caixa prometidos dessa obrigação. Seria também desejável utilizar essa medida de vencimento efetivo como orientação para a suscetibilidade de uma obrigação a mudanças na taxa de juros porque observamos que a suscetibilidade de preço tende a aumentar com o prazo até o vencimento.

Frederick Macaulay[3] chamou o conceito de vencimento efetivo de *duração* da obrigação. A **duração de Macaulay** é igual à média ponderada dos prazos até cada pagamento de cupom ou do principal. O peso associado a cada prazo de pagamento deve estar claramente relacionado com a "importância" desse pagamento para o valor da obrigação. Na verdade, o peso aplicado a cada prazo de pagamento é a proporção do valor total da obrigação responsável por esse pagamento, isto é, o valor presente do pagamento dividido pelo preço da obrigação.

Definimos o peso, w_t, associado com o fluxo de caixa (*cash flow* – CF) ocorrido no tempo t (indicado por CF_t) como:

$$w_t = \frac{CF_t/(1+y)^t}{\text{Preço da obrigação}}$$

onde y é o rendimento até o vencimento da obrigação. O numerador do lado direito da equação é o valor presente do fluxo de caixa ocorrido no prazo t, enquanto o denominador é o valor de todos os pagamentos provenientes da obrigação. Esses pesos somam 1,0 porque a soma dos fluxos de caixa descontados pelo rendimento até o vencimento é igual ao preço da obrigação.

---

[3] Frederick Macaulay, *Some Theoretical Problems Suggested by the Movements of Interest Rates, Bond Yields, and Stock Prices in the United States since 1856* (Nova York: Escritório Nacional de Pesquisa Econômica, 1938).

16 • Gestão de carteiras de obrigações

Utilizando esses valores para calcular a média ponderada dos prazos até o recebimento de cada um dos pagamentos da obrigação, obtemos a fórmula de Macaulay para duração:

$$D = \sum_{t=1}^{T} t \times w_t \qquad (16.1)$$

Para exemplificar a aplicação da Equação 16.1, deduzimos na Planilha 16.1 a duração das obrigações de cupom zero e cupom de 8%, todas com dois anos até o vencimento. Supomos que o rendimento até o vencimento sobre cada obrigação seja 10% ou 5% por semestre. O valor presente de cada pagamento é descontado em 5% por período para o número de períodos (semestrais) mostrado na coluna B. O peso associado com cada prazo de pagamento (coluna F) é o valor presente do pagamento para esse período (coluna E) dividido pelo preço da obrigação (a soma dos valores presentes na coluna E).

Os números na coluna G são os produtos do prazo até o pagamento e o peso do pagamento. Cada um desses produtos corresponde a um dos termos da Equação 16.1. De acordo com essa equação, podemos calcular a duração de cada obrigação acrescentando os números na coluna G.

PLANILHA 16.1 Cálculo da duração de duas obrigações

	A	B	C	D	E	F	G
1			Prazo até o pagamento (anos)		PV do CF taxa de desconto = 5% por período)		Coluna (C) vezes coluna (F)
2							
3		Período		Fluxo de caixa		Peso*	
4	A. Obrigação com cupom de 8%	1	0,5	40	38,095	0,0395	0,0197
5		2	1,0	40	36,281	0,0376	0,0376
6		3	1,5	40	34,554	0,0358	0,0537
7		4	2,0	1040	855,611	0,8871	1,7741
8	Soma:				964,540	1,0000	1,8852
9							
10	B. Cupom zero	1	0,5	0	0,000	0,0000	0,0000
11		2	1,0	0	0,000	0,0000	0,0000
12		3	1,5	0	0,000	0,0000	0,0000
13		4	2,0	1000	822,702	1,0000	2,0000
14	Soma:				822,702	1,0000	2,0000
15							
16	Taxa de juros semestral:	0,05					
17							
18	* Peso = Valor presente de cada pagamento (coluna E) dividido pelo preço da obrigação.						

A soma das colunas está sujeita a erros de arredondamento.

PLANILHA 16.2 Fórmulas de planilha para calcular a duração

	A	B	C	D	E	F	G
1			Prazo até o pagamento (anos)		PV do CF (taxa de desconto = 5% por período)		Coluna (C) vezes coluna (F)
2							
3		Período		Fluxo de caixa		Peso	
4	A. Obrigação com cupom de 8%	1	0,5	40	=D4/(1+$B$16)^B4	=E4/E$8	=F4*C4
5		2	1	40	=D5/(1+$B$16)^B5	=E5/E$8	=F5*C5
6		3	1,5	40	=D6/(1+$B$16)^B6	=E6/E$8	=F6*C6
7		4	2	1040	=D7/(1+$B$16)^B7	=E7/E$8	=F7*C7
8	Soma:				=SOMA(E4:E7)	=SOMA(F4:F7)	=SOMA(G4:G7)
9							
10	B. Cupom zero	1	0,5	0	=D10/(1+$B$16)^B10	=E10/E$14	=F10*C10
11		2	1	0	=D11/(1+$B$16)^B11	=E11/E$14	=F11*C11
12		3	1,5	0	=D12/(1+$B$16)^B12	=E12/E$14	=F12*C12
13		4	2	1000	=D13/(1+$B$16)^B13	=E13/E$14	=F13*C13
14	Soma:				=SOMA(E10:E13)	=SOMA(F10:F13)	=SOMA(G10:G13)
15							
16	Taxa de juros semestral:	0,05					

A duração da obrigação de cupom zero é exatamente igual a seu prazo de vencimento – dois anos. Isso faz sentido porque, com apenas um pagamento, o prazo médio até o pagamento deve ser o vencimento da obrigação. Entretanto, a obrigação com cupom de dois anos tem uma duração menor de 1,8852 anos.

A Planilha 16.2 mostra as fórmulas de planilha utilizadas para gerar as entradas da Planilha 16.1. Os dados de entrada na planilha – especificando os fluxos de caixa que a obrigação pagará – encontram-se nas colunas B e D. Na coluna E, calculamos o valor presente de cada fluxo de caixa utilizando o rendimento até o vencimento presumido; na coluna F, calculamos os pesos para a Equação 16.1; e, na coluna G, calculamos o produto do prazo até o pagamento e o peso do pagamento. Cada um desses termos corresponde a um dos valores somados na Equação 16.1. Portanto, a soma realizada nas células G8 e G14 é a duração de cada obrigação. Utilizando a planilha, você pode responder facilmente a várias perguntas do tipo "o que ocorrerá se", como a da "Revisão de Conceitos 16.1".

> **REVISÃO DE CONCEITOS 16.1**
>
> Suponhamos que a taxa de juros diminua para 9%, tal como uma taxa percentual anual. O que ocorrerá com o preço e a duração das duas obrigações na Planilha 16.1?

A duração é um conceito fundamental na gestão de carteiras de renda fixa pelo menos por três motivos. Primeiro, tal como salientamos, é uma estatística resumida simples do vencimento médio efetivo da carteira. Segundo, é uma ferramenta essencial para a imunização de carteiras contra o risco da taxa de juros. Examinaremos essa aplicação na Seção 16.3. Terceiro, a duração é uma medida da suscetibilidade à taxa de juros de uma carteira, que é o que investigamos aqui.

Já observamos que a suscetibilidade de preço de uma obrigação a mudanças na taxa de juros geralmente aumenta com o vencimento. A duração nos permite quantificar essa relação. Especificamente, é possível demonstrar que, quando as taxas de juros mudam, a mudança proporcional no preço de uma obrigação pode estar relacionada à mudança em seu rendimento até o vencimento, y, de acordo com a regra

$$\frac{\Delta P}{P} = -D \times \left[\frac{\Delta(1+y)}{1+y}\right] \tag{16.2}$$

A mudança proporcional de preço é igual à mudança proporcional em 1 mais o rendimento da obrigação vezes a duração da obrigação.

Os profissionais da área normalmente utilizam a Equação 16.2 de uma forma um pouco diferente. Eles definem a duração modificada como $D^* = D/(1+y)$, observam que $\Delta(1+y) = \Delta y$ e reescrevem a Equação 16.2 como

$$\frac{\Delta P}{P} = -D^* \Delta y \tag{16.3}$$

A mudança percentual no preço da obrigação é apenas o produto da duração modificada e da mudança no rendimento até o vencimento da obrigação. Como a mudança percentual no preço da obrigação é proporcional à duração modificada, esta última é uma medida natural da exposição da obrigação a mudanças nas taxas de juros. Na verdade, como veremos a seguir, a Equação 16.2, ou equivalentemente a Equação 16.3, é apenas aproximadamente válida para grandes mudanças no rendimento de uma obrigação. A aproximação torna-se exata quando consideramos mudanças menores, ou localizadas, nos rendimentos.[4]

---

[4] Os estudantes de cálculo reconhecerão que a duração modificada é proporcional à derivada do preço da obrigação com respeito a mudanças no rendimento da obrigação. Para pequenas mudanças no rendimento, a Equação 16.3 por ser reexpressa como

$$D^* = -\frac{1}{P} \frac{dP/dy}{P/dy}$$

Como tal, ela oferece uma medida da inclinação da curva de preço apenas na região do preço atual. Na verdade, a Equação 16.3 pode ser deduzida por meio da diferenciação da seguinte equação de determinação de preço de obrigações com respeito a y:

$$P = \sum_{t=1}^{T} \frac{CF_t}{(1+y)^t}$$

onde CFt é o fluxo de caixa pago ao obrigacionista na data t; CFt representa um pagamento de cupom antes do vencimento ou um cupom final mais o valor nominal na data de vencimento.

EXEMPLO 16.1 || Duração e risco da taxa de juros

Considere a obrigação com vencimento em dois anos e cupom de 8%, na Planilha 16.1, que faz pagamentos de cupom semestrais e está sendo vendida pelo preço de US$ 964,540, por um rendimento até o vencimento de 10%. A duração dessa obrigação é 1,8852 ano. A título de comparação, consideraremos também uma obrigação de cupom zero com vencimento e *duração* de 1,8852 ano. Tal como constatamos na Planilha 16.1, como a obrigação com cupom realiza pagamentos semestrais, é melhor tratar um "período" como semestral. Portanto, a duração de cada obrigação é 1,8852 × 2 = 3,7704 períodos (semestrais), com taxa de juros por período de 5%. Desse modo, a duração modificada de cada obrigação é 3,7704/1,05 = 3,591 períodos.

Suponhamos que a taxa de juros semestral aumente de 5 para 5,01%. De acordo com a Equação 16.3, o preço das obrigações deve ter uma queda de

$$\Delta P/P = -D^*\Delta y = -3,591 \times 0,01\% = -0,03591\%$$

Agora calcule diretamente a mudança de preço de cada obrigação. A obrigação com cupom, que inicialmente é vendida por US$ 964,540, cai para US$ 964,1942 quando seu rendimento aumenta para 5,01%, que corresponde a um declínio percentual de 0,0359%. A obrigação de cupom zero inicialmente é vendida por US$ $1.000/1,05^{3,7704}$ = 831,9704. Por um rendimento mais alto, ela é vendida por US$ $1.000/1,0501^{3,7704}$ = 831,6717. Esse preço também cai 0,0359%.

Concluímos que as obrigações com duração igual na verdade têm uma sensibilidade igual à taxa de juros e que (pelo menos em relação a pequenas mudanças nos rendimentos) a mudança percentual de preço é a duração modificada vezes a mudança no rendimento.[5]

O que determina a duração?

As relações de Malkiel na determinação de preço das obrigações, que expusemos na seção anterior, caracterizam os fatores determinantes da suscetibilidade à taxa de juros. A duração nos permite quantificar a suscetibilidade. Por exemplo, se desejarmos especular sobre as taxas de juros, a duração nos indicará que força terá nossa aposta. Em contraposição, se desejarmos permanecer "neutros" quanto às taxas e simplesmente equipararmos a suscetibilidade à taxa de juros de um determinado índice de mercado de obrigações, a duração nos permitirá medir essa suscetibilidade e reproduzi-la em nossa própria carteira. Por esses motivos, é essencial entender os determinantes da duração. Portanto, nesta seção, apresentaremos várias "regras" que resumem a maioria das propriedades fundamentais da duração. Essas regras também estão mostradas na Figura 16.2, que exibe graficamente a duração das obrigações com várias taxas de cupom, rendimentos até o vencimento e prazos até o vencimento.

> ### REVISÃO DE CONCEITOS 16.2
>
> a. Na "Revisão de Conceitos 16.1", você calculou o preço e a duração de uma obrigação com cupom de 8% e vencimento em dois anos, que faz pagamentos de cupom semestrais quando a taxa de juros de mercado é de 9%. Agora, suponha que a taxa de juros aumente para 9,05%. Calcule o novo valor da obrigação e a mudança percentual em seu preço.
>
> b. Calcule a mudança percentual no preço da obrigação prevista pela fórmula de duração da Equação 16.2 ou 16.3. Compare esse valor com sua resposta em (a).

Já estabelecemos que:

Primeira regra de duração A duração de uma obrigação de cupom zero é igual ao seu prazo até o vencimento.

Também já vimos que uma obrigação com cupom tem uma duração inferior à de uma obrigação de cupom zero com o mesmo vencimento porque, quando existem cupons já no início da vida de uma obrigação, eles diminuem o prazo médio ponderado da obrigação até a ocorrência dos pagamentos. Isso evidencia outra propriedade geral:

Segunda regra de duração Mantendo o vencimento constante, a duração de uma obrigação é inferior quando a taxa de cupom é superior.

---

[5] Observe outra implicação do Exemplo 16.1: com base no exemplo, vemos que, quando a obrigação realiza pagamento semestralmente, é conveniente tratar cada período de pagamento como semianual. Isso implica que, quando calculamos a duração modificada, dividimos a duração de Macaulay por (1 + Rendimento até o vencimento semianual). É mais comum expressar esse divisor como (1 + Rendimento equivalente da obrigação/2). De modo geral, quando uma obrigação tem de fazer n pagamentos por ano, a duração modificada é relacionada com a duração de Macaulay por $D^* = D/(1 + y_{BEY}/n)$.

Essa propriedade corresponde à quinta relação Malkiel e é atribuível ao impacto dos pagamentos de cupom iniciais sobre o vencimento médio ponderado dos pagamentos de uma obrigação. Quanto mais altos esses cupons, mais altos os pesos sobre os pagamentos iniciais e menor o vencimento médio ponderado dos pagamentos. Em outras palavras, uma fração maior do valor total da obrigação está amarrada aos pagamentos (iniciais) de cupom cujos valores são relativamente insensíveis aos rendimentos, e não ao reembolso (posterior e mais suscetível ao rendimento) do valor nominal. Compare as linhas de duração das obrigações de cupom de 3 e de 15% na Figura 16.2, ambas com um rendimento idêntico de 15%. A linha de duração da obrigação de cupom de 15% está abaixo da linha correspondente da obrigação de cupom de 3%.

Terceira regra de duração Mantendo a taxa de cupom constante, a duração de uma obrigação aumenta com o prazo até o vencimento. A duração sempre aumenta com o vencimento para obrigações que estão sendo vendidas pelo valor nominal ou com um prêmio sobre o valor nominal.

Essa propriedade de duração corresponde à terceira relação de Malkiel e é relativamente intuitiva. O que surpreende é que a duração nem sempre precisa aumentar com o prazo até o vencimento. Ao que se revela, para algumas obrigações com grandes descontos (como a obrigação de cupom de 3% na Figura 16.2), com o tempo a duração pode cair com aumentos no vencimento. Contudo, para praticamente todas as obrigações negociadas, pode-se afirmar com segurança que a duração aumenta com o vencimento.

Observe na Figura 16.2 que, para a obrigação de cupom zero, o vencimento e a duração são iguais. Porém, para todas as obrigações de cupom, a duração aumenta menos de um ano para cada ano de aumento no vencimento. A inclinação no gráfico de duração é inferior a 1,0.

Embora as obrigações com vencimento a longo prazo geralmente sejam obrigações de longa duração, a duração é a melhor medida da natureza de longo prazo da obrigação porque também leva em conta os pagamentos de cupom. O prazo até vencimento é uma estatística adequada apenas quando a obrigação não paga nenhum cupom; nesse caso, o vencimento e a duração são iguais.

Observe também na Figura 16.2 que a duração das duas obrigações de cupom de 15% é diferente quando elas são vendidas com diferentes rendimentos até o vencimento. A obrigação de rendimento inferior tem maior duração. Isso faz sentido porque, quando o rendimento é menor, o valor presente dos pagamentos mais distantes feitos pela obrigação é relativamente maior e, portanto, esses pagamentos respondem por uma porção maior do valor total da obrigação. Desse modo, no cálculo da média ponderada da duração, os pagamentos mais distantes recebem pesos maiores, e isso resulta em uma medida de duração mais alta. Isso estabelece a Regra 4:

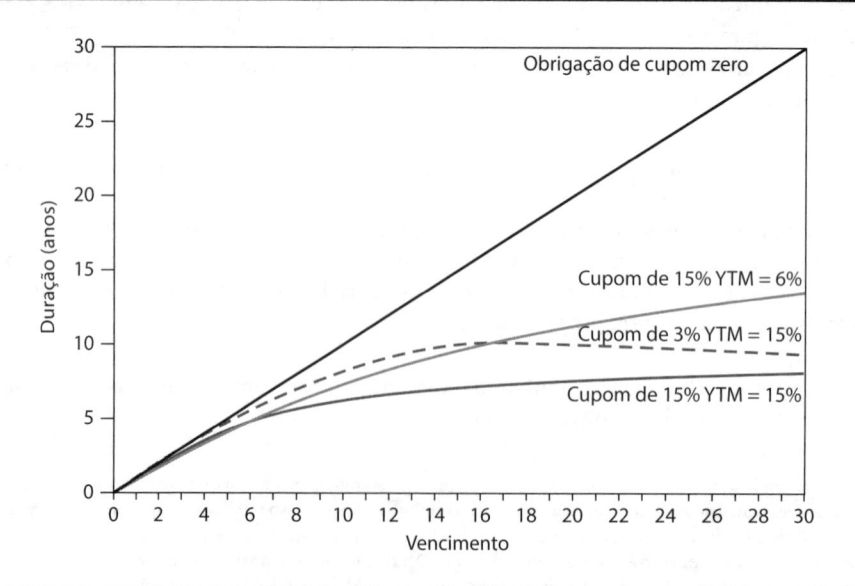

FIGURA 16.2 Duração *versus* vencimento das obrigações

Quarta regra de duração Mantendo os outros fatores constantes, a duração de uma obrigação com cupom é maior quando seu rendimento até o vencimento é menor.

Como já ressaltamos anteriormente, a intuição para essa propriedade é que, embora um rendimento maior diminua o valor presente de todos os pagamentos da obrigação, ele diminui o valor dos pagamentos mais distantes de uma maneira proporcionalmente maior. Dessa forma, com rendimentos mais elevados, uma fração maior do valor total da obrigação encontra-se nos pagamentos iniciais, o que, por sua vez, reduz o vencimento efetivo. A Regra 4, que é a sexta relação de determinação de preço das obrigações citada anteriormente, aplica-se a obrigações com cupom. Obviamente, para as obrigações de cupom zero, a duração é igual ao vencimento, independentemente do rendimento até o vencimento.

Por último, apresentamos uma fórmula para a duração de uma perpetuidade. Essa regra é deduzida da e compatível com a fórmula de duração dada na Equação 16.1, mas é muito mais fácil de ser utilizada em obrigações de duração ilimitada.

Quinta regra de duração A duração de uma perpetuidade constante é

$$\text{Duração da perpetuidade} = \frac{1+y}{y} \tag{16.4}$$

Por exemplo, com um rendimento de 10%, a duração da perpetuidade que paga infinitamente US$ 100 por ano é 1,10/0,10 = 11 anos, enquanto com um rendimento de 8% é 1,08/0,08 = 13,5 anos.

A Equação 16.4 evidencia que o vencimento e a duração podem diferir conside-

> **REVISÃO DE CONCEITOS 16.3**
>
> Demonstre que a duração de uma perpetuidade aumenta à medida que a taxa de juros diminui, de acordo com a Regra 4.

ravelmente. O vencimento da perpetuidade é infinito, enquanto a duração do instrumento com rendimento de 10% é de apenas 11 anos. Os fluxos de caixa ponderados pelo valor presente na parte inicial da vida da perpetuidade predominam no cálculo de duração.

Observe na Figura 16.2 que, à medida que os vencimentos tornam-se mais longos, as durações das duas obrigações com cupom e rendimento de 15% convergem para a duração da perpetuidade com o mesmo rendimento, 7,67 anos.

As equações da duração das obrigações com cupom são até certo ponto tediosas e planilhas como a 16.1 são difíceis de mudar para diferentes vencimentos e taxas de cupom. Além disso, elas presumem que a obrigação está no início de um período de pagamento de cupom. Felizmente, programas de planilha como o Excel já vêm com generalizações para essas equações que podem acomodar obrigações entre datas de pagamento de cupom. A Planilha 16.3 mostra como o Excel é utilizado para calcular a duração. As planilhas utilizam algumas das mesmas convenções empregadas na determinação de preço das obrigações, assunto abordado no Capítulo 14.

PLANILHA 16.3 Utilizando funções do Excel para calcular a duração

	A	B	C
1	Dados de entrada		Fórmula na coluna B
2	Data de liquidação	1º/1/2000	=DATA(1º,1,2000)
3	Data de vencimento	1º/1/2002	=DATA(1º,1,2002)
4	Data de cupom	0,08	0,08
5	Rendimento até o vencimento	0,10	0,10
6	Cupons por ano	2	2
7			
8	Dados de saída		
9	Duração de Macaulay	1,8852	=DURAÇÃO(B2,B3,B4,B5,B6)
10	Duração modificada	1,7955	=DURAÇÃOM(B2,B3,B4,B5,B6)

TABELA 16.3 Duração das obrigações (rendimento até o vencimento = 8% APR; cupons semestrais)

Anos até o vencimento	Taxas de cupom (por ano)			
	6%	8%	10%	12%
1	0,985	0,981	0,976	0,972
5	4,361	4,218	4,095	3,990
10	7,454	7,067	6,772	6,541
20	10,922	10,292	9,870	9,568
Infinito (perpetuidade)	13,000	13,000	13,000	13,000

A data de liquidação (isto é, a data de hoje) e a data de vencimento são inseridas nas células B2 e B3 utilizando a função de data do Excel, DATA (dia, mês, ano). As taxas de cupom e vencimento são inseridas como decimais nas células B4 e B5 e os períodos de pagamento por ano são inseridos na célula B6. A duração de Macaulay e a modificada são exibidas nas células B9 e B10. A planilha confirma que a duração da obrigação que observamos na Planilha 16.1 tem de fato 1,8852 ano. Para essa obrigação com vencimento em dois anos, não temos uma data específica de liquidação. Arbitrariamente, estabeleceremos essa data como 1º de janeiro de 2000 e utilizaremos uma data de vencimento de exatamente dois anos depois.

As durações podem variar muito entre as obrigações negociadas. A Tabela 16.3 apresenta a duração calculada da Planilha 16.3 para várias obrigações. Todas pagam cupons semestrais e rendem 4% por semestre. Observe que a duração diminui à medida que as taxas de cupom sobem e aumenta com o prazo até o vencimento. De acordo com a Tabela 16.3 e a Equação 16.2, se a taxa de juros aumentasse de 8 para 8,1%, o valor da obrigação de 20 anos com cupom de 6% diminuiria em torno de 10,922% × 0,1%/1,04 = 1,05%, enquanto o valor da obrigação de um ano com cupom de 10% diminuiria apenas 0,976 × 0,1%/1,04 = 0,094%.[6] Observe na Tabela 16.3 que a duração independe da taxa de cupom apenas no caso de perpetuidades.

> **REVISÃO DE CONCEITOS 16.4**
>
> Utilize a Planilha 16.3 para testar algumas regras de duração apresentadas algumas páginas atrás. O que acontece quando você muda a taxa de cupom da obrigação? O rendimento até o vencimento? O vencimento? O que acontecerá com a duração se ela pagar cupons anualmente e não semestralmente? Por que intuitivamente a duração é mais curta com cupons semestrais?

16.2 Convexidade

Como medida da sensibilidade da taxa de juros, a duração é sem dúvida uma ferramenta fundamental na gestão de carteiras de renda fixa. No entanto, a regra de duração para o impacto das taxas de juros sobre os preços das obrigações é apenas uma aproximação. A Equação 16.2 ou sua equivalente, a 16.3, que repetimos aqui, estabelece que a mudança percentual no valor de uma obrigação é aproximadamente igual ao produto da duração modificada vezes a mudança no rendimento da obrigação:

$$\frac{\Delta P}{P} = -D^* \Delta y$$

Essa equação postula que a mudança percentual de preço é diretamente proporcional à mudança no rendimento da obrigação. Entretanto, se isso fosse *exatamente* assim, um gráfico da mudança percentual no preço da obrigação como função da mudança no rendimento mostraria uma linha reta, com inclinação igual a $-D^*$. No entanto, a Figura 16.1 evidencia que a relação entre os preços e os rendimentos das obrigações não é linear. A regra de duração é uma boa aproximação para pequenas mudanças no rendimento das obrigações, mas é menos exata para mudanças maiores.

---

[6] Observe que, pelo fato de as obrigações pagarem seus cupons semestralmente, calculamos a duração modificada utilizando o rendimento até o vencimento semianual, 4%, no denominador.

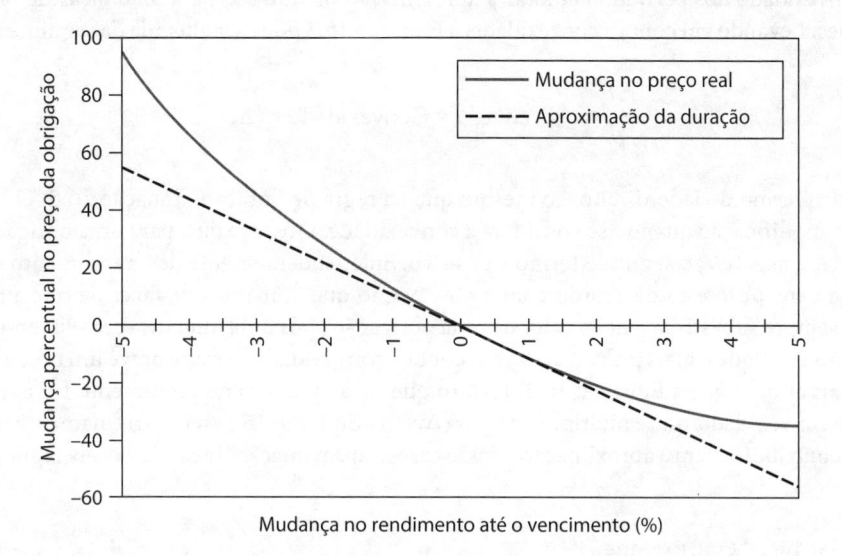

FIGURA 16.3
Convexidade do preço das obrigações: vencimento em 30 anos, cupom de 8%, rendimento até o vencimento inicial = 8%

A Figura 16.3 mostra essa questão. Como a Figura 16.1, essa figura apresenta a mudança percentual no preço da obrigação em resposta à mudança em seu rendimento até o vencimento. A linha curva é a mudança percentual de preço para uma obrigação com vencimento em 30 anos e cupom com pagamento anual de 8%, que está sendo vendida por com um rendimento até o vencimento inicial de 8%. A linha reta é a mudança percentual de preço prevista pela regra de duração. A inclinação da linha reta é a duração modificada da obrigação em seu rendimento até o vencimento inicial. A duração modificada da obrigação em seu rendimento inicial é 11,26 anos. Desse modo, a linha reta é uma representação gráfica de $-D^*\Delta y = -11,26 \times \Delta y$. Observe que as duas linhas são tangentes no rendimento inicial. Portanto, para pequenas mudanças no rendimento até o vencimento da obrigação, a regra de duração é bastante precisa. Contudo, para mudanças maiores no rendimento, existe um "espaço" progressivamente maior entre as duas linhas, demonstrando que a regra de duração torna-se progressivamente menos precisa.

Observe na Figura 16.3 que a aproximação da duração (a linha reta) sempre atenua o valor da obrigação; ela subestima o aumento no preço da obrigação quando o rendimento cai e superestima a queda de preço quando o rendimento aumenta. Isso se deve à curvatura da relação real entre preço e rendimento. As curvas com formato igual ao da relação entre preço-rendimento são chamadas de *convexas* e a curvatura da curva de preço-rendimento é chamada de convexidade da obrigação.

Podemos quantificar a convexidade como a taxa de mudança da inclinação da curva de preço-rendimento, expressa como fração do preço da obrigação.[7] Uma regra prática é considerar que as obrigações com maior convexidade exibem uma curvatura maior na relação de preço-rendimento. A convexidade das obrigações não resgatáveis, como na Figura 16.3, é positiva: a inclinação aumenta (isto é, torna-se menos negativa) em rendimentos mais altos.

---

[7] Ressaltamos na nota de rodapé 4 que a Equação 16.3 da duração modificada pode ser expressa como $dP/P = -D^*dy$. Portanto, $D^* = 1/P \times dP/dy$ é a inclinação da curva de preço-rendimento expressa como uma fração do preço da obrigação. De modo semelhante, a convexidade de uma obrigação é igual à segunda derivada (a taxa de mudança da inclinação) da curva de preço-rendimento dividida pelo preço da obrigação: Convexidade = $1/P \times d^2P/dy^2$. A fórmula para a convexidade de uma obrigação com vencimento de n anos e pagamentos de cupom anuais é:

$$\text{Convexidade} = \frac{1}{P \times (1+y)^2} \sum_{t=1}^{T} \left[\frac{CF_t}{(1+y)^t}\left(t^2 + \right) \right]$$

onde CFt é o fluxo de caixa pago ao obrigacionista na data t; CFt representa um pagamento de cupom antes do vencimento ou um cupom final mais o valor nominal na data de vencimento.

A convexidade nos permite melhorar a aproximação da duração para mudanças de preço nas obrigações. Levando em conta a convexidade, a Equação 16.3 pode ser alterada da seguinte forma:[8]

$$\frac{\Delta P}{P} = -D^*\Delta y + \tfrac{1}{2} \times \text{Convexidade} \times (\Delta y)^2 \qquad (16.5)$$

O primeiro termo do lado direito é o mesmo que na regra de duração, Equação 16.3. O segundo termo é a modificação quando se considera a convexidade. Observe que, para uma obrigação com convexidade negativa, o segundo termo é positivo, independentemente de o rendimento subir ou cair. Essa percepção está de acordo com a observação que acabamos de fazer de que a regra de duração sempre subestima o novo valor de uma obrigação após uma mudança em seu rendimento. A Equação 16.5, que é mais precisa e leva em conta a convexidade, sempre prevê um preço de obrigação mais alto do que a Equação 16.2. É claro que, se a mudança no rendimento for pequena, o termo de convexidade, que é multiplicado por $(\Delta y)^2$ na Equação 16.5, será extremamente pequeno e pouco contribuirá para a aproximação. Nesse caso, a aproximação linear dada pela regra de dura-

---

EXEMPLO 16.2 || Convexidade

A obrigação apresentada na Figura 16.3 vence em 30 anos, tem cupom de 8% e é vendida com um rendimento até o vencimento inicial de 8%. Como a taxa de cupom é igual ao rendimento até o vencimento, a obrigação é vendida pelo valor nominal, ou US$ 1.000. A duração modificada da obrigação em seu rendimento inicial é 11,26 anos e sua convexidade é 212,4, que pode ser confirmada utilizando a fórmula da nota de rodapé 7. (Você encontrará uma planilha para calcular a convexidade de uma obrigação de 30 anos em Conteúdo *Online*, no *site* **www.grupoa.com.br**.) Se o rendimento da obrigação aumentar de 8 para 10%, seu preço cairá para US$ 811,46, uma queda de 18,85%. A regra de duração, Equação 16.2, preveria uma queda de preço de

$$\frac{\Delta P}{P} = -D^*\Delta y = -11{,}26 \times 0{,}02 = -0{,}2252 \text{ ou } -22{,}52\%$$

o que é consideravelmente superior à queda real no preço da obrigação. A regra de duração com convexidade, Equação 16.4, é mais exata:

$$\frac{\Delta P}{P} = -D^*\Delta y + \tfrac{1}{2} \times \text{Convexidade} \times (\Delta y)^2$$
$$= -11{,}26 \times 0{,}02 + \tfrac{1}{2} \times 212{,}4 \times (0{,}02)^2 = -0{,}1827 \text{ ou } -18{,}27\%$$

o que é muito mais próximo da mudança exata no preço da obrigação. (Observe que, quando utilizamos a Equação 16.5, devemos expressar as taxas de juros como decimal e não como porcentagem. A mudança nas taxas de 8 para 10% é representada como $\Delta y = 0{,}02$.)

Se a mudança no rendimento fosse menor, digamos 0,1%, a convexidade não teria tanta importância. O preço da obrigação na verdade cairia para US$ 988,85, uma queda de 1,115%. Sem levar a convexidade em conta, preveríamos uma queda de preço de

$$\frac{\Delta P}{P} = -D^*\Delta y = -11{,}26 \times 0{,}01 = -0{,}1126 \text{ ou } -1{,}126\%$$

Levando em conta a convexidade, obtemos quase que a resposta precisamente correta:

$$\frac{\Delta P}{P} = -11{,}26 \times 0{,}001 + \tfrac{1}{2} \times 212{,}4 \times (0{,}001)^2 = -0{,}01115 \text{ ou } -1{,}115\%$$

No entanto, a regra de duração é bastante precisa nesse caso, mesmo sem levar em conta a convexidade.

---

[8] Para utilizar a regra de convexidade, você deve expressar as taxas de juros como decimal e não como porcentagem.

ção será suficientemente precisa. Desse modo, a convexidade é mais importante em termos práticos quando as mudanças possíveis nas taxas de juros são grandes.

Por que os investidores gostam de convexidade?

Geralmente a convexidade é considerada uma característica desejável. As obrigações com maior curvatura ganham mais em preço quando os rendimentos caem do que quando eles sobem. Por exemplo, na Figura 16.4, as obrigações A e B têm a mesma duração no rendimento inicial. As linhas relativas à mudança proporcional de preço como função da taxa de juros são tangentes, o que significa que a suscetibilidade a mudanças nos rendimentos nesse ponto é igual para ambas. Entretanto, a obrigação A é mais convexa do que a B. Ela apresenta maiores aumentos de preço e menores quedas de preço quando há grande flutuação nas taxas de juros. Se as taxas de juros forem voláteis, essa será uma assimetria desejável que aumentará o retorno esperado sobre a obrigação, visto que a obrigação A se beneficiará mais com as quedas e sofrerá menos com os aumentos nas taxas. É óbvio que, se a convexidade for desejável, ela terá um preço: os investidores terão de pagar preços mais altos e aceitar rendimentos até o vencimento mais baixos sobre as obrigações com maior convexidade.

Duração e convexidade das obrigações resgatáveis

Observe a Figura 16.5, que retrata a curva de preço-rendimento de uma obrigação resgatável. Quando as taxas de juros são altas, a curva é convexa, como seria para uma obrigação não conversível. Por exemplo, por uma taxa de juros de 10%, a curva de preço-rendimento fica abaixo da linha tangencial. Porém, à medida que as taxas caem, há um teto para o preço possível: a obrigação não pode ter um valor superior ao seu preço de resgate. Portanto, quando as taxas caem, algumas vezes dizemos que a obrigação está sujeita à compressão de preço – seu valor é "comprimido" ao preço de resgate. Nessa região – por exemplo, por uma taxa de juros de 5% –, a curva de preço-rendimento fica *abaixo* da linha tangencial, caso em que se diz que ela tem *convexidade negativa*.[9]

Observe que, na região de convexidade negativa, a curva de preço-rendimento exibe uma assimetria *não atraente*. O aumento nas taxas de juros provoca um declínio de preço superior ao ganho de preço correspondente a uma queda na taxa de juros de igual magnitude. A assimetria surge do fato de o emissor da obrigação ter retido uma opção para resgatar a obrigação. Se as taxas subirem, o obrigacionista perderá, tal como ocorreria com uma obrigação não conversível. Contudo, se as taxas caírem, em vez de colher um alto ganho de capital, talvez o investidor seja obrigado a entregar a obriga-

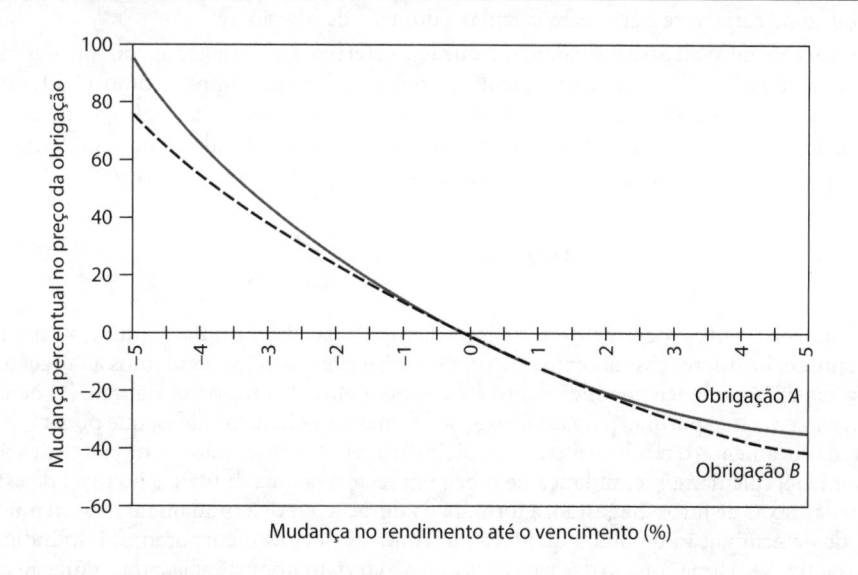

FIGURA 16.4 Convexidade de duas obrigações

---

[9] Se você já tiver feito algum curso de cálculo, reconhecerá que a curva é *côncava* nessa região. Entretanto, em vez de afirmar que essas obrigações exibem concavidade, os negociadores de obrigações preferem a terminologia "convexidade negativa".

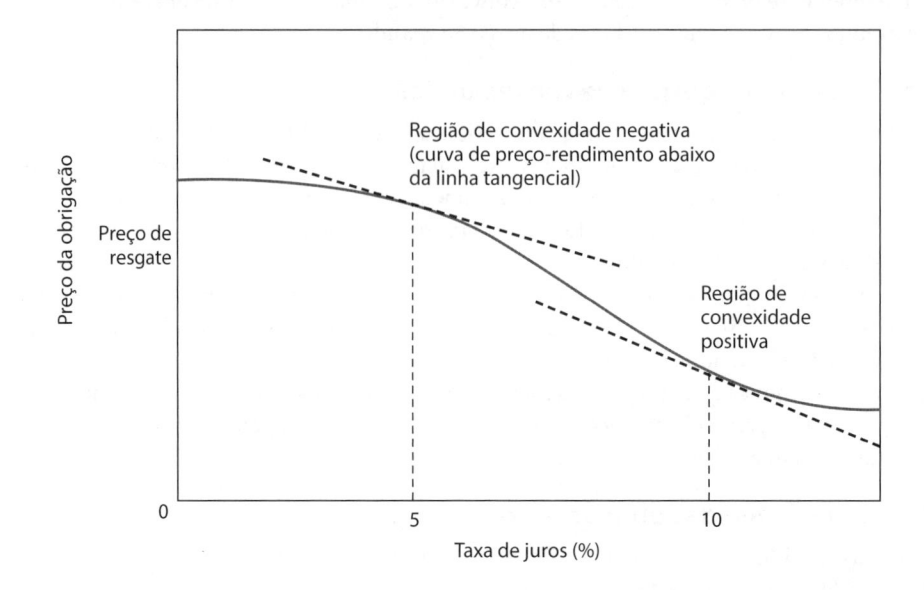

FIGURA 16.5
Curva de preço-rendimento de uma obrigação resgatável

ção. Desse modo, o obrigacionista fica na posição "se der cara eu perco, se der coroa eu não ganho". É óbvio que ele foi compensado por essa situação não atraente quando comprou a obrigação. As obrigações resgatáveis são vendidas por preços iniciais mais baixos (rendimentos iniciais mais altos) do que obrigações não conversíveis comparáveis em outros aspectos.

O efeito da convexidade negativa é evidenciado na Equação 16.5. Quando a convexidade é negativa, o segundo termo do lado direito é necessariamente negativo, o que significa que o desempenho do preço da obrigação será pior do que aquele que seria previsto pela aproximação da duração. Entretanto, as obrigações resgatáveis ou, mais genericamente, as obrigações com "opções incorporadas", são difíceis de analisar nos termos da duração de Macaulay. Isso ocorre porque, na presença dessas opções, os futuros fluxos de caixa oferecidos pelas obrigações deixam de ser conhecidos. Se a obrigação puder ser resgatada, por exemplo, seu fluxo de caixa pode ser interrompido e seu principal reembolsado antes do que foi inicialmente previsto. Pelo fato de o fluxo de caixa ser aleatório, dificilmente conseguimos uma média ponderada dos prazos até cada fluxo de caixa futuro, tal como seria necessário para calcular a duração de Macaulay.

A convenção em Wall Street é calcular a **duração efetiva** das obrigações com opções incorporadas. A duração efetiva não pode ser calculada com uma fórmula simples como a 16.1, que exige fluxos de caixa conhecidos. Em vez disso, são utilizadas abordagens de avaliação de obrigações mais complexas para opções incorporadas, e a duração efetiva é definida como a mudança proporcional no preço da obrigação por mudança unitária nas taxas de juros do mercado:

$$\text{Duração efetiva} = -\frac{\Delta P/P}{\Delta r} \qquad (16.6)$$

Essa equação *parece* meramente uma leve manipulação da fórmula de duração modificada 16.3. Contudo, há diferenças marcantes. Primeiro, observe que não calculamos a duração efetiva em relação a uma mudança no rendimento até o vencimento da própria obrigação. (O denominador é Δr, não Δy.) Isso porque, para as obrigações com opções incorporadas, que podem ser resgatadas prematuramente, o rendimento até o vencimento muitas vezes não é uma estatística relevante. Na verdade, calculamos a mudança de preço em relação a uma mudança no nível da estrutura de prazo das taxas de juros. Segundo, a fórmula da duração efetiva fundamenta-se em uma metodologia de determinação de preço que leva em conta as opções incorporadas. Isso indica que a duração efetiva será uma função das variáveis que não teriam importância para a duração convencional – por exemplo, a volatilidade das taxas de juros. Em contraposição, a duração modificada ou de Macaulay pode ser calculada diretamente dos fluxos de caixa prometidos da obrigação e do rendimento até o vencimento.

> **EXEMPLO 16.3 || Duração efetiva**
>
> Suponhamos que uma obrigação resgatável com preço de resgate de US$ 1.050 está sendo vendida hoje por US$ 980. Se a curva de rendimento subir 0,5%, o preço da obrigação cairá para US$ 930. Se a curva de rendimento descer 0,5%, o preço da obrigação subirá para US$ 1,010. Para calcular a duração efetiva, calculamos:
>
> Δr = Elevação presumida nas taxas – Queda presumida nas taxas
> = 0,5% – (–0,5%) = 1% = 0,01
> ΔP = Preço com 0,5% de aumento nas taxas – Preço com 0,5% de queda nas taxas
> = US$ 930 – US$ 1.010 = –US$ 80
>
> Portanto, a duração efetiva da obrigação é
>
> $$\text{Duração efetiva} = -\frac{\Delta P/P}{\Delta r} = -\frac{-US\$\ 80/US\$\ 980}{0,01} = 8,16 \text{ anos}$$
>
> Em outras palavras, o preço da obrigação muda 8,16% a cada 1 ponto percentual de oscilação nas taxas em torno dos valores atuais.

Duração e convexidade dos títulos garantidos por hipotecas

Na prática, o maior mercado para o qual as cláusulas de resgate são importantes é o mercado de títulos garantidos por hipotecas. Nos últimos anos, as empresas têm estado menos aptas a emitir obrigações com cláusulas de resgate e o número de obrigações corporativas resgatáveis tem diminuído continuamente. Em contraposição, o mercado garantido por hipotecas cresceu rapidamente nas últimas duas décadas, pelo menos até a crise financeira. Entretanto, mesmo em 2012, a Fannie Mae e Freddie Mac emitiram juntas mais de US$ 1 trilhão em novos títulos garantidos por hipotecas.

> **REVISÃO DE CONCEITOS 16.5**
>
> Qual a diferença entre duração de Macaulay, duração modificada e duração efetiva?

Tal como descrito no Capítulo 1, os concessores que originam os empréstimos hipotecários normalmente os vendem para agências federais como a Associação Hipotecária Federal (Federal National Mortgage Association – FNMA – ou Fannie Mae) ou a Corporação Federal de Hipotecas Residenciais (Federal Home Loan Mortgage Corporation – FHLMC – ou Freddie Mac). Os tomadores de empréstimo originais (os proprietários residenciais) continuam fazendo seus pagamentos mensais aos concessores, mas estes repassam os pagamentos para a agência que comprou o empréstimo. As agências, por sua vez, podem associar várias hipotecas em um *pool* denominado título garantido por hipoteca e depois vendê-lo no mercado de renda fixa. Esses títulos são chamados de *pass-through* porque os fluxos de caixa dos tomadores de empréstimo são primeiro repassados à agência (Fannie Mae ou Freddie Mac) e depois para o comprador final do título garantido por hipoteca.

A título de exemplo, suponhamos que 10 hipotecas de 30 anos, cada uma com valor principal de US$ 100 mil, sejam agrupadas em um *pool* de US$ 1 milhão. Se a taxa hipotecária for 8%, o pagamento mensal de cada empréstimo será US$ 733,76. (O componente de juros do primeiro pagamento é 0,08 × 1/12 × US$ 100.000 = US$ 666,67; o valor restante de US$ 67,09 é "amortização" ou reembolso programado do principal. Em períodos posteriores, em que o saldo do principal é menor, uma porção menor dos pagamentos mensais vai para os juros e uma porção maior para a amortização.) O proprietário do título garantido por hipoteca receberia US$ 7.337,60, o pagamento total das 10 hipotecas no *pool*.[10]

Contudo, lembre-se de que o proprietário do imóvel tem direito a pagar o empréstimo antecipadamente quando desejar. Por exemplo, se as taxas hipotecárias baixarem, o proprietário do imóvel pode muito bem decidir tomar um novo empréstimo por uma taxa menor, utilizando os rendimentos para pagar o empréstimo original. É óbvio que o direito de pagar o empréstimo antecipadamente é precisamente análogo ao direito de refinanciar uma obrigação resgatável. O preço de resgate da hipoteca é simplesmente o saldo remanescente do principal do empréstimo. Portanto, é mais adequado considerar o título garantido por hipoteca como uma carteira de empréstimos de amortização *resgatáveis*.

---

[10] Na verdade, a instituição financeira que continua servindo à dívida e à agência de *pass-through* que garante cada empréstimo retém uma porção do pagamento mensal como taxa por seus serviços. Portanto, o pagamento mensal recebido pelo investidor é um pouco inferior à quantia paga pelo tomador de empréstimo.

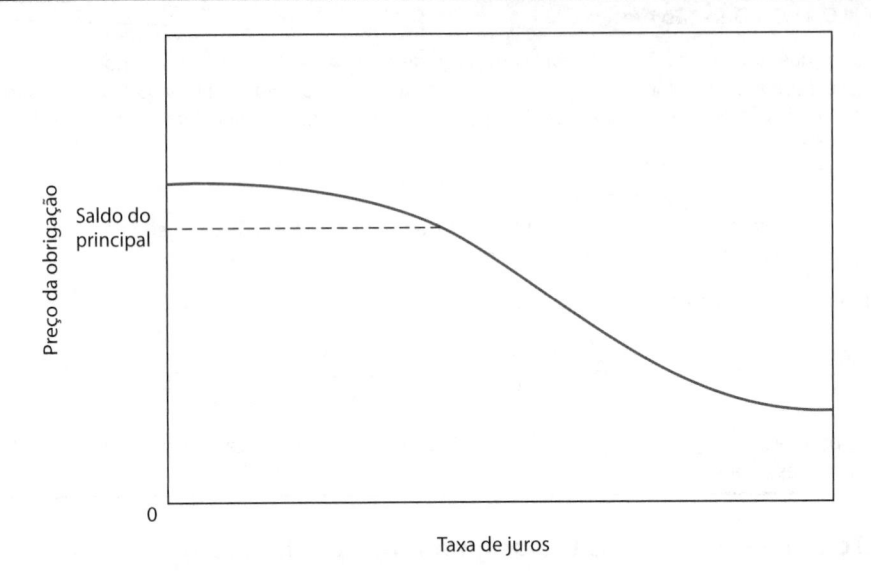

FIGURA 16.6
Curva de preço-rendimento de um título garantido por hipoteca

Os títulos garantidos por hipotecas estão sujeitos à mesma convexidade negativa de outras obrigações resgatáveis. Quando as taxas caem e os proprietários de imóveis pagam seus empréstimos antecipadamente, o reembolso do principal é repassado aos investidores. Em vez obter ganhos de capital sobre seu investimento, eles simplesmente recebem o saldo remanescente do principal do empréstimo. Portanto, o valor do título garantido por hipoteca como função das taxas de juros, apresentado na Figura 16.6, é muito semelhante ao gráfico de uma obrigação resgatável.

Entretanto, há algumas diferenças entre os títulos garantidos por hipotecas e as obrigações corporativas resgatáveis. Por exemplo, normalmente você encontrará títulos garantidos por hipotecas com um preço superior ao respectivo saldo do principal. Isso ocorre porque os proprietários de imóveis não refinanciam seus empréstimos assim que as taxas de juros caem. Alguns proprietários não desejam se expor aos custos ou incômodos de um refinanciamento se o benefício não for suficientemente grande, outros podem optar por não refinanciar se estiverem pretendendo mudar em breve e outros talvez simplesmente sejam ingênuos para tomar a decisão de refinanciar. Portanto, embora o título garantido por hipoteca exiba convexidade negativa quando as taxas são baixas, seu preço de resgate implícito (o saldo do principal do empréstimo) não é o teto da empresa sobre seu valor.

Os títulos simples garantidos por hipotecas também deram origem a um amplo conjunto de derivativos garantidos por hipotecas. Por exemplo, a obrigação de dívida garantida (*collateralized mortgage obligation* – CMO) redireciona ainda mais o fluxo de caixa do título garantido por hipoteca para várias classes de títulos derivativos denominados "*tranches*" (fatias). Essas fatias podem servir para alocar o risco da taxa de juros para os investidores mais propensos a arcar com esse risco.[11]

A tabela a seguir é um exemplo bastante simples de estrutura de CMO. O *pool* de hipotecas subjacente é dividido em três *tranches*, cada uma com um vencimento efetivo diferente e, portanto, uma exposição diferente ao risco da taxa de juros. Suponhamos que o *pool* original tenha US$ 10 milhões em hipotecas com vencimento em 15 anos, todas com taxa de juros de 10,5%, e seja subdividido em três *tranches*, da seguinte forma:

Tranche A = US$ 4 milhões do principal	*Tranche* de "pagamento de curto prazo"
Tranche B = US$ 3 milhões do principal	*Tranche* de "pagamento de médio prazo"
Tranche C = US$ 3 milhões do principal	*Tranche* de "pagamento de longo prazo"

---

[11] No Capítulo 14, examinamos de que forma as obrigações de dívida garantidas ou CDOs utilizavam estruturas de fatia (*tranche*) para realocar o *risco de crédito* entre diferentes classes. O risco de crédito em títulos garantidos por hipotecas patrocinadas por agências na verdade não são uma emissão porque os pagamentos hipotecários são garantidos pela agência e, por enquanto, pelo governo federal; no mercado de CMO, a estrutura de *tranches* é utilizada para alocar o risco da taxa de juros, e não o risco de crédito, entre as classes.

Suponhamos ainda que, todo ano, 8% dos empréstimos pendentes no *pool* sejam pagos antecipadamente. Os fluxos de caixa totais em cada ano para o *pool* de hipotecas completo são dados no Painel A da Figura 16.7. O total de pagamentos diminui 8% anualmente, visto que essa porcentagem dos empréstimos é quitada do *pool* original. A parte mais clara de cada barra representa pagamentos de juros, enquanto as partes mais escuras são pagamentos do principal, incluindo amortização e pagamentos antecipados do empréstimo.

Em cada período, cada *tranche* recebe os juros devidos com base na taxa de cupom prometida e no saldo remanescente do principal. Contudo, inicialmente, *todos* os pagamentos do principal, tanto os pagamentos adiantados quanto as amortizações, vão para a *tranche* A (Figura 16.7, Painel B). Observe nos Painéis C e D que os *tranches* B e C recebem apenas pagamentos de juros até que a *tranche* A seja quitada. Assim que a *tranche* A é totalmente paga, todos os pagamentos do principal vão para a *tranche* B. Finalmente, quando a *tranche* B é quitada, todos os pagamentos do principal vão para a C. Isso torna a *tranche* A uma classe de pagamento de "curto prazo", com a menor duração efetiva, enquanto a *tranche* C tem o prazo de pagamento mais longo. Desse modo, essa é uma forma relativamente simples de alocar o risco da taxa de juros entre *tranches*.

Muitas variações são possíveis e empregadas na prática. Diferentes *tranches* podem receber diferentes taxas de cupom. Algumas podem receber tratamento especial com relação à incerteza sobre o ritmo do pagamento antecipado das hipotecas. Fórmulas complexas podem ser utilizadas para determinar os fluxos de caixa alocados a cada *tranche*. Basicamente, o *pool* de hipotecas é tratado como uma fonte de fluxos de caixa que podem ser realocados para diferentes investidores de acordo com as preferências de diferentes investidores.

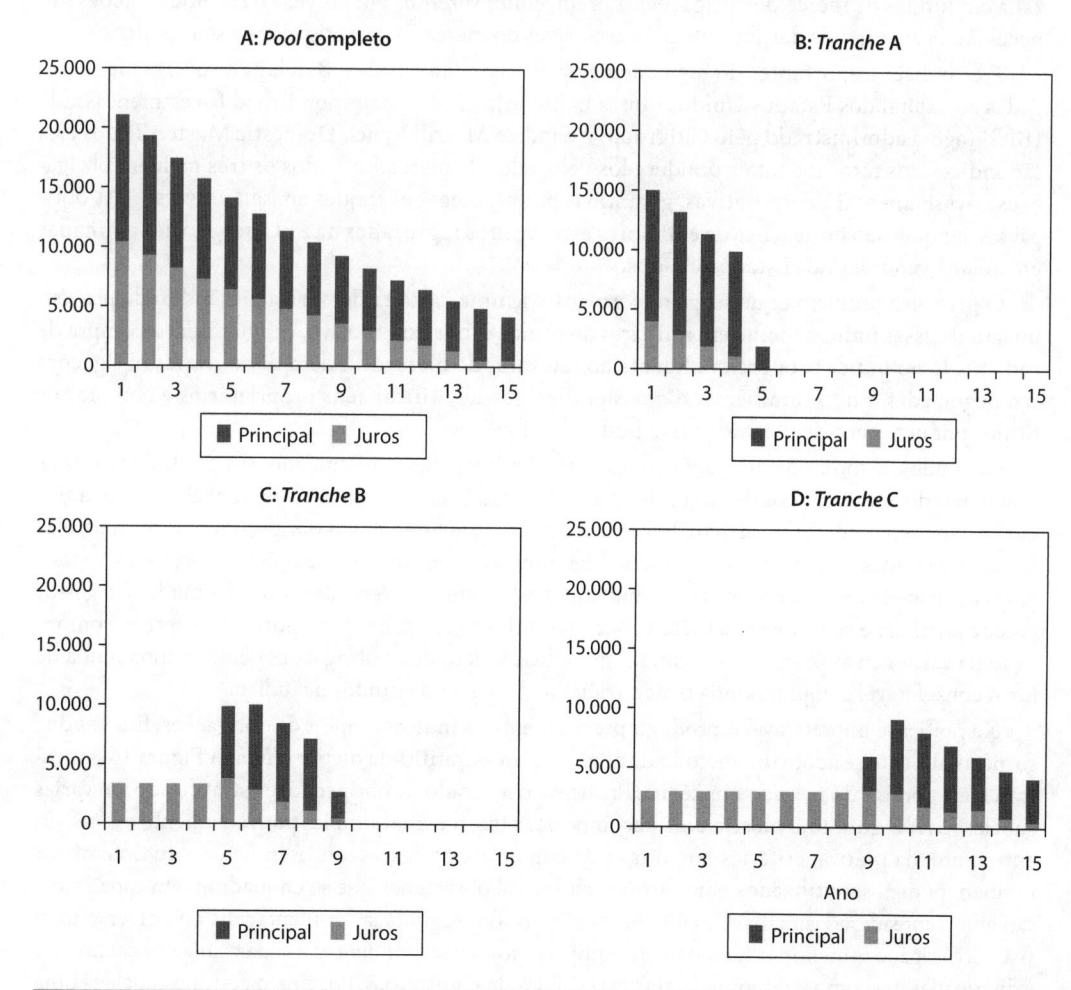

FIGURA 16.7
Painel A: fluxos de caixa do *pool* completo de hipotecas; *Painéis B–D:* fluxos de caixa das *tranches*

16.3 Gestão passiva de obrigações

Para os gestores passivos, os preços das obrigações são estabelecidos de forma relativamente justa, e por isso eles procuram controlar apenas o risco da carteira de renda fixa. Duas amplas classes de gestão passiva são adotadas no mercado de renda fixa. A primeira é a estratégia de indexação que tenta reproduzir o desempenho de determinado índice de obrigação. A segunda classe ampla de estratégias passivas é conhecida como técnica de imunização, que é muito utilizada por instituições financeiras como seguradoras e fundos de pensão e destina-se a proteger a posição financeira da instituição contra exposição a flutuações nas taxas de juros.

Embora as estratégias de indexação e imunização sejam semelhantes no sentido de admitir que os preços de mercado são definidos corretamente, elas são bem diferentes com relação à exposição ao risco. Uma carteira de índice de obrigações terá o mesmo perfil de riscorrecompensa que o índice de mercado ao qual ela está associada. Em contraposição, as estratégias de imunização procuram estabelecer um perfil de risco de praticamente zero, no qual as flutuações nas taxas de juros não têm nenhum impacto sobre o valor da empresa. Analisamos esses dois tipos de estratégia nesta seção.

Fundos de índice de obrigações

Em princípio, a indexação do mercado de obrigações é semelhante à indexação do mercado de ações. A ideia é criar uma carteira que espelhe a composição de um índice que mede o mercado em geral. No mercado acionário dos Estados Unidos, o S&P 500 é o índice mais utilizado para fundos de índice de ações, e esses fundos simplesmente compram as ações de cada empresa no S&P 500 proporcionalmente ao valor de mercado das ações circulantes. Uma estratégia semelhante é utilizada em fundos de índice de obrigações. Porém, como veremos em breve, várias modificações são necessárias em virtude das dificuldades exclusivas do mercado de obrigações e seus índices.

Três índices importantes do mercado de obrigações são o índice Barclays de obrigações agregadas ao capital dos Estados Unidos (antes Lehman), o índice Salomon Broad Investment Grade (BIG) (agora administrado pelo Citigroup) e o índice Merrill Lynch Domestic Master. Todos eles são índices dos retornos totais ponderados pelo valor de mercado. Todos os três incluem obrigações governamentais, corporativas, garantidas por hipotecas e ianques em seu universo. (As obrigações ianques são obrigações de emissores estrangeiros registradas na SEC que são denominadas em dólar e vendidas nos Estados Unidos.)

O primeiro problema que surge na formação de uma carteira de obrigações indexada provém do fato de esses índices incluírem milhares de títulos e, por esse motivo, dificultarem a compra de cada título no índice proporcionalmente ao seu valor de mercado. Além disso, várias obrigações são negociadas muito raramente, o que significa que identificar seus proprietários e comprar os títulos por um preço de mercado justo pode ser difícil.

Os fundos de índice de obrigações enfrentam também maior dificuldade para contrabalançar os problemas do que os fundos de índice de ações. As obrigações são continuamente excluídas do índice quando seu vencimento fica abaixo de 1 ano. Além disso, quando novas obrigações são emitidas, elas são acrescentadas ao índice. Desse modo, diferentemente dos índices de ações, os títulos utilizados para calcular os índices das obrigações mudam constantemente. À medida que eles mudam, o gestor precisa atualizar e rebalancear a carteira para garantir uma estreita correspondência entre a composição da carteira e as obrigações incluídas no índice. O fato de as obrigações gerarem uma renda de juros considerável complica ainda mais o trabalho do gestor de fundos de índice.

Na prática, é impraticável reproduzir precisamente os índices amplos de obrigações. Em vez disso, normalmente se adota um método de amostragem estratificada ou por *célula*. A Figura 16.8 mostra a ideia por trás do método por célula. Primeiro, o mercado de obrigações é estratificado em várias subclasses. A Figura 16.8 mostra uma decomposição bidirecional simples por vencimento e emissor; entretanto, na prática, critérios como taxa de cupom da obrigação ou risco de crédito do emissor também podem ser utilizados para formar células. As obrigações que se enquadram em cada célula são então consideradas razoavelmente homogêneas. Em seguida, as porcentagens do universo total (isto é, obrigações incluídas no índice de equiparação) correspondentes a cada célula são calculadas e divulgadas, tal como fizemos para algumas células da Figura 16.8. Por fim, o gestor estabelece uma

Setor / Prazo até o vencimento	Tesouro	Agência	Garantia por hipoteca	Industrial	Financeiro	Utilidade Pública	Ianque
< 1 ano	12,1%						
1-3 anos	5,4%						
3-5 anos			4,1%				
5-7 anos							
7-10 anos		0,1%					
10-15 anos							
15-30 anos			9,2%			3,4%	
> 30 anos							

FIGURA 16.8 Estratificação das obrigações em células (%)

carteira de obrigações com representação para cada célula que corresponde à representação dessa célula no universo de obrigações. Nesse sentido, as características da carteira, em termos de vencimento, taxa de cupom, risco de crédito, representação industrial etc., corresponderão às características do índice, e seu desempenho deve igualmente corresponder ao do índice.

Os investidores varejistas podem comprar fundos mútuos ou fundos negociados em bolsa que acompanham o mercado de obrigações em geral. Por exemplo, o Vanguard's Total Bond Market Index Fund e o Barclays Aggregate Bond Fund iShare (*ticker* AGG) acompanham o índice Barclays Aggregate.

Imunização

Diferentemente das estratégias de indexação, muitas instituições tentam proteger completamente suas carteiras contra o risco da taxa de juros. Geralmente existem duas formas de encarar esse risco. Algumas instituições, como os bancos, preocupam-se em proteger o patrimônio líquido atual ou o valor líquido de mercado contra flutuações nas taxas de juros. Outros investidores, como os fundos de pensão, podem enfrentar a obrigação de efetuar pagamentos após um determinado número de anos. Esses investidores estão mais preocupados em proteger os valores futuros de suas carteiras.

Entretanto, o que é comum a todos os investidores é o risco da taxa de juros. O patrimônio líquido da empresa e sua capacidade de cumprir com obrigações futuras variam com as taxas de juros. As técnicas de **imunização** referem-se a estratégias utilizadas por esses investidores para proteger sua posição financeira geral contra o risco da taxa de juros.

Em muitos bancos e instituições de poupança existe uma incompatibilidade natural entre as estruturas de vencimento dos ativos e dos passivos. Por exemplo, os passivos bancários são principalmente depósitos devidos aos clientes; por natureza, eles são em sua maioria de curto prazo e, por isso, têm pouca duração. Em contraposição, os ativos bancários são compostos predominantemente por empréstimos em circulação comerciais e ao consumidor ou por hipotecas. Esses ativos têm duração mais longa e seus valores são correspondentemente mais suscetíveis a flutuações nas taxas de juros. Quando as taxas de juros aumentam inesperadamente, os bancos podem sofrer sérias reduções em seu patrimônio líquido – seus ativos perdem mais valor do que seus passivos.

De forma semelhante, um fundo de pensão pode ter uma discrepância entre a suscetibilidade à taxa de juros dos ativos mantidos no fundo e o valor presente de seus passivos – a promessa de cumprir com os pagamentos aos aposentados. O quadro a seguir mostra os perigos que os fundos de pensão enfrentam quando não consideram a exposição à taxa de juros *tanto* dos ativos *quanto* dos passivos. Por exemplo, recentemente os fundos de pensão perderam terreno não obstante o fato de terem excelentes retornos sobre o investimento. Quando as taxas de juros caíram, o valor de seus passivos aumentou bem mais rapidamente do que o valor de seus ativos. A moral da história é que os fundos devem equiparar a exposição dos ativos e dos passivos à taxa de juros para que o valor dos ativos acompanhe o valor dos passivos independentemente de as taxas subirem ou caírem. Em outras palavras, o gestor financeiro pode querer imunizar o fundo contra a volatilidade da taxa de juros.

DESTAQUE DA REALIDADE

FUNDOS DE PENSÃO PERDEM TERRENO APESAR DOS AMPLOS GANHOS DE MERCADO

Como o S&P 500 ofereceu uma taxa de retorno de 16%, 2012 foi um bom ano para o mercado acionário e seu desempenho ajudou a incrementar o balanço patrimonial dos fundos de pensão nos Estados Unidos. Contudo, não obstante o aumento no valor de seus ativos, déficit total estimado dos fundos de pensão de 400 grandes empresas americanas *subiu* para quase US$ 80 bilhões e muitas dessas empresas entraram em 2013 com a necessidade de escorar seus fundos de pensão com bilhões de dólares adicionais. Apenas a Ford Motor Co. previu que contribuiria com US$ 5 bilhões para seu fundo.*

Como isso pôde ocorrer? A culpa é da queda da taxa de juros durante o ano, que era em parte a força por trás dos ganhos do mercado acionário. Quando as taxas caíram, o valor presente das dívidas de pensão para os aposentados aumentou ainda mais rapidamente do que o valor dos ativos que garantiam essas promessas. Acontece que o valor dos passivos de pensão é mais suscetível a mudanças nas taxas de juros do que o valor de ativos comuns mantidos nesses fundos. Portanto, apesar de as taxas em queda tenderem a impulsionar os retornos dos ativos, elas aumentam ainda mais os passivos. Em outras palavras, a duração dos investimentos de um fundo tende a ser mais curta do que a duração de suas dívidas. Essa discrepância na duração torna os fundos vulneráveis a quedas na taxa de juros.

Por que os fundos não equiparam melhor a duração dos ativos e a duração dos passivos? Um dos motivos é que os gestores de fundo costumam ser avaliados por seu desempenho em relação aos índices convencionais do mercado de obrigações. Esses índices tendem a apresentar durações bem menores do que os passivos do fundo de pensão. Desse modo, até certo ponto os gestores podem estar mirando a bola errada, aquela com uma suscetibilidade à taxa de juros não condizente.

* Essas estimativas aparecem em Mike Ramsey e Vipal Monga, "Low Rates Force Companies to Pour Cash into Pensions", *The Wall Street Journal*, 3 de fevereiro de 2013.

Os fundos de pensão não são os únicos nessa questão. Qualquer instituição com uma dívida fixa futura pode considerar a imunização uma política razoável de gestão de risco. As seguradoras, por exemplo, também adotam estratégias de imunização. Na verdade, a ideia de imunização foi introduzida por F. M. Redington,[12] estatístico de uma empresa de seguros de vida. A ideia é que a equiparação entre a duração dos ativos e a duração dos passivos permite que a carteira de ativos atenda às dívidas da empresa independentemente de flutuações nas taxas de juros.

Considere, por exemplo, uma seguradora que emite um contrato de investimento garantido ou GIC (*guaranteed investment contract*) de US$ 10 mil. (Basicamente, os GICs são obrigações de cupom zero emitidas por uma seguradora para seus clientes. Eles são produtos populares para contas de poupança de aposentadoria individual.) Se o GIC tiver vencimento de cinco anos e taxa de juros garantida de 8%, a seguradora prometerá pagar US$ $10.000 \times (1,08)^5$ = US$ 14.693,28 em cinco anos.

Suponhamos que a seguradora decida financiar sua dívida com US$ 10 mil em obrigações com cupom anual de 8%, vendendo-a pelo valor nominal, com seis anos até o vencimento. Contanto que a taxa de juros do mercado fique em 8%, a empresa poderá cumprir plenamente com seu compromisso, pois o valor presente da dívida é exatamente igual ao valor das obrigações.

A Tabela 16.4, Painel A, mostra que, se as taxas de juros permanecerem em 8%, os fundos acumulados da obrigação crescerão até o nível exato de US$ 14.693,28 da dívida. Ao longo do período de cinco anos, a renda de cupom de fim de ano de US$ 800 é reinvestida pela taxa de juros de mercado prevalecente de 8%. No fim do período, as obrigações poderão ser vendidas por US$ 10 mil. Mesmo assim elas serão vendidas pelo valor nominal porque a taxa de cupom ainda é igual à taxa de juros do mercado. A renda total após cinco anos de cupons reinvestidos e da venda da obrigação será exatamente US$ 14.693,28.

Entretanto, se as taxas de juros mudarem, duas influências contrabalançantes afetarão a capacidade do fundo de crescer para o valor almejado de US$ 14.693,28. Se a taxa de juros aumentar, o fundo sofrerá uma perda de capital, o que prejudicará sua capacidade de cumprir com seu compromisso. A obrigação valerá menos em cinco anos do que se a taxa de juros tivesse permanecido em 8%. Contudo, com uma taxa de juros mais alta, os cupons reinvestidos crescerão a uma taxa mais rápida, compensando a perda de capital. Em outras palavras, os investidores de renda fixa enfrentam dois tipos contrabalançantes de risco de taxa de juros: *risco de preço* e *risco da taxa de reinvesti-*

---

[12] F. M. Redington, "Review of the Principle of Life-Office Valuations", *Journal of the Institute of Actuaries*, 78, 1952.

mento. Aumentos nas taxas de juros provocam perdas de capital, mas, ao mesmo tempo, elevam a taxa pela qual a renda reinvestida crescerá. Se a duração da carteira for escolhida adequadamente, esses dois efeitos se anularão mutuamente. Quando a duração da carteira for definida tal como a data de horizonte do investidor, o valor acumulado do fundo de investimento na data de horizonte não será afetado por flutuações na taxa de juros. *Para um horizonte igual à duração da carteira, o risco de preço e o risco de reinvestimento contrabalançam-se precisamente.*

No nosso exemplo, a duração das obrigações com vencimento em seis anos utilizadas para financiar o GIC é de cinco anos. Como o plano plenamente financiado tem duração igual para seus ativos e passivos, a seguradora deve ser imunizada contra flutuações na taxa de juros. Para confirmar isso, verifiquemos se a obrigação pode gerar renda suficiente para pagar a dívida em cinco anos independentemente de flutuações na taxa de juros.

Na Tabela 16.4, os Painéis B e C mostram dois possíveis cenários de taxa de juros: as taxas caem para 7% ou aumentam para 9%. Em ambos os casos, os pagamentos anuais de cupom são reinvestidos segundo uma nova taxa de juros, que se prevê que mudará antes do primeiro pagamento de cupom, e a obrigação é vendida no quinto ano para ajudar a satisfazer a dívida do GIC.

A Tabela 16.4, Painel B, mostra que, se as taxas de juros caírem para 7%, o total de fundos aumentará para US$ 14.694,05, oferecendo um pequeno superávit de US$ 0,77. Se as taxas aumentarem para 9%, como na Tabela 16.4, Painel C, o fundo aumentará para US$ 14.696,02, oferecendo um pequeno superávit de US$ 2,74.

Devemos destacar vários pontos. Primeiro, a equivalência de duração equilibra a diferença entre o valor acumulado dos pagamentos de cupom (risco da taxa de reinvestimento) e o valor de venda da obrigação (risco de preço). Ou seja, quando as taxas de juros caem, os cupons crescem menos do que no caso básico, mas o ganho com a venda da obrigação compensa essa situação. Quando as taxas de juros sobem, o valor de venda da obrigação cai, mas os cupons compensam

TABELA 16.4 Valor terminal de uma carteira de obrigações após cinco anos (com todos os lucros reinvestidos)

Número do pagamento	Anos restantes até a dívida	Valor acumulado de fundos investidos		
A. Taxas mantêm-se em 8%				
1	4	$800 \times (1,08)^4$	=	1.088,39
2	3	$800 \times (1,08)^3$	=	1.007,77
3	2	$800 \times (1,08)^2$	=	933,12
4	1	$800 \times (1,08)^1$	=	864,00
5	0	$800 \times (1,08)^0$	=	800,00
Venda da obrigação	0	10.800/1,08	=	10.000,00
				14.693,28
B. Taxas caem para 7%				
1	4	$800 \times (1,07)^4$	=	1.048,64
2	3	$800 \times (1,07)^3$	=	980,03
3	2	$800 \times (1,07)^2$	=	915,92
4	1	$800 \times (1,07)^1$	=	856,00
5	0	$800 \times (1,07)^0$	=	800,00
Venda da obrigação	0	10.800/1,07	=	10.093,46
				14.694,05
C. Taxas aumentam para 9%				
1	4	$800 \times (1,09)^4$	=	1.129,27
2	3	$800 \times (1,09)^3$	=	1.036,02
3	2	$800 \times (1,09)^2$	=	950,48
4	1	$800 \times (1,09)^1$	=	872,00
5	0	$800 \times (1,09)^0$	=	800,00
Venda da obrigação	0	10.800/1,09	=	9.908,26
				14.696,02

Nota: O preço de venda da carteira de obrigações é igual ao pagamento final da carteira (US$ 10.800), dividido por 1 + *r*, porque o prazo até o vencimento das obrigações será igual a um ano na época da venda.

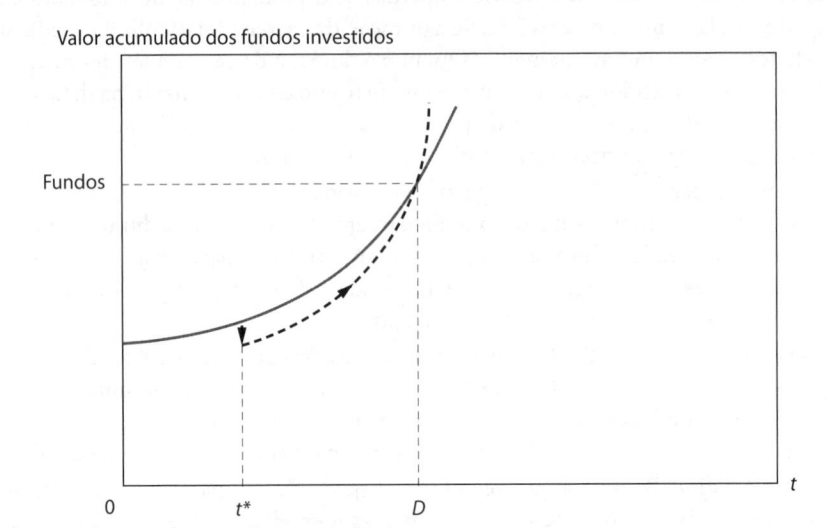

FIGURA 16.9 Crescimento dos fundos investidos

A curva com linha contínua representa o crescimento do valor da carteira segundo a taxa de juros original. Se as taxas de juros a princípio aumentarem no tempo t^*, o valor da carteira cairá, mas aumentará logo após, segundo a taxa mais rápida representada pela curva tracejada. No tempo D (duração), as curvas se cruzam.

essa perda porque são reinvestidos à taxa mais alta. A Figura 16.9 mostra esse caso. A curva sólida representa o valor acumulado das obrigações admitindo que as taxas de juros permanecem em 8%. A curva pontilhada mostra esse valor admitindo que as taxas de juros aumentaram. O impacto inicial é uma perda de capital, mas com o tempo essa perda é compensada pela taxa de crescimento agora mais rápida dos fundos reinvestidos. Na data de horizonte de cinco anos, igual à duração da obrigação, os dois efeitos simplesmente se anulam, permitindo que a empresa cumpra com sua dívida com os lucros acumulados da obrigação.

Também podemos analisar a imunização em termos de valor presente e não de valor futuro. O Painel A da Tabela 16.5 mostra o balanço patrimonial inicial do GIC da seguradora. Tanto os ativos quanto a dívida têm valor de mercado de US$ 10 mil, de modo que o plano está totalmente financiado. Os Painéis B e C mostram que, independentemente de a taxa de juros aumentar ou diminuir, o valor das obrigações que financiam o GIC e o valor presente da dívida da empresa mudam de uma maneira praticamente igual. Seja qual for a mudança na taxa de juros, o plano permanece completamente financiado e o superávit, de acordo com os Painéis B e C da Tabela 16.5, é aproximadamente zero. A estratégia de equivalência de duração garantiu que os ativos e os passivos reagissem igualmente a flutuações na taxa de juros.

TABELA 16.5 Balanços a valor de mercado (US$)

Ativos		Passivos	
A. Taxa de juros = 8%			
Obrigações	10.000	Dívida	10.000
B. Taxa de juros = 7%			
Obrigações	10.476,65	Dívida	10.476,11
C. Taxa de juros = 9%			
Obrigações	9.551,41	Dívida	9.549,62

Notas:

Valor das obrigações = 800 × Fator de anuidade (r, 6) + 10.000 × Fator PV(r, 6).

Valor da obrigação = $\dfrac{14.693,28}{(1+r)^5}$ = 14.693,28 × Fator PV (r, 5)

APLICAÇÕES EXCEL: Retornos do período de manutenção

Na página de Conteúdo *Online* (disponível em **www.grupoa.com.br**) contém uma planilha que o ajuda a compreender o conceito de imunização do período de manutenção. Essa planilha calcula a duração e os retornos do período de manutenção de obrigações com qualquer vencimento. Ela mostra como o risco de preço e o risco de investimento se contrabalançam quando a obrigação é vendida em sua duração.

QUESTÕES EXCEL

1. Quando a taxa aumentar em 100 pontos-base, qual será a mudança no preço de venda futuro da obrigação? O valor dos cupons reinvestidos?
2. E se as taxas aumentarem em 200 pontos-base?
3. Qual a relação entre risco de preço e risco da taxa de reinvestimento quando considerarmos mudanças maiores nos rendimentos das obrigações?

	A	B	C	D	E	F	G	H
1								
2								
3	Rendimento até o vencimento	11,580%						
4	Taxa de cupom	14,000%						
5	Anos até o vencimento	7,0						
6	Valor nominal	US$ 1.000,00						
7	Período de manutenção do investimento	5,0						
8	Duração	5,000251		5,000251				
9	Preço de mercado	US$ 1.111,929		US$ 1.111,929				
10								
11	Se o YTM aumentar 200 pontos-base:			2,00%		Se o YTM aumentar 200 pontos-base:		
12	Rendimento até o vencimento	13,580%				Rendimento até o vencimento	12,580%	
13	Valor futuro dos cupons	US$ 917,739		US$ 917,739		Valor futuro dos cupons	US$ 899,705	
14	Venda da obrigação	US$ 1.006,954		US$ 1.006,954		Venda da obrigação	US$ 1.023,817	
15	Valor acumulado	US$ 1.924,693				Valor acumulado	US$ 1.923,522	
16	Taxa interna de retorno	11,5981%				Taxa interna de retorno	11,5845%	
17								

A Figura 16.10 é um gráfico dos valores presentes da obrigação e da dívida de pagamento único como função da taxa de juros. À taxa atual de 8%, os valores são iguais e a dívida é totalmente financiada pela obrigação. Além disso, as duas curvas de valor presente são tangentes em $y = 8\%$. À medida que as taxas de juros mudam, a mudança no valor do ativo e no valor da dívida são iguais. Desse modo, a dívida permanece completamente financiada. Entretanto, para mudanças maiores na taxa de juros, as curvas de valor presente divergem. Isso é um reflexo do fato de o fundo na verdade mostrar um pequeno superávit na Tabela 16.4 em taxas de juros de mercado diferentes de 8%.

Se a obrigação estava imunizada, por que existe *qualquer* superávit no fundo? A resposta é convexidade. A Figura 16.10 mostra que a obrigação com cupom tem uma convexidade maior do que a obrigação que ela financia. Por isso, quando as taxas mudam consideravelmente, o valor da obrigação ultrapassa visivelmente o valor presente da obrigação.

Esse exemplo evidencia a importância de **rebalancear** carteiras imunizadas. Como as taxas de juros e as durações dos ativos mudam constantemente, os gestores devem rebalancear a carteira para realinhar sua duração com a duração da dívida. Além disso, mesmo que as taxas de juros não mudem, as durações dos ativos *mudarão* em virtude apenas da passagem de tempo. Lembre-se, com base na Figura 16.2, que em geral a duração diminui menos rapidamente do que o vencimento. Portanto, mesmo se uma dívida for imunizada logo no início, a duração dos ativos e a duração dos passivos diminuirão de acordo com taxas diferentes à medida que o tempo passar. Se a carteira não for rebalanceada, as durações ficarão incompatíveis. Obviamente, a imunização é uma estratégia passiva somente no sentido de que ela não envolve tentativas de identificação de títulos subvalorizados. Os gestores de imunização atualizarão e monitorarão ativamente suas posições de investimento.

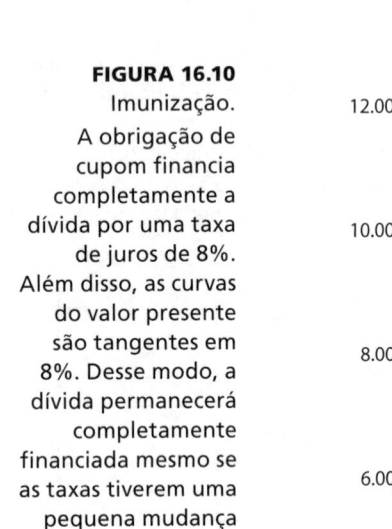

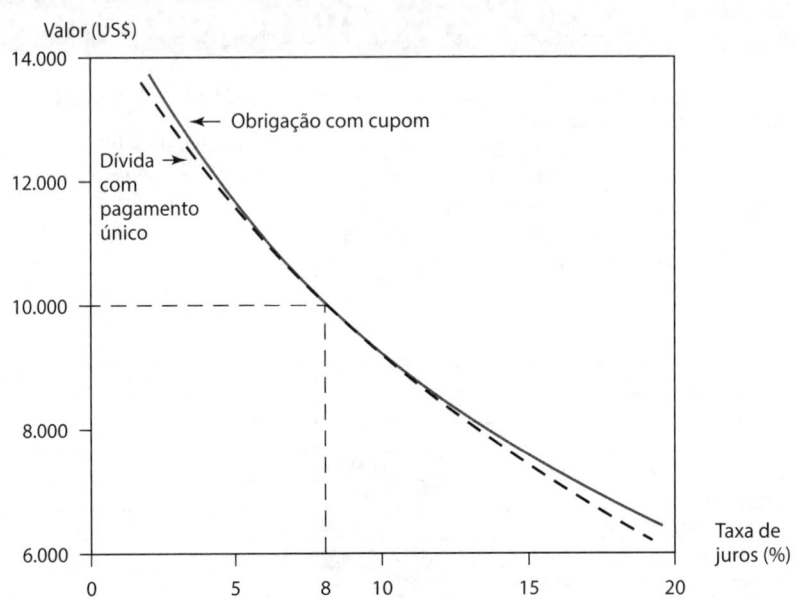

FIGURA 16.10
Imunização.
A obrigação de cupom financia completamente a dívida por uma taxa de juros de 8%. Além disso, as curvas do valor presente são tangentes em 8%. Desse modo, a dívida permanecerá completamente financiada mesmo se as taxas tiverem uma pequena mudança

No entanto, mesmo que uma posição seja imunizada, o gestor da carteira não poderá se descuidar. Isso se deve à necessidade de rebalanceamento em resposta a mudanças nas taxas de juros. Além disso, mesmo que as taxas não mudem, o desenrolar do tempo também afetará a duração e exigirá rebalanceamento. Vamos dar sequência ao Exemplo 16.4 e ver como o gestor de carteira pode manter uma posição imunizada.

EXEMPLO 16.4 || Construindo uma carteira imunizada

Uma seguradora deve fazer um pagamento de US$ 19.487 em sete anos. A taxa de juros do mercado é de 10%, de modo que o valor presente da obrigação é US$ 10 mil. O gestor de carteira da empresa deseja financiar a dívida utilizando obrigações de três anos de cupom zero e perpetuidades que pagam cupons anuais. (Concentramo-nos nas obrigações de cupom zero e nas perpetuidades para manter a álgebra simples.) Como esse gestor pode imunizar a dívida?

A imunização requer que a duração da carteira de ativos seja igual à duração da de passivos. Podemos proceder em quatro etapas:

1. *Calcule a duração do passivo.* Nesse caso, a duração do passivo é simples de calcular. É uma dívida de pagamento único com duração de sete anos.
2. *Calcule a duração da carteira de ativos.* A duração da carteira é a média ponderada da duração de cada ativo componente, com pesos proporcionais aos fundos aplicados em cada ativo. A duração da obrigação de cupom zero é simplesmente seu vencimento – três anos. A duração da perpetuidade é 1,10/0,10 = 11 anos. Portanto, se a fração da carteira investida em obrigações de cupom zero for chamada de w e a fração investida na perpetuidade for $(1 - w)$, a duração da carteira será

$$\text{Duração do ativo} = w \times 3 \text{ anos} + (1 - w) \times 11 \text{ anos}$$

3. *Descubra a combinação de ativos que estabelece a duração do ativo como igual à duração de sete anos dos passivos.* Isso requer a resolução de w na seguinte equação:

$$w \times 3 \text{ anos} + (1 - w) \times 11 \text{ anos} = 7 \text{ anos}$$

Isso significa que $w = 1/2$. O gestor deve investir metade da carteira em obrigações de cupom zero e metade na perpetuidade. Isso resultará em uma duração de ativos de sete anos.

4. *Financie completamente a dívida.* Como a dívida tem um valor presente de US$ 10 mil e o fundo será investido igualmente em obrigações de cupom zero e na perpetuidade, o gestor deve comprar US$ 5.500 em obrigação de cupom zero e US$ 5.500 em perpetuidade. Observe que o *valor de face* da obrigação de cupom zero será US$ 5.000 × $(1,10)^3$ = US$ 6.655.

É claro que rebalancear a carteira exige custos de transação à medida que os ativos são comprados ou vendidos. Por isso, o rebalanceamento constante não é viável. Na prática, é preciso estabelecer um acordo apropriado entre o desejo de imunização perfeita, que exige um rebalanceamento constante, e a necessidade de controlar os custos de negociação, que exige rebalanceamentos menos frequentes.

> **REVISÃO DE CONCEITOS 16.6**
>
> Examine novamente o Exemplo 16.5. Quais teriam sido os pesos de imunização no segundo ano se a taxa de juros tivesse caído para 8%?

Equiparação de fluxo de caixa e dedicação

Os problemas associados com a imunização parecem ter uma solução simples. Por que simplesmente não comprar uma obrigação de cupom zero com valor de face igual ao desembolso de caixa projetado? Se adotarmos o princípio de **equiparação de fluxo de caixa**, imunizamos automaticamente uma carteira contra o risco da taxa de juros porque existe uma compensação exata entre o fluxo de caixa da obrigação e o fluxo de caixa da dívida.

A equiparação de fluxos de caixa em vários períodos é chamada de **estratégia de dedicação**. Nesse caso, o gestor escolhe obrigações de cupom zero ou cupom com fluxos de caixa totais em cada período equiparáveis aos de uma série de dívidas. A vantagem da dedicação é que ela é uma abordagem definitiva para eliminar o risco da taxa de juros. Assim que os fluxos de caixa são equiparados, não há mais necessidade de rebalanceamento. A carteira dedicada fornece o dinheiro necessário para pagar os passivos da empresa independentemente da direção que as taxas de juros vierem a tomar.

A equiparação de fluxo de caixa não é uma estratégia muito adotada provavelmente em virtude das restrições que ela impõe à escolha de obrigações. As estratégias de imunização ou dedicação são atraentes para empresas que não desejam apostar nas mudanças gerais das taxas de juros, mas essas empresas podem querer utilizar a imunização por meio de obrigações que elas acreditam que estejam subvalorizadas. Entretanto, a equiparação de fluxo de caixa impõe tantas outras restrições ao processo de escolha de obrigações, que pode ser impossível adotar a estratégia de dedicação utilizando apenas as obrigações "subvalorizadas". As empresas que procuram obrigações subvalorizadas trocam a dedicação exata e fácil pela possibilidade de alcançar retornos superiores da carteira de obrigações.

Algumas vezes a equiparação de fluxo simplesmente não é possível. Para equiparar o fluxo de caixa de um fundo de pensão que é obrigado a pagar um fluxo perpétuo de renda aos aposentados atuais e futuros, esse fundo de pensão teria de comprar títulos de renda fixa com vencimentos que se estendessem a centenas de anos. Esse tipo de título não existe, o que torna a dedicação exata inviável.

> **REVISÃO DE CONCEITOS 16.7**
>
> Como um aumento nos custos de negociação afetaria a atratividade da dedicação *versus* imunização?

EXEMPLO 16.5 || Rebalanceamento

Suponhamos que tenha passado um ano e a taxa de juros tenha permanecido em 10%. O gestor de carteira do Exemplo 16.4 precisa reexaminar sua posição. A posição ainda está completamente financiada? Ainda está imunizada? Se não estiver, que medidas devem ser tomadas?

Primeiramente, examine o financiamento. O valor presente da dívida terá aumentado para US$ 11 mil, já que está um ano mais próximo do vencimento. Os fundos do gestor também aumentaram para US$ 11 mil: as obrigações de cupom zero aumentaram de US$ 5 mil para US$ 5.500 com o passar do tempo, enquanto a perpetuidade pagou seu cupom anual de US$ 500 e ainda continua valendo US$ 5 mil. Portanto, a dívida continua completamente financiada.

Contudo, os pesos da carteira devem ser mudados. Agora, a obrigação de cupom zero terá duração de dois anos, enquanto a duração da perpetuidade permanecerá em 11 anos. A dívida vencerá em seis anos. Os pesos devem satisfazer a equação

$$w \times 2 \text{ anos} + (1 - w) \times 11 \text{ anos} = 6 \text{ anos}$$

o que significa que $w = 5/9$. Para rebalancear a carteira e manter a equivalência de duração, o gestor agora deve investir um total de US$ 11.000 × 5/9 = US$ 6.111,11 na obrigação de cupom zero. Isso exige que todo o pagamento de cupom de US$ 500 seja investido na obrigação de cupom zero e US$ 111,11 adicionais da perpetuidade sejam vendidos e investidos na obrigação de cupom zero.

Outros problemas com a imunização convencional

Se você examinar novamente a definição de duração na Equação 16.1, perceberá que ela utiliza o rendimento até o vencimento da obrigação para calcular o peso atribuído ao prazo até o pagamento de cada cupom. Em vista dessa definição e das limitações na própria utilização do rendimento até o vencimento, talvez não seja de surpreender que essa ideia de duração é estritamente válida apenas para uma curva de rendimento nivelada para a qual todos os pagamentos são descontados de acordo com uma mesma taxa de juros.

Se a curva de rendimento não for nivelada, a definição de duração deve ser modificada e $CFt/(1 + y)^t$ substituída pelo valor presente de CFt, onde o valor presente de cada fluxo de caixa é calculado descontando-se à taxa de juros à vista (*spot*) apropriada da curva de rendimento de cupom zero correspondente à data do fluxo de caixa *em questão*, em vez de se descontar pelo rendimento até o vencimento da *obrigação*. Além disso, mesmo com essa modificação, a equivalência de duração imunizará as carteiras somente em mudanças paralelas na curva de rendimento. Obviamente, esse tipo de restrição não é realista. Consequentemente, muito trabalho tem sido dedicado à generalização do conceito de duração. Os modelos de duração multifatoriais foram desenvolvidos para levar em conta inclinações e outras distorções no formato da curva de rendimento, além de mudanças em seu nível. Contudo, a maior complexidade desses modelos não parece compensar em termos de uma eficácia consideravelmente maior.[13]

Em conclusão, a imunização pode ser um objetivo inapropriado em um ambiente inflacionário. A imunização é basicamente um conceito nominal e só faz sentido para passivos nominais. Não faz nenhum sentido imunizar um compromisso projetado para crescer com o nível de preço utilizando ativos nominais como as obrigações. Por exemplo, se seu filho for frequentar a faculdade daqui a 15 anos e a previsão do custo futuro das mensalidades for US$ 50 mil, a imunização de sua carteira em um valor terminal fechado de US$ 50 mil não é necessariamente uma estratégia de redução de risco. O compromisso das mensalidades variará com a taxa de inflação realizada, ao passo que o valor final da carteira de ativos não. No final, o compromisso das mensalidades não será necessariamente equiparado pelo valor da carteira.

16.4 Gestão ativa de obrigações

Fontes de possíveis lucros

Em linhas gerais, existem duas fontes de valor provável na gestão ativa de obrigações. A primeira é a previsão da taxa de juros, isto é, a previsão de mudanças em todo o espectro do mercado de renda fixa. Se houver previsão de queda na taxa de juros, os gestores aumentarão a duração da carteira (e vice-versa). A segunda fonte de lucro em potencial é a identificação de preços relativamente incorretos no mercado de renda fixa. Um analista poderia achar, por exemplo, que o prêmio de inadimplência de uma obrigação é desnecessariamente alto e que a obrigação está abaixo do preço.

Essas técnicas gerarão retornos anormais apenas se as informações e a percepção do analista forem superiores às do mercado. Não é possível tirar proveito do conhecimento de que as taxas estão prestes a cair se os preços já refletirem essa informação. Você já sabe disso com base em nossa discussão sobre eficiência de mercado. Uma informação valiosa é uma informação diferenciada. Nesse contexto, vale a pena ressaltar que os previsores de taxas de juros têm um histórico notoriamente ruim. Se você levar esse histórico em consideração, abordará as tentativas de cronometrar o mercado de obrigações com cautela.

Homer e Leibowitz (consulte a nota de rodapé 2) cunharam uma taxonomia bastante difundida de estratégias de carteira de obrigações ativas. Eles caracterizam as atividades de rebalanceamento de carteiras como um dos quatro tipos de *swap de obrigação*. Nos dois primeiros *swaps*, o investidor normalmente acredita que a relação de rendimento entre as obrigações ou os setores está apenas temporariamente em desacordo. Quando essa anomalia é eliminada, os lucros podem ser realizados com a obrigação abaixo do preço. Esse período de realinhamento é chamado de *período de exercício*.

---

[13] G. O. Bierwag, G. C. Kaufman e A. Toevs (eds.), *Innovations in Bond Portfolio Management: Duration Analysis and Immunization* (Greenwich, CT: JAI Press, 1983).

1. O *swap* **de substituição** é a troca de uma obrigação por uma quase idêntica. As obrigações substituídas devem ter características essencialmente idênticas em termos de cupom, vencimento, qualidade, resgate, cláusulas de fundo de amortização etc. Esse *swap* seria motivado pelo ponto de vista de que momentaneamente o mercado avaliou mal o preço de duas obrigações que a discrepância entre os preços das obrigações representa uma oportunidade de lucro.

   Um exemplo de *swap* de substituição seria a venda de uma obrigação da Toyota com vencimento em 20 anos e cupom de 6%, precificada para oferecer um rendimento até o vencimento de 6,05%, combinada com a compra de uma obrigação da Honda com cupom de 6% e o mesmo prazo até o vencimento que oferece rendimento de 6,15%. Se as obrigações tiverem mais ou menos a mesma classificação de crédito, não há nenhum motivo aparente para que as obrigações da Honda ofereçam um rendimento mais alto. Portanto, o maior rendimento realmente disponível no mercado torna a obrigação da Honda relativamente atraente. É claro que a igualdade no risco de crédito é uma condição importante. Se a obrigação da Honda for de fato mais arriscada, seu rendimento maior não representa uma boa troca.

2. O *swap* **entre mercados diferentes** é adotado quando um investidor acredita que o *spread* de rendimento entre dois setores do mercado de obrigações está temporariamente desalinhado. Por exemplo, se o *spread* atual entre obrigações corporativas e governamentais for considerado muito amplo e houver expectativa de que ele diminuirá, o investidor mudará das obrigações governamentais para as corporativas. Se o *spread* de rendimento de fato diminuir, o desempenho das obrigações corporativas superará o das governamentais. Por exemplo, se o *spread* de rendimento entre obrigações de dez anos do Tesouro e obrigações corporativas de dez anos classificadas como Baa agora for 3% e o *spread* histórico tiver sido de apenas 2%, um investidor poderá pensar na possibilidade de vender suas obrigações do Tesouro e substituí-las pelas corporativas. Se o *spread* de rendimento diminuir com o tempo, as obrigações corporativas Baa superarão o desempenho das obrigações do Tesouro.

   É evidente que o investidor deve avaliar com muito cuidado se existe um bom motivo para o *spread* de rendimento estar aparentemente desalinhado. Por exemplo, o prêmio de inadimplência sobre obrigações corporativas pode ter aumentado porque o mercado prevê uma recessão grave. Nesse caso, um *spread* mais amplo não representaria uma precificação atraente para as obrigações corporativas em contraposição às do Tesouro, mas simplesmente um ajuste em relação ao maior risco de crédito percebido.

3. O *swap* **de antecipação de taxa** está atrelado à previsão das taxas de juros. Nesse caso, se os investidores acreditarem que as taxas cairão, trocarão suas obrigações por outras de maior duração. Em contraposição, quando houver previsão de as taxas subirão, eles mudarão para obrigações menor duração. Por exemplo, um investidor pode vender uma obrigação do Tesouro com vencimento em cinco anos e substituí-la por uma obrigação do Tesouro com vencimento em 25 anos. Quanto à ausência de risco de crédito, a nova obrigação é igual à antiga, mas tem uma duração maior.

4. O *swap* **puro de obtenção de rendimentos** é adotado não em resposta a um erro de apreçamento percebido, mas para aumentar o retorno mantendo obrigações de rendimento mais alto. Quando a curva de rendimento tem inclinação ascendente, o *swap* de obtenção de rendimentos impõe uma mudança para obrigações de mais longo prazo. Isso deve ser visto como uma tentativa de obter um prêmio a termo esperado em obrigações com rendimento mais alto. O investidor está disposto a arcar com o risco da taxa de juros que essa estratégia apresenta. O investidor que troca uma obrigação de prazo menor por uma de prazo maior obterá uma taxa de retorno maior desde que a curva de rendimento não se desloque para cima durante o período de manutenção do investimento. É claro que, se isso acontecer, a obrigação de maior duração sofrerá uma perda de capital maior.

Podemos acrescentar à lista um quinto *swap*, chamado de ***swap* tributário**. Ele simplesmente se refere a um *swap* que explora alguma vantagem tributária. Por exemplo, um investidor pode trocar uma obrigação que diminuiu de preço por outra se a realização de perdas de capital for uma vantagem para finalidades tributárias.

Análise-horizonte

Um dos métodos de previsão das taxas de juros, que abordamos no Capítulo 14, é chamado de **análise-horizonte**. O analista que adota essa abordagem escolhe um período de manutenção específico e prevê a curva de rendimento no final desse período. Se o prazo até o vencimento de uma obrigação ocorrer no final do período de manutenção, seu rendimento poderá ser interpretado com base na curva de rendimento e seu preço de final de período poder será calculado. Em seguida o analista soma a renda de cupom obtida e o ganho de capital previsto da obrigação para obter uma previsão do retorno total sobre a obrigação ao longo do período de manutenção do investimento.

> **REVISÃO DE CONCEITOS 16.8**
>
> Qual será a taxa de retorno no Exemplo 16.6 se o gestor prever que em dois anos o rendimento sobre as obrigações de 18 anos será 10% e que a taxa de reinvestimento dos cupons será 8%?

EXEMPLO 16.6 || Análise-horizonte

Uma obrigação com vencimento em 20 anos e taxa de cupom de 10% (pago anualmente) é vendida atualmente com um rendimento até o vencimento de 9%. Um gestor de carteira com um horizonte de dois anos precisa prever o retorno total sobre a obrigação ao longo dos dois anos seguintes. Em dois anos, a obrigação terá um vencimento de 18 anos. O analista prevê que, em dois anos, as obrigações de 18 anos serão vendidas com rendimento até o vencimento de 8% e que os pagamentos de cupom poderão ser reinvestidos em títulos de curto prazo ao longo dos dois anos seguintes por uma taxa de 7%.

Para calcular o retorno de dois anos sobre a obrigação, o analista faria os seguintes cálculos:

1. Preço atual = US$ 100 × Fator de anuidade (9%, 20 anos)
    + US$ 1.000 × Fator PV (9%, 20 anos)
    = US$ 1.091,29
2. Preço atual = US$ 100 × Fator de anuidade (8%, 18 anos)
    + US$ 1.000 × Fator PV (8%, 18 anos)
    = US$ 1.187,44
3. O valor futuro dos cupons reinvestidos será (US$ 100 × 1,07) + US$ 100 = US$ 207
4. O retorno de dois anos será $\dfrac{US\$\ 207 + (US\$\ 1.187,44 - US\$\ 1.091,29)}{US\$\ 1.091,29} = 0,278$ ou 27,8%

A taxa de retorno anualizada ao longo do período de dois anos seria então $(1,278)^{1/2} - 1 = 0,13$ ou 13%.

RESUMO

1. Mesmo as obrigações isentas de inadimplência, como as emissões do Tesouro, estão sujeitas ao risco da taxa de juros. As obrigações de prazo mais longo são mais suscetíveis a mudanças na taxa de juros do que as de curto prazo. Uma medida da vida média de uma obrigação é a duração de Macaulay, que é definida como a média ponderada dos prazos em que é feito cada pagamento do título, com pesos proporcionais ao valor presente do pagamento.
2. A duração é uma medida direta da suscetibilidade do preço de uma obrigação a mudanças em seu rendimento. A mudança proporcional no preço de uma obrigação é igual ao negativo da duração vezes a mudança proporcional em $1 + y$.
3. A convexidade refere-se à curvatura da relação entre preço e rendimento da obrigação. Quando se leva em conta a convexidade, é possível melhorar consideravelmente a precisão da aproximação da duração com respeito à reação dos preços das obrigações a mudanças nos rendimentos.
4. As estratégias de imunização são características da gestão passiva de carteiras de renda fixa. Esse tipo de estratégia tenta tornar o indivíduo ou empresa imune a flutuações nas taxas de juros. Pode-se imunizar o patrimônio líquido ou, em vez disso, o valor acumulado futuro de uma carteira de renda fixa.
5. A imunização de um plano totalmente financiado é obtida por meio da equiparação das durações dos ativos e dos passivos. Para manter uma posição imunizada à medida que o tempo passa e a taxa de juros muda, a carteira deve ser rebalanceada periodicamente. A imunização clássica depende também de mudanças paralelas em uma curva de rendimento estável. Na medida em que essa suposição é infundada, geralmente a imunização não será completa. Para atenuar esse problema, os modelos de duração multifatoriais podem ser utilizados para possibilitar a variação no formato da curva de rendimento.
6. Uma forma de imunização mais direta é a dedicação ou equiparação de fluxo de caixa. Se uma carteira tiver um fluxo de caixa perfeitamente equiparado com os passivos programados, o rebalanceamento será desnecessário.
7. A gestão ativa de obrigações compreende técnicas de previsão de taxas de juros e análise de *spread* entre mercados. Uma taxonomia difundida classifica as estratégias ativas como *swaps* de substituição, *swaps* de *spread* entre mercados, *swaps* de antecipação de taxa e *swaps* puros de obtenção de rendimentos.
8. Análise-horizonte é um tipo de previsão de taxa de juros. Nesse procedimento, o analista prevê a curva de rendimento no final de algum período de manutenção e com base nessa curva ele prevê os preços correspondentes das obrigações. Em seguida, as obrigações podem ser classificadas de acordo com o retorno total esperado (cupom mais ganho de capital) ao longo do período de manutenção.

PALAVRAS-CHAVE

análise-horizonte
convexidade
duração de Macaulay
duração efetiva
duração modificada

equiparação de fluxos de caixa
estratégia de dedicação
imunização
rebalanceamento
swap de antecipação de taxa

swap de substituição
swap entre mercados diferentes
swap puro de obtenção de rendimentos
swap tributário

EQUAÇÕES BÁSICAS

Duração de Macaulay: $D = \sum_{t=1}^{T} t \times w_t$

Duração modificada e risco de preço da obrigação: $\dfrac{\Delta P}{P} = -D \times \left| \dfrac{\Delta(1+y)}{1+y} \right|$

Duração da perpetuidade = $\dfrac{1+y}{y}$

Risco de preço da obrigação incluindo convexidade: $\dfrac{\Delta P}{P} = -D^* \Delta y + 1/2 \times \text{convexidade} \times (\Delta y)^2$

Duração efetiva = $-\dfrac{\Delta P/P}{\Delta r}$

CONJUNTO DE PROBLEMAS

Básicos

1. Os preços das obrigações de longo prazo são mais voláteis do que os preços das obrigações de curto prazo. Entretanto, os rendimentos até o vencimento das obrigações de curto prazo flutuam mais do que os rendimentos da obrigações de longo prazo. De que forma essas duas observações empíricas podem ser conciliadas?

2. Como uma perpetuidade, cujo vencimento é ilimitado, pode ter uma duração tão curta quanto 10 ou 20 anos?

Intermediários

3. Uma obrigação de nove anos tem rendimento de 10% e duração de 7,194 anos. Se o rendimento do mercado mudar em 50 pontos-base, qual será a mudança percentual no preço da obrigação?

4. Descubra a duração de uma obrigação com cupom de 6% que faz pagamentos de cupom anuais se tiver três anos até o vencimento e um rendimento até o vencimento de 6%. Qual a duração se o rendimento até o vencimento for 10%?

5. Encontre a duração da obrigação do problema anterior considerando que os cupons são pagos semestralmente.

6. O *spread* de rendimento histórico entre as obrigações AAA e as obrigações do Tesouro aumentou significativamente durante a crise financeira de 2008. Se você acreditasse que o *spread* voltaria em breve a níveis históricos usuais, o que você teria feito? Isso seria um exemplo de que tipo de *swap* de obrigação?

7. Você prevê que as taxas de juros estão para cair. Qual obrigação lhe oferecerá o ganho de capital mais alto?
   a. Cupom baixo, vencimento a longo prazo.
   b. Cupom alto, vencimento a curto prazo.
   c. Cupom alto, vencimento a longo prazo.
   d. Cupom zero, vencimento a longo prazo.

8. Classifique as durações e as durações efetivas dos seguintes pares de obrigações:
   a. A obrigação A é uma obrigação com cupom de 6%, com prazo de vencimento de 20 ano, que é vendida pelo valor nominal. A obrigação B tem cupom de 6% e vencimento de 20 anos e é vendida abaixo do valor nominal.
   b. A obrigação A é uma obrigação não resgatável com cupom de 20 anos e taxa de cupom de 6% que é vendida pelo valor nominal. A obrigação B é uma obrigação resgatável de 20 anos e taxa de cupom de 7% que também é vendida pelo valor nominal.

9. Uma seguradora deve efetuar pagamentos a um cliente de US$ 10 milhões em um ano e US$ 4 milhões em cinco anos. A curva de rendimento é nivelada em 10%.
   a. Se a empresa desejar financiar e imunizar totalmente sua obrigação com uma *única* emissão de uma obrigação de cupom zero, ela deve comprar uma obrigação com que vencimento?
   b. Qual deve ser o valor nominal e o valor de mercado da obrigação de cupom zero?

10. As obrigações de longo prazo do Tesouro estão sendo vendidas atualmente com um rendimento até o vencimento de quase 6%. Você espera que as taxas de juros caiam. O restante do mercado acha que as taxas não mudarão no decorrer do ano seguinte. Em cada pergunta, escolha a obrigação que oferecerá o maior retorno do período de manutenção do investimento, se você estiver correto. Explique brevemente sua resposta.
    a. i. Uma obrigação com classificação Baa, taxa de cupom de 6% e prazo de vencimento de 20 anos.
       ii. Uma obrigação com classificação Aaa, taxa de cupom de 6% e prazo de vencimento de 20 anos.
    b. i. Uma obrigação com classificação A, taxa de cupom de 3%, vencimento em 20 anos e resgatável a 105.
       ii. Uma obrigação com classificação A, taxa de cupom de 6%, vencimento em 20 anos e resgatável a 105.
    c. i. Uma obrigação não resgatável do Tesouro com cupom de 4%, vencimento em 20 anos e YTM = 6%.
       ii. Uma obrigação não resgatável do Tesouro com cupom de 7%, vencimento em 20 anos e YTM = 6%.

11. Atualmente, a estrutura de prazo é a seguinte: as obrigações de cupom zero de um ano rendem 7%, as de dois anos rendem 8%, as de três anos e com vencimento mais longo rendem 9%. Você

está escolhendo entre obrigações com vencimento em um, dois e três anos que pagam cupons anuais de 8%. Qual obrigação você deve comprar, se acreditar piamente que no final do ano a curva de rendimento ficará estabilizada em 9%?

12. Você pagará US$ 10 mil por ano em despesas com educação no final de cada um dos próximos dois anos. As obrigações rendem atualmente 8%.

   a. Qual o valor presente e a duração de sua dívida?
   b. Que vencimento de uma obrigação de cupom zero imunizaria sua dívida?
   c. Suponhamos que você compre uma obrigação de cupom zero com valor e duração iguais à sua dívida. Suponhamos agora que as taxas aumentem imediatamente para 9%. O que ocorrerá com sua posição líquida, ou seja, com a diferença entre o valor da obrigação e o de suas despesas com educação? E se as taxas caírem para 7%?

13. Os fundos de pensão pagam anuidades vitalícias aos beneficiários. Se uma empresa permanecer no mercado indefinidamente, a dívida de pensão se parecerá com uma perpetuidade. Suponhamos, portanto, que você esteja gerenciando um fundo de pensão que exige pagamentos perpétuos de US$ 2 milhões por ano aos beneficiários. O rendimento até o vencimento sobre todas as obrigações é 16%.

   a. Se a duração das obrigações com vencimento em cinco anos e taxa de cupom de 12% (pago anualmente) for quatro anos e a duração das obrigações com vencimento em 20 anos e taxa de cupom de 6% (pago anualmente) for 11 anos, quanto de cada uma dessas obrigações com cupom (em valor de mercado) você manterá para financiar e imunizar completamente sua dívida?
   b. Qual será o valor nominal de seus investimentos na obrigação com cupom de 20 anos?

14. Você está gerenciando uma carteira de US$ 1 milhão. Você deseja uma duração de dez anos e pode escolher entre duas obrigações: uma de cupom zero com vencimento em cinco anos e uma perpetuidade, ambas com um rendimento atual de 5%.

   a. Quanto de cada obrigação você manterá em sua carteira?
   b. Quanto essas frações mudarão no ano seguinte se a duração pretendida passar a ser nove anos?

15. Meu plano de pensão me pagará US$ 10 mil ao ano por um período de dez anos. O primeiro pagamento ocorrerá exatamente em cinco anos. O fundo de pensão deseja imunizar sua posição.

   a. Qual a duração dessa obrigação para mim? A taxa de juros atual é 10% ao ano.
   b. Se um plano utilizar obrigações de cupom zero de 5 anos e 20 anos para construir a posição imunizada, que quantia dever investida em cada obrigação? Qual será o valor de face dos investimentos em cada obrigação de cupom zero?

16. Uma obrigação com vencimento em 30, pagamentos anuais de cupom e uma taxa de cupom de 12%, tem duração de 11,54 anos e convexidade de 192,4. Atualmente ela é vendida com rendimento até o vencimento de 8%. Utilize uma calculadora financeira ou uma planilha para encontrar o preço da obrigação considerando que o rendimento até o vencimento cai para 7% ou sobe para 9%. Quais preços seriam previstos para a obrigação nesses novos rendimentos pela regra de duração e pela regra de duração com convexidade? Qual o erro percentual de cada regra? O que você conclui a respeito da precisão das duas regras?

17. Frank Meyers, CFA, é gestor de carteira de renda fixa de um importante fundo de pensão. Um membro do comitê de investimento, Fred Spice, está muito interessado em obter informações sobre gestão de carteiras de renda fixa. Spice procurou Meyers com várias perguntas. Especificamente, Spice gostaria de saber como os gestores de renda fixa posicionam as carteiras para explorar suas expectativas com relação às taxas de juros futuras.

Meyers resolve apresentar a Spice as estratégias de negociação de renda fixa utilizando uma obrigação e uma nota de renda fixa. Ambas têm período de cupom semianual. Salvo indicação em contrário, todas as mudanças nas taxas de juros são paralelas. As características desses títulos são mostradas na tabela a seguir. Meyers também analisa uma obrigação de nove anos (flutuante) que paga uma taxa flutuante semestralmente e no momento tem rendimento de 5%.

Características de uma obrigação e de uma nota de renda fixa		
	Obrigação de renda fixa	Nota de renda fixa
Preço	107,18	100,00
Rendimento até o vencimento (%)	5,00	5,00
Prazo até o vencimento	18	8
Duração modificada	6,9848	3,5851

Spice pede a Meyers que lhe explique como um gestor de renda fixa posicionaria sua carteira para explorar as expectativas de taxas de juros crescentes. Qual opção a seguir seria a estratégia mais apropriada?

   a. Diminuir a duração de sua carteira.
   b. Comprar obrigações de renda fixa.
   c. Estender a duração de sua carteira.

18. Spice pede a Meyers (veja o problema anterior) para quantificar as mudanças de preço decorrentes de mudanças na taxa de juros. Para ilustrar, Meyers calcula a mudança de valor da nota de renda fixa apresentada na tabela. Ele presume especificamente um aumento de 100 pontos-base no nível da taxa de juros. Utilizando as informações da referida tabela, qual a mudança prevista no preço da nota de renda fixa?

19. Uma obrigação com vencimento em 30 anos tem taxa de cupom de 7%, paga anualmente. Ela é vendida hoje por US$ 867,42. Uma obrigação com vencimento em 20 anos tem taxa de cupom de 6,5%, paga anualmente. Ela é vendida hoje por US$ 879,50. Um analista de mercado de obrigações prevê que em cinco anos as obrigações com vencimento em 25 anos serão vendidas com um rendimento até o vencimento de 8% e que obrigações com vencimento em 15 anos serão vendidas com um rendimento de 7,5%. Como a inclinação da curva de rendimento é ascendente, o analista acredita que os cupons serão investidos em títulos de curto prazo por uma taxa de 6%. Qual obrigação oferece a maior taxa de retorno esperada ao longo do período de cinco anos?

20. a. Utilize uma planilha para calcular a duração das duas obrigações na Planilha 16.1, considerando que a taxa de juros anual aumentou para 12%. Por que a duração da obrigação com cupom cai e a da obrigação de cupom zero não se altera? (*Dica*: Analise o que ocorre com os pesos calculados na coluna F.)

   b. Utilize a mesma planilha para calcular a duração da obrigação com cupom, considerando um cupom de 12 e não de 8%. A taxa de juros semestral é novamente de 5%. Explique por que a duração é menor do que na Planilha 16.1. (Novamente, examine primeiro a coluna F.)

21. a. A nota de rodapé 7 apresenta a fórmula de convexidade de uma obrigação. Crie uma planilha para calcular a convexidade de uma obrigação de cinco anos e cupom de 8% que faz pagamentos anuais no rendimento até o vencimento inicial de 10%.
    b. Qual a convexidade da obrigação de cupom zero de cinco anos?

Difíceis

22. Uma obrigação de cupom zero e 12,75 anos de vencimento que está sendo vendida por um rendimento até o vencimento de 8% (rendimento anual efetivo) tem 150,3 de convexidade e duração modificada de 11,81 anos. Uma obrigação de cupom de 6% e 30 anos de vencimento que faz pagamentos de cupom anuais também está sendo vendida com um rendimento até o vencimento de 8%, tem uma duração quase idêntica – 11,79 anos –, mas uma convexidade consideravelmente maior de 231,2.
    a. Suponhamos que o rendimento até o vencimento das duas obrigações aumente para 9%. Qual será a porcentagem real de perda de capital de cada obrigação? Que porcentagem de perda de capital seria prevista pela regra de duração com convexidade?
    b. Repita a parte (a), mas desta vez suponha que o rendimento até o vencimento diminua para 7%.
    c. Compare o desempenho das duas obrigações nos dois cenários, um envolvendo um aumento na taxa, o outro, uma queda. Com base no desempenho de investimento comparativo, explique a atratividade da convexidade.
    d. Tendo em vista sua resposta em (c), você acha que seria possível duas obrigações com duração igual, mas convexidade diferente, serem precificadas inicialmente com o mesmo rendimento até o vencimento se os rendimentos sobre as duas obrigações sempre aumentassem ou diminuíssem em quantidades iguais, como neste exemplo? Alguém ficaria disposto a comprar a obrigação com menor convexidade sob essas circunstâncias?

23. Uma obrigação recém-emitida, com vencimento em dez anos, paga uma taxa de cupom de 7% (os pagamentos ocorrem uma vez ao ano). A obrigação é vendida pelo valor nominal.
    a. Qual a convexidade e qual a duração da obrigação? Utilize a fórmula de convexidade da nota de rodapé 7.
    b. Encontre o preço real da obrigação supondo que seu rendimento até o vencimento aumenta imediatamente de 7 para 8% (com vencimento ainda em dez anos).
    c. Qual preço seria previsto pela regra de duração (Equação 16.3)? Qual o erro percentual dessa regra?
    d. Qual preço seria previsto pela regra de duração com convexidade (Equação 16.5)? Qual o erro percentual dessa regra?

24. a. Utiliza a planilha para responder esta pergunta e presuma que a curva de rendimento é nivelada em 4%. Calcule a convexidade de uma carteira de renda fixa "*bullet*" ("bala"), isto é, uma carteira com um único fluxo de caixa. Suponha que um único fluxo de caixa de US$ 1.000 seja pago no quinto ano.
    b. Calcule a convexidade de uma carteira de renda fixa "*barbell*" ("haltere"), isto é, uma carteira com um fluxo de caixa idêntico ao longo do tempo. Suponhamos que o título pague fluxos de caixa de US$ 100 em cada um dos anos de 1–9, de modo que a duração seja próxima à *bullet* da primeira questão.
    c. Que carteira tem maior convexidade, *barbell* ou *bullet*?

1. a. Explique o impacto sobre o rendimento oferecido de acrescentar um recurso de resgate a uma emissão de obrigação proposta.
   b. Explique o impacto *tanto* sobre a duração efetiva da obrigação *quanto* a convexidade de acrescentar um recurso de resgate a uma emissão de obrigação proposta.

2. a. Uma obrigação com cupom de 6% que paga juros anualmente tem uma duração modificada de dez anos, é vendida por US$ 800 e tem rendimento até o vencimento de 8%. Se o YTM aumentar para 9%, qual será a mudança prevista no preço utilizando o conceito de duração?
   b. Uma obrigação com cupom de 6%, com cupons semestrais, tem convexidade (em anos) de 120, é vendida por 80% de seu valor nominal e tem rendimento até o vencimento de 8%. Se o YTM aumentar para 9,5%, qual será a contribuição prevista para a mudança percentual no preço decorrente da convexidade?
   c. Uma obrigação com pagamentos de cupom anuais tem taxa de cupom de 8% e duração de Macaulay de nove anos. Qual a duração modificada da obrigação?
   d. Quando a taxa de juros cai, a duração de uma obrigação de 30 anos vendida por um preço acima do normal:
      i. Aumenta.
      ii. Diminui.
      iii. Permanece igual.
      iv. Aumenta a princípio e depois diminui.
   e. Se um gestor de obrigações trocar uma obrigação por uma idêntica em termos de taxa de cupom, vencimento e qualidade de crédito, mas oferecer um rendimento até o vencimento mais alto, esse *swap* é considerado:
      i. *Swap* de substituição.
      ii. *Swap* de antecipação de taxa de juros.
      iii. *Swap* tributário.
      iv. *Swap* entre mercados diferentes.
   f. Qual obrigação tem a duração mais longa?
      i. Vencimento em 8 anos, cupom de 6%.
      ii. Vencimento em 8 anos, cupom de 11%.
      iii. Vencimento em 15 anos, cupom de 6%.
      iv. Vencimento em 15 anos, cupom de 11%.

3. Uma obrigação recém-emitida tem as seguintes características:

Cupom (%)	Rendimento até o vencimento (%)	Vencimento (anos)	Duração de Macaulay (anos)
8	8	15	10

   a. Calcule a duração modificada utilizando as informações acima.
   b. Explique por que a duração modificada é uma medida mais adequada do que o vencimento quando se calcula a suscetibilidade de uma obrigação a mudanças nas taxas de juros.
   c. Identifique a direção da mudança na duração modificada se:
      i. O cupom da obrigação fosse de 4 e não de 8%.
      ii. O vencimento da obrigação fosse 7 anos e não 15 anos.
   d. Defina convexidade e explique como a duração modificada e a convexidade são utilizadas para estimar a mudança percentual de preço da obrigação, tendo em vista uma mudança nas taxas de juros.

4. As obrigações da Zello Corporation com valor nominal de US$ 1.000 são vendidas por US$ 960, vencem em cinco anos e pagam semestralmente uma taxa de cupom anual de 7%.

a. Calcule cada um dos seguintes rendimentos:
   i. Rendimento atual.
   ii. Rendimento até o vencimento (porcentagem inteira mais próxima, isto é, 3%, 4%, 5% etc.).
   iii. Rendimento do horizonte (também chamado de retorno composto total) para um investidor com período de manutenção do investimento de três anos e taxa de reinvestimento de 6% durante o período. No final de três anos, as obrigações com cupom de 7% e dois anos restantes serão vendidas com rendimento de 7%.

b. Cite uma deficiência importante para cada uma das medidas de rendimento de renda fixa a seguir:
   i. Rendimento atual.
   ii. Rendimento até o vencimento.
   iii. Rendimento do horizonte (também chamado de retorno composto total).

5. Sandra Kapple apresenta para Maria VanHusen uma descrição, reproduzida na tabela a seguir, sobre a carteira de obrigações mantida pelo plano de pensão Star Hospital. Todos os títulos da carteira de obrigações são títulos não resgatáveis do Tesouro dos Estados Unidos.

| Valor nominal (US$) | Título do Tesouro | Valor de mercado (US$) | Preço atual | Preço se os rendimentos mudarem | | Duração efetiva |
				Até 100 pontos-base	Abaixo de 100 pontos-base	
48.000.000	2,375% com vencimento em 2011	48.667.680	101,391	99,245	103,595	2,15
50.000.000	4,75% com vencimento em 2036	50.000.000	100,000	86,372	116,887	–
98.000.000	Carteira de obrigações total	98.667.680	–	–	–	–

a. Calcule a duração efetiva de cada um dos itens a seguir:
   i. Título do Tesouro de 4,75% com vencimento em 2036.
   ii. Carteira de obrigações total.
b. VanHusen comenta com Kapple, "Se você mudasse a estrutura de vencimento da carteira de obrigações para obter uma duração de 5,25, a suscetibilidade de preço dessa carteira seria idêntica à de um único título não resgatável do Tesouro que também tem duração de 5,25 anos". Nessa circunstância o comentário de VanHusen estaria correto?

6. Uma das metas em comum entre os gestores de carteira de renda fixa é obter altos retornos incrementais sobre as obrigações corporativas em contraposição às obrigações do governo de duração comparável. A postura de alguns gestores de carteira de obrigações corporativas é encontrar e comprar as obrigações corporativas que oferecem os maiores *spreads* iniciais em relação a obrigações do governo de duração comparável. John Ames, gestor de renda fixa da HFS, acredita que é necessário utilizar um método mais rigoroso para maximizar os retornos incrementais.

A tabela a seguir apresenta dados relacionados a um conjunto de relações de *spread* corporativo/do governo (em pontos-base, pb) presentes no mercado em uma data específica:

Classificação das obrigações	Spread inicial sobre obrigações do Governo (pb)	Spread do horizonte esperado (pb)	Duração inicial (anos)	Duração esperada daqui a 1 ano
Aaa	31	31	4	3,1
Aa	40	50	4	3,1

Nota: 1 pb significa 1 ponto básico ou 0,01%.

a. Recomende a compra ou de obrigações Aaa ou de obrigações Aa para um horizonte de investimento de um ano tendo em vista a meta de maximizar os retornos incrementais.
b. Ames decide não depender *apenas* das relações de *spread* inicial. Seu sistema analítico considera uma série de outras variáveis importantes que podem afetar os retornos incrementais realizados, como cláusulas de resgate e possíveis mudanças nas taxas de juros. Descreva outras variáveis além das descritas acima que Ames deve incluir em sua análise e explique como cada uma delas poderia levar os retornos incrementais realizados a diferir daqueles indicados pelas relações de *spread* inicial.

7. Patrick Wall está pensando em comprar uma das duas obrigações descritas na tabela a seguir. Wall constata que sua decisão dependerá da duração efetiva e acredita que as taxas de juros diminuirão em 50 pontos-base em todos os vencimentos nos próximos seis meses.

Característica	CIC	PTR
Preço de mercado	101,75	101,75
Data de vencimento	1º de junho de 2022	1º de junho de 2022
Data de resgate	Não resgatável	1º de junho de 2017
Cupom anual	5,25%	6,35%
Pagamento de juros	Semianual	Semianual
Duração efetiva	7,35	5,40
Rendimento até o vencimento	5,02%	6,10%
Classificação de crédito	A	A

a. Calcule a mudança de preço percentual prevista pela duração efetiva para as obrigações CIC e PTR bonds, considerando que as taxas de juros têm uma queda de 50 pontos-base nos próximos seis meses.
b. Calcule o retorno de horizonte de seis meses (em porcentagem) de ambas as obrigações, considerando que o preço real da obrigação CIC é 105,55 e o preço real da obrigação PTR é 104,15 no final de seis meses.
c. Embora as taxas de juros tenham tido uma queda de 50 pontos-base, Wall é surpreendido pelo fato de o preço real da obrigação CIC ter sido superior à mudança de preço prevista pela duração efetiva e a mudança de preço real da obrigação PTR ter sido inferior à mudança de preço prevista pela duração efetiva. Explique por que a mudança de preço real seria superior para a obrigação CIC e a mudança de preço real seria inferior para a obrigação PTR.

8. Você é gestor de uma carteira de obrigações de um fundo de pensão. As políticas do fundo permitem a utilização de estratégias ativas na gestão da carteira de obrigações.

Parece que o ciclo econômico está começando a amadurecer, espera-se que a inflação acelere e, na tentativa de conter a expansão econômica, a política do banco central está tendendo à contenção. Para cada uma das situações a seguir, indique qual das duas obrigações você preferirá. Justifique brevemente sua resposta em cada caso.

a. Governo do Canadá (moeda canadense), 4% com vencimento em 2017, preço de 98,75 e rendimento até o vencimento de 4,50%.

ou

Governo do Canadá (moeda canadense), 4% com vencimento em 2027, preço de 91,75 e rendimento de até o vencimento 5,19%.

b. Texas Power e Light Co., 5½ com vencimento em 2022, classificação AAA, preço de 90 e rendimento até o vencimento de 7,02%.

ou

Arizona Public Service Co., 5,45 com vencimento em 2022, classificação A–, preço de 85 e rendimento até o vencimento de 8,05%.

c. Commonwealth Edison, 2¾ com vencimento em 2021, classificação Baa, preço de 81 e rendimento até o vencimento de 7,2%.

ou

Commonwealth Edison, 9⅜ com vencimento em 2021, classificação Baa, preço de 114,40 e rendimento até o vencimento de 7,2%.

d. Shell Oil Co., debêntures de fundo de amortização de 6½ com vencimento em 2027, classificação AAA (o fundo de amortização inicia-se em setembro de 2013 pelo valor nominal), preço de 89 e rendimento até o vencimento de 7,1%.

ou

Debêntures de fundo de amortização de 6⅞ com vencimento em 2027, classificação AAA (o fundo de amortização inicia-se em abril de 2020 pelo valor nominal), preço de 89 e rendimento até o vencimento de 7,1%.

e. Banco de Montreal (moeda canadense), certificados de depósito de 5% com vencimento em 2015, classificação AAA, preço de 100 e rendimento até o vencimento de 5%.

ou

Banco de Montreal (moeda canadense), notas com taxa flutuante, vencimento em 2017 e classificação AAA. Atualmente o cupom está fixado em 3,7%, preço de 100 (cupom ajustado semestralmente para 0,5% acima da taxa de letras de três meses do Tesouro do governo canadense).

9. Um membro do comitê de investimento de uma empresa está muito interessado em obter informações sobre gestão de carteiras de renda fixa. Ele gostaria de saber como os gerentes de renda fixa posicionam carteiras para explorar suas expectativas com relação a três fatores que influenciam as taxas de juros.

a. Mudanças no nível das taxas de juros.
b. Mudanças nos *spreads* de rendimento nos e entre setores.
c. Mudanças nos *spreads* de rendimento em relação a um instrumento específico.

Formule e descreva uma estratégia de gestão de carteira de renda fixa para cada um desses três fatores de taxa de juros que poderia ser utilizada para explorar as expectativas de um gestor de carteira em relação a esse fator. (*Nota*: São necessárias três estratégias, uma para cada um dos fatores listados.)

10. Carol Harrod é diretora executiva de investimento de um fundo de pensão americano avaliado em US$ 100 milhões. A porção de renda fixa da carteira é ativamente gerenciada e uma porção considerável da carteira de ações americanas de alta capitalização do fundo é indexada e gerenciada pela Webb Street Advisors.

Harrod ficou impressionado com os resultados de investimento da estratégia de índice de ações da Webb Street e está pensando em lhe pedir para indexar uma porção da carteira de renda fixa gerenciada ativamente.

a. Descreva as vantagens e desvantagens da indexação de obrigações em relação à gestão ativa de obrigações.
b. A Webb Street gerencia carteiras de obrigações indexadas. Fale sobre como uma carteira de obrigações indexada é construída de acordo com os métodos de amostragem estratificada (por célula).
c. Descreva o principal erro de *tracking* do método por célula.

11. Janet Meer é gestora de carteira de renda fixa. Ao perceber que a curva de rendimento atual está achatada, ela pensa na possibilidade de comprar uma obrigação corporativa recém-emitida, com opção livre, cupom de 7%, vencimento em dez anos, pelo valor nominal. A obrigação tem as seguintes características:

	Mudança nos rendimentos	
	Aumento de 10 pontos-base	Diminuição de 10 pontos-base
Preço	99,29	100,71
Medida de convexidade		35,00
Ajuste de convexidade		0,0035

a. Calcule a duração modificada da obrigação.
b. Meer também está pensando em comprar uma obrigação corporativa recém-emitida, com opção livre, cupom de 7,25%, vencimento em 12 anos, pelo valor nominal. Ela gostaria de avaliar a suscetibilidade de preço da segunda obrigação a uma mudança paralela decrescente instantânea de 200 pontos-base na curva de rendimento. Com base nos dados a seguir, qual será a respectiva mudança de preço nesse cenário de curva de rendimento?

Preço na emissão original	Valor nominal, com rendimento de 7,25%
Duração modificada (ao preço original)	7,90
Medida de convexidade	41,55
Ajuste de convexidade (mudança de rendimento de 200 pontos-base)	1,66

c. Meer pede à sua assistente para analisar várias obrigações resgatáveis, tendo em vista a mudança paralela descendente esperada na curva de rendimento. Sua assistente afirma que, se as taxas de juros caírem o suficiente, a convexidade da obrigação resgatável se tornará negativa. O argumento dela está correto?

12. Noah Kramer, gestor de carteira de renda fixa estabelecido no país de Sevista, está considerando a compra de uma obrigação do governo desse país. Kramer decide avaliar duas estratégias para implementar seu investimento nas obrigações de Sevista. A Tabela 16A apresenta detalhes das duas estratégias e a Tabela 16B contém as suposições que se aplicam a ambas.

Antes de escolher uma das duas estratégias de investimento em obrigações, Kramer quer analisar como o valor de mercado das obrigações mudará se ocorrer uma mudança instantânea na taxa de juros após seu investimento. Os detalhes da mudança na taxa de juros são mostrados na Tabela 16C. Com base na mudança instantânea na taxa de juros mostrada na Tabela 16C, calcule a mudança percentual no valor de mercado das obrigações que ocorrerá com cada estratégia.

TABELA 16A Estratégias de investimento (as quantias correspondem ao valor de mercado investido – US$)

Estratégia	Vencimento de 5 anos (duração modificada = 4,83)	Vencimento de 15 anos (duração modificada = 14,35)	Vencimento de 25 anos (duração modificada = 23,81)
I	5 milhões	0	5 milhões
II	0	10 milhões	0

TABELA 16B Suposições das estratégias de investimento

Valor de mercado das obrigações	US$ 10 milhões
Vencimentos das obrigações	5 e 25 anos ou 15 anos
Taxas de cupom das obrigações	0,00% (cupom zero)
Duração modificada pretendida	15 anos

TABELA 16C Mudança instantânea na taxa de juros imediatamente após o investimento

Vencimento (anos)	Mudanças na taxa de juros (pontos base – pb)
5	Queda de 75
15	Elevação de 25
25	Elevação de 50

13. Como parte de sua análise da dívida emitida pela Monticello Corporation, você é solicitado a avaliar duas emissões específicas de obrigação mostradas na tabela a seguir.

	Obrigação A (resgatável)	Obrigação B (não resgatável)
Vencimento	2020	2020
Cupom (%)	11,50	7,25
Preço atual	125,75	100,00
Rendimento até o vencimento (%)	7,70	7,25
Duração modificada até o vencimento	6,20	6,80
Data de resgate	2014	–
Preço de resgate	105	–
Rendimento até o resgate (%)	5,10	–
Duração modificada até o resgate	3,10	–

a. Utilizando as informações sobre duração e rendimento da tabela anterior, compare o comportamento do preço e do rendimento das duas obrigações em cada um dos dois cenários a seguir:
   i. Forte recuperação econômica e expectativas de inflação crescente.
   ii. Recessão econômica e expectativas de queda na inflação.
b. Utilizando as informações da tabela, calcule a mudança de preço prevista para a obrigação B considerando que o rendimento até o vencimento caia 75 pontos-base.
c. Descreva a desvantagem de analisar a obrigação A estritamente em relação ao resgate ou ao vencimento.

EXERCÍCIOS DE INVESTIMENTO NA *WEB*

Entre em www.investinginbonds.com/story.asp?id5207. Escolha o *link* correspondente à calculadora de obrigações para finalidades gerais. Essa calculadora oferece o rendimento até o vencimento, a duração modificada e a convexidade da obrigação à medida que o respectivo preço muda. Insira diferentes dados para experimentar. O que ocorre com a duração e a convexidade quando o cupom aumenta? Quando o vencimento aumenta? Quando o preço aumenta (mantendo o cupom fixo)?

SOLUÇÕES PARA AS REVISÕES DE CONCEITOS

1. Utilize a Planilha 16.1 com taxa de desconto semestral de 4,5%.

	Período	Prazo até o pagamento (anos)	Fluxo de caixa	PV do CF (taxa de desconto = 4,5% por período)	Peso	Peso × tempo
A. Obrigação com cupom de 8%	1	0,5	40	38,278	0,0390	0,0195
	2	1,0	40	36,629	0,0373	0,0373
	3	1,5	40	35,052	0,0357	0,0535
	4	2,0	1.040	872,104	0,8880	1,7761
Soma:				982,062	1,0000	1,8864
B. Cupom zero	1	0,5	0	0,000	0,0000	0,0000
	2	1,0	0	0,000	0,0000	0,0000
	3	1,5	0	0,000	0,0000	0,0000
	4	2,0	1.000	838,561	1,0000	2,0000
Soma:				838,561	1,0000	2,0000

A duração da obrigação de cupom de 8% aumenta para 1,8864 ano. O preço aumenta para US$ 982,062. A duração da obrigação de cupom zero permanece em dois anos, apesar de seu preço também aumentar (para US$ 838,561) quando a taxa de juros cai.

2. *a.* Se a taxa de juros aumentar de 9 para 9,05%, o preço da obrigação cairá de US$ 982,062 para US$ 981,177. A mudança percentual no preço é 20,0901%.

   b. Utilizando a taxa semestral inicial de 4,5%, a duração é 1,8864 ano (consulte a "Revisão de Conceitos 16.1"). Portanto, a fórmula de duração faria uma previsão de mudança no preço de

   $$\frac{-1,8864}{1,045} \times 0,0005 = -0,000903 = -0,0903\%$$

   que é a mesma resposta que obtivemos do cálculo direto na parte (*a*).

3. A duração de uma perpetuidade constante é $(1 + y)/y$ ou $1 + 1/y$, que evidentemente cai à medida que y aumenta. Tabulando a duração como função de y, obtemos:

y	D (anos)
0,01	101
0,02	51
0,05	21
0,10	11
0,20	6
0,25	5
0,40	3,5

4. De acordo com as regras de duração apresentadas neste capítulo, você deve identificar que a duração é menor quando a taxa de cupom ou rendimento até o vencimento é maior. A duração aumenta com o vencimento para a maioria das obrigações. A duração é menor quando os cupons são pagos semestralmente e não anualmente porque em média os pagamentos são realizados mais cedo. Em vez de esperar até o fim do ano para receber o cupom anual, os investidores recebem metade do cupom na metade do ano.

5. A duração de Macaulay é definida como a média ponderada dos prazos até o recebimento de cada um dos pagamentos da obrigação. A duração modificada é definida como a duração de Macaulay dividida por $1 + y$ (onde y é o rendimento por período de pagamento, por exemplo, um rendimento semestral se a obrigação pagar cupons semestrais). É possível demonstrar que, para uma obrigação não conversível, a duração modificada é aproximadamente igual à mudança percentual no preço da obrigação por mudança no rendimento. A duração efetiva capta essa última propriedade da duração modificada. Ela é *definida* como a mudança percentual no preço da obrigação por mudança no nível das taxas de juros do mercado. A duração efetiva de uma obrigação com opções incorporadas exige um método de avaliação que leve em conta essas opções no cálculo de mudanças de preço. Ela não pode ser associada a uma média ponderada de prazos até o pagamento porque os pagamentos em si são incertos.

6. A duração da perpetuidade agora seria $1,08/0,08 = 13,5$. Precisamos resolver w na seguinte equação

   $$w \times 2 + (1 - w) \times 13,5 = 6$$

   Portanto, $w = 0,6522$.

7. A dedicação seria mais atraente. A equiparação de fluxo de caixa elimina a necessidade de rebalanceamento e, portanto, poupa custos de transação.

8. Preço atual = US$ 1.091,29

   Preço previsto = US$ 100 × Fator de anuidade (10%, 18 anos)
   \+ US$ 1.000 × Fator PV (10%, 18 anos)
   = US$ 1.000

   O valor futuro dos cupons reinvestidos será (US$ 100 × 1,08) + US$ 100 = US$ 208

   O retorno de dois anos é

   $$\frac{US\$\ 208 + (US\$\ 1.000 - US\$\ 1.091,29)}{US\$\ 1.091,29} = 0,107 \text{ ou } 10,7\%$$

   A taxa de retorno anualizada ao longo do período de dois anos seria então $(1,107)^{1/2} - 1 = 0,052$ ou 5,2%.

17 Análise macroeconômica e setorial

O VALOR INTRÍNSECO DE UMA ação depende dos dividendos e lucros que podem ser esperados da empresa. Esse é o cerne da **análise fundamentalista**, isto é, a análise de determinantes de valor como as perspectivas de lucro. Basicamente, o sucesso comercial de uma empresa determina os dividendos que ela poderá pagar aos acionistas e o preço que auferirá no mercado de ações. Entretanto, como as perspectivas da empresa estão amarradas às da economia em geral, a análise fundamentalista deve considerar o ambiente de negócios em que a empresa opera. Para algumas empresas, as circunstâncias macroeconômicas e setoriais podem ter maior influência sobre os lucros do que o desempenho relativo da empresa dentro de seu setor. Em outras palavras, os investidores precisam ter em mente o quadro econômico geral.

Desse modo, ao analisar as perspectivas de uma empresa, com frequência faz sentido começar com o ambiente econômico mais amplo, examinando a situação da economia agregada e até mesmo da economia internacional. A partir daí, consideramos as implicações do ambiente externo para o setor em que a empresa atua. Por último, a posição da empresa dentro do setor é examinada.

Este capítulo aborda os aspectos amplos da análise fundamentalista – a análise macroeconômica e setorial. Os dois capítulos subsequentes cobrem a análise específica às empresas. Começaremos com uma discussão sobre os fatores internacionais relevantes para o desempenho de uma empresa e passaremos para uma visão geral da importância das principais variáveis geralmente utilizadas para resumir a situação da macroeconomia. Em seguida, analisamos as políticas macroeconômicas do governo. Concluímos a análise do ambiente macroeconômico com uma discussão sobre os ciclos econômicos. Finalmente, passamos para uma análise setorial, abordando assuntos relacionados com a sensibilidade da empresa ao ciclo econômico, o ciclo de vida usual de um setor e as questões estratégicas que afetam o desempenho do setor.

17.1 Economia global

Uma análise de cima para baixo das perspectivas de uma empresa deve começar com a economia global. A economia internacional pode afetar as perspectivas de exportação de uma empresa, a concorrência de preço que ela enfrenta em relação a concorrentes internacionais ou os lucros que ela obtém de investimentos realizados no exterior. A Tabela 17.1 mostra a importância da macroeconomia global ou de grandes regiões para as perspectivas de uma empresa. Nesse momento, grande parte da Europa ainda estava atolada na crise da zona do euro e a expectativa era de que mostrasse um crescimento débil ou mesmo negativo. Em contraposição, de acordo com as previsões, outras grandes regiões, como a Ásia, exibiriam taxas de crescimento bastante saudáveis. O grupo de países chamado de Brics (Brasil, Rússia, Índia, China e África do Sul), com frequência em virtude de seu rápido desenvolvimento recente, continuaria a ter esse desempenho.

Além da variação nas condições macroeconômicas regionais, o desempenho econômico varia consideravelmente entre os países até mesmo de uma mesma região. Na Europa, a previsão era de que a economia da Grécia continuaria sofrendo árduas contrações, como uma queda no PIB de 5,0% em 2013, e a Alemanha mostraria um crescimento positivo, ainda que modesto.

DESTAQUE DA REALIDADE

HONDA ACELERA FORA DO JAPÃO

A Honda Motor Co. pretende deslocar uma importante parcela de sua produção para a América do Norte ao longo dos próximos dois anos, engordando sua capacidade de produção em 40% na região para combater a valorização do iene, responsável pelo encarecimento da exportação de carros japoneses ao redor do mundo.

A determinação em se fortalecer na América do Norte é motivada pela valorização do iene em relação ao dólar americano, uma mudança que está levando a Honda e outros fabricantes de automóveis japoneses a perder dinheiro em vários dos veículos que hoje o Japão exporta. O iene mais forte corrói o valor do lucro denominado em dólar e torna a exportação menos competitiva em termos de preço.

A Honda, que produziu 1,29 milhão de veículos na América do Norte em 2010, pretende construir uma nova fábrica em Celaya, México, e ampliar todas as sete montadoras existentes com o objetivo de fabricar em torno de 2 milhões de carros e caminhonetes por ano, afirmou Tetsuo Iwamura, presidente da American Honda, divisão norte-americana da empresa, em uma entrevista ao *The Wall Street Journal*.

Essa mudança estratégica está "diretamente relacionada com o iene", disse Iwamura. "É praticamente impossível obter lucro [com a exportação de veículos do Japão] a curto e médio prazo."

A mudança da Honda demonstra o amplo impacto do iene sobre os fabricantes de automóveis japoneses, cuja moeda se valorizou aproximadamente 40% nos últimos quatro anos. O iene estava sendo negociado a 77,89 em relação ao dólar de terça-feira, quando em 2007, o que não faz muito tempo, era negociado a 120 em relação ao dólar.

Com esse fortalecimento expressivo do iene é particularmente difícil ganhar dinheiro com carros pequenos porque nesse caso as margens já são magras. Para ajudar a diminuir o número de carros Fit que a Honda exporta do Japão, recentemente a empresa começou a enviá-los da China para as concessionárias canadenses como medida provisória.

Fonte: Extraído de Mike Ramsey e Neal E. Boudette, "Honda Revs Up Plants in America", *The Wall Street Journal*, 21 de dezembro de 2011. Reimpresso com permissão. Copyright© 2011 Dow Jones & Company, Inc. Todos os direitos reservados mundialmente.

Talvez o surpreendente seja que os melhores retornos do mercado acionário não se alinham com as melhores expectativas macroeconômicas. Isso reflete o impacto da quase eficiência do mercado. O crescimento da China foi o mais alto na amostra da Tabela 17.1, mas já se previa no início do ano que seu crescimento seria alto. Com um crescimento real um pouco inferior à expectativa, o desempenho do mercado acionário foi insosso. Em contraposição, o crescimento da Alemanha foi tépido, mas seu mercado acionário resplandeceu quando seus riscos em relação às dificuldades da zona do euro deram mostras de acalmar.

TABELA 17.1 Desempenho econômico

	Retorno do mercado acionário (%), 2012		Crescimento previsto no PIB, 2013 (%)
	Moeda local	Dólares americanos	
Alemanha	31,9	34,5	0,7
Brasil	10,2	0,8	3,5
Canadá	4,9	8,6	2,0
China	3,1	4,2	8,5
Cingapura	21,0	28,5	2,9
Coreia do Sul	11,2	20,5	3,4
Espanha	−0,6	1,4	−1,7
EUA	9,8	9,8	1,0
França	18,2	20,5	0,0
Grã-Bretanha	8,2	13,3	1,0
Grécia	38,3	41,1	−5,0
Hong Kong	26,5	26,7	2,6
Índia	27,6	26,7	6,5
Itália	12,0	14,2	−0,9
Japão	18,0	4,2	0,8
México	19,5	30,9	3,7
Rússia	3,7	10,5	3,7
Tailândia	37,3	42,7	4,2

Fonte: The Economist, 5 de janeiro de 2013.

Esses dados mostram que o ambiente econômico nacional pode ser um determinante crucial do desempenho setorial. É bem mais difícil as empresas terem sucesso em uma economia em retração do que em uma economia em expansão. Essa observação evidencia o quanto uma análise macroeconômica ampla é um elemento fundamental do processo de investimento.

Além disso, o ambiente global apresenta riscos políticos de magnitude considerável. A crise do euro é um exemplo convincente da interação entre política e economia. As perspectivas de resgate financeiro para a Grécia, bem como de apoio a economias em dificuldade mas bem mais amplas como a Espanha, são predominantemente problemas políticos, mas com enormes consequências para a economia mundial. De modo semelhante, o debate de 2012 sobre o abismo fiscal nos Estados Unidos foi o palco de batalhas políticas campais com imensas consequências econômicas. E, obviamente, a batalha política permanente contra os déficits orçamentários do governo e sobre como enfrentá-los é de tremenda importância para a economia. Nesse nível de análise, é evidente que a política e a economia estão intimamente entrelaçadas.

Outras questões políticas menos impressionantes, mas mesmo assim extremamente importantes para o crescimento econômico e os retornos sobre os investimentos, incluem os problemas de protecionismo e as políticas comerciais, o fluxo livre de capital e a situação da força de trabalho de um país.

Um fator evidente que afeta a competitividade internacional dos setores de um país é a taxa de câmbio entre a moeda desse país e outras moedas. A **taxa de câmbio** é a taxa por meio da qual uma moeda nacional pode ser convertida em uma moeda estrangeira. Por exemplo, no início de 2013, eram necessários em torno de 88 ienes para comprar 1 dólar americano. Dizemos então que a taxa de câmbio é ¥ 88 por dólar ou, de forma equivalente, US$ 0,0144 por iene.

À medida que as taxas de câmbio flutuam, o valor em dólar dos bens com preço em moeda estrangeira também flutua. Por exemplo, em 1980, a taxa de câmbio entre dólar e iene era aproximadamente US$ 0,0045 por iene. Como a taxa de câmbio em 2013 era US$ 0,13 por iene, um cidadão americano teria precisado de mais ou menos 2,5 vezes mais dólares em 2013 para comprar um produto à venda por ¥ 10 mil do que teria precisado em 1980. Se o produtor japonês mantivesse o mesmo preço em iene de seu produto, o preço expresso em dólares americanos mais do que dobraria. Contudo, isso tornaria os produtos japoneses mais caros para os consumidores dos Estados Unidos e, consequentemente, haveria perda de vendas. Obviamente, a valorização do iene cria um problema para os produtores japoneses que precisam concorrer com os produtores americanos.

O quadro "Destaque da Realidade" analisa a reação da Honda ao aumento expressivo no valor do iene. A empresa está transferindo boa parte de suas operações fabris para a América do Norte para aproveitar o custo de produção reduzido (avaliado em iene) nos Estados Unidos e no México. Além disso, ao levar parte da produção para a América do Norte, a Honda diversifica sua exposição a futuras flutuações na taxa de câmbio.

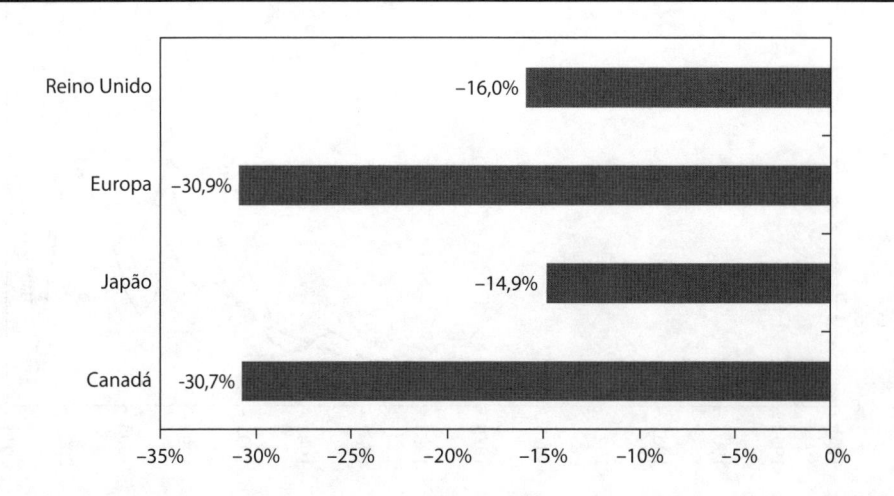

País	Variação
Reino Unido	−16,0%
Europa	−30,9%
Japão	−14,9%
Canadá	−30,7%

FIGURA 17.1 Mudança na taxa de câmbio real: dólar americano *versus* principais moedas, 2001–2011

Fonte: Cálculo com base em dados do *The Economic Report of the President*, 2012.

A Figura 17.1 mostra a mudança no poder aquisitivo do dólar americano em relação ao poder aquisitivo de moedas de vários países industriais importantes de 2001 a 2011. O índice de poder aquisitivo é chamado de taxa de câmbio "real" ou ajustada à inflação. A mudança na taxa de câmbio real mede quão mais caro ou mais barato os produtos estrangeiros ficaram para os cidadãos americanos, levando em conta as flutuações da taxa de câmbio e diferenciais de inflação em diferentes países. Um valor positivo na Figura 17.1 significa que o dólar ganhou poder aquisitivo em relação a outra moeda; um número negativo indica uma depreciação do dólar. Essa figura demonstra que, na última década, o dólar americano depreciou em termos reais em relação a cada moeda apresentada na Figura 17.1. Os produtos com preço em moeda estrangeira ficaram mais caros para os consumidores americanos; em contraposição, os produtos com preço em dólar americano ficaram mais acessíveis para os consumidores estrangeiros.

17.2 Macroeconomia interna

A macroeconomia é o ambiente em que todas as empresas atuam. A importância da macroeconomia para a determinação do desempenho de investimentos é mostrada na Figura 17.2, que compara o nível do índice de preço de ações S&P 500 com estimativas de lucro por ação (*earnings per share* – EPS) das empresas S&P 500. O gráfico mostra que os preços das ações tendem a subir com os lucros. Embora o índice exato entre o preço das ações e o lucro varie com fatores como taxas de juros, risco, taxas de inflação e outras variáveis, o gráfico mostra que, de forma geral, ele tende a ficar entre 12 e 25. Com índices de preço/lucro "normais", nossa expectativa seria de que o índice S&P 500 se enquadrasse nesses limites. Embora a regra de multiplicador de lucros evidentemente não seja perfeita – observe o aumento expressivo no múltiplo de preço/lucro (*price/earnings* – P/E) na década de 1990 –, também parece claro que o nível do mercado em geral e dos lucros agregados tomam a mesma direção. Desse modo, o primeiro passo na previsão do desempenho do mercado em geral é avaliar a situação da economia como um todo.

A capacidade de prever a macroeconomia pode se traduzir em um desempenho de investimento espetacular. Porém, não é o suficiente fazer uma boa previsão da macroeconomia. É necessário prevê-la *melhor* do que os concorrentes para obter lucros acima do normal. Nesta seção, examinamos algumas das estatísticas econômicas fundamentais utilizadas para descrever a conjuntura macroeconômica.

Produto interno bruto O **produto interno bruto** ou **PIB** é a medida da produção total de produtos e serviços da economia. Quando o PIB está crescendo rapidamente, isso indica uma economia em

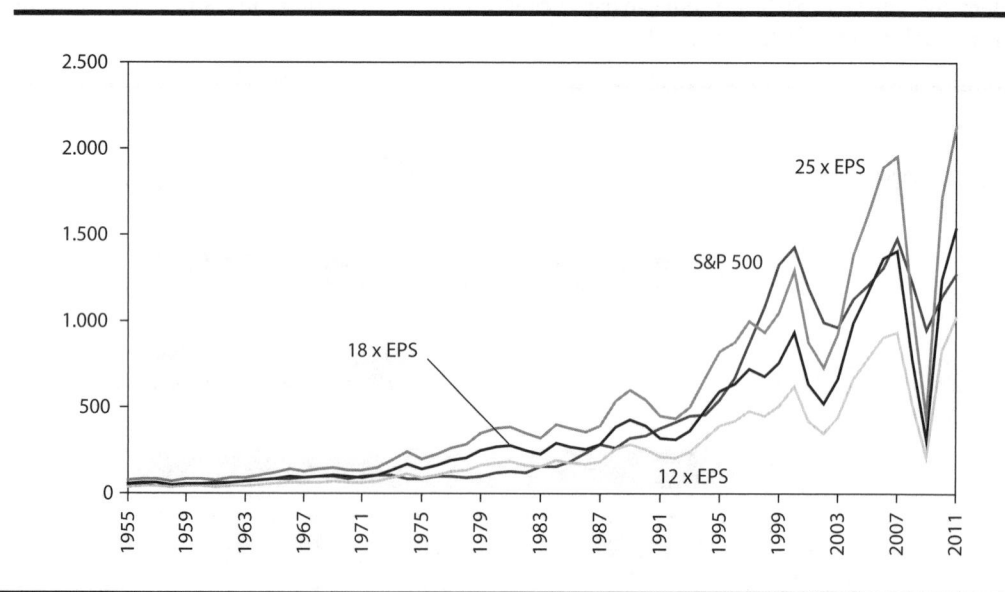

FIGURA 17.2
Índice S&P 500 *versus* lucro por ação

Fonte: Cálculo dos autores utilizando dados do *The Economic Report of the President*.

expansão com amplas oportunidades para uma empresa aumentar suas vendas. Outra medida conhecida da produção da economia é a *produção industrial*. Essa estatística oferece uma medida da atividade econômica que se concentra mais diretamente no setor industrial da economia.

Emprego A **taxa de desemprego** é a porcentagem da força de trabalho total (isto é, aqueles que estão trabalhando ou procurando emprego ativamente) que ainda está à procura de trabalho. Essa taxa mede até que ponto a economia está operando em plena capacidade. Ela é um fator que está relacionado apenas com os trabalhadores, mas uma percepção mais abrangente da força da economia de outros fatores de produção pode ser obtida da taxa de desemprego. Os analistas também consideram a *taxa de utilização de capacidade* da fábrica, que é o índice de produção real das fábricas em relação à produção possível.

Inflação A taxa segundo a qual o nível geral de preços sobe é chamada de **inflação**. As taxas altas com frequência estão associadas com economias "superaquecidas", isto é, em que a demanda por bens e serviços está superando a capacidade produtiva, o que gera uma pressão ascendente sobre os preços. A maioria dos governos precisa fazer malabarismo com relação às suas políticas econômicas. Eles esperam estimular suficientemente sua economia para manter um quadro de quase pleno emprego, mas não a ponto de provocar pressões inflacionárias. O equilíbrio percebido entre inflação e desemprego está no cerne de vários debates sobre política macroeconômica. Há uma margem considerável para controvérsias a respeito dos custos relativos dessas políticas, bem como sobre a vulnerabilidade relativa da economia a essas pressões em qualquer momento específico.

Taxas de juros As taxas de juros altas diminuem o valor presente dos fluxos de caixa futuros, reduzindo, desse modo, a atratividade das oportunidades de investimento. Por esse motivo, as taxas de juros reais são determinantes importantes das despesas de investimento das empresas. A demanda por moradia e bens de consumo duráveis caros, como automóveis, que normalmente são financiados, é também muito sensível às taxas de juros porque essas taxas afetam os pagamentos de juros. (No Capítulo 5, Seção 5.1, examinamos os determinantes das taxas reais de juros.)

Déficit orçamentário O **déficit orçamentário** do governo federal é a diferença entre os gastos e as receitas do governo. Qualquer déficit orçamentário deve ser compensado por empréstimos governamentais. Grande parte dos empréstimos tomados pelo governo pode forçar a elevação das taxas de juros ao aumentar a demanda total por crédito na economia. Os economistas costumam acreditar que o excesso de empréstimos tomados pelo governo sufoca o empréstimo e os investimentos privados (fenômeno denominado *crowding out*) ao forçar a elevação da taxa de juros e "deter" o investimento empresarial.

Entusiasmo O otimismo ou pessimismo dos consumidores e produtores em relação à economia são determinantes importantes do desempenho econômico. Se os consumidores sentirem confiança em seu nível econômico futuro, por exemplo, ficarão mais dispostos a gastar em itens de preço elevado. Do mesmo modo, as empresas aumentarão os níveis de produção e estoque se preverem maior demanda por seus produtos. Nesse sentido, as crenças influenciam o grau de consumo e investimento e afetam a demanda agregada por produtos e serviços.

> **REVISÃO DE CONCEITOS 17.1**
>
> Considere uma economia na qual o setor predominante seja o de fabricação de automóveis para consumo interno e exportação. Suponhamos agora que o mercado de automóveis seja prejudicado por uma extensão do período de uso e substituição dos veículos pelos proprietários. Descreva os efeitos prováveis dessa mudança sobre (*a*) o PIB, (*b*) o desemprego, (*c*) o déficit orçamentário governamental e (*d*) as taxas de juros.

17.3 Choques de demanda e oferta

Um método prático para organizar sua análise sobre os fatores que podem influenciar a macroeconomia é classificar qualquer impacto como um choque de oferta ou de demanda. Um **choque de demanda** é um evento que afeta a demanda por produtos e serviços na economia. Exemplos de choques de demanda positivos são a redução das alíquotas de imposto, aumento na oferta de moeda, aumento no gasto governamental ou aumento na demanda de exportação para o exterior. Um **choque de oferta** é um evento que influencia a capacidade e os custos de produção. Exemplos de choques de oferta são mudanças no preço do petróleo importado, geadas, enchentes ou secas que podem destruir grandes quantidades da safra agrícola; mudanças no nível educacional da mão de obra de uma economia; ou mudanças nos índices salariais pelos quais os trabalhadores estão dispostos a trabalhar.

Os choques de demanda geralmente caracterizam-se por um deslocamento da produção agregada na mesma direção das taxas de juros e da inflação. Por exemplo, um grande aumento nos gastos do governo tenderá a estimular a economia e a aumentar o PIB. Isso também pode elevar as taxas de juros ao aumentar a demanda por empréstimo de fundos por parte do governo e igualmente por empresas que desejam contrair empréstimos para financiar novos empreendimentos. Por fim, pode aumentar a taxa de inflação se a demanda por produtos e serviços aumentar para um nível ou acima do nível de capacidade produtiva total da economia.

Normalmente, os choques de demanda caracterizam-se por um deslocamento da produção agregada na direção oposta das taxas de juros e inflação. Por exemplo, um grande aumento no preço do petróleo importado será inflacionário porque os custos de produção aumentarão, o que, com o tempo, provocará um aumento nos preços dos produtos acabados. O aumento das taxas de inflação ao longo de um curto espaço de tempo pode elevar as taxas de juros nominais. Nesse contexto, a produção agregada cairá. Com a elevação do preço das matérias-primas, a capacidade produtiva da economia diminuirá, assim como o poder das pessoas para comprar produtos que agora custam mais caro. Desse modo, o PIB tende a cair.

Como podemos relacionar essa situação com a análise de investimento? Você deseja identificar os setores que se beneficiarão mais ou serão mais prejudicados em qualquer cenário macroeconômico que você prever. Por exemplo, se você prever um estreitamento na oferta de moeda, desejará evitar setores como o de fabricação de veículos que podem ser prejudicados com um provável aumento nas taxas de juros. Alertamos mais uma vez que não é fácil fazer essas previsões. As previsões macroeconômicas são notoriamente suspeitas. Além disso, mais uma vez ressaltamos que certamente sua previsão será realizada apenas com informações já disponíveis ao público. Qualquer vantagem de investimento que você tiver resultará unicamente de uma análise melhor, e não de informações melhores.

17.4 Políticas do governo federal

Tal como a seção anterior indicou, o governo tem duas classes de ferramentas macroeconômicas: aquelas que afetam a demanda por produtos e serviços e aquelas que afetam a respectiva oferta. Durante grande parte da história pós-guerra, o interesse pelas políticas de demanda foi primordial. O foco recaiu sobre os gastos do governo, os níveis tributários e a política monetária. Entretanto, desde a década de 1980, uma atenção crescente tem sido dada à economia da oferta. Interpretadas em linhas gerais, as considerações com relação à oferta estão relacionadas com o aumento da capacidade produtiva da economia, e não com o aumento da demanda por produtos e serviços que a economia é capaz de produzir. Na prática, os economistas da oferta têm se concentrado na adequação dos incentivos para trabalhar, inovar e assumir riscos que resultam de nosso sistema tributário. No entanto, questões como as políticas nacionais de educação, infraestrutura (como sistemas de comunicação e transporte) e pesquisa e desenvolvimento também são vistas como parte de uma política macroeconômica voltada para a oferta.

Política fiscal

Política fiscal refere-se a ações do governo com relação a gastos e à tributação e faz parte da "administração voltada para a demanda". Provavelmente, a política fiscal é a forma mais direta de estimular ou desacelerar a economia. A diminuição dos gastos do governo reduz diretamente a demanda por produtos e serviços. De forma semelhante, o aumento das alíquotas de imposto drena imediatamente a renda dos consumidores e provoca quedas razoavelmente rápidas no consumo.

Paradoxalmente, apesar de a política fiscal ter o impacto mais imediato sobre a economia, o processo de formulação e implementação dessa política em geral é exageradamente lento e complexo. Isso se deve ao fato de a política fiscal exigir inúmeros acordos entre o Poder Executivo e o Legislativo. As políticas tributárias e de gastos devem ser criadas e votadas pelo Congresso, o que requer importantes negociações políticas, e qualquer legislação aprovada deve ser assinada pelo presidente, o que exige mais negociações. Portanto, embora o impacto das políticas fiscais seja relativamente imediato, na prática sua formulação é tão difícil, que ela não pode ser utilizada para fazer um ajuste fino na economia.

DESTAQUE DA REALIDADE

POLÍTICA FISCAL E ABISMO FISCAL

A assim chamada crise do abismo fiscal no final de 2012 chegou perto de ser um experimento inesperado em uma política fiscal extrema. A semente dessa crise foi plantada em agosto de 2011, quando o Congresso, até então incapaz de concordar com uma ampliação do teto da dívida federal, aprovou um acordo interino. O teto da dívida teria permissão para subir, mas com a condição de que até o final de 2012 o Congresso aprovaria uma lei para diminuir o déficit orçamentário federal em US$ 1,2 trilhão ao longo de dez anos. Um "supercomitê" bipartidário seria formado para propor um pacote de aumentos tributários e redução de gastos. Se não se chegasse a nenhum acordo, as alíquotas de imposto de 2013 voltariam automaticamente aos níveis mais altos que prevaleceram no governo Clinton e cortes de gastos anuais coletivos ou "sequestros" de cerca de US$ 110 bilhões seriam divididos igualmente entre programas domésticos e de defesa.

O objetivo desse acordo era criar uma espada de Dâmocles para ameaçar a cabeça do Congresso e garantir que ele seria forçado a chegar a um consenso legislativo. Do contrário, como amplamente se previa, a política fiscal de contração resultante, que envolvia cortes de gastos consideráveis e drásticos aumentos tributários, sem dúvida levaria a outra recessão. O Escritório Orçamentário do Congresso avaliou que a ameaça de aumentos tributários e redução de gastos diminuiria o crescimento do PIB em 2013, de 1,7 para –0,5%, e aumentaria o índice de desemprego em mais de um ponto percentual. Era nesse abismo fiscal que o Congresso corria o risco de pular.

No final, o Congresso por pouco evitou pular nesse abismo ao aprovar outro acordo quebra-galho. Ele postergou o sequestro por dois meses, permitindo que as negociações orçamentárias continuassem, e para cobrir o custo dessa protelação elevou a alíquota alguns impostos, como sobre ganhos de capital e renda familiar acima de US$ 450 mil.

Mas essa disputa fiscal está longe de acabar. Os aumentos tributários acordados no final de 2012 estavam longe de ser suficientes para atender ao objetivo de redução de US$ 1,2 trilhão no déficit de dez anos. As discussões sobre cortes de gastos ainda são controversas. E o governo vai se deparar com um novo teto de dívida no início de 2013. O debate fiscal continua imbatível.

Além disso, os gastos do governo, como assistência de saúde aos idosos ou previdência social, são em grande parte não discricionários, o que significa que eles são determinados por meio de uma fórmula e não de políticas e não podem ser alterados em função da conjuntura econômica. Isso aumenta ainda mais o rigor da formulação de políticas fiscais.

Uma forma comum de resumir o impacto final da política fiscal do governo é observar o déficit ou superávit orçamentário do governo, que simplesmente é a diferença entre receitas e despesas. Um déficit alto significa que o governo está gastando consideravelmente mais do que está arrecadando em impostos. O efeito final é aumentar mais a demanda por produtos (por meio do gasto) do que diminuir a demanda por produtos (por meio de impostos), estimulando, desse modo, a economia.

O debate sobre a política fiscal apropriada tem ficado cada vez mais aquecido nos últimos anos. O quadro "Destaque da Realidade" resume o impasse do abismo fiscal de 2012.

Política monetária

A **política monetária**, que é a principal ramificação da política de demanda, refere-se à manipulação da oferta de moeda para que afete a macroeconomia. Ela funciona em grande medida por meio de seu impacto sobre as taxas de juros. O aumento da oferta de moeda diminui as taxas de juros de curto prazo, por fim estimulando a demanda por investimentos e consumo. Contudo, com respeito a períodos mais longos, a maioria dos economistas acredita que uma maior oferta de moeda na verdade só eleva o nível dos preços e não tem um efeito permanente sobre a atividade econômica. Por isso, o jogo de malabarismo enfrentado pelas autoridades monetárias é difícil. Uma política monetária expansionista provavelmente diminuirá as taxas de juros e, dessa forma, estimulará a demanda por investimentos e por consumo a curto prazo, mas no final essas circunstâncias não farão outra coisa senão elevar os preços. O equilíbrio entre estímulo/inflação está implícito em todos os debates sobre políticas monetárias adequadas.

A política fiscal é difícil de implementar, mas tem um impacto razoavelmente direto sobre a economia, enquanto a política monetária é fácil de formular e implementar, mas seu impacto imediato é menor. Nos Estados Unidos, a política monetária é determinada pelo Conselho de Governadores do Federal Reserve System. Os membros do conselho são nomeados pelo presidente para mandatos de 14 anos e são razoavelmente protegidos contra pressões políticas. Como o conselho é pequeno o suficiente e com frequência controlado competentemente pelo presidente, as políticas podem ser formuladas e ajustadas de uma maneira relativamente fácil.

A implementação de uma política monetária é bastante direta. A ferramenta mais utilizada é a operação de mercado aberto, na qual o Fed compra ou vende obrigações por conta própria. Quando o Fed compra títulos, ele simplesmente está "preenchendo um cheque", o que aumenta a oferta de moeda. (Ao contrário de nós, o Fed pode pagar os títulos sem retirar nenhum recurso de sua conta bancária.) Entretanto, quando o Fed vende um título, o dinheiro pago é retirado da oferta de moeda. As operações de mercado aberto ocorrem diariamente e isso possibilita que o Fed ajuste sua política monetária.

Outras ferramentas à disposição do Fed são a taxa de desconto, que é a taxa de juros que ele cobra dos bancos sobre empréstimos de curto prazo, e a exigência de reserva, que é uma fração dos depósitos que os bancos devem manter como dinheiro vivo ou como depósitos no Fed. Reduções na taxa de desconto indicam uma política monetária mais expansionista. A diminuição das exigências de reserva permite que os bancos façam mais empréstimos com cada dólar de depósito e estimula a economia pelo fato de aumentar a oferta de moeda.

Embora a taxa de desconto seja controlada diretamente pelo Fed, ela não é alterada com muita frequência. A *taxa de fundos federais* é de longe a melhor orientação para a política do Federal Reserve. Essa taxa é a taxa de juros com a qual os bancos fazem empréstimos de curto prazo entre si, geralmente à noite. Esses empréstimos ocorrem porque alguns bancos precisam contrair empréstimos para cumprir exigências de reserva, ao passo que outros bancos têm fundos em excesso. Ao contrário da taxa de desconto, a taxa de fundos federais é uma taxa de mercado, ou seja, ela é determinada pela oferta e demanda, e não definida administrativamente. Não obstante, o Conselho do Federal Reserve concentra-se na taxa dos fundos federais, ampliando ou contraindo a oferta de moeda por meio de operações de mercado aberto à medida que força a taxa dos fundos federais para o valor pretendido. Essa é a taxa de juros de curto prazo de referência dos Estados Unidos e, como tal, tem considerável influência sobre outras taxas de juros desse país e do restante do mundo.

A política monetária afeta a economia de forma mais indireta do que a política fiscal. Enquanto a política fiscal estimula ou refreia diretamente a economia, a política monetária funciona predominantemente por seu impacto sobre as taxas de juros. O aumento da oferta de moeda diminui as taxas de juros de curto prazo, o que estimula a demanda por investimentos. Quando a quantidade de dinheiro na economia aumentar, os investidores constatarão que suas carteiras de ativos têm dinheiro demais. Eles reequilibrarão suas carteiras com títulos como obrigações, forçando a subida dos preços das obrigações e a queda das taxas de juros. A mais longo prazo, as pessoas podem aumentar seus investimentos também em ações e, por fim, comprar ativos reais, o que estimula a demanda de consumo diretamente. Contudo, o efeito final da política monetária sobre a demanda de investimentos e consumo é menos imediato do que o da política fiscal.

> **REVISÃO DE CONCEITOS 17.2**
>
> Suponhamos que o governo queira estimular a economia sem aumentar as taxas de juros. Que combinação de política fiscal e política monetária pode alcançar esse objetivo?

Políticas de oferta

As políticas fiscal e monetária são ferramentas orientadas para a demanda que afetam a economia ao estimular a demanda total por produtos e serviços. A crença implícita é de que a economia por si só não atingirá o equilíbrio de pleno emprego e a política macroeconômica pode impelir a economia para esse objetivo. Em contraposição, as políticas da oferta voltam-se para a questão da capacidade produtiva da economia. A meta é criar um ambiente em que trabalhadores e detentores de capital tenham o máximo de incentivo e capacidade para produzir e desenvolver produtos.

Os economistas da oferta também prestam considerável atenção à política tributária. Enquanto os economistas da demanda observam o efeito dos impostos sobre a demanda de consumo, os economistas da oferta concentram-se nos incentivos e nas alíquotas de impostos marginais. Eles defendem que a diminuição das taxas de impostos traz à tona mais investimentos e melhora o incentivo ao trabalho, aumentando, desse modo, o crescimento econômico. Alguns chegam a ponto de afirmar que a diminuição das alíquotas de imposto pode aumentar a receita tributária porque com alíquotas mais baixas a economia e a base tributária da receita crescerão mais do que a alíquota de imposto será reduzida.

> **REVISÃO DE CONCEITOS 17.3**
>
> Após grandes cortes de impostos em 2001, o PIB cresceu de uma maneira relativamente rápida. Em que sentido os economistas da demanda e os da oferta diferem em suas interpretações sobre esse fenômeno?

17.5 Ciclos econômicos

Já examinamos as ferramentas que o governo utiliza para ajustar a economia, tentando manter um baixo nível de desemprego e inflação. Apesar desses esforços, as economias sempre parecem experimentar tempos bons e ruins. Um dos determinantes da decisão de vários analistas quanto à alocação ampla de ativos é a previsão sobre se a macroeconomia está melhorando ou piorando. Uma previsão que difere do consenso do mercado pode ter um impacto importante sobre a estratégia de investimento.

O ciclo econômico

A economia experimenta periodicamente períodos de expansão e retração, embora a duração e a profundidade desses ciclos possam ser irregulares. Esse padrão recorrente de recessão e recuperação é chamado de **ciclo econômico**. A Figura 17.3 apresenta gráficos de várias medidas de produção e rendimento. Todas as séries de produção mostram uma variação em torno de uma tendência normalmente ascendente. O gráfico inferior, de utilização de capacidade, também evidencia um padrão claramente cíclico (apesar de irregular).

Os pontos de transição entre os ciclos são chamados de picos e vales, que são identificados pelos limites esquerdo e direito das áreas sombreadas na Figura 17.3. **Pico** é a transição entre o final de uma expansão e o início de uma retração. O **vale** ocorre quando uma recessão atinge seu ponto mais profundo, exatamente no momento em que a economia começa a se recuperar. Desse modo, as áreas sombreadas na Figura 17.todas representam períodos de recessão.

À medida que a economia passa por diferentes estágios do ciclo econômico, espera-se que o desempenho relativo de diferentes grupos setoriais varie. Por exemplo, em um vale, um pouco antes de a economia começar a se recuperar de uma recessão, espera-se que os **setores cíclicos**, aqueles com sensibilidade acima da média à conjuntura econômica, tendam a ter melhor desempenho do que outros setores. Exemplos de setores cíclicos são produtores de bens duráveis, como automóveis. Como a compra desses produtos pode ser adiada durante um período de recessão, as vendas são particularmente sensíveis a condições macroeconômicas. Outros setores cíclicos são os produtores de bens de capital, isto é, bens utilizados por outras empresas para produzir seus próprios produtos. Quando há queda na demanda, poucas empresas expandem e compram bens de capital. Desse modo, o setor de bens de capital é o que mais sofre com um desaquecimento, mas se sai bem em uma expansão.

Diferentemente das empresas cíclicas, os **setores defensivos** têm pouca sensibilidade ao ciclo econômico. São setores que produzem bens cujas vendas e lucros são menos sensíveis à conjuntura econômica. Os setores defensivos abrangem produtores e processadores de alimentos, empresas farmacêuticas e serviços de utilidade pública. Esses setores superarão o desempenho de outros quando a economia entrar em recessão.

A classificação cíclica/defensiva é bastante análoga à ideia de risco sistemático ou de mercado apresentada em nossa discussão sobre a teoria de carteiras. Quando as percepções sobre a saúde da economia ficam mais otimistas, por exemplo, os preços da maioria das ações aumentam à medida que as previsões de lucratividade aumentam. Como as empresas cíclicas são mais sensíveis a esses acontecimentos, o preço de suas ações subirão mais. Portanto, as empresas dos setores cíclicos tenderão a ter ações com beta alto. Desse modo, em geral as ações das empresas cíclicas apresentarão os melhores resultados quando as notícias sobre a economia forem positivas, mas os piores resultados quando as notícias forem ruins. Em contraposição, as empresas defensivas terão um beta baixo e um desempenho relativamente impassível às condições do mercado em geral.

Se suas avaliações sobre a condição do ciclo econômico fossem confiavelmente mais precisas do que as de outros investidores, você simplesmente escolheria os setores cíclicos quando estivesse relativamente mais otimista com relação à economia e escolheria as empresas defensivas quando estivesse relativamente mais pessimista. Infelizmente, não é tão fácil determinar quando a economia está atravessando um pico ou um vale. Se fosse, escolher entre setores cíclicos e defensivos seria fácil. Entretanto, como vimos em nossa discussão sobre mercados eficientes, as opções de investimento atraentes raramente são óbvias. Normalmente só se percebe que uma recessão ou expansão iniciou ou terminou vários meses após o fato. *A posteriori*, as transições de uma expansão para uma recessão e vice-versa podem ser aparentes, mas com frequência é muito difícil afirmar se a economia está se aquecendo ou desacelerando em um momento presente.

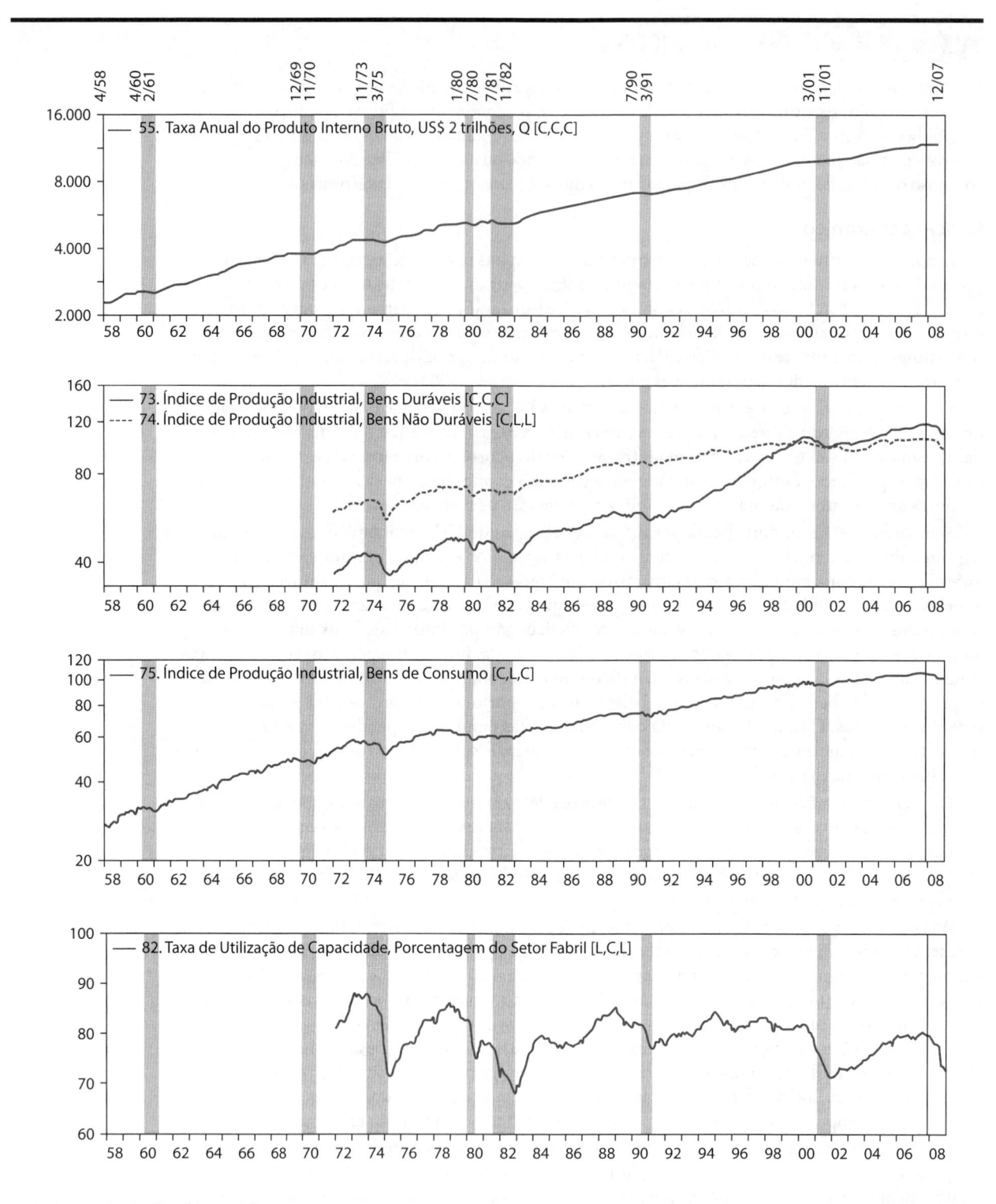

FIGURA 17.3 Indicadores cíclicos

Fonte: The Conference Board, *Business Cycle Indicators*, dezembro de 2008. Dados utilizados com permissão.

Indicadores econômicos

Em vista da natureza cíclica da economia, é compreensível que até certo ponto o ciclo possa ser previsto. Um conjunto de indicadores cíclicos calculados pela Conference Board ajuda a prever, medir e interpretar flutuações de curto prazo na atividade econômica. Os **indicadores econômicos antecedentes** são as séries econômicas que tendem a subir ou cair antes do restante da economia. Os *indicadores coincidentes* e *defasados*, tal como o nome indica, movem-se junto com a economia em geral ou com alguma defasagem.

Dez séries são agrupadas em um índice composto amplamente adotado de indicadores econômicos antecedentes. De modo semelhante, quatro indicadores coincidentes e sete indicadores defasados formam índices separados. A composição desses índices é mostrada na Tabela 17.2.

A Figura 17.4 apresenta um gráfico dessas três séries. As datas na parte superior do gráfico correspondem aos pontos de virada entre as expansões e retrações. Embora o índice de indicadores antecedentes mude de forma consistente antes do restante da economia, o período de antecedência é um tanto instável. Além disso, o prazo até os picos é consistentemente maior do que para os vales.

O índice de preços do mercado acionário é um indicador antecedente. É isso o que ele deve ser, porque os preços são indicadores prospectivos da lucratividade futura. Infelizmente, isso torna a série de indicadores antecedentes muito menos útil para as políticas de investimento – quando a série prevê uma virada para melhor, o mercado já reagiu. Embora o ciclo econômico possa ser até certo ponto previsível, o mercado acionário talvez não seja. Essa é apenas mais uma manifestação da hipótese de mercado eficiente.

A oferta de moeda é outro indicador antecedente. Isso faz sentido em vista de nossa discussão anterior a respeito das defasagens em torno dos efeitos da política monetária sobre a economia. Uma política monetária expansionista pode ser observada de uma maneira razoavelmente rápida, mas ela talvez não afete a economia durante vários meses. Portanto, a política monetária do presente pode muito bem prever a atividade econômica do futuro.

TABELA 17.2 Índices de indicadores econômicos

A.	Indicadores antecedentes
1.	Média de horas semanais dos operários de produção (manufatura)
2.	Pedidos iniciais de seguro-desemprego
3.	Pedidos novos de fabricantes (setores de bens de consumo e matéria-prima)
4.	Fração de empresas que estão divulgando entregas mais lentas
5.	Novos pedidos de bens de capital não defensivos
6.	Novas unidades habitacionais particulares autorizadas por alvará de construção local
7.	Inclinação da curva de rendimento: obrigações de dez anos do Tesouro menos taxa dos fundos federais
8.	Preços das ações, 500 ações ordinárias
9.	Taxa de crescimento da oferta de moeda (M2)
10.	Índice de expectativas do consumidor
B.	**Indicadores coincidentes**
1.	Empregados em folhas de pagamento não agrícolas
2.	Renda pessoal menos pagamentos de transferência
3.	Produção industrial
4.	Vendas fabris e comerciais
C.	**Indicadores defasados**
1.	Duração média do desemprego
2.	Razão estoque/vendas
3.	Mudança no índice de custo de mão de obra por unidade de produção
4.	Taxa preferencial de juros média cobrada pelos bancos
5.	Empréstimos comerciais e industriais em circulação
6.	Razão entre crédito ao consumidor não liquidado e renda pessoal
7.	Mudança no índice de preço ao consumidor para serviços

Fonte: The Conference Board, *Business Cycle Indicators*, novembro de 2012.

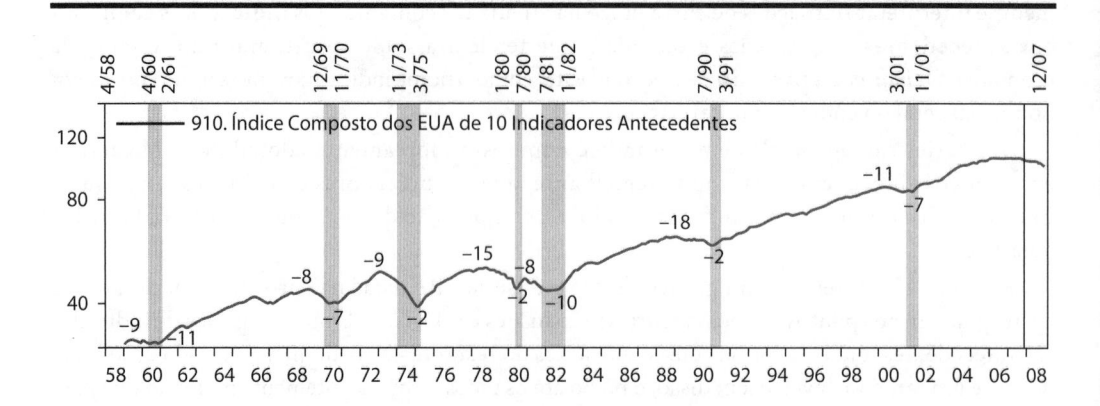

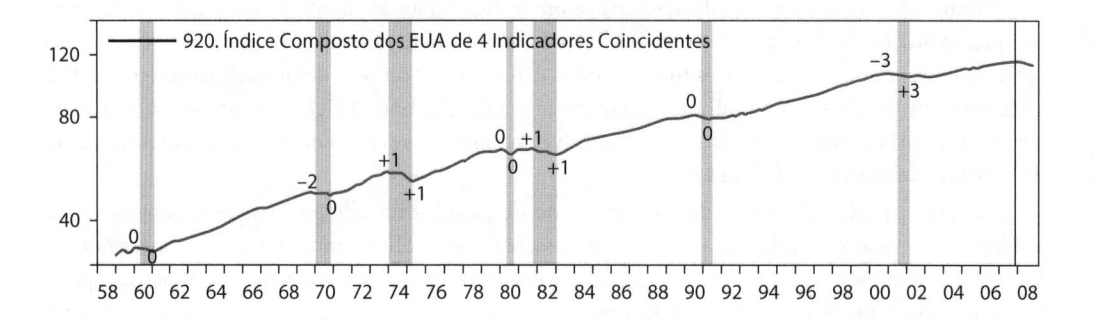

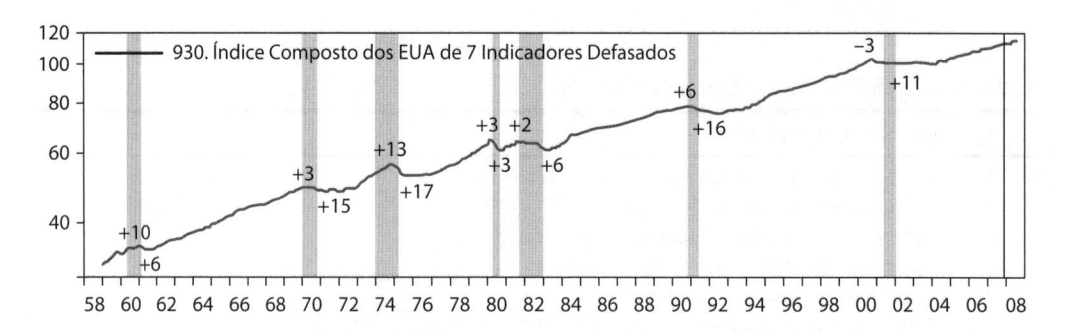

FIGURA 17.4
Índices dos indicadores antecedentes, coincidentes e defasados

Nota: As áreas sombreadas representam recessões.
Fonte: The Conference Board, *Business Cycle Indicators*, dezembro de 2008. Dados utilizados com permissão.

Outros indicadores antecedentes concentram-se diretamente nas decisões tomadas no presente que afetarão a produção no futuro próximo. Por exemplo, novos pedidos de produtos por parte de fabricantes, contratos e pedidos de fábrica e equipamentos e novas casas em construção indicam uma futura expansão na economia.

Uma série de indicadores econômicos é divulgada ao público em um "calendário econômico" regular. A Tabela 17.3 apresenta uma lista de datas e fontes para cerca de 20 estatísticas de interesse. Esses anúncios são informados na imprensa financeira – por exemplo, no *The Wall Street Journal* – assim que são divulgados. Além disso, eles podem ser encontrados em vários *sites* – por exemplo, no Yahoo!. A Figura 17.5 apresenta um fragmento recente da página de calendário econômico do Yahoo!. Essa página oferece uma lista dos anúncios divulgados na semana de 3 de janeiro de 2013. Observe que as previsões recentes de cada variável são apresentadas com o valor real de cada estatística. Isso é útil porque, em um mercado eficiente, os preços dos títulos já refletem as expectativas do mercado. As *novas* informações no anúncio determinarão a resposta do mercado.

TABELA 17.3 Calendário econômico

Estatística	Data de divulgação*	Fonte	Site (www.)
Vendas de automóveis e caminhões	2° dia do mês	Departamento de Comércio	commerce.gov
Inventários de negócios	15° dia do mês	Departamento de Comércio	commerce.gov
Gastos com construção	1° dia útil do mês	Departamento de Comércio	commerce.gov
Confiança do consumidor	Última terça-feira do mês	Conference Board	conference-board.org
Crédito ao consumidor	5° dia útil do mês	Conselho do Federal Reserve	federalreserve.gov
Índice de preço ao consumidor (IPC)	13° dia do mês	Departamento de Estatísticas do Trabalho	bls.gov
Pedidos de bens duráveis	26° dia do mês	Departamento de Comércio	commerce.gov
Índice de custo de emprego	Final do 1° mês do trimestre	Departamento de Estatísticas do Trabalho	bls.gov
Histórico de emprego (desemprego, semana de trabalho média, folhas de pagamento não rurais)	1ª sexta-feira da semana	Departamento de Estatísticas do Trabalho	bls.gov
Vendas de imóveis existentes	25° dia do mês	Associação Nacional de Corretores de Imóveis	realtor.org
Pedidos de fábrica	1° dia útil do mês	Departamento de Comércio	commerce.gov
Produto interno bruto	3ª-4ª semana do mês	Departamento de Comércio	commerce.gov
Construção habitacional	16° dia do mês	Departamento de Comércio	commerce.gov
Produção industrial	15° dia do mês	Conselho do Federal Reserve	federalreserve.gov
Pedidos iniciais de benefícios para desempregados	Quintas-feiras	Departamento de Trabalho	dol.gov
Balança comercial internacional	20° dia do mês	Departamento de Comércio	commerce.gov
Índice dos indicadores econômicos antecedentes	Início do mês	Conference Board	conference-board.org
Oferta de moeda	Quintas-feiras	Conselho do Federal Reserve	federalreserve.gov
Vendas de imóveis novos	Último dia útil do mês	Departamento de Comércio	commerce.gov
Índice de preço ao produtor	11° dia do mês	Departamento de Estatísticas do Trabalho	bls.gov
Produtividade e custos	2° mês do trimestre (aproximadamente 7° dia do mês)	Departamento de Estatísticas do Trabalho	bls.gov
Vendas a varejo	13° dia do mês	Departamento de Comércio	commerce.gov
Levantamento entre gerentes de compras	1° dia útil do mês	Instituto de Gestão de Oferta	ism.ws

*Muitas dessas datas de divulgação são aproximadas.

Calendário Econômico

Semana de 31 de dezembro de 2012

Data	Hora (Leste)	Estatística	Para	Real	Previsão resumida	Expectativas do mercado	Anterior	Revisto de
4 jan.	8h30	Folhas de pagamento não rurais	Dez.	168.000	165.000	145.000	171.000	147.000
4 jan.	8h30	Taxa de desemprego	Dez.	7,8%	7,7%	7,7%	7,8%	7,7%
4 jan.	8h30	Ganhos por hora	Dez.	0,3%	0,2%	0,2%	0,3%	0,2%
4 jan.	8h30	Semana de trabalho média	Dez.	34,5	34,5	34,5	34,4	–
4 jan.	10h00	Pedidos de fábrica	Nov.	0,0%	0,5%	0,5%	0,8%	–
4 jan.	10h00	Serviços ISM	Dez.	56,1	53,5	53,5	54,7	–

FIGURA 17.5 Calendário econômico do Yahoo!, semana de 3 de janeiro de 2013

Fonte: Yahoo! Finance, finance.yahoo.com, 3 de janeiro de 2013.

Outros indicadores

Além dos componentes oficiais do calendário econômico ou dos componentes dos indicadores do ciclo econômico, você pode encontrar muitas informações importantes sobre a situação da economia em outras fontes. A Tabela 17.4, criada com base em algumas sugestões da revista *Inc.*,[1] contém algumas.

17.6 Análise setorial

A análise setorial é importante pelo mesmo motivo que a análise macroeconômica. Assim como é difícil um setor ter bom desempenho quando a macroeconomia não está bem, é raro uma empresa ter bom desempenho em um setor conturbado. Da mesma maneira, assim como vimos que o desempenho econômico pode variar amplamente de um país para outro, o desempenho também pode variar amplamente de um setor para outro. A Figura 17.6 mostra a dispersão do desempenho setorial, bem como o retorno sobre o patrimônio (*return on equity* – ROE) baseado na lucratividade de 2012 de vários grupos setoriais importantes. O ROE variou de 6,7%, referente a bancos de centro financeiro, a 29,6%, relativo ao setor de restaurantes.

Tendo em vista a ampla variação na lucratividade, não é de surpreender que os grupos setoriais exibam uma dispersão considerável em seu desempenho no mercado acionário. A Figura 17.7 apresenta o desempenho no mercado acionário dos mesmos setores incluídos na Figura 17.6. A diferença de desempenho é notável, variando de um ganho de 57,3% no setor de reforma de casa a uma perda de 2,6% no setor de petróleo e gás. Essa gama de desempenho estava ao alcance de praticamente todos os investidores em 2012. Lembre-se de que o iShares é um fundo negociado em bolsa (consulte o Capítulo 4) do mesmo modo que as ações e, portanto, permite que até mesmo os pequenos investidores assumam uma posição em cada setor negociado. Alternativamente, é possível investir em fundos mútuos voltados para um setor. Por exemplo, a Fidelity oferece mais de 40 fundos setoriais, cada um com um foco setorial específico.

Definindo um setor

Embora saibamos o que queremos dizer com "setor", na prática talvez seja difícil estabelecer limites claros entre um setor e outro. Pense, por exemplo, em um dos setores retratados na Figura 17.6 – o de empresas de *software* de aplicação. O ROE do setor em 2012 foi 24,9%. Contudo, como há uma considerável variação dentro desse grupo em termos de foco, seria justificável dividir essas empresas em subsetores distintos. As diferenças podem gerar uma dispersão considerável no desempenho financeiro. A Figura 17.8 mostra o ROE de uma amostra das empresas incluídas nesse setor, confirmando que o desempenho de 2012 de fato variou amplamente: de 7,9% para a Nuance a 30,3% para a Intuit.

TABELA 17.4 Indicadores econômicos úteis

Pesquisas de opinião junto a diretores executivos www.businessroundtable.org	Essa organização faz pesquisas junto a diretores executivos sobre gastos de capital planejados, uma boa medida do otimismo desses profissionais com relação à economia.
Trabalhos temporários (procure "Temporary Help Services") em www.bls.gov	Um indicador antecedente conveniente. Muitas vezes as empresas contratam trabalhadores temporários quando a economia começa a se recuperar, até o momento em que fica claro que haverá uma virada sustentável. Essa série está disponível no *site* do Departamento de Estatísticas do Trabalho.
Vendas do Walmart www.walmartstores.com	As vendas do Walmart são um bom indicador do setor de varejo. A empresa publica semanalmente as estatísticas "vendas na mesma loja".
Empréstimos comerciais e industriais www.federalreserve.gov	Esses empréstimos são utilizados por empresas de porte pequeno e médio. As informações são publicadas semanalmente pelo Federal Reserve.
Semicondutores www.semi.org	O índice de pedidos em carteira/pedidos efetivamente faturados (isto é, novas vendas *versus* remessas reais) indica se a demanda no setor de tecnologia está em alta (índice > 1) ou em queda. Esse índice é publicado pela Semiconductor Equipment and Materials International.
Estruturas comerciais http://bea.doc.gov	O investimento em estruturas é um indicador das previsões das empresas quanto à demanda por seus produtos no futuro próximo. Essa é uma das séries compiladas pelo Escritório de Análise Econômica como parte de sua série de PIB.

---

[1] Gene Sperling, "The Insider's Guide to Economic Forecasting", *Inc.*, agosto de 2003, p. 96.

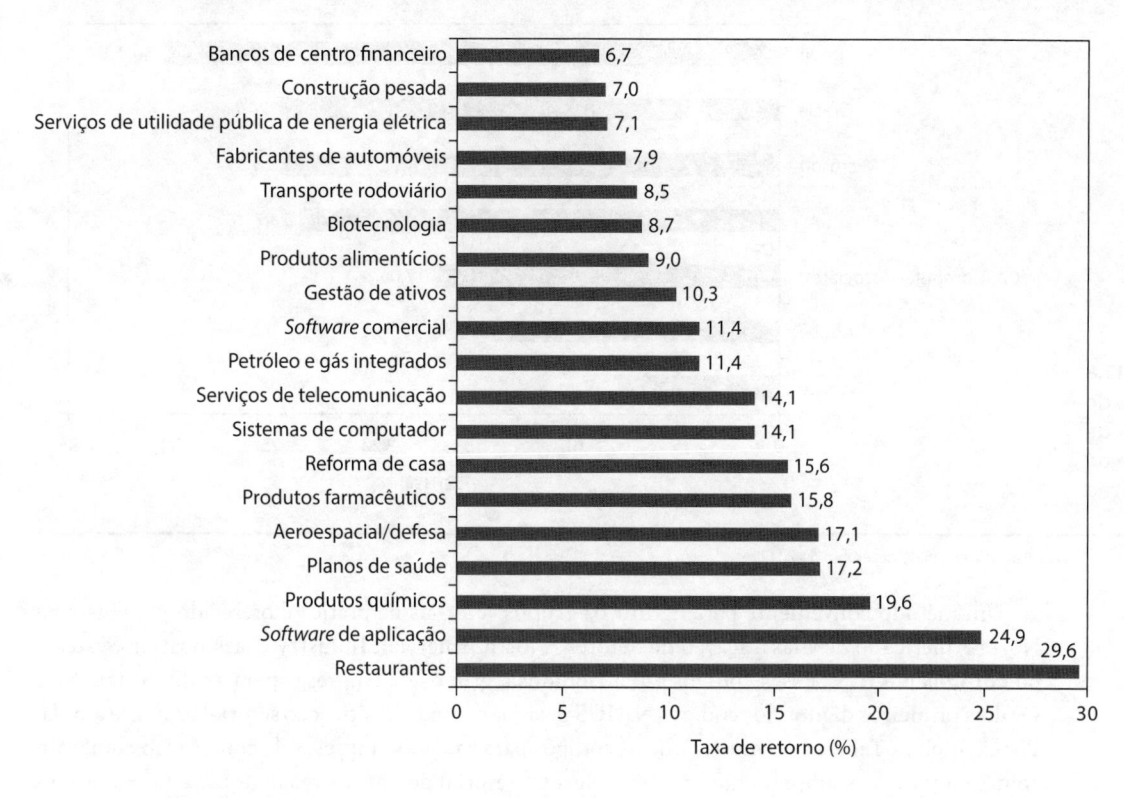

Setor	Taxa de retorno (%)
Bancos de centro financeiro	6,7
Construção pesada	7,0
Serviços de utilidade pública de energia elétrica	7,1
Fabricantes de automóveis	7,9
Transporte rodoviário	8,5
Biotecnologia	8,7
Produtos alimentícios	9,0
Gestão de ativos	10,3
Software comercial	11,4
Petróleo e gás integrados	11,4
Serviços de telecomunicação	14,1
Sistemas de computador	14,1
Reforma de casa	15,6
Produtos farmacêuticos	15,8
Aeroespacial/defesa	17,1
Planos de saúde	17,2
Produtos químicos	19,6
Software de aplicação	24,9
Restaurantes	29,6

FIGURA 17.6 Retorno sobre o patrimônio por setor, 2012

Fonte: Yahoo! Finance, finance.yahoo.com, 12 de setembro de 2012.

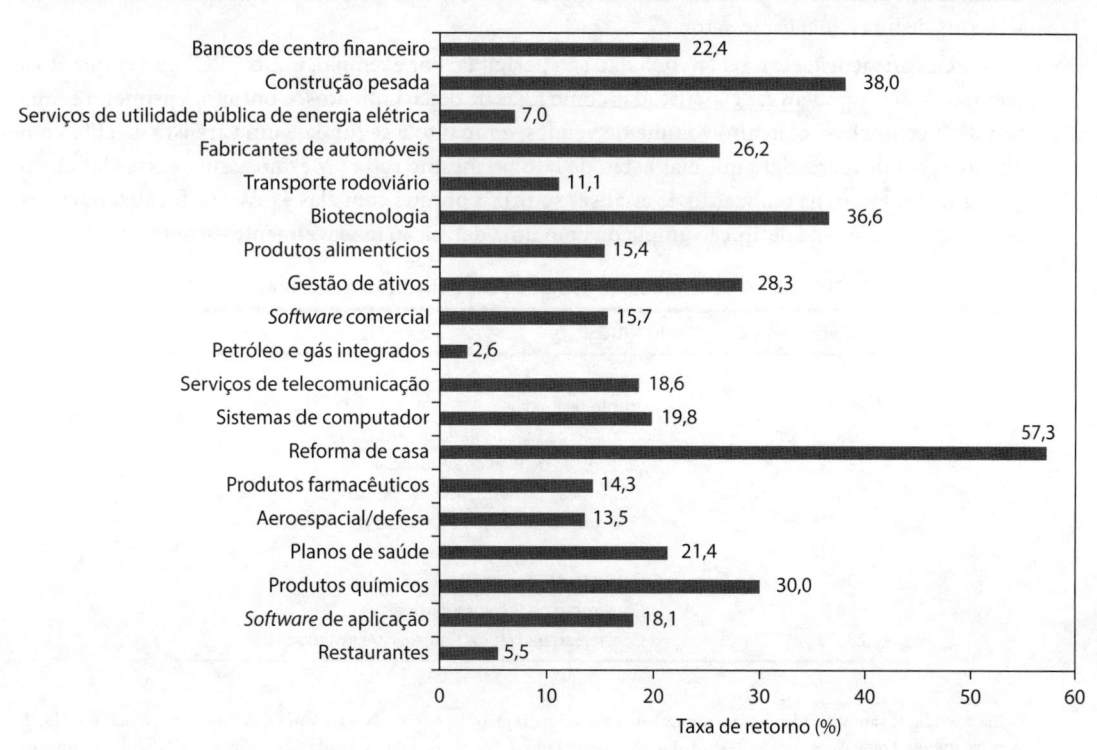

Setor	Taxa de retorno (%)
Bancos de centro financeiro	22,4
Construção pesada	38,0
Serviços de utilidade pública de energia elétrica	7,0
Fabricantes de automóveis	26,2
Transporte rodoviário	11,1
Biotecnologia	36,6
Produtos alimentícios	15,4
Gestão de ativos	28,3
Software comercial	15,7
Petróleo e gás integrados	2,6
Serviços de telecomunicação	18,6
Sistemas de computador	19,8
Reforma de casa	57,3
Produtos farmacêuticos	14,3
Aeroespacial/defesa	13,5
Planos de saúde	21,4
Produtos químicos	30,0
Software de aplicação	18,1
Restaurantes	5,5

FIGURA 17.7 Desempenho de preço das ações por setor, 2012

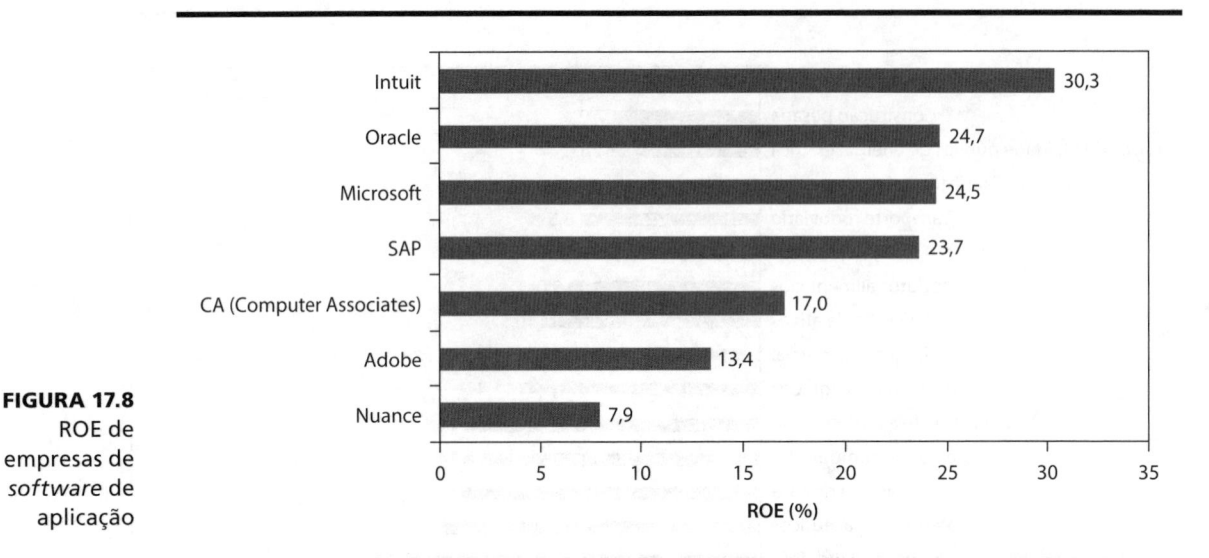

FIGURA 17.8 ROE de empresas de *software* de aplicação

Empresa	ROE (%)
Intuit	30,3
Oracle	24,7
Microsoft	24,5
SAP	23,7
CA (Computer Associates)	17,0
Adobe	13,4
Nuance	7,9

Fonte: Yahoo! Finance, finance.yahoo.com, 15 de dezembro de 2012.

Um método conveniente para definir os grupos setoriais na prática é oferecido pelo Sistema Norte-Americano de Classificação de Setores (North American Industry Classification System) ou **códigos NAICS**.[2] Esses códigos são atribuídos a grupos de empresas para análise estatística. Os dois primeiros dígitos dos códigos NAICS designam uma classificação setorial bastante ampla. Por exemplo, a Tabela 17.5 mostra que os códigos para todas as empresas de construção começam com 23. Os dígitos subsequentes definem o grupo setorial de uma forma mais estreita. Por exemplo, os códigos que começam com 236 referem-se à construção de *prédios*, 2361 à construção *residencial* e 236115 à construção para uma *única família*. Os cinco primeiros dígitos dos códigos NAICS são comuns entre os três países do Nafta. O sexto dígito é específico ao país para uma divisão mais detalhada dos setores. As empresas com os mesmos códigos NAICS de quatro dígitos normalmente são consideradas do mesmo setor.

As classificações setoriais NAICS não são perfeitas. Por exemplo, tanto a PCPenney quanto a Neiman Marcus podem ser classificadas como lojas de departamentos. Contudo, a primeira é uma loja de "pechinchas" com alto volume de vendas, enquanto a segunda é um varejista de elite com alta margem de lucro. Será que elas estão de fato no mesmo setor? Mesmo assim, essas classificações ajudam muito na realização de análises setoriais porque com elas é possível focalizar grupos de empresas com uma definição ampla ou com uma definição razoavelmente estreita.

TABELA 17.5 Exemplos de códigos de classificação de setores (NAICS)

Códigos NAICS	Título NAICS
23	Construção
236	Construção de Prédios
2361	Construção de Prédios Residenciais
23611	Construção de Prédios Residenciais
236115	Construção de Residências Novas para uma Única Família
236116	Construção de Residências Novas para Várias Famílias
236118	Reformadores Residenciais
2362	Construção de Prédios Não Residenciais
23621	Construção de Prédios Industriais
23622	Construção de Prédios Comerciais e Institucionais

---

[2] Esses códigos são utilizados para empresas que atuam na região do Acordo Norte-Americano de Livrecomércio (North American Free Trade Agreement – Nafta), que abrange Estados Unidos, México e Canadá. Os códigos NAICS substituíram os códigos SIC (Standard Industry Classification) utilizados anteriormente nos Estados Unidos.

Várias outras classificações setoriais são fornecidas por outros analistas; por exemplo, os relatórios da Standard & Poor's sobre o desempenho de cerca de 100 grupos setoriais. A S&P calcula índices de preços de ações para cada grupo, o que é muito útil para a avaliação do desempenho de investimentos passados. O *Value Line Investment Survey* divulga as condições e perspectivas de aproximadamente 1.700 empresas, agrupadas em cerca de 90 setores. Os analistas da Value Line preparam previsões sobre o desempenho de grupos setoriais e também de cada empresa.

Sensibilidade ao ciclo econômico

Assim que o analista faz uma previsão da situação macroeconômica, é necessário determinar a consequência dessa previsão para setores específicos. Nem todos os setores são igualmente sensíveis ao ciclo econômico.

Por exemplo, a Figura 17.9 apresenta um gráfico das mudanças ocorridas nas vendas a varejo (ano sobre ano) em dois setores: joalherias e mercearias. Obviamente, as vendas de joias, que são produtos de luxo, flutuam mais do que as das mercearias. As vendas de joias aumentaram em 1999 no auge do *boom* das ponto-com, mas tiveram uma queda acentuada nas recessões de 2001 e 2008–2009. Em contraposição, o crescimento das vendas do setor de gêneros alimentícios é relativamente estável. Em nenhum ano as vendas apresentam um declínio significativo. Esses padrões são um reflexo do fato de as joias serem um produto opcional, ao passo que os produtos alimentícios são em sua maioria gêneros de primeira necessidade cuja demanda não cairá de forma significativa nem mesmo em tempos difíceis.

Três fatores determinarão a sensibilidade dos lucros de uma empresa ao ciclo econômico. O primeiro é a sensibilidade das vendas. Os produtos de primeira necessidade demonstrarão pouca sensibilidade às condições econômicas. Exemplos desse tipo de setor são o de alimentos, medicamentos e serviços médicos. Outros setores com pouca sensibilidade são aqueles para os quais a renda não é um fator determinante fundamental da demanda. Produtos do tabaco são um exemplo desse tipo de setor. Outro setor nesse grupo é o de cinemas, pois os consumidores tendem a substituir outros tipos de entretenimento mais caros pelo cinema quando o nível de renda é baixo. Em contraposição, empresas de setores como o de máquinas operatrizes, aço, automóveis e transportes são muito sensíveis à conjuntura econômica.

O segundo fator determinante da sensibilidade ao ciclo econômico é a alavancagem operacional, que se refere à divisão entre custos fixos e variáveis. (Os custos fixos são aqueles que a empresa contrai independentemente de seu nível de produção. Os custos variáveis são aqueles que aumentam ou diminuem conforme a empresa produz mais ou menos produtos.) As empresas cujos custos variáveis são superiores aos custos fixos serão menos sensíveis às condições econômicas. Isso porque, durante uma crise econômica, essas empresas podem diminuir os custos à medida que a produção cai em

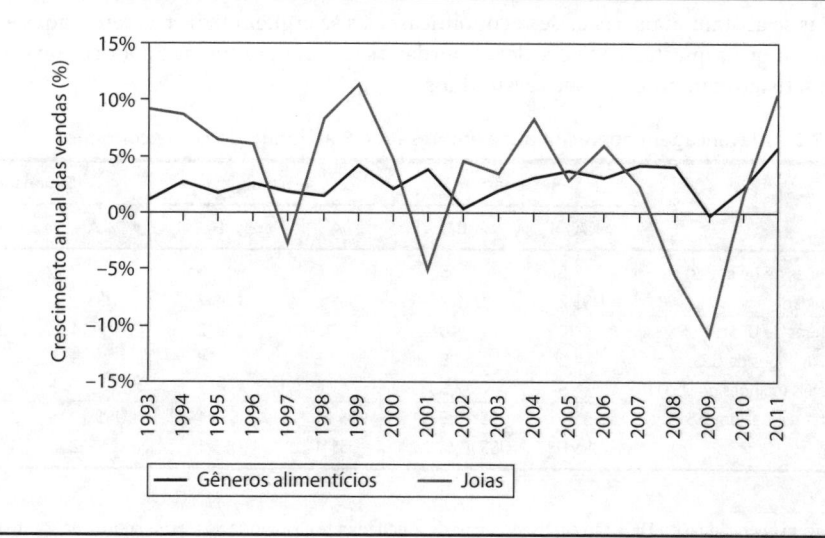

FIGURA 17.9
Ciclicidade setorial

> **EXEMPLO 17.1 || Alavancagem operacional**
>
> Considere duas empresas que atuam no mesmo setor e têm receitas idênticas em todas as fases do ciclo econômico: recessão, normal e expansão. A empresa A tem *leasing* de curto prazo na maioria de seus equipamentos e pode diminuir esses gastos quando a produção fica mais lenta. Ela tem custos fixos de US$ 5 milhões e lucro de US$ 1 por unidade de produção. A empresa B tem *leasing* de longo prazo na maioria de seus equipamentos e precisa pagá-los independentemente das condições da economia. Seus custos fixos são mais altos, US$ 8 milhões, mas seus custos variáveis são apenas de US$ 0,50 por unidade. A Tabela 17.6 mostra que a empresa A se sairá melhor do que a empresa B em períodos de recessão, mas não tão bem em expansões. Os custos de A movem-se em conjunto com suas receitas para ajudar o desempenho em períodos de baixa e impedem o desempenho em períodos de alta.

resposta à queda nas vendas. Os lucros das empresas com custos fixos altos oscilarão mais amplamente com as vendas porque esses custos não mudam para compensar a variabilidade na receita. Diz-se que as empresas com custos fixos altos têm alta alavancagem operacional, porque pequenas oscilações nas condições econômicas podem ter grande impacto na lucratividade.

Podemos quantificar a alavancagem operacional avaliando até que ponto os lucros são sensíveis a mudanças nas vendas. O **grau de alavancagem operacional** (*degree of operating leverage* – DOL) é definido como

$$DOL = \frac{\text{Mudança percentual nos lucros}}{\text{Mudança percentual nas vendas}}$$

Um DOL superior a 1 indica alguma alavancagem operacional. Por exemplo, se o DOL = 2, para cada 1% de mudança nas vendas, haverá uma mudanças de 2% nos lucros na mesma direção, ou para cima ou para baixo.

Vimos que o grau de alavancagem operacional aumenta com a exposição da empresa aos custos fixos. Na verdade, podemos mostrar que o DOL depende dos custos fixos da seguinte maneira:[3]

$$DOL = 1 + \frac{\text{Custos fixos}}{\text{Lucros}}$$

O terceiro fator que influencia a sensibilidade ao ciclo econômico é a alavancagem financeira, que é a utilização de empréstimos. Os pagamentos de juros sobre uma dívida devem ser feitos independentemente das vendas. São custos fixos que também aumentam a sensibilidade dos lucros às condições econômicas. (Teremos mais a dizer sobre alavancagem financeira no Capítulo 19.)

Os investidores nem sempre preferirão os setores com menor sensibilidade ao ciclo econômico. As empresas dos setores sensíveis terão ações com beta alto e serão mais arriscadas. Porém, embora elas se abatam mais nas crises econômicas, elas se erguem mais nas retomadas econômicas. Como sempre, a questão que você deve abordar é se o retorno esperado sobre os investimentos compensa satisfatoriamente os riscos assumidos.

TABELA 17.6 Alavancagem operacional da empresa A e B ao longo do ciclo econômico

	Recessão		Normal		Expansão	
	A	B	A	B	A	B
Vendas (milhões de unidades)	5	5	6	6	7	7
Preço por unidade	US$ 2	US$ 2	US$ 2	US$ 2	US$ 2	US$ 2
Receita (milhões de US$)	10	10	12	12	14	14
Custos fixos (milhões de US$)	5	8	5	8	5	8
Custos variáveis (milhões de US$)	5	2,5	6	3	7	3,5
Custos totais (milhões de US$)	US$ 10	US$ 10,5	US$ 11	US$ 11	US$ 12	US$ 11,5
Lucros	US$ 0	US$ (0,5)	US$ 1	US$ 1	US$ 2	US$ 2,5

---

[3] A alavancagem operacional e o DOL são analisados mais detalhadamente na maioria dos textos sobre finanças corporativas.

EXEMPLO 17.2 || Grau de alavancagem operacional

Retorne às duas empresas mostradas na Tabela 17.6 e compare os lucros e as vendas no cenário de economia normal com os de uma recessão. Os lucros da empresa A caem 100% (de US$ 1 milhão para zero) quando as vendas caem 16,7% (de US$ 6 milhões para US$ 5 milhões):

$$\text{DOL (empresa A)} = \frac{\text{Mudança percentual nos lucros}}{\text{Mudança percentual nas vendas}} = \frac{-100\%}{-16,7\%} = 6$$

Podemos confirmar a relação entre o DOL e os custos fixos da seguinte forma:

$$\text{DOL (empresa A)} = 1 + \frac{\text{Custos fixos}}{\text{Lucros}} = 1 + \frac{\text{US\$ 5 milhões}}{\text{US\$ 1 milhão}} = 6$$

A empresa B tem custos fixos mais altos e sua alavancagem operacional é maior. Novamente, compare os dados de um cenário normal com os de uma recessão. Os lucros da empresa diminuem 150%, de US$ 1 milhão para –US$ 0,5 milhão. Portanto, a alavancagem operacional da empresa B é

$$\text{DOL (empresa B)} = \frac{\text{Mudança percentual nos lucros}}{\text{Mudança percentual nas vendas}} = \frac{-150\%}{-16,7\%} = 9$$

o que reflete seu maior nível de custos fixos:

$$\text{DOL (empresa B)} = 1 + \frac{\text{Custos fixos}}{\text{Lucros}} = 1 + \frac{\text{US\$ 8 milhões}}{\text{US\$ 1 milhão}} = 9$$

Rotatividade setorial

O conceito de **rotatividade setorial** é um dos fatores utilizados por vários analistas para pensar sobre a relação entre análise setorial e ciclo econômico. A ideia é mudar mais significativamente a carteira para um setor ou grupos setoriais que, de acordo com previsões baseadas na avaliação da situação do ciclo econômico, terão melhor desempenho.

A Figura 17.10 é uma representação artificial do ciclo econômico. Próximo ao pico, a economia pode estar superaquecida, com alta inflação e altas taxas de juros e pressões de preço sobre artigos de primeira necessidade. Esse pode ser um bom momento para investir em empresas de extração e processamento de recursos naturais como minério ou petróleo.

> **REVISÃO DE CONCEITOS 17.4**
>
> Qual será o lucro nos três cenários para a empresa C, com custos fixos de US$ 2 milhões e custos variáveis de US$ 1.50 por unidade? Qual a sua conclusão sobre alavancagem operacional e risco empresarial?

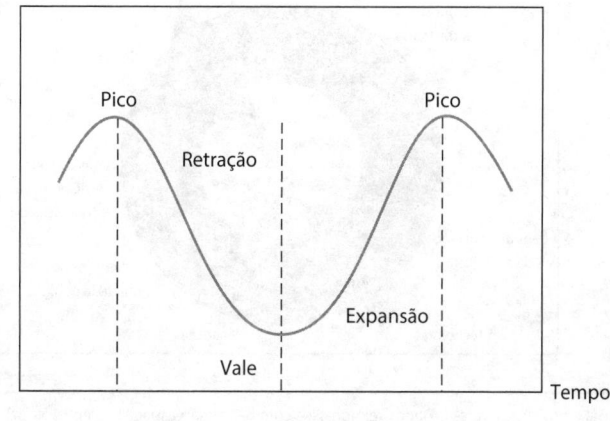

FIGURA 17.10 Uma representação artificial do ciclo econômico

Após um pico, quando a economia entra em retração ou recessão, espera-se que os setores defensivos menos sensíveis às condições econômicas – por exemplo, o farmacêutico, de alimentos e de outros produtos de primeira necessidade – tenham o melhor desempenho. No auge de uma retração, as empresas financeiras serão mais afetadas por uma queda no volume de empréstimos e por maiores índices de inadimplência. Entretanto, próximo ao final de uma recessão, as retrações fazem a taxa de inflação e de juros cair, favorecendo as empresas financeiras.

No vale da recessão, a economia está pronta para uma recuperação e uma expansão subsequente. Desse modo, as empresas precisam comprar novos equipamentos a fim de se preparar para saltos na demanda. Esse seria então um bom período para investir em setores de bens de capital, como equipamentos, transporte ou construção.

Por fim, em uma expansão, a economia cresce com rapidez. Setores cíclicos como o de bens de consumo duráveis e produtos de luxo terão maior lucro nesse estágio do ciclo. Os bancos também prosperam nas expansões, visto que o volume de empréstimos será alto e o risco de inadimplência será baixo quando a economia estiver crescendo rapidamente.

A Figura 17.11 mostra a rotatividade setorial. Quando os investidores estiverem relativamente pessimistas com relação à economia, eles mudarão para setores não cíclicos, como o de produtos de consumo de primeira necessidade ou de saúde. Quando preverem uma expansão, terão preferência por setores mais cíclicos como o de matéria-prima e tecnologia.

Devemos enfatizar mais uma vez que a rotatividade setorial, tal como qualquer outra forma de cronometrar o mercado, produzirá resultados apenas se um investidor prever o estágio subsequente do ciclo econômico melhor do que os outros investidores. O ciclo econômico retratado na Figura 17.10 é extremamente artificial. Na vida real, não se sabe com tanta certeza quanto tempo cada fase do ciclo durará nem qual será seu grau de dificuldade. É com essas previsões que os analistas ganham a vida.

REVISÃO DE CONCEITOS 17.5

Em que fase do ciclo econômico você esperaria que os setores a seguir apresentassem o melhor desempenho?
a. Jornais
b. Máquinas operatrizes
c. Bebidas
d. Madeira

Ciclo de vida dos setores

Examine o setor de biotecnologia e você observará muitas empresas com altas taxas de investimento, altas taxas de retorno sobre o investimento e baixas taxas de pagamento de dividendos. Faça o mesmo com o setor de serviços de utilidade pública e você observará taxas de retorno mais baixas, taxas de investimento menores e taxas de pagamento de dividendos mais altas. Qual seria o motivo?

O setor de biotecnologia ainda é novo. As tecnologias disponibilizadas recentemente criaram oportunidades para um investimento de recursos altamente lucrativo. Os novos produtos são

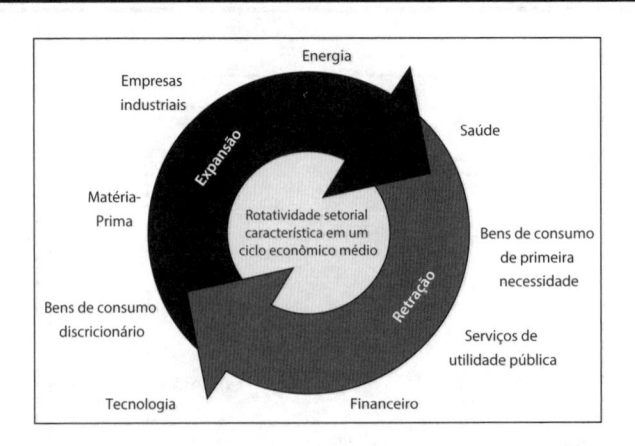

FIGURA 17.11 Rotatividade setorial

Fonte: Sam Stovall, *BusinessWeek Online*, "A Cyclical Take on Performance". Dados reimpressos com permissão especial da edição de 8 de julho de 2004 da *BusinessWeek*© 2004 McGraw-Hill Companies, Inc.

protegidos por patentes e as margens de lucro são altas. Com essas oportunidades de investimento lucrativo, as empresas acham favorável reinvestir todos os lucros na empresa. Em média, as empresas crescem rapidamente.

Entretanto, com o tempo o crescimento precisa desacelerar. A alta taxa de lucratividade induzirá novas empresas a entrar no setor. A concorrência crescente refreará os preços e as margens de lucro. Novas tecnologias são testadas e comprovadas e se tornam mais previsíveis, os níveis de risco diminuem e a entrada no mercado fica cada vez mais fácil. Quando as oportunidades de investimento se tornam menos atraentes, uma fração menor dos lucros é reinvestida na empresa. Os dividendos em dinheiro aumentam.

Por fim, em um setor maduro, observamos as *cash cows* ou vacas-leiteiras – empresas com dividendos e fluxos de caixa estáveis e pouco risco. As taxas de crescimento podem ser semelhantes às da economia em geral. Os setores nos estágios iniciais do ciclo de vida oferecem investimentos de alto risco e possibilidade de alto retorno. Os setores maduros oferecem perfis de menor risco/menor retorno.

Essa análise indica que um **ciclo de vida setorial** usual pode ser representado por quatro estágios: um estágio inicial, caracterizado por um crescimento extremamente rápido; um estágio de consolidação, caracterizado por um crescimento menos rápido, mas ainda assim mais rápido do que o da economia em geral; um estágio de maturidade, caracterizado por um crescimento não mais rápido do que o da economia em geral; e um estágio de declínio relativo, em que o setor cresce menos rapidamente do que o restante da economia ou na verdade encolhe. O ciclo de vida setorial é mostrado na Figura 17.12. Analisemos mais detalhadamente cada um desses estágios.

Estágio inicial Os primeiros estágios de um setor com frequência são caracterizados por uma nova tecnologia ou produto, como os computadores pessoais de mesa na década de 1980, os celulares na década de 1990 ou a nova geração de *smart phones* 4G lançada recentemente. Nesse estágio, é difícil prever quais empresas serão as mais avançadas do setor. Algumas terão sucesso desenfreado, outras fracassarão totalmente. Portanto, escolher uma determinada empresa dentro do setor envolve um risco considerável. Por exemplo, no setor de *smart phones*, ainda existe uma disputa entre tecnologias concorrentes, como os telefones Android, do Google, *versus* o iPhone, da Apple, e continua sendo difícil prever a participação de mercado final.

Entretanto, em nível de setor, não há dúvida de que as vendas e os lucros crescerão a um ritmo acelerado, visto que o novo produto ainda não ficou saturado no mercado. Por exemplo, em 2010, relativamente poucos domicílios tinham *smart phones*. Portanto, o mercado em potencial para esse produto era imenso. Em contraposição, considere o mercado para um produto maduro – por exemplo, geladeiras. Nos Estados Unidos, praticamente todos os domicílios têm geladeira. Por isso, o mercado para esse produto é composto principalmente de domicílios que estão substituindo as geladeiras antigas. Obviamente, na próxima década a taxa de crescimento nesse mercado será bem inferior à dos *smart phones*.

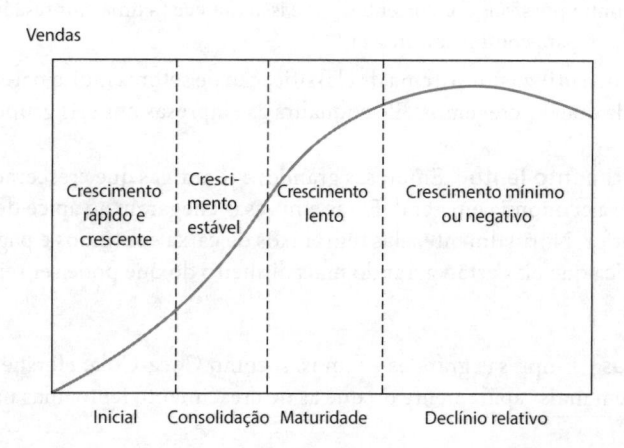

FIGURA 17.12
Ciclo de vida setorial

Estágio de consolidação Depois que um produto se torna consagrado, começam a surgir líderes do setor. As empresas que sobreviveram ao estágio inicial são mais estáveis e sua participação de mercado é mais fácil de prever. Desse modo, o desempenho das empresas sobreviventes acompanhará mais de perto o desempenho do setor como um todo. O setor continua crescendo mais rápido do que o restante da economia quando o produto penetra o mercado e passa a ser comumente usado.

Estágio de maturidade Nesse ponto, o produto já atingiu todo o seu potencial de uso entre os consumidores. Qualquer crescimento complementar provavelmente se limitará a acompanhar o crescimento da economia em geral. O produto já se tornou bastante convencional, e os fabricantes são obrigados a concorrer cada vez mais em termos de preço. Isso estreita as margens de lucro e pressiona mais os lucros. As empresas que se encontram nesse estágio são conhecidas como "*cash cows*", isto é, elas oferecem fluxos de caixa razoavelmente estáveis, mas poucas oportunidades para uma expansão lucrativa. Nesse caso, é melhor "extrair" o fluxo de caixa do que reinvesti-lo na empresa.

Classificamos os computadores pessoais de mesa como um setor recém-criado na década de 1980. Em meados da década de 1990, já era um setor maduro, com alta penetração de mercado, considerável concorrência de preços, pequenas margens de lucro e vendas mais lentas. Nessa década, os computadores de mesa cederam progressivamente seu lugar aos *notebooks*, que se encontravam em seu estágio inicial. No espaço de 12 anos, os *notebooks* entraram em seu estágio de maturidade, tornaram-se convencionais, ganharam considerável penetração de mercado e enfrentaram uma drástica concorrência de preço. Hoje, os computadores *tablet* é que se encontram em seu estágio inicial.

Declínio relativo Nesse estágio, o setor pode crescer a um ritmo mais lento do que o da economia em geral ou pode até encolher. Isso pode ocorrer em virtude da obsolescência do produto, da concorrência de novos fornecedores de baixo custo ou da concorrência de novos produtos; pense, por exemplo, na substituição contínua dos computadores de mesa pelos *notebooks*.

Em que estágio do ciclo de vida os investimentos em um setor são mais atraentes? O conhecimento convencional diz que os investidores devem procurar empresas em setores de alto crescimento. Entretanto, essa receita para o sucesso é simplista. Se os preços dos títulos já refletirem a probabilidade de alto crescimento, isso significa que já é tarde demais para ganhar dinheiro com essa informação. Além disso, o alto crescimento e os lucros gordos estimulam a concorrência de outros produtores. A exploração de oportunidades de lucro cria novas fontes de oferta que com o tempo diminuem os preços, os lucros, os retornos sobre o investimento e, por fim, o crescimento. Essa é a dinâmica por trás da progressão de um estágio para outro do ciclo de vida setorial. O famoso gestor de carteira Peter Lynch defende essa ideia em *One Up on Wall Street* (*O Jeito de Peter Lynch de Investir*).

> Muitas pessoas preferem investir em um setor de alto crescimento onde há muito barulho e frenesi. Eu não. Prefiro investir em um setor de baixo crescimento [...]. Nesse tipo de setor, especialmente em um setor desinteressante ou que perturba as pessoas [como as funerárias ou a recuperação de tambores de petróleo], não há nenhum problema com a concorrência. Não precisamos proteger nossos flancos contra possíveis concorrentes [...] e isso oferece [a uma empresa individual] liberdade de movimento para continuar a crescer.[4]

Na verdade, Lynch utiliza um sistema de classificação de setores muito parecido com a abordagem de ciclo de vida que descrevemos. Ele enquadra as empresas nos seis grupos a seguir:

Empresas de crescimento lento Empresas grandes e já antigas que crescerão apenas um pouco mais rápido do que a economia em geral. Essas empresas chegaram ao ápice de sua fase de crescimento rápido anterior. Normalmente, elas têm fluxos de caixa contínuos e pagam dividendos generosos, o que indica que elas estão gerando mais dinheiro do que pode ser reinvestido lucrativamente na empresa.

Empresas robustas Empresas grandes e famosas, como Coca-Cola, Hershey's ou Colgate-Palmolive. Elas crescem mais rapidamente do que as de crescimento lento, mas não estão no estágio

---

[4] Peter Lynch e John Rothchild, *One Up on Wall Street* (Nova York: Penguin, p. 131).

inicial de crescimento extremamente rápido. Essas empresas também tendem a estar em setores não cíclicos que são relativamente insensíveis a recessões.

Empresas de rápido crescimento   Novas empresas pequenas e agressivas, com taxas de crescimento anuais de 20 a 25%. O crescimento da empresa pode decorrer do crescimento do setor como um todo ou de uma maior participação de mercado em um setor mais maduro.

Empresas cíclicas   São empresas com vendas e lucros que regularmente se ampliam e contraem conforme o ciclo econômico. São exemplos as empresas de automóveis, as siderúrgicas ou o setor de construção.

Empresas que dão a volta por cima   São empresas que estão em processo de falência ou em breve entrarão nesse processo. Quando elas conseguem se recuperar do que parece ser um desastre iminente, podem oferecer retornos significativos sobre o investimento. Um bom exemplo desse tipo de empresa é a Chrysler, que, em 1982, solicitou uma garantia do governo sobre sua dívida para evitar a falência. O preço de suas ações subiu quinze vezes nos cinco anos seguintes.

Empresas que operam com ativos   Essas empresas possuem ativos valiosos que atualmente não se refletem no preço de suas ações. Por exemplo, uma empresa pode ser dona ou estar localizada em um imóvel importante cujo valor é igual ou superior ao dos seus empreendimentos. Algumas vezes, o ativo oculto pode ser uma compensação de prejuízo fiscal com período-base subsequente. Outras vezes o ativo pode ser intangível. Por exemplo, uma empresa de TV a cabo pode ter uma lista valiosa de assinantes. Esses ativos não geram fluxo de caixa imediatamente e, por isso, podem ser mais facilmente ignorados por outros analistas que estão tentando avaliar a empresa.

Estrutura e desempenho setorial

O amadurecimento de um setor compreende mudanças regulares no ambiente competitivo das empresas. Examinaremos como tema final a relação entre estrutura, estratégia competitiva e lucratividade setorial. Michael Porter evidenciou estas cinco forças determinantes da concorrência: ameaça de novos concorrentes, rivalidade entre concorrentes existentes, pressão de preço de produtos substitutos, poder de barganha dos clientes e poder de barganha dos fornecedores.[5]

Ameaça de novos concorrentes   Os novos concorrentes de um setor pressionam os preços e os lucros. Mesmo que uma empresa ainda não tenha entrado em um setor, a possibilidade de a empresa entrar já pressiona os preços, visto que preços altos e margens de lucro altas estimulam a entrada de novos concorrentes. Desse modo, as barreiras à entrada podem ser um determinante fundamental de lucratividade do setor. Essas barreiras podem assumir várias formas. Por exemplo, as empresas existentes talvez já tenham canais de distribuição seguros para seus produtos em vista de relacionamentos duradouros com clientes ou fornecedores, relacionamentos esses que poderiam ser caros para um novo concorrente reproduzir. A lealdade à marca também dificulta a entrada de novos concorrentes no mercado e oferece às empresas maior liberdade para determinar os preços. O conhecimento patenteado ou protegido por patente também pode oferecer vantagens às empresas no atendimento a um mercado. Por fim, a experiência de uma empresa em um determinado mercado pode lhe oferecer vantagens de custo em virtude da aprendizagem que ela obtém com o passar do tempo.

Rivalidade entre concorrentes existentes   Quando existem vários concorrentes em um determinado setor, geralmente a concorrência de preço aumenta e as margens de lucro diminuem à medida que os concorrentes procuram aumentar sua participação de mercado. O crescimento lento do setor contribui para essa concorrência, já que a expansão deve ocorrer à custa da participação de mercado de um concorrente. Os custos fixos altos também pressionam a redução de preços porque os custos fixos pressionam mais as empresas a operar quase em plena capacidade. Os setores que produzem bens relativamente homogêneos também estão sujeitos a uma concorrência

---

[5] Michael Porter, *Competitive Advantage: Creating and Sustaining Superior Performance* (Nova York: Free Press, 1985).

de preço considerável porque as empresas não conseguem concorrer em termos de diferenciação de produto.

Pressão de produtos substitutos Isso significa que o setor enfrenta concorrência de empresas em setores análogos. Por exemplo, os produtores de açúcar concorrem com os produtores de xarope de milho. Os produtores de lã concorrem com os produtores de fibra sintética. A disponibilidade de produtos substitutos restringe os preços que podem ser cobrados dos clientes.

Poder de barganha dos clientes Se um cliente comprar uma grande fração da produção de um setor, ele terá um poder de barganha considerável e poderá exigir concessões de preço. Por exemplo, os fabricantes de automóveis podem pressionar os fornecedores de peças de automóveis. Isso diminui a lucratividade do setor de peças de automóveis.

Poder de barganha dos fornecedores Se o fornecedor de um insumo fundamental tiver um controle monopolizador sobre o produto, ele poderá exigir preços mais altos pelo produto e comprimir os lucros do setor. Um exemplo especial dessa questão é a mão de obra organizada, que fornece um insumo fundamental ao processo de produção. Os sindicatos trabalhistas participam de negociações coletivas para aumentar o salário pago aos trabalhadores. Quando o mercado de mão de obra é amplamente sindicalizado, uma parcela significativa do potencial de lucro do setor pode ser capturada pela força de trabalho.

O principal fator que determina o poder de barganha dos fornecedores é a disponibilidade de produtos substitutos. Se houver produtos substitutos, o fornecedor terá pouco respaldo e influência e não conseguirá obter preços mais altos.

RESUMO

1. A política macroeconômica tem por objetivo manter a economia próxima do pleno emprego sem agravar as pressões inflacionárias. O equilíbrio apropriado entre esses dois objetivos é objeto de constante debate.
2. As ferramentas tradicionais da macropolítica são os gastos e a arrecadação de impostos por parte do governo, que fazem parte da política fiscal, e o controle da oferta de moeda por meio da política monetária. A política fiscal expansionista pode estimular a economia e aumentar o PIB, mas tende a elevar as taxas de juros. Ela funciona quando ela abaixa as taxas de juros.
3. Ciclo econômico é o padrão recorrente de expansões e recessões. Os indicadores econômicos antecedentes podem ser utilizados para prever a evolução do ciclo econômico porque seus valores tendem a mudar antes dos valores de outras variáveis econômicas fundamentais.
4. Os setores diferem em relação à sensibilidade ao ciclo econômico. Os setores mais sensíveis tendem a ser aqueles que produzem bens duráveis de preço alto, em relação aos quais o consumidor tem grande liberdade com respeito ao momento da compra. São exemplos os automóveis e os bens de consumo duráveis. Outros setores sensíveis são aqueles que produzem bens de capital para outras empresas. A alavancagem operacional e a alavancagem financeira aumentam a sensibilidade ao ciclo econômico.

Sites relacionados a este capítulo estão disponíveis em **www.grupoa.com.br**

PALAVRAS-CHAVE

análise fundamentalista
choque de demanda
choque de oferta
ciclo de vida setorial
ciclo econômico
códigos NAICS
déficit orçamentário

grau de alavancagem operacional
indicadores econômicos antecedentes
inflação
pico
política fiscal
política monetária
produto interno bruto (PIB)

rotatividade setorial
setores cíclicos
setores defensivos
taxa de câmbio
taxa de desemprego
vale

CONJUNTO DE PROBLEMAS

1. Quais políticas monetárias e fiscais poderiam ser prescritas para uma economia em profunda recessão?
2. Se você acreditar que o dólar americano sofrerá uma desvalorização muito maior do que os outros investidores acreditam, qual será sua postura quanto a investimentos em montadoras de automóveis dos Estados Unidos?

Básicos

3. Escolha um setor e identifique os fatores que determinarão seu desempenho nos próximos três anos. Qual sua previsão para esse período?

4. Quais as diferenças entre os métodos ascendentes e descendentes de avaliação de títulos? Quais são as vantagens do método descendente?
5. Quais características são responsáveis por uma maior sensibilidade das empresas aos ciclos econômicos?

Intermediários

6. Diferentemente de outros investidores, você acredita que o Banco Central vai afrouxar consideravelmente a política monetária. Qual seria sua recomendação quanto aos investimentos nos setores a seguir?
   a. Mineração de ouro
   b. Construção
7. De acordo com os economistas da oferta, qual será o impacto de longo prazo sobre os preços de uma redução nas taxas de imposto de renda?
8. Qual dos itens a seguir é coerente com uma curva de rendimento acentuadamente inclinada para cima?
   a. Política monetária expansionista e política fiscal expansionista.
   b. Política monetária expansionista e política fiscal restritiva.
   c. Política monetária restritiva e política fiscal restritiva.
9. Qual dos itens a seguir não é uma política estrutural governamental que os economistas da oferta acreditam que promova um crescimento duradouro na economia?
   a. Sistema fiscal redistributivo.
   b. Promoção da concorrência.
   c. Interferência mínima do governo na economia.
10. Pense em duas empresas que produzem *smart phones*. Uma utiliza um processo robótico altamente automatizado, enquanto a outra utiliza trabalhadores humanos em linha de produção e paga hora extra quando há alta demanda de produção.
    a. Qual empresa terá maior lucratividade em uma recessão? E em um *boom*?
    b. Qual das empresas terá ações com um beta mais alto?
11. A seguir temos quatro setores e quatro previsões para a macroeconomia. Faça a correspondência entre o setor e o cenário no qual ele tende a ter o melhor desempenho.

Setor	Previsões Econômicas
a. Construção civil b. Saúde c. Mineração de ouro d. Produção de aço	(i) *Recessão profunda:* inflação decrescente, taxas de juros decrescentes e PIB decrescente. (ii) *Economia superaquecida:* rápido crescimento do PIB, inflação crescente e taxas de juros crescentes. (iii) *Expansão saudável:* PIB crescente, inflação moderada, baixo desemprego. (iv) *Estagflação:* PIB decrescente, inflação alta.

12. Em qual estágio do ciclo de vida setorial você colocaria os seguintes setores?
    (*Nota:* Existem muitas possibilidades de discordância com relação às respostas corretas para essa pergunta.)
    a. Equipamento de poço de petróleo.
    b. Hardware de computador.
    c. *Software* de computador.
    d. Engenharia genética.
    e. Ferrovias.
13. Para cada par de empresas, escolha aquele que você acha que seria mais sensível ao ciclo econômico.
    a. Automóveis Gerais ou Farmacêutica Geral.
    b. Companhia Aérea Amizade ou Cinemas Felizes.
14. Por que você acha que o índice de expectativas do consumidor é um indicador antecedente útil para a macroeconomia? (Consulte a Tabela 17.2.)
15. Por que você acha que a mudança no índice de custo de mão de obra por unidade de produção é um indicador defasado útil para a macroeconomia? (Consulte a Tabela 17.2.)
16. A General Weedkillers domina o mercado de controle químico de ervas daninhas com seu produto patenteado Weed-ex. Contudo, sua patente está para expirar. Quais são suas previsões de mudança no setor? Especificamente, o que acontecerá com os preços do setor, as vendas, as perspectivas de lucro da General Weedkillers e as perspectivas de lucro de seus concorrentes? Que estágio do ciclo de vida setorial você acha relevante para a análise desse mercado?
17. Seu plano de negócios para sua proposta de *start-up* prevê uma receita de US$ 120 mil para o primeiro ano, custos fixos de US$ 30 mil e custos variáveis iguais a um terço da receita.
    a. Quais são os lucros esperados com base nessas expectativas?
    b. Qual é o grau de alavancagem operacional com base na estimativa de custos fixos e lucros esperados?
    c. Se as vendas ficarem 10% abaixo da expectativa, qual será a queda nos lucros?
    d. Mostra que a porcentagem de queda nos lucros é igual ao DOL vezes 10% de queda nas vendas.
    e. Com base no DOL, qual é a maior porcentagem de déficit nas vendas em relação às expectativas originais que a empresa consegue tolerar até que os lucros se tornem negativos? Qual é o volume de vendas de equilíbrio a essa altura?
    f. Confirme se sua resposta a (*e*) está correta calculando os lucros no nível de vendas de equilíbrio.

Utilize o caso a seguir para responder os Problemas 18-21: A Institutional Advisors for All Inc., ou IAAI, é uma empresa de consultoria que oferece serviços principalmente para instituições, como fundações, fundos de dotações, planos de pensão e seguradoras. Além disso, a IAAI presta consultoria a um determinado grupo de investidores individuais que possuem grandes carteiras. Uma das declarações que a empresa faz em suas propagandas é que ela investe recursos consideráveis para prever tendências de longo prazo; por isso, ela utiliza modelos de investimento comumente aceitos para identificar em que sentido esses fundos podem afetar o desempenho dos vários investimentos. Recentemente, os membros do departamento de pesquisa da IAAI chegaram a algumas conclusões a respeito de determinadas tendências macroeconômicas importantes. Por exemplo, eles observaram uma tendência ascendente na criação de empregos e na confiança dos consumidores e previram que essa tendência continuará durante alguns anos. Outros indicadores antecedentes domésticos que o departamento de pesquisa da IAAI deseja considerar são produção industrial, média de horas semanais no setor fabril, preços das ações do S&P 500, oferta de moeda M2 e índice de expectativas do consumidor.

Com base nas previsões de criação de empregos e confiança dos consumidores, os consultores de investimento da IAAI desejam fazer algumas recomendações a seus clientes. Eles utilizam teorias consagradas que relacionam a criação de empregos e a confiança dos consumidores com a inflação e as taxas de juros e depois incorporam as mudanças de previsão de inflação e taxas de juros em modelos estabelecidos para explicar os preços dos ativos. A principal preocupação é prever como as tendências na criação de empregos e na confiança dos consumidores afetarão os preços das obrigações e como essas tendências afetarão os preços das ações.

Os membros do departamento de pesquisa da IAAI também observaram que as ações subiram no ano anterior, e essa informação é inserida nas previsões sobre a economia geral que eles oferecem. Os pesquisadores consideram a tendência de crescimento do mercado acionário em si um indicador econômico positivo; porém, eles discordam quanto ao motivo disso.

18. Os pesquisadores da IAAI previram tendências positivas tanto para a criação de empregos quanto para a confiança dos consumidores. Qual dessas tendências, se alguma, terá um efeito positivo sobre os preços das ações?

19. Os preços das ações são um indicador antecedente útil. Para explicar esse fenômeno, qual das afirmações a seguir é *mais* precisa? Os preços das ações
    a. Predizem as taxas de juros futuras e refletem as tendências em outros indicadores.
    b. Não predizem as taxas de juros futuras, nem estão correlacionadas com outros indicadores antecedentes; a utilidade dos preços das ações como indicador antecedente é uma incógnita.
    c. Refletem apenas as tendências em outros indicadores antecedentes e não têm um poder preditivo próprio.

20. Qual das séries domésticas que o departamento de pesquisa da IAAI relacionou para utilização como indicador antecedente é a menos apropriada?
    a. Produção industrial.
    b. Média de horas semanais do setor fabril.
    c. Oferta de moeda M2.

21. A IAAI utiliza principalmente dados históricos em seus cálculos e previsões. Qual das seguintes alternativas com relação às atividades da IAAI é *mais* precisa?
    a. Os prêmios de risco de crédito devem ser úteis para a IAAI porque eles se baseiam em expectativas reais do mercado.
    b. A IAAI deve utilizar a média móvel dos retornos acionários recentes quando os tempos estão difíceis porque isso gera um alto prêmio de risco para as ações.
    c. É necessário utilizar longos períodos para que as mudanças de regime possam ser levadas em conta nas previsões.

KAPLAN SCHWESER **Utilize o caso a seguir para responder os Problemas 22-25:**
Mary Smith, candidata a analista financeira certificada (CFA) de nível 2, foi contratada recentemente para o cargo de analista no Banco da Irlanda. Sua primeira atribuição é examinar as estratégias competitivas empregadas por várias vinícolas francesas.

O relatório de Mary Smith identifica quatro vinícolas que são os principais concorrentes no setor de vinhos da França. As principais características de cada uma são citadas na Tabela 17A. No corpo do relatório de Mary, ela inclui uma análise sobre a estrutura competitiva do setor francês de vinhos. Ela ressalta que ao longo dos últimos anos, o setor de vinhos da França não respondeu à variedade de paladar dos consumidores. As margens de lucro diminuíram gradualmente e o número de empresas que representam o setor caiu de dez para quatro. Parece que os participantes do setor de vinhos da França precisam se fundir para sobreviver.

O relatório de Mary ressalta que os consumidores franceses têm um forte poder de barganha sobre o setor. Ela respalda essa conclusão com cinco pontos fundamentais, que ela chama de "Poder de Barganha dos Consumidores".

- Muitos consumidores estão tomando mais cerveja do que vinho durante as refeições e em ocasiões especiais.
- As vendas crescentes por meio da internet possibilitam que os consumidores pesquisem melhor os vinhos, leiam as opiniões de outros clientes e identifiquem quais produtores têm os melhores preços.
- O setor francês de vinhos está passando por um processo de fusão e compreende atualmente apenas quatro vinícolas, em comparação a dez vinícolas há cinco anos.
- Mais de 65% dos negócios do setor de vinhos da França correspondem a compras realizadas por restaurantes. Normalmente, os restaurantes compram grandes volumes, como de quatro a cinco caixas de vinho por vez.
- As terras em que o solo é suficientemente fértil para a plantação das uvas necessárias para o processo de produção de vinho estão escassas na França.

TABELA 17A Características de quatro importantes vinícolas francesas

	Vinícola do Sul	Vinícola do Norte	Vinícola do Leste	Vinícola do Oeste
Data de fundação	1750	1903	1812	1947
Estratégia competitiva genérica	?	Liderança em custo	Liderança em custo	Liderança em custo
Principal mercado de clientes (concentração acima de 80%)	França	França	Inglaterra	EUA
Local de produção	França	França	França	França

Depois de concluir o primeiro esboço de seu relatório, Mary o leva a seu chefe, Ron VanDriesen, para que ele o revise. VanDriesen lhe diz que ele é um conhecedor de vinhos e que compra com frequência da Vinícola do Sul. Mary diz a VanDriesen: "No meu relatório, classifico a Vinícola do Sul como uma empresa meio-termo. Ela tenta ter liderança em custo vendendo os vinhos por um preço um pouco abaixo do de outras empresas, mas tenta também se diferenciar dos concorrentes produzindo vinhos em garrafa com colarinho curvo, o que aumenta sua estrutura de custos. O resultado é que a margem de lucro da Vinícola do Sul é prensada por ambos os lados". VanDriesen responde: "Conheci alguns membros da equipe executiva da Vinícola do Sul em algumas das convenções de vinho das quais participei. Acredito que a Vinícola do Sul poderia se dar bem se adotasse a estratégia de liderança em custo e de diferenciação se suas operações fossem separadas em unidades operacionais distintas, em que cada uma adotasse uma estratégia competitiva diferente". Mary toma nota para pesquisar mais sobre estratégias competitivas genéricas a fim de confirmar as afirmações de VanDriesen antes de divulgar a versão final de seu relatório.

22. Se a moeda francesa estivesse para sofrer uma valorização considerável em comparação com a moeda inglesa, qual seria o provável impacto sobre a posição competitiva da Vinícola do Leste?
    a. Isso tornaria a empresa menos competitiva no mercado inglês.
    b. Nenhum impacto, visto que o principal mercado da Vinícola do Leste é a Inglaterra, e não a França.
    c. Isso tornaria a empresa mais competitiva no mercado inglês.

23. Qual dos pontos defendidos por Mary respalda de maneira eficaz a conclusão de que os consumidores franceses têm um forte poder de barganha sobre o setor.

24. May ressalta em seu relatório que a Vinícola do Oeste poderia diferenciar seus vinhos com atributos que os consumidores consideram importantes. Qual dos atributos a seguir seria a área de focalização mais provável para a Vinícola do Oeste criar um produto diferenciado?
    a. Método de entrega do produto.
    b. O preço do produto.
    c. Foco sobre clientes de 30 a 45 anos de idade.

25. Mary sabe que a estratégia genérica de uma empresa deve ser o ponto central de seu plano estratégico. Com base em uma compilação de pesquisas e documentos, Mary faz três observações sobre a Vinícola do Norte e seu processo de planejamento estratégico:

   i. As previsões de preço e custo da Vinícola do Norte levam em conta mudanças futuras na estrutura do setor de vinhos da França.

   ii. A Vinícola do Norte enquadra cada uma de suas unidades de negócios em três categorias: construir, manter ou colher.

   iii. A Vinícola do Norte utiliza a participação de mercado como uma medida fundamental de sua posição competitiva.

   Qual dessas observações menos respalda a conclusão de que o processo de planejamento estratégico da Vinícola do Norte é orientado e fundamentado por sua estratégia competitiva genérica?

---

1. Fale brevemente sobre as medidas que o Federal Reserve dos Estados Unidos tenderia a tomar no sentido de adotar uma política monetária expansionista utilizando cada uma das três ferramentas monetárias a seguir:
   a. Exigências de reserva.
   b. Operações de mercado aberto.
   c. Taxa de desconto.

2. Uma política monetária expansionista imprevista foi implementada. Indique o impacto dessa política sobre cada uma destas quatro variáveis:
   a. Taxa de inflação.
   b. Produção real e emprego.
   c. Taxa de juros real.
   d. Taxa de juros nominal.

3. A Universal Auto é uma grande empresa multinacional com sede nos Estados Unidos. Por motivo de divulgação de segmentos, a empresa está envolvida em dois negócios: produção de veículos motorizados e serviços de processamento de informações.

   O negócio de veículos é de longe o maior dos segmentos da Universal. Ele compreende principalmente a produção interna de veículos de passageiros nos Estados Unidos, mas abrange também operações de produção de pequenos caminhões nos Estados Unidos e a produção de veículos de passageiros em outros países. Esse segmento da Universal havia apresentado resultados operacionais fracos nos últimos anos, incluindo uma grande perda em 2013. Embora a empresa não revele os resultados operacionais de seus segmentos domésticos de veículos de passageiros, de modo geral se acredita que essa parte dos negócios da Universal seja o principal responsável pelo baixo desempenho de seu segmento de veículos a motor.

   A Idata, segmento de serviços de processamento de informações da Universal, foi criada há cerca de 15 anos. Essa atividade tem demonstrado um crescimento constante e intenso e totalmente interno; nenhuma aquisição foi feita.

   Um trecho do relatório de pesquisa da Universal, preparado por Paul Adams, candidato a CFA, afirma: "Com base em nossa suposição de que a Universal conseguirá aumentar significativamente os preços dos veículos de passageiros nos Estados Unidos em 2014, prevemos um aumento de lucratividade de vários bilhões de dólares...".

   a. Discuta o conceito de ciclo de vida setorial descrevendo cada uma de suas quatro fases.
   b. Identifique em que ponto cada um dos principais negócios da Universal – veículos de passageiros e processamento de informações – se encontra nesse ciclo.
   c. Analise como a determinação de preço dos produtos deve se diferenciar nos dois negócios da Universal com base na posição de cada um no ciclo de vida setorial.

4. O relatório de pesquisa de Adams (consulte o problema anterior) prossegue da seguinte forma: "Com a recuperação de mercado já encaminhada, esse salto de lucratividade esperado deve aumentar consideravelmente o preço das ações da Universal Auto. Recomendamos enfaticamente a compra".

   a. Discuta a abordagem de ciclo econômico em relação ao *timing* de investimento. (Sua resposta deve descrever as medidas a serem tomadas quanto às ações e obrigações em diferentes momentos ao longo de um ciclo econômico usual.)
   b. Supondo que a declaração de Adams esteja correta (de que já existe uma recuperação de mercado em andamento), avalie a oportunidade de sua recomendação de comprar ações da Universal Auto, uma ação cíclica, com base na abordagem de ciclo econômico quanto ao *timing* de investimento.

5. Janet Ludlow está preparando um relatório sobre fabricantes do setor de escovas de dente elétricas estabelecidos nos Estados Unidos e reuniu as informações apresentadas nas Tabelas 17B e 17C. O relatório de Janet conclui que o setor de escovas de dente elétricas encontra-se na fase de maturidade (ou seja, tardia) do ciclo de vida setorial.

   a. Escolha e justifique três fatores da Tabela 17B que *respaldam* a conclusão de Janet.
   b. Escolha e justifique três fatores da Tabela 17C que *refutam* a conclusão de Janet.

TABELA 17B Coeficientes para o índice do setor de escovas de dente elétricas e o índice do mercado acionário em geral

	2007	2008	2009	2010	2011	2012
Retorno sobre o patrimônio						
Índice do setor de escovas elétricas (%)	12,5	12,0	15,4	19,6	21,6	21,6
Índice do mercado (%)	10,2	12,4	14,6	19,9	20,4	21,2
P/E médio						
Índice do setor de escovas elétricas	28,5×	23,2×	19,6×	18,7×	18,5×	16,2×
Índice do mercado	10,2	12,4	14,6	19,9	18,1	19,1
Índice de pagamento de dividendos						
Índice do setor de escovas elétricas (%)	8,8	8,0	12,1	12,1	14,3	17,1
Índice do mercado (%)	39,2	40,1	38,6	43,7	41,8	39,1
Rendimento médio de dividendos						
Índice do setor de escovas elétricas (%)	0,3	0,3	0,6	0,7	0,8	1,0
Índice do mercado (%)	3,8	3,2	2,6	2,2	2,3	2,1

TABELA 17C Características do setor de fabricação de escovas de dente elétricas

- **Crescimento de vendas do setor** – As vendas do setor cresceram 15–20% por ano nos últimos anos e, de acordo com as expectativas, crescerão 10–15% por ano nos próximos três anos.
- **Mercados fora dos Estados Unidos** – Alguns produtores americanos estão tentando entrar em mercados externos em rápido crescimento e que ainda permanecem em grande medida inexplorados.
- **Vendas pelo correio** – Alguns produtores criaram um novo nicho no setor vendendo escovas de dente elétricas diretamente aos clientes pelo correio. As vendas nesse segmento do setor estão crescendo 40% ao ano.
- **Penetração no mercado americano** – A taxa atual de penetração nos Estados Unidos é 60% dos domicílios e será difícil esse número aumentar.
- **Concorrência de preço** – Os produtores competem agressivamente em termos de preço, e as guerras de preço no setor são comuns.
- **Mercados de nicho** – Alguns fabricantes conseguem desenvolver mercados de nicho novos e inexplorados nos Estados Unidos com base na reputação, na qualidade e no atendimento oferecido pela empresa.
- **Consolidação do setor** – Recentemente, houve várias fusões nesse setor e a expectativa é de que o processo de consolidação do setor aumente.
- **Novos concorrentes** – Novos produtores continuam a entrar no mercado.

6. Como analista de títulos, você foi incumbido de rever a avaliação de uma empresa de capital fechado, a Wigwam Autoparts Heaven, Inc. (WAH), que foi preparada pelo Red Rocks Group (RRG). Você deve dar sua opinião e respaldá-la analisando todas as partes da avaliação. A única atividade da WAH é a venda a varejo de peças automotivas. A avaliação do RRG contém uma seção denominada "Análise do Setor Varejista de Peças Automotivas", completamente fundamentada nos dados da Tabela 17D e nas informações complementares a seguir:
    - A WAH e cada um de seus principais concorrentes operaram mais de 150 lojas no final do ano fiscal de 2012.
    - O número médio de lojas por empresa no setor varejista de peças automotivas é 5,3.
    - A principal base de clientes de peças automotivas vendidas no varejo compreende proprietários jovens de veículos antigos. Os próprios proprietários fazem a manutenção do veículo por motivo de economia.
    a. Uma das conclusões do RRG é que o setor varejista de peças automotivas como um todo está no estágio de maturidade do ciclo de vida do setor. Discuta sobre três dados relevantes da Tabela 17D que respaldam essa conclusão.
    b. Outra conclusão do RRG é que WAH e seus principais concorrentes estão no estágio de consolidação do ciclo de vida.
       i. Cite três dados relevantes da Tabela 17D que respaldam essa conclusão.
       ii. Explique como a WAH e seus principais concorrentes podem estar em um estágio de consolidação enquanto seu setor como um todo se encontra no estágio de maturidade.

7. a. Se o valor da taxa de câmbio da libra esterlina diminuir de US$ 1,75 para US$ 1,55, a libra terá:
       i. Valorizado e os britânicos acharão os produtos americanos mais baratos.
       ii. Valorizado e os britânicos acharão os produtos americanos mais caros.
       iii. Depreciado e os britânicos acharão os produtos americanos mais caros.
       iv. Depreciado e os britânicos acharão os produtos americanos mais baratos.
    b. Mudanças em qual dos fatores a seguir são propensas a afetar as taxas de juros?
       i. Expectativas de inflação.
       ii. Magnitude do déficit federal.
       iii. Oferta de moeda.
    c. De acordo com a visão de política fiscal do lado da oferta, se o impacto sobre o total de receitas tributárias for o mesmo, fará alguma diferença o governo cortar os impostos reduzindo as alíquotas de impostos marginais ou aumentando a margem de isenção pessoal?
       i. Não, ambos os métodos de corte de impostos exercerão o mesmo impacto na oferta agregada.
       ii. Não, em ambos os casos as pessoas aumentarão suas economias, esperarão impostos mais altos e, portanto, compensarão o efeito do estímulo das taxas atuais mais baixas.
       iii. Sim, as alíquotas de impostos marginais por si sós aumentarão o incentivo à obtenção de renda marginal e, portanto, estimularão a oferta agregada.
       iv. Sim, as alíquotas de imposto aumentarão se as alíquotas de impostos marginais diminuírem, ao passo que elas tenderão a diminuir se a margem de isenção pessoal aumentar.

TABELA 17D Dados selecionados do setor de varejo de autopeças

	2013	2012	2011	2010	2009	2008	2007	2006	2005	2004
População 18–29 anos de idade (mudança percentual)	−1,8%	−2,0%	−2,1%	−1,4%	−0,8%	−0,9%	−1,1%	−0,9%	−0,7%	−0,3%
Número de domicílios com renda superior a US$ 35.000 (mudança percentual)	6,0%	4,0%	8,0%	4,5%	2,7%	3,1%	1,6%	3,6%	4,2%	2,2%
Número de domicílios com renda inferior a US$ 35.000 (mudança percentual)	3,0%	−1,0%	4,9%	2,3%	−1,4%	2,5%	1,4%	−1,3%	0,6%	0,1%
Número de carros com 5 a 15 anos de uso (mudança percentual)	0,9%	−1,3%	−6,0%	1,9%	3,3%	2,4%	−2,3%	−2,2%	−8,0%	1,6%
Vendas de varejo do setor automotivo de reposição (mudança percentual)	5,7%	1,9%	3,1%	3,7%	4,3%	2,6%	1,3%	0,2%	3,7%	2,4%
Despesas do consumidor com peças e acessórios automotivos (mudança percentual)	2,4%	1,8%	2,1%	6,5%	3,6%	9,2%	1,3%	6,2%	6,7%	6,5%
Crescimento de vendas de empresas varejistas de peças de automóveis com 100 ou mais lojas	17,0%	16,0%	16,5%	14,0%	15,5%	16,8%	12,0%	15,7%	19,0%	16,0%
Participação de mercado de empresas varejistas de peças de automóveis com 100 ou mais lojas	19,0%	18,5%	18,3%	18,1%	17,0%	17,2%	17,0%	16,9%	15,0%	14,0%
Margem operacional média de empresas varejistas de peças de automóveis com 100 ou mais lojas	12,0%	11,8%	11,2%	11,5%	10,6%	10,6%	10,0%	10,4%	9,8%	9,0%
Margem operacional média de todas as empresas varejistas de peças de automóveis	5,5%	5,7%	5,6%	5,8%	6,0%	6,5%	7,0%	7,2%	7,1%	7,2%

EXERCÍCIOS DE INVESTIMENTO NA *WEB*

1. A economia americana está ou não em recessão? Verifique a opinião "oficial" no Escritório Nacional de Pesquisa Econômica (NBER), em www.nber.org/data. Escolha o *link* para *Official Business Cycle Dates* (Dados Oficiais sobre Ciclo Econômico). Como o NBER seleciona o início ou fim de uma recessão (siga o *link* disponível para uma discussão sobre esse assunto)? Qual período da história econômica americana foi a expansão mais longa? E a contração? Examine a seção *Announcement Dates* (Datas de Divulgação) na parte inferior da página. Qual a defasagem de tempo entre a ocorrência de um pico ou um vale e o momento em que ele é divulgado? Que implicação isso tem para os investidores?

2. Utilize os dados do finance.yahoo.com para responder as perguntas a seguir.
    a. Entre na guia *Investing* (Investir) e clique em *Industries* (Setores). Encontre os índices de preço/valor contábil da Medical Instruments & Supplies e Electric Utilities. As diferenças fazem sentido para você em vista de seus diferentes estágios no ciclo de vida setorial?
    b. Examine agora cada índice de preço/lucro rendimento de dividendos do setor. Repetindo, as diferenças fazem sentido para você em vista de seus diferentes estágios no ciclo de vida setorial?

SOLUÇÕES PARA AS REVISÕES DE CONCEITOS

1. A retração no setor automobilístico diminuirá a demanda por produtos nessa economia. Pelo menos a curto prazo haverá recessão. Isso indica que:
    a. O PIB diminuirá.
    b. A taxa de desemprego subirá.
    c. O déficit governamental aumentará. O recebimento de imposto de renda diminuirá e os gastos do governo com programas de bem-estar social provavelmente aumentarão.
    d. As taxas de juros cairão. A retração da economia reduzirá a demanda por crédito. Além disso, com a redução da taxa de inflação, as taxas de juros nominais diminuirão.
2. Uma política fiscal expansionista combinada com uma política monetária expansionista estimularão a economia, enquanto a política monetária flexível manterá a taxa de juros baixa.
3. Uma interpretação tradicional da demanda sobre os cortes tributários é que o aumento resultante na renda após os impostos aumenta a demanda por consumo e estimula a economia. Uma interpretação da oferta é que a redução das alíquotas de impostos marginais tornam os investimentos mais atraentes para as empresas e o trabalho mais atraente para os indivíduos, aumentando, assim, a produção econômica.
4. A empresa C tem o custo fixo mais baixo e o custo variável mais alto. Ele deve ser menos sensível ao ciclo econômico. Na verdade, ela é. Seus lucros são os mais altos entre as três empresas nas recessões, mas os mais baixos em expansões.

	Recessão	Normal	Expansão
Receita	US$ 10	US$ 12	US$ 14
Custos fixos	2	2	2
Custo variáveis	7,5	9	10,5
Lucros	US$ 0,5	US$ 1	US$ 1,5

5. a. Os jornais se sairão melhor em uma expansão quando o volume de propagandas estiver aumentando.
    b. As máquinas operatrizes são um bom investimento no vale de uma recessão, justamente quando a economia está começando a entrar em expansão e as empresas precisam aumentar sua capacidade.
    c. As bebidas são investimentos defensivos e sua demanda é relativamente insensível ao ciclo econômico. Portanto, são investimentos relativamente bons quando há previsão de recessão.
    d. A madeira é um bom investimento em períodos de pico, quando os preços dos recursos naturais estão altos e a economia está operando em plena capacidade.

18

Modelos de avaliação patrimonial

TAL COMO NOSSA DISCUSSÃO sobre eficiência de mercado indicou, não é nada fácil encontrar títulos subvalorizados. No entanto, como existe um número suficiente de falhas na hipótese de mercado eficiente, a procura por esses títulos não deve ser descartada definitivamente. Além disso, é a procura constante de títulos com erro de apreçamento que mantém um mercado quase eficiente. Mesmo um erro de apreçamento insignificante possibilitaria que um analista do mercado acionário obtivesse um ganho.

Este capítulo descreve como os modelos de avaliação que os analistas do mercado acionário utilizam para descobrir títulos com preço incorreto. Os modelos apresentados são utilizados por *analistas fundamentalistas*, aqueles que usam informações relacionadas com a lucratividade atual e possível de uma empresa para avaliar seu valor de mercado justo. Começaremos com uma discussão sobre as medidas de valor alternativas de uma empresa. Com base nisso, passaremos para as ferramentas quantitativas denominadas *modelos de desconto de dividendos*, as quais os analistas de títulos normalmente empregam para avaliar uma empresa em funcionamento. Em seguida, analisaremos os índices de preço/lucro (*price-earnings* – P/E), explicando por que eles atraem tanto o interesse dos analistas e também evidenciando algumas de suas deficiências. Explicamos como os índices de P/E estão associados aos modelos de avaliação de dividendos e, de forma mais geral, às perspectivas de crescimento da empresa.

Fechamos este capítulo com uma discussão e um exemplo abrangente dos modelos de fluxo de caixa livre utilizados pelos analistas com base em previsões dos fluxos de caixa que serão gerados pelos empreendimentos da empresa. No final, aplicamos as várias ferramentas de avaliação abordadas neste capítulo a uma empresa real. Veremos que existe certa disparidade em suas conclusões – um enigma que qualquer analista de títulos enfrentará – e consideraremos os motivos dessas discrepâncias.

18.1 Avaliação por comparáveis

O objetivo da análise fundamentalista é identificar ações que possam estar com o preço incorreto em relação a alguma medida de valor "real" dedutível de dados financeiros observáveis. Existem várias fontes convenientes de dados relevantes. Para empresas dos Estados Unidos, a Comissão de Valores Mobiliários (Securities and Exchange Commission – SEC) oferece informações em seu *site* EDGAR, www.sec.gov/edgar.shtml. A SEC exige que todas as empresas públicas (com exceção das empresas estrangeiras e daquelas com menos de US$ 10 milhões em ativos e 500 acionistas) enviem eletronicamente declarações de registro, relatórios periódicos e outros formulários por meio do EDGAR. Qualquer pessoa pode acessar e baixar essas informações. Muitos *sites*, como o finance.yahoo.com, money.msn.com e finance.google.com, também oferecem aos analistas dados extraídos dos relatórios do EDGAR.

A Tabela 18.1 mostra alguns destaques financeiros referentes à Microsoft e também alguns dados comparáveis referentes a outras empresas do setor de *software* de aplicação. O preço por ação das ações ordinárias da Microsoft é US$ 30,63 e o valor de mercado total ou de capitalização dessas ações (denominado resumidamente *cap. de mercado*) é US$ 258 bilhões. A linha denominada "Avaliação", na Tabela 18.1, mostra o índice de preço das ações da Microsoft em relação a cinco referências. Esse preço é 15,4 vezes seu lucro (por ação) nos 12 meses mais recentes, quatro vezes seu valor contábil recente, 3,5 vezes suas vendas e 10,9 vezes seu fluxo de caixa. O último índice de avaliação, preço/lucro/crescimento (*price to earnings to growth* – PEG), é o índice de P/E dividido pela taxa de crescimento dos lucros. Nossa expectativa é de que as empresas de crescimento mais rápido sejam vendidas por múltiplos mais altos dos lucros *atuais* (falaremos mais sobre isso a seguir), de modo que o PEG normalize o índice de P/E por meio da taxa de crescimento.

Esses índices de avaliação são comumente utilizados para avaliar a valorização de uma empresa em comparação com outras do mesmo setor. Portanto, consideraremos todos eles. A coluna da direita apresenta índices comparáveis de outras empresas no setor de *software* de aplicação. Por exemplo, um analista poderia observar que o índice de preço/lucro e o índice de preço/fluxo de caixa da Microsoft estão abaixo da média do setor. O índice de valor de mercado/**valor contábil** da Microsoft, que é o patrimônio líquido da empresa de acordo com o balanço patrimonial, também está abaixo das normas do setor, 3,9 *versus* 10,5. Esses índices podem indicar que o preço de suas ações está abaixo do normal. Entretanto, a Microsoft é uma empresa mais madura do que várias no setor e talvez essa discrepância reflita uma taxa esperada mais baixa de crescimento futuro. Na verdade, o índice PEG é praticamente idêntico ao da média do setor. Obviamente, serão necessários modelos de avaliação rigorosos para examinar esses sinais de valor algumas vezes conflitantes.

Limitações do valor contábil

Os acionistas de uma empresa às vezes são chamados de "requerentes residuais", o que significa que o valor de sua participação é o que sobra quando os passivos da empresa são subtraídos de seus ativos. O patrimônio dos acionistas é esse patrimônio líquido. Entretanto, os valores dos ativos e dos passivos reconhecidos nas demonstrações financeiras baseiam-se em valores históricos, e não em valores atuais. Por exemplo, o valor contábil de um ativo é igual ao custo de aquisição *original* menos algum ajuste de depreciação, mesmo que o preço de mercado desse ativo tenha mudado ao longo do tempo. Além disso, as provisões para depreciação são utilizadas para alocar o custo original do ativo ao longo de vários anos, mas não refletem perda de valor real.

Enquanto o valor contábil baseia-se no custo original, o valor de mercado mede os valores atuais dos ativos e passivos. O valor de mercado do investimento do patrimônio dos acionistas é igual à diferença entre os valores atuais de todos os ativos e passivos. Enfatizamos que os valores atuais geralmente não corresponderão aos históricos. Igualmente ou mais importante do que isso, muitos

TABELA 18.1 Destaques financeiros da Microsoft, 12 de setembro de 2012

Preço por ação	US$ 30,63	
Ações ordinárias em circulação (bilhões)	8,38	
Capitalização de mercado (bilhões de US$)	US$ 258	
Últimos 12 Meses		
Vendas (bilhões de US$)	US$ 73,72	
Ebitda (bilhões de US$)	US$ 30,71	
Lucro líquido (bilhões de US$)	US$ 16,98	
Lucro por ação	US$ 2,00	
Avaliação	**Microsoft**	**Média do Setor**
Preço/lucro	15,4	17,5
Preço/valor contábil	3,9	10,5
Preço/vendas	3,5	
Preço/fluxo de caixa	10,9	20,5
PEG	1,1	1,2
Lucratividade		
ROE (%)	27,5	24,9
ROA (%)	15,0	
Margem de lucro operacional (%)	37,9	
Margem de lucro líquido (%)	23,0	23,2

Fonte: Compilação de dados disponíveis em finance.yahoo.com, 12 de setembro de 2012.

ativos – por exemplo, o valor de um bom nome de marca ou de conhecimentos especializados que foram obtidos durante vários anos – talvez nem sejam incluídos nas demonstrações financeiras. Desse modo, os preços de mercado refletem o valor da empresa em funcionamento (ativa). Seria incomum se o preço de mercado de uma ação fosse exatamente igual ao seu valor contábil.

O valor contábil pode representar um "piso" para o preço das ações abaixo do qual o preço de mercado não pode cair? Embora em 2012 o valor contábil por ação da Microsoft fosse inferior ao seu preço de mercado, outras evidências refutam essa ideia. Apesar de não ser comum, algumas empresas sempre são vendidas por um preço de mercado abaixo do valor contábil. No início de 2012, por exemplo, empresas como Sprint/Nextel, Bank of America, Mitsubishi e AOL encontravam-se nesse grupo de empresas em dificuldade.

Uma medida melhor de piso para o preço de uma ação é o **valor de liquidação** por ação de uma empresa. Ele representa a quantia que poderia ser obtida com o desmembramento de uma empresa, a venda de seus ativos, o pagamento de sua dívida e a distribuição do restante aos acionistas. Se o preço de mercado da ação cair abaixo do valor de liquidação da empresa, ela se torna um alvo atraente de tomada de controle acionário. Um especulador corporativo acharia lucrativo comprar um número suficiente de ações para obter controle e depois liquidar de fato.

Outra medida do valor de uma empresa é o **custo de reposição** dos ativos menos passivos. Para alguns analistas o valor de mercado de uma empresa não pode ficar por muito tempo bem acima de seu custo de reposição porque, se isso ocorresse, novos concorrentes entrariam no mercado. A pressão competitiva resultante diminuiria o valor de mercado de todas as empresas até o momento em que atingisse o custo de reposição.

Essa ideia é popular entre os economistas e o índice de preço de mercado/custo de reposição é conhecido como **q de Tobin**, em homenagem ao economista James Tobin, ganhador do Prêmio Nobel. A longo prazo, de acordo com essa visão, o índice de preço de mercado/custo de reposição tenderá a 1, mas evidências indicam que esse índice pode ser significativamente diferente de 1 durante períodos muito longos.

Embora o enfoque sobre o balanço patrimonial possa nos dar algumas informações úteis a respeito do valor de liquidação ou do custo de reposição de uma empresa, o analista geralmente deve observar os fluxos de caixa futuros esperados para obter uma estimativa melhor do valor de uma empresa em funcionamento. Por esse motivo, voltamo-nos para os modelos quantitativos que os analistas utilizam para avaliar as ações ordinárias com base em previsões de lucros e dividendos futuros.

18.2 Valor intrínseco *versus* preço de mercado

O modelo mais comum para avaliar uma empresa em funcionamento parte da observação de que um investidor de ações espera um retorno que inclua dividendos em dinheiro e ganhos ou perdas de capital. Começamos com um horizonte de investimento de um ano e a suposição de que as ações da ABC têm um dividendo por ação esperado, $E(D_1)$, de US\$ 4; que o preço atual de uma ação, P_0, é US\$ 48; e que o preço esperado ao final de um ano, $E(P_1)$, é US\$ 52. Por enquanto, não se preocupe em saber deduzir a previsão do preço do ano seguinte. A essa altura você deve perguntar apenas se a ação parece ter um preço atrativo *hoje*, tendo em visa sua previsão de preço para o *ano seguinte*.

O retorno do horizonte de (*holding-period return* – HPR) *esperado* é $E(D_1)$ mais a valorização de preço esperada, $E(P_1) - P_0$, dividido pelo preço atual P_0:

$$\text{HPR esperado} = E(r) = \frac{E(D_1) + [E(P_1) - P_0]}{P_0}$$

$$= \frac{4 + (52 - 48)}{48} = 0{,}167 \text{ ou } 16{,}7\%$$

Portanto, o retorno do horizonte de investimento esperado da ação é a soma do rendimento de dividendos esperado, $E(D_1)/P_0$, e a taxa esperada da valorização de preço, o rendimento de ganhos de capital, $[E(P_1) - P_0]/P_0$.

Mas qual é a taxa de retorno exigida para as ações da ABC? O modelo de precificação de ativos financeiros (*capital asset pricing model* – CAPM) postula que, quando os preços do mercado acionário estão em equilíbrio, a taxa de retorno que os investidores podem esperar obter sobre um título é $r_f + \beta[E(r_M) - r_f]$. Desse modo, pode-se considerar que o CAPM oferece uma estimativa da taxa de retorno que um investidor pode esperar obter sobre um título com base no risco medido pelo beta. Esse é o retorno que os investidores exigirão de qualquer outro investimento com risco equivalente. Chamaremos essa taxa de retorno exigida de k. Se uma ação for precificada "corretamente", ela oferecerá aos investidores um retorno "justo", isto é, seu retorno *esperado* será igual ao seu retorno *exigido*. Obviamente, o objetivo de um analista de títulos é encontrar ações com erro de apreçamento. Por exemplo, uma ação subvalorizada oferecerá um retorno esperado superior ao retorno exigido.

Suponhamos que $r_f = 6\%$, $E(r_M) - r_f = 5\%$ e que o beta da ABC seja 1,2. Desse modo, o valor de k é

$$k = 6\% + 1,2 \times 5\% = 12\%$$

Portanto, o retorno do horizonte de investimento esperado, 16,7%, supera a taxa de retorno exigida com base no risco da ABC por uma margem de 4,7%. Naturalmente, o investidor desejará incluir mais ações da ABC na carteira do que uma estratégia passiva recomendaria.

Outra forma de ver isso é comparar o valor intrínseco de uma ação com seu preço de mercado. O **valor intrínseco** das ações de uma empresa, indicado por V_0, é definido como o valor presente de todos os pagamentos em dinheiro feitos à pessoa que investiu nas ações, incluindo dividendos e também os lucros da venda final das ações, descontado a uma taxa de juros ajustada ao risco apropriada, k. Quando o valor intrínseco ou a estimativa que o próprio investidor faz do valor real da ação supera o preço de mercado, a ação é considerada subvalorizada e um bom investimento. Para a ABC, utilizando um horizonte de investimento de um ano e uma previsão de que a ação pode ser vendida no final do ano pelo preço de $P_1 = US\$ 52$, o valor intrínseco é

$$V_0 = \frac{E(D_1) + E(P_1)}{1 + k} = \frac{US\$ 4 + US\$ 52}{1,12} = US\$ 50$$

Equivalentemente, pelo preço de US$ 50, o investidor obteria uma taxa de retorno de 12% – exatamente igual à taxa de retorno exigida – sobre um investimento nessa ação. Entretanto, pelo preço atual de US$ 48, a ação está abaixo do preço em comparação com o valor intrínseco. Por esse preço, ela oferece uma taxa de retorno mais do que justa em relação a seu risco. Empregando a terminologia do CAPM, essa é uma ação de alfa positivo, e os investidores desejarão comprar mais dessa ação do que se estivessem adotando uma estratégia passiva.

Se o valor intrínseco se revelar inferior ao preço de mercado atual, os investidores provavelmente comprarão menos dessa ação do que se estivessem adotando a estratégia passiva. Pode até valer a pena manter poucas ações da ABC, como já avaliamos no Capítulo 3.

Quando o mercado está em equilíbrio, o preço de mercado atual refletirá as estimativas de valor intrínseco de todos os participantes do mercado. Isso significa que o investidor individual cuja estimativa de V_0 difere do preço de mercado, P_0, em vigor deve discordar de algumas ou de todas as estimativas de consenso do mercado de $E(D_1)$, $E(P_1)$ ou k. Um termo comum para o valor de consenso do mercado da taxa de retorno exigida, k, é **taxa de capitalização de mercado**, que empregamos em todo este capítulo.

REVISÃO DE CONCEITOS 18.1

Você espera que em um ano o preço das ações da IBX seja de US$ 59,77 cada. O preço de mercado atual é US$ 50 e você espera pagar dividendos por ação de US$ 2,15 no prazo de um ano.

a. Qual o rendimento de dividendos esperado da ação, a taxa de valorização de preço e o retorno do horizonte de investimento?

b. Se as ações tiverem beta de 1,15, a taxa isenta de risco for 6% ao ano e a taxa de retorno esperada sobre a carteira de mercado for 14% ao ano, qual será a taxa de retorno exigida sobre as ações da IBX?

c. Qual o valor intrínseco das ações da IBX e quanto elas se compraram com o preço de mercado atual?

18.3 Modelos de desconto de dividendos

Considere um investidor que compra ações da Steady State Electronics e pretende mantê-las por um ano. O valor intrínseco da ação é o valor presente dos dividendos a serem recebidos no final do primeiro ano, D_1, e o preço de venda esperado, P_1. Daqui em diante utilizaremos a notação mais simples P_1, em vez de $E(P_1)$, para evitar confusão. Contudo, lembre-se de que os preços e os dividendos futuros são desconhecidos e que estamos lidando com valores esperados, e não com valores verdadeiros. Já estabelecemos que

$$V_0 = \frac{D_1 + P_1}{1 + k} \qquad (18.1)$$

Embora os dividendos deste ano sejam razoavelmente previsíveis, em vista do histórico da empresa, você pode perguntar como é possível estimar P_1, o preço de fim de ano. De acordo com a Equação 18.1, V_1 (o valor de fim de ano) será

$$V_1 = \frac{D_2 + P_2}{1 + k}$$

Se admitirmos que as ações serão vendidas pelo seu valor intrínseco no ano seguinte, então $V_1 = P_1$ e podemos substituir P_1 por esse valor na Equação 18.1 para encontrar

$$V_0 = \frac{D_1}{1 + k} + \frac{D_2 + P_2}{(1 + k)^2}$$

Essa equação pode ser interpretada como o valor presente dos dividendos mais o preço de venda para um horizonte de investimento de dois anos. É evidente que agora precisamos propor uma previsão para P_2. Continuando na mesma direção, podemos substituir P_2 por $(D_3 + P_3)/(1 + k)$, que relaciona P_0 com o valor dos dividendos pagos mais o preço de venda esperado para um horizonte de investimento de três anos.

Em termos mais gerais, para um horizonte de investimento de H anos, podemos expressar o valor das ações como o valor presente dos dividendos ao longo de H anos, mais o preço de venda final, P_H.

$$V_0 = \frac{D_1}{1 + k} + \frac{D_2}{(1 + k)^2} + \cdots + \frac{D_H + P_H}{(1 + k)^H} \qquad (18.2)$$

Observe a semelhança entre essa fórmula e a fórmula de avaliação de obrigações desenvolvida no Capítulo 14. Cada uma relaciona o preço com o valor presente de um fluxo de pagamentos (cupons, no caso de obrigações, e dividendos, no caso de ações) e um pagamento final (o valor de face da obrigação ou o preço de venda da ação). As diferenças fundamentais no caso das ações são a incerteza quanto aos dividendos, a falta de uma data de vencimento fixa e o preço de venda desconhecido na data de horizonte. Aliás, podemos continuar substituindo o preço indefinidamente para concluir

$$V_0 = \frac{D_1}{1 + k} + \frac{D_2}{(1 + k)^2} + \frac{D_3}{(1 + k)^3} + \cdots \qquad (18.3)$$

A Equação 18.3 expressa que o preço das ações deve ser igual ao valor presente de todos os dividendos futuros esperados em perpetuidade. Essa fórmula é chamada de **modelo de desconto de dividendos** (*dividend discount model* – **DDM**) do preço das ações.

É tentador mas incorreto concluir, com base na Equação 18.3, que o DDM concentra-se exclusivamente nos dividendos e ignora os ganhos de capital como motivo para investir em ações. Na verdade, admitimos explicitamente na Equação 18.1 que os ganhos de capital (de acordo com o preço de venda esperado, P_1) fazem parte do valor da ação. Nosso argumento é de que o preço pelo qual você pode vender a ação no futuro dependerá das previsões de dividendos nesse momento.

O fato de apenas os dividendos aparecerem na Equação 18.3 não quer dizer que os investidores ignoram os ganhos de capital. Significa na realidade que esses ganhos de capital refletirão as previsões de dividendos no momento em que a ação for vendida. É por isso que na Equação 18.2 podemos expressar o preço da ação como o valor presente dos dividendos mais o preço de venda para qualquer horizonte. P_H é o valor presente no tempo H de todos os dividendos a serem pagos após a data de horizonte. Esse valor é em seguida descontado de volta para hoje, tempo 0. O DDM postula que os preços das ações são em última análise determinados pelos fluxos de caixa para os acionistas, e esses fluxos são dividendos.[1]

DDM de crescimento constante

A Equação 18.3, tal como se encontra, ainda não é muito útil para avaliar uma ação porque exige previsões de dividendos para cada ano ao longo de um futuro indefinido. Para tornar o DDM prático, é necessário introduzir algumas suposições simplificadoras. Um primeiro passo útil e comum em relação a esse problema é admitir que os dividendos estão tendendo para cima de acordo com uma taxa de crescimento estável que chamaremos de g. Por exemplo, se $g = 0,05$ e o último dividendo pago tiver sido $D_0 = 3,81$, os dividendos futuros esperados serão

$$D_1 = D_0(1 + g) = 3,81 \times 1,05 = 4,00$$
$$D_2 = D_0(1 + g)^2 = 3,81 \times (1,05)^2 = 4,20$$
$$D_3 = D_0(1 + g)^3 = 3,81 \times (1,05)^3 = 4,41$$

e assim por diante. Utilizando essas previsões de dividendos na Equação 18.3, encontramos o valor intrínseco

$$V_0 = \frac{D_0(1+g)}{1+k} + \frac{D_0(1+g)^2}{(1+k)^2} + \frac{D_0(1+g)^3}{(1+k)^3} + \cdots$$

Essa equação pode ser simplificada para[2]

$$V_0 = \frac{D_0(1+g)}{k-g} = \frac{D_1}{k-g} \tag{18.4}$$

Observe que na Equação 18.4 dividimos D_1 (e não D_0) por $k - g$ para calcular o valor intrínseco. Se a taxa de capitalização de mercado da Steady State for 12%, podemos utilizar a Equação 18.4 para mostrar que o valor intrínseco de uma ação da Steady State é

$$\frac{\text{US\$ } 3,81 \, (1 + 0,05)}{0,12 - 0,05} = \frac{\text{US\$ } 4,00}{0,12 - 0,05} = \text{US\$ } 57,14$$

---

[1] Se os investidores nunca esperassem pagamento de dividendos, esse modelo implicaria que a ação não tem nenhum valor. Para conciliar o DDM com o fato de as ações que não pagam dividendos terem um valor de mercado, deve-se pressupor que os investidores esperam que algum dia seja pago algum valor em dinheiro, ainda que apenas dividendos de liquidação.

[2] Provamos que o valor intrínseco, V_0, de um fluxo de dividendos em dinheiro que cresce a uma taxa constante g é igual a $\frac{D_1}{k-g}$ da maneira a seguir. Por definição,

$$V_0 = \frac{D_1}{1+k} + \frac{D_1(1+g)}{(1+k)^2} + \frac{D_1(1+g)^2}{(1+k)^3} + \cdots \tag{a}$$

Multiplicando por $(1 + k)/(1 + g)$, obtemos

$$\frac{(1+k)}{(1+g)} V_0 = \frac{D_1}{(1+g)} + \frac{D_1}{(1+k)} + \frac{D_1(1+g)}{(1+k)^2} + \cdots \tag{b}$$

Subtraindo a equação (a) da equação (b), identificaremos que

$$\frac{1+k}{1+g} V_0 - V_0 = \frac{D_1}{(1+g)}$$

o que significa

$$\frac{(k-g)V_0}{(1+g)} = \frac{D_1}{(1+g)}$$
$$V_0 = \frac{D_1}{k-g}$$

EXEMPLO 18.1 || Ações preferenciais e o DDM

As ações preferenciais que pagam dividendos fixos podem ser avaliadas por meio do modelo de desconto de dividendos de crescimento constante. A taxa de crescimento constante dos dividendos é absolutamente zero. Por exemplo, para avaliar uma ação preferencial que paga dividendos fixos de US$ 2 por ação, quando a taxa de desconto é 8%, calculamos

$$V_0 = \frac{US\$\ 2}{0{,}08 - 0} = US\$\ 25$$

A Equação 18.4 é chamada de **DDM de crescimento constante** ou modelo de Gordon, em homenagem a Myron J. Gordon, que popularizou esse modelo. Isso talvez o faça se lembrar da fórmula do valor atual de uma perpetuidade. Se houvesse uma previsão de que os dividendos não aumentarão, o fluxo de dividendos seria apenas uma perpetuidade e a fórmula de avaliação para ação sem crescimento seria[3] $V_0 = D_1/k$. A Equação 18.4 é uma generalização da fórmula de perpetuidade para abranger o caso de uma perpetuidade *crescente*. À medida que g aumenta (para um valor determinado de D_1), o preço das ações também aumenta.

O DDM de crescimento constante é válido somente quando g é inferior a k. Se houvesse uma expectativa de que os dividendos aumentariam indefinidamente a uma taxa mais rápida do que k, o valor da ação seria infinito. Se um analista deduzir uma estimativa de g superior a k, essa taxa de crescimento será insustentável a longo prazo. O modelo de avaliação adequado nesse caso é um DDM de vários estágios, como aqueles que abordaremos a seguir.

O DDM de crescimento constante é tão amplamente empregado pelos analistas do mercado acionário, que vale a pena explorar algumas de suas implicações e limitações. O DDM de taxa de crescimento constante implica que o valor de uma ação será maior:

1. Quanto maior forem os dividendos esperados por ação.
2. Quanto mais baixa for a taxa de capitalização de mercado, k.
3. Quanto mais alta for a taxa de crescimento esperado dos dividendos.

Outra implicação do modelo de crescimento constante é que se prevê que o preço da ação aumentará à mesma taxa que os dividendos. Para observar isso, suponha que as ações da Steady State estejam sendo vendidas por seu valor intrínseco de US$ 57,14, de modo que $V_0 = P_0$. Então,

$$P_0 = \frac{D_1}{k - g}$$

EXEMPLO 18.2 || O DDM de crescimento constante

A High Flyer Industries acaba de pagar dividendos anuais de US$ 3 por ação. Espera-se que os dividendos aumentem segundo uma taxa constante de 8%, indefinidamente. O beta das ações da High Flyer é 1,0, a taxa isenta de risco é 6% e o prêmio de risco do mercado é 8%. Qual o valor intrínseco da ação? Qual seria sua estimativa de valor intrínseco se acreditasse que a ação fosse mais arriscada, com um beta de 1,25?

Como um dividendo de US$ 3 acabou de ser pago e a taxa de crescimento de dividendos é 8%, a previsão dos dividendos de fim de ano é US$ 3 × 1,08 = US$ 3,24. A taxa de capitalização de mercado (utilizando o CAPM) é 6% + 1,0 × 8% = 14%. Desse modo, o valor da ação é

$$V_0 = \frac{D_1}{k-g} = \frac{US\$\ 3{,}24}{0{,}14 - 0{,}08} = US\$\ 54$$

Se a ação for considerada mais arriscada, o valor deve ser inferior. Com um beta mais alto, a taxa de capitalização de mercado será 6% + 1,25 × 8% = 16% e a ação valerá apenas

$$\frac{US\$\ 3{,}24}{0{,}16 - 0{,}08} = US\$\ 40{,}50$$

---

[3] Lembre-se de que, segundo os princípios básicos de finanças, o valor presente de uma perpetuidade de US$ 1 por ano é $1/k$. Por exemplo, se $k = 10\%$, o valor da perpetuidade será US$ 1/0,10 = US$ 10. Observe que, se $g = 0$ na Equação 18.4, a fórmula de DDM de crescimento constante será igual à fórmula de perpetuidade.

Observe que o preço é proporcional aos dividendos. Portanto, no ano seguinte, quando se espera que os dividendos pagos aos acionistas da Steady State sejam superiores a $g = 5\%$, é provável que o preço também aumente 5%. Para confirmar isso, observe

$$D_2 = US\$\,4(1{,}05) = US\$\,4{,}20$$

$$P_1 = \frac{D_2}{k-g} = \frac{US\$\,4{,}20}{0{,}12 - 0{,}05} = US\$\,60{,}00$$

que é 5% mais alto do que o preço atual de US$ 57,14. Para generalizar,

$$P_1 = \frac{D_2}{k-g} = \frac{D_1(1+g)}{k-g} = \frac{D_1}{k-g}(1+g) = P_0(1+g)$$

Desse modo, o DDM indica que, no caso de crescimento constante dos dividendos, a taxa de valorização de preço em qualquer ano será igual à taxa de crescimento constante, g. Para uma ação cujo preço de mercado é igual ao seu valor intrínseco ($V_0 = P_0$), o retorno do horizonte de investimento esperado será

$$E(r) = \text{Rendimento de dividendos} + \text{Rendimento de ganhos de capital}$$

$$= \frac{D_1}{P_0} + \frac{P_1 - P_0}{P_0} = \frac{D_1}{P_0} + g \quad (18.5)$$

Essa fórmula constitui um meio para deduzir a taxa de capitalização de mercado de uma ação, porque, se a ação estiver sendo vendida por seu valor intrínseco, então $E(r) = k$, o que significa que $k = D_1/P_0 + g$. Observando o rendimento de dividendos, D_1/P_0, e estimando a taxa de crescimento de dividendos, podemos calcular k. Essa equação é também conhecida como *fórmula de fluxo de caixa descontado* (discounted cash flow – DCF).

Esse método é empregado com frequência em audiências sobre taxas de serviços de utilidade pública regulamentados. A agência reguladora responsável pela aprovação de decisões de

REVISÃO DE CONCEITOS 18.2

a. A IBX deverá pagar dividendos de ações de US$ 2,15 no final do ano, cujo crescimento esperado é 11,2% ao ano, indefinidamente. Considerando que a taxa de retorno exigida sobre as ações da IBX é 15,2% ao ano, qual é seu valor intrínseco?

b. Se o preço de mercado atual da IBX for igual ao seu valor intrínseco, qual será o preço esperado do ano seguinte?

c. Se um investidor fosse comprar ações da IBX agora e as vendesse depois de receber dividendos de US$ 2,15 em um ano, qual seria o ganho de capital esperado (isto é, a valorização de preço) em termos percentuais? Qual o rendimento de dividendos e qual seria o retorno do período de manutenção do investimento?

EXEMPLO 18.3 || O modelo de crescimento constante

Suponhamos que a Steady State Electronics feche um contrato importante para seu revolucionário *chip* de computador. Esse contrato extremamente lucrativo possibilitará que a empresa aumente a taxa de crescimento de dividendos de 5 para 6%, sem reduzir o valor previsto dos dividendos atuais de US$ 4,00 por ação. O que ocorrerá com o preço da ação? O que ocorrerá com as taxas esperadas futuras do retorno sobre as ações?

O preço da ação deve aumentar em resposta à boa notícia sobre o contrato, e de fato é isso o que ocorre. O preço das ações salta de seu valor original de US$ 57,14 para um preço pós-divulgação de

$$\frac{D_1}{k-g} = \frac{US\$\,4{,}00}{0{,}12 - 0{,}06} = US\$\,66{,}67$$

Os investidores que tiverem ações no momento da divulgação dessa boa notícia sobre o contrato receberão um valor substancial inesperado.

Entretanto, com o novo preço, a taxa de retorno esperada sobre as ações será 12%, exatamente igual à taxa anterior à divulgação do novo contrato.

$$E(r) = \frac{D_1}{P_0} + g = \frac{US\$\,4{,}00}{US\$\,66{,}67} + 0{,}06 = 0{,}12 \text{ ou } 12\%$$

Esse resultado faz sentido. Quando a notícia sobre o contrato refletir-se no preço da ação, a taxa de retorno esperada será coerente com o risco da ação. Como o risco da ação não mudou, é provável que o risco da taxa de retorno esperada também não mude.

determinação de preço de serviços de utilidade pública é obrigada a permitir que as empresas cobrem o suficiente para cobrir os custos e obter um lucro "justo", ou seja, algo que permita um retorno competitivo sobre o investimento que a empresa fez em sua capacidade produtiva. Por sua vez, esse retorno é considerado o retorno esperado que os investidores exigem sobre as ações da empresa. A fórmula $D_1/P_0 + g$ constitui um meio para deduzir essa taxa exigida.

Convergência do preço para o valor intrínseco

Suponhamos que o preço de mercado atual das ações da ABC seja apenas US$ 48 por ação e que, portanto, a ação está subvalorizada em US$ 2 por ação. Nesse caso, a taxa esperada de valorização de preço depende de uma suposição adicional sobre se a discrepância entre o valor intrínseco e o preço de mercado desaparecerá e, se sim, quando.

Uma suposição razoavelmente comum é de que a discrepância nunca desaparecerá e que o preço de mercado apresentará uma tendência ascendente contínua de acordo com a taxa g. Isso implica que a discrepância entre o valor intrínseco e o preço de mercado também crescerá de acordo com essa mesma taxa. Em nosso exemplo:

Hoje	Ano seguinte
V_0 = US$ 50	V_1 = US$ 50 × 1,04 = US$ 52
P_0 = US$ 48	P_1 = US$ 48 × 1,04 = US$ 49,92
$V_0 - P_0$ = US$ 2	$V_1 - P_1$ = US$ 2 × 1,04 = US$ 2,08

Segundo essa suposição, o HPR esperado será superior à taxa exigida, porque o rendimento de dividendos é superior ao que seria se P_0 fosse igual a V_0. Em nosso exemplo, o rendimento de dividendos seria 8,33%, e não 8%, de modo que o HPR esperado seria 12,33 e não 12%:

$$E(r) = \frac{D_1}{P_0} + g = \frac{US\$\,4}{US\$\,48} + 0{,}04 = 0{,}0833 + 0{,}04 = 0{,}1233$$

O investidor que identificar essa ação subvalorizada poderá obter um dividendo esperado que ultrapassa o rendimento exigido em 33 pontos-base. Esse retorno em excesso é obtido a cada ano e o preço de mercado nunca alcança o valor intrínseco.

Uma suposição alternativa é a de que a discrepância entre o preço de mercado e o valor intrínseco desaparecerá por volta do final do ano. Nesse caso, teríamos $P_1 = V_1 =$ US$ 52 e

$$E(r) = \frac{D_1}{P_0} + \frac{P_1 - P_0}{P_0} = \frac{4}{48} + \frac{52 - 48}{48} = 0{,}0833 + 0{,}0833 = 0{,}1667$$

Essa suposição de equiparação completa em relação ao valor intrínseco gera um HPR de um ano bem maior. Entretanto, em anos futuros, a ação deve gerar apenas taxas de retorno medianas.

Muitos analistas de mercado presumem que o preço de uma ação se aproximará gradativamente de seu valor intrínseco com o passar do tempo – por exemplo, ao longo do período de cinco anos. Isso posiciona o HPR de um ano em algum lugar entre 12,33 e 16,67%.

Preço das ações e oportunidades de investimento

Considere duas empresas, a Cash Cow, Inc., e a Growth Prospects, ambas com lucros esperados de US$ 5 por ação para o próximo ano. Em princípio, as duas empresas poderiam pagar esses lucros como dividendos, mantendo um fluxo de dividendos perpétuo de US$ 5 por ação. Se a taxa de capitalização de mercado fosse $k = 12{,}5\%$, ambas as empresas seriam então avaliadas a $D_1/k =$ US$ 5/0,125 = US$ 40 por ação. Nenhuma das empresas aumentaria de valor porque, com todos os ganhos pagos como dividendos e nenhum ganho reinvestido na empresa, as ações representativas do capital das duas empresas e sua capacidade de lucro permaneceriam invariáveis ao longo do tempo; os lucros[4] e os dividendos não aumentariam.

Suponhamos agora que uma das empresas, a Gowth Prospects, encarregue-se de projetos que geram um retorno sobre o investimento de 15%, que é superior à taxa de retorno exigida, $k = 12,5\%$. Seria uma tolice essa empresa pagar todos os seus lucros como dividendos. Se a Growth Prospects mantiver ou reinvestir alguns de seus lucros em seus projetos extremamente lucrativos, poderá obter uma taxa de retorno de 15% para seus acionistas. Se, entretanto, ela pagar todos os seus lucros como dividendos, terá de abrir mão dos projetos e deixar os acionistas investirem os dividendos em outras oportunidades por uma taxa de mercado justa de apenas 12,5%. Desse modo, suponhamos que a Growth Prospects escolha um **índice de pagamento de dividendos** (a fração dos lucros pagos como dividendos) mais baixo, diminuindo o pagamento de 100 para 40% e mantendo uma **taxa de reinvestimento** (a fração dos lucros reinvestidos na empresa) de 60%. A taxa de reinvestimento também é chamada de **índice de retenção de lucros**.

Portanto, o dividendo da empresa será de US$ 2 (40% dos lucros de US$ 5), em vez de US$ 5. O preço da ação cairá? Não, ele subirá! Apesar de inicialmente os dividendos caírem, quando empregada a política de reinvestimento dos lucros, o crescimento subsequente dos ativos da empresa decorrente desse reinvestimento gerará um aumento nos dividendos futuros, que se refletirá no preço atual da ação.

A Figura 18.1 mostra os fluxos de dividendos gerados pela Growth Prospects sob duas políticas de dividendos. Um plano com uma taxa de reinvestimento baixa permite que a empresa pague dividendos iniciais mais altos, mas resulta em uma taxa de crescimento de dividendos mais baixa. Com o tempo, um plano com uma taxa de reinvestimento alta fornecerá dividendos mais altos. Se o crescimento de dividendos gerado pelos lucros reinvestidos for alto o suficiente, as ações valerão mais sob a estratégia de reinvestimento alto.

Quanto crescimento será gerado? Suponhamos que a Growth Prospects comece com uma fábrica e equipamentos no valor de US$ 100 milhões e seja totalmente financiada pelo patrimônio líquido. Com um retorno sobre o investimento ou o patrimônio (*return on equity* – ROE) de 15%, o total de lucros é ROE × US$ 100 milhões = 0,15 × US$ 100 milhões = US$ 15 milhões. Há 3 milhões de ações em circulação. Portanto, o lucro por ação é US$ 5, tal como suposto acima. Se 60% dos US$ 15 milhões dos lucros deste ano forem reinvestidos, o valor das ações representativas dos ativos da empresa aumentará 0,60 × US$ 15 milhões = US$ 9 milhões ou 9%. O aumento percentual nos ativos é a taxa pela qual a renda foi gerada (ROE) vezes a taxa de reinvestimento (a fração dos lucros reinvestidos na empresa), que indicaremos como b.

Agora dotada com 9% a mais de ativos, a empresa tem uma renda 9% superior e paga dividendos 9% mais altos. Desse modo, a taxa de crescimento de dividendos é[5]

$$g = \text{ROE} \times b = 0,15 \times 0,60 = 0,09$$

Se o preço da ação for igual ao seu valor intrínseco, ela deverá ser vendida por

$$P_0 = \frac{D_1}{k - g} = \frac{\text{US\$ 2}}{0,125 - 0,09} = \text{US\$ 57,14}$$

---

[4] Na verdade, estamos falando aqui dos lucros líquidos dos fundos necessários para manter a produtividade do capital da empresa, isto é, os lucros líquidos da "depreciação econômica". Em outras palavras, a importância de lucro deve ser interpretada como a quantia máxima que a empresa poderia pagar todo ano em perpetuidades sem esgotar sua capacidade produtiva. Por esse motivo, o total de lucros líquidos pode ser bem diferente do total de lucros contábeis que a empresa divulga em suas demonstrações financeiras. Analisaremos isso mais detalhadamente no capítulo seguinte.

[5] Podemos deduzir essa relação de forma mais geral observando que, com um ROE fixo, os lucros (que são iguais ao ROE × valor contábil) crescerão à mesma taxa do valor contábil da empresa. Abstraindo da emissão de novas ações da empresa, a taxa de crescimento do valor contábil seria igual a lucros reinvestidos/valor contábil. Portanto,

$$g = \frac{\text{Lucros reinvestidos}}{\text{Valor contábil}} = \frac{\text{Lucros reinvestidos}}{\text{Lucros totais}} \times \frac{\text{Lucros totais}}{\text{Valor contábil}} = b \times \text{ROE}$$

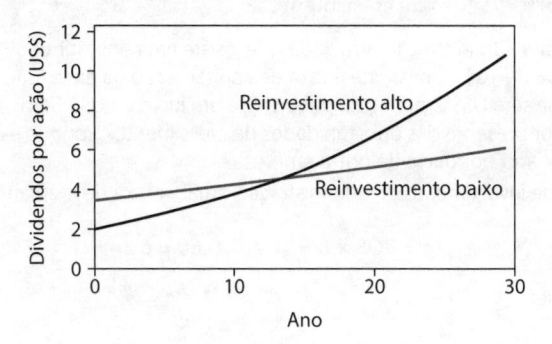

FIGURA 18.1 Crescimento dos dividendos de acordo com duas políticas de reinvestimento dos lucros

Quando a Growth Prospects adotou uma política de não crescimento e pagou todos os lucros como dividendos, o preço da ação era apenas US$ 40. Desse modo, podemos pensar em US$ 40 como o valor por ação dos ativos que a empresa já tem.

Quando a Growth Prospects decidiu reduzir os dividendos atuais e reinvestir um pouco de seus lucros em novos investimentos, o preço de suas ações subiu. Esse aumento no preço das ações decorre do fato de os investimentos planejados oferecerem uma taxa de retorno esperada superior à taxa exigida. Em outras palavras, as oportunidades de investimento têm um valor presente líquido (*net present value* – NPV) positivo. O valor da empresa aumenta com o NPV dessas oportunidades de investimento. Esse valor presente líquido é também chamado de **valor presente das oportunidades de crescimento** ou **PVGO** (*present value of growth opportunities*).

Portanto, podemos pensar no valor da empresa como a soma do valor dos ativos já existentes, ou o valor de não crescimento da empresa, mais o valor presente líquido dos investimentos futuros que a empresa fará, que é o PVGO. Para a Growth Prospects, PVGO = US$ 17,14 por ação:

Preço = Valor de não crescimento por ação + PVGO

$$P_0 = \frac{E_1}{k} + \text{PVGO} \tag{18.6}$$

57,14 = 40 + 17,14

Sabemos que na realidade os cortes nos dividendos quase sempre são acompanhados de quedas pronunciadas nos preços das ações. Será que isso contradiz nossa análise? Não necessariamente: os cortes nos dividendos geralmente são considerados uma má notícia sobre as perspectivas futuras da empresa, e é essa *nova informação* sobre a empresa – e não o menor rendimento de dividendos em si – que é responsável pela queda no preço da ação.

Por exemplo, quando a J. P. Morgan cortou seus dividendos trimestrais de 38 centavos de dólar para 5 centavos de dólar por ação em 2009, o preço de suas ações na verdade aumentou em torno de 5%: a empresa foi capaz de convencer os investidores de que o corte manteria o caixa e prepararia a empresa para enfrentar uma recessão grave. Quando os investidores convenceram-se de que o corte de dividendos fazia sentido, o preço das ações na verdade aumentou. De modo semelhante, quando a BP anunciou, logo após o imenso derramamento de petróleo no Golfo do México em 2010, que suspenderia os dividendos no restante do ano, o preço de suas ações não saiu do lugar. O corte já havia sido amplamente previsto e, portanto, não era uma informação nova. Esses exemplos mostram que as quedas de preço das ações em resposta a cortes nos dividendos na verdade são uma reação às informações transmitidas pelo corte.

É importante reconhecer que não é o crescimento por si só que os investidores desejam. O crescimento aumenta o valor da empresa somente se ele for alcançado por meio do investimento em projetos com oportunidades de lucro atraentes (isto é, com ROE > k). Para entender o motivo, consideremos agora a irmã desafortunada da Growth Prospects, a Cash Cow. O ROE da Cash Cow é apenas 12,5%, exatamente igual à taxa de retorno exigida, k. Portanto, o NPV de suas oportunidades de investimento é zero. Vimos que, com a adoção de uma estratégia de cresci-

> **EXEMPLO 18.4 || Oportunidades de crescimento**
>
> A Takeover Target tem uma administração arraigada que insiste em reinvestir 60% de seus lucros em projetos que oferecem um ROE de 10%, apesar de a taxa de capitalização da empresa ser $k = 15\%$. O dividendo de fim de ano da empresa será US$ 2 por ação, pago sobre um lucro de US$ 5 por ação. A que preço a ação será vendida? Qual o valor presente das oportunidades de crescimento? Por que essa empresa seria alvo de tomada de controle acionário por parte de outra empresa?
>
> Em vista da política de investimento da administração atual, a taxa de crescimento de dividendos será
>
> $$g = \text{ROE} \times b = 10\% \times 0{,}60 = 6\%$$
>
> e preço das ações deve ser:
>
> $$P_0 = \frac{\text{US\$2}}{0{,}15 - 0{,}06} = \text{US\$ } 22{,}22$$
>
> O valor presente das oportunidades de crescimento é
>
> PVGO = Preço por ação − Valor de não crescimento por ação
> = US$ 22,22 − E_1/k = US$ 22,22 − US$ 5/0,15 = US$ 11,11
>
> O PVGO é *negativo*. Isso ocorre porque o valor presente líquido dos projetos da empresa é negativo: a taxa de retorno desses ativos é inferior ao custo de oportunidade do capital.
>
> Essa empresa estaria sujeita a uma tomada de controle acionário porque outra empresa poderia comprá-la pelo preço de mercado de US$ 22,22 por ação e aumentar seu valor mudando sua política de investimento. Por exemplo, se a nova administração simplesmente pagasse todos os lucros como dividendos, o valor da empresa aumentaria para seu valor de não crescimento, E_1/k = US$ 5/0,15 = US$ 33,33.

mento zero, com $b = 0$ e $g = 0$, o valor da Cash Cow será E_1/k = US$ 5/0,125 = US$ 40 por ação. Suponhamos agora que a Cash Cow escolha uma taxa de reinvestimento de $b = 0{,}60$, a mesma taxa da Growth Prospects. Desse modo, g seria

$$g = \text{ROE} \times b = 0{,}125 \times 0{,}60 = 0{,}075$$

mas o preço das ações continuaria sendo US$ 40:

$$P_0 = \frac{D_1}{k - g} = \frac{\text{US\$ 2}}{0{,}125 - 0{,}075} = \text{US\$ 40}$$

que em nada difere da estratégia de não crescimento.

No caso da Cash Cow, a redução de dividendos utilizada para liberar fundos para o reinvestimento na empresa gera apenas o suficiente em termos de crescimento para manter o preço das ações no nível atual. É assim que deve ser: se os projetos da empresa renderem apenas o que os investidores podem obter por si mesmos, então o NPV será zero e os acionistas não ficarão em melhor situação com uma política de taxa de reinvestimento alta. Isso demonstra que "crescimento" não é a mesma coisa que oportunidade de crescimento. Para justificar o reinvestimento, a empresa deve se encarregar de projetos com retornos futuros melhores do que aqueles que os acionistas podem encontrar em outro lugar. Observe também que o PVGO da Cash Cow é zero: PVGO = $P_0 - E_1/k$ = 40 − 40 = 0. Com o ROE = k, não há nenhuma vantagem em reinvestir os fundos na empresa; isso aparece como um PVGO de zero. Na verdade, é por isso que as empresas com um fluxo de caixa considerável, mas poucas perspectivas de investimento, são chamadas de *cash cows* ("vacas-leiteiras"). Nesse caso, é melhor que o caixa gerado por essas empresas seja removido ou "ordenhado" da empresa.

> **REVISÃO DE CONCEITOS 18.3**
>
> a. Calcule o preço de uma empresa com taxa de reinvestimento de 0,60, considerando um ROE de 20%. Os lucros atuais, E_1, serão US$ 5 por ação e $k = 12{,}5\%$.
>
> b. E se o ROE for 10%, que é inferior à taxa de capitalização de mercado? Compare o preço da empresa nesse caso com o preço de uma empresa com o mesmo ROE e o mesmo E_1 mas uma taxa de reinvestimento de $b = 0$.

Ciclos de vida e modelos de crescimento de vários estágios

Por mais útil que seja a fórmula de DDM de crescimento constante, você deve se lembrar de que ela se baseia em uma suposição simplificadora, a saber: a taxa de crescimento de dividendos será constante, indefinidamente. Na verdade, normalmente as empresas passam por ciclos de vida com perfis de dividendos muito diferentes em fases diferentes. Nos primeiros anos, existem amplas oportunidades para reinvestimentos lucrativos na empresa. Os índices de pagamento são baixos, e o crescimento é correspondentemente rápido. Após alguns anos, a empresa entra em um estágio de maturidade, a capacidade de produção é suficiente para atender à demanda do mercado, novos concorrentes entram no mercado e oportunidades atraentes de reinvestimento podem se tornar mais difíceis de encontrar. Nessa fase de maturidade, a empresa pode optar por aumentar o índice de pagamento de dividendos, em vez de reter os lucros. O nível de dividendos aumenta, mas depois disso cresce a um ritmo mais lento porque a empresa tem menos oportunidades de crescimento.

A Tabela 18.2 mostra essa questão. Ela apresenta previsões da Value Line sobre o retorno sobre o capital, o índice de pagamento de dividendos e a taxa de crescimento de três anos prevista no lucro por ação de empresas incluídas no setor de *software* de computador *versus* empresas de serviços de utilidade pública de energia elétrica da Costa Leste dos Estados Unidos. (Comparamos os retornos sobre os ativos e não os retornos sobre o patrimônio líquido, pois esse último é afetado pela alavancagem, que tende a ser maior no setor de serviços de utilidade pública de energia elétrica do que no setor de *software*. O retorno sobre os ativos mede o lucro operacional por unidade monetária do financiamento a longo prazo, independentemente de a fonte de capital fornecido ser uma dívida ou o patrimônio líquido. Voltaremos a esse assunto no próximo capítulo.)

De modo geral, as empresas de *software* são oportunidades de investimento atraentes. Prevê-se que o retorno médio sobre o capital dessas empresas seja 16,5%, e as empresas reagiram com atlas taxas de reinvestimento. A maioria dessas empresas não paga nenhum dividendo. O alto retorno sobre o capital e a alta taxa de reinvestimento geram um crescimento rápido. Prevê-se que a taxa de crescimento média do lucro por ação nesse grupo seja 13,2%.

TABELA 18.2 Índices financeiros de dois setores

	Ticker	Retorno sobre o capital (%)	Índice de pagamento	Taxa de crescimento 2014–2016
Software de computador				
Adobe Systems	ADBE	12,0	0,0	13,2
Cognizant	CTSH	18,5	0,0	20,5
Compuware	CPWR	13,5	0,0	16,6
Intuit	INTU	20,0	22,0	10,9
Microsoft	MSFT	31,5	34,0	11,7
Oracle	ORCL	20,5	12,0	7,0
Red Hat	RHT	13,0	0,0	18,2
Parametric Tech	PMTC	15,0	0,0	16,0
SAP	SAP	16,5	28,0	9,1
Média		16,5	0,0	13,2
Serviços de utilidade pública de energia elétrica (Costa Leste)				
Central Hudson G&E	CHG	6,0	66,0	2,0
Consolidated Edison	ED	6,5	58,0	2,9
Duke Energy	DUK	5,5	66,0	4,0
Northeast Utilities	NU	6,0	53,0	7,7
Pennsylvania Power	PPL	7,0	58,0	7,7
Public Services Enterprise	PEG	7,5	53,0	6,3
South Carolina E & G	SCG	6,0	57,0	3,8
Southern Company	SO	7,0	69,0	5,1
Tampa Electric	TE	7,5	59,0	8,3
United Illuminating	UIL	6,0	71,0	2,1
Média		6,3	58,5	4,5

Fonte: Value Line Investment Survey, julho e agosto de 2012. Dados reimpressos com permissão da Value Line Investment Survey© 2012 Value Line Publishing, Inc. Todos os direitos reservados.

Em contraposição, os serviços de utilidade pública de energia elétrica são mais representativos das empresas maduras. Seu retorno médio sobre o capital é mais baixo, 6,3%; o índice de pagamento de dividendos é mais alto, 58,5%; e a taxa de crescimento média é mais baixa, 4,5%. Concluímos que o pagamento mais alto dos serviços de energia elétrica é um reflexo do fato de suas oportunidades de reinvestir os lucros com taxas de retorno atraentes serem mais limitadas.

Para avaliar empresas com crescimento alto temporário, os analistas utilizam uma versão de vários estágios do modelo de desconto de dividendos. Os dividendos do primeiro período de alto crescimento são previstos e seu valor presente conjunto é calculado. Depois, assim que se prevê que a empresa se estabilizará em uma fase de crescimento uniforme, o DDM de crescimento constante é aplicado para avaliar o fluxo restante de dividendos.

Podemos mostrar isso com um exemplo do mundo real. A Figura 18.2 apresenta o relatório Value Line Investment Survey sobre a Honda Motor Company. Algumas informações relevantes, referentes ao final de 2012, são destacadas.

O beta da Honda aparece no círculo A, o preço recente de suas ações no B, os pagamentos de dividendos por ação no C, o ROE (referido como *retorno sobre o patrimônio dos acionistas*) no D e o índice de pagamento de dividendos (referido como *dividendos/lucro líquido*) no E.[6] As linhas que terminam em C, D e E são séries temporais históricas. As entradas em itálico e negrito, em 2013, são estimativas do respectivo ano. De modo semelhante, as entradas na coluna da extrema direita (indicada como 15–17) são previsões para algum período entre 2014 e 2016, que consideraremos que será 2016.

A Value Line prevê um crescimento razoavelmente rápido a curto prazo e um aumento de dividendos de US$ 0,78 em 2013 para US$ 1,00 em 2016. Essa taxa de crescimento não pode ser mantida indefinidamente. Podemos obter dados sobre os dividendos desse período inicial utilizando as previsões explícitas de 2013 e 2016 e interpolação linear para os anos entre:

2013	US$ 0,78	2015	US$ 0,92
2014	US$ 0,85	2016	US$ 1,00

Suponhamos agora que a taxa de crescimento de dividendos será constante após 2016. Que palpite seria bom para essa taxa de crescimento estável? A Value Line prevê um índice de pagamento de dividendos de 0,25 e um ROE de 10%, o que significa que o crescimento de longo prazo será

$$g = \text{ROE} \times b = 10{,}0\% \times (1 - 0{,}25) = 7{,}5\%$$

Portanto, nossa estimativa do valor intrínseco da Honda utilizando o horizonte de investimento de 2016 é obtida da Equação 18.2, que reformulamos aqui:

$$V_{2012} = \frac{D_{2013}}{1+k} + \frac{D_{2014}}{(1+k)^2} + \frac{D_{2015}}{(1+k)^3} + \frac{D_{2016} + P_{2016}}{(1+k)^4}$$

$$= \frac{0{,}78}{1+k} + \frac{0{,}85}{(1+k)^2} + \frac{0{,}92}{(1+k)^3} + \frac{1{,}00 + P_{2016}}{(1+k)^4}$$

Aqui, P_{2016} representa o preço previsto pelo qual podemos vender nossas ações da Honda no final de 2016, quando se considera que os dividendos entram em sua fase de crescimento constante. Esse preço, de acordo com o DDM de crescimento constante, deve ser

$$P_{2016} = \frac{D_{2017}}{k-g} = \frac{D_{2016}(1+g)}{k-g} = \frac{1{,}00 \times 1{,}075}{k - 0{,}075}$$

A única variável que ainda precisa ser determinada para calcular o valor intrínseco é a taxa de capitalização de mercado, k.

---

[6] Como a Honda é uma empresa japonesa, os americanos manteriam suas ações por meio de recibos de depósito americanos (*American depository receipts* – ADRs). Os ADRs não são ações da empresa, mas *direitos* às ações da empresa estrangeira subjacente que são então negociados nos mercados de títulos dos Estados Unidos. A Value Line ressalta que cada ADR da Honda dá direito a uma ação ordinária. Contudo, em outros casos, cada ADR pode representar o direito a várias ações ou mesmo a ações fracionárias.

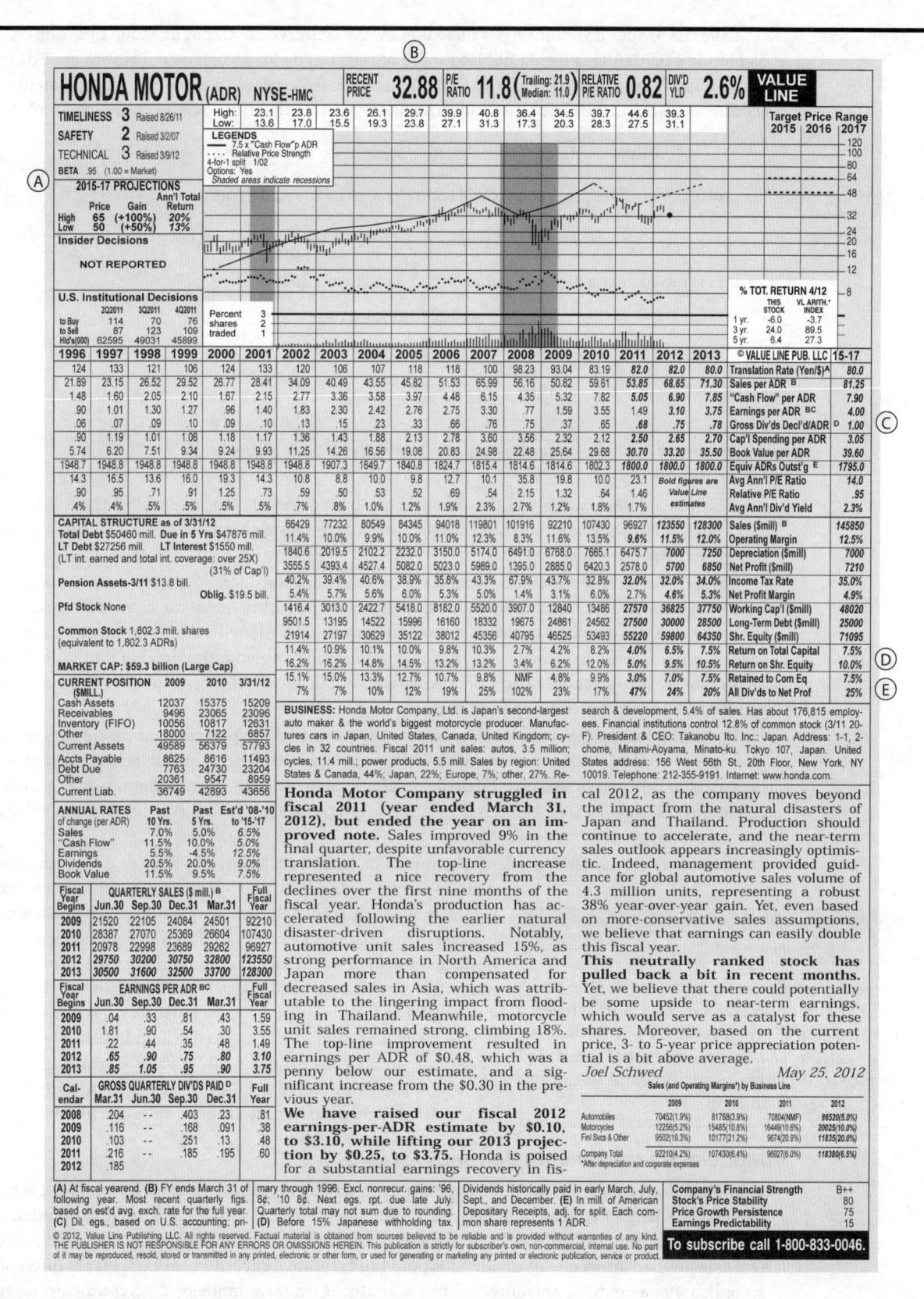

FIGURA 18.2 Relatório Value Line Investment Survey sobre a Honda Motor Co.

Fonte: Jason A. Smith, Value Line Investimento Survey, 25 de maio de 2012. Dados reimpressos com permissão da Value Line Investment Survey © 2012 Value Line Publishing, Inc. Todos os direitos reservados.

Uma das formas de obter k é por meio do CAPM. Observe nos dados da Value Line que o beta da Honda é 0,90. A taxa isenta de risco sobre obrigações de longo prazo do Tesouro em 2012 foi 2,0%.[7] Suponhamos que o prêmio de risco do mercado fosse previsto como 8%, mais ou menos de acordo com a média histórica. Isso indicaria que a previsão do retorno de mercado era

$$\text{Taxa isenta de risco} + \text{Prêmio de risco do mercado} = 2\% + 8\% = 10\%$$

Portanto, podemos expressar a taxa de capitalização de mercado como

$$k = r_f + \beta[E(r_M) - r_f] = 2\% + 0{,}95(10\% - 2\%) = 9{,}6\%$$

Desse modo, nossa previsão para o preço da ação em 2016 é

$$P_{2016} = \frac{\text{US\$ }1{,}00 \times 1{,}075}{0{,}096 - 0{,}075} = \text{US\$ }51{,}19$$

e a estimativa do valor intrínseco do presente é

$$V_{2012} = \frac{0{,}78}{1{,}096} + \frac{0{,}85}{(1{,}096)^2} + \frac{0{,}92}{(1{,}096)^3} + \frac{1{,}00 + 51{,}19}{(1{,}096)^4} = \text{US\$ }38{,}29$$

Com base no relatório da Value Line, sabemos que o preço real da Honda era US$ 32,88 (no círculo B). Nossa análise de valor intrínseco indica que a ação estava abaixo do preço. Devemos aumentar nossos investimentos?

Talvez. Porém, antes de colocar tudo à venda, pare para considerar o quanto nossa estimativa é firme. Tivemos de fazer uma estimativa dos dividendos do futuro imediato, da taxa de crescimento final desses dividendos e da taxa de desconto apropriada. Além disso, admitimos que a Honda seguirá um processo de crescimento de dois estágios relativamente simples. Na prática, o crescimento dos dividendos pode seguir padrões mais complicados. Até mesmo pequenos erros nessas estimativas podem interferir na conclusão.

Por exemplo, suponhamos que tivéssemos superestimado as perspectivas de crescimento da Honda e que o ROE real no período após 2016 será 9%, e não 10%. Se utilizássemos o retorno sobre o patrimônio mais baixo no modelo de desconto de dividendos, obteríamos um valor intrínseco em 2012 de apenas US$ 28,77, que inferior ao preço da ação. Nossa conclusão sobre valor intrínseco *versus* preço inverte-se.

Esse exercício também evidencia a importância de você realizar a análise de sensibilidade quando estiver tentando avaliar ações. Suas estimativas sobre o valor das ações não são melhores do que suas suposições. A análise de sensibilidade evidenciará os dados que precisam ser examinados com maior cuidado. Por exemplo, até mesmo pequenas mudanças no ROE estimado para o período após 2016 podem provocar grandes mudanças no valor intrínseco. De forma semelhante, pequenas mudanças na taxa de capitalização presumida poderiam mudar consideravelmente o valor intrínseco. Entretanto, mudanças moderadas na previsão de dividendos entre 2013 e 2016 têm pouco impacto sobre o valor intrínseco.

> **REVISÃO DE CONCEITOS 18.4**
>
> Confirme se o valor intrínseco da Honda será US$ 28,77 se você utilizar um ROE = 9%. (*Dica*: Primeiro calcule o preço da ação em 2016. Em seguida, calcule o valor presente de todos os dividendos intermediários mais o valor presente do preço de venda de 2016.)

Modelos de crescimento de vários estágios

O modelo de crescimento de dois estágios que acabamos de considerar para a Honda é um bom começo em direção ao realismo, mas é evidente que poderíamos melhorar se nosso modelo de avaliação possibilitasse padrões de crescimento mais flexíveis. Os modelos de crescimento de vários estágios permitem que os dividendos por ação cresçam de acordo com várias taxas diferentes à medida que a empresa amadurece. Muitos analistas utilizam modelos de crescimento de três

---

[7] Ao avaliar ativos de longo prazo – por exemplo, ações –, é comum tratar as obrigações de longo prazo do Tesouro, e não as letras de curto prazo do Tesouro, como o ativo isento de risco.

PLANILHA 18.1
Um modelo de crescimento de três estágios para a Honda Motor Co.

	A	B	C	D	E	F	G	H	I
1	Dados de entrada			Ano	Dividendos	Crescimento dos dividendos	Valor terminal	CF dos investidores	
2	beta	0,95		2012	0,78			0,78	
3	prêmio_mercado	0,08		2013	0,85			0,85	
4	taxa isenta de risco	0,02		2014	0,92			0,92	
5	k_patrimônio	0,0960		2015	1,00			1,00	
6	reinvestimento	0,75		2016	1,09	0,0863		1,09	
7	roe	0,1		2017	1,18	0,0852		1,18	
8	crescimento_período	0,075		2018	1,28	0,0841		1,28	
9				2019	1,38	0,0829		1,38	
10				2020	1,50	0,0818		1,50	
11				2021	1,62	0,0807		1,62	
12	Value Line previsão de dividendos anuais			2022	1,75	0,0795		1,75	
13				2023	1,88	0,0784		1,88	
14				2024	2,03	0,0773		2,03	
15				2025	2,18	0,0761		2,18	
16				2026	2,35	0,0750		2,35	
17	Período de transição com crescimento lento dos dividendos			2027	2,52	0,0750	129,18	131,71	
18									
19								40,29	= PV do CF
20			Início do período de crescimento constante		E17*(1+F17)/(B5 – F17)				
21							NPV(B5,H2:H17)		

estágios. Eles podem presumir um período inicial de alto crescimento de dividendos (ou então fazer previsões anuais de curto prazo), um período final de crescimento sustentável e um período de transição intermediário durante o qual as taxas de crescimento de dividendos diminuem gradualmente da taxa rápida inicial para a taxa sustentável final. Em comparação com o modelo de dois estágios, esses modelos não são conceitualmente mais difíceis de trabalhar, mas exigem muito mais cálculos e podem ser cansativos se processados manualmente. No entanto, é fácil criar uma planilha Excel para esse modelo.

A Planilha 18.1 é um exemplo desse tipo de modelo. A coluna B contém os dados que utilizamos até aqui para a Honda. A coluna E contém as previsões de dividendos. Apresentamos nas células E2 a E5 as estimativas da Value Line para os próximos quatro anos. O crescimento de dividendos nesse período é 8,6%, anualmente. Em vez de pressupor uma transição repentina para um crescimento de dividendos constante a partir de 2016, supomos que a taxa de crescimento de dividendos em 2016 será 8,6% e que ela cairá linearmente até 2027e finalmente atingirá a taxa de crescimento terminal constante de 7,5% (consulte a coluna F). Cada dividendo no período de transição é o dividendo do ano anterior vezes a taxa de crescimento daquele ano. O valor terminal no momento em que a empresa entra em um estágio de crescimento constante (célula G17) é calculado com o DDM de crescimento constante. Por fim, o fluxo de caixa do investidor em cada período (coluna H) é igual aos dividendos de cada ano mais o valor terminal em 2027. O valor presente desses fluxos de caixa é calculado na célula H19 como US$ 40,29, em torno de 5% superior ao valor que encontramos no modelo de dois estágios. Obtemos um valor intrínseco maior nesse caso porque supomos que o crescimento de dividendos cairá apenas gradualmente até seu valor de estabilidade.

18.4 Índice de preço/lucro

Índice de preço/lucro e oportunidades de crescimento

Muitas das discussões sobre as avaliações do mercado acionário no mundo real giram em torno do **múltiplo de preço/lucro** de uma empresa, o índice de preço por ação em relação ao lucro por ação, comumente chamado de índice de P/E (*price-earnings ratio*). Nossa discussão sobre oportunidades de crescimento mostra por que os analistas de mercado concentram-se no índice de P/E. Ambas as empresas analisadas, a Cash Cow e a Growth Prospects, tinham um lucro por ação (*earnings per share* – EPS) de US$ 5, mas a Growth Prospects investiu 60% de seus lucros com a perspectiva de um ROE de 15%, enquanto a Cash Cow pagou todos os seus lucros como dividendos.

A Cash Cow tinha um preço de US$ 40 por ação, o que lhe oferecia um múltiplo de P/E de 40/5 = 8,0, enquanto as ações da Growth Prospects eram vendidas por US$ 57,14 cada, oferecendo-lhe um múltiplo de 57,14/5 = 11,4. Essa observação indica que o índice de P/E pode ser um indicador útil das expectativas de oportunidade de crescimento.

Podemos ver isso explicitamente reajustando a Equação 18.6 para

$$\frac{P_0}{E_1} = \frac{1}{k}\left(1 + \frac{\text{PVGO}}{E/k}\right) \tag{18.7}$$

Quando PVGO = 0, a Equação 18.7 mostra que $P_0 = E_1/k$. A ação é avaliada como se fosse uma perpetuidade sem crescimento, E_1, e o índice de P/E é apenas $1/k$. Entretanto, à medida que o PVGO torna-se cada vez mais um colaborador predominante para o preço, o índice de P/E pode aumentar de forma considerável.

O índice de PVGO em relação a E/k tem uma interpretação simples e direta. É o índice do componente do valor da empresa devido a oportunidades de crescimento em relação ao componente de valor devido aos ativos já existentes (isto é, o valor de não crescimento da empresa, E/k). Quando as oportunidades futuras de crescimento dominarem a estimativa de valor total, a empresa estabelecerá um preço alto em relação aos lucros atuais. Desse modo, um múltiplo de P/E alto indica que a empresa desfruta de amplas oportunidades de crescimento.

Vejamos se os múltiplos de P/E de fato variam com as perspectivas de crescimento. Entre 1996 e 2012, por exemplo, o índice de P/E médio da FedEx foi 17,4 e o da Consolidated Edison (de serviços de utilidade pública de eletricidade) foi apenas 15,7. Esses números não indicam necessariamente que a FedEx estava supervalorizada em comparação com a Consolidated Edison. Se os investidores acreditassem que a FedEx cresceria mais rapidamente do que a Con Ed, o preço mais alto por dólar de lucro justificaria. Ou seja, os investidores podem muito bem pagar um preço mais alto por dólar dos lucros atuais quando supõem que o fluxo de lucros crescerá mais rapidamente. Na verdade, a taxa de crescimento da FedEx tem sido coerente com seu múltiplo de P/E mais alto. Nesse período, seu lucro por ação cresceu 10,2% ao ano, enquanto os lucros da Con Ed cresceram apenas 1,6%. A Figura 18.4, na página 541, mostra o histórico de lucro por ação de duas empresas.

Concluímos que o índice de P/E reflexo do otimismo do mercado quanto às perspectivas de crescimento da empresa. Quando os analistas utilizam o índice de P/E, eles precisam determinar se estão mais ou se estão menos otimistas em relação ao ponto de vista que o múltiplo do mercado deixa implícito. Se eles estiverem mais otimistas, recomendarão a compra da ação.

Existe uma forma de tornar essas percepções mais precisas. Examine novamente a fórmula de DDM de crescimento constante, $P_0 = D_1/(k - g)$. Lembre-se agora de que os dividendos são iguais aos lucros que não são reinvestidos na empresa: $D_1 = E_1(1 - b)$. Lembre-se também de que $g = \text{ROE} \times b$. Por esse motivo, substituindo D_1 e g, descobrimos que

$$P_0 = \frac{E_1(1-b)}{k - \text{ROE} \times b}$$

o que implica que o índice de P/E é

$$\frac{P_0}{E_1} = \frac{1-b}{k - \text{ROE} \times b} \tag{18.8}$$

É fácil verificar que o índice de P/E aumenta com o ROE. Isso faz sentido porque os projetos com ROE alto oferecem boas oportunidades de crescimento à empresa.[8] Podemos verificar igualmente que o índice de P/E aumenta para um reinvestimento de lucros mais alto, b, desde que o ROE ultrapasse k. Isso também faz sentido. Quando uma empresa tem boas oportunidades de investimento,

---

[8] Observe que a Equação 18.8 é um simples rearranjo da fórmula de DDM, com ROE × b = g. Como essa fórmula exige que $g < k$, a Equação 18.8 é válida somente quando ROE × b < k.

o mercado a recompensará com um múltiplo de P/E mais alto se ela explorar essas oportunidades de forma mais agressiva reinvestindo mais de seus lucros nessas oportunidades.

Lembre-se, no entanto, de que o crescimento não é desejável por si só. Examine a Tabela 18.3, na qual utilizamos a Equação 18.8 para calcular as taxas de crescimento e os índices de P/E para diferentes combinações de ROE e b. Embora o crescimento sempre aumente com a taxa de reinvestimento (mova-se entre as linhas no Painel A), o índice de P/E não aumenta (mova-se entre as linhas no Painel B). Na linha superior do Painel B, o P/E cai à medida que a taxa de reinvestimento aumenta. Na linha do meio, ele não é afetado pelo reinvestimento. Na terceira linha, ele aumenta.

A interpretação desse padrão é simples. Quando o ROE esperado é inferior ao retorno exigido, k, os investidores preferem que a empresa pague os lucros como dividendos, em lugar de reinvestir os lucros na empresa por uma taxa de retorno inadequada. Ou seja, para um ROE inferior a k, o valor da empresa cai à medida que o reinvestimento aumenta. Em contraposição, quando o ROE é superior a k, a empresa oferece oportunidades de investimento atraentes, de modo que o valor da empresa aumenta à medida que essas oportunidades são exploradas de maneira mais efetiva por meio da elevação da taxa de reinvestimento.

Por fim, quando o ROE é igual a k, a empresa oferece oportunidades de investimento "equilibradas" com uma taxa de retorno justa. Nesse caso, os investidores são indiferentes quanto a reinvestir os lucros na empresa ou em outro lugar qualquer pela taxa de capitalização de mercado, porque a taxa de retorno em ambos os casos é 12%. Portanto, o preço da ação não é afetado pela taxa de reinvestimento.

Concluímos que, quanto mais alta a taxa de reinvestimento, mais alta a taxa de crescimento, mas uma taxa de reinvestimento mais alta não significa necessariamente um índice de P/E mais alto. A taxa de reinvestimento mais alta aumentará o P/E somente se os investimentos assumidos pela empresa oferecerem uma taxa de retorno esperada superior à taxa de capitalização de mercado. Do contrário, uma taxa de reinvestimento crescente prejudicará os investidores porque mais dinheiro é investido em projetos com taxas de retorno inadequadas.

Não obstante esses detalhes, o índice de P/E normalmente é utilizado como substituto do crescimento esperado em dividendos ou lucros. Na verdade, de acordo com uma regra prática bastante comum em Wall Street, a taxa de crescimento deve ser quase igual ao índice de P/E. Em outras palavras, o índice de P/E em relação a g, com frequência chamado de *índice PEG*, deve ser em torno de 1,0. O famoso gestor de carteira Peter Lynch afirma o seguinte em seu livro *One Up on Wall Street* (*O Jeito Peter Lynch de Investir*):

> O índice de P/E de qualquer empresa que tenha um preço justo será igual à sua taxa de crescimento. Refiro-me aqui à taxa de crescimento dos lucros [...]. Se o índice de P/E da Coca-Cola for 15, a expectativa é de que a empresa cresça em torno de 15% ao ano etc. Porém, se o índice de P/E for inferior à taxa de crescimento, você pode ter encontrado uma pechincha.

A importância das oportunidades de crescimento é mais evidente nas avaliações de empresas *start-up*. Por exemplo, no *boom* das ponto-com no final da década de 1990, muitas empresas que

TABELA 18.3 Efeito do ROE e do reinvestimento sobre o crescimento e o índice de P/E

	Taxa de reinvestimento (b)			
	0	0,25	0,50	0,75
ROE	A. Taxa de crescimento, g			
10%	0	2,5%	5,0%	7,5%
12	0	3,0	6,0	9,0
14	0	3,5	7,0	10,5
	B. Índice de P/E			
10%	8,33	7,89	7,14	5,56
12	8,33	8,33	8,33	8,33
14	8,33	8,82	10,00	16,67

Suposição: k = 12% por ano.

> **EXEMPLO 18.5 || Índice de P/E versus taxa de crescimento**
>
> Vamos experimentar essa regra prática de Lynch. Suponha que
>
> $r_f = 8\%$ (aproximadamente o valor de quando Peter Lynch estava escrevendo)
> $r_M - r_f = 8\%$ (aproximadamente o prêmio de risco médio histórico do mercado)
> $b = 0{,}4$ (um valor normal para a taxa de reinvestimento nos Estados Unidos)
>
> Portanto, $r_M = r_f$ + prêmio de risco do mercado = 8% + 8% = 16% e k = 16% para uma empresa média ($\beta = 1$). Se também admitirmos que um ROE = 16% é razoável (o mesmo valor do retorno esperado sobre a ação), concluímos que
>
> $$g = \text{ROE} \times b = 16\% \times 0{,}4 = 6{,}4\%$$
>
> e
>
> $$\frac{P}{E} = \frac{1 - 0{,}4}{0{,}16 - 0{,}064} = 6{,}26$$
>
> Portanto, o índice de P/E e g são aproximadamente iguais com base nessas suposições, o que é coerente com a regra prática.
>
> Entretanto, observe que essa regra prática, tal como quase todas as outras, não funcionará em todas as circunstâncias. Por exemplo, é mais provável que o rendimento atual sobre obrigações de longo prazo do Tesouro seja 2%. Portanto, uma previsão atual comparável de r_M seria
>
> $$r_f + \text{Prêmio de risco do mercado} = 2\% + 8\% = 10\%$$
>
> Se continuarmos focalizando uma empresa com $\beta = 1$, e se o ROE for mais ou menos igual a k, então
>
> $$g = 10\% \times 0{,}4 = 4{,}0\%$$
>
> enquanto
>
> $$\frac{P}{E} = \frac{1 - 0{,}4}{0{,}10 - 0{,}04} = 10$$
>
> Agora, o índice de P/E e g divergem e o índice PEG é 2,5. No entanto, os índices PEG abaixo da média ainda são amplamente considerados como um possível sinal de preço inferior ao normal.

ainda não haviam apresentado lucro foram avaliadas em bilhões de dólares pelo mercado. O valor dessas empresas era percebido *exclusivamente* como oportunidades de crescimento. Por exemplo, a empresa de leilões *online* eBay tinha um lucro de US$ 2,4 milhões em 1998, bem inferior ao lucro de US$ 45 milhões da tradicional leiloeira Sotheby's; contudo, o valor de mercado da eBay era mais de dez vezes superior: US$ 22 bilhões *versus* US$ 1,9 bilhão. Ao que se revela, o mercado teve toda razão em avaliar a eBay bem mais agressivamente do que a Sotheby's. Seu lucro líquido em 2011 foi US$ 1,8 bilhão, mais de 10 vezes o da Sotheby's.

É claro que, quando a avaliação da empresa é determinada principalmente pelas oportunidades de crescimento, esses valores podem ser muito sensíveis a reavaliações dessas perspectivas. Quando o mercado ficou mais cético quanto às perspectivas de negócio da maioria dos varejistas de internet no fim da década de 1990, isto é, quando as estimativas de oportunidades de crescimento foram revisadas para baixo, os preços das ações despencaram.

À medida que as perspectivas futuras aumentam e diminuem, o preço das ações pode oscilar desenfreadamente. As perspectivas de crescimento são intrinsecamente difíceis de

> **REVISÃO DE CONCEITOS 18.5**
>
> As ações da ABC têm um ROE esperado de 12% por ano, lucro por ação esperado de US$ 2 e dividendos esperados de US$ 1,50 por ação. A taxa de capitalização do mercado é 10% ao ano.
> a. Qual a taxa de crescimento esperada, o preço e o índice de P/E da empresa?
> b. Se a taxa de reinvestimento fosse 0,4, qual seria o dividendo por ação esperado, a taxa de crescimento, o preço e o índice de P/E da empresa?

restringir; entretanto, com o tempo essas perspectivas determinam o valor da maioria das empresas dinâmicas na economia.

O quadro a seguir contem um exemplo de análise de avaliação simples. Quando o Facebook se aproximava de sua tão esperada IPO em 2012, havia muita especulação sobre o preço pelo qual a empresa seria avaliada no mercado acionário. Observe que a discussão nesse artigo concentrou-se em dois pontos fundamentais. Primeiro, qual era projeção razoável da taxa de crescimento dos lucros do Facebook? Segundo, que múltiplo de lucro era apropriado para traduzir uma previsão de lucro em uma previsão de preço? Essas são precisamente as questões abordadas por nossos modelos de avaliação de ações.

Índice de P/E e risco das ações

Uma implicação importante de qualquer modelo de avaliação de ações é que as ações de maior risco (mantendo-se inalterados todos os demais fatores) terão múltiplos de P/E mais baixos. Podemos observar isso muito bem no contexto do modelo de crescimento constante examinando a fórmula do índice de P/E (Equação 18.8):

$$\frac{P}{E} = \frac{1-b}{k-g}$$

As empresas mais arriscadas terão taxas de retorno exigidas mais altas, isto é, valores de k mais altos. Portanto, o múltiplo de P/E será menor. Isso é verdade mesmo fora do contexto do modelo de crescimento constante. Para *qualquer* fluxo esperado de lucros e dividendos, o valor presente desses fluxos de caixa será menor quando o fluxo for considerado mais arriscado. Por esse motivo, o preço das ações e o índice de P/E serão menores.

Obviamente, você pode encontrar várias empresas *start-up* pequenas e arriscadas com um múltiplo de P/E bastante alto. Isso não contradiz nossa afirmação de que os múltiplos de P/E devem diminuir com o risco; na verdade, isso é uma evidência das expectativas do mercado de taxas de crescimento altas para essas empresas. É por isso que dissemos que as empresas de alto risco terão um índice de P/E mais baixo *se todos os demais fatores permanecerem iguais*. Em vista da projeção de crescimento, o múltiplo de P/E será inferior quando o risco for considerado mais alto.

Armadilhas na análise de P/E

Nenhuma descrição sobre a análise de P/E será completa se não forem mencionadas algumas de suas armadilhas. Em primeiro lugar, observe que o denominador no índice de P/E é o lucro contábil, que é influenciado por regras contábeis até certo ponto arbitrárias, como a utilização do custo histórico na avaliação de depreciação e estoque. Em épocas de alta inflação, a depreciação de custo e os custos de estoque históricos tendem a representar mal os valores econômicos reais porque o custo de reposição, tanto dos produtos quanto dos equipamentos de capital, aumenta com o nível geral de preços. Tal como a Figura 18.3 demonstra, os índices de P/E geralmente estão inversamente relacionados com a taxa de inflação. Isso reflete a avaliação do mercado de que os lucros em períodos de alta inflação são de "menor qualidade", são artificialmente distorcidos pela inflação e merecem índices de P/E menores.

Gerenciamento de resultados é o método de utilizar flexibilidade nas regras contábeis para melhorar a lucratividade aparente da empresa. Teremos mais a dizer sobre esse assunto no capítulo seguinte, a respeito da interpretação de demonstrações financeiras. Uma versão do gerenciamento de resultados que se tornou comum na década de 1990 foi a divulgação de medidas de "lucro *pro forma*".

Para calcular os lucros *pro forma*, ignoram-se determinadas despesas – por exemplo, despesas de reestruturação, despesas com opções de compra de ações ou redução do valor contábil dos ativos em virtude de operações contínuas. As empresas defendem que ao ignorar essas despesas é possível ter uma visão mais nítida da lucratividade subjacente da empresa. Comparações com períodos anteriores provavelmente fariam mais sentido se esses custos fossem excluídos.

Porém, quando há muita liberdade de movimento para escolher o que será excluído, os investidores ou analistas têm dificuldade para interpretar os números ou compará-los entre as empresas. A falta de critério oferece às empresas uma liberdade de movimento considerável para gerenciar os lucros.

DESTAQUE DA REALIDADE

A PERGUNTA DE US$ 100 BILHÕES DO FACEBOOK

QUANTO O FACEBOOK VALE?

Quando os investidores examinaram as demonstrações financeiras recém-divulgadas da empresa na quarta-feira, os analistas e os investidores começaram a circular uma série de valores – de um mínimo de US$ 50 bilhões a um máximo de US$ 125 bilhões – para o *site* da rede social.

Passarão meses até que o mercado defina o preço final, mas a questão da avaliação já se transformou em uma disputa acirrada sobre dois pontos essenciais: Com que rapidez a empresa consegue continuar crescendo? E ela conseguirá extrair valor da propaganda da forma como planeja?

A receita do Facebook cresceu 88% em 2011 e o lucro líquido cresceu 65%. O crescimento do Facebook já desacelerou de 154%, de 2009 para 2010, para 88% em 2011.

Francis Gaskins, presidente do IPOdesktop.com, que analisa ofertas públicas iniciais (*initial public offering* – IPO) para os investidores, afirma que ele não acredita que o Facebook valha mais de US$ 50 bilhões – 50 vezes o lucro de US$ 1 bilhão divulgado pela empresa em 2011 ou mais de três vezes o índice de P/E médio do mercado. O lucro da empresa Google Inc. é dez vezes superior ao do Facebook, mas seu valor no mercado acionário é US$ 190 bilhões, observa Gaskins.

Uma avaliação de US$ 100 bilhões "nos faria acreditar que o Facebook vale 53% do Google, ainda que as vendas e os lucros do Google sejam dez vezes superiores aos do Facebook", afirma ele.

Martin Pyykkonen, analista da *boutique* bancária Wedge Partners, em Denver, é mais otimista e diz que o valor poderia atingir US$ 100 bilhões. Ele afirma que o Facebook poderia ser negociado por 15 a 18 vezes o lucro esperado antes de juros, impostos e determinadas despesas não monetárias, uma medida de fluxo de caixa conhecida como Ebitda (*earnings before interest, tax, depreciation and amortization*). Comparativamente, diz ele, as empresas maduras são negociadas por oito a dez vezes o Ebitda. A Microsoft Corporation é negociada por sete vezes e o Google por dez vezes.

Embora essa matemática justifique uma avaliação de somente US$ 81 bilhões, ele diz que o Facebook pode conseguir destravar um crescimento mais rápido em gastos com propaganda e atingir US$ 5,5 bilhões em Ebitda, o que justificaria um múltiplo mais alto de 20 vezes e implicaria uma avaliação de US$ 110 bilhões.

Fonte: Randall Smith, "Facebook's $100 Billion Question", *The Wall Street Journal*, 3 de fevereiro de 2012. Dados reimpressos com permissão do *The Wall Street Journal*, Copyright© 2012 Dow Jones & Company, Inc. Todos os direitos reservados mundialmente.

Até mesmo os princípios contábeis geralmente aceitos (*general accepted accounting principles* – GAAP) permitem que as empresas tenham grande liberdade de ação para gerenciar os lucros. Por exemplo, no final da década de 1990, a Kellog utilizou as despesas de reestruturação, que supostamente são um acontecimento único, nove trimestres seguidos. Será que elas eram de fato um acontecimento único ou deveriam ser tratadas mais apropriadamente como despesas comuns? Em vista da liberdade de movimento aplicável ao gerenciamento de resultados, fica difícil medir o múltiplo de P/E justificável.

Outro fator de confusão na utilização de índices de P/E está relacionado ao ciclo econômico. Tivemos o cuidado de deduzir o DDM para definir o lucro como o valor líquido após a dedução da depreciação econômica, isto é, o fluxo máximo de renda que a empresa poderia pagar sem exaurir

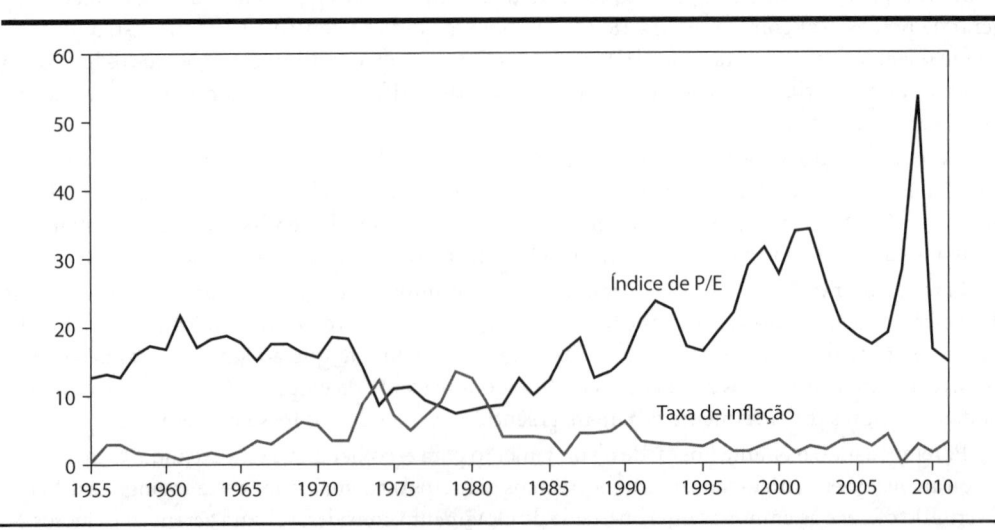

FIGURA 18.3 Índice de P/E do índice S&P 500 e inflação

sua capacidade produtiva. Mas os lucros divulgados são calculados de acordo com os princípios contábeis geralmente aceitos e não precisam corresponder aos lucros econômicos. Entretanto, além disso, os conceitos de índice de P/E normal ou justificável, como na Equação 18.7 ou 18.8, pressupõem implicitamente que os lucros sobem a uma taxa constante ou, dito de outra forma, segundo uma linha de tendência regular. Em contraposição, os lucros divulgados podem flutuar acentuadamente em torno de uma linha de tendência, no decorrer do ciclo econômico.

Outra forma de defender essa ideia é observar que o índice de P/E "normal" previsto pela Equação 18.8 é o índice do preço atual em relação ao valor de tendência dos lucros futuros, E_1. Em contraposição, o índice de P/E divulgado nas páginas financeiras dos jornais é o índice de preço em relação aos lucros contábeis passados mais recentes. Os lucros contábeis atuais podem ser consideravelmente diferentes dos lucros econômicos futuros. Como a posse de ações expressa o direito a lucros futuros e também a lucros atuais, o índice de preço em relação aos lucros mais recentes pode variar de modo significativo ao longo dos ciclos econômicos, conforme os lucros contábeis e o valor de tendência dos lucros econômicos divergirem em maior ou menor grau.

Como exemplo, a Figura 18.4 apresenta um gráfico dos lucros por ação da FedEx e da Con Ed desde 1996. Observe que o EPS da FedEx é bem mais variável. Como o mercado valoriza o fluxo completo de dividendos futuros gerados pela empresa, quando os lucros diminuem temporariamente, o índice de P/E tende a ser alto – ou seja, o denominador do índice reage de forma mais sensível ao ciclo econômico do que o numerador. Esse padrão já está bem confirmado.

A Figura 18.5 apresenta o índice de P/E das duas empresas. A FedEx tem maior volatilidade nos lucros e maior variabilidade no índice de P/E. Sua taxa de crescimento média nitidamente mais alta evidencia-se em seu índice de P/E geralmente mais alto. O único período em que o índice da Con Ed ultrapassou o da FedEx foi em 2012, um ano em que os lucros da FedEx aumentaram bem mais rapidamente do que sua tendência subjacente. O mercado parece ter reconhecido que esse desempenho de lucro não tendia a ser sustentável e o preço da FedEx aumentou menos acentuadamente do que seus lucros anuais. Consequentemente, o índice de P/E diminuiu.

Esse exemplo mostra por que os analistas devem ter cuidado ao utilizar o índice de P/E. Não há como afirmar se um índice de P/E está alto demais ou baixo demais sem consultar as perspectivas de crescimento de longo prazo da empresa, bem como os lucros atuais por ação em relação à linha de tendência de longo prazo.

No entanto, as Figuras 18.4 e 18.5 demonstram que existe uma clara relação entre o índice de P/E e o crescimento. Não obstante essas grandes flutuações de curto prazo, o lucro por ação da FedEx evidenciou uma tendência ascendente nesse período. Os lucros da Con Ed foram basicamente estáveis. As perspectivas de crescimento da FedEx estão refletidas em seu múltiplo de P/E consistentemente mais elevado.

Essa análise indica que os índices de P/E devem variar entre os setores, e eles de fato variam. A Figura 18.6 mostra os índices de P/E de 2012 para uma amostra de setores. Observe que os setores

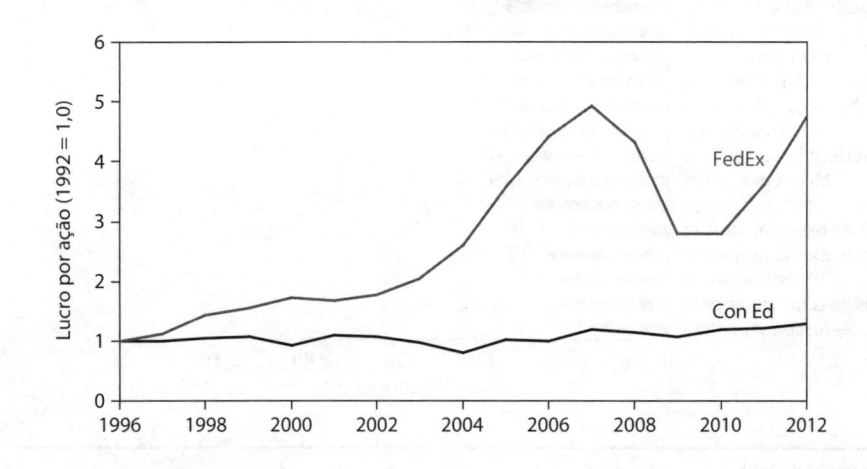

FIGURA 18.4 Crescimento dos lucros de duas empresas

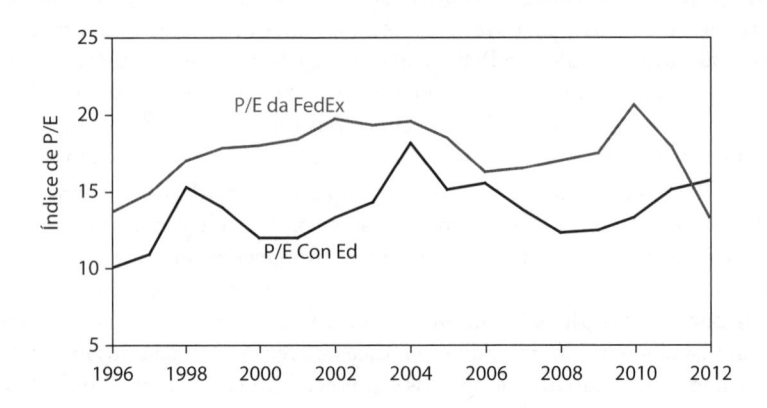

FIGURA 18.5
Índices de preço/lucro

com os dois múltiplos mais altos – *software* comercial ou biotecnologia – têm oportunidades de investimento atraentes e taxas de crescimento relativamente altas, ao passo que os setores com o múltiplo mais baixo – por exemplo, aeroespacial ou fabricantes de computadores – encontram-se em áreas mais maduras com poucas oportunidades de crescimento. A relação entre o índice de P/E e o crescimento não é perfeita, o que não é de surpreender, tendo em vista as armadilhas discutidas nesta seção, mas de fato fica claro que em geral o múltiplo de P/E acompanha as oportunidades de crescimento.

Associando a análise de P/E e o DDM

Alguns analistas utilizam índices de P/E em conjunto com as previsões de lucro para calcular o preço das ações na data de horizonte do investidor. A análise da Honda, na Figura 18.2, mostra que a Value Line previu um índice de P/E de 14 para 2016. O lucro por ação de 2016 foi previsto como US$ 4, o que indica um preço em 2016 de 14 × US$ 4 = US$ 56. Em vista da estimativa de US$ 56 para o preço de venda de 2016, calcularíamos o valor intrínseco como

$$V_{2012} = \frac{0,78}{1,096} + \frac{0,85}{(1,096)^2} + \frac{0,92}{(1,096)^3} + \frac{1,00 + 56}{(1,096)^4} = US\$ \ 41,62$$

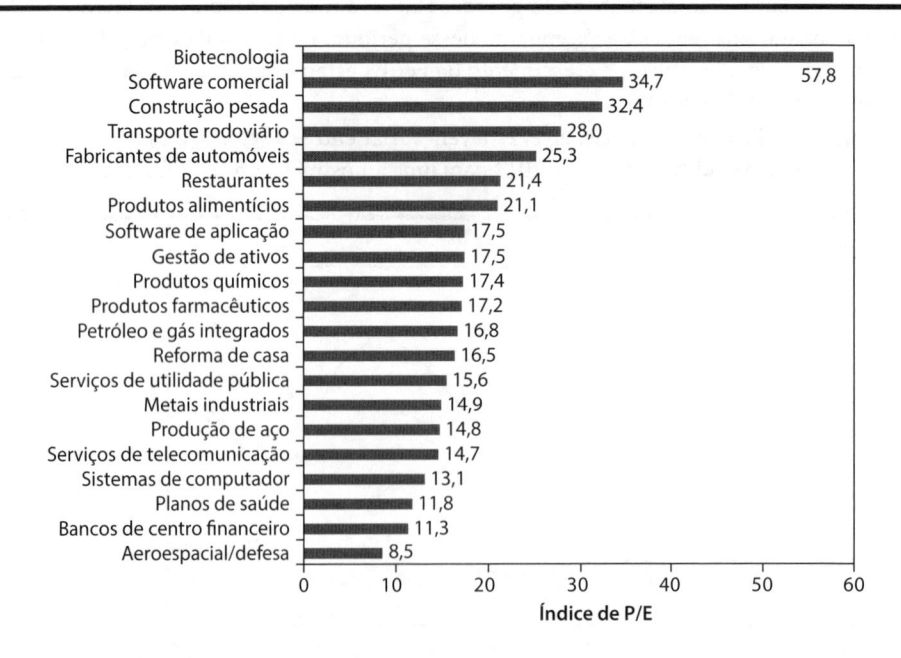

FIGURA 18.6
Índices de P/E de diferentes setores

Fonte: Yahoo! Finance, finance.yahoo.com, 12 de setembro de 2012.

Outros índices de avaliação comparativa

O índice de preço/lucro é um exemplo de índice de avaliação comparativa. Esses índices são utilizados para avaliar uma empresa em relação a outra, com base em um indicador fundamental como o lucro. Por exemplo, um analista pode comparar o índice de P/E de duas empresas do mesmo setor para testar se o mercado está avaliando uma empresa "mais agressivamente" do que outra. Outros índices comparativos desse tipo são habitualmente utilizados.

Índice de preço/valor contábil Esse é o índice de preço por ação dividido pelo valor contábil por ação. Como já mencionamos neste capítulo, alguns analistas consideram o valor contábil uma medida de valor útil e, portanto, tratam o índice de preço/valor contábil como um indicador de quão acentuadamente o mercado avalia a empresa.

Índice de preço/fluxo de caixa Os lucros, da forma como são divulgados na demonstração de resultados, podem ser afetados pelas práticas contábeis escolhidas pela empresa e, portanto, normalmente são considerados passíveis de alguma imprecisão e até de manipulação. Em contraposição, o fluxo de caixa – que acompanha o dinheiro que de fato entra e sai da empresa – é menos afetado pelas decisões contábeis. Por esse motivo, alguns analistas preferem utilizar o índice de preço/fluxo de caixa por ação, e não o índice de preço/lucro por ação. Alguns analistas utilizam o fluxo de caixa operacional ao calcular esse índice; outros preferem o fluxo de caixa livre, isto é, o fluxo de caixa operacional líquido de novos investimentos.

Índice de preço/vendas Muitas empresas *start-up* não têm lucro. Por esse motivo, o índice de P/E dessas empresas é insignificante. O índice de preço/vendas (o índice entre o preço da ação e as vendas anuais por ação) tornou-se recentemente uma avaliação de referência popular para essas empresas. É óbvio que os índice de preço/vendas podem variar de maneira marcante entre os setores, visto que as margens de lucro variam amplamente.

Seja criativo Pode ser que algumas vezes simplesmente não haja um índice de avaliação padrão e você tenha de criar um. Na década de 1990, alguns analistas avaliavam empresas de varejo da internet com base no número de *hits* (visitas) que o respectivo *site* recebia. Ao que se revela, eles avaliaram essas empresas utilizando índices de "preço/*hits*" generosos demais. No entanto, nesse novo ambiente de investimentos, esses analistas utilizaram as informações disponíveis para descobrir as melhores ferramentas de avaliação que pudessem.

A Figura 18.7 apresenta o comportamento de várias medidas de avaliação. Embora os níveis desses índices difiram consideravelmente, na maior parte das vezes eles se acompanham bem de perto, com elevações e declínios simultâneos.

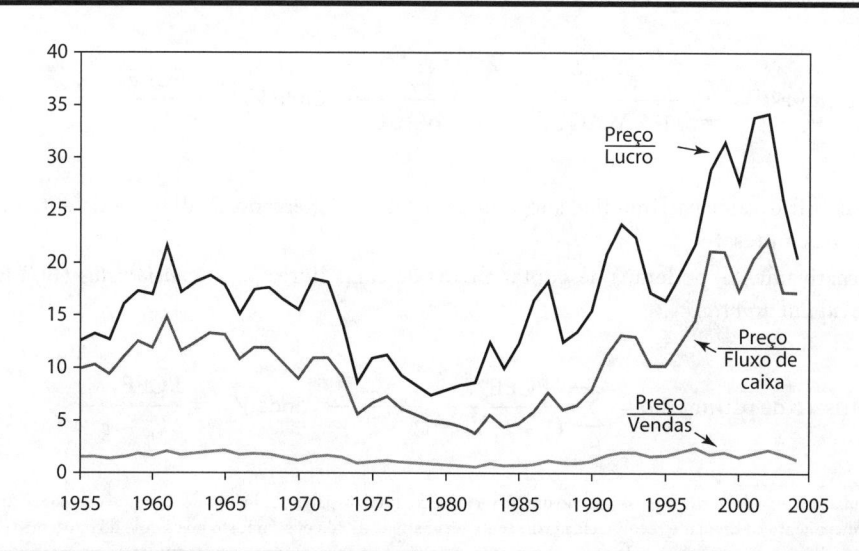

FIGURA 18.7 Estatísticas de avaliação do mercado

18.5 Abordagens de avaliação de fluxo de caixa livre

Um método alternativo para o modelo de desconto de dividendos avalia a empresa utilizando o fluxo de caixa livre, isto é, o fluxo de caixa disponível para a empresa ou para os acionistas líquido de dispêndios de capital. Esse método é particularmente útil para empresas que não pagam dividendos, caso em que seria difícil implementar o modelo de desconto de dividendos. Porém, os modelos de fluxo de caixa livre podem ser aplicados a qualquer empresa e podem oferecer percepções úteis sobre o valor de uma empresa que vão além do DDM.

Uma das alternativas é descontar o *fluxo de caixa livre* para a *empresa* (*free cash flow for the firm* – FCFF) pelo custo médio ponderado do capital para obter o valor da empresa e depois subtrair o valor da dívida então existente para encontrar o valor do patrimônio líquido. Outra possibilidade é focalizar desde o início o fluxo de caixa livre para os *acionistas* (*free cash flow to equityholders* – FCFE), descontando-o diretamente pelo custo do capital próprio para obter o valor de mercado do patrimônio líquido.

O fluxo de caixa livre para a empresa é o fluxo de caixa após os impostos gerado das operações da empresa, líquido de investimentos em capital e de capital de giro líquido. Ele inclui os fluxos de caixa disponíveis tanto para os obrigacionistas quanto para os acionistas.[9] Ele é igual:

$$\text{FCFF} = \text{Ebit}(1 - t_c) + \text{Depreciação} - \text{Dispêndios de capital} - \text{Aumento no NWC} \quad (18.9)$$

onde

Ebit = lucros antes de juros e impostos

t_c = alíquota de imposto corporativo

NWC = capital de giro líquido (*net working capital*)

Alternativamente, podemos focar o fluxo de caixa disponível para os acionistas. Ele será diferente do fluxo de caixa livre para a empresa em relação à despesa de juros pós-impostos e também ao fluxo de caixa associado com a emissão líquida ou recompra de dívida (isto é, repagamentos do principal menos o lucro da emissão de novas dívidas).

$$\text{FCFE} = \text{FCFF} - \text{Despesa de juros} \times (1 - t_c) + \text{Aumento na dívida líquida} \quad (18.10)$$

O modelo de avaliação de fluxo de caixa livre para a empresa desconta fluxos de caixa anuais mais alguma estimativa de valor terminal, V_T. Na Equação 18.11, utilizamos o modelo de crescimento constante para estimar o valor terminal e o desconto pelo custo médio ponderado do capital (*weighted-average cost of capital* – WACC).

$$\text{Valor da empresa} = \sum_{t=1}^{T} \frac{\text{FCFF}_t}{(1 + \text{WACC})^t} + \frac{V_T}{(1 + WACC)^T}, \text{ onde } V_T = \frac{\text{FCFF}_{T+1}}{WACC - g} \quad (18.11)$$

Para descobrir o valor patrimonial, subtraímos o valor de mercado da dívida existente do valor deduzido da empresa.

Alternativamente, podemos descontar fluxos de caixa livres para os *acionistas* (FCFE) pelo custo de *capital próprio*, k_E,

$$\text{Valor intríseco de patrimônio} = \sum_{t=1}^{T} \frac{\text{FCFE}_t}{(1 + k_E)^t} + \frac{V_T}{(1 + k_E)^T}, \text{ onde } V_T = \frac{\text{FCFE}_{T+1}}{k_E - g} \quad (18.12)$$

---

[9] Esse é o fluxo de caixa da empresa pressupondo um financiamento total do patrimônio líquido. Qualquer vantagem tributária para o financiamento de dívidas é reconhecida utilizando um custo de dívida pós-imposto no cálculo do custo médio ponderado do capital. Esse assunto é discutido em qualquer texto introdutório sobre finanças corporativas.

Como no modelo de desconto de dividendos, os modelos de fluxo de caixa livre utilizam um valor terminal para evitar a inclusão de valores presentes de uma soma infinita de fluxos de caixa. Esse valor terminal pode ser simplesmente o valor presente de uma perpetuidade de crescimento constante (como nas fórmulas anteriores) ou pode se basear em um múltiplo do Ebit, do valor contábil, dos lucros ou do fluxo de caixa livre. Em geral, as estimativas do valor intrínseco dependem fundamentalmente do valor terminal.

A Planilha 18.2 apresenta uma avaliação de fluxo de caixa livre da Honda utilizando os dados fornecidos pela Value Line na Figura 18.2. Começamos com o método de fluxo de caixa livre para a empresa expresso na Equação 18.9. O Painel A da planilha apresenta os valores fornecidos pela Value Line. (As entradas referentes aos anos intermediários estão interpoladas pelos valores iniciais e finais.) O Painel B calcula o fluxo de caixa livre. A soma dos lucros pós-impostos na linha 11 mais os pagamentos de juros pós-impostos na linha 12 [isto é, despesa de juros × $(1 - t_c)$] é igual a Ebit$(1 - t_c)$. Na linha 13, subtraímos a mudança no capital de giro líquido, na linha 14 acrescentamos novamente a depreciação e na linha 15 subtraímos os dispêndios de capital. O resultado na linha 17 é o fluxo de caixa livre para a empresa (FCFF), para cada ano entre 2013 e 2016.

Para encontrar o valor presente desses fluxos de caixa, descontaremos pelo WACC, que está calculado no Painel C. O WACC é a média ponderada do custo da dívida pós-impostos e o custo de capital próprio em cada ano. No cálculo do WACC, devemos levar em conta a mudança na previsão de alavancagem pela Value Line. Para calcular o custo de capital próprio, utilizamos o CAPM, tal como no nosso exercício de avaliação anterior (modelo de desconto de dividendos),

PLANILHA 18.2 Avaliação do fluxo de caixa livre da Honda Motor Co. *eXcel*

	A	B	C	D	E	F	G	H	I	J	K	M	L
1			2012	2013	2014	2015	2016						
2	A. Dados de entrada												
3	P/E		14,35	14,25	14,17	14,08	14,00						
4	Gastos de capitalização/ações		2,65	2,70	2,82	2,93	3,05						
5	Dívida de longo prazo		30.000	28.500	27.333	26.167	25.000						
6	Ações		1.800	1.800	1.798	1.797	1.795						
7	EPS		3,10	3,75	3,83	3,92	4,00						
8	Capital de giro		36.825	37.750	41.173	44.597	48.020						
9													
10	B. Cálculos de fluxo de caixa												
11	Lucros (após impostos)		5.700,0	6.850,0	6.970,0	7.090,0	7.210,0						
12	Juros (após impostos)		702,0	666,9	639,6	612,3	585,0			=(1-alíquota_imposto) × r_dívida × Dívida LP			
13	Mudança no capital de giro			925,0	3.423,3	3.423,3	3.423,3						
14	Depreciação		7.000,0	7.250,0	7.166,67	7.083	7.000,0						
15	Gastos de capitalização			4.860,0	5.064,9	5.269,8	5.474,8						
16										Valor terminal			
17	FCFF			8.981,9	6.288,0	6.092,5	5.896,9	104.098,2					
18	FCFE			6.815,0	4.481,8	4.313,5	4.145,3	83.203,2		Presume índice de dívida fixo após 2016			
19													
20	C. Cálculos de taxa de desconto												
21	Beta atual	0,95								da Value Line			
22	Beta não alavancado	0,767								beta atual/[1+(1-imposto)*dívida/patrimônio)]			
23	Crescimento terminal	0,02											
24	alíquota_imposto	0,35								da Value Line			
25	r_dívida	0,036								YTM em 2012 em A + Dívida LP tributada			
26	taxa isenta de risco	0,02											
27	prêmio isento de risco	0,08											
28	Valor de mercado do patrimônio		81.795				100.940			Linha 3 × Linha 11			
29	Dívida/Valor		0,27	0,25	0,23	0,22	0,20			Tendência linear do valor inicial ao valor final			
30	Beta alavancado		0,950	0,934	0,919	0,904	0,891			beta não alavancado × [1+(1-imposto)*dívida/patrimônio)]			
31	k_patrimônio		0,096	0,095	0,094	0,092	0,091	0,091		do CAPM e beta alavancado			
32	WACC		0,077	0,077	0,077	0,077	0,078	0,078		(1-imposto)*r_dívida*D/V + k_patrimônio*(1-D/V)			
33	Fator PV para FCFF		1,000	0,929	0,862	0,800	0,742	0,742		Descontar todo ano pelo WACC			
34	Fator PV pelo FCFE		1,000	0,913	0,835	0,765	0,701	0,701		Descontar todo ano por k_patrimônio			
35													
36	D. Valores presentes									Valor intrínseco	Valor do patrimônio	Intrínseco/ação	
37	PV(FCFF)			8.341	5.421	4.875	4.378	77.283		100.298	70.298	39,05	
38	PV(FCFE)			6.225	3.744	3.299	2.905	58.307		74.479	74.479	41,38	

* O índice de P/E de 2012 é do Yahoo! Finance. Os demais dados são da Value Line.

mas consideramos o fato de que o beta da ação diminuirá a cada ano à medida que a empresa diminuir a alavancagem.[10]

Para encontrar o custo da dívida da Honda, observamos que suas obrigações de longo prazo tinham a classificação A + em 2012 e que na época o rendimento até o vencimento da dívida dessa qualidade era 3,6%. O índice de dívida/valor da Honda (supondo que sua dívida esteja sendo vendida por um valor próximo ao valor nominal) é calculado na linha 29. Em 2012, o índice foi 0,27. Com base na previsão da Value Line, ele cairá para 0,20 em 2016. Interpolamos o índice de dívida/valor para os anos intermediários. O WACC é calculado na linha 32. O WACC aumenta um pouco com o tempo, à medida que o índice de dívida/valor cai gradativamente entre 2012 e 2016. O fator de valor presente para os fluxos de caixa acumulados a cada ano é o fator do ano anterior dividido por (1 + WACC) para aquele ano. O valor presente de cada fluxo de caixa (linha 37) é o fluxo de caixa livre vezes o fator de desconto cumulativo.

O valor terminal da empresa (célula H17) é calculado com o modelo de crescimento constante como $FCFF_{2016} \times (1 + g)/(WACC_{2016} - g)$, onde g (célula B23) é o suposto valor da taxa de crescimento constante. Presumimos na planilha que $g = 0,02$, aproximadamente de acordo com a taxa de crescimento de longo prazo da economia em geral.[11] O valor terminal também é descontado retroativamente em 2012 (célula H37) e, portanto, o valor intrínseco da empresa é encontrado como a soma dos fluxos de caixa livres descontados entre 2013 e 2016 mais o valor terminal descontado. Por fim, o valor da dívida em 2012 é subtraído do valor da empresa para chegar ao valor intrínseco da ação em 2012 (célula K37) e o valor por ação é calculado na célula L37 como valor patrimonial dividido pelo número de ações em 2012.

O método do fluxo de caixa livre gera um valor intrínseco semelhante para as ações.[12] O FCFE (linha 18) é obtido do FCFF subtraindo a despesa de juros pós-impostos e as recompras de dívida líquida. Os fluxos de caixa são então descontados à taxa da ação. Como o WACC, o custo do capital próprio muda a cada período à medida que a alavancagem muda. O fator do valor presente para os fluxos de caixa dos acionistas está na linha 34. O valor patrimonial é informado na célula J38 e mostrado por ação na célula L38.

A Planilha 18.2 está disponível na página de Conteúdo *Online* deste livro, em **www.grupoa.com.br**.

Comparação dos modelos de avaliação

Em princípio, o método de fluxo de caixa livre é plenamente coerente com o modelo de desconto de dividendos e deve fornecer a mesma estimativa de valor intrínseco se for possível fazer a

---

[10] Chame β_L o beta da ação da empresa no nível inicial de alavancagem oferecido pela Value Line. O beta das ações reflete tanto o risco empresarial quanto o risco financeiro. Quando uma empresa muda sua estrutura de capital (uma combinação de dívida/patrimônio líquido), ela muda também seu risco financeiro e, portanto, o beta da ação muda. Como devemos reconhecer a mudança no risco financeiro? Como provavelmente você se lembra de suas aulas introdutórias sobre finanças corporativas, primeiramente você deve desalavancar o beta. Desse modo, ficamos apenas com o risco empresarial. Utilizamos a fórmula a seguir para encontrar o beta não alavancado, β_U, (onde D/E é o índice de dívida/patrimônio – *debt/equity* – da empresa):

$$\beta_U = \frac{\beta_L}{1 + (D/E)(1 - t_c)}$$

Em seguida, realavancamos o beta em qualquer ano específico utilizando a estrutura de capital prevista para o ano em questão (que reintroduz o risco financeiro associado com a estrutura de capital desse ano específico):

$$\beta_L = \beta_U [1 + (D/E)(1 - t_c)]$$

[11] A longo prazo, a empresa não conseguirá mais crescer a um ritmo superior ao da economia agregada. Desse modo, no momento em que reconhecermos que o crescimento atingiu um estágio de estabilidade, parece razoável que a taxa de crescimento não seja significativamente superior à da economia em geral (embora ela possa ser menor se a empresa estiver em um setor em decadência).

[12] Ao longo do período de 2013–2016, a Value Line prevê que a Honda liquidará uma fração considerável de sua dívida em circulação. A recompra de dívida subentendida é uma forma de uso de caixa e diminui o fluxo de caixa disponível para os acionistas. Entretanto, essas recompras não podem ser mantidas indefinidamente porque a dívida em circulação em pouco tempo se reduziria a zero. Portanto, em nossa estimativa do valor terminal das ações, calculamos o fluxo de caixa final supondo que a partir de 2016 a Honda começará a emitir dívidas o suficiente para manter seu índice de dívida/valor. Esse método é coerente com a suposição de crescimento constante e taxas de desconto constantes após 2016.

extrapolação para um período em que a empresa começa a pagar dividendos de crescimento constante. Isso foi demonstrado em dois trabalhos conhecidos de Modigliani e Miller.[13] Contudo, na prática, você verá que algumas vezes os valores desses modelos podem diferir consideravelmente. Isso ocorre porque, na prática, geralmente os analistas são forçados a fazer suposições simplificadoras. Por exemplo, quanto tempo levará para uma empresa entrar em um estágio de crescimento constante? Qual a melhor forma de lidar com a depreciação? Qual a melhor estimativa de ROE? As respostas para essas perguntas podem ter um enorme impacto no valor, e nem sempre é fácil manter suposições coerentes de um modelo para outro.

Agora já avaliamos a Honda utilizando vários métodos, com as seguintes estimativas de valor intrínseco:

Modelo	Valor intrínseco (US$)
Modelos de desconto de dividendos de dois estágios	38,81
DDM com valor terminal oferecido pelo múltiplo de lucro	41,62
DDM de três estágios	40,29
Fluxo de caixa livre para a empresa	39,05
Fluxo de caixa livre para os acionistas	41,38
Preço de mercado (da Value Line)	32,88

O que devemos fazer em relação a essas diferenças? Todas as estimativas são até certo ponto superiores ao preço real das ações da Honda, talvez uma indicação de que é utilizado um valor irrealisticamente alto para a taxa de crescimento constante final. Por exemplo, a longo prazo, parece improvável que a Honda conseguirá crescer tão rapidamente quanto a previsão de crescimento da Value Line para 2016 – 7,5%. Das estimativas, o modelo de desconto de dividendos de dois estágios é a mais conservadora, em grande medida porque pressupõe que a taxa de crescimento da Honda cairá para seu valor terminal após apenas três anos. Em contraposição, o DDM de três estágios possibilita que o crescimento diminua gradualmente durante um período mais longo. Em vista da consistência com que todas essas estimativas superam o preço de mercado, talvez a ação esteja de fato subvalorizada em comparação com seu valor intrínseco.

Entretanto, no cômputo geral, esse exercício de avaliação indica que encontrar pechinchas não é tão fácil quanto parece. Embora esses modelos sejam fáceis de utilizar, determinar os dados apropriados é mais desafiador. Isso é compreensível. Mesmo em um mercado moderadamente eficiente, encontrar oportunidades de lucro exigirá mais do que apenas uma análise de dados da Value Line durante algumas horas. Entretanto, esses modelos são extremamente úteis para os analistas porque eles oferecem boas estimativas do valor intrínseco. Mais do que isso, eles exigem uma reflexão rigorosa sobre as suposições subjacentes e ressaltam as variáveis que afetam mais o valor e oferecem o maior benefício para análises futuras.

O problema dos modelos de DCF

Nossas estimativas do valor intrínseco da Honda baseiam-se em modelos de fluxo de caixa descontado (DCF), nos quais calculamos o valor presente dos fluxos de caixa previstos e um preço de venda terminal em alguma data futura. Com base nesses cálculos para a Honda, fica evidente que a parte mais importante é o valor terminal e que esse valor pode ser extremamente sensível até mesmo a pequenas mudanças em alguns valores de entrada (consulte, por exemplo, "Revisão de Conceitos 18.4"). Desse modo, você deve reconhecer que as estimativas de avaliação do fluxo de caixa descontado serão quase sempre imprecisas. As oportunidades de crescimento e as taxas de crescimento futuras são particularmente difíceis de especificar.

Por esse motivo, muitos investidores em valor empregam uma hierarquia de avaliação. Eles consideram os componentes de valor mais confiáveis como os itens do balanço patrimonial que possibilitam as estimativas mais precisas do valor de mercado. Imóveis, fábrica e equipamentos se enquadrariam nessa categoria.

---

[13] Franco Modigliani e M. Miller, "The Cost of Capital, Corporation Finance, and the Theory of Investment", *American Economic Review*, junho de 1958, e "Dividend Policy, Growth, and the Valuation of Shares", *Journal of Business*, outubro de 1961.

Um componente de valor um pouco menos confiável é o lucro econômico dos ativos já existentes. Por exemplo, uma empresa como a Intel obtém um ROE bem mais alto em seus investimentos em instalações de fabricação de *chips* do que em seu custo de capital. O valor presente desses "lucros econômicos" ou valor econômico adicionado[14] é um componente importante do valor de mercado da Intel. Contudo, esse componente de valor é menos garantido do que os ativos do balanço patrimonial, porque sempre existe a preocupação de que novos concorrentes entrem no mercado, forcem os preços e as margens de lucro para baixo e diminuam o retorno sobre os investimentos da Intel. Portanto, é necessário avaliar com cuidado as barreiras de entrada que protegem a determinação de preço e as margens de lucro da Intel. Mencionamos algumas dessas barreiras no capítulo anterior, no qual examinamos a função da análise setorial, a estrutura do mercado e a posição competitiva (consulte a Seção 17.7).

Por fim, os componentes de valor menos confiáveis são as oportunidades de crescimento, a suposta capacidade de empresas como a Intel de investir em empreendimentos com NPV positivo que contribuam para altas avaliações de mercado no presente. Os investidores em valor não negam que essas oportunidades existam, mas são céticos quanto à possibilidade de lhes atribuir valores precisos e, portanto, tendem a ser menos propensos a tomar decisões de investimento que dependam do valor dessas oportunidades.

18.6 Mercado de ações agregado

O método mais popular para avaliar o mercado de ações em geral é o do multiplicador de lucros aplicado em nível agregado. O primeiro passo é prever os lucros corporativos do período seguinte. Depois, obtemos uma estimativa do multiplicador de lucros, do índice de P/E agregado, com base em uma previsão das taxas de juros de longo prazo. O produto das duas previsões é a estimativa do nível de final de período do mercado.

A previsão do índice de P/E do mercado algumas vezes é obtida de um gráfico semelhante ao da Figura 18.8, que apresenta os *ganhos de rendimento* (lucro por ação dividido pelo preço por ação, o inverso do índice de P/E) do S&P 500 e o rendimento até o vencimento de obrigações de dez anos do Tesouro. Sem dúvida as duas séries movem-se simultaneamente ao longo do tempo e levam a crer que é possível utilizar essa relação e o rendimento atual sobre obrigações de dez anos do Tesouro para ajudar a prever os ganhos de rendimento de lucro do S&P 500. Em vista desses ganhos de rendimento, uma previsão de lucros poderia ser utilizada para prever o nível do S&P em algum período futuro. Vejamos um exemplo simples desse procedimento.

Alguns analistas utilizam uma versão agregada do modelo de desconto de dividendos em vez de um método de multiplicador de lucros. Contudo, todos esses modelos dependem em grande medida da previsão de variáveis macroeconômicas como PIB, taxas de juros e taxa de inflação, que são difíceis de prever com precisão.

FIGURA 18.8
Ganhos de rendimento do S&P 500 *versus* rendimento de obrigações de dez anos do Tesouro

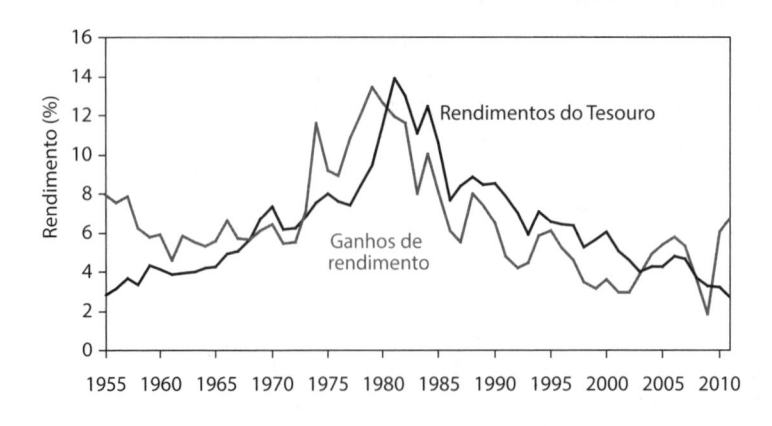

---

[14] Examinamos mais detalhadamente o valor econômico adicionado no capítulo seguinte.

EXEMPLO 18.6 || Previsão do mercado de ações agregado

Em meados de 2012, a previsão de lucro por ação para um período de 12 meses para a carteira do S&P 500 era US$ 110. O rendimento da obrigação de dez anos do Tesouro era 2,9%. Em uma primeira tentativa, poderíamos pressupor que a diferença entre os ganhos de rendimento e o rendimento do Tesouro, que girava em torno de 3,9%, permanecerá nesse nível por volta do final do ano. Tendo em vista o rendimento de 2,9% do Tesouro, isso significaria ganhos de rendimento de 6,8% para o S&P e um índice de P/E de 1/0,068 = 14,7. Nossa previsão do nível do índice S&P seria então 14,7 × 110 = 1.617. Com um valor atual de 1.457 para o S&P 500, isso indicaria um ganho de capital de um ano sobre o índice de 160/1.457 = 11,0%.

É evidente que existe incerteza quanto aos três dados dessa análise: o lucro real sobre as ações do S&P 500, o nível dos rendimentos do Tesouro no final do ano e a diferença entre o rendimento do Tesouro e os ganhos de rendimento. Seria desejável fazer uma análise de sensibilidade ou de cenário para examinar o impacto das mudanças sobre todas essas variáveis. Para mostrar isso, observe a Tabela 18.4, que apresenta uma análise de cenário simples dos possíveis efeitos da variação sobre o rendimento das obrigações do Tesouro. A análise de cenário mostra que o nível de previsão do mercado de ações varia inversamente e com uma expressiva sensibilidade a mudanças nas taxas de juros.

TABELA 18.4 Previsões do índice S&P 500 em vários cenários

	Cenário pessimista	Cenário mais provável	Cenário ótimista
Rendimento das obrigações do Tesouro	3,4%	2,9%	2,4%
Ganhos de rendimento	7,3%	6,8%	6,3%
Índice de P/E resultante	13,7	14,7	15,9
Previsão de EPS	110	110	110
Previsão para o S&P 500	1.507	1.617	1.749

A previsão de ganhos de rendimento do S&P 500 é igual ao rendimento das obrigações do Tesouro mais 3,9%. O índice de P/E é inversamente proporcional aos ganhos de rendimento previstos.

Como os preços das ações refletem expectativas de dividendos futuros, o que está atrelado à prosperidade econômica das empresas, é compreensível que o desempenho de um índice amplo de ações como o S&P 500 seja considerado um indicador econômico antecedente, isto é, um previsor do desempenho da economia agregada. Considera-se que os preços das ações incorporam as previsões consensuais da atividade econômica e mudam para cima ou para baixo em virtude de movimentos na economia. O índice do governo de indicadores econômicos antecedentes, que é considerado uma previsão do andamento do ciclo econômico, é constituído em parte pelo desempenho recente do mercado acionário. Entretanto, o valor preditivo do mercado está longe de ser perfeito. Uma piada muito conhecida, com frequência atribuída a Paul Samuelson, é de que o mercado já previu oito das últimas cinco recessões.

RESUMO

1. Uma forma de avaliar uma empresa é focalizar seu valor contábil, do modo como ele aparece no balanço patrimonial ou ajustado para refletir o custo atual de reposição dos ativos ou o valor de liquidação. Outra forma é focalizar o valor presente dos futuros dividendos esperados.

2. O modelo de desconto de dividendos defende que o preço de uma ação deve ser igual ao valor presente de todos os dividendos futuros por ação, descontado a uma taxa de juros proporcional ao risco da ação.

3. Os modelos de desconto de dividendos oferecem estimativas do valor intrínseco de uma ação. Se o preço não for igual ao valor intrínseco, a taxa de retorno será diferente do retorno de equilíbrio, com base no risco da ação. O retorno real dependerá da taxa pela qual o preço da ação é previsto para rever ao seu valor intrínseco.

4. A versão de crescimento constante do DDM defende que, se houver a expectativa de que os dividendos cresçam continuamente a uma taxa constante, o valor intrínseco da ação será determinado pela fórmula

$$V_0 = \frac{D_1}{k - g}$$

Essa versão do DDM é simplista com relação à sua suposição de um valor constante de g. Existem versões de vários estágios mais sofisticadas desse modelo para ambientes mais complexos. Quando a suposição de crescimento constante é razoavelmente satisfeita e ação é vendida por seu valor intrínseco, a fórmula pode ser invertida para deduzir a taxa de capitalização de mercado para a ação:

$$k = \frac{D_1}{P_0} + g$$

5. O modelo de desconto de dividendos de crescimento constante é mais adequado para empresas que devem exibir taxas de crescimento estáveis no futuro próximo. Entretanto, na realidade, as empresas passam por ciclos de vida. Nos primeiros anos, as oportunidades de investimento atraentes são amplas e a empresa responde com altas taxas de reinvestimento

e rápido crescimento de dividendos. Contudo, com o tempo, as taxas de crescimento se estabilizam em valores mais sustentáveis. Os modelos de crescimento de três estágios são mais bem adequados a um padrão desse tipo. Esses modelos consideram um período inicial de crescimento rápido, um período final de crescimento de dividendos constante e um período intermediário ou de transição no qual a taxa de crescimento de dividendos diminui de um nível alto inicial para um nível inferior sustentável.

6. Os analistas do mercado acionário dedicam muita atenção ao índice de preço/lucro de uma empresa. Esse índice é uma medida útil da avaliação do mercado sobre as oportunidades de crescimento da empresa. As empresas que não têm nenhuma oportunidade de crescimento devem ter um índice de P/E ao menos inversamente proporcional à taxa capitalização, k. À medida que as oportunidades de crescimento tornam-se um componente cada vez mais importante do valor total de uma empresa, o P/E aumenta.

7. A taxa de crescimento esperada dos lucros está relacionada com a lucratividade da empresa e sua política de dividendos. Essa relação pode ser expressa como

g = (ROE do novo investimento) × (1 − Índice de pagamento de dividendos)

8. Você pode relacionar o DDM com um modelo de lucros capitalizados simples comparando o ROE esperado dos investimentos futuros com a taxa de capitalização de mercado, k. Se as duas taxas forem iguais, o valor intrínseco da ação diminuirá para o lucro por ação (EPS) esperado dividido por k.

9. Muitos analistas formam suas estimativas sobre o valor das ações de uma empresa multiplicando suas previsões do EPS do ano seguinte por um múltiplo de P/E previsto Alguns associam o método de P/E com o modelo de desconto de dividendos. Eles utilizam o multiplicador de lucros para prever o valor terminal das ações em uma data futura e somam o valor presente desse valor terminal com o valor presente de todos os pagamentos de dividendos intermediários.

10. O método de fluxo de caixa livre é o mais utilizado em finanças corporativas. Primeiramente o analista estima o valor da empresa geral como o valor presente dos futuros fluxos de caixa livres esperados de toda a empresa e depois subtrai o valor de todos os outros direitos além da participação dos acionistas. De outro modo, pode-se utilizar uma taxa de desconto apropriada ao risco das ações para descontar os fluxos de caixa livres dos acionistas.

11. Os modelos apresentados neste capítulo podem ser utilizados para explicar e prever o comportamento do mercado de ações agregado. As principais variáveis macroeconômicas que determinam o nível de preço das ações no mercado agregado são as taxas de juros e os lucros corporativos.

Sites relacionados a este capítulo estão disponíveis em **www.grupoa.com.br**

PALAVRAS-CHAVE

custo de reposição
DDM de crescimento constante
gerenciamento de resultados
índice de pagamento de dividendos
índice de retenção de lucros

modelo de desconto de dividendos (DDM)
múltiplo de preço/lucro
q de Tobin
taxa de capitalização de mercado
taxa de reinvestimento

valor contábil
valor de liquidação
valor intrínseco de uma ação
valor presente das oportunidades de crescimento (PVGO)

EQUAÇÕES BÁSICAS

Valor intrínseco: $V_0 = \dfrac{D_1}{1+k} + \dfrac{D_2}{(1+k)^2} + \cdots + \dfrac{D_H + P_H}{(1+k)^H}$

DDM de crescimento constante: $V_0 = \dfrac{D_1}{k-g}$

Oportunidades de crescimento: Preço = $\dfrac{E_1}{k}$ + PVGO

Determinante do índice de P/E: $\dfrac{P_0}{E_1} = \dfrac{1}{k}\left(1 + \dfrac{\text{PVGO}}{E_1/k}\right)$

Fluxo de caixa livre para a empresa:

FCFF = Ebit$(1 - t_c)$ + Depreciação − Dispêndios de capital − Aumento no NWC

Fluxo de caixa livre para os acionistas: FCFE = FCFF − Despesa de juros × $(1 - t_c)$ + Aumento na dívida líquida

CONJUNTO DE PROBLEMAS

1. Em quais circunstâncias você optaria por utilizar um modelo de desconto de dividendos em vez de o modelo de fluxo de caixa livre para avaliar uma empresa?

2. Em quais circunstâncias é mais importante utilizar modelos de desconto de dividendos de vários estágios em vez de modelos de crescimento constante?

Básicos

3. Se um título estiver subvalorizado (isto é, valor intrínseco > preço), qual será a relação entre a respectiva taxa de capitalização de mercado e a respectiva taxa de retorno esperada?

4. A Deployment Specialists atualmente paga dividendos (anuais) de US$ 1.00 e espera crescer 20% durante dois anos e posteriormente 4%. Se o retorno exigido da Deployment Specialists for 8,5%, qual o valor intrínseco de suas ações?

5. A Jand, Inc., atualmente paga dividendos de US$ 1,22 e espera crescer 5% indefinidamente. Se o valor atual das ações da Jand, com base no modelo de desconto de dividendos de crescimento constante, for US$ 32,03, qual será a taxa de retorno exigida?

6. Uma empresa atualmente paga dividendos de US$ 1,00 e espera crescer 5% indefinidamente. Se o valor atual das ações da empresa for US$ 35,00, qual será o retorno exigido, aplicável ao investimento de acordo com o modelo de desconto de dividendos de crescimento constante (DDM)?

7. A Tri-coat Paints tem um valor de mercado atual de US$ 41 por ação e lucro de US$ 3,64. Qual será o valor presente de suas oportunidades de crescimento (PVGO) se o retorno exigido for 9%?

8. a. As ações do setor de computadores atualmente oferecem uma taxa de retorno esperada de 16%. A MBI, uma grande empresa de computadores, pagará dividendos de fim de ano de US$ 2 por ação. Considerando que as ações estejam sendo vendidas por US$ 50 cada, qual deve ser a expectativa de crescimento do mercado quanto à taxa de crescimento de dividendos da MBI?

Intermediários

    b. Se as previsões de crescimento dos dividendos da MBI forem revisadas para baixo, para 5% ao ano, o que ocorrerá com o preço das ações dessa empresa? O que ocorrerá (qualitativamente) com o índice de preço/lucro da empresa?

9. a. O ROE e a taxa de reinvestimento da MF Corp. são respectivamente 16 e 50%. Se a previsão for de que os lucros do ano seguinte serão US$ 2 por ação, a que preço serão vendidas as ações? A taxa de capitalização de mercado é 12%.

    b. A que preço você espera que as ações da MF sejam vendidas em três anos?

10. O consenso do mercado é de que o ROE e o beta da Analog Electronic Corporation são, respectivamente, 9% e 1,25. A empresa pretende manter indefinidamente sua taxa de reinvestimento tradicional de 2/3. Os lucros deste ano foram US$ 3 por ação. Os dividendos anuais acabaram de ser pagos. A estimativa consensual quanto ao retorno de mercado do ano seguinte é 14%, e as letras do Tesouro oferecem atualmente um retorno de 6%.

    a. Encontre o preço pelo qual as ações da Analog devem ser vendidas.

    b. Calcule o índice de P/E.

    c. Calcule o valor presente das oportunidades de crescimento.

    d. Suponhamos que suas pesquisas o convençam de que no momento a Analog anunciará que diminuirá imediatamente sua taxa de reinvestimento para 1/3. Encontre o valor intrínseco das ações. O mercado ainda não está ciente dessa decisão. Explique por que V_0 não é mais igual a P_0 e por que V_0 é superior ou inferior a P_0.

11. A previsão é de que os dividendos por ação da FI Corporation crescerão 5% ao ano, indefinidamente.

    a. Se o dividendo pago no final deste ano for US$ 8 e a taxa de capitalização de mercado for 10% ao ano, qual deverá ser o preço atual da ação de acordo com o DDM?

    b. Se o lucro por ação esperado for US$ 12, qual o valor implícito do ROE sobre as futuras oportunidades de investimento?

    c. Quanto o mercado está pagando por ação para as oportunidades de crescimento (isto é, para um ROE sobre investimentos futuros que supera a taxa de capitalização de mercado)?

12. As ações da Nogro Corporation estão sendo vendidas atualmente por US$ 10 cada. A expectativa é de que o lucro por ação do ano seguinte seja US$ 2. A política da empresa é pagar 50% dos lucros ao ano em dividendos. O restante é retido e investido em projetos que obtêm uma taxa de retorno de 20% ao ano. A expectativa é de que essa situação continue indefinidamente.

    a. Pressupondo que o preço de mercado atual da ação reflita seu valor intrínseco, calculado de acordo com o DDM de crescimento constante, que taxa de retorno os investidores da Nogro podem exigir?

    b. Em quanto seu valor excede o valor de fato se todos os lucros fossem pagos como dividendos e nada fosse reinvestido?

    c. Se a Nogro cortasse seu índice de pagamento de dividendos para 25%, o que ocorreria com o preço de suas ações? E se a Nogro eliminasse os dividendos?

13. A taxa de retorno isenta de risco é 8%, a taxa de retorno esperada sobre a carteira de mercado é 15% e as ações da Xyrong Corporation tem um coeficiente beta de 1,2. A Xyrong paga 40% de seus lucros em dividendos e os últimos lucros anunciados foram US$ 10 por ação. Os dividendos foram pagos recentemente e prevê-se que serão pagos anualmente. Você espera que a Xyrong obtenha indefinidamente um ROE de 20% ao ano sobre todos os lucros reinvestidos.

    a. Qual o valor intrínseco de uma ação da Xyrong?

    b. Se o preço de mercado atual de uma ação for US$ 100 e você espera que o preço de mercado seja igual ao valor intrínseco daqui a um ano, qual será o retorno do horizonte de investimento esperado de um ano das ações da Xyrong?

14. A Digital Electronic Quotation System (DEQS) Corporation não paga dividendos em dinheiro atualmente e não deverá pagá-los nos próximos cinco anos. Seu último EPS, de US$ 10, foi reinvestido totalmente na empresa. O ROE esperado da empresa para os próximos cinco anos é 20% ao ano, tempo durante o qual ela espera continuar reinvestindo todo o seu lucro. Do sexto ano em diante, o ROE da empresa sobre novos investimentos deverá diminuir para 15% e ela deverá começar a pagar 40% de seus lucros em dividendos em dinheiro, o que ela fará indefinidamente. A taxa de capitalização de mercado da DEQS é 15% ao ano.

    a. Qual sua estimativa de valor intrínseco por ação para a DEQS?

    b. Supondo que seu preço de mercado atual seja igual ao seu valor intrínseco, o que você espera que aconteça com seu preço no próximo ano? No ano seguinte?

    c. Que efeito isso teria em sua estimativa do valor intrínseco da DEQS, se segundo suas expectativas a DEQS fosse pagar apenas 20% de seus lucros a partir do sexto ano?

15. Recalcule o valor intrínseco da Honda em cada um dos seguintes cenários utilizando o modelo de crescimento de três estágios da Planilha 18.1 (disponível em **www.grupoa.com.br**; procure o *link* para o conteúdo to Capítulo 18). Aborde cada cenário de forma independente.

    a. O ROE no período de crescimento constante será 9%.

    b. O beta atual da Honda é 1,0.

    c. O prêmio de risco do mercado é 8,5%.

16. Recalcule o valor intrínseco das ações da Honda utilizando o modelo de fluxo de caixa livre da Planilha 18.2 (disponível em **www.grupoa.com.br**; procure o *link* para o conteúdo do Capítulo 18), de acordo com cada uma das suposições a seguir. Aborde cada cenário de forma independente.

    a. O índice de P/E da Honda, a partir de 2016, será 15.
    b. O beta não alavancado da Honda é 0,7.
    c. O prêmio de risco do mercado é 9%.

17. A Duo Growth Company acabou de pagar dividendos de US$ 1 por ação. Espera-se que os dividendos aumentem segundo uma taxa constante de 25% ao ano nos próximos três anos e depois se estabilize em 5%, indefinidamente. Você acha que a taxa de capitalização de mercado adequada é 20% ao ano.

    a. Qual sua estimativa do valor intrínseco da ação dessa empresa?
    b. Se o preço de mercado de uma ação for igual ao seu valor intrínseco, qual será o rendimento de dividendos do ano seguinte?
    c. Qual será o preço esperado daqui a um ano? O ganho de capital implícito é coerente com estimativa de rendimento de dividendos e da taxa de capitalização de mercado?

18. A Generic Genetic (GG) Corporation não paga dividendos em dinheiro atualmente e não deverá pagá-los nos próximos quatro anos. Seu último EPS, de US$ 5, foi reinvestido totalmente na empresa. O ROE esperado da empresa para os próximos quatro anos é 20% ao ano, tempo durante o qual ela espera continuar reinvestindo todo o seu lucro. Do quinto ano em diante, o ROE da empresa sobre novos investimentos deverá diminuir para 15%. A taxa de capitalização de mercado da GG é 15% ao ano.

    a. Qual sua estimativa de valor intrínseco por ação para GG?
    b. Supondo que seu preço de mercado atual seja igual ao seu valor intrínseco, o que você espera que aconteça com seu preço no próximo ano?

19. O fluxo de caixa operacional da MoMi Corporation antes dos juros e impostos foi de US$ 2 milhões no ano que acabou de terminar e a expectativa é de que crescerá 5% ao ano indefinidamente. Para que isso ocorra, a empresa terá de investir ao ano um valor igual a 20% do fluxo de caixa antes dos impostos. A alíquota de imposto é 35%. A depreciação foi de US$ 200 mil no ano que acabou de terminar e a previsão é de que ela aumente proporcionalmente ao fluxo de caixa operacional. A taxa de capitalização de mercado apropriada para o fluxo de caixa não alavancado é 12% ao ano e atualmente a empresa tem uma dívida em circulação de US$ 4 milhões. Utilize o método de fluxo de caixa livre para avaliar o patrimônio da empresa.

Difíceis

20. A Chiptech, Inc., é uma empresa de *chips* de computador estabelecida que tem vários produtos lucrativos e também novos produtos promissores em desenvolvimento. A empresa obteve US$ 1 por ação no último ano e acabou de pagar dividendos de US$ 0,50 por ação. Os investidores acreditam que a empresa pretende manter seu índice de pagamento de dividendos em 50%. O ROE é 20%. No mercado, todos esperam que essa situação persista indefinidamente.

    a. Qual o preço de mercado da ação da Chiptech? O retorno exigido para o setor de *chips* de computador é 15% e a empresa acabou de entrar em ex-dividendos (isto é, os próximos dividendos serão pagos daqui a um ano, em $t = 1$).
    b. Suponhamos que você descubra que o concorrente da Chiptech desenvolveu um novo *chip* que eliminará a vantagem tecnológica que a Chiptech tem nesse mercado no momento. Esse novo produto, que estará pronto para entrar no mercado em dois anos, forçará a Chiptech a diminuir os preços de seus *chips* para se manter competitiva. Isso diminuirá o ROE para 15% e, em virtude da demanda decrescente por seu produto, a Chiptech diminuirá a taxa de reinvestimento para 0,40. A taxa de reinvestimento será diminuída no final do segundo ano, em $t = 2$: O dividendo anual de fim de ano para o segundo ano (pago em $t = 2$) será 60% dos lucros desse ano. Qual sua estimativa de valor intrínseco por ação para a Chiptech? (*Dica*: Prepare cuidadosamente uma tabela dos lucros e dividendos da Chiptech para cada um dos três anos seguintes. Preste muita atenção à mudança no índice de pagamento em $t = 2$.)
    c. Ninguém mais no mercado percebe essa ameaça ao mercado da Chiptech. Na verdade, você tem convicção de que ninguém mais ficará sabendo da mudança na posição competitiva da Chiptech até o momento em que a empresa concorrente anunciar publicamente sua descoberta, no final do segundo ano. Qual será a taxa de retorno das ações da Chiptech no ano seguinte (isto é, entre $t = 0$ e $t = 1$)? No segundo ano (entre $t = 1$ e $t = 2$)? No terceiro ano (entre $t = 2$ e $t = 3$)? (*Dica*: Preste atenção ao momento em que o mercado percebe a nova situação. Uma tabela de dividendos e preços de mercado ao longo do tempo pode ajudar.)

---

1. Na Litchfield Chemical Corp. (LCC), um dos diretores da empresa disse que a utilização de modelos de desconto de dividendos pelos investidores é uma "prova" de que, quanto mais altos os dividendos, mais alto o preço das ações.

    a. utilizando um modelo de desconto de dividendos de crescimento constante como referência, avalie a afirmação desse diretor.
    b. Explique como um aumento no pagamento de dividendos afetaria cada um dos elementos a seguir (mantendo todos os outros fatores constantes):
        i. Taxa de crescimento sustentável.
        ii. Aumento do valor contábil.

2. Helen Morgan, CFA, foi solicitada a utilizar o DDM para avaliar a Sundanci, Inc. Ela prevê que os lucros e dividendos da Sundanci crescerão 32% durante dois anos e, posteriormente, 13%. Calcule o valor atual de uma ação da Sundanci utilizando um modelo de desconto de dividendos de dois estágios e os dados das Tabelas 18A e 18B.

3. Abbey Naylor, CFA, foi orientada a determinar o valor das ações dessa empresa utilizando o modelo de fluxo de caixa livre para os acionistas (FCFE). Naylor acredita que o FCFE da Sundanci crescerá 27% durante dois anos e, posteriormente, 13%. A expectativa é de que os dispêndios de capital, a depreciação e o capital de giro aumentem proporcionalmente com o FCFE.

    a. Calcule o valor de FCFE por ação referente a 2011 utilizando os dados da Tabela 18A.
    b. Calcule o valor atual de uma ação da Sundanci com base no modelo de FCFE de dois estágios.
    c. i. Descreva uma limitação do DDM de dois estágios quando se utiliza o FCFE de dois estágios.
       ii. Descreva uma limitação do DDM de dois estágios que não é abordada por meio do modelo de FCFE de dois estágios.

TABELA 18A Demonstrações financeiras da Sundanci de 2010 e 2011 correspondentes ao ano fiscal finalizado em 31 de maio (em milhões de US$, exceto para os dados por ação)

Demonstração de resultados	2010	2011
Receita	US$ 474	US$ 598
Depreciação	20	23
Outros custos operacionais	368	460
Lucro antes dos impostos	86	115
Impostos	26	35
Lucro líquido	60	80
Dividendos	18	24
Lucro por ação	US$ 0,714	US$ 0,952
Dividendos por ação	US$ 0,214	US$ 0,286
Ações ordinárias em circulação (milhões)	84,0	84,0
Balanço patrimonial	**2010**	**2011**
Ativos circulantes	US$ 201	US$ 326
Propriedade, fábrica e equipamentos líquidos	474	489
Total de ativos	675	815
Passivos circulantes	57	141
Dívida de longo prazo	0	0
Total de passivos	57	141
Patrimônio líquido dos acionistas	618	674
Total de passivos e de patrimônio líquido	675	815
Dispêndios de capital	34	38

TABELA 18B Informações financeiras selecionadas

Taxa de retorno exigida sobre o patrimônio	14%
Taxa de crescimento do setor	13%
Índice de P/E do setor	26

4. Christie Johnson, CFA, foi incumbida de analisar a Sundanci utilizando o modelo de índice de preço/lucro (P/E) de crescimento constante de dividendos. Johnson pressupõe que os lucros e dividendos da Sundanci crescerão a uma taxa constante de 13%.

   a. Calcule o índice de P/E com base nas informações das Tabelas 18A e 18B e nas suposições de Johnson para a Sundanci.

   b. Identifique, no contexto do modelo de crescimento constante de dividendos, em que sentido cada um dos fatores afetaria o índice de P/E.
   - Risco (beta) da Sundanci.
   - Taxa de crescimento esperada dos lucros e dividendos.
   - Prêmio de risco do mercado.

5. A Dynamic Communication é uma empresa industrial que tem várias divisões de eletrônicos. A empresa acabou de divulgar seu relatório anual de 2013. As Tabelas 18C e 18D apresentam um resumo das demonstrações financeiras da Dynamic para 2012 e 2013. Determinados dados das demonstrações financeiras de 2009 a 2011 são apresentados na Tabela 18E.

   a. Um grupo de acionistas da Dynamic expressou preocupação com a taxa de crescimento zero dos dividendos nos últimos quatro anos e pediu informações sobre o crescimento da empresa. Calcule a taxa de crescimento sustentável da Dynamic correspondente a 2010 e 2013. Você deve utilizar nos seus cálculos os dados do balanço patrimonial do início do ano.

   b. Determine em que sentido a mudança na taxa de crescimento da Dynamic (2013 em comparação com 2010) foi afetada pelas mudanças em sua taxa de retenção e em sua alavancagem financeira. (*Nota*: Você deve utilizar nos seus cálculos os dados do balanço patrimonial do início do ano.)

TABELA 18C Balanço patrimonial da Dynamic Communication

	Milhões de US$	
	2013	2012
Caixa e investimentos de alta liquidez	US$ 149	US$ 83
Contas a receber	295	265
Estoque	275	285
Total de ativos circulantes	US$ 719	US$ 633
Ativos fixos brutos	9.350	8.900
Depreciação acumulada	(6.160)	(5.677)
Ativos fixos líquidos	US$ 3.190	US$ 3.223
Total de ativos	US$ 3.909	US$ 3.856
Contas a pagar	US$ 228	US$ 220
Notas a pagar	0	0
Impostos provisionados e despesas	0	0
Total de passivos circulantes	US$ 228	US$ 220
Dívida de longo prazo	US$ 1.650	US$ 1.800
Ações ordinárias	50	50
Capital integralizado adicional	0	0
Lucros retidos	1.981	1.786
Total de patrimônio líquido do acionista	US$ 2.031	US$ 1.836
Total de passivos e de patrimônio líquido dos acionistas	US$ 3.909	US$ 3.856

TABELA 18D Demonstrações de resultados da Dynamic Communication (em milhões de US$, exceto para os dados das ações)

	2013	2012
Total de receitas	US$ 3.425	US$ 3.300
Total de custos e despesas	2.379	2.319
Lucros antes de juros, impostos, depreciação e amortização (Ebitda)	US$ 1.046	US$ 981
Depreciação e amortização	483	454
Lucro operacional (Ebit)	US$ 563	US$ 527
Despesa de juros	104	107
Lucro antes dos impostos	US$ 459	US$ 420
Impostos (40%)	184	168
Lucro líquido	US$ 275	US$ 252
Dividendos	US$ 80	US$ 80
Mudança nos lucros retidos	US$ 195	US$ 172
Lucro por ação	US$ 2,75	US$ 2,52
Dividendos por ação	US$ 0,80	US$ 0,80
Número de ações em circulação (milhões)	100	100

TABELA 18E Dados selecionados nas demonstrações financeiras da Dynamic Communication (em milhões de US$, exceto para os dados das ações)

	2011	2010	2009
Total de receitas	US$ 3.175	US$ 3.075	US$ 3.000
Lucro operacional (Ebit)	495	448	433
Despesa de juros	104	101	99
Lucro líquido	US$ 235	US$ 208	US$ 200
Dividendos por ação	US$ 0,80	US$ 0,80	US$ 0,80
Total de ativos	US$ 3.625	US$ 3.414	US$ 3.230
Dívida de longo prazo	US$ 1.750	US$ 1.700	US$ 1.650
Total de patrimônio líquido do acionista	US$ 1.664	US$ 1.509	US$ 1.380
Número de ações em circulação (milhões)	100	100	100

6. Mike Brandreth, analista especializado no setor de eletrônicos, está preparando um relatório de pesquisa sobre a Dynamic Communication. Um colega sugere a Brandreth que ele pode determinar a taxa de crescimento de dividendos implícita do preço atual das ações da Dynamic utilizando o modelo de crescimento de Gordon. Brandreth acredita que a taxa de retorno exigida apropriada das ações da Dynamic é 8%.

    a. Suponha que o preço atual das ações da empresa, de US$ 58,49, é igual ao seu valor intrínseco. Que taxa de crescimento de dividendos sustentável esse valor implica a partir de dezembro de 2013? Utilize o modelo de desconto de dividendos de crescimento constante (isto é, o modelo de crescimento de Gordon).

    b. A administração da Dynamic indicou para Brandreth e outros analistas que a política de dividendos atual da empresa será mantida. A utilização do modelos de crescimento de Gordon para as ações ordinárias da Dynamic é apropriado ou inapropriado? Justifique sua resposta com base nas suposições do modelo de crescimento de Gordon.

7. A Peninsular Research está começando a cobrir um setor de produção que se encontra em seu estágio de maturidade. John Jones, CFA, chefe do departamento de pesquisa, obteve os seguintes dados fundamentais sobre o setor e o mercado para ajudá-lo nessa análise:

Taxa de retenção de lucros prevista do setor	40%
Retorno sobre o patrimônio previsto do setor	25%
Beta do setor	1,2
Rendimento de obrigações do governo	6%
Prêmio de risco das ações	5%

    a. Calcule o índice de preço/lucro (P_0/E_1) do setor com base nesses dados fundamentais.

    b. Jones quer analisar o quanto os índices de P/E fundamentais podem diferir entre os países. Ele coletou os seguintes dados econômicos e de mercado:

Fatores fundamentais	País A	País B
Crescimento previsto do PIB real	5%	2%
Rendimento de obrigações do governo	10%	6%
Prêmio de risco das ações	5%	4%

    Determine se cada um desses fatores fundamentais faria com que o índice de P/E ficasse normalmente mais elevado para o País A ou mais elevado para o País B.

8. A empresa de Janet Ludlow exige que todos os analistas utilizem um modelo de desconto de dividendos de dois estágios (DDM) e o modelo de precificação de ativos financeiros (CAPM) para avaliar as ações. Utilizando o CAPM e o DDM, Ludlow avaliou a QuickBrush Company em US$ 63 por ação. Agora ela precisa avaliar o preço das ações da SmileWhite Corporation.

    a. Calcule a taxa de retorno exigida para a SmileWhite utilizando as informações da tabela a seguir:

	QuickBrush	SmileWhite
Beta	1,35	1,15
Preço de mercado	US$ 45,00	US$ 30,00
Valor intrínseco	US$ 63,00	?
Notas:		
Taxa isenta de risco	4,50%	
Retorno esperado	14,50%	

    b. Ludlow estima as seguintes taxas de EPS e crescimento de dividendos para a SmileWhite:

Primeiros três anos	12% ao ano
Anos subsequentes	9% ao ano

    Estime o valor intrínseco da SmileWhite utilizando a tabela anterior e o DDM de dois estágios. O dividendo por ação no ano mais recente foi US$ 1,72.

    c. Recomende as ações da QuickBrush ou da SmileWhite para compra comparando o valor intrínseco de cada empresa com seu preço de mercado atual.

    d. Descreva um ponto forte do DDM de dois estágios em comparação com o DDM de crescimento constante. Descreva um ponto fraco inerente a todos os DDMs.

9. A Rio National Corp., maior concorrente em seu setor, é uma empresa estabelecida nos Estados Unidos. As Tabelas 18F-18I apresentam demonstrações financeiras e outras informações pertinentes sobre essa empresa. A Tabela 18J apresenta dados relevantes sobre o setor e o mercado.

    O gestor de carteira de um fundo mútuo importante faz o seguinte comentário para uma analista do fundo, Katrina Shaar: "Estamos pensando em comprar ações da Rio National Corporation. Por isso, gostaria que você analisasse o valor da empresa. Para começar, com base no desempenho passado da Rio National, é possível supor que a empresa terá a mesma taxa de crescimento do setor".

    a. Calcule o valor de uma ação da Rio National em 31 de dezembro de 2013 utilizando o modelo de crescimento constante de Gordon e o modelo de precificação de ativos financeiros.

    b. Calcule a taxa de crescimento sustentável da Rio National em 31 de dezembro de 2013. Utilize os valores do balanço patrimonial do início de 2013.

10. Com relação à avaliação das ações da Rio National Corp. (da questão anterior), Katrina Shaar pensa em utilizar o fluxo de caixa operacional (*cash from operations* – CFO) ou o fluxo de caixa livre para os acionistas (FCFE) no processo de avaliação.

a. Cite dois ajustes que Shaar deve realizar no fluxo operacional para obter o fluxo de caixa livre para os acionistas.
b. Shaar resolve calcular o FCFE da Rio National referente ao ano de 2013 começando com o lucro líquido. Determine, para cada uma das observações complementares apresentadas na Tabela 18H, se deve ser feito um ajuste no lucro líquido para calcular o fluxo de caixa livre para os acionistas da Rio National referente ao ano de 2022 e a quantia em dólares de qualquer ajuste.
c. Calcule o fluxo de caixa livre para os acionistas da Rio National referente a 2013.

TABELA 18F Resumo dos balanços patrimoniais de fim de ano da Rio National Corp. (em milhões de US$)

	2013	2012
Dinheiro	US$ 13,00	US$ 5,87
Contas a receber	30,00	27,00
Estoque	209,06	189,06
Ativos circulantes	US$ 252,06	US$ 221,93
Ativos fixos brutos	474,47	409,47
Depreciação acumulada	(154,17)	(90,00)
Ativos fixos líquidos	320,30	319,47
Total de ativos	US$ 572,36	US$ 541,40
Contas a pagar	US$ 25,05	US$ 26,05
Notas a pagar	0,00	0,00
Porção atual de dívida a longo prazo	0,00	0,00
Passivos circulantes	US$ 25,05	US$ 26,05
Dívida de longo prazo	240,00	245,00
Total de passivos	US$ 265,05	US$ 271,05
Ações ordinárias	160,00	150,00
Lucros retidos	147,31	120,35
Total de patrimônio líquido do acionista	US$ 307,31	US$ 270,35
Total de passivos e de patrimônio líquido dos acionistas	US$ 572,36	US$ 541,40

TABELA 18G Resumo da demonstração de resultados da Rio National Corp. para o ano finalizado em 31 de dezembro de 2013 (em milhões de US$)

Receita	US$ 300,80
Total de despesas operacionais	(173,74)
Lucro operacional	127,06
Ganho com venda	4,00
Lucros antes de juros, impostos, depreciação e amortização (Ebitda)	131,06
Depreciação e amortização	(71,17)
Lucros antes de juros e impostos (Ebit)	59,89
Juros	(16,80)
Despesa de imposto de renda	(12,93)
Lucro líquido	US$ 30,16

TABELA 18H Observações complementares de 2013 da Rio National Corp.

Obs. 1:	A Rio National teve um dispêndio de capital de US$ 75 milhões durante o ano.
Obs. 2:	Um equipamento que havia sido originalmente adquirido por US$ 10 milhões foi vendido por US$ 7 milhões no fim do ano, quando seu valor contábil líquido era US$ 3 milhões. As vendas de equipamento são raras na Rio National.
Obs. 3:	A diminuição da dívida de longo prazo representa um pagamento não programado do principal. Não houve nenhum novo empréstimo durante o ano.
Obs. 4:	Em janeiro de 2013, a empresa recebeu dinheiro da emissão de 400.000 ações ordinárias pelo preço de US$ 25,00 cada.
Obs. 5:	Uma nova avaliação realizada durante o ano elevou em US$ 2 milhões o valor de mercado estimado de propriedades mantidas para investimento, o que não foi reconhecido no resultado de 2013.

TABELA 18I Dados de 2013 sobre ações ordinárias da Rio National Corp.

Dividendos pagos (em milhões de US$)	US$ 3,20
Média ponderada de ações em circulação durante 2013	16.000.000
Dividendos por ação	US$ 0,20
Lucro por ação	US$ 1,89
Beta	1,80

Nota: Espera-se que o índice de pagamento de dividendos seja constante.

TABELA 18J Dados sobre o setor e o mercado em 31 de dezembro de 2013

Taxa de retorno isenta de risco	4,00%
Taxa de retorno esperada sobre o índice de mercado	9,00%
Índice de preço/lucro (P/E) médio do setor	19,90
Taxa de crescimento esperada dos lucros do setor	12,00%

11. Shaar (da questão anterior) alterou um pouco sua estimativa da taxa de crescimento dos lucros da Rio National e, utilizando o EPS normalizado (subjacente), que é ajustado a impactos temporários sobre os lucros, agora ela quer comparar o valor atual do patrimônio da Rio National com o valor do setor, ajustado ao crescimento. Algumas informações especiais sobre a Rio National e o setor são apresentadas na Tabela 18K.

Em comparação com o setor e utilizando um lucro por ação normalizado (subjacente), o patrimônio da Rio National está supervalorizado ou subvalorizado com base no preço/lucro/crescimento (PEG)? Suponha que o risco da Rio National seja semelhante ao risco do setor.

TABELA 18K Rio National Corp. *versus* setor

Rio National	
Taxa de crescimento estimada dos lucros do setor	11,00%
Preço atual das ações	US$ 25,00
EPS normalizado (subjacente) de 2011	US$ 1,71
Média ponderada de ações em circulação durante 2011	16.000.000
Setor	
Taxa de crescimento estimada dos lucros do setor	12,00%
Índice de preço/lucro (P/E) médio do setor	19,90

EXERCÍCIOS DE INVESTIMENTO NA *WEB*

Entre na página MoneyCentral Investor, em moneycentral.msn.com/investor/home.asp. Utilize a função *Research Wizard* (Assistente de Pesquisa de Ações). para obter fundamentos econômicos, histórico de preços, preço esperado, catalisadores e comparações para o Walmart (WMT). A título de comparação, utilize a Target (TGT), o BJ's Wholesale Club (BJ) e o setor.

1. Qual foi o crescimento nas vendas e nos lucros de um ano do Walmart?
2. Qual foi a margem de lucro da empresa em cinco anos? Até que ponto ela se compara com as margens de lucro de duas outras empresas e a margem de lucro do setor?
3. Qual foi a mudança percentual de preço dos últimos 3, 6 e 12 meses? Até que ponto ela se compara com as mudanças de preço das outras empresas e as mudanças de preço do setor?
4. Quais são os preços altos e baixos estimados para o Walmart para o ano seguinte com base em seu múltiplo atual de P/E?
5. Compare o desempenho de preço do Walmart com o da Target e do BJ's. Quando as empresas parecem mais caras em termos de lucros atuais? Quando as empresas parecem mais baratas em termos de lucros atuais?
6. Quais são as *classificações Stock Scouter da empresa*? Como essas classificações são interpretadas?

SOLUÇÕES PARA AS REVISÕES DE CONCEITOS

1. *a.* Rendimento de dividendos = US$ 2,15/US$ 50 = 4,3%.
   Rendimento de ganhos de capital = (59,77 – 50)/50 = 19,54%.
   Retorno total = 4,3% + 19,54% = 23,84%.
   b. k = 6% + 1,15(14% – 6%) = 15,2%.
   c. V_0 = (US$ 2,15 + US$ 59,77)/1,152 = US$ 53,75, o que ultrapassa o preço de mercado. Isso indicaria uma oportunidade de "compra".

2. *a.* $D_1/(k - g)$ = US$ 2,15/(0,152 – 0,112) = US$ 53,75.
   b. $P_1 = P_0(1 + g)$ = US$ 53,75(1,112) = US$ 59,77.
   c. O ganho de capital esperado é igual a US$ 59,77 – US$ 53,75 = US$ 6,02, para um ganho percentual de 11,2%. O rendimento de dividendos é D_1/P_0 = 2,15/53,75 = 4%, para um retorno de período de manutenção de investimento de 4% + 11,2% = 15,2%.

3. *a.* g = ROE × b = 20% × 0,60 = 12%.
   $D_1 = 0,4 \times E_1 = 0,4 \times$ US$ 5 = US$ 2.
   P_0 = US$ 2/(0,125 – 0,12) = US$ 400.
   b. Quando a empresa investe em projetos com ROE inferior a k, o preço de suas ações cai. Se b = 0,60, então g = 10% × 0,60 = 6% e P_0 = US$ 2/(0,125 – 0,06) = US$ 30,77. Em contraposição, se b = 0, P_0 = US$ 5/0,125 = US$ 40.

4. $$V_{2012} = \frac{0,78}{1,096} + \frac{0,85}{(1,096)^2} + \frac{0,92}{(1,096)^3} + \frac{1,00 + P_{2016}}{(1,096)^4}$$

   Calcule agora o preço de venda em 2016 utilizando o modelo de desconto de dividendos de crescimento constante. A taxa de crescimento será g = ROE × b = 9% × 0,75 = 6,75%.

   $$P_{2016} = \frac{1,00 \times (1 + g)}{k - g} = \frac{US\$ 1,0675}{0,096 - 0,0675} = US\$ 37,46$$

   Portanto, V_{2012} = US$ 28,77.

5. *a.* ROE = 12%.
   b = US$ 0,50/US$ 2,00 = 0,25
   g = ROE × b = 12% × 0,25 = 3%.
   $P_0 = D_1/(k - g)$ = US$ 1,50/(0,10 – 0,03) = US$ 21,43
   P_0/E_1 = US$ 21,43/US$ 2,00 = 10,71.
   b. Se b = 0,4, então 0,4 × US$ 2 = US$ 0,80 seriam reinvestidos e o restante do lucro, ou US$ 1,20, seria pago como dividendos.
   g = 12% × 0,4 = 4,8%.
   $P_0 = D_1/(k - g)$ = US$ 1,20/(0,10 – 0,048) = US$ 23,08
   P_0/E_1 = US$ 23,08/US$ 2,00 = 11,54

19
Análise de demonstrações financeiras

NO CAPÍTULO ANTERIOR, analisamos as técnicas de avaliação patrimonial. Essas técnicas utilizam como base os dividendos e as perspectivas de lucro da empresa. Embora o analista de avaliação esteja interessado nos fluxos de lucro econômico da empresa, ele só tem acesso imediato aos dados de contabilidade financeira. O que podemos extrair dos dados contábeis de uma empresa que possa nos ajudar a estimar o valor intrínseco das ações ordinárias? Neste capítulo, mostramos como os investidores podem utilizar os dados financeiros como base na análise de valor das ações. Começamos com uma revisão das fontes básicas de dados desse tipo: a demonstração de resultados, o balanço patrimonial e a demonstração de fluxos de caixa. Em seguida, enfatizamos a diferença entre lucro econômico e lucro contábil. Embora o lucro econômico seja mais importante para a finalidade de avaliação, ele só pode ser estimado. Portanto, na prática, os analistas sempre iniciam a avaliação da empresa utilizando dados contábeis. Mostramos como os analistas utilizam os índices financeiros para investigar as fontes de lucratividade de uma empresa e avaliar sistematicamente a "qualidade" de seus lucros. Examinamos também o impacto da política de dívida sobre vários índices financeiros.

Por fim, apresentamos uma discussão sobre as dificuldades que você encontrará ao utilizar a análise de demonstrações financeiras como ferramenta para encontrar títulos com erro de apreçamento. Alguns desses problemas são provocados por diferenças nos procedimentos contábeis das empresas. Outros se devem a distorções que a inflação provoca nos dados contábeis.

19.1 As principais demonstrações financeiras

Demonstração de resultados

A **demonstração de resultados** é um resumo da lucratividade da empresa ao longo de um período – por exemplo, um ano. Ela apresenta as receitas geradas durante o período operacional, as despesas incorridas durante esse mesmo período e as receitas ou lucros líquidos da empresa, que são simplesmente a diferença entre receitas e despesas.

É favorável distinguir quatro classes gerais de despesas: custo das mercadorias vendidas, que é o custo direto atribuível à fabricação do produto vendido pela empresa; despesas gerais e administrativas, que correspondem a despesas indiretas, salários, propaganda e outros custos operacionais da empresa que não são diretamente atribuíveis à produção; despesa de juros sobre a dívida da empresa; e impostos sobre lucros devidos aos governos federal e estadual.

A Tabela 19.1 apresenta a demonstração de resultados da Home Depot (HD). Na parte superior encontram-se as receitas operacionais da empresa. Em seguida vêm as despesas operacionais, os custos incorridos ao longo do período em que essas despesas foram geradas, incluindo uma provisão para depreciação. A diferença entre receitas operacionais e custos operacionais é denominada *lucro operacional*. Os lucros ou despesas gerados por outras fontes, principalmente não recorrentes, são somados ou subtraídos para obter o lucro antes de juros e impostos (*earnings before interest and taxes* – Ebit), que é o que a empresa teria obtido se não

TABELA 19.1 Demonstração de resultados consolidada da Home Depot

	Milhões de US$	Porcentagem da receita
Receitas operacionais		
Vendas líquidas	70.395	100,0
Despesas operacionais		
Custo das mercadorias vendidas	46.133	65,5
Despesas de vendas, gerais e administrativas	14.346	20,4
Outros	1.560	2,2
Depreciação	1.682	2,4
Lucro antes de juros e impostos	6.674	9,5
Despesa de juros	606	0,9
Lucro tributável	6.068	8,6
Impostos	2.185	3,1
Lucro líquido	3.883	5,5
Alocação do lucro líquido		
Dividendos	1.632	2,3
Acréscimo aos lucros retidos	2.251	3,2

Nota: A soma das colunas está sujeita a erros de arredondamento.
Fonte: Relatório Anual da Home Depot, ano finalizado em janeiro de 2012.

fossem as obrigações com seus credores e com as autoridades fiscais. O Ebit é uma medida da lucratividade das operações da empresa em que se ignora qualquer carga de juros atribuível ao financiamento da dívida. Portanto, a demonstração de resultados subtrai a despesa de juros do Ebit para encontrar o lucro tributável. Por fim, o imposto de renda devido ao governo é subtraído para encontrar o lucro líquido, o "resultado final" da demonstração de resultados.

Além disso, os analistas normalmente preparam uma *demonstração de resultados de tamanho comum*, na qual todos os itens da demonstração são expressos como uma fração da receita total. Isso facilita a comparação entre empresas de diferentes portes. A coluna da direita da Tabela 19.1 é uma demonstração de resultados de tamanho comum da Home Depot.

No capítulo anterior, vimos que os modelos de avaliação de ações exigem uma medida dos **lucros econômicos** – o fluxo de caixa sustentável que pode ser pago aos acionistas sem prejudicar a capacidade produtiva da empresa. Em contraposição, os **lucros contábeis** são afetados por várias convenções relacionadas à avaliação de ativos, como os estoques (p. ex.: método LIFO *versus* FIFO), e pela forma como algumas despesas – por exemplo, os investimentos de capital – são reconhecidas ao longo do tempo (como as despesas de depreciação). Ainda neste capítulo, analisaremos mais detalhadamente os problemas com algumas dessas convenções contábeis. Além desses problemas contábeis, à medida que a empresa passa pelo ciclo econômico, seu lucro ficará acima ou abaixo da linha de tendência que pode refletir de maneira mais precisa lucros econômicos sustentáveis. Isso gera uma complexidade ainda maior na interpretação dos dados numéricos do lucro líquido. Podemos nos perguntar o quanto os lucros contábeis aproximam-se dos lucros econômicos e, de forma correspondente, que utilidade os dados contábeis podem ter para os investidores que estão tentando avaliar uma empresa.

Na realidade, os dados sobre lucro líquido na demonstração de resultados da empresa transmitem informações consideráveis a respeito de suas perspectivas. Observamos isso no fato de os preços das ações tenderem a aumentar quando a empresa divulga lucros superiores aos que a análise de mercado ou os investidores haviam previsto.

Balanço patrimonial

Enquanto a demonstração de resultados oferece uma medida de lucratividade ao longo de um período, o **balanço patrimonial** oferece uma medida "instantânea" da situação financeira da empresa em um determinado momento. O balanço patrimonial é uma relação dos ativos e dos passivos da empresa naquele momento. A diferença entre ativos e passivos é o patrimônio líquido da empresa, também chamado de *patrimônio líquido dos acionistas* (*stockholders' equity* ou *shareholders' equity*). Assim como as demonstrações de resultados, os balanços patrimoniais têm uma apresentação razoavelmente padronizada. A Tabela 19.2 apresenta o balanço patrimonial da HD.

A primeira seção do balanço patrimonial exibe uma lista dos ativos da empresa. Os ativos circulantes são apresentados primeiro. Eles correspondem ao caixa disponível e a outros itens, como contas a receber ou estoques, que serão convertidos em caixa no prazo de um ano. Em seguida são listados os ativos de longo prazo ou "fixos". Os *ativos fixos tangíveis* são itens como prédios, equipamentos ou veículos. A HD também tem vários ativos intangíveis, como um nome respeitável e conhecimentos especializados. Contudo, em geral os contadores relutam em incluir esses ativos no balanço patrimonial, porque eles são muito difíceis de avaliar. Entretanto, quando uma empresa compra outra por um prêmio sobre seu valor contábil, essa diferença é chamada de *goodwill* e relacionada no balanço patrimonial como *ativo fixo intangível*. A HD divulga um *goodwill* de US$ 1.120 milhão.[1] A soma dos ativos circulantes e dos ativos fixos é o total de ativos, a última linha da seção de ativos no balanço patrimonial.

A seção de passivos e patrimônio líquido dos acionistas é organizada de modo semelhante. Primeiro são listados os passivos de curto prazo ou "circulantes", como as contas a pagar, os impostos provisionados e as dívidas que vencerão em um ano. Em seguida encontram-se a dívida de longo prazo e outros passivos com prazo de vencimento superior a um ano. A diferença entre o total de ativos e o total de passivos é o patrimônio líquido dos acionistas. Trata-se do patrimônio líquido ou do valor contábil da empresa. O patrimônio líquido dos acionistas é dividido em valor nominal das ações, capital integralizado adicional e lucros retidos, embora geralmente essa divisão não seja importante. Resumidamente, o valor nominal mais o capital integralizado adicional representam os lucros realizados com a venda das ações ao público, enquanto os lucros retidos representam o acúmulo de patrimônio líquido obtido com o reinvestimento dos lucros na empresa. Mesmo se a empresa não emitir novas ações, o valor contábil normalmente aumentará a cada ano em virtude dos lucros reinvestidos.

Os itens nas colunas da esquerda do balanço patrimonial na Tabela 19.2 apresentam o valor em dólares de cada ativo. Entretanto, do mesmo modo que os analistas calculam as demonstrações de resultados de tamanho comum, eles acham igualmente conveniente utilizar os *balanços patrimoniais de tamanho comum* ao comparar empresas de diferentes portes. Cada item é expresso como porcentagem dos ativos totais. Esses itens aparecem nas colunas da direita da Tabela 19.2.

Demonstração de fluxos de caixa

A demonstração de resultados e o balanço patrimonial baseiam-se em métodos contábeis provisionais, o que significa que as receitas e as despesas são reconhecidas no momento da venda, ainda que não se tenha recebido nenhum dinheiro em troca. Em contraposição, a **demonstração de fluxos de caixa** acompanha as implicações de caixa das transações. Por exemplo, se as mercadorias forem vendidas hoje, com pagamento em 60 dias, a demonstração de resultados tratará a receita como se ela tivesse sido gerada no momento da venda e o balanço patrimonial será imediatamente aumentado pelas contas a receber, mas a demonstração dos fluxos de caixa só mostrará um aumento no caixa disponível quando a fatura for paga.

A Tabela 19.3 apresenta a demonstração dos fluxos de caixa da HD. A primeira entrada listada sob "Caixa proveniente de atividades operacionais" é lucro líquido. As entradas subsequentes mudam esse número para os componentes de lucro que foram reconhecidos, mas para os quais o dinheiro ainda não foi trocado de mãos. Por exemplo, as contas a receber da HD aumentaram em US$ 170 milhões. Essa parcela de vendas foi divulgada na demonstração de resultados, mas o dinheiro ainda não havia sido recebido. Os aumentos nas contas a receber são em vigor um investimento em capital de giro e, portanto, diminuem os fluxos de caixa provenientes de atividades operacionais. De modo semelhante, aumentos nas contas a pagar significam que as despesas foram reconhecidas, mas o dinheiro ainda não saiu da empresa. Qualquer atraso no pagamento aumenta o fluxo de caixa líquido da empresa nesse período.

---

[1] Todos os anos as empresas são obrigadas a examinar se seus ativos intangíveis sofreram alguma "deterioração" (não recuperação econômica dos ativos). Se estiver evidente que o valor da empresa adquirida é inferior ao seu preço de compra, esse valor deve ser lançado como despesa. Por exemplo, em 2012 a Hewlett-Packard amortizou US$ 8,8 bilhões em sua compra inicial da empresa de *software* Autonomy Corp. em meio a acusações de que a Autonomy havia superestimado sua lucratividade antes da referida compra. A AOL Time Warner marcou um recorde quando reconheceu uma deterioração de US$ 99 bilhões em 2002 após a fusão em janeiro de 2001 da Time Warner com a AOL.

TABELA 19.2 Balanço patrimonial consolidado da Home Depot

Ativos	Milhões de US$	Porcentagem dos ativos totais	Passivos e patrimônio líquido dos acionistas	Milhões de US$	Porcentagem dos ativos totais
Ativos circulantes			Passivos circulantes		
Caixa e valores mobiliários negociáveis	1.987	4,9	Dívida com reembolso vencido	30	0,1
Contas a receber	1.245	3,1	Contas a pagar	8.199	20,2
Estoques	10.325	25,5	Outros passivos circulantes	1.147	2,8
Outros ativos circulantes	963	2,4	Total de passivos circulantes	9.376	23,1
Total de ativos circulantes	14.520	35,8			
Ativos fixos			Dívida de longo prazo	10.758	26,6
Ativos fixos tangíveis			Outros passivos de longo prazo	2.486	6,1
Propriedade, fábrica e equipamentos	24.448	60,3			
Outros ativos de longo prazo	430	1,1	Total de passivos	22.620	55,8
Total de ativos fixos tangíveis	24.878	61,4	Patrimônio líquido dos acionistas		
Ativos fixos intangíveis			Ações ordinárias e outro capital integralizado	652	1,6
Goodwill	1.120	2,8	Lucros retidos	17.246	42,6
Total de ativos fixos	25.998	64,2	Total de patrimônio líquido do acionista	17.898	44,2
Total de ativos	40.518	100,0	Total de passivos e de patrimônio líquido dos acionistas	40.518	100,0

Nota: A soma das colunas está sujeita a erros de arredondamento.
Fonte: Relatório Anual da Home Depot, ano finalizado em janeiro de 2012.

Outra grande diferença entre a demonstração de resultados e a demonstração de fluxos de caixa refere-se à depreciação, que é um acréscimo importante ao lucro na seção de ajuste da demonstração de fluxos de caixa na Tabela 19.3. A demonstração de resultados tenta "uniformizar" os grandes dispêndios de capital ao longo do tempo. A despesa de depreciação é uma maneira de fazer isso na demonstração de resultados, quando se reconhecem esses dispêndios durante um período de vários anos, e não no período específico da compra. Em contraposição, a demonstração de fluxos de caixa reconhece a dedução de caixa de um dispêndio de capital no momento em que

TABELA 19.3 Demonstração de fluxos de caixa da Home Depot

	Milhões de US$
Caixa proveniente de atividades operacionais	
Lucro líquido	3.883
Ajuste ao lucro líquido	
Depreciação	1.682
Mudanças no capital de giro	
Redução (aumento) em contas a receber	(170)
Redução (aumento) em estoques	256
Aumento (redução) em outros passivos circulantes	405
Mudanças decorrentes de outras atividades operacionais	595
Total de ajustes	2.768
Caixa proveniente de atividades operacionais	6.651
Fluxos de caixa de investimentos	
Investimento bruto em ativos fixos tangíveis	(1.221)
Investimentos em outros ativos	92
Caixa proveniente de (usado por) investimentos	(1.129)
Caixa proveniente de (usado por) atividades de financiamento	
Aumento (redução) da dívida de longo prazo	966
Emissões líquidas (recompras) de ações	(3.164)
Dividendos	(1.632)
Outros	(218)
Caixa proveniente de (usado por) atividades de financiamento	(4.048)
Aumento líquido de caixa	1.474

Fonte: Relatório Anual da Home Depot, ano finalizado em janeiro de 2012.

ele ocorre. Portanto, ela reconsidera a "despesa" de depreciação que foi utilizada para calcular o lucro líquido e reconhece um dispêndio de capital quando ele é pago. Para isso, os fluxos de caixas são divulgados separadamente de operações, investimentos e atividades de financiamento. Dessa forma, qualquer fluxo de caixa grande, como os utilizados para investimentos importantes, pode ser reconhecido sem afetar a medida do caixa gerado pelas atividades operacionais.

A segunda seção da demonstração relaciona os fluxos de caixa das atividades de investimento. Por exemplo, a HD empregou US$ 1.221 milhão do caixa investindo em ativos fixos intangíveis. Essas entradas são investimentos nos ativos necessários para que a empresa mantenha ou aumente sua capacidade produtiva.

Por fim, a última seção da demonstração relaciona os fluxos de caixa obtidos das atividades de financiamento. A emissão de títulos contribui para fluxos de caixa positivos, enquanto a recompra ou o resgate de títulos em circulação utiliza caixa. Por exemplo, a HD gastou US$ 3.164 milhões em recompra de ações, o que é considerado uso de caixa. Os pagamentos de dividendos, US$ 1.632 milhão, também usaram caixa. No total, as atividades de financiamento da HD absorveram US$ 4.048 milhões de caixa.

Em suma, as operações da HD geraram um fluxo de caixa de US$ 6.651 milhões. Parte desse fluxo de caixa, US$ 1.129 milhão, foi utilizada para pagar novos investimentos. Outra parte, US$ 4.048 milhões, foi para pagar dividendos e liquidar títulos em circulação. Desse modo, o efetivo em caixa da HD aumentou em US$ 6.651 − US$ 1.129 − US$ 4.048 = −US$ 1.474 milhão. Isso é divulgado na última linha da Tabela 19.3.

A demonstração de fluxos de caixa fornece evidências importantes sobre o bem-estar de uma empresa. Se uma empresa não conseguir pagar seus dividendos e manter a produtividade de suas ações representativas de capital fora do fluxo de caixa operacional, por exemplo, e tiver de recorrer a empréstimos para atender a essas necessidades, isso é um sério sinal de que a longo prazo ela não conseguirá manter o nível atual de pagamento de dividendos. A demonstração de fluxos de caixa revelará a evolução desse problema quando mostrar que o fluxo de caixa operacional não é adequado e que estão sendo utilizados empréstimos para manter o pagamento de dividendos em níveis insustentáveis.

19.2 Medindo o desempenho da empresa

No Capítulo 1, ressaltamos que um dos objetivos naturais de uma empresa é maximizar o valor, mas que vários problemas de agência ou conflitos de interesses podem impedir sua concretização. Como podemos medir o desempenho de fato da empresa? Os analistas financeiros criaram uma lista maçante de índices financeiros que medem vários aspectos do desempenho de uma empresa. Entretanto, antes de nos prendermos às particularidades e perdermos a visão do todo, façamos primeiro uma pausa para considerar que tipo de índice pode estar relacionado com o objetivo máximo de agregar valor.

Duas amplas atividades são responsabilidade dos gestores financeiros de uma empresa: decisões sobre investimento e decisões sobre financiamento. As decisões sobre investimento ou orçamento de capital dizem respeito ao uso de capital da empresa: as atividades econômicas nas quais ela está envolvida. Aqui, as perguntas que desejamos responder dizem respeito à lucratividade desses projetos. Como a lucratividade deve ser medida? Até que ponto o nível de lucratividade aceitável depende do risco e do custo de oportunidade dos fundos usados para pagar os vários projetos da empresa? Em contraposição, as decisões financeiras dizem respeito às *fontes* de capital da empresa. Existe oferta suficiente de financiamento para atender às necessidades previstas de crescimento? O plano de financiamento depende demasiadamente da contratação de empréstimos? Existe liquidez suficiente para lidar com necessidades de caixa inesperadas?

Essas perguntas indicam que devemos organizar os índices que escolhemos construir de acordo com os moldes da Figura 19.1. Essa figura mostra que, ao avaliarmos as atividades de investimento de uma empresa, faremos duas perguntas: com que eficiência a empresa aplica seus ativos e qual a lucratividade de suas vendas? Por sua vez, os aspectos de eficiência e lucratividade podem ser avaliados com vários índices: normalmente, a eficiência é avaliada por meio de diversos índices

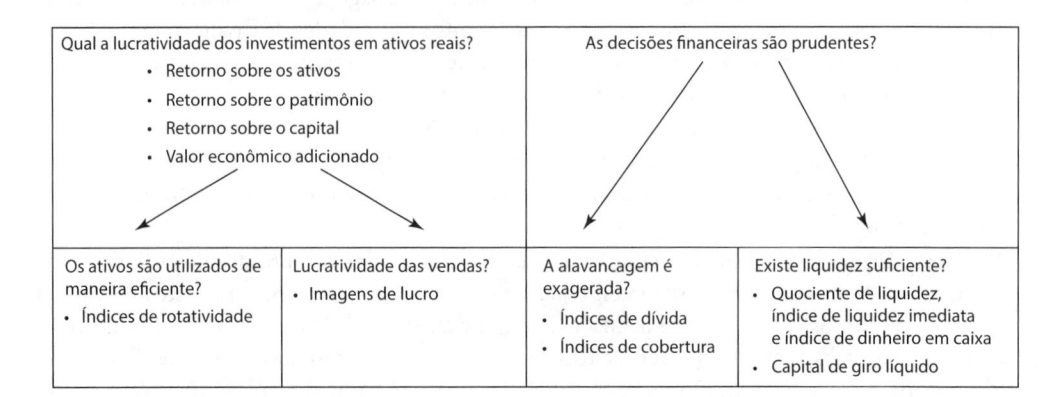

FIGURA 19.1 Perguntas financeiras importantes e alguns índices que ajudam a respondê-las

Qual a lucratividade dos investimentos em ativos reais? • Retorno sobre os ativos • Retorno sobre o patrimônio • Retorno sobre o capital • Valor econômico adicionado		As decisões financeiras são prudentes?	
Os ativos são utilizados de maneira eficiente? • Índices de rotatividade	Lucratividade das vendas? • Imagens de lucro	A alavancagem é exagerada? • Índices de dívida • Índices de cobertura	Existe liquidez suficiente? • Quociente de liquidez, índice de liquidez imediata e índice de dinheiro em caixa • Capital de giro líquido

de rotatividade, ao passo que a lucratividade das vendas em geral é avaliada com várias margens de lucro. De modo semelhante, ao avaliar decisões financeiras, examinamos a alavancagem e a liquidez, e veremos que determinados aspectos desses dois conceitos também podem ser medidos com um conjunto de estatísticas.

A seção subsequente mostra como alguns desses índices financeiros fundamentais são calculados e interpretados e em que sentido vários deles estão relacionados.

19.3 Medidas de lucratividade

Obviamente, as grandes empresas são mais lucrativas do que as menores. Portanto, a maioria das medidas de lucratividade focaliza o lucro por unidade monetária empregada. As medidas mais comuns são o retorno sobre os ativos (*return on assets* – ROA), o retorno sobre o capital (*return on capital* – ROC) e o retorno sobre o patrimônio (*return on equity* – ROE).

Retorno sobre os ativos (ROA)

O **retorno sobre os ativos (ROA)** é igual ao Ebit enquanto fração do total de ativos da empresa.[2]

$$ROA = \frac{Ebit}{Total\ de\ ativos}$$

O numerador desse índice pode ser visto como lucro operacional total da empresa. Portanto, o ROA nos indica qual foi o lucro obtido por unidade monetária empregada na empresa.

Retorno sobre o capital (ROC)

O retorno sobre o capital (ROC) expressa o Ebit enquanto fração do capital de longo prazo, o patrimônio dos acionistas mais a dívida de longo prazo. Portanto, ele nos indica qual foi o lucro obtido por unidade monetária do capital de longo prazo investido na empresa.

$$ROC = \frac{Ebit}{Capital\ de\ longo\ prazo}$$

---

[2] O ROA algumas vezes é calculado utilizando Ebit × (1 – Alíquota de imposto) no numerador. Algumas vezes ele é calculado utilizando o lucro operacional pós-impostos, isto é: Lucro líquido + Juros × (1 – Alíquota de imposto). Algumas vezes ele é até calculado utilizando apenas o lucro líquido no numerador, embora essa definição ignore todo o lucro que a empresa gerou para os investidores de dívida. Infelizmente, a definição de vários índices financeiros importantes não está totalmente padronizada.

Retorno sobre o patrimônio (ROE)

Enquanto o ROA e ROC medem a lucratividade em relação aos fundos levantados tanto pelo financiamento via empréstimos quanto pelo financiamento por emissão de ações, o **retorno sobre o patrimônio (ROE)** concentra-se apenas na lucratividade dos investimentos acionários. Isso é igual ao lucro líquido realizado pelos acionistas por unidade monetária que eles investiram na empresa.

$$ROE = \frac{\text{Lucro líquido}}{\text{Patrimônio líquido dos acionistas}}$$

Observamos no Capítulo 18 que o ROE é um dos dois fatores básicos na determinação da taxa de crescimento dos lucros de uma empresa. Algumas vezes, é razoável supor que o ROE futuro se aproximará do seu valor passado, mas um ROE alto no passado não significa necessariamente que o ROE futuro de uma empresa será alto. Entretanto, um ROE decrescente evidencia que os novos investimentos da empresa ofereceram um ROE mais baixo do que seus investimentos passados. A questão vital para um analista é não aceitar valores históricos como indicadores de valores futuros. Os dados de um passado recente podem fornecer informações sobre o desempenho futuro, mas o analista deve sempre ficar atento ao futuro. As expectativas de dividendos e lucros *futuros* determinam o valor intrínseco das ações da empresa.

Como seria de esperar, o ROA e o ROE estão vinculados. Porém, como veremos a seguir, a relação entre eles é influenciada pelas políticas financeiras da empresa.

Alavancagem financeira e ROE

O analista que estiver interpretando o comportamento passado do ROE de uma empresa ou prevendo seu valor futuro deve prestar muita atenção à combinação de dívida/patrimônio líquido e à taxa de juros sobre sua dívida. Um exemplo mostrará o motivo. Suponhamos que a Nodett seja uma empresa totalmente financiada pelo patrimônio líquido e tenha um total de ativos de US$ 100 milhões. Presumiremos que ela paga uma taxa de impostos corporativos de 40% sobre os lucros tributáveis.

A Tabela 19.4 mostra o comportamento das vendas, do lucro antes de juros e impostos e do lucro líquido sob três cenários que representam fases do ciclo econômico. Ela mostra também o comportamento de duas das medidas de lucratividade mais utilizadas: ROA operacional, que equivale a Ebit/ativos, e ROE, que equivale a lucro líquido/patrimônio líquido.

Em outros aspectos, a Somdett é uma empresa igual à Nodett, mas US$ 40 milhões de seus US$ 100 milhões de ativos são financiados com uma dívida com taxa de juros de 8%. Ela paga uma despesa de juros anual de US$ 3,2 milhões. A Tabela 19.5 mostra o quanto o ROE da Somdett é diferente do ROE da Nodett.

TABELA 19.4 Lucratividade da Nodett durante o ciclo econômico

Cenário	Vendas (milhões de US$)	Ebit (milhões de US$)	ROA (% por ano)	Lucro líquido (milhões de US$)	ROE (% por ano)
Ano ruim	80	5	5	3	3
Ano normal	100	10	10	6	6
Ano bom	120	15	15	9	9

TABELA 19.5 Impacto da alavancagem financeira sobre o ROE

		Nodett		Somdett	
Cenário	Ebit (milhões de US$)	Lucro líquido (milhões de US$)	ROE (%)	Lucro líquido* (milhões de US$)	ROE† (%)
Ano ruim	5	3	3	1,08	1,8
Ano normal	10	6	6	4,08	6,8
Ano bom	15	9	9	7,08	11,8

*Os lucros após os impostos da Somdett são dados por 0,6(Ebit − US$ 3,2 milhões).
† ROE = lucro líquido/patrimônio líquido. O patrimônio líquido da Somdett é US$ 60 milhões, apenas.

> **EXEMPLO 19.1** || Alavancagem e ROE
>
> Para mostrar como a Equação 19.1 é empregada, podemos utilizar o exemplo numérico na Tabela 19.5. Em um ano normal, a Nodett tem um ROE de 6%, que é 0,6 (isto é, 1 – alíquota de imposto) vezes seu ROA de 10%. Entretanto, a Somdett, que contrai empréstimos por uma taxa de juros de 8% e mantém um índice de dívida/patrimônio líquido de 2/3, tem um ROE de 6,8%. O cálculo por meio da Equação 19.1 é
>
> $$ROE = 0{,}6[10\% + (10\% - 8\%)\,^2/_3]$$
> $$= 0{,}6[10\% + \,^4/_3\%] = 6{,}8\%$$
>
> A questão fundamental é que a dívida maior contribuirá positivamente para o ROE de uma empresa somente se o ROA dessa empresa for superior à taxa de juros sobre a dívida.

Observe que as vendas anuais, o Ebit e portanto o ROA de ambas as empresas são os mesmos em cada um dos três cenários, ou seja, o risco empresarial das duas empresas é idêntico. Mas seu risco financeiro é diferente. Apesar de a Nodett e a Somdett terem o mesmo ROA em cada cenário, o ROE da Somdett é superior ao da Nodett em anos normais e bons e inferior em anos ruins.

Podemos resumir a relação exata entre ROE, ROA e alavancagem na seguinte equação:[3]

$$\text{ROE} = (1 - \text{Alíquota de imposto})\left[\text{ROA} + (\text{ROA} - \text{Taxa de juros})\frac{\text{Dívida}}{\text{Patrimônio líquido}}\right] \quad (19.1)$$

Essa relação tem as implicações a seguir. Se não houver dívida ou se o ROA da empresa for igual à taxa de juros sobre sua dívida, seu ROE simplesmente será igual a (1 – alíquota de imposto) × ROA. Se o ROA ultrapassar a taxa de juros, então seu ROE ultrapassará (1 – alíquota de imposto) × ROA em um valor que cresce à medida que o índice de dívida/patrimônio líquido aumenta.

Esse resultado faz sentido: se o ROA ultrapassar a taxa de empréstimo, a empresa ganhará mais sobre seu dinheiro do que pagará aos credores. Os lucros excedentes são disponibilizados aos proprietários da empresa, os acionistas, o que aumenta o ROE. Se, entretanto, o ROA for inferior à taxa de juros paga sobre a dívida, o ROE diminuirá de acordo com um valor que depende do índice de dívida/patrimônio líquido.

Observe que a alavancagem financeira aumenta o risco do retorno dos acionistas. A Tabela 19.5 mostra que o ROE da Somdett é pior do que o da Nodett nos anos ruins. Em contraposição, nos anos bons a Somdett tem um desempenho melhor do que a Nodett porque o excedente do ROA sobre o ROE oferece fundos adicionais para os acionistas. A existência de dívida faz com que o ROE da Somdett seja mais sensível ao ciclo econômico do que o da Nodett. Ainda que as duas empresas tenham o mesmo risco empresarial (refletido em seu Ebit idêntico nos três cenários), os acionistas da Somdett arcam com um risco financeiro mais alto do que os da Nodett porque todo o risco empresarial da empresa é absorvido por uma base menor de investidores acionários.

Mesmo que a alavancagem financeira aumente o ROE esperado da Somdett, em relação ao da Nodett (tal como parece indicar a Tabela 19.5), isso não significa que o preço das ações da Somdett será mais alto. A alavancagem financeira aumenta o

> **REVISÃO DE CONCEITOS 19.1**
>
> A Mordett possui os mesmos ativos que a Nodett e a Somdett, mas seu índice de dívida/patrimônio líquido é 1,0 e sua taxa de juros é 9%. Qual seria seu lucro líquido e seu ROE em um ano ruim, um ano normal e um ano bom?

---

[3] A derivação da Equação 19.1 é a seguinte:

$$\text{ROE} = \frac{\text{Lucro líquido}}{\text{Patrimônio líquido}} = \frac{\text{Ebit} - \text{Juros} - \text{Impostos}}{\text{Patrimônio líquido}} = \frac{(1 - \text{Alíquota de imposto})(\text{Ebit} - \text{Juros})}{\text{Patrimônio líquido}}$$

$$= (1 - \text{Alíquota de imposto})\left[\frac{(\text{ROA} \times \text{Ativos}) - (\text{Taxa de juros} \times \text{Dívida})}{\text{Patrimônio líquido}}\right]$$

$$= (1 - \text{Alíquota de imposto})\left[\frac{\text{ROA} \times (\text{Patrimônio líquido} + \text{Dívida})}{\text{Patrimônio líquido}} - \text{Taxa de juros} \times \frac{\text{Dívida}}{\text{Patrimônio líquido}}\right]$$

$$= (1 - \text{Alíquota de imposto})\left[\text{ROA} + (\text{ROA} - \text{Taxa de juros})\frac{\text{Dívida}}{\text{Patrimônio líquido}}\right]$$

risco patrimonial da empresa com a mesma certeza que aumenta o ROE esperado, e uma taxa de desconto mais alta contrabalançará os lucros esperados mais altos.

Valor econômico adicionado

Embora seja comum utilizar medidas de lucratividade como ROA, ROC ou ROE para avaliar o desempenho, na verdade a lucratividade não é suficiente. Uma empresa deve ser considerada bem-sucedida somente se o retorno sobre seus projetos for melhor do que a taxa que os investidores poderiam esperar obter para si mesmos (de uma maneira ajustada ao risco) no mercado de capitais. O reinvestimento de fundos na empresa aumentará o valor das ações *somente* se a empresa obtiver uma taxa de retorno mais alta sobre os fundos reinvestidos do que o custo de oportunidade do capital, isto é, a taxa de capitalização de mercado. Para considerar esse custo de oportunidade, poderíamos avaliar o sucesso da empresa utilizando a *diferença* entre o retorno sobre o capital, ROC, e o custo de oportunidade do capital, k. O **valor econômico adicionado** (*economic value added* – EVA) é a diferença entre o ROC e k, vezes o capital investido na empresa. Por isso, ele mede o valor monetário do retorno da empresa que excede seu custo de oportunidade. Outro termo para o EVA (termo este cunhado pela Stern Stewart, empresa de consultoria que promoveu sua utilização) é **lucro residual**.

A Tabela 19.6 mostra o EVA de uma pequena amostra de empresas. O EVA principal nessa amostra foi o da Microsoft. Observe que o EVA da ExxonMobil foi superior ao da Intel, apesar de uma margem consideravelmente menor entre seu ROA e o custo de capital. Isso porque a ExxonMobil aplicou sua margem em uma base de capital bem maior. No outro extremo, a AT&T obteve menos do que o custo de oportunidade do capital, o que gerou um EVA negativo.

Observe que mesmo as empresas com EVA "perdedor" na Tabela 19.6 divulgaram lucros contábeis positivos. Por exemplo, de acordo com os padrões convencionais, a AT&T era solidamente lucrativa em 2012, com um ROC de 3,9%. Mas seu custo de capital era mais alto, 4,9%. Segundo esse padrão, a AT&T não cobriu o custo de oportunidade do capital e isso gerou um EVA negativo em 2012. O EVA trata o custo de oportunidade do capital como um custo real que, como os outros custos, deve ser deduzido das receitas para obter um "resultado final" mais significativo. Uma empresa que está tendo lucro mas não está cobrindo seu custo de oportunidade deve ser capaz de realocar seu capital em aplicações mais adequadas. Por esse motivo, agora um número crescente de empresas calcula o EVA e atrela a remuneração dos gestores a ele.

EXEMPLO 19.2 ‖ Valor econômico adicionado
Em 2012, o custo médio ponderado do capital da Intel era 7,8% (com base no custo da dívida, em sua estrutura de capital, no beta de suas ações e em estimativas do modelo de precificação de ativos financeiros – CAPM – sobre o custo do capital próprio). O retorno sobre os ativos do Walmart foi 13,9%, 6,1% superior ao custo de oportunidade do capital sobre seus investimentos em instalações, equipamentos e *know-how*. Em outras palavras, cada dólar investido pelo Walmart gerou em torno de 6,1 centavos a mais do que o lucro que os investidores poderiam ter previsto ao investir em ações com risco equivalente. O Walmart obteve essa taxa de retorno superior sobre uma base de capital de US$ 56,34 bilhões. Portanto, seu valor econômico adicionado, isto é, o retorno que excede o custo de oportunidade, foi (0,139 – 0,078) × US$ 56,34 = US$ 3,44 bilhões.

TABELA 19.6 Valor econômico adicionado, 2012

	Ticker	EVA (bilhões de US$)	Capital (bilhões de US$)	ROC (%)	Custo de capital (%)
Microsoft	MSFT	4,76	81,2	14,2	8,4
ExxonMobil	XOM	3,63	179,06	9,3	7,3
Intel	INTC	3,44	56,34	13,9	7,8
GlaxoSmithKline	GSK	2,13	38,10	11,0	5,4
Google	GOOG	1,36	75,95	10,5	8,7
Home Depot	HD	1,07	28,57	11,2	7,4
Hewlett Packard	HPQ	−0,58	50,88	4,9	6,0
AT&T	T	−1,59	164,38	3,9	4,9

Fonte: Cálculo dos autores utilizando dados de finance.yahoo.com. As estimativas reais do EVA divulgadas pela Stern Stewart são diferentes dos valores apresentados na Tabela 19.6 em virtude de ajustes nos dados contábeis que envolvem questões como tratamento de despesas com pesquisa e desenvolvimento, impostos, despesas de propaganda e depreciação. O objetivo das estimativas da Tabela 19.6 é mostrar a lógica por trás do EVA, mas elas devem ser consideradas imprecisas.

19.4 Análise de índice

Decomposição do ROE

Para compreender os fatores que afetam o ROE de uma empresa, particularmente suas tendências com o passar do tempo e seu desempenho em relação aos concorrentes, os analistas com frequência o "decompõem" em uma série de índices. Cada índice componente é significativo por si só, e o processo serve para concentrar a atenção do analista nos fatores distintos que influenciam o desempenho. Esse tipo de decomposição do ROE muitas vezes é chamado de **sistema DuPont**.

Uma decomposição útil do ROE é

$$\text{ROE} = \frac{\text{Lucro líquido}}{\text{Patrimônio líquido}} = \underbrace{\frac{\text{Lucro líquido}}{\text{Lucro pré-impostos}}}_{(1)} \times \underbrace{\frac{\text{Lucro pré-impostos}}{\text{Ebit}}}_{(2)} \times \underbrace{\frac{\text{Ebit}}{\text{Vendas}}}_{(3)} \times \underbrace{\frac{\text{Vendas}}{\text{Ativos}}}_{(4)} \times \underbrace{\frac{\text{Ativos}}{\text{Patrimônio líquido}}}_{(5)} \quad (19.2)$$

A Tabela 19.7 mostra todos esses índices para as empresas Nodett e a Somdett sob três cenários econômicos diferentes. Enfatizaremos primeiramente o terceiro e o quarto fator. Observe que seu produto, Ebit/Ativos, nos oferece o ROA da empresa.

O terceiro fator é conhecido como a **margem de lucro** operacional da empresa ou o **retorno sobre as vendas** (*return on sales* – ROS), que é igual ao lucro operacional por unidade monetária de vendas. Em um ano médio, a margem da Nodett é 0,10 ou 10%; em um ano ruim, é 0,0625 ou 6,25%, e em um ano bom, 0,125 ou 12,5%.

O quarto fator, o índice de vendas/ativos totais, é conhecido como **rotatividade dos ativos totais** (ATO). Ele indica com que eficiência a empresa usa seus ativos, no sentido de que ele mede as vendas anuais geradas por cada unidade monetária de ativos. Em um ano normal, a ATO das duas empresas é 1,0 por ano, o que significa que foi gerada uma venda de US$ 1 por ano por dólar de ativos. Em um ano ruim, esse índice cai para 0,8 por ano e, em um ano bom, ele aumenta para 1,2 por ano.

Comparando a Nodett e a Somdett, observamos que o terceiro e o quarto fator não dependem da alavancagem financeira da empresa. Os índices das empresas são iguais nos três cenários. De modo semelhante, o primeiro fator, o índice de lucro líquido após os impostos em relação ao lucro pré-imposto, é o mesmo para ambas as empresas. Chamamos esse *índice de carga tributária*. Seu valor reflete o código tributário do governo e as políticas adotadas pela empresa para tentar minimizar sua carga tributária. Em nosso exemplo, ele não muda ao longo do ciclo econômico, permanecendo em 0,6.

Embora o primeiro, o terceiro e o quarto fator não sejam afetados pela estrutura de capital de uma empresa, o segundo o quinto são. O segundo fator é o índice de lucro pré-imposto em relação

TABELA 19.7 Análise de decomposição de índice para a Nodett e Somdett

	ROE	(1) Lucro Líquido/lucro pré-impostos	(2) Lucro pré-impostos/Ebit	(3) Ebit/vendas (margem)	(4) Venda/ativos (rotatividade)	(5) Ativos/patrimônio líquido	(6) Fator de alavancagem composto (2) × (5)
Ano ruim							
Nodett	0,030	0,6	1,000	0,0625	0,800	1,000	1,000
Somdett	0,018	0,6	0,360	0,0625	0,800	1,667	0,600
Ano normal							
Nodett	0,060	0,6	1,000	0,1000	1,000	1,000	1,000
Somdett	0,068	0,6	0,680	0,1000	1,000	1,667	1,134
Ano bom							
Nodett	0,090	0,6	1,000	0,1250	1,200	1,000	1,000
Somdett	0,118	0,6	0,787	0,1250	1,200	1,667	1,311

ao Ebit. Os lucros pré-impostos de uma empresa serão superiores quando não houver pagamento de juros a ser feito aos credores. Na verdade, outra maneira de expressar esse índice é

$$\frac{\text{Lucros pré-impostos}}{\text{Ebit}} = \frac{\text{Ebit} - \text{Despesa de juros}}{\text{Ebit}}$$

Chamaremos esse fator de *índice de carga de juros* (*interest-burden* – IB). Ele assume seu valor mais alto possível (1) no caso da Nodett, que não tem nenhuma alavancagem financeira. Quanto mais alto o grau de alavancagem financeira, mais baixo o índice de carga de juros. O índice da Nodett não varia durante o ciclo econômico. Ele é fixo em 1,0, indicando a ausência total de pagamento de juros. Entretanto, no caso da Somdett, como a despesa de juros é fixa em dólares, quando há variação no Ebit, o índice de carga de juros varia de um mínimo de 0,36 em um ano ruim a um máximo de 0,787 em um ano bom.

Uma estatística bastante análoga ao índice de carga de juros é o **índice de cobertura de juros** ou *times interest earned*. Esse índice é definido como

$$\text{Cobertura de juros} = \text{Ebit}/\text{Despesa de juros}$$

Um índice de cobertura alto indica que a probabilidade de falência é baixa porque os lucros anuais são significativamente mais altos do que as obrigações de juros anuais. Esse índice é amplamente utilizado tanto por concessores quanto por tomadores de empréstimo para determinar a capacidade de endividamento da empresa, além de ser um determinante importante da classificação das obrigações da empresa.

O quinto fator, o índice de ativos/patrimônio líquido, é uma medida do grau de alavancagem financeira da empresa. Ele é chamado de **índice de alavancagem** e é igual a 1 mais o índice de dívida/patrimônio líquido.[4] Em nosso exemplo numérico na Tabela 19.7, o índice de alavancagem da Nodett é 1 e o da Somdett é 1,667.

Com base em nossa discussão na Seção 19.2, sabemos que a alavancagem financeira ajuda a elevar o ROE somente se o ROA for superior à taxa de juros sobre a dívida da empresa. Como esse fato se reflete nos índices da Tabela 19.7?

A resposta é que, para avaliar o impacto total da alavancagem nessa estrutura, o analista deve considerar o produto dos índices de carga de juros e alavancagem (isto é, o segundo e o quinto fator na Tabela 19.7 mostrados como coluna 6). Para a Nodett, o sexto fator, que chamamos de *fator de alavancagem composto*, permanece constantemente em 1,0, em todos os três cenários. Contudo, no caso da Somdett, observamos que o fator de alavancagem composto é superior a 1 em anos normais (1,134) e em anos bons (1,311), o que indica uma contribuição positiva da alavancagem financeira para o ROE. O ROE é inferior a 1 em anos ruins, o que reflete o fato de que, quando o ROA fica abaixo da taxa de juros, o ROE diminui com o uso maior da dívida.

Podemos resumir todas essas relações da maneira a seguir. Da Equação 19.2,

$$\text{ROE} = \text{Carga tributária} \times \text{Carga de juros} \times \text{Margem} \times \text{Rotatividade} \times \text{Alavancagem}$$

Pelo fato de

$$\text{ROA} = \text{Margem} \times \text{Rotatividade} \quad (19.3)$$

e

$$\text{Fator de alavancagem composto} = \text{Carga de juros} \times \text{Alavancagem}$$

podemos decompor o ROE de forma equivalente da seguinte maneira:

$$\text{ROE} = \text{Carga tributária} \times \text{ROA} \times \text{Fator de alavancagem composto} \quad (19.4)$$

---

[4] $\dfrac{\text{Ativos}}{\text{Patrimônio líquido}} = \dfrac{\text{Patrimônio líquido} + \text{Dívida}}{\text{Patrimônio líquido}} = 1 + \dfrac{\text{Dívida}}{\text{Patrimônio líquido}}$

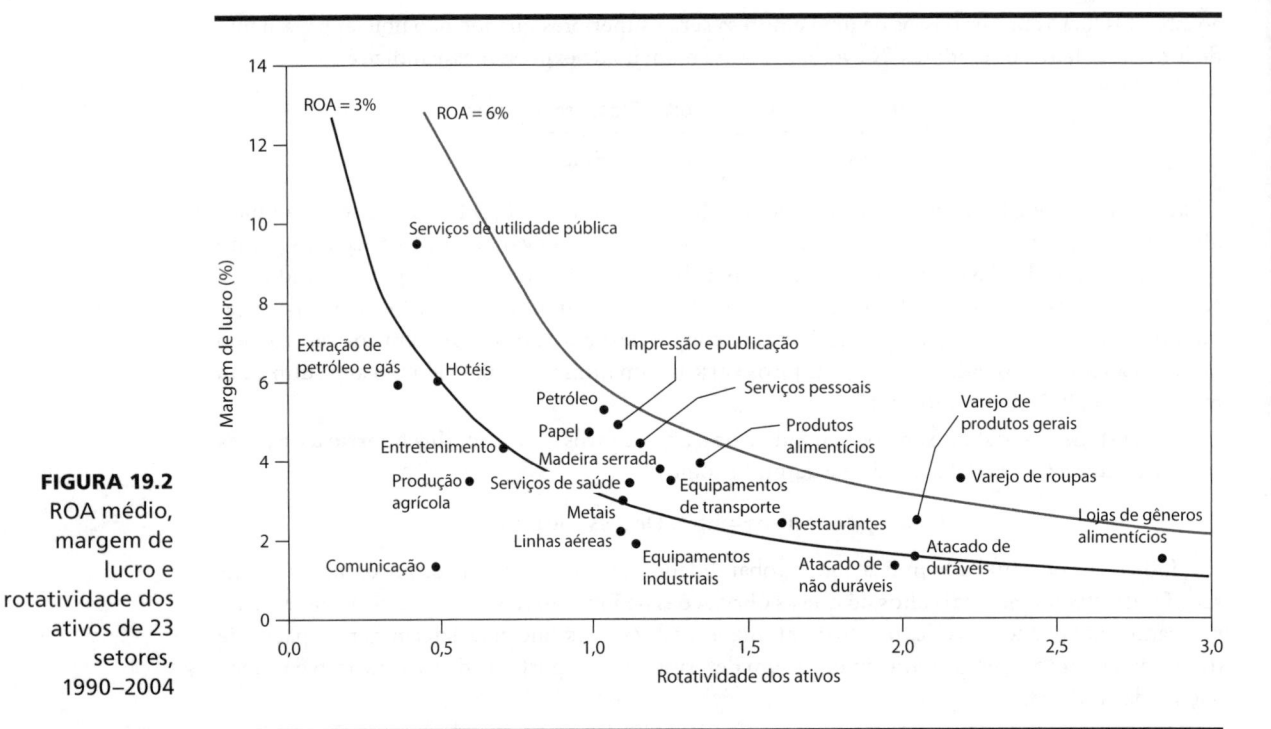

FIGURA 19.2
ROA médio, margem de lucro e rotatividade dos ativos de 23 setores, 1990–2004

Fonte: "Figura D: ROAs of Sample Firms (1977–1986)", de Thomas I. Selling e Clyde P. Stickney, "The Effects of Business Environments and Strategy on a Firm's Rate of Return on Assets". Copyright 1989. Instituto CFA, reproduzido e republicado de *Financial Analysts Journal*, janeiro-fevereiro de 1989, pp. 43–52, com permissão do Instituto CFA. Todos os direitos reservados. Atualizações com cortesia dos professores James Wahlen, Stephen Baginski e Mark Bradshaw.

A Equação 19.3 mostra que o ROA é *produto* da margem e da rotatividade. Os valores altos de um desses índices com frequência são acompanhados de valores baixos do outro. Por exemplo, o Walmart tem uma margem de lucro baixa, mas uma rotatividade alta, enquanto a Tiffany tem margens altas e rotatividade baixa. As empresas adorariam ter valores altos de margem e rotatividade, mas geralmente isso não é possível. Os varejistas cuja margem de lucro é alta sacrificarão o volume de vendas. Em contraposição, aqueles cuja rotatividade é baixa precisarão de uma margem alta apenas para se manterem viáveis. Portanto, comparar esses índices separadamente em geral é significativo apenas na avaliação de empresas que seguem estratégias semelhantes no mesmo setor. A comparação entre setores pode ser enganosa.

A Figura 19.2 mostra evidências do *trade-off* entre rotatividade e margem de lucro. Os setores com alta rotatividade, como o de gêneros alimentícios e varejo de roupas, tendem a ter margem de lucro baixa, enquanto os setores com margem alta, como o de serviços de utilidade pública, tendem a ter baixa rotatividade. As duas linhas curvas na figura delineiam combinações de rotatividade e margem que geram um ROA de 3% ou de 6%. Você pode observar que a maioria dos setores enquadra-se nesse intervalo. Por isso, o ROA entre os setores demonstra uma variação bem menor do que a rotatividade ou a margem quando ambas são consideradas separadamente.

REVISÃO DE CONCEITOS 19.2

Faça uma análise de decomposição de índice para a empresa Mordett, apresentada na "Revisão de Conceitos 19.1", preparando uma tabela semelhante à Tabela 19.7.

EXEMPLO 19.3 || Margem *versus* rotatividade

Considere duas empresas com o mesmo ROA de 10% ao ano. A primeira é uma cadeia de supermercados de desconto e a segunda é uma empresa de serviços de utilidade pública de gás e energia elétrica.

Tal como a Tabela 19.8 mostra, a cadeia de supermercados tem uma margem de lucro "baixa" de 2% e obtém um ROA de 10% fazendo a "rotatividade" de seus ativos cinco vezes ao ano. Entretanto, a empresa de serviços de utilidade pública, intensiva em capital, tem um índice de rotatividade de ativos bastante "baixo", de 0,5 vez ao ano, e obtém um ROA de 10% por meio de sua margem de lucro mais alta – 20%. A questão aqui é que uma margem "baixa" ou um "baixo" índice de rotatividade de ativos não indica necessariamente uma empresa em dificuldades. Todo índice deve ser interpretado com base nas normas do setor.

TABELA 19.8 Diferenças entre margem de lucro e rotatividade dos ativos entre setores

	Margem × ATO = ROA		
Cadeia de supermercados	2%	5,0	10%
Serviços de utilidade pública	20%	0,5	10%

Índice de rotatividade e outros índices de utilização de ativos

Para compreender o índice de vendas/ativos de uma empresa, muitas vezes é favorável calcular índices comparáveis de eficiência de utilização ou de rotatividade para subcategorias de ativos. Por exemplo, podemos pensar na rotatividade dos ativos fixos, e não dos ativos totais:

$$\text{Rotatividade dos ativos fixos} = \frac{\text{Vendas}}{\text{Ativos fixos}}$$

Esse índice mede o volume de vendas por unidade monetária do dinheiro da empresa amarrado em ativos fixos.

Para mostrar como você pode calcular esse e outros índices das demonstrações financeiras de uma empresa, tome como exemplo a Growth Industries, Inc. (GI). A demonstração de resultados histórica e os balanços de abertura e fechamento da GI referentes aos anos de 2010 a 2013 são apresentados na Tabela 19.9.

A rotatividade dos ativos totais da GI em 2013 foi 0,303, inferior à média de 0,4 do setor. Para entender melhor por que a GI teve um desempenho inferior, podemos calculamos os índices de utilização de ativos separadamente para os ativos fixos, o estoque e as contas a receber.

As vendas da GI em 2013 foram de US$ 144 milhões. Seus únicos ativos fixos eram instalações e equipamentos, que valiam US$ 216 milhões no início do ano e US$ 259,2 milhões no final desse mesmo ano. Desse modo, os ativos fixos médios do ano corresponderam a US$ 237,6 milhões [(US$ 216 milhões + US$ 259,2 milhões)/2]. A rotatividade dos ativos fixos da GI em 2013 foi US$ 144 milhões por ano/US$ 237,6 milhões = 0,606 por ano. Em outras palavras, para cada dólar de ativos fixos, houve US$ 0,606 em vendas.

TABELA 19.9 Demonstrações financeiras da Growth Industries (milhares de US$)

	2010	2011	2012	2013
Demonstração de resultados				
Receita de vendas		US$ 100.000	US$ 120.000	US$ 144.000
Custo das mercadorias vendidas (incluindo depreciação)		55.000	66.000	79.200
Depreciação		15.000	18.000	21.600
Despesas de vendas e administrativas		15.000	18.000	21.600
Lucro operacional		30.000	36.000	43.200
Despesa de juros		10.500	19.095	34.391
Lucro tributável		19.500	16.905	8.809
Imposto de renda (alíquota de 40%)		7.800	6.762	3.524
Lucro líquido		US$ 11.700	US$ 10.143	US$ 5.285
Balanço patrimonial (final de ano)				
Caixa e valores mobiliários negociáveis	US$ 50.000	US$ 60.000	US$ 72.000	US$ 86.400
Contas a receber	25.000	30.000	36.000	43.200
Estoques	75.000	90.000	108.000	129.600
Fábrica e equipamentos líquidos	150.000	180.000	216.000	259.200
Total de ativos	US$ 300.000	US$ 360.000	US$ 432.000	US$ 518.400
Contas a pagar	US$ 30.000	US$ 36.000	US$ 43.200	US$ 51.840
Dívida de curto prazo	45.000	87.300	141.957	214.432
Dívida de longo prazo (8% das obrigações com vencimento em 2025)	75.000	75.000	75.000	75.000
Total de passivos	US$ 150.000	US$ 198.300	US$ 260.157	US$ 341.272
Patrimônio líquido dos acionistas (1 milhão de ações em circulação)	US$ 150.000	US$ 161.700	US$ 171.843	US$ 177.128
Outros dados				
Preço de mercado por ação ordinária no final do ano		US$ 93,60	US$ 61,00	US$ 21,00

Números comparáveis do índice de rotatividade dos ativos fixos de 2011 e 2012 e da média do setor em 2013 são

2011	2012	2013	Média do setor em 2013
0,606	0,606	0,606	0,700

A rotatividade dos ativos fixos da GI manteve-se estável ao longo do tempo e abaixo da média do setor.

Observe que, quando um índice financeiro inclui um item da demonstração de resultados, que cobre um espaço de tempo, e outro do balanço patrimonial, que é um "instantâneo" de um determinado momento, a prática usual é considerar a média dos números do balanço patrimonial do início e do final do ano. Desse modo, ao calcularmos o índice de rotatividade dos ativos fixos, dividimos as vendas (da demonstração de resultados) pelos ativos fixos médios (do balanço patrimonial).

Outro índice de rotatividade muito utilizado é o **índice de rotatividade de estoque**, que é o índice de custo das mercadorias vendidas por unidade monetária de estoque médio. (Utilizamos o custo das mercadorias vendidas e não a receita de vendas no numerador para manter a consistência com o estoque, que é avaliado pelo custo.) Esse índice mede a velocidade do giro de estoque.

Em 2011, o custo das mercadorias vendidas (menos depreciação) da GI foi US$ 40 milhões e seu estoque médio foi US$ 82,5 milhões [(US$ 75 milhões + US$ 90 milhões)/2]. A rotatividade de estoque foi 0,485 por ano (US$ 40 milhões/US$ 82,5 milhões). Em 2012 e 2013, a rotatividade de estoque permaneceu a mesma, que era inferior à média de 0,5 ao ano do setor. Em outras palavras, a GI estava sobrecarregada com um nível mais alto de estoque por unidade monetária de vendas do que seus concorrentes. Por sua vez, esse investimento mais alto em capital de giro resultou em um nível de ativos por unidade monetária de vendas ou de lucro mais alto e em um ROA mais baixo do que os de seus concorrentes.

Outro aspecto da eficiência gira em torno da gestão de contas a receber, que frequentemente é medido por *dias de vendas em contas a receber*, isto é, o nível médio de contas a receber expresso como múltiplo das vendas diárias. Ele é calculado como a média de contas a receber/vendas × 365 e pode ser interpretado como o equivalente em dias para as vendas relacionadas às contas a receber. Você pode pensar nesse número também como a defasagem média entre a data da venda e a data em que o pagamento é recebido e, por isso, ele é igualmente chamado de **período de cobrança médio**.

Para a GI, esse número foi 100,4 dias em 2013:

$$\frac{(US\$\ 36\ \text{milhões} + US\$\ 43{,}2\ \text{milhões})/2}{US\$\ 144\ \text{milhões}} \times 365 = 100{,}4\ \text{dias}$$

A média do setor era apenas 60 dias. Essa estatística nos diz que a média de contas a receber por unidade monetária de venda da GI é superior à de seus concorrentes. Novamente, isso indica um investimento essencial mais alto em capital de giro e, por fim, um ROA mais baixo.

Em resumo, a utilização desses índices nos mostra que a baixíssima rotatividade dos ativos totais da GI em relação ao setor é provocada em parte pela rotatividade de ativos fixos e rotatividade de estoque abaixo da média e por um número de dias a receber acima da média. Isso leva a crer que a GI pode estar tendo problemas com o excesso de capacidade de fábrica e com procedimentos ineficientes de gestão de estoque e contas a receber.

Índices de liquidez

A alavancagem é uma medida de segurança da dívida de uma empresa. Os índices de dívida comparam o endividamento da empresa com medidas gerais de seus ativos e os índices de cobertura comparam diversas medidas de capacidade de gerar receita com o fluxo de caixa necessário para satisfazer as obrigações de dívida. Mas a alavancagem não é o único determinante de cautela financeira. Também desejamos saber se uma empresa consegue obter dinheiro para pagar as dívidas previstas ou arcar com as dívidas imprevistas. **Liquidez** é a capacidade de converter ativos em dinheiro de uma hora para outra. A liquidez normalmente é medida por meio do quociente de liquidez, do índice de liquidez imediata e do índice de dinheiro em caixa.

1. **Quociente de liquidez:** Ativos circulantes/passivos circulantes. Esse índice mede a capacidade de uma empresa de pagar seus passivos em circulação liquidando seus ativos em circulação (isto é, transformando-os em dinheiro). Ele indica sua capacidade de evitar uma insolvência a curto prazo. O quociente de liquidez da GI em 2011, por exemplo, era (60 + 30 + 90)/(36 + 87,3) = 1,46. Em outros anos, o quociente foi:

2011	2012	2013	Média do setor em 2013
1,46	1,17	0,97	2,0

Isso representa uma tendência temporal desfavorável e uma posição deficiente em relação ao setor. Esse padrão importuno é compreensível em vista da carga de capital de giro resultante do desempenho abaixo da média da GI em gestão de contas a receber e estoque.

2. **Índice de liquidez imediata:** (Caixa + Valores mobiliários negociáveis + Contas a receber)/Passivos circulantes. Esse índice também é chamado de **índice de liquidez seca**. Ele tem o mesmo denominador que o quociente de liquidez, mas seu numerador inclui apenas caixa, equivalentes de caixa e contas a receber. O índice de liquidez imediata é uma medida de liquidez mais adequada do que o quociente de liquidez para empresas cujos estoques não podem ser convertidos imediatamente em dinheiro. O índice de liquidez imediata da GI mostra as mesmas tendências inoportunas de seu quociente de liquidez:

2011	2012	2013	Média do setor em 2013
0,73	0,58	0,49	1,0

3. **Índice de dinheiro em caixa.** As contas a receber de uma empresa têm menor liquidez do que seus haveres em caixa e em valores mobiliários negociáveis. Portanto, além do índice de liquidez imediata, os analistas também devem calcular o índice de dinheiro em caixa de uma empresa, definido como

$$\text{Índice de dinheiro em caixa} = \frac{\text{Caixa + Valores mobiliários negociáveis}}{\text{Passivos circulantes}}$$

Os índices de dinheiro em caixa da GI são

2011	2012	2013	Média do setor em 2013
0,487	0,389	0,324	0,70

Os índices de liquidez da GI caíram consideravelmente ao longo de um período de três anos e, em 2013, suas medidas de liquidez ficaram bem abaixo da média do setor. A queda nos índices de liquidez, associada com a queda no índice de cobertura (você pode verificar que o índice de cobertura de juros também caiu nesse período), indica que sua classificação de crédito tem igualmente caído e que sem dúvida a GI é considerada um risco de crédito relativamente inadequado em 2013.

Índices de preço de mercado: crescimento *versus* valor

O **índice de preço de mercado/valor contábil** (*price/book-value* – P/B) é igual ao preço de mercado por ação ordinária da empresa dividido por seu *valor contábil*, isto é, patrimônio dos acionistas por ação. Alguns analistas consideram a ação de uma empresa com baixo preço de mercado/valor contábil um investimento "mais seguro" e veem o valor contábil como uma "base" que sustenta o preço de mercado. Presumivelmente, esses analistas consideram o valor contábil como um nível abaixo do qual o preço de mercado não cairá porque a empresa sempre tem a opção de liquidar ou vender seus ativos pelo respectivo valor contábil. Entretanto, essa visão é questionável. Na verdade, algumas empresas de fato vendem seus ativos por um valor abaixo do valor contábil. Por exemplo, em meados de 2012, as ações do Bank of America e do Citigroup estavam sendo vendidas

> **EXEMPLO 19.4 || Índice de valor de mercado/valor contábil e oportunidades de crescimento**
>
> Considere duas empresas, ambas com valor contábil por ação de US$ 10, taxa de capitalização de mercado de 15% e taxa de reinvestimento de 0,60.
>
> A Bright Prospects tem um ROE de 20%, que está bem acima da taxa de capitalização de mercado; esse ROE indica que a empresa tem amplas oportunidades de crescimento. Com ROE = 0,20, a Bright Prospects obterá US$ 2 por ação este ano. Com uma taxa de reinvestimento de 0,60, a empresa paga dividendos de $D_1 = (1 - 0,6) \times US\$ 2 = US\$ 0,80$, tem uma taxa de crescimento de $g = b \times ROE = 0,60 \times 0,20 = 0,12$ e o preço de suas ações é $D_1/(k - g) = US\$ 80/(0,15 - 0,12) = US\$ 26,67$. Seu índice de preço de mercado/valor contábil é 26,67/10 = 2,667.
>
> Em contraposição, a Past Glory tem um ROE de apenas 15%, exatamente igual à taxa de capitalização de mercado. Desse modo, ela obterá US$ 1,50 por ação este e pagará dividendos de $D_1 = 0,4 \times US\$ 1,50 = US\$ 0,60$. Sua taxa de crescimento é $g = b \times ROE = 0,60 \times 0,15 = 0,09$ e o preço de suas ações é $D_1/(k - g) = US\$ 60/(0,15 - 0,09) = US\$ 10$. Seu índice de preço de mercado/valor contábil é US$ 10/US$ 10 = 1,0. Como seria de esperar, uma empresa que obtém exatamente a taxa de retorno exigida sobre seus investimentos será vendida pelo valor contábil, e nada mais.
>
> Concluímos que o índice de preço de mercado/valor contábil é determinado em grande parte pelas perspectivas de crescimento.

por menos de 50% do valor contábil. No entanto, alguns consideram o índice de valor de mercado/valor contábil uma "margem de segurança" e, por isso, alguns analistas poderão filtrar ou rejeitar as empresas com P/B alto no momento em que estiverem escolhendo ações.

Na verdade, uma interpretação mais adequada do índice de preço de mercado/valor contábil é aquela que o considera uma medida de oportunidades de crescimento. Lembre-se de que no capítulo anterior falamos que podemos ver os dois componentes de valor de uma empresa como ativos existentes e oportunidades de crescimento. Tal como o exemplo a seguir mostra, as empresas com maiores oportunidades de crescimento tendem a exibir múltiplos mais altos de preço de mercado/valor contábil.

Outra medida utilizada para posicionar as empresas ao longo de um espectro de crescimento *versus* valor é o **índice de preço/lucro** (*price-earnings* – **P/E**). Na verdade, vimos no último capítulo que o índice de valor presente das oportunidades de crescimento em relação ao valor dos ativos existentes determina em grande medida o múltiplo de P/E. Embora as ações com baixo P/E lhe possibilitem pagar menos por unidade monetária de lucro *atual*, as ações com P/E alto ainda podem ser um melhor negócio se houver a expectativa de que os lucros crescerão rápido o suficiente.[5]

No entanto, muitos analistas acreditam que as ações com P/E baixo são mais atraentes do que as ações com P/E alto. E, na realidade, as ações com P/E baixo costumam ser investimentos com alfa positivo que utilizam o CAPM como referência de retorno. Porém, um adepto do mercado eficiente não levaria esse histórico em conta, defendendo que uma regra tão simplista na verdade não poderia gerar retornos anormais e que nesse caso talvez o CAPM não seja uma boa referência para retornos.

Seja como for, o que é importante lembrar é que a posse de ações indica o direito a lucros futuros e igualmente a lucros atuais e que, portanto, um índice de P/E alto pode muito bem ser interpretado como um sinal de que o mercado acredita que a empresa tem oportunidades de crescimento atraentes.

Antes de deixarmos os índices de P/B e P/E, vale a pena evidenciar uma relação importante entre eles.

$$\text{ROE} = \frac{\text{Lucro}}{\text{Valor contábil}} = \frac{\text{Preço de mercado}}{\text{Valor contábil}} \div \frac{\text{Preço de mercado}}{\text{Lucro}} \quad (19.5)$$

$$= \text{Índice P/B} \div \text{Índice de P/E}$$

---

[5] Contudo, lembre-se de que os índices de P/E divulgados nos jornais financeiros baseiam-se em lucros passados, ao passo que o preço é determinado pelas perspectivas de lucro futuro da empresa. Portanto, os índices de P/E divulgados podem refletir uma variação dos lucros atuais em torno de uma linha de tendência.

Reorganizando os termos, encontramos que o índice de P/E de uma empresa é igual ao seu índice de preço de mercado/valor contábil dividido pelo ROE:

$$\frac{P}{E} = \frac{P/B}{ROE}$$

Portanto, uma empresa com um índice de P/B alto pode ter um P/E relativamente baixo porque seu ROE é suficientemente alto.

Wall Street com frequência distingue entre "boas empresas" e "bons investimentos". Uma boa empresa pode ser extremamente lucrativa e ter um ROE correspondentemente alto. Porém, se o preço de suas ações elevar-se para um valor proporcional ao ROE, o índice P/B também será alto e o preço das ações pode ser um múltiplo de lucro relativamente grande, diminuindo, desse modo, sua atratividade enquanto investimento. O ROE alto de uma empresa não indica por si só que suas ações são um bom investimento. Em contraposição, as empresas com problemas e com ROE baixo podem ser bons investimentos se seu preço for baixo o suficiente.

A Tabela 19.10 resume os índices analisados nesta seção.

> **REVISÃO DE CONCEITOS 19.3**
>
> Quais foram os índices de ROE, P/E e P/B da GI em 2013? Até que ponto eles se comparam a estes índices médios do setor: ROE = 8,64%, P/E = 8 e P/B = 0,69? Até que ponto os ganhos de rendimento da GI em 2013 se comparam com a média do setor?

Escolhendo um padrão de referência

Já analisamos de que forma os principais índices financeiros são calculados. Entretanto, para avaliar o desempenho de uma determinada empresa, você precisa de uma referência comparativa para os seus índices. Uma referência óbvia é o índice da própria empresa em anos anteriores. Por exemplo, a Figura 19.3 mostra o retorno sobre os ativos, a margem de lucro e o índice de rotatividade de ativos dos últimos anos da HD. Você pode ver nessa figura que grande parte do declínio no ROA, entre 2005 e 2009, deveu-se à margem de lucro decrescente da HD. Em 2008, a margem melhorou, mas a rotatividade diminuiu, gerando uma queda ainda maior no ROA.

É também favorável comparar os índices financeiros com os de outras empresas no mesmo setor. Os índices financeiros setoriais são publicados pelo Departamento de Comércio dos Estados Unidos (consulte a Tabela 19.11), pela Dun & Bradstreet (*Industry Norms and Key Business Ratios*) e pela Associação de Gestão de Riscos ou RMA (*Annual Statement Studies*). Além disso, vários índices financeiros podem ser facilmente acessados na internet.

A Tabela 19.11 apresenta índices para uma amostra dos principais grupos setoriais para que você perceba algumas das diferenças existentes entre os setores. Você deve observar que, embora alguns índices, como o índice de rotatividade de ativos ou o índice de dívida total, sejam relativamente estáveis ao longo do tempo, outros, como o retorno sobre os ativos ou o patrimônio, serão mais sensíveis às condições econômicas do momento.

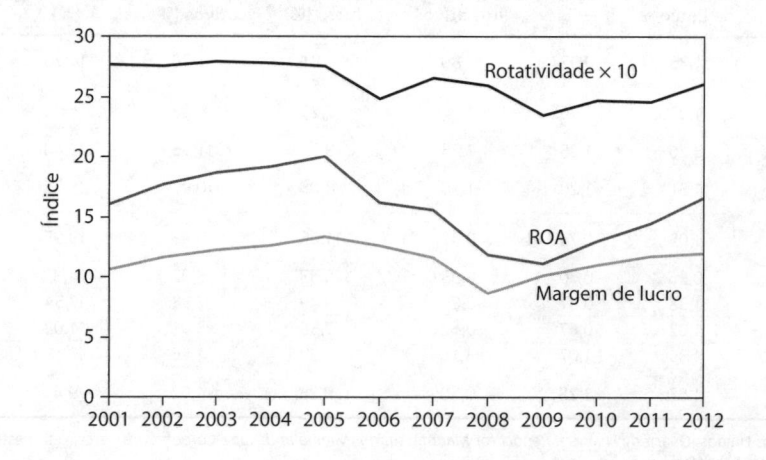

FIGURA 19.3 Decomposição DuPont para a Home Depot

TABELA 19.10 Resumo dos principais índices financeiros

Alavancagem	
Carga de juros	$\dfrac{\text{Ebit} - \text{Despesa de juros}}{\text{Ebit}}$
Cobertura de juros (*times interest earned*)	$\dfrac{\text{Ebit}}{\text{Despesa de juros}}$
Alavancagem	$\dfrac{\text{Ativos}}{\text{Patrimônio líquido}} = 1 + \dfrac{\text{Dívida}}{\text{Patrimônio líquido}}$
Fator de alavancagem composto	Carga de juros × Alavancagem
Utilização de ativos	
Rotatividade dos ativos totais	$\dfrac{\text{Vendas}}{\text{Ativos totais médios}}$
Rotatividade dos ativos	$\dfrac{\text{Vendas}}{\text{Ativos fixos médios}}$
Rotatividade de estoque	$\dfrac{\text{Custo das mercadorias vendidas}}{\text{Estoque médio}}$
Dias de vendas em contas a receber	$\dfrac{\text{Média de contas a receber}}{\text{Vendas anuais}} \times 365$
Liquidez	
Quociente de liquidez	$\dfrac{\text{Ativos circulantes}}{\text{Passivos circulantes}}$
Índice de liquidez imediata	$\dfrac{\text{Caixa} + \text{Valores mobiliários negociáveis} + \text{Contas a receber}}{\text{Passivos circulantes}}$
Índice de dinheiro em caixa	$\dfrac{\text{Caixa} + \text{Valores mobiliários negociáveis}}{\text{Passivos circulantes}}$
Lucratividade	
Retorno sobre os ativos	$\dfrac{\text{Ebit}}{\text{Ativos totais médios}}$
Retorno sobre o patrimônio	$\dfrac{\text{Lucro líquido}}{\text{Patrimônio líquido médio dos acionistas}}$
Retorno sobre as vendas (Margem de lucro)	$\dfrac{\text{Ebit}}{\text{Vendas}}$
Preço de mercado	
Preço de mercado/Valor contábil	$\dfrac{\text{Preço por ação}}{\text{Valor contábil por ação}}$
Índice de preço/lucro.	$\dfrac{\text{Preço por ação}}{\text{Lucro por ação}}$
Ganhos de rendimento	$\dfrac{\text{Lucro por ação}}{\text{Preço por ação}}$

TABELA 19.11 Índices financeiros dos principais grupos setoriais

	Dívida LP/ ativos	Cobertura de juros	Quociente de liquidez	Índice de liquidez imediata	Rotatividade dos ativos	Margem de lucro (%)	Retorno sobre os ativos (%)	Retorno sobre o patrimônio (%)	Índice de pagamento
Todos os manufaturados	0,20	4,80	1,35	0,92	0,80	7,91	6,36	14,76	0,37
Produtos alimentícios	0,28	4,64	1,32	0,76	1,14	7,25	8,23	14,00	0,32
Vestuário	0,18	7,41	2,26	1,25	1,25	9,57	11,95	23,44	0,28
Impressão/ publicação	0,40	3,50	1,51	1,20	1,36	8,08	10,97	35,35	0,27
Produtos químicos	0,26	3,33	1,05	0,74	0,47	11,65	5,43	13,95	0,46
Medicamentos	0,26	3,03	0,96	0,70	0,33	15,33	5,02	14,33	0,42
Maquinaria	0,18	5,92	1,38	0,87	0,80	9,49	7,58	17,54	0,24
Energia elétrica	0,11	4,76	1,07	0,67	0,52	7,56	3,91	11,03	0,56
Veículos a motor	0,13	4,31	1,39	1,07	1,11	3,92	4,36	13,18	0,23
Computadores e eletrônicos	0,16	5,66	1,57	1,28	0,50	9,25	4,67	9,41	0,60

Fonte: Departamento de Comércio dos Estados Unidos, *Quarterly Financial Report for Manufacturing, Mining and Trade Corporations*, terceiro trimestre de 2012. Disponível em http://www2.census.gov/econ/qfr/current/qfr_pub.pdf.

19.5 Um exemplo de análise de demonstração financeira

No relatório anual para os acionistas de 2015, a presidente da Growth Industries, Inc., escreveu: "2015 foi outro ano de sucesso para a Growth Industries. Tal como em 2014, as vendas, os ativos e o lucro operacional continuaram apresentando uma taxa de crescimento de 20%".

Ela está correta?

Podemos avaliar essa afirmação por meio de uma análise de índice completa da Growth Industries. Nosso objetivo é medir o desempenho da GI nos últimos anos, a fim de avaliar suas perspectivas futuras e determinar se seu preço de mercado reflete seu valor intrínseco.

A Tabela 19.12 mostra os principais índices financeiros que podemos calcular com base nas demonstrações financeiras da GI. A presidente certamente está correta quanto à taxa de crescimento das vendas, dos ativos e do lucro operacional. Entretanto, a inspeção dos índices financeiros básicos da GI contradiz sua primeira afirmação: 2015 foi outro ano de sucesso para a Growth Industries. Ao que parece, foi outro ano desprezível.

O ROE caiu regularmente de 7,51% em 2013 para 3,03% em 2015. Uma comparação do ROE de 2015 da GI com a média de 8,64% do setor torna a tendência temporal de depreciação particularmente alarmante. O índice de valor de mercado/valor contábil baixo e decrescente e o índice de preço/lucro decrescente indicam que os investidores estão cada vez menos otimistas com relação à lucratividade futura da empresa.

Contudo, o fato de o ROA não estar caindo nos indica que a tendência temporal de declínio no ROE da GI provavelmente está relacionada à alavancagem financeira. E vemos que, quando o índice de alavancagem da GI caiu de 2,117 em 2013 para 2,723 em 2015, seu índice de carga de juros (coluna 2) piorou, passando de 0,650 para 0,204, e o resultado final foi uma queda no fator de alavancagem composto de 1,376 para 0,556.

O rápido crescimento na dívida de curto prazo de ano para ano e o aumento simultâneo da despesa de juros (consulte a Tabela 19.9) evidenciam que, para financiar o crescimento de 20% das vendas, a GI contraiu uma dívida de curto prazo relativamente grande por uma alta taxa de juros. A empresa está pagando taxas de juros mais altas do que o ROA que ela está obtendo no investimento financiado com o novo empréstimo. À medida que a empresa se ampliou, sua situação tornou-se mais precária.

Em 2015, por exemplo, a taxa de juros média sobre dívidas de curto prazo era 20% *versus* um ROA de 9,09%. (Você pode calcular a taxa de juros sobre a dívida de curto prazo da GI utilizando os dados da Tabela 19.9 da forma a seguir. O balanço patrimonial mostra que a taxa de cupom sobre sua dívida de longo prazo era 8% e seu valor nominal era US$ 75 milhões. Portanto, os juros pagos sobre a dívida de longo prazo foi 0,08 × US$ 75 milhões = US$ 6 milhões. O total de juros pagos em 2015 foi US$ 34.391.000. Desse modo, os juros pagos sobre a dívida de curto prazo devem ter sido US$ 34.391.000 − US$ 6.000.000 = US$ 28.391.000. Isso representa 20% da dívida de curto prazo da GI no início do ano.)

Os problemas da GI tornam-se evidentes quando examinamos sua demonstração de fluxos de caixa na Tabela 19.13. Essa demonstração é deduzida dos dados da demonstração de resultados e do balanço patrimonial apresentados na Tabela 19.9. O fluxo de caixa operacional da GI exibe uma

TABELA 19.12 Índices financeiros básicos da Growth Industries, Inc.

Ano	ROE	(1) Lucro Líquido/ Lucro pré-impostos	(2) Lucro pré-impostos/ Ebit	(3) Ebit/Vendas (margem)	(4) Vendas/ Ativos (rotatividade)	(5) Ativos/ Patrimônio líquido	(6) Fator de alavancagem composto (2) × (5)	(7) ROA (3) × (4)	P/E	P/B
2013	7,51%	0,6	0,650	30%	0,303	2,117	1,376	9,09%	8	0,58
2014	6,08	0,6	0,470	30	0,303	2,375	1,116	9,09	6	0,35
2015	3,03	0,6	0,204	30	0,303	2,723	0,556	9,09	4	0,12
Média do setor	8,64	0,6	0,800	30	0,400	1,500	1,200	12,00	8	0,69

TABELA 19.13 Demonstração de fluxos de caixa da Growth Industries (milhares de US$)

	2013	2014	2015
Fluxo de caixa de atividades operacionais			
Lucro líquido	US$ 11.700	US$ 10.143	US$ 5.285
+ Depreciação	15.000	18.000	21.600
+ Redução (aumento) em contas a receber	(5.000)	(6.000)	(7.200)
+ Redução (aumento) em estoques	(15.000)	(18.000)	(21.600)
+ Redução (aumento) em contas a pagar	6.000	7.200	8.640
Caixa proveniente de atividades operacionais	US$ 12.700	US$ 11.343	US$ 6.725
Fluxos de caixa de atividades de investimento			
Investimento em fábrica e equipamentos*	US$ (45.000)	US$ (54.000)	US$ (64.800)
Fluxo de caixa de atividades de financiamento			
Dividendos pagos†	US$ 0	US$ 0	US$ 0
Dívida de curto prazo emitida	42.300	54.657	72.475
Mudança em caixa e valores mobiliários negociáveis‡	US$ 10.000	US$ 12.000	US$ 14.400

* O investimento bruto é igual ao aumento em fábrica e equipamentos líquidos mais depreciação.

† Podemos concluir que nenhum dividendo é pago porque o patrimônio líquido dos acionistas aumenta a cada ano de acordo com o montante total de lucro líquido, o que significa uma taxa de reinvestimento de 1,0.

‡ Igual ao fluxo de caixa de atividades operacionais mais o fluxo de caixa de atividades de investimento mais o fluxo de caixa de atividades de financiamento. Observe que isso é igual à mudança anual em caixa e valores mobiliários negociáveis no balanço patrimonial.

queda constante, de US$ 12.700.000 em 2013 para US$ 6.725.000 em 2015. Em contraposição, o investimento da empresa em instalações e equipamentos aumentou consideravelmente. O valor líquido de instalações e equipamentos (isto é, líquido de depreciação) aumentou de US$ 150.000.000 em 2012 para US$ 259.200.000 em 2015 (consulte a Tabela 19.9). Essa quase duplicação dos ativos financeiros tornou a diminuição do fluxo de caixa operacional ainda mais problemático.

O motivo da dificuldade é o enorme valor do empréstimo de curto prazo contraído pela GI. De certo modo, a empresa está sendo administrada como um esquema piramidal. Ela contrai cada vez mais empréstimos a cada ano para manter sua taxa de crescimento de 20% em ativos e lucro. Entretanto, os novos ativos não estão gerando fluxo de caixa suficiente para sustentar a carga de juros extra da dívida, tal como o fluxo de caixa operacional decrescente indica. Com o tempo, quando a empresa perder sua capacidade de contrair outros empréstimos, seu crescimento chegará ao fim.

A essa altura, as ações da GI podem ser um investimento atraente. Seu preço de mercado corresponde a apenas 12% de seu valor contábil e, com um índice de P/E de 4, os ganhos de rendimento equivalem a 25% ao ano. A GI é uma provável candidata à tomada de controle por outra empresa que possa substituir sua administração e construir um valor para os acionistas por meio de uma mudança radical de política.

REVISÃO DE CONCEITOS 19.4

Você tem as seguintes informações sobre a IBX Corporation, relativas a 2013 e 2015 (todos os valores em milhões de US$):

	2013	2015
Lucro líquido	US$ 253,7	US$ 239,0
Lucro pré-impostos	411,9	375,6
Ebit	517,6	403,1
Ativos médios	4.857,9	3.459,7
Vendas	6.679,3	4.537,0
Patrimônio líquido dos acionistas	2.233,3	2.347,3

Qual a tendência no ROE da IBX e de que forma você pode explicá-lo em termos de carga de juros, margem, rotatividade e alavancagem financeira?

19.6 Problemas de comparabilidade

A análise de demonstrações financeiras oferece-nos uma boa munição para avaliarmos o desempenho e as perspectivas futuras de uma empresa. Porém, comparar os resultados financeiros de diferentes empresas não é tão simples. Existe mais de um método aceitável para representar diversos itens de receita e despesa, de acordo com os princípios contábeis geralmente aceitos (*generally accepted accounting principles* – GAAP). Isso significa que as duas empresas podem ter exatamente o mesmo lucro econômico, mas um lucro contábil bastante diferente.

Além disso, interpretar o desempenho de uma única empresa ao longo do tempo é complexo quando a inflação distorce o instrumento de avaliação da moeda. Os problemas de comparabilidade são particularmente graves nesse caso porque o impacto da inflação sobre os resultados divulgados com frequência depende do método específico que a empresa adota para contabilizar estoque e depreciação. O analista de títulos deve ajustar os valores dos índices de lucro e financeiros para um padrão uniforme antes de tentar comparar os resultados financeiros entre empresas e ao longo do tempo.

Os problemas de comparabilidade podem surgir da flexibilidade das normas dos princípios contábeis geralmente aceitos quanto à contabilização de estoque e depreciação e aos ajustes contra os efeitos da inflação. Outras fontes possíveis e importantes de não comparabilidade são a capitalização de arrendamentos e de outras despesas, o tratamento dos custos de aposentadoria e pensão e provisões.

Avaliação de estoque

Duas formas de avaliação de estoque são comumente utilizadas: **LIFO** (*last-in, first-out*) e **FIFO** (*first-in, first-out*). Podemos explicar a diferença utilizando um exemplo numérico.

Suponhamos que a Generic Products, Inc. (GPI), tenha um estoque constante de 1 milhão de unidades de produtos genéricos. O estoque gira uma vez por ano, o que significa que o índice de custo das mercadorias vendidas/estoque é 1.

Como o sistema LIFO exige a avaliação de todas as unidades consumidas (1 milhão) durante o ano pelo custo atual de produção, os últimos produtos fabricados são considerados os primeiros a serem vendidos. Eles são avaliados pelo custo de hoje.

O sistema FIFO presume que as unidades consumidas ou vendidas são aquelas que foram acrescentadas ao estoque primeiro e que as mercadorias vendidas devem ser avaliadas pelo custo original.

Se o preço dos produtos genéricos se mantivesse constante – digamos, em US$ 1 –, o valor contábil do estoque e o custo das mercadorias vendidas seriam iguais, US$ 1 milhão em ambos os sistemas. Mas suponhamos que o preço dos produtos genéricos suba 10 centavos por unidade durante o ano em virtude da inflação geral.

No método contábil LIFO, o custo das mercadorias vendidas seria US$ 1,1 milhão, mas no balanço patrimonial de fim de ano o valor de 1 milhão das unidades em estoque continuaria sendo US$ 1 milhão. No balanço patrimonial, o valor do estoque é dado como o custo das mercadorias ainda em estoque. No LIFO, presume-se que os últimos produtos fabricados são vendidos pelo custo atual de US$ 1,10; os produtos remanescentes são as mercadorias produzidas anteriormente, pelo custo de apenas US$ 1. Você pode ver que, embora o método contábil LIFO avalie com precisão o custo das mercadorias vendidas hoje, ele subestima o valor atual do estoque remanescente em um ambiente inflacionário.

Em contraposição, no método contábil FIFO, o custo das mercadorias vendidas seria US$ 1 milhão e o valor do estoque no balanço patrimonial de fim de ano seria US$ 1,1 milhão. O resultado é que, na empresa que utiliza o LIFO, tanto o lucro divulgado quanto o valor do estoque no balanço patrimonial são inferiores aos da empresa que utiliza o FIFO.

O LIFO é preferível ao FIFO no cálculo de lucro econômico (isto é, fluxo de caixa sustentável real) porque ele utiliza preços atualizados para avaliar o custo das mercadorias vendidas. Entretanto, o método contábil LIFO provoca distorções no balanço patrimonial quando avalia o investimento em estoque pelo custo original. Esse procedimento gera uma distorção ascendente no ROE porque a base de investimento sobre a qual se obtém o retorno é subestimada.

Depreciação

Outra fonte de problemas é a avaliação da depreciação, que é um fator fundamental no cálculo dos lucros reais. As medidas contábil e econômica de depreciação podem diferir consideravelmente. De acordo com a definição *econômica*, depreciação é o valor do fluxo de caixa operacional de uma empresa que deve ser reinvestido na empresa para manter sua capacidade produtiva real de acordo com o nível atual.

A avaliação *contábil* é bem diferente. A depreciação contábil é o valor do custo de aquisição original de um ativo que é alocado a cada período contábil, ao longo de um tempo de vida especificado arbitrariamente para o ativo. Esse é o número divulgado nas demonstrações financeiras.

Suponhamos, por exemplo, que uma empresa compre máquinas com uma vida econômica útil de 20 anos, pelo preço de US$ 100 mil cada. Entretanto, em suas demonstrações financeiras, a empresa pode depreciar as máquinas ao longo de dez anos, por meio do método linear, lançando US$ 10 mil ao ano de depreciação para cada uma. Desse modo, após dez anos, a máquina estará totalmente depreciada nos livros contábeis, embora continue sendo um ativo produtivo que não precisará ser substituído durante os dez anos seguintes.

No cálculo de lucros contábeis, essa empresa superestimará a depreciação nos primeiros dez anos da vida econômica da máquina e a subestimará nos últimos dez anos. Isso fará com que os lucros divulgados sejam subestimados em comparação com os lucros econômicos nos primeiros dez anos e superestimados nos últimos dez anos.

Os problemas de comparabilidade da depreciação apresentam outra peculiaridade. A empresa pode utilizar diferentes métodos de depreciação por motivos tributários do que pelo motivo da divulgação em si. A maioria das empresas utiliza métodos de depreciação acelerada para finalidades tributárias e de depreciação linear nas demonstrações financeiras publicadas. Existem também diferenças entre as empresas nas estimativas de depreciação do tempo de vida de fábricas, equipamentos e outros ativos depreciáveis.

Outra complicação surge com a inflação. Como a depreciação convencional baseia-se nos custos históricos e não no custo de reposição atual dos ativos, a depreciação avaliada em períodos de inflação é subestimada em relação ao custo de reposição e o lucro econômico real (fluxo de caixa sustentável) é, correspondentemente, superestimado.

Por exemplo, suponhamos que a Generic Products, Inc., tenha uma máquina com três anos de vida útil que custa originalmente US$ 3 milhões. A depreciação linear anual será US$ 1 milhão, independentemente do que ocorrer com o custo de reposição da máquina. Suponhamos que a inflação no primeiro ano seja de 10%. Desse modo, a despesa de depreciação anual real será US$ 1,1 milhão em termos atuais, enquanto a depreciação avaliada de forma convencional se manterá fixa em US$ 1 milhão por ano. Portanto, o lucro contábil superestima o lucro econômico *real* em US$ 1,1 milhão.

Inflação e despesa de juros

Embora a inflação possa provocar distorções na avaliação de custos de estoque e depreciação de uma empresa, é provável que ela tenha um efeito ainda maior sobre as despesas de juros *reais*. As taxas de juros nominais incluem o prêmio de inflação que compensa o concessor de empréstimos pela erosão provocada pela inflação no valor real do principal. Dessa forma, da perspectiva tanto do concessor quanto do tomador de empréstimos, parte do que é convencionalmente avaliado como despesa de juros deve ser tratada mais apropriadamente como reembolso do principal.

REVISÃO DE CONCEITOS 19.5

Em um período de inflação rápida, as empresas ABC e XYZ *divulgam* o mesmo lucro. A ABC utiliza a contabilidade de estoque LIFO, possui uma quantidade relativamente menor de ativos depreciáveis e tem uma dívida superior à da XYZ. A XYZ utiliza a contabilidade de estoque FIFO. Qual empresa tem o lucro *real* mais alto e por quê?

EXEMPLO 19.5 || Inflação e lucro real

Suponhamos que a Generic Products tenha uma dívida em circulação com valor nominal de US$ 10 milhões e taxa de juros de 10% ao ano. A despesa de juros avaliada convencionalmente é US$ 1 milhão por ano. Entretanto, suponhamos que a inflação durante o ano seja 6%. Desse modo, a taxa de juros será de 4%. Portanto, US$ 0,6 milhão do que aparece como despesa de juros na demonstração de resultados na verdade é um prêmio de inflação ou uma compensação pela redução prevista no valor real de US$ 10 milhões do principal; apenas US$ 0,4 milhão corresponde a despesas de juros *reais*. A redução de US$ 0,6 milhão no poder aquisitivo do principal em circulação pode ser considerada reembolso do principal, e não despesa de juros. Portanto, o lucro real da empresa é subestimado em US$ 0,6 milhão.

A avaliação incorreta dos juros reais significa que a inflação deflaciona o cálculo do lucro real. Os efeitos da inflação sobre os valores divulgados de estoque e depreciação a respeito dos quais discutimos atuam na direção oposta.

Contabilidade de valor justo

Muitos ativos e passivos importantes não são negociados nos mercados financeiros e seu valor não é facilmente observável. Por exemplo, não podemos simplesmente consultar os valores das opções de compra de ações dos funcionários, dos benefícios de assistência médica aos funcionários aposentados ou de prédios e outros imóveis. Embora o verdadeiro *status* financeiro de uma empresa possa depender fundamentalmente desses valores, que podem oscilar de maneira significativa ao longo do tempo, a prática usual é simplesmente os avaliar com base no custo histórico. Os proponentes da **contabilidade de valor justo**, também conhecida como **contabilidade de marcação a mercado**, defendem que as demonstrações financeiras poderiam oferecer um quadro mais real da empresa se elas refletissem melhor os valores de mercado atuais de todos os ativos e passivos.

A Declaração 157 do Conselho de Normas Contábeis e Financeiras sobre a contabilidade de valor justo coloca os ativos em um de três "cestos". Os ativos do nível 1 são negociados em mercados ativos e, portanto, devem ser avaliados pelo preço de mercado. Os ativos do nível 2 não negociados ativamente, mas seu valor ainda assim pode ser estimado com base em dados observáveis do mercado sobre ativos semelhantes. Esses ativos podem ser "marcados por uma matriz" de títulos comparáveis. Os ativos do nível 3 são difíceis de avaliar. Nesse caso é difícil até mesmo identificar outros ativos suficientemente semelhantes para servir de referência de valor de mercado; é necessário recorrer a modelos de determinação de preço para estimar o valor intrínseco desses ativos. Em vez de marcados a mercado, esses valores com frequência são chamados de "marcados a modelo", embora eles sejam depreciativamente conhecidos como *mark-to-make-believe* ("marcados a faz-de-conta"), visto que as estimativas são propensas a ser manipuladas por meio da utilização criativa de *inputs* para o modelo. Desde 2012 as empresas vêm sendo obrigadas a divulgar mais informações sobre os métodos e suposições utilizados em seus modelos de avaliação e a indicar a sensibilidade de suas estimativas de avaliação a mudanças na metodologia que elas empregam.

Os críticos da contabilidade de valor justo defendem que ela se baseia demasiadamente em estimativas. Essas estimativas provavelmente poluem de maneira considerável as prestações de contas das empresas e podem provocar grande volatilidade nos lucros quando se reconhecem flutuações na avaliação dos ativos. Pior ainda, as avaliações subjetivas podem oferecer à administração um artefato tentador para manipular os lucros ou a condição financeira aparente da empresa em momentos oportunos. A título de exemplo, Bergstresser, Desai e Rauh[6] constataram que as empresas fazem suposições mais agressivas sobre o retorno dos planos de pensão com benefícios definidos (o que diminui o valor presente calculado das obrigações previdenciárias) durante períodos em que os executivos estão exercendo ativamente suas opções de compra de ações.

Um debate acalorado sobre a aplicação da contabilidade de valor justo a instituições financeiras problemáticas surgiu em 2008, quando até mesmo os valores de títulos financeiros como os *pools* de hipotecas *subprime* e os contratos de derivativos garantidos por esses *pools* começaram a ser questionados no momento em que a negociação desses instrumentos secou. Sem mercados em bom funcionamento, estimar (muito menos observar) era, na melhor das hipóteses, uma prática duvidosa. Em 2012, por exemplo, os funcionários do Credit Suisse foram condenados por superestimar intencionalmente o valor de obrigações hipotecárias pouco negociadas para melhorar a lucratividade aparente de suas atividades de negociação durante a crise financeira.

Muitos observadores acham que a contabilidade de marcação a mercado exacerbou o colapso financeiro ao forçar os bancos a depreciar exageradamente o valor dos ativos; outros acreditam que não marcar seria equivalente a ignorar intencionalmente a realidade e abdicar da responsabilidade de reparar os problemas nos bancos à beira da insolvência ou já insolventes. O quadro "Realidade em Destaque" fala sobre esse debate.

---

[6] D. Bergstresser, M. Desai e J. Rauh, "Earnings Manipulation, Pension Assumptions, and Managerial Investment Decisions", *Quarterly Journal of Economics*, 121, 2006, pp. 157–195.

DESTAQUE DA REALIDADE

CONTABILIDADE DE MARCAÇÃO A MERCADO: CURA OU DOENÇA?

Quando os bancos e outras instituições que mantinham títulos garantidos por hipotecas reavaliaram suas carteiras ao longo de 2008, seu patrimônio líquido caiu simultaneamente com o valor desses títulos. Os prejuízos sobre esses títulos foram suficientemente árduos, mas seus efeitos indiretos não fizeram outra coisa senão aumentar a aflição dos bancos. Por exemplo, os bancos são obrigados a manter níveis adequados de capital em relação aos ativos. Se as reservas de capital diminuírem, um banco pode ser forçado a retrair até que seu capital remanescente torne-se novamente adequado em relação à sua base de ativos. Porém, essa contratação pode exigir que o banco diminua a concessão de empréstimos, restringindo o acesso a crédito para seus clientes. Além disso, pode exigir a venda de ativos. E se vários bancos tentarem diminuir suas carteiras de uma só vez, ondas de vendas forçadas podem pressionar ainda mais os preços, provocando depreciações e reduções adicionais no capital, em um ciclo que se autoalimenta. Por esse motivo, os crucials da contabilidade de marcação a mercado sustentam que ela exacerbou os problemas de uma economia já cambaleante.

Entretanto, os defensores argumentam que os crucials confundem a mensagem com o mensageiro. A contabilidade de marcação a mercado torna transparentes os prejuízos que já ocorreram, mas não os provoca. Os crucials retrucam que, quando os mercados estão instáveis, os preços de mercado podem ser duvidosos. Se a atividade de negociação entrar em dissolução, e os ativos só puderem ser vendidos por preços de liquidação, esses preços podem deixar de ser indicativos de um valor fundamental. Os mercados não podem ser eficientes se não estiverem nem mesmo funcionando. Na confusão em torno das hipotecas inadimplentes que vergaram as carteiras bancárias, uma das primeiras propostas de Henry Paulson, então secretário do Tesouro dos Estados Unidos, foi de que o governo comprasse os ativos ruins por preços de "manutenção até o vencimento" com base em estimativas do valor intrínseco em um mercado de funcionamento normal. Com esse espírito, o Conselho de Normas Contábeis e Financeiras aprovou novas diretrizes em 2009 para permitir uma avaliação com base em uma estimativa do preço que prevaleceria em um mercado ordenado, em vez daquela que poderia ser recebida em uma liquidação forçada.

As exigências para evitar a depreciação podem ser vistas mais apropriadamente como uma indulgência regulamentar sutilmente velada. Os reguladores sabem que houve prejuízos e que o capital enfraqueceu. Contudo, ao permitir que as empresas registrem os ativos em seus livros contábeis por preços de modelo e não por preços de mercado, as desagradáveis consequências desse fato para a adequação de capital podem ser educadamente ignoradas durante certo tempo. Todavia, se o objetivo é evitar vendas forçadas em um mercado aflito, a transparência pode ser a melhor política. É melhor reconhecer os prejuízos e mudar explicitamente as regulamentações de capital para ajudar as instituições a recuperar sua posição segura em uma economia difícil do que lidar com isso ignorando os prejuízos. Afinal de contas, por que ter o trabalho de preparar demonstrações financeiras se elas têm permissão para encobrir a verdadeira condição da empresa?

Antes de abandonar a contabilidade de valor justo, seria prudente considerar a alternativa. A tradicional contabilidade de custos históricos, que autorizaria as empresas a registrar os ativos nos livros contábeis pelo preço de compra original, tem menos motivo ainda para recomendar isso. Isso deixaria os investidores sem uma percepção precisa sobre a condição de instituições instáveis e, ao mesmo tempo, atenuaria a pressão sobre essas empresas para que deixem a casa em ordem. Para lidar com os prejuízos, com certeza é necessário primeiro reconhecê-los.

Qualidade dos lucros e práticas contábeis

Muitas empresas farão opções contábeis que apresentem suas demonstrações financeiras da melhor maneira possível. As diferentes opções que as empresas fazem geram os problemas de comparabilidade sobre os quais discutimos. Em consequência disso, as demonstrações de lucro de diferentes empresas podem ser apresentações mais ou menos promissoras de lucros econômicos reais – fluxo de caixa sustentável que pode ser pago aos acionistas sem prejudicar a capacidade produtiva da empresa. Normalmente, os analistas avaliam a **qualidade dos lucros** divulgados pela empresa. Esse conceito refere-se à veracidade ou ao conservantismo dos valores apresentados; em outras palavras, a até que ponto poderíamos supor que o nível de lucro divulgado é sustentável.

Veja alguns exemplos de fatores que influenciam a qualidade dos lucros:

- *Provisões para dívidas irrecuperáveis.* A maioria das empresas vende produtos utilizando crédito comercial e, por isso, elas precisam fazer provisões para dívidas irrecuperáveis. Uma provisão impraticavelmente baixa diminui a qualidade dos lucros divulgados.

- *Itens não recorrentes.* Alguns itens que afetam os lucros não devem ser considerados recorrentes. Esses itens incluem venda de ativos, efeitos de mudanças contábeis, efeitos de oscilações na taxa de câmbio ou lucro proveniente de investimentos incomuns. Por exemplo, em anos de grande retorno do mercado acionário, algumas empresas desfrutam de excelentes ganhos de capital sobre os títulos mantidos. Isso contribui para os lucros do respectivo ano, mas não devemos supor que isso se repetirá regularmente. Esses ganhos deveriam ser considerados um componente de lucro de "baixa qualidade". De modo semelhante, os ganhos de investimento em planos de pensão corporativos geram contribuições significativas mas ocasionais para os lucros divulgados.

- *Nivelamento de resultados.* Em 2003, a Freddie Mac foi alvo de um escândalo contábil quando veio à tona ela havia reclassificado indevidamente as hipotecas mantidas em sua carteira a fim de *reduzir* os lucros atuais. Por que ela teria tomado essas medidas? Porque posteriormente, se os lucros diminuíssem, a Freddie poderia "liberar" esses lucros por meio da reversão dessas transações e, portanto, criar a aparência de crescimento invariável nos lucros. Aliás, até um pouco antes de seu colapso repentino em 2008, o apelido da Freddie Mac em Wall Street era "Steady Freddie". Da mesma forma, nos quatro trimestres finalizados em outubro de 2012, os quatro maiores bancos americanos liberaram US$ 18,2 bilhões em reservas, o que respondeu por cerca de um quarto de sua renda pré-impostos.[7] Sem dúvida, esses "lucros" não são sustentáveis a longo prazo e, por isso, devem ser considerados de baixa qualidade.

- *Reconhecimento de receita.* De acordo com os princípios contábeis geralmente aceitos, uma empresa tem permissão para reconhecer uma venda antes de ela ser paga. É por isso que as empresas têm contas a receber. Porém, às vezes pode ser difícil saber quando se deve reconhecer uma venda. Por exemplo, suponhamos que uma empresa de computadores assine um contrato para fornecer produtos e serviços ao longo de um período de cinco anos. A receita projetada deve ser lançada imediatamente ou distribuída ao longo de cinco anos? Uma versão mais radical desse problema é chamada de *channel stuffing* ("saturação de canal"), em que as empresas "vendem" grande quantidade de produtos aos clientes, mas lhes concedem o direito de posteriormente recusar a entrega ou devolver o produto. A receita da "venda" é lançada imediatamente, mas as prováveis devoluções só são reconhecidas quando ocorrem (em um período contábil futuro). A Hewlett-Packard defendeu em 2012 que foi levada a pagar a mais pela aquisição da Autonomy Corp. quando a Autonomy aumentou irrealmente seu desempenho financeiro por meio da saturação de canal. Por exemplo, aparentemente a Autonomy vendeu *softwares* avaliados em mais de £ 4 bilhões para o Tikit Group; ela registrou toda a negociação como receita, mas ela só seria paga quando a Tikit de fato vendesse os *softwares* aos seus clientes.[8] Portanto, um valor correspondente a vários anos de vendas futuras não concluídas foi reconhecido em 2010.

  Se você perceber que as contas a receber estão crescendo bem mais rapidamente do que as vendas ou se tornando uma porcentagem maior dos ativos totais, tome cuidado com esses procedimentos. Em vista da ampla margem de manobra que as empresas têm para reconhecer receitas, muitos analistas preferem, em vez disso, concentrar-se no fluxo de caixa, que é bem mais difícil de ser manipulado por uma empresa.

- *Ativos e passivos fora do balanço patrimonial.* Suponhamos que uma empresa afiance a dívida em circulação de outra empresa, talvez uma empresa na qual ela tenha participação no capital. Essa obrigação deve ser divulgada como um *passivo contingente* porque ela pode exigir pagamentos mais adiante. Contudo, essas obrigações talvez não sejam divulgadas como parte da dívida em circulação da empresa. De modo semelhante, pode-se utilizar o *leasing* para gerenciar os ativos e passivos fora do balanço patrimonial. As companhias aéreas, por exemplo, talvez não tenham nenhuma aeronave em seu balanço patrimonial, mas podem ter *leasing* de longo prazo praticamente equivalente à propriedade financiada por dívida. Porém, se o *leasing* for considerado operacional e não de capital, ele pode parecer apenas como nota de rodapé nas demonstrações financeiras.

Convenções contábeis internacionais

Os exemplos anteriores mostram alguns dos problemas com os quais os analistas se deparam quando estão tentando interpretar dados financeiros. Problemas ainda maiores surgem na

---

[7] Michael Rapoport, "Bank Profit Spigot to Draw Scrutiny", *The Wall Street Journal*, 11 de outubro de 2012.

[8] Ben Worthen, Paul Sonne e Justin Scheck, "Long Before H-P Deal, Autonomy's Red Flags", *The Wall Street Journal*, 26 de novembro de 2012.

interpretação da demonstração financeira de empresas estrangeiras. Isso porque essas empresas não seguem as normas dos princípios contábeis geralmente aceitos. As práticas contábeis de vários países diferem em maior ou menor grau das normas contábeis dos Estados Unidos. Veja algumas das principais questões que você deve observar ao utilizar demonstrações financeiras de empresas estrangeiras.

- *Práticas de provisionamento*. Muitos países concedem às empresas uma liberdade de ação consideravelmente maior em relação a provisões para futuras eventualidades, em comparação ao que é usual nos Estados Unidos. Como o aumento de provisões gera encargos sobre o lucro, os lucros divulgados estão bem mais sujeitos a critérios gerenciais do que nos Estados Unidos.

- *Depreciação*. Nos Estados Unidos, normalmente as empresas mantêm contas distintas para finalidades tributárias e de divulgação. Por exemplo, a depreciação acelerada normalmente é utilizada para finalidades fiscais, enquanto a depreciação linear é utilizada para finalidades de divulgação. Em contraposição, a maioria dos outros países não permite duas contas e a maior parte das empresas utiliza a depreciação acelerada para minimizar os impostos, ainda que ela diminua os lucros divulgados. Desse modo, os lucros divulgados pelas empresas estrangeiras são menores do que seriam se as empresas pudessem adotar o procedimento utilizado nos Estados Unidos.

- *Intangíveis*. O tratamento de intangíveis como o *goodwill* pode variar amplamente. Eles são amortizados ou considerados uma despesa? Se amortizados, o são ao longo de quanto tempo? Essas questões podem ter grande impacto sobre os lucros divulgados.

O efeito das diferentes práticas contábeis pode ser considerável. A Figura 19.4 compara os índices de P/E em diferentes países como divulgados e reexpressos em uma base comum. Embora os múltiplos de P/E tenham mudado consideravelmente desde a época em que esse estudo foi publicado, esses resultados mostram o grande impacto que as diferenças nas regras contábeis podem ter sobre esses índices.

Algumas das diferenças entre as normas contábeis dos Estados Unidos e da Europa surgem de diferentes filosofias relacionadas à regulamentação da prática contábil. Nos Estados Unidos, a contabilidade GAAP "baseia-se em regras" detalhadas, explícitas e amplas que regulamentam praticamente qualquer circunstância que pode ser prevista. Em contraposição, as **normas internacionais de divulgação financeira** (*international financial reporting standards* – IFRS), utilizadas na União Europeia (UE), "baseiam-se em princípios" e especificam posturas para a preparação das demonstrações financeiras. Embora as regras da UE sejam mais flexíveis, as empresas devem estar preparadas para demonstrar que suas opções contábeis são coerentes com os princípios das IFRS.

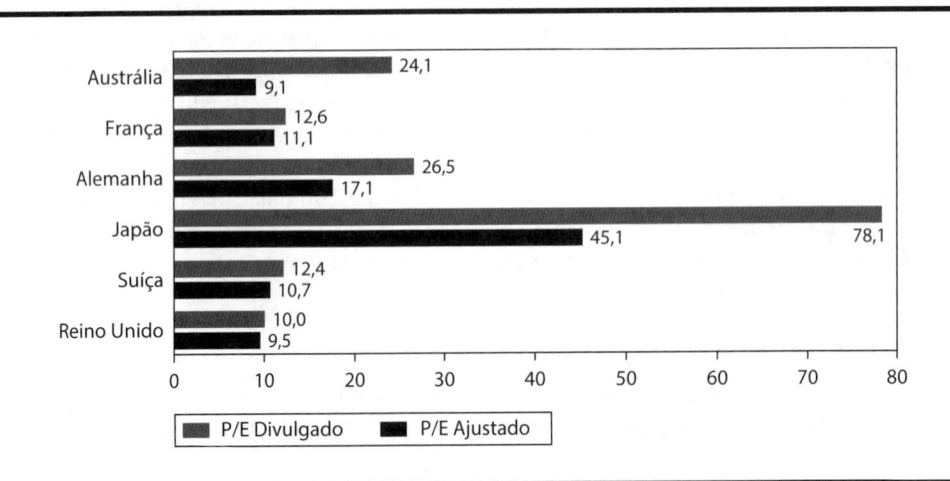

FIGURA 19.4
Índices de preço/lucro ajustados *versus* divulgados

País	P/E Divulgado	P/E Ajustado
Austrália	24,1	9,1
França	12,6	11,1
Alemanha	26,5	17,1
Japão	78,1	45,1
Suíça	12,4	10,7
Reino Unido	10,0	9,5

Fonte: "Figure J: Adjusted *versus* Reported Price/Earnings Ratio", de Lawrence S. Speidell e Vinod Bavishi, "GAAP Arbitrage: Valuation Opportunities in International Accounting Standards", *Financial Analysts Journal*, novembro-dezembro de 1992, pp. 58–66. Copyright 1992, Instituto CFA. Dados reproduzidos e republicados de *Financial Analysts' Journal* com permissão do Instituto CFA.

Essas normas parecem estar prestes a se tornar padrões globais, mesmo fora da UE. Em 2008, mais de 100 países as adotaram, e elas estão avançando até mesmo nos Estados Unidos. Em novembro de 2007, a SEC passou a permitir que as empresas estrangeiras emitam títulos nos Estados Unidos se suas demonstrações financeiras forem preparadas de acordo com as IFRS. Em 2008, a SEC foi ainda mais longe ao propor que as empresas multinacionais nos Estados Unidos tivessem permissão para divulgar lucros utilizando as IFRS a partir de 2010, em vez de a contabilidade GAAP. Uma integração final entre as regras americanas e as IFRS há muito tempo é esperada, mas é sempre postergada. Entretanto, mesmo sem a adoção formal das IFRS, a opinião predominante é de que os Estados Unidos continuarão a mudar os GAAPs com o passar do tempo para se conformar cada vez mais com as IFRS. O objetivo é tornar as demonstrações financeiras transnacionais mais coerentes e comparáveis, melhorando, desse modo, a qualidade das informações disponíveis aos investidores.

19.7 Investimento em valor: a técnica de Graham

Nenhuma apresentação de uma análise fundamentalista de títulos seria completa sem uma discussão sobre as ideias de Benjamin Graham, o mais importante dos "gurus" do investimento. Até o desenvolvimento da teoria moderna de carteiras na última metade do século XX, Graham era o mais importante pensador, escritor e professor na área de análise de investimentos. Sua influência sobre os profissionais de investimento continua extremamente forte.

A obra-prima de Graham é *Security Analysis* (Análise de Títulos), escrito com o professor de Columbia David Dodd em 1934. Sua mensagem é semelhante às ideias apresentadas neste capítulo. Graham acreditava que a análise cuidadosa das demonstrações financeiras de uma empresa permitiria encontrar ações com preços vantajosos. Ao longo dos anos, ele desenvolveu diversas regras diferentes para determinar os índices financeiros mais importantes e os valores fundamentais para avaliar se uma ação está subvalorizada. Por meio de várias edições, o livro de Graham tem sido tão influente e bem-sucedido, que a ampla adoção de suas técnicas acabou eliminando as próprias barganhas que elas buscam identificar.

Em um seminário realizado em 1976 Graham afirmou:[9]

> Não sou mais um defensor de técnicas elaboradas de análise de títulos para encontrar melhores oportunidades de valor. Pode-se dizer que essa atividade era gratificante há quarenta anos, quando nosso livro "Graham e Dodd" foi publicado pela primeira vez; mas essa situação mudou muito de lá para cá. Antigamente, qualquer analista de títulos com uma boa formação conseguia realizar um bom trabalho profissional no sentido de escolher emissões subvalorizadas por meio de estudos detalhados; porém, em vista da enorme quantidade de pesquisas hoje em andamento, duvido que na maioria dos casos essas iniciativas tão amplas possam gerar opções suficientemente superiores para justificar seu custo. Apenas por isso estou do lado da escola de pensamento do "mercado eficiente" hoje geralmente aceita pelos professores.

No entanto, nesse mesmo seminário, Graham propôs um método para identificar ações com preços vantajosos:

> Minha primeira técnica, mais limitada, restringe-se à compra de ações ordinárias com um preço inferior ao seu valor de capital de giro ou ao valor líquido do ativo circulante, sem considerar de forma alguma as instalações e outros ativos fixos e deduzindo completamente os passivos dos ativos circulantes. Empregamos esse método extensivamente na gestão de fundos de investimentos e durante um período de trinta e poucos anos é provável que tenhamos tido um lucro médio de 20% ao ano com isso. Considero-o um método infalível de investimento sistemático – mais uma vez, não com base em resultados individuais, mas em termos de resultados esperados por um grupo.

Existem duas fontes de informação convenientes para quem tem interesse em experimentar a técnica de Graham. Tanto o *Outlook*, da Standard & Poor's, quanto o *The Value Line Investment Survey* divulgam uma listagem de ações que estão sendo vendidas abaixo do valor do capital de giro líquido.

---

[9] Tal como citado por John Train em *Money Masters* (Nova York: Harper & Row, 1987).

RESUMO

1. O principal foco do analista de títulos deveria ser os lucros econômicos reais da empresa, e não os lucros divulgados. Os lucros contábeis divulgados nas demonstrações financeiras podem ser uma estimativa distorcida dos lucros econômicos reais, embora estudos empíricos revelem que os lucros divulgados transmitem informações consideráveis sobre as perspectivas de uma empresa.

2. O ROE de uma empresa é o principal determinante da taxa de crescimento de seus lucros. Ele é profundamente afetado pelo grau de alavancagem financeira da empresa. Um aumento no índice de dívida/patrimônio líquido de uma empresa aumentará seu ROE e, consequentemente, sua taxa de crescimento, somente se a taxa de juros sobre a dívida for inferior ao retorno sobre os ativos da empresa.

3. Com frequência é favorável os analistas decomporem o índice de ROE de uma empresa em vários índices contábeis e analisarem o comportamento de cada um de uma empresa para outra, dentro de um mesmo setor. Uma decomposição prática é:

4. Outros índices contábeis que têm influência sobre a lucratividade e/ou o risco de uma empresa são rotatividade dos ativos fixos, rotatividade de estoque, dias de vendas em contas a receber, quociente de liquidez, índice de liquidez imediata e índice de cobertura de juros.

5. Dois índices que utilizam o preço de mercado das ações ordinárias de uma empresa, além de suas demonstrações financeiras, são os de preço de mercado/valor contábil e de preço/lucro. Quando os valores desses índices são baixos, às vezes os analistas os consideram como margem de segurança ou um indício de que a ação é uma barganha.

6. Empresas boas não são necessariamente bons investimentos. Os preços do mercado acionário correspondente a empresas bem-sucedidas podem ser elevados para patamares que reflitam esse sucesso. Nesse caso, o preço dessas empresas em relação às suas perspectivas de lucro pode não se revelar um negócio vantajoso.

$$ROE = \frac{\text{Lucro líquido}}{\text{Lucro pré-impostos}} \times \frac{\text{Lucro pré-impostos}}{\text{Ebit}} \times \frac{\text{Ebit}}{\text{Vendas}} \times \frac{\text{Vendas}}{\text{Ativos}} \times \frac{\text{Ativos}}{\text{Patrimônio líquido}}$$

7. Um problema importante na utilização de dados obtidos nas demonstrações financeiras de uma empresa é a comparabilidade. As empresas têm grande margem de manobra com relação às opções para calcular vários itens de receita e despesa. Portanto, o analista de títulos precisa ajustar os lucros contábeis e os índices financeiros de acordo com um padrão uniforme antes de tentar comparar os resultados financeiros das empresas.

8. Os problemas de comparabilidade podem ser críticos em períodos de inflação. A inflação pode criar distorções na contabilidade de estoque, depreciação e despesa com juros.

9. A contabilidade de valor justo ou de marcação a mercado exige que a maioria dos ativos seja avaliada pelo valor de mercado atual, e não pelo custo histórico. Essa política revelou-se controversa porque em várias circunstâncias é difícil determinar o verdadeiro valor de mercado, e os críticos sustentam que isso torna as demonstrações financeiras indevidamente voláteis. Há quem defenda que as demonstrações financeiras devem refletir a melhor estimativa do valor atual dos ativos.

10. Normas internacionais de divulgação financeira foram progressivamente adotadas no mundo inteiro, inclusive nos Estados Unidos. Elas são diferentes dos tradicionais procedimentos GAAP dos Estados Unidos porque se baseiam em princípios e não em regras.

Sites relacionados a este capítulo estão disponíveis em **www.grupoa.com.br**

PALAVRAS-CHAVE

balanço patrimonial
contabilidade de marcação a mercado
contabilidade de valor justo
demonstração de fluxos de caixa
demonstração de resultados
FIFO
índice de alavancagem
índice de cobertura de juros
índice de dinheiro em caixa
índice de liquidez imediata
índice de liquidez seca

índice de preço de mercado/valor contábil
índice de preço/lucro (P/E)
índice de rotatividade de estoque
LIFO
liquidez
lucro residual
lucros contábeis
lucros econômicos
margem de lucro
normas internacionais de divulgação financeira

período de cobrança médio
qualidade dos lucros
quociente de liquidez
retorno sobre as vendas (ROS)
retorno sobre o patrimônio (ROE)
retorno sobre os ativos (ROA)
rotatividade dos ativos totais
sistema DuPont
times interest earned
valor econômico adicionado

EQUAÇÕES BÁSICAS

ROE e alavancagem: $ROE = (1 - \text{Alíquota de imposto})\left(ROA + (ROA - \text{Taxa de juros})\frac{\text{Dívida}}{\text{Patrimônio líquido}}\right)$

Fórmula DuPont: $ROE = \frac{\text{Lucro líquido}}{\text{Lucro pré-impostos}} \times \frac{\text{Lucro pré-impostos}}{\text{Ebit}} \times \frac{\text{Ebit}}{\text{Vendas}} \times \frac{\text{Vendas}}{\text{Ativos}} \times \frac{\text{Ativos}}{\text{Patrimônio líquido}}$

Outra fórmula DuPont: ROA = Margem × Rotatividade

CONJUNTO DE PROBLEMAS

1. Qual a principal diferença em termos de abordagem entre as normas internacionais de divulgação financeira e a contabilidade GAAP dos Estados Unidos? Quais são as vantagens e desvantagens de cada uma?

Básicos

2. Se os mercados forem verdadeiramente eficientes, faz alguma diferença as empresas utilizarem o gerenciamento de resultados? Entretanto, se as empresas gerenciarem os resultados, o que isso diz a respeito da visão da administração sobre mercados eficientes?
3. Em quais índices financeiros uma agência de classificação de crédito como a Moody's ou Standard & Poor's ficaria mais interessada? Quais índices seriam mais interessantes para um analista do mercado acionário tomar a decisão de comprar uma ação para uma carteira diversificada?

Intermediários

4. A Crusty Pie Co., especializada em tortas de maçã, tem um retorno sobre as vendas superior à média do setor, embora seu ROA seja igual ao da média do setor. Como você explicaria isso?
5. A ABC Corporation tem uma margem de lucro sobre as vendas abaixo da média do setor, embora seu ROA esteja acima da média do setor. O que isso diz sobre a rotatividade dos ativos da empresa?
6. A empresa A e a empresa B têm o mesmo ROA, mas o ROE da empresa A é mais alto. Como você explicaria isso?
7. Utilize o sistema DuPont e os dados a seguir para encontrar o retorno sobre o patrimônio.

Índice de alavancagem (ativos/patrimônio líquido)	2,2
Rotatividade dos ativos totais	2,0
Margem de lucro líquido	5,5%
Índice de pagamento de dividendos	31,8%

8. Recentemente, a Galaxy Corporation diminuiu sua provisão para devedores duvidosos reduzindo a despesa de dívidas irrecuperáveis de 2% das vendas para 1% das vendas. Ignorando os impostos, quais são os efeitos imediatos sobre (a) o lucro operacional e sobre o (b) fluxo de caixa operacional?

Utilize o caso a seguir para responder os Problemas 9-11: A Hatfield Industries é um grande conglomerado de empresas fabris com sede nos Estados Unidos e vendas anuais de mais de US$ 300 milhões. Atualmente, a Hatfield está sendo investigada pela Comissão de Valores Mobiliários (SEC) por irregularidades contábeis e possíveis transgressões legais na apresentação das demonstrações financeiras da empresa. Uma equipe de auditoria legal e financeira da SEC foi enviada à matriz da Hatfield na Filadélfia para realizar uma auditoria completa e, desse modo, avaliar melhor a situação.

Várias circunstâncias específicas são descobertas na Harfield pela equipe de auditoria legal e financeira da SEC durante a investigação:

- A administração envolveu-se em negociações com o sindicato trabalhista local, do qual aproximadamente 40% de seus funcionários de tempo integral fazem parte. As autoridades do sindicato estão buscando salários mais altos e benefícios previdenciários, o que a administração da Hatfield afirma ser impossível nesse momento em virtude da lucratividade decrescente e do fluxo de caixa apertado. As autoridades do sindicato acusaram a administração da Hatfield de manipular as demonstrações financeiras da empresa para justificar o fato de não fazer nenhuma concessão durante as negociações.
- Todos os novos equipamentos obtidos ao longo dos últimos anos foram registrados nos livros contábeis da Hatfield como arrendamentos operacionais, embora aquisições anteriores de equipamentos semelhantes tenham sido quase sempre classificadas como arrendamento de bens do imobilizado. As demonstrações financeiras de outras empresas do setor indicam que a norma para esse tipo de equipamento é arrendamento de bens do imobilizado. A SEC quer que a administração da Hatfield ofereça uma justificativa para esse aparente desvio em relação às práticas contábeis "normais".
- De acordo com os livros contábeis da Hatfield, os estoques vêm crescendo de forma constante nos últimos anos em comparação com o crescimento das vendas. Segundo a administração, o fator que contribuiu para o incremento em sua produção em geral foi a melhoria de eficiência operacional obtida em seus métodos de produção. A SEC está procurando evidências de que a Hatfield tenha manipulado de alguma forma suas contas de estoque.

A equipe de auditoria legal e financeira da SEC não está necessariamente procurando evidências de fraude, mas de uma possível manipulação de normas contábeis com o objetivo de iludir os acionistas e outras partes interessadas. As análises iniciais das demonstrações financeiras da Hatfield indicam que no mínimo algumas práticas geraram lucros de baixa qualidade.

9. As autoridades do sindicato acreditam que a administração da Hatfield está tentando atenuar seu lucro líquido para evitar qualquer concessão nas negociações trabalhistas. Quais das seguintes medidas da administração tem *maior probabilidade* de gerar lucros de baixa qualidade?
   a. Estender a vida de um ativo depreciável a fim de diminuir a despesa de depreciação.
   b. Diminuir a taxa de desconto utilizada na avaliação das obrigações previdenciárias da empresa.
   c. Reconhecimento da receita no momento da entrega e não quando o pagamento é feito.
10. A Hatfield começou a registrar todos os novos arrendamentos de equipamentos em seus livros contábeis como arrendamento operacional, uma mudança em relação à utilização regular no passado de arrendamento de bens do imobilizado, caso em que o valor presente dos pagamentos de arrendamento é classificado como obrigação de dívida. Qual a motivação *mais provável* por trás da mudança da Hatfield em sua metodologia contábil? A Hatfield está tentando:
    a. Melhorar seus índices de alavancagem e diminuir a alavancagem percebida.
    b. Diminuir o custo das mercadorias vendidas e aumentar sua lucratividade.
    c. Aumentar sua margem operacional em relação a outras empresas do setor.
11. A equipe de auditoria legal e financeira da SEC está procurando o motivo por trás do aumento de estoque da Hatfield em relação ao crescimento das vendas. Uma das formas de identificar uma manipulação deliberada da Hatfield em seus resultados financeiros é procurar:
    a. Uma diminuição na rotatividade de estoque.
    b. Crescimento mais rápido das contas a receber do que das vendas.
    c. Atraso no reconhecimento das despesas.

12. Uma empresa tem ROE de 3%, índice de dívida/patrimônio líquido de 0,5 e alíquota de imposto de 35% e paga uma taxa de juros de 6% sobre sua dívida. Qual é seu ROA operacional?
13. Uma empresa tem índice de carga tributária de 0,75, índice de alavancagem de 1,25, carga de juros de 0,6 e retorno sobre as vendas de 10%. Ela gera US$ 2,40 em vendas por dólar de ativos. Qual é o ROE da empresa?
14. Utilize os dados de fluxo de caixa a seguir, da Rocket Transport, para encontrar:
    a. Caixa líquido proveniente de atividades de investimento.
    b. Caixa líquido proveniente ou usado por atividades de financiamento.
    c. Diminuição ou aumento líquido de caixa no ano.

Dividendos em dinheiro	US$ 80.000
Compra de ônibus	US$ 33.000
Juros pagos sobre a dívida	US$ 25.000
Venda de equipamentos antigos	US$ 72.000
Recompra de ações	US$ 55.000
Pagamento à vista aos fornecedores	US$ 95.000
Cobrança à vista dos clientes	US$ 300.000

15. Seguem alguns dados sobre duas empresas:

	Patrimônio líquido (milhões de US$)	Dívida (milhões de US$)	ROC (%)	Custo de capital (%)
Acme	100	50	17	9
Apex	450	150	15	10

  a. Qual empresa tem o valor econômico adicionado mais alto?
  b. Qual tem o valor econômico adicionado mais alto por unidade de capital investido?

1. As informações apresentadas na tabela a seguir foram extraídas das demonstrações financeiras da QuickBrush Company e da SmileWhite Corporation:

	QuickBrush	SmileWhite
Goodwill	A empresa amortiza o goodwill ao longo de 20 anos.	A empresa amortiza o goodwill ao longo de 5 anos.
Propriedade, fábrica e equipamentos	A empresa aplica um método de depreciação linear à vida econômica dos ativos, com variação de 5 a 20 anos para prédios.	A empresa aplica um método de depreciação acelerada à vida econômica dos ativos, com variação de 5 a 20 anos para prédios.
Contas a receber	A empresa utiliza uma provisão para devedores duvidosos de 2% das contas a receber.	A empresa utiliza uma provisão para devedores duvidosos de 5% das contas a receber.

Determine qual empresa tem a maior qualidade de lucro discutindo cada uma das três observações.

2. Scott Kelly está revisando as demonstrações financeiras da MasterToy para estimar sua taxa de crescimento sustentável. Considere as informações apresentadas na tabela a seguir.

MasterToy Inc.: Demonstração financeira real de 2013 e prevista de 2014 para o ano fiscal finalizado em 31 de dezembro (milhões de US$, exceto para dados por ação)			
	2013 (US$)	2014 (US$)	Variação (%)
Demonstração de resultados			
Receita	4.750	5.140	7,6
Custo das mercadorias vendidas	2.400	2.540	
Despesas de vendas, gerais e administrativas	1.400	1.550	
Depreciação	180	210	
Amortização de intangível (goodwill)	10	10	
Lucro operacional	760	830	8,4
Despesa de juros	20	25	
Lucro antes dos impostos	740	805	
Imposto de renda	265	295	
Lucro líquido	475	510	
Lucro por ação	1,79	1,96	8,6
Média de ações em circulação (milhares)	265	260	
Balanço Patrimonial			
Dinheiro	400	400	
Contas a receber	680	700	
Estoques	570	600	
Propriedade, fábrica e equipamentos líquidos	800	870	
Intangíveis	500	530	
Total de ativos	2.950	3.100	
Passivos circulantes	550	600	
Dívida de longo prazo	300	300	
Total de passivos	850	900	
Patrimônio líquido dos acionistas	2.100	2.200	
Total de passivos e de patrimônio líquido	2.950	3.100	
Valor contábil por ação	7,92	8,46	
Dividendos anuais por ação	0,55	0,60	

a. Identifique e calcule os componentes da fórmula DuPont.
b. Calcule o ROE de 2014 utilizando os componentes da fórmula DuPont.
c. Calcule a taxa de crescimento sustentável de 2014 com base no ROE e nas taxas de reinvestimento da empresa.

3. Este problema deve ser resolvido com os dados a seguir:

Pagamento de caixa de juros	US$ (12)
Liquidação de ações ordinárias	(32)
Pagamentos de caixa a fornecedores de mercadorias	(85)
Compra de propriedades	(8)
Venda de equipamentos	30
Pagamento de dividendos	(37)
Pagamento de salários em dinheiro	(35)
Recebimento dos clientes em dinheiro	260
Compra de equipamentos	(40)

a. Quais são os fluxos de caixa das atividades operacionais?
b. Utilizando os dados acima, calcule os fluxos de caixa das atividades de investimento.
c. Utilizando os dados acima, calcule os fluxos de caixa das atividades de financiamento.

4. A analista Janet Ludlow foi contratada recentemente. Depois de descrever o setor de escovas de dente elétricas, seu primeiro relatório concentrou-se em duas empresas, a QuickBrush Company e a SmileWhite Corporation, concluindo que:

A QuickBrush é uma empresa mais lucrativa do que a SmileWhite, tal como indicado por um crescimento de 40% nas vendas e por margens consideravelmente mais altas no decorrer dos últimos anos. A taxa de crescimento das vendas e dos lucros da SmileWhite é de 10% e suas margens são muito mais baixas. Não acreditamos que a SmileWhite seja capaz de ter uma taxa de crescimento muito superior à taxa anual de crescimento de 10%, ao passo que a QuickBrush pode manter uma taxa de crescimento de 30% a longo prazo.

a. Comente a análise de Ludlow e a conclusão de que, com base no retorno sobre o patrimônio (ROE), a QuickBrush é mais lucrativa do que a SmileWhite e de que ela tem uma taxa de crescimento sustentável mais alta. Utilize apenas as informações fornecidas nas Tabelas 19A e 19B. Respalde seus comentários calculando e analisando:
- Os cinco componentes que determinam o ROE.
- Os dois índices que determinam o crescimento sustentável: ROE e taxa de reinvestimento.

b. Explique como a QuickBrush gerou uma taxa de crescimento anual média de lucro por ação (*earnings per share* – EPS) de 40% nos últimos dois anos com um ROE em declínio. Utilize apenas as informações fornecidas na Tabela 19A.

TABELA 19A Demonstrações financeiras da QuickBrush Company: dados anuais (milhares de US$, exceto nos dados por ação)

Demonstração de resultados	Dezembro de 2011	Dezembro de 2012	Dezembro de 2013	
Receita	US$ 3.480	US$ 5.400	US$ 7.760	
Custo das mercadorias vendidas	2.700	4.270	6.050	
Despesas de vendas, gerais e administrativas	500	690	1.000	
Depreciação e amortização	30	40	50	
Lucro operacional (Ebit)	US$ 250	US$ 400	US$ 660	
Despesa de juros	0	0	0	
Lucro antes dos impostos	US$ 250	US$ 400	US$ 660	
Imposto de renda	60	110	215	
Lucro após os impostos	US$ 190	US$ 290	US$ 445	
EPS diluído	US$ 0,60	US$ 0,84	US$ 1,18	
Média de ações em circulação (milhares)	317	346	376	
Estatísticas financeiras	**Dezembro de 2011**	**Dezembro de 2012**	**Dezembro de 2013**	**Média de 3 Anos**
Custo das mercadorias vendidas como % das vendas	77,59%	79,07%	77,96%	78,24%
Despesas gerais e administrativas como % das vendas	14,37	12,78	12,89	13,16
Margem operacional	7,18	7,41	8,51	
Lucro pré-impostos/Ebit (%)	100,00	100,00	100,00	
Alíquota de imposto	24,00	27,50	32,58	
Balanço patrimonial	**Dezembro de 2011**	**Dezembro de 2012**	**Dezembro de 2013**	
Caixa e investimentos de alta liquidez	US$ 460	US$ 50	US$ 480	
Contas a receber	540	720	950	
Estoques	300	430	590	
Propriedade, fábrica e equipamentos líquidos	760	1.830	3.450	
Total de ativos	US$ 2.060	US$ 3.030	US$ 5.470	
Passivos circulantes	US$ 860	US$ 1.110	US$ 1.750	
Total de passivos	US$ 860	US$ 1.110	US$ 1.750	
Patrimônio líquido dos acionistas	1.200	1.920	3.720	
Total de passivos e de patrimônio líquido	US$ 2.060	US$ 3.030	US$ 5.470	
Preço de mercado por ação	US$ 21,00	US$ 30,00	US$ 45,00	
Valor contábil por ação	US$ 3,79	US$ 5,55	US$ 9,89	
Dividendos anuais por ação	US$ 0,00	US$ 0,00	US$ 0,00	

TABELA 19B Demonstrações financeiras da SmileWhite Company: dados anuais
(milhares de US$, exceto nos dados por ação)

Demonstração de resultados	Dezembro de 2011	Dezembro de 2012	Dezembro de 2013	
Receita	US$ 104.000	US$ 110.400	US$ 119.200	
Custo das mercadorias vendidas	72.800	75.100	79.300	
Despesas de vendas, gerais e administrativas	20.300	22.800	23.900	
Depreciação e amortização	4.200	5.600	8.300	
Lucro operacional	US$ 6.700	US$ 6.900	US$ 7.700	
Despesa de juros	600	350	350	
Lucro antes dos impostos	US$ 6.100	US$ 6.550	US$ 7.350	
Imposto de renda	2.100	2.200	2.500	
Lucro após os impostos	US$ 4.000	US$ 4.350	US$ 4.850	
EPS diluído	US$ 2,16	US$ 2,35	US$ 2,62	
Média de ações em circulação (milhares)	1.850	1.850	1.850	
Estatísticas financeiras	**Dezembro de 2011**	**Dezembro de 2012**	**Dezembro de 2013**	**Média de 3 Anos**
Custo das mercadorias vendidas como % das vendas	70,00%	68,00%	66,53%	68,10%
Despesas gerais e administrativas como % das vendas	19,52	20,64	20,05	20,08
Margem operacional	6,44	6,25	6,46	
Lucro pré-impostos/Ebit (%)	91,04	94,93	95,45	
Alíquota de imposto	34,43	33,59	34,01	
Balanço patrimonial	**Dezembro de 2011**	**Dezembro de 2012**	**Dezembro de 2013**	
Caixa e investimentos de alta liquidez	US$ 7.900	US$ 3.300	US$ 1.700	
Contas a receber	7.500	8.000	9.000	
Estoques	6.300	6.300	5.900	
Propriedade, fábrica e equipamentos líquidos	12.000	14.500	17.000	
Total de ativos	US$ 33.700	US$ 32.100	US$ 33.600	
Passivos circulantes	US$ 6.200	US$ 7.800	US$ 6.600	
Dívida de longo prazo	9.000	4.300	4.300	
Total de passivos	US$ 15.200	US$ 12.100	US$ 10.900	
Patrimônio líquido dos acionistas	18.500	20.000	22.700	
Total de passivos e de patrimônio líquido	US$ 33.700	US$ 32.100	US$ 33.600	
Preço de mercado por ação	US$ 23,00	US$ 26,00	US$ 30,00	
Valor contábil por ação	US$ 10,00	US$ 10,81	US$ 12,27	
Dividendos anuais por ação	US$ 1,42	US$ 1,53	US$ 1,72	

Utilize os dados a seguir para responder as Questões CFA 5–8:
A Eastover Company (EO) é uma empresa de grande porte de produtos florestais diversificados. Em torno de 75% de suas vendas provêm de produtos de papel e florestais, e o restante de serviços financeiros e imóveis. A empresa possui 5,6 milhões de acres de madeira, que são registrados no balanço patrimonial por um custo histórico bastante baixo.

Peggy Mulroney, CFA, é analista da empresa de consultoria de investimentos Centurion Investments. Ela recebeu a incumbência de avaliar as perspectivas da Eastover, que está sendo considerada para uma possível aquisição, e compará-la com outra empresa de produtos florestais na carteira da Centurion – a Southampton Corporation (SHC). A SHC é uma proeminente fabricante de produtos de madeira nos Estados Unidos. Os produtos de construção, principalmente madeira e compensado, respondem por 89% das vendas da SHC e a polpa responde pelo restante. A SHC possui 1,4 milhão de acres de madeira, que também são registrados no balanço patrimonial pelo custo histórico. Entretanto, no caso da SHC, esse custo não está tão abaixo ao do mercado atual quanto o da Eastover.

Mulroney começou a fazer sua avaliação sobre a Eastover e Southampton examinando os cinco componentes de retorno sobre o patrimônio (ROE) de cada empresa. Para essa análise, ela resolveu definir o patrimônio como patrimônio líquido total dos acionistas, incluindo as ações preferenciais. Além disso, ela decidiu utilizar os dados de fim de ano e não as médias nos itens do balanço patrimonial.

5. a. Com base nos dados mostrados nas Tabelas 19C e 19D, calcule cada um dos cinco componentes do ROE da Eastover e Southampton, de 2013. Utilizando os cinco componentes, calcule o ROE de ambas em 2013.

   b. Com base nos componentes calculados em (a), explique a diferença no ROE da Eastover e Southampton em 2013.

   c. Utilizando os dados de 2013, calcule a taxa de crescimento sustentável da Eastover e Southampton. Discorra sobre a adequação de utilizar esses cálculos como base para estimar o crescimento futuro.

6. a. Mulroney, com base em seu curso de CFA, lembrou-se de que o modelo de desconto de dividendos de crescimento constante era uma alternativa para chegar a uma avaliação das ações ordinárias de uma empresa. Ela coletou dados atuais sobre os dividendos e os preços das ações da Eastover e Southampton, os quais são mostrados na Tabela 19E. Utilizando 11% como taxa de retorno exigida (isto é, taxa de desconto) e uma taxa de crescimento projetada de 8%, calcule um valor de DDM de crescimento constante para as ações da Eastover e compare o valor calculado para Eastover com o preço das ações indicado na Tabela 19F.

TABELA 19C Eastover Company (em milhões de US$, exceto para ações em circulação)

	2009	2010	2011	2012	2013
Resumo da demonstração de resultados					
Vendas	US$ 5.652	US$ 6.990	US$ 7.863	US$ 8.281	US$ 7.406
Lucros antes de juros e impostos (Ebit)	US$ 568	US$ 901	US$ 1.037	US$ 708	US$ 795
Despesa de juros (líquida)	(147)	(188)	(186)	(194)	(195)
Lucro antes dos impostos	US$ 421	US$ 713	US$ 851	US$ 514	US$ 600
Imposto de renda	(144)	(266)	(286)	(173)	(206)
Alíquota de imposto	34%	37%	33%	34%	34%
Lucro líquido	US$ 277	US$ 447	US$ 565	US$ 341	US$ 394
Dividendos preferenciais	(28)	(17)	(17)	(17)	(0)
Lucro líquido/ações ordinárias	US$ 249	US$ 430	US$ 548	US$ 324	US$ 394
Ações ordinárias em circulação (milhões)	196	204	204	205	201
Resumo do balanço patrimonial					
Ativos circulantes	US$ 1.235	US$ 1.491	US$ 1.702	US$ 1.585	US$ 1.367
Ativos em madeira	649	625	621	612	615
Propriedade, fábrica e equipamentos	4.370	4.571	5.056	5.430	5.854
Outros ativos	360	555	473	472	429
Total de ativos	US$ 6.614	US$ 7.242	US$ 7.852	US$ 8.099	US$ 8.265
Passivos circulantes	US$ 1.226	US$ 1.186	US$ 1.206	US$ 1.606	US$ 1.816
Dívida de longo prazo	1.120	1.340	1.585	1.346	1.585
Impostos diferidos	1.000	1.000	1.016	1.000	1.000
Patrimônio líquido/ações preferenciais	364	350	350	400	0
Patrimônio líquido/ações ordinárias	2.904	3.366	3.695	3.747	3.864
Total de passivos e de patrimônio líquido	US$ 6.614	US$ 7.242	US$ 7.852	US$ 8.099	US$ 8.265

TABELA 19D Southampton Corporation (em milhões de US$, exceto para ações em circulação)

	2009	2010	2011	2012	2013
Resumo da demonstração de resultados					
Vendas	US$ 1.306	US$ 1.654	US$ 1.799	US$ 2.010	US$ 1.793
Lucros antes de juros e impostos (Ebit)	US$ 120	US$ 230	US$ 221	US$ 304	US$ 145
Despesa de juros (líquida)	(13)	(36)	(7)	(12)	(8)
Lucro antes dos impostos	US$ 107	US$ 194	US$ 214	US$ 292	US$ 137
Imposto de renda	(44)	(75)	(79)	(99)	(46)
Alíquota de imposto	41%	39%	37%	34%	34%
Lucro líquido	US$ 63	US$ 119	US$ 135	US$ 193	US$ 91
Ações ordinárias em circulação (milhões)	38	38	38	38	38
Resumo do balanço patrimonial					
Ativos circulantes	US$ 487	US$ 504	US$ 536	US$ 654	US$ 509
Ativos em madeira	512	513	508	513	518
Propriedade, fábrica e equipamentos	648	681	718	827	1.037
Outros ativos	141	151	34	38	40
Total de ativos	US$ 1.788	US$ 1.849	US$ 1.796	US$ 2.032	US$ 2.104
Passivos circulantes	US$ 185	US$ 176	US$ 162	US$ 180	US$ 195
Dívida de longo prazo	536	493	370	530	589
Impostos diferidos	123	136	127	146	153
Patrimônio líquido	944	1.044	1.137	1.176	1.167
Total de passivos e de patrimônio líquido	US$ 1.788	US$ 1.849	US$ 1.796	US$ 2.032	US$ 2.104

b. O supervisor de Mulroney comentou que o DDM de dois estágios pode ser mais apropriado para empresas como a Eastover e Southampton. Mulroney acredita que a Eastover e Southampton poderiam crescer mais rapidamente nos próximos três anos e depois se estabilizar em uma taxa de crescimento menor mas sustentável após 2017. Suas estimativas são indicadas na Tabela 19G. Utilizando 11% como taxa de retorno exigida, calcule o valor do DDM de dois estágios das ações da Eastover e compare esse valor com o preço de suas ações indicado na Tabela 19F.

c. Fale sobre as vantagens e desvantagens da utilização do DDM de crescimento constante. Fale brevemente sobre como o DDM de dois estágios melhora o DDM de crescimento constante.

7. Além da abordagem do modelo de dividendos descontados, Mulroney decidiu examinar o índice de preço/lucro e o índice de preço de mercado/valor contábil, comparativamente ao S&P 500, para a Eastover e Southampton. Mulroney resolveu utilizar dados de 2010-2014 e dados atuais nessa análise.
    a. Utilizando os dados das Tabelas 19E e 19F, calcule os índices de preço/lucro médios relativos atual e de cinco anos (2010-2014) e os índices de preço de mercado/valor contábil relativos da Eastover e Southampton (isto é, índices relativos aos da S&P 500). Fale sobre o índice de preço/lucro relativo atual de cada empresa em comparação com seu índice de preço/lucro médio relativo de cinco anos e o índice de preço de mercado/valor contábil relativo de cada empresa em comparação com o índice de preço de mercado/valor contábil médio relativo.
    b. Fale brevemente sobre a desvantagem de cada abordagem de avaliação – preço/lucro relativo e preço de mercado/valor contábil relativo.
8. Anteriormente, para a avaliação da Southampton, Mulroney calculou o DDM de crescimento constante e o de dois estágios tal como a seguir:

Abordagem de crescimento constante	Abordagem de dois estágios
US$ 29	US$ 35,50

Utilizando apenas as informações fornecidas e suas respostas nas Questões CFA 5-7, escolha a ação (EO ou SHC) que Mulroney deve recomendar como a de melhor valor e justifique sua escolha.

9. Ao rever as demonstrações financeiras da Graceland Rock Company, você observa que o lucro líquido aumentou e o fluxo de caixa operacional diminuiu de 2013 para 2014.
    a. Explique como o lucro líquido da Graceland Rock Company pode aumentar e ao mesmo tempo que o fluxo de caixa operacional diminui. Dê alguns exemplos ilustrativos.
    b. Explique por que o fluxo de caixa operacional pode ser um bom indicador da "qualidade dos lucros" de uma empresa.
10. Uma empresa tem vendas líquidas de US$ 3 mil, despesas monetárias (incluindo impostos) de US$ 1.400 e depreciação de US$ 500. Se durante o período as contas a receber tiverem um aumento de US$ 400, qual será o fluxo de caixa operacional?
11. O quociente de liquidez de uma empresa é 2.0. Suponhamos que a empresa utilize o caixa para liquidar notas com vencimento em um ano. Qual seria o efeito sobre o quociente de liquidez e o índice de rotatividade de ativos?
12. O retorno sobre o patrimônio (ROE) após os impostos do Jones Group tem sido estável, não obstante seu lucro operacional decrescente. Explique como ele poderia manter o ROE pós-impostos estável.

TABELA 19E Avaliação da Eastover Company e Southampton Corporation em comparação com o S&P 500

	2009	2010	2011	2012	2013	2014	Média de 5 anos (2010-2014)
Eastover Company							
Lucro por ação	US$ 1,27	US$ 2,12	US$ 2,68	US$ 1,56	US$ 1,87	US$ 0,90	
Dividendos por ação	0,87	0,90	1,15	1,20	1,20	1,20	
Valor contábil por ação	14,82	16,54	18,14	18,55	19,21	17,21	
Preço da ação							
Alto	28	40	30	33	28	30	
Baixo	20	20	23	25	18	20	
Fechado	25	26	25	28	22	27	
P/E médio	18,9	14,2	9,9	18,6	12,3	27,8	
P/B médio	1,6	1,8	1,5	1,6	1,2	1,5	
Southampton Corporation							
Lucro por ação	US$ 1,66	US$ 3,13	US$ 3,55	US$ 5,08	US$ 2,46	US$ 1,75	
Dividendos por ação	0,77	0,79	0,89	0,98	1,04	1,08	
Valor contábil por ação	24,84	27,47	29,92	30,95	31,54	32,21	
Preço da ação							
Alto	34	40	38	43	45	46	
Baixo	21	22	26	28	20	26	
Fechado	31	27	28	39	27	44	
P/E médio	16,6	9,9	9,0	7,0	13,2	20,6	
P/B médio	1,1	1,1	1,1	1,2	1,0	1,1	
S&P 500							
P/E médio	15,8	16,0	11,1	13,9	15,6	19,2	15,2
P/B médio	1,8	2,1	1,9	2,2	2,1	2,3	2,1

TABELA 19F Informações atuais

	Preço atual das ações (US$)	Dividendos por ação atuais (US$)	Estimativa de EPS de 2015 (US$)	Valor contábil por ação atual (US$)
Eastover	28	1,20	1,60	17,32
Southampton	48	1,08	3,00	32,21
S&P 500	1.660	48,00	82,16	639,32

TABELA 19G Taxas de crescimento projetadas no final de 2014

	Próximos 3 Anos (2015, 2016, 2017) (%)	Crescimento além de 2017 (%)
Eastover	12	8
Southampton	13	7

TABELA 19H Demonstração de resultados e balanço patrimonial

	2010	2014
Dados de demonstração de resultados		
Receitas	US$ 542	US$ 979
Lucro operacional	38	76
Depreciação e amortização	3	9
Despesa de juros	3	0
Lucro pré-impostos	32	67
Imposto de renda	13	37
Lucro líquido após os impostos	19	30
Dados de balanço patrimonial		
Ativos fixos	US$ 41	US$ 70
Total de ativos	245	291
Capital de giro	123	157
Total de dívida	16	0
Total de patrimônio líquido do acionista	159	220

13. A fórmula DuPont define o retorno sobre o patrimônio líquido dos acionistas como função dos seguintes componentes:
    - Margem operacional.
    - Rotatividade dos ativos.
    - Carga de juros.
    - Alavancagem financeira.
    - Alíquota de imposto de renda.

    Utilizando apenas os dados da Tabela 19H:
    a. Calcule cada um dos cinco componentes relacionados anteriormente para 2010 e 2014 e calcule o retorno sobre o patrimônio (ROE) de 2010 e 2014 utilizando todos os cinco componentes.
    b. Discuta brevemente o impacto das mudanças na rotatividade dos ativos e na alavancagem financeira sobre a mudança no ROE de 2010 e 2014.

EXERCÍCIOS DE INVESTIMENTO NA *WEB*

Este capítulo introduziu a ideia de valor econômico adicionado (EVA) como meio de avaliar o desempenho de uma empresa. Uma medida relacionada é o valor de mercado adicionado (*market value added* – MVA), que é a diferença entre o valor de mercado de uma empresa e seu valor contábil. Você pode encontrar as empresas com essas melhores medidas em www.evadimensions.com. Você verá que as empresas que apresentam o melhor EVA não têm necessariamente o melhor retorno sobre o capital. Por quê? As líderes em EVA são também líderes em MVA? Por quê?

SOLUÇÕES PARA AS REVISÕES DE CONCEITOS

1. O índice de dívida/patrimônio líquido de 1 indica que a Mordett terá US$ 50 milhões de dívida e US$ 50 milhões de patrimônio. A despesa de juros será 0,09 × US$ 50 milhões ou US$ 4,5 milhões por ano. Portanto, o lucro líquido e o ROE da Mordett ao longo do ciclo econômico será

		Nodett		Mordett	
Cenário	Ebit	Lucro líquido	ROE	Lucro líquido*	ROE[†]
Ano ruim	US$ 5 milhões	US$ 3 milhões	3%	US$ 0,3 milhão	0,6%
Ano normal	10	6	6	3,3	6,6
Ano bom	15	9	9	6,3	12,6%

*Os lucros após os impostos da Mordett são dados por: 0,6 (Ebit – US$ 4,5 milhões).
[†] O patrimônio líquido da Mordett é apenas US$ 50 milhões.

2.

	Análise da decomposição de índice para a Mordett Corporation						
	ROE	(1) Lucro líquido/ lucro pré-impostos	(2) Lucro pré-impostos/Ebit	(3) Ebit/vendas (margem)	(4) Vendas/ativos (rotatividade)	(5) Ativos/patrimônio líquido	(6) Fator de alavancagem composto (2) × (5)
Ano ruim							
Nodett	0,030	0,6	1,000	0,0625	0,800	1,000	1,000
Somdett	0,018	0,6	0,360	0,0625	0,800	1,667	0,600
Mordett	0,006	0,6	0,100	0,0625	0,800	2,000	0,200
Ano normal							
Nodett	0,060	0,6	1,000	0,100	1,000	1,000	1,000
Somdett	0,068	0,6	0,680	0,100	1,000	1,667	1,134
Mordett	0,066	0,6	0,550	0,100	1,000	2,000	1,100
Ano bom							
Nodett	0,090	0,6	1,000	0,125	1,200	1,000	1,000
Somdett	0,118	0,6	0,787	0,125	1,200	1,667	1,311
Mordett	0,126	0,6	0,700	0,125	1,200	2,000	1,400

3. O ROE da GI em 2015 foi 3,03%, calculado da seguinte forma:

$$\text{ROE} = \frac{\text{US\$ 5.285}}{0,5(\text{US\$ 171.843} + \text{US\$ 177.128})} = 0,303 \text{ ou } 3,03\%$$

Seu índice de P/E foi US$ 21/US$ 5,285 = 4 e seu índice de preço de mercado/valor contábil foi US$ 21/US$ 177 = 0,12.

Seus ganhos de rendimento foram de 25% em comparação com a média de 12,5% do setor.

Observe que em nossos cálculos o P/E não é igual a (preço de mercado/valor contábil)/ROE porque (seguindo a prática usual) calculamos o ROE com o patrimônio *médio* dos acionistas no denominador e o preço de mercado/valor contábil com o patrimônio de *fim* de ano dos acionistas no denominador.

4.

		Análise de índice da IBX						
Ano	ROE	(1) Lucro líquido/lucro pré-impostos	(2) Lucro pré-impostos/Ebit	(3) Ebit/vendas (margem)	(4) Vendas/ativos (rotatividade)	(5) Ativos/patrimônio líquido	(6) Fator de alavancagem composto (2) × (5)	(7) ROA (3) × (4)
2015	11,4%	0,616	0,796	7,75%	1,375	2,175	1,731	10,65%
2013	10,2	0,636	0,932	8,88	1,311	1,474	1,374	11,65

O ROE aumentou apesar de uma queda na margem operacional e no índice de carga tributária ocasionada por uma maior alavancagem e uma maior rotatividade. Observe que o ROA caiu de 11,65% em 2013 para 10,65% em 2015.

5. Na contabilidade LIFO, os lucros divulgados são mais baixos do que na FIFO. Quando a quantidade de ativos para depreciação é menor, os lucros divulgados são mais baixos porque existe uma distorção menor na utilização do custo histórico. Quando há mais dívidas, os lucros divulgados são mais baixos porque o prêmio da inflação na taxa de juros é tratado como parte dos juros e não como reembolso do principal. Se a ABC tiver o mesmo lucro divulgado que a XYZ, não obstante essas três fontes de viés decrescente, seus lucros reais são mais altos.

20

Mercados de opções: introdução

OS TÍTULOS DERIVATIVOS OU simplesmente *derivativos* desempenham um papel amplo e cada vez mais importante nos mercados financeiros. Esses são os títulos cujos preços são determinados pelo ou "derivam do" preço de outros títulos.

Tanto os contratos de opções quanto os de futuros são títulos derivativos. Seu *payoff* depende do valor de outros títulos. Os *swaps*, sobre o qual falaremos no Capítulo 23, também são derivativos. Como o valor dos derivativos depende do valor de outros títulos, eles podem ser instrumentos extremamente eficazes tanto para *hedging* (cobertura ou proteção) quanto para especulação. Investigaremos essas aplicações nos quatro capítulos subsequentes, começando, neste capítulo, com as opções.

A negociação de contratos de opções padronizados em bolsa nacional teve início em 1973 quando a Bolsa de Opções de Chicago (Chicago Board Options Exchange – CBOE) começou a listar opções de compra. Esses contratos tiveram um sucesso quase imediato, sobrepujando o mercado de opções de balcão previamente existente.

Hoje os contratos de opções são negociados em várias bolsas. Eles são lançados sobre ações ordinárias, índices de ações, mercados de câmbio exterior, *commodities* agrícolas, metais preciosos e futuros de taxas de juros. Além disso, o mercado de balcão também experimentou um extraordinário ressurgimento nos últimos anos, em virtude da explosão na negociação de opções personalizadas. Populares e eficazes para mudar as características das carteiras, as opções têm se tornado um instrumento essencial sobre o qual todo gestor de carteira deve ter conhecimento.

Este capítulo é uma introdução aos mercados de opções. Ele explica como as opções de venda e de compra funcionam e examina suas características enquanto investimento. Em seguida consideramos as estratégias de opção mais conhecidas. Por último, examinaremos uma variedade de títulos com opções incorporadas, como as obrigações resgatáveis ou conversíveis, e daremos uma rápida olhada em algumas das assim chamadas opções exóticas.

20.1 O contrato de opção

A **opção de compra** dá ao detentor o direito de comprar um ativo por um preço especificado, denominado **preço de exercício** ou **strike**, na data de vencimento especificada ou antes dessa data. Por exemplo, uma opção de compra de ações da IBM com vencimento em fevereiro e preço de exercício de US$ 195 permite que o detentor compre ações da IBM pelo preço de US$ 195 em qualquer momento até a data de vencimento em fevereiro, inclusive. O detentor da opção de compra não é obrigado a exercê-la. Ele optará por exercê-la somente se o valor de mercado do ativo subjacente for superior ao preço de exercício. Nesse caso, o detentor da opção pode "resgatar" o ativo pelo preço de exercício. Do contrário, a opção talvez não seja exercida. Se a opção de compra não for exercida antes da data de vencimento do contrato, ela simplesmente vencerá e perderá o valor. Portanto, se o preço da ação for superior ao preço de exercício na data de vencimento, o valor da opção de compra será igual à diferença entre o preço da ação e o preço de exercício; contudo, se o preço da ação for inferior ao preço de exercício, a opção de compra não terá valor. O *lucro líquido* sobre a opção é o valor da opção menos o preço pago originalmente para comprá-la.

PARTE 6

O preço de compra da opção é chamado de **prêmio**. Ele representa a compensação que o comprador da opção de compra deve pagar pelo direito de exercê-la, se isso for desejável.

Os vendedores de opções de compra, chamados de *lançadores*, recebem uma receita de prêmio imediata como pagamento contra a possibilidade de que sejam obrigados a entregar o ativo em uma data posterior por um preço de exercício inferior ao valor de mercado do ativo. Se a opção vencer sem valor, o lançador da opção de compra obterá um lucro igual à receita de prêmio obtida na venda inicial da opção. Porém, se a opção for exercida, o lucro para o respectivo lançador será a receita de prêmio *menos* a diferença entre o valor da ação que deve ser entregue e o preço de exercício pago por essas ações. Se essa diferença for superior ao prêmio inicial, o lançador terá prejuízo.

A **opção de venda** dá ao detentor o direito de *vender* um ativo por um preço de exercício ou *strike* na data de vencimento ou antes dessa data. Uma opção de venda da IBM com vencimento em fevereiro e preço de exercício de US$ 195 habilita o detentor a vender ações da IBM ao lançador da opção de venda, pelo preço de US$ 195, em qualquer momento antes da data de vencimento em fevereiro, mesmo se o preço de mercado da IBM for inferior a US$ 195. Enquanto os lucros sobre as opções de compra aumentam quando o preço do ativo aumenta, os lucros sobre as opções de venda aumentam quando o preço do ativo *cai*. Uma opção de venda somente será exercida se o preço de exercício for superior ao preço do ativo subjacente, isto é, apenas se o detentor conseguir entregar um ativo com valor de mercado inferior ao preço de exercício. (Não é necessário possuir ações da IBM para exercer a opção de venda da IBM. Ao exercê-la, o corretor do investidor compra as ações necessárias da IBM pelo preço de mercado e imediatamente entrega ou "vende" essas ações ao lançador da opção pelo preço de exercício. O detentor da opção de venda lucra com a diferença entre o preço de exercício e o preço de mercado.)

Diz-se que uma opção está **dentro do preço** (*in the money* – ITM) quando seu exercício promete gerar um fluxo de caixa positivo. Portanto, uma opção de compra está dentro do preço quando o preço do ativo é superior ao preço de exercício e uma opção de venda está dentro do preço quando o preço do ativo é inferior ao preço de exercício. Em contraposição, uma opção de compra está **fora do preço** (*out of the money* – OTM) quando o preço do ativo é inferior ao preço de exercício; ninguém exerceria o direito de comprar um ativo pelo preço de exercício se o valor desse ativo fosse inferior a esse preço. Uma opção de venda está fora do preço quando o preço de exercício é inferior ao preço do ativo. As opções estão **no preço** quando o preço de exercício e o preço do ativo são iguais.

EXEMPLO 20.1 || Lucros e prejuízos sobre uma opção de compra

Considere uma opção de compra com vencimento em fevereiro de 2013 sobre uma ação da IBM com preço de exercício de US$ 195, vendida em 18 de janeiro de 2013 por US$ 3,65. As opções negociadas em bolsa vencem na terceira sexta-feira do mês de vencimento, que para essa opção foi 15 de fevereiro. Até a data de vencimento, o detentor da opção de compra pode comprar ações da IBM por US$ 195. No dia 18 de janeiro, a IBM a vende por US$ 194,47. Como atualmente o preço da ação é inferior a US$ 194,47 cada, é evidente que não faria sentido exercer a opção nesse momento para comprar por US$ 195. Aliás, se as ações da IBM permanecerem abaixo de US$ 195 até a data de vencimento, a opção de compra não será exercida e vencerá sem valor. Entretanto, se as ações da IBM estiverem sendo vendidas por mais de US$ 195 no vencimento, o detentor da opção de compra achará extremamente favorável exercê-la. Por exemplo, se as ações da IBM forem vendidas por US$ 197 em 15 de fevereiro, a opção será exercida, visto que ela oferece ao detentor o direito de pagar US$ 195 por uma ação que vale US$ 197. O valor de cada opção na data de vencimento seria então

Valor no vencimento = Preço da ação – Preço de exercício = US$ 197 – $ 195 = US$ 2

Não obstante o *payoff* de US$ 2 no vencimento, o detentor da opção de compra ainda assim terá um prejuízo de US$ 1,65 sobre o investimento porque o preço de compra inicial era US$ 3,65:

Lucro = Valor final – Investimento original = US$ 2,00 – US$ 3,65 = – US$ 1,65

No entanto, o exercício da opção de compra será favorável no vencimento se o preço da ação superar o preço de exercício porque os rendimentos do exercício compensarão pelo menos parte do preço de compra. O comprador da opção de compra obterá lucro líquido se as ações da IBM estiverem sendo vendidas acima de US$ 198,65 na data de vencimento. Com a ação nesse preço, os rendimentos do exercício apenas cobrirão o custo original da opção de compra.

EXEMPLO 20.2 || Lucros e prejuízos sobre uma opção de venda

Considere agora uma opção de venda com vencimento em fevereiro de 2013 sobre uma ação da IBM com preço de exercício de US$ 195, vendida em 18 de janeiro por US$ 5,00. Essa opção dá ao detentor o direito de vender uma ação da IBM por US$ 195 em qualquer momento até 15 de fevereiro. Se o detentor da opção de venda comprar uma ação da IBM e exercer imediatamente o direito de vendê-la por US$ 195, os rendimentos líquidos serão US$ 195 − US$ 194,47 = US$ 0,53. É óbvio que o investidor que pagar US$ 5 pela opção de venda não terá intenção de exercê-la imediatamente. Contudo, se a ação da IBM estivesse sendo vendida por US$ 188 no vencimento, a opção de venda seria um investimento lucrativo. Seu valor no vencimento seria

Valor no vencimento = Preço de exercício − Preço da ação = US$ 195 − US$ 188 = US$ 7

e o lucro do investidor seria US$ 7 − US$ 5 = US$ 2. Isso equivale a um retorno de período de manutenção de US$ 2/US$ 5 = 0,40 ou 40% − no decorrer de apenas 28 dias! Obviamente, no dia 18 de janeiro os vendedores da opção de venda (que estão no outro lado da negociação) não consideraram esse resultado muito provável.

Negociação de opções

Algumas opções são negociadas em mercados de balcão (*over-the-counter* − OTC). O mercado de balcão oferece a vantagem de que os termos do contrato da opção − o preço de exercício, a data de vencimento e o número de ações comprometidas − podem ser ajustados às necessidades dos negociadores. Entretanto, os custos para firmar um contrato de opção de balcão são mais altos do que para opções negociadas em bolsa.

Os contratos de opções negociados em bolsa são padronizados de acordo com as datas de vencimento e os preços de exercício permitidos para cada opção listada. Todo contrato de opção de ações oferece o direito de compra ou venda de 100 ações (exceto quando ocorrem divisões de ações depois que o contrato é listado e o contrato é então adaptado aos termos da divisão).

A padronização dos termos dos contratos de opção que são listados visa estabelecer que todos os participantes do mercado negociem um conjunto restrito e uniforme de títulos. Isso aumenta a profundidade da negociação em qualquer opção específica, diminuindo os custos de negociação e promovendo um mercado mais competitivo. Portanto, as bolsas oferecem dois benefícios importantes: facilidade de negociação, que flui de um mercado central no qual os compradores e vendedores ou seus representantes se reúnem, e um mercado secundário líquido no qual os compradores e vendedores de opções podem negociar facilmente e por um baixo custo.

PREÇOS NO FECHAMENTO DE 18 DE JANEIRO DE 2013

IBM (IBM) — Preço da Ação Subjacente: 194,47

		Opção de Compra			Opção de Venda		
Vencimento	Exercício	Última	Volume	Em aberto	Última	Volume	Em aberto
Jan.	185	9,15	307	2.431	0,76	302	2.488
Fev.	185	10.60	299	2	1,82	710	3.645
Abr.	185	12,00	41	706	3,60	104	2.047
Jul.	185	14,35	37	134	6,55	37	1.354
Jan.	190	4,40	815	5.697	1,75	507	2.496
Fev.	190	6,75	402	2.808	3,00	3.553	10.377
Abr.	190	8,85	107	1.866	5,20	527	2.177
Jul.	190	10,95	15	645	8,54	6	1.142
Jan.	195	0,01	2.451	11.718	0,70	4.090	8.862
Fev.	195	3,65	1.337	11.902	5,00	860	3.156
Abr.	195	5,90	1.785	2.928	7,30	934	1.141
Jul.	195	8,45	13	5.773	10,85	22	3.419
Jan.	200	1,10	1.248	2.966	5,55	637	6.199
Fev.	200	1,61	1.053	5.530	8,09	546	967
Abr.	200	3,70	629	3.236	10,05	375	1.903
Jul.	200	6,10	80	1.257	...	...	1.105

FIGURA 20.1 Preços de fechamento de opções de ações da IBM a partir de 18 de janeiro de 2013

Fonte: The Wall Street Journal Online, 18 de janeiro de 2013.

Até recentemente a maioria das negociações de opções nos Estados Unidos ocorria na Bolsa de Opções de Chicago (CBOE). Porém, em 2003, a International Securities Exchange (ISE), bolsa eletrônica de Nova York, tomou o lugar da CBOE enquanto maior mercado de opções. A negociação de opções na Europa é realizada regularmente em bolsas eletrônicas.

A Figura 20.1 reproduz uma listagem de cotação de opções de ações da IBM. O último preço registrado na Bolsa de Valores de Nova York (New York Stock Exchange – NYSE) para as ações da IBM foi US$ 194,47 por ação.[1] Os preços de exercício (ou *strike*) delimitam o preço da ação. Embora os preços de exercício geralmente sejam estabelecidos em intervalos de cinco pontos para ações, algumas vezes intervalos maiores são fixados para ações vendidas acima de US$ 100 e intervalos de US$ 2,50 podem ser utilizados para ações vendidas por preços baixos. Se o preço da ação fugir da faixa dos preços de exercício do conjunto de opções existente, novas opções com preço de exercício apropriado podem ser oferecidas. Portanto, em qualquer momento, tanto as opções dentro do preço quanto fora do preço serão listadas, como nesse exemplo.

A Figura 20.1 mostra tanto opções de compra quanto de venda listadas para cada data de vencimento e preço de exercício. Os três conjuntos de colunas para cada opção divulgam o preço de fechamento, o volume de negociações em contratos e posições em aberto (número de contratos em circulação). Quando comparamos os preços das opções de compra da Figura 20.1 que têm a mesma data de vencimento mas preços de exercício diferentes, observamos que o valor da opção de compra é inferior quando o preço de exercício é mais alto. Isso faz sentido, visto que o direito de comprar uma ação por um preço de exercício mais baixo é mais vantajoso do que o direito de comprá-la por um preço mais alto. Dessa maneira, a opção de compra da IBM com vencimento em fevereiro e preço de exercício de US$ 195 é vendida por US$ 3,65, enquanto a opção de compra com preço de exercício de US$ 200 com o mesmo vencimento é vendida por apenas US$ 1,61. Em contraposição, as opções de venda valem *mais* quando o preço de exercício é mais alto: Preferiríamos vender as ações por US$ 200 e não por US$ 195, e isso se reflete nos preços das opções de venda. Dessa maneira, a opção de venda da IBM com vencimento em fevereiro e preço de exercício de US$ 200 é vendida por US$ 8,09, enquanto a opção de venda com preço de exercício de US$ 195 com o mesmo vencimento é vendida por apenas US$ 5.

Se uma opção não for negociada em um determinado dia, aparecerão três pontos nas colunas de volume e preço. Como a negociação é pouco frequente, é comum encontrar preços de opção que parecem desalinhados em relação a outros preços. Por exemplo, você pode ver duas opções de compra com preço de exercício diferente que parecem ser vendidas pelo mesmo preço. Essa discrepância surge porque as últimas negociações dessas opções podem ter ocorrido em diferentes momentos durante o dia. Em qualquer momento a opção de compra com o preço de exercício menor pode valer mais do que outra opção de compra ou venda idêntica com preço de exercício mais alto.

Os vencimentos da maioria das opções negociadas em bolsa tendem a ser relativamente curtos, estendendo-se a apenas alguns meses. Contudo, no caso de empresas maiores e vários índices de ações, as opções de mais longo prazo são negociadas com vencimentos de vários anos. Essas opções são chamadas de títulos de antecipação do patrimônio a longo prazo (*long-term equity anticipation securities* – LEAPS).

> **REVISÃO DE CONCEITOS 20.1**
>
> a. Quais serão os rendimentos e os lucros líquidos para um investidor que comprar opções de compra da IBM com vencimento em fevereiro e preço de exercício de US$ 195, se o preço da ação no vencimento for US$ 205? E se o preço da ação no vencimento for US$ 185?
>
> b. Responda agora a parte (*a*) para um investidor que compra uma opção de venda da IBM com vencimento em fevereiro e preço de exercício de US$ 195.

Opções americanas e europeias

Uma **opção americana** permite que o detentor exerça o direito de comprar (no caso de uma opção de compra) ou vender (no caso de uma opção de venda) um ativo subjacente na data de vencimento ou *antes*

---

[1] Às vezes esse preço pode não corresponder ao preço de fechamento listado para a ação na página da bolsa de valores. Isso ocorre porque algumas ações da NYSE também são negociadas em bolsas que fecham após a NYSE e as páginas das ações podem refletir o preço de fechamento mais recente. Entretanto, as bolsas de opções fecham com a NYSE. Desse modo, o preço de fechamento da ação da NYSE é apropriado para comparações com o preço de fechamento da opção.

dessa data. As **opções europeias** permitem o exercício da opção apenas na data de vencimento. As opções americanas, pelo fato de oferecerem maior liberdade de movimento do que as europeias, geralmente têm valor mais alto. Praticamente todas as opções negociadas nos Estados Unidos são americanas. Todavia, as opções em moeda estrangeira e as opções de índice de ações são exceções notáveis a essa regra.

Ajustes nos termos do contrato de opção

Como as opções transmitem o direito de compra ou vende de ações por um preço estabelecido, as divisões de ações poderiam mudar radicalmente seu valor se os termos do contrato de opções não fossem ajustados para levar em conta a divisão de ações. Por exemplo, reconsidere as opções de compra da IBM na Figura 20.1. Se a IBM fosse anunciar uma divisão 2 por 1, o preço de suas ações cairia de US$ 195 para US$ 97,50. Uma opção de compra com preço de exercício de US$ 195 seria quase sem valor e não haveria praticamente nenhuma possibilidade de a ação ser vendida por mais de US$ 195 antes do vencimento das opções.

Para levar em conta uma divisão de ações, o preço de exercício é diminuído de acordo com um fator da divisão e o número de opções mantidas é aumentado segundo esse fator. Por exemplo, cada opção de compra original com preço de exercício de US$ 195 seria alterada após uma divisão 2 por 1 para duas novas opções, cada uma com o preço de exercício de US$ 97,50. Um ajuste semelhante é realizado nos dividendos acionários superiores a 10%; o número de ações cobertas por cada opção é aumentado proporcionalmente aos dividendos acionários e o preço de exercício é reduzido de acordo com essa proporção.

Diferentemente dos dividendos acionários, os dividendos em dinheiro não afetam os termos de um contrato de opção. Pelo fato de o pagamento de dividendos em dinheiro diminuir o preço de venda da ação, sem induzir ajustes contrabalançantes, o valor da opção é afetado pela política de dividendos. Se todos os demais fatores permanecerem iguais, os valores das opções de compra serão inferiores para as políticas de pagamento de dividendos altos porque essas políticas diminuem o ritmo de crescimento dos preços das ações; em contraposição, os valores das opções de venda serão superiores para o pagamento de dividendos altos. (Obviamente, os valores das opções não necessariamente aumentam ou caem nas datas de pagamento de dividendos ou ex-dividendos. Os pagamentos de dividendos são previstos. Por isso, o efeito do pagamento já está incorporado no preço original da opção.)

> **REVISÃO DE CONCEITOS 20.2**
>
> Suponhamos que o preço das ações da IBM na data de exercício seja US$ 200 e o preço de exercício da opção de compra seja US$ 195. Qual o *payoff* no contrato de uma opção? Após uma divisão 2 por 1, o preço da ação é US$ 100, o preço de exercício é US$ 97,50 e o detentor da opção pode comprar 200 ações. Mostre que a divisão não afeta o *payoff* da opção.

A Options Clearing Corporation

A Options Clearing Corporation (OCC), câmara de compensação para a negociação de opções, é de propriedade conjunta das bolsas nas quais as opções de ações são negociadas. Os compradores e vendedores de opções que chegarem a um acordo de preço fecharão um negócio. Nesse momento, a OCC intervém. A OCC posiciona-se entre os dois negociadores, tornando-se o comprador efetivo da opção do lançador e o lançador efetivo da opção para o comprador. Desse modo, todos os indivíduos envolvidos negociam apenas com a OCC, o que efetivamente garante o cumprimento do contrato.

Quando um detentor exerce uma opção, a OCC faz acordos para que uma empresa membro com clientes que lançaram aquela opção cumpra com a obrigação da opção. Para cumprir o contrato, a empresa membro escolhe os clientes que lançaram a opção. O cliente escolhido deve entregar 100 ações por um preço igual ao preço de exercício para cada contrato de opção de compra lançado ou deve comprar 100 ações pelo preço de exercício para cada contrato de opção de venda lançado.

Como a OCC garante o cumprimento do contrato, os lançadores de opções devem divulgar uma margem para garantir que conseguirão cumprir as obrigações do contrato. A margem exigida é determinada em parte pela quantia segundo a qual a opção está dentro do preço, porque o valor é um indicador da possível obrigação do lançador da opção. Quando a margem exigida for superior à margem divulgada, o lançador receberá uma chamada de cobertura de margem. Em contraposição, o detentor da opção não precisa divulgar a margem porque ele exercerá a opção somente se isso for lucrativo. Após a compra da opção, não haverá mais nenhum dinheiro em risco.

As exigências de margem são determinadas em parte pelos outros títulos mantidos na carteira do investidor. Por exemplo, um lançador de opção de compra que possui a ação em relação à qual a opção é lançada pode satisfazer a exigência de margem simplesmente permitindo que um corretor mantenha a ação na conta de corretagem. Desse modo, garante-se que a ação estará disponível para entrega se a opção de compra for exercida. No entanto, se o título subjacente não tiver titular, a exigência de margem será determinada pelo valor do título subjacente, bem como pela quantia segundo a qual a opção está dentro ou fora do preço. As opções fora do preço exigem uma margem menor do lançador porque os pagamentos esperados são mais baixos.

Outras opções listadas

Opções sobre outros ativos além das ações também são amplamente negociadas. Elas abrangem opções sobre índices de mercado e índices de setor, moeda estrangeira e até mesmo preços de futuros de produtos agrícolas, ouro, prata, títulos de renda fixa e índices de ações. Analisaremos cada uma delas separadamente.

Opções de índice de ações Uma opção de índice é uma opção de compra ou venda baseada em algum índice do mercado acionário como o S&P 500 ou Nasdaq 100. Essas opções são negociadas em vários índices abrangentes e em vários índices específicos de setor e até em índices de preço de *commodities*. Discutimos vários desses índices no Capítulo 2.

A construção dos índices pode variar entre um contrato e outro ou entre as bolsas. Por exemplo, o índice S&P 100 é uma média ponderada pelo valor das 100 ações do grupo de ações do Standard & Poor's 100. Os pesos são proporcionais ao valor de mercado das ações em circulação para cada ação. Em contraposição, o índice industrial Dow Jones é uma média ponderada pelo preço de 30 ações.

São também negociados contratos de opções sobre vários índices de ações estrangeiros. Por exemplo, as opções do índice de ações Nikkei (japonês) são negociadas em Cingapura e também na Bolsa Mercantil de Chicago. As opções sobre índices europeus, como o índice Financial Times (Financial Times Stock Exchange – FTSE 100), são negociadas na NYSE Euronext. A CBOE também lista opções sobre índices setoriais, como o de petróleo e alta tecnologia.

Diferentemente das opções de ações, as opções de índice não exigem que o lançador de opção de compra de fato "entregue o índice" no momento do exercício nem que o lançador de opção de venda "compre o índice". Em vez disso, utiliza-se um procedimento de pagamento em dinheiro. O *payoff* resultante do exercício da opção é calculado, e o lançador da opção simplesmente paga esse valor ao detentor da opção. O *payoff* é igual à diferença entre o preço de exercício da opção e o valor do índice. Por exemplo, se o índice S&P estiver em 1.400 quando uma opção de compra sobre o índice com preço de exercício de 1.390 for exercido, o detentor da opção de compra receberá um pagamento em dinheiro igual à diferença, 1.400 – 1.390, vezes o multiplicador do contrato de US$ 100, ou US$ 1.000 por contrato.

As opções sobre os índices mais importantes, isto é, o contrato S&P 100 (com frequência chamado de OEX em virtude de seu símbolo de cotação), o índice S&P 500 (SPX), o Nasdaq 100 (NDX) e o Dow Jones Industrials (DJX), são os contratos mais negociados na CBOE. Juntos, esses contratos dominam o volume de negociações da CBOE.

Opções de futuros As opções de futuros dão aos detentores o direito de comprar ou vender um contrato de futuros específico utilizando como preço futuro o preço de exercício da opção. Apesar de o processo de entrega ser um pouco complicado, os termos dos contratos de opções de futuros na realidade servem para que a opção seja lançada no próprio preço dos futuros. O detentor de opções recebe no exercício um *payoff* líquido igual à diferença entre o preço atual do futuro sobre o ativo especificado e o preço de exercício da opção. Desse modo, se o preço do futuro for, digamos, US$ 37 e o preço de exercício da opção de compra for US$ 35, o detentor que exercer a opção de compra sobre o futuro obterá um *payoff* de US$ 2.

Opções em moeda estrangeira Uma opção em moeda oferece o direito de compra ou venda de uma quantidade de moeda estrangeira por uma quantia específica de moeda doméstica. Os contratos de opção em moeda exigem a compra ou venda da moeda em troca de uma quantia específica em dólares americanos, no caso dos Estados Unidos. Os contratos são cotados em centavos ou frações de centavo por unidade da moeda estrangeira.

Existe uma diferença importante entre opções em moeda e opções de *futuros*. As primeiras oferecem *payoffs* que dependem da diferença entre o preço de exercício e a taxa de câmbio no vencimento. As últimas são opções de futuros de câmbio exterior que oferecem *payoffs* que dependem da diferença entre o preço de exercício e o *preço de futuros* de taxa de câmbio no vencimento. Como as taxas de câmbio e os preços de futuros de taxa de câmbio geralmente não são iguais, os contratos de opções e de opções de futuros terão valores diferentes, mesmo com datas de vencimento e preços de exercício idênticos. O volume de negociações em opções de futuros de moeda domina a negociação de opções em moeda.

Opções de taxa de juros As opções são negociadas em notas e obrigações do Tesouro, em letras do Tesouro e em obrigações do governo de outras economias importantes como o Reino Unido ou o Japão. São também negociadas opções sobre várias taxas de juros. Entre elas temos os contratos sobre obrigações do Tesouro, notas do Tesouro, fundos federais, Libor, Euribor[2] e futuros em eurodólar.

20.2 Valor das opções no vencimento

Opções de compra

Lembre-se de que uma opção de compra permite que se compre um título pelo preço de exercício. Suponhamos que você tenha uma opção de compra sobre as ações da FinCorp, com preço de exercício de US$ 100, e que agora as ações da empresa estão sendo vendidas por US$ 110. Você poder exercer a opção para comprar ações por US$ 100 e simultaneamente as vender pelo preço de mercado de US$ 110, obtendo um lucro de US$ 10 por ação. No entanto, se as ações forem vendidas por menos de US$ 100, você poderá segurar a opção e não fazer nada, não realizando nesse caso nenhum ganho nem perda adicional. O valor da opção de compra no vencimento é igual

$$\text{Payoff do detentor da opção de compra no vencimento} = \begin{cases} S_T - X & \text{se } S_T > X \\ 0 & \text{se } S_T \leq X \end{cases}$$

onde S_T é o valor da ação no vencimento e X é o preço de exercício. Essa fórmula enfatiza a propriedade da opção porque o *payoff* não pode ser negativo. A opção é exercida somente se S_T for superior a X. Se S_T for inferior a X, a opção vence com valor zero. A perda para o detentor da opção nesse caso é igual ao preço pago originalmente pela opção. Em linhas mais gerais, o *lucro* para o detentor da opção é o *payoff* da opção no vencimento menos o preço de compra original.

O valor no vencimento da opção de compra com preço de exercício de US$ 100 é dado pela seguinte programação:

Preço da ação (US%):	90	100	110	120	130
Valor da opção (US$):	0	0	10	20	30

Para preços de ação de US$ 100 ou abaixo desse valor, a opção não tem valor. Acima de US$ 100, a opção valerá o excedente do preço de US$ 100. O valor da opção aumenta em US$ 1 para cada aumento de US$ 1 no preço da ação. Essa relação pode ser representada graficamente, tal como na Figura 20.2.

A linha sólida na Figura 20.2 representa o valor da opção de compra no vencimento. O *lucro* líquido para o detentor da opção é igual ao *payoff* bruto menos o investimento inicial na opção de compra. Suponhamos que a opção de compra custe US$ 14. O lucro do detentor dessa opção seria

---

[2] O mercado Euribor é semelhante ao mercado Libor (consulte o Capítulo 2), mas a taxa de juros cobrada é a taxa interbancária para depósitos denominados em euro.

como o apresentado na linha tracejada (na parte inferior) da Figura 20.2. No vencimento da opção, o investidor sofre um prejuízo de US$ 14 se o preço da ação for menor ou igual a US$ 100.

Os lucros só serão positivos se o preço no vencimento for superior a US$ 114. O ponto de equilíbrio é US$ 114, porque a esse preço o *payoff* da opção de compra, $S_T - X$ = US$ 114 − US$ 100 = US$ 14, é igual ao custo pago para adquiri-la.

Em contraposição, o lançador da opção de compra terá prejuízo se o preço da ação for alto. Nesse cenário, o lançador receberá uma opção de compra e será obrigado a entregar ações no valor de S_T por apenas X dólares.

$$\text{Payoff do lançador da opção de compra} = \begin{cases} -(S_T - X) & \text{se } S_T > X \\ 0 & \text{se } S_T \leq X \end{cases}$$

O lançador da opção de compra, que corre o risco de ter prejuízo se o preço da ação aumentar, está disposto a arcar com o risco em troca do prêmio da opção.

A Figura 20.3 apresenta um gráfico de *payoff* e lucro para os lançadores de opção de compra. Esse gráfico é uma imagem espelhada do gráfico correspondente dos detentores de opção de compra. O ponto de equilíbrio para o lançador de opção também é US$ 114. O *payoff* (negativo) nesse ponto apenas compensa o prêmio originalmente recebido no momento em que a opção foi lançada.

Opções de venda

Opção de venda é o direito de vender um ativo pelo preço de exercício. Nesse caso, o detentor só a exercerá se o preço do ativo for *inferior* ao preço de exercício. Por exemplo, se as ações da FinCorp caíssem para US$ 90, uma opção de venda com preço de exercício de US$ 100 poderia ser exercida para oferecer um *payoff* de US$ 10 para seu detentor. O detentor compraria uma ação por US$ 90 e simultaneamente a entregaria ao lançador da opção de venda pelo preço de exercício de US$ 100.

O valor da opção de venda no vencimento é

$$\text{Payoff do detentor da opção de compra no vencimento} = \begin{cases} 0 & \text{se } S_T \geq X \\ X - S_T & \text{se } S_T < X \end{cases}$$

A linha sólida na Figura 20.4 mostra o *payoff* no vencimento para o detentor de uma opção de venda sobre ações da FinCorp com preço de exercício de US$ 100. Se o preço da ação no vencimento da opção for superior a US$ 100, a opção de venda não terá valor, já que o direito de vender as ações por US$ 100 não seria exercido. Abaixo do preço de US$ 100, o valor da opção de venda no vencimento aumenta US$ 1 para cada dólar a menos no preço da ação. A linha tracejada na Figura 20.4 é um gráfico do lucro do detentor da opção de venda no vencimento, após a dedução do custo inicial dessa opção.

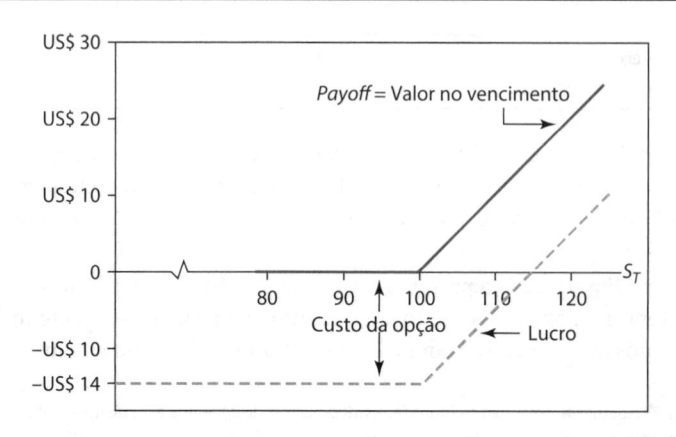

FIGURA 20.2
Payoff e lucro da opção de compra no vencimento

FIGURA 20.3 *Payoff* e lucro dos lançadores de opção de compra no vencimento

No lançamento de opções de venda *a descoberto* (isto é, no lançamento de uma opção de venda sem uma posição a descoberto compensadora na ação, a fim de obter proteção), o lançador corre o risco de ter prejuízo se o mercado cair. O lançamento de opões de venda a descoberto muito fora do preço uma vez foi considerado um método atraente para gerar lucro porque se acreditava que, contanto que o mercado não caísse abruptamente antes do vencimento da opção, o prêmio da opção poderia ser recolhido sem que o detentor da opção de venda tivesse de exercê-la contra o lançador. Como apenas as quedas acentuadas no mercado podiam provocar prejuízos para o lançador da opção de venda, essa estratégia não era considerada demasiadamente arriscada. Entretanto, em consequência da quebra da bolsa de valores em outubro de 1987, esses lançadores de opções de venda sofreram imensos prejuízos. Agora os participantes percebem um risco bem maior nessa estratégia.

> **REVISÃO DE CONCEITOS 20.3**
>
> Considere estas quatro estratégias de opção: (i) comprar uma opção de compra; (ii) lançar uma opção de compra; (iii) comprar uma opção de venda; (iv) lançar uma opção de venda.
> a. Para cada estratégia, trace o gráfico de *payoff* e de lucro como função do preço final da ação.
> b. Por que caracterizaríamos tanto a compra de opções de compra quanto o lançamento de opções de venda como estratégias "altistas"? Qual a diferença entre elas?
> c. Por que caracterizaríamos tanto a compra de opções de venda quanto o lançamento de opções de compra como estratégias "baixistas"? Qual a diferença entre elas?

Opções *versus* investimento em ações

A compra de opções de compra é uma estratégia altista (*bullish*), isto é, as opções de compra oferecem lucro quando os preços das ações aumentam. A compra de opções de venda, em contraposição, é uma estratégia baixista (*bearish*). Proporcionalmente, o lançamento de opções de compra é uma estratégia baixista, enquanto o de opções de venda é uma estratégia altista. Como os valores

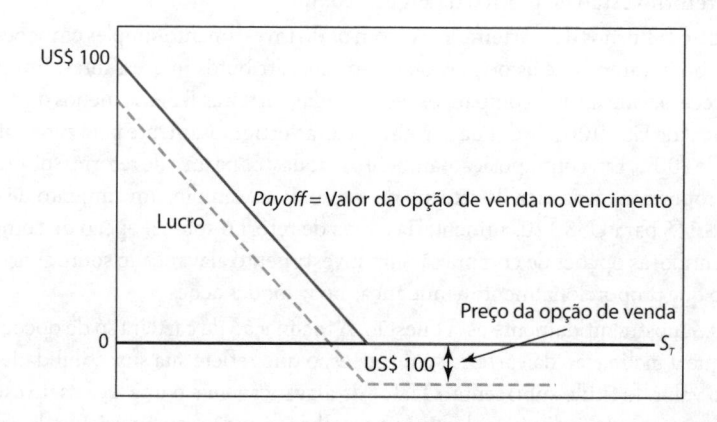

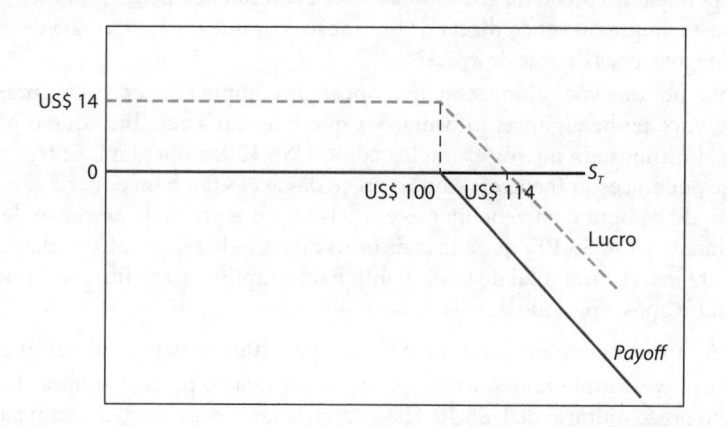

FIGURA 20.4 *Payoff* e lucro da opção de venda no vencimento

das opções dependem do preço da ação subjacente, a compra de opções pode ser vista como um substituto para a compra ou venda direta de uma ação. Por que uma estratégia de opção pode ser preferível nas negociações diretas de ações?

Por exemplo, por que você compraria uma opção de compra em vez de comprar ações diretamente? Talvez você tenha algumas informações que o levam a acreditar que o preço atual das ações, o qual admitimos em nossos exemplos como US$ 100, aumentará. Entretanto, você sabe que sua análise poderia estar incorreta e que o preço das ações também poderia cair. Suponhamos que uma opção de compra com vencimento em seis meses e preço de exercício de US$ 100 seja vendida atualmente por US$ 10 e que a taxa de juros do período seja 3%. Considere as três estratégias a seguir para investir um total de US$ 10 mil. Para simplificar, admitiremos que a empresa só pagará dividendos após o período de seis meses.

Estratégia A: Investir inteiramente em ações. Comprar 100 ações, pelo preço unitário de U$ 100.

Estratégia B: Investir inteiramente em opções de compra no preço. Comprar 1.000 opções de compra pelo preço unitário de US$ 10. (Isso exigiria nove contratos, cada um para 100 ações.)

Estratégia C: Comprar 100 opções de compra por US$ 1.000. Investir os US$ 9 mil restantes em letras de seis meses do Tesouro, para ganhar 3% de juros. O valor das letras aumentará de US$ 9 mil para US$ 9.000 × 1,03 = US$ 9.270.

Vamos delinear os possíveis valores dessas três carteiras quando as opções vencerem em seis meses como função do preço da ação nesse dado momento.

Carteira	Preço da ação					
	US$ 95	US$ 100	US$ 105	US$ 110	US$ 115	US$ 120
Carteira A: todas as ações	US$ 9.500	US$ 10.000	US$ 10.500	US$ 11.000	US$ 11.500	US$ 12.000
Carteira B: todas as opções	0	0	5.000	10.000	15.000	20.000
Carteira C: opções de compra mais letras	9.270	9.270	9.770	10.270	10.770	11.270

A carteira A valerá 100 vezes o preço da ação. A carteira B não terá valor, a menos que as ações sejam vendidas por um valor superior ao preço de exercício da opção de compra. Quando se atingir esse ponto, a carteira valerá 1.000 vezes o excedente do preço da ação em relação ao preço de exercício. Concluindo, a carteira C valerá US$ 9.270 no investimento em letras do Tesouro mais qualquer lucro proveniente das 100 opções de compra. Lembre-se de que todas essas carteiras têm o mesmo investimento inicial de US$ 10 mil. As taxas de retorno sobre essas três carteiras são as seguintes:

Carteira	Preço da ação					
	US$ 95	US$ 100	US$ 105	US$ 110	US$ 115	US$ 120
Carteira A: todas as ações	−5,0%	0,0%	5,0%	10,0%	15,0%	20,0%
Carteira B: todas as opções	−100,0	−100,0	−50,0	0,0	50,0	100,0
Carteira C: opções de compra mais letras	−7,3	−7,3	−2,3	2,7	7,7	12,7

Essas taxas de retorno estão no gráfico da Figura 20.5.

Comparando os retornos das carteiras B e C com os do investimento simples em ações representado pela carteira A, observamos que as opções oferecem dois atributos interessantes. Em primeiro lugar, uma opção oferece alavancagem. Compare os retornos das carteiras B e A. A menos que as ações subam de seu valor inicial de US$ 100, o valor da carteira B cairá vertiginosamente para zero – uma taxa de retorno negativa de 100%. Em contraposição, aumentos modestos na taxa de retorno sobre as ações geram aumentos desproporcionais na taxa de retorno da opção. Por exemplo, um aumento de 4,3% no preço da ação, de US$ 115 para US$ 120, aumentaria a taxa de retorno sobre a opção de compra de 50 para 100%. Nesse sentido, as opções de compra são um investimento alavancado sobre as ações. Os valores reagem mais do que proporcionalmente a mudanças no valor das ações.

A Figura 20.5 mostra nitidamente essa questão. A inclinação da carteira só de opções é muito mais acentuada do que a inclinação da carteira só de ações, o que reflete sua suscetibilidade proporcionalmente maior ao valor do título subjacente. O fator de alavancagem é o que leva os investidores que exploram informações privilegiadas (ilegalmente) a escolher as opções como veículo de investimento.

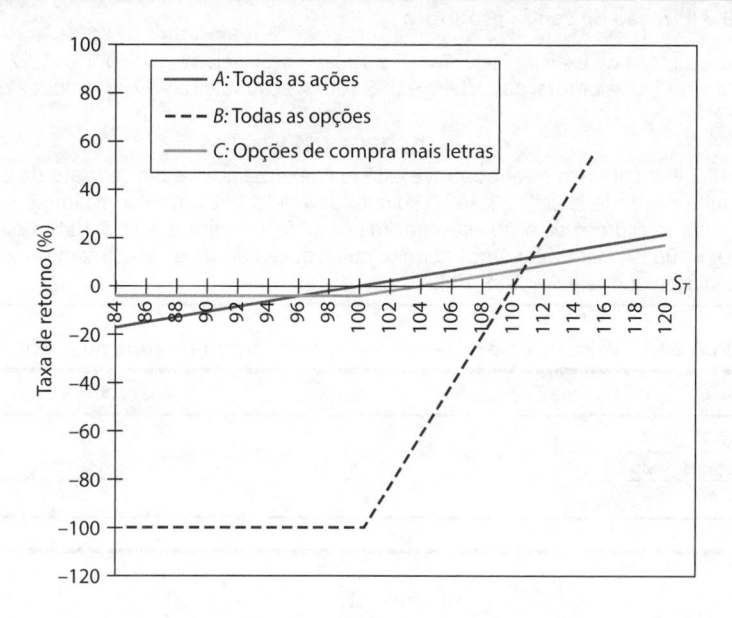

FIGURA 20.5
Taxa de retorno das três estratégias

O provável valor de seguro das opções é a segunda característica interessante, tal como mostra a carteira C. A carteira de letras do Tesouro mais opções não pode valer menos de US$ 9.270 após seis meses, visto que a opção sempre corre o risco de não ser exercida e vencer sem valor. A pior taxa de retorno possível sobre a carteira C é –7,3%, em comparação com a pior taxa de retorno (teoricamente) possível de –100% sobre a ação, se a empresa fosse à falência. Obviamente, o seguro tem um preço: quando o preço das ações aumenta, a carteira C, de opções de compra mais letras, não tem um desempenho tão bom quanto a carteira A, que só contém ações.

Esse exemplo simples mostra uma questão fundamental. Embora as opções possam ser utilizadas por especuladores como posições efetivamente alavancadas em ações, como na carteira B, elas podem ser utilizadas também por investidores que desejam personalizar seu grau de risco de uma maneira criativa, como na carteira C. Por exemplo, a estratégia de opções de compra mais letras do Tesouro da carteira C oferece um perfil de taxa de retorno bastante diverso do perfil da carteira que contém apenas ações. A restrição absoluta ao risco de perda é uma característica nova e atraente dessa estratégia. A seguir analisaremos várias estratégias de opção que oferecem outros novos perfis de risco que podem ser atraentes tanto para quem busca proteção (*hedger*) quanto para outros investidores.

20.3 Estratégias de opção

Uma variedade ilimitada de padrões de *payoff* pode ser obtida com a combinação de opções de venda e de compra com vários preços de exercício. Explicamos nesta seção a motivação e a estrutura de algumas das combinações mais comuns.

Opção de venda protetora

Imagine que você quisesse investir em uma ação, mas não estivesse disposto a arcar com prejuízos prováveis acima de um determinado patamar. Investir apenas em ações parece arriscado para você porque, em princípio, você poderia perder todo o dinheiro investido. Você poderia pensar na possibilidade de investir em ações e comprar uma opção de venda sobre a ação. A Tabela 20.1 mostra o valor total de sua carteira no vencimento da opção: independentemente do que ocorrer com o preço da ação, você tem um *payoff* garantido que é pelo menos igual ao preço de exercício da opção de venda porque essa opção lhe dá o direito de vender a ação por esse preço.

A Figura 20.6 mostra o *payoff* e o lucro dessa estratégia de **opção de venda protetora**. A linha sólida na Figura 20.6, Painel C, representa o *payoff* total. A linha tracejada é deslocada para baixo pelo custo de estabelecimento da posição, $S_0 + P$. Observe que as perdas prováveis são poucas.

> **EXEMPLO 20.3 || Opção de venda protetora**
>
> Suponhamos que o preço de exercício seja X = US$ 100 e a ação seja vendida por US$ 97 no vencimento da opção. Desse modo, o valor total da carteira é US$ 100. A ação vale US$ 97 e o valor da opção de venda no vencimento é
>
> $$X - S_T = US\$\ 100 - US\$\ 97 = US\$\ 3$$
>
> Outra maneira de olhar para isso é ver que você está mantendo a ação e um contrato de opção de venda que lhe dá o direito de vendê-la por US$ 100. O direito de vender fixa um valor mínimo de US$ 100 para a carteira. Entretanto, se o preço da ação estiver acima de US$ 100, digamos US$ 104, o direito de vender uma ação por US$ 100 não terá valor. Você permite que a opção de venda vença sem ser exercida e acaba ficando com uma ação que vale S_T = US$ 104.

TABELA 20.1 Valor de uma carteira de opção de venda protetora no vencimento

	$S_T \leq X$	$S_T > X$
Ação	S_T	S_T
+ Opção de venda	$X - S_T$	0
= TOTAL	X	S_T

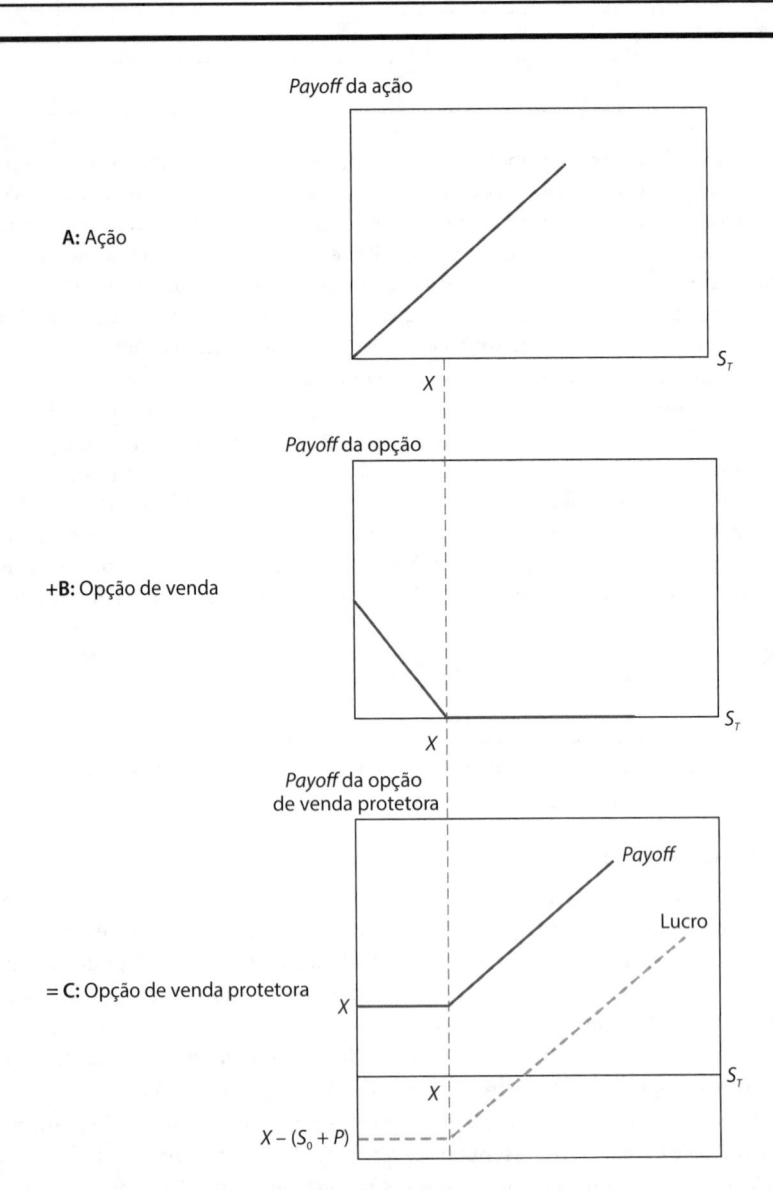

FIGURA 20.6 Valor de uma posição de opção de venda protetora no vencimento

É esclarecedor comparar o lucro da estratégia de opção de venda protetora com o do investimento em ações. A título de simplificação, considere uma opção de venda protetora no preço, de modo que $X = S_0$. A Figura 20.7 compara o lucro das duas estratégias. O lucro sobre a ação será zero se o preço da ação permanecer inalterado e $S_T = S_0$. Ele aumentará ou diminuirá US$ 1 para cada oscilação de dólar no preço final da ação. O lucro sobre a opção de compra protetora será negativo e igual ao custo da opção de venda se S_T for inferior a S_0. O lucro sobre a opção de venda protetora aumentará páreo a páreo com o preço da ação quando o preço da ação for superior a X.

A Figura 20.7 evidencia que a opção de venda protetora oferece alguma segurança contra quedas no preço das ações porque ela restringe os prejuízos. Portanto, as estratégias de opção de venda protetora são uma forma de *seguro de carteira*. O custo da proteção é que, em caso de elevação no preço das ações, seu lucro é reduzido pelo custo da opção de venda, que acabou se revelando desnecessária.

Esse exemplo também mostra que, não obstante a percepção comum de que "derivativo significa risco", os títulos derivativos podem ser utilizados de maneira eficaz para *gestão de riscos*. Na verdade, a gestão de riscos está sendo reconhecida como parte da responsabilidade fiduciária dos gestores financeiros. Aliás, em um processo judicial bastante citado, *Brane versus Roth*, o conselho de administração de uma empresa foi processado por não utilizar derivativos para se proteger contra o risco de preço dos grãos mantidos em armazenagem. Essa proteção poderia ter sido obtida com opções de venda protetoras.

A afirmação de que os derivativos podem ser considerados mais apropriadamente instrumentos de gestão de riscos talvez pareça surpreendente em virtude da crise de crédito dos últimos anos. Essa crise foi imediatamente precipitada quando as posições altamente arriscadas que várias instituições financeiras haviam estabelecido em derivativos de crédito explodiriam em 2007–2008, provocando grandes prejuízos e resgates financeiros por parte do governo. Contudo, as mesmas características que tornam os derivativos instrumentos eficazes para aumentar o risco também os tornam altamente eficazes para gerenciar riscos, pelo menos quando eles são utilizados de maneira apropriada. Os derivativos foram adequadamente comparados com instrumentos de poder: eles são extremamente úteis em mãos habilidosas, mas também muito perigosos quando não são manipulados com cuidado. O quadro a seguir defende que os derivativos são fundamentais para a gestão de riscos.

Opção de compra coberta

Uma posição de **opção de compra coberta** refere-se à compra de uma ação e à venda simultânea de uma opção de compra sobre essa ação. A opção de compra é "coberta" porque a possível obrigação de entregar a ação pode ser cumprida utilizando a ação mantida na carteira. O lançamento de uma opção sem uma posição de compensação em ações é chamada, em contraposição, de *lançamento de opção a descoberto*. O valor de uma posição de compra coberta no vencimento, apresentado

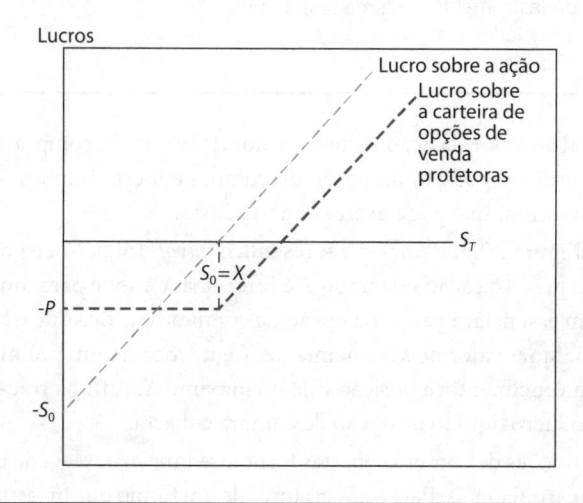

FIGURA 20.7 Opção de venda protetora *versus* investimentos em ações (opção no preço)

DESTAQUE DA REALIDADE

UM ARGUMENTO A FAVOR DOS DERIVATIVOS

Eles receberam o apelido de armas financeiras de destruição em massa, foram criticados por provocar a turbulência financeira que varreu a nação e foram identificados como a criptonita que demoliu a economia global. Contudo, poucos cidadãos comuns de fato sabem o que são derivativos – isto é, contratos financeiros entre um comprador e um vendedor que deriva valor de um ativo subjacente, como uma hipoteca ou uma ação. Parece haver quase um consenso de que os derivativos constituíram uma fonte de risco imoderado.

E então entra em cena Robert Schiller. O economista de Yale simplesmente acredita que a recíproca é verdadeira. Um defensor da inovação financeira e especialista em gestão de riscos, Shiller argumenta que os derivativos estão longe de ser um problema e que na verdade são a solução. Os derivativos, afirma Shiller, são meramente um dispositivo de gestão de riscos da mesma forma que o seguro. "Você paga um prêmio e, se algo ocorrer, você obtém uma recompensa." Esse instrumento pode ser bem utilizado ou, tal como ocorreu recentemente, mal empregado. Shiller adverte que banir esse dispositivo não nos leva a lugar nenhum.

Para todos os trilhões em negociação de derivativos, há muito poucos negociadores. Quase todas as hipotecas *subprime* que foram reunidas e transformadas em derivativos foram vendidas por algumas poucas instituições de Wall Street, em conjunto com um pequeno número de compradores institucionais de grande porte. Tratava-se de uma mercado imenso, mas ilíquido e obscuro.

Entretanto, esse sistema foi construído com base em uma miríade de decisões de proprietários de imóveis residenciais e credores do mundo inteiro. Nenhum deles, contudo, puderam proteger suas apostas tal como as grandes instituições. As pessoas que compravam um apartamento em Miami não tinham nenhuma forma de se proteger se o mercado naufragasse.

Os derivativos, de acordo com Shiller, poderiam ser utilizados pelos proprietários de imóveis residenciais – e, por extensão, pelos concessores de empréstimos – como seguro contra a queda dos preços. No cenário descrito por Shiller, você poderia procurar seu corretor e comprar um novo tipo de instrumento financeiro, talvez um derivativo inversamente associado com um índice regional de preço de imóveis residenciais. Se o valor dos imóveis residenciais em seu bairro caísse, esse instrumento financeiro aumentaria de valor, compensando o prejuízo. Os concessores de empréstimos poderiam fazer a mesma coisa, o que os ajudaria a se proteger contra execuções de hipoteca. A ideia é tornar o mercado habitacional mais líquido. Um número maior de compradores e vendedores significa mercados líquidos e funcionais mesmo em tempos difíceis.

Alguns crucials negam a premissa básica de Shiller de que mais derivativos tornariam o mercado habitacional mais líquido e mais estável. Eles ressaltam que os contratos de futuros não tornaram os mercados de ações ou os mercados de *commodities* imunes a grandes oscilações de elevação e queda. E acrescentam que a atividade crescente de derivativos de imóveis residenciais não ofereceria um seguro para os proprietários de imóveis: isso criaria um novo parque de diversões para os especuladores.

Em essência, Shiller está assentando a base intelectual para a próxima revolução financeira. Neste momento estamos enfrentando a primeira grande crise da economia da era da informação. As respostas de Shiller podem ser absurdas, mas não mais do que as dos médicos e cientistas que há alguns séculos reconheceram que a cura para as doenças infecciosas não era a fuga nem a quarentena, mas infectar intencionalmente mais pessoas por meio da vacinação. "Sofremos um sério acidente nos derivativos e na securitização", afirma Shiller. "O Titanic naufragou há um século, mas não paramos de navegar através do Atlântico."

Obviamente, as pessoas pensavam duas vezes antes de entrar em um navio, pelo menos durante algum tempo. Porém, se dermos ouvidos apenas aos nossos medos, perdemos o próprio dinamismo que nos impulsionou até aqui. Esse é o cerne do apelo de Shiller por mais derivativos e maior inovação. Esse apelo é difícil de ser promovido em uma época em que os derivativos provocaram tanta devastação. Mas ele nos lembra de que os instrumentos que nos trouxeram até aqui não devem ser responsabilizados; eles podem ser mal utilizados e bem utilizados. E tentar deter a corrente inefável de criatividade humana é uma tarefa inútil.

Fonte: Zachary Karabell, "The Case for Derivatives", *Newsweek*, 2 de fevereiro de 2009.

---

na Tabela 20.2, é igual ao valor da ação menos o valor da opção de compra. O valor da opção de compra é *subtraído* porque a posição da opção de compra coberta implica lançar uma opção de compra para outro investidor que pode exercê-la à sua custa.

A linha sólida na Figura 20.8, Painel C, representa o *payoff* total. Você pode ver que a posição total vale S_T quando o preço da ação no tempo T é inferior a X e sobe para um máximo de X quando S_T ultrapassa X. Em essência, a venda da opção de compra significa que o lançador dessa opção vendeu o direito a qualquer valor de ação acima de X em troca de um prêmio inicial (o preço de resgate). Portanto, no vencimento, a posição vale no máximo X. A linha tracejada na Figura 20.8, Painel C, representa o lucro líquido da opção de compra coberta.

O lançamento de opções de compra cobertas tornou-se uma estratégia de investimento comum entre os investidores institucionais. Pense nos gestores de um fundo que investiram amplamente em ações. Eles podem achar interessante lançar opções de compra sobre algumas ou todas as ações para aumentar a receita dos prêmios arrecadados. Ainda que por isso eles percam o direito a possíveis ganhos de capital, caso o preço das ações fique acima do preço de exercício, se mesmo assim eles virem X como o preço pelo qual eles pretendem vender a ação, a opção de compra pode ser vista como um tipo de "disciplina de venda". A opção de compra lançada garante que a venda da ação ocorra de acordo com o planejado.

TABELA 20.2 Valor de uma posição de opção de compra coberta no vencimento da opção

	$S_T \leq X$	$S_T > X$
Payoff da ação	S_T	S_T
+ Payoff da opção de compra lançada	–0	–(S_T – X)
= TOTAL	S_T	X

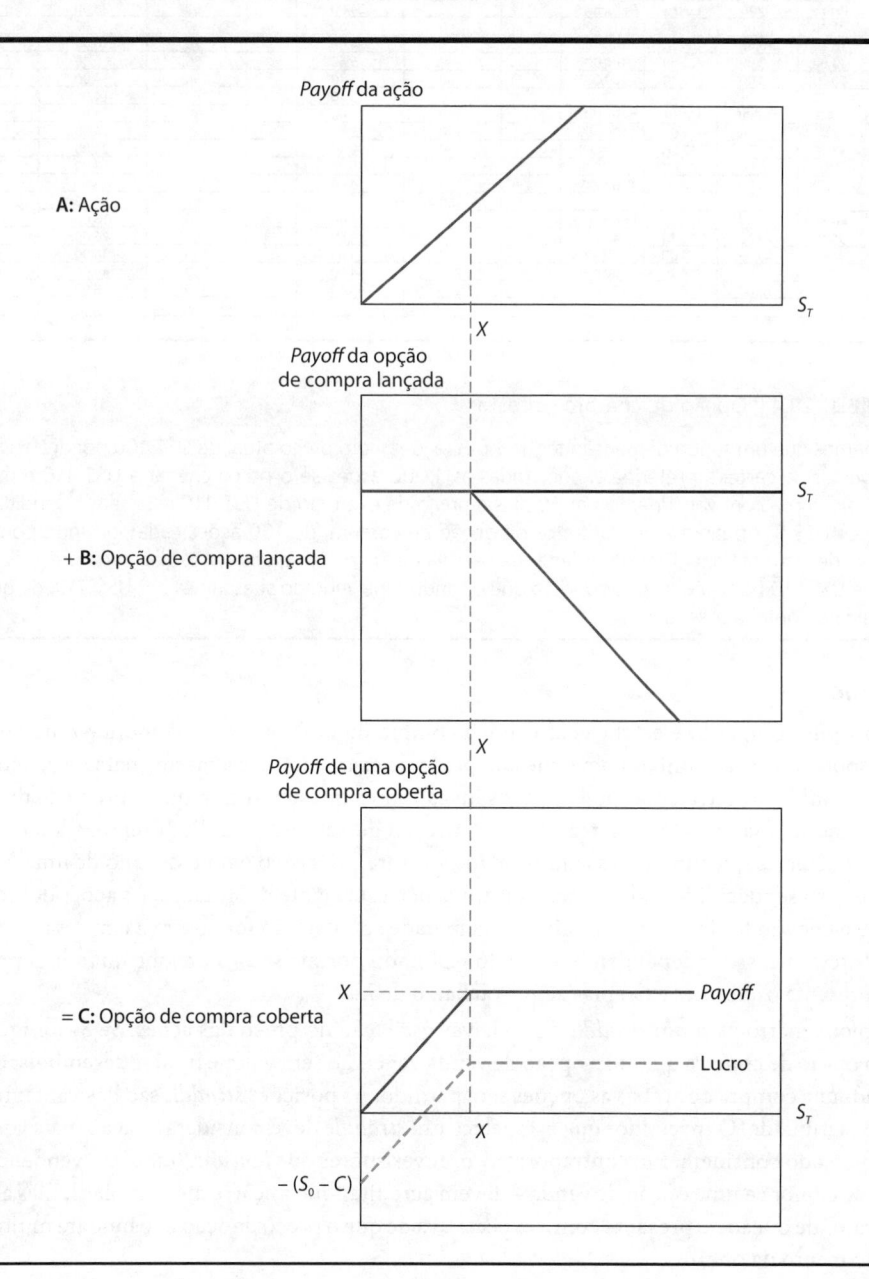

FIGURA 20.8 Valor de uma posição de opção de compra coberta no vencimento

APLICAÇÕES EXCEL: *Spreads* e *straddles*

Utilizar planilhas para analisar combinações de opções é muito útil. Quando os modelos básicos são desenvolvidos, é fácil estender a análise para diferentes pacotes de opções. O modelo Excel de "Spreads e Straddles" mostrado a seguir pode ser utilizado para avaliar a lucratividade de diferentes estratégias. Você pode encontrar o *link* para essa planilha em **www.grupoa.com.br**.

QUESTÃO EXCEL

1. Utilize os dados desta planilha para criar um gráfico dos lucros em um *spread* altista (consulte a Figura 20.10) com $X_1 = 120$ e $X_2 = 130$.

	A	B	C	D	E	F	G	H	I	J	K	L
1					Spreads e Straddles							
2												
3	Preços das Ações											
4	Preço de mercado inicial	116,5										
5	Preço de mercado final	130						X 110 *Straddle*			X 110 *Straddle*	
6							Preço Final da Ação	Lucro		Preço Final da Ação	Lucro	
7	Opções de Compra:							-15,40			-24,00	
8	*Strike* de Opções de Compra	Preço	Payoff	Lucro	Retorno %		50	24,60		50	36,00	
9	110	22,80	20,00	-2,80	-12,28%		60	14,60		60	26,00	
10	120	16,80	10,00	-6,80	-40,48%		70	4,60		70	16,00	
11	130	13,60	0,00	-13,60	-100,00%		80	-5,40		80	6,00	
12	140	10,30	0,00	-10,30	-100,00%		90	-15,40		90	-4,00	
13							100	-25,40		100	-14,00	
14	*Strike* de Opções de Venda	Preço	Payoff	Lucro	Retorno %		110	-35,40		110	-24,00	
15	110	12,60	0,00	-12,60	-100,00%		120	-25,40		120	-34,00	
16	120	17,20	0,00	-17,20	-100,00%		130	-15,40		130	-24,00	
17	130	23,60	0,00	-23,60	-100,00%		140	-5,40		140	-14,00	
18	140	30,50	10,00	-20,50	-67,21%		150	4,60		150	-4,00	
19							160	14,60		160	6,00	
20	*Straddle*	Preço	Payoff	Lucro	Retorno %		170	24,60		170	16,00	
21	110	35,40	20,00	-15,40	-43,50%		180	34,60		180	26,00	
22	120	34,00	10,00	-24,00	-70,59%		190	44,60		190	36,00	
23	130	37,20	0,00	-37,20	-100,00%		200	54,60		200	46,00	
24	140	40,80	10,00	-30,80	-75,49%		210	64,60		210	56,00	
25												

EXEMPLO 20.4 || Opção de compra coberta

Suponhamos que um fundo de pensão tenha 1.000 ações, com preço atual de US$ 100 por ação. Digamos que o gestor da carteira pretenda vender todas as 1.000 ações se o preço chegar a US$ 110 e que uma opção de compra com vencimento em 60 dias e preço de exercício de US$ 110 está sendo vendida atualmente por US$ 5. Ao lançar dez contratos de opção de compra (de 100 ações cada), o fundo pode obter US$ 5 mil de lucro extra. O fundo perderia sua parcela de lucro com qualquer oscilação no preço das ações acima de US$ 110 por ação. Contudo, visto que o fundo teria vendido suas ações por US$ 110, de qualquer forma ele não obteria esse lucro.

Straddle

Um **straddle** comprado é estabelecido com a compra de uma opção de compra e uma opção de venda sobre uma ação, ambas com o mesmo preço de exercício, X, e a mesma data de vencimento, T. Os *straddles* são estratégias úteis para os investidores que acreditam que o preço de uma ação mudará muito, mas não têm certeza sobre a direção dessa mudança. Por exemplo, suponhamos que você acredite que um processo judicial importante e decisivo para o destino de uma empresa está prestes a ser decidido e que o mercado ainda não está ciente da situação. As ações dobrarão de valor se a decisão for favorável ou cairão pela metade se a decisão for contra a empresa. A posição *straddle* terá sucesso independentemente do resultado porque seu valor sobe quando o preço da ação apresenta oscilações extremas acima ou baixo de X.

O pior cenário para um *straddle* é não haver oscilação no preço das ações. Se S_T for igual a X, tanto a opção de compra quanto a opção de venda vencerão sem valor e o valor desembolsado pelo investidor na compra de ambas as opções será perdido. As posições *straddle* são basicamente apostas na volatilidade. O investidor que estabelece um *straddle* deve considerar a ação mais volátil do que o mercado considera. Em contraposição, os investidores que *lançam straddles* – vendendo uma opção de compra e uma opção de venda – devem acreditar que a ação é menos volátil. Eles aceitam os prêmios de opção no presente com a expectativa de que o preço da ação não mudará muito antes do vencimento da opção.

O *payoff* de um *straddle* é apresentado na Tabela 20.3. A linha sólida na Figura 20.9, Painel C, mostra esse *payoff*. Observe que o *payoff* da carteira é sempre positivo, exceto em um ponto em que a carteira tem valor zero, $S_T = X$. Você pode se perguntar por que todos os investidores não adotam então essa estratégia aparentemente de "perda zero". O motivo é que o *straddle* exige a compra tanto da opção de venda quanto da opção de compra. O valor da carteira no vencimento, embora nunca negativo, mesmo assim deve ser superior ao desembolso inicial para que o investidor em *straddles* tenha lucro.

A linha tracejada na Figura 20.9, Painel C, representa o lucro de um *straddle*. A linha de lucro ficará abaixo da linha de *payoff* de acordo com o custo da compra do *straddle*, $P + C$. Com base no gráfico, fica claro que o *straddle* gerará uma perda se o preço da ação não se desviar consideravelmente de X. Para que o comprador do *straddle* tenha lucro, o preço da ação deve desviar-se de X segundo o valor total desembolsado para comprar a opção de compra e a opção de venda.

Os *strips* e *straps* são variações de *straddles*. Um *strip* são duas opções de venda e uma opção de compra sobre um título com o mesmo preço de exercício e a mesma data de vencimento. Um *strap* são duas opções de compra e uma de venda.

> **REVISÃO DE CONCEITOS 20.4**
>
> Desenhe os gráficos de lucro e *payoff* de *strips* e *straps*.

Spreads

Spread é a junção de duas ou mais opções de compra (ou duas ou mais opções de venda) sobre a mesma ação com preço de exercício ou prazo de vencimento diferente. Algumas opções são compradas, enquanto outras são vendidas ou lançadas. O *money spread* (*spread* vertical) é a compra de uma opção e a venda simultânea de outra com um preço de exercício diferente. O *time spread* (*spread* pelo tempo) é a venda e compra de opções com data de vencimento diferente.

Considere um *money spread* em que uma opção de compra é comprada pelo preço de exercício X_1, enquanto outra opção de compra com data de vencimento idêntica mas preço de exercício mais alto, X_2, é lançada. O *payoff* será a diferença no valor da opção de compra mantida e o valor da opção de compra lançada, como na Tabela 20.4.

Agora há três e não dois resultados a distinguir: a área de preço mais baixo, onde S_T está abaixo dos dois preços de exercício; uma área intermediária, onde S_T encontra-se entre os dois preços de exercício; e a área de preço alto, onde S_T ultrapassa os dois preços de exercício. A Figura 20.10 mostra o *payoff* e o lucro dessa estratégia, que é chamada de *spread altista* porque o *payoff* aumenta ou não é alterado pela elevação do preço das ações. Os detentores de *spreads* altistas beneficiam-se com o aumento de preço das ações.

Um dos incentivos para um *spread* altista poderia ser o investidor pensar que uma opção está muito acima do preço em relação a outra. Por exemplo, o investidor que acredita que uma opção de compra com $X =$ US\$ 100 está barata em relação a uma opção com $X =$ US\$ 110 pode estabelecer o *spread*, mesmo que não tenha um forte desejo de assumir uma posição altista sobre a ação.

Collars

Collar é uma estratégia de opção que enquadra o valor de uma carteira entre dois limites. Suponhamos que atualmente um investidor esteja mantendo uma grande posição na FinCorp, cujas ações estão sendo vendidas no momento por US\$ 100 cada. Um limite inferior de US\$ 90 pode ser atribuído ao valor da carteira com a compra de uma opção de compra protetora com preço de exercício de US\$ 90. Contudo, essa proteção exige que o investidor pague o prêmio da opção de venda. Para levantar o dinheiro para pagar a opção de venda, o investidor pode lançar uma opção de compra com um preço de exercício de US\$ 110, por exemplo. A opção de compra pode ser vendida por aproximadamente o mesmo preço que a opção de venda, o que significa que a despesa líquida das duas posições de opção é em torno de zero. Lançar a opção de compra restringe o potencial de ganho da carteira. Mesmo que o preço da carteira ultrapasse US\$ 110, o investidor não conseguirá mais que US\$ 110 porque, se o preço for superior, a ação será resgatada. Portanto, o investidor obtém a proteção contra perda representada pelo preço de exercício da opção de venda ao vender seu direito a qualquer potencial de ganho além do preço de exercício da opção de compra.

TABELA 20.3 Valor de uma posição *straddle* no vencimento da opção

	$S_T < X$	$S_T \geq X$
Payoff da opção de compra	0	$S_T - X$
+ Payoff da opção de venda	$X - S_T$	0
= TOTAL	$X - S_T$	$S_T - X$

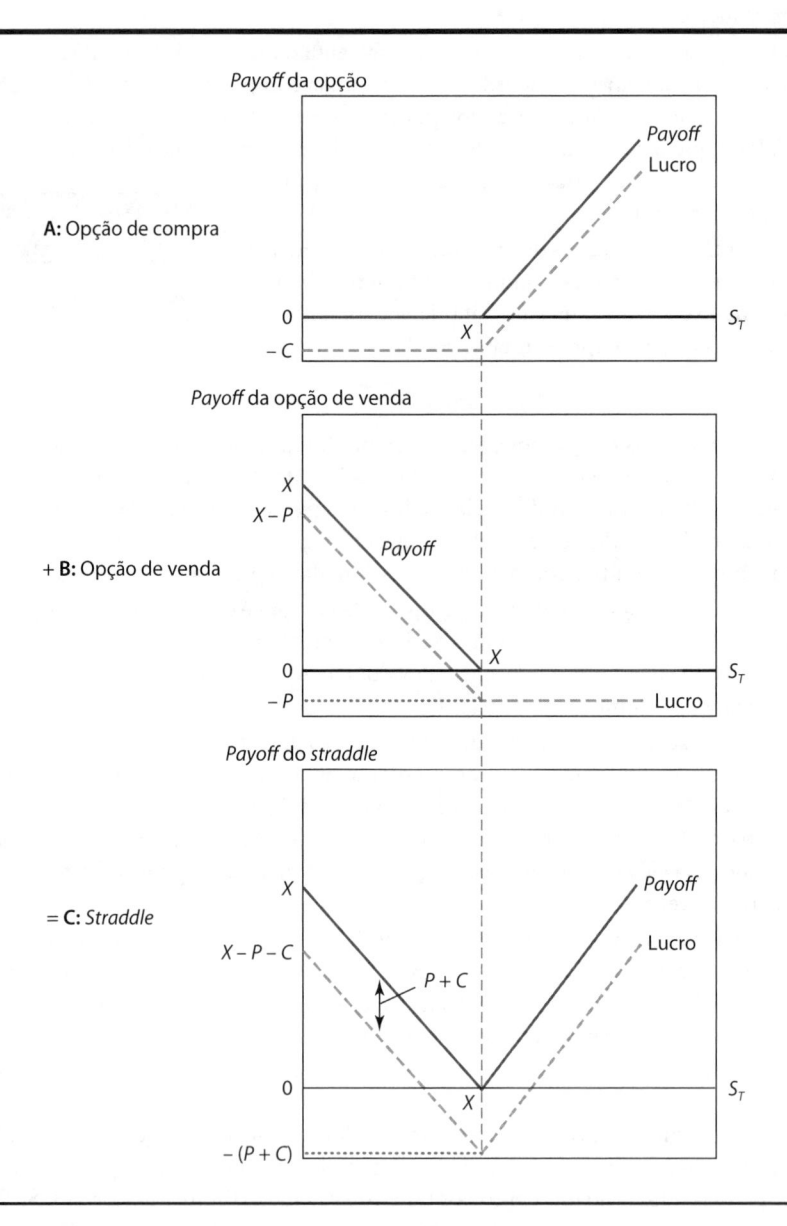

FIGURA 20.9 Valor de um *straddle* no vencimento

A: Opção de compra

+ B: Opção de venda

= C: Straddle

Exemplo 20.5 || Collars

Um *collar* seria adequado para um investidor que tem uma meta de lucro em mente mas está disposto a correr o risco de sofrer prejuízos além de um determinado limite. Se você estiver pensando em comprar uma casa por US$ 220 mil, por exemplo, você pode estabelecer esse preço como sua meta. Seu patrimônio atual talvez corresponda a US$ 200 mil e você não está disposto a arriscar uma perda superior a US$ 20 mil. Um *collar* estabelecido pela (1) compra de 2 mil ações vendidas atualmente por US$ 100 cada, pela (2) compra de 2 mil opções de venda (20 contratos de opção) com preço de exercício de US$ 90 e pelo (3) lançamento de 2 mil opções de compra com preço de exercício de US$ 110 lhe ofereceria uma boa probabilidade de obter US$ 20 mil em ganho de capital sem o risco de perder mais de US$ 20 mil.

TABELA 20.4 Valor de uma posição de *spread* altista no vencimento

	$S_T \leq X_1$	$X_1 < S_T \leq X_2$	$S_T \geq X_2$
Payoff da opção de compra comprada, preço de exercício = X_1	0	$S_T - X_1$	$S_T - X_1$
+ *Payoff* da opção de compra lançada, preço de exercício = X_2	–0	–0	$-(S_T - X_2)$
= TOTAL	0	$S_T - X_1$	$X_2 - X_1$

A: (A) Opção de compra mantida (Preço de exercício = X_1)

B: Opção de compra lançada (Preço de exercício = X_2)

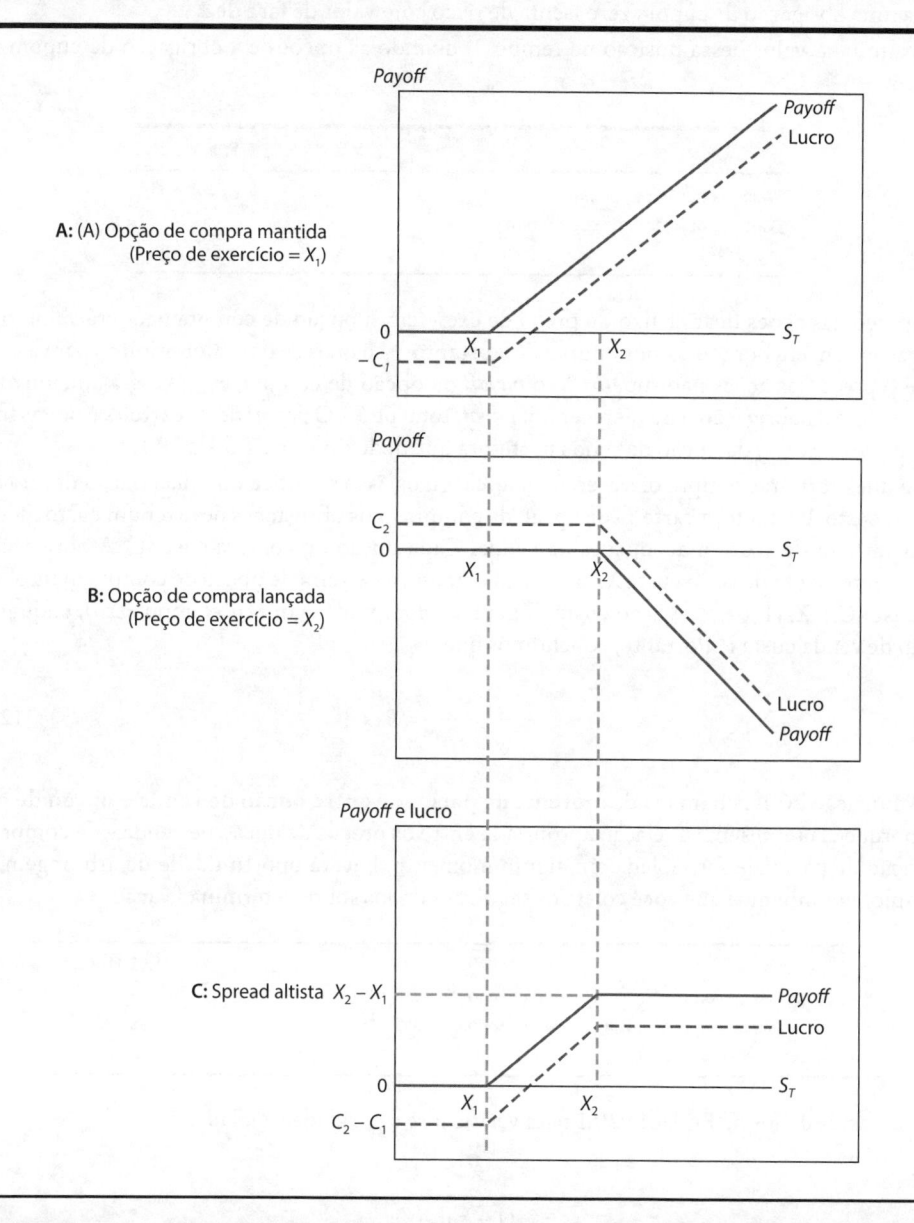

C: Spread altista $X_2 - X_1$

FIGURA 20.10 Valor de uma posição de *spread* altista no vencimento

20.4 Relação de paridade entre opção de venda e opção de compra

Vimos na seção anterior que uma carteira de opção de venda protetora, que compreende uma posição em ações e uma opção de venda nessa posição, oferece um valor mínimo garantido, mas um potencial de ganho ilimitado. Entretanto, essa não é a única forma de obter essa proteção. Uma carteira de opção de compra mais letras também pode oferecer um risco de perda limitado e um potencial de ganho ilimitado.

REVISÃO DE CONCEITOS 20.5

Represente graficamente o *payoff* do *collar* descrito no Exemplo 20.5.

Considere a estratégia de comprar uma opção de compra e, além disso, comprar letras do Tesouro com valor de face igual ao preço de exercício da opção de compra e data de vencimento igual à da opção. Por exemplo, se o preço de exercício da opção de compra fosse US$ 100, cada contrato de opção (que é lançado sobre 100 ações) exigiria um pagamento de US$ 10 mil no exercício. Desse modo, você compraria uma letra do Tesouro com um valor no vencimento de US$ 10 mil. Em linhas mais gerais, para cada opção com preço de exercício de X que você mantivesse, você compraria uma obrigação de cupom zero isenta de risco com valor de face de X.

Examine o valor dessa posição no tempo T, quando as opções e a obrigação de cupom zero vencem:

	$S_T \leq X$	$S_T > X$
Valor da opção de compra	0	$S_T - X$
Valor da obrigação de cupom zero	X	X
TOTAL	X	S_T

Se o preço das ações ficar abaixo do preço de exercício, a opção de compra não terá valor, mas a obrigação vencerá por seu valor nominal, X. Portanto, isso oferece um valor mínimo para a carteira. Se o preço das ações não superar X, o *payoff* da opção de compra, $S_T - X$, será adicionado ao valor de face da obrigação para oferecer um *payoff* total de S_T. O *payoff* dessa carteira é precisamente idêntico ao *payoff* da opção de venda protetora que deduzimos na Tabela 20.1.

Se duas carteiras sempre oferecerem valores iguais, isso significa que sua criação deverá ter o mesmo custo. Portanto, a carteira de opção de compra mais obrigações deve ter um custo idêntico ao da carteira de ações mais opções de venda. Cada opção de compra custa C. A obrigação de cupom zero isenta de risco custa $X/(1 + r_f)^T$. Portanto, a carteira de opção de compra mais obrigação custa $C + X/(1 + r_f)^T$. A ação custa S_0 para ser comprada agora (no tempo zero), enquanto a opção de venda custa P. Portanto, concluímos que

$$C + \frac{X}{(1 + r_f)^T} = S_0 + P \qquad (20.1)$$

A Equação 20.1 é chamada de **teorema de paridade entre opção de venda e opção de compra** porque ela representa a relação apropriada entre os preços de opção de venda e de compra. Se a relação de paridade for violada em algum momento, haverá oportunidade de arbitragem. Por exemplo, suponhamos que você colete os seguintes dados sobre determinada ação.

Preço da ação	US$ 110
Preço da opção de compra (vencimento em um ano, X = US$ 105)	US$ 17
Preço da opção de compra (vencimento em um ano, X = US$ 105)	US$ 5
Taxa de juros isenta de risco	5% ao ano

Usamos esses dados na Equação 20.1 para verificar se a paridade é violada.

$$C + \frac{X}{(1 + r_f)^T} \stackrel{?}{=} S_0 + P$$

$$17 + \frac{105}{1{,}05} \stackrel{?}{=} 110 + 5$$

$$117 \neq 115$$

Esse resultado, uma violação da paridade – 117 não é igual a 115 –, indica erro de apreçamento. Para aproveitar o erro de apreçamento, você compra a carteira relativamente barata (a posição ações mais opção de venda no lado direito da equação) e vende a carteira relativamente cara (a posição opção de compra mais obrigação no lado esquerdo). Portanto, se você *comprar* a ação,

TABELA 20.5 Estratégia de arbitragem

Posição	Fluxo de caixa imediato	Fluxo de caixa no ano 1	
		$S_T < 105$	$S_T \geq 105$
Comprar ação	–110	S_T	S_T
Contrair empréstimo de US$ 105/1,05 = US$ 100	+100	–105	–105
Vender opção de compra	+17	0	$-(S_T - 105)$
Comprar opção de venda	–5	$105 - S_T$	0
TOTAL	2	0	0

comprar a opção de venda, *lançar* a opção de compra e *contrair um empréstimo* de US$ 100 por um ano (porque tomar dinheiro emprestado é o contrário de comprar uma obrigação), você deve obter lucros de arbitragem.

Examinemos o *payoff* dessa estratégia. Em um ano, a ação valerá S_T. O empréstimo de US$ 100 será reembolsado com juros, o que resulta em um fluxo de caixa de US$ 105. A opção de compra lançada gerará uma saída de caixa de S_T – US$ 105, se S_T ultrapassar US$ 105. A opção de venda comprada oferecerá um *payoff* de US$ 105 – S_T, se o preço da ação ficar abaixo de US$ 105.

A Tabela 20.5 resume o resultado. A entrada de caixa imediata é US$ 2. Em um ano, as várias posições oferecerão fluxos de caixa exatamente contrabalançantes: a entrada de caixa de US$ 2 é realizada sem nenhuma saída de caixa contrabalançante. Essa é uma oportunidade de arbitragem que os investidores perseguirão em larga escala até que a pressão de compra e venda restabeleça a condição de paridade expressa na Equação 20.1.

A Equação 20.1 na verdade aplica-se apenas a opções sobre ações que não pagam dividendos antes da data de vencimento da opção. Entretanto, a ampliação da condição de paridade para opções de compra europeias sobre ações que pagam dividendos é direta. O Problema 12 no final deste capítulo o conduz a uma demonstração. A fórmula mais genérica da condição de paridade entre opção de venda e opção de compra é

$$P = C - S_0 + PV(X) + PV(\text{dividendos}) \qquad (20.2)$$

onde PV (dividendos) é o valor presente dos dividendos que serão pagos pela ação durante a existência da opção. Se a ação não pagar dividendos, a Equação 20.2 ficará idêntica à Equação 20.1.

EXEMPLO 20.6 || Paridade entre opção de venda e opção de compra

Vejamos como a paridade funciona utilizando os dados sobre as opções da IBM na Figura 20.1. A opção de compra com vencimento em fevereiro e preço de exercício de US$ 195 e prazo até o vencimento de 28 dias custa US$ 3,65, enquanto a opção de venda correspondente custa US$ 5. A IBM estava vendendo suas ações por US$ 194,47, e a taxa de juros de curto prazo anualizada nessa data era 0,1%. A IBM deveria pagar dividendos de US$ 0,85 com data ex-dividendo de 8 de fevereiro, dentro de 18 dias. De acordo com a relação de paridade, devemos descobrir que

$$P = C + PV(X) - S_0 + PV(\text{Dividendos})$$

$$5,00 = 3,65 + \frac{195}{(1,001)^{28/365}} - 194,47 + \frac{0,85}{(1,001)^{18/365}}$$

$$5,00 = 3,65 + 194,985 - 194,47 + 0,85$$

$$5,00 = 5,015$$

Assim, a paridade é violada em cerca de US$ 0,15 por ação. Essa é uma diferença suficientemente grande para ser explorada? É quase certeza que não. Você deve comparar o potencial de lucro com os custos de negociação da opção de compra, da opção de venda e das ações. Mais importante do que isso, como as ações são negociadas com uma frequência relativamente pequena, esse desvio em relação à paridade talvez não seja "real", mas pode ser atribuído a cotações "defasadas" (isto é, desatualizadas) pelas quais na verdade você não conseguiria negociar.

Observe que essa generalização se aplicaria também a opções europeias sobre ativos que não sejam ações. Em vez de usar o lucro de dividendos na Equação 20.2, deixaríamos que qualquer rendimento pago pelo ativo subjacente desempenhasse o papel dos dividendos da ação. Por exemplo, as opções de compra e opções de venda europeias sobre obrigações satisfariam essa mesma relação de paridade, com a exceção de que o rendimento do cupom da obrigação substituiria os pagamentos de dividendos da ação na fórmula de paridade.

Entretanto, até mesmo essa generalização aplica-se somente a opções europeias, já que os fluxos de caixa provenientes das duas carteiras representadas pelos dois lados da Equação 20.2 só serão compatíveis se ambas as posições forem mantidas até o vencimento. Se uma opção de compra e uma opção de venda puder ser exercida de maneira ideal em diferentes momentos antes de sua data de vencimento usual, a igualdade dos *payoffs* não poderá ser garantida nem mesmo esperada, e as carteiras terão diferentes valores.

20.5 Títulos semelhantes a opções

Digamos que você nunca negocie uma opção diretamente. Por que precisaria avaliar as características das opções ao formular um plano de investimento? Muitos instrumentos e acordos financeiros têm características que transmitem opções implícitas ou explícitas a uma ou mais partes. Para avaliar a utilização desses títulos corretamente, você deve compreender os atributos de opção que eles incorporam.

Obrigações resgatáveis

Você já viu no Capítulo 14 que muitas obrigações corporativas são emitidas com cláusulas de resgate que dão ao emissor o direito de comprar as obrigações de volta dos obrigacionistas em algum momento futuro, em uma data de resgate estipulada. O emissor da obrigação mantém uma opção de compra com preço de exercício igual ao preço pelo qual a obrigação pode ser readquirida. Portanto, um acordo de obrigação resgatável é basicamente a venda de uma *obrigação não conversível* (uma obrigação que não tem nenhum atributo de opção, como resgatabilidade ou conversibilidade) para o investidor e a emissão simultânea de uma opção de compra pelo investidor para a empresa que está emitindo a obrigação.

Deve haver alguma compensação para a opção de compra implícita da empresa. Se a obrigação resgatável fosse emitida com a mesma taxa de cupom de uma obrigação não conversível, ela seria vendida por um preço inferior ao da obrigação não conversível: a diferença de preço seria igual ao valor da opção de compra. Para vender obrigações resgatáveis pelo valor nominal, as empresas devem emiti-las com taxas de cupom superiores aos cupons sobre dívidas e obrigações não conversíveis. Os cupons mais elevados são a compensação do investidor pela opção de compra retida pelo emissor.

A Figura 20.11 mostra essa característica de semelhança com uma opção. O eixo horizontal representa o valor de uma obrigação não conversível com termos que em outros sentidos são idênticos aos da obrigação resgatável. A linha tracejada de 45 graus representa o valor de uma dívida não conversível. A linha sólida é o valor da obrigação resgatável e a linha tracejada é o valor da opção de compra mantida pela empresa. O potencial de ganho de capital da obrigação resgatável é restringido pela opção da empresa de recomprar pelo preço de resgate.

A opção inerente nas obrigações resgatáveis na verdade é mais complexa do que uma opção de compra comum porque normalmente ela só pode ser exercida após algum período inicial de proteção contra resgate. Além disso, o preço pelo qual a obrigação é resgatável pode mudar com o tempo. Ao contrário das opções listadas em bolsa, essas características são definidas no contrato de obrigação inicial e dependerão das necessidades da empresa emissora e de sua percepção sobre as preferências do mercado.

> **REVISÃO DE CONCEITOS 20.6**
>
> Até que ponto uma obrigação resgatável é semelhante a uma estratégia de opção de compra coberta sobre uma obrigação não conversível?

> **REVISÃO DE CONCEITOS 20.7**
>
> Suponhamos que o período da proteção contra resgate seja ampliado. De que forma a taxa de cupom que a empresa necessita oferecer sobre sua obrigação mudará para possibilitar que o emissor venda as obrigações pelo valor nominal?

Títulos conversíveis

As obrigações conversíveis e as ações preferenciais conversíveis transmitem opções ao detentor do título, e não à empresa emissora. Normalmente um título conversível concede ao detentor o direito de trocar cada obrigação ou ação preferencial por um número fixo de ações ordinárias, independentemente do preço de mercado dos títulos na época.

Por exemplo, uma obrigação com *índice de conversão* 10 permite que o detentor converta uma obrigação com valor nominal de US$ 1.000 em 10 ações ordinárias. Alternativamente, dizemos que o *preço de conversão* nesse caso é US$ 100: para receber 10 ações, o investidor sacrifica obrigações com valor de face de US$ 1.000 ou, em outras palavras, US$ 100 de valor de face por ação. Se o valor presente dos pagamentos programados da obrigação for menos de 10 vezes o valor de uma ação, talvez valha a pena converter; ou seja, a opção de conversão está dentro do preço. Uma obrigação que vale US$ 950 e tem índice de conversão 10 poderia ser convertida com lucro se a ação estivesse sendo vendida acima de US$ 95, já que o valor das 10 ações recebidas por cada obrigação entregue seria superior a US$ 950. Na maioria das vezes, as obrigações conversíveis são emitidas "bem além do preço". Isto é, o emissor estabelece o índice de conversão para que a conversão só seja lucrativa se houver um aumento considerável no preço das ações e/ou uma queda no preço das obrigações desde o momento da emissão.

O *valor de conversão* de uma obrigação é igual ao valor que ela teria se você a convertesse em ações imediatamente. É óbvio que uma obrigação deve ser vendida no mínimo por seu valor de conversão. Se não, você poderia comprá-la, convertê-la e imediatamente obter lucro sem nenhum risco. Essa condição nunca poderia persistir, porque todos os investidores adotariam essa estratégia e acabariam elevando o preço da obrigação.

O valor da obrigação não conversível ou "piso da obrigação" é o valor que a obrigação teria se não fosse conversível em ações. A obrigação deve ser vendida por um valor superior ao seu valor de obrigação não conversível porque uma obrigação conversível tem maior valor. Na verdade, ela é uma obrigação não conversível mais uma opção de compra valiosa. Portanto, a obrigação conversível tem dois limites sobre seu preço de mercado: o valor de conversão e o valor de obrigação não conversível.

A Figura 20.12 mostra as características de semelhança da obrigação conversível com as opções. A Figura 20.12, Painel A, mostra o valor da dívida não conversível como função do preço da ação da empresa emissora. Para empresas saudáveis, o valor da dívida não conversível é quase independente do valor da ação porque o risco de inadimplência é pequeno. Entretanto, se a empresa

> **REVISÃO DE CONCEITOS 20.8**
>
> Uma obrigação conversível emitida pelo valor nominal deve ter uma taxa de cupom mais alta ou mais baixa do que uma obrigação não conversível emitida pelo valor nominal?

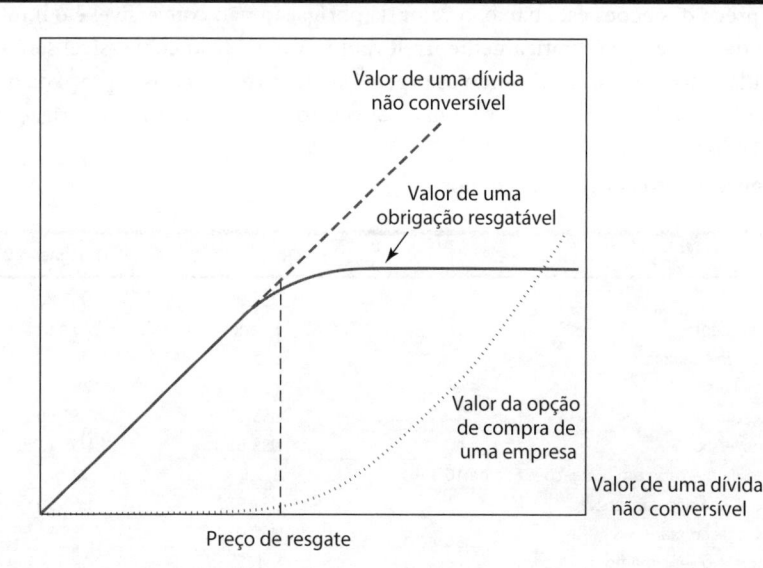

FIGURA 20.11 Valores de uma obrigação resgatável em comparação com uma obrigação não conversível

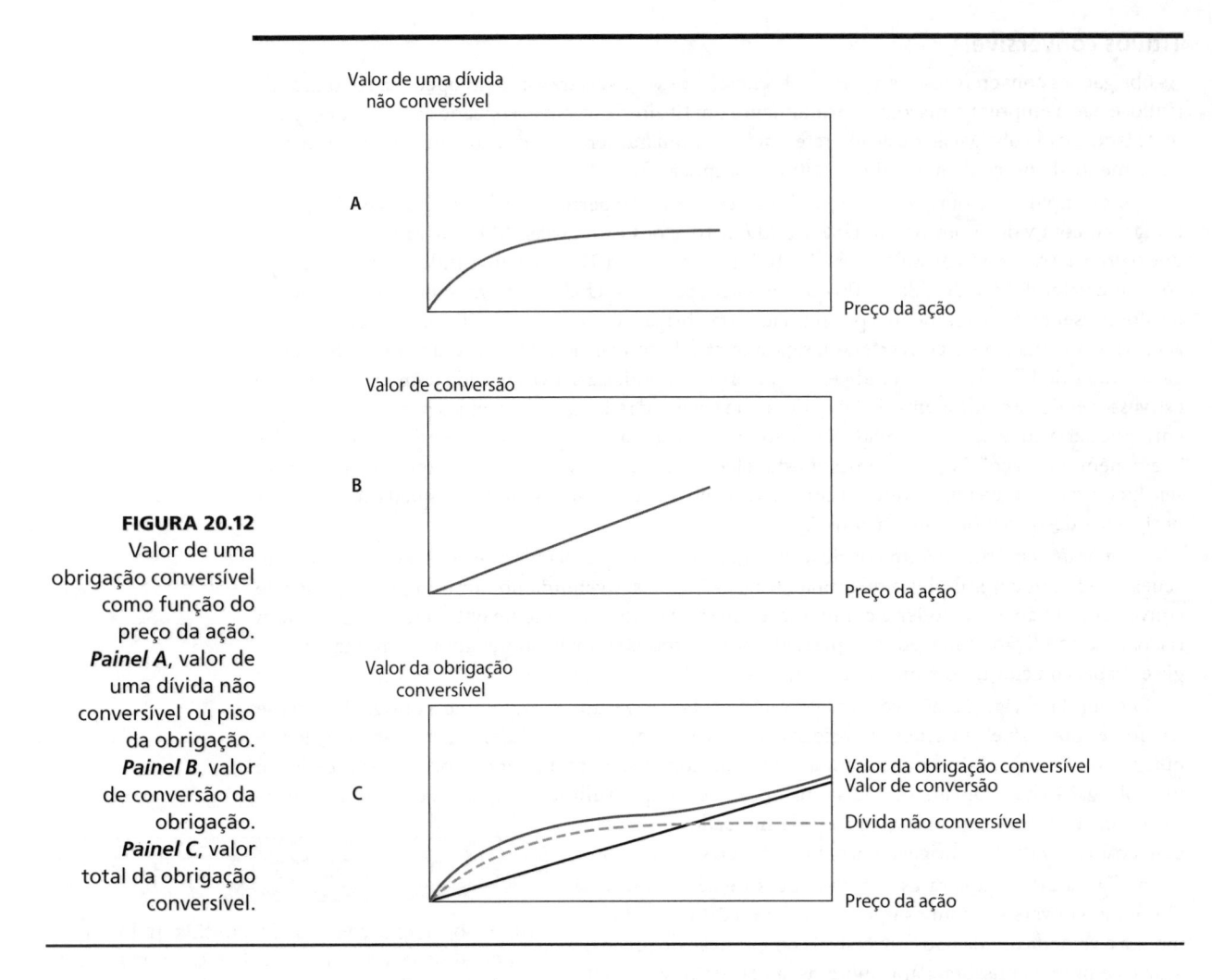

FIGURA 20.12
Valor de uma obrigação conversível como função do preço da ação. *Painel A*, valor de uma dívida não conversível ou piso da obrigação. *Painel B*, valor de conversão da obrigação. *Painel C*, valor total da obrigação conversível.

estiver à beira da falência (os preços das ações estiverem baixos), o risco de inadimplência aumentará e o valor da obrigação não conversível diminuirá. O Painel B mostra o valor de conversão da obrigação. O Painel C compara o valor da obrigação conversível com esses dois limites inferiores.

Quando o preço das ações está baixo, o valor da obrigação não conversível é o limite inferior real, e a opção de conversão é praticamente irrelevante. A obrigação conversível será negociada como uma dívida não conversível. Quando os preços das ações estão altos, o preço da obrigação é determinado por seu valor de conversão. Com a conversão quase garantida, a obrigação é em essência uma ação disfarçada.

Podemos mostrar isso com dois exemplos.

	Obrigação A	Obrigação B
Cupom anual	US$ 80	US$ 80
Data de vencimento	10 anos	10 anos
Classificação de qualidade	Baa	Baa
Índice de conversão	20	25
Preço da ação	US$ 30	US$ 50
Valor de conversão	US$ 600	US$ 1.250
Rendimento de mercado em obrigações Baa de 10 anos	8,5%	8,5%
Valor como dívida não conversível	US$ 967	US$ 967
Preço da obrigação real	US$ 972	US$ 1.255
Rendimento até o vencimento divulgado	8,42%	4,76%

A obrigação A tem um valor de conversão de apenas US$ 600. Entretanto, seu valor como dívida não conversível é US$ 967. Esse é o valor presente dos pagamentos de cupom e principal de uma dívida não conversível de 8,5%, aplicando-se uma taxa de mercado. O preço da obrigação é US$ 972. Portanto, o prêmio sobre o valor da obrigação não conversível é apenas US$ 5, o que reflete a baixa probabilidade de conversão. O rendimento até o vencimento divulgado, com base nos pagamentos de cupom programados e no preço de mercado de US$ 972, é 8,42%, próximo ao de uma dívida não conversível.

A opção de conversão sobre a obrigação B está dentro do preço. O valor da conversão é US$ 1.250 e o preço da obrigação, US$ 1.255, reflete seu valor como patrimônio (mais US$ 5 pela proteção que a obrigação oferece contra a queda no preço da ação). O rendimento divulgado da obrigação é 4,76%, bem abaixo do rendimento comparável sobre a dívida não conversível. Esse grande prejuízo no rendimento pode ser atribuído ao valor bem mais alto da opção de conversão.

Em teoria, poderíamos avaliar as obrigações conversíveis tratando-as como dívida não conversível mais opção de compra. Entretanto, na prática essa abordagem muitas vezes é impraticável por vários motivos:

1. O preço de conversão com frequência aumenta com o tempo, o que quer dizer que o preço de exercício da opção muda.
2. As ações podem pagar vários dividendos durante a vida de uma obrigação, o que complica ainda mais a análise de avaliação da opção.
3. A maioria das obrigações conversíveis também pode ser resgatada a critério da empresa. Em essência, tanto o investidor quanto o emissor mantêm opções um sobre o outro. Quando o emissor exerce sua opção de compra para recomprar a obrigação, os obrigacionistas normalmente têm ainda um mês no qual podem realizar a conversão. Quando os emissores utilizam uma opção de compra, sabendo que os obrigacionistas optarão por converter, diz-se que o emissor *forçou a conversão*. Essas condições juntas significam que o vencimento real da obrigação é indeterminado.

Warrants

Basicamente, os **warrants** são opções de compra emitidas por uma empresa. Uma diferença importante entre as opções de compra e os *warrants* é que o exercício de um *warrant* exige que a empresa emita uma nova cota de ações – o número total de ações em circulação aumenta. O exercício de uma opção de compra exige apenas que o lançador da opção entregue uma ação já emitida para satisfazer essa dívida. Nesse caso, o número de ações em circulação permanece estável. Além disso, diferentemente das opções de compra, os *warrants* geram fluxo de caixa para a empresa quando seu detentor paga o preço de exercício. Essas diferenças significam que os valores dos *warrants* serão um pouco diferentes dos valores das opções de compra com termos idênticos.

Como a dívida conversível, os termos do *warrant* podem ser ajustados para atender às necessidades da empresa. Além disso, tal como a dívida conversível, geralmente os *warrants* são protegidos contra divisão de ações e dividendos porque o preço de exercício e o número de *warrants* mantidos são ajustados para compensar os efeitos da divisão.

Com frequência os *warrants* são emitidos com outro título. Por exemplo, as obrigações podem ser oferecidas com o "incentivo" de um *warrant*, em geral um *warrant* que pode ser vendido separadamente. Ele é chamado de *warrant destacável*.

As emissões de *warrants* e títulos conversíveis criam a possibilidade de o número de ações em circulação aumentar em caso de exercício. Obviamente, o exercício afetaria as estatísticas financeiras que são calculadas por ação. Por isso, os relatórios anuais precisam fornecer os valores de lucro por ação para o caso de todos os títulos e *warrants* conversíveis serem exercidos. Esses números são chamados de *lucros por ação totalmente diluídos*.[3]

As opções de ações para executivos e funcionários, que se tornaram populares na década de 1990, na verdade eram *warrants*. Algumas dessas concessões eram imensas, com *payoffs* aos altos executivos de mais de US$ 100 milhões. Contudo, até 2006 as empresas quase que unanimemente optavam

---

[3] Devemos observar que o exercício de uma obrigação conversível não precisa reduzir o EPS. O EPS diluído será inferior ao EPS não diluído somente se os juros economizados (por ação) sobre as obrigações conversíveis forem inferiores ao EPS anterior.

por não reconhecer essas concessões como despesa em suas demonstrações de resultados, quando então novas regras de divulgação entraram em vigor e passaram a exigir esse reconhecimento.

Empréstimos com garantia

Muitos acordos de empréstimo exigem que o tomador providencie uma caução para garantir que o empréstimo será ressarcido. Em caso de inadimplência, o credor toma posse da garantia. Um *empréstimo sem recurso* não oferece nenhum recurso ao credor além do direito à garantia. Ou seja, o credor não pode processar o tomador para obter pagamento adicional se por acaso a garantia se revelar insuficiente para ressarcir o empréstimo.

Esse esquema oferece ao tomador de empréstimo uma opção de compra implícita. Suponhamos que o tomador seja obrigado a ressarcir L dólares no vencimento do empréstimo. A garantia valerá S_T dólares no vencimento. (Seu valor hoje é S_0.) O tomador tem a opção de aguardar até o vencimento do empréstimo e ressarci-lo somente se a garantia valer mais do que os L dólares necessários para satisfazer o empréstimo. Se o valor da garantia for inferior a L, o tomador pode deixar de pagar o empréstimo e, para cumprir sua obrigação, abrir mão da garantia, que vale apenas S_T.[4]

Poderíamos descrever esse tipo de empréstimo de outra forma: o tomador transfere a garantia ao concessor, mas mantém o direito de reivindicá-la ao liquidar o empréstimo. A transferência de garantia com o direito de reivindicá-la é equivalente ao pagamento de S_0 dólares menos a recuperação simultânea de uma soma semelhante a uma opção de compra com preço de exercício L. Em vigor, o tomador transfere a garantia, mas mantém a opção de "recomprá-la" por L dólares no vencimento do empréstimo se L se revelar inferior a S_T. Trata-se de uma opção de compra.

Uma terceira forma de ver um empréstimo com garantia é supor que o tomador com certeza ressarcirá os L dólares, mas manterá a opção de vender a garantia ao concessor por L dólares, mesmo se S_T for inferior a L. Nesse caso, a venda da garantia geraria o caixa necessário para satisfazer o empréstimo. A possibilidade de "vender" a garantia por um preço de L dólares representa uma opção de venda, que assegura que o tomador pode levantar dinheiro suficiente para satisfazer o empréstimo simplesmente transferindo a garantia.

Talvez seja uma surpresa constatar que podemos descrever um mesmo empréstimo em termos de opção de venda ou opção de compra, já que os *payoffs* de ambas são tão diferentes. Entretanto, a equivalência entre as duas abordagens nada mais é que um reflexo da relação de paridade entre opção de venda e opção de compra. Em nossa descrição sobre empréstimo em termos de opção de compra, o valor da obrigação do tomador é $S_0 - C$: o tomador transfere o ativo, que é uma transferência de S_0 dólares, mas mantém uma opção de compra no valor de C dólares. Na descrição sobre a opção de venda, o tomador é obrigado a pagar L dólares, mas mantém a opção de venda, que vale P: o valor presente dessa dívida líquida é $L/(1 + r_f)^T - P$. Pelo fato de essas descrições alternativas serem formas equivalentes de ver um mesmo empréstimo, o valor das dívidas deve ser igual:

$$S_0 - C = L/(1 + r_f)^T - P \qquad (20.3)$$

Tratando L como o preço de exercício da opção, a Equação 20.3 é simplesmente a relação de paridade entre opção de venda e opção de compra.

A Figura 20.13 mostra esse fato. A Figura 20.13, Painel A, é o valor do pagamento a ser recebido pelo concessor, que é igual ao mínimo de S_T ou L. O Painel B mostra que esse valor pode ser expresso como S_T menos o *payoff* da opção de compra implicitamente lançada pelo concessor e mantida pelo tomador. O Painel C mostra que isso pode ser visto também como um recibo de L dólares menos o rendimento de uma opção de venda.

Ações alavancadas e dívida de risco

Os investidores que mantém ações em empresas incorporadas são protegidos por responsabilidade limitada. Isso significa que, se a empresa não conseguir pagar suas dívidas, os credores da empresa

---

[4] Obviamente, na vida real ficar inadimplente não é tão simples assim. Além da perda de reputação, há fatores relacionados ao comportamento ético. Essa descrição diz respeito a um empréstimo sem recurso autêntico em que ambas as partes concordam desde o princípio que apenas a caução respaldará o empréstimo e que a inadimplência não será considerada um sinal de má-fé se a garantia for insuficiente para ressarcir o empréstimo.

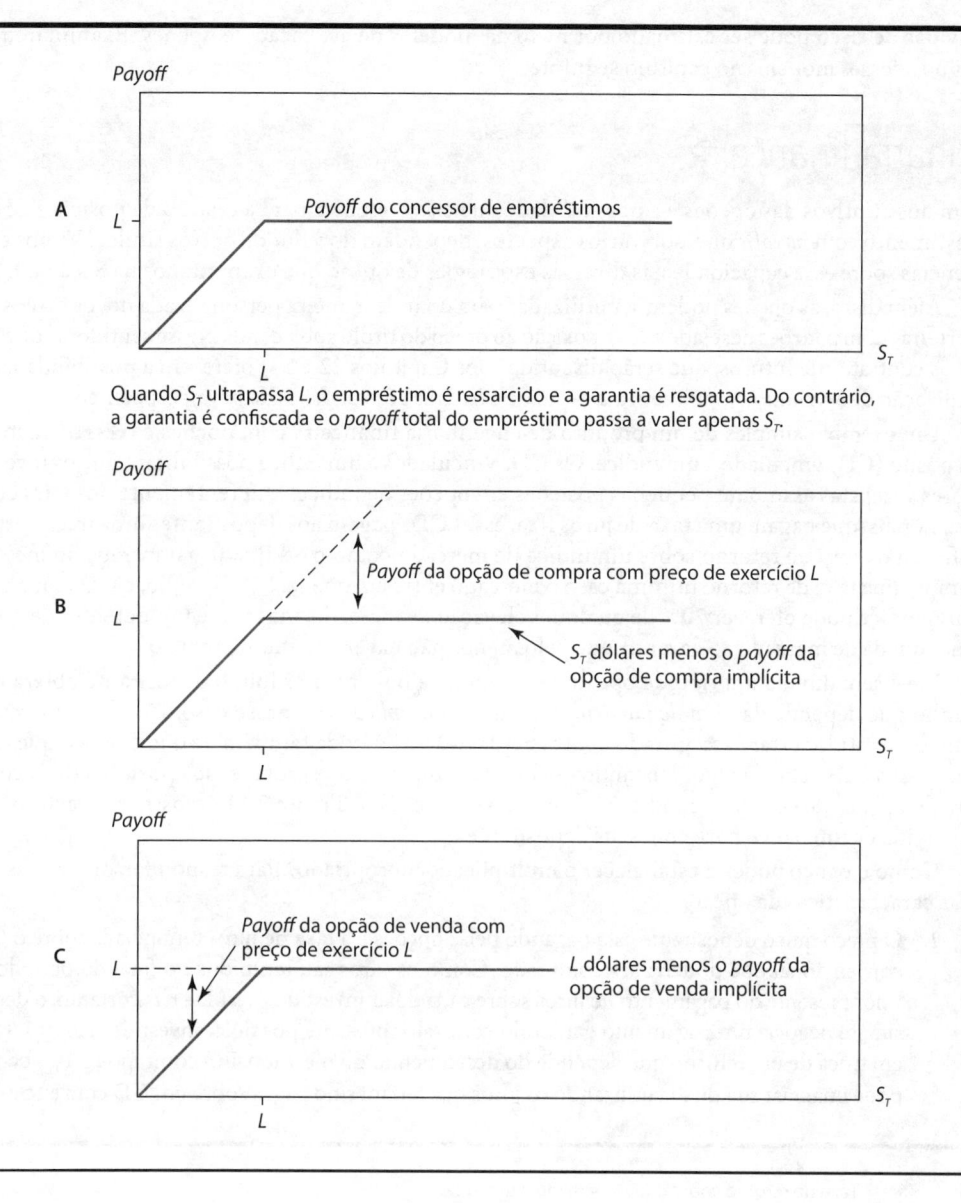

FIGURA 20.13
Empréstimo com garantia
Painel A, payoff do empréstimo com garantia. **Painel B**, o concessor de empréstimos pode ser visto como a parte que recebe a garantia do tomador, mas emite uma opção para o tomador para que resgate a garantia pelo valor nominal do empréstimo. **Painel C**, o concessor de empréstimos pode ser visto como a parte que recebe a garantia do tomador, mas emite uma opção para o tomador para que resgate a garantia pelo valor nominal do empréstimo.

Painel A: Payoff do concessor de empréstimos. Quando S_T ultrapassa L, o empréstimo é ressarcido e a garantia é resgatada. Do contrário, a garantia é confiscada e o payoff total do empréstimo passa a valer apenas S_T.

Painel B: Payoff da opção de compra com preço de exercício L; S_T dólares menos o payoff da opção de compra implícita.

Painel C: Payoff da opção de venda com preço de exercício L; L dólares menos o payoff da opção de venda implícita.

podem prender apenas os ativos da empresa, mas não processar os acionistas para obter pagamento adicional. Em vigor, em qualquer momento em que a empresa contrair um empréstimo, a garantia máxima possível para o empréstimo será o total de ativos da empresa. Se a empresa declarar falência, podemos interpretar isso como um reconhecimento de que seus ativos não são suficientes para atender às reivindicações contra ela. A empresa poderá cumprir suas obrigações transferindo sua propriedade sobre os ativos aos credores.

Da mesma forma que para os empréstimos com garantia sem recurso, o pagamento exigido aos credores representa o preço de exercício da opção implícita, enquanto o valor da empresa é o ativo subjacente. Os acionistas têm uma opção de venda para transferir seu direito de propriedade sobre a empresa aos credores em troca do valor de face da dívida da empresa.

Alternativamente, os acionistas poderiam manter a opção de compra. Em vigor, eles já transferiram seu direito de propriedade sobre a empresa aos credores, mas mantiveram o direito de readquirir o direito de propriedade ao pagar o empréstimo. Assim sendo, os acionistas têm a opção de "readquirir" a empresa por um preço especificado: eles têm uma opção de compra.

Essa observação é importante porque os analistas podem avaliar as obrigações corporativas utilizando técnicas de precificação de opções. Em princípio, o prêmio de inadimplência exigido de dívidas de risco pode ser estimado por meio de modelos de avaliação de opções. Examinaremos alguns desses modelos no capítulo seguinte.

20.6 Engenharia financeira

Um dos atrativos das opções é a possibilidade que elas oferecem para a criação de posições de investimento com *payoffs* que, sob vários aspectos, dependem do valor de outros títulos. Vimos evidências sobre essa capacidade nas diversas estratégias de opção que examinamos na Seção 20.4.

Além disso, as opções podem ser utilizadas para criar de maneira personalizada novos títulos ou carteiras com padrões desejados de exposição ao preço do título subjacente. Nesse sentido, as opções (e os contratos de futuros, que serão discutidos nos Capítulos 22 e 23) oferecem a possibilidade de utilização de *engenharia financeira*, a criação de carteiras com padrões de *payoff* específicos.

Um exemplo simples de um produto de engenharia financeira com opções é o certificado de depósito (CD) vinculado a um índice. Os CDs vinculados a um índice possibilitam que os investidores varejistas assumam pequenas posições em opções de índice. Diferentemente dos CDs convencionais, que pagam uma taxa de juros fixa, esses CDs pagam aos depositantes uma fração especificada da taxa de retorno sobre um índice de mercado como o S&P 500, garantindo ao mesmo tempo uma taxa de retorno mínima caso o mercado entre em queda. Por exemplo, o CD vinculado a um índice pode oferecer 70% de qualquer elevação de mercado, mas protege o detentor de qualquer queda de mercado ao garantir que pelo menos não haverá nenhum prejuízo.

Ele é sem dúvida um tipo de opção de compra. Se o mercado subir, o depositante obterá um ganho que depende da *taxa de participação* ou do *multiplicador* – nesse caso, 70%; se o mercado cair, o investidor estará assegurado contra perda. Não há dúvida também de que o banco que oferece esses CDs está em vigor lançando opções de compra e pode proteger sua posição com a compra de opções de compra de índice no mercado de opções. A Figura 20.14 mostra a característica da dívida de um banco para com seus depositantes.

Como o banco poderia estabelecer o multiplicador apropriado? Para responder, observe as várias características da opção:

1. O preço que o depositante está pagando pelas opções é a taxa de juros renunciada sobre o CD convencional que poderia ser comprado. Como os juros são recebidos no final do período, o valor presente do pagamento de juros sobre cada dólar investido é $r_f/(1 + r_f)$. Portanto, o depositante negocia um pagamento garantido com valor presente por dólar investido de $r_f/(1 + r_f)$ em troca de um retorno que depende do desempenho do mercado. Em contraposição, o banco pode financiar sua dívida utilizando os juros que teriam sido pagos sobre um CD convencional.

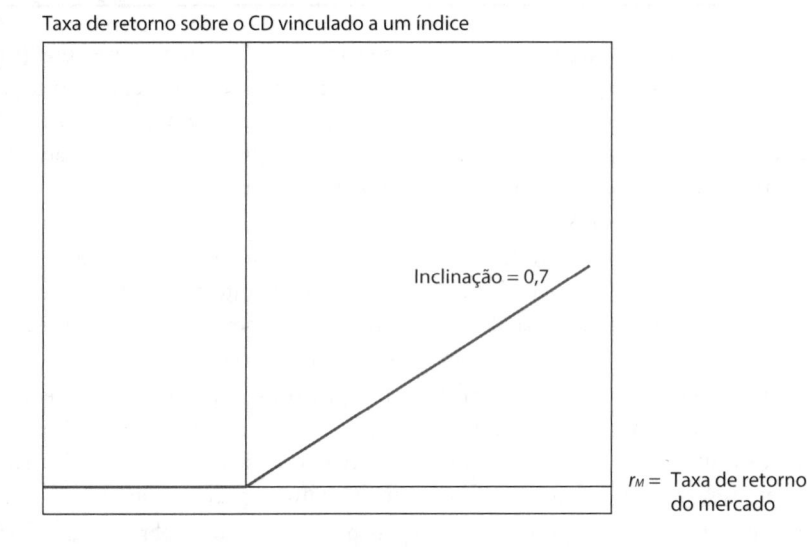

FIGURA 20.14 Retorno sobre um certificado de depósito vinculado a um índice

> **EXEMPLO 20.7 || CDs vinculados a um índice**
>
> Suponhamos que $r_f = 6\%$ ao ano e que as opções de compra no preço sobre o índice de mercado, com vencimento em seis meses, custem atualmente US$ 50. O índice está em 1.000. Portanto, a opção custa 50/1.000 = US$ 0,05 por dólar do valor de mercado. A taxa do CD é 3% por seis meses, o que significa que $r_f/(1 + r_f) = 0,03/1,03 = 0,0291$. Portanto, o multiplicador seria 0,0291/0,05 = 0,5825.

2. A opção que descrevemos é uma opção no preço, o que significa que o preço de exercício é igual ao valor atual do índice de ações. A opção entra no preço assim que o índice de mercado aumenta em relação ao seu nível no início do contrato.

3. Podemos analisar a opção por dólar investido. Por exemplo, a opção custa ao depositante $r_f/(1 + r_f)$ dólares por dólar investido no CD vinculado ao índice. O preço de mercado da opção por dólar investido é C/S_0: A opção no preço custa C dólares e é lançada em uma unidade do índice de mercado, atualmente em S_0.

Agora é fácil determinar o multiplicador que o banco pode oferecer sobre os CDs. Ele recebe de seus depositantes um "pagamento" de $r_f/(1 + r_f)$ por dólar investido. O banco tem um custo de C/S_0 para comprar a opção de compra sobre um investimento de US$ 1 no índice de mercado. Portanto, se $r_f/(1 + r_f)$ for, por exemplo, 70% de C/S_0, o banco poderá comprar no máximo 0,7 opção de compra sobre o investimento de US$ 1 e o multiplicador será 0,7. Em linhas mais gerais, o multiplicador de equilíbrio em um CD vinculado a um índice é $r_f/(1 + r_f)$ dividido por C/S_0.

O CD vinculado a um índice tem muitas variantes. Os investidores podem comprar CDs semelhantes que garantem um retorno mínimo positivo se eles estiverem dispostos a se conformar com um multiplicador menor. Nesse caso, a opção é "comprada" pelo depositante por $(r_f - r_{mín.})/(1 + r_f)$ dólares por dólar investido, onde $r_{mín.}$ é o retorno mínimo garantido. Como o preço de compra é menor, é possível comprar menos opções, o que resulta em um multiplicador menor. Outra variante do CD "altista" que descrevemos é o *CD baixista*, que paga aos depositantes uma fração de qualquer *queda* no índice de mercado. Por exemplo, um CD baixista poderia oferecer uma taxa de retorno de 0,6 vezes qualquer declínio percentual no S&P 500.

> **REVISÃO DE CONCEITOS 20.9**
>
> Continue pressupondo que $r_f = 3\%$ por semestre, que as opções de compra no preço são vendidas por US$ 50 e que o índice de mercado está em 1.000. Qual seria o multiplicador dos CDS altistas de seis meses vinculados a ações que oferecem um retorno mínimo garantido de 0,5% durante o período do CD?

20.7 Opções exóticas

Os mercados de opções têm tido enorme sucesso. Os investidores certamente valorizam as estratégias de carteira possibilitadas pela negociação de opções. Isso pode ser comprovado pelo grande volume de negociações que ocorrem nesses mercados. O sucesso enseja a imitação e nos últimos anos assistimos a uma considerável inovação na variedade de instrumentos de opção que os investidores têm à sua disposição. Parte dessa inovação ocorreu no mercado de opções personalizadas, que agora são negociadas em mercados de balcão ativos. Muitas dessas opções têm termos contratuais que mesmo há alguns anos seriam extremamente incomuns; por isso, elas são chamadas de *opções exóticas*. Nesta seção, analisaremos algumas das variantes mais interessantes desses novos instrumentos.

Opções asiáticas

Você já foi apresentado às opções americanas e europeias. As *opções asiáticas* são opções cujo *payoff* depende do preço médio do ativo subjacente pelo menos durante parte da vida da opção. Por exemplo, uma opção de compra asiática pode ter um *payoff* igual ao preço médio da ação ao longo dos últimos três meses menos o preço de exercício, se esse valor for positivo, ou zero, caso contrário. Por exemplo, essas opções podem ser interessantes para empresas que desejam proteger um fluxo de lucros que depende do preço médio de uma *commodity* durante um espaço de tempo.

Opções com barreira

As opções com barreira têm *payoffs* que dependem não apenas do preço de algum ativo no vencimento da opção, mas também de o preço do ativo subjacente ter ultrapassado alguma "barreira" ou "limite". Por exemplo, uma opção *down-and-out* é um tipo de opção com limite que vence sem valor automaticamente se e quando o preço das ações ficar abaixo de algum preço-limite. De modo semelhante as opções *down-and-in* só oferecerão *payoff* se o preço das ações *de fato* ficar abaixo de algum limite, pelo menos uma vez durante a existência da opção. Essas opções são também chamadas de opções *knock-out* e *knock-in*.

Opções *lookback*

As opções *lookback* têm *payoffs* que dependem em parte do preço mínimo ou máximo do ativo subjacente durante a vida da opção. Por exemplo, uma opção de compra *lookback* pode oferecer um *payoff* igual ao preço *máximo* da ação durante a existência da opção menos o preço de exercício, em vez de o preço final da ação menos o preço de exercício. Esse tipo de opção oferece (por um preço, obviamente) uma forma de *market timing* perfeito, fornecendo ao detentor da opção de compra um *payoff* igual àquele que seria obtido se o ativo fosse comprado por X dólares e posteriormente vendido pelo preço que se revelasse alto.

Opções com conversão em moeda

Nas opções com conversão em moeda, o preço do ativo ou o preço de exercício é denominado em moeda estrangeira. Por exemplo, o *quanto* permite que o investidor fixe com antecedência a taxa de câmbio pela qual um investimento em moeda estrangeira pode ser reconvertido em dólares. O direito de converter uma quantia fixa de moeda estrangeira em dólares, utilizando uma determinada taxa de câmbio, é uma opção de câmbio exterior simples. Entretanto, os *quantos* são mais interessantes porque o valor em moeda que será convertido em dólares depende do desempenho do investimento do título estrangeiro. Desse modo, o *quanto* na verdade oferece um *número aleatório* de opções.

Opções digitais

As opções digitais, também chamadas de opções binárias ou *bet* ("aposta"), têm um *payoff* fixo que depende de o preço do ativo subjacente satisfazer uma determinada condição. Por exemplo, uma opção de compra digital pode pagar uma quantia fixa de US$ 100 se o preço da ação no vencimento superar o preço de exercício.

RESUMO

1. Opção de compra é o direito de comprar um ativo por um preço de exercício combinado. Opção de venda é o direito de vender um ativo por um determinado preço de exercício.

2. As opções americanas permitem o exercício na data de vencimento ou antes dessa data. As opções europeias permitem o exercício apenas na data de vencimento. As opções negociadas são em sua maioria do tipo americano.

3. As opções são negociadas em ações, índices de ações, moedas estrangeiras, títulos de renda fixa e vários contratos de futuros.

4. As opções podem ser utilizadas para alavancar o risco de um investidor em relação ao preço de um ativo ou para oferecer um seguro contra a volatilidade dos preços dos ativos. As estratégias de opção mais conhecidas são as opções de compra cobertas, as opções de venda protetoras, os *spreads* e os *collars*.

5. O teorema de paridade entre opção de venda e opção de compra relaciona os preços das opções de venda e de compra. Se essa relação for violada, podem surgir oportunidades de arbitragem. Especificamente, a relação que deve ser satisfeita é

$$P = C - S_0 + PV(X) + PV(dividendos)$$

onde X é o preço de exercício tanto da opção de compra quanto da opção de venda, $PV(X)$ é o valor presente do direito a X dólares a serem pagos na data de vencimento das opções e $PV(dividendos)$ é o valor presente dos dividendos a serem pagos antes do vencimento da opção.

6. Muitos dos títulos comumente negociados têm as características de uma opção. Exemplos desse tipo de título são as obrigações resgatáveis, as conversíveis e os *warrants*. Outros esquemas, como os empréstimos com garantia e a contratação de empréstimos com responsabilidade limitada, podem ser analisados como se transmitissem opções implícitas a uma ou mais partes.

7. A negociação de opções exóticas agora ocorre em um mercado de balcão ativo.

Sites relacionados a este capítulo estão disponíveis em **www.grupoa.com.br**

PALAVRAS-CHAVE

collar
dentro do preço
fora do preço
no preço
opção americana
opção de compra

opção de compra coberta
opção de venda
opção de venda protetora
opção europeia
preço de exercício ou *strike*
prêmio

spread
straddle
teorema de paridade entre opção de venda e opção de compra
warrant

EQUAÇÕES BÁSICAS

$$\text{Payoff do lançador da opção de compra} = \begin{cases} S_T - X_T & \text{se } S > X \\ 0 & \text{se } S_T \leq X \end{cases}$$

$$\text{Payoff do detentor de opção de venda} = \begin{cases} 0 & \text{se } S_T > X \\ X - S_T & \text{se } S_T \leq X \end{cases}$$

Paridade entre opção de venda e opção de compra: $P = C - S_0 + PV(X) + PV(\text{Dividendos})$

CONJUNTO DE PROBLEMAS

1. Afirmamos que as opções podem ser utilizadas para aumentar ou diminuir o risco da carteira geral. Cite alguns exemplos de estratégias de opção para aumentar e para diminuir o risco. Explique cada uma delas.
2. Quais são os *trade-offs* enfrentados por um investidor que está pensando em comprar uma opção de venda em uma carteira existente?

Básicos

3. Quais são os *trade-offs* enfrentados por um investidor que está pensando em lançar uma opção de compra em uma carteira existente?
4. Em sua opinião, por que as opções negociadas mais ativamente tendem a ser as opções próximas do preço?

Intermediários

5. Volte à Figura 20.1, que relaciona os preços de várias opções da IBM. Utilize os dados dessa figura para calcular o *payoff* e os lucros do investimento em cada uma das opções a seguir, com vencimento em fevereiro, presumindo que o preço da ação na data de vencimento é US$ 195.
   a. Opção de compra, X = US$ 190.
   b. Opção de venda, X = US$ 190.
   c. Opção de compra, X = US$ 195.
   d. Opção de venda, X = US$ 195.
   e. Opção de compra, X = US$ 200.
   f. Opção de venda, X = US$ 200.

6. Suponhamos que você avalie que as ações da FedEx valorizarão consideravelmente dentro de seis meses. Digamos que o preço atual da ação, S_0, seja US$ 100 e que a opção de compra que vencerá em seis meses tenha um preço de exercício, X, de US$ 100 e esteja sendo vendida por um preço, C, de US$ 10. Com US$ 10 mil para investir, você está pensando em três alternativas.
   a. Investir o total de US$ 10 mil na empresa, comprando 100 ações.
   b. Investir o total de US$ 10 mil em 1.000 opções (10 contratos).
   c. Comprar 100 opções (um contrato) por US$ 1.000 e investir os US$ 9 mil restantes em um fundo de mercado monetário que esteja pagando 4% de juros semestralmente (8% ao ano).

   Considerando os quatro preços da ação dentro de seis meses, qual será sua taxa de retorno em cada alternativa? Resuma seus resultados na tabela e no gráfico a seguir.

	Preço da ação daqui a 6 meses			
	US$ 80	US$ 100	US$ 110	US$ 120
a. Todas as ações (100 ações)				
b. Todas as opções (1.000 ações)				
c. Letras + 100 opções				

7. As ações ordinárias da P.U.T.T. Corporation foram negociadas em uma faixa de preço apertada no mês anterior e você está convencido de que elas fugirão muito dessa faixa nos próximos três meses. No entanto, você não sabe se elas terão alta ou queda. O preço unitário atual da ação é US$ 100 e o preço de uma opção de compra de três meses e preço de exercício de US$ 100 é US$ 10.
   a. Se a taxa isenta de risco for 10% ao ano, qual deverá ser o preço de uma opção de venda de três meses sobre as ações da P.U.T.T. com preço de exercício de US$ 100? (As ações não pagam dividendos.)
   b. Qual seria uma estratégia de opção básica para explorar sua opinião sobre os movimentos futuros do preço da

ação? Quanto o preço precisaria mudar em ambas as direções para você obter lucro em seu investimento inicial?

8. As ações ordinárias da C.A.L.L. Corporation foram negociadas durante meses em uma faixa de preço apertada, em torno de US$ 50 por ação, e você acredita que o preço se manterá nessa faixa nos próximos três meses. O preço de uma opção de venda de três meses com preço de exercício de US$ 50 é US$ 4.

   a. Se a taxa isenta de risco for 10% ao ano, qual deverá ser o preço de uma opção de compra de três meses sobre as ações da C.A.L.L. com preço de exercício de US$ 50, considerando que ela esteja no preço? (As ações não pagam dividendos.)

   b. Qual seria uma estratégia de opção básica, utilizando uma opção de venda e uma de compra, para explorar sua opinião sobre os movimentos futuros do preço da ação? Que lucro máximo você pode obter nessa posição? Até quanto o preço da ação pode chegar a ambas as direções antes de você começar a perder dinheiro?

   c. Como você pode criar uma posição que inclua uma opção de venda, uma opção de compra e um empréstimo sem risco que teria a mesma estrutura de *payoff* que a ação no vencimento? Qual o custo líquido para estabelecer essa posição agora?

9. Você é um gestor de carteira que utiliza posições de opção para personalizar o perfil de risco de seus clientes. Em cada caso, qual estratégia é melhor, tendo em vista o objetivo de seu cliente?

   a. • Desempenho até o momento: No máximo 16%.
      • Objetivo do cliente: Obter no mínimo 15%.
      • Seu cenário: Boa probabilidade de ganhos importantes ou de perdas importantes entre o momento atual e o fim do ano.
      i. *Straddle* comprado (*long*).
      ii. *Spread* comprado (*long*) altista.
      iii. *Straddle* vendido (*short*).

   b. • Desempenho até o momento: No máximo 16%.
      • Objetivo do cliente: Obter no mínimo 15%.
      • Seu cenário: Boa probabilidade de perdas importantes entre o momento atual e o fim do ano.
      i. Opções de venda compradas.
      ii. Opções de compra vendidas.
      iii. Opções de compra compradas.

10. Um investidor compra uma ação por US$ 38 e uma opção de venda por US$ 0,50, com preço de exercício de US$ 35. O investidor vende uma opção de compra por US$ 0,50 com preço de exercício de US$ 40. Qual o lucro máximo e o prejuízo máximo dessa posição? Desenhe o diagrama de lucro e prejuízo para essa estratégia como função do preço da ação no vencimento.

11. Imagine que você esteja mantendo 5 mil ações que no momento estão sendo vendidas pelo preço unitário de US$ 40. Você está preparado para vendê-las, mas preferiria adiar a venda até o próximo ano, por motivo tributário. Entretanto, se você as mantiver até janeiro, correrá o risco de as ações perderem valor antes do final do ano. Você decide utilizar um *collar* para diminuir o risco de perda sem desembolsar um valor muito alto de fundos adicionais. As opções de compra de janeiro, com preço de exercício de US$ 35, estão sendo vendidas por US$ 2 e as opções de venda de janeiro, com preço de exercício de US$ 45, estão sendo vendidas por US$ 3. Qual será o valor de sua carteira em janeiro (após a dedução dos rendimentos das opções) se o preço da ação acabar sendo (a) US$ 30? (b) US$ 40? (c) US$ 50? Compare esses rendimentos com aquele que você obteria se simplesmente mantivesse as ações.

12. Neste problema, deduzimos a relação de paridade entre opção de venda e opção de compra para opções europeias sobre ações que pagam dividendos antes do vencimento da opção. Para simplificar, digamos que a ação pague dividendos de US$ D por ação na data de vencimento da opção.

   a. Qual o valor da posição ação mais opção de venda na data de vencimento da opção?

   b. Considere agora uma carteira constituída de uma opção de compra e uma obrigação de cupom zero com a mesma data de vencimento da opção e valor de face ($X + D$). Qual o valor dessa carteira na data de vencimento da opção? Você descobrirá que seu valor é igual ao valor da carteira ação mais opção de venda, independentemente do preço da ação.

   c. Qual o custo para estabelecer as duas carteiras nas partes (*a*) e (*b*)? Equipare o custo dessas carteiras para deduzir a relação de paridade entre opção de venda e opção de compra, Equação 20.2.

13. a. *Spread* borboleta refere-se à compra de uma opção de compra com preço de exercício X_1, à venda de duas opções de compra pelo preço de exercício X_2 e à compra de uma opção de compra pelo preço de exercício X_3. X_1 é inferior a X_2 e X_2 é inferior a X_3 em valores iguais e as opções de compra têm a mesma data de vencimento. Represente graficamente o *payoff* dessa estratégia.

    b. Uma combinação vertical é a compra de uma opção de compra com preço de exercício X_2 e uma opção de venda com preço de exercício X_1, em que X_2 é superior a X_1. Represente graficamente o *payoff* dessa estratégia.

14. *Spread* baixista é a compra de uma opção de compra com preço de exercício X_2 e a venda de uma opção de compra com preço de exercício X_1, em que X_2 é superior a X_1. Represente graficamente o *payoff* dessa estratégia e compare-o com a Figura 20.10.

15. Joseph Jones, gerente na Computer Science, Inc. (CSI), recebeu 10 mil ações como parte de seu pacote de remuneração. Atualmente, as ações são vendidas por US$ 40 cada. Joseph gostaria de adiar a venda das ações até o próximo ano fiscal. Entretanto, em janeiro, ele precisará vender suas ações para dar entrada em sua nova casa. Joseph está preocupado com o risco de preço de manter suas ações. Pelo preço atual, ele receberia US$ 400 mil pelas ações. Se o valor de suas ações ficar abaixo de US$ 350 mil, sua capacidade para levantar o valor necessário da entrada pode ser comprometida. Contudo, se o valor das ações aumentasse para US$ 450 mil, ele poderia manter uma pequena reserva em dinheiro após a entrada. Joseph considera três estratégias de investimento:

    a. A estratégia A é lançar opções de compra de janeiro sobre as ações da CSI com preço de exercício de US$ 45. Essas opções de compra estão sendo vendidas atualmente por US$ 3 cada.

    b. A estratégia B é comprar opções de venda de janeiro sobre as ações da CSI com preço de exercício de US$ 35. Essas opções também são vendidas por US$ 3 cada.

    c. A estratégia C é estabelecer um *collar* de custo zero lançando as opções de compra de janeiro e comprando as opções de venda de janeiro.

    Avalie cada uma dessas estratégias com relação às metas de investimento de Joseph. Quais são as vantagens e desvantagens de cada uma? Qual você recomendaria?

16. Utilize a planilha dos quadros "Aplicações Excel" sobre *spreads* e *straddles* (disponíveis em **www.grupoa.com.br**; procure o *link* para o conteúdo do Capítulo 20) para resolver estas questões.

    a. Desenhe os diagramas de *payoff* e lucro de uma posição *straddle* com preço de exercício (*strike*) de US$ 130. Presuma que as opções estão precificadas tal como na "Aplicação Excel".

    b. Desenhe os diagramas de *payoff* e lucro de uma posição *spread* com preço de exercício (*strike*) de US$ 120 e US$ 130. Presuma que as opções estão precificadas tal como na "Aplicação Excel".

17. Alguns sistemas de apoio aos preços agrícolas garantiram um preço mínimo para a produção dos agricultores. Descreva as provisões do programa como uma opção. Qual é o ativo? E o preço de exercício?
18. Em que sentido possuir uma obrigação corporativa é semelhante a lançar uma opção de venda? E uma opção de compra?
19. Um esquema de remuneração para executivos pode oferecer a um diretor uma bonificação de US$ 1.000 para cada dólar em que o preço das ações da empresa ultrapassar um determinado nível de corte. Em que sentido esse esquema se assemelha à emissão de opções de compra executivas sobre as ações da empresa?
20. Considere as carteiras de opções a seguir. Você lança uma opção de compra sobre ações da IBM com vencimento em janeiro e preço de exercício de US$ 195. Você lança também uma opção de venda sobre ações da IBM com vencimento em janeiro e preço de exercício de US$ 190.
    a. Represente graficamente o *payoff* dessa carteira no vencimento da opção como função do preço das ações da IBM naquele momento.
    b. Qual será o lucro/prejuízo dessa posição se as ações da IBM estiverem sendo vendidas por US$ 198 na data de vencimento da opção? E se as ações estiverem sendo vendidas por US$ 205? Utilize a lista do *The Wall Street Journal* da Figura 20.1 para responder essa pergunta.
    c. Cite dois preços de ação com os quais você não terá lucro nem prejuízo em seu investimento.
    d. Que tipo de "aposta" esse investidor está fazendo? Isto é, em que esse investidor deve acreditar com relação às ações da IBM para justificar essa posição?
21. Considere a carteira a seguir. Você lança uma opção de venda com preço de exercício de US$ 90 e compra uma opção de venda com a mesma data de vencimento e com preço de exercício de 95.
    a. Represente graficamente o valor da carteira na data de vencimento das opções.
    b. Nesse mesmo gráfico, represente o lucro da carteira. Qual opção deve custar mais?
22. Uma opção de venda da FinCorp com preço de exercício de US$ 60 e negociada na bolsa de opções Acme está sendo vendida por US$ 2. Para a sua surpresa, uma opção de venda da FinCorp que está sendo vendida na bolsa de opções Apex com o mesmo vencimento mas com preço de exercício de US$ 62 também é vendida por US$ 2. Se você pretender manter as posições de opção até o vencimento, crie uma estratégia de arbitragem de investimento líquido zero para explorar a anomalia de preço. Desenhe um gráfico dos lucros no vencimento para a sua posição.
23. Suponha que uma ação tenha o valor de US$ 100. A previsão é de que a ação pagará dividendos de US$ 2 por ação no final do ano. Uma opção de venda europeia no preço com vencimento em um ano é vendida por US$ 7. Se a taxa de juros anual for 5%, qual deverá ser o preço de uma opção de compra no preço e vencimento em um ano sobre a ação?
24. Você compra uma ação, lança uma opção de compra de um ano com X = US$ 10 e compra uma opção de venda de um ano com X = US$ 10. Sua despesa líquida para estabelecer toda a carteira é US$ 9,50. Qual é a taxa de juros isenta de risco? As ações não pagam dividendos.
25. Você lança uma opção de compra com X = US$ 100 e compra uma opção de compra com X = US$ 110. As opções de venda são da mesma ação e têm a mesma data de vencimento.
    a. Desenhe o gráfico de *payoff* dessa estratégia.
    b. Desenhe o gráfico de *lucro* dessa estratégia.
    c. Se o beta da ação subjacente for positivo, o beta dessa carteira é positivo ou negativo?

26. Joe Finance acabou de comprar um fundo de índice de ações em que atualmente cada ação está sendo vendida por US$ 1.200. Para se proteger contra prejuízos, Joe também comprou uma opção de venda europeia no preço sobre o fundo por US$ 60, com preço de exercício de US$ 1.200 e prazo de vencimento de três meses. Sally Calm, consultora financeira de Joe, ressalta que Joe está gastando muito dinheiro na opção de venda. Ela enfatiza que as opções de venda de três meses com preço de exercício de US$ 1.170 custam apenas US$ 45 e propõe que Joe use a opção de venda mais barata.
    a. Analise as estratégias de Joe e Sally desenhando os gráficos de *lucro* para posições de ações mais opção de venda, com base nos vários valores do fundo de ações em três meses.
    b. Em que momento a estratégia de Sally se sai melhor? Quando se sai pior?
    c. Qual das estratégias envolve maior risco sistemático?
27. Você lança uma opção de compra com X = US$ 50 e compra uma opção de compra com X = US$ 60. As opções são da mesma ação e têm a mesma data de vencimento. Uma das opções de compra é vendida por US$ 3; a outra é vendida por US$ 9.
    a. Desenhe o gráfico de *payoff* dessa estratégia na data de vencimento da opção.
    b. Desenhe o gráfico de lucro dessa estratégia.
    c. Qual é o ponto de equilíbrio dessa estratégia? O investidor está otimista ou pessimista quanto às ações?
28. Crie uma carteira usando apenas opções de compra e ações com o seguinte valor (de *payoff*) na data de vencimento da opção. Se atualmente o preço da ação for US$ 53, que tipo de aposta o investidor está fazendo?

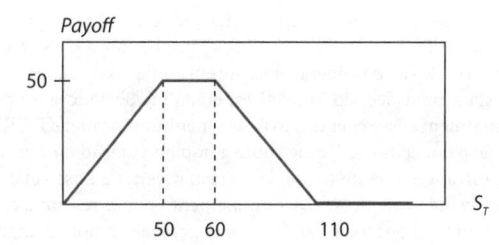

Difíceis

29. Você está tentando formular uma estratégia de investimento. Por um lado, você acha que há grande probabilidade de alta no mercado de ações e gostaria de tomar parte desse movimento ascendente se ele se materializasse. Por outro, você não pode arcar com prejuízos consideráveis no mercado de ações e, por isso, não pode correr o risco de uma queda na bolsa, o que, segundo sua opinião, também é possível. Seu consultor de investimentos propõe uma posição de opção de venda protetora: comprar ações em um fundo de ações de índice de mercado e opções de venda sobre essas ações com três meses até o vencimento e preço de exercício de US$ 1.170. Atualmente o índice de ações é US$ 1.350. Entretanto, seu tio sugere que você compre uma opção de compra de três meses no fundo de índice com preço de exercício de US$ 1.260 e compre letras de três meses do Tesouro com valor de face de US$ 1.260.
    a. No mesmo gráfico, trace os *payoffs* de cada uma dessas estratégias como função do valor do fundo de ações em três meses. (*Dica:* Pense nas opções como uma "ação" do índice de ações cujo preço unitário atual é igual a US$ 1.350.)
    b. Qual carteira deve exigir uma despesa inicial maior para ser estabelecida? (*Dica:* Alguma dessas carteiras oferece sempre um *payoff* final pelo menos tão bom quanto o *payoff* da outra carteira?)
    c. Suponhamos que os preços de mercado sejam os seguintes:

Fundo de ações	US$ 1.350
Letras do Tesouro (valor de face US$ 1.260)	US$ 1.215
Opção de compra (preço de exercício US$ 1.260)	US$ 180
Opção de venda (preço de exercício US$ 1.170)	US$ 9

Crie uma tabela dos lucros realizados para cada carteira considerando os seguintes valores de preço de ação em três meses: S_T = US$ 1.000, US$ 1.260, US$ 1.350 e US$ 1.440. Faça um único gráfico dos lucros de cada carteira como função de S_T.

d. Qual estratégia é mais arriscada? Qual deve ter um beta mais alto?

e. Explique por que os dados dos títulos apresentados na parte (c) *não* violam a relação de paridade entre opção de venda e opção de compra.

30. As ações da FedEx estão sendo vendidas por US$ 100 cada. A opção de compra da FedEx com vencimento em um mês e preço de exercício de US$ 105 está sendo vendida por US$ 2, enquanto uma opção de venda com o mesmo preço de exercício está sendo vendida por US$ 6,94. Qual o preço de mercado de uma obrigação de cupom zero com valor de face de US$ 105 e vencimento em um mês? Qual a taxa de juros isenta de risco expressa como rendimento anual efetivo?

31. Demonstre que uma opção de compra no preço sobre determinada ação deve custar mais do que uma opção de venda no preço sobre essa ação com o mesmo vencimento. As ações só pagarão dividendos após a data de vencimento. (*Dica:* Utilize a paridade entre opção de venda e opção de compra.)

CFA® PROBLEMS

1. Donna Donie, CFA, tem um cliente que acredita que o preço das ações ordinárias da TRT Materials (atualmente a US$ 58 cada) poderia oscilar consideravelmente em ambas as direções em resposta a uma decisão judicial esperada envolvendo a empresa. Atualmente esse cliente não possui nenhuma ação da TRT, mas pede o conselho de Donie sobre a implementação da estratégia de estrangulamento (*strangle*) para aproveitar a possível oscilação de preço das ações. Estrangulamento refere-se a uma carteira com uma opção de venda e uma opção de compra com preço de exercício superior, mas a mesma data de vencimento. Donie coleta dados sobre a precificação de opções da TRT:

Característica	Opção de Compra	Opção de Venda
Preço	US$ 5	US$ 4
Preço de exercício	US$ 60	US$ 55
Prazo até o vencimento	Em 90 dias	Em 90 dias

a. Recomende se Donie deve escolher uma estratégia de estrangulamento comprada ou uma estratégia de estrangulamento vendida para atingir o objetivo do cliente.

b. Calcule os seguintes itens no vencimento para a estratégia de estrangulamento apropriada na parte (*a*):
   i. Máxima perda possível por ação.
   ii. Máximo ganho possível por ação.
   iii. Preço(s) de ação equilibrado(s).

2. Martin Bowman está preparando um relatório que distingue títulos de dívida tradicionais e títulos de notas estruturadas. Discorra sobre como os títulos de notas estruturadas a seguir e o título de dívida tradicional diferem com relação a pagamentos de cupom e do principal:

a. Notas vinculadas a índice de ações.
b. Obrigação vinculada a uma *commodity* de mercado baixista.

3. Suresh Singh, CFA, está analisando uma obrigação conversível. As características da obrigação e das ações ordinárias subjacentes são apresentadas no quadro a seguir:

Características da obrigação conversível	
Valor nominal	US$ 1.000
Taxa de cupom anual (pagamento anual)	6,5%
Índice de conversão	22
Preço de mercado	105% do valor nominal
Valor não conversível	99% do valor nominal

Características da ação subjacente	
Preço de mercado atual	US$ 40 por ação
Dividendos anuais em dinheiro	US$ 1,20 por ação

Calcule:
a. Valor de conversão.
b. Preço de conversão de mercado.

4. Rich McDonald, CFA, está avaliando suas alternativas de investimento na Ytel Incorporated, isto é, obrigações conversíveis e ações ordinárias dessa empresa. As características dos dois títulos são apresentadas no quadro a seguir:

Características	Obrigações conversíveis	Ações ordinárias
Valor nominal	US$ 1.000	—
Cupom (pagamento anual)	4%	—
Preço de mercado atual	US$ 980	US$ 35 por ação
Valor não conversível da obrigação	US$ 925	—
Índice de conversão	25	—
Opção de conversão	Em qualquer momento	—
Dividendos	—	US$ 0
Preço de mercado esperado em 1 ano	US$ 1.125	US$ 45 por ação

a. Com base nesse quadro, calcule:
   i. O preço atual de conversão de mercado das obrigações conversíveis da Ytel.
   ii. A taxa de retorno esperada de um ano das obrigações conversíveis da Ytel.
   iii. A taxa de retorno esperada de um ano das ações ordinárias da Ytel.

Um ano se passou e o preço das ações ordinárias da Ytel aumentou para US$ 51 por ação. Além disso, durante o ano, a taxa de juros sobre as obrigações não conversíveis da Ytel com o mesmo vencimento aumentou, ao passo que os *spreads* de crédito permaneceram iguais.

b. Denomine os dois componentes do valor das obrigações conversíveis. Indique se o valor de cada componente deve diminuir, permanecer igual ou aumentar em resposta ao:
   i. Aumento no preço das ações ordinárias da Ytel.
   ii. Aumento nas taxas de juros.

5. a. Considere uma estratégia de opção de *spread* altista que utiliza uma opção de compra com preço de exercício de US$ 25 no valor de US$ 4 e uma opção de venda com preço de exercício de US$ 40 no valor de US$ 2,50. Se o preço das ações aumentar para US$ 50 no vencimento e cada opção for exercida na data de vencimento, o lucro líquido por ação no vencimento (ignorando os custos de transação) será:
   i. US$ 8,50

ii. US$ 13,50
iii. US$ 16,50
iv. US$ 23,50
b. Uma opção de compra sobre as opções da XYZ com preço de exercício de US$ 40 tem o valor de US$ 2, ao passo que uma opção de compra com preço de exercício de US$ 40 tem o valor de US$ 3,50. Qual a perda máxima por ação para o lançador da opção de venda e o ganho máximo por ação para o lançador da opção de compra a descoberto?

	Perda máxima para o lançador da opção de venda	Ganho máximo para o lançador da opção de compra
i.	US$ 38,00	US$ 3,50
ii.	US$ 38,00	US$ 36,50
iii.	US$ 40,00	US$ 3,50
iv.	US$ 40,00	US$ 40,00

EXERCÍCIOS DE INVESTIMENTO NA *WEB*

1. Entre em www.nasdaq.com e escolha *IBM* na seção de cotação. Assim que você obtiver as informações de cotação, solicite informações sobre as opções. Você poderá acessar os preços das opções de compra e de venda mais próximos do valor de mercado do título. Por exemplo, se o preço da IBM for US$ 196,72, você usará as opções com o preço de exercício de US$ 195. Utilize opções com prazos semelhantes. Por exemplo, em fevereiro, você escolheria vencimentos em abril e julho.
   a. Quais são os preços para as opções de venda e de compra com a data de vencimento mais próxima?
   b. Qual seria o custo de um *straddle* utilizando essas opções?
   c. No vencimento, quais seriam os preços de equilíbrio da ação para o *straddle*?
   d. Qual seria o aumento percentual ou a diminuição percentual no preço da ação para atingir o ponto de equilíbrio?
   e. Quais seriam os preços de uma opção de venda e de compra com data de vencimento posterior?
   f. Qual seria o custo de um *straddle* utilizando a data de vencimento posterior? No vencimento, quais seriam os preços de equilíbrio da ação para o *straddle*?
   g. Qual seria o aumento percentual ou a diminuição percentual no preço da ação para atingir o ponto de equilíbrio?

SOLUÇÕES PARA AS REVISÕES DE CONCEITOS

1. a. Denote o preço da ação no vencimento da opção de compra como S_T e o preço de exercí como X. O valor no vencimento = $S_T - X = S_T - $ US$ 195 se o valor for positivo; do contrário, a opção de compra vence sem valor.

   Lucro = Valor final − Preço da opção de compra = Rendimentos − US$ 3,65.

	S_T = US$ 185	S_T = US$ 205
Rendimentos	US$ 0	US$ 10
Lucros	−US$ 3,65	US$ 6,35

   b. Valor no vencimento = $X - S_T$ = US$ 195 − S_T, se o valor for positivo; do contrário, a opção de venda vende sem nenhum valor.

   Lucro = Valor final − Preço da opção de venda = Rendimentos − US$ 5,00.

	S_T = US$ 185	S_T = US$ 205
Rendimentos	US$ 10	US$ 0
Lucros	+US$ 5,00	−US$ 5,00

2. Antes da divisão, o *payoff* final teria sido 100 × (US$ 200 − US$ 195) = US$ 500. Após a divisão, o *payoff* final é 200 × (US$ 100 − US$ 97,50) = US$ 500. O *payoff* não é afetado.

3. a.

Comprar opção de compra

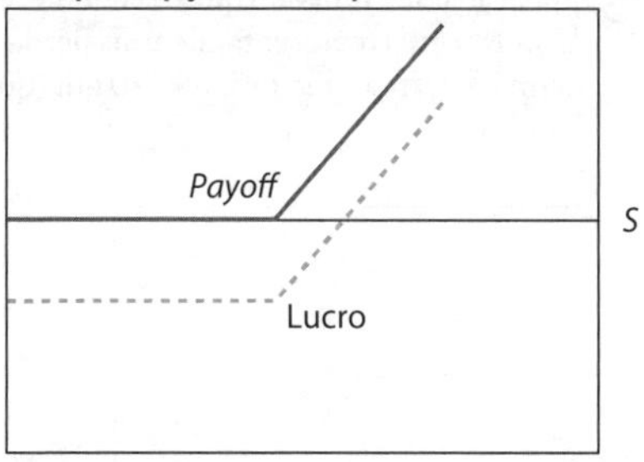

Lançar opção de venda

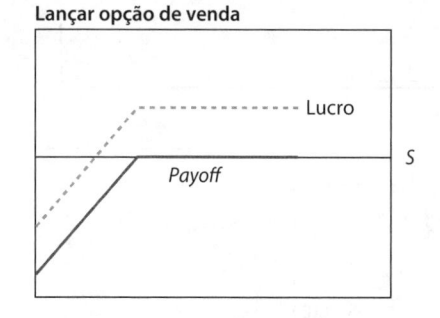

Lançar opção de compra

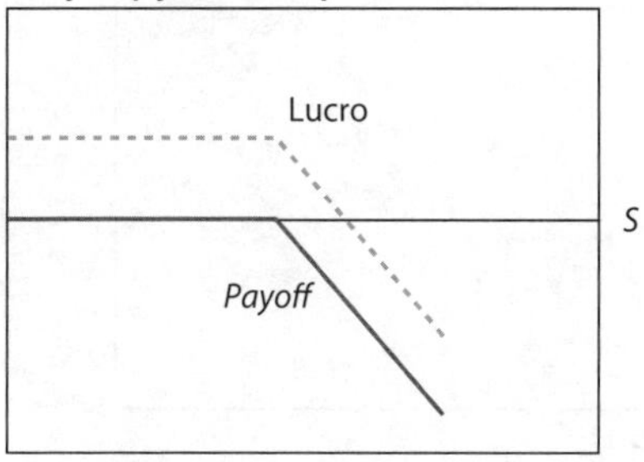

Comprar opção de venda

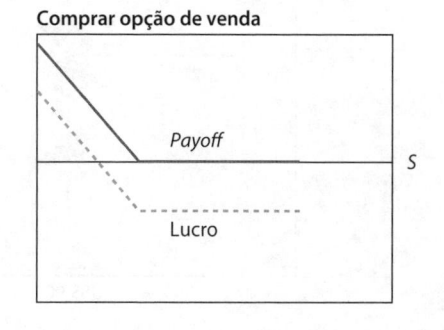

b. O *payoff* e os lucros tanto de comprar opções de compra quanto de lançar opções de venda geralmente são mais altos quando o preço da ação está mais alto. Nesse sentido, as duas posições são altistas. Ambas envolvem a possibilidade de aceitação de entrega das ações. Entretanto, o detentor da opção de compra *optará* por aceitar a entrega quando o preço da ação estiver alto, enquanto o lançador da opção de venda *será obrigado* a aceitar a entrega quando o preço da ação estiver baixo.

c. O *payoff* e os lucros do lançamento de opções de compra e da venda de opções de venda geralmente são mais altos quando o preço das ações está mais baixo. Nesse sentido, as duas posições são baixistas. Ambas envolvem a possibilidade de entrega das ações. No entanto, o detentor da opção de venda *optará* por entregá-las quando o preço estiver baixo, ao passo que o lançador da opção de compra *será obrigado* a entregá-las quando o preço estiver alto.

4.

Payoff de um *Strip*		
	$S_T \leq X$	$S_T > X$
Duas opções de venda	$2(X - S_T)$	0
Uma opção de compra	0	$S_T - X$

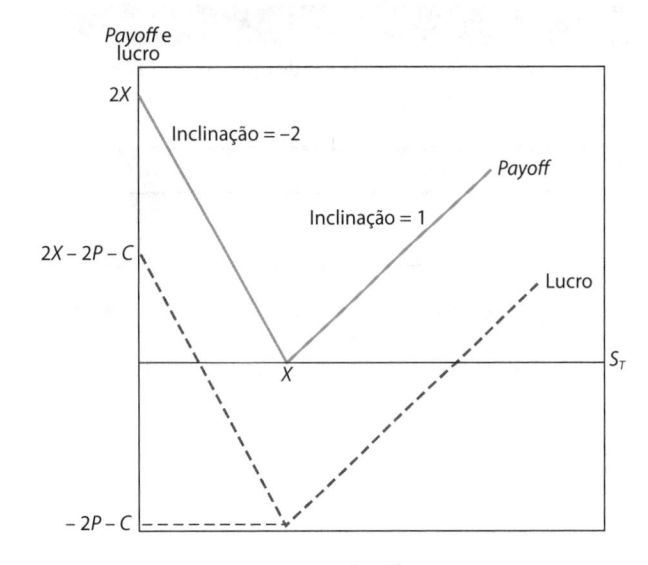

Payoff de um *strap*		
	$S_T \leq X$	$S_T > X$
Uma opção de venda	$X - S_T$	0
Duas opções de compra	0	$2(S_T - X)$

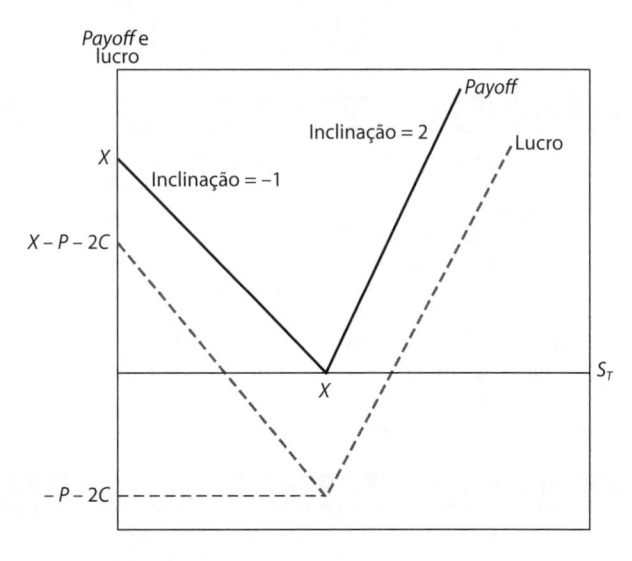

5. A tabela de *payoff* por ação é a seguinte:

	$S_T \leq 90$	$90 \leq S_T \leq 110$	$S_T > 110$
Comprar opção de venda ($X = 90$)	$90 - S_T$	0	0
Ações	S_T	S_T	S_T
Lançar opção de compra ($X = 110$)	0	0	$-(S_T - 110)$
TOTAL	90	S_T	110

O gráfico de *payoff* é o seguinte. Se você multiplicar os valores por ação por 2 mil, verá que o *collar* oferece um *payoff* mínimo de US$ 180 mil (representando uma perda máxima de US$ 20 mil) e um *payoff* máximo de US$ 220 mil (que é o custo da casa).

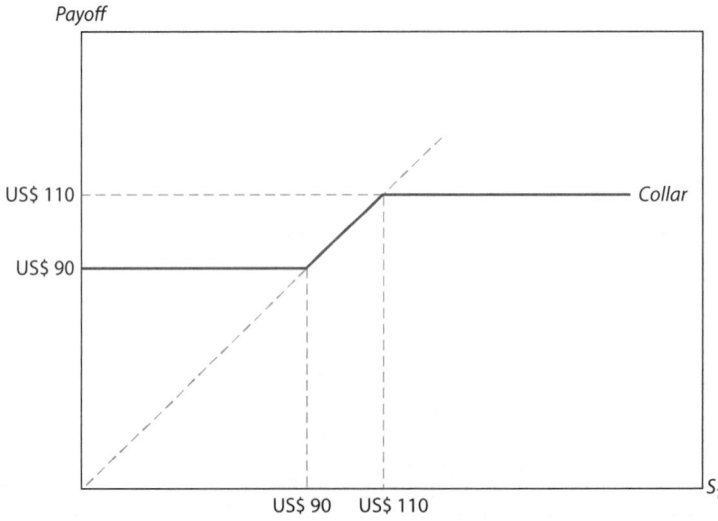

6. A estratégia de opção de compra coberta compreenderia uma obrigação não conversível com uma opção de compra lançada sobre a obrigação. O valor do *payoff* da estratégia no vencimento da opção como função do valor da obrigação não conversível é indicado pela linha sólida colorida de *payoff* na figura a seguir, que é praticamente idêntica à da Figura 20.11.

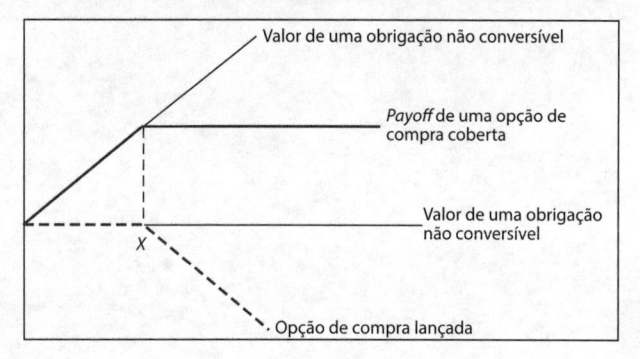

7. A opção de compra perde valor à medida que a proteção contra resgate se amplia. Portanto, a taxa de cupom não precisa ser tão alta.

8. Inferior. Os investidores aceitarão uma taxa de cupom menor em troca de uma opção de conversão.

9. O custo implícito do depositante por dólar investido agora é somente (US$ 0,03 − US$ 0,005)/1,03 = US$ 0,02427 por período de seis meses. As opções de compra custam 50/1.000 = US$ 0,05 por dólar investido no índice. O multiplicador cai para 0,02427/0,05 = 0,4854.

21

Avaliação de opções

NO CAPÍTULO ANTERIOR, examinamos os mercados e estratégias de opções. Ressaltamos que muitos títulos trazem opções incorporadas que afetam tanto seu valor quanto suas características de risco e retorno. Neste capítulo, voltaremos nossa atenção para questões relacionadas à avaliação de opções. Para compreender a maioria dos modelos de avaliação de opções é necessário ter conhecimentos matemáticos e estatísticos consideráveis. Contudo, como muitas das ideias e percepções desses modelos podem ser demonstradas em exemplos simples, vamos nos concentrar nisso.

Começaremos com uma discussão sobre os fatores que podem afetar os preços das opções. Após essa discussão, apresentaremos vários limites nos quais os preços das opções devem repousar. Em seguida, abordamos os modelos quantitativos. Partimos de um modelo de avaliação de opções de "dois estados" simples e depois mostramos como essa abordagem pode ser generalizada para que se torne uma ferramenta de precificação útil e precisa. Passamos então a analisar uma fórmula de avaliação de opção específica, o famoso modelo de Black-Scholes, um dos avanços mais significativos em teoria financeira após várias décadas. Por fim, examinaremos algumas das aplicações mais importantes da teoria de precificação de opções em gestão e controle de riscos.

Os modelos de precificação de opções nos permitem "deduzir" as estimativas de mercado de volatilidade dos preços das ações. Portanto, examinaremos essas medidas de volatilidade implícita. Examinaremos então algumas das aplicações mais importantes da teoria de precificação de opções de opções na gestão de riscos. Por último, analisaremos brevemente as evidências empíricas sobre precificação de opções e as implicações dessas evidências no que tange às limitações do modelo de Black-Scholes.

21.1 Avaliação de opções: introdução

Valores intrínsecos e temporais

Considere uma opção de compra que no momento está fora do preço, com o preço da ação abaixo do preço de exercício. Isso não significa que a opção não tenha valor. Embora o exercício imediato não seja lucrativo no momento, a opção de compra mantém um valor positivo porque sempre existe a possibilidade de o preço da ação aumentar suficientemente na data de vencimento para que assim o exercício seja lucrativo. Se isso não ocorrer, o pior que pode acontecer é a opção vencer sem valor.

O valor $S_0 - X$ algumas vezes é chamado de **valor intrínseco** de uma opção de compra no preço porque ele oferece o *payoff* que poderia ser obtido pelo exercício imediato. O valor intrínseco é definido como sendo igual a zero para opções fora do preço ou no preço. A diferença entre o preço da opção de compra real e o valor intrínseco normalmente é chamado de **valor tempo** da opção.

Valor tempo é uma terminologia inadequada porque pode provocar confusão entre o valor tempo da opção e o valor do dinheiro no tempo. No contexto de opções, valor tempo simplesmente se refere à diferença entre o preço da opção e o valor que ela teria se fosse vencer imediatamente. Ele é a parte do valor da opção que quer dizer que a opção ainda tem tempo positivo até o vencimento.

Boa parte do valor tempo de uma opção normalmente é um tipo de "valor de volatilidade". Como o detentor pode optar por não exercer a opção, o *payoff* não pode ser pior do que zero. Mesmo que uma opção de compra esteja fora do preço no momento, ainda assim ela será vendida por um preço positivo porque oferece a possibilidade de lucro se o preço da ação aumentar, não apresentando nenhum risco de prejuízo adicional se o preço da ação cair. O valor de volatilidade reside no direito de *não* exercer a opção de compra se isso não se revelar lucrativo. A opção de exercer, diferentemente da obrigação de exercer, oferece um seguro contra a possibilidade de a ação ter um preço ruim.

Quando o preço da ação aumenta consideravelmente, existe a probabilidade de a opção de compra ser exercida no vencimento. No final, com o exercício quase assegurado, o valor de volatilidade torna-se mínimo. À medida que o preço da ação aumenta, o valor da opção aproxima-se do valor intrínseco "ajustado" – o preço da ação menos o valor presente do preço de exercício, $S_0 - \text{PV}(X)$.

Qual seria o motivo? Se você tem quase certeza de que a opção será exercida e que a ação será comprada por X dólares, é como se já possuísse a ação. O certificado da ação, que no presente vale S_0, simplesmente já poderia estar guardado em local seguro, já que em apenas alguns meses isso se tornará uma realidade. Você somente não pagou por ela ainda. O valor presente de sua obrigação é o valor presente de X. Desse modo, o valor presente do *payoff* líquido da opção de compra é $S_0 - \text{PV}(X)$.[1]

A Figura 21.1 mostra a função de avaliação de opções de compra. A curva de valor mostra que, quando o preço da ação está muito baixo, a opção quase não tem valor porque praticamente não há nenhuma chance de que ela seja exercida. Quando o preço da ação está muito alto, o valor da opção aproxima-se do valor intrínseco ajustado. No caso intermediário, em que a opção está aproximadamente no preço, a curva da opção desvia-se das linhas retas que correspondem ao valor intrínseco ajustado. Isso ocorre porque, embora o *payoff* do exercício no momento seja insignificante (ou negativo), o valor de volatilidade da opção é bastante alto nessa área.

O valor da opção de compra sempre aumenta com o preço da ação. Entretanto, a inclinação será mais acentuada quando a opção estiver dentro do preço. Nesse caso, o exercício está praticamente assegurado, e a opção aumentará de preço de igual para igual com o preço da ação.

Determinantes do valor das opções

Podemos identificar pelo menos seis fatores que podem afetar o valor de uma opção de compra: o preço das ações, o preço de exercício, a volatilidade do preço das ações, o prazo até o vencimento, a taxa de juros e a taxa de dividendos das ações. O valor da opção de compra deve aumentar com o preço das ações e diminuir com o preço de exercício porque o *payoff* de uma opção de compra, quando ela é exercida, é igual a $S_T - X$. A magnitude do *payoff* esperado da opção de compra aumenta com a diferença $S_0 - X$.

O valor da opção de compra também aumenta com a volatilidade do preço da ação subjacente. Para entender o motivo, considere uma circunstância em que o preço das ações no vencimento varie de US$ 10 a US$ 50, em comparação com uma situação em que varie apenas de US$ 20 para US$ 40. Em ambos os casos, o preço esperado ou médio da ação será US$ 30. Suponhamos que o preço de exercício de uma opção de compra também seja US$ 30. Quais são os *payoffs* da opção?

	Cenário de alta volatilidade				
Preço da ação (US$)	10	20	30	40	50
Payoff da opção (US$)	0	0	0	10	20
	Cenário de baixa volatilidade				
Preço da ação (US$)	20	25	30	35	40
Payoff da opção (US$)	0	0	0	5	10

---

[1] Essa discussão pressupõe que as ações não pagam dividendos antes do vencimento das opções. Se as ações pagarem dividendos antes do vencimento, haverá um motivo para você querer receber as ações agora e não no vencimento – receber agora lhe daria direito aos pagamentos de dividendos intermediários. Nesse caso, o valor intrínseco ajustado da opção deve subtrair o valor dos dividendos que as ações pagarão antes de o resgate ser exercido. O valor intrínseco ajustado seria definido de forma mais genérica como $S_0 - \text{PV}(X) - \text{PV}(D)$, onde D representa os dividendos pagos antes do vencimento da opção.

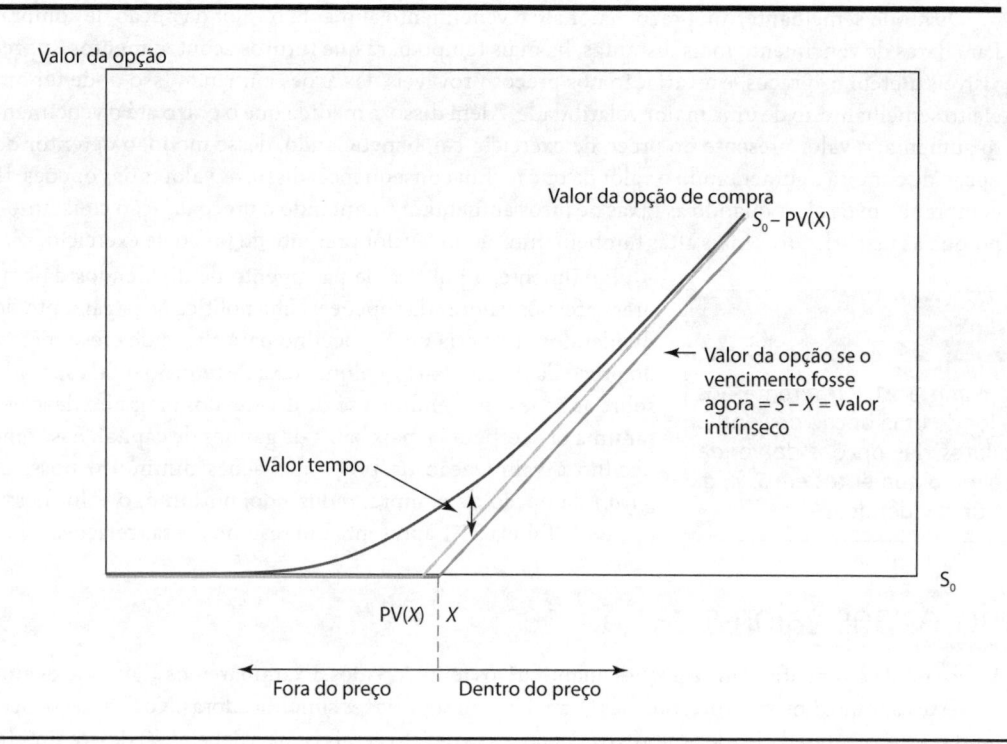

FIGURA 21.1 Valor da opção de compra antes do vencimento

Se todo resultado for igualmente provável, com uma probabilidade de 0,2, o *payoff* esperado da opção sob condições de alta volatilidade será US$ 6, mas sob condições de baixa volatilidade o *payoff* esperado será metade desse valor, isto é, apenas US$ 3.

Apesar do fato de o preço médio da ação em cada cenário ser US$ 30, o *payoff* médio da opção é maior no cenário de alta volatilidade. O motivo desse valor a mais é a pequena perda que o detentor da opção sofre ou o valor de volatilidade da opção de compra. Não importa o quanto o preço da ação ficar abaixo de US$ 30, o detentor da opção obterá zero. Obviamente, um desempenho extremamente ruim no preço das ações não é pior para o detentor da opção do que um desempenho mais ou menos ruim.

Entretanto, caso a ação tenha um bom desempenho, a opção de compra vencerá dentro do preço e será mais lucrativa quanto mais alto for o preço da ação. Desse modo, quando os resultados da ação são excelentes, isso pode melhorar infinitamente o *payoff* da opção. Contudo, no caso de resultados extremamente ruins, não é possível gerar um *payoff* pior do que zero. Essa assimetria significa que a volatilidade no preço da ação subjacente aumenta o *payoff* esperado da opção, melhorando, desse modo, seu valor.[2]

TABELA 21.1 Determinantes do valor das opções de compra

Se esta variável aumentar...	O valor da opção de compra
Preço da ação, S	Aumentará
Preço de exercício, X	Diminuirá
Volatilidade, σ	Aumentará
Prazo até o vencimento, T	Aumentará
Taxa de juros, r_f	Aumentará
Pagamento de dividendos	Diminuirá

---

[2] Você deve ter cuidado para interpretar a relação entre volatilidade e valor da opção. Nem o foco dessa análise sobre a volatilidade total (em contraposição à sistemática) nem a conclusão de que os compradores de opção parecem gostar de volatilidade contradizem a teoria moderna de carteiras. Na análise convencional de fluxo de caixa descontado, encontramos a taxa de desconto apropriada para uma *determinada* distribuição de fluxos de caixa futuros. Um risco maior significa uma taxa de desconto mais alta e um valor presente mais baixo. Entretanto, nesse caso, o fluxo de caixa da *opção* depende da volatilidade da *ação*. O valor da opção aumenta não pelo fato de os investidores gostarem de risco, mas porque o fluxo de caixa esperado para o detentor da opção aumenta com a volatilidade do ativo subjacente.

De modo semelhante, um prazo maior até o vencimento aumenta o valor da opção de compra. Para datas de vencimento mais distantes, há mais tempo para que futuros acontecimentos imprevisíveis afetem os preços, e a variação nos preços prováveis das ações aumenta. Isso pode ter um efeito semelhante ao de uma maior volatilidade. Além disso, à medida que o prazo até o vencimento aumenta, o valor presente do preço de exercício cai, beneficiando, desse modo, o detentor da opção de compra e aumentando o valor da opção. Em consequência disso, os valores das opções de compra são mais altos quando as taxas de juros aumentam (mantendo o preço da ação constante), porque as taxas de juros mais altas também diminuem o valor presente do preço de exercício.

Finalmente, a política de pagamento de dividendos da empresa afeta os valores das opções. Uma política de pagamento de dividendos altos cria um empecilho para a taxa de crescimento do preço das ações. Para qualquer taxa de retorno total esperada sobre as ações, um rendimento de dividendos mais alto deve gerar uma taxa esperada mais baixa de ganhos de capital. Esse empecilho à valorização de preço das ações diminui o possível *payoff* da opção de compra, reduzindo, portanto, o valor dessa opção. A Tabela 21.1 apresenta um resumo dessas relações.

> **REVISÃO DE CONCEITOS 21.1**
>
> Prepare uma tabela como a 21.1 referente aos determinantes de valor de uma opção de venda. De que forma os valores das opções de venda americanas devem reagir a aumentos em S, X, σ, T, r_f e ao pagamento de dividendos?

21.2 Restrições aos valores das opções

Vários modelos precificação de opções quantitativos foram criados. Examinaremos alguns deles ainda neste capítulo. Entretanto, todos eles se apoiam em suposições simplificadoras. Você pode se perguntar quais propriedades dos valores das opções são de fato gerais e quais dependem dessas simplificações específicas. Para começar, considerarmos algumas das propriedades mais gerais do preço das opções. Algumas delas têm implicações importantes para o efeito dos dividendos das ações sobre os valores das opções e a possível lucratividade do exercício prematuro de uma opção americana.

Restrições ao valor de uma opção de compra

A restrição mais óbvia ao valor de uma opção de compra é que seu valor não pode ser negativo. Como a opção não precisa ser exercida, nenhuma responsabilidade pode ser imposta ao seu detentor; além disso, desde que haja qualquer possibilidade de a opção ser exercida lucrativamente em algum momento, ela merecerá um preço positivo. Na pior das hipóteses, seu *payoff* será zero e possivelmente positivo. Portanto, ela tem algum valor positivo.

Podemos estabelecer outro limite inferior ao valor de uma opção de compra. Suponhamos que uma empresa pagará dividendos de D dólares logo após a data de vencimento da opção, indicada por T (e hoje é o tempo 0). Compare agora duas carteiras, uma com uma opção de compra e uma ação e a outra com uma posição alavancada em ações que consiste emssas ações e de um empréstimo de $(X+D)/(1+r_f)^T$ dólares. O reembolso do empréstimo é $X+D$ dólares e deve ser feito na data de vencimento da opção. Por exemplo, para uma opção com vencimento em seis meses, preço de exercício de US$ 70, pagamento de dividendos de US$ 5 e taxa de juros anual efetiva de 10%, você compraria uma ação e contrataria um empréstimo de US$ $75/(1,10)^{1/2}$ = US$ 71,51. Em seis meses, no vencimento do empréstimo, o pagamento devido será US$ 75.

Nesse momento, o *payoff* das posição alavancada em ações seria

	Em Geral	Nossos Números
Valor das ações	$S_T + D$	$S_T + 5$
– Retorno do empréstimo	$-(X+D)$	-75
TOTAL	$S_T - X$	$S_T - 70$

onde S_T denota o preço da ação na data de vencimento da opção. Observe que o *payoff* da ação é o valor da ação ex-dividendos mais os dividendos recebidos. O *payoff* total da posição ação mais empréstimo tomado será positivo ou negativo dependendo de S_T superar X. A saída de caixa líquida necessária para estabelecer essa posição alavancada em ações é S_0 – US\$ 71,51 ou, em termos mais gerais, $S_0 - (X + D)/(1 + r_f)^T$, isto é, o preço atual da ação, S_0, menos a entra de caixa inicial da posição de contratação de empréstimo.

O *payoff* da opção de compra será $S_T - X$ se a opção vencer dentro do preço ou, de outra forma, sem valor. Portanto, o *payoff* da opção é igual ao *payoff* da posição alavancada em ações quando esse *payoff* é positivo e superior quando a posição alavancada em ações tem um *payoff* negativo. Como o *payoff* da opção sempre é superior ou igual ao da posição alavancada em ações, o preço da opção deve ultrapassar o custo do estabelecimento dessa posição.

Portanto, o valor da opção de compra deve ser superior a $S_0 - (X + D)/(1 + r_f)^T$ ou, em linhas mais gerais,

$$C \geq S_0 - PV(X) - PV(D)$$

onde $PV(X)$ denota o valor presente do preço de exercício e $PV(D)$ é o valor presente dos dividendos que a ação pagará no vencimento da opção. De modo geral, podemos interpretar $PV(D)$ como o valor presente de todo e qualquer dividendo a ser pago antes da data de vencimento da opção. Como já sabemos que o valor de uma opção de compra não deve ser negativo, podemos concluir que C é superior ao *máximo* de 0 ou $S_0 - PV(X) - PV(D)$.

Podemos estabelecer também um limite superior ao valor possível de uma opção de compra; esse limite é basicamente o preço da ação. Ninguém pagaria mais de S_0 dólares pelo direito de comprar uma ação que atualmente vale S_0 dólares. Portanto, $C \leq S_0$.

A Figura 21.2 demonstra graficamente o intervalo de preços que é excluído pelos limites superior e inferior ao valor de uma opção de compra. Qualquer valor de opção fora da área sombreada não é possível de acordo com as restrições que deduzimos. Antes do vencimento, o valor da opção de compra normalmente ficará *dentro* do intervalo permitido, não tocando o limite nem superior nem inferior, tal como na Figura 21.3.

Exercício antecipado e dividendos

O detentor de uma opção de compra que deseja encerrar essa posição tem duas opções: exercer ou vender a opção de compra. Se ele a exercer no tempo t, a opção de compra oferecerá um *payoff* de $S_t - X$, supondo, obviamente, que a opção esteja dentro do preço. Acabamos de ver que a opção pode ser vendida por pelo menos $S_t - PV(X) - PV(D)$. Portanto, para uma opção cuja ação não está pagando dividendos, C é superior a $S_t - PV(X)$. Como o valor presente de X é inferior ao próprio X, segue-se que

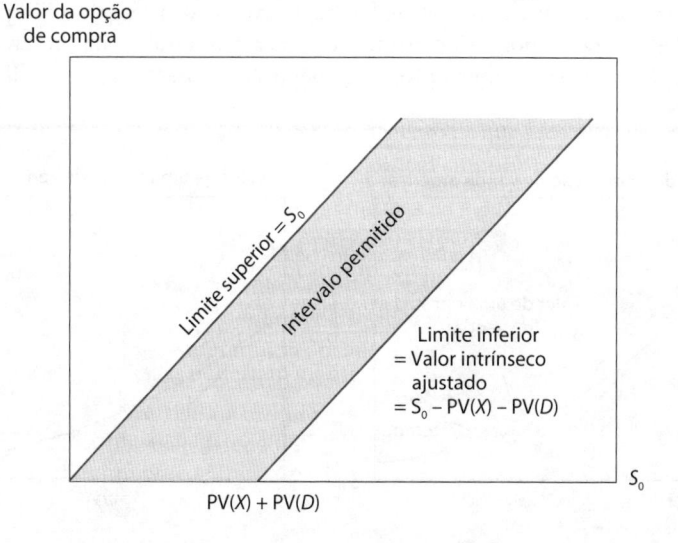

$$C \geq S_t - PV(X) > S_t - X$$

FIGURA 21.2 Intervalo de valores possíveis de uma opção de compra

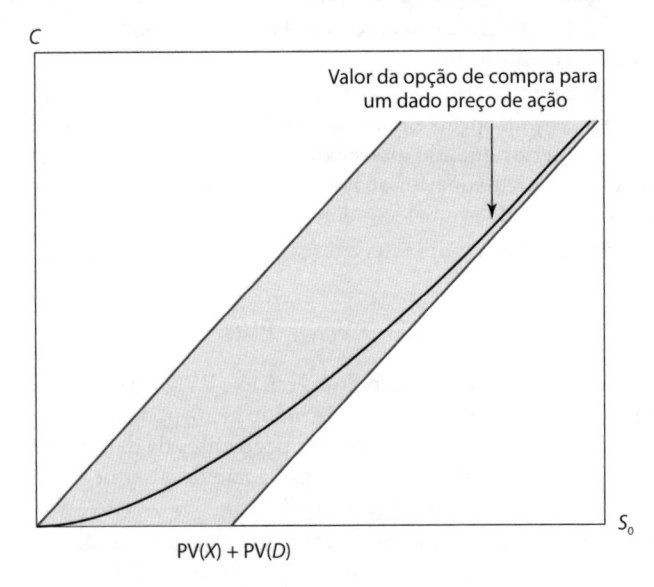

FIGURA 21.3
Valor de uma opção de compra como função do preço atual da ação

Isso implica que os rendimentos provenientes da venda da opção (ao preço C) devem ser superiores aos rendimentos do exercício $(S_t - X)$. Economicamente, é mais atraente vender e preservar a existência da opção de compra do que exercer e extingui-la. Em outras palavras, as opções de compra sobre ações que não pagam dividendos "valem mais vivas do que mortas".

Se nunca vale a pena exercer uma opção de compra antes do vencimento, o direito de exercê-la antecipadamente na verdade não tem valor. Concluímos que os valores de opções de compra americanas e europeias idênticas em outros sentidos, sobre ações que não pagam dividendos, são iguais. Isso simplifica as coisas, porque qualquer fórmula de avaliação que se aplique à opção de compra europeia, para a qual apenas a data de exercício deve ser considerada, também deve se aplicar a uma opção de compra americana.

Como a maioria das ações paga dividendos, você pode se perguntar se isso não seria somente uma curiosidade teórica. Não é: reconsidere nosso argumento e verá que na verdade nossa única reserva é que a ação não pague dividendos *antes do vencimento da opção*. Essa condição será verdadeira para muitas opções do mundo real.

Exercício antecipado de opções de venda americanas

Para as *opções de venda* americanas, a otimalidade do exercício antecipado é inquestionavelmente uma possibilidade. Para ver por quê, considere um exemplo simples. Suponhamos que você compre uma opção de venda sobre uma ação. Logo depois a empresa entra em falência e o preço da

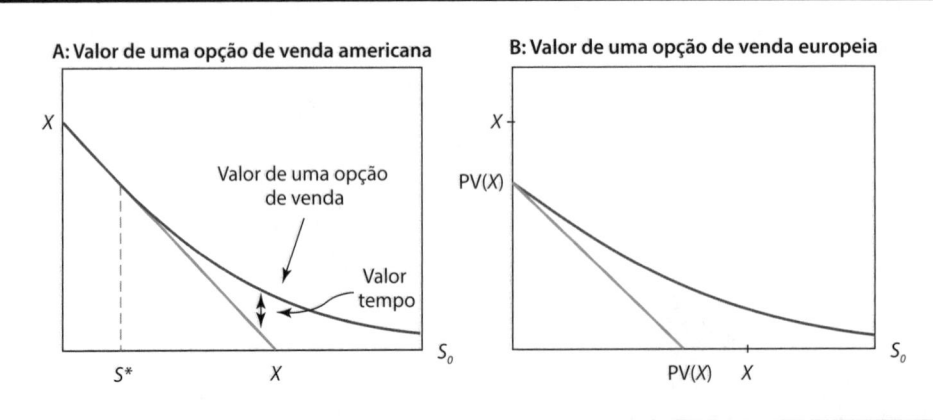

FIGURA 21.4
Valor de uma opção de venda como função do preço atual da ação

ação cai para zero. Obviamente, nesse caso você desejaria exercer sua opção imediatamente, porque o preço da ação não poderia cair mais do que isso. O exercício imediato lhe oferece o recebimento imediato do preço de exercício, que pode ser investido para começar a gerar renda. O adiamento do exercício significa um custo de valor do dinheiro no tempo. O direito de exercer a opção de venda antes do vencimento tem de ter valor.

Suponhamos agora que a empresa esteja apenas *à beira* da falência e que suas ações estejam sendo vendidas por apenas alguns centavos. O exercício imediato continua sendo ideal. Afinal, o valor segundo o qual o preço da ação pode cair é mínimo, o que significa que o rendimento de um exercício futuro não pode ser mais do que apenas alguns centavos superior ao rendimento do exercício imediato. A possibilidade de um ínfimo aumento nos rendimentos deve ser comparada com o custo do valor do dinheiro no tempo do adiamento do exercício. Obviamente, existe um preço de ação abaixo do qual o exercício antecipado é ideal.

Esse argumento também prova que a opção de venda americana deve valer mais do que a europeia. A opção de venda americana lhe permite exercê-la em qualquer momento antes do vencimento. Como o direito de exercê-la antecipadamente pode ser útil em algumas circunstâncias, ela obterá um prêmio no mercado de capitais. Portanto, a opção de venda americana será vendida por um preço mais alto do que uma opção de venda europeia idêntica em outros aspectos.

A Figura 21.4, Painel A, mostra o valor de uma opção venda americana como função do preço atual da ação, S_0. Assim que o preço da ação cai abaixo de um valor básico, representado por S^* na figura, o exercício torna-se ideal. Nesse ponto, a curva de precificação da opção é tangente à linha reta que representa seu valor intrínseco. Se e quando o preço da ação atingir S^*, a opção de venda será exercida e seu *payoff* será igual ao valor intrínseco.

Em contraposição, o valor da opção de venda europeia, representado na Figura 21.4, Painel B, não é assintótica à linha do valor intrínseco. Como o exercício antecipado é proibido, o valor máximo da opção de venda europeia é $PV(X)$, que ocorre no ponto point $S_0 = 0$. É óbvio que, em um horizonte longo o suficiente, $PV(X)$ pode se tornar arbitrariamente pequeno.

> **REVISÃO DE CONCEITOS 21.2**
>
> Em vista dessa discussão, explique por que a relação de paridade entre opção de venda e opção de compra é válida somente para opções europeias sobre ações que não pagam dividendos. Se a ação não paga dividendos, que *inequação* nas opções americanas corresponderia ao teorema de paridade?

21.3 Precificação de opções binomial

Precificação de opções de dois estados

É difícil compreender por completo as fórmulas de avaliação de opções normalmente utilizadas sem uma base considerável de conhecimentos matemáticos. No entanto, podemos obter percepções valiosas sobre a avaliação de opções utilizando um caso especial simples. Suponhamos que o preço das ações possa assumir apenas dois valores possíveis no vencimento da opção: a ação atingirá um determinado preço mais alto ou atingirá um determinado preço mais baixo. Embora possa parecer uma simplificação extrema, isso nos permite entender melhor os modelos mais complexos e realistas. Além disso, podemos ampliar essa abordagem para descrever especificações bem mais sensatas sobre o comportamento do preço das ações. Na verdade, várias empresas financeiras importantes utilizam variações desse modelo simples para avaliar opções e títulos com características de opção.

Suponhamos que agora a ação seja vendida por US$ 100 e que o preço aumentará segundo um fator de $u = 1,20$ para US$ 120 (u designa "*up*", para cima) ou diminuirá segundo um fator de $d = 0,9$ para US$ 90 (d designa "*down*", para baixo) até o final do ano. Uma opção de compra sobre as ações pode especificar um preço de exercício de US$ 110 e prazo de vencimento de um ano. A taxa de juros é 10%. No final do ano, o *payoff* do detentor da opção de compra será zero, se o preço da ação cair, ou US$ 10, se o preço da ação subir para US$ 120.

Essas possibilidades são mostradas nas seguintes "árvores de valor":

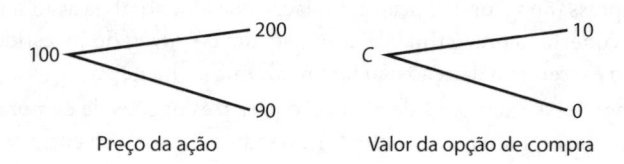

```
              200                         10
      100 <                        C <
              90                           0
      Preço da ação              Valor da opção de compra
```

Compare o *payoff* da opção de compra com o de uma carteira constituída de uma ação e de um empréstimo de US$ 81,82 pela taxa de juros de 10%. O *payoff* dessa carteira também depende do preço da ação no fim do ano.

Valor da ação no final do ano	US$ 90	US$ 120
−Reembolso do empréstimo com juros	−90	−90
TOTAL	US$ 0	US$ 30

Sabemos que o desembolso para criar a carteira é US$ 18,18: US$ 100 da ação menos o rendimento de US$ 81,82 proveniente do empréstimo. Portanto, a árvore de valor da carteira é

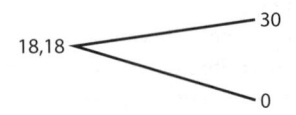

```
           30
18,18 <
           0
```

O *payoff* dessa carteira é exatamente duas vezes o da opção de compra para qualquer um dos valores do preço da ação. Em outras palavras, três opções de compra reproduzirão exatamente o *payoff* da carteira. Segue-se a isso que três opções de compra devem ter o mesmo preço que o custo para criar a carteira. Portanto, as três opções devem ser vendidas pelo mesmo preço que a "carteira replicante". Portanto,

$$3C = US\$\ 18,18$$

ou cada opção deve ser vendida por $C = US\$\ 6,06$. Desse modo, com o preço da ação, o preço de exercício, a taxa de juros e a volatilidade do preço da ação (representada pelo *spread* entre os movimentos para cima ou para baixo), podemos deduzir o valor justo da opção de compra.

Esse método de avaliação fundamenta-se em grande medida na ideia de reprodução ou replicação. Com apenas dois valores possíveis para as ações no final do ano, os *payoffs* da carteira alavancada em ações reproduzirão os *payoffs* de três opções de compra e, portanto, devem merecer o mesmo preço de mercado. Essa ideia de reprodução ou replicação está por trás da maioria das fórmulas de precificação de opções. Para distribuições de preço de ação mais complexas, a técnica de replicação é correspondentemente mais complexa, mas os princípios permanecem os mesmos.

Uma das formas de ver o papel da replicação é observar que, utilizando os números admitidos nesse exemplo, uma carteira formada por uma ação e três opções de compra lançadas está perfeitamente protegida. Seu valor no final do ano é independente do preço final da ação:

Valor das ações (US$)	90	120
−Obrigações de três opções de compra lançadas (US$)	−0	−30
Payoff líquido (US$)	90	90

O investidor formou uma carteira sem risco com pagamento de US$ 90. Seu valor deve ser o valor presente de US$ 90 ou US$ 90/1,10 = US$ 81,82. O valor da carteira, que é igual a US$ 100 da ação mantida a longo prazo menos 3C das três opções de compra lançadas, deve ser igual a US$ 81,82. Portanto, US$ 100 − 3C = US$ 81,82 ou C = US$ 6,06.

A possibilidade de criar um *hedge* perfeito é o segredo desse argumento. O *hedge* fixa o pagamento do final do ano, o qual, portanto, pode ser descontado utilizando a taxa de juros *isenta de risco*. Para encontrar o valor da opção em relação ao valor da ação, não é necessário conhecer o beta da opção ou da ação nem a taxa de retorno esperada. A abordagem de *hedge* perfeito ou de replicação nos permite expressar o valor da opção em relação ao valor atual da ação sem essa informação. Com uma posição coberta, o preço final da ação não afeta o *payoff* do investidor. Desse modo, os parâmetros de risco e o retorno da ação não têm nenhuma influência.

O índice de *hedge* desse exemplo é de uma ação para três opções de compra ou um terço. Esse índice é fácil de ser interpretado nesse contexto: é o índice de variação entre os valores da opção e os valores da ação em dois resultados possíveis. A ação, que é vendida originalmente por S_0 = US$ 100, valerá $d \times$ US$ 100 = US$ 90 ou $u \times$ US$ 100 = US$ 120, para uma variação de US$ 30. Se o preço da ação aumentar, a opção de compra valerá C_u = US$ 10, ao passo que, se o preço da ação cair, a opção de compra valerá C_d = 0, para uma variação de US$ 10. O índice de variações, 10/30, é um terço, que é ó índice de *hedge* que estabelecemos.

O índice de *hedge* é igual ao índice de variação porque a opção e a ação estão perfeitamente correlacionadas nesse exemplo de dois estados. Pelo fato de estarem perfeitamente correlacionadas, um *hedge* perfeito exige que a opção e a ação sejam mantidas em uma fração determinada apenas pela volatilidade relativa.

Podemos generalizar o índice de *hedge* para outros problemas de opção de dois estados, como

$$H = \frac{C_u - C_d}{uS_0 - dS_0}$$

onde C_u ou C_d refere-se ao valor da opção de compra quando a ação sobe ou desce, respectivamente, e uS_0 e dS_0 são os preços da ação nos dois estados. O índice de *hedge*, H, é o índice de oscilações nos possíveis valores de final de período da opção e da ação. Se o investidor lançar uma opção e mantiver H ações, o valor da carteira não será afetado pelo preço da ação. Nesse caso, a determinação do preço da opção é fácil: simplesmente se estabelece o valor da carteira coberta como igual ao valor presente do *payoff* conhecido.

Utilizando nosso exemplo, a técnica de precificação de opções seria assim:

1. Considerando os possíveis preços das ações do final do ano, uS_0 = US$ 120 e dS_0 = US$ 90, e o preço de exercício de US$ 110, calcule que C_u = US$ 10 e C_d = US$ 0. A variação no preço das ações é 30, enquanto a variação no preço das opções é 10.

2. Descubra que o índice de *hedge* é 10/30 = ⅓.

3. Descubra que uma carteira composta de um terço de ação com uma opção lançada certamente teria um valor no final de ano de US$ 30.

4. Mostre que o valor presente de US$ 30 com uma taxa de juros de um ano de 10% é US$ 27,27.

5. Defina que o valor da posição coberta é igual ao valor presente do *payoff* garantido:

$$⅓ S_0 - C_0 = US\$ 27{,}27$$
$$US\$ 33{,}33 - C_0 = US\$ 27{,}27$$

6. Encontre o valor da opção de compra, C_0 = US$ 6,06.

O que aconteceria se a opção estivesse sendo vendida acima do preço, talvez por US$ 6,50? Nesse caso seria possível obter lucro por arbitragem. Veja como:

		Fluxo de caixa no ano 1 para cada preço de ação possível	
	Fluxo de caixa inicial (US$)	S_1 = 90 (US$)	S_1 = 120 (US$)
1. Lançar três opções	19,50	0	–30
2. Comprar uma ação	–100	90	120
3. Contrair empréstimo de US$ 80,50 pela taxa de juros de 10%; reembolsar em um ano	80,50	–88,55	–88,55
TOTAL	0	1,45	1,45

Embora o investimento líquido inicial seja zero, o pagamento em um ano é positivo e isento de risco. Se a opção estivesse abaixo do preço, bastaria simplesmente inverter essa estratégia de arbitragem: comprar a opção e vender a ação a descoberto para eliminar o risco de preço. A propósito, observe que o valor presente do lucro na estratégia de arbitragem acima é exatamente igual a três vezes o valor segundo o qual a opção está acima do preço. O valor presente do lucro isento de risco de US$ 1,45, pela taxa de juros de 10%, é US$ 1,318. Com três opções lançadas na estratégia acima,

> **REVISÃO DE CONCEITOS 21.3**
>
> Suponhamos que o preço da opção de compra estivesse abaixo do normal, sendo vendida por US$ 5,50. Formule a estratégia de arbitragem para explorar o erro de apreçamento e mostrar que em um ano ela oferece um fluxo de caixa isento de risco de US$ 0,6167 por opção comprada. Compare o valor presente desse fluxo de caixa com a opção cujo preço está incorreto.

isso se traduz em um lucro de US$ 0,44 por opção, exatamente o valor segundo o qual a opção estava acima do preço: US$ 6,50 *versus* o "valor justo" de US$ 6,06.

Generalização da abordagem de dois estados

Embora o modelo de determinação de preço de ações de dois estados pareça simplista, podemos generalizá-lo para que incorpore suposições mais realistas. Para começar, suponhamos que fôssemos dividir o ano em dois segmentos de seis meses e então afirmássemos que durante cada segmento de meio ano o preço da ação poderia assumir dois valores. Nesse exemplo, afirmaremos que ele pode aumentar 10% (isto é, $u = 1,10$) ou diminuir 5% (isto é, $d = 0,95$). Uma ação a princípio vendida por US$ 100 poderia seguir estes caminhos ao longo do ano:

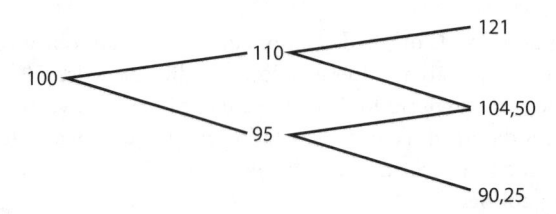

```
           110          121
100                     104,50
           95
                        90,25
```

O valor intermediário de US$ 104,50 pode ser alcançado de duas formas: de um aumento de 10% seguido de uma redução de 5% ou de uma redução de 5% seguida de um aumento de 10%.

> **EXEMPLO 21.1 || Precificação de opções binomial**
>
> Suponhamos que a taxa de juros isenta de risco seja de 5% em um período de seis meses e que desejamos avaliar uma opção de compra com preço de exercício de US$ 110 nas ações que acabamos de descrever na árvore de preços de dois períodos. Primeiro encontramos o valor de C_u. A partir daí a opção de compra pode aumentar para um valor na data de vencimento de C_{uu} = US$ 11 (visto que nesse ponto o preço da ação é $u \times u \times S_0$ = US$ 121) ou diminuir para um valor final de $C_{ud} = 0$ (visto que nesse ponto o preço da ação é $u \times d \times S_0$ = US$ 104,50, que é inferior ao preço de exercício de US$ 110). Portanto, o índice de *hedge* nesse ponto é
>
> $$H = \frac{C_{uu} - C_{ud}}{uuS_0 - udS_0} = \frac{US\$\ 11 - 0}{US\$\ 121 - 104,50} = \frac{2}{3}$$
>
> Desse modo, a carteira a seguir valerá US$ 209 no vencimento da opção, independentemente do preço final da ação:
>
> | | udS = US$ 104,50 | uuS_0 = US$ 121 |
> |---|---|---|
> | Comprar duas ações pelo preço de uS_0 = US$ 110 | US$ 209 | US$ 242 |
> | Lançar três opções de compra pelo preço de C_u | 0 | –33 |
> | TOTAL | US$ 209 | US$ 209 |
>
> A carteira deve ter um valor atual de mercado igual ao valor presente de US$ 209:
>
> $$2 \times US\$\ 110 - 3C_u = US\$\ 209/1,05 = US\$\ 199,047$$
>
> Resolva para encontrar que C_u = US$ 6,984.
>
> Em seguida encontramos o valor de C_d. É fácil ver que esse valor deve ser zero. Se chegarmos a esse ponto (que corresponde a um preço de ação de US$ 95), o preço da ação no vencimento da opção será US$ 104,50 ou US$ 90,25; em ambos os casos, a opção vencerá fora do preço. (Mais precisamente, poderíamos observar que, com $C_{ud} = C_{dd} = 0$, o índice de *hedge* é zero e uma carteira com *zero* ação reproduzirá o *payoff* da opção de compra!)
>
> Por fim, encontramos C utilizando os valores de C_u e C_d. A "Revisão de Conceitos 21.4" pode orientá-lo nos cálculos que mostram que o valor da opção é US$ 4,434.

Agora existem três possíveis valores de fim de ano para a ação e três para a opção:

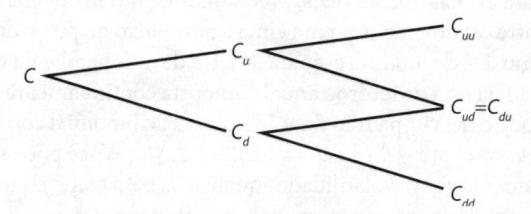

$$C \begin{cases} C_u \begin{cases} C_{uu} \\ C_{ud} = C_{du} \end{cases} \\ C_d \begin{cases} \\ C_{dd} \end{cases} \end{cases}$$

Utilizando métodos semelhantes aos que empregamos acima, poderíamos avaliar C_u com base no conhecimento de C_{uu} e C_{ud}, depois avaliar C_d com base no conhecimento de C_{du} e C_{dd} e finalmente avaliar C com base no conhecimento de C_u e C_d. E não há nenhum motivo para pararmos nos intervalos de seis meses. Poderíamos em seguida dividir o ano em 4 unidades de 3 meses ou 12 unidades de 1 mês ou 365 unidades de 1 dia, cada uma contendo um processo de dois estados. Embora a quantidade de cálculos aumente de forma considerável e eles se tornem correspondentemente tediosos, eles são fáceis de programar em um computador, e esses programas de computador são muito utilizados pelas pessoas que atuam do mercado de opções.

> **REVISÃO DE CONCEITOS 21.4**
>
> Demonstre que o valor inicial da opção de compra no Exemplo 21.1 é US$ 4,434.
> a. Confirme se o *spread* nos valores das opções é $C_u - C_d$ = US$ 6,984.
> b. Confirme se o *spread* nos valores das ações é $uS_0 - dS_0$ = US$ 15.
> c. Confirme se o índice de *hedge* é 0,4656 ação comprada para cada opção de compra lançada.
> d. Demonstre se o valor em um período de uma carteira de 0,4656 ação e uma opção de compra lançada é isento de risco.
> e. Calcule o valor presente desse *payoff*.
> f. Encontre o valor da opção.

Tornando o modelo de avaliação prático

Quando dividimos progressivamente o ano em subintervalos menores, a variedade dos preços de ação possíveis no final do ano amplia-se. Por exemplo, quando aumentamos o número de subperíodos para três, o número de preços de ação possíveis aumenta para quatro, tal como demonstrado na seguinte árvore de preços de ação:

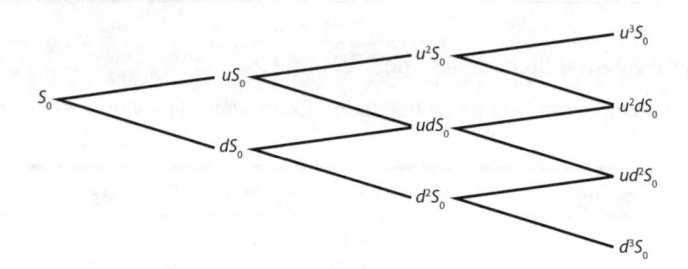

$$S_0 \begin{cases} uS_0 \begin{cases} u^2S_0 \begin{cases} u^3S_0 \\ u^2dS_0 \end{cases} \\ udS_0 \begin{cases} \\ ud^2S_0 \end{cases} \end{cases} \\ dS_0 \begin{cases} \\ d^2S_0 \begin{cases} \\ d^3S_0 \end{cases} \end{cases} \end{cases}$$

Desse modo, levando em conta um número cada vez maior de subperíodos, podemos superar uma das limitações aparentes do modelo de avaliação: de que o número de preços de ação possíveis no final do período é pequeno.

Observe que resultados extremos como u^3S_0 ou d^3S_0 são relativamente raros, visto que eles exigem três aumentos consecutivos ou três reduções consecutivas nos três subintervalos. Resultados mais moderados ou intermediários, como u^2dS_0, podem ser alcançados por meio de mais de um caminho; qualquer combinação de dois aumentos de preços e uma redução resultará em um preço de ação u^2dS_0. Existem três caminhos: *uud, udu, duu*. Em contraposição, apenas um caminho, *uuu*, resulta em um preço de ação de u^3S_0. Desse modo, os valores intermediários são mais prováveis. À medida que tornamos o modelo mais realista e dividimos o vencimento da opção em um número crescente de subperíodos, a distribuição de probabilidades do preço final da ação se parecerá cada vez com a conhecida curva em forma de sino, com resultados extremos altamente improváveis e resultados intermediários bem mais prováveis. A probabilidade de cada resultado é dada pela distribuição de probabilidades binomial, e esse método de determinação de preço de opções de vários períodos é portanto chamado de **modelo binomial**.

Contudo, ainda precisamos responder uma pergunta prática importante. Para que o modelo binomial possa ser utilizado para avaliar opções reais, precisamos de um meio para escolher valores razoáveis para u e d. O *spread* entre os movimentos para cima e para baixo no preço das ações reflete a volatilidade de sua taxa de retorno. Desse modo, a escolha de u e d deve depender da volatilidade. Chame σ a estimativa de desvio-padrão da taxa de retorno anual composta continuamente da ação e Δt a extensão de cada subperíodo. Para que o desvio-padrão da ação no modelo binomial corresponda à sua estimativa de σ, você pode definir $u = \exp(\sigma\sqrt{\Delta t})$ e $d = \exp(-\sigma\sqrt{\Delta t})$.[3] Você pode ver que a diferença desproporcional entre u e d aumenta com a volatilidade anualizada, bem como com a duração do subperíodo. Isso faz sentido, visto que um σ superior e períodos de manutenção mais extensos tornam os preços futuros das ações incertos. O exemplo a seguir mostra como se utiliza essa calibração.

Agora podemos ampliar o Exemplo 21.2 dividindo o vencimento da opção em subintervalos ainda mais curtos. Nesse processo, a distribuição de preços da ação torna-se cada vez mais plausível, tal como demonstramos no Exemplo 21.3.

EXEMPLO 21.2 || Calibrando u e d para a volatilidade da ação

Suponhamos que você esteja utilizando um modelo de três períodos para avaliar uma opção de um ano sobre uma ação com volatilidade (isto é, desvio-padrão anualizado) de $\sigma = 0{,}30$. Com um prazo até o vencimento de $T = 1$ ano e três subperíodos, você calcularia $\Delta t = T/n = 1/3$, $u = \exp(\sigma\sqrt{\Delta t}) = \exp(0{,}30\sqrt{1/3}) = 1{,}189$ e $d = \exp(-\sigma\sqrt{\Delta t}) = \exp(-0{,}30\sqrt{1/3}) = 0{,}841$. Em vista da probabilidade de um movimento para cima, você poderia calcular a probabilidade de qualquer preço de ação final. Por exemplo, suponhamos que a probabilidade de o preço da ação subir é 0,554 e a probabilidade de cair é 0,446.[4] Desse modo, a probabilidade dos preços das ações no final do ano seria como se segue:

Evento	Caminhos possíveis	Probabilidade	Preço final da ação
Três movimentos para baixo	ddd	$0{,}446^3 = 0{,}089$	$59{,}48 = 100 \times 0{,}841^3$
Dois para baixo e um para cima	ddu, dud, udd	$3 \times 0{,}446^2 \times 0{,}554 = 0{,}330$	$84{,}10 = 100 \times 1{,}189 \times 0{,}841^2$
Um para baixo e dois para cima	uud, udu, duu	$3 \times 0{,}446 \times 0{,}554^2 = 0{,}411$	$118{,}89 = 100 \times 1{,}189^2 \times 0{,}841$
Três movimentos para cima	uuu	$0{,}554^3 = 0{,}170$	$168{,}09 = 100 \times 1{,}189^3$

Representamos graficamente essa distribuição de probabilidades na Figura 21.5, Painel A. Observe que os dois preços de ação intermediários no final do período na verdade são mais prováveis do que ambos os extremos.

EXEMPLO 21.3 || Aumentando o número de subperíodos

No Exemplo 21.2, dividimos o ano em três subperíodos. Examinemos também os exemplos de seis e vinte subperíodos.

Subperíodos, n	$\Delta t = T/n$	$u = \exp(\sigma\sqrt{\Delta t})$	$d = \exp(-\sigma\sqrt{\Delta t})$
3	0,333	$\exp(0{,}173) = 1{,}189$	$\exp(-0{,}173) = 0{,}841$
6	0,167	$\exp(0{,}123) = 1{,}130$	$\exp(-0{,}095) = 0{,}885$
20	0,015	$\exp(0{,}067) = 1{,}069$	$\exp(-0{,}067) = 0{,}935$

Representamos graficamente o cálculo das distribuições de probabilidades no Painel B e no Painel C da Figura 21.5.[5]

Observe que a cauda direita da distribuição no Painel C é notavelmente mais longa do que a cauda esquerda. Na verdade, à medida que o número de intervalos aumenta, a distribuição aproxima-se progressivamente da distribuição lognormal assimétrica (e não da normal simétrica). Mesmo se o preço da ação diminuísse em *cada* subintervalo, ele nunca conseguiria ficar abaixo de zero. Mas não existe nenhum limite superior com relação ao seu desempenho possível. Essa assimetria é responsável pela assimetria da distribuição.

---

[3] Observe que $d = 1/u$. Essa é a mais comum, mas não a única forma de calibrar o modelo de volatilidade empírica. Para obter outros métodos, consulte Robert L. McDonald, *Derivatives Markets*, 3ª ed. (Boston: Pearson/Addison-Wesley, 2013), Cap. 10.

[4] Utilizando essa probabilidade, a taxa de retorno espera composta continuamente sobre a ação é 0,10. Em geral, a fórmula que relaciona o movimento para cima com a taxa de retorno anual esperada, r, é $p = \dfrac{\exp(r\Delta t) - d}{u - d}$.

[5] Ajustamos as probabilidades de movimentos para cima *versus* para baixo utilizando a fórmula apresentada na nota de rodapé 4 para que as distribuições na Figura 21.5 tornem-se comparáveis. Em cada painel, p é escolhido para que a taxa de retorno anual esperada composta continuamente seja 10%.

Em algum momento, à medida que dividirmos o vencimento da opção em um número cada vez maior de subintervalos, cada nó da árvore de eventos corresponderá a um intervalo de tempo infinitamente pequeno. O movimento provável no preço das ações nesse intervalo de tempo será correspondentemente pequeno. À medida que esses vários intervalos passarem, o preço da ação no final do período será cada vez mais semelhante a uma distribuição lognormal.[6] Desse modo, a aparente supersimplificação do modelo de dois estados pode ser superada subdividindo progressivamente qualquer período em vários subperíodos.

Em qualquer nó, ainda poderíamos estabelecer uma carteira que estaria perfeitamente protegida durante o próximo e ínfimo intervalo de tempo. Desse modo, no final do intervalo, ao atingir o próximo nó, um novo índice de *hedge* poderia ser calculado e a composição da carteira poderia

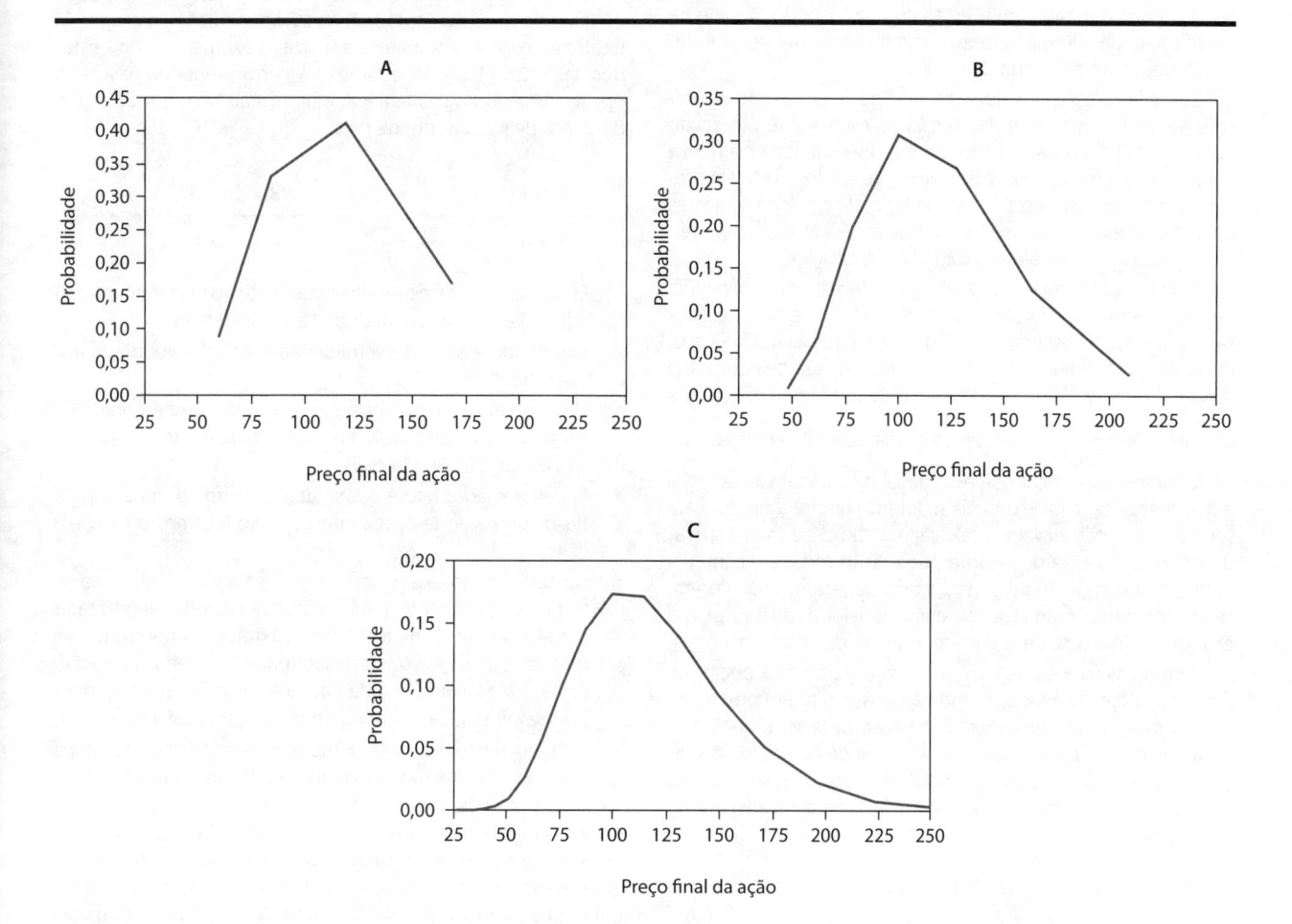

FIGURA 21.5
Distribuição de probabilidades do preço final da ação: resultados possíveis e probabilidades correspondentes. Em cada painel, a taxa de retorno esperada da ação, composta continuamente e anualizada, é 10% e seu desvio-padrão é 30%. **Painel A.** Três subintervalos. Em cada subintervalo, a ação pode aumentar 18,9% ou diminuir 15,9%. **Painel B.** Seis subintervalos. Em cada subintervalo, a ação pode aumentar 13,0% ou diminuir 11,5%. **Painel C.** Vinte subintervalos. Em cada subintervalo, a ação pode aumentar 6,9% ou diminuir 6,5%.

---

[6] Na verdade, nesse caso existem fatores mais complexos. O limite desse processo é lognormal apenas se admitirmos também que os preços das ações movimentam-se continuamente, o que quer dizer que ao longo de pequenos intervalos de tempo apenas pequenos movimentos de preço podem ocorrer. Isso exclui eventos raros, como mudanças extremas e rápidas de preço em resposta a informações excepcionais (como tentativas de tomada de controle acionário). Para examinar uma abordagem sobre esse tipo de "processo de salto", consulte John C. Cox e Stephen A. Ross, "The Valuation of Options for Alternative Stochastic Processes", *Journal of Financial Economics*, 3, janeiro-março de 1976, pp. 145–166; ou Robert C. Merton, "Option Pricing When Underlying Stock Returns Are Discontinuous", *Journal of Financial Economics*, 3, janeiro--março de 1976, pp. 125–144.

DESTAQUE DA REALIDADE

UM ATALHO NEUTRO AO RISCO

Ressaltamos anteriormente neste capítulo que o método de avaliação do modelo binomial baseia-se em arbitragem. Podemos avaliar a opção reproduzindo-a com ações mais empréstimo. A possibilidade de reproduzir a opção significa que seu preço em relação à ação e à taxa de juros deve basear-se somente na técnica de replicação, e *não* nas preferências de risco. Ele não pode depender de aversão ao risco nem do modelo de precificação de ativos financeiros nem de nenhum outro modelo de relação risco/retorno de equilíbrio.

Essa constatação – de que o modelo de determinação de preço deve ser independente da aversão ao risco – abre um atalho bastante útil para a avaliação de opções. Imagine uma *economia neutra ao risco*, isto é, uma economia em que todos os investidores são neutros ao risco. Essa economia hipotética precisa avaliar as opções da mesma forma que nossa economia real, porque a aversão ao risco não pode afetar a fórmula de avaliação.

Em uma economia neutra ao risco, o investidor não exigiria prêmios de risco e, portanto, avaliaria todos os ativos descontando os *payoffs* esperados pela taxa de juros isenta de risco. Portanto, para avaliar um título como uma opção de compra, o fluxo de caixa esperado seria descontado segundo a taxa isenta de risco: $C = \frac{"E"(CF)}{1 + r_f}$. Colocamos o operador de expectativa E entre aspas para indicar que essa não é a expectativa real, mas a que prevaleceria na economia hipotética neutra ao risco. Para sermos coerentes, devemos calcular esse fluxo de caixa esperado utilizando a taxa de retorno que a ação *teria* na economia neutra ao risco, e *não* utilizando a taxa de retorno real. Porém, se conseguirmos manter a coerência, o valor deduzido para a economia hipotética deve corresponder ao de nossa economia.

Como calculamos o fluxo de caixa esperado da opção na economia neutra ao risco? Como não existe nenhum prêmio de risco, a taxa de retorno esperada da ação deve ser igual à taxa isenta de risco. Chame p de probabilidade de aumento no preço da ação. Então p deve ser escolhido para equiparar a taxa esperada de aumento no preço da ação com a taxa isenta de risco (ignoramos aqui os dividendos):

$$"E"(S_1) = p(uS) + (1 - p)dS = (1 + r_f)S$$

Isso significa que $p = \frac{1 + r_f - d}{u - d}$. Designamos p como uma *pro-*

babilidade neutra ao risco para distingui-la da probabilidade real ou "objetiva". Para ilustrar, em nosso exemplo de dois estados, no início da Seção 21.2, tínhamos $u = 1,2$, $d = 0,9$ e $r_f = 0,10$.

Em vista desses valores, $p = \frac{1 + 0,10 - 0,9}{1,2 - 0,9} = \frac{2}{3}$.

Vejamos agora o que acontecerá se utilizarmos a fórmula de fluxo de caixa descontado para avaliar a opção na economia neutra ao risco. Continuamos a utilizar o exemplo de dois estados da Seção 21.2. Encontramos o valor presente do *payoff* da opção utilizando a probabilidade neutra ao risco e o desconto pela taxa de juros isenta de risco:

$$C = \frac{"E"(CF)}{1 + r_f} = \frac{p C_u + (1 - p) C_d}{1 + r_f} = \frac{2/3 \times 10 + 1/3 \times 0}{1,10} = 6,06$$

Essa resposta corresponde exatamente ao valor encontrado quando utilizamos nosso método sem arbitragem.

Repetimos: esse não é verdadeiramente um valor descontado esperado.

- O *numerador* não é o verdadeiro fluxo de caixa esperado da opção porque utilizamos a probabilidade neutra ao risco, p, e não a probabilidade real.
- O *denominador* não é a taxa de desconto apropriada para fluxos de caixa de opções porque não levamos o risco em conta.
- De certo modo, esses dois "erros" se anulam. Mas não se trata apenas de sorte: temos a *garantia* de obter o resultado correto porque o método sem arbitragem implica que as preferências de risco não podem afetar o valor da opção. Portanto, o valor calculado para a economia neutra ao risco *precisa* ser igual ao valor que obtemos em nossa economia.

Quando passamos para o modelo mais realista de vários períodos, os cálculos são bem mais trabalhosos, mas a ideia é a mesma. A nota de rodapé 4 mostra como você deve relacionar p com qualquer taxa de retorno esperada e estimativa de volatilidade. Para encontrar o valor da opção, basta definir a taxa de retorno esperada sobre a ação como igual à taxa isenta de risco, utilizar a probabilidade resultante para calcular o *payoff* esperado da opção e descontar a taxa isenta de risco. Esses cálculos na verdade são razoavelmente fáceis de programar no Excel.

REVISÃO DE CONCEITOS 21.5

Na tabela do Exemplo 21.3, u e d aproximam-se de 1 (u é menor e d é maior) à medida que o intervalo de tempo Δt diminui. Por que isso faz sentido para você? O fato de u e d estarem próximos de 1 significa que a volatilidade total da ação durante a existência remanescente da opção é menor?

ser revista para se manter protegida durante o pequeno intervalo subsequente. Com a revisão contínua da posição de *hedge*, a carteira ficaria protegida e obteria uma taxa de retorno isenta de risco durante cada intervalo. Esse processo é chamado de *hedging dinâmico*, a atualização contínua do índice de *hedge* à medida que o tempo passa. Conforme o *hedge* dinâmico se torna mais aprimorado, o procedimento resultante de avaliação de opções torna-se mais preciso. O quadro "Destaque da Realidade" apresenta outros aprimoramentos na utilização do modelo binomial.

21.4 Avaliação de opções de Black-Scholes

Embora o modelo binomial que acabamos de descrever seja extremamente flexível, para que ele seja útil em uma negociação real é necessário um computador. Seria bem mais fácil utilizar uma *fórmula* de precificação de opções do que os tediosos cálculos algorítmicos exigidos no modelo binomial. Acontece que esse tipo de fórmula pode ser deduzido se nos dispusermos a fazer mais duas suposições: que a taxa de juros isenta de risco e a volatilidade do preço das ações são constantes ao longo da existência da opção. Nesse caso, como o prazo até o vencimento é dividido em um número cada vez maior de subperíodos, a distribuição de preços das ações no vencimento aproxima-se progressivamente da distribuição lognormal, tal como indicado na Figura 21.5. Quando a distribuição de preços das ações é de fato lognormal, podemos deduzir uma fórmula exata de determinação de preço de opções.

A fórmula de Black-Scholes

Antes de Black e Scholes[7] e Merton[8] deduzirem uma fórmula para avaliar opções de compra, durante muitos anos os economistas financeiros procuraram um modelo de determinação de preço de opções viável. Em 1997, Scholes e Merton dividiram o Prêmio Nobel em Economia por esse feito.[9] Hoje amplamente empregada pelos participantes do mercado de opções, a **fórmula de determinação de preço** (ou **de precificação**) **de Black-Scholes** para uma opção de compra do tipo europeia é

$$C_0 = S_0 N(d_1) - Xe^{-rT} N(d_2) \qquad (21.1)$$

onde

$$d_1 = \frac{\ln(S_0/X) + (r + \sigma^2/2)T}{\sigma\sqrt{T}}$$

$$d_2 = d_1 - \sigma\sqrt{T}$$

e

C_0 = Valor atual da opção de compra.

S_0 = Preço atual da ação.

$N(d)$ = Probabilidade de um sorteio aleatório de uma distribuição normal padrão ser inferior a d. Isso igual à área sob a curva normal até d, como na área sombreada da Figura 21.6. No Excel, essa função é chamada de DIST.NORM( ).

X = Preço de exercício.

e = Base da função log natural, aproximadamente 2,71828. No Excel, pode-se avaliar e^x utilizando a função EXP(x).

r = Taxa isenta de risco (a taxa composta continuamente anualizada sobre um ativo seguro com o mesmo vencimento da opção, que deve ser diferenciada de r_f, a taxa de juros de período de tempo discreto).

T = Tempo até o vencimento da opção, em anos.

ln = Função de logaritmo natural. No Excel, pode-se calcular ln(x) como LN(x).

σ = Desvio-padrão da taxa de retorno composta continuamente anualizada da ação.

Observe um atributo surpreendente da Equação 21.1: o valor da opção não depende da taxa de retorno esperada sobre a ação. De certo modo, essa informação já está incorporada na fórmula com

---

[7] Fischer Black e Myron Scholes, "The Pricing of Options and Corporate Liabilities", *Journal of Political Economy*, 81, maio–junho de 1973.

[8] Robert C. Merton, "Theory of Rational Option Pricing", *Bell Journal of Economics and Management Science*, 4, primavera de 1973.

[9] Fischer Black faleceu em 1995.

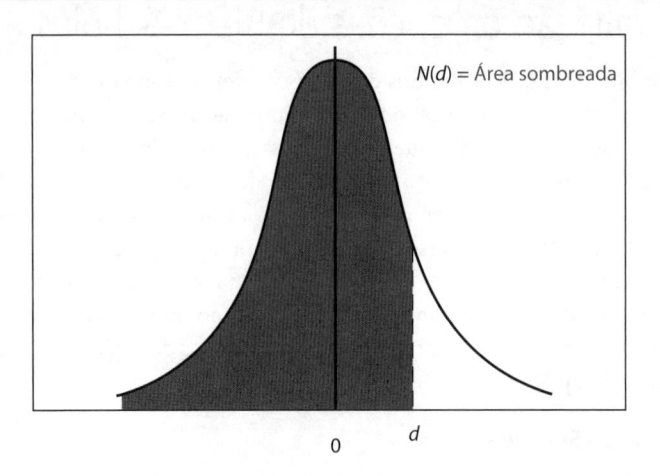

FIGURA 21.6 Uma curva normal padrão

$N(d)$ = Área sombreada

a inclusão do preço da ação, que em si depende das características de risco e retorno da ação. Essa versão da fórmula de Black-Scholes baseia-se na suposição de que a ação paga dividendos.

Ainda que você possa achar a fórmula de Black-Scholes intimidadora, podemos explicá-la de uma maneira até certo ponto instintiva. O segredo é ver os termos $N(d)$ (imprecisamente) como uma probabilidade ajustada ao risco de que a opção de compra vencerá dentro do preço. Primeiro, examine a Equação 21.1, supondo que os termos $N(d)$ estão próximos de 1.0, isto é, que existe uma probabilidade bastante grande de que a opção será exercida. Desse modo, a o valor da opção de compra é igual a $S_0 - Xe^{-rT}$, que é o que chamamos anteriormente de valor intrínseco ajustado, S_0 – PV(X). Isso faz sentido; se o exercício for garantido, teremos direito sobre a ação com o valor atual de S_0 e uma obrigação com o valor presente PV(X) ou, com a composição contínua, Xe^{-rT}.

EXEMPLO 21.4 || Avaliação de Black-Scholes

A fórmula de Black-Scholes pode ser utilizada de uma maneira razoavelmente fácil. Suponhamos que você deseje avaliar uma opção de compra nas seguintes circunstâncias:

Preço da ação: $S_0 = 100$
Preço de exercício: $X = 95$
Taxa de juros: $r = 0{,}10$ (10% ao ano)
Prazo até o vencimento: $T = 0{,}25$ (três meses ou um trimestre ao ano)
Desvio-padrão: $\sigma = 0{,}50$ (50% ao ano)

Primeiro calcule

$$d_1 = \frac{\ln(100/95) + (0{,}10 + 0{,}5^2/2)0{,}25}{0{,}5\sqrt{0{,}25}} = 0{,}43$$

$$d_2 = 0{,}43 - 0{,}5\sqrt{0{,}25} = 0{,}18$$

Em seguida, calcule $N(d_1)$ e $N(d_2)$. Os valores da distribuição normal são tabulados e podem ser encontrados em vários livros de estatística. Uma tabela de $N(d)$ é fornecida na Tabela 21.2. A função de distribuição normal, $N(d)$, também é oferecida em qualquer programa de planilha eletrônica. No Microsoft Excel, por exemplo, o nome da função é DIST.NORM. Utilizando o Excel ou a Tabela 21.2, encontramos que

$$N(0{,}43) = 0{,}6664$$
$$N(0{,}18) = 0{,}5714$$

Portanto, o valor da opção de compra é

$$C = 100 \times 0{,}6664 - 95e^{-0{,}10 \times 0{,}25} \times 0{,}5714$$
$$= 66{,}64 - 52{,}94 = \text{US\$ } 13{,}70$$

Examine agora a Equação 21.1, supondo que os termos $N(d)$ estão próximos de zero, o que significa que é quase certo que a opção não será exercida. Em seguida a equação confirma que a opção de compra não está valendo nada. Para valores intermediários de $N(d)$, entre 0 e 1, a Equação 21.1 nos indica que o valor da opção de compra pode ser visto como o valor presente do possível *payoff* dessa opção ajustado à probabilidade de vencimento dentro do preço.

> **REVISÃO DE CONCEITOS 21.6**
>
> Recalcule o valor da opção de compra no Exemplo 21.4 utilizando o desvio-padrão de 0,6, em vez de 0,5. Confirme se a opção valerá mais se essa volatilidade mais alta for utilizada.

De que forma os termos $N(d)$ funcionam como probabilidades ajustadas ao risco? Essa pergunta nos conduz imediatamente para a estatística avançada. Observe, entretanto, que $\ln(S_0/X)$, que aparece no numerador de d_1 e d_2, é aproximadamente o valor percentual segundo o qual a opção se encontra no momento dentro ou fora do preço. Por exemplo, se $S_0 = 105$ e $X = 100$, a opção estará 5% dentro do

TABELA 21.2 Distribuição normal cumulativa

d	N(d)	d	N(d)	d	N(d)	d	N(d)	d	N(d)	d	N(d)
−3,00	0,0013	−1,58	0,0571	−0,76	0,2236	0,06	0,5239	0,86	0,8051	1,66	0,9515
−2,95	0,0016	−1,56	0,0594	−0,74	0,2297	0,08	0,5319	0,88	0,8106	1,68	0,9535
−2,90	0,0019	−1,54	0,0618	−0,72	0,2358	0,10	0,5398	0,90	0,8159	1,70	0,9554
−2,85	0,0022	−1,52	0,0643	−0,70	0,2420	0,12	0,5478	0,92	0,8212	1,72	0,9573
−2,80	0,0026	−1,50	0,0668	−0,68	0,2483	0,14	0,5557	0,94	0,8264	1,74	0,9591
−2,75	0,0030	−1,48	0,0694	−0,66	0,2546	0,16	0,5636	0,96	0,8315	1,76	0,9608
−2,70	0,0035	−1,46	0,0721	−0,64	0,2611	0,18	0,5714	0,98	0,8365	1,78	0,9625
−2,65	−0,0040	−1,44	0,0749	−0,62	0,2676	0,20	0,5793	1,00	0,8414	1,80	0,9641
−2,60	0,0047	−1,42	0,0778	−0,60	0,2743	0,22	0,5871	1,02	0,8461	1,82	0,9656
−2,55	0,0054	−1,40	0,0808	−0,58	0,2810	0,24	0,5948	1,04	0,8508	1,84	0,9671
−2,50	0,0062	−1,38	0,0838	−0,56	0,2877	0,26	0,6026	1,06	0,8554	1,86	0,9686
−2,45	0,0071	−1,36	0,0869	−0,54	0,2946	0,28	0,6103	1,08	0,8599	1,88	0,9699
−2,40	0,0082	−1,34	0,0901	−0,52	0,3015	0,30	0,6179	1,10	0,8643	1,90	0,9713
−2,35	0,0094	−1,32	0,0934	−0,50	0,3085	0,32	0,6255	1,12	0,8686	1,92	0,9726
−2,30	0,0107	−1,30	0,0968	−0,48	0,3156	0,34	0,6331	1,14	0,8729	1,94	0,9738
−2,25	0,0122	−1,28	0,1003	−0,46	0,3228	0,36	0,6406	1,16	0,8770	1,96	0,9750
−2,20	0,0139	−1,26	0,1038	−0,44	0,3300	0,38	0,6480	1,18	0,8810	1,98	0,9761
−2,15	0,0158	−1,24	0,1075	−0,42	0,3373	0,40	0,6554	1,20	0,8849	2,00	0,9772
−2,10	0,0179	−1,22	0,1112	−0,40	0,3446	0,42	0,6628	1,22	0,8888	2,05	0,9798
−2,05	0,0202	−1,20	0,1151	−0,38	0,3520	0,44	0,6700	1,24	0,8925	2,10	0,9821
−2,00	0,0228	−1,18	0,1190	−0,36	0,3594	0,46	0,6773	1,26	0,8962	2,15	0,9842
−1,98	0,0239	−1,16	0,1230	−0,34	0,3669	0,48	0,6844	1,28	0,8997	2,20	0,9861
−1,96	0,0250	−1,14	0,1271	−0,32	0,3745	0,50	0,6915	1,30	0,9032	2,25	0,9878
−1,94	0,0262	−1,12	0,1314	−0,30	0,3821	0,52	0,6985	1,32	0,9066	2,30	0,9893
−1,92	0,0274	−1,10	0,1357	−0,28	0,3897	0,54	0,7054	1,34	0,9099	2,35	0,9906
−1,90	0,0287	−1,08	0,1401	−0,26	0,3974	0,56	0,7123	1,36	0,9131	2,40	0,9918
−1,88	0,0301	−1,06	0,1446	−0,24	0,4052	0,58	0,7191	1,38	0,9162	2,45	0,9929
−1,86	0,0314	−1,04	0,1492	−0,22	0,4129	0,60	0,7258	1,40	0,9192	2,50	0,9938
−1,84	0,0329	−1,02	0,1539	−0,20	0,4207	0,62	0,7324	1,42	0,9222	2,55	0,9946
−1,82	0,0344	−1,00	0,1587	−0,18	0,4286	0,64	0,7389	1,44	0,9251	2,60	0,9953
−1,80	0,0359	−0,98	0,1635	−0,16	0,4365	0,66	0,7454	1,46	0,9279	2,65	0,9960
−1,78	0,0375	−0,96	0,1685	−0,14	0,4443	0,68	0,7518	1,48	0,9306	2,70	0,9965
−1,76	0,0392	−0,94	0,1736	−0,12	0,4523	0,70	0,7580	1,50	0,9332	2,75	0,9970
−1,74	0,0409	−0,92	0,1788	−0,10	0,4602	0,72	0,7642	1,52	0,9357	2,80	0,9974
−1,72	0,0427	−0,90	0,1841	−0,08	0,4681	0,74	0,7704	1,54	0,9382	2,85	0,9978
−1,70	0,0446	−0,88	0,1894	−0,06	0,4761	0,76	0,7764	1,56	0,9406	2,90	0,9981
−1,68	0,0465	−0,86	0,1949	−0,04	0,4841	0,78	0,7823	1,58	0,9429	2,95	0,9984
−1,66	0,0485	−0,84	0,2005	−0,02	0,4920	0,80	0,7882	1,60	0,9452	3,00	0,9986
−1,64	0,0505	−0,82	0,2061	0,00	0,5000	0,82	0,7939	1,62	0,9474	3,05	0,9989
−1,62	0,0526	−0,80	0,2119	0,02	0,5080	0,84	0,7996	1,64	0,9495		
−1,60	0,0548	−0,78	0,2177	0,04	0,5160						

preço e ln(105/100) = 0,049. De modo semelhante, se $S_0 = 95$, a opção estará 5% fora do preço e ln(95/100) = –0,051. O denominador, $\sigma\sqrt{T}$, ajusta o valor pelo qual a opção está dentro ou fora do preço em relação à volatilidade do preço da ação durante a vida remanescente da opção. Uma opção que está alguma porcentagem dentro do preço é mais propensa a permanecer dentro do preço se a volatilidade do preço da ação e o prazo até o vencimento forem pequenos. Portanto, $N(d_1)$ e $N(d_2)$ aumentam com a probabilidade de a opção vencer dentro do preço.

E se o preço da opção no Exemplo 21.4 fosse US$ 15, em vez de US$ 13,70? A opção está com o preço incorreto? Talvez, mas antes de apostar seu dinheiro nisso, é aconselhável reconsiderar a análise de avaliação. Primeiro, como todos os modelos, a fórmula de Black-Scholes baseia-se em algumas abstrações simplificadoras que a tornam apenas aproximadamente válida.

Algumas das suposições importantes subjacentes à fórmula são as seguintes:

1. As ações só pagarão dividendos após a data de vencimento.
2. Tanto a taxa de juros, r, quanto a taxa de variância da ação, σ^2, são constantes (ou, em versões um pouco mais genéricas da fórmula, ambas são funções de tempo *conhecidas* – qualquer mudança é perfeitamente previsível).
3. Os preços das ações são contínuos, o que significa que saltos repentinos extremos, como aqueles que ocorrem logo após a divulgação de uma tentativa de tomada de controle acionário, são descartados.

Variações da fórmula de Black-Scholes foram desenvolvidas para lidar com várias dessas limitações.

Segundo, mesmo no contexto do modelo de Black-Scholes, você deve ter certeza da precisão dos parâmetros utilizados na fórmula. Quatro deles – S_0, X, T e r – são óbvios. O preço da ação, o preço de exercício e o prazo até o vencimento são determinados imediatamente. A taxa de juros utilizada é a taxa do mercado monetário para um vencimento igual ao da opção e o pagamento de dividendos em geral é razoavelmente previsível, pelo menos em curtos horizontes.

Entretanto, o último dado, o desvio-padrão do retorno da ação, não é diretamente observável. Ele deve ser calculado com base em dados históricos, em análise de cenário ou nos preços de outras opções, tal como descreveremos em breve.

Vimos no Capítulo 5 que a variância histórica dos retornos do mercado acionário pode ser calculada com base em n observações, da seguinte maneira:

$$\sigma^2 = \frac{n}{n-1}\sum_{t=1}^{n}\frac{(r_t - \bar{r})^2}{n}$$

onde $\bar{r}$ é o retorno médio ao longo do período de amostra. A taxa de retorno no dia t é considerada coerente com a composição contínua, visto que $r_t = \ln(S_t/S_{t-1})$. [Ressaltamos uma vez mais que o logaritmo natural de um índice é aproximadamente a diferença percentual entre o numerador e o denominador, de modo que $\ln(S_t/S_{t-1})$ é uma medida da taxa de retorno da ação do tempo $t-1$ ao tempo t.] Normalmente, a variância histórica é calculada com retornos diários de períodos de vários meses. Entretanto, como é necessário estimar a volatilidade dos retornos da ação, é sempre possível que as discrepâncias entre o preço de uma opção e o valor de Black-Scholes sejam simplesmente fruto de erro na estimativa da volatilidade da ação.

Na verdade, os participantes do mercado com frequência oferecem um contorno diferente ao problema de avaliação de opções. Em vez de calcular um valor de opção de Black-Scholes para um determinado desvio-padrão, eles perguntam: Qual desvio-padrão seria necessário para o preço da opção que eu observar que é coerente com a fórmula de Black-Scholes? Isso é chamado de **volatilidade implícita** da opção, o nível de volatilidade da ação indicado pelo preço da opção.[10] Os investidores podem então avaliar se eles acreditam que o desvio-padrão real da ação é maior do que a volatilidade implícita. Se sim, a opção é considerada uma boa compra; se a volatilidade real parecer maior do que a volatilidade implícita, o preço justo da opção pode ultrapassar o preço observado.

---

[10] Esse conceito foi introduzido em Richard E. Schmalensee e Robert R. Trippi, "Common Stock Volatility Expectations Implied by Option Premia", *Journal of Finance*, 33, março de 1978, pp. 129–147.

PLANILHA 21.1 Planilha para calcular valores de opções de compra de Black-Scholes

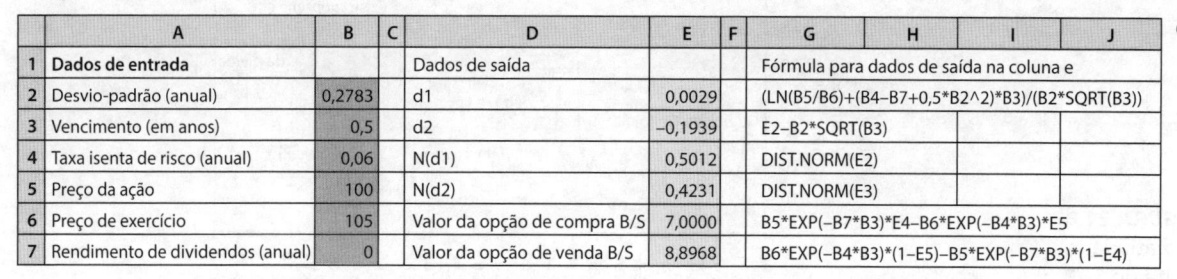

	A	B	C	D	E	F	G	H	I	J
1	Dados de entrada			Dados de saída			Fórmula para dados de saída na coluna e			
2	Desvio-padrão (anual)	0,2783		d1	0,0029		(LN(B5/B6)+(B4–B7+0,5*B2^2)*B3)/(B2*SQRT(B3))			
3	Vencimento (em anos)	0,5		d2	–0,1939		E2–B2*SQRT(B3)			
4	Taxa isenta de risco (anual)	0,06		N(d1)	0,5012		DIST.NORM(E2)			
5	Preço da ação	100		N(d2)	0,4231		DIST.NORM(E3)			
6	Preço de exercício	105		Valor da opção de compra B/S	7,0000		B5*EXP(–B7*B3)*E4–B6*EXP(–B4*B3)*E5			
7	Rendimento de dividendos (anual)	0		Valor da opção de venda B/S	8,8968		B6*EXP(–B4*B3)*(1–E5)–B5*EXP(–B7*B3)*(1–E4)			

Outra variação é comparar duas opções sobre a mesma ação com datas de vencimento iguais mas preços de exercício diferentes. A opção com a volatilidade implícita mais alta seria considerada relativamente cara porque é necessário um desvio-padrão mais alto para justificar seu preço. O analista pode considerar a possibilidade de comprar a opção com a volatilidade implícita mais baixa e lançar a opção com a volatilidade implícita mais alta.

A fórmula de avaliação de Black-Scholes, bem como a volatilidade implícita, é fácil de calcular em uma planilha Excel, tal como na Planilha 21.1. Os dados de entrada do modelo são fornecidos na coluna B e os dados de saída na coluna E. As fórmulas para d_1 e d_2 são apresentadas na planilha e a fórmula Excel DIST.NORM(d_1) é utilizada para calcular $N(d_1)$.[11] A célula E6 contém a fórmula de Black-Scholes. (A fórmula na planilha na verdade inclui um ajuste de dividendos, tal como descrito na seção subsequente.)

Para calcular a volatilidade implícita, podemos utilizar a opção Atingir meta de Teste de Hipóteses (que se encontra no menu Dados) no Excel. Consulte a Figure 21.7 para ver um exemplo. O Atingir meta nos pede para mudar o valor de uma célula para tornar o valor de outra célula (chamada de *célula de destino*) igual a um valor específico. Por exemplo, se observarmos uma opção de compra vendida por US$ 7 com outros dados de entrada iguais aos apresentados na planilha, podemos utilizar Atingir meta para mudar o valor na célula B2 (o desvio-padrão da ação) e definir o valor da opção na célula E6 igual a US$ 7. A célula de destino, E6, é o preço da opção de compra, e a planilha manipula a célula B2. Quando você clicar em *OK*, a planilha verificará que um desvio-padrão igual a 0,2783 é coerente com a opção de compra de US$ 7; essa seria a volatilidade implícita da opção de compra se ela estivesse sendo vendida por US$ 7.

FIGURA 21.7 Utilizando o Atingir meta para encontrar a volatilidade implícita

---

[11] Em algumas versões do Excel, a função é DIST.NORMP.N (*d*,VERDADEIRO).

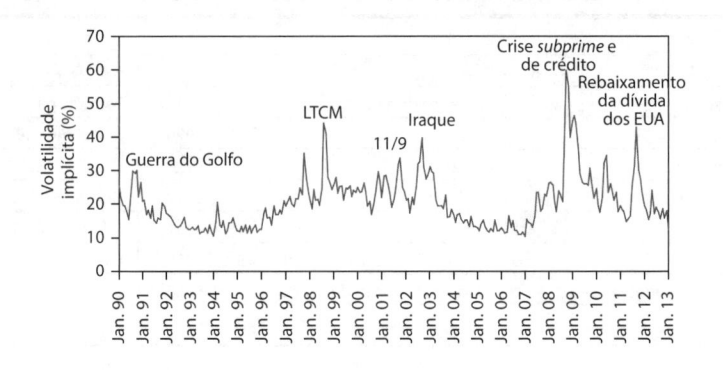

FIGURA 21.8
Volatilidade implícita do S&P 500 (índice VIX)

Fonte: Bolsa de Opções de Chicago, www.cboe.com.

A Bolsa de Opções de Chicago calcula regularmente a volatilidade implícita dos índices de ações mais importantes. A Figura 21.8 apresenta um gráfico da volatilidade implícita (30 dias) do S&P 500, desde 1990. Durante períodos de turbulência, a volatilidade implícita pode aumentar rapidamente. Observe os picos em janeiro de 1991 (Guerra do Golfo), em agosto de 1998 (o colapso da Long Term Capital Management), em 11 de setembro de 2001, em 2002 (preparativos para a invasão do Iraque) e, mais acentuadamente, durante a crise de crédito de 2008. Como a volatilidade implícita está correlacionada com a crise, às vezes ela é chamada de "índice de medo do investidor".

Um contrato de futuros sobre a volatilidade implícita de 30 dias do S&P 500 começou a ser negociado na CBOE desde 2004. O *payoff* do contrato depende da volatilidade implícita do mercado no vencimento do contrato. O símbolo de cotação do contrato é VIX. Tal como o quadro a seguir evidencia, os observadores utilizam-no para obter a avaliação do mercado sobre possíveis oscilações nos preços das ações nos meses subsequentes. Nesse caso, o artigo questionou o nível relativamente baixo do VIX em vista da tensão nas negociações políticas no final de 2012 sobre o assim chamado abismo fiscal. A questão era se o preço do contrato VIX era um sinal de que os investidores estavam muito complacentes com a possibilidade de distúrbio no mercado caso essas negociações viessem a fracassar.

A Figura 21.8 também revela um fato empírico embaraçoso. Embora a fórmula de Black-Scholes seja deduzida com base na suposição de que a volatilidade é constante, a série temporal das volatilidades implícitas deduzidas dessa fórmula na verdade está longe de ser constante. Essa contradição nos faz lembrar de que o modelo de Black-Scholes (como todos os modelos) é uma simplificação que não capta todos os aspectos dos mercados reais. Nesse contexto específico, extensões do modelo de determinação de preço que permitam que a volatilidade evolua aleatoriamente com o passar do tempo seriam desejáveis e na verdade já foram propostas várias extensões desse modelo de acordo com esses moldes.[12]

O fato de a volatilidade mudar imprevisivelmente significa que pode ser difícil escolher o *input* de volatilidade apropriado, independentemente do modelo de precificação de opções. Uma quantidade considerável de pesquisas recentes tem sido dedicada à investigação de técnicas para prever mudanças na volatilidade. Essas técnicas, conhecidas como ARCH (*autoregressive conditional heteroskedasticity* ou heterocedasticidade condicional autorregressiva) e modelos de volatilidade estocásticos, postulam que as mudanças na volatilidade são parcialmente previsíveis e que, analisando níveis e tendências recentes na volatilidade, é possível melhorar as previsões sobre a volatilidade futura.[13]

---

[12] Artigos influentes sobre esse tema são J. Hull e A. White, "The Pricing of Options on Assets with Stochastic Volatilities", *Journal of Finance*, junho de 1987, pp. 281–300; J. Wiggins, "Option Values under Stochastic Volatility", *Journal of Financial Economics*, dezembro de 1987, pp. 351–372; e S. Heston, "A Closed-Form Solution for Options with Stochastic Volatility with Applications to Bonds and Currency Options", *Review of Financial Studies*, 6, 1993, pp. 327–343. Para uma análise mais recente, consulte E. Ghysels, A. Harvey e E. Renault, "Stochastic Volatility", em G. S. Maddala (ed.), *Handbook of Statistics*, vol. 14: *Statistical Methods in Finance* (Amsterdã: North Holland, 1996).

[13] Para examinar uma introdução a esses modelos, consulte C. Alexander, *Market Models* (Chichester, Inglaterra: Wiley, 2001).

DESTAQUE DA REALIDADE

ÍNDICE DE "MEDO" NÃO INDICA TANTO MEDO

No pregão da Bolsa de Opções de Chicago (CBOE), aqueles que costumam negociar sob tensão não viram muita coisa, senão calmaria.

As medidas de volatilidade nos mercados americanos estão mostrando uma relativa calma, mas alguns investidores afirmam que essa baixa leitura é sinal de complacência. Diferentemente do panorama instável no mercado acionário desde a eleição presidencial dos Estados Unidos, o Índice de Volatilidade da CBOE, o VIX, registrou tranquilidade. Durante quatro meses, o assim chamado índice de medo dos mercados financeiros foi negociado abaixo de 20, que constitui sua média histórica de duas décadas e sua mais longa tendência em mais de cinco anos.

Alguns investidores temem que essas baixas leituras sejam sinal de complacência e que a probabilidade de outras quedas em resposta a notícias negativas inesperadas não se reflita no preço das ações. De acordo com esses investidores, vários barômetros de nervosismo poderiam subir em vista da proximidade do prazo final para um acordo sobre impostos e gastos no fim do ano. Além disso, essa ansiedade provavelmente elevaria a volatilidade nos mercados de ações e *commodities*.

O VIX é um índice calculado com base nos preços que os investidores estão dispostos a pagar pelas opções vinculadas ao índice de ações Standard & Poor's 500. Quando os investidores ficam nervosos, eles se dispõem a pagar mais pelas opções, elevando o valor do VIX.

Em sua busca por pistas sobre se essa relativa calma é capaz de durar, alguns observadores do mercado estão voltando ao início do verão de 2011. Na época, o VIX estava sendo negociado em níveis próximos ao do presente, embora houvesse temor entre os gurus do mercado de que os legisladores não concordariam em elevar o teto da dívida. Esse cenário poderia ter levado o governo dos Estados Unidos à inadimplência.

Em poucas semanas, como a contenda sobre o teto da dívida aproximava-se de seus momentos finais, a Standard & Poor's cortou a classificação de crédito triplo A de longo prazo dos Estados Unidos. O VIX quase triplicou para 48 no espaço de duas semanas.

"Toda essa situação me leva a acreditar que essa falta de amortecedor no mercado provocará choques ainda mais desenfreados" se houver acontecimentos negativos, afirma Michael Palmer, do Group One Trading, que negocia o VIX no pregão da CBOE.

Fonte: Steven Russolillo e Kaitlyn Kiernan, *The Wall Street Journal*, 26 de novembro de 2012. Reimpresso com permissão. Copyright© 2012 Dow Jones & Company, Inc. Todos os direitos reservados mundialmente.

Avaliação de dividendos e opções de compra

Ressaltamos anteriormente que a fórmula de opção de compra de Black-Scholes aplica-se a ações que não pagam dividendos. Quando é necessário pagar dividendos antes do vencimento da opção, precisamos ajustar essa fórmula. O pagamento de dividendos aumenta a possibilidade de exercício antecipado e, para a maioria dos esquemas de pagamento de dividendos mais realistas, a fórmula de avaliação torna-se bem mais complexa do que a equação de Black-Scholes.

> **REVISÃO DE CONCEITOS 21.7**
>
> Suponhamos que a opção de compra na Planilha 21.1 na verdade esteja sendo vendida por US$ 8. A volatilidade implícita dessa opção é superior ou inferior a 27,83%? Utilize a planilha (disponível na página de Conteúdo *Online*) e Atingir meta para encontrar a volatilidade implícita dessa opção por esse preço.

Entretanto, podemos utilizar algumas regras práticas para estimar o valor da opção. Um método conhecido, proposto originalmente por Black, requer um ajuste para baixo no preço das ações pelo valor presente de qualquer dividendo que deva ser pago antes do vencimento da opção.[14] Desse modo, bastaria substituir S_0 por $S_0 - \text{PV(dividendos)}$ na fórmula de Black-Scholes. Esse ajuste levará os dividendos em conta ao refletir seu possível impacto sobre o preço das ações. O valor da opção pode então ser calculado como antes, supondo que a opção será mantida até o vencimento.

Em um caso especial, o ajuste de dividendos assume uma forma simples. Suponhamos que um ativo subjacente pague um fluxo de renda contínuo. Essa suposição poderia ser razoável para opções de um índice de ações, em que diferentes ações do índice pagam dividendos em dias diferentes. Dessa maneira, os rendimentos de dividendos ocorrem de acordo com um fluxo maios ou menos contínuo. Se o rendimento de dividendos, indicado por δ, for constante, será possível mostrar que o valor presente desse fluxo de dividendos acumulados até a data de vencimento da opção é $S_0(1 - e^{-\delta T})$. (Intuitivamente, observe que $e^{-\delta T}$ é quase igual a $1 - \delta T$, de modo que o valor do fluxo de dividendos é aproximadamente $\delta T S_0$.) Nesse caso, $S_0 - \text{PV(Div.)} = S_0 e^{-\delta T}$, e podemos deduzir uma fórmula de opção de compra de Black-Scholes para o ativo que paga dividendos simplesmente substituindo S_0 por $S_0 e^{-\delta T}$ na fórmula original. Esse processo é utilizado na Planilha 21.1.

---

[14] Fischer Black, "Fact and Fantasy in the Use of Options", *Financial Analysts Journal*, 31, julho–agosto de 1975.

Esses procedimentos oferecem uma boa estimativa de valor para opções de compra europeias que precisam ser mantidas até o vencimento. Contudo, eles não levam em conta o fato de o detentor de uma opção de compra americana poder optar por exercer a opção antes dos dividendos. O valor atual de uma opção de compra, supondo que será exercida um pouco antes da data ex dividendo, pode ser superior ao valor da opção se ela for mantida até o vencimento. Embora a manutenção da opção até o vencimento possibilite um tempo efetivo maior até o vencimento, o que aumenta o valor da opção, isso também envolve mais pagamentos de dividendos e diminui o preço esperado da ação no vencimento e igualmente o valor atual da opção.

Por exemplo, suponhamos que uma ação à venda por US$ 20 pagará dividendos de US$ 1 em quatro meses, ao passo que a opção de compra sobre a ação não vence em seis meses. A taxa de juros anual efetiva é 10%, de modo que o valor presente do dividendo é US$ $1/(1,10)^{1/3}$ = US$ 0,97. Black propõe que podemos calcular o valor da opção de uma destas duas formas:

1. Aplique a fórmula de Black-Scholes supondo um exercício antecipado e utilize o preço real da ação, US$ 20, e um prazo até o vencimento de quatro meses (o prazo até o pagamento de dividendos).
2. Aplique a fórmula de Black-Scholes supondo que não haverá exercício antecipado e utilize o preço da ação ajustado aos dividendos, US$ 20 − US$ 0,97 = US$ 19,03, e um prazo até o vencimento de seis meses.

Entre esses dois valores, o mais alto será a estimativa do valor da opção, reconhecendo que o exercício antecipado pode ser oportuno. Em outras palavras, o assim chamado **valor de opção de compra pseudoamericana** é o máximo do valor deduzido da suposição de que uma opção será mantida até o vencimento e o valor deduzido da suposição de que a opção será exercida um pouco antes da data ex-dividendo. Entretanto, até mesmo essa técnica não é exata, porque ela pressupõe que o detentor da opção toma uma decisão irrevogável no presente sobre quando a exercerá, quando na verdade essa decisão só se torna irrevogável no momento em que a notificação de exercício é enviada.[15]

Avaliação de opções de venda

Até aqui, nós nos concentramos na avaliação da opção de compra. Podemos deduzir o valor de uma opção de venda europeia de Black-Scholes do valor de uma opção de compra utilizando o teorema de paridade entre opção de venda e opção de compra. Para avaliar uma opção de venda, simplesmente calculamos o valor da opção de compra correspondente na Equação 21.1 por meio da fórmula de Black-Scholes e em seguida o valor da opção de venda como

$$P = C + PV(X) - S_0$$
$$= C + Xe^{-rT} - S_0 \quad (21.2)$$

EXEMPLO 21.5 || Avaliação de opções de venda de Black-Scholes

Utilizando dados do Exemplo 21.4 (C = US$ 13,70, X = US$ 95, S = US$ 100, r = 0,10, σ = 0,50 e T = 0,25), a Equação 21.3 indica que uma opção de venda europeia sobre essa ação com preço de exercício e prazo até o vencimento idênticos vale

US$ $95e^{-0,10 \times 0,25}(1 - 0,5714)$ − US$ $100(1 - 0,6664)$ = US$ 6,35

Observe que esse valor é coerente com a paridade de opção de venda e opção de compra:

$P = C + PV(X) - S_0 = 13,70 + 95e^{-0,10 \times 0,25} - 100 = 6,35$

Como já vimos que os investidores podem fazê-lo, devemos então comparar o valor dessa fórmula com o preço real da opção de venda como um passo na formulação de uma estratégia de negociação.

---

[15] Uma fórmula exata para avaliação de opções de compra americanas sobre ações que pagam dividendos foi desenvolvida em Richard Roll, "An Analytic Valuation Formula for Unprotected American Call Options on Stocks with Known Dividends", *Journal of Financial Economics*, 5, novembro de 1977. Essa técnica foi discutida e revista em Robert Geske, "A Note on an Analytical Formula for Unprotected American Call Options on Stocks with Known Dividends", *Journal of Financial Economics*, 7, dezembro de 1979, e Robert E. Whaley, "On the Valuation of American Call Options on Stocks with Known Dividends", *Journal of Financial Economics*, 9, junho de 1981.

Para manter a coerência com a fórmula de Black-Scholes, calculamos o valor presente do preço de exercício utilizando a composição contínua.

Algumas vezes é mais fácil trabalhar diretamente com a fórmula de avaliação de opção de venda. Se substituirmos a fórmula de Black-Scholes para opção de compra na Equação 21.2, obteremos o valor de opção de venda europeia desta forma

$$P = Xe^{-rT}[1 - N(d_2)] - S_0[1 - N(d_1)] \qquad (21.3)$$

Avaliação de dividendos e opções de venda

A Equação 21.2 ou 21.3 é válida para opções de venda europeias sobre ações que não pagam dividendos. Do mesmo modo que fizemos para opções de compra, se o ativo subjacente pagar dividendos, podemos encontrar o valor de opções de venda europeias substituindo $S_0 - PV(Div.)$ por S_0. A célula E7 da Planilha 21.1 considera um fluxo contínuo de dividendos com rendimento de δ. Nesse caso $S_0 - PV(Div.) = S_0 e^{-\delta T}$.

Entretanto, opções de venda listadas sobre ações são opções americanas que oferecem oportunidade de exercício antecipado, e vimos que o direito de exercer opções de venda antecipadamente pode se revelar valioso. Isso significa que uma opção de venda americana deve valer mais do que uma opção europeia correspondente. Portanto, a Equação 21.2 ou 21.3 descreve somente o limite inferior do valor real da opção de venda americana. Entretanto, em muitas aplicações a estimativa é extremamente precisa.[16]

21.5 Utilizando a fórmula de Black-Scholes

O índice de *hedge* e a fórmula de Black-Scholes

No capítulo anterior consideramos dois investimentos em ações da FinCorp: 100 ações ou 1.000 opções de compra. Vimos que a posição em opção de compra era mais sensível a oscilações no preço das ações do que a posição apenas em ações. No entanto, para analisar de forma mais precisa o risco geral ao preço das ações, é necessário quantificar essas sensibilidades relativas. Podemos resumir o risco geral das carteiras de opções com vários preços de exercício e prazos até o vencimento por meio do **índice de hedge**, que é a mudança no preço da opção em relação a US$ 1 de aumento no preço da ação. Desse modo, uma opção de compra tem um índice de *hedge* positivo e uma opção de venda tem um índice de *hedge* negativo. O índice de *hedge* normalmente é chamado de **delta** da opção.

Se você fizesse um gráfico do valor da opção como função do valor da ação, como fizemos para a opção de compra da Figura 21.9, o índice de *hedge* seria simplesmente a inclinação da curva avaliada pelo preço atual da ação. Por exemplo, suponhamos que a inclinação da curva em $S_0 = US\$ $ 120 seja igual a 0,60. À medida que o valor da ação aumenta US$ 1, o valor da opção aumenta aproximadamente US$ 0,60, tal como a figura mostra.

Para cada opção de compra lançada, seria necessária uma cota de ação de 0,60 para proteger a carteira do investidor. Se alguém lançar dez opções e manter seis ações, de acordo com o índice de hedge de 0,6, um aumento de US$ 1 no preço da ação gerará um ganho de US$ 6 no investimento em ações, enquanto a perda sobre dez opções será 10 × US$ 0,60, que equivale a US$ 6. O movimento no preço da ação não interfere na riqueza total, e é exatamente essa a função de uma posição coberta.

Os índices de *hedge* de Black-Scholes são particularmente fáceis de calcular. O índice de *hedge* de uma opção de compra é $N(d_1)$, enquanto o índice de *hedge* de uma opção de venda é $N(d_1) - 1$. Definimos $N(d_1)$ como parte da fórmula de Black-Scholes na Equação 21.1. Lembre-se de que $N(d)$ corresponde à área sob a curva normal padrão até d. Portanto, o índice de *hedge* da opção de compra deve ser positivo e inferior a 1,0, enquanto o índice de *hedge* da opção de venda é negativa e tem um valor absoluto inferior a 1,0.

---

[16] Para uma abordagem mais completa sobre a avaliação de opções de venda americanas, consulte R. Geske and H. E. Johnson, "The American Put Valued Analytically", *Journal of Finance*, 39, dezembro de 1984, pp. 1.511–1.524.

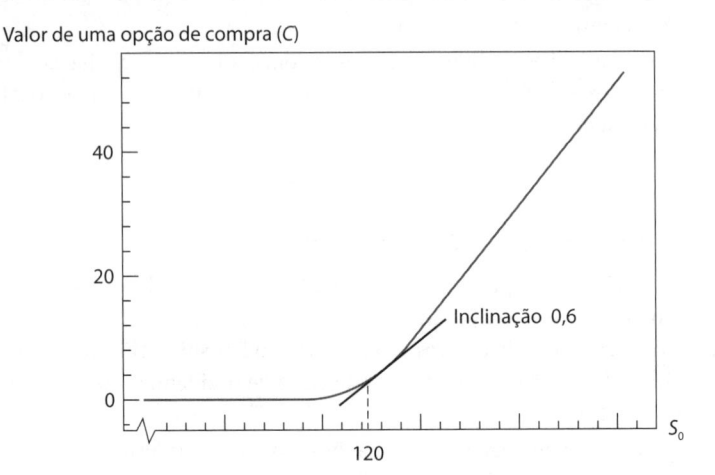

FIGURA 21.9
Valor de opção de compra e índice de *hedge*

[Gráfico: Valor de uma opção de compra (C) em função de S_0, mostrando curva com inclinação 0,6 no ponto $S_0 = 120$]

A Figura 21.9 confirma a ideia de que a inclinação da função de avaliação da opção de compra é inferior a 1,0 e que se aproxima de 1,0 somente quando o preço da ação torna-se bem mais alto do que o preço de exercício. Isso nos indica que os valores das opções não mudam em pé de igualdade com as mudanças nos preços das ações. Qual seria o motivo? Suponhamos que uma opção esteja tão dentro do preço, que você tem absoluta certeza de que ela será exercida. Nesse caso, cada US$ 1 de aumento no preço da ação aumentaria US$ 1 no valor da opção. No entanto, se houver uma possibilidade razoável de a opção de compra vencer fora do preço, mesmo depois de um ganho moderado no preço da ação, US$ 1 de aumento no preço da ação não necessariamente aumentará o *payoff* final da opção de compra; portanto, o preço da opção de compra não responderá com US$ 1 completo.

O fato de os índices de *hedge* serem inferiores a 1,0 não contradiz nossa observação anterior de que as opções oferecem alavancagem e são desproporcionalmente sensíveis aos movimentos de preço das ações. Embora os movimentos em *dólar* nos preços da opção sejam mais leves do que os movimentos em dólar no preço da ação, a volatilidade da *taxa de retorno* das opções permanece superior à volatilidade do retorno da ação porque as opções são vendidas por preços mais baixos. Em nosso exemplo, com a venda de ações pelo preço de US$ 120 e um índice de *hedge* de 0,6, uma opção com preço de exercício de US$ 120 pode ser vendida por US$ 5. Se o preço da ação aumentar para US$ 121, a expectativa é de que o preço da opção de compra aumente apenas US$ 0,60, ou seja, para US$ 5,60. Entretanto, o aumento percentual no valor da opção é US$ 0,60/US$ 5,00 = 12%, enquanto o aumento percentual no preço da ação é apenas US$ 1/US$ 120 = 0,83%. A razão

---

EXEMPLO 21.6 || Índices de *hedge*

Considere duas carteiras, uma contendo 750 opções de compra e 200 ações da FinCorp e outra contendo 800 ações da FinCorp. Qual carteira corre maior risco em dólares em relação aos movimentos de preço nas ações da FinCorp? Você pode responder essa pergunta utilizando o índice de hedge.

O valor de cada opção muda H dólares para cada mudança em dólar no preço da ação, onde H designa o índice de *hedge*. Portanto, se H for igual a 0,6, as 750 opções serão equivalentes a 0,6 × 750 = 450 ações em termos da reação de seu valor de mercado aos movimentos de preço nas ações da FinCorp. A primeira carteira tem menor sensibilidade em dólar à mudança no preço das ações porque o total de 450 ações equivalentes das opções mais as 200 ações realmente mantidas é inferior ao total de 800 ações mantidas na segunda carteira.

Contudo, isso não quer dizer que a primeira carteira é menos sensível à taxa de retorno da ação. Como já observamos na discussão sobre a elasticidade das opções, a primeira carteira pode ter um valor total inferior ao da segunda. Desse modo, apesar de sua menor sensibilidade com relação ao valor total de mercado, ela pode ter maior sensibilidade à taxa de retorno. Como o valor de mercado de uma opção de compra é inferior ao de uma ação, seu preço muda mais do que proporcionalmente com as mudanças no preço da ação, mesmo que seu índice de *hedge* seja inferior a 1,0.

APLICAÇÕES EXCEL: Avaliação de opções de *Black-Scholes*

A planilha abaixo pode ser utilizada para determinar valores de opções por meio do modelo de Black-Scholes. Os dados de entrada são preço da ação, desvio-padrão, vencimento da opção, preço de exercício, taxa isenta de risco e rendimento de dividendos. A opção de compra é avaliada por meio da Equação 21.1 e a opção de venda é avaliada com a Equação 21.3. Tanto para as opções de compra quanto de venda, a fórmula de Black-Scholes ajustada a dividendos substitui S por $Se^{-\delta T}$, tal como descrito na página 651. O modelo calcula também o valor intrínseco e o valor tempo para opções de venda e compra.

Além disso, ele apresenta a análise de sensibilidade utilizando a tabela de dados unidirecional. A primeira pasta de trabalho apresenta a análise de opções de compra, enquanto a segunda apresenta uma análise semelhante para opções de venda. Você pode encontrar essas planilhas no *site* **www.grupoa.com.br**.

QUESTÕES EXCEL

1. Encontre o valor das opções de compra e venda utilizando os parâmetros apresentados neste quadro, mas mude o desvio-padrão para 0,25. O que acontecerá com valor de cada opção?
2. Qual será a volatilidade implícita, se a opção de compra for vendida por US$ 9.

	A	B	C	D	E	F	G	H	I	J	K	L	M	N
1	Capítulo 21 – Precificação de opções de Black-Scholes						LEGENDA:							
2	Avaliação e prêmio de tempo de opções de compra						Inserir dados							
3							Valor calculado							
4							Ver comentários							
5	Desvio-padrão (σ)	0,27830						Valor						Valor
6	Variância (anual,σ²)	0,07745			Valor da			tempo da		Valor da			Valor da	tempo da
7	Prazo até o vencimento (anos, T)	0,50		Desvio-	opção de		Desvio-	opção de		Preço da	opção de		Preço da	opção de
8	Taxa isenta de risco (anual, r)	6,00%		padrão	compra		padrão	compra		ação	compra		ação	compra
9	Preço atual da ação (S_0)	US$100,00			7,000			7,000			7,000			7,000
10	Preço de exercício (X)	US$105,00		0,15	3,388		0,150	3,388		US$ 60	0,017		US$ 60	0,017
11	Rendimento de dividendos (anual, δ)	0,00%		0,18	4,089		0,175	4,089		US$ 65	0,061		US$ 65	0,061
12				0,20	4,792		0,200	4,792		US$ 70	0,179		US$ 70	0,179
13	d_1	0,0029095		0,23	5,497		0,225	5,497		US$ 75	0,440		US$ 75	0,440
14	d_2	-0,193878		0,25	6,202		0,250	6,202		US$ 80	0,935		US$ 80	0,935
15	$N(d_1)$	0,50116		0,28	6,907		0,275	6,907		US$ 85	1,763		US$ 85	1,763
16	$N(d_2)$	0,42314		0,30	7,612		0,300	7,612		US$ 90	3,014		US$ 90	3,014
17	Valor da opção de compra de Black-Scholes	US$ 6,99992		0,33	8,317		0,325	8,317		US$ 95	4,750		US$ 95	4,750
18	Valor da opção de venda de Black-Scholes	US$ 8,89670		0,35	9,022		0,350	9,022		US$ 100	7,000		US$ 100	7,000
19				0,38	9,726		0,375	9,726		US$ 105	9,754		US$ 105	9,754
20				0,40	10,429		0,400	10,429		US$ 110	12,974		US$ 110	7,974
21	Valor intrínseco da opção de compra	US$ 0,00000		0,43	11,132		0,425	11,132		US$ 115	16,602		US$ 115	6,602
22	Valor tempo da opção de compra	6,99992		0,45	11,834		0,450	11,834		US$ 120	20,572		US$ 120	5,572
23				0,48	12,536		0,475	12,536		US$ 125	24,817		US$ 125	4,817
24	Valor intrínseco da opção de venda	US$ 5,00000		0,50	13,236		0,500	13,236		US$ 130	29,275		US$ 130	4,275
25	Valor tempo da opção de venda	3,89670								US$ 135,00	33,893		US$ 135	3,893

das mudanças percentuais é 12%/0,83% = 14,4. Para cada aumento de 1% no preço da ação, o preço da opção aumenta 14,4%. A razão da mudança percentual no preço da opção pela mudança percentual no preço da ação é chamada de **elasticidade da opção**.

O índice de *hedge* é um instrumento essencial para a gestão e o controle de carteiras. Um exemplo mostrará o motivo.

Seguro de carteira

No Capítulo 20, mostramos que estratégias de opções de venda protetoras oferecem um tipo de apólice de seguros sobre um ativo. A opção de venda protetora tem-se mostrado extremamente popular entre os investidores. Mesmo que o preço do ativo caia, a opção de venda concede ao detentor o direito de vender o ativo pelo preço de exercício, que é uma forma de fixar um valor mínimo para a carteira. Com uma opção de venda no preço ($X = S_0$), o prejuízo máximo que pode ocorrer corresponde ao custo da opção de venda. O ativo pode ser vendido por X, que é igual ao seu valor original. Desse modo, mesmo se o preço do ativo cair, o prejuízo líquido do investidor ao longo do período corresponderá apenas ao custo da opção de venda. Entretanto, se o valor do ativo aumentar, o potencial de ganho será ilimitado. A Figura 21.10 apresenta em um gráfico o lucro ou prejuízo sobre uma posição em opção de venda protetora como função da mudança no valor do ativo subjacente.

> **REVISÃO DE CONCEITOS 21.8**
>
> Qual a elasticidade de uma opção de venda vendida atualmente por US$ 4, com preço de exercício de US$ 120 e índice de *hedge* de –0,4, se o preço atual da ação for US$ 122?

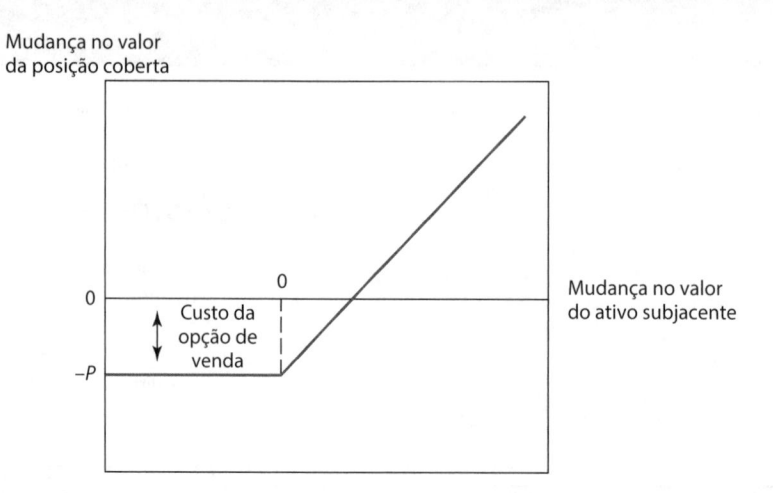

FIGURA 21.10
Lucro de uma estratégia de opção de venda protetora

Embora a opção de venda protetora seja um meio simples e conveniente de obter um **seguro de carteira**, isto é, de restringir a taxa de retorno de carteira do pior cenário, existem dificuldades práticas para tentar assegurar uma carteira de ações. Em primeiro lugar, a não ser que a carteira do investidor corresponda a um índice de mercado padrão em relação ao qual as opções de venda são negociadas, não haverá para compra uma opção de venda sobre a carteira. E se as opções de venda de índice forem utilizadas para proteger uma carteira não indexada, podem ocorrer erros de *tracking*. Por exemplo, se o valor da carteira cair e o valor do índice de mercado aumentar, a opção de venda não conseguirá oferecer a proteção pretendida. Além disso, os vencimentos das opções negociadas talvez não correspondam ao horizonte do investidor. Portanto, em vez de utilizar

---

EXEMPLO 21.7 || Opções de venda protetoras sintéticas

Suponhamos que uma carteira esteja avaliada atualmente em US$ 100 milhões. Uma opção de venda no preço sobre a carteira pode ter um índice de *hedge* ou delta de −0,6, o que significa que o valor da opção oscila US$ 0,60 para cada mudança em dólar no valor da carteira, mas na direção oposta. Suponhamos que o valor da carteira de ações caia 2%. O lucro sobre uma posição em opção de venda protetora hipotética (se a opção existisse) seria assim (em milhões de dólares):

Prejuízo sobre as ações:	2% de US$ 100 = US$ 2,00
Ganho sobre a opção de venda:	0,6 × US$ 2,00 = 1,20
Prejuízo líquido	= US$ 0,80

Criamos a posição em opção sintética vendendo uma proporção de ações igual ao delta da opção de venda (isto é, vendendo 60% das ações) e aplicando os rendimentos em letras do Tesouro isentas de risco. A lógica é que a opção de venda hipotética teria compensado 60% de qualquer mudança no valor da carteira de ações. Desse modo, devemos reduzir diretamente o risco da carteira vendendo 60% das ações e aplicando os rendimentos em um ativo isento de risco. O retorno total sobre uma posição em opção de venda protetora sintética com US$ 60 milhões em investimentos isentos de risco, como as letras do Tesouro, e US$ 40 milhões em ações é:

Prejuízo sobre as ações:	2% de US$ 40 = US$ 0,80
+Prejuízo sobre letras:	= 0
Prejuízo líquido	= US$ 0,80

As posições em opção de venda protetoras sintéticas e reais têm retornos iguais. Concluímos que, se você vender uma proporção de ações igual ao delta da opção de venda e aplicar os rendimentos em equivalentes de caixa, seu risco em relação ao mercado de ações será igual ao risco em relação à posição na opção de venda protetora desejada.

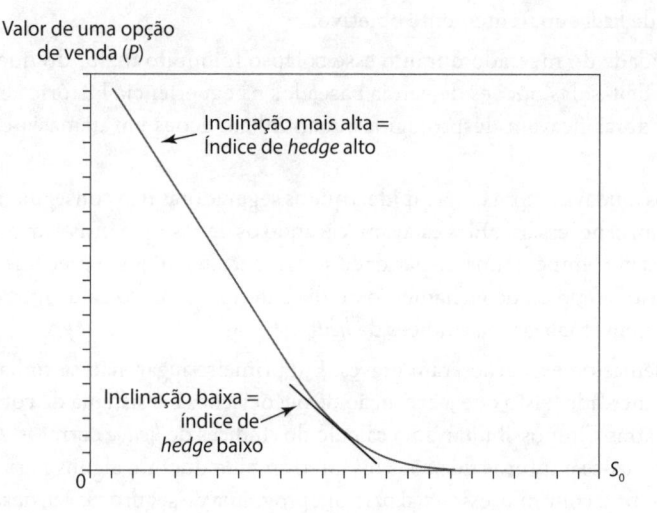

FIGURA 21.11 Os índices de *hedge* mudam à medida que o preço das ações flutua

[Figura: Valor de uma opção de venda (P) em função de S_0, mostrando que uma inclinação mais alta corresponde a um índice de hedge alto, e uma inclinação baixa corresponde a um índice de hedge baixo.]

estratégias de opção, os investidores podem utilizar estratégias de negociação que imitem o *payoff* de uma opção de venda protetora.

A ideia geral é a seguinte. Mesmo que uma opção de venda sobre a carteira desejada não exista, um modelo teórico de precificação de opções (como o de Black-Scholes) pode ser utilizado para determinar como o preço da opção reagiria ao valor da carteira se a opção fosse de fato negociada. Por exemplo, se os preços das ações caíssem, a opção de venda aumentaria de valor. O modelo de opção poderia quantificar essa relação. O risco líquido da carteira de opção de venda protetora (hipotética) a oscilações nos preços das ações é a soma dos riscos dos dois componentes da carteira: a ação e a opção de venda. O risco líquido da carteira é igual ao risco da ação menos o risco da opção de venda (compensadora).

Podemos criar posições em opções de venda protetoras "sintéticas" mantendo uma quantidade de ações com o mesmo risco líquido às oscilações do mercado da posição hipotética em opção de venda protetora. O segredo dessa estratégia é o delta da opção ou o índice de *hedge*, isto é, a mudança no preço da opção de venda protetora por mudança no valor da carteira da ação subjacente.

A dificuldade em relação a esse procedimento é que o delta muda constantemente. A Figura 21.11 mostra que, à medida que o preço da ação cai, a magnitude do índice de *hedge* apropriado aumenta. Portanto, as quedas do mercado exigem uma proteção a mais, ou seja, a conversão adicional de ações em dinheiro. Essa atualização constante do índice de *hedge* é chamado de **hedging dinâmico** (alternativamente, de delta-*hedging*)

O *hedging* dinâmico é um dos motivos pelos quais se diz que o seguro de carteira contribui para a volatilidade do mercado. As quedas do mercado desencadeiam vendas adicionais de ações à medida que as seguradoras de carteira tentam aumentar sua proteção. Admite-se que essas vendas adicionais reforçam ou exacerbam as retrações do mercado.

Na prática, com frequência as seguradoras de carteira na verdade não compram nem vendem ações diretamente quando atualizam suas posições de *hedge*. Em vez disso, elas minimizam os custos de negociação comprando ou vendendo futuros sobre índices de ações como substitutos para a venda das ações em si. Como você verá no próximo capítulo, os arbitradores entre mercados em geral vinculam estreitamente o preço das ações e o preços dos futuros sobre índices para que a negociação de futuros possa ser utilizada como um substituto confiável da negociação de ações. Em vez de vender ações com base no delta da opção de venda, as seguradoras venderão um número equivalente de contratos de futuros.[17]

Várias seguradoras de carteira enfrentaram grandes reveses durante a "quebra" de 19 de outubro de 1987, quando o mercado sofreu uma queda sem precedentes de 20% em apenas um dia.

---

[17] Entretanto, observe que a utilização de futuros sobre índices reintroduz o problema de erro de *tracking* entre a carteira e o índice de mercado.

Um relato sobre o que ocorreu naquela época poder ajudá-lo a avaliar como é complexa a aplicação de um conceito de *hedge* aparentemente objetivo.

1. A volatilidade do mercado durante esse colapso foi muito maior do que qualquer outra já vista. Os deltas das opções de venda baseados na experiência histórica eram muito baixos; as seguradoras ficavam desprotegidas, mantinham ações em demasia e sofriam prejuízos enormes.

2. Os preços mudavam com tanta rapidez, que as seguradoras não conseguiam acompanhar com o reequilíbrio necessário. Elas estavam "caçando os deltas" que insistiam em fugir. O mercado de futuros viu também uma disparidade se evidenciar, em que o preço de abertura era quase 10% inferior ao preço de fechamento do dia anterior. O preço caiu antes que as seguradoras conseguissem atualizar seus índices de *hedge*.

3. Os problemas de execução eram graves. Em primeiro lugar, não se tinha acesso aos preços atuais de mercado, visto que a execução de negociações e o sistema de cotação sofriam várias horas de atraso, impossibilitando o cálculo dos índices de *hedge* corretos. Além disso, a negociação em ações e futuros de ações foi interrompida durante alguns períodos. A capacidade de reequilíbrio contínuo, essencial para um programa de seguro viável, desapareceu durante o colapso precipitado do mercado.

4. Os preços dos futuros eram negociados com descontos exagerados sobre seus níveis apropriados, em comparação com os preços divulgados das ações, fazendo com que a venda de futuros (enquanto substituto da venda de ações) parecesse cara. Embora você vá ver no próximo capítulo que os preços dos futuros sobre índices de ações normalmente ultrapassam o índice de ações, a Figura 21.12 mostra que em 18 de outubro os futuros foram vendidos bem abaixo do nível do índice de ações. Quando algumas seguradoras apostaram que o preço de futuros voltaria ao seu prêmio usual sobre o índice de ações e decidiram adiar a venda, elas ficaram desprotegidas. Quando o mercado afundou ainda mais, suas carteiras sofreram prejuízos consideráveis.

Ainda que a maioria dos observadores da época acreditassem que o setor de seguros de carteira nunca se restabeleceria dessa quebra de mercado, o delta-*hedging* ainda está de pé em Wall Street. Os *hedges* dinâmicos ainda são amplamente utilizados pelas grandes empresas como proteção contra possíveis prejuízos das posições em opções. Por exemplo, o quadro a seguir ressalta que, quando a Microsoft acabou com seu programa de opções de ações para os funcionários e o J. P. Morgan comprou várias opções já emitidas dos funcionários da Microsoft, muitos esperavam que o Morgan protegesse sua posição em opções vendendo ações da Microsoft de acordo com uma estratégia de *delta-hedging*.

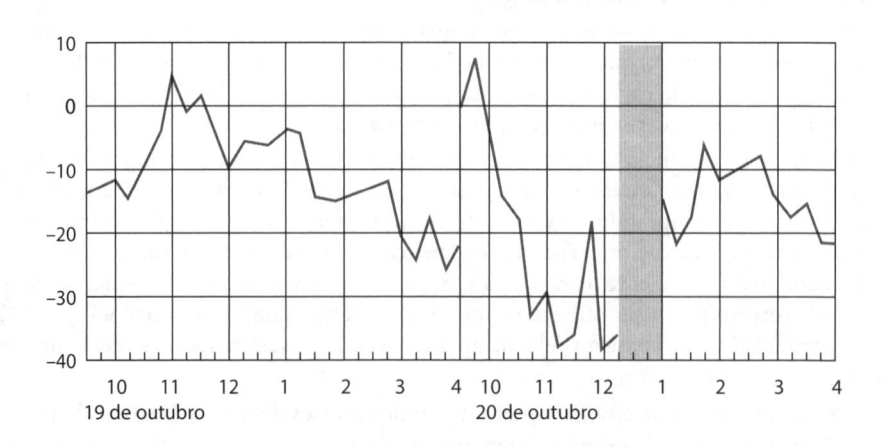

FIGURA 21.12
Spread entre caixa e futuros do S&P 500 em pontos, em intervalos de 15 minutos

Nota: Negociação de contratos de futuros interrompida entre 12h15 e 13h05.

Fonte: The Wall Street Journal. Dados reimpressos com permissão do *The Wall Street Journal*, Copyright© 1987 Dow Jones & Company, Inc. Todos os direitos reservados mundialmente.

DESTAQUE DA REALIDADE

J. P. MORGAN APOSTA NAS OPÇÕES DA MICROSOFT

A Microsoft, em uma mudança que poderia ser copiada por todo o setor de tecnologia, disse ontem que pretende parar de emitir opções em ações para seus funcionários e que, em vez disso, lhes fornecerá ações restritas.

Embora os detalhes do plano ainda não tenham sido esclarecidos, o J. P. Morgan efetivamente pretende comprar as opções dos funcionários da Microsoft que optarem por ações restritas. As opções de ações para os funcionários são garantidas como forma de compensação e concedem aos funcionários o direito de trocar as opções por ações da empresa.

O preço oferecido aos funcionários pelas opções será presumivelmente inferior ao valor atual, oferecendo ao J. P. Morgan a oportunidade de extrair lucro dessa transação. Em vez de manter as opções e desse modo apostar na elevação do preço das ações da Microsoft, pessoas que conhecem bem a estratégia do banco dizem que o J. P. Morgan provavelmente combinará cada opção que comprar dos funcionários da empresa com uma transação distinta no mercado de ações que proteja a aposta e ao mesmo tempo lhe ofereça uma margem de lucro.

Para os chamados gênios de Wall Street, que realizam transações financeiras complexas como essa, a estratégia por trás do acordo da J. P. Morgan com a Microsoft não é particularmente excepcional nem sofisticada. Eles afirmam ainda que o banco pode lidar de várias formas com os milhões de opções da Microsoft que possam chegar às suas mãos.

Por exemplo, ele poderia proteger as opções vendendo a descoberto ou apostando contra as ações da Microsoft. A Microsoft tem a maior capitalização de mercado em comparação a qualquer empresa do mercado e suas ações estão entre as mais líquidas, o que significa que seria fácil oferecer cobertura para o risco de manter essas opções. O J. P. Morgan também poderia vender as opções aos investidores, do mesmo modo que faria com um empréstimo consorciado (*syndicated loan*), distribuindo assim o risco.

Fonte: Jathon Sapsford e Ken Brown, *The Wall Street Journal*, 9 de julho de 2003. Reimpresso com permissão. Copyright© 2003 Dow Jones & Company, Inc. Todos os direitos reservados.

Precificação de opções e crise de 2008-2009

Merton[18] mostra que os modelos de precificação de opções podem oferecer constatações sobre a crise financeira de 2008-2009. O segredo para compreender o argumento de Merton é lembrar que, quando os bancos concedem empréstimos ou compram dívidas das empresas com responsabilidade limitada, eles lançam implicitamente uma opção de venda para o tomador (consulte o Capítulo 20, Seção 20.5). Se o tomador tiver ativos suficientes para liquidar o empréstimo no vencimento, ele o fará e o credor será totalmente reembolsado. Contudo, se o tomador não tiver ativos suficientes, ele pode declarar falência e honrar suas obrigações transferindo a propriedade da empresa para seus credores. A capacidade do tomador para satisfazer um empréstimo transferindo a propriedade é equivalente ao direito de "se vender" ao credor pelo valor de face do empréstimo. Portanto, esse acordo é exatamente como uma opção de venda sobre a empresa com preço de exercício igual ao reembolso estipulado do empréstimo.

Considere o *payoff* do credor no vencimento do empréstimo (tempo T) como função do valor da empresa tomadora do empréstimo, V_T, quando o empréstimo, com valor de face L, vence. Se $V_T \geq L$, o credor receberá o pagamento integral. Contudo, se $V_T < L$, o credor fica com a empresa, cujo valor é inferior ao pagamento L prometido.

Podemos expressar o *payoff* de uma maneira que enfatize a opção de venda implícita:

$$\text{Payoff} = \begin{cases} L \\ V_T \end{cases} = L - \begin{cases} 0 & \text{se } V_T \geq L \\ L - V_T & \text{se } V_T < L \end{cases} \quad (21.4)$$

A Equação 21.4 mostra que o *payoff* sobre o empréstimo é igual a L (quando a empresa tem ativos suficientes para liquidar a dívida) *menos* o *payoff* de uma opção de venda sobre o valor da empresa (V_T) com preço de exercício L. Portanto, podemos considerar o empréstimo arriscado como uma combinação de empréstimo seguro, que oferece um *payoff* garantido de L, com uma posição vendida em uma opção de venda sobre o tomador.

---

[18] Esse conteúdo baseia-se em uma palestra dada por Robert Merton no MIT em março de 2009. Você pode acessar esse conteúdo *online* em http://mitworld.mit.edu/video/659.

FIGURA 21.13
Valor da opção de venda implícita sobre um empréstimo garantido como porcentagem do valor de face da dívida (vencimento da dívida = 1 ano, desvio-padrão do valor da empresa = 40%, taxa livre de risco = 6%

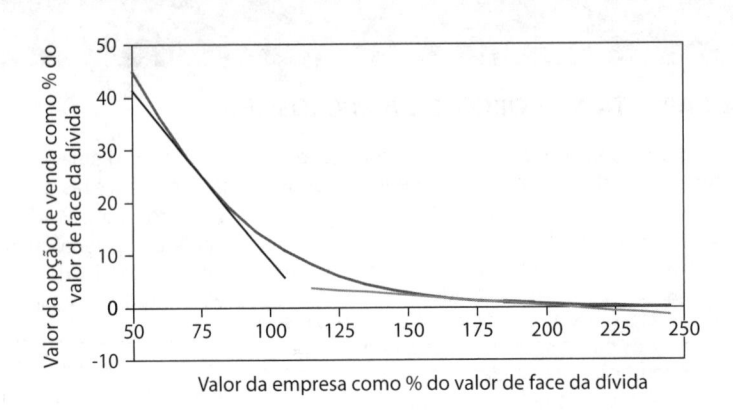

Quando as empresas vendem *swaps* de *swaps* de risco de incumprimento (*credit default swap* – CDS) (consulte o Capítulo 14, Seção 14.5), a opção de venda implícita é ainda mais clara. Aqui, o vendedor de CDS concorda em compensar qualquer prejuízo decorrente da insolvência de um emissor de obrigações. Se o emissor de obrigações for à falência, deixando ativos de somente V_T para os credores, o vendedor de CDS será obrigado a compensar a diferença, $L - V_T$. Essa é a essência de uma opção de venda pura.

Pense agora na exposição desses lançadores de opções de venda implícitas a mudanças na saúde financeira da empresa subjacente. O valor de uma opção de venda sobre V_T é expresso na Figura 21.13. Quando uma empresa é financeiramente sólida (isto é, V é bem superior a L), a inclinação da curva é praticamente zero, indicando que o lançador de opções de venda implícitas (tanto o banco quanto o lançador de CDS) corre pouco risco em relação ao valor da empresa que está contratando o empréstimo. Por exemplo, quando o valor da empresa é 1,75 vez o valor da dívida, a linha cortada tangente à curva de valor da opção de venda tem uma inclinação de apenas –0,040. Entretanto, se houver um grande choque na economia e o valor da empresa cair, o valor da opção de venda implícita não somente subirá, mas sua inclinação será mais acentuada, indicando que a exposição a outros choques agora é bem maior. Quando o valor da empresa é apenas 75% do valor do empréstimo, a inclinação da linha tangente ao valor da opção de venda torna-se ainda mais acentuada (–0,644). Você pode ver que, quanto mais à beira do precipício, mais fácil se torna escorregar.

Com frequência ouvimos as pessoas dizerem que o choque sobre os valores dos ativos da magnitude da crise financeira foi um acontecimento de 10 sigmas. Elas querem dizer com isso que esse evento foi tão extremo, que estaria 10 desvios-padrão distante de um resultado esperado, tornando-o praticamente inconcebível. Mas essa análise mostra que o desvio-padrão pode ser um alvo móvel que aumenta sensivelmente à medida que a empresa enfraquece. Quando a economia vacila e as opções de venda ficam mais dentro do preço, sua sensibilidade a outros choques aumenta, elevando o risco de haver prejuízos iminentes ainda piores. A instabilidade inerente de uma exposição ao risco transforma um cenário como o da crise mais plausível e provavelmente nos dá uma pausa quando consideramos um cenário extremo como "praticamente impossível".

Precificação de opções e teoria moderna de carteiras

Acabamos de ver que o modelo de precificação de opções prevê que as características de risco dos títulos podem ser instáveis. Por exemplo, à medida que a empresa enfraquece, o risco de sua dívida pode acelerar rapidamente. Do mesmo modo, o risco das ações muda drasticamente à medida que a condição financeira da empresa deteriora. Com base no capítulo anterior (Seção 20.5), sabemos que as ações de uma empresa alavancada é semelhante a uma opção de compra sobre o valor da empresa. Se o valor da empresa for superior ao valor de sua dívida no vencimento, a empresa pode optar por liquidar a dívida, mantendo a diferença entre o valor seu valor e o valor de face de sua dívida. Se não, a empresa pode tornar-se inadimplente, transferindo a empresa para seus credores, e os acionistas nada obtêm. Nesse sentido, a ação é uma opção de compra e o valor total da empresa é o ativo subjacente.

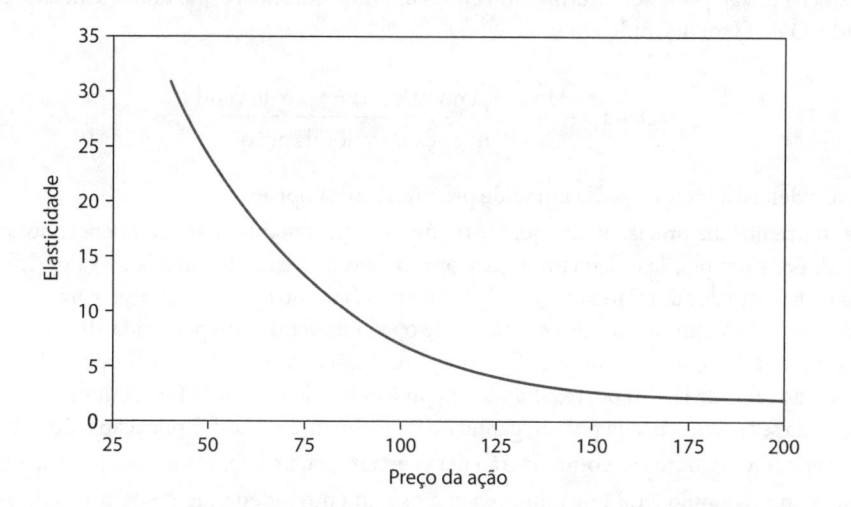

FIGURA 21.14
Elasticidade da opção de compra como função do preço da ação (parâmetros: $\sigma = 0{,}25$; $T = 0{,}5$, $r = 0{,}06$; $X = 100$)

Na Seção 21.5, vimos que a *elasticidade* de uma opção mede a sensibilidade de sua taxa de retorno à taxa de retorno do ativo subjacente. Por exemplo, se a elasticidade de uma opção de compra for cinco, sua taxa de retorno terá uma oscilação cinco vezes a oscilação da taxa de retorno do ativo subjacente. Isso implicaria que o beta e o desvio-padrão da opção são cinco vezes o beta e o desvio-padrão do ativo subjacente.

Portanto, ao compilar a "lista de dados" para criar uma carteira eficiente, podemos desejar considerar a ação como uma opção de compra implícita e calcular sua elasticidade com relação ao valor total da empresa. Por exemplo, quando a covariância entre os *ativos* de uma empresa e outros títulos for estável, podemos utilizar a elasticidade para encontrar a covariância da *ação* de uma empresa com esses títulos. Isso nos permite calcular o beta e o desvio-padrão.

Infelizmente, a elasticidade pode ser em si um alvo móvel. À medida que a empresa enfraquecer, sua elasticidade aumentará, possivelmente de uma maneira muito rápida. A Figura 21.14 utiliza o modelo de Black-Scholes para representar a elasticidade da opção de compra como função do valor da ação subjacente. Observe que, à medida que a opção fica fora do preço (o preço da ação cai abaixo de 100), a elasticidade aumenta rapidamente e sem limites. De modo semelhante, à medida que a empresa aproxima-se da insolvência (seu valor cai abaixo do valor de face da dívida), a elasticidade da ação aumenta rapidamente e até mesmo pequenas mudanças na situação financeira pode provocar mudanças importantes no risco. A elasticidade é bem mais estável (e mais próxima de 1) quando a empresa está saudável, isto é, a opção de implícita está bem dentro do preço. Da mesma forma, as características do risco das ações serão bem mais estáveis para empresas saudáveis do que para as instáveis.

Apostas de *hedging* sobre opções com erro de apreçamento

Suponhamos que você acredite que o desvio-padrão do retorno das ações da IBM será 35% nas próximas semanas, mas as opções de venda da IBM estão sendo vendidas por um preço coerente com a volatilidade de 33%. Como a volatilidade implícita da opção de venda é inferior à sua previsão da volatilidade da ação, você acredita que a opção está abaixo do preço. Utilizando sua avaliação sobre volatilidade em um modelo de precificação de opções como a fórmula de Black-Scholes, você calcula que o preço justo das opções de venda é superior ao preço real.

Isso significa que você deve comprar as opções de venda? Talvez sim, mas, ao fazê-lo, você corre o risco de sofrer prejuízo se as ações da IBM tiverem um bom desempenho, *mesmo* que você esteja correto a respeito da volatilidade. Seria aconselhável separar sua aposta sobre a volatilidade da aposta "incorporada", que é inerente à compra de uma opção de venda, de que o preço das ações da IBM cairá. Em outras palavras, é recomendável especular sobre o erro de apreçamento da opção comprando a opção de venda, mas proteger a exposição resultante ao desempenho das ações da IBM.

O delta da opção pode ser interpretado como um índice de *hedge* que poder utilizado para essa finalidade. O delta foi definido como

$$\text{Delta} = \frac{\text{Mudança no valor da opção de venda}}{\text{Mudança no valor da ação}} \qquad (21.5)$$

Portanto, o delta é a inclinação da curva de precificação da opção.

Esse índice nos diz precisamente quantas ações devemos manter para compensar nossa exposição à IBM. Por exemplo, se o delta for –0,6, a opção de venda terá uma queda de valor de US$ 0,60 para cada um ponto de aumento nas ações da IBM e precisaremos manter 0,6 ação para proteger cada opção de venda. Se comprarmos dez contratos de opção de venda, um para cada 100 ações, precisaremos comprar 600 ações da empresa. Se o preço das ações subir US$ 1, cada opção de venda terá uma queda de valor de US$ 0,60, resultando em uma perda de US$ 600. Entretanto, a perda em opções de venda será compensada por um ganho no investimento de US$ 1 por ação × 600 ações.

Para ver como os lucros se comportarão nessa estratégia, utilizemos o exemplo a seguir.

Observe no Exemplo 21.8 que o lucro não é exatamente independente do preço da ação. Isso porque, à medida que o preço da ação muda, o delta utilizado para calcular o índice de *hedge* também muda. Em princípio, o índice de *hedge* precisa ser ajustado continuamente à medida que o delta evolui. A sensibilidade do delta ao preço da ação é chamado de **gama** da opção. O gama da opção é análogo à convexidade da obrigação. Em ambos os casos, a curvatura da função de valor significa que os índices de *hedge* ou durações mudam de acordo com as condições do mercado, o que torna o rebalanceamento uma parte essencial das estratégias de *hedging*.

Uma variante da estratégia no Exemplo 21.8 envolve a especulação entre opções. Suponhamos que você observe uma opção de compra da IBM com vencimento em 45 dias, preço de

---

REVISÃO DE CONCEITOS 21.9

Suponhamos que você aposte na volatilidade comprando opções de compra em vez de venda. Como você protegeria sua exposição a flutuações no preço das ações? Qual o índice de *hedge*?

EXEMPLO 21.8 || Especulando sobre opções com erro de apreçamento

Suponhamos que o vencimento da opção T é 60 dias; o preço da opção venda P é US$ 4,495; o preço de exercício X é US$ 90; o preço da ação S é US$ 90; e a taxa isenta de risco r é 4%. Presumimos que a ação não pagará dividendos nos próximos 60 dias. Com base nesses dados, a volatilidade implícita sobre a opção é 33%, tal como postulamos. Entretanto, você acredita que a verdadeira volatilidade é 35%, o que significa que o preço justo da opção de venda é US$ 4,785. Portanto, se a avaliação do mercado sobre a volatilidade for alterada para o valor que você acredita que é correto, seu lucro será US$ 0,29 por opção de venda comprada.

Lembre-se de que o índice de *hedge*, ou delta, de uma opção de venda é igual a $N(d_1) - 1$, onde $N(\bullet)$ é a função de distribuição normal cumulativa e

$$d_1 = \frac{\ln(S/X) = (r + \sigma^2/2)T}{\sigma\sqrt{T}}$$

Utilizando sua estimativa de σ = 0,35, você encontra o índice *hedge* $N(d_1) - 1 = -0,453$.

Suponhamos, portanto, que você compre 10 contrações de opção (1.000 opções de venda) e 453 ações. Assim que o mercado "alcançar" sua estimativa de volatilidade presumivelmente melhor, as opções de venda aumentarão de valor. Se a avaliação do mercado sobre a volatilidade mudar assim que você comprar as opções, seu lucro deverá ser igual a 1.000 × US$ 0,29 = US$ 290. O preço da opção será afetado igualmente por qualquer mudança no preço da ação, mas essa parte de sua exposição será eliminada se o índice de *hedge* for escolhido apropriadamente. Seu lucro deve basear-se somente no efeito da mudança sobre a volatilidade implícita da opção de venda, eliminando o impacto sobre o preço da ação.

A Tabela 21.3 mostra seu lucro como função do preço da ação supondo que o preço da opção de venda muda para refletir *sua* estimativa de volatilidade. O Painel B mostra que a opção de venda sozinha pode oferecer lucros ou prejuízos dependendo de o preço da ação cair ou subir. Entretanto, vemos no Painel C que cada opção de venda *protegida* oferece um lucro quase igual ao da opção original com erro de apreçamento, independentemente da mudança no preço da ação.

TABELA 21.3 Lucro sobre uma carteira de opções de venda com *hedge*

A. Custo para estabelecer a posição coberta			
1.000 opções de venda a US$ 4,495/opção	US$ 4.495		
453 ações a US$ 90/ação	40.770		
Saída TOTAL	US$ 45.265		
B. Valor da opção de venda como função do preço da ação, com volatilidade implícita de 35%			
Preço da ação:	89	90	91
Preço da opção de venda	US$ 5,254	US$ 4,785	US$ 4,347
Lucro (prejuízo) em cada opção de venda	0,759	0,290	(0,148)
C. Valor e lucro de uma carteira de opções de venda com *hedge*			
Preço da ação:	89	90	91
Valor de 1.000 opções de venda	US$ 5.254	US$ 4.785	US$ 4.347
Valor de 453 ações	40.317	40.770	41.223
TOTAL	US$ 45.571	US$ 45.555	US$ 45.570
Lucro (= valor − custo do painel A)	306	290	305

exercício de 95 e preço de venda coerente com a volatilidade de σ = 33%, enquanto outra opção de compra com vencimento em 45 dias e preço de exercício de 90 tem apenas 27% de volatilidade. Como o ativo subjacente e a data de vencimento são idênticos, você conclui que a opção de compra com volatilidade implícita mais alta é está relativamente acima do preço. Para tirar proveito do erro de apreçamento, você poderia compras opções de compra baratas (com preço de exercício de 90 e volatilidade implícita de 27%) e lançar opções de compra caras (com preço de exercício de 95 e volatilidade implícita de 33%). Se a taxa isenta de risco for 4% e as ações da IBM estiverem à venda por US$ 90 por ação, as opções de compra adquiridas serão precificadas em US$ 3,6202 e as opções de compra lançadas serão precificadas em US$ 2,3735.

Não obstante o fato de você ter uma posição comprada em uma opção de compra e uma posição vendida em outra, sua exposição à incerteza quanto ao preço das ações da IBM não será protegida por meio dessa estratégia. Isso porque as opções de compra com preço de exercício diferente têm sensibilidade diferente ao preço do ativo subjacente. A opção de compra com preço de exercício mais baixo tem delta mais alto e, portanto, maior exposição ao preço da IBM. Se você assumir um número igual de posições nessas duas opções, estabelecerá inadvertidamente uma posição altista na IBM, visto que as opções de compra adquiridas têm delta mais alto do que as lançadas. Na verdade, você deve se lembrar de que, no Capítulo 20, essa carteira (posição comprada em opção de compra com baixo preço de exercício e posição vendida em opção de compra com alto preço de exercício) é chamada de *spread altista*.

Para estabelecer uma posição coberta, podemos utilizar o procedimento de índice de *hedge* da maneira a seguir. Considere as opções com preço de exercício de 95 que você lançou como o ativo que protege sua exposição às opções com preço de exercício de 90 que você compra. Então o índice de *hedge* é

$$H = \frac{\text{Mudança no valor da opção de compra com preço de exercício de 90 para uma mudança de US\$ 1 na IBM}}{\text{Mudança no valor da opção de compra com preço de exercício de 95 para uma mudança de US\$ 1 na IBM}}$$

$$= \frac{\text{Delta da opção de compra com preço de exercício de 90}}{\text{Delta da opção de compra com preço de exercício de 95}} > 1$$

Você precisa lançar *mais* de uma opção de compra com preço de exercício mais alto para proteger a compra de cada opção de compra com o preço de exercício mais baixo. Como o preço das opções de compra com preço de exercício mais alto é menos sensível aos preços da IBM, você precisa de uma quantidade maior delas para compensar a exposição.

Suponhamos que a verdadeira volatilidade anual da ação esteja entre as duas volatilidades implícitas, de modo que σ = 30%. Sabemos que o delta de uma opção de compra é $N(d_1)$. Portanto, o delta das duas opções e o índice de *hedge* são calculados da seguinte maneira:

Opção com preço de exercício de 90:

$$d_1 = \frac{\ln(90/90) + (0{,}04 + 0{,}30^2/2) \times 45/365}{0{,}30\sqrt{45/365}} = 0{,}0995$$

$$N(d_1) = 0{,}5396$$

Opção com preço de exercício de 95:

$$d_1 = \frac{\ln(90/95) + (0{,}04 + 0{,}30^2/2) \times 45/365}{0{,}30\sqrt{45/365}} = -0{,}4138$$

$$N(d_1) = 0{,}3395$$

Índice de hedge:

$$\frac{0{,}5396}{0{,}3395} = 1{,}589$$

Portanto, para cada 1.000 opções de compra compradas com o preço de exercício de 90, precisamos lançar 1.589 opções de compra com preço de exercício de 95. A adoção dessa estratégia nos possibilita apostar em duas opções relativamente mal precificada sem assumir uma posição na IBM. O Painel A da Tabela 21.4 mostra que a posição gerará uma entrada de caixa de US$ 151,30. A receita de prêmio sobre as opções de compra lançadas supera o custo das opções de compra adquiridas.

Quando você estabelece uma posição em ações e opções que é protegida com relação a flutuações no preço do ativo subjacente, diz-se que sua carteira é **neutra ao delta**, o que significa que a carteira não apresenta nenhuma tendência a aumentar ou diminuir de valor quando o preço das ações flutua.

Vejamos se nossa posição em opções é de fato neutra ao delta. Suponhamos que a volatilidade implícita das duas opções volte a se alinhar logo depois que você estabelece sua posição, de modo que as duas opções são precificadas segundo a volatilidade implícita de 30%. Você espera lucrar com o aumento do valor da opção de compra adquirida e também com a queda de valor da opção de compra lançada. Os preços das opções pela volatilidade de 30% são dados no Painel B da Tabela 21.4 e os valores de sua posição nos vários preços da ação são apresentados no Painel C. Embora o lucro ou prejuízo em cada opção seja afetado pelo preço da ação, o valor da carteira de opções neutra ao delta é positivo e basicamente independe do preço da IBM. Além disso, vimos no Painel A que a carteira teria sido estabelecida sem nunca exigir uma saída de caixa. Você teria entradas de caixa ao estabelecer a carteira *e* ao liquidá-la depois que as volatilidades implícitas convergissem para 30%.

TABELA 21.4 Lucro sobre uma carteira de opções neutra ao delta

A. Fluxo de custo quando a carteira é criada	
Comprar 1.000 opções de compra ($X = 90$) a US$ 3,6202 (opção precificada com a volatilidade implícita de 27%)	US$ 3.620,20 de saída de caixa
Lançar 1.589 opções de compra ($X = 95$) a US$ 2,3735 (opção precificada com a volatilidade implícita de 33%)	3.771,50 de entrada de caixa
TOTAL	US$ 151,30 de entrada de caixa líquida

B. Preços de opção com volatilidade implícita de 30%			
Preço da ação:	89	90	91
Opções de compra com preço de exercício de 90	US$ 3,478	US$ 3,997	US$ 4,557
Opções de compra com preço de exercício de 95	1,703	2,023	2,382

C. Valor da carteira depois que a volatilidade implícita converge para 30%			
Preço da ação:	89	90	91
Valor de 1.000 opções de compra mantidas	US$ 3.478	US$ 3.997	US$ 4.557
− Valor de 1.589 opções de compra lançadas	2.705	3.214	3.785
TOTAL	US$ 773	US$ 782	US$ 772

Essa oportunidade de lucro incomum surge porque você identifica preços fora de alinhamento. Essas oportunidades não surgiriam se os níveis estivessem em equilíbrio. Ao explorar a discrepância de preço utilizando a estratégia neutra ao delta, você deve obter lucros independentemente do movimento de preço nas ações da IBM.

As estratégias de *hedging* neutras ao delta também estão sujeitas a problemas práticos. O mais importante deles é a dificuldade de avaliar a volatilidade apropriada do período subsequente. Se a estimativa de volatilidade estiver incorreta, o delta também estará, e a posição como um todo não será de fato coberta. Além disso, as posições em opção ou opção mais ação geralmente não serão neutras com relação a mudanças na volatilidade. Por exemplo, a opção de venda protegida por uma ação pode ser neutra ao delta, mas não neutra em relação à volatilidade. Mudanças nas avaliações do mercado sobre a volatilidade afetarão o preço da opção mesmo que o preço da ação não mude.

Esses problemas podem ser sérios porque as estimativas de volatilidade nunca são totalmente confiáveis. Primeiro, a volatilidade não pode ser observada diretamente e deve ser estimada com base em dados passados, o que introduz um erro de mensuração na previsão. Segundo, vimos que as volatilidades históricas e implícitas flutuam com o passar do tempo. Portanto, sempre estamos atirando em um alvo móvel. Embora as posições neutras ao delta seja protegidas contra mudanças no preço do ativo subjacente, elas ainda assim estão sujeitas ao *risco de volatilidade*, risco decorrente de mudanças imprevistas na volatilidade. A sensibilidade do preço de uma opção a mudanças na volatilidade é chamada de **vega** da opção. Desse modo, ainda que a proteção da opção neutra ao delta possa eliminar a exposição ao risco de flutuações no valor do ativo subjacente, ela não elimina o risco de volatilidade.

21.6 Evidências empíricas sobre a precificação de opções

O modelo de precificação de opções de Black-Scholes tem sido submetido a uma imensa quantidade de testes empíricos. Na maioria dos casos, os resultados dos estudos têm sido positivos, visto que o modelo de Black-Scholes gera valores de opções muito próximos dos preços reais pelos quais essas opções são negociadas. Ao mesmo tempo foram observadas algumas falhas empíricas menores mas regulares nesse modelo.

O maior problema refere-se à volatilidade. Se esse modelo fosse preciso, a volatilidade implícita de todas as opções sobre uma ação específica com data de vencimento idêntica seria igual – afinal de contas, o ativo subjacente e a data de vencimento são os mesmos para todas as opções e, por isso, a volatilidade deduzida de cada uma também deveria ser a mesma. Porém, na verdade, quando traçamos a volatilidade implícita como função do preço de exercício, os resultados usuais são semelhantes aos da Figura 21.15, que considera as opções do índice S&P 500 o ativo subjacente. A volatilidade implícita cai constantemente à medida que o preço de exercício aumenta. É óbvio que o modelo de Black-Scholes está deixando passar algo.

Rubinstein[19] propõe que o problema com esse modelo tem a ver com temores de uma quebra de mercado como a de outubro de 1987. A ideia é que as opções de venda muito fora do preço não teriam praticamente nenhum valor se os preços das ações mudassem equilibradamente, visto que a probabilidade de o preço cair de forma considerável (e, desse modo, a opção de venda ficar dentro do preço) em um curto período seria muito pequena. Contudo, a possibilidade de uma queda grande e repentina capaz de fazer com que as opções de venda fiquem dentro do preço, como em uma quebra de mercado, concederia um valor maior a essas opções. Por esse motivo, o mercado pode determinar o preço dessas opções como se houvesse maior probabilidade de uma queda sensível no preço das ações do que seria indicado pelas suposições de Black-Scholes. O resultado de um preço de opção mais alto é uma volatilidade implícita mais alta deduzida do modelo de Black-Scholes.

Curiosamente, Rubinstein ressalta que, antes da quebra de mercado de 1987, os gráficos de volatilidade implícita como o da Figura 21.15 eram relativamente nivelados, o que é coerente com a ideia de que na época o mercado estava menos afinado com os temores de um colapso. Entretanto, os gráficos pós-quebra apresentaram consistentemente uma inclinação descendente, exibindo

---

[19] Mark Rubinstein, "Implied Binomial Trees", *Journal of Finance*, 49, julho de 1994, pp. 771–818.

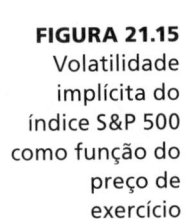

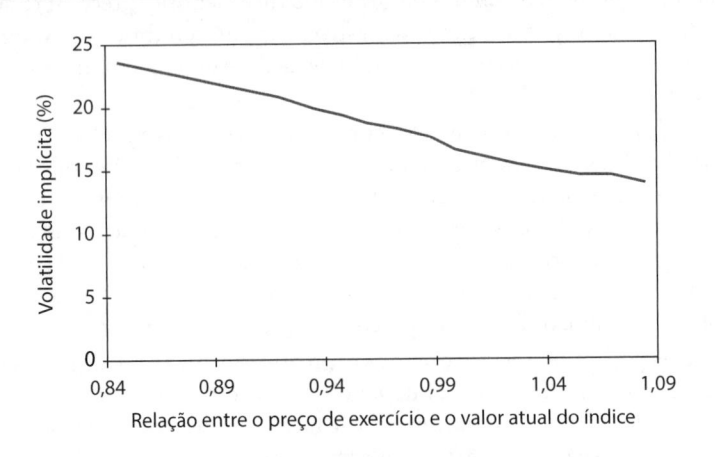

FIGURA 21.15
Volatilidade implícita do índice S&P 500 como função do preço de exercício

Fonte: Mark Rubinstein, "Implied Binomial Trees", *Journal of Finance*, julho de 1994, pp. 771–818.

um formato com frequência chamado de *sorriso afetado da opção*. Quando utilizamos modelos de precificação de opções que levam em conta distribuições de preços de ação mais gerais, como risco de quebra e mudanças aleatórias na volatilidade, eles geram curvas de volatilidade implícita com inclinação descendente semelhantes à observada na Figura 21.15.[20]

RESUMO

1. Os valores das opções podem ser vistos como a soma do valor intrínseco mais o valor tempo ou de "volatilidade". O valor de volatilidade é o direito de optar por não exercer se o preço da ação mudar e for desfavorável para o detentor. Desse modo, o detentor de opções não pode perder mais do que o custo da opção, independentemente do desempenho do preço das ações.

2. As opções de compra têm um valor mais alto quando o preço de exercício é mais baixo, quando o preço das ações é mais alto, quando a taxa de juros é mais alta, quando o prazo até o vencimento é maior, quando a volatilidade das ações é maior e quando os dividendos são mais baixos.

3. As opções de compra devem ser vendidas no mínimo pelo preço da ação menos o valor presente do preço de exercício e os dividendos a serem pagos antes do vencimento. Isso implica que a opção de compra de uma ação que não paga dividendos pode ser vendida por um valor superior ao lucro obtido do exercício imediato. Portanto, as opções de compra europeias valem tanto quanto as opções de compra americanas em ações que não pagam dividendos, porque o direito de exercer a opção de compra americana antecipadamente não tem nenhum valor.

4. O preço das opções pode ser estabelecido em relação ao preço da ação subjacente por meio de um modelo de precificação simples de dois períodos e dois estados. À medida que o número de períodos aumenta, o modelo pode se aproximar de distribuições de preços de ação mais realistas. A fórmula de Black-Scholes pode ser considerada um caso-limite do modelo de opção binomial, visto que o período de manutenção é dividido em subperíodos progressivamente menores quando a taxa de juros e a volatilidade da ação são constantes.

5. A fórmula de Black-Scholes aplica-se a opções sobre ações que não pagam dividendos. Os ajustes de dividendos podem ser adequados para precificar opções de compra europeias sobre ações que pagam dividendos, mas o tratamento apropriado das opções de compra americanas sobre ações que pagam dividendos exige fórmulas mais complexas.

6. As opções de venda podem ser exercidas com antecedência independentemente de a ação pagar dividendos. Portanto, as opções de venda americanas geralmente valem mais do que as europeias.

7. O valor das opções de venda europeias pode ser deduzido do valor da opção de compra e da relação de paridade entre opção de venda e opção de compra. Essa técnica aplica-se a opções de venda americanas para as quais o exercício é uma possibilidade.

8. A volatilidade implícita de uma opção é o desvio-padrão dos retornos da ação de acordo com o preço de mercado de uma opção. Ela pode ser deduzida de um modelo de precificação de opções encontrando a volatilidade da ação que torna o valor da opção igual ao preço observado.

9. O índice de *hedge* é o número de ações necessárias para diminuir o risco de preço inerente ao lançamento de uma opção. Os índices de *hedge* aproximam-se de 0 no caso de opções de compra muito fora do preço e de 1,0 no caso de opções de compra muito dentro do preço.

10. Embora os índices de *hedge* sejam inferiores a 1,0, as opções de compra têm elasticidade superior a 1,0. A taxa de retorno sobre uma opção de compra (em contraste com o retorno em dólar) reage mais do que páreo a páreo com os movimentos no preço das ações.

11. É possível obter um seguro de carteira comprando uma opção de venda protetora sobre uma posição em ações. Quando a opção de venda apropriada não é negociada, o seguro de carteira requer uma estratégia de *hedge* dinâmico em que uma fração da carteira de ações igual ao delta da opção de venda desejada é vendida e aplicada em títulos isentos de risco.

---

[20] Para examinar uma discussão abrangente sobre esses modelos mais gerais, consulte R. L. McDonald, *Derivatives Markets*, 3ª ed. (Boston: Pearson Education, Addison-Wesley, 2013).

12. O delta da opção é utilizado para determinar o índice de *hedge* de posições em opções. As carteiras neutras ao delta independem de mudanças de preço no ativo subjacente. Entretanto, até mesmo as carteiras de opções neutras ao delta estão sujeitas ao risco de volatilidade.

13. Empiricamente, as volatilidades implícitas deduzidas com a fórmula de Black-Scholes tendem a ser menores sobre opções com preço de exercício mais alto. Isso pode ser uma evidência de que os preços das opções refletem a possibilidade de uma grande queda repentina nos preços das ações. Essas "quedas" não são coerentes com as suposições de Black-Scholes.

Sites relacionados a este capítulo estão disponíveis em **www.grupoa.com.br**

PALAVRAS-CHAVE

delta
elasticidade da opção
fórmula de determinação de preço de Black-Scholes
gama
hedging dinâmico

índice de hedge
modelo binomial
neutro ao delta
seguro de carteira
valor de opção de compra pseudoamericana

valor intrínseco
valor tempo
vega
volatilidade implícita

EQUAÇÕES BÁSICAS

Modelo binomial: $u = \exp(\sigma\sqrt{\Delta t})$; $d = \exp(-\sigma\sqrt{\Delta t})$; $p = \dfrac{\exp(r\Delta t) - d}{u - d}$

Paridade entre opção de venda e opção de compra: $P = C + PV(X) - S_0 + PV(Dividendos)$

Fórmula de Black-Scholes (sem dividendos): $SN(d1) - Xe^{-rT}N(d_2)$

onde $d_1 = \dfrac{\ln(S/X) + (r + \frac{1}{2}\sigma^2)T}{\sigma\sqrt{T}}$; $d_2 = d_1 - \sigma\sqrt{T}$

Delta (ou índice de *hedge*): $H = \dfrac{\text{Mudança no valor da opção}}{\text{Mudança no valor da ação}}$

CONJUNTO DE PROBLEMAS

1. Mostramos no corpo do texto que o valor de uma opção de compra aumenta com a volatilidade das ações. Isso também se aplica aos valores das opções de venda? Utilize o teorema de paridade entre opção de venda e opção de compra e também um exemplo numérico para provar sua resposta.

Básicos

2. Em sua opinião, um aumento de US$ 1 no preço de exercício de uma opção de compra provocaria uma queda no valor dessa opção superior ou inferior a US$ 1?

3. Uma opção de venda sobre uma ação com beta alto vale mais do que uma em uma ação com beta baixo? As ações têm risco específico idêntico.

4. Mantendo todo o restante igual, uma opção de compra sobre a ação de uma empresa com alto risco específico vale mais do que uma opção sobre a ação de uma empresa com pouco risco específico? As duas ações têm o mesmo beta.

5. Mantendo todo o restante igual, uma opção de compra com alto preço de exercício terá um índice de *hedge* mais alto ou mais baixo do que uma opção com baixo preço de exercício?

Intermediários

6. Em todas as questões a seguir você é solicitado a comparar duas opções com os parâmetros oferecidos. Deve-se pressupor que a taxa de juros isenta de risco referente a *todos* os casos é 6%. Suponha que as opções sobre as quais essas opções foram lançadas não paguem dividendos.

a.

Opção de venda	T	X	σ	Preço da opção (US$)
A	0,5	50	0,20	10
B	0,5	50	0,25	10

Qual opção de venda é lançada sobre a ação com o preço mais baixo?

i. A.

ii. B.

iii. Não há informações suficientes.

b.

Opção de venda	T	X	σ	Preço da opção (US$)
A	0,5	50	0,2	10
B	0,5	50	0,2	12

Qual opção de venda deve ser lançada sobre a ação com preço mais baixo?

i. A.

ii. B.

iii. Não há informações suficientes.

c.

Opção de compra	S	X	σ	Preço da opção (US$)
A	50	50	0,20	12
B	55	50	0,20	10

Qual opção de compra deve ter o menor prazo até o vencimento?
   i. A.
   ii. B.
   iii. Não há informações suficientes.

d.

Opção de compra	T	X	S	Preço da opção (US$)
A	0,5	50	55	10
B	0,5	50	55	12

Qual opção de compra é lançada sobre a ação com volatilidade mais alta?
   i. A.
   ii. B.
   iii. Não há informações suficientes.

e.

Opção de compra	T	X	S	Preço da opção (US$)
A	0,5	50	55	10
B	0,5	50	55	7

Qual opção de compra é lançada sobre a ação com volatilidade mais alta?
   i. A.
   ii. B.
   iii. Não há informações suficientes.

7. Reflita novamente sobre a determinação do índice de *hedge* no modelo de dois estados (consulte a página 639), em que mostramos que um terço de uma ação protegeria uma opção. Qual deveria ser o índice de *hedge* de cada um dos preços de exercício a seguir: 120, 110, 100, 90? O que você conclui sobre o índice de *hedge* à medida que a opção fica cada vez mais dentro do preço?

8. Demonstre que os índices de hedge de opções de compra de Black-Scholes também aumentam à medida que o preço da ação aumenta. Considere uma opção de um ano com preço de exercício de US$ 50 sobre uma ação com desvio-padrão anual de 20%. A taxa das letras do Tesouro é 3% ao ano. Encontre $N(d1)$ para os preços de ação US$ 45, US$ 50 e US$ 55.

9. Neste problema deduziremos o valor de uma opção de venda de dois estados. Dados: $S_0 = 100$; $X = 110$; $1 + r = 1,10$. As duas possibilidades para S_T são 130 e 80.
   a. Mostre que a variação de S é 50 enquanto a de P é 30 entre os dois estados. Qual o índice de *hedge* da opção de venda?
   b. Crie uma carteira de três ações e cinco opções de venda. Qual o *payoff* (não aleatório) dessa carteira? Qual o valor presente da carteira?
   c. Como a ação está sendo vendida atualmente por 100, encontre o valor da opção de venda.

10. Calcule o valor de uma opção de compra sobre a ação do problema anterior, considerando um preço de exercício de 110.

Verifique se o teorema de paridade entre opção de venda e opção de compra é satisfeito por suas respostas aos Problemas 9 e 10. (Não utilize a composição contínua para calcular o valor presente de X nesse exemplo porque estamos utilizando um modelo de dois estados aqui, não o modelo de Black-Scholes de tempo contínuo.)

11. Utilize a fórmula de Black-Scholes para encontrar o valor de uma opção de compra sobre a ação a seguir:

Prazo até o vencimento	6 meses
Desvio-padrão	50% ao ano
Preço de exercício	US$ 50
Preço da ação	US$ 50
Taxa de juros	3%

12. Encontre o valor de Black-Scholes de uma opção de venda sobre a ação do problema anterior, com o mesmo preço de exercício e vencimento da opção de compra.

13. Recalcule o valor da opção de compra no Problema 11, substituindo sucessivamente cada uma das mudanças a seguir, mas mantenha os outros parâmetros desse problema:
   a. Prazo até o vencimento = 3 meses.
   b. Desvio-padrão = 25% ao ano,
   c. Preço de exercício = US$ 55.
   d. Preço da ação = US$ 55.
   e. Taxa de juros = 5%.
   Analise cada cenário independentemente. Confirme se o valor da opção muda de acordo com a previsão expressa na Tabela 21.1.

14. Uma opção de compra com X = US$ 50 sobre uma ação com preço atual de S = US$ 55 está sendo vendida por US$ 10. Utilizando a estimativa de volatilidade de σ = 0,30, encontre que $N(d_1) = 0,6$ e $N(d_2) = 0,5$. A taxa de juros isenta de risco é zero. A volatilidade implícita baseada no preço da opção é superior ou inferior a 0,30? Explique.

15. Qual seria a fórmula Excel na Planilha 21.1 para o valor de Black-Scholes de uma posição *straddle*?

Utilize o caso a seguir para responder os Problemas 16-21: Mark Washington, CFA, é analista da BIC. Há um ano, os analistas da BIC previram que o mercado de ações dos Estados Unidos provavelmente experimentaria um leve declínio e sugeriram a utilização de delta-*hedging* na carteira da BIC. Tal como previsto, os mercados acionários dos Estados Unidos de fato experimentaram uma queda de aproximadamente 4% ao longo de um período de 12 meses. Entretanto, o desempenho da carteira da BIC foi desalentador, apresentando uma defasagem de 10% em relação a um grupo comparável. Washington foi aconselhado a rever as estratégias de opção para determinar por que a carteira com *hedge* não apresentou o desempenho esperado.

16. Qual das opções a seguir explicam *melhor* a carteira neutra ao delta? Uma carteira neutra ao delta está perfeitamente protegida contra:
   a. Pequenas mudanças de preço no ativo subjacente.
   b. Pequenas quedas de preço no ativo subjacente.
   c. Todas as mudanças de preço no ativo subjacente.

17. Depois de discutir o conceito de carteira neutra ao delta, Washington conclui que precisa explicar melhor o conceito de delta. Ele representa graficamente o valor de uma opção como função do preço da ação subjacente. Utilizando esse gráfico, indique como o delta é interpretado. O delta é:
   a. A inclinação no gráfico de preço da opção.
   b. A curvatura no gráfico de preço da opção.
   c. O nivelamento no gráfico de preço da opção.

18. Washington considera uma opção de venda com delta de −0,65. Se o preço do ativo subjacente diminuir US$ 6, qual será a melhor estimativa de mudança no preço da opção?

19. A BIC tem 51.750 ações da Smith & Oates. O preço atual das ações é US$ 69. Uma opção de compra sobre as ações da Smith & Oates com preço de exercício de US$ 70 está sendo vendida por US$ 3,50 e seu delta é 0,69. Qual o número de opções de compra necessário para criar um *hedge* neutro ao delta?

20. Retorne ao problema anterior. O número de opções de compra lançadas para o *hedge* neutro ao delta aumentará ou diminuirá se o preço da ação cair?

21. Qual das seguintes afirmações sobre a meta de uma carteira neutra ao delta é *mais* precisa? Um exemplo de carteira neutra ao delta é associar:
    a. Uma posição comprada em uma ação com uma posição vendida em opções de compra para que o valor da carteira não mude com mudanças no valor da ação.
    b. Uma posição comprada em uma ação com uma posição vendida em uma opção de compra para que o valor da carteira mude com mudanças no valor da ação.
    c. Uma posição comprada em uma ação com uma posição comprada em opções de compra para que o valor da carteira não mude com mudanças no valor da ação.

22. A taxa de retorno de uma opção de compra sobre uma obrigação de longo prazo do Tesouro será mais ou menos sensível do que a taxa de retorno da obrigação subjacente a mudanças nas taxas de juros?

23. Se o preço da ação cair e o preço da opção de compra subir, o que terá ocorrido com a volatilidade implícita da opção de compra?

24. Se o prazo até o vencimento diminuir e o preço da opção de venda subir, o que terá ocorrido com a volatilidade implícita da opção de venda?

25. De acordo com a fórmula de Black-Scholes, qual será o valor do índice de *hedge* de uma opção de compra à medida que o preço da ação tornar-se infinitamente maior? Explique brevemente.

26. De acordo com a fórmula de Black-Scholes, qual será o valor do índice de *hedge* de uma opção de venda para um preço de exercício extremamente pequeno?

27. O índice de *hedge* de uma opção de compra da IBM no preço é 0,4. O índice de *hedge* de uma opção de venda no preço é −0,6. Qual o índice de *hedge* da posição *straddle* da IBM no preço?

28. Considere uma opção de compra europeia com vencimento em seis meses e preço de exercício de US$ 105. A ação subjacente é vendida por US$ 100 cada e não paga dividendos. A taxa isenta de risco é de 5%. Qual a volatilidade implícita da opção supondo que ela seja vendida atualmente por US$ 8? Utilize a Planilha 21.1 (disponível em **www.grupoa.com.br**; procure o *link* para o conteúdo do Capítulo 21) para responder esta pergunta.
    a. No menu *Dados* da planilha, opção Teste de Hipóteses, escolha Atingir meta. A caixa de diálogo que se abre pede três informações. Nessa caixa, você deve *definir a célula* E6 *no valor* 8 *alterando a célula* B2. Em outras palavras, você está pedindo para que a planilha encontre o valor de desvio-padrão (que é exibido na célula B2) que força o valor da opção (na célula E6) a ser igual a US$ 8. Em seguida, clique em OK. Você verá que agora a opção de compra vale US$ 8 e a entrada do desvio-padrão foi mudada para um nível coerente com esse valor. Esse é o desvio-padrão implícito da opção de compra com um preço de US$ 8.
    b. O que ocorrerá com a volatilidade implícita se a opção estiver sendo vendida por US$ 9? Por que a volatilidade implícita aumentou?
    c. O que ocorrerá com a volatilidade implícita se o preço da opção continuar em US$ 8, mas o vencimento diminuir para apenas quatro meses, por exemplo? Por quê?
    d. O que ocorrerá com a volatilidade implícita se o preço da opção continuar em US$ 8, mas o preço de exercício diminuir para apenas US$ 100, por exemplo? Por quê?
    e. O que ocorrerá com a volatilidade implícita se o preço da opção continuar em US$ 8, mas o preço de exercício diminuir para apenas US$ 98, por exemplo? Por quê?

29. Um *collar* é estabelecido com a compra de uma ação por US$ 50, a compra de uma opção de venda de seis meses e preço de exercício de US$ 45 e o lançamento de uma opção de compra de seis meses com preço de exercício de US$ 55. Com base na volatilidade da ação, você calcula que, para o preço de exercício de US$ 45 e vencimento de seis meses, $N(d_1) = 0,60$, ao passo que, para o preço de exercício de US$ 55, $N(d_1) = 0,35$.
    a. Qual será o ganho ou a perda sobre o *collar* se o preço da ação aumentar US$ 1?
    b. O que ocorrerá com o delta da carteira se o preço da ação ficar muito alto? E muito baixo?

30. Todas estas três opções de venda são lançadas sobre a mesma ação. Uma tem delta de −0,9, outra tem delta de −0,5 e a terceira tem delta de −0,1. Atribua o delta às três opções de venda preenchendo a tabela a seguir.

Opção de venda	X	Delta
A	10	
B	20	
C	30	

31. Você está *muito* otimista (*bullish*) com relação às ações da EFG, bem mais que o restante do mercado. Em cada questão, escolha a estratégia de carteira que lhe oferecerá o maior lucro em dólares se sua previsão altista se revelar correta. Explique brevemente sua resposta.
    a. *Escolha A:* US$ 10 mil investidos em opções de compra com X = 50.
       Escolha B: US$ 10 mil investidos na ação da EFG.
    b. *Escolha A:* 10 contratos de opção de compra (para 100 ações cada), com X = 50.
       Escolha B: 1.000 ações da EFG.

32. Você gostaria de manter uma posição de opção de venda protetora sobre as ações da XYZ Co. para garantir um valor mínimo de US$ 100 no final do ano. Atualmente a XYZ vende suas ações por US$ 100. Durante o ano seguinte, o preço da ação aumentará 10% ou diminuirá 10%. A taxa das letras do Tesouro é de 5%. Infelizmente, nenhuma opção de venda está sendo negociada sobre ações da XYZ Co.
    a. Suponhamos que a opção de venda desejada fosse negociada. Qual seria o custo para comprá-la?
    b. Qual teria sido o custo da carteira de opção de venda protetora?
    c. Que posição de carteira em ações e letras do Tesouro lhe garante um *payoff* igual ao *payoff* que seria oferecido por uma opção de venda protetora com X = 100? Mostre que o *payoff* dessa carteira e o custo para estabelecer a carteira correspondem aos da opção de venda protetora desejada.

33. Retorne ao Exemplo 21.1. Utilize o modelo binomial para avaliar uma opção de venda europeia de um ano com preço de exercício de US$ 110 sobre a ação do exemplo. Sua solução para o preço da opção de venda satisfaz a paridade entre opção de venda e opção de compra?

34. Suponhamos que a taxa de juros isenta de risco é zero. Uma opção de venda americana alguma vez seria exercida antecipadamente? Explique.

35. Chamemos de $p(S, T, X)$ o valor de uma opção de venda europeia sobre uma ação vendida por S dólares, com prazo até o vencimento T e preço de exercício X, e chamemos de $P(S, T, X)$ o valor de uma opção de venda americana.
    a. Calcule $p(0, T, X)$.
    b. Calcule $P(0, T, X)$.
    c. Calcule $p(S, T, 0)$.
    d. Calcule $P(S, T, 0)$.
    e. O que sua resposta em (b) lhe diz sobre a possibilidade das opções de venda americanas serem exercidas antecipadamente?

36. Você está tentando avaliar uma opção de compra com preço de exercício de US$ 100 e vencimento em um ano. A ação subjacente não paga dividendos, seu preço atual é US$ 100 e você acredita que há 50% de chance de o preço aumentar para US$ 120 e 50% de chance de o preço cair para US$ 80. A taxa de juros isenta de risco é 10%. Calcule o valor da opção de compra utilizando o modelo de precificação de ações de dois estados.

37. Considere um aumento na volatilidade da ação no problema anterior. Suponhamos que, se houver alta, o preço da ação subirá para US$ 130 e, se houver baixa, cairá para US$ 70. Demonstre que o valor da opção de compra agora é superior ao valor deduzido no problema anterior.

38. Calcule o valor da opção de venda com preço de exercício de US$ 100 utilizando os dados do Problema 36. Mostre que a paridade entre opção de venda e opção de compra é satisfeita por sua solução.

39. A XYZ Corp. pagará dividendos de US$ 2 por ação em dois meses. Atualmente, o preço unitário da ação é US$ 60. Uma opção de compra sobre as ações da XYZ tem preço de exercício de US$ 55 e prazo de vencimento de três meses. A taxa de juros isenta de risco é 0,5% ao mês e a volatilidade (desvio-padrão) da ação = 7% ao mês. Encontre o valor da opção de pseudoamericana. (*Dica*: Experimente definir um "período" como um mês, e não um ano.)

40. "O beta de uma opção de compra da General Electric é superior ao beta da ação da General Electric." Verdadeiro ou falso?

41. "O beta de uma opção de compra sobre o índice S&P 500 com preço de exercício de 1.330 é superior ao beta de uma opção de compra sobre o índice com um preço de exercício de 1.340." Verdadeiro ou falso?

42. O que ocorrerá com o índice de *hedge* de uma obrigação conversível quando o preço da ação ficar muito alto?

43. Goldman Sachs acredita que a volatilidade do mercado será 20% ao ano nos próximos três anos. Opções de compra e venda de três anos, no preço, sobre o índice de mercado, estão sendo vendidas por uma volatilidade implícita de 22%. Qual carteira de opções Goldman pode estabelecer para especular sobre sua opinião a respeito da volatilidade sem assumir uma posição altista ou baixista no mercado? Utilizando a estimativa de volatilidade de Goldman, as opções de três anos no preço têm $N(d_1) = 0,6$.

44. Você está mantendo opções de compra sobre uma ação. O beta da ação é 0,75 e você está preocupado com a possibilidade iminente de o mercado acionário entrar em queda. A ação está sendo vendida atualmente por US$ 5 e você mantém 1 milhão de opções sobre essa ação (isto é, você mantém 10 mil contratos de 100 ações cada). O delta da opção é 0,8. Quanto da carteira de índice de mercado você deve comprar ou vender para proteger sua exposição ao mercado?

Difíceis

eXcel 45. Imagine que você forneça seguros de carteira. Você está criando um programa de quatro anos. A carteira que você gerencia vale atualmente US$ 100 milhões e você espera oferecer um retorno mínimo de 0%. A carteira de ações tem desvio-padrão de 25% ao ano e as letras do Tesouro pagam 5% ao ano. Para simplificar, suponha que a carteira não paga dividendos (ou que todos os dividendos são reinvestidos).
   a. Quanto deve ser investido em letras? Quanto em ações?
   b. O que o gestor deve fazer se a carteira de ações cair 3% no primeiro dia de negociação?

46. Suponhamos que as opções de compra sobre as ações da ExxonMobil, com prazo até o vencimento de três meses e preço de exercício de US$ 90, estejam sendo vendidas com uma volatilidade implícita de 30%. Atualmente o preço das ações da ExxonMobil é US$ 90 por ação e a taxa isenta de risco é 4%. Supondo que em sua opinião a verdadeira volatilidade da ação é 32%, como você conseguiria negociar sem assumir um risco em relação ao desempenho da ExxonMobil? Quantas ações você manteria para contrato de opção comprado ou vendido?

47. Utilizando os dados do problema anterior, suponha que as opções de venda de três meses, com preço de exercício de US$ 90, estão sendo vendidas com uma volatilidade implícita de 34%. Construa uma carteira neutra ao delta com posições em opções de compra e de venda que lucre quando os preços das opções voltarem a ficar alinhados.

48. Suponhamos que o JPMorgan Chase venda opções de compra sobre uma carteira de ações no valor de US$ 1,25 milhão, com beta = 1,5. O delta da opção é 0,8. Ele deseja eliminar a exposição resultante a uma alta no mercado comprando uma carteira de índice de mercado.
   a. Que valor em dólares o JPMorgan deve investir na carteira de índice de mercado para proteger sua posição?
   b. E se em vez disse o JPMorgan utilizasse opções de venda do mercado de índice para proteger sua exposição? O JPMorgan deve comprar ou vender opções de venda? Cada opção corresponde a 100 unidades do índice e, pelo preço atual, o índice representa um valor de US$ 1.000 em ações.

49. Suponhamos que você esteja tentando avaliar uma opção com vencimento em um ano sobre uma ação com volatilidade (isto é, desvio-padrão anualizado) de $\sigma = 0,40$. Quais seriam os valores apropriados de u e d se seu modelo binomial fosse definido utilizando os dados a seguir?
   a. Um período de um ano.
   b. Quadro subperíodos, cada um de três meses.
   c. Doze subperíodos, cada um de um mês.

50. Você cria um modelo binomial com um período e declara que ao longo de um ano o preço da ação aumentará segundo um fator de 1,5 ou diminuirá segundo um fator de 2/3. Qual é sua suposição implícita sobre a volatilidade da taxa de retorno da ação ao longo do ano seguinte?

51. Utilize a relação de paridade entre opção de venda e opção de compra para demonstrar que uma opção de compra no preço sobre uma ação que não paga dividendos deve custar mais do que uma opção de venda no preço. Mostre que os preços da opção de venda e opção de compra serão iguais se $S = (1 + r)^T$.

52. Retorne ao Problema 36. Avalie a opção de compra utilizando o atalho neutro ao risco no quadro da página 644. Confirme se sua resposta corresponde ao valor que você obteve utilizando o método de dois estados.

53. Retorne ao Problema 38. Qual será o *payoff* da opção de venda, P_u, se a ação subir? Qual será o *payoff*, P_w, se a ação cair? Avalie a opção de venda utilizando o atalho neutro ao risco no quadro da página 644. Confirme se sua resposta corresponde ao valor que você obteve utilizando o método de dois estados.

1. O conselho de administração da Abco Company está preocupado com o risco de perda de uma carteira de US$ 100 milhões em ações em seu plano de pensão. O consultor do conselho propôs proteger a carteira temporariamente (por um mês) com futuros ou opções. Consultando a tabela a seguir, o consultor afirma:
   a. "A carteira de ações de US$ 100 milhões pode ser totalmente protegida de perda se vender (a descoberto) 4 mil contratos de futuros."
   b. "O custo dessa proteção é que a taxa de retorno esperada da carteira será 0%."

Dados sobre mercado, carteira e contrato	
Nível do índice de ações	99,00
Preço de futuros de ações	100,00
Multiplicador de contrato de futuros	US$ 250
Beta da carteira	1,20
Vencimento do contrato (meses)	3

   Discorra sobre a precisão das duas afirmações do consultor.

2. Michael Weber, CFA, está analisando vários aspectos da avaliação de opções, como os determinantes do valor de uma opção, as características de diversos modelos utilizados para avaliar opções e a possibilidade de divergência entre os valores de opção calculados e os preços de mercado observados.
   a. Qual será o efeito esperado sobre o valor de uma opção de compra em ações ordinárias se a volatilidade do preço da ação subjacente diminuir? Se o prazo até o vencimento da opção aumentar?
   b. Utilizando o modelo de determinação de preço de opções de Black-Scholes, Weber calcula o preço de uma opção de compra de três meses e observa que o valor calculado da opção é diferente do preço de mercado. Com respeito à utilização do modelo de determinação de preço de opções de Black-Scholes por parte de Weber,
      i. Discuta por que o valor calculado de uma opção europeia fora do preço pode ser diferente de seu preço de mercado.
      ii. Discuta por que o valor calculado de uma opção americana pode se diferente de seu preço de mercado.

3. Joel Franklin é um gestor de carteira responsável por derivativos. Franklin observa uma opção americana e uma opção europeia com o mesmo preço de exercício, vencimento e ação subjacente. Ele acredita que a opção europeia terá um prêmio mais alto do que a americana.
   a. Critique a opinião de Franklin de que a opção europeia terá um prêmio mais alto. Franklin é solicitado a avaliar uma opção de compra europeia sobre as ações ordinárias da Abaco Ltd., que foram negociadas pela última vez por US$ 43,00. Ele coletou as informações apresentadas na tabela a seguir.

Preço de fechamento da ação	US$ 43,00
Preço de exercício da opção de compra e venda	45,00
Preço da opção de venda de um ano	4,00
Taxa das letras do Tesouro de um ano	5,50%
Prazo até o vencimento	Um ano

   b. Utilizando a paridade entre opção de venda e opção de compra e as informações fornecidas na tabela, calcule o valor da opção de compra europeia.
   c. Fale sobre o efeito, se houver, de cada uma das três variáveis a seguir sobre o valor de uma opção de compra. (Não é necessário efetuar nenhum cálculo.)
      i. Um aumento na taxa de juros de curto prazo.
      ii. Um aumento na volatilidade do preço das ações.
      iii. Uma diminuição no prazo até o vencimento da opção.

4. Atualmente um índice de ações está sendo negociado em 50. Paul Tripp, CFA, deseja avaliar as opções de índice de dois anos utilizando o modelo binomial. O valor da ação aumentará 20% ou cairá 20%. A taxa de juros anual isenta de risco é 6%. Não são pagos dividendos sobre nenhum dos títulos subjacentes no índice.
   a. Construa uma árvore binomial de dois períodos para o valor do índice de ações.
   b. Calcule o valor de uma opção de compra europeia sobre o índice com preço de exercício de 60.
   c. Calcule o valor de uma opção de venda europeia sobre o índice com preço de exercício de 60.
   d. Confirme se suas soluções para os valores de opção de compra e de venda satisfazem a paridade entre opção de venda e opção de compra.

5. Ken Webster gerencia uma carteira de ações de US$ 200 milhões que utiliza como referência o índice S&P 500. Webster acredita que o mercado fica supervalorizado quando avaliado por vários indicadores fundamentais/econômicos tradicionais. Ele está preocupado com a possibilidade de perda, mas reconhece que, apesar disso, o índice S&P 500 poderia subir acima de seu nível atual de 1136.

   Webster está pensando na seguinte estratégia de *collar de opções*:
   - É possível obter proteção para a carteira comprando uma opção de venda do índice S&P 500 com preço de exercício de US$ 1.130 (um pouco fora do preço).
   - A opção de venda pode ser financiada com a venda de duas opções de compra de 1.150 (um pouco mais fora do preço) para cada opção de venda comprada.
   - Como o delta conjunto das duas opções de compra (consulte a tabela a seguir) é inferior a 1 (isto é, $2 \times 0,36 = 0,72$), as opções não perderão mais do que a carteira subjacente ganhará se o mercado tiver alta.

   As informações na tabela a seguir descrevem as duas opções utilizadas para criar o *collar*.

Características	Opção de compra 1150	Opção de venda 1130
Preço da opção	US$ 8,60	US$ 16,10
Volatilidade implícita da opção	22%	24%
Delta da opção	0,36	−0,44
Contratos necessários para o *collar*	602	301

   Notas:
   - Ignore os custos de transação.
   - Volatilidade histórica de 30 dias do S&P 500 = 23%.
   - Prazo de até o vencimento da opção = 30 dias.

   a. Descreva os possíveis retornos da carteira combinada (a carteira subjacente mais o *collar* de opções), considerando que após 30 dias o índice S&P 500:
      i. Subiu aproximadamente 5% – para 1193.
      ii. Manteve-se em 1136 (nenhuma mudança).
      iii. Caiu aproximadamente 5% – para 1080.
      (Não é necessário realizar nenhum cálculo.)
   b. Discorra sobre o efeito do índice de *hedge* (delta) de *cada* opção à medida que o S&P 500 aproxima-se do nível de *cada* um dos possíveis resultados listados na parte (*a*).
   c. Avalie a determinação de preço de *cada* item a seguir em relação aos dados de volatilidade fornecidos:
      i. Opção de venda.
      ii. Opção de compra.

EXERCÍCIOS DE INVESTIMENTO NA *WEB*

Escolha uma ação para a qual as opções são listadas no *site* da CBOE (www.cboe.com). Os dados de preço dos títulos podem ser encontrado na opção de menu "delayed quotes" (cotações atrasadas). Insira o símbolo de cotação de uma ação de sua preferência para obter os dados de preço da respectiva opção.

Utilizando dados de preço diários do *finance.yahoo.com*, calcule o desvio-padrão anualizado da mudança percentual diária no preço da ação. Crie um modelo de determinação de preço de opções de Black-Scholes em uma planilha ou utilize a Planilha 21.1, disponível em **www.grupoa.com.br** (*link* para o conteúdo do Capítulo 21). Utilizando o desvio-padrão e a taxa isenta de risco encontrados em www.bloomberg.com/markets/rates/index.html, calcule o valor das opções de compra.

Até que ponto os valores calculados se comparam com os preços de mercado das opções? Com base na diferença entre o preço que você calculou utilizando a volatilidade histórica e o preço real da opção, o que você conclui sobre as tendências esperadas na volatilidade do mercado?

SOLUÇÕES PARA AS REVISÕES DE CONCEITOS

1.

Se esta variável aumentar...	O valor da opção de venda no vencimento
S	Diminuirá
X	Aumentará
σ	Aumentará
T	Aumentará*
r_f	Diminuirá
Pagamento de dividendos	Aumentará

* No caso de opções de venda americanas, um maior prazo até o vencimento deve aumentar o valor. Sempre é possível optar por exercer a opção logo no início se isso for ideal; a data de vencimento mais longa amplia a variedade de alternativas abertas ao detentor, o que deve valorizar mais a opção. No caso de uma opção de venda europeia, em que o exercício logo no princípio não é permitido, um prazo maior até o vencimento pode ter um efeito indefinido. O vencimento mais longo aumenta o valor da volatilidade porque o preço final da ação é mais incerto, mas reduz o valor presente do preço de exercício que será obtido se a opção de venda for exercida. O efeito final sobre o valor da opção de venda pode ser positivo ou negativo.

Para compreender o impacto de uma volatilidade mais alta, considere os mesmos cenários utilizados para as opções de compra. O cenário de baixa volatilidade gera um *payoff* esperado inferior.

Alta volatilidade	Preço da ação (US$)	10	20	30	40	50
	Payoff da opção de venda (US$)	20	10	0	0	0
Baixa volatilidade	Preço da ação (US$)	20	25	30	35	40
	Payoff da opção de venda (US$)	10	5	0	0	0

2. A relação de paridade pressupõe que todas as opções são mantidas até o vencimento e que não há nenhum fluxo de caixa até o vencimento. Essas suposições são válidas somente no caso especial de opções europeias sobre ações que não pagam dividendos. Se a ação não pagar dividendos, as opções de compra americanas e europeias serão igualmente valiosas, embora as opções de venda americanas valham mais do que as europeias. Portanto, embora o teorema de paridade relativo às opções europeias declare que

$$P = C - S_0 + \text{PV}(X)$$

na verdade P será superior a esse valor se a opção de venda for americana.

3. Como a opção agora está abaixo do preço, queremos inverter nossa estratégia anterior.

	Fluxo de caixa inicial	Fluxo de caixa no ano 1 para cada preço de ação possível	
		S = 90	S = 120
Comprar três opções	−16,50	0	30
Vender uma ação a descoberto; reembolsar em um ano	100	−90	−120
Conceder empréstimo de US$ 83,50 pela taxa de juros de 10%	−83,50	91,85	91,85
TOTAL	0	1,85	1,85

O fluxo de caixa isento de risco em um ano por opção é US$ 1,85/3 = US$ 0,6167 e o valor presente é US$ 0,6167/1,10 = US$ 0,56, precisamente o valor segundo o qual a opção está abaixo do preço.

4. a. $C_u - C_d =$ US$ 6,984 − 0
   b. $uS_0 - dS_0 =$ US$ 110 − US$ 95 = US$ 15
   c. 6,984/15 = 0,4656
   d.

	Valor no próximo período como função do preço da ação	
Ação hoje (tempo 0)	$dS_0 =$ US$ 95	$uS_0 =$ US$110
Comprar 0,4656 ação pelo preço $S_0 =$ US$ 100	US$ 44,232	US$ 51,216
Lançar uma opções de compra pelo preço de C_0	0	−6,984
TOTAL	US$ 44,232	US$ 44,232

A carteira deve ter um valor atual de mercado igual ao valor presente de US$ 44,232.

   e. US$ 44,232/1,05 = US$ 42,126
   f. 0,4656 × US$ 100 − $C_0 =$ US$ 42,126
      $C_0 =$ US$ 46,56 − US$ 42,126 = US$ 4,434

5. Quando Δt diminui, deve haver uma possível dispersão inferior no preço da ação no final do subperíodo porque cada subperíodo menor oferece menos tempo no qual novas informações podem mudar os preços das ações. Entretanto, à medida que o intervalo de tempo diminui, haverá um número correspondentemente maior desses subperíodos até o vencimento da opção. Portanto, a volatilidade *total* no período de vida restante da opção não será afetada. Aliás, examine novamente a Figura 21.2. Lá, não obstante o fato de u e d ficarem mais

próximos de 1 à medida que os subintervalos aumentam e a extensão de cada subintervalo diminui, a volatilidade total do retorno da ação até o vencimento da opção não é afetada.

6. Como $\sigma = 0,6$, $\sigma^2 = 0,36$.

$$d_1 = \frac{\ln(100/95) + (0,10 + 0,36/2)0,25}{0,6\sqrt{0,25}} = 0,4043$$

$$d_2 = d_1 - 0,6\sqrt{0,25} = 0,1043$$

Utilizando a Tabela 21.2 e a interpolação ou uma função de planilha,

$N(d_1) = 0,6570$
$N(d_2) = 0,5415$
$C = 100 \times 0,6570 - 95e^{-0,10 \times 0,25} \times 0,5415 = 15,53$

7. A volatilidade implícita é superior a 0,2783. Dado um desvio-padrão de 0,2783, o valor da opção será US$ 7. Uma volatilidade maior é necessária para justificar o preço real de US$ 8. Utilizando a Planilha 21.1 e Atingir meta, você pode confirmar que a volatilidade implícita ao preço de opção de US$ 8 é 0,3138.

8. Um aumento de US$ 1 no preço da ação corresponde a um aumento percentual de 1/122 = 0,82%. A opção de compra cairá $(0,4 \times US\$ 1) = US\$ 0,40$, uma queda percentual de US$ 0,40/US$ 4 = 10%. A elasticidade é $-10/0,82 = -12,2$.

9. O delta de uma opção de compra é $N(d_1)$, que é positivo, e nesse caso é 0,547. Portanto, para cada dez contratos de opção comprados, você precisaria vender *a descoberto* 547 ações da empresa.

22 Mercados de futuros

OS CONTRATOS DE FUTUROS E FORWARD (a termo) são semelhantes a opções porque eles especificam a compra ou a venda de algum título subjacente em alguma data futura. A principal diferença é que o detentor de uma opção de compra não é obrigado a comprar ou vender e não o fará se o negócio não for lucrativo. Entretanto, o contrato de futuros ou *forward* obriga as partes a cumprirem a transação já acordada.

O contrato *forward* não é um investimento no sentido estrito de que são pagos fundos por um ativo. É apenas um compromisso firmado hoje para uma transação no futuro. Contudo, os acordos *forward* fazem parte de nosso estudo sobre investimentos porque eles são um meio eficaz para proteger outros investimentos e geralmente alterar as características de uma carteira.

Os mercados *forward* para entrega futura de diversas *commodities* remontam no mínimo à Grécia antiga. No entanto, os mercados de futuros organizados são um fenômeno relativamente moderno e datam apenas do século XIX. Os mercados de futuros substituem os contratos *forward* informais por títulos altamente padronizados negociados em bolsa.

Embora os mercados de futuros estejam enraizados em produtos e *commodities* agrícolas, hoje os mercados são dominados pela negociação de futuros financeiros, como os futuros sobre índices de ações, sobre títulos dependentes de taxas de juros como as obrigações do governo e sobre câmbio exterior. Os mercados em si também mudaram e hoje grande parte das negociações ocorre em mercados eletrônicos.

Este capítulo descreve as operações dos mercados de futuros e a dinâmica de negociação nesses mercados. Mostramos como os contratos de futuros são instrumentos de investimento úteis tanto para *hedgers* (investidores que procuram proteção) quanto para especuladores e em que sentido o preço de futuros está relacionado com o preço *spot* (à vista) de um ativo. Mostramos também como os futuros podem ser utilizados em várias aplicações de gestão de riscos. Este capítulo aborda os princípios gerais dos mercados de futuros. O Capítulo 23 descreve mais detalhadamente mercados de futuros específicos.

22.1 Contrato de futuros

Para ver como os contratos futuros e *forward* funcionam e como eles podem ser úteis, considere o problema de diversificação de carteira enfrentado por um produtor agrícola que cultiva uma única cultura – por exemplo, trigo. Toda a receita do período de cultivo depende basicamente do preço altamente volátil da safra. O agricultor não consegue diversificar sua posição com facilidade porque praticamente toda a sua riqueza está amarrada à colheita.

O moageiro que precisa comprar trigo para processamento enfrenta um problema de gestão de riscos simétrico ao do agricultor. Ele está sujeito à incerteza dos lucros em virtude da imprevisibilidade do custo do trigo.

Ambas as partes podem obter proteção contra o risco que enfrentam se firmarem um **contrato** *forward* que exige que o agricultor entregue o trigo quando colhido por um preço ajustado no presente, independentemente do preço de mercado na época da colheita. Nenhum dinheiro precisa ser trocado de mãos nesse momento. Um contrato *forward* nada mais é que a venda de um ativo para entrega futura que tem o preço de venda ajustado no presente. Basta que ambas as partes estejam dispostas a fixar o preço final. O contrato protege ambas as partes contra futuras flutuações de preço.

Os mercados de futuros formalizam e padronizam os contratos *forward*. Os compradores e vendedores negociam em uma bolsa de futuros centralizada. A bolsa padroniza os tipos de contrato que podem ser negociados: ela estabelece o tamanho do contrato, a classificação aceitável da *commodity*, as datas de entrega de contrato etc. Embora a padronização elimine grande parte da flexibilidade existente nos contratos *forward*, ela tem a vantagem contrabalançante da liquidez, porque muitos negociadores se concentrarão em um mesmo e pequeno grupo de contratos. Os contratos de futuros também diferem dos contratos porque exigem acertos diários relacionados a qualquer ganho ou perda sobre o contrato. Em contraposição, até a data de entrega nenhum dinheiro é trocado de mãos no contrato *forward*.

O mercado centralizado, a padronização de contratos e a profundidade da negociação em cada contrato possibilitam que as posições em futuros sejam liquidadas facilmente por meio de um corretor, em vez de renegociadas com a outra parte do contrato. Como a bolsa garante o cumprimento de cada parte, as onerosas verificações de crédito de outros negociadores não são necessárias. Em vez disso, cada negociador simplesmente faz um depósito de boa-fé, chamado de *margem*, a fim de garantir o cumprimento do contrato.

Princípios básicos dos contratos de futuros

O contrato de futuros determina a entrega de uma *commodity* em uma data específica de entrega ou vencimento, por um preço ajustado previamente, chamado de **preço de futuros**, a ser pago no vencimento do contrato. O contrato especifica exigências precisas referentes à *commodity*. No caso de *commodities* agrícolas, a bolsa estabelece as classificações admissíveis (p. ex.: trigo n. 2 de inverno rigoroso ou trigo-vermelho n. 1 de inverno ameno). O local ou o meio de entrega da *commodity* também é especificado. A entrega de *commodities* agrícolas é feita por transferência de recibos de armazéns emitidos por armazéns autorizados. No caso de futuros financeiros, a entrega pode ser feita por transferência eletrônica. No caso de futuros sobre índices, a entrega pode ser feita por meio de um procedimento de pagamento em dinheiro, como aqueles utilizados para opções de índice. Embora tecnicamente o contrato de futuros exija a entrega de um ativo, a entrega raramente ocorre. Em vez disso, é bem mais comum as partes liquidarem suas posições antes do vencimento do contrato, aceitando possíveis ganhos ou perdas em dinheiro.

Como a bolsa de futuros especifica todos os termos do contrato, os negociadores precisam chegar a um acordo apenas sobre o preço de futuros. O negociador que assume a **posição comprada** compromete-se a comprar a *commodity* na data de entrega. O negociador que assume a **posição vendida** compromete-se a entregar a *commodity* no vencimento do contrato. Diz-se que o negociador na posição comprada (*long*) "compra" o contrato e que o negociador na posição vendida (*short*) "vende" o contrato. As palavras *comprar* e *vender* são apenas figurativas, porque na verdade o contrato não é comprado nem vendido como uma ação ou obrigação; ele é firmado por acordo mútuo. No momento em que o contrato é firmado, não há transferência de dinheiro.

A Figura 22.1 mostra preços para vários contratos de futuros do modo como eles aparecem no *The Wall Street Journal*. O título em negrito lista a *commodity* em cada caso, a bolsa em que o contrato de futuros é negociado, o tamanho do contrato e a unidade de preço. O primeiro contrato agrícola listado é do milho, negociado na Câmara de Comércio de Chicago (CBT). (A CBT fundiu-se com a Bolsa Mercantil de Chicago em 2007, mas por enquanto mantém uma identidade distinta.) Cada contrato exige a entrega de 5 mil *bushels*, e os preços na lista são cotados em centavos por *bushel*.

As colunas seguintes detalham os dados de preço para contratos que vencem em várias datas. O contrato para milho com vencimento em março de 2013, por exemplo, abriu durante o dia com um preço de futuros de 720,25 centavos por *bushel*. O preço de futuros mais alto durante o dia foi 726, o mais baixo foi 714,50 e o preço de liquidação (um preço de negociação representativo durante os últimos minutos da negociação) foi 724,25. O preço de liquidação aumentou 3,50 centavos em relação ao dia de negociação anterior. Por último, os contratos em aberto ou o número de contratos em circulação foi 494.588. Informações semelhantes são oferecidas para cada data de vencimento.

Contratos de futuros | WSJ.com/commodities
Futuros de metais e petróleo

	Abertura	Alta	Baixa	Liquidação	Variação	Em aberto
Cobrealta (CMX)	– 25.000 lbs.; US$ por lb.					
Jan.	3,658	3,676	3,652	3,6645	–0,0065	411
Mar.	3,6725	3,6965	3,661	3,6765	–0,0080	103.266
Ouro (CMX)	– 100 onças troy; US$ por onça troy					
Fev.	1.683,80	1.685,80	1.664,20	1.669,90	–16,80	160.918
Abr.	1.686,4	1.688,10	1.666,40	1.672,10	–16,80	149.804
Jun.	1.688,10	1.689,60	1.669,50	1.674,20	–16,80	38.688
Ago.	1.689,00	1.689,00	1.670,60	1.676,00	–16,80	24.841
Out.	1.689,50	1.690,20	1.673,10	1.677,70	–16,90	11.949
Dez.	1.694,70	1.694,70	1.674,40	1.679,60	–16,90	26.055
Ouro miNY (CMX)	– 50 onças troy; por onça troy					
Fev.	1.684,25	1.684,50	1.664,75	1.670,00	–16,70	2.282
Abr.	1.683,50	1.684,00	1.667,75	1.672,00	–16,90	96
Jun.	1.684,00	1.684,00	1.674,50	1.674,25	–16,75	12
Paládio (NYM)	– 50 onças troy; US$ por onça troy					
Fev.	718,8	718,8	718,7	726,3	0,5	4
Mar.	725,2	728,8	716,6	726,7	0,5	30.654
Jun.	725,55	729,9	719,2	728,15	0,65	1.480
Platina (NYM)	– 50 onças troy; US$ por onça troy					
Jan.	1.681,80	1.681,80	1.674,00	1.682,80	–8,90	47
Fev.	1.673,00	1.680,40	1.673,00	1.680,80	–8,00	13
Prata (CMX)	– 5.000 onças troy; US$ por onça troy					
Jan.	31.735	31.750	31.735	31.695	–0,714	17
Mar.	32.240	32.245	31.605	31.722	–0,717	78.766
Prata miNY (CMX)	– 2.500 onças troy; US$ por onça troy					
Mar.	32.138	32.438 ▲	31.613	31.725	–0,714	295
Maio	31.863	31.900	31.838	31.775	–0,722	11
Set.	32.038	32.038	32.038	31.875	–0,717	1
Petróleo cru, light sweet (NYM)	– 1.000 barris.; US$ por barril					
Mar.	95,5	96,68	95,12	95,95	0,72	295.685
Abr.	95,89	97,16	95,6	96,45	0,7	102.709
Maio	96,38	97,58	96	96,9	0,69	86.130
Ago.	96,42	97,57	96,32	97,31	0,73	38.272
Set.	96,08	97,58 ▲	96,07	97,07	0,71	51.513
Out.	96,1	96,96	96,04	96,77	0,69	41.212
Óleo de aquecimento n. 2 (NYM)	– 42.000 gal.; US$ por gal.					
Fev.	3,0795	3,0958	3,0693	3,0864	0,0083	46.296
Mar.	3,0674	3,0848	3,0561	3,0764	0,0112	83.625
Gasolina-NY RBOB (NYM)	– 42.000 gal.; US$ por gal.					
Fev.	2,8335	2,8762 ▲	2,8171	2,8629	0,0291	39.099
Mar.	2,8495	2,8882 ▲	2,8316	2,8767	0,278	121.519
Gás natural (NYM)	– 10.000 MMBtu; US$ por MMBtu					
Fev.	3,57	3,592	3,441	3,446	–0,108	47.921
Mar.	3,569	3,588	3,447	3,454	–0,099	320.563
Abr.	3,597	3,613	3,482	3,49	–0,91	159.548
Maio	3,653	3,667	3,54	3,549	–0,88	94.821
Out.	3,804	3,826	3,703	3,715	–0,080	104.406
Jan. 2014	4,218	4,219	4,123	4,135	–0,068	78.522

Futuros agrícolas

	Abertura	Alta	Baixa	Liquidação	Variação	Em aberto
Milho (CBT)	– 5.000 bu.; centavos por bu.					
Mar.	720,25	726	714,5	724,25	3,5	494.588
Dez.	589,75	591	583,75	585,5	–4,75	223.643
Etanol (CBT)	– 29.000 gal.; US$ por gal.					
Fev.	2.367	2.383	2.367	2.382	0,01	1.131
Mar.	2.378	2.397	2.374	2.396	0,01	1.605
Aveia (CBT)	– 5.000 bu.; centavos por bu.					
Mar.	360	361,25	355,5	361	1,25	7.404
Maio	365,5	367,75	367,75	367,75	...	2.438
Soja (CBT)	– 5.000 bu.; centavos por bu.					
Mar.	1.437,60	1.439,00	1.415,00	1.435,25	–1,75	226.757
Maio	1.426,75	1.428,25	1.404,50	1.423,75	–3,00	140.830
Farinha de soja (CBT)	– 100 t.; US$ por t.					
Mar.	416,5	417	408	414,7	–1,80	127.823
Maio	412,1	412,5	404,2	410,6	–1,50	56.552
Óleo de soja (CBT)	– 60.000 lbs.; centavos por lb.					
Mar.	52,04	52,2	51,5	52,11	0,08	155.915
Maio	52,4	52,6	51,87	52,49	0	59.010
Arroz integral (CBT)	– 2.000 cwt.; US$ por cwt.					
Mar.	1.530,50	1.537,00	1.523,00	1.528,50	–2,00	12.472
Maio	1.562,00	1.562,00	1.554,50	1.560,50	–2,00	1.490
Trigo (CBT)	– 5.000 bu.; centavos por bu.					
Mar.	775,5	775,75	763	768,5	–6,25	226.800
Jul.	788,25	788,75	777	782,25	–6,50	83.615
Trigo (KC)	– 5.000 bu.; centavos por bu.					
Mar.	819	820	816,75	821,5	–8,75	91.904
Jul.	N/a	N/a	835,25	840,5	–8,00	35.595
Trigo (MPLS)	– 5.000 bu.; centavos por bu.					
Mar.	860	860,75	852,25	855,5	–5,00	20.338
Maio	872,25	872,25	864,5	867,5	–4,75	9.776
Gado de corte (CBT)	– 50.000 lbs.; centavos por lb.					
Jan.	144,425	145	141,1	144,6	0,4	2.205
Mar.	147,3	148,575	146,725	147,95	0,8	14.972

	Abertura	Alta	Baixa	Liquidação	Variação	Em aberto
Gado de leite (CME)	– 40.000 lbs.; centavos por lb.					
Fev.	126,1	126,875	125,625	125,875	0,1	47.761
Abr.	130,65	131,425	130,175	130,35	–0,100	155.046
Café (IC-US)	– 37.500 lbs.; centavos por lb.					
Mar.	150,65	151,3	146,1	146,55	–3,85	90.658
Maio	153,75	154,2	149,1	149,5	–3,85	29.315
Açúcar mundial (ICE-US)	– 112.000 lbs.; centavos por lb.					
Mar.	18,54	18,59	18,31	18,49	–0,01	341.806
Maio	18,59	18,59	18,3	18,46	–0,07	167.304
Açúcar doméstico (ICE-US)	– 112.000 lbs.; centavos por lb.					
Mar.	21	21 ▼	20,55	20,88	–0,67	958
Maio	21,45	21,45 ▼	21,1	21,23	–0,43	4.057
Algodão (ICE-US)	– 50.000 lbs.; centavos por lb.					
Mar.	80,1	84	80	82,89	2,41	132.025
Maio	80,35	82,95	80,15	82,2	1,53	34.978
Suco de laranja (ICE-US)	– 15.000 lbs.; centavos por lb.					
Mar.	115,6	116,8	113	113,2	–2,40	14.247
Maio	116,55	117,4	114,3	114,3	–2,20	4.127

Futuros de taxa de juros

	Abertura	Alta	Baixa	Liquidação	Variação	Em aberto
Obrigações do Tesouro (CBT)	– US$ 100.000; pts. 32º de 100%					
Mar.	146-050	146-150	145-090	145-270	–4,0	548.615
Jun.	144-170	144-300	143-300	144-120	–4,0	747
Notas do Tesouro (CBT)	– US$ 100.000; pts. 32º de 100%					
Mar.	132-120	132-175	131-315	132-075	–2,0	1.865.707
Jun.	131-125	131-130	131-000	131-060	–2,0	24.269
Notas de 5 anos do Tesouro (CBT)	– US$ 100.000; pts. 32º de 100%					
Mar.	124-082	124-102	124-020	124-060	–1,0	1.527.948
Jun.	123-255	123-267	123-207	123-245	–1,0	3.958
Notas de 2 anos do Tesouro (CBT)	– US$ 200.000; pts. 32º de 100%					
Mar.	110-077	110-080	110-070	110-075	...	1.007.447
Jun.	110-070	110-075	110-065	110-067	...	1.956
Fundos federais de 30 dias (CBT)	– US$ 5.000.000; 100 – média diária					
Jan.	99,958	99,858	99,855	99,858	...	57.169
Mar.	...	99,875 ▲	99,865	99,87	...	36.813
Swaps de taxas de juros de 10 anos (CBT)	– US$ 100.000; pts. 32º de 100%					
Mar.	118,922	118,922	118,422	118,609	–0,078	9.349
Libor de 1 mês (CME)	– US$ 3.000.000; pts de 100%					
Fev.	...	...	...	99,7975	...	3.622
Eurodólar (CME)	– US$ 1.000.000; pts de 100%					
Fev.	99,7025	99,705	99,7	99,7025	0,0025	53.143
Mar.	99,7	99,705	99,7	99,7	...	835.707
Jun.	99,685	99,685	99,68	99,68	...	706.194
Dez.	99,64	99,64	99,625	99,63	–0,0050	728.161

Futuros de câmbio

	Abertura	Alta	Baixa	Liquidação	Variação	Em aberto
Iene japonês (CME)	– ¥ 12.500.000; US$ por 100¥					
Mar.	1,1296	1,1313 ▼	1,1045	1,1119	–0,0163	204.630
Jun.	1,131	1,1321 ▼	1,1056	1,1127	–0,0164	991
Dólar canadense (CME)	– CAD 100.000; US$ por CAD					
Mar.	0,992	0,9997 ▼	0,9952	0,9958	–0,0036	139.041
Jun.	0,997	0,9978 ▼	0,9934	0,9938	–0,0036	2.204
Libra esterlina (CME)	– £ 62.500; US$ por £					
Mar.	1,5828	1,5848 ▼	1,5752	1,5787	–0,0049	158.952
Jun.	1,583	1,5837 ▼	1,575	1,5781	–0,0049	236
Franco suíço (CME)	– CHF 125.000; US$ por CHF					
Mar.	1,0758	1,0782	1,073	1,0779	0,0016	40.548
Dólar australiano (CME)	– AUD 100.000; US$ por AUD					
Mar.	1,0495	1,0509	1,0405	1,0433	–0,0074	204.989
Jun.	1,0405	1,0441	1,0355	1,0366	–0,0073	331
Set.	1,032	1,0387	1,031	1,0303	–0,0073	1
Peso mexicano (CME)	– MXN 500.000; US$ por 10 MXN					
Mar.	0,0783	0,07893	0,0782	0,07865	0,00015	187.352
Jun.	0,07758	0,07783	0,07758	0,07798	0,00015	122
Euro (CME)	– € 125.000; US$ por €					
Mar.	1,3317	1,3398	1,3291	1,3378	0,0053	216.667
Jun.	1,3329	1,34	1,33	1,3385	0,0052	1.777
Euro/Iene japonês (ICE-EUA)	– € 125.000; ¥ por €					
Mar.	117,675	11,675 ▼	11,675	120,32	2,21	4.186
Euro/Libra esterlina (ICE-EUA)	– € 125.000; £ Por €					
Mar.	...	...	...	0,8474	0,006	2.992
Euro/Franco suíço (ICE-EUA)	– € 125.000; CHF por €					
Mar.	1,2376	1,2445 ▼	1,236	1,2411	0,0031	8.588

Futuros sobre índices

	Abertura	Alta	Baixa	Liquidação	Variação	Em aberto
DJ Industrial Average (CBT)	– US$ 10 × índice					
Mar.	13.706	13.815 ▲	13.703	13.781	62	10.749
Mini DJ Industrial Average (CBT)	– US$ 5 × índice					
Mar.	13.702	13.818 ▲	13.701	13.781	62	112.004
Índice S&P 500 (CME)	– US$ 250 × índice					
Mar.	1.483,80	1.497,50 ▲	1.483,30	1.491,80	1,5	194.350
Jun.	1.482,90	1.491,60 ▲	1.480,60	1.485,10	1,5	4.188
Mini S&P 500 (CME)	– US$ 50 × índice					
Mar.	1.483,25	1.497,75 ▲	1.482,75	1.491,75	1,5	2.972.476
Jun.	1.477,25	1.491,25 ▲	1.476,25	1.485,00	1,5	18.475
MINI S&P MIDCAP 400 (CME)	– US$ 100 × índice					
Mar.	1.077,50	1.089,20 ▲	1.075,70	1.086,30	4,7	116.953
Nasdaq 100 (CME)	– US$ 100 × índice					
Mar.	2.716,75	2.743,50	2.709,75	2.718,25	–40,75	10.891

FIGURA 22.1 Listagens de futuros

Fonte: The Wall Street Journal Online, 25 de janeiro de 2013. Dados reimpressos com permissão do The Wall Street Journal, Copyright© 2013 Dow Jones & Company, Inc. Todos os direitos reservados mundialmente.

O negociador na posição comprada, isto é, a pessoa que comprará o produto, lucra com as elevações de preço. Suponhamos que, quando o contrato vencer em março, o preço do milho seja 729,25 centavos por *bushel*. Portanto, o negociador na posição comprada que fechou o contrato pelo preço de futuros de 724,25 obtém um lucro de 5 centavos por *bushel*. Como cada contrato exige a entrega de 5 mil *bushels*, o lucro para a posição comprada é igual a 5.000 × US$ 0,05 = US$ 250 por contrato. Em contraposição, a posição vendida perde 5 centavos por *bushel*. A perda da posição vendida é igual ao ganho da posição comprada.

Resumindo, no vencimento:

Lucro da posição comprada = Preço *spot* no vencimento − Preço de futuros original

Lucro da posição vendida = Preço de futuros original − Preço *spot* no vencimento

onde o preço *spot* é o preço de mercado real da *commodity* na época da entrega.

Portanto, o contrato de futuros é um *jogo de soma zero*, em que as perdas e os ganhos resultam em zero. Toda posição comprada é compensada por uma posição vendida. Os lucros agregados à negociação de futuros, somando todos os investidores, também deve ser zero, tal como o risco líquido em relação a mudanças no preço da *commodity*. Por esse motivo, o estabelecimento de um mercado de futuros em uma *commodity* não deve ter grande impacto sobre os preços no mercado *spot* dessa *commodity*.

A Figura 22.2, Painel A, representa os lucros realizados por um investidor que fecha uma posição comprada em um contrato de futuros como função do preço do ativo na data de vencimento. Observe que o lucro é zero quando o preço *spot* final, P_T, é igual ao preço de futuros inicial, F_0. O lucro por unidade do ativo subjacente sobe ou cai páreo a páreo com as mudanças no preço *spot* final. Diferentemente do *payoff* de uma opção de compra, o *payoff* da posição comprada em futuros pode ser negativo: isso ocorrerá se o preço *spot* for inferior ao preço de futuros original. Diferentemente do detentor de uma opção de compra, que tem a *opção* de comprar, o negociador na posição comprada em futuros não pode simplesmente desistir do contrato. Além disso, diferentemente das opções, no caso de futuros não há necessidade de diferenciar *payoffs* brutos de lucros líquidos. Isso ocorre porque o contrato de futuros não é comprado; ele é apenas um contrato ajustado por ambas as partes. O preço de futuros ajusta-se para que o valor presente do fechamento de um novo contrato seja igual a zero.

A diferença entre futuros e opções é evidenciada pela comparação do Painel A da Figura 22.2 com os gráficos de *payoff* e lucro para um investidor em uma opção de compra com preço de exercício, X, igual ao preço de futuros F_0 (consulte o Painel C). O investidor de futuros

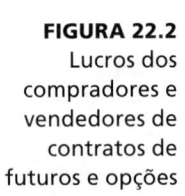

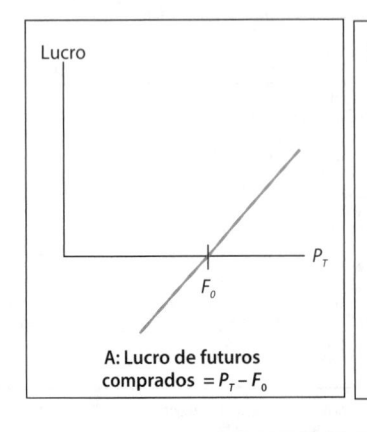

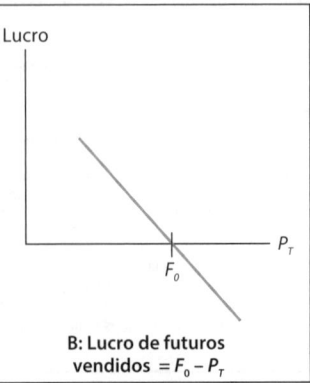

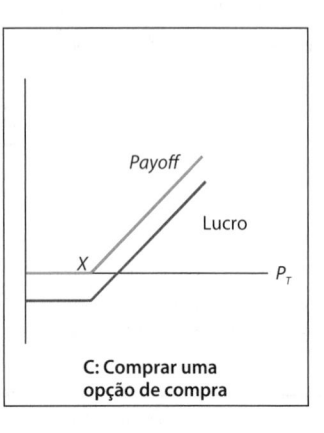

REVISÃO DE CONCEITOS 22.1

a. Compare o gráfico de lucro na Figura 22.2, Painel B, com o gráfico de *payoff* de uma posição comprada em uma opção de venda. Suponha que o preço de exercício da opção é igual ao preço inicial de futuros.

b. Compare o gráfico de lucro na Figura 22.2, Painel B, com o gráfico de payoff de um investidor que lança uma opção de compra.

FIGURA 22.2 Lucros dos compradores e vendedores de contratos de futuros e opções

A: Lucro de futuros comprados = $P_T − F_0$

B: Lucro de futuros vendidos = $F_0 − P_T$

C: Comprar uma opção de compra

corre o risco de sofrer perdas consideráveis se o preço do ativo cair. Entretanto, o investidor na opção de compra não pode perder mais do que o custo da opção.

A Figura 22.2, Painel B, representa os lucros realizados por um investidor que ocupa a posição vendida em um contrato de futuros. É uma imagem invertida do gráfico de lucro da posição comprada.

Contratos existentes

Os contratos de futuros e *forward* são negociados em uma variedade de produtos em quatro amplas categorias: *commodities* agrícolas, metais e minerais (incluindo *commodities* de energia), moedas estrangeiras e futuros financeiros (títulos de renda fixa e índices do mercado de ações). Além dos índices sobre índices amplos de ações, hoje é possível negociar **futuros de ações individuais** sobre ações individuais e índices restritos. A OneChicago opera um mercado inteiramente eletrônico de futuros de ações individuais desde 2002. Essa bolsa mantém mercados de futuros em ações negociadas ativamente e de maior liquidez e também em alguns fundos negociados em bolsa (*exchange-traded funds* – ETFs) como os do S&P 500 (símbolo SPY), Nasdaq 100 (símbolo QQQ) ou Dow Jones (DJIA). Entretanto, até o momento o volume de negociações em futuros de ações individuais tem sido até certo ponto desalentador.

A Tabela 22.1 apresenta vários contratos negociados em 2013. Hoje os contratos são negociados em itens que não teriam sido considerados plausíveis há apenas alguns anos, como contratos de futuros e opções de eletricidade e também de clima. Os derivativos climáticos (negociados na Bolsa Mercantil de Chicago) oferecem *payoffs* que dependem de condições climáticas médias – por exemplo, o número de graus-dia em que a temperatura em uma região fica acima ou abaixo de 65 graus Fahrenheit. A possível utilização desses derivativos para controlar o risco envolvido no uso de energia elétrica ou petróleo e gás natural deve ser evidente.

Embora a Tabela 22.1 apresente vários contratos, o conjunto amplo e sempre crescente de mercados torna essa lista necessariamente incompleta. O quadro mais adiante fala sobre alguns mercados de futuros comparativamente excêntricos, algumas vezes chamados de *mercados de previsão*, nos quais os *payoffs* podem estar atrelados ao ganhador das eleições presidenciais, à bilheteria de um filme específico ou a quaisquer outras coisas nas quais os participantes estiverem dispostos a assumir uma posição.

TABELA 22.1 Exemplo de contratos de futuros

Moedas estrangeiras	Produtos agrícolas	Metais e energia	Futuros de taxa de juros	Índices de ações
Libra esterlina	Milho	Cobre	Eurodólar	Índice S&P 500
Dólar canadense	Aveia	Alumínio	Euroiene	Índice Dow Jones
Iene japonês	Soja	Ouro	Obrigação denominada em euro	S&P Midcap 400
Euro	Farinha de soja	Platina	Euro-suíço	Nasdaq 100
Franco suíço	Óleo de soja	Paládio	Libra esterlina	Índice NYSE
Dólar australiano	Trigo	Prata	Obrigação do governo britânico	Índice Russell 2.000
Peso mexicano	Cevada	Petróleo cru	Obrigação do governo alemão	Nikkei 225 (Japonês)
Real brasileiro	Semente de linho	Óleo de aquecimento	Obrigação do governo italiano	Índice FTSE (britânico)
	Canola	Óleo diesel	Obrigação do governo canadense	CAC-40 (francês)
	Centeio	Gás natural	Obrigações do Tesouro	DAX-30 (alemão)
	Gado	Gasolina	Notas do Tesouro	All Ordinary (australiano)
	Suínos	Propano	Letras do Tesouro	Toronto 35 (canadense)
	Barrigas de porco	Índice de *commodities*	Libor	Dow Jones Euro STOXX 50
	Cacau	Energia elétrica	Euribor	Índices setoriais, por exemplo,
	Café	Clima	Índice de obrigações municipais	Serviços bancários
	Algodão		Taxa de fundos federais	Telecomunicações
	Leite		Aceite bancário	Serviços de utilidade pública
	Suco de laranja		*Swaps* de taxa de juros	Saúde
	Açúcar			Tecnologia
	Madeira serrada			
	Arroz			

Fora dos mercados de futuros, uma rede bem desenvolvida de bancos e corretores estabeleceu um mercado *forward* em câmbio exterior. Esse mercado *forward* não é uma bolsa formal no sentido de que a bolsa especifica os termos do contrato negociado. Em um contrato *forward*, os participantes podem negociar a entrega de qualquer quantidade de produtos, enquanto nos mercados de futuros o tamanho e as datas de entrega do contrato são definidos pela bolsa. Nos acordos *forward*, os bancos e os corretores simplesmente negociam os contratos em nome de seus clientes (ou para si mesmos), conforme a necessidade. O mercado é imenso. Só em Londres, o maior mercado de câmbio, todos os dias são negociados em torno de US$ 2 trilhões em câmbio.

22.2 Dinâmica de negociação

Câmara de compensação e contratos não exercidos

Até cerca de dez anos atrás, a maioria das negociações de futuros nos Estados Unidos ocorria entre negociadores de pregão no "*pit* de negociação" para cada contrato. Hoje, entretanto, as negociações são conduzidas predominantemente nas redes eletrônicas, em particular para futuros financeiros.

O ímpeto para essa mudança teve origem na Europa, onde a negociação eletrônica é a norma. A Eurex, propriedade conjunta da Deutsche Börse e da bolsa suíça, está entre as maiores bolsas de derivativos do mundo. Ela opera uma plataforma de negociação e compensação totalmente eletrônica. Em 2004, ela recebeu autorização das agências regulatórias para listar contratos nos Estados Unidos. Como resposta, a Câmara de Comércio de Chicago (Chicago Board of Trade – CBOT) adotou uma plataforma eletrônica fornecida pela rival europeia da Eurex, a Euronext.liffe,[1] e os contratos do Tesouro da CBOT agora são negociados eletronicamente. A Bolsa Mercantil de Chicago (Chicago Mercantile Exchange – CME) mantém outro sistema de negociação eletrônica chamado de Globex. Esses mercados eletrônicos possibilitam negociações 24 horas por dia.

A CBOT e a CME fundiram-se em 2007, transformando-se no CME Group, e todas as negociações eletrônicas de ambas as bolsas foram transferidas para o Globex. Parece inevitável que a negociação eletrônica continue substituindo a negociação de pregão.

Assim que uma negociação é ajustada, a **câmara de compensação** entra em cena. Em vez de os negociadores das posições compradas e vendidas firmarem contratos um com o outro, a câmara de compensação assume o papel de vendedor do contrato para a posição comprada e de comprador do contrato para a posição vendida. A câmara de compensação é obrigada a entregar a *commodity* para a posição comprada e a pagar a entrega para a posição vendida. Por esse motivo, a posição da câmara acaba sendo zerada. Esse acordo transforma a câmara de compensação em parceira de negociação de ambos os negociadores, isto é, da posição comprada e da posição vendida. Como é obrigada a cumprir ambas as partes de cada contrato, a câmara é a única parte que pode ser prejudicada quando qualquer um dos negociadores deixa de cumprir suas obrigações no contrato de futuros. Esse acordo é necessário porque o contrato de futuros exige cumprimento futuro, o que pode não ser tão facilmente garantido quanto em uma transação imediata de ações.

A Figura 22.3 retrata o papel exercido pela câmara de compensação. O Painel A mostra o que aconteceria sem a câmara de compensação. O negociador na posição comprada seria obrigado a pagar o preço de futuros ao negociador da posição vendida e o negociador da posição vendida seria obrigado a entregar a *commodity*. O Painel B mostra como a câmara de compensação assume o papel de intermediária, agindo como parceira de negociação para cada parte do contrato. A posição da câmara de compensação é neutra, já que para toda transação é necessário ter uma posição comprada e uma posição vendida.

A câmara possibilita que os negociadores liquidem facilmente sua posição. Se no momento você estiver em uma posição comprada em um contrato e desejar desfazer sua posição, você simplesmente deverá instruir seu corretor a assumir a posição vendida do contrato para liquidar sua

---

[1] A Euronext.liffe é o mercado internacional de derivativos da Euronext. Ela é produto da compra da Bolsa Internacional de Futuros Financeiros e Opções de Londres (London International Financial Futures and Options Exchange – LIFFE) pela Euronext e de uma fusão com a Bolsa de Lisboa em 2002. A Euronext também é produto de uma fusão ocorrida em 2000 entre as bolsas de Amsterdã, Bruxelas e Paris.

DESTAQUE DA REALIDADE

MERCADOS DE PREVISÃO

Se você acha as escrituras de emissão de obrigações do S&P 500 ou das letras do Tesouro um pouco sem graça, talvez você possa se interessar por contratos de futuros com *payoffs* que dependem do vencedor da próxima eleição presidencial ou da gravidade da próxima estação de gripe ou da cidade anfitriã da Olimpíada de 2024. Você pode encontrar "mercados de futuros" nesses eventos e em vários outros.

Por exemplo, tanto o Intrade (www.intrade.com) quanto os Mercados Eletrônicos de Iowa (www.biz.uiowa.edu/iem) mantêm mercados de futuros presidenciais. Em julho de 2011, você poderia ter comprado um contrato que pagaria US$ 1 em novembro de 2012 se o candidato republicano ganhasse a corrida presidencial, mas não pagaria nada se ele perdesse. Portanto, o preço do contrato (expresso como porcentagem do valor nominal) pode ser visto como a probabilidade de vitória republicana, ao menos de acordo com a visão consensual dos participantes do mercado da época. Se você acreditasse em julho em uma probabilidade de vitória republicana de 55%, você estaria preparado para pagar até US$ 0,55 pelo contrato. De outro modo, se você quisesse ficar contra os republicanos, teria *vendido* o contrato. De modo semelhante, você poderia apostar a favor (ou contra) a vitória democrata utilizando o contrato democrata. (Quando há apenas duas partes relevantes, apostar em uma é equivalente a apostar contra outra. Contudo, em outras eleições, como as primárias, nas quais existem vários candidatos viáveis, vender o contrato de um candidato não é o mesmo que comprar o de outro.)

A figura anexa mostra o preço de cada contrato de julho de 2011 até o dia da eleição de 2012. O preço acompanha nitidamente as perspectivas percebidas de cada candidato. Você pode ver o preço de Obama subir consideravelmente nos dias imediatamente anteriores à eleição, quando se tornava cada vez mais claro que ele a ganharia.

A interpretação de preços dos mercados de previsão enquanto probabilidade de fato exige uma advertência. Como o *payoff* do contrato á arriscado, o preço do contrato pode refletir um prêmio de risco. Portanto, para ser preciso, essas probabilidades são na verdade probabilidades neutras ao risco (consulte o Capítulo 21). Entretanto, na prática, parece improvável que o prêmio de risco associado com esses contratos seja considerável.

Mercados de previsão para a eleição presidencial de 2012
O contrato sobre cada partido paga US$ 1 se o partido vencer a eleição. O preço está em centavos.

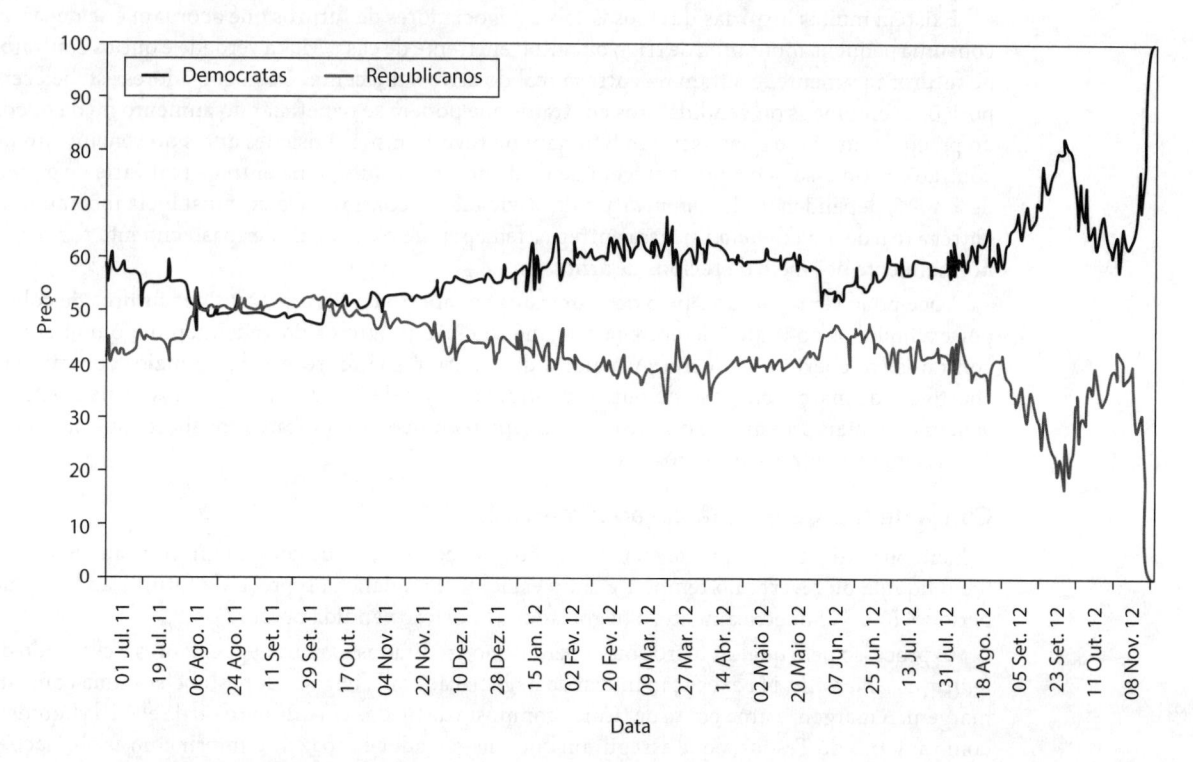

Fonte: Mercados Eletrônicos de Iowa, baixado em 25 de janeiro de 2013.

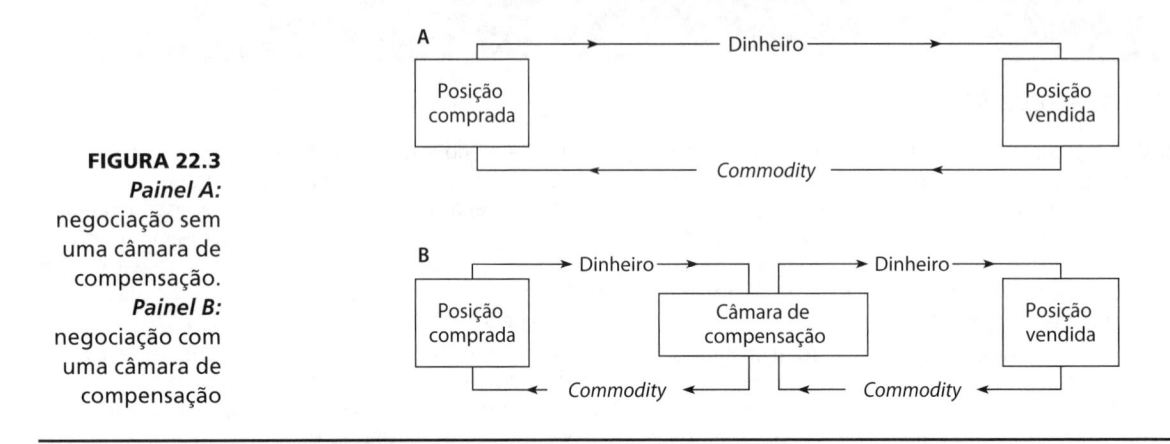

FIGURA 22.3
Painel A: negociação sem uma câmara de compensação.
Painel B: negociação com uma câmara de compensação

posição. Isso é chamado de *negociação reversa*. A bolsa zera suas posições de compra e de venda, reduzindo sua posição líquida a zero. Sua posição líquida zero na câmara de compensação elimina a necessidade de cumprimento tanto da posição original comprada quanto da posição reversa vendida no vencimento.

Em aberto significa o número de contratos em circulação. (As posições compradas e vendidas não são contadas separadamente, o que significa que o contrato em aberto pode ser definido como o número de contratos em circulação comprados ou vendidos.) A posição da câmara de compensação é zerada e, portanto, não é contada no cálculo do contrato em aberto. Quando os contratos começam a ser negociados, os contratos com taxas em aberto encontram-se em zero. Conforme o tempo passa, os contratos em aberto aumentam à medida que mais contratos são firmados.

Existem muitas histórias duvidosas sobre negociadores de futuros que acordam e se deparam com uma pequena montanha de trigo ou milho em frente de casa. Mas a verdade é que os contratos de futuros raramente resultam na entrega real do ativo subjacente. Os negociadores estabelecem posições compradas ou vendidas nos contratos que podem se beneficiar do aumento ou da queda do preço de futuros e quase sempre liquidam ou revertem suas posições antes do vencimento do contrato. Estima-se que a porcentagem de contratos que resultam na entrega real varie de menos de 1 a 3%, dependendo da *commodity* e da atividade no contrato. Na circunstância incomum de entrega real de uma *commodity*, essa entrega é feita por meio de canais de abastecimento regulares, normalmente por meio de recibos de armazém.

Você pode ver o padrão típico dos contratos em aberto na Figura 22.1. Nos futuros de cobre, por exemplo, os contratos de entrega em janeiro estão próximos do vencimento e o número de contratos em aberto é pequeno. A maioria dos contratos já foi revertida. O maior contrato em aberto é o de março. No caso de outros contratos, como de futuros de ouro, nos quais a data de vencimento mais próxima só ocorre em fevereiro, o número de contratos em aberto normalmente é mais alto no contrato mais próximo.

Conta de margem e marcação a mercado

O lucro ou perda total de um negociador na posição comprada que compra um contrato no tempo 0 e o liquida ou reverte no tempo t é simplesmente a mudança no preço de futuros ao longo do período, $F_t - F_0$. Simetricamente, o negociador na posição vendida obtém $F_0 - F_t$.

O processo pelo qual os lucros ou as perdas são creditados para os negociadores é chamado de *marcação a mercado*. Na execução inicial da negociação, cada negociador estabelece uma conta de margem. A margem é uma conta de títulos composta de títulos em dinheiro ou de elevada liquidez, como as letras do Tesouro, que asseguram que o negociador é capaz de cumprir com as obrigações do contrato de futuros. Como as duas partes do contrato de futuros correm o risco de perda, ambas devem depositar margem. Para elucidar, volte ao primeiro contrato de milho listado na Figura 22.1. Se a margem inicial exigida sobre o milho for, por exemplo, 10%, o negociador deverá fornecer US$ 3.620 por contrato para a conta de margem. Isso representa 10% do valor do contrato (US$ 7,24 por *bushel* × 5.000 *bushels* por contrato).

Como a margem inicial pode ser satisfeita com títulos que rendem juros, a exigência não impõe um custo de oportunidade de fundos considerável sobre o negociador. Geralmente a margem inicial é estabelecida entre 5 e 15% do valor total do contrato. Os contratos lançados sobre ativos com preços mais voláteis exigem margens mais altas.

Em qualquer dia em que se negociam contratos de futuros, os respectivos preços podem subir ou cair. Em vez de esperar até a data de vencimento para que os negociadores obtenham ganhos ou perdas, a câmara de compensação exige que todas as posições reconheçam diariamente os lucros à medida que eles ocorrem. Se o preço de futuros de milho sobe de 724 para 726 centavos por *bushel*, a câmara de compensação credita na conta de margem da posição comprada 5 mil *bushels* vezes 2 centavos por *bushel* ou US$ 100 por contrato. Em contraposição, para a posição vendida, a câmara de compensação retira essa quantia da conta de margem para cada contrato mantido.

Esse acerto diário é chamado de **marcação a mercado**. Isso significa que a data de vencimento do contrato não determina a realização de lucro ou prejuízo. Em vez disso, à medida que os preços de futuros mudam, os rendimentos são creditados imediatamente na conta do negociador. Daremos um exemplo mais detalhado desse processo em breve.

A marcação a mercado é a principal diferença entre os contratos de futuros e *forward*, além da padronização do contrato. Os futuros possibilitam esse método de pagamento (ou recebimento) que transcorre conforme o andar da carruagem. Os contratos *forward* simplesmente são mantidos até o vencimento, e nenhum fundo é transferido até essa data, apesar de os contratos poderem ser negociados.

Se um negociador acumular perdas constantes na marcação a mercado diária, a conta de margem pode ficar abaixo do valor crucial, que é chamado de **margem de manutenção**. Quando o valor da conta fica abaixo desse valor, o negociador recebe uma chamada de cobertura de margem, exigindo que a conta de margem seja reabastecida ou a posição seja reduzida a um tamanho proporcional aos fundos remanescentes. As chamadas de cobertura de margem protegem a posição da câmara de compensação. As posições são liquidadas antes de a conta de margem exaurir – as perdas do negociador são cobertas e a câmara de compensação não é posta em risco.

> **REVISÃO DE CONCEITOS 22.2**
>
> Qual deve ser a entrada de caixa ou o desembolso da marcação a mercado da câmara de compensação?

Na data de vencimento do contrato, o preço de futuros será igual ao preço *spot* da *commodity*. Como um contrato vencido exige entrega imediata, o preço de futuros nesse dia deve ser igual ao preço *spot* – o custo da *commodity* das duas fontes concorrentes é equiparado em um mercado competitivo.[2] Você pode obter a entrega da *commodity* comprando-a diretamente no mercado *spot* ou assumindo a posição comprada de um contrato de futuros.

Uma *commodity* disponibilizada por duas fontes (mercado *spot* ou de futuros) deve ser precificada de forma idêntica. Do contrário, os investidores correriam para comprá-la da fonte barata a fim de vendê-la no mercado com preço alto. Essa atividade de arbitragem não persistiria sem que os preços se ajustassem para eliminar a oportunidade de arbitragem. Portanto, o preço de futuros e o preço *spot* devem convergir no vencimento. Isso é chamado de **propriedade de convergência**.

Para um investidor que assume uma posição comprada em um contrato agora (tempo 0) e a mantém até o vencimento (tempo T), a soma das liquidações diárias será igual a $F_T - F_0$, onde F_T designa o preço de futuros no vencimento do contrato. Entretanto, em virtude da convergência,

EXEMPLO 22.1 || Margem de manutenção

Suponhamos que a margem de manutenção seja 5% e a margem inicial seja 10% do valor do milho, ou US$ 3.620. Desse modo, quando a conta de margem original diminuir para a metade ou US$ 1.810, será emitida uma chamada de cobertura de margem. Cada 1 centavo a menos no preço do milho gera uma perda de US$ 50 para a posição comprada. Portanto, o preço de futuros precisa cair apenas 37 centavos (ou 5% de seu valor atual) para acionar uma chamada de cobertura de margem.

---

[2] Pequenas diferenças entre o preço *spot* e de futuros podem persistir no vencimento em virtude dos custos de transporte, mas esse fator é insignificante.

> **EXEMPLO 22.2** || Marcação a mercado
>
> Suponhamos que o preço atual de um contrato de futuros de prata, para entrega em cinco dias a partir de hoje, seja US$ 30,10 a onça. Digamos que durante os cinco dias seguintes, o preço de futuros evolua da seguinte maneira:
>
> | Dia | Preço de futuros (US$) |
> |---|---|
> | 0 (hoje) | 30,10 |
> | 1 | 30,20 |
> | 2 | 30,25 |
> | 3 | 30,18 |
> | 4 | 30,18 |
> | 5 (entrega) | 30,21 |
>
> Os acertos marcados a mercado diariamente para cada contrato mantido pela posição comprada serão como a seguir:
>
> | Dia | Lucro (prejuízo) por onça × 5.000 onças/contrato = rendimentos diários | |
> |---|---|---|
> | 1 | 30,20 − 30,10 = 0,10 | US$ 500 |
> | 2 | 30,25 − 30,20 = 0,05 | 250 |
> | 3 | 30,18 − 30,25 = −0,07 | −350 |
> | 4 | 30,18 − 30,18 = 0 | 0 |
> | 5 | 30,21 − 30,18 = 0,03 | 150 |
> | | | Soma = US$ 550 |
>
> O lucro do dia 1 é o aumento no preço de futuros no dia anterior ou (US$ 30,20 − US$ 30,10) por onça. Como cada contrato sobre a prata na Bolsa de Commodities (CMX) exige a compra e a entrega de 5.000 onças, o lucro total por contrato será 5 mil vezes US$ 0,10 ou US$ 500. No dia 3, quando o preço de futuros cair, a conta de margem da posição será debitada em US$ 350. No dia 5, a soma dos rendimentos diários será US$ 550. Isso é exatamente igual a 5 mil vezes a diferença entre o preço de futuros de US$ 30,21 e o preço de futuros original de US$ 30,10. Como o preço de futuros final é igual ao preço *spot* nessa data, a soma de todos os rendimentos diários (por onça de prata mantida na posição comprada) também é igual a $P_T - F_0$.

o preço de futuros no vencimento, F_T, é igual ao preço *spot*, P_T. Desse modo, o lucro total do contrato de futuros pode ser expresso como $P_T - F_0$. Portanto, vemos que o lucro sobre um contrato de futuros mantido até o vencimento acompanha perfeitamente as mudanças no valor do ativo subjacente.

Entrega em dinheiro *versus* entrega do ativo real

A maioria dos contratos de futuros exige a entrega de uma *commodity* real, como uma classificação específica de trigo ou uma quantidade específica de moeda estrangeira, se o contrato não for revertido antes do vencimento. Para *commodities* agrícolas, em que a qualidade do produto a ser entregue pode variar, a bolsa estabelece padrões de qualidade como parte do contrato de futuros. Em alguns casos, os contratos podem ser estabelecidos com *commodities* com classificação mais alta ou mais baixa. Nessas circunstâncias, aplica-se um prêmio ou desconto à *commodity* entregue para compensar a diferença de qualidade.

Alguns contratos de futuros exigem **pagamento em dinheiro**. Um exemplo é um contrato de futuros sobre índices de ações em que o ativo subjacente é um índice como o Standard & Poor's 500 ou o índice da Bolsa de Valores de Nova York. A entrega de toda ação no índice obviamente seria impraticável. Portanto, o contrato exige a "entrega" de uma quantia em dinheiro igual ao valor que o índice atinge na data de vencimento do contrato. A soma de todos os acertos diários da marcação a mercado resulta em uma posição comprada que obtém lucros ou perdas de $S_T - F_0$, onde S_T é o valor do índice de ações na data de vencimento T e F_0 é o preço de futuros original. O pagamento em dinheiro é bastante semelhante à entrega real, exceto que o valor em dinheiro do ativo, e não o ativo em si, é entregue.

Utilizando um exemplo mais específico e concreto, o contrato do índice S&P 500 exige a entrega de US$ 250 vezes o valor do índice. No vencimento, o índice pode estar listado em 1.200, um índice ponderado pelo valor de mercado dos preços de todas as 500 ações que o índice engloba. O contrato de pagamento em dinheiro exige então a entrega de US$ 250 × 1.200 ou US$ 300 mil em dinheiro, em troca de US$ 250 vezes o preço de futuros. Isso rende exatamente o mesmo lucro que seria obtido com a compra direta de 250 unidades do índice por US$ 300 mil e com a entrega subsequente dessas unidades por US$ 250 vezes o preço de futuros original.

Regulamentações

Nos Estados Unidos, os mercados de futuros são regulamentados pela Comissão de Negociação de Futuros de Commodity (Commodity Futures Trading Commission – CFTC), uma agência federal. A CFTC estabelece normas de capital para as empresas associadas às bolsas de futuros, autoriza negociações em novos contratos e controla a manutenção dos registros diários de negociação.

A bolsa de futuros pode estabelecer limites à quantia segundo a qual os preços de futuros podem mudar de um dia para outro. Por exemplo, se o limite de preço para contratos de prata for definido como US$ 1 e os futuros de prata fecharem no dia presente a US$ 22,10 por onça, as negociações em prata no dia seguinte só poderão variar entre US$ 21,10 e US$ 23,10 por onça. As bolsas poderão aumentar ou reduzir limites de preço em resposta às mudanças percebidas na volatilidade do preço do contrato. Os limites de preço com frequência são eliminados à medida que os contratos se aproximam do vencimento, em geral no último mês de negociação.

Os limites de preço normalmente são vistos como instrumentos para restringir flutuações de preço extremas. Esse raciocínio parece dúbio. Digamos que uma crise monetária internacional repentina eleve o preço *spot* da prata para US$ 30. Ninguém venderia futuros de prata por um preço de entrega futura tão baixo quanto US$ 22,10. Em vez disso, o preço de futuros subiria a cada dia de acordo com o limite de US$ 1, embora o preço cotado represente apenas uma ordem de compra não cumprida – nenhum contrato seria negociado pelo preço cotado mais baixo. Após vários dias de mudanças limitadas de US$ 1 por dia, o preço de futuros finalmente alcançaria seu nível de equilíbrio e as negociações voltariam a ocorrer. Esse processo indica que ninguém poderia se livrar de uma posição enquanto o preço não atingisse o nível de equilíbrio. Concluímos que os limites de preço não oferecem nenhuma proteção real contra flutuações nos preços de equilíbrio.

Tributação

Em virtude do procedimento de marcação a mercado, os investidores não têm controle sobre o ano fiscal no qual realizam ganhos ou perdas. Na verdade, as mudanças de preço são realizadas gradativamente, a cada acerto diário. Desse modo, os impostos são pagos no final do ano sobre lucros ou perdas que se acumulam, independentemente de a posição ter sido ou não liquidada. Em geral, 60% dos ganhos ou perdas em futuros são tratados como de longo prazo e 40% como de curto prazo.

22.3 Estratégias em mercados de futuros

Hedging e especulação

Hedging e especulação são dois usos polarizados dos mercados de futuros. Um especulador utiliza um contrato de futuros para obter lucro com as flutuações nos preços de futuros; um *hedger* (investidor que busca proteção) utiliza um contrato de futuros para se proteger contra essas flutuações.

Se os especuladores acreditarem que os preços estão para subir, assumirão uma posição comprada para obter os lucros esperados. Em contraposição, eles exploram as quedas de preço esperadas assumindo uma posição vendida.

Por que um especulador compraria um contrato de futuros? Por que não comprar o ativo subjacente diretamente? Um dos motivos é o custo da transação, que é bem menor em mercados de futuros.

Outro motivo importante é a alavancagem que a negociação de futuros oferece. Lembre-se de que os contratos de futuros exigem que os negociadores operem com margens consideravelmente

> **EXEMPLO 22.3** || Especulação com futuros de petróleo
>
> Suponhamos que você acredite que haverá uma elevação nos preços do petróleo cru. Cada contrato exige a entrega de 1.000 barris de petróleo. Para cada aumento de um dólar no preço do petróleo cru, a posição comprada ganha US$ 1.000 e a posição vendida perde a mesma quantia.
>
> Entretanto, suponhamos que você acredite que os preços estejam baixando e, por isso, venda um contrato. Portanto, se os preços do petróleo cru de fato caírem, você obterá US$ 1.000 por contrato para cada dólar de queda nos preços.
>
> Se o preço de futuros para entrega em fevereiro for US$ 91,86 e o petróleo cru estiver sendo vendido por US$ 93,86 na data de vencimento do contrato, a posição comprada ganhará US$ 2 mil por contrato comprado. A posição vendida perderá uma quantia idêntica em cada contrato vendido. Contudo, se o preço do petróleo tiver caído para US$ 89,86, a posição comprada perderá e a posição vendida ganhará US$ 2 mil por contrato.

inferiores ao valor do ativo subjacente do contrato. Por isso, eles permitem que os especuladores obtenham uma alavancagem bem superior à que é possível com a negociação direta de uma *commodity*.

Em contraposição, os *hedgers* utilizam futuros para se proteger contra flutuações de preço. Uma empresa que planeja vender petróleo, por exemplo, pode prever um período de volatilidade de mercado e querer proteger seus rendimentos contra flutuações de preço. Para proteger a receita total deduzida da venda, a empresa assume uma posição vendida em futuros de petróleo. Como mostra o exemplo a seguir, essa precaução fixa seus rendimentos totais (isto é, a receita proveniente da venda do petróleo mais os ganhos de rendimento de sua posição em futuros).

A Figura 22.4 mostra a natureza do *hedge* no Exemplo 22.5. A linha com inclinação ascendente é a receita proveniente da venda de petróleo. A linha com inclinação descendente é o lucro sobre o contrato de futuros. A linha horizontal é a soma das receitas de vendas mais os lucros de futuros. Essa linha é plana porque a posição coberta independe dos preços de petróleo.

Para generalizar o Exemplo 22.5, observe que o petróleo será vendido por P_T por barril no vencimento do contrato. O lucro por barril sobre os futuros será $F_0 - P_T$. Portanto, a receita será $P_T + (F_0 - P_T) = F_0$, que é independente do preço final do petróleo.

O distribuidor de petróleo no Exemplo 22.5 utilizou o *hedge vendido*, que é assumir uma posição vendida em futuros para compensar o risco no preço de venda de determinado ativo. O *hedge comprado* é um *hedge* análogo para alguém que deseja eliminar o risco de um preço de compra incerto. Por exemplo, suponhamos que uma empresa de fornecimento de energia que planeja comprar petróleo tema que os preços possam subir no momento da compra. Como a "Revisão de Conceitos" a seguir mostra, a empresa poderia *comprar* contratos de futuros de petróleo para fixar o preço líquido de compra no momento da transação.

Um *hedging* exato de futuros pode ser impossível para alguns produtos porque o contrato de futuros necessário não é negociado. Por exemplo, um gestor de carteira pode querer proteger o valor de uma carteira diversificada e gerenciada ativamente durante determinado período. Entretanto, os

> **REVISÃO DE CONCEITOS 22.3**
>
> Como no Exemplo 22.5, suponhamos que o petróleo seja vendido em fevereiro por US$ 89,86, US$ 91,86 ou US$ 93,86 por barril. Considere uma empresa que pretende comprar 100 mil barris de petróleo em fevereiro. Mostre que, se a empresa comprar 100 contratos de petróleo hoje, em fevereiro suas despesas líquidas serão protegidas e serão iguais a US$ 9.186.000.

> **EXEMPLO 22.4** || Futuros e alavancagem
>
> Suponhamos que a exigência de margem inicial para o contrato de petróleo seja 10%. Pelo preço de futuros atual de US$ 91,86 e um contrato de 1.000 barris, a margem exigida seria 0,10 × 91,86 × 1.000 = US$ 9.186. Um aumento de US$ 2 no preço do petróleo representa um aumento de 2,18% e gera um ganho de US$ 2 mil sobre o contrato para a posição comprada. Isso representa um ganho percentual de 21,8% sobre os US$ 9.186 depositados como margem, precisamente dez vezes o aumento percentual no preço do petróleo. A proporção de 10 para 1 das mudanças percentuais reflete a alavancagem inerente na posição de futuros, visto que o contrato foi estabelecido com uma margem inicial de um décimo do valor do ativo subjacente.

EXEMPLO 22.5 || Hedging com futuros de petróleo

Considere um distribuidor de petróleo que planeja vender 100 mil barris de petróleo em fevereiro e deseja proteger-se contra uma possível queda de preço. Como cada contrato exige a entrega de 1.000 barris, ele venderia 100 contratos com vencimento em fevereiro. Desse modo, qualquer queda nos preços geraria um lucro sobre os contratos que compensaria a receita inferior proveniente das vendas de petróleo.

Para elucidar, suponhamos que os únicos três preços de petróleo possíveis em fevereiro sejam US$ 89,86, US$ 91,86 e US$ 93,86 por barril. A receita da venda de petróleo será 100 mil vezes o preço por barril. O lucro sobre cada contrato vendido será 1.000 vezes qualquer queda no preço de futuros. No vencimento, a propriedade de convergência assegurará que o preço final de futuros seja igual ao preço *spot* do petróleo. Portanto, o lucro sobre os 100 contratos vendidos será igual a $100.000 \times (F_0 - P_T)$, onde P_T é o preço do petróleo na data de entrega e F_0 o preço original de futuros, US$ 91,86.

Considere agora a posição geral da empresa. A receita total em fevereiro pode ser calculada da seguinte forma:

	Preço do petróleo em fevereiro, P_T (US$)		
	89,86	91,86	93,86
Receita da venda de petróleo: $100.000 \times P_T$	8.986.000	9.186.000	9.386.000
+Lucro sobre futuros: $100.000 \times (F_0 - P_T)$	200.000	0	–200.000
TOTAL DE RENDIMENTOS	9.186.000	9.186.000	9.186.000

A soma da receita proveniente da venda de petróleo e dos rendimentos dos contratos é igual ao preço de futuros atual, US$ 91,86 por barril. A variação no preço do petróleo é compensada exatamente pelos lucros ou pelas perdas sobre a posição de futuros. Por exemplo, se o preço do petróleo cair para US$ 89,86 o barril, a posição vendida em futuros gerará um lucro de US$ 200 mil, o suficiente para elevar a receita total para US$ 9.186.000. O total é idêntico ao total que seria obtido se alguém se organizasse hoje para vender o petróleo em fevereiro pelo preço de futuros.

contratos de futuros são listados apenas em carteiras indexadas. Mesmo assim, como os retornos sobre a carteira diversificada do gestor apresentará uma alta correlação com os retornos das carteiras indexadas em uma base ampla, é possível estabelecer um *hedge* eficaz vendendo contratos de futuros sobre índices. A proteção de uma posição utilizando futuros em outro ativo é chamada de *hedging* cruzado.

REVISÃO DE CONCEITOS 22.4

Quais são as fontes de risco para um investidor que utiliza futuros sobre índices de ações para proteger uma carteira de ações gerenciada ativamente? Como você avaliaria a magnitude desse risco?

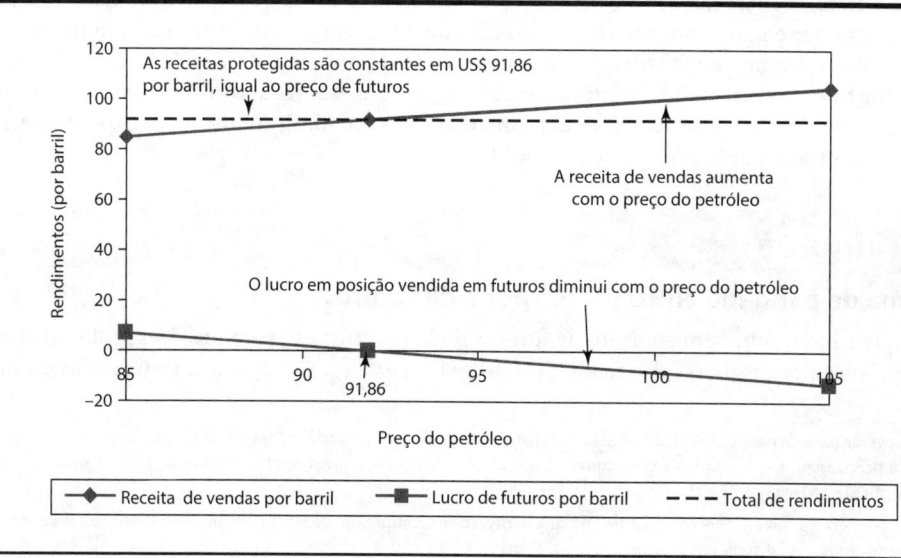

FIGURA 22.4 Protegendo receitas por meio de futuros, Exemplo 22.5 (preço de futuros = US$ 91,86)

> **EXEMPLO 22.6 || Especulando com a base**
>
> Considere um investidor que mantém 100 onças de ouro na posição vendida em um contrato de futuros de ouro. Suponhamos que o ouro esteja sendo vendido hoje por US$ 1.591 a onça e que o preço do contrato de futuros para entrega em junho seja US$ 1.596 a onça. Portanto, no momento a base é US$ 5. No dia seguinte, o preço *spot* pode aumentar para US$ 1.595 e o preço de futuros para US$ 1.599, fazendo a base diminuir para US$ 4.
>
> Os ganhos e as perdas do investidor serão:
>
> Ganho sobre investimentos em ouro (por onça): US$ 1.595 – US$ 1.591 = US$ 4
>
> Perda sobre a posição em futuros de ouro (por onça): US$ 1.599 – US$ 1.596 = US$ 3
>
> O ganho líquido é a diminuição na base ou US$ 1 por onça.

> **EXEMPLO 22.7 || Especulando com o spread**
>
> Considere um investidor que mantém um contrato comprado com vencimento em setembro e um contrato vendido com vencimento em junho. Se o preço de futuros de setembro aumentar 5 centavos e o de junho aumentar 4 centavos, o ganho líquido será 5 centavos – 4 centavos ou 1 centavo. Assim como nas estratégias de base, na posição em *spread* o objetivo é explorar flutuações em estruturas de preço relativas e não obter lucro com flutuações no nível geral de preços.

Risco de base e *hedging*

A **base** é a diferença entre o preço de futuros e o preço *spot*.[3] Tal como evidenciamos, na data de vencimento de um contrato, a base deve ser zero: a propriedade de convergência implica que $F_T - P_T = 0$. No entanto, antes do vencimento o preço do contrato de futuros para entrega posterior pode ser consideravelmente diferente do preço *spot* atual.

No Exemplo 22.5, analisamos o caso de um *hedger* de posição vendida que gerencia o risco assumindo uma posição vendida para entregar petróleo no futuro. Se o ativo e o contrato de futuros forem mantidos até o vencimento, o *hedger* não arcará com nenhum risco. O risco é eliminado porque o preço de futuros e o preço *spot* no vencimento do contrato devem ser iguais: os ganhos e as perdas sobre futuros e o ativo subjacente serão contrabalançados precisamente. Entretanto, se o contrato e o ativo tiverem de ser liquidados antecipadamente, antes do vencimento do contrato, o *hedger* arcará com um **risco de base**, porque o preço de futuros e o preço *spot* não precisam se mover em perfeita sincronia até a data de entrega. Nesse caso, os ganhos e as perdas sobre o contrato e o ativo talvez não se compensem de forma perfeita.

Alguns especuladores tentam obter lucro com flutuações na base. Em vez de apostar na direção dos preços de futuros ou dos preços *spot* propriamente ditos, eles apostam em mudanças na diferença entre os dois. Uma posição comprada/vendida em contrato a futuro lucrará quando a base diminuir.

Uma estratégia análoga é a posição em **spread de calendário**, na qual o investidor assume uma posição comprada em um contrato de futuros com um vencimento e uma posição vendida em um contrato sobre a mesma *commodity*, porém com vencimento diferente.[4] Haverá lucro se a diferença no preço de futuros entre os dois contratos mudar na direção esperada, isto é, se o preço de futuros no contrato mantido na posição comprada aumentar mais (ou diminuir menos) do que o preço de futuros no contrato mantido na posição vendida.

22.4 Preços de futuros

Teorema de paridade entre preço *spot* e de futuros

Vemos que o lucro sobre um contrato de futuros pode ser utilizado para oferecer proteção contra mudanças no valor do ativo subjacente. Se o *hedge* for perfeito, isto é, se a carteira de ativos mais

---

[3] O emprego da palavra base é até certo ponto impreciso. Às vezes ela é empregada em referência à diferença entre o preço de futuros e o preço *spot*, $F - P$, e outras vezes em referência à diferença entre o preço *spot* e de futuros, $P - F$. Consideraremos sistematicamente a base como $F - P$.

[4] Outra estratégia é o *spread entre commodities*, no qual o investidor compra um contrato em uma *commodity* e vende um contrato em uma *commodity* diferente.

futuros não tiver nenhum risco, a posição coberta deve oferecer uma taxa de retorno igual à taxa em outros investimentos isentos de risco. Do contrário, haverá oportunidades de arbitragem, as quais os investidores explorarão até que os preços sejam trazidos de volta ao normal. Essa constatação pode ser utilizada para deduzir a relação teórica entre o preço de futuros e o preço de seu ativo subjacente.

Para simplificar, suponhamos que atualmente o índice S&P 500 esteja em 1.000 e um investidor que mantém US$ 1.000 em um fundo mútuo indexado ao S&P 500 deseja se proteger temporariamente contra o risco de mercado. Presuma que a carteira indexada paga um total de dividendos de US$ 20 no decorrer do ano e, para simplificar, que todos os dividendos são pagos no final do ano. Por fim, admita que o preço de futuros para entrega no final do ano do contrato do S&P 500 é 1.010.[5] Examinemos os rendimentos de fim de ano de vários valores de índice de ações admitindo que esse investidor protege sua carteira assumindo a posição vendida do contrato de futuros.

Valor final da carteira de ações, S_T (US$)	970	990	1.010	1.030	1.050	1.070
Payoff da posição vendida em futuros (igual a $F_0 - F_T$ = US$ 1.010 − S_T) (US$)	40	20	0	−20	−40	−60
Rendimento de dividendos (US$)	20	20	20	20	20	20
TOTAL (US$)	1.030	1.030	1.030	1.030	1.030	1.030

O *payoff* da posição vendida em futuros é igual à diferença entre o preço de futuros original, US$ 1.010, e o preço da ação no final do ano. Isso ocorre em virtude da convergência: o preço de futuros no vencimento do contrato será igual ao preço da ação naquele momento.

Observe que a posição geral é perfeitamente coberta. Qualquer aumento no valor da carteira de ações indexada é compensado por uma diminuição equivalente no *payoff* da posição vendida em futuros, o que resulta em um valor final independente do preço da ação. O *payoff* total de US$ 1.030 é a soma do preço de futuros atua, F_0 = US$ 1.010, e US$ 20 de dividendos. É como se o investidor se preparasse para vender a ação no final do ano pelo preço de futuros atual, eliminando assim o risco de preço e garantindo um total de rendimentos igual aos dividendos pagos antes da venda.

Que taxa de retorno é obtida nessa posição isenta de risco? O investimento em ações exige um desembolso inicial de US$ 1.000, ao passo que a posição em futuros é estabelecida sem uma saída de caixa inicial. Portanto, a carteira de US$ 1.000 cresce para o valor de fim de ano de US$ 1.030, oferecendo uma taxa de retorno de 3%. Em linhas gerais, um investimento total de S_0, preço atual da ação, aumenta para um valor final de $F_0 + D$, onde D é o pagamento de dividendos sobre a carteira. Portanto, a taxa de retorno é

$$\text{Taxa de retorno da carteira de ações protegida} = \frac{(F_0 + D) - S_0}{S_0}$$

Esse retorno é basicamente isento de risco. Observamos F_0 no início do período, quando firmamos o contrato de futuros. Embora o pagamento de dividendos não seja perfeitamente isento de risco, ele é altamente previsível em curtos períodos, em particular para carteiras diversificadas. Qualquer incerteza é *extremamente* pequena em comparação à incerteza no preço das ações.

Presumivelmente, 3% deve ser a taxa de retorno disponível em outros investimentos isentos de risco. Se não, os investidores enfrentariam estratégias isentas de risco concorrentes com diferentes taxas de retorno, uma situação que não poderia continuar. Portanto, concluímos que

$$\frac{(F_0 + D) - S_0}{S_0} = r_f$$

---

[5] Na verdade, o contrato de futuros exige a entrega de US$ 250 vezes o valor do índice do S&P 500. Desse modo, cada contrato seria estabelecido por US$ 250 vezes o índice. Com o índice em 1.000, cada contrato protegeria o valor de US$ 250 × 1.000 = US$ 250.000 em ações. É óbvio que os investidores institucionais considerariam uma carteira de ações dessa magnitude muito pequena. Para simplificar, admitiremos que você pode comprar um contrato de uma unidade, em vez de 250 unidades do índice.

Reorganizando, constatamos que o preço de futuros deve ser

$$F_0 = S_0(1 + r_f) - D = S_0(1 + r_f - d) \qquad (22.1)$$

onde d é o rendimento de dividendos sobre a carteira de ações, definida como D/S_0. Esse resultado é chamado de **teorema de paridade entre preço *spot* e de futuros**. Ele apresenta a relação normal ou teoricamente correta entre os preços *spot* e de futuros. Qualquer desvio em relação à paridade dá origem a oportunidades de arbitragem isentas de risco.

A estratégia de arbitragem do Exemplo 22.8 pode ser representada de forma mais genérica da seguinte maneira:

Ação	Fluxo de caixa inicial	Fluxo de caixa no ano 1
1. Contrair empréstimo de S_0 dólares	S_0	$-S_0(1 + r_f)$
2. Comprar ações por S_0	$-S_0$	$S_T + D$
3. Assumir posição vendida em futuros	0	$F_0 - S_T$
TOTAL	0	$F_0 - S_0(1 + r_f) + D$

O fluxo de caixa inicial é intencionalmente zero: o dinheiro necessário para comprar a ação no segundo passo é tomado emprestado no primeiro passo e a posição em futuros no terceiro passo, que é utilizada para proteger o valor da ação, não exige nenhuma despesa inicial. Além disso, o fluxo de caixa total no final do ano não oferece risco porque exige apenas termos que já são conhecidos quando o contrato é firmado. Se o fluxo de caixa final não fosse zero, todos os investidores tentariam tirar vantagem da oportunidade de arbitragem. Por fim os preços mudariam até que o fluxo de caixa no final do ano fosse reduzido a zero, ponto em que F_0 seria igual a $S_0(1 + r_f) - D$.

A relação de paridade também é chamada de **relação de custo de manutenção** porque estabelece que o preço de futuros é determinado pelo custo relativo de comprar uma ação com entrega

---

EXEMPLO 22.8 || Arbitragem no mercado de futuros

Suponhamos que a paridade fosse violada. Por exemplo, suponhamos que a taxa de juros isenta de risco fosse apenas 1%. Desse modo, de acordo com a Equação 22.1, o preço de futuros deveria ser US$ 1.000(1,01) – US$ 20 = US$ 990. O preço de futuros real, F_0 = US$ 1.010, é US$ 20 superior ao seu valor "apropriado". Isso implica que um investidor poderia obter lucros de arbitragem assumindo uma posição vendida no contrato de futuros relativamente acima do preço e comprando a carteira de ações relativamente abaixo do preço por meio de um empréstimo em dinheiro pela taxa de juros de mercado de 1%. Os rendimentos provenientes dessa estratégia seriam os seguintes:

Ação	Fluxo de caixa inicial	Fluxo de caixa no ano 1
Contrair empréstimo de US$ 1.000, saldar com juros no ano 1	+1.000	$-1.000(1,01) = -$US$ 1.010
Comprar ações por US$ 1.000	–1.000	S_T + US$ 20 dividendos
Assumir posição vendida em futuros (F_0 = US$ 1.010)	0	US$ 1.010 – S_T
TOTAL	0	US$ 20

O investimento líquido inicial dessa estratégia é zero. Mas o fluxo de caixa no ano 1 é US$ 20, independentemente do preço da ação. Em outras palavras, ela é isenta de risco. O *payoff* é precisamente igual ao erro de apreçamento do contrato de futuros em relação ao seu valor de paridade, 1.010 – 990.

Quando a paridade é violada, a estratégia de tirar proveito de erros de apreçamento gera lucro de arbitragem – um lucro sem risco que não requer nenhum investimento líquido inicial. Se tal oportunidade existisse, todos os participantes do mercado correriam para tirar vantagem disso. As consequências? O preço da ação teria uma alta e/ou o preço de futuros oferecido cairia, até que a Equação 22.1 fosse satisfeita. Uma análise semelhante aplica-se à possibilidade de F_0 ser inferior a US$ 990. Nesse caso, você simplesmente reverte a estratégia acima para obter lucro sem risco. Concluímos que, em um mercado em bom funcionamento, em que as oportunidades de arbitragem são eliminadas, $F_0 = S_0(1 + r_f) - D$.

postergada no mercado de futuros *versus* comprá-la no mercado *spot* com entrega imediata e "mantê-la" em estoque. Se você comprar a ação agora, empatará seus fundos e incorrerá no custo do valor do dinheiro no tempo de r_f por período. Entretanto, receberá pagamentos de dividendos com um rendimento atual de d. Portanto, a vantagem do custo líquido de manutenção da entrega postergada da ação é $r_f - d$ por período. Essa vantagem deve ser compensada por um diferencial entre o preço de futuros e o preço *spot*. O diferencial de preço só compensa a vantagem do custo de manutenção quando $F_0 = S_0(1 + r_f - d)$.

> **REVISÃO DE CONCEITOS 22.5**
>
> Retorne à estratégia de arbitragem que acabamos de expor no Exemplo 22.8. Quais seriam os três passos da estratégia se F_0 fosse muito baixo – por exemplo, US$ 980? Calcule os fluxos de caixa da estratégia no presente e no ano 1 em uma tabela como a apresentada anteriormente. Confirme se seus lucros equivalem ao erro de apreçamento do contrato.

A relação de paridade é facilmente generalizada para aplicações de vários períodos. Simplesmente reconhecemos que a diferença entre o preço de futuros e o preço *spot* será maior quando o vencimento do contrato for mais longo. Isso reflete o período mais extenso ao qual aplicamos o custo de manutenção líquido. Para um contrato com vencimento de T períodos, a relação de paridade é

$$F_0 = S_0(1 + r_f - d)^T \qquad (22.2)$$

Observe que, quando o rendimento de dividendos é inferior à taxa isenta de risco, a Equação 22.2 indica que os preços de futuros serão bem superiores aos preços *spot* para períodos mais longos até o vencimento do contrato. Porém, quando $d > r_f$, tal como ocorre hoje, os ganhos de rendimento sobre as ações superarão os juros (isentos de risco) renunciados que poderiam ter sido obtidos sobre o dinheiro investido; nessa circunstância, o preço de futuros será também bem inferior ao preço atual das ações para períodos de vencimento mais longos. Você pode confirmar a veracidade disso examinando a listagem de contratos de futuros do S&P 500 na Figura 22.1.

Embora os dividendos de títulos individuais possam flutuar de maneira imprevisível, o rendimento de dividendos anualizado de um índice amplo como o S&P 500 é razoavelmente estável, tendo ficado nos últimos tempos um pouco acima de 2% ao ano. Porém, esse rendimento é sazonal, com picos e vales regulares, e por esse motivo se deve utilizar o rendimento de dividendos relativo aos meses em questão. A Figura 22.5 mostra o padrão de rendimentos do S&P 500. Alguns meses, como janeiro ou abril, apresentam rendimentos consistentemente baixos, enquanto outros, como maio, apresentam rendimentos consistentemente altos.[6]

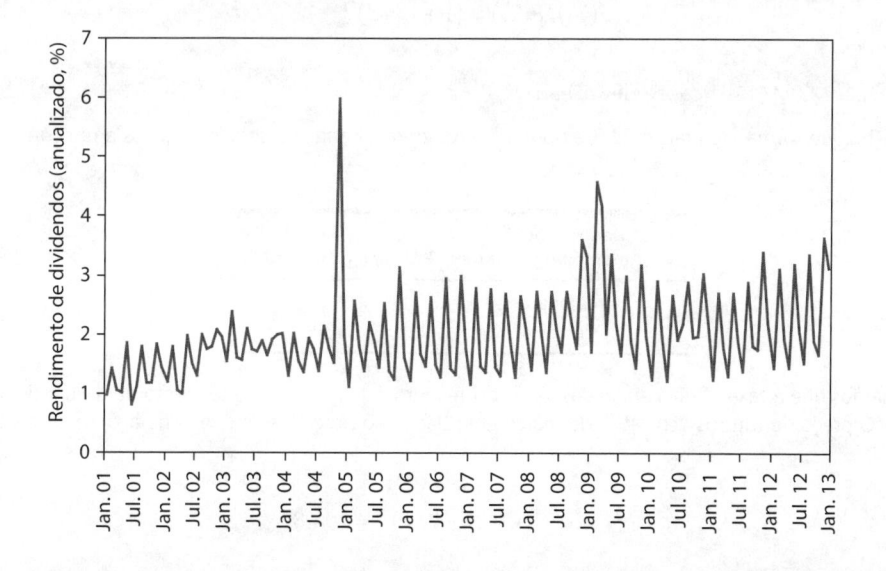

FIGURA 22.5 Rendimento de dividendos mensal do S&P 500

---

[6] O rendimento de dividendos extremamente alto de novembro de 2004 deveu-se ao dividendo especial e ocasional da Microsoft de US$ 3 por ação.

Descrevemos a paridade em termos de ações e de futuros sobre índices de ações, mas é necessário esclarecer que essa lógica se aplica também a qualquer contrato de futuros financeiros. Para futuros de ouro, por exemplo, simplesmente definimos o rendimento de dividendos como zero. Para contratos de obrigações, fazemos com que a renda de cupom sobre a obrigação desempenhe o papel de pagamento de dividendos. Em ambos os casos, a relação de paridade seria essencialmente idêntica à da Equação 22.2.

A estratégia de arbitragem descrita acima deve convencê-lo de que essas relações de paridade são mais do que apenas resultados teóricos. Qualquer violação da relação de paridade dá origem a oportunidades de arbitragem que podem oferecer lucros consideráveis aos negociadores. Veremos no capítulo seguinte que a arbitragem de índice no mercado de ações é uma ferramenta para tirar proveito de violações da relação de paridade em contratos de futuros sobre índices de ações.

Spreads

Assim como podemos prever a relação entre preços *spot* e de futuros, existem métodos semelhantes para determinar as relações adequadas entre os preços de futuros para contratos com diferentes datas de vencimento. A Equação 22.2 mostra que o preço de futuros é parcialmente determinado pelo prazo até o vencimento. Se a taxa isenta de risco for superior ao rendimento de dividendos (isto é, $r_f > d$), o preço de futuros será superior em contratos com vencimento mais longo e, se $r_f < d$, os preços de futuros com vencimento mais longo serão inferiores. Você pode confirmar na Figura 22.1 que, em 2013, quando a taxa isenta de risco ficou abaixo do rendimento de dividendos, o preço de futuros do contrato com vencimento mais longo do S&P 500 de fato foi inferior ao do contrato com prazo mais curto. Para futuros sobre ativos como o ouro, que não paga "rendimento de dividendos", podemos definir $d = 0$ e concluir que F deve aumentar à medida que o prazo até o vencimento aumenta.

Para sermos mais precisos quanto à precificação de *spread*, chamemos $F(T_1)$ de preço de futuros atual para entrega na data T_1 e $F(T_2)$ de preço de futuros para entrega em T_2. Chamemos d de rendimento de dividendos da ação. Com base na paridade da Equação 22.2, sabemos que

$$F(T_1) = S_0(1 + r_f - d)^{T_1}$$
$$F_0 = S_0(1 + r_f - d)^{T_2}$$

Consequentemente,

$$F(T_2)/F(T_1) = (1 + r_f - d)^{(T_2 - T_1)}$$

EXEMPLO 22.9 || Precificação de *spread*

Para ver de que forma a Equação 22.3 é utilizada, considere os dados a seguir, relativos a um contrato hipotético:

Dados sobre vencimento do contrato	Preço de futuros (US$)
15 de janeiro	105,00
15 de março	104,75

Suponhamos que a taxa efetiva anual das letras do Tesouro é 1% e que o rendimento de dividendos é 2% ao ano. O preço de futuros "correto" de março em relação ao preço de janeiro é, de acordo com a Equação 22.3,

$$105(1 + 0,01 - 0,02)^{1/6} = 104,82$$

O preço de futuros real de março é 104,75, o que significa que o preço de futuros de março está levemente abaixo em comparação com o de janeiro e que, afora os custos de transação, parece haver uma oportunidade de arbitragem.

APLICAÇÕES EXCEL: Paridade e spreads

A planilha de paridade permite que você calcule os preços de futuros correspondentes ao preço *spot* para diferentes vencimentos, taxas de juros e rendimentos de lucro. Você pode utilizar a planilha para observar como os preços dos contratos mais distantes flutuarão com os preços *spot* e o custo de manutenção. Você pode obter mais informações sobre essa planilha utilizando a versão disponível em nosso *site*, em **www.grupoa.com.br**.

QUESTÕES EXCEL
1. Experimente diferentes valores de rendimento de lucro e taxa de juros. O que ocorrerá com a dimensão do *time spread* (a diferença nos preços de futuros dos contratos com vencimento a longo e a curto prazo) se a taxa de juros aumentar 2%?
2. O que ocorrerá com o *time spread* se os ganhos de rendimento aumentarem 2%?
3. O que ocorrerá com o *time spread* se o rendimento de lucro for igual à taxa de juros?

	A	B	C	D	E
1					
2	Paridade entre preço *spot* e de futuros e *time spreads*				
3					
4	Preço *spot*	100			
5	Rendimento de lucro (%)	2		Preços de futuros *versus* vencimento	
6	Taxa de juros (%)	4,5			
7	Data de hoje	14/5/09		Preço *spot*	100,00
8	Data de vencimento 1	17/11/09		Futuros 1	101,26
9	Data de vencimento 2	2/1/10		Futuros 2	101,58
10	Data de vencimento 3	7/6/10		Futuros 3	102,66
11					
12	Prazo até o vencimento 1	0,51			
13	Prazo até o vencimento 2	0,63			
14	Prazo até o vencimento 3	1,06			

Portanto, a relação de paridade básica para *spreads* é

$$F(T_2) = F(T_1)(1 + r_f - d)^{(T_2 - T_1)} \tag{22.3}$$

A Equação 22.3 deve lembrá-lo da relação de paridade entre preço *spot* e de futuros. A principal diferença é a substituição do preço *spot* atual por $F(T_1)$. A intuição também é semelhante. A entrega postergada de T_1 para T_2 assegura a posição comprada de que a ação será comprada por $F(T_2)$ dólares em T_2, mas exigirá que esse dinheiro seja empatado na ação até T_2. As economias obtidas são o custo de manutenção líquido entre T_1 e T_2. A entrega postergada de T_1 para T_2 libera $F(T_1)$ dólares, que obtêm juros isentos de risco r_f. A entrega postergada da ação também resulta na perda

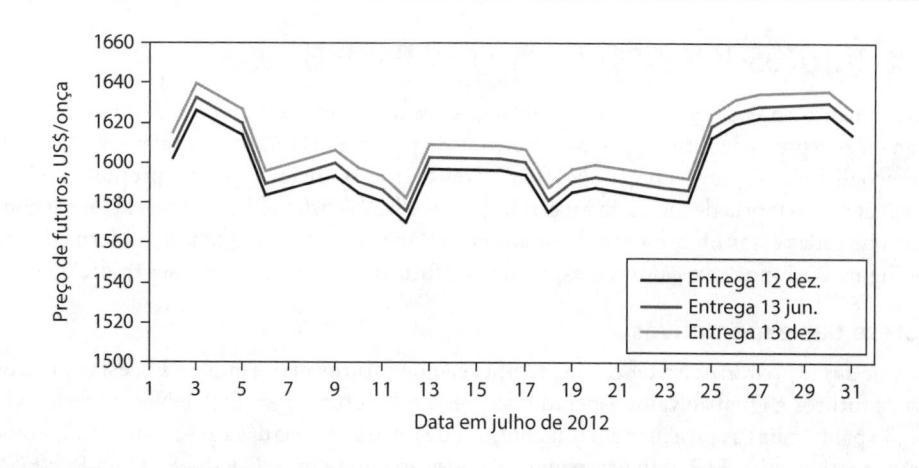

FIGURA 22.6 Preços de futuros de ouro

do rendimento de dividendos entre T_1 e T_2. Portanto, o custo de manutenção líquido economizado pelo adiamento da entrega é $r_f - d$. Isso gera um aumento proporcional no preço de futuros que é necessário para compensar os participantes do mercado pela entrega postergada da ação e pelo adiamento do pagamento do preço de futuros. Se a condição de paridade para *spreads* for violada, podem surgir oportunidades de arbitragem. (O Problema 19 no final deste capítulo explora essa possibilidade.)

A Equação 22.3 mostra que os preços de futuros com diferentes vencimentos devem se mover sincronizadamente. Não é de surpreender, visto que todos estão vinculados ao mesmo preço *spot* por meio da relação de paridade. A Figura 22.6 retrata os preços de futuros em ouro referentes a três datas de vencimento. É evidente que os preços movem-se quase em sincronia e que as datas de entrega mais distantes auferem preços de futuros mais altos, tal como a Equação 22.3 prevê.

Precificação *forward* versus precificação de futuros

Até o momento, dedicamos pouca atenção ao perfil de tempo divergente do retorno dos contratos de futuros e *forward*. Em vez disso, consideramos a soma dos rendimentos diários marcados a mercado da posição comprada como $P_T - F_0$ e presumimos, por conveniência, que o lucro total acumula-se até a data de entrega. Nossos teoremas de paridade aplicam-se somente à precificação *forward* porque eles presumem que os rendimentos do contrato na verdade são realizados apenas na entrega. Entretanto, é concebível que o momento real dos fluxos de caixa afetem o preço de futuros.

Os preços de futuros se desviarão da paridade quando a marcação a mercado oferecer uma vantagem sistemática tanto à posição comprada quanto à posição vendida. Se a marcação a mercado tender a favor da posição comprada, por exemplo, o preço de futuros deverá superar o preço *forward* porque a posição comprada estará disposta a pagar um prêmio pela vantagem da marcação a mercado.

Quando a marcação a mercado favorecerá tanto o negociador na posição comprada quanto o negociador na posição vendida? O negociador se beneficiará se os acertos diários forem recebidos (e puderem ser investidos) quando a taxa de juros for alta e forem pagos (e puderem ser financiados) quando a taxa de juros for baixa. Como as posições compradas se beneficiarão se os preços de futuros tenderem a aumentar quando as taxas de juros forem altas, elas estarão dispostas a aceitar preços de futuros mais altos. Portanto, uma correlação positiva entre taxas de juros e mudança no preço de futuros implica que o preço "justo" de futuros será superior ao preço *forward*. Em contraposição, uma correlação negativa significa que a marcação a mercado favorece a posição vendida e implica que o preço de futuros de equilíbrio deve ser inferior ao preço *forward*.

Na maioria dos contratos, a covariância entre o preço de futuros e as taxas de juros é tão pequena, que a diferença entre preços de futuros e *forward* será ínfima. Entretanto, os contratos sobre títulos de renda fixa de longo prazo são uma exceção importante a essa regra. Nesse caso, como os preços têm alta correlação com as taxas de juros, a covariância pode ser grande o suficiente para gerar um *spread* significativo entre os preços *forward* e de futuros.

22.5 Preços de futuros *versus* preços *spot* esperados

Até o momento consideramos a relação entre preços de futuros e o preço *spot* atual. E quanto à relação entre o preço de futuros e o *valor esperado* do preço *spot*? EM outras palavras, até que ponto o preço de futuros prevê o preço *spot* final? Três teorias tradicionais foram propostas: hipótese das expectativas, teoria de mercado invertido (*normal backwardation*) e *contango*. Hoje, o consenso é de que todas essas hipóteses tradicionais são estão subordinadas à teoria moderna de carteiras. A Figura 22.7 mostra o caminho esperado dos futuros nessas três hipóteses tradicionais.

Hipótese das expectativas

A *hipótese das expectativas* é a teoria de precificação de futuros mais simples. Ela estabelece que o preço de futuros é igual ao valor esperado do preço *spot* futuro: $F_0 = E(P_T)$. Nessa teoria, o lucro esperado para ambas as posições em um contrato de futuros será igual a zero: o lucro esperado da posição vendida é $F_0 - E(P_T)$, ao passo que o da posição comprada é $E(P_T) - F_0$. Com $F_0 = E(P_T)$, o

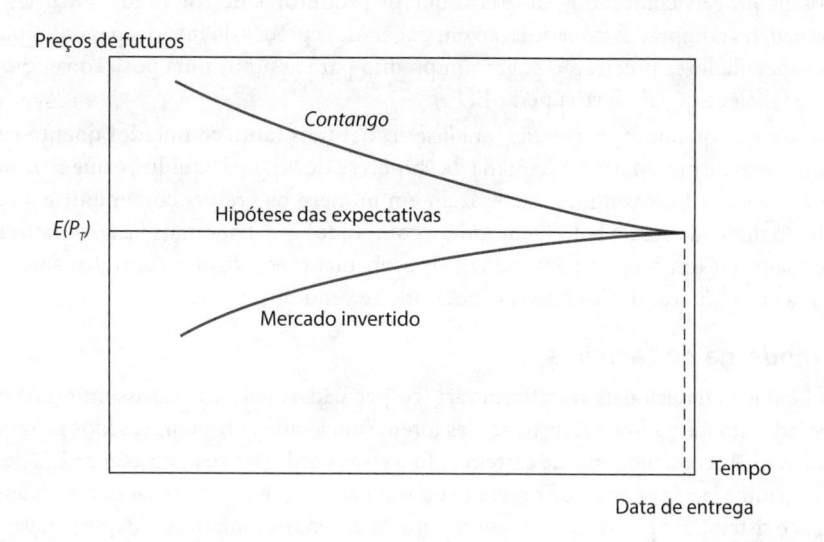

FIGURA 22.7 Preço de futuros ao longo do tempo, especialmente quando o preço *spot* esperado permanece inalterado

lucro esperado de ambos os lados é zero. Essa hipótese apoia-se na ideia de neutralidade ao risco. Se todos os participantes do mercado forem neutros ao risco, eles deverão concordar com um preço de futuros que oferece um lucro esperado de zero para todas as partes.

A hipótese das expectativas é semelhante ao equilíbrio de mercado em um mundo em que não existe incerteza; isto é, se os preços das mercadorias em todas as datas futuras fossem conhecidos no presente, o preço de futuros para entrega em qualquer data específica seria igual ao preço *spot* de futuro atualmente conhecido para essa data. É um salto tentador mas incorreto afirmar que, sob incerteza, o preço de futuros deve ser igual ao preço *spot* atualmente *esperado*. Essa visão ignora os prêmios e risco que devem ser incorporados nos preços de futuros quando os preços *spot* finais são incertos.

Teoria de mercado invertido

Essa teoria está associada com os famosos economistas ingleses John Maynard Keynes e John Hicks. Eles defendem que, para a maioria das *commodities*, existem *hedgers* naturais que desejam dissipar o risco. Por exemplo, os produtores de trigo desejam dissipar o risco da incerteza do preço do trigo. Eles assumirão posições vendidas para entregar o trigo por um preço garantido; eles utilizarão um *hedge* vendido. Para induzir os especuladores a assumir posições compradas correspondentes, os produtores de trigo precisarão lhes oferecer uma expectativa de lucro. Eles assumirão o lado comprado do contrato somente se o preço de futuros estiver abaixo do preço *spot* esperado do trigo, por um lucro esperado de $E(P_T) - F_0$. O lucro esperado dos especuladores é o prejuízo esperado dos produtores de trigo, mas os agricultores estão dispostos a arcar com esse prejuízo esperado para evitar o risco da incerteza quanto ao preço do trigo. Desse modo, a teoria de *mercado invertido* (*normal backwardation*) propõe que o preço de futuros será levado para um nível abaixo do preço *spot* esperado e subirá ao longo da existência do contrato, até a data de vencimento, ponto em que $F_T = P_T$.

Embora essa teoria reconheça a importante função dos prêmios de risco nos mercados de futuros, ela se baseia na variabilidade total, e não no risco sistemático. (Isso é compreensível, visto que Keynes a concebeu quase 40 anos antes do desenvolvimento da teoria moderna de carteiras.) A visão moderna aprimora a medida de risco utilizada para determinar prêmios de risco apropriados.

Contango

A hipótese oposta ao mercado invertido estabelece que os *hedgers* naturais são os compradores da *commodity*, e não os fornecedores. No caso do trigo, por exemplo, veríamos os processadores de grãos dispostos a pagar um prêmio para fixar o preço que precisarão pagar pelo trigo. Os processadores se protegem assumindo uma posição comprada no mercado de futuros; por isso, eles são chamados de *hedgers* comprados, ao passo que os produtores de trigo são os *hedgers* vendidos. Como os *hedgers* comprados concordarão em pagar altos preços de futuros para dissipar o risco e como os especuladores precisarão pagar um prêmio para assumir uma posição vendida, a teoria *contango* estabelece que F_0 deve superar $E(P_T)$.

Está claro que qualquer *commodity* terá *hedgers* naturais tanto comprados quanto vendidos. A visão tradicional de meio-termo, chamada de "hipótese de *hedging* líquido", é que F_0 será inferior a $E(P_T)$ quando os *hedgers* vendidos superarem em número os *hedgers* comprados e vice-versa. O lado forte do mercado será o lado (vendido ou comprado) que tiver mais *hedgers* naturais. O lado forte precisa pagar um prêmio para induzir os especuladores a firmar contratos suficientes para equilibrar a oferta "natural" dos *hedgers* comprados e vendidos.

Teoria moderna de carteiras

Todas as hipóteses tradicionais visualizam vários especuladores dispostos a assumir uma posição em ambos os lados do mercado de futuros se eles forem suficientemente compensados pelo risco com o qual eles arcam. A teoria moderna de carteiras afina essa abordagem ao aprimorar a ideia de risco utilizada na determinação de prêmios de risco. Em poucas palavras, se os preços das *commodities* apresentarem um risco sistemático positivo, os preços de futuros deverão ser inferiores aos preços *spot* esperados.

A título de exemplo, considere novamente uma ação que não paga dividendos. Se $E(P_T)$ denota o preço da ação no tempo T e k denota a taxa de retorno exigida sobre a ação, então o preço da ação hoje deve ser igual ao valor presente de seu *payoff* futuro esperado, tal como se segue:

$$P_0 = \frac{E(P_T)}{(1+k)^T} \tag{22.4}$$

Com base na relação de paridade entre preço *spot* e de futuros, sabemos que

$$P_0 = \frac{F_0}{(1+r_f)^T} \tag{22.5}$$

Portanto, o lado direito das Equações 22.4 e 22.5 deve ser igual. A equiparação desses termos nos permite resolver F_0:

$$F_0 = E(P_T)\left(\frac{1+r_f}{1+k}\right)^T \tag{22.6}$$

Com base na Equação 22.6, você pode ver imediatamente que F_0 será inferior à expectativa de P_T sempre que k for superior a r_f, o que ocorrerá para qualquer ativo com beta positivo. Isso significa que o lado comprado do contrato terá um lucro esperado [F_0 será inferior a $E(P_T)$] quando a *commodity* exibir um risco sistemático positivo (k for superior a r_f).

Qual seria o motivo? A posição comprada em futuros oferecerá um lucro (ou prejuízo) de $P_T - F_0$. Se o valor final de P_T incorporar um risco sistemático positivo, o mesmo ocorrerá com o lucro da posição comprada. Os especuladores com carteiras bem diversificadas estarão dispostos a assumir posições compradas em futuros somente se receberem uma compensação em forma de lucros esperados por arcarem com o risco. O lucro esperado dos especuladores será positivo somente se $E(P_T)$ for superior a F_0. O lucro da posição vendida será o negativo da posição comprada e terá um risco sistemático negativo. Os investidores diversificados na posição vendida estarão dispostos a sofrer esse prejuízo esperado para diminuir o risco de carteira e a firmar um contrato mesmo quando F_0 for inferior a $E(P_T)$. Portanto, se P_T tiver beta positivo, F_0 deverá ser inferior à expectativa de P_T. A análise é inversa para as *commodities* com beta negativo.

> **REVISÃO DE CONCEITOS 22.6**
>
> O que deve ser considerado verdadeiro a respeito do risco do preço *spot* de um ativo se o preço de futuros for uma estimativa imparcial do preço *spot* final?

RESUMO

1. Os contratos *forward* exigem a entrega futura de um ativo por um preço ajustado no presente. O negociador da posição comprada compra o bem e o negociador da posição vendida o entrega. Quando o preço do ativo no vencimento do contrato ultrapassa o preço *forward*, a posição comprada beneficia-se pelo fato de adquirir o bem pelo preço do contrato.
2. Um contrato de futuros é semelhante a um contrato *forward*. A diferença mais importante encontra-se nos aspectos de padronização e marcação a mercado, que é o processo pelo qual os ganhos e as perdas sobre as posições dos contratos de futuros são acertados diariamente. Em contraposição, os contratos *forward* não exigem transferência de dinheiro até o vencimento do contrato.
3. Os contratos de futuros são negociados em bolsas organizadas que padronizam o tamanho do contrato, a qualidade do ativo a ser entregue e o local de entrega. Os negociadores discutem apenas o preço do contrato. Essa padronização aumenta a liquidez e implica que os compradores e vendedores podem encontrar facilmente muitos negociadores para uma compra ou venda desejada.
4. A câmara de compensação posiciona-se entre cada par de negociadores, atuando como posição vendida para cada posição comprada e como posição comprada para cada posição vendida. Desse modo, os negociadores não precisam se preocupar com o desempenho do negociador no lado oposto do contrato. Por sua vez, os negociadores fornecem margens para garantir seu desempenho.
5. O ganho ou perda da posição comprada entre o tempo 0 e o tempo t é $F_t - F_0$. Como $F_T = P_T$, se o contrato for mantido até o vencimento o lucro da posição comprada será $P_T - F_0$, onde P_T é o preço *spot* no tempo T e F_0 é o preço de futuros original. O ganho ou a perda na posição vendida será $F_0 - P_T$.
6. Os contratos de futuros podem ser utilizados para proteção ou especulação. Os especuladores utilizam os contratos para assumir uma posição quanto ao preço final de um ativo. Os *hedgers* de posição vendida assumem posições vendidas nos contratos para compensar qualquer ganho ou perda no valor de um ativo já mantido em estoque. Os *hedgers* de posição comprada assumem posições compradas para compensar ganhos ou perdas no preço de compra de um bem.
7. A relação de paridade entre preço *spot* e de futuros estabelece que o preço de futuros de equilíbrio sobre um ativo que não oferece nenhum serviço ou pagamento (como dividendos) é $F_0 = P_0(1 + r_f)^T$. Se o preço de futuros desviar-se desse valor, os participantes do mercado podem obter lucros de arbitragem.
8. Se o ativo oferecer serviços ou pagamentos com rendimento d, a relação de paridade se tornará $F_0 = P_0 (1 + r_f - d)^T$. Esse modelo também é chamado de modelo de custo de manutenção porque estabelece que o preço de futuros deve ultrapassar o preço *spot* segundo o custo líquido de manter o ativo até a data de vencimento T.
9. O preço de futuros de equilíbrio será inferior ao preço *spot* esperado no tempo T se o preço *spot* exibir risco sistemático. Isso oferece um lucro esperado para a posição comprada que arca com o risco e impõe uma perda esperada sobre a posição vendida que está disposta a aceitar a perda esperada como meio de dissipar o risco sistemático.

Sites relacionados a este capítulo estão disponíveis em **www.grupoa.com.br**

PALAVRAS-CHAVE

base
câmara de compensação
contrato em aberto
contrato *forward*
futuros de ações individuais
marcação a mercado

margem de manutenção
pagamento em dinheiro
posição comprada
posição vendida
preço de futuros
propriedade de convergência

relação de custo de manutenção
risco de base
spread de calendário
teorema de paridade entre preço spot e de futuros

EQUAÇÕES BÁSICAS

Paridade entre preço *spot* e de futuros: $F_0(T) = S_0(1 + r - d)^T$

Paridade entre *spreads* de futuros: $F_0(T_2) = F_0(T_1)(1 + r - d)^{(T_2 - T_1)}$

Preços de futuros *versus* preços *spot* esperados: $F_0 = E(P_T) \left(\dfrac{1 + r_f}{1 + k} \right)^T$

CONJUNTO DE PROBLEMAS

1. Por que não existe nenhum mercado de futuros em cimento?
2. Por que as pessoas podem querer comprar contratos de futuros e não o ativo subjacente?

Básicos

3. Qual a diferença no fluxo de caixa entre vender um ativo a descoberto e assumir uma posição vendida em futuros?
4. As afirmações a seguir são verdadeiras ou falsas? Por quê?

a. Se todos os demais fatores permanecerem iguais, o preço de futuros de um índice de ações com alto rendimento de dividendos deve ser superior ao preço de futuros de um índice sobre baixo rendimento de dividendos.

b. Se todos os demais fatores permanecerem iguais, o preço de futuros de uma ação com beta alto deve ser superior ao preço de futuros de uma ação com beta baixo.

c. O beta de uma posição vendida no contrato de futuros do S&P 500 é negativo.
5. Qual a diferença entre o preço de futuros e o valor do contrato de futuros?
6. Avalie a crítica de que os mercados de futuros desviam o capital de aplicações mais produtivas.

Intermediários

7. a. Examine o contrato do S&P 500 na Figura 22.1. Se a exigência da margem for 10% do preço de futuros vezes o multiplicador de US$ 250, quanto você deverá confiar ao seu corretor para negociar o contrato com vencimento em março?
   b. Se o preço de futuros de março fosse aumentado para 1.498, que porcentagem de retorno você obteria sobre seu investimento líquido se assumisse a posição comprada do contrato pelo preço mostrado na figura?
   c. Se o preço de futuros de março diminuísse 1%, qual seria a porcentagem de retorno?

8. a. Um contrato de futuros de ações individuais que não pagam dividendos, com preço atual de US$ 150, vencerá em um ano. Se a taxa das letras do Tesouro for 3%, qual deverá ser o preço de futuros?
   b. Qual deverá ser o preço de futuros se o contrato vencer em três anos?
   c. E se a taxa de juros for 6% e o contrato vencer em três anos?

9. Em cada uma das circunstâncias a seguir, discuta como um gestor de carteira poderia utilizar futuros financeiros para oferecer proteção contra o risco:
   a. Você possui uma grande posição em uma obrigação relativamente ilíquida que deseja vender.
   b. Você obtém um grande ganho em um de seus títulos do Tesouro e quer vendê-lo, mas gostaria de postergar o ganho para o próximo período fiscal.
   c. Você receberá sua bonificação anual no próximo mês e espera investi-lo em obrigações corporativas de longo prazo. Você acredita que hoje as obrigações estão sendo vendidas com rendimentos bastante atraentes e está preocupado com a possibilidade de o preço das obrigações subir nas próximas semanas.

10. Suponhamos que atualmente o valor do índice de ações S&P 500 seja 1.400. Se a taxa das letras do Tesouro de um ano for 3% e o rendimento de dividendos esperado sobre o S&P 500 for 2%, qual deverá ser o preço de futuros com vencimento em um ano? E se a taxa das letras do Tesouro for inferior ao rendimento de dividendos – por exemplo, 1%?

11. Considere uma ação que não paga dividendos sobre a qual se negociam um contrato de futuros, uma opção de compra e uma opção de venda. A data de vencimento desses três contratos é T, o preço de exercício da opção de venda e compra é X e o preço de futuros é F. Mostre que, se $X = F$, o preço da opção de compra será igual ao preço da opção de venda. Utilize as condições de paridade para orientar sua demonstração.

12. Estamos em janeiro. A taxa de juros atual é 2%. O preço de futuros de ouro para junho é US$ 1.500, enquanto o preço de futuros para dezembro é US$ 1.510. Existe oportunidade de arbitragem nesse caso? Se sim, como você a exploraria?

13. A One Chicago acaba de introduzir um novo contrato de futuros de ações individuais da empresa Brandex, que atualmente não paga dividendos. Cada contrato exige a entrega de 1.000 cotas de ações em um ano. A taxa das letras do Tesouro é 6% ao ano.
    a. Se as ações da Brandex forem vendidas hoje por US$ 120 cada, qual deverá ser o preço de futuros?
    b. Se as ações da Brandex caírem 3%, qual será a mudança no preço de futuros e a mudança na conta de margem do investidor?
    c. Se a margem sobre o contrato for US$ 12 mil, qual será o retorno percentual sobre a posição do investidor?

14. O multiplicador de um contrato de futuros em um índice de mercado de ações é US$ 250. O contrato vence em um ano, o nível atual do índice é 1.300 e a taxa de juros isenta de risco é 0,5% por mês. O rendimento de dividendos sobre o índice é 0,2% ao mês. Suponhamos que após um mês o índice de ações chegue a 1.320.
    a. Encontre o fluxo de caixa dos rendimentos marcados a mercado sobre o contrato. Suponha que a condição de paridade mantenha-se sempre exata.
    b. Encontre o retorno do período de manutenção considerando uma margem inicial de US$ 13 mil sobre o contrato.

15. Você é o tesoureiro da empresa que comprará US$ 1 milhão em obrigações para o fundo de amortização em três meses. Você acredita que as taxas cairão em breve e gostaria de comprar de volta as obrigações do fundo de amortização, que atualmente estão sendo vendidas abaixo do valor nominal, antes das exigências. Infelizmente, você precisa obter a aprovação do conselho de administração para realizar essa compra e isso pode levar até dois meses. Que medida você pode tomar no mercado de futuros para se proteger contra qualquer movimento adverso no rendimento e nos preços das obrigações até que possa de fato comprar as obrigações? Você estará na posição comprada ou vendida? Por quê? Uma resposta qualitativa é adequada.

16. A carteira S&P paga um rendimento de dividendos de 1% ao ano. Seu valor atual é 1.500. A taxa das letras do Tesouro é 4%. Suponhamos que o preço de futuros do S&P para entrega em um ano é US$ 1.550. Crie uma estratégia de arbitragem para explorar o erro de apreçamento e mostre que seus lucros em um ano serão equivalentes ao erro de apreçamento no mercado de futuros.

17. O quadro Aplicações Excel deste capítulo (disponível em **www.grupoa.com.br**; *link* referente ao conteúdo do Capítulo 22) mostra como a relação de paridade entre preço *spot* e de futuros pode ser utilizada para encontrar uma "estrutura a termo de preços de futuros", isto é, preços de futuros com diversas datas de vencimento.
    a. Suponhamos que hoje fosse 1º de janeiro de 2013. Admita que a taxa de juros é de 3% ao ano e que nesse momento um índice de ações de 1.500 paga um rendimento de dividendos de 1,5%. Encontre o preço de futuros para as datas de vencimento de contrato de 14 de fevereiro de 2013, 21 de maio de 2013 e 18 de novembro de 2013.
    b. O que ocorrerá com a estrutura a termo de preços de futuros se o rendimento de dividendos for inferior à taxa isenta de risco? Por exemplo, se a taxa de juros for 4%?

Difíceis

18. a. Como deve ser a condição de paridade (Equação 22.2) para que as ações sejam modificadas para contratos de futuros de obrigações do Tesouro? Que elemento toma o lugar do rendimento de dividendos nessa equação?
    b. Em um ambiente com uma curva de rendimento ascendente, os preços de futuros de obrigações do Tesouro em contratos mais distantes devem ser mais altos ou mais baixos do que os preços dos contratos de mais curto prazo?
    c. Confirme sua percepção examinando a Figura 22.1.

19. Considere a seguinte estratégia de arbitragem para deduzir a relação de paridade para *spreads*: (1) assumir uma posição comprada em futuros com data de vencimento T_1 e preço de futuros $F(T_1)$;

(2) assumir uma posição vendida em futuros com vencimento T_2 e preço de futuros $F(T_2)$; (3) em T_1, quando o contrato vence primeiro, comprar o ativo e contrair um empréstimo de $F(T_1)$ dólares pela taxa de r_f; (4) liquidar o empréstimo no tempo T_2.

a. Quais são os fluxos de caixa totais dessa estratégia nos tempos 0, T_1 e T_2?

b. Por que os lucros no tempo T_2 devem ser zero se não existe nenhuma oportunidade de arbitragem?

c. Qual deve ser a relação entre $F(T_1)$ e $F(T_2)$ para os lucros em T_2 serem igual a zero? Essa é a relação de paridade para *spreads*.

PROBLEMS

1. Joan Tam, CFA, acredita que tenha identificado uma oportunidade de arbitragem para uma *commodity* tal como indicado pelas informações a seguir.

Preço *spot* da *commodity* (US$)	120
Preço de futuros da *commodity* com vencimento em um ano (US$)	125
Taxa de juros de um ano (%)	8

a. Descreva as transações necessárias para aproveitar essa oportunidade de arbitragem específica.

b. Calcule o lucro de arbitragem.

2. A Michelle Industries emitiu uma nota de desconto de cinco anos denominada em 200 milhões de francos suíços. Os rendimentos foram convertidos em dólar americano para comprar bens de capital nos Estados Unidos. A empresa deseja proteger sua exposição ao risco cambial e está pensando nas seguintes alternativas:
   - Opções de compra no preço em franco suíço.
   - Contratos *forward* em franco suíço.
   - Futuros em franco suíço.

a. Compare as características essenciais de cada um desses três instrumentos derivativos.

b. Avalie a adequação de cada um em relação ao objetivo de proteção da empresa Michelle, incluindo tanto as vantagens quanto as desvantagens.

3. Identifique a distinção fundamental entre um contrato de futuros e um contrato de opções e explique brevemente a diferença na forma como os futuros e as opções modificam o risco de carteira.

4. Maria VanHusen, CFA, propõe que os contratos *forward* em títulos de renda fixa podem ser utilizados para proteger o valor da carteira de obrigações do Star Hospital Pension Plan contra a possibilidade de elevação das taxas de juros. VanHusen prepara o exemplo a seguir para mostrar de que forma essa proteção funcionaria.
   - Uma obrigação de dez anos com valor de face de US$ 1.000 é emitida hoje pelo valor nominal. Essa obrigação paga cupom anual.
   - Um investidor pretende comprar essa obrigação hoje e vendê-la em seis meses.
   - Atualmente, a taxa de juros isenta de risco de seis meses é 5% (anualizada).
   - Um contrato *forward* de seis meses para essa obrigação está disponível, com preço *forward* de US$ 1.024,70.
   - Em seis meses, prevê-se que o preço da obrigação, incluindo os juros acumulados, caia para US$ 978,40 em consequência da elevação da taxa de juros.

a. Para proteger o valor da obrigação contra a elevação da taxa de juros durante o período de manutenção, o investidor deve comprar ou vender o contrato *forward*?

b. Calcule o valor do contrato *forward* para o investidor no vencimento desse contrato *forward* considerando que a previsão de VanHusen sobre o preço da obrigação demonstrou-se correta.

c. Calcule a mudança no valor da carteira combinada (a obrigação subjacente e a posição de contrato *forward* apropriada) seis meses após o início do contrato.

5. Sandra Kapple pede informações a Maria VanHusen sobre a utilização de contratos de futuros para proteger o valor da carteira de obrigações do Star Hospital Pension Plan contra a elevação das taxas de juros. VanHusen afirma:

a. "A venda de um contrato de futuros em obrigações gerará fluxo de caixa positivo em um ambiente de taxa de juros crescente antes do vencimento do contrato de futuros."

b. "O custo de manutenção faz com que os contratos de futuros em obrigações sejam negociados por um preço superior ao preço *spot* da obrigação subjacente antes do vencimento do contrato de futuros."

Discorra sobre a precisão das duas afirmações de VanHusen.

EXERCÍCIOS DE INVESTIMENTO NA *WEB*

Entre no *site* da Bolsa Mercantil de Chicago, em www.cme.com. Na guia *Products & Trading* (Produtos e Negociação), escolha o *link* para *Equity Index* (Índice de Ações) e, em seguida, o *link* para o contrato NASDAQ-100 E-mini. Depois, localize a guia *Contract Specifications* (Especificações de Contrato).

1. Qual a magnitude do contrato de futuros?
2. Qual o método de ajuste do contrato de futuros?
3. Para quais meses existem contratos de futuros?

4. Clique no *link* para *View Price Limits* (Exibir Limites de Preço) e depois em *U.S. Equity Price Limits* (Limites de Preço de Ações Americanas). Qual o valor atual do limite de preço de 10% para esse contrato?

5. Clique em *View Calendar* (Exibir Calendário). Qual a data de ajuste do contrato em circulação com vencimento mais curto? Qual o contra com vencimento mais longo?

SOLUÇÕES PARA AS REVISÕES DE CONCEITOS

1.

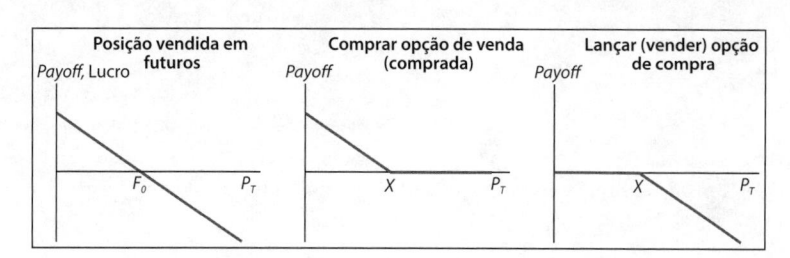

2. A câmara de compensação tem uma posição líquida zero em todos os contratos. Suas posições compradas e vendidas se contrabalançam. Portanto, o fluxo de caixa líquido da marcação a mercado deve ser zero.

3.

	Preço do petróleo em fevereiro, P_T (US$)		
	89,86	91,86	93,86
Fluxo de caixa para comprar petróleo: $-100.000 \times P_T$	−8.986.000	−9.186.000	−9.386.000
+Lucro sobre futuros comprados: $100.000 \times (P_T - F_0)$	−200.000	0	+200.000
FLUXO DE CAIXA TOTAL	−9.186.000	−9.186.000	−9.186.000

4. O risco seria o índice e a carteira não se moverem perfeitamente juntos. Desse modo, o risco de base envolvido na diferença entre o preço de futuros e o valor da carteira poderia persistir mesmo que o preço de futuros sobre índices fosse perfeitamente definido em relação ao próprio índice. Você pode avaliar esse risco utilizando o modelo de índice. Se você fizer a regressão do retorno da carteira ativa sobre o retorno da carteira de índice, o R quadrado da regressão será igual à proporção de variância do retorno da carteira ativa que poderia ter sido protegida utilizando o contrato de futuros sobre índices. Além disso, você pode avaliar o risco da posição coberta utilizando o erro padrão da regressão, que lhe indica o desvio-padrão dos resíduos no modelo de índice. Como esses são os componentes dos retornos arriscados que são independentes do índice de mercado, esse desvio-padrão mede a variabilidade da porção do retorno da carteira ativa que *não pode* ser protegida utilizando o contrato de futuros sobre índices.

5. O preço de futuro, US$ 980, está US$ 10 abaixo do valor de paridade de US$ 990. O fluxo de caixa da estratégia a seguir não oferece risco e é equivalente ao seu erro de apreçamento.

Ação	Fluxo de caixa inicial	Fluxo de caixa no ano 1
Conceder empréstimo de S_0 dólares	−1.000	1.000(1,01) = 1.010
Vender ouro a descoberto	+1.000	$-S_T - 20$
Futuros comprados	0	$S_T - 980$
TOTAL	0	US$ 10 isentos de risco

6. O beta deve ser zero. Se o preço de futuros for um previsor imparcial, deduzimos que ele tem um prêmio de risco zero, o que significa que o beta deve ser zero.

23

Futuros, *swaps* e gestão de riscos

O CAPÍTULO ANTERIOR ofereceu uma introdução básica à operação dos mercados de futuros e aos princípios de precificação de futuros. Este capítulo investiga mais a fundo a precificação e a gestão de riscos na escolha de mercados de futuros. A maior parte do crescimento tem sido em futuros financeiros, que predominam nas negociações, e por isso enfatizamos esses contratos.

Hedging refere-se a técnicas de neutralização de *determinadas* fontes de risco. Desse modo, as atividades de *hedging* são mais restritas do que estratégias mais ambiciosas que procuram um perfil de risco e retorno ótimo para uma carteira completa. Como os contrato de futuros são lançados em quantidades específicas, como valores de índice de ações, taxas de câmbio, preços de *commodity* etc., eles são teoricamente adequados para essas aplicações. Neste capítulo, consideraremos várias aplicações de *hedge* e mostraremos os princípios gerais de uma variedade de contratos. Além disso, mostramos como as estratégias de *hedging* podem ser utilizadas para isolar apostas em oportunidades de lucro percebidas.

Começamos com futuros de câmbio exterior, em que mostramos como as taxa de câmbio *forward* são determinadas por diferenciais de taxas de juros entre os países e examinamos como as empresas podem utilizar futuros para gerenciar o risco da taxa de câmbio. Depois, passamos a analisar os futuros sobre índices de ações, evidenciando a negociação programada e a arbitragem de índice. Em seguida, voltamo-nos para os mercados negociados mais ativamente, aqueles destinados aos futuros de taxas de juros. Examinamos também a precificação de futuros de *commodity*. Por fim, voltamo-nos para os mercados de *swaps* de câmbio e títulos de renda fixa. Veremos que os *swaps* podem ser interpretados como carteiras de contratos *forward* e valorizados de acordo.

23.1 Futuros de câmbio exterior

Mercados

As taxas de câmbio entre moedas variam constantemente e muitas vezes consideravelmente. Essa variabilidade pode ser motivo de preocupação para qualquer pessoa envolvida com negócios internacionais. Um exportador americano que vende produtos na Inglaterra, por exemplo, será pago em libras esterlinas e o valor em dólar dessas libras dependerá da taxa de câmbio no momento do pagamento. Até essa data, o exportador americano estará exposto ao risco da taxa de câmbio exterior. Esse risco pode ser protegido por meio de futuros de moeda ou mercados *forward*. Por exemplo, se você souber que receberá £ 100 mil em 90 dias, poderá vender essas libras hoje no mercado *forward* e fixar uma taxa de câmbio igual ao preço *forward* de hoje.

O mercado *forward* de câmbio exterior é razoavelmente informal. É simplesmente uma rede de bancos e corretores que permite que os clientes firmem contratos *forward* para comprar ou vender moedas no futuro por uma taxa de câmbio ajustada no presente. O mercado bancário de câmbio está entre os maiores do mundo e a maioria dos grandes negociadores com capacidade creditícia suficiente conduz seus negócios nesse mercado e não nos mercados de futuros. Diferentemente dos contratos nos mercados de futuros, os contratos nos mercados *forward* não são padronizados de acordo com uma configuração de mercado formal.

Na verdade, cada contrato é negociado separadamente. Além disso, não existe marcação a mercado como nos mercados de futuros. Os contratos *forward* de moeda exigem execução apenas na data de vencimento. Os participantes precisam considerar o *risco de contraparte*, a possibilidade de um parceiro de negociação não ser capaz de honrar suas obrigações de acordo com o contrato se os preços se voltarem contra ele. Por esse motivo, os negociadores que participam do mercado *forward* devem ter sólida capacidade creditícia.

Entretanto, os *futuros* de moeda são negociados em bolsas formais como Bolsa Mercantil de Chicago (Mercado Monetário Internacional) ou a Bolsa de Futuros Financeiros Internacionais de Londres (London International Financial Futures Exchange – LIFFE). Nesse caso, os contratos são padronizados por tamanho e observa-se que a marcação a mercado ocorre diariamente. Além disso, acordos de compensação padronizados permitem que os negociadores assumam ou revertam posições com facilidade. As posições de margem são utilizadas para garantir o desempenho do contrato, que, por sua vez, é garantido pela câmara de compensação da bolsa, para que a identidade e capacidade creditícia de ambas as partes de uma negociação não sejam motivo de preocupação.

A Figura 23.1 reproduz uma listagem do *Wall Street Journal* de taxas de câmbio *spot* e *forward*. Essa listagem mostra a quantidade de dólares americanos necessária para comprar alguma unidade de moeda estrangeira e a quantia em moeda estrangeira necessária para comprar US$ 1. A

Moedas — 25 de janeiro de 2013

Taxas de câmbio para o dólar americano em *late trading* em Nova York

País/moeda	Segunda-feira Em US$	Segunda-feira Por US$	US$ versus var. YTD (%)	País/moeda	Segunda-feira Em US$	Segunda-feira Por US$	US$ versus var. YTD (%)
Américas				**Europa**			
Argentina peso*	0,2012	4,9709	1,1	República Tcheca coroa	0,05238	19,091	0,4
Brasil real	0,5012	1,9954	-2,6	Dinamarca coroa	0,1803	5,5448	-1,9
Canadá dólar	0,9939	1,0062	1,4	Zona do euro euro	1,3455	0,7432	-1,9
Chile peso	0,002112	473,60	-1,2	Hungria forinte	0,004521	221,21	0,2
Colômbia peso	0,0005618	1.780,00	0,7	Noruega coroa	0,1807	5,5328	-0,6
Equador dólar americano	1	1	inalterado	Polônia zloty	0,3204	3,1207	0,9
México peso*	0,0783	12,7679	-0,7	Rússia rublo‡	0,03314	30,178	-1,0
Peru novo sol	0,3905	2,561	0,6	Suécia coroa	0,1558	6,4197	-1,3
Uruguai peso†	0,05182	19,2990	1,0	Suíça franco	1,0796	0,9263	1,2
Venezuela bolívar forte	0,229885	4,3500	inalterado	Taxa forward de 1 mês	1,0799	0,9260	1,2
Ásia-Pacífico				Taxa forward de 3 meses	1,0806	0,9254	1,3
Austrália dólar	1,0417	0,9600	-0,2	Taxa forward de 6 meses	1,0819	0,9243	1,3
Taxa forward de 1 mês	1,0395	0,9620	-0,3	Turquia lira**	0,5640	1,7729	-0,6
Taxa forward de 3 meses	1,0349	0,9663	-0,2	Reino Unido libras esterlinas	1,5694	0,6372	3,5
Taxa forward de 6 meses	1,0282	0,9726	-0,2	Taxa forward de 1 mês	1,5692	0,6373	3,4
China iuane	0,1607	6,2226	-0,1	Taxa forward de 3 meses	1,5687	0,6375	3,4
Hong Kong dólar	0,1289	7,7572	0,1	Taxa forward de 6 meses	1,5681	0,6377	3,4
Índia rupia	0,01850	54,055	-1,7	**Oriente Médio/África**			
Indonésia rupia	0,0001033	9.676	0,4	Bahrain dinar	2,6531	0,3769	-0,1
Japão iene	0,011007	90,85	4,7	Egito libra*	0,1502	6,6558	4,7
Taxa forward de 1 mês	0,011009	90,83	4,5	Israel shekel	0,2684	3,7259	-0,2
Taxa forward de 3 meses	0,011014	90,79	4,5	Jordânia dinar	1,4111	0,7087	-0,2
Taxa forward de 6 meses	0,011024	90,71	4,5	Kuwait dinar	3,5503	0,2817	0,1
Malásia ringgit	0,3284	3,0450	-0,4	Líbano libra	0,0006649	1.503,95	0,1
Nova Zelândia dólar	0,8340	1,1990	-0,7	Arábia Saudita rial	0,2666	3,7504	unch
Paquistão rupia	0,01022	97,845	0,6	África do Sul rand	0,1099	9,1021	7,6
Filipinas peso	0,0244	40,936	-0,2	Emirados Árabes Unidos dirham	0,2722	3,6732	unch
Cingapura dólar	0,8077	1,2380	1,4	Fechamento	Variação líquida	% Variação	% Var. YTD
Coreia do Sul won	0,0009158	1.091,92	2,6	Índice Dólar WSJ 71,	0,07	0,09	0,82
Taiwan dólar	0,03390	29,500	1,6	Fontes: ICAP plc., WSJ Market Data Group			
Tailândia baht	0,03345	29,896	-2,2				
Vietnã dong	0,00004798	20840	0,3				

FIGURA 23.1
Taxas de câmbio *spot* e *forward*

Fonte: The Wall Street Journal Online, 25 de janeiro de 2013. Dados reimpressos com permissão do *The Wall Street Journal*, Copyright© 2013 Dow Jones & Company, Inc. Todos os direitos reservados mundialmente.

Figura 23.2 reproduz listagens de futuros, que mostram a quantidade de dólares necessária para compara alguma unidade de moeda estrangeira. Na Figura 23.1, são listadas taxas de câmbio *spot* e *forward* de várias datas de entrega.

As cotações *forward* listadas na Figura 23.1 se aplicam a ordens de entrega flexível em 30, 90 ou 180 dias. Desse modo, as listagens de contratos *forward* do dia seguinte aplicam-se a uma data de vencimento um dia posterior ao da listagem de hoje. Em contraposição, na Figura 23.2 os contratos de futuros vencem em quatro datas ao ano: março, junho, setembro e dezembro.

Paridade da taxa de juros

Tal como ocorre com as ações e os futuros de ações, uma relação entre a taxa de câmbio *spot* e de futuros prevalecerá nos mercados que funcionam bem. Se a assim chamada **relação de paridade da taxa de juros** for violada, os arbitradores conseguirão transformar os lucros isentos de risco nos mercados de câmbio exterior com investimento líquido zero. As atitudes desses arbitradores farão com que a taxa de câmbio *spot* e de futuros volte a ficar alinhada. Outro termo referente à relação de paridade da taxa de juros é a **relação de arbitragem de juros coberta**.

Podemos mostrar o teorema da paridade da taxa de juros utilizando duas moedas, o dólar americano e a libra esterlina (Reino Unido). Chamemos de E_0 a taxa de câmbio atual entre as duas moedas, isto é, E_0 dólares são necessários para comprar uma libra. F_0, o preço *forward*, é o número de dólares fixado hoje para comprar uma libra no tempo T. Chamemos as taxas isentas de risco dos Estados Unidos e do Reino Unido de r_{EUA} and r_{RU}, respectivamente.

O teorema da paridade da taxa de juros estabelece que a relação apropriada entre E_0 e F_0 é

$$F_0 = E_0 \left(\frac{1 + r_{EUA}}{1 + r_{RU}} \right)^T \quad (23.1)$$

Por exemplo, se $r_{EUA} = 0,04$ e $r_{RU} = 0,05$ anualmente, enquanto E_0 = US\$ 2 por libra, o preço de futuros apropriado para um contrato de um ano será

$$\text{US\$ } 2,00 \left(\frac{1,04}{1,05} \right) = \text{US\$ } 1,981 \text{ por libra}$$

Leve em conta a percepção por trás da Equação 23.1. Se r_{EUA} for inferior a r_{RU}, o dinheiro investido nos Estados Unidos aumentará mais lentamente do que o dinheiro investido no Reino Unido. Se assim for, por que todos os investidores não decidem investir seu dinheiro no Reino Unido? Um motivo importante é que o dólar pode estar se valorizando em relação à libra. Apesar de os investimentos em dólar nos Estados Unidos crescerem mais lentamente do que os investimentos em libra no Reino Unido, cada dólar pode valer mais libras no mercado *forward* do que no mercado *spot*. Esse prêmio *forward* contrabalançará precisamente a vantagem da taxa de juros mais alta do Reino Unido.

Contrato	Abertura	Alta	Baixa	Liquidação	Variação	Em aberto
Iene japonês (CME) – ¥ 12.500.000; US\$ por 100 ¥						
Março	1,0675	1,0854	1,0672	1,0777	0,0086	217.367
Junho	1,0687	1,0861	1,0683	1,0785	0,0086	2.320
Dólar canadense (CME) – CAD 100.000; US\$ por CAD						
Março	1,0016	1,0021	0,9954	0,9964	–0,0047	131.433
Junho	0,9994	0,9998	0,9939	0,9944	–0,0047	4.071
Libra esterlina (CME) – £ 62.500; US\$ por £						
Março	1,5711	1,5842	1,5707	1,5794	0,0086	165.688
Junho	1,5699	1,5817	1,5697	1,5787	0,0086	457
Franco suíço (CME) – CHF125.000; US\$ por CHF						
Março	1,0888	1,0929	1,0886	1,0907	0,0008	41.574
Junho	1,0913	1,0924	1,0912	1,0919	0,0008	73

FIGURA 23.2
Futuros de câmbio exterior

Fonte: The Wall Street Journal, 11 de fevereiro de 2013. Dados reimpressos com permissão do *The Wall Street Journal*, Copyright© 2013 Dow Jones & Company, Inc. Todos os direitos reservados mundialmente.

EXEMPLO 23.1 || Arbitragem de juros coberta

E se a relação de paridade da taxa de juros fosse violada? Por exemplo, suponhamos que o preço de futuros seja US$ 1,97/£ e não US$ 1,981/£. Você poderia adotar a estratégia a seguir. Nesse exemplo, chamemos de E_1 a taxa de juros (US$/£) que prevalecerá em um ano. Obviamente, E_1 é uma variável aleatória do ponto de vista dos investidores atuais.

Ação	Fluxo de caixa inicial (US$)	Fluxo de caixa em 1 ano (US$)
1. Contrair empréstimo de 1 libra esterlina em Londres. Converter em dólar. Reembolsar £1,05 no final do ano.	2,00	$-E_1(£1,05)$
2. Contrair empréstimo de US$ 2,00 nos Estados Unidos.	–2,00	US$ 2,00(1,04)
3. Assumir contrato para comprar £ 1,05 pelo preço (de futuros) de F_0 = US$ 1,97/£.	0	£ 1,05(E_1 – US$ 1,97/£)
TOTAL	0	US$ 0,0115

No primeiro passo, você troca 1 libra tomada emprestada no Reino Unido por US$ 2 pela taxa de câmbio atual. Depois de um ano, você deve reembolsar com juros o empréstimo em libra. Como o empréstimo é contraído no Reino Unido, pela taxa de juros de lá, você reembolsaria £ 1,05, que valeria $E_1(1,05)$ dólar. O empréstimo nos Estados Unidos, no segundo passo, é contraído pela taxa de juros americana de 4%. A posição em futuros, no terceiro passo, resulta no recebimento de £ 1,05, pela qual você pagaria US$ 1,97 cada. Depois ela seria converteria em dólar pela taxa de câmbio de E_1.

Observe que o risco da taxa de câmbio aqui é exatamente compensado pelo encargo em libra no primeiro passo e a posição em futuros no terceiro passo. Portanto, o lucro dessa estratégia é isento de risco e não exige nenhum investimento líquido.

Para completar esse argumento, precisamos apenas perguntar como a valorização do dólar se evidenciaria na Equação 23.1. Se o dólar estiver se valorizando, o que significa que cada vez menos dólares são necessários para comprar cada libra e a taxa de câmbio *forward* F_0 será inferior a E_0, a taxa de câmbio atual. É exatamente isto que Equação 23.1 nos indica: quando r_{EUA} é inferior a r_{RU}, F_0 deve ser inferior a E_0. O prêmio *forward* do dólar embutido no índice de F_0 em relação a E_0 compensa exatamente a diferença nas taxas de juros em vigor nos dois países. Obviamente, a recíproca desse argumento também é verdadeira: se r_{EUA} for superior a r_{RU}, então F_0 será superior a E_0.

Para generalizar a estratégia no Exemplo 23.1:

Ação	Fluxo de caixa inicial (US$)	Fluxo de caixa em 1 ano (US$)
1. Contrair empréstimo de 1 libra esterlina em Londres. Converter em dólar.	E_0	$-E_1(1 + r_{RU})$
2. Usar os rendimentos do empréstimo em Londres para conceder empréstimo nos EUA.	$-E_0$	$E_0(1 + r_{EUA})$
3. Assumir $(1 + r_{RU})$ posições em futuros para comprar 1 libra por F_0 dólares.	0	$(1 + r_{RU})(E_1 - F_0)$
TOTAL	0	$E_0(1 + r_{EUA}) - F_0(1 + r_{RU})$

Vejamos novamente os estágios da operação de arbitragem. O primeiro passo exige que se tome emprestada uma libra no Reino Unido. Com a taxa de câmbio atual de E_0, uma libra é convertida em E_0 dólares, que é uma entrada de caixa. Em um ano o empréstimo britânico concedido deve ser pago com juros, exigindo um pagamento em libra de $(1 + r_{RU})$ ou em dólar de $E_1(1 + r_{RU})$. No segundo passo, os rendimentos do empréstimo britânico são investidos nos Estados Unidos. Isso requer uma saída de caixa inicial de US$ E_0 e uma entrada de caixa de US$ $E_0(1 + r_{RU})$ em um ano. Por fim, o risco cambial envolvido no empréstimo britânico é protegido no terceiro passo. Aqui, as $(1 + r_{RU})$ libras necessárias para satisfazer o empréstimo britânico são compradas antecipadamente em um contrato de futuros.

Os rendimentos líquidos da carteira de arbitragem são isentos de risco e determinados por $E_0(1 + r_{EUA}) - F_0(1 + r_{RU})$. Se esse valor for positivo, contraia um empréstimo no Reino Unido, conceda um empréstimo nos Estados Unidos e assuma uma posição comprada em futuros para eliminar o risco da taxa de câmbio. Se o valor for negativo, contraia um empréstimo nos Estados Unidos, conceda um empréstimo no Reino Unido e assuma uma posição vendida em futuros de libra. Quando os preços impedem oportunidades de arbitragem, a expressão deve ser igual a zero. Essa condição de não arbitragem implica que

$$F_0 = \frac{1 + r_{EUA}}{1 + r_{RU}} E_0 \qquad (23.2)$$

que é o teorema da paridade da taxa de juros para um horizonte de um ano.

Cotações diretas *versus* indiretas

A taxa de câmbio nos Exemplos 23.1 e 23.2 é expressa em dólar por libra. Isso é um exemplo de cotação de taxa de câmbio *direta*. A taxa de câmbio entre o euro e o dólar também costuma ser expressa como uma cotação direta. Em contraposição, as taxas de câmbio de outras moedas, como o iene japonês ou o franco suíço, normalmente são expressas como cotações *indiretas*, isto é, como unidades de moeda estrangeira por dólar – por exemplo, 92 ienes por dólar. Para moedas expressas como cotações indiretas, a depreciação do dólar geraria uma *redução* na taxa de câmbio cotada (US$ 1 compra menos ienes); em contraposição, a depreciação do dólar em relação à libra revelaria uma taxa de câmbio *inferior* (mais dólares são necessários para comprar £ 1). Quando a taxa de câmbio é cotada como uma moeda estrangeira por dólar, as taxas de câmbio doméstica e estrangeira na Equação 23.2 devem ser trocadas. Nesse caso, a equação se torna

> **REVISÃO DE CONCEITOS 23.1**
>
> Qual seria a estratégia de arbitragem e o lucro correspondente se o preço de futuros inicial no Exemplo 23.1 fosse $F_0 =$ US$ 2,01/libra?

$$F_0(\text{moeda estrangeira}/£) = \frac{1 + r_{(\text{estrangeira})}}{1 + r_{EUA}} \times E_0(\text{moeda estrangeira/US\$})$$

Se a taxa de juros nos Estados Unidos for superior à do Japão, o dólar será vendido no mercado *forward* por um preço inferior (comprará menos ienes) ao do mercado *spot*.

Utilizando futuros para gerenciar o risco da taxa de câmbio

Considere uma empresa americana que exporta a maior parte de seus produtos para a Grã-Bretanha. Ela é vulnerável a flutuações na taxa de câmbio entre dólar/libra por vários motivos. Primeiro, o valor do dólar da receita denominada em libra deduzida de seus clientes flutuará com a taxa de câmbio. Segundo, o preço da libra que a empresa pode cobrar de seus clientes no Reino Unido será em si afetado pela taxa de câmbio. Por exemplo, se a libra se depreciar em 10% em relação ao dólar, a empresa precisará aumentar em 10% o preço em libra de seus produtos para manter o preço equivalente em dólar. Entretanto, a empresa talvez não consiga elevar o preço em 10% se enfrentar concorrência de produtores britânicos ou se acreditar que o preço denominado em libra poderia diminuir a demanda por seus produtos.

Para neutralizar sua exposição ao câmbio exterior, a empresa pode realizar transações que lhe ofereçam lucro quando a libra se deprecia. Os lucros não realizados nas operações de negócio em virtude de uma depreciação serão então compensados por ganhos em suas transações financeiras.

EXEMPLO 23.2 || Arbitragem de juros coberta

Amplas evidências confirmam a relação de paridade da taxa de juros. Por exemplo, em 3 de fevereiro de 2013, a taxa de juros Libor denominada em dólar com vencimento em seis meses era 0,48%, ao passo que a taxa comparável denominada em libra esterlina era mais alta, 0,65%. Portanto, deveríamos esperar uma taxa de câmbio *forward* (em US$/£) inferior à taxa *spot*. Foi exatamente isso que observamos: enquanto a taxa *spot* era US$ 1,5694/£, a taxa *forward* era US$ 1,5681/£. Mais especificamente, a paridade da taxa de juros implica que a taxa *forward* deve ter sido $1{,}5694 \times (1{,}0048/1{,}0065)^{1/2} = 1{,}5681$, exatamente igual à taxa atual.

Por exemplo, se a empresa firmar um contrato de futuros para trocar libra por dólar a uma taxa de câmbio ajustada no presente e a libra se depreciar, a posição em futuros gerará um lucro.

A título de exemplo, suponhamos que o preço de futuros seja atualmente US$ 2 por libra para entrega em três meses. Se a empresa firmar um contrato de futuros com preço de US$ 2 por libra e a taxa de câmbio em três meses for US$ 1,90 por libra, o lucro da posição vendida será $F_0 - F_T$ = US$ 2,00 − US$ 1,90 = US$ 0,10 por libra.

Quantas libras devem ser vendidas no mercado de futuros para neutralizar mais completamente a exposição a flutuações na taxa de câmbio? Suponhamos que o lucro em dólar no trimestre seguinte caia US$ 200 mil para cada depreciação de US$ 0,10 da libra. Como *hedge*, precisamos de uma posição em futuros que ofereça um *lucro* extra de US$ 200 mil para cada US$ 0,10 de depreciação da libra. Portanto, precisamos de uma posição em futuros para entregar £ 2 milhões. Como acabamos de ver, o lucro por libra no contrato de futuros é igual à diferença no preço de futuros atual e a taxa de câmbio final; desse modo, o lucro cambial proveniente da depreciação[1] de US$ 0,10 será igual a US$ 0,10 × 2.000.000 = US$ 200.000.

A posição de *hedge* apropriada em futuros de libra independe da depreciação real da libra desde que a relação entre os lucros e as taxas de câmbio seja aproximadamente linear. Por exemplo, se a libra se depreciasse apenas metade, US$ 0,05, a empresa perderia somente US$ 100 mil em lucros operacionais. A posição em futuros também retornaria metade do lucro: US$ 0,05 × 2.000.000 = US$ 100.000, uma vez mais apenas neutralizando a exposição operacional. Se a libra *se valorizar*, a posição de *hedge* ainda assim (infelizmente, nesse caso) neutraliza a exposição operacional. Se houver uma valorização de US$ 0,05 na libra, a empresa pode novamente ganhar US$ 100 mil com o aumento no valor da libra; entretanto, ela perderá esse valor em seu compromisso de entregar as libras pelo preço de futuros original.

O índice de *hedge* é o número necessário de posições em futuros para diminuir o risco da carteira não protegida, nesse caso a atividade de exportação da empresa. Em geral, podemos pensar no **índice de *hedge*** como o número de instrumentos de *hedge* (p. ex.: contratos de futuros) que seriam estabelecidos para compensar o risco de uma posição descoberta. Nesse caso, o índice de *hedge*, H, é

$$H = \frac{\text{Mudança no valor da posição descoberta para uma dada mudança na taxa de câmbio}}{\text{Mudança decorrente de uma posição em futuros para a mesma mudança na taxa de câmbio}}$$

$$= \frac{\text{US\$ 200.000 por mudança de US\$ 0,10 na taxa de câmbio de US\$/£}}{\text{Lucro de US\$ 0,10 } \textit{por libra} \text{ entregue por cada mudança de US\$ 0,10 na taxa de câmbio de US\$/£}}$$

$$= 2.000.000 \text{ libras a serem entregues}$$

Como cada contrato de futuros em libra na Bolsa Mercantil de Chicago exige a entrega de 62.500 libras, você venderia 2.000.000/62.500 por contrato = 32 contratos.

O índice de *hedge* pode ser interpretado como índice de sensibilidade à fonte de incerteza. A sensibilidade dos lucros operacionais é US$ 200 mil por oscilação de US$ 0,10 na taxa de câmbio. A sensibilidade dos lucros futuros é US$ 0,10 por libra a ser entregue por oscilação de US$ 0,10 na taxa de câmbio. Portanto, o índice de *hedge* é 200.000/0,10 = 2.000.000 libras.

Com essa mesma facilidade, poderíamos ter definido o índice de *hedge* em termos de contrato de futuros. Como cada contrato exige a entrega de 62.500 libras, o lucro em cada contrato por oscilação de US$ 0,10 na taxa de câmbio é US$ 6.250. Desse modo, o índice de *hedge* definido em unidades de contrato de futuros é US$ 200.000/US$ 6.250 = 32 contratos, tal como constatamos anteriormente.

> **REVISÃO DE CONCEITOS 23.2**
>
> Suponhamos que um investidor americano seja prejudicado quando o dólar se deprecia. Especificamente, suponhamos que seus lucros diminuam em US$ 200 mil para cada elevação de US$ 0,05 na taxa de câmbio. Quantos contratos a empresa deve firmar? Ela deve assumir a posição comprada ou a posição vendida nos contratos?

---

[1] Na verdade, o lucro sobre o contrato depende de mudanças no preço de futuros, não na taxa de câmbio *spot*. Para simplificar, chamamos o declínio no preço de futuros de depreciação na libra.

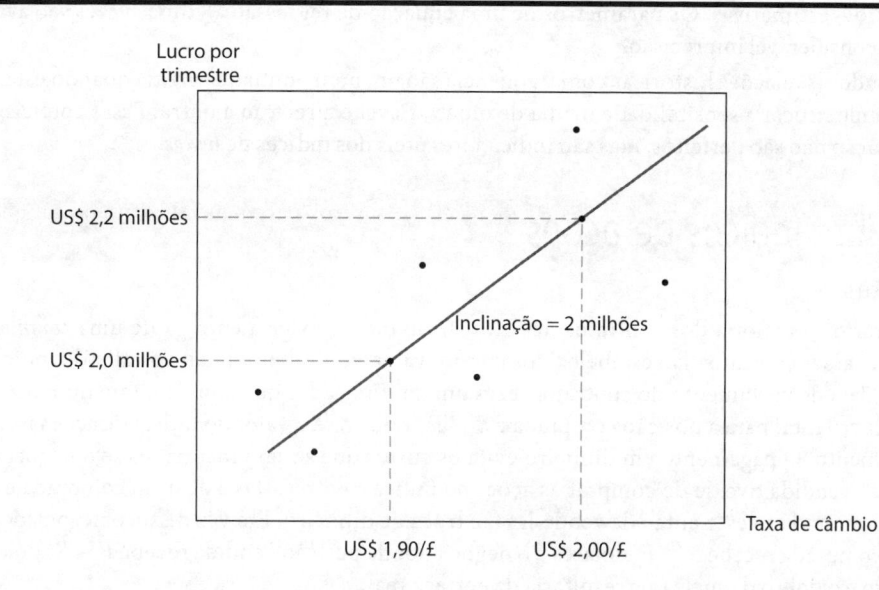

FIGURA 23.3
Lucros como função da taxa de câmbio

Em vista da sensibilidade da posição descoberta em relação a mudanças na taxa de câmbio, é fácil calcular a posição de *hedge* de minimização de risco. A estimativa dessa sensibilidade é bem mais difícil. Para a empresa de exportação, por exemplo, uma visão ingênua se concentraria apenas na receita esperada denominada em libra e depois no contrato para entrega desse número de libras no mercado de futuros ou *forward*. Entretanto, essa abordagem não reconhece que a receita em libra é em si uma função da taxa de câmbio porque a posição competitiva da empresa americana no Reino Unido é determinada em parte pela taxa de câmbio.

Uma abordagem apoia-se em parte nas relações históricas. Suponhamos, por exemplo, que a empresa prepare um diagrama de dispersão, como na Figura 23.3, que associa seus lucros empresariais (avaliados em dólar) em cada um dos últimos 40 trimestres com a taxa de câmbio entre dólar/libra nesse trimestre. Geralmente os lucros são inferiores quando a taxa de câmbio é mais baixa, isto é, quando a libra se deprecia. Para quantificar essa sensibilidade, podemos calcular a seguinte equação de regressão:

$$\text{Lucros} = a + b(\text{US\$/£ taxa de câmbio})$$

A inclinação da regressão, a estimativa de b, é a sensibilidade dos lucros trimestrais à taxa de câmbio. Por exemplo, se a estimativa de b for 2 milhões, como na Figura 23.3, então, em média, um *aumento* de US$ 1 no valor da libra resultará em um *aumento* de US$ 2 milhões nos lucros trimestrais. Obviamente, essa é a sensibilidade que postulamos quando afirmamos que uma queda de US$ 0,10 na taxa de câmbio entre dólar/libra diminuiria os lucros em US$ 200 mil.

É claro que é necessário interpretar com cuidado o resultado da regressão. Por exemplo, alguém poderia desejar extrapolar a relação histórica entre lucratividade e taxas de câmbio exibida em um período em que a taxa de câmbio girou em torno de US$ 1,80 e US$ 2,10 por libra para cenários em que a previsão da taxa de câmbio se evidencie abaixo de US$ 1,40 por libra ou acima de US$ 2,50 por libra.

Além disso, extrapolar relações passadas para o futuro pode ser perigoso. Vimos no Capítulo 8 que os betas de regressão do modelo de índice tendem a variar com o tempo; esses problemas não são exclusivos do modelo de índice. Além do mais, as estimativas de regressão são

---

REVISÃO DE CONCEITOS 23.3

A United Millers compra milho para fabricar flocos de milho. Quando o preço do milho aumenta, o custo de produção dos cereais aumenta, diminuindo os lucros. Historicamente, os lucros por trimestre têm sido relacionados ao preço do milho de acordo com a seguinte equação: Lucros = US$ 8 milhões −1 milhão × preço por *bushel*. Quantos *bushels* de milho a United Millers deve comprar no mercado de futuros de milho para se proteger contra o risco de preço do milho?

apenas isto – estimativas. Os parâmetros de uma equação de regressão algumas vezes são avaliados com considerável imprecisão.

Contudo, as relações históricas com frequência são um bom ponto de partida quando estamos tentando identificar a sensibilidade média de uma variável em relação a outra. Esses coeficientes de inclinação não são perfeitos, mas são indicadores úteis dos índices de *hedge*.

23.2 Futuros sobre índices de ações

Contratos

Ao contrário da maioria dos contratos de futuros, em que se exige a entrega de uma *commodity* específica, esses contratos são estabelecidos por um valor em dinheiro igual ao valor do índice de ações na data de vencimento do contrato, vezes um multiplicador que amplia o tamanho do contrato. O lucro total para a posição comprada é $S_T - F_0$, onde S_T é o valor do índice de ações na data de vencimento. O pagamento em dinheiro evita os custos que seriam incorridos se o negociador da posição vendida tivesse de comprar as ações no índice e entregá-las à posição comprada e se a posição comprada tivesse então de vendê-las em troca de dinheiro. Em vez disso, o negociador da posição comprada recebe $S_T - F_0$ dólares e o negociador da posição vendida recebe $F_0 - S_T$ dólares. Esse lucro é o dobro daquele que resultaria da entrega real.

Atualmente são negociados vários contratos de futuros sobre índices de ações. A Tabela 23.1 relaciona alguns dos principais, mostrando abaixo do tamanho do contrato o multiplicador utilizado para calcular os pagamentos do contrato. Por exemplo, um contrato do S&P 500 com preço de futuros inicial de 1.400 e valor de índice final de 1.405 geraria um lucro para a posição comprada de US$ 250 × (1.405 – 1.400) = US$ 1.250. O contrato do S&P domina de longe o mercado de futuros sobre índices de ações dos Estados Unidos.[2]

Existe uma alta correlação entre todos os índices amplos do mercado de ações dos Estados Unidos. A Tabela 23.2 é uma matriz de correlação de quatro índices bastante conhecidos: S&P 500, Dow Jones Industrial Average (DJIA), Russell 2.000 de ações de baixa capitalização e Nasdaq 100. A correlação mais alta, 0,979, ocorre entre os dois índices de alta capitalização, o S&P 500 e o DJIA. O Nasdaq 100, que abrange predominantemente empresas de tecnologia, e o índice Russell 2.000, de empresas de baixa capitalização, têm menor correlação com os índices de alta capitalização e entre si, mas mesmo nesses casos a correlação é superior a 0,85.

TABELA 23.1 Exemplo de contratos de futuros sobre índices de ações

Contrato	Índice de mercado subjacente	Tamanho do contrato	Bolsa
S&P 500	Índice Standard & Poor's 500 Média aritmética ponderada pelo valor de 500 ações	US$ 250 vezes o índice S&P 500	Bolsa Mercantil de Chicago
Dow Jones Industrial Average (DJIA)	Índice industrial Dow Jones Média ponderada pelo preço de 30 empresas	US$ 10 vezes o índice	Câmara de Comércio de Chicago
Russell 2.000	Índice de 2.000 empresas menores	US$ 100 vezes o índice	Intercontinental Exchange, ICE
Nasdaq 100	Média aritmética ponderada pelo valor das 100 maiores ações de balcão	US$ 100 vezes o índice	Bolsa Mercantil de Chicago
Nikkei 225	Média de ações Nikkei 225	US$ 5 vezes o índice Nikkei	Bolsa Mercantil de Chicago
FTSE 100	Índice Financial Times/ Bolsa de Valores de 100 empresas britânicas	£ 10 vezes o índice FTSE	Bolsa de Futuros Financeiros Internacionais de Londres
DAX-30	Índice das 30 maiores empresas alemãs	25 euros vezes o índice	Eurex
CAC-40	Índice das 40 maiores empresas francesas	10 euros vezes o índice	Euronext Paris
Hang Seng	Índice ponderado pelo valor das maiores empresas de Hong Kong	50 dólares de Hong Kong vezes o índice	Bolsa de Valores de Hong Kong

---

[2] Devemos ressaltar que, embora esses multiplicadores possam tornar as posições resultantes muito grandes para vários investidores pequenos, existem vários futuros efetivamente equivalentes com multiplicadores menores (normalmente um quinto do valor do contrato padrão) chamados de *E-Minis*.

TABELA 23.2 Coeficientes de correlação utilizando retornos mensais, 2008–2012

	S&P	DJIA	Russell	Nasdaq
S&P 500	1	0,979	0,948	0,928
DJIA		1	0,908	0,876
Russell 2.000			1	0,898
Nasdaq 100				1

Criando posições sintéticas em ações: uma ferramenta de alocação de ativos

Um dos motivos de os futuros sobre índices de ações serem tão populares é que eles podem substituir os investimentos nas ações subjacentes propriamente ditas. Os futuros sobre índices possibilitam que os investidores participem de movimentos amplos de mercado sem de fato comprar ou vender inúmeras ações.

Por isso, dizemos que os futuros representam posses "sintéticas" da posição de mercado. Em vez de assumir uma posição no mercado diretamente, o investidor assume uma posição comprada em futuros no índice. Os custos de transação necessários para estabelecer e liquidar as posições de futuros são bem menores do que para assumir posições *spot* reais. Os *timers* de mercado que especulam com amplas movimentações de mercado em vez de títulos individuais são por esse motivo participantes importantes do mercado de futuros sobre índices de ações.

Por exemplo, uma forma de lucrar com o *timing* do mercado é alternar entre letras do Tesouro e investimentos em um amplo mercado de ações. Os *timers* tentam alternar entre letras e o mercado antes das altas e retornar para as letras a fim de evitar as retrações, lucrando dessa forma

> **REVISÃO DE CONCEITOS 23.4**
>
> A estratégia de *market timing* do Exemplo 23.3 também pode ser atingida por um investidor que mantém uma carteira de ações indexadas e "sai sinteticamente" dessa posição utilizando futuros se e quando ele ficar pessimista quanto ao mercado. Suponhamos que o investidor mantenha US$ 140 milhões em ações. Que posição em futuros adicionada ao investimento em ações criaria uma exposição sintética às letras do Tesouro quando ele estiver pessimista em relação ao mercado? Confirme se os lucros são efetivamente isentos de risco utilizando uma tabela semelhante à do Exemplo 23.3.

> **EXEMPLO 23.3** || Posições sintéticas utilizando futuros sobre índices de ações
>
> Suponhamos que um investidor institucional deseje investir US$ 140 milhões no mercado durante um mês e, para minimizar os custos de negociação, escolha comprar contratos de futuros do S&P 500 para substituir seus investimentos em ações reais. Se no momento o índice for 1.400, o preço de futuros para entrega em um mês for 1.414 e a taxa das letras do Tesouro for 1% ao mês, seriam comprados 400 contratos. (Cada contrato controla um valor em ações de US$ 250 × 1.400 = US$ 350.000 e US$ 140 milhões/US$ 350.000 = 400.) Portanto, a instituição tem uma posição comprada em US$ 100 mil vezes o índices S&P 500 (400 contratos vezes o multiplicador de contrato de US$ 250). Para cobrir o pagamento do preço de futuros, é necessário comprar letras com 100 mil vezes o valor presente do preço de futuros. Isso equivale ao valor de mercado de 100.000 × (1.414/1,01) = US$ 140 milhões das letras. Observe que a saída de US$ 140 milhões é exatamente igual ao valor que teria sido necessário para comprar diretamente as ações. (O valor de face das letras será 100.000 × 1.414 = US$ 141,4 milhões.)
>
> Essa é uma posição artificial ou sintética em ações. Qual o valor dessa carteira na data de vencimento? Designemos S_T como o valor do índice de ações na data de vencimento T e, como sempre, F_0 como o preço de futuros original:
>
> | | Em geral (por unidade do índice) | Nossos números (US$) |
> |---|---|---|
> | 1. Lucros provenientes do contrato | $S_T - F_0$ | $100.000(S_T - 1.414)$ |
> | 2. Valor de face das letras do Tesouro | F_0 | 141.400.000 |
> | TOTAL | S_T | $100.000 S_T$ |
>
> O *payoff* total na data de vencimento do contrato é exatamente proporcional ao valor do índice de ações. Em outras palavras, adotar essa estratégia de carteira é equivalente a manter o índice de ações em si, exceto em relação à questão da distribuição de dividendos e do tratamento tributário.

com amplas movimentações de mercado. No entanto, esse tipo de *market timing* pode gerar enormes custos de negociação. Uma alternativa atraente é investir em letras do Tesouro e manter quantidades variadas de contratos de futuros sobre índices de mercado, cuja negociação é bem mais barata.

A estratégia funciona da maneira a seguir. Quando os *timers* ficarem otimistas, assumirão inúmeras posições compradas em futuros que eles podem liquidar com rapidez e de forma barata em caso de expectativas pessimistas. Em vez de ficar de um lado para outro entre letras do Tesouro e ações, os negociadores compram e vendem letras do Tesouro e ajustam apenas a posição de futuros.

Você pode formar uma posição em letras do Tesouro e futuros sobre índices que duplica o *payoff* de manter o índice de ações em si. Veja como:

1. Compre o máximo de contratos de futuros indexados pelo mercado que você precisar para estabelecer a posição desejada em ações. Um investimento desejado de US$ 1.000, multiplicado pelo índice S&P 500, por exemplo, exigiria a compra de quatro contratos porque cada um exigiria a entrega de US$ 250 multiplicado pelo índice.
2. Invista o suficiente em letras do Tesouro para cobrir o pagamento do preço de futuros na data de vencimento do contrato. O investimento necessário é simplesmente o valor presente do preço de futuros.

A estratégia de letras mais contratos de futuros no Exemplo 23.3 pode ser vista como uma estratégia de 100% de investimento em ações. No outro extremo, investir em zero futuros gera uma posição 100% em letras. Além disso, uma posição vendida em futuros resultará em uma carteira equivalente à obtida pela venda a descoberto do índice de mercado de ações porque, em ambos os casos, o investidor ganhará com a queda de preço das ações. A composição de letras mais futuros sem dúvida possibilita uma abordagem de *market timing* flexível e com baixo custo de transação. As posições em futuros podem ser estabelecidas ou revertidas de maneira rápida e barata. Além disso, como a posição vendida em futuros permite que o investidor ganhe juros sobre as letras do Tesouro, ela é superior à venda a descoberto de ações tradicional, em que o investidor pode ganhar pouco ou nenhum juro sobre os rendimentos da venda a descoberto.

O quadro logo a seguir mostra que agora é comum os gestores financeiros utilizarem contratos de futuros para criar posições sintéticas em ações nos mercados acionários. O artigo ressalta que as posições de futuros podem ser particularmente úteis para estabelecer posições sintéticas em ações estrangeiras, caso em que os custos de negociação tendem a ser maiores e os mercados tendem a ser menos líquidos.

Arbitragem de índice

Sempre que o preço de futuros real ficar fora da faixa de não arbitragem, haverá oportunidade de lucro. É por esse motivo que as relações de paridade são tão importantes. Longe de serem construtos teóricoacadêmicos, elas na verdade são um guia para as regras de negociação que podem gerar grandes lucros. **Arbitragem de índice** é uma estratégia de investimento que explora divergências entre o preço de futuros real e seu valor de paridade teoricamente correto.

Em princípio, a arbitragem de índice é simples. Se o preço de futuros estiver muito alto, assuma uma posição vendida em futuros e compre as ações do índice. Se estiver muito baixo, assuma uma posição comprada em futuros e uma posição vendida em ações. Você pode proteger sua posição perfeitamente e deve obter lucros de arbitragem equivalentes ao erro de apreçamento do contrato.

No entanto, na prática, a arbitragem de índice pode ser difícil de implementar. O problema é comprar as ações no índice. Vender ou comprar ações em todas as 500 empresas do S&P 500 é impraticável por dois motivos. O primeiro é o custo de transação, que pode ser superior a qualquer lucro obtido da arbitragem. Segundo, a arbitragem de índice exige a compra ou venda simultânea de ações de 500 empresas diferentes – e qualquer atraso na execução dessa estratégia pode destruir a eficácia do plano de tirar vantagem de discrepâncias de preço temporárias. Não se esqueça de que outros também tentarão explorar qualquer desvio em relação à paridade e, se eles negociarem primeiro, talvez possam mudar os preços antes que a sua negociação seja concluída.

Os arbitradores precisam negociar uma carteira inteira de ações rápida e simultaneamente se quiserem explorar disparidades entre o preço de futuros e seu índice de ações correspondente. Por isso, eles precisam de um programa de negociação coordenado; daí o termo **negociação programada**,

DESTAQUE DA REALIDADE

ESTÁ COM UMA BOLADA PARA INVESTIR RAPIDAMENTE? FUTUROS SOBRE ÍNDICES DE AÇÕES

Como os investidores estão cada vez mais globais e a turbulência no mercado está crescendo, os futuros sobre índices de ações estão se tornando o método favorito para os gestores financeiros hábeis distribuírem seus fundos. Aliás, na maioria dos mercados mais importantes, a negociação em futuros de ações agora supera a compra e venda de ações reais.

Qual é o grande apelo por trás disso? Velocidade, facilidade e custos baixos. Para a maioria dos mercados importantes, os futuros de ações não apenas ostentam maior liquidez, mas custos de transação mais baixos do que os oferecidos pelos métodos de negociação tradicionais.

"Quando decido que é hora de entrar na França, na Alemanha ou na Inglaterra, não necessariamente desejo ficar aguardando até encontrar exatamente as ações corretas", diz Fabrizio Pierallini, gestor do Euro Pacific Fund da Vontobel Ltd., com sede em Nova York.

Pierallini afirma que posteriormente ele ajusta melhor suas escolhas no mercado mudando gradativamente dos contratos de futuros para as ações favoritas. Desde que as ações de Pierallini superem o desempenho do mercado, os futuros são uma forma de preservar esses ganhos, mesmo quando existe proteção contra quedas no mercado.

Por exemplo, ao vender futuros com valor igual ao da carteira subjacente, um gestor pode proteger uma carteira quase que completamente contra as oscilações do mercado. Digamos que um gestor consiga superar o desempenho do mercado, mas mesmo assim perca 3%, enquanto o mercado em geral apresenta uma queda de 10%. O *hedging* com futuros capturaria essa margem de desempenho superior, transformando a perda em um lucro de aproximadamente 7%.

Entre as estratégias intensivas em futuros encontra-se a "alocação de ativos de tática global", que envolve a negociação de mercados inteiros no mundo todo da mesma forma que os gestores tradicionais negociariam ações. A popularidade crescente dessas estratégias de alocação de ativos tem impulsionado de maneira considerável os futuros nos últimos anos.

Para tirar proveito das oscilações do mercado global, "os futuros funcionam melhor para nós do que as ações, e eles são mais baratos", afirmou Jarrod Wilcox, diretor de investimentos globais da PanAgora Asset Management, empresa de alocação de ativos de Boston. Mesmo quando a PanAgora não assume posições em ações específicas, ela com frequência utiliza futuros para mudar sua posição – por exemplo, protegendo parte de sua exposição a esse mercado de ações.

Quando a questão é investir no exterior, ressaltou Wilcox, em geral os futuros são o único instrumento que faz sentido do ponto de vista de custo. No exterior, os custos de transação e as comissões altíssimas podem abocanhar mais de 1% do dinheiro aplicado em cada negociação. Em contraposição, uma negociação comparável em futuros custa apenas 0,05%.

Fonte: Texto resumido de Suzanne McGee, "Got a Bundle to Invest Fast? Think Stock-Index Futures", *The Wall Street Journal*, 21 de fevereiro de 1995. Dados reimpressos com permissão do *The Wall Street Journal*, Copyright© 1995 Dow Jones & Company, Inc. Todos os direitos reservados mundialmente.

---

que se refere a compras ou vendas de carteiras inteiras de ações. A negociação eletrônica possibilita que os negociadores enviem simultaneamente programas de compra ou venda coordenados ao mercado de ações.[3]

O sucesso dessas posições de arbitragem e da negociação programada associada depende apenas de dois fatores: os níveis relativos dos preços *spot* e de futuros e da negociação sincronizadas nos dois mercados. Como os arbitradores exploram disparidades em preços futuros e *spot*, o nível de preço absoluto é irrelevante.

Utilizando futuros sobre índices como proteção contra o risco de mercado

Como um gestor de carteira poderia utilizar futuros como proteção contra o risco de mercado? Suponhamos, por exemplo, que você gerencie uma carteira de US$ 30 milhões, com beta 0,8. Você está otimista quanto ao mercado a longo prazo, mas teme que nos próximos dois meses o mercado estará vulnerável a uma acentuada retração. Se a negociação não tivesse nenhum custo, você poderia vender sua carteira, investir os rendimentos em letras do Tesouro por dois meses e restabelecer sua posição depois que percebesse que o risco de retração já passou. Entretanto, na prática, essa estratégia resultaria em custos de negociação inaceitáveis, sem falar no problemas tributários decorrentes da realização de ganhos de capital ou perdas na carteira. Outra abordagem seria utilizar os futuros sobre índices de ações para proteger sua exposição ao mercado.

Também poderíamos abordar o problema de proteção no Exemplo 23.4 utilizando um procedimento de regressão semelhante ao mostrado na Figura 23.3 para o risco da taxa de câmbio. O

---

[3] É também possível tentar explorar violações de paridade utilizando ETFs vinculados ao índice de mercado, mas os ETFs podem ser negociados em mercados menos líquidos em que possa ser difícil negociar grandes quantidades sem mudar os preços.

> **EXEMPLO 23.4 || Proteção contra o risco de mercado**
>
> Suponhamos que o nível atual do índice S&P 500 seja 1.000. Uma diminuição para 975 no índice representaria uma queda de 2,5%. Com um beta de carteira de 0,8, você esperaria uma perda de 0,8 × 2,5% = 2% ou, em termos de dólar, 0,02 × US$ 30 milhões = US$ 600.000. Portanto, the sensibilidade de sua carteira a movimentos do mercado é US$ 600 mil por movimento de 25 pontos no índice S&P 500.
>
> Para cobrir esse risco, você poderia vender futuros sobre índices de ações. Quando sua carteira sofre uma queda de valor paralelamente a declínios no mercado em geral, o contrato de futuros oferece um lucro de compensação.
>
> A sensibilidade de um contrato de futuros a movimentos do mercado é fácil de determinar. Com o multiplicador de contrato de US$ 250, o lucro sobre o contrato de futuros do S&P 500 varia US$ 6.250 para cada oscilação de 25 pontos no índice. Portanto, para proteger sua exposição ao mercado durante dois meses, você poderia calcular o índice de *hedge* da seguinte maneira:
>
> $$H = \frac{\text{Mudança de US\$ 600 mil no valor da carteira}}{\text{Lucro de US\$ 6.250 sobre o contrato de futuros}} = 96 \text{ contratos (posição vendida)}$$
>
> Você assumiria a posição vendida dos contratos porque deseja obter lucro do contrato para compensar a exposição de sua carteira ao mercado. Como sua carteira tem um péssimo desempenho quando o mercado sofre uma queda, você precisa de uma posição que tenha bom desempenho quando isso ocorre.

valor previsto da carteira é representado na Figura 23.4 como função do valor do índice S&P 500. Com beta de 0,8, a inclinação da relação é 24 mil: um aumento de 2,5% no índice, de 1.000 para 1.025, resulta em um ganho de capital de 2% de US$ 30 milhões ou US$ 600 mil. Portanto, sua carteira terá um aumento de valor de US$ 24 mil para cada aumento de um ponto no índice. Por esse motivo, você deve assumir uma posição vendida em 24 mil unidades do índice S&P 500 para neutralizar completamente sua exposição a movimentos no mercado em geral. Como o multiplicador de contrato é US$ 250 vezes o índice, você precisa vender 24.000/250 = 96 contratos.

Observe que, quando a inclinação da linha de regressão que relaciona sua posição descoberta ao valor de um ativo é positiva, sua estratégia de *hedge* exige uma posição *vendida* nesse ativo. O índice de *hedge* é o negativo da inclinação da regressão. Isso ocorre porque a posição de *hedge* deve compensar sua exposição inicial. Se você se der mal quando o valor do ativo cair, precisará de um instrumento de *hedge* que terá bom desempenho quando isso ocorrer. Isso exige uma posição vendida no ativo.

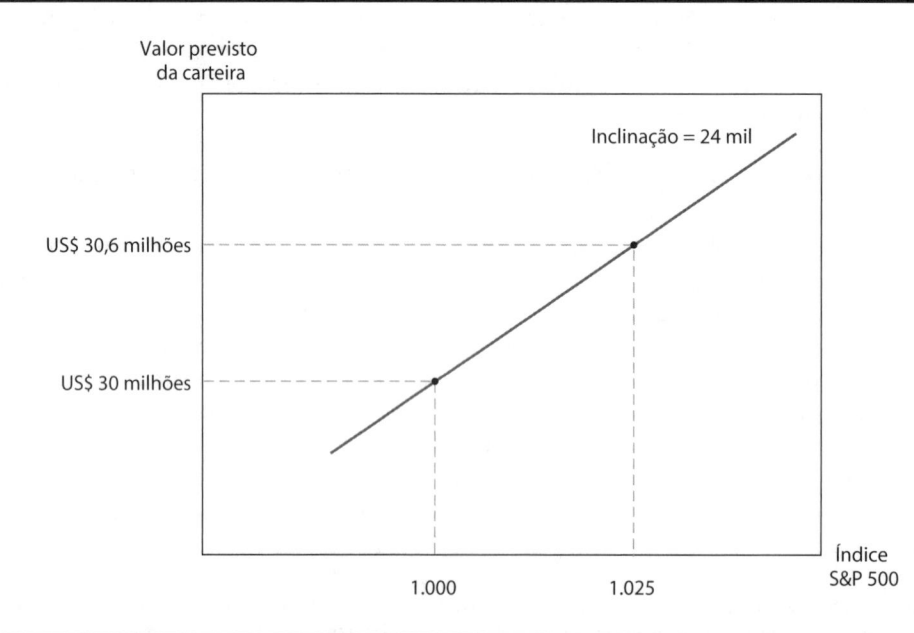

FIGURA 23.4 Valor previsto da carteira como função do índice de mercado

> **EXEMPLO 23.5 || Escolha ativa de ações neutras ao mercado**
>
> Suponhamos que o beta ação seja 2/3 e o gestor compre US$ 375 mil em ações. Para cada 3% de queda no mercado em geral, a ação deverá reagir com uma queda de 2/3 × 3% = 2% ou US$ 7.500. O contrato do S&P 500 terá uma queda de 30 pontos em relação ao valor atual de 1.000 se o mercado tiver uma queda de 3%. Com o multiplicador de contrato de US$ 250, isso envolveria lucro para uma posição vendida em futuros de 30 × US$ 250 = US$ 7.500 por contrato. Portanto, o risco de mercado da ação pode ser compensado pela venda a descoberto de um contrato do S&P. Mais precisamente, poderíamos calcular o índice de *hedge* como
>
> $$H = \frac{\text{Mudança esperada no valor da ação por 3\% de queda de mercado}}{\text{Lucro sobre um contrato vendido por 3\% de queda de mercado}}$$
>
> $$= \frac{\text{US\$ 7.500 de oscilação em uma posição descoberta}}{\text{US\$ 7.500 de lucro por contrato}}$$
>
> $$= 1 \text{ contrato}$$
>
> Agora que o risco de mercado está protegido, a única fonte de variabilidade no desempenho da carteira de ações mais futuros será o desempenho específico à empresa da ação em questão.

Os gestores ativos às vezes acreditam que um ativo específico está abaixo do preço, mas que o mercado como um todo está para ter uma queda. Mesmo que o ativo for uma boa compra em relação a outras ações no mercado, ele ainda assim pode ter um desempenho ruim quando há retração no mercado em geral. Para resolver esse problema, o gestor precisaria separar a aposta sobre a empresa da aposta sobre o mercado: a aposta sobre a empresa deve ser compensada com um *hedge* contra a exposição ao mercado que normalmente acompanha a compra de ações. Em outras palavras, procurar uma **aposta neutra em relação ao mercado** sobre a ação, isto é, assume-se uma posição em ações para capturar seu alfa (seu retorno esperado anormal ajustado ao risco), mas essa exposição ao mercado é totalmente protegida. Com isso, o beta da posição torna-se zero.

Ao possibilitar que os investidores se protejam em relação ao desempenho do mercado, o contrato de futuros permite que o gestor de carteira escolha sem se preocupar com a exposição ao mercado das ações escolhidas. Depois que as ações são escolhidas, o risco de mercado resultante da carteira pode ser modulado para qualquer grau utilizando os contrato de futuros em ações. Neste caso também o beta da ação é fundamental para a estratégia de *hedging*. Essas estratégias neutras em relação ao mercado são analisadas mais detalhadamente no Capítulo 26.

23.3 Futuros de taxa de juros

Proteção contra o risco da taxa de juros

Assim como os gestores de ações, os gestores de renda fixa algumas vezes também desejam proteção contra o risco de mercado, nesse caso resultante de movimentos em toda a estrutura das taxas de juros. Considere, por exemplo, os seguintes problemas:

1. Um gestor de renda fixa mantém uma carteira de obrigações sobre a qual foram obtidos ganhos de capital consideráveis. Ele prevê um aumento nas taxas de juros, mas reluta em vender sua carteira e substituí-la por uma combinação de obrigações de menor duração porque esse rebalanceamento resultaria em grandes custos de negociação, bem como na obtenção de ganhos de capital para fins tributários. Contudo, seu desejo é se proteger contra um possível aumento na taxa de juros.

2. Uma empresa planeja emitir obrigações ao público. Ela acredita que agora é um bom momento para agir, mas não pode emiti-las para mais três meses em virtude dos atrasos inerentes no registro da SEC. Essa empresa gostaria de se proteger contra a incerteza em torno do rendimento pelo qual finalmente conseguirá vender as obrigações.

3. Um fundo de pensão receberá um fluxo de caixa considerável no próximo mês e pretende investi-lo em obrigações de longo prazo. Existe a preocupação de que as taxas de juros caiam no momento em que o fundo poderá realizar o investimento. Por isso, o fundo gostaria de garantir o rendimento disponível atualmente sobre as emissões de longo prazo.

Em todos esses casos, o gestor de investimento deseja se proteger contra a incerteza nas taxas de juros. Para mostrar os procedimentos que poderiam ser adotados, vamos nos concentrar no primeiro exemplo e supor que o gestor tem uma carteira de obrigações de US$ 10 milhões com uma duração modificada de nove anos.[4] Se, tal como se teme, as taxas de juros de mercado aumentarem e o rendimento da carteira de obrigações aumentar 10 pontos-base (0,10%), por exemplo, o fundo perderá capital. Com base no Capítulo 16, lembre-se de que a perda de capital em termos percentuais será um produto da duração modificada, D^*, e da mudança no rendimento da carteira. Portanto, o prejuízo será

$$D^* \times \Delta y = 9 \times 0,10\% = 0,90\%$$

ou US$ 90 mil. Isso comprova que a sensibilidade do valor da carteira desprotegida a mudanças nos rendimentos de mercado é US$ 9 mil por mudança de 1 ponto-base no rendimento. Os profissionais do mercado chamam esse índice de **valor de preço de um ponto-base** (*price value of a basis point* – PVBP). O PVBP representa a sensibilidade do valor em dólar da carteira a mudanças nas taxas de juros. Aqui, mostramos que

$$\text{PVBP} = \frac{\text{Mudança no valor da carteira}}{\text{Mudança prevista no rendimento}} = \frac{\text{US\$ 90.000}}{\text{10 pontos-base}} \text{ US\$ 9.000 por ponto-base}$$

Uma forma de oferecer proteção contra esse risco é assumir uma posição contrabalançante em um contrato a futuro de taxa de juros – por exemplo, uma escritura de emissão de obrigações do Tesouro. Nominalmente, a obrigação exige a entrega de obrigações do Tesouro no valor nominal de US$ 100 mil, com cupons de 6% e vencimento em 20 anos. Na prática, os termos de entrega do contrato são relativamente complicados porque muitas obrigações com taxas de cupom e vencimentos diferentes podem ser substituídas para firmar o contrato. Porém, admitiremos que a obrigação a ser entregue já é conhecida e tem uma duração modificada de dez anos. Finalmente, suponha que o preço de futuros seja atualmente US$ 90 por valor nominal de US$ 100. Como o contrato exige a entrega de obrigações no valor nominal de US$ 100 mil, o multiplicador do contrato será US$ 1.000.

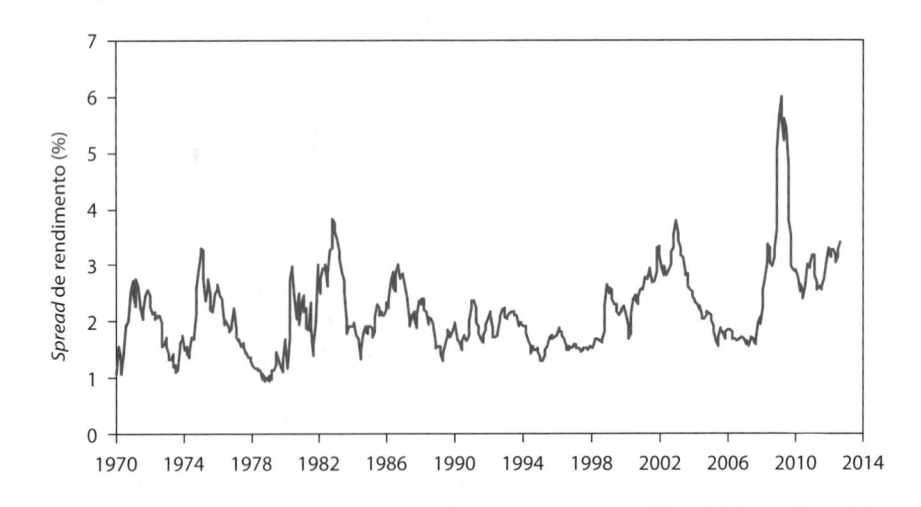

FIGURA 23.5 *Spread* de rendimento entre obrigações de dez anos do Tesouro e obrigações corporativas Baa

---

[4] Lembre-se de que a duração modificada, D^*, está relacionada com a duração, D, pela fórmula $D^* = D/(1 + y)$, onde y é o rendimento até o vencimento da obrigação. Se a obrigação pagar cupons semestralmente, y deverá ser calculado como rendimento semestral. Por questão de simplicidade, admitiremos pagamentos de cupom anuais e trataremos y como rendimento anual até o vencimento efetivo.

Com esses dados, podemos calcular o PVBP do contrato de futuros. Se o rendimento sobre a obrigação de entrega aumentar 10 pontos, o valor da obrigação cairá $D^* \times 0,1\% = 10 \times 0,1\% = 1\%$. Pelo fato de o multiplicador do contrato ser US$ 1.000, o ganho em cada contrato vendido será US$ $1.000 \times 0,90 =$ US$ 900.[5] Portanto, o PVBP de um contrato futuro será US$ 900/mudança de 10 pontos-base ou US$ 90 para uma mudança de 1 ponto-base no rendimento.

Agora podemos calcular facilmente o índice de *hedge* da seguinte maneira:

$$H = \frac{\text{PVBP da carteira}}{\text{PVBP do instrumento de } hedge} = \frac{\text{US\$ 9.000}}{\text{US\$ 90 por contrato}} = 100 \text{ contratos}$$

Portanto, 100 contratos de futuros de obrigações do Tesouro compensarão a exposição da carteira a flutuações nas taxas de juros.

Observe que esse é outro exemplo de estratégia neutra ao mercado. No Exemplo 23.5, que mostra uma estratégia de *hedging* de ações, os futuros sobre índices de ações foram utilizados para mudar o beta da carteira para zero. Nessa aplicação, utilizamos o contrato de obrigações do Tesouro para zerar a exposição à taxa de juros de uma posição em obrigações. A posição de renda fixa coberta tem duração (ou PVBP) zero. A fonte de risco é diferente, mas a estratégia de *hedging* é basicamente a mesma.

Embora seja fácil calcular o índice de *hedge*, o problema de proteção é mais difícil na prática. Admitimos em nosso exemplo que os rendimentos sobre a escritura de emissão de obrigações do Tesouro e a carteira de obrigações mudariam em perfeita sincronia. Apesar de as taxas de juros sobre vários instrumentos de renda fixa tenderem a variar em sincronia, existem lapsos consideráveis em setores do mercado de renda fixa. Por exemplo, a Figura 23.5 mostra que o *spread* entre o rendimento de obrigações corporativas de longo prazo e obrigações de dez anos do Tesouro oscilou consideravelmente ao longo do tempo. Nossa estratégia de *hedging* seria totalmente eficaz apenas se o *spread* de rendimento entre os dois setores do mercado de renda fixa fosse constante (ou ao menos perfeitamente previsível), de tal modo que as mudanças no rendimento em ambos os setores fossem iguais.

Esse problema evidencia o fato de boa parte da atividade de *hedging* ser na realidade **hedging cruzado**, o que significa que o instrumento de *hedge* é um ativo diferente daquele que está sendo protegido. Desde que haja lapsos entre os preços ou rendimentos dos dois ativos, o *hedge* não será perfeito. Os *hedges* cruzados podem eliminar grande parte do risco total da carteira desprotegida, mas você deve estar ciente de que normalmente eles estão longe de ser posições isentas de risco.

> **REVISÃO DE CONCEITOS 23.5**
>
> Suponhamos que a carteira de obrigações seja duas vezes maior, US$ 20 milhões, mas que sua duração modificada seja apenas de 4,5 anos. Mostre que a posição de *hedge* em futuros de obrigações do Tesouro é a mesma que o valor recém-calculado, 100 contratos.

23.4 Swaps

Os *swaps* são ampliações de vários períodos dos contratos *forward*. Por exemplo, em vez de concordar em trocar libras esterlinas por dólares americanos por um preço *forward* ajustado em uma única data, um **swap de câmbio** exigiria a troca de moeda em várias datas futuras. As partes poderiam trocar US$ 1,6 milhão por £ 1 milhão anualmente durante um período de cinco anos. De modo semelhante, os **swaps de taxa de juros** exigem a troca de uma série de fluxos de caixa proporcionais a uma taxa de juros específica por uma série correspondente de fluxos de caixa proporcionais a uma taxa de juros flutuante.[6] Por exemplo, uma parte poderia trocar anualmente um fluxo de caixa variável igual a US$ 1 milhão vezes uma taxa de juros de curto prazo por US$ 1 milhão vezes uma taxa de juros fixa de 5% durante o período de sete anos.

O mercado de *swaps* é um imenso componente desse mercado de derivativos, com bem mais de US$ 500 trilhões em acordos de *swap* em circulação. Mostraremos como esses contratos funcionam utilizando um *swap* de taxa de juros simples como exemplo.

---

[5] Nesse caso, pressupõe-se que o preço de futuros será exatamente proporcional ao preço da obrigação, o que parece ser aproximadamente verdadeiro.

[6] Os *swaps* de taxa de juros não têm nada a ver com a taxonomia de *swap* de obrigações de Homer-Liebowitz descrita no Capítulo 16.

> **EXEMPLO 23.6 || *Swap* de taxa de juros**
>
> Considere o gestor de uma grande carteira que atualmente contém obrigações de longo prazo no valor nominal de US$ 100 milhões e taxa de cupom média de 7%. O gestor acredita que as taxas de juros estão prestes a subir. Por esse motivo, ele gostaria de vender as obrigações e substituí-las por emissões com taxa de curto prazo ou taxa flutuante. Contudo, em termos de custos de transação, seria extremamente caro substituir a carteira toda vez que a previsão de taxas de juros fosse atualizada. Um método mais flexível é "trocar" (*swap*) os US$ 7 milhões anuais em renda de juros gerados atualmente pela carteira por um valor em dinheiro vinculado à taxa de juros de curto prazo. Dessa forma, se as taxas de fato subirem, a renda de juros da carteira também subirá.
>
> Um negociador de *swaps* pode anunciar sua disposição em trocar (ou "fazer *swap*") um fluxo de caixa com base na taxa Libor de seis meses por um fluxo com base em uma taxa fixa de 7%. (A Libor, ou London InterBank Offered Rate, é a taxa de juros pela qual os bancos tomam dinheiro emprestado uns dos outros no mercado de eurodólar. É a taxa de juros de curto prazo mais utilizada no mercado de *swaps*.) O gestor de carteira firmaria um acordo de *swap* com o distribuidor para pagar 7% sobre o **principal nocional** de US$ 100 milhões e receber o pagamento da taxa Libor sobre o valor do principal nocional.[7] Em outras palavras, o gestor troca um pagamento de 0,07 × US$ 100 milhões por um pagamento de Libor × US$ 100 milhões. Portanto, o fluxo de caixa *líquido* do gestor proveniente do acordo de *swap* é (Libor − 0,07) × US$ 100 milhões. Observe que o acordo de *swap* não envolve nenhum empréstimo. Os participantes concordam apenas em trocar um fluxo de caixa fixo por um fluxo de caixa variável.
>
> Consideremos agora o fluxo de caixa líquido da carteira do gestor em três cenários de taxa de juros:
>
> | | Taxa Libor | | |
> |---|---|---|---|
> | | 6,5% | 7,0% | 7,5% |
> | Renda de juros da carteira de obrigações (= 7% da carteira de obrigações de US$ 100 milhões) | US$ 7.000.000 | US$ 7.000.000 | US$ 7.000.000 |
> | Fluxos de caixa do *swap* [= (Libor − 7%) × principal nocional de US$ 100 milhões] | (500.000) | 0 | 500.000 |
> | Total (= Libor × US$ 100 milhões) | US$ 6.500.000 | US$ 7.000.000 | US$ 7.500.000 |
>
> Observe que a renda total sobre a posição geral — obrigações mais acordo de *swap* — é igual à taxa Libor em cada cenário vezes US$ 100 milhões. Em vigor, o gestor converteu uma carteira de obrigações de renda fixa em uma carteira de taxa flutuante sintética.

Swaps e reestruturação de balanço patrimonial

O Exemplo 23.6 mostra por que os *swaps* têm um imenso apelo junto aos gestores de renda fixa. Esses contratos oferecem uma alternativa para reestruturar o balanço patrimonial de forma rápida, barata e anônima. Suponhamos que uma empresa que emitiu uma dívida de taxa fixa acredite que provavelmente as taxas de juros cairão. Talvez ela preferisse ter emitido dívidas de taxa flutuante. Em princípio, ela poderia emitir dívidas de taxa flutuante e usar os rendimentos para comprar novamente a dívida de taxa fixa em circulação. É mais rápido e mais fácil converter a dívida de taxa fixa em circulação em dívida de taxa flutuante sintética firmando um acordo de *swap* para receber uma taxa de juros fixa (e compensar a obrigação de cupom de taxa fixa) e pagar uma taxa flutuante.

Em contraposição, um banco que paga taxas de juros de mercado atuais aos depositantes, e por esse motivo está exposto a aumentos nas taxas, talvez prefira converter parte de seu financiamento com base em uma taxa fixa. Ele entraria em um *swap* para receber uma taxa flutuante e pagar uma taxa fixa sobre algum valor do principal nocional. Essa posição de *swap*, somada a seu passivo de depósito de taxa flutuante, resultaria em um passivo líquido de fluxo de caixa fixo. O banco poderia então investir em empréstimos de longo prazo de taxa fixa sem se expor ao risco da taxa de juros.

Utilizando outro exemplo, pense em um gestor de carteiras de renda fixa. Os *swaps* permitem que o gestor alterne de maneira rápida e barata entre um perfil de taxa fixa e um perfil de taxa

---

[7] Os participantes de um acordo de *swap* não concedem empréstimo um para o outro. Eles concordam apenas em trocar um fluxo de caixa fixo por um fluxo de caixa variável que depende de uma taxa de juros de curto prazo. É por isso que o principal é descrito como *nocional*. O principal nocional é apenas uma forma de descrever o tamanho do acordo de *swap*. Nesse exemplo, uma taxa fixa de 7% é trocada pela Libor; a diferença entre a Libor e 7% é multiplicada pelo principal nocional para determinar o fluxo de caixa líquido.

flutuante à medida que a previsão de taxas de juros muda. O gestor que mantém uma carteira de taxa fixa pode transformá-la em uma carteira de taxa flutuante sintética firmando um acordo de *swap* de pagamento fixo e recebimento flutuante e posteriormente revertê-lo assumindo o lado oposto de um *swap* semelhante.

Os *swaps* de câmbio também possibilitam que uma empresa reestruture de forma rápida e barata seu balanço patrimonial. Suponhamos, por exemplo, que uma empresa emita US$ 10 milhões em dívida por uma taxa de cupom de 8%. Contudo, na verdade ela prefere que suas obrigações de juros sejam denominadas em libra esterlina. Por exemplo, a empresa emissora pode ser uma corporação britânica que percebe oportunidades financeiras vantajosas nos Estados Unidos, mas prefere passivos denominados em libra. Desse modo, a empresa, cuja dívida atualmente a obriga a realizar pagamentos denominados em dólar de US$ 800 mil, pode concordar em trocar determinado número de libras a cada ano por US$ 800 mil. Ao fazê-lo, a empresa efetivamente cobre a obrigação em dólar e a substitui por uma nova obrigação denominada em libra.

> **REVISÃO DE CONCEITOS 23.6**
>
> Mostre como uma empresa que emitiu uma obrigação de taxa flutuante com um cupom igual à taxa Libor pode utilizar *swaps* para converter essa obrigação em dívida de taxa fixa sintética. Presuma que os termos do *swap* permitem a troca da Libor por uma taxa fixa de 8%.

Distribuidores de *swaps*

E quanto aos distribuidores de *swaps*? Por que o distribuidor, que é basicamente um intermediário financeiro como um banco, dispõe-se a assumir o lado oposto dos *swaps* desejados pelos participantes desses *swaps* hipotéticos?

Considere um distribuidor que assume um lado do *swap*, pagando a Libor e recebendo uma taxa fixa, por exemplo. Ele procurará outro negociador no mercado de *swaps* que deseja receber uma taxa fixa e pagar a Libor. Por exemplo, a empresa A pode ter emitido uma obrigação de taxa fixa com cupom de 7% que ela deseja converter em dívida de taxa flutuante sintética, enquanto a empresa B pode ter emitido uma obrigação de taxa flutuante vinculada à Libor que ela deseja converter em dívida de taxa fixa sintética. O distribuidor firmará um acordo de *swap* com a empresa A, no qual pagará uma taxa fixa e receberá a Libor, e firmará outro acordo de *swap* com a empresa B, no qual pagará a Libor e receberá uma taxa fixa. Quando os dois *swaps* são combinados, em vigor a posição do distribuidor é neutra com relação às taxas de juros: ele paga a Libor em um *swap* e a recebe em outro. De modo semelhante, o distribuidor paga uma taxa fixa em um *swap* e a recebe em outro. O distribuidor torna-se algo mais que um intermediário, canalizando os pagamentos de uma parte para a outra.[8] Ele considera essa atividade lucrativa porque cobrará um *spread* entre a oferta de compra e de venda sobre a transação.

Este rearranjo é mostrado na Figura 23.6. A empresa A emitiu uma dívida de taxa fixa de 7% (a seta na extrema esquerda da figura), mas firma um *swap* para pagar a Libor ao distribuidor e receber uma taxa fixa de 6,95%. Portanto, seu pagamento líquido será 7% + (Libor − 6,95%) = Libor + 0,05%. Dessa forma, ela transformou sua dívida de taxa fixa em uma dívida de taxa flutuante sintética. Em contraposição, a empresa B emitiu uma dívida de taxa flutuante pagando a Libor (a seta na extrema direita), mas firma um *swap* para pagar uma taxa fixa de 7,05% em troca da Libor. Portanto, seu pagamento líquido será Libor + (7,05% − Libor) = 7,05%. Dessa forma, ela transformou sua dívida de taxa flutuante em uma dívida de taxa fixa sintética. O *spread* entre oferta de compra e de venda, a fonte de lucro do distribuidor, no exemplo mostrado na Figura 23.6, é 0,10% do principal nocional a cada ano.

> **REVISÃO DE CONCEITOS 23.7**
>
> Um fundo de pensão mantém uma carteira de títulos do mercado monetário que o gestor acredita que esteja pagando excelentes rendimentos, em comparação com outros títulos de curto prazo de risco comparável. Entretanto, o gestor acredita que as taxas de juros estão prestes a cair. Que tipo de *swap* permitirá que o fundo continue a manter sua carteira de curto prazo e ao mesmo tempo se beneficie de uma queda nas taxas?

---

[8] Na realidade, as coisas são um pouco mais complexas. O distribuidor é mais do que apenas um intermediário, porque arca com um risco de crédito caso uma ou outra parte envolvida no *swap* deixe de cumprir com a obrigação. Tomando como base a Figura 23.6, se a empresa A tornar-se inadimplente, por exemplo, o distribuidor de *swap* ainda assim terá de manter seu compromisso com a empresa B. Nesse sentido, o distribuidor faz mais do que simplesmente repassar fluxos de caixa aos outros participantes do *swap*.

FIGURA 23.6
Swap de taxa de juros A empresa B paga uma taxa fixa de 7,05% ao distribuidor de *swap* em troca da Libor. A empresa A recebe 6,95% do distribuidor em troca da Libor. O distribuidor de *swap* realiza um fluxo de caixa a cada período igual a 0,10% do principal nocional

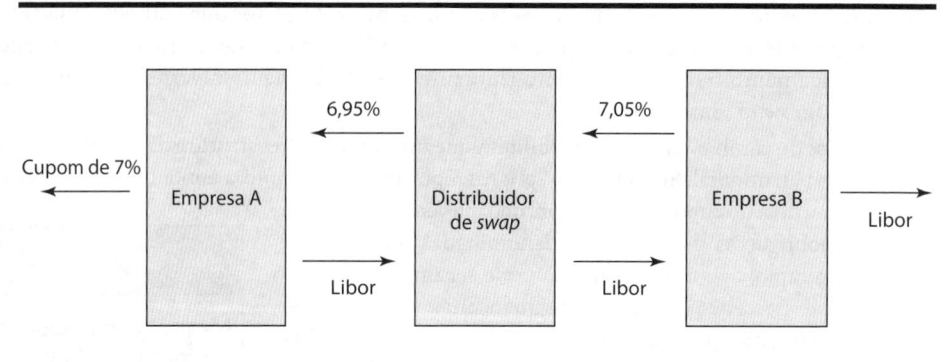

Outros contratos de taxa de juros

Os *swaps* são contratos *forward* de vários períodos negociados no mercado de balcão. Existem também contratos listados em bolsa que são negociados sobre taxas de juros. O maior deles em termos de atividade de negociação é o contrato em eurodólar, para o qual mostramos uma listagem na Figura 23.7. O lucro sobre esse contrato é proporcional à diferença entre a Libor no vencimento do mercado e a taxa de contrato fixada no início do contrato. Existem taxas análogas em empréstimos interbancários em outras moedas. Por exemplo, um parente próximo da Libor é a Euribor (European Interbank Offered Rate), que é a taxa pela qual os empréstimos interbancários denominados em euro na zona do euro são oferecidos por um banco principal a outro banco.

As convenções de listagem de um contrato em eurodólar são um tanto peculiares. Considere, por exemplo, o primeiro contrato listado, que vence em fevereiro de 2013. O preço de liquidação é apresentado como $F_0 = 99,7075$ ou, aproximadamente, 99,71. Entretanto, esse valor não é de fato um preço. Em vigor, os participantes do contrato negociam a taxa de juros do contrato e o assim chamado preço de futuros na verdade é definido como 100 – taxa do contrato. Como o preço de futuros é 99,71, a taxa do contrato é 100 – 99,71 ou 0,29%. De modo semelhante, o preço de futuros final no vencimento do Contrato será marcado como $F_T = 100 - \text{Libor}_T$. Portanto, os lucros do comprador do contrato serão proporcionais a

$$F_T - F_0 = (100 - \text{Libor}_T) - (100 - \text{Taxa do contrato}) = \text{Taxa do contrato} - \text{Libor}_T$$

Dessa forma, a estrutura do contrato permite que os participantes negociem diretamente pela Libor. O multiplicador de contrato é US$ 1 milhão, mas a Libor de acordo com a qual o contrato é firmado é uma taxa (trimestral) de três meses; para ponto-base de aumento na Libor (anualizada), a taxa de juros trimestral aumenta apenas ¼ de um ponto-base e o lucro do comprador diminui em

$$0,0001 \times \text{¼} \times \text{US\$ } 1.000.000 = \text{US\$ } 25$$

Examine o *payoff* do contrato e verá que, em vigor, o contrato em eurodólar possibilita que os negociadores "troquem" uma taxa de juros fixa (a taxa do contrato) por uma taxa flutuante (Libor). Portanto, em vigor isso é um *swap* de taxa de juros de um período. Observe na Figura 23.7

FIGURA 23.7
Futuros em eurodólar

	Abertura	Alta	Contrato Baixa	Liquidação	Variação	Contrato em aberto
Eurodólar (CME) – US$ 1.000.000; pts de 100%						
Fevereiro	99,7100	99,7100▲	99,7075	99,7075	...	78.171
Março	99,7000	99,7100	99,6800	99,7050	0,0050	918.700
Junho	99,6850	99,6950	99,6650	99,6850	...	789.137
Dezembro	99,6250	99,6450	99,6050	99,6250	...	736.966

Fonte: The Wall Street Journal, 9 de fevereiro de 2013. Dados reimpressos com permissão do *The Wall Street Journal*, Copyright© 2013 Dow Jones & Company, Inc. Todos os direitos reservados mundialmente.

que o número de contratos em aberto nesse contrato é enorme – quase 3 milhões de contratos com vencimento de até um ano. Além disso, embora o *The Wall Street Journal* não mostre, ocorre uma negociação significativa em eurodólar de contratos com vencimento que se estendem a dez anos. Os contratos com esse vencimento de longo prazo são bastante incomuns. Eles refletem o fato de o contrato em eurodólar ser utilizado pelos distribuidores em *swaps* de taxa de juros de longo prazo como instrumento de *hedge*.

Precificação de *swap*

Como podemos determinar uma taxa de *swap* justa? Por exemplo, de que forma saberíamos que uma troca da Libor por uma taxa fixa de 6% é uma negociação justa. Ou qual seria a taxa justa de *swap* entre dólar e libra para um *swap* de câmbio? Para responder a essas perguntas podemos explorar a analogia entre um acordo de *swap* e um contrato *forward* ou de futuros.

Considere um acordo de *swap* para a troca de dólar por libra durante apenas um período. No ano seguinte, por exemplo, seria possível trocar US$ 1 milhão por £ 0,5 milhão. Isso nada mais é que um contrato *forward* simples em câmbio exterior. A parte que paga em dólar está firmando um contrato para comprar libras esterlinas no primeiro ano por um número de dólares fixado no presente. A taxa de câmbio *forward* para entrega em um ano é F_1 = US$ 2,00/libra. Com base na relação de paridade da taxa de juros, sabemos que o preço *forward* deve ser relacionado com a taxa de câmbio *spot*, E_0, por meio da fórmula $F_1 = E_0(1 + r_{EUA})/(1 + r_{RU})$. Como um *swap* de um período na verdade é um contrato *forward*, a taxa justa de *swap* também é dada pela relação de paridade.

Considere agora um acordo para negociar a taxa de câmbio para dois períodos. Esse acordo poderia ser estruturado como uma carteira de dois contratos *forward* separados. Se isso ocorresse, o preço *forward* do câmbio de moedas em um ano seria $F_1 = E_0(1 + r_{EUA})/(1 + r_{RU})$, enquanto o preço *forward* do câmbio no segundo ano seria $F_2 = E_0[(1 + r_{EUA})/(1 + r_{RU})]^2$. A título de exemplo, suponhamos que E_0 = US$ 2,03/libra, r_{EUA} = 5% e r_{RU} = 7%. Desse modo, utilizando a relação de paridade, os preços para entrega *forward* seriam F_1 = US$ 2,03/£ × (1,05/1,07) = US$ 1,992/£ e F_2 = US$ 2,03/£ × (1,05/1,07)² = US$ 1,955/£. O Painel A da Figura 23.8 mostra essa sequência de trocas de caixa supondo que o *swap* exige a entrega de uma libra em cada ano. Embora os dólares a serem pagos em cada um dos dois anos sejam conhecidos no presente, eles diferem de ano para ano.

Em contraposição, um acordo de *swap* para trocar moedas durante dois anos exigiria a utilização de uma taxa de câmbio fixa pelo tempo de duração do *swap*. Isso significa que a mesma quantia em dólares seria paga por libra a cada ano, tal como mostrado no Painel B da Figura 23.8. Como os preços *forward* para entrega em cada um dos próximos dois anos são US$ 1,992/£ e US$ 1,955/£,

A: Dois contratos *forward*, cada um precificado independentemente

US$ 1,992   US$ 1,955

£1   £1

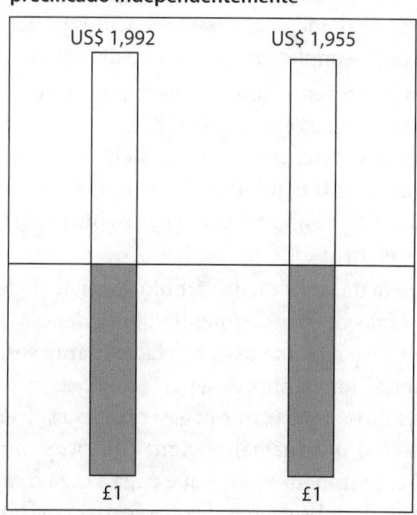

B: Acordo de *swap* de dois anos

US$ 1,974   US$ 1,974

£1   £1

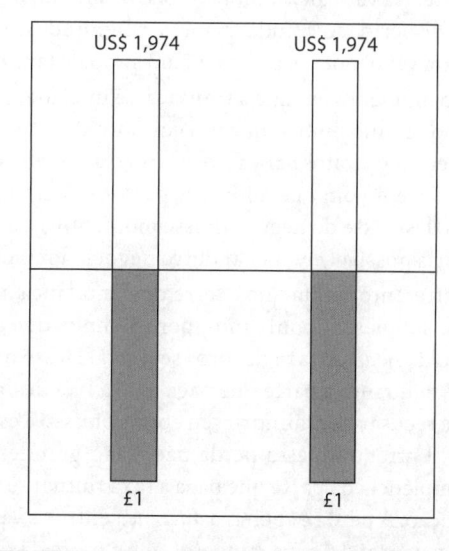

FIGURA 23.8 Contratos *forward versus swaps*

a taxa de câmbio fixa que torna o *swap* de dois períodos um negócio justo deve estar entre esses dois valores. Portanto, a parte que paga em dólar paga menos pela libra no primeiro ano (em comparação com a taxa de câmbio *forward*) e paga mais no segundo ano. Desse modo, o *swap* pode ser visto como uma carteira de transações *forward*. Porém, em vez de cada transação ser precificada independentemente, um preço *forward* é aplicado a todas as transações.

Em vista dessa constatação, é fácil determinar o preço justo de *swap*. Se tivéssemos de comprar uma libra por ano durante dois anos utilizando dois acordos *forward* independentes, pagaríamos F_1 dólares em um ano e F_2 dólares em dois anos. Se, em vez disso, firmássemos um acordo de *swap*, pagaríamos uma taxa constante de F^* dólares por libra. Como ambas as estratégias devem ter o mesmo custo, concluímos que

$$\frac{F_1}{1+y_1} + \frac{F_2}{(1+y_2)^2} = \frac{F^*}{1+y_1} + \frac{F^*}{(1+y_2)^2}$$

onde y_1 e y_2 são os rendimentos apropriados da curva de rendimento para descontar os fluxos de caixa em dólar dos vencimentos de um e dois anos, respectivamente. Em nosso exemplo, em que presumimos uma curva de rendimento nivelada em 5% para os Estados Unidos, calcularíamos

$$\frac{1{,}992}{1{,}05} + \frac{1{,}955}{1{,}05^2} = \frac{F^*}{1{,}05} + \frac{F^*}{1{,}05^2}$$

o que significa que $F^* = 1{,}974$. O mesmo princípio seria aplicado a um *swap* de câmbio com outro vencimento. Em essência, precisamos encontrar uma anuidade nivelada, F^*, com o mesmo valor presente como a sequência de fluxos de caixa anuais que ocorreriam em uma sequência de acordos de taxa *forward*.

Os *swaps* de taxa de juros podem estar sujeitos precisamente à mesma análise. Nesse caso, o contrato *forward* ocorre sobre uma taxa de juros. Por exemplo, se você trocar a Libor por uma taxa fixa de 7% com principal nocional de US$ 100, isso significa que você firmou um contrato *forward* para entrega de US$ 100 vezes a Libor por um preço "*forward*" fixo de US$ 7. Se o acordo de *swap* for para vários períodos, o *spread* justo será determinado pela sequência completa de preços *forward* de taxa de juros durante a existência do *swap*.

Risco de crédito no mercado de *swaps*

O rápido crescimento do mercado de *swaps* deu origem a uma preocupação crescente com o risco de crédito desses mercados e a possibilidade de inadimplência por parte de um negociador de *swap* importante. Na verdade, embora o risco de crédito no mercado de *swaps* não seja insignificante, ele não é nem de perto tão grande quanto a magnitude do principal nocional nesses mercados poderia indicar. Para ver o motivo, considere um swap de taxa de juros simples entre a Libor e uma taxa fixa.

No momento em que a transação é iniciada, o valor presente líquido é zero para ambas as partes pelo mesmo motivo que um contrato de futuros tem valor zero quando inicia: Ambos são simplesmente contratos para a troca de caixa no futuro de acordo com termos estabelecidos no presente que fazem com que ambas as partes se disponham a entrar no negócio. Mesmo que uma das partes desistisse do negócio nesse momento, isso não teria nenhuma custo para a outra parte, porque seria possível encontrar outro negociador para substituí-lo.

Entretanto, assim que ocorre uma mudança na taxa de juros ou de câmbio, a situação deixa de ser tão simples. Suponhamos, por exemplo, que as taxas de juros aumentem logo depois que um acordo de *swap* de taxa de juros se inicia. Desse modo, a parte que paga a taxa flutuante sofre uma perda, enquanto a parte que paga a taxa fixa desfruta de um ganho. Se a parte que paga a taxa flutuante recusar-se a cumprir seu compromisso a essa altura, a parte que paga a taxa fixa sofrerá uma perda. Entretanto, essa perda não é tão grande quanto o principal nocional do *swap*, porque a inadimplência da parte que paga a taxa flutuante libera também a parte que paga a taxa fixa de sua obrigação. A perda é apenas a *diferença* entre os valores das obrigações de taxa fixa e taxa flutuante, não o valor *total* dos pagamentos que a parte da taxa flutuante era obrigada a efetuar.

> **EXEMPLO 23.7 || Risco de crédito em swaps**
>
> Considere um *swap* sobre US$ 1 milhão do principal nocional que exige a troca da Libor por uma taxa fixa de 8% durante cinco anos. Para simplificar, suponhamos que atualmente a curva de rendimento está nivelada em 8%. Como a Libor é igual a 8%, nenhum fluxo de caixa será trocado, a menos que as taxas de juros mudem. Contudo, suponhamos que a curva de rendimento mude imediatamente para 9%. A parte que da taxa flutuante agora é obrigada a pagar um fluxo de caixa de (0,09 − 0,08) × US$ 1 milhão = US$ 10.000 por ano à parte da taxa fixa (desde que as taxas permaneçam em 9%). Se a parte da taxa flutuante ficar inadimplente no *swap*, a parte da taxa fixa deixará de ter a perspectiva dessa anuidade de cinco anos. O valor presente dessa anuidade será US$ 10.000 × Fator de anuidade(9%, 5 anos) = US$ 38.897. Essa perda provavelmente não é insignificante, mas é inferior a 4% do principal nocional. Concluímos que o risco de credito do *swap* é bem inferior ao principal nocional.

Swaps de risco de incumprimento

Não obstante a semelhança terminológica, o **swap de risco de incumprimento** (*credit default swap* – CDS), não é o mesmo tipo de instrumento que os *swaps* de taxa de juros ou de moedas. Como vimos no Capítulo 14, o pagamento de um CDS está atrelado à situação financeira de uma ou mais empresas de referência; desse modo, o CDS permite que as duas partes assumam posições sobre o risco de crédito dessas empresas. Quando um "evento de crédito" é desencadeado – por exemplo, inadimplência em uma obrigação circulante ou falta de pagamento de juros –, o vendedor de proteção deve cobrir a perda de valor de mercado da obrigação. Por exemplo, o vendedor de *swap* pode ser obrigado a pagar o valor nominal para aceitar a entrega da obrigação que sofreu inadimplência (caso em que se diz que o *swap* envolve liquidação física) ou, em vez disso, pode pagar ao comprador de *swap* a diferença entre o valor nominal e o valor de mercado da obrigação (o que é denominado liquidação em dinheiro). O comprador de *swap* paga uma taxa periódica ao comprador por essa proteção contra eventos de crédito.

Diferentemente dos *swaps* de taxa de juros, os *swaps* de risco de incumprimento não envolvem a compensação periódica de uma taxa de referência em relação a outra. Na verdade, eles são mais parecidos com uma apólice de seguro sobre determinados eventos de crédito. Os obrigacionistas podem comprar esses *swaps* para transferir sua exposição ao risco de crédito para o vendedor de *swap*, melhorando efetivamente a qualidade de crédito de suas carteiras. Entretanto, diferentemente de uma apólice de seguro, o detentor de *swap* não precisa manter as obrigações subjacentes ao contrato de CDS; portanto, os *swaps* de risco de incumprimento podem ser utilizados puramente para especular sobre mudanças na capacidade de crédito das empresas de referência.

23.5 Precificação de futuros de *commodity*

O preço dos futuros de *commodity* é controlado pelos mesmos fatores gerais que os futuros de ações. Entretanto, uma das diferenças é que o custo de "manutenção" de uma *commodity*, particularmente daquelas que estão sujeitas a deteriorar, é superior ao custo de manutenção de um ativo financeiro. O ativo subjacente de alguns contratos, como futuros de eletricidade, simplesmente não pode ser "transportado" ou mantido em uma carteira. Concluindo, os preços *spot* de algumas *commodities* demonstram padrões sazonais acentuados que podem afetar a precificação de futuros.

Precificação com custos de armazenamento

O custo de manutenção de *commodities* inclui, além dos custos de juros, custos de armazenamento, custos de seguro e uma provisão para deterioração das mercadorias estocadas. Para precificar futuros de *commodity*, reconsidere a estratégia de arbitragem apresentada anteriormente que exige a manutenção do ativo e de uma posição vendida em contrato de futuros sobre o ativo. Nesse caso, chamaremos o preço da *commodity* no tempo T de P_T e, para simplificar, presumiremos que todos os custos de manutenção que não incluem juros (C) são pagos de uma vez no tempo T, a data de vencimento do contrato. Os custos de manutenção aparecem no fluxo de caixa final.

Ação	Fluxo de caixa inicial	Fluxo de caixa no tempo T
Comprar ativo; pagar custos de manutenção em T	$-P_0$	$P_T - C$
Contrair empréstimo P_0; saldar com juros no tempo T	P_0	$-P_0(1 + r_f)$
Posição vendida em futuros	0	$F_0 - P_T$
TOTAL	0	$F_0 - P_0(1 + r_f) - C$

Como os preços de mercado não devem permitir oportunidades de arbitragem, o fluxo de caixa final dessa estratégia de investimento líquido zero isenta de risco deve ser zero.

Se o fluxo de caixa fosse positivo, essa estratégia geraria lucros garantidos em troca de nenhum investimento. Se o fluxo de caixa fosse negativo, o inverso dessa estratégia também geraria lucros. Na prática, a estratégia inversa exigiria uma venda a descoberto da *commodity*. Isso é incomum, mas pode ser feito desde que o contrato de pensa a descoberto considere apropriadamente os custos de armazenamento. Portanto,[9] concluímos que

$$F_0 = P_0(1 + r_f) + C$$

Concluindo, se definirmos $c = C/P_0$ e interpretarmos c como a "taxa" percentual dos custos manutenção, podemos estabelecer que

$$F_0 = P_0(1 + r_f + c) \tag{23.3}$$

que é uma relação de paridade (de um ano) para futuros que envolvem custos de armazenamento. Compare a Equação 23.3 com a relação de paridade das ações, a Equação 22.1, co capítulo anterior, e verá que elas são extremamente semelhantes. Na verdade, se pensarmos nos custos de manutenção como "dividendos negativos", as equações são idênticas. Esse resultado faz sentido do ponto de vista intuitivo porque, em vez de receber rendimento de dividendos de d, o armazenador da *commodity* de pagar um custo de armazenamento de c. Obviamente, essa relação de paridade é apenas uma ampliação daquelas que já tivemos oportunidade de ver.

Embora tenhamos chamado c de custo de manutenção da *commodity*, podemos interpretá-lo mais genericamente como o custo de manutenção *líquido*, isto é, o custo de manutenção líquido dos benefícios deduzidos da manutenção da *commodity* em estoque. Por exemplo, parte do "rendimento de conveniência" das mercadorias mantidas é a proteção contra a falta de estoque, que pode resultar em perda de produção ou vendas.

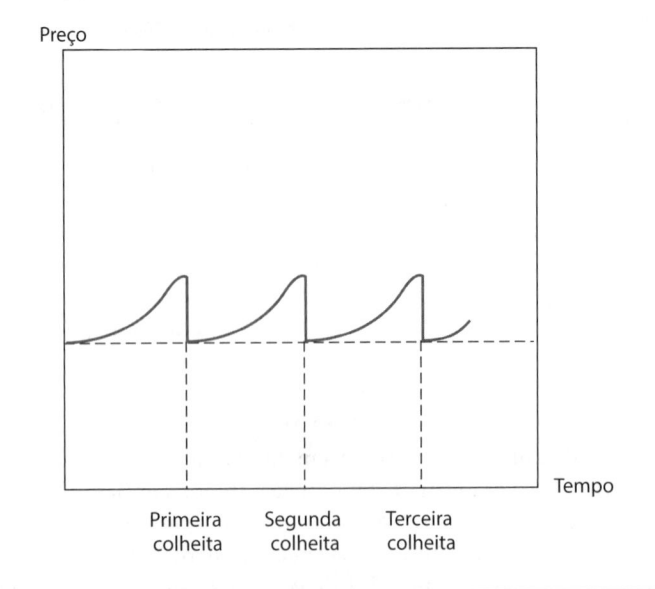

FIGURA 23.9 Padrão de preço agrícola durante a estação. Preços ajustados à inflação

---

[9] Robert A. Jarrow e George S. Oldfield, "*Forward* Contracts and Futures Contracts", *Journal of Financial Economics*, 9, 1981.

É fundamental ressaltar que deduzimos a Equação 23.3 supondo que o ativo será comprado e armazenado; portanto, ela se aplica apenas a mercadorias que *estão* sendo armazenadas atualmente. Dois tipos de *commodity* não podem ser armazenadas. O primeiro são as *commodities* cujo armazenamento é tecnologicamente impossível, como eletricidade. O segundo inclui mercadorias que não são armazenados por motivos econômicos. Por exemplo, seria insensato comprar uma *commodity* agrícola agora com a intenção de armazená-la para uso final em três anos. Em vez disso, é evidentemente preferível postergar a compra até a colheita do terceiro ano e evitar pagar custos de armazenamento. Além disso, se a colheita no terceiro ano for comparável ao do presente ano, você poderá obtê-la por quase o mesmo preço que pagaria no presente ano. Ao postergar a compra, você evita custos de juros e armazenamento.

Como o armazenamento entre as colheitas é caro, não devemos aplicar a Equação 23.3 a períodos de manutenção que ultrapassem os períodos de colheita nem a mercadorias perecíveis que podem ser obtidas somente "na estação". Embora o preço de futuros de ouro, que é uma *commodity* armazenável, aumente continuamente com o vencimento do contrato, o preço de futuros de trigo é sazonal; normalmente, ele cai de uma colheita para outra entre março e julho à medida que novos suprimentos são disponibilizados.

A Figura 23.9 é uma versão estilizada do padrão de preço sazonal de um produto agrícola. Obviamente, esse padrão é diferente do padrão de ativos financeiros como ações ou ouro, nos quais não há nenhum movimento de preço sazonal. Os ativos financeiros são precificados de forma que sua manutenção em uma carteira gere um retorno esperado justo. Em contraposição, os preços agrícolas estão sujeitos a quedas periódicas acentuadas à medida que cada plantação é colhida, o que torna o armazenamento entre as colheitas geralmente não lucrativo.

Portanto, a precificação de futuros entre estações exige uma abordagem diferente que não se baseia no armazenamento entre períodos de colheita. Em vez de nos apoiarmos em res-

> **REVISÃO DE CONCEITOS 23.8**
>
> As pessoas se dispõem a comprar e "armazenar" ações de uma empresa não obstante o fato de sua compra amarrar o capital. Entretanto, a maioria das pessoas não se dispõe a comprar e armazenar soja. Qual diferença nas propriedades da evolução esperada dos preços das ações em comparação com os preços da soja é responsável por isso?

EXEMPLO 23.8 || Precificação de futuros de *commodity*

A Tabela 23.3, que apresenta o beta de uma variedade de *commodities*, mostra que a estimativa do beta do suco de laranja, por exemplo, foi 0,117 no período. Se a taxa atual das letras do Tesouro fosse 5% e o prêmio de risco de mercado histórico fosse 8%, a taxa de desconto apropriada para o suco de laranja seria expressa pelo CAPM como

$$5\% + 0{,}117 \times 8\% = 5{,}94\%$$

Se o preço *spot* esperado do suco de laranja daqui a seis meses fosse US$ 1,45 por libra, o valor presente do direito diferido de seis meses a uma libra de suco de laranja seria simplesmente

$$US\$\ 1{,}45/(1{,}0594)^{1/2} = US\$\ 1{,}409$$

Qual seria o preço de futuros apropriado do suco de laranja? O contrato exige a troca final do suco de laranja pelo preço de futuros. Acabamos de demonstrar que o valor presente do suco é US$ 1,409. Esse valor deve ser igual ao valor presente do preço de futuros que será pago pelo suco. O compromisso de pagamento de F_0 dólares em seis meses tem um valor presente de $F_0/(1{,}05)^{1/2} = 0{,}976 \times F_0$. (Observe que a taxa de desconto é a taxa isenta de risco de 5% porque o pagamento prometido é fixo e, portanto, independe das condições do mercado.)

Para igualar os valores presentes do pagamento prometido de F_0 e o recebimento prometido do suco de laranja, definimos que

$$0{,}976 F_0 = US\$\ 1{,}409$$

ou $F_0 = US\$\ 1{,}444$.

trições gerais de não arbitragem, apoiamo-nos na teoria de prêmio de risco e na análise de fluxo de caixa descontado (*discounted cash flow* – DCF).

Análise de fluxo de caixa descontado para futuros de *commodity*

Em vista da expectativa atual do preço *spot* da *commodity* em determinada data futura e de uma medida das características de risco desse preço, podemos avaliar o valor presente do direito de receber essa *commodity* em uma data futura. Simplesmente calculamos o prêmio de risco apropriado com base em um modelo como o CAPM ou APT e descontamos o preço *spot* esperado pela taxa de juros ajustada ao risco apropriada, tal como mostrado no exemplo a seguir.

Portanto, a regra geral para determinar o preço de futuros apropriado é igualar o valor presente do pagamento futuro de F_0 e o valor presente da *commodity* a ser recebida. Isso implica que

$$\frac{F_0}{(1+r_f)^T} = \frac{E(P_T)}{(1+k)^T}$$

ou

$$F_0 = E(P_T)\left(\frac{1+r_f}{1+k}\right)^T$$

(23.4)

onde k é a taxa de retorno exigida sobre a *commodity*, que pode ser obtida com um modelo de equilíbrio de mercado de ativos como o CAPM.

TABELA 23.3 Betas de *commodity*

Commodity	Beta	Commodity	Beta
Trigo	– 0,370	Suco de laranja	0,117
Milho	– 0,429	Propano	– 3,851
Aveia	0,000	Cacau	– 0,291
Soja	– 0,266	Prata	– 0,272
Óleo de soja	– 0,650	Cobre	0,005
Farinha de soja	0,239	Gado	0,365
Galetos	– 1,692	Suínos	– 0,148
Madeira compensada	0,660	Barrigas de porco	– 0,062
Batatas	– 0,610	Ovos	– 0,293
Platina	0,221	Madeira serrada	– 0,131
Lã	0,307	Açúcar	–2,403
Algodão	–0,015		

Fonte: Zvi Bodie e Victor Rosansky, "Risk and Return in Commodity Futures", *Financial Analysts Journal*, 36, maio-junho de 1980. Copyright 1980, Instituto CFA. Dados reproduzidos e republicados de *Financial Analysts' Journal* com permissão do Instituto CFA. Todos os direitos reservados.

> **REVISÃO DE CONCEITOS 23.9**
>
> Suponhamos que o risco sistemático do suco de laranja fosse aumentar, mantendo o preço esperado do suco no tempo *T* constante. Se o preço *spot* esperado não mudasse, o preço de futuros mudaria? Em que direção? Qual a intuição por trás de sua resposta?

Observe que a Equação 23.4 é totalmente coerente com a relação de paridade entre preço *spot* e de futuros. Por exemplo, aplique a Equação 23.4 ao preço de futuros de uma ação que não paga dividendos. Como o retorno total sobre a ação ocorre em forma de ganhos de capital, a taxa esperada de ganhos de capital deve ser igual a k, a taxa de retorno exigida sobre a ação. Consequentemente, o preço esperado da ação é seu preço atual vezes $(1+k)^T$ ou $E(P_T) = P_0(1+k)^T$. Se substituirmos essa expressão na Equação 23.4, obteremos $F_0 = P_0(1+r_f)^T$, que é exatamente a relação de paridade.

RESUMO

1. Os futuros de câmbio exterior são negociados em diversas moedas, bem como em um índice de moeda europeu. A relação de paridade da taxa de juros para futuros de câmbio exterior é

$$F_0 = E_0 \left(\frac{1 + r_{EUA}}{1 + r_{estrangeira}} \right)^T$$

caso em que as taxas de câmbio são cotadas em dólar por moeda estrangeira. Os desvios do preço de futuros em relação a esse valor implicam uma oportunidade de arbitragem. Entretanto, evidências empíricas indicam que geralmente a relação de paridade é satisfeita.

2. Os contratos de futuros que exigem pagamento em dinheiro são negociados em vários índices de mercado de ações. Os contratos podem ser combinados com letras do Tesouro para criar posições artificiais em ações, o que os transforma em ferramentas potencialmente valiosas para *timers* de mercado. Os contratos sobre índices de mercado também são utilizados por arbitradores que tentam obter lucro de violações da relação de paridade entre o preço das ações e de futuros.

3. O *hedge* exige que os investidores comprem ativos que compensem a sensibilidade de suas carteiras a fontes de risco específicas. Uma posição coberta exige que o instrumento de *hedge* ofereça lucros que variam inversamente com o valor da posição a ser coberta.

4. O índice de *hedge* é o número de instrumentos de *hedge* – por exemplo, contratos de futuros – que seriam estabelecidos para compensar o risco de uma posição descoberta. O índice de *hedge* de um risco de mercado sistemático é proporcional ao tamanho e ao beta da carteira de ações subjacente. O índice de *hedge* de carteiras de renda fixa é proporcional ao valor de preço de um ponto-base, que, por sua vez, é proporcional à duração modificada e ao tamanho da carteira.

5. Vários investidores, como os fundos de *hedge*, utilizam estratégias de *hedging* para criar apostas neutras em relação ao mercado sobre casos em que se percebe um erro de apreçamento relativo entre dois ou mais títulos. Não se trata de estratégias de arbitragem, mas de apostas puras sobre determinada oportunidade de lucro percebida.

6. Os contratos de futuros de taxa de juros podem ser firmados sobre os *preços* dos títulos de dívida (como no caso dos contratos de obrigações do Tesouro) ou diretamente sobre as taxas de juros (como no caso dos contratos em eurodólar).

7. Os *swaps*, que existem a troca de uma série de fluxos de caixa, podem ser vistos como carteiras de contratos *forward*. Cada transação pode ser considerada um acordo *forward* distinto. Entretanto, em vez de precificar cada troca independentemente, o *swap* estabelece um "preço *forward*" que se aplica a todas as transações. Portanto, o preço de *swap* será uma média dos preços *forward* que prevaleceriam se cada troca fosse precificada separadamente.

8. A precificação de futuros de *commodity* é dificultada pelos custos de armazenamento da *commodity* subjacente. Quando o ativo é armazenado condescendentemente pelos investidores, os custos de armazenamento líquidos do rendimento de conveniência entram na equação de precificação de futuros da seguinte maneira:

$$F_0 = P_0 (1 + r_f + c)^T$$

Os custos de manutenção líquidos que não incluem juros, c, desempenham a função de "dividendos negativos" nesse contexto.

9. Quando as *commodities* não são armazenadas para finalidades de investimento, o preço de futuros atual deve ser determinado utilizando os princípios gerais de risco-retorno. Nesse caso,

$$F_0 = E(P_T) \left(\frac{1 + r_f}{1 + k} \right)^T$$

O equilíbrio (risco-retorno) e as previsões de não arbitragem do preço de futuros apropriado são coerentes entre si para *commodities* armazenadas.

Sites relacionados a este capítulo estão disponíveis em **www.grupoa.com.br**

PALAVRAS-CHAVE

aposta neutra em relação ao mercado
arbitragem de índice
hedging
hedging cruzado
índice de *hedge*
negociação programada
principal nocional
relação de arbitragem de juros coberta
relação de paridade da taxa de juros
swap de câmbio
swap de risco de incumprimento
swaps de taxa de juros
valor de preço de um ponto-base

EQUAÇÕES BÁSICAS

Paridade da taxa de juros (arbitragem de juros coberta): $F_0 = E_0 \left(\dfrac{1 + r_{EUA}}{1 + r_{RU}} \right)^T$

Hedging com futuros: Índice *hedge* = $\dfrac{\text{Mudança no valor da carteira}}{\text{Lucro sobre um contrato de futuros}}$

Paridade de *commodities* armazenadas: $F_0 = P_0 (1 + r_f + c)$

Preço de futuros *versus* preço *spot* esperado: $F_0 = E(P_T) \left(\dfrac{1 + r_f}{1 + k} \right)^T$

CONJUNTO DE PROBLEMAS

1. O beta de uma ação é um dado fundamental para proteger o mercado de ações. A duração de uma obrigação é fundamental para proteger o mercado de renda fixa. Por que eles são utilizados de maneira semelhante? Existe alguma diferença no cálculo necessário para formular uma posição de *hedge* em cada mercado?

Básicos

2. Uma empresa de exportação americana pode utilizar futuros de câmbio exterior para proteger sua exposição ao risco da taxa de câmbio. Sua posição em futuros dependerá em parte dos pagamentos previstos de seus clientes denominados em moeda estrangeira. Entretanto, em geral sua posição em futuros deve ser superior ou inferior ao número de contratos necessários para proteger esses fluxos de caixa previstos? Que outros fatores entram na estratégia de *hedging*?

3. Tanto as empresas de mineração de ouro quanto as empresas de produção de petróleo podem optar por utilizar futuros para se proteger contra a incerteza em relação a receitas futuras em virtude de flutuações de preço. Mas a atividade de negociação diminui acentuadamente no caso de vencimentos superiores a um ano. Suponhamos que uma empresa queira utilizar contratos disponíveis (com vencimento de curto prazo) para proteger o preço de sua *commodity* em horizontes mais distantes – por exemplo, daqui a quatro anos. Você acha que o *hedge* será mais eficaz para a empresa de petróleo ou para a empresa de mineração de ouro?

4. Você acredita que o *spread* entre os rendimentos de obrigações municipais e os rendimentos de obrigações do Tesouro diminuirá no próximo ano. Como você pode lucrar com essa mudança utilizando a obrigação municipal e contratos de futuros em obrigações do Tesouro?

Intermediários

5. Considere um contrato de futuros sobre o índice S&P 500, com vencimento em seis meses. A taxa de juros é 3% por período de seis meses e o valor futuros dos dividendos que devem ser pagos nos próximos seis meses é US$ 15. O nível atual do índice é 1.425. Presuma que você pode vender o índice S&P a descoberto.
    a. Suponha que a taxa de retorno no mercado é 6% por período de seis meses. Qual é o nível esperado do índice em seis meses?
    b. Qual o preço teórico de não arbitragem para um contrato de futuros de seis meses no índice de ações S&P 500?
    c. Suponha que o preço de futuros é 1.422. Existe oportunidade de arbitragem nesse caso? Se sim, como você a exploraria?

6. Suponhamos que o valor do índice de ações S&P 500 seja 1.600.
    a. Se cada contrato de futuros custar US$ 25 para ser negociado com um corretor de desconto, qual será o custo de transação por dólar de ação controlado pelo contrato de futuros?
    b. Se o preço médio de um ação na NYSE for US$ 40, qual será o custo de transação por "ação típica" controlado por um único contrato de futuros?
    c. Para os pequenos investidores, um custo usual de transação diretamente em ações é 10 centavos por ação. Esse valor equivale a quantas vezes os custos de transação nos mercados de futuros?

7. Você gerencia uma carteira de US$ 16,5 milhões, que atualmente é composta apenas de ações, e acredita que o mercado está prestes a sofrer uma grande queda que, entretanto, será breve. Você mudaria sua carteira temporariamente para letras do Tesouro, mas não quer incorrer nos custos de transação necessários para liquidar e restabelecer sua posição em ações. Em vez disso, você decide proteger temporariamente seu investimento em ações com contratos de futuros do índice S&P 500.
    a. Você deve assumir uma posição comprada ou vendidas nesses contratos? Por quê?
    b. Se seus investimentos em ações forem em um fundo de índice de mercado, quantos contratos você deverá firmar? Atualmente o índice S&P 500 é 1.650 e o multiplicador de contrato é US$ 250.
    c. Em que sua resposta a (*b*) mudará se o beta de sua carteira for 0,6?

8. Uma gestora está mantendo uma carteira de ações de US$ 1 milhão, com beta de 1,25. Ela gostaria de oferecer cobertura para o risco da carteira utilizando o contrato de futuros do índice S&P 500. Que valor em dólares do índice ela deve vender no mercado de futuros para minimizar a volatilidade de sua posição?

9. Suponhamos que a relação entre a taxa de retorno das ações da IBM, o índice de mercado e um índice do setor de computadores possa ser descrita pela seguinte equação de regressão: $r_{IBM} = 0{,}5 r_M + 0{,}75 r_{Setor}$. Se um contrato de futuros fosse negociado no setor de computadores, de que forma você protegeria a exposição aos fatores sistemáticos e setoriais que afetam o desempenho das ações da IBM? Que valor em dólares dos contratos de índice do mercado e do setor você compraria ou venderia para cada dólar mantido em ações da IBM?

10. Suponhamos que atualmente o preço *spot* do euro seja US$ 1,30. O preço de futuros de um ano é US$ 1,35. A taxa de juros é superior nos Estados Unidos ou na zona do euro?

11. a. Atualmente, o preço *spot* da libra é US$ 2,00. Se a taxa de juros isenta de risco sobre obrigações de um ano do governo for 4% nos Estados Unidos e 6% no Reino Unido, qual deverá ser o preço *forward* da libra para entrega dentro de um ano?
    b. Como um investidor poderia obter lucros de arbitragem isentos de risco se o preço *spot* fosse superior ao preço que você indicou na resposta ao item (*a*)? Dê um exemplo numérico.

12. Considere as seguintes informações:

    $r_{EUA} = 4\%$; $r_{RU} = 7\%$
    $E_0 = 2{,}00$ dólares por libra
    $F_0 = 1{,}98$ (entrega em um ano)

    onde as taxas de juros são rendimentos anuais sobre letras dos Estados Unidos ou do Reino Unido. Com base nessas informações:
    a. Onde você concederia empréstimo?
    b. Onde você tomaria empréstimo?
    c. Como você poderia utilizar a arbitragem?

13. Farmer Brown cultiva milho vermelho número 1 e gostaria de proteger o valor da próxima colheita. Entretanto, existem contratos de futuros sobre o milho amarelo número 2. Suponhamos que o milho amarelo normalmente seja vendido por 90% do preço do milho vermelho. Se ele cultivar 100 mil *bushels* e cada contrato de futuros exigir a entrega de 5 mil *bushels*, quantos contratos Farmer Brown deve comprar ou vender para proteger sua posição?

14. Retorne à Figura 23.7. Suponhamos que a Libor seja 0,40% no vencimento em janeiro do primeiro contrato listado em eurodólar. Qual será o lucro ou prejuízo de cada lado do contrato em eurodólar?

15. Os rendimentos sobre obrigações de curto prazo tendem a ser mais voláteis do que os rendimentos sobre obrigações de longo prazo. Suponhamos que você estime que o rendimento sobre obrigações de 20 anos mude em 10 pontos-base para cada mudança de 15 pontos-base no rendimento das obrigações de cinco anos. Você mantém uma carteira de US$ 1 milhão de obrigações com vencimento em cinco anos e duração modificada de quatro anos e deseja proteger sua exposição à taxa de juros com futuros em obrigações do Tesouro, que atualmente têm duração modificada de nove anos e são vendidas por $F_0 = $ US$ 95. Quantos contratos de futuros você deve vender?

16. Uma gestora está mantendo uma carteira de obrigações de US$ 1 milhão com duração modificada de oito anos. Ela gostaria de oferecer cobertura para o risco da carteira vendendo obrigações do Tesouro a descoberto. A duração modificada das obrigações do Tesouro é dez anos. Quantos dólares em obrigações do Tesouro ela deve vender para minimizar a variação de sua posição?

17. Uma empresa pretende emitir US$ 10 milhões em obrigações de dez anos em três meses. Os rendimentos atuais das obrigações têm duração modificada de oito anos. O contrato de futuros de notas do Tesouro está sendo vendido por $F_0 = 100$ e tem duração modificada de seis anos. Como a empresa pode utilizar esse contrato de futuros para oferecer cobertura para o risco que gira em torno do rendimento pelo qual ela conseguirá vender suas obrigações? Tanto a obrigação quanto o contrato estão em valor nominal.

18. Se o preço *spot* do ouro for US$ 1.500 por onça *troy*, a taxa de juros isenta de risco for 2% e os custos de armazenamento e seguro forem zero, qual deverá ser o preço *forward* do ouro para entrega em um ano? Utilize o argumento de arbitragem para provar sua resposta. Inclua um exemplo numérico que mostre como você poderia obter lucros de arbitragem isentos de risco se o preço *forward* for superior ao seu limite superior.

19. Se a colheita de milho hoje fosse ruim, você acha que esse fato teria algum efeito nos preços de futuros atuais do milho para entrega em dois anos (após a colheita)? Sob quais circunstâncias não haveria nenhum efeito?

20. Suponhamos que o preço do milho seja arriscado, com beta de 0,5. O custo de armazenamento mensal é US$ 0,03 e o preço *spot* atual é US$ 5,50, com um preço *spot* esperado de US$ 5,88 em três meses. Se a taxa de retorno esperada no mercado fosse 0,9% ao mês, com uma taxa isenta de risco de 0,5% ao mês, você armazenaria o milho durante três meses?

21. Suponhamos que a curva de rendimento dos Estados Unidos esteja nivelada em 4% e a curva de rendimento do euro esteja nivelada em 3%. A taxa de câmbio atual é US$ 1,50 por euro. Qual será a taxa de *swap* em um acordo para troca de moedas durante um período de três anos? O *swap* exigirá a troca de 1 milhão de euros por um determinado número de dólares a cada ano.

22. A Desert Trading Company emitiu obrigações de longo prazo no valor de US$ 100 milhões por uma taxa fixa de 7%. Em seguida, a empresa entrou em um *swap* de taxa de juros em que ela paga a Libor e recebe 6% fixos sobre o principal nocional de US$ 100 milhões. Qual o custo geral dos fundos da empresa?

23. A empresa ABC firmou um *swap* de cinco anos com a XYZ para pagar a Libor em troca de uma taxa fixa de 6% sobre principal nocional de US$ 10 milhões. Dois anos depois, a taxa de mercado de *swaps* de três anos é a Libor por 5%; a essa altura, a empresa XYZ entra em falência e não cumpre sua obrigação sobre o *swap*.

    a. Por que a empresa ABC é prejudicada por essa inadimplência?

    b. Qual o valor de mercado do prejuízo incorrido pela ABC em virtude dessa inadimplência?

    c. Suponha agora que a ABC tenha entrado em falência. Em sua opinião, como o *swap* seria tratado na reorganização da empresa?

24. Suponhamos que no presente seja possível entrar em um *swap* de cinco anos que troca a Libor por 8%. Um *swap* fora do mercado seria então definido como um *swap* da Libor por uma taxa fixa diferente de 8%. Por exemplo, uma empresa com uma dívida em circulação com cupom de 10% poderia querer converter para uma dívida de taxa flutuante sintética firmando um *swap* em que paga a Libor e recebe uma taxa fixa de 10%. Que pagamento adiantado seria necessário para induzir a outra parte a assumir o outro lado desse *swap*? Suponha um principal nocional de US$ 10 milhões.

Difíceis

25. Suponhamos que o preço de futuros de um ano de uma carteira indexada por ações seja 1.624, o índice de ações atual seja 1.600, a taxa de juros isenta de risco de um ano seja 3% e o dividendo de fim de ano que será pago sobre um investimento de US$ 1.600 na carteira indexada seja US$ 20.

    a. O erro de apreçamento do contrato equivale a quanto?

    b. Desenvolva uma carteira de arbitragem de investimento líquido zero e mostre que você consegue fixar lucros sem risco equivalentes ao erro de apreçamento dos futuros.

    c. Suponha agora que (tal como ocorre de fato com os pequenos investidores), se você vender a descoberto as ações do índice de mercado, os rendimentos da venda a descoberto serão mantidos com o corretor e você não receberá nenhuma renda de juros sobre os fundos. Ainda existe oportunidade de arbitragem (supondo que você ainda não possua as ações no índice)? Explique.

    d. Tendo em vista as regras de venda a descoberto, qual é a faixa de não arbitragem para a relação entre os preços de ações e de futuros? Ou seja, considerando um índice de ações de 1.600, que patamar máximo e mínimo o preço de futuros pode atingir sem que gere oportunidades de arbitragem?

26. Considere estes dados sobre o mercado de futuros referentes a um contrato do S&P 500 para entrega em junho, exatamente seis meses da data atual. O índice S&P 500 é 1.350 e o contrato com vencimento em junho tem $F_0 = 1.351$.

    a. Se a taxa de juros atual for 2,2% por semestre e a taxa média de dividendos das ações no índice for 1,2% por semestre, que fração dos rendimentos da venda a descoberto de ações você precisará ter para obter lucros de arbitragem?

    b. Suponha que você tem acesso a 90% dos rendimentos de uma venda a descoberto. Qual o limite inferior do preço de futuros que elimina oportunidades de arbitragem? Em quanto o preço de futuros real cai abaixo do limite de não arbitragem? Formule a estratégia de arbitragem apropriada e calcule os lucros dessa estratégia.

---

1. Donna Doni, CFA, deseja explorar possíveis ineficiências no mercado de futuros. O índice de ações TOBEC tem um valor *spot* de 185. Os contratos de futuros do TOBEC são liquidados em dinheiro e os valores subjacentes do contrato são determinados multiplicando US$ 100 pelo valor do índice. A taxa de juros anual isenta de risco atual é 6,0%.

    a. Calcule o preço teórico do contrato de futuros que vence em seis meses utilizando o modelo de custo de manutenção. O índice não paga dividendos.

O custo de transação total de um contrato de futuros é US$ 15.

b. Calcule o limite inferior do preço do contrato de futuros que vence em seis meses.

2. Suponhamos que seu cliente diga: "Invisto em ações japonesas, mas desejo eliminar minha exposição a esse mercado durante certo período. Posso fazer isso sem o custo e a inconveniência de vender todas as ações e comprá-las de volta se minhas expectativas mudarem?".

   a. Descreva brevemente uma estratégia para proteger tanto o risco de mercado local quanto o risco cambial do investimento em ações japonesas.
   b. Explique brevemente por que a estratégia de *hedging* que você descreveu na parte (*a*) pode não ser totalmente eficaz.

3. Renée Michaels, CFA, pretende investir US$ 1 milhão em equivalentes de caixa do governo dos Estados Unidos nos próximos 90 dias. O cliente de Michaels a autorizou a utilizar equivalentes de caixa que não sejam do governo dos Estados Unidos, mas somente se o risco cambial for protegido por dólares americanos por meio de contratos cambiais *forward*.

   a. Calcule o valor em dólar americano do investimento protegido ao final de 90 dias para cada um dos equivalentes de caixa da tabela a seguir. Mostre todos os cálculos.
   b. Explique brevemente a teoria que melhor justifica seus resultados.
   c. Com base nessa teoria, estime a taxa de juros implícita de equivalentes de caixa de 90 dias do governo dos Estados Unidos.

Taxas de juros de equivalentes de caixa de 90 dias	
Governo japonês	7,6%
Governo suíço	8,6%

Taxas de câmbio unidades monetárias por dólar americano		
	Spot	Forward (90 dias)
Iene japonês	133,05	133,47
Franco suíço	1,5260	1,5348

4. Depois de examinar a análise de crédito de Iris Hamson, George Davies avalia se ele pode aumentar o retorno do período de manutenção dos investimentos de excedente de caixa do Yucatan Resort (que são mantidos em peso) transferindo-os para o mercado de obrigações mexicano. Embora Davies fosse investir em obrigações denominadas em peso, o objetivo do investimento seria obter o maior retorno de período de manutenção, avaliado em dólares americanos, sobre o investimento.

   Davies constata que o rendimento mais alto sobre uma obrigação mexicana de um ano, que é considerada isenta de risco, é atraente, mas está preocupado com a possibilidade de a depreciação do peso diminuir o retorno do período de manutenção, avaliado em dólares americanos. Hamson preparou os seguintes dados financeiros para ajudar Davies a tomar uma decisão:

Dados econômicos e financeiros selecionados	
Rendimento de obrigações de um ano do Tesouro dos Estados Unidos	2,5%
Rendimento de obrigações mexicanas de um ano	6,5%
Taxas de câmbio nominais	
Spot	9,5000 pesos = US$ 1,00
Forward de 1 ano	9,8707 pesos = US$ 1,00

Hamson recomenda a compra de obrigações mexicanas de um ano e a proteção da exposição ao risco cambial utilizando a taxa de câmbio *forward* de um ano. Calcule o retorno do período de manutenção em dólar americano que seria obtido com a transação recomendada por Hamson. O retorno do período de manutenção em dólar americano dessa transação seria superior ou inferior ao disponível nos Estados Unidos?

5. a. Pamela Itsuji, negociadora de câmbio de um banco japonês, está avaliando o preço de um contrato de futuros de moeda de seis meses entre iene/dólar americano. Ela coletou os seguintes dados cambiais e de taxas de juros:

Taxa de câmbio *spot* de iene/dólar americano	¥ 124,30/US$ 1,00
Taxa de juros japonesa de seis meses	0,10%
Taxa de juros americana de seis meses	3,80%

Calcule o preço teórico de um contrato de futuros de moeda de seis meses entre iene/dólar americano utilizando os dados anteriores.

b. Itsuji também está analisando o preço de um contrato de futuros de moeda de três meses entre iene/dólar americano utilizando os dados cambiais e de taxa de juros apresentados anteriormente. Como a taxa de juros japonesa de três meses acabou de aumentar para 0,50%, Itsuji reconhece que exige uma oportunidade de arbitragem e decide contrair um empréstimo de US$ 1 milhão para comprar ienes. Calcule o lucro de arbitragem da estratégia de Itsuji utilizando os dados a seguir:

Taxa de câmbio *spot* de iene/dólar americano	¥ 124,30/US$ 1,00
Nova taxa de juros japonesa de três meses	0,50%
Taxa de juros americana de três meses	3,50%
Valor do contrato de futuros de moeda de três meses	¥ 123,2605/US$ 1,00

6. Janice Delsing, gestora de carteira nos Estados Unidos, administra uma carteira de US$ 800 milhões (US$ 600 milhões em ações e US$ 200 milhões em obrigações). Em resposta a acontecimentos previstos no mercado de curto prazo, Delsing deseja ajustar a alocação para 50% de ações e 50% de obrigações utilizando futuros. Sua posição será mantida somente até "o momento certo para restabelecer a alocação de ativos original". Delsing conclui que uma estratégia de alocação de ativos baseada em futuros financeiros é apropriada. O multiplicador do índice de futuros de ações é US$ 250 e a denominação do contrato de futuros de obrigações é US$ 100 mil. Outras informações relevantes para uma estratégia baseada em futuros são apresentadas a seguir:

Duração modificada da carteira de obrigações	5 anos
Rendimento até o vencimento da carteira de obrigações	7%
Valor de preço de um ponto-base de futuros de obrigações	US$ 97,85
Preço de futuros sobre índices de ações	1.378
Beta da carteira de ações	1,0

a. Descreva a estratégia baseada em futuros financeiros necessária e explique como ela permite que Delsing ajuste sua alocação. Não é necessário realizar nenhum cálculo.

b. Calcule o número necessário de cada um dos itens a seguir para implementar a estratégia de alocação de ativos de Delsing:
i. Contratos de futuros de obrigações.
ii. Contratos de futuros sobre índices de ações.
7. As informações delineadas a seguir são fornecidas para você resolver esse problema.

Emissão	Preço	Rendimento até o vencimento	Duração modificada*
Obrigação de 11¾% do Tesouro dos Estados Unidos com vencimento em 15 de novembro de 2029	100	11,75%	7,6 anos
Contrato de futuros de longo prazo do Tesouro dos Estados Unidos (vencimento do contrato em seis meses)	63,33	11,85%	8,0 anos
Obrigação de 12½% da XYZ Corporation com vencimento em 1º de junho de 2020 (debênture de fundo de amortização, com classificação AAA)	93	13,50%	7,2 anos
Volatilidade dos rendimentos da obrigação corporativa AAA em relação aos rendimentos da obrigação do Tesouro dos Estados Unidos = 1,25 para 1,0 (1,25 vez)			
Presuma que não há nenhuma comissão e nenhuma exigência nos contratos de futuros de obrigações de longo prazo do Tesouro dos Estados Unidos. Presuma que não há nenhum imposto.			
Um contrato de futuros de obrigações do Tesouro dos Estados Unidos representa um direito sobre obrigações de longo prazo do Tesouro dos Estados Unidos com valor nominal de US$ 100 mil.			

*Duração modificada = Duração/(1 + y).

Situação A Um gestor de renda fixa que mantém uma posição de valor de mercado de US$ 20 milhões em obrigações de 11¾% do Tesouro dos Estados Unidos com vencimento em 15 de novembro de 2029, espera que em breve a taxa de crescimento econômico e a taxa de inflação superarão as expectativas do mercado. As inflexibilidades institucionais impedem que qualquer obrigação existente na carteira seja vendida no mercado *spot*.

Situação B O tesoureiro da XYZ Corporation constatou recentemente que as taxas de juros cairão em breve. Ele acredita que é o momento oportuno para comprar as obrigações do fundo de amortização de sua empresa antes das exigências porque as obrigações estão sendo negociadas com desconto em relação ao valor nominal. Ele está se preparando para comprar no mercado aberto o valor nominal de US$ 20 milhões em obrigações de 12½% da XYZ Corporation, com vencimento em 1º de junho de 2020. Uma posição de valor nominal de US$ 20 milhões nessas ações é oferecida atualmente no mercado aberto por 93. Infelizmente, o tesoureiro precisa obter a aprovação do conselho de administração para realizar essa compra e isso pode levar até dois meses. A aprovação do conselho de administração nesse caso é apenas uma formalidade.

Para cada uma dessas duas situações, demonstre como a taxa de juros pode ser protegida utilizando o contrato de futuros de obrigações do Tesouro. Mostre todos os cálculos, incluindo o número de contratos de futuros utilizados.

8. Você fez uma regressão do rendimento de uma obrigação de dez anos da KC Company sobre o rendimento de referência de dez anos do Tesouro dos Estados Unidos utilizando dados de um mês do ano anterior. Você obteve o seguinte resultado:

$$\text{Rendimento}_{KC} = 0{,}54 + 1{,}22\,\text{Rendimento}_{Tesouro}$$

onde Rendimento_{KC} é o rendimento sobre a obrigação da KC e $\text{Rendimento}_{Tesouro}$ é o rendimento sobre a obrigação do Tesouro dos Estados Unidos. A duração modificada da obrigação de dez anos do Tesouro é 7,0 anos e a duração modificada da obrigação da KC é 6,93 anos.

a. Calcule a mudança percentual no preço da obrigação de dez anos do Tesouro supondo uma mudança de 50 pontos-base no rendimento dessa obrigação.
b. Calcule a mudança percentual no preço da obrigação da KC utilizando a equação de regressão anterior e supondo uma mudança de 50 pontos-base no rendimento da obrigação de dez anos do Tesouro.

EXERCÍCIOS DE INVESTIMENTO NA *WEB*

Entre no *site* da Bolsa Mercantil de Chicago (www.cme.com), localize a guia *Products* e, em seguida, *FX* (*Foreign Exchange*). Clique no *link* para contratos em dólar canadense e responda as perguntas a seguir sobre o contrato de futuros (*consulte Contract Specifications*):

Qual o tamanho (unidades de dólar canadense) de cada contrato?
Qual o *tick* (incremento de preço mínimo) do contrato?
Em que período do dia o contrato é negociado?
No caso de exercício da opção de entrega, quando e onde a entrega ocorre?

SOLUÇÕES PARA AS REVISÕES DE CONCEITOS

1. De acordo com a paridade da taxa de juros, F_0 deve ser US$ 1,981. Como o preço de futuros está muito alto, devemos reverter a estratégia de arbitragem que acabamos de considerar.

	Fluxo de caixa presente (US$)	Fluxo de caixa em 1 ano
1. Contrair empréstimo de US$ 2,00 nos Estados Unidos. Converter 1 libra esterlina.	+2,00	−2,00(1,04)
2. Conceder empréstimo de 1 libra no Reino Unido.	−2,00	$1{,}05 E_1$
3. Assumir um contrato para vender 1,05 libra pelo preço de futuros de US$ 2,01/£.	0	$(£\,1{,}05)(US\$\,2{,}01/£ - E_1)$
TOTAL	0	US$ 0,0305

2. Como o desempenho da empresa é ruim quando o dólar se deprecia, ela se protege com um contrato de futuros que gerará lucro nesse cenário. Ela precisa assumir uma posição *comprada* em futuros de libra, o que significa que ela terá lucro no contrato no momento em que o preço de futuros aumentar, quando mais dólares forem necessários para comprar uma libra. O índice de *hedge* específico é determinado por meio da observação de que, quando o número de dólares necessários para comprar uma libra aumenta em US$ 0,05, o lucro diminui em US$ 200 mil ao mesmo tempo em que o lucro de um contrato de futuros da posição comprada aumenta em US$ 0,05 × 62.500 = US$ 3.125. O índice de *hedge* é

$$\frac{\text{US\$ 200.000 por US\$ 0,05 de depreciação no dólar}}{\text{US\$ 3.125 por contrato por US\$ 0,05 de depreciação}} = 64 \text{ contratos}$$

3. Cada US$ 1 de aumento no preço do milho reduz os lucros em US$ 1 milhão. Portanto, a empresa precisa assumir contratos de futuros para comprar 1 milhão de *bushels* pelo preço estipulado no presente. A posição em futuros terá um lucro de US$ 1 milhão por cada US$ 1 de aumento no preço de milho. O lucro no contrato compensará a perda de lucro nas operações.

4.

	Em geral (por unidade do índice)	Nossos números
Manter 100 mil unidades da carteira de ações indexada com $S_0 = 1.400$.	S_T	$100.000\, S_T$
Vender 400 contratos.	$F_0 - S_T$	$400 \times \text{US\$ } 250 \times (1.414 - S_T)$
TOTAL	F_0	US$ 141.400.000

O fluxo de caixa líquidos não apresenta risco e oferece uma taxa de retorno de 1% mensal, igual à taxa isenta de risco.

5. O valor de preço de um ponto-base ainda é US$ 9 mil, visto que uma mudança de 1 ponto-base na taxa de juros diminui o valor da carteira de US$ 20 milhões em 0,01% × 4,5 = 0,045%. Portanto, o número de futuros necessários para oferecer proteção contra o risco da taxa de juros é o mesmo necessário para uma carteira com metade do tamanho e o dobro de duração modificada.

6.

	Libor		
	7%	8%	9%
Como pagadora da dívida (Libor × US$ 10 milhões)	−700.000	−800.000	−900.000
Como pagadora fixa, recebe US$ 10 milhões × (Libor − 0,08)	−100.000	0	+100.000
Fluxo de caixa líquido	−800.000	−800.000	−800.000

Independentemente da Libor, a saída de caixa líquida da empresa é igual a 0,08 × principal, exatamente como se ela tivesse emitido uma obrigação com taxa fixa e cupom de 8%.

7. O desejo do gestor seria manter os títulos do mercado monetário pelo fato de sua precificação ser atraente em comparação com outros ativos de curto prazo. Entretanto, existe uma expectativa de que as taxas cairão. O gestor pode manter essa carteira *específica* de ativos de curto prazo e ainda assim se beneficiar da queda da taxa de juros entrando em um *swap* para pagar a taxa de juros de curto prazo e receber uma taxa de juros fixa. A carteira de taxa fixa sintética resultante aumentará de valor se as taxas de fato caírem.

8. As ações oferecem um retorno total (ganho de capital mais dividendos) suficientemente grande para compensar os investidores pelo valor do dinheiro no tempo atrelado à ação. Os preços agrícolas não aumentam necessariamente com o tempo. Na verdade, entre as colheitas, os preços da safra diminuirão. Os retornos necessários para que o armazenamento se torne economicamente atraente não existem.

9. Se o risco sistemático fosse mais alto, a taxa de desconto apropriada, k, aumentaria. Com base na Equação 23.4, concluímos que F_0 cairia. Intuitivamente, o direito a 1 libra de suco de laranja valerá menos hoje se o preço esperado permanecer o mesmo, ao passo que o risco associado com o valor desse direito aumentará. Portanto, o valor que os investidores estão dispostos a pagar hoje para entrega futura é menor.

24
Avaliação de desempenho de carteiras

OS ATIVOS FINANCEIROS são em sua maioria gerenciados por investidores profissionais, os quais, portanto, alocam ao menos indiretamente a maior parte do capital entre as empresas. Desse modo, a alocação eficiente depende da qualidade e da propensão dos mercados financeiros no sentido de direcionar o capital para os melhores administradores. Portanto, para que os mercados de capitais sejam razoavelmente eficientes, os investidores devem ser capazes de avaliar o desempenho dos gestores de ativos. E essa mensuração deve ser precisa o bastante para possibilitar uma hierarquização apropriada da capacidade desses gestores. No mínimo, a eficiência exige que a avaliação de desempenho seja suficientemente precisa para diferenciar os gestores que (descontadas as taxas) têm um desempenho inferior ao de uma carteira diversificada escolhida aleatoriamente. Desse modo, o benefício social de um método de avaliação de desempenho razoavelmente confiável é tão grande quanto a eficiência de mercado.

Como podemos avaliar o desempenho de um gestor de carteira? O que se revela é que mesmo um retorno médio de carteira não é avaliado tão objetivamente quanto poderia parecer. Além disso, o ajuste dos retornos médios ao risco apresenta uma série de outros problemas. Em última análise, a avaliação de desempenho está longe de ser insignificante.

Começamos com a mensuração dos retornos de carteira. Desse ponto, passamos para abordagens convencionais de ajuste ao risco. Identificamos os problemas existentes nessas abordagens quando aplicadas em diversas situações reais. Em seguida, examinamos determinados procedimentos práticos de avaliação de desempenho no âmbito de análise de estilo, classificação de estrelas da Morningstar (Morningstar Star Ratings) e atribuição de desempenho interna.

24.1 A teoria convencional de avaliação de desempenho

Taxas médias de retorno

Definimos o retorno do período de manutenção (*holding-period return* – HPR) na Seção 5.1, Capítulo 5, e explicamos as diferenças entre a média aritmética e a geométrica. Suponhamos que avaliemos o desempenho de uma carteira no período de cinco anos com base em 20 taxas de retorno trimestrais. A média aritmética dessa amostra de retornos seria a melhor estimativa de taxa de retorno esperada da carteira para o próximo trimestre. Em contraposição, a média geométrica é o retorno trimestral constante nos 20 trimestres que geraria o mesmo retorno cumulativo total.

Portanto, a média geométrica, r_G, é definida por

$$(1 + r_G)^{20} = (1 + r_1)(1 + r_2)\ldots(1 + r_{20})$$

O lado direito dessa equação é o valor final composto de um investimento de US$ 1 que obtém as 20 taxas de retorno trimestrais no período de observação de cinco anos. O lado esquerdo é o valor composto de um investimento de US$ 1 que obtém r_G por trimestre. Calculamos $1 + r_G$ como[1]

$$1 + r_G = [(1 + r_1)(1 + r_2)\ldots(1 + r_{20})]^{1/20}$$

O peso de cada retorno é igual na média geométrica. Por esse motivo, a média geométrica é chamada de **média ponderada no tempo**.

Para preparar o terreno para discutir as questões mais sutis que se seguem, comecemos com um exemplo trivial. Considere uma ação que paga dividendos anuais de US$ 2 e atualmente é vendida por US$ 50. Você compra essa ação hoje, recebe US$ 2 de dividendos e então a vende por US$ 53 no final do ano. Sua taxa de retorno é

$$\frac{\text{Rendimentos totais}}{\text{Investimento inicial}} = \frac{\text{Renda + Ganho de capital}}{50} = \frac{2 + 3}{50} = 0{,}10 \text{ ou } 10\%$$

Outra forma útil de deduzir a taxa de retorno em um caso mais difícil de vários períodos é definir o investimento como um problema de fluxo de caixa descontado. Chamemos de r a taxa de retorno que é igual ao valor presente de todos os fluxos de caixa provenientes do investimento com a saída inicial. Em nosso exemplo, a ação é comprada por US$ 50 e gera fluxos de caixa no final do ano de US$ 2 (dividendos) mais US$ 53 (venda da ação). Portanto, resolvemos a equação $50 = (2 + 53)/(1 + r)$ para descobrir novamente que $r = 10\%$.

Retornos ponderados no tempo *versus* retornos ponderados pelo dólar

Quando consideramos investimentos ao longo de um período em que foi acrescentado ou retirado dinheiro da carteira, a avaliação da taxa de retorno fica mais difícil. Dando continuidade ao nosso exemplo, suponhamos que você comprasse uma segunda ação da mesma empresa no final do primeiro ano e mantivesse ambas até o final do segundo ano, quando então venderia cada uma por US$ 54.

As saídas de caixa totais são

Tempo	Saída
0	US$ 50 para comprar a primeira ação
1	US$ 53 para comprar a segunda ação um ano depois
Rendimentos	
1	US$ 2 de dividendos da ação comprada inicialmente
2	US$ 4 de dividendos das duas ações mantidas no segundo ano mais
	US$ 108 recebidos da venda de ambas as ações por US$ 54 cada

Utilizando o método de fluxo de descontado (*discounted cash flow* – DCF), podemos encontrar o retorno médio durante os dois anos igualando o valor presente das entradas e saídas de caixa:

$$50 + \frac{53}{1 + r} = \frac{2}{1 + r} + \frac{112}{(1 + r)^2}$$

que resulta em $r = 7{,}117\%$.

---

[1] Essa fórmula expressa a média geométrica como taxa de retorno trimestral, em consonância com as taxas trimestrais utilizadas para calculá-la. Quando o período de observação tem duração de h anos (1/4, nesse exemplo), a taxa composta anualizada é definida por $1 + r_{GA} = (1 + r_{Gh})^{1/h}$. Em geral, a média geométrica anualizada de T observações, cada uma com duração h, é $1 + r_{GA} = \left(\prod_{t=1}^{T}(1 + r_t)\right)^{1/hT}$, onde $\prod$ é o produtório. Em nosso exemplo, $T = 20$ observações trimestrais, cada uma com $h = 1/4$ ano, $1/hT = 1/5$. Desse modo, para encontrar a média geométrica anualizada, tiraríamos a raiz quíntupla do retorno cumulativo ao longo do período de in de cinco anos.

Esse valor é chamado de taxa interna de retorno (*internal rate of return* – IRR) ou **taxa de retorno ponderada pelo dólar** sobre o investimento. Ela é "ponderada pelo dólar" porque o desempenho da ação no segundo ano, quando as duas ações da empresa são mantidas, tem maior influência sobre a média do retorno total do que o retorno do primeiro ano, quando é mantida apenas uma ação.

O retorno ponderado no tempo (média geométrica) é 7,81%:

> REVISÃO DE CONCEITOS **24.1**
>
> As ações da XYZ Corp. pagam US$ 2 de dividendos no final de cada ano, em 31 de dezembro. Um investidor compra duas ações da empresa em 1º de janeiro pelo preço de US$ 20 cada, vende uma delas por US$ 22 um ano depois, no dia 1º de janeiro, e vende a segunda no ano subsequente por US$ 19. Encontre a taxa de retorno ponderada pelo dólar e a taxa ponderada no tempo sobre o investimento de dois anos.

$$r_1 = \frac{53 + 2 - 50}{50} = 0{,}10 \text{ ou } 10\% \quad r_2 = \frac{54 + 2 - 53}{53} = 0{,}0566 = 5{,}66\%$$

$$r_G = (1{,}10 \times 1{,}0566)^{1/2} - 1 = 0{,}0781 = 7{,}81\%$$

A média ponderada pelo dólar é inferior à média ponderada no tempo nesse exemplo porque o retorno no segundo ano, quando se investe mais dinheiro, é menor.

Retorno ponderado pelo dólar e desempenho do investimento

Toda família tem várias metas de poupança intimidantes, como educação dos filhos e aposentadoria. Muitas delas contam com abrigo tributário e permitem economias – por exemplo, as contas de aposentadoria individuais (*individual retirement accounts* – IRAs) ou os planos 401(k) para aposentadoria e os planos 529 para despesas universitárias. Por natureza, essas contas são separadas de outros ativos da família.

As famílias têm grande liberdade com relação às suas opções de investimento e desejarão averiguar os resultados de tempos em tempos. Como elas poderiam fazê-lo? A resposta é bastante simples. Primeiro, a família deve manter uma planilha de entradas e saídas de caixa datadas. É simples registrar o valor atual da conta de investimentos. Nesse cenário, a média ponderada pelo dólar em qualquer período de investimento revelará a taxa de retorno efetiva obtida no período.[2]

Para que você consiga realizar essa importante tarefa, tente resolver o primeiro problema no final deste capítulo. Consulte também o quadro "Aplicações Excel" logo a seguir.

Ajustando os retornos ao risco

Avaliar o desempenho com base apenas no retorno médio não é muito útil. Os retornos devem ser ajustados ao risco para que então possam ser comparados de maneira significativa. A forma mais simples e mais popular de ajustar os retornos ao risco de carteira é comparar as taxas de retorno com as taxas de outros fundos de investimento com características de risco semelhantes. Por exemplo, as carteiras de obrigações de alto rendimento são agrupadas em um "universo", os fundos de ações de crescimento são agrupados em outro universo, e assim por diante. Portanto, os retornos médios (normalmente ponderados no tempo) de cada fundo dentro do universo são ordenados e cada gestor de carteira recebe uma classificação percentual que depende do desempenho relativo dentro do **universo de comparação**. Por exemplo, o gestor que tem o nono melhor desempenho em um universo de 100 fundos seria o gestor do 90º percentil: seu desempenho foi melhor do que 90% de todos os fundos concorrentes durante o período de

---

[2] A função XIRR do Excel permite que você insira somas em qualquer data. Essa função fornece a IRR entre duas datas com base em um valor inicial, fluxos de caixa em diversas datas intermediárias (os depósitos são expressos como valo negativo e as retiradas como valor positivo) e um valor final na data de encerramento.

APLICAÇÕES EXCEL: Conta de investimentos simples

Uma conta de investimentos começa com uma contribuição inicial de US$ 10 mil dólares. Durante um período de dois anos, a conta experimenta entradas e saídas de caixa em forma de contribuições adicionais, retiradas e dividendos (não reinvestidos). Por meio da função XIRR do Excel, essa planilha mostra o retorno ponderado pelo dólar dessa conta.

QUESTÕES EXCEL

1. O que aconteceria com a taxa de retorno se, em vez de resgatar o título S2 em outubro, o investidor o mantivesse? Explique a diferença nos retornos.
2. De quanto o investidor precisaria para contribuir para a conta em 03/12 e tornar o retorno médio ponderado pelo dólar igual a zero?

	A	B	C	D	E	F	G	H	I	J
1					Dados					
2	LEGENDA:			Contribuição inicial		$ 10.000,00				
3	Dados determinados					Preço Inicial	N. de Ações	Dividendos Mensais	Dividendos Totais	Preço Final
4	Valor calculado			(S1) Título com rendimento de dividendos	US$5.000,00	US$9,50	526	US$ 0,30	US$ 157,89	US$ 13,00
5	Ver comentário			(S2) Título sem rendimento de dividendos	US$5.000,00	US$9,50	526	0	0	US$ 11,00
6				(S3) Título sem rendimento de dividendos (03/12)	US$8.000,00	US$8,80	909	0	0	US$ 13,50
7										
8										
9		1º-mar.-11	US$ (10.000,00)							
10		1º-abr.-11	US$ 157,89							
11		2-maio-11	US$ 157,89							
12		1º-jun.-11	US$ 157,89							
13		1º-jul.-11	US$ 157,89							
14		1º-ago.-11	US$ 157,89							
15		1º-set.-11	US$ 157,89							
16		3-out.-11	US$ (5.631,58)	Em 10/11, o investidor retira todo o valor do título S2 da conta pelo preço atual.						
17		1º-nov.-11	US$$ 157,89							

avaliação.[3] O quadro a seguir fala sobre a recente remodelação da Vanguard de seus índices de referência para diversas classes de ativos.

Os métodos de avaliação de desempenho ajustada ao risco que utilizam critérios de média-variância entraram em cena simultaneamente com o modelo de precificação de ativos financeiros (*capital asset pricing model* – CAPM). Jack Treynor,[4] William Sharpe[5] e Michael Jensen[6] reconheceram imediatamente as implicações do CAPM para a classificação de desempenho dos gestores. Em pouco tempo, os acadêmicos estavam no comando de uma bateria de medidas de desempenho e inúmeras investigações especializadas sobre o desempenho dos fundos mútuos começaram a jorrar das torres de marfim. Logo após, surgiram agentes dispostos a fornecer serviços de classificação de carteira aos gestores de carteira e seus clientes.

Contudo, embora amplamente utilizadas, as medidas de desempenho ajustadas ao risco têm limitações próprias. Além disso, sua confiabilidade exige um histórico bastante longo de gestão consistente e com um nível de desempenho e uma amostra representativa de ambientes de investimento: mercados altistas e também baixistas.

Para começar, catalogamos algumas possíveis medidas de desempenho ajustadas ao risco para um carteira, *P*, e examinamos as circunstâncias nas quais cada uma poderia ser mais relevante.

---

[3] Nos capítulos anteriores (particularmente no Capítulo 11, sobre a hipótese de mercado eficiente), examinamos se as carteiras gerenciadas ativamente podem superar o desempenho de um índice passivo. Para essa finalidade, analisamos a distribuição de valores de alfa para amostras de fundos mútuos. Observamos que qualquer conclusão com base nessas amostras corria o risco de estar errada, em virtude do viés de sobrevivência, quando os fundos que haviam fracassado durante o período da amostra eram excluídos da amostra. Neste capítulo, estamos interessados em saber como o desempenho dos fundos individuais (ou de outras carteiras) de interesse deve ser avaliado. Quando determinada carteira é escolhida hoje para inspeção de seus retornos futuros, o viés de sobrevivência não é um problema. Entretanto, os grupos de comparação devem estar livres do viés de sobrevivência. Uma amostra que engloba apenas os fundos que sobreviveram introduzirá um viés ascendente para o retorno do grupo de referência e um viés descendente para o desempenho *relativo* de qualquer fundo.

[4] Jack L. Treynor, "How to Rate Management Investment Funds", *Harvard Business Review*, 43, janeiro/fevereiro de 1966.

[5] William F. Sharpe, "Mutual Fund Performance", *Journal of Business*, 39, janeiro de 1966.

[6] Michael C. Jensen, "The Performance of Mutual Funds in the Period 1945–1964", *Journal of Finance*, maio de 1968; e "Risk, the Pricing of Capital Assets, and the Evaluation of Investment Portfolios", *Journal of Business*, abril de 1969.

DESTAQUE DA REALIDADE

VANGUARD: MUDANÇAS DAS REFERÊNCIAS-ALVO DE 22 FUNDOS DE ÍNDICE

A Vanguard pretende mudar seis fundos de índice de ações internacionais para referências da FTSE e dezesseis fundos de índice de ações americanas e balanceados para novas referências desenvolvidas pelo Centro de Pesquisa de Preços de Títulos (Center for Research in Security Prices – CRSP) da Universidade de Chicago. Espera-se que, com o passar do tempo, a transição desses 22 fundos, que hoje utilizam como referência o MSCI, gere uma economia considerável para os acionistas dos fundos.

"Os índices da FTSE e do CRSP são bem estruturados, oferecem cobertura abrangente dos respectivos mercados e atendem aos padrões de "melhores práticas" da Vanguard para referências de mercado", afirmou o diretor executivo de investimento da Vanguard, Gus Sauter. "Igualmente importante, e pensando no que é melhor para os nossos clientes, negociamos acordos de licença para essas referências que, segundo nossas expectativas, nos permitirão oferecer um valor significativo para o nosso fundo de índice e nossos acionistas de ETF e diminuir os índices de despesas com o tempo." Em um ambiente em que as taxas de licença dos índices normalmente representaram uma porcentagem crescente das despesas que os investidores pagam para ter fundos de índice e ETFs, segundo Sauter os acordos de longo prazo com a FTSE e o CRSP oferecerão certeza sobre os custos futuros com esses dois fornecedores de índice.

Em 2009, o CRSP trabalhou com a Vanguard para criar uma nova série de índices possíveis, os índices CRSP. A Vanguard será a primeira empresa de gestão de investimentos a acompanhar as referências amplamente diversificadas do CRSP, que cobrem o mercado geral dos Estados Unidos, segmentos de capitalização de mercado e estilos. A metodologia ponderada por capitalização da CRSP introduz o conceito exclusivo de *packeting*, que amortece o movimento das ações entre índices adjacentes e permite que os investimentos sejam compartilhados entre dois índices da mesma família. Esse método maximiza a pureza de estilo e, ao mesmo tempo, minimiza a rotatividade do índice.

Dezesseis fundos de índice de ações e balanceados da Vanguard, com ativos agregados de US$ 367 bilhões, acompanharão as referências do CRSP, incluindo o maior fundo de índice da Vanguard, o Vanguard Total Stock Market Index Fund, de US$ 197 bilhões. O fundo e suas ações de ETF (símbolo de cotação: VTI) farão a transição entre o US Broad Market Index, do MSCI, para o US Total Market Index, do CRSP.

As mudanças de referência englobarão todas as classes de ações nos 22 fundos, incluindo os ETFs. As transições serão escalonadas e devem ocorrer coletivamente em vários meses. Nenhuma mudança está programada para os fundos de índice de ações americanas da Vanguard que procuram acompanhar as referências do Russell e do Standard & Poor's ou para os fundos de ações setoriais da Vanguard que atualmente procuram acompanhar as referências do MSCI.

Fonte: 2 de outubro de 2012© The Vanguard Group, Inc. Texto utilizado com permissão.

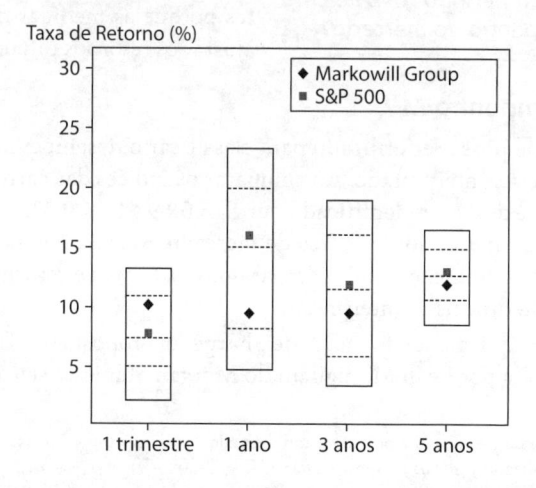

FIGURA 24.1 Universo de comparação: períodos finalizados em 31 de dezembro de 2010

1. *Índice de Sharpe*: $(\bar{r}_P - \bar{r}_f)/\sigma_P$

   O **índice Sharpe** divide o retorno excesso de uma carteira ao longo do período da amostra com base no desvio-padrão dos retornos durante esse período. Ele mede o *trade-off* entre recompensa e volatilidade (total).[7]

---

[7] Inserimos traços sobre r_f e sobre r_P para indicar que, em vista da possibilidade de a taxa isenta de risco não ser constante ao longo do período de mensuração, estamos tirando uma média da amostra, do mesmo modo que procedemos com r_P. De modo equivalente, podemos simplesmente calcular os retornos em excesso médios.

2. *Medida de Treynor*: $(\bar{r}_P - \bar{r}_f)/\beta_P$

   Tal como o índice de Sharpe, a **medida de Treynor** expressa o retorno em excesso por unidade de risco, mas utiliza o risco sistemático, e não o risco total.

3. *Alfa de Jensen*: $\alpha_P = \bar{r}_P - [\bar{r}_f + \beta_P(\bar{r}_M - \bar{r}_f)]$

   O **alfa de Jensen** é o retorno médio da carteira acima do previsto pelo CAPM, com base no beta e no retorno de mercado médio da carteira.[8]

4. *Índice de informação*: $\alpha_P/\sigma(e_P)$

   O **índice de informação** divide o alfa da carteira com base em seu risco não sistemático, denominado "erro de *tracking*" no setor. Ele mede o retorno anormal por unidade de risco que em princípio poderia ser eliminado pela diversificação mantendo uma carteira de índice de mercado.

5. *Retorno ajustado ao risco da Morningstar*: $MRAR(\gamma) = \left[\dfrac{1}{T}\sum_{t=1}^{T}\left(\dfrac{1+r_t}{1+r_{ft}}\right)^{-\gamma}\right]^{\frac{12}{\gamma}} - 1$

REVISÃO DE CONCEITOS 24.2

Considere os dados a seguir para um determinado período de amostra:

	Carteira P	Carteira de mercado M
Retorno médio	35%	28%
Beta	1,20	1,00
Desvio-padrão	42%	30%
Erro de *tracking* (risco não sistemático), σ(e)	18%	0

Calcule o alfa e as três medidas de desempenho para a carteira P e o mercado. Sharpe, Jensen (alfa), Treynor, índice de informação. A taxa das letras do Tesouro durante o período foi 6%. Em que medida a carteira P superou o desempenho do mercado?

A classificação da Morningstar (Morningstar *risk-adjusted return* – MRAR) é um tipo de média harmônica de retornos em excesso, onde $t = 1,...,T$ são observações mensais[9] e γ mede a aversão ao risco. Um γ mais alto significa maior punição pelo risco. Para os fundos mútuos, a Morningstar utiliza $\gamma = 2$, que é considerado um coeficiente razoável para um cliente varejista médio.[10] O MRAR pode ser interpretado como o retorno em excesso isento de risco equivalente da carteira para um investidor com aversão ao risco medida por γ.

Todas as medidas de desempenho tem sua atratividade. Contudo, elas não oferecem necessariamente avaliações de desempeno consistentes porque as medidas de risco utilizadas para ajustar os retornos diferem consideravelmente.

A medida de desempenho M^2

Embora o índice Sharpe possa ser utilizado para classificar o desempenho da carteira, seu valor numérico não é fácil de ser interpretado. Ao comparar os índices das carteiras M e P na "Revisão de Conceitos 24.2", você dever ter identificado que $S_P = 0{,}69$ e $S_M = 0{,}73$. Isso indica que a carteira P teve um desempenho inferior ao do índice de mercado. Mas a diferença de 0,04 no índice de Sharpe é significativa economicamente? Comparamos as taxas de retorno com frequência, mas esses números puros são difíceis de interpretar.

Uma representação equivalente do índice de Sharpe foi proposta por Graham e Harvey e posteriormente popularizada por Leah Modigliani do Morgan Stanley e seu avô Franco Modigliani,

---

[8] Em vários casos, a avaliação de desempenho pressupõe um mercado de vários fatores. Por exemplo, quando o modelo de três fatores de Fama-French for utilizado, o alfa de Jensen será: $\alpha_P = \bar{r}_P - \bar{r}_f - \beta_{PM}(\bar{r}_M - \bar{r}_f) - s_P\bar{r}_{SMB} - h_P\bar{r}_{HML}$, onde s_P é o *loading* na carteira SMB e h_P é o *loading* na carteira HML. Existe também uma versão multifatorial da medida de Treynor. Consulte a nota 13.

[9] A fração $(1+r_t)/(1+r_{ft})$ torna-se bem aproximada por 1 mais o retorno em excesso, R_t.

[10] A medida MRAR é a *média geométrica do retorno em excesso equivalente de certeza* deduzido de uma função de utilidade mais sofisticada do que a função média-variância que utilizamos no Capítulo 6. A função de utilidade é denominada *aversão ao risco relativa constante* (*constant relative risk aversion* – CRRA). Quando os investidores têm uma CRRA, sua alocação de capital (a fração da carteira destinada a ativos isentos de risco *versus* de risco) não muda de acordo com a riqueza. O coeficiente da aversão ao risco é: $A = 1 + \gamma$. Quando $\gamma = 0$ (equivalentemente, $A = 1$), a função de utilidade é apenas a média geométrica dos retornos em excesso brutos:

$$MRAR(0) = \left[\prod_{t=1}^{T}(1+R_t)\right]^{\frac{12}{T}} - 1$$

ganhador do Nobel em Economia.[11] Essa abordagem foi chamada de medida M^2 (em referência a Modigliani ao quadrado). Tal como o índice de Sharpe, a medida M^2 concentra-se na volatilidade total como medida de risco, mas seu ajuste ao risco gera um retorno diferencial fácil de interpretar em relação ao índice de referência.

Para calcular M^2, imaginamos que uma carteira gerenciada, P, é misturada com uma posição em letras do Tesouro para que a carteira completa ou "ajustada" tenha volatilidade correspondente à de um índice de mercado como o S&P 500. Se a carteira gerenciada tivesse 1,5 vez o desvio-padrão do índice, a carteira ajustada teria dois terços investidos na carteira gerenciada e um terço em letras. A carteira ajustada, que chamamos de P^*, teria então o mesmo desvio-padrão do índice. (Se a carteira gerenciada tivesse um desvio-padrão *inferior* ao do índice, ela seria alavancada por uma contratação de empréstimo em dinheiro e pelo investimento dos rendimentos na carteira.) Como o índice de mercado e a carteira P^* têm o mesmo desvio-padrão, podemos comparar seu desempenho simplesmente comparando os retornos. Essa é a medida M^2 da carteira P:

$$M_P^2 = r_{P^*} - r_M \qquad (24.1)$$

O índice de Sharpe é o critério das carteiras gerais

Suponhamos que Jane Close construa uma carteira e a mantenha por um período considerável. Ela não faz nenhuma mudança na composição da carteira durante esse período. Além disso, suponhamos que as taxas de retorno diárias de todos os títulos tenham médias, variâncias e covariâncias constantes. Essas suposições não são realistas e a necessidade de fazê-las evidencia a deficiência das aplicações convencionais da mensuração de desempenho.

Agora queremos avaliar o desempenho da carteira de Jane. Ela fez uma boa escolha de títulos? Essa pergunta na verdade tem três lados. Primeiro, "boa escolha" em comparação com quais alternativas? Segundo, ao escolher entre duas carteiras alternativas distintas, quais são os critérios apropriados para avaliar o desempenho? Por fim, supondo que os critérios de desempenho tenham sido identificados, existe uma regra que pode separar a capacidade básica do que é fruto do acaso?

Os capítulos anteriores deste livro ajudam a determinar os critérios de escolha. Se as preferências do investidor puderem ser resumidas por uma função de utilidade de média-variância, como a

---

EXEMPLO 24.1 || Medida M^2

Utilizando os dados da "Revisão de Conceitos 24.2", P tem um desvio-padrão de 42% *versus* um desvio-padrão do mercado de 30%. Portanto, a carteira ajustada P^* seria formada misturando letras e a carteira P, com peso de 30/42 = 0,714 em P e 1 − 0,714 = 0,286 em letras. O retorno dessa carteira seria (0,286 × 6%) + (0,714 × 35%) = 26,7%, que é 1,3% inferior ao retorno do mercado. Desse modo, a carteira P tem uma medida M_P^2 de −1,3%.

Uma representação gráfica de M^2 é mostrada na Figura 24.2. Movemo-nos para baixo na linha de alocação de capital (*capital allocation line* – CAL) correspondente à carteira P (misturando P com letras do Tesouro) até reduzirmos o desvio-padrão da carteira ajustada para que corresponda ao do índice de mercado. M_P^2 é, portanto, a distância vertical (a diferença em retornos em excesso) entre as carteiras P^* e M. Você pode ver na Figura 24.2 que P terá M^2 negativa quando a CAL for menos pronunciada do que a linha do mercado de capitais (*capital market line* – CML), isto é, quando o índice de Sharpe for inferior ao do índice de mercado.[12]

---

[11] John R. Graham e Campbell R. Harvey, "Market Timing Ability and Volatility Implied in Investment Advisors' Asset Allocation Recommendations", National Bureau of Economic Research Working Paper 4890, outubro de 1994. A parte desse trabalho que aborda os retornos ajustados à volatilidade foi publicada como "Grading the Performance of Market Timing Newsletters", *Financial Analysts Journal*, 53, novembro/dezembro de 1997, pp. 54–66. Franco Modigliani e Leah Modigliani, "Risk-Adjusted Performance", *Journal of Portfolio Management*, inverno de 1997, pp. 45–54.

[12] M^2 é positivo quando o índice de Sharpe da carteira é superior ao do mercado. Denotando R como retorno em excesso e S como medida de Sharpe, a geometria da Figura 24.2 implica que $R_{P^*} = S_P \sigma_M$ e, portanto, que

$$M^2 = r_{P^*} - r_M = R_{P^*} - R_M = S_P \sigma_M - S_M \sigma_M = (S_P - S_M)\sigma_M$$

Portanto, M^2 e o índice de Sharpe classificarão as carteiras de maneira idêntica.

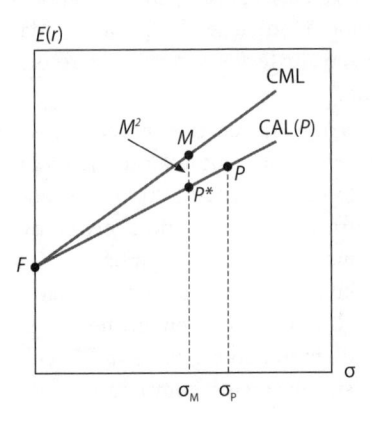

FIGURA 24.2
M^2 da carteira P

introduzida no Capítulo 6, poderemos chegar a um critério relativamente simples. A função de utilidade específica que utilizamos é

$$U = E(r_P) - \tfrac{1}{2}A\sigma_P^2$$

onde A é o coeficiente de aversão ao risco. Com preferências de média-variância, Jane deseja maximizar o índice de Sharpe $[E(r_P) - r_f]/\sigma_P$. Lembre-se de que esse critério levou à escolha da carteira tangencial no Capítulo 7. O problema de Jane resume-se à busca da carteira com o índice de Sharpe mais alto possível.

Medidas de desempenho apropriadas em dois cenários

Para avaliar a escolha de carteira de Jane, primeiro perguntamos se ela é seu único instrumento de investimento. Se a resposta for não, precisaremos conhecer sua carteira "complementar". A medida de desempenho apropriada depende fundamentalmente de a carteira ser um fundo de investimento completo ou apenas uma porção da riqueza geral do investidor.

A carteira de Jane representa seu fundo de investimento de risco completo Nesse caso mais simples, precisamos determinar apenas se a carteira de Jane tem a medida de Sharpe mais alta. Podemos proceder em três etapas:

1. Suponha que o desempenho passado dos títulos seja representativo do desempenho esperado, o que significa que os retornos realizados dos títulos durante o período de manutenção de Jane exibem médias e covariâncias semelhantes às que Jane previu.
2. Determine a carteira de referência (alternativa) que Jane manteria se tivesse escolhido uma estratégia passiva, como o S&P 500.
3. Compare a medida de Sharpe de Jane ou M^2 com a da melhor carteira.

Em suma, quando a carteira de Jane representa seu fundo de investimento completo, a referência é o índice de mercado ou outra carteira específica. O critério de desempenho é a medida de Sharpe da carteira real *versus* de referência.

A escolha de carteira de Jane engloba várias carteiras combinadas em um grande fundo de investimento Esse caso pode descrever uma situação em que Jane, enquanto diretora financeira corporativa, gerencia o fundo de pensão da empresa. Ela divide o fundo completo entre inúmeros gestores de carteira. Depois, ela avalia o desempenho de cada gestor para realocar o fundo e melhorar o desempenho futuro. Qual é a medida de desempenho correta?

O índice de Sharpe baseia-se no retorno em excesso médio (a recompensa) em relação ao desvio-padrão total (risco de carteira total). Ele mede a inclinação da CAL. Entretanto, quando Jane utiliza inúmeros gestores, o risco não sistemático é em grande medida eliminado pela diversificação e, portanto, o risco sistemático se torna a medida de risco relevante. Agora a medida de desempenho apropriada é a de Treynor, que identifica o índice de retorno em excesso médio em relação ao beta (por o desvio-padrão sistemático = β × desvio-padrão do mercado).

Considere as carteiras P e Q na Tabela 24.1 e o gráfico na Figura 24.3. Representamos P e Q no plano retorno esperado-beta (e não no plano retorno esperado-desvio-padrão) porque presumimos que P e Q são duas entre várias subcarteiras no fundo e, portanto, que o risco sistemático será em grande medida eliminado pela diversificação. A linha do mercado de títulos (*security market line* – SML) mostra o valor de α_P and α_Q como a distância de P e Q acima da SML.

Se investirmos w_Q em Q e $w_F = 1 - w_Q$ em letras do Tesouro, os valores de alfa e beta da carteira resultante, Q^*, serão reduzidos proporcionalmente ao alfa e beta de Q por w_Q:

$$\alpha_{Q^*} = w_Q \alpha_Q$$
$$\beta_{Q^*} = w_Q \beta_Q$$

Portanto, todas as carteiras como Q^*, geradas pela mistura de Q com letras do Tesouro, ficarão em uma linha reta desde a origem até Q. Nós a chamamos de linha T em virtude da medida de Treynor, que é a inclinação dessa linha.

A Figura 24.3 mostra também a linha T da carteira P. P tem uma linha T mais inclinada; não obstante seu alfa mais baixo, P é, em última análise, a melhor carteira. Para *qualquer* beta, uma mistura de P com letras do Tesouro gerará um alfa melhor do que uma mistura de Q com letras do Tesouro.

A inclinação da linha T, em vista do *trade-off* entre retorno em excesso e beta, é o critério de desempenho apropriado nesse caso. A inclinação de P, denotada por T_P, é dada por

$$T_P = \frac{\bar{r}_P - \bar{r}_f}{\beta_P}$$

TABELA 24.1 Desempenho da carteira

	Carteira P	Carteira Q	Mercado
Beta	0,90	1,60	1,0
Retorno em excesso ($\bar{r} - \bar{r}_f$)	11%	19%	10%
Alfa*	2%	3%	0

*Alfa = Retorno em excesso – (Beta × Retorno em excesso do mercado)
= $(\bar{r} - \bar{r}_f) - \beta(\bar{r}_M - \bar{r}_f) = \bar{r} - [\bar{r}_f + \beta(\bar{r}_M - \bar{r}_f)]$

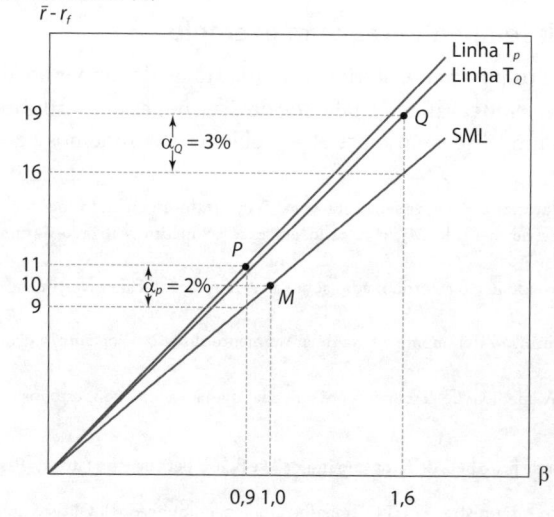

FIGURA 24.3 Medida de Treynor

> **EXEMPLO 24.2** || Equalizando o beta
>
> Suponha que escolhamos misturar Q com letras do Tesouro para criar a carteira Q^* com beta igual ao da P. Encontramos a proporção necessária identificando w_Q:
>
> $$\beta_{Q^*} = w_Q \beta_Q = 1{,}6 w_Q = \beta_P = 0{,}9$$
> $$w_Q = {}^9\!/_{16}$$
>
> Portanto, o alfa da carteira Q^* é
>
> $$\alpha_{Q^*} = {}^9\!/_{16} \times 3\% = 1{,}69\%$$
>
> que é inferior ao da carteira P.

Como M^2, a medida de Treynor é uma porcentagem. Se você subtrair o retorno em excesso do mercado da medida de Treynor, obterá a diferença entre o retorno na linha T_P na Figura 24.3 e a SML, no ponto em que $\beta = 1$. Podemos chamar essa diferença de T^2, de forma análoga à medida M^2. Entretanto, tenha em mente que M^2 e T^2 são tão diferentes quanto a medida de Sharpe e a medida de Treynor são entre si. Elas podem classificar as carteiras de maneira diferente.

A função do alfa nas medidas de desempenho

Com alguns cálculos podemos deduzir a relação entre as três medidas de desempenho apresentadas até aqui. A tabela a seguir mostra essas relações.

	Treynor (T_p)	Sharpe* (S_p)
Em relação ao alfa	$\dfrac{E(r_P) - r_f}{\beta_P} = \dfrac{\alpha_P}{\beta_P} + T_M$	$\dfrac{E(r_P) - r_f}{\sigma_P} = \dfrac{\alpha_P}{\sigma_P} + \rho S_M$
Desvio em relação ao desempenho do mercado	$T_P^2 = T_P - T_M = \dfrac{\alpha_P}{\beta_P}$	$S_P - S_M = \dfrac{\alpha_P}{\sigma_P}(1 - \rho)S_M$

*ρ denota o coeficiente de correlação entre a carteira P e o mercado e é inferior a 1.

Todas essas medidas são coerentes no sentido de que o desempenho superior exige um alfa positivo. Portanto, o alfa é a medida de desempenho mais utilizada. Entretanto, o alfa positivo em si não é capaz de garantir um índice de Sharpe melhor para uma carteira. Tirar proveito de erros de apreçamento significa desviar-se da diversificação completa, o que envolve custo em termos de risco não sistemático. Um fundo mútuo pode obter um alfa positivo, embora, ao mesmo tempo, aumente suficientemente seu desvio-padrão a ponto de seu índice de Sharpe na verdade cair.[13]

Mensuração de desempenho real: um exemplo

Como já examinamos os possíveis critérios de avaliação de desempenho, precisamos abordar uma questão estatística: podemos avaliar a qualidade de decisões *ex ante* utilizando dados *ex post*? Antes de mergulharmos em uma discussão sobre esse problema, examinemos a taxa de retorno da carteira

---

[13] Com um modelo multifatorial, o alfa deve ser ajustado aos demais fatores. Quando você tem K fatores, $k = 1, ..., K$ (o primeiro deles, $k = 1$, é o índice de mercado M), o retorno em excesso médio realizado de uma carteira P é expresso por:

$$\bar{R}_P = \alpha_P + \sum_{k=1}^{K} \beta_{Pk} \bar{R}_k,$$

onde $\bar{R}_k$ é o retorno médio sobre a carteira de fator de investimento zero ou a taxa de retorno em excesso média quando se utiliza diretamente a taxa de crescimento do fator. Portanto, a generalização do alfa de Jensen é

$$\alpha_P^K = \alpha_P - \sum_{k=2}^{K} \beta_{Pk} \bar{R}_k.$$

A medida de Treynor generalizada que leva em conta todos os fatores K é expressa por:

$$GT_P = \alpha_P^K \frac{\sum_k \beta_{kM} \bar{R}_k}{\sum_k \beta_{Pk} \bar{R}_k},$$

onde β_{kM} o beta do fator k no índice M e β_{Pk} é o beta de P no fator k. [Essa medida foi desenvolvida por Georges Hubner (Escola de Administração HEC, trabalho ainda não publicado]). Observe que, com apenas um fator, o alfa reduz-se ao alfa de Jensen original e GT reduz-se à medida de Treynor de índice único.

APLICAÇÕES EXCEL: Mensuração de desempenho

A planilha de mensuração de desempenho a seguir calcula todas as medidas de desempenho analisadas nesta seção. Você pode ver como a classificação relativa difere de acordo com o critério escolhido. Esse modelo do Excel está disponível em "Conteúdo *online*" no *site* **www.grupoa.com.br**.

QUESTÕES EXCEL

1. Examine as medidas de desempenho dos fundos incluídos na planilha. Classifique o desempenho e determine se as classificações são coerentes utilizando cada medida. O que explica esses resultados?
2. Qual fundo você escolheria, se estivesse considerando a porção completa de risco de sua carteira? E se você estivesse considerando uma pequena posição em um desses fundos para uma carteira investida atualmente no índice de mercado?

	A	B	C	D	E	F	G	H	I	J	K
1	Mensuração de desempenho										
2								LEGENDA			
3								Inserir dados			
4								Valor calculado			
5								Ver comentário			
6					Risco						
7		Retorno	Desvio-	Beta	não	Medida de	Medida de	Medida	Medida	Medida	Índice de
8	Fundo	médio	padrão	Coeficiente	sistemático	Sharpe	Treynor	de Jensen	M^2	T^2	avaliação
9	Alfa	28,00%	27,00%	1,7000	5,00%	0,8148	0,1294	-0,0180	-0,0015	-0,0106	-0,3600
10	Omega	31,00%	26,00%	1,6200	6,00%	0,9615	0,1543	0,0232	0,0235	0,0143	0,3867
11	Omicron	22,00%	21,00%	0,8500	2,00%	0,7619	0,1882	0,0410	-0,0105	0,0482	2,0500
12	Millennium	40,00%	33,00%	2,5000	27,00%	1,0303	0,1360	-0,0100	0,0352	-0,0040	-0,0370
13	Big Value	15,00%	13,00%	0,9000	3,00%	0,6923	0,1000	-0,0360	-0,0223	-0,0400	-1,2000
14	Momentum Watcher	29,00%	24,00%	1,4000	16,00%	0,9583	0,1643	0,0340	0,0229	0,0243	0,2125
15	Big Potential	15,00%	11,00%	0,5500	1,50%	0,8182	0,1636	0,0130	-0,0009	0,0236	0,8667
16	Retorno do índice S&P 500	20,00%	17,00%	1,0000	0,00%	0,8235	0,1400	0,0000	0,0000	0,0000	0,0000
17	Retorno de letras do Tesouro	6,00%		0,0000							
18											
19	Classificação de acordo com a medida de Sharpe				Risco						
20		Retorno	Desvio-	Beta	não	Medida de	Medida de	Medida	Medida	Medida	Índice de
21	Fundo	médio	padrão	Coeficiente	sistemático	Sharpe	Treynor	de Jensen	M^2	T^2	avaliação

de Jane nos últimos 12 meses. A Tabela 24.2 mostra o retorno em excesso registrado mensalmente para a carteira *P* de Jane e uma de suas carteiras alternativas *Q* e para a carteira de índice de referência *M*. As últimas linhas da Tabela 24.2 apresenta a média da amostra e os desvios padrão. Com base nesses dados e nas regressões de *P* e *Q* sobre *M*, obtemos as estatísticas de desempenho necessárias.

As estatísticas de desempenho na Tabela 24.3 mostram que a carteira *Q* é mais agressiva do que *P*, no sentido de que seu beta é significativamente mais alto (1,40 *versus* 0,70). Ao mesmo tempo, com base em seu desvio-padrão residual, *P* é mais bem diversificada (2,02% *versus* 9,81%). Ambas as carteiras superaram o desempenho do índice de mercado de referência, tal como evidenciado pelos índices de Sharpe mais altos (e, portanto, medida M^2 positiva), pelos alfas positivos e por um MRAR melhor.

TABELA 24.2 Retornos em excesso das carteiras *P* e *Q* e a referência *M* durante 12 meses

Mês	Carteira *P* de Jane	Alternativa *Q*	Referência *M*
1	3,58%	2,81%	2,20%
2	-4,91	-1,15	-8,41
3	6,51	2,53	3,27
4	11,13	37,09	14,41
5	8,78	12,88	7,71
6	9,38	39,08	14,36
7	-3,66	-8,84	-6,15
8	5,56	0,83	2,74
9	-7,72	0,85	-15,27
10	7,76	12,09	6,49
11	-4,01	-5,68	-3,13
12	0,78	-1,77	1,41
Média	2,77	7,56	1,64
Desvio-padrão	6,45	15,55	8,84

TABELA 24.3 Estatísticas de desempenho

	Carteira P	Carteira Q	Carteira M
Índice de Sharpe	0,43	0,49	0,19
M^2	2,16	2,66	0,00
RAR da Morningstar	0,30	0,80	0,07
Estatísticas de regressão da SCL			
Alfa	1,63	5,26	0,00
Beta	0,70	1,40	1,00
Treynor	3,97	5,38	1,64
T^2	2,34	3,74	0,00
$\sigma(e)$	2,02	9,81	0,00
Índice de informação	0,81	0,54	0,00
R quadrado	0,91	0,64	1,00

Qual carteira é mais atraente com base no desempenho relatado? Se P ou Q representar o fundo de investimento completo, Q será preferível com base em sua medida de Sharpe mais alta (0,49 versus 0,43) e melhor M^2 (2,66% versus 2,16%). No segundo cenário, em que P e Q estão disputando a função como um das inúmeras subcarteiras, Q também predomina porque sua medida de Treynor é mais alta (5,38 versus 3,97). Entretanto, como uma carteira ativa a ser combinada com a carteira de índice, P é preferível porque seu índice de informação – information ratio ou IR – ($IR = \alpha/\sigma(e)$) é mais alto (0,81 versus 0,54), tal como discutido no Capítulo 8 e reafirmado na próxima seção. Portanto, o exemplo mostra que o modo correto de avaliar uma carteira depende em grande parte de como ela se enquadra na riqueza geral do investidor.

Essa análise baseia-se em 12 meses de dados apenas, um período muito curto para oferecer significância estatística às conclusões. Mesmo intervalos de observação mais longos talvez não sejam suficientes para dar nitidez à decisão, o que representa outro problema. Um modelo que calcula essas medidas de desempenho está disponível em "Conteúdo *online*" no site **www.grupoa.com.br**.

Manipulação de desempenho e classificação ajustada ao risco da Morningstar

Até aqui, a avaliação de desempenho baseou-se na seguinte suposição: as taxas de retorno em cada período são independentes e provêm da mesma distribuição; no jargão estatístico, os retornos são independentes e identicamente distribuídos. Essa suposição pode se desmoronar de uma maneira insidiosa quando os gestores, cuja remuneração depende do desempenho, tentam manipular o sistema. Eles podem utilizar estratégias destinadas a melhorar o desempenho *medido* mesmo se prejudicarem os investidores. A remuneração dos gestores pode então perder sua âncora em benefícios ao desempenho.

Os gestores podem afetar as medidas de desempenho durante determinado período de avaliação porque eles observam como os retornos se desdobram ao longo do período e podem ajustar as carteiras de forma correspondente. Assim que eles o fazem, as taxas de retorno na parte final do período de avaliação passam a depender das taxas no início do período.

Ingersoll, Spiegel, Goetzmann e Welch[14] mostram que todas as medidas de desempenho cobertas neste capítulo podem ser manipuladas, exceto uma. A única exceção é o RAR da Morningstar, que na verdade é uma medida de desempenho à prova de manipulação (*manipulation-proof performance measure* – MPPM). Embora os detalhes desse modelo sejam desafiadores, a lógica é clara, tal como agora mostramos por meio do índice de Sharpe.

Como já vimos em nossa análise sobre alocação de capital (Capítulo 6), o investimento no ativo isento de risco (concessão ou contratação de empréstimos) não afetará o índice de Sharpe da carteira. Em outras palavras, o índice de Sharpe não varia em relação à fração *y* na carteira de risco (a alavancagem ocorre quando *y* > 1). O motivo é que os retornos em excesso são proporcionais a *y* e, portanto, o prêmio de risco e o desvio-padrão também são. Mas e se *y* for alterado durante o período? Se a decisão de mudar a alavancagem no meio do processo for tomada antes da observação

---
[14] Jonathan Ingersoll, Matthew Spiegel, William Goetzmann e Ivo Welch, "Portfolio Performance Manipulation and Manipulation Proof Performance Measures", *Review of Financial Studies*, 20, 2007.

de qualquer desempenho, neste caso também a medida de Sharpe não será afetada porque as taxas nas duas carteiras do período continuarão descorrelacionadas.

Mas imagine um gestor que já esteja no meio do período de avaliação. Embora os retornos em excesso realizados (retorno médio, desvio-padrão e índice de Sharpe) da primeira parte do período de avaliação sejam agora conhecidos, a distribuição das taxas futuras remanescentes continuam as mesmas de antes. O índice de Sharpe geral será alguma média (complexa) do índice de Sharpe conhecido na primeira parte e o índice ainda desconhecido na segunda parte do período de avaliação. A alavancagem crescente durante a segunda parte aumentará em média o peso dessa carteira porque a alavancagem ampliará os retornos, tanto os bons quanto os ruins. Portanto, os gestores desejarão aumentar a alavancagem na parte posterior do período se os retornos da parte inicial forem ruins.[15] Em contraposição, o bom desempenho da primeira parte exige a desalavancagem para aumentar o peso no período inicial. Se a primeira parte foi extremamente boa, os gestores mudarão quase toda a carteira para o ativo isento de risco. Essa estratégia induz uma correlação (negativa) entre os retornos na primeira e segunda partes do período de avaliação.

Em média, os investidores perdem com essa estratégia. A variação arbitrária na alavancagem (e, portanto, no risco) diminui a utilidade. Ela beneficia os gestores apenas porque possibilita que eles ajustem o esquema de ponderação dos dois subperíodos ao longo do período completo de avaliação/remuneração após a observação de seu desempenho inicial.[16] Desse modo, o desejo dos investidores é proibir ou ao menos eliminar o incentivo à utilização dessa estratégia. Infelizmente, apenas uma medida é impossível de ser manipulada.

Uma medida de desempenho à prova de manipulação (MPPM) deve atender a quatro exigências:

1. A medida deve produzir uma pontuação de valor único para classificar a carteira.
2. Essa pontuação não deve depender do valor monetário da carteira.
3. O investidor desinformado não deve supor que é possível melhorar a pontuação desviando-se da carteira de referência.
4. A medida deve ser coerente com as condições de equilíbrio convencionais do mercado financeiro.

Ingersoll *et al.* provaram que o MRAR atende a essas exigências e que de fato é uma medida à prova de manipulação. Curiosamente, a Morningstar não tinha em vista uma MPPM quando desenvolveu o MRAR – ela estava tentando apenas acomodar os investidores que exibem uma aversão ao risco relativa constante.

O Painel A da Figura 24.4 mostra um diagrama de dispersão do índice de Sharpe *versus* MRAR de 100 carteiras, com base em uma simulação estatística. Trinta e seis retornos em excesso foram gerados aleatoriamente para cada carteira, todas com retorno esperado anual de 7% e desvio-padrão entre 10 a 30%. Desse modo, os verdadeiros índices de Sharpe desses "fundos mútuos" simulados estão na faixa de 0,7 a 0,23 e exibem uma média de 0,39. Em virtude da variação na amostragem, os 100 índices de Sharpe reais na simulação diferente muito dos parâmetros dessa população; eles variam de –1,02 a –0,46 e exibem uma média de 0,32. Os 100 MRARs variam de –28 a 37% e exibem uma média de 0,7%. A correlação entre as medidas foi 0,94, uma indicação de que os índices de Sharpe acompanham muito bem o MRAR. Aliás, a dispersão é bem estreita ao longo de uma linha com inclinação de 0,19.

O Painel da Figura 24.4 (desenhado na mesma escala do Painel A) mostra o efeito da manipulação quando uma mudança de alavancagem é possibilitada após a observação do desempenho inicial, especificamente no meio do período de avaliação de 36 meses.[17] O efeito da manipulação é evidente nas carteiras com valor extremo. Para MRARs iniciais positivos elevados, a mudança

---

[15] Os gestores impossibilitados de aumentar a alavancagem mudarão, em vez disso, para ações com beta alto. Se esse fenômeno for predominante, pode ajudar a explicar por que as ações com beta alto parecem, em média, acima do preço em relação as ações com beta baixo.

[16] Uma forma de diminuir a possibilidade de manipulação é avaliar o desempenho com maior frequência. Entretanto, isso diminuirá a precisão estatística da medida.

[17] Para que esse exercício fosse realista, foi fixado um teto de 2 para os índices de alavancagem (um índice de dívida-patrimônio líquido de 1,0).

para investimentos isentos de risco preserva os índice de Sharpe altos da primeira metade que, de outra forma, podem ser diluídos ou mesmo revertido na segunda metade. Para os MRARs iniciais negativos elevados, quando os índices de alavancagem são aumentados, observamos dois efeitos. Primeiro, os MRARs parecem piores em virtude dos casos em que a alta alavancagem gerou um resultado contrário ao desejado e piorou os MRARs em comparação com o Painel A (os pontos se movem para a esquerda). Em contraposição, os índices de Sharpe parecem melhor do que no Painel A (eles se movem para cima). Alguns índices de Sharpe mudam de valores negativos para positivos, enquanto outros não parecem piores (porque o desvio-padrão mais alto no segundo período diminuiu o valor absoluto dos índices de Sharpe negativos).

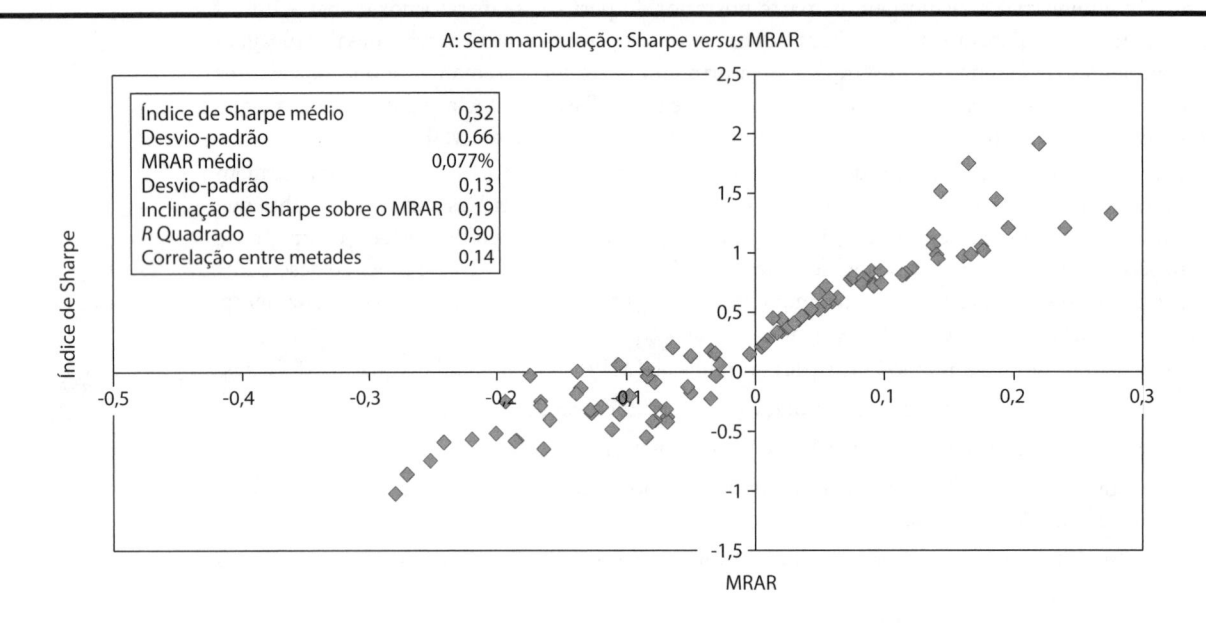

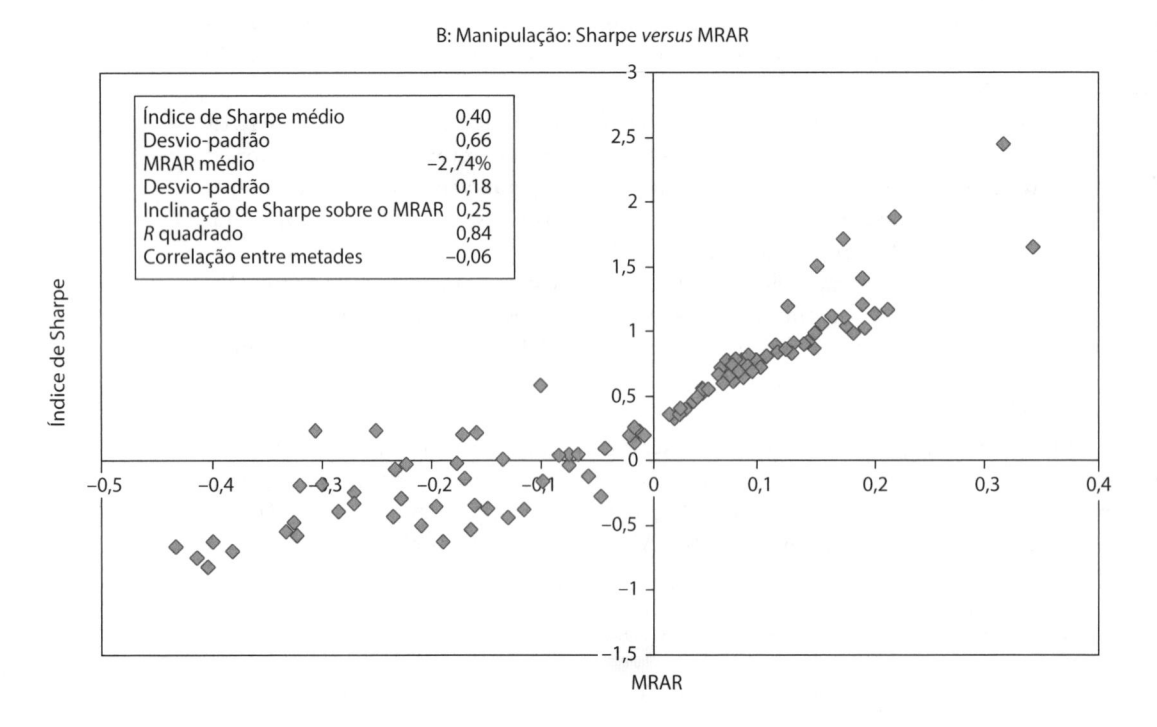

FIGURA 24.4 Pontuações do MRAR e índices de Sharpe com e sem manipulação

As estatísticas no quadro interno do Painel B quantificam a melhoria dos índices de Sharpe mensurados; em contraposição, os MRARs sem deterioraram claramente de um valor pouco positivo para um valor equivalente de certeza de –2,74% ao ano! Como previsto, a correlação entre os retornos médios na primeira e segunda partes do período muda de positiva para negativa. Tudo isso ocorreu em virtude de um aumento na alavancagem de 1,0 para 1,39.[18]

A Morningstar introduziu o MRAR em 2002. Ele particularmente importante para os fundos de *hedge*, nos quais os gestores têm grande liberdade e incentivo para manipular. Consulte o Capítulo 26 para uma análise mais ampla. Em vista de sua imunidade à manipulação, podemos esperar que a medida MRAR se torne uma estatística de desempenho padrão em algum momento futuro, uma necessidade especialmente para os gestores que têm maior liberdade de ação em relação à política de investimento.

Retornos realizados *versus* retornos esperados

Ao avaliar uma carteira, o avaliador não conhece as expectativas originais do gestor nem sabe se essas expectativas se revelaram sensatas. Só é possível observar o desempenho após o fato e esperar que os resultados aleatórios não sejam tomados por uma capacidade subjacente verdadeira nem a encubram. Contudo, os retornos de um ativo de risco sofrem "interferências", e isso complica o problema de inferência. Para evitar enganos, precisamos determinar o "nível de significância" de uma medida de desempenho para sabermos se sua indicação de capacidade é confiável.

Tomemos como exemplo Joe Dart, gestor de carteira. Suponhamos que sua carteira tenha alfa de 20 pontos-base, o que possibilita um valor considerável de 2,4% ao ano antes da composição. Digamos que a distribuição de retorno da carteira de Joe tenha média, beta e alfa constantes, uma suposição extrema, mas que está de acordo com o tratamento usual da mensuração de desempenho. Suponhamos que, no período de mensuração, o beta da carteira de Joe seja 1,2 e o desvio-padrão mensal do resíduo (risco não sistemático) seja 0,02 (2%). Com um desvio-padrão de 6,5% ao mês (22,5% ao ano) no índice de mercado, a variância sistemática de Joe é

$$\beta^2 \sigma_M^2 = 1,2^2 \times 6,5^2 = 60,84$$

e, portanto, o coeficiente de correlação entre sua carteira e o índice de mercado é

$$\rho = \left[\frac{\beta^2 \sigma_M^2}{\beta^2 \sigma_M^2 + \sigma^2(e)} \right]^{1/2} = \left[\frac{60,84}{60,84 + 4} \right]^{1/2} = 0,97$$

o que mostra que sua carteira é bem diversificada.

Para estimar o alfa da carteira de Joe, com base na linha característica do título (SCL), fazemos a regressão de seus retornos em excesso sobre o índice de mercado. Suponhamos que estejamos com sorte e que as estimativas de regressão gerem precisamente os parâmetros verdadeiros. Isso significa que as estimativas da SCL para N meses são

$$\hat{\alpha} = 0,2\%, \qquad \hat{\beta} = 1,2, \qquad \hat{\sigma}(e) = 2\%$$

Entretanto, o avaliador que utiliza essa regressão não conhece os valores verdadeiros e, portanto, deve calcular a estatística *t* da estimativa de alfa para determinar se deve rejeitar a hipótese de que o alfa de Joe é zero, isto é, de que ele não tem capacidade superior.

O erro padrão da estimativa de alfa na regressão da SCL é aproximadamente

$$\hat{\sigma}(\alpha) = \frac{\hat{\sigma}(e)}{\sqrt{N}}$$

onde N é o número de observações e $\hat{\sigma}(e)$ é a estimativa da amostra de risco não sistemático. A estatística *t* da estimativa de alta é, portanto,

$$t(\hat{\alpha}) = \frac{\hat{\alpha}}{\hat{\sigma}(\alpha)} = \frac{\hat{\alpha}\sqrt{N}}{\hat{\sigma}(e)} \tag{24.2}$$

---

[18] Em 100 fundos, o índice de alavancagem foi reduzido em 38 carteiras, foi aumentado para menos de 2 em 14 carteiras e foi aumentado para 2 (e teria sido aumentado ainda mais na ausência do teto) em 48 carteiras.

Suponhamos que o nível de significância deva ser 5%. Isso exigirá um valor $t(\hat{\alpha})$ de 1,96 se N for grande. Com $\hat{\alpha} =$ e $\hat{\sigma}(e) = 2$, encontramos N na Equação 24.2 e descobrimos que

$$1,96 = \frac{0,2\sqrt{N}}{2}$$

$$N = 384 \text{ meses}$$

ou 32 anos!

O que mostramos com isso? Um analista com enorme capacidade. Esse exemplo é distorcido em favor do analista no sentido de que desconsideramos as complicações estatísticas. Nada muda nos parâmetros durante um longo período. Além disso, o período da amostra "comporta-se" perfeitamente. Todas as estimativas da regressão são perfeitas. Contudo, essas estatísticas só confirmarão a verdadeira capacidade de Joe depois de observada toda a sua carreira profissional. Devemos concluir que o problema de inferência estatística torna a avaliação de desempenho extremamente difícil na prática.

Acrescente agora a imprecisão das estimativas de desempenho ao fato de a permanência média de um gestor de fundos em um emprego ser apenas 4,5 anos. No momento em que você tiver sorte o suficiente para encontrar um fundo sobre cujo desempenho histórico superior você tem certeza, é provável que o gestor desse fundo esteja prestes a sair ou já tenha mudado para outro lugar. O quadro logo a seguir examina mais a fundo essa questão.

> **REVISÃO DE CONCEITOS 24.3**
>
> Suponhamos que um analista tenha um alfa de 0,2%, com erro padrão de 2%, tal como em nosso exemplo. Qual a probabilidade de o alfa positivo ser fruto da sorte e de sua verdadeira capacidade ser zero?

24.2 Mensuração de desempenho de fundos de *hedge*

Ao descrever a avaliação de desempenho da carteira de Jane, deixamos de fora um cenário que pode ser relevante.

Suponhamos que até então Jane tenha estado satisfeita com seu fundo mútuo bem diversificado, mas agora se depara com informações sobre os fundos de *hedge*. Os fundos de *hedge* raramente são candidatos adequados para a carteira geral de um investidor. Em vez de se concentrarem nos índices de Sharpe, que exigiriam o estabelecimento de um *trade-off* atraente entre retorno esperado e volatilidade geral, esses fundos concentram-se nas oportunidades oferecidas por títulos temporariamente mal avaliados e se preocupam bem menos com uma ampla diversificação. Em outras palavras, esses fundos são *direcionados ao alfa* e mais adequadamente considerados como possíveis *complementações* para posições principais em carteiras mais tradicionais que são estabelecidas com a intenção de diversificação.

No Capítulo 8, consideramos precisamente a questão sobre como combinar da melhor forma possível a carteira gerenciada com uma posição principal amplamente diversificada. Vimos que a estatística essencial para essa mistura é o índice de informação da carteira gerenciada ativamente; desse modo, esse índice se torna a medida de desempenho apropriada do fundo ativo.

Fazendo uma breve recapitulação, chame a carteira ativa estabelecida pelo fundo de *hedge* de H e a carteira passiva de referência do investidor de M. Portanto, a posição ótima de H na carteira geral, denotada por P^*, seria

$$w_H = \frac{w_H^0}{1 + (1 - \beta_H)w_H^0}; \quad w_H^0 = \frac{\dfrac{\alpha_H}{\sigma^2(e_H)}}{\dfrac{E(R_M)}{\sigma_M^2}} \quad (24.3)$$

Como vimos no Capítulo 8, quando o fundo de *hedge* for otimamente associado com uma parceira de referência utilizando a Equação 24.3, a melhoria na medida será determinada por seu índice de informação $\alpha_H/\sigma(e_H)$, de acordo com

DESTAQUE DA REALIDADE

VOCÊ DEVE SEGUIR SEU GESTOR DE FUNDOS?

O verdadeiro propósito em investir em um fundo mútuo é deixar a escolha de ações e obrigações a cargo dos profissionais. Contudo, com frequência os eventos não se revelam exatamente como se esperava – o gestor demite-se, é transferido ou morre. Grande parte da decisão do investidor de comprar um fundo gerenciado baseia-se no histórico do gestor. Portanto, mudanças como essas podem ser uma surpresa inquietante.

Não existe nenhuma regra sobre o que ocorre após a saída de um gestor. Entretanto, ao que se constata existem sólidas evidências de que a contribuição real do gestor para o desempenho dos fundos é extremamente sobrestimada. Por exemplo, a empresa de pesquisa Morningstar comparou fundos que sofreram mudanças no quadro de gestores entre 1990 e 1995 com aqueles que mantiveram seus gestores. No período de cinco anos finalizado em junho de 2000, os fundos com desempenho mais alto nos cinco anos anteriores tenderam a superar seus pares – embora não tenham perdido nenhum gestor de fundos. Os fundos que tiveram um desempenho ruim na primeira metade da década de 1990 continuaram a se sair mal, independentemente das mudanças no quadro de gestores. Ainda que as empresas de gestão de fundos sem dúvida vão continuar a criar gestores de destaque e a elogiar seu desempenho passado, os investidores não devem perder de vista o desempenho do fundo.

Os fundos são promovidos com base no histórico dos gestores, que normalmente abarca um período de três a cinco anos. Porém, os dados de desempenho que englobam apenas alguns anos dificilmente são uma medida válida de talento. Para ser estatisticamente segura, a evidência do histórico de um gestor precisa abarcar no mínimo dez anos ou mais.

O setor de fundos mútuos pode até parecer um vaivém de gestores, mas isso não deve inquietar a maioria dos investidores. Muitos fundos mútuos são criados para sofrer poucas ou nenhuma mudança quando os gestores saem. Isso porque, de acordo com uma estratégia concebida para diminuir a volatilidade e os temores quanto às sucessões, os fundos mútuos são gerenciados por equipes de selecionadores de ações, cada uma responsável por uma porção de ativos, e não por um único gestor com cocapitães. Entretanto, mesmos os assim chamados gestores-estrela estão quase sempre rodeados de pesquisadores e analistas, que podem ter um papel sobre o desempenho tanto quanto os gestores que aparecem nas manchetes.

Não se esqueça de que, se o gestor sair, o investimento continuará lá. Os investimentos no fundo não terão mudado. Isso é diferente do diretor executivo que sai de uma empresa e o preço das ações cai em seguida. A melhor coisa a fazer monitorar o fundo mais de perto para ficar a par de qualquer mudança que prejudique as qualidades fundamentais do investimento.

Além disso, não subestime a amplitude e profundidade da "bancada gerencial" de uma empresa de fundos. As empresas de investimento maiores e estabelecidas geralmente têm um amplo banco de talentos ao qual recorrer. Elas têm igualmente consciência de que os investidores são propensos a se afastar de um fundo quando ocorre uma mudança gerencial.

Concluindo, para os investidores que se preocupam com mudanças administrativas, existe uma solução: fundos de índice. Esses fundos mútuos compram ações e obrigações que acompanham um índice de referência como o S&P 500, em vez de dependerem de gestores-estrelas para escolher ativamente seus títulos. Nesse caso, na verdade não importa se o gestor vai embora. Ao mesmo tempo, os investidores de índice não precisam pagar impostos decorrentes da mudança de um fundo para outro quando gestores saem. Mais importante, os investidores de fundos de índice não precisam pagar as taxas exageradas que não necessárias para bancar o salário dos gestores-estrela.

Fonte: Shauna Carther, "Should You Follow Your FundManager?" *Investopedia.com,* 3 de março de 2010. Fornecido pela *Forbes.*

$$S_{P^*}^2 = S_M^2 + \left[\frac{\alpha_H}{\sigma(e_H)}\right]^2 \qquad (24.4)$$

A Equação 24.4 nos indica que a medida de desempenho apropriada para o fundo de *hedge* é o índice de informação (IR).

Examinando novamente a Tabela 24.3, podemos calcular o IR das carteiras P e Q como

$$IR_P = \frac{\alpha_P}{\sigma(e_P)} = \frac{1,63}{2,02} = 0,81; \; IR_Q = \frac{5,38}{9,81} = 0,54 \qquad (24.5)$$

Se fôssemos interpretar P e Q como fundos de *hedge*, o beta baixo de P, 0,70, poderia resultar de posições a descoberto que o fundo mantém em alguns ativos. O beta relativamente alto de Q, 1,40, poderia resultar da alavancagem que também aumentaria o risco específico à empresa do fundo, $\sigma(e_Q)$. Utilizando esses cálculos, Jane favoreceria o fundo de *hedge* P com o índice de informação mais alto.

DESTAQUE DA REALIDADE

ARGUMENTO DE SHARPE: A MEDIDA DE RISCO É MAL UTILIZADA

William F. Sharpe provavelmente era o maior especialista na sala quando economistas do mundo inteiro se reuniam para discutir um problema urgente: como medir o risco de um fundo de *hedge*. Há 40 anos, Sharpe criou um cálculo simples para medir o retorno que os investidores deveriam esperar para o nível de volatilidade que eles estavam aceitando. Em outras palavras: quanto dinheiro de fato eles são propensos a ganhar em comparação com a magnitude das mudanças oscilantes que vão lhes tirar o sono?

O assim chamado índice de Sharpe tornou-se um marco nas finanças modernas, visto que os investidores o utilizam para escolher gestores monetários e fundos mútuos. Mas a utilização desse índice foi criticada por vários acadêmicos proeminentes – inclusive pelo próprio Sharpe.

Ele normalmente é utilizado – "mal utilizado", afirma Sharpe – para finalidades promocionais pelos fundos de *hedge*. os fundos de *hedge*, *pools* de investimentos privados vagamente regulamentados, com frequência utilizam estratégias complexas que são vulneráveis a eventos inesperados e evitam qualquer fórmula simples para avaliar o risco. "A experiência média passada pode ser um previsor temível do desempenho futuro", afirma Sharpe.

Sharpe criou o índice para avaliar carteiras de ações, obrigações e fundos mútuos. Quanto mais alto o índice de Sharpe, melhor a perspectiva de desempenho do fundo a longo prazo. Contudo, no momento em que investidores e fundos de pensão menores estão injetando dinheiro nos fundos de *hedge*, o índice pode fomentar uma falsa percepção de segurança.

Sharpe afirma que o índice não prenuncia os infortúnios dos fundos de *hedge* porque "nenhum número consegue fazê-lo". A fórmula não consegue prever problemas como a incapacidade de liquidar todos os investimentos rapidamente se eles começarem a cair, nem dar conta de eventos extremos inesperados. O Long-Term Capital Management, um imenso fundo de *hedge* de Connecticut, tinha um brilhante índice de Sharpe antes de entrar em colapso repentinamente em 1998, quando a Rússia desvalorizou sua moeda e ficou inadimplente. Além disso, os fundos de *hedge* geralmente são discretos a respeito de suas estratégias e com isso os investidores têm dificuldade para formar uma ideia precisa do risco.

Outro problema do índice de Sharpe é que ele foi concebido para avaliar o perfil de recompensa pelo risco da carteira completa de um investidor, e não pequenas partes dela. Essa deficiência é particularmente significativa para os fundos de *hedge*.

Fonte: Ianthe Jeanne Dugan, "Sharpe Point: Risk Gauge is Misused", *The Wall Street Journal,* 31 de agosto de 2005, p. C1© 2005 Dow Jones & Company, Inc. Todos os direitos reservados mundialmente.

Na prática, a avaliação de fundos de *hedge* apresenta desafios práticos consideráveis. Analisaremos vários deles no Capítulo 26, dedicado a esses fundos. Mas por enquanto podemos mencionar brevemente algumas das dificuldades:

1. O perfil de risco dos fundos de *hedge* (tanto a volatilidade total quanto a exposição a fatores sistemáticos relevantes) pode mudar rapidamente. Os fundos de *hedge* têm uma liberdade de movimento bem maior para mudar a estratégia de investimento oportunisticamente. Essa instabilidade dificulta a avaliação da exposição em qualquer momento dado.

2. Os fundos de *hedge* tendem a investir em ativos ilíquidos. Por esse motivo, precisamos livrar o verdadeiro alfa dos prêmios de liquidez para avaliar apropriadamente seu desempenho. Além disso, pode ser difícil precificar com precisão os ativos negociados inativamente e, de forma correspondente, avaliar as taxas de retorno.

3. Muitos fundos de *hedge* adotam estratégias que podem oferecer lucros aparentes durante longos períodos, mas os expõem a sérios prejuízos, embora infrequentes. Portanto, períodos muito longos podem exigir a formulação de quadro realista do verdadeiro *trade-off* entre risco e retorno.

4. Os fundos de *hedge* têm grande liberdade para mudar seu perfil de risco e, por conseguinte, grande capacidade para manipular medidas de desempenho convencionais. O MRAR é a única medida à prova de manipulação e os investidores devem encorajar esses fundos a utilizá-lo.

5. Quando os fundos de *hedge* são avaliados enquanto grupo, o viés de sobrevivência pode ser um fator importante porque a rotatividade nesse setor é bem mais alta do que para empresas de investimento como os fundos mútuos.

O quadro "Argumento de Sharpe" analisa alguns dos usos indevidos de determinadas medidas de desempenho convencionais na avaliação dos fundos de *hedge*.

24.3 Mensuração de desempenho com composição de carteira variável

Já vimos que a volatilidade dos retornos das ações exige um período de observação bastante longo para determinar os níveis de desempenho com precisão, mesmo que a os retornos de uma carteira sejam distribuídos com média e variância constantes. Imagine como esse problema é agravado quando as distribuições de retorno de uma carteira mudam constantemente.

É admissível pressupor que as distribuições de retorno de estratégias passivas têm média e variância constantes quando o intervalo de mensuração não é muito longo. Entretanto, sob uma estratégia ativa, as distribuições de retorno mudam intencionalmente, visto que o gestor atualiza a carteira de acordo com as prescrições da análise financeira. Nesse caso, estimar várias estatísticas com base em um período de amostra pressupondo média e variância constantes pode resultar em erros consideráveis. Vejamos um exemplo.

O que ocorreu no Exemplo 24.3? A mudança na média dos primeiros quatro trimestres para os quatro seguintes não foi reconhecida como uma mudança na estratégia. Na verdade, a diferença nos retornos médios nos dois anos contribuiu para a *aparência* de volatilidade nos retornos da carteira. A estratégia ativa com médias variáveis parece mais arriscada do que realmente é, e isso distorce a estimativa da medida de Sharpe para baixo. Concluímos que para carteiras gerenciadas ativamente, é útil acompanhar de perto a composição da carteira e as mudanças em seu retorno médio e risco. Veremos outro exemplo desse problema na seção posterior, quando abordarmos o *market timig*.

EXEMPLO 24.3 || Risco de carteira variável

Suponhamos que a medida de Sharpe do índice de mercado seja 0,4. Ao longo de um período inicial de 52 semanas, o gestor de carteira utiliza uma estratégia de baixo risco com um retorno em excesso médio anual de 1% e desvio-padrão de 2%. Isso gera um índice de Sharpe de 0,5, que supera a estratégia passiva. Ao longo do período seguinte de 52 semanas, esse gestor constata que uma estratégia de *alto* risco é ideal, com retorno em excesso médio anual de 9% e desvio-padrão de 18%. Também nesse caso o índice de Sharpe é 0,5. Ao longo do período de dois anos, esse gestor mantém uma medida de Sharpe melhor do que a da passiva.

A Figura 24.5 mostra um padrão de retornos trimestrais (anualizados) que é consistente com nossa descrição sobre a estratégia do gestor ao longo de dois anos. Nos primeiros quatro trimestres, os retornos em excesso são −1, 3, −1 e 3% e tendem a resultar em uma média de 1% e desvio-padrão de 2%. Nos quatro trimestres seguintes, os retornos são −9, 27, −9 e 27% e tendem a resultar em uma média de 9% e desvio-padrão de 18%. Portanto, *todos* os anos apresentam uma medida de Sharpe de 0,5. Contudo, na sequência de oito trimestres, a média e o desvio-padrão são 5 e 13,42%, respectivamente, e tendem a resultar em uma medida de Sharpe de apenas 0,37, aparentemente inferior ao da estratégia passiva!

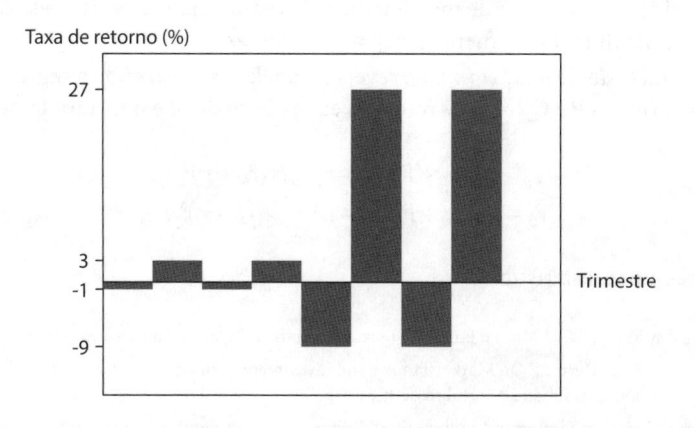

FIGURA 24.5 Retornos de carteira. Os retornos nos últimos quatro trimestres são mais variáveis do que nos quatro primeiros

24.4 Market timing

Em sua forma pura, o *market timing* envolve a transferência de fundos entre uma carteira de índice de mercado e um ativo seguro, dependendo da previsão sobre se o índice de mercado superará ou não o desempenho do ativo seguro. Na prática, a maioria dos gestores não muda completamente entre letras do Tesouro e o mercado. Como poderíamos explicar mudanças parciais para o mercado quando se supõe que o mercado terá um bom desempenho?

Para simplificar, suponhamos que um investidor mantenha apenas a carteira de índice de mercado e letras do Tesouro. Se o peso do mercado fosse constante – digamos, de 0,6 –, o beta da carteira também seria constante e a SCL seria uma linha reta com inclinação de 0,6, tal como na Figura 24.6, Painel A. Se, entretanto, o investidor pudesse cronometrar corretamente o mercado e transferir fundos para o mercado em períodos de alta, a SCL seria representada como na Figura 24.6, Painel B. Se for possível prever quando o mercado estará altista e baixista, o investidor transferirá mais fundos para o mercado quando ele estiver prestes a subir. O beta da carteira e a inclinação da SCL serão mais altos quando r_M for mais alto, gerando a linha curva que aparece no Painel B da Figura 24.6.

Treynor e Mazuy foram os primeiros a propor a estimativa dessa linha acrescentando um termo ao quadrado ao modelo de índice linear usual:[19]

$$r_P - r_f = a + b(r_M - r_f) + c(r_M - r_f)^2 + e_P$$

onde r_P o retorno da carteira e a, b e c são estimados por meio da análise de regressão. If c se revelar positivo, teremos evidência de capacidade de *timing*, porque esse último termo tornará a linha característica mais acentuada quando as $r_M - r_f$ for maior. Treynor e Mazuy estimaram essa equação para inúmeros fundos mútuos, mas encontram poucas evidências de capacidade de *timing*.

Uma metodologia semelhante, porém mais simples, foi proposta por Henriksson e Merton.[20] Esses autores propuseram que o beta da carteira assume apenas dois valores: um valor alto quando se prevê que o mercado se sairá bem e um valor baixo quando a previsão for inversa. Nesse esquema, a linha característica da carteira é semelhante à da Figura 24.6, Painel C. Essa linha aparece em forma de regressão como

$$r_P - r_f = a + b(r_M - r_f) + c(r_M - r_f)D + e_P$$

onde D é uma variável fictícia igual a 1 para $r_M > r_f$ and zero no caso inverso. Desse modo, o beta da carteira é b em mercados baixistas e $b + c$ em mercados altistas. Novamente, um valor positivo de c indica capacidade de *market timing*.

Henriksson[21] estimou essa equação para 116 fundos mútuos. Eles descobriu que o valor médio de c desses fundos era *negativo* e igual a –0,07. Em suma, os resultados demonstraram poucas evidências de capacidade de *market timing*. Talvez isso deva ser esperado. Em vista do enorme valor que pode ser obtido por um *timer* de mercado bem-sucedido, não seria surpresa descobrir nítidas evidências dessas habilidades em mercados quase eficientes.

Para mostra um teste de *market timing*, reveja a Tabela 24.2. Fazendo a regressão dos retornos em excesso das carteiras P e Q sobre os retornos em excesso de M e o quadrado desses retornos,

$$r_P - r_f = a_P + b_P(r_M - r_f) + c_P(r_M - r_f)^2 + e_P$$
$$r_Q - r_f = a_Q + b_Q(r_M - r_f) + c_Q(r_M - r_f)^2 + e_Q$$

deduzimos as seguintes estatísticas:

---

[19] Jack L. Treynor e Kay Mazuy, "Can Mutual Funds Outguess the Market?", *Harvard Business Review*, 43, julho/agosto de 1966.

[20] Roy D. Henriksson e R. C. Merton, "On Market Timing and Investment Performance. II. Statistical Procedures for Evaluating Forecast Skills", *Journal of Business*, 54, outubro de 1981.

[21] Roy D. Henriksson, "Market Timing and Mutual Fund Performance: An Empirical Investigation", *Journal of Business*, 57, janeiro de 1984.

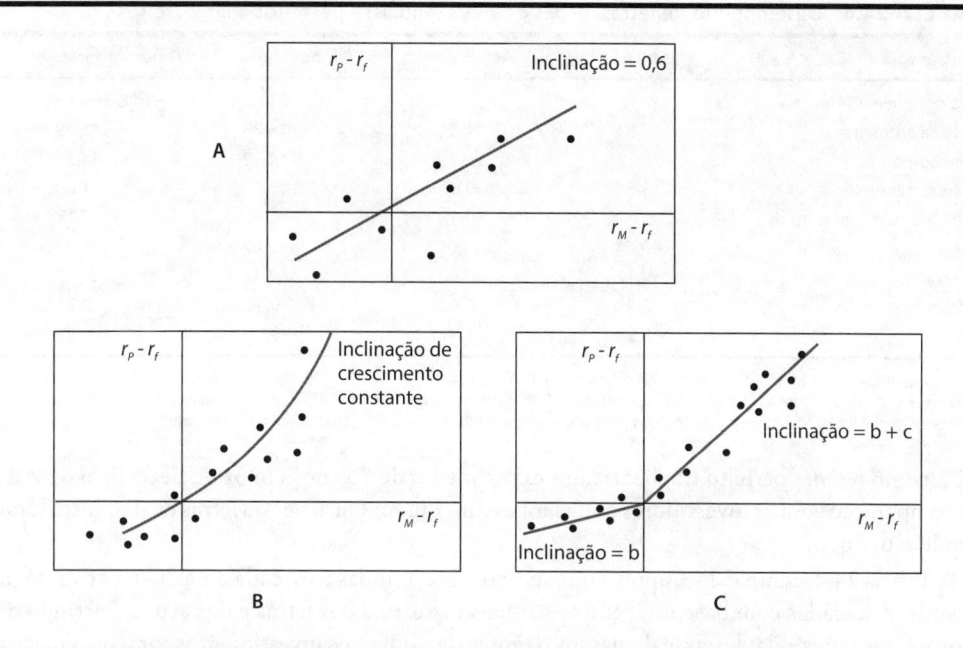

FIGURA 24.6
Linhas características.
Painel A: sem *market timing*, o beta é constante. *Painel B:* com *market timing*, o beta aumenta com o retorno em excesso esperado do mercado. *Painel C: market timing* com apenas dois valores de beta.

	Carteira	
Estimativa	P	Q
Alfa (a)	1,77 (1,63)	–2,29 (5,28)
Beta (b)	0,70 (0,69)	1,10 (1,40)
Timing (c)	0,00	0,10
R quadrado	0,91 (0,91)	0,98 (0,64)

Os números entre parênteses são estimativas provenientes da regressão de variável única relatada na Tabela 24.3. Os resultados revelam que a carteira P não demonstra *timing*. Não está claro se isso ocorreu porque Jane não tentou cronometrar o mercado ou se a iniciativa de cronometrá-lo foi em vão e serviu apenas para aumentar desnecessariamente a variância da carteira.

Entretanto, os resultados da carteira Q revelam que certamente o *timing* foi empreendido com sucesso. O coeficiente de *timing*, c, é estimado como 0,10. Portanto, a evidência indica que o *timing* bem-sucedido (c positivo) foi anulado pela escolha malsucedida de ações (a negativo). Observe que a estimativa de alfa, a, agora é –2,29%, em contraposição à estimativa de 5,28% deduzida da equação de regressão que não leva em conta a possibilidade de atividade de *timing*.

Esse exemplo mostra a inadequação das técnicas de avaliação de desempenho convencionais que presumem retornos médios constantes e risco constante. O *timer* de mercado muda regularmente o beta e o retorno médio ao entrar e sair do mercado. Embora a regressão ampliada detecte esse fenômeno, a SCL simples não o faz. A atratividade relativa das carteiras P e Q continua obscura no sentido de que o valor do sucesso do *timing* e da escolha malsucedida de Q em comparação com P ainda precisa ser calculado. Entretanto, uma questão fundamental para a avaliação de desempenho é que as regressões ampliadas conseguem detectar vários dos efeitos da mudança de composição da carteira que poderiam confundir as medidas de média-variância mais convencionais.

O valor promissor do *market timing*

Suponha que definamos o *market timing* perfeito como a capacidade de dizer (com certeza), no início de cada ano, se a carteira S&P 500 superará a estratégia de rolar letras do Tesouro de 1 mês no decorrer do ano. Assim sendo, no início de cada ano, o *timer* de mercado transfere todos os fundos para equivalentes de caixa (letras do Tesouro) ou ações (a carteira EUA Completa), dependendo de qual se sairá melhor segundo as previsões. Começando com US$ 1 em 1º de janeiro de

TABELA 24.4 Desempenho de letras, ações e *timers* (anuais) – perfeitos e imperfeitos

Estratégia	Letras	Ações	*Timer* perfeito	*Timer* imperfeito*
Valor terminal	20	2.652	352.796	8.859
Média aritmética	3,59	11,63	16,75	11,98
desvio-padrão	3,12	20,39	13,49	14,36
Média geométrica	3,54	9,60	16,01	11,09
LPSD (em relação a letras)	0	21,18	0	17,15
Mínima†	−0,04	−44,00	−0,02	−27,09
Máxima	14,72	57,42	57,42	57,42
Assimetria	0,99	−0,42	0,72	0,71
Curtose	0,98	0,02	−0,13	1,50

* O *timer* imperfeito tem $P_1 = 0,7$ e $P_2 = 0,7$. Portanto, $P_1 + P_2 - 1 = 0,4$.
† Uma taxa negativa sobre as "letras" foi observada em 1940. O título do Tesouro utilizado na série de dados desses primeiros anos na verdade não foi uma letra do Tesouro, mas uma obrigação do Tesouro com 30 dias até o vencimento.

1927, como o *timer* perfeito finalizaria um experimento de 86 anos em 31 de dezembro de 2012, em comparação com os investidores que mantiveram fundos em ações ou letras do Tesouro durante todo o período?

A Tabela 24.4, colunas 1–3, apresenta estatísticas resumidas para cada uma das três estratégias passivas, calculadas com base nos retornos anuais históricos das letras e das ações. Partindo dos retornos das ações e das letras, calculamos o índice de riqueza os investimentos somente em letras e somente em ações e mostramos o valor terminal desses investidores no final de 2012. O retorno do *timer* perfeito em cada ano é o retorno *máximo* sobre as ações e sobre as letras.

A primeira linha da Tabela 24.4 diz tudo. O valor terminal do investimento de US$ 1 em letras no decorrer de 86 anos (1927–2012) é US$ 20, enquanto o valor terminal do mesmo investimento inicial em ações é US$ 2.652. Observamos um padrão semelhante para um investimento de 25 anos no Capítulo 5; os valores terminais bem mais altos (e a diferença entre eles) quando o horizonte é ampliado de 25 para 86 anos é apenas outra manifestação do poder da composição. Defendemos no Capítulo 5 que, por mais que a diferença nos valores terminais impressione, ela é interpretada mais apropriadamente como nada mais que uma compensação justa pelo risco arcado pelos investidores de ações. Observe que o desvio-padrão do investidor só de ações foi substancial – 20,39%. É também por isso que a média geométrica das ações do período é "apenas" 9,60%, em comparação com a média aritmética de 11,63%. (A diferença entre as duas médias aumenta com a volatilidade.)

Observe agora que o valor terminal do *timer* perfeito é US$ 353 mil, um aumento de 133 vezes sobre o valor terminal já alto da estratégia de investir apenas em ações! Na verdade, esse resultado é ainda melhor do que parece porque o retorno para o *timer* de mercado é de fato isento de risco. Esse é o caso clássico em que o desvio-padrão alto (13,49%) não tem nada a ver com risco. Como o *timer* nunca oferece um retorno abaixo da taxa isenta de risco, o desvio-padrão é uma medida apenas de surpresas *boas*. A assimetria positiva da distribuição (comparada com a assimetria negativa das ações) é uma manifestação do fato de os valores extremos serem todos positivos. Outra indicação desse desempenho fora de série são os retornos mínimo e máximo – o retorno mínimo é igual ao retorno mínimo sobre letras (em 1940) e o retorno máximo é o das ações (em 1933) – por isso todos os retornos negativos sobre ações (tão baixos quanto −44% em 1931) foram evitados pelo *timer*. Enfim, a melhor indicação de desempenho do *timer* é um desvio-padrão parcial inferior (*lower partial standard deviation* – LPSD).[22] O LPSD na carteira somente de ações é apenas um pouco mais alto do que o desvio-padrão convencional, mas é obrigatoriamente zero para o *timer* perfeito.

Se interpretarmos o valor terminal da carteira só de ações acima do valor da carteira de letras do Tesouro inteiramente como um prêmio de risco proporcional ao risco de investimento, devemos concluir que o valor equivalente ajustado ao risco do valor terminal da carteira só de ações é

---

[22] O LPSD convencional baseia-se no desvio ao quadrado médio abaixo da média. Como o desempenho-limite nessa aplicação é a taxa isenta de risco, para a presente discussão mudamos o LPSD tirando os desvios ao quadrado dessa taxa e as observações dependem de ele estar abaixo desse limite. O número desses eventos é ignorado.

igual ao da carteira de letras do Tesouro, US$ 20.[23] Em contraposição, a carteira do *timer* perfeito não tem risco e, portanto, não recebe nenhum desconto por isso. Desse modo, é razoável afirmar que a capacidade de previsão do *timer* perfeito converte um valor final de US$ 20 em um valor de US$ 352.796.

Avaliando o *market timing* como uma opção de compra

O segredo para avaliar a capacidade do *market timing* é reconhecer que a previsão perfeita é equivalente a manter uma opção de compra na carteira. O *timer* perfeito investe 100% no ativo seguro ou na carteira de ações, isto é, naquele que oferecer o retorno mais alto. Portanto, a taxa de retorno é *no mínimo* a taxa isenta de risco. Isso é mostrado na Figura 24.7.

Para vermos o valor da informação como opção, suponhamos que atualmente o índice de mercado esteja em S_0 e uma opção de compra sobre o índice tenha um preço de exercício de $X = S_0(1 + r_f)$. Se o mercado superar o desempenho das letras no período seguinte, S_T ultrapassará X; do contrário, ele será inferior a X. Examine agora o *payoff* de uma carteira formada por essa opção mais S_0 dólares investidos em letras.

	$S_T < X$	$S_T \geq X$
Letras	$S_0(1 + r_f)$	$S_0(1 + r_f)$
Opção de Compra	0	$S_T - X$
Total	$S_0(1 + r_f)$	S_T

A carteira paga um retorno isento de risco quando o mercado está baixista (isto é, o retorno do mercado é inferior à taxa isenta de risco) e paga o retorno de mercado quando o mercado está altista e supera as letras. Uma carteira como essa é um *timer* de mercado perfeito.[24]

Como a capacidade de prever o investimento com melhor desempenho é equivalente a manter uma opção de compra no mercado, podemos utilizar os modelos de precificação de opções para atribuir um valor monetário à capacidade de *timing* perfeito. Esse valor constitui a taxa justa que um *timer* poderia cobrar dos investidores por seus serviços. A atribuição de um valor ao *timing* perfeito também nos possibilita atribuir um valor aos *timers* nem um pouco perfeitos.

O preço de exercício da opção de compra do *timer* perfeito em US$ 1 da carteira de ações é o valor final do investimento em letras do Tesouro. Utilizando a composição contínua, temos US$ $1 \times e^{rT}$. Quando você utiliza o preço de exercício na fórmula de Black-Scholes para o valor da opção de compra, a fórmula torna-se consideravelmente mais simples:[25]

$$\text{Valor de mercado (Timer perfeito por US\$ de ativos)} = C = 2N(\tfrac{1}{2}\sigma_M \sqrt{T}) - 1 \quad (24.6)$$

Até aqui, presumimos previsões anuais, isto é, $T = 1$ ano. Utilizando $T = 1$, e o desvio-padrão das ações da Tabela 24.4, 20,39%, calculamos o valor dessa opção de compra como 8,12 centavos ou 8,12% do valor da carteira de ações. Esse valor é inferior ao retorno médio histórico do *timing* perfeito na Tabela 24.5, um reflexo do fato de o valor do *timing* real ser sensível a caudas grossas na distribuição de retorno, enquanto Black-Scholes presume uma distribuição lognormal.

A Equação 24.6 nos indica que o *market timing* perfeito seria equivalente a aumentar o retorno anual das ações em 0,0812 (ou 8,12% ao ano). Como o retorno médio das ações nos últimos 86 anos foi 11,63%, isso seria semelhante em valor a obter um retorno anual de $1,1162 \times 1,0812 - 1 = 0,2069$ ou 20,69%.

---

[23] Talvez pareça difícil atribuir uma diferença tão grande no resultado final somente à aversão ao risco. Contudo, pense nisso da seguinte maneira: o valor final da posição em ações é 133 vezes ao da posição em letras (US$ 2.652 *versus* US$ 20). No decorrer de 86 anos, isso implica um prêmio de risco anualizado razoável de 5,85%: $133^{1/86} = 1,0585$.

[24] A analogia entre *market timing* e opção de compra, e as fórmulas de avaliação decorrentes, foi desenvolvida em Robert C. Merton, "On Market Timing and Investment Performance: An Equilibrium Theory of Value for Market Forecasts", *Journal of Business*, julho de 1981.

[25] Substitua o valor atual da carteira de ações e $X = \text{US\$ } 1 \times e^{rT}$ por $S_0 = \text{US\$ } 1$ na Equação 21.1, Capítulo 21, para obter a Equação 24.6.

FIGURA 24.7
Taxa de retorno de um *timer* de mercado perfeito como função da taxa de retorno do índice de mercado

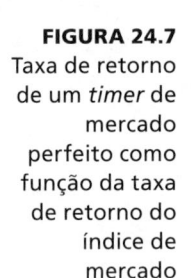

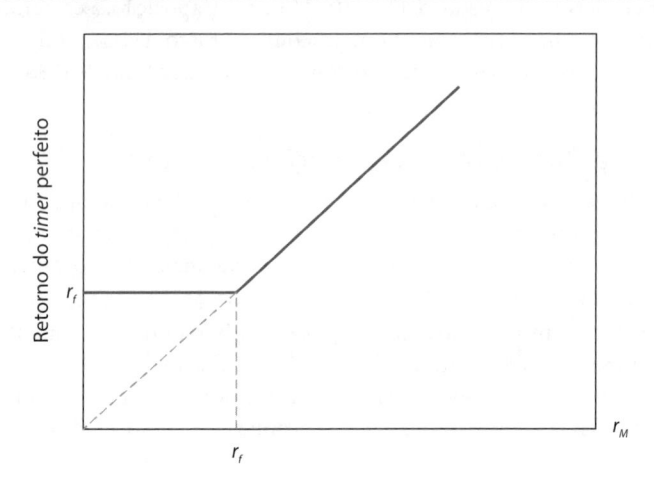

Se um *timer* pudesse fazer a opção correta todo mês, em vez de todo ano, o valor das previsões aumentaria acentuadamente. É claro que fazer previsões perfeitas com maior frequência exige uma capacidade ainda maior de previsão. Como a frequência dessas previsões perfeitas aumenta ilimitadamente, o valor dos serviços também aumentará ilimitadamente.

Suponhamos que o *timer* perfeito pudesse fazer previsões perfeitas todo mês. Nesse caso, cada previsão corresponderia a um curto intervalo e o valor de cada previsão seria inferior, mas haveria 12 vezes mais previsões, e cada uma poderia ser avaliada como uma opção de compra. O resultado líquido é uma grande elevação no valor total. Com previsões mensais, o valor da opção de compra será $2N(½ \times 0{,}2039 \times \sqrt{1/12}) - 1 = 0{,}0235$. Utilizando uma taxa mensal de letras do Tesouro de 3,6%/12, o valor presente de uma sequência de um ano dessas opções de compra mensais, cada uma valendo US\$ 0,0235, é US\$ 0,28. Portanto, o valor anual do *timer* perfeito mensal é 28 centavos do dólar, comparado a 8,12 centavos para um *timer* anual. Em um período de investimento de 86 anos, o valor futuro previsto de um investimento de US\$ 1 seria bem mais alto: $[(1 + 0{,}28)(1 + 0{,}1163)]^{86} = $ US\$ $2{,}1 \times 10^{13}$. Esse valor indica o poder sobrenatural dessas previsões.

A importância da previsão imperfeita

Um meteorologista de Tucson, Arizona, que *sempre* prevê que "não choverá" pode estar certo em 90% das vezes. Mas a estratégia do "relógio parado" não é evidência de capacidade de previsão. De modo semelhante, a medida apropriada de capacidade de previsão do mercado não é a proporção total de previsões corretas. Se em um período de três dias o mercado ficar em alta durante dois dias e um previsor sempre previr uma alta no mercado, o índice de acerto de dois terços não é uma medida de habilidade de previsão. Precisamos examinar a proporção de acertos na previsão de alta no mercado ($r_M < r_f$), *bem como* a proporção de acertos na previsão de baixa no mercado ($r_M > r_f$).

> **REVISÃO DE CONCEITOS 24.4**
>
> Qual a pontuação de *market timing* de uma pessoa que tira cara ou coroa com uma moeda não viciada para prever o mercado?

Se designarmos P_1 como a proporção de previsões corretas de alta no mercado e P_2 como a proporção de baixa no mercado, $P_1 + P_2 - 1$ será a medida correta de capacidade de *timing*. Por exemplo, um meteorologista que sempre faz previsões corretas terá $P_1 = P_2 = 1$ e evidenciará a capacidade de $P_1 + P_2 - 1 = 1$ (100%). Um analista que sempre aposta em um mercado em baixa errará em todas as suas previsões de alta no mercado ($P_1 = 0$), acertará em todas as suas "previsões" de baixa no mercado ($P_2 = 1$) e acabará tendo uma capacidade de *timing* de $P_1 + P_1 - 1 = 0$.

Quando o *timing* é imperfeito, Merton mostra que, se medirmos a previsão geral por meio da estatística $P_1 + P_2 - 1$, o valor de mercado dos serviços de um *timer* imperfeito será simplesmente

$$\text{Valor de mercado}(Timer \text{ imperfeito}) = (P_1 + P_2 - 1) \times C = (P_1 + P_2 - 1)[2N(½\sigma_M \sqrt{T}) - 1] \quad \textbf{(24.7)}$$

A última coluna da Tabela 24.4 oferece uma avaliação do *timer* de mercado imperfeito. Para simular o desempenho de um *timer* imperfeito, extraímos números aleatórios para identificar a possibilidade de o *timer* algumas vezes apresentar uma previsão incorreta (presumimos aqui P_1 e $P_2 = 0{,}7$) e compilamos os resultados para o histórico de 86 anos.[26] As estatísticas desse exercício geraram um valor terminal médio para o *timer* imperfeito de "somente" US$ 8.859, comparado com o do *timer* perfeito de US$ 352.796, mas ainda assim consideravelmente superior ao valor de US$ 2.562 referente aos investimentos exclusivos em ações.[27]

Outra variação da avaliação do *market timing* é um caso em que o *timer* não muda totalmente de um ativo para outro. Mais especificamente, se o *timer* soubesse que suas previsões são imperfeitas, não se esperaria que ele mudasse totalmente entre os mercados. Presumivelmente, ele moderaria suas posições. Suponhamos que ele mude uma fração ω da carteira entre letras do Tesouro e ações. Nesse caso, a Equação 24.7 pode ser generalizada da seguinte forma:

$$\text{Valor de mercado (Timer imperfeito)} = \omega(P_1 + P_2 - 1)[2N(\sigma_M \sqrt{T}) - 1]$$

Se a mudança for ω = 0,50 (50% da carteira), o valor do *timer* será metade do valor que obteríamos para uma mudança total, caso em que ω = 1,0.

24.5 Análise de estilo

A *análise de estilo* foi introduzida por William Sharpe, ganhador do Nobel.[28] A popularidade desse conceito foi auxiliada por um estudo amplamente conhecido,[29] que conclui que 91,5% da variação nos retornos de 82 fundos mútuos poderia ser explicada pela alocação de ativos dos fundos em letras, obrigações e ações. Estudos posteriores que consideraram a alocação de ativos ao longo de uma série mais ampla de classes de ativos constataram que até 97% dos retornos dos fundos podem ser explicados apenas pela alocação de ativos.

A ideia de Sharpe era fazer a regressão dos retornos dos fundos sobre índices que representavam uma variedade de classes de ativos. O coeficiente de regressão em cada índice mediria então a alocação implícita do fundo àquele "estilo". Como os fundos são proibidos de manter posições a descoberto, os coeficientes de regressão são compelidos a ser zero ou positivos e a atingir o total de 100%, a fim de representar uma alocação de ativos completa. O R quadrado da regressão mediria então a porcentagem de variabilidade de retorno atribuível ao estilo ou à alocação de ativos, enquanto o restante dessa variabilidade seria atribuível à escolha de títulos ou ao *market timing* por meio de mudanças periódicas nos pesos das classes de ativos.

Para mostrar a abordagem de Sharpe, utilizamos retornos mensais do Fidelity Magellan Fund durante o mandato do famoso gestor Peter Lynch, entre outubro de 1986 e setembro de 1991, e os resultados são apresentados na Tabela 24.5. Embora sete classes de ativos estejam incluídas nessa análise (das quais seis são representadas por índices de ações e uma é a alternativa em letras do Tesouro), os coeficientes de regressão são positivos apenas em três, isto é, ações de alta capitalização, ações de média capitalização e ações com alto P/E (crescimento). Essas carteiras são suficientes para explicar 97,5% da variância nos retornos do Magellan. Em outras palavras, uma carteira de acompanhamento formada pelas três carteiras de estilo, com pesos iguais aos da Tabela 24.5, explicaria a maior parte da variação no desempenho mensal do Magellan. Podemos concluir que os retornos do fundo são representados adequadamente por três estilos de carteira.

---

[26] Em cada ano, começamos com a previsão correta, mas depois utilizamos um gerador de números aleatórios para mudar ocasionalmente a previsão do *timer* para uma previsão incorreta. Definimos a probabilidade de a previsão do *timer* estar correta como 0,70 para mercados em alta e em baixa.

[27] Observe que a Equação 24.7 implica que um investidor com valor P = 0 que tenta cronometrar o mercado adicionará um valor zero. As mudanças entre os mercados não seriam de forma alguma melhores do que uma decisão aleatória referente à alocação de ativos.

[28] William F. Sharpe, "Asset Allocation: Management Style and Performance Evaluation", *Journal of Portfolio Management*, inverno de 1992, pp. 7–19.

[29] Gary Brinson, Brian Singer e Gilbert Beebower, "Determinants of Portfolio Performance", *Financial Analysts Journal*, maio/junho de 1991.

TABELA 24.5 Análise de estilo do Fidelity Magellan Fund

Estilo da carteira	Coeficiente de regressão
Letras do Tesouro	0
Baixa capitalização	0
Média capitalização	35
Alta capitalização	61
Alto P/E (crescimento)	5
Médio P/E	0
Baixo P/E (valor)	0
Total	100
R quadrado	97,5

Fonte: Cálculos dos autores. Dados de retorno obtidos em finance.yahoo.com/funds e dados de retorno sobre as carteiras de estilo obtidos no *site* do professor Kenneth French: mba.tuck.dartmouth.edu/pages/faculty/ken.french/data_library.html.

A proporção de variabilidade de retorno *não* explicada pela alocação de ativos pode ser atribuída à escolha de títulos dentro de classes de ativos, bem como ao *timing* que se evidencia como mudanças periódicas na alocação. Para o Magellan, a variabilidade residual foi 100 – 97,5 = 2,5%. Esse tipo de resultado é normalmente utilizado para subestimar a importância da escolha de títulos e do *timing* no desempenho do fundo, mas essa conclusão não leva em conta a função fundamental do intercepto nessa regressão. (O R quadrado da regressão pode ser 100% e mesmo assim o intercepto pode ser não zero em decorrência de um maior retorno anormal ajustado ao risco.) Para o Magellan, o intercepto foi de 32 pontos-base por mês, o que resultou em um retorno anormal cumulativo de 19,19% no período de cinco anos. O desempenho superior do Magellan é exibido na Figura 24.8, que representa graficamente o impacto cumulativo do intercepto mais resíduos mensais em relação à carteira de acompanhamento composta de carteiras de estilo. Com exceção do período próximo à quebra de outubro de 1987, o retorno do Magellan aumentou coerentemente em relação à carteira de referência.

A análise de estilo oferece uma alternativa para avaliação de desempenho baseada na linha do mercado de títulos (SML) do CAPM. A SML utiliza apenas uma carteira de comparação, o índice amplo de mercado, ao passo que a análise de estilo constrói de uma maneira mais livre uma carteira

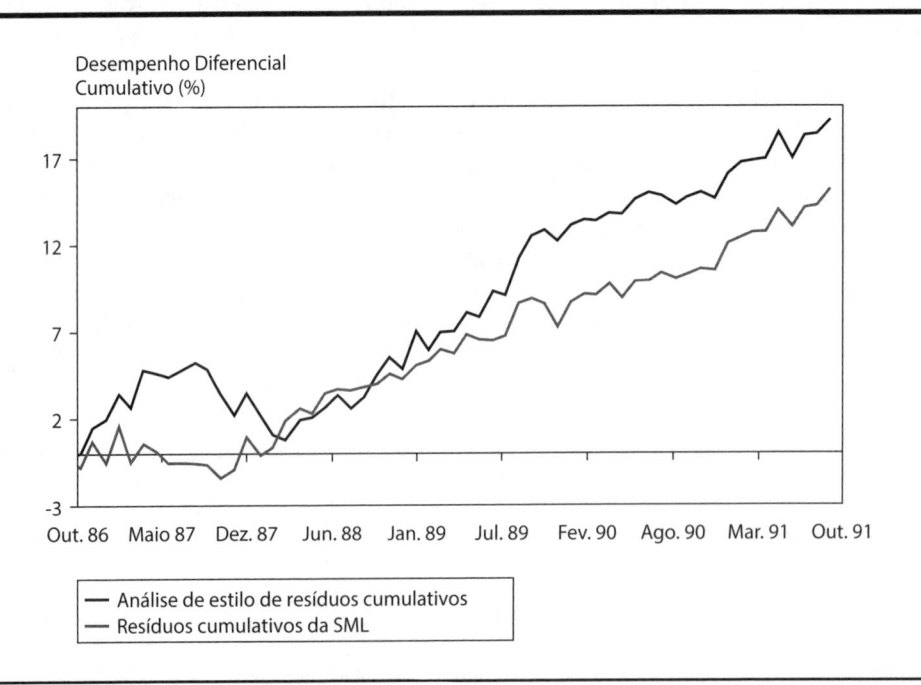

FIGURA 24.8 Diferença de retorno cumulativo do Fidelity Magellan Fund: fundo *versus* referência de estilo e fundo *versus* referência de SML

Fonte: Cálculos dos autores.

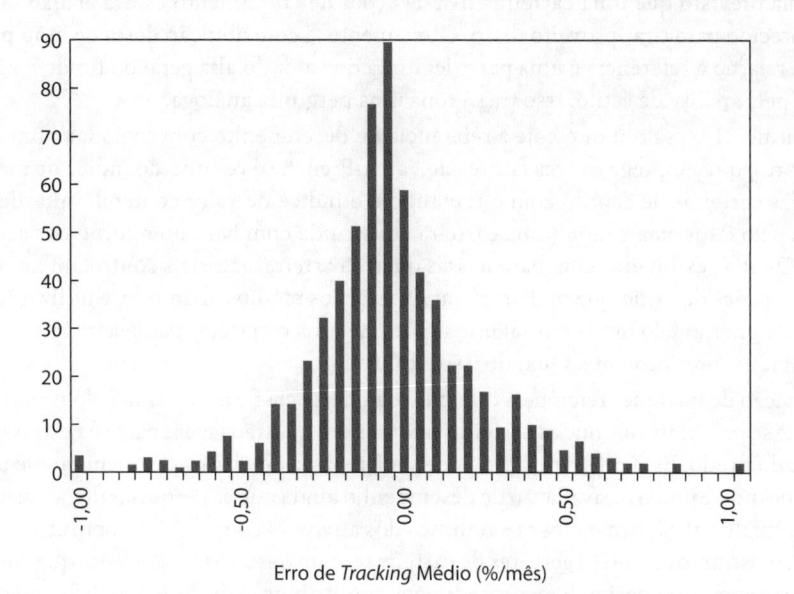

FIGURA 24.9 Erro de *tracking* médio de 636 fundos mútuos, 1985-1989

Fonte: William F. Sharpe, "Asset Allocation: Management Style and Performance Evaluation", *Journal of Portfolio Management*, inverno de 1992, pp. 7–19. Dados utilizados com permissão da Institutional Investor, Inc., www.iijournals.com. Todos os direitos reservados.

de acompanhamento formada por inúmeros índices especializados. Para comparar as duas abordagens, a linha característica do título (SCL) do Magellan foi estimada por meio da regressão de seu retorno em excesso sobre o retorno em excesso de um índice de mercado composto de todas as ações da NYSE, Amex e Nasdaq. A estimativa do beta do Magellan foi 1,11 e o R quadrado da regressão foi 0,99. O valor do alfa (intercepto) dessa regressão foi "apenas" 25 pontos-base ao mês, que se refletiu um retorno anormal cumulativo de 15,19% para o período.

Como podemos explicar o R quadrado mais alto da regressão com apenas um fator (o índice de mercado) em relação à regressão de estilo, que aplica seis índices de ações? As resposta é que a análise de estilo impõe outras restrições aos coeficientes de regressão: ela os força a ser positivos e a resultar em um total de 1,0. Essa representação "pura" pode não ser coerente com os pesos reais da carteira que mudam constantemente com o tempo. Diante disso, que representação avalia melhor o desempenho do Magellan ao longo desse período? Não há nenhuma resposta nítida. A referência da SML é uma representação mais adequada em relação à carteira passiva prescrita teoricamente, isto é, o índice de mercado mais amplo disponível. Entretanto, a análise de estilo revela a estratégia que acompanha mais de perto a atividade do fundo e mede o desempenho em relação a essa estratégia. Se a estratégia revelada pelo método de análise de estilo estiver coerente com a expressa no prospecto do fundo, o desempenho em relação a essa estratégia é a medida correta do sucesso do fundo.

A Figura 24.9 mostra a distribuição de frequência dos resíduos médios entre 636 fundos mútuos, com base na análise de estilo de Sharpe. Essa distribuição tem a conhecida forma de sino, com uma média levemente negativa de –0,074% por mês. Isso provavelmente o faz se lembrar da Figura 11.7, na qual apresentamos a distribuição de frequência dos alfas CAPM para uma ampla amostra de fundos mútuos. Tal como no estudo de Sharpe, esses retornos ajustados ao risco representam-se graficamente como uma curva em forma de sino com uma média levemente negativa.

Análise de estilo e referências multifatoriais

A análise de estilo traz à tona uma questão interessante sobre a avaliação de desempenho. Suponhamos que uma carteira de índice de crescimento tenha exibido um desempenho superior em relação a um fundo mútuo de referência como o S&P 500 no decorrer de algum período de mensuração. A inclusão desse índice de crescimento em uma análise de estilo eliminaria esse desempenho superior do alfa estimado da carteira. Isso é apropriado? É bem provável que o analista do fundo tenha previsto que uma carteira ativa de ações de crescimento estava abaixo do preço e a tenha favorecido para tirar proveito disso. Obviamente, a contribuição dessa decisão para o valor do alfa em relação à referência é uma parte legítima do valor do alfa geral do fundo e não deve ser eliminada pela análise de estilo. Isso traz à tona uma pergunta análoga.

O Capítulo 11 ressaltou que hoje a referência de desempenho convencional é um modelo de quatro fatores, que emprega os três fatores de Fama-French (o retorno do índice de mercado e os retornos das carteiras de acordo com o tamanho e o índice de valor contábil/valor de mercado) ampliados pelo fator *momentum* (uma carteira construída com base no retorno das ações no ano anterior). Os alfas estimados com base nessas quatro carteiras fatoriais controlam uma ampla variedade de opções de estilo que podem afetar os retornos médios. Contudo, a utilização dos valores de alfa de um modelo multifatorial pressupõe que uma estratégia passiva incluiria as carteiras fatoriais citadas anteriormente. Quando isso é cabível?

A utilização de qualquer referência diferente da referência de índice único do fundo será legítima somente se presumirmos que as carteiras fatoriais em questão fazem parte da estratégia passiva alternativa do fundo. Essa pressuposição pode ser irrealista em vários casos em que se utiliza uma referência de índice único na avaliação de desempenho ainda que as pesquisas demonstrem que um modelo multifatorial explica melhor os retornos dos ativos. Na Seção 24.8, sobre atribuição de desempenho, mostramos como os gestores de carteira tentam descobrir as decisões que contribuíram para um desempenho superior. Esse procedimento de atribuição de desempenho começa com alocações de referência a vários índices e atribui o desempenho à alocação de ativos com base no desvio das alocações reais em relação às de referência. A referência de desempenho pode ser e com frequência é especificada com antecedência sem considerar nenhuma carteira de estilo específica.

Análise de estilo no Excel

A análise de estilo ganhou grande popularidade no setor de gestão de investimentos e tem dado origem a um número razoável de variações da metodologia de Sharpe. Muitos gestores de carteira utilizam *sites* para ajudar os investidores a identificar seu estilo e desempenho na escolha de ações.

Você pode realizar a análise de estilo com o Solver do Excel. A estratégia é fazer a regressão da taxa de retorno do fundo sobre a taxa de inúmeras carteiras de estilo (como na Tabela 24.5). As carteira de estilo são fundos (de índice) passivos que representam uma alternativa de estilo para alocação de ativos. Suponhamos que você escolha três carteiras de estilo, rotuladas de 1–3. Assim sendo, os coeficientes em sua regressão de estilo são alfa (o intercepto que mede o desempenho anormal) e três coeficientes de inclinação, um para cada índice de estilo. Os coeficientes de inclinação revelam com que sensibilidade o desempenho do fundo acompanha o retorno de cada carteira de estilo passiva. Os resíduos dessa regressão, $e(t)$, representam "interferências", isto é, o desempenho do fundo em cada data, t, que independe de qualquer uma das carteiras de estilo. Entretanto, não podemos utilizar um programa de regressão convencional nessa análise porque desejamos restringir todos os coeficientes para que sejam não negativos e totalizem 1,0, representando uma carteira de estilos.

Para realizar a análise de estilo por meio do Solver, comece com coeficientes arbitrários (p. ex.: você pode definir $\alpha = 0$ e cada $\beta = 1/3$). Utilize esses dados para calcular a série temporal dos resíduos da regressão de estilo de acordo com

$$e(t) = R(t) - [\alpha + \beta_1 R_1(t) + \beta_2 R_2(t) + \beta_3 R_3(t)] \qquad (24.8)$$

onde

$R(t)$ = Retorno em excesso no fundo avaliado para a data t

$R_i(t)$ = Retorno em excesso na $i$ésima carteira de estilo ($i = 1, 2, 3$)

α = Desempenho anormal do fundo durante o período da amostra

β_i = Beta do fundo na $i$ésima carteira de estilo

A Equação 24.8 revela a série temporal de resíduos de sua "equação de regressão" com os coeficientes arbitrários. Agora eleve ao quadrado cada resíduo e some os quadrados. Nesse momento, você utiliza o Solver para minimizar a soma dos quadrados mudando o valor dos quatro coeficientes. Você utilizará o comando "Alterando as Células de Variável". Além disso, você adiciona quatro restrições à otimização: três que forçam os betas a serem não negativos e uma que os força a totalizar 1,0.

O Solver lhe fornecerá três coeficientes de estilo, bem como a estimativa do desempenho anormal exclusivo do fundo tal como ele é medido pelo intercepto. A soma dos quadrados também lhe permite calcular o R quadrado da regressão e os valores p, de acordo com a explicação dada no Capítulo 8.

24.6 Procedimentos de atribuição de desempenho

Em vez de se concentrarem nos retornos ajustados ao risco, com frequência os profissionais do setor preferem simplesmente averiguar quais decisões produziram um desempenho superior ou inferior. Ter um desempenho de investimento superior depende da habilidade de ter títulos "certos" no momento certo. Essa capacidade de *timing* e seletividade pode ser considerada em termos mais amplos, como estar envolvido com ações e não com títulos de renda fixa quando o mercado de ações está tendo um bom desempenho. Ou ser definida em um nível mais específico, como a escolha de ações com um desempenho relativamente melhor dentro de um setor em particular.

Os gestores de carteira regularmente tomam decisões abrangentes com relação à alocação de ativos no mercado, bem como decisões mais específicas com relação à alocação setorial e de títulos dentro de classes de ativos. Os estudos sobre atribuição de desempenho tentam decompor o desempenho geral em componentes distintos que podem ser identificados em um nível específico do processo de escolha de carteira.

Os estudos de atribuição iniciam-se com as opções mais amplas de alocação de ativos e concentram-se progressivamente nos detalhes cada vez mais específicos envolvidos na escolha de uma carteira. A diferença entre o desempenho de uma carteira administrada e o de uma carteira de referência pode ser expressa então como a soma das contribuições que uma série de decisões tomadas nos vários níveis do processo de construção de uma carteira tem para o desempenho. Por exemplo, um sistema de atribuição comum decompõe o desempenho em três componentes: (1) escolha de alocação de ativos do mercado em geral entre ações, renda fixa e mercados monetários; (2) escolha setorial (segmento) dentro de cada mercado; e (3) escolha de títulos dentro de cada setor.

O método de atribuição explica a diferença de retorno entre uma carteira gerenciada, P, e uma carteira de referência escolhida, B, chamada **bogey**. Suponhamos que o universo de ativos para P e B inclua n classes de ativos, como ações, obrigações e letras. Para cada classe de ativos, determina-se uma carteira de índice de referência. Por exemplo, o S&P 500 pode ser escolhido como referência de ações. A carteira *bogey* é definida para ter pesos fixos em cada classe de ativos e sua taxa de retorno é dada por

$$r_B = \sum_{i=1}^{n} w_{Bi} r_{Bi}$$

onde w_{Bi} é o peso da *bogey* na classe de ativos i e r_{Bi} é o retorno da carteira de referência dessa classe ao longo do período de avaliação. Os gestores de carteira escolhem pesos em cada classe, w_{Pi}, com base em suas expectativas em relação ao mercado de capitais, e escolhem uma carteira de títulos dentro de cada classe com base em sua análise de títulos, que obtém r_{Pi} ao longo do período de avaliação. Desse modo, o retorno da carteira gerenciada será

$$r_P = \sum_{i=1}^{n} w_{Pi} r_{Pi}$$

Portanto, a diferença entre as duas taxas de retorno é:

$$r_P - r_B = \sum_{i=1}^{n} w_{Pi} r_{Pi} - \sum_{i=1}^{n} w_{Bi} r_{Bi} = \sum_{i=1}^{n} \left(w_{Pi} r_{Pi} - w_{Bi} r_{Bi} \right) \quad (24.9)$$

Cada termo no somatório da Equação 24.9 pode ser reescrito de uma maneira que mostre quanto as decisões sobre alocação de ativos *versus* decisões referentes à escolha de títulos para cada classe de ativos contribuíram para o desempenho global. Decompomos cada termo no somatório em uma soma de dois termos tal como se segue. Observe que os dois termos chamados de contribuição da alocação de ativos e contribuição da escolha de títulos na decomposição a seguir na verdade são a soma da contribuição total de cada classe de ativos para o desempenho global.

Contribuição da alocação de ativos	$(w_{Pi} - w_{Bi})r_{Bi}$
+ Contribuição da escolha de títulos	$w_{Pi}(r_{Pi} - r_{Bi})$
= Contribuição total da classe de ativos i	$w_{Pi}r_{Pi} - w_{Bi}r_{Bi}$

O primeiro termo da soma mede o impacto da alocação de ativos porque isso mostra como os desvios do peso real em relação ao peso de referência para essa classe de ativos, multiplicados pelo retorno do índice para a classe de ativos, somaram ou subtraíram do desempenho total. O segundo termo da soma mede o impacto da escolha de títulos porque isso mostra como o retorno em excesso do gestor *dentro* da classe de ativos em comparação com o retorno de referência dessa classe, multiplicado pelo peso da carteira referente a essa classe, somou ou subtraiu do desempenho total. A Figura 24.10 apresenta uma interpretação gráfica da atribuição de desempenho global na escolha de títulos *versus* alocação de ativos.

Para mostrar esse método, considere os resultados de atribuição para uma carteira hipotética. A carteira investe em ações, obrigações e títulos do mercado monetário. Uma análise de atribuição é mostrada nas Tabelas 24.6 a 24.9. O retorno da carteira durante o período é 5,34%.

O primeiro passo é estabelecer um nível de referência para comparar o desempenho. Essa referência é chamada de *bogey*. Ela serve para medir os retornos que o gestor de carteira obteria se adotasse uma estratégia completamente passiva. O termo "passivo" nesse contexto tem dois atributos. Primeiro, significa que a alocação de fundos entre amplas classes de ativos é definida com base em uma noção de alocação "usual" ou neutra entre os setores. Ela seria considerada uma alocação passiva no mercado de ativos. Segundo, significa que *dentro* de cada classe de ativos, o gestor de carteira mantém uma carteira indexada como o índice &P 500 para o setor de ações. Desse modo, a estratégia passiva utilizada como referência de desempenho descarta as decisões sobre alocação de ativos e sobre escolha de títulos. Qualquer afastamento do retorno do gestor em relação à referência passiva deve decorrer das apostas feitas na alocação de ativos (afastamento em relação à alocação neutra entre os mercados) ou das apostas feitas na escolha de títulos (afastamentos em relação ao índice passivo dentro das classes de ativos).

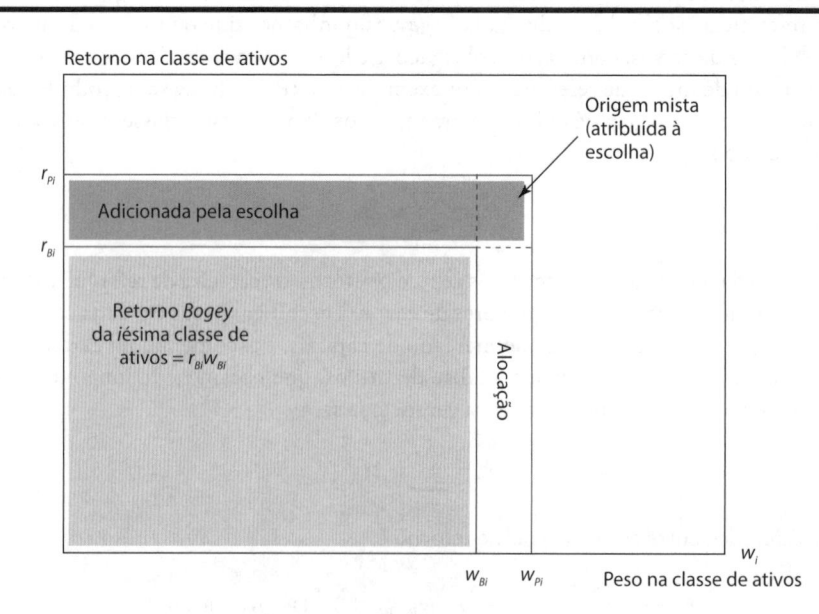

FIGURA 24.10 Atribuição de desempenho da *i*ésima classe de ativos. A área delimitada indica a taxa de retorno total

TABELA 24.6 Desempenho da carteira gerenciada

Componente	Desempenho e retorno em excesso da carteira *Bogey*	
	Peso de referência	Retorno do índice durante o mês (%)
Ações (S&P 500)	0,60	5,81
Obrigações (Índice Barclays de Ações Agregadas)	0,30	1,45
Equivalentes de caixa (mercado monetário)	0,10	0,48
Bogey = (0,60 × 5,81) + (0,30 × 1,45) + (0,10 × 0,48) = 3,97%		
Retorno da carteira gerenciada		5,34%
−Retorno da carteira bogey		3,97
Retorno da carteira gerenciada		1,37%

Embora em capítulos anteriores já tenhamos falado sobre o motivo de utilizar a indexação dentro de setores, vale a pena explicar brevemente a determinação da alocação neutra dos fundos entre amplas classes de ativos. Os pesos designados como "neutros" dependerão da tolerância ao risco do investidor e devem ser determinados com a colaboração do cliente. Por exemplo, os clientes tolerantes ao risco podem compor sua carteira com uma grande fração de ações, talvez orientando o gestor de fundos a definir pesos neutros de 75% de ações, 15% de obrigações e 10% de equivalentes de caixa. Qualquer desvio em relação a esses pesos deve ser justificado pela convicção de que um ou outro mercado terá um desempenho superior ou inferior ao seu perfil de risco-retorno usual. Em contraposição, os clientes mais avessos ao risco podem estabelecer pesos neutros de 45%/35%/20% para os três mercados. Desse modo, em circunstâncias normais suas carteiras ficarão expostas a um risco inferior ao dos clientes tolerantes ao risco. Apenas as apostas intencionais sobre o desempenho do mercado resultarão em desvios em relação a esse perfil.

Na Tabela 24.6, os pesos neutros foram definidos como 60% em ações, 30% em renda fixa e 10% equivalentes de caixa (títulos do mercado monetário). A carteira *bogey*, composta de investimentos em cada índice, com os pesos 60/30/10, teve um retorno de 3,97%. A medida de desempenho da carteira gerenciada é positiva e igual ao seu retorno real menos o retorno da *bogey*: = 5,34 × 3,97 = 1,37%. O passo seguinte é alocar o retorno em excesso de 1,37% para distinguir as decisões que contribuíram para isso.

Decisões sobre alocação de ativos

Nossa carteira gerenciada hipotética na verdade tem investimentos do mercado de ações, de renda fixa e monetário, com pesos de 70, 7 e 23%, respectivamente. O desempenho da carteira poderia estar relacionado com o desvio desse esquema de pesos em relação aos pesos de referência 60/30/10 e/ou a resultados superiores ou inferiores *dentro* de cada um desses três mercados amplos.

Para isolar o efeito da escolha de alocação de ativos do gestor, medimos o desempenho de uma carteira hipotética que teria investido nos índices de cada mercado com os pesos de 70/7/23. Esse retorno mede o efeito do desvio em relação aos pesos de referência 60/30/10 sem considerar quaisquer efeitos atribuíveis à gestão ativa dos títulos escolhidos dentro de cada mercado.

Para obter um desempenho superior ao da carteira de referência, atribui-se um peso maior aos investimentos em mercados que evidenciam bom desempenho e um peso menor aos investimentos em mercados com desempenho insatisfatório. A contribuição da alocação de ativos para um desempenho superior é igual à soma do peso em excesso em todos os mercados (ocasionalmente chamado de *peso ativo* no setor) vezes o retorno do índice do mercado.

O Painel A da Tabela 24.7 demonstra que a alocação de ativos contribuiu com 31 pontos-base para o retorno em excesso total de 137 pontos-base da carteira. O principal fator que contribui para um desempenho superior é o grande peso atribuído ao mercado de ações em um mês em que esse mercado apresenta um excelente retorno de 5,81%.

TABELA 24.7 Atribuição de desempenho

A. Contribuição da alocação de ativos para o desempenho

Mercado	(1) Peso real no mercado	(2) Peso de referência no mercado	(3) Peso ativo ou em excesso	(4) Retorno do mercado (%)	(5) = (3) × (4) Contribuição para o desempenho (%)
Ações	0,70	0,60	0,10	5,81	0,5810
Renda fixa	0,07	0,30	−0,23	1,45	−0,3335
Equivalentes de caixa	0,23	0,10	0,13	0,48	0,0624
Contribuição da alocação de ativos					0,3099

B. Contribuição da escolha para o desempenho total

Mercado	(1) Desempenho da carteira (%)	(2) Desempenho do índice (%)	(3) Desempenho em excesso (%)	(4) Peso da carteira	(5) = (3) × (4) Contribuição (%)
Ações	7,28	5,81	1,47	0,70	1,03
Renda fixa	1,89	1,45	0,44	0,07	0,03
Contribuição da escolha dentro dos mercados					1,06

Decisões sobre escolha de setor e de títulos

Se 0,31% do desempenho em excesso (Tabela 24.7, Painel A) puder ser atribuído a uma alocação de ativos favorável entre os mercados, o desempenho restante de 1,06% deverá ser atribuído à escolha de setor e de títulos dentro de cada mercado. A Tabela 24.7, Painel B, detalha a contribuição da escolha de setor e de títulos da carteira gerenciada para o desempenho total.

O Painel B mostra que o componente de ações da carteira gerenciada tem um retorno de 7,28% em comparação com um retorno de 5,81% do S&P 500. O retorno de renda fixa é 1,89% em comparação a 1,45% do índice Barclays de ações agregadas. O desempenho superior tanto nos mercados de ações quanto nos de renda fixa ponderado pelas proporções da carteira investidas em cada mercado é somado com a contribuição de 1,06% para o desempenho atribuível à escolha de setor e de títulos.

A Tabela 24.8 documenta a origem do desempenho do mercado de ações de acordo com cada setor do mercado. As três primeiras colunas detalham a alocação de fundos dentro do mercado de ações em comparação com sua representação no S&P 500. A coluna (4) mostra a taxa de retorno de cada setor. A contribuição da alocação de cada setor apresentada na coluna (5) iguala o produto da diferença de peso do setor com o desempenho do setor.

TABELA 24.8 Escolha setorial dentro do mercado de ações

Setor	(1) Pesos no início do mês (%) Carteira	(2) Pesos no início do mês (%) S&P500	(3) Pesos ativos (%)	(4) Retorno do setor (%)	(5) = (3) × (4) Contribuição da alocação setorial
Materiais básicos	1,96	8,3	−6,34	6,9	−0,4375
Serviços comerciais	7,84	4,1	3,74	7,0	0,2618
Bens de capital	1,87	7,8	−5,93	4,1	−0,2431
Cíclicos de consumo	8,47	12,5	−4,03	8,8	0,3546
Não cíclicos de consumo	40,37	20,4	19,97	10,0	1,9970
Sensível ao crédito	24,01	21,8	2,21	5,0	0,1105
Energia	13,53	14,2	−0,67	2,6	−0,0174
Tecnologia	1,95	10,9	−8,95	0,3	−0,0269
TOTAL					1,2898

APLICAÇÕES EXCEL: Atribuição de desempenho

A planilha de atribuição de desempenho desenvolve a análise de atribuição que é apresentada nesta seção. Outros dados podem ser utilizados na análise de desempenho para outros conjuntos de carteiras. Esse modelo pode ser utilizado para analisar o desempenho de fundos mútuos e de outras carteiras gerenciadas.

Você pode encontrar esse modelo do Excel no *site* **www.grupoa.com.br**.

QUESTÕES EXCEL

1. O que ocorreria com a contribuição da alocação de ativos para o desempenho geral se os pesos reais tivessem sido 75/12/13 em vez de 70/7/23? Explique sua resposta.
2. Mostre o que ocorreria com a contribuição da escolha de títulos para o desempenho se o retorno real sobre a carteira de ações tivesse sido 6,81%, e não 5,81%, e o retorno sobre a carteira de obrigações tivesse sido 0,45%, em vez de 1,45%. Explique sua resposta.

	A	B	C	D	E	F
1	Atribuição de desempenho					
2						
3						
4	Componente					
5	da carteira		Peso de	Retorno sobre	Retorno da	
6	Bogey	Índice	referência	o índice	carteira	
7	Ações	S&P 500	0,60	5,8100%	3,4860%	
8	Obrigações	Índice Barclay	0,30	1,4500%	0,4350%	
9	Equivalentes	Mercado	0,10	0,4800%	0,0480%	
10	de caixa	monetário	Retorno da Carteira de Referência		3,9690%	
11						
12		Componente				
13		da carteira	Peso de	Retorno sobre	Retorno da	
14		gerenciada	referência	o índice	carteira	
15		Ações	0,70	5,8100%	5,0960%	
16		Obrigações	0,07	1,4500%	0,1323%	
17		Equivalentes	0,23	0,4800%	0,1104%	
18		de caixa	Retorno da Carteira Gerenciada		5,3387%	
19			Retorno em Excesso		1,3697%	

Observe que o bom desempenho (uma contribuição positiva) deve-se ao peso maior atribuído aos setores com bom desempenho, como os não cíclicos de consumo, e igualmente ao peso menor atribuído aos setores com desempenho insatisfatório como o de tecnologia. O retorno em excesso do componente de ações da carteira atribuível apenas à alocação setorial é 1,29%. A Tabela 24.7, Painel B, coluna (3), mostra que o componente de ações da carteira superou o desempenho do S&P 500 em 1,47%. Concluímos que o efeito da escolha de títulos dentro dos setores deve ter contribuído com um adicional de 1,47 – 1,29 ou 0,18% para o desempenho do componente de ações da carteira.

Uma análise setorial semelhante pode ser aplicada à porção de renda fixa da carteira, mas não mostraremos esses resultados aqui.

Somando as contribuições dos componentes

Nesse mês específico, todos os aspectos do processo de escolha de carteira foram bem-sucedidos. A Tabela 24.9 detalha a contribuição de cada aspecto do desempenho. A alocação de ativos entre os principais mercados de títulos contribui com 31 pontos-base. A alocação setorial e de títulos dentro desses mercados contribui com 106 pontos-base para um desempenho em excesso total de 137 pontos-base da carteira.

REVISÃO DE CONCEITOS 24.5

a. Suponhamos que os pesos de referência na Tabela 24.7 tivessem sido definidos como 70% de ações, 25% de renda fixa e 5% de equivalentes de caixa. Quais teriam sido as contribuições das opções de alocação de ativos do gestor?

b. Suponhamos que o retorno do S&P 500 tivesse sido 5%. Calcule o novo valor das opções de título feitas pelo gestor no processo de escolha.

TABELA 24.9 Atribuição de carteira: resumo

		Contribuição (pontos-base)
1. Alocação de ativos		31
2. Escolha		
a. Retorno em excesso das ações (pontos-base)		
i. Alocação setorial	129	
ii. Escolha de títulos	18	
	147 × 0,70 (peso da carteira) =	102,9
b. Retorno em excesso de renda fixa	44× 0,07 (peso da carteira) =	3,1
Total de retorno em excesso da carteira		137,0

A alocação setorial e de títulos de 106 pontos-base pode ser dividida ainda mais. A alocação setorial dentro do mercado de ações resulta em um desempenho em excesso de 129 pontos-base e a escolha de títulos dentro de setores contribui com 18 pontos-base. (O desempenho em excesso total de 147 pontos-base das ações é multiplicado pelo peso de 70% em ações para obter a contribuição para o desempenho da carteira.) Uma divisão semelhante poderia ser feita para o setor de renda fixa.

RESUMO

1. A medida de desempenho adequada depende da função da carteira a ser avaliada. As medidas de desempenho apropriadas são as seguintes:
   a. Sharpe: quando a carteira representa o fundo de investimento completo.
   b. Índice de informação: quando a carteira representa a carteira ativa a ser otimamente associada com a carteira passiva.
   c. Treynor ou Jensen: quando a carteira representa uma subcarteira com várias carteiras.
2. Várias observações são necessárias para eliminar o efeito do "fruto do acaso" decorrente do processo de avaliação porque normalmente os retornos da carteira sofrem muita "interferência".
3. Os fundos de *hedge* ou outras posições ativas a serem associados a uma carteira passiva indexada devem ser avaliados com base no respectivo índice de informação.
4. A média móvel e a variância das carteiras gerenciadas ativamente dificultam ainda mais a avaliação de desempenho. Um exemplo comum é a tentativa dos gestores de carteira de cronometrar o mercado, o que muda constantemente o beta das carteiras.
5. Uma maneira simples de avaliar simultaneamente o sucesso do *timing* e da escolha é estimar e ampliar a linha característica do título, adicionando um termo quadrático ao modelo de índice usual. Outra forma de avaliar os *timers* baseia-se na opção de compra implícita incorporada em seu desempenho.
6. A análise de estilo utiliza um modelo de regressão múltipla em que os fatores são carteiras de categoria (estilo), como letras, obrigações e ações. A regressão dos retornos de um fundo sobre os retornos da carteira de estilo gera resíduos que representam o valor agregado da escolha de ações em cada período. Esses resíduos podem ser utilizados para avaliar o desempenho de um fundo em relação a fundos de estilo semelhante.
7. O método de classificação de estrelas da Morningstar (Morningstar Star Rating) compara cada fundo com um grupo paritário representado por uma carteira de estilo dentro de quatro classes de ativos. A classificação ajustada ao risco (RAR) baseia-se nos retornos de um fundo em relação ao grupo paritário e é utilizada para atribuir a cada fundo de uma a cinco estrelas com base em sua RAR. O MRAR é a única medida de desempenho à prova de manipulação.
8. Os procedimentos de atribuição comuns dividem as melhorias de desempenho em alocação de ativos, escolha de setor e escolha de títulos. Para avaliar o desempenho, calcula-se o afastamento da composição da carteira em relação a uma carteira de referência ou neutra.

Sites relacionados a este capítulo estão disponíveis em **www.grupoa.com.br**

PALAVRAS-CHAVE

alfa de Jensen
bogey
índice de informação
índice de Sharpe
média ponderada no tempo
medida de Treynor
taxa de retorno ponderada pelo dólar
universo de comparação

EQUAÇÕES BÁSICAS

Índice de Sharpe: $S = \dfrac{r_P - r_f}{\sigma}$

M^2 da carteira P em relação ao seu índice de Sharpe: $M_2 = \sigma_M(S_P - S_M)$

Medida de Treynor: $T = \dfrac{r_P - r_f}{\beta}$

Alfa de Jensen: $\alpha_P = \bar{r}_P - [\bar{r}_f + \beta_P(\bar{r}_M - \bar{r}_f)]$

Índice de informação: $\dfrac{\alpha_P}{\sigma(e_P)}$

Retorno ajustado ao risco da Morningstar: $MRAR(\gamma) = \left[\dfrac{1}{T}\sum_{t=1}^{T}\left(\dfrac{1+r_t}{1+r_{ft}}\right)^{-\gamma}\right]^{-\frac{12}{\gamma}} - 1$

CONJUNTO DE PROBLEMAS

Básicos

1. A planilha da conta de poupança de uma família mostra os seguintes itens:

Data	Depósitos	Retiradas	Valor
1º/1/10			148.000
3/1/10	2.500		
20/3/10	4.000		
5/7/10	1.500		
2/12/10	13.460		
10/3/11		23.000	
7/4/11	3.000		
3/5/11			198.000

Calcule o retorno médio ponderado pelo dólar dessa conta de poupança entre as datas inicial e final.

2. É possível um alfa positivo ser associado a um desempenho inferior? Explique.

3. Sabemos que a média geométrica (retorno ponderado no tempo) de um investimento de risco sempre é inferior à média aritmética correspondente. A IRR (retorno ponderado pelo dólar) pode ser classificada de maneira semelhante em relação a essas duas outras médias?

4. Vimos que o *market timing* pode ter um valor tremendo. Desse modo, seria sensato transferir recursos para o *timing* à custa da escolha de títulos?

5. Considere a taxa de retorno das ações da ABC e XYZ.

Intermediários

Ano	r_{ABC}	r_{XYZ}
1	20%	30%
2	12	12
3	14	18
4	3	0
5	1	-10

a. Calcule a média aritmética do retorno dessas ações no período da amostra.

b. Qual ação apresenta a maior dispersão em torno da média?

c. Calcule a média geométrica do retorno de cada ação. O que você conclui?

d. Se você fosse igualmente propenso a obter um retorno de 20, 12, 14, 3 ou 1% em cada ano (esses são os cinco retornos anuais das ações da ABC), qual seria sua taxa de retorno esperada? E se os cinco resultados possíveis fossem os das ações da XYZ?

6. O preço das ações e o histórico de dividendos da XYZ são mostrados a seguir:

Ano	Preço no início do ano (US$)	Dividendos pagos no final do ano (US$)
2013	100	4
2014	120	4
2015	90	4
2016	100	4

Um investidor compra três ações da XYZ no início de 2013, compra mais duas ações no início de 2014, vende uma ação no início de 2015 e vende todas as quatro restantes no início de 2016.

a. Quais são as taxas de retorno de média aritmética e geométrica ponderadas no tempo para o investidor?

b. Qual a taxa de retorno ponderada pelo dólar? (*Dica*: Prepare cuidadosamente um gráfico de fluxos de caixa para as *quatro* datas correspondentes às viradas de ano de 1º de janeiro de 2013 e 1º de janeiro de 2016. Se sua calculadora não puder calcular a taxa interna de retorno, você terá de utilizar tentativa e erro.)

7. Um gestor compra três ações hoje e vende uma a cada ano durante os três anos seguintes. Seus atos e o histórico de preço das ações são resumidos a seguir. As ações não pagam dividendos.

Tempo	Preço (US$)	Ato
0	90	Compra 3 ações
1	100	Vende uma ação
2	100	Vende uma ação
3	100	Vende uma ação

a. Calcule a média geométrica do retorno (ponderada no tempo) dessa "carteira".

b. Calcule a média aritmética (ponderada no tempo) dessa carteira.

c. Calcule o retorno médio ponderado pelo dólar dessa carteira.

8. Com base no rendimento atual dos dividendos e nos ganhos de capital esperados, as taxas de retorno esperadas das carteiras A e B são 12 e 16%, respectivamente. O beta de A é 0,7, enquanto o beta de B é 1,4. A taxa das letras do Tesouro atualmente é 5%, enquanto a taxa de retorno esperada do índice S&P 500 é 13%. O desvio-padrão da carteira A é 12% ao ano, enquanto o desvio-padrão de B é 31% e o do índice S&P 500 é 18%.

a. Se atualmente você tivesse uma carteira de índice de mercado, você optaria por acrescentar qualquer uma dessas carteiras a seu investimento? Explique.

b. Se, em vez disso, você pudesse investir *apenas* em letras do Tesouro e em uma dessas carteiras, qual escolheria?

9. Considere os dois resultados da regressão do modelo de índice (retorno em excesso) das ações A e B. A taxa isenta de risco do período foi 6% e o retorno médio do mercado foi 14%. O desempenho é avaliado por meio da regressão do modelo de índice sobre os retornos em excesso.

	Ação A	Ação B
Estimativas da regressão do modelo de índice	1% + 1,2($r_M - r_f$)	2% + 0,8($r_M - r_f$)
R quadrado	0,576	0,436
Desvio-padrão residual, σ(e)	10,3%	19,1%
Desvio-padrão dos retornos em excesso	21,6%	24,9%

a. Calcule as estatísticas a seguir para cada ação:
   i. Alfa
   ii. Índice de informação
   iii. Índice de Sharpe
   iv. Medida de Treynor
b. Qual ação é a melhor opção nas circunstâncias a seguir?
   i. Esse é o único ativo de risco a ser mantido pelo investidor.
   ii. Essa ação será acrescentada ao restante da carteira do investidor, que atualmente engloba apenas investimentos no fundo de índice de mercado.
   iii. Entre várias ações, essa é a única que o investidor está analisando para formar uma carteira de ações gerenciada ativamente.

10. Avalie a capacidade de *market timing* e escolha de títulos de quatro gestores cujo desempenho está representado nos quatro gráficos a seguir.

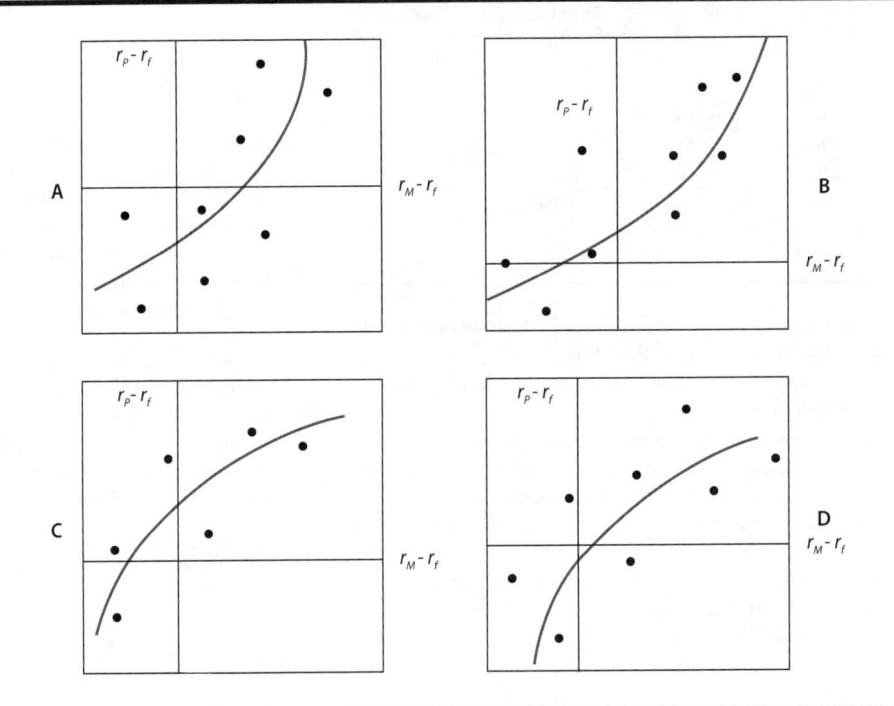

11. Considere as informações a seguir sobre o desempenho de um gestor financeiro em um mês recente. A tabela apresenta o retorno real de cada setor da carteira do gestor na coluna 1, a fração da carteira alocada a cada setor na coluna 2, as alocações setoriais de referência ou neutras na coluna 3 e os retornos dos índices setoriais na coluna 4.

	Retorno real	Peso real	Peso de referência	Retorno do índice
Ações	2%	0,70	0,60	2,5% (S&P 500)
Obrigações	1	0,20	0,30	1,2 (índice Salomon)
Equivalentes de caixa	0,5	0,10	0,10	0,5

a. Qual foi o retorno do gestor no mês? Qual foi seu desempenho acima ou inferior ao esperado?
b. Qual foi a contribuição da escolha de títulos para o desempenho comparativo?
c. Qual foi a contribuição da alocação de ativos para o desempenho comparativo? Confirme se a soma das contribuições de escolha e alocação é igual ao total de retorno "em excesso" do gestor em relação à carteira *bogey*.

12. Uma gestora de ações globais recebe a incumbência de escolher ações em um universo de ações de alta capitalização do mundo inteiro. Para avaliá-la, seus retornos serão comparados com o retorno da carteira de mercado mundial do MSCI, mas ela tem liberdade para manter ações de vários países de acordo com a proporção que achar desejável. Os resultados de determinado mês são apresentados na tabela a seguir:

País	Peso no índice MSCI	Peso da gestora	Retorno da gestora no país	Retorno do índice de ações para esse país
Reino Unido	0,15	0,30	20%	12%
Japão	0,30	0,10	15	15
EUA	0,45	0,40	10	14
Alemanha	0,10	0,20	5	12

a. Calcule o valor agregado total de todas as decisões da gestora nesse período.

b. Calcule o valor agregado (ou subtraído) por suas decisões de alocação a cada país.
c. Calcule o valor agregado de sua capacidade de escolha de ações dentro dos países. Confirme se a soma das contribuições para o valor agregado, decorrente de suas decisões sobre alocação ao país mais escolha de títulos, é igual ao desempenho total superior ou inferior.

13. Segundo o conhecimento convencional, devemos medir o desempenho de investimento de um gestor durante um ciclo de mercado completo. Quais são os argumentos que respaldam essa convenção? Quais são os argumentos que a contradizem?

14. A utilização de universos de gestores com estilos de investimento semelhantes para avaliar o desempenho de investimento comparativo supera os problemas estatísticos associados com a instabilidade do beta ou a variabilidade total?

15. Durante um ano específico, a taxa das letras do Tesouro foi superior a 6%, o retorno de mercado foi de 14% e um gestor de carteira com beta de 0,5 obteve um retorno de 10%.
    a. Avalie o gestor com base no alfa da carteira.
    b. Reconsidere sua resposta à parte (a) com base na constatação de Black-Jensen-Scholes de que a linha de mercado de títulos é muito nivelada. Diante disso, como você avalia o desempenho do gestor?

16. Bill Smith está avaliando o desempenho de quatro carteiras de ações de alta capitalização: fundos A, B, C e D. Como parte de sua análise, Smith calculou o índice de Sharpe e a medida de Treynor relativos aos quatros fundos. Com base em suas constatações, as classificações atribuídas aos quatro fundos são as seguintes:

Fundo	Classificação na medida de Treynor	Classificação no índice de Sharpe
A	1	4
B	2	3
C	3	2
D	4	1

A diferença nas classificações dos fundos A e D provavelmente se deve:
a. À falta de diversificação no fundo A em comparação com a do fundo D.
b. Às diferentes referências utilizadas para avaliar o desempenho de cada fundo.
c. À diferença nos prêmios de risco.

Utilize as informações a seguir para responder os Problemas 17-20: A Primo Management Co. está examinando de que modo pode avaliar melhor o desempenho de seus gestores. A empresa tem ouvido cada vez mais sobre as carteiras de referência e está interessada em experimentar esse método. Por esse motivo a Primo contratou Sally Jones (CFA) como consultora para instruir os gestores sobre os melhores métodos disponíveis para construir uma carteira de referência, como escolher melhor uma referência, se o estilo do fundo sob gestão é importante e o que eles devem fazer com seus fundos globais em termos de avaliação comparativa.

A título de discussão, Jones apresentou alguns números de desempenho comparativo relativos a dois anos que associam os fundos domésticos atuais da Primo sob gestão e uma possível referência.

Categoria de estilo	Peso		Retorno	
	Primo	Referência	Primo	Referência
Ações de alta capitalização	0,60	0,50	17%	16%
Ações de média capitalização	0,15	0,40	24	26
Ações de baixa capitalização	0,25	0,10	20	18

Em sua análise, Jones também examina um dos fundos globais da Primo. Nessa carteira específica, a Primo investiu 75% em ações holandesas e 25% em ações britânicas. A carteira de referência investiu 50% em cada – ações holandesas e ações britânicas. Em média, as ações britânicas superaram o desempenho das ações holandesas. O euro valorizou 6% em relação ao dólar americano ao longo do período de manutenção, enquanto a libra esterlina depreciou 2% em relação ao dólar. Em termos de retorno local, a Primo superou o desempenho da carteira de referência com ações holandesas, mas ficou abaixo em relação às ações britânicas.

17. Para cada setor específico, qual o efeito da escolha dentro do setor?

18. Calcule quanto a carteira da Primo ficou acima (ou abaixo) do desempenho do mercado ao longo do período, bem como a contribuição das decisões de alocação setorial pura e de escolha de títulos para o desempenho.

19. Se a Primo decidir utilizar a análise de estilo com base no retorno, o R^2 da equação de regressão de um fundo gerenciado passivamente será superior ou inferior ao de um fundo gerenciado ativamente?

20. Qual das afirmações a seguir sobre o fundo global da Primo é mais correta? A Primo parece ter um efeito de alocação de câmbio positivo e também:
    a. Um efeito de alocação de mercado negativo e um efeito de alocação de títulos positivo.
    b. Um efeito de alocação de mercado negativo e um efeito de alocação de títulos negativo.
    c. Um efeito de alocação de mercado positivo e um efeito de alocação de títulos negativo.

21. Kelli Blakely é gestora de carteira do Miranda Fund (Miranda), um dos principais fundos de ações de alta capitalização. O representante (*proxy*) e a referência de mercado para avaliação de desempenho é o S&P 500. Embora a carteira do Miranda geralmente espelhe os pesos da classe de ativos e de setor do S&P, Blakely tem grande liberdade de movimento para gerenciar o fundo. Sua carteira mantém apenas ações encontradas no S&P 500 e em equivalentes de caixa.

Ela conseguiu gerar retornos excepcionais no último ano (tal como delineado na tabela a seguir) em virtude de sua capacidade de *market timing* e para escolher títulos. Logo no princípio do ano, ela ficou extremamente preocupada com a possibilidade de uma economia fraca associada a incertezas geopolíticas provocar um impacto negativo sobre o mercado. Dando um passo ousado, ela mudou sua alocação de mercado. Ao longo do ano, sua exposição a classes de ativos girou em torno de 50% em ações e 50% em equivalentes de caixa. A alocação do S&P entre ações e equivalentes de caixa durante o período permaneceu constante em 97 e 3%, respectivamente. A taxa de retorno isenta de risco foi 2%.

Retornos de janela móvel de um ano		
	Miranda Fund	S&P 500
Retorno	10,2%	−22,5%
Desvio-padrão	37%	44%
Beta	1,10	1,00

a. Qual o índice de Sharpe do Miranda Fund e do S&P 500?
b. Quais são as medidas do M^2 para o Miranda e o S&P 500?
c. Qual a medida de Treynor do Miranda Fund e do S&P 500?
d. Qual a medida de Jensen do Miranda Fund?

Difíceis

22. Visite o *site* da biblioteca de dados de Kenneth French em http://mba.tuck.dartmouth.edu/pages/faculty/ken.french/data_library.html. Escolha duas carteiras setoriais de sua preferência e baixe os dados de 36 meses. Baixe outros dados desse *site* de acordo com sua necessidade para realizar as tarefas a seguir.
    a. Compare o desempenho da carteira com o do índice de mercado com base nas várias medidas analisadas neste capítulo. Represente graficamente os valores mensais do alfa mais o retorno residual.
    b. Agora utilize o modelo de três fatores de Fama-French como referência de retorno. Represente graficamente o alfa e o retorno residual utilizando o modelo de FF. Em que sentido o desempenho muda utilizando a referência em vez de o índice de mercado?

CFA PROBLEMS

1. Você e um cliente em perspectiva estão refletindo sobre a mensuração de desempenho dos investimentos, particularmente com respeito a carteiras internacionais nos últimos cinco anos. Os dados que vocês analisam são apresentados na tabela a seguir:

Gestor ou índice internacional	Retorno total	Retorno do título e país	Retorno cambial
Gestor A	−6,0%	2,0%	−8,0%
Gestor B	−2,0	−1,0	−1,0
Índice internacional	−5,0	0,2	−5,2

a. Suponhamos que os dados sobre o gestor A e o gestor B reflitam precisamente suas habilidades de investimento e que ambos gerenciam ativamente a exposição ao risco cambial. Descreva brevemente um ponto forte e um ponto fraco de cada gestor.
b. Recomende e justifique uma estratégia que possibilitaria que seu fundo tirasse proveito dos pontos fortes de cada um e, ao mesmo tempo, minimizasse seus pontos fracos.

2. Carl Karl, gestor de carteira da Alpine Trust Company, desde 2015 é responsável pelo Plano de Aposentadoria de Funcionários da Cidade de Alpine, um fundo de pensão municipal. Alpine é uma comunidade em crescimento e os serviços da cidade e as folhas de pagamento aumentaram nos últimos dez anos. As contribuições para o plano no ano fiscal de 2020 ultrapassaram os pagamentos de benefícios segundo uma proporção de três para um. Há cinco anos, os membros do conselho de fideicomissários do plano orientaram Karl a investir para obter retorno total a longo prazo. Contudo, como fiduciários desse fundo público altamente visível, eles o advertiram de que resultados voláteis ou instáveis poderiam lhes provocar constrangimento. Eles mencionaram também que havia um estatuto estadual que exigia que não mais de 25% dos ativos (pelo valor de custo) do plano fossem investidos em ações ordinárias.

Na reunião anual de fiduciários em novembro de 2020, Karl apresentou o seguinte relatório de carteira e desempenho ao conselho.

Plano de aposentadoria de funcionários de Alpine				
Combinação de ativos a partir de 30/9/20	Pelo custo (em milhões)		Pelo valor de mercado (em milhões)	
Ativos de renda fixa:				
Títulos de curto prazo	US$ 4,5	11,0%	US$ 4,5	11,4%
Obrigações e hipotecas de longo prazo	26,5	64,7	23,5	59,5
Ações ordinárias	10,0	24,3	11,5	29,1
	US$ 41,0	100,0%	US$ 39,5	100,0%

Desempenho dos investimentos		
	Taxas de retorno anuais para períodos finalizados em 30/9/20	
	5 anos	1 ano
Total do Fundo Alpine:		
Ponderado no tempo	8,2%	5,2%
Ponderado pelo dólar (interno)	7,7%	4,8%
Retorno atuarial presumido	6,0%	6,0%
Letras do Tesouro dos Estados Unidos	7,5%	11,3%
Grande amostra de fundos de pensão (média de 60% de ações e 40% de renda fixa)	10,1%	14,3%
Ações ordinárias – Fundo Alpine	13,3%	14,3%
Coeficiente beta médio da carteira	0,90	0,89
Índice de ações Standard & Poor's 500	13,8%	21,1%
Títulos de renda fixa – Fundo Alpine	6,7%	1,0%
Índice de obrigações Salomon Brothers	4,0%	−11,4%

Karls estava orgulhoso com seu desempenho, mas se sentiu humilhado quando um fideicomissário lhe fez as seguintes críticas:

a. "Os resultados do último ano foram horríveis e o que mais conta é o que você tem feito por nós ultimamente."
b. "O desempenho total do nosso fundo foi sem dúvida inferior em comparação com uma grande amostra de outros fundos de pensão nos últimos cinco anos. O que mais isso poderia indicar senão uma avaliação gerencial ruim?"
c. "O desempenho de nossas ações ordinárias foi particularmente ruim ao longo do último período de cinco anos."
d. "Por que se preocupar em comparar seus retornos com o retornos das letras do Tesouro e a taxa de pressuposição atuarial? O que seus concorrentes poderiam ter obtido para nós ou como nós nos teríamos saído se tivéssemos investido em um índice passivo (que não cobra comissão) são as únicas medidas de desempenho relevantes."
e. "Quem se importa com o retorno ponderado no tempo? Se não consegue pagar pensões, não tem valor!"

Avalie os méritos de cada uma dessas afirmações e ofereça contra-argumentos que Karl possa utilizar.

3. O Retired Fund é um fundo mútuo aberto, composto de US$ 500 milhões em obrigações americanas e letras do Tesouro dos Estados Unidos. A duração de carteira desse fundo (incluindo letras do Tesouro) girava entre três e nove anos. Esse fundo evidenciou um desempenho de primeiro quartil nos últimos cinco anos, de acordo com um serviço de mensuração de renda fixa independente. Entretanto, os diretores do fundo gostariam de avaliar a capacidade de *market timing* do gestor de investimento somente em obrigações do fundo. Uma empresa de consultoria propôs os três métodos a seguir:

a. O método I examina o valor da carteira de obrigações no início de cada ano e calcula o retorno que teria sido obtido se a mesma carteira tivesse sido mantida o ano inteiro. Esse retorno seria comparado com o retorno de fato obtido pelo fundo.
b. O método II calcula o peso médio da carteira em obrigações e letras do Tesouro para cada ano. Em vez de utilizar a carteira de obrigações real, seria utilizado o retorno de um índice de mercado de longo prazo e do índice das letras do Tesouro. Por exemplo, se a carteira tivesse em média 65% em obrigações e 35% em letras do Tesouro, seria calculado o retorno anual de uma carteira com 65% em um índice de obrigações de longo prazo e 35% em letras do Tesouro. Esse retorno seria comparado com o retorno anual que teria sido gerado utilizando os índices e o peso real de obrigações/letras do Tesouro do gestor para cada trimestre do ano.
c. O método III examina a atividade de compra líquida de obrigações (valor de mercado das compras menos vendas) de cada trimestre do ano. Quando as compras líquidas fossem positivas (negativas) em qualquer trimestre, o desempenho das obrigações seria avaliado até que a atividade de compra líquida se tornasse negativa (positiva). As compras líquidas positivas (negativas) seriam consideradas uma visão altista (baixista) assumida pelo gestor. A correção dessa visão seria avaliada.

Critique *cada* método com relação aos problemas de mensuração de *market timing*.

Utilize os dados a seguir para responder as Questões CFA 4-6: O administrador de um grande fundo de pensão deseja avaliar o desempenho de quatro gestores de carteira. Todos os gestores investem apenas em ações ordinárias americanas.

Suponhamos que durante os últimos cinco anos a taxa de retorno anual média total, incluindo dividendos, sobre o S&P 500 tenha sido 14% e a taxa de retorno nominal média de letras do Tesouro tenha sido 8%. A tabela a seguir mostra as medidas de risco e retorno de cada carteira:

Carteira	Taxa de retorno anual média	Desvio-padrão	Beta
P	17%	20%	1,1
Q	24	18	2,1
R	11	10	0,5
S	16	14	1,5
S&P 500	14	12	1,0

4. Qual é a medida de desempenho de Treynor da carteira *P*?
5. Qual é a medida de desempenho de Sharpe da carteira *Q*?
6. Um analista deseja avaliar a careira *X*, composta inteiramente de ações ordinárias americanas, utilizando as medidas de desempenho de carteira de Treynor e Sharpe. A tabela a seguir fornece a taxa de retorno anual média da carteira *X*, da carteira de mercado (de acordo com a avaliação do S&P 500) e das letras do Tesouro durante os últimos oito anos:

	Taxa de retorno anual média	Desvio-padrão do retorno	Beta
Carteira *X*	10%	18%	0,60
S&P 500	12	13	1,00
Letras do Tesouro	6	N/A	N/A

a. Calcule as medidas de Treynor e Sharpe para a carteira *X* e S&P 500. Explique brevemente se a carteira *X* teve um desempenho ajustado ao risco inferior, igual ou superior à carteira S&P 500 utilizando a medida de Treynor e o índice de Sharpe.
b. Com base no desempenho da carteira *X* em relação ao da carteira S&P 500 calculado na parte (*a*), explique brevemente o motivo dos resultados conflitantes quando se utiliza a medida de Treynor *versus* o índice de Sharpe.

7. Suponhamos que você tenha investido em um ativo por dois anos. No primeiro ano você obteve um retorno de 15% e, no outro, um retorno negativo de 10%. Qual foi seu retorno geométrico anual?
8. Uma carteira de ações gera 29% de retorno em 2013, 23% de retorno em 2014 e 17% de retorno em 2015. Qual o retorno anualizado (média geométrica) do período total?
9. Um investimento de dois anos, de US$ 2 mil, gera um fluxo de caixa de US$ 150 no final do primeiro ano e um fluxo de caixa de US$ 150 no final do segundo ano, além do retorno do investimento original. Qual a taxa interna de retorno sobre o investimento?
10. Na mensuração de desempenho de uma carteira, a taxa de retorno ponderada no tempo é superior à taxa de retorno ponderada pelo dólar porque:
a. Quando a taxa de retorno varia, o retorno ponderado no tempo é mais alto.
b. O retorno ponderado pelo dólar presume que todos os depósitos da carteira são feitos no primeiro dia.
c. O retorno ponderado pelo dólar só pode ser estimado.
d. O retorno ponderado no tempo não é afetado pelo *timing* das contribuições e retiradas da carteira.

11. Uma carteira de fundo de pensão começa com US$ 500 mil e lucra 15% no primeiro e 10% no segundo. No início do segundo ano, o patrocinador contribui com mais US$ 500 mil. Quais foram as taxas de retorno ponderada no tempo e ponderada pelo dólar?

12. Durante a revisão anual do plano de pensão da Acme, vários fideicomissários questionaram seu consultor de investimentos sobre os diversos aspectos da mensuração de desempenho e avaliação de risco.

   a. Fale sobre a adequação de utilizar cada uma das referências a seguir na avaliação de desempenho:
   - Índice de mercado.
   - Carteira de referência normal.
   - Mediana do universo de gestores.

   b. Diferencie as seguintes medidas de desempenho:
   - Índice de Sharpe.
   - Medida de Treynor.
   - Alfa de Jensen.

   i. Descreva como cada uma dessas três medidas de desempenho é calculada.

   ii. Informe se o risco relevante presumido por cada medida é sistemático, não sistemático ou total. Explique como cada medida relaciona o retorno em excesso e o risco relevante.

13. O plano de pensão Trustees of the Pallor Corp. pede ao consultor Donald Millip para comentar as afirmações a seguir. Qual deveria ser a resposta dele?

   a. As referências de gestor mediano são medidas de desempenho estatisticamente imparciais no decorrer de longos períodos.

   b. As referências de gestor mediano são inequívocas e, portanto, são facilmente reproduzidas pelos gestores que desejam adotar uma abordagem passiva/indexada.

   c. As referências de gestor mediano não são apropriadas em todas as circunstâncias porque o universo de gestores medianos engloba vários estilos de investimento.

14. James Chan está revendo o desempenho dos gestores de ações globais do fundo de dotação da Universidade Jarvis. Atualmente, Williamson é o único gestor de ações globais de alta capitalização desse fundo de dotação. Os dados de desempenho de Williamson são mostrados na Tabela 24A. Além disso, Chan apresenta ao comitê de investimento do fundo de dotação informações sobre o desempenho de Joyner Asset, também gestora de ações globais de alta capitalização. Os dados de desempenho de Joyner são mostrados na Tabela 24B. Os dados de desempenho do ativo isento de risco pertinente e do índice de mercado são mostrados na Tabela 24C.

   a. Calcule o índice de Sharpe e a medida de Treynor relativos a Williamson e Joyner.

   b. O comitê de investimento observa que a utilização do índice de Sharpe *versus* medida de Treynor gera classificações de desempenho diferentes para Williamson e Joyner. Explique por que esses critérios podem gerar classificações diferentes.

TABELA 24A Dados sobre o desempenho de Williamson, 1999–2010

Taxa de retorno anual média	22,1%
Beta	1,2
Desvio-padrão dos retornos	16,8%

TABELA 24B Dados sobre o desempenho de Joyner, 1999–2010

Taxa de retorno anual média	24,2%
Beta	0,8
Desvio-padrão dos retornos	20,2%

TABELA 24C Dados de desempenho do ativo isento de risco pertinente e do índice de mercado, 1999–2010

Ativo isento de risco	
Taxa de retorno anual média	5,0%
Índice de mercado	
Taxa de retorno anual média	18,9%
Desvio-padrão dos retornos	13,8%

EXERCÍCIOS DE INVESTIMENTO NA *WEB*

Vários *sites* financeiros populares oferecem filtros de fundo mútuo. Entre em moneycentral.msn.com e clique no *link Investing* no menu superior. Escolha *Funds* no submenu e procure o *link Easy Screener* no menu esquerdo. Antes de começar a especificar suas preferências utilizando as caixas suspensas, procure o *link Show More Options* (Mostrar Mais Opções) na parte inferior da página e o selecione. Quando todas as opções forem exibidas, crie um filtro para os fundos que atendem aos seguintes critérios: classificação geral de cinco estrelas da Morningstar, o menor investimento mínimo inicial possível, baixo risco segundo a Morningstar, nenhuma taxa inicial, tempo de serviço do gestor de no mínimo cinco anos, alto retorno geral segundo a Morningstar, a menor taxa 12b-1 possível e o menor índice de despesas possível. Clique no *link Find Funds* (Encontrar Fundos) para acionar o filtro.

Quando você obtiver os resultados, poderá ordená-los de acordo com qualquer critério que lhe interesse clicando no respectivo título de coluna. Você eliminaria algum fundo com base no que está vendo? Se você desejar utilizar o filtro novamente com opções diferentes, clique no *link Change Criteria* (Mudar Critérios) na parte superior da página e faça as mudanças. Clique no *link Find Funds* (Encontrar Fundos) para acionar o filtro. Você pode clicar em qualquer símbolo de fundo para obter mais informações sobre ele.

Existe algum fundo de seu interesse? Em que sentido suas opções de filtragem poderiam ser diferentes se você estivesse escolhendo fundos para vários clientes?

SOLUÇÕES PARA AS REVISÕES DE CONCEITOS

1.

Tempo	Ato	Fluxo de caixa
0	Compra duas ações	–40
1	Recebe dividendos; em seguida, vende uma das ações	4 + 22
2	Recebe dividendos sobre a ação remanescente e depois a vende	2 + 19

a. retorno ponderado pelo dólar:
$$-40+\frac{26}{1+r}+\frac{21}{(1+r)^2}=0$$
$$r=0{,}1191 \text{ ou } 11{,}91\%$$

b. Retorno ponderado no tempo:
As taxas de retorno sobre a ação nos dois anos foram:
$$r_1=\frac{2+(22-20)}{20}=0{,}20$$
$$r_2=\frac{2+(19-22)}{22}=-0{,}045$$
$(r_1+r_2)/2=0{,}077$ ou 7,7%

2. Sharpe: $(\bar{r}-\bar{r}_f)/\sigma$
$$S_P=(35-6)/42=0{,}69$$
$$S_M=(28-6)/30=0{,}733$$
Alfa: $\bar{r}-[\bar{r}_f+\beta(\bar{r}_M-\bar{r}_f)]$
$$\alpha_P=35-[6+1{,}2(28-6)]=2{,}6$$
$$\alpha_M=0$$

Treynor: $(\bar{r}-\bar{r}_f)/\beta$
$$T_P=(35-6)/1{,}2=24{,}2$$
$$T_M=(28-6)/1{,}0=22$$
Índice de informação: $\alpha/\sigma(e)$
$$I_P=2{,}6/18=0{,}144$$
$$I_M=0$$

3. O alfa fica acima de zero em 0,2/2 = 0,1 desvio-padrão. Uma tabela da distribuição normal (ou, mais apropriadamente, da distribuição da estatística t) indica que a probabilidade de um evento desse tipo, se o analista de fato não tiver nenhuma habilidade, é de 46%.

4. O *timer* estimará de uma maneira completamente aleatória mercados baixistas ou altistas. Metade de todos os mercados altistas será precedida por uma previsão correta e algo semelhante ocorre com relação aos mercados baixistas. Por isso, $P_1 + P_2 - 1 = \frac{1}{2} + \frac{1}{2} - 1 = 0$.

5. Primeiro, calcule o desempenho da nova carteira *bogey* como $(0{,}70 \times 5{,}81) + (0{,}25 \times 1{,}45) + (0{,}05 \times 0{,}48) = 4{,}45$.

a. Contribuição da alocação de ativos para o desempenho:

Mercado	(1) Peso real no mercado	(2) Peso de referência no mercado	(3) Peso ativo ou em excesso	(4) Retorno do mercado (%)	(5) = (3) × (4) Contribuição para o desempenho (%)
Ações	0,70	0,70	0,00	5,81	0,00
Renda fixa	0,07	0,25	−0,18	1,45	−0,26
Equivalentes de caixa	0,23	0,05	0,18	0,48	0,09
Contribuição da alocação de ativos					−0,17

b. Contribuição da escolha para o desempenho total:

Mercado	(1) Desempenho da carteira (%)	(2) Desempenho do índice (%)	(3) Desempenho em excesso (%)	(4) Peso da carteira	(5) = (3) × (4) Contribuição (%)
Ações	7,28	5,00	2,28	0,70	1,60
Renda fixa	1,89	1,45	0,44	0,07	0,03
Contribuição da escolha dentro dos mercados					1,63

25 Diversificação internacional

EMBORA NOS Estados Unidos normalmente seja utilizado um índice amplo de ações americanas como carteira de índice de mercado, esse procedimento está se tornando cada vez mais inapropriado. As ações americanas representam menos de 40% das ações mundiais e uma porcentagem ainda menor do total da riqueza mundial. Neste capítulo, olhamos além dos mercados domésticos para examinarmos questões relacionadas à diversificação internacional e ampliada. Em certo sentido, o investimento internacional pode ser visto como nada mais que uma generalização objetiva de nossa abordagem inicial sobre escolha de carteiras, mas com um rol maior de ativos para a construção de carteiras. Nesse contexto, o investidor enfrenta problemas semelhantes de diversificação, análise de títulos, escolha de títulos e alocação de ativos. Entretanto, os investimentos internacionais apresentam alguns problemas não encontrados nos mercados domésticos. Entre eles se encontram risco da taxa de câmbio, restrições de fluxos de capital entre fronteiras nacionais, além do risco político e das regulamentações específicas ao país e de práticas contábeis distintas em diferentes países. Por esse motivo, neste capítulo revemos os principais tópicos cobertos no restante deste livro, enfatizando seus aspectos internacionais. Começamos com o conceito central da teoria de carteiras – diversificação. Veremos que a diversificação global oferece oportunidades para melhorar o *trade-off* risco-retorno. Observaremos também como as flutuações na taxa de câmbio e o risco político afetam o risco dos investimentos internacionais. Em seguida, voltamo-nos para os estilos de investimento ativos no contexto internacional. Consideraremos alguns dos problemas especiais envolvidos na interpretação das carteiras de índice passivas e mostraremos como a alocação ativa de ativos pode ser generalizada para incorporar opções de país e moeda complementarmente às opções tradicionais de classes de ativos domésticas. Por fim, demonstramos a atribuição de desempenho de investimentos internacionais.

25.1 Mercados globais de ações

No presente, você pode investir facilmente nos mercados de capitais de cerca de 100 países e obter dados atualizados sobre seus investimentos em cada um deles. Em 2011, 52 países tinham mercado acionários, o que representava uma capitalização de mercado agregada de mais de US$ 1 bilhão. Os dados e a análise feita neste capítulo baseiam-se nesses países.

Normalmente, o setor de investimento distingue os mercados "desenvolvidos" e os "mercados emergentes". Uma economia emergente típica ainda se encontra no estágio de industrialização, está crescendo mais rapidamente do que as economias desenvolvidas e tem mercados de capitais que em geral envolvem um risco maior. Utilizamos os critérios da FTSE,[1] que enfatiza as condições dos mercados de capitais, para classificar os mercados como emergentes ou desenvolvidos.

---

[1] A FTSE Index Co. [patrocinadora do índice de mercado acionário britânico FTSE (Financial Times Share Exchange)] utiliza 14 critérios específicos para dividir os países em "desenvolvidos" e "emergentes". Nossa lista de países desenvolvidos inclui todos os 25 países que aparecem na lista do índice FTSE.

Países desenvolvidos

Para ter uma ideia da falta de visão de um investimento exclusivamente focado em ações e obrigações americanas, considere os dados da Tabela 25.1. As contas americanas respondem por menos de 40% da capitalização do mercado acionário mundial. Obviamente, os investidores ativos podem obter um melhor *trade-off* risco-retorno ampliando a busca de títulos atraentes para mercados desenvolvidos e emergentes. Os países desenvolvidos respondiam por 68% do produto interno bruto (PIB) em 2010 e por 85% da capitalização de mercado mundial.

As duas primeiras colunas da Tabela 25.1 mostram a capitalização de mercado em 2000 e 2011. A primeira linha mostra a capitalização de todas as bolsas mundiais, evidenciando uma capitalização total de ações corporativas em 2011 de US$ 38,2 trilhões, dos quais as bolsas de valores dos Estados Unidos respondem por US$ 13,9 trilhões ou 36,4%. As mudanças ano a ano nos números dessas colunas demonstram a volatilidade desses mercados.

As três colunas seguintes da Tabela 25.1 comparam a capitalização acionária do país como porcentagem da capitalização mundial em 2000 e 2011, bem como o crescimento na capitalização

TABELA 25.1 Capitalização de mercado das bolsas de valores de países desenvolvidos

	Capitalização de mercado							
	Bilhões de dólares americanos		Porcentagem mundial		Crescimento anual (%)	PIB	PIB per capita	Capitalização de mercado como % do PIB
	2000	2011	2000	2011	2000–2011	2010	2010	2010
Mundo	27.473	38.200	100%	100%	2,8	63.124	9.228	68
Estados Unidos	12.900	13.917	47,0	36,4	0,6	14.587	47.199	98
Japão	3.140	3.289	11,4	8,6	0,4	5.459	42.831	69
Reino Unido	2.566	2.794	9,3	7,3	0,7	2.249	36.144	133
Canadá	615	1.581	2,2	4,1	8,2	1.577	46.236	114
França	1.278	1.455	4,7	3,8	1,1	2.560	39.460	70
Hong Kong	564	1.369	2,1	3,6	7,7	225	31.758	701
Alemanha	1.061	1.177	3,9	3,1	0,9	3.281	40.152	43
Suíça	783	1.062	2,9	2,8	2,6	528	67.464	224
Austrália	349	1.039	1,3	2,7	9,5	925	42.131	132
Coreia	123	763	0,4	2,0	16.4	1.015	20.757	86
Espanha	331	546	1,2	1,4	4,2	1.407	30.542	44
Itália	716	460	2,6	1,2	−3,6	2.051	33.917	28
Suécia	274	440	1,0	1,2	4,0	459	48.936	118
Holanda	680	376	2,5	1,0	−4,8	779	46.915	60
México	112	372	0,4	1,0	10,5	1.035	9.123	39
Noruega	52	238	0,2	0,6	13,5	413	84.538	61
Chile	44	229	0,2	0,6	14,7	213	12.431	136
Bélgica	159	216	0,6	0,6	2,6	469	43.144	54
Dinamarca	99	176	0,4	0,5	4,9	310	55.891	67
Turquia	50	164	0,2	0,4	10,4	734	10.094	34
Finlândia	280	139	1,0	0,4	−5,7	239	44.512	86
Israel	46	119	0,2	0,3	8,3	217	28.504	80
Polônia	27	112	0,1	0,3	12,5	469	12.293	34
Áustria	28	85	0,1	0,2	9,8	379	45.209	33
Irlanda	82	65	0,3	0,2	−1,9	211	47.170	30
Portugal	64	59	0,2	0,2	−0,6	229	21.505	35
República Tcheca	12	39	0,0	0,1	10,4	192	18.245	23
Nova Zelândia	20	35	0,1	0,1	5,0	136	31.067	35
Luxemburgo	28	34	0,1	0,1	1,7	53	105.438	79
Grécia	72	29	0,3	0,1	−7,1	301	26.600	21
Hungria	12	19	0,0	0,0	4,1	129	12.852	22
Eslovênia	2	6	0,0	0,0	11,2	47	22.851	18

Fonte: Capitalização de mercado: Datastream, *online*.thomsonreuters.com/datastream; PIB e PIB *per capita:* Banco Mundial, data.worldbank.org.

ao longo desses 12 anos. As duas crises dos primeiros 12 anos do século XXI, a explosão da bolha de tecnologia em 2000-2001 e a crise financeira de 2008-2009 atingiram em cheio principalmente os países desenvolvidos. O crescimento médio dos mercados acionários dos países desenvolvidos no decorrer desses anos correspondeu a um valor inexpressivo de 1,7%, em comparação com a média mundial de 2,8 e 16,3% referentes aos mercados emergentes.

As três últimas colunas da Tabela 25.1 mostram o PIB, PIB *per capita* e a capitalização acionária como porcentagem do PIB em 2010. Embora o PIB *per capita* nos países desenvolvidos não seja tão variável entre os países quanto o PIB total, que é determinado em parte pela população total, a capitalização de mercado como porcentagem do PIB é bastante variável. Isso indica amplas diferenças na estrutura econômica mesmo entre os países desenvolvidos.

Mercados emergentes

Para uma estratégia passiva, poderíamos defender que uma carteira de ações de apenas seis países com a capitalização mais alta formaria 64% (em 2011) da carteira mundial e poderia ser suficientemente diversificada. No entanto, esse argumento não se sustenta para carteiras ativas que procuram direcionar os investimentos para ativos promissores. É natural que as carteiras ativas incluam muitas ações ou índices de mercados emergentes.

A Tabela 25.2 mostra essa questão. Não há dúvida de que os gestores de carteiras ativas precisam ter prudência ao procurar ações em mercados como China e Rússia, cujas taxas de crescimento anual até este momento do século XXI ultrapassam 33% (⅓ por ano!). A Tabela 25.2 apresenta dados dos 20 maiores mercados emergentes. Entretanto, eles também não desejariam ter perdido outros mercados com crescimento notável, ou mesmo extremamente excepcional, ao longo desse mesmo período.

Esses 20 mercados emergentes respondem por 24% do PIB mundial e, somados aos 32 mercados desenvolvidos da Tabela 25.1, compõem 92% do PIB mundial. O PIB *per capita* nesses mercados emergentes foi bastante variável, girando entre US$ 1.019 (Paquistão) a US$ 41.122 (Cingapura). A

TABELA 25.2 Capitalização de mercado das bolsas de valores em países emergentes

	Capitalização de mercado							Capitalização de mercado como % do PIB
	Bilhões de dólares americanos		Porcentagem mundial		Crescimento (%)	PIB	PIB *per capita*	
País	2000	2011	2000	2011	2000-2011	2010	2010	2010
Brasil	180	1.056	0,7	2,8	15,9	2.088	10.710	66
Índia	107	868	0,4	2,3	19,0	1.727	1.475	69
Rússia	19	694	0,1	1,8	34,9	1.480	10.440	58
China	13	499	0,0	1,3	35,2	5.927	4.428	11
Taiwan	177	455	0,6	1,2	8,2	430	18.300	134
Cingapura	136	428	0,5	1,1	10,1	209	41.122	241
África do Sul	104	405	0,4	1,1	12,0	364	7.275	134
Malásia	83	330	0,3	0,9	12,1	238	8.373	135
Indonésia	21	301	0,1	0,8	24,8	707	2.946	41
Tailândia	23	219	0,1	0,6	20,7	319	4.608	70
Colômbia	4	191	0,0	0,5	37,3	288	6.225	70
Filipinas	20	141	0,1	0,4	17,6	200	2.140	67
Peru	5	77	0,0	0,2	25,9	157	5.401	64
Argentina	24	36	0,1	0,1	3,6	369	9.124	15
Paquistão	5	26	0,0	0,1	15,2	177	1.019	17
Sri Lanka	1	14	0,0	0,0	27,5	50	2.375	31
Romênia	0	14	0,0	0,0	36,9	162	7.538	9
Venezuela	6	6	0,0	0,0	-0,2	392	13.590	3
Chipre	9	3	0,0	0,0	-9,7	23	28.779	28
Bulgária	0	2	0,0	0,0	29,6	48	6.325	4

Fonte: Capitalização de mercado: Datastream, *online*.thomsonreuters.com/datastream; PIB e PIB *per capita:* Banco Mundial, data.worldbank.org.

capitalização de mercado como porcentagem do PIB do grupo de países denominado Brics (Brasil, Rússia, Índia, China e África do Sul) ainda é inferior a 70% (apenas 11% na China!), e isso indica que esses mercados emergentes supostamente evidenciarão um crescimento significativo ao longo dos próximos anos, mesmo sem um crescimento espetacular no PIB.

O crescimento da capitalização nos mercados emergentes no decorrer desse período foi bem mais variável do que o crescimento nos países desenvolvidos, uma indicação de que o risco e as recompensas nesse segmento do globo podem ser consideráveis.

Capitalização de mercado e PIB

Uma visão contemporânea de desenvolvimento econômico (expressa precisamente em de Soto, 2000) defende que uma exigência importante para o avanço econômico é a existência de um código aperfeiçoado de leis, instituições e regulamentações de negócios que permita que os cidadãos mantenham, explorem e negociem legalmente ativos financeiros. Consequentemente, esperamos que o desenvolvimento dos mercados acionários sirva de catalisador do enriquecimento da população, isto é, que os países com capitalização acionária relativamente maior tendam a ser mais ricos. Com respeito aos países ricos, que já têm grandes mercados acionários, essa relação será mais diluída.

A Figura 25.1 mostra a relação[2] entre o PIB *per capita* e a capitalização de mercado (em que ambas as variáveis foram transformadas para a escala de $\log_{10}$). A Figura 25.1, Painel A, apresenta um diagrama de dispersão e a linha de regressão de 2000, e a situação de 2011 é mostrada na Figura 25.1, Painel B. Embora os mercados desenvolvidos estejam em sua maioria acima da linha e os mercados emergentes predominantemente abaixo da linha, esses últimos subiram consideravelmente de posição em capitalização de mercado relativa no decorrer desses anos. Essa mudança foi suficiente para diminuir de modo significativo a inclinação dessa linha. Podemos ver também com facilidade a mudança ascendente do mundo todo no eixo vertical, que mede o PIB *per capita*.

O coeficiente de inclinação da regressão mede a variação percentual média na renda *per capita* quando a capitalização de mercado tem um aumento de 1%. Em 2000, esse valor era 0,64, mas ele caiu para 0,35 em 2011. A dispersão em torno da linha de regressão também aumentou visivelmente, tal como indicado pelo R quadrado de 0,52 em 2000, mas de apenas 0,10 em 2011.

Viés doméstico

O viés doméstico refere-se à tendência comum entre os investidores de atribuir um peso menor às ações estrangeiras em sua carteira de ativos de risco. Se os investidores alocassem seus investimentos em ações entre os países proporcionalmente às ações circulantes, em 2011 os investidores americanos teriam alocado apenas 36,4% de suas ações a empresas americanas (Tabela 25.1), mantendo os 63,6% restantes em mercados estrangeiros. Os investidores não americanos teriam mantido uma porcentagem em ações americanas mais alta do que os investidores domésticos. Contudo, na verdade, a maioria dos investidores demonstra uma tendência pronunciada a manter ações de seu próprio país.

As posições dos investidores americanos em ações e obrigações de longo prazo estrangeiras e as posições dos estrangeiros em ações e obrigações de longo prazo americanas em 2001 e 2011 são apresentadas a seguir:

Ano	Posições do investidor americano no exterior[a]	Posições do investidor estrangeiro nos EUA[b]
2001	2.170	3.932
2011	6.481	11.870

[a] Bilhões de dólares.
[b] Em torno de 2/3 desses investimentos são em ações.

Fonte: Relatório sobre investimentos em carteira nos Estados Unidos em títulos estrangeiros, em 31 de dezembro de 2011. Departamento do Tesouro, outubro de 2012.

O viés doméstico continua com força total, mas menos pronunciado atualmente do que há dez anos.

---

[2] Essa regressão simples de uma única variável é evidenciada não como um modelo causal, mas apenas como forma de descrever a relação entre o PIB *per capita* e o tamanho dos mercados.

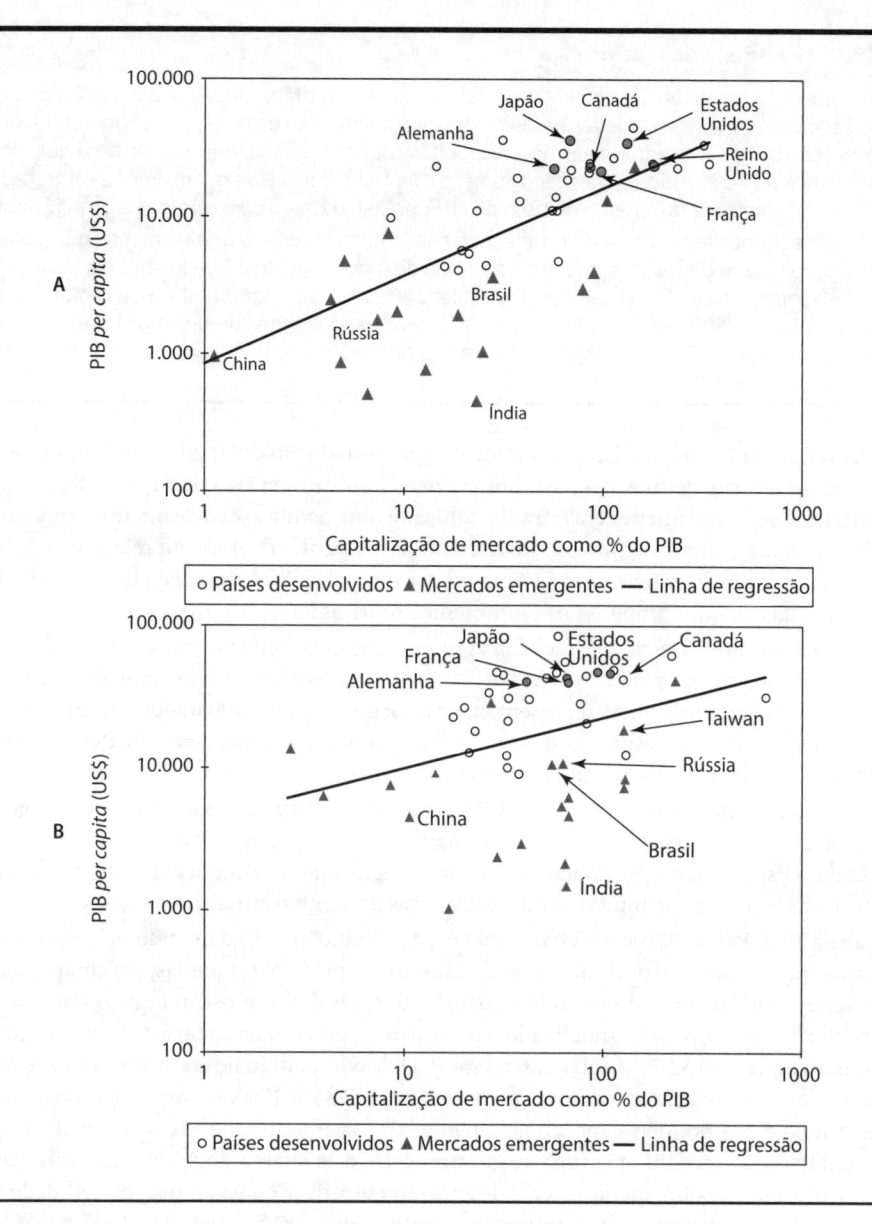

FIGURA 25.1
PIB *per capita* e capitalização de mercado como porcentagem do PIB. *Painel A:* escala logarítmica, dados de 2000; *Painel B:* escala logarítmica, dados de 2010

25.2 Fatores de risco em investimentos internacionais

Nos investimentos internacionais, as oportunidades não são isentas de risco nem do custo de uma análise especializada. Dois fatores de risco específicos aos investimentos internacionais são o risco da taxa de câmbio e o risco político, que serão discutidos nas duas seções subsequentes.

Risco da taxa de câmbio

É melhor começar com um exemplo simples.

Podemos generalizar o Exemplo 25.1. O valor de US$ 20 mil é trocado por US$ $20.000/E_0$ libras, onde E_0 expressa a taxa de câmbio original (US$ 2/£). O investimento no Reino Unido aumenta para $(20.000/E_0) \times [1 + r_f(RU)]$ libras esterlinas, onde $r_f(RU)$ é a taxa isenta de risco no Reino Unido. Os rendimentos em libra são por fim reconvertidos em dólar pela taxa de câmbio subsequente E_1, por um rendimento total em dólar de $20.000(E_1/E_0)[1 + r_f(RU)]$. Portanto, o retorno denominado em dólar sobre o investimento em letras britânicas é

$$1 + r(EUA) = [1 + r_f(RU)]E_1/E_0 \tag{25.1}$$

> **EXEMPLO 25.1** || Risco da taxa de câmbio
>
> Considere um investimento em letras isentas de risco do governo britânico que pagam juros anuais de 10% em libras esterlinas. Embora essas letras britânicas sejam o ativo isento de risco para um investidor britânico, isso não se aplica a um investidor americano. Suponhamos, por exemplo, que a taxa de câmbio atual seja US$ 2 por libra e que o investidor americano comece com US$ 20 mil. Essa quantia pode ser trocada por £ 10 mil e investida por uma taxa isenta de risco de 10% no Reino Unido para retornar £ 11 mil em um ano.
>
> O que pode acontecer se a taxa de câmbio dólar-libra variar durante o ano? Digamos que ao longo do ano a libra sofra uma depreciação em relação ao dólar, de modo que até o fim do ano seja necessário apenas US$ 1,80 para comprar £ 1. O valor de £ 11 mil pode ser trocado por uma taxa de câmbio no final do ano de apenas US$ 19.800 (= £ 11.000 × US$ 1,80/£), resultando em uma perda de US$ 200 em relação ao investimento inicial de US$ 20 mil. Apesar do retorno positivo de 10% denominado em libra, o retorno denominado em dólar é 1% negativo.

Observamos na Equação 25.1 que o retorno denominado em dólar para um investidor americano é igual ao retorno denominado em libra vezes o "retorno" da taxa de câmbio. Para um investidor americano, o investimento em letras britânicas é uma combinação de um investimento seguro no Reino Unido e um investimento de risco no desempenho da libra em relação ao dólar. Nos Estados Unidos, a libra não teve bom desempenho, caindo de US$ 2 para apenas US$ 1,80. A perda sobre a libra mais do que compensa os rendimentos sobre as letras britânicas.

A Figura 25.2 mostra essa questão. Ela apresenta taxas de retorno sobre índices do mercado acionário de vários países, para 2010. As barras superiores representam os retornos em moeda local, enquanto as barras inferiores representam os retornos em dólar, ajustados a flutuações na taxa de câmbio. É claro que as flutuações na taxa de câmbio ao longo desse período afetaram sensivelmente os retornos denominados em dólar em vários países.

O **risco da taxa de câmbio** puro é o risco arcado por investimentos em ativos estrangeiros seguros. O investidor de letras britânicas no Exemplo 25.1 arca apenas com o risco da taxa de câmbio Reino Unido/Estados Unidos. Podemos avaliar a magnitude do risco da taxa de câmbio examinando as taxas históricas de mudança em várias taxas de câmbio e suas correlações.

A Tabela 25.3, Painel A, mostra o risco da taxa de câmbio histórico medido pelo desvio-padrão de variações percentuais mensais nas taxas de câmbio das principais moedas, em comparação com o dólar americano, ao longo do período de 2001-2011. Os dados mostram que o risco cambial é bastante alto. O desvio-padrão anualizado das variações percentuais na taxa de câmbio girou entre 9,13% (iene japonês) e 13,87% (dólar australiano). O desvio-padrão dos retornos sobre ações americanas de alta capitalização para o mesmo período foi 17,35%. Por esse motivo, a volatilidade da taxa de câmbio correspondeu a aproximadamente 70% da volatilidade nas ações. É óbvio que um investidor ativo que acredita que uma ação estrangeira está abaixo do preço, mas não dispõe de nenhuma informação sobre qualquer erro de apreçamento, deve considerar a possibilidade de proteger a exposição ao risco cambial ao mover a carteira em direção às ações. O risco da taxa de câmbio das principais moedas tem se revelado relativamente alto ainda neste século. Por exemplo, um estudo de Solnik (1999) relativo ao período de 1971-1998 identifica desvios padrão inferiores, entre 4,8% (dólar canadense) a 12,0% (iene japonês).

No contexto das carteiras internacionais, o risco da taxa de câmbio pode ser predominantemente diversificado. Isso é evidenciado pelos baixos coeficientes de correlação mostrados na Tabela 25.3, Painel B. (Entretanto, eles são visivelmente uma exceção nessa tabela, mas isso se intensificará quando compararmos o risco de carteiras internacionais cobertas e não cobertas em uma seção posterior.) Portanto, os investidores passivos com carteiras internacionais bem diversificadas não precisam se preocupar em se proteger contra a exposição a moedas estrangeiras.

O efeito das flutuações na taxa de câmbio também se evidencia na Tabela 25.3, Painel C, que apresenta retornos sobre investimentos no mercado monetário de diferentes países. Embora esses investimentos sejam praticamente isentos de risco na moeda local, eles são arriscados

> **REVISÃO DE CONCEITOS 25.1**
>
> Com base nos dados do Exemplo 25.1, calcule a taxa de retorno em dólar de um investidor nos Estados Unidos que mantém letras britânicas considerando para tanto uma taxa de câmbio de final de ano de (a) E_1 = US$ 2,00/£; (b) E_1 = US$ 2,20/£.

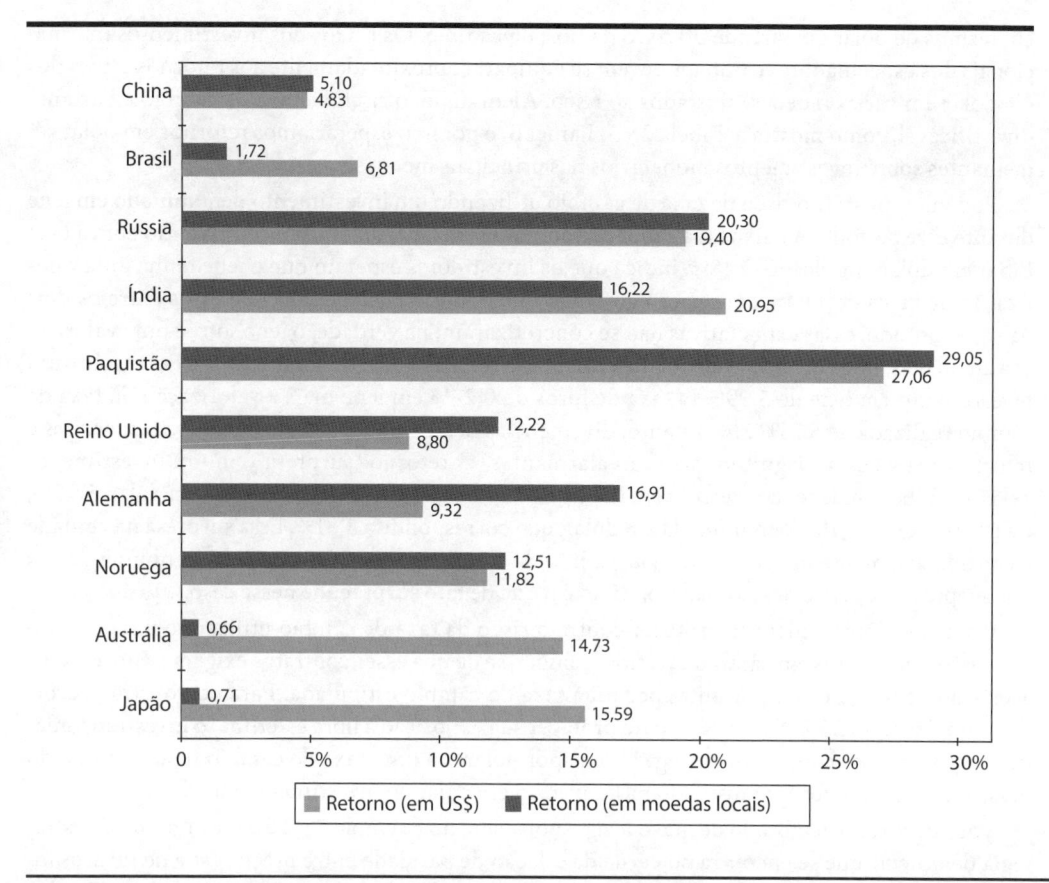

FIGURA 25.2 Retornos do mercado de ações em dólar americano e moedas locais referentes a 2010

País	Retorno (em US$)	Retorno (em moedas locais)
China	5,10	4,83
Brasil	1,72	6,81
Rússia	20,30	19,40
Índia	16,22	20,95
Paquistão	29,05	27,06
Reino Unido	12,22	8,80
Alemanha	16,91	9,32
Noruega	12,51	11,82
Austrália	0,66	14,73
Japão	0,71	15,59

Fonte: Datastream, online.thomsonreuters.com/datastream.

TABELA 25.3 Taxas de mudança nas principais moedas em relação ao dólar americano, 2002–2011 (taxa mensal anualizada)

A. Desvio-padrão (% anualizada)

Euro (€)	Reino Unido (£)	Suíça (FS)	Japão (¥)	Austrália (A$)	Canadá (C$)
11,04	9,32	11,94	9,13	13,87	10,04

B. Matriz de correlação

	Euro (€)	Reino Unido (£)	Suíça (FS)	Japão (¥)	Austrália (A$)	Canadá (C$)
Reino Unido (£)	0,63	1				
Suíça (FS)	0,83	0,51	1			
Japão (¥)	0,27	0,08	0,42	1		
Austrália (A$)	0,75	0,6	0,61	0,05	1	
Canadá (C$)	0,51	0,49	0,37	−0,02	0,72	1

C. Retornos anuais médios sobre a rolagem de taxas Libor de um mês (%)

País	Moeda	Retorno em moeda local	Ganhos esperados de taxa de câmbio	Ganhos reais de taxa de câmbio	Retorno real em US$ dólares	Componente surpresa do retorno	Desvio-padrão do retorno anual
Estados Unidos	US$	2,18			2,18		
Euro	€	2,38	−0,20	4,38	6,77	4,58	11,04
Reino Unido	£	3,51	−1,32	1,09	4,60	2,41	9,32
Suíça	FS	0,90	1,28	6,46	7,36	5,17	11,94
Japão	¥	0,24	1,94	5,75	5,99	3,81	9,13
Austrália	A$	5,25	−3,07	7,94	13,19	11,01	13,87
Canadá	C$	2,50	0,31	5,01	7,51	5,32	10,04

Fonte: Taxas de câmbio: Datastream, online.thomsonreuters.com/datastream; Taxas Libor: www.economagic.com.

em termos de dólar em virtude do risco da taxa de câmbio. Os fluxos dos investimentos internacionais dos especuladores cambiais devem se equiparar aproximadamente aos retornos esperados em dólar em várias moedas, ajustados ao risco. Além disso, o risco da taxa de câmbio é bastante diversificável, como mostra a Tabela 25.3, Painel B, e por isso esperaríamos retornos em dólar semelhantes sobre investimentos monetários nas principais moedas.

Podemos mostrar o risco da taxa de câmbio utilizando um investimento denominado em iene durante esse período. A baixa taxa Libor denominada em iene, 0,24%, em comparação com a taxa Libor em dólar americano, 2,18%, indica que os investidores esperam que o iene tenha uma valorização de cerca de 1,94% em relação ao dólar, que é o diferencial de taxa de juros entre os dois países. Contudo, essas expectativas não se concretizaram; na verdade, o iene sofreu uma valorização anual de 5,75% em relação ao dólar, gerando um retorno anual denominado em dólar sobre um investimento em iene de 5,99% (a taxa de juros de 0,24% em iene mais a valorização da taxa de câmbio realizada de 5,75%). Entretanto, divergências desse tipo entre as expectativas anteriores e retornos reais dessa magnitude não são alarmantes. O retorno "surpresa" em um investimento pela taxa Libor em iene (convertido em dólar) foi a diferença entre o retorno real em dólar, 5,99%, e a taxa Libor de 2,18% denominada em dólar, que corresponde a 3,81%. Essa surpresa na verdade é consideravelmente inferior ao desvio-padrão de 9,13% do iene. Na realidade, nenhuma dessas seis surpresas supera o desvio-padrão, e isso é o que de fato surpreende nesse caso.

Os investidores podem se proteger contra o risco da taxa de câmbio utilizando um contrato *forward* ou de futuros em câmbio exterior. Lembre-se de que esses contratos exigem a entrega ou a aceitação de uma moeda por outra por uma taxa de câmbio estipulada. Para demonstrar, recorde-se do Exemplo 25.1. Nesse caso, para proteger sua exposição à libra esterlina, o investidor americano poderia concordar em entregar libras por dólares a uma taxa de câmbio fixa, eliminando dessa forma o risco futuro envolvido na conversão em dólar do investimento em libra.

Você deve ter se lembrado de que o *hedge* subjacente no Exemplo 25.2 é o mesmo tipo de estratégia de *hedging* que se encontra no cerne da relação de paridade entre preço *spot* e de futuros introduzida no Capítulo 22. Em ambos os casos, os mercados de futuros ou *forward* são utilizados para eliminar o risco de manter outro ativo. O investidor americano pode fixar um retorno isento de risco denominado em dólar, seja investindo em letras do Reino Unido e protegendo-se contra o risco da taxa de câmbio, seja investindo em ativos isentos de risco dos Estados Unidos. Como os investimentos em duas estratégias isentas de risco devem oferecer retornos iguais, concluímos que $[1 + r_f(\text{RU})]F_0/E_0 = 1 + r_f(\text{EUA})$, que pode ser reordenada como

$$\frac{F_0}{E_0} = \frac{1 + r_f(\text{EUA})}{1 + r_f(\text{RU})} \qquad (25.2)$$

Essa relação é chamada de **relação de paridade da taxa de juros** ou **relação de arbitragem de juros coberta**, que introduzimos no Capítulo 23.

Infelizmente, em geral não é tão fácil proteger essa taxa de câmbio perfeita. Em nosso exemplo, sabíamos exatamente quantas libras vender no mercado *forward* ou de futuros porque o retorno denominado em libra no Reino Unido não apresentavam risco. Se o investimento no Reino Unido não tivesse sido em letras, mas em ações de risco britânicas, não saberíamos nem o valor final em libra do nosso investimento no Reino Unido, nem quantas libras vender *forward*. A oportunidade de *hedging* oferecida pelos contratos *forward* de câmbio exterior seria, portanto, imperfeita.

EXEMPLO 25.2 || Proteção contra o risco da taxa de câmbio

Se a taxa de câmbio *forward* no Exemplo 25.1 tivesse sido F_0 = US$ 1,93/£ quando o investimento foi feito, o investidor americano poderia ter garantido um retorno isento de risco denominado em dólar concordando em entregar £ 11 mil pela taxa de câmbio *forward* de US$ 1,93/£. Nesse caso, o retorno sem risco dos Estados Unidos teria sido 6,15%:

$$[1 + r_f(\text{RU})]F_0/E_0 = (1{,}10)1{,}93/2{,}00 = 1{,}0615$$

Para resumir, a generalização da Equação 25.1 para investimentos não cobertos é que

$$1 + r(\text{EUA}) = [1 + r(\text{estrangeiro})]E_1/E_0 \quad (25.3)$$

onde $r(\text{estrangeiro})$ é o retorno possivelmente de risco obtido na moeda do investimento estrangeiro. Você consegue estabelecer um *hedge* perfeito apenas no caso especial de o $r(\text{estrangeiro})$ em si ser um valor conhecido. Nesse caso, você sabe que deve vender no mercado *forward* ou de futuros um valor em moeda estrangeira igual a $[1 + r(\text{estrangeiro})]$ para cada unidade dessa moeda que você comprar hoje.

> **REVISÃO DE CONCEITOS 25.2**
>
> Quantas libras o investidor do Exemplo 25.2 precisa vender *forward* para cobrir o risco da taxa de câmbio se (a) $r(\text{RU}) = 20\%$ e (b) $r(\text{RU}) = 30\%$?

Risco político

Em princípio, a análise de títulos em nível macroeconômico, setorial e específico à empresa é semelhante em todos os países. O objetivo dessa análise é oferecer estimativas de retornos e riscos esperados de ativos e carteiras individuais. Entretanto, obter informações sobre ativos com a mesma qualidade em um país estrangeiro é inerentemente mais difícil e, por isso, mais caro. Além disso, o risco de obter informações falsas ou equivocadas é maior.

Considere dois investidores: um americano que deseja investir em ações indonésias e um indonésio que deseja investir em ações americanas. Embora ambos devam pensar na possibilidade de uma análise macroeconômica do país estrangeiro, essa tarefa seria bem mais difícil para o investidor americano. O motivo não é que o investimento na Indonésia seja necessariamente mais arriscado do que nos Estados Unidos. Você pode encontrar facilmente várias ações americanas que são, em última análise, mais arriscadas do que inúmeras ações indonésias. A diferença está no fato de os mercados financeiros americanos serem mais transparentes do que os da Indonésia.

Antes, quando o investimento internacional era uma novidade, o risco adicional era chamado de **risco político** e sua avaliação era uma arte. Como os investimentos transnacionais aumentaram e mais recursos têm sido utilizados, a qualidade da análise correspondente melhorou. Uma organização proeminente nessa área (e bastante competitiva) é o PRS (Political Risk Services) Group, e nossa apresentação segue a metodologia do PRS.[3]

A análise de risco de país do PRS oferece uma classificação de risco de país composta, em uma escala de 0 (mais arriscado) a 100 (menos arriscado). Os países são em seguida classificados pela medida de risco composta e divididos em cinco categorias: risco muito baixo (100–80), risco baixo (79,9–70), risco moderado (69,9–60), risco elevado (59,9–50) e risco muito elevado (abaixo de 50). A título de exemplo, a Tabela 25.4 mostra a colocação dos países na edição de janeiro de 2011 do *International Country Risk Guide*, do PRS. Não é surpresa ver que a Noruega encontra-se no topo da lista de risco muito baixo e que os pequenos mercados emergentes encontram-se no final – por exemplo, a Somália encontra-se no último lugar da lista (na 140ª posição). O que talvez seja surpreendente é a classificação razoavelmente modesta dos Estados Unidos (32ª posição), em comparação à Líbia (20ª) e a Bahrain (29ª), todos os três na categoria de baixo risco.

A classificação de risco composta é uma média ponderada de três medidas: risco político, risco financeiro e risco econômico. O risco político é medido em uma escala de 100–0, enquanto os riscos financeiro e econômico são medidos em uma escala de 50–0. As três medidas são somadas e divididas por dois para obter a classificação composta. As variáveis utilizadas pelo PRS para determinar a classificação de risco composta, com base nessas três medidas, são mostradas na Tabela 25.5.

A Tabela 25.6 mostra essas três medidas para sete dos países presentes na Tabela 25.4, na ordem de classificação de janeiro de 2011 das classificações de risco compostas. Mostra também que, em risco político, os Estados Unidos ficaram em terceiro lugar entre os sete países. Porém, na medida de risco financeiro, os Estados Unidos ficaram em último lugar entre esses sete países. É

---
[3] Você pode encontrar mais informações no *site* www.prsgroup.com. Agradecemos ao PRS Group por nos fornecer dados e orientações.

TABELA 25.4 Classificações de risco compostas de janeiro de 2011 versus fevereiro de 2010

Posição em janeiro de 2011	País	Classificação de risco composta de janeiro de 2011	Classificação de risco composta de fevereiro de 2012	Janeiro de 2011 versus fevereiro de 2010	Classificação em fevereiro de 2010
	Risco muito baixo				
1	Noruega	90,5	90,00	0,50	1
11	Alemanha	83,5	83,50	0,00	5
13	Canadá	82,8	82,75	0,00	6
16	Catar	82,0	81,25	0,75	11
19	Japão	81,0	80,00	1,00	17
	Risco baixo				
31	Reino Unido	77,3	73,75	3,50	39
32	Estados Unidos	77,0	77,25	−0,25	26
39	República Popular da China	75,0	76,25	−1,25	30
44	Brasil	74,5	72,75	1,75	46
68	Espanha	70,0	71,00	−1,00	58
	Risco moderado				
78	Indonésia	68,5	67,25	1,25	81
86	Índia	67,3	70,50	−3,25	62
104	Egito	64,5	66,50	−2,00	84
111	Turquia	63,3	63,50	−0,25	100
	Risco elevado				
124	Venezuela	59,5	53,75	5,75	133
127	Iraque	58,5	59,25	−0,75	119
129	Paquistão	57,3	57,00	0,25	125
	Risco muito elevado				
138	Haiti	48,5	49,75	−1,25	137
140	Somália	41,5	36,75	4,75	140

Fonte: *International Country Risk Guide*, janeiro de 2011, Tabela 1, The PRS Group, Inc. Dados utilizados com permissão.

TABELA 25.5 Variáveis utilizadas na classificação de risco político do PRS

Variáveis de risco político	Variáveis de risco financeiro	Variáveis do risco econômico
Estabilidade do governo	Dívida externa (% do PIB)	PIB *per capita*
Condições socioeconômicas	Serviço da dívida externa (% do PIB)	Crescimento anual real do PIB
Perfil de investimento	Conta corrente (% de exportação)	Taxa de inflação anual
Conflitos internos	Liquidez disponível em meses das importações	Equilíbrio orçamentário (% do PIB)
Conflitos externos	Estabilidade da taxa de câmbio	Saldo de conta corrente (% do PIB)
Corrupção		
Militares na política		
Tensões religiosas		
Lei e ordem		
Tensões étnicas		
Responsabilização democrática		
Nível de burocracia		

TABELA 25.6 Classificações de risco atuais e previsões de risco compostas

	Classificações compostas		Classificações atuais		
País	Um ano atrás (fevereiro de 2010)	Atual (janeiro de 2011)	Risco político (janeiro de 2011)	Risco financeiro (janeiro de 2011)	Risco econômico (janeiro de 2011)
Noruega	90,00	90,50	88,5	46,5	46,0
Canadá	82,75	82,75	86,5	40,0	39,0
Japão	80,00	81,00	78,5	44,0	39,5
Estados Unidos	77,25	77,00	81,5	37,0	35,5
República Popular da China	76,25	75,00	62,5	48,0	39,5
Índia	70,50	67,25	58,5	43,5	32,5
Turquia	63,50	63,25	57,0	34,5	35,0

Fonte: *International Country Risk Guide*, janeiro de 2011, Tabela 2B, The PRS Group, Inc. Dados utilizados com permissão.

provável que o motivo do desempenho surpreendentemente ruim dos Estados Unidos nessa dimensão tenha sido os enormes déficits governamentais e da balança comercial, que pressionaram sua taxa de câmbio de maneira significativa. Estabilidade da taxa de câmbio, desequilíbrio do comércio exterior e dívida externa, todos esses fatores entram na avaliação de risco financeiro do PRS. Na opinião do PRS, a crise financeira que se iniciou em agosto de 2008 era uma justificativa notável para que se atribuísse uma classificação relativamente baixa aos Estados Unidos e a outros mercados importantes.

O risco de país é apreendido mais profundamente pela análise de cenário, no caso da medida composta e de cada um de seus componentes. A Tabela 25.7 (Painéis A e B) mostra os piores e melhores cenários de um e de cinco anos para as classificações compostas e a medida de risco político. A estabilidade do risco baseia-se na diferença de classificação entre os melhores e os piores cenários, e essa diferença é bastante grande na maioria das situações. O pior cenário pode se deslocar um país para uma categoria de maior risco. Por exemplo, a Tabela 25.7, Painel B, mostra que no pior cenário de cinco anos a China e a Turquia estavam particularmente vulneráveis a uma deterioração no ambiente político.

Finalmente, a Tabela 25.8 mostra as classificações de risco político de acordo com cada um de seus 12 componentes. A classificação de corrupção (variável F) para o Japão é melhor do que para os Estados Unidos. Em responsabilidade democrática (variável K), a classificação da China foi pior, a dos Estados Unidos e da Índia foi melhor, mas a China teve melhor classificação em estabilidade do governo (variável A).

Todas as edições mensais do *International Country Risk Guide*, do PRS Group, trazem informações extremamente detalhadas e chegam a ter 250 páginas. Outras organizações concorrem para o fornecimento desse tipo de avaliação. O resultado é que hoje o investidor pode se aparelhar perfeitamente bem para avaliar de maneira apropriada os riscos que circundam os investimentos internacionais.

TABELA 25.7 Previsões compostas e de risco político

A. Previsões de risco compostas							
		Dentro de um ano			Dentro de cinco anos		
País	Classificação atual janeiro de 2011	Pior caso	Melhor caso	Estabilidade de risco	Pior caso	Melhor caso	Estabilidade de risco
Noruega	**90,5**	88,3	93,3	5,0	83,3	92,8	9,5
Canadá	**82,8**	78,3	84,3	6,0	75,3	86,5	11,3
Japão	**81,0**	77,0	84,3	7,3	72,5	87,5	15,0
Estados Unidos	**77,0**	73,3	80,3	7,0	69,5	83,0	13,5
República Popular da China	**75,0**	70,8	79,0	8,3	61,3	82,0	20,8
Índia	**67,3**	64,0	72,3	8,3	57,5	77,0	19,5
Turquia	**63,3**	57,8	67,5	9,8	53,8	71,5	17,8
B. Previsões de risco político							
		Dentro de um ano			Dentro de cinco anos		
País	Classificação atual janeiro de 2011	Pior caso	Melhor caso	Estabilidade de risco	Pior caso	Melhor caso	Estabilidade de risco
Noruega	**88,5**	88,0	92,0	4,0	86,0	89,5	3,5
Canadá	**86,5**	83,0	88,5	5,5	81,5	89,5	8,0
Japão	**78,5**	75,5	84,0	8,5	72,0	88,0	16,0
Estados Unidos	**81,5**	77,5	85,5	8,0	76,0	87,0	11,0
República Popular da China	**62,5**	58,5	68,5	10,0	55,0	73,0	18,0
Índia	**58,5**	55,0	64,0	9,0	53,5	71,0	17,5
Turquia	**57,0**	52,5	63,5	11,0	51,5	69,0	17,5

Fonte: **A:** *International Country Risk Guide*, janeiro de 2011, Tabela 2C; **B:** *International Country Risk Guide*, janeiro de 2011, Tabela 3C, The PRS Group, Inc. Dados utilizados com permissão.

TABELA 25.8 Pontos de risco político por componente, janeiro de 2011

Esta tabela relaciona o total de pontos para cada um dos componentes de risco político a seguir em relação aos pontos máximos indicados. As colunas finais da tabela mostram a classificação de risco político geral (a soma dos pontos atribuídos a cada componente) e a mudança em relação a 2010.

A	Estabilidade do governo	12		G	Militares na política		6
B	Condições socioeconômicas	12		H	Tensões religiosas		6
C	Perfil de investimento	12		I	Lei e ordem		6
D	Conflitos internos	12		J	Tensões étnicas		6
E	Conflitos externos	12		K	Responsabilização democrática		6
F	Corrupção	6		L	Nível de burocracia		4

País	A	B	C	D	E	F	G	H	I	J	K	L	Classificação de risco janeiro de 2011	Mudança em relação a dezembro de 2010
Canadá	8,5	9,0	11,5	11,0	11,0	5,0	6,0	6,0	5,5	3,5	5,5	4,0	86,5	0,5
República Popular da China	9,0	8,0	6,5	9,0	9,0	2,0	3,0	5,0	4,0	3,5	1,5	2,0	62,5	0,0
Índia	6,0	4,5	8,5	6,0	9,5	2,0	4,0	2,5	4,0	2,5	6,0	3,0	58,5	−1,5
Japão	5,0	8,5	11,5	10,0	9,0	4,5	5,0	5,5	5,0	5,5	5,0	4,0	78,5	−0,5
Noruega	7,5	10,5	11,5	11,0	11,0	5,0	6,0	5,5	6,0	4,5	6,0	4,0	88,5	0,0
Turquia	8,5	5,5	7,5	7,5	7,5	2,5	2,0	4,0	3,5	2,0	4,5	2,0	57,0	0,0
Estados Unidos	8,0	8,5	12,0	10,0	9,5	4,0	4,0	5,5	5,0	5,0	6,0	4,0	81,5	0,5

Fonte: *International Country Risk Guide*, janeiro de 2011, Tabela 3B, The PRS Group, Inc. Dados utilizados com permissão.

25.3 Investimento internacional: risco, retorno e benefícios da diversificação

Nos Estados Unidos, os investidores dispõem de vários meios para investir internacionalmente. O método mais óbvio, que na prática está disponível principalmente para investidores institucionais maiores, é comprar títulos diretamente nos mercados de capitais de outros países. Contudo, mesmo os pequenos investidores agora podem tirar proveito de vários instrumentos de investimento com foco internacional.

Ações de várias empresas estrangeiras são negociadas nos mercados americanos diretamente ou por meio de recibos de depósito americano (*American depository receipts* – ADRs). Uma instituição financeira americana – por exemplo, um banco – compra as ações de uma empresa estrangeira, no país dessa empresa, e depois emite títulos para essas ações nos Estados Unidos. Portanto, cada ADR é um título sobre um determinado número de cotas de ações mantidas pelo banco. Nos Estados Unidos, algumas ações são negociadas tanto diretamente quanto por meio de ADRs.

Existe também uma grande variedade de fundos mútuos com foco internacional. Além dos fundos de países específicos, existem vários fundos mútuos abertos com foco internacional. Por exemplo, a Fidelity oferece fundos de investimentos concentrados no exterior, geralmente na Europa, na Orla do Pacífico e em economias em desenvolvimento, em um fundo de oportunidades emergentes. A Vanguard, coerente com sua filosofia de indexação, oferece fundos de índice separados para Europa, Orla do Pacífico e mercados emergentes. Concluindo, tal como ressaltado no Capítulo 4, existem vários fundos negociados em bolsa (*exchange-traded funds* – ETFs) conhecidos como iShares ou WEBS (World Equity Benchmark Shares) que são produtos de índices específicos ao país.

Os investidores dos Estados Unidos podem também negociar títulos derivativos com base nos preços dos mercados de títulos estrangeiros. Por exemplo, eles podem negociar opções e futuros no índice de ações Nikkei de 225 ações negociadas na Bolsa de Valores de Tóquio ou nos índices FTSE (Financial Times Share Exchange) de ações do Reino Unido e europeias.

Risco e retorno: estatísticas resumidas

Os exemplos dados na maior parte de nossas discussões no restante deste capítulo são extraídos de um banco de dados de retornos de índices de mercado de países específicos. Utilizamos dez anos de retornos mensais ao longo do período de 2002–2011, referentes a 48 índices de mercado de outros países e ao S&P 500 dos Estados Unidos. Essa década estende-se do início da recuperação da explosão da bolha de tecnologia em 2001, passando pelo período do *boom* na taxa de juros baixa que se seguiu e pela crise financeira decorrente de 2008, até finalmente o início da lenta recuperação dessa crise.

Normalmente, a análise de ativos de risco concentra-se nos retornos *em excesso* acima da taxa isenta de risco. Apenas isso já acrescenta um aspecto complexo ao investimento internacional, visto que a taxa isenta de risco apropriada varia ao redor do mundo. As taxas de retorno sobre índices idênticos (bem como sobre ativos individuais) gerarão retornos em excesso diferentes quando obrigações seguras forem denominadas em diferentes moedas. Embora nossa visão tenha por base os Estados Unidos, nossa metodologia pode servir para investidores de qualquer país, ainda que os números possam diferir quando aplicados a taxas isentas de risco denominadas em outras moedas.

O período tumultuado que analisamos produziu retornos em excesso médios inesperadamente baixos, em especial nos mercados desenvolvidos, enquanto os mercados emergentes continuaram crescendo com força total. Esse fato sozinho nos transmite uma importante lição. Ele oferece um exemplo extremo da observação geral de que os retornos realizados são reflexos bastante desordenados das expectativas dos investidores e não podem fornecer previsões precisas sobre retornos futuros. Contudo, os retornos passados oferecem uma indicação de risco, pelo menos para um futuro próximo. Embora a hipótese de mercado quase eficiente aplique-se aos *retornos esperados* (quer dizer: os retornos futuros não podem ser previstos com base em retornos passados), ela não se aplica à previsão de risco. Portanto, nosso exercício nos permitirá demonstrar o que é possível e não é possível aprender com os retornos históricos que evidentemente divergem de expectativas anteriores.

Embora os gestores que utilizam a estratégia ativa empreguem a alocação de ativos e a análise de títulos de mercados individuais, restringiremos nossa diversificação internacional a carteiras de índice de mercado de países específicos, limitando-nos assim a uma estratégia passiva aprimorada. No entanto, nossa análise mostra também as características essenciais da gestão ativa ampliada.

Começamos com uma investigação sobre as características de mercados individuais e passamos a analisar os benefícios da diversificação, utilizando carteiras construídas com base nesses mercados individuais. A capitalização de mercado dos índices de países específicos pode ser encontrada nas Tabelas 25.1 e 25.2, e os resultados agregados das carteiras são mostrados na Tabela 25.9A. Essa tabela também exibe o desempenho de dois tipos de carteira: carteiras formadas por índices de país e carteiras formadas por índices regionais. O desempenho das carteiras de índice de países específicos é mostrado na Tabela 29.9B.

Com relação às carteiras de índice de país agregadas, examinamos a estratégia que constrói carteiras ponderadas pelo valor de mercados desenvolvidos e emergentes com base na capitalização de mercado no início de 2002. Essas carteiras são rebalanceadas após cinco anos, em 2007, com base em capitalizações no final de 2006, e mantidas por mais cinco anos. (Os dividendos são reinvestidos ao longo de um experimento de dez anos.) Essa estratégia é bastante viável, visto que muitas carteiras de índice de país (embora reconhecidamente nem todas) podem ser investidas como fundos de índice ou ETFs. Como nem todos os índices de país podem ser investidos, essa estratégia hipotética talvez gere uma diversificação bem mais eficiente do que é possível na realidade. Entretanto, se de fato mantidas, essas carteiras ponderadas pelo valor seriam automaticamente rebalanceadas para avaliar os pesos de forma contínua. Em contraposição, rebalanceamos apenas uma vez após cinco anos, o que atenua levemente os benefícios da diversificação. No cômputo geral, portanto, esperamos que essas carteiras hipotéticas tenham um desempenho mais ou menos igual ao de uma estratégia internacional passiva viável, baseada no país.

DESTAQUE DA REALIDADE

FUNDOS DE ÍNDICE CHAMADOS WEBS REDUZEM O CUSTO DO INVESTIMENTO NO EXTERIOR

Tendo em vista que os mercados estrangeiros em geral estão mais fortes este ano, surge uma nova maneira de investir no exterior, e em boa hora. Os WEBS, acrônimo de World Equity Benchmark Shares, representam um investimento em uma carteira de ações estrangeiras negociadas publicamente em um determinado país. Toda série de índice WEBS procura gerar resultados de investimento que normalmente correspondem ao desempenho de preço e rendimento de um índice Morgan Stanley Capital International (MSCI) específico.

Você vende essas ações em vez de resgatá-las, mas aí termina a semelhança com os fundos fechados de país. Os WEBS são ações, e não fundos mútuos. Essas ações são negociadas constantemente como qualquer outra ação americana negociada publicamente. Em contraposição, as ações dos fundos mútuos não são negociadas no mercado secundário e em geral são vendidas e compradas do fundo mútuo emissor por preços determinados apenas no fim do dia. Os novos fundos criam e resgatam ações em amplos blocos, conforme a necessidade, evitando dessa forma os grandes prêmios ou descontos no valor líquido do ativo que são típicos dos fundos fechados de país. Tal como as carteiras de índice, os WEBS são gerenciados passivamente. Portanto, suas despesas são bem mais baixas do que as dos fundos abertos ou fechados de país.

Os WEBS oferecem aos investidores americanos exposição a mercados de ações de países específicos, em títulos únicos listados que você pode facilmente vender, comprar ou vender a descoberto. Diferentemente dos recibos de depósito americanos (ADRs), por meio dos quais você assume um investimento em apenas uma empresa, os WEBS permitem que você ganhe exposição a uma carteira ampla de ações do país estrangeiro que você deseja. Você obtém grande exposição no país ou nos países de sua escolha sem as complicações geralmente associadas à compra, posse ou monitoração direta de investimentos em países estrangeiros. Você conta também com a conveniência de negociar em uma bolsa nos Estados Unidos e de fazê-lo em dólares americanos.

Alguns investidores talvez prefiram a gestão ativa, a diversificação e a flexibilidade dos fundos de índice de ações internacionais abertos a fim de restringir os riscos cambiais e políticos quando investem em mercados estrangeiros. Contudo, assim como os fundos abertos convencionais, os fundos internacionais às vezes são forçados por resgates líquidos a vender ações em momentos inoportunos, o que pode ser um problema específico em mercados estrangeiros com ações extremamente voláteis.

Você paga comissões de corretagem sobre a compra e venda de WEBS. Entretanto, como as carteiras dessas ações são gerenciadas passivamente, as taxas administrativas e de gestão são relativamente baixas, eliminando boa parte dos custos de transação usuais nos fundos gerenciados.

CESTAS DE ÍNDICES ESTRANGEIROS

WEBS	Símbolo de cotação	WEBS	Símbolo de cotação
Austrália	EWA	Malásia	EWM
Áustria	EWO	México	EWW
Bélgica	EWK	Holanda	EWN
Canadá	EWC	Cingapura	EWS
França	EWQ	Espanha	EWP
Alemanha	EWG	Suécia	EWD
Hong Kong	EWH	Suíça	EWL
Itália	EWI	Reino Unido	EWU
Japão	EWJ		

Fontes: Modificado de *The Outlook*, 22 de maio de 1996, publicado pela Standard and Poor's; e *site* da Amex, www.amex.com, fevereiro de 2000.

Dados reproduzidos com a permissão da Standard & Poor's, uma divisão da The McGraw Hill Companies, Inc.

TABELA 25.9A Valor de mercado e desempenho de combinações de carteira de país em comparação com carteiras de índice regional

Carteiras de índice de país	Valor de mercado (em bilhões de US$)			Desempenho 2002–2011 (retornos denominados em US$)		
	2001	2006	2011	Média	Desvio-padrão	Índice de Sharpe
Estados Unidos	11.850	15.520	13.917	0,21	4,63	0,0444
Desenvolvidos, excluindo Estados Unidos	10.756	22.065	18.487	0,48	5,48	0,0869
Emergentes	1.230	5.319	5.765	1,35	6,86	0,1971
Desenvolvidos + emergentes	11.987	27.384	24.251	0,61	5,63	0,1077
Estados Unidos + Desenvolvidos	22.606	37.585	32.403	0,34	4,99	0,0680
Estados Unidos + emergentes	13.080	20.839	19.681	0,36	4,94	0,0736
Mundo	23.836	42.904	38.168	0,50	5,32	0,0948
Carteiras de índice regional						
MSCI EAFE (Europa + Australásia + Extremo Oriente) = Desenvolvidos				0,42	5,41	0,0771
MSCI Mercados Emergentes				1,21	7,00	0,1734
MSCI Mundial, exceto EUA				0,46	5,41	0,0841
Mundo				0,31	4,90	0,0637

Fonte: Datastream.

TABELA 25.9B Desempenho de carteiras de índice de países individuais, retornos em excesso mensais em dólar americano ao longo de 2002–2011

Carteiras de índice de países individuais	Média	Desvio-padrão	Índice de Sharpe	Regressão em comparação com os Estados Unidos				
				Correlação com EUA	Beta	Alfa	Desvio-padrão residual	Índice de informação
Países desenvolvidos								
Estados Unidos	0,21	4,63	0,0444	1	1	0	0	0
Austrália	1,17	6,75	0,1728	0,82	1,20	0,92	3,84	0,24
Áustria	0,78	8,87	0,0876	0,74	1,42	0,49	6,00	0,08
Bélgica	0,32	7,47	0,0434	0,79	1,28	0,06	4,56	0,01
Canadá	0,99	6,33	0,1557	0,80	1,10	0,76	3,77	0,20
Dinamarca	0,97	6,48	0,1496	0,78	1,10	0,74	4,04	0,18
Finlândia	0,09	8,93	0,0101	0,77	1,49	−0,22	5,72	−0,04
França	0,37	6,76	0,0548	0,88	1,29	0,11	3,19	0,03
Alemanha	0,58	7,80	0,0743	0,89	1,49	0,27	3,64	0,08
Grécia	−0,51	10,10	−0,0506	0,66	1,43	−0,81	7,65	−0,11
Hong Kong	0,74	6,33	0,1175	0,69	0,94	0,55	4,61	0,12
Irlanda	−0,37	7,69	−0,0477	0,79	1,31	−0,64	4,73	−0,13
Israel	0,56	6,19	0,0904	0,64	0,86	0,38	4,76	0,08
Itália	0,21	7,18	0,0291	0,82	1,27	−0,05	4,11	−0,01
Japão	0,23	4,95	0,0463	0,56	0,60	0,11	4,11	0,03
Holanda	0,41	6,95	0,0589	0,88	1,32	0,14	3,32	0,04
Nova Zelândia	0,97	6,22	0,1554	0,67	0,90	0,78	4,64	0,17
Noruega	1,35	8,98	0,1507	0,78	1,51	1,04	5,68	0,18
Portugal	0,35	6,74	0,0524	0,73	1,06	0,13	4,63	0,03
Cingapura	0,99	6,71	0,1475	0,75	1,09	0,77	4,43	0,17
Espanha	0,76	7,53	0,1009	0,79	1,29	0,49	4,62	0,11
Suécia	0,94	8,01	0,1177	0,86	1,49	0,64	4,11	0,16
Suíça	0,60	5,04	0,1194	0,79	0,86	0,42	3,10	0,14
Reino Unido	0,38	5,29	0,0725	0,87	1,00	0,18	2,60	0,07
Países emergentes								
Argentina	1,32	11,05	0,1191	0,44	0,44	1,05	1,10	0,96
Brasil	2,10	10,86	0,1931	0,71	0,71	1,66	1,76	0,94
Chile	1,46	6,69	0,2179	0,63	0,63	0,91	1,27	0,72
China	1,37	8,13	0,1683	0,62	0,62	1,10	1,14	0,96
Colômbia	2,95	8,76	0,3367	0,53	0,53	1,00	2,74	0,36
República Tcheca	2,06	7,93	0,2593	0,62	0,62	1,06	1,84	0,58
Egito	2,17	10,29	0,2111	0,40	0,40	0,89	1,99	0,45
Hungria	1,25	10,78	0,1155	0,70	0,70	1,64	0,91	1,80
Índia	1,53	9,13	0,1676	0,62	0,62	1,21	1,28	0,95
Indonésia	2,77	10,01	0,2766	0,54	0,54	1,17	2,53	0,46
Jordânia	0,59	6,32	0,0932	0,28	0,28	0,38	0,51	0,75
Malásia	1,07	5,27	0,2033	0,59	0,59	0,67	0,93	0,71
México	1,28	7,09	0,1809	0,83	0,83	1,27	1,02	1,24
Marrocos	1,18	6,01	0,1970	0,31	0,31	0,41	1,10	0,37
Paquistão	1,87	10,09	0,1849	0,14	0,14	0,31	1,80	0,17
Peru	2,53	9,54	0,2655	0,52	0,52	1,08	2,31	0,47
Filipinas	1,27	7,37	0,1725	0,48	0,48	0,77	1,11	0,69
Polônia	1,19	10,24	0,1162	0,75	0,75	1,65	0,85	1,94
Rússia	1,50	10,30	0,1457	0,61	0,61	1,35	1,22	1,10
África do Sul	1,61	7,93	0,2031	0,68	0,68	1,16	1,37	0,84
Coreia	1,34	8,76	0,1526	0,75	0,75	1,41	1,05	1,35
Sri Lanka	1,82	10,92	0,1663	0,19	0,19	0,45	1,72	0,26
Taiwan	0,52	7,44	0,0697	0,70	0,70	1,12	0,29	3,86
Tailândia	1,92	8,34	0,2298	0,57	0,57	1,03	1,70	0,61
Turquia	1,66	13,14	0,1267	0,59	0,59	1,67	1,32	1,27

Fonte: Datastream, *online*.thomsonreuters.com/datastream.

O desempenho dessas carteiras é comparado com o de uma diversificação internacional completamente viável investindo em fundos de índice regional, o que também é mostrado na Tabela 25.9A. Essa comparação baseia-se em estatísticas de desempenho padrão, isto é, média e desvio-padrão dos retornos em excesso (denominados em dólar americano), bem como beta e alfa estimados em relação a uma carteira somente americana. Avaliaremos as estatísticas de desempenho depois que examinarmos amplamente o comportamento do retorno dos índices de mercado de países desenvolvidos *versus* emergentes.

Os investimentos em mercados emergentes são mais arriscados?

Na Figura 25.3, os países desenvolvidos e os mercados emergentes são ordenados separadamente do desvio-padrão mais baixo ao mais alto. Os desvios padrão dos investimentos em mercados emergentes são representados graficamente com os dos países em desenvolvimento. Os gráficos mostram claramente que, considerados como carteiras totais, os mercados emergentes geralmente são mais arriscados do que os países desenvolvidos, pelo menos quando o risco é medido pela volatilidade total dos retornos. Contudo, você pode encontrar mercados emergentes que parecem mais seguros do que alguns países desenvolvidos. Entretanto, se pensarmos em acrescentar o índice de outro país a uma carteira americana indexada, a medida de risco pertinente será o beta do país em relação ao dos Estados Unidos.[4]

A Figura 25.4 classifica e representa graficamente o beta dos retornos de país (em dólares americanos) em relação ao índice dos Estados Unidos. Ela mostra que o beta de seis países desenvolvidos e oito mercados emergentes foi estimado como inferior a 1. Entretanto, observe que isso representa apenas um terço de todos os 48 mercados estrangeiros. Portanto, podemos antever a conclusão: uma carteira internacional bem diversificada pode muito bem ser mais arriscada do que a carteira americana exclusiva, que exibiu consistentemente o menor desvio-padrão entre todos os países. Contudo, isso não quer dizer que uma carteira internacional com variância mais alta seria necessariamente inferior. Na verdade, quando existe um ativo isento de risco, as carteiras de variância mínima nunca são eficientes (elas são dominadas pela carteira com índice de Sharpe máximo ou de tangência). Porém, nesse caso, a carteira internacional deve evidenciar um retorno médio suficientemente maior para oferecer um índice de Sharpe maior.

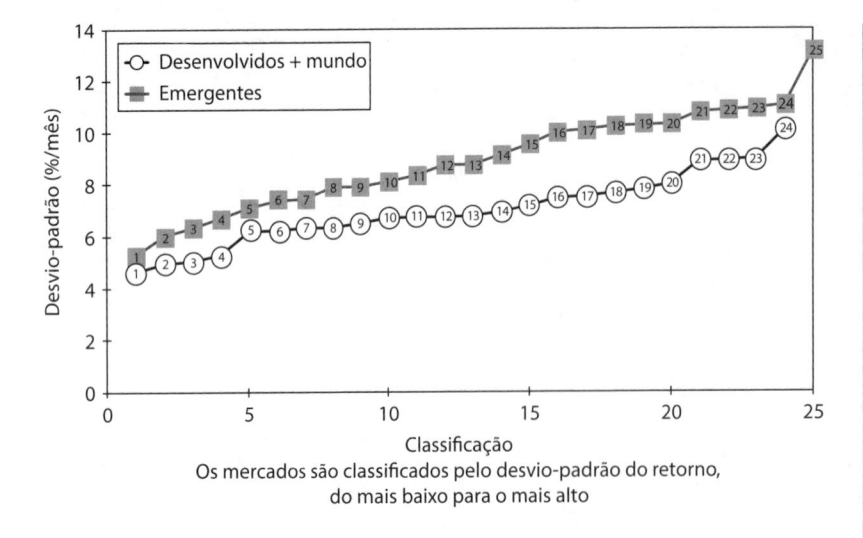

Classificação	Países desenvolvidos	Países emergentes
1	Estados Unidos	Malásia
2	Japão	Marrocos
3	Suíça	Jordânia
4	Reino Unido	Chile
5	Israel	México
6	Nova Zelândia	Filipinas
7	Canadá	Taiwan
8	Hong Kong	República Tcheca
9	Dinamarca	África do Sul
10	Cingapura	China
11	Portugal	Tailândia
12	Austrália	Colômbia
13	França	Coreia
14	Holanda	Índia
15	Itália	Peru
16	Bélgica	Indonésia
17	Espanha	Paquistão
18	Irlanda	Polônia
19	Alemanha	Egito
20	Suécia	Rússia
21	Áustria	Hungria
22	Finlândia	Brasil
23	Noruega	Sri Lanka
24	Grécia	Argentina
25		Turquia

FIGURA 25.3 Desvio-padrão mensal de retornos em excesso em mercados desenvolvidos e emergentes, 2002–2011

---

[4] Para diminuir o desvio-padrão de uma carteira acrescentando um ativo, uma condição suficiente é o beta do ativo na carteira ser inferior a 1.

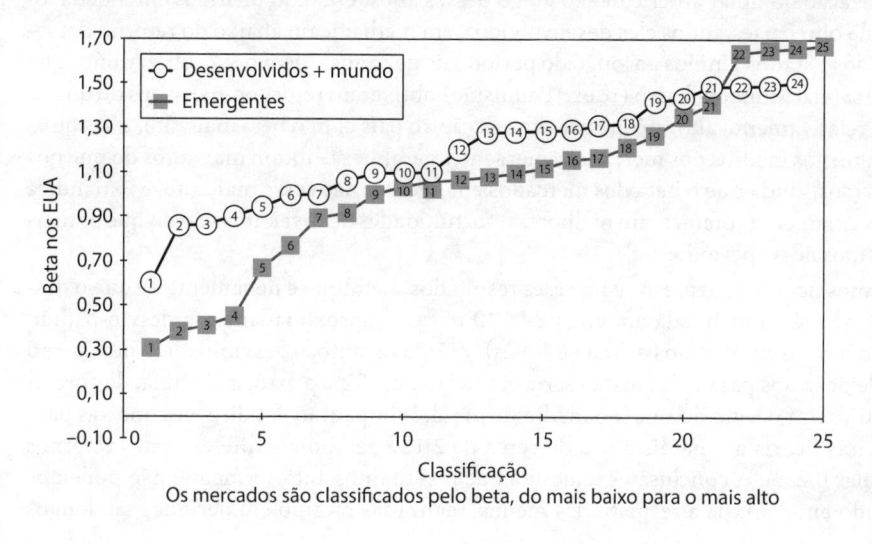

FIGURA 25.4 Beta de mercados desenvolvidos e emergentes em comparação com o mercado dos Estados Unidos, 2002–2011

Classificação	Países desenvolvidos	Países emergentes
1	Japão	Paquistão
2	Suíça	Jordânia
3	Israel	Marrocos
4	Nova Zelândia	Sri Lanka
5	Hong Kong	Malásia
6	Reino Unido	Filipinas
7	Estados Unidos	Egito
8	Portugal	Chile
9	Cingapura	Colômbia
10	Dinamarca	Tailândia
11	Canadá	Argentina
12	Austrália	República Tcheca
13	Itália	Peru
14	Bélgica	China
15	Espanha	Taiwan
16	França	África do Sul
17	Irlanda	Indonésia
18	Holanda	Índia
19	Áustria	México
20	Grécia	Rússia
21	Finlândia	Coreia
22	Suécia	Hungria
23	Alemanha	Polônia
24	Noruega	Brasil
25		Turquia

A comparação entre os betas dos mercados desenvolvidos e emergentes na Figura 25.4 mostra que, diferentemente do quadro pintado pelo desvio-padrão, os mercados emergentes não são significativamente mais arriscados do que os mercados desenvolvidos para os investidores americanos. Essa é a lição mais importante nesse exercício.

Os retornos médios são mais elevados em mercados emergentes?

A Figura 25.5 repete o exercício anterior para retornos em excesso médios. O gráfico mostra que os mercados emergentes geralmente ofereceram retornos médios mais elevados do que os mercados desenvolvidos durante o período de 2002–2011. Dos 49 mercados, o fato de apenas dois mercados desenvolvidos terem exibido em média uma taxa inferior à alternativa isenta de risco é bastante incomum em vista da volatilidade desses mercados. Entretanto, esse resultado deve-se em

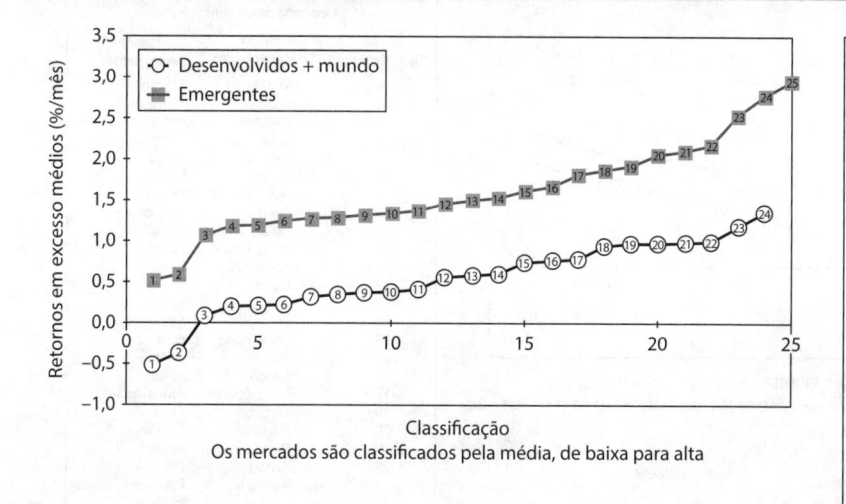

Classificação	Países desenvolvidos	Países emergentes
1	Grécia	Taiwan
2	Irlanda	Jordânia
3	Finlândia	Malásia
4	Estados Unidos	Marrocos
5	Itália	Polônia
6	Japão	Hungria
7	Bélgica	Filipinas
8	Portugal	México
9	França	Argentina
10	Reino Unido	Coreia
11	Holanda	China
12	Israel	Chile
13	Alemanha	Rússia
14	Suíça	Índia
15	Hong Kong	África do Sul
16	Espanha	Turquia
17	Áustria	Sri Lanka
18	Suécia	Paquistão
19	Nova Zelândia	Tailândia
20	Dinamarca	República Tcheca
21	Canadá	Brasil
22	Cingapura	Egito
23	Austrália	Peru
24	Noruega	Indonésia
25		Colômbia

FIGURA 25.5 Retornos em excesso médios denominados em dólar de mercados desenvolvidos e emergentes, 2002–2011

parte à desvalorização do dólar americano ao longo desses anos. Quando medidos em moeda local, os retornos de oito países, todos eles desenvolvidos, em média ficam abaixo do retorno das letras do Tesouro dos Estados Unidos ao longo do período de dez anos. Além disso, observamos que os países com beta relativamente baixo (p. ex.: Paquistão) obtiveram retornos mais altos do que os países com beta relativamente alto, até mesmo em relação ao país com o beta mais alto, a Turquia. Além disso, os retornos médios nos mercados emergentes geralmente foram mais altos do que nos países desenvolvidos, ainda que o beta dos mercados emergentes não fosse mais alto, e isso indica que os mercados emergentes ofereceram melhores oportunidades de diversificação do que os mercados desenvolvidos nesse período.

Não deveríamos ficar tão surpresos com esses resultados. Lembre-se novamente de que o desvio-padrão de uma média estimada ao longo de 120 meses é aproximadamente desvio-padrão (média de 10 anos) = desvio-padrão (média de 1 mês)/$\sqrt{120}$. Portanto, o desvio-padrão do retorno mensal médio de dez anos para o Paquistão seria em torno de 0,92% e, para a Turquia, de aproximadamente 1,20%. Um desvio do retorno médio de um desvio-padrão em direções opostas para essas duas carteiras ficaria a uma distância de cerca de 2,12%, embora a diferença nos retornos médios seja apenas 0,21%. A conclusão é a mesma que ressaltamos anteriormente: não podemos ficar conjeturando em demasia a respeito das médias realizadas mesmo em períodos tão longos quanto dez anos.

O instinto diz que é necessário estimar o alfa ou os índices de informação de cada mercado para ver se eles giram em torno de zero. Lembre-se de nossa discussão sobre avaliação de desempenho no Capítulo 18. Sem um alfa positivo, não podemos concluir que um ativo exibiu um desempenho superior, seja qual for a medida. O índice de informação mediria o aumento provável no índice de Sharpe se o índice do país fosse acrescentado em uma proporção ideal ao índice dos Estados Unidos.

A Figura 25.6 confirma que os índices de informação nos mercados emergentes foram ao todo visivelmente melhores do que nos mercados desenvolvidos. Isso resulta do desempenho inferior dos oito mercados emergentes mais afetados pela crise financeira, todos eles países desenvolvidos, e dos quatro mercados emergentes com excelente desempenho. O desempenho dos 36 mercados restantes não pode ser diferenciado em termos de mercados emergentes *versus* desenvolvidos. Nesse caso também, em vista das altas volatilidades, encontrar quatro mercados com desempenho superior e oito com desempenho inferior em um grupo de 48 países não é nem surpreendente nem significativo.

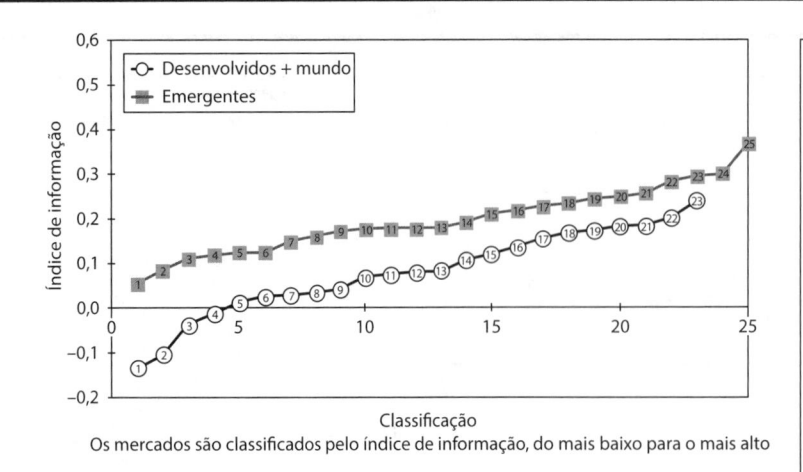

Classificação	Países desenvolvidos	Países emergentes
1	Irlanda	Taiwan
2	Grécia	Jordânia
3	Finlândia	Argentina
4	Itália	Hungria
5	Bélgica	Turquia
6	Japão	Polônia
7	Portugal	Rússia
8	França	Sri Lanka
9	Holanda	Filipinas
10	Reino Unido	Índia
11	Alemanha	Coreia
12	Israel	China
13	Áustria	Paquistão
14	Espanha	Marrocos
15	Hong Kong	Egito
16	Suíça	Malásia
17	Suécia	Brasil
18	Nova Zelândia	África do Sul
19	Cingapura	Chile
20	Noruega	Tailândia
21	Dinamarca	México
22	Canadá	Peru
23	Austrália	República Tcheca
24		Indonésia
25		Colômbia

FIGURA 25.6 Índice de informação de mercados desenvolvidos e emergentes em comparação com retornos denominados em dólar americano, 2002–2011

Um resultado notável é o desempenho inferior dos Estados Unidos. Observamos o seguinte na Tabela 25.9A: embora os Estados Unidos tenham o desvio-padrão mais baixo entre todos os países, ainda assim sua posição em termos de índice de Sharpe está nas últimas colocações. Isso talvez possa ser explicado pela crise financeira e/ou pela queda constante dos Estados Unidos na posição econômica internacional, tal como indicado pelo declínio constante do valor do dólar.[5] Para investigar essa última possibilidade, comparamos os mercados emergentes e desenvolvidos utilizando retornos em moedas locais. Lembre-se de que o investidor americano pode obter esses retornos protegendo as moedas das carteiras dos países em que ele investe.

O risco da taxa de câmbio é importante para as carteiras internacionais?

A Tabela 25.3 revelou que as mudanças nas taxas de câmbio variam amplamente entre os pares de países. Nas Figuras 25.7 a 25.10 comparamos os resultados de desvio-padrão, coeficiente beta, retorno em excesso médio e índice de informação dos mercados desenvolvidos e emergentes utilizando retornos em dólar e em moeda local. As Figuras 25.7 e 25.8 examinam a questão do risco. As duas medidas mostram que os retornos em moeda local são convincentemente menos arriscados do que os retornos denominados em dólar. A diferença (pelo menos ao longo dos últimos dez anos) é maior quando se compara o beta. Entretanto, lembre-se de que esse resultado só se aplica para acrescentar um país à carteira dos Estados Unidos; as contribuições relativas para o risco poderiam mudar se considerássemos uma diversificação mais ampla.

A proteção contra o risco cambial em investimentos internacionais com frequência é empreendida para diminuir o risco da carteira global. Contudo, a decisão sobre proteger ou não moedas estrangeiras em uma carteira internacionalmente diversificada também pode ser tomada como parte de uma gestão ativa. Se um gestor de carteira acreditar que o dólar americano está supervalorizado em relação a uma determinada moeda, por exemplo, uma proteção contra a exposição a essa moeda, se correta, poderia aumentar o retorno em dólar americano. O provável ganho dessa decisão depende do peso dessa moeda na carteira global. Essa decisão, aplicada a investimentos em um único país, teria um pequeno efeito sobre o risco global. Mas e se o gestor avaliar que o dólar geralmente está supervalorizado em relação à maioria ou a todas as moedas? Nesse caso, proteger completamente a exposição constituiria uma aposta de fato significativo sobre o risco total. Ao mesmo tempo, se essa decisão estiver correta, uma posição tão ampla pode oferecer ganhos consideráveis.

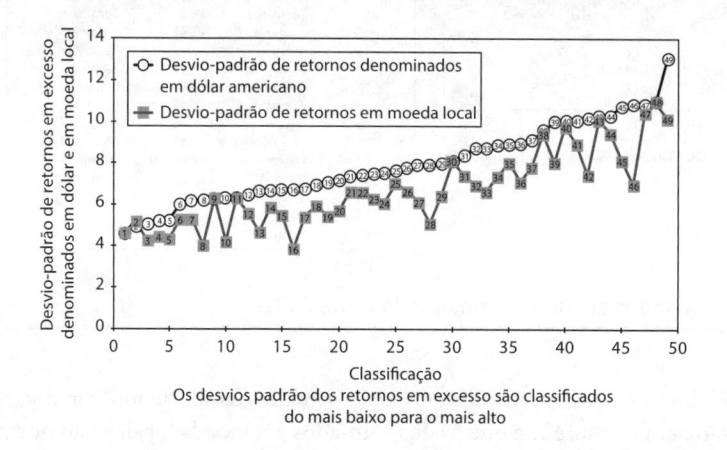

FIGURA 25.7 Desvio-padrão mensal de retornos em excesso denominados em dólar e em moedas locais, 2002–2011

---

[5] O declínio do dólar americano até o momento foi esporadicamente interrompido por crises internacionais. Uma característica comum dessas crises tem sido uma fuga para a segurança dos instrumentos em dólar.

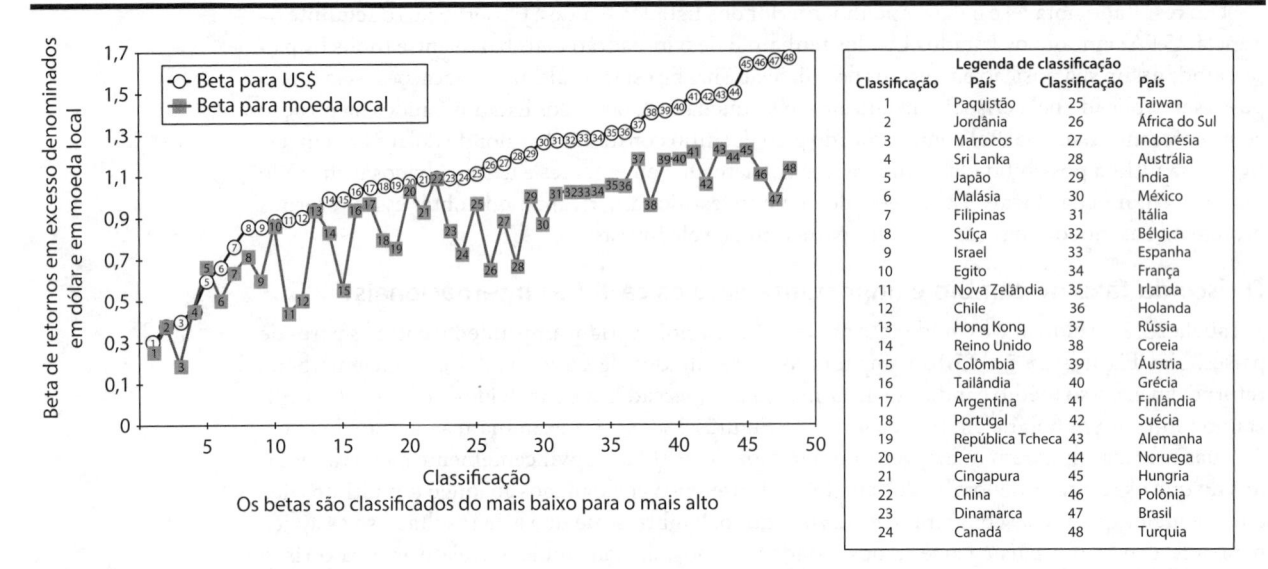

FIGURA 25.8 Beta de mercado em comparação com os EUA utilizando retornos em excesso denominados em dólar e em moeda local, 2002–2011

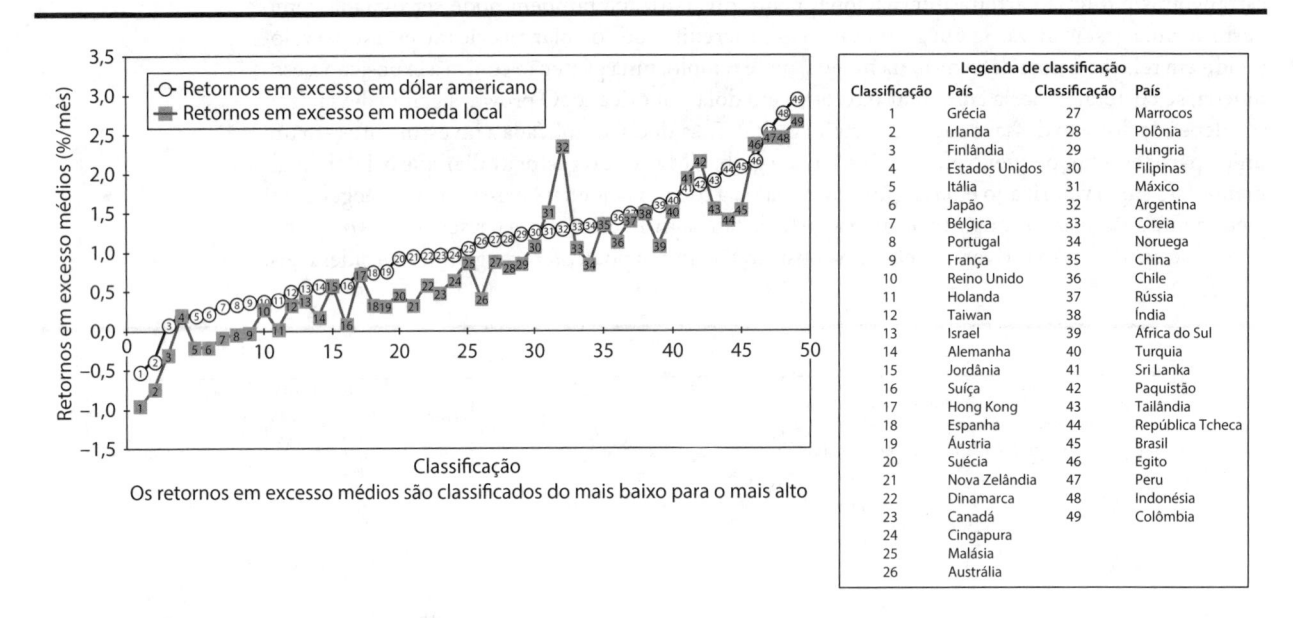

FIGURA 25.9 Retornos em excesso médios denominados em dólar e em moeda local, 2002–2011

As Figuras 25.9 e 25.10 mostram que os retornos em excesso médios denominados em dólar e os índices de informação são bem melhores do que os denominados em moeda local. Visto que os retornos ajustados ao risco não são melhores em moeda local do que em dólar, devemos concluir que o desempenho superior das carteiras dos mercados emergentes deve-se a surpresas relacionadas ao seu desempenho econômico e não apenas à queda do dólar americano.

Benefícios da diversificação internacional

A Tabela 25.10 revela a verdade sobre a diversificação internacional. Primeiro, observe a forte tendência de correlação crescente. Dos 16 países, apenas 4 mostram uma correlação estável do final da década de 1960 a 2011. O restante mostra aumentos significativos. Na década mais recente, a

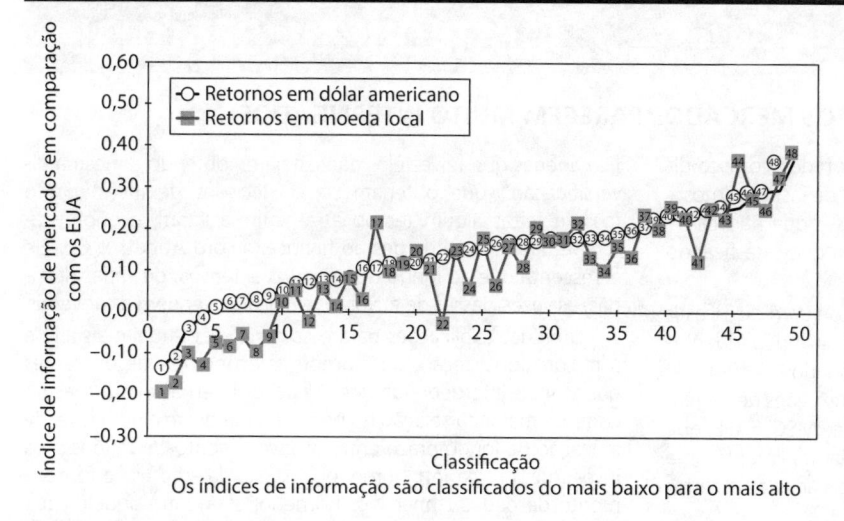

FIGURA 25.10 Índices de informação em comparação com os EUA calculados com base em retornos denominados em dólar e em moeda local, 2002–2011

correlação das carteiras internacionais negociáveis, excluindo os Estados Unidos, com a dos Estados Unidos é 0,90 (consulte também o quadro a seguir). Por esse motivo, pode-se supor que os benefícios da diversificação virão de países com correlações relativamente baixas (evidentemente entre eles, bem como com os Estados Unidos). A Tabela 25.9B mostra que essas baixas correlações são encontradas predominantemente nos mercados emergentes.

Para avaliar a importância da diversificação internacional, retornamos à Tabela 29.9A, na qual vimos pela primeira vez o desvio-padrão da carteira. Com relação à diversificação de investimentos apenas nos Estados Unidos, constatamos que, quer os ampliemos para o mundo inteiro quer

TABELA 25.10 Correlação de investimentos estrangeiros com retornos nos Estados Unidos ao longo do tempo (retornos em excesso denominados em dólar)

	2002–2011	1967–2001
Mundo	0,97	0,95
Mundo (excluindo EUA)	0,90	N/A
Alemanha	0,89	0,75
Holanda	0,88	0,71
França	0,88	0,70
Reino Unido	0,87	0,83
Suécia	0,86	0,73
Austrália	0,82	0,71
Itália	0,82	0,55
Canadá	0,80	0,82
Espanha	0,79	0,65
Suíça	0,79	0,65
Bélgica	0,79	0,46
Dinamarca	0,78	0,67
Noruega	0,78	0,63
Áustria	0,74	0,46
Hong Kong	0,69	0,67
Japão	0,56	0,58

N/A = não aplicável.

Fonte: Datastream, *online.thomsonreuters.com/datastream;* 1970–1989: Campbell R. Harvey, "The World Price of Covariance Risk", *Journal of Finance,* 46(1), março de 1991, pp. 111–158.

DESTAQUE DA REALIDADE

DESAFIO PARA OS INVESTIDORES: OS MERCADOS PARECEM MUITO INTERLIGADOS

Eis uma das regras de ouro do investimento: reduzir o risco diversificando seu dinheiro em uma variedade de instrumentos – fundos de ações, obrigações, *commodities* – que não caminham na mesma marcha. E essa é uma regra que está ficando mais difícil de obedecer.

De acordo com pesquisas recentes, um conjunto de investimentos cujos preços costumavam subir e cair independentemente agora estão cada vez mais correlacionados. A título de exemplo, basta examinar a montanha-russa de ações de mercados emergentes nas últimas semanas. O índice MSCI EAFE, que classifica os mercados emergentes, evidencia atualmente uma correlação de 0,96 com o S&P, quando há seis anos essa correlação era apenas 0,32.

Para os investidores, isso impõe uma questão problemática: como manter uma carteira suficientemente diversificada para que todas as suas partes não despenquem de uma só vez.

A tendência de correlação atual não implica que os investidores devam sair por aí e livrar-se de seus investimentos. Significa apenas que talvez eles não estejam "obtendo a mesma diversificação" que obteriam se as decisões de investimento fossem feitas algum tempo atrás, afirma Ezrati, economista-chefe da empresa de gestão financeira Lord Abbett & Co. Ele acrescenta que ao longo de períodos extensos, de várias décadas, às vezes classes de ativos diversificadas tendem a convergir.

Uma das explicações para essa correlação atual mais alta é a maior globalização, que tornou as economias de diferentes países mais interdependentes. As ações internacionais, mesmo com sua maior correlação no presente, merecem algum nível de alocação de longo prazo entre os investimentos mantidos pelo investidor, afirma Jeff Tjornehoj, analista da empresa e fornecimento de dados Lipper Inc. Tjornehoj está entre aqueles que acreditam que essas correlações são um fenômeno temporário e espera que a diversidade retorne em algum momento futuro – em um ou alguns anos.

Fonte: Shefali Anand, "Investors Challenge: Markets Seem Too Linked", *The Wall Street Journal*, 2 de junho de 2006, p. C1© 2006 Dow Jones & Company, Inc. Todos os direitos reservados mundialmente.

---

apenas para os mercados emergentes, o desvio-padrão da carteira aumentará. Esses resultados do desvio-padrão mais alto dos mercados estrangeiros não são contrabalançados pelas correlações relativamente baixas dos mercados emergentes.

No entanto, o objetivo da diversificação *não* é meramente diminuir o risco. Na verdade, é aumentar o índice de Sharpe. Nesse caso, observamos que, em qualquer configuração, o índice de Sharpe de carteiras diversificadas internacionalmente é superior ao índice de Sharpe exclusivo dos Estados Unidos. Mesmo sem nenhuma ideia a respeito dos mercados emergentes *versus* desenvolvidos, a manutenção da carteira mundial resulta em um índice de Sharpe significativamente mais alto. Utilizando uma medida mais esclarecedora, M^2 (consulte o Capítulo 24), a vantagem da carteira internacional corresponde a 284 pontos-base anuais. Mesmo a carteira mundial de ETFs, que é menos diversificada, obteve um prêmio anual ajustado ao risco de 107 pontos-base.

Portanto, os dados indicam claramente que, não obstante as correlações crescentes, mesmo a estratégia passiva de manter um ETF mundial é superior à carteira apenas dos Estados Unidos. A Figura 25.11 mostra os benefícios da diversificação com base em correlações de 1995 e na diversificação em ações escolhidas aleatoriamente ao redor do mundo, em comparação a uma carteira com uma única ação. Essa representação não serve mais para analisar os verdadeiros benefícios atuais da diversificação internacional. Esses benefícios não provêm da diminuição do desvio-padrão, mas do melhor desempenho ajustado ao risco.

Representação equivocada dos benefícios da diversificação

A técnica de referência para a construção de carteiras eficientes é a fronteira eficiente. Uma fronteira eficiente funcional é construída dos retornos em excesso esperados e de uma estimativa da matriz de covariância dos retornos. Essa fronteira, associada com os ativos de caixa, gera a linha de alocação de capital – o conjunto de carteiras completas eficientes, tal como foi explicado detalhadamente no Capítulo 7. O benefício dessa diversificação eficiente é evidenciado pela curvatura da fronteira eficiente. Se todos os outros fatores permanecerem iguais, quanto menor a covariância entre as ações, maior será a curvatura da fronteira eficiente e maior a diminuição do risco para qualquer retorno *esperado* que se deseje. Até aqui, tudo bem. Contudo, suponhamos que substituíssemos os retornos *esperados* por retornos médios *realizados* de um período de amostra para construir uma fronteira eficiente; que utilidade esse gráfico poderia ter?

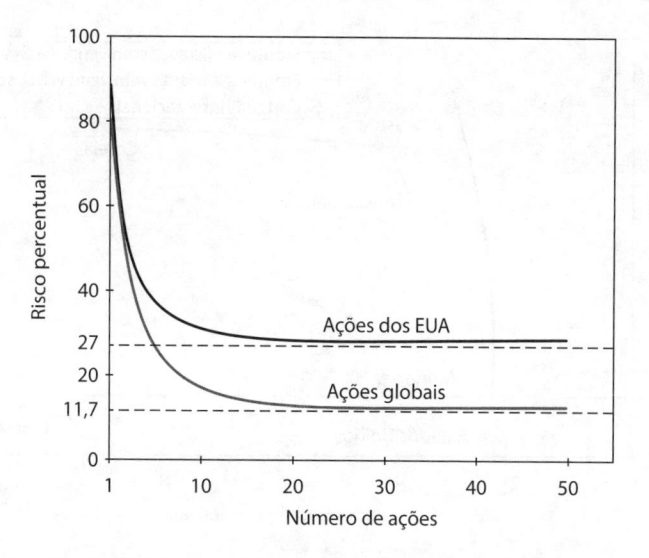

FIGURA 25.11
Diversificação internacional desvio-padrão de carteira como porcentagem do desvio-padrão médio de uma carteira com uma única ação

Fonte: B. Solnik, "Why Not Diversify Internationally Rather Than Domestically", *Financial Analysts Journal*, julho/agosto de 1974, pp. 48–54. Copyright 1995, Instituto CFA. Dados reproduzidos e republicados de *Financial Analysts Journal* com permissão do Instituto CFA.

A fronteira eficiente *ex post* (deduzida de retornos realizados) descreve a carteira de um único investidor – o clarividente que na verdade previu as médias precisas dos retornos realizados sobre todos os ativos e estimou uma matriz de covariância que se materializou precisamente nas realizações reais dos retornos do período da amostra sobre todos os ativos. É óbvio que estamos falando de um grupo pequeno ou quase inexistente de investidores. Em relação a todos os outros investidores nem um pouco clarividentes, essa fronteira pode ter valor apenas para finalidades de avaliação de desempenho.

No mundo das ações voláteis, algumas ações estão fadadas a realizar grandes retornos médios inesperados. Isso se evidenciará em fronteiras eficientes *ex post* com um "potencial" aparentemente enorme. Não obstante, essas fronteiras indicarão benefícios de diversificação exagerados. Esse potencial (ilusório) foi mencionado no Capítulo 24, que aborda a avaliação de desempenho. Ele não tem significado enquanto ferramenta para discutir o potencial dos investimentos futuros para os investidores da vida real.

Benefícios realistas da diversificação internacional

Embora os retornos realizados em um período recente possam ser estimativas extremamente enganosas sobre os retornos futuros esperados, eles são mais úteis para avaliar riscos prospectivos. Existem dois motivos convincentes para isso. Primeiro, a eficiência de mercado (ou mesmo a quase eficiência) pressupõe que será difícil prever com alguma precisão os preços das ações, mas que essa pressuposição não se aplica a medidas de risco. Segundo, é uma realidade estatística que os erros nas estimativas de desvio-padrão e correlação com base em dados realizados têm uma ordem de magnitude menor do que as estimativas dos retornos esperados. Por esses motivos, a utilização de estimativas de risco baseadas em retornos realizados não distorce tanto os benefícios possíveis da diversificação.

A Figura 25.12 mostra a fronteira eficiente utilizando os retornos mensais médios realizados sobre os índices de ações de 25 países desenvolvidos, com ou sem vendas a descoberto. Mesmo quando a fronteira eficiente (*ex post*) é compelida a impedir vendas a descoberto, ela supervaloriza significativamente os benefícios da diversificação. Infelizmente, essas fronteiras eficientes enganosas ainda são apresentadas em artigos e textos a respeito dos benefícios da diversificação.

Uma descrição mais realista da diversificação só é obtida quando utilizamos como base retornos esperados de equilíbrio razoáveis. Na falta de informações de melhor qualidade, esses retornos esperados são mais bem fundamentados em medidas de risco apropriadas dos ativos. O modelo de precificação de ativos financeiros (*capital asset pricing modelo* – CAPM) propõe a utilização

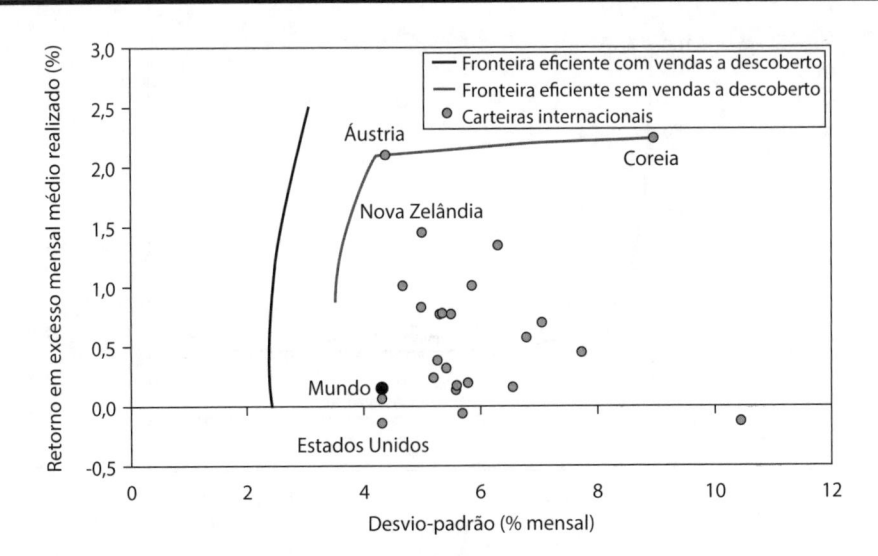

FIGURA 25.12
Fronteira eficiente *ex post* de carteiras internacionais, 2001–2005

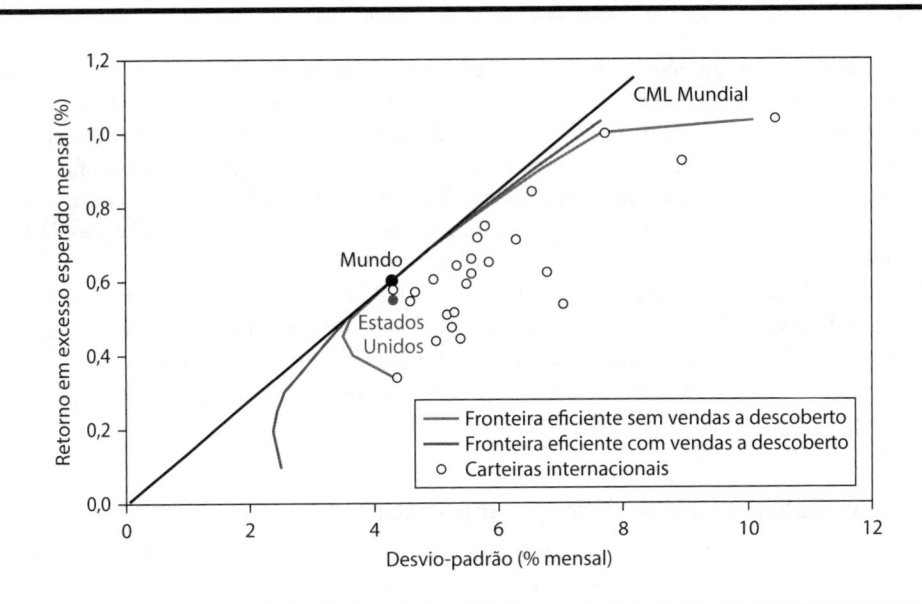

FIGURA 25.13
Fronteira eficiente de carteiras internacionais (retorno em excesso esperado mundial = 0,6% ao mês)

do beta das ações em comparação com a carteira mundial. Para gerar retornos em excesso esperados (sobre a taxa isenta de risco) para todos os ativos, especificamos o retorno em excesso esperado sobre a carteira mundial. Obtemos o retorno em excesso esperado sobre cada ativo multiplicando o beta do ativo pelo retorno em excesso esperado da carteira mundial. Esse procedimento pressupõe que a carteira mundial ficará na fronteira eficiente, no ponto de tangência com a linha de mercado de capitais mundial. A curvatura da fronteira eficiente não será afetada pela estimativa do retorno em excesso da carteira mundial. Uma estimativa mais alta simplesmente deslocará a curva para cima.

Realizamos esse procedimento com medidas de risco estimadas com base em retornos reais e fortalecemos ainda mais a restrição provavelmente aplicável às vendas a descoberto. Utilizamos os betas para calcular o retorno esperado sobre mercados individuais, presumindo que o retorno em excesso esperado sobre a carteira mundial é 0,6% ao mês. Esse retorno em excesso está de acordo com o retorno médio no decorrer dos 50 anos anteriores. A modificação dessa estimativa não afetaria qualitativamente os resultados mostrados na Figura 25.13 (que tem a mesma escala da Figura

25.12). Essa figura mostra uma avaliação realista que revela benefícios modestos mas significativos da diversificação internacional utilizando apenas mercados desenvolvidos. A incorporação de mercados emergentes aumentaria ainda mais esses benefícios.

Os benefícios da diversificação internacional são preservados em mercados baixistas?

Alguns estudos propõem que a correlação nos retornos de uma carteira de país aumenta durante períodos de turbulência nos mercados de capitais.[6] Nesse caso, os benefícios da diversificação se perderiam exatamente quando eles são mais necessários. Por exemplo, um estudo de Roll sobre a quebra de mercado de outubro de 1987 mostra que todos os 23 índices de país estudados caíram ao longo do período de quebra de 12 a 16 de outubro.[7] Essa correlação se reflete nos movimentos dos índices regionais representados na Figura 25.14. Roll constatou que o beta do índice de um país sobre o índice mundial (calculado antes da quebra de mercado) era o melhor previsor da resposta daquele índice à quebra do mercado acionário dos Estados Unidos em outubro. Isso indica que existe um fator comum subjacente ao movimento das ações ao redor do mundo. Esse modelo prevê que um choque macroeconômico afetaria todos os países e que a diversificação pode aliviar apenas eventos específicos ao país.

A quebra de 2008 de mercados acionários ao redor do mundo nos permite testar a previsão de Roll. Os dados da Figura 25.15 incluem taxas de retorno mensais médias referentes ao período de dez anos de 1999–2008 e ao período de crise correspondente aos últimos quatro meses de 2008, bem como o beta no mercado dos Estados Unidos e o desvio-padrão mensal de várias carteiras. O gráfico mostra que tanto o beta em relação aos Estados Unidos quanto o desvio-padrão do índice de país ajudam a explicar a diferença entre os retornos do período de crise e as médias do período total. O comportamento do mercado durante a crise de 1987, isto é, correlações maiores em tempos extremamente desfavoráveis, repetiu-se na crise de 2008, confirmando a previsão de Roll.

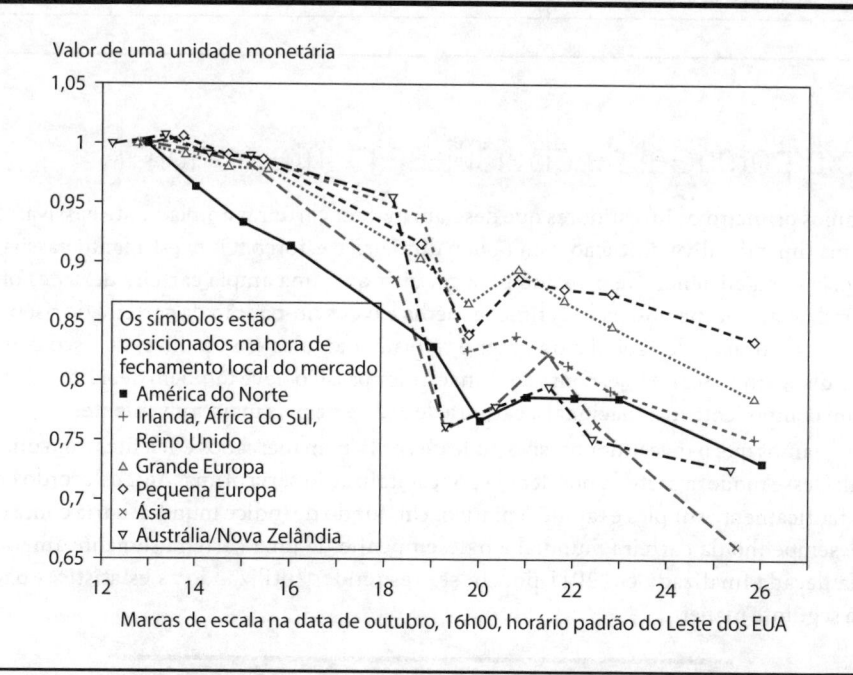

FIGURA 25.14
Índices regionais por volta da quebra, 14 a 26 de outubro de 1987

Fonte: De Richard Roll, "The International Crash of October 1987", *Financial Analysts Journal*, setembro–outubro de 1988. Copyright 1995, Instituto CFA. Dados reproduzidos e republicados de *Financial Analysts Journal* com permissão do Instituto CFA.

---

[6] F. Longin e B. Solnik, "Is the Correlation in International Equity Returns Constant: 1960–1990?", *Journal of International Money and Finance*, 14, 1995, pp. 3–26; e Eric Jacquier e Alan Marcus, "Asset Allocation Models and Market Volatility", *Financial Analysts Journal*, 57, março/abril de 2001, pp. 16–30.

[7] Richard Roll, "The International Crash of October 1987", *Financial Analysts Journal*, setembro–outubro de 1988.

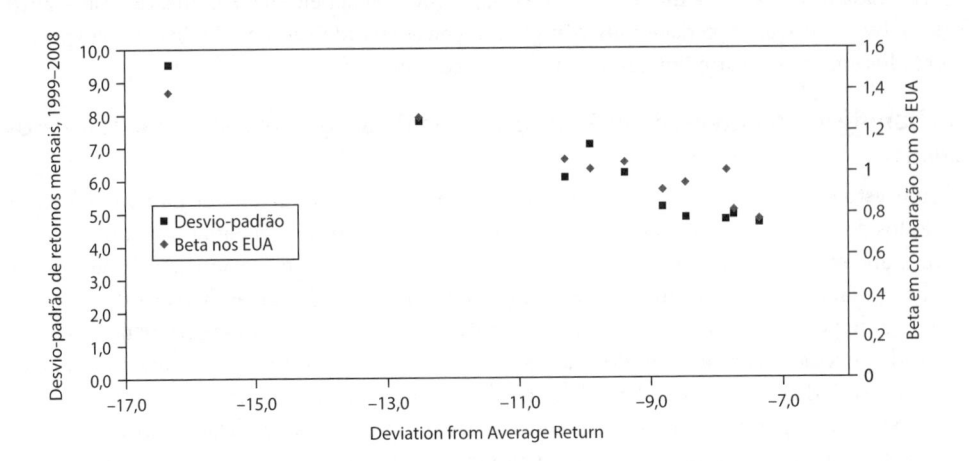

FIGURA 25.15
Beta e desvio-padrão de carteiras em comparação com o desvio do retorno mensal ao longo de setembro–dezembro de 2008 em relação à média no período de 1999–2008

Mercado	Retorno médio mensal		Desvio em relação à média	Beta nos EUA	Desvio-padrão
	1999–2008	2008: set.–dez.			
Estados Unidos	−0,47	−8,31	−7,84	1	4,18
Seis maiores mercados do mundo (exceto EUA)	−0,16	−7,51	−7,35	0,77	4,71
Mercados desenvolvidos da União Europeia	−0,05	−10,34	−10,29	1,06	6,08
Outros países desenvolvidos da Europa	0,14	−7,59	−7,73	0,82	4,95
Austrália + Extremo Oriente	0,10	−9,29	−9,38	1,04	6,21
Emergentes do Extremo Oriente + África do Sul	0,20	−9,70	−9,90	1,01	7,10
Emergentes da América Latina	0,80	−11,72	−12,52	1,27	7,83
Mercados emergentes na Europa	0,90	−15,43	−16,32	1,38	9,54
Mundo menos EUA (48 países segundo a capitalização)	0,01	−8,79	−8,81	0,91	5,19
Carteira mundial (segundo a capitalização do país)	−0,15	−8,60	−8,45	0,94	4,88

Fonte: Cálculos dos autores.

25.4 Avaliando o potencial de diversificação internacional

Enfatizamos primeiro os investidores que desejam manter carteiras amplamente passivas. Seu objetivo é maximizar a diversificação com pouco dinheiro e esforço. O investimento passivo é simples: apoiar-se na eficiência de mercado para garantir que uma ampla carteira de ações ofereça o melhor índice de Sharpe possível e estimar a média e o desvio-padrão da carteira de risco ótima e escolher uma alocação de capital para obter o retorno mais alto em um nível de risco com o qual você está disposto a arcar. Hoje, contudo, o investidor passivo deve também decidir se deve acrescentar um componente internacional à carteira de índice de país mais conveniente.

Suponhamos que o investidor passivo pudesse confiar em mercados eficientes e em um CAPM mundial. Desse modo, a carteira ponderada por capitalização seria ótima. Agir de acordo com essa solução teoricamente simples é também prático. Um fundo de índice mundial daria conta do recado. O desempenho da carteira mundial e o desempenho de uma carteira somente americana ao longo da década finalizada em 2011 podem ser resumidos (utilizando as estatísticas da Tabela 25.9) da seguinte maneira:

Carteira	Mundo	Somente Estados Unidos
Retorno médio mensal (%)	0,31	0,21
Desvio-padrão (%)	4,90	4,63

Esses resultados são instrutivos. Primeiro, observamos que as ações americanas tendem a resultar em uma carteira de risco relativamente baixo. Embora a carteira americana possa se enquadrar na fronteira eficiente mundial e, portanto, oferecer um índice de Sharpe inferior ao da carteira mundial, ela pode ter uma volatilidade menor do que a da carteira mundial mais bem diversificada.

As coisas ficam mais complexas quando reconhecemos que os dados não respaldam a validade do CAPM mundial e, por isso, não podemos ter certeza de que a carteira mundial é a carteira de risco mais eficiente. Na realidade, observamos que os desvios padrão de país mais altos tendem a ser recompensados por retornos médios mais altos. Portanto, um investidor passivo pode querer examinar regras práticas para incluir um pequeno número de países (por meio de fundos de índice internacionais de várias combinações) na tentativa de atenuar o efeito do alto desvio-padrão de países específicos e melhorar o índice de Sharpe da carteira geral. Em todas essas três regras, assumimos a perspectiva de um investidor americano utilizando retornos denominados em dólar. Incluímos os países com base na capitalização de mercado por dois motivos: (1) a carteira resultante será pelo menos razoavelmente próxima da carteira teoricamente eficiente e (2) o peso de qualquer país não será muito grande. Estimamos o risco de carteiras cada vez mais diversificadas em relação ao número de países incluídos e o peso total da carteira do componente internacional.

As três regras práticas devem incluir os índices de país em ordem de:

1. *Capitalização de mercado (da mais alta para a mais baixa)*. Essa regra é motivada pela consideração de um CAPM mundial em que a carteira ótima é ponderada por capitalização.

2. *Beta em comparação com o dos Estados Unidos (do mais baixo para o mais alto)*. Essa regra concentra-se na diversificação do risco associado com investimentos em países de maior risco.

3. *Desvio-padrão do índice de país (do mais alto para o mais baixo)*. Essa regra é motivada pela observação de que os desvios padrão de país mais altos estão correlacionados com retornos médios mais altos. Ela se apoia na diversificação para atenuar o risco específico do país.

Essas alternativas mostram os possíveis riscos e recompensas da diversificação internacional. Os resultados desse exercício são apresentados na Tabela 25.11 e na Figura 25.16. Observe primeiro o Painel A da Figura 25.16, que mostra nitidamente como o desvio-padrão da carteira evolui à medida que diversificamos a carteira americana utilizando essas três regras. Obviamente, a inclusão dos países pela ordem do beta (ou da covariância com o mercado americano), do mais baixo para o mais alto, diminui rapidamente o risco da carteira, não obstante o fato de o desvio-padrão dos 12 países incluídos ser mais alto do que o dos Estados Unidos. Entretanto, assim que adequamos a diversificação, a inclusão desses índices com volatilidade mais alta em algum momento começará a aumentar o desvio-padrão da carteira. A inclusão de países pela ordem de desvio-padrão (mas desta vez do mais alto para o mais baixo para melhorar os retornos esperados, que estão correlacionados com a volatilidade) é a que mais aumenta o desvio-padrão da carteira, tal como seria de prever.

A Figura 25.16, Painel B, mostra que os retornos médios aumentam com o desvio-padrão dos retornos. Os retornos médios aumentam também com o beta, pelo menos no caso dos países com beta baixo, indicando que, em nível qualitativo, o risco sistemático mundial afeta a precificação de ativos, o que é coerente com um CAPM internacional.

Em linhas gerais, esses resultados não são coerentes com a lógica dos capítulos anteriores. Primeiro, a diversificação compensa e o risco é recompensado. Segundo, mesmo com um viés doméstico acentuado, o risco de covariância continua desempenhando um papel internacionalmente. Observamos também que, quando restrita a mercados domésticos, a aversão ao risco ao redor do mundo não é tão diferente: os desvios padrão mais altos dos países correspondem a retornos médios mais altos.

No Painel D da Tabela 25.11, examinamos o risco e a recompensa de uma diversificação internacional mais completa. Observamos primeiro que uma carteira igualmente ponderada entre todos os países é a mais arriscada no grupo. Ao mesmo tempo, como essa carteira atribui pesos mais altos aos países menores com alta volatilidade e alto retorno, ela oferece também um retorno médio mais alto. No outro extremo, considere as carteiras de variância mínima e sem restrições à venda a descoberto. Sem essa restrição, a carteira de variância mínima obtém um desvio-padrão surpreendentemente baixo de 2,21%, menos da metade em relação ao país com desvio-padrão mais baixo

TABELA 25.11 Desvio-padrão em carteiras internacionais por grau de diversificação

Composição da carteira	Peso na carteira mundial	Peso dos Estados Unidos na carteira	Desvio-padrão	Retorno médio
A. Inclusão com base na capitalização				
1 Somente EUA	0,33	1	5,17	−0,20
2 Carteira 1 mais Japão*	0,42	0,79	4,95	−0,24
3 Carteira 2 mais Reino Unido*	0,49	0,67	4,97	−0,20
4 Carteira 3 mais França*	0,54	0,61	5,02	−0,16
5 Carteira 4 mais Canadá*	0,58	0,57	5,07	−0,10
6 Carteira 5 mais Hong Kong*	0,62	0,54	5,06	−0,07
7 Carteira 6 mais Alemanha*	0,65	0,51	5,11	−0,06
8 Carteira 7 mais Brasil*	0,68	0,49	5,19	0,03
9 Carteira 8 mais Austrália*	0,71	0,46	5,19	0,07
10 Carteira 9 mais Suíça*	0,74	0,45	5,18	0,08
11 Carteira 10 mais China*	0,76	0,44	5,19	0,10
12 Carteira 11 mais Taiwan*	0,77	0,43	5,19	0,10
13 Carteira 12 mais Holanda*	0,78	0,42	5,20	0,10
B. Inclusão com base no beta				
1 Somente EUA	0,33	1	5,17	−0,20
2 Carteira 1 mais Paquistão*	0,33	1,00	5,16	−0,20
3 Carteira 2 mais Malásia*	0,34	0,98	5,12	−0,18
4 Carteira 3 mais Japão*	0,43	0,78	4,85	−0,22
5 Carteira 4 mais Filipinas*	0,43	0,77	4,84	−0,22
6 Carteira 5 mais Portugal*	0,43	0,77	4,84	−0,22
7 Carteira 6 mais Chile*	0,44	0,76	4,83	−0,20
8 Carteira 7 mais Israel*	0,44	0,75	4,83	−0,19
9 Carteira 8 mais Hong Kong*	0,48	0,70	4,83	−0,15
10 Carteira 9 mais Suíça*	0,50	0,66	4,81	−0,12
11 Carteira 10 mais Colômbia*	0,51	0,65	4,82	−0,10
12 Carteira 11 mais Reino Unido*	0,58	0,57	4,84	−0,09
13 Carteira 12 mais Nova Zelândia*	0,58	0,57	4,84	−0,09
C. Inclusão com base no desvio-padrão				
1 Somente EUA	0,33	1	5,17	−0,20
2 Carteira 1 mais Turquia*	0,34	0,98	5,25	−0,18
3 Carteira 2 mais Argentina*	0,34	0,98	5,25	−0,17
4 Carteira 3 mais Rússia*	0,36	0,93	5,39	−0,08
5 Carteira 4 mais Indonésia*	0,36	0,92	5,41	−0,05
6 Carteira 5 mais Paquistão*	0,36	0,92	5,40	−0,05
7 Carteira 6 mais Brasil*	0,39	0,84	5,66	0,10
8 Carteira 7 mais Finlândia*	0,40	0,83	5,69	0,10
9 Carteira 8 mais Polônia*	0,40	0,83	5,70	0,11
10 Carteira 9 mais Hungria*	0,40	0,83	5,70	0,11
11 Carteira 10 mais Coreia*	0,42	0,79	5,80	0,15
12 Carteira 11 mais Índia*	0,44	0,74	5,87	0,22
13 Carteira 12 mais Tailândia*	0,45	0,74	5,87	0,23
D. Todos os países com vários esquemas de ponderação				
Igualmente ponderados	0,99	0,33	6,14	0,76
Por capitalização	0,99	0,33	5,60	0,27
Retorno real da carteira mundial†	1,00	0,33	5,34	−0,01
Carteira de variância mínima – sem vendas a descoberto	0,99	0,33	4,14	0,02
Carteira de variância mínima – sem restrições	0,99	0,33	2,21	0,32

* Carteira ponderada por capitalização dos países incluídos.

† Todos os países (incluindo cinco que foram omitidos aqui) foram ponderados por capitalização.

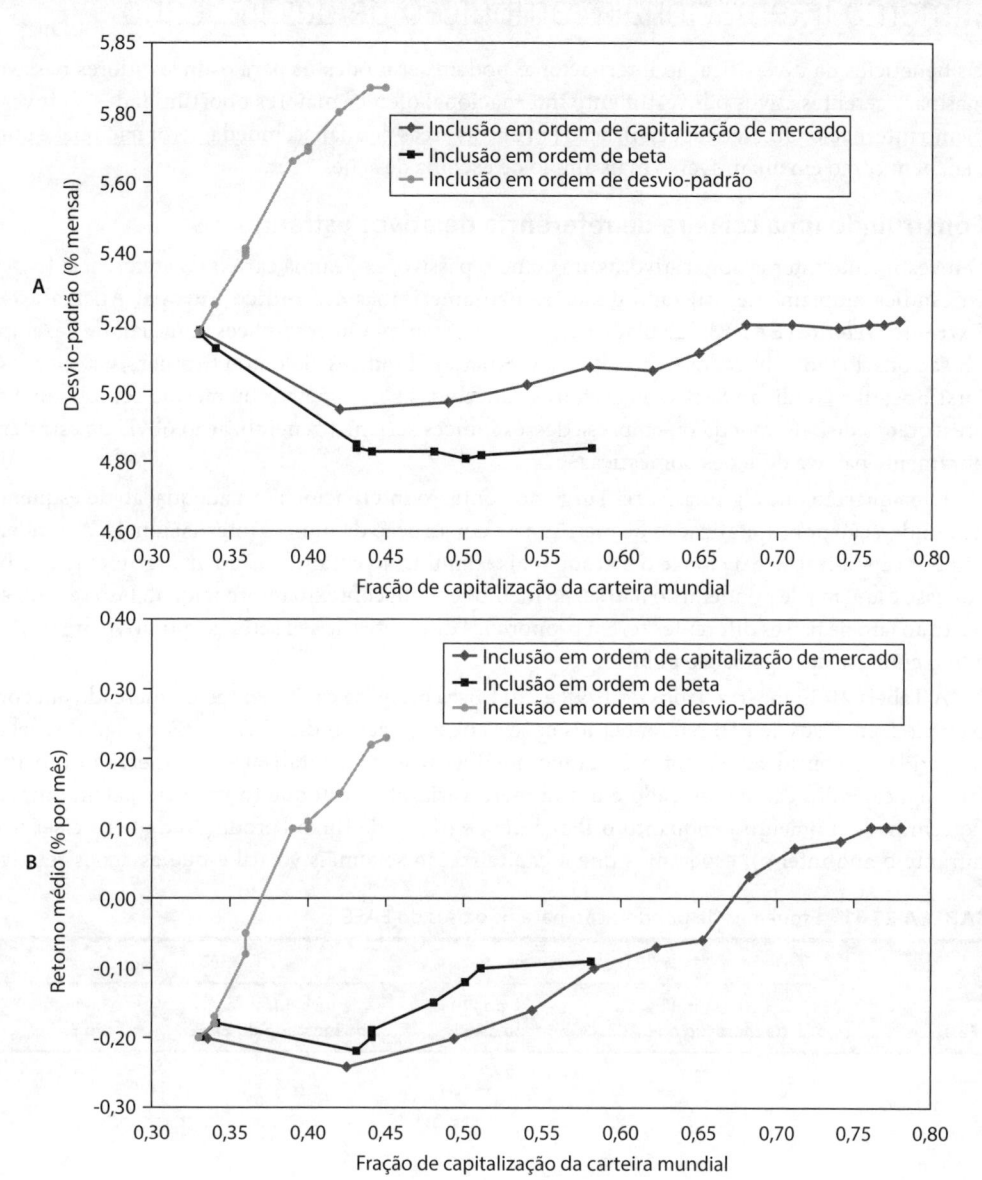

FIGURA 25.16
Riscos e recompensas das carteiras internacionais, 2000–2009. *Painel A*, desvios-padrão de carteiras internacionais; *Painel B*, retorno médio de carteiras internacionais

(os Estados Unidos). Entretanto, provavelmente essa carteira, que inclui 22 posições a descoberto, sendo a mais alta de –15% (na Suécia), não é prática. Quando a venda a descoberto não é permitida, o desvio-padrão mínimo é bem superior, 4,14%, oferecendo uma melhoria bem menor em relação à carteira ponderada por capitalização. Além disso, esses pesos de carteira seriam igualmente inviáveis – o peso maior encontra-se na Malásia (29%) e os Estados Unidos têm um peso de apenas 7%.

Uma característica intrincada e esclarecedora dos resultados presentes na Tabela 25.11 é o retorno médio inferior na carteira mundial real (ACWI) em comparação com as 44 carteiras de país. Essa diferença ocorre por que as carteiras de índice de país do MSCI não são ponderadas por capitalização. O MSCI utiliza carteiras ponderadas por setor, caso em que se atribuem pesos maiores às ações de mais alta capitalização em cada país. Como as ações de baixa capitalização tiveram melhor desempenho no período de 2000–2009, a carteira ACWI teve um retorno médio mais baixo. Não é garantido, nem mesmo necessariamente provável, que esse padrão se aplique a retornos futuros.

25.5 Investimento internacional e atribuição de desempenho

Os benefícios da diversificação internacional podem ser modestos para os investidores passivos, mas para gerentes ativos o investimento internacional oferece maiores oportunidades. O investimento internacional exige especialização em outras áreas de análise: moeda, setor nacional e mundial, bem como em um universo mais amplo de escolha de ações.

Construindo uma carteira de referência de ativos estrangeiros

O investimento internacional ativo, assim como o passivo, exige uma carteira de referência (*bogey*). Um índice amplamente utilizado de ações não americanas é o **índice Europa, Australásia e Extremo Oriente (EAFE)**, calculado pelo Morgan Stanley. Outros índices mundiais de desempenho acionário são publicados pelo Capital International Indices, Salomon Brothers, Credit Suisse First Boston e Goldman Sachs. As carteiras concebidas para espelhar ou mesmo reproduzir a representação de país, moeda ou empresa desses índices seriam a generalização óbvia da estratégia puramente passiva de ações domésticas.

Uma questão que algumas vezes surge no contexto internacional é a adequação de esquemas de ponderação por capitalização de mercado na construção de índices internacionais. A ponderação por capitalização é de longe o método mais comum. No entanto, há quem argumente que talvez esse esquema de ponderação não seja o melhor em um contexto internacional. Isso se deve em parte ao fato de países diferentes terem proporções diferentes de seu setor corporativo organizado como empresa de negociação pública.

A Tabela 25.12 mostra dados de 1998 e 2011 para pesos de capitalização de mercado em comparação com pesos de PIB referentes aos países cobertos pelo índice EAFE. Esses dados revelam disparidades consideráveis entre os tamanhos relativos de capitalização de mercado e o PIB. Como a capitalização de mercado é um número variável de estoque (o valor do patrimônio em determinado momento), enquanto o PIB é uma variável de fluxo (produção de bens e serviços durante o ano inteiro), esperamos que a capitalização seja mais volátil e que as ações relativas

TABELA 25.11 Esquemas de ponderação para os países do EAFE

País	2011		1998	
	% de capitalização de mercado do EAFE	% do PIB do EAFE	% de capitalização de mercado do EAFE	% do PIB do EAFE
Japão	21,1	23,7	26,8	29,1
Reino Unido	17,9	9,8	22,4	10,5
França	9,3	11,1	7,2	10,7
Alemanha	7,5	14,2	8,9	15,8
Suíça	6,8	2,3	6,0	1,9
Itália	2,9	8,9	3,9	8,8
Holanda	2,4	3,4	5,9	2,9
Hong Kong	8,8	1,0	4,0	1,2
Austrália	6,7	4,0	2,9	2,7
Espanha	3,5	6,1	2,7	4,3
Suécia	2,8	2,0	2,4	1,8
Finlândia	0,9	1,0	0,7	1,0
Bélgica	1,4	2,0	1,4	1,8
Cingapura	2,7	0,9	1,1	0,6
Dinamarca	1,1	1,3	0,9	1,3
Noruega	1,5	1,8	0,6	1,1
Irlanda	0,4	0,9	0,5	0,6
Grécia	0,2	1,3	0,3	0,9
Portugal	0,4	1,0	0,6	0,8
Áustria	0,5	1,6	0,4	1,6
Nova Zelândia	0,2	0,6	0,4	0,4

Fonte: Datastream, online.thomsonreuters.com/datastream.

DESTAQUE DA REALIDADE

INVESTIMENTO INTERNACIONAL SUSCITA DÚVIDAS

Tal como Yogi Berra diria, o problema do investimento internacional é que infelizmente ele é muito estrangeiro.

Oscilações de moeda? *Hedging*? Diversificação internacional? O que é isso?

Veja a seguir a resposta a cinco perguntas que sempre me fazem:

- Como as ações estrangeiras respondem por cerca de 60% do valor do mercado acionário mundial, não deveríamos ter 60% de nossos investimentos acionários no exterior?

O principal motivo para se investir no exterior não é reproduzir o mercado global nem incrementar os retornos. Na verdade, "o que estamos tentando fazer ao acrescentar ações estrangeiras é diminuir a volatilidade", explica Robert Ludwig, diretor executivo de investimento da empresa de gestão financeira SEI Investments.

As ações estrangeiras não se movimentam em sincronia com as ações americanas e, portanto, elas podem oferecer ganhos compensadores quando o mercado americano está em queda. Contudo, para obter a redução de risco resultante, de forma alguma precisamos investir 60% do nosso dinheiro no exterior.

- Diante disso, de que nível de exposição estrangeira precisamos para uma diversificação respeitável?

"Com base na volatilidade dos mercados estrangeiros e na correlação entre eles, acreditamos que a carteira ótima compreenda 70% de investimentos nos Estados Unidos, 20% em mercados estrangeiros desenvolvidos e 10% em mercados emergentes", afirma Ludwig.

Mesmo com um terço dos investimentos acionários em emissões estrangeiras, podemos constatar que os benefícios da redução de risco não são tão confiáveis assim. Infelizmente, quando as ações americanas são realmente atingidas em cheio, parece que as ações estrangeiras também tendem a cair.

- As empresas americanas com operações globais podem oferecer diversificação internacional?

"Quando examinamos essas multinacionais, o fator que impulsiona seu desempenho é o mercado doméstico", afirma Mark Riepe, vice-presidente da Ibbotson Associates, empresa de pesquisa de Chicago.

Como assim? Os proprietários das multinacionais americanas tendem a ser investidores americanos, que serão impelidos pelas altas e baixas do mercado americano. Além disso, Riepe ressalta que, embora as multinacionais possam obter lucros e receitas consideráveis no exterior, a maior parte de seus custos – particularmente de mão de obra – será incorrida nos Estados Unidos.

- A diversificação internacional provém das ações estrangeiras ou da moeda estrangeira?

"Ela provém de ambas em porções aproximadamente iguais", afirma Riepe. "Aqueles que optam por proteger sua moeda estrangeira, elevam a correlação com as ações americanas e, por isso, o benefício da diversificação não será tão grande."

Aliás, é necessário pensar duas vezes antes de investir em um fundo de ações estrangeiras que protege com frequência sua exposição cambial a fim de amortecer o impacto – e obter lucro – de mudanças nas taxas de câmbio internacionais.

"As pesquisas que realizamos demonstram que a gestão cambial ativa mais prejudicou do que ajudou os gestores de ações", esclarece Ludwig.

- Devemos distribuir nosso dinheiro entre os países com base no tamanho de cada mercado nacional?

O que se debate é a questão inoportuna sobre quanto investir no Japão. Se reproduzirmos os pesos de mercado do índice MSCI EAFE, atualmente teríamos um terço de nossos investimentos estrangeiros aplicados no Japão.

Esse é o tipo de atribuição de pesos aplicado em fundos internacionais, que procura acompanhar o desempenho do EAFE ou de índices internacionais semelhantes. Em contraposição, os fundos de ações estrangeiras gerenciados ativamente enfatizam menos os pesos de mercado e hoje têm, em média, apenas 14% no Japão.

Se seu foco for redução de risco, e não desempenho, o índice – e os fundos que o acompanham – são imbatíveis. O Japão tem um desempenho bem diferente quando comparado ao mercado dos Estados Unidos. Por isso oferece uma boa diversificação para os investidores americanos, afirma Tricia Rothschild, editora internacional do *Morningstar Mutual Funds*, boletim informativo de Chicago.

"Mas as correlações não são estáticas", acrescenta ela. "Existe sempre um problema quando se considera o que ocorreu nos últimos 20 anos e isso é projetado para os próximos 20 anos."

Fonte: Jonathan Clements, "International Investing Raises Questions on Allocation, Diversification, Hedging", *The Wall Street Journal*, 29 de julho de 1997. Dados reimpressos com permissão do *The Wall Street Journal*© 1997 Dow Jones & Company, Inc. Todos os direitos reservados mundialmente.

---

sejam mais variáveis ao longo do tempo. Contudo, algumas discrepâncias persistem. Por exemplo, a proporção de capitalização de Hong Kong em 2011 é em torno de oito vezes o seu PIB, enquanto a proporção de capitalização da Alemanha é bem inferior à sua proporção de PIB. Essas disparidades indicam que uma maior proporção de atividade econômica é conduzida por empresas negociadas publicamente em Hong Kong do que na Alemanha.

Há quem argumente que seria mais adequado ponderar índices internacionais pelo PIB, e não pela capitalização de mercado. A justificativa desse ponto de vista é que uma carteira diversificada internacionalmente deve comprar ações proporcionalmente à base ampla de ativos de cada país e

APLICAÇÕES EXCEL Carteiras internacionais

Este modelo Excel fornece uma análise de fronteira eficiente semelhante à do Capítulo 6. No Capítulo 6, a fronteira baseou-se em títulos individuais, ao passo que este modelo examina os retornos sobre fundos negociados em bolsas internacionais e nos permite analisar os benefícios da diversificação internacional. Visite a página de Conteúdo *Online*, em **www.grupoa.com.br**.

QUESTÕES EXCEL

1. Encontre três pontos na fronteira eficiente correspondentes a três retornos esperados diferentes. Qual o desvio-padrão da carteira correspondente a cada retorno esperado?
2. Suponha agora que a correlação entre o S&P 500 e os outros índices de país diminua pela metade. Encontre o novo desvio-padrão correspondente aos três retornos esperados. Eles são mais altos ou mais baixos? Por quê?

	A	B	C	D	E	F	G	H	I	J
58	Matriz de covariância fronteiriça para a carteira com o retorno pretendido									
59			EWD	EWH	EWI	EWJ	EWL	EWP	EWW	SP 500
60	Pesos		0,00	0,00	0,08	0,38	0,02	0,00	0,00	0,52
61		0,0000	0,00	0,00	0,00	0,00	0,00	0,00	0,00	0,00
62		0,0000	0,00	0,00	0,00	0,00	0,00	0,00	0,00	0,00
63		0,0826	0,00	0,00	4,63	3,21	0,55	0,00	0,00	7,69
64		0,3805	0,00	0,00	3,21	98,41	1,82	0,00	0,00	53,79
65		0,0171	0,00	0,00	0,55	1,82	0,14	0,00	0,00	2,09
66		0,0000	0,00	0,00	0,00	0,00	0,00	0,00	0,00	0,00
67		0,0000	0,00	0,00	0,00	0,00	0,00	0,00	0,00	0,00
68		0,5198	0,00	0,00	7,69	53,79	2,09	0,00	0,00	79,90
69		1,0000	0,00	0,00	16,07	157,23	4,59	0,00	0,00	143,47
70										
71	Variância da carteira	321,36								
72	Desvio-padrão da carteira	17,93								
73	Média da carteira	12,00								
74										
75										
76						Weights				
77	Média		Desvio-padrão	EWD	EWH	EWI	EWJ	EWL	EWP	EWW	SP 500
78		6	21,89	0,02	0,00	0,00	0,71	0,00	0,02	0,00	0,26
79		9	19,66	0,02	0,00	0,02	0,53	0,02	0,00	0,00	0,41
80		12	17,93	0,00	0,00	0,08	0,38	0,02	0,00	0,00	0,52
81		15	16,81	0,00	0,00	0,14	0,22	0,02	0,00	0,00	0,62
82		18	16,46	0,00	0,00	0,19	0,07	0,02	0,00	0,00	0,73
83		21	17,37	0,00	0,00	0,40	0,00	0,00	0,00	0,00	0,60
84		24	21,19	0,00	0,00	0,72	0,00	0,00	0,00	0,00	0,28
85		27	26,05	0,00	0,00	1,00	0,00	0,00	0,00	0,00	0,00

o PIB poderia ser uma medida mais adequada da importância do país na economia mundial do que o valor de suas ações em circulação. Outros até sugerem pesos proporcionais à porcentagem de importação de vários países. O argumento é que os investidores que desejam proteger o preço de bens importados podem optar por manter títulos em empresas estrangeiras proporcionalmente aos bens importados desses países.

Atribuição de desempenho

Podemos medir a contribuição de cada um desses fatores adotando um método semelhante às técnicas de atribuição de desempenho introduzidas no Capítulo 24.

1. A **escolha de moeda** mede a contribuição para o desempenho total da carteira atribuível a flutuações na taxa de câmbio em relação à moeda de referência do investidor, que admitiremos que é o dólar americano. Poderíamos utilizar uma referência como o índice EAFE para comparar a escolha de moeda da carteira referente a um período específico com uma referência passiva. A escolha de moeda do EAFE seria calculada como a média ponderada da valorização das moedas representadas na carteira do EAFE utilizando como peso a fração dessa carteira investida em cada moeda.

2. A **escolha de país** mede a contribuição para o desempenho atribuível ao investimento nos mercados acionários de melhor desempenho do mundo. Esse fator pode ser medido como a

média ponderada dos retornos do índice de ações de cada país utilizando como peso a porção da carteira do gestor em cada país. Utilizamos retornos de índice para evitar o efeito da escolha de títulos dentro dos países. Para medir a contribuição de um gestor em relação a uma estratégia passiva, podemos comparar a escolha de país com a média ponderada entre os países dos retornos de índice de ações utilizando como peso a porção da carteira do EAFE em cada país.

> **REVISÃO DE CONCEITOS 25.3**
>
> Utilizando os dados da Tabela 25.13, calcule a escolha de país e moeda do gestor se os pesos da carteira tivessem sido 40% na Europa, 20% na Austrália e 40% no Extremo Oriente.

3. A **escolha de ações** pode ser medida, tal como no Capítulo 24, como a média ponderada dos retornos de ações que excedem os retornos do índice de ações em cada país. Nesse caso, utilizaríamos os retornos em moeda local e, como peso, os investimentos em cada país.

4. A **escolha entre mercado monetário/obrigação** pode ser medida como o retorno em excesso deduzido da ponderação entre obrigações e letras diferentemente de alguns pesos de referência.

A Tabela 25.13 apresenta um exemplo sobre como medir a contribuição das decisões que um gestor de carteira internacional poderia tomar.

TABELA 25.13 Exemplo de atribuição de desempenho: internacional

	Peso do EAFE	Retorno sobre o índice de ações	Valorização da moeda $E_1/E_0 - 1$	Peso do gestor	Retorno do gestor
Europa	0,30	10%	10%	0,35	8%
Austrália	0,10	5	–10	0,10	7
Extremo Oriente	0,60	15	30	0,55	18
Desempenho geral (retorno em dólar = retorno sobre o índice + valorização da moeda)					
EAFE:	0,30(10 + 10) + 0,10(5 – 10) + 0,60(15 + 30) = 32,5%				
Gestor:	0,35(8 + 10) + 0,10(7 – 10) + 0,55(18 + 30) = 32,4%				
Perda de 10% em relação ao EAFE					
Escolha de moeda					
EAFE:	(0,30 × 10%) + (0,10 × (–10%)) + (0,60 × 30%) = 20% de valorização				
Gestor:	(0,35 × 10%) + (0,10 × (–10%)) + (0,55 × 30%) = 19% de valorização				
Perda de 1% em relação ao EAFE					
Escolha de país					
EAFE:	(0,30 × 10%) + (0,10 × 5%) + (0,60 × 15%) = 12,5%				
Gestor:	(0,35 × 10%) + (0,10 × 5%) + (0,55 × 15%) = 12,25%				
Perda de 0,25% em relação ao EAFE					
Escolha de ações					
	(8% – 10%) 0,35 +(7% – 5%) 0,10 + (18% – 15%) 0,55 = 1,15%				
Perda de 1,15% em relação ao EAFE					
Soma de atribuições (igual ao desempenho geral)					
Moeda (–1%) + país (–0,25%) + escolha (1,15%) = –0,10%					

RESUMO

1. Os ativos dos Estados Unidos são apenas uma parte da carteira mundial. Os mercados de capitais internacionais oferecem oportunidades importantes para diversificação de carteira com melhores características de risco e retorno.

2. O risco da taxa de câmbio apresenta uma fonte extra de incerteza aos investimentos denominados em moeda estrangeira. Grande parte desse risco pode ser protegida em futuros de câmbio exterior ou mercados *forward*, mas um *hedge* perfeito não será viável se não se conhecer a taxa de retorno da moeda estrangeira.

3. Vários índices de mercado mundiais podem oferecer uma estrutura para o investimento internacional passivo. A gestão internacional ativa pode ser dividida em escolha de moeda, escolha de país, escolha de ações e escolha entre mercado monetário/obrigação.

PALAVRAS-CHAVE

escolha de ações
escolha de moeda
escolha de país
escolha entre mercado monetário/obrigação
Índice Europa, Australásia e Extremo Oriente (EAFE)
relação de arbitragem de juros coberta
relação de paridade da taxa de juros
risco da taxa de câmbio
risco político

EQUAÇÕES BÁSICAS

Paridade da taxa de juros (arbitragem de juros coberta) para taxas de câmbio diretas (US$/moeda estrangeira):

$$F_0 = E_0 \frac{1 + r_f(\text{EUA})}{1 + r_f(\text{estrangeira})}$$

Paridade da taxa de juros (moeda estrangeira/US$) para taxas de câmbio:

$$F_0 = E_0 \frac{1 + r_f(\text{estrangeira})}{1 + r_f(\text{EUA})}$$

CONJUNTO DE PROBLEMAS

1. Reveja o quadro "Investimento internacional suscita dúvidas", na página 803. Esse artigo foi escrito há vários anos. Com relação à pergunta "As empresas americanas com operações globais lhe oferecem diversificação internacional?", você concorda com a resposta dada por esse artigo?

Básicos

2. Na Figura 25.2, apresentamos os retornos do mercado acionário denominados em moeda local e em dólar. Qual deles é mais relevante? O que isso tem a ver com a possibilidade de o risco da taxa de câmbio de um investimento ter sido coberto?

Intermediários

3. Suponhamos que um investidor americano deseje investir em uma empresa britânica que atualmente está vendendo suas ações por £ 40 cada. O investidor tem US$ 10 mil para investir e a taxa de câmbio atual é US$ 2/£.

    a. Quantas ações o investidor pode comprar?
    b. Preencha a tabela a seguir com as taxas de retorno após um ano em cada um dos nove cenários (três preços possíveis por ação em libra vezes três taxas de câmbio possíveis).

Preço por ação (£)	Retorno denominado em libras esterlinas (%)	Retorno denominado em dólar para taxa de câmbio de final de ano		
		US$ 1,80/£	US$ 2/£	US$ 2,20/£
£ 35				
£ 40				
£ 45				

   c. Quando o retorno denominado em dólar é igual ao retorno denominado em libra esterlina?

4. Admitindo que cada um dos nove resultados do Problema 3 fosse igualmente provável, encontre o desvio-padrão das taxas de retorno denominadas em dólar e em libra.

5. Suponhamos agora que o investidor do Problema 3 também venda *forward* £ 5 mil, por uma taxa de câmbio *forward* de US$ 2,10/£.
    a. Recalcule os retornos denominados em dólar para cada cenário.
    b. O que acontece com o desvio-padrão do retorno denominado em dólar? Compare-o com seu valor antigo e o desvio-padrão do retorno denominado em libra.

6. Com base na tabela a seguir, calcule a contribuição da escolha de moeda, país e ações para o gestor no exemplo a seguir. Todas as taxas de câmbio são expressas como unidades de moeda estrangeira que podem ser compradas com um dólar americano.

País	Peso do EAFE	Retorno sobre o índice de ações	E_1/E_0	Peso do gestor	Retorno do gestor
Europa	0,30	20%	0,9	0,35	18%
Australásia	0,10	15	1,0	0,15	20
Extremo Oriente	0,60	25	1,1	0,50	20

7. Se a taxa de câmbio atual for US$ 1,75/£, a taxa de câmbio *forward* de um ano for US$ 1,85/£ e a taxa de juros sobre letras do governo britânico for 8% ao ano, que retorno denominado em dólar isento de risco poderá ser fixado por meio do investimento em letras britânicas?

Difíceis

8. Se você investisse US$ 10 mil nas letras britânicas do Problema 7, de que forma você fixaria o retorno denominado em dólar?

9. Grande parte deste capítulo foi redigida da perspectiva de um investidor americano. Contudo, suponhamos que você esteja aconselhando um investidor que vive em um pequeno país (escolha um para que sua resposta seja concreta). Até que ponto os ensinamentos deste capítulo precisariam ser alteradas para esse investidor?

1. Você é um investidor americano que comprou títulos britânicos por £ 2 mil há um ano, quando a libra esterlina equivalia a US$ 1,50. Qual seria seu retorno total (com base no dólar americano) se o valor dos títulos agora fosse £ 2.400 e a libra valesse US$ 1,75? Não foram pagos dividendos nem juros durante esse período.

2. O coeficiente de correlação entre os retornos sobre um índice amplo de ações americanas e os retornos sobre índices de ações de outros países industrializados é _____ e o coeficiente de correlação entre os retornos sobre várias carteiras diversificadas de ações americanas é predominantemente _____.
    a. inferior a 0,8; superior a 0,8.
    b. superior a 0,8; inferior a 0,8.
    c. inferior a 0; superior a 0.
    d. superior a 0; inferior a 0.

3. Um investidor em ações ordinárias de empresas de outro país pode querer se proteger contra _____ de sua moeda doméstica e pode fazê-lo por meio da _____ de moeda estrangeira no mercado *forward*.
   a. depreciação; venda.
   b. valorização; compra.
   c. valorização; venda.
   d. depreciação; compra.
4. John Irish, CFA, é um consultor de investimentos independente que está prestando assessoria a Alfred Darwin, diretor do Comitê de Investimento da General Technology Corporation, para estabelecer um novo fundo de pensão. Darwin pede informações a Irish sobre ações internacionais e a possibilidade de o Comitê de Investimento considerá-las um ativo a mais para o fundo de pensão.

   a. Explique a lógica para incluir ações internacionais na carteira de ações da General Technology Corporation. Identifique e descreva três fatores relevantes na formulação de sua resposta.
   b. Relacione três possíveis argumentos contra o investimento em ações internacionais e discorra brevemente o significado de cada um.
   c. Para elucidar vários aspectos do desempenho de títulos internacionais ao longo do tempo, Irish mostra a Darwin o gráfico de resultados de investimento a seguir registrados por um fundo de pensão dos Estados Unidos nos últimos anos. Compare o desempenho das ações em dólar americano e em moeda estrangeira e das categorias de ativos de renda fixa, explicando o significado do resultado do índice de desempenho da conta em relação aos resultados dos quatro índices de classes de ativos.

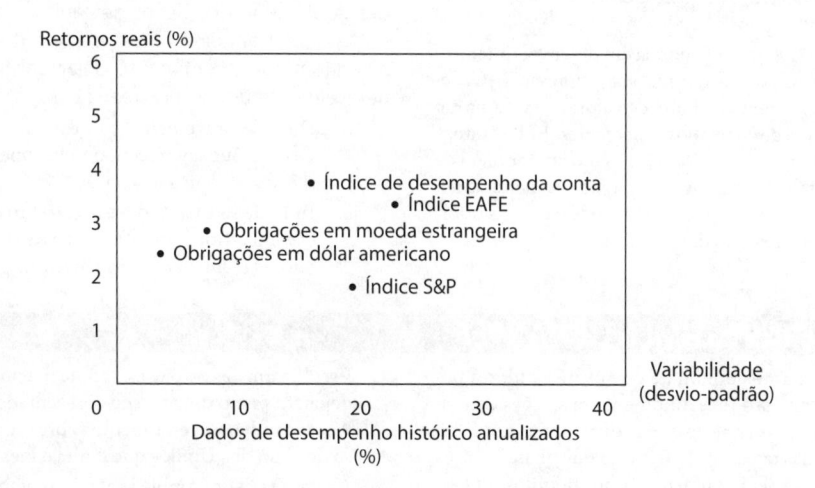

Retornos reais (%)

• Índice de desempenho da conta
• Índice EAFE
• Obrigações em moeda estrangeira
• Obrigações em dólar americano
• Índice S&P

Variabilidade (desvio-padrão)
Dados de desempenho histórico anualizados (%)

5. Você é um investidor americano que está pensando em comprar um dos seguintes títulos. Suponhamos que o risco cambial das obrigações do governo canadense seja protegido e que o desconto de seis meses sobre os contratos *forward* em dólar canadense seja –0,75% em comparação com o dólar americano.

Obrigação	Vencimento	Cupom (%)	Preço
Governo americano	6 meses	6,50	100,00
Governo canadense	6 meses	7,50	100,00

Calcule a mudança de preço esperada nas obrigações do governo canadense para que as duas obrigações apresentem retornos totais iguais em dólar americano ao longo de um horizonte de seis meses. Pressuponha que a expectativa é de que o rendimento sobre as obrigações americanas permaneça o mesmo.

6. Um gestor global pretende investir US$ 1 milhão em equivalentes de caixa do governo dos Estados Unidos nos próximos 90 dias. Entretanto, ele também tem autorização para utilizar equivalentes de caixa que não sejam do governo dos Estados Unidos, mas somente se o risco cambial for protegido por dólares americanos por meio de contratos cambiais *forward*.

   a. Qual taxa de retorno o gestor obterá se investir em instrumentos do mercado monetário no Canadá ou no Japão e proteger o dólar de seu investimento? Utilize os dados das tabelas a seguir.

   b. Qual deve ser o valor aproximado da taxa de juro de 90 dias oferecida sobre os títulos do governo americano?

Taxas de juros (APR) de equivalentes de caixa de 90 dias	
Governo japonês	2,52%
Governo canadense	6,74%

Taxas de câmbio por unidade de moeda estrangeira		
	Spot	Forward (90 dias)
Iene japonês	0,0119	0,0120
Dólar canadense	0,7284	0,7269

7. A Fundação Windsor, organização beneficente sem fins lucrativos americana, tem uma carteira de investimentos diversificada de US$ 100 milhões. O conselho de administração da Windsor está pensando em investir em ações de mercados emergentes. Robert Houston, tesoureiro da fundação, fez os quatro comentários a seguir:

   a. "Para um investidor que mantém apenas ações de mercados desenvolvidos, a existência de moedas estáveis nos mercados emergentes é uma das precondições para um investidor obter um sólido desempenho nesses mercados."
   b. "A depreciação da moeda local em relação ao dólar tem sido frequente para aqueles os investidores americanos

que investem em mercados emergentes. Os investidores americanos sempre observam uma perda percentual considerável em seus retornos em virtude da depreciação de moeda. Isso é verdadeiro até para os investidores de longo prazo."

c. "Ao longo da história, a inclusão de ações de mercados emergentes em uma carteira de ações americanas como o índice S&P 500 diminuiu a volatilidade; a volatilidade também tem diminuído quando ações de mercados emergentes são combinadas com uma carteira internacional como o índice MSCI EAFE."

d. "Embora as correlações entre os mercados emergentes possam mudar a curto prazo, elas apresentam evidências de estabilidade a longo prazo. Portanto, uma carteira de mercados emergentes que se encontra na fronteira eficiente em um período tende a permanecer próxima à fronteira em períodos subsequentes."

Demonstre se os quatro argumentos de Houston são corretos ou incorretos.

8. Após muitas pesquisas sobre a economia em desenvolvimento e os mercados de capitais do país Otunia, sua empresa, GAC, decidiu incluir um investimento da bolsa de valores de Otunia em seu Fundo Combinado de Mercados Emergentes. Entretanto, a GAC não decidiu ainda se investirá ativamente ou por meio de indexação. Você foi solicitado a dar sua opinião a respeito da decisão de investir ativamente ou por meio de indexação. As informações a seguir são um resumo das pesquisas:

A economia de Otunia é razoavelmente diversificada entre recursos agrícolas e naturais, setor fabril (tanto bens de consumo quanto duráveis) e um setor financeiro em crescimento. Os custos de transação nos mercados de títulos são relativamente altos em Otunia pelo fato de as comissões e os "impostos de selo" do governo sobre negociações com títulos serem altos. Os padrões contábeis e as regulamentações sobre divulgação de lucros são bastante minuciosos e por esse motivo há uma ampla disponibilização de informações confiáveis ao público a respeito do desempenho financeiro das empresas.

Em Otunia, há um fluxo constante de entrada e saída de capital e a posse de títulos do país por parte de investidores estrangeiros é rigorosamente regulamentada por uma agência do governo federal. Os procedimentos de pagamento segundo essas regras de posse provocam grandes atrasos no fechamento das negociações realizadas por não residentes. As autoridades financeiras do governo estão trabalhando para desregulamentar os fluxos de capital e a posse de títulos por parte de estrangeiros, mas os consultores políticos da GAC acreditam que o sentimento isolacionista pode impedir consideravelmente um avanço real a curto prazo.

a. Discuta brevemente sobre os aspectos do ambiente de Otunia que favoreçam o investimento ativo e os aspectos que favoreçam a indexação.

b. Indique se a GAC deve investir ativamente ou por indexação em Otunia. Justifique sua recomendação com base nos fatores identificados na parte (*a*).

EXERCÍCIOS DE INVESTIMENTO NA *WEB*

Existe um falso juízo bastante comum de que os investidores podem obter retornos em excesso investindo em obrigações estrangeiras com taxas de juros mais altas do que as disponíveis nos Estados Unidos. A paridade das taxas de juros indica que qualquer uma dessas diferenças nas taxas será compensada por prêmios ou descontos no mercado *forward* ou de futuros de moeda estrangeira.

As taxas de juros sobre obrigações governamentais dos Estados Unidos, do Reino Unido, do Japão, da Alemanha, do Brasil e da Austrália podem ser encontradas em www.bloomberg.com/markets/rates/index.html.

As taxas de câmbio *spot* sobre moedas internacionais podem ser encontradas em www.bloomberg.com/markets/currencies/fxc.html.

As taxas de câmbio *forward* sobre contratos de futuros de moeda podem ser encontradas em www.cmegroup.com/trading/fx/index.html.

1. Escolha um desses países e anote o rendimento sobre um título de curto prazo do governo apresentado no *site* da Bloomberg. Anote também o rendimento sobre um instrumento do Tesouro dos Estados Unidos que tenha o mesmo vencimento.

2. Anote a taxa de câmbio *spot* apresentada no *site* da Bloomberg e a taxa de câmbio de contratos de futuros fornecida no *site* do CME referente à data mais próxima do vencimento do investimento que você escolheu na etapa anterior.

3. Calcule a taxa de retorno disponível para um título de governo estrangeiro, convertendo as transações com moeda estrangeira em dólar, de acordo com a taxa de câmbio atual e *forward*.

4. Até que ponto a paridade da taxa de juros parece se manter? É possível encontrar barganhas em outras moedas? Que fatores poderiam explicar a violação da paridade da taxa de juros?

SOLUÇÕES PARA AS REVISÕES DE CONCEITOS

1. $1 + 1\,r(\text{EUA}) = [(1 + r_f(\text{RU}))] \times (E_1/E_0)$

   a. $1 + r(\text{EUA}) = 1{,}1 \times 1{,}0 = 1{,}10$. Portanto, $r(\text{EUA}) = 10\%$.
   b. $1 + r(\text{EUA}) = 1{,}1 \times 1{,}1 = 1{,}21$. Portanto, $r(\text{EUA}) = 21\%$.

2. Você precisa vender *forward* o valor em libras com o qual você ficou no final do ano. Entretanto, não é possível conhecer esse valor com certeza, a menos que se conheça a taxa de retorno do investimento denominado em libra.

   a. $10.000 \times 1{,}20 = 12.000$ libras
   b. $10.000 \times 1{,}30 = 13.000$ libras

3. *Escolha de país:*

   $$(0{,}40 \times 10\%) + (0{,}20 \times 5\%) + (0{,}40 \times 15\%) = 11\%$$

   Isso representa uma perda de 1,5% (11% *versus* 12,5%) em relação à referência passiva EAFE.

   Escolha de moeda:

   $$(0{,}40 \times 10\%) + (0{,}20 \times (-10\%)) + (0{,}40 \times 30\%) = 14\%$$

   Isso representa uma perda de 6% (14% *versus* 20%) em relação à referência EAFE.

26
Fundos de *hedge*

EMBORA OS FUNDOS MÚTUOS ainda sejam uma forma de investimento predominante para a maioria dos indivíduos nos mercados de títulos, os fundos de *hedge* obtiveram taxas de crescimento bem mais altas na última década. Os ativos gerenciados pelos fundos de *hedge* aumentaram de US$ 200 bilhões em 1997 para US$ 2 trilhões em 2012. Tal como os fundos mútuos, os fundos de *hedge* possibilitam que um investidor privado agrupe os ativos a serem investidos por um gestor de fundos. Entretanto, diferentemente dos fundos mútuos, normalmente eles são organizados como sociedades privadas e, portanto, estão sujeitos às regulamentações da SEC. Geralmente eles são abertos apenas para investidores ricos ou institucionais.

Os fundos de *hedge* tocam em praticamente todas as questões discutidas nos capítulos anteriores deste livro, como liquidez, análise de títulos, eficiência de mercado, análise de carteira, *hedging* e determinação de preço de opções. Por exemplo, esses fundos com frequência apostam em erros de apreçamento relativos de títulos específicos, mas oferecem proteção contra exposição ao mercado em geral. Esse tipo de comportamento típico de "busca pelo alfa" exige um procedimento para combinar otimamente uma posição em um fundo de *hedge* com uma carteira mais tradicional. Outros fundos adotam um *market timing* agressivo; seus perfis de risco podem mudar rapidamente e consideravelmente, trazendo à tona algumas questões difíceis para a avaliação de desempenho. Muitos fundos de *hedge* assumem amplas posições em derivativos. Mesmo os fundos que não negociam derivativos cobram taxas de incentivo semelhantes ao *payoff* de uma opção de compra; por esse motivo, é necessário ter informações sobre precificação de opções para interpretar tanto as estratégias quanto os custos dos fundos de *hedge*. Em resumo, os fundos de *hedge* trazem à tona todas as questões que podem ser confrontadas pela gestão ativa de carteiras.

Começamos com um levantamento sobre as várias tendências desses fundos. Dedicamos grande atenção às estratégias clássicas *market neutral* ou com *hedge* que historicamente concederam esse nome aos fundos de *hedge*. Passamos então para as evidências sobre o desempenho dos fundos de *hedge* e as dificuldades na avaliação desse desempenho. Finalmente, consideramos as implicações da estrutura de taxas incomum para os investidores e gestores desses fundos.

26.1 Fundos de *hedge versus* fundos mútuos

Tal como os fundos mútuos, a ideia básica por trás dos **fundos de *hedge*** é a combinação de investimentos. Os investidores compram ações nesses fundos, os quais investem os ativos combinados em nome desses investidores. O valor líquido do ativo de cada ação representa o valor da participação do investidor na carteira. Nesse sentido, os fundos de *hedge* operam quase como os fundos mútuos. Contudo, há diferenças marcantes entre ambos.

Transparência Os fundos mútuos estão sujeitos à Lei de Títulos de 1933 e à Lei de Empresas de Investimento de 1940 (criada para proteger investidores que não têm experiência), o que exige transparência e previsibilidade estratégica. Eles devem fornecer periodicamente ao público informações sobre a composição das carteiras. Em contraposição, os fundos de *hedge* normalmente são estabelecidos como sociedades com responsabilidade limitada e oferecem informações mínimas sobre a composição das carteiras e a respectiva estratégia apenas aos seus investidores.

Investidores Normalmente, os fundos de *hedge* não costumam ter mais de 100 investidores "sofisticados", que na prática geralmente são definidos com base em exigências de um valor mínimo de patrimônio líquido e de renda. Em geral eles não são divulgados ao público em geral e os investimentos mínimos costumam girar entre US$ 250 mil e US$ 1 milhão.

Estratégias de investimento Os fundos mútuos expõem sua abordagem geral de investimento (p. ex.: direcionamento para ações de alta capitalização e de valor *versus* direcionamento para ações de baixa capitalização e de crescimento) em seus prospectos. Eles enfrentam pressões para evitar o *desvio de estilo* (em relação à orientação declarada dos investimentos), particularmente em vista da importância de fundos de aposentadoria como os planos 401(k) para o setor e à exigência de estratégias previsíveis em relação a esses planos. A maioria dos fundos mútuos promete restringir a utilização de vendas a descoberto e alavancagem e o uso de derivativos é rigorosamente controlado. Nos últimos anos, alguns fundos mútuos[1] denominados 130/30 foram abertos, principalmente para clientes institucionais, com prospectos que permitem explicitamente posições de venda a descoberto e em derivativos mais ativas, mas até mesmo esses fundos têm menor flexibilidade do que os fundos de *hedge*. Em contraposição, os fundos de *hedge* podem participar efetivamente de qualquer estratégia de investimento e agir oportunisticamente à medida que as condições se desdobram. Por esse motivo, seria um erro ver os fundos de *hedge* como algo remotamente semelhante a uma classe uniforme de ativos. Eles são intencionalmente autorizados a investir em uma ampla variedade de investimentos, e vários fundos concentram-se em derivativos, *distressed*, especulação monetária, obrigações conversíveis, mercados emergentes, *merger arbitrage* etc. Outros fundos podem mudar de uma classe de ativos para outra à medida que as oportunidades de investimento percebidas mudam.

Liquidez Os fundos de *hedge* com frequência exigem **períodos de carência**, isto é, períodos de vários anos durante os quais não se permitem retiradas. Muitos empregam também avisos de resgate que exigem que os investidores divulguem com semanas ou meses de antecedência seu desejo de resgatar os fundos. Essas restrições limitam a liquidez dos investidores, mas, por sua vez, possibilitam que os fundos invistam em ativos ilíquidos em que os retornos podem ser mais altos, sem se preocuparem em atender a solicitações de resgate inesperadas.

Estrutura de remuneração Os fundos de *hedge* diferem dos fundos mútuos igualmente em sua estrutura de taxas. Enquanto os fundos mútuos determinam as taxas de gestão como um valor igual a uma porcentagem fixa dos ativos – por exemplo, entre 0,5 e 1,5% anualmente para fundos de ações comuns –, os fundos de *hedge* cobram uma taxa de gestão, normalmente entre 1 e 2% dos ativos, *mais* uma *taxa de incentivo* substancial igual a uma fração de qualquer lucro de investimento acima de determinada referência. Com frequência as taxas de incentivo são de 20%. O retorno-limite para receber a taxa de incentivo normalmente é uma taxa do mercado monetário como a Libor. Aliás, alguns observadores, meio a sério meio brincando, referem-se aos fundos de *hedge* como "um esquema de remuneração disfarçado de classe de ativos".

26.2 Estratégias dos fundos de *hedge*

A Tabela 26.1 apresenta uma lista dos temas de investimento mais comuns encontrados no setor de fundos de *hedge*. Essa lista contém uma ampla diversidade de estilos e revela o quanto pode ser

---

[1] Esses fundos podem vender a descoberto até 30% do valor de suas carteiras, utilizando os rendimentos provenientes das vendas para ampliar suas posições nos ativos investidos. Portanto, para cada US$ 100 em ativos líquidos, o fundo poderia vender a descoberto US$ 30, investindo os rendimentos com o objetivo de aumentar suas posições compradas para US$ 130. É por esse motivo que ele é chamado pelo apelido de 130/30.

difícil falar genericamente sobre os fundos de *hedge* como um todo. Entretanto, podemos dividir as estratégias de fundo de *hedge* em duas categorias gerais: direcionais e não direcionais.

Estratégias direcionais e não direcionais

As **estratégias direcionais** são fáceis de compreender. Elas são simplesmente apostas de que um ou outro setor superará o desempenho de outros setores do mercado.

Em contraposição, as **estratégias não direcionais** normalmente são concebidas para explorar desalinhamentos temporários nas avaliações de títulos. Por exemplo, se o rendimento sobre obrigações corporativas parecesse extraordinariamente alto em comparação com o das obrigações do Tesouro, o fundo de *hedge* poderia comprar títulos corporativos e vender a descoberto títulos do Tesouro. Observe que o fundo não está apostando em movimentos amplos no mercado de obrigações em geral: ele compra um tipo de obrigação e vende outro. Ao assumir uma posição comprada em títulos corporativos e vendida em títulos do Tesouro, o fundo protege sua exposição à taxa de juros e, ao mesmo tempo, aposta na valorização relativa entre os dois setores. A ideia é que, quando os *spreads* de rendimento convergirem para sua relação "normal", o fundo obterá lucro do realinhamento, independentemente da tendência geral no nível das taxas de juros. Nesse sentido, ele se esforça para ser **neutro ao mercado** (*market neutral*) ou coberto com respeito à direção das taxas de juros, e foi daí que surgiu o termo "*hedge fund*".

As estratégias não direcionais algumas vezes também são divididas em posições de *convergência* ou de *valor relativo*. A diferença entre convergência e valor relativo é um horizonte de tempo em que se pode afirmar com confiança que qualquer erro de apreçamento pode ser resolvido. Um exemplo de estratégia de convergência envolveria o erro de apreçamento de um contrato de futuros que deve ser corrigido no momento em que o contrato vencer. Em contraposição, o *spread* corporativo *versus* Tesouro que acabamos de analisar seria uma estratégia de valor relativo, porque não existe um horizonte óbvio durante o qual o *spread* de rendimento se "corrigiria" de um nível incomum.

Posições *long-short* como as do Exemplo 26.1 são características de estratégias com *hedge*. Elas são concebidas para isolar uma aposta em algum erro de apreçamento sem assumir uma exposição ao mercado. Haverá lucros independentemente de amplas mudanças no mercado, assim que os preços "convergirem" ou retornarem aos seus níveis "apropriados". Por esse motivo, a utilização de posições a descoberto e de derivativos é intrínseca ao setor.

TABELA 26.1 Estilos de fundos de *hedge*

Convertible arbitrage	Investimento coberto em títulos conversíveis, normalmente posições compradas em obrigações conversíveis e posições vendidas em ações.
Dedicated short bias	Posição vendida líquida, em geral em ações, diferentemente de uma posição vendida pura.
Emerging markets	O objetivo é explorar ineficiências de mercado em países emergentes. Normalmente são utilizadas apenas posições compradas porque a venda a descoberto não é viável em vários desses mercados.
Equity market neutral	Em geral são utilizados *hedges* com posição comprada/vendida. Normalmente controla riscos industriais, setoriais, de tamanho e outros riscos e estabelece posições de mercado neutras projetadas para explorar alguma ineficiência de mercado. Costuma envolver alavancagem.
Event driven	Tentativas de obter lucro de eventos como fusões, aquisições, reestruturações, falências ou reorganizações.
Fixed-income artibrage	Tentativas de obter lucro de anomalias de preço em títulos com taxa de juros relacionados. Inclui arbitragem de *swap* de taxa de juros, arbitragem de obrigações governamentais americanas *versus* não americanas, arbitragem de curva de rendimento e arbitragem de títulos garantidos por hipotecas.
Global macro	Envolve posições compradas e vendidas em capital ou mercados de derivativos ao redor do mundo. As posições em carteira refletem pontos de vista sobre as condições do mercado em geral e as principais tendências econômicas.
Long-short equity hedge	Posições direcionadas a ações em ambos os lados do mercado (isto é, posição comprada e vendida), dependendo da perspectiva. *Não* pretende ser neutro em relação ao mercado. Pode estabelecer um foco regional (p. ex.: Estados Unidos ou Europa) ou direcionado a um setor específico (p. ex.: ações de empresas do setor tecnológico ou de saúde). Existe a possibilidade de utilizar derivativos para proteger posições.
Managed futures	Utiliza futuros financeiros, de moeda ou de *commodity*. Pode utilizar regras técnicas de negociação ou um método de julgamento menos estruturado.
Multistrategy	Escolha oportunista de uma estratégia, dependendo da perspectiva.
Fund of funds	O fundo aloca seu caixa a vários outros fundos de *hedge* a serem gerenciados.

O CS/TASS (Credit Suisse/Tremont Advisors Shareholder Services) mantém um dos bancos de dados mais abrangentes sobre o desempenho dos fundos de *hedge*. Ele categoriza os fundos de *hedge* nesses 11 estilos diferentes de investimento.

> **EXEMPLO 26.1 || Posição neutra em relação ao mercado**
>
> Podemos mostrar uma posição neutra em relação ao mercado com uma estratégia amplamente utilizada por vários fundos de *hedge*, os quais observaram que as obrigações de 30 anos recém-lançadas do Tesouro ou *on the run* são vendidas regularmente por preços mais altos (rendimentos mais baixos) do que as obrigações de 29½ anos com duração praticamente idêntica. Presumivelmente, o *spread* de rendimento é um prêmio em virtude da maior liquidez das obrigações *on the run*. Portanto, os fundos de *hedge*, que têm necessidades de liquidez relativamente pequenas, compram uma obrigação de 29½ anos e vendem uma de 30 anos. Essa é uma posição coberta e neutra em relação ao mercado que gerará lucro quando os rendimentos sobre duas obrigações convergirem, tal como normalmente ocorre quando as obrigações de 30 anos vencem, deixam de ser a obrigação *on the run* mais líquida e não são mais precificadas com um valor acima do normal.
>
> Observe que essa estratégia deve gerar lucros independentemente da direção geral das taxas de juros. A posição comprada-vendida gerará lucro se as obrigações de 30 anos tiverem um desempenho abaixo das obrigações de 29½ anos, tal como deve ocorrer quando o prêmio de liquidez se dissipa. Como é quase inevitável que as discrepâncias de preço entre esses dois títulos desapareçam em uma determinada data, essa estratégia é um exemplo de arbitragem de convergência. Embora a data de convergência nesse caso não seja tão definitiva quanto o vencimento de um contrato de futuros, pode-se ter certeza de que as obrigações *one the run* do Tesouro perderão esse *status* no momento em que o Tesouro emitir outras obrigações de 30 anos.

Uma estratégia *long-short* mais complexa é a *convertible bond arbitrage*, um dos setores mais proeminentes do universo de fundos de *hedge*. Observando que uma obrigação conversível (*convertible bond*) pode ser vista como uma obrigação não conversível mais uma opção de compra sobre a ação subjacente, a estratégia neutra ao mercado nesse caso envolve uma posição na obrigação compensada pela posição oposta na ação. Por exemplo, se a obrigação conversível for considerada subvalorizada, o fundo a comprará e compensará sua exposição resultante a quedas no preço da ação vendendo a ação a descoberto.

Embora essas posições neutras em relação ao mercado tenham *hedge*, elas não são estratégias de arbitragem isentas de risco. Na verdade, elas devem ser vistas como **apostas puras**, isto é, apostas em um *determinado* erro de apreçamento (percebido) entre dois setores ou títulos, em que as fontes externas de risco como a exposição ao mercado geral são eliminadas. Além disso, como os fundos costumam operar com uma alavancagem considerável, os retornos podem ser bastante voláteis.

Arbitragem estatística

A **arbitragem estatística** é uma versão da estratégia neutra ao mercado, mas ela merece uma análise exclusiva. Ela é diferente da arbitragem pura porque não explora posições isentas de risco com base em erros de apreçamento inequívocos (como a arbitragem de índice). Em vez disso, ela utiliza sistemas de negociação quantitativos e com frequência automatizados que procuram vários desalinhamentos temporários e modestos entre os preços dos títulos. Com posições relativamente pequenas em várias dessas oportunidades, a lei das médias tornaria a probabilidade de obtenção de lucro do conjunto de apostas de valor ostensivamente positivo bastante alta, que em teoria seria quase uma "certeza estatística". Obviamente, essa estratégia presume que as técnicas de modelagem do fundo na verdade podem identificar ineficiências de mercado confiáveis, se elas forem pequenas. A lei das médias funcionará para o fundo somente se o retorno esperado for positivo!

A arbitragem estatística com frequência envolve a negociação de centenas de títulos por dia com períodos de manutenção que podem ser medidos em minutos ou menos. Essa negociação rápida e extremamente intensa exige ampla utilização de ferramentas quantitativas, como algoritmos de negociação e matemáticos

> **REVISÃO DE CONCEITOS 26.1**
>
> Classifique cada uma das seguintes estratégias como direcional ou não direcional.
> a. O fundo compra ações no India Investment Fund, um fundo fechado que está vendendo as ações com um desconto no valor líquido do ativo, e vende o MSCI India Index Swap.
> b. O fundo compra ações da Petrie Stores e vende as da Toys "R" Us, que é um componente importante do balanço patrimonial da Petrie.
> c. O fundo compra ações da Generic Pharmaceuticals, apostando que a empresa será adquirida por um valor altíssimo pela Pfizer.

automatizados, para identificar oportunidades de lucro e uma diversificação eficiente entre as posições. Essas estratégias tentam extrair lucro das menores oportunidades de erro de apreçamento percebidas e exigem a tecnologia de negociação mais rápida e os custos de negociação mais baixos. Elas não seriam possíveis sem as redes de comunicação eletrônica discutidas no Capítulo 3.

Uma forma específica de arbitragem estatística é a **negociação de pares**, na qual as ações são organizadas em duplas com base em uma análise de similaridades fundamentais ou exposições ao mercado (betas). O método usual é formar duplas de empresas semelhantes cujos retornos estejam altamente correlacionados, mas em que uma empresa parece ter um preço mais agressivo do que outra.[2] As posições neutras em relação ao mercado podem ser formadas com a compra das ações relativamente baratas de uma empresa e a venda das ações caras da outra. Muitos desses pares incluem a carteira geral do fundo de *hedge*. Todo par pode ter um resultado incerto. Contudo, com vários desses pares compatibilizados, supõe-se que muitas apostas em posições *long-short* apresentará uma probabilidade bastante alta de um retorno positivo anormal. Versões mais genéricas de negociação de pares possibilitam posições em grandes grupos (*clusters*) de ações que podem estar relativamente mal precificadas.

A arbitragem estatística normalmente está associada com a prática de ***data mining***, que se refere à análise de grandes quantidades de dados históricos para descobrir padrões sistemáticos nos retornos que possam ser explorados pelos negociadores. O risco do *data mining*, e da arbitragem estatística em geral, é que as relações históricas podem se interromper quando há mudanças nas condições econômicas fundamentais ou, na verdade, quando os padrões aparentes nos dados podem ser devidos à pura sorte. Uma análise adequada aplicada a dados adequados com certeza produzirá padrões aparentes que não indicam relações que se pode ter certeza de que continuarão no futuro.

26.3 Alfa portátil

Uma implicação importante da aposta pura neutra ao mercado é o conceito de **alfa portátil**. Suponhamos que você deseje especular com uma ação que imagina que esteja subvalorizada, mas acredite que o mercado está prestes a sofrer uma queda. Mesmo que você esteja certo a respeito de que a ação está *relativamente* abaixo do preço, ainda assim ela pode cair em resposta a quedas no mercado em geral. Você iria querer separar sua aposta nessa ação específica da aposta implícita de alocação de ativos sobre o desempenho de mercado que se evidencia em virtude de o beta da ação ser positivo. A solução é comprar a ação e eliminar a exposição resultante ao mercado vendendo futuros sobre ídices suficientes para forçar o beta a tornar-se zero. Essa estratégia de futuros de ação-posição vendida lhe oferece uma aposta pura, ou equivalentemente, uma posição *neutra em relação ao mercado* naquela ação.

Em linhas mais gerais, você deveria separar a alocação de ativos da escolha de títulos. A ideia é investir sempre que você conseguir "encontrar alfa". Em seguida, você ofereceria proteção contra o risco sistemático desse investimento para separar o respectivo alfa do mercado de ativos em que ele foi encontrado. Finalmente, você estabeleceria uma exposição aos setores desejados do mercado utilizando produtos passivos como os fundos mútuos indexados, fundos negociados em bolsa (*exchange-traded funds* – ETFs) ou futuros sobre índices. Em outras palavras, você teria criado um alfa portátil que pode ser combinado com uma exposição a qualquer setor do mercado que você escolher. Esse procedimento é chamado de **transferência do alfa** porque transferimos o alfa do setor no qual o encontramos para a classe de ativos em que finalmente estabelecemos uma exposição. A identificação do alfa exige habilidade. Em contraposição, o beta ou a exposição ao mercado é uma *commodity* que pode ser fornecida de maneira barata por produtos de índice e oferece pouco valor agregado.

---

[2] As regras para escolher a "agressividade" relativa da precificação pode variar. Em um dos métodos, um computador procura ações cujos preços tiveram uma trajetória histórica bastante semelhante, mas recentemente divergiram. Se o diferencial no retorno cumulativo normalmente se dissipar, o fundo comprará a ação que recentemente teve um desempenho inferior e venderá a que teve desempenho superior. Em outras variantes, a agressividade de preço pode ser determinada por meio da avaliação das ações com base em alguma medida de preço em relação ao valor intrínseco.

Exemplo de aposta pura

Suponhamos que você gerencie uma carteira de US$ 1,4 milhão. Você acredita que o alfa dessa carteira é positivo, $\alpha > 0$, mas também que o mercado está para sofrer uma queda, isto é, que $r_M < 0$. Diante disso, você tentaria fazer uma aposta pura sobre o erro de apreçamento percebido.

O retorno da carteira ao longo do mês seguinte pode ser descrito pela Equação 26.1, que expressa que o retorno da carteira será igual ao seu retorno CAPM "justo" (os dois primeiros termos do lado direito), mais o risco específico à empresa refletido no "residual", e, mais um alfa que reflete o erro de apreçamento percebido:

$$r_{carteira} = r_f + \beta(r_M - r_f) + e + \alpha \tag{26.1}$$

Utilizando um exemplo concreto, suponhamos que $\beta = 1{,}20$, $\alpha = 0{,}02$, $r_f = 0{,}01$, o valor atual do índice S&P 500 é $S_0 = 1.344$ e, para simplificar, a carteira não pague dividendos. Você deseja capturar o alfa positivo de 2% por mês, mas não quer o beta positivo da ação porque teme um declínio no mercado. Desse modo, você decide proteger sua exposição vendendo contratos de futuros do S&P 500.

Pelo fato de os contratos do S&P terem um multiplicador de US$ 250 e a carteira ter um beta de 1,20, sua posição em ações pode ser coberta durante um mês com a venda de cinco contratos de futuros:[3]

$$\text{Índice de } hedge = \frac{\text{US\$ } 1.400.000}{1.344 \times \text{US\$ } 250} \times 1{,}20 = 5 \text{ contratos}$$

O valor em dólar de sua carteira após um mês será

$$\text{US\$ } 1.400.000 \times (1 + r_{carteira}) = \text{US\$ } 1.400.000 \left[1 + 0{,}01 + 1{,}20(r_M - 0{,}01) + 0{,}02 + e\right]$$
$$= \text{US\$ } 1.425.000 + \text{US\$ } 1.680.000 \times r_M + \text{US\$ } 1.400.000 \times e$$

Os rendimentos em dólar de sua posição em futuros serão:

$5 \times \text{US\$ } 250 \times (F_0 - F_1)$ Marcação a mercado em 5 contratos vendidos
$= \text{US\$ } 1.250 \times [S_0(1{,}01) - S_1]$ Substituto para preço de futuros, F_0, da relação de paridade
$= \text{US\$ } 1.250 \times S_0[1{,}01 - (1 + r_M)]$ Porque $S_1 = S_0(1 + r_M)$ quando são pagos dividendos
$= \text{US\$ } 1.250 \times [S_0(0{,}01 - r_M)]$ Para simplificar
$= \text{US\$ } 16.800 - \text{US\$ } 1.680.000 \times r_M$ Porque $S_0 = 1.344$

O valor total da ação mais a posição em futuros no final do mês será a soma do valor da carteira com os rendimentos dos futuros, que é igual a

$$\text{Rendimentos com } hedge = \text{US\$ } 1.442.000 + \text{US\$ } 1.400.000 \times e \tag{26.2}$$

Observe que a exposição ao mercado, em sua posição em futuros, compensa precisamente sua exposição na carteira de ações. Em outras palavras, você diminuiu o beta para zero. Seu investimento é de US$ 1,4 milhão e, portanto, sua taxa de retorno mensal total é 3% mais o risco não sistemático remanescente (o segundo termo da Equação 26.2). A taxa de retorno esperada justa ou de equilíbrio nessa posição de beta zero é a taxa isenta de risco, 1%. Portanto, você preservou seu alfa de 2% e ao mesmo tempo eliminou a exposição da carteira de ações ao mercado.

Esse é um exemplo idealizado de aposta pura. Especificamente, ele simplifica ao admitir um beta de carteira conhecido e fixo, mas mostra que o objetivo é especular com a ação e ao mesmo tempo eliminar a exposição indesejada ao mercado. Assim que você conseguir fazer isso, poderá

---

[3] Nesse caso, para simplificar, supomos que o vencimento do contrato de futuros é precisamente igual ao horizonte de *hedging*, isto é, um mês. Se o vencimento do contrato fosse mais extenso, seria necessário reduzir um pouco o índice de *hedge* em um processo denominado "*tailing the hedge*".

estabelecer qualquer exposição desejada a outras fontes de risco sistemático comprando índices ou assumindo contratos de futuros sobre índices nesses mercados. Desse modo, você tornou o alfa portátil.

A Figura 26.1 apresenta uma análise gráfica dessa aposta pura. O Painel A mostra os retornos em excesso da aposta "a descoberto", isto é, sem *hedge*, em uma carteira de ações com alfa positivo. Seu retorno *esperado* é melhor do que um retorno de equilíbrio em vista de seu risco. Contudo, em virtude de sua exposição ao mercado, você ainda assim poderá perder se houver uma queda no mercado. O Painel B mostra a linha característica da posição com o risco sistemático eliminado. Não há nenhuma exposição ao mercado.

> **REVISÃO DE CONCEITOS 26.2**
>
> Qual seria o valor do dólar e qual seria a taxa de retorno sobre a posição neutra em relação ao mercado se o valor do residual fosse –4%? Se o retorno do mercado no mês em questão fosse 5%, onde o retorno da estratégia ficaria em cada painel da Figura 26.1?

Atenção: Mesmo as posições neutras em relação ao mercado continuam sendo apostas, e elas podem dar errado. Isso não é uma arbitragem verdadeira porque seus lucros ainda dependem de sua análise (seu alfa percebido) estar ou não correta. Além disso, você pode ser vencido simplesmente por má sorte, isto é, sua análise pode estar correta mas uma péssima percepção do risco idiossincrático (valores negativos de *e* na Equação 26.1 ou 26.2) ainda assim pode gerar perdas.

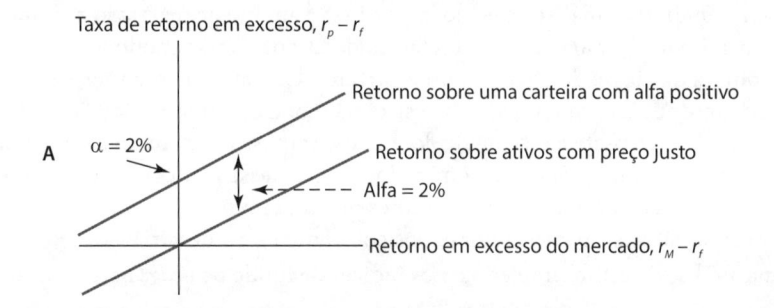

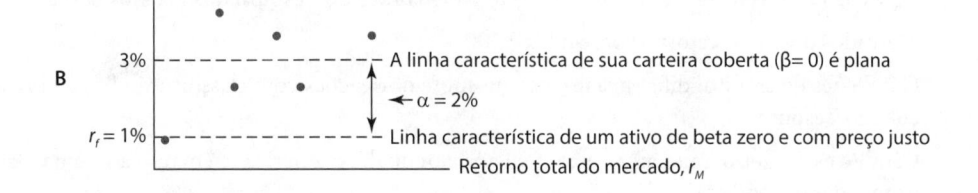

FIGURA 26.1
Uma aposta pura. *Painel A:* posição descoberta. *Painel B:* posição coberta

EXEMPLO 26.2 || Os riscos das apostas puras

Uma aposta aparentemente neutra em relação ao mercado não vingou em 1998. Embora a estratégia de obrigações do Tesouro com vencimento em 30 anos *versus* 29½ anos (consulte o Exemplo 26.1) tenha funcionado bem ao longo de vários anos, ela não vingou quando a Rússia ficou inadimplente, desencadeando uma enorme demanda de investimentos em ativos seguros e mais líquidos que elevou o preço das obrigações de 30 anos do Tesouro em relação ao de sua congênere de 29½ anos. As grandes perdas que se seguiram mostra que, mesmo a aposta mais segura – que se baseia na arbitragem de convergência – contém riscos. Embora o *spread* das obrigações do Tesouro tivesse de convergir em algum momento, e na verdade convergiu várias semanas depois, a Long Term Capital Management (LTCM) e outros fundos de *hedge* sofreram perdas imensas em suas posições quando o *spread* ficou temporariamente mais amplo. A convergência final ocorreu tarde demais para a LTCM, que também estava enfrentando perdas enormes em suas outras posições e precisou de resgate financeiro.[4]

---

[4] Esse problema de *timing* é comum para os gestores ativos. Vimos outros exemplos sobre essa questão quando analisamos os limites à arbitragem no Capítulo 12. Em linhas mais gerais, quando os analistas de títulos pensam que encontraram uma ação com erro de apreçamento, eles normalmente reconhecem que é difícil saber quanto tempo levará para que o preço convirja para o valor intrínseco.

Mesmo as apostas neutras ao mercado podem gerar uma volatilidade considerável porque a maior parte dos fundos de *hedge* utiliza muita alavancagem. Os incidentes em relação aos erros de apreçamento são em sua maioria razoavelmente menores e a proteção característica das estratégias de posições *long-short* torna a volatilidade geral baixa. Os fundos de *hedge* respondem a isso aumentando a escala de suas apostas. Isso amplia os ganhos quando as apostas surtem efeito, mas também amplia as perdas. No final, a volatilidade dos fundos não é pequena.

26.4 Análise de estilo de fundos de *hedge*

Embora a estratégia clássica dos fundos de *hedge* tenha se concentrado em oportunidades neutras ao mercado à medida que o mercado evoluiu, a liberdade para utilizar contratos de derivativos e posições vendidas significa que os fundos de *hedge* podem, em vigor, seguir qualquer estratégia de investimento. Ainda que muitos fundos de *hedge* adotem estratégias neutras ao mercado, uma rápida olhada na variedade de estilos de investimento mostrados na Tabela 26.1 pode convencê-lo de que vários fundos, se não a maioria, adotam estratégias direcionais. Nesses casos, o fundo faz uma aposta direta – por exemplo, em movimentos cambiais, no resultado de uma tentativa de tomada de controle acionário ou no desempenho de um setor de investimento. Esses fundos certamente não possuem *hedge*, não obstante o nome que levam.

No Capítulo 24, apresentamos a análise de estilo, que utiliza a análise de regressão para medir a exposição de uma carteira a diversos fatores ou classes de ativos. Desse modo, essa análise mede a exposição implícita da classe de ativos de uma carteira. Os betas em uma série de fatores medem a exposição do fundo a cada fonte de risco sistemático. Um fundo *market neutral* não tem sensibilidade a um índice referente a esse mercado. Em contraposição, os fundos direcionais exibirão betas significativos, com frequência denominados cargas nesse contexto, em quaisquer fatores que os fundos tenderem a apostar. Os observadores que tentam medir o estilo de investimento podem utilizar cargas fatoriais para atribuir exposições a uma série de variáveis.

Apresentamos uma análise de estilo simples para os índices de fundo de *hedge* na Tabela 26.2. Os quatro fatores sistemáticos que consideramos são:

- Taxas de juros: retorno sobre obrigações de longo prazo do Tesouro dos Estados Unidos.
- Mercados de ações: retorno sobre o S&P 500.
- Condições de crédito: diferença no retorno sobre obrigações com classificação Baa e obrigações do Tesouro.
- Câmbio estrangeiro: mudança percentual no valor do dólar americano em relação a uma cesta de moedas estrangeiras.

Os retornos em excesso sobre o índice de fundo de *hedge* i no mês t pode ser expresso estatisticamente por[5]

$$R_{it} = a_i + b_{i_1} \text{Fator1}_t + \dots + b_{i_4} \text{Fator4}_t + e_{it} \qquad (26.3)$$

Os betas (equivalentemente, cargas fatoriais) medem a sensibilidade a cada fator. Como sempre, o residual, e_{it}, mede o risco "não sistemático" que não está correlacionado com o conjunto de fatores explicativos e o intercepto, a_i, mede o desempenho médio do fundo i excluindo o impacto desses fatores sistemáticos.

A Tabela 26.2 apresenta estimativas de exposição a esses fatores para 13 índices de fundo de *hedge*. Os resultados confirmam que na verdade os fundos são em sua maioria direcionais, exibindo exposições bastante nítidas a um ou mais dos quatro fatores citados. Além disso, os betas fatoriais estimados parecem razoáveis com relação ao estilo declarado do fundo. Por exemplo:

---

[5] Essa análise difere em dois aspectos importantes em relação à análise de estilo dos fundos mútuos introduzida no Capítulo 24. Primeiro, nessa aplicação, as cargas fatoriais não são forçadas a ser não negativas. Isso porque, diferentemente dos fundos mútuos, os fundos de *hedge* podem assumir facilmente posições vendidas em várias classes de ativos. Segundo, os pesos da carteira não são forçados a totalizar 1,0. Uma vez mais, diferentemente dos fundos mútuos, os fundos de *hedge* podem operar com uma alavancagem considerável.

- Os fundos *equity market neutral* têm betas fatoriais invariavelmente baixos e estatisticamente insignificantes, tal como se esperaria de uma posição neutra em relação ao mercado.
- Os fundos *dedicated short bias* exibem betas consideravelmente negativos no índice S&P.
- Os fundos *distressed* têm uma exposição significativa às condições de crédito (os *spreads* de crédito mais positivos nessa tabela indicam melhores condições econômicas), bem como ao S&P 500. Essa exposição surge porque as atividades de reestruturação com frequência dependem do acesso a empréstimos e o sucesso de uma reestruturação depende da situação da economia.
- Os fundos *global macro* exibem uma exposição negativa ao dólar americano mais forte, e isso pode depreciar o valor do dólar dos investimentos estrangeiros.

Concluímos que, de modo geral, a maioria dos fundos de *hedge* está fazendo apostas direcionais em um amplo conjunto de fatores econômicos.

> **REVISÃO DE CONCEITOS 26.3**
>
> Analise os betas do índice de *fixed-income arbitrage* na Tabela 26.2. Com base nesses resultados, esses fundos normalmente são neutros em relação ao mercado? Se não, suas exposições aos fatores fazem sentido com relação aos mercados em que eles atuam?

26.5 Mensuração de desempenho de fundos de *hedge*

A Tabela 26.3 apresenta dados de desempenho básicos referentes a um conjunto de índices de fundo de *hedge*, calculados com base no modelo de índice padrão, utilizando como referência de mercado o S&P 500. Esse modelo é estimado utilizando retornos em excesso mensais ao longo do pe-

TABELA 26.2 Análise de estilo de uma amostra de índices de fundo de *hedge*

Grupo de fundos*	Alfa	S&P 500	Obrigações de longo prazo do Tesouro	Condições de crédito	Dólar americano
Todos os fundos	0,0052	0,2718	0,0189	0,1755	−0,1897
	3,3487	5,0113	0,3064	2,0462	−2,1270
Market neutral	0,0014	0,1677	−0,0163	0,3308	−0,5097
	0,1990	0,6917	−0,0589	0,8631	−1,2790
Short bias	0,0058	−0,9723	0,1310	0,3890	−0,2630
	1,3381	−6,3684	0,7527	1,6113	−1,0476
Event driven	0,0071	0,2335	0,0000	0,2056	−0,1165
	5,1155	4,7858	−0,0002	2,6642	0,1520
Risk arbitrage	0,0034	0,1498	0,0130	−0,0006	−0,2130
	3,0678	3,8620	0,0442	−0,0097	−3,3394
Distressed	0,0068	0,2080	0,0032	0,2521	−0,1156
	5,7697	4,9985	0,0679	3,8318	−1,6901
Emerging markets	0,0082	0,3750	0,2624	0,4551	−0,2169
	2,8867	3,7452	2,2995	2,8748	−1,3173
Fixed-income arbitrage	0,0018	0,1719	0,2284	0,5703	−0,1714
	1,0149	2,8139	3,2806	5,9032	−1,7063
Convertible arbitrage	0,0005	0,2477	0,2109	0,5021	−0,0972
	0,2197	3,1066	2,3214	3,9825	−0,7414
Global macro	0,0079	0,0746	0,0593	0,1492	−0,2539
	3,5217	0,9437	0,6587	1,1938	−1,9533
Long-short equity	0,0053	0,4442	−0,0070	0,0672	−0,1471
	2,5693	6,1425	−0,0850	0,5874	−1,2372
Managed futures	0,0041	0,2565	−0,2991	−0,5223	−0,2703
	0,8853	1,5944	−1,6310	−2,0528	−1,0217
Multistrategy	0,0075	0,2566	−0,0048	0,1781	−0,1172
	4,2180	4,1284	−0,0684	1,8116	−1,1471

*A definição dos fundos é apresentada na Tabela 26.1.
Nota: A linha superior de cada item refere-se à estimativa do beta fatorial. A linha inferior refere-se à estatística *t* dessa estimativa.
Fonte: Cálculos dos autores. Os retornos dos fundos de *hedge* são calculados pelo Credit Suisse/Tremont Index, LLC, disponível em www.hedgeindex.com.

TABELA 26.3 Regressões de modelo de índice para índices de fundo de *hedge*

	Beta	Correlação serial	Alfa	Índice de Sharpe
Índice composto de fundo de *hedge*	0,355	0,321	0,200	0,123
Event driven: distressed	0,324	0,570	0,206	0,120
Event driven: merger arbitrage	0,153	0,254	0,273	0,287
Event driven: todos	0,368	0,466	0,216	0,128
Neutro ao mercado	0,090	0,133	−0,007	0,007
Short bias	−0,668	0,147	−0,169	−0,076
Emerging markets	0,618	0,357	0,415	0,133
Long-short hedge	0,506	0,306	0,097	0,061
Fund of funds	0,261	0,361	−0,016	0,012
Relative value	0,245	0,576	0,300	0,204
Fixed income: asset backed	0,088	0,570	0,468	0,468
Fixed income: convertible arbitrage	0,435	0,597	0,163	0,072
Fixed income: corporate	0,322	0,585	0,113	0,075
Multistrategy	0,241	0,565	0,136	0,100
S&P 500	1,000	0,218	0,000	0,031
Média entre fundos de *hedge*	0,238	0,415	0,171	0,123

Período da estimativa: Janeiro de 2005–novembro de 2011.

Fonte: Cálculo dos autores por meio de dados da Hedge Fund Research Inc., www.hedgefundresearch.com, março de 2012.

ríodo de janeiro de 2005 a novembro de 2011. Para cada índice, informamos o beta em relação ao S&P 500, a correlação serial dos retornos, o índice de Sharpe e o alfa. Os betas tendem a ser consideravelmente inferiores a 1; não surpreendentemente, o beta do índice de fundos *dedicated short bias* (short bias index) é grande e negativo. O beta do índice dos fundos *market neutral* é quase zero.

De modo geral, o desempenho dos fundos de *hedge* impressiona. As estimativas de alfa são em sua maioria positivas e o alfa médio é considerável, 0,17% por mês. De modo semelhante, a maioria dos índices de Sharpe supera o do S&P 500 e o índice de Sharpe médio entre os grupos de fundos de *hedge*, 0,123, é quatro vezes superior ao do S&P 500. Qual seria o motivo desse desempenho?

Uma das possibilidades, obviamente, é a que está evidente: esses resultados podem ser um reflexo do alto grau de habilidade dos gestores de fundos de *hedge*. Outra possibilidade é que os fundos mantêm alguma exposição a fatores de risco omitidos que carregam um prêmio de risco positivo. Um provável candidato a esse fator seria a liquidez, e em breve veremos que a liquidez e o risco de liquidez estão associados com os retornos médios. Além disso, vários outros fatores dificultam a avaliação de desempenho dos fundos de *hedge* e isso também vale a pena ser considerado.

Liquidez e desempenho dos fundos de *hedge*

Uma explicação para o desempenho aparentemente atraente dos fundos de *hedge* é a liquidez. Com base no Capítulo 9, lembre-se de que uma das ampliações mais importantes do modelo de precificação de ativos financeiros (*capital asset pricing model* – CAPM) é uma versão que leva em conta a possibilidade de um prêmio de retorno para os investidores dispostos a manter ativos menos líquidos. Os fundos de *hedge* tendem a manter ativos mais ilíquidos do que outros investidores institucionais como os fundos mútuos. Eles podem fazer isso em virtude de restrições como as cláusulas de carência que obrigam os investidores a manter seu investimento no fundo durante determinado período. Portanto, é importante considerar a liquidez na avaliação de desempenho. Se ela for ignorada, o que poderia ser nada mais que uma compensação pela falta de liquidez pode parecer o alfa verdadeiro, isto é, retornos anormais ajustados ao risco.

Aragon demonstra que os fundos de *hedge* com restrições de carência de fato tendem a manter carteiras menos líquidas.[6] Além disso, assim que ele levou em conta as carências ou outras restrições às ações (como períodos de notificação de resgate), o alfa médio aparentemente positivo desses fundos tornou-se insignificante. O estudo de Aragon leva a crer que o "alfa" típico exibido pelos fundos de *hedge* pode ser interpretado como um prêmio de liquidez de equilíbrio, em vez de um

---
[6] George O. Aragon, "Share Restrictions and Asset Pricing: Evidence from the Hedge Fund Industry", *Journal of Financial Economics*, 83, 2007, pp. 33–58.

sinal de capacidade de escolha de ações. Em outras palavras, uma recompensa "justa" pela liquidez oferecida a outros investidores.

Um dos sintomas do ativo ilíquido é a correlação serial nos retornos. A correlação serial positiva significa que os retornos positivos são mais propensos a ser seguidos por retornos positivos do que negativos. Esse padrão com frequência é considerado um indicador de mercados menos líquidos, pelo seguinte motivo: quando não existem preços precisos e oportunos porque um ativo não é negociado ativamente, o fundo de *hedge* deve estimar seu valor para calcular o valor líquido do ativo e as taxas de retorno. Contudo, esses procedimentos são, na melhor das hipóteses, imperfeitos e, tal como demonstrado por Getmansky, Lo e Makarov, tendem a gerar uma correlação serial nos preços à medida que as empresas nivelam suas estimativas de valor ou simplesmente marcam os preços de forma gradativa de acordo com os valores de mercado.[7] Portanto, a correlação serial positiva com frequência é interpretada como evidência de problemas de liquidez; em mercados quase eficientes de negociações sem atrito, esperaríamos uma correlação serial mínima ou outros padrões previsíveis mínimos nos preços. A maioria dos fundos mútuos não exibe quase nenhuma evidência dessa correlação em seus retornos e a correlação serial do S&P 500 na maior parte dos períodos é praticamente zero.[8]

Hasanhodzic e Lo constatam que os retornos dos fundos de *hedge* na verdade exibem uma correlação serial significativa. Esse sinal de preços nivelados tem duas implicações importantes. Primeiro, ele oferece maior respaldo à hipótese de que os fundos de *hedge* estão mantendo ativos menos líquidos e de que os alfas aparentes na verdade podem ser prêmios de liquidez. Segundo, implica que suas medidas de desempenho ajustadas ao risco são distorcidas para cima, porque qualquer nivelamento nas estimativas do valor da carteira diminuirá a volatilidade total (aumentando o índice de Sharpe), bem como as covariâncias e, portanto, os betas com fatores sistemáticos (aumentando os alfas ajustados ao risco). Na verdade, a Figura 26.2 mostra que tanto os alfas quanto o índice de Sharpe dos índices de fundo de *hedge* na Tabela 26.3 aumentam com a correlação serial dos retornos. Esses resultados são coerentes com os resultados obtidos por Hasanhodzic e Lo específicos aos fundos e levam a crer que o nivelamento de preços pode explicar parte do desempenho médio aparentemente superior dos fundos de *hedge*.

Enquanto Aragon se concentra no nível médio de liquidez, Sadka aborda o risco de liquidez dos fundos de *hedge*.[9] Ele mostra que a exposição a quedas inesperadas na liquidez do mercado é um determinante importante dos retornos médios dos fundos de *hedge* e que o *spread* nos retornos médios entre os fundos que apresentam a exposição mais alta e mais baixa à liquidez pode chegar a 6% ao ano. Portanto, os fundos de *hedge* podem refletir uma compensação significativa para o risco de liquidez. A Figura 26.3, elaborada com dados divulgados nesse estudo, é um diagrama de dispersão que relaciona o retorno médio dos fundos de *hedge* em cada grupo de estilo da Tabela 26.2 com o beta do risco de liquidez de cada grupo. O retorno médio sem dúvida aumenta com a exposição a mudanças na liquidez do mercado.

A interpretação dos retornos pode se tornar ainda mais difícil se os fundos de *hedge* tirarem proveito de mercados ilíquidos para manipular os retornos por meio de uma estimativa propositadamente incorreta dos ativos ilíquidos. Nesse sentido, vale a pena notar que, na média, os fundos de *hedge* divulgam retornos médios em dezembro que são consideravelmente mais altos do que seus retornos médios em outros meses.[10] Esse padrão é mais forte para os fundos com menor liquidez e os fundos que estão próximos ou além do retorno-limite no qual as taxas de incentivo entram em ação. Parece que alguns fundos utilizam critérios próprios ao avaliar os ativos para deslocar os

---

[7] Mila Getmansky, Andrew W. Lo e Igor Makarov, "An Econometric Model of Serial Correlation and Illiquidity in Hedge Fund Returns", *Journal of Financial Economics*, 74, 2004, pp. 529–609.

[8] O período de 2005–2011, no qual a correlação serial dos retornos em excesso mensais do S&P 500 foi 0,218 (consulte a Tabela 26.3), é uma exceção notável a essa regra geral. Essa anomalia provém do período do colapso financeiro, quando o retorno sobre o S&P 500 ficou extremamente negativo durante meses sucessivos (setembro a novembro de 2008 e, depois, em janeiro e fevereiro de 2009). As sequências de retornos negativos grandes e consecutivos foram responsáveis pela correlação serial positiva ao longo do período da amostra, um resultado em grande medida incomum para esse índice. Entretanto, observe que, mesmo nesse período, a correlação serial média dos índices de fundo de *hedge* é quase duas vezes superior à do S&P 500.

[9] Ronnie Sadka, "Liquidity Risk and the Cross-Section of Hedge-Fund Returns", *Journal of Financial Economics*, 98, outubro de 2010, 54–71.

[10] Vikas Agarwal, Naveen D. Daniel e Narayan Y. Naik, "Do Hedge Funds Manage Their Reported Returns?", *Review of Financial Studies*, 24, 2011, 3.281–3.320.

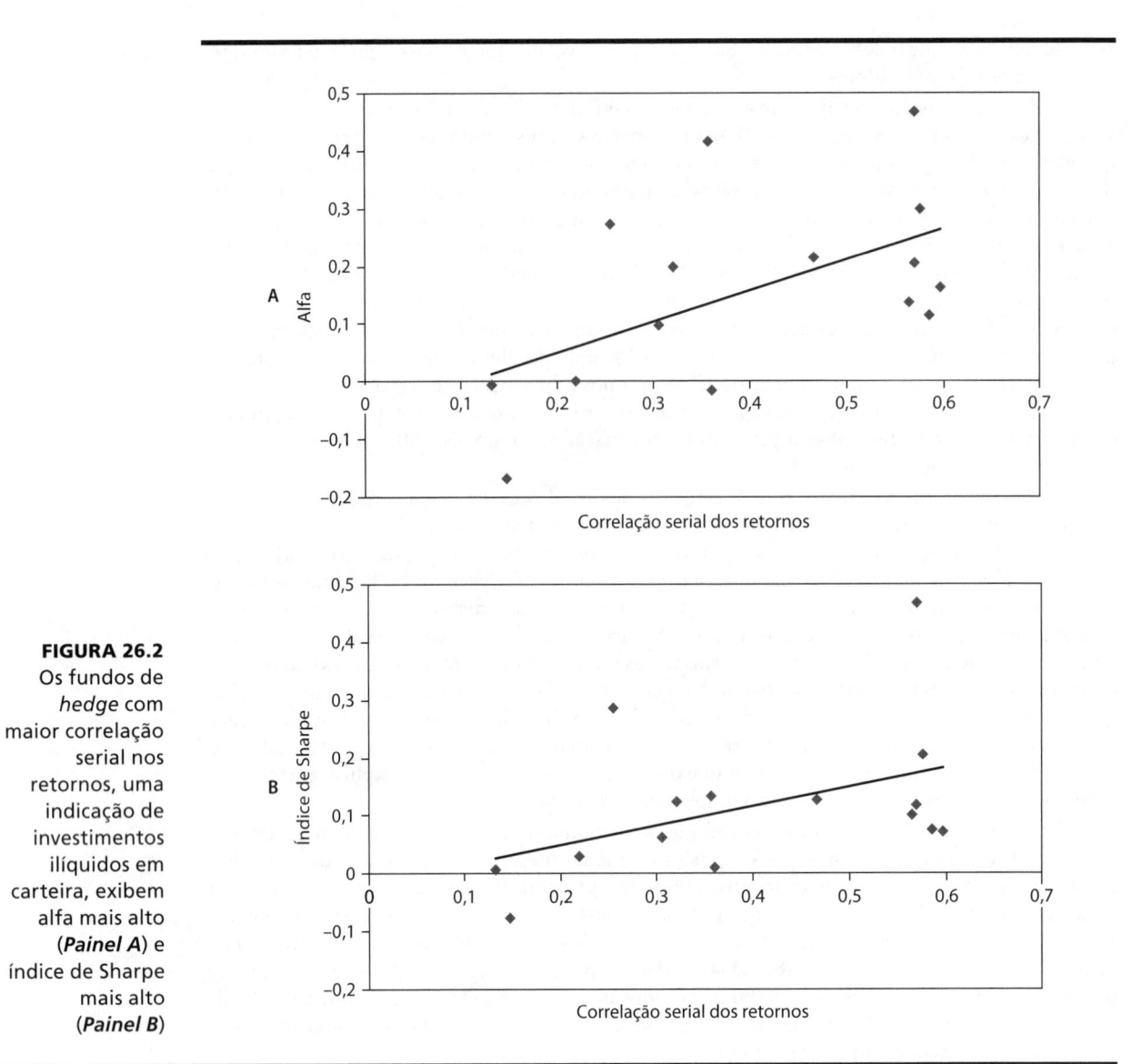

FIGURA 26.2
Os fundos de *hedge* com maior correlação serial nos retornos, uma indicação de investimentos ilíquidos em carteira, exibem alfa mais alto (*Painel A*) e índice de Sharpe mais alto (*Painel B*)

Fonte: Elaborada com os dados da Tabela 26.3.

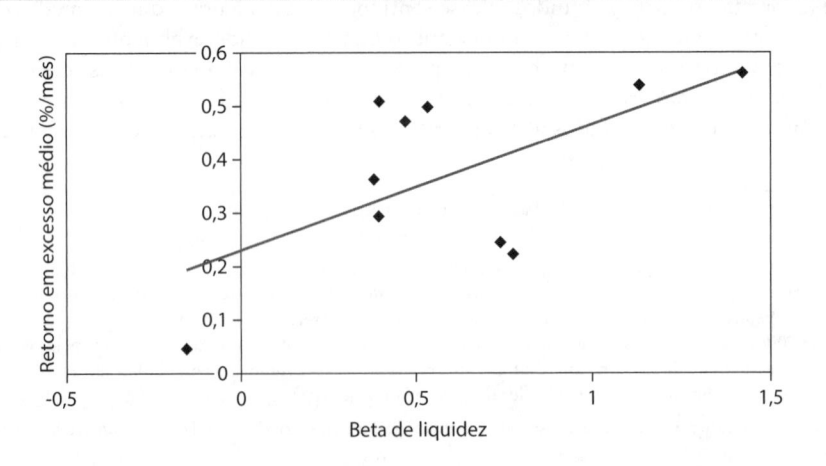

FIGURA 26.3
Retornos médios dos fundos de *hedge* como função do risco de liquidez

Fonte: Elaborada com base em dados de Sadka, "Liquidity Risk and the Cross-Section of Hedge-Fund Returns".

retornos para dezembro quando isso promete aumentar suas taxas de incentivo anuais. Parece também que alguns fundos de *hedge* tentam manipular seu desempenho medido comprando mais das ações que eles já possuem a fim de elevar os preços.[11] A compra ocorre um pouco antes do fechamento do mercado no final do mês, quando o desempenho do fundo é divulgado. Além disso, essa operação se concentra em ações menos líquidas em que se prevê que o impacto do preço será maior. Se os fundos tirarem vantagem de mercados ilíquidos para manipular os retornos, tal como os artigos citados indicam, será impossível ter uma mensuração de desempenho precisa.

Desempenho dos fundos de *hedge* e viés de sobrevivência

Já sabemos que o viés de sobrevivência (quando apenas os fundos bem-sucedidos são incluídos em um banco de dados) pode afetar o desempenho estimado de uma amostra de fundos mútuos. Esses mesmos problemas, bem como problemas análogos, aplicam-se aos fundos de *hedge*. O **backfill bias** surge porque os fundos de *hedge* divulgam os retornos aos divulgadores de bancos de dados somente se assim desejarem. Os fundos que começaram com capital semente se abrirão ao público e, portanto, integrarão os bancos de dados convencionais somente se seu desempenho histórico for considerado suficientemente bom para atrair clientes. Desse modo, o desempenho anterior dos fundos que finalmente são incluídos na amostra talvez não seja representativo do desempenho usual. O **viés de sobrevivência** surge quando os fundos malsucedidos que interromperam suas operações param de divulgar retornos e saem dos bancos de dados, deixando na amostra apenas os fundos bem-sucedidos. Malkiel e Saha constatam que as taxas de desistência dos fundos de *hedge* são bem mais altas do que as dos fundos mútuos – na verdade, normalmente mais de duas vezes mais altas do que as dos fundos mútuos –, transformando esse fato em uma questão importante que merece ser abordada.[12] As estimativas de viés de sobrevivência de vários estudos normalmente são consideráveis, entre 2 a 4%.[13]

Desempenho dos fundos de *hedge* e cargas fatoriais

No Capítulo 24, ressaltamos que uma suposição importante subjacente à avaliação de desempenho convencional é de que o gestor de carteira mantém um perfil de risco estável ao longo do tempo. Porém, os fundos de *hedge* são concebidos para serem oportunistas e têm grande flexibilidade para mudar esse perfil. Isso também pode tornar a avaliação de desempenho ardilosa. Se o risco não for constante, os alfas estimados serão distorcidos quando utilizarmos um modelo

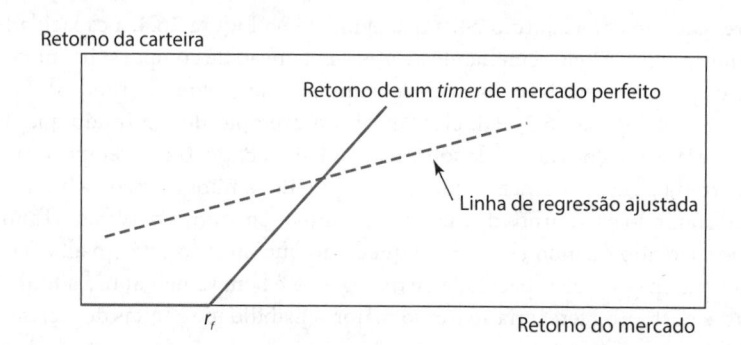

FIGURA 26.4
Linha característica de um *timer* de mercado perfeito. A linha característica verdadeira é torta, com um formato semelhante ao de uma opção de compra. A tentativa de ajustar uma linha reta nessa relação produzirá uma inclinação e um intercepto com estimativa incorreta

---

[11] Itzhak Ben-David, Francesco Franzoni, Augustin Landier e Rabih Moussawi, "Do Hedge Funds Manipulate Stock Prices?", *Journal of Finance*, no prelo, 2013.

[12] Burton G. Malkiel e Atanu Saha, "Hedge Funds: Risk and Return", *Financial Analysts Journal*, 61, 2005, pp. 80–88.

[13] Por exemplo, Malkiel e Saha estimam o viés em 4,4%; G. Amin e H. Kat, "Stocks, Bonds and Hedge Funds: Not a Free Lunch!", *Journal of Portfolio Management*, 29, verão de 2003, pp. 113–120, identifica um viés de 2%; e William Fung e David Hsieh, "Performance Characteristics of Hedge Funds and CTA Funds: Natural *versus* Spurious Biases", *Journal of Financial and Quantitative Analysis*, 35, 2000, pp. 291–307, identificam um viés de 3,6%.

FIGURA 26.5
Linhas características de uma carteira de ações com opções lançadas. **Painel A**, Comprar ações, lançar opções de venda. Aqui, o fundo lança menos opções de venda em relação à quantidade de ações que ele mantém. **Painel B**, Comprar ações, lançar opções de compra. Aqui, o fundo lança menos opções de compra em relação à quantidade de ações que ele mantém

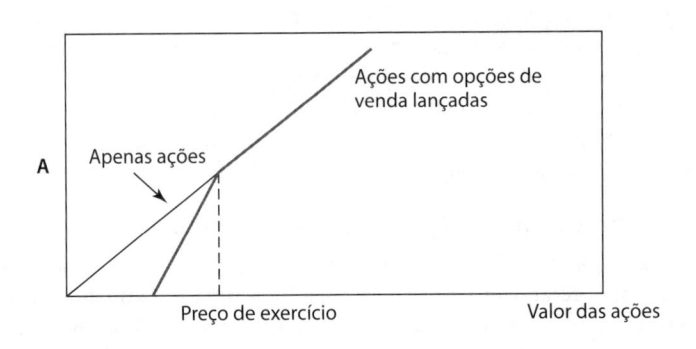

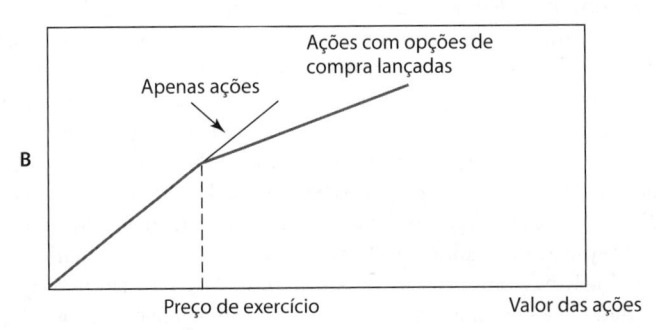

de índice linear convencional. E se o perfil de risco mudar de maneira sistemática com o retorno esperado sobre o mercado, a avaliação de desempenho se tornará ainda mais difícil.

Para ver o motivo, observe a Figura 26.4, que mostra a linha característica de um *timer* de mercado perfeito (consulte o Capítulo 24, Seção 24.4) que não faz nenhuma escolha de título, mas desloca os fundos das letras do Tesouro para a carteira de mercado somente quando o mercado promete superar o desempenho das letras. A linha característica é não linear, com inclinação 0 quando o retorno em excesso do mercado é negativo e inclinação 1 quando ele é positivo. Mas uma tentativa inocente de estimar a equação de regressão desse padrão resultaria em uma linha adaptada, com inclinação entre 0 e 1 e alfa positivo. Nenhuma estatística descreve com precisão o fundo.

Tal como ressaltamos no Capítulo 24, e fica evidente na Figura 26.4, a capacidade de realizar um *market timing* perfeito é bem semelhante a obter uma opção de compra sobre uma carteira subjacente sem ter de pagar por ela. Não linearidades similares surgiriam se o fundo de fato comprasse ou lançasse opções. A Figura 26.5, Painel A, mostra o exemplo de um fundo que mantém uma carteira de ações e lança opções de venda sobre ela, e o Painel B mostra o exemplo de um fundo que mantém uma carteira de ações e lança opções de compra. Em ambos os casos, a linha característica é mais acentuada quando os retornos da carteira são ruins – em outras palavras, o fundo tem maior sensibilidade ao mercado quando ele está em queda do que quando está em alta. Trata-se de um perfil oposto ao que surgiria da capacidade de *timing*, que é bem semelhante a adquirir opções em vez de lançá-las, e portanto ofereceria ao fundo maior sensibilidade às altas de mercado.[14]

A Figura 26.6 apresenta evidências sobre esses tipos de não linearidade. Um linha de regressão não linear é adaptada ao diagrama de dispersão de retornos sobre os índices de fundo de *hedge* em comparação com os retornos sobre o S&P 500. As linhas adaptadas em cada painel levam a crer que o beta desses fundos é mais alto em mercados em baixa (inclinação mais alta) do que em mercados em alta.[15]

---

[14] Mas o fundo que lança opções no mínimo receberia uma compensação justa pelo formato não atraente de sua linha característica em forma de um prêmio que é obtido quando ele lança opções.

[15] Nem todas as categorias de fundos de *hedge* exibiram esse tipo de padrão. Efetivamente, muitos evidenciaram betas simétricos em mercados em alta e em baixa. Entretanto, a Figura 26.6, Painel A, mostra que os efeitos da assimetria afetam os fundos de *hedge* como um todo.

Isso é precisamente o que os investidores *não* querem: maior sensibilidade quando o mercado está fraco. Trata-se de uma evidência de que os fundos podem estar lançando opções, tanto explícita quanto implicitamente, por meio de estratégias de negociação dinâmicas (consulte o Capítulo 21, Seção 21.5, para uma discussão sobre estratégias dinâmicas).

Do mesmo modo que o beta dos fundos de *hedge* pode ser instável, outros aspectos de seu perfil de risco também podem ser instáveis – por exemplo, a volatilidade total dos retornos. Como esses fundos têm grande liberdade para utilizar alavancagem e negociar em derivativos, eles têm uma enorme capacidade para mudar suas exposições ao risco. Com base no Capítulo 24, lembre-se de que, quando os gestores de carteira podem mudar o risco em qualquer período de mensuração, eles podem também manipular as medidas padrão de retorno ajustado ao risco. Por isso, é desejável que eles calculem e divulguem medidas de desempenho à prova de manipulação, como o retorno ajustado ao risco da Morningstar.

Eventos de cauda e desempenho dos fundos de *hedge*

Imagine um fundo de *hedge* cuja estratégia de investimento é manter um fundo no índice S&P 500 e lançar opções de venda extremamente fora do preço sobre esse índice. Obviamente, o gestor de fundos não estaria utilizando nenhuma habilidade em seu trabalho. Contudo, se você conhecesse apenas os resultados do investimento desse gestor ao longo de períodos restritos, e não sua estratégia subjacente, talvez você fosse levado a acreditar que ele é extremamente talentoso. Porque, se as opções de venda forem lançadas suficientemente fora do preço, apenas raras vezes elas acabarão por impor uma perda, e essa estratégia pode parecer ao longo de períodos extensos – mesmo no decorrer de vários anos – consistentemente lucrativa. Na maioria dos períodos, essa estratégia oferece um prêmio modesto proveniente das opções de venda lançadas e, portanto, supera o desempenho do S&P 500, passando a impressão de um desempenho sistematicamente superior. A imensa perda que poderia ser incorrida se houvesse uma queda de mercado extrema talvez não seja experimentada mesmo em períodos tão longos quanto o de vários anos. De vez em quando, tal como na quebra de outubro de 1987, essa estratégia pode perder múltiplos de seu total de ganhos na década anterior. Porém, se você tiver sorte o suficiente para evitar esses eventos de cauda raros mas extremos (assim denominados porque eles se situam na extrema esquerda da distribuição de probabilidades), essa estratégia pode parecer dourada.

As evidências na Figura 26.6 que indicam que os fundos de *hedge* são no mínimo lançadores implícitos de opções devem nos deixar intimidados com a possibilidade de considerar acriticamente os resultados de seu desempenho. O problema na interpretação de estratégias com exposição a eventos de cauda extremos (como posições em opções vendidas) é que esses eventos, por definição, ocorrem muito raramente. Por isso, décadas de resultados podem ser necessárias para avaliar completamente seus verdadeiros atributos de risco e recompensa. Em dois livros influentes, Nassim Taleb, que é operador de fundos de *hedge*, defende que muitos desses fundos são análogos ao nosso gestor hipotético – colhem fama e fortuna por meio de estratégias que obtêm lucro *na maior parte* das vezes, mas expõem os investidores a perdas raras, porém extremas.[16]

Taleb emprega a metáfora do cisne negro para discutir a importância de eventos extremamente improváveis, mas altamente impactantes. Até o momento da descoberta da Austrália, os europeus acreditavam que todos os cisnes fossem brancos: eles nunca haviam encontrado cisnes que não fossem brancos. De acordo com a experiência deles, o cisne negro estava fora do âmbito das possibilidades razoáveis – no jargão estatístico, um *outlier* extremo (atípico) em relação à sua amostra de observações. Taleb defende que o mundo está cheio de cisnes negros, eventos profundamente importantes que simplesmente não poderiam ter sido previstos com base na gama de experiências acumuladas até o presente. Embora não possamos prever que cisnes negros devemos esperar, sabemos que alguns cisnes negros podem surgir a qualquer momento. A quebra de outubro de 1987, quando o mercado sofreu uma queda de mais de 20% em apenas um dia, pode ser vista como um cisne negro – um evento que nunca havia ocorrido, um evento que para os observadores do mercado teria sido considerado impossível e certamente não merecedor de modelagem, mas de alto

---

[16] Nassim N. Taleb, *Fooled by Randomness: The Hidden Role of Chance in Life and in the Markets* (Nova York: TEXERE (Thomson), 2004); Nassim N. Taleb, *The Black Swan: The Impact of the Highly Improbable* (Nova York: Random House, 2007).

impacto. Eventos desse tipo parecem cair do céu, e eles nos advertem de que devemos ter grande humildade quando utilizamos experiências passadas para avaliar o risco futuro de nossos atos. Com isso em mente, considere novamente o exemplo do Long Term Capital Management.

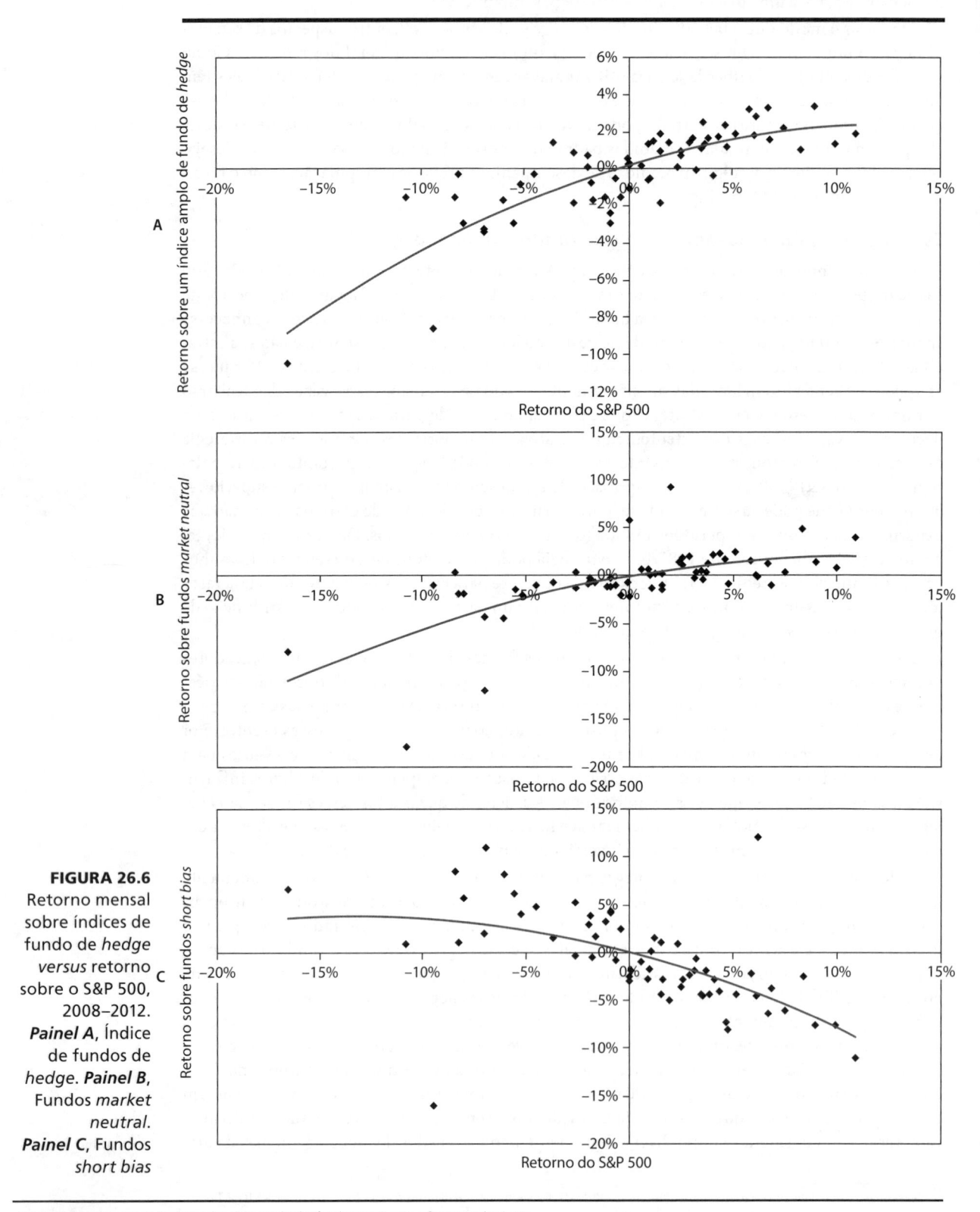

FIGURA 26.6
Retorno mensal sobre índices de fundo de *hedge* versus retorno sobre o S&P 500, 2008–2012. **Painel A**, Índice de fundos de *hedge*. **Painel B**, Fundos *market neutral*. **Painel C**, Fundos *short bias*

Fonte: Elaborada com dados baixados de www.hedgefundresearch.com e finance.yahoo.com.

> **EXEMPLO 26.3 || Eventos de cauda e o Long Term Capital Management**
>
> No final da década de 1990, o Long Term Capital Management era visto amplamente como o fundo de *hedge* mais bem-sucedido da história. Ele havia oferecido de maneira consistente retornos de dois dígitos aos seus investidores e obtido centenas de milhões de dólares em taxas de incentivo para seus gestores. A empresa utilizava sofisticados modelos computadorizados para estimar as correlações entre os ativos e acreditava que seu capital era dez vezes o desvio-padrão anual dos retornos de sua carteira, presumivelmente o bastante para resistir a qualquer choque "possível" contra o capital (pelo menos em se admitindo distribuições normais!). Mas no verão de 1998 as coisas deram errado. Em 17 de agosto de 1998, a Rússia deixou de pagar sua dívida governamental e levou os mercados de capitais ao caos. A perda de *um único dia* do LTCM em 21 de agosto foi de US$ 550 milhões (aproximadamente nove vezes superior ao seu desvio-padrão *mensal* estimado). As perdas totais em agosto foram de US$ 1,3 bilhão, não obstante o LTCM acreditasse que a maioria de suas posições fosse neutra ao mercado em relação às transações de valores relativos. As perdas se acumularam em praticamente todas as suas posições, contrapondo-se à diversificação presumida da carteira geral.
>
> Como isso ocorreu? A resposta encontra-se na fuga maciça para a qualidade e, muito mais, para a liquidez que foi aniquilada pela inadimplência da Rússia. O LTCM era caracteristicamente um vendedor de liquidez (mantendo ativos menos líquidos, vendendo ativos mais líquidos com rendimentos mais baixos e tirando lucro do *spread*) e sofreu perdas imensas. Esse foi um tipo de choque diferente daqueles que se evidenciaram em seu período histórico de amostra/modelagem. Na crise de liquidez que tragou os mercados de ativos, a semelhança inesperada do risco de liquidez entre classes de ativos normalmente não correlacionadas tornou-se óbvia. Perdas que pareciam estatisticamente impossíveis na experiência passada na verdade ocorreram; o LCTM foi vítima de um cisne negro.

Entretanto, a Figura 26.6 mostra que o índice amplo de fundo de *hedge* não exibiu um risco de cauda visivelmente maior do que outros investimentos em ações durante a crise financeira de 2008–2009. Embora os retornos das ações fossem geralmente desanimadores nesse período, os retornos usuais dos fundos de *hedge* na verdade eram menos negativos do que os do S&P 500. Obviamente, isso condiz com os betas normalmente baixos desses fundos.

26.6 Estrutura de taxas nos fundos de *hedge*

A estrutura de taxas usual do fundo de *hedge* é uma taxa de gestão de 1 a 2% dos ativos, mais uma **taxa de incentivo** igual a 20% dos lucros de investimento que ultrapassam um desempenho de referência estipulado, anualmente. As taxas de incentivo são em vigor opções de compra sobre a carteira com um preço de exercício igual ao valor atual da carteira vezes 1 + o retorno de referência. O gestor recebe essa taxa se o valor da carteira subir suficientemente, mas não perde nada se esse valor cair. A Figura 26.7 mostra um fundo com taxa de incentivo de 20% e uma taxa de retorno mínimo igual à taxa do mercado monetário, r_f. O valor atual da carteira é expresso por S_0 e o valor de fim de ano é S_T. A taxa de incentivo é equivalente a 0,20 opções de compra na carteira com preço de exercício de $S_0(1 + r_f)$.

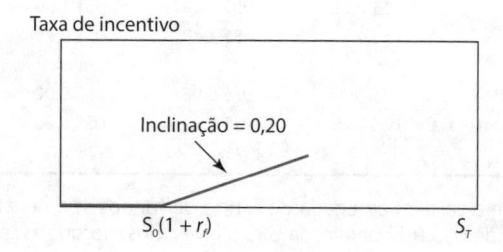

FIGURA 26.7
Taxas de incentivo como opção de compra O valor atual da carteira é expresso por S_0 e o valor de fim de ano é S_T. A taxa de incentivo é equivalente a 0,20 opções de compra na carteira com preço de exercício de $S_0(1 + r_f)$.

> **EXEMPLO 26.4** || Avaliação de taxas de incentivo de Black-Scholes
>
> Suponhamos que o desvio-padrão da taxa de retorno anual de um fundo de *hedge* seja 30% e a taxa de incentivo seja 20% sobre qualquer retorno de investimento acima da taxa isenta de risco do mercado monetário. Se o valor líquido do ativo da carteira atual for US$ 100 por ação e a taxa isenta de risco anual efetiva for 5% (ou 4,88%, expresso como uma taxa composta continuamente), o preço de exercício implícito sobre a taxa de incentivo será US$ 105. O valor de Black-Scholes de uma opção de compra com $S_0 = 100$, $X = 105$, $\sigma = 0,30$, $r = 0,0488$, $T = 1$ ano é US$ 11,92, apenas um pouco abaixo dos 12% do valor líquido do ativo. Como a taxa de incentivo vale 20% da opção de compra, seu valor gira em torno de 2,4% do valor líquido do ativo. Com uma taxa de gestão usual de 2% do valor líquido do ativo, o investidor do fundo paga um total de taxas de 4,4%.

A principal complicação nessa descrição sobre a estrutura de remuneração usual é a **high water mark**. Se um fundo sofrer perdas, talvez não consiga cobrar uma taxa de incentivo, a menos e até que recupere seu valor mais alto anterior. Se houver perdas importantes, isso pode ser difícil. Portanto, uma *high water mark* oferece aos gestores um incentivo para encerrarem os fundos que tiveram um péssimo desempenho e provavelmente é o motivo da alta taxa de desistência dos fundos antes mencionados.

Um dos setores de mais rápido crescimento no universo de fundos de *hedge* tem sido os **fundos de fundos**, que são fundos de *hedge* que investem em um ou mais fundos de *hedge* diferentes. Os fundos dos fundos são também chamados de *fundos de alimentação*, porque eles suprem o fundo de *hedge* final com ativos do investidor original. Eles são promovidos como um investimento que oferece aos investidores capacidade para diversificar entre os fundos, bem como auditoria legal e financeira na análise do mérito de investimento dos fundos. Em princípio, esse serviço pode ser valioso porque vários fundos de *hedge* não são transparentes e os fundos de alimentação têm maior discernimento do que os observadores externos comuns.

Entretanto, quando Bernard Madoff foi preso em dezembro de 2008, depois de admitir sua culpa em um gigantesco esquema Ponzi, descobriu-se que vários fundos de alimentação estavam entre seus maiores clientes e que sua "auditoria legal e financeira" talvez tenha sido, para não dizer pior, deficiente. Na cabeça da lista estava a Fairfield Greenwich Advisors, com uma perda divulgada de US$ 7,5 bilhões, mas vários outros fundos de alimentação e empresas de gestão de ativos ao redor do mundo também sofreram perdas superiores a US$ 1 bilhão. No final das contas, parece que, em vigor, alguns fundos haviam se tornado algo mais que agentes de marketing de Madoff. O quadro logo a seguir amplia a discussão sobre o caso de Madoff.

> **EXEMPLO 26.5** || Taxas de incentivo em fundos de fundos
>
> Suponhamos que um fundo de fundos seja estabelecido investindo US$ 1 milhão em cada um de três fundos de *hedge*. Para simplificar, ignoraremos a porção de taxas baseada no valor do ativo (a taxa de gestão) e nos concentraremos apenas na taxa de incentivo. Suponhamos que a taxa de retorno mínimo referente à taxa de incentivo seja um retorno zero. Desse modo, cada fundo cobra uma taxa de incentivo de 20% do retorno total. A tabela a seguir mostra o desempenho de cada fundo subjacente ao longo de um ano, a taxa de retorno bruta e o retorno realizado pelo fundo de fundos já com a taxa de incentivo descontada. Os Fundos 1 e 2 têm retornos positivos e, portanto, obtêm uma taxa de incentivo, mas o Fundo 3 tem um péssimo desempenho, de modo que sua taxa de incentivo é zero.
>
> | | Fundo 1 | Fundo 2 | Fundo 3 | Fundo de fundos |
> |---|---|---|---|---|
> | Início do ano (em milhões) | US$ 1,00 | US$ 1,00 | US$ 1,00 | US$ 3,00 |
> | Fim do ano (em milhões) | US$ 1,20 | US$ 1,40 | US$ 0,25 | US$ 2,85 |
> | Taxa de retorno bruta | 20% | 40% | –75% | –5% |
> | Taxa de incentivo (em milhões) | US$ 0,04 | US$ 0,08 | US$ 0,00 | US$ 0,12 |
> | Fim do ano, após dedução da taxa | US$ 1,16 | US$ 1,32 | US$ 0,25 | US$ 2,73 |
> | Taxa de retorno líquida | 16% | 32% | –75% | –9% |
>
> Embora o retorno sobre a carteira agregada do fundo de fundos seja negativo em 5%, mesmo assim ele paga taxas de incentivo de US$ 0,12 para cada US$ 3 investidos, porque as taxas de incentivo são pagas nos dois primeiros fundos com bom desempenho. As taxas de incentivo correspondem a 4% do valor líquido do ativo. Tal como demonstrado na última coluna, isso diminui a taxa de retorno obtida pelo fundo de fundos de –5 para –9%.

DESTAQUE DA REALIDADE

O ESCÂNDALO DE BERNARD MADOFF

Bernard Madoff parecia ser uma daquelas grandes histórias de sucesso nos anais financeiros. Sua empresa de gestão de ativos, a Bernard L. Madoff Investment Securities, divulgou a seus clientes que seus investimentos de mais ou menos US$ 20 bilhões valiam cerca de US$ 65 bilhões em 2008. Contudo, naquele mês de dezembro consta que Madoff teria confessado a seus dois filhos que durante anos ele havia operado um esquema Ponzi. Esquema Ponzi é uma fraude de investimento em que um gestor reúne fundos dos clientes, alega investir esses fundos em nome dos clientes, divulga retornos de investimento extremamente favoráveis, mas na verdade usa os fundos para finalidades próprias. (Esse esquema leva o nome de Charles Ponzi, cujo sucesso com esse esquema no início dos anos de 1900 o tornou notório ao redor dos Estados Unidos.) Os primeiros investidores que solicitam o resgate de seus investimentos são reembolsados com fundos provenientes de novos investidores, e não por rendimentos reais. Esse esquema pode ter continuidade somente se novos investidores fornecerem fundos suficientes para cobrir as solicitações de resgate dos primeiros – e essas entradas de dinheiro são induzidas pelos retornos superiores "obtidos" pelos investidores iniciais e sua aparente possibilidade de resgatar fundos quando solicitados.

Como era um membro altamente respeitado no *establishment* de Wall Street, Madoff estava em uma posição perfeita para perpetrar esse tipo de fraude. Ele foi um dos pioneiros na negociações eletrônicas e havia sido *chairman* da Bolsa de Valores Nasdaq. Além de suas operações de negociação, a Bernard L. Madoff Investment Securities LLC também atuava como empresa de gestão monetária e alegou ter obtido retornos anuais extremamente consistentes, entre 10 e 12% em mercados bons e também em mercados ruins. Sua estratégia supostamente se baseou em estratégias de *hedging* de opções, mas Madoff nunca foi preciso a respeito de seu método. Contudo, sua envergadura em Wall Street e o prestígio de sua lista de clientes pareciam atestar sua legitimidade. Além disso, ele se fazia de difícil e a impressão de que era necessário ter conexões para participar do fundo aumentava ainda mais seu apelo. Esse esquema parece ter funcionado durante décadas, mas com o colapso do mercado acionário de 2008 vários clientes importantes solicitaram resgates no total de mais ou menos US$ 7 bilhões. Com menos de US$ 1 bilhão em ativos ainda mantidos na empresa, esse esquema desmoronou.

Nem todos foram enganados e, em retrospecto, vários indícios seguros deveriam ter despertado suspeitas. Por exemplo, alguns investidores institucionais afastaram-se do fundo, não concordando com sua notável falta de transparência. Em vista da magnitude dos ativos supostamente sob gestão, as negociações de *hedging* de opções aparentemente no cerne da estratégia de investimento de Madoff deveriam ter sido predominantes no volume de negociações de opções, mas não havia nenhuma evidência de que elas eram realizadas. Além do mais, o auditor de Madoff, uma pequena empresa com apenas três funcionários (que incluía somente um contador ativo!), parecia totalmente inadequado para auditar uma operação tão ampla e complexa. Além disso, a estrutura de taxas de Madoff era extremamente incomum. Em vez de atuar como um fundo de *hedge* que cobraria uma porcentagem sobre os ativos mais taxas de incentivo, ele alegava obter lucros de comissões de negociação sobre a conta – se fosse verdade, isso teria sido uma tremenda redução de preço para os clientes. Por fim, em vez de colocar os ativos sob gestão em um banco de custódia tal como a maioria dos fundos faz, Madoff afirmava manter os fundos na empresa, o que significava que ninguém poderia confirmar independentemente sua existência. Em 2000, a SEC recebeu uma carta de um profissional do setor chamado Harry Markopolos na qual concluía que "os títulos de Madoff [eram] o maior esquema Ponzi do mundo", mas Madoff continuou operando livremente.

Ainda hoje várias questões permanecem sem resposta. Quanto apoio Madoff recebeu de outras pessoas? Quanto exatamente foi perdido? A maioria dos fundos "perdidos" representava lucros fictícios que nunca haviam sido obtidos, mas parte do dinheiro foi devolvida aos investidores iniciais. Quanto foi retirado do bolo para apoiar o estilo de vida de Madoff? E mais importante, por que os indícios e os alertas iniciais não incitaram uma reação mais agressiva por parte das agências regulatórias?

A opcionalidade das remunerações pode ter grande impacto sobre as taxas esperadas nos fundos de fundos. Isso ocorre porque o fundo de fundos paga uma taxa de incentivo a cada fundo subjacente que supera sua referência, mesmo que o desempenho total do fundo de fundos seja ruim. Nesse caso, a diversificação pode prejudicá-lo![17]

A ideia por trás dos fundos de fundos é distribuir o risco entre vários fundos diferentes. Entretanto, os investidores precisam estar conscientes de que esses fundos de fundos operam com uma alavancagem considerável, além da alavancagem dos fundos primários nos quais eles investem, e isso pode tornar os retornos extremamente voláteis. Além disso, se os vários fundos de *hedge* nos quais esses fundos de fundos investem tiverem estilos de investimento semelhantes, os benefícios de diversificação provenientes da distribuição de investimentos entre diversos fundos podem ser ilusórios – mas o nível extra de taxas exorbitantes de gestão pagas ao gestor do fundo de fundos certamente não é.[18]

---

[17] S. J. Brown, W. N. Goetzmann e B. Liang, "Fees on Fees in Funds of Funds", *Journal of Investment Management*, 2, 2004, pp. 39–56.

[18] Um pequeno raio de esperança: embora os fundos de fundos paguem taxas de incentivo a cada um dos fundos subjacentes, as taxas de incentivo que eles cobram de seus próprios investidores tendem a ser mais baixas, normalmente em torno de 10%, e não 20%.

RESUMO

1. Do mesmo modo que todos os fundos mútuos, os fundos de *hedge* agrupam os ativos de vários clientes e os gerenciam em nome desses clientes. Entretanto, os fundos de *hedge* são diferentes dos fundos mútuos com relação à divulgação de informações, base de investidores, flexibilidade e previsibilidade da orientação, regulamentação e estrutura de taxas dos investimentos.
2. Os fundos direcionais assumem uma posição em relação ao desempenho de setores do mercado em geral. Os não direcionais estabelecem posições neutras perante o mercado com relação a erros de apreçamento relativos. Contudo, até mesmo essas posições cobertas apresentam riscos idiossincráticos.
3. A arbitragem estatística é a utilização de sistemas quantitativos para revelar vários desalinhamentos percebidos na determinação de preços relativos e garantir lucros sobre a média de todas essas pequenas apostas. Esse tipo de arbitragem com frequência utiliza métodos de *data mining* para revelar padrões anteriores que formam a base para as posições de investimento estabelecidas.
4. Alfa portátil é uma estratégia em que investimos em posições com alfa positivo, depois nos "hedgeamos" contra o risco sistemático desse investimento e finalmente estabelecemos uma exposição desejada em relação ao mercado por meio de índices passivos ou contratos de futuros.
5. A avaliação de desempenho dos fundos de *hedge* é dificultada pelo viés de sobrevivência, pela possível instabilidade de atributos de risco, pela existência de prêmios de liquidez e por valorizações de mercado duvidosas de ativos negociados infrequentemente. A avaliação de desempenho é particularmente difícil quando os fundos de *hedge* assumem posições em opções. Os eventos de cauda também dificultam o verdadeiro desempenho das posições em opções que não apresentam um histórico muito extenso de retornos.
6. Normalmente os fundos de *hedge* cobram uma taxa de gestão e uma taxa de incentivo dos investidores iguais a uma porcentagem do lucro que ultrapassa um valor estipulado. A taxa de incentivo é semelhante a uma opção de compra sobre a carteira. Os fundos de *hedge* pagam uma taxa de incentivo a cada fundo subjacente que supera sua taxa de retorno mínimo, mesmo que o desempenho geral da carteira seja insatisfatório.

Sites relacionados a este capítulo estão disponíveis em **www.grupoa.com.br**

PALAVRAS-CHAVE

alfa portátil ou transferência do alfa
apostas puras
arbitragem estatística
backfill bias
data mining

estratégia direcional
estratégia não direcional
estratégia neutra ao mercado
fundo de fundos
fundos de *hedge*

high water mark
negociação de pares
período de carência
taxa de incentivo
viés de sobrevivência

CONJUNTO DE PROBLEMAS

1. Um fundo de *hedge market neutral* seria uma boa opção para a carteira de aposentadoria completa de um investidor? Se não, haveria alguma função para o fundo de *hedge* na carteira geral desse investidor?
2. Em que sentido a taxa de incentivo de um fundo de *hedge* afetaria a propensão de um gestor a adquirir ativos de alto risco para uma carteira?

Básicos

3. Por que é mais difícil avaliar o desempenho de um gestor de carteira de fundos de *hedge* do que o de um gestor de fundos mútuos típico?
4. Qual opção a seguir é a mais precisa para descrever os problemas decorrentes do viés de sobrevivência e *backfill bias* na avaliação de desempenho dos fundos de *hedge*?
    a. O viés de sobrevivência e o *backfill bias* fazem com que os retornos do índice de fundo de *hedge* apresentem uma inclinação ascendente.
    b. O viés de sobrevivência e o *backfill bias* fazem com que os retornos do índice de fundo de *hedge* apresentem uma inclinação descendente.
    c. O viés de sobrevivência faz com que os retornos do índice de fundo de *hedge* apresentem uma inclinação ascendente, mas o *backfill bias* faz com que os retornos do índice de fundo de *hedge* apresentem uma inclinação descendente.
5. Qual opção a seguir seria a referência mais apropriada para utilizar em uma avaliação de fundo de *hedge*?
    a. Um modelo multifatorial.
    b. O S&P 500.
    c. A taxa isenta de risco.
6. Com respeito ao investimento em um fundo de *hedge*, o retorno líquido de um investidor em um fundo de fundos seria inferior ao obtido em um fundo de *hedge* individual:
    a. Em virtude do nível extra de taxas e da maior liquidez oferecida.
    b. Não há motivo; os fundos de fundos obtêm retornos iguais aos dos fundos de *hedge* individuais.
    c. Apenas em virtude do nível extra de taxas.
7. Que tipo de fundo de *hedge* a seguir é mais propenso a ter o retorno mais próximo do retorno isento de risco?
    a. Um fundo de *hedge market neutral*.
    b. Um fundo de *hedge event driven*.
    c. Um fundo de *hedge long/short*.

Intermediários

8. A arbitragem estatística é uma arbitramento de fato? Explique.
9. Um fundo de *hedge* com US$ 1 bilhão em ativos cobra uma taxa de gestão de 2% e uma taxa de incentivo de 20% sobre retornos acima da taxa do mercado monetário, que atualmente é 5%. Calcule o total de taxas, em dólar e como porcentagem dos ativos gerenciados, sobre os seguintes retornos de carteira:
    a. −5%
    b. 0
    c. 5%
    d. 10%

10. Um fundo de *hedge* com um valor líquido de ativo de US$ 62 por ação atualmente tem uma *high water mark* de US$ 66. Se a *high water mark* fosse US$ 67, o valor da respectiva taxa de incentivo seria superior ou inferior?

11. Considere novamente o fundo de *hedge* do problema anterior. Suponhamos que no dia 1º de janeiro o desvio-padrão dos retornos anuais do fundo seja 50% e a taxa isenta de risco seja 4%. O fundo tem uma taxa de incentivo de 20%, mas sua *high water mark* atual é US$ 66 e o valor líquido do ativo é US$ 62.
    a. Qual o valor da taxa de incentivo anual de acordo com a fórmula de Black-Scholes?
    b. Qual seria o valor da taxa de incentivo anual se o fundo não tivesse nenhuma *high water mark* e obtivesse sua taxa de incentivo sobre seu retorno total?
    c. Qual seria o valor da taxa de incentivo anual se o fundo não tivesse nenhuma *high water mark* e obtivesse sua taxa de incentivo sobre o retorno em excesso da taxa isenta de risco? (Considere a taxa isenta de risco um valor composto continuamente para manter a consistência com a fórmula de Black-Scholes.)
    d. Recalcule o valor da taxa de incentivo da parte (*b*) supondo agora que um aumento na alavancagem do fundo eleva a volatilidade para 60%.

Xcel 12. Visite o *site* **www.grupoa.com.br**, em "Conteúdo *online*", escolha o *link* para o Capítulo 26 e procure uma planilha que contém os valores mensais do índice S&P 500. Suponhamos que em cada mês você tenha lançado uma opção de venda fora do preço sobre uma unidade do índice com um preço de exercício 5% inferior ao valor atual do índice.
    a. Qual teria sido o valor médio de seus pagamentos mensais brutos sobre as opções de venda ao longo do período de dez anos de outubro de 1977 a setembro de 1987? E o desvio-padrão?
    b. Amplie agora sua amostra em um mês para incluir outubro de 1987 e recalcule o pagamento médio e o desvio-padrão da estratégia de lançamento de opções de venda. O que você conclui sobre o risco de cauda no lançamento de opções de venda a descoberto?

Xcel 13. Suponhamos que um fundo de *hedge* adote a estratégia a seguir. Todo mês ele mantém US$ 100 milhões em um fundo do índice S&P 500 e lança opções de venda fora do preço sobre esses US$ 100 milhões, com preço de exercício 5% inferior ao valor atual do índice. Digamos que o prêmio que ele recebe pelo lançamento de cada opção de venda seja US$ 0,25 milhão, aproximadamente de acordo com o valor real das opções de venda.
    a. Calcule o índice de Sharpe que o fundo teria obtido no período de outubro de 1982 a setembro de 1987. Compare o índice de Sharpe do fundo com o do S&P 500. Utilize os dados do problema anterior, disponíveis no Conteúdo *Online*, e suponha que a taxa de juros mensal isenta de risco durante esse período era 0,7%.
    b. Calcule agora o índice de Sharpe que o fundo teria obtido se ampliássemos o período de amostra em um mês para incluir outubro de 1987. O que você conclui a respeito da avaliação de desempenho e do risco de cauda dos fundos que adotam estratégias semelhantes às das opções?

14. Os dados a seguir fazem parte dos resultados computadorizados de uma regressão dos retornos mensais sobre as ações da Waterworks em comparação com os do índice S&P 500. Um gestor de fundo de *hedge* acredita que as ações da Waterworks estão abaixo do preço e terão um alfa de 2% ao longo do próximo mês.

Beta	R Quadrado	Desvio-padrão dos resíduos
0,75	0,65	0,06 (isto é, 6% ao mês)

   a. Se ele mantiver uma carteira de US$ 2 milhões em ações da Waterworks e desejar cobrir a exposição ao mercado no próximo mês por meio de contratos de futuros do S&P 500 com vencimento em um mês, quantos contratos ele deverá fechar? Ele deverá comprar ou vender contratos? Atualmente o S&P 500 está em 1.000 e o multiplicador de contrato é US$ 250.
   b. Qual o desvio-padrão do retorno mensal da carteira coberta?
   c. Supondo que os retornos mensais sejam distribuídos de uma maneira aproximadamente normal, qual a probabilidade de essa estratégia neutra ao mercado provocar perdas no próximo mês? Suponha uma taxa isenta de risco de 0,5% ao mês.

Difíceis

15. Retorne ao problema anterior.
    a. Suponhamos que você mantenha uma carteira igualmente ponderada de 100 ações com o mesmo alfa, beta e desvio-padrão residual das ações da Waterworks. Suponha que os retornos residuais (o termo *e* nas Equações 26.1 e 26.2) sobre cada uma dessas ações são independentes entre si. Qual o desvio-padrão residual da carteira?
    b. Recalcule a probabilidade de perda durante o próximo mês de uma estratégia neutra ao mercado que envolve posições igualmente ponderadas e cobertas em relação ao mercado nas 100 ações.

16. Retorne novamente ao Problema 14. Suponha agora que o gestor avalie incorretamente o beta das ações da Waterworks, acreditando que ele será 0,50, e não 0,75. O desvio-padrão da taxa de retorno mensal do mercado é 5%.
    a. Qual o desvio-padrão do retorno mensal da carteira (agora inadequadamente) coberta?
    b. Qual a probabilidade de perda no próximo mês se o valor esperado do retorno mensal do mercado for 1% e o desvio-padrão for 5%? Compare sua resposta com a probabilidade que você encontrou no Problema 14.
    c. Utilizando os dados do problema anterior, qual seria a probabilidade de perda se, da mesma forma, o gestor avaliasse incorretamente o beta como 0,50, e não como 0,75? Compare sua resposta com a probabilidade que você encontrou no Problema 14.
    d. Por que a avaliação incorreta do beta é muito mais importante para a carteira de 100 ações do que para a carteira com uma única ação?

17. Seguem alguns dados sobre três fundos de *hedge*: todos os fundos cobram do investidor uma taxa de incentivo de 20% sobre o total de retornos. Suponhamos primeiramente que o gestor de um fundo de fundos (FF) compre porções desses fundos e também cobre de seus investidores uma taxa de incentivo de 20%. Por motivo de clareza, suponhamos também que a taxa de gestão, que não inclui a taxa de incentivo, seja zero para todos os fundos.

	Fundo de *hedge* 1	Fundo de *hedge* 2	Fundo de *hedge* 3
Valor no início do ano (em milhões)	US$ 100	US$ 100	US$ 100
Taxa de retorno bruta da carteira	20%	10%	30%

a. Calcule a taxa de retorno após as taxas de incentivo para um investidor do fundo de fundos.

b. Suponhamos que, em vez de comprar ações em cada um dos três fundos de *hedge*, um fundo de *hedge* independente compre a mesma carteira que os três fundos subjacentes. Desse modo, o valor total e a composição do fundo independente são idênticos aos que seriam obtidos da agregação dos três fundos de *hedge*. Considere um investidor do fundo independente. Após o pagamento de 20% de taxa de incentivo, qual seria o valor da carteira desse investidor no final do ano?

c. Confirme se a taxa de retorno do investidor no fundo independente ultrapassa a do FF em um valor igual ao nível extra de taxas cobradas pelo fundo de fundos.

d. Suponha agora que o retorno sobre a carteira mantida pelo fundo de *hedge* 3 fosse –30%, e não +30%. Recalcule suas respostas nas partes (*a*) e (*b*). Nesse cenário, quem cobria uma taxa de incentivo, o FF ou o fundo independente? Por que o investidor do FF ainda assim se sai pior do que o investidor do fundo independente?

EXERCÍCIOS DE INVESTIMENTO NA *WEB*

Entre em www.hedgeindex.com, um *site* gerenciado pelo Credit Suisse/Tremont, que mantém o banco de dados TASS Hedge Funds sobre o desempenho de mais de 2 mil fundos de *hedge* e gera índices de desempenho de investimento para várias classe de fundos de *hedge*. Clique na guia Downloads (o acesso a essa parte do *site* exige registro gratuito). Na página Downloads, você pode acessar as taxas de retorno históricas sobre cada uma das subclasses de fundo de *hedge* (p. ex.: *market neutral*, *event driven*, *dedicated short bias* etc.). Baixe os retornos mensais de cinco anos mais recentes para cada subclasse e também os retornos sobre o S&P 500 referentes ao mesmo período, em finance.yahoo.com. Calcule o beta dos fundos de ações *market neutral* e dos fundos *dedicated short bias*. Os resultados parecem razoáveis com relação à orientação desses fundos? Examine o desempenho de ano a ano de cada uma das classes de fundo de *hedge*. Até que ponto a variabilidade dos resultados de desempenho em anos diferentes comparam-se com a do S&P 500?

SOLUÇÕES PARA AS REVISÕES DE CONCEITOS

1. *a.* Não direcional. As ações no fundo e a posição vendida no *swap* de índice constituem uma posição coberta. O fundo de *hedge* está apostando que o desconto sobre o fundo fechado diminuirá e que terá lucro independentemente das oscilações gerais no mercado indiano.

   b. Não direcional. O valor de ambas as posições é impulsionado pelo valor da Toys "R" Us. O fundo de *hedge* está apostando que o mercado está subvalorizando a Petri em relação à Toys "R" Us e que, quando os valores relativos das duas posições se realinharem, obterá lucro independentemente das oscilações nas ações subjacentes.

   c. Direcional. Essa é uma aposta clara e direta sobre o preço que a Generic Pharmaceuticals acabará obtendo no momento em que a tentativa de tomada de controle prevista chegar ao fim.

2. A taxa de retorno esperada sobre a posição (na falta de qualquer conhecimento sobre o risco idiossincrático refletido no resíduo) é 3%. Se o resíduo vier a ser de –4%, a posição perderá 1% de seu valor ao longo do mês e cairá para US$ 1.188 milhões. O retorno em excesso no mercado nesse mês em relação às letras do Tesouro seria 5% – 1% = 4%, ao passo que o retorno em excesso na estratégia coberta seria –1% –1% = –2%. Portanto, a estratégia seria representada no Painel A como o ponto (4%, –2%). No Painel B, que representa o total de retornos no mercado e a posição de *hedge*, a estratégia seria representada no ponto (5%, –1%).

3. As carteiras de *fixed-income arbitrage* exibem uma exposição positiva em relação à obrigação longa e ao *spread* de crédito. Esse padrão indica que essas carteiras não são carteiras de arbitragem cobertas, mas na verdade direcionais.

27

A teoria da gestão ativa de carteiras

ESTE CAPÍTULO CONSIDERA as complexidades práticas do processo de construção de carteiras ótimas. Pode até parecer que a palavra "teoria" no título deste capítulo esteja incoerente com esse objetivo prático e que os capítulos precedentes já esgotaram a constatação que essa teoria pode transmitir para a gestão de carteiras nessa área – com certeza o restante deve depender da aprendizagem na prática.

Entretanto, veremos que a teoria tem uma contribuição significativa a oferecer no que tange à labuta diária de juntar todas as peças. Começamos com o modelo de Treynor-Black apresentado primeiramente no Capítulo 8, mostrando agora de que forma lidamos com a precisão limitada das previsões de alfa e das posições de carteira extremas com frequência prescritas por esse modelo. Munidos dessas percepções, apresentamos um organograma de exemplo e discutimos a eficácia da adequação da organização ao fundamento teórico da gestão de carteiras.

Na seção seguinte, apresentamos o modelo de Black-Litterman, que possibilita visões flexíveis sobre os retornos esperados das classes de ativos para aprimorar a alocação de ativos. Por fim, examinamos a lucratividade possível da análise de títulos e fechamos com algumas observações finais. O apêndice deste capítulo apresenta a matemática subjacente ao modelo de Black-Litterman.

27.1 Carteiras ótimas e valores de alfa

No Capítulo 8, mostramos como uma carteira de risco ótima é formada com um modelo de índice único. A Tabela 27.1 resume os passos dessa otimização, normalmente conhecida como modelo de Treynor-Black.[1] O procedimento delineado utiliza o modelo de índice que ignora valores de covariância não zero entre os resíduos. Algumas vezes ele é chamado de *modelo diagonal*, porque presume que a matriz de covariância dos resíduos tem valores não zero apenas nas diagonais. Além disso, vimos que, não obstante a significativa correlação entre os pares de resíduos no caso de construção de carteira utilizado no Capítulo 8 – por exemplo, entre Shell e BP –, as fronteiras eficientes formadas com base no modelo de índice e no modelo de Markowitz eram pouco distinguíveis (consulte a Figura 8.5, Capítulo 8).

Para ilustrar, damos continuidade ao exemplo utilizado no Capítulo 8. A Planilha 27.1 recapitula os dados e os resultados desse exercício. A Tabela D na planilha mostra a melhoria do índice de Sharpe sobre a **carteira de índice de mercado passiva**, obtida pela inclusão da **carteira ativa** no *mix*. Para avaliar melhor essa melhoria, incluímos a medida de desempenho *M* quadrado. O *M* quadrado é o retorno esperado adicional da carteira otimizada em comparação com a alternativa passiva no momento em que a carteira ativa é associada com letras para oferecer a mesma volatilidade total da carteira de índice (para recapitular, consulte o Capítulo 24).

---

[1] Com base no Capítulo 10, sabemos que um modelo de vários índices como o de Fama e French pode descrever mais adequadamente os retornos dos títulos. Nesse caso, a carteira de índice de mercado passiva será ampliada com posições nas outras carteiras fatoriais (p. ex.: as carteiras de tamanho e valor no modelo de FF). Entretanto, o restante do procedimento de Treynor-Black mantém-se o mesmo.

TABELA 27.1 Cálculo da carteira de risco ótima

1. Posição inicial do título i na carteira ativa	$w_i^0 = \dfrac{\alpha_i}{\sigma^2(e_i)}$
2. Posições iniciais ampliadas	$w_i = \dfrac{w_i^0}{\sum_{i=1}^{n} \dfrac{\alpha_i}{\sigma^2(e_i)}}$
3. Alfa da carteira ativa	$\alpha_A = \sum_{i=1}^{n} w_i \alpha_i$
4. Variância residual da carteira ativa	$\sigma^2(e_A) = \sum_{i=1}^{n} w_i^2 \sigma^2(e_i)$
5. Posição inicial na carteira ativa	$w_A^0 = \dfrac{\dfrac{\alpha_A}{\sigma^2(e_A)}}{\dfrac{E(R_M)}{\sigma_M^2}}$
6. Beta da carteira ativa	$\beta_A = \sum_{i=1}^{n} w_i \beta_i$
7. Posição ajustada (para o beta) na carteira ativa	$w_A^* = \dfrac{w_A^0}{1+(1-\beta_A)w_A^0}$
8. Pesos finais na carteira passiva e no título i	$w_M^* = 1 - w_A^* \qquad w_i^* = w_A^* w_i$
9. Beta da carteira de risco ótima e seu prêmio de risco	$\beta_P = w_M^* + w_A^* \beta_A = 1 - w_A^*(1-\beta_A)$ $E(R_P) = \beta_P E(R_M) + w_A^* \alpha_A$
10. Variância da carteira de risco ótima	$\sigma_P^2 = \beta_P^2 \sigma_M^2 + [w_A^* \sigma(e_A)]^2$
11. Índice de Sharpe da carteira de risco	$S_P^2 = S_M^2 + \sum_{i=1}^{n} \left(\dfrac{\alpha_i}{\sigma(e_i)}\right)^2$

Previsões de valores de alfa e pesos de carteira extremos

A impressão predominante na Planilha 27.1 é melhoria de desempenho aparentemente pequena: A Tabela D da planilha mostra que o M quadrado aumenta apenas em 19 pontos-base (equivalente a uma melhoria de 0,0136 no índice de Sharpe). Observe que o índice de Sharpe da carteira ativa é inferior ao da passiva (em virtude de seu alto desvio-padrão) e, por isso, o M quadrado na verdade é negativo. Mas a carteira ativa é associada com a carteira passiva e, portanto, a volatilidade total não é sua medida de risco apropriada. Quando combinada com a carteira passiva, ela oferece alguma melhoria de desempenho, embora muito modesta. Isso é o melhor que provavelmente deve ter sido oferecido pelos **valores de alfa** descobertos pelos analistas de títulos (consulte a Tabela C). Observe que a posição na carteira ativa corresponde a 17%, financiada em parte por posição conjunta de 10% na Dell e no Walmart. Como os valores da Planilha 27.1 são anualizados, esse desempenho é equivalente a um retorno de período de manutenção (*holding-period return* – HPR) de um ano.

Os valores de alfa utilizados na Planilha 27.1 são de fato pequenos para o padrão das previsões usuais dos analistas. Em 1º de junho, baixamos os preços atuais de seis ações nesse exemplo, bem como os preços pretendidos pelos analistas para cada empresa. Esses dados e os valores de alfa implícitos são mostrados na Tabela 27.2. Observe que todos os alfas são positivos, uma indicação de visão otimista desse grupo de ações. A Figura 27.1 mostra o gráfico do preço das ações, bem como o índice S&P 500 (símbolo de cotação = GSPC), do ano anterior. O gráfico mostra que as visões otimistas na Tabela 27.2 não resultam da extrapolação das taxas do passado.

TABELA 27.2 Preços das ações preços pretendidos dos analistas

Ação	HP	Dell	WMT	Target	BP	Shell
Preço atual	32,15	25,39	48,14	49,01	70,8	68,7
Preço pretendido	36,88	29,84	57,44	62,8	83,52	71,15
Alfa implícito	0,1471	0,1753	0,1932	0,2814	0,1797	0,0357

	A	B	C	D	E	F	G	H	I	J
1										
2										
3	Tabela A: Parâmetros de risco do universo de investimentos possíveis (anualizados)									
4										
5		Desvio-padrão do retorno em excesso	Beta	Desvio-padrão do componente sistemático	Desvio-padrão residual	Correlação com o S&P 500				
6	S&P 500	0,1358	1,00	0,1358	0	1				
7	HP	0,3817	2,03	0,2762	0,2656	0,72				
8	DELL	0,2901	1,23	0,1672	0,2392	0,58				
9	WMT	0,1935	0,62	0,0841	0,1757	0,43				
10	TARGET	0,2611	1,27	0,1720	0,1981	0,66				
11	BP	0,1822	0,47	0,0634	0,1722	0,35				
12	SHELL	0,1988	0,67	0,0914	0,1780	0,46				
13										
14	Tabela B: Matriz de covariância do modelo de índice									
15										
16			SP 500	HP	DELL	WMT	TARGET	BP	SHELL	
17		Beta	1,00	2,03	1,23	0,62	1,27	0,47	0,67	
18	S&P 500	1,00	0,0184	0,0375	0,0227	0,0114	0,0234	0,0086	0,0124	
19	HP	2,03	0,0375	0,1457	0,0462	0,0232	0,0475	0,0175	0,0253	
20	DELL	1,23	0,0227	0,0462	0,0842	0,0141	0,0288	0,0106	0,0153	
21	WMT	0,62	0,0114	0,0232	0,0141	0,0374	0,0145	0,0053	0,0077	
22	TARGET	1,27	0,0234	0,0475	0,0288	0,0145	0,0682	0,0109	0,0157	
23	BP	0,47	0,0086	0,0175	0,0106	0,0053	0,0109	0,0332	0,0058	
24	SHELL	0,67	0,0124	0,0253	0,0153	0,0077	0,0157	0,0058	0,0395	
25										
26	Tabela C: Macroprevisão (S&P 500) e previsões de valores de alfa									
27										
28										
29			SP 500	HP	DELL	WMT	TARGET	BP	SHELL	
30	Alpha		0	0,0150	-0,0100	-0,0050	0,0075	0,012	0,0025	
31	Risk premium		0,0600	0,1371	0,0639	0,0322	0,0835	0,0400	0,0429	
32										
33	Tabela D: Cálculo da carteira de risco ótima									
34										
35			S&P 500	Cart. A ativa		HP	DELL	WMT	TARGET	BP	SHELL
36					$\sigma^2(e)$	0,0705	0,0572	0,0309	0,0392	0,0297	0,0317
37				0,5505	$\alpha/\sigma^2(e)$	0,2126	-0,1748	-0,1619	0,1911	0,4045	0,0789
38				1,0000	$w_0(i)$	0,3863	-0,3176	-0,2941	0,3472	0,7349	0,1433
39					$[w_0(i)]^2$	0,1492	0,1009	0,0865	0,1205	0,5400	0,0205
40	α_A			0,0222						
41	$\sigma^2(e_A)$			0,0404						
42	w_0			0,1691	Carteira geral					
43	w^*		0,8282	0,1718		0,0663	-0,0546	-0,0505	0,0596	0,1262	0,0246
44	Beta		1	1,0922	1,0158	0,0663	-0,0546	-0,0505	0,0596	0,1262	0,0246
45	Prêmio de risco		0,06	0,0878	0,0648	0,0750	0,1121	0,0689	0,0447	0,0880	0,0305
46	Desvio-padrão		0,1358	0,2497	0,1422	0,3817	0,2901	0,1935	0,2611	0,1822	0,1988
47	Índice de Sharpe		0,44	0,35	0,4556						
48	M quadrado		0	-0,0123	0,0019						
49	Risco de referencia				0,0346						

eXcel

PLANILHA 27.1 Gestão ativa de carteira com um universo de seis ações

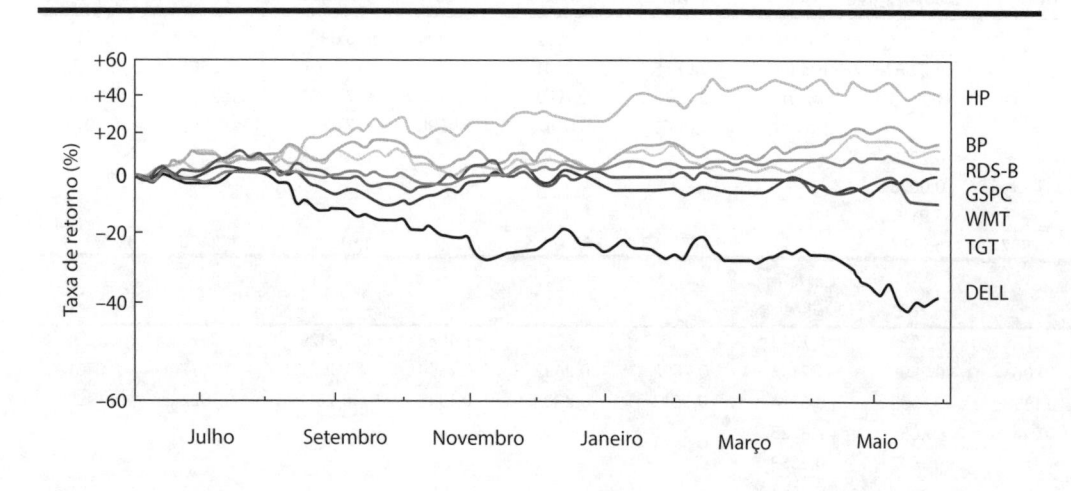

FIGURA 27.1 Taxas de retorno do S&P 500 (GSPC) e seis ações

A Tabela 27.3 mostra a carteira ótima utilizando as previsões dos analistas, e não os valores de alfa originais da Tabela D na Planilha 27.1. A diferença no desempenho é surpreendente. O índice Sharpe da nova carteira ótima aumentou em relação à referência, de 0,44 para 2,32, o que constitui uma imensa vantagem de retorno ajustado ao risco. Isso se evidencia no M quadrado de 25,53%! Entretanto, esses resultados também apresentam um problema importante e latente no modelo de Treynor-Black. A carteira ótima exige posições compradas/vendidas extremas que podem ser inviáveis para um gestor de carteira real. Por exemplo, o modelo requer uma posição de 5,79 (579%) na carteira ativa, amplamente financiada por uma posição vendida de −4,79 no índice S&P 500. Além disso, o desvio-padrão dessa carteira ótima é 52,24%, um nível de risco que apenas fundos de *hedge* extremamente agressivos estariam dispostos a assumir. É importante observar que esse risco é em grande parte não sistemático porque o beta da carteira ativa, em 0,95, é inferior a 1,0, e o beta da carteira de risco geral é ainda menor, apenas 0,73, por causa da posição vendida na carteira passiva. Somente os fundos de *hedge* poderiam ainda estar interessados nessa carteira.

Uma das formas de lidar com esse problema é restringir as posições de carteira extremas, a começar pelas vendas a descoberto. Quando a posição vendida no índice S&P 500 é eliminada, forçando-nos a restringir a posição na carteira ativa a ser inferior a 1,0, a posição na carteira passiva (S&P 500) é zero e a carteira ativa compreende a posição de risco total. A Tabela 27.4 mostra que agora a carteira ótima tem um desvio-padrão de 15,68%, não significativamente superior ao desvio-padrão da carteira passiva (13,58%). O beta da carteira de risco geral agora é igual ao da carteira ativa (0,95), uma carteira ainda levemente defensiva em termos de risco sistemático. Não obstante essa restrição rigorosa, o procedimento de otimização continua eficaz e o M quadrado da carteira de risco ótima (agora a carteira ativa) é bastante alto, 16,42%.

Essa solução é satisfatória? Isso depende da organização. Para os fundos de *hedge*, seria uma carteira dos sonhos. Entretanto, para a maioria dos fundos mútuos, a falta de diversificação a impossibilitaria. Observe as posições nas seis ações: Walmart, Target e British Petroleum (BP) respondem por 76% da carteira.

Devemos reconhecer neste momento as limitações de nosso exemplo. Com certeza, quando a empresa de investimento cobre mais títulos, o problema de diversificação provavelmente desaparece. Mas acontece que o problema com as posições compradas/vendidas extremas normalmente persiste quando consideramos muitas empresas, e isso pode destruir o valor prático do modelo de otimização. Considere esta conclusão de um importante artigo de Black e Litterman[2] (cujo modelo apresentaremos na Seção 27.3):

TABELA 27.3 Carteira de risco ótima com as novas previsões dos analistas

	S&P 500	Carteira A ativa		HP	Dell	WMT	Target	BP	Shell
			$\sigma^2(e)$	0,0705	0,0572	0,0309	0,0392	0,0297	0,0317
		25,7562	$\alpha/\sigma^2(e)$	2,0855	3,0641	6,2544	7,1701	6,0566	1,1255
		1,0000	$w_0(i)$	0,0810	0,1190	0,2428	7,2784	0,2352	0,0437
			$[w_0(i)]_2$	0,0066	0,0142	0,0590	7,0775	0,0553	0,0019
α_A		0,2018							
$\sigma^2(e_A)$		0,0078							
w_0		7,9116							
w^*	−4,7937	5,7937		0,4691163	0,6892459	1,4069035	1,6128803	1,3624061	0,2531855
			Carteira geral						
Beta	1	0,9538	0,7323	0,4691	0,6892	1,4069	1,6129	1,3624	0,2532
Prêmio de risco	0,06	0,2590	1,2132	0,2692	0,2492	0,2304	0,3574	0,2077	0,0761
Desvio-padrão	0,1358	0,1568	0,5224	0,3817	0,2901	0,1935	0,2611	0,1822	0,1988
Índice de Sharpe	0,44	1,65	2,3223						
M quadrado	0	0,1642	0,2553						
Risco de referência			0,5146						

TABELA 27.4 Carteira de risco ótima com restrição à carteira ativa ($w_A \leq 1$)

	S&P 500	Carteira A ativa		HP	Dell	WMT	Target	BP	Shell
			$\sigma^2(e)$	0,0705	0,0572	0,0309	0,0392	0,0297	0,0317
		25,7562	$\alpha/\sigma^2(e)$	2,0855	3,0641	6,2544	7,1701	6,0566	1,1255
		1,0000	$w_0(i)$	0,0810	0,1190	0,2428	0,2784	0,2352	0,0437
			$[w_0(i)]^2$	0,0066	0,0142	0,0590	0,0775	0,0553	0,0019
α_A		.2018							
$\sigma^2(e_A)$		0,0078							
w_0		7,9116							
w^*	0,0000	1,0000		0,0810	0,1190	0,2428	0,2784	0,2352	0,0437
		Carteira geral							
Beta	1	0,9538	0,9538	0,0810	0,1190	0,2428	0,2784	0,2352	0,0437
Prêmio de risco	0,06	0,2590	0,2590	0,2692	0,2492	0,2304	0,3574	0,2077	0,0761
Desvio-padrão	0,1358	0,1568	0,1568	0,3817	0,2901	0,1935	0,2611	0,1822	0,1988
Índice de Sharpe	0,44	1,65	1,6515						
M quadrado	0	0,1642	0,1642						
Risco de referência			0,0887						

a otimização de média-variância utilizada nos modelos de alocação de ativos convencionais é extremamente sensível às suposições de retorno esperado que o investidor deve apresentar [...]. A carteira ótima, em vista de sua sensibilidade aos retornos esperados, com frequência parece ter pouca ou nenhuma relação com as visões que o investidor deseja expressar. Portanto, na prática, não obstante a atratividade conceitual óbvia de uma abordagem quantitativa, poucos gestores de investimento global normalmente permitem que os modelos quantitativos desempenhem um papel preponderante em suas decisões sobre alocação de ativos.

Essa afirmação é mais complexa do que parece à primeira vista e, por isso, a analisaremos a fundo na Seção 27.3. Entretanto, nós a apresentamos nesta seção para ressaltar a conclusão geral de que "poucos gestores de investimento global normalmente permitem que os modelos quantitativos desempenhem um papel preponderante em suas decisões sobre alocação de ativos". Na verdade, essa afirmação também se aplica a vários gestores de carteira que evitam totalmente o processo de otimização de média-variância por outros motivos. Voltaremos a essa questão na Seção 27.4.

Restrição ao risco de referência

Black e Litterman enfatizam uma questão prática análoga de grande importância. Muitos gestores de investimento são avaliados com base no desempenho de uma **referência** e o índice de referência é apresentado no prospecto dos fundos mútuos. Até o momento, está implícito em nossa análise que a carteira passiva, S&P 500, constitui essa referência. Esse compromisso eleva a importância do **erro de tracking**. O erro de *tracking* é estimado com base na série temporal das diferenças entre os retornos na carteira de risco ótima e o retorno de referência, isto é, $T_E = R_P - R_M$. O gestor de carteira deve estar atento ao risco de referência, ou seja, o desvio-padrão do erro de *tracking*.

O erro de *tracking* da carteira de risco ótima pode ser expresso em termos do beta da carteira e, portanto, revela o risco de referência:

$$\text{Erro de } tracking = T_E = R_P - R_M$$
$$R_P = w_A^* \alpha_A + [1 - w_A^*(1 - \beta_A)]R_M + w_A^* e_A$$
$$T_E = w_A^* \alpha_A - w_A^*(1 - \beta_A)R_M + w_A^* e_A \tag{27.1}$$
$$\text{Var}(T_E) = [w_A^*(1 - \beta_A)]^2 \text{Var}(R_M) + \text{Var}(w_A^* e_A) = [w_A^*(1 - \beta_A)]^2 \sigma_M^2 + [w_A^* \sigma(e_A)]^2$$
$$\text{Risco de referência} = \sigma(T_E) = w_A^* \sqrt{(1 - \beta_A)^2 \sigma_M^2 + [\sigma(e_A)]^2}$$

---

[2] Fischer Black e Robert Litterman, "Global Portfolio Optimization", Financial Analysts Journal, setembro/outubro de 1992© 1992, Instituto CFA. Reimpresso com a permissão do Instituto CFA.

A Equação 27.1 nos mostra como a volatilidade do erro de *tracking* é calculada e como a posição na carteira ativa, w_A^*, é definida para restringir o risco de *tracking* a um determinado nível desejado. Para um investimento de uma unidade na carteira ativa, isto é, para $w_A^* = 1$, o risco de referência é

$$\sigma(T_E; w_A^* = 1) = \sqrt{(1-\beta_A)^2 \sigma_M^2 + [\sigma(e_A)]^2} \qquad (27.2)$$

Para um risco de referência desejado de $\sigma_0(T_E)$, restringiríamos o peso da carteira ativa a

$$w_A(T_E) = \frac{\sigma_0(T_E)}{\sigma(T_E; w_A^* = 1)} \qquad (27.3)$$

Obviamente, a introdução de uma restrição no risco de *tracking* envolve um custo. Devemos mudar o peso da carteira ativa para a passiva. A Figura 27.2 mostra o custo. A otimização de carteira nos levaria à carteira *T*, a tangência da linha de alocação de capital (*capital allocation line* – CAL), que é o raio da taxa isenta de risco em relação à fronteira eficiente formada de *A* e *M*. A diminuição do risco por meio da mudança de peso de *T* para *M* nos conduz para baixo da fronteira eficiente, em vez de ao longo da CAL, para um posição de risco menor, diminuindo o índice de Sharpe e o *M* quadrado da carteira restringida.

Observe que o desvio-padrão do erro de *tracking*, utilizando os "magros" alfas previstos na Planilha 27.1, é apenas 3,46% porque o peso na carteira ativa é somente 17%. Utilizando os alfas mais altos baseados nas previsões dos analistas sem nenhuma restrição aos pesos da carteira, o desvio-padrão do erro de *tracking* é 51,46% (consulte a Tabela 27.3), superior ao erro que qualquer gerente real que é avaliado em relação a uma referência estaria disposto a assumir. Entretanto, com um peso de 1,0 na carteira ativa, o risco de referência cai para 8,87% (Tabela 27.4).

Por fim, suponhamos que um gestor deseja restringir o risco de referência ao mesmo nível utilizado nas previsões originais, isto é, 3,46%. As Equações 27.2 e 27.3 nos instruem a investir W_A = 0,43 na carteira ativa. Obtemos os resultados da Tabela 27.5. Essa carteira é moderada, embora superior em desempenho: (1) seu desvio-padrão é apenas levemente superior ao da carteira passiva, 13,85%; (2) seu beta é 0,98; (3) o desvio-padrão do erro de *tracking* que especificamos é extremamente baixo, 3,85%; (4) como temos apenas seis títulos, a maior posição de 12% (na Target) é bastante pequena e seria ainda menor se mais títulos fossem cobertos; contudo, o (5) índice de Sharpe é enorme, 1,06, e o *M* quadrado é impressionante, 8,35%. Portanto, controlando o risco de referência podemos evitar as deficiências da carteira não restringida e ainda assim manter um desempenho superior.

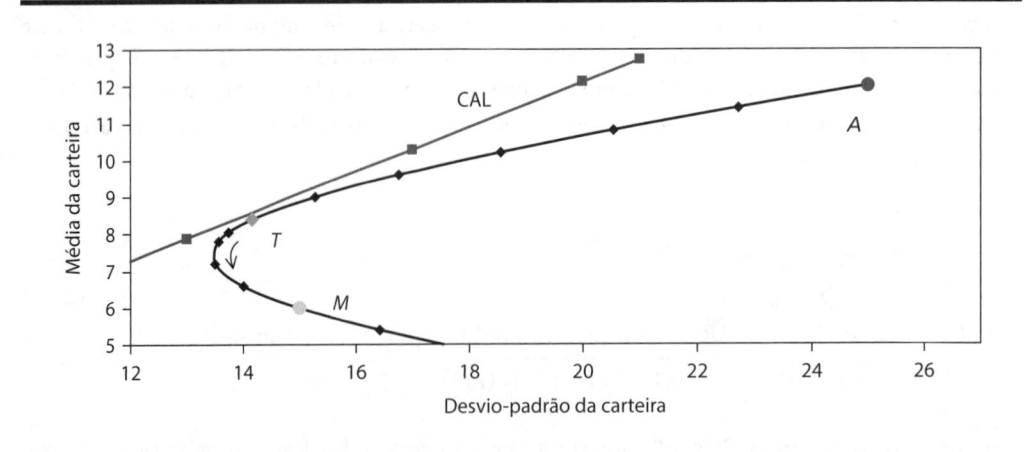

FIGURA 27.2 Eficiência reduzida quando o risco de referência é diminuído

TABELA 27.5 Carteira de risco ótima com as novas previsões dos analistas (risco de referência restringido a 3,85%)

	S&P 500	Carteira A ativa		HP	Dell	WMT	Target	BP	Shell
			$\sigma^2(e)$	0,0705	0,0572	0,0309	0,0392	0,0297	0,0317
		25,7562	$\alpha/\sigma^2(e)$	2,0855	3,0641	6,2544	7,1701	6,0566	1,1255
		1,0000	$w_0(i)$	0,0810	0,1190	0,2428	0,2784	0,2352	0,0437
			$[w_0(i)]^2$	0,0066	0,0142	0,0590	0,0775	0,0553	0,0019
α_A		0,2018							
$\sigma^2(e_A)$		0,0078							
w_0		7,9116							
w^*	0,5661	0,4339		0,0351	0,0516	0,1054	0,1208	0,1020	0,0190
		Carteira geral							
Beta	1	0,9538	0,9800	0,0351	0,0516	0,1054	0,1208	0,1020	0,0190
Prêmio de risco	0,06	0,2590	0,1464	0,0750	0,1121	0,0689	0,0447	0,0880	0,0305
Desvio-padrão	0,1358	0,1568	0,1385	0,3817	0,2901	0,1935	0,2611	0,1822	0,1988
Índice de Sharpe	0,44	1,65	1,0569						
M quadrado	0	0,1642	0,0835						
Risco de referência			0,0385						

27.2 Modelo de Treynor-Black e precisão da previsão

Suponhamos que a carteira de risco de seu fundo de aposentadoria 401(k) esteja atualmente em um fundo de índice do S&P 500 e você está ponderando sobre se deve assumir um risco extra e alocar alguns fundos nas ações da Target, uma loja de descontos de alto desempenho. Você sabe que, em princípio, deve presumir que o alfa de qualquer ação é zero. Portanto, a média de sua **distribuição anterior** do alfa da Target é zero. Os dados de retorno baixados da Target e do S&P 500 revelam um desvio-padrão residual de 19,8%. Em vista dessa volatilidade, a média anterior de zero, e uma suposição de normalidade, agora você tem a distribuição anterior completa do alfa da Target.

Pode-se tomar uma decisão com base na distribuição anterior ou aprimorar essa distribuição empreendendo o esforço de obter mais dados. No jargão, esse esforço é denominado *experimento*. O experimento enquanto empreendimento independente geraria a distribuição de probabilidades dos resultados possíveis. O procedimento estatístico ideal é combinar a distribuição anterior do alfa com as informações deduzidas do experimento para formar uma **distribuição posterior** que reflita ambas. Essa distribuição posterior é então utilizada no processo de decisão.

Um distribuição "apertada", isto é, com um pequeno desvio-padrão, indica um alto grau de confiança na série provável de valores de alfa possíveis mesmo antes de observar os dados. Nesse caso, o experimento pode não ser suficientemente convincente para afetar suas convicções, o que significa que a distribuição posterior mudará pouco em relação à anterior.[3] No contexto da presente discussão, uma previsão ativa do alfa e sua precisão resultam em um experimento que pode induzi-lo a mudar seu ponto de vista a respeito de seu valor. O papel do gestor de carteira é formar uma distribuição posterior do alfa que sirva à construção da carteira.

Ajustando as previsões em prol da precisão do alfa

Imagine que você tenha acabado de baixar do Yahoo! Finance as previsões dos analistas que utilizamos na seção anterior, o que implica que o alfa da Target é 28,1%. Você deve concluir que a posição ótima na Target, antes do ajuste ao beta, é $\alpha/\sigma^2(e) = 0,281/0,198^2 = 7,17$ (717%)? Naturalmente, antes de se comprometer com uma posição tão extrema, qualquer gestor sensato primeiro perguntaria: "Até que ponto essa previsão é precisa?" e "Como devo ajustar minha posição para levar em conta a imprecisão dessa previsão?".

---

[3] No contexto de um debate sobre questões sociais, você poderia definir um fanático como alguém que entra em uma discussão com uma visão anterior tão rígida, que nenhum argumento influenciará sua visão posterior, o que torna o debate como um todo um desperdício de tempo.

Treynor e Black[4] fizeram essa pergunta e forneceram a resposta. A lógica da pergunta é bastante direta; você deve quantificar a incerteza quanto a essa previsão, do mesmo modo que faria com o risco do ativo ou da carteira. Um usuário da *web* talvez não tenha como avaliar a precisão de uma previsão baixada, mas o empregador do analista que a divulgou a previsão pode avaliá-la. Como? Examinando o **registro de previsão**, que reúne as previsões anteriores divulgadas pelo mesmo previsor.

Suponhamos que um analista de títulos forneça ao gestor de carteira previsões de alfa regulares – digamos, no início de cada mês. A carteira do investidor é atualizada e mantida até a atualização da previsão do mês seguinte. Ao final de cada mês, T, o retorno anormal realizado das ações da Target será a soma do alfa com um resíduo:

$$u(T) = R_{TGT}(T) - \beta_{TGT} R_M(T) = \alpha(T) + e(T) \qquad (27.4)$$

onde o beta é estimado com base na linha característica do título (*security characteristic line* – SCL) da Target por meio dos dados referentes a períodos anteriores a T,

$$\text{SCL:} \qquad R_{TGT}(t) = \alpha + \beta_{TGT} R_M(t) + e(t), \qquad t < T \qquad (27.5)$$

A previsão prospectiva de um mês $\alpha^f(T)$ divulgada pelo analista no início do mês T é destinada ao retorno anormal, $u(T)$, na Equação 27.4. Para decidir como empregar a previsão do mês T, o gestor de carteira utiliza o registro de previsão do analista. Esse registro é a série temporal emparelhada de todas as previsões passadas, $\alpha^f(t)$, e as realizações, $u(t)$. Para avaliar a precisão da previsão, isto é, a relação entre a previsão e os alfas realizados, o gestor utiliza esse registro para estimar a regressão:

$$u(t) = a_0 + a_1 \alpha^f(t) + \varepsilon(t) \qquad (27.6)$$

Nosso objetivo é ajustar as previsões de alfa para considerar apropriadamente sua imprecisão. Formaremos uma previsão de **alfa ajustado** $\alpha(T)$ para o mês seguinte utilizando as previsões originais $\alpha^f(T)$ e empregando as estimativas da equação de regressão (27.6), isto é,

$$\alpha(T) = a_0 + a_1 \alpha^f(T) \qquad (27.7)$$

As propriedades das estimativas de regressão nos garantem que a previsão ajustada é o "melhor previsor linear imparcial" do retorno anormal sobre as ações da Target no mês seguinte, T. "Melhor", nesse contexto, significa a menor variância possível entre as previsões imparciais que são uma função linear da previsão original. Mostramos no Apêndice A que o valor que devemos utilizar para a_1 na Equação 27.7 é o R quadrado da equação de regressão 27.6. Pelo fato de o R quadrado ser inferior a 1, isso indica que "reduzimos" a previsão em direção a zero. Quanto menor a precisão da previsão original (quanto menor o R quadrado), mais reduzimos o alfa ajustado em direção a zero. O coeficiente a_0 ajustará a previsão para cima se, o previsor tiver sido consistentemente pessimista, e para baixo se ele tiver sido consistentemente otimista.

Distribuição de valores de alfa

A Equação 27.7 implica que a qualidade das previsões dos analistas de títulos, avaliada pelo R quadrado nas regressões dos retornos anormais realizados em suas previsões, é uma questão fundamental para a construção de carteiras ótimas e o desempenho resultante. Infelizmente, em geral é impossível obter esses números.

Kane, Kim e White[5] obtiveram um banco dados inigualável de previsões de analistas de uma empresa de investimento especializada em ações de alta capitalização e que utiliza o S&P 500

---

[4] Jack Treynor e Fischer Black, "How to Use Security Analysis to Improve Portfolio Selection", Journal of Business, janeiro de 1973.

[5] Alex Kane, Tae-Hwan Kim e Halbert White, "Active Portfolio Management: The Power of the Treynor-Black Model", em C. Kyrtsou (ed.), Progress in Financial Market Research (Nova York: Nova, 2004).

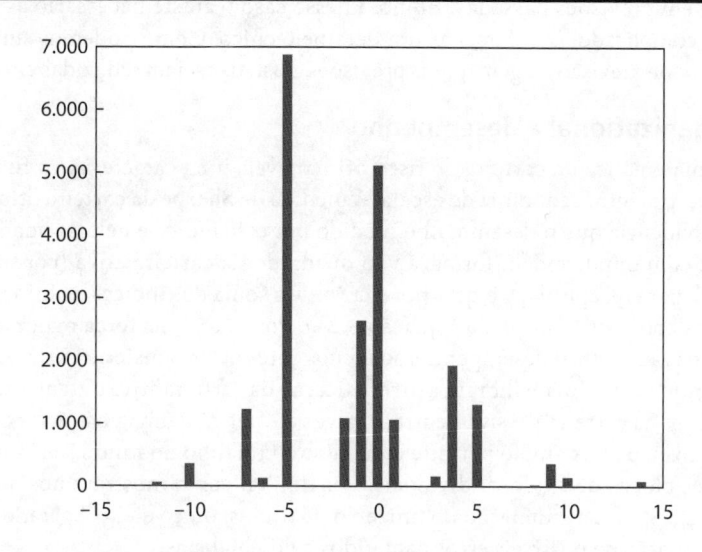

FIGURA 27.3
Histograma de previsão do alfa

como carteira de referência. Esse banco de dados inclui 37 pares de previsão mensais de valores de alfa e beta para 646 a 771 ações durante o período de dezembro de 1992 a dezembro de 1995 – ao todo, 23.902 previsões. A política da empresa de investimento era truncar as previsões de alta em +14 e –12% ao mês.[6] O histograma dessas previsões é mostrado na Figura 27.3. Os retornos das ações de alta capitalização ao longo desses anos ficaram em torno da média, tal como mostrado na tabela a seguir, que inclui um ano médio (1993), um ano ruim (1994) e um ano bom (1995):

	1993	1994	1995	Média entre 1926–1999	Desvio-padrão (%)
Taxa de retorno, %	9,87	1,29	37,71	12,50	20,39

Esse histograma mostra que a distribuição de previsões de alfa apresentou uma inclinação positiva e grande número de previsões pessimistas. O R quadrado ajustado em uma regressão dessas previsões com alfas reais foi 0,001134, o que indica um ínfimo coeficiente de correlação de 0,0337. Ao que se constatou, as previsões otimistas tinham melhor qualidade que as pessimistas. Quando a regressão permitiu coeficientes distintos para previsões positivas e negativas, o R quadrado aumentou para 0,001536 e o coeficiente de correlação para 0,0392.

Esses resultados contêm notícias "boas" e "ruins". A "boa" notícia é que, depois de ajustar até mesmo a previsão mais imoderada – digamos, um alfa de 12% para o mês seguinte –, o valor a ser utilizado pelo previsor quando o R quadrado fosse 0,001 seria 0,012%, apenas 1,2 ponto-base por mês. Anualmente, isso corresponderia a 0,14%, que é da mesma ordem das previsões de alfa do exemplo na Planilha 27.1. Com previsões de pequena magnitude como essas, o problema do exemplo de pesos de carteira extremos nunca surgiria. A má notícia provém dos mesmos dados: o desempenho da carteira ativa não será nem um pouco melhor do que em nosso exemplo – o que implica um M quadrado de 19 pontos-base apenas.

Uma empresa de investimento que oferece um desempenho tão limitado não será capaz de cobrir seus custos. Entretanto, esse desempenho baseia-se na carteira ativa, que inclui apenas seis ações. Como mostramos na Seção 27.5, mesmo índices de informação baixos podem ser aditivos (veja a linha 11 da Tabela 27.1). Portanto, quando várias previsões com precisão ainda menor são utilizadas para formar uma grande carteira ativa, é possível obter grandes lucros.

Até aqui presumimos que os erros de previsão de várias ações são independentes, uma suposição que pode não ser válida. Quando as previsões estão correlacionadas entre as ações, a precisão é avaliada por meio de uma matriz de covariância dos erros de previsão, que pode ser esti-

---

[6] Essas restrições às previsões fazem sentido porque, anualmente, elas implicam que uma ação pode subir mais de 380% ou cair abaixo de 22% de seu valor no início do ano.

mada com base em previsões passadas. Embora nesse caso o ajuste necessário às previsões seja algebricamente complicado, isso é apenas um detalhe técnico. Como podemos supor, as correlações entre os erros de previsão exigem que as previsões ajustadas sejam reduzidas em direção a zero.

Estrutura organizacional e desempenho

A propriedade matemática da carteira de risco ótima revela uma característica fundamental das empresas de investimento: economia de escala. A medida de Sharpe da carteira otimizada exibida na Tabela 27.1 evidencia que o desempenho medido por esse índice e pelo M quadrado aumenta uniformemente com o índice de informação ao quadrado da carteira ativa (consulte a Equação 8.22, Capítulo 8, para recapitular), o que, por sua vez, é a soma dos índices de informação ao quadrado dos títulos cobertos (consulte a Equação 8.24). Portanto, uma força maior dos analista de títulos com certeza aumenta o desempenho, ao menos antes de um ajuste ao custo. Além disso, um universo mais amplo também melhorará a diversificação da carteira ativa e atenuará a necessidade de manter posições na carteira passiva neutra, e talvez até permita uma posição vendida lucrativa. Ademais, um universo mais amplo permite aumentar o tamanho do fundo sem a necessidade de negociar grandes blocos de títulos individuais. Por fim, tal como mostraremos mais detalhadamente na Seção 27.5, com a ampliação do universo de títulos, outro efeito é gerado pela diversificação, isto é, a previsão de possíveis erros cometidos pelos analistas.

A ampliação do universo da carteira ativa para melhorar o desempenho naturalmente tem um custo, porque os analistas de títulos de qualidade não são baratos. Entretanto, outras unidades da organização podem lidar com essa maior atividade sem aumentar muito os custos. Tudo isso indica economias de escala para as empresas de investimento maiores desde que a estrutura organizacional seja eficiente.

A otimização da carteira de risco envolve inúmeras atividades diferentes em termos de *expertise* e necessidade de independência. Consequentemente, o organograma da equipe de gestão de carteiras exige um grau de descentralização e controle apropriado. A Figura 27.4 mostra um orga-

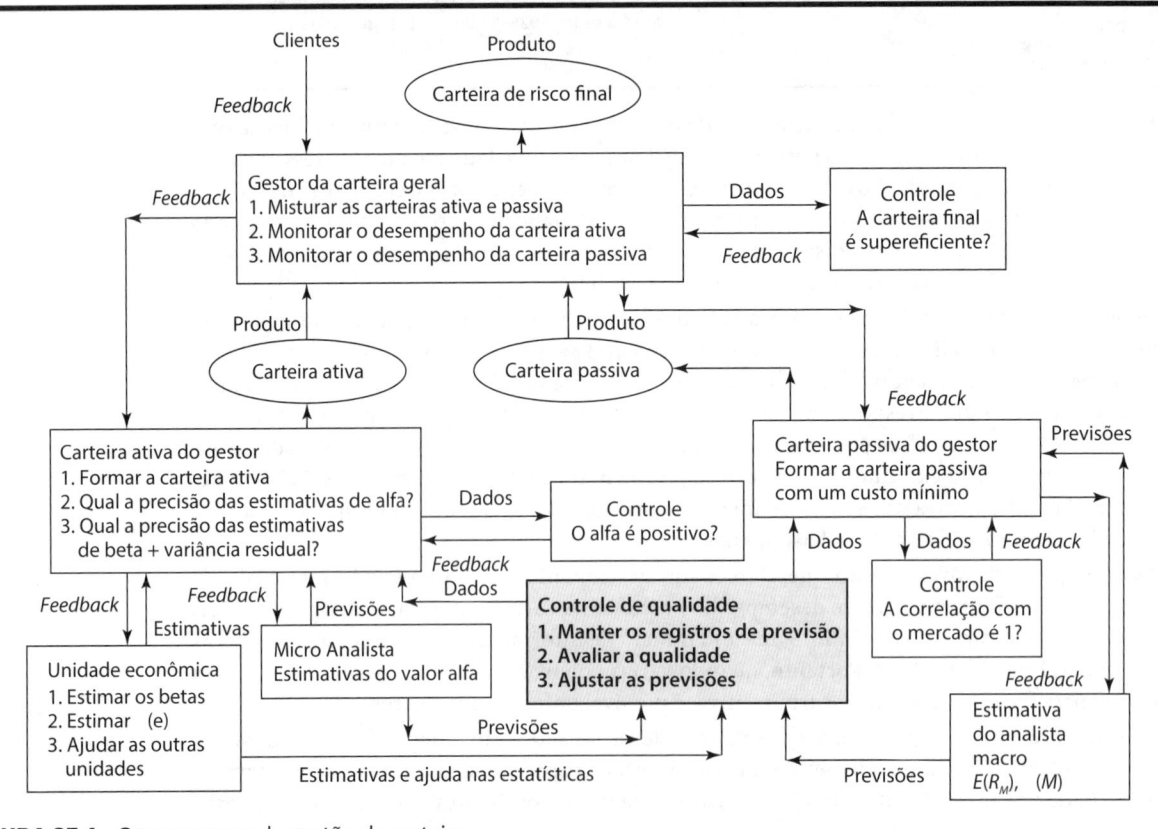

FIGURA 27.4 Organograma da gestão de carteira

Fonte: Informações adaptadas de Robert C. Merton, *Finance Theory*, Capítulo 12, Escola de Negócios de Harvard.

nograma concebido para atingir esses objetivos. Essa figura é em grande medida autoexplicativa e a estrutura é coerente com os fatores teóricos alinhavados em capítulos precedentes. É bastante adequado e favorável desenvolver uma sólida sustentação para o trabalho diário da gestão de carteiras. Contudo, alguns comentários são oportunos.

As unidades de controle responsáveis pelos registros e pela determinação de ajustes nas previsões afetarão diretamente a melhoria das bonificações dos analistas de títulos e dos especialistas em estimativa. Isso indica que as unidades devem ser independentes e isoladas das pressões organizacionais.

Uma questão importante é o conflito entre a independência das opiniões dos analistas de títulos e a necessidade de cooperação e coordenação na utilização de recursos e contatos com o pessoal corporativo e governamental. O tamanho relativo da análise complicará ainda mais a solução desse conflito. Em contraposição, a unidade de macroprevisão também pode ficar muito isolada da unidade de analistas de títulos. Uma iniciativa para criar uma interface e canais de comunicação entre as unidades é justificada.

Por fim, nos últimos anos as técnicas econométricas que são inestimáveis para as organizações sofreram um avanço espetacular em termos de sofisticação, e esse processo parece ainda crescente. É fundamental manter as unidades que lidam com as estimativas atualizadas e a par dos últimos acontecimentos.

27.3 O modelo de Black-Litterman

Fischer Black, famoso pela fórmula de precificação de opções de Black-Scholes e também pelo modelo de Treynor-Black, juntou-se com Robert Litterman para produzir outro modelo útil para a construção de carteiras. O modelo Black-Litterman (BL) permite que os gestores de carteira quantifiquem previsões complexas (que eles chamam de **visões**) e utilizem essas visões na construção de carteiras.[7] Começamos com uma discussão sobre o modelo de BL e um exemplo de um problema simples de alocação de ativos. Embora dediquemos a seção seguinte à comparação dos dois modelos, alguns comentários sobre seus pontos em comum nos ajudarão a compreender melhor o modelo de BL.

Decisão sobre alocação de ativos de Black-Litterman

Considere um gestor de carteira que está trabalhando na **alocação de ativos** entre letras, obrigações e ações para o próximo mês. A carteira de risco será construída com obrigações e ações para maximizar o índice de Sharpe. Até aqui, isso nada mais é que o problema descrito na Seção 7.3, Capítulo 7. Lá, estávamos preocupados com a otimização da carteira com base em um conjunto de entradas de dados. Entretanto, na vida real, a otimização que utiliza determinado conjunto de dados é o menor dos problemas do gestor. O problema real que persegue qualquer gestor de carteiras é saber como obter esses dados. Black e Litterman propõem um método que utiliza dados passados, fatores de equilíbrio e visões pessoais do gestor de carteira sobre o futuro próximo.

Os dados que entram no modelo de BL provêm de duas fontes: histórico e previsões, denominadas visões, sobre o futuro. A amostra histórica é utilizada para estimar a matriz de covariância das classes de ativos na decisão sobre alocação. A matriz de covariância estimada, associada ao modelo de retornos de equilíbrio (p. ex.: o CAPM), é utilizada para gerar previsões de referência para fundamentar uma estratégia passiva. Na etapa seguinte, as visões são introduzidas e quantificadas. Elas representam um afastamento da previsão de referência e resultam em um conjunto revisto de retornos esperados. Com esse novo conjunto de dados (tal como ocorre com as previsões de alfa no modelo de Treynor-Black), uma carteira de risco ótima é concebida para substituir a carteira passiva (não mais eficiente).

Etapa 1: Matriz de covariância de dados históricos

Essa atividade objetiva é a primeira na sequência que compõe o modelo de BL. Suponhamos que a etapa 1 produza a seguinte matriz de covariância anualizada, estimada com base em retornos em excesso históricos recentes:

---
[7] Black e Litterman, "Global Portfolio Optimization".

	Obrigações (B)	Ações (S)
Desvio-padrão	0,08	0,17
Correlação (obrigações/ações)	0,3	
Covariância		
Obrigações	0,0064	0,00408
Ações	0,00408	0,0289

Observe que a etapa 1 é comum ao modelo de BL e ao de Treynor-Black (TB). Essa atividade é apresentada no organograma da Figura 27.4.

Etapa 2: Determinação de uma previsão de referência

Como os dados passados têm pouca utilidade para deduzir retornos esperados para o mês seguinte, BL propõem outra abordagem. Eles partem de uma **previsão de referência** deduzida da suposição de que o mercado está em equilíbrio quando os preços das ações e das obrigações refletem todas as informações disponíveis e, por isso, a carteira de mercado teórica com pesos iguais às proporções do valor de mercado é eficiente. Suponhamos que os valores de mercado atuais de obrigações e ações em circulação implicam que o peso das obrigações na carteira de referência é $w_B = 0,25$ e o peso das ações é $w_S = 0,75$. Quando utilizamos esses pesos de carteira na etapa 1 de matriz de covariância, a variância da carteira de referência se evidencia como

$$\text{Var}(R_M) = w_B^2 \text{Var}(R_B) + w_S^2 \text{Var}(R_S) + 2 w_B w_S \text{Cov}(R_B, R_S) \tag{27.8}$$

$$= 0,25^2 \times 0,0064 \times 0,75^2 \times 0,0289 + 2 \times 0,25 \times 0,75 \times 0,00408 = 0,018186$$

A equação do CAPM (Equação 9.2, Capítulo 9) expressa a relação entre o risco da carteira de mercado (variação) e seu prêmio de risco and its (retorno em excesso esperado) como

$$[E(R_M) = \overline{A} \times \text{Var}(R_M) \tag{27.9}$$

onde $\overline{A}$ é o coeficiente de aversão ao risco médio. Supondo que $\overline{A} = 3$, o prêmio de risco de equilíbrio da carteira de mercado será: $E(R_M) = 3 \times 0,018186 = 0,0546 = 5,46\%$. Os prêmios de risco de equilíbrio sobre as obrigações e ações podem ser deduzidos do respectivo beta na carteira de referência:

$$E(R_B) = \frac{\text{Cov}(R_B, R_M)}{\text{Var}(R_M)} E(R_M)$$

$$\text{Cov}(R_B, R_M) = \text{Cov}(R_B, w_B R_B + w_S R_S) = 0,25 \times 0,0064 + 0,75 \times 0,00408 = 0,00466$$

$$E(R_B) = \frac{0,00466}{0,018186} \times 5,46\% = 1,40\% \text{ (beta da obrigação} = 0,26) \tag{27.10}$$

$$E(R_S) = \frac{0,75 \times 0,0289 + 0,25 \times 0,00408}{0,018186} \times 5,46\% = 6,81\% \text{ (beta da ação} = 1,25)$$

Portanto, a etapa 2 acaba com previsões de referência de um prêmio de risco de 1,40% para obrigações e de 6,81% para ações.

O elemento final na etapa 2 é determinar a matriz de covariância das previsões de referência. Essa é uma declaração sobre a precisão dessas previsões, que é diferente da matriz de covariância dos retornos em excesso realizados sobre as carteiras de obrigações e ações. Estamos examinando a precisão da *estimativa* de retorno esperado, em contraposição à volatilidade dos retornos reais. Uma regra prática convencional nessa aplicação é utilizar um desvio-padrão que corresponda a 10% do desvio-padrão dos retornos (ou, equivalentemente, uma variância que seja 1% da variância do retorno). A título de exemplo, imagine que a matriz de covariância do retorno real tenha sido estimada com base nos retornos dos últimos 100 meses. A variância do retorno médio (que é a previsão de retorno esperado) seria então 1% da variância do retorno real. Desse modo, nesse caso seria correto utilizar 0,01 vezes a matriz de covariância dos retornos para o retorno esperado. Portanto, a etapa 2 termina com uma previsão e a matriz de covariância:

EXEMPLO 27.1 || Visões no modelo de Black-Litterman

Suponhamos que o gestor assuma uma visão contrária em relação às previsões de referência, isto é, que ele acredite que no próximo mês as obrigações superarão o desempenho das ações em 0,5%. A equação a seguir expressa essa visão:

$$1 \times R_B + (-1) \times R_S = 0,5\%$$

Geralmente, qualquer visão que é uma combinação linear de retornos em excesso relevantes pode ser apresentada como um conjunto (no Excel, um conjunto seria um coluna de números) que multiplica outro conjunto (coluna) de retornos em excesso. Nesse caso, o conjunto de pesos é $P = (1, -1)$ e conjunto de retornos em excesso é (R_B, R_S). O valor dessa combinação linear, representado por Q, reflete a visão do gestor. Nesse caso, $Q = 0,5\%$ deve ser considerado na otimização da carteira.[8]

	Obrigações (B)	Ações (S)
Retorno esperado (%)	0,0140	0,0681
Matriz de covariância das previsões de referência		
Obrigações	0,000064	0,0000408
Ações	0,0000408	0,000289

Como já regredimos as expectativas do mercado, agora é o momento de integrar as visões pessoais do gestor em nossa análise.

Etapa 3: Integrando as visões pessoais do gestor

O modelo de BL permite que o gestor introduza inúmeras visões sobre as previsões de referência no processo de otimização. Nessas visões o gestor especifica o grau de confiança que tem nelas. No modelo de BL, as visões são expressas como valores de várias combinações lineares de retornos em excesso e a respectiva confiança é expressa como uma matriz de covariância de erros nesses valores.

Um visão deve conter um grau de confiança, isto é, um desvio-padrão para avaliar a precisão de Q. A visão do gestor na verdade é $Q + \varepsilon$, onde ε representa um erro de média zero na visão com uma desvio-padrão que reflete a confiança nem um pouco perfeita do gestor. Considerando que o desvio-padrão da diferença entre as taxas esperadas sobre as ações e obrigações é 1,65% (calculado a seguir, na Equação 27.13), suponha que o gestor atribua um valor de $\sigma(\varepsilon) = 1,73\%$.[9] Para resumir, se designarmos o conjunto dos retornos como $R = (R_B, R_S)$, a visão do gestor, P, aplicada a esses retornos será[10]

$$PR^T = Q + \varepsilon$$
$$P = (1, -1)$$
$$R = (R_B, R_S)$$
$$Q = 0,5\% = 0,005$$
$$\sigma^2(\varepsilon) = 0,0173^2 = 0,0003$$

(27.11)

Etapa 4: Expectativas revistas (posteriores)

As previsões de referência dos retornos em excesso deduzidas de valores de mercado e de sua matriz de covariância compreendem a distribuição anterior das taxas de retorno sobre obrigações e

---

[8] Uma visão mais simples de que as obrigações retornarão 3% também é legítima. Nesse caso, $P = (1, 0)$ e a visão na verdade é como uma previsão de alfa no modelo de Treynor-Black. Se todas as visões fossem como essa visão simples, não haveria diferença entre o modelo de TB e o de BL.

[9] Na falta de informações específicas para elucidar o desvio-padrão da visão – por exemplo, o histórico da fonte da visão –, normalmente se utiliza o desvio-padrão calculado com base na matriz de covariância das previsões de referência. Nesse caso, o desvio-padrão seria o de Q^E na Equação 27.13: $\sigma(Q^E) = \sqrt{0,0002714} = 0,0165 (1,65\%)$.

[10] Observe que a visão é expressa como um vetor-linha com tantos elementos quanto os ativos de risco existentes (aqui, dois) aplicado ao vetor-linha de retornos. A visão do gestor (Q) é obtida do vetor, P, marcando os ativos incluídos na visão, vezes seus retornos reais. Indicamos o vetor-linha de retornos, R, com um "T" sobrescrito (para transpor – transformar um vetor-linha em coluna) e, portanto, utilizamos a função "somarproduto" para calcular o produto escalar dos dois vetores.

ações. A visão do gestor, e sua medida de confiança, fornece a distribuição de probabilidades que surge do "experimento", isto é, as informações adicionais que devem ser otimamente integradas à distribuição anterior. O resultado é a distribuição posterior: um novo conjunto de retornos esperados, os quais dependem das visões do gestor.

Para uma percepção intuitiva sobre a solução, considere o que os retornos esperados de referência indicam a respeito da visão. As expectativas deduzidas de dados do mercado eram de que o retorno esperado seria de 1,40% sobre as obrigações e de 6,81% sobre as ações. Portanto, a visão de referência é que $E(R_B) - E(R_S) = -5{,}41\%$. Em contraposição, o gestor pensa que a diferença é $Q = R_B - R_S = 0{,}5\%$. Utilizando a notação da equação linear de BL para as expectativas de mercado:

$$Q^E = PR_E^T$$
$$P = (1, -1) \quad (27.12)$$
$$R_E = [E(R_B), E(R_S)] = (1{,}40\%, 6{,}81\%)$$
$$Q^E = 1{,}40 - 6{,}81 = -5{,}41\%$$

Portanto, a "visão" de referência é –5,41% (isto é, as ações superararão o desempenho das obrigações), que é amplamente diferente da visão do gestor. A diferença, D, e sua variância são

$$D = Q - Q^E = 0{,}005 - (-0{,}0541) = 0{,}0591$$
$$\sigma^2(D) = \sigma^2(\varepsilon) + \sigma^2(Q^E) = 0{,}0003 + \sigma^2(Q^E)$$
$$\sigma^2(Q^E) = \text{Var}[E(R_B) - E(R_S)] = \sigma^2_{E(R_B)} + \sigma^2_{E(R_S)} - 2\text{Cov}[E(R_B), E(R_S)] \quad (27.13)$$
$$= 0{,}000064 + 0{,}000289 - 2 \times 0{,}0000408 = 0{,}0002714$$
$$\sigma^2(D) = 0{,}0003 + 0{,}0002714 = 0{,}0005714$$

Em vista da grande diferença entre a visão do gestor e a visão de referência, esperaríamos uma mudança significativa nos retornos esperados condicionais, em relação aos de referência, e, por esse motivo, uma carteira ótima diferente.

Os retornos esperados condicionados à visão dependem de quatro elementos: as expectativas de referência, $E(R)$; a diferença, D, entre a visão do gestor e a visão de referência (consulte a Equação 27.13); a contribuição do retorno do ativo para a variância de D; e a variância total de D. O resultado é:

$$E(R\,|\,visão) = \frac{R + D \text{ Contribuição do ativo para } \sigma_D^2}{\sigma_D^2}$$

$$E(R_B\,|\,P) = E(R_B) + \frac{D\{\sigma^2_{E(R_B)} - \text{Cov}[E(R_B), E(R_S)]\}}{\sigma_D^2}$$

$$= 0{,}0140 + \frac{0{,}0591(0{,}000064 - 0{,}0000408)}{0{,}0005714} = 0{,}0140 + 0{,}0024 = 0{,}0164 \quad (27.14)$$

$$E(R_S\,|\,P) = E(R_S) + \frac{D\{\text{Cov}[E(R_B), E(R_S)] - E(RS)\sigma^2_{E(R_S)}\}}{\sigma_D^2} (27.14)$$

$$= 0{,}0681 + \frac{0{,}0591(0{,}0000408 - 0{,}000289)}{0{,}0005714} = 0{,}0681 - 0{,}0257 = 0{,}0424$$

Vemos que o gestor aumenta seu retorno esperado sobre as obrigações em 0,24% (para 1,64%) e diminui seu retorno esperado sobre as ações em 2,57%, isto é, para 4,24%. A diferença entre o retorno esperado sobre as ações e o retorno sobre as obrigações diminui de 5,41 para 2,60%. Embora seja uma mudança bastante significativa, constatamos também que a visão pessoal do gestor de que $Q = 0{,}5\%$ foi em grande medida moderada pela distribuição anterior, para um valor entre sua visão pessoal e a visão de referência. Em gral, o grau de concessão entre as visões depende da precisão atribuída a elas.

O exemplo que descrevemos contém apenas dois ativos e uma visão. Podemos generalizá-lo facilmente para qualquer número de ativos, com qualquer número de visões sobre os retornos futuros. Essas visões podem ser mais complexas do que uma diferença simples entre um par de retornos. As visões podem atribuir um valor a qualquer combinação linear de ativos no universo em questão e o nível de confiança (a matriz de covariância do conjunto de ε valores das visões) pode levar em conta a dependência entre as visões. Essa flexibilidade oferece ao modelo grande potencial para quantificar um amplo conjunto de informações exclusivo de um gestor de carteira. O Apêndice B deste capítulo apresenta o modelo de BL geral.

Etapa 5: Otimização da carteira

Nesse ponto, a otimização de carteira segue o procedimento de Markowitz apresentado no Capítulo Chapter 7, com uma lista de dados que substitui as expectativas de referência pelas expectativas condicionais que surgem da visão do gestor.

A Planilha 27.2 apresenta os cálculos do modelo de BL. A Tabela 1 da planilha mostra o cálculo das previsões de referência e a Tabela 2 incorpora uma visão que surge nas expectativas revistas (condicionais). A Figura 27.5 mostra o desempenho da carteira medido pelo M quadrado de vários níveis de confiança na visão quando ela é correta e incorreta. O peso das obrigações diminui à medida que a visão cai (o desvio-padrão da visão aumenta). Quando não há nenhuma confiança na visão (desvio-padrão muito grande), o peso das obrigações cai para 0,3, determinado pela previsão de referência. Nesse ponto, a carteira é passiva; seu M quadrado é zero.

Observe que o perfil do M quadrado é assimétrico. Com grande confiança na visão e a ampla posição resultante em obrigações, o ganho no M quadrado quando a visão está correta é menor do que a perda no M quadrado quando a visão estão incorreta. Com menos confiança e, portanto, uma posição menor em obrigações, o "jogo" torna-se mais simétrico entre a visão correta e a incorreta. Como a determinação do desvio-padrão de uma visão é bastante abstrata, o gráfico nos indica que pecar por excesso de ceticismo provavelmente é a opção prudente.

	A	B	C	D	E	F	G
4	Tabela 1: Matriz de covariância fronteiriça de retornos em excesso históricos e pesos						
5	de valor de mercado e cálculo das previsões de referência						
7			Obrigações	Ações			
8		Pesos	0,25	0,75			
9	Obrigações	0,25	64	40,8			
10	Ações	0,75	40,8	289			
11		somarproduto	11,65	170,21			
12	Variância da carteira de mercado V(M) = soma(c11,d11) =					181,86	
13	Coeficiente da aversão ao risco de um investidor representativo =					3	
14	Prêmio de risco da carteira de mercado de referência = 0,01A*V(M) =					5,46	
15	Covariância com R_M		46,6	226,95			
16	Prêmios de risco de referência		1,40	6,81		0,256237542	
17						1,247920819	
18	Proporção da covariância atribuída aos retornos esperados					0,01	
19	Matriz de covariância do retornos esperados						
20			Obrigações	Ações			
21		Obrigações	0,64	0,408			
22		Ações	0,408	2,89			
24	Tabela 2: Visões, confiança e expectativas revistas (posteriores)						
26	Visão: Diferença entre o retorno sobre as obrigações e o retorno sobre as ações, Q =					0,5	
27	Visão incorporada nas previsões de referência Q^E =					-5,41	
28	Variância de Q^E = Var(R_B – R_S)					2,71	
29	Var[E(R_B)] – Cov(E(R_B),E(R_S)) =					0,23	
30	Cov[E(RB),E(RS)] – Var[E(RB)] =					-2,48	
31	Diferença entre os dados da visão e de referência, D =					5,91	
32	Confiança medida pelo desvio-padrão da visão Q						
33	Desvio-padrão possível	0	1	1,73	3,00	6,00	
34	Variância	0	1,5	3	9	36	Referência
35	E(R_B|P)	1,90	1,72	1,64	1,52	1,43	1,40
36	E(R_S|P)	1,40	3,33	4,24	5,56	6,43	6,81

eXcel

PLANILHA 27.2
Sensibilidade da carteira de Black-Litterman à confiança nas visões

FIGURA 27.5
Sensibilidade do desempenho da carteira de Black-Litterman ao nível de confiança

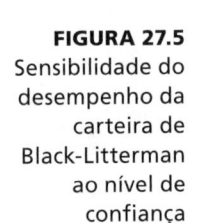

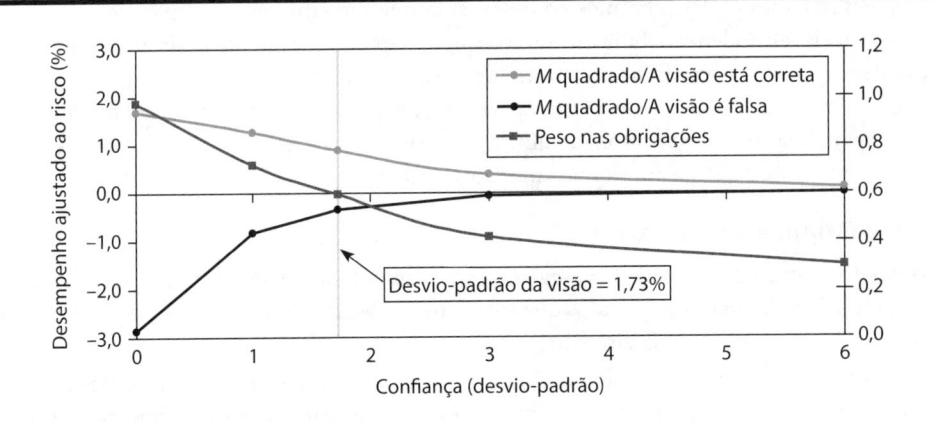

27.4 Treynor-Black *versus* Black-Litterman: complementos, não substitutos

Treynor, Black e Litterman ganharam um lugar entre os inovadores mais importantes do setor de investimentos. A ampla implementação de seus modelos poderia contribuir muito para esse setor. A análise comparativa de seus modelos apresentada aqui não pretende elevar um à custa do outro – em qualquer caso, os consideramos complementares –, mas esclarecer os méritos relativos de cada um.

Primeiramente, assim que você atingir a etapa de otimização, verá que os modelos são idênticos. Em outras palavras, se os usuários de ambos os modelos chegarem a listas de dados idênticas, eles escolherão carteiras idênticas e obterão medidas de desempenho idênticas. Na Seção 27.6, mostramos que esses níveis de desempenho devem ser bem superiores às estratégias passivas, bem como às estratégias ativas que não levam em conta as técnicas quantitativas desses modelos. Os modelos diferem principalmente na forma como eles chegam à lista de dados e a análise dessas diferenças mostra que eles são complementos verdadeiros e são mais bem utilizados em sincronia.

O modelo de BL como glacê no bolo de TB

O modelo de Treynor-Black (TB) é na verdade direcionado à análise de títulos individuais. Isso pode ser visto na forma como a carteira ativa é construída. Os valores de alfa atribuídos aos títulos devem ser determinados em relação à carteira passiva. Essa é a carteira que seria mantida se os valores de alfa acabassem se revelando iguais a zero. Suponhamos agora que o prospecto de uma empresa de investimento exija uma carteira com uma posição de 70% no universo de ações de alta capitalização americanas – digamos, o S&P 500 –, e com uma posição de 30% em um universo bem definido de ações de alta capitalização europeias. Nesse caso, a macroanálise da organização teria de ser dividida e o modelo de TB teria de ser aplicado como duas divisões distintas. Em cada divisão, os analistas de títulos compilariam os valores de alfa em relação às suas duas carteiras passivas. O produto dessa organização incluiria, portanto, quatro carteiras, duas passivas e duas ativas. Esse esquema é viável somente quando as carteiras são otimizadas separadamente. Ou seja, os parâmetros (alfa, beta e variância residual) dos títulos americanos são estimados em relação à referência americana, enquanto os parâmetros das ações europeias são estimação em relação à referência europeia. Desse modo, a carteira final seria construída como um problema padrão em alocação de ativos.

A carteira resultante poderia ser melhorada por meio do método de BL. Primeiro, podemos supor que as visões sobre o desempenho relativo dos mercados americano e europeu podem acrescentar informações às macroprevisões independentes referentes às duas economias. Por motivo de especialização, os analistas macro americanos e europeus devem se concentrar em sua economia. Obviamente, quando mais carteiras de país ou regionais forem acrescentadas ao universo da empresa, a necessidade de descentralização se tornará mais premente e a possibilidade de aplicação do modelo de BL ao produto de TB será maior. Além disso, as carteiras de ações estrangeiras resultarão em várias posições em moeda local. Sem dúvida, essa é uma área de finanças internacionais e a única forma de importar previsões dessa análise é com a técnica de BL.[11]

Por que não substituir todo o bolo de TB pelo glacê de BL?

Essa pergunta foi levantada em virtude da necessidade de utilizar a técnica de BL se a carteira geral tiver de incluir previsões provenientes de análises comparativas econômicas e de finanças internacionais. Aliás é possível utilizar o modelo de BL em todo o processo de construção da carteira eficiente. O motivo é que o alfa compilado para o modelo de TB pode ser substituído por visões de BL. Para observar um exemplo simples, suponhamos que a carteira ativa compreenda apenas um título. Com o modelo de TB, temos macroprevisões, $E(R_M)$ e σ_M, bem como o alfa, o beta e a variância residual da carteira ativa. Essa lista de dados também pode ser representada da forma a seguir, de acordo com a estrutura de BL:

$$R = [E(R_M), E(R_A) = \beta_A E(R_M)]$$
$$P = \left(0,1 + \frac{\alpha_A}{\beta_A E(R_M)}\right)$$
$$PR^T = Q + \varepsilon = \alpha_A + \varepsilon$$
$$Q^E = 0 \qquad (27.15)$$
$$D = \alpha_A$$
$$\sigma^2(\varepsilon) = \text{Var}(\text{erro de previsão}) \text{ na Equação 27.6}$$
$$\sigma^2(D) = \sigma^2(\varepsilon) + \sigma^2(e)$$

onde e é o resíduo na regressão da SCL da Equação 27.5. O cálculo das expectativas condicionais da Equação 27.15, tal como na Equação 27.13, nos levará ao mesmo alfa ajustado da Equação 27.7 do modelo de TB.

Sob esse ângulo, o modelo de BL pode ser visto como uma generalização do modelo de TB. O modelo de BL lhe permite ajustar o retorno esperado das visões sobre os valores de alfa tal como no modelo de TB, mas ele permite também que você expresse visões sobre o desempenho relativo que não podem ser incorporadas no modelo de TB.

Entretanto, essa conclusão pode gerar a falsa impressão de que ela é uma consequência da gestão de investimentos. Para entender essa questão, primeiro analisamos o grau de confiança, que é essencial para representar totalmente uma visão no modelo de BL. A Planilha 27.2 e Figura 27.5 mostram que os pesos e o desempenho da carteira ótima são altamente sensíveis ao grau de confiança nas visões de BL. Portanto, a validade do modelo depende em grande parte da forma como se chega à confiança nas visões.

Quando uma visão de BL é estruturada para substitui uma estimativa direta de alfa em uma estrutura de TB, devemos utilizar a variância do erro de previsão calculado na Equação 27.7 e aplicado na Equação 27.15. É dessa maneira que a "confiança" é quantificada no modelo de BL. Embora na estrutura de TB seja possível avaliar a precisão da previsão calculando a correlação entre as previsões de alfa dos analistas e as realizações subsequentes, esse procedimento não é tão fácil de ser aplicado a visões de BL sobre desempenho relativo. As visões dos gestores podem ser expressas com relação a quantidades diferentes em diferentes períodos e, por isso, não teremos longos históricos de previsão de uma variável particular para avaliar a precisão. Pelo que sabemos, nenhuma promoção quanto a como quantificar a "confiança" aparece em publicações acadêmicas e profissionais a respeito do modelo de BL.

Isso traz à tona a questão de ajuste das previsões no modelo de TB. Não temos consciência dos resultados reais nos quais o histórico dos analistas é sistematicamente compilado e utilizado para ajustar as previsões de alfa, embora não possamos afirmar que essa tentativa não seja empreendida em lugar nenhum. Entretanto, evidências indiretas indicam que os alfas normalmente não são

---

[11] O modelo de BL também pode ser utilizado para introduzir visões sobre o desempenho relativo de várias empresas americanas e estrangeiras.

ajustados, o que dá lugar à "reclamação" comum de que o modelo de TB não é aplicado na área porque produz pesos de carteira "imoderados". Contudo, como vimos na Seção 27.3, esses pesos de carteira imoderados são uma consequência da falta de ajuste dos valores de alfa para que reflitam a precisão da previsão. Qualquer R quadrado realista que possa ser obtido até mesmo por excelentes previsores resultará em pesos de carteira moderados. Mesmo quando os pesos "imoderados" às vezes se materializam, eles podem ser "domados" por uma restrição direta à variância do erro de *tracking*.

Portanto, é útil separar e diferenciar os dois modelos; o modelo de TB para gestão da análise de títulos, com um ajuste apropriado das previsões, e o modelo de BL para alocação de ativos, no qual as visões sobre desempenho relativo são úteis, *não obstante* o fato de na prática o grau de confiança poder ser estimado imprecisamente.

27.5 A importância da gestão ativa

Mostramos no Capítulo 24 que a importância de um *market timing* bem-sucedido é enorme. Mesmo um previsor com poder preditivo que está longe de ser perfeito contribuiria com um valor significativo. No entanto, a gestão ativa de carteiras baseada na análise de títulos tem um poder ainda maior. Mesmo que um analista de títulos específico tenha um poder de previsão modesto, o poder da *carteira* dos analistas provavelmente é ilimitado.

Um modelo de estimativa de taxas possíveis

O valor do *market timing* foi deduzido do de um número equivalente de opções de compra que reproduzem o retorno da carteira do *timer*. Desse modo, podemos deduzir um valor inequívoco para a capacidade de *timing*, isto é, poderíamos precificar a opção de compra implícita nos serviços do *timer*. Não podemos ir tão longe com a avaliação da gestão ativa de carteiras, mas temos uma segunda alternativa semelhante, ou seja, calcular o que um investidor representativo pagaria por esses serviços.

Kane, Marcus e Trippi[12] deduzem um valor do desempenho da carteira que é transformado em anuidade e avaliado como porcentagem dos fundos sob gestão. A taxa percentual, f, que os investidores estariam dispostos a pagar pelos serviços ativos pode ser associada à diferença entre o quadrado do índice de Sharpe da carteira e o da carteira passiva, como

$$f = (S^2P - S_M^2)/2A \qquad (27.16)$$

onde A é o coeficiente de aversão ao risco do investidor.

A fonte de poder da carteira ativa é o valor aditivo dos **índices de informação** ao quadrado $\left(\dfrac{\alpha_i}{\sigma(e_i)}\right)$ e a precisão de cada analista. Lembre-se da expressão do quadrado do índice de Sharpe da carteira de risco otimizada:

$$S_P^2 = S_M^2 + \sum_{i=1}^{n}\left[\dfrac{\alpha_i}{\sigma(e_i)}\right]^2$$

Portanto,

$$f = \dfrac{1}{2A}\sum_{i=1}^{n}\left[\dfrac{\alpha_i}{\sigma(e_i)}\right]^2 \qquad (27.17)$$

Desse modo, a taxa que pode ser cobrada, f, depende de três fatores: (1) o coeficiente de aversão ao risco, (2) a distribuição do índice de informação ao quadrado no universo de títulos e (3) a precisão dos analistas de títulos. Observe que essa taxa é superior à que um fundo de índice cobraria. Se um fundo de índice cobrar 20 pontos-base, o gestor ativo pode cobrar taxas incrementais acima do patamar de acordo com a porcentagem expressa na Equação 27.17.

---

[12] Alex Kane, Alan Marcus e Robert R. Trippi, "The Valuation of Security Analysis", Journal of Portfolio Management, 25, primavera de 1999.

Resultados da distribuição de índices de informação reais

Kane, Marcus e Trippi investigaram a distribuição do IR ao quadrado das ações do S&P 500 durante dois períodos de cinco anos e estimaram que essa expectativa (anualizada), $E(IR^2)$, encontra-se entre 0,845 a 1,122. Com um coeficiente de aversão ao risco de 3, o gestor de carteira que cobre 100 ações com analistas de títulos cujas previsões têm um R quadrado com alfa realizado de apenas 0,001 ainda seria capaz de cobrar uma taxa anal 4,88% superior à de um fundo de índice. Essa taxa baseia-se na extremidade inferior do intervalo do índice de informação ao quadrado esperado.

Uma das limitações desse estudo é que ele presume que o gestor de carteira conhece a qualidade das previsões, por mais que ela seja baixa. Como vimos, os pesos de carteira são sensíveis à qualidade das previsões e, quando ela é avaliada com erro, o desempenho diminui ainda mais.

Resultados da distribuição de previsões reais

Um estudo sobre as previsões reais, de Kane, Kim e White (consulte a nota de rodapé 5), revelou a distribuição de mais de 11 mil previsões de alfa para mais de 600 ações durante 37 meses, tal como se evidencia na Figura 27.3. A precisão média das previsões desse banco de previsões apresentou um R quadrado de 0,00108 por meio de regressões de mínimos quadrados ordinários (*ordinary least squares* – OLS) e 0,00151 quando foram permitidos coeficientes distintos para previsões positivas e negativas. Esses valores são apenas um pouco melhores do que a precisão utilizada para interpretar o estudo de Kane, Marcus e Trippi sobre a distribuição do valor de informação realizado. Kane, Kime e White utilizam esses R quadrados para ajustar as previsões em seu banco de dados e formar carteiras ótimas com base em 105 ações escolhidas aleatoriamente entre as 646 cobertas pela empresa de investimento.

Eles presumem que a qualidade da previsão é a mesma a cada mês para todas as previsões de alfa das 105 ações, mas agem como se eles não conhecessem essa qualidade. Portanto, o processo de ajuste é realizada mensalmente por meio de previsões passadas. Isso introduz outra fonte de erro de estimativa que aumenta a dificuldade da baixa qualidade das previsões. Para atenuar o impacto dessa dificuldade real, uma técnica econométrica aprimorada é adotada para a avaliação da qualidade das previsões. Eles constatam que as regressões de desvio mínimo absoluto (*least absolute deviation* – LAD) são invariavelmente melhores do que as regressões OLS. O modelo de otimização utilizou o modelo de índice diagonal (tal como no TB) e igualmente o modelo de covariância completa (o algoritmo de Markowitz).

As medidas de M quadrado anualizadas de desempenho são mostradas na Tabela 27.6. Os valores de M quadrado, que variam entre 2,67 a 6,31%, são bem impressionantes. Os resultados na Tabela 27.6 também mostram que a utilização da matriz de covariância residual pode melhorar significativamente o desempenho quando várias ações são cobertas, ao contrário da pequena diferença obtida quando apenas seis ações são cobertas, como na Planilha 8.1, Capítulo 8.

TABELA 27.6 M quadrado da carteira, previsões reais

Ajuste da previsão	Modelo diagonal	Modelo de covariância
Reto*	2,67	3,01
Quebrado**	4,25	6,31

* Coeficientes iguais para previsões positivas e negativas.
** Coeficientes diferentes para previsões positivas e negativas.

TABELA 27.7 M quadrado de carteiras simuladas

Ações na carteira	Registro de previsão (meses)		
	36	48	60
100	0,96	3,12	6,36
300	0,60	5,88	12,72
500	3,00	5,88	15,12

Resultados com registros de previsão razoáveis

Para investigar a função do registro de previsão sobre o desempenho quando as previsões são de baixa qualidade, Kane, Kim e White simularam um mercado com a carteira do índice S&P 500 como referência e 500 ações com as mesmas características do universo do S&P 500.[13] São construídas carteiras ativas de vários tamanhos por meio da seleção aleatória de ações nesse universo com registros de previsão de apenas 36 a 60 meses. Para evitar técnicas de estimativa que talvez não estejam ao alcance dos gestores de carteira, nesse estudo todas as estimativas são obtidas por meio de regressões OLS.

Na simulação, o gestor de carteira deve implementar uma "estrutura organizacional" completa para identificar o desempenho sob condições realistas. Em qualquer circunstância, o gestor utiliza apenas retornos passados e registros de previsão passados para gerar estimativas prospectivas que incluem (1) o prêmio de risco e desvio-padrão de referência, (2) coeficiente beta das ações na carteira ativa e (3) qualidade da estimativa de cada analista de títulos. Nesse momento, o gestor recebe um conjunto de previsões de alfa dos analistas de títulos e dá continuidade à construção da carteira ótima. A carteira é otimizada com base nas macroprevisões para a carteira de referência e nas previsões de alfa ajustadas em relação à qualidade utilizando o registro de desempenho passado de cada analista. Por fim, os retornos mensais seguintes são simulados e o desempenho da carteira é registrado.

A Tabela 27.7 apresenta um resumo dos resultados das carteiras quando, sem o conhecimento do gestor de carteira, as previsões dos analistas de títulos são geradas com R quadrado de 0,001. O M quadrado evidentemente aumenta quando os registros de desempenho são mais extensos. Esses resultados mostram também que em geral o desempenho melhora de acordo com o tamanho da carteira.

Os resultados desses três estudos evidenciam que mesmo a menor capacidade de previsão pode melhorar significativamente o desempenho. Além disso, por meio de técnicas de estimativa mais adequadas, o desempenho pode ser melhorado ainda mais. Acreditamos que um dos motivos de os procedimentos propostos não serem amplamente utilizados no setor seja o fato de os analistas de títulos acreditarem que as baixas correlações individuais indicam que a previsão tem pouco valor agregado, o que os leva a querer evitar que sua capacidade seja avaliada. Esperamos que os resultados de estudos do tipo discutido aqui seduzam as empresas de investimento a adotar essas técnicas e conduzam o setor para novos níveis de desempenho.

27.6 Observações finais sobre a gestão ativa

Uma preocupação comum dos estudantes de investimento que se deparam com uma pesada dose de teoria entrelaçada com matemática e estatística é se a abordagem analítica seria necessária ou mesmo útil. Veja algumas observações que podem atenuar essa preocupação. A teoria de investimento desenvolveu-se nas últimas décadas em um ritmo galopante. Contudo, por incrível que pareça, a distância entre a ciência básica de investimento e a prática do setor, uma distância existente em toda área, na verdade diminuiu nos últimos anos. Essa tendência satisfatória deve-se, pelo menos em parte, ao vigoroso crescimento do Instituto CFA. A designação CFA tornou-se praticamente um pré-requisito para o sucesso do setor e o número de indivíduos que a procuram já ultrapassa o de MBAs em finanças. Eles contribuem continuamente para a proximidade entre a ciência de investimento e o setor.

Mais importante do que isso é o empenho do instituto no sentido de melhorar e enriquecer o currículo para a obtenção do grau de CFA e conduzi-lo cada vez mais para o âmbito da teoria de investimento contemporânea. Aliás, os professores de finanças beneficiam-se indiretamente desse currículo porque podem defender a praticidade do conteúdo textual ressaltando que ele faz parte do corpo de conhecimento necessário aos candidatos a CFA.

Entretanto, existe uma área em que a prática ainda está bastante distante da teoria, e esse foi o tema deste capítulo – isso não obstante o fato de o modelo de TB e o modelo de BL existirem des-

---
[13] Alex Kane, Tae-Hwan Kim e Halbert White, "Forecast Precision and Portfolio Performance", Journal of Financial Econometrics, 8(3), 2010.

de 1973 e 1992, respectivamente. Contudo, como vimos, até o momento esses modelos não conseguiram penetrar materialmente no setor. Na seção anterior, especulamos sobre o motivo dessa falha. Entretanto, esperamos que sejamos forçados a descartar este parágrafo em futuras edições deste livro por motivo de obsolescência.

Concluindo, existe pouco espaço no currículo de investimento já denso para discutir a implicação dos preços de título quase eficientes no bem-estar social. Os preços podem atingir esses níveis somente quando os investidores otimizam suas carteiras com uma análise e implementação de alta qualidade. A importância dos preços quase eficientes para o bem-estar da economia é enorme e compete em importância com os avanços tecnológicos. Portanto, a gestão ativa de alta qualidade pode contribuir para a sociedade do mesmo modo que enriquece os profissionais que a adotam.

RESUMO

1. Os pesos da carteira de Treynor-Black são sensíveis a altos valores de alfa, o que pode praticamente inviabilizar as posições compradas/vendidas.
2. O risco da carteira de referência, a variância da diferença de retorno entre a carteira e a referência, pode ser refreado para manter a carteira de TB com pesos razoáveis.
3. As previsões alfa devem ser diminuídas (ajustadas em direção a zero) para levar em conta a qualidade de previsão imperfeita. A compilação das previsões passadas dos analistas e das realizações subsequentes possibilita estimar a correlação entre as realizações e previsões. A análise de regressão pode ser utilizada para avaliar a qualidade das previsões e orientar o ajuste apropriado das previsões futuras. Quando as previsões de alfa são reduzidas para levar em conta a imprecisão das previsões, as posições de carteira resultantes tornam-se bem mais moderadas.
4. O modelo de Black-Litterman permite que as visões pessoais do gestor de carteira sejam incorporadas aos dados do mercado no procedimento de otimização.
5. O modelo de Treynor-Black e o modelo de Black-Litterman são ferramentas complementares. Ambos devem ser utilizadas: o modelo de TB é mais voltado para a análise de títulos, enquanto o de BL enquadra-se mais naturalmente aos problemas de alocação de ativos.
6. Até mesmo as previsões de baixa qualidade têm valor. É possível utilizar um R quadrado tão imperceptível quanto 0,001 na regressão das realizações sobre as previsões dos analistas para melhorar significativamente o desempenho da carteira.

Sites relacionados a este capítulo estão disponíveis em **www.grupoa.com.br**

PALAVRAS-CHAVE

alfa ajustado
alocação de ativos
carteira ativa
carteira de índice de mercado passiva
carteira de referência

distribuição anterior
distribuição posterior
erro de *tracking*
índice de informação
previsões de referência

registro de previsão
valores de alfa
visões

CONJUNTO DE PROBLEMAS

1. Em que sentido a aplicação do modelo de BL a uma carteira de ações e obrigações (como no exemplo dado no corpo deste capítulo) poderia afetar a análise de títulos? O que isso indica a respeito da hierarquia de utilização dos modelos de BL e TB?

Básico

2. A Figura 27.4 contém um quadro referente à unidade econométrica. O item (3) refere-se a "ajudar outras unidades". Que atividades isso poderia envolver?

Intermediários

3. Componha novas previsões de alfa e substitua as da Planilha 27.1, na Seção 27.1. Encontre a carteira ótima e seu desempenho esperado.

4. Desenvolva uma visão e substitua a da Planilha 27.2, Seção 27.3. Recalcule a alocação ótima de ativos e o desempenho esperado da carteira.

Difícil

5. Suponha que um analista fosse encaminhado a um programa de formação de executivos para melhorar a precisão de suas previsões, com base em um R quadrado de 0,01. De que forma você atribuiria um valor monetário a essa melhoria? Dê um exemplo numérico.

EXERCÍCIOS DE INVESTIMENTO NA *WEB*

Visite www.jpmorganfunds.com. Localize "*tracking error*" (erro de *tracking*) na caixa *Keyword Search* (Busca de Palavra-Chave), para ser direcionado para uma discussão a respeito da mensuração desse erro. Que fatores são mencionados como as possíveis causas do alto nível de erro de *tracking*? Qual a relação entre o alto nível de erro de *tracking* e a geração de alfas positivos de alto valor por um gestor? Como a mensuração do erro de *tracking* e o índice de Sharpe podem ser utilizados para avaliar o desempenho de um gestor?

APÊNDICE A — Previsões e realizações de alfa

A representação linear do processo que gera previsões com base em valores de alfa futuros (ainda desconhecidos) seria

$$\alpha^f(t) = b_0 + b_1 u(t) + \eta(t) \qquad (27\text{A.1})$$

onde $\eta(t)$ é o erro de previsão e não está correlacionado com o $u(t)$ real. Observe que, quando a previsão é otimizada, tal como na Equação 27.7, o erro da previsão ajustada, $\varepsilon(t)$ na Equação 27.6, não está correlacionado com a previsão otimamente ajustada $\alpha(T)$. Os coeficientes b_0 e b_1 são vieses de deslocamento e escala na previsão. As previsões imparciais resultariam em $b_0 = 0$ (nenhum viés de deslocamento) e $b_1 = 1$ (nenhum viés de escala).

Podemos deduzir a variância da previsão e a covariância entre a previsão e realização com base na Equação 27A.1:

$$\sigma^2(\alpha^f) = b_1^2 \times \sigma^2(u) + \sigma^2(\eta)$$
$$\text{Cov}(\alpha^f, u) = b_1 \times \sigma^2(u) \qquad (27\text{A.2})$$

Portanto, na Equação 27.6, o coeficiente de inclinação, a_1, é

$$a_1 = \frac{\text{Cov}(u, a^f)}{\sigma^2(a^f)} = \frac{b_1 \times \sigma^2(u)}{b_1^2 \times \sigma^2(u) + \sigma^2(\eta)} \qquad (27.\text{A3})$$

Quando a previsão não contém nenhum viés de escala, isto é, quando $b_1 = 1$, a_1 é igual ao R quadrado da regressão de previsões sobre as realizações na Equação 27A.1, que também é igual ao R quadrado da regressão de realizações sobre previsões na Equação 27.6. Quando b_1 é diferente de 1,0, devemos ajustar o coeficiente a_1 para levar em conta o viés de escala. Observe também que, com esse ajuste, $a_0 = -b_0$.

APÊNDICE B — O modelo geral de Black-Litterman

O modelo de BL é o mais fácil de compor por meio da notação matricial. Descrevemos esse modelo de acordo com as etapas descritas na Seção 27.3.

Etapas 1 e 2: A matriz de covariância e as previsões de referência

Uma amostra de retornos em excesso passados do universo de n ativos é utilizada para a matriz de covariância $n \times n$, representada por Σ. Presume-se que os retornos em excesso estão normalmente distribuídos.

Os valores de mercado do universo de ativos são obtidos e utilizados para calcular o vetor $1 \times n$ dos pesos w_M na carteira de referência de equilíbrio. A variância da carteira de referência é calculada de

$$\sigma_M^2 = w_M \Sigma w_M^T \qquad (27\text{B.1})$$

Um coeficiente de aversão ao risco de um investidor representativo na economia, $\overline{A}$, é aplicado à equação do CAPM para obter uma macroprevisão de referência do prêmio de risco da carteira de mercado,

$$E(R_M) = \overline{A}\sigma_M^2 \qquad (27\text{B.2})$$

O vetor $1 \times n$ das previsões de referência dos prêmios de risco dos títulos nesse universo, R, é calculado com base na macroprevisão e na matriz de covariância por meio de

$$E(R') = E(RM)\Sigma w_M^T \qquad (27\text{B.3})$$

Até aqui, os dados descrevem a distribuição anterior (de referência) das taxas de retorno do universo de ativos por meio de

$$\widetilde{R} \sim N[E(R), \Sigma] \qquad (27\text{B.4})$$

Presume-se que a matriz de covariância $n \times n$ dos retornos esperados de referência, $\tau\Sigma$, é proporcional à matriz de covariância, Σ, por meio do escalar τ.

Etapa 3: As visões pessoais do gestor

A matriz $k \times n$ de visões, P, inclui k visões. A iésima visão é um vetor $1 + k$ que multiplica o vetor $1 \times n$ de retornos, $\widetilde{R}$, para obter o valor da visão, Q_j, com erro de previsão ε_i. O vetor completo de valores de visão e os respectivos erros de previsão são expressos por

$$RP = Q + \varepsilon \qquad (27\text{B.5})$$

A confiança do gestor nas visões é expressa pela matriz de covariância $k \times k$, Ω, do vetor de erros nas visões, ε. As visões incorporadas na previsão de referência, R, são expressas por Q^E,

$$RP = Q^E$$

Portanto, o vetor $1 \times k$ de desvio da visão em relação à visão (previsão) de referência e sua matriz de covariância S_D é

$$D = Q^E - Q$$
$$S_D = \tau P \Sigma P^T + \Omega \tag{27B.6}$$

Etapa 4: Expectativas revistas (posteriores)

O vetor $1 \times n$ de expectativas (revistas) posteriores condicionadas às visões, bem como a matriz de covariância revista, é expresso por

$$R^* = R \mid P = R + \tau D S_D^{-1} \Sigma P^T$$
$$\Sigma^* = \Sigma + M \tag{27B.7}$$
$$M = \tau \Sigma - \tau \Sigma P^T S_D^{-1} P \tau \Sigma$$

Etapa 5: Otimização da carteira

O vetor das expectativas revistas é utilizado em conjunto com a matriz de covariância de retornos em excesso para gerar os pesos da carteira ótima no algoritmo de Markowitz.

28

Política de investimento e estrutura do Instituto CFA

INTERPRETAR AS ASPIRAÇÕES e circunstâncias de diversas famílias e transformá-las em decisões de investimento apropriadas é uma tarefa intimidante. Essa é uma tarefa complexa também para as instituições, pois a maioria congrega várias partes interessadas e com frequência é regulamentada por diversos órgãos. Não é fácil reduzir o processo de investimento a um algoritmo simples ou mecânico.

Embora muitos princípios de investimento sejam bastante genéricos e se apliquem a quase todos os investidores, algumas questões são peculiares a cada investidor. Por exemplo, faixa de alíquota de imposto, idade, tolerância ao risco, riqueza, perspectivas de emprego e incertezas tornam a circunstância de cada investidor até certo ponto única. Neste capítulo abordaremos principalmente o processo empregado pelos investidores para rever sistematicamente seus objetivos, suas restrições e suas circunstâncias particulares. Além disso, examinamos algumas das classes mais importantes de investidores institucionais e os problemas exclusivos que elas podem enfrentar.

Obviamente, não existe um único processo de investimento "correto". Entretanto, alguns métodos são melhores do que outros, e talvez seja favorável escolher um método considerado de alta qualidade para servir de estudo de caso. Por esse motivo, examinaremos o método sistemático proposto pelo Instituto CFA. Entre outras coisas, o instituto administra os exames para oferecer o título de analista financeiro certificado ou juramentado (*chartered financial analyst* – CFA) a profissionais de investimento. Portanto, a abordagem que delineamos é também uma abordagem que um grupo de profissionais altamente respeitados endossa por meio do currículo que ela exige que os profissionais de investimento dominem.

A estrutura básica divide o processo de investimento em quatro estágios: especificação de objetivos, especificação de restrições, formulação de um plano ou política e monitoramento e atualização posterior da carteira. Consideraremos cada uma dessas atividades separadamente. Começaremos com a descrição dos principais tipos de investidor, tanto individuais quanto institucionais, assim como de seus objetivos exclusivos. Em seguida, passamos a abordar as restrições ou circunstâncias peculiares de cada classe de investidores e algumas das políticas de investimento que cada uma pode escolher.

Examinaremos como as circunstâncias especiais tanto de indivíduos quanto de instituições como os fundos de pensão afetam as decisões de investimento. Veremos também como o sistema tributário pode ter um efeito substancial sobre essas decisões.

28.1 O processo de gestão de investimentos

O Instituto CFA divide o processo de gestão de investimentos em três elementos principais que formam um ciclo dinâmico de *feedback*: planejamento, execução e *feedback*. A Figura 28.1 e a Tabela 28.1 descrevem as etapas desse processo. Em poucas palavras, você pode pensar no *planejamento* como um processo predominantemente concentrado no estabelecimento de todas as informações necessárias para a tomada de decisões. Essas informações incluem dados sobre o cliente e o mercado de capitais que resultam em amplas diretrizes políticas (alocação estratégica de ativos) A *execução* estreita os detalhes da alocação ótima de ativos e da escolha de títulos ideal. Finalmente, o *feedback* é o processo de adaptação a mudanças de expectativa e objetivo, bem como a mudanças na composição das carteiras provocadas por alterações nos preços do mercado.

O resultado dessa análise pode ser resumido em uma declaração de política de investimento (*investment policy statement* – IPS) que aborda os tópicos especificados na Tabela 28.2. Nas seções subsequentes, detalhamos as etapas que geram a declaração de política de investimento. Começamos pela etapa de planejamento, o primeiro painel da Tabela 28.1.

Objetivos

A Tabela 28.1 indica que o processo de planejamento de gestão inicia-se com a análise dos clientes de investimento – considerando particularmente os objetivos e restrições que governam suas decisões. Os objetivos de carteira giram em torno do **trade-off risco-retorno** entre o retorno esperado do qual os investidores desejam (as *exigências de retorno* na primeira coluna da Tabela 28.3) e a magnitude de risco que eles estão dispostos a assumir (*tolerância ao risco*). Os gestores de investimento precisam conhecer o nível de risco que pode ser tolerado na busca de uma taxa retorno esperada mais alta. O quadro a seguir apresenta um exemplo de questionário concebido para avaliar a tolerância ao risco do investidor. A Tabela 28.4 relaciona os fatores que governam as exigências de retorno e as atitudes de risco de cada uma das sete principais categorias de investidor que analisaremos.

Investidores individuais

Os fatores básicos que afetam as exigências de retorno e a tolerância ao risco de um investidor individual são estágio do ciclo de vida e preferências pessoais. Um professor titular de meia-idade terá um conjunto de necessidades e preferências diferente em relação a uma viúva aposentada, por exemplo. Teremos muito mais a dizer sobre investidores individuais ainda neste capítulo.

Fideicomisso pessoal

Um **fideicomisso pessoal** é estabelecido quando um indivíduo confere o direito legal de posse a outra pessoa ou instituição (fideicomissário), que então gerencia essa propriedade em nome de um ou mais beneficiários. Habitualmente, os beneficiários são divididos em **beneficiários de renda**,

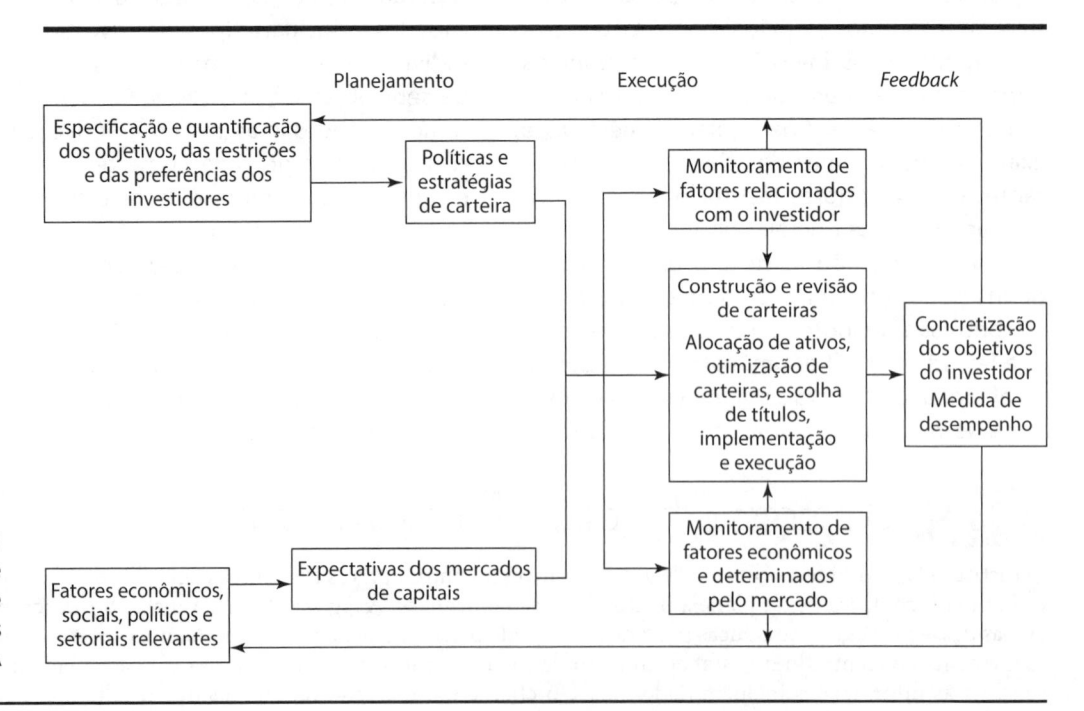

FIGURA 28.1 Processo de gestão de investimentos do Instituto CFA

DESTAQUE DA REALIDADE

QUESTIONÁRIO DE TOLERÂNCIA AO RISCO

A seguir encontra-se um questionário rápido de exemplo que pode ser utilizado pelas instituições financeiras para ajudá-las a avaliar a tolerância ao risco.

Acrescente o número de pontos para as sete questões. Acrescente um ponto, se você escolher a primeira resposta, dois, se escolher a segunda, e assim por diante. Se você obtiver entre 25 e 28 pontos, considere-se um *investidor agressivo*. Se você obtiver entre 20 e 24 pontos, sua tolerância ao risco está abaixo da média. Se você obtiver entre 15 e 19 pontos, considere-se um *investidor moderado*. Isso significa que você está disposto a aceitar certo risco em troca de uma taxa de retorno possivelmente mais alta. Se você obtiver menos de 15 pontos, considere-se um *investidor conservador*. Se você obtiver menos de 10 pontos, você pode se considerar um investidor bastante conservador.

Questão	1 Ponto	2 Pontos	3 Pontos	4 Pontos
1. Pretendo utilizar o dinheiro que estou investindo:	Dentro de 6 meses.	Nos próximos 3 anos.	Entre 3 a 6 anos.	Só daqui a 7 anos.
2. Meus investimentos correspondem a esta porcentagem de ativos (excluindo a casa):	Mais de 75%.	50% ou mais, mas menos de 75%.	25% ou mais, mas menos de 50%.	Menos de 25%.
3. Espero que minha renda futura:	Diminua.	Permaneça a mesma ou aumente lentamente.	Aumente mais rápido do que a taxa de *inflação*.	Aumente rapidamente.
4. Tenho economias de emergência:	Não.	–	Sim, mas menos do que gostaria de ter.	Sim.
5. Arriscaria esta porcentagem em troca da mesma probabilidade de dobrar meu dinheiro:	Zero.	10%.	25%.	50%.
6. Investi em ações e em fundos mútuos de ações:	–	Sim, mas não me sinto tranquilo com isso.	Não, mas pretendo investir.	Sim, e me sinto tranquilo com isso.
7. Minha principal meta de investimento é:	Manter meu investimento original.	Experimentar algum crescimento e obter alguma renda.	Crescer mais rápido do que a inflação, mas ainda assim obter alguma renda.	Crescer o mais rápido possível. Hoje, a renda não é importante para mim.

Fonte: Associação do Setor de Títulos e Mercados Financeiros.

que recebem renda de juros e dividendos durante a vida, e **remaindermen**, que recebem o principal do fideicomisso quando o beneficiário da renda morre e o fideicomisso é dissolvido. O fideicomissário normalmente é um banco, uma associação de poupança e empréstimo, um advogado ou um profissional de investimento. O investimento em um fideicomisso está sujeito a leis estaduais de fideicomisso e a regras do "investidor prudente" que restringem os tipos de investimento em fideicomisso permitidos àqueles que uma pessoa prudente escolheria.

TABELA 28.1 Componentes do processo de gestão de investimentos

I. Planejamento
    A. Identificação e especificação de objetivos e restrições do investidor
    B. Elaboração da *declaração de política de investimento* [consulte a Tabela 28.2]
    C. Formação de expectativas quanto ao mercado de capitais
    D. Estabelecimento da alocação estratégica de ativos (pesos de classe mínima e máxima pretendidos)

II. Execução: construção e revisão de carteiras
    A. Alocação de ativos (incluindo a alocação tática) e otimização de carteira (combinar ativos para satisfazer objetivos de risco e retorno)
    B. Escolha de títulos
    C. Implementação e execução

III. *Feedback*
    A. Monitoramento (fatores exclusivos do investidor, bem como econômicos e determinados pelo mercado)
    B. Rebalanceamento
    C. Avaliação de desempenho

Fonte: John L. Maginn, Donald L. Tuttle, Dennis W. McLeavey e Jerald E. Pinto, "The Portfolio Management Process and the Investment Policy Statement", em *Managing Investment Portfolios: A Dynamic Process*, 3ª ed. (Instituto CFA, 2007) e correspondência trocada com Tom Robinson, diretor de conteúdo educacional.

TABELA 28.2 Componentes da declaração de política de investimento

1. Breve descrição sobre o cliente
2. Objetivo do estabelecimento de políticas e diretrizes
3. Deveres e responsabilidades de investimento das partes envolvidas
4. Declaração de metas, objetivos e restrições de investimento
5. Programação de revisão do desempenho dos investimentos e da declaração de política de investimento
6. Medidas e referências de desempenho
7. Quaisquer fatores no desenvolvimento da alocação estratégica de ativos
8. Estratégias de investimento e estilos de investimento
9. Diretrizes para rebalanceamento

TABELA 28.3 Determinação de políticas de carteira

Objetivos	Restrições	Políticas
Exigências de retorno	Liquidez	Alocação de ativos
Tolerância ao risco	Horizonte	Diversificação
	Regulamentações	Posicionamento de risco
	Impostos	Posicionamento tributário
	Necessidades exclusivas	Geração de renda

TABELA 28.4 Matriz de objetivos

Tipos de investidor	Exigência de retorno	Tolerância ao risco
Investidores individuais e fideicomissos pessoais	Ciclo de vida (educação, filhos, aposentadoria)	Ciclo de vida (os mais jovens são mais tolerantes ao risco)
Fundos mútuos	Variável	Variável
Fundos de pensão	Taxa atuarial presumida	Depende da proximidade dos pagamentos
Fundos de dotação	Determinadas pelas necessidades atuais de renda e pela necessidade de crescimento dos ativos para manter o valor real	Geralmente conservadora
Empresas de seguro de vida	Devem ser suficientemente superiores à nova taxa monetária para satisfazer despesas e cumprir objetivos de lucro; as taxas atuariais também são importantes	Conservadora
Empresas que não são de seguro de vida	Não há exigência mínima	Conservadora
Bancos	*Spread* de juros	Variável

Os objetivos dos fideicomissos pessoais costumam ser mais restritos em escopo do que os de um investidor individual. Em virtude de sua responsabilidade fiduciária, normalmente os gestores de fideicomissos pessoais são mais avessos ao risco do que os investidores individuais. Determinadas classes de ativos, como opções ou contratos de futuros, e estratégias como venda a descoberto ou compra na margem não são permitidas.

Fundos mútuos

Fundos mútuos são empresas que gerenciam o dinheiro de um grupo de investidores individuais. Eles investem de uma maneira específica em seus prospectos e emitem ações que conferem ao investidor o direito a uma porção *pro rata* da renda gerada pelos fundos. A exigência de retorno e a tolerância ao risco variam muito de um fundo mútuo para outro porque esses fundos segmentam o mercado de investidores. Vários fundos são atrativos para grupos distintos de investidores e adotarão uma exigência de retorno e um nível de tolerância ao risco adequados a um determinado nicho de mercado. Por exemplo, os fundos de renda satisfazem os investidores conservadores, enquanto os fundos de alto crescimento procuram investidores com maior tolerância ao risco. Os fundos de obrigações isentos de impostos segmentam o mercado de acordo com a faixa de alíquota.

Fundos de pensão

Os objetivos dos fundos de pensão dependem do tipo de plano de pensão. Existem dois tipos básicos: **planos de contribuição definida** e **planos de benefícios definidos**. Os planos de contribuição definida são de fato contas de poupança de aposentadoria com adiamento de impostos estabelecidas pela empresa em fideicomisso para seus funcionários, caso em que o funcionário arca com todo o risco e recebe todos os retornos dos ativos do plano.

Em contraposição, nos planos de benefícios definidos, o empregador tem obrigação de fornecer um benefício de aposentadoria anual específico. Esse benefício é definido por uma fórmula que normalmente leva em conta os anos de serviço e o nível salarial ou de remuneração. Por exemplo, o empregador pode contribuir para a aposentadoria do funcionário com uma quantia anual equivalente a 2% do salário anual final do funcionário para cada ano de serviço. Um funcionário com 30 anos de serviço receberia um benefício anual equivalente a 60% de seu salário final. Os pagamentos são uma obrigação do empregador, e os ativos no fundo de pensão oferecem garantia aos benefícios prometidos. Se o desempenho do investimento dos ativos for fraco, a empresa será obrigada a compensar essa defasagem fazendo contribuições adicionais para o fundo. Diferentemente dos planos de contribuição definida, o risco envolvido no desempenho do investimento dos planos de benefícios definidos é arcado pela empresa. Examinamos os planos de pensão mais detalhadamente em outra seção deste capítulo.

Fundos de dotação

Os **fundos de dotação** são organizações credenciadas e autorizadas a utilizar seu dinheiro em objetivos sem fins lucrativos específicos. Eles são financiados por doações de um ou mais patrocinadores e normalmente são gerenciados por organizações educacionais, culturais e beneficentes ou por fundações independentes estabelecidas exclusivamente para cumprir os objetivos específicos do fundo. Geralmente, o objetivo de investimento de um fundo de dotação é produzir um fluxo de renda constante sujeito apenas a graus moderados de risco. Contudo, os fideicomissários de um fundo de dotação podem especificar outros objetivos determinados pelas circunstâncias do próprio fundo.

Empresas de seguro de vida

As empresas de seguro de vida geralmente tentam investir para proteger seus passivos, que são definidos pelas apólices que elas emitem. Por isso, existem tantos objetivos quanto existem tipos diferentes de apólice de seguro. Até a década de 1980, havia, para todos os efeitos, apenas dois tipos de apólice de seguro de vida para indivíduos: integral e a termo.

A **apólice de seguro de vida integral** associa um benefício por morte com um tipo de plano de poupança que possibilita um crescimento gradativo do valor pecuniário que o segurado pode retirar mais tarde, normalmente aos 65 anos de idade. O **seguro a termo**, por sua vez, oferece apenas benefícios por morte, e não a possibilidade de crescimento gradativo do valor pecuniário.

A taxa de juros embutida na programação de acúmulo do valor pecuniário prometido no seguro de vida integral é fixa e as empresas de seguro de vida tentam proteger esse passivo investindo em obrigações de longo prazo. Com frequência o segurado tem o direito de tomar um empréstimo por uma taxa de juros fixa previamente especificada sobre o valor pecuniário da apólice.

Durante os anos inflacionários da década de 1970 e início da década de 1980, quando muitas apólices de seguro de vida integral mais antigas tinham taxas contratuais de empréstimo bem mais baixas do que as disponíveis nos mercados de capitais, os segurados tomavam empréstimos consideráveis contra o valor pecuniário para investir em fundos mútuos do mercado monetário que ofereciam rendimentos de dois dígitos. Em resposta a esses acontecimentos, o setor de seguros criou dois novos tipos de seguro: **seguro de vida variável** e **seguro de vida universal**. Na apólice de seguro de vida variável, o prêmio do segurado lhe dá o direito a um benefício fixo por morte mais um valor pecuniário que ele pode investir em uma variedade de fundos mútuos de sua preferência. Com uma apólice de seguro de vida universal, os segurados podem aumentar ou diminuir o prêmio ou benefício por morte de acordo com suas necessidades. Além disso, a taxa de juros sobre o valor pecuniário muda conforme as taxas de juros do mercado. A grande vantagem da apólice de seguro de vida variável e da universal é que os rendimentos sobre o valor pecuniário não são tributados enquanto o dinheiro não é resgatado.

Empresas que não são de seguro de vida

As empresas que não são de seguro de vida, como as de seguros patrimoniais e contra acidentes, têm fundos para investir principalmente porque primeiro elas coletam os prêmios das apólices e só *depois* pagam as indenizações eventualmente solicitadas. Normalmente, elas têm posturas conservadoras em relação ao risco. Uma característica comum nos objetivos dos planos de pensão e das seguradoras é a necessidade de proteger passivos de longo prazo previsíveis. Normalmente as estratégias de investimento exigem a proteção desses passivos com obrigações de diversos vencimentos.

Bancos

A característica que diferencia os bancos é que seus investimentos são em sua maioria empréstimos concedidos a empresas e consumidores e seus passivos são na maior parte contas de depositantes. Os bancos obtêm lucro do *spread* da taxa de juros entre empréstimos estendidos (os ativos do banco) e depósitos e CDs (os passivos do banco), bem como de taxas sobre serviços. A administração de ativos bancários exige um equilíbrio entre a carteira de empréstimos e a carteira de depósitos e CDs. Um banco pode aumentar o *spread* da taxa de juros emprestando aos tomadores de maior risco e aumentando a proporção de empréstimos de mais longo prazo. Entretanto, as regulamentações sobre capitais bancários baseiam-se em risco. Por esse motivo, as estratégias de maior risco darão margem a exigências de capital mais alto e à possibilidade de maior interferência regulamentar nos negócios do banco.

28.2 Restrições

Mesmo com posturas idênticas em relação ao risco, diferentes famílias e instituições podem escolher diferentes carteiras de investimento em virtude de suas circunstâncias serem distintas. Essas circunstâncias incluem posição tributária, exigências de liquidez ou de um fluxo de renda em relação à carteira ou várias restrições de regulamentação. Elas impõem restrições à escolha que o investidor pode fazer. Juntos, os objetivos e as restrições determinam a política de investimento.

Como já foi observado, geralmente as restrições estão relacionadas com circunstâncias específicas do investidor. Por exemplo, se uma família tiver filhos que estão para iniciar a faculdade, haverá uma exigência maior de liquidez, já que ela precisará de dinheiro para as mensalidades da faculdade. Contudo, em outros momentos, existem restrições externas. Por exemplo, os bancos e os fideicomissos estão sujeitos a restrições legais aos tipos de ativo que eles podem manter em suas carteiras. Por fim, algumas restrições são autoimpostas. Por exemplo, no que tange ao *investimento social*, entende-se que os investidores não manterão ações de empresas envolvidas em atividades eticamente questionáveis. Alguns critérios que foram utilizados para avaliar empresas não qualificadas para uma carteira são envolvimento com países em que há ofensa aos direitos humanos, produção de tabaco ou bebidas alcoólicas e participação em atividades poluentes. A Tabela 28.5 apresenta uma matriz que resume as principais restrições em cada uma das sete categorias de investidor.

Liquidez

Liquidez é facilidade (e rapidez) com que um ativo pode ser vendido e ainda assim alcançar um preço justo. É a relação entre a dimensão de tempo (quanto levará para ser vendido) e a dimensão de preço (qualquer desconto em relação ao preço justo de mercado) de um ativo de investimento. (Consulte a discussão sobre liquidez no Capítulo 9.)

Em uma situação em que uma medida de liquidez real e concreta se faz necessária, pensa-se no desconto quando a venda imediata é inevitável. Instrumentos do mercado à vista e monetário,

TABELA 28.5 Matriz de restrições

Tipos de investidor	Liquidez	Horizonte	Regulamentações	Impostos
Investidores individuais e fideicomissos pessoais	Variável	Ciclo de vida	Nenhuma	Variáveis
Fundos mútuos	Alta	Variável	Poucas	Nenhum
Fundos de pensão	Novo, baixa; antigo, alta	Longo	Erisa	Nenhum
Fundos de dotação	Baixa	Longo	Poucas	Nenhum
Empresas de seguro de vida	Baixa	Longo	Complexas	Sim
Empresas que não são de seguro de vida	Alta	Curto	Poucas	Sim
Bancos	Alta	Curto	Variáveis	Sim

como letras do Tesouro e *commercial papers*, nos quais o *spread* entre preço de compra e venda é uma pequena fração de 1%, são os ativos mais líquidos, e os imóveis estão entre os menos líquidos. Os prédios de escritórios e os prédios industriais podem sofrer um desconto de liquidez de 50%.

Tanto os investidores individuais quanto os institucionais devem considerar quanto eles estão propensos a dispor dos ativos de uma hora para outra. Com base nessa probabilidade, eles podem estabelecer o nível mínimo de ativos líquidos que desejam na carteira de investimentos.

Horizonte de investimento

Trata-se da data de liquidação *programada* do investimento ou de uma parte substancial dele. Um exemplo de **horizonte de investimento** individual poderia ser o tempo de financiamento da faculdade de um filho ou a data de aposentadoria de um assalariado. Para uma dotação universitária, o horizonte de investimento poderia estar relacionado com o tempo de financiamento de um grande projeto de construção de um *campus*. O horizonte precisa ser considerado quando os investidores escolhem entre ativos com vencimentos variados, como as obrigações, cujo *payoff* ocorre em datas futuras específicas. Por exemplo, a data de vencimento de uma obrigação pode torná-la um investimento mais atraente se ela coincidir com a data na qual se precisa de dinheiro. Essa ideia é análoga ao princípio da correlação em finanças corporativas: esforçar-se para compatibilizar o vencimento do financiamento com a vida econômica do ativo financiado.

Regulamentações

Somente os investidores profissionais e institucionais estão sujeitos a restrições de regulamentação. A primeira é a **regra do investidor prudente**. Isto é, os investidores profissionais que administram o dinheiro de outras pessoas têm a responsabilidade fiduciária de restringir os investimentos a ativos que teriam sido aprovados por um investidor prudente. A lei é propositalmente inespecífica. Todo investidor profissional deve estar preparado para defender uma política de investimento em um tribunal, e as interpretações podem ser diferentes de acordo com as normas da época.

Além disso, alguns regulamentos específicos se aplicam a vários investidores institucionais. Por exemplo, nos Estados Unidos, os fundos mútuos (instituições que agrupam e administram profissionalmente o dinheiro de investidores individuais) podem manter no máximo 5% das ações de uma empresa negociada publicamente (de capital aberto). Essa regulamentação impede que os investidores profissionais se envolvam na gestão real das corporações.

Fatores tributários

As consequências tributárias são fundamentais nas decisões de investimento. O desempenho de qualquer estratégia de investimento é avaliado com base em seus rendimentos após os impostos. Para investidores individuais e institucionais que se defrontam com taxas tributárias significativas, o abrigo tributário e o adiamento de obrigações tributárias podem ser essenciais em sua estratégia de investimento.

Necessidades exclusivas

Praticamente todo investidor enfrenta circunstâncias exclusivas. Imagine um casal de engenheiros aeronáuticos que ganham um alto salário na mesma empresa aeroespacial. O capital humano total dessa família está atrelado a uma única empresa em um setor bastante cíclico. Esse casal precisa proteger-se contra o risco de deterioração do bem-estar econômico do setor aeroespacial investindo em ativos que renderão mais se essa deterioração de fato ocorrer.

Questões semelhantes seriam enfrentadas por um executivo de Wall Street que possui um apartamento próximo do trabalho. Como o valor do apartamento nessa região de Manhattan provavelmente depende da vitalidade do setor de títulos, essa pessoa está duplamente exposta aos caprichos da bolsa de valores. Como tanto o emprego quanto o imóvel já dependem do destino de Wall Street, a compra de uma carteira de ações diversificada aumentaria a exposição ao mercado acionário.

Esses exemplos mostram que o emprego ou, mais genericamente, o capital humano, muitas vezes é o maior "ativo" de uma pessoa e que o perfil de risco exclusivo resultante do trabalho pode desempenhar um papel importante na determinação de uma carteira de investimentos adequada.

Outras necessidades individuais exclusivas com frequência giram em torno do estágio do ciclo de vida, tal como discutimos seguir. Aposentadoria, moradia e educação dos filhos são três fatores importantes que exigem fundos, e a política de investimento dependerá em parte da proximidade dessas despesas.

Os investidores institucionais também têm necessidades exclusivas. Por exemplo, os fundos de pensão têm políticas de investimento diferentes, dependendo da idade média dos participantes do plano. Outro exemplo de necessidade exclusiva de um investidor institucional seria uma universidade cujos fideicomissários permitem que a administração utilize apenas o rendimento em dinheiro do fundo de dotação. Essa restrição se traduziria em uma preferência por ativos que pagam altos dividendos.

28.3 Declarações de política[1]

A declaração de política de investimento (IPS) funciona como uma orientação estratégica para o planejamento e a implementação de um programa de investimento. Quando implementada de maneira bem-sucedida, a IPS prevê problemas relacionados à governança do programa de investimento, oferecendo um planejamento de alocação de ativos, implementando um programa de investimento com gestores internos e/ou externos e monitorando os resultados, a gestão de riscos e a divulgação apropriada de informações. Além disso, a IPS institui a prestação de contas (responsabilização) para as várias entidades que podem atuar em nome de um investidor. Talvez mais importante, a IPS funciona como um plano de diretrizes que pode oferecer uma linha de ação objetiva durante períodos de ruptura, quando reações emocionais ou instintivas poderiam, de outra forma, incentivar atos menos prudentes.

Logo a seguir, o quadro "Destaque da Realidade" apresenta os componentes desejáveis de uma declaração de política de investimento para ser utilizada com investidores individuais e/ou investidores com alto patrimônio líquido. Nem todos os componentes serão apropriados para todo investidor ou toda situação e pode haver outros cuja inclusão é desejável pelo fato de refletirem as circunstâncias exclusivas dos investidores.

Exemplo de declaração de política de investidores individuais

Talvez a melhor forma de ter uma percepção concreta para conceber declarações de política reais seja considerar um exemplo dessas declarações para uma variedade de investidores. Por isso, apresentamos a seguir vários exemplos.

1. **Escopo e propósito**

   1a. *Defina o contexto:*

   Um preâmbulo muitas vezes é útil para relacionar informações sobre o investidor e/ou a fonte de riqueza a fim de estabelecer o contexto no qual um programa de investimento será implementado.

   > Exemplo: Os ativos do fideicomisso da família Leveaux datam da fundação da Leveaux Vintners em 1902, por Claude Leveaux. Ao longo dos 77 anos seguintes, três gerações da família Leveaux trabalharam em prol do crescimento da empresa para incluir bebidas destiladas, aperitivos *gourmet* e a cadeia de cafés na Europa e no Canadá. Todas as suas linhas de negócios tinham o compromisso de oferecer excelente qualidade e valor aos consumidores, bem como de investir nas comunidades nas quais a Leveaux atuava. Em 1979, a LVX Industries foi comprada pelo conglomerado britânico FoodCo por um valor equivalente a US$ 272 milhões. Michelle Leveaux criou a Fundação Leveaux com o valor de US$ 100 milhões proveniente da venda e grande parte do valor restante passou a constituir o Leveaux Family Trusts, que é objeto desta declaração de política de investimento.

---

[1] Essa seção é adaptada de documentos do Instituto CFA que foram disponibilizados para os autores em sua versão preliminar. Eles podem diferir dos documentos publicados.

DESTAQUE DA REALIDADE

COMPONENTES DESEJÁVEIS DE UMA DECLARAÇÃO DE POLÍTICA DE INVESTIMENTO PARA INVESTIDORES INDIVIDUAIS

ESCOPO E PROPÓSITO:
Defina o contexto
Defina o investidor
Defina a estrutura

GOVERNANÇA:
Especifique a responsabilidade pela determinação da política de investimento
Descreva o processo para revisão da IPS
Descreva a responsabilidade pelo envolvimento/dispensa de consultores externos
Atribua responsabilidade pela determinação da alocação de ativos
Atribua responsabilidade pela gestão de riscos

OBJETIVOS DE INVESTIMENTO, RETORNO E RISCO:
Descreva o objetivo de investimento geral
Especifique as exigências de retorno, distribuição e risco
Descreva as restrições relevantes
Descreva outros fatores relevantes

GESTÃO DE RISCOS
Institua a prestação de contas pela avaliação de desempenho
Especifique as medidas apropriadas para a avaliação de risco
Defina o processo pelo qual as carteiras serão rebalanceadas

1b. Defina o investidor:

Defina quem é o investidor, seja ele uma pessoa comum ou entidade legal/corporativa.

Exemplo: "Esta declaração de política de investimento governa as carteiras de investimento pessoais de Chen Guangping."

Especifique quais ativos dos investidores serão regidos pela IPS.

Exemplo: "As carteiras de investimento regidas por esta declaração de política de investimento incluem todas as carteiras estabelecidas em nome de Jorge Castillo, com direitos conjuntos de sucessão com Maria Castillo, *charitable remainder trusts* estabelecidos por Jorge Castillo e transferências uniformes para contas de menores estabelecidas em benefício de Jorge Castillo Jr. e Cynthia Castillo."

1c. Defina a estrutura:

Estabeleça os principais participantes e responsabilidades.

Exemplo: "Janice Jones, consultora financeira de Sam e Mary, é responsável pela coordenação das atualizações da política de investimento, como solicitar informações dos consultores tributários e legais designados de Sam e Mary Smith. Jones é responsável também pelo monitoramento da aplicação da política de investimento e deve notificar prontamente Sam e Mary Smith sobre a necessidade de atualização dessa política e/ou violações em sua implementação. Sam e Mary Smith devem ser responsáveis pela aprovação da declaração de política de investimento e todas as revisões subsequentes dessa política."

Estabeleça uma "norma de assistência/prudência" para os que atuam como consultor.
As regulamentações em diferentes jurisdições podem permitir que os consultores cumpram diferentes normas, dependendo de suas preferências, de seu modelo de negócio e das preferências de seus clientes. Geralmente, as normas fiduciárias exigem que os consultores sempre mantenham os interesses do cliente em primeiro lugar, ao passo que as normas de conformidade exigem recomendações adequadas ao investidor, com base no conhecimento do consultor a respeito das circunstâncias do investidor. Os investidores podem não perceber ou compreender a diferença se a questão não for abordada na declaração de política de investimento.

Exemplo: "A Fuji Advisors atua como fiduciária, na qualidade de consultora da Takesumi Family Accounts, e reconhece que todas as recomendações e decisões que oferece devem refletir sobretudo os interesses de seus clientes. Além disso, a Fuji Advisors confirma que age em conformidade com o Código de Ética e Normas de Conduta Profissional do Gestor de Ativos do Instituto CFA."

Identifique uma estrutura de gestão de riscos aplicável aos investimentos.

Exemplo: "Susan Smith, consultora de investimento de Russell Roberts, é responsável pelo monitoramento dos riscos de investimento e por divulgá-los a Russell Roberts no formato de relatório que foi estipulado, cujo exemplo é apresentado no Apêndice XX."

2. **Governança**

   2a. Especifique quem é responsável pela determinação da política de investimento, por sua execução e pelo monitoramento dos resultados de sua implementação. A IPS documenta a prestação de contas em todas as etapas de desenvolvimento e implementação da política de investimento. Ela pode reforçar o compromisso dos consultores de oferecer conselhos e o compromisso final dos dirigentes de aprovar ou desaprovar a política em questão.

   Exemplo: "Como fideicomissário do Charitable Remainder Trust, Nigel Brown é responsável pela aprovação da política de investimento e por qualquer mudança subsequente. Na qualidade de conselheira do fideicomisso, a Tower Advisors deve oferecer conselhos ao fideicomissário quanto ao desenvolvimento da política de investimento, propor regularmente revisões apropriadas nessa política e monitorar e divulgar no mínimo mensalmente os resultados obtidos em sua implementação."

   2b. Descreva o processo de revisão e atualização da IPS. Um processo de atualização da IPS à medida que as circunstâncias do investidor e/ou as condições do mercado mudam deve ser claramente identificado com antecedência.

   Exemplo: "Wanda Wood é responsável pelo monitoramento das exigências de investimento de Sam e Susan Smith, bem como de questões econômicas e de investimento, e por propor mudanças na IPS de acordo com a necessidade. Wanda Wood deve rever a IPS no mínimo anualmente, em conjunto com Sam e Susan Smith."

   2c. Descreva a responsabilidade pelo envolvimento ou pela dispensa de consultores externos. A IPS deve estabelecer quem é responsável por contratar e dispensar gestores monetários, consultores ou outros fornecedores externos associados com os ativos de investimento.

   Exemplo: "Marcel Perrold delega autoridade exclusiva a seu consultor financeiro, François Finault, para manter ou dispensar indivíduos e/ou empresas na gestão de seus ativos de investimento. Antes de contratar qualquer gestor de investimento externo, François Finault deve divulgar por escrito a Marcel Perrold qualquer remuneração ou outro pagamento recebido pelo ou devido a um gestor de investimento externo."

   2d. Atribua responsabilidade pela determinação da alocação de ativos, como informações utilizadas e critérios para o desenvolvimento das suposições concernentes aos dados de entrada. A estrutura de alocação de ativos serve de contexto estratégico para várias das decisões de investimento mais táticas. As políticas de alocação de ativos são propensas a mudar com o tempo à medida que as características dos investidores mudam e as circunstâncias do mercado variam. Assim sendo, a IPS pode recomendar uma política de alocação de ativos como apêndice, que pode então ser revista sem a necessidade de aprovação de uma IPS totalmente nova. É apropriado que a IPS aborde as suposições utilizadas na elaboração e escolha dos dados de entrada referentes ao processo de decisão de alocação de ativos.

   Exemplo: "No mínimo mensalmente, a Tower Advisors deve rever a alocação de ativos da Family Investment Accounts e propor revisões, as quais devem ter a aprovação final de James e Jennifer Jensen. O plano de alocação de ativos é incorporado como Apêndice A da Declaração de Política de Investimento e deve considerar as proporções dos investimentos em equivalentes de caixa, títulos municipais, dívidas de renda fixa americanas, ações americanas de alta capitalização, ações americanas de baixa capitalização e recibos de depósito americanos (*American depository receipts* – ADRs). A Tower Advisors deve considerar os retornos esperados e a correlação dos retornos para uma ampla representação de classes de ativos nos mercados de capitais americanos, bem como prever mudanças na taxa de inflação e mudanças nas alíquotas de impostos marginais."

2e. Atribua responsabilidade pela gestão, monitoração e divulgação de informações sobre riscos. A IPS deve documentar quem é responsável pela definição da política de risco, do monitoramento do perfil de risco da carteira de investimentos e da divulgação de informações sobre os riscos da carteira.

Exemplo: "Na qualidade consultora de investimento, a Tower Capital é responsável por utilizar as declarações preparadas pela CCC Brokerage como base para avaliar o perfil de risco da conta de Jorge Luiz, em conformidade com as políticas de gestão aprovadas e adotadas por Jorge Luiz (consulte o Apêndice ZZZ). A Tower Capital deve ser responsável por identificar variações nas posições de risco que ultrapassem os limites de tolerância especificados pelas políticas de gestão de riscos e por tomar medidas corretivas imediatas. No mínimo trimestralmente a Tower Capital deve fornecer um relatório a Jorge Luiz sobre essas variações no trimestre anterior."

3. **Objetivos de investimento, retorno e risco**

    3a. Descreva o objetivo de investimento geral. A IPS deve relacionar o objetivo pelo qual os ativos estão sendo investidos com um amplo objetivo de investimento.

    Exemplo: "O programa de investimento regido pela IPS tem por objetivo complementar a renda de Marcel Perrold para satisfazer as despesas de manutenção e oferecer recursos para um fundo destinado à sua aposentadoria em 2026."

    3b. Especifique as exigências de retorno, distribuição e risco.

    Especifique o objetivo de desempenho geral do investimento. A especificação cuidadosa do objetivo de desempenho geral do investimento tende a incorporar descrições sobre as necessidades gerais de financiamento, bem como as respectivas relações com fatores fundamentais (como inflação, índice despesas etc.).

    Exemplo: "O plano financeiro de Margarita Mendez indica uma taxa de crescimento real exigida de 4% para satisfazer suas futuras obrigações e lhe permitir aposentar em 2027 tal como planejado."

    Identifique os objetivos de desempenho de cada classe de ativos qualificada para o investimento. A IPS deve apresentar todas as classes de ativos das quais a carteira pode ser composta. Alguns investidores podem achar favorável utilizar técnicas para ajustar o risco de retorno da referência e da carteira a título de comparação. Observe que algumas classes de ativos podem não ser empregadas todas as vezes, mas mesmo assim elas devem ser identificadas na IPS. Para cada classe de ativos, é necessário oferecer uma breve descrição e identificar uma referência para o desempenho. Dentro de uma classe de ativos, pode haver subclasses de ativos (pro exemplo, ações de alta capitalização americanas como subclasse de ações americanas). As descrições e as referências das subclasses podem ser identificadas na IPS ou separadas para um plano de alocação de ativos que pode ser anexado como apêndice.

    Exemplo: "As contas fiduciárias podem ter ações americanas, títulos de renda fixa americanos, títulos do mercado monetário e ações internacionais de países desenvolvidos. As seguintes referências foram escolhidas para comparação com cada classe de ativos: ações americanas: índice Russell 3 mil; títulos de renda fixa americanos: índice Barclays de ações agregadas americanas; títulos do mercado monetário americano: média Lipper do mercado monetário do governo americano; ações internacionais de países desenvolvidos: índice MSCI EAFE."

    Defina as suposições ou políticas de distribuição/despesas. As despesas ou distribuições da carteira devem ser definidas. Com frequência, é útil documentar um "cálculo de despesas" que concilie os objetivos de retorno do investimento, taxas, impostos, inflação e despesas previstas para servir de guia para suposições realistas. As distribuições podem ser caracterizadas como uma porcentagem do valor de mercado da carteira ou como um valor pecuniário específico.

Exemplo: "Com base no retorno de carteira esperado geral de 7,5%, taxas de 1,2%, inflação de 2,8% e alíquota de imposto efetiva de 32% da valorização total, a Linzer Trust Portfolio pode arcar com um índice de despesas de 1,2% do valor de mercado da carteira e ao mesmo tempo manter um potencial para preservação de capital ou crescimento nominal."

Defina uma carteira de política para servir de referência nas avaliações de desempenho risco. Uma política de alocação de ativos deve designar as alocações pretendidas a cada classe de ativos, com a especificação de faixas admissíveis em torno das metas. Metas e faixas semelhantes podem ser especificadas para subclasses de ativos. Os retornos gerais do fundo, ponderados de acordo com alocações-alvo estratégicas, podem ser construídos e comparados com o desempenho geral real do fundo. De modo semelhante, é possível desenvolver percepções sobre exposição ao risco com base nos desvios em relação às alocações-alvo e nas violações das faixas de desvio aceitáveis.

Exemplo: "Um plano de alocação de ativos para o Mendez Charitable Trust foi incorporado como Anexo ZZZ e está sujeito a revisões e mudanças periódicas com permissão exclusiva do fideicomissário Jose Carrios. Para cada classe de ativos, estabeleceu-se uma alocação-alvo que reflete o estudo de alocação otimizada de ativos conduzido pela consultoria de investimento Hill Counsel. Foram também estabelecidas as faixas com base nas quais as alocações reais a cada classe de ativos podem variar. O consultor de investimento é responsável por seguir o plano de alocação de ativos e por manter as alocações reais às classes de ativos dentro das faixas estabelecidas."

3c. Defina a tolerância ao risco do investidor.

Descreve a filosofia geral do investidor referente à tolerância ao risco. A IPS de reconhecer suposição de risco e a possibilidade de os retornos associados com o risco serem positivos e negativos ao longo do tempo. Normalmente, os riscos relevantes são inúmeros e podem incluir risco de liquidez, legal, político, regulatório, de longevidade, de mortalidade, empresarial e/ou de saúde. Além da especificação de riscos relevantes, a definição de trajetórias aceitáveis com relação ao risco também pode ser importante: a volatilidade como medida de risco descritiva pode ser irrelevante quando ultrapassa um nível absoluto de perda que solapa completamente a carteira de investimentos em vista de riscos pessoais (isto é, perda de emprego, invalidez/incapacidade, estágio do ciclo de vida).

A avaliação de tolerância ao risco em nível individual pode ser difícil e subjetiva. Quando possível, a IPS deve levar em conta passivos conhecidos para fornecer uma determinada base quantitativa para a avaliação de tolerância ao risco. Os investidores individuais podem também precisar de uma avaliação da tolerância intelectual e emocional a possíveis perdas associadas com os riscos por meio de entrevistas ou questionários. Abordagens mais sutis podem tentar definir vários níveis de risco associados com posturas que procuram evitar uma catástrofe financeira, manter o padrão de vida atual ou aumentar significativamente o patrimônio. Os resultados desse tipo de análise podem indicar limites de tolerância ao risco e políticas correspondentes (p. ex.: políticas para limitar perdas ou de rebalanceamento). Essas políticas podem ser incorporadas em um apêndice para consulta.

Exemplo: "James e Jennifer Jensen estão procurando gerar retornos de investimento apropriados aos riscos assumidos nas carteiras de fideicomisso da família e compreendem que a característica real do risco é a incerteza quanto ao futuro e, especificamente, a incerteza quanto aos futuros retornos do investimento. A Tower Advisors, na qualidade de consultora de investimento, procura implementar uma estratégia de investimento que equilibre o crescimento dos ativos do fundo da família de acordo com os objetivos identificados no plano financeiro, associando os riscos com essa estratégia. A Tower Advisors compreende que uma perda absoluta de −33% em qualquer período de 12 meses é intolerável e que ela precisa implementar políticas e procedimentos que respeitem esse limite a fim de minimizar riscos subsequentes de maiores perdas."

3d. Descreva as restrições relevantes. Os investidores precisam enfrentar uma variedade de restrições que afetam seu programa de investimento. Essas restrições podem refletir obrigatoriedades legais ou regulamentares ou políticas internas. Com frequência, essas restrições estão estreitamente relacionadas a determinados riscos que são relevantes para o investidor.

Defina um horizonte de avaliação para a concretização dos objetivos de desempenho. Embora períodos relativamente curtos possam ser utilizados para monitorar o desempenho, o estabelecimento de um horizonte de tempo mínimo para concretizar os objetivos de desempenho elucida melhor em que momento é necessário tomar uma medida para resolver problemas de subdesempenho.

> Exemplo: "O consultor de investimento oferecerá aos fideicomissários do fundo da família relatórios trimestrais que resumem o desempenho de cada gestor de investimento, cada classe de ativos e do fundo como um todo. A avaliação do sucesso relativo na concretização dos objetivos de investimento ocorrerá regularmente a cada oito trimestres."

Identifique qualquer exigência de manutenção da liquidez. Os investidores têm necessidades monetárias de curto e médio prazo que deverão ser especificadas na IPS se forem exigências contínuas.

> Exemplo: "Todos os dividendos e rendas de juros serão transferidos para a conta corrente de James Jensen no final de cada mês. Além disso, até 15% do valor de mercado da carteira deve ser investido para que possa ser liquidado após cinco dias da notificação sem sofrer depreciação de capital."

Identifique até que ponto, se for o caso, os fatores tributários devem afetar as decisões sobre investimento. Em algumas circunstâncias, as consequências tributárias de uma decisão de investimento podem mudar significativamente a atratividade da transação proposta. A situação tributária geral do investidor e questões tributárias específicas devem ser levadas em conta na declaração de política de investimento.

> Exemplo: "Em linhas gerais, a política de investimento das carteiras de Wen será investir em contas individuais tributáveis com o objetivo de obter valorização e investir nas contas individuais de aposentadoria para obter dividendos e renda de juros. Além disso, o consultor de investimento deve considerar "*tax harvesting*" sobre os investimentos de valor superior ao mesmo tempo em que investimentos em setores ou segmentos semelhantes são considerados, secundariamente ao objetivo de investimento principal da decisão de compra/venda."

Identifique qualquer restrição legal importante.

> Exemplo: "A administração da conta da Fundação da Família Aquilla está sujeita a provisões da Lei Uniforme do Investidor Prudente."

Especifique qualquer política relacionada à alavancagem. A capacidade de alavancar carteiras pode ser restringida por políticas ou estatutos relevantes. Qual restrição desse tipo deve ser identificada. Além disso, como diferentes gestores de carteira e/ou diferentes classes de ativos têm diferentes autorizações de alavancagem, a responsabilidade pelo monitoramento da alavancagem geral deve ser definida.

> Exemplo: "A critério da Tower Advisors, na qualidade de gestora de investimento, a carteira de Xie Weng pode ter uma margem de até 50% de seu valor."

3e. Descrever outros fatores relevantes para a estratégia de investimento.

Exponha a filosofia de investimento. A IPS deve documentar a filosofia de investimento do investidor, que pode incluir dimensões como eficiência de mercado, grau de oportunismo previsto, desejabilidade de inclusão de fatores ambientais, sociais e/ou de governança no processo decisório etc.

> Exemplo para um investidor individual: "O princípio filosófico de investimento de James e Judy baseia-se na convicção de que os mercados são eficientes e que por isso é improvável que a gestão ativa de ativos agregue valor em horizontes além do curto prazo depois de descontados os custos de investimento. Além disso, James e Judy Jensen acreditam em

um direcionamento de longo prazo para seu programa de investimento e não pretendem explorar possíveis oportunidades de investimento a curto prazo porque não se consideram capazes de fazê-lo de uma forma proveitosa."

Identifique fatores especiais a serem utilizados para incluir ou excluir possíveis investimentos da carteira. Os investidores podem optar por impor limites a determinados investimentos porque acreditam no efeito de fatores extrafinanceiros sobre o preço dos títulos, desejam evitar riscos concentrados em um setor particular ou querem agir em conformidade com a orientação filosófica ou política da organização. Mais especificamente, a utilização de fatores ambientais, sociais e de governança é cada vez mais comum e isso deve ser explicitamente aprovado ou desaprovado na declaração de política de investimento. Os clientes islâmicos podem optar por restringir a atividade de investimento àqueles que respeitam a lei islâmica.

Exemplo para um investidor individual: "Em consonância com suas crenças pessoais, nenhum investimento em empresas que obtêm receita de produtos ou serviços contrários aos ensinamentos da Igreja católica será realizado na conta de Jennifer Jensen. O consultor de investimento será responsável por rever mensalmente a carteira para garantir que essa exigência está sendo cumprida e deve descartar imediatamente qualquer investimento na carteira considerado uma violação a essa política."

4. **Gestão de riscos**

4a. Institua a prestação de contas pela avaliação e divulgação de informações de desempenho. A IPS deve estabelecer um mecanismo objetivo e confiável para a divulgação de informações de desempenho.

Exemplo para um investidor individual: "Hill Counsel, na qualidade de consultora de investimento do Charitable Remainder Trust, avaliará o desempenho de cada conta de investimento sob sua supervisão e prestará contas aos fideicomissários no 15º dia do novo trimestre. As avaliações serão realizadas em consonância com as Normas Globais de Desempenho dos Investimentos publicadas pelo Instituto CFA."

4b. Especifique as medidas apropriadas para a mensuração e avaliação de risco. A utilização sistemática de medidas para medir e avaliar o perfil de risco das carteira de investimentos é importante para permitir comparações significativas ao longo do tempo e evitar o uso inapropriado de diferentes medidas para evidenciar ou encobrir determinados riscos. Existe um considerável debate sobre a adequação de várias medidas e a revisão contínua da escolha de medidas é recomendada como um imperativo estratégico.

Exemplo para um investidor individual: "Além da divulgações de informações de desempenho, a Tower Capital deve prestar contas trimestralmente aos fideicomissários do Marcel Family Trust sobre medidas de risco indicativas, avaliadas como o desvio-padrão anualizado dos retornos da carteira em relação à referência especificada para cada carteira e o índice de informação de cada carteira, com base nos retornos anualizados da carteira e da referência no final de cada trimestre."

4c. Defina o processo pelo qual as carteiras serão rebalanceadas em relação a alocações-alvo. Os limites máximos para as variações aceitáveis em relação ao objetivo, ou outro ponto de rebalanceamento pretendido, devem ser documentados na declaração de política de investimento. O mecanismo de rebalanceamento pode ser integrado com o sistema de gestão de riscos em algumas circunstâncias, caso em que uma breve descrição da política de rebalanceamento com referência ao processo de gestão de riscos em um apêndice distinto provavelmente será apropriada. Se a política for não utilizar o rebalanceamento, isso deve ser documentado na IPS.

Exemplo para um investidor individual: "No primeiro dia útil de cada novo trimestre, o consultor de investimento das contas pessoais de Jensen proporá transações para que as contas retornem às suas alocações-alvo e deverá realizar essas transações dois dias úteis depois que receber a autorização do comitê de investimento. Exceto se o valor principal da transação de rebalanceamento proposta for inferior a US$ 50 mil, essa transação de rebalanceamento será adiada indefinidamente."

28.4 Alocação de ativos

A reflexão sobre objetivos e restrições conduz os investidores a políticas de investimento. A coluna de políticas na Tabela 28.3 relaciona as várias dimensões da formulação de políticas de gestão de carteiras – alocação de ativos, diversificação, posicionamento de risco e tributário e geração de renda. De longe, a parte mais importante da determinação de políticas é a alocação de ativos, isto é, a decisão sobre quanto a carteira deve investir em cada categoria principal de ativos.

Podemos considerar que o processo de alocação de ativos envolve as seguintes etapas:

1. Especificação das classes de ativos a serem incluídas na carteira. As classes principais normalmente consideradas são as seguintes:

    a. Instrumentos do mercado monetário (em geral chamados de *equivalentes de caixa*).

    b. Títulos de renda fixa (em geral chamados de *obrigações*).

    c. Ações.

    d. Imóveis.

    e. Metais preciosos.

    f. Outros.

    Os investidores institucionais raramente investirão em categorias além das quatro primeiras, ao passo que os investidores individuais podem incluir metais preciosos e outros tipos de investimento mais exóticos em sua carteira.

2. Especificação das expectativas dos mercados de capitais. Essa etapa envolve a utilização de dados históricos e análises econômicas para determinar suas expectativas quanto às futuras taxas de retorno ao longo do período de manutenção relevante sobre os ativos você está pensando em incluir na carteira.

3. Identificação da fronteira eficiente da carteira. Essa etapa consiste em identificar carteiras que obtenham o retorno esperado máximo para qualquer grau específico de risco.

4. Identificação do *mix* ótimo de ativos. Essa etapa consiste em escolher a carteira eficiente que melhor atenda a seus objetivos de risco e retorno e, ao mesmo tempo, satisfaça as restrições que você enfrenta.

Impostos e alocação de ativos

Até o presente momento, enquanto analisávamos a alocação de ativos nos esquivamos da questão de imposto de renda. Obviamente, desde que você seja um investidor que conta com isenção de impostos, como um fundo de pensão, ou sua carteira de investimentos encontra-se em uma conta com abrigo tributário, como um conta de aposentadoria individual (*individual retirement account* – IRA), os impostos são irrelevantes para as suas decisões de carteira.

Mas digamos que pelo menos parte de sua renda de investimento esteja sujeita à incidência de imposto de renda pela alíquota mais alta segundo a lei em vigor nos Estados Unidos. Você está interessado no retorno do período de manutenção (*holding-period return* – HPR) de sua carteira após os impostos. À primeira vista pode parecer uma questão simples identificar o HPR após os impostos de ações, obrigações e equivalentes de caixa, se você já tiver identificado o HPR anterior aos impostos. Contudo, existem vários fatores complicadores.

O primeiro é o fato de você poder escolher entre obrigações isentas de impostos e tributáveis. Analisamos essa questão no Capítulo 2 e concluímos que você optará por investir em obrigações isentas de impostos (isto é, obrigações municipais) se, no caso de sua alíquota de imposto, a taxa de juros após os impostos sobre obrigações tributáveis for inferior à taxa de juros sobre obrigações municipais.

A segunda complicação não é tão fácil de abordar. Ela provém do fato de que parte de seu HPR ocorre em forma de ganho ou perda de capital. No atual sistema tributário americano, você pagará imposto de renda sobre um ganho de capital somente se *realizá-lo* com a venda do ativo durante o período de manutenção. Isso se aplica a obrigações e também a ações e torna o HPR após os impostos

DESTAQUE DA REALIDADE

ESTÁ TENTANDO DIMINUIR SEU RISCO? BASTA ACRESCENTAR MAIS

Se você for como inúmeros investidores hoje, é provável que esteja tentando tornar sua carteira "menos arriscada".

A alternativa para isso é acrescentar mais risco ou, ao menos, mais tipos de risco. Esse estranho contorno – acrescentar mais para ter menos – é o motivo que torna o risco um dos elementos de investimento mais difíceis de compreender.

A primeira regra sobre risco é a mais difícil de ser aceita por parte de muitos investidores: não existe "investimento isento de risco"

Evitar uma forma de risco significa assumir outra; os investimentos mais seguros normalmente são acompanhados dos retornos mais baixos, ao passo que os maiores beneficiários em potencial são os que provocam as maiores perdas em potencial.

Os principais riscos no investimento em fundos incluem os seguintes.

Risco de mercado: esse é o maior, também conhecido como risco principal, e representa a possibilidade de uma retração econômica destruir seu dinheiro.

Risco de poder aquisitivo: algumas vezes chamado de "risco de inflação", esse é o "risco de evitar o risco", e se encontra no extremo oposto do espectro em relação ao risco de mercado. Em poucas palavras, é a possibilidade de que você seja muito conservador e seu dinheiro não cresça rápido o suficiente para acompanhar a inflação.

Risco de taxa de juros: esse é um fator fundamental em um ambiente de taxas declinantes, no qual você enfrenta possíveis declínios de renda quando uma obrigação ou certificado de depósito vence e você precisa reinvestir o dinheiro.

Quando os retornos são estimulados por meio de títulos de prazo mais longo e maior rendimento, você corre o risco de ficar imobilizado e de perder terreno para a inflação se a taxa mudar novamente.

Risco de timing: esse é outro fator extremamente individual e gira em torno de seu horizonte de tempo. Em poucas palavras, a possibilidade dos fundos mútuos de ações lucrar nos próximos 20 anos é alta; as perspectivas para os próximos 18 meses são obscuras.

Se você sabe que precisará de dinheiro em determinado momento, esse risco deve ser considerado em sua alocação de ativos.

Risco de liquidez: outro risco intensificado pelas tensões atuais, esse risco afeta tudo, desde as obrigações de alto risco a ações estrangeiras. Se determinados eventos mundiais alterassem o fluxo de dinheiro nos mercados de crédito ou fechassem algumas bolsas de valores estrangeiras por um longo período, seus investimentos nessas áreas poderiam ser gravemente prejudicados.

Risco político: essa é a perspectiva de que determinadas decisões governamentais afetem o valor de seus investimentos. Em vista do cenário atual, provavelmente ele é um fator em todas as formas de investimento, esteja você pensando em ações ou obrigações.

Risco social: chame-o de "risco de evento mundial". Isso ficou evidente quando os primeiros temores em relação ao antraz deixaram os mercados temporariamente cambaleantes. Algumas empresas são mais suscetíveis (companhias aéreas, por exemplo), embora praticamente todos os tipos de investimento tenham alguma preocupação nesse sentido.

Se não bastasse, além de todos esses riscos, alguns investimentos enfrentam risco cambial, risco de crédito e outros. Todo tipo de risco merece alguma consideração no momento em que você estiver construindo seus investimentos.

Em última análise, tomando cuidado para que sua carteira aborde todos os tipos de risco – mais intensamente naqueles de sua preferência e mais levemente naqueles que o preocupam –, você garante que nenhum tipo de risco conseguirá destruí-lo.

Isso é algo que uma carteira "menos arriscada" talvez não seja capaz de conseguir.

Fonte: Informações condensadas de um artigo de Charles A. Jaffee com o mesmo título ("Looking to Lower Your Risk? Just Add More"), *Boston Sunday Globe*, 21 de outubro de 2001. BOSTON SUNDAY GLOBE ("EQUIPE DO GLOBE"/"Jornalista Colaborador", Texto escrito internamente), Charles A. Jaffee. Copyright 2001 Globe Newspaper CO (MA). Texto reproduzido com permissão do Globe Newspaper CO (MA) em formato de livro-texto por intermédio do Centro de Autorização de Direitos Autorais.

---

dependente de o título de fato ser vendido no final do período de manutenção. Os investidores esclarecidos cronometram a realização da venda de seus títulos para minimizar a carga tributária. Com frequência isso exige a venda de títulos que estão perdendo dinheiro no final do ano fiscal e a manutenção daqueles que estão rendendo dinheiro.

Além disso, como os dividendos em dinheiro sobre as ações são totalmente tributáveis e os impostos sobre ganhos de capital podem ser adiados quando se opta por não vender as ações que se valorizam, o HPR após os impostos sobre as ações dependerá das políticas de pagamento de dividendos das corporações que emitem as ações.

28.5 Gestão de carteiras de investidores individuais

A preocupação predominante no processo de estabelecimento de metas de um investidor individual é o estágio do ciclo de vida. A maioria dos jovens começa a vida adulta com um único ativo – sua capacidade de gerar receita. Nessa fase inicial do ciclo de vida, um indivíduo pode não ter tanto interesse em investir em ações e obrigações. A necessidade de liquidez e de preservar a segurança do principal impõe a política conservadora de depositar as economias em um banco ou em um fundo do mercado monetário. A compra de seguro de vida e invalidez será essencial para proteger o valor do capital humano.

Quando a renda de trabalho aumenta para um patamar em que as necessidades de seguro e habitação são atendidas, uma poupança de aposentadoria pode ser iniciada, especialmente se o governo oferecer incentivos tributários para essas economias. A poupança de aposentadoria normalmente constitui o primeiro *pool* de fundos investíveis de uma família. Esse dinheiro pode ser investido em ações, obrigações e imóveis (exceto na residência principal).

Capital humano e seguro

Para a maioria das pessoas, a primeira decisão importante sobre investimento refere-se à formação educacional, que é um investimento em "capital humano". O ativo mais importante que a maior parte das pessoas possui durante seus primeiros anos de trabalho é a capacidade de gerar receita valendo-se de seu capital humano. Nessas circunstâncias, o risco de enfermidades ou ferimentos é bem maior do que o risco associado à riqueza financeira.

A forma mais direta de proteger o capital humano é adquirir seguro. Se você associar sua renda de trabalho com uma apólice de seguro contra invalidez, nesse caso considerada como uma carteira, a taxa de retorno dessa carteira será menos arriscada do que sua renda de trabalho propriamente dita. O seguro de vida é uma proteção contra a perda total de renda em consequência da morte de qualquer um dos geradores de renda família.

Investimento em casa própria

O primeiro ativo econômico importante que muitas pessoas adquirem é a casa própria. A decisão sobre comprar em vez de alugar uma casa é considerara uma decisão de investimento.

Uma importante reflexão na avaliação dos aspectos de risco e retorno desse investimento é o valor de uma casa como proteção contra dois tipos de risco. O primeiro tipo é o risco de elevação das taxas de aluguel. Se você possui uma casa, qualquer aumento nas taxas de aluguel aumentará o retorno de seu investimento.

O segundo tipo de risco é que talvez nem sempre você possa contar com a casa ou o apartamento em que você vive. Comprando, você garante essa disponibilidade.

Poupança para aposentadoria e a suposição de risco

As pessoas economizam e investem dinheiro para garantir o consumo futuro e deixar um espólio. O principal objetivo de uma poupança vitalícia é poder manter o padrão de vida habitual após a aposentadoria. Tal como a Figura 28.2 indica, seu consumo na aposentadoria depende sua expectativa de vida na

FIGURA 28.2 A expectativa de longevidade é uma faca de dois gumes

Fonte: www.glasbergen.com. Copyright 2000 Randy Glasbergen. Reimpressa com permissão de Randy Glasbergen.

época. A expectativa de vida, quando alguém planeja se aposentar aos 65 anos, é aproximadamente 85 anos. Portanto, o candidato à aposentadoria precisar preparar um pé-de-meia durante 20 anos e economias suficientes para cobrir custos inesperados de saúde. A renda proveniente de investimentos também pode aumentar o bem-estar de possíveis herdeiros, de uma instituição beneficente favorita ou ambos.

Pesquisas indicam que as atitudes de tolerância ao risco dão lugar a atitudes de aversão ao risco à medida que os investidores se aproximam da idade de se aposentar. Com a idade, as pessoas perdem a habilidade para se recuperar de um investimento malsucedido. Quando jovens, os investidores podem reagir a uma perda trabalhando mais e economizando mais de sua renda. Porém, à medida que a aposentadoria se aproxima, os investidores se dão conta de que têm menos tempo para se recuperar e, por isso, mudam para ativos seguros.

Modelos de planejamento de aposentadoria

Nos últimos anos, as empresas de investimento e as empresas de consultoria financeira criaram uma variedade de ferramentas e modelos de planejamento de aposentadoria fáceis de usar. Embora eles variem em detalhe, a estrutura básica por trás da maioria pode ser explicada utilizando a planilha "Ballpark Estimate" (Estimativa Aproximada) do Conselho Americano de Orientação sobre Poupança (consulte a Figura 28.3). Essa planilha presume que você precisará de 70% da renda atual, que viverá até os 87 anos e que obterá uma taxa de retorno real constante de 3% depois de descontada a inflação. Por exemplo, digamos que Jane tenha 35 anos, trabalhe fora, não tenha filhos e ganhe US$ 30 mil ao ano. Setenta por cento da renda anual atual de Jane (US$ 30 mil) corresponde a US$ 21 mil. Jane então subtrairia a renda que ela espera receber da previdência social (US$ 12 mil em seu caso) do valor de US$ 21 mil, o que resulta em US$ 9 mil. Esse é o valor que Jane precisa juntar para cada ano de aposentadoria. Jane espera se aposentar aos 65. Portanto (utilizando o terceiro painel da planilha), ela multiplica US$ 9.000 × 16,4 = US$ 147.600. Jane já economizou US$ 2 mil em seu plano 401(k). Ela planeja se aposentar em 30 anos. Portanto (utilizando o quarto painel da planilha), ela multiplica US$ 2.000 × 2,4 = US$ 4.800. Ela subtrai esse valor de seu total, obtendo um valor total projetado de necessidade de poupança para aposentadoria de US$ 142.800. Jane então multiplica US$ 142.800 × 0,020 = US$ 2.856 (sexto painel). Esse é o valor que ela precisará economizar anualmente para a sua aposentadoria.

> **REVISÃO DE CONCEITOS 28.1**
>
> a. Pense nas circunstâncias financeiras de seu parente mais próximo na geração de seus pais (preferivelmente a família de seus pais, se você tem a sorte de ainda os ter por perto). Escreva quais são os objetivos e restrições nas decisões de investimento desse parente.
>
> b. Pense agora na situação financeira de seu parente mais próximo que esteja com 30 anos de idade. Escreva os objetivos e restrições que se enquadrariam em suas decisões de investimento.
>
> c. Que magnitude da diferença entre as duas descrições que você fez se deve à idade dos investidores?

Gerenciar sua própria carteira ou depender de outros?

Muitas pessoas têm ativos como benefícios da previdência social, planos de pensão e seguro em grupo e componentes de poupança de apólice de seguro de vida. Contudo, elas exercem pouco controle, quando muito, sobre as decisões de investimento desses planos. Os fundos que protegem os planos de pensão e de seguro de vida são gerenciados por investidores institucionais.

Entretanto, afora a "poupança forçada", os indivíduos podem gerenciar suas próprias carteiras de investimentos. À medida que a população enriquece, cada vez mais pessoas enfrentam essa decisão.

Gerenciar sua própria carteira *parece* a solução de menor custo. Entretanto, diante das taxas e despesas que os planejadores financeiros e gestores de investimento profissionais impõem, você provavelmente desejará compensar o valor do tempo e da energia que despenderá na gestão atenta de sua carteira. Você deve reconhecer acima de tudo a *provável* diferença existente nos resultados dos investimentos.

Além da necessidade de oferecer investimentos de melhor desempenho, os gestores profissionais enfrentam duas dificuldades adicionais. Primeiro, fazer com que o cliente expresse seus objetivos e restrições exige uma considerável habilidade. Essa não é uma tarefa ocasional porque os objetivos e restrições estão sempre mudando. Segundo, o profissional precisa enunciar o plano financeiro e manter o cliente a par dos resultados. A gestão profissional de grandes carteiras é dificultada ainda mais pela necessidade de estabelecer uma organização eficiente em que as decisões possam ser descentralizadas e as informações apropriadamente disseminadas. O quadro "Destaque da Realidade" apresenta algumas perguntas que devem ser consideradas no momento de procurar um consultor de investimento.

BALLPARK ESTIMATE®

1. Que renda anual você deseja na aposentadoria? (Calcule 70% de sua renda anual atual apenas para manter o mesmo padrão de vida do presente. Realmente.) — US$ *21.000*

2. Subtraia da renda que você espera receber anualmente:
   - Previdência Social
     Se você ganhar menos de US$ 25 mil, subtraia US$ 8 mil; entre US$ 25.000 – US$ 40.000, subtraia US$ 12 mil; menos de US$ 40 mil, subtraia US$ 14.500 — – US$ *12.000*
   - Pensão tradicional oferecida pelo empregador – um plano que paga um valor permanente estabelecido em dólar, caso em que o valor em dólar depende do salário e do tempo de serviço (de acordo com o dólar atual) — – US$
   - Renda de trabalho de meio período — – US$
   - Outros — – US$

   Esse é o valor que você precisa juntar para cada ano de aposentadoria — = US$ *9.000*

   Agora você deseja obter uma estimativa aproximada do montante que precisará ter no banco no dia em que se aposentar. Como os contadores já pensaram a respeito disso, eles de retorno real constante de 3% depois de descontada a inflação, que viverá até os 87 anos e que começará a receber sua renda da previdência social aos 65.

3. Para determinar o montante que você necessita economizar, multiplique o valor que você precisa juntar por ano pelo fator a seguir. — US$ *147.600*

Idade em que você espera se aposentar:		Seu fator é:	
	55		21,0
	60		18,9
	65		**16,4**
	70		13,6

4. Se você espera se aposentar antes de 65 anos, multiplique seu benefício da previdência social apresentado no item 2 pelo fator a seguir. — + US$

Idade em que você espera se aposentar:		Seu fator é:	
	55		8,8
	60		4,7

5. Multiplique suas economias até o momento pelo fator a seguir (inclua qualquer fundo acumulado em um plano como o 401(k), em uma conta de aposentadoria individual ou em outro plano semelhante): — – US$ *4.800*

Se você deseja se aposentar em:		Seu fator é:	
	10 anos		1,3
	15 anos		1,6
	20 anos		1,8
	25 anos		2,1
	30 anos		**2,4**
	35 anos		2,8
	40 anos		3,3

   Total de poupança adicional que você precisa na aposentadoria: — = US$ *142.800*

6. Para determinar o montante ANUAL que você necessita economizar, multiplique o valor TOTAL pelo fator a seguir. — US$ *2.856*

Se você deseja se aposentar em:		Seu fator é:	
	10 anos		0,085
	15 anos		0,052
	20 anos		0,036
	25 anos		0,027
	30 anos		**0,020**
	35 anos		0,016
	40 anos		0,013

Essa planilha simplifica várias questões de planejamento de aposentadoria, como benefícios projetados da previdência social e supostos rendimentos de poupança. Ela reflete também o dólar atual; portanto, você precisará recalcular suas necessidades de aposentadoria anualmente e à medida que seu salário e suas circunstâncias mudarem. É aconselhável realizar uma análise mais aprofundada por conta própria, utilizando uma planilha mais detalhada ou um programa de computador, ou procurar a assistência de um consultor financeiro.

FIGURA 28.3 Exemplo de planilha do Conselho Americano de Orientação sobre Poupança

Fonte: Instituto de Pesquisa de Benefícios dos Funcionários (Employee Benefit Research Institute – EBRI)/Conselho Americano de Orientação sobre Poupança.

DESTAQUE DA REALIDADE

INVESTIGUE SEU CONSULTOR DE INVESTIMENTOS

Antes de escolher um consultor de investimentos, você deve saber por quais serviços está pagando, quanto eles custam, como o consultor é pago e que conflitos de interesses o consultor pode ter ao lhe oferece conselhos de investimento. Se seu consultor de investimentos for registrado, examine o prospecto da empresa na primeira vez em que o receber e quando ele for atualizado pela empresa – ele contém inúmeras informações valiosas! E se você não se lembrar de ter recebido esse prospecto, solicite-o. Além disso, você pode encontrá-lo no *site* Investment Adviser Public Disclosure (IAPD) da SEC.

Veja algumas perguntas que você deve fazer ao avaliar um consultor de investimentos:

1. Você é registrado na SEC, em algum estado ou na Autoridade Regulatória do Setor Financeiro (Financial Industry Regulatory Authority – Finra)?
2. Você ou sua empresa já foram punidos por alguma agência regulatória? Se sim, quais foram os motivos e de que forma a questão foi resolvida?
3. Você já foi processado por um cliente que não estava satisfeito com seu trabalho, os serviços que você ofereceu ou os produtos que recomendou?
4. De que forma você é pago por seus serviços? Qual é a taxa por hora, taxa fixa ou comissão que você costuma cobrar?
5. Que experiência você tem particularmente com pessoas em circunstâncias como as minhas?
6. Onde você estudou? Qual foi sua experiência de emprego mais recente?
7. Que produtos e serviços você oferece? Você pretende me recomendar apenas um pequeno número de produtos ou serviços? Se sim, por quê?

Fonte: http://investor.gov/researching-managing-investments/working-investment-professionals/brokers-advisors/research-advisor.

O planejamento financeiro de ciclo de vida é uma tarefa descomunal para a maioria das pessoas. Não é de admirar que tenha surgido um setor específico para oferecer consultoria financeira pessoal.

Procurando abrigo tributário

Nesta seção, explicamos três importantes opções de abrigo tributário que podem afetar radicalmente a alocação de ativos dos investidores individuais. A primeira é o adiamento de impostos, que resulta do fato de você não ser obrigado a pagar impostos sobre ganhos de capital enquanto você não optar por recebê-los. A segunda refere-se aos planos de aposentadoria com adiamento de impostos, como as contas de aposentadoria individuais, e a terceira refere-se às anuidades com adiamento de impostos oferecidas por empresas de seguro de vida. Outra possibilidade, não abordada aqui, é investir nos instrumentos isentos de impostos discutidos no Capítulo 2.

Opção de adiamento de impostos Um recurso fundamental do Código da Receita Federal dos Estados Unidos é que o imposto sobre ganhos de capital provenientes de um ativo são pagáveis somente quando o ativo é vendido; esse recurso é chamado de **opção de adiamento de impostos**. Desse modo, o investidor pode controlar o momento do pagamento de impostos. Isso oferece um benefício aos investimentos em ações.

A título de exemplo, compare as ações e as obrigações da IBM. Suponhamos que ambas ofereçam um retorno esperado total de 12%. As ações têm um rendimento de dividendos de 4% e uma valorização de preço esperada de 8%, ao passo que as obrigações pagam uma taxa de juros de 12%. O obrigacionista deve pagar imposto sobre os juros das obrigações no ano em que eles são ganhos, ao passo que o acionista paga apenas dividendos e adia o pagamento de imposto sobre ganhos de capital até o momento em que as ações são vendidas.

Suponhamos que alguém invista US$ 1.000 por cinco anos. Embora na realidade os juros sejam tributados como renda comum e no caso de muitos investidores os ganhos de capital e dividendos sejam tributados em uma taxa de apenas 15%,[2] para distinguir o benefício do adiamento de impostos presumiremos que toda renda de investimento é tributada em 15%. A obrigação obterá

---

[2] Com base em dados de 2013, a alíquota de imposto sobre ganhos de capital e dividendos é 15% para casais com renda entre US$ 72.500 e US$ 250 mil. Para rendas acima de US$ 250 mil, é acrescentada uma sobretaxa do Medicare de 3,8% sobre a renda proveniente de investimentos e, para rendas acima de US$ 450 mil, a alíquota de imposto é 20% (mais uma sobretaxa de 3,8%).

um retorno após os impostos de 12% × (1 – 0,15) = 10,2%. O acúmulo após os impostos no final do período de cinco anos será

$$US\$ 1.000 \times 1{,}102^5 = US\$ 1.625{,}20$$

No caso das ações, o rendimento de dividendos após os impostos será 4% × (1 – 0,15) = 3,4%. Como até o quinto ano nenhum imposto é pago sobre o ganho de capital anual de 8%, o acúmulo antes dos impostos será

$$US\$ 1.000 \times (1 + 0{,}034 + 0{,}08)^5 = 1.000(1{,}114)^5 = US\$ 1.715{,}64$$

No quinto ano, quando as ações forem vendida, o ganho de capital (isento de impostos) será

$$US\$ 1.715{,}64 - US\$ 1.000(1{,}034)^5 = 1.715{,}64 - 1.181{,}96 = US\$ 533{,}68$$

O imposto devido é US$ 80,05, restando US$ 1.635,59, que constitui US$ 10,39 a mais em comparação com os rendimentos do investimento em obrigações. O adiamento do imposto sobre ganhos de capital possibilita que o investimento capitalize mais rapidamente até o momento em que o imposto de fato é pago. Observe que, quanto mais o retorno total ocorrer em forma de valorização de preço, maior será o valor da opção de adiamento de impostos.

Planos de aposentadoria com adiamento de impostos Nos últimos anos houve um crescimento na utilização de **planos de aposentadoria com adiamento de impostos**, nos quais os investidores podem escolher de que forma desejam alocar seus ativos. Esses planos incluem as contas de aposentadoria individuais (*individual retirement accounts* – IRAs) tradicionais, os planos Keogh e os planos de contribuição definida patrocinados pelo empregador e "qualificados", isto é, que se qualificam para receber benefício fiscal, como os planos 401(k). Uma característica que esses planos têm em comum é que as contribuições e os lucros não estão sujeitos a pagar imposto de renda federal enquanto a pessoa não resgatar os benefícios.

Normalmente, um indivíduo pode ter algum investimento em forma de conta de aposentadoria qualificada e outro em forma de conta tributável comum. O princípio de investimento básico que se aplica é manter quaisquer obrigações que você deseja manter na conta de aposentadoria e, ao mesmo tempo, manter ações na conta comum. Você maximiza a vantagem tributária da conta de aposentadoria mantendo-a com o título menos vantajoso em termos tributários.

A título de exemplo, considere um investidor que tem um patrimônio de US$ 200 mil, dos quais US$ 100 mil encontram-se em uma conta de aposentadoria qualificada para isenção de imposto. Atualmente, ele investe metade de sua riqueza em obrigações e metade em ações. Desse modo, ele aloca metade de sua conta de aposentadoria e metade de seus fundos não destinados à aposentadoria a cada uma delas. Ele poderia diminuir seu imposto *sem alterar* os retornos antes dos impostos se transferisse suas obrigações para a conta de aposentadoria e mantivesse as ações fora dessa conta.

> **REVISÃO DE CONCEITOS 28.2**
>
> Suponhamos que nosso investidor obtenha uma taxa de juros de 10% ao ano sobre as obrigações e de 15% ao ano sobre as ações, ambas em forma de valorização de preço. Em cinco anos, ele resgata e gasta todos os seus fundos. Em quanto ele poderá aumentar seu acúmulo final se transferir todas as obrigações para a conta de aposentadoria e mantiver todas as ações fora dessa conta? Sua alíquota de imposto sobre renda comum é 28% e sua renda de ganhos de capital é tributada em 15%.

Anuidades diferidas As **anuidades diferidas** são basicamente contas com abrigo tributário oferecidas por empresas de seguro de vida. Elas associam o adiamento de impostos e a opção de resgate dos fundos em forma de uma anuidade vitalícia. Os contratos de anuidade variável oferecem a vantagem adicional do investimento em fundos mútuos. Uma diferença importante entre uma IRA e um contrato de anuidade variável é que, enquanto o valor que se pode contribuir para uma IRA é dedutível de impostos e extremamente limitado em relação ao valor máximo, o valor que se pode contribuir para uma anuidade diferida é ilimitado, embora não dedutível de impostos.

A característica marcante de uma anuidade vitalícia é que seus pagamentos continuam pelo tempo que o beneficiário viver, ainda que praticamente todos os contratos de anuidade diferida tenham várias opções de retirada, como o pagamento global em dinheiro em qualquer momento. Você não precisa se preocupar com a possibilidade de ficar sem dinheiro enquanto viver. Portanto, tal como a previdência social, as anuidades vitalícias oferecem um seguro de longevidade e, portanto, parecem um ativo ideal para uma pessoa em seus anos de aposentadoria. Aliás, a teoria prenuncia que, quando não há motivo de herança, seria ótimo as pessoas investirem intensamente em anuidades vitalícias atuarialmente justas.[3]

Existem dois tipos de anuidade vitalícia, **anuidades fixas** e **anuidades variáveis**. Uma anuidade fixa paga uma soma nominal fixa por período (em geral a cada mês), ao passo que uma anuidade variável paga um valor periódico vinculado ao desempenho do investimento de alguma carteira subjacente.

As anuidades variáveis são estruturadas para que o risco de investimento da carteira de ativos subjacente seja transferido para o beneficiário, de uma forma bem semelhante aos acionistas que arcam com o risco de um fundo mútuo. Existem duas etapas em um contrato de anuidade variável: uma fase de acumulação e uma fase de pagamento. Durante a fase de *acumulação*, o investidor contribui com um valor periodicamente para um ou mais fundos mútuos abertos e acumula participações. A segunda fase, de pagamento, em geral inicia-se na aposentadoria, quando o investidor normalmente tem várias opções, incluindo as seguintes:

1. Obter o valor de mercado das participações em um único pagamento.
2. Receber uma anuidade fixa até a morte.
3. Receber um valor variável em dinheiro em cada período dependendo do desempenho de investimento da carteira.

Seguro de vida variável e universal O seguro de vida variável é outro instrumento de investimento com adiamento de impostos oferecido pelo setor de seguro de vida. Uma apólice de seguro de vida variável associa seguro de vida com as anuidades diferidas descritas anteriormente.

Para investir nesse instrumento, você paga um prêmio único ou uma série de prêmios. Em cada caso existe um benefício por morte definido e o segurado pode alocar o dinheiro investido a várias carteiras, que geralmente incluem um fundo do mercado monetário, um fundo de obrigações e ao menos um fundo de ações ordinárias. A alocação pode ser alterada em qualquer momento.

As apólices de seguro de vida variável oferecem um benefício por morte que é o maior valor de face definido ou o valor de mercado da base de investimento. Em outras palavras, o benefício por morte pode aumentar se o desempenho do investimento for favorável, mas não ficará abaixo do valor de face garantido. Além disso, o beneficiário sobrevivente não está sujeito à incidência de imposto de renda sobre o benefício por morte.

O segurado tem inúmeras opções para converter a apólice em um fluxo de renda, seja com o resgate do contrato, seja como uma retirada parcial. Em todos os casos, o imposto de renda incide sobre a parte de qualquer distribuição que represente ganhos de investimento.

O segurado pode ter acesso ao investimento sem ter de pagar imposto de renda se tomar um empréstimo contra o valor pecuniário de resgate em dinheiro. Os empréstimos de apólice até 90% do valor pecuniário são concedidos a qualquer momento por uma taxa de juros especificada por contrato.

A apólice de seguro de vida universal é semelhante a uma apólice de seguro de vida variável, com a exceção de que, em vez de ter opções de carteira para investir, o segurado obtém uma taxa de juros que é definida pela seguradora e alterada periodicamente à medida que as condições do mercado mudam. A desvantagem do seguro de vida universal é que a empresa controla a taxa de retorno do segurado e, embora as empresas possam mudar a taxa em resposta a pressões da concorrência, as mudanças não são automáticas. Diferentes empresas oferecem diferentes taxas. Por isso, compensa procurar a melhor.

---

[3] Para uma reflexão mais elabora sobre isso, consulte Laurence J. Kotlikoff e Avia Spivak, "The Family as an Incomplete Annuities Market", *Journal of Political Economy*, 89, abril de 1981.

28.6 Fundos de pensão

Os planos de pensão são definidos por termos que especificam "quem", "quando" e "quanto" tanto para os benefícios do plano quanto para as contribuições utilizadas para pagar esses benefícios. O *fundo de pensão* do plano é a acumulação de ativos criada das contribuições e os lucros de investimento sobre essas contribuições, menos qualquer pagamento de benefícios do fundo. Nos Estados Unidos, as contribuições do fundo tanto pelo empregador quanto pelo empregado são dedutíveis de impostos e a renda do investimento do fundo não é tributada. As distribuições do fundo, seja para o empregador ou para o empregado, são tributadas como renda comum. Existem dois tipos de plano de pensão puros: *contribuição definida* e *benefícios definidos*.

Planos de contribuição definida

Em um plano de contribuição definida, uma fórmula especifica as contribuições feitas por ou em nome dos funcionários, mas não indica os benefícios aos quais eles terão direito. As regras de contribuição normalmente são especificadas como uma fração predeterminada do salário (p. ex.: o empregador contribui com 10% do salário anual do empregado para o plano), embora essa fração precise ser constante ao longo da carreira do empregado. O fundo de pensão compreende um conjunto de contas de investimento individuais, uma para cada funcionário. Os benefícios de pensão não são especificados, exceto que na aposentadoria o funcionário pode utilizar esse valor total acumulado de contribuições e os lucros sobre essas contribuições para comprar uma anuidade. Muitas vezes o empregado tem alguma opção tanto em relação ao nível de contribuição quanto em relação à forma de investir na conta.

Em princípio, as contribuições poderiam ser investidas em qualquer título, embora na prática a maioria dos planos restrinja as opções de investimento a obrigações, ações e fundos do mercado monetário. O funcionário arca com o risco de investimento como um todo e o empregador não tem outra obrigação legal senão realizar suas contribuições periódicas.

Com relação aos planos de contribuição definida, a política de investimento é basicamente a mesma da conta de aposentadoria individual qualificada (para obtenção de benefício fiscal). Aliás, os principais fornecedores de produtos de investimento para esses planos são as mesmas instituições, como fundos mútuos e seguradoras, que atendem às necessidades gerais de investimento dos investidores individuais. Portanto, em uma plano de contribuição definida, grande parte do trabalho de definir e concretizar a meta de substituição de renda fica a cargo do funcionário.

> **REVISÃO DE CONCEITOS 28.3**
>
> Um funcionário tem 45 anos de idade. Ele ganha US$ 40 mil ao ano e tem US$ 100 mil acumulados em seu plano de pensão de contribuição definida autogerido. Todo ano ele contribui com 5% de seu salário para o plano e seu empregador contribui com mais 5%. Ele pretende se aposentar aos 65. O plano oferece duas opções de fundo: um fundo com retorno garantido que paga taxa de juros isenta de risco de 3% ao ano e um fundo de índice de ações com uma taxa de retorno real esperada de 6% ao ano e desvio-padrão de 20%. Seu *mix* de ativos atual no plano compreende US$ 50 mil no fundo garantido e US$ 50 mil no fundo de índice de ações. Ele pretende reinvestir todos os lucros do investimento em cada fundo desse mesmo fundo e alocar sua contribuição anual igualmente entre os dois fundos. Se seu salário aumentar proporcionalmente ao custo de vida, quanto ele pode esperar ter na aposentadoria? Quanto ele pode *ter certeza* de que terá?

Planos de benefícios definidos

Enquanto os planos de contribuição definida especificam as contribuições feitas em nome dos funcionários, os planos de benefícios definidos especificam os *benefícios* de aposentadoria aos quais o funcionário tem direito. A empresa é responsável por garantir que as contribuições serão adequadas para oferecer esses benefícios. A fórmula de benefício normalmente leva em conta o tempo de serviço prestado para o empregador e o nível de remuneração ou salário (p. ex.: um empregador pode oferecer um pagamento ao funcionário pelo resto da vida, com início aos 65 anos, correspondente ao valor anual de 1% de sua remuneração anual final para cada ano de serviço). O empregador (denominado *patrocinador do plano*) ou a seguradora contratada pelo patrocinador garante os benefícios e, portanto, absorve o risco de investimento.

Com base no número de participantes do plano e no valor total de passivos de pensão, o plano de benefícios definidos ainda predomina na maioria dos países ao redor do mundo. Entretanto, desde meados da década de 1970 tem havido uma forte tendência entre os patrocinadores de escolher o plano de contribuição definida ao iniciar novos planos. Mas os dois tipos não são mutuamente exclusivos. Muitos patrocinadores adotam o plano de benefícios definidos como plano principal, no qual a participação é obrigatória, e o complementam com planos voluntários de contribuição definida.

Nos planos de benefícios definidos, existe uma distinção importante entre o *plano* de pensão e o *fundo* de pensão. O plano é o acordo contratual que especifica os direitos e obrigações de todas as partes; o fundo é um *pool* de ativos distinto, separado para oferecer garantia para os benefícios prometidos. Pode haver circunstâncias em que não existe nenhum fundo, caso em que se diz que o plano não é financiado. Quando existe um fundo separado com ativos com valor inferior ao valor presente dos benefícios prometidos, o plano é subfinanciado. E se os ativos do plano tiverem um valor de mercado superior ao valor presente dos passivos do plano, diz-se que ele é sobrefinanciado.

> **REVISÃO DE CONCEITOS 28.4**
>
> Um funcionário tem 40 anos de idade e já trabalha na empresa há 15 anos. Se a idade normal de aposentadoria for 65, a taxa de juros for 8% e a expectativa de vida desse funcionário for 80, qual será o valore presente do benefício de pensão acumulado?

Estratégias de investimento em pensão

O *status* tributário especial dos fundos de pensão cria o mesmo incentivo para os planos de contribuição definida e os planos de benefícios definidos inclinarem seu *mix* de ativos para os ativos com o maior *spread* entre as taxas de retorno pré e pós-impostos. Em um plano de contribuição definida, como o participante arca com todo o risco de investimento, o *mix* ótimo de ativos também depende da tolerância ao risco do participante.

Em um plano de benefícios definidos, a política ótima de investimento pode ser diferente porque o patrocinador absorve o risco de investimento. Se o patrocinador tiver de dividir parte do potencial de ganho dos ativos de pensão com os participantes do plano, haverá um incentivo para eliminar todo o risco do investimento investindo em títulos que compatíveis com os benefícios prometidos. Se, por exemplo, o patrocinador do plano tiver de pagar US$ 100 por ano durante os próximos cinco anos, ele pode oferece esse fluxo de pagamentos de benefício comprando um conjunto de cinco obrigações de cupom zero, cada uma com valor de face de US$ 100 e vencimento sequencial. Dessa forma, o patrocinador elimina o risco de déficit. Trata-se de um exemplo de **imunização** do passivo de pensão.

Se o valor presente dos benefícios de pensão prometidos superar o valor de mercado de seus ativos, a Declaração FASB 87 (Conselho de Normas Contábeis e Financeiras) exigirá que a corporação reconheça o passivo não financiado em seu balanço patrimonial. Se, entretanto, os ativos de pensão superarem o valor presente das obrigações, a corporação não poderá incluir o superávit em seu balanço patrimonial. Esse tratamento contábil assimétrico expressa uma visão amplamente defendida sobre os fundos de pensão de benefícios definidos. Representantes das organizações sindicais, alguns políticos e alguns poucos profissionais de fundo de pensão acreditam que a corporação patrocinadora, enquanto avalista dos benefícios de pensão acumulados, é responsável pelo déficit dos ativos de pensão, mas não tem um direito desimpedido a todo o superávit no caso de um fundo de pensão sobrefinanciado.

Investindo em ações Se o único objetivo que guiasse a política de pensão corporativa fosse a maximização da riqueza dos acionistas, seria difícil compreender por que o patrocinador de um fundo de pensão solidamente financiado investiria em ações. A vantagem tributária de um fundo de pensão provém da capacidade do patrocinador de obter a taxa de juros pré-impostos sobre os investimentos em pensão. Para maximizar o valor desse abrigo tributário, é necessário investir inteiramente em ativos que ofereçam a maior taxa de juros pré-impostos. Esses serão os ativos com maior *des*vantagem tributária, o que significa que os fundos de pensão corporativos devem investir integralmente em obrigações tributáveis e em outros instrumentos de renda fixa.

Contudo, sabemos que em geral os fundos de pensão compõem sua carteira com 40 a 60% de ações. Mesmo uma leitura *en passant* das publicações profissionais indica que eles fazem isso por uma série de motivos – alguns corretos e outros errados. Existem três motivos corretos possíveis.

A primeira possibilidade é que a administração corporativa considera o plano de pensão como um fundo fiduciário para o s funcionário e gerencia os ativos do fundo como se eles fossem um plano de contribuição definida. Ela acredita que uma política de investimento bem-sucedida em ações pode lhe permitir pagar benefícios complementares aos funcionários e, por isso, vale a pena assumir o risco.

O segundo motivo correto possível é que a administração acredita que por meio de um *market timing* e de uma escolha de títulos mais adequados existe a possibilidade de criar um valor superior às taxas e despesas administrativas. Muitos executivos de corporações não financeiras estão acostumados a criar um valor superior ao custo de seus empreendimentos. Eles presumem que isso também pode ser realizado na área de gestão de carteiras. Obviamente, se isso for verdadeiro, então seria o caso de perguntar por que eles não fazem isso em sua conta corporativa, em vez de no fundo de pensão. Dessa forma eles também poderiam ter seu "bolo" em abrigo tributário e ingeri-lo. Entretanto, é importante perceber que, para realizar essa façanha, o plano deve superar o mercado, e não apenas se igualar a ele.

Observe que uma forma bastante fraca da hipótese de mercado eficiente implicaria que a administração não consegue criar valor para o acionista simplesmente mudando a carteira de pensão de obrigações para ações. Mesmo quando o superávit total do fundo de pensão pertence aos acionistas, o investimento em ações apenas desloca os acionistas ao longo da linha do mercado de capitais (o *trade-off* do mercado entre risco e retorno para investidores passivos) e não cria valor. Quando se leva em conta o custo líquido de oferecer aos beneficiários do plano um seguro contra o risco de déficit, aumentar a exposição do fundo de pensão às ações diminui o valor para o acionista, a não ser que o investimento em ações possa colocar a empresa acima linha do mercado de capitais. Isso implica que faz sentido um fundo de pensão investir em ações somente *se* for capaz de adotar uma estratégia ativa que supere o mercado por meio de um *timing* superior ou de uma escolha de títulos mais adequada. Uma estratégia completamente passiva acrescentará valor para os acionistas.

No caso de um fundo subfinanciado de uma empresa com dificuldade financeiras, existe outro motivo possível para investir em ações e em outros ativos de risco – seguro de pensão federal. As empresas com dificuldades financeiras têm um incentivo para investir o dinheiro do fundo de pensão em ativos mais arriscados, do mesmo modo que as instituições de poupança em situação difícil asseguradas pela Corporação Federal de Seguro de Poupança e Empréstimo (Federal Savings and Loan Insurance Corporation – FSLIC) na década de 1980 tinham um motivo semelhante com respeito às suas carteiras de empréstimos.

Motivos errados para investir em ações Os motivos errados para uma fundo de pensão investir em ações provêm de falácias inter-relacionadas. O primeiro é a ideia de que as ações não são arriscadas a longo prazo. Essa falácia foi discutida extensamente no Capítulo 5. Outra falácia análoga é a ideia de que as ações são uma proteção contra a inflação. O raciocínio por trás dessa falácia é o de que as ações são um direito de propriedade sobre um capital físico real. Se os lucros reais não forem afetados ou aumentarem em caso de inflação imprevista, os proprietários do capital real não devem ser prejudicados por isso. Entretanto, estudos empíricos mostram que os retornos das ações demonstraram uma correlação baixa ou mesmo negativa com a inflação. Portanto, o argumento de que as ações são uma proteção contra a inflação é fraco.

28.7 Investimentos de longo prazo

Como a população idosa ao redor do mundo está aumentando mais rapidamente do que qualquer outro grupo etário, as questões sobre poupança a longo prazo, principalmente próximo à aposentadoria, ganharam destaque no setor de investimentos. Normalmente, a recomendação para longo prazo podia ser resumida por regras práticas referentes a vários níveis de substituição gradual e determinada pela idade de ativos de risco por ativos seguros. As deduções da gestão "moderna" de carteiras, hoje com mais de 30 anos, originaram-se do modelo de consumo/investimento permanente (ICAPM) de Merton que propõe que se considere a possibilidade de proteger os ativos para levar em conta fontes de risco extramercado como a inflação e as necessidades que procedem da longevidade incerta.

Investimento direcionado e estrutura a termo das obrigações

Normalmente as taxas de juros variam com o vencimento. Por exemplo, uma pessoa que está pensando em investir dinheiro em um certificado de depósito segurado ou um título do Tesouro observará que a taxa de juros que ela pode obter depende de seu vencimento. Portanto, para qualquer data estabelecida existe uma taxa de juros isenta de risco diferente. Portanto, cada investidor, com um horizonte exclusivo, tem um ativo isento de risco próprio. Para o investidor de curto prazo são as letras e para o investidor de longo prazo são as obrigações. Desse modo, para atender aos investidores com diferentes horizontes de tempo, deve haver um *menu* de opções que tenha uma estrutura a termo de investimentos isentos de risco. O princípio da equivalência de duração significa compatibilizar os ativos de uma pessoa com seus objetivos (passivos) e é comparável à estratégia de imunização dos fundos mútuos que examinamos no Capítulo 16.

Em qual unidade de conta a estrutura de prazo isenta de risco deve ser denominada? Essa é uma questão crítica porque uma obrigação é isenta de risco somente com relação a um numerário específico (unidade de conta), como dólar, iene etc. Portanto, se uma obrigação prometer pagar US$ 100 daqui a dois anos, seu *payoff* em termos de iene dependerá do preço do dólar em relação ao iene daqui a dois anos e vice-versa. Desse modo, mesmo uma obrigação de cupom zero, sem nenhum risco de inadimplência, ainda assim poderá ser muito arriscada se for denominada em uma unidade de conta (p. ex.: uma moeda estrangeira) que não é compatível com o objetivo do investidor. Esse tipo de risco é chamado de "risco de base".

A título de exemplo, suponhamos que o objetivo seja aposentadoria. Se o objetivo for especificado como um nível de riqueza real na data de aposentadoria, a unidade de conta deverá ser unidades de consumo. O ativo isento de risco nesse caso seria uma obrigação com *payoff* vinculado a um índice de preço ao consumidor. Entretanto, se o índice escolhido não refletir verdadeiramente o custo de vida futuro de um investidor específico, haverá algum risco. Se o objetivo for manter determinado padrão de vida pelo resto da vida, em vez de um nível fixo de riqueza na aposentadoria, em termos de unidades de consumo, uma unidade mais apropriada seria um *fluxo* permanente de consumo real. Isso pode ser calculado dividindo os valores em dólar pelo preço de mercado de uma anuidade real vitalícia que começa a pagar benefícios na data de aposentadoria definida. A estrutura a termo é então expressa pelos preços das anuidades reais vitalícias com diferentes datas de início. De modo semelhante, as obrigações de educação que estão vinculadas ao custo de educação universitária poderiam oferecer a unidade de conta apropriada para os fundos de educação universitária dos filhos.

Fazendo opções de investimento simples

O fundo de aposentadoria com data definida (*target-date retirement fund* – TDRF) é um fundo de fundos diversificado entre ações e obrigações com a característica de que a proporção investida em ações é automaticamente diminuída com o passar do tempo.[4] Os TDRFs com frequência são considerados uma solução simples para a tarefa complexa de determinar a alocação de ativos apropriada entre os fundos em planos 401(k), IRAs e outras contas de investimento pessoais. Os TDRFs são promovidos por meio da ideia de que eles possibilitam que os investidores coloquem seus planos de investimento no piloto automático. Assim que você escolher um fundo cujo ano final corresponda com seu horizonte, o gestor de ciclo de vida transferirá parte de seu dinheiro de ações para obrigações à medida que a data de sua aposentadoria se aproximar.

Risco de inflação e investidores de longo prazo

Embora o risco de inflação normalmente seja baixo horizontes de curto prazo, ele é uma fonte de risco de primeira grandeza para o planejamento de aposentadoria, em que os horizontes podem ser extremamente longos. Um "choque" inflacionário pode durar vários anos e transmitir uma incerteza considerável com relação ao poder aquisitivo de qualquer dólar que você (ou seu cliente) economizou para a aposentadoria.

---

[4] A Vanguard descreve seus TDRFs da seguinte maneira: "Com os fundos de aposentadoria com data definida, você precisa tomar apenas uma decisão: quando pretende se aposentar. Seu TDRF automaticamente se torna mais conservador à medida que sua data de aposentadoria se aproxima. Quando estiver pronto para obter renda em sua aposentadoria, seu TDRF terá um *mix* de ativos estável e direcionado à renda". De "Choose a Simple Solution: Vanguard Target Retirement Funds", www.vanguard.com/jumppage/retire.

Uma resposta convencional ao problema de risco de inflação é investir em obrigações indexadas por preço como os TIPS (consulte o Capítulo 14 para recapitular). Esse é um bom ponto de partida, mas não é uma resposta completa para o risco de inflação. Uma obrigação de cupom zero indexada por preço com vencimento igual ao do horizonte de um investidor seria um investimento isento de risco em termos de poder aquisitivo. Isso pode ser obtido com obrigações de poupança indexadas por um índice de preços ao consumidor, mas o governo limita a quantidade de obrigações desse tipo que o investidor pode comprar por ano. Infelizmente, as obrigações TIPS negociadas no mercado não são isentas de risco. À medida que as taxas de juros (reais) mudarem, o valor dessas obrigações flutuará. Além disso, essas obrigações pagam cupom. Por isso, o valor acumulado (real) está sujeito ao risco da taxa de reinvestimento. Essas emissões devem lembrá-lo de nossa discussão sobre o risco das obrigações no Capítulo 16. Também nesse contexto, é necessário contrabalançar o risco de preço e o risco de reinvestimento adaptando a duração da carteira de obrigações ao horizonte de investimento. Contudo, nesse caso, precisamos calcular a duração da taxa de juros real e nos concentrar nos *payoffs* reais de nossos investimentos.

RESUMO

1. Sempre que os princípios de gestão de carteira são discutidos, é útil diferenciar sete classes de investidores:
   a. Investidores individuais e fideicomissos pessoais.
   b. Fundos mútuos.
   c. Fundos de pensão.
   d. Fundos de dotação.
   e. Empresas de seguro de vida.
   f. Empresas que não são de seguro de vida.
   g. Bancos.
   Geralmente esses grupos têm objetivos, restrições e políticas de carteira relativamente diferentes.

2. Até certo ponto, a maioria dos investidores institucionais procura compatibilizar as características de risco e retorno de suas carteiras de investimento com as características de seus passivos.

3. O processo de alocação de ativos compreende as seguintes etapas:
   a. Especificação das classes de ativos a serem incluídas.
   b. Definição das expectativas dos mercados de capitais.
   c. Identificação da fronteira eficiente da carteira.
   d. Determinação do *mix* ótimo.

4. As pessoas que vivem de renda monetária fixa estão vulneráveis ao risco de inflação e talvez queiram proteção contra esse risco. A eficácia de um ativo como *hedge* contra inflação está relacionada com sua correlação com a inflação prevista.

5. Para os investidores que precisam pagar impostos sobre a renda proveniente de investimentos, o processo de alocação de ativos é complicado pelo fato de eles pagarem imposto de renda sobre determinados tipos de rendimento de rendimento de investimento. A renda de juros sobre obrigações municipais é isenta de impostos e os investidores cuja alíquota de imposto é alta preferirão manter essas obrigações a manter obrigações tributáveis de curto e longo prazo. Entretanto, a parte verdadeiramente difícil do efeito tributário tem a ver com o fato de os ganhos de capital serem tributáveis somente se realizados por meio da venda de um ativo durante o período de manutenção do investimento. As estratégias de investimento concebidas para evitar impostos podem entrar em conflito com os princípios de diversificação eficiente.

6. A abordagem de ciclo vida para a gestão da carteira de investimentos de um indivíduo considera que a pessoa atravessa uma série de estágios, tornando-se mais avessa ao risco em anos tardios. O raciocínio por trás dessas abordagem é que, à medida que envelhecemos, consumimos nosso capital humano e temos menos tempo remanescente para recuperar perdas na carteira por meio de uma maior oferta de trabalho.

7. As pessoas adquirem seguro de vida e invalidez durante seus principais anos de renda de trabalho para se proteger contra o risco associado com a perda de capital humano, isto é, sua futura capacidade de gerar receita.

8. Existem três formas de proteger a renda proveniente de investimentos contra o imposto de renda federal, além do investimento em obrigações isentas de impostos. A primeira é investir em ativos cujos retornos assumem a forma de valorização, como ações ordinárias e imóveis. Desde que os impostos sobre ganhos de capital não sejam pagos enquanto o ativo não for vendido, o imposto pode ser adiado indefinidamente.

   A segunda forma de procurar abrigo tributário é investir em planos de aposentadoria com adiamento de impostos como as IRAs. A regra de investimento geral é manter os ativos com menor vantagem tributária no plano e os ativos com maior vantagem tributária fora dele.

   A terceira forma de procurar abrigo tributário é investir nos produtos com vantagem tributária oferecidos pelo setor seguro de vida – anuidades com adiamento de impostos e seguro de vida variável e universal. Eles associam a flexibilidade do investimento em fundos mútuos com as vantagens do adiamento de impostos.

9. Os planos de pensão podem ser de contribuição definida ou de benefícios definidos. Em vigor, o plano de contribuição definida é um fundo de aposentadoria mantido em um fideicomisso pelo empregador para o empregado. Nesses planos, os empregados arcam com todo o risco dos ativos do plano e com frequência têm alguma opção na alocação desses ativos. O plano de benefícios definidos oferece aos empregados o direito a uma anuidade fixa em dinheiro na aposentadoria. Esse nível de anuidade é determinado por uma fórmula que leva em conta os anos de serviço e o histórico de remuneração ou salário do funcionário.

10. Se o único objetivo que guiasse a política de pensão corporativa fosse a maximização da riqueza dos acionistas, seria difícil compreender por que o patrocinador de um fundo de pensão solidamente financiado investiria em ações. Uma política de 100% de investimento em obrigações maximizaria a vantagem tributária do financiamento do plano de pensão e minimizaria os custos de garantir os benefícios definidos.

11. Se os patrocinadores vissem seus passivos de pensão como indexados à inflação, a forma apropriada de maximizar os custos de oferecer garantias de benefício seria utilizar como proteção títulos cujos retornos estão altamente correlacionados com a inflação. As ações ordinárias não seriam uma proteção apropriada porque elas têm pouco correlação com a inflação.

PALAVRAS-CHAVE

anuidades diferidas
anuidades fixas
anuidades variáveis
apólice de seguro de vida universal
apólice de seguro de vida variável
beneficiários da renda
fideicomisso pessoal

fundos de dotação
horizonte de investimento
imunização
liquidez
opção de adiamento de impostos
planos de aposentadoria com adiamento
   de impostos

planos de benefícios definidos
planos de contribuição definida
regra do investidor prudente
remaindermen
seguro de vida
seguro de vida integral
trade-off risco-retorno

CONJUNTO DE PROBLEMAS

1. Sua vizinho ficou sabendo que você concluiu um curso de investimento e o procurou para pedir conselhos. Ela e o marido têm 50 anos de idade. Eles acabaram de pagar as últimas prestações do apartamento e da educação universitária dos filhos e estão se preparando para a aposentadoria. Que conselho você lhes daria com relação a opções de investimento da poupança de aposentadoria? Caso eles sejam muito avessos ao risco, o que você aconselharia?

Básicos

2. Qual é o ativo de menor risco para cada um dos investidores a seguir?
   a. Uma pessoa que está investindo na educação universitária de seu filho de 3 anos de idade.
   b. Um fundo pensão de benefícios definidos com obrigações de benefício com duração média de dez anos. Os benefícios não são protegidos contra a inflação.
   c. Um fundo de pensão de benefícios definidos com obrigações de benefício com duração média de dez anos. Os benefícios são protegidos contra a inflação.

Intermediários

3. George More participa de um plano de pensão de contribuição definida que oferece um fundo de renda fixa e um fundo de ações ordinárias como opções de investimento. Ele tem 40 anos e acumulou US$ 100 mil em cada um dos fundos. Atualmente, ele contribui com US$ 1.500 para cada um. Ele pretende se aposentar aos 65 e sua expectativa de vida é 80.
   a. Supondo uma taxa real de rendimento de 3% ao ano para o fundo de renda fixa e de 6% ao ano para as ações ordinárias, qual será a acumulação esperada de George em cada conta aos 65 anos?
   b. Qual será a anuidade de aposentadoria real esperada de cada conta, supondo as mesmas taxas reais de rendimento?
   c. Se George quisesse uma anuidade de aposentadoria de US$ 30 mil ao ano do fundo de renda fixa, em quanto ele teria de aumentar suas contribuições anuais?

4. A diferença entre uma IRA Roth e uma IRA convencional é que, na primeira, os impostos são pagos sobre as contribuições e as retiradas na aposentadoria são isentos de impostos. Entretanto, em uma IRA convencional, as contribuições reduzem sua renda tributável, mas as retiradas são tributadas na aposentadoria.
   a. Qual das duas oferece o benefício mais alto pós-impostos?
   b. Qual oferecer a melhor proteção contra a incerteza da alíquota de imposto?

1. Angus Walker, CFA, está revendo o plano de pensão de benefícios definidos da Acme Industries. Estabelecida em Londres, a Acme opera na América do Norte, no Japão e em vários países europeus. No próximo mês, a idade de aposentadoria para obtenção de todos os benefícios do plano será diminuída de 60 para 55.

   A idade média dos funcionários da Acme é 49 anos. Walker é responsável pela políticas de investimento do plano de pensão e pelas decisões de alocação estratégica de ativos. As metas do plano incluem a obtenção de um retorno esperado mínimo de 8,4% com desvio-padrão esperado não superior a 16,0%.

   Walker está avaliando a alocação de ativos atual (Tabela 28A) e selecionou informações financeiras para a empresa (Tabela 28B). Uma discussão encontra-se em andamento na Acme Industries sobre a declaração de política de investimento do plano de pensão. As duas declarações de política de investimento que estão sendo consideradas são apresentadas na Tabela 28C.

   a. Determine, para cada componente a seguir, se a IPS X ou IPS Y (consulte a Tabela 28C) tem a linguagem para o plano de pensão da Acme Industries. Justifique cada resposta com um motivo.
      i. Exigência de retorno
      ii. Tolerância ao risco
      iii. Horizonte de tempo
      iv. Liquidez

   Nota: Alguns componentes da IPS X podem ser apropriados, assim como outros componentes da IPS Y.

TABELA 28A Plano de pensão da Acme: alocação de ativos atual

Ações Internacionais (MSCI Mundial, exceto Reino Unido)	10%
Obrigações britânicas	42
Ações de baixa capitalização britânicas	13
Ações de alta capitalização britânicas	30
Equivalentes de caixa	5

TABELA 28B Informações financeiras selecionadas da Acme Industries (em milhões)

Total de ativos da Acme Industries	£ 16.000
Dados sobre o plano de pensão:	
Ativos do plano	6.040
Passivos do plano	9.850

TABELA 28C Declaração de políticas de investimento

	IPS X	IPS Y
Exigência de retorno	O objetivo do plano é superar consideravelmente o desempenho do retorno de referência relevante.	O objetivo do plano é ter um retorno correspondente ao retorno de referência.
Tolerância ao risco	O plano tem alta tolerância ao risco em virtude do vencimento de longo prazo de seus passivos.	Os plano tem baixa tolerância ao risco em virtude de ter pouca capacidade de assumir um nível de risco substancial.
Horizonte de tempo	O plano tem um horizonte de tempo bastante longo porque seu tempo de vida é ilimitado.	O plano tem um horizonte de tempo menor do que no passado em virtude de seu perfil demográfico.
Liquidez	O plano precisa de um nível moderado de liquidez para financiar mensalmente os pagamentos de benefício.	O plano tem necessidades mínimas de liquidez.

    b. Para assessorar Walker, a Acme contratou dois consultores de pensão, Lucy Graham e Robert Michael. Graham acredita que o investimento do fundo de pensão deve refletir uma baixa tolerância ao risco, mas Michael acredita que o investimento do fundo de pensão deve obter o retorno mais alto possível. A alocação de ativos atual do fundo e as recomendadas por Graham e Michael são mostradas na Tabela 28D. Escolha qual das três alocações de ativos na Tabela 28D é mais apropriada para o plano de pensão da Acme. Explique como sua escolha atende aos seguintes objetivos e restrições do plano:

       i. Exigência de retorno
       ii. Tolerância ao risco
       iii. Liquidez

2. Seu cliente diz: "Em vista dos ganhos não realizados em minha carteira, posso afirmar que economizei dinheiro suficiente para a minha filha frequentar a faculdade daqui a oito anos, mas os custos educacionais não param de aumentar". Com base apenas nessa afirmação, qual dos itens a seguir parece ser o menos importante para a política de investimento de seu cliente?

    a. Horizonte de tempo.
    b. Risco de poder aquisitivo.
    c. Liquidez.
    d. Impostos.

TABELA 28D Alocação de ativos (em %)

	Atual	Graham	Michael
Ações de alta capitalização britânicas	30	20	40
Ações de baixa capitalização britânicas	13	8	20
Ações Internacionais (MSCI Mundial, exceto Reino Unido)	10	10	18
Obrigações britânicas	42	52	17
Equivalentes de caixa	5	10	5
Total	100	100	100
Retorno esperado da carteira (%)	9,1	8,2	10,6
Volatilidade esperada da carteira (desvio-padrão em %)	16,1	12,8	21,1

3. O aspecto com menor probabilidade de ser incluído no processo de gestão de carteiras é:

    a. Identificação de objetivos, restrições e preferências do investidor.
    b. Organização do processo de gestão em si.
    c. Implementação de estratégias quanto à escolha dos ativos a serem utilizados.
    d. Monitoramento das condições do mercado, de valores relativos e das circunstâncias do investidor.

4. Sam Short, CFA, começou a trabalhar recentemente na empresa de gestão de investimento Green, Spence e Smith (GSS). Durante vários anos a GSS trabalhou para uma variedade de clientes, incluindo planos de benefícios aos funcionários, indivíduos ricos e organizações beneficentes. Além disso, a empresa demonstra ter grande conhecimento na gestão de ações, obrigações, reservas de caixa, imóveis, capital de risco e títulos internacionais. Até o momento, a empresa não utilizou um processo formal de alocação de ativos, fundamentando-se, em vez disso, nos desejos individuais dos clientes ou nas preferências particulares de seus gestores de carteira. Short aconselha a administração da GSS de que um processo formal de alocação de ativos seria benéfico e enfatiza que grande parte do retorno final de uma carteira depende da alocação de ativos. Ele é solicitado a levar adiante seu ponto de vista elaborando uma proposta para a alta administração.

    a. Recomende e justifique uma abordagem de alocação de ativos que poderia ser utilizada pela GSS.
    b. Aplique essa abordagem a um indivíduo rico de meia-idade, considerado um investidor razoavelmente conservador (algumas vezes chamado de "investidor-guardião").

5. A Universidade Jarvis (JU) é uma instituição privada americana que oferece vários cursos e tem um fundo de dotação de US$ 2 bilhões no final do ano fiscal de 31 de maio de 2019. Como recebe pouco apoio do governo, a JU depende em grande medida de seu fundo de dotação para arcar com as despesas contínuas, especialmente porque o crescimento do número de matrículas e a receita das mensalidades não atenderam às suas expectativas nos últimos anos. O fundo de dotação precisa fazer uma contribuição anual de US$ 126 milhões, que é indexada para a inflação, para o orçamento operacional geral da JU. O índice de preço ao consumidor dos Estados Unidos deve aumentar 2,5% anualmente e prevê-se que o índice de custo de educação superior do país aumente 3% ao ano. Além disso, o fundo de dotação orçou o valor de US$ 200 milhões para 1º de janeiro de 2020, que representa o pagamento final da construção de uma nova biblioteca principal.

Em uma recente campanha de capital, a JU só conseguiu atingir sua meta de arrecadação de fundos com a ajuda de uma ex-aluna muito bem-sucedida, Valerie Bremner, que doou US$ 400 milhões em ações ordinárias da Bertocchi Oil & no final do ano fiscal de 31 de maio de 2019. A Bertocchi Oil & Gas é uma empresa americana negociada publicamente e suas ações são de alta capitalização. Bremner doou as ações com a condição de que não mais de 25% do número inicial dessas ações seja vendido em qualquer ano fiscal. Nenhuma doação adicional significativa está prevista para o futuro.

Em vista da grande contribuição para e distribuições do fundo de dotação, o comitê de investimento do fundo decidiu rever sua declaração de política de investimento. O comitê de investimento reconhece também que talvez seja sensato rever a alocação de ativos. A alocação de ativos em vigor para o fundo de dotação da JU, em 31 de maio de 2019, é apresentada na Tabela 28E.

    a. Prepare os componentes de uma declaração de política de investimento apropriada para o fundo de dotação da JU para 1º de junho de 2019, com base apenas nas informações fornecidas.

    Nota: Cada componente de sua resposta deve abordar especificamente as circunstâncias do fundo de dotação da JU.

TABELA 28E Alocação de ativos do fundo de dotação da Universidade Jarvis, em 31 de maio de 2019

Ativo	Alocação atual (milhões)	Porcentagem de alocação atual	Rendimento atual	Retorno anual esperado	Desvio-padrão dos retornos
Fundo de obrigações do mercado monetário americano	US$ 40	2%	4,0%	4,0%	2,0%
Fundo de obrigações intermediárias globais	60	3	5,0	5,0	9,0
Fundo de ações globais	300	15	1,0	10,0	15,0
Ações ordinárias da Bertocchi Oil & Gas	400	20	0,1	15,0	25,0
Investimento direto em imóveis	700	35	3,0	11,5	16,5
Capital de risco	500	25	0,0	20,0	35,0
TOTAL	US$ 2.000	100%			

b. Determine a porcentagem de alocação revista mais apropriada para cada ativo na Tabela 28E para 1º de junho de 2019. Justifique cada porcentagem de alocação revista.

6. Susan Fairfax é presidente da Reston Industries, empresa americana cujas vendas ocorrem inteiramente no mercado doméstico e cujas ações estão listadas na Bolsa de Valores de Nova York. A seguir encontram-se alguns fatos adicionais sobre a situação atual de Susan:

- Susan é solteira e tem 58 anos. Ela não tem nenhuma família imediata, não tem dívidas e não tem casa própria. Ela possui uma saúde excelente e conta com a cobertura do seguro-saúde pago pela Reston, que continuará após sua aposentadoria, prevista para ocorrer aos 65.
- Seu salário-base de US$ 500 mil/ano, protegido contra a inflação, é suficiente para manter seu estilo de vida atual, mas não para gerar um valor extra de poupança.
- Ela tem uma economia de US$ 2 milhões de anos anteriores, mantidos em forma de instrumentos de curto prazo.
- A Reston recompensa seus funcionários com um generoso plano de incentivo de bonificação em ações, mas não oferece nenhum plano de pensão e não paga dividendos.
- A participação de Susan no plano de incentivo lhe rendeu o valor de US$ 10 milhões em ações da Reston (valor de mercado atual). Essas ações, que são recebidas com isenção de impostos, mas estão sujeitas a uma taxa de 35% (sobre todo os rendimentos) se forem vendidas, serão mantidas pelo menos até sua aposentadoria, de acordo com as previsões de Susan.
- O nível atual de gastos de Susan e a atual taxa de inflação anual de 4% devem continuar iguais após sua aposentadoria.
- Susan é tributada em 35% ao todo em seus salários, renda de investimento e ganhos de capital realizados. Suponhamos que sua alíquota de imposto composta continue nesse nível indefinidamente.

Susan costuma ser paciente, cuidadosa e conservadora em todas as coisas. Ela mencionou que um retorno total anual real pós-impostos de 3% seria totalmente aceitável para ela se ele fosse obtido em um contexto em que uma carteira de investimentos criada de suas economias acumuladas não estivesse sujeita a um declínio de mais de 10% em termos nominais em qualquer período de 12 meses. Para obter os benefícios de uma assistência profissional, ela procurou duas empresas de consultoria de investimento – HH Counselors ("HH") e Coastal Advisors ("Coastal") – para receber recomendações sobre a alocação da carteira de investimentos a ser criada com os ativos atuais de sua poupança (a "Carteira de Poupança") e para receber conselhos sobre o investimento geral.

a. Crie e justifique uma declaração de política de investimento para Susan com base nas informações fornecidas até aqui. Seja específico e completo na apresentação dos objetivos e restrições. (A alocação de ativos não é necessária na resposta desta questão.)

b. A Coastal propôs a alocação de ativos mostrada na Tabela 28F para investir os US$ 2 milhões em ativos de poupança de Susan. Suponhamos que somente a parte de rendimento atual do retorno total projetado (que compreende renda de investimento e ganhos de capital realizados) seja tributável no caso de Susan e que a renda das obrigações municipais não seja totalmente isenta de impostos.

Critique a proposta de Coastal. Inclua em sua resposta três pontos fracos na proposta de Coastal do ponto de vista da declaração de política de investimento criada para Susan no item (a).

TABELA 28F Alocação de ativos proposta para Susan Fairfax, preparada pela Coastal Advisors

Classe de ativos	Alocação proposta (%)	Rendimento atual (%)	Retorno total projetado (%)
Equivalentes de caixa	15,0	4,5	4,5
Obrigações corporativas	10,0	7,5	7,5
Obrigações municipais	10,0	5,5	5,5
Ações de alta capitalização dos Estados Unidos	0,0	3,5	11,0
Ações de baixa capitalização dos Estados Unidos	0,0	2,5	13,0
Ações internacionais (EAFE)	35,0	2,0	13,5
Fundos de investimento imobiliário (REITs)	25,0	9,0	12,0
Capital de risco	5,0	0,0	20,0
TOTAL	100,0	4,9	10,7
Inflação (IPC), projetada			4,0

c. A HH Counselors desenvolveu cinco alternativas de alocação de ativos (mostradas na Tabela 28G) para a carteira dos clientes. Resposta as questões a seguir com base na Tabela 28G e na declaração de política de investimento que você criou para Susan no item (a).

i. Determine qual ou quais das alocações de ativo na Tabela 28G atendem ou superam o objetivo de retorno expresso por Susan.

ii. Determine as três alocações de ativos na Tabela 28G que atendem ao critério de tolerância ao risco de Susan. Suponhamos que um intervalo de confiança de 95% seja requerido, com dois desvios padrão para servir como uma aproximação dessa exigência.

d. Suponhamos que a taxa isenta de risco seja 4,5%.

TABELA 28G Outras opções de alocação de ativos, preparadas pela HH Counselors

Classe de ativos	Retorno total projetado	Desvio-padrão esperado	Alocação de ativos A	Alocação de ativos B	Alocação de ativos C	Alocação de ativos D	Alocação de ativos E
Equivalentes de caixa	4,5%	2,5%	10%	20%	25%	5%	10%
Obrigações corporativas	6,0	11,0	0	25	0	0	0
Obrigações municipais	7,2	10,8	40	0	30	0	30
Ações de alta capitalização dos Estados Unidos	13,0	17,0	20	15	35	25	5
Ações de baixa capitalização dos Estados Unidos	15,0	21,0	10	10	0	15	5
Ações internacionais (EAFE)	15,0	21,0	10	10	0	15	10
Fundos de investimento imobiliário (REITs)	10,0	15,0	10	10	10	25	35
Capital de risco	26,0	64,0	0	10	0	15	5
TOTAL			100	100	100	100	100

Dados resumidos	Alocação de ativos A	Alocação de ativos B	Alocação de ativos C	Alocação de ativos D	Alocação de ativos E
Retorno total projetado	9,9%	11,0%	8,8%	14,4%	10,3%
Retorno total após os impostos projetado	7,4%	7,2%	6,5%	9,4%	7,4%
Desvio-padrão esperado	9,4%	12,4%	8,5%	18,1%	10,1%
Índice de Sharpe	0,574	0,524	0,506	–	0,574

i. Calcule o índice de Sharpe para a alocação de ativos D.

ii. Determine as duas alocações de ativos na Tabela 28G que têm o melhor retorno ajustado ao risco, com base apenas no valor do índice de Sharpe.

e. Recomende e justifique a alocação de ativos na Tabela 28G que você acredita que seria o melhor modelo de carteira de poupança para Susan.

7. John Franklin é um viúvo recente que adquiriu alguma experiência de investimento com a movimentação de sua própria conta. Após a morte recente de sua esposa e resolução do inventário, Franklin tem participação majoritária em uma empresa fabril de capital fechado muito bem-sucedida, na qual sua esposa tinha participação ativa anteriormente, um imóvel para armazém recentemente construído, a residência da família e investimentos pessoais em ações e obrigações. Ele decidiu manter o imóvel para armazém como um investimento diversificado, mas pretende vender sua participação majoritária na empresa de capital fechado e doar metade dos rendimentos a uma fundação de pesquisa médica em memória de sua falecida esposa. A transferência real dessa doação está prevista para ocorrer em três meses. Você está tentando ajudá-lo nas avaliações, no planejamento e na construção da carteira necessária para estruturar apropriadamente seu programa de investimento.

Franklin o apresentou ao comitê financeiro da fundação de pesquisa médica, que receberá sua doação de US$ 45 milhões em dinheiro em três meses (e no devido tempo receberá os ativos de seu espólio). Essa doação aumentará significativamente o fundo de dotação da fundação (de US$ 10 milhões para US$ 55 milhões) e permitirá que ela conceda maiores subvenções aos pesquisadores. A política de concessão de subvenções (despesa) da fundação tem sido desembolsar praticamente toda a sua renda de investimento anual líquida. Como sua abordagem de investimento tem sido muito conservadora, a carteira de dotação agora é composta quase totalmente de ativos de renda fixa. O comitê financeiro acredita que essa postura está fazendo com que o valor real dos ativos da fundação e o valor real de suas subvenções futuras diminuam em virtude dos efeitos da inflação. Até o momento, o comitê financeiro imaginou que não tinha nenhuma alternativa para essa postura, em vista da grande necessidade imediata de caixa dos programas de pesquisa que estão sendo financiados e da pequena base de capital da fundação. As subvenções anuais da fundação devem corresponder a 5% do valor de mercado de seus ativos para manter o *status* de isenção de impostos, uma exigência que provavelmente continuará por tempo indefinido. Nenhuma doação e nenhuma atividade de arrecadação de fundos estão previstas para o futuro próximo.

Como a doação de Franklin permitirá mudar essas circunstâncias, o comitê financeiro deseja desenvolver novas políticas de concessão de subvenções e de investimento. A despesa anual precisa corresponder pelo menos a 5% do valor de mercado que é necessário para a fundação manter o *status* de isenção de impostos, mas o comitê não tem certeza sobre se esse nível pode ou deve ser superior a 5%. O comitê deseja desembolsar o máximo possível pelo fato de a empresa ser financiada, uma característica crítica; entretanto, ele compreende que a preservação do valor real dos ativos da fundação é igualmente importante para preservar sua capacidade futura de concessão de subvenções. Você foi solicitado a assessorar o comitê no desenvolvimento de políticas apropriadas.

a. Identifique e discuta brevemente os três elementos fundamentais que devem determinar a política de concessão de subvenções (despesa) da fundação.
b. Formule e justifique uma declaração de política de investimento para a fundação, levando em conta o maior valor de seus ativos com a doação de Franklin. Sua declaração de política deve englobar todos os objetivos e restrições relevantes e os elementos fundamentais identificados em sua resposta ao item (*a*).
c. Recomende e justifique uma alocação de ativos de longo prazo que seja coerente com a declaração de política de investimento que você criou na parte (*b*). Explique como o retorno esperado de sua alocação atende às exigências de um política viável de concessão de subvenções (despesa) para a fundação. (*Dica*: sua alocação deve totalizar 100% e utilizar os dados econômicos e de mercado apresentados na Tabela 28H, bem como seu conhecimento sobre as características históricas das classes de ativos.)

8. Christopher Maclin, 40 anos, é supervisor na Barnett Co. e ganha um salário anual de £ 80 mil pré-impostos. Louise Maclin, 38, fica em casa para cuidar dos filhos gêmeos recém-nascidos. Recentemente, ela herdou £ 900 mil em dinheiro (após os impostos de transferência de herança) do espólio de seu pai. Além disso, os Maclin acumularam os seguintes ativos (valor de mercado atual):
- £ 5 mil em dinheiro.
- £ 160 mil em ações e obrigações.
- £ 220 mil em ações ordinárias da Barnett.

TABELA 28H Dados de retorno anualizado dos mercados de capitais

	Médias históricas (%)	Previsão de consenso de médio prazo (%)
Letras do Tesouro americano	3,7	4,2
Obrigações de médio prazo do Tesouro dos Estados Unidos	5,2	5,8
Obrigações de longo prazo do Tesouro dos Estados Unidos	4,8	7,7
Obrigações corporativas americanas (AAA)	5,5	8,8
Obrigações não americanas (AAA)	N/A	8,4
Ações ordinárias americanas (todas)	10,3	9,0
Ações ordinárias americanas (baixa capitalização)	12,2	12,0
Ações ordinárias não americanas (todas)	N/A	10,1
Inflação dos Estados Unidos	3,1	3,5

O investimento em ações da Barnett valorizou-se consideravelmente com o crescimento das vendas e dos lucros da empresa nos últimos dez anos. Christopher Maclin está seguro de que a empresa e suas ações continuarão a ter bom desempenho. Os Maclin precisam de £ 30 mil para dar entrada na compra de uma casa e pretendem fazer uma doação não dedutível de impostos de £ 20 mil para uma instituição beneficente local, em memória do pai de Louise Maclin. As despesas de manutenção anuais do casal correspondem a £ 74 mil. O aumento de salário pós-impostos compensará qualquer aumento futuro em suas despesas de manutenção.

Enquanto conversavam com Grant Webb, eles expressaram a preocupação em atingir suas metas com relação à educação dos filhos e suas próprias metas de aposentadoria. Eles dizem a Webb:
- Que desejam ter recursos suficientes para se aposentar em 18 anos, quando seus filhos começarem a estudar na faculdade, cujo curso se estenderá por quatro anos.
- Que eles não estão contentes com a volatilidade da carteira nos últimos anos e não desejam nenhuma perda superior a 12% em nenhum ano.
- Que eles não desejam investir em ações de empresas de bebidas alcoólicas e tabaco.
- Que eles não terão mais filhos.

Em seguida, Webb calcula que, em 18 anos, os Maclin precisarão de £ 2 milhões para atingir suas metas com relação à educação dos filhos e à aposentadoria. Webb propõe que a carteira seja estruturada para restringir o risco de déficit no retorno (definido como retorno total esperado menos dois desvios padrão) a no máximo –12% em qualquer ano. O salário de Maclin e todos os ganhos de capital e rendimentos de investimento são tributados em 40% e não existe nenhuma estratégia de abrigo tributário. O passo seguinte de Webb é formular uma declaração de política de investimento para os Maclin.

a. Formule o objetivo de risco da declaração de política de investimento dos Maclin.
b. Formule o objetivo de retorno da declaração de política de investimento dos Maclin. Calcule a taxa de retorno pré-impostos necessária para atingir esse objetivo. Mostre seus cálculos.
c. Formule a parte de restrições da declaração de política de investimento dos Maclin, abordando os seguintes itens:
   i. Horizonte de tempo
   ii Exigências de liquidez
   iii. Fatores tributários
   iv. Circunstâncias exclusivas

9. Louise e Christopher Maclin compraram uma casa e fizeram a doação à instituição beneficente local. Como a declaração de política de investimento dos Maclin já está preparada, Grant Webb recomenda que eles considerem a alocação estratégica de ativos descrita na Tabela 28I.

a. Identifique os aspectos da alocação de ativos recomenda na Tabela 28I que são mais incoerentes com os objetivos e restrições de investimento dos Maclin. Respalde suas respostas.
b. Depois conversarem mais um pouco, Webb e casal Maclin chegam à conclusão de que qualquer alocação estratégica de ativos adequada incluiria de 5 a 10% de ações britânicas de baixa capitalização e de 10 a 15% de ações britânicas de alta capitalização. Para o restante da carteira, Webb está pensando nas faixas de classe de ativos descritas na Tabela 28J.

Recomende a faixa de alocação mais apropriada para cada classe de ativos apresentada na Tabela 28J. Justifique cada faixa de alocação apropriada com um motivo baseado nos objetivos e restrições de investimento do casal Maclin.

Nota: Não é necessário efetuar nenhum cálculo.

TABELA 28I Alocação estratégica de ativos recomendada para Louise e Christopher Maclin

Classe de ativos	Alocação recomendada (%)	Rendimento atual (%)	Projeção de retorno total anualizado pré-imposto (%)	Desvio-padrão esperado (%)
Equivalentes de caixa	15,0	1,0	1,0	2,5
Obrigações corporativas britânicas	55,0	4,0	5,0	11,0
Ações de baixa capitalização britânicas	0,0	0,0	11,0	25,0
Ações de alta capitalização britânicas	10,0	2,0	9,0	21,0
Ações americanas*	5,0	1,5	10,0	20,0
Ações ordinárias da Barnett Co.	15,0	1,0	16,0	48,0
Carteira total	100,0	–	6,7	12,4

* Os dados das ações americanas são apresentados em termos de libra esterlina.

TABELA 28J Faixas de classe de ativos para Louise e Christopher Maclin

Classe de ativos	Faixas de alocação (%)		
Equivalentes de caixa	0-3	5-10	150-20
Obrigações corporativas britânicas	10-20	30-40	500-60
Ações americanas	0-5	10-15	200-25
Ações ordinárias da Barnett Co.	0-5	10-15	200-25

EXERCÍCIOS DE INVESTIMENTO NA *WEB*

Visite o *site Asset Allocation Wizard*, que oferece sugestões sobre proporções de ativos que você deve manter em sua carteira com base em um intervalo de tempo e em sua atitude em relação ao risco: http://cgi.money.cnn.com/tools/assetallocwizard/assetallocwizard.html. Depois que você utilizar a calculadora com suas preferências, mude levemente os dados para ver que efeito isso teria sobre os resultados.

Para obter um cálculo mais abrangente de planejamento de aposentadoria, visite http://cgi.money.cnn.com/ tools/retiremen-tplanner/retirementplanner.jsp. Depois que você especificar sua renda e hábitos de poupança atuais, sua atitude em relação ao risco e outras informações relevantes, a calculadora indicará a probabilidade de você atingir suas metas. Ela oferece também sugestões de planos de poupança futuros e um gráfico com a probabilidade dos diversos resultados possíveis.

SOLUÇÕES PARA AS REVISÕES DE CONCEITOS

1. Identifique os elementos que são determinados pelo ciclo de vida nos dois esquemas de objetivos e restrições.
2. Se o investidor mantiver sua alocação de ativos atual, terá os seguintes valores para gastar daqui a cinco anos:

   Conta qualificada para isenção de impostos:

   Obrigações: US$ $50.000(1,1)^5 \times 0,72$ = US$ 57.978,36
   Ações: US$ $50.000(1,15)^5 \times 0,72$ = US$ 72.408,86
   Subtotal US$ 130.387,22

   Contas que não são de aposentadoria:

   Obrigações: US$ $50.000[1 + (0,10 \times 0,85)]^5$ = US$ 75.182,83
   Ações: US$ $50.000(1,15)^5 - 0,15 \times [50.000(1,15)^5 - 50.000]$ = US$ 92.982,68
   Subtotal US$ 168.165,51
   Total US$ 298.552,73

   Se ele transferir todas as obrigações para a conta de aposentadoria e todas as ações para a conta que não é de aposentadoria, terá os seguintes valores para gastar daqui a cinco anos:

   Conta qualificada para isenção de impostos:

   Obrigações: US$ $100.000(1,1)^5 \times 0,72$ = US$ 115.956,72

   Contas que não são de aposentadoria:

   Ações: US$ $100.000(1,15)^5 - 0,15 \times [100.000(1,15)^5 - 100.000]$ = US$ 185.965,36
   Total = US$ 301.922,08

   Seu orçamento de despesas aumentará em US$ 3.369,35.

3. A contribuição para cada fundo será US$ 2 mil por ano (isto é, 5% de US$ 40 mil) em dólar constante. Na aposentadoria, ele terá seu fundo de retorno garantido:

$$US\$\ 50.000 \times 1,03^{20} + US\$\ 2.000 \times \text{Fator de anuidade (3\%, 20 anos)} = US\$\ 144.046$$

Esse é o valor que ele terá *com certeza*.
Além disso, o valor futuro esperado de sua conta de ações é:

$$US\$\ 50.000 \times 1,06^{20} + US\$\ 2.000 \times \text{Fator de anuidade (6\%, 20 anos)} = US\$\ 233.928$$

4. Ele acumulou uma anuidade de $0,01 \times 15 \times 15.000 = US\$\ 2.250$ ao ano por 15 anos, a começar em 25 anos. O valor presente dessa anuidade é US$ 2.812,13:

$$PV = 2.250 \times \text{Fator de anuidade (8\%, 15)} \times \text{Fator PV (8\%, 25)} = 2.812,13$$

Referências das questões CFA

As questões CFA reproduzidas no final dos capítulos são reimpressas com a permissão do Instituto CFA, Charlottesville, Virgínia. A seguir apresentamos uma lista das questões CFA presentes no conteúdo de final de capítulo com o respectivo guia de exame/estudo do qual elas foram extraídas e atualizadas.

Capítulo 2
1-3. 1996 Level I CFA Study Guide© 1996
4. 1994 Level I CFA Study Guide© 1994
5. 1994 Level I CFA Study Guide© 1994

Capítulo 3
1. 1986 Level I CFA Study Guide© 1986
2-3. 1986 Level I CFA Study Guide© 1986

Capítulo 5
1. 1992 Level I CFA Study Guide© 1992
2. 1992 Level I CFA Study Guide© 1992
3-7. 1993 Level I CFA Study Guide© 1993

Capítulo 6
1-3. 1991 Level I CFA Study Guide© 1991
4-5. 1991 Level I CFA Study Guide© 1991
6. 1991 Level I CFA Study Guide© 1991
7-9. 1993 Level I CFA Study Guide© 1993

Capítulo 7
1-3. 1982 Level III CFA Study Guide© 1982
4. 1993 Level I CFA Study Guide© 1993
5. 1993 Level I CFA Study Guide© 1993
6. 1992 Level I CFA Study Guide© 1992
7. 1992 Level I CFA Study Guide© 1992
8-10. 1994 Level I CFA Study Guide© 1994
11. 2001 Level III CFA Study Guide© 2001
12. 2001 Level II CFA Study Guide© 2001
13. 2000 Level II CFA Study Guide© 2000

Capítulo 8
1. 1982 Level I CFA Study Guide© 1982
2. 1993 Level I CFA Study Guide© 1993
3. 1993 Level I CFA Study Guide© 1993
4. 1993 Level I CFA Study Guide© 1993
5. 1994 Level I CFA Study Guide© 1994

Capítulo 9
1. 2002 Level I CFA Study Guide© 2002
2. 2002 Level I CFA Study Guide© 2002
3-5. 1993 Level I CFA Study Guide© 1993
6. 1992 Level I CFA Study Guide© 1992
7. 1994 Level I CFA Study Guide© 1994
8. 1993 Level I CFA Study Guide© 1993
9. 1994 Level I CFA Study Guide© 1994
10. 1994 Level I CFA Study Guide© 1994
11. 2002 Level II CFA Study Guide© 2002
12. 2000 Level II CFA Study Guide© 2000

Capítulo 10
1. 2001 Level II CFA Study Guide© 2001
2-8. 1991-1993 Level I CFA Study Guides

Capítulo 11
1-5. 1993 Level I CFA Study Guide© 1993
6. 1992 Level I CFA Study Guide© 1992
7. 1992 Level I CFA Study Guide© 1992
8-10. 1996 Level III CFA Study Guide© 1996

Capítulo 12
1. 2000 Level III CFA Study Guide© 2000
2. 2001 Level III CFA Study Guide© 2001
3. 2004 Level III CFA Study Guide© 2004
4. 2003 Level III CFA Study Guide© 2003
5. 2002 Level III CFA Study Guide© 2002

Capítulo 13
1. 1993 Level I CFA Study Guide© 1993
2. 1993 Level I CFA Study Guide© 1993
3. 2002 Level II CFA Study Guide© 2002

Capítulo 14
1. 1993 Level I CFA Study Guide© 1993
2. 1994 Level I CFA Study Guide© 1994
3. 1999 Level II CFA Study Guide© 1999
4. 1992 Level II CFA Study Guide© 1992
5. 1993 Level I CFA Study Guide© 1993
6. 1992 Level I CFA Study Guide© 1992

Capítulo 15
1. 1993 Level II CFA Study Guide© 1993
2. 1993 Level I CFA Study Guide© 1993
3. 1993 Level II CFA Study Guide© 1993
4. 1994 Level I CFA Study Guide© 1994
5. 1994 Level II CFA Study Guide© 1994
6. 2004 Level II CFA Study Guide© 2004
7. 1999 Level II CFA Study Guide© 1999
8. 2000 Level II CFA Study Guide© 2000
9. 1996 Level II CFA Study Guide© 1996
10. 2000 Level II CFA Study Guide© 2000

Capítulo 16
1. 1993 Level II CFA Study Guide© 1993
2. 1992-1994 Level I CFA study guides
3. 1993 Level I CFA Study Guide© 1993
4. 1993 Level I CFA Study Guide© 1993
5. 2004 Level II CFA Study Guide© 2004
6. 1996 Level III CFA Study Guide© 1996
7. 1998 Level II CFA Study Guide© 1998
8. De vários guias de estudo do Nível I
9. 1994 Level III CFA Study Guide© 1994
10. 2000 Level III CFA Study Guide© 2000
11. 2003 Level II CFA Study Guide© 2003
12. 2001 Level II CFA Study Guide© 2001
13. 1992 Level II CFA Study Guide© 1992

Capítulo 17
1. 1993 Level I CFA Study Guide© 1993
2. 1993 Level I CFA Study Guide© 1993
3. 1993 Level II CFA Study Guide© 1993
4. 1993 Level II CFA Study Guide© 1993
5. 1998 Level II CFA Study Guide© 1998
6. 1995 Level II CFA Study Guide© 1995
7. 1993 Level I CFA Study Guide© 1993

Capítulo 18
1. 1995 Level II CFA Study Guide© 1995
2. 2001 Level II CFA Study Guide© 2001
3. 2001 Level II CFA Study Guide© 2001
4. 2001 Level II CFA Study Guide© 2001
5-6. 2004 Level II CFA Study Guide© 2004
7. 2001 Level II CFA Study Guide© 2001
8. 1993 Level I CFA Study Guide© 1993
9. 2003 Level I CFA Study Guide© 2003
10. 2003 Level I CFA Study Guide© 2003
11. 2003 Level II CFA Study Guide© 2003

Capítulo 19
1. 1998 Level II CFA Study Guide© 1998
2. 1999 Level II CFA Study Guide© 1999
3. 1994 Level I CFA Study Guide© 1994
4. 1998 Level II CFA Study Guide© 1998
5-8. 1992 Level I CFA Study Guide© 1992
9. 1998 Level I CFA Study Guide© 1998
10. 1994 Level I CFA Study Guide© 1994
11. 1992 Level I CFA Study Guide© 1992
12. 2002 Level II CFA Study Guide© 2002
13. 1990 Level II CFA Study Guide© 1990

Capítulo 20
1. 2002 Level II CFA Study Guide© 2002
2. 2000 Level II CFA Study Guide© 2000
3. 2001 Level II CFA Study Guide© 2001
4. 2002 Level II CFA Study Guide© 2002
5. De vários guias de estudo do Nível I

Capítulo 21
1. 1998 Level II CFA Study Guide© 1998
2. 2003 Level II CFA Study Guide© 2003
3. 1998 Level II CFA Study Guide© 1998
4. 2000 Level II CFA Study Guide© 2000
5. 1997 Level III CFA Study Guide© 1997

Capítulo 22
1. 2000 Level II CFA Study Guide© 2000
2. 1993 Level II CFA Study Guide© 1993
3. 1986 Level III CFA Study Guide© 1986
4. 2004 Level II CFA Study Guide© 2004
5. 2004 Level II CFA Study Guide© 2004

Capítulo 23
1. 2001 Level II CFA Study Guide© 2001
2. 1995 Level III CFA Study Guide© 1995
3. 1991 Level III CFA Study Guide© 1991
4-5. 2003 Level II CFA Study Guide© 2003
6. 2000 Level III CFA Study Guide© 2000
7. 1985 Level III CFA Study Guide© 1985
8. 1996 Level II CFA Study Guide© 1996

Capítulo 24
1. 1995 Level III CFA Study Guide© 1995
2. 1981 Level I CFA Study Guide© 1981
3. 1986 Level II CFA Study Guide© 1986
4-11. De vários guias de estudo de Nível I do CFA
12. 2001 Level III CFA Study Guide© 2001
13. 2000 Level III CFA Study Guide© 2000
14. 2002 Level III CFA Study Guide© 2002

Capítulo 25
1-3. De vários guias de estudo de Nível I do CFA
4. 1986 Level III CFA Study Guide© 1986
5. 1991 Level II CFA Study Guide© 1991
6. 1995 Level II CFA Study Guide© 1995
7. 2003 Level III CFA Study Guide© 2003
8. 1998 Level II CFA Study Guide© 1998

Capítulo 28
1. 2001 Level III CFA Study Guide© 2001
2-4. 1988 Level I CFA Study Guide© 1988
5. 2002 Level III CFA Study Guide© 2002
6. 1996 Level III CFA Study Guide© 1996
7. 1993 Level III CFA Study Guide© 1993
8. 2004 Level III CFA Study Guide© 2004
9. 2004 Level III CFA Study Guide© 2004

Glossário

A

aceite bancário Ativo do mercado monetário que consiste em uma ordem de um cliente a um banco para que seja paga uma quantia em uma data futura.

ações ordinárias Ações ou títulos de participação acionária emitidos como ações de participação na propriedade de uma empresa de capital aberto. Os acionistas têm direito a voto e podem receber dividendos com base em sua participação proporcional.

ações Parcelas de participação em uma empresa.

ações preferenciais Ações sem direito a voto em uma sociedade anônima que normalmente pagam um fluxo fixo de dividendos.

acordos de recompra (*repos*) Vendas de curto prazo de títulos do governo, com frequência de maneira repentina, com um acordo de recompra dos títulos por um preço mais alto. Recompra reversa é uma compra em que existe um acordo de revenda por um preço específico em uma data futura.

agrupamento de riscos Investir a carteira em vários ativos de risco.

alfa ajustado Previsões de alfa que são modeladas para explicar a impressão estatística na estimativa do analista.

alfa de Jensen O alfa de um investimento.

alfa portátil ou transferência do alfa Estratégia em que investimos em posições com alfa positivo, depois nos protegemos contra o risco sistemático desse investimento e, finalmente, assumimos uma exposição desejada em relação ao mercado por meio de índices passivos.

alfa Taxa anormal de retorno de um título que ultrapassa o que seria previsto por um modelo de equilíbrio como o CAPM ou a APT.

alocação de ativos Escolha entre classes amplas de ativos, como ações *versus* obrigações.

altista, baixista Palavras utilizadas para descrever as atitudes dos investidores. Altista (*bullish*) significa otimista; baixista (*bearish*) significa pessimista. São também empregadas em mercado altista e mercado baixista.

amplitude Até que ponto os movimentos no índice amplo de mercado se refletem amplamente nos movimentos dos preços individuais das ações.

análise de média-variância Avaliação de perspectivas de risco com base no valor esperado e na variância dos resultados possíveis.

análise de títulos Determinação do valor correto de um título no mercado.

análise fundamentalista Pesquisa para prever o valor das ações que se concentra em determinantes como perspectivas de ganhos e dividendos, expectativas quanto às taxas de juros futuras e avaliação de risco da empresa.

análise-horizonte Previsão do rendimento composto realizado durante períodos de manutenção ou de horizontes de investimento.

análise técnica Pesquisa para identificar títulos com preço incorreto que enfatiza padrões de preço de ação recorrentes e previsíveis e substitutos de pressão de compra ou venda no mercado.

anomalias Padrões de retornos que parecem contradizer a hipótese de mercado eficiente.

anuidades diferidas Seguro de vida com vantagem tributária. As anuidades diferidas permitem o adiamento de impostos e a opção de resgate dos fundos em forma de uma anuidade vitalícia.

anuidades fixas Contratos de anuidade em que a companhia de seguros paga uma quantia fixa por período.

anuidades variáveis Contratos de anuidade em que a companhia de seguros paga uma quantia periódica associada ao desempenho do investimento de uma carteira subjacente.

apaixonado por risco Consulte avesso ao risco.

apólice de seguro de vida universal Uma apólice de seguro que permite um benefício variável em caso de morte e um nível de prêmio durante a existência da apólice, com uma taxa de juros sobre o valor pecuniário que muda com as taxas de juros do mercado.

apólice de seguro de vida variável Uma apólice de seguro de vida concede ao segurado o direito a um benefício fixo por morte mais um valor pecuniário que ele pode investir no fundo mútuo de sua preferência.

apostas puras Apostas em um determinado erro de apreçamento entre dois ou mais títulos, em que fontes de risco externas como o risco de mercado geral são eliminadas.

arbitragem de convergência Uma aposta de que dois ou mais preços estão desalinhados e de que é possível obter lucro quando os preços voltarem a ter uma relação apropriada.

arbitragem de índice Estratégia de investimento que explora as divergências entre os preços de futuros reais e seus valores de paridade teoricamente corretos para obter lucro.

arbitragem de risco Especulação sobre títulos cujos preços são percebidos como incorretos, normalmente em conjunto com objetivos de fusão e aquisição.

arbitragem estatística Utilização de sistemas quantitativos para revelar vários desalinhamentos percebidos na determinação de preços relativos e garantir o lucro sobre todas essas pequenas apostas.

arbitragem Estratégia de investimento sem risco e sem liquidez que ainda assim gera lucro.

árvore de eventos Retrata todas as sequências de eventos possíveis.

assimetria Medida da simetria de uma distribuição de probabilidades.

ativo de risco Ativo com taxa de retorno incerta.

ativo isento de risco Um ativo com determinada taxa de retorno; com frequência se consideram as letras de curto prazo do Tesouro.

ativos derivativos/direito contingente Os títulos que oferecem *payoffs* que dependem do valor de outros ativos, por exemplo, preços de *commodities*, preços de obrigações e ações ou valores de índices de mercado. Futuros e opções são exemplos.

ativos financeiros Ativos financeiros como ações e obrigações são reivindicações pela renda gerada pelos ativos reais ou exigibilidades sobre renda do governo.

ativos reais, ativos financeiros Os ativos reais são terrenos, prédios e equipamentos que são utilizados para produzir bens e serviços. Os ativos financeiros são direitos, como títulos, à receita gerada pelos ativos reais.

avesso ao risco, neutro ao risco, apaixonado por risco Um investidor *avesso ao risco* considerará as carteiras de risco somente se elas oferecerem compensação por meio de um prêmio de risco. Um investidor *neutro ao risco* acha o nível de risco irrelevante e considera apenas o retorno esperado das perspectivas de risco. Um *apaixonado por risco* está disposto a aceitar retornos esperados mais baixos em perspectivas com níveis de risco mais altos.

B

backfill bias Viés nos retornos médios de uma amostra de fundos provocado pela inclusão de retornos históricos sobre fundos que entram na amostra apenas no caso de terem sido bem-sucedidos.

balanço patrimonial Demonstração contábil da posição financeira de uma empresa em um determinado momento.

bancos de investimento Empresas especializadas na venda de títulos novos ao público, normalmente como subscritores da emissão.

base Diferença entre o preço de futuros e o preço *spot*.

beneficiário de renda Aquele que recebe renda de um fideicomisso.

beta fatorial Sensibilidade dos retornos do título a mudanças em um fator sistemático. Alternativamente, carga fatorial; fator de sensibilidade

beta Medida do risco sistemático de um título. Tendência de os retornos de um título reagirem a oscilações no mercado em geral.

bogey Carteira de referência com a qual um gestor de investimento é comparado em uma avaliação de desempenho.

bolsas de valores Mercados de leilão nacionais ou regionais que oferecem uma instalação aos membros para que negociem títulos. Nas bolsas, a afiliação é chamada de assento.

bolsas de valores Mercados secundários em que títulos já emitidos são comprados e vendidos pelos membros.

C

câmara de compensação Estabelecida por bolsas para facilitar a transferência de títulos resultantes de negociações. No caso de opções e contratos de futuros, a câmara de compensação pode se posicionar como intermediário entre dois negociadores.

capital de risco Dinheiro investido para financiar uma empresa nova e ainda não negociada publicamente.

CAPM multifatorial Generalização do CAPM básico que explica as demandas de *hedging* extramercado.

carga fatorial Consulte beta fatorial.

carteira ativa No contexto do modelo de Treynor-Black, carteira formada pela combinação de ações analisadas como tendo valores alfa não zero. Essa carteira é por fim combinada com a carteira passiva do índice de mercado.

carteira bem diversificada Carteira que se distribui entre vários títulos de uma maneira tal que o peso de qualquer título seja próximo de zero.

carteira com beta zero Carteira com variância mínima não correlacionada com uma carteira eficiente escolhida.

carteira completa Carteira completa que inclui ativos de risco e isentos de risco.

carteira de acompanhamento Uma carteira construída para ter retornos com a maior correlação possível com um fator de risco sistemático.

carteira de índice de mercado passiva Refere-se a uma carteira de índice de mercado.

carteira de investimento Conjunto de títulos escolhidos por um investidor.

carteira de investimento zero Uma carteira com valor líquido zero estabelecida por meio da compra e da venda a descoberto de títulos componentes, normalmente no contexto de uma estratégia de arbitragem.

carteira de mercado Carteira em que cada título é mantido proporcionalmente ao seu valor de mercado.

carteira de referência Carteira com base na qual um gestor deve ser avaliado.

carteira de risco ótima A melhor combinação de ativos de risco para ser misturada com ativos seguros e formar a carteira completa.

carteira de variância mínima Carteira com ativos de risco que apresenta a menor variância.

carteira fatorial Carteira bem diversificada que é construída para ter beta 1 em um fator e beta zero em qualquer outro fator.

CD altista, CD baixista Um *CD altista* paga ao detentor uma porcentagem específica do aumento no retorno sobre um determinado índice de mercado e ao mesmo tempo garante uma taxa de retorno mínima. Um *CD baixista* paga ao detentor uma fração de qualquer queda em um índice de mercado específico.

certificado de depósito Depósito bancário a prazo.

choque de demanda Evento que afeta a demanda por produtos e serviços na economia.

choque de oferta Evento que influencia a capacidade e os custos de produção na economia.

ciclo de vida setorial Estágios que as empresas normalmente atravessam à medida que amadurecem.

ciclos econômicos Ciclos recorrentes de recessão e recuperação.

cláusula de proteção Cláusula que especifica exigências de garantia, fundo de amortização, política de dividendos etc. cujo objetivo é proteger os interesses dos obrigacionistas.

cláusula de subordinação Cláusula em uma escritura de emissão de obrigação que restringe tomadas de empréstimo futuras do emissor subordinando os direitos do novo líder da empresa aos dos obrigacionistas já existentes. Os direitos dos acionistas subordinados não são pagos enquanto a dívida anterior não for paga.

códigos NAICS Códigos do Sistema Norte-Americano de Classificação de Setores que utilizam valores numéricos para identificar os setores.

coeficiente de correlação Estatística em que a covariância é aumentada para um valor entre -1 (correlação negativa perfeita) e $+1$ (correlação positiva perfeita).

collar Estratégia de opção que enquadra o valor de uma carteira entre dois limites.

colocação privada Oferta primária em que as ações são vendidas diretamente a um pequeno grupo de investidores institucionais ou ricos.

comissão inicial Comissão de venda cobrada na compra de alguns fundos mútuos.

commercial paper Dívida de curto prazo sem garantia emitida por grandes corporações.

compartilhamento de risco Compartilhamento do risco de uma carteira de determinado tamanho entre vários investidores.

conjunto de oportunidades da carteira Pares de retorno esperado-desvios padrão de todas as carteiras que podem ser construídas com um determinado conjunto de ativos.

conservantismo Ideia de que os investidores são muito lentos para renovar suas crenças em resposta a novas evidências.

contabilidade de marcação a mercado Consulte *contabilidade de valor justo*.

contabilidade de valor justo Utilização de valores atuais e não do custo histórico nas demonstrações financeiras da empresa.

contabilidade mental Os indivíduos segregam mentalmente os ativos em contas independentes em vez de vê-los como parte de uma carteira unificada.

conta discricionária Conta de um cliente que autoriza um corretor a tomar decisões de compra e venda em seu nome.

contrato a termo Acordo que exige a entrega futura de um ativo por um preço previamente ajustado. Consulte também contratos de futuros.

contratos de futuros Acordo que obriga os negociadores a comprar ou vender um ativo por um preço previamente ajustado em uma data futura específica. A posição comprada é mantida pelo negociador que se compromete a comprar. A posição vendida é mantida pelo negociador que se compromete a vender. Os futuros diferem dos contratos a termo em termos de padronização, negociação, negociação de câmbio, exigências de margem e acertos diários (marcação a mercado).

conversão forçada Utilização da opção de compra de uma empresa sobre uma obrigação conversível resgatável quando a empresa sabe que os obrigacionistas exercerão sua opção de converter.

convexidade Curvatura da relação preço-rendimento de uma obrigação.

covariância Medida do grau de acordo com o qual os retornos sobre dois ativos de risco mudam concomitantemente. Um covariância positiva significa que os retornos do ativo mudam em conjunto. Uma covariância negativa significa que eles variam inversamente.

critério de média-variância Escolha de carteiras com base nas médias e variâncias de seus retornos. Escolha do retorno esperado mais alto para um determinado nível de variância ou da carteira com menor variância para um retorno esperado específico.

curtose Medida de espessura das caudas em uma distribuição de probabilidades. Indica a probabilidade de se observarem valores muito extremos ou baixos.

curva de indiferença Uma curva que conecta todas as carteiras com a mesma utilidade, de acordo com suas médias e desvios padrão.

curva de rendimento de obrigações *on the run* Relação entre rendimento até o vencimento e prazo até o vencimento para obrigações recém-emitidas e vendidas pelo valor nominal.

curva de rendimento Gráfico de rendimento até o vencimento como função do prazo até o vencimento.

curva de rendimento pura Refere-se à relação entre rendimento até o vencimento e prazo até o vencimento para obrigações de cupom zero.

custo de iliquidez Custos devidos à liquidez imperfeita de algum título.

custo de reposição Custo para substituir os ativos de uma empresa. Custo de "reprodução".

D

dark pools Redes de negociação eletrônica em que os participantes podem comprar ou vender anonimamente grandes blocos de títulos.

data de divulgação Data em que notícias específicas sobre determinada empresa são divulgadas ao público. É utilizada por pesquisadores em *estudos de eventos* para avaliar o impacto econômico de eventos de interesse.

data mining Análise de grande quantidade de dados históricos que procura revelar padrões sistemáticos que possam ser explorados.

DDM de crescimento constante Uma forma do modelo de desconto de dividendos que pressupõe que os dividendos aumentarão a uma taxa constante.

debênture ou obrigação não garantida Uma obrigação não lastreada por uma garantia específica.

decisão sobre alocação de capital Alocação de fundos investidos entre ativos isentos de risco *versus* a carteira de risco.

decisão sobre escolha de títulos Refere-se à escolha de títulos específicos que devem ser incluídos em uma carteira.

déficit esperado Perda esperada sobre um título que *depende* dos retornos que estão na cauda esquerda da distribuição de probabilidades.

déficit orçamentário Valor dos gastos governamentais que excede as receitas governamentais.

delta (da opção) Consulte índice de *hedge*.

demandas de *hedging* Demanda de títulos para proteger determinadas fontes de risco de consumo, além da motivação usual de diversificação de variância média.

demonstração de fluxos de caixa Demonstração financeira que mostra os recebimentos e os pagamentos à vista de uma empresa durante um período específico.

demonstração de resultados Demonstração financeira que mostra as receitas e as despesas de uma empresa durante um período específico.

dentro do preço Descreve uma opção cujo exercício promete gerar lucro. Fora do preço descreve uma opção cujo exercício não seria lucrativo.

desempacotamento Consulte empacotamento.

desvio-padrão parcial inferior desvio-padrão calculado somente com a porção da distribuição de probabilidades abaixo da média da variável.

desvio-padrão Raiz quadrada da variância.

diagrama de dispersão Representação gráfica dos retornos de um título em comparação com os retornos de outro título. Cada ponto representa um par de retornos para um período de manutenção específico.

dias de vendas em contas a receber Consulte período de cobrança médio.

direito contingente Direito cujo valor depende diretamente ou está associado ao valor de alguns ativos subjacentes.

direito residual Refere-se ao fato de os acionistas estarem na parte inferior da lista de requerentes dos ativos de uma corporação em caso de falência.

distribuição anterior Distribuição de probabilidades para uma variável antes de ajustes a evidências empíricas de seu provável valor.

distribuição lognormal O log da variável tem uma distribuição normal (em forma de sino).

distribuição normal Distribuição de probabilidades em forma de sino que caracteriza vários fenômenos naturais.

distribuição posterior Distribuição de probabilidades para uma variável após ajustes a evidências empíricas de seu provável valor.

diversificação Distribuição de uma carteira em vários investimentos para evitar uma exposição excessiva a qualquer fonte de risco.

diversificação eficiente Princípio norteador da teoria moderna de carteiras que sustenta que qualquer investidor avesso ao risco procurará o retorno esperado mais alto para qualquer nível de risco da carteira.

divisão de ação Emitida por uma corporação com um determinado número de ações em troca do número atual de ações mantidas pelos acionistas. As divisões podem seguir ambas as direções, aumentando ou diminuindo o número de ações em circulação. Uma divisão inversa diminui o número em circulação.

duração de Macaulay Vencimento efetivo de uma obrigação, igual à média ponderada dos prazos até cada pagamento, com pesos proporcionais ao valor presente do pagamento.

duração efetiva Mudança percentual no preço da obrigação por mudança no nível das taxas de juros do mercado.

duração Medida da vida média de uma obrigação, definida como a média ponderada dos prazos até cada pagamento, com pesos proporcionais ao valor presente do pagamento.

duração modificada Duração de Macaulay dividida por 1 + rendimento até o vencimento. Mede a suscetibilidade de uma obrigação à taxa de juros.

E

efeito da empresa negligenciada Tendência de os investimentos em ações de empresas menos conhecidas gerarem retornos anormais.

efeito da pequena empresa Quando os investimentos em ações de empresas pequenas parecem ter obtido retornos anormais.

efeito de reversão Tendência de as ações com mau desempenho e de as ações com bom desempenho em um determinado período sofrerem reversões no período subsequente.

efeito disposição Tendência dos investidores a se apegar a investimentos malsucedidos.

efeito do valor contábil/valor de mercado Tendência de as ações das empresas com alto índice de valor contábil/valor de mercado gerarem retornos anormais.

efeito *momentum* Tendências de as ações com desempenho ruim e de as ações com bom desempenho em um período continuarem tendo esse desempenho anormal em períodos subsequentes.

efeito P/E Quando as carteiras de ações com baixo P/E exibem retornos médios ajustados ao risco mais altos do que as ações com P/E alto.

elasticidade da opção Aumento percentual no valor de uma opção em vista da mudança de 1% no valor do título subjacente.

elasticidade (de uma opção) Mudança percentual no valor de uma opção acompanhada de uma mudança de 1% no valor de uma ação.

EMH forte Consulte hipótese de mercado eficiente.

EMH fraca Consulte hipótese de mercado eficiente.

EMH semiforte Consulte hipótese de mercado eficiente.

emissão secundária Ações emitidas por empresas que já têm ações no mercado.

empacotamento, desempacotamento Tendência que possibilita a criação de títulos por meio da associação de títulos primitivos e derivativos em um híbrido composto ou da separação dos retornos sobre um ativo em classes.

empresa de investimento Empresa que gerencia fundos para os investidores. Uma empresa de investimento pode gerenciar vários fundos mútuos.

engenharia financeira Criação e projeto de títulos com características personalizadas.

enquadramento As decisões são influenciadas pela forma como as escolhas são descritas – por exemplo, se a incerteza é colocada como possíveis ganhos com base em baixo nível de referência ou como perdas em relação a um valor de referência mais alto.

equação de regressão Uma equação que descreve a relação média entre uma variável dependente e um conjunto de variáveis explanatórias.

equiparação de fluxos de caixa Uma forma de imunização em que os fluxos de caixa de uma carteira de renda fixa são equiparados com os de uma dívida.

equivalentes de caixa Títulos de curto prazo do mercado monetário.

erro de referência Utilização de um substituto inapropriado para a carteira de mercado real.

erro de *tracking* Diferença entre o retorno sobre uma carteira específica e o de uma carteira de referência concebida para imitar essa carteira.

escolha de ações Técnica de gestão ativa de carteira que enfatiza a escolha vantajosa de determinadas ações, e não a escolha de classes amplas de ativos.

escolha de moeda Alocação de ativos em que o investidor escolhe entre investimentos denominados em moedas diferentes.

escolha de país Um tipo de gestão ativa internacional que mede a contribuição para o desempenho atribuível ao investimento nos mercados acionários de melhor desempenho do mundo.

escolha de títulos Consulte decisão sobre escolha de títulos.

escolha entre mercado monetário/obrigação Alocação de ativos em que o investidor escolhe entre equivalentes de caixa de curto prazo e obrigações de prazo mais longo.

escritura de emissão da obrigação Documento entre o emissor e o obrigacionista.

escritura de emissão da obrigação Documento que define a escritura entre o emissor da obrigação e o obrigacionista.

especialista Negociador que cria um mercado com as ações de uma ou mais empresas e mantém um mercado "justo e organizado" negociando pessoalmente essas ações.

especulação Assumir um investimento arriscado com o objetivo de obter um lucro superior ao de um investimento em uma alternativa isenta de risco (um prêmio de risco).

estatísticas de mortalidade Tabelas de probabilidade de que indivíduos de várias idades morrerão no prazo de um ano.

estatística *trin* Índice entre o volume médio de negociações de ações em baixa e o volume médio de ações em alta. Utilizada em análise técnica.

estratégia de dedicação Refere-se à equiparação de fluxos de caixa de vários períodos.

estratégia de investimento passiva Consulte gestão passiva.

estratégia direcional Especulação de que um ou outro setor superará o desempenho de outros setores do mercado.

intermediários financeiros Instituições como bancos, fundos mútuos, empresas de investimento ou companhias de seguros que servem para conectar as famílias e os setores de negócio para que as famílias possam investir e as empresas possam financiar a produção.

investimento Comprometimento de recursos no presente com a expectativa de obter maiores recursos no futuro.

J

jogo justo Perspectiva de investimento que tem prêmio de risco zero.

L

lançamento de opção a descoberto O lançamento de uma opção sem uma posição de compensação em ações.

lançamento de opção de compra Venda de uma opção de compra.

latência Refere-se ao tempo necessário para aceitar, processar e entregar uma ordem de negociação.

lei de preço único Regra que estipula que títulos equivalentes ou grupos de títulos devem ser vendidos por preços iguais para impedir oportunidades de arbitragem.

letras do Tesouro Títulos de curto prazo e de alta liquidez do governo emitidos com um desconto em relação ao valor nominal e que retorna o valor de face no vencimento.

LIFO Método contábil de avaliação de estoque que considera o último a entrar e o primeiro a sair.

linha característica do título Representação gráfica do retorno em excesso do título em relação à taxa isenta de risco como função do retorno em excesso no mercado.

linha de alocação de capital (CAL) Representação gráfica das combinações de risco e retorno possíveis de um ativo de risco e um ativo isento de risco.

linha do mercado de capitais (CML) Linha de alocação de capital oferecida pela carteira de índice de mercado.

linha do mercado de títulos (SML) Representação gráfica da relação entre retorno esperado-beta do CAPM.

liquidez Rapidez e facilidade com que um ativo pode ser convertido em dinheiro.

lista de entrada Lista de parâmetros como retornos esperados, variâncias e covariâncias necessários para determinar a carteira de risco ótima.

livre de cupons Refere-se à prática de alguns bancos de investimento que vendem obrigações de cupom zero "sintéticas" comercializando os direitos a um único pagamento garantido por uma obrigação do Tesouro com pagamento de cupom.

London Interbank Offered Rate (Libor) Taxa que os bancos com maior capacidade creditícia cobram uns dos outros por grandes empréstimos em eurodólar no mercado londrino.

lucro residual Consulte valor econômico adicionado (EVA).

lucros contábeis Lucros de uma empresa divulgados na demonstração de resultados.

lucros econômicos Fluxo de caixa real que uma empresa pode pagar indefinidamente quando não há nenhuma mudança em sua capacidade produtiva.

lucros por ação totalmente diluídos Lucros por ação expressos como se todos os títulos e garantias conversíveis em circulação tivessem sido exercidos.

M

marcação a mercado Descreve a liquidação diária de dívidas sobre posições em futuros.

margem de lucro Consulte retorno sobre as vendas.

margem de manutenção ou variação Um valor estabelecido abaixo do qual a margem de um negociador não pode cair. Quando a margem de manutenção é atingida, uma chamada de cobertura de margem é desencadeada.

margem Descreve títulos comprados com dinheiro tomado emprestado de um corretor. A margem máxima atual é 50%.

margem de variação Consulte margem de manutenção.

market timing Alocação de ativos em que o investimento no mercado aumenta se o um investidor previr que o mercado terá um desempenho superior ao das letras do Tesouro.

média geométrica A *enésima* raiz do produto de *n* números. É utilizada para medir a taxa de retorno composta ao longo do tempo.

média ponderada no tempo Uma média dos retornos de período de carregamento de um investimento, de período a período.

média ponderada pelo preço Média ponderada com pesos proporcionais ao preço dos títulos e não à capitalização total.

medida de Treynor Índice de retorno em excesso em relação ao beta.

melhoria de crédito Compra da garantia financeira de uma grande companhia de seguros para levantar fundos.

mercado de balcão Rede informal de corretores e distribuidores que negociam a venda de títulos (não é uma bolsa de valores formal).

mercado de câmbio exterior É uma rede informal de bancos e corretores que permite que os clientes firmem contratos a termo para comprar ou vender moedas no futuro por uma taxa de câmbio ajustada no presente.

mercado de distribuidores Mercados em que negociadores especializados em determinados títulos compram e vendem por conta própria. O mercado de balcão (OTC) é um exemplo.

mercado de leilão Mercado em que todos os negociadores se reúnem em um lugar para comprar e vender um ativo. A NYSE é um exemplo.

mercado monetário Abrange instrumentos de dívida de curto prazo, de alta liquidez e com risco relativamente baixo.

mercado primário Novas emissões de títulos oferecidas ao público.

mercados de capitais Incluem títulos de prazo mais longo e relativamente mais arriscados.

mercados de corretagem Mercado em que um intermediário (um corretor) oferece serviços de pesquisa a compradores e vendedores.

mercados de procura direta Os compradores e vendedores procuram uns aos outros diretamente e negociam diretamente.

mercado secundário Títulos já existentes são comprados e vendidos em bolsas ou em mercados de balcão.

modelo binomial Modelo de avaliação de opções baseado na suposição de que os preços das ações podem mudar para apenas dois valores ao longo de um curto espaço de tempo.

modelo de desconto de dividendos (DDM) Fórmula que estabelece que o valor intrínseco de uma empresa é o valor presente de todos os dividendos futuros esperados.

modelo de fator Método de decomposição dos fatores que influenciam a taxa de retorno de um título em influências comuns e específicas à empresa.

modelo de fator único Um modelo de retorno de títulos que reconhece apenas um fator comum. Consulte modelo de fator.

modelo de índice Modelo de retornos de ações que utiliza um índice de mercado como o S&P 500 para representar fatores de risco comum ou sistemático.

modelo de índice único Um modelo de retorno de ações que decompõe as influências sobre os retornos em um fator sistemático, avaliado de acordo com o retorno sobre um índice amplo de mercado e fatores específicos à empresa.

modelo de mercado Outra versão do modelo de índice que decompõe a incerteza de retorno em componentes sistemáticos e não sistemáticos.

modelos multifatoriais Modelos de retorno dos títulos que postulam que os retornos respondem a diversos fatores sistemáticos.

múltiplo de preço/lucro Consulte índice de preço/lucro.

N

Nasdaq Sistema de cotação automatizado para o mercado OTC que mostra os preços de compra e venda atuais de milhares de ações.

negociação algorítmica Utilização de programas de computador para tomar rápidas decisões de negociação.

negociação com informações privilegiadas Negociação por parte de diretores executivos, acionistas majoritários ou outros indivíduos com acesso a informações privilegiadas que permite que eles se beneficiem da compra ou venda de ações.

negociação de alta frequência Um subconjunto de negociação algorítmica que se apoia em programas de computador para a rápida tomada de decisões de negociação.

negociação de pares As ações são emparelhadas com base em semelhanças subjacentes e são estabelecidas posições compradas-vendidas para explorar erros de apreçamento relativos entre cada par.

negociação programada Ordens de compra e ordens de venda coordenadas de carteiras completas, geralmente com o auxílio de computadores para atingir objetivos de arbitragem de índice.

negociação reversa O investidor assume o lado oposto de uma posição de futuros mantida atualmente para fechar a posição.

neutro ao delta O valor da carteira não é afetado por mudanças no valor do ativo sobre os quais as opções são lançadas.

neutro ao risco Consulte avesso ao risco.

nível de resistência Nível de preço acima do qual supostamente é difícil uma ação ou um índice de ações subir.

nível de suporte Nível de preço abaixo do qual supostamente é difícil uma ação ou um índice de ações cair.

no preço As opções estão no preço quando o preço de exercício e o preço do ativo são iguais.

normas internacionais de divulgação financeira Regras contábeis utilizadas em vários mercados não americanos que se apoiam mais em princípios e menos em regras do que as americanas.

notas de antecipação de impostos Dívida municipal de curto prazo para levantar fundos e pagar despesas antes da coleta real de impostos.

O

obrigação com baixo risco de crédito Obrigação classificada como BBB e acima ou Baa ou acima. As obrigações com grau inferior são classificadas como obrigações de grau especulativo ou de alto risco.

obrigação com opção de venda Uma obrigação que o detentor pode optar por vender pelo valor nominal em alguma data ou estender durante um determinado número de anos.

obrigação de cupom zero Obrigação sem pagamento de cupons que é vendida com desconto e oferece um pagamento de valor nominal apenas no vencimento.

obrigação de grau especulativo Obrigação classificada como Ba ou inferior ou BB ou inferior pela Standard & Poor's ou uma obrigação sem classificação.

obrigação hipotecária garantida (CMO) Título hipotecário *pass-through* que divide os fluxos de caixa de hipotecas subjacentes em classes denominadas *tranches* (fatias), as quais recebem os pagamentos do principal de acordo com regras estipuladas.

obrigação não conversível Uma obrigação com características de opção, como possibilidade de resgate ou conversibilidade.

obrigação registrada Uma obrigação cujo emissor registra propriedade e pagamento de juros. É diferente de uma obrigação ao portador, que é negociada sem registro de propriedade e cuja posse é a única evidência de propriedade.

obrigação resgatável Obrigação que o emissor pode recomprar por um preço específico durante um período específico.

obrigação Um título emitido por um tomador de empréstimo que obriga o emissor a realizar pagamentos específicos ao detentor ao longo de um período. Uma *obrigação de cupom* típica obriga o emissor a realizar pagamentos de juros – denominados pagamentos de cupom – ao obrigacionista ao longo do tempo de existência da obrigação e a reembolsar o *valor nominal* no vencimento.

obrigações com desconto na emissão original Obrigações emitidas com taxas de cupom baixas e que são vendidas com um desconto sobre o valor nominal.

obrigações com desconto Obrigações vendidas abaixo do valor nominal.

obrigações com prêmio Obrigações vendidas acima do valor nominal.

obrigações com taxa flutuante Obrigações cuja taxa de juros é redefinida periodicamente, de acordo com uma taxa de mercado específica.

obrigações conversíveis Obrigações que oferecem aos obrigacionistas a opção de trocar cada obrigação por um número específico de ações ordinárias da empresa. O *índice de conversão* especifica o número de ações. O *valor de conversão de mercado* é o valor atual das ações pelas quais as obrigações podem ser trocadas. O *prêmio de conversão* é o excedente do preço da obrigação em relação ao seu valor de conversão.

obrigações corporativas Dívida de longo prazo emitida por corporações privadas que normalmente pagam cupons semestrais e devolvem o valor nominal da obrigação no vencimento.

obrigações de alto risco Consulte obrigação de grau especulativo.

obrigações de dívida garantidas (CDOs) Um *pool* de empréstimos repartidos em várias porções com diferentes níveis de risco.

obrigações municipais Obrigações isentas de impostos emitidas por governos estaduais ou municipais, geralmente para financiar projetos de melhoria de capital. As obrigações de dívida geral são garantidas pelo poder tributário do emissor. As obrigações de receita são garantidas pelas receitas do projeto ou da agência para os quais elas são emitidas para financiar.

obrigações ou notas do Tesouro Obrigações de dívida do governo federal que fazem pagamentos de cupom semestrais e são emitidas pelo valor nominal ou por um valor próximo a esse.

oferta de compra Uma oferta de um investidor externo aos acionistas de uma empresa para comprar suas ações por um preço estipulado, em geral consideravelmente acima do preço de mercado, para que ele possa acumular ações suficientes e obter o controle da empresa.

oferta pública, colocação privada Uma oferta pública consiste em obrigações vendidas no mercado primário ao público em geral; a colocação privada refere-se à venda direta a um número limitado de investidores institucionais.

oferta pública inicial Primeira emissão de ações ao público por uma empresa anteriormente de capital fechado.

O índice Europa, Australásia e Extremo Oriente, calculado pelo Morgan Stanley, é amplamente utilizado para ações não americanas.

on the run Obrigações recém-emitidas que são vendidas pelo valor nominal ou por um valor próximo a esse.

opção americana Opção que pode ser exercida no vencimento ou antes dessa data. Compare com as *opções europeias*, que permitem o exercício apenas na data de vencimento.

opção de adiamento de impostos Recurso do Código do Serviços da Receita Federal dos Estados Unidos de que os impostos sobre os ganhos de capital são pagáveis somente quando o ganho é realizado com a venda do ativo.

opção de compra coberta Refere-se à venda de uma opção de compra sobre uma ação e à compra simultânea da ação.

opção de compra Direito de comprar um ativo por um preço de exercício especificado em uma data de vencimento específica ou antes dessa data.

opção de duplicação Cláusula de um fundo de amortização que permite a recompra do dobro do número exigido de obrigações pelo preço de resgate do fundo de amortização.

opção de futuros Direito de comprar ou vender um contrato de futuros específico utilizando como preço futuro o preço de exercício estipulado da opção.

opção de índice Opção de compra ou venda com base em um índice do mercado acionário.

opção de venda Direito de vender um ativo por um preço de exercício especificado em uma data de vencimento específica ou antes dessa data.

opção de venda protetora Compra de ações associada com uma opção de venda que garante um rendimento mínimo igual ao preço de exercício da opção de venda.

opção em *swap* (*swaption*) Uma opção em um *swap*.

opção europeia Uma opção europeia pode ser exercida apenas na data de vencimento. Compare com a opção americana, que pode ser exercida no vencimento ou antes dessa data.

ordem de mercado Ordem de compra ou venda a ser executada imediatamente pelo preço de mercado atual.

ordem-limite Uma ordem que especifica o preço pelo qual um distribuidor está disposto a comprar ou vender um título.

ordens de compra ou venda para limitar perdas Ordem para uma negociação que depende do preço do título cujo objetivo é restringir perdas se o preço mudar contra o negociante.

ordens *stop* de perda Uma ordem de venda a ser executada se o preço da ação cair abaixo do nível estipulado.

P

pagamento em dinheiro Cláusula de alguns contratos de futuros que não exige a entrega de ativos subjacentes (como futuros agrícolas), mas um pagamento de acordo com o valor pecuniário do ativo.

passeio aleatório Ideia de que as mudanças nos preços das ações são aleatórias e imprevisíveis.

patrimônio/capital próprio Participação acionária em uma empresa. Além disso, é o valor líquido de uma conta de margem.

pedido do dia Ordem de compra ou venda que vence no fechamento do dia de negociação.

período de carência Período em que os investidores não podem resgatar investimentos no fundo de *hedge*.

período de cobrança médio ou dias de vendas em contas a receber Relação entre contas a receber e vendas ou a quantia total de crédito estendida por unidade monetária de vendas diárias (média de contas a receber/vendas × 365).

período de exercício Período de realinhamento de uma relação de rendimento temporária mal alinhada.

pico Transição entre o final de uma expansão e o início de uma retração.

planos de aposentadoria com adiamento de impostos Os planos patrocinados pelo empregador e outros planos permitem que as contribuições e os rendimentos sejam feitos e acumulados sem pagamento de impostos até o momento em que eles são pagos como benefício.

planos de benefícios definidos Planos de pensão em que os benefícios de aposentadoria são estabelecidos de acordo com uma fórmula fixa.

planos de contribuição definida Planos de pensão em que o empregador está comprometido a fazer contribuições de acordo com uma fórmula fixa.

política fiscal Utilização do gasto e da tributação por parte do governo com o objetivo específico de estabilizar a economia.

política monetária Medidas do Conselho de Governadores do Federal Reserve System (nos Estados Unidos) ou do banco central do país que influenciam a oferta de moeda ou as taxas de juros.

posição vendida ou *hedge* vendido Refere-se a proteger o valor de um ativo mantido por meio de uma posição vendida em um contrato de futuros.

posições em aberto O número de contrato de futuros em aberto.

preço de compra Preço pelo qual um distribuidor está disposto a comprar um título.

preço de exercício ou *strike* Preço estabelecido para a compra ou venda de um ativo.

preço de futuros Preço pelo qual um negociador de futuros compromete-se a entregar ou receber o ativo subjacente.

preço de risco do mercado Uma medida de retorno extra ou prêmio de risco que os investidores exigem para arcar com o risco. É o índice de recompensa/risco da carteira de mercado.

preço de venda Preço pelo qual um distribuidor venderá um título.

prêmio de iliquidez Retorno esperado complementar para compensar a falta de liquidez.

prêmio de inadimplência Diferencial no rendimento prometido que compensa o investidor pelo risco inerente da compara de uma obrigação corporativa que envolve algum risco de inadimplência.

prêmio de liquidez Taxa de juros *forward* menos taxa de juros futura.

prêmio de risco Retorno esperado superior ao dos títulos isentos de risco. O prêmio oferece compensação para o risco de um investimento.

prêmio Preço de compra de uma opção.

prêmios a termo Excesso dos rendimentos até o vencimento em obrigação de longo prazo em relação aos das obrigações de curto prazo.

previsões de referência Previsão dos retornos de um título deduzida da suposição de que o mercado está em equilíbrio e os preços atuais refletem todas as informações disponíveis.

principal nocional Principal montante utilizado para calcular os pagamentos de *swap*.

principal O saldo pendente de um empréstimo.

princípio do seguro A lei das médias. O resultado médio de várias tentativas independentes de um experimento será próximo do valor esperado do experimento.

private equity Investimento em uma empresa que não é negociada em bolsa de valores.

problemas de agência Conflitos de interesse entre acionistas, obrigacionistas e diretores.

procuração Instrumento que autoriza um agente a votar em nome do acionista.

produto interno bruto (PIB) Valor de mercado dos produtos e serviços produzidos ao longo de um período que inclui a renda de corporações estrangeiras e residentes estrangeiros que trabalham no país, mas exclui a renda de residentes e corporações do país que se encontram no exterior.

propriedade de convergência Convergência de preços de futuros e preços *spot* no vencimento do contrato de futuros.

prospecto Declaração de registro final e aprovada que inclui o preço pelo qual a emissão do título é oferecida.

proteção contra resgate Período inicial durante o qual uma obrigação resgatável pode ser resgatada.

Q

Q de Tobin Índice do valor de mercado da empresa em relação a seu custo de reposição.

qualidade dos lucros Veracidade ou conservantismo dos valores apresentados e até que ponto poderíamos supor que o nível de lucro divulgado é sustentável.

quociente de liquidez Índice que representa a capacidade de uma empresa de pagar seus passivos em circulação liquidando seus ativos em circulação (ativos em circulação/passivos em circulação).

R

razão *put/call* Razão de opções de venda com relação às opções de compra de uma ação em circulação.

rebalanceamento Realinhamento das proporções dos ativos em uma carteira conforme a necessidade.

recibos de depósito americanos (ADRs) Títulos negociados nos mercados dos Estados Unidos que representam a propriedade de ações de empresas estrangeiras.

reconstituição de obrigações Combinação de *strips* do Tesouro para recriar os fluxos de caixa originais de uma obrigação do Tesouro.

rede de comunicação eletrônica (ECN) Rede de negociação por computador que oferece uma alternativa às bolsas de valores formais ou aos mercados de distribuidores para a negociação de títulos.

registro de prateleira Registro antecipado de títulos na SEC para venda até dois anos após o registro inicial.

registro de previsão Registro histórico dos erros de previsão de um analista de títulos.

regra do investidor prudente Um gestor de investimento deve agir de acordo com os atos de um investidor prudente hipotético.

regressão de primeira verificação Uma regressão de série temporal para estimar betas de título ou de carteira.

regressão de segunda verificação Regressão transversal dos retornos de carteira sobre os betas. A inclinação estimada é a medida da recompensa por arcar com um risco sistemático durante o período.

relação de arbitragem de juros coberta Consulte relação de paridade da taxa de juros.

relação de custo de manutenção Consulte teorema de paridade entre preço *spot* e de futuros

relação de paridade da taxa de juros (teorema) Relação entre a taxa de câmbio *spot* e de futuros que prevalece em mercados de bom funcionamento.

relação retorno esperado-beta (ou média–beta) Dedução do CAPM de que os prêmios de risco dos títulos (retornos em excesso esperados) serão proporcionais ao beta.

remainderman Aquele que recebe o principal de um fideicomisso quando ele é dissolvido.

rendimento anual efetivo Taxa de juros anualizada sobre um título calculada com técnicas de juros compostos.

rendimento até o vencimento Medida da taxa média de retorno que será obtida sobre uma obrigação se ela for mantida até o vencimento.

rendimento atual Pagamento de cupom anual de uma obrigação dividido por seu preço. É diferente do rendimento até o vencimento.

rendimento de desconto bancário Taxa de juros anualizada em que se presume um juros simples, para um período de 360 dias, utilizando o valor nominal do título e não o preço de compra para calcular o retorno por unidade monetária investida.

rendimento de dividendos Taxa de retorno percentual oferecida pelos pagamentos de dividendos de uma ação.

rendimento equivalente ao das obrigações Rendimento de uma obrigação calculado com base em um método de taxa percentual anual. É diferente do rendimento anual efetivo.

rendimento tributável equivalente Rendimento antes dos impostos sobre uma obrigação tributável que oferece um rendimento pós-impostos igual à taxa sobre uma obrigação municipal isenta de impostos.

resíduos Partes dos retornos de uma ação não explicadas pela variável explanatória (o retorno do índice de mercado). Eles medem o impacto dos eventos específicos à empresa durante um determinado período.

responsabilidade limitada O fato de os acionistas não terem nenhuma responsabilidade pessoal com os credores da corporação em caso de falência.

retorno anormal cumulativo Consulte retorno anormal.

retorno anormal Retorno sobre uma ação superior ao que seria previsto com base apenas nos movimentos do mercado. O retorno anormal cumulativo (*cumulative abnormal return* – CAR) é o retorno anormal total do período próximo à data de divulgação de lucros ou de outras informações.

retorno composto realizado Rendimento que pressupõe que os pagamentos de cupom são investidos pela taxa de juros prevalecente do mercado no momento de seu recebimento e rolados até o vencimento da obrigação.

retorno do período de manutenção Taxa de retorno ao longo de um período específico.

retorno em excesso Taxa de retorno em excesso da taxa isenta de risco.

retorno esperado A média ponderada pela probabilidade dos resultados possíveis.

retorno sobre as vendas (ROS) ou margem de lucro Índice de lucros operacionais por unidade monetária de vendas (Ebit dividido pelas vendas).

retorno sobre o patrimônio (ROE) Índice contábil do lucro líquido dividido por ações ordinárias.

retorno sobre os ativos (ROA) Índice de lucratividade; lucros antes de juros e impostos divididos pelo total de ativos.

riqueza mundial investível Parte da riqueza do mundo que é negociada e, portanto, está acessível aos investidores.

risco da taxa de câmbio Incerteza quanto aos retornos dos ativos em virtude de flutuações nas taxas de câmbio entre uma moeda doméstica e moedas estrangeiras.

risco da taxa de reinvestimento Incerteza em torno do valor futuro cumulativo dos pagamentos de cupom de obrigação reinvestidos.

risco de base Risco atribuível a movimentos incertos no *spread* entre o preço de futuros e o preço *spot*.

risco de crédito Risco de inadimplência.

risco de mercado Consulte risco sistemático.

risco de mercado ou sistemático, risco específico à empresa Risco de mercado é o risco atribuível a fatores macroeconômicos comuns. O risco específico à empresa reflete um risco peculiar a uma empresa que independe do risco de mercado.

risco de volatilidade Risco no valor das carteiras de opções devido a mudanças imprevisíveis na volatilidade do ativo subjacente.

risco diversificável Risco atribuível a um risco específico à empresa ou não relacionado ao mercado. O risco *não diversificável* refere-se a riscos sistemáticos ou de mercado.

risco específico à empresa Consulte risco diversificável.

risco exclusivo Consulte risco diversificável.

risco fundamentalista Risco de que, mesmo que um ativo esteja com preço incorreto, ainda assim não existe nenhuma oportunidade de arbitragem porque o erro de apreçamento pode se ampliar antes de o preço finalmente convergir para o seu valor intrínseco.

risco não diversificável Consulte risco sistemático.

risco não sistêmico Fatores de risco não relacionados ao mercado ou específicos à empresa que podem ser eliminados pela diversificação. Também chamado de risco exclusivo ou risco diversificável. O risco sistemático refere-se a fatores de risco comuns à economia em geral.

risco político Possibilidade de expropriação de ativos, mudanças na política tributária, restrições no câmbio de moedas estrangeiras por moeda local ou outras mudanças no clima econômico de um país.

risco sistemático Fatores de risco comum à economia em geral, risco não diversificável; também chamado de risco de mercado.

risco sistêmico Risco de colapso no sistema financeiro, particularmente em virtude de efeitos de transbordamento de um mercado para outros.

rotatividade dos ativos totais As vendas anuais geradas por cada unidade monetária de ativos (vendas/ativos).

rotatividade Relação entre as atividades de negociação de uma carteira e os ativos dessa carteira.

rotatividade setorial Estratégia de investimento que envolve a mudança de uma carteira para setores em que se prevê um desempenho melhor do que em outros, com base em previsões macroeconômicas.

S

securitização Agrupamento de empréstimos para várias finalidades em títulos padronizados e garantidos por esses empréstimos, os quais podem ser negociados como qualquer outro título.

segmentação de mercado Teoria de que as obrigações com vencimento a curto e longo prazo são negociadas em mercados essencialmente distintos ou segmentados e que os preços em um mercado não afetam os preços de outro mercado.

seguir a curva de rendimento Comprar obrigações de longo prazo com a expectativa de obter ganhos de capital à medida que o rendimento cair com o vencimento decrescente das obrigações.

seguro de carteira Utilização de opções ou estratégias de *hedge* dinâmico para oferecer proteção contra perdas de investimento e ao mesmo tempo manter um potencial de ganho.

seguro de vida integral Oferece um benefício por morte e um tipo de plano de poupança que aumenta o valor pecuniário para uma possível retirada no futuro.

seguro de vida Só oferece benefício em caso de morte, e não um aumento no valor pecuniário.

setores cíclicos Setores com sensibilidade acima da média à conjuntura econômica.

setores defensivos Setores com pouca sensibilidade à conjuntura econômica.

sistema DuPont Decomposição de medidas de lucratividade de uma empresa em fatores subjacentes que determinam essa lucratividade.

***soft dollars* (pagamento através de comissão)** Valor dos serviços de pesquisa que as empresas de corretagem oferecem "sem cobrar nenhuma despesa", em troca dos negócios do gestor de investimento.

***spread* de calendário** Compra de uma opção e lançamento de outra com uma data de vencimento diferente.

***spread* entre preço de compra e preço de venda** Diferença entre o preço de oferta de compra e de venda de um distribuidor.

***spread* (futuros)** Assumir uma posição comprada em um contrato de futuros com um determinado vencimento e uma posição vendida em um contrato com vencimento diferente, ambas na mesma *commodity*.

***spread* (opções)** Combinação de duas ou mais opções de compra ou opções de venda sobre a mesma ação com preço de exercício ou prazo de vencimento diferente. O *spread* monetário refere-se a um *spread* com preço de exercício diferente; o *time spread* (de tempo) refere-se a uma data de vencimento diferente.

straddle Combinação de uma opção de compra e uma opção de venda, ambas com o mesmo preço de exercício e data e vencimento. O objetivo é obter lucro com a volatilidade esperada.

street name Descreve títulos mantidos por um corretor em nome de um cliente, mas registrados no nome da empresa.

strike Consulte preço de exercício.

stripping de obrigações Venda dos fluxos de caixa de uma obrigação (sejam de pagamentos de cupom ou do principal) como títulos de cupom zero independentes.

strip, strap Variantes do *straddle*. Um *strip* são duas opções de venda e uma opção de compra sobre uma ação; um *strap* são duas opções de compra e uma opção de venda, mas com o mesmo preço de exercício e a mesma data de vencimento.

subscrição, consórcio de subscrição Os subscritores (bancos de investimento) compram títulos da empresa emissora e os revendem. Normalmente, existe um consórcio de bancos de investimento organizado por trás de uma empresa importante.

subscritores Bancos de investimento que ajudam as empresas a emitir títulos ao público.

swap de antecipação de taxa Troca feita em resposta a previsões de mudança nas taxas de juros.

swap de câmbio Acordo para trocar quantias estipuladas de uma moeda por outra moeda em uma ou mais datas futuras.

swap de risco de incumprimento (CDS) Contrato de derivativos no qual uma parte vende um seguro que cobre o risco de crédito de outra empresa.

swap de substituição Troca de uma obrigação por outra com atributos semelhantes mas com preço mais atraente.

swap entre mercados diferentes Mudança de um segmento do mercado de obrigações para outro (p. ex.: do Tesouro para corporativo).

swap puro de obtenção de rendimentos Mudança para obrigações com rendimento mais alto.

swaps de taxa de juros Método para gerenciar o risco da taxa de juros em que as partes negociam os fluxos de caixa de diferentes títulos sem de fato trocar nenhum título diretamente.

swap tributário *Swap* entre duas obrigações parecidas para receber um benefício fiscal.

T

taxa de câmbio Preço de uma unidade da moeda de um país em relação à moeda de outro país.

taxa de capitalização de mercado Estimativa de consenso do mercado da taxa de desconto apropriada para os fluxos de caixa de uma empresa.

taxa de cupom Pagamento anual de juros de uma obrigação por unidade monetária do valor nominal.

taxa de curto prazo Taxa de juros referente a um único período.

taxa de desemprego Índice do número de pessoas classificadas como desempregadas em relação à mão de obra total.

taxa de incentivo Taxa cobrada pelos fundos de *hedge* equivalente a uma cota sobre qualquer retorno de investimento superior ao desempenho de referência estipulado.

taxa de juros forward Taxa de juros para um período futuro que torna o retorno total de uma obrigação de longo prazo igual ao de uma estratégia de obrigações de curto prazo que foram roladas. A taxa *forward* é inferida da estrutura a termo.

taxa de juros nominal Taxa de juros em termos de valores monetários nominais (não ajustados ao poder aquisitivo).

taxa de juros Quantia obtida por unidade monetária investida por período.

taxa de juros real O excedente da taxa de juros em relação ao índice de inflação. A taxa de crescimento do poder aquisitivo é deduzida de um investimento.

taxa de reinvestimento Proporção dos lucros da empresa que é reinvestida no negócio (e não paga como dividendos). Essa taxa é igual a 1 menos o índice de pagamento de dividendos

taxa de retorno ponderada pelo dólar Taxa de retorno interna sobre um investimento.

taxa efetiva anual (EAR) A taxa de juros é anualizada por meio de juros compostos e não de juros simples.

taxa equivalente de certeza Retorno certo que oferece a mesma utilidade que uma carteira de risco.

taxa isenta de risco Taxa de juros que pode ser obtida com certeza.

taxa percentual anual (APR) A taxa de juros é anualizada por meio de juros simples e não de juros compostos.

taxas 12b-1 Taxas anuais cobradas por um fundo mútuo para cobrir custos de comercialização e distribuição.

taxa spot (à vista) Taxa de juros atual apropriada para descontar um fluxo de caixa com determinado vencimento.

teorema da separação Esse teorema significa que a escolha de carteira pode ser separada em duas atividades independentes: (1) determinação da carteira de risco ótima, que é um problema puramente técnico, e (2) escolha pessoal do melhor *mix* da carteira de risco e do ativo isento de risco.

teorema de paridade entre opção de venda e opção de compra Equação que representa a relação apropriada entre os preços de opções de venda e opções de compra. A violação dessa paridade possibilita oportunidades de arbitragem.

teorema de paridade entre preço *spot* e de futuros ou relação de custo de manutenção Descreve a relação teoricamente correta entre o preços *spot* e o de futuros. A violação da relação de paridade gera oportunidades de arbitragem.

teorema dos fundos mútuos Um resultado associado com o CAPM que estabelece que os investidores optarão por investir sua carteira de risco completa em um fundo mútuo de índice de mercado.

teoria contango Defende que o preço de futuros deve ser superior ao preço *spot* esperado de futuros.

teoria da perspectiva Modelo comportamental (em contraposição ao racional) de utilidade do investidor. A utilidade do investidor depende de mudanças na riqueza e não de níveis de riqueza.

teoria da preferência por liquidez Teoria de que as taxas de juros *forward* excedem as taxas de juros futuras.

teoria de precificação por arbitragem Teoria de determinação de preço de ativo deduzida de um modelo de fator por meio de argumentos de diversificação e arbitragem. Essa teoria descreve a relação entre os retornos esperados sobre os títulos, dado que não existe nenhuma oportunidade de criar riqueza por meio de investimentos de arbitragem isentos de risco.

teoria do hábitat preferido Postula que os investidores preferem intervalos de vencimento específicos, mas podem ser induzidos a mudar se os prêmios de risco forem suficientes.

teoria moderna de carteiras (MPT) Princípios subjacentes à análise e à avaliação de escolhas racionais de carteira com base em *trade-offs* de risco e retorno e diversificação eficiente.

***timer* de mercado** Um investidor que especula sobre movimentos no mercado em geral e não sobre títulos específicos.

título de renda fixa Um título como uma obrigação que paga um fluxo de caixa específico durante um período específico.

título derivativo Um título cujo *payoff* depende do valor de outras variáveis financeiras, como preços das ações, taxas de juros ou taxas de câmbio.

título primitivo, título derivativo *Título primitivo* é um instrumento como ação ou obrigação em relação ao qual os pagamentos dependem somente do *status* financeiro de seu emissor. *O título derivativo* é criado de um conjunto de títulos primitivos para gerar retornos que dependem de fatores que estão além das características do emissor e que podem estar relacionados ao preço de outros ativos.

títulos de dívida Obrigações; também chamadas de títulos de renda fixa.

títulos garantidos por hipotecas Direito de propriedade em um *pool* de hipotecas ou uma obrigação assegurada por esse *pool*. São também chamados de *pass-through* porque os pagamentos são transferidos do originador de hipotecas para o comprador de títulos garantidos por hipotecas.

títulos *pass-through* *Pools* de empréstimos (p. ex.: empréstimos para hipotecas residenciais) vendidos em pacote. Os detentores de títulos *pass-throughs* recebem todos os pagamentos de principal e juros feitos pelos tomadores de empréstimo.

***trade-off* risco-retorno** Os investidores precisam assumir um risco maior se quiserem obter retornos esperados mais altos.

***tranche* (fatia)** Consulte obrigação hipotecária garantida.

transações em bloco Transação de mais de 10.000 ações de uma empresa.

transferência do alfa Estratégia em que investimos em posições com alfa positivo, depois nos protegemos contra o risco sistemático desse investimento e, finalmente, assumimos uma exposição desejada em relação ao mercado por meio de índices passivos.

U

universo de comparação Conjunto de gestores de carteira com estilos de investimento semelhantes utilizado para avaliar o desempenho relativo de um gestor de carteira.

utilidade Medida do bem-estar ou da satisfação de um investidor.

V

vale Ponto de transição entre a recessão e a recuperação.

valor contábil Medida contábil que descreve o valor patrimonial das ações ordinárias de acordo com o balanço patrimonial de uma empresa.

valor de liquidação Quantia líquida que pode ser realizada com a venda de ativos de uma empresa e o pagamento da dívida.

valor de opção de compra pseudoamericana Máximo do valor deduzido da suposição de que uma opção será mantida até o vencimento e do valor deduzido da suposição de que a opção será exercida um pouco antes da data ex-dividendo.

valor de preço de um ponto-base Mudança no valor de um ativo de renda fixa em virtude da mudança de 1 ponto-base em seu rendimento até o vencimento.

valor de utilidade O bem-estar que determinado investidor atribui a um investimento que tem retorno e risco específicos.

valor econômico adicionado Diferença entre o ROA e o custo de capital multiplicado pelo capital investido na empresa. Ele mede o valor monetário do retorno da empresa que ultrapassa seu custo de oportunidade.

valor em risco (VaR) Medida de risco de perda. A perda que será incorrida em caso de uma mudança de preço extremamente adversa com alguma probabilidade normalmente baixa.

valor intrínseco (de uma empresa) Valor presente dos futuros fluxos de caixa líquidos esperados de uma empresa descontado pela taxa de retorno exigida.

valor intrínseco de uma opção Preço da ação menos preço de exercício ou o lucro que poderia ser obtido pelo exercício imediato de uma opção dentro do preço.

valor líquido do ativo (NAV) Valor de cada ação expresso como ativos menos passivos de cada ação.

valor nominal Valor de face da obrigação.

valor nominal Valor de uma obrigação no vencimento.

valor presente das oportunidades de crescimento (PVGO) Valor presente líquido dos investimentos futuros de uma empresa.

valor tempo (de uma opção) Parte do valor de uma opção devida no tempo positivo até o vencimento. Não deve ser confundido com o valor presente ou o valor do dinheiro no tempo.

variância Uma medida da dispersão de uma variável aleatória. É igual ao valor esperado do desvio ao quadrado em relação à média.

vega Resposta do preço de uma opção à mudança no desvio-padrão do ativo subjacente.

venda a descoberto Venda de ações não pertencentes ao investidor, mas tomadas emprestadas de um corretor e posteriormente compradas para repor o empréstimo. Haverá lucro se o preço da venda inicial for superior ao do preço de recompra.

viés de representatividade As pessoas parecem acreditar que uma pequena amostra é representativa de uma ampla população e por isso deduzem padrões muito precipitadamente.

viés de sobrevivência Viés nos retornos médios de uma amostra de fundos provocado pela exclusão de retornos históricos sobre fundos não incluídos na amostra porque não foram bem-sucedidos.

viés doméstico Tendência de os investidores alocarem uma parcela maior de sua carteira a títulos domésticos comparativamente ao que ocorreria em uma diversificação neutra.

visões Opinião de um analista sobre o provável desempenho de uma ação ou setor em comparação com a expectativa de consenso do mercado.

volatilidade implícita desvio-padrão do retorno dos retornos de uma ação que está de acordo com o valor de mercado de uma opção.

W

warrant Opção emitida pela empresa para comprar ações da própria empresa.

Índice Onomástico

Nota: Os números de página seguidos por **n** indicam conteúdos encontrados em notas.

A

Acharya, V. V., 276, 381
Agarwal, Vikas, 819
Aït-Sahalia, Yacine, 142
Akerlof, George A., 274
Alexander, C., 650
Allen, F., 350-351
Altman, Edward I., 417n
Amihud, Yakov, 273, 275-276, 323-324, 381
Amin, G., 820-821
Anand, Shefali, 794
Angel, James J., 56-57, 61-62
Angier, Deniz, 345-346
Aragon, George, 819
Arbel, Avner, 323-324

B

Baginski, Stephen, 568
Ball, R., 324-325
Banz, Rolf, 322-323
Barber, Brad, 330-331, 342-343
Barberis, Nicholas, 342, 387-388
Basu, Sanjoy, 322-323
Batchelor, Roy, 353
Battalio, R. H., 324-325
Bavishi, Vinod, 582-583
Beaver, W. H., 417n
Beebower, Gilbert, 189-190, 755-756
Ben-David, Itzhak, 820-821
Bergstresser, D., 579-580
Berk, J. B., 334
Bernard, V., 324-325
Bernoulli, Daniel, 172-173
Bierwag, G. O., 478-479
Black, Fischer, 237-239, 269-270, 300-265, 367-368, 644-645, 651, 834-838, 840-841
Blake, Christopher R., 334
Blume, Marshall E., 166-167, 323-324
Bodie, Zvi, 724-725
Bogle, John, 154
Bollen, Nicolas P. B., 332-333
Boudette, Neal, 490-491
Bradshaw, Mark, 568
Brealey, R. A., 350-351
Breeden, Douglas, 271-272
Brennan, Michael J., 267-268
Brinson, Gary, 189-190, 755-756
Brown, P., 324-325
Brown, S. S., 825-827
Buffett, Warren, 334
Busse, Jeffrey A., 307-308, 332-333

C

Campbell, John Y., 277, 321-322
Caniel, Naveen D., 820-821
Carhart, Mark M., 96-97, 332-333, 380
Carther, Shauna, 747
Chan, L. K. C., 378-379
Chen, Nai-Fu, 372-373
Chopra, Navin, 320-321, 343-344
Chordia, Tarun, 60-61, 276, 328-329
Churchill, Winston, 4-5
Clements, Jonathan, 189-190, 347-348, 803-804
Conrad, Jennifer, 319-320
Constantinides, George M., 342, 386-387
Cooper, M., 351
Coval, J. D., 346-348
Cox, John C., 644

D

Dabora, E. M., 348-349
Das, S., 331-332
DeBondt, Werner F. M., 320-321, 342-345
Del Guercio, Diane, 334
DeLong, J. B., 346-348
Desai, M., 579-580
Dimitrov, O., 351
Dimson, Elroy, 132-134
Dodd, David, 583-584
Droms, William, 189-190
Dugan, Ianthe Jeanne, 748

E

Elton, Edwin J., 300, 331-332, 334
Engle, Robert, 277
Evans, Richard, 332-333

F

Faboi, Frank J., 344-345
Fama, Eugene F., 125-127, 271-272, 277, 299, 301, 320-322, 323-327, 332-333, 351, 368-369, 373-375, 383-385, 831
Ferson, Wayne, 370
Fisher, Irving, 106-107
Fisher, Kenneth L., 345-346
Franzoni, Francesco, 820-821
French, Kenneth R., 125-129, 164, 277, 299, 301, 320-325, 326-327, 332-333, 373-375, 383-385, 831
Friend, I., 166-167
Froot, K. A., 348-349
Fung, William, 820-821

G

Gabelli, Mario, 334
Garber, Peter, 330-331
Gervais, S., 352-353
Geske, Robert, 652-653
Getmansky, Mila, 819
Ghysels, E., 650-651
Givoly, Dan, 326-327
Goetzmann, William N., 385-387, 742, 825-826
Goldberg, Lisa, 124-125
Goldgar, Anne, 330-331
Goyal, Amit, 375-376
Graham, Benjamin, 583-584
Graham, John R., 736-737
Green, R. C., 334
Green, T. C., 307-308
Greenspan, Alan, 350-351
Grinblatt, Mark, 352-353
Grind, Kristen, 165-166
Grossman, Sanford J., 166-167, 308
Gruber, Martin J., 300, 331-332, 334
Guy, J., 248-249

H

Han, Bing, 352-353
Harris, Lawrence E., 56-57, 61-62
Harris, M., 342
Harvey, A., 650-651
Harvey, Campbell R., 370, 736-737
Hasbrouck, J., 276
Heaton, John, 269, 371-372
Henriksson, Roy D., 750
Heston, S., 650-651
Hicks, John, 695-696
Hlavka, M., 331-332
Homer, Sidney, 454, 478-479, 715-716
Hsieh, David, 820-821
Huang, Ming, 387-388
Hubner, Georges, 740-741
Hull, J., 650-651

I

Ibbotson, Roger G., 385-386
Icahn, Carl, 6-7
Ingersoll, Jonathan, 742

J

Jacod, Jean, 142-143
Jacquier, Eric, 142-143, 796-797
Jaffee, Charles A., 869-870
Jaffee, Jeffrey E., 77n, 326-327
Jagannathan, Ravi, 225-226, 273, 277, 370, 382-384
Jagedeesh, N., 319-320
Jarrow, Robert A., 721-722
Jegadeesh, Narasimhan, 331-332, 379-380
Jensen, Michael C., 270, 277, 367-368, 369, 735
Johnson, H. E., 653
Jones, C. P., 74-75, 325-326
Jurion, Philippe, 386-387

K

Kahneman, D., 342-343, 345-346
Kandel, Schmuel, 366-367
Kane, Alex, 142-143, 838-839, 848-850
Kaplin, Andrew, 225-226
Karabell, Zachaary, 606
Karceski, J., 378-379
Kat, H., 820-821
Kaufman, G. C., 478-479
Kaul, Gautam, 319-320
Keim, Donald B., 321-324
Kelly, J. L., Jr., 176n
Kendall, Maurice, 305
Keynes, John Maynard, 695-696
Kiernan, Kaitlyn, 651
Kim, J., 331-332
Kim, Tae-Hwan, 838-839, 849-850
Knight, Frank, 164
Korajczyk, Robert, 370
Kosowski, R., 334
Kothari, S. P., 324-325
Kotlikoff, Laurence J., 876
Krische, S. D., 331-332

L

La Porta, Raphael, 327-328, 379-380
Laise, Eleanor, 124-125
Lakonishok, Josef, 320-321, 327-328, 343-344, 378-380
Lamont, O. A., 74-75, 348-349
Landier, Augustin, 820-821
Latané, H. A., 325-326
Lee, C. M., 331-332, 349-350
Lehavy, R., 330-331
Lehmann, B., 319-320
Leonard of Pisa (Fibonacci), 353
Liang, B., 825-826
Liebowitz, Martin L., 454, 478-479, 715-716
Liew, J., 327-328, 375-377
Lintner, John, 255, 365-366
Litterman, Robert, 834-836, 840-841
Lo, Andrew W., 319-320, 819
Longin, F., 796-797
Loughran, T., 54-55
Lucas, Deborah, 269, 371-372
Lucas, Robert, 271-272
Lynch, Peter, 334, 510-511, 538, 755-756

M

Macaulay, Frederick, 456-457
MacBeth, James, 368-369
MacKinlay, A. Craig, 319-320
MacLean, L. C., 176-177
Maddala, G. S., 650-651
Madoff, Bernard, 825-826
Maginn, John L., 857-858
Makarov, Igor, 819
Malkiel, Burton G., 96-97, 278, 454, 459, 820-821
Malloy, C. J., 383-384
Malmendier, U., 342-343
Marcus, Alan J., 142-143, 796-797, 848
Markowitz, Harry, 9-10, 124-125, 195-196, 255
Marsh, Paul, 132-134
Mayers, David, 270, 369
Mazuy, Kay, 750
McDonald, Robert L., 641-642, 665-666
McGee, Suzanne, 711
McLean, David R., 328-329
McLeavey, Dennis W., 857-858
McNichols, M. F., 330-331, 417n
Mehra, Rajnish, 382, 386-388
Mei, Jianping, 300
Mendelson, Haim, 273, 275, 323-324
Mendenhall, R., 324-325
Merton, Robert C., 268-269, 270-272, 285, 323-324, 644-645, 659, 750, 752-753, 840-841
Milken, Michael, 415
Miller, Merton H., 277, 365-368, 546
Mitchell, Mark, 316-317
Modigliani, Franco, 546, 736-737
Modigliani, Leah, 736-737
Monga, Vipal, 417
Moskowitz, T., 383-384
Mossin, Jan, 255
Moussawi, Rabih, 820-821
Myers, S. C., 350-351

N

Naik, Narayan Y., 820-821
Netter, Jeffry, 316-317
Nofsinger, John, 347-348

O

Odean, Terrance, 342-345, 347-348, 352-353
Oldfield, George S., 721-722

P

Palmon, Dan, 326-327
Pástor, L., 276, 380, 382
Patell, J. M., 307
Paulson, Henry, 579-580
Pedersen, Lasse Heje, 273, 276, 381
Perritt, Gerald, 189-190
Petkova, Ralista, 376-378
Pinto, Jerald E., 857-858
Pontiff, Jeffrey E., 84n, 328-329, 349-350
Ponzi, Charles, 826-827
Porter, Michael, 510-512
Poterba, James, 320-321
Prescott, Edward, 382

R

Rajaratnam, Raj, 309
Ramsey, Mike, 417, 490-491
Ramyar, Richard, 353
Rapoport, Michael, 580-581
Rau, P. R., 351
Raub, J., 579-580
Redington, F. M., 417
Reinganum, Marc R., 323-324
Renault, E., 650-651
Rendleman, R. J., Jr., 325-326
Reuter, Jonathan, 334
Rhie, J-W., 417n
Ritter, Jay R., 53-55, 320-321, 343-344
Roberts, Harry, 357-359
Robinson, Tom, 857-858
Roll, Richard, 60-61, 268-269, 276, 365-367, 372-373, 652, 801-802
Rosansky, Victor, 724-725
Rosenberg, Barr, 248-249
Ross, Stephen A., 287-288, 349-350, 366-367, 372-373, 414, 644
Rothchild, John, 510
Rubinstein, Mark, 271-272, 665-666
Russolilo, Steven, 651
Rydqvist, K., 54-55

S

Sadka, Ronnie, 381, 819
Saha, Atanu, 820-821
Samuelson, Paul, 335
Sauter, Gus, 735
Scheck, Justin, 581-582
Schleifer, A., 346-348
Schmalensee, Richard E., 568
Scholes, Myron, 270, 277, 365-368, 644-645
Selling, Thomas I., 568
Seppi, D. H., 276

Seyhun, H., 326-327
Shanken, Jay, 324-325
Sharpe, William F., 9-10, 118-119, 230-231, 255, 258, 735, 748, 755-758
Shefrin, H., 344-345
Shiller, Robert J., 166-167, 321-322, 606
Shleifer, Andrei, 327-328, 349-350, 379-380
Shumway, T., 346-348
Singer, Brian, 189-190, 755-756
Sloan, Richard G., 324-325
Smith, Jason A., 533
Smith, Randall, 539-540
Solnik, B., 794-797
Sonne, Paul, 581-582
Spatt, Chester, 56-57, 61-62
Speidell, Lawrence S., 582-583
Spiegel, Matthew, 742
Spivak, Avia, 876
Stambaugh, Robert F., 276, 321-324, 366-367, 380, 382
Statman, Meir, 179-181, 344-348
Staunton, Mike, 132-134
Stein, Jeremy, 263-265
Stickney, Clyde P., 568
Stiglitz, Joseph E., 308
Stoval, Sam, 507-508
Strebel, Paul J., 323-324
Stulz, R., 342
Subrahmanyam, Avanidhar, 60-61, 276, 328-329
Summers, Lawrence, 320-321, 346-348

T

Taleb, Nassim N., 138-140, 822-823
Tate, G., 342-343
Templeton, John, 334
Thaler, Richard H., 320-321, 342-345, 348-350
Thomas, J., 324-325
Thorp, E. O., 176-177
Timmerman, A., 334
Titman, Sheridan, 319-320, 379-380
Tobin, James, 198-199, 521
Toevs, A., 478-479
Tong, W., 328-329
Train, John, 583-584
Treussard, Jonathan, 123-124
Treynor, Jack L., 237-239, 367-368, 735, 750, 837-838
Trippi, Robert R., 648, 848
Trueman, B., 330-331
Tuttle, Donald L., 857-858
Tversky, A., 342-343, 345-346

V

Vasicek, Oldrich A., 247-149
Vassalou, M., 327-328, 376-377
Vishny, R. W., 327-328, 346-348, 379-380
Vissing-Jorgensen, A., 383-384
Volcker, Paul, 13-14, 20-21
Von Neumann, 172-173, 175-176
Vuolteenaho, Tuomo, 277

W

Wahlen, James, 568
Waldmann, R., 346-348
Wang, Yong, 273, 382-384
Wang, Zhenyu, 277, 370
Welch, Ivo, 742
Wermers, R. R., 332-334
Westerfield, Randolph W., 414
Whaley, Robert E., 652
White, A., 650-651
White, Halbert, 334, 838-839, 849-850
Wiggins, J., 650-651
Wolfson, M. A., 307
Womack, K. L., 330-331
Worthen, Ben, 581-582

Y

Yang, Jerry, 6-7

Z

Zhang, Lu, 376-378
Ziemba, W. T., 176-177

Índice

Nota: Os números de página seguidos por **n** indicam conteúdos encontrados em notas.

A

Abordagens de avaliação do fluxo de caixa livre, 543-549
　comparação das, 546-547
Abrigo tributário, 873-876
　anuidades diferidas, 875-876
　opção de adiamento de impostos, 873-875
　planos de aposentadoria com adiamento de impostos, 875
　seguro de vida variável e universal, 876
Aceites bancários, 27-28
Ações
　de valor, 99
　estrangeiras; *consulte* Mercados de ações globais
Ações ordinárias, 2-4; *consulte também* Títulos de participação acionária
　características das, 37-38
　como ações de participação acionária, 36-38
　como direito residual, 37-38
　responsabilidade limitada das, 37-38
Ações preferenciais, 38-40, 395-396
　DDM e, 524-525
　dividendos cumulativos, 38-39
Acordo de recompra a prazo, 27-28
Administração voltada para a demanda, 494
ADRs (recibos de depósito americanos), 532
Afeição, 344-346
Agrupamento de riscos, 202-207
　investimento de longo prazo, 205-207
　princípio do seguro e, 202-204
Alavancagem financeira
　ROE e, 563-565
　sensibilidade ao ciclo econômico, 506-507
Alavancagem, 574
　em ativos de risco, 157-159
　fator de alavancagem composto, 567-568, 574
　futuros e, 686-687
　grau de alavancagem operacional (DOL), 506-507
　operacional, 505-506
Alfa, 260, 262-263
　ações de alfa positivo, 262-263
　ajustado, 837-838
　análise de títulos, 237-240
　aposta no, 249-250
　beta ajustado, 247-249
　carteiras ótimas e, 831-837
　de fundos mútuos (1972-1991), 278
　de Jensen, 734-736 734-736

distribuição de valores de, 838-841
estimativa de, 234-235-236
medidas de desempenho, 739-741
portátil, 813-816
previsões e pesos extremos de carteira, 832-836
previsões e realizações de, 851-853
Alocação de ativos, 8-9, 25, 179, 189-190, 869-870; *consulte também* Alocação de capital
　ações, obrigações e letras, 188-193
　análise de títulos, 8-9
　atribuição de desempenho e, 761
　de risco e carteiras de risco, 155-159
　declaração de política, 862
　diversificação internacional; *consulte* Diversificação internacional
　duas classes de ativos de risco, 188-193
　escolha de títulos, 201-202
　etapas na, 734-736 846
　fundos flexíveis e, 86-87
　impostos e, 869-870
　investimento bem-sucedido e, 189-190
　modelo de Black-Litterman, 734-736 846
　posições sintéticas em ações, 709-710
　tolerância ao risco e, 159-164
Alocação de capital, 147, 160-161, 179; *consulte também* Alocação de ativos
　de risco e carteiras de risco, 153-155
　teorema da separação e, 196-200
　tolerância ao risco e, 159-164
Alocação de recursos, 313-315
Ambiente de investimento, 1-2
Ameaça de entrada, 510-511
Amplitude, 355-357
Análise de demonstração financeira, 557-561
　alavancagem financeira e ROE, 563-565
　análise de índice; *consulte* Análise de índice
　avaliação de estoque, 576-578
　balanço patrimonial, 558-559
　contábil *versus* econômica, 558-559
　contabilidade de valor justo, 578-581
　convenções contábeis internacionais, 581-584
　demonstração de fluxos de caixa, 558-561
　demonstração de resultados, 557-559
　depreciação, 577-578
　exemplo de uso, 574-576
　inflação e despesa de juros, 577-579
　investimento em valor (técnica de Graham), 583-584
　medidas de lucratividade, 562-566
　mensuração do desempenho da empresa, 561-562

problemas de comparabilidade, 576-584
qualidade dos lucros, 580-582
retorno sobre o patrimônio, 563-565
valor econômico adicionado, 564-566
Análise de estilo, 755-759
　Fidelity Magellan Fund (exemplo), 755-757
　fundos de *hedge*, 815-817
　no Excel, 758-759
　referências multifatoriais, 757-759
Análise de índice, 565-575; *consulte também* Índice de preço/lucro (P/E)
　alavancagem, 567-568, 574
　como previsão de risco de inadimplência, 415-416
　de avaliação comparativa, 541-544
　de liquidez, 570-571, 574
　de preço de mercado, 571-574
　de preço/fluxo de caixa, 542-543
　de preço/valor contábil, 542-543, 571-572
　de preço/vendas, 542-543
　de rotatividade e outros índices de utilização, 569-570
　decomposição do ROE, 565-568
　dívida de longo prazo, 416
　estatísticas de avaliação de mercado (1955-2005), 543-544
　lucratividade, 574
　margem *versus* rotatividade, 568
　principais grupos setoriais, 574-575
　referência para, 572-575
　resumo dos principais índices, 574
　utilização de ativos, 569-570, 574
　valor econômico adicionado, 564-566
Análise de série temporal
　análise de cenário *versus*, 122-123
　índice de recompensa/volatilidade (Sharpe), 118-119
　média e desvio padrão de observações de frequência mais alta, 117-119
　retorno médio geométrico (ponderado no tempo), 115-117
　retornos esperados e média aritmética, 114-116
　taxas de retorno passadas, 114-119
　variância e desvio-padrão, 116-118
Análise de títulos, 8-9
　alfa e, 237-240
Análise macroeconômica, 489
　choques de demanda, 493-494
　choques de oferta, 493-494
　ciclos econômicos, 496-497
　déficit orçamentário, 493

economia global, 489-492
indicadores econômicos, 498-502
inflação, 492-493
macroeconomia doméstica, 491-493
política do governo federal, 494-497
produto interno bruto (PIB), 492-493
sentimento, 493
taxa de desemprego/desemprego, 493
taxas de juros, 493
Análise técnica, 310, 341, 352-358
amplitude, 355-357
estatística *trin*, 356-357
finanças comportamentais e, 342, 352-353
força relativa, 310-311, 355-356
implicações da EMH, 310-312
indicadores de entusiasmo, 356-357
índice de confiança, 357
momentum e médias móveis, 353-356
níveis de resistência/suporte, 310-311
precauções na utilização da, 357-359
razão *put/call*, 357
tendências e correções, 352-353
Análise
de cenário, *versus* série temporal, 114-115
de variância (ANOVA), 234-235
discriminante, 416
fundamentalista, 311-312, 489
Análise-horizonte, 408, 479-480, 489, 501-512
ameaça de entrada, 510-512
análise competitiva de Porter, 510-512
ciclicidade setorial (exemplo), 504-505
códigos NAICS, 504
definindo um setor, 502-505
desempenho de preço das ações por setor (2012), 502-503
estrutura e desempenho, 510-511
grau de alavancagem operacional (DOL), 505-507
poder de barganha dos compradores/fornecedores, 511-512
produtos substitutos, 46-47
rivalidade entre concorrentes, 511-512
rotatividade setorial, 507-508
sensibilidade ao ciclo econômico, 504-507
Analistas, 310-311
do mercado de ações, 330-332
fundamentalistas, 519
Anjos caídos, 415
Anomalias, 321-322, 326-330; Consulte também Anomalias de mercado
ao longo do tempo, 328-330
mineração de dados (*data mining*), 328-329
Anomalias de mercado, 321-326; Consulte também Hipótese de mercado eficiente
desempenho dos fundos mútuos e dos analistas, 330-335
efeito da pequena empresa em janeiro, 322-324
efeito P/E, 322-323

efeitos da empresa negligenciada e liquidez, 323-324
índices de valor contábil/valor de mercado, 323-325
informações privilegiadas, 325-327
interpretação de, 326-330
mineração de dados (*data mining*), 328-329
oscilação de preço após a divulgação de lucros 324-326
prêmios de risco *versus* ineficiências, 326-329
testes de forma forte, 325-327
testes semifortes, 321-326
Anuidades
diferidas, 875
fixas, 876
variáveis, 876
Apaixonados por risco, 150-151
Aposta, 147-148
neutra em relação ao mercado, 711-712
Apostas puras, 250-251, 811-812, 815-816
exemplos de, 813-816
riscos das, 815-816
APT multifatorial, 296-297-299
ativos individuais e, 299
betas e retornos esperados, 228-229, 260-261, 364
CAPM e, 293-295
CAPM multifatorial e, 369-374
carteiras bem diversificadas, 289-291
custo de capital e, 300
e linha do mercado de títulos de fator único, 299
equação de não arbitragem, 293-294
equilíbrio e, 288-289
linha do mercado de títulos, 287-288
modelo de índice e ATP de fator único, 364-369
modelo de três fatores de Fama e French (FF), 299-301
otimização de carteira em mercado de índice único, 295-297
risco de arbitragem e, 288-289
versões iniciais da, 372-373
Arbitradores, 288-289
ARCH, 650-651
Arbitragem, 285, 288-289, 613
custos de implementação, 347-348
de índice, 709-711
de juros coberta, 703-705
de obrigações conversíveis, 811-812
empresas "gêmeas siamesas", 348-349
erro de apreçamento e, 298
estatística, 812-813
execução de, 292
fatos sistemático e, 293
lei de preço único e, 288-289, 347-348
limites à, 346-351
linha do mercado de títulos e, 287-288
mercados de futuros, 689-691
risco de modelo, 347-348

risco fundamentalista, 346-348
spin-offs parciais, 348-349-350
Arthur Andersen, 7-8
Árvore
binomial, 119-120
de eventos, 119
Assimetria, 121-122
informacional, 274
Associação Hipotecária Federal (FNMA ou Fannie Mae), 16-17, 32-33
Associação Nacional Hipotecária do Governo (GNMA ou Ginnie Mae), 32-33
Ativos
de aposentadoria; *consulte* Investidores individuais; Fundos de pensão
e passivos fora do balanço patrimonial, 581-582
não negociados, 269-270, 371-372
Ativos de risco
ações alavancadas e dívida de risco, 618-620
alocação de capital e, 147, 153-154
ativo isento de risco e, 155-159
fronteira eficiente dos, 193-196
modelo de dois títulos no Excel, 194-195
Ativos derivativos, 2-4, 44-48; *consulte também* Opções; Swaps
contratos de futuros, 47-48
gestão de riscos e, 605-606
opções, 44-47
Ativos financeiros, 1-5
precificação eficiente de, 1
balanço financeiro das famílias nos EUA, 1-3
ativos reais *versus*, 1-3
derivativos, 2-3
patrimônio líquido doméstico, 2-3
participação acionária, 2-3
títulos de renda fixa ou de dívida, 2-4
separação entre propriedade e controle, 5-7
Ativos fixos, 558-559
intangíveis, 558-559
tangíveis, 558-559
Ativos reais, 1-2
ativos financeiros *versus*, 1-3
Ativos; *consulte também* Ativos derivativos; Ativos financeiros
classes de; *consulte* Instrumentos financeiros
existentes, 125-127
individuais e ATP, 299
isento de risco, 155-156
não negociados, 269-270, 371-372
patrimônio líquido doméstico (2012), 2-3
reais *versus* ativos financeiros, 1-3
Autoridade Regulatória do Setor Financeiro (Finra), 74-75
Autorregulamentação, 74-75
Avaliação de
desempenho; *consulte* Avaliação de desempenho de carteiras
estoque, 576-578

Avaliação de desempenho de carteiras; *consulte também* Retornos históricos sobre carteiras de risco
   alfa e, 739-741
   análise de estilo, 755-758
   beta de equalização, 739-740
   composição variável de carteira, 749
   exemplo de, 740-742
   exemplo no Excel, 734, 740-741
   fundos de *hedge*, 746-748, 817-825
   fundos mútuos, 94-97
   importância da previsão imperfeita, 754-755
   índice de informação, 734-736
   investimento internacional, 801-806
   market timing, 750-754
   medida de desempenho $M2$, 736-738
   medida de Jensen, 734-736
   medida de Sharpe, 734-738
   medida de Treynor, 734-736
   medidas ajustadas ao risco, 733-736
   procedimentos de atribuição de desempenho, 758-764
   Retorno ajustados ao risco da Morningstar, 734-736, 742-745
   retorno realizado *versus* retorno esperado, 745-746
   retornos ponderados no tempo, 732-733
   retornos ponderados pelo dólar, 732-733
   taxas médias de retorno, 731-732
Avaliação de opções, 631-634
   apostas de *hedging* sobre opções com erro de apreçamento, 661-665
   crise financeira de 2008-2009, 659
   determinantes da, 632-634
   evidências empíricas sobre, 665-666
   modelo de Black-Scholes, 644-653
      avaliação de opções de venda, 652
      dividendos e opções de compra/venda, 651-653
      fórmula de, 644-651
      índices de *hedge* e, 653-654, 656-657
      modelo de, no Excel, 649, 655
      opções de venda protetoras sintéticas, 655-657
      seguro de carteira, 655-658
      suposições da, 648
      valor de opção de compra pseudoamericana, 652
      volatilidade implícita, 648
   opção de venda protetora, 655-656
   opções de compra, 651
   precificação de opções binomial, 637-645
   precificação de opções de dois estados, 637-640
   restrições aos valores das opções, 633-637
      opções de compra, 634-636
      exercício antecipado de opções de venda americanas, 636-637
      exercício antecipado e dividendos, 635-636
   teoria moderna de carteiras, 660-661
   valores intrínsecos e temporais, 631-632
Aversão ao risco, 113-114, 147-153, 172-175
   especulação e, 147-148
   estimativa de, 152-153
   relativa constante (CRRA), 272n, 734-736
   utilidade esperada, 172-177
   valores de utilidade e, 148-153

B

Backfill bias, 820-821
Balanço patrimonial, 558-559
   bancos comerciais e instituições de poupança (2012), 11-12
   corporações não financeiras dos EUA (2012), 12-13
   de tamanho comum, 558-559
   exemplo da Home Depot, 560
   famílias americanas (2012), 2-3
   reestruturações e *swaps*, 716-717
Banco comercial, 13-14
Banco Federal de Hipotecas Residenciais (FHLB), 32-33
Bancos, 859-861
   universais, 13-14
Bancos de investimento, 13-15
   banco comercial *versus*, 13-14
Base, 687-688
Beneficiários da renda, 856-857
Benefício sem custo, 165-166
Beta(s), 260-261
   ajustado, 247-249
   como taxa de retorno mínimo, 262-263
   de *commodity*, 724-725
   de consumo, 383-384
   de equalização, 739-740
   de liquidez, 276
   erro de mensuração em, 367-369
   estimativa de, 236
   fatoriais, 286-287
   modelo de beta zero, 268-269-269
   previsão de, 248-249
   relação entre retorno esperado-beta, 228-229, 260-261
   relação média-beta, 260-261
   retorno esperado e, 228-229, 364
Bogey, 759-760
Bolhas, 329-331, 350-351
   do mercado acionário, 350-351
Bolsa de Opções de Chicago (CBOE), 593, 595-596, 650-651
Bolsa de valores, 62-63
Bolsa Mercantil de Nova York, 4-5Bolsa de Valores de Nova York (NYSE), 62-63
   participação de mercado da negociação, 61-62
Bookbuilding (livro de ofertas), 53-55
Bracket creep (arraste fiscal), 106-107
Brane *versus* Roth, 605
Bric, países (Brasil, Rússia, Índia e China), 489-490

C

Caixa, 869
Calendário econômico, 500-501
Câmara de Comércio de Chicago (CBT), 4-5, 47-48, 676-678
Câmara de compensação, 680-682
Capital de mercado (*market cap*), 124-125, 520
Capital de risco, 14-15
Capital humano, 870-871
   seguro e, 870-871
Capitalização de mercado, 776
   mercados emergentes, 775
   países desenvolvidos, 74274
CAPM; *consulte* Modelo de precificação de ativos financeiros (CAPM)
CAPM multifatorial
   APT e, 369-374
   modelo de fator macro, 372-374
   objetivos do, 369-374
   renda de trabalho, 369-371
   versões iniciais do, 372-373
Carências, 84-85
Carga de juros, 574
Carteira(s), 78
   ativa, 832
   bem diversificadas, 289-291
   com *hedge*, 270-272
   de acompanhamento, 249-251, 296-297
   de acompanhamento do consumo, 272
   de estilo, 375-376
   de imitação do consumo, 272
   de índice de mercado passiva, 832
   de mercado (M), 256-258
   de obrigações; *consulte* Gestão ativa de obrigações; Gestão passiva de obrigações
   de risco, 155; *consulte também* Carteira de risco ótima
   de variância mínima, 186, 198-199, 215-216
   dois ativos de risco, 181-188
   fatorial, 296-297
   isentas de risco, alocação de capital entre, 153-154
   passiva, 239-240, 241-242
   replicante, 637-638
   retornos de carteira, 129-133
   um ativo de risco e um ativo isento de risco, 155-159
Carteira completa, 154
   passos da, 191-192
   proporções da, 192-193
Carteira completa ótima, 191-192
   curvas de indiferença e, 162-163
   determinação da, 192-193
   proporções da, 192-193
Carteira de mercado (M), 256
   prêmio de risco da, 257-258
Carteira de risco ótima, 147, 179, 190-191, 244-245
   construção e propriedades da, 832

diversificação e risco de carteira, 179-181
dois ativos de risco, 181-193, 194-195
modelo de índice único, 240-242
modelo de planilha (Excel), 197-198, 216-217
procedimento de otimização, 243-244
retorno não normais, 201-202
valores de alfa e, 831-837
vendas a descoberto e, 217
Centro de Pesquisa de Preços de Títulos, Universidade de Chicago, 109-111
Certificados de depósito (CDs), 2-4, 26-27
CDs vinculados a índice, 618-621
spread entre CD de três meses/letras do Tesouro (1970-2013), 29-30
Certificados de fundos fiduciários resgatáveis, 82-83
Chamada cobertura de margem, 67-68, 159n
Choques
de demanda, 493-494
de oferta, 493-494
Ciclos de vida; *consulte também* Ciclo de vida setoriais
fundos de ciclo de vida, 85-86
modelos de crescimento de vários estágios, 530-534
Ciclos de vida setoriais, 508-511
declínio relativo, 510-511
empresas cíclicas, 510-511
empresas de crescimento lento, 510-511
empresas de rápido crescimento, 510-511
empresas que dão a volta por cima, 510-511
empresas que operam com ativos, 510-511
empresas robustas, 510-511
estágio de consolidação, 510
estágio de maturidade, 508-510
estágio inicial, 508-510
Ciclos econômicos, 496-502, 507-508, 540-541
grau de alavancagem operacional, 506-507
indicadores cíclicos, 498
indicadores econômicos, 498-502
setores defensivos, 496-497
Classificações de obrigações, 414
Classificações de utilidade, 148-149
avaliando investimento com base em, 149-150
aversão ao risco e, 148-153
Cláusulas de
proteção, 417
resgate, 394-395
subordinação, 418-419
CME Group, 680-682
Cobertura de juros, 574
Cobrindo a posição a descoberto, 70-71
Códigos NAICS (Sistema Norte-Americano de Classificação de Setores), 504-505
Coeficiente de correlação, 220-222
Collars, 609-612

Colocação de títulos privados, 51-52
Comissão de Negociação de Futuros de Commodity (CFTC), 73-74, 684-685
Comissão de Valores Mobiliários (SEC), 8n, 73-74
despesas 12b-1, 88-90
divulgação de prospecto, 52-53
EDGAR, *site*, 519
Escritório de Classificação de Crédito, 21-22
Investment Adviser Public Disclosure (IAPD), 873
negociação com informações privilegiadas, 310, 327
ofertas públicas, 52-53
Official Summary of Securities Transactions and Holdings, 86, 326-327
Regra 10b-5, 310
Regra 127-128A (colocações de títulos privados), 51-51
Regra 364 (registro de prateleira), 52-53
Regulamento NMS (Sistema Nacional de Mercado), 59-61
Comissão inicial, 83-84
Commercial papers, 26-28
garantidos por ativos, 27-28
Commodities, 4-5
Compartilhamento
de receita, 87-88
de risco, 204-206
Composição contínua (CC), 109-110
Comprando na margem, 67-70
Compromisso firme, 52-53
Concorrência
cinco determinantes de Porter da, 510-512
como fonte de eficiência, 309
em mercados financeiros, 911
rivalidade entre concorrentes, 511-512
Conference Board, 498-499
Conjunto de oportunidades da carteira, 187-188
Conselho de Governadores do Federal Reserve System, 495
Conselho de Supervisão de Estabilidade Financeira (FSOC), 73-74
Conselho do Federal Reserve, política monetária, 495-469
Consórcio de subscritores, 52-53
Construção descendente de carteiras, 8-9
Consultor de investimento, 873
Conta de margem, 682-683
Conta discricionária, 67
Contabilidade
de marcação a mercado, 578-580
de valor justo, 578-581
mental, 343-345
Contango, 695-696
Contrato
de opções, 593-600
de seguro, 175-176
em aberto, 680-682
Contrato a termo, 675-676

empréstimo a termo sintético, 446-447
precificação de futuros *versus*, 694-695
swaps versus, 719-720
taxas entre dois prazos futuros como, 446-447
Contratos de futuros, 47-48, 593, 675-680
alavancagem e, 686-687
como jogo de soma zero, 676-678
conta de margem, 682-685
contratos existentes, 678-680
entrega em dinheiro *versus* entrega real, 684-685
exemplo de, 679-680
fundamentos dos, 675-679
futuros de petróleo, 685-686
lucro para os compradores/vendedores, 678-679
marcação a mercado, 682-685
margem de manutenção, 682-684
Convenções contábeis internacionais, 581-583
depreciação, 581-582
intangíveis, 582-583
práticas de provisionamento, 581-582
Conversão forçada, 617
Convexidade, 400, 462-470
como característica desejável para os investidores, 465
negativa, 465
obrigações resgatáveis e, 465-467
títulos garantidos por hipotecas, 467-469
Corporação de Proteção do Investidor em Títulos (SIPC), 73-74
Corporação Federal de Hipotecas Residenciais (FHLMC ou Freddie Mac), 16-17, 32-33
Corporação Federal de Seguro de Depósito, 26-27
Corporações privadas (capital fechado), 51
Correções, 352-353
Correlação,
matriz de covariância, 236-239
negativa, 183-184
serial, 319-320
Corretores
de desconto, 67
de serviço completo, 67
Cotações
diretas, 705
indiretas, 705
internas, 57-58
Covariância, 219-221
fronteiriça multiplicada, 182-183
matriz de covariância fronteiriça, 182-183
modelo de índice único e, 228-229
Crise do abismo fiscal, 495
Crise financeira de 2008, 1-2, 14-22
antecedentes da, 14-17
auge da crise, 19-21
derivativos hipotecários, 17-19
fundos do mercado monetário e, 30-31
Lei Dodd-Frank de Reforma, 20-22
mudanças no financiamento habitacional, 16-17

precificação de opções e, 659-660
risco sistêmico, 18-20
swaps de risco de incumprimento, 18-19, 423
Critério de Kelly, 175-177
Critério de média-variância (M-V), 151-152
Crítica de Roll, 365-367
Crowding out, 493
Curtose, 122-123
Curva de indiferença, 151-152, 160-163
Curva de rendimento, 431-434
    curvas de rendimento do Tesouro, 432
    de obrigações *on the run*, 433-434
    em condições de certeza, 433-436
    inclinações da, 443-445
    invertida, 432
    precificação de obrigações, 432-434
    pura, 433
    rendimentos imediato e a termo, 438
    retornos do período de manutenção, 409-411, 435-437
    taxas de juros futuras e, 433-436
    taxas entre dois prazos futuros, 436-437
Custo(s) de
    armazenamento, 721-723
    capital, utilizando a APT para encontrar, 300
    implementação, 347-348
    negociação, 67
    reposição, 521

D

Dados dentro da amostra, 234-235
Dark pools, 63-65
DDM de crescimento constante (modelo de Gordon), 523-526
    convergência do preço para o valor intrínseco, 527
    ciclos de vida e, 530-534
    modelos de crescimento de vários estágios, 534-535
    análise de P/E e, 535-544
    ações preferenciais e, 524-525
    preço das ações e oportunidades de investimento, 527-531
    de poder aquisitivo, 869-870
    de referência, 834-836
    de volatilidade, 665
    desvio da normalidade, 120-125
    diversificável, 179-181, 231-232
    específico à empresa, 179-181, 236
    especulação e aposta, 147-148
    exclusivo, 179-181
    fundamentalista, 346-348
    fundos de *hedge*, 819
    incerteza *versus*, 164
    investimento internacional e, 777-784
    modelo de índice único, 228-229
    não diversificável, 179-181
    não sistêmico, 179-181
    não sistêmico, 179-181, 226-228
    político, 869-870
    preço de risco do mercado, 259-260

prêmios de risco; *consulte* Prêmios de risco
sistêmico, 14-15, 18-20
social, 869-870
tempo *versus*, 141-142
trade-off risco-retorno, 9-10
valor em risco (VaR), 122-123, 124-125, 129-131
Debêntures, 35-36, 418-419
    subordinadas, 35-36
Decisão sobre escolha de títulos, 762
Decisões de investimento, 179; *consulte também* Investimentos de longo prazo
    bancos, 859-861
    empresas de seguro de vida, 859-860
    empresas que não são de seguro de vida, 859-860
    fideicomisso pessoal, 856-859
    fundos de dotação, 859-860
    fundos de pensão, 858-859
    fundos mútuos, 84-85, 858-859
    investidores individuais; *Consulte* Investidores individuais
    objetivos, 855-857
Decisões sobre escolha de setor, 762
Declaração 157 do Conselho de Normas Contábeis e Financeiras (contabilidade de valor justo), 578-579
Declarações de política de investimento, 862-869
    componentes das, 863
    escopo e propósito, 862-864
    exemplo de declaração, 862-869
    gestão de riscos, 868-869
    governança, 864-868
    investimento, retorno e risco, 863
Déficit
    esperado (ES), 123-124, 163-164, 201-202
    orçamentário, 493
Delta, 653, 661
Demonstração de fluxos de caixa, 558-561
    Home Depot, exemplo da, 560
Demonstração de resultados, 557-559
    de tamanho comum, 558
    Home Depot, exemplo da, 558
Dentro do preço, 594-595
Depósitos a prazo, 26-27
Depreciação, 577-578
    convenções contábeis internacionais, 581-582
    definição contábil *versus* econômica de, 577-578
    problemas de comparabilidade da, 577-578
Derivativos, 593
Desempenho dos fundos de *hedge*, 817-825
    eventos de cauda e, 822-825
    liquidez e, 818-821
    loading dos fatores variáveis, 821-823
    Long-Term Capital Management, exemplo, 825
    viés de sobrevivência e, 820-821
Desempenho dos investimentos
    fundos mútuos, 94-97

investimentos internacionais, 801-806
retorno ponderado pelo dólar, 733
sensibilidade ao ciclo econômico, 504-507
taxas e retornos dos fundos mútuos, 89-91
Despesas
    12b-1, 88-90
    de juros, inflação e, 577-579
    operacionais, fundos mútuos, 87-88
Desvio de estilo, 809-810
Desvio-padrão
    carteira de variância mínima, 186, 198-199, 215-216
    desvio padrão parcial inferior (LPSD), 123-124
    observações de frequência mais alta, 117-119
    parcial inferior (LPSD), 123-124
    registro histórico de retornos, 128-132
    retorno esperado e, 112-114
    variância e, 116-118, 218-221
Diagrama de dispersão, 233
Dias de vendas em contas a receber, 569-570, 574
Direito residual, 37-38
Disputas por procuração, 6-7
Distribuição
    anterior, 837
    assimétricas, 121-122
    de cauda grossa, 121-122, 124-125, 201-202
    lognormal, 134-135
    posterior, 837
Distribuição normal, 119-122; *consulte também* Distribuições não normais
    desvios em relação à, 120-125
    distribuições assimétricas e, 121-122
    distribuições de cauda grossa, 121-122
    multivariada, 226-227
    no Excel, 120-121
Distribuições não normais
    déficit esperado (ES), 123-124
    desvio padrão parcial inferior (LPSD), 122-123
    expectativa de cauda condicional (CTE), 123-124
    frequência relativa de grandes retornos 3 sigma negativos, 123-125
    índice de Sortino, 123-124
    valor em risco (VaR), 122-123, 124-125
Distribuidor de *swaps*, 717
Distribuídos normal conjunta, 226-227
Diversificação, 9-10, 81-82, 179-181, 183-184; *consulte também* Diversificação internacional
    benefícios da, 795-798
    carteiras bem diversificadas, 289-291
    diversificação eficiente, 179
    e diversificação temporal, 202-203
    modelo de índice e, 230-232
    poder da, 199-201
    princípio do seguro e, 179-181

representação equivocada dos
  benefícios, 794-796
risco de carteira e, 179-181
risco residual na prática, 290-291
temporal, 202-203
Diversificação internacional, 773
  atribuição de desempenho e, 801-806
  avaliando o potencial de, 798-802
  benefícios da, 792-798
  capitalização de mercado e PIB, 776
  diversificação eficiente, 179, 181-182
  fatores de risco em, 777-784
  mercados baixistas e, 796-798
  mercados de ações globais, 773-777
  mercados emergentes, 773-776, 788-790
  modelo de planilha para, 214
  países desenvolvidos, 773-775
  representação equivocada dos
    benefícios, 794-796
  risco da taxa de câmbio, 777-781, 790-792
  risco político, 780-784
  risco, retorno e benefícios da, 784-798
  viés doméstico, 776-777
Dívida de agência federal, 31-33
Dívida de risco, 618-620
Dividendos, 38-39
  avaliação de opções de venda,
    635-636, 651-653
  dividendos cumulativos, 38-39
Dow Jones Industrial Average (DJIA), 39-42
  como média ponderada pelo preço,
    39-41
  composição (1928/2013), 42
  divisões e, 40-42
Diversificação eficiente, 179, 181-182
  modelo de planilha para, 212-217
Duração, 456-462
  aplicações Excel para, 456-458, 461
  com conceito fundamental, 458-459
  determinantes da, 459-462
  duração de Macaulay, 456-457
  duração efetiva, 466-467
  duração modificada, 458-459
  efetiva, 466-467
  Hedging dinâmico, 644-645, 656-657
  modificada, 458-459
  obrigações resgatáveis, 465-475
  regras de, 459-462
  risco da taxa de juros, 458-459
  títulos garantidos por hipotecas, 467-47
  vencimentos das obrigações *versus*, 460

E

Economia; *consulte também* Ciclos
  econômicos; Análise macroeconômica
  comportamental, 350-351
  economia global, 489-492
  global, 489-492
  macroeconomia doméstica, 491-493
  mercados financeiros, 4-8
  momento de consumo, 447
  neutra ao risco, 644
  separação entre propriedade e
    controle, 5-7

Economias de escala, 13-14
EDGAR, *site*, 519
Efeito
  da clientela, 275
  da empresa negligenciada, 323-324
  da pequena empresa, 322-323
  da pequena empresa em janeiro,
    322-324
  de reversão, 320-321
  disposição, 352-353
  do dinheiro que entra, 344-345
  do valor contábil/valor de mercado,
    263-265, 277, 324-325, 373-376
  momentum, 319-320
  P/E, 322-323
Eficiência de mercado; *consulte também*
  Hipótese de mercado eficiente (EMH)
  anomalias de mercado, 321-326
  bolhas e, 329-331
  concorrência como fonte, 307-309
  gestão de carteiras na, 312-314
  passeio aleatório e, 305-306-307, 363
  previsores de retorno do mercado em
    geral, 320-322
  questão de magnitude, 317-318
  questão do evento de sorte, 318-319
  questão do viés de escolha, 317-318
  retornos em curtos horizontes, 319-320
  retornos em longos horizontes, 319-321
  testes de forma forte, 310, 325-327
  testes de forma fraca, 319-321
  testes semifortes, 321-326
Elasticidade da opção, 654
Emissão de obrigações em série, 418-419
Emprego, 492-493
Empresa
  cíclicas, 510-511
  de capital aberto, 51-53
  de capital fechado, 51-52
  de capital fechado (não negociada),
    371-372
  de crescimento lento, 510-511
  de investimento, 12-13, 81-82; *consulte
    também* Fundos mútuos
  de investimento abertas, 81
  de investimento gerenciadas, 82-84
  de rápido crescimento, 510-511
  empresas de investimento gerenciadas,
    82-84
  funções desempenhas, 81-82
  fundos abertos, 82-83
  fundos de *hedge*, 12-13, 84-85
  fundos de investimento imobiliário
    (REITs), 83-84
  fundos fechados, 82-84
  fundos mistos, 83-84
  "gêmeas siameses", 348-349
  listadas publicamente, 51
  outras organizações, 83-85
  que dão a volta por cima, 510-511
  que não são de seguro de vida, 859-860
  que operam com ativos, 510-511
  robustas, 510-511

"*subprime*" não conformes, 17-18
Estratégias não direcionais, 810-811
  fundos de investimentos em cotas, 81-83
  tipos de, 81-85
Empréstimos
  com garantia, 618-619
  de curtíssimo prazo do corretor, 67
Engenharia financeira, 618-621; *consulte
  também* Ativos derivativos
Enigma do prêmio das ações, 382-383
Enquadramento, 343-344
Enron, 7-8
Entidades com propósitos especiais, 7-8
Entrega real, 684-685
Equação
  de Altman, 416-417
  de Fisher, 106-107
  de não arbitragem, 293
  de regressão, modelo de índice único,
    227-229
Equiparação de fluxo de caixa, 477-478
Equivalentes de caixa, 25
Erro
  de referência, 366-367
  de *tracking*, 734-736, 834-836
  Tipo I, 266n, 368n
  Tipo II, 266n, 368n
Erros de previsão, 342-343
Escândalo de Madoff, 825-827
Escolha
  de ações, 804-805
  de moeda, 803-804
  de país, 804-805
  entre mercado monetário/obrigação,
    804-805
Escolha de títulos, 8-9, 25, 179
  alocação de ativos e, 201-202
  fronteira de variância mínima, 193-194
  fronteira eficiente de ativos de risco,
    193-194
  modelo de escolha de carteira de
    Markowitz, 193-197
Escritura de emissão, 417; *consulte*
  Escrituras de emissão de obrigações
Escrituras de emissão de obrigações,
  391-392, 416
  cláusulas de subordinação, 418-419
  fundos de amortização, 417-419
  garantia, 418-419
  restrição de dividendos, 418-419
Especialistas, 58-59
Especulação, 147-148
  com a base, 687-688
  com o *spread*, 688-689
  futuros de petróleo, 685-686
  hedging e, 685-688
  opções com erro de apreçamento, 661-662
Esquema Ponzi, 826-827
Estágio
  de consolidação, 510
  de declínio relativo, 510
  inicial, 508-510
  maturidade, 510

Estatística *trin*, 356-357
Estatísticas de carteira, 217-223
   coeficiente de correlação, 220-222
   covariância, 219-221
   retornos esperados, 217-218
   revisão das, 217-223
   taxa de retorno da carteira, 217-218
   variância da carteira, 221-223
   variância e desvio padrão, 116-118, 218-220
Estratégia
   ascendente, 8-9
   de dedicação, 477-478
   de investimento ativa, 453
   de investimento em pensão, 878
   de investimento passiva, 312-313, 453
   direcionais, 810-811
   neutra ao mercado, 811-814
Estratégia passiva, 164
   ativa *versus*, 311-313
   como eficiente, 257
   fundos de índice, 165-166
   linha do mercado de capitais (CML) e, 164-167
Estratégias dos fundos de *hedge*, 810-813
   alfa portátil, 813-816
   apostas puras, 811-816
   arbitragem estatística, 812-813
   estilos de, 810-811, 815-817
   estratégia *long-short*, 810-812
   estratégias direcionais, 810-812
   estratégias não direcionais, 810-812
   neutras ao mercado, 811-812
   posições neutras em relação ao mercado, 811-812
Estrutura de prazo das taxas de juros, 412-413, 431, 440-442
   exemplos de, 440-442
   hipótese das expectativas, 440-441
   incerteza e taxas entre dois prazos futuros, 438-440
   interpretação do, 443-446
   taxa de inflação a termo e, 441
   teoria da preferência por liquidez, 441-442
Estrutura de risco das taxas de juros, 420-421
Estrutura organizacional e desempenho, 839-841
Estudo de eventos, 314-317
ETFs; *consulte* Fundos negociados em bolsa (ETFs)
Ética
   corporativa, 8-9
   normas de conduta profissional do CFA, 75-76
Euro-obrigações, 32-33, 396
Eurodólar, 27-28
Eventos de cauda, 822-825
Eventos de crédito, 420-421
Excesso de confiança, 342-343
Execução, 855-856
Exercício, 44-46
Exigência de retorno, 855-856

Expectativa de cauda condicional (CTE), 123-124
Expectativas homogêneas, 266-267
Exuberância irracional, 329n

F

Facebook, 539-540
Falência do Lehman, 7-8, 19-21
Fannie Mae; *consulte* Associação Hipotecária Federal (FNMA ou Fannie Mae)
Fator
   de alavancagem composto, 567-568, 574
   de anuidade, 398-399
   PV, 398-399
Feedback, 855-856
Feiras itinerantes (*road shows*), 52-55
Fideicomisso pessoal, 856-859
FIFO (*first-in, first-out*), 576-577
Finanças comportamentais, 341-342, 378-379
   advertências sobre, 357-359
   análise técnica e, 352-359
   avaliação das, 351-353
   bolhas e economia comportamental, 350-351
   contabilidade mental, 343-345
   efeito disposição, 352-353
   enigma do prêmio das ações, 382-383
   limites à arbitragem, 346-348
   processamento de informações, 342-344
Financiamento habitacional, mudanças no 16-18
Flutuação livre, 42-43
Flutuantes reversas, 396
Fluxo de caixa descontado (DCF), 526
   precificação de futuros de *commodity*, 723-725
   problemas com os modelos, 547-549
Fluxo de caixa livre para
   a empresa (FCFF), 543-544
   os acionistas (FCFE), 543-544
Fora do preço, 594-595
Força relativa, 310-311, 355-356
Fórmula de determinação de preço de Black-Scholes, 644-653
   avaliação de dividendos e opções de venda, 653
   avaliação de opções de venda, 652
   dividendos e opções de compra, 651-652
   exemplo de, 646-647
   índices de *hedge* e, 653-654
   índices de proteção, 653-654
   modelo de, no Excel, 649, 655
   opções de venda protetoras sintéticas, 655-657
   seguro de carteira, 655-658
   suposições da, 648
   taxas de incentivo, 825-826
   utilização da, 653-665
   valor de opção de compra pseudoamericana, 652
   volatilidade implícita, 648-649

Freddie Mac; *consulte* Corporação Federal de Hipotecas Residenciais (FHLMC ou Freddie Mac)
Fronteira eficiente de ativos de risco, 193-194, 195-196
   carteira de risco ótima, 216
   linha do mercado de capitais e, 256
   modelo de planilha para, 194-195, 215-216
Fuga do arrependimento, 344-345
Função de utilidade
   alocação ao ativo de risco, 160-161
   contratos de seguro, 175-17
   teoria da perspectiva e, 345-345
   utilidade esperada, 172-175
Fundos
   balanceados, 85-86
   de ações, 85-86
   de ações individuais, 678-679
   de alimentação, 825-826
   de amortização, 417-419
   de aposentadoria com data definida (TDRFs), 879-880
   de crescimento, 85-86
   de dotação, 859-860
   de fundos, 85-86, 825-828
   de índice, 43-44, 86-88, 312-313; *consulte* Futuros indexados por ações
   de investimento imobiliário de capital, 83-84
   de investimento imobiliário de hipoteca, 83-84
   de investimentos em cotas, 81-83
   de mercados emergentes, 85-86
   de moeda, 702; *consulte também* Futuros de câmbio exterior
   de obrigações, 85-86
   de petróleo, 685-687
   de renda, 85-86
   de setor, 85-86
   de vencimento determinado, 85-86
   do mercado monetário, 84-86
   fed, 28-29
   federais, 28-29
   fiduciários não gerenciados, 82-83
   flexíveis, 86-87
   globais, 85-87
   internacionais, 85-86
   mistos, 83-84
   regionais, 85-86
Fundos de *hedge*, 12-13 84-85, 250-251, 809-810
   alfa portátil, 813-816
   análise de estilo para, 815-817
   estratégias dos, 809-810
   estrutura de taxas nos, 825-828
   fundos mútuos *versus*, 809-811
   investidores, 809-810
   mensuração de desempenho de, 746-748
   questões de liquidez nos, 809-810
   remuneração executiva, 809-811
   riscos dos, 819
   transparência, 809-810
Fundos de investimento imobiliário (REITs), 83-84

impostos e, 106-107
taxa de juros real de equilíbrio, 104-106
taxa de juros real, 103-104
Fundos de pensão, 858-859, 877-879
estratégias de investimento, 878
imunização, 472
investimentos em ações, 878-879
planos de benefícios definidos, 877-878
planos de contribuição definida, 878
Fundos fechados, 82-84
Lei de preço único, 349-350
Fundos mútuos, 12-13, 81, 84-88, 165-166, 858-859
alocação de ativos e fundos flexíveis, 86-87
como são vendidos, 87-88
custos de investimento nos, 87-91
desempenho dos analistas, 330-335
desempenho dos investimentos, 94-97
despesas 12b-1, 88-90
despesas operacionais, 87-88
empresas de investimento, 86-87
estratégias dos, 809-810
estrutura de taxas, 87-88, 89-91
fundos balanceados, 85-86
fundos de ações, 85-86
fundos de *hedge versus*, 809-811
fundos de índice, 86-88
fundos de obrigações, 85-86
fundos de setor, 85-86
fundos do mercado monetário, 84-86
fundos internacionais, 85-86
fundos negociados em bolsa (ETFs), 91-95
informações sobre, 97-99
políticas de investimento, 84-8
retornos e taxas, 89-91
selecionadores de ações, 165-166
soft dollars (pagamento através de comissão), 90-91
taxa de resgate, 88-89
taxa inicial, 88-89
tributação sobre os rendimentos dos, 91
valor líquido do ativo (NAV), 81-82
viés de sobrevivência, 385-387, 734n, 820-821
Fundos negociados em bolsa (ETFs), 43-44, 91, 249-250, 312-313
crescimento dos (1998-2011), 92-93
patrocinadores e produtos, 92-94
vantagens/desvantagens dos, 93-94
Futuros de câmbio exterior, 701-708
arbitragem de juros coberta, 703-705
cotações diretas *versus* indiretas, 705
gerenciando o risco da taxa de câmbio, 705-708
os mercados, 701-703
paridade da taxa de juros, 703-705
Futuros de *commodities*
análise de fluxo de caixa descontado, 723-725
precificação com custos de armazenamento, 721-723
precificação de, 721-725

Futuros de taxa de juros, 713-716
proteção contra o risco da taxa de juros, 713-716
Futuros indexados por ações, 707-713
arbitragem de índice, 709-711
contratos principais, 709-710
contratos, 707-709
posições sintéticas em ações, 709-710
proteção contra o risco de mercado, 711-713

G
Gama, 665-666
Ganhos de capital, 37-38
Ganhos de rendimento, 548-549, 574
Garantia, 418-419
General Electric, 5-6, 37-38
Gerenciamento de resultados, 539-541
Gestão ativa, 10-11
Gestão ativa de carteiras, 241-242, 311-313, 849-851; *consulte também* Modelo de Black-Litterman; Modelo de Treynor-Black
carteiras ótimas e valores de alfa, 831-837
decisões de investimento; *consulte* Decisões de investimento
estimativa de possíveis taxas, 848-849
função no mercado eficiente, 312-314
gestão de carteira passiva *versus*, 311-313
índice de informação e, 849
investidores individuais, 870-876
market timing, 750-752
modelo de índice e, 244-251
organograma para, 839-841
pesos extremos de carteira, 832-836
previsão e, 849-850
restrição ao risco de referência, 834-837
valor da, 848-850
valores de alfa, previsão de, 832-836
visão pessoal do gestor, 842-844
Gestão ativa de obrigações, 469-480
análise-horizonte, 479-480
equiparação de fluxo de caixa e dedicação, 477-478
fontes potenciais de lucro, 478-480
fundos de índice de obrigações, 470-471
imunização, 471-477
proteção contra o risco da taxa de juros, 713-716
rebalanceando, 387-388, 475
swap de antecipação de taxa, 479-480
swap de substituição, 478-480
swap entre mercados diferentes, 479-480
swap puro de obtenção de rendimentos, 479-480
swap tributário, 479-480
Gestão de carteiras de renda fixa; *consulte* Gestão ativa de obrigações
Gestão de riscos
derivativos e, 605-606
modelos multifatoriais na, 287-288
Gestão passiva, 10-11
Gestores de fundos mútuos, 331-335

Ginnie Mae; *consulte* Associação Nacional Hipotecária do Governo (GNMA ou Ginnie Mae)
Global Crossing, 7-8
Goodwill, 558-559
Governança corporativa, 7-8
Governo, em mercados financeiros; *consulte* Política do Governo Federal
Grande Moderação, 15-16
Grau de alavancagem operacional (DOL), 506-507

H
HealthSouth, 7-8
Hedge
comprado, 686-687
vendido, 686-687
Hedging, 701
beta fatorial e, 286-287
cruzado, 687-688, 715-716
dinâmico, 644-645
especulação e, 661-662
futuros de índice e risco de mercado, 711-713
futuros de petróleo, 686-687
hedge long/short, 686-687
mercados de futuros e, 685-688
opções com erro de apreçamento e, 661-665
risco da taxa de juros, 713-716
risco de base e, 687-688
Hewlett-Packard
linha característica do título (SCL), 233-235
poder explicativo da SCL, 233-235
High water mark, 825-826
Hipotecas
com taxa ajustável (ARMs), 17-18
conformes, 16-17
subprime, 36-37
Hipotecas e títulos garantidos por hipotecas, 35-37
curva de preço-rendimento, 467-468
duração e convexidade das, 467-470
financiamento habitacional, mudanças no antes da crise de 2008, 16-17
fluxos de caixa em, 16-17
hipotecas com taxa ajustável (ARMs), 17-18
hipotecas conformes/convencionais, 16-17
hipotecas *subprime* não conformes, 17-18
mercados de derivativos, 17-19
obrigações corporativas resgatáveis *versus*, 468-469
quantidade em circulação (1979-2012), 36-37
Hipótese
das expectativas, 440-441, 694-696
de forma fraca, 309
de forma semiforte, 310
de modismos, 320-321
Hipótese de mercado eficiente (EMH), 9-11, 305-310, 341, 363

alocação de recursos, 313-315
análise fundamentalista, 311-312
análise técnica e, 310-312
analistas do mercado de ações, 330-332
anomalias de mercado, 321-323
bolhas, 329-331
CAPM e, 321-322, 326-327
concorrência como fonte, 307-309
efeito da empresa negligenciada, 323-324
efeito da pequena empresa em janeiro, 322-324
efeitos da liquidez, 323-324
estudos de eventos, 314-317
forma forte da, 310, 325-327
forma fraca da, 309, 319-321
forma semiforte da, 310, 321-326
gestão de carteira ativa *versus* passiva, 311-313
gestão de carteiras e, 312-313-314
gestores de fundos mútuos, 331-335
implicações da, 310-315
índices de valor contábil/valor de mercado, 323-325
informações privilegiadas, 325-327
mineração de dados (*data mining*), 328-329
oscilação de preço após a divulgação de lucros 324-326
passeio aleatório e, 305-306-307
prêmio de risco, 326-329
previsores de retorno do mercado em geral, 320-322
questão de magnitude, 317-318
questão do evento de sorte, 318-319
questão do viés de escolha, 317-318
retornos anormais, 314-317
retornos em curtos/longos horizontes, 319-321
versões da, 309-310
Honda Motor Co., 490-491
Horizonte de investimento, 861

I

Iliquidez, 273
 precificação de ativos e, 380-381
 retornos médios e, 275
Impostos
 abrigo tributário, 873-876
 alocação de ativos e, 869-870
 fatores de investimento e, 861
 futuros e, 685-686
 obrigações com desconto de emissão original (OID), 412-413
 políticas voltadas para a oferta, 496-497
 rendimento dos fundos mútuos, 91
 rendimentos tributáveis *versus* isentos de impostos, 87-88
 taxa de juros real de equilíbrio, 106-107
Imunização, 471-477, 878
 construindo uma carteira, 476-477
 equiparação de fluxo de caixa e dedicação, 477-478
 imunização do período de manutenção do investimento, 475

passivo de pensão, 472
problemas de, 477-479
rebalanceando carteiras, 475, 476-477
Incerteza, 164
Indicadores
 cíclicos, 498
 coincidentes, 498-499
 defasados, 498-499
 do mercado de obrigações, 44-46
Indicadores econômicos, 498-502
 antecedentes, 498-500
 indicadores coincidentes/defasados, 498-500
 outros indicadores, 498-499, 502-503
Índice(s)
 Barclays de obrigações agregadas ao capital dos Estados Unidos, 470-471
 de alavancagem, 415, 567-568
 de bolsas de valores internacionais e estrangeiras, 43-45
 de carga de juros, 566-567
 de carga tributária, 566-567
 de Case-Shiller de preços habitacionais nos Estados Unidos, 15-16
 de cobertura, 415
 de cobertura de juros, 567-568, 574
 de confiança, 357
 de conversão, 394, 615
 de dinheiro em caixa, 570-571, 574
 de informação, 241-244, 734-736734-736, 848
 de liquidez, 415, 570-571
 de liquidez seca, 570-571
 de medo do investidor, 650-651
 de mercado, 365-368
 de P/L; *consulte* Índice de preço/lucro (P/E)
 de pagamento de dividendos, 528-529
 de preço de mercado, 571-573
 de preço de mercado/valor contábil (P/B), 571-572
 de preço/fluxo de caixa, 542-543
 de preço/lucro, 504
 de preço/vendas, 542-543
 de recompensa/variabilidade (Sharpe), 118-119, 157-158; *consulte também* Índice de Sharpe
 de retenção de lucros, 528-529
 de riqueza, 110-111
 de rotatividade de estoque, 569-570
 de Sortino, 123-124
 de utilização de ativos, 569-570
 dívida/patrimônio líquido, 415
 Europa, Austrália e Extremo Oriente (EAFE), 801-802
 fluxo de caixa-dívida, 415
 igualmente ponderados, 43-44
 PEG, 538
 ponderado pelo valor de mercado, 42-43
Índice de preço ao consumidor (IPC), 31-32CAPM baseado no consumo (CCAPM), 271-273, 382-396
 taxas de retorno do mercado, 382-384

Índice de preço/lucro (P/E), 38-39, 535-544, 571-572, 582-583
 armadilhas na análise, 538-542
 ciclo econômico, 540-541
 comparações setoriais, 542-543
 DDM e, 541-542
 efeito do ROE e taxa de reinvestimento, 536-537
 gerenciamento de resultados e, 539-541
 oportunidades de crescimento, 535-539
 risco das ações e, 538-539
 taxa de crescimento *versus* (índice PEG), 538
Índice de preço/valor contábil, 542-543, 571-572
 opções de crescimento e, 571-572
Índice de Sharpe, 118-121, 157-158, 259-260, 734-737
 carteiras gerais, 188-190, 737-738
 fundos de *hedge* e, 748
 registro histórico do, 128-130
Índices de *hedge*, 653-654, 813-814
 fórmula de Black-Scholes e, 653-654
 hedging dinâmico, 644-645
 risco da taxa de câmbio, 706
 valor de opção de compra, 654
Índices do mercado acionário, 39-45
 índice ponderado pelo valor, 42-43
 índices de bolsas de valores internacionais e estrangeiras, 43-45
 Índices Dow Jones, 39-42
 índices igualmente ponderados, 43-44
 índices ponderados pelo valor de mercado, 42-43
 Índices Standard & Poor's, 42-44
 média ponderada pelo preço, 39-40
 outros índices de valor de mercado dos Estados Unidos, 43-44
Inflação, 492-493
 despesa de juros e, 577-579
 investimento de longo prazo e, 880-881
 letras do Tesouro (1926-2012) e, 109-112
 renda real e, 578-579
Informação
 assimetria informacional, 274
 função informativa dos mercados financeiros, 45
 negociação com informações privilegiadas por pessoas internas e externas, 76-77, 309
 sobre fundos mútuos, 97-99
 vazamento de, 315-316
Informações privilegiadas, 76-77, 309, 325-327
Instituto CFA (Chartered Financial Analysts), 74-75, 850-851, 855
 normas de conduta profissional, 75-76
 processo de gestão de investimentos, 855-861
Instituto de Empresas de Investimento, 97-98
Instrumentos financeiros
 índices do mercado de ações e de obrigações, 39-46

mercado de obrigações, 30-37
mercado monetário, 25-31
mercados de derivativos, 44-48
títulos de participação acionária, 36-40
Intangíveis, 582-583
Intermediários financeiros, 10-14
bancos de investimento, 13-15
capital de risco e *private equity*, 14-15
empresas de investimento, 12-13
International Securities Exchange, 595-596
Investidores-anjo, 14-15
Investidores individuais, 856-857; *consulte também* Finanças comportamentais
anuidades diferidas, 875-876
capital humano e seguro, 870-871
casa própria como investimento, 870-871
ciclos de vida e, 85-86
exemplo de declarações de política, 862-869
gestão de carteiras de, 870-876
modelos de planejamento de aposentadoria, 870-872
opção de adiamento de impostos, 873-875
planos de aposentadoria com adiamento de impostos, 875
poupando para a aposentadoria, 870-871
procurando abrigo tributário, 873
seguro de vida variável e universal, 876
serviços profissionais ou autogestão, 871-873
tolerância ao risco, 870-871
Investidores neutros ao risco, 150-151
Investimento; *consulte* Decisões de investimento; Processo de investimento
definição, 1
em valor, técnica de Graham, 583-584
seguro; *consulte* Segurança das obrigações
Investimento internacional
aplicações Excel, 804-805
atribuição de desempenho e, 801-806
escolha de ações, 804-805
escolha de moeda, 803-804
escolha de país, 804-805
escolha entre mercado monetário/obrigação, 804-805
fatores de risco no, 777-784
risco da taxa de câmbio, 777-781
risco dos mercados emergentes, 788-791
risco político, 780-784
risco, retorno e benefícios do, 784-798
Investimentos de longo prazo, 133-143, 205-207
distribuição normal e lognormal, 134-138
fundos de aposentadoria com data definida (TDRF), 879-881
previsões para, 142-143
risco de déficit a curto/longo prazo, 136-137

risco de inflação e, 880-881
simulação de taxas de retorno de retorno futuras, 137-141
IPO; *consulte* Oferta pública inicial
Itens não recorrentes, 580-581

J
Jogo de soma zero, 676-678
Jogo justo, 147-148, 173-174
Juros acumulados, 393

L
Latência, 62-63
LEAPS (títulos de antecipação do patrimônio a longo prazo), 596-597
Lei de preço único, 288-289, 347-348-351
empresas "gêmeas siamesas", 348-349
fundos fechados, 349-351
limites à arbitragem e, 347-348
spin-offs parciais, 348-349-350
Lei de Proteção do Investidor em Títulos de 1970, 73-74
Lei de Reforma Fiscal de 1986, 106-107
Lei de Títulos de 1933, 73-74, 809-810
Lei de Valores Mobiliários de 1934, 73-74, 310
Lei Dodd-Frank de Reforma de Wall Street e de Proteção ao Consumidor, 13-14, 20-21, 73-74, 423
Lei Glass-Steagall de 1940, 809-810
Lei Glass-Steagall, 13-14
Lei Sarbanes-Oxley, 7-8, 74-76
Lei Uniforme de Títulos, 73-74
Leis *blue sky* (leis estaduais de títulos), 73-74
Letras do Tesouro, 2-4, 25-27
ações preferenciais, 38-40, 395-396
alocação de ativos com, 188-193
dívida de agência federal, 31-33
hipotecas e títulos garantidos por hipotecas, 35-37
índices de riqueza nominal e real (1926-2012), 110-111
inflação e (1926-2012), 109-112
mercado dos EUA, 44-46
método de desconto bancário, 26-27
notas e obrigações do Tesouro, 2-4, 30-32
obrigações corporativas, 2-4, 35-36
obrigações do Tesouro protegidas contra a inflação, 31-32
obrigações internacionais, 32-33
obrigações municipais, 32-36
rendimento equivalente ao das obrigações, 26-27
rendimentos sobre as, 26-27
spread entre preço de compra e venda, 25-26
Libor; *consulte* London Interbank Offered Rate (Libor)
LIFO (*last-in, first-out*), 576-577
Livro de ordens-limite, 56-57
Linha característica do título (SCL)
análise de variância, 234-235
estimativa de, 364-365
Hewlett-Packard, exemplo, 233
poder explicativo da, 233-235

Linha de alocação de capital (CAL), 157-159, 163-164, 188-189, 216-217, 256
Linha do mercado de capitais (CML), 164-166
estratégias passivas e, 164-167
fronteira eficiente e, 256
Linha do mercado de títulos (SML), 261-264
ações com alfa positivo e, 262-263
arbitragem e, 287-288
estimativa de, 365
SML multifatorial, 298
Liquidez, 19-20n, 51-52, 439n, 570-571, 574
anomalias de mercado eficiente e, 323-324
CAPM e, 273-276
como restrição de investimento, 860-861
enigma do prêmio das ações, 382-383
fundos de *hedge* e, 809-810, 818-821
precificação de ativos e, 380-382
Lista de entrada de dados, 196-197
Livro de ofertas, 53-55
Loading dos fatores, 286-287, 375-376, 816-817, 821-823
London Interbank Offered Rate (Libor), 15-16, 28-29
Escândalos da Libor, 29-30
Spread TED (2000-2012), 15-16
Long-Term Capital Management, 276, 825
Lucratividade, 574
Lucro
conteúdo noticioso do, 325-326
definição contábil *versus* econômica de, 558-559
oscilação de preço após a divulgação de lucros 324-326
por ação totalmente diluídos, 617
pro forma, 540-541
qualidade do, 580-582
residual, 564-565
Lucros contábeis, 558
lucros econômicos *versus*, 558-559
Lucros econômicos, 558
lucros contábeis *versus*, 558-559

M
Macroeconomia doméstica, 491-493
déficit orçamentário, 493
emprego, 492-493
inflação, 492-494
produto interno bruto (PIB), 492-493
sentimento, 493
taxas de juros, 493
Marcação a mercado, 682-684
Modelo de otimização de carteira de Markowitz, 193-202, 212-213, 225
alocação de ativos e escolha de títulos, 201-202
alocação de capital e teorema da separação, 196-200
carteiras ótimas e retornos não normais, 201-202
desvantagens do, 225
escolha de títulos, 193-197
lista de entrada de dados, 225-227
modelo de Índice *versus*, 244-247
poder da diversificação, 199-201
teorema da separação e, 196-200

Margem, 19-20, 67-68, 158-159, 675-676, 682-683
   chamada cobertura de margem, 67-68
   comprando na margem, 67-70
   de lucro, 566-568, 504
   de manutenção, 67-68, 159n, 682-684
   opções e, 597-598
Market timing, 750-752
   avaliando como uma opção de compra, 752-754
   previsão imperfeita, 754-755
   valor promissor do, 751-753
Matriz de covariância, 212-215
   covariância e, 236-239
   de dados históricos, 841-842
   fronteiriça, 182-183, 213-215
Mecanismos de negociação, 57-59; *consulte também* Negociação de títulos
   mercados de distribuidores, 58-59
   mercados de especialistas, 58-59
   mercados de futuros, 675-686
   negociação de opções, 595-597
   redes de comunicação eletrônica (ECNs), 58-59
Média aritmética
   geométrica *versus*, 116-117
   retorno esperado e, 114-116
Média ponderada
   no tempo, 732
   pelo preço, 39-40
Médias móveis, 353-356
Medida de desempenho à prova de manipulação (MPPM), 742-743
Medida de desempenho M2, 736-738
Medida de Treynor, 734-736
Medidas de lucratividade, 562-566
   alavancagem financeira e ROE, 563-565
   índices financeiros básicos de, 415
   retorno sobre o capital (ROC), 562
   retorno sobre o patrimônio (ROE), 563
   retorno sobre os ativos (ROA), 562
   valor econômico adicionado, 564-566
Melhoria de crédito, 19-20
Mercado(s)
   concorrência entre, 8-11
   de ações agregado, 548-549
   de balcão (OTC), 58-59, 595-596
   de capitais de renda fixa, 2-4, 30-31; *consulte também* Obrigações, Mercado monetário;
   de capitais, 25
   de corretagem, 55-56
   de distribuidores, 55-56, 58-59
   de leilões, 55-56
   de previsão, 679-681
   de procura direta, 54-55
   eficientes, 9-11
   primário, 13-14, 51, 55-56
   secundário, 14-15, 51
   tipos de, 54-56
   trade-off risco-retorno, 9-10
   transparência dos, 7-8
Mercado de ações
   como autorregulamentação, 74-75
   globalização do, 65-67, 489-490

listagens, 37-38
previsores de retorno do mercado em geral, 320-322
Mercado de obrigações, 30-37
   corporativas, 35-36
   dívida de agência federal, 31-33
   dívida em circulação isenta de impostos (1979-2012), 33-34
   do Tesouro protegidas contra a inflação, 31-32
   hipotecas e títulos garantidos por hipoteca, 35-37
   inovações no, 396-398
   internacionais, 32-33
   municipais, 32-36
   notas e obrigações do Tesouro, 30-32
Mercado monetário, 2-4, 20n, 25-30
   aceites bancários, 27-28
   acordos de recompra e reversão, 27-28
   certificado de depósito (CD), 26-27
   commercial papers, 26-28
   crise financeira de 2008, 30-31
   Eurodólar, 27-28
   fundos federais, 28-29
   mercado Libor, 28-29
   notas do Tesouro, 25-27
   opções de compra de corretores, 28-29
   principais componentes do, 25-26
   rendimentos no, 28-30
Mercado acionário Nasdaq, 58-59, 61-62
   nível de subscritores, 61-61
Mercados de ações globais, 65-67; *consulte também* Investimento internacional
   capitalização de mercado doméstica (2012), 66-67
   capitalização de mercado e PIB, 776
   mercados emergentes, 773-776
   países desenvolvidos, 773-775
   retorno do mercado acionário (2012), 489-490
   viés doméstico, 776
Mercados de derivativos, 44-48
   contratos de futuros, 47-48
   hipotecários e crise de 2008, 17-19
   opções, 44-47
Mercados de especialistas, 58-59
   mercados de procura direta, 54-55
   negociação algorítmica, 63-64
   negociação com informações privilegiadas, 76-77
   negociação de alta frequência, 63-65
   negociação de obrigações, 64-66
   negociação eletrônica, 59-61
   negociação programada, 711
   novas estratégias de negociação, 62-66
   ordem de compra ou venda para limitar perda, 57-58
   ordens condicionadas a preço, 5658
   ordens de mercado, 55-57
   redes de comunicação eletrônica (ECNs), 58-59
   regulamentação dos mercados, 73-77
   tipos de mercado, 54-56

tipos de ordem, 55-58
transações em bloco, 64-65
vendas a descoberto, 57-58, 70-74
Mercados de futuros, 675
   alavancagem e, 686-687
   arbitragem, 689-691
   câmara de compensação, 679-683
   de câmbio exterior, 701-708
   de moeda, 702
   de taxa de juros, 713-716
   dinâmica de negociação, 679-686
   em aberto, 679-683
   estratégias para, 685-689
   hedging e especulação, 685-688
   indexados por ações, 707-713
   paridade da taxa de juros, 439
   precificação a termo *versus* precificação de futuros, 694-695
   preços de futuros *versus* preços à vista esperados, 694-697
   presidenciais/outras previsões, 681
   regulamentações, 684-686
   risco da taxa de câmbio, 705-708
   risco de base e *hedging*, 687-689
   teorema de paridade entre preço à vista e de futuros, 688-692
   tributação, 685-686
Mercados de títulos; *consulte também*, Mercados e instrumentos
   autorregulamentação, 74-75
   Bolsa de Valores de Nova York, 61-63
   como concorrência, 8-11
   globalização e consolidação dos, 65-67
   Lei Sarbanes-Oxley, 74-77
   mecanismos de negociação, 57-59
   mercados de títulos americanos, 60-63
   Nasdaq, 58-59
   negociação com informações privilegiadas, 76-77
   negociação de obrigações, 64-66
   redes de comunicação eletrônica (ECNs), 58-59, 62-63
   regulamentação da, 73-77
   tipos de mercado, 54-56
   tipos de ordem, 55-58
Mercados e instrumentos
   índices do mercado de ações e de obrigações, 39-46
   mercado de obrigações, 30-37mercados de derivativos, 44-48
   mercado monetário, 25-31
   títulos de participação acionária, 36-40
Mercados emergentes, 773-776
   capitalização de mercado das bolsas de valores, 775
   risco e retorno nos, 788-791
Mercados financeiros
   alocação de risco, 5-6
   bancos de investimento e, 13-15
   capital de risco e *private equity*, 14-15
   concorrência entre, 8-11
   economia e, 4-8
   eficientes, 9-11

empresas que são demandantes
    líquidas de capital, 10-11
famílias enquanto poupadoras
    líquidas, 101-11
função do governo nos, 10-11
função informativa dos, 4-5
governança/ética corporativa, 7-8
intermediários financeiros, 11-14
mercados de capitais, 25
mercados monetários, 25-30
momento de consumo, 4-6
principais participantes nos, 10-15
separação entre propriedade e
    controle, 5-7
trade-off risco-retorno, 9-10
Merrill Lynch Domestic Master, índice, 470-471
Método de desconto bancário, 26-27
Microsoft, 6-7
Mineração de dados (*data mining*),
    234-235, 328-329, 812-813
Modelo(s)
    binomial, 641-642
    de beta zero, 268-269
    de desconto de dividendos (DDM),
        519, 522-535
    de fator macro, 372-374
    de planejamento de aposentadoria,
        871-872
    de precificação de ativos; *consulte*
        Teoria de precificação por
        arbitragem (APT)
    de precificação de ativos financeiros
        (CAPM), 271-272, 382
    de volatilidade estocásticos, 650-651
    diagonal, 831
    multi-índice, 230-231
Modelo de Black-Litterman, 734-846,
    852-853
    carteira de otimização, 844-846
    decisão sobre alocação de ativos, 734-842
    etapas no, 734-846
    expectativas revistas (posteriores),
        843-845
    matriz de covariância de dados
        históricos, 841-842
    previsões de referência, 841-843
    sensibilidade do, 845-846
    Treynor-Black *versus*, 845-848
    visão pessoal do gestor e, 842-844
Modelo de índice único, 226-232, 286
    análise de variância, 234-235
    construção de carteiras e, 237-246
        alfa e análise de títulos, 237-240
        carteira de risco ótima, 240-242, 245
        exemplo de, 243-246
        índice de informação, 241-244
        lista de entrada de dados, 237, 241
        previsões de prêmio de risco, 243-245
        resumo do procedimento de
            otimização, 243-244
    correlação e matriz de covariância,
        236-239

diversificação e, 230-232
equação de regressão do, 227-229
estimando o modelo (exemplo), 232-239
estimativa de alfa, 234-236
estimativa de beta, 236
estimativas necessárias para, 229-231
linha característica do título, 233-235
relação entre retorno esperado-beta,
    228-229
risco e covariância no, 228-229
risco específico à empresa, 236
Modelo de índice, 225, 364-369; *consulte
    também* Modelo de índice único
    aposta no alfa, 249-250
    APT de fator único e, 364-369
    betas e, 247-250, 367-369
    CAPM e, 365-366
    carteiras de acompanhamento, 249-251
    como ativo de investimento, 239-241
    diversificação e, 230-232
    gestão de carteiras com, 243-251
    mercado de títulos de fator único,
        225-228
    modelo de covariância completa *versus*,
        244-247
    relação retorno esperado-beta, 364-365
    versão do setor do, 246-249
Modelo de precificação de ativos
    financeiros (CAPM), 255-266
    ampliações do, 264-269, 386-388
    capital humano e, 371
    CAPM baseado no consumo, 271-273
    CAPM e APT multifatorial, 369-374
    carteira de mercado (M) e, 256-257
    carteiras com *hedge*, 270-272
    crítica de Roll, 365-368
    desafios e ampliações para o, 268-269
    estratégia passiva como eficiente, 257
    expectativas homogêneas, 266-267
    fixação de taxas de serviços de
        utilidade pública e, 262-263
    ICAPM (CAPM intertemporal),
        271-272
    ideias e implicações do, 262-265
    linha do mercado de títulos (SML),
        261-264, 270
    liquidez e, 273-276
    mercado de índice único, 263-266, 363
    modelo de beta zero, 268-269
    modelo de vários períodos, 270-272
    mundo acadêmico e, 276-278
    prêmio de risco da carteira de
        mercado, 257-258
    renda de trabalho e ativos não
        negociados, 269-270
    retornos esperados sobre títulos
        individuais, 259-261
    setor de investimentos e, 278-279
    suposições da, 264-269
    taxa de retorno mínimo, 262-263
    taxas de retorno exigidas, 262-263
    teoria de precificação por arbitragem
        (APT), 294-295

testes do, 365-366
Modelo de três fatores de Fama e French
    (FF), 299-301, 373-376, 384-386
    CAPM *versus*, 375-376
    explicações comportamentais,
        378-380
    momentum como quarto fator, 379-380
Modelo de Treynor-Black, 295-296
    Black-Litterman *versus*, 845-848
    distribuição de valores de alfa, 838-841
    estrutura e desempenho
        organizacional, 839-841
    previsão da precisão do alfa, 837-838
Modelos de avaliação de ações, 519-549
    abordagens de fluxo de caixa livre,
        543-546
    análise preço/lucro e DDM, 541-542
    avaliação por comparáveis, 519-521
    comparação de modelos, 546-547
    mercado de ações agregado, 548-549
    modelo de desconto de dividendos;
        consulte Modelo de desconto (DDM)
    valor intrínseco *versus* prelo de
        mercado, 521-523
Modelos de fator de retorno de título,
    286-288; *consulte também* Modelos
    multifatoriais
Modelos de fator do tipo Fama-French,
    373-380
Modelos multifatoriais, 285, 286-287
    ATP multifatorial, 296-299
    erro de apreçamento e arbitragem, 298
    linha do mercado de títulos
        multifatorial, 298
    modelo de três fatores de Fama e
        French (FF), 299-301
    modelos de fator de retorno de título,
        286-288
    utilizando a avaliação de risco, 287-288
    visão geral dos, 286-288
Momento de consumo, 4-6
Momentum, 353, 379-380
Multiplicador, 620-621
Modelos de crescimento de vários
    estágios, 534-535
    aplicações Excel, 534-535
    ciclos de vida e, 530-534
Múltiplo de preço/lucro, 535-536
Mutual Fund Sourcebook, da Morningstar,
    97-98, 165-166

N

Necessidades exclusivas, 861-862
Negligência do tamanho da amostra,
    343-344
Negociação
    algorítmica, 62-64
    com informações privilegiadas, 76-77
    de liquidez, 274
    de obrigações, 64-66
    de pares, 63-64, 812-813
    de ruído, 274
    programada, 711

Negociação de alta frequência, 51, 54-59, 62-65
　autorregulamentação, 74-75
　comprando na margem, 67-70
　custos de negociação, 67
　dark pools, 64-65
　globalização e consolidação, 65-67
　mecanismos de negociação, 57-58
　mercado de balcão (OTC), 58-59
　mercado de leilões, 55-56
　mercados de corretagem, 55-56
　mercados de distribuidores, 55-56, 58-59
Negociação eletrônica
　ascensão da, 59-61
　dark pools, 64-65
　negociação algorítmica, 63-64
　negociação de alta frequência, 63-6
　negociação de obrigações, 64-66
　novas estratégias de negociação, 62-66
　quebra-relâmpago (2010), 64-65
Neutro ao
　delta, 664
　risco, 150-151
Níveis de
　resistência, 310-311
　suporte, 310-311
　significância, 234-235, 266n
Nivelamento de resultados, 580-581
No preço, 594-595
Normas internacionais de divulgação financeira (IRFS), 582-583
Notas de antecipação de impostos, 23-24
Notas e obrigações do Tesouro, 30-32, 107-108, 391-393
　protegidas contra a inflação, 31-32, 104-105
　rendimento até o vencimento, 31-32
Notas negociadas em bolsa (ETNs), 93-94
Números de Fibonacci, 353

O
Objetivos, 855-857
Obrigação
　com baixo risco de crédito, 413
　hipotecária, 418-419
Obrigações, 391-392, 869; *consulte também* Gestão ativa de obrigações; Mercado de capitais de renda fixa; Taxas de juros; Estrutura de prazo de taxas de juros; Curva de rendimento
　alocação de ativos com, 188-193
　buldogue, 396
　características das, 391-398
　catástrofe, 396-397
　classificações, 414
　cláusula de resgate, 394
　cláusulas de proteção, 417
　cláusulas de subordinação, 418-419
　com baixo risco de crédito, 413
　com desconto, 405
　com desconto de emissão original (OID), 412-413
　com garantia em equipamento, 418-419
　com opção de venda, 395
　com prêmio, 404
　com resgate diferido, 394
　com taxa flutuante, 4-5, 395
　conversíveis, 35-36, 394-395, 614-617
　convexidade; *consulte* Convexidade
　corporativas, 393-394
　de alto rendimento, 415
　de alto risco, 413, 415
　de cupom zero, 107-108, 391-392, 410-413, 435-437; *consulte* Obrigações de cupom zero
　de dívida estruturadas (CDOs), 423
　de dívida geral, 32-33
　de receita, 32-33
　do Tesouro protegidas contra a inflação, 31-32
　do Tesouro; *consulte* Notas e obrigações do Tesouro
　escritura de emissão da obrigação, 391-392, 417
　estrangeiras, 396
　flutuantes reversas, 396
　fundos de amortização, 417-419
　garantia, 418-420
　garantidas, 35-36
　garantidas por ativos, 396-397
　ianques, 396
　indexadas, 396-398
　inovações no mercado de obrigações, 396-398
　internacionais, 32-33, 396
　juros acumulados, 393
　não conversíveis, 614-615
　não seguras, 418-419
　negociação de, 64-66
　outros emissores domésticos, 396
　para desenvolvimento industrial, 32-33
　precificação; *consulte* Precificação de obrigações
　preços de obrigação cotados, 393
　rendimento até o resgate, 405-406
　rendimento até o vencimento; *consulte* Rendimento até o vencimento
　rendimento atual, 404
　resgatáveis, 614-615
　restrições de dividendos, 418-419
　retornos pós-impostos, 412-413
　risco de inadimplência; *Consulte* Risco de inadimplência
　Risco de inflação, 271-272, 869-870, 880-881
　samurai, 396
　segurança, determinantes da, 415-417
　taxa de cupom, 391-392
　valor nominal/face, 391-392
　vinculadas à inflação, 31-32
Obrigações conversíveis, 35-36, 394-395, 614-617
　arbitragem de obrigações conversíveis, 811-812
　valor como função do preço das ações, 616
Obrigações corporativas, 2-4, 35-36, 393-394; *consulte também* Obrigações debêntures subordinadas, 35-36
　debêntures, 35-36risco de inadimplência, 413-414
　obrigações com opção de venda, 395
　obrigações com taxa flutuante, 395
　obrigações conversíveis, 35-36, 394-395
　obrigações garantidas, 35-36
　obrigações resgatáveis, 35-36, 394
　precificação de, 397-402
Obrigações de dívida garantidas (CDOs), 17-18 424, 468-469
　risco de crédito e, 423-424
Obrigações municipais, 32-36
　dívida em circulação isenta de impostos (1979-2012), 33-34
　notas de antecipação de impostos, 32-33
　obrigações de dívida geral, 32-33
　obrigações de receita, 32-33
　obrigações para desenvolvimento industrial, 32-33
　relação de rendimentos de dívidas municipais *versus* dívidas corporativas Baa (1953-2013), 34-35
　rendimento tributável equivalente, 33-34
Obrigações resgatáveis, 35-36, 394, 614-615
　convexidade negativa, 465
　de valor *versus* não conversíveis, 615
　duração e convexidade das, 465-467
　garantidas por hipoteca *versus*, 468-469
　rendimento até o resgate, 405-406
Oferta pública inicial (IPO), 52-55
　retornos médios de primeiro dia, 54-55
Oferta secundária de capital, 52-53
Ondas de Kondratieff, 355-356
Opção
　americana, 596-597
　de adiamento de impostos, 873
Opção de compra, 4n, 44-46, 593-594
　determinantes de valor, 632-634
　dividendos e, 635-636, 651-652
　exercício antecipado e dividendos, 635-636
　índice de *hedge* e, 654
　lucros e prejuízos com, 593-594, 678-679
　market timing avaliado como, 752-754
　obrigações corporativas (resgatáveis), 34-35, 394
　opções de compra cobertas, 605-608
　preço atual da ação e, 635-636
　razão *put/call*, 357
　restrições ao valor da, 633-636
　taxas de incentivo como, 825-826
　valor antes do vencimento, 632-633
　valor de opção de compra pseudoamericana, 652
　valor no vencimento, 599-601
Opções, 44-47, 593
　ações alavancadas e dívida de risco, 618-621

ajustes nos termos do contrato de, 596-598
americanas, 596-598
asiáticas, 621-622
collars, 609-612
com conversão em moeda, 621-623
com limite, 621-622
de compra; *consulte* Opções de compra
de compra cobertas, 605-608
de compra de corretores, 28-29
de futuros, 598-599
de taxas de juros, 599-600
de venda a descoberto, 600-601
de venda protetoras, 603-605
de venda protetoras sintéticas, 655-657
de venda; *consulte* Opções de venda
digitais, 622-623
em moeda estrangeira, 598-599
estratégias, 603-612
europeia, 596-598
exóticas, 621-623; *consulte* Opções exóticas
investimentos em ações *versus*, 601-604, 605
lookback, 621-622
negociação de, 595-597
outras opções listadas, 597-600
preço de exercício (*strike*), 44-46
relação de paridade entre opção de venda e opção de compra, 610-613
spreads, 608-609
straddles, 608-609
valor no vencimento, 599-604, 607
Opções de venda, 44-46, 594-595
a descoberto, 600-601
de Black Scholes, 652-653
dividendos e, 653
exercício antecipado de opções de venda americanas, 636-637
lucros e prejuízos com, 594-595
valor no vencimento, 600-601
Opções de venda protetoras, 603-605
investimentos em ações *versus*, 605
sintética, 655-657
Oportunidades de crescimento, 125-127, 530-531
valor presente das, (PVGO), 530-531
Options Clearing Corporation (OCC), 597-598
Ordens
condicionadas a preço, 56-58
de compra ou venda para limitar perda, 57-58
stop de compra, 57-58
stop de perda, 57-58
Ordens-limite, 56-57
Oscilação de preço após a divulgação de lucros 324-326
Otimização
de carteira, 295-297, 844-845, 845-846
resumo do procedimento, 243-244
Outros indicadores, 501-502
picos/vales, 496-497

rotatividade setorial e, 507-508
sensibilidade ao, 504-507

P

Pagamento em dinheiro, 684-685
Pagamentos de cupom, 31-32, 391-392
Países desenvolvidos, 773-775
capitalização de mercado das bolsas de valores, 774
Paradoxo de São Petersburgo, 172-175
Parmalat, 7-8
Participação acionária, 2-4, 36-40; *consulte também* Títulos de participação acionária
posição alavancada em ações, 618-620
Passeio aleatório, 305-306-307, 363
Passivo contingente, 581-582
Pass-throughs, 16-17, 467
Patrimônio dos acionistas, 558-559
Período de cobrança médio, 569-570
Período de exercício, 478-479
Períodos de carência, 809-810
Peso ativo, 761
Pico, 496-497
Planejamento, 855-856
Planos de aposentadoria com adiamento de impostos, 875
Planos de benefícios definidos, 858-859, 877-878
Planos de contribuição definida, 858-859, 877
Poder de barganha dos compradores/ fornecedores, 511-512
Política do governo federal, 494-497
política fiscal, 494-495
política monetária, 495-469
políticas voltadas para a oferta, 469-497
Posição
alavancada em ações, 618-620
comprada, 47-48, 675-676
vendida, 47-48, 675-676
Posições sintéticas em ações, 709-710
Poupança, 8-9
de aposentadoria, 870-871
Práticas contábeis, 580-582
Práticas de provisionamento, 581-582
Precificação
de opções de dois estados, 639-641
de *swaps*, 719-720
Precificação de obrigações, 391, 397-402, 432-434
aplicações Excel para, 402
calculadoras financeiras, 399-400
curva de rendimento e, 432-434
dívida resgatável e não conversível 614-615
entre datas de cupom, 401
obrigações com cupom, 433
preços ao longo do tempo, 408-413
preços de obrigação cotados, 393
relação preço/rendimento, 400
risco de inadimplência e, 413-414
suscetibilidade à taxa de juros, 453-456
taxas entre dois prazos futuros com risco da taxa de juros, 439

Precificação de opções binomial, 637-645
precificação de opções de dois estados, 639-641
tornando o modelo prático, 641-645
Preço(s)
à vista esperados, 694-697
de compra, 25-26, 55-56, 391-392
de exercício/*strike*, 44-46, 593-594
de faturamento, 401
de obrigação cotados, 393
de resgate, 394
de risco do mercado, 259-260
de venda, 25-26, 55-56, 391-392
sem acréscimo, 401
Preços das ações
argumento do passeio aleatório, 305-307, 363
desempenho de preço das ações por setor (2012), 502-503
oportunidades de investimento e, 527-531
Preços de futuros, 675-676, 688-695
a termo *versus*, 694-695
à vista esperados *versus*, 694-697
arbitragem no mercado de futuros, 689-692
contango, 695-696
hipótese das expectativas, 694-695
paridade e *spreads* (Excel), 693
relação de custo de manutenção, 690-691
spreads, 691-693
teorema de paridade entre preço à vista e de futuros, 688-692
teoria de mercado invertido, 695-696
teoria moderna de carteiras e, 695-697
Prêmio das ações, 382-383
ampliações do CAPM, 386-388
crescimento do consumo e taxas de retorno do mercado, 382-384
explicações comportamentais, 387-388
liquidez e, 387-388
retornos esperados *versus* realizados, 384-386
viés de sobrevivência, 386-387, 734n, 820-821
Prêmio, 593-594; *consulte também* Prêmio das ações; Prêmios de risco
de conversão, 395
de inadimplência, 420-421
de liquidez, 439, 441
Prêmios de risco, 113-114, 147
carteira de mercado, 257-258
ineficiências *versus*, 326-329
previsões de, 243-245
retornos do período de manutenção, 111-115
retornos realizados e, 113-115
Previsão
gestão de carteira ativa *versus* passiva, 837-841, 849-850
horizontes de longo prazo, 142-143
importância da previsão imperfeita, 754-755

previsões de prêmio de risco, 243-245
Previsões de referência, 841-842
Principal nocional, 715-716
Princípio do seguro, 179-181, 202-204
    agrupamento de riscos e, 202-204
    compartilhamento de risco e, 204-206
    diversificação e, 179-181
Private equity (participações privadas), 14-15
Probabilidade de perda, 203-204
Problema de *timing*, 815n
Problema do cisne negro, 103, 138-140, 823-825
Problemas de agência, 5-7, 18-19, 37-38
Problemas de comparabilidade, 576-583
    análise de demonstração financeira, 576-583
    avaliação de estoque, 576-578
    contabilidade de valor justo, 578-581
    convenções contábeis internacionais, 581-583
    depreciação, 577-578
    inflação e despesa de juros, 577-579
    qualidade dos lucros, 580-582
Procedimentos de atribuição de desempenho, 758-764
    aplicações Excel para, 762-763, 804-805
    contribuições dos componentes, 763-764
    decisões sobre alocação de ativos, 761
    escolha de ações, 804-805
    escolha de moeda, 803-804
    escolha de país, 804-805
    escolha de setor e de títulos, 762
    escolha entre mercado monetário/obrigação, 804-805
    investimento internacional e, 801-806
Processamento de informações, 342-344
    conservantismo, 342-343
    erros de previsão, 342-343
    excesso de confiança, 342-343
    negligência e representatividade do tamanho da amostra, 343-344
Processo de gestão de investimentos, 855-861
    bancos, 859-861
    componentes do, 857-858
    declarações de política, 862-869
    empresas de seguro de vida, 859-860
    empresas que não são de seguro de vida, 859-860
    execução, 855-856
    feedback, 855-856
    fideicomisso pessoal, 856-859
    fundos de dotação, 859-860
    fundos de pensão, 858-859
    fundos mútuos, 858-859
    investidores individuais, 856-857
    investimentos de longo prazo, 879-881
    objetivos do, 855-857
    planejamento, 855-856
    questionário de tolerância ao risco, 856-857
    restrições, 860-862
Processo de investimento, 7-9; Consulte também Gestão de carteiras

análise de títulos, 8-9
decisão sobre escolha de títulos, 8-9construção descendente de carteiras, 8-9
decisões sobre alocação de ativos, 8-9
estratégia ascendente, 8-9
Produção industrial, 492-493
Produto interno bruto (PIB), 492-493
    capitalização de mercado e, 776
Produtos estruturados, 18n
Produtos substitutos, 511-512
Propriedade de convergência, 683-684
Prospecto, 52-53
Provedores de rede de especialistas, 309
Provisão para dívidas irrecuperáveis, 580-581
Provisões de recuperação, 21-22
Proxy (representante), 36-37
Psicologia do mercado; *consulte* Finanças comportamentais

Q
Q de Tobin, 521
Quanto, 621-622
Questão
    de magnitude, 317-318
    do evento de sorte, 318-319
    do viés de escolha, 317-318
Questionário de tolerância ao risco, 856-857
Quociente de liquidez, 415, 570-571, 574
Qwest Communications, 7-8

R
Razão *put/call*, 357
Rebalanceamento, 7-8, 475-477
Recibos de depósito, 39-40
    americanos (ADRs), 39-40, 784
Reconhecimento de receita, 580-581
Reconstituição de obrigações, 433
Redes de comunicação eletrônica (ECNs), 58-59, 62-63
Referências, 834-836
    análise de estilo e referências multifatoriais, 757-759
    avaliação das, 572-575
    fundos mútuos como, 94-95
    multifatoriais, 757-759
    para análise de índice, 572-575
Refinanciamento, 394
Registro
    de prateleira, 52-53
    de previsão, 837-838
Regra do investidor prudente, 857-858, 861
Regra Volcker, 13-14, 20-21
Regressão de
    primeira verificação, 364
    segunda verificação, 364
Regulamentação do mercado de títulos, 73-77; *consulte também* Comissão de Valores Mobiliários (SEC)
    autorregulamentação, 74-75
    como restrição de investimento, 861
    Lei Sarbanes-Oxley, 74-77
    mercados de futuros, 684-686

    negociação com informações privilegiadas, 76-77
    regra do investidor prudente, 857-858, 861
Relação
    de arbitragem de juros coberta, 703-705, 780-781
    de custo de manutenção, 690-691
    de paridade da taxa de juros, 703-705, 780-781
    de paridade entre opção de venda e opção de compra, 610-613
    média-beta, 260-261
Remaindermen, 856-857
Remuneração executiva, 6-8
Renda
    de trabalho, 269-270, 369-371
    operacional, 558
Rendimento(s); *consulte também* Rendimentos das obrigações
    até o resgate, 405-406
    atual, 404
    de dividendos, 112-113
    equivalente ao das obrigações, 26-27, 31-32
    imediato e a termo, 438
    instrumentos do mercado monetário, 28-30
    método de desconto bancário, 26-27
    spread entre obrigações 10 anos *versus* 90 dias do Tesouro, 446
    tributáveis *versus* isentos de impostos, 35-36
    tributável equivalente, 33-36
Rendimento até o vencimento (YTM), 31-32, 403-405
    função do Excel para, 404
    rendimento até o vencimento esperado *versus* prometido, 419-420
    retorno composto realizado *versus*, 406-408
    retorno do período de manutenção *versus*, 409-411
    risco de inadimplência e, 419-421
Rendimento das obrigações, 403-408
    curva de rendimento, 404
    rendimento anual efetivo, 413
    rendimento até o resgate, 405-406
    rendimento até o vencimento (YTM), 403-405
    rendimento composto realizado *versus* rendimento até o vencimento, 406-408
    versus retorno do período de manutenção do investimento, 409-411
Repos, 27-28
Resíduo, 228-229
Responsabilidade limitada, 37-38
Restrições; *consulte* Restrições de investimento
    de dividendos, 418-419
Restrições de investimento, 860-862
    fatores tributários, 861
    horizonte de investimento, 861
    liquidez, 860-861

matriz de restrições, 860-861
necessidades exclusivas, 861-862
regulamentações, 861
Retorno(s)
do horizonte de investimento esperado, 522
não normais, 163-164, 201-202
médios ponderados pelo dólar, 732
normais e lognormais, 134-138
ponderados no tempo, 732
realizado, retorno esperado *versus*, 384-386
ajustado ao risco da Morningstar (MRAR), 734-736, 742-745
sobre as vendas (ROS), 566-567, 574
sobre o capital (ROC), 562
sobre os ativos (ROA), 415, 562, 567-568, 574
Retorno anormal, 314-315
cumulativo (CAR), 315-316
estudos de eventos, 314-317
modelo de mercado para estimar, 314-316
para deduzir danos, 316-317
Retorno composto realizado, 407-408
rendimento até o vencimento *versus*, 406-408
Retorno esperado, 9n, 113-114, 128-130, 290-291
beta e, 228-229, 364
desvio-padrão e, 112-114, 185-186
média aritmética e, 114-116
modelo de planilha para, 213-215, 217-218
prêmio de risco e, 113-115
relação entre retorno esperado-beta, 260-261
rendimento até o vencimento esperado *versus* prometido, 419-420
retorno do horizonte de investimento esperado, 522
retorno esperado da carteira, proporções de investimento, 185-186
retorno realizado *versus*, 384-386
títulos individuais e, 259-261
Retorno do período de manutenção (HPR), 111-113, 147, 731
obrigação de cupom zero, 435-437
obrigações de desconto de emissão original, 413
rendimento até o vencimento *versus*, 409-411
simulação de taxas de retorno de longo prazo futuras, 137-141
versus retorno do horizonte de investimento esperado, 522
Retorno dos títulos
evidências empíricas sobre, 363-364
modelos de fator de, 286-288
Retorno médio geométrico (ponderado no tempo), 115-117
média aritmética *versus*, 116-117
Retorno sobre o patrimônio (ROE), 415, 563, 572-574
alavancagem financeira e, 563-565
comparação entre setores (2012), 502-503

decomposição do, 565-568
dos acionistas, 532
principais empresas de desenvolvimento de *software* (2012), 504
Retornos das ações
em curtos horizontes, 319-320
em longos horizontes, 319-321
Retornos históricos sobre carteiras de risco, 124-134
ações ordinárias (1926-2012), 128-129
déficit esperado (ES), 123-124
investimentos de longo prazo, 133-139
letras do Tesouro dos EUA, 109-112
retornos de carteira, 129-133
retornos em excesso e prêmios de risco, 113-115
valor em risco (VaR), 122-123, 129-132
visão global dos, 132-134
Risco; *consulte também* Risco de carteira
ajustando os retornos ao, 733-736
de base, 879-880
apostas puras, 815-816
aversão ao, 147-153
Classificação ajustada ao risco da Morningstar, 734-736, 742-745
da taxa de câmbio, 777-778
da taxa de juros; *consulte* Risco da taxa de juros
da taxa de reinvestimento, 408
das ações, 538-539
de arbitragem, 288-289
de base, 687-688, 879-880
de carteira; *consulte* Risco de carteira
de cauda, 129-131
de contraparte, 15-16, 702
de crédito, 413, 423-424
de déficit, 136-13
de inadimplência; *consulte* Risco de inadimplência
de inflação, 271-272
de liquidez, 276, 381, 869-870
de mercado, 179-181, 711-712, 869-870
de modelo, 347-348
de poder aquisitivo, 869-870
de referência, 834-836
de *timing*, 869-870
de volatilidade, 665
diversificável, 179-181, 231-232
específico à empresa, 179-181, 236
exclusivo, 179-181
fundamentalista, 346-348
não diversificável, 179-181
não sistêmico, 179-181
político, 781-782, 869-870
residual, 290-291
social, 869-870
alocação de, 5-6
Risco da taxa de câmbio, 777-778
futuros e, 705-708
investimento internacional e, 790-793
proteção contra o risco da taxa de câmbio, 701-704
Risco da taxa de juros, 453-462, 869-870

duração, 456-462
preços de obrigações e taxas entre dois prazos futuros, 439
proteção contra,, 713-716
sensibilidade ao, 453-456
Risco de carteira
diversificação e, 179-181
medida de desempenho e, 749
número de ações na carteira, 180-181
retorno e, 184-185
Risco de crédito, 413
no mercado de *swaps*, 719-721
obrigação de dívida garantidas, 17-19, 423-424, 468-469
Risco de inadimplência
índices financeiros como previsores, 415-416
obrigações corporativas, 413-414
precificação de obrigações, 413-424
prêmio de inadimplência e, 420-421
rendimento até o vencimento e, 419-421
Risco de mercado, 179-181, 869-870
hedging com futuros de índice, 711-713
Risco sistemático, 179-181, 228-229
normalidade dos retornos e, 226-228
Risco sistêmico, 14-15, 19-20
crise financeira de 2008, 18-20, 423
Rite Aid, 7-8
Rivalidade entre concorrentes existentes, 511-512
Rotatividade, 91, 568, 569-570
de ativos, 568
de estoque, 574
dos ativos fixos, 569, 574
dos ativos totais (ATO), 566-567, 574
setorial, 507-508

S

Salomon Broad Investment Grade (BIG), índice, 470-471
Securitização, 16-17
Security Analysis (Graham & Dodd), 583-584
Segurança das obrigações
determinantes da, 415-417
equação de Altman, 417
índice de alavancagem, 415
índice fluxo de caixa/dívida, 415-417
índices de cobertura, 415
índices de liquidez, 415
índices de lucratividade, 415
Seguro de
carteira, 605, 655-659
vida integral, 859-860
vida universal, 859-860, 876
vida variável, 859-860, 876
Sentimento, 493
Sentimento e indicadores de entusiasmo, 356-357
estatística *trin*, 356-357
índice de confiança, 357
razão *put/call*, 357
Separação entre propriedade e controle, 5-7
Setor, definição, 502-505

Setores
    cíclicos, 227-228, 496-497
    defensivos, 496-497
Sistema DuPont, 565-568, 572-573
Sistema Norte-Americano de
    Classificação de Setores (NAICS),
    códigos do, 504-505
Soft dollars (pagamento através de
    comissão), 90-91
Spin-offs parciais, 348-349-350
Spread(s), 608-609
    altista, 609, 611
    aplicação Excel, 608, 693
    de calendário, 687-688
    entre *commodities*, 688n
    entre preço de compra e venda, 25-26,
        55-56
    especulação com, 688-689
    futuros, 691-693
    paridade e, 693
    precificação de, 692-693
    TED (Treasury-Eurodollar), 15-16
Standard & Poor's 441-442,
    como índice ponderado pelo valor de
        mercado, 42-43
    índice, 42-44
    lucro por ação *versus* (1995-2011),
        492-493
    rendimento de dividendos mensal
        (2001-2013), 691-692
    retornos cumulativos (1980-2013),
        15-16
    volatilidade implícita, 650-651, 665-666
Straddles, 608-610
Straps, 609
Stripping de obrigações, 433
Swap de obrigações, 478-479; *consulte
    também* Gestão ativa de obrigações
Strips, 609
    do Tesouro, 410-413
Subscritores, 13-14, 52-53
Supermercados financeiros, 87-88
Surpresa de lucro, 325-326
Swaps, 715-721
    contrato a termo *versus*, 719-720
    de antecipação de taxa, 479-480
    de câmbio, 715-716
    de obrigações, 478-479
    de risco de incumprimento (CDS),
        18-19, 420-423, 720-721
    de substituição, 478-480
    de taxa de juros, 715-717
    distribuidor de, 717-718
    entre mercados diferentes, 479-480
    outros contratos de taxa de juros,
        718-719
    precificação de, 719-720
    puro de obtenção de rendimentos,
        479-480
    reestruturação do balanço patrimonial
        e, 716-717
    risco de crédito em, 719-721
    tributário, 479-480

Swaps de taxa de juros, 715-717
    intermediário de *swaps*, 717
    outros contratos, 718-719
    reestruturação do balanço patrimonial,
        716-717

T
Tamanho da empresa, 373-374
Tamanho de *tick*, 31-32, 59-61
Taxa
    à vista, 435, 436-437, 438
    de câmbio, 490-492
    de capitalização de mercado, 522-523
    de cupom, 391-392
    de curto prazo, 435
    de desemprego, 492-493
    de participação, 620-621
    de reinvestimento, 528-529
    de resgate, 88-89
    de retorno de certeza equivalente,
        149-150
    de retorno mínimo, 262-263
    de retorno ponderada pelo dólar, 733
    de utilização de capacidade, 492-493
    dos fundos federais, 28-29, 469
    fundos de *hedge*, 825-828
    fundos mútuos, 87-88, 89-91
    gestão ativa, 848-849
    interna de retorno (IRR), 262-263
    isenta de risco, 113-114, 139-142
Taxa de incentivo, 809-810, 825
    avaliação de Black-Scholes, 825-826
    fundo de fundos, 826-827
Taxas de juros; *consulte também* Estrutura
        de prazo das taxas de juros
    curva de rendimento e taxas futuras,
        433-436
    determinantes do nível de, 103-107
    estimando a taxa real, 104-105
    estrutura de risco das taxas de juros,
        420-421
    impostos e, 106-107
    inflação e (1926-2012), 111-112
    macroeconomia e, 493
    real de equilíbrio, 104-106
    real, 103-105
    taxa nominal, 103-105
    taxa nominal de equilíbrio, 105-107
Taxa de juros entre dois prazos futuros,
        436-437
    como contrato a termo, 446
    incerteza sobre a taxa de juros e,
        438-440
    inclinações da curva de rendimento, 443
Taxa de retorno; *consulte também* Retornos
    históricos sobre a carteira de risco
    análise de série temporal *versus* de
        cenário, 114-115
    análise de série temporal, 114-119
    carteira de ações com *hedge*, 689-690
    composição contínua, 108-111
    crescimento do consumo e taxas de
        retorno do mercado, 382-384
    da carteira, 217-218

diferentes períodos de manutenção.
    107-111
exigida, 262-263
índice de recompensa/variabilidade
    (Sharpe), 118-119, 157-158
pesquisas futuras, 141-143
retorno médio geométrico (ponderado
    no tempo), 115-117
retornos esperados e média aritmética,
    114-116
taxa efetiva anual (EAR), 107-109
taxa interna de retorno, 107-108, 127-128
taxas percentuais anuais (APRs),
    108-109
Taxa efetiva anual (EAR), 107-108
    retorno total *versus*, 108-109
    taxas percentuais anuais (APRs),
        108-109
Taxa nominal de juros, 103-104
    taxa de juros nominal de equilíbrio,
        105-107
Taxas percentuais anuais (APRs), 31-32,
    108-109
    taxa efetiva anual (EAR) *versus*, 108-109
Tempo, *versus* risco, 141-142
Tendências, 352-353
Teorema
    da separação, 196-200
    de paridade entre opção de venda e
        opção de compra, 612-613
    de paridade entre preço à vista e de
        futuros, 688-692
    dos fundos mútuos, 257
Teoria
    da perspectiva, 345-348
    da preferência por liquidez, 441-442
    de mercado invertido, 695-696
    de onda de Elliot, 355-356
    de precificação por arbitragem (APT),
        285, 287-294
Teoria moderna de carteiras; 9-10,
    695-697, *consulte também* Alocação de
    capital
    precificação de opções e, 660-661
    risco e aversão ao risco, 147-153
Testes
    de forma forte, 310, 325-327
    normativos, 264-266
    positivos, 264-266
Time spread, 609
Timing, 137-138
Tipos de ordem, 55-58
    ordem de compra ou venda para limitar
        perda, 57-58
    ordens condicionadas a preço, 56-58
    ordens de mercado, 55-57
    ordens-limite, 56-57
TIPS (títulos do Tesouro protegidos
    contra a inflação), 31-32, 104-105, 396-
    397, 880-881
Títulos; *consulte também* Títulos
    conversíveis; Títulos de participação
    acionária

conversíveis, 614-617
garantidos por hipotecas; consulte Hipotecas e títulos garantidos por hipotecas
individuais, retornos esperados sobre, 259-261
bancos de investimento e, 52-53
colocação de títulos privados, 51-51
como as empresas emitem, 51-55
negociação; consulte Negociação de títulos
oferta pública inicial, 52-55
registro de prateleira, 52-53
do Tesouro protegidos contra a inflação (TIPs), 31-32, 104-105, 396-397
derivativos, 2-4, 593
Títulos de dívida, 2-4, 391; consulte também Títulos de renda fixa
dívida de risco, 618-620
Títulos de participação acionária, 2-4, 36-40
ações ordinárias como participação acionária, 36-38
ações preferenciais, 38-40, 395-396
alocação de ativos com, 188-193
características dos, 37-38
estratégias de investimento em pensão e, 878-879
investimentos em opções *versus* ações, 601-605
listagens do mercado acionário, 37-39
mercados emergentes, 773-776
mercados globais de, 773-776
países desenvolvidos, 773-775
posições sintéticas em ações, 709-710
recibos de depósito, 39-40
viés doméstico, 776
Títulos de renda fixa, 2-4, 391; consulte também Obrigações, Mercado monetário
ações alavancadas e dívida de risco, 618-620
ações preferenciais, 395-396
empréstimos com garantia, 618-619
inovações em, 396-398
obrigações com opção de venda, 395
obrigações com taxa flutuante, 395
obrigações conversíveis, 394-395
obrigações corporativas, 393-394
obrigações e notas do Tesouro, 391-393
obrigações internacionais, 396
Títulos garantidos por ativos, 36-37
quantidade em circulação (1996-2012), 36-37
Títulos semelhantes a opções, 614-620
ações alavancadas e dívida de risco, 618-620

empréstimos com garantia, 618-619
obrigações resgatáveis, 614-615
títulos conversíveis, 614-617
warrants, 617-618
Tolerância ao risco, 152-153, 855-856
alocação de ativos e, 159-164
questionário de, 152-154
Trade-off risco-retorno, 1, 855-856
investimento internacional, 784-788
mercados emergentes, 788-791
Tranches (fatias), 17-18 424, 468-469
Transparência, 809-810
Transações em bloco, 64-65
Transferência do alfa, 813-814
Transporte do alfa, 250-251

U
Unidades, 83-84
Universo
de comparação, 734-735
de investimentos possíveis, 239-240
Utilidade, 148-149
esperada, 172-175
Utilização de ativos, 574

V
Vacas-leiteiras, 508-509
Vale, 496-497
Valor
de conversão, 615
de conversão de mercado, 395
de face, 391-392
de liquidação, 521
de mercado/valor contábil, 574
de opção de compra pseudoamericana, 652
de preço de um ponto-base (PVBP), 713-714
econômico adicionado, 547, 564-566
em risco (VaR), 122-125, 129-131, 163-164, 201-202
líquido do ativo (NAV), 81-81
nominal, 391-392
p, 234-235
presente das oportunidades de crescimento (PVGO), 529-530
tempo, 632
Valor contábil, 520
limitações ao, 520-521
Valor intrínseco, 489, 522, 632
convergência do preço para, 527
preço de mercado *versus*, 521-523
Valores de alfa, 832
Value Line Investment Survey, 504-505
Vanguard Group, 785-786
Variância
desvio-padrão e, 116-118, 218-220
do ativo de risco no Excel, 218-220

Variância da carteira, 221-223
matriz de covariância fronteiriça multiplicada, 182-183
matriz de covariância fronteiriça, 182-183, 213-215
modelo de planilha, 213-215, 221-223
Vazamento de informações, 315-316
Vega, 665
Veículo de investimento estruturado (SIV), 423
Vendas a descoberto, 57-58, 70-75
aplicação Excel, 70-71
carteira de risco ótima e, 193-194, 217
chamadas de cobertura de margem em, 72-73
exemplo de, 71-73
fluxos de caixa de compra *versus*, 71-72
Viés
de grau de liberdade, 117-118
de memória, 342-343
de representatividade, 343-344
de sobrevivência, 385-387, 734n, 820-821
doméstico, 776
Vieses comportamentais, 343-348
afeição, 344-346
contabilidade mental, 343-345
enquadramento, 343-344
fuga do arrependimento, 344-345
teoria da perspectiva, 345-348
Visões, 734-736-842
Volatilidade implícita, 648, 650-651

W
WACC (média ponderada do custo da dívida pós-impostos), 544-546
Wall Street Journal Online
curva de rendimento do Tesouro, 432
diários de mercado: volume, alta, queda, 356-357
emissões do Tesouro, 432
fundos mútuos fechados, 82-83
futuros de câmbio exterior, 703
futuros de eurodólar, 718
futuros de milho na CBOT, 47-48
listagem de letras do Tesouro, 26-27
listagens de futuros, 677
listagens do mercado acionário, 38-39
obrigações e notas do Tesouro, 31-32
opções de ações da IBM, 46-47, 595-596
preços à vista/a termo no câmbio, 702
Warrant destacável, 617
Warrants, 617-618
WorldCom, 7-8

Y
Yahoo!, 6-7, 97-98, 501-502

estratégia *market neutral* (neutra ao mercado) Estratégia concebida para explorar erros de apreçamento relativos dentro de um mercado, mas que possui *hedge* para evitar que se assumam posições em direção ao mercado em geral.

estratégia não direcional Posição projetada para explorar desalinhamentos temporários na determinação de preços relativos; normalmente envolve uma posição comprada em um título coberto por uma posição vendida em um título análogo.

estratégia passiva Consulte gestão passiva.

estrutura a termo das taxas de juros Padrão de taxas de juros apropriadas para descontar fluxos de caixa com vencimentos variados.

estudo de eventos Metodologia de pesquisa desenvolvida para avaliar o impacto de um evento de interesse sobre os retornos de uma ação.

eurodólares Depósitos denominados em eurodólar em bancos estrangeiros ou em filiais estrangeiras de bancos americanos.

expectativa de cauda condicional Expectativa de uma variável aleatória que está condicionada a uma queda abaixo de algum valor limite. Utilizada com frequência como medida de risco de perda.

expectativas homogêneas Pressuposição de que todos os investidores utilizam como base os mesmos retornos esperados e a mesma matriz de covariância de retornos de título na análise de títulos.

F

fator de sensibilidade Consulte beta fatorial.

fideicomisso pessoal Direito a um ativo mantido por um fideicomissário em benefício de outra pessoa.

FIFO Método contábil de avaliação de estoque que considera o primeiro a entrar e o primeiro a sair.

FIIs (REITs) Os fundos de investimento imobiliário são semelhantes a um fundo mútuo fechado. Eles investem em imóveis ou empréstimos garantidos por imóveis e emitem ações nesses investimentos.

finanças comportamentais Modelos de mercados financeiros que enfatizam as implicações dos fatores psicológicos que afetam o comportamento dos investidores.

fora do preço Fora do preço descreve uma opção cujo exercício não seria lucrativo. No preço descreve uma opção cujo exercício promete gerar lucro.

força relativa Até que ponto um título superou o desempenho ou teve um desempenho inferior ao do mercado em geral ou ao de seu setor específico.

fórmula de Black-Scholes Equação para avaliar uma opção de compra que utiliza o preço da ação, o preço de exercício, a taxa de juros isenta de risco, o prazo até o vencimento e o desvio-padrão do retorno da ação.

fronteira de variância mínima Gráfico da variância de carteira mais baixa possível que pode ser alcançada para um determinado retorno esperado da carteira.

fronteira eficiente de ativos de risco Porção da fronteira de variância mínima que fica acima da carteira global de variância mínima.

fronteira eficiente Gráfico que representa um conjunto de carteiras que maximizam o retorno esperado em cada nível de risco da carteira.

fuga do arrependimento Conceito de finanças comportamentais segundo o qual os indivíduos que tomam decisões que se revelam ruins sentem-se mais arrependidos quando essas decisões são mais anticonvencionais.

fuga para a qualidade Descreve a tendência dos investidores a exigir prêmios de inadimplência mais altos sobre os investimentos sob condições econômicas incertas.

fundo com encargo Fundo mútuo com uma comissão de venda ou comissão inicial.

fundo de amortização Um procedimento que permite o reembolso do principal no vencimento ao exigir que o emissor da obrigação recompre alguma porção das obrigações em circulação no mercado aberto ou por um preço de resgate especial associado com a cláusula do fundo de amortização.

fundo de fundos Fundos mútuos ou fundos de *hedge* que investem em outros fundos.

fundo de índice Fundo mútuo que mantém ações proporcionalmente à sua representação em um índice de mercado como o S&P 500.

fundo de investimentos em cotas Dinheiro investido em uma carteira cuja composição é fixa durante o tempo de existência do fundo. As ações desse fundo são chamadas de certificados de fundos resgatáveis e elas são vendidas por um preço especial acima do valor líquido do ativo.

fundo (mútuo) aberto Um fundo que emite ou resgata suas próprias ações pelo valor líquido do ativo (NAV)

fundo (mútuo) fechado Fundo cujas ações são negociadas por corretores pelo preço de mercado; o fundo não resgatará as ações pelo valor líquido do ativo. O preço de mercado do fundo pode ser diferente do valor líquido do ativo.

fundo mútuo Uma empresa que reúne e gerencia fundos de vários investidores.

fundos de dotação Organizações credenciadas com o objetivo de investir dinheiro para finalidades específicas.

fundos de *hedge* Pool de investimentos privados, aberto a investidores ricos ou institucionais e amplamente isento das regulamentações da SEC, que pode adotar políticas mais especulativas do que os fundos mútuos.

fundos federais Fundos na conta de reserva de um banco.

fundos negociados em bolsa (ETFs) Ramificações dos fundos mútuos que permitem que os investidores negociem da mesma forma que o fazem com ações.

futuros de ações individuais Contratos de futuros de uma ação específica e não de um índice.

G

gama A curvatura de uma função de determinação de preço da opção (como função do valor do ativo subjacente).

ganhos de capital Valor de acordo com o qual o preço de venda de um título ultrapassa o preço de compra.

ganhos de rendimento Índice entre lucro e preço, E/P.

garantia Um ativo específico penhorado contra inadimplência de uma obrigação. As obrigações hipotecárias são garantidas por direitos sobre a propriedade. As obrigações com garantia são lastreadas por direitos sobre outros títulos. As obrigações com garantia em equipamento são lastreadas por direitos sobre o equipamento.

gerenciamento de resultados Método de utilizar flexibilidade nas regras contábeis para melhorar a lucratividade aparente da empresa.

gestão ativa Tentativa de obter retornos de carteira mais altos do que os proporcionais ao risco por meio da previsão de tendências no mercado em geral ou da identificação de setores ou títulos com preço incorreto em um mercado.

gestão de carteiras Processo de associação de títulos em uma carteira adaptada às preferência e necessidades do investidor, monitoração dessa carteira e avaliação de seu desempenho.

gestão passiva Compra de uma carteira bem diversificada para representar um índice de mercado amplo sem tentar encontrar títulos com preço incorreto.

globalização Tendência em direção a um ambiente de investimento mundial e à integração de mercados de capitais nacionais.

grau de alavancagem operacional Mudança percentual nos lucros para uma mudança de 1% nas vendas.

H

***hedge* de posição comprada** *Hedge* do custo futuro de uma compra por meio de uma posição comprada em futuros oferecer proteção contra mudanças no preço do ativo.

***hedging* cruzado** Proteção de uma posição em um ativo utilizando futuros em outra *commodity*.

***hedging* dinâmico** Atualização constante das posições de *hedge* à medida que as condições do mercado mudam.

hedging Investir em um ativo para diminuir o risco geral de uma carteira.

high water mark Valor anterior de uma carteira que deve ser novamente obtido para que um fundo de *hedge* possa cobrar taxas de incentivo.

hipótese das expectativas (de taxas de juros) Teoria de que as taxas de juros *forward* são previsões imparciais sobre as taxas de juros futuras esperadas.

hipótese de mercado eficiente Os preços dos títulos refletem completamente as informações disponíveis. Os investidores que compram títulos em um mercado eficiente devem esperar obter uma taxa de retorno de equilíbrio. A EMG fraca declara que os preços das ações já refletem todas as informações contidas no histórico dos preços passados. A hipótese semiforte declara que os preços das ações já refletem todas as informações publicamente disponíveis. A hipótese forte declara que os preços das ações refletem todas as informações relevantes, inclusive informações privilegiadas.

horizonte de investimento Horizonte de tempo para utilizado como base em decisões sobre investimento.

I

iliquidez Dificuldade, custo e/ou atraso para vender imediatamente um ativo sem fazer concessões de preço consideráveis.

imunização contingente Uma estratégia ao mesmo tempo passiva-ativa que imuniza uma carteira, se houver necessidade de garantir um retorno mínimo aceitável, mas que permite uma gestão ativa.

imunização Estratégia que equipara as durações dos ativos e passivos para que o patrimônio líquido não seja afetado por flutuações na taxa de juros.

indicadores econômicos antecedentes Série econômica que tende a aumentar ou diminuir de forma antecipada em relação ao restante da economia.

índice de alavancagem Relação entre dívida e capitalização total de uma empresa.

índice de avaliação Relação sinal-ruído das previsões de um analista. É o índice do alfa em relação ao desvio-padrão do risco residual.

índice de cobertura de juros Mede a alavancagem financeira. Lucros antes de juros e impostos como múltiplo de despesa de juros.

índice de cobertura de juros ou *times interest earned* Medida de alavancagem financeira (Ebit dividido por despesa de juros).

índice de cobertura de juros Relação entre de lucro e despesa de juros.

índice de cobertura de taxa fixa Relação entre lucro e todas as dívidas fixas em dinheiro, como pagamentos de *leasing* e pagamentos de fundo de amortização.

índice de confiança Índice entre o rendimento de obrigações corporativas de alta classificação e o rendimento em obrigações de classificação média.

índice de dinheiro em caixa Medida da liquidez de uma empresa. Relação entre de dinheiro em caixa e títulos negociáveis e passivos circulantes.

índice de *hedge* (para uma opção) Número de ações necessárias para diminuir o risco de preço de manter uma opção. Também chamado de delta da opção.

índice de informação razão do alfa sobre o desvio-padrão do risco diversificável.

índice de liquidez imediata Medida de liquidez semelhante ao índice de liquidez imediata, exceto pela exclusão dos estoques (caixa mais contas a receber dividido pelos passivos circulantes).

índice de liquidez seca Consulte índice de liquidez imediata.

índice de mercado ponderado pelo valor Índice de um grupo de títulos calculado pela média ponderada dos retornos de cada título no índice, com pesos proporcionais ao valor de mercado em circulação.

índice de pagamento de dividendos Porcentagem dos lucros paga como dividendos.

índice de preço/lucro (P/E) Índice do preço de uma ação em relação a seu lucro por ação. Também conhecido como múltiplo de P/E.

índice de recompensa/volatilidade índice de retorno em excesso em relação ao desvio-padrão da carteira.

índice de retenção de lucros Taxa de reinvestimento.

índice de rotatividade de estoque Custo das mercadorias vendidas como múltiplo da média de estoque.

índice de Sharpe Índice de recompensa/volatilidade; índice de retorno em excesso da carteira em relação ao desvio-padrão.

índice de Sortino Retorno em excesso dividido pelo desvio-padrão parcial mais baixo.

índice de valor contábil/valor de mercado Índice de preço por ação/valor contábil por ação.

índice Europa, Australásia e Extremo Oriente (EAFE) Índice amplamente utilizado para ações não americanas, calculado pelo Morgan Stanley.

inflação Índice segundo o qual o nível geral de preços dos produtos e serviços sobe.

informações privilegiadas Conhecimento não público sobre uma empresa controlada por diretores corporativos, acionistas majoritários ou outros indivíduos com acesso privilegiado às informações sobre a empresa.